福安市志

（1991—2005）

福安市地方志编纂委员会　编

方志出版社
Publishing House of Local Records

图书在版编目（CIP）数据

福安市志：1991—2005 / 福安市地方志编纂委员会编 .—北京：方志出版社，2020.12
ISBN 978-7-5144-4725-5

Ⅰ．①福… Ⅱ．①福… Ⅲ．①福安—地方志—1991-2005 Ⅳ．① K295.74

中国版本图书馆 CIP 数据核字（2020）第 266338 号

责任编辑：董　琳
责任校对：刘玉霞
责任印制：赵　楚
出 版 者：方志出版社
地　　址：北京市朝阳区潘家园东里 9 号（国家方志馆 4 层）
邮　　编：100021
网　　址：http://www.zgfzcb.cn
发　　行：方志出版社图书营销中心（010-67110500）
印　　刷：福州德安彩色印刷有限公司
开　　本：889 毫米 ×1194 毫米　1/16
印　　张：88
字　　数：2239 千字
版　　次：2020 年 12 月第 1 版
印　　次：2020 年 12 月第 1 次印刷
定　　价：680.00 元

序

以古为鉴，可知兴替。地方志作为一项系统的文化工程，既是客观的文化载体，又是厚重的历史积淀，承载着“存史、资政、育人”的重要职能。盛世修志，志载千秋，编修地方志是中华民族的优秀文化传统，为当代提供资政辅治之参考，也为后世留下堪存堪鉴之记述。

福安市地处“闽头浙尾”，市井繁华，文风称盛，素有“瓯闽名区”之称，是福建省东北部的沿海经济重镇，是红军长征前全国主要革命根据地之一，是全国畲族人口最多的县（市）。经过近数十年努力，福安建成了全国乃至世界最大的不锈钢新材料产业基地，享有“中国中小电机之都”“中国中小电机出口基地”“全国民间船舶修造基地”“中国按摩保健器具生产出口基地”“中国茶叶之乡”“中国红茶之都”“中国油茶之乡”“中国特色竹乡”“南国葡萄之乡”等美誉，千百年来形成的“畲、廉、古、茶、红”等地域特色文化滋养着福安人民勤劳、勇敢的优秀品质。

福安市委、市政府历来高度重视地方志工作，已整理、编纂6版《福安县志》，其中，明万历版、清乾隆版、清光绪版《福安县志》分别由福建省地方志编纂委员会、福安市地方志编纂委员会编校整理，先后付梓。1999年，福安市地方志编纂委员会编成中华人民共和国成立后第一部《福安市志》，记述福安建县700余年的历史，其志下限为1990年。2005年，按照省委、省政府的部署，福安市正式启动《福安市志（1991—2005）》的编纂工作。15年来，在福建省、宁德市地方志编纂委员会的指导下，在社会各界的关心支持下，修志人员不辞辛苦、履职尽责，收集资料、考证史实、修订篇目，数易其稿，终将付梓，可喜可贺。

《福安市志（1991—2005）》结构严谨，内容丰富、资料翔实，分门别类地记述了 1991—2005 年福安撤县建市以来自然地理、政治、经济、文化教育、风俗民情等各方面的发展变迁。该志既是 15 年间福安人民改革开放、奋力拼搏、开拓创新，践行“滴水穿石”精神的真实写照，更是后代取之不尽、用之不竭的文化遗产，具有较高的历史价值、实用价值和收藏价值。它的出版，是福安社会文化生活中的一件大事，也为我市新时代文明实践中心试点建设工作献上了一份厚礼。

凡是过往，皆为序章。当前，全市上下正深入学习宣传贯彻党的二十大精神，围绕“五福新城、全家福安”发展目标，凝心聚力、开拓进取，经济社会保持高质量发展势头，前景无限美好。站在新的历史起点上，让我们继往开来，拿出只争朝夕的干劲，保持滴水穿石的韧劲，牢记嘱托、接续奋斗、勇当标杆，全方位推进高质量发展，在全面建设社会主义现代化国家新征程上奋力谱写福安高质量发展新篇章！

中共福安市委书记

福安市人民政府市长

中共福安市委党史和地方志领导机构及编审人员名单

中共福安市委党史和地方志工作领导小组成员

名誉组长：叶其发

组　　长：钟宜国

副 组 长：郑战雄　陈昌东　尤锋云　谢嘉林

成　　员：章　鸿　郑龙康　黄　凌　姚少华　廖高清　郑　峰

王建平　黄光棠　罗生平　阮　院　陈　盈　叶细玉

马培华　林　强　陈胜荣　雷卫忠　陈子清　薛树明

施毓金　陈加龙　陈枝棠　林绍温　王剑敏　陈华容

叶哲滨　周泽平　江韩全　刘智勇　郑海容　刘晓恩

张　韩　周建峰　秦　川　陆利兴　吴瑞桢　陈小鲸

福安市人民政府分管地方志编纂领导名单（按分管先后顺序）

王世雄　陈国清　俞道雄　王代忠　林志生　阮炜炜　邵明松

谢嘉林

《福安市志（1991–2005）》审稿验收

《福安市志（1991–2005）》审稿领导小组

组　　　长：叶其发

常务副组长：钟宜国

副组长：郑战雄　陈昌东

成　　员：林志生　吕增华　刘晓明　王升东　阮志勇　尤锋云
钟灵灵　陈文卿　邹　渊　张晨曦　施晓铃　蓝和鸣
谢嘉林　林铃顺　林　海　蔡立新　王　宫　章斌杰
章　鸿　郑龙康　黄　凌　姚少华　陈　盈　陈小鲸
郑海容　刘晓恩

《福安市志（1991-2005）》审查验收工作小组

组　　长：吴乃意

副组长：韩筱芳　王乃化

成　　员：兰　洁　周孝钧　吴巧蓉

福安市地方志编纂委员会办公室成员（按任职先后排序）

副主任：冯克光（主持工作）（1989-2007.03）

成　　员：吴惠月　邱金明　冯　玮

主　　任：阮作春（2007.03-2010.09）

副主任：冯克光

成　　员：吴惠月　邱金明　冯　玮

副主任：冯克光（主持工作）（2010.09-2012.06）

副主任：钟　奇

成　　员：吴惠月　邱金明　冯　玮

主　　任：梁丽琪（2012.07−2017.11）

副 主 任：冯克光　钟　奇

成　　员：吴惠月　冯　玮

主　　任：陈小鲸（2017.11−2018.12）

副 主 任：钟　奇

成　　员：冯　玮　王宇铮　王小丽

中共福安市委党史和地方志研究室成员

主　　任：陈小鲸（2019.01−）

正科级领导：郑明华

副 主 任：钟　奇　陈增光　郑　凤　钟国珍

成　　员：廖于智　郑向红　陈建贵　冯　玮　王小丽　郑妍娜

王宇铮

《福安市志（1991—2005）》总编室成员

名誉主编：叶其发

主　　编：钟宜国

第一副主编（总纂）：林立光

副 主 编：余　挺　叶木全

编　　辑：叶子清　刘惠平

照片编辑：丁立凡

曾任《福安市志（1991—2005）》总编室成员

总编室成员（2008—2010）

主　　编： 阮作春

副 主 编： 冯克光　缪　苹　陆　恒　余　挺　林贤谈

编　　辑： 毛展华　郑　望　杨昌长　黄曙英　林善榕　朱树根

郭雅明　谢庆华　刘惠平　张贵玲　邱金明

总编室成员（2012—2013）

副 主 编： 缪　苹　陆　恒　余　挺　林贤谈　阮作春

编　　辑： 毛展华　郑　望　杨昌长　黄曙英　林善榕　朱树根

郭雅明　谢庆华　刘惠平　张贵玲　邱金明

总编室成员（2013—2015）

编　　辑： 缪　苹　陆　恒　余　挺　林贤谈

总编室成员（2015—2016）

编　　辑： 缪　苹　陆　恒　余　挺　林贤谈　罗承晋　郑　青

总编室成员（2016—2017）

主　　编： 梁丽琪

编　　辑： 缪　苹　罗承晋　郭孝卿　陈亚萍

凡　例

一、本志以马克思列宁主义、毛泽东思想、邓小平理论、“三个代表”重要思想、科学发展观、习近平新时代中国特色社会主义思想为指导，坚持辩证唯物主义和历史唯物主义的立场、观点和方法，全面、系统地记述了福安市自然、政治、经济、社会、文化等发展历史和现状。

二、本志系1999年12月出版的《福安市志》续志，上限起于1991年，下限截至2005年。

三、本志根据科学分类和社会分工的原则，采用篇、章、节、目结构形式，全书以志为主，由概述、大事记、专业篇、人物传、图表、附录等组成。

四、本志在文前刊载全市政区图、城区图、交通图和摄影照片，各篇章适当选载摄影配图，以丰富资料性、阅读性。少数限外的珍贵历史图片，经本志验收组终审同意予以刊载。

五、本志仍设建置区划、自然环境等篇章，以保持志书的完整性，并着重反映限内区划、环境的变化情况。

六、本志1949年10月1日中华人民共和国成立以前采用历史纪年，括注公元纪年，其中，民国纪年只括注每节首次出现时的公元纪年，其后从略。1949年10月1日后一律采用公元纪年。

七、计量单位，1949年10月1日前沿用当时计量单位，1949年10月1日后一律采用国家颁布的标准和规定。全市性的数字表述以福安市统计局或档案资料的数字为依据。

八、本志依照生不立传的原则，不设在世人物传。在世人物以名录、表格的形式记述。

九、凡简称“省”“全省”均指福建省，1993—2000年“地区”“全区”均指宁德地区，“地委”“行署”分别指中共宁德地委、宁德地区行署，“市”“全市”均指福安市，“市委”“市政府”分别指中共福安市委、福安市人民政府，“党员”均指中国共产党党员。

十、本志资料主要来源于档案、部门单位编写的志稿、有关文件、报表、报刊、摄影纪实等，经严格核实后入志。

十一、本志附录收录部分具有重要文献价值的文件，同时也收录具有历史价值、艺术价值的部分碑记、诗文，均为历版县志、首轮市志所未录者，经考证后载入。

福安市地图

浙江省
柘荣县
(双城镇)
双城镇
褚坪
富溪镇
黄柏
宅中
柏洋
仕阳镇
龟湖镇
英山
坪溪
寿宁县
芹洋
南阳镇
竹管垅
斜滩镇
王溪
东溪
北山
凤阳镇
豪阳
周宁
麻竹坪水库
甲坑
含溪
吴道仙顶
甲峰
甲峰顶
锣鼓山
武曲镇
社口镇
潭头镇
上白石镇
范坑
晓阳镇
坂中畲族乡
城北街道
福安市
城南街道
阳头街道
城阳镇
穆阳镇
穆云畲族乡
康厝畲族乡
属穆云畲族乡
化蛟林场
福安黄氏祠堂
宁德地质公园·白云山
白云山
1449
太后公厅
古岭宅
洪岭
三定
八斗
西家楼
毛家坪
大水坪
牛栋
水源堤
吉坑
上六坑
大山
柘头里
蛇头
蒲家山
半坑
下洋
油岭
山岫宅
东洋
牛黄
领先
咸洋
洋山
半坑
王柏坑
青楼
源里
可丘
上坪
马冈
后垮垅
大磺坑
墩头
叠石溪
坑坪
东坑
竹柄
小洋
徐家山
田冈
溪里
坑尾
园潭
上坪洋
大逢
山后
姜家山
不老
沙坑
西坑
由后
西园
燕坑
曹洋
前洋
后洋
鹅山
汾洋
里垄坑
山头境
流尾
祠堂前
坪庄
柘头
棠溪
白石坂
郑家山
佳浆
荣岭头
大坑
猪下坪
财洪
东峰
泥洋
渔溪洋
建柄
松茂林
高岩
大庄
南山头
坦洋
溪坪
溪口
岭下
半路洋
外坑
市坦洋茶场
坑里坑
大冈
岩下
大坪
江洋
岩坑
富罗坂
西洋境
龙洋
刘坑
墙坪
利岔
东昆
柯洋
南岩
谷口
五斗
马洋
上山
吉洋
东升
洋山
东岭洋
龟龄
填头
湖塘坂
千诗亭
南源
前洋
林柄
秀峰
沙溪
枢洋
东源
利棣
牛山湾
山里
南岸
东口
阮家坑
上沃
锁泉
首笕
里楼
温岩
仙溪
公岐
岭头
下梨坑
仙岭
下南溪
长面坑
铁场
燕坑
潘洋
谢岭下
马上
首洋
叶洋
西坑
外厝
仙源里
长汀
林家洋
岩头冈
陈家山
十二峰
上村
外洋
岭坑
后门坪
汤洋
雁塔
官洋
外垄
上洋
溪东
占洋
留洋
蟾溪
龟凤
双溪
玉林
贵洋
桥溪
许洋
和安
瓮窑
高山
下竹州
长岗
黄儒
王楼
里岙
王湾
林洋
井口
岩湖
中村
后楼
咸福
南山
冠岭
坪冈
歇坪
墩头岗
高岭
下逄
科后
堵坪
坑墼
溪塔
梨田
翁洋
石门院
前洋
洋面
堵坪坑
西坑
赤田良
燕科
洋坪
隆坪
亭兜
垄口
荷洋
坑口
渡头
填秦
长潭
铜岩
程家垄
赤岭
马嘉
石尖
南洋
金斗洋
马头山
牛岭尾
岗头
西铭
桂林
林岭
江家渡
白坑
林坑
柘园山
洋溪
马山
日宅
铁湖
甲浦
霞
太
镇
G235
S203
G4012溧宁
S207
G104
G1523甬莞
G353

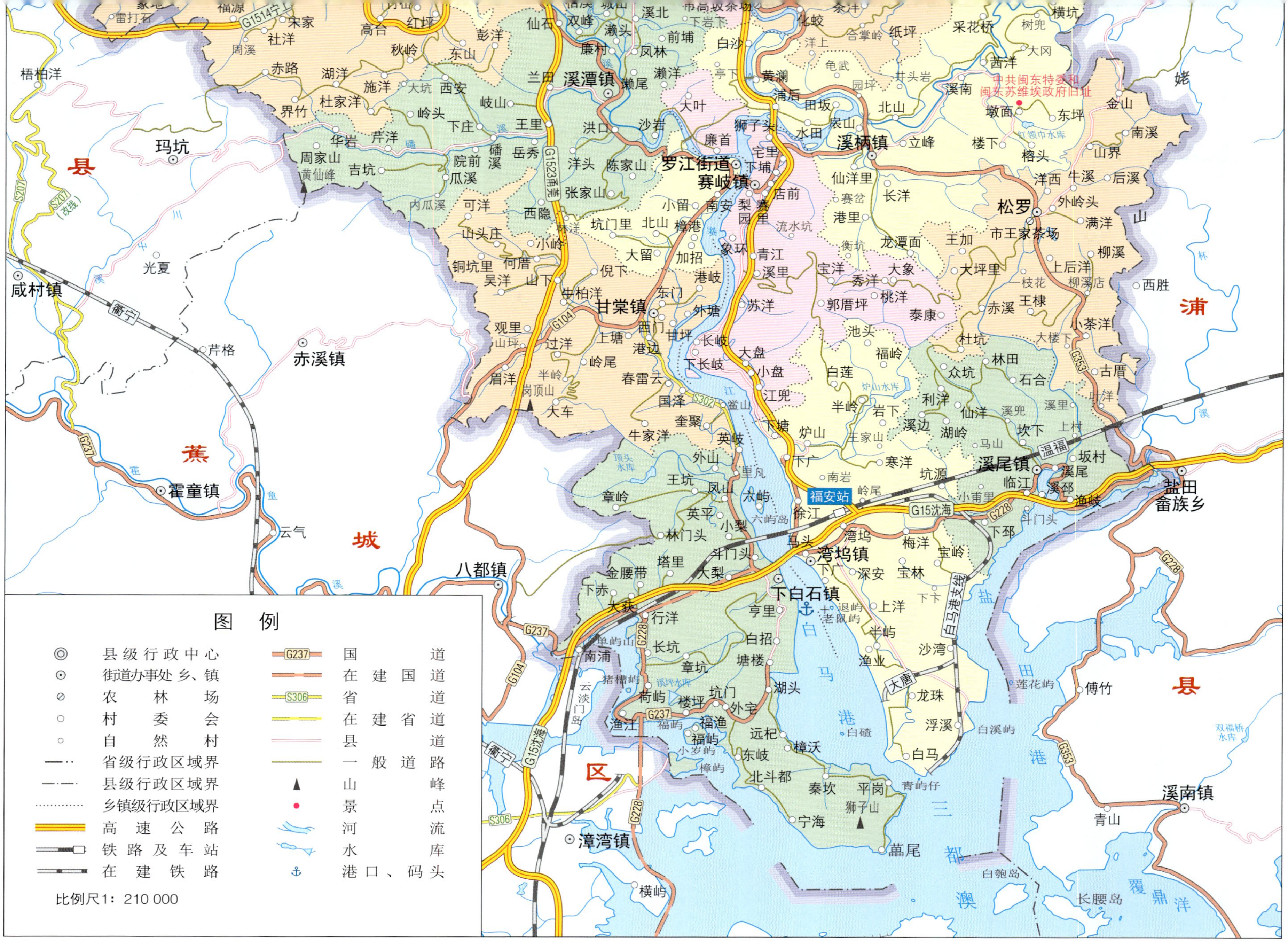

福建省地图出版社 编制 审图号：宁S〔2021〕7号 资料截至2020年12月

福安市区鸟瞰（2005 年）

市区莲池广场（2001 年）

市区龟湖生态走廊（2012 年）

市区阳头街道一角（2003 年）

市区解放路（2004 年）

白云山壶穴——飞天井（2004 年）

白云山壶穴奇观（2001 年）

白云山碧渊潭（2001 年）

白云山佛光（2004 年）

奎光阁（2007 年）

穆云畲族乡隆坪村清代牌坊（2005 年）

狮峰寺一角（2003 年）

晓阳镇“太后公厅”（2005 年）

阳头街道黄氏宗祠（1999 年）

福安市第二自来水厂（2004 年）

甘棠镇 50 万伏变电站（2005 年）

福建大唐国际宁德发电有限责任公司（2005 年）

黄兰溪水库（2003 年）

赛岐大桥通车庆典（1991 年 8 月 28 日）

市区群益大桥建成通车（1998 年 6 月 29 日）

福宁高速湾坞互通口（2005 年）

福宁高速公路福安连接线通车（2003 年）

赛岐港（2000 年）

福宁高速下白石互通口（2005 年）

坂中工业区一角（1996 年）

福安畲族经济开发区一角（2003 年）

闽东赛岐经济开发区招商会开幕式（1999 年 9 月 28 日）

闽东赛岐经济开发区一角（2004 年）

秦溪洋工业园区一角（2004 年）

福安市甘棠工贸园区企业开工庆典（2004 年）

闽东电机发源地——闽东电机厂（2003 年）

速热器厂生产线（1997 年）

按摩器装配车间（2003 年）

福光电子（国际）有限公司按摩器厂生产线（2000 年）

电子按摩椅生产车间（2003 年）

中国闽东电机电器城（2000 年）

闽东亚南电机有限公司生产车间（2005 年）

福安市闽东安波电器有限公司生产车间（2005 年）

全国民间最大的船舶修造基地之一——赛江（2005 年）

福安双福船厂万吨驳船下水（2000 年）

福建白马船厂建造的 1.2 万吨级油轮“东海 213”下水（2003 年 10 月 28 日）

穆云畲族乡虎头村桃园（2000 年）

晓阳镇马洋村梯田（2005 年）

穆云畲族乡溪塔葡萄沟

著名茶学家张天福（中）与茶叶专家在福安茶园考察（2003 年）

甘棠镇北门茶园（2002 年）

“坦洋工夫”红茶标准化生产车间（2005 年）

溪塔刺葡萄（2004 年）

采摘巨峰葡萄（2004 年）

杨梅（2004 年）

脐橙丰收（2004 年）

赛江畔的象环葡萄园（2005 年）

潭头镇果农在河滩上晾晒李干（1996 年）

下白石晚熟龙眼（2002 年）

溪柄绿竹笋保鲜加工（2005 年）

穆阳水蜜桃（2002 年）

交溪两岸的百里绿竹长廊（2003 年）

海上挂蛎养殖（1998 年）

下白石海带收成（2002 年）

海涂收蛏（2000 年）

福安海产品

海虾

鲍鱼

虾蛄

蚶

蟳

大黄鱼

海上养殖作业（2000 年）

富春大酒店（1997 年）

会展大酒店（2004 年）

电力大楼（2004 年）

邮电大酒店（2005 年）

闽东医院住院大楼（2004 年）

福安文化馆（2004 年）

福安图书馆（2004 年）

喜迎香港回归（1997 年）

“八闽大舞台·走进中国闽东电机电器城”文艺演出（2001 年 11 月 17 日）

福安人民为北京申奥加油万人签名仪式（2001 年）

福安市第十届畲族风情节暨婚育新风进畲家活动（2003 年 4 月 4 日）

太极扇表演（2005 年）

福安一中（2004 年）

市实验小学学生获全国少儿文艺比赛两项金奖（2001 年）

福安十中射箭队（2005 年）

城南街道南湖村农民舞龙队在莲池广场舞动百米长龙（1999 年）

中共闽东特委旧址（2003 年）

闽东苏维埃政府旧址（2003 年）

闽东革命纪念馆（2004 年）

闽东苏区纪念馆（2010 年）

共青团闽东特委旧址（2003 年）

闽东妇女工作团旧址（2003 年）

闽东革命烈士陵园（2004 年）

柏柱洋闽东特委纪念亭（1999 年）

灵谷草堂遗址——开闽第一进士薛令之读书处（1995 年）

唐代帝师薛令之故里的“廉”字石碑

溪潭廉村——薛令之故里（2004 年）

1992 年 3 月 18 日，第二届中国闽东福安茶文化交流会暨福建省畲族风情旅游节举行

设在福安的宁德市民族中学学生在上电教课（2001 年）

畲族春蕾班（2005 年）

康厝畲族乡金斗洋村畲族村民在练习畲家武术（2004 年）

闽东（福安）第一届国际茶文化交流会（1991 年 4 月 21 日）

一年一度的“坦洋工夫”斗茶赛（2005 年）

闽东（福安）第一届国际茶文化交流会期间，日本等国客人参观坦洋茶园（1991 年）

香港“福茗堂”国际茶艺比赛冠军获得者杨玉冰（1992 年）

福安茶艺团受邀在钓鱼台国宾馆表演茶艺（2005 年）

坦洋工夫红茶发源地——社口镇坦洋村（1998年）

溪柄镇榕头村的九头榕树（2001年）

溪柄镇楼下村古民居（2002年）

中秋月饼

穆阳烤肉

畲家乌米饭

各色糕点

炖罐

畲家菅粽

穆阳线面

甜糟焯蛋

穆阳扁肉

光饼

土丁冻

拌面

《福安市志》（1991—2005）评议会代表合影（2016 年）

目　录

福安市志 (1991-2005) FUAN SHIZHI contents

概　述

福安市志 1991—2005
FUAN SHIZHI
GAISHU

（一）

福安市在福建省东北部，位于北纬 26° 41′～ 27° 24′，东经 119° 23′～ 119° 52′，东邻柘荣县、霞浦县，西连周宁县，北毗寿宁县和浙江省泰顺县，南接宁德市、三沙湾。最东端为松罗乡十八宅村，最西端为晓阳镇首笕村，最南端为下白石镇籚尾村，最北端为范坑乡古岭宅村；东西相距 37 千米、南北相距 80 千米，总面积 1880.1 平方千米，其中，海域面积 151.2 平方千米。

建县之前，福安境域属于唐武德六年（623 年）建置的长溪县。宋嘉定十年（1217 年），士民郑子仁[①]等上书请求析县未果。南宋淳祐四年（1244 年），太学生张过等人呈请移长溪县西尉衙门于西乡（今福安韩阳），以安民息盗。翌年，乡人郑寀向宋理宗奏析县西北乡置县，并力持卜治韩阳坂，分县之议得到解决[②]。南宋淳祐五年（1245 年），析长溪县西北两乡、九里建县，以宋理宗御批“敷赐五福，以安一县”而得名福安，隶属福建路福州府。

元、明、清三代的福安县，除元初年、明洪武二年（1369 年）至明成化九年（1473 年）属福州外，均属福宁府（州）管辖。

民国 2 年（1913 年）后，福安县先后属东路道、闽海道、闽海省，第一、第二、第八行政督察区。

1949 年 7 月 19 日，福安县解放，改属福建省第三行政督察区（督察署驻地福安）。1950 年 3 月，福建省第三行政督察区改称福安专区、福安县属福安专区，专署驻地设福安。1970 年 7 月 1 日，福安地区革命委员会驻地由福安迁往宁德县城关（蕉城镇），次年 6 月改称宁德地区革命委员会。1989 年 11 月 13 日，福安撤县建市，1990 年 3 月 11 日挂牌。1993 年，福安市被国务院列为沿海开放城市。1999 年 11 月，宁德撤地建市（地级市），福安为省辖县级市。

1992 年，撤销韩阳镇，分置城南、城北、阳头 3 个街道办事处；晓阳、潭头、溪尾撤乡建镇。1995 年 1 月，溪潭撤乡建镇。2005 年年底，全市辖 3 个街道 11 个镇 7 个乡（含 3 个畲族乡），下设 20 个社区委员会、26 个居民委员会、439 个村民委员会，有 2162 个自然村。2005 年，全市总户数 176531 户、人口 611095 人，其中，畲族人口 59931 人、占总人口的 10.82%。

1991—2005 年，福安市经济和社会事业蓬勃发展，获“全国科技工作先进市”“全国体育先进市”“中国中小电机之都”“中国茶叶之乡”“中国油茶之乡”“南国葡萄之乡”“中国民间船舶修造基地”“中国绿竹笋之乡”等称号。

（二）

福安市地处鹫峰山脉东南坡太姥山脉西南部洞宫山脉东南延伸部分，总体地势由北向南倾斜。东、西、北三面环山，南面临海；中部交溪纵贯南北，沿交溪干流两侧为低山、丘陵和平原，依次呈阶梯状分布，形成向南开口、走向南北的狭长谷地。海拔在500米以上，相对高度大于200米，有的高度超过500米，面积1062.55平方千米，占全市总面积的56.52%；其中，低山面积696.39平方千米，占全市总面积的37.04%；中山面积366.16平方千米，占全市总面积的19.47%。山地地貌复杂，“V”型谷十分发育，河谷两岸基岩裸露。全市海拔1000米以上的山峰31座，主要分布在市境东部、西部和北部。西、北部为洞宫山、鹫峰山余脉，东部为太姥山余脉。西北部有白云山，主峰海拔1450.2米，为福安最高峰，为西溪与穆阳溪的分水岭。

福安市属中亚热带海洋性季风气候区，境内气候温暖湿润，四季分明，夏长冬短，光热充足，无霜期长，季风明显，台风频繁，雨量集中，夏旱突出。由于背山临海，境内地貌以山地为主，类型多样，高低悬殊，气候具有明显的垂直分布特点。1991—2005年，年平均气温19.3℃，最冷月1月份平均气温9.9℃，最热月7月平均气温28.8℃；平均初霜在12月8日，终霜为2月12日，平均无霜期297.3天。年平均降水量1578.2毫米，自东南沿海向西北山地递增。降水量在全年分配上主要集中于3—9月。3月、4月为春雨季节，平均降水量339.5毫米，占全年降水量的22%；5月、6月为梅雨季节，平均降水量467.5毫米，占全年降水量的30%；7—9月为台风雷阵雨季节，平均降水量477.7毫米，占全年降水量的30%；10月至次年2月为少雨季节，平均降水量293.5毫米，占全年降水量的18%。

福安境内流域面积的95%属交溪水系。交溪（古称长溪）全长171千米，总长868千米，流域面积5638平方千米，是闽东第一大河，也是福建省的第五大河。在东西溪交汇处，流经福安市区称富春溪。溪水在赛岐镇与穆阳溪交汇后，江面开阔，称赛江，经下白石（古黄崎镇）后称白马港（唐昭宗曾赐名甘棠港）③。境内水力资源丰富，水能理论蕴存量34.1万千瓦，可开发电站587处，总装机容量可达12.2万千瓦。探明金属和非金属矿15种。其中，钼矿储量6500吨，高岭土储量500万立方米，花岗岩储量4370万立方米，河沙储量200多万吨。

1991—2005年，福安市重视生态保护，生态环境质量趋于优化。设立范坑乡、社口镇、穆阳镇、晓阳镇、潭头镇、上白石镇、溪柄镇7个省级生态示范试点乡镇，并建设森林公园。全市森林覆盖率67.5%，绿化率92.6%。珍稀树种有桫椤、水松、银杏、红豆杉、鹅掌楸、花榈木、三尖杉、香樟等60多种。其中，国家一类保护植物桫椤群落有3000多株，为华东纬度最高的桫椤群落；有南方红豆杉、银杏、水杉等古树名木909株。珍稀野生动物31种，主要有国家一级保护动物云豹、蟒蛇、赤魟、中华鲟；二级保护动物穿山甲（鲮鲤）、大灵猫（九节狸）、鬣羚（苏门羚、山羊）、鸳鸯、红隼、鸢、东方蝾螈（娃娃鱼）、虎纹蛙（俗称水鸡）等。生态环境质量居全省前列，为全国水土保持生态环境建设示范县（市），瓜溪刺桫椤保护区为省级自然保护区。

（三）

1991—2005年，福安市以经济建设为中心，改革经济体制，调整产业结构，创新发展模式，实施项目带动、产业集聚、科教兴市和可持续发展战略，提高经济运行的质量和效益，提高城市的承载能力和综合服务功能，提高城乡居民生活质量和水平。市委、市政府先后提出科技（教）兴市、推进城镇化进程以及建设中国电机电器城等发展战略，突出建设生态型港口工业城市的发展定位，促进国民经济稳步增长，经济规模不断扩大，综合实力持续提升。2005年，全市地区生产总值75.98亿元，占宁德市的21.9%；财政总收入4.07亿元，其中地方级财政收入2.34亿元。

坚持实施“工业立市”“技术创新、品牌建设”战略，突出产业集聚，提升产业品质，壮大民营经济，加快工业化进程，建成闽东电机电器工业区、秦溪洋工业园区，电机电器和船舶修造行业成为宁德市重点扶持的支柱产业，工业经济增势强劲，总量不断扩张，稳居闽东工业大县（市）地位。1991年，全市机械、电气机械及器材、化学、建材、食品、电力、打火机等工业生产初具规模，全年完成工业总产值64202.6万元，民营企业完成工业产值31978.8万元，占全市工业总值的49.7%。1993年，天马集团公司首单自营出口3000万美元，实现福安和宁德地区企业自营出口零的突破。1997年，市政府提出百亿元工业产值目标，建立“一体两翼”工业管理体制，电机电器、船舶、包装印刷、食品、冶金铸造、建筑建材、电力、综合八个行业，在省内率先实施由行政直接管理向行业自律管理的转变。2000年，全市完成工业总产值64.43亿元，为1991年的10倍，民营工业企业完成产值49.3亿元，占全市工业总产值的72.5%。国有企业进入全面改制阶段。民营经济充满活力，频繁参与国际贸易、资本、技术及人才流动。2004年，建成秦溪洋工业园区，成立甘棠、湾坞两个工贸集中区，农村电网改造工程完工，福建大唐国际宁德发电有限责任公司及新远造船公司10万吨船坞开工建设。电机电器产业蓬勃发展，撑起全市工业的半壁江山。福安是“闽东电机”的创始地，被誉为“电机电器城”。1992年，福安市划出20公顷土地建设坂中闽东电机电器工业园区，2000年，闽东电机电器工业园区获“全国第三批乡镇企业示范区”称号。2005年，电机电器企业有730多家，亿元产值以上的有17家，出口交货值达26.2亿元。60多家企业通过ISO9000认证，50家企业通过欧盟CE—GS认证，5家企业通过美国UL认证，91家企业拥有自营出口权，其中12家企业成为国家机电出口生产基地。船舶修造业方面，2005年，全市有船舶修造企业31家，总资产7亿多元，规模以上企业11家。全市拥有1000～3万吨干船坞15座，总坞容量27万吨；船台30座，总容量30.16万吨；拆船泥坞1座，最大可拆船舶5万载重吨。11家企业分别通过CCS、ZC和渔检认证，万吨出口驳船、2000马力深海拖船等产品分别通过中国CCS、美国ABS和法国BV船检认证，5家企业通过外籍船舶修理点认可。福安市成为福建省重要的船舶修造基地，全国民间最大的船舶修造基地之一。2005年，全市工业总产值100.5亿元，突破百亿元大关，约占宁德市的1/3。其中，电机电器产业完成产值65亿元，船舶修造产业产值从1995年的不足3亿元，发展到2005年的18.6亿元。两大主导产业产值占工业总产值的82.6%，经济发展的主体地位初步形成。

坚持“农业为本、科技兴农”方针，发展特色农业，农业农村经济稳步发展。15年来，在稳定土地承包责任制基础上，全市推行土地合理流转，初步形成茶业、葡萄业、畜牧业、水产业四大农业主导产业，发展绿笋、生姜、水蜜桃、食用菌等特色农产品，是福建省大黄鱼、对虾、中华绒毛蟹主产区及商品粮基地市。2005年，全市农业总产值23.15亿元，比1991年的2.15亿元增长10.77倍。其中，茶叶产量增长 212%。农业龙头企业销售收入 3.85 亿元，拥有省级和宁德市级龙头企业 17 家、农产品品牌 12 个。福安市是全国第二大茶叶重点县（市）、全国最大的绿茶和花茶主产区、“闽红”“坦洋工夫”红茶的创始地，“坦洋工夫”红茶曾在 1915 年巴拿马万国博览会获得金奖。1993 年，福安市被列为全国茶叶社会系列化服务示范县市，2001 年，获“中国茶叶之乡”称号。至 2005 年，全市茶叶品牌获国家级金、银奖 26 个，省部级金、银奖 97 个。全市茶园面积 11249 公顷，茶叶产量 13363 吨，产值 16986 万元。福安市是福建省巨峰葡萄生产基地，也是中国南方最大的葡萄生产基地。从 1991 年起，每年新植葡萄面积 200～260 公顷。2005 年，全市葡萄种植面积 2670 公顷，产值 2.8 亿元，种植村庄 133 个，占全市 447 个行政村的 29.8%，巨峰葡萄品牌获第六届中国优质葡萄擂台赛“安全优质奖”，被评为“福建省名牌农产品”，在闽、粤、浙、赣等南方 8 个省形成稳定的销售渠道，被誉为“南国葡萄之乡”。福安市还是福建省最大的绿竹生产基地，至 2005 年，交溪两岸绿竹种植面积达 3700 公顷，年产绿笋 11000 吨、产值 3300 万元，被誉为“中国特色竹乡”。穆阳水蜜桃以果大、香浓，味甜享誉省内。2005 年，全市水蜜桃种植面积 932 公顷，产量 8278 吨，仅西部三乡镇就有水蜜桃园面积 333 公顷、年产量 2000 吨，上市季的日交易量达 50 吨。

发挥资源优势，创新招商方式。2005 年，福安市签约招商项目 59 个，实际利用外商直接投资 2137 万美元。全市外贸自营出口 18664 亿美元，占宁德市的 57.5%。电机出口企业 53 家，出口产品主要有：同步发电机，发电、电焊两用机，相复励发电机，异步电动机、调速电动机，柴油发电机组等，产品远销东南亚、中东、南美洲、欧盟、非洲、澳大利亚等地区的 50 多个国家。电机产品出口持续增长，8 家骨干企业年自营出口超过 800 万美元。调整优化出口产品结构，船舶、水产品等出口份额逐年增加。为适应市场形势发展，推出经营、价格、分配、用工“四开放”改革措施，构建市、乡、村三级联购联销网络。1991 年以来，随着计划经济向市场经济转型，个体私营企业发展迅猛。全市大力拓宽商品流通渠道，完善城区商业网络，抓好“万村千户”商业网点建设，激活城乡消费市场；房地产交易不断增加，交通运输、商贸流通、餐饮娱乐等传统服务业稳步增长，物流、仓储等新兴服务业成为经济新增长点。2005 年，全市社会消费零售总额 24.78 亿元。有各类市场 25 个，其中，消费市场 23 个，木材交易市场 1 个，建材市场 1 个；全年商品市场成交额 5.84 亿元，其中有两个市场成交额超亿元。

实施环境优化战略，加大基础设施建设力度。1991—2005 年，全市完成全社会固定资产投资 79.15 亿元。福建大唐国际宁德发电有限责任公司项目落户福安市，福温铁路福安段动工建设。1991 年赛岐大桥建成通车，1992 年拓宽改造 104 国道，2001 年完成国道、省道改造工程；2003 年建成黄兰溪水库梯级电站。2003 年和 2005 年，福宁高速公路和福安连接线建成通车；2005 年，全市公路网总里程 838.3 千米。实施农村“村村通路”工程，至 2005 年，通村公路总里程 1184 千米，完成硬化路面 286 千米，行政村全面实现“五通”（通水、通电、通公路、通电话、通电视）。赛岐港被定为外贸物资装卸点，赛江两岸建有 300 吨级码头 4 座、下白石 3000 吨杂货码头 1 座。赛岐白马港建有 100～3000 吨的客货码头 23 个，其中，货运码头 13 个，年设计吞吐能力 55 万吨，可直航全国各主要大港口。白马港货物吞吐量 88.2 万吨，海运枢纽的主体地位初步形成。电信、邮政发展进入鼎盛期，2005 年，城乡固定电话累计发展到 99518 部，城乡电话普及率 29.18%、户均普及率达 44.6%（含小灵通用户）。宽带接入用户发展到 13474 户，成为第三大电信业务。全市移动通信电话用户 111325 户，446 个行政村通信网络覆盖率 76.91%，电信、移动、联通三家电信运营商市场占有率 69.66%。邮政业务总量每年保持两位数的增长，城区电信投递段从1990年的7路段增加到2005年的18路段。全市彻底扭转建市初期水、电供应紧张状况，1991—2005年，兴建、扩建投产水电站82处、装机152台。至2005年12月底，已建电站90处、装机173台。在建中型水电站2座，计划装机7台、容量115250千瓦。

城市化进程持续加快，城市规模有序扩张。“南展西拓”的城市发展架构初具雏形，城市化水平达40.2%。城市管理水平不断提升，省级园林城市初具规模。15年来，福安市建成区面积从1991年的6.6平方千米扩大到2005年的9.6平方千米。城区中心建成莲池广场、人民广场，城区绿地面积达207公顷、绿化覆盖率30.1%，人均拥有公共绿地面积6.2平方米。

新农村建设取得突破，人民生活稳步提高。15年间，国家先后投入老区建设资金1300.75万元、扶贫经费29446.61万元、“造福工程”建设经费1657.15万元，帮助19684户脱贫、5423户地质灾害点居民搬迁到安全地带另建新居。全面开展新村建设，1995—1997年，共投入小康建设资金5亿元、仅1997年全市共投入新村建设和村容村貌整治资金1.2亿元，在100个村庄实施“建新改旧”，并向全区推出三种建设模式。完成旧房改造9800户、面积92.9万平方米，铺设村主干道98.1千米，铺设小巷道94.7千米，改厕8090座、新建公厕101座。1997年年底，20个乡镇、389个行政村、89669户农民达到省定基本小康的标准，分别占全市乡、村、户比重的90.9%、87%和87.1%。1998年，福安被省委、省政府授予“农村脱贫致富奔小康先进市”。2005年，农民人均纯收入3996元，比1991年人均纯收入730.2元增长4.47倍；职工人均工资纯收入14729元，比1991年的2041.26元增长6.21倍，城镇居民年人均生活支出7772.15元，比1991年1295.16元增长5倍，农民人均年生活消费支出3084.12元，比1991年的466.3元增长5.61倍。城乡居民年末储蓄存款255535万元，比1991年的7789万元增长31.81倍。全市有省级文明示范村8个，宁德地区级示范村28个，市级新村10个。

推进“科教兴市”战略，发展社会各项事业。科技成果进一步推广。1991—2005年，全市实施科技项目433个，其中，国家科委及省科技厅项目50个，宁德市项目45个。获“省科技进步奖”项目成果奖二等奖3项、三等奖10项，省星火项目二等奖1项。1994年，松罗、坂中两校新办聋童班。1997年，成立第一所县（市）级特殊教育学校。1998年，福安市实施“素质教育”整体改革方案，福安农村幼教工作通过省地检查评估，被授予幼教工作先进县；“普九”工作通过省评估检查。1991—2005年，全市集资4.12亿元，扩建校舍19.58万平方米。全市高考录取人数9年居全区第一，有两位学生参加国际奥林匹克数学竞赛获金牌，三位学生分获数学、化学奥林匹克竞赛全国一等奖。学生参加全国学科竞赛获省特等奖1人，一等奖6人，二等奖2人，三等奖3人。文化事业欣欣向荣。1991—2005年，出版各类志书、年鉴23部，出版《中国民间文学集成·福安分卷》3套，《福安市优秀文艺作品选》1部、长篇小说1部、短篇小说集2部、散文集3部、古诗词集14部和新诗集2部。建成福安市文化馆、图书馆。2004年，电视节目信号基本覆盖全市，城乡电视覆盖面100%。老年体育与竞技体育发展迅速。全市74%的村（居）建立老人体育协会组织，老人体育协会会员占全市老年人口的49%。1992年，福安市被评为第4批全国体育先进县（市）。福安市运动员参加世界杯比赛获金牌2枚，参加全国比赛获金、银牌各1枚，参加省运动会比赛获金牌13枚，银牌4枚，铜牌9枚。卫生事业稳步发展，全市卫生经费从1991年的242万元增至2005年1025万元。1991年，市医院经省评审定为二级乙等医院。1999年，市中医院经省评审达二级一等中医院；改水工作被评为省级先进市；创建省级卫生城市达标。

旅游业发展提速。福安市自1991年以来，发挥畲族人口多的优势，开发畲族风情旅游；发挥闽东革命中心的优势，开发红色旅游；发挥白云山的地质地理优势，开发绿色旅游；挖掘唐代福建第一个进士薛令之的历史名人资源，开发廉村古文化旅游；发挥名茶“坦洋工夫”原产地的优势，开发茶文化旅游。2004年，溪柄镇柏柱洋被列为省重点建设“红色景区”，白云山景区被省人民政府列为省级风景名胜区；2005年，廉村古文化旅游区对外开放。旅游业的发展，促进穆云溪塔刺葡萄沟旅游区的形成，省级重点文物保护单位狮峰寺等一批畲村、古寺、古民居等旅游景点得到开发建设。

（四）

1991—2005年，福安市经济持续快速增长，基础设施建设日益完善，科教进步、文化繁荣，社会安定、人民安居乐业，各项事业均取得令人瞩目的成就，为新一轮发展奠定坚实基础，被评为全国土地开发先进县（市），全国地籍管理百强县（市），全国“创文明行业，建满意窗口”示范点，建设部城市综合整治先进单位，福建省城市园林绿化“达标城市”，福建省卫生城市，福建省创建文明城市竞赛活动“优胜城市”“一级达标城市”“先进城市”，连续三届被中共福建省委、省政府、省军区授予“省级双拥模范城”等称号。

光荣属于历史，奋斗成就未来。经过15年的建设发展，福安市虽然摘掉了贫困县“帽子”，但由于经济基础相对薄弱，仍然面临着困难和问题、机遇和挑战。在新的起点上，全市人民将在市委、市政府的领导下，攻坚克难、开拓创新，为全面建成生态型港口工业城市而努力奋斗！

【注】

①清·光绪《福安县志》作“郑子化”，此依明·万历《福安县志·卷之九·拾遗》作“郑子仁”。

②首轮《福安市志·概述》记福安建县仅记郑子化上书，宋理宗御批，未载张过呈请、郑寀力持之史实，有将建县之功归于郑子化一人之嫌，有失全面客观，兹特补述之。据明·万历《福安县志·卷之一·舆地志》：“宋淳祐五年，乡人左谏议大夫郑寀奏析县西北永乐乡六里、灵霍乡三里置福安县。”清·乾隆《福安县志·卷之十九·人物二》郑寀一则：“尝侍理宗……淳祐五年，长溪有分县之请，寀力持卜治韩阳坂，为特奏闻，理宗题扇赐答，议遂决。”

③唐天祐三年（906年）敕建的《王审知德政碑》：优诏奖饰，仍以公之德化所及，赐名其水为甘棠港。

大　事　记

福安市志（1991—2005） FUAN SHIZHI
DASHIJI

1991 年

1 月 4—6 日　福安市政协第七次委员会第一次会议召开，138 名委员出席会议。会议听取福安市政协第六届委员会做的工作报告，通过选举产生新一届主席、副主席、常务委员，刘骞当选主席。

1 月 5—7 日　第十一次福安市人民代表大会第一次会议召开，到会代表 358 人，会议听取并审议市第十届人民政府工作报告，选举雷瑞华为新一届市人大常委会主任，钟明森为市长。

1 月 11 日　交通部副部长王展意到赛岐大桥建设工地，了解大桥建设并考察国道 104 线改建施工情况。省交通厅厅长张金华陪同调研。

1 月 14 日　韩阳镇溪口大桥验收通车。大桥全长 95.45 米，宽 7 米，总投资 119.29 万元。

1 月 14 日　福安市在福州召开扶贫工作汇报会。副省长施性谋，省人大常委会副主任王一士，省政协副主席高胡、许集美及省有关部门负责人出席。

1 月 28 日　福安市召开“联合国妇幼卫生项目县工作会议”，促进项目建设。

1 月 28 日　市委、市政府对韩阳镇亿元镇工作进行验收，确认该镇实现了地委提出的亿元镇第三步目标——乡镇企业总产值上亿元，成为全市第一个亿元乡镇。

2 月 12 日　“福安甘棠—柘荣—福鼎”输电线路建成，以 35 千伏电压等级运行。

2 月 24 日　国家教育委员会副主任滕藤到福安一中、福安二中和宁德地区民族中学、福安师范学校调研。

2 月 25—28 日　市委召开全市工作会议。市委书记何团经作《明确目标任务，再创新业绩，齐心协力，埋头苦干，为全面实现“八五”计划打下坚实基础》的工作报告。

3 月 1 日　经省民政厅批准，福安撤销韩阳镇，成立城南、城北、阳头 3 个街道办事处。

3 月 8 日　省人大常委会副主任温秀山与人大常委会组成人员吕居永、晋静波、傅奎璧等到福安调研。

3 月 12—13 日　全国人大代表、省委农工部部长、省农委党组书记兼副主任刘钦锐到潭头乡、坂中畲族乡和社口镇调研，地委书记陈增光陪同调研。

3 月 17 日　联合国开发计划署、世界银行派出的中国小城镇基础设施考察研究访华团，由团长莫特铎率领，考察福安市经济开发区、市自来水公司、富春公园。

3月26—28日 省军民“深化改革开放，弘扬雷锋精神”专题研讨会在福安市召开，省委常委、宣传部部长何少川出席会议。

3月 福安罐头食品厂获省质量管理奖。

4月21—22日 地区行署、福安市政府联合举办第一届“中国闽东·福安茶文化交流会”。日本及中国台湾、香港地区的茶道传人、茶艺专家、茶商40多人，国内特邀来宾和茶叶专家90多人参加。交流会同时举行外商投资洽谈会、春季茶叶展销会，并与外商、台商达成意向和协议13项，引进外资480万美元。

4月26日 福安市获省第四届（1990—1991年）创建文明城市竞赛活动“先进县城”。

5月7日 宁德地区首家乡镇经济联合社——潭头乡经济联合社成立。

5月15日 省委常委、副省长陈明义率省直有关部门负责人，到闽东赛岐经济开发区及市直部分工厂调研。

5月20日 地委书记陈增光主持召开地委、行署专题会议，研究闽东赛岐经济开发区工作。福安市委书记何团经、市长钟明森参加会议。

6月7日 省油茶垦复成果评估会议在福安市召开。

6月9日 福安在深圳市召开闽东赛岐经济开发区深圳洽谈会，行署专员汤金华参加。

6月12日 省政协副主席陈仰曾率省清房工作第三检查团，到市检查清理占地建房工作。

6月 亚洲开发银行农业综合开发援助项目湾坞半岭水库动工。水库设计坝高44.6米，总库容328万立方米。

6月 福安市三个技改项目列入国家“八五”计划专项，总投资额3429万元，其中“212”型一次性塑料打火机项目，投资规模1769万元；瓦楞纸箱项目，投资规模860万元；天然果蔬饮料项目，投资规模800万元。

7月4日 福安市职业高级中学改为福安市职业学校（中专），并正式挂牌，面向全区招生。

7月10日 省委常委、省纪委书记林开钦到福安市宣讲江泽民“七一”重要讲话精神，并到闽东赛岐经济开发区调研。

7月17日 副省长苏昌培率省农委等省直单位负责人到潭头乡富罗坂茶果场、闽东蜜饯厂调研，并对福安市“八五”计划期间社会和经济发展规划做指导。

8月2—5日 四川省郫县政府代表团到福安市参观考察，并签订福安—郫县友好城市协议。

8月6日 省委书记陈光毅率省直机关负责人到旱情严重的甘棠镇港岐村、坂中畲族乡熙台村了解灾情，慰问灾民，并对抗旱救灾工作提出指导意见。地委书记陈增光参加考察。

8月9日 闽东罐头食品（集团）公司在福安挂牌成立。这是由21家相关的企事业单位联合组成的全区第一家企业集团。

8月27日 朱复良奖学基金会举行首次颁发仪式，65名考入重点大学的福安籍学生每人获100美元奖学金。此后每年均颁发奖学金。该基金会系福安籍旅台乡亲朱复良出资创办。

8月28日 举行赛岐大桥通车典礼。省政协副主席高胡、交通厅厅长张金华、地委书记陈增光、行署专员汤金华等省、地和福安市领导以及福安的干部群众参加典礼。赛岐大桥于1987年8月动工建设，全长486米，宽12米，累计投资1900万元。此前8月20—23日，省交通厅、公路局等有关部门组织专家对赛岐大桥进行考察，并通过工程验收，主体工程被评为省优良工程。

9月2日 副省长苏昌培带领省抗灾夺丰收暨农业综合开发流动现场会与会人员到福安市参观指导工作。

9月12日 省政协原主席伍洪祥、省军区原副政委钟大湖到福安市检查指导老区建设工作。

9月16—20日 农业部检查组到福安市检查验收节柴改灶工作。

9月19日 日本国际协力事业团团长山内帮裕一行，到福安市察看“发展粮食援助项目”的实施情况。国家经贸部、农业部派员参与。

9月21日 市委八届二次全会通过《关于进一步加强农业综合开发工作的决定》，会议同时通过《关于加强科技兴市工作的决定》，要求加强技术推广、技术服务、技术开发三大体系建设。

10月8—9日 省第二届少数民族传统体育运动会在福安市举行。全省8个地区（市）的154名运动员参加比赛和表演。

10月10—11日 省政协副主席高胡、省民委主任雷恒春以及部分省政协委员到穆云畲族乡、晓阳乡考察民族地区经济、文化教育等情况。

10月28日 地委、行署在下白石镇南浦村召开解决该村与宁德云淡村滩涂纠纷现场办公会。

11月2日 福安市食品研究所成立，为福安市第一家由企业创办的科研开发机构。

11月2日 在全省111家工交内贸第一轮承包先进企业中，市农药厂、罐头食品厂获省政府办公厅授予“第一轮承包先进企业”称号。

11月10—17日 在第四届全国少数民族传统体育运动会上，福安畲族武术选手雷盛获男子棍术一等奖、男子拳术三等奖。

11月12日 闽东蜜饯厂生产的化核嘉应子系列蜜饯，获国家“七五”星火计划博览会金奖。

11月12日 以机电部原副部长王子仪为组长的国务院检查组到福安检查指导税收、财务、物价工作。

11月23日 赛岐镇2000门程控电话割接开通，该镇是宁德地区首家开通程控电话的乡镇。

11月26日 副省长施性谋、省经委主任黄瑞霖到福安视察工业工作。

12月31日 市食品工业公司生产的蘑菇、香菇罐头和特级酱油在第二届北京国际食品博览会上获银奖，冬笋罐头获得铜奖。

12月 市天然饮料厂生产的维特牌粒粒橙汁、水蜜桃汁、番石榴汁、蒜蓉香粒4种新产品，在“北京·中国食品工业十年成就展示会”上获优秀新产品奖。

是年 国家土地管理局授予福安市“全国土地开发先进县（市）”称号。

是年 湾坞实施1433.3公顷旱片耕地改造工程。

1992年

1月7日 福安市民族医院成立，院址仍设于穆阳镇，原为福安市人民医院。

1月9日 九州工贸综合大楼奠基。大楼位于新华中路，楼高13层，建筑面积1.4万平方米。1994年11月建成开业，更名为九州大酒店。

1 月 16—17 日 省中等农业学校校长会议在福安市召开，农业部和省、地（市）有关负责人出席会议。

1 月 19—20 日 中共中央委员、农业部原部长何康率农业部、中国农业科学院有关负责人到福安考察，指导“农村奔小康”工作。

1 月 28 日 城区新华路拓宽工程竣工，该工程全长 2662 米，1990 年动工，在拓宽车站路以南 500 米路段的基础上，南北延长拓宽，总投资 993 万元。

2 月 13—15 日 市委召开全市工作会议。市委书记何团经作《稳定中求突破，继承下有创新，努力创造优异成绩向党的十四大献礼》的工作报告。

2 月 15—16 日 全国人大代表陈增光、吴愿金、雷梅娇等视察福安。

2 月 16 日 市电视制作中心、市民族茶文化艺术团成立。

2 月 18 日 中共中央顾问委员会委员、中国扶贫基金会会长、福建省委原书记项南到福安考察闽东赛岐经济开发区。

2 月 18 日 中共中央顾问委员会委员、中国扶贫基金会会长、福建省委原书记项南为福安市天然饮料厂题词：崇尚天然、追求质量。

2 月 27 日 副省长游德馨率省政府办公厅、省外经委、省交通厅、省协作办负责人到闽东赛岐经济开发区调研，并召开现场办公会。

3 月 6 日 福安市水砂执法体系建设试点通过验收。福安市被列为省第二批水利执法试点县市，开始实行取水、采砂石许可审批制度。

3 月 18—20 日 由地区行署、福安市人民政府联合主办，上海国际问题研究所、省旅游局、省对外经贸研究所协办的第二届“中国・闽东・福安茶文化交流会暨福建省畲族风情旅游节”在福安市举行。来自国内外的茶艺专家、茶道传人、茶商、旅游团、新闻记者等 300 多人参加。

3 月 23—27 日 政协福安市七届二次会议召开，会议听取市政协七届一次会议以来工作报告。26 日，市政府召开部分政协委员、人大代表参加的咨政协商会议。

3 月 24—27 日 福安市人大第十一届二次会议召开，听取审议市人民政府工作报告，原则批准《福安市科技兴市总体实施方案》。

3 月 29 日 国务院特区办公室副主任张戈到闽东赛岐经济开发区、市农药厂、福光电子（国际）有限公司、运动鞋厂、闽东电机一厂调研，认为福安市基本具备开放城市条件。

3 月 29 日 副省长苏昌培率省财政厅、水电厅等有关部门主要负责人到闽东赛岐经济开发区、农药厂、罐头食品厂及坂中畲族乡调研。

3 月 为解决福安市工业电力紧缺问题，省政协副主席倪松茂、高胡带领省政协委员到福安开展电力状况调研。

4 月 10 日 福安康复医疗仪器厂生产的“康美”牌热磁波针灸按摩器，被评为“1992 年中国消费者喜爱的 50 种保健产品”。

4 月 13 日 中国人民解放军总后勤部部长赵南起等到福安驻地某海军工厂调研。

4 月 28 日 市包装纸厂引进的技改项目——白板纸生产线投产。该项目总投资 141 万元，可年产白板纸 4000 多吨。

5月17日 市政府在溪潭乡廉村召开“廉村古文化座谈会”。上海国际问题研究所所长陈佩尧，地区宣传、文化等有关部门负责人出席会议。

5月21—22日 由省乡镇企业局、地区科委、市政府联合举办的首届闽东赛岐经济开发区技术交流会在赛岐召开。来自北京、上海、江苏、福建等8个省（市）60家科研单位、高等院校、工矿企业和经济管理部门的710多个项目参加交易。洽谈会达成协议168项、金额1350万元，科技新产品销售30多万元。

5月22—23日 中国银行总行副行长杨惠求到福安考察福安天然饮料厂、福光电子（国际）有限公司等合资企业，并承诺投资建设芹山电站。中国银行福建分行行长宋庆、行署专员汤金华参与考察。

5月22日 台湾闽东同乡会理事长陈盛德（福安籍）首次率团回乡。

5月29日 市委、市政府下发《关于鼓励外商投资开展经济技术合作若干优惠规定》文件，实行全方位开放，扩大外商投资的领域和范围。

5月31日至6月1日 省村级预备干部培训工作会议在福安市召开，省委常委、组织部部长王建双等到会指导。会议期间，与会代表参观了市农药厂、罐头食品厂、天然饮料厂。

6月1日 福安市全面推行住房制度改革。

6月2日 闽浙毗邻地区物资交流会在福安市召开。

6月4日 省民政厅批准溪尾乡、晓阳乡、潭头乡撤乡建镇。

6月26—27日 联合国工业发展组织中国投资促进办事处顾问赛特到福安考察工业发展现状。

6月25日至7月8日 市政府组团赴香港，在招商会上与香港美菲发展有限公司签订合同，投资1880万美元在闽东赛岐经济开发区创办福菲瓷业发展有限公司。

6月 经省经委批准，以市电机电器工业公司为核心的福建省双龙机电工业集团公司成立，加上1991年成立的闽东罐头食品（集团）公司，1992年成立的福建天马企业集团公司，福安市共有3个跨地区、跨行业的综合性工业集团公司。

7月4—7日 全市普降暴雨，造成洪涝灾害，死亡8人，其中城阳乡岩湖村土墙倒塌压死4人。灾害造成直接经济损失1973万元。

7月10—11日 省委副书记林开钦率省委、省政府有关领导到福安了解洪涝灾情，慰问灾民。

7月20日 9点30分，福州闽运公司一辆东风牌48座大型客车，在104国道2130千米+900米处，翻入河中，车内45人，死5人，伤40人。

8月18—20日 省武术散手擂台赛在福安市举行。

8月29—31日 全市遭受16号强台风及暴雨袭击，加上8月大潮影响，下白石镇外宅村水位高于海平面5.3米，比历史最高水位高出0.08米。沿海乡镇海堤决口42处，造成死亡4人，直接经济损失8536万元；甘棠镇奎聚村、国泽村3条塘堤崩塌，9处决口总长2000米。湾坞乡下塘村、徐江村塘堤塌方、决口16处，总长5000米。

8月 市中医院搬迁至城区下城河的新址。该院成立于1985年2月，是福建省中医院分级管理试点单位。

8月 闽东冶金集团公司成立。

9月5日 溪尾撤乡建镇。

9月8—12日 市委、市政府组团赴厦门参加"9·8"洽谈会，共签订"三资"（中外合资、中外合营、外企独资）企业项目合同28项、合同额9511万美元，其中外资投资额7530万美元。

9月14日 地委、行署在福安市召开兰田暴动及闽东工农红军第一支队成立60周年纪念大会。

9月20日 晓阳撤乡建镇。

9月26日 潭头撤乡建镇。

9月 闽东港航管理机构——赛岐港务局正式成立，全权管理闽东沿海港口。

10月2日 12点30分，溪柄镇水田村一艘运沙船，从赛岐牛兜港返回水田途中，因严重超载翻船，船上30人中11人遇难。

10月8—10日 上海新闻记者团一行13人到福安采访考察，实地听取闽东赛岐经济开发区、市拖电厂、天然饮料厂、福光电子（国际）有限公司、中闽机电设备公司、福安酒厂的情况介绍。

10月25日 福安市第一中学举办建校90周年庆典。

11月5日 市民族茶文化艺术团杨玉英（杨玉冰）赴香港参加第一届"福茗堂"（国际）茶艺邀请赛并获冠军。

11月9日 市委常委扩大会议决定，在改造104国道福安段的同时，计划用3年时间，对湖塘坂至下白石镇的63.7千米公路，按路基12米、路面9米宽的标准进行改造。

11月14日 省人大常委会副主任张明俊等一行8人视察穆阳等乡镇。

11月27—28日 市人大第十一届三次会议召开，会议选举雷瑞华等9人为出席省第八次人民代表大会代表。

12月18日 市委、市政府召开国道104线改造先行工程集资动员大会。各机关单位、干部职工率先捐款，全市共捐资170.74万元。

12月24日 凌晨3时，赛岐汽车站发生特大火灾，烧毁店面28套253间、损失365万元。

12月31日 《中国民间文学集成福建卷·福安分卷》历经4年普查采集，分故事卷、谚语卷、歌谣卷3套出版。

12月 福州红山——福安甘棠22万伏输电线投入运行，是宁德地区首条22万伏输电线路。

12月 国家体委授予福安市"第四批全国体育先进县（市）"称号。

是年 福安市普遍实行企业职工工伤保险制度。参加企业60家、7000人，收缴工伤保险基金3.4万元；当年为24名工伤职工支付工伤保险费8000元。

是年 市政府颁布并实施《福安市军人抚恤优待条例实施办法》，全市优待农村义务兵优待面达100%，户均优待金510元。

1993年

1月4日 城区中兴街西段改造拓宽工程竣工。该工程总投资380多万元，拆迁118户建筑，拆迁面积4000平方米，新落成16幢联建楼、新建面积11000平方米。

1月4—7日 台湾《联合报》大陆新闻中心记者王玉燕等到福安采访。这是首批到福安采访的台湾媒体记者。

1月15日 市邮电局在宁德地区率先从美国摩托罗拉公司引进移动电话并正式开通。

1月22日 赛岐镇前进街因燃放鞭炮引发火灾，烧毁、拆毁房屋17座，店铺39间，受灾206户，直接经济损失545万元。

1月28日 省委副书记袁启彤到赛岐慰问受灾群众。

1月 经地委、行署批准，福安市设立穆阳民族经济开发区。开发区为市委、市政府派出的机构（正科级）。3月，由省建筑专科学校设计的《福安市穆阳民族经济开发区总体规划》通过省级技术鉴定。新区规划面积8平方千米，范围包括穆阳镇、穆云畲族乡、康厝畲族乡所在地和苏坂村等8个行政村。3月12日，举行穆阳民族经济开发区挂牌仪式。4月，开发区与穆阳镇合署办公，并划出穆云畲族乡的桂林村及康厝畲族乡的康厝村等7个行政村归开发区代管。

2月4日 副省长陈明义到福安市调研，调研期间到民营企业市水写纸厂了解情况。

2月14—16日 省科学技术委员会受国家科学技术委员会委托，到福安检查验收科技达标工作，福安市通过全国县（市）科技工作达标验收。

2月17—20日 市委召开全市工作会议。市委书记何团经作《抓住机遇乘势而上，同心同德真抓实干，为三年再造一个福安而努力奋斗》的工作报告。

2月20日 市委、市政府同意印发《福安市1993年经济体制改革要点》，以推进经济体制各项改革。

3月2日 市个体劳动者协会上白石镇分会副会长王爱莲被中宣部、国务院办公厅、解放军总政治部、共青团中央评为“全国学雷锋活动先进个人”。

3月2—6日 政协福安七届三次会议召开，会议听取市政协七届二次会议工作报告。

3月3—6日 市人大第十一届四次会议召开，会议听取并审议市人民政府工作报告。

3月11日 市重点建设项目闽东电机电器工业区、南湖花园别墅、彩软包装厂、阳头工贸区、民贸大厦、市幼儿园、工商大楼、教育大楼、林业大厦、干部集资联建公寓等10项工程同日举行开工仪式。

3月11—12日 举办“庆祝建市三周年暨福安市被国务院列入沿海开放城市”活动。

3月17日 中残联理事滕伟民到福安检查指导残疾人工作，并参观民政福利三厂和残疾人创办的阿剑服装厂。同时，省、地授予福安市“三康”（白内障复明、儿麻矫治、聋儿语训康复）工作领导小组先进工作单位称号。

3月20日 温（州）福（州）铁路专家预可性调查组到福安考察铁路走向方案。市人大常委会、市政府领导陪同专家实地察看，商讨线路走向。

3月26日 省委常委、省委秘书长黄文麟到福安检查工作，并到溪潭乡、潭头镇企业和坂中工业小区调研。

3月 福安市探索村级主干任用制度改革，试行村级“两委”主要干部脱产聘用制，一任合同期为3年。

4月3日 市农药厂的“能位匹配法”在上海召开的第二届全国企业管理工作会议上被评为“企业管理现代化创新成果二等奖”。

4月14日 陈必滔任福安市人民政府副市长、代理市长。

4月22—23日 对外经济贸易合作部特派员到福安市调研自来水厂项目。市政府领导陪同调研，并达成投资450万美元，20年贷款期，年息4%，由奥地利政府提供的贷款的意向。

4月23日 根据省政府决定，撤销赛岐税务检查站。

4月26日 市经委对13家工业企业生产用电情况调查表明，当月企业停电累计天数达135天，多的26天，少的6天。缺电问题已成为制约福安经济发展的瓶颈。

4月30日 市委、市政府通过《关于加快船舶工业发展的若干决定》，对赛江沿岸船舶修造业给予比开发区更优惠的政策措施，以推动船舶业发展。

5月2日 国家扶贫基金会会长项南到闽东赛岐经济开发区、打火机厂及坂中电机电器工业区调研。

5月9日 赛岐罗江集贸市场再获“全国文明集贸市场”称号，实现三连冠。赛岐工商所也获“全国先进工商所”称号。

5月15日 工商银行在福安市率先使用微机网络管理。

5月 赛岐铁合金厂75号硅铁和闽东电机公司MD牌ST系列单相交流电机被评为省级名优产品。

6月11—13日 全省县（市）人民武装部正规化建设现场会在宁德召开。会议期间，与会代表到福安观摩市人武部正规化建设工作。

6月17日 省委副书记林开钦到福安调研。

6月19—21日 闽浙“赛江杯”龙舟邀请赛在赛岐镇举行。赛岐镇代表队获第一名，福州市浦下村队、闽侯县甘蔗镇队分获二、三名。比赛期间，举办闽浙毗邻地区名、特、优产品展销会。

6月21日 省委党史工作会议在福安市召开。

6月 市智立电子研究所发明的“热吻电子针灸按摩器”“燃气节能减污器”获“93中国专利技术博览会”金奖。

7月10—14日 全美华人商会会长冯近凡（美籍）和美国安昌国际集团公司总经理强治平与市罐头厂洽谈合作，达成50万美元的补偿贸易协议。

7月14—15日 副省长王良溥到福安调研，了解中央6号文件精神贯彻情况。

7月21日 城区官村商品住宅综合开发区奠基开工，该项目由上海宝立房地产经营公司温州公司投资开发，占地6.67公顷。

7月31日 福安客运公司“福建39—06234”客车从浙江泰顺开往福安，途经寿宁斜滩车站附近时，与一辆载人柴油三轮拖拉机相撞，造成6死9伤的重大交通事故。

7月 福光电子（国际）有限公司和闽东石制品有限公司获全国外商投资效益和创汇“双优”企业称号。

7月 城区鹤山路拓宽进入全面改造建设阶段。该工程全长432米，其中，拆迁路段46米，拆迁建筑面积约1万平方米，于4月启动，6月基本完成拆迁安置工作。

8月2日 台湾台北市闽东同乡会理事长魏瑜率同乡会13人，首次组团回闽东探亲，并到福安观光考察。

8月8日 市委、市政府为加快个体私营经济发展，下发《关于加快个体私营经济发展的若干规定》。

8月10日 国际蒂森给排水工程有限公司项目经理曼天乐·包为思考察罗江自来水厂，并具体洽谈奥地利政府提供贷款事宜。

8月17日 市宗教活动场所首次登记审查会议召开，湖山三宝禅寺等34个试点寺院通过审查登记。

9月6—11日 市组团参加厦门“9·8”投资贸易洽谈会，与港、台、新（加坡）等客商签约16项，累计投资金额3338.17万美元。

9月10日 华一设计公司陈缪华设计的两件作品，在第四届全国包装装潢设计展评会上获金奖、铜奖。

9月23—26日 省人大常委会原副主任、省计生领导小组组长张渝民率省检查团到市检查计生创达标工作。

9月 市打火机厂被列为国家扩大机电产品出口生产企业。

10月4日 市第十一届人大常委会第十八次会议决定，接受陈必滔辞去市政府副市长、代理市长职务，任命康建民为市政府副市长、代理市长。

10月14日 由香港沈炳麟捐资兴建的康厝畲族乡施洋村教学楼——“庆同楼”举行落成典礼。

10月18日 省委常委、宣传部部长何少川到穆阳民族经济开发区调研。

10月20—21日 省电机电器学术年会在福安市召开。

10月22—23日 国务院和省政府财务、税收、物价检查组到福安检查工作。

10月23日 范坑乡宣布实施初等义务教育。至此，福安市21个乡镇、街道全部实施初等义务教育。

11月11日 市领导率公安、检察院、法院有关部门人员赴平潭县协调解决“9·4”“10·12”货船被劫事件。

11月20—22日 中共福安市第九次代表大会召开。出席会议代表271人。大会通过陈必滔代表市委作的《团结鼓劲，开拓进取，为实现福安经济和社会各项事业大跨度发展而努力奋斗》的工作报告。大会选举产生由31人组成的中共福安市第九届委员会，陈必滔当选为市委书记。

11月29日 赛岐镇供销社发生特大火灾，死亡7人、伤1人。

11月29—30日 省委书记陈光毅，省委常委、秘书长黄文麟，省人大常委会副主任袁启彤，副省长刘明康等到福安调研和现场办公。

12月1日 交通部和省交通厅领导到福安市检查104国道福安段拓宽改造施工现场和收费情况。

12月4日 宁德地区农业科技园区建设现场办公会议在溪柄镇召开。行署要求，要把溪柄建成宁德地区农业科技示范园区。

12月23日 康厝畲族乡初处村附近，发生闽东水电站小车与大客车相撞事故，客车翻覆坠河，造成14人死亡、28人受伤的特大交通事故。

12月30日 经省政府批准，福安市摘掉贫困市（县）“帽子”。

12月 福安酒厂生产的“红福牌”啤酒在北京召开的首届中国新酒博览会上获“金杯奖”。

12月 福安市通过国家科委县级科技达标验收，成为“全国科技工作先进县”。

是年 全市实施企业职工生育保险业务，首批参加生育保险单位5个，职工945人，征收职工生育保险金2.82万元。

是年 福安市被商业部列为“茶叶社会系列服务示范县（市）”。

1994年

1月4日 经国务院批准，福安市对外国人开放。

1月15日 国家民委副主任江家福到穆阳等乡镇调研。

1月15—19日 政协福安市第八次委员会第一次会议召开，出席委员169人。会议听取了第七届委员会工作报告，选举产生政协福安市第八届委员会主席、副主席、常委，刘骞当选主席。

1月17—20日 福安市第十二次人民代表大会第一次会议召开，出席会议代表402人。会议听取了第十一届人大常委会工作报告，选举产生第十二届人大常委会组成人员19人，林青当选人大常委会主任，康建民当选市长。

2月24—25日 南京军区副司令员阎琢、省军区副司令员郭培巩、第31集团军副政委聂全林到福安检查工作。

2月25—28日 市委工作会议召开，总结1993年工作，表彰先进，部署1994年工作。

2月 甘棠学区小学教师林山森编写的《多音字辨析字典》出版。

3月11日 《福安报》创刊。

3月16日 “闽东闽学研究会成立暨闽台文化与朱子理学研讨会”在福安召开。台湾文献委员会组团到会参加学术交流。

3月 市委、市政府确定1994年为福安市“民营经济发展年”。

4月4—6日 福建省市区规划调整评定会通过福安市区规划调整方案。

4月8日 省沿海防护林体系建设工作会议在福安市召开。

4月19日 省畲族人口健康素质抽样调查在穆云畲族乡进行，历时25天。该乡是全省3个入户调查乡之一。入户调查16个畲族村1563户，占应调查户的95%。

4月22日 省人大常委会副主任张明俊带领省民委等部门领导到穆阳民族经济开发区调研。

4月 福安一中被省教委确认为“福建省普通中学二级达标学校”。

5月12日 市政府印发《福安市1994年股份制和股份合作制企业改革试验实施方案》。

5月19日 市委、市政府召开工业领导小组扩大会议，鉴于福安市的电机电器、船舶修造、电子仪器、打火机、化工、建材、冶金、食品加工、包装印刷及茶叶加工等十大产业初具规模，为解决发展工业的资金“瓶颈”问题，市委、市政府做出《关于进一步深化企业改革加快我市工业经济发展的决定》。

5月20日 全国人大常委会委员伍精华、省人大常委会副主任张明俊到穆云畲族乡考察畲族市场经济与民族工作。

5月22日 市第七届职工运动会举行。

6月2日 省船检局、海监局召开福安市“三无”（无船籍港、无船名、无船舶证书）船舶管理会议，会议在市船舶工业公司举行。

6月9—10日 省长陈明义率部分省直单位负责人到福安调研，考察柏柱洋老区和闽东赛岐经济开发区，并举行现场办公。

6月10日 市委、市政府为提高电机电器生产的总体水平，做出《关于依靠科技进步建设电机电器城的决定》。

6月24—25日 “八闽质量行”记者团到福安现场采访市农药厂、华丰电机厂、罐头食品厂等企业，并对福安市铸钢厂忽视产品质量的问题进行新闻曝光。

6月26日 “溪柄镇—柏柱洋”柏油公路动工修建。这是宁德地区第一条乡村柏油公路，设计长13千米，总投资140万元。

7月10日 6号强台风袭击福安，过程雨量150～250毫米，局部地区雨量超过300毫米，沿海风力9～10级，阵风11级；14个乡镇受灾，受灾人数271万人，死亡1人，受伤35人，直接经济损失4408万元。

7月12—13日 省卫生厅考核鉴定组对福安城区灭鼠工作进行考核鉴定，福安市达到“灭鼠先进城区”标准。

7月24日 社口村一辆柴三机在枫湖线公路8千米＋700米处翻车，造成5人死亡、1人重伤的特大交通事故。

7月28日 为加强引导和扶持福安民营经济发展，市委、市政府做出《关于加快民营经济发展的决定》。

7月31日 溪柄镇完成粮食征购任务1200吨，连续十年在全市率先完成甲组征购任务。

8月3日 市民族茶文化艺术团15人应香港茶艺乐园（中国）有限公司的邀请，在广州市进行为期半个月的茶艺展演。

8月8—17日 市政府组团赴山东省平度市学习考察，并与该市缔结友好城市。

8月9—12日 福州大学部分教授到福安市企业开展科技咨询活动，帮助解决技术问题，并签订1项技术合作合同和7项合作意向协议。

8月18日 日本国藤纪有限会社独资1.1亿元人民币建设福安京都商业城，签约仪式在福安举行。该项目占地2.33公顷，由日方开发经营70年，拟建集商贸、商住、娱乐为一体的现代化商业中心，高档次、多功能。1995年2月，商业城奠基动工。

8月23日 为抢救落水小学生而英勇献身的溪柄镇茜洋村青年许建雄被省政府授予革命烈士称号。

8月 福安成立公路建设投资股份有限公司，引进民间资金投入104国道拓宽改造，此为省内首例试点，试行在批准年限内对建成的投资路段通行的车辆收费。

8月 福安市被国家科委列为“金桥工程”重点联系市。

9月1日 坂中电机电器工业区二期工程基本建成，共投入资金250万元，13家企业入驻，1家投产。

9月2—4日 由省科委组织的“福安电机电器城”项目论证会在福州召开，项目通过论证。此前5月14日，市委召开常委扩大会议，专题研究电机电器城建设问题。

9月6日 福安市撤销税务局，成立市国家税务局和市地方税务局。

9月14日 1994年福建省大型乡镇企业排名揭晓，福安市赛岐打火机分公司名列第三。

10月6日 福安市商会成立。

10月15日 市邮电开发公司职工在湾坞乡政府门口架设电话线时，触碰高压电线，造成死亡5人、伤1人的重大事故。

10月下旬 省委副书记林开钦率省委办公厅、省交通厅、公路局、地税局、工商行、总工会等部门负责人到福安考察“先行工程”建设情况。

10月31日 福安召开廉村古文化保护和利用研讨会，省文化厅厅长李联明、有关部门及地区领导、专家等到会指导。

10月 市十大重点工程建设项目之一的福安电机电器检测中心建成，并投入运行，总投资57.47万元。

11月6日 市委、市政府做出《关于加大改革开放力度，改善投资环境的若干决定》，加快外向型经济发展。

11月10—11日 闽东苏区创建60周年纪念活动在福安市举行。

11月29—30日 省委常委、常务副省长王建双到福安考察黄兰溪电站工程。

12月12日 宁德地区农业学校举办60周年校庆活动。

是年 市政府召开全市劳动制度综合配套改革工作会议，推行企业用工、工资、社会保险三项制度改革。

1995年

1月5日 溪潭撤乡建镇。

1月7日 市汽车配件厂生产的马达消声器，在省第二届工业博览会上获金奖。

1月22日 地区中级人民法院在福安公开审判晓阳镇谷口村干部集体贪污案。该村干部集体贪污黄兰溪梯级电站向谷口村征用土地款9.6万元。

2月15—17日 市委召开全市工作会议。市委书记陈必滔作《增创优势，扩大总量，实现福安经济新跨越》的工作报告。

2月20日 福安一中学生郑常津、陈华一、李国雄入选中学数学奥林匹克竞赛国家队。并在俄罗斯举办的第二十一届世界中学数学奥林匹克竞赛中，分获银奖、铜奖。

2月24日 20点30分左右，2名歹徒潜入市农业银行康厝营业所抢劫金库，女出纳员林碧玲拒绝透露金库密码，保住了57.4万多元人民币巨款，但遭歹徒杀害，同时被杀害的还有其他3名无辜群众。案件告破后，林碧玲被公安部追授为“全国见义勇为先进分子”，全国妇联、省妇联先后追授她为“三八红旗手”，省政府追授她省“五一劳动奖章”。

3月9—13日 政协福安市八届二次会议召开，会议听取市政协年度工作报告。

3月10—13日 市人大第十二届二次会议召开，会议听取并审议《政府工作报告》和《关于建立福安市社口茶叶专业镇的议案》《关于加强电力建设力度，促进我市经济和社会发展的议案》。

3月15—25日 市组团赴香港参加香港福建投资贸易洽谈会，签订4个项目，投资总额600万元。洽谈会期间，成立香港—福安联谊有限公司。

3月29日 市计生服务站刘彦斌被国家计生委、卫生部授予“计划生育万例手术无事故先进个人”

称号。

3月29日 穆阳镇被建设部列为“全国小城镇建设试点单位”。

4月6日 福安市成立“再就业工程协调领导小组”实施“再就业”工程，安置企业富余、下岗职工。

4月24日 载有32名旅客的宁德市一辆中巴在下白石镇外宅村附近翻车，造成13人死亡，19人重、轻伤的特大交通事故。

4月29日 国务院授予赛岐供销社缪惠琴、闽东电机总厂叶石成“全国劳动模范”荣誉称号。

5月18日 福州市副市长、福州经济技术开发区管委会主任黄玉立率考察学习团到福安市，与闽东赛岐经济开发区签订协议，缔结为友好合作区，并就河砂出口达成意向。

5月20日 赛岐科技示范镇工作经地、市专家检查组评议达标。

6月2日 “日照号”远洋货轮满载赛江黄沙，从下白石3000吨级杂货码头启航，驶往日本横滨。这是该码头建成后首航国外的货轮。

6月5—9日 在连江县召开的省第三届少数民族传统体育运动会上，福安市畲族运动员表演的项目《打枪担》《舞龙头》《打尺寸》均获一等奖。

6月15日 市第十二届人大常委会会议通过决定：福安市树为樟树，市花为茶花。

6月24日 省委副书记林开钦到福安检查104国道拓宽工程施工情况。

6月 溪柄镇部分地区暴发斑角蝗虫灾害，受灾面积达1600多公顷。

7月1日 罗江自来水厂工程通过省、地验收，并投入使用。该水厂系宁德地区14项重点工程之一，1991年动工建设，设计规模为日供水1万吨，第二期扩建为日供水4万吨，预算总投资984万元，1994年10月建成通水。

7月16日 副省长王良溥带领省计生委主任卢景量、省卫生厅副厅长曾昭鸿等到福安调研计划生育和卫生防疫工作。

7月21日 福安市在溪柄镇召开十大类新农机具推广现场会。省、地有关部门领导、福安市各乡镇有关负责人参加现场会。

8月6日 应闽东贸易促进支会邀请，德国BEA公司马尔库斯·泛尔到市红旗机械厂、闽东电机厂、闽东无线电厂考察，并就合作项目进行洽谈。

8月8日 副省长张家坤到福安调研外经外贸工作，就福安市参加厦门“9·8”洽谈会、治理乱收费、优化投资环境等工作提出指导意见。

8月20—23日 市第20届中学生、第16届小学生田径运动会在福安三中举行，共有36人次打破5项宁德地区中学生田径运动会记录、8项福安市小学生组记录。

8月29日 副省长施性谋到福安调研。

8月 省科委、农业厅、人事厅等组织专家10余人，到福安三个乡镇重点村考察1466.7公顷早稻育苗稀植栽培试验田，确认平均亩产达489千克，比常规育秧栽培亩增104千克，增产27%。

9月8日 市区“教师新村”动工建设。

9月14—21日 全国“争创卫生城市”检查组到福安检查考评。

9月15日 从8月8日起，全市连续37天高温无雨。旱情严重威胁秋粮和经济作物生产，全市双季晚稻受旱面积达2333.3公顷。

9月15日 溪柄稻粉虱防治试验通过省级验收。

9月17—20日 省旅游规划小组到市考察区域景点并参加旅游规划座谈会。10月21日，规划小组提出全市旅游规划和实施指导意见。

9月19日 省农业综合开发办公室主持召开湾坞乡半岭水库验收会，水库工程通过验收。该水库是亚洲银行农业综合开发贷款建设项目，总库容328万立方米，属小型水库，可灌溉面积1666.7公顷。

9月26日 省广播电视台捐资建设的溪柄镇立峰小学教学楼——“思源楼”落成。6月1日，省广播电视台决定取消台庆活动，把节省的28万元经费捐助给立峰小学建设该教学楼。

9月22—23日 省人大常委会副主任袁启彤到穆阳民族经济开发区和坂中畲族乡考察“奔小康”工作。

10月13—14日 市政府召开溪柄镇绿竹笋、社口镇明前茶技术开发验收会。

10月26日 省政协副主席、省民进主委林逸到福安电机电器工业园区调研。

10月31日 省工程咨询总公司总工程师王长平到福安市，就建设船舶修造中心工作与市政府洽谈，并达成向国家申报项目的意向。

10月31日 范坑乡程控电话开通。至此，全市18个乡镇实现电话交换程控化，传输数字化。

10月 福建万达电机有限公司通过欧盟国家CE认证，取得产品出口欧洲市场的通道。

10月 省科委委托地区科委、地区农科所验收福安市绿竹高产栽培技术试验项目，验收结果表明，运用新技术平均亩产绿竹笋633.6千克，比传统栽培亩增153.6千克，项目通过验收。当年，福安市绿竹面积、产量跃居全省首位。

10月 溪尾镇红鳍东方河豚与对虾、花蛤混养成功，并通过专家鉴定。

11月1—16日 市组团赴云南省昆明市参加第五届全国少数民族传统体育运动会。

11月4日 福安市湾坞二期围垦工程通过省、地验收。该工程于1988年动工，堤长3900米，总计土石方103.5立方米，总投资1098.8万元，可保护面积433.3公顷、人口3100人，海堤纳入省万亩海堤管理。

11月4—5日 市政府与日本全友株式会社代表洽谈黄麻造纸项目，并达成初步协议。

11月5日 举行104国道线福安段改造通车剪彩仪式。1992年4月，市委、市政府决定对104国道线福安段进行改造，以甘棠镇段、罗江段、“扁担坡”段、城区溪口桥至“福光大楼”段、坂中桥头至瓮窑村及白塔村段6个路段作为重点改造路段，当年12月开工。该改造工程累计投资1.7亿元。

11月9日 地区中级人民法院裁定：福安茶厂因亏损1943万元，资不抵债，宣告破产，这是福安市首例企业破产案。

11月15日 位于社口镇的省茶叶研究所生产的茶叶“福云曲毫”“剑芽”参加在北京举办的第二届中国农业博览会获金奖；“松针”“坦洋金猴”获银奖。

11月17—23日 福安市通过省卫生城市检查团验收，获省级卫生城市称号。

11月24日 地区“争创小康村”暨冬季农业生产现场会在穆阳民族经济开发区召开。

11月24日 日本国长崎县农业访华团一行4人到社口镇和省茶叶研究所参观访问。

12月5日 由市康健哮喘病研究所所长、老中医王健研制的“特效哮喘胶囊”获全国发明协会颁发的铜牌奖。

12月20日 18个乡镇、开发区的“造福工程”通过检查验收，全市共搬迁52个行政村中的77个自然村、391户2008人，超额完成省下达的当年搬迁任务98人。

12月26—28日 省政协副主席、省委统战部部长金能筹率领省各民主党派、工商联组成的公路“先行工程”视察团到福安视察104国道福安段改造情况。

12月28—29日 副省长童万亨到福安市视察海堤达标建设和冬春农田水利基本建设。

12月 闽东华丰电机厂、华丰电机二厂、闽通电机厂、安波电器有限公司等4家企业，通过中国电工委员会分马力电机分委会的安全认证验收。

1996年

1月4—6日 副省长王良溥到福安调研计生、卫生工作。

1月14日 省委常委、宣传部部长赵学敏，副部长陈逸清率领“省文化下乡演出团”到城阳乡为老区群众慰问演出。

1月24日 全国纪检监察工作先进单位和个人表彰大会授予福安市纪委、监察局“全国先进纪检监察组织”荣誉称号。

1月28日 福建省福安市黄兰溪水力发电有限公司成立。1995年12月19日，黄兰溪水库梯级电站与香港英属维京斯永沛投资有限公司举行合同签约仪式，共同投资成立中外合资黄兰溪水力发电有限公司。这是改革开放以来宁德地区引进外资实施基础设施建设的第一个项目，也是实际利用外资最大的一个项目。

1月30日 省军区政委、少将隋绳武将省军区机关及部队官兵捐集的40万元，捐赠赛岐镇泰康村建设希望小学。

1月 福安汽车北站投入运营。该站位于市区城北交通枢纽地段、福穆公路和104国道交会处，占地面积1公顷，总投资300万元。

2月2日 “福安1996农业品种改良年活动计划方案咨询论证会”在省农科院举行。省农办、农业厅、科委、林业厅、水产厅、农科院等单位的专家充分肯定福安市在全省率先实施农业品种改良工程。

2月5日 在104国道溪柄黄兰桥路段，6名持有凶器的蒙面歹徒，抢劫一辆宁德发往浙江瑞安的大巴客车，抢夺旅客现金48万余元及手表等物，并刺伤1人。27日，案件告破。

2月7日 省委副书记何少川到潭头镇、城北街道前进村和坂中畲族乡坂中村调研计生、“奔小康”、农村思想政治工作，并开展春节慰问活动。

2月9日 潭头镇后洋村发生火灾，烧毁房屋22座，直接经济损失210万元。

2月10日 福安城区实行生猪定点屠宰。

2月11—13日 市委工作会议召开。市委书记陈必滔作《开拓奋进，乘势而上，为全面实现“九五”计划开好局起好步》的工作报告，市长康建民作《努力实现两个根本转变，全面推进现代化建设进程》的工作总结。

3月8—9日 省政协副主席陈增光率省水电专家一行，到黄兰溪电站工地调研。

3月17—19日 福安市旅游业总体规划评审鉴定会召开。经过半年多的考察和论证形成的《福安市旅游业发展总体规划》通过省旅游局组织的专家评审。

3月18日 福安市人民武装部收归军队建制，并举行交接仪式。省军区副政委、少将张立志，军分区司令员、大校赵海雷和市委书记陈必滔出席交接大会并为市人武部授牌。

3月19日 社口科技示范镇建设工作经地区检查考核，通过验收。

3月22日 省人大常委会副主任苏培昌一行视察坂中工业小区，并与市人大机关干部座谈。

3月27—30日 政协福安市八届三次会议召开，会议听取《市政协八届二次会议以来政协工作情况》等报告。

3月27—30日 福安市人大第十二届三次会议召开，会议听取并审议市人民政府《关于福安市国民经济和社会发展“九五”计划（草案）》等报告，并做出《关于实施科教兴市战略的决议》。

3月 全国绿化委员会授予福安市1995年度全国“造林绿化百佳县（市）”称号。

4月1日 凌晨3时，赛岐镇水域发生一起翻船事件，船上8人落水，4人遇难，4人获救。

4月9日 第八届全国人大代表、全国人大常委会民族委员会委员、作曲家王立平到福安考察畲族文化。

4月15日 上午6时55分，在104国道211千米+100米处，车号为闽L50086的“东风”牌货车与一辆无牌证载客三轮摩托车相撞，死3人、伤1人。

4月15—18日 全省绿茶名优产品评选会在福安市召开，福安市获奖茶叶产品23种，居全省首位。

4月22—23日 省城市环境综合整治检查组对坂中工业园区、市酒厂、罐头食品厂、农药厂开展检查，并全面考评福安市1995年度城市环境综合整治量评工作。

4月23—27日 全国13县（市、区）人大常委会工作研讨会第九次会议在福安市举行。

4月27日 市委、市政府下发贯彻地委、行署《关于加快工业发展的决定》的实施意见。

4月29日至5月1日 全省首次民族中学校长座谈会在福安市召开，省内12所民族中学校长参会。

5月2日 “中国闽东电机电器中心批发市场”项目列入国家级市场建设。此前，福安市政府与中国华通物产集团公司、北京太和技工贸发展总公司签约该项目。

5月3—6日 地区“争创小康村”验收组到市抽查第一批奔小康示范村工作。验收组抽查了穆阳、城北、溪柄、甘棠、松罗、赛岐开发区等6个乡镇（开发区、街道）的9个村。

5月9日 纪念周恩来总理为林卓午先生的题词“传邮万里，国脉所系”座谈会暨纪念碑落成典礼在康厝畲族乡苏坂村举行。

5月17日 Internet国际网和海峡网在福安联网。

5月17—19日 副省长黄小晶、省政府副秘书长陈长平考察甘棠——下白石疏港公路、下白石3000吨杂货码头、市农药厂和坂中电机电器工业园区。

5月18日 徐桂春任中共福安市委副书记，并主持政府工作。

5月18日 富春大酒店建成开业。该酒店位于城区解放路，楼高13层，建筑总面积10008平方米。

1993年，福建省华兴信托投资公司、宁德地区信托投资公司、福安市大华发展公司联合投资3000万元建设，当年6月奠基动工。

5月22—24日 省党员“双学”（学理论、学党章）经验交流会在福安召开。省委副书记、省纪委书记林兆枢，省委常委、组织部部长陈营官到会，中央组织部派人到会指导。会议期间，林兆枢等领导到赛岐宅里村、溪柄田坂村、城南南郊村、城阳东口村和坂中民营工业园区调研，并考察京都商业城及市政建设。

5月24日 日本三洋公司考察团到福安考察电机电器出口情况。

5月25日 福安首家涉外旅游定点单位东方大酒店举行授牌仪式。

5月25日 省委副书记林兆枢到赛岐镇慰问公安干警，并对下一阶段“严打”工作进行指导。

5月27—28日 福安市第十二届人大常委会第十四次会议任命徐桂春为副市长、代理市长。

5月27—28日 应文化部邀请，福安少儿畲族舞蹈《竹响空山》进京参加“六一”全国民族娃文艺专场演出。

5月29日 由省人大常委会委员、省肿瘤医院名誉院长苏璧泓带队的各民主党派11名医疗专家到福安畲族乡村、福安市民族医院、宁德地区民族中学为少数民族群众、学生义诊，受诊人数3000多人次。

6月1日 全市推行新的城镇职工住房制度改革。

6月16—20日 福安生产力促进中心应邀参加全国生产力促进中心工作研讨会。该中心于1995年4月成立，1996年5月纳入国家科委管理系统。

6月17—18日 省关工委帮教工作座谈会在福安市召开。老同志程序、张渝民出席会议。

6月18日 市政府专题会议决定，对全市液化气市场进行整顿。

6月28日 福安市第十二届人大第四次会议召开，选举徐桂春为市人民政府市长。

6月30日 地委追授郑韩华“优秀共产党员”“优秀企业家”称号，并举行郑韩华先进事迹报告会。郑韩华，原闽东电机厂厂长兼党委书记，福安人，坚持工作，积劳成疾，以身殉职。

7月7日 福安一中特级教师李迅应国际数学教育大会（ICME）执行主席邀请，赴西班牙参加第八届国际数学教育大会，并在大会上宣读《数学教育的五个要点》论文。

7月18—25日 地区经委、工业办领导到福安指导工业企业改革方案，并决定在全市实施推广。

7月19日 福安一中学生陈华一在印度孟买举行的第37届国际数学奥林匹克竞赛中获金牌，实现福建省中学生国际数学奥林匹克竞赛金牌零的突破，并被保送到北京大学数学系学习。

7月21日 “穆阳水蜜桃提纯复壮”科研项目达到省内先进水平，并通过专家评审。

7月 福安市企业职工医疗保险制度试行方案正式实施，福安市系全区首个企业职工医疗保险制度改革试点县（市）。

7月31日至8月3日 第8号强台风袭击福安市，因逢天文大潮，造成重大损失。民房倒塌，农作物受灾，海堤、虾塘决口100多处，直接经济损失达2.77亿元。

8月1—2日 副省长黄小晶率省直有关部门领导到松罗、溪尾、湾坞等台风抗灾第一线察看灾情，安排灾后重建工作。

8月6日 阳头中心小学被中国教育学会书法教育委员会命名为“全国写字教育实验学校”。

8月13日 地区中级人民法院在福安市召开公开宣判大会，分别对宁德地区最大的农村流氓恶势力团伙以及国道抢劫盗窃案22人进行终审判决，5名罪犯被依法枪决。

8月22—23日 副省长王良溥到福安检查计划生育、文教卫生工作，并到赛岐泥湾村、湾坞徐江村等台风重灾区了解灾情。

9月10—13日 省政协副主席陈增光率省政协民族宗教委调研组，到康厝、坂中畲族乡调研民族工作，检查文化、卫生工作情况，并视察104国道沿线专项治理乱建坟墓、寺庙工作。

9月12日 福安市政协成立40周年纪念大会召开，省政协副主席陈增光出席。

9月12日 在第十届福建省投资贸易洽谈会上，市长徐桂春带领市招商团与日本、新加坡等国以及中国香港、台湾等地区投资商签订合同、协议、意向18项，累计总投资17371万美元，利用外资16541.6万美元。

9月23—24日 省文明办主任陈萌陪同记者团到福安采访。记者团由《人民日报》《光明日报》《福建日报》、新华社福建分社、福建省新闻出版处、省广播电视台等新闻单位相关人员组成，采访主题为专项治理乱建坟墓、寺庙工作情况。

9月24日 福安市早、中稻旱育苗稀植栽培技术通过专家论证。该技术的采用将促进粮食增产，可比同类水秧田育苗每亩平均增产68千克。此前7月18—19日，省水稻旱育稀植栽培技术现场交流会在福安市召开，福安水稻旱育稀植技术通过省级验收。

10月1日 零时，全市开展人口抽样调查。

10月6日 福安市通过“绿色证书工程”试点县（市）省级复评验收。该工程旨在对农民进行培训，逐步做到持证务农。福安市系福建省首批实施农村科普工作“绿色证书工程”试点县（市）之一。

10月10日 副省长施性谋率省直有关部门负责人到坂中畲族乡井口村调研。

10月21日 市体育中心田径场工程建设竣工验收。田径场占地2.33公顷，投资106万元，建有400米标准煤渣跑道以及草皮足球场等多个体育运动场地。

10月23日 福安市中华职教社成立。

10月25日 台湾慈善机构“台湾佛教慈济慈善事业基金会”23人到福安，对台风重灾乡镇开展赈灾捐赠活动。此前8月23日，该慈善机构德怀法师到福安了解灾情。

11月6—7日 省委书记陈明义，省委常委、组织部部长陈营官，省委常委、秘书长黄瑞霖，副省长王建双等率省直有关部门负责人到福安调研，察看赛岐镇泥湾新村建设和宏达石制品工业有限公司生产情况。

11月11日 福安市城市环境保护规划通过省级审定。

11月12—14日 省保密宣传教育工作会议在福安市召开。国家保密局副局长王韶英等80多人参加会议。

11月13日 城区龟湖治理工程动工。此前11月1日，市政府召开动员大会，提出近期治理目标为5个湖段，总长1158米。

11月16—20日 在上海召开的“1996上海—闽东经贸展示洽谈会”上，福安市签约20个项目，总投资5.67亿元人民币。

11月25日 省专项治理乱建坟墓工作会议在福安市召开，省委副书记何少川、副省长童万亨出席会议。福安市代表在会上介绍专项治理工作经验，与会代表参观了甘棠镇等地的坟墓治理现场和龟龙山公墓建设情况。

11月 福安一中高三学生郑常津、连玉龙、沈小华在“1996全国高中数学联赛”中分别取得福建省第1名、第2名和第4名。

11月29日—12月1日 省海堤达标建设初验检查组到赛岐、罗江、甘棠、下白石、湾坞等地察看海堤建设。经检查，福安市海堤建设基本达标，综合评分为优良。

11月30日 民政部副部长范宝俊到赛岐镇泥湾村调查遭8号台风袭击的灾情。

12月6日 全国人大代表、省人大常委会代主任袁启彤，全国人大代表、宁德地区行署专员汤金华到赛岐镇泥湾村，了解灾情和重建家园情况。

12月9日 省人大、省政府环境与资源保护执法检查团到福安，对环境质量、环境建设、污染控制等方面进行综合检查，并到西溪上游寿宁流域，了解小造纸厂污染水源情况。

12月15日 民盟福安市第一次盟员大会召开，并成立领导机构。

12月19日 地区公路建设改造“先行办”对甘棠——下白石疏港公路进行竣工验收，公路全线建成通车。

12月31日 全市机构改革动员大会召开，市长徐桂春在会上做《加强领导、精心组织，积极稳妥推进我市党政机构改革》的讲话。

是年 福建省白马船厂下放福安地方管理。同时，福安船舶工业公司收购闽东福海造船厂，组建股份制企业闽东东福船业有限公司。

是年 福安造船厂通过外籍船舶修理点认可。

1997年

1月1日 全市开展农业普查工作。

1月16日 省委副书记林兆枢到坂中畲族乡调研，并慰问五保户、困难户和福安茶厂下岗困难职工。

1月25日 全省农村工作会议召开，省政府表彰1996年度粮食生产、林业生产先进单位，福安市人民政府被评为先进单位。

1月31日 湾坞乡徐江村举行“灾后重建家园”乔迁新居仪式。

1月31日 赛岐镇泥湾村举行台风灾后重建新村搬迁仪式。

2月22日 宁德地区首家亿元企业集团——福安福建天马集团加盟福建九州综合商社。

2月22—24日 市委工作会议召开。市委副书记（主持市委工作）、市长徐桂春在大会上作《内增实力，外树形象，努力实现福安两个文明建设的新跨越》的工作报告。

2月 留洋水库电站动工建设，总投资2300多万元。计划2001年5月建成，开始一期蓄水。

3月14—16日 省政协副主席陈增光，市政府顾问雷瑞华，市委副书记（主持市委工作）、市长徐桂春，市人大常委会主任林青等组团访问宁夏回族自治区吴忠市，并洽谈合作事宜。

3 月 19—23 日　市政协八届四次会议召开，出席委员 180 人。会议听取《市政协八届三次会议以来政协工作情况》等报告。补选刘秉辉为市政协主席。

3 月 20—23 日　市第十二届人大第五次会议召开，会议听取并审议市人民政府工作报告和《1996 年国民经济和社会发展计划执行情况与 1997 年计划草案》等报告。

3 月 27—31 日　市扫盲达标工作通过省验收。

3 月 30 日　中国农业发展银行福安支行成立。

4 月 7—8 日　新华社香港分社副社长李储文和香港建筑协会钟华南夫妇等到福安考察。

4 月 8 日　香港永德集团总裁李云孝以及省帮辉集团公司、省闽加房产有限公司等客人到坂中工业园区考察。

4 月 24 日　省人大常委会主任袁启彤到福安视察宏达石制品厂、市民族职业中学、廉村。行署专员汤金华、地区人大工委主任钟雷兴陪同视察。

5 月 2 日　福安十中射箭队代表宁德地区赴福州参加“1997 福建省青少年室内射箭比赛”，获 11 项冠军。该队郭巧霞入选福建省射箭队，参加第八届全国体育运动会。

5 月 3 日　市委、市政府做出《关于加强城市规划建设管理工作的决定》。

5 月 8 日　赛岐大桥通行费征管所获交通部、团中央授予的 1995—1996 年交通系统“全国青年文明号”称号。

5 月 9 日　穆阳公安分局副局长李兴富在抓捕在逃罪犯中英勇牺牲。省人民政府追授其为烈士，公安部追授其为全国公安系统“二级英模”。

5 月 14 日　潭头镇受大风袭击，受损果树近万株，大量芙蓉李幼果被吹落，直接经济损失达 200 多万元。

5 月 17 日　康厝畲族乡实现村村通电话。

5 月 20 日　副省长施性谋到坂中畲族乡井口村调研。

5 月 21—22 日　省政协副主席邹尔均陪同澳门政协委员视察团到穆阳镇、城阳乡铁湖村等地视察民族教育、卫生事业发展情况，并捐资 20 万元支持畲村改善办学和医疗条件。

5 月 28 日　中国国际商会福安市商会成立，并召开一届一次会议。

5 月　据市水利局开展的引水工程调查，全市有引水灌溉工程 402 条，渠道长度 629 千米，有效灌溉面积 7269.33 公顷。

6 月 10 日　福安一中数学教研组获“全国第三届（1996 年）苏步青数学教育奖团体提名奖”和“福建省 1996 年数学教育奖团体奖”。

6 月 17—19 日　市召开“振兴福安经济、企业资产重组”高层论证会。吕益明等北京专家应邀参加。专家们在参观企业、考察开发区、听取福安市经济发展形势汇报后，举办经济讲座。

7 月 6 日　市政府召开城区福新路拆迁动员大会。福新路全长 1000 米，拆迁涉及民房 57 户，建筑面积 4866 平方米。

7 月 16 日　省绿、麻竹生产工程建设现场会在福安市召开，与会代表实地参观福安绿竹、麻竹生产基地及加工企业。

7 月 17 日　市野生动物保护管理站与城关林业站在市区一家饮食店没收一只国家保护动物金雕，

体重2千克，高0.4米、长0.51米、翼长1.3米。

7月19—21日 福安市“百里绿竹长廊”建设汇报会在福州召开。

7月23日 省农业厅在福安主持召开旱育秧、抛秧现场验收会。

7月24日 福穆（福安市区——穆阳）公路改造工程开工。该工程采用从美国引进的帕尔玛土壤固化酶筑路新技术。

7月28日 “福建省历史名人谢翱研究会”成立大会在九州大酒店召开。

7月30日 福安市实现行政村村村通程控电话。

8月10—22日 铁道部第四、第二设计院专家组先后到福安考察温福铁路赛岐段走向线路。

8月16—17日 “中华环保世纪行”记者团到坂中、穆阳、康厝等地采访环保工作，市领导就环保工作接受电视媒体专访。

8月18日 省政协副主席林开钦率省公路局等省直部门负责人到福安考察“脱贫致富奔小康”工作及“先行工程”建设情况。

8月20日 副省长童万亨到福安调查11号台风灾情。

8月20日 福安兴业银行储蓄专柜被授予福建省山区行首家“储蓄存款5000万元所柜”称号。

8月26日 省委书记陈明义、副书记何少川、副省长潘心城，在福州接见第38届国际数学奥赛金牌获得者、福安一中学生郑常津和指导教师李迅，并颁发奖金。此前7月，郑常津参赛夺金，为中国队获团体总分第一名做出贡献。

9月2日 徐桂春任中共福安市委书记。

9月5日 福安市召开十二届人大常委会第23次会议，任命蓝如春为福安市人民政府副市长、代理市长。

9月20日 菲律宾外商吴夫生和市红福啤酒厂、植物油厂客商等在福安洽谈投资办厂。

9月21日 省政协主席游德馨到福安调研。

9月23—24日 省政协副主席林逸率科普考察团到福安考察。

10月7日 穆云畲族乡留洋村发现储量数10万立方米的石泡流纹岩矿。

10月8—10日 省委书记陈明义，省委常委、秘书长黄瑞霖到福安调研。

10月9日 法国鲜彼洋公司世界银行水产贷款项目考察团到福安考察。

10月29日 省委常委、省军区司令员陈明端到福安检查征兵工作。

10月30日 秦溪洋工业园区破土动工，该园区占地面积66.7公顷，计划总投资8500万元。

11月4日 设在溪柄镇的地区农科所选育的杂交水稻新组合“特优420”（原名特亚优20）通过省级评审，专家认为该育种技术达到国内先进水平。

11月18日 由长乐市教委捐建的康厝畲族乡中心小学“长安楼”、穆云畲族乡中心小学“福乐楼”落成。

11月27—29日 “福建省农村小康建设工作会议”在福安市召开。会议代表参观上白石镇郑家山、岭尾、赛岐镇象环、溪柄镇楼下等4个村的“创建小康村”工作。

11月30日—12月1日 市第十二届人民代表大会第六次会议召开，会议选举张振郎等9人为省第九届人大代表，批准徐桂春辞去市长职务，选举蓝如春为市人民政府市长。

12月14日 福安闽东东福船业有限公司为新加坡客商建造的省内第一艘万吨出口驳船在白马港顺利下水，交付使用。

12月18日 乒乓球世界冠军陈新华（福安籍）、郭跃华等组成的表演团应邀到福安表演球艺。

12月30日 甘棠镇获“全国民政工作全优乡镇”称号。

12月 省人民政府授予福建万达电机有限公司的“万达”电机品牌为“福建名牌产品”称号。

是年 福安市获全区经济指标完成综合考评第一名。

是年 国有企业改革全面开展，市委、市政府成立市解困和再就业工作领导小组，建立办事机构，确保企业职工离退休金发放和下岗失业职工的基本生活。

1998年

1月12—14日 省文明城市考评验收组对福安市进行检查验收。

1月23日 省小康验收复查组一行10人，结束对福安市“小康县（市）”创建工作的验收复查，宣布福安市为基本实现“小康县（市）”。

2月4日 福安市举行福利彩票首发式。

2月5—7日 市委工作会议召开。市委书记徐桂春作《敢闯新路，再创新业，向闽东经济中心城市阔步迈进》工作报告。

2月8日 穆阳镇、闽东电力开发集团公司、福安十中被授予“全国群众体育先进集体”称号。

2月14日 省水电厅及水利规划院、设计院专家到福安考察赛江流域防洪规划。

2月20日 溪尾镇溪邳村渔民在盐田港海域捕获一尾体重52.5千克的罕见大黄鱼亲鱼。

2月23日 交通部第二勘测规划设计院院长顾子刚到福安，对沿海高速公路福安连接线的走向进行考察，并研究连接线建设前期工作方案。

2月23日 省纪委书记梁绮萍到福安赛岐镇象环村调研。

3月3日 省人大派出生物多样性保护工程专家组，到溪潭镇瓜溪村刺桫椤集生地考察。

3月4日 副省长丘广钟到福安检查农业和农村工作。

3月6日 市政府与香港集友集团公司签订火力发电项目合同协议书和闽东高速公路福安连接线公路建设投资意向书。

3月19日 副省长朱亚衍到福安考察市重点项目建设情况。

3月21日 市政府召开莲池广场一带旧城改造依法动迁工作现场动员会。该工程计划7月开工。拆迁四至范围：东至金山路，西至七圣路西侧，南至地区第一医院门诊大楼北墙，北至中兴路。

3月23日 在福建省殡葬改革工作会议上，福安市获省“专项治理乱建坟墓先进集体”称号。

3月25—29日 福安市“基本普及九年义务教育”工作通过省政府验收。

4月3日 中共宁德地委宣传部、宁德地区教委发出通知，在全区开展向福安市潭头学区教师蔡坚基学习活动。

4月5日 穆云畲族乡双溪村发现优质流纹岩石材矿，省地勘局专家将其定名为“福安红”。

4 月 11 日 坂中畲族乡江家渡村水域发生一起重大沉船事故，船上 17 人全部落水，救起 8 人，死亡 9 人。

4 月 21—25 日 市政协八届五次会议召开，到会委员 186 人，会议选举阮妙容为市政协主席。

4 月 22—25 日 市第十二届人大第七次会议召开，会议听取并审议通过市人民政府工作报告等，选举刘秉辉为市人大常委会主任。

5 月 10 日 省委副书记林兆枢到福安调研。

5 月 11 日 福安市船舶行业办公室、福建省船舶工业集团公司福安公司、福建省船舶工业集团福安双福船业有限公司成立。

5 月 17 日 与福安市缔结为友好城市的宁夏回族自治区吴忠市代表团到福安参观考察。

6 月 6 日 地区第二届全民健身节开幕式暨皮划赛艇基地落成典礼在福安市举行。

6 月 19 日 副省长曹德淦到坂中工业园区、城关粮站粮库调研粮食购销和外经工作。

6 月 19 日 交通部副部长胡希捷到福安考察高速公路建设。

6 月 19—24 日 福安市连日暴雨，各乡镇房屋、道路严重损毁，水田大面积受淹，多处山体滑坡。

6 月 23 日 19 时，甘棠镇 104 国道旁发生山体滑坡，3 万立方米泥石流压塌上塘村 3 座民房，7 户 15 人被压在泥石中，经抢救，12 人获救、2 人死亡、1 人失踪。

6 月 29 日 城区群益大桥建成通车。大桥跨越龟湖，为宽 18 米、净跨 46 米的钢管混凝土中承式单圆管肋拱桥。该大桥于 1996 年 8 月 5 日动工兴建。

6 月 福安市 5 万吨级船坞投资项目经省经贸局批准立项。

6 月 市人民政府被地区行署授予“1993—1997 年市长目标责任制工作先进市”荣誉称号，并获“1997 年度环保目标责任制工作一等奖”。

7 月 3 日 省委副书记林兆枢到福安视察洪涝灾情。

7 月 11 日 莲池广场（市政广场）改建工程开工。拆迁范围四至：东至金山路，西至七圣路西侧进深 0～35 米，南至地区第一医院门诊大楼北墙，北至中兴路。

7 月 12 日 福安市初级卫生保健工作通过省级达标验收。

7 月 14 日 武警福安市中队指导员刘文斌当选为首届“中国武警十大忠诚卫士”。

7 月 15 日 受强大副热带高压控制影响，福安市气温达 39.9℃，为 1980 年以来最高气温纪录。

7 月 17 日 市委、市政府下发《关于加快发展农业产业化的实施意见》和《关于扶持发展产业化龙头企业的决定》，并将海洋水产食品公司等 8 家农产品生产加工企业列为龙头企业，给予重点扶持。

7 月 17 日 宁德地区农机具推广现场会在福安市举行。

7 月 福安“巨峰葡萄引种、基地建设及综合配套技术研究”课题通过省级鉴定。

7 月 闽东安波电器有限公司、福建闽东德丰电机有限公司获“1997 全国优秀外商投资企业”称号。

8 月 2—3 日 越南国家世行项目管理考察团到福安考察乡（镇）、村卫生院世行贷款卫Ⅳ项目运作情况。

8 月 15 日 省政协副主席、省民盟主委王耀华一行到福安调研。

8 月 17 日 旅居美国夏威夷、原籍湾坞乡半屿村的法师释应朗捐款 100 多万元人民币兴建半屿村敬老院，计划建筑面积400多平方米。

8月19日 市委、市政府决定，设立福安市民营经济试验区，占地面积200公顷，其中秦溪洋民营工业园区和闽东赛岐经济开发区小留民营工业园区各100公顷。

8月24日 在第11届福建省体育运动会上，福安籍女运动员郭巧霞获女子乙组射箭5枚金牌。

9月15日 潭头镇综治办李卫华勇斗歹徒，获评福建省"'见义勇为'先进分子"。

9月18日 副省长黄小晶到福安考察民营企业。

9月21日 宁德地委决定，傅贤光任中共福安市委委员、常委、书记。

9月22日 省人民政府批复：同意将福安市穆阳民族经济开发区确认为省级开发区，并更名为福安畲族经济开发区。开发区面积13平方千米，包括康厝畲族乡的8个村，穆阳镇的8个村（居），穆云畲族乡的4个村。

9月27日 福安师范附属小学搬迁新校园。该校原址在城区街尾群益大桥东侧，现移迁至富春公园西侧。

9月30日 省道枫湖线福安段改造工程动工。该路段全长73千米，其中，福安段16.8千米，按山岭重丘区二级路标准改造。

9月30日 省水电厅召开福安市区防洪堤初设审查会议。

10月1日 宁德地区第一所民办公助老年人休养所——福安市"颐老园"在坂中森林公园旁建成，开始收住老人。该园由市政府补助，社会集资100多万元修建，占地0.2公顷，建筑面积1120平方米，可收住老人80人。

10月20—22日 副省长汪毅夫到潭头镇渔溪洋村调研新村建设，并考察福（鼎）宁（德）高速公路福安段及福安连接线。

10月26日 福安市邮电局分营，设立福安市电信局和福安市邮政局。

11月5日 台湾、金门的薛氏后裔代表57人组成恳亲团，到访薛令之故里—廉村，并到高岑村薛补阙祠祭祖。

11月10日 市委、市政府下发《关于组织实施农村宽裕型小康建设的意见》，提出力争到2008年福安市基本实现宽裕型"小康"目标，并颁布年度目标、责任部门和建设规划。

11月13日 省政协副主席陈增光率省政协民族宗教委、经科委有关负责人和专家，到福安畲族经济开发区考察调研。

11月18日 省政协副主席、省工商联主委李祖可到福安调研工商联及商会工作。

11月22—23日 中共福安市第十次代表大会召开。出席大会代表291人，大会通过傅贤光代表市委作的《面向新世纪，谱写新篇章，为建设闽东经济中心城市而努力奋斗》的工作报告，大会选举产生由29人组成的中共福安市第十届委员会，选举傅贤光为市委书记。

12月1日 "福建省造福工程暨连家船民上岸定居现场会"在福安市召开。

12月9日 赛江（交溪）全流域综合规划通过省有关部门组织的审查，该规划是省内第一个提出并获批准的流域综合治理工程。

是年 福安市完成城区、东溪、西溪、穆阳溪、茜洋溪、赛江6宗"洪水风险图"测绘制作，为防洪减灾预案提供依据。

1999年

1月1日 福安市福建万达电机有限公司WONDER（万德）牌小型电动机、闽东安波电器有限公司ABLE（安波）牌中小型电动机、闽东德丰电机有限公司凯捷利牌中小型电机获省级名牌产品称号。

1月4—9日 市政协福安市第九届委员会第一次会议召开，出席委员188人，会议听取政协工作报告等，选举产生市政协主席、副主席和常委。阮妙容当选为主席。

1月5—9日 福安市第十三届人民代表大会第一次会议召开，出席会议代表229人，会议听取并审议通过市人民政府工作报告等，选举产生第十三届人大常委会组成人员18人，刘秉辉当选市人大常委会主任，蓝如春当选市长。

1月8日 香港凯捷集团总裁陈杭生到潭头镇锦桌头小学捐款10万元作为该小学专项基金，并认养10名在校孤儿特困生。

1月16日 下午6时，溪柄镇溪南村后门山发生山体滑坡，5名采石工人被压身亡。

1月19日 中纪委委员、全国总工会副主席方嘉德一行到福安，看望企业下岗职工困难家庭，开展“送温暖”活动，并慰问全国劳模王梓松、福安市工会老同志吴昌弟。

1月24日 省委常委、组织部部长陈营官率省劳动厅、民政厅等有关部门负责人，到溪柄镇老区基点村开展“送温暖”活动。

2月 经省人民政府批准，设福安市桫椤省级自然保护区。其后，设立福安瓜溪桫椤省级自然保护区管理处。1995年年底，溪潭镇瓜溪村发现刺桫椤群。1996年9月，福安市人民政府批准在该村设立县级刺桫椤自然保护区。

3月4日 市委工作会议召开。行署副专员、市委书记傅贤光作《求真务实，艰苦奋斗，加快建设闽东经济中心城市》的工作报告。

3月5日 省人大常委会副主任黄贤模到福安调研市人大信访工作。

3月8日 由香港集友银行、省政协、省老区建设促进会有关部门捐建的赛岐镇狮子头村“希望小学”落成剪彩。省老区建设促进会副会长吕居永和市领导刘秉辉等参加仪式。

3月13日 省委常委、省军区司令员、少将陈明端到福安检查工作。

4月9日 福安市恒实担保有限公司成立。该公司是福建省首家专为民营企业提供融资担保服务的机构，系全国首批中心企业信用担保体系试点单位。

4月27日 市公安机关破获以雷某、孙某为首的特大制造、贩卖毒品案，并连破涉毒案件7起，缴获鸦片膏20.99千克。

5月26日 市政协在赛岐镇苏洋村举办纪念福安爱国历史名人刘中藻殉难350周年活动。

5月28—30日 省“1999青少年射箭锦标赛”在福安市举行，来自全省各地的50多名运动员参加比赛。

6月1日 中共福安市委十届二次全体（扩大）会议召开，会议审议并通过《福安市农业农村1999—2003年发展规划纲要》。

6月9日 副省长汪毅夫率省直有关部门负责人到闽东赛岐经济开发区、福安畲族经济开发区调研，指导脱贫“奔小康”工作，并看望康厝畲族乡东山村因地质灾害频发而搬迁的畲族群众。

6 月 18 日　宁德军分区民兵政治教育改革现场会在福安市召开，省军区政治部主任吴青田参加会议。

6 月 18—21 日　全国第四次城市卫生检查福建省第七团到福安检查创建卫生城市工作。

6 月 28—29 日　省地市物委主任会议暨物价系统推行社会公开承诺制现场会在福安市召开，主任张学清出席会议。

6 月 29—30 日　省人大常委会副主任童万亨率省人大民族工作调研组到福安进行《福建省少数民族权益保障条例》立法调研。

6 月 30 日　市委、市政府就外商投资企业的收费标准、执法检查、简化审批环节、健全服务等软环境建设做出若干规定，并下发文件。

7 月 1 日　城区逸夫小学教学楼竣工验收，该工程由香港爱国人士邵逸夫捐资 50 万元人民币支持兴建，于 1997 年 9 月动工。

7 月 4 日　市委、市政府下发《关于深化国有企业改革摆脱困境的若干意见》。

7 月 14 日　省政协副主席陈家骅到福安调研政协工作。

7 月 21 日　市委召开纪念福安解放 50 周年暨中共福安组织创建 70 周年座谈会。

7 月 22 日　全国粮食产地烘干机械化试验示范推广现场会在福安市召开。福安市被列为全国 3 个水稻产地烘干示范点之一。

8 月 3 日　省政协副主席林开钦到福安市鹤祥群益房地产开发公司、闽东安波电器有限公司、闽东德丰电机有限公司等企业调研，并察看城区“安居工程”建设情况。

8 月 11 日　省政协副主席陈增光视察下白石连家船民定居和福安畲族经济开发区建设情况。

8 月 26 日　省政协党组副书记、副主席陈荣春到闽东德丰电机有限公司、东方神电子有限公司和群益房地产有限公司调研。

9 月 2 日　省首届花茶鉴评暨福安市无公害茶叶生产基地建设观摩会在福安市召开。

9 月 5—6 日　水利部太湖局管理处处长王兴祥、省水土办负责人对福安市小流域治理工程进行检查验收。

9 月 20 日　副省长张家坤率省政府办公厅、财政厅、人事厅等有关部门负责人，到福建万达电机有限公司、闽东德丰电机有限公司、恒实担保公司调研。

9 月 23 日　市委、市政府就鼓励国内客商投资福安颁布若干优惠政策，实施暂行规定。

9 月 27—28 日　“1999 年闽东风味小吃展示大赛”在福安宾馆举行。来自宁德地区 9 县（市）的 11 支代表队选送 130 道风味小吃现场展示。福安市代表队获展台一等奖。

9 月 29 日　为期 2 天的“1999 中国 · 闽东 · 福安暨赛岐开发区招商会”闭幕。招商会共签订合同和协议意向 85 项，总投资 20.53 亿元，利用内资 6.22 亿元。

10 月 1—3 日　“福安名优特新产品上海展销暨项目招商会”在上海举办。此前 9 月 23 日，福安市在上海召开“福安名优特新产品上海展销暨项目招商会”信息发布会。

10 月 19—20 日　省农村税费改革研讨会在福安市召开。

10 月 27 日　福安市通过省检查组验收，成为全国第三批农村电气化达标县（市）。福安市被水利部列为全国第三批初级电气化试点县（市），1996年开始实施电气化建设。

10月27—29日 闽浙赣人民游击队二纵三支队建队50周年纪念活动在福安市举行。原游击队队员张炯等50多位老同志参加纪念活动。

10月 全国人大常委会农经委委员、省人大常委会原副主任苏昌培到福安调研“三农”工作。

10月 “赛江下游防洪一期工程”动工建设。按照赛江下游防洪岸线规划，一期工程保护一城二区四乡镇，人口12.95万人，耕地面积2606.7公顷，预算总投资1.33亿元。

11月5日 省政府副秘书长、办公厅主任刘启力及省直有关部门负责人到福安城区、下白石镇、甘棠镇调研。

11月6日 纪念南宋爱国诗人谢翱诞辰750周年大会在晓阳镇举行。

11月6日 福安师范学校举行建校60周年庆典。

11月15日 省政协副主席、中国民主促进会福建省主委林逸到福安，商讨成立民促会基层组织等事宜。12月24日，中国民主促进会福安支部委员会成立。

11月19日 凌晨，上白石镇沙坑村发生火灾，烧毁房屋20座500余间，受灾67户350多人；拆除房屋12座76间，涉及12户63人。火灾造成经济损失300多万元。

11月28—29日 省政协副主席陈增光率领省政协“依法治市”调研组到福安调研“依法治市”工作。

12月2—3日 “纪念闽东人民游击队参加解放福安暨福安建立人民民主政权50周年老同志座谈会”在福安宾馆召开，市领导、有关部门负责人和30多名游击队老队员参加座谈。

12月16日 省委副书记石兆彬到溪柄镇、阳头街道等基层调研党建工作。

是年 全市巨峰葡萄栽培面积达1333.3公顷，占全省总面积的40%，成为全省也是全国南方栽培面积最大、产量最高、效益最好的葡萄生产基地。

2000年

1月6—7日 宁德地区104国道暨沙吕线文明走廊建设工作流动现场会在福安市召开。

1月15—16日 副省长潘心城率省直有关部门负责人及省“情注山海”艺术团到福安开展“文化下乡”暨计生户随访活动。

1月22日 国家开发银行评审局副局长姜铁军率有关人员考察下白石码头等市重点项目的贷款工作。

1月28日 福安市被省政府命名为省级“双拥模范城”。

2月19—21日 市委工作会议召开。行署副专员、市委书记傅贤光作《解放思想，求真务实，抢抓机遇，奋力拼搏，把建设闽东经济中心城市的各项事业全面推向21世纪》的工作报告。

2月23—24日 海军福建基地和省港航局、口岸办、福州海监局、地区行署联合在福安市召开白马港开放水域航道航标工程验收会议，会议原则同意白马港开放水域航道航标工程通过验收。

2月24日 市委、市政府在下白石镇斗门头村举行福宁高速公路福安段动工仪式。

3月1日 省委常委、组织部部长陈营官到福安阳头办事处、阳泉村、文化大楼建设工地、中兴东路建设工地、坂中电机电器园区考察，并指导基层党建、城市建设、民营企业等工作。

3月8日 中央机要局局长何虎林到福安检查机要工作。

3月15日 市委、市政府下发《关于鼓励民营经济发展的若干规定》。

3月17日 为确保业已上岸定居的1583户、7419人“连家船”船民摆脱贫困，市委、市政府对定居船民的生产生活问题做出若干决定，帮助船民安居乐业。

3月20日 市委召开政协工作会议，做出《关于进一步加强人民政协工作若干问题的决定》。

3月21日 市中医院被省卫生局确认为二级乙等中医院。

4月1日 省委常委、组织部部长陈营官到福安检查指导“三讲”教育工作。

4月1—9日 根据公安部统一部署，全市公安干警开展“打拐”集中统一行动，解救被拐卖妇女133人，抓捕“人贩子”14人。

4月5日 “闽东首届畲族‘三月三’歌会暨福安畲族经济开发区首届畲族民俗节”在穆云畲族乡溪塔村举行。

4月9日 省人大常委会副主任王建双到赛岐镇、坂中畲族乡调研人大代表工作。

4月22—26日 政协福安市九届二次会议召开，审议通过《市政协九届二次会议政治决议》。

4月23—26日 福安市第十三届人大第二次会议召开，会议听取并审议市人民政府工作报告，批准市政府提交的《关于加强乡镇财政管理的若干规定》和《关于城市管理的暂行规定》。

4月25日 甘棠学区潘鸿华、海军某工厂黄振裕进京参加全国劳模表彰大会。

4月 大湾围垦工程通过地区初步设计审查。围垦总面积37.5公顷，堤长600米，堤顶高程6米，工程总土石方量5.58万立方米，预算造价171.66万元。

4月 省政府批准赛岐镇列入福建省2000年经济开发示范镇。

5月8日 福安市在市政广场举行纪念世界红十字日无偿献血活动，89人参加献血，献血量达17800毫升。

5月10日 以福安命名的海军某部“福安艇”官兵谢大燕等6人到福安参观考察。市领导向该艇官兵颁发福安市荣誉市民证书，海军某部聘请福安市委书记、市长为“福安艇”荣誉政治教导员、艇长。

5月11日 法国J·L·F国际集团总裁周臻到访福安，并与福安企业家、私营企业主共商福安企业拓展国际市场的路子。

5月11—12日 副省长曹德淦率省财政厅、经贸委、外经贸厅电机电器办等部门负责人到福安调研。

5月17日 副省长贾锡太率省财政、劳动、经贸等部门负责人到福安调研。

5月23—24日 《人民政协报》专刊部主任薛成武到福安考察电机电器企业和下白石海水养殖。

5月24日 《一个革命的幸存者——曾志回忆录》闽东首发座谈会在福安市举行。曾志的女儿、中国市长协会秘书长陶斯亮到会。

5月25—26日 省委副书记赵学敏、副省长汪毅夫、省政协副主席李祖可率省直有关部门负责人及部分民营企业家到福安调研少数民族经济发展情况。

5月28日 市实验小学创作演出的少儿舞蹈《竹卜惊雀》入选“世纪娃进京文艺节目”，进京演出。

5月30日 市委、市政府下发《关于加快卫生改革与发展的决定》。

6月2日 由省船舶工业集团福安双福船业有限公司承接建造的49.93米吊杆驳船下水。

6月4日 19时左右，晓阳、上白石、溪柄、潭头、溪潭等乡镇的35个村庄突发龙卷风灾害，2人重伤，民房瓦片被刮走200多万片，土墙倒塌15面，杉木、毛竹折断6000多株，果园损坏13.3公顷，耕牛死亡2头、生猪死亡1头，直接经济损失330多万元。

7月1—4日 中国南方地区葡萄学术研究会在福安市召开。来自全国14个省、市的78位代表出席会议。会议授予福安“南国葡萄之乡”称号。

7月9日 总部设在福安的闽东电力公司“闽东电力A股”在深圳证券交易所正式挂牌交易，成为中国股票市场第1171家上市股，也是宁德地区企业第一只上市股票。

7月9—13日 福安市招商团赴香港参加“宁德地区2000年香港农业投资、贸易洽谈会暨闽东旅游联谊会成立大会”。招商团推出30个农业招商项目，共签约合同、意向8个，投资金额1.99亿元。

7月 地区水文局、市防汛办编制的《福安市城区警戒危险水位重新核定成果综合报告》通过地区评审。报告重新核定坂中大桥上游水位站警戒水位为18.0米，危险水位为21.5米。城区防洪堤竣工前暂执行警戒水位17.9米，危险水位20.4米。

8月8日 福安旅美留学人员联谊会在美国纽约成立。市政协主席阮妙容以及市侨联负责人受市委、市政府委托，赴美参加成立典礼。

8月10日 市人民广场破土动工。广场位于阳头坂东侧，占地面积2.6万平方米，总投资300多万元。

8月23—24日 受10号台风“碧利斯”袭击，全市21个乡镇、街道的335个村居受灾，受灾人口18.63万人，直接经济损失9310万元。

8月24日 104国道城阳乡白塔村段发生特大交通事故。一辆由广东汕头开往浙江泰顺的卧铺客车翻下18米深的边坡，乘客37人，当场死亡9人、重伤5人。

9月15日 南郊桥建设工程开工。该桥全长40米，概算投资140万元，计划2002年1月建成通车。

9月15日 救火勇士蓝昌伟、阮继禧在省第七次“见义勇为”先进分子表彰大会上被授予“福建省见义勇为先进分子”称号。

9月 市广播电视大楼动工建设。该大楼规划建设16层，高60.6米，占地总面积3000多平方米，建筑面积1900平方米，工程总造价预计2000多万元。

10月8日 省政协副主席金能筹到福安，检查中共福建省委《关于进一步加强人民政协工作若干问题的决定》的贯彻情况。

10月15日 中共福安市第十届委员会召开党员代表大会，以无记名投票方式，差额选举出席宁德市第一次党员代表大会代表44人。

10月16日 省委常委、省军区司令员陈明端到福安检查征兵和民兵预备役工作。

10月19—20日 福安市十三届人大第三次会议召开。会议采取无记名投票方式，选举产生出席宁德市第一次人民代表大会代表66人。

10月23—26日 福安市举办第四届运动会，66个代表队、1100多名运动员参加13个项目竞赛，打破2项地区纪录，刷新13项市纪录。

10月25—27日 闽东老区产业结构调整座谈会在福安市召开。

10月26日 中共中央委员、中央统战部副部长、国家民委主任李德洙到福安畲族经济开发区调研、指导民族工作。

10月31日 福安市通过全国水土保持生态环境建设示范县省级达标验收。

10月 坦洋茶场制作的“坦洋工夫”红茶，在省茶叶学会和宁德市首届名优茶及茶叶包装评比会上，获“历史名茶精品”称号。

11月4日 16时15分许，一辆柴油三轮机车载客回城，在福穆公路3千米+760米处下坡左转弯时，坠下右侧50米深的山崖，造成死10人、伤3人的重大交通安全事故。

11月5日 省直有关部门负责人视察福宁高速公路白马河特大桥工程、“连家船”船民新村以及闽东电力股份有限公司。

11月9日 交通部复函，同意白马港区正式对外国籍船舶开放，系宁德地区第一个对外国籍船舶开放的港口。此前6月16日，白马港区通过省交通厅组织的航道验收。

11月13日 中国闽东电机电器中心批发市场在城南南湖沙岗动工。

12月2日 省政协主席游德馨率在闽全国政协委员视察闽东赛岐经济开发区和白马港。

12月5日 全国政协常委、中国船舶工业协会理事长王荣生，上海市人大常委会副主任胡传治以及中国船舶工业协会、中国造船工程协会的专家到福安考察船舶业。

12月13—14日 中纪委委员赵宗鼐、中国国情调查研究中心秘书方建文、国家中西部网总裁张秀清等人组成的“中国私营经济发展与回顾”课题组到福安调研私营经济现状。

12月15日 市茶业事业局实施的《福建省无公害茶园建设》项目获农业部授予的“全国农牧渔业丰收奖”二等奖。

12月26日 经国家体育总局射击射箭运动管理中心批准，福安十中成为中国射箭协会全国射箭重点学校、国家射箭后备人才训练基地。

12月 水利部、财政部命名福安市为“全国水土保持生态环境建设示范县”，里湾小流域和茜洋溪小流域被命名为“全国水土保持生态环境建设示范小流域”。

是年 宁德农业学校被批准为首批国家级重点中等专业学校。

2001年

1月4日 副省长潘心城率医疗专家、农技专家、文艺工作者到下白石镇等地开展“三下乡”活动。

2月1日 市直机关、事业单位正式实施基本医疗保险制度。

2月2—4日 市委工作会议召开，会议听取《立足新起点，争创新业绩，为福安新世纪的发展开好局起好步》的工作报告。

2月9日 原南京军区司令员固辉上将到福安调研，省军区后勤部部长王明礼、宁德军分区司令员王建国陪同调研。

2 月 21 日 福安市实施 5 年多的省级农村能源综合建设试点市（县）项目通过省级检查验收。

2 月 21 日 福安市“一控双达标”（控制工业污染物排放量、排放污染物达标和空气、水环境质量达标）工作通过省政府考核验收。全市列入考核的 174 家企业中，治理达标 62 家，依法停业整改 112 家。

2 月 21 日 公安部召开全国公安系统电视电话表彰大会，市刑警大队副大队长陈光被评为“全国优秀人民警察”。

2 月 中兴东路（俗称穿山路）第一期开辟工程竣工，正式投入使用。该工程于 1999 年 9 月 28 日开工，投资 8800 万元，拆迁建筑面积 5 万多平方米，挖运土石方 5 万立方米，砌筑挡土坪 2 万多立方米，新开辟 3 条道路总长 1250 米，路面面积 23000 平方米，新建商住楼面积约 6 万平方米。

3 月 23 日 19 时 14—19 分，福安突降冰雹，并伴有 33.3 毫米的降雨，晓阳乡、社口镇 15 个村 1048 户 5243 人受灾，损坏民房 2749 间，农作物主要是茶叶受灾 700 公顷，成灾面积 550 公顷，经济损失 505 万元，其中农业损失 370 万元。

3 月 福安市获 2000 年度宁德市工业经济指标综合考评第一名。

3 月 福安市推行农村收费公示制。

3 月 赛岐镇被省建设厅确定为“福建省‘十五’规划”建设的 20 个重点中心镇之一。

4 月 2—6 日 市政协九届三次会议召开，会议听取市政协工作报告，通过《关于开展“树文明新风，建美好家园”活动的倡议书》。

4 月 2—6 日 市第十三届人大第四次代表会议召开，会议听取并审议市人民政府《工作报告》及《福安市国民经济和社会发展“十五”计划及 2010 年规划纲要》。

4 月 3 日 副省长潘心城到穆阳等地调研农业生产、卫生教育工作。

4 月 16 日 逸夫小学教师罗鸣亮代表福建省参加全国小学数学教学观摩比赛，现场执教《列方程解应用题》并获一等奖。

4 月 23 日 下白石开往福安的江淮牌中巴旅行车途经省道小浦线 98 千米 +900 米路段时，被一辆大型平板车上所载的大型物件砸陷车顶，造成车上 5 人死亡、7 人受伤的特大交通事故。

4 月 市重点工程“福安市公安交警指挥中心大楼”封顶。该工程建筑面积 5200 平方米，10 层框架结构，投资 600 万元。

5 月 20 日 投资 2300 多万元的留洋水库电站试运行成功，正式并网发电。该水库大坝为砌石双曲拱坝，坝高 45 米，库容 503 万立方米，坝后配套电站装机 1760 千瓦，年发电量 754 万千瓦时，可向城区提供每日 3 万吨生活用水。

5 月 27 日 全国人大常委会委员、全国人大常委会民族委员会主任委员王朝文到福安调研民族工作。

6 月 16 日 林旭荣任中共福安市委委员、常委、市委书记。

6 月 18 日 由省政协副主席陈荣春担任顾问，全国政协委员、香港锦多玩具有限公司董事长李群华担任团长的省政协香港委员暨香港福建“希望工程”基金会，到福安考察下白石跨海大桥建设情况，并参加市特殊教育学校奠基典礼。

6 月 20 日 福安下白石 3000 吨级杂货码头工程通过省级验收。该码头工程于 1991 年 4 月正式开工建设。地委书记陈增光、行署专员汤金华、省港航局领导及有关单位领导 100 多人参加开工典礼。该码头按年吞吐量 20 万吨设计，投资预算 1400 万元，泊位长 129 米，宽 20 米。

6 月 24—25 日 省政协副主席陈增光率省政协民族工作调研组到坂中畲族乡仙岩村，康厝畲族乡红坪、秋岭村，穆云畲族乡洋坪村考察村级集体经济发展情况。

6 月 30 日 福安市召开庆祝中国共产党成立 80 周年暨“七一”表彰大会。

7 月 3—4 日 副省长汪毅夫到福安畲族经济开发区调研。

7 月 18 日 福安市国有投资营运公司开发建设的富春建材批发市场（第一期）开业。市场位于城区岩湖坂 104 国道线旁，规划占地面积 9.07 公顷，拟分三期建成。第一期占地面积 2 公顷，建筑面积 3 万平方米，总投资 2000 万元，安排建材、家具等经营商家。

7 月 26 日 福安一中学生钱磊在全国高考中理科总分全省第一名。

7 月 水利部授予福安市水土保持委员会办公室“全国水土保持先进集体（1997—2001）”称号。

7 月 城阳乡凤翔小区列为省建设厅第四批省级村镇住宅小区建设试点。

7 月 福安一中代表队获全国青少年无线电测向比赛福建赛区（高中组）团体总分第一名。其中，阮润峰和郑琅琅分获高中男子组和女子组 2 米波段测向个人计时赛第一名，肖菁荣获初中女子组 8 米波段测向个人计时赛第一名。

8 月 2 日 由香港三宝寺住持、福安市侨联委员、香港闽东旅港联谊会副监事长释德辉法师捐资兴建的社口镇龟龄村碧泉小学教学楼竣工落成。

8 月 8 日 中央电视台《东方时空》栏目和《中国审计报》分别报道福安市对领导干部任期经济责任审计“先离后审”及实行领导干部委派“代理制”的做法。

8 月 10—11 日 省委书记宋德福率省直有关部门负责人到福安调研。调研组到康厝畲族乡东山村入户走访，并考察电机电器企业，召开座谈会。

8 月 12 日 市实验小学学生林宁嘉、王健荣获全国第二届“蒲公英”音乐、美术竞赛两个奖项。

8 月 17 日 交通部直属的宁德赛岐海事处挂牌成立。

8 月 23 日 中共福安市委召开第十届代表大会，表决通过出席中共福建省第七次党代会候选人选。

8 月 31 日 省电视台《女性人生》栏目组和市妇联、实验小学共同主办的“爱心护春蕾”活动在实验小学举行现场结对仪式，55 名贫困女学童得到资助。

9 月 3 日 全国政协台港澳侨委员会副主任、省政协副主席林开钦一行到福安畲族经济开发区、下白石特大桥建设工地调研建设情况。

9 月 3 日 林业部授予福安市“中国茶叶之乡”称号。

9 月 13 日 省政协副主席金能筹率调研组到福安调研民族宗教工作，并视察城区天主教堂。

9 月 25 日 副省长曹德淦率省政府有关部门领导到福安调研防洪堤建设、外经贸、粮食流通等工作。

9 月 28 日 福安市与宁德市工商局签订《福安市工商行政管理局市场管办脱钩、人员、资产、债权交接议定书》，标志福安市农贸市场全面实施地方管理。

10 月 3 日 在宁德市第一届运动会上，福安市代表队获得金牌 62 枚、银牌 52 枚、铜牌 21 枚，团体总分187.5分，获金牌总数、团体总分、破纪录总项数“三项第一”。

10月11日 省检察院检察长鲍绍康到市检察院调研基层建设工作。

10月15—27日 福安市中小型电机在广州举行的第90届“中国进出口商品交易会”上，签订交易合同额超1.5亿元人民币。

10月25日 市委、市政府对全市14名百岁寿星开展“重阳节”慰问活动。

10月26日 省人大常委会主任袁启彤到上白石镇视察，并与市、乡镇人大代表座谈。

10月30日 印尼外商薛行瑞投资的下白石镇海滨市场一期工程竣工。该项目总投资3000万元，一期工程投入2000多万元。

11月10日 台湾高雄市中小企业协会两岸产业商机交流考察团到福安考察电机电器行业。

11月13日 省政协主席陈明义等领导到福安调研政协工作，并慰问省、宁德市政协委员。

11月17日 福安市与福建电视台在市体育场联合举办“八闽大舞台：走进中国闽东电机电器城——福安”大型歌舞晚会。

11月20日 “全国中小型电机分会华东二区暨上海电机行业协会2001年工作会议”在福安市召开。来自上海、浙江、江西及省内的电机电器业专家、学者、领导、企业家就中小型电机业发展前景展开研讨和经验交流。

11月21日 在宁德市“见义勇为”协会成立暨第一次“见义勇为”先进分子表彰大会上，福安市阮光铃、池永胜、黄铃清、林华受到表彰。

11月 秦溪洋工业园区被省乡镇企业局列为第三批福建乡镇企业省级工业园区建设基地。

12月12—13日 全省退役士兵安置工作会议在福安市召开。

12月16日 设在福安的原宁德地区第一医院更名为宁德市闽东医院，该院为三级乙等医院。

12月 福安一中教师陈泽龙被评为“全国模范教师”。

是年 水利部授予福安市水电局“全国农村水电初级电气化县（市）建设先进集体”称号。

是年 农业部授予福安市全国第一批“创建无公害茶叶生产基地示范市”称号，截至当年，福安市已建有无公害茶园6666.67公顷。

2002年

1月5日 市教委获全国组织的读书活动特等奖，福安六中获优秀奖。

1月10日 市首家乡镇农村科技信息服务中心在穆云畲族乡成立。

1月11—12日 宁德、福安公安边防警察侦破特大香烟走私案，抓获犯罪嫌疑人18人，查获两艘走私船，缴获“555”牌香烟2200多件，案值600多万元。

1月20日 马头造船有限公司3万吨级船坞承接“蓝宝石”号散货轮（39000吨）的特别检修工程，标志福安大型船舶修造水平跃上新台阶。

1月30日 市双福船业公司建造的闽东首艘深海拖轮顺利下水。该轮总长29米、型宽8.4米、型深3.8米、平均吃水3米、功率1500千瓦，为钢质双推进固定导流管结构。

1月 福安市“优质茶树新品种区域试验与无公害茶叶生产技术示范”项目获科技部批准立项。

1月 省技术监督局授予福安市第一批“福建省农业产业化综合标准示范县”称号。

2月1日 福安市城镇居民全部实施新型基本医疗保险制度。

3月1—2日 市委工作会议召开，会议听取《在创新中开拓，在务实中求进，全面推动福安各项建设事业新发展》的工作报告。

3月5日 新加坡佛教居士林捐资17.8万元人民币成立穆云畲族乡留洋教育基金会，扶持贫困生和优秀生。该居士林已为留洋教育捐资56.63万元人民币。

3月17日 福安市产品质量检测所通过上海、广州两市认可，成为两市口岸出口产品许可委托定点检测单位。

3月17—21日 市政协九届四次会议召开，会议听取市政协年度工作报告，并审议通过有关决议。

3月18—21日 市第十三届人大第五次会议召开，会议听取并审议市人民政府《工作报告》，审议通过《2001年国民经济和社会发展计划执行情况与2002年计划草案》。

3月 闽东安波电器有限公司“AEC”牌SCM、JMT水泵，天龙电机有限公司“天龙牌”Y·Y电动机，远东电机有限公司“远东YUANAN”牌管道自动增压泵，闽东东方神电子有限公司“东方神”牌DF-508微电脑按摩垫系列产品被省政府授予“福建省名牌产品”称号。

3月 城湖茶业有限公司的“东湖牌”茉莉花茶、闽东阳光食品有限公司的“阳光牌”调味品、市力源电机有限公司的“力牌”电动机获“2001年度福建省乡镇企业名牌产品”称号。

4月1日 香港实业家陈勇生向宁德市民族中学捐资30万元，建立陈勇生民族教育基金会；向城阳乡堵坪村捐资2万元，帮助贫困户发展畜牧业。

4月18日 以国家禁毒委员会常务副秘书长、公安部禁毒局局长杨风瑞为组长的检查组到福安检查“禁毒严打整治”专项工作。

4月28日 市委、市政府制定《关于进一步扶持工业发展的若干意见》，促进福安工业上规模上水平。

5月12—13日 省政协副主席周厚稳到福安调研《公民道德实施纲要》实施情况。

5月23日 福安市举行纪念毛泽东《在延安文艺座谈会上的讲话》发表60周年暨《福安市优秀文艺作品选》首发式。

5月28日 全国十五县（市、区）人大工作研讨会第十九次会议在福安举行。

6月6日 2002年“江铃杯”全国围棋男子团体甲级联赛第八轮比赛在福安、北京、贵阳、深圳、上海同步开赛。

6月13日 省委常委、常务副省长黄小晶带领省交通厅、计委、财政厅、高速公路指挥部、审计厅等有关部门负责人和工程技术人员到福宁高速公路福安段，考察吴楼隧道、下白石特大桥等工程施工现场。

6月13日 省口岸办、海防办、海事局、商检局、边检总队和福州海关会同宁德市、福安市有关部门在赛岐镇召开砂石出口作业点审定会，原则同意白马港增设牛头山砂石出口作业点。

6月30日 福安市最后一批334名企业下岗职工实现“再就业”。同时，根据省和宁德市有关规定，市“再就业”服务中心停止办公。

6月 福安市启动大比例尺海洋功能区划工作。

6月 香港米兰登服饰有限公司总裁洪寅声的夫人黄咏莉与市侨联委员、香港三宝寺住持释德辉法师到福安，捐赠人民币14万元，建设晓阳镇下南溪村、上白石镇山后村的两所“米兰登小学”教学楼。

7月9日 副省长刘德章到甘棠北门茶厂、城湖茶业有限公司、溪柄葡萄基地调研农业农村工作。

7月10日 福安市首家金融超市开业。

7月11—12日 省电机行业（福安）产学研现场会召开。现场会提供的13家电机企业的43个技术难题与科研机构对接，达成协议27项，其中，签约项目16项，总投资6865万元。现场会期间，举行了“福建省电机行业技术开发基地”授牌仪式。

7月21—23日 福安市在社口镇、上白石镇试行“三推两考一选”（群众推荐、个人推荐、组织推荐，通过考试、考核，经领导集体投票选举）形式，选拔乡镇领导班子成员。

7月23日 福安市承担的省重大科研项目“福安葡萄产业关键配套技术研究”课题，经过三年攻关，通过省科技厅科技成果鉴定。

7月26日 闽东医院被福建中医学院确认为临床医学研究生教学医院。

7月30日 福安市第三次获福建省“双拥模范城”荣誉称号。

8月3日 投资210万元建设的城西至城南110千伏输电线路启动运行，至此，省网电量可直接进入福安市电网。

8月8日 副省长曹德淦到福安调研。

9月2日 上午10时许，一辆江苏省大巴客车途经上白石镇漈坑厝104国道2088+200米处，翻下路坡30米，造成亡7人、伤3人的特大交通事故。

9月8—9日 16号台风“森拉克”袭击福安，受灾328个村、22.3万人，倒塌房屋380间、受损8831间，亡1人、伤2人，经济损失达6亿多元。

9月16日 福安市参加“2002年中国（福建）国际茶·茶具·茶文化博览会”，茉莉花茶获花茶“茶王”称号，被北京老字号“吴裕泰”茶庄以100克6.6万元拍得。福安市还获得2项金奖、7项优质奖。

9月28日 在“第三届中国·闽东招商节”上，福安市与外商签订9项合同，利用外资8100多万美元。

9月 福安“无公害茶叶生产示范基地”创建工作通过农业部、省农业厅检查验收。

10月5日 福安一中举行建校100周年庆典。

10月14日 新加坡友人陈东言、潘彦谚捐资人民币30多万元，为康厝畲族乡社洋村建设“春蕾小学”。

10月16日 在广州举办的电机电器国际招商会上，福安市与海内外客商签订合同40多项，交易额1.1亿美元。

11月3日 省政协副主席陈增光率省政协委员到福安调研机关效能建设工作。

11月11日 12时10分许，湾坞乡梅洋村一家无证鞭炮作坊爆炸，3人死亡。

11月23—25日 福安市举行首届中国·闽东电机电器配件展示会。来自浙江、江苏、安徽、辽宁、广东等省的30多家配件企业代表参加，签约合同交易额人民币5000多万元。

12月10—11日 福建省第四届“亿万农民健身活动”先进乡镇联谊会在福安市举行。

12 月 12 日 福安垃圾填埋场主体工程通过省、宁德市两级初步验收。该填埋场位于城阳乡赤岭村鸭母洋，占地面积 12.87 公顷，总投资 3300 万元，系国债资金项目，2000 年 8 月动工建设。

12 月 13 日 16 时 30 分许，下白石镇塘楼下村一艘超载渔船（小舢板）翻覆海中，6 人溺亡。

12 月 24 日 白马船厂为浙江圣龙航运公司承造的万吨级双壳体成品油轮“顺星 109”号下水交付。

是年 省技术监督局授予福安市“全省绿茶产业化标准化示范市”称号，并授权福安编制“绿茶标准综合体”福建省地方标准。

是年 农业部授予福安市 2001—2002 年“全国无公害农产品（种植业）生产示范基地县先进单位”和“全国无公害茶叶生产典型示范市”称号。

2003 年

1 月 9 日 穆云畲族乡乡长钟梅允当选第十届全国人大代表。

1 月 10—11 日 省第八届创建文明城市活动实地考评组到福安考评“精神文明城市”创建工作。

1 月 28 日 福安马头造船有限公司为柬埔寨承修的 1.6 万吨散货轮下水。这是该公司承修的第 21 艘大型船舶。

2 月 11 日 中国气象局副局长刘英金到福安气象局调研。

2 月 17—18 日 市委工作会议召开。会议听取《始终保持与时俱进的精神状态，努力加快全面建设小康社会进程》的工作报告。

2 月 27 日 澳门牧师蓝钦文到坂中畲族乡仙岩村考察，并捐资 28 万元修建市民族实验小学教学楼。民族与宗教事务厅厅长林文斌陪同考察。

3 月 5 日 省政协副主席叶家松、宁德市政协主席姚智梅到福安了解市政协机关建设情况，并视察闽东安波电器有限公司。

3 月 14 日 副省长王美香到福安调研少数民族与宗教工作。

3 月 17—18 日 副省长叶双瑜到福安调研电机电器企业出口和外贸工作。

3 月 16—20 日 市政协九届五次会议召开，会议审议并通过《市政协九届常委会工作报告》等。会议期间，市政协委员为建设“小康”社会举行踩街宣传活动。

3 月 17—20 日 福安市第十三届人大第六次会议召开，会议听取并审议市人民政府《工作报告》，审议通过《2002 年国民经济和社会发展计划执行情况与 2003 年计划草案》。

3 月 19 日 经国家对外贸易经济合作部批准，福安市中闽土畜产茶叶有限公司获国家进出口企业资格证书。这是福安市首家享有自营、代理种类商品和技术进出口权的企业。

3 月 25 日 福安市农村电网建设与改造工程通过宁德市政府验收。

3 月 31 日至 4 月 1 日 副省长李川到福安调研电机电器企业。

4 月 4 日 福建万达电机有限公司等 7 家福安市企业入选宁德市级重点扶持企业。

4 月 8 日 11 点 30 分，下白石环澳船舶发展有限公司维修中的“顺凯”号 5000 吨级货轮失火，8 人死亡、7 人受伤，直接经济损失 66.86 万元。

4月12—18日 在第十届上海国际茶文化节上，城湖茶业有限公司产品“绿毫”荣获金奖，市农垦茶业有限公司获1个银奖和1个优质奖，天香茶业公司和茗春馨香茶业公司各获1个银奖。

5月9—10日 省防治非典型肺炎（简称“非典”）督查组6人到闽东医院、市防疫站、市医院、上白石镇卫生院、上白石中心小学和佳浆村检查“非典”防治工作。

5月13—14日 宁德市人大常委会主任钟雷兴到穆云畲族乡洋坪村、赛岐镇狮子头老区村，开展“宁德市农村全面建设小康社会”课题调研。

5月16日 零时起，福安市海域实行第24个年度伏季休渔，严禁定置网作业，全市355艘渔船停止相关海域作业。

5月28—29日 省委常委、组织部部长李宏带领省直有关部门负责人到福安，就福安市委落实省委部署的工作决策情况开展检查调研。

6月3日 福安市举行“光彩事业”扶贫和抗击“非典”捐赠仪式，89个企业家捐款31.5万元。

6月12日 2003年度黄仲咸基金发放仪式在市政府举行，向39个老区学生颁发助学金。

6月24—25日 省人大常委会副主任黄贤模率《中华人民共和国义务教育法》执法检查组到福安检查。

6月26日 安居二期工程、金马水产批发市场一期工程举行竣工仪式，秦溪洋民营工业园区二期工程举行开工仪式。

6月26—28日 在“第四届中国·闽东招商节”上，福安市共签约14项（其中外合资项目7项），总投资额5014万美元，合同利用外资4806万美元。

6月28日 福宁高速公路全线贯通，下白石互通口同时正式投入使用。

6月30日 宁德市物价局在福安市召开开征城市污水处理费听证会，市人大代表、政协委员及有关部门和群众代表100多人出席听证会。

8月6日 福安市遭受1967年以来最严重的干旱，已连续干旱37天。市政府实施人工增雨，在溪柄坑口山发射4枚增雨火箭，缓解了高温干旱天气。

8月8—21日 德国拜耳公司公关部总经理华威廉、美国慈善机构驻北京代表项目部林立等察看湾坞乡下广“连家船”船民岸上安置点、松罗乡尤沃村等，并决定在2003—2006年，每年提供100万元，帮助村民开展小额信贷，扶持贫困户发展生产。中国扶贫基金会小额信贷项目部、省市有关部门负责人随同实地考察。

8月12—16日 福安十中射箭队在南京举行的全国射箭重点学校锦标赛上，获中学组6枚金牌、女子团体第二名、男子组团体第三名，其中1人1次的单轮全能成绩达国家健将级水平。

8月16日 福建公路出省通道之一的双湖路（福安湖塘坂—泰顺双港）投入使用。该公路于1999年年底动工建设。

8月30日 台湾成功大学闽浙民居考察团到溪潭镇廉村和溪柄镇楼下村考察古民居。

9月8日 福安市参加在厦门举行的“第七届中国投资贸易洽谈会”，共推介45个招商项目，总投资40多亿人民币。其中，签约外资项目1个，合同利用外资2000万美元。

9月17日 闽东医院病房大楼奠基。该楼计划投资1亿元，设计建设22层、高85.4米，建筑总面积4.75平方米，设900个床位。

9月24日 市委、市政府为扶持茶业支柱产业，下发《关于扶持茶产业发展的若干意见》，提出"市政府每两年要组织一次全国性或区域性的茶事和学术交流活动。"

9月28日 福建大唐国际宁德火电厂二期围垦动工。火电厂位于湾坞半岛，设计装机360万千瓦、总投资150多亿元，由北京大唐公司投资建设。

9月28日 富春溪阳头段湿地栖息数百只白鹭，表明福安生态环境趋于良好。

9月 福安市广播电视大学成立。

10月12日 参加全省九市政协主席联席会的领导，由省政协副主席苍震华带队，到坂中和秦溪洋工业园区考察电机电器企业。

10月28日 福建白马造船厂建造的1.2万吨级油轮"东海213"号下水。

10月29日 经国家计委、水利部于1991年批准立项建设的福安黄兰溪水库梯级电站建成并通过省水利厅验收。该电站以发电为主，兼顾灌溉与供水，分两级开发。一级库区位于晓阳镇，库容1700万立方米。二级电站位于社口镇。为跨流域长隧洞引水式高水头电站，于1992年7月动工建设。1996年8月，二级电站建成投运，装机容量3万千瓦。1997年6月，一级电站建成发电，装机容量0.6万千瓦。两级电站总装机容量3.6万千瓦，年发电量1.25亿千瓦时。

10月 福安市被水利部列为第二批"全国节水增效重点县"。

11月18—19日 国务院农村税费改革领导小组办公室副主任杨遂周到福安检查农村税费改革工作实施情况。

11月24—25日 美国奈克公司代表鲍博，美国慈善机构驻北京代表项目部林立、李杰蒂到潭头镇鹅山、祠堂前村和溪尾镇溪邳村考察，并商定扶贫开发项目援助：2003年资助7.5万美元，2004—2005年每年资助10万美元。中国扶贫基金会、省农村工作办公室负责人陪同考察。

11月29—30日 中共福安市第十一次代表大会召开。出席大会代表293人，市委书记代表市委作《与时俱进，开拓创新，为全面建设小康社会而努力奋斗》的报告。大会选举产生由30人组成的中共福安市第十一届委员会，选举林旭荣为市委书记。

11月 福安一中学生刘彦韬、吴汉平参加全国中学生数学奥林匹克竞赛，刘彦韬获福建省一等奖、吴汉平获二等奖。

11月 省水利厅批准下白石镇节水灌溉增效示范片实施方案。该工程建设面积173.3公顷，灌溉面积保证率为90%，排涝标准为五年一遇，项目总投资300万元。

11月 福安市中缅革新电机有限公司、开罗市瑜容（中国）塑料制品有限公司被列为福建省重点境外企业。

12月5日 省人大常委会副主任黄贤模率福州市的省人大代表10人到福安视察船舶企业。

12月12日 由省政协委员和省有关部门捐资40多万元修建的坂中畲族乡仙岩村"政协委员路"竣工。

12月17—18日 省委副书记黄瑞霖率省委宣传部、统战部、政研室和省民宗厅等部门负责人到福安调研经济、精神文明建设及宗教工作。

12月19日 市民族实验小学"光启教学楼"竣工。全国政协常委、天主教上海教区主教金鲁贤到校剪彩，省政协常委、民宗委主任汤金华参加剪彩仪式。

12月25日 福安首例文物迁移保护工程——阳头“顺济行宫”迁建奠基。该文保单位从原福安茶厂内迁往阳头环溪对岸的下瓦窑。

12月29日 福安市举行“百名名誉校长聘书颁发仪式”，109名各级领导、企业家被聘为中小学名誉校长。

12月30日 福安市被省人民政府列为第一批初级水利化县（市）。

2004年

1月1日 闽东水电站扩建工程——装机容量8万千瓦的初处水电站动工建设。水电站站址位于康厝畲族乡初处村，是穆阳溪梯级开发的第三级水电站。

1月5日 省佛教协会副会长释本性到福安向40位肢体残疾人赠送专用轮椅。

2月3—4日 市委工作会议召开。会议听取《齐心聚力谋发展，与时俱进攀新高，在全面建设小康社会征程上迈出新步伐》的工作报告。

2月15—18日 政协福安市第十次委员会第一次会议召开，出席会议委员222人，会议选举产生市十届政协主席、副主席和常委，杨金柱当选主席。

2月16—18日 福安市第十四次人大第一次会议召开。会议听取并审议《政府工作报告》，选举产生第十四届市人大常委会组成人员20人，选举阮玉铃为市人大常委会主任、薛世平为市长。出席会议代表232人。

2月 在宁德市2003年工业经济指标综合考评中，福安市名列县、市（区）第一，有10家企业上榜宁德市产值超亿元企业。

3月25日 福建万达电机有限公司董事长余壮飞获“福建省突出贡献企业家”称号，获奖东南“菱帅”轿车一部。

3月 福安市农电“两改一同价”工作（即改革农村电力管理体制，改造农村电网，在此基础上逐步实现城乡用电统一价格）通过省政府验收。

5月18日 福安市召开副处级以上领导干部会，通报民间“标会”（非法融资）崩盘（倒会）情况，并部署治理民间“标会”工作。全市共调查核实会头225人，其中外逃43人，调查、登记参与“标会”人员27883人次。公安机关共受理“倒会”报案人员7978人，涉案会头126人；立案87起，抓获犯罪嫌疑人61人，查明涉案金额2.3亿多元；通缉涉会案件在逃犯罪嫌疑人26人。

5月20日 福安市参加“5·19”宁德招商节，共签订项目32项。其中，利用外资项目8项，总投资15138.17万美元、利用外资13066.4万美元；内资投资项目23项，总投资人民币18.93亿元、利用市外资金人民币18.72亿元；贸易项目1项，贸易额6.6亿元。

5月 中华人民共和国厦门海事法院福安法庭成立。

6月8—9日 省政协主席陈明义，副省长李川、政协副主席李祖可率省委调研组到福安船舶、电机企业和阳春社区调研。

6月25—29日 在“第二届宁德茶文化节”上，福安市生产的茶叶获2个“茶王”奖、2个金奖、

4个银奖，并获“制茶能手”第二名。

6月30日 12时20分，一辆车牌号为闽JY6439号的中巴客车在溪柄镇距坑口村200米处翻覆，3人死亡、12人受伤。

7月14日 省人大常委会副主任林强到福安电机电器企业、职业技术学校和中华职教社调研。

7月15日 《范坑乡省级生态示范区建设规划》通过省专家评估审查。

7月16—17日 张天福以及省茶叶学会负责人到福安摄制纪录片《茶界泰斗张天福》。

7月22—26日 福安十中射箭队在江苏省常州市举行的全国射箭重点校射箭比赛中，获中学组男子团体第二名、女子团体第三名，个人单项男组5个第一，女子组2个第二名，2名射手入选国家健将级运动员。

7月 建设部、发改委、民政部、国土资源部、农业部、科技部六部委确定穆阳镇为“全国小城镇建设重点镇”。

7月 市实验小学学生林万山获“第十一届全国爱国主义读书教育活动”讲故事比赛一等奖。

8月13日 因久旱无雨，凌晨4时，福安市在溪柄镇坑口山进行人工增雨作业，发射10枚火箭弹，大部分乡镇普降大雨，最大雨量110毫米。

8月25日 第18号台风“艾利”带来暴雨，赛江洪水猛涨，在6小时内水位涨差达6米。福安城区洪水超危险水位1.5米以上，防洪堤出现决口，城区大面积被淹，平均水深1.5～2米。全市受灾228个村21.6万人，被困人口15.36万人，紧急转移安置3.97万人，饮水困难人口12.46万人，死亡1人，民房受淹13560间，直接经济损失5.48亿元。

8月26日 副省长陈芸率省直有关部门领导到福安市工业园区、街道社区察看灾情，慰问灾区群众，指导灾后自救。

8月29日 省红十字会到福安慰问，向灾区捐赠价值10万元的救灾物资。

8月 闽东“安波”电器、“太平洋”电机、“德丰”电机、“阳光”食品4家企业的4件商标被认定为“福建省著名商标”。

9月1日 市教育局、市计划生育局在市民族中学开办的首届“春苗班”开学。“春苗班”招收全市“二女计生户”女童50人，免收学杂费、住宿费等，并给予每生每月30元生活补助费。

9月3日 台湾成功大学闽浙民居考察团到潭头镇棠溪村考察。

9月5—6日 中央纪委、监察部电教中心制作部主任费远率拍摄组到福安市摄制廉政公益广告，并调研“反腐倡廉”宣传教育工作。该拍摄组在廉村拍摄的廉政公益广告片《继承优良传统，建设廉政中国》在中央电视台新闻频道滚动播出，并在全国“反腐倡廉”公益广告评选中获银奖。

9月 福安市率先在福建省、宁德市两级扶贫开发行政村推行扶贫项目资金使用公示制。

9月 福安一中选手在第21届全国中学生物理奥林匹克竞赛中，获福建省一等奖2名、二等奖2名、三等奖1名。

10月22—23日 省政协副主席王耀华率省民宗厅、文化厅等相关部门负责人20多人，到福安畲族经济开发区视察非物质文化遗产保护工作。

10月29日 上午9时许，湾坞乡发生取土塌方事故，死亡3人、受伤1人。

10月 福安市“一城两区”防洪排涝方案获省水利厅批复。该工程总投资500万元，其中省级补助

223万元，建设工期为2年。

11月26日 福安市举行闽东苏区创建70周年纪念活动。陶斯亮等老革命家属代表、福安“五老”代表以及省市领导参加活动。

11月28日 市委、市政府做出《关于加快林业发展建设绿色福安》的决定，实施建设生态公益林保护“三大工程”和速生丰产林等“六大基地”。

11月29日 白云山风景区被列为省第六批省级风景名胜区。

11月 建设部批复福安市城市人口和建设用地规模规划。

12月3日 全国政协民宗委副主任、全国妇联副主席、西藏自治区政协原党组书记巴桑带领全国政协民族宗教界部分委员到福安视察民族工作。

12月8日 马头山水库电站动工建设。该电站是茜洋溪梯级开发的第二级水电站，装机容量11250千瓦，概算总投资7276.29万元。

12月9日 溪北洋土地整理项目开工建设。该项目规模为470公顷，总投资1579万元，可新增耕地面积73.91公顷。

12月21日 甘棠中心小学教师潘鸿华获省委、省政府授予的“福建省杰出人民教师”称号，获奖东南“菱帅”轿车一部。

12月 国土资源部授予福安市2003年度“全国地籍管理百强县（市）”称号。

2005年

1月11日 市红十字会为印度洋地震及海啸灾区发起“爱心募捐”活动，市六套班子领导带头捐款，活动共募集捐款17.46万元。

1月27日 市区9路公交线路开通。至此，市区共有6条公交线路、73辆公交车投入运营。

1月 福安市通过“省文明城市”初评验收。

1月 福安市被省爱卫会授予“省级灭蟑先进城区”称号。

1月 市消费者委员会在中国消费者协会表彰中获集体“3·15”荣誉奖章。

2月6日 宁德市委副书记张经喜兼任中共福安市委书记。

2月22日 省政协副主席、省工商联合会主席李祖可到福安调研电机电器、船舶修造业。

3月5日 凌晨4点，省公安厅禁毒总队、省武警总队在宁德市和福安市公安局的配合下，在福安城区捕获公安部A级通缉令追捕的大毒枭刘招华。刘招华于2009年被执行死刑。

3月6日 福安市举行2005年全民健身活动启动仪式。15个民间表演队展演体育健身节目。

3月7—8日 中共福安市委工作会议召开。宁德市委副书记兼福安市委书记张经喜作《以科学发展观统领全局，扎实推进经济社会全面协调可持续发展》的工作报告。

3月14—15日 《福安市城镇体系规划》《福安市城市总体规划》获省建设厅审查通过。

3月20—23日 政协福安市十届二次会议召开，会议听取市十届政协常委会年度工作报告等，并举行委员视察和对口协商活动。

3月21—24日 福安市第十四届人大第二次会议召开。会议听取并审议市人民政府《工作报告》，并做出福安市人民代表大会《关于加强交溪环境保护的决定》。

3月25日 全国政协港澳台侨委副主任、省炎黄文化研究会会长何少川和省政协副主席陈家骅带领省政协调研组到福安调研畲族文化遗产保护抢救工作，宁德市政协主席姚智梅等陪同调研。

3月25日 福安市开展茶叶质量安全专项整治行动。

4月9—10日 福州大学党委书记鞠维强带领福州大学的省政协委员、多个学科的教授到福安考察调研电机电器和船舶产业。

4月11日 宁德市委副书记陈家东兼任中共福安市委书记。

4月12日 市委召开专题会议，听取宁德市督导组通报党员"先进性教育"工作情况。宁德市委副书记、福安市委书记，宁德市委副书记张经喜以及福安市主要领导参加会议。

4月19日 城区举行"禁毒"宣传周暨"青春红丝带"行动启动仪式和"远离毒品、抗拒艾滋"千人签字活动。

5月9日 福安市举行"纪念周恩来为林卓午先生题词'传邮万里、国脉所系'65周年"活动。

5月18日 市政协主席杨金柱带领有关部门，调研廉村廉政教育基地建设和古文化保护开发工作，并为"廉村廉政教育基地暨古文化旅游开发基地"授牌。

5月23日 省电视台在城阳乡茶洋小学举行"爱心手拉手——新闻频道开播6周年"特别行动。

5月 市特教学校校长蔡伏泉入选"首届宁德市感动下一代十大优秀人物"。

6月9日 福安籍选手林忠仔获世界杯男子手枪慢射冠军，并获2008年北京奥运会参赛资格。

6月 在省名优茶监评会上，福安市6家茶企选送10个茶样参评，5家单位的8个品种获奖。其中刘一元茶行"曲毫"、富春茶叶有限公司"金针王"获绿茶名茶奖，坦洋茶场"丹红"获红茶名茶奖。

7月12—13日 省委副书记、纪委书记梁绮萍，省政协副主席王耀华率省调研检查组到福安检查调研重点工程、企业和农村工作。21日，梁绮萍察看上白石镇坪庄村鞭炮厂爆炸灾情，慰问受灾群众。

7月18日 福安市首届"坦洋工大杯"斗茶展示会举行。

8月1日 福建大唐国际宁德发电有限公司工程项目经国家发改委核准立项。该项目计划在湾坞乡建厂，一期安装60万千瓦国产超临界燃煤发电机组，同步建设烟气脱硫装置及配套设施，动态总投资54.8亿元。

8月5日 泉州承天寺方丈释向愿到福安，向福安畲族经济开发区中心小学捐赠人民币30万元。

8月16日 福安市召开温福铁路（福安段）征地拆迁动员大会，温福铁路（福安段）全线开工。此前8月4日，福安市已成立温福铁路（福安段）建设指挥部，开展征地拆迁补偿和地方配套建设项目等前期工作。

8月25日 福安新永隆电机有限公司生产的首批210台单缸风冷柴油机出口非洲，系福安市首次向非洲国家出口柴油机产品。

8月 市政府批准实施湾坞半岛新区总体规划。该规划用地70平方千米，城市规划区面积26平方千米，其中城市建设用地面积22.34平方千米，规划期末人口规模为10.6万人。

8月 溪柄镇、上白石镇被列为省级生态示范区建设试点乡镇。

8月 省委、省政府、省军区授予城阳中心小学"爱国拥军模范单位"称号。

8月31日至9月2日 省茶叶工作会议在福安市召开。

9月1日 第13号超强台风“泰利”袭击福安，全市23个乡镇（街道、开发区）受灾，经济损失达2.06亿元。

9月1日 由中国扶贫基金会主持召开的第一期小额信贷扶贫项目追踪系统使用培训会在福安市举办。

9月3日 省长黄小晶、副省长陈芸率省直有关部门负责人到溪柄镇、城南街道等检查指导“泰利”台风灾后重建工作。

9月10日 福安市开征城市生活垃圾处理费。

9月14日 凌晨1时许，上白石镇104国道2091千米+350米处，发生一起交通事故，死亡3人。

9月17日 宁德市“城湖杯”农民乒乓球赛在福安市举行。

9月23日 清华大学教育扶贫现代远程福安教育站开通。

9月29日 省农业厅、宁德市农业局无公害产品认证检查组到福安，深入现场检查无公害产品认证工作。

10月8日 铁道部副部长卢春房、副省长苏增添到温福铁路白马河特大桥施工现场检查工程建设。

10月10—12日 省卫生城市考核验收团到福安检查验收1995年以来“创建省级卫生城市”工作，福安市已多年保持“福建省卫生城市”称号。

10月12日 《2005—2010年福建省红色旅游发展规划纲要》将溪柄镇柏柱洋列为福建省红色重点旅游景区。

10月17日 福安市80多家民营企业组团参加第98届中国（广州）出口商品交易会，并与50多个国家和地区的客商签订合同，交易额1.99亿美元。

10月25日 宁德市出入境检验检疫局和福安市政府联合成立“福安市电机电器技术研发中心。”

10月27日 世界银行专家组到福安调研农村低保工作。

10月27—28日 设在社口镇的省茶叶研究所70周年所庆在福安会展酒店举行。

10月31日 福安市代表队在宁德市第二届体育运动会上获金牌72枚、银牌74枚、铜牌63枚及团体总分第二名，并获“体育道德风尚奖”“体育突出贡献奖”。

10月31日 福安银器制作工艺列入福建省第一批省级非物质文化遗产代表作名录，银器制作艺人林仕元被评为“福建省工艺美术大师”。

10月31日 福安市举办首届青年技术工人技能大赛。

10月 逸夫小学教师罗鸣亮与邱燕合作的《学习新课标，实践新教材》在第一届全国苏教版小学数学“案例与反思”评选中获一等奖。

10月 福安市城区第二水厂竣工，投入运行。该水厂于2002年2月奠基，9月开工建设。

10月 福建省白马船厂获“全国精神文明建设工作先进单位”称号，溪柄镇溪柄村获“全国创建文明村镇工作先进单位”称号。

10月 溪柄镇生产的葡萄“高千穗”在北京市大兴区举办的第四届中国优质葡萄擂台赛上获“葡萄欧亚种有核系金奖”。

10月 福安根雕艺人刘解放被中国根艺美术学会、根艺美术学术评定委员会评为“中国根艺美术大师”。

11 月 16 日 闽东丛贸船舶实业有限公司福安造船厂建造的首艘 1.6 万吨级近海货轮下水。

11 月 潭头水电站动工。该电站位于潭头镇东溪东昆村河段，电站为引水式电站，采用混合式枢纽布置，总库容 2555.2 万立方米，为日调节库，计划总装机容量 30 兆瓦，并接入福建省电网。

12 月 1—3 日 中国葡萄学会专家晁无疾、李世诚、王忠跃到福安传授葡萄生产新技术，指导拟在福安召开的“第十二届全国葡萄学术研讨会”筹备工作。

12 月 9 日 闽东安波电器有限公司生产的“ABLE”“ABC”“安波”3 个品牌的 5 种型号电动机获国家免检产品资格。

12 月 11 日 国家发改委、交通部派出专家 20 多人到福安，考察宁武高速公路福安段规划走向。省高速公路建设工程指挥部（公司）总经理和宁德市、福安市领导陪同考察。

12 月 21 日 市委、市政府做出《关于加快教育事业发展的规定》，推进“科教兴市”战略实施，确保 2012 年全市实现“双高普九”。

是年 福安市获农业部 2004—2005 年度“无公害茶叶生产示范基地市合格单位”称号。

第一篇

建置政区

福安市志 FUAN SHIZHI

JIANZHIZHENGQU

福安市位于福建省东北部，地处鹫峰山脉东南坡，太姥山脉西南部、洞宫山脉东南延伸部分，位于北纬 26° 41′～27° 24′，东经 119° 23′～119° 52′。宋淳祐五年（1245 年），长溪县析出西北二乡、九里建县，以宋理宗御批“敷赐五福，以安一县”而得名福安。民国时期，先后为省第二、第一、第八行政督察区驻地。中华人民共和国成立后至 1970 年为福建省福安专区驻地。1989 年，撤县建市，为省辖县级市。2005 年，全市面积 1880.10 平方千米，海岸线长 145 千米。全市共有 3 个街道、11 个镇、7 个乡（其中 3 个畲族乡）、21 个社区。有 25 个居民委员会、439 个村民委员会，2162 个自然村。有“中国电机电器城”“中国中小电机出口基地”“中国茶叶之乡”“中国绿竹之乡”之誉。

第一章　建置与区划

第一节　建置

一、境域

1991年，福安市东邻柘荣县、霞浦县，西连周宁县，西南和宁德市（现为宁德市蕉城区）接壤，北毗寿宁县和浙江省泰顺县，南临三沙湾。最东端为松罗乡的十八宅村，最西端为晓阳镇首笕村，最南端为下白石镇的籓尾村，最北端为范坑乡的古岭宅村，东西相距37千米，南北相距80千米。全市面积1880.10平方千米，其中，海域面积151.2平方千米。

二、建制与隶属

先秦时期，福安市为闽越族居住地。《禹贡》称扬州地，周为七闽地域，秦隶属闽中郡。汉初属闽越国，汉始元二年（公元前85年）属冶县，东汉属会稽南郡。三国时属吴国建安郡东安县，晋、南朝属温麻县。隋开皇九年（589年）属原丰县，隋大业三年（607年）属闽县，唐武德六年（623年）起属长溪县。

宋淳祐五年（1245年），划出长溪县西北二乡、九里建县，以理宗御批"敷赐五福，以安一县"而得名福安，直隶福州大都督府。元至元二十三年（1286年），属福宁州。明洪武二年（1369年），福宁州降为福宁县，福安属福州府。明成化九年（1473年）福宁复升州，福安属福宁州。清雍正十二年（1734年），属福宁府。民国2年（1913年），福安属东路道。民国3年（1914年），属闽海道。民国14年（1925年）5月，福建国民政府成立，实行省、县两级政制，福安直属福建省。民国22年11月（1933年）福建事变时，在福州成立中华共和国人民政府，福安县属闽海省。次年1月，复为福建省直辖。民国23年（1934年）7月，福建省政府开始划分行政区，设立专署，福安县属第二行政督察区，公署驻地福安。民国24年（1935年）10月，行政督察区调整，福安县属第一行政督察区（一区），公署驻地长乐，后移驻闽侯。民国30年（1941年）4月，福州沦陷，一区公署移驻福安。民国32年（1943年）9月，福安县属第八行政督察区，公署驻地福安。民国36年（1947年）4月，福安县属第一行政督察区，公署驻地福安。

1949年7月，福安解放，成立福安县人民民主政府；中华人民共和国成立后，福安属第三行政督察区，专员公署驻福安；10月，改称福安县人民政府。1950年3月，属福安专区，专员公署驻福安。1968年4月，改称福安县革命委员会，属福安专区革命委员会。1970年7月1日，福安地区革命委员会驻地由福安迁往宁德县城关（蕉城镇），次年6月改称宁德地区革命委员会。1980年12月，福安县革命委员会撤销，恢复县人民政府。1989年11月13日，经国务院批准，福安撤县建市，1990年3月11日正式挂牌，1993年被国务院列为沿海开放城市。1999年11月（国函【1999】136号文），宁德地区撤地设市，福安市为省辖县级市，由宁德市代管，至2005年，隶属不变。

第二节 行政区划

一、街道、乡镇

（一）设置

1991年1月，全市设8个镇、11个乡（其中3个畲族乡），即韩阳镇、赛岐镇、穆阳镇、甘棠镇、下白石镇、溪柄镇、上白石镇、社口镇、晓阳乡、潭头乡、溪尾乡、溪潭乡、城阳乡、坂中畲族乡、穆云畲族乡、康厝畲族乡、湾坞乡、松罗乡、范坑乡。

2005年，全市设3个街道、11个镇、7个乡（其中3个畲族乡），即城南街道、城北街道、阳头街道、赛岐镇、穆阳镇、甘棠镇、下白石镇、溪柄镇、上白石镇、社口镇、晓阳镇、潭头镇、溪尾镇、溪潭镇、城阳乡、湾坞乡、松罗乡、范坑乡、坂中畲族乡、穆云畲族乡、康厝畲族乡。

（二）变动

1991年7月，韩阳镇相继成立城南、城北、阳头3个街道：城南街道辖东风、莲池、南湖3个居委会和南郊、南湖、程家垅3个村委会；城北街道辖冠杭、中兴2个居委会和前进、后垅、东风、棠发洋4个村委会；阳头街道辖阳上、阳下2个居委会和阳上、阳下、阳尾、环溪4个村委会。12月31日，韩阳镇撤销，原所属城南、城北、阳头3个街道办事处正式升格为正科级街道办事处对外挂牌办公。全市共辖3个街道，7个镇，11个乡（其中3个畲族乡）。

1992年9月，溪尾、潭头、晓阳撤乡建镇。全市设3个街道、10个镇、8个乡（其中3个畲族乡）。

1993年1月，经宁德地委、行署批准，设立穆阳民族经济开发区，开发区管委会驻地穆阳镇，为福安市委、市政府派出的科级机构。4月，穆阳民族经济开发区与穆阳镇合署办公。穆阳民族经济开发区辖穆阳镇以及代管穆云畲族乡的桂林村，康厝畲族乡的康厝、苏坂、邮亭、竹沃、半山、南洋村。1996年年底取消代管。

原成立于1988年的闽东赛岐经济开发区（管委会设罗江），所代管的赛岐镇罗江村、三江居委会和甘棠镇的南安、小留、樟港、加招、大留、北山、坑门里村，1993年12月，成立村街工作处，由其负责管理。

1994年9月，溪潭撤乡建镇。全市设3个街道、11个镇、7个乡（其中3个畲族乡）。

1998年9月，福建省人民政府批复，确认原穆阳民族经济开发区为省级开发区，并更名为福安畲族经济开发区，范围增加到20个村（居），包括穆阳镇2个村（穆阳村、苏堤村）6居（东兴、东旭、石马、西城、百岁、苏堤居委会）；穆云畲族乡4个村（桂林、虎头、溪塔、洋坪村委会），康厝畲族乡8个村（康厝、苏坂、邮亭、半山、南洋、红坪、东山村委会）。总面积13平方千米。

至2005年年底，乡镇、街道区划不变。

二、村（居）、社区

1991年1月，福安市设20个居民委员会、449个村民委员会，2162个自然村。

1991年7月，甘棠镇设立莲城居委会，潭头乡从柘头村析出设立鹅山村委会。

1992年12月，溪潭乡设立廉明居委会，城南街道南湖居委会更名为小西门居委会。

1993年8月，坂中畲族乡坂中村委会更名为坂中居委会，设立满春、松潭2个居委会。城阳乡设立中泉、秦源、步兜亭3个居委会。溪尾镇设立新溪居委会。

1994年8月，阳头街道阳上居委会更名为宏阳居委会、阳下居委会更名为富阳居委会。10月，赛岐镇设立虹桥、三江居委会，上白石镇上白石村委会析出设立白石居委会。12月，城阳乡白塔村委会更名为雁塔村委会。

1995年7月，下白石镇下白石居委会更名为黄岐居委会。8月，阳头街道阳尾村委会更名为阳泉村委会。

1997年3月，阳头街道设立沙岗居委会，城南街道从南郊村析出设立官村居委会。6月，溪柄镇溪柄居委会更名为兴龙居委会。7月，城北街道设立锦鸡垅、新阳居委会。城南街道从南郊村与东风居委会析出成立新华居委会。

1998年3月，城北街道设立富春居委会。6月，赛岐镇设立凯旋居委会。1999年3月，阳头街道宏阳居委会更名为察阳居委会。2000年9月，阳头街道设立阳春居委会。2001年6月，城北街道富春居委会组建富春社区居委会。10月，城阳乡从秦溪村析出设立金园居委会。

2003年1月，阳头街道阳春居委会组建阳春社区居委会。4月，环溪与沙岗居委会合并成立阳和社区居委会。5月，阳头街道阳泉村委会组建阳泉社区居委会，察阳居委会与阳上村委会合并成立阳上社区居委会，富阳居委会与阳下村委会合并成立阳中社区居委会。城北街道锦鸡垅与新阳居委会合并成立锦阳社区居委会，冠杭居委会组建冠杭社区居委会，中兴居委会组建中兴社区居委会，后垅村委会组建后垅社区居委会，前进村委会组建前进社区居委会，东风村委会组建东风社区居委会，棠发洋村委会组建棠发洋社区居委会。城南街道莲池居委会组建莲池社区居委会，东风与新华居委会合并成立东风社区居委会，小西门居委会与南湖村委会合并成立南湖社区居委会，南郊村委会组建南郊社区居委会，官村居委会组建官村社区居委会。9月，城阳乡从秦溪村析出设立王湾村委会。

2005年5月，赛岐镇三江居委会组建三江社区居委会，溪潭镇廉明居委会组建廉明社区居委会；6月，阳头街道成立广兴社区居委会。

2005年12月，全市设21个社区居民委员会、25个居民委员会、439个村民委员会，有2162个自然村。

表1—1　1991年福安市居委会分布情况表

单位：个

镇名	数量	居民委员会名称
韩阳镇	7	莲池、冠杭、中兴、东风、南湖、阳上、阳下
赛岐镇	5	前进、和平、解放、万寿、下港
穆阳镇	6	东兴、西城、石马、东旭、百岁、苏堤
溪柄镇	1	溪柄
下白石镇	1	下白石
合　计	20	—

表 1—2 2005 年福安市城区社区情况表

街道	社区	整合前村居	管辖面积（平方千米）	人口情况	
				总户数（户）	人口（人）
城北街道	前进社区	前进村	1.00	1274	4209
	后垅社区	后垅村	1.10	1755	7528
	棠发洋社区	棠发洋村	0.80	1134	3855
	东风社区	东风村	0.70	676	2228
	冠杭社区	冠杭居	0.80	1738	5225
	富春社区	富春居	0.70	1178	3808
	中兴社区	中兴居	0.50	769	2617
	锦阳社区	新阳居 锦鸡垅居	1.10	1129	4176
城南街道	南湖社区	南湖村 小西门居	2.80	1638	5918
	莲池社区	莲池居 小西门居	0.50	1172	3324
	南郊社区	南郊村	1.60	1019	3980
	官村社区	官村居	1.50	1300	3516
	东风社区	东风居 新华居	0.32	1506	4976
	程家垅村	程家垅村	—	—	—
阳头街道	阳春社区	阳春居	0.18	1320	4296
	阳上社区	阳上村 察阳居	0.50	1630	6050
	阳中社区	阳下村 富阳居	0.55	1417	5016
	阳和社区	环溪居 沙岗居	0.30	630	2500
	阳泉社区	阳泉村 沙岗居南片	0.42	560	2600
	广兴社区	广电大楼 福星别墅区	—	—	—

表 1—3 2005 年福安市行政区划一览表

单位：个

街道、乡镇	村民委员会	居民委员会	社区居民委员会	所辖村（居）委、社区
城南街道	1	—	5	社区：东风、莲池、官村、南湖、南郊 村：程家垅
城北街道	—	—	8	社区：冠杭、中兴、富春、锦阳、后垅、前进、东风、棠发洋

续表 1—3

街道、乡镇	村民委员会	居民委员会	社区居民委员会	所辖村（居）委、社区
阳头街道	—	—	6	社区：阳上、阳春、阳中、阳和、广兴、阳泉
赛岐镇	25	7	1	社区：三江 居：前进、和平、解放、万寿、下港、虹桥、凯旋 村：店前、赛里、宅里、廉首、大叶、象环、青江、溪里、苏洋、长岐、泥湾、大盘、江兜、宝洋、桃洋、秀洋、大象、泰康、梨园、小盘、下埔、狮子头、下长岐、郭厝坪、罗江
穆阳镇	2	6	—	居：东兴、西城、石马、东旭、百岁、苏堤 村：穆阳、苏堤
甘棠镇	39	1	—	居：莲城 村：东门、西门、南门、北门、上塘、港边、南塘、外塘、港岐、后岐、甘坪、甘江、大留、小留、樟港、加招、南安、北山、厝坪、眉洋、观里、山下、倪下、吴洋、国泽、奎聚、英岐、何厝、小岭、可洋、大车、岭尾、过洋、坑门里、牛柏洋、春雷云、牛家洋、铜坑里、山头庄
下白石镇	41	1	—	居：黄岐 村：章岭、王坑、外山、凤山、顶头、英平、六屿、小梨、大梨、亨里、白招、塘楼、湖头、远杞、樟澳、秦坎、坪冈、簹尾、东岐、外宅、坑门、楼坪、福屿、渔江、荷屿、章坑、长坑、行洋、塔里、南浦、大获、下赤、福渔、下岐、林门头、斗门头、下白石、通湾洋、畚斗坑、北斗都、金腰带
溪柄镇	24	1	—	居：兴龙 村：溪柄、立峰、北山、宸山、田坂、港里、长洋、水田、黄澜、白沙、浦后、楼下、榕头、立新、三村、东坪、茜洋、溪南、坑口、横坑、墩面、仙洋里、龙潭面、采花桥
上白石镇	21	1	—	居：白石 村：流尾、沙坑、前洋、坪庄、东峰、佳浆、财洪、曹洋、西园、小洋、坑尾、不老、园潭、上白石、里垄坑、山头境、郑家山、白石坂、南山头、姜家山、松茂林
社口镇	24	—	—	村：社口、溪口、岩下、溪坪、坦洋、上山、利岔、填头、秀峰、龟龄、林柄、山里、潘洋、仙溪、公岐、沙溪、吉洋、岩坑、岭后、大坪、坑里坑、牛山湾、谢岭下、荣岭头
潭头镇	29	—	—	村：潭头、东升、大庄、建柄、泥洋、高岩、东昆、枢洋、柯洋、南岩、棠溪、汾洋、柘头、后洋、太逢、东坑、上坪洋、西坑、坑坪、下洋、半坑、鹅山、富罗坂、渔溪洋、西洋境、千诗亭、东岭洋、祠堂前、后塆垅
晓阳镇	10	—	—	村：晓阳、墙坪、岭下、龙洋、谷口、南源、首洋、东源、马洋、下南溪
溪尾镇	14	1	—	居：新溪 村：溪尾、临江、溪邳、下邳、石合、渔岐、仙洋、坎下、林田、湖岭、利洋、坂村、众坑、溪边
溪潭镇	34	—	1	社区：廉明 村：溪填、城山、溪北、马山、凤林、濑头、濑尾、岔口、双峰、沙岩、西隐、岳秀、岐山、磻溪、下庄、院前、濑洋、仙石、廉村、兰田、王里、洪口、上湾、洋头、瓜溪、西安、芹洋、吉坑、岭头、华岩、前浦、陈家山、张家山、周家山

续表 1—3

街道、乡镇	村民委员会	居民委员会	社区居民委员会	所辖村（居）委、社区
城阳乡	31	4	—	居：中泉、秦源、步兜亭、金园 村：后楼、荷洋、洋面、仙岭、上岙、官洋、马上、占洋、秦溪、中村、留洋、林洋、溪东、瓮窑、岩湖、雁塔、东口、化蛟、铁湖、白坑、赤岭、茶洋、纸坪、日山、马下、王湾、堵坪坑、石门院、林家洋、阮家坑、湖塘坂
范坑乡	17	—	—	村：范坑、墩头、马冈、半坑、上坪、领先、洋山、蛇头、东洋、咸洋、八斗、竹柄、山岫宅、蒲家山、毛家坪、古岭宅、徐家山
湾坞乡	24	—	—	村：湾坞、马头、徐江、深安、梅洋、坑源、宝岭、宝林、寒洋、下广、下塘、炉山、半岭、岩下、福岭、池头、白莲、上洋、半屿、龙珠、沙湾、白马、浮溪、渔业
松罗乡	19	—	—	村：松罗、洋西、牛溪、姚澳、满洋、柳溪、古厝、王棣、王家、赤溪、杜坑、山界、南溪、金山、后溪、上后洋、外岭头、小茶洋、大坪里
坂中畲族乡	19	3	—	居：坂中、满春、松潭 村：湖口、坑下、长汀、南岸、和安、仙岩、大林、许洋、井口、汤洋、铜岩、冠岭、亭兜、林岭、日宅、仙源里、后门坪、彭家洋、江家渡
穆云畲族乡	33	—	—	村：桂林、洋坪、燕科、虎头、溪塔、高岭、黄儒、上洋、玉林、双溪、南山、咸福、蟾溪、龟凤、外垅、外洋、外厝、下村、上村、里楼、温岩、燕坑、岭坑、桥溪、贵洋、王楼、梨田、下逢、翁洋、科后、隆坪、中岙、竹州山
康厝畲族乡	32	—	—	村：康厝、苏坂、南洋、半山、高台、竹岙、红坪、东山、彭洋、凤洋、洋溪、梧溪、长潭、社洋、宋家、西铭、大坑、福源、施洋、秋岭、湖洋、界竹、赤路、填秦、渡头、冈头、石尖、象地、邮亭、杜家洋、牛岭尾、金斗洋

说明：闽东赛岐经济开发区代管赛岐镇的罗江村委会、三江社区居民委员会和甘棠镇的南安、小留、樟港、加招、大留、北山、坑门里村委会。

第三节　勘界

一、县级陆界勘定

1997 年 3 月，福安市根据《国务院关于开展勘定省、县两级行政区域界线工作有关问题的通知》，成立勘界领导小组，下设办公室，抽调有关部门人员开展工作。2001 年 5 月，完成福安市与周边县（区）的 6 条县级行政区域陆地边界线勘定，总长度 297.97 千米，埋设三角花岗岩界桩 3 棵，双面花岗岩界桩 13 棵（其中同号双立 3 棵）。2004 年 7 月，根据国务院《行政区域界线管理条例》和福建省民政厅《关于开展省、县两级行政区域界线联合检查工作的通知》，开始与周边县（区）进行行政区域陆界线联合检查工作，历时 5 个月全部完成。

（一）福安、蕉城交界线

1997 年 7 月，福安与宁德蕉城勘界工作开始。2000 年 12 月，勘界工作结束。界线北起福安市溪潭镇周家山村黄家山自然村的黄仙峰山顶，南止下白石镇南浦村画眉井山脚，勘定陆地边界线长 46.54 千米。黄仙峰山顶埋设三角桩 1 棵、双面界桩 2 棵，1 号位于甘棠镇眉洋村眉洋岭山、2 号位于下白石镇林门头村。

（二）福安、周宁交界线

1997 年 8 月，福安与周宁勘界工作开始。2001 年 2 月，勘界工作结束。界线北起福安市晓阳镇晓阳村扩坪山山顶，南止溪潭镇周家山黄仙峰山顶，勘定边界线长 50.68 千米。边界线上埋设三角桩 2 棵，位于晓阳镇晓阳村扩坪头和溪潭镇周家山黄仙峰山顶；双面界桩 2 棵，1 号位于康厝畲族乡牛岭尾村，2 号位于康厝畲族乡石尖村下际溪自然村。

（三）福安、柘荣交界线

1998 年 3 月，福安与柘荣勘界工作开始。2000 年 11 月，勘界工作结束。边界线北起范坑乡墩头村交溪，南止城阳乡后楼村芹山顶，全长 46.412 千米。边界线上埋设三角桩 1 棵、位于城阳乡后楼村芹山顶，双面界桩 2 棵、分别位于上白石镇佳浆村和潭头镇东岭洋村。

（四）福安、霞浦交界线

1998 年 3 月，福安与霞浦勘界工作开始。2000 年 4 月，勘界工作结束。界线北起城阳乡后楼村芹山顶，南止溪尾镇渔岐村盐田港边，陆地界线长 52.378 千米。边界线上设立三角界桩 1 棵，位于城阳乡后楼村芹山顶；双面界桩 3 棵，分别位于溪柄镇坑口村（同号双立）、松罗乡柳溪村、溪尾镇渔岐村。

（五）福安、泰顺交界线

1998 年 5 月，福安与浙江省泰顺县勘界工作开始。2001 年 5 月，勘界工作结束。界线北起范坑乡古岭宅村，南止范坑乡墩头村交溪，勘定界线全长 17.86 千米。边界线上范坑乡古岭宅村寿泰溪两岸设双面界桩 1 棵（同号双立），范坑乡墩头村交溪两岸埋设双面界桩 1 棵（同号双立）。

（六）福安、寿宁交界线

1999 年 3 月，福安与寿宁县勘界工作开始。2000 年 12 月，勘界工作结束。边界线东起范坑乡古岭宅村的寿泰溪，西止晓阳镇晓阳村扩坪头山顶，全长 84.1 千米。边界线上埋设三角桩 1 棵，位于晓阳镇晓阳村扩坪头山顶；双面界桩 2 棵，分别位于范坑乡蛇头村吉坑自然村和社口镇溪口村。

二、乡（镇）级陆界勘定

2002 年 5 月，福安市根据《福建省人民政府关于开展乡（镇）级行政区域界线勘定工作的通知》，开展乡（镇）级行政区域陆地界线的勘定工作。2004 年 11 月，勘界工作完成，勘定 37 条陆地乡（镇）级行政区域界线，总长 442.24 千米，埋设三角桩 22 棵。

三、海河划界

2002 年 3 月 19 日，根据福建省人民政府《关于明确福安市海洋功能区划范围的批复》：福安市海洋功能区划范围确定为赛岐大桥以南所辖的陆地和海域。4 月，福安市贯彻《关于开展勘定省县两级海域行政区域界线工作的有关问题的通知》，海河划界工作全面启动，实施福安市与霞浦县、蕉城区海域勘界工作。经过宣传教育、调查访问、收集档案资料，至 2003 年 9 月，与两县区进入协商阶段并达成协议。

2003 年 3 月 18 日和 10 月 8 日，先后召开两次市政府常务会议研究决定，并逐级上报省人民政府审批。福安市人民政府《关于海河分界范围界定的批复》规定：交溪和穆阳溪以赛岐大桥为界，以北为溪河、以南为海域；湾坞乡炉山溪以福宁高速公路福安连接线下塘大桥为界，以东为溪河、以西为海域；下白石镇镜塘溪以里凡闸门为界，以西为溪河、以东为海域；溪尾镇钱塘溪以溪盐公路钱塘桥为界，以北为溪河、以南为海域；山溪以溪尾桥为界，以西为溪河、以东为海域；甘棠镇南塘港以南塘闸门为界，以西为溪河，以东为海域。

2005 年，福安市人民政府再次明确以上河海划界范围，同时颁布《福安市人民政府关于河海划分界和海洋功能区划的通告》，向社会通告海河划界范围。

第二章　街道　乡镇

第一节　街道

一、城南街道

城南街道位于福安市区南部，位于北纬 27° 4′ 55″～ 27° 6′ 25″，东经 119° 38′ 25″～ 119° 40′ 50″，地处福安城区繁华地带。素有福安城区南大门之称。104 国道穿境而过，交通便捷。东和南与城阳乡接壤，西濒龟湖与阳头街道相望，北与城北街道毗邻。是福安市商贸和金融中心，中国农业银行、中国银行、中国邮政储蓄银行、中国工商银行等 4 家金融机构均驻于此。

明清时期，城南属福安乡界东里。民国 17 年（1928 年），属韩阳区。民国 26 年（1937 年），属韩察保联（联保），由县府直辖。民国 30 年（1941 年），撤销联保，属第一区韩坂镇。民国 34 年（1945 年），撤区建制，属城厢镇。1950 年，属第一区。1958 年 7 月，属城关镇；10 月，属城关公社。1961 年，恢复区建制，仍属城关镇。1970 年，属城关公社。1975 年，恢复城关镇，仍属该镇。1981 年，属韩阳镇。1991 年 12 月，由韩阳镇析出面积 5.1 平方千米，设立城南街道办事处，驻新华南路 55 号。2005 年年底，辖南郊、南湖、东风、莲池、官村 5 个社区居委会和程家垅 1 个村委会，常住人口 21714 人。

城南街道坚持工业立街，加快南郊、程家垅民营工业园区建设，加大招商引资力度，初步形成以电机电器配件为主导的产业基地。2005 年，实现工业产值 6.1 亿元、有企业 180 多家，其中，规模以上企业 14 家，主要生产电机电器、冶金铸造、医疗器械等。

城南街道也是福安市区重要商业区，街道大力推进商旅服务业发展，凭借中兴路、解放路、新华路、金山路、鹤山路等多条商贸旺街，发展第三产业，拥有八一、金马农贸、官村水果、南湖义乌小商品等专业市场，商品零售、饮食等各类中小型商贸店所众多。有富春大酒店、十景酒店、福安宾馆、天都宾馆及众多民营旅社。2005 年，有第三产业企事业单位 2020 家。

城南街道教育、卫生、文化机构齐全。有福安十中、实验小学、德艺学校等公民办中小学校 7 所，宁德、福安市两级党校（干校）也都设于此，是宁德、福安市培养干部的基地；拥有闽东医院、韩阳卫生院、市中医院等卫生医疗机构 53 个。

城市基础设施完善。实施新区、路网、绿化、夜景、环卫等五大体系建设，龟湖、秦溪沿岸纵深开发，拓展景观改造。社区服务功能齐全，充分利用和依托社区资源，在医疗、房屋出租、家政服务等方面做好服务。精神文明创建活动深入开展，社会事业协调发展，相继获得福建省第七届、第八届文明单位、全国婚育新风进万家活动先进单位、全国第五次人口普查工作先进集体等荣誉称号。

城南街道自古人文荟萃，风景秀丽，韩阳十景中就占据“龟湖夕照、南野桑荫、马屿香泉、鹤岫朝烟”等四大景观。有刘中藻指挥抗清驻戍的三宝寺，明代“秋香亭”遗址、奎光阁、天堂寺等古迹。自然秀丽的天马山森林公园，山顶有明万历四年（1576年）建的石塔，见证着城南的历史。

表1—4　1991—2005年福安市城南街道社会经济发展情况表

年份	总人口（人）	耕地面积（公顷）	粮食总产量（吨）	人均纯收入（元）	财政收入（万元）	农林牧副渔总产值（万元）	工业总产值（万元）	在校中学生数（人）	在校小学生数（人）	人口自然增长率
1991	53709	87.32	—	1404	—	—	—	—	—	10.17‰
1992	56044	86.92	660	1400	—	326	2797	—	—	—
1993	57792	76.73	640	1500	—	487	3033	—	—	—
1994	58905	76.53	630	2020	—	586	6635	—	—	6.7‰
1995	60228	69.99	450	3380	—	830	15418	—	—	6.5‰
1996	62477	69.99	450	3380	—	788	15126	—	—	—
1997	63988	65.86	450	3680	—	633	19322	—	—	10.49‰
1998	65527	46	246	4085	—	999	25439	8342	6815	2.8‰
1999	69556	46	260	4753	—	991	31610	8933	7194	14.14‰
2000	71048	39.93	177	5160	—	962	37310	9146	7206	10.65‰
2001	72217	38.33	172	5236	—	780	43300	2317	3196	11.06‰
2002	72868	—	106	5345	2401	415	46000	2839	3413	5.28‰
2003	72954	—	100	—	—	—	—	—	—	1.14‰
2004	73872	—	106	—	—	—	—	—	—	5.60‰
2005	74634	—	76	—	—	281	—	—	—	8.56‰

说明：城南、城北、阳头三个街道办事处，历年总人口、自然增长率、在校中小学生数均为合并统计。

二、城北街道

城北街道地处福安市区北部，位于北纬27° 4′ 55″～27° 6′ 25″，东经119° 38′ 25″～119° 40′ 50″。以横贯市区东西走向的中兴路为界，南接城南街道，东、北方向与城阳乡相连，西隔富春溪与阳头街道、坂中畲族乡相望，是福安市的政治、经济、文化中心，市委、市政府机关办公所在地。

明清时期，城北属福安乡界东里。民国17年（1928年），属韩阳区。民国26年（1937年），属韩察保联（联保），由县府直辖。民国30年（1941年），撤销联保，属第一区韩坂镇。民国34年（1945年），撤区建制，属城厢镇。1950年，属第一区。1958年7月，属城关镇；10月，属城关公社。1961年，恢复区建制，仍属城关镇。1970年，属城关公社。1975年，属城关镇。1981年，属韩阳镇。1991年12月，由韩阳镇分置，面积6.7平方千米。2005年，办事处驻富春社区，辖前进、后垅、棠发洋、东凤、冠杭、中兴、锦阳、富春8个社区居委会，常住人口35458人。

城北街道工农业生产占据城区半壁江山，向来是福安工农业产品的集散地。街道确立“工业立街、农业稳街、科技兴街、三产富街、基层先行、全面发展”的发展战略，全力振兴城北经济。1993年，街道工农业总产值1.1亿元，比上年翻一番。2005年，全街道有大小工业、商贸企业1560家，从业人员8000多人。电机电器是龙头支柱产业，国营、集体、民营齐头并进，素有“电机电器城”美称，闽东电机二厂、十厂、闽东起动机厂、福安电镀厂、福安轻工机械厂、后垅电器厂、金属附件厂等均在此。形成新华中路、北路、王基岭工业区为辐射中心，中小型配件企业和非公有制经济快速发展的布局。

城北街道农企有“五四茶场”，生产菜茶（粗制茶）、养殖肉鸡，水果有杨梅、李子、柿子，经济林木有松树、绿竹、毛竹，绿笋、蒜头、茄子、芋头是福安品牌蔬菜。

第三产业活跃。以商贸服务业为主，拥有京都商贸城、富春木材市场、茶叶市场、后垅水果批发市场、电机电器专业市场等5个，商户1110多家。1995年2月18日，京都商贸城奠基建设，投资8000万元，占地面积1.98万平方米，商场建筑面积2.1万平方米。有九州大酒店、邮电大酒店、福安宾馆、第二招待所、民族招待所，中兴路、冠后路、新华中路、新华北路、富春路、福新路、棠兴路等商贸街店铺林立。

富春溪畔（2003年）

城市基础设施完善。1992年，投入600万元，拓宽浇灌荷塘坪、104国道城区段、锦鸡垅水泥道路，开始建设洋边居民区和老干新村住宅区。1997年，拓宽改造新华中路后垅段。2001年，开始冠后路旧城改造。至2005年，社区主干道、小街巷道路完成硬化建设。有环境优美的富春公园，以及市体育场等文体设施24处。

城北街道辖区有市直机关单位82个。有宁德市农业学校、福安市第一中学、宁德市民族中学、福安市教师进修学校、福建广播电视大学福安工作站、城北中学、福安师范附属小学、逸夫小学等19所大、中专，中小学校。卫生医疗机构57个。

城北街道社区服务功能完善，社区服务水平提高；推行司法、警务和民政等部门合署办公，提升办事效率、维护社区安定稳定、促进社区各项事业协调发展。相继获得福建省“先进基层党组织”“计划生育先进单位”等荣誉称号。

城北街道历史悠久，人杰地灵，辖区内有保留完好的清代古民居10余座，市级文物保护单位陈氏宗祠木牌坊，原县衙、关帝庙、城隍庙旧址及三贤祠、重金山等古迹。革命烈士纪念建筑群——闽东革命烈士陵园、闽东革命纪念馆和闽东畲族革命纪念馆，为福建省、宁德市爱国主义教育基地和革命传统教育基地。

表 1—5　1991—2005 年福安市城北街道社会经济发展情况表

年份	总人口（人）	耕地面积（公顷）	粮食总产量（吨）	人均纯收入（元）	财政收入（万元）	农林牧副渔总产值（万元）	工业总产值（万元）	在校中学生数（人）	在校小学生数（人）	人口自然增长率
1991	53709	85.99	—	韩阳镇	—	—	—	—	—	10.17‰
1992	56044	83.39	763	1420	—	432	4233	—	—	—
1993	57792	81.26	780	1650	260	320	5003	—	—	—
1994	58905	80.66	781	2012	—	459	11493	—	—	6.7‰
1995	60228	79.86	692	2648	—	566	11379	—	—	6.5‰
1996	62477	79.86	831	3200	—	655	18049	—	—	—
1997	63988	61.99	752	3619	—	744	23030	—	—	10.49‰
1998	65527	33.4	747	4086	—	1231	31120	8342	6815	2.8‰
1999	69556	21.26	742	4306	—	1007	36504	8933	7194	14.14‰
2000	71048	21.26	697	4605	—	873	42476	9146	7206	10.65‰
2001	72217	21.26	246	4824	—	512	48969	4978	3827	11.06‰
2002	72868	—	151	5058	3058	558	—	5410	4367	5.28‰
2003	72954	—	28	—	—	—	—	—	—	1.14‰
2004	73872	—	56	—	—	—	—	—	—	5.60‰
2005	74634	—	56	—	—	358	—	—	—	8.56‰

说明：城南、城北、阳头三个街道办事处，历年总人口、自然增长率、在校中小学生数均为合并统计。

三、阳头街道

阳头街道位于福安市区西南部，地处北纬 27° 4′ 55″～ 27° 6′ 25″，东经 119° 38′ 25″～ 119° 40′ 50″，富春溪与龟湖溪环绕，四周古树繁茂，风景秀丽优美，是福安市区宜居之地，闽东老工业基地。

阳头旧称察阳。明清时期，属福安乡界东里。民国 17 年（1928 年），属韩阳区。民国 26 年（1937 年），属韩察保联（联保），由县府直辖。民国 30 年（1941 年），成立察坂湖乡，乡公所驻阳头。民国 35 年（1946 年），撤乡属城厢镇。1950 年，属第一区。1958 年 7 月，属城关镇；10 月，属城关公社。1961 年，属城关镇。1970 年，属城关公社。1975 年，属城关镇。1981 年，属韩阳镇。1991 年 12 月，从韩阳镇分置，面积 3.22 平方千米。2005 年，街道办事处驻富阳路，辖阳上、阳中、阳春、阳泉、阳和、广兴 6 个社区居委会，常住人口 17462 人。

阳头街道区位独特，交通便捷，古代是福安通往西部穆阳、溪潭和赛岐的交通要道，与城南、城北相隔的龟湖上横跨有群益、阳头、南湖、溪口四座大桥，形成“五横”（栖云路、察阳路、富阳路、阳兴路、阳泉路）“三纵”（漫洪路、工业路、兴业路）路网。

阳头街道通过科学规划，多方筹资，加大基础设施建设投入，开展专项治理及创建卫生城市等系列活动，不断提升城建、城管工作水平。其环境优美，服务优质，引来闽东电机电器城、福星花园、金沙花园、广益街等一批精品小区建成入驻，有荣宏外滩、九天地产、华兴帝景等高层次、高品位商住小区。以会展酒店为代表的一批大型商业网点带动阳头的商贸娱乐业进一步发展，城市生活品位不断提升。

阳头街道按照“优化产业结构，培育新增长点，扩充经济总量，壮大财政实力”的发展思路，通过开发“两园”（阳春、溪口公园）、兴办“三场”（农贸市场、阳泉市场、蔬菜批发市场）、建设“三街”（建筑建材专业街、小商品专业街、休闲服务专业街），调整产业结构，重点培育第三产业。

阳头街道人文、旅游资源丰富，是宋朝大理学家朱熹门生黄干、抗倭英雄黄钏、抗日英雄黄伯康的故里。位于阳中社区的黄氏宗祠是福建省级文物保护单位。沿富春溪有罕见的迎客老榕树群，干枝长数十米。阳春公园、溪口公园、人民广场、阳泉广场、龟湖生态绿化带是市民休闲度假、锻炼、娱乐的好去处。市文化馆、图书馆、广电大楼等文化设施落户阳头。学校有福安师范学校、福安四中、韩城一小、阳泉小学等。

阳头街道相继荣获省“绿化红旗单位”“先进基层党组织”“五四红旗团委”等先进称号。

表 1—6　1991—2005 年福安市阳头街道社会经济发展情况表

年份	总人口（人）	耕地面积（公顷）	粮食总产量（吨）	人均纯收入（元）	财政收入（万元）	农林牧副渔总产值（万元）	工业总产值（万元）	在校中学生数（人）	在校小学生数（人）	人口自然增长率
1991	53709	67.06	—	—	—		—	—	—	10.17‰
1992	56044	66.06	208	1338	—	479	1534	—	—	—
1993	57792	64.53	314	1560	—	387	3332	—	—	—
1994	58905	56.66	213	1710	—	656	7828	—	—	6.7‰
1995	60228	53.99	216	2575	—	740	13331	—	—	6.5‰
1996	62477	53.99	228	2800	—	2238	18000	—	—	9.91‰
1997	63988	36.8	239	3220	—	769	22919	—	—	10.49‰
1998	65527	30.93	149	3613	—	703	31000	8342	6815	2.8‰
1999	69556	30.93	179	3900	—	919	37700	8933	7194	14.14‰
2000	71048	29.46	47	3904	—	755	45125	9146	7206	10.65‰
2001	72217	29.33	—	3911	—	467	51157	2452	1496	11.06‰
2002	72868	—	—	—	—	417	—	3369	1644	5.28‰
2003	72954	—	—	—	—	—	—	—	—	1.14‰

续表 1—6

年份	总人口（人）	耕地面积（公顷）	粮食总产量（吨）	人均纯收入（元）	财政收入（万元）	农林牧副渔总产值（万元）	工业总产值（万元）	在校中学生数（人）	在校小学生数（人）	人口自然增长率
2004	73872	—	—	—	—	—	—	—	—	5.60‰
2005	74634	—	—	—	—	608	—	—	—	8.56‰

说明：城南、城北、阳头三个街道办事处，历年总人口、自然增长率、在校中小学生数均为合并统计。

第二节　乡

一、城阳乡

城阳乡位于福安市区东面，北纬 27° 0′ 30″～ 27° 11′，东经 119° 38′ 40″～ 119° 46′ 40″，东与霞浦、柘荣县毗邻，西与市区、坂中畲族乡相连，北与潭头、社口镇接壤，南邻溪柄镇。1991 年，下辖 30 个村委会，人口 26176 人，农民人均纯收入 683 元，工农业总产值 1.37 亿元。

元明清时期，属福安乡界东里。民国 17 年（1928 年），秦溪洋设乡，属韩阳区。民国 25 年（1936 年），改称秦仙洋保联（联保），属第一区（区公所驻赛岐）。民国 31 年（1942 年），设秦仙洋乡，直属县府。民国 34 年（1945 年），改称石门乡，仍由县直辖。1950 年，设秦溪乡，属福安县第一区（区公所驻城关）。1956 年，第十一区与第一区合并，属城关区。1958 年，城关区改为城关人民公社。1961 年 6 月，析分出城关镇，改称城郊人民公社。1966 年，以富春溪为界，析出成立坂中人民公社。1971 年 3 月，城郊人民公社并入城关镇，称城关人民公社。1981 年 9 月，城关镇析出更名韩阳镇，城郊人民公社更名城阳人民公社。1984 年 9 月，城阳人民公社改称城阳乡。2005 年，城阳乡下辖 4 个居委会、31 个村委会，土地面积 151.3 平方千米，全乡 9040 户、33518 人。

城阳乡毗连福安市区，交通便捷。104 国道线贯穿全境，过境里程 20 千米，环乡公路全长 54 千米。所辖各村（居）的乡村公路纵横交错，形成四通八达的交通网络。

农业资源丰富，拥有粮食、茶叶、绿（篓）竹、水果、蔬菜、畜牧、药材、经济林等八大主导产业。有乌龙茶示范基地、绿竹笋基地、立冬晚熟龙眼基地、菌草食用菌示范基地、反季节蔬菜基地、南疆黄羊饲养示范基地、淡水鱼养殖基地、经济林与生态公益林基地等八大示范基地。农业基础设施良好，路、沟、渠等基础设施配备完善，具有发展高优农业的良好条件。主要物产有毛竹、笋、木材、茶叶和溪东芥菜、占洋萝卜等。辖区内有天香、城湖等茶叶加工重点企业。林木总储量 6.7 万立方米，毛竹绿竹 453.3 公顷。

城阳乡是福安市工业重点乡镇。有秦溪洋工业集中区、小溪边茶业加工集中区、岩湖坂商贸小区、铁湖电器配套小区。2005 年，全乡各类工业企业 536 家，500 万元以上规模企业 43 家，形成以电机电器、铸造、建材、机械、食品、竹木制品加工为主的工业体系，产品畅销全国各地，远销东南亚、欧洲等国家和地区。秦溪洋工业园区入驻企业 406 家，化蛟石板材加工工业区迁入企业 42 家。第三产业迅猛发展，形成以石油、运输、饮食服务、汽车维修为主导的服务业，旅游业也有长足发展。2004年，全乡企业产值14.6亿元，比上年增长135.5%。

水利资源充足，城阳乡有留洋水库、仙岭水库、后楼水库、马下电站等。2004年，股份制后楼电站建设投产、朝里电站建设有序推进，总装机容量3000千瓦。矿产资源主要有辉绿岩、钼、石英、花岗岩等。

教育设施逐步完善。1991年，实施初等义务教育，有中、小学校（完全小学校）20所。2004年，筹资108万元，扩建秦溪、留洋小学建筑面积1080平方米，修建乡中心小学校舍、操场344平方米。2005年，有老区中学、富春中学2所，城阳中心小学、瓮窑、茶洋、溪东等小学17所，小学教学点2个。

韩阳十景之“石门漏月”“岩湖板障”“东山雪霁”等自然景观都位于辖区内。溪东村的天主堂始建于17世纪，系市级文物保护单位，曾是全省天主教活动中心教府所在地。

表1—7　1991—2005年福安市城阳乡社会经济发展情况表

年份	总人口（人）	耕地面积（公顷）	粮食总产量（吨）	人均纯收入（元）	财政收入（万元）	农林牧副渔总产值（万元）	工业总产值（万元）	在校中学生数（人）	在校小学生数（人）	人口自然增长率
1991	26176	1410.53	9900	683	—	1879	11870	—	—	8.59‰
1992	26499	1409.2	10010	829	—	2031	2390	—	—	10.06‰
1993	27395	1407.6	9460	1040	—	2520	4179	—	—	10.05‰
1994	27720	1406.07	9816	1200	—	3603	7560	—	—	14.5‰
1995	28024	1402.53	10116	1760	—	5297	9493	—	—	12.33‰
1996	28006	1402.53	10419	1865	—	6540	13038	—	—	4.2‰
1997	28460	1365.87	10674	2507	—	6689	20685	—	—	13.53‰
1998	28824	1336.13	10743	2668	—	8179	27560	1719	4947	4‰
1999	28734	1336.13	10919	2768	—	8129	34882	1889	4891	10.92‰
2000	32439	1334.53	9615	2867	—	8035	38600	2028	4959	25.37‰
2001	32331	1331.47	9910	2915	—	7657	44433	2235	5047	4.16‰
2002	32580	—	9780	2975	1628	7839	48000	2441	5414	7.57‰
2003	32682	—	6170	3050	—	—	—	—	—	0.51‰
2004	33408	—	7388	3.245	—	—	—	—	—	18.51‰
2005	33518	—	7279	—	—	8138	—	—	—	9.36‰

二、湾坞乡

湾坞乡地处福安市南端沿海突出部的白马河畔，位于北纬26° 44′～26° 55′，东经119° 41′～119° 46′ 40″，三面临海。东与溪尾镇毗邻、北与赛岐镇接壤、西与下白石镇隔江相望，南临三沙湾。海岸线长36千米，境内地势平坦、腹地广阔，素有“黄金水道”之称。1991年，下辖24个村委会、人口26276人，农民人均纯收入585元，工农业总产值8662万元。

元明清时期，属秦溪乡秦东里。民国17年（1928年），湾坞设乡，属黄崎区（区公所驻下白石）。民国30年（1941年），湾坞乡属第二区（区公所驻甘棠）。民国34年（1945年），撤湾坞乡并入山溪乡（溪尾）。1949年，湾坞属福安县第七区（区公所驻下白石）。1950年7月，从下白石区析出设立第十区，区公所驻湾坞。1956年，并入下白石区。1958年7月，从下白石区析出成立湾坞人民公社。1961年，恢复区建制，区公所迁往马头村塘楼。1966年7月，撤区建制，改称湾坞人民公社，同时析出成立溪尾人民公社。1984年10月，湾坞人民公社改乡建制。2005年，湾坞乡下辖24个村委会，土地面积100.2平方千米，海岸线长36千米，全乡7850户，28982人。

湾坞乡交通便捷。海路可通向赛岐港、下白石港，霞浦三沙港，宁德三都港。地处赛江流域下游的半屿半岛和白马山鼻两处，港深面宽，波平水缓，出口可达三都澳、东冲口至东海，经论证可建两个3万至5万吨级码头、一个万吨级码头和四个3000至5000吨级码头。湾坞乡拥有：东明3000吨级码头，半屿300吨级码头，徐江、马头两个货运装卸码头和浮溪、半屿两个渔港码头。拥有全省最大的船舶修造企业马头3万吨级船坞、徐江万吨级船舶修造厂，以及在建的白马15万吨级船舶修造厂。公路总长96千米，其中，赛湾公路17.6千米。沈海高速公路福安段贯穿境内，并在该乡设有枢纽互通口，距市区30.76千米。正在动工建设的温福铁路贯穿全境，亦规划在湾坞设福安客站和货运站。

湾坞乡是福安市重点产粮区和水产养殖基地。2005年，全乡耕地面积1880公顷，其中，水田813.3公顷，农地1066.7公顷。年粮播面积1666.7公顷，总产量达1万吨。湾坞洋有连片耕地1433.3公顷，一、二期垦区面积分别为300公顷、433.3公顷。全乡滩涂1666.7公顷、虾塘433.3公顷，水产养殖面积933.3公顷、年产量1.62万吨，其中，泥蚶、龙须菜各养殖13.3公顷，有养殖网箱1500箱，缢蛏养殖面积300公顷，大紫菜、海带、牡蛎、弹涂鱼各33.3公顷。大宗经济作物主要有葡萄433.3公顷、龙眼466.7公顷，荔枝、桃、李各33.3公顷，杨梅66.7公顷，无核柿、橄榄、香蕉、枇杷等水果166.7公顷。

湾坞乡矿产水利资源丰富。浮溪村蕴藏着300多万吨优质高岭土，沙湾辉绿岩、白马闪光石、深安叶蜡石也有相当储量。水电充足，拥有总容量656万立方米的炉山、半岭水库和1550千瓦的炉山、半岭、湾坞灌区电站。塘堤27条，堤线总长17.46千米，其中，湾坞一、二期围垦8.9千米海堤，除险加固工程已达标。

2004年10月，设立湾坞工贸集中区，引进资金开发建设的主要大项目：总投资105.5亿元的360万千瓦福建大唐国际宁德发电有限责任公司，总投资5100万元的过硫酸盐系列产品生产线项目，总投资5000万元的铝合金铸造项目，总投资9.61亿元年产50万吨的矽钢片厂，投资1.5亿元的白马15万吨级船坞，投资7800万元的茂源船坞（下塘），投资3000万元的东洋船坞，投资3.4亿元的白马门（国际）码头等。

2005年，全乡工农业总产值4.57亿元，比1991年增长5.27倍，其中农业产值1.87亿元、工业产值2.7亿元，农民人均纯收入3433元，财政收入420万元。

教育事业蒸蒸日上，拥有中学1所、小学15所，小学教学点10个。文化底蕴深厚，千百年来文人墨客、朝廷命官往来频繁。北宋名儒陈傅良曾寓居周大山，有纪、咏镌石。南宋学者陈普咏湾坞诸名山诗篇，流传至今。清福宁知府李拔过赤石关所题“顾而乐之”，及“高山流水”刻于石壁。宋代曾出5名进士、4名特奏名和3名武科正奏名，造就一代辉煌。其乡儒姚国秀曾在勒马山创办东塾书院。境内古寺众多，千年以上历史的有资福寺、保林寺和白莲寺，建于宋代的有青云寺和昭明寺，建于明代的有12个。

表 1—8 1991—2005 年福安市湾坞乡社会经济发展情况表

年份	总人口（人）	耕地面积（公顷）	粮食总产量（吨）	人均纯收入（元）	财政收入（万元）	农林牧副渔总产值（万元）	工业总产值（万元）	在校中学生数（人）	在校小学生数（人）	人口自然增长率
1991	26276	1032.07	10014	585	—	2132	6530	—	—	7.68‰
1992	26442	1302.53	10255	762	—	2876	942	—	—	7.17‰
1993	26656	1302.33	9615	838	—	3441	2289	—	—	11.07‰
1994	26785	1302.33	9597	999	—	6553	3179	—	—	9.8‰
1995	27189	1315.67	—	1474	—	9133	1788	—	—	16.46‰
1996	27443	1315.67	10093	2085	—	9832	4968	—	—	12.66‰
1997	27563	1315.53	10544	2672	—	10371	3056	—	—	11.5‰
1998	27877	1315.53	10678	2853	—	13070	4825	1403	3010	17.8‰
1999	28122	1315.53	11045	2866	—	14953	—	1507	2908	11.98‰
2000	28058	1315.53	10655	2942	—	19352	7200	1590	2762	1.71‰
2001	27950	1312.13	9612	3005	—	18296	8400	1527	2698	1.49‰
2002	27942	—	9270	3028	330	17472	20100	1513	2793	11.77‰
2003	28239	—	8125	—	—	—	—	—	—	0.54‰
2004	28717	1880	8845	3226	300	18000	22700	—	—	12.39‰
2005	28982	1880	8098	3433	420	18700	27000	—	—	10.44‰

三、松罗乡

松罗乡位于福安市东南部，地处北纬 26° 52′ 30″～27° 15′，东经 119° 45′～119° 52′，东与霞浦县崇儒、盐田、柏洋乡相邻，西与赛岐、溪柄镇毗连，南面与溪尾镇接壤，西北与溪柄镇相依，有“高寒地区优质菜果之乡”的美誉。1991 年，下辖 19 个村委会、人口 16161 人，农民人均纯收入 509 元，工农业总产值 6323 万元。

元明清时期，属用儒乡仁风里。民国 26 年（1937 年）设王松洋乡，属第一区。民国 34 年（1945 年），撤销王松洋乡，属狮峰乡。1950 年 4 月，设松沃乡，属第五区（区公所驻赛岐）。1953 年，属第十二区（区公所驻溪柄）。1956 年，属第五区（区公所驻溪柄）。1958 年 9 月，改称孟洋人民公社。1961 年 7 月，恢复区建制，成立松沃区。1962 年年底，撤松沃区并入溪柄区及赛岐公社。1966 年 11 月，恢复成立松罗人民公社。1984 年 8 月，改为乡建制，驻地设松罗村。2005 年，松罗乡下辖 19 个村委会，土地面积 78.8 平方千米，有 4466 户、人口 17626 人。

松罗乡交通便利。省道霞大线（S301）穿境而过，与松（罗）柏（洋）公路、松（罗）溪（尾）公路相接，在乡政府所在地形成“十”字形的公路网，南到盐田，北往福安、赛岐，都仅十几千米就可直上同三高速公路。村村通水泥公路。

松罗乡气候、海拔、土壤等自然条件适合乌龙茶种植，是福安市第二大茶叶生产乡，第一大乌龙茶生产基地，“明前毛峰绿茶”“高山云雾乌龙茶”扬名省内外。反季节蔬菜、晚熟葡萄是松罗乡的另一特色产业，葡萄还成为松罗的一张名片，闻名八闽大地，同粮食、茶叶、毛竹、畜牧、蔬菜、食用菌、水果等成为该乡八大主导产业。有反季节蔬菜、绿竹、茶叶、太子参种植和山羊、蛋鸭、肉鸭养殖、淡水养殖、珍禽生态养殖等十大生产基地。油茶加工产品“精制茶油”享誉省内外。

水能资源充足，矿产资源丰富。2005 年，松罗乡开发的水电装机容量 2200 千瓦，通过技改装机可达 4000 千瓦，待开发的有赤溪三级，柳溪、南溪、大坪里电站。叶蜡石、锰矿、银矿等贮量大。企业主要有竹木工艺加工、茶叶加工、建筑建材、水力发电、矿产开采等。

2003—2005 年，松罗乡实行“科教兴乡战略”，优先发展教育，巩固完善“两基”达标成果。投入 100 多万元，进行教育设施建设，改造危房 1800 平方米、增加校舍 2000 平方米，乡内有中学 1 所，小学 5 所，小学教学点 6 个。

表 1—9　1991—2005 年福安市松罗乡社会经济发展情况表

年份	总人口（人）	耕地面积（公顷）	粮食总产量（吨）	人均纯收入（元）	财政收入（万元）	农林牧副渔总产值（万元）	工业总产值（万元）	在校中学生数（人）	在校小学生数（人）	人口自然增长率
1991	16161	652.2	4660	509	—	1193	5130	—	—	7.73‰
1992	16428	731.87	4850	723	—	1015	620	—	—	8.89‰
1993	16338	731.73	4710	863	—	1622	872	—	—	8.96‰
1994	16437	731.73	4814	962	—	2894	1202	—	—	6.5‰
1995	17013	731.73	—	1518	—	3658	1602	—	—	4.62‰
1996	17082	731.73	5123	1790	—	5223	1451	—	—	7.46‰
1997	17099	731.4	5303	2693	—	4927	1835	—	—	7.66‰
1998	17218	730.73	5460	2814	—	5711	3136	945	1813	11.6‰
1999	17310	730.73	5037	2856	—	5172	4101	964	1751	14.05‰
2000	17501	730.73	5039	2929	—	5835	4915	1032	1654	2.65‰
2001	17444	730.73	4796	2936	—	5999	6550	1051	1629	2.05‰
2002	17573	—	4775	3038	362	6763	6600	1066	1749	12.66‰
2003	17543	—	4715	—	—	—	—	—	—	0.07‰
2004	17601	—	4601	3330	233	—	—	—	—	7.52‰
2005	17626	—	4668	—	—	6512	—	—	—	4.77‰

四、范坑乡

范坑乡地处福安市最北部，位于北纬27° 17′～27° 24′，东经119° 39′～119° 46′，平均海拔615米，东北与浙江省泰顺县龟湖镇隔河相望，西与潭头镇相连，北与寿宁犀溪乡、南阳镇交界，南临上白石镇土地面积108.74平方千米。1991年，下辖17个村委会、人口19628人，农民人均纯收入561元，工农业总产值3468万元。

元明清时期，属福安乡界西里。民国17年（1928年），范坑设乡，属东溪区（区公所驻棠溪）。民国25年（1936年），撤乡建制，成立范坑保联（联保），属第二区（区公所驻社口）。民国30年（1941年），改设范坑乡。民国34年（1945年），撤区建制，范坑乡由县直辖。民国38年（1949年），撤乡并入上白石乡。1950年4月，设范坑乡，属第二区公所（区公所驻上白石）。1958年9月，撤乡并入上白石公社。1985年4月，由上白石乡析出17个村委会，再设立范坑乡，驻地范坑村。2005年，范坑乡下辖17个村委会、127个自然村，土地面积104.4平方千米；全乡5498户、20814人，其中，在外户籍人口12000人。

范坑乡基础设施日趋完善。2005年，各村全部通公路，与潭头镇、泰顺县龟湖镇、寿宁县犀溪乡等乡镇公路全部连接，形成四通八达的交通网络。完成中心校教学楼主体工程、操场硬化，修缮领先、洋坪等小学校舍，范坑乡有中学1所，小学10所，小学教学点14个。民间文艺活动活跃，曾获中共中央宣传部"文艺轻骑"美誉。

范坑乡物产资源丰富，以农业经济为主。全乡土壤以砂石黄土壤为主，占土地面积的88.2%，其次为水稻土占11.5%，冲积土占0.3%，耕地面积962.3公顷，林地面积7711.5公顷，其中，生态公益林2014.1公顷，经济林2364.5公顷，毛竹林271.5公顷，是福安市第一个省级生态示范乡。粮食生产、蔬菜、油茶、畜牧、药材是范坑乡五大农业支柱产业。油茶林科研成果受到赞誉，是中国南方的油茶种植地。经济作物主要有茶叶、太子参、油茶、毛竹等。2005年，全乡茶叶初精制厂15家，成立有范坑茶叶公司和福安市茶叶协会范坑分会，创立范坑茶叶品牌、年产干茶1000多吨，产值1400多万元。太子参年种植面积保持在533.3公顷以上。

范坑乡境内探明矿产有银矿、辉绿岩、花岗岩、叶蜡石等。水电站有吉坑一、二级水电站，阳坑水电站和规划中的交溪大型水电站。

境内有明宪宗成化六年（1470年）的银坑洞遗址，洞内还有"银瓠""银藤"的痕迹，山上遗有许多当年用来磨矿石的石磨，呈现深浅不一的花纹。除此之外，还有牛郎石、七娘坝等名胜古迹。牛兜项山有当年钦差大臣巡视时专设的"七重门"，遗有石桌、石凳、石床、石灶。交溪上游三十六坡沿岸景色宜人，有独特的自然景观，瀑布景点多。境内古树名木有红豆杉、银杉等。

表1—10　1991—2005年福安市范坑乡社会经济发展情况表

年份	总人口（人）	耕地面积（公顷）	粮食总产量（吨）	人均纯收入（元）	财政收入（万元）	农林牧副渔总产值（万元）	工业总产值（万元）	在校中学生数（人）	在校小学生数（人）	人口自然增长率
1991	19628	952.8	5247	561	—	1067	2401	—	—	8.58‰
1992	19714	952.53	5346	654	—	1360	149	—	—	7.57‰

续表 1—10

年份	总人口（人）	耕地面积（公顷）	粮食总产量（吨）	人均纯收入（元）	财政收入（万元）	农林牧副渔总产值（万元）	工业总产值（万元）	在校中学生数（人）	在校小学生数（人）	人口自然增长率
1993	19927	952.53	5175	818	—	1263	162	—	—	14.43‰
1994	20019	952.53	6263	916	—	2038	704	—	—	9.5‰
1995	20320	952.53	—	1506	—	2366	563	—	—	13.09‰
1996	20634	952.53	6514	1663	—	2688	1366	—	—	12.59‰
1997	20904	952.53	6719	2056	—	3022	1955	—	—	10.27‰
1998	21186	952	6556	2348	—	5287	2919	1243	2448	9.1‰
1999	21226	952	6670	2478	—	5341	3922	1282	2216	12.22‰
2000	20396	952	6599	2596	—	4767	—	1298	2080	-7.82‰
2001	20529	952	6577	2655	—	4046	4346	1146	1847	8.87‰
2002	20690	952	6579	2682	—	4511	—	1041	1953	11.69‰
2003	20636	952	6579	—	—	—	—	—	—	0.10‰
2004	20813	952	6592	2950	—	4930	8670	—	—	12.84‰
2005	20814	—	6698	—	—	9228	—	—	—	9.65‰

五、坂中畲族乡

坂中畲族乡位于城区西郊、富春溪西岸，地处北纬 26° 2′～27° 10′，东经 119° 34′ 10″～119° 40′ 40″。东与市区相接，西连穆云畲族乡，南邻溪柄、溪潭镇，北毗社口镇。1991 年，下辖 20 个村委会、人口 19652 人，农民人均纯收入 736 元，工农业总产值 1.78 亿元。

元明清时期，属福安乡界东里五都。民国 17 年（1928 年），坂中设乡，属韩阳区。民国 25 年（1936 年），实行保甲制，设坂湖（坂蛟）保联（联保）。民国 29 年（1940 年），撤乡并入察阳（阳头），改称察坂湖乡，乡公所驻阳头。民国 34 年（1945 年），属城厢镇。1950 年，设仙坂乡，属福安县第一区（区公所驻城关）。1953 年，从第一区析出成立第十一区，区公所设坂中。1956 年，第十一区与第一区合并，属城关区。1958 年，城关区改为城关人民公社。1961 年 6 月，社镇分置，属城郊人民公社。1966 年，以富春溪为界，从城郊公社中析出设立坂中人民公社。1984 年 9 月，撤销坂中人民公社，建立坂中畲族乡。2005 年，坂中畲族乡下辖 3 个居委会、19 个村委会，土地面积 68 平方千米，全乡 7195 户、23667 人，农民人均纯收入 3482 元。

坂中畲族乡交通便利，沈海高速公路福安连接线福安互通口位于江家渡村，福穆县级公路由东至西贯穿全乡。全乡 20 个村（居）公路路面全部水泥硬化。

林业以松杉为主，森林总蓄积量达 6.4 万立方米。水能资源蕴藏总量 8000 千瓦。矿产资源以砂、土、石著名。农业主要以茶叶、蔬菜为主，长汀、坑下、许洋村已成为以种植葡萄为主的规模化、标准化生态农业园。工业以电机电器、冶金铸造、医疗器械制造闻名。1992 年，坂中创办福安市第一个电机电器工业园区。2005 年，拥有集电机电器、医疗器械、建筑建材等企业 110 多家，其中规模以上企业 34 家。工农业总产值达 14.74 亿元，比 1991 年增加 42.5 倍，其中，工业产值 13.98 亿元，农业产值 7562 万元，财政收入 1191 万元。

教育设施完备。坂中畲族乡内有闽东卫校、福安市职业技术学校、市民族中学、市民族实验小学等。2005 年，在校中学生 1458 人（含中职、中专生）、小学生 1280 人。

坂中畲族乡，是宁德市畲族聚居最集中、人口比例最高的乡。2005 年，全乡有畲族家庭 2166 户，占全乡户数的 30%；畲族人口 9600 人，占全乡人口总数的 40%；有 11 个民族自然村，占全乡自然村总数的 66%。畲族有自己独特的文化历史、民族语言、风俗习惯、传统装束，民族特色明显。坂中畲族乡环境优美，有坂中森林公园、长汀天然浴场、江家渡凌霄塔、大林“钟氏宗祠”、松潭崇福寺等风景名胜古迹。

坂中畲族乡曾先后获得“全国民族团结先进集体”“全省明星乡镇”“全省地区社会治安综合治理先进单位”“省级园林式乡”“省农民健身活动先进乡”等称号。

表 1—11　1991—2005 年福安市坂中畲族乡社会经济发展情况表

年份	总人口（人）	耕地面积（公顷）	粮食总产量（吨）	人均纯收入（元）	财政收入（万元）	农林牧副渔总产值（万元）	工业总产值（万元）	在校中学生数（人）	在校小学生数（人）	人口自然增长率
1991	19652	1005.47	8557	736	—	2038	15729	—	—	8.58‰
1992	19867	1004.4	8897	888	100	2715	2997	—	—	12.3‰
1993	21110	995.47	8590	1060	220	3563	7739	—	—	16.94‰
1994	21459	994.67	8415	1216	329	4419	18045	640	2123	10.9‰
1995	21766	992.07	8728	1838	662	5898	18842	—	—	5.86‰
1996	22094	992.07	9029	2013	645	6354	33499	—	—	5.55‰
1997	22378	977	9368	2690	—	7219	43800	—	—	10.68‰
1998	22665	973.73	9381	2862	—	7449	57343	1099	2701	6.3‰
1999	23054	973.73	9550	2936	—	7719	68850	1394	2534	8.73‰
2000	23559	973.73	9312	3033	—	7974	82205	1456	2901	33.39‰
2001	23664	970.27	9286	3136	—	7934	101000	1700	3179	4.54‰
2002	23820	—	9046	3167	2172	7403	98700	1609	3613	7.43‰
2003	23834	—	8524	—	—	—	—	—	—	0.39‰
2004	23872	966.67	8368	3642	1140	8446	115369	1458	1280	19.21‰
2005	23667	966.67	8268	3842	1191	7562	139806	1458	1280	-3.47‰

六、穆云畲族乡

穆云畲族乡位于福安西部，白云山麓，地处北纬 27° 2′～27° 9′，东经 119° 26′ 40″～119° 36′ 40″，北连社口镇、晓阳镇，南接康厝畲族乡，西邻周宁县，东毗坂中畲族乡。1991 年，下辖 33 个村委会、人口24290人，农民人均收入654元，工农业总产值1.166亿元。

元明清时期，属用儒乡钦德里。民国时期，属第三区（穆阳）行政公署管辖。1949年，属穆阳区。1958年，撤区设立穆阳人民公社，属穆阳公社。1961年，恢复区建制，属穆阳区。1966年拆区并社，属穆阳人民公社。1984年，撤销穆阳人民公社，析出33村建乡，其中畲族村13个，称穆云畲族乡，乡政府驻地穆阳镇东旭街。

2005年，穆云畲族乡下辖33个建制村，其中，畲族村16个，土地面积120.9平方千米，7236户、25130人（其中，畲族9149人，回族889人）。工农业总产值2.03亿元，比1991年增加8658万元，增长74.2%，农民人均纯收入3376元，财政收入276万元。

穆云畲族乡交通便利。省道下浦线、县道福穆线和正在建设中的宁武高速公路贯穿全境。白云山互通口设于桂林村，是福安市“一市三区六组团”发展布局中生态旅游经济区的重要组成部分，穆阳大桥、桂林大桥与302省道下浦线相连。文教卫生事业不断发展，2005年，投入20万元建设溪塔民族小学，全乡有小学21所，小学教学点16个，在校中学生646人、小学生2151人。乡卫生院1所、村医疗站26个。

穆云畲族乡水力资源丰富，已建成龟凤、蟾溪、溪塔、下逢等9座小型发电站。境内矿产有辉绿岩、银矿和高岭土等，尤其是火山石泡流纹岩贮量丰富，出产“穆云红”。

工业以农副产品加工为主，办有茶叶、竹木加工厂等。特色农业有水果（水蜜桃）、绿竹、食用菌等。高岭村是优良茶树品种“高岭大白茶”的故乡。主要经济作物有茶叶、水蜜桃、刺葡萄、枇杷，其中，刺葡萄、穆阳水蜜桃、茶叶是三大主导产业。

生态旅游产业兴旺。畲族人民以自己独特的语言、服饰、音乐、体育、民间艺术和民俗风情和民俗节日吸引了众多游客。畲族民俗村溪塔村刺葡萄沿小溪两岸种植，誉称“南国葡萄沟”。虎头村水蜜桃以果大核小、肉质柔软、汁多味甜、香气浓郁而闻名；桃花盛开季节，八方游客纷至沓来。黄儒村回民，明朝嘉靖年间从泉州陈埭肇迁于此，数百年来与当地民族融合，但仍保留有独特的福安回族文化：春节、端午、中秋、重阳皆为其节日，斋戒、朝圣、伊斯兰经课保留于日常生活中。西北部九龙洞景区融合于白云山风景名胜区，北部大留洋紧靠白云山，留有银坑洞遗迹。隆坪村有清光绪二十二年（1896）御赐圣旨建造的节孝坊。桂林村有古老的王氏宗祠。

表1—12　1991—2005年福安市穆云畲族乡社会经济发展情况表

年份	总人口（人）	耕地面积（公顷）	粮食总产量（吨）	人均纯收入（元）	财政收入（万元）	农林牧副渔总产值（万元）	工业总产值（万元）	在校中学生数（人）	在校小学生数（人）	人口自然增长率
1991	24290	1414.67	9474	654	—	1703	9960	—	—	10.63‰
1992	24595	1414.13	9750	842	—	2012	1417	—	—	11.86‰
1993	24928	1412.6	9768	1，058	—	2764	2792	—	—	12.96‰
1994	25237	1412.13	10241	1，175	—	3364	4088	—	—	13.4‰
1995	25614	1412	10428	1520	—	4997	5823	—	—	17.1‰

续表 1—12

年份	总人口（人）	耕地面积（公顷）	粮食总产量（吨）	人均纯收入（元）	财政收入（万元）	农林牧副渔总产值（万元）	工业总产值（万元）	在校中学生数（人）	在校小学生数（人）	人口自然增长率
1996	26007	1412	10752	1780	—	6020	68251	—	—	15.22‰
1997	26331	1409	11200	2560	—	7051	9299	—	—	12.38‰
1998	26558	1407.8	11649	2728	—	6980	10797	1315	2872	12.3‰
1999	26699	1407.8	11875	2806	—	6746	13348	1205	2874	11.92‰
2000	24801	1407.8	10910	2906	—	7315	16012	1150	2688	10.44‰
2001	24629	1407.8	10983	2936	—	6798	18093	1107	2627	3.91‰
2002	25052	1300	10309	3000	315	6453	18000	1240	2694	24.19‰
2003	24961	—	8949	—	—	—	—	—	—	0.40‰
2004	25150	1300	9304	3368	357	8950	10000	1012	2607	6.89‰
2005	25130	1300	9946	3376	276	6860	13461	646	2151	6.67‰

七、康厝畲族乡

康厝畲族乡位于福安市西部，地处北纬 26° 59′ 40″～27° 4′ 40，东经 119° 25′ 40″～119° 37′ 10″，北与穆阳镇、穆云畲族乡连接，东、南与溪潭镇相邻，东北与坂中畲族乡接壤，西与周宁县玛坑乡相连省道过境线长 21.5 千米，土地面积 101.6 平方千米。1991 年，下辖 32 个村委会，人口 25015 人，农民人均纯收入 708 元，工农业总产值 1.22 亿元。

元明清时期，属用儒乡钦德里。民国 17 年（1928 年），康厝属穆阳区。民国 34 年（1945 年）至 1949 年间，属社湖乡、穆阳镇。1950 年 4 月，属第四区（区公所驻穆阳）。1959 年 11 月，撤乡设人民公社，改属穆阳人民公社。1966 年 8 月，从穆阳人民公社析出，成立康厝人民公社。1984 年 10 月，撤社建乡，改称康厝畲族乡。2005 年，康厝畲族乡下辖 32 个村委会（其中，畲族行政村 8 个，老区基点行政村 6 个），有 120 个自然村。全乡土地面积 101.6 平方千米、水域面积 300 公顷，可耕地面积 1580 公顷，其中，水田 1453.3 公顷、农地 160 公顷、林地 7133.3 公顷。有 7824 户，27059 人，其中，畲族 7320 人，占总人口的 26%。

康厝畲族乡交通便利，302 省道贯穿全境，过境的宁武高速公路进入建设阶段，其互通口距乡政府 2 千米。2005 年，所辖各村全部通公路，投资 51 万元完成康厝至高台村水泥路面硬化，全乡 70% 的行政村公路完成水泥硬化。

康厝畲族乡物产丰富，探明的室内外装饰用的普通型花岗岩储量达 50 万立方米；赤路一带辉钼矿量大质优；穆阳溪沿岸还有建筑用的砂石、河卵石等。穆阳溪系交溪一大支流，水网纵横，可供开发的水能资源装机容量 2.5 万千瓦以上。主要水库有凤洋、金斗洋、渡头、界竹 4 座。

农业是康厝畲族乡主导产业，拥有农业基地 233.3 公顷，其中，生姜种植面积年保持 200 公顷以上。农业生产以无公害茶园、生姜、花生、食用菌、蔬菜、禽畜、水果、绿竹等种养业为主。2005 年，全乡反季节蔬菜基地面积 100 公顷，“早熟”葡萄面积 33.3 公顷，茭白面积 20 公顷，无公害茶园 320 公顷，

康厝畲族乡东山村（1999 年）

生姜 200 公顷，茶园 666.7 公顷。茶叶、食用菌生产曾有过辉煌的历史，现仍有粗（精）茶叶加工企业 16 家，年产量 1.4 万担。畜牧业以生猪、家禽饲养为主。渔业以淡水养殖为主，年产淡水鱼 165 吨。

工业形成以水电、石矿开采、冶金铸造、茶叶粗（精）加工、竹木加工、电机电器生产为主导的产业格局。第三产业以零售业、服务业、运输业为主。2005 年，全乡工农业总产值 2.38 亿元，比 1991 年增加 1.16 亿元，其中，农业产值 9429 万元、工业产值 1.44 亿元，农民人均纯收入 3506 元，财政收入 268 万元。

康厝是福安市 3 个畲族乡之一。有畲族独特的武术、舞蹈、体育、民间艺术和民俗风情、民俗表演节日。金斗洋是“畲族武术之乡”，多次代表宁德市参加省及全国民运会并获奖，“打枪担”等畲族舞蹈节目连续两次获全国民运会表演一等奖。每年一次的“三月三”畲族风俗节，场面热烈、吸引众多游客。教育事业健康发展，2005 年，拥有中学 1 所、小学 10 所，小学教学点 15 个，在校中学生 1170 人、小学生 3200 人。

康厝畲族乡村落多依山傍水，风景秀丽。境内风景名胜：西铭村的宋朝帝师郑寀后裔迁居地；东山村“东山雪洞”；明代抗清名将刘中藻题写的摩崖石刻；红坪普照寺、东山纱帽岩、凤翔峰下的清泉洞、象地龙潭等。

表 1—13　1991—2005 年福安市康厝畲族乡社会经济发展情况表

年份	总人口（人）	耕地面积（公顷）	粮食总产量（吨）	人均纯收入（元）	财政收入（万元）	农林牧副渔总产值（万元）	工业总产值（万元）	在校中学生数（人）	在校小学生数（人）	人口自然增长率
1991	25015	1633.07	9894	708	—	1675	10540	—	—	9.04‰
1992	25336	1637.53	10379	813	—	1816	1300	—	—	10.84‰
1993	25525	1637.53	9938	951	—	2320	3129	—	—	12.39‰
1994	25847	1637.53	10145	1056	—	3660	4822	—	—	17‰
1995	26258	1636.67	10450	1560	—	4859	7374	—	—	18.7‰
1996	26562	1636.67	10764	1600	—	6387	7976	—	—	6.78‰

续表 1—13

年份	总人口（人）	耕地面积（公顷）	粮食总产量（吨）	人均纯收入（元）	财政收入（万元）	农林牧副渔总产值（万元）	工业总产值（万元）	在校中学生数（人）	在校小学生数（人）	人口自然增长率
1997	26733	1632.6	11089	2520	—	7293	13656	—	—	11.93‰
1998	26930	1631.33	11072	2685	—	6843	11153	1705	3126	16‰
1999	26830	1631.33	11416	2786	—	6877	14096	1891	3038	3.75‰
2000	26672	1631.33	11791	2873	—	6377	17742	1922	2872	2.31‰
2001	27530	1631.33	11834	2880	—	7134	20228	1873	2799	18.44‰
2002	27781	—	11722	2967	178	7431	20489	1953	2863	11.69‰
2003	27589	—	10252	—	—	—	—	—	—	0.24‰
2004	27219	1579.87	11435	3319	312	7637	13573	1160	3192	-1.55‰
2005	27059	1579.87	10805	3506	268	9429	14387	1170	3200	11.02‰

第三节　镇

一、赛岐镇

赛岐镇位于福安市中部偏南的赛江之滨，地处北纬 26° 53′～27° 1′、东经 119° 39′～119° 46′。北与溪潭、溪柄镇交界，南邻湾坞乡，东毗松罗乡，西临赛江，于富春溪、茜洋溪、穆阳溪三江口会合处，是闽东通商要地，水陆交通中心，素有闽东“小上海”之称。1991 年，下辖 5 个居委会、25 个村委会，人口 45378 人，农民人均纯收入 793 元，工农业总产值 3.09 亿元。

明清时期，属秦溪乡沿江里三十都。民国 17 年（1928 年），福安县成立赛岐区，区公所设赛岐。民国 18 年（1929 年），改区设乡镇，辖 21 个乡镇。民国 25 年（1936 年），实行保甲制，赛岐镇属第一区（区公所驻城关）。民国 26 年（1937 年），韩察保联归县直辖，第一区区公所移设赛岐，辖 8 个保联（联保）。民国 31 年（1942 年），赛岐镇改称三江镇，直属县府。民国 34 年（1945 年）撤区建制，三江镇复称赛岐镇。1949 年 10 月，福安县第五区区公所设赛岐。1954 年，第五区析出溪柄区（十二区）。1956 年 11 月，十二区并入第五区，区公所设溪柄，赛岐属第五区。1958 年，福安县撤区并乡，设赛岐人民公社。1963 年，恢复区建制，辖赛岐、赤溪、象洋、宝洋 4 个小公社和赛岐镇。1968 年，撤区建制，称赛岐人民公社。1971 年 3 月，赛岐镇与赛岐公社合并为赛岐公社。1980 年 8 月，赛岐公社改称赛岐镇。1984 年 10 月，设立赛江乡。1985 年 10 月，赛江乡并入赛岐镇。

2005 年，赛岐镇下辖 1 个社区居委会、7 个居委会、25 个村委会，96 个自然村，土地面积 76.9 平方千米，有 15204 户、人口 51090 人。

赛岐镇坚持“经济发展，环境先行”的理念，不断完善城镇基础设施建设。1996 年，被国家计委列为全国小城镇建设试点镇。境内教育、卫生设施完备，有福安二中、赛岐中学、福安市医院等。

104 国道贯穿镇区，沈海高速福安连接线设赛岐互通口。赛岐港是潮汐天然良港，福建省第四大港。

远在明末清初，赛岐就凭借水运迅速崛起，到清朝中叶已商贾云集，成为著名繁华商埠，声名远播海内外。是闽东北商品集散中心，有农副产品交易、小商品批发零售、建筑建材供应、交通运输、农业生产资料、水果批发和钢材、船舶修造材料等八大专业市场。农业主要以种植巨峰葡萄、水稻、茶叶为主。

赛岐镇是闽东的工业重镇。辖区分布宅里工业园区、赛江花园区。铁合金厂生产的硅铁合金、硅钙合金产品外销，是福建省唯一的铁合金出口基地。闽东化工厂生产的硫酸，是福建省工业的重要原料。赛江的船舶修造业历史悠久，几十家修造厂遍布赛江沿岸，形成规模，成为赛岐经济的支柱行业，闽东造船厂、福安造船厂出坞下水的铁壳轮、水泥船航行于闽东沿海，所产打火机、饼干风靡一时。2005 年，共有各类工业企业 130 多家。

赛岐镇自古以来物华天宝，钟灵毓秀。境内有始建于宋大中祥符年间（1008—1016 年）的“蕴玉禅寺”（又名曹山寺）。镇区南部的金钟山上，寺、庙、观、宫分布错落有致。苏阳村是省级历史文化名村，历史上出过 10 多个进士，乃抗清名将刘中藻故里，村北有刘中藻墓。罗江村的罗文藻是第一位中国籍天主教主教。

表 1—14　1991—2005 年福安市赛岐镇社会经济发展情况表

年份	总人口（人）	耕地面积（公顷）	粮食总产量（吨）	人均纯收入（元）	财政收入（万元）	农林牧副渔总产值（万元）	工业总产值（万元）	在校中学生数（人）	在校小学生数（人）	人口自然增长率
1991	45378	1386.13	11469	793	—	2297	28615	—	—	11.16‰
1992	46026	1386.13	11580	873	—	2941	4778	—	—	11.09‰
1993	46944	1296.8	10010	1000	—	3272	7841	—	—	15.26‰
1994	47795	1295.87	9648	1180	—	4787	20450	—	—	10.3‰
1995	49338	1294	10101	1980	—	6720	24142	—	—	10.8‰
1996	50123	1294	10488	2300	—	8854	34106	—	—	12.46‰
1997	50907	1281.67	10804	2714	—	12198	31868	—	—	20.6‰
1998	51501	1276.27	10897	2918	—	13012	36603	2557	6502	3.3‰
1999	52125	1276.27	11029	3012	—	13425	44658	2605	6459	5.16‰
2000	54643	1276.27	11047	3190	—	12934	50375	2812	6430	16.44‰
2001	55075	1270.34	11923	3200	—	14701	58267	2937	6611	8.12‰
2002	55147	—	12801	3400	1767	15323	65520	2974	6677	4.28‰
2003	53278	—	4418	—	—	—	—	—	—	1.03‰
2004	51340	—	6207	—	—	—	—	—	—	15.03‰
2005	51090	—	5810	—	—	16215	—	—	—	1.77‰

说明：1994 年，耕地面积 64.4 公顷，划归闽东赛岐经济开发区统计。2004 年，减少的人口纳入罗江统计。

二、穆阳镇

穆阳镇地处福安市西部，穆水溪、浦赛（省道302线）公路北侧，紧连穆云畲族乡，南与康厝畲族乡一溪之隔，地处北纬27° 3′、东经119° 38′；是福安市西部政治、经济、文化的中心，有“福安好穆阳”的称誉。1991年，下辖6个居委会、2个村委会，人口14662人，农民人均纯收入802元，工农业总产值1.93亿元。

元明清时期，穆阳属用儒乡钦德里。民国17年（1928年），设穆阳区，辖18个乡镇。民国25年（1936年），改称第三区，区公所驻穆阳，辖12个保联（联保）。民国31年（1942年），穆阳镇改称穆黄镇。民国34年（1945年），撤区建制，设穆阳镇。1949年，福安县第四区区公所设穆阳。1950年，析出溪潭区。1955年，溪潭区并入。1958年9月，改称穆阳人民公社，同时析出成立溪潭人民公社。1966年，析出成立康厝人民公社。1980年，穆阳人民公社改称穆阳镇。1984年，析出穆云畲族乡。2005年，穆阳镇下辖6个居委会、2个村委会，土地面积9.5平方千米，户数5149户、人口15522人。

穆阳镇地处穆水下游，地理位置优越，水陆交通便利，为闽北与浙南交通必经之地。旧时闽北农民将农副产品肩挑到穆阳出售后，再购回日用品。而穆阳人收购山货后，通过穆水扬帆赛江，再转运福州、温州、宁波、上海，购回工业品供应广大农村，成为闽东北物资集散地与供应站。穆水不仅提供水运之便，也是取之不尽的水车动力，穆阳人靠水车动力榨糖、榨油、碾粉，发展农产品加工业。民国6年（1917年），拆去沿街房屋，开辟12米多宽的穆阳印坪街，按照福州中亭街的格局设计，是当时闽东最宽的街道之一。

制茶是穆阳最重要的产业。清代穆阳茶商已经实行股份制企业生产茶叶，并与英、日商签订供销合同，领回茶银分发给入股茶商，按定额完成制茶任务。清末民初，穆阳有20多家茶行，社口、晓阳、周宁、寿宁等地商人也来这里办茶厂、经营茶叶。浙南温州、平阳、苍南和周边的柘荣、屏南、寿宁、周宁等县市都在穆阳设有货栈。

穆阳粮食作物以水稻、甘薯为主，主要经济作物有茶叶、毛竹等。名优特农产品有水蜜桃、线面，绿色环保农产品有葡萄、绿竹笋。线面、油纸伞、红板糖是穆阳的三大名产，畅销全国各地。穆阳供销社收购的农副产品品种曾居全省第一位。工业主要有电机电器、机械配件、木制玩具生产，以及线面、石板材加工等。

穆阳镇素来重视文化教育。清光绪二十四年（1898年）戊戌变法时期废科举时，穆阳缪锡龄率先响应，创办同文小学堂（穆阳小学前身），至今有100多年历史。1940年3月，省立福安国民师范学校由寿宁县斜滩迁到穆阳。在穆阳知名人士的谋划下，整理出6座庙宇，并借用缪、王、林三姓4座祠堂，作为师生宿舍、办公楼、教学楼和附属小学；天主堂、罗洒修院10间可容50人以上的大教室，也被借出办学，同时兴建教学楼2座。先后招收简易本科（高小毕业生，学制4年）、甲种简易科（初中文化程度，学制半年）、乙种简易科（学制2年）、丙种简易科（学制1年）和普通师范（初中毕业生，学制3年）。抗战时期，穆阳成为闽东、闽北、福州地区及浙江温州地区培养师资的摇篮。

穆阳镇文化卫生在全市乡、镇也居重要地位。辖区内有文化站，拥有全省唯一的民族医院和乡级卫生院各1所；2所中学、2所中心小学、6所幼儿园。福安三中系福建省三级达标中学，拥有400米跑道及排、篮球场及其他体育活动设施，2005年，向省申报二级达标中学。穆阳镇是“全国体育明星镇”，连续4年被福建省评为“农民体育健身活动先进乡镇”。

穆阳镇公共设施齐全。自来水厂日供水3000吨。水电站有机组4台，日发电6000千瓦。消防队有义务消防人员20多人，车库一间。邮电分局设2000门程控电话。中国农业银行、邮政储蓄、福建农村信用社等3家金融单位均在穆阳有分支机构。

穆阳镇人才荟萃，古迹名胜众多。有明朝缪一凤古民居建筑两幢，古码头3处。宗教古迹有新枫寺、显应侯王宫、观音阁、缪仙宫和天主堂、罗洒修院等。宗祠有缪氏宗祠以及林氏宗祠、袁氏宗祠等8座。陈文翰、黄葆芳、黄烽等名人从这里走出。

表1—15 1991—2005年福安市穆阳镇社会经济发展情况表

年份	总人口（人）	耕地面积（公顷）	粮食总产量（吨）	人均纯收入（元）	财政收入（万元）	农林牧副渔总产值（万元）	工业总产值（万元）	在校中学生数（人）	在校小学生数（人）	人口自然增长率
1991	14662	225.91	1903	802	—	737	18562	—	—	9.99‰
1992	14980	224.91	4348	908	—	961	2650	—	—	5.94‰
1993	15320	221.24	4370	1175	—	1383	6071	—	—	20.39‰
1994	15620	219.11	2516	1310	—	2040	12970	—	—	22.4‰
1995	15851	218.78	2592	2510	—	4430	13955	—	—	12.8‰
1996	15613	218.78	2678	2605	—	3799	23001	—	—	6.75‰
1997	15884	212.11	2764	3021	—	4285	28669	—	—	20.59‰
1998	16196	211.45	2851	3275	—	4538	22237	1793	1920	13.7‰
1999	16254	211.45	2802	3233	—	4666	18075	1791	1837	11.4‰
2000	15264	211.45	2802	3459	—	4709	19623	1951	1808	10.88‰
2001	15310	211.45	2387	3513	—	5095	21310	2149	1793	6.28‰
2002	15531	—	3070	3600	328	3229	—	2319	1703	6.72‰
2003	15551	—	2841	—	—	—	—	—	—	0.22‰
2004	15630	—	2686	—	—	—	—	—	—	9.00‰
2005	15522	—	2827	—	—	3534	—	—	—	5.75‰

三、溪潭镇

溪潭镇位于福安市西南部，交溪支流穆阳溪下游，地处北纬26°57′～27°4′、东经119°29′40″～119°40′40″，北连坂中、康厝畲族乡，南接甘棠镇，东邻赛岐、溪柄镇，西毗周宁县、蕉城区，位于穆阳溪中游南岸，古代为福安县渔、盐物资集散地，称富溪津市。水陆交通方便，省道302线穿镇而过。廉村是开闽第一进士薛令之的故里。1991年，设1个居委会、34个村委会，人口34502

人，农民人均纯收入750元，工农业总产值8913万元。

元明清时期，属用儒乡西兴里。民国17年（1928年），属赛岐区。民国25年（1936年），属第三区（区公所驻穆阳）。民国30年（1941年），溪潭设乡，取驻地溪填、潭头两个村名首字为名，属第三区。民国30年（1941年），撤溪潭乡。民国31年（1942年），恢复溪潭乡。民国36年（1947年），撤溪潭乡，成立廉溪乡。1950年，成立溪潭区公所，为福安县第八区。1955年，溪潭并入穆阳区。1958年，从穆阳区析出成立溪潭人民公社。1984年，撤公社复设溪潭乡。1995年1月，撤乡设镇。

2005年，溪潭镇下辖1个居委会、34个村委会，有132个自然村，全镇土地面积114.1平方千米。耕地面积1866.7公顷，其中，水田1246.7公顷，旱地606公顷。宜林山地9733.3公顷，其中，林地7986.7公顷、荒山1746.6公顷。有10290户、人口36761人，其中，信仰天主教的人口8000多人，占全镇人口的20%，为闽东信仰天主教人口最多的乡镇。

溪潭镇是农业大镇，全镇农业人口3.54万人，占总人口的96.3%。溪北洋有良田800公顷，是福安市粮食、经济作物生产重要基地之一，也是福安的菜篮子基地，养殖生猪、蛋鸭、波尔山羊，种植生姜、马铃薯、反季节蔬菜等。马铃薯、蔬菜是农民创收主要项目。脐橙、油茶等成为新兴生产项目，蘑菇产量居福安市首位。2005年，出栏生猪1400头，生姜产量2000多吨。

溪潭镇工业经济主要有冶金铸造、船舶修造等，改变过去工业空白的历史；依托地方资源优势，兴建多家小水电，为地方经济发展提供充足的电力资源；大力发展果蔬、茶叶加工业，提高农产品附加值；芹洋是手工刺绣专业村，刺绣产品闻名遐迩。

溪潭镇是革命老区，有老区自然村128个。凤林村是闽东土地革命时期“兰田暴动”所在地；马山老区基点村，叶飞、曾志等革命前辈曾在这里浴血奋战。

溪潭镇文化底蕴深厚。薛令之故里——廉村，人才辈出，自唐至清，获得各种功名者共50多人；民居古朴，文物遗存颇丰，被评为第四批“中国历史文化名村”，是宁德市廉政教育基地。

溪潭镇自然景观——省级瓜溪刺桫椤自然保护区为闽东生态旅游胜地。3600多株“活化石”刺桫椤为白垩纪时期遗留下来的珍贵植物，最高株达6米多。古迹有溪填天主堂、城山灵岩寺、宋代陈最将军墓等。

溪潭镇教育条件日趋完善。投资数百万元兴建和续建双峰、马山、兰田、城山等10多所小学教学楼。2005年，有中学2所、小学25所、小学教学点8个。

2005年12月，经福安市人民政府批准，溪北洋列入福安市城市规划区。

民间刺绣

表 1—16 1991—2005 年福安市溪潭镇社会经济发展情况表

年份	总人口（人）	耕地面积（公顷）	粮食总产量（吨）	人均纯收入（元）	财政收入（万元）	农林牧副渔总产值（万元）	工业总产值（万元）	在校中学生数（人）	在校小学生数（人）	人口自然增长率
1991	34502	1857.88	13012	750	—	3093	5820	—	4607	8.09‰
1992	34841	1856.75	13358	840	—	3487	783	—	—	11.22‰
1993	35138	1856.35	12032	1052	—	4199	1532	—	—	14.09‰
1994	35544	1856.35	13681	1162	—	6523	2322	—	—	16.3‰
1995	35550	1856.08	14775	1680	—	8525	3684	—	—	10.77‰
1996	35929	1856.08	15395	2083	—	10731	5309	—	—	17.29‰
1997	36486	1853.35	15936	2707	—	11704	6583	—	—	9.75‰
1998	36787	1852.48	15865	2851	—	12084	9251	2160	3947	18‰
1999	36646	1852.48	16502	2908	—	11730	9450	2271	3673	5.24‰
2000	36564	1852.48	15392	2997	—	11053	14090	2247	3460	7.12‰
2001	36520	1852.48	14946	2860	—	10410	16384	2187	3418	6.37‰
2002	36953	1863.15	14927	3041	276	10266	15207	2076	3265	7.88‰
2003	37400	1863.15	12086	—	—	—	—	—	—	0.4‰
2004	36780	1863.15	13166	3307	427	10400	39800	—	—	4.27‰
2005	36761	—	12659	—	—	11167	—	—	—	5.62‰

四、甘棠镇

甘棠镇位于福安市西南部，东临赛江，与赛岐镇隔水相望，西与蕉城赤溪、八都镇接壤，南邻下白石镇，北接溪潭镇，处于北纬 26° 52′ 40″～27° 58′ 30″，东经 119° 33′ 55″～119° 40′ 55″ 。船舶修造业发达，是全国民间最大的船舶修造拆解和贸易中心。1991 年，下辖 39 个村委会，人口 46268 人，农民人均纯收入 707 元，工农业总产值 2.15 亿元。

甘棠历史悠久，宋元丰三年（1080 年）乡人合力围筑海堤，至宋绍兴十年（1140 年）塘堤竣工，围垦造田万亩，为发展农业生产提供充裕的土地。因朱、金、郑三姓官宦人家居中围筑，遂称官塘。明嘉靖四十二年（1563 年），为抵御倭寇入侵，知县卢仲佃倡议围城，修筑城堡，功泽在民，后改官塘为甘棠。元明清时期，属秦溪乡沿江里。民国 2 年（1913 年），福安实行地方自治，全县分 3 镇 24 乡，甘棠为三镇之一。民国 17 年（1928 年），设甘棠区，辖 10 个乡镇。民国 25 年（1936 年），实行保甲制，甘棠为第四区，辖 9 个保联（联保）。民国 30 年（1941 年），改称第二区，区公所驻地称三塘镇。民国 34 年（1945 年），撤区建制。1949 年 7 月，甘棠解放，成立镇人民政府，同年年底甘棠改设为第六区，辖10保162甲。1950年，废保甲，设乡镇，第六区（区公所驻甘棠）辖7个乡镇。1957年，第六区辖1镇9乡、97个高级农业生产合作社。1958年，撤区成立甘棠人民公社。1961年，恢复区公所建制，称甘棠区。1968年，改称甘棠人民公社。1984年，改称甘棠乡，同年撤乡建镇，称甘棠镇。2005年，甘棠镇下辖1个居委会、39个村委会，全镇土地面积91.0平方千米，有12070户、人口43104人。

甘棠镇交通便捷。104国道穿境而过，甘（棠）下（白石）疏港路纵贯其中，海岸线达22.6千米，拥有2家海运公司。距离福宁高速公路、温福铁路10多千米；农村公路纵横交错，形成四通八达的交通网络。

甘棠自古有重文化教育之风，南宋就有13学子进士及第；上东庵曾是朱熹讲学之所，培养出杨复、黄干、张泳等一代理学家。2005年，镇内有福安六中，小学13所，小学教学点6个。

甘棠洋为福安市最大平原之一，土地平坦肥沃，是全市三大粮食生产基地，誉称“福安粮仓”。主要物产有林、茶、葡萄、生姜、蘑菇等无公害农副产品。茶叶是甘棠镇多种经营的一个重要项目。2005年，茶园面积518公顷，茶叶初制、精制产量398吨，畅销全国各地。

甘棠镇是福安船舶业重要修造基地。形成船舶修造、拆解两大市场，有船舶修造企业50多家，从业人员5000多人，年修造大小船舶百余艘，创产值10亿元，税利800多万元。有工业园区、千亩电机城，融合农械修造、电机修配、交通运输、建材生产、食品加工、冶金制氧、铸造化工等各类企业300多家。商贸活跃，占地20公顷的茶叶市场“中国海峡大茶都”，为闽东最大茶叶集散地；餐饮业兴盛，构成该镇特色经济产业。

甘棠镇水利资源丰富。辖区内有水闸23座，蓄水工程5座，引水渠10条，有效灌溉面积1240公顷。宁德500千伏变电站落户观里村。

文教卫生事业繁荣，“两基”成果得到巩固，农村医疗卫生条件得到极大改善。拥有中学1所，小学30所。

甘棠镇自然景观、名胜古迹众多。有建于宋代的倪下七层石塔、明万历二十年（1592年）的福水宫、古代烽火台遗址3处、清乾隆三十五年（1770年）的石牌坊、清乾隆三十七年（1772年）的百辟亭。寺庙建筑主要有规模宏伟的种德禅寺、以石箱、石袋、石扁担遗物而闻名的禅寂尼寺、始建于乾化年间的东峰寺、明万历年间的回龙寺和清道光十六年（1836年）的禹王庙。现代革命胜迹有甘棠刘祠暴

甘棠镇（1998年）

动遗址、铜坑里红军枪械修造厂遗址、土地革命时期安德县苏维埃政府所在地观里村。自然景观有明中叶铜坑里村古铜矿遗址，仍保留完好的矿洞6条，以及铁拐仙脚印与避雨石、十八档、摩崖石刻、南国小泰山等景点。

表1—17 1991—2005年福安市甘棠镇社会经济发展情况表

年份	总人口（人）	耕地面积（公顷）	粮食总产量（吨）	人均纯收入（元）	财政收入（万元）	农林牧副渔总产值（万元）	工业总产值（万元）	在校中学生数（人）	在校小学生数（人）	人口自然增长率
1991	46268	1863.81	16957	707	—	3732	17736	—	—	9.62‰
1992	46686	1862.68	17552	928	—	4099	3733	—	—	10.11‰
1993	47002	1478.12	17025	1205	—	6191	8841	—	—	9.79‰
1994	47575	1478.12	13962	1380	—	7324	12281	—	—	12.6‰
1995	48296	1477.92	14506	2006	—	11043	11197	—	—	8.87‰
1996	49022	1477.92	14984	2300	—	13745	14005	—	—	8.5‰
1997	49783	1445.52	15442	2710	—	18086	15585	—	—	8.48‰
1998	50384	1426.79	15583	2869	500	15759	18635	2882	5017	6‰
1999	50896	1426.79	15786	2955	—	17503	25629	3304	4889	4.96‰
2000	51179	1424.79	15222	3041	—	14557	30714	3533	4735	7.6‰
2001	51369	1423.52	14147	3083	—	14323	35171	3827	4915	3.82‰
2002	51176	1432.19	11559	3043	650	14359	38300	4119	4795	1.92‰
2003	54149	—	8848	—	—	—	—	—	—	0.45‰
2004	43271	—	8966	—	—	—	—	—	—	16.45‰
2005	43104	—	8201	—	—	15932	—	—	—	1.45‰

说明：1994年，耕地面积370.13公顷，划归闽东赛岐经济开发区统计。2004年，减少人口纳入罗江统计。

五、下白石镇

下白石镇地处福安市南部，地处北纬26° 41′～26° 51′，东经119° 37′～119° 44′ 40″，赛江下游西岸，地形如海马。北面甘棠镇接壤，西面部分与七都、八都相邻，东、南、西南三面为海域，是福安市南部沿海重镇。白马港是国家一类对外开放口岸，素有“黄金水道”之称。1991年，全镇下辖1个居委会、41个村委会，人口41629人，农民人均纯收入612元，工农业总产值1.37亿元。

下白石古称黄崎，唐朝时就在三江口（今官井洋）设立税场，东管长溪县温麻（今盐田）港，西管宁德铜镜（今八都）港、中管黄崎（今下白石）港。宋熙宁年间（1068—1077年），因三江口风浪大，商船难泊，税场移到黄崎镇，并在此设公馆。明弘治十八年（1505年），白石巡检司迁此，以镇海寇，遂称下白石。明清时期，属秦溪乡秦溪里。民国17年（1928年），设黄崎区，辖下白石等15个乡镇。民国25年（1936年），撤区改名石马乡，属第四区（区公所驻甘棠）。民国34年（1945年），撤区建制，黄崎乡由县直辖。1949年，福安县设第七区，区公所设下白石。1950年7月，析出设第十区（区公所驻湾坞）。1956年，湾坞区再并入下白石区。1958年7月，撤区设乡，称下白石乡，同时析出湾坞乡。1958年9月，改称下白石人民公社。1961年7月，恢复下白石区。1966年，撤区又称下白石人民公社。1984年9月，撤人民公社设立下白石镇。全镇土地面积106.3平方千米，海域面积3800公顷，海岸线长65千米。2005年，下白石镇下辖1个居委会、41个村委会，土地面积106.3平方千米，全镇12908户、46727人，其中，畲族村9个、渔业村2个、海岛行政村3个，是福安市人口、行政村数最多的乡镇之一。

下白石镇交通便利。甘下疏港公路连接104国道，福宁高速公路穿境而过，温福铁路下白石段在建设中。1994年，白马港建成3000吨级杂货码头，可停靠万吨级船只。1997年年底，国务院批准白马港为一类口岸。5000吨船舶可随时进出，万吨船舶也可乘潮入港作业。

下白石镇主导产业为船舶修造和水产养殖。初步形成以港口为龙头，以疏港公路为主轴，以市拆造船厂、白马造船厂、丛贸船舶发展有限公司为主体，拥有船舶拆造、石化、建材、食品、藤编等各类企业30多家的临海工业走廊。海产品种类繁多，盛产各类咸、淡水鱼及虾蟹类。白马门为福安南方门户，是大黄鱼、对虾、蛏蛤生产基地。2005年，沿下白石海滨形成130多公顷、3万多箱的网箱养殖、470公顷的虾塘混养、533公顷的滩涂养蛏、200公顷的万亩海水养殖带。全镇山林面积5993公顷。以龙眼、荔枝等为主的万亩水果带初步形成。矿产资源有储量较大的黑色闪长岩和辉绿岩等。

基础设施建设方面。拓宽白马街，改造海滨市场，整治镇区河闸，完成斗门头新镇区规划设计、白马船舶工业园区100公顷测绘和石甫路1.5千米二级路的初设方案。建成顶头、通湾洋和溪坪等3座水库。投资20多万元，改造镇区下水道；投入1000多万元，完成石甫公路及金腰带、通湾洋等村水泥路面硬化；投入800多万元，完成镇村公路30千米水泥硬化。投入210万元，完成章坑等三个村的8千米路网改造；完成外宅至本斗坑、塘楼下至籁尾和顶头至林门头的农村路网测设；动工兴建顶头到林门头公路、塘楼下到篇尾公路段。饮水工程项目完成溪坪水库自来水工程测设，争取到中央财政补助93万元。曾获福安市农村路网工程建设第二名。电力项目，动工兴建顶头11万伏变电站。教育项目，2005年，投入65万元新建中心校教学楼、投资130万元新建大获小学、投资80万元新建行洋小学。镇内有福安五中，1所中学，小学有25所，小学教学点15个。

下白石镇（2005年）

下白石镇名胜古迹主要有白石司炮台、清朝知府李拔“君子斯嘉”题字、“水陆咽喉”白石关、阮英平烈士诞生地、古衙门遗址、千年古刹双岩寺、顶头天主堂等。

下白石镇先后获得福建省先进基层党组织、省“双拥”模范乡镇、省第三批科技示范先进乡镇，多次获得宁德市先进单位等荣誉称号。

表 1—18　1991—2005 年福安市下白石镇社会经济发展情况表

年份	总人口（人）	耕地面积（公顷）	粮食总产量（吨）	人均纯收入（元）	财政收入（万元）	农林牧副渔总产值（万元）	工业总产值（万元）	在校中学生数（人）	在校小学生数（人）	人口自然增长率
1991	41629	1301.8	10102	612	—	3296	10430	—	—	11.1‰
1992	42208	1299.6	10515	835	—	4027	1585	—	—	14.48‰
1993	42735	1298.94	7516	954	—	5791	2817	—	—	17.16‰
1994	44011	1298.74	10788	1077	—	9245	3899	—	—	9‰
1995	44676	1302.87	10983	1580	—	13229	4936	—	—	11.98‰
1996	45026	1302.87	10443	1862	—	15533	6133	—	—	11.9‰
1997	45222	1290.94	11067	2513	—	17413	7101	—	—	9.52‰
1998	45500	1275.61	11270	2671	324	17756	9500	2276	4938	7.6‰
1999	45519	1275.61	11364	2965	—	20552	12610	2420	4998	5.78‰
2000	45831	1275.61	11079	3015	—	24535	16200	2660	4978	10.3‰
2001	45857	1273.07	9440	3025	—	26820	18620	2782	5074	3.57‰
2002	45799	—	9053	3060	546	28932	26780	2984	5326	4.97‰
2003	46263	—	5780	—	—	—	—	—	—	0.76‰
2004	46487	—	8001	—	—	—	—	—	—	10.31‰
2005	46727	—	7147	—	—	31162	—	—	—	10.86‰

六、溪尾镇

溪尾镇地处福安东南部，东与霞浦县盐田乡接境，北与松罗乡交界，南临三都澳坡头港，西与湾坞相连，位于北纬 26° 49′～26° 55′，东经 119° 45′～119° 51′。由沿海、平原、半山区、山区四个部分地形组成，海拔最高为 598 米、最低 5 米。境内有溪尾溪（绣溪）、钱塘溪（赤溪）、坑元溪、梅洋溪四条水系。海域广阔，是福安市水产养殖的“金三角”。1991 年，辖区面积 61.95 平方千米，辖 14 个村委会，人口 16639 人，农民人均纯收入 584 元，工农业总产值 4556 万元。

溪尾镇明清时期，属秦溪乡秦东里，清末称绣溪。民国 17 年（1928 年），设绣溪乡，属黄崎区（区公所驻下白石）。民国 25 年（1936 年）改称山溪乡，属第二区（区公所驻甘棠）。民国 34 年（1945 年），撤区建制，山溪乡由县直辖。1949年，改称溪尾乡，属第七区（区公所驻下白石）。1950年，属第十区（区公所驻湾坞）。1966年8月，从湾坞析出成立溪尾人民公社。1984年，恢复乡建制。1992年6月，撤乡建镇。全镇土地面积62.2平方千米，海岸线18.3千米。2005年，下辖1个居委会、14个村委会，土地面积62.2平方千米，4816户、人口17749人。

溪尾镇浅海面积573.3公顷，滩涂面积773.3公顷，南部海域形似布袋，口小腹大、海流平缓；水域内无工业污染，水质良好，适合多种水产养殖。主要品种有大黄鱼、鲈鱼、美国红鱼、虎鱼、真鲷、对虾、牡蛎、泥蚶、缢蛏、花蛤、海带、紫菜、龙须菜等，是福安大黄鱼、对虾、蛏等海产品主要生产基地。农作物主要有水稻、小麦、甘薯、蔬菜、蘑菇、香菇、茶叶、太子参、甘蔗、芙蓉李、柿、龙眼、枇杷、葡萄等。企业主要有农械、瓷器、茶叶精制、船舶修造、机砖、船舶运输等行业。矿产资源有石合村高岭土、新洋村石板材。

松（罗）溪（尾）、溪（尾）湾（坞）、溪（尾）盐（田）三条公路穿过境内，各行政村皆通公路；福宁高速公路经过下邳、林江、溪邳和渔岐四个沿海行政村，并在林江设置福安服务区。即将开工建设的温福铁路贯穿境内。溪尾海运公司拥有13艘总吨位达万吨的船舶，可直通福州、厦门、上海、广州等沿海城市。

溪尾镇有中学一所，小学3所，小学教学点6个。卫生院一所、乡村卫生所15所。还有农民科技图书馆、青年科技文化图书站等文化设施。

溪尾镇山海自然风光有莲花岛屿、湖岭山色、墙山瀑布以及古寺仁皇禅寺等。

表1—19 1991—2005年福安市溪尾镇社会经济发展情况表

年份	总人口（人）	耕地面积（公顷）	粮食总产量（吨）	人均纯收入（元）	财政收入（万元）	农林牧副渔总产值（万元）	工业总产值（万元）	在校中学生数（人）	在校小学生数（人）	人口自然增长率
1991	16639	579.73	4299	584	—	1455	3101	—	—	8.33‰
1992	16827	579.73	4430	760	—	1930	404	—	—	6.69‰
1993	16992	579.73	4009	930	—	2517	879	—	—	10.64‰
1994	17171	579.4	4013	1060	—	4033	1020	—	—	9.4‰
1995	17239	579.4	4330	1735	—	5940	1264	—	—	14.73‰
1996	17660	579.4	4792	1810	—	7223	1703	—	—	28.25‰
1997	17787	579.4	4931	2668	—	8397	2203	—	—	11.55‰
1998	18187	573.8	5046	2750	—	9658	3110	676	1736	30‰
1999	18227	573.8	5200	2805	—	11753	4531	726	1641	10.44‰
2000	18167	573.8	5137	2881	—	12941	5302	774	1605	2.46‰
2001	18070	568.87	4463	2883	—	12600	—	769	1490	2.31‰
2002	17533	—	4341	2983	298	13204	—	780	1399	9.35‰

续表 1—19

年份	总人口（人）	耕地面积（公顷）	粮食总产量（吨）	人均纯收入（元）	财政收入（万元）	农林牧副渔总产值（万元）	工业总产值（万元）	在校中学生数（人）	在校小学生数（人）	人口自然增长率
2003	17757	—	2649	—	—	—	—	—	—	0.25‰
2004	17621	—	2516	—	—	—	—	—	—	0.11‰
2005	17749	—	2475	—	—	13605	—	—	—	12.2‰

七、溪柄镇

溪柄镇地处福安市东南部北与城阳乡交界，西北与坂中畲族乡和溪潭镇接壤，西南与赛岐镇相邻，东南与松罗乡毗连，位于北纬 26° 57′～24° 4′，东经 119° 30′～119° 40′ 30″。民国 23 年（1934 年），区内建立以柏柱洋为中心的中国南方苏区。1991 年，下辖 1 个居委会、25 个村委会，人口 31726 人，农民人均纯收入 753 元，工农业总产值 1.92 亿元。

元明清时期，溪柄镇属福安县用儒乡仁风里。民国 17 年（1928 年），设溪柄乡。民国 25 年（1936 年），改称溪缠保联（联保）。民国 30 年（1941 年），恢复乡镇，改称溪缠乡。民国 36 年（1947 年），裁减乡镇，溪柄裁乡并入赛岐镇。1949 年，溪柄设乡，属福安县第五区（区公所驻赛岐）。1952 年，从赛岐分置成立第十二区。1958 年，改称溪柄人民公社，同时析出成立松罗人民公社。1962 年，改称溪柄区。1968 年，复称溪柄人民公社。1984 年 10 月，改人民公社为乡建制，称溪柄乡。1985 年 3 月，撤乡设镇。2005 年，溪柄镇下辖 1 个居委会、25 个村委会，面积 126.8 平方千米，户数 9288 户、人口 33389 人。

溪柄镇交通便利，104 国道、省道 301 线贯穿全境。水路有 500 吨级的下邑码头；宸山码头与赛岐港连接。教育资源布局合理，新建福安七中学生宿舍楼，扩建中心校教学楼。2005 年，斗面小学更名为柏柱洋老区小学，镇内有中学 1 所、小学 21 所，小学教学点 12 个。

溪柄镇是闽东农业大镇，是宁德市农科所和省水稻新品种试验基地所在地，也是福安市农业可持续发展综合试验区，和种羊、种猪、水鸭等家畜家禽繁育基地，是福安市六大畜牧业生产基地之一。名优特水果、茶业、蔬菜、蘑菇、甘蔗、淡水养殖、肉兔等商品基地形成规模。工业有机械、铸造、建材、电力、塑料、纺织、服装、鞋业、食品加工、饲料、运输、农副产品加工等。

柏柱洋是省重点红色旅游景区，斗面村是土地革命时期闽东临时特委、闽东苏维埃等机关驻地，旧址保存完好；立峰村是闽东苏维埃政府主席马立峰故里。省级文物保护单位有唐代古刹狮峰寺、历史名人郑虎臣故里；市级文物保护单位有榕头村郑氏宗祠、仙洋里村陈就冈墓。境内山美、石奇、水秀，有“红领巾水库”、茜洋水利引水渠，榕头村九头榕树为特色景观。

表 1—20　1991—2005 年福安市溪柄镇社会经济发展情况表

年份	总人口（人）	耕地面积（公顷）	粮食总产量（吨）	人均纯收入（元）	财政收入（万元）	农林牧副渔总产值（万元）	工业总产值（万元）	在校中学生数（人）	在校小学生数（人）	人口自然增长率
1991	31726	1243.53	11646	753	—	2836	16380	—	—	10.13‰

续表 1—20

年份	总人口（人）	耕地面积（公顷）	粮食总产量（吨）	人均纯收入（元）	财政收入（万元）	农林牧副渔总产值（万元）	工业总产值（万元）	在校中学生数（人）	在校小学生数（人）	人口自然增长率
1992	31998	1242.8	12125	941	—	3042	2075	—	—	8.85‰
1993	32030	1240.2	11033	1160	—	3641	2723	—	—	6.96‰
1994	32047	1240.2	12191	1280	—	5441	6302	—	—	10.3‰
1995	32171	1239.8	12590	1860	—	6251	4007	—	—	8.3‰
1996	33166	1239.8	12818	2008	—	8420	8568	—	—	24.24‰
1997	33319	1221.27	13438	2780	—	9323	11212	—	—	8.7‰
1998	33519	1217.4	13654	2960	—	10598	14907	1798	3520	15.2‰
1999	33380	1217.4	13983	3046	—	9638	19013	1771	3578	6.77‰
2000	33197	1217.4	14015	3171	—	9494	23881	1765	3415	13.18‰
2001	33202	1216.07	10046	3168	—	7602	26710	1815	3249	9.53‰
2002	33501	—	6470	3160	583	7836	35030	1925	3434	14.21‰
2003	33135	—	3731	3445	—	—	—	—	—	0.39‰
2004	33407	—	3624	3548	400	10000	20000	—	—	15.57‰
2005	33389	—	7660	—	—	11351	—	—	—	6.01‰

八、潭头镇

潭头镇位于福安市北部山区，地处北纬 27° 17′～27° 24′，东经 119° 39′～119° 46′ 10″，西、北邻寿宁，北和浙江省泰顺县接壤，东毗柘荣县，西接社口镇，南与城阳乡连接，距城区 16 千米。潭头镇是福建省首批“科技示范先进乡镇”，特产芙蓉李被列入国家科技“星火计划”，享有“芙蓉李之乡”的美誉。1991 年，下辖 28 个村委会，人口 35788 人，农民人均纯收入 687 元，工农业总产值 8934 万元。

潭头原名潭川，南宋绍兴十六年（1146 年），曾一度遭水毁，仅存废墟，遂迁对岸“潭头里”，故称“潭头”。明清时期，属福安乡界西里。民国 17 年（1928 年），设上潭头乡，属东溪区（区公所驻棠溪）。民国 26 年（1937 年），改称新潭川乡，属第二区（区公所驻社口）。民国 34 年（1945 年）撤乡，归属棠溪乡。1949 年，属第二区（区公所驻上白石）。1950 年，从上白石区析出设第九区，区公所驻潭头。1955 年，撤区并入第二区（区公所驻上白石）。1960 年 8 月，复从上白石人民公社析出，成立潭头人民公社。1961 年，改称潭头区。1968 年，复称潭头人民公社。1984 年，改人民公社为乡建制，称潭头乡。1992 年 6 月，撤乡建镇。2005 年，潭头镇下辖 29 个村委会，全镇土地面积 149.9 平方千米，其中耕地 1966.7 公顷。有 10461 户、人口 36878 人。

潭头镇交通便利，104 国道贯穿东部。2005 年，除建柄村需依靠摆渡外，其余行政村和 83% 的自然村均通公路，87% 的行政村和 69% 的自然村通自来水，100% 行政村和自然村通电，100% 行政村和 91% 的自然村通电话，移动电话信号覆盖行政村达 96%，100% 行政村通广播电视，30% 的行政村实现

潭头撤乡建镇（1992 年）

广播与有线电视同市区联网。

潭头镇是福安农业重镇，农业经济占主导地位，产业特色比较明显。主要经济作物有芙蓉李、木竹、茶叶、东魁杨梅、皇后黑李、药材、马铃薯、大豆等。2005 年，芙蓉李种植面积 2066.7 公顷，年产鲜果 2.8 万吨。新品种柿子、东魁杨梅、巨峰葡萄也逐步形成生产规模，年水果总产值约 0.64 亿元。全镇拥有茶园 1600 公顷，年产鲜茶 1750 吨；药材种植面积 133.3 公顷，产值 0.32 亿元，其中，太子参种植面积 66.7 公顷。水稻种植面积年均保持在 800 公顷左右，西瓜种植面积 200 公顷。蔬菜、畜牧、养殖业发展较快，下洋、坑坪村的山羊养殖，西洋境村太湖种猪养殖较为典型。林地面积 1.2 公顷，森林覆盖率 79.3%，木材蓄积量 20 万立方米。

全镇拥有茶叶初（精）制厂 37 家，棠溪村生产的工艺茶畅销北京、东南亚等国家和地区。竹木加工企业 6 家，兴旺餐具厂生产的工艺竹筷远销欧美。北部的吴道仙顶山脉余脉和西部的鹫峰山脉余脉在潭川交汇，形成东溪、武陵溪（棠溪）两大流域，水能资源理论蕴藏量分别达 2.4 万千瓦、1.3 万千瓦，开发潜力大。2003 年以来，水力资源开发较为迅速，引资 3 亿多元，先后建设坑口、洋坑、棠溪、东岭洋、潭头、后坑、牛架栏等水力发电站，其中坑口、洋坑水电站已投产运营。总投资 1.84 亿元的潭头电站进入施工阶段。基本形成以农产品加工为基础、以水电资源开发为重点，以铸造为辅的农村工业发展格局。

随着潭头电站的开发建设，形成潭头特有的“十里平湖”，与明靖江王长史郭鸣琳墓、洗心台、登烛木拱廊桥、西坑虎岩山等连成一线，生态旅游资源丰富。

潭头镇有众多的老区基点村，是闽东临时特委代理书记詹如柏、将军陈挺的家乡。职业中学教育发展较早，后洋小学是重点老区小学，锦桌头小学是教育界的一面红旗。2005 年，镇内有中学 1 所，小学 24 所，小学教学点 10 个。

表 1—21　1991—2005 年福安市潭头镇社会经济发展情况表

年份	总人口（人）	耕地面积（公顷）	粮食总产量（吨）	人均纯收入（元）	财政收入（万元）	农林牧副渔总产值（万元）	工业总产值（万元）	在校中学生数（人）	在校小学生数（人）	人口自然增长率
1991	35788	1810.87	12054	687	—	2703	6231	—	—	6.17‰
1992	36127	1809.13	12721	815	—	3387	1275	—	—	10.26‰

续表 1—21

年份	总人口（人）	耕地面积（公顷）	粮食总产量（吨）	人均纯收入（元）	财政收入（万元）	农林牧副渔总产值（万元）	工业总产值（万元）	在校中学生数（人）	在校小学生数（人）	人口自然增长率
1993	35922	1807.73	12277	1066	—	4332	4101	—	—	11.07‰
1994	36160	1807.53	13496	1396	—	6674	4888	—	—	8.5‰
1995	36706	1807.53	13996	1952	—	8761	4422	—	—	17.6‰
1996	37290	1807.53	14418	2125	—	10224	8206	—	—	16.81‰
1997	37868	1786.6	14909	2720	—	11633	9532	—	—	14.52‰
1998	38323	1784.4	14876	2897	—	12182	12838	2105	4077	12‰
1999	38756	1784.4	15206	3010	—	13119	16003	2214	4080	11.11‰
2000	37373	1784.4	12583	3096	—	11835	19013	2265	3649	-3.5‰
2001	37279	26766	13750	3080	—	11848	21369	2469	3437	4.76‰
2002	37413	—	13956	3180	492	12561	30000	2367	3449	9.84‰
2003	37307	—	13007	2892	—	10200	18200	—	—	0.29‰
2004	37019	—	11946	3404	284	8700	21500	—	—	5.89‰
2005	36878	—	11430	—	—	18129	—	—	—	702‰

九、上白石镇

上白石镇地处福安市北部，位于北纬 27° 12′～ 27° 18′，东经 119° 4′ 10″～ 119° 45′ 40″。东与柘荣县交界，北与范坑乡相连，西、南与潭头镇紧邻。境内绿化率高，广植油茶树，曾被周总理誉为“绿色油库”。1991 年，下辖 21 个村委会，人口 24109 人，农民人均纯收入 572 元，工农业总产值 7975 万元。

明成化八年（1472 年），布政司参议陈勃创筑白石巡检司城，城门前立一石碑，上刻“白石”。明弘治十八年（1505 年），白石巡检司移黄岐，为区别故称上白石。明清时期，属福安乡界西里。民国 17 年（1928 年），上白石设乡，属东溪区（区公所驻棠溪）。民国 25 年（1936 年），属第二区（区公所驻社口）。民国 34 年（1945 年），撤区建制，改称白石乡，由县直辖。1950 年，福安县第二区区公所设上白石，并析出成立

上白石镇白石坂村农田

第九区（区公所驻潭头），范坑乡并入。1955年，第九区并入。1958年，撤区公所成立人民公社，改称上白石人民公社。1960年8月，析出成立潭头人民公社。1961年，复称上白石区公所。1969年，撤区公所复设人民公社，改称上白石人民公社。1984年，撤公社更名上白石乡。1985年，析出成立范坑乡。1989年4月，撤乡建镇。2005年，上白石镇下辖1个居委会、21个村委会，有103个自然村、233个村民小组，辖区土地面积72.7平方千米，其中，耕地面积1071公顷、林地面积3803.5公顷，户数8370户、人口26242人。

上白石镇经济农业占主导地位，茶叶、太子参为地方特产，系福安市北部山区农业重镇、“太子参之乡”。该镇山肥地沃，适宜发展茶、太子参、水果、毛竹等经济作物。2005年，全镇有油茶园666.7公顷；茶园1733公顷，人均0.064公顷；太子参种植333公顷。上白石镇第三产业较发达，商贸活跃。有着悠久的传统家庭手工业基础，其鞭炮、竹制品加工远近闻名，形成坪庄鞭炮、上白石漆筷、流尾猪苗生产批发专业村。凭借104国道穿境而过的优势，运输业发展迅速，全镇有60多部车辆从事客货运输，并带动金融、邮电、饮食服务等行业快速发展。

上白石镇水力资源丰富。交溪支流东溪贯穿全境，建有燕坑、沙坑、财洪等水电站5座，总装机容量3700千瓦，年发电量达1500万千瓦时。2005年，财洪二级电站和交溪枢纽工程上报立项。

上白石镇中小学办学条件不断改善。先后完成福安八中教师综合楼、学生宿舍楼和上白石中心校操场建设，完善不老小学，新建山头境、曹洋、佳浆、郑家山、坪庄等小学。

上白石镇古建筑有财洪村建于唐咸通元年（860年）的崇仁寺（钱筒庵），和清嘉庆年间附贡郭赞膺、监生苏长城倡建的燕坑村石拱桥（又名同善桥）。

表1—22 1991—2005年福安市上白石镇社会经济发展情况表

年份	总人口（人）	耕地面积（公顷）	粮食总产量（吨）	人均纯收入（元）	财政收入（万元）	农林牧副渔总产值（万元）	工业总产值（万元）	在校中学生数（人）	在校小学生数（人）	人口自然增长率
1991	24109	1179.27	6774	572	—	1499	6476	—	—	10.57‰
1992	24228	1179.27	7109	806	—	1933	654	—	—	14.3‰
1993	24470	1179.13	7343	993	—	2166	557	—	—	14.04‰
1994	24551	1178.73	7352	1102	—	2620	2569	—	—	7.4‰
1995	24623	1178.73	7712	1853	—	5921	2488.6	—	—	8.4‰
1996	24831	1178.73	8255	1978	—	7279	3977	—	—	10.68‰
1997	25123	1170.07	8421	2790	—	7755	6640	—	—	7.8‰
1998	25386	1170.07	8325	2807	—	9899	7664	2508	3232	10.2‰
1999	25533	1170.07	8678	2503	—	10053	7179	2882	3095	11.78‰
2000	25435	1170.07	8624	2663	—	9024	10165	2933	2883	0.5‰
2001	25620	1170.07	8689	2813	—	8967	10741	2972	2641	9.94‰

续表 1—22

年份	总人口（人）	耕地面积（公顷）	粮食总产量（吨）	人均纯收入（元）	财政收入（万元）	农林牧副渔总产值（万元）	工业总产值（万元）	在校中学生数（人）	在校小学生数（人）	人口自然增长率
2002	25791	—	8568	2883	300	9952	18000	3062	2626	11.78‰
2003	26305	—	8406	—	—	—	—	—	—	0.44‰
2004	26258	—	8463	3185	251	4700	11600	—	—	-1.67‰
2005	26242	—	8039	—	—	12043	—	—	—	5.1‰

十、社口镇

社口镇地处福安市北部，位于北纬 27° 8′～13° 40′，东经 119° 32′ 11″～119° 39′，东和潭头镇、城阳乡相邻，西与晓阳镇交界，南和坂中、穆云畲族乡接壤，北与寿宁县武曲镇毗连。社口是闽东茶叶重镇，为“坦洋工夫”名茶原产地。1991 年，下辖 24 个村委会，人口 23774 人，农民人均纯收入 721 元，工农业总产值 1.21 亿元。

元明清时期，社口属福安乡平溪里。民国 17 年（1928 年），设西溪区，辖 10 乡镇，区署驻地社口。民国 25 年（1936 年），全县设 4 区，社口为第二区，辖 12 个保联（联保）。民国 30 年（1941 年），改称第三区，区署驻地社口。民国 31 年（1942 年）复称第二区。民国 34 年（1945 年），撤区建制，设社口镇。1949 年，福安县第三区设社口。1958 年 10 月，撤区成立社口人民公社。1961 年 7 月，改称社口区。1969 年，撤区复设人民公社，称社口人民公社。1984 年，撤公社改乡建制，称社口乡。1985 年 7 月，析出晓阳乡。1990 年 9 月，撤乡建镇。2005 年，社口镇下辖 24 个村委会、113 个自然村，辖区土地面积 89.5 平方千米，耕地 1553 公顷，户数 7015 户、人口 24748 人。

社口镇公路纵横，24 个村全部贯通，总长 180 千米。省道双湖线贯穿南北，境内长 13 千米。县道社晓公路横贯东西，境内长 16 千米。社岭公路贯通西北，总长 17.9 千米。

社口镇电力资源丰富。西溪贯穿境内 14 千米，龙溪（黄兰溪）境内长 15 千米，小溪境内长 7 千米。福安市黄兰溪电力开发有限公司二级电站建在四埔，装机 3 万千瓦。矿产有岭后桐家山硫黄。1964 年，省地质队勘测，境内储藏有大量硅矿。2005 年，森林面积 6063 公顷，林木蓄积量 6.2 万立方米，其中，毛竹 700 公顷、绿竹 30.7 公顷。水果种植面积 73.3 公顷。

位于社口镇的福建省农科院茶叶研究所建所 70 周年（2005 年）

社口镇产茶历史悠久。“坦洋工夫”红茶在 1915 年“巴拿马太平洋万国博览会”上荣获金奖。1935 年 8 月，福建省农科院茶叶研究所创办至今仍驻社口，是福建省第一家省级茶叶科研单位，“茶树品种资源圃”征集保存国内外茶树品种780多个。1958年，创办的福安市坦洋工夫茶场，是福安市无公害茶叶生产示范基地。茶叶是社口主要农产品，拥有茶园1733.3公顷，茶叶年总产2100吨。品种以“福云”品系为主，有丹桂、黄观音、金观音等高新品种茶9.3公顷。

2005年，全镇有企业158家。龙头企业有沙溪华祥金属制品有限责任公司、秀峰铸造厂、秀峰变电所，吉洋九林胶合厂、福特茶厂、林芝茶厂、石板材加工厂等。镇属企业有岩下水电站、林场、茶叶科技示范场、自来水厂。

2002年，社口镇扫盲工作和“普九”工作通过省级检查验收，并撤除坑里坑、茜下等6个教学点，在校中学生1561人、小学生2543人。2005年，镇内有中学1所、小学18所。

社口镇有千年名刹龟龄寺，建于唐咸通元年（860年），朱熹曾在此讲学，是省级文物保护单位。坦洋真武古廊桥建于清乾隆二年（1737年），长36米，是古茶道必经之路，见证了“闽瓯茶都”坦洋的历史。岭后村大坝头寺庙3座，建于清光绪十七年（1891年）。

表1—23　1991—2005年福安市社口镇社会经济发展情况表

年份	总人口（人）	耕地面积（公顷）	粮食总产量（吨）	人均纯收入（元）	财政收入（万元）	农林牧副渔总产值（万元）	工业总产值（万元）	在校中学生数（人）	在校小学生数（人）	人口自然增长率
1991	23774	1301.53	7510	721	—	1435	10631	—	—	8.58‰
1992	24044	1294.87	7877	879	—	1969	1908	—	—	14.55‰
1993	24187	1293.4	7595	1100	—	2318	3594	—	—	15.63‰
1994	24165	1293.13	8945	1300	—	3006	4218	—	—	6.6‰
1995	24322	1159.47	9374	2100	—	3776	7308.2	—	—	9.1‰
1996	24728	1292.8	10048	2200	—	4584	5940	—	—	11.59‰
1997	25111	1272.73	10395	2740	—	5785	16726	—	—	12.30‰
1998	25343	1268.93	10370	2916	—	6553	23680	1299	2960	12.4‰
1999	25607	1268.93	10566	3160	—	7002	31680	1451	2953	20.4‰
2000	24522	1268.93	9620	3202	—	6996	38150	1599	2805	5.38‰
2001	24192	1268.93	10798	3260	—	6987	42557	1603	2597	9.37‰
2002	24402	1337.07	10461	3262	498	7349	44000	1561	2543	13.26‰
2003	24500	1337.07	9552	—	—	—	—	—	—	0.35‰
2004	24796	1337.07	9983	3791	—	4900	36000	—	—	14.44‰
2005	24748	—	9303	—	—	8292	—	—	—	6.89‰

十一、晓阳镇

晓阳镇位于福安市西北部，距市区53千米，位于北纬27° 7′～27° 14′，东经119° 22′ 40″～119° 32′ 10″，北与寿宁县凤阳乡交界，南与穆云畲族乡连接，东与社口镇毗邻，西与周宁县纯池镇相连。距寿宁凤阳乡6.5千米、周宁纯池镇16千米。境内白云山为省级风景名胜区，主峰海拔1450.2米，是福安市第一高峰。全镇平均海拔680米，晓阳素有“高山平原”之称。1991年，下辖10个村委会，11243人，农民人均纯收入677元，工农业总产值4027万元。

元明清时期，晓阳属福安乡平溪里。民国17年（1928年），设晓阳乡，属西溪区（区公所驻社口）。民国30年（1941年），撤晓阳乡，并入坦洋乡，属第二区（区公所驻社口）。民国34年（1945年），坦洋撤乡，属社口镇。1950年，设晓谷乡，属第三区（区公所驻社口）。1958年，撤乡属社口人民公社。1985年7月，从社口乡析出10个村设立晓阳乡。1992年6月，撤乡设立晓阳镇，镇驻地在晓阳村。2005年，晓阳镇下辖10个村委会、31个自然村，全镇土地面积93.7平方千米，耕地面积626.5公顷、粮播面积1213.3公顷，茶园面积733.3公顷，林地5733.3公顷，户数3388户，人口12960人。工农业总产值6915万元，农民人均收入3124元。

晓阳镇自然资源丰富。境内龙溪（黄兰溪）由寿宁县凤阳入境，流经龙洋、墙坪村，从社口镇出境。水位落差大，水电蕴藏量大，先后建成黄兰溪一级电站、九龙洞电站。黄兰溪水库蓄水量1700万立方米。区内生态环境优良，珍稀动植物众多，马洋村山中猕猴成群，可与游人嬉戏。

晓阳镇支柱产业为茶业、林业、晚熟葡萄。晓阳村盛产“晓阳老酒”，因水质、米质好，加上特别的酿造工艺，被福安人列为上品佳酿，该村也成为酒产业特色村。其他产业特色村还有生猪养殖基地南源村、晚熟葡萄基地东源村、毛竹生产基地马洋村；南溪村盛产优质番薯粉、谷口村盛产茶叶、生姜、椎栗。

2004年，白云山被评为省级风景名胜区，晓阳镇被列为省级生态环保镇，太后公厅被列为省级文物保护单位。古文化有宋代谢翱、闽王谢皇后、谢太后等古代名人传说。有宋明时期的古窑址、奈何桥、锁泉寺、莲峰寺等古建筑。旅游景点景观有“一湖丽水”“二后陈迹”“三贤故里”“四季佛光”“五件奇珍”（午时莲、红豆杉、娃娃鱼、猕猴、鸳鸯）“六朝灵刹”“七彩神鲤”“八仙过海”“九龙洞天”（旧志称“仙境山”）“十里茶香”等。新发现的金钟山风景区，北邻寿宁县，西毗周宁县，东濒白云山，南接九龙，海拔在700～1150米之间，以首览村、首洋村、金钟山、霞亭峡谷等为中心，面积20多平方千米。明宪宗年间，白云山中曾大规模开采银矿，民谚“三千挑粮客，十万掘银人”就是描述当年开采银矿的盛况，现在

晓阳撤乡建镇（1992年）

尚遗有多处银坑洞。

晓阳镇交通基础设施日趋完善，是福安通往寿宁县凤阳乡和周宁县纯池镇的门户，各村均已开通公路。文化教育设施逐步完善，1992年，晓阳小学附设初中班、后转为独立中学。2005年，晓阳镇有中学1所、小学5所、小学教学点4个。

表1—24 1991—2005年福安市晓阳镇社会经济发展情况表

年份	总人口（人）	耕地面积（公顷）	粮食总产量（吨）	人均纯收入（元）	财政收入（万元）	农林牧副渔总产值（万元）	工业总产值（万元）	在校中学生数（人）	在校小学生数（人）	人口自然增长率
1991	11243	647.6	4338	677	—	637	3390	—	—	5.90‰
1992	11346	666.8	4348	794	—	821	482	—	—	7.44‰
1993	11423	666.67	4370	896	—	1313	702	—	—	11.06‰
1994	11495	666.53	5090	1000	—	2037	1010	—	—	10‰
1995	11584	666.4	4554	1455	—	1816	1364	—	—	16.44‰
1996	11867	666.4	4691	1650	—	2055	1716	—	—	15.36‰
1997	11984	642.07	4234	2563	—	2386	2283	—	—	11.7‰
1998	12058	635.53	4709	2730	—	2414	3224	635	1443	12‰
1999	12108	635.53	4701	2730	—	2094	4211	663	1456	11.86‰
2000	12839	635.53	4666	2714	—	1892	4530	717	1408	37.26‰
2001	12811	635.53	4569	2468	—	1824	7020	724	1351	2.25‰
2002	12947	626.53	4720	2805	—	2486	2566	782	1309	13.58‰
2003	12991	626.53	4685	—	—	—	—	—	—	0.17‰
2004	12989	626.53	4685	2978	—	2637	3956	—	—	6.31‰
2005	12960	626.53	5388	3116	—	3081	3834	—	—	5.92‰

第二篇

自然环境与保护

ZIRANHUANJINGYUBAOHU

福安市地域广袤，环山面海，自然资源丰富。白云山号称“闽东第一山”，风光奇绝。海域辽阔，海岸线长，白马港素有“黄金水道”之誉。长溪是福建省五大水系之一、闽东第一大河，流经全境，水力资源蕴藏量34.1万千瓦。境内气候温暖湿润，四季分明，森林植被类型多样，珍稀树种60多种，瓜溪刺桫椤保护区为省级自然保护区。

福安市重视保护和改善环境质量，保障环境安全，强化监管，坚持污染防治与生态保护并重。环境污染与生态破坏初步得到遏制，环境质量稳定，空气质量达到国家二级标准，交溪地表水各断面水质均达到水环境功能区划要求，饮用水源水达标率100%。森林覆盖率67.5%，绿化率92.6%，环境生态质量居全省前列，是全国水土保持生态环境建设示范县（市）。

第一章 自然环境

第一节 地质地貌

一、地质

（一）构造

福安市在东亚大陆边缘濒太平洋新华夏系构造带中，地质构造由多次构造运动叠加形成，存在着不同时期的断裂。其中以北东向、北北东向的断裂较为发育，其次为北西向和东西向，西北部尚有南北向断裂分布。至2005年，无明显变化。

北东向断裂　大多数集中于中部甘棠以西，形成福安—蕉城区九都镇折断带，断裂走向为北东30～40°，为高角度冲断层，多具压性或压扭性，断裂带岩石破碎，节理裂隙较发育，普通具硅化和蚀变现象。

北北东向断裂　展布于福鼎管阳—松罗断裂带内的岭尾店断层。断裂带中岩石受到强烈挤压呈糜棱岩状，断裂两旁岩石硅化，叶蜡石化普遍。

东西向断裂　展布在穆阳一带的断层，断裂破碎带中岩石受压呈部分糜棱岩，局部为断层片。

南北向断裂　以压性断裂组成，主要有社口—闽坑断裂带。断面多呈舒缓波状，倾角陡，为压性断层或高角度斜冲断层。

（二）地层

福安市地层发育不全，主要出露有中生代侏罗系、白垩系及新生代的第四系地层，其中，以中生界火山岩系地层分布范围最大，面积约为1306.44平方千米，占全市总面积的66.12%。

表2—1　福安市地层岩性及分布特征情况

界	系	统	群组	厚度（米）	岩　性	分　布	地貌特征	面积（平方千米）
新生代	第四系	全新统	长乐组	10～20	灰黑色海积淤泥，山前地带为淤泥质沙砾卵石	赛岐以南赛江两岸	海积平原阶地山前地带	43.75
		更新统	东山组	3～8	上部棕红色黏质砂土，个别夹细粉砂下部为灰黄色沙砾卵石	福安穆阳盆地，赛江两岸，溪柄等地	一级阶地，河漫滩。	35.2
			龙海组	5～12	冲洪积泥质沙砾卵石为主，上部为粉质黏土	穆阳、甘棠等地	二级阶地，个别山前地带冲积扇	9.9

续表 2—1

界	系	统	群组	厚度（米）	岩 性	分 布	地貌特征	面积（平方千米）
新生代	第四系	更新统	同安组丹阳组	3～20	上部砂质黏土、中部黏质砂土、下部碎石角砾，呈棕红、灰黄色，由花岗岩及火山岩风化残积形成	分布广泛	丘陵，盆地、平原边缘	16
中生代	白垩系	下统	石帽山群组	＞2792	上部紫灰、灰紫色流纹岩、凝灰熔岩、凝灰岩；下部紫红色凝灰质含砾杂砂岩、粉砂岩夹泥岩、凝灰岩	南北两端及西部	中山、低山地貌	166.2
				＞2704	上部灰、紫红色晶灰岩、凝灰熔岩、灰安山岩及凝灰质粉砂岩；下部凝灰质砾岩、砂岩、沙砾岩、粉砂岩、夹凝灰岩、凝灰熔岩			
	侏罗系	上统	小溪组	＞2101	灰、浅灰色凝灰质砂岩、粉砂岩、硅质岩、流纹质晶屑凝灰岩、流纹岩、火山角砾 岩、凝灰熔岩	下白石、湾坞、溪尾、溪柄、上白石等地	中山、低山缓坡地段、山间洼地	62.75
			南园组	2148～3176	灰、浅灰色凝灰质砂、凝灰岩、流纹岩、英安岩、熔结凝灰岩夹粉砂岩、砂页岩等	遍布全市各地	中低山部分丘陵地段	1077.49

（三）岩石

福安市境内侵入岩以燕山期侵入的花岗岩类为主，其次为晚侏罗系和早白垩系次火山岩，侵入岩面积 385.05 平方千米。燕山期侵入岩呈岩株或岩脉等形态产出，遍及全市，主要分布于城关、城阳、坂中、社口、穆云、康厝等地，面积 285.6 平方千米。岩脉走向多以北东、北北东向居多，与区域构造方向大致相仿。岩性以黑云母花岗岩为主，次为二长花岗岩、钾长花岗岩、闪长岩、花岗闪长岩等，岩石具块状结构，致密坚硬，局部风化作用强烈。晚侏罗世次火山岩和早白垩世次火山岩，岩性主要为钾长花岗斑岩，其次为石英正长斑岩。主要分布于上白石、潭头、坂中和穆阳等乡镇，面积 99.45 平方千米。

二、地貌

（一）山地

福安市地处鹫峰山脉、太姥山脉和洞宫山脉之间，山地为主要地貌特征，总体地势由北向南倾斜。东、西、北三面环山，南面临海；中部长溪纵贯南北，沿长溪干流两岸为平原和丘陵，向两侧依次为丘陵、低山、中山，呈阶梯状分布，形成向南开口走向南北的狭长谷地。地貌大致可划分为山地（中、低山）、丘陵（高丘、低丘）、山间盆谷、平原和海滩五大类型。

1. 中山。海拔 800 米以上，相对高度大于 500 米，主峰海拔均在 1000 米以上。地表切割强烈，山势险峻，“V”型谷十分发育，河谷两岸基岩裸露，山坡坡度达 35° 以上，局部 45°～60°。主要分布市境东部、西部和北部。面积 366.16 平方千米，约占全市总面积的 19.48%。白云山海拔 1450.2 米，为福安之最高峰。

2. 低山。海拔 500 ～ 800 米，相对高度大于 250 米，山坡坡度 25°～ 30°，主要分布在西部、北部和东部，为中山山脉之延伸和与之平行的次一级山脉组成。面积 696.39 平方千米，占全市总面积的 37.04%。

（二）丘陵

主要分布在山地的边缘或盆谷周围，坡度在 25° 以下，海拔小于 500 米，相对高度小于 200 米。面积 458.48 平方千米，占总面积 24.38%。其中，低丘主要分布于高丘的前缘、山间盆谷的周围，少数散布于平原上的多为孤丘。

（三）山间盆谷

主要分布在北部、东部和西部中低山一带，全境较大的山间盆谷计 24 个，面积约 50.22 平方千米，占总面积 2.67%。面积较大的有甘棠镇的厝坪盆谷和溪柄镇的柏柱洋盆地，海拔最高的是上白石镇蛇头盆谷，为 800 多米。

（四）平原

主要分布在交溪及其支流的中下游沿岸，海拔小于 20 米，相对高度多在 10 米以下，面积 157.65 平方千米，占总面积的 8.39%。其中，交溪及穆水溪中游沿岸一带冲积平原，海拔小于 20 米，相对高度小于 10 米，面积 55.84 平方千米。交溪及其支流下游沿岸冲积平原，面积 76.17 平方千米。甘棠平原为闽东最大平原。

（五）海滩

主要分布在白马港两侧以及白马门到溪尾和大获一带的沿海边缘，大多数位于高低潮位间。面积 67.44 平方千米，占全市面积的 3.59%，土壤多为淤泥，少数是沙积物，地势较平坦，由沿岸向港道缓倾。此外，其他海域面积 83.76 平方千米，占全市面积的 4.45%。

三、山脉

（一）西、北部洞宫山余脉

福安境内有 9 条主山脉，系洞宫山脉、鹫峰山脉和太姥山脉的余脉。山体多为北东—南西走向，其次为北西—南东走向。

吴道仙顶山脉　位于福安北部，从与寿宁县交界的吴道仙顶南下，延伸至潭头镇大庄村附近，成为潭头镇与范坑乡、上白石镇的分水岭。

甲峰顶山脉　从甲峰顶沿福安市与寿宁县界南下，纵贯潭头镇西部，延伸至城阳乡东口村附近。

锣鼓山山脉　位于福安市西北部，从锣鼓山南下，被西溪与龙溪夹行，通过晓阳镇、社口镇、坂中畲族乡，直至赛岐镇廉首村附近。

扩坪头山脉　从与周宁县交界的扩坪头，往东南通过白云山，直至穆阳镇境内。

（二）西部鹫峰山脉余脉

大岐山山脉　从海拔 995 米的大岐山，往东横贯康厝畲族乡，直延至溪潭镇境内。

黄仙峰山脉　从大岐山南下，通过与蕉城交界的黄仙峰，延伸至吴头山顶，往东作为溪潭镇与甘棠镇的分水岭，直延至赛岐镇罗江村后。

吴山顶山脉　从海拔 927 米的吴山顶沿交界南下，通过眉洋岭，纵贯下白石镇。

（三）东部太姥山余脉

仙岭东山山脉　从与柘荣县交界海拔 1161 米的东山，向南延伸，纵贯城阳乡，直至溪柄镇黄沙村附近。

大洞风山山脉　从与霞浦交界海拔 976 米的大洞风山，向西南延伸，通过松罗乡、赛岐镇、湾坞乡，直至白马门。

四、主要山峰

（一）白云山

福安市境内海拔 1000 米以上的山峰 31 座，多集中在东、西、北三面，分布于社口镇、晓阳镇、范坑乡、上白石镇、潭头镇、城阳乡、穆云畲族乡域内。

白云山位于洞宫山南段，福安市西北部社口镇、晓阳镇、穆云畲族乡之间。面积约 190 平方千米，山顶白云缭绕，故名。旧志称“山最高，为闽东第一山”，风光奇绝，堪称人间仙境。山上以中生代火山岩为主，花岗岩零碎出露。西南地势平缓，山顶浑圆，东北坡山势险峻，峭壁林立，山脊如削，沟壑阴深，一般高度 1000 米，主峰海拔 1450.2 米。可鸟瞰福安、周宁、寿宁 3 县（市），为西溪与穆阳溪的分水岭，河流下切强烈，地表破碎。山麓是坦洋工夫名茶生产地。

（二）三十六峰

三十六峰又称三十六坡，位于范坑乡西北侧，包括半坑、山岫宅、毛家坪、八斗等村，面积 4.5 平方千米，共有高低山头 36 座，山体为东南—西北走向，东北部与浙江省泰顺县交界。一般高度 750～1000 米，主峰高尖峰海拔 1083.8 米。登临绝顶，可眺望福安市和浙江省泰顺县。

（三）吴道仙顶

吴道仙顶位于潭头镇与寿宁县南阳镇交界处，海拔 1139.3 米。山顶有吴道仙庙，东麓有院洋隘。

（四）甲峰顶

甲峰顶位于潭头镇与寿宁县武曲镇交界处，海拔 1099.3 米。山巅有仙宫，宫前有水池，池旁伫立石鹅，形象逼真。宫旁山泉清凉，纵逢大旱之年，仍然淙潺。

（五）锣鼓山

锣鼓山又名金鼓山，位于福安市西北部，晓阳镇、社口镇与寿宁县凤阳乡交界处，海拔 1131.1 米，山顶散落大小石头，如鼓似锣、如桌似椅，形态各异，镶嵌在草甸间。相传山中有巨石，击之能发出锣鼓声。

（六）东山

东山位于城阳乡、潭头镇与柘荣县黄柏乡交界处。山有两座，一名大东山，海拔 1161 米，山顶疏见岩石；一名小东山，海拔 1061 米，山顶嶂岩重叠。姐妹峰并排而峙，为“韩阳十景”之一。

（七）过岭头

过岭头位于福安市晓阳镇西部，海拔 1230.8 米，与周宁县纯池镇交界处，山体陡峭，坡度为 18°～45°。

（八）黄仙峰

黄仙峰位于溪潭镇西部，与蕉城区赤溪镇、周宁县玛坑乡交界处，海拔 1191.7 米。山体坡度为 17°～60°。

第二节 气候 水文

一、气候

（一）气候特征

福安市位于鹫峰山脉东南坡，太姥山脉西南段，洞宫山脉东南延伸部分。气候温暖湿润，属中亚热带海洋性季风气候。由于所处地理纬度低，濒临东海，受季风环流影响，具有四季分明，夏季稍长，冬季稍短，光热充足，无霜期长，季风明显，台风频繁，雨量集中，夏旱突出等特点。又由于福安背山临海，境内以山地为主的地貌，类型多样，高低悬殊，气候还具有明显的垂直分布差异的区域特点。春季气温开始呈波动性回升，气温变化大。晴雨天气交替出现，以阴雨天居多，降水强度较大。春末夏初多梅雨，降水强度增大。盛夏有短暂的酷暑，境内的河谷小盆地是福建省的高温中心之一，多台风暴雨。秋季气温逐渐下降，天气晴朗少雨，温度较春季高。冬季除山区外一般无严寒，霜雪少见，南部受海洋的调节，霜雪更少。

（二）气候要素

福安市气候受地形影响非常明显。由于西北部山岭的阻挡，削弱寒冷气流的侵入，向南开口的河谷地形又使南来暖湿气流在河谷内堆积，增湿明显。年平均气温比相邻的寿宁、周宁、柘荣、霞浦、蕉城等县（市、区）高，积温高。但气温的变化幅度和气温的日较差比邻县（市、区）大。年日照时数比邻县多，年平均相对湿度比邻县小。年降水量除比霞浦县多外，均比邻县（市、区）少，暴雨日数也少。

1. 日照

1991年，全年日照时数1696.6小时，其中，日照时数最少月份是1月份，为58.2小时；最多月份是7月份，为250.6小时。1992年，日照较常年偏少2成，其中，春播期日照偏少5成。春季低温寡照，雨水偏多不利于春播生产。1994年12月，日照时数22.8小时，为15年间日照时数最少月份。

2000年，全年日照时数1248.6小时，为15年间日照时数最少年份。其中，日照时数最少月份是2月份，为27.2小时。2003年，全年日照时数1997.5小时，为15年间日照时数最多年份。其中最多月份是7月份，为313.3小时，亦是15年间日照时数最多月份。

2005年，全年日照时数1637.6小时，其中日照时数最少月份是2月份，为51.4小时；最多月份是7月份，为252.5小时。

1991—2005年，福安市全年日照可照时数理论上可达3686.6小时（闰年3695.9小时），实际日照平均年时数1699.0小时，年日照百分率为46.7%。一年之中，7月最多，为222.8小时；2月最少，仅86.3小时；以每天平均日照时数而言，最多的7月份平均每天日照7.2小时，最少的2月份平均每天日照3.1小时。

2. 气温

1991年，年平均气温19.6℃，比常年偏高0.3℃。1月份平均气温10.1℃，为全年平均气温最低月份。5月下旬和6月上旬，平均气温突破历史同期最高纪录。7月份平均气温30.2℃，为全年平均气温最高月份。年极端最高气温38.9℃，为7月28日。年内极端最高气温≥35.0℃的天数54天，属偏多年份。秋寒时间10月8日，比常年偏早10天。10月、11月气温比往年明显偏低。12月底受北方寒潮影响，过程降温13.6℃，出现本年极端最低-1.8℃，相继出现初雪、初露、结冰。

1995年，年平均气温18.8℃。年内极端最高气温39.7℃，是9月8日，历史同期最高值。年内极端最高气温≥35℃的天数为35天。

1998年，年平均气温20.5℃，比常年偏高1.2℃，为15年间平均气温最高年份，亦创1949年以来的最高值。

1999年12月23日，受冷空气影响，瞬间最低气温达-4.3℃，为15年间气温最低值。2003年7月14日，瞬间最高气温达41.9℃，为15年间气温最高值。

2005年，年平均气温19.7℃，其中，1月份平均气温8.3℃，为全年平均气温最低月份，亦是15年间平均气温最低月份。

1991—2005年，福安市年平均气温19.6℃，最冷月1月份平均气温10.0℃；最热月7月平均气温29.0℃。受海洋水面的调节，气温日较差平均8℃～10℃，其中，沿海低中山地还要小些。一年之中，冬半年的日较差要比夏半年大些。气象站测得最大日较差为22.1℃。

3. 霜期

1991年，无霜期308天。1991—1992年，霜期58天，初霜出现在1991年12月29日，终霜为1992年2月24日。1992年，无霜期259天，为15年间无霜期最短的年份。

1992—1993年，霜期84天。初霜出现在1992年11月10日，是15年间最早初霜；终霜为1993年2月1日。1994年，无霜期337天，为15年间无霜期最长的年份。

1998—1999年，是15年间最晚初霜年度和最短霜期年度。霜期29天，最晚初霜1999年1月8日，终霜为1999年2月5日。1999年，无霜期317天。

2003—2004年，霜期98天，为15年间最长霜期年度。初霜为2003年12月2日，终霜为2004年3月8日。

2005年，无霜期267天，初霜为12月7日。

1991—2005年，福安市平均无霜期299天。

4. 气压

1991年，年平均气压为1010.3百帕，最高平均气压为12月，达1019.0百帕；最低平均气压为7、8月，为1000.7百帕。

1993年、1995年，年均气压为1010.7百帕，为15年间平均气压最高年份。

1996年2月19日，极端最高气压为1032.4百帕，是15年间最高气压；次年8月19日，极端最低气压为974.9百帕，是15年间最低气压。

1999年、2000年，年均气压为1009.4百帕，为15年间平均气压最低年份。

2005年，年平均气压为1009.8百帕，最高平均气压为12月，达1020.0百帕；最低平均气压为6月，为999.9百帕。

1991—2005年，福安市年平均气压为1010.0百帕，其年变化与气温相反，12月最高平均气压为1019.0百帕，7月最低平均气压为1000.5百帕。一天当中最高气压出现在上午9时左右，次高峰出现在23时左右；最低气压出现在下午15—16时，次低谷出现在凌晨3—4时，除受日、月引力和特殊天气影响外，这种极值出现的时间比较固定。

5. 风

1991年，年平均风速1.2米/秒。月平均风速最大是7月，为1.5米/秒，7月28日，瞬间风速最大为 12.0 米 / 秒。影响福安市的台风少，寒露风出现在 9 月 30 日。

1996 年 8 月 15 日，瞬间风速为 23.7 米 / 秒，是 15 年间瞬间最大风速。

2005 年，年平均风速 1.6 米 / 秒，为 15 年间年平均最大风速。月平均风速最大是 7 月为 2.0 米 / 秒，亦是 15 年间月平均最大风速。9 月 1 日，瞬间风速最大为 21.9 米 / 秒。

1991—2005 年，福安市受季风环流影响，风向转换明显，每年 2—9 月常吹东南、偏南风；10 月至次年 2 月常吹西北风。2 月和 10 月是风向转换月份。全年盛行东南偏南风。除季风环流风向转换外，境内还有一天一次海陆风和山谷风小环流风向转换。海陆风白天从海洋吹向陆地，夜晚从陆地吹向海洋；山谷风白天从山谷中吹出，夜晚从山地吹向山谷中。由于地形影响，风速差异较大，福安市气象站测得年平均风速 1.0733 米 / 秒，沿海地区与河谷平原相比较，平均风速要大一倍，最大风速要大两倍，极大风速更大。风速阵性变化剧烈，曾出现瞬时极大风速 23.7 米 / 秒。

6. 降水

1991 年，年降水量 1119.4 毫米，比常年偏少约 3 成。其中春雨偏多，3 月份降水 252.5 毫米，为全年降水量最多月份；5—9 月降水偏少约 5 成；7 月份降水 9.2 毫米，为全年降水量最少月份。

1992 年，降水量比常年偏多 2～3 成，且降水分布悬殊。全年雨日达 190 天，冬季降水偏多 3 成，相对集中在 2 月上、中旬。春雨偏多 6 成，是历史同期的最高值。7 月上旬降水达 282.0 毫米，是历史同期的 7.1 倍，超历史极值。秋季降水偏少 5 成左右，有小旱。

1995 年，雨季 5—6 月，降水量 612.4 毫米，比常年偏多 7 成左右。春季 232.8 毫米，比常年偏少 4 成左右，无台风影响。

1997 年，年降水量 2202.2 毫米，为 15 年间降水量最多年份，亦创 40 年以来的最大值。全年暴雨日数 8 天。暴雨主要出现在 6 月份，连续 3 天暴雨，降水 509.2 毫米，为 15 年间降水量最多月份；6 月 25 日，日降水量 159.6 毫米，为 15 年间日降水量最多日。8 月份出现 4 场暴雨破历史同期纪录。

2003 年，年降水量 904.0 毫米，为 15 年间最少年份。其中，5 月份降水 135.1 毫米，为全年降水量最多月份；12 月份降水 12.4 毫米，为全年降水量最少月份。

2005 年，年降水量 1763.3 毫米，其中，6 月份降水 440.2 毫米，为全年降水量最多月份；12 月份降水 15.7 毫米，为全年降水量最少月份。

1991—2005 年，福安市累年平均降水量 1602.6 毫米。自东南沿海向西北山地递增。降水量在全年分配上主要集中于 3—9 月。按降水量的变化和降水特点，全年可分为 4 个降水季节：3—4 月为春雨季节，年平均降水量 310.0 毫米，占全年降水量的 19%。5—6 月为梅雨季节，年平均降水量 512.3 毫米，占全年降水量的 31.9%。7—9 月为台风雷阵雨季节，年平均降水量 478.1 毫米，占全年降水量的 29.8%。10 月至次年 2 月为少雨季节，年平均降水量 302.8 毫米，占全年降水量的 18.9%，这个季节晴多雨少。降水量的年际变化大，各时段水量变化幅度不同，6 月降水量最多的达 509.2 毫米，最少的只有 97.7 毫米。

7. 蒸发

1991—2005 年，福安市年平均蒸发量 1452.3 毫米，比同期降水量少 150.3 毫米。蒸发量在一年当中随着气温的变化，夏季最大，冬季最小，与降水量相比，7—8 月和 10 月至次年 1 月的蒸发量均大于降水量，是境内最易出现干旱的时期。

8. 湿度

1991年，全年平均湿度79%。其中，3月平均湿度87%，为全年平均湿度最高月份；7月平均湿度73%，为全年平均湿度最低月份。

1992年和1997年，年平均湿度81%，同为15年间平均湿度最高年份。

2005年，全年平均湿度69%，为15年间平均湿度最低年份。其中，2月平均湿度79%，为全年平均湿度最高月份；12月平均湿度59%，为15年间平均湿度最低月份。

二、水文

（一）地表水

1. 流域

福安市境内95%的流域面积属长溪水系。长溪发源于鹫峰山脉和太姥山脉，全长171千米，总长868千米，流域面积5638平方千米，是闽东第一大河。长溪水系由东溪、西溪、交溪、茜洋溪、穆阳溪、赛江等若干段落支流组成。长溪及其主要支流在福安市境内长度185.4千米，流域面积1658平方千米。

2. 主要溪河

长溪的上游是两条支流，分别为东溪和西溪。东溪（又名白石溪）发源于浙江省平阳县，至福安市境经范坑、上白石、潭头3个乡镇与西溪相会，全长94千米，境内长度37千米。西溪（又名斜滩溪）发源于浙江省庆元县，向东南流经寿宁县，入境后经社口、坂中两个乡镇，在湖塘坂村与东溪汇合，全长103千米，境内长14千米。东、西溪落差均较大，流速较急。双溪合流后，由北向南，直奔出海口。

长溪中游叫交溪，又叫富春溪，是从湖塘坂到赛岐三江口段，流经坂中、城区、城阳、溪柄、赛岐等乡镇。该段溪流36千米，河床开阔，水势和缓，竹木夹岸，风光旖旎。

交溪到溪柄镇的宸山村处，汇合茜洋溪，形成强大的水势，继续向南奔流。茜洋溪源于柘荣县青岚面，在溪柄镇的坑口入境，至宸山汇入交溪，境内流域面积142平方千米，河长20千米。

从赛岐三江口到下白石的白马门是长溪的下游。这段溪流叫赛江又称白马港，共32千米，流经赛岐、甘棠、湾坞、下白石等乡镇。三江口是富春溪、穆阳溪（古称廉溪）和赛江的交会处，旧时又称为“三港口”。穆阳溪源出政和县镇前，向东南经周宁县和福安市的晓阳、社口、穆云、穆阳、康厝、溪潭、赛岐等乡镇在三江口与交溪合流，全长116千米，境内长度46.4千米，是长溪在福安境内最大的支流。穆阳溪与富春溪合流之后，水势陡增，涌出白马门，注入三沙湾，汇入东海。

此外，福安市还有盐田港和卢门港。盐田港与霞浦县交界，福安市内河道长16千米，有赤溪、利溪、下邳溪等小溪流入海口，流域面积164平方千米。卢门港与宁德蕉城交界，是八都溪的出海口，福安境内流域面积75平方千米。

表2—2　福安市境内长溪水系主要河流基本特征一览表

段落支流	河流名称	源　头	入境处	汇止处	境内长度（千米）	境内流域面积（平方千米）	总落差（米）
东溪	东溪主流	浙江平阳	坪岗头	湖塘坂	37	343	120
	后　溪	寿宁县	古岭宅	坪岗头	23	52	150

续表 2—2

段落支流	河流名称	源　头	入境处	汇止处	境内长度（千米）	境内流域面积（平方千米）	总落差（米）
东溪	棠　溪	寿宁县	上横山	潭　头	21	164	180
	燕坑溪	牛　黄	大王坑	燕　坑	6.5	25	405
	财洪溪	蒲　洋	松茂林	财　洪	6	29	250
	沙坑溪	柘荣县	后　垅	沙　坑	1	0.5	40
	平　溪	寿宁县	大　垅	青潭渡	5	24	100
西溪	西溪主流	浙江庆元	武　曲	湖塘坂	14	78	20
	坦洋溪	寿宁县	坦　洋	溪　口	6	21	50
交溪	交溪主流	湖塘坂	湖塘坂	赛　岐	36	228	20
	秦　溪	仙　岭	秦　溪	城　南	10.4	45	460
	化蛟溪	前　洋	白　坑	化　蛟	7	19	150
茜洋溪	茜洋溪主流	柘荣县	坑　口	扆　山	20	142	80
	北山溪	洋　中	洋　中	北　山	20.8	46	460
	朝里溪	长　冠	里朝里	坑　口	6	15	190
穆阳溪	穆阳溪主流	政和县	下竹洲	廉　首	46.4	518	150
	磻　溪	赤　路	赤　路	溪　填	21	90.5	300
	下逢溪	周宁县	下　炉	龙首桥	36	117	580
	秀　溪	白云山	白云山	桂　林	15	52	550
	蟾　溪	南　溪	南　溪	黄竹林	8	42	450
	小　溪	周宁县	象　地	初　处	6	16.5	5
赛江	赛江主流	赛　岐	赛　岐	白马门	32	349	5
	炉山溪	彭　洋	彭　洋	炉　下	11	47	120
	利洋溪	可　洋	可　洋	南　塘	12	50	200
	东澳溪	大　车	大　车	里　湾	10	35	300

3. 径流

福安市流域地表径流来自大气降水补给，径流量丰富。1991 年，根据白塔（湖塘坂）水文站观测，平均月流量最丰是 3 月，为 296 立方米 / 秒，平均月流量最枯是 12 月为 17.5 立方米 / 秒，全年平均月流量为 96.0 立方米 / 秒。白塔（湖塘坂）水文站是赛江上游交溪控制站，测验断面位于福安市城阳镇湖塘坂村附近，即赛江流域东、西溪汇合口下游 600 米处，地理位置为北纬 27° 10′、东经 119° 38′，集水面积 3270 平方千米，至河口距离 57 千米。

2004 年 8 月，受第 18 号台风“艾利”影响，相应流量 9330 立方米 / 秒；10 月，受副高气候影响，相应流量 2.80 立方米 / 秒，均为 15 年间极值。2005 年，福安市径流深 1380.3 毫米，径流量 24.51 亿立方米。

1991—2005 年，年平均径流深 1100 毫米，径流总量约 150.0 亿立方米。年人均占有径流量 4258 立方米，耕地每公顷占有径流量405.7立方米，中北部淡水资源充足。径流量年内分配受季节性降水制约，有明显的丰枯变化，汛期（4—9月）径流量占全年的75%，非汛期（10月至次年3月）仅占25%。受两种不同形式降水的影响，在汛期内径流量又呈现双峰型变化，5—6月受"梅雨"影响，出现第一径流高峰，径流量占全年的26%～35%；8—9月受台风影响，出现第二个径流高峰，径流量占全年的22%～30%。

表2—3　2000—2005年福安市径流深及径流量统计一览表

	2000年	2001年	2002年	2003年	2004年	2005年
径流深（毫米）	1114.5	1158.7	1224.5	545.9	846.6	1380.3
径流量（亿立方米）	19.79	20.58	21.75	9.695	15.04	24.51

4.水位

1991年，根据白塔水文站观测，交溪最高水位25.38米，最低水位20.08米，相差5.3米。交溪水位的季节性变化和年际变化都较大，属山区性河流。

2004年8月，受第18号台风"艾利"影响，交溪最高水位达32.40米；10月，受副高气候影响，最低水位19.95米；均为15年间极值。

2005年，交溪最高水位31.80米，最低水位20.06米，相差达11.74米。

5.水质

福安市水系水质含沙量少。据白塔水文站观测，平均石沙量为0.147千克/立方米。据监测资料分析表明，水系水质有不同程度污染。Ⅱ类标准水质河段长度20千米，占河长10.05%；Ⅲ类标准水质河段长度143千米，占河长71.85%；污染水质河段长度36千米，占河长18.09%。铁湖、赛岐的过境河段主要污染有氨氮、挥发酚、磷、锰等。

（二）地下水

1.藏量

1991年，地下水年均量6085.3万立方米。其中，基岩裂隙水源5384万立方米/年，占88.48%；松散岩孔隙水源701.30万立方米/年，占11.52%。基岩裂隙水源分散在1760.62平方千米的岩层，多埋深大于6米，难以开发利用。浅层地下水量年均3.44亿立方米，占总资源17.3%，在福安盆地、穆阳、溪潭、溪柄东北部、赛岐东部河漫及一级阶地等，可开发利用。

2.水质

1991年，地下水水质大多数较好，宜为生活饮用水和农田灌溉。韩阳盆地、城阳、坂中、社口、潭头、上白石、溪柄、松罗等地地下水矿化度0.2克/升，总硬度1.2毫克当量/升，pH酸碱度5.95，盐度1.47毫克当量/升。穆阳、康厝、溪潭地下水矿化度0.7克/升，总硬度0.5毫克当量/升，pH酸碱度6.4，盐度0.52毫克当量/升。赛岐以南、白马河两岸（赛岐、甘棠、下白石、湾坞、溪尾等）水质为咸水、半咸水，无实用价值。沿海地区地下水矿化度0.12克/升，总硬度0.86毫克当量/升，pH酸碱度6.28，盐度0.32毫克当量/升。

第三节　土壤植被

一、土壤

1991年，福安市土壤多系花岗岩、凝灰岩、流纹岩、砂岩形成的红壤、黄壤，有7个大类、17个亚类、35个土属、50个土种。

山地土壤多为坡积物、残积物，少数为堆积物。低山丘陵地、低山丘陵坡地、河流高阶地及滨海台地的“山田”，以坡积物和堆积物为主。河谷平原、山间盆地和部分山垅缓坡地带以冲积物为主，兼有坡积物，滨海平原为海积物。

福安市土壤呈明显垂直分布。海拔1400米以上（白云山顶）为山地草甸土，海拔700～1400米多为黄壤，海拔800～900米多为黄红壤亚类。红壤分布广泛，在海拔900米以下均有分布。长溪水系下、中、上游，沿海平原到内陆山地，离村庄远近成同心圆地带，分布规律依次是沙质田—沙底灰泥田—灰泥田—黄底灰泥田；咸田—盐斑田—埭田—灰棣田—灰泥田—黄底灰泥田—黄泥田；乌泥田—灰泥田、乌黄泥田—灰黄泥田、乌沙田—灰泥田。

福安市土壤主要类别有红壤、水稻土、黄壤、紫色土、潮土、盐土和草甸土。红壤面积11.65万公顷，广泛分布于海拔500米以下的平原、丘陵、低山地。其次为水稻土，面积1.77万公顷，广泛分布于丘陵山地的缓坡地带、山间盆地、河谷平原、沿海塘田。黄壤4266.7公顷，分布于上白石、社口、穆云等海拔700米以上地带。紫色土608.6公顷，分布于穆云、下白石等地。潮土540.7公顷，分布于溪柄、坂中、穆阳、城阳、潭头、上白石、康厝、溪潭等地河流两岸阶地、河漫滩或冲积小平原。盐土135.2公顷，分布于下白石、赛岐、溪潭、溪柄等赛江潮水所到之地带。草甸土9.7公顷，分布于白云山顶。

表2—4　福安市红黄壤和水稻土亚类分布情况表

单位：万公顷

类	亚类	面积	主 要 分 布
红壤	红壤（亚类）	9.11	广泛分布于海拔500米以下的平原、丘陵、低山地
	粗骨性红壤	0.13	城阳、社口、康厝、溪潭等地500米以下低山高丘陡坡山脊
	黄红壤	1.15	城阳、坂中、上白石、松罗、溪柄等地海拔600—900米中低山中下部
	暗红壤	0.29	城阳、康厝、潭头、社口、穆云、上白石、赛岐等地中低山中下坡鞍部和山洼处
	红　土	0.92	上白石、潭头、社口、松罗等山间盆地周围、坡地及山地、丘陵缓坡地带
黄壤	黄壤（亚类）	0.37	上白石等地海拔700米以上的中低山地带
	粗骨性黄壤	0.02	黄壤区的陡坡、山脊、山顶等部位
	黄泥土	0.04	上白石、社口、穆云、康厝等地中低山坡麓或缓坡地
水稻土	渗育型水稻土	1.16	广泛分布于社口、潭头、康厝、上白石、穆云、城阳、溪潭等地丘陵山地的缓坡地带和河谷高阶、溪河台地
	潴育型水稻土	0.38	甘棠、溪潭、溪柄、社口等地河谷平原、山间盆地和部分山垅的缓坡地带

续表 2—4

类	亚类	面积	主 要 分 布
水稻土	潜育型水稻土	0.04	潭头、溪潭等地平原低洼处或山垅谷地，山前坡麓泉水溢出处
	盐渍型水稻土	0.19	下白石、湾坞、溪尾沿海一带塘田

二、植被

（一）分布

在福建省的植被区划中，福安市属常年温暖叶林地带的常绿槠类照叶林小区。福安市植被垂直分布、水平分布明显，可分为四个林带。

1. 山地灌木草甸带

分布在海拔 1000 米以上地区。生长有福建杜鹃、三花冬青、乌饭、胡枝子、白芒、马兰、野古草等低乔、灌木和草本。

2. 针阔混交林带

分布在海拔 800～1000 米地区。林木以壳斗科为主，伴生针叶树与其他常绿落叶乔灌木如柳杉、马尾松、红花油茶、木荷、杜鹃、柃木、白栎等。

3. 常绿阔叶林带

分布于海拔 500～800 米地区，主要树种以槠壳类为主，有混生杉木、毛竹、刺桫椤、油茶、三年桐。林下植被有刚竹、野海棠、五节芒、高芒箕等。

4. 用材经济林带

分布于海拔 500 米以下地区。主要树种有杉木、马尾松、香樟、木荷、枫香、油茶、油桐、赤杨、桤木、闽粤栲、光皮桦、红锥、米老排、香椿、乳源木莲、榉木、天演杨树、木荷、相思树以及桃、李、杨梅、龙眼、橄榄、荔枝、枇杷、锥栗、柿等果树。穆阳水蜜桃、潭头芙蓉李、苏阳杨梅等已形成规模。林下及荒山有小叶赤楠、柃木等灌木。

（二）典型植被类型

1. 常绿针叶林

全市均有分布。主要有马尾松、杉木林、柳杉林、黑松林。多数为人工林，部分是原生的常绿阔叶林。

2. 灌木林

落叶灌木林主要分布在晓阳首洋、范坑蛇头等海拔 800 米以上的山脊；有高度在 1.5 米左右的以白栎为主的灌木林，混生枫香、黄檀、柃木等。常绿灌木林多分布在陡坡山崖处，主要组成有青冈栎、石栎、丝栗栲等。沿海滩涂人工种植红树林。

3. 常绿阔叶林

多分布在海拔 400～1000 米之间的山区。上层优势树种以壳木科为主，其次是楠木、光叶石楠、中华杜英、少叶黄妃、毛竹、赤杨、桤木、闽粤栲、光皮桦、红锥、米老排、香椿、乳源木莲、榉木、天演杨树、木荷、相思树、樟树、锥栗等。沿海地区人工栽种木麻黄。林下灌木有黄瑞木、柃木、香槟杜鹃等。草本有中华里白、狗脊、地菍等。层外有猕猴桃、金银花、葛藤等。

4. 混交林

由于亚热带的常绿阔叶林原生植被受到人为的长期破坏，林分质量因而改变，阳性树种马尾松等侵入，逐渐演替为针阔叶混交林。还有人工营造的杉木与棕木、杉木与油桐、杉木与马尾松、马尾松与柳杉等针阔叶混交林。

5. 竹林

主要有毛竹、绿竹、篓竹林。毛竹在山区各地均有，绿竹和篓竹多分布在海拔 300 米以下的河谷、水滨。交溪、穆阳溪、茜洋溪沿岸大面积种植绿竹，有“百里绿竹长廊”之称。

6. 草被

福安大多数荒山均覆盖以芒箕骨为主的草被，混生芭芒、金茅等。在潮湿之处主要生产穗稗、石松、牡蒿、莎草、香附子等。

第二章　自然资源

第一节　土地资源

一、分布

1991 年，福安市土地面积 1880.10 平方千米，分布在 8 个镇、11 个乡。其中，韩阳镇 15.02 平方千米，赛岐镇 83.50 平方千米，穆阳镇 3.0 平方千米，甘棠镇 109.83 平方千米，下白石镇 164.65 平方千米，溪柄镇 128.4 平方千米，上白石镇 65.76 平方千米，社口镇 82.74 平方千米，潭头乡 150.0 平方千米，晓阳乡 101.96 平方千米，溪尾乡 61.95 平方千米，溪潭乡 119.0 平方千米，城阳乡 151.0 平方千米，范坑乡 108.74 平方千米，湾坞乡 162.45 平方千米，松罗乡 77.4 平方千米，坂中畲族乡 67.7 平方千米，穆云畲族乡 116.8 平方千米，康厝畲族乡 110.2 平方千米。

1994 年，赛岐镇耕地面积 0.644 平方千米、甘棠镇耕地面积 3.7 平方千米，划归闽东赛岐经济开发区。1996 年，随着土地开垦、滩涂围垦利用，全市耕地面积增加到 221.53 平方千米。

2005 年，福安市土地面积 1880.10 平方千米，分布在 3 个街道、11 个镇、7 个乡、1 个开发区。据《福安统计年鉴》“土地面积与人口密度”记载：韩阳“三办”（城南、城北、阳头 3 个街道办事处）15.6 平方千米，赛岐镇 76.9 平方千米，穆阳镇 9.5 平方千米，甘棠镇 91.0 平方千米，下白石镇 106.3 平方千米，溪柄镇 126.8 平方千米，上白石镇 72.7 平方千米，社口镇 89.5 平方千米，潭头镇 149.9 平方千米，晓阳镇 93.7 平方千米，溪尾镇 62.2 平方千米，溪潭镇 114.1 平方千米，城阳乡 151.3 平方千米，范坑乡 104.4 平方千米，湾坞乡 100.2 平方千米，松罗乡 78.8 平方千米，坂中畲族乡 68 平方千米，穆云畲族乡 120.9 平方千米，康厝畲族乡 101.6 平方千米，闽东赛岐经济开发区 21.5 平方千米。

二、类型及利用

1991 年 1 月，全市耕地 21774 公顷，园地 12102 公顷，城镇、村庄、工矿等用地 4835 公顷，林业用地 98695 公顷，交通用地 1236 公顷，水域 16936 公顷，未利用土地 17534 公顷。

1996 年，农用地 142994.1 公顷，其中，耕地 22152.9 公顷、园地 14010 公顷、林地 106831.2 公顷；城镇、村庄、工矿等用地 4725.9 公顷；交通用地 1471.3 公顷；水域 13573.5 公顷；未利用土地 17505.5 公顷。

2002 年，农用地 151698.22 公顷，其中，耕地 22151.09 公顷，园地 15093.02 公顷，林地 103972.17 公顷，其他农用地 10481.94 公顷；建设用地 6952.88 公顷，其中，居民点及工矿用地 5373.66 公顷，交通运输用地 1262.36 公顷，水利设施用地 316.86 公顷；未利用地 20795.26 公顷。

2003 年，农用地 151857.76 公顷，其中，耕地 22164.37 公顷，园地 15387.45 公顷，林地 103959.95 公顷，其他农用地 10345.99 公顷；建设用地 7021.99 公顷，其中，居民点及工矿用地 5441.61 公顷，交通运输用地 1262.37 公顷，水利设施用地 318.01 公顷；未利用地 20434.26 公顷。

2004 年，农用地 159015.36 公顷，其中，耕地 22677.23 公顷，园地 25635.31 公顷，林地 102163.32 公顷，其他农用地 8539.50 公顷；建设用地 6527.30 公顷，其中，居民点及工矿用地 5239.16 公顷，交通运输用地 857.90 公顷，水利设施用地 430.24 公顷；未利用地 14107.08 公顷，其中，未利用土地 4741.88 公顷，其他土地 9365.20 公顷。

2005 年，根据土地利用变更调查数据，农用地面积 152211.16 公顷，建设用地面积 7377.41 公顷，未利用地面积 19858.78 公顷。

第二节　矿产资源

一、金属矿产

1991 年，福安市查明金属矿产有铁、铅、锌、铜、锰、钼、钨、银、铋等。除钼矿地质工作程度较高，已探明储量外，其余均属普查或异常查证，多数为矿化点。

2005 年，已查明矿区、矿点 11 处，其中，中型 1 处（赤路辉钼矿），小型 1 处（松罗岭头锰矿点），矿化点 9 处。矿化点中，钼 2 处、银铅锌 2 处、钨钼 1 处、铋 3 处、铜 1 处。除钼矿外，均未探明储量。已开采的金属矿产只有赤路辉钼矿。

（一）赤路辉钼矿

矿区位于福安、周宁两县交界处，多在康厝畲族乡界竹村内。地质工作已查清的矿体 149 个，分布 2 平方千米范围内（又集中于 0.38 平方千米范围），以 1 号（外带）和 101 号（内带）矿体规模最大，占全区总储量的 93%。批准总储量 64494.66 吨、氧化钼 0.07%，其中，C 级储量 11572.23 吨、氧化钼 0.072%。

（二）松罗岭头锰矿点

矿点位于松罗乡南东 4.5 千米，探明矿脉长约 160 米，宽约 9 米，矿物成分主要为锰 10.4%～28%、锌 0.27%。矿化体规模最大，品位较高，易于露天开采。

（三）上白石不老村铅锌矿化点

位于上白石不老村后门山。探明 3 条铅锌矿化脉、规模较小，一般长 5～25 米，宽 0.9～2 米，含铅 0.36%～5.23%、锌 0.11%～4.46%。

二、非金属矿产

1991 年，福安市发现的非金属矿种有高岭土、辉绿岩、花岗岩、石英、石墨、明矾石、河砂、河卵石、海砂等。

2005 年，福安市发现的非金属矿种有高岭土、叶蜡石、硅石、河砂、河卵石、海砂、花岗岩、辉绿岩、闪长岩、正长斑岩、二长斑岩、石泡流纹岩、流纹岩、凝灰熔岩、矿泉水、砖瓦黏土等 20 余种，矿产地、矿点 130 处。探明储量的有高岭土、叶蜡石、石泡流纹岩、辉绿岩、闪长岩、河砂、海砂等。其中，大型矿床有下白石牛头山花岗石、赛江河砂等 6 处；中型矿床有下白石塘楼下闪长岩、穆云双溪、留洋石泡纹岩等 36 处。

表 2—5　2005 年福安市已探明非金属矿产资源情况表

单位：处

矿　产	总数	矿　床　规　模				是否已探明储量
		大　型	中　型	小　型	矿　点	
高岭土	4	—	1	3	—	已探明
叶蜡石	2	—	—	2	—	已探明
硅石	3	—	—	3	—	—
饰面花岗岩	10	—	6	4	—	—
饰面闪长岩	5	1	3	1	—	已探明
饰面辉绿岩	10	—	4	6	—	已探明
石泡流纹岩	2	—	2	—	—	已探明
正长斑岩	1	—	—	1	—	—
河砂	9	1	3	5	—	已探明
海砂	3	2	1	—	—	已探明
建筑花岗石	42	2	15	25	—	—
矿泉水	1	—	1	—	—	—
砖瓦黏土	38	—	—	—	38	—
合　计	130	6	36	50	38	—

第三节　海域

一、海域

（一）面积

福安市海域北至赛岐大桥、南至灶屿前、东至盐田炉时沙、西至南浦画眉井，面积 15120 公顷。

（二）分布

福安市海域主要分布在境域南部，东至霞浦盐田港、南至白马港外白马门、西至下白石南浦外海（鲈门港）。浅海大部分处于水深 3.8～4.7 米，海港深度 10～20 米，是天然良港，可建 10 万吨级码头和 20 万吨级船坞。

（三）岸线

福安海岸线长度 144 千米，主要是河口型岸线，赛岐港至白马港呈递级态势，是天然良港，已开发利用的港口有赛岐港、湾坞港、下白石港，已建中型泊位码头 3 个，小型泊位码头 10 个。

福安海域面积虽然只有 15120 公顷，但海岸线分布较长而曲折。赛江白马港湾沿岸为赛岐镇、甘棠镇、湾坞乡、下白石镇，盐田港湾沿岸为湾坞乡、溪尾镇，鲈门港湾沿岸为下白石镇。

白马港（2003年）

二、滩涂

福安市滩涂面积6744公顷。沿海滩涂地势平坦，绝大部分位于中潮区，低潮区面积较少。约有91%的滩涂底质属粉泥结构，沙和泥沙底质的滩涂占9%。

三、港口

（一）赛江白马港

北起赛岐，南至白马门，沿岸有赛岐、甘棠、湾坞、下白石等乡镇。港口分布有赛岐港、苏阳港、甘棠港、长岐港、国泽港、顶头港、六屿港、下白石港、马头港、畚斗坑码头、狮尾码头等，其中，浅海面积3536.5公顷，滩涂面积1614.4公顷。

（二）盐田港

北起溪尾石狮岐，南至湾坞浮溪长鼻头，港口分布有溪尾港、港头鼻码头、小屿港、浮溪码头等，其中，浅海面积561.7公顷，滩涂779.9公顷。

（三）鲈门港

北起下白石南浦，南至东岐，有荷屿码头，其中浅海面积2377.5公顷，滩涂1000.1公顷。

四、岬角

（一）显角

位于福安市南部鲈门港东北侧，北距下白石9.5千米，因位置显眼，故名。呈不规则三角形，向西南延伸入海，长600米。由花岗岩构成，最高点海拔40米。基岩陡岸，岸边散石堆积。地表多黄壤，长茅草。为鸡冠水道进入鲈门港、横屿锚地、漳湾港的门户，设有灯桩。

（二）龟头鼻

位于福安市南部三沙湾西北侧，东北距下白石8千米，在外宅塘与石刀屿之间。突出部似龟头，故名。呈东北—西南走向，长450米，最高点海拔40米。由火山岩组成。表土为黄壤。西侧临鲈门港主航道，为助航目标地。

五、岛礁

1991年，全市有岛屿（礁）29个，其中无居民岛屿27个。湾坞浮溪村前的莲花屿和下白石福屿村前的小岁屿是交界岛屿，分别与霞浦县和蕉城区海域交界。

（一）六屿岛

位于福安市南部，白马河口下段，南距下白石镇3.5千米，离陆地最近点0.5千米。原为相邻6个屿，其中上、下两屿面积最大，后筑堤相连，故名六屿。东西长约 0.23 千米，南北宽 0.86 千米，面积 0.209 平方千米，由火山岩构成，中部低，南北高，最高点海拔 25.4 米。沙岸、间或岩岸，岸线长 1.91 千米。表土为红壤和沙质土。年均气温 19.2℃，1 月均温 9.5℃，7 月均温 28.8℃，年降水量 1525 毫米，7—9 月为台风季节。岛上水源不足。有 2 个自然村，居民从事渔、农业，兼营运输、造船等。耕地 7.8 公顷，种植小麦、甘薯、水稻等农作物。岛上有照明、通信等设施。东侧是通往赛岐港的主航道，岛北有客运码头及灯桩。

（二）福屿岛

位于福安市南部，三沙湾西北侧，东北距下白石镇 8 千米，距陆地最近点 150 米。原名濑屿，1957 年以寓“吉祥”意改今名。岛呈长方形，东西长 1.07 千米，南北宽 0.54 千米，面积 0.58 平方千米，由火山岩构成。低丘盘踞，中部较高，最高点海拔 69.4 米。多黄壤土，植被多灌木、杂草。基岩陡岸，岸线长 3.62 千米。周围水深 3～18 米，多礁石。年均气温 18.5℃，1 月平均气温 9℃，7 月平均气温 28.3℃，年降水量 1520 毫米，7—9 月为台风季节。岛上水源充足。岛上有两个村委会，建有客运码头，有班船通下白石及蕉城城关、漳湾等。村民居岛北，分别以渔、农为业，捕捞为主，兼养对虾、梭子蟹；耕地 51.27 公顷，产稻谷、甘薯。

（三）乌山岛

位于福安市南部，白马河中段，距甘棠镇 1.34 千米，距陆地最近点 100 米。岛略呈长方形，面积 0.781 平方千米，南北端有低丘，最高点海拔 28.7 米。岛上有耕地 78.7 公顷，种植水稻，产荔枝。岸线长 4.5 千米，东侧为主航道，岛西有灯桩 2 座。

（四）塘岐沙屿

位于福安市南部，距赛岐镇 8.4 千米，面积 0.37 平方千米，为冲积岛。岸线长 1.5 千米，岛上有耕地 11.9 公顷，种甘蔗，西面是主航道。

（五）樟屿岛

位于福安市南部，三沙湾西北侧，离陆地最近点 0.7 千米，以岛上有大樟树而取名。岛近似三角形，东西长 1.13 千米，南北宽 0.29 千米，面积约 0.44 平方千米。由火山岩构成，东北为丘陵地，最高点海拔 65.5 米。岩岸，岸线长 2.85 千米，地表为红壤。岛北侧为通往蕉城区漳湾港（下塘港）主航道，可通千吨轮船。耕地由福屿村民耕种，产稻谷。南部为垦区，养殖对虾 6.27 公顷。

（六）小岁屿

位于福安市南部，邻蕉城区，离陆地最近点 1.6 千米。因与樟屿相邻，面积次之，故名。岛呈椭圆形，东西长约 0.3 千米，南北宽约 0.3 千米，面积 0.081 平方千米。由火山岩构成，北高南低，最高点海拔 41.1 米。多岩岸，岸线长 1.1 千米。表土为黄壤，植被多茅草、灌木。北侧是通往蕉城漳湾港的主航道，趁潮可通千吨轮船，有耕地 0.27 公顷，由福屿村民种植水稻等。

（七）长脚屿

在福安市南部，白马河口南段，距下白石镇 4 千米，面积 0.105 平方千米。由火山岩构成，海拔 14 米，多堤岸，岸线长 1.34 千米。岛上种植荔枝、甘蔗等。

（八）退屿

又名鲎屿，在福安市南部，白马港北侧，距湾坞乡 3.8 千米，面积 0.42 平方千米。由火山岩构成，最高点海拔35米，岸线长0.37千米。

（九）秤锤井屿

在福安市东南部，盐田港西侧，西北距湾坞乡6.8千米，面积2.84平方千米，由火山岩构成，中间最高点海拔10.2米。

（十）青屿仔

又名潭鳌，在福安市南部，白马门口，因形似青蛙，故名。东西宽50米，南北长110米，面积2.92平方千米。由花岗岩构成，中部最高点海拔13.2米，岩岸，岸线长0.26千米。土质肥沃，多桉树、灌木。西侧有一深水域，产梅童鱼。岛西为主航道，趁潮可通万吨轮船。

（十一）鞋屿

在福安市东南部，盐田港西侧，距湾坞乡6.6千米，面积1.84平方千米。由火山岩构成，最高点海拔11米，岩岸，东侧是盐田港主航道。

（十二）上隔屿

在福安市南部，距下白石镇3.3千米，由火山岩构成，最高点海拔15米，面积2.1平方千米。岸线长1850米，多沙岸，少量岩岸，东为赛江主航道。岛上有少量松树、果树。

（十三）下隔屿

在福安市南部，白马河口南段，距下白石镇2.8千米，面积1.58平方千米。由火山岩构成，最高海拔16.8米，多沙岸，有少量岩岸。东为河口主航道。

（十四）大碴礁

距湾坞乡西南2.8千米，白马港主航道东侧，呈方形，面积约0.3平方千米，比相邻礁大，故名。由火山岩构成，海拔5米。周围水深7～10米，有碍航行，设有灯桩。

（十五）双碴礁

距湾坞乡南5.5千米，在白马港航道中段。由两块礁石（东名里礁，西名外礁）组成，故名。火山岩构造，面积约0.23平方千米，海拔6.8米。外礁两侧水深1米左右，大船不能通过。里礁东侧水深超过10米，为白马港主航道。礁上设灯桩。

表2—6　2005年福安市岛屿基本情况表

单位：平方千米

岛屿名称	位　置	面　积	开发利用情况	居民情况
牛头屿	盐田港西	0.075	已开发利用	无居民
鞋屿	盐田港西	1.840	已开发利用	无居民
秤锤井屿	盐田港西	2.840	已开发利用	无居民
白溪屿	盐田港西	0.071	已开发利用	无居民
莲花屿	浮溪村东	1.826	已开发利用	无居民
乌山岛	赛岐港西	0.781	已开发利用	无居民
塘岐沙屿	赛江北段 赛岐港西南	0.370	已开发利用	无居民

续表 2—6

岛屿名称	位　置	面　积	开发利用情况	居民情况
长脚屿	白马河口南	0.105	已开发利用	无居民
六屿岛	白马河中段	0.209	居住岛、已开发利用	有居民
八角屿	白马港航道上	1.260	已开发利用	无居民
退屿	白马港北侧	0.424	已开发利用	无居民
鹳屿	白马港航道上	0.051	已开发利用	无居民
白碴	白马港航道上	2.032	已开发利用	无居民
犀牛角礁	白马港航道上	4.546	已开发利用	无居民
月屿	白马港航道上	1.880	已开发利用	无居民
青屿仔	白马港航道上	2.920	已开发利用	无居民
香炉脚礁	白马港航道上	4.370	已开发利用	无居民
单屿山	鲈门港区北部	0.015	已开发利用	无居民
猪槽屿	鲈门港区东北部	0.028	已开发利用	无居民
塘屿	鲈门港区	1.978	已开发利用	无居民
已铃屿	鲈门港区东部	0.095	已开发利用	无居民
福屿岛	鲈门港北部	0.58	居住岛、已开发利用	有居民
小岁屿	樟屿岛西	0.081	已开发利用	无居民
樟屿岛	鲈门港北部	0.437	已开发利用	无居民
石刀屿礁	鲈门港东部	1.580	已开发利用	无居民
大碴礁	白马港航道东	0.300	已开发利用	无居民
双碴礁	白马港航道中段	0.225	已开发利用	无居民
上隔屿	下白石镇东南方	2.100	已开发利用	无居民
下隔屿	下白石镇东南方	1.580	已开发利用	无居民

第四节　野生动植物资源

一、野生植物

1991 年，福安市境内维管束植物 1015 种，其中，蕨类植物 28 科 41 属 65 种，裸子植物 9 科 16 属 23 种，被子植物 136 科 531 属 927 种。

1995 年，经林业局调查珍稀树种有桫椤、水松、银杏、红豆杉、鹅掌楸、花榈木、三尖杉、香樟等 60 多种。其中，在溪潭镇瓜溪村发现国家一类保护植物桫椤，是福建省纬度最高的桫椤群落，共 3000

多棵。次年，市政府根据生物多样性保护工程规划，全市确定名木古树 669 株。

1999 年 11 月，开展红豆杉资源调查，全市共有红豆杉 97 株，分布于 7 个乡镇，穆云畲族乡最多，有 22 株。最大红豆杉胸径 1.1 米，高 19 米。

二、野生动物

在中国动物区系划分中，福安市属东洋界华中区东部丘陵平面亚区。1991 年，据不完全统计，全市有直体腔动物 344 种，其中脊椎动物 77 科 163 种。

1995 年，经林业局调查有珍稀野生动物 31 种。主要有：国家一级保护动物云豹、蟒蛇、赤魟中华鲟；二级保护动物穿山甲（鲮鲤）、大灵猫（九节狸）、鬣羚（苏门羚、山羊）、鸳鸯、红隼、鸢、东方蝾螈（娃娃鱼）、虎纹蛙（学名棘胸蛙，俗称石冻、水鸡）等。

1998 年 2 月，全市开展野生动植物资源调查工作，6 月，完成野生动物资源调查样线 25 条，MAKE 点 332 个，有野生动物 51 种，数量 2000 多只。

2005 年，福安市珍稀野生动物跟 1995 年调查时一样，有穿山甲、巨蟒、白鹇等 31 种。

三、药用动植物

福安市中草药资源丰富，可使用的有 2000 余种。据《福安畲医畲药》一书中记载的中草药有 333 种。平时民间常用的动物、植物、矿物地产药材资源 746 种（含引、试种成功品种），其中，植物类 657 种、动物类 82 种、矿物类 7 种。应用于临床上的常见地产药材 160 多种：植物类药材 132 多种、动物类 25 种、矿物类 3 种。家种大宗品种有太子参、菊花等 10 种，野生大宗品种有金银花、狗脊等 20 种，稀有品种有穿山甲、银杏等 13 种。

第三章　自然灾害

第一节　气象灾害

一、台风、洪涝

（一）台风

据福安市气象站记录，福安市受台风影响平均每年 1.9 次。历年台风出现的时间主要集中在 7—9 月，占 86%。受台风影响时间最长为 5 天，极大风速 40 米 / 秒，最大过程降水量 265.9 毫米。

1991 年，福安市无台风袭击。1992 年 7 月，第 7 号台风袭击福安。8 月 28 日至 9 月 1 日，福安遭受 16 号热带风暴带来强降雨的袭击，过程雨量 169.9 毫米。8 月 31 日出现大暴雨，日雨量 128.5 毫米。

1994 年 7 月 10 日，第 6 号强台风袭击福安，过程雨量 150 ~ 250 毫米，局部地区超过 300 毫米，沿海风力 9 ~ 10 级、阵风 11 级。8 月 21—22 日，福安遭第 17 号强台风袭击。

1996 年 7 月 31 日至 8 月 3 日，福安遭受第 8 号强台风袭击，受其影响，过程降雨量 120.2 毫米，8 月 1 日，降水量最大，为 95.9 毫米，又逢天文大潮，加上上游县降水强度大，交溪最高水位 26 米。

1997 年 8 月 18 日，第 11 号台风来袭，福安市受其影响，风力 8 ~ 10 级；大风持续时间较长，沿海风力 11 级以上，正逢农历七月十五日天文大潮，10 时 30 分沿海潮位超过危险水位。

2000 年 8 月 23—24 日，受 10 号台风“碧利斯”影响，福安普降大雨。次年 6 月 24 日，2 号台风“飞燕”袭击福安沿海地区，阵风 10 级以上；7 月 31 日，第 8 号台风“桃芝”在连江登陆，受其影响，福安市降雨量 111.5 毫米。

沿海加强防台抗台（2004 年）

2002 年 9 月 7 日，16 号台风“森拉克”18 时 30 分在浙江苍南登陆，登陆时近中心最大风力 12 级，风速 40 米 / 秒。受其影响，福安过程雨量 87.5 毫米，日最大雨量 83.5 毫米，最大风速 26 米 / 秒，大风从 15 时 46 分开始，持续 8 个小时。

2004 年 8 月 12 日，第 14 号台风“云娜”在浙江省温岭市石塘镇登陆，福安市于 13 日 4 时至 5 时 20 分，在溪柄镇坑口村进行人工增雨作业。受台风和人工增雨共同影响，13 日降水量 110.8 毫米。8 月 25—26 日，受第 18 号台风“艾利”影响，福安市连续两天大暴雨，日雨量分别为 104.1 毫米、139.9 毫米，过程雨量 246.6 毫米。城区上游（交溪）白塔水文站洪峰流量 9300 立方米 / 秒，所形成的洪水为近 20 年来之最大，相当于福安城区十年一遇的洪水。

2005 年 7 月 19 日 17 时 10 分，第 5 号台风“海棠”在连江县黄岐镇登陆。受其正面影响，7 月 18—20 日，福安市过程降雨量 99.6 毫米，最大风速 17.2 米 / 秒。9 月 1—2 日，13 号台风“泰利”携带强降雨袭击福安，出现较长时间大风，最大风速 26 米 / 秒，过程降水量 93.5 毫米；1 日，降水量 91.3 毫米。

（二）洪涝

福安市的洪涝灾害多因台风、热带风暴引起，并伴随滑坡等次生灾害。因暴雨引发洪水暴涨造成洪涝主要集中在 5—9 月份。

1992 年 7 月 5—7 日，福安市遭受近年罕见的大暴雨袭击，3 天内降雨量超过 200 毫米的有上白石（270 毫米）、甘棠（231 毫米）、赛岐（230 毫米）、白塔（227.8 毫米）、社口（219 毫米），24 小时超过 120 毫米的有上白石、赛岐、湾坞等处，加上上游各县普降暴雨，交溪水位剧增，造成洪涝灾害。因灾死亡 8 人，其中，城阳乡岩湖村一面土墙倒塌压死 4 人。灾害造成直接经济损失 1973 万元。8 月 28 日至 9 月 1 日，16 号热带风暴带来强降雨，加上 8 月大潮的影响，下白石外宅水位达 5.3 米，比历史最高潮水位高出 0.08 米。沿海乡镇海堤 42 条出现决口。甘棠奎厝、国泽 3 条塘堤塌方，出现 9 处缺口总长 2 千米。湾坞下塘、徐江塘堤塌方、决口 16 处，总长达 5 千米。因灾造成死亡 4 人，直接经济损失 8536 万元。

1993 年 5 月初，暴雨天气致福安市部分地区受灾，死亡 3 人、直接经济损失 120 多万元。

1994 年 6 月中旬，受静止锋的影响，福安持续出现 6 天大雨，是当年雨季的高峰期之一，造成洪涝灾害。15 个乡镇 271 个村受灾，农副业、水利等经济损失 87.6 万元。7 月 10 日，受第 6 号强台风影响，14 个乡镇受灾，受灾人口 2.71 万人，死亡 1 人、受伤 35 人，直接经济损失 4408 万元。8 月 21—22 日，受 17 号强台风袭击，5 个乡镇 227 个村庄不同程度受灾，受灾人口 2.16 万人，经济损失 840 万元。9 月，受 18 号台风影响，出现暴雨，6 个乡镇 51 个村 3.20 万人受灾，直接经济损失 379.8 万元。全年因灾害造成直接经济损失 6503.89 多万元。

1995 年 6 月 14—20 日，福安出现暴雨天气过程，16 日降雨量 52.6 毫米，19 日降雨量 53.2 毫米，降雨过程局部还出现大风。因连续受大风和暴雨袭击，引发山洪，导致社口镇 1 名 16 岁女孩被山洪冲走；晓阳镇田园流失 88 公顷，民房被冲毁 6 栋 11 间，水利设施被冲毁 11 条长 1680 米。全市直接经济损失 420 万元。

1996 年 7 月 31 日至 8 月 3 日，福安遭受第 8 号强台风袭击，造成沿海乡镇洪涝灾害。农作物受损，房屋倒塌，渔船受毁，水利基础设施、电讯、公路等受损，海堤、虾塘决口 100 多处，直接经济损失达 2.77 亿元。

1997 年 6 月 24—26 日，连续 3 天降暴雨，过程降水量 300.1 毫米，日最大降水量 159.6 毫米出现在 6 月 25 日。全市 15 个乡镇山体滑坡，民房倒塌，交通、电信中断，水利、公路等受毁，直接经济损失 1.08 亿元，其中，农业经济损失达 6596 万元，南湖小学 1 名学生被河水冲走，下落不明。8 月 18 日，受第 11 号台风影响，造成海堤漫顶滑坡决口，农作物被淹，水产养殖品流失，给工农业和人民生活造成极大危害。据统计，全市 21 个乡镇、13.43 万人受灾，其中，成灾 2.18 万户、9.36 万人，8 个村被洪水围困，粮食减产 0.5 万吨，经济损失 1.67 亿元，其中，农林牧渔业直接损失 8256 万元。

1998 年，全市共有 7 场暴雨，后 4 场暴雨造成洪涝灾害，对水利设施及工农业生产造成较大危害，经济损失达 8000 万元。

1999 年 5 月 25 日，连续暴雨，总雨量为 153.7 毫米，福安市受影响，直接经济损失 615 万元，其中农业直接经济损失 436 万元。6 月 19 日，受静止锋和切变线共同影响，日雨量 92.8 毫米，给各乡镇造成不同程度的经济损失。因洪涝灾害造成农作物受灾面积 2413 公顷，农作物绝收面积 17 公顷，毁坏耕地面积 7.3 公顷，房屋倒塌 2000 间，损坏 1730 间，直接经济损失 1809 万元，其中，农业经济损失 1635 万元。

2000 年 6 月 9—12 日，福安市区降雨量 210 毫米，赛江沿岸地区降雨超过 280 毫米，其中，11—12 日连续两场暴雨，雨量分别为 79.9 毫米和 63.7 毫米，造成洪涝灾害。城区水位多次超过警戒，低洼地带受淹；溪柄、赛岐、穆阳等部分乡镇的经济作物不同程度受损，福安市各行业经济损失 194 万元。8 月 23—24 日，受 10 号台风“碧利斯”影响，全市 21 个乡镇、街道的 335 个村居受灾，受灾人口 18.63 万人。损坏房屋 7330 间、倒塌房屋 591 间，农作物受灾面积 1.16 万公顷、毁坏耕地面积 313 公顷，淡水养殖受灾 700 公顷，停产企业 45 家，公路中断 90 条（处），直接经济损失 9310 万元。

2001 年 6 月 24 日，2 号台风“飞燕”袭击福安沿海地区，阵风达 10 级以上；7 个乡镇的 70 多个村庄损失严重、受灾人口 10 万多人，损坏房屋 8000 多间，紧急转移人口 1.2 万人。全市死亡 3 人、失踪 1 人，直接经济损失 1 亿多元。海上渔排网箱被冲坏 3600 个，冲散 2100 个，网箱房损坏 58 座，鱼类流失、虾塘冲毁，损失 5893.4 万元。7 月 31 日，第 8 号台风“桃芝”在连江沿海登陆，受其影响，福安市降雨量 111.5 毫米，农作物受灾 778.6 公顷、房屋倒塌 958 间。

2002 年 5 月 23 日，福安市出现暴雨，日雨量 109.9 毫米，强度大、时间短，造成局部洪涝。有 8 个乡镇 60 多个村受淹，经济损失 1393 万元。7 月 18 日，范坑乡八斗村遭受暴雨袭击，山洪致 27 座房屋受损，其中，全毁民房 7 座 43 间，冲毁公路涵洞 2 座、公路塌方 26 处，乡道被冲断 60 多米；冲走牛 5 头、羊 8 头、猪 18 头，村委楼全毁，农田受损 73.3 公顷。村上方出现一道长 80 多米、宽 10 厘米的山体裂缝。9 月 7 日，受 16 号台风“森拉克”影响，福安过程雨量 87.5 毫米，日最大雨量 83.5 毫米，最大风速 26 米 / 秒，大风从 7 日 15 时 46 分始持续 8 个小时。此次台风恰逢天文大潮，受灾范围涉及 328 个村 22.3 万人，倒塌房屋 380 间，受损房屋 8831 间，死亡 1 人，伤 2 人，经济损失 61981 万元。

2004 年 8 月 12 日，第 14 号台风“云娜”在浙江省温岭市石塘镇登陆，受台风和人工增雨共同影响，13 日，福安市降水量达到 110.8 毫米。虽有效缓解干旱天气，但台风带来的风雨也造成一定的经济损失。据统计，受灾人口 2.31 万户 9.25 万人，直接经济损失达 2838 万元。其中农业直接经济损失 2480 万元。8 月 25—26 日，受第 18 号台风“艾利”影响，福安市遭受山洪暴发、山体滑坡、堤防决口等自然灾害。城区上游（交溪）白塔水文站洪峰流量 9300 立方米 / 秒，所形成的洪水为近 20 年来的最大，相当于福安城区十年一遇的洪水。洪水涨势迅猛，在 6 小时内水位涨差达 6 米，福安城区洪水超警戒水位 1.5 米以上。城区防洪堤出现决口，除高点外，城区整片被淹，低洼地带水深 3～4 米；阳头片、坂中片、街尾、南湖、湖塘坂楼房均淹到一楼，平均水深 1.5～2 米。受灾范围涉及 228 个村 21.6 万人，死亡 1 人、被困人口 15.36 万人、紧急转移安置人口 3.97 万人、饮水困难人口 12.46 万人，民房受淹 1.36 万间、倒塌 1714 间，农作物受损面积 1.03 万公顷，造成直接经济损失 5.88 亿元，其中农业直接经济损失约 4.12 亿元。

2005 年 6 月 18—23 日，福安市受低层切变线和低空急流的共同影响，持续降雨，日雨量分别为 39.9 毫米、70.1 毫米、54.4 毫米、65.3 毫米、75.9 毫米和 36.4 毫米，这在历史上尚属首次。全市大部分水库暴满溢洪，造成洪涝灾害，1 人死亡、1 人重伤、3 人轻伤，受灾人口 7.3 万人，农作物受灾面积 5200 公顷，倒塌房屋 270 间、损坏 693 间，累计造成直接经济损失 8450 万元。7 月 19 日 17 时 10 分，第 5 号台风“海棠”在福建省连江黄岐镇登陆，受其正面影响，福安市 7 月 18—20 日过程降雨量 99.6 毫米，最大风速 17.2 米 / 秒。由于上游各县也都出现不同程度强降水，加重灾情，导致城区进水受淹，全市普遍受灾，受灾人口 15.5 万人，经济损失 2.7 亿元。9 月 1—2 日，13 号台风“泰利”携带强降雨袭击福安，出现较长时间大风，最大风速 26 米 / 秒，过程降水量 93.5 毫米，其中，1 日降水量 91.3 毫米，全市 23 个乡镇（开发区）受灾，受灾人口 11 万人，经济损失 2.06 亿元。

二、旱灾

福安市旱灾主要是夏旱，其次是秋冬旱，春旱较轻。危害最重的是夏旱，严重影响早稻成熟、晚稻插秧和甘薯及其他作物的正常生长。夏旱从 6 月梅雨季结束后至 9 月底，在副热带高压控制下出现的少雨时段。梅雨季结束期，最早为 6 月 5 日，最迟为 7 月 13 日，平均约在 6 月 28 日。夏旱少雨时段日数最长 66 天、最短 16 天，平均总天数达 37 天。按省气象台标准，福安市夏旱平均每 5 年中就会出现 3 次。秋冬旱为从 10 月中旬到次年 2 月上旬出现的少雨时段。秋冬旱也比较常见，平均每 7 年 4 遇。春旱主要发生在 2 月下旬到 3 月份的少雨时段，多年来出现的春旱少雨时段为 6 年 1 遇。

1991 年 5 月 13 日至 6 月 4 日，福安连续 23 天干旱高温，受旱面积 9800 公顷。6 月 27 日至 7 月底，滴雨未下，连续出现日气温高达 37℃～38℃，日蒸发量达 10～11 毫米。全市出现历史以来罕见的旱情，山区沿海普遍受旱，受旱面积 174.53 万公顷，创 15 年间受旱面积之最，部分地区出现人畜饮水严重困难的局面。

1992 年，福安市从 7 月 11 日转入夏旱气候，持续受旱 20 天，期间仅降雨 1.9 毫米。7 月 29 日，最高气温达 39℃，日蒸发量达 9 毫米。

1993 年 8 月 12 日起，福安市出现持续 32 天的大旱天气，尤其 8 月份雨量是历史同期的次少值，全月降雨量仅 48.6 毫米，农作物受灾面积 4.7 万公顷。同时给水力发电造成影响。

1995 年，福安市从 8 月 26 日至 10 月 2 日连续 37 天高温无雨，中等旱情天气对秋粮和经济作物生产构成严重威胁，双季晚稻受旱面积达 2333.3 公顷，造成经济损失 3600 多万元。其中，田块受旱发白龟裂严重的有湾坞上洋、下塘村，下白石白招、外宅村，闽东赛岐经济开发区的大留村等，受旱面积 800 公顷。溪尾镇两个月均未降水。

2000 年，5 月 11 日起出现持续 16 天的小旱天气。9 月 8 日起出现持续 21 天的干旱天气，大部分乡镇先后出现森林火灾，造成重大经济损失。

2003 年，福安遭受 1967 年以来最严重的干旱，1—9 月总降雨量 808.5 毫米，比常年 1409 毫米减少

43%。6月28日至8月16日持续干旱45天，达到大旱。全市受灾面积3.44万公顷，成灾2.2万公顷，绝收5380公顷。因灾造成直接经济损失1.66亿元，其中农业1.36亿元、水产1530万元。干旱造成晓阳、溪柄、溪潭、潭头、上白石、范坑等7个乡镇130多个行政村14.3万人饮水困难。

2004年入春以来，天气持续晴热高温，上半年降雨量292.5毫米，比常年偏少40%。全市水库蓄水量普遍下降，黄兰溪水库库容仅264万立方米，7座小（1）型水库蓄水总量仅800万立方米，占蓄水总量的41%。截至7月28日，全市累计受旱面积9540公顷。因连续两年干旱造成18个乡镇所在地，220多个行政村7.5万人饮水困难。

三、冰雹

福安市出现冰雹的月份为3—9月，最常见为清明前后的3、4月，山区出现冰雹的次数比平原、沿海多，危害也大。市区出现冰雹的次数很少。福安市气象站多年观测记录，年平均雹日仅0.3天，最大冰雹直径2厘米，降雹持续时间一般几分钟到十几分钟，范围较小，有时伴有雷雨大风。

1995年4月16日，溪潭、甘棠、赛岐、社口、潭头、城阳、坂中等乡镇遭受冰雹袭击，最大直径达2厘米，受灾11个镇、75个村，损坏果树396.13公顷，农田282公顷，经济损失390万元。其中溪潭、社口镇农作物和居民住宅受损最为严重，民房受灾153座3000多间。溪潭镇濑尾村每平方米降雹达70多粒，大的粒重500克、小的50多克，持续时间10～20分钟。

1996年5月14日，龙卷风加冰雹袭击福安，造成7个乡镇50个村受灾，毁林2000公顷，经济损失2000万元。

1998年8月16日，出现雷雨大风，局部乡镇出现冰雹，造成风暴灾害。

2001年3月23日19时，受强对流天气影响，出现雷雨大风，突降冰雹，持续5分钟，并伴有33.3毫米的降水，全市普遍受灾，造成经济损失505万元，其中农业370万元。农作物主要是茶叶受灾700公顷，成灾550公顷。晓阳、社口镇受灾特别严重，15个村1048户受灾，损毁民房2749间。

2003年4月12日，受强对流天气影响，部分乡镇出现雷雨、冰雹和大风，大风持续时间较长。全市有1.03万人受灾，直接经济损失629万元。

四、雷暴

1991年6月6日，福安市湾坞乡雷击致死1人。次年4月21日，雷暴受灾13个乡镇、4069户，死亡2人、受伤53人。8月7日，雷暴受灾493户，死亡1人、重伤17人，毁坏农田76.53公顷，经济损失60万元。

1993年2月，雷暴受灾5063户、死亡3人，引发山洪冲毁农田733.33公顷、经济损失120万元。1995年7月19日，雷电、暴雨、龙卷风袭击松罗乡及电视差转台，7部程控电话被雷电击坏。

1996年6月13日，出现强对流天气，造成赛岐镇溪里村牛罗自然村一对夫妇在田间劳动时遭雷击死亡。8月1日，8号台风袭击福安，电击死亡1人、重伤1人。

1998年7月26日，城阳乡洋面村石桌洋山发生一起雷击电人事件，洋面村邱某当场死亡、另一人重伤。8月16日，穆阳、穆云2个乡镇发生雷暴，伴随龙卷风及冰雹，受灾16个村3855户，损毁农田8.67公顷。8月26日，赛岐镇长岐村一民房遭雷击引发火灾，受灾15户51人。

根据气象观测记录，15年间，福安市一年当中每月都有可能出现雷暴，但以七八月份为最多，这两个月的雷暴日数占全年的44%。平均初雷为2月21日，终雷10月14日，山区雷阵雨比平原沿海常见，因而受雷击的机会也多。雷击有时还会引起森林火灾。

五、寒害

福安市寒害主要是春寒、五月寒和秋寒。福安市气象站观测资料显示，全市90%的霜日出现在12月到次年2月，主要集中在12月和1月份。山区，尤其低洼处，霜日比平原多。雪对福安影响不大，福安市区有雪日数年平均仅3.5天，主要集中在1月至2月份、大部分发生在高海拔山区。

1992年2月20日，晓阳乡在1月30日、2月7日两场大雪后，又遭受第三场大雪袭击。从1月19日15时至20日8时，持续17小时，积雪厚20多厘米。造成春季低温寡照，雨水偏多，不利于春播生产，全市烂种烂秧882担（4.41万千克）。

1993年，范坑等乡遭受雪冻，经济损失64万元。

1996年4月1—5日，出现连续5天倒春寒天气，4月上旬持续5天倒春寒天气，历史上也仅这一次。由于倒春寒持续时间较长，终日又迟，且受3月9—13日≤12℃低温过程影响，造成部分早稻播种偏迟，相应成熟期推迟。

2002年12月27日，受强冷空气影响，福安市出现降雪，西北部山区积雪达30～40厘米。灾害造成的影响和损失为福安20多年所罕见，农业直接经济损失3000多万元。

2005年2月，福安市遭受低温寒冻，城区从2月18日开始降温，日平均气温从11.2℃降至21日的5.8℃，过程极端最低温度为21日的2.7℃，加上出现暴雨天气，造成枇杷、马铃薯、蔬菜受害面积1300公顷，受害大黄鱼10万尾、大黄鱼苗800多万尾、河豚3万尾、鲳鱼2万多尾。12月2—5日，受北方冷空气活动势力加强影响，气温持续下降，日平均气温的过程降幅达7℃～9℃，出现入冬以来气温最低值。过程极端最低气温达 -3℃～ -1℃，12月，出现初霜冻、结冰。

第二节　地质灾害

一、类型

（一）滑坡

滑坡是福安境内主要灾害之一，具有点多、面广、突发性强的特点，是域内危害最大、分布最广的灾害类型。

1992年7月5—7日，社口镇大坪里村因暴雨造成后门山崩滑，摧毁房屋3座38间。8月，受16号台风影响，湾坞乡二期围垦8号港内坡滑坡40多米，下白石镇外宅村围垦工程内堤多次出现滑坡，溪尾镇下邳村围垦3号港内堤滑坡30多米。

1995年6月，连降暴雨，溪潭镇岳秀村后山畲族自然村山体出现一道横向裂缝，长130多米、宽0.15米，裂缝两端泥水直涌，有滑坡危险。晓阳镇社洋公路沿线14处滑坡严重，交通受阻。上白石镇国道改建路段山体滑坡压死2人，潭头镇山体滑坡压死1人。全市因山体滑坡，民房受损10多座，大小水利设施被冲毁100多处，公路塌方70处、500多米，农田受损690多公顷。

1997年，溪潭镇下马山村后门山裂缝长180余米，宽0.1～0.2米，因暴雨发生滑坡，滑动方向210度，多处出现塌陷，引起泥石流。9月8日，受第11号强台风影响，穆云畲族乡黄儒村后门山出现一条长达1000多米、宽0.3米，呈“S”形的裂缝，局部出现小滑坡。该裂缝分布在海拔800米的山坡上，坡度35度，走向160度，潜在滑坡方向70度，距村居民房约250米。该点曾于清咸丰三年（1853年），由于暴雨影响发生山体滑坡，冲毁民房8幢，压死50余人。

1998年6月23日，甘棠镇上塘村104国道旁发生山体滑坡，3万多立方米土石冲毁民房5座55间，压死5人、重伤6人、轻伤17人。

1999年1月16日，溪柄镇溪南村后门山发生一起山体滑坡事故，5名采石工人被压死。5月17日，康厝畲族乡填秦村下村自然村出现山体滑坡，滑坡面积1000平方米，近1000立方米的泥石流推倒5座民房、1座村委办公楼。

2000年5月12日，康厝畲族乡牛岭尾村后门山腰离村100多米处，发生高10米、宽20余米的较大规模山体滑坡，滑动方向为南北向、滑坡体3000多立方米，并出现一条长400米的裂缝，最宽处0.8米、最深处1.1米，有滑坡险情。11月20日，溪潭镇华岩村茶洋自然村一山体梯田发生滑坡，压倒房屋1座5间，出现山体裂缝60多米。

2001年6月上旬，2场暴雨造成山体滑坡，道路被冲毁，影响交通。6月24日，受2号台风“飞燕”影响，造成山体滑坡，松罗乡水库电站厂房被压垮。

2004年8月，台风“云娜”袭击福安市，引发强降雨，导致潭头镇东山自然村的地质灾害隐患点发生山体滑坡。

2005年6月20日，因持续降雨，社口镇岩坑村茶坑自然村发生山体滑坡，1人死亡。

（二）崩塌

福安市崩塌点多、分布广，但规模较小，以土崩为主，多发生在山区切坡建房的房前屋后、修建公路等人为造成的陡坡处，以及水库库区沿岸等。在近期地质灾害调查复核中全市共发现崩塌61处，均为小型，其中，土质崩塌57处、岩质崩塌4处；发生于房前屋后的59处，公路边坡2处。崩塌体规模最大的为6750立方米，发生于溪尾镇众坑村山沃；最小的189立方米，为范坑乡墩头村。61处崩塌中土石方量大于1000立方米有30处，其余31处均介于100～1000立方米。该类型地质灾害与人为工程活动（人为削坡）关系密切，但规模小，危害性相对较小。已发现的61处崩塌，危害性为重大级3处、较大级45处、一般级13处，其中发生于自然坡度大于25度的崩塌体占55处。

1995年6月，连降暴雨，山洪暴发，导致社口镇塌方4万立方米，公路交通严重受阻，水利、农田严重损毁。6月14—16日，福安市持续降大雨和暴雨，特别是16日，降雨量达60多毫米，造成全市公路塌方100多处、大小水利被冲毁或塌方100多处。

2000年6月12日，受连续降雨的影响，下白石镇顶头、溪柄镇茜安、社口镇龙溪等水利渠道发生崩塌。

2001年6月24日，受2号台风“飞燕”影响，湾坞乡一期海堤全线重大塌方12处360多米，下白石镇顶头水库左右干渠塌方28处，茜安水利渠道因上游柘荣县暴雨形成塌方35处。

2002年8月5日和7日，受第12号热带风暴的影响，湾坞乡徐江村号称“生命之堤”的海堤两次发生塌方，造成130多米的决口。

2004年10月29日，湾坞乡发生一起群众取土塌方造成3人死亡、1人受伤。

（三）不稳定斜坡

根据调查，福安全市不稳定斜坡225处，涉及全市20个乡镇，除1处为自然土质边坡外、其余均为人为工程活动形成的高陡边坡，其中房前屋后边坡223处，公路边坡2处。不稳定斜坡大多数坡高大于10米，小于10米的仅46处。削坡坡度大多数大于45度，局部坡顶已出现拉裂缝，但未见明显位移或变形破坏。不稳定斜坡面积最大为9750平方米，最小面积96平方米。不稳定斜坡危害性属重大级的15处，较大级的159处，一般级的51处。

二、分布

（一）空间分布

2003年，福安市根据国家《地质灾害防治条例》的要求，委托福建省闽东南地质大队第一次开展地质灾害调查，涉及全市19个乡镇。地质查明境内主要地质灾种有滑坡、崩塌、泥石流及潜在不稳定斜坡等，发现灾害隐患点223处，其中，滑坡116处、崩塌23处、泥石流1处、潜在不稳定斜坡83处，威胁1962户、9831人及30.28万平方米民房的安全。就已发生的滑坡来说，最大的为穆云畲族乡黄儒村滑坡FA-033，体积106.6万立方米；最小的为闽东赛岐经济开发区小留村桥洋自然村池贤仔屋前滑坡，体积154立方米。滑坡形成总土石方量550.99万立方米。

2005年，经省级地质灾害专业队伍调查，确定全市地质灾害点242个，属地质灾害较多的县市。重点防治灾害点主要分布在溪潭、康厝、赛岐、城阳、松罗、社口、晓阳、溪柄、穆云、范坑、潭头等乡镇。

福安市地质灾害点从海拔50～830米高层段均有分布，海拔在700米高层以下灾点占总灾害点的90%。这主要与该高层区间内人口密度较大、人为工程活动（切坡建房）较频繁有关。

（二）时间分布

1991—1994年，全市发生和活动的地质灾害点有52处，年均13处；1995—2000年110处，年均18.3处；2001—2005年124处，年均24.8处，地质灾害活动和发生频率呈上升趋势。

2005年，全市共出现规模不一的滑坡、塌陷、泥石流等地质灾害点59处。

从月份上看，境内地质灾害主要集中在每年的5—8月，这些月份灾害频发与降雨强度，特别是台风暴雨多发关系密切。

三、预防监测

1991年，福安市举办各乡镇分管领导和地质灾害点监测人员地质防灾知识培训班。此后，不定期多次举办此类培训班，提高地质灾害的防范意识，增强地质灾害点监测工作。

2002年6月，市人民政府批转市地矿局《福安市2002年地质灾害防灾预案》。

2003年开始，福安市国土资源管理部门在灾害多发区建立群测群防体系，大力推进社会化监测工作；把地质灾害监测同其他一些自然灾害以及环境监测有机地结合起来，形成广泛的综合监测网络。向相关群众发放防灾工作明白卡，按照《福建省汛期地质灾害防御群众转移工作规定》的要求，指导乡镇在汛前编制并公示《村居汛期地质灾害防御群众转移预案》，组织灾点群众进行演练，提高临灾应变能力。同时每年举办地质防灾知识培训班，组织各基层国土资源管理所所长、乡镇干部和灾点的干部群众参加培训。每年汛期和台风、暴雨期间，全市各级党政机关和有关部门实行24小时电话值班制度，关注灾情报告，及时处理突发险情，指挥指导防灾抗灾。

2004年，市国土资源局进行62个重点地质灾害点的预防监测工作，发放防灾避让明白卡500套，举办3期地质防灾知识培训班。在汛期到来之前，对重点地质灾害危险点进行实地观测，了解最新动态。当年，“云娜”台风袭击福安市后，引发强降雨，导致山体滑坡的险情增加。根据监测报告，全市及时转移地质灾害点危及群众7623人。福安市国土资源局密切监测、准确预报潭头镇东山自然村的地质灾害隐患，该村当夜发生山体滑坡，由于人员及时撤离，避免人员伤亡。

2005年，根据监测报告，加大地质灾害点群众搬迁力度，全市共搬迁110户，减少和避免地质灾害造成的人员和财产损失。

第四章　环境保护

第一节　环境质量

一、大气环境

1991 年，根据统计，福安市用煤量为 1.5 万吨，其中，工业用煤 0.9 万吨，生活用煤 0.6 万吨，二者产生废气排放量为 5.36 亿标立方米，对大气环境造成较大影响。

1993 年，福安市经济建设、城市建设规模大，进展快。经济的高速发展加剧环境污染，尤以工业排放的污染物和建筑扬尘对大气环境影响最大。

1995 年，城区总悬浮微颗粒物（TSP）浓度值每立方米为 0.089 毫克、二氧化硫（SO_2）浓度值每立方米为 0.011 毫克、二氧化氮（NO_2）浓度值每立方米为 0.006 毫克。根据环境保护监测资料表明，对大气影响较大的是工业污染源，主要是企业的锅炉燃煤产生的烟尘，冶金铸造、机砖制造、船舶修造、电机电器制造产生降尘和可吸入颗粒物等。其次为生活污染源，主要是居民用煤，以蜂窝煤燃烧的烟尘、少部分煮饭烧柴火等对空气产生的污染。此外，建筑工业的灰尘、交通干线扬尘也影响大气质量。

1998 年，由于城市建设速度加快、民营企业大量增加等因素，导致城区总悬浮颗粒物浓度值有所增加，从 1995 年的每立方米 0.089 毫克，提高到每立方米 0.097 毫克。

1999 年，福安市农药厂未经环保部门批准，引进灭克磷农药生产线，在生产过程中泄漏乙硫醇气体，有极其恶臭气味，随风飘散，造成大气污染。

2000 年，全市废气总排放量 2.05 亿标立方米，其中烟尘排放量 33.16 吨、粉尘排放量 0.1 吨。

2001 年 3 月，赛岐供销公司冷冻厂在冷冻水产品的过程中，制冷机排放大量氨气，严重污染周边环境。

2005 年，福安市城区可吸入颗粒物年均值为 0.062 毫克 / 立方米。

1991—2005 年，市区空气环境质量优良等级，达到国家大气质量二级标准。

表 2—7　1995—2005 年福安市城区大气环境质量一览表

单位：毫克 / 立方米

年份	总悬浮颗粒物（TSP）或可吸入颗粒物（PM10）		二氧化硫（SO2）		二氧化氮（NO2）	
	年均值	类别	年均值	类别	年均值	类别
1995	0. 089	二级	0. 011	一级	0. 006	一级
1996	0. 091	二级	0. 012	一级	0. 007	一级
1997	0. 095	二级	0. 010	一级	0. 007	一级

续表 2—7

年份	总悬浮颗粒物（TSP）或可吸入颗粒物（PM10）		二氧化硫（SO2）		二氧化氮（NO2）	
	年均值	类别	年均值	类别	年均值	类别
1998	0.097	二级	0.010	一级	0.005	一级
1999	0.098	二级	0.012	一级	0.007	一级
2000	0.097	二级	0.012	一级	0.006	一级
2001	0.097	二级	0.012	一级	0.008	一级
2002	0.126	三级	0.012	一级	0.014	一级
2003	0.060	二级	0.012	一级	0.016	一级
2004	0.062	二级	0.013	一级	0.019	一级
2005	0.062	二级	0.014	一级	0.021	一级

说明：1.2001 年以前监测项目为总悬浮颗粒物，2002 年开始该项监测项目改为可吸入颗粒物。

2. 执行标准：GB3095—1996 环境空气质量标准。

二、水环境

1991 年，福安市水环境污染源主要是沿河岸的造纸厂、糖厂、钼矿、罐头食品厂、酒厂、农药厂、石板材厂和其他工业生产废水废渣的排放，居民生活排放污水、沿岸禽畜养殖污水排放以及农业耕作对沿河水质产生影响，尤以福安酒厂影响最大。由于交溪源于浙江，流经柘荣（东溪）、寿宁（西溪），福安市位于交溪流域下游，上游的废水排放对福安饮用水水源也造成一定影响，尤以寿宁斜滩造纸厂影响最大。

1992 年，福安市石板材企业发展较快，从 1991 年的 80 多家增加到 130 多家，大多是个体企业，污染防治不力，对交溪水环境影响较大。

1993 年，全市拆解、翻修船舶上百艘，产值达数亿元。但由于大部分厂家环保意识淡薄，未采取污染防治措施，直接往江面倾倒电石渣、废油、铁锈，以及其他有害固体废弃物，污染较为严重，对水产养殖以及海洋生态的危害较大。

1994 年，民营企业发展迅速，环境污染现象更加严重，企业的废水排放超标；龟湖水质在枯水季节发黑发臭，白马门海域无机氮超标、极易产生赤潮。

1995 年，根据监测数据统计，交溪流域水质高锰酸盐指数每升 1.78 毫克、非离子氨每升小于 0.02 毫克，地表水 COD（化学需氧量）平均值 4.8 毫克 / 升。7 月 6 日，下白石港发生货轮泄油事件，泄油货轮是宁德地区第三海运公司“和盛号”“和福号”，漏油量达 100 万吨以上，受污染海岸从下白石镇吊岐塘到江尾约 13 千米，受污染滩涂 870 公顷以上。

1996 年，由于养猪业发展，全市生猪存栏数 17.56 万头，比 1991 年增长 25%，其污水污物排放量增加。

1997 年，福安船舶业发展迎来第二次高峰，拆船企业达 30 多家，拆船作业遍及赛江流域，对水环境造成严重污染。

1999 年 7 月 10 日，下白石镇宏利造船厂一艘 2000 多吨的旧轮船，在拆解过程中由于施工失误导致沉没，船上约有 1 吨多柴油泄漏，造成海水污染。

2000 年，主要污染源为化工、食品、电机电器、船舶、冶金等行业。康厝畲族乡钼矿在生产过程中非标准排放污水，致使界竹村 4 公顷农田无法耕作。

2005 年，全工业用水量为 333.8 万吨，居民生活、医疗用水量为 501.4 万吨，二者排放废水总量为 704.7 万吨。居民生活、医疗用水量仍为主要污染源。经监测，交溪流域水系水质仍较稳定，各项控制指标均符合 GB3878—2002 标准中的相关功能区水标准。1995—2005 年，地表水和水源水质达标率为 88.9%～100%。

表 2—8　1995—2005 年福安市交溪流域水质监测情况表

单位：毫克 / 升

年份	化学需氧量	石油类	五日生化需氧量	高锰酸盐指数	非离子氨或氨氮	标准类别
1995	—	—	—	1.78	＜ 0.02	Ⅰ类
1996	—	—	—	1.69	＜ 0.02	Ⅰ类
1997	—	—	—	1.72	＜ 0.02	Ⅰ类
1998	—	—	—	1.83	＜ 0.02	Ⅰ类
1999	—	—	—	1.87	＜ 0.02	Ⅰ类
2000	—	—	—	1.89	＜ 0.02	Ⅰ类
2001	—	—	—	1.81	＜ 0.02	Ⅰ类
2002	＜ 10	＜ 0.05	＜ 2	1.51	0.1	Ⅰ类
2003	＜ 10	＜ 0.05	1.42	1.75	0.22	Ⅱ类
2004	11.1	＜ 0.05	1.13	2.84	0.29	Ⅱ类
2005	＜ 10	＜ 0.05	1.4	2.5	0.44	Ⅱ类

说明：1. 监测点在交溪城关水厂取水口断面。

2. 2000 年、2001 年监测项目非离子氨，2002 年开始该项目改为氨氮。

3. 评价标准：GHZB-1999、GB3838—2002 地表水环境质量标准。

三、噪声环境

1991 年，福安市城区的噪音源主要是运输车辆、工厂生产、娱乐场所和建筑施工。

1994 年，受个体家庭工业发展迅速、厂址布局不合理、电力不足需夜间加班等因素影响，市区噪声比标准的 55 分贝高 1 倍以上。噪声污染源主要来自 200 多家个体企业的冲件厂、锯木场和电机电器配件厂。

2002—2005 年，城区噪声仍主要来自交通车辆、建筑施工及娱乐场所。城区噪声测定 103 个点，均值为 55.4 分贝；城区交通干线噪声测定 21 个点，均值为 70.2 分贝。

四、废弃物排放

（一）工业固体废弃物

1991 年，根据环境监测资料表明，福安市企业排放固体废弃物为 4.93 万吨，其中，尾矿 4.5 万吨，占 91.2%；炉渣 2002 吨、粉煤灰 74 吨、冶炼渣 69 吨、其他废渣 2163 吨。陈旧工业固体废弃物堆放量 31.5 万吨，占地 1.5 万平方米。1993 年，福安市经济高速发展，特别是工业相对集中的乡镇，工业固体废弃物总量增多，影响环境质量。

1998 年，福安市固体废物总量 7732.5 万吨，综合利用量 6630.75 万吨，排放量 1102 万吨，主要是石板材、石渣、煤渣、冶炼废物等。

2005 年，固体废弃物产生量 1600 吨。

（二）城区生活垃圾（含建筑垃圾）

1991 年，城区产生的生活垃圾均作填埋处理。根据鸭母洋填埋场统计，福安城区生活垃圾量为 1.65 万吨，1992—1995 年 6.92 万吨，1996—2000 年总量为 9.46 万吨、2001—2004 年为 9 万吨、2005 年为 2.75 万吨，生活垃圾量呈逐年增长态势。

五、水土流失状况

1990 年，福安全市水土新流失面积 200 公顷。造成水土流失主要是自然因素和人类活动因素。

2000 年，经全省遥感普查，福安全市水土流失面积 2.66 万公顷，占福安市总面积 14.89%。其中，轻度流失面积 1.13 万公顷，占流失面积的 42.49%；中度流失面积 0.63 万公顷，占流失面积的 23.69%；强度流失面积 0.86 万公顷，占流失面积的 32.34%；极强度流失面积 396 公顷，占流失面积的 1.49%。流失面积与 1984 年相比，增加 8563.6 公顷。

福安水土流失类型主要是面蚀、沟蚀。市境内赛江流域两侧一重山，由于人为因素造成水土流失加剧，水土流失面积 6666.7 公顷，属严重水土流失区。在各种地类中，以园地（茶、果园）流失面积为最大，其次为林地，再次为坡耕地。

第二节　环境污染监测与控制

一、监测

1991—1993 年，环境监测任务主要是由市环保部门协助宁德地区环境监测站完成。福安市环境监测站定期开展各项监测活动，采用 CB3095—82 对大气环境质量标准进行评价，并对各工矿企业废水排放进行监测。

1994 年，市环境监测站监测用房建成投入运行。市内全面开展常规监测及污染源监测，每年为环境管理提供 2000 余个有效监测数据，为环境规划、综合决策、评优创先、创建文明城市提供科学依据。1994—1996 年，主要对 30 家重点企业排污跟踪监测，“上治石板材、中管电机电器、下控船舶修造”，重点控制污染源。

1997—1999 年，开展石板材、造纸、船舶、冶金铸造、机砖、电机电器生产的排污监测。

2000 年，福安市成立水土保持监测站，开展水土保持监测工作，添置监测设备，修建具有 6 个径流小区的茶园径流场，建立小流域、工程侵蚀数据库。加强污染源监测。环境监测站通过福建省技术监督局监测机构四级站计量论证，具备58个项目监测能力。其中，水和废水监测项目29项，海水监测项目14项，环境空气和废气监测项目9项，降水监测项目2项，噪声监测项目4项。此后坚持对交溪和穆阳溪沿岸的石板材厂、船舶修造厂、电镀厂进行监测。

2001年，完成市区环境空气监测点优化布点的监测工作。2002年，完成市区3个连续式采样亭建设。

2003年，贯彻上级有关加强"非典"时期医疗废水和医疗废弃物环保监管的紧急通知，建立环境污染事故应急处理机制，监测站定期对闽东医院污水处理站出水进行监测。

2000—2005年，对流经市区溪河的水质常规监测已设立6个断面，一年6期监测；大气监测设立大气采样亭4个监控点，4期监测；噪声监测设立交通干线和城区环境噪声监测点。共完成建设项目竣工验收46项，污染源监测项目77项，建设项目环境影响评价监测39项，全面完成市重点企业"一控双达标"（控制工业污染物排放和水环境、大气环境治理达标）监测验收工作。

二、控制

（一）大气污染控制

1991年，福安市要求拥有用汽油作燃料的汽车使用单位到指定厂安装汽车曲轴强制通风装置，减少尾气排放。随着工业迅速发展，电机电器行业造成喷漆废气超标。市环保局多次前往调查排解当地居民与企业的矛盾纠纷，对污染扰民严重、群众反映强烈的，立即责令停产搬迁；对污染程度一般的限期治理；同时依托坂中工业园区、秦溪洋工业园区和南郊民营工业园区，逐步疏导城区电机电器企业迁入。严格控制新污染源的产生、禁止在非工业区布局工业企业。城区烟尘控制区覆盖率为54.8%。1996年，随着城区实施"新、绿、亮、洁"工程力度的加大，建筑工地运输车辆滴、撒、漏现象得到基本控制。

1997—1999年，开展石板材、造纸、船舶、冶金铸造、机砖、电机电器厂家排污监测，控制大气污染物，提高"三废"治理率。1998年，城区中央办公区COD（化学需氧量）平均值4.21毫克/升，比1995年降低38.9%。全年64家各类企业进行排污申报，申报废水排放量184.7万吨，达标排放率为50%。

2000年，加大"一控双达标"工作力度，在大气污染控制中，对城区企业锅炉执行水膜除尘处理，对电机电器企业喷漆废气污染控制和执行环境影响评价，严格控制新企业审批。根据监测数据，对交溪、穆阳溪沿岸56家石板材厂实施达标排放；对船舶修造企业要求减少"三废"污染源；对电镀厂进行整改和关停。经整治，全市化学需氧量排放量降为147.3吨，废气总排放量降为2.05亿标立方米，其中烟尘排放量为33.16吨，粉尘排放量0.1吨。与1998年对比，烟尘排放量减少180.8吨，消灭率为84.53%；粉尘排放量减少523.9吨，消灭率为99.98%。城区烟尘控制区覆盖率提高到100%。

2001年，赛岐供销公司冷冻厂在生产过程中排放大量氨气，严重污染周边环境，被责令停止生产进行整改。全市加强巩固"一控双达标"成果，化学需氧量排放量68.83吨、二氧化硫排放量16吨、烟尘排放量97吨、粉尘排放量38吨，市区大气环境质量继续控制在优良等级；大气总悬浮微粒、二氧化硫、二氧化氮浓度分别为每立方米0.1毫克、0.014毫克、0.009毫克，达到国家二级标准。2002年，化学需氧量排放量63.6吨，废气排放量1.35亿标立方米，二氧化硫排放量84.82吨，烟尘排放量7.76吨。

2003年，福安市落实环保目标责任制，大气环境进一步改观，全市化学需氧量排放量47.5吨，废气排放量1.3亿标立方米，二氧化硫排放量77.36吨，烟尘排放量10.41吨，粉尘排放量0.31吨。

2005年，化学需氧量排放量18.74吨，废气排放量4.61亿标立方米，二氧化硫排放量59.65吨，烟尘排放量24.38吨，粉尘排放量19.49吨。二氧化碳、烟尘、粉尘排放达标率100%。市区可吸入颗粒物（PM_{10}）、二氧化硫、二氧化氮浓度分别为每立方米0.062毫克、0.013毫克、0.018毫克，达到国家二级标准。

（二）水污染控制

1991年，福安市在水污染防治中，重点控制排污量。

1993年，重点布置船舶工业污染防治工作，成立福安市船舶工业环保监督管理站，加强船舶工业的排污控制，组织编制福安市水环境预测，和宁德地区环境监测站联合编制《福安市近海域功能区划》。1994年，继续抓船舶工业污染防治工作，完成省下达“控制拆船业环境污染”的工作重点任务。加强环境纠纷调查处理。督促福安酒厂、富春溪上游石板材加工企业和寿宁斜滩造纸厂开展水污染防治工作。1995年，经治理，地表水化学需氧量平均值4.8毫克/升，比1994年降低31%。

1996年7月，市环保局根据举报，多次出动环境监理所执法人员，查封并全部拆除在饮用水源上游坂中桥头附近养猪圈和猪苗出售网点，制止污染饮用水源。10月3日，市政府发出通知，对市特种纸厂等3家化浆造纸企业及电镀厂予以取缔及关闭，责成市包装纸厂等4家废纸化浆造纸企业限期治理，逾期治理不达标的，加倍征收排污费直至关闭。第二年，福安市对龟湖溪进行疏浚，清理淤泥、土石方4.34万立方米；实施“两岸截污工程”，建成龟湖溪拦洪坝，实现引富春溪水入龟湖溪冲污。并对穆阳溪流域进行治理，全流域治理率90%。

1998—1999年，两年累计投入资金50多万元，加强对石板材加工企业污染治理工作。56家石板材企业排污治理达标，101家依法停业关闭。

2000年，福安市加大“一控双达标”工作力度，严格控制工业污染物排放，确保排放达标。全年申报废水排放量71.40万吨，达标排放量64.26万吨、达标排放率为90%；与1998年调查结果比较，废水排放量减少113.3万吨，不达标排放消灭率为61.34%。“八五”到“九五”期间，全市工业废水排放达标率由48%提高到90.34%。2001年，福安市工业废水排放量66.16万吨、废水处理量66.16万吨，处理率达100%。全市水环境质量继续保持良好状态。

2002年，划定福安城区饮用水源保护区。全市工业废水排放量67.68万吨、废水处理量67.68万吨，处理率100%。当年，全市地表水质量达到省政府的标准要求。

2003年，福安市为了维护生态环境，保护市民饮水安全，开展石板材行业专项整治工作，对一批污染水源的石板材生产企业进行强制搬迁、取缔。次年，经整治，全市工业废水排放量降为13.22万吨、废水处理量13.22万吨，处理率100%。

2005年，全市石板材企业不到20家。11月，市环保局责令限期关闭国家明令禁止的“十五小”企业——溪柄镇北山造纸厂；重点排污企业4807工厂限期建设规范化排污口，完成自动监测监控设施安装，并与宁德市监测监控分中心联网；限期完成市鸭母洋垃圾场建设配套无害化污水处理厂。全市全年工业废水排放量24.68万吨、废水处理量24.68万吨，处理率100%。饮用水源水质达标率100%。

（三）噪声污染控制

1991—1992年，电机电器行业生产噪声，卡拉OK厅、舞厅和饮食店噪声及油气污染居民成为社会热点和难点。福安市环保局抽调人员实地调查，根据反映情况协调解决、督促整改。

1993 年，处理群众反映强烈的电机电器生产噪声、废气污染问题 20 多件，搬迁 40 多家。

1995 年，市环保局对大地舞厅噪音扰民事件进行处罚。2000 年，城区噪声控制区覆盖率达 69.7%。

2001—2005 年，整顿电机电器行业布局，严格对企业《环境影响报告》的审批，减少噪声对居民影响。同时加强主街道机动车管理和娱乐场所噪声控制。

（四）废弃物处理

1991 年，全市企业排放固体废弃物主要为尾砂和炉渣。主要采取“三减少”综合治理，即废渣及时清运减少堆放、锅炉除尘减少烟尘排放和企业技改新工艺减少废弃物排放。固体废弃物综合利用率 53.2%。

1993 年，重点布置船舶工业的污染防治工作，对固体废弃物清理上岸，电石渣、铁锈、废油集中作卫生填埋等无害化处理。固体废弃物综合治理率 95.8%。1995 年，工业固体废弃物综合利用从 1994 年 4560 吨提高到 7280 吨，利用率增长 86%。取缔污染严重的“十五小”企业，严格控制石板材厂、冶炼铸造和船舶企业的固体废弃物排放。2000 年，全市固体废弃物综合利用率提高到 84.5%。

2002 年，全市固体废弃物产生量 0.04 万吨，全部综合利用。第二年，固体废弃物产生量 0.04 万吨，综合利用量 0.03 万吨。2004 年，固体废弃物产生量 0.11 万吨，综合利用量 0.09 万吨。

2005 年，固体废弃物产生量 0.16 万吨，处置利用率达 100%。9 月 10 日，福安市开征城市生活垃圾处理费。

（五）水土保持

1991 年，福安市开始实施《中华人民共和国水土保持法》，开展水土流失预防监督。继续实施以福温线为中枢纽带的区域治理工程。

1993 年，贯彻落实《中华人民共和国水土保持法实施条例》，实施封禁治理、强化治理做到水土保持方案申报、审批、监督、检查、验收一体化管理，防止人为造成的水土流失。对农业开发性生产建设项目，必须在项目可行性研究阶段编报水土保持方案，按照分级管理原则，水行政主管部门严格组织审查论证。福安市水土保持委员会各成员单位齐抓共管，相关部门审查项目立项、环境保护评估审批、林地占用审批、土地使用审查时，项目业主必须提供经过审批的《水土保持方案》，切实从源头上防止造成水土流失。重点抓社口镇小溪小流域水土流失综合治理，投入资金 14 万元，封禁治理 333.3 公顷、强化治理面积 267.3 公顷。城阳乡茜洋溪小流域有成千亩的荒坡地，属轻度水土流失区，市水土办联合城阳乡、市农业局、市妇联进行股份投资，种茶栽果，进行治理水土流失的尝试。

1995 年，贯彻落实《福建省实施〈中华人民共和国水土保持法〉办法》，进一步加强水土保持综合治理。

1996 年开始，福安市做好国家投资开展水土保持综合治理的同时，实施水土保持与乡村发展亚行贷款项目挂钩。这是福安市农业开发同国际金融组织合作的最大一笔项目贷款。项目覆盖面广，包括坡地开发、农副产品加工、小水电建设和水产养殖、亚洲银行贷款再贷款 5 个分项目，总投资 721.55 万美元，其中，亚洲银行贷款 257.94 万美元。项目通过福安市水土流失坡地综合治理开发和加强乡村基础设施与基础产业的建设，改善生态环境，促进福安市农业、农村经济的进一步发展。开展水土保持试验、科研成果推广，其中，“茶园水土流失径流试验”课题成果获福建省水土保持科技成果三等奖。

2000年，福安市进一步采取措施治理水土流失，监测和预防新的水土流失，有效改善福安市的自然环境。3月，福安市里湾小流域被水利部、财政部命名为“全国水土保持生态环境建设示范小流域”。7月，富春溪小流域、秦溪小流域水土保持综合治理建设工程完工。该工程是利用中央财政预算内专项资金水土保持建设项目，总投资233万元，有效治理水土流失面积30多公顷、保护农田10公顷。10月31日，福安市通过全国水土保持生态环境建设示范县省级达标验收，成为全省4个示范县中率先通过验收的县（市）。12月，福安市被水利部、财政部命名为“全国水土保持生态环境建设示范县”。

2001年，水土保持试验、科研成果推广取得进展，参与福建省水土保持试验站开展的“崩岗侵蚀规律及治理模式研究”课题成果评审获福建省科委科技成果二等奖。7月，市水土办被水利部授予全国水土保持先进集体（1997—2001）。2004年，“赛江绿竹固土护岸效益研究”课题成果在“赛江百里绿竹长廊工程”建设中得到广泛运用，论文获福建省水土保持学术论文一等奖。2005年，与省水土保持试验站协作开展的“香根草生物工程在水土流失防治中的应用研究”课题成果获福建省水利厅水利科学技术三等奖。

1991—2005年，全市累计投入治理水土流失资金5897万元，投工投劳158.4万工日。完成治理面积1.98万公顷，其中，封禁治理1.58万公顷，强化治理3930公顷。综合治理水土流失面积1.62万公顷。清查开发性建设项目215个，其中，审批生产建设项目水土保持方案183个（工矿55个、交通4个、水利电力36个、工厂建设26个、其他51个），审批率84.65%、收取水土保持补偿费136万元，督促项目建设单位投入水土保持治理费3300多万元。先后综合治理十几条小流域的水土流失，建设一批水土保持生态环境建设示范工程。

表2—9　1998—2005年福安市水土保持重点工程项目建设情况表

年度	项目名称	治理规模（公顷）	项目主要内容	总投资（万元）
1998	富春溪小流域水土保持重点治理工程项目	10.33	坡改梯39公顷，道路10.5千米，蓄水池18口，治理崩岗一处，种草1.33公顷，沉沙地60口，护岸护坡448米	331
1999	秦溪小流域水土保持综合治理建设工程	267	坡改梯10公顷，道路3千米，往流场一处，封禁200公顷，造林67公顷，蓄水池5口，护坡1千米，管理房1座，排洪沟3千米	233
2000	上白石溪（含秦溪）流域水土保持综合治理工程	1250	坡改梯30公顷，道路4千米，封禁1160公顷，造林40公顷，种草20公顷，蓄水池4口，护坡500米	160
2001	赛江（上白石溪）流域水土保持综合治理工程	2053	坡改梯8公顷，道路4千米，造林40公顷，种草5公顷，蓄水池1口，封禁2000公顷	150
2003	秦溪流域水土流失综合治理工程	625	山塘水库1座，道路1千米，坡改梯10公顷，种草5公顷，封禁600公顷，造林20公顷。	100
2004	上白石溪八都溪小流域水土流失治理工程	729	封禁699公顷，种草15公顷，坡改梯15公顷，道路3千米，蓄水池3口，排洪沟3千米	100
	上白石溪小流域水土保持工程	230	封禁200公顷，造林30公顷，蓄水池1口，道路3千米	40
	福安市水土保持生态修复工程	830	封禁800公顷，造林20公顷，种草10公顷，护岸护坡0.5千米	20

续表 2—9

年度	项目名称	治理规模（公顷）	项目主要内容	总投资（万元）
2005	茜洋溪小流域水土流失治理工程	2825	封禁 280 公顷，种草 10 公顷，坡改梯 15 公顷，蓄水池 2 口，沉沙池 5 口，道路 1 千米，排水沟 2 千米	244
	秦溪小流域水土流失治理工程	117	封禁 100 公顷，造林 10 公顷，种草 60 公顷，节水灌溉一项，道路 1.5 千米	20
	福安市水土保持生态修复工程	416	封禁 400 公顷，造林 10 公顷，种草 60 公顷，节水灌溉一项，道路 1.5 千米	20
	茜洋溪小流域水土流失重点治理工程	56.6	封禁 33.3 公顷，种草 10 公顷，坡改梯 13.3 公顷	30

说明：缺 2002 年资料。

第三节　生态保护建设

一、环境规划

1996 年，制定《福安市城市环境保护规划》。11 月，该规划通过省级审定。

1997 年，福安市落实《国务院关于环境保护若干问题的决定》，市政府将环保目标计划纳入国民经济和社会发展规划中。

2000 年，编制《福安市环境功能区划》，加强烟尘控制区管理，面积达 18 平方千米，涵盖城区全境。加强噪声控制区管理，面积达 4.597 平方千米，城区覆盖率 69.7%。制定下发《福安市 2000 年工业污染源达标排放的工作方案》。2002 年，划定福安城区饮用水源保护区。

2005 年，编制完成《交溪流域环境保护规划》。

二、野生动物保护

1991 年 1 月，福安市政府办公室转发《国务院关于加强野生动物保护，严厉打击违法犯罪活动的紧急通知》。

1993 年 6 月，召开保护野生动物会议，开展打击非法猎捕、出售重点保护野生动物专项活动。1994 年 3 月，成立福安市野生动物保护管理总站，18 个林业站成立“野生动物保护管理站”。1995 年 7 月，成立“生物多样性保护工程规划编制工作协调小组”，按照《福建省生物多样性保护工程规划技术方案》，组织科技人员进行野外调查，全市规划保护区、保护小区、保护点 595 个，面积 7764.4 公顷，保护云豹、中华鲟、猕猴、大灵猫、草鸮、白鹇等 31 种珍稀野生动物。

1999 年 3 月，开展保护野生动物就是保护人类自己的“爱鸟周”活动。

2005 年 3 月，在贯彻执行《中华人民共和国野生动物保护法》中，开展“爱鸟周”宣传活动，对非法经营野生动物场所进行不定期检查，开展打击非法经营、食用、加工野生动物专项治理工作。

三、野生植物保护

1991 年，福安市实施省造林绿化工程计划，开展封山育林、生态保护工作。

1996 年 12 月，市人民政府发出《关于加强自然保护区、小区（点）建设和名木古树保护管理的通

福安师范学校学生开展观察桫椤自然科普活动（1998年）

知》，重点保护拯救残存的典型森林植被，珍贵或濒危的野生植物，名木古树、“风水”林、天然阔叶林，和浅海、滩涂等湿地上分布的海洋生物、红树林等；成立溪潭瓜溪刺桫椤自然保护区、晓阳白云山自然保护区、湾坞红树林自然保护区、下白石湖头湿地自然保护区和49个自然保护小区，加强自然景观与生物保护。

1997年10月，市人民政府发出《关于加强坂中森林公园开发建设和保护管理的通知》，划定面积29公顷；次年7月，又做出《关于同意福安市坂中森林公园详细规划的批复》，对古树名木加以管理、保护。

1998年3月，天马山森林公园营造毛竹、台湾桂竹4公顷，红枫2公顷，马尾松4公顷，以及天竺桂等。次年，栽植女贞、龙柏等1060株。1999年2月，瓜溪桫椤保护区升格为省级自然保护区，面积扩大至1438公顷。

2001年12月，市人民政府颁发《福安瓜溪桫椤省级自然保护区管理规定》，保护桫椤、香樟、三尖杉等野生珍贵植物以及森林生态环境。

2005年，全市森林覆盖率67.5%，生态环境趋于优化。天马山森林公园森林资源保护良好，林业色相保持完整。

第四节　环境管理

一、机构

（一）福安市环境保护局

1991年，福安市环境保护局为副科级机构（二级局），编制3人，设局长1人。

1993年12月，增设计划财务股。成立福安市船舶工业环保监督管理站，为股级事业单位，核定事业编制2人，隶属环保局。次年3月，局增设办公室。

1995年6月，成立中共福安市环境保护局支部委员会。7月，成立福安市环境保护监理所，与福安市排污收费监理所合署办公，实行一套人马、两块牌子，增加市排污收费监理所事业编制3人。

1996年12月，环境保护局升格为正科级单位。1998年6月，内设办公室、污染管理股（增挂开发监督股）；机关行政编制3人，其中局长1人、股级干部职数2人。

2003年2月，设人秘股、污染控制与科技股、开发监督与自然保护股。机关行政编制4人，其中局长1人、副局长1人、股级干部3人（含兼职）。

2005年6月，“福安市环境保护监理所”更名为“福安市环境监察大队”。

（二）福安市气象局

1991年，福安市气象局为正科级机构，编制9人，设局长1人、副局长1人，无内设股室。2005年，福安市气象局编制9人，设局长、副局长、纪检监察员各1人，内设综合业务股和科技服务中心。

二、宣传教育

1991年，福安市以4月22日地球日和6月5日世界环境日为契机，举办大型环保法律法规和环境执法咨询、环保宣传挂图展等形式开展环保宣传活动。此后，每年都在“地球日”“世界环境日”期间，在全市中小学开展保护环境征文、环境知识竞赛、环保讲座，充分利用报刊、电视、专栏等媒介，并通过上街咨询、发放宣传品等形式宣传环境保护。

1995年，召开6月5日世界环境日座谈会，市六套班子领导、市环保委成员及市重点企业负责人共40多人参加，就如何加强工业污染治理、城市环境综合整治、水资源保护等问题进行座谈交流。

1996年6月，市环保局、团市委联合举办“韩城是我家，美化靠大家”环保杯百名小画家百米画廊活动。市六套班子在家领导、环保委成员、知名人士以及120多名中小学品学兼优的学生参加作画、题词、签名。

1997年6月，完成全市乡镇工业污染源调查，全面掌握乡镇工业污染源分布情况及污染现状。环保局获福建省乡镇企业局颁发的先进集体奖。

1998年6月5日，福安市市长结合“为了地球的生命，拯救我们的海洋”环保主题宣传活动发表电视讲话。

2000年5月，举办“保护母亲河，共创美好福安”为主题的福安市首届“红福杯”青少年文化节。同年开展“绿色学校”创建工作，进一步强化学校的环境教育，福安师范附属小学获国家级“绿色学校”称号。

2002年5月，市环保局获宁德市首届环保法律法规知识竞赛第一名。6月，代表宁德市参加全省环保法律法规知识竞赛，获团体总分第二名。福安市参加全省环境警示教育专题文艺调演获优秀奖。举办

“保护母亲河”赛江寻源立碑仪式（2003年）

暑期回乡大学生宣传环保知识和法律法规系列宣传活动。

2002—2003年，福安市委宣传部、市环保局连续两年联合组织开展“保护母亲河漂流（采风）活动”。参加的志愿者开展生态调查、科考探险、新闻采风、宣传教育等活动。电视台记者随行拍摄，对交溪沿岸生态破坏和污染情况进行报道。2003年，福安市六中被评为省级“绿色学校”。

2004年，针对“母亲河”富春溪自然生态遭到破坏、水患严峻的情况，发动组织青年志愿者150多人对富春溪沿岸河道进行清理、整顿，开展“救护母亲河，建设美好家园”活动。福安市参加宁德市首届大中专学校环保时装设计大赛获第二名。

2005年，福安市第六中学再次被评为省级“绿色学校”，福安市职业技术学校被评为宁德市“绿色学校”。

三、环境执法

（一）实施环保目标责任制

1991年，福安市开始建立与各乡镇（街道）签订环境保护工作目标责任制度，并作为年终工作考核的重要内容。当年，全市加大力度整治机砖厂。在省政府开展的各地环保责任制检查中，获98分（总分104分），名列全省前列；12项城市环境综合整治指标（总分100分），从上年的5级69.5分上升至4级71分。

1993年，全市组织实施环保目标责任制，考核的环境综合整治指标由原来的12项增加到20项。全年开展环境评价项目103个，环评执行率100%。

1994年，城市环境综合整治考核20项指标得分不同程度提高，环境质量等级由原来的县级6级提高到市级6级。

1997年，全面落实市长环保目标责任制，加大城市环境整治力度，对中兴街、金山路、解放路、富春路的餐厅、饮食店、发廊、美容厅、澡堂等实行环境综合整治，严禁向街面直接排放废水、污水和固体污染物；对卡拉OK厅、舞厅实施隔音管理，并控制营业时间。在8月1日前治理达不到环保要求的停止营业。

2000年12月，福安市“一控双达标”顺利通过福建省、宁德市验收。获宁德市“1998—2000年度市长环保目标责任制先进市”称号。

（二）执行“三同时”制度

1994年8月1日，福安市对经营宾馆、餐厅、卡拉OK厅、舞厅、发廊、澡堂、医院、洗车等排放污水、废气、噪声及排放废渣的单位开征服务行业排污费。1994—1995年，共投入资金81.2万元，治理12个废水、废气污染源，建成烟尘控制区3个、面积2.96平方千米，整治内河1条、长0.88千米，结合旧城改造治理严重污染源3个。

1998年，市政府制定《福安市主要污染物排放总量控制实施方案》《福安市工业污染源达标排放工作方案》，下达全市174家企业的污染治理任务。其中，宁德地区重点污染企业6家，福安市重点污染企业11家。1998—1999年，174家企业中通过治理达到国家规定排放标准的62家，依法停产关闭112家。全市按“一控双达标”要求完成治理任务，实现达标排放，累计投入治理经费813.8万元。石板材企业56家治理达标、其余101家不达标的依法停业关闭，两年累计投入环境整治资金50多万元。

2000年，开展机动车尾气污染治理，对机动车尾气排放实施严格的监督管理，对排放尾气不达标的机动车限制上路并强制安装尾气净化装置。

2001年，制定《地表水、环境空气功能区达标工作方案》，分解实施达标任务，保证达标任务的全面完成。次年12月组织的检查，全市地表水和空气质量达到省政府的标准要求。

2003年3月，加强“非典”时期医疗废水和医疗废弃物环保监管，建立环境污染事故应急处理机制，多次现场检查闽东医院环保设施运行情况，在全市各医院和乡镇卫生院（所）开展医疗废水和医疗废弃物排污申报登记，规范医疗废物的收集、储运和处理处置。同年8月，市环保局与有关局联合制定《福安市清理整顿违法排污企业，保障群众健康环保行动实施方案》，并成立工作办公室。2004年，取缔死灰复燃的“十五小”企业：铁穹炼油厂、蛤蟆洋炼油厂、溪柄桥头电镀厂、程家垅电镀厂和6家塑料米加工厂；对污染严重的天力制板厂、新添铜业有限公司、东航制钢厂发出责令停产治理的通知；对闲置污染治理设施的市农药厂等责令限期整改，并停止粉剂车间的生产；关闭未批先建的冲洗铁皮厂、郑华仔小电机厂等；对城阳乡、社口镇石板材加工企业发出停止环境违法行为通知书，拆除6家排污严重企业的生产设备，对11家治理设施不到位的企业责令停产。

（三）执法检查

1993年，在全市开展环保执法大检查，在城区3个办事处和工业污染相对集中的乡镇设立专职环保员、其余乡镇设兼职环保员；在甘棠设立船舶工业环保监督站，专职监管赛江下游6个乡镇的船舶工业生产污染问题。

1994年，市人大定期组织环保工作检查，提出环保建议和议案，监督市环保局依法工作。

1995年6月，成立以市人大常委会主任为组长、副市长为副组长，15个部门组成的环保执法检查领导小组，重点检查造船拆船业污染控制、石板材业污染防治、水土流失、重点污染企业、新开发区环保申报审批情况及采取的措施等。

1997年，成立城区环境管理执法小组，建立专项和经常性环境执法检查，强化环保执法，狠抓工业污染治理；巩固和提高工业污染治理效果；抓好“一控双达标”工作，促进企业达标排放；把好建设项目环保审批关，严格控制新污染源；加大流域性、区域性、行业性污染整治力度，通过各项活动，促进生态建设、提高环境质量；全面推行排污申报登记、实施排污许可证制度，加强监测和监督。

2004年7月，市环保局会同经贸、质监、建设、土地、工商、安监、城管等部门对市区12家电机电器企业进行检查，责令未办环评的东方电机有限公司停产整改，对得通电机厂发出行政通知书，继续跟踪监督。10月，取缔富春溪畔一家非法采砂点，当场扣押龙门吊等采砂设备。

（四）环境投诉处理

1994年，随着人民群众环境意识的提高，环境投诉案件迅速增加，并成为社会的热点问题。为了强化环保一线的执法队伍，依法处理每一起环境污染纠纷、投诉和侵权案件，维护人民群众正当合法权益，成立福安市环境监理所，加强环境纠纷调查处理。全年查处环保信访件110件，对30家企业排污跟踪监测。

1999年，查处投诉案件127起，责令污染企业搬迁6家、限期整改11家。次年调解处理环保纠纷案件80起。

2001年，开通“12369”环保投诉专线，处理投诉52件、调解信访40件。全市关闭污染严重的小型铸钢企业40家。第二年，处理投诉案件143起、处理率达100%。

2003—2004 年，处理投诉案件 297 件、处理率 100%，调解信访 90 件，办理答复市人大、政协提案、议案 19 件。市环保局连续两年被宁德市环保局授予环境保护工作先进单位。

2005 年，处理报警和投诉案件 140 件、处理信访 70 件。

1991—2005 年，环保“12369”共收到群众反映各种环境污染投诉 2742 个，其中对大气和噪声污染的投诉收到最多。1994—2005 年，共处理污染投诉及纠纷 839 件。凡接到群众举报，市环保局都及时前往调查处理并答复反馈，处理率达 100%。

四、排污费征收

1991 年，福安市按照国家规定，征收排污费 11 万元。1992 年，福安市按照福建省出台的《关于福建省征收排污费实施办法》征收排污费，并开始征收建筑排污费，征收排污费金额逐年增加。2005 年达 144.28 万元，是 1991 年的 13.1 倍。

表 2—10　1991—2005 年福安市征收排污费情况表

单位：万元

年份	征收排污费	年份	征收排污费
1991	11	1999	86.4
1992	24	2000	124.4
1993	—	2001	74.28
1994	104	2002	152.05
1995	71.53	2003	105.94
1996	29.63	2004	135.91
1997	76	2005	144.28
1998	117.2	合计	1256.62

第三篇

福安市志 1991-2005 FUAN SHIZHI

GUOTUZIYUANGUANLIYUCHENGXIANGJIANSHE

国土资源管理与城乡建设

福安市国土总面积为1880.10平方千米。1991年后，福安市重视合理利用土地和切实保护耕地，国土资源管理逐步走上规范化、科学化、信息化、法治化的轨道；并实施围海造田、旱片改造、耕地整理等土地开发项目，被评为全国土地开发先进县（市）、全国地籍管理百强县（市）等。2005年，全市切实加大耕地保护力度，确保耕地占补平衡，耕地面积22034.13公顷，比1991年净增262公顷。

1990年，《福安市城市总体规划》经过省地领导、专家的初审和复审。1991年，根据撤县建市后人口大批涌入市区，加剧住房、交通、水电、环卫等基础设施滞后的现状，着手旧城改造，进行城市总体规划修编。1995年，《福安市城市总体规划》经省人民政府批准实施，规划确定建成区面积从6.6平方千米扩大到2005年的9.6平方千米；加强重点项目建设督查协调工作，开展“创建省级文明城市”“爱我福安，美化家园”等专项活动，城市管理跃上新台阶，市政建设突飞猛进，镇村建设颇具特色，城乡面貌日新月异，经济建设快速发展，努力打造海峡西岸现代化生态型港口工贸旅游城市。

第一章　国土资源管理

第一节　土地使用制度

一、土地变更及土地使用权抵押登记

1991年，福安市制定《土地登记发证流水作业制度》，本着“尊重历史、面对现实、有利安定”的原则，区别不同时期、不同情况处理土地纠纷，做到登记发证“权属合法、界址清楚、面积准确”，保证发证工作质量。同时，为1987年以来，在清理党政、企事业干部违纪购地、占地建房中符合建房条件，但手续不完备的，经自我检查和经济处罚后依法补办土地使用权变更手续8户。

1994年，办理转让变更登记70户，收取出让金12万元。次年，办理个人转让变更305户，收取出让金及增值费48.8万元、土地管理手续费19.6万元。

1997年，对乡镇一级土地实行垂直管理体制依据国家土地管理局颁布的《土地登记规则》《福建省土地登记条例》，出台《关于加强乡镇“两权”登记发证工作的若干意见》。全市开展农村土地整理，办理变更登记217宗，抵押登记135宗。次年，办理抵押登记310宗。

2001年，审核、报批国有土地使用证转让变更登记1099宗。2003年，办理土地使用权初始、变更登记发证3705宗，土地使用权抵押登记930宗。第二年办理土地使用权转让、变更登记540宗，土地使用权抵押登记522宗。

2005年，办理土地使用初始、变更登记发证2023宗，土地合作权抵押登记533宗。

二、划拨土地入市管理

1991年，福安市根据国务院《城镇国有土地使用权出让和转让暂行条例》《外商投资开发经营成片土地暂行管理办法》和福建省政府的有关文件精神，对国有土地使用权有偿出让进行尝试，公布《国有土地使用权公开拍卖须知》，统一开发城镇居民区、商贸区、街道两旁中心地段。

1993年，市出台国有土地使用制度改革方案，加强对行政划拨土地的管理，土地使用权从无偿使用改为有偿使用，除国家行政、事业单位和社会事业公共用地及国家重点基础设施建设仍为行政划拨无偿使用外，其他用地一律实行有偿使用，统一规划、征用、管理、开发，统一有偿招标或拍卖出让土地。对进入市场的划拨土地，办理出让手续，补收土地出让金。

1996年，福安市政府加强一级土地市场的垄断，国家集体单位划拨土地使用权进入市场管理。1998年，举行旧城改造和新区建设地块公开拍卖竞投会，出让国有土地2宗、面积2790.8平方米，收取土地出让金640.69万元。

1999年，福安市深化土地使用制度改革，大力培育土地市场，改变土地供应方式，进一步推进国有土地使用权招标、拍卖制度，扩大有偿使用土地范围。加强行政划拨土地使用权的转让管理，补办国家、企事业单位用地16宗、面积17.24万平方米，收取出让金3038.2万元，补交土地出让金41.3万元。

2001 年，福安市开始全面推行土地使用权招标拍卖制度；6 月，市政府发布《关于加强国有土地使用权出售、转让管理的通知》：除法律规定的基础设施、公益事业等用地可以采取划拨方式提供用地外，其他建设需要使用国有土地的，必须实行有偿、有限期使用。凡经营性商业用地和房地产开发用地，同一地块有两个以上意向用地者，都必须依法实行公开招标、拍卖；不具备拍卖条件的应依照基准地价，确定最低出让价，再拟定协议出让方案。

三、土地有偿使用

（一）国有土地有偿使用

1991 年，福安市开始尝试国有土地使用权有偿出让，收取地价款 21.1 万元，每平方米地价 160 元。同年，公布《国有土地使用权公开拍卖须知》，统一开发城镇居民区、商贸区、街道两旁中心地段，出让土地 35 宗、1658 平方米，采用竞标方式收取地价款 291.65 万元；其中，最高价每平方米 3543 元，是 1990 年举行首次国有土地使用有偿出让平均地价 290 元的 12.2 倍。

1993 年，协议出让国有土地 17.88 万平方米，收取土地出让金 2350.32 万元。1994 年，出让国有土地 5 宗、7272 平方米，收取土地出让金 1167.87 万元，其中，公开拍卖 1 宗面积 484 平方米，收取出让金 154.2 万元，最高地价每平方米 3636.36 元。对从事工业、科技、先进技术型出口创汇及基础设施建设的外资项目采用预约用地办法，以行政划拨提供土地使用权。全年办理外资企业用地 3 宗，面积 7169.3 平方米、收取出让金 996.67 万元。

1995 年，办理国有土地出让 4 宗、面积 3.14 万平方米，出让金额 1869.81 万元。次年，出让土地 4 宗、面积 7100 平方米，收取土地出让金 349 万元；补办国营、集体企事业单位行政划拨土地使用权出让 7 宗面积 1.10 万平方米，出让金额 520.14 万元、补缴 143.31 万元。1997 年，办理出让土地 2 宗、面积 5389.8 平方米，收取土地出让金 1100.48 万元；预约出让土地 4 宗、面积 11.29 万平方米，收取土地出让金 2707.28 万元；补办城镇国有土地使用权出让手续 18 宗、面积 2.84 万平方米，出让金额 2085.35 万元，补缴 625.57 万元。

1998—1999 年，出让国有土地 32 宗、面积 36.63 万平方米，收取土地出让金 4386.16 万元。办理内、外资企业用地 6 宗、面积 12.95 万平方米，收取土地出让金 2944.79 万元；跨省内资企业用地 3 宗、面积 9.90 万平方米，收取土地出让金 2114.07 万元。

2001 年，出让土地使用权 31 宗、面积 12.06 万平方米，收取土地出让金 6416.34 万元，3 宗为公开拍卖出让。2003—2004 年，公开拍卖国有土地使用权 22 宗、面积 17.18 平方米，拍卖成交款 9058.98 万元；挂牌出让 1 宗、面积 3014 平方米。

2005 年，全市公开拍卖国有土地使用权 10 宗，成交 7 宗、面积 1.02 万平方米，成交金额 1399 万元。1 宗为公开挂牌出让、面积 915.54 平方米，现场竞价 360 万元成交；委托国有土地使用权拍卖 6 宗。

（二）集体土地有偿使用

1991 年，全面推进家庭联产承包责任制后，实现农村土地所有权与使用权（经营权）的分离：土地所有权仍归村集体所有，但使用权归承包农户。同年，福安市在社口镇坦洋村开展农村非农业建设用地有偿使用试点工作，实行集体非农业建设用地有偿使用，进行农村土地制度改革，加强农村土地管理、搞好乡村规划建设、壮大集体经济实力。第二年，市公布坦洋村宅基地有偿使用收费标准，最低每平方米 0.05 元，最高每平方米 0.25 元。

1993 年，福安市出台《农村土地制度改革试验方案》，明晰和确定土地所有权和使用权主体，促进所有权与经营权分离。规定农村土地所有权为村级（行政村）集体，由政府颁发所有权证书。确立土地经营权有偿使用原则，明确土地承包费地租属性，保障土地所有者的经济利益，明确村民应承担经营土地的一切义务，按照土地等级合理缴纳土地经营费。进一步深化集体土地使用制度改革、促进土地管理规范化。

1995 年，福安市推进土地使用制度改革，至 2 月底，尚未征用的集体土地，各乡镇、街道办事处、开发区及单位、个人一律不准征用。集体土地由市征地事务所统一征用收储后，由市政府统一安排使用。对成片开发中集体土地已被征为国有，6 月 30 日前尚未开发的，按征地费用的 20% 加收土地闲置费；12 月 31 日前尚未开发的，市政府依法收回土地使用权。

三、土地市场

1993 年 9 月，福安市土地估价委员会成立，负责制定、评估、监督土地价格。土地评估作价采取分等定级与基准地价的原则。当年，福安市地产公司成立，负责全市城乡土地分等定级、评估地价。

1994 年，福安市加强土地供需宏观调控和各项非农业建设用地管理，规定对 2 公顷以上成片土地的开发，一律由土地部门统一预征。各项建设使用土地或原行政划拨获得土地使用权需进入市场的，应补交出让金和土地开发费。

1995 年 2 月，市土地管理局成立征地事务所，地产公司并入其中，对外保持两块牌子，实施原地产公司职能。7 月，成立地产评估交易事务所，撤销征地事务所。同年实行土地使用制度改革，市人民政府出台《关于土地使用制度改革的若干规定（讨论稿）》《关于加强地产交易市场管理的通告》，市土地管理局联合人民法院、司法局出台《关于规范地产交易市场管理的联合通知》《关于加强地产交易管理公证工作的联合通知》，依法管理地产交易市场。为加强城乡地政统一管理，成立清理整顿土地市场领导小组，市长任组长。

1996 年，福安市加强政府对一级土地市场的垄断，国家、集体单位划拨土地使用权进入市场管理。

2001 年，福安市落实上级精神，推进土地中介服务机构脱钩改制工作，地产评估交易事务所进行改制，将其中介服务性职能划出，由社会上具有法人资格、自主经营、自负盈亏的企业办理，保留下来的评估机构只承担土地出让的评估、修订基准地价等，不向用地者收取评估费用。

2002 年，全面实施经营性土地使用权招标、拍卖、挂牌出让和土地收购储备制度，加强乡镇土地有偿使用管理和农村集体土地流转的规范管理，成立地产评估交易所，开展土地交易工作。

第二节　地籍管理

一、土地调查测绘

（一）调查

1991 年 8 月，福安市根据国务院和省人民政府有关文件精神，依照全国统一土地分类和技术规程，采用遥感资料、不同比例尺地形图，进行全野外调查，委托中国人民解放军某部进行。市土地资源调查领导小组根据全国农业区划委员会《土地利用现状调查技术规程》及相关补充规定，制定《福安市土地利用现状调查实施细则》。11 月 1 日，外业工作开始，次年 1 月 3 日完成。采用 18 厘米 ×18 厘米航片进行实地调绘，调绘航片 274 片。4 月，内业工作开始，9 月结束，采用 HCD —型单投仪将航片转绘到薄膜图上，利用微机进行面积量算和数据汇总，编制市、乡（镇）土地利用现状系列图表。通过省和宁德市土地管理部门的检查验收。

1993 年，福安市土地利用现状调查成果获福建省土地科技一等奖；次年获国家土地科技成果二等奖；市土地管理局被评为省土地利用现状调查先进单位。

1995—1996 年，福安市进行土地利用现状变更调查，形成汇总成果，为土地利用总体规划的编制提供数据来源。

1997 年，土地详查变更工作开始实现微机化，使用微机处理变更数据。10 月 31 日全省变更汇总，福安市耕地面积为 22145.5 公顷。

1999 年，福安市耕地面积变为非耕地面积 59.3 公顷，非耕地面积变为耕地面积 234.8 公顷，全市耕地面积保持在 22283.47 公顷。

2001 年，福安市土地管理部门配合省三明区调队技术服务部外业队伍，组成 5 个外业调查组，以 1998 年“现状图”为底图，逐班调查、调绘，完成土地利用现状图 1：2.5 万的图件转绘为 1：1 万图件外业调查和内业绘图。全市各项建设占用耕地 127 公顷，其中，高速公路占地 100 公顷。

2003 年，土地利用现状调查工作变更图斑 158 个，变更面积 437.13 公顷。

2005 年，根据土地利用变更调查数据，福安市土地总面积 179447.5 公顷（不含海域面积），其中农用地面积 152211.16 公顷，占土地总面积的 84.82%；建设用地面积 7377.41 公顷，占土地总面积的 4.11%；未利用地面积 19858.78 公顷，占土地总面积的 11.07%。

表 3—1　1992 年福安市土地利用现状调查部分成果数据一览表

单位：公顷

项目	调查数据
总计	184029
耕地	23707
茶果园地	13143
林地	107088
交通道路	1236
居民点（工矿）	4385
水域	16936
未利用土地	17534

表 3—2　1996 年福安市土地利用现状变更调查一览表

单位：公顷

地类		面积	占总面积比例	占大类比例
土地总面积		180271.2	100%	—
耕地	总计	22152.9	12.3%	100%
	灌溉水田	4647.7	—	21%
	望天田	14602.8	—	65.9%
	水浇田	0.9	—	0
	旱　地	2846.2	—	12.8%
	菜　地	55.3	—	0.3%
经作用地	总计	14010.8	7.8%	100%
	果　园	3902.7	—	27.9%
	桑　园	2.1	—	0
	茶　园	9750.2	—	69.6%
	其他园地	355.8	—	2.5%
林地	总计	106831.3	59.3%	100%
	有林地	75560	—	70.7%
	灌木林	276.6	—	0.3%
	疏林地	4102.6	—	3.8%
	未成林地	26819.2	—	25.1%
	迹　地	71.1	—	0.1%
	苗　圃	1.8	—	0
城镇村工矿	总计	4725.9	2.6%	100%
	建制镇	846.1	—	17.9%
	村　庄	3467.8	—	73.4%
	独立工矿	217.3	—	4.6%
	特殊用地	194.7	—	4.1%
交通用地	总计	1471.3	0.8%	100%
	公　路	789.4	—	53.7%
	农村道路	681.7	—	46.3%
	港口码头	0.2	—	0
水域	总计	13573.5	7.5%	100%
	河流水面	5184.9	—	38.2%
	湖泊水面	21.6	—	0.2%
	水库水面	201.0	—	1.5%
	坑塘水面	698.0	—	5.1%
	苇　地	5.0	—	0
	滩　涂	5836.4	—	43%
	沟　渠	1525.2	—	11.2%
	水工建筑物	101.4	—	0.8%

续表 3—2

地类		面积	占总面积比例	占大类比例
未利用土地	总计	17505.5	9.7%	100%
	荒草地	9292.2	—	53.1%
	盐碱地	31.1	—	0.2%
	沼泽地	4.5	—	0
	沙　地	0.2	—	0
	裸土地	255.1	—	1.5%
	裸岩石砾地	849.2	—	4.8%
	田　坎	7069.3	—	40.4%
	其　他	3.9	—	0

（二）测绘

1991 年，福安市测绘管理办公室在土地测绘管理中，配备小型电子计算机，实现地籍管理手段微机化。

1995 年 3 月，福安市土地管理局成立测绘队，开展土地利用现状变更调查测绘工作。

2000 年 7 月，福安市土地开发整理中心成立土地测绘队。2001 年，测绘管理办公室使用 GPS 测量仪器进行测绘，完成测绘项目 60 多个。

2005 年 3 月，测绘管理办公室划归国土资源局管理。全年完成福建大唐国际宁德发电有限责任公司、温福铁路福安段、福宁船舶重工、申银造船厂、鑫茂硅钢片厂、闽东茶叶交易中心等用地征地、权属测量 50 多宗，测绘面积 666.67 公顷；完成土地清查测量 85 宗，划征地红线、拨地钉桩 47 宗，地籍测量 5 宗。

二、土地分等定级与评估

1993 年 5—10 月，福安市完成对城区 15.1 平方千米土地的分等定级和地价评估，并通过省、宁德地区专家验收。该成果为福安市土地有偿出让提供确切的标定地价。9 月，福安市土地估价委员会成立负责评估土地使用权有偿出让的价格。凡在市内各建制镇（包括赛江新城市规划区）总体规划区范围内的新建、扩建用地和旧城改造增加面积的改建工程，都必须交缴城市基础设施配套费（文教、卫生、科研、军事、行政机关等单位的非经营项目可以申请减免，市政公用建设工程免收）；建设单位或个人在申请建设许可证时一次性向市建设委员会缴清配套费。

1994 年，调整、修订城区规划区 18 平方千米的基准地价；评估制定赛岐、穆阳地区的基准地价。次年，福安市地产评估交易事务所成立。市人民政府公布《福安市城区国有土地基准地价》，作为制定各建制镇建成区、规划区内国有土地使用权出让、转让价格的参考依据和确定土地增值和征收土地使用税费的参考依据。对特殊地段的地价以土地管理部门的评估为准。

1996 年 6 月 15 日，市人民政府公布赛岐镇区、穆阳经济开发区国有土地基准地价及其使用说明，赛岐镇（罗江）商业用地、住宅用地分为 5 个等级，工业用地分熟地（即完成通电、通路、通水、土地平整的开发地，下同）、生地（未开发地，下同）2 个等级；穆阳经济开发区商业用地、住宅用地分 4 个等级。

1997 年 4 月，市人民政府公布新的城区国有土地基准地价。土地级别和基准地价在前一轮基础上进行调整，城区商业用地、住宅用地土地分 5 个等级，工业用地分生地、熟地 2 个等级。次年 6 月，市人民政府公布甘棠和下白石镇区国有土地基准地价及使用说明，甘棠镇区商业用地、住宅用地分 4 个等级，工业用地分 2 个等级；下白石镇区商业用地、住宅用地，分为 4 个等级，工业用地分 1 个等级。1998 年，全市接受地价评估 909 宗，评估总额 2.45 亿元，土地评估面积 46.27 万平方米。

1999 年，办理各类评估 821 宗，总用地面积 485.26 万平方米，评估总值 5.40 亿元。第二年，办理各类评估 1296 宗，总用地面积 109.25 万平方米，评估总值 5.48 亿元。全年评估费收入 87.39 万元。

2001 年 11 月，市人民政府重新修订城区国有土地基准地价，城区商业用地、住宅用地分 6 个等级，工业用地分生地、熟地 2 个等级，并调整各级别的基准地价，通过福建省、宁德市验收。

2003 年，福安市对福安畲族经济开发区（含穆阳镇、康厝畲族乡、穆云畲族乡）、下白石镇、甘棠镇土地级别及基准地价进行更新、修订，并通过宁德市国土资源局验收。次年 2 月，市人民政府公布使用一区二镇新修订的国有土地基准地价。福安畲族经济开发区、下白石镇区、甘棠镇区的商业用地、住宅用地分 4 个级别，工业用地分生地、熟地 2 个级别。同年下半年，市重新更新、修订城区基准地，在前一轮土地级别和基准地价基础上结合城区规划范围扩展实际情况进行修订。2005 年 4 月 18 日通过福建省国土资源厅验收。

2005 年 5 月 13 日，市人民政府公布使用新修订的城区国有土地基准地价。福安城区商业用地分五个等级，住宅用地分 6 个等级，工业用地分生地 2 个等级、熟地 3 个等级。

表 3—3　2005 年福安市城区各类国有土地基准地价一览表

土地级别地价		商业用地			住宅用地			工业用地		
		修正系数	修正后控制价格比例	地价（元 / 平方米）	修正系数	修正后控制价格比例	级别	类别	修正系数	修正后控制价格比例
福安畲族经济开发区	一	1600	±20%	1280 ～ 1920	300	±15%	1026 ～ 1389	生地	非耕地 18.0 耕地 58	±20%
	二	1067		853 ～ 1280	222		758 ～ 1026			
	三	700		560 ～ 840	163		560 ～ 758			
	四	466		373 ～ 560	90		414 ～ 560	熟地	112	
下白石镇区	一	2000	±20%	1600 ～ 2400	420	±15%	357 ～ 483	生地	非耕地 21.0 耕地 70	±20%
	二	1333		1066 ～ 1600	310		263 ～ 357			
	三	888		710 ～ 1066	229		195 ～ 263			
	四				170		144 ～ 195	熟地	125	
甘棠镇区	一	1800	±20%	1440 ～ 2160	320	±15%	272 ～ 368	生地	非耕地 21.0 耕地 65	±20%
	二	1200		960 ～ 1440	237		200 ～ 272			
	三	800		640 ～ 960	174		148 ～ 200			
	四	534		427 ～ 640	129		110 ～ 148	熟地	120	

三、土地登记发证

1991 年，福安市制定《土地登记发证流水作业制度》《地籍办工作人员岗位责任制》，科学管理登记发证工作。本着“尊重历史、面对现实、有利安定”的原则，区别不同时期、不同情况处理土地纠纷，做到登记发证“权属合法、界址清楚、面积准确”，保证发证工作质量。首批在下白石、上白石、赛岐、甘棠、韩阳、穆阳6个城镇进行登记发证，全年申报12526户，丈量10435户，发证8545本；为1987年以来，在清理党政、企事业干部违纪购地、占地建房中符合建房条件，但手续不完备的295户，经自我检查和经济处罚后依法补办土地使用权手续，发证287户。

1992年，土地登记发证工作全面展开，并将农村宅基地发证和实行有偿使用工作结合起来。全市18个乡镇和3个街道的92个行政村开展宅基地有偿使用登记发证工作，全年发证17875本，超额完成发证计划的11.7%。

1993—1994年，全市颁发土地使用证19457本，其中，国有土地使用证3329本，集体土地使用证16128本。1995年，颁发国有土地使用证2592本，城区1473本（单位112本，个人1361本）、乡镇1119本（单位41本，个人1078本）；农村集体土地所有权证书283本。1996年，颁发土地使用证4147本。

1997年，根据上级部署，出台《关于加强乡镇“两权”登记发证工作的若干意见》。全市开展农村土地整理，审批发证2642宗。次年，土地登记发证工作实现微机管理。全年审核、报批3816宗，办理转让登记864宗。1999年，地籍管理进入规范化，登记发证工作纳入乡镇土地管理所（分局）岗位目标责任制。全年办理土地登记发证2936宗，超额完成任务指标46.8%。做到“凭证管地，持证用地”，同时按照国土资源部有关文件精神，对土地证书进行年检。

2001年，审核、报批国有、集体土地使用证2834宗。2004年，全面开展房改房和经济适用房登记发证的基础性工作；135个村完成集体土地所有权登记发证内外业工作。

2005年，办理土地使用初始、变更登记发证2023宗。

表3—4　1991—2005年福安市土地使用证登记发证统计一览表

单位：宗

年份	国有土地使用证	集体土地使用证	合计	附：土地使用权抵押登记
1991	8545	—	8545	—
1992	17875	—	17875	—
1993	2187	14840	17027	—
1994	1142	1288	2430	—
1995	2592	283	2875	—
1996	1462	2685	4147	—
1997	856	1786	2642	—
1998	2575	1241	3816	—
1999	1596	1340	2936	—
2000	3310	0	3310	—
2001	2481	353	2834	—
2002	2582	0	2582	—
2003	2019	1686	3705	930

续表 3—4

年份	国有土地使用证	集体土地使用证	合计	附：土地使用权抵押登记
2004	1100	84	1184	522
2005	1876	147	2023	533
合　计	52198	25733	77931	1985

说明：1. 以上国有土地使用证数字包括“使用权变更登记”。

2. 表中 2000 年和 2002 年系国土资源局档案室现存地籍档案数字，均为“国有土地使用证”；其中，2000 年城区 1235 户、乡镇 2075 户，2002 年城区 1063 户、乡镇 1519 户。

四、土地档案与信息

1991 年，福安市土地管理局继续对福安市干部建房情况建立档案，按干部不同级别，分门别类归档。1993 年，实现地籍档案管理手段微机化。

1997 年，土地与房地产发证分家，土地管理局向有关部门移交 7000 多宗房产档案。档案分为工作档案与成果档案，土地统计与土地档案管理开始运用微机技术；城区发证工作开始实行票证打印。

1998 年，对城区及建制镇的 3655 宗地籍图进行补测和外业调查，建立“调查附表”，记录每宗地的基本情况；进行市、乡镇两级地籍档案统一装订归档工作，城区归档 691 宗，乡镇归档 1729 宗。第二年，土地管理局成立档案室，整理各类档案 13609 宗；微机录入档案 1200 宗，地籍证书打印 840 宗。

2001 年，市土地管理局完成局域网络硬件和软件建设，初步实现用地、地籍和文件档案在局网络上查阅。全年完成地籍图补测 6100 宗，制作“福安城区 1∶500 地籍图数字化库”；完成土地利用现状图 1∶25000 的图件，转绘为 1∶10000 图件外业调查和内业绘图；并以 1998 年现状图为底图，完成变更图斑扫描矢量化工作，调绘变更图 7723 个，面积 6026.78 公顷，绘制图件 91 幅。2002 年，成立信息中心，与档案室合并办公。

2003 年，全面使用全省统一的土地登记计算和管理系统，实现全市地籍集中统一归档管理和微机录入。制定《国土资源信息电子化实施计划》，加强基础数据库建设，实现信息资源共享，逐步建立国土资源信息化体系。次年，福安市被命名为全国地籍管理百强县（市）。

2005 年，市国土资源局信息中心系统升级更新，完成地籍、用地、土地抵押登记、办公文件等各类信息电子化数据录入 98415 宗（件），其中，新增地籍档案 2174 宗，集体土地所有权发证 400 多宗，用地 856 宗，办公室 2008 宗；完成地籍历史档案电子化 53916 宗，提供查询服务 2856 宗。

第三节　土地利用开发与保护

一、规划编制与调整

（一）规划编制

1991 年，福安市组织土地利用现状初始调查。次年，完成全市土地利用现状初始调查。

1995年，开展土地利用总体规划编制工作，当年完成总体规划草图的测绘和部分专题。

1996年12月，《福安市土地利用总体规划》初稿完成。次年8月，进行土地利用总体规划的编制、修订。规划以1996年为基期，2000年为近期目标，2010年为远期目标，贯彻“十分珍惜、合理利用土地和切实保护耕地”的基本国策，对土地利用实行严格用途管制，保证全市耕地总量动态平衡目标，强化土地利用的宏观调控和计划管理，统筹安排各业用地，加大土地整理、复垦力度，有计划地开发后备土地资源，促进土地资源集约利用和优化配置，为保障国民经济的持续、快速、健康发展服务。

1998年12月，完成《土地利用总体规划（1997—2010年）》的编制。主要包括总体规划方案和专题研究项目两个方面。总体规划方案有《福安市土地利用总体规划（送审稿）》《福安市土地利用总体规划送审稿说明》《福安市土地利用总体规划图》，专题研究项目有《福安市土地利用现状分析》《福安市土地适宜性评价》《福安市土地适宜性评价图》《福安市土地利用供需趋势分析》。

1999年5月，《福安市土地利用总体规划（1997—2010年）》经省人民政府正式批准实施。

2001年，《福安市土地利用总体规划（1997—2010年）》修编工作全面完成。2003—2005年，又调整利用土地716.08公顷。

附：《福安市土地利用总体规划（1997—2010年）》简介

《土地利用总体规划》包括《规划文本》《规划说明》和《建设占用耕地衔接报告》。《规划文本》分为9个部分。

一、土地资源利用现状

文本以1996年土地利用现状变更调查成果为基础数据，叙述福安市的土地利用结构与布局。叙述1992—1996年5年间土地利用的动态变化。全市一级地类的增减之和为2124.78公顷，一级地类的总变化量为4249.56公顷，占土地总面积的2.4%。全市一级地类的总变化量中，耕地、园地、未利用土地、林地的变化量较大，总减少量中耕地、园地的减少量较大，总增加量中园地、未利用土地的增加量较大。土地主要变化方向可归结为耕地调整为园地，被城、镇、村及工矿用地建设占用，退耕或撂荒为未利用土地；林地与园地之间存在相互转化的过程。

二、土地资源利用潜力

已利用土地的利用潜力主要来自提高耕地、园地、林地、水域、城镇村及工矿用地的利用程度和利用效率。

后备土地资源主要包括荒草地和沿海滩涂。

三、土地利用目标和方针

规划期间，耕地总量动态平衡控制目标为：耕地补充量1400公顷，减少量1100公顷；总量增加300公顷。

土地利用的基本方针：积极建立以供给制约和引导需求的土地利用机制；努力推进土地利用方式从粗放向集约转变；坚持“节流”与“开源”并举，切实保护耕地资源；突出重点与挖掘潜力相结合，保障基本建设用地合理需求；全面开发、综合利用，充分发挥土地资源的优势和潜力；大力加强土地生态保护与整治。

四、土地利用结构调整

根据各阶段土地利用目标和土地利用基本方针，结合各类用地供需趋势分析，通过全面协调、平衡，制定1997—2010年福安市土地利用结构规划。

表3—5　1996—2010年部分年份福安市土地利用结构规划一览表

单位：公顷

地类	1996年		2000年		2010年	
	面积	占总面积比例	面积	占总面积比例	面积	占总面积比例
土地总面积	180271.2	100%	—	—	—	—
耕　　地	22152.9	12.3%	22180.1	12.3%	22453	12.5%
经作用地	14010.8	7.8%	14925.4	8.3%	18675.2	10.4%
林　　地	106831.3	59.3%	107430.4	59.6%	108483.4	60.2%
城镇村工矿用地	4725.9	2.6%	5228.13	2.9%	6238.5	3.4%
交通用地	1471.3	0.8%	2280.8	1.3%	2593.3	1.4%
水　　域	13573.5	7.5%	13534.5	7.5%	13106.8	7.3%
未利用土地	17505.5	9.7%	14691.9	8.1%	8721.0	4.8%

五、土地利用分区

根据土地利用现状特征和存在问题、土地资源潜力状况，结合自然条件和社会经济条件，按照土地基本用途，划定土地利用分区，并规定各区土地利用管制规则。

表3—6　1996—2010年部分年份福安市土地利用分区规划一览表

单位：公顷

分区	1996年基期面积	2000年基期面积	2010年基期面积
农业用地区	22152.9	22180.1	22452.9
园地区	14010.8	14925.3	18675.2
林业用地区	106831.2	107430.4	108483.4
城镇建设用地区	947	1293.9	2100.7
其中市区	496.7	604	980.7
村镇建设用地区	3322.5	3258.5	2982.7
独立工矿用地区	173.9	393.2	872.5

六、重点建设项目用地布局

1.重点基础设施

根据国民经济发展需要，福安市国土、计划、交通、水利水电等部门经过协商确定重点建设项目用地规划。

表 3—7　1997—2010 年福安市重点建设项目用地规划一览表

单位：公顷

序号	建设项目	用地面积	占用耕地	建设期限
1	福宁高速公路福安段（途经下白石、湾坞、溪尾等乡镇）	232.33	61.33	1997—2000 年
2	福湾一级路（途经坂中、阳头、城阳、溪柄、赛岐、湾坞、溪尾等乡镇、街道）	329.86	79.33	1997—2000 年
3	温福铁路福安段（途经下白石、甘棠、赛岐、湾坞、溪尾等乡镇）	153.33	61.27	2001—2010 年
4	半屿万吨级码头（位于湾坞乡）	13.33	10.67	2001—2010 年
5	城东供水工程（位于城阳乡）	1.13	0.13	1997—2000 年
6	平岗船坞（位于下白石镇）	20	5.33	1997—2000 年
7	垃圾处理场（位于城阳乡、城南街道）	12.67	5.33	1997—2000 年
8	市区环城路（位于城阳乡、城北街道）	10.93	5.47	1997—2000 年
9	西部隧道（位于坂中畲族乡亭兜村、溪潭马山村）	10	3.33	2001—2010 年
10	城区二水工程（位于市区规划建设范围内）	—	—	1997—2000 年
11	粮食储备库（位于赛岐镇区规划建设范围内）	—	—	1997—2000 年
合　计		783.6	232.2	—

2. 工矿建设项目

工矿建设项目独立于城镇、村镇建设用地区之外，包括工矿建设项目与工业开发项目。规划期间，主要工矿建设项目共安排 9 个。

表 3—8　1997—2010 年福安市工矿建设项目用地规划表

单位：公顷

建设项目	用地面积	占用耕地
闽东赛岐经济开发区	266.67	123.33
福安畲族经济开发区	233.33	63.33
工业小区（共 7 个）	198.67	49.33
合　计	698.67	236

七、土地开发、整理、复垦

1. 沿海滩涂围垦

为实现规划期内耕地总量动态平衡控制目标，沿海滩涂围垦的首要任务是新造耕地 726.67 公顷。其中，湾坞一期围垦造地 333.33 公顷（1997—2000 年），湾坞二期围垦造地 66.67 公顷（2000—2010 年），下白石湖塘围垦造地 326.67 公顷（2000—2010 年）。

在完成以上任务的基础上，计划于 2001—2010 年再围垦滩涂 1036 公顷，若按 60% 的比例估算，可新造耕地 621.33 公顷。

2. 荒草地开发

规划期间应从全市 1307.47 公顷宜耕荒草地中优选出资源质量较好的 340 公顷开发成耕地，其余可作为园地（5480.8 公顷）或林地（2880.67 公顷）开发，合计可开发荒草地 8701.47 公顷。

3. 土地整理

规划期间应着重整理现状耕地中坡度小于 6° 的 6860 公顷耕地。通过土地整理，全市可增加耕地面积 340 公顷。

4. 土地复垦

规划期间，全市村庄用地面积除满足农村人口居住需要及部分村庄用地转化为城镇用地外，尚有剩余面积 492.6 公顷，全市各乡镇应组织对节余土地的复垦。

八、乡（镇）土地利用规划主要指标

1. 耕地总量动态平衡控制指标

全市补充耕地 1400 公顷，其中整理复垦 333.33 公顷、土地开发 1066.67 公顷；控制耕地减少量 1100 公顷，其中建设占用 900 公顷，灾毁 200 公顷。净增耕地 300 公顷。各乡镇根据不同情况，分解各项指标。

2. 建设用地增加量控制指标

确定规划期间全市非农业建设用地增加量为 3280.73 公顷，其中耕地占用面积 900 公顷。各乡镇根据不同情况，分解指标。

3. 土地利用规划指标

规划期间福安市土地利用规划见上文（《1997—2010 年福安市土地利用结构规划表》）。各乡镇根据不同情况，分解各项指标。

九、实施规划措施

为保障规划的实施，必须建立土地利用规划管理体系，确立土地用途管制制度，强化土地利用规划的实施管理，加强土地利用与管理的机制、体制和法治建设。

（二）调整

2000—2002 年，福安市根据国家和地方建设的用地需要，多次对《福安市土地利用总体规划》（1997—2010 年）进行调整。2003—2005 年，为保证建设项目的报批工作，进行土地利用总体规划再次作调整，调整面积 716.08 公顷。

表 3—9 2003—2005 年福安市调整《土地利用总体规划》情况表

单位：公顷

年 份	2003	2004	2005	合 计
调整用地面积	264.6	247.33	204.15	716.08

二、土地利用

福安市土地坡耕地多、林地多，全市坡度在 6° 以下的耕地面积占全市耕地总面积的 24.68%，大于 15° 的耕地面积占全市耕地总面积的 55.22%。林地分布广、面积大，森林覆盖率达 67.4%。北部山地以发展林果、特产加工等用地为主，中部丘陵地区发展旱作农业、矿产开采和旅游业用地为主，穆阳溪、交溪、赛江等河流沿岸谷地是开展城乡建设和工业发展的主要区域。南部沿海平原是粮食、特色水果、渔业、港口用地发展区以及海洋生态保育区，地势较为平坦，建设用地多分布在此，建设用地面积占其土地总面积的 6.07%；而北部建设用地面积仅占其土地总面积的 2.86%。南部地区单位建设用地工业产值为 13.37 元 / 平方米，是北部地区 5.65 元 / 平方米的 2.37 倍，土地利用水平地域性差异明显。

综合历次土地利用现状调查，尤其对 2005 年的变更调查结果进行分析，土地资源未利用地面积较大，后备资源相对丰富，全市未利用地面积占土地总面积的 11.07%。其中，荒草地面积 8015.33 公顷，占土地总面积的 4.47%，沿江沿海滩涂面积 5539.91 公顷，占土地总面积的 3.09%。

2005 年，根据土地利用变更调查数据，全市土地利用状况如下：

（一）农用地

耕地　面积 22034.13 公顷，占土地总面积的 12.28%。耕地中，水田面积 19190.04 公顷，旱地面积 2823.84 公顷，水浇地面积 20.25 公顷，分别占全市耕地总量的 87.09%、12.82% 和 0.09%。全市人均耕地面积 0.036 公顷，耕地分布相对均衡。溪潭、康厝、潭头、溪柄、甘棠等乡镇分布稍多，耕地面积共 6962.11 公顷，占全市耕地总量的 31.6%。

园地　面积 15748.21 公顷，占土地总面积的 8.78%。园地以茶园和果园为主，主要分布在福安东部及东北部的潭头镇、社口镇、甘棠镇、穆云畲族乡和上白石镇等乡镇，其中潭头镇和社口镇的园地面积都在 2700 公顷以上。

林地　面积 103951.14 公顷，占土地总面积的 57.93%。林地分布相对较多的乡镇是潭头镇、城阳乡、溪柄镇、范坑乡、溪谭镇、穆云畲族乡等，林地面积达 56346.33 公顷，占全市林地总量的 43.59%，森林覆盖率 67.4%。

其他农用地　面积 10477.68 公顷，占土地总面积的 5.84%。主要包括田坎、农田水利用地、坑塘水面、农村道路、养殖水面等。田坎面积最大，7045.13 公顷，占全市其他农用地面积的 67.24%。农田水利用地面积占其他农用地面积的 14.55%，坑塘水面面积占其他农用地面积的 11.35%，农村道路面积占其他农用地面积的 6.83%，养殖面积占其他农用地面积的 0.025%。上述地类在全市各乡镇均有分布。

（二）建设用地

城镇工矿用地　面积 2149.81 公顷，占土地总面积的 1.20%。人均城镇工矿用地 86 平方米。城镇工矿用地集中分布在城区、各乡镇的中心区域，和甘棠、赛岐等乡镇的工业园区，初步形成以秦溪洋、赛甘下、湾坞半岛工业集中区为产业集聚的主区域，集聚机电、船舶修造、食品加工、化工、电力等产业。

农村居民点用地　面积 3424.38 公顷，占土地总面积的 1.91%。人均农村居民点用地 99.89 平方米，全市农村居民点数量多，规模相对较大，呈“点”“面”状分散布局，基本上沿道路和河流沿岸分布，多靠近农田和园地。

交通水利及其他用地　面积 1803.22 公顷，占土地总面积的 1.00%，其中，交通运输用地面积 1267.43 公顷，水利设施用地面积 318.38 公顷，其他建设用地 217.41 公顷。

（三）未利用地现状

全市未利用地面积 19858.78 公顷，占土地总面积的 11.07%。未利用地中水域面积 5166.04 公顷，占土地总面积的比重为 2.88%；滩涂沼泽面积 5561.61 公顷，占土地总面积的比重为 3.10%；自然保留地 9131.13 公顷，占土地总面积的比重为 5.09%。

（四）存在问题

耕地面积减少　全市耕地面积从 1996 年的 22152.9 公顷减少到 2005 年的 22034.13 公顷，净减少 119.13 公顷。人均土地 0.29 公顷，人均耕地 0.036 公顷，而建设用地占耕地减少总量的 81.82%。人地矛盾突出，耕地保护形势严峻。

补充耕地难度大　耕地开发受到地形坡度和水资源的制约，滩涂围垦投资成本高、周期长，同时存在生态保护方面的制约，补充耕地难度大。

用地较为粗放　农村居民点用地点多面广、分布零散，还存在"空心村"现象。部分村庄建设杂乱无章、基础设施配套差，与建设社会主义新农村的要求存在较大差距。

耕地质量有待提高　福安市地处沿海山区，山地和丘陵多，坡度较大，存在耕地的基础地力低，又缺少适合的科学施肥和耕作技术，对化肥、农药的依赖性较高等问题。据农用地分等成果，宜耕地中一等地仅占耕地总面积的 15.47%，二等地占 57.92%，耕地质量有待提高。

三、基本农田保护

（一）耕地状况

1991 年 1 月，全市耕地面积 21774 公顷，农业户籍人均 484.7 平方米。第二年，根据土地利用现状初始调查，全市耕地面积为 23707 公顷，占全市土地总面积（不含海域面积）的 13.25%。

1996 年，根据土地利用现状变更调查，全市耕地面积 22152.9 公顷，占土地总面积的 12.3%。

1997 年，全市耕地面积 22143 公顷。次年，全市耕地面积 22142.6 公顷。1999 年，全市耕地面积 22281 公顷。2002 年，全市耕地面积 22150 公顷。2003 年，全市耕地面积 22162 公顷。2004 年，全市耕地面积为 22875 公顷，占全市土地总面积（不含海域面积）的 12.72%。

2005 年，根据土地利用变更调查数据，全市耕地面积 22034.13 公顷。

表 3—10　1992 年福安市土地详查耕地面积分析一览表

单位：公顷

项　目		面　积	占总耕地面积比例
耕地总面积		23630	100%
按性质	灌溉水田	5476	23.17%
	望天田	15114	63.96%
	旱　地	3040	12.87%
按区位	山垅梯田	17673	74.79%
	"五大洋"田	5957	25.21%

说明：1. 1992 年耕地总面积还有 23822.6 公顷和 23694.8 公顷的说法。

2. "五大洋"指位于福安市南部的甘棠洋、溪柄洋、柏柱洋、湾坞洋和位于福安西部的溪北洋等 5 个小平原和盆地。

（二）实施基本农田保护区计划

1991年，福安市实施水利设施建设与修复、中低产田工程改造等农田基本建设。第二年，以溪北洋和溪柄洋为试点，开展农田保护工作，建立基本农田保护区，绘制保护规划图，设立保护区界桩。1993年，在全市乡镇开展基本农田保护工作，建立基本农田保护区，并在保护区设立标识牌和界桩。

1994年，福建省、宁德地区根据福安市上年度统计耕地总面积22065公顷的82%折算，下达农田保护区面积18093.3公顷的任务。全市耕地按城区规划区，赛岐、穆阳开发区，沿海乡镇，山区乡镇划分4个类区。所有农田保护区全部树立保护区标识牌、移动牌和界址桩。全市设立各种规格农田保护区水泥标识牌63个、移动牌126个。基本农田保护区工作通过省、宁德地区验收。

1996年9月，市土地管理局对基本农田保护区现状开展大检查，强调“造福工程”不得占用保护区内耕地，严禁机砖厂占用耕地，确保基本农田不受侵占。

1998年12月，根据省人民政府核查工作意见和宁德地区行署《关于下达基本农田保护区核查后应保面积指标的通知》，市人民政府向各乡镇、街道和经济开发区下达基本农田保护区核查后应保面积指标。

1999年，在上级土地部门的指导下，对基本农田保护区进行全面核查，形成实地调查成果图2套44幅，分布图4套88幅，市级分布图2套8幅，各类成果登记表、汇总表4套6000多张，通过省、宁德地区核查领导小组验收，归档入库。

2002年，对基本农田保护区进行局部调整和重新划定。调整基本农田面积211.33公顷，补划基本农田面积217.65公顷，涉及基本农田调整的有甘棠、溪柄、赛岐等8个乡镇（经济开发区）。

2003—2005年，除国家和省级重点工程建设项目需占用基本农田，并经省政府批准调整外，其他项目不再占用和调整基本农田。

四、耕地开发整理

1991年，福安市继续做好湾坞433.3公顷围滩造地工程的扫尾工作，开发综合农业经济林地（茶园、果园）1873.4公顷，零星滩涂土地24公顷。其中社口镇农业综合开发山地266.67公顷。国家土地管理局授予福安市“全国土地开发先进县（市）”称号。

1992年，福安市贯彻省政府“用一造一”或“用一造二”精神，坚持“谁用谁造、先造后用”原则，进行成片土地开发和滩涂零星开发；鼓励单位和个人开发土地，开发一公顷耕地补助3000～4500元。全年开发土地1774公顷，其中，耕地27.3公顷、农业经济林地1746.7公顷，下白石镇围海造田5.3公顷，甘棠镇开发荒滩8公顷。第二年，贯彻《福建省开发耕地管理办法》，进行沿海乡镇成片土地开发和滩涂开发，开发土地31.5公顷，其中耕地28.3公顷。

1994年，福安市把耕地开发任务列入乡镇政府和土地管理所的岗位责任，下达开发指标；同时加大鼓励、扶持开发耕地力度，开发滩涂每公顷补助15000元，水田每公顷补助9000元，旱地每公顷补助4500元。全年开发耕地35.33公顷，山地综合开发66.67公顷。次年，全市开发耕地50.6公顷，实现“用一造二”的目标。

1996年，市加强“用一造一”工作的领导，耕地开发重点为滩涂围垦，共开发耕地52.7公顷，其中湾坞乡围滩造地20公顷，溪尾镇开发耕地13.3公顷，松罗乡开发农地2公顷。

1997年，市根据中共和省政府有关文件精神，开展农村土地整理工作，第1期100个试点行政村中有58个村完成土地整理，其中退宅还耕69.47公顷、开发建设用地124.5公顷、节约使用耕地33.33

公顷。继续“用一造一”工作，做好下白石镇湖塘666.67公顷滩涂地的开发。1998年，全市开发耕地86.67公顷。

1999年，出台多项政策，鼓励易地搬迁，凡宅基地垦复为耕地的每公顷补助4.5万元；重申“谁开发，谁受益”原则，新开发耕地使用权保持30年不变，免除农业税5年。全年共开发耕地、整理土地250.67公顷。

2000年，市成立土地开发整理中心，确保耕地总量动态平衡。次年，市选定288个项目，面积3502.93公顷，完成耕地开发、土地整理专项规划编制工作，通过省、宁德市联合验收。其中，完成溪尾镇下邳塘千亩农田整理项目，净增耕地17.33公顷；完成溪潭镇蓝田坂村、甘棠镇大车村开发、整理项目，形成耕地46.67多公顷；完成康厝畲族乡河洲坂等12个村耕地开发、土地整理项目，增加耕地44.73公顷。

2002年，湾坞二期垦区耕地开发项目经省国土资源厅立项，总规模为402.07公顷，立项工程省水电工程公司中标。第二年，完成甘棠镇大车村金钟山耕地开发项目，增加耕地14.12公顷。完成县级土地开发整理专项规划与东部耕地后备资源调查编制工作。该规划可开发土地1366.27公顷，新增耕地1125.2公顷；整理耕地1145.67公顷，净增耕地110.53公顷。因湾坞二期围垦工业用地的需要，停止实施正在施工中的湾坞二期垦区耕地开发项目。

2004年，新开发园地62公顷，保证当年全市耕地的“占补平衡”。福安市决定将湾坞二期垦区耕地开发项目调整到溪北洋，进行土地整理。当年完成溪北洋土地整理项目的编制和测量工作，是福建省当年度土地整理规模最大的项目。11月，项目工程在福州公开招标，三明市水利工程公司中标。

2005年，开展新增耕地及可调整为耕地的园地的调查上报工作，上报新增耕地及可调整为耕地的园地35.33公顷，并通过省国土资源厅验收。溪北洋土地整理项目全面实施。

1991—2005年，福安市合计开发、整理土地5872.04公顷，其中，耕地937.87公顷，农地4934.17公顷。

第四节　建设用地管理

一、土地收储

2002年4月，福安市成立土地收购储备中心。

2003年，收购土地9宗，面积115282.72平方米、收购资金5205万元。第二年，收购土地3宗，面积1493.29平方米、收购成本123万元。

2005年，福安市加强对土地市场供应的宏观调控，优化土地市场配置，提高土地利用率。全年收购地块11宗，面积51066.69平方米。

二、建设用地审批与管理

（一）国家建设用地

1991年，福安市审批国家和中外合资项目建设用地24宗，征地5.83公顷。其中，国家建设用地22宗5.50公顷，中外合资项目2宗0.33公顷。在征用农用地的同时，市通过被征用地的农业户口转为非农业户口（“农转非”），作为对失地农户的征地补偿安置。共办理“农转非”168人。

1992年，审批国家建设用地21宗15.49公顷，征收耕地占用税100多万元，教育附加费3.89万元。农村非农业建设有偿用地工作在全市18个乡镇92个行政村进行，收取土地使用费23.8万元。第二年，全力支持国道104线改建，黄兰溪水电站二期、罗江自来水厂、坂中工业小区等12项重点工程建设，审批国家建设用地37宗76.4公顷，征收耕地占用税530万元、国道104线配套费6.6万元、教育附加费6万元。

1994年，市委、市政府联合发布《关于进一步加强城乡土地管理的若干规定（暂行）》，规定对2公顷以上成片土地开发一律实行统一预征，按用途划拨或出让给单位或个人，同时开始征收土地补偿费。

1995年，在全市实施土地使用“五统一”，即土地统一规划、统一征用、统一开发、统一管理、统一出让。全年办理国家建设用地12宗7.20公顷。加强临时用地管理，补办临时用地手续25宗7.13公顷，收取临时用地管理费23万元。

1996年7月，市人民政府发布《关于停止城区规划区范围内的零星住宅建设审批的通知》和《关于开展城市规划区内的违法用地、违法建设清查处理工作的通知》。办理重点工程建设项目2宗222.2公顷，国家建设项目15宗16公顷，临时用地72宗1.87公顷。次年，福安市对各类非农业建设用地数据进行清查。

1998年，福安市对城区土地实行预征。其中，为福建省圣泉有限公司、福建富春批发市场、市公路稽征所、省东南电视台网络福安基站等重点项目征地13.3公顷，为城镇中低收入家庭住房困难户和安居工程，以及国家批准的重点建设项目提供建设用地。巩固清查土地成果，按照省政府规定补办国家建设项目用地176宗219.45公顷（其中，耕地157.296公顷）。

1999年，福安市大力培育土地市场，改变土地供应方式，推行和完善用地预审制度，对符合条件的建设项目，出具“建设用地预审报告书”。

2001年，福安市为高速公路建设用地需要，征用集体土地133公顷。2003年，完善建设用地前期管理，办理用地预审68宗75.95公顷。

2004年，全市清理个人违法占地建房，清查出各类违法用地2000多宗。福安市制定《关于处理福安市辖区范围内违法用地历史遗留问题有关事项的通知》，有975户经行政处罚后，予以补办批地手续。加强征地管理工作，在农用地转用和土地征用报批过程中，严格执行上级有关精神，对征用农民集体所有制土地补偿费管理使用情况开展专项检查，并通过省级检查组的验收。

2005年，福安市依法征地、依法补偿，确保农民的合法权益不受侵害。全年报批工业建设用地6个批次（包括单独选址）32个项目285.17公顷，其中，城市建设用地2个批次20个项目18.87公顷（其中耕地13.88公顷）。村镇建设用地3个批次17个项目92.25公顷（其中耕地20.84公顷）。单独选址项目7个用地441.21公顷（其中，耕地22.56公顷）。省政府批准村镇建设用地2个批次13个项目87.34公顷（耕地17.08公顷），单独选址建设用地项目4个188.48公顷（其中，耕地4.87公顷）。办理工业项目用地20宗79.07公顷，其他项目用地9宗3.63公顷，上报国有土地使用权招拍挂方案6宗0.64公顷。

1991—2005年，福安市共征用农用地面积1441.08公顷，其中，耕地面积743.37公顷；供应建设用地1375.95公顷，其中，国家建设用地751.27公顷、集体建设用地521.44公顷、个人建房用地107.24公顷。

（二）集体建设用地

1991年，福安市审批集体建设用地6宗0.92公顷。次年，审批集体建设用地5宗0.66公顷。1993年，审批集体建设用地7宗1.84公顷。第二年，审批集体建设用地6宗0.96公顷。

1995年，审批集体建设用地4宗1.06公顷。次年，审批集体建设用地32宗6.18公顷。1997年，审批集体建设用地19宗5.82公顷。1998年，审批集体非耕地建设用地4宗2.53公顷，补办集体建设项目44宗13.63公顷。

1999年，补办集体建设用地12宗9.03公顷。次年，办理集体建设用地21.56公顷。2001年，因建设高速公路需要，征用集体土地133公顷；2002年，办理集体建设用地24.5公顷。

（三）个人建房用地

1991年，市审批个人住房建设用地390户2.98公顷。次年，审批924户20.81公顷。1993年，审批个人建房用地947户7.99公顷。第二年，审批个人用地726户6.49公顷。

1995年，审批个人建房用地764户5.55公顷。次年，审批586户4.8公顷，旧房拆建3宗用地0.33公顷。1997年，审批个人建房用地295户2.12公顷，旧房拆建50宗（户）用地0.86公顷。1998年，审批个人非耕地建设用地34户0.20公顷，补办个人建房用地3460户27.47公顷。

1999年，补办个人建设用地10宗301户1.74公顷，批准受灾户等临时用地11宗0.87公顷。次年，办理个人建房用地1.23公顷。2001年，因建设高速公路需要，办理农村居民和“造福工程”建房用地12批，457户3.19公顷。

2002年，办理个人建房用地2.41公顷。2004年，全市清理个人违法占地建房违法用地2000多宗。为了妥善处理个人建房历史遗留问题，市政府制定《关于处理福安市辖区范围内违法用地历史遗留问题有关事项的通知》，在处理遗留问题的同时，审批个人建房用地10批543户4.27公顷。

2005年，全年办理个人建房历史遗留问题用地审批7批494户3.22公顷；新批城镇、农村居民建房用地22批978户7.09公顷。

第五节　土地执法监察

一、机构队伍

1994年12月，福安市土地管理局成立土地监察中队，为股级事业单位，核编11人。

1997年，福安市监察局在土地管理局成立土地行政执法监察联络室。次年，市土地管理局职能配置、内设机构改革，设监督检查股（监察股）、土地监察中队。

1999年5月，福安市土地监察中队调整为土地监察大队，仍属土地管理局管理，至2005年不变。

二、宣传

从1991年起，福安市均在每年的6月25日，即《中华人民共和国土地管理法》（以下简称《土地管理法》）颁布日期确定为全国“土地日”，开展宣传保护耕地国策教育活动。

1992年，全市认真组织“5·19”《中华人民共和国城镇国有土地使用权出让和转让暂行条例》颁布两周年和第二个全国土地日系列宣传活动，以“土地与改革”为主题，开展多种形式纪念《土地管理法》公布实施 5 周年，提高全市人民的土地法制观念和国土意识，进一步认识国土、国情、国法。1993 年，以“土地与经济”为主题，宣传贯彻国务院的三个文件《关于严格制止乱占、滥用耕地的紧急通知》《关于发展房地产若干问题的通知》《关于严禁占用耕地撂荒的通知》，同时采取多种形式，开展保护耕地宣传教育活动。

1994 年，以“土地与市场”为主题，加强土地工作宣传；发挥各级新闻媒体的作用，进行全面清理土地市场的深度宣传教育活动。次年，以“土地与法制”为主题，以土地使用制度改革为主要内容，通过文件传达、电视、报刊宣传、图片展览和智力竞赛等形式，对干部群众进行土地法规宣传，提高耕地保护意识。

1996 年，在《土地管理法》颁布十周年、也是福安市土地管理局成立十周年之际，开展以“土地与发展”为主题加强土地管理和保护耕地的宣传活动。市政府发布《关于加强基本农田保护区管理的通告》。第二年，又以“土地与国家——爱护我们的家园”为主题，贯彻中共中央 11 号、省委 15 号关于保护土地文件精神，加强深化土地使用制度改革和保护耕地的宣传。

1998 年，坚持宣传土地法律法规、提高全市公民的法律观念和国土意识，以“土地与未来——集约用地，造福后代”为主题，加强土地法规和切实保护耕地宣传。编印 25 期《福安土地》，其中有 31 条信息被上级媒体采用。次年，以新修订的《土地管理法》、国务院《土地管理实施条例》等法律法规的实施为契机，采取多种措施宣传合理利用土地和切实保护耕地的基本国策。

2001 年，全市将贯彻《土地管理法》及其配套法规，与普法教育相结合，开展宣传活动。6 月 25 日全国土地日期间，以“规划用地，利国利民”为主题开展宣传。2003 年，以进一步治理整顿土地市场秩序为重点，加强国土资源的管理和保护宣传；通过《福安报》、福安广播电视台等媒体，加大宣传力度。

2004 年，以全国土地日、世界地球日为契机，采用多种方法，持续开展国土资源法制宣传。市国土局在市区设立咨询台，接受市民咨询，各乡镇土地管理所（分局）同步开展宣传活动。

2005 年，大力宣传中共中央和国家关于加强国土资源管理、制止乱占耕地的法律法规，以 4 月 22 日地球日、6 月 25 日全国土地日活动为契机，大力宣传土地和耕地保护。

三、执法

1991 年，福安市查处土地违法行政案件 14 起（集体 6 起，个人 8 起），拆除和收回土地 3 户，退地还耕 0.03 公顷，罚没 7.16 万元。全面清理自 1982 年以来，党政干部违纪建私房 997 户，其中，处级干部 31 户（地区以上单位管辖的 15 户）科级干部 147 户（地区以上单位管辖的 52 户），收缴罚没款 28.51 万元；清理违纪建私房职工群众 6221 户，对 1987 年以来违纪购地、占地建房的 443 户干部，除符合建房条件的 295 户视情依法补办手续外，对违反城建规划和侵占耕地的 122 户（其中，处级 3 户，科级 8 户）责其自行拆除或退地还耕；对违法顶风抢建的 21 户依法没收非法建筑物，其中，5 户根据有关法规分别予以党内撤职、严重警告、警告等党政纪处分。

1992 年，市建立建设用地跟踪检查反馈制度，及时处理土地违法案件。其中，处理土地行政案件 13 宗，为国家单位 2 宗、集体单位 2 宗、个人 9 宗；非法转让 2 宗，擅自占地建房 5 宗，侵犯土地所有权和使用权 6 宗。处理一般违法行为 19 宗。市土地管理局在福安、宁德两级法院的支持下依法收回被非法侵占的国有土地 1.34 公顷，归还高坂茶场耕地 1.33 公顷，石油公司 50 平方米。12 月转发《关于转发国务院关于严格制止乱占、滥用耕地的紧急通知》。

1993年，对全市房地产开发公司进行全面清查，纠正和控制不合理用地，严格审批非农业用地。福建省、宁德地区下达给市计划用地指标265公顷，其中，耕地138.33公顷；市实际审批用地84.50公顷。全年共处理土地违法行为31起，立案查处13宗，其中单位3宗、个人10宗；收回土地2块，面积164.75平方米，罚款3.2万元。

1994年，福安市加强对非农业用地的宏观调控，进行划定基本农田保护区工作。根据《福建省耕地开发管理办法》，严把占用耕地审批关，凡确需占用耕地的建设项目，按规定征收耕地预留基金和新菜地开发基金。

1995年，实行用地许可证和高额补偿制度，实行用地计划、动态监测等措施，加强对耕地的保护。第二年，市加强土地监察力度，对各乡镇、开发区基本农田保护工作进行检查，将未批先建的违法行为消除在萌发时期。

1997年，福安市开展各类非农业建设用地清查。清查1986年6月25日至1990年12月31日，全市未批先用土地986宗，面积141.33公顷，其中，耕地92公顷。清查1991年1月1日至1997年4月14日，全市批准的各类非农业建设用地7433宗，面积603.50公顷，其中，耕地536.64公顷；未批先用地2976宗，面积144.69公顷，其中，耕地114.55公顷；未批先用地中包括少批多占665宗，面积1.62公顷，其中耕地0.01公顷；越权非法批地201宗、面积1.34公顷，其中耕地1.2公顷；闲置土地367宗，面积15.97公顷；经营性房地产开发项目9宗，面积35.92公顷，其中，耕地33.50公顷；开发区和工业小区2宗，面积106.67公顷，其中，耕地105.53公顷；划拨土地使用交易1209宗，面积37.96公顷。依法查处潭头镇新村开发公司非法占用1.22公顷耕地，撤销批文、退地还耕，没收非法所得地价款38.95万元。

1998年，依照《福建省基本农田保护条例》的规定，全市把保护基本农田保护区工作列入单位年终考评内容。

2002年，市国土资源局组建后成立监察股和国土资源监察大队。第二年，市国土资源局建立土地动态巡查责任制，分片负责，定期检查，集中处理。

2004年，全市开展大规模清理整顿个人违法占地建房工作，本着尊重历史、面对现实、有利稳定、依法办事的原则，区别不同情况，对符合条件的经过处理后予以补办批地手续，对占用农田的建筑坚决予以拆除；发出责令停止土地违法行为通知书500多份、拆除违章建筑350座，制止违法行为500多起；立案查处违法案件16起，没收违法建筑物3处，责令复垦耕地0.33公顷，罚款23.49万元；制止在耕地上挖砂、取土、堆放砂石，吊销采矿许可证1本、取缔无证矿山36家；责令停止非法采砂行为10多起；发挥特邀土地监察员、监督员的作用，及时发现并制止违法行为50起，处理土地权属纠纷1起。

2005年，市加强对国土资源违法行为的监控。发出责令停止土地违法行为通知书100多份，拆除临时违章搭盖厂房3座、面积5000平方米，拆除城阳乡秦溪洋村违法占地建地基98宗、面积5390平方米。立案查处土地违法案件23起，处罚款13.5万元。责令停止非法采矿3起，吊销采矿许可证1本。

同时进行城市管理专项治理，拆除多处违章搭盖和违法建筑。

第六节　矿产资源管理

一、矿产资源勘查

1991 年，福安市委托省第一水文地质大队对赛岐万寿山矿泉水进行详查，并经国家计委审批通过，提交该地详查地质报告 1 份。次年，省地质部门在全市范围内开展面上和点上的地质普查工作。1998 年 4 月，穆云畲族乡双溪村发现优质石材矿——火山石泡、球粒流纹岩，定名为“福安红”。1999 年，市委托省闽东南地质大队、省第四地质大队对松罗乡岭头村等地开展锰矿普查，提交报告 1 份。1991—2000 年，矿产资源的勘查工作主要由省闽东南地质大队、省第四地质大队、省第一水文地质大队等承担。上述地质勘查单位共提交各类矿产地质报告 28 份，其中，详查的有康厝畲族乡赤路钼矿、下白石镇塘楼下花岗石、湾坞乡深安叶蜡石、甘棠镇岭尾建筑用花岗岩、湾坞乡白溪高岭土，银、铅、锌多金属矿 2 处，锰矿、铁矿各 1 处，饰面花岗石、建筑花岗石 13 处，河沙 1 处。

2001 年，省第四地质大队在松罗乡后洋村发现含量丰富的“叶蜡石”矿。该矿属于中型矿，以出产陶瓷和玻璃纤维质原料为主，按勘测到的两种原料矿含量和国内市场需求量，预计可开采 20 多年。

2003—2005 年，参加矿产资源勘查的单位还有省天宝矿业集团股份有限公司、省环闽矿业有限公司等。

二、资源开发利用

1991 年，福安市的矿产资源开发利用除花岗石矿、钼矿开发规模相对较大外，其余均为零星开发。矿产开发品种除赤路辉钼矿属金属矿种外，其余均为非金属矿。非金属矿又以河沙和饰面石材、建筑石材、砖瓦黏土为主。矿产大多由集体组织开采。1993 年，全市有各类矿山企业 80 家。

2001 年，全市矿山企业 115 家。由于资金、技术、设备等多种因素的制约，矿山企业普遍特点是规模小、经营粗放、资源开采“三率”（回采率、选矿回收率、综合利用率）较低，矿产品深加工程度差、附加值较小。

非金属矿的主要开发利用情况如下。

湾坞深安叶蜡石　矿区位于福安市城区南面直线距离 28 千米，湾坞乡以东 3.2 千米，隶属湾坞乡深安村。矿体存于南园群第二段流纹质晶屑、玻屑凝灰岩中长 50 米厚 7.23 米，呈透镜状倾向 120°，倾角 30°。

下白石塘楼下辉石闪长岩　矿区位于福安市区南东 173°方向，直线距离约 35 千米，面积 0.68 平方千米，隶属下白石镇塘楼下行政村。岩石类型为岩体的边缘相带的辉石闪长玢岩、细粒辉石闪长岩、辉长闪长岩，分布面积 0.48 平方千米；中心相带的中粒辉石闪长岩，分布面积 0.37 平方千米。总储量 60 万立方米，其中，高档石材 24 万立方米，中档石材 36 万立方米。

下白石牛头山花岗石　矿区位于福安市区东南 166°方向，平距约 41 千米，面积 0.38 平方千米，隶属下白石镇蕞尾行政村。矿区出露地层为白垩系石帽山群的流纹质熔结灰岩，是生产加工毛角石的主矿

体。根据地质资料储量大于227万立方米，可作为出口毛角石基地开发。

下白石长岗闪长岩 矿区位于福安市区正南方向，平距约38千米，面积0.2平方千米，隶属下白石东岐行政村。矿区位于白马港火山喷发盆地西侧中部边缘，区内主要出露燕山早期第二次侵入的辉石闪长岩、花岗闪长岩及早白垩系的次长石闪长岩体，总体呈北东50°方向展布，往东至东岐海边、往北与塘楼下半山楼岩体相接。石材颜色较深，色调均一，结构构造比较均匀，质地较致密坚硬，杂质较少，无金属硫化物，无氧化物及空洞，经磨光后，色泽美观雅致，已经投资开发，进入正式开采。

溪柄东山闪长岩矿 矿区位于福安市区东南120°方向，平距约19千米，溪柄镇北东70°方向，平距约7.5千米，隶属溪柄镇东山行政村。矿区处于马上山岩体南东边缘，出露岩性为燕山早期第二次侵入的暗灰绿色辉石闪长岩。马上山岩体可分为中心相带和边缘相带，东山矿体当属边缘相带，主要为辉石闪长玢岩，具较明显的斑状结构，斑晶含量约15%，成分多为辉石、斜长石及黑云母、磁铁矿。石材磨光后，斑晶颗粒较均匀，溪柄镇政府开采多年，产品销往省内外。

穆云双溪石泡流纹岩 矿区位于穆云畲族乡双溪村后门山。矿区出露地层为石帽山群火山岩，岩性为灰色厚层状安山岩、英安岩夹熔岩角砾岩、石泡流纹岩。区内紫红色泡流纹岩较发育，岩石质地坚硬致密、裂隙不发育，能切成较大块度的荒料，经磨泡光后，色彩斑斓、雍雅大方。根据地质资料，石材荒料储量可达100万立方米以上。由闽东大地石材有限公司投资400万元，开发生产。

穆云留洋石泡流纹岩 矿区位于福安市区北西290°方向，直线距离约26千米、面积约4平方千米，属穆云畲族乡管辖。矿区出露地层为白垩系石帽山群酸性火山岩，是中心式火山喷发作用的产物。该矿区石材系火山岩类组成，自然成色较好，质地较致密，杂质较少，色调柔和。当流纹结构发育时，似有山水画的美感，在全省石材品种中独具一派风格。根据闽北地质大队勘测，荒料储量约100万立方米，其中，C级储量24.1万立方米。已投入300万元开发生产。

高岭土 福安市高岭土矿资源十分丰富，在8个乡镇的25个行政村均有产出，其储量近千万吨。其中湾坞白溪山高岭土矿由国家建材局福建地质勘查大队进行过地质详查，提交的C+D级储量88.44万吨、质量为2～3级。湾坞乡白溪矿点已小规模开发，作为陶瓷材料用。

饰面花岗岩 福安市燕山晚期的黑云母花岗岩、二长花岗岩分布广泛，许多乡镇均有分布、储量十分丰富，其中部分地区石材质量相对较好，裂隙不太发育。已开发的有康厝畲族乡填秦石古井自然村矿点。

建筑花岗岩 福安市建筑用条石、毛角石、碎石材料的花岗石储量较丰富，除普通的花岗岩外，还有流纹岩、凝灰岩、凝灰熔岩、熔结凝灰岩等。矿山分布十分广泛，均在山区乡镇。已开发的有20多处，主要作为民用建筑、高速公路、填方等使用。

湾坞沙湾—半屿火山角砾岩 矿区位于福安市区南东155°方向，平距约35千米，面积约1.64平方千米，隶属湾坞乡半屿和沙湾行政村。矿区出露地层为白垩系石帽群英安质火山角砾岩，呈暗紫色、灰绿色。磨泡光后，表面光亮，基质较柔和，角砾向流纹构明显，石材质地致密坚硬，石材光泽度85°以上。根据地质资料显示，石材荒料储量240万立方米以上，已投入部分资金开发利用。

社口桐家山硅石 矿区位于社口镇桐家山一带，距福安市北西方向约13千米处、面积1.52平方千米，行政隶属福安市社口镇岭后村。硅石矿石主要由脉石英组成，具粒状变晶结构、块状构造。本矿床

主矿体形态属较简单规则，走向、倾向厚度变化不大。根据地质资料显示，其资源量为7.08万吨。

2005年，福安市矿产资源利用产值达2020万元，比1991年增长96.1%。其中，金属矿种（钼矿）480万元，比1991年增加2.2倍；非金属矿种1540万元，比1991年增长75%。

表3—11 1991—2005年福安市矿产资源开发利用情况表

单位：万元

年份	钼精矿	饰面石材	建筑用花岗岩	建筑用砂	年产值
1991	150	190	290	400	1030
1992	130	210	300	600	1240
1993	135	230	180	580	1125
1994	160	180	300	630	1270
1995	170	200	270	620	1260
1996	120	260	280	630	1290
1997	—	230	290	610	1130
1998	—	280	310	570	1160
1999	—	310	360	660	1330
2000	—	170	390	690	1250
2001	—	290	520	760	1570
2002	—	320	470	800	1590
2003	300	330	500	820	1950
2004	350	310	530	850	2040
2005	480	260	510	770	2020
合计	1995	3770	5500	9990	21255

三、采矿权审批与管理

（一）审批

1991年，福安市的采矿权实行主管部门行政审批的做法。1992年，办理各类采矿许可证82本，占应办证类84个（不含时采时停的个体采砂、采石户）的97.6%。其中，国营办证2本，占100%；集体办证68本，占100%；个体办证12本，占85.7%。

1993年，完成采矿登记发证工作，办理各类采矿许可证78本，占应办证数的98%。其中国营办证1本，集体办证66本，个体办证11本。

2003年，福安市全面实行矿业权有偿出让制度，所有新设采矿权全部实行招标、拍卖、挂牌出让；延续开采矿山全部实行协议出让。全市持证矿山开采单位38家，其中省级发证4家、宁德市发证1家、福安市发证33家。

2005年，全市招标、拍卖、挂牌出让采矿权1宗，成交金额6.2万元；协议出让采矿权5宗，成交金额3.76万元。

（二）管理

1991年，福安市矿产资源管理委员会办公室（设市计划委员会）专事矿产资源管理。

1995年8月，市政府召开“矿业发展研讨会”，就全市发展矿业相关产业提出意见，取得共识。1997年8月，市矿产资源管理委员会办公室升格为地质矿产局，负责矿产资源管理、矿产开发监督、地质环境保护和地勘行业管理工作。福安市先后制定《整顿和规范矿产资源开发秩序实施方案》《查处无证非法采矿工作实施方案》《查处无证非法采矿动态巡查责任制度》《矿产资源整合方案》，加强对矿山采矿权的管理，规范矿业秩序，使福安矿业健康、稳定、持续发展。

2001年，编制《福安市矿产资源开发利用与保护规划》。次年4月，举办矿长安全资格考核培训班，全市41名矿长参加培训。7月，地质矿产局与土地局合并成立福安市国土资源局，进一步加强采矿权年检制度，每年都在全市范围内开展采矿权人年度报告监督检查工作，对矿山企业矿产资源的开发利用及企业法定义务的履行情况进行全面检查；对采矿权的保护与利用提出具体要求。

2005年，贯彻《福安市矿产资源开发利用与保护规划》，在城阳片区、坂中片区、城阳矿山区和城北、城南、阳头三个街道分别成立监察中队，巡查矿山开采管理、违法案件等。

四、矿业秩序整顿

1991年，个体采矿者无证采矿现象时有发生，全市深入开展《中华人民共和国矿产资源法》宣传。第二年，开展行政执法大检查，矿业秩序好转；年检矿山18个，占全市应检矿山数的40%。其中，国营1个，集体16个，个体1个。检查结果8个为合格矿山，10个为基本合格矿山。

1993年4月，调整充实矿管监察中队，同时成立市人民法院矿管执行室。

1997年8月，市人民政府发布《关于加强矿产资源管理的通告》，单独设置福安市地质矿产局，加强矿业秩序整顿和违法违规行为查处力度，采取经济处罚和追究刑事责任并行办法。

1999年6月，市政府颁布《关于取缔无证开采与经营砂石的通告》，开展整治无证非法滥采乱挖砂石行为。

2000年12月，对赛江河道无证非法滥采乱挖砂石行为进行整治。根据《福建省矿产资源条例》，实行矿产品准运单制度。

2001年6月，福安市开展矿山采石场安全专项大检查。下白石、溪尾等乡镇依法加强矿产管理，打击非法采矿活动。当年全市开展矿山安全生产大检查5次。落实《矿产资源开发利用与保护规划》，规范办证审批程序，贯彻“在保护中开发，在开发中保护”的原则，加强矿产资源的监督管理。

2003年，全市持证开采的矿山38家，年检36家、年检率95%。查处“死灰复燃”的无证采矿点13个、责令全部停产，遏止非法采矿的回潮；加强矿山安全工作，培训持证矿山矿长和安全员48人。市国土资源局公布《关于加强矿山安全管理工作的通知》，对全市持证开采矿山进行安全评估，达不到安全要求的限期整改。

2004年，对全市矿山开采进行“拉网式”安全大检查，拆除工棚700多平方米，没收非法开采工具，取缔无证矿山、矿点36家，吊销采矿证1本。

2005年，重点查处无证矿山和富春溪非法采石采砂、乱采滥挖行为，形成市、乡、村三级监察网络。

严把矿业安全关，对所有新办矿山和延续矿山均需经安监部门的安全合格评估后才予以办理采矿许可证。8月，国务院《关于全面整顿和规范矿产资源开发秩序的通知》下发后，市严格执行矿产资源开发利用方案，禁止乱采滥挖和越界开采，对1个未按照开发利用方案开采、造成环境破坏的矿山责令停业整改。全年制止和取缔无证开采矿山企业99家。

五、税费征管

（一）矿产资源补偿费

1991年，福安市矿产资源补偿费征收数额甚微。第二年仅征收1000元。1994年，福安市根据国务院《矿产资源补偿费征收管理规定》，开始征收矿产资源补偿费。征收金额＝矿产品销售收入 × 补偿费费率 × 开采回采率系数，其中补偿费费率按2%、开采回采率系数按1.2计算。征收使用财政部监制的《矿产资源补偿费自收汇缴专用票据》。矿产资源补偿费留成部分主要用于矿产资源勘查、监管等矿政管理。

2000—2005年，福安市共征收矿产资源补偿费42.38万元。

（二）采矿权使用费

1998年，开始征收采矿权使用费。采矿权使用费按矿区范围面积逐年缴纳，每平方千米每年征收1000元。采矿权使用费专项用于矿产资源勘查、保护和管理支出。

2000—2005年，福安市共征收采矿权使用费19.1万元。

（三）办证手续费

1991年，福安市继续执行福建省地质矿产局《关于发放采矿许可证的通知》，对乡镇集体矿山实行采矿许可证制度，并按规定收取办证手续费。1992年，收办证费3000余元。2000—2002年，全市收取办证手续费1.4万元。2003年，停收办证手续费。

（四）采矿权价款

2003年，福安市全面实行矿业权有偿出让制度，开始征收采矿权价款。2003—2005年，福安市征收采矿权价款51.5万元。

第七节　海域管理

一、海洋功能区划

2001年6月，福安市海洋开发管理领导小组开展海洋功能区划。2002年7月，编制完成《福安市海洋功能区划》，将全市海洋划分为一级八类型共90个功能区。功能区中，港口航运区27个，其中，港口区17个，航道区4个，锚地区6个；渔业资源利用区42个，其中渔港区17个，养殖区24个，增殖区1个；矿产资源利用区2个，其中，旅游区3个：风景旅游区1个，度假旅游区2个；工程用海区3个；海洋保护区2个；特殊利用区4个：其中，科学研究试验区2个，排污区1个，大米草整治区1个；保留区7个，其中，预留区4个，待定区3个。2002年8月，《福安市海洋功能区划》上报省政府审批。2003年12月，《福建省人民政府关于同意宁德市及县（市、区）级大比例尺海洋功能区划的批复》，同意市人民政府编制完成的《福安市海洋功能区划》。

2005年，福安市人民政府市长办公会议做出决定，颁布《福安市人民政府关于河海划分界和海洋功能区划的通告》，向社会通告海洋功能区划。

二、海岸线规划管理

1991年，福安市海岸线长144千米，北至赛岐大桥、南至灶屿前、东至盐田炉时沙、西至南浦画眉井，海域面积15120公顷。

2000—2005年，福安市按照省人民政府的要求，实施海岸线规划管理，依据海洋功能区划实施海洋开发活动。依照海洋功能区划制定养殖、盐业、交通、旅游、矿产等行业规划；建立健全海洋管理体制，依法治海，实现海洋资源持续开发利用和促进海洋生态良性循环、功能区划的动态管理。

三、海域使用权管理

1991年，海洋管理职能由福安市科委负责。组织开展水产养殖业及科技成果推广，发展海水鱼类网箱养殖，开发海域利用价值。

1997年，福安市组建市海洋与水产局，把原属科委的海洋管理职能划归市海洋与水产局，组织开展渔政管理，开发海洋资源。1999年，下发《福安市人民政府关于加强我市浅海滩涂管理意见》。2001年，成立"福安市海洋开发管理协调小组"，组建"中国海监福安大队"。

2002年，福安市贯彻落实《中华人民共和国海域使用管理法》，7月，启用"福安市人民政府海域使用专用章"。制定海洋功能区划制度、海域使用论证及海洋环境评价制度、海域有偿使用制度。开展无居民海岛的保护工作，制定无居民海岛保护与利用规划，先后在樟屿和小岁屿实施封岛种植管理。完善海域管理体制，先后在6个沿海乡镇设立"海域管理工作站"，在重点村庄配备村级海域协管员。至2005年年底，全市海域累计确权发证228宗，确权率98%以上，年审率100%，累计征收海域使用金206万元。

四、海洋环境保护

2000年，福安市贯彻《中华人民共和国海洋环境保护法》，落实海洋管理各项法律法规，坚持"在开发中保护，在保护中开发"的科学发展观，一手抓海洋资源的合理开发利用，一手抓海洋环境的保护，加强海洋工程和海岸工程管理，项目用海严格依法开展海域使用论证和海洋环境影响评价的同时，落实"三同时"制度（要求业主海洋环保措施与主体工程同时设计、同时施工、同时验收）；建立海洋污染事故申报处理制度，严格控制陆源污染和船舶修造拆解污染；整治船舶修造拆解行业，严禁沙滩修造拆船和生活垃圾排入海内，要求所有船舶修造拆解企业都要建立油水分离系统，污油、污水均要经系统处理达标后，方可排入海内。建立红树林、白海豚、大黄鱼保护区，在樟屿、小岁屿实施封岛栽培和放流增殖。开展减船转产，先后拆解渔船116艘，转业渔民500人，促进海洋生态的恢复。

2004—2005年，福安市海洋与渔业局与市环境保护局联合开展"整治海洋环境违法行为联合行动"，查处海洋倾废、海砂开采、沙滩船舶修造拆解业和生活垃圾排放，以及非法围、填海等用海行为，促进海洋生态环境的逐步恢复。

五、海洋经济开发利用

1991年，福安市海洋经济开发利用主要以捕捞、海水养殖为主，渔业捕捞总产量4036吨。

2001年，福安市抓住省政府关于加快建设"海上福建"和把福安市电机、船舶两大支柱产业列为省重点培育产业集群的良好时机，实施海洋强市战略，培育和发展船舶修造、临海工业、港口运输、海洋渔业等产业，促进海洋产业集中度、集聚力、带动力的增强和海洋经济又好又快发展。当年渔业产量6.15万吨，产值4.5亿元；海洋运输业务13宗，产值9.6亿元。

2004年，白马港吞吐量为61.59万吨。2005年，白马港吞吐量为122.17万吨。

第八节　机构

一、福安市国土资源局

1991年，福安市土地局行政编制18名，设局长1人，内设人秘、用地、监察3股，下属有各乡镇土地管理所、编制19名。

1992年3月，增设地籍股。1994年12月，成立土地监察中队，为股级事业单位，核编11人。1995年2月，成立征地事务所，与市地产公司合并，一套人马，两块牌子；3月，成立测绘队；7月，成立地产评估交易事务所，为股级事业单位，核编3人。

1997年，开始建立对乡镇一级土地垂直管理体制。全市成立2个土地管理分局和20个土地管理所，为市局派出的行政管理机构，实行市局和乡镇双重领导；7月，经宁德地区编委批准，闽东赛岐经济开发区土地管理分局与规划建设局由合署办公改为单独设置，定为副科级单位，归属福安市土地局管理，核定分局编制4人。同年，福安市监察局在市土地局内设立土地行政执法监察联络室。

1998年，市土地局机关行政编制10名，领导职数为局长1名、副局长1名，内设办公室、监督检查股、人事教育管理股、计划财务股、建设用地管理股、地籍管理股6个股室。直属单位有土地监察中队、地产公司、地产评估交易事务所、征地事务所等4个。次年5月，土地监察中队升格为土地监察大队。

2000年2月，市土地局撤销征地事务所，成立土地开发整理中心，为局直属股级事业单位，编制8人；增设规划股。7月，土地开发整理中心成立土地测绘队。9月，成立地产评估交易所赛岐办事处。

2002年4月，市土地局成立土地收购储备中心，为股级事业单位，核编8人。7月，根据市机构改革方案，撤销土地管理局与地质矿产局，合并组建市国土资源局。内设办公室、人事教育股、计划财务股、建设用地管理股、地籍管理股、法规监察股、规划股、地质环境勘查与保护管理股、矿产开发与储量管理股等9个股室，下属事业单位有：监察大队、地产评估交易事务所、土地开发整理中心、土地收购储备中心。各乡镇土地管理所相应改为“市国土资源局管理所（分局）”，由市国土资源局实行垂直管理。

2003年，国土资源局成立信息中心、治理整顿土地市场秩序领导小组办公室、政务服务大厅和采矿权挂牌（或协议）出让领导小组。

2005年3月，市测绘管理办公室由建设系统划归国土资源局，国土资源局下属事业单位增至5个。

二、福安市地质矿产局

1991年，市矿产资源委员会在市计划委员会中设立办公室（以下简称“矿管办”），专事矿产资源管理，编制3名，设主任一职，由市计划委员会一名副主任兼任。1993年2月，成立市矿产开发公司，隶属市计委。

1997年8月，市矿产资源委员会办公室改称市地质矿产局，为副科级机构、单独设置，归市计委管理。

1998年6月，机构改革，市人民政府批准地质矿产局行政编制2名、设局长1名，8月17日，正式挂牌。局机关内设办公室、综合管理股（增挂征收矿产资源补偿费办公室牌子）。

1999年5月，市地质矿产局在职干部、职工12人；工资财政拨款3人，自收自支临时人员9人。2000年，编制增至5人，设局长、副局长各1名，增设矿产资源监察大队（事业单位）。

2002年7月，根据市机构改革方案，地质矿产局撤销，并入国土资源局。

第二章　城乡规划

第一节　城市规划

一、城市总体规划修编

1989 年 12 月，福安市邀请东南大学建筑系承担《福安市城市总体规划》重新编制任务。规划工作从现状资料的补充调整到完成编制，历时 7 个月。次年经过省地领导、专家的初审和复审。《福安市城市总体规划》得到不断完善充实。1991 年，福安市根据撤县建市后人口大批涌入市区，加剧住房、交通、水电、环卫等基础设施滞后的现状，着手旧城改造，进行城市总体规划修编。

1995 年，《福安市城市总体规划》经省人民政府批准实施。规划确定福安城市规划区范围包括城区和赛岐镇、甘棠镇、下白石镇的镇驻地区域，总面积约 80 平方千米。城市性质为闽东经济中心，以发展机电和港口工业为主的工贸城市。城市人口规模预测近期 17 万人，远期 25～30 万人。城市布局结构：城区包括城南、城北、阳头街道办事处，和坂中、城阳乡部分地区，北起湖塘坂，南至程家垅，西起仙岫山麓，东至城阳乡中村，总面积约 30 平方千米，为全市政治、文化中心和机电工业基地。城区近期建设用地规模 8.8 平方千米，人口规模 10.5 万人；远期建设用地规模 12 平方千米，人口规模 15 万人。城区建设用地发展按“重点发展秦溪，逐步开发坂中，适当使用阳头”的方针，形成“一城四片”，即旧城区、阳头片、坂中片、秦溪片的城市格局。赛甘区包括赛岐和甘棠，以港口为主要功能，以发展城市交通、工业、贸易为中心；下白石区建港条件优越，发展物流业和临港工业，建成城市港口工业基地及仓储中心。

2001 年 9 月，组织修编《福安市城市总体规划》。

2002 年 7 月，省人民政府下达福安市城市总体规划修编批复文件，《福安市城市总体规划》委托南京大学城市规划设计研究院开展总体规划修编工作。9 月，市政府会同宁德市规划局组织专家通过《福安市城市总体规划》（纲要）阶段的城市空间布局方案和《人口与用地规模论证报告》的审定。在总体规划修编过程中福安境内的沈海高速公路、高速公路福安连接线、福温铁路、宁武高速公路等对外交通体系的建立，电机制造、船舶修造两大支柱产业大举参与国际贸易，资本、技术及人才流动日益频繁，民营经济充满活力，福安市作为交通枢纽和经济发展的主体地位初步形成。同时，“海峡西岸经济区”的建设，一大批重大项目落地福安，作为环三都澳重要一环的福安市获得难得的发展机遇。为此，《福安城市总体规划》的城市空间布局方案不断进行调整适应。修编期间，福安市行政区域范围和空间布局规划也有一定争议，影响规划修编工作。

2004 年，《福安市市域城镇体系规划》编制工作委托南京大学城市规划设计研究院编制。2005 年 3 月，《福安市市域城镇体系规划》《福安市城市总体规划》通过专家论证。《福安市城市总体规划》确定，福安市按“一市、三区、六组团”城市空间规划结构确定方案。“一市”即为城市快速交通体系支撑下组团型区域中心城市。“三区”系西部生态旅游、中部中心城区、南部滨海新区。“六组团”是富春溪组团、溪北洋组团、穆阳溪西部组团、白云山景区组团、赛江组团、白马港组团。福安城市性质定为“现代化生态型港口工贸旅游城市”。

二、城市总体规划调整

1994 年 5 月，委托省城乡规划设计院编制《福安市城市总体规划（调整）》，经福建省人民政府批准实施。

1997 年 2 月，市委、市政府组织“工作小组”进入“福安汽专线”（汽车专用线，是高速公路的最初提法）建设前期工作。1999 年，“福宁高速公路”规划建设，“福安汽专线”被纳入福宁高速公路网规划中，继而建成长达 31.645 千米的福宁高速公路福安连接线。

2004 年，国家建设部对福安市《城市总体规划中的规划城市人口和建设用地规模》做出批复，城市规划建成区实际居住人口规模（非农业人口、农业人口和暂住一年以上的暂住人口）到 2005 年控制在 20 万人左右，到 2020 年控制在 31 万人左右。城市规划建成区建设用地规模：2005 年控制在 16 平方千米以内；2020 年控制在 30 平方千米以内。

三、项目规划编制

1989 年 12 月，完成《赛江新城市远景规划》《赛江新城市总体规划》的编制任务。

1994 年，组织编制城区道路、排水、园林绿化等专项规划。10 月，《福安城区秦溪洋新区规划》编制完成，规划范围 2.6 平方千米，分为城市工业区和居住区两部分。居住区容纳 5 万人，规划配套公建服务设施。

1995 年 1 月，《福安城区道路交通规划》编制完成。规划城区道路系统为方格状与自由式相结合，新区为网状，旧区为自由式。路网结构呈“三横四纵”。“三横”：坂中路—新华北路—福新路，阳上栖云路—中兴路—秦溪洋，阳头街—解放路—鹤山路。“四纵”：坂中路—工业路，金山路（南、中、北三段），洋边路—新华中路—新华南路，秦溪路。根据交通量预测与分配，执行“新区道路合理加宽，旧区道路加强控制”原则，主干道宽度 24～42 米，次干道 16～18 米，新区取上限、旧区取下限。5 月，《福安市城区环境卫生规划》编制完成。12 月，《福安市 104 国道经济走廊规划大纲》编制完成。“大纲”以 104 国道为主轴的经济走廊发展主线，以韩阳、赛岐及闽东赛岐经济开发区为中心组团，连接辐射甘棠、溪柄、上白石、潭头、下白石等城镇，形成珠链式经济构架。下白石镇以具有良好的港口条件和交通区位优势被列入经济走廊范围。

1996 年 12 月，《福安市园林绿地系统规划》编制完成，呈“一城两岛三溪四园绿化”格局，以城区四面山地及单位附属绿地为基础，凸出桃花岛、阳头岛；以富春溪、龟湖、秦溪沿溪公共绿地为重点，进行城区环山绿地建设，编制满春森林公园，提高富春公园、天马山风景区、烈士陵园园林绿地档次及品味。1997 年，进行市政府大院环境规划设计和市政（莲池）广场城市设计。成立“福安市城市规划办公室”，定编 8 人。制定《福安城市规划管理技术规定》，用以指导、规范城市规划、控制性详细规划、修建性详细规划、城市设计及各项工程建设。

1998 年，完成《福安市阳春公园详细规划》《福安市溪口公园详细规划》编制。阳春公园规划面积 40 公顷，性质为儿童公园，主要功能分区结构：出入口、雕塑广场景区、科幻世界、儿童游乐活动区、餐饮服务区、植物观赏区、民族风情区等。溪口公园规划面积 21 公顷，性质为游乐园，功能分区结构：

出入口、名木园、跑马场、迷园、花鸟园、果园、射击俱乐部、安静休息区、沙滩景区、水上乐园等功能区。7 月，《福安市中心区城区控制性详细规划》编制完成。控规范围：东起秦溪、南至龟湖沿岸、西以龟湖和富春溪为界、北至规划新二路，总面积 3.18 平方千米。控规目标：加大旧城改造力度，提高土地利用率，强化中心功能，优化生态和人居环境，缔造现代化的山水园林城市。8 月，福建林学院园林规划设计室完成《福安市坂中森林公园详细规划》方案。11 月，规划设计阳头人民广场，对市文化馆、广电中心、网络基站、图书馆、博物馆、科技馆等项目进行平面规划设计；对龟湖夕照、南湖桥段水景、龟湖水坝、改造阳头桥、露天剧场、水下喷泉、观景台阶和人行斜拉桥等进行工程设计及景观设计。12 月，岩湖坂片区修建性详细规划编制完成。岩湖坂用地面积 26.7 公顷，安排富春批发市场、互通道路预留地、岩湖村委预留地、汽车分公司货运站场、茶叶批发市场、广电网络基站和培训中心用地。

2000 年 7 月，《福建省福安化工厂及外部安全距离控制规划》编制完成，初步确定化工厂外部的安全防护距离。12 月，《福安市城市消防规划》编制完成。规划包括消防站点布局与建设、城市消防安全布局、消防通道、供水、通信、供电等消防设施等内容。

2001 年 3 月，《福安城区给水规划》编制完成，规划期限内城区供水范围：东起城阳中村，西至坂中熙台村、湖口村，北至城阳乡岩湖、溪东，南至溪口桥。供水面积 11.34 平方千米，供水人口约 14.95 万人。

2003 年 5 月，开展《龟湖生态景观规划》设计，规划范围北至附小西侧富春溪、南至溪口桥南部，全长约 1.8 千米。11 月，《福安中心城区道路交通管理规划》编制完成。规划重点是中心城区主要道路：新华路、解放路、中兴路、鹤山路、福新路、街尾路、穿山路、新阳路、金山路等。

2005 年，《福安市燃气专项规划》完成编制。

四、建设工程规划许可证发放

1991 年，福安市按照建设部《关于统一实行建设用地规划许可证和建设工程规划许可证的通知》，城市土地利用与建设工程的规划管理实行法定许可证制度。当年，全市发放建设工程规划许可证（以下简称“工规证”）41 本。

1992—1997 年，规划、建设许可证发放制度进入正常阶段。

1998 年，全市发放工规证 82 份。1999 年，发放工规证 93 份；办理建制镇个人建房工规证 866 份。2000 年，发放工规证 18 份。

2001 年，发放工规证 50 份；2002 年，发放工规证 40 份；2003 年，发放工规证 42 份；2004 年，发放工规证 43 份；2005 年，发放工规证 19 份。2001—2005 年，全市共办理公建项目 162 个，办理建制镇个人建房工规证 1752 份。

第二节　镇村规划

一、规划编制

1991 年，《社口镇建设规划》编制完成。至 1993 年，编制完成潭头、上白石、溪潭、溪尾、下白石、甘棠、晓阳镇和湾坞、范坑、松罗乡以及福安市穆阳民族经济开发区等总体规划。同时编制下白石镇顶头村、赛岐镇苏阳村、溪柄镇马厝村、甘棠镇西门小区等30个新村（小区）规划。

1994—1995年，根据宁德地区“奔小康示范村”规划目标，全市完成122个“奔小康”村庄规划编制。

1996年，市政府发文同意穆云畲族乡隆坪、下逢、咸福、溪塔、虎头村，上白石镇郑家山、白石坂、流尾、沙坑、前洋、不老、财洪、坪庄村，城阳乡留洋、茶洋、溪东、雁塔、东口、化蛟、湖塘坂等行政村建设规划。全市有124个行政村进行规划测量，121个村进行规划编制。1997年，完成赛岐镇总体规划修编和审批。全市31个“奔小康”示范村进行规划调整。

1998—2000年，按“工业攻坚年”的发展要求，对溪柄镇王河村、社口镇湖头洋村，赛岐、甘棠镇、穆云、康厝、松罗乡和溪潭镇妈祖湾、城阳乡化蛟等工业小区进行规划编制，对潭头、甘棠、下白石、溪柄、晓阳镇，湾坞和松罗乡总体规划进行调整。市政府还批复同意对城阳乡赤岭、石门院、占洋、仙岭、上沃、马上、官洋、后楼、日山、马下、白坑、林家洋、阮家坑村，潭头镇东昆村，湾坞乡上洋、梅洋、半岭、宝岭、池头、沙湾、下塘、下广、深安、浮溪、龙珠村等25个行政村和下白石镇顶头（湖里）小区进行规划编制；对下白石镇下岐村、溪尾镇溪邳村、甘棠镇甘江村3个“连家船民”上岸定居点进行新村规划，可安置2500人；编制《福安市104国道沿线镇容镇貌及绿化整治规划方案》；编制福宁高速公路福安段33个拆迁安置居民点小区规划。

2000年9月，《福安畲族经济开发区总体规划》通过福建省城乡规划设计研究院专家和宁德地区有关部门领导、专家初步评审。

2001—2003年，福安畲族经济开发区（包括穆阳、穆云、康厝3乡镇）、社口镇总体规划进行调整。城阳凤翔小区、坂中铜岩、上白石沙坑、潭头锦桌头村和闽东赛岐经济开发区港边等8个村庄及甘棠闽东茶叶交易中心项目、赛岐前进街地块改造项目、甘棠莲塘和凤翔小区及赛岐镇苏阳等7个项目与村庄陆续完成规划编制。

2004—2005年，福安市对下白石镇新区控制性详细规划进行编制审定，该规划由江西省城乡规划设计院提交。完成编制湾坞半岛新区规划、甘棠电机电器工业集中区控制性详细规划、甘棠镇总规划调整和路网方案、甘棠片区1平方千米控制性详细规划、溪北洋片区规划、溪尾镇溪邳小区规划、甘棠镇西门和南门小区规划。

二、规划管理

1991年，福安市根据《赛江新城市远景总体规划》，依托闽东赛岐经济开发区作为实施赛江新城市战略的一个载体，开展规划建设管理。

1993年8月，成立村镇规划设计室，负责编制市区以下的建制镇、村庄的规划。11月，市政府转发国务院颁布实施的《村庄和集镇规划建设管理条例》。

1995年，福安市人民政府颁布《关于加强村镇建设管理工作的若干意见》，加强全市村镇规划建设管理。省建设厅将穆阳镇列入建设部试点小城镇。10月，福安市村镇建设测绘队成立，负责市内一般小型工程测量和村镇范围内地形测量、验线、放样工作。

1996年，福安市人民政府颁布《关于征收村镇基础设施配套费的通知》。第二年，落实省人民政府《关于加快村镇建设若干问题的决定》，加快村镇建设步伐，确保农村“奔小康”目标顺利实现。赛岐镇列入建设部小城镇建设试点。次年11月，福安市人民政府做出《关于加强乡镇街道规划管理工作有关事项的通知》，明确街道拓宽规划管理审批程序、建设过程等有关规定。

1998 年，福安市人民政府《关于加强村镇规划建设规费征收管理的若干意见的通知》对村镇规划建设管理规费征收工作做出规定。210 名建筑工匠参加第 1 期村镇建筑工匠岗位资格培训。次年，市政府聘请 335 位村民主任或村支部书记担任村一级规划管理监督员，对全市村庄规划实施与管理进行监督。171 名建筑工匠参加第 2 期村镇建筑工匠岗位资格培训。2000 年，87 名建筑工匠参加第 3 期村镇建筑工匠岗位资格培训。

2002 年，福安市人民政府拟定溪柄镇柏柱洋新村与村容村貌整治方案，完成溪柄镇楼下村道路规划和景观规划设计。

2005 年，全市 464 名建筑工匠经考核领到村镇建筑工匠资格证书。

第三章　城市建设

第一节　旧城改造

一、市区街道扩改

（一）中兴街拓宽改造建设

市区中兴东路（1999 年）

1991 年 8 月 5 日，福安市政府召开中兴街改造拓宽工作专题会议。10 月，中兴街（西段）拓宽工程动工，采取“18 米自拆统分联建”方案，保证街道宽 18 米，两边采取骑楼式、共建共基建筑，同时拆除防洪闸。全线分 11 段 82 块宅基地。次年 8 月，拓宽改造的人民影院竣工。1993 年 1 月 4 日，中兴街（西段）改造拓宽工程竣工投入使用。该工程总投资 380 多万元，拆迁 118 户，拆迁面积 4000 平方米，新落成 16 幢联建楼、建筑面积 11000 平方米。6 月 1 日，投资 270 万元，拓宽中兴街中段。中段长 475 米，深 43 米，拆迁 215 户，总拆迁占地面积 1282 平方米，建筑面积 31450 平方米。1995 年，继续投资 2107 万元拓宽中兴街。拓宽工程总投资 3677 万元。

1999 年，中兴东路（后改称棠兴路）旧城改造项目启动，范围为棠发洋村、水泥构件厂、下步下村等，东至规划次二路，西至邮政大楼东侧边界、棠发洋下巷，南北以规划道路中线为轴线，南侧进深 125 米，北侧进深 100 米，建设中兴东路（穿山路）、凯乐商住楼、富民园商住楼、中兴东路土地两侧商住楼及兴东园商住楼，使用面积 2.97 公顷，其中，商住用地面积 9420 平方米，住宅及绿化用地 20238 平方米。

（二）鹤山路拓宽

1992 年 5 月 8 日，市政府专门召开现场办公会议，成立鹤山路改造建设指挥部。整个工程包括鹤山路旧街改造、官村 6.67 公顷住宅地开发区和官村异地安置地建设。鹤山路旧街改造从车站三角坪至宁德地区第一医院，全长 432 米，深 46 米，拆迁 132 户，拆迁面积 16322 平方米。1993 年，投资 408 万元改造鹤山路，并启动开发秦溪洋前期准备工作。4 月 5 日，福安市召开鹤山路拓宽拆迁动员大会；6 月，基本完成拆迁安置工作；7 月，转入全面改造和建设阶段。1995 年，鹤山路拓宽改造工程竣工，完成投资 321 万元。1997 年 4 月，完成扫尾工程，累计总投资 1350 万元。

（三）莲池（市政）广场建设

1997 年 11 月，市人大会议通过《关于建设莲池广场的决议》。莲池广场位于城区中心，根据《福安市城区总体规划》，福安市编制莲池广场详细规划，制定有关计价和补偿标准，报请宁德地区行署审查并批准。拆迁范围四至：东至金山路，西至七圣路西侧进深 0～35 米，南至宁德地区第一医院门诊大楼北墙，北至中兴路。拆迁 108 户，拆迁占地面积 10347 平方米。1998 年 3 月 21 日，市政府召开莲池广场旧城改造拆迁工作现场动员会。7 月，莲池（市政）广场动工建设。1999 年 9 月，工程竣工。

市区莲池广场开工奠基仪式（1998 年）

（四）冠后（杭）路拓宽

2000 年年底，福安市决定结合旧城改造，全线降坡拓宽冠后（杭）路。冠后（杭）路是城区中心主干道之一，路段坡度大，两旁坡地民房破旧，交通拥挤堵塞，安全隐患多。2001 年 8 月，宁德市政府批准《福安市冠后路拆迁补偿安置方案》，因国务院第 40 次常委会会议通过新的拆迁管理条例，当年 11 月 1 日开始实施，福安市停止实施宁德市批准的方案。后采取市场评估，由开发商与拆迁户协商补偿价格。2002 年 7 月，冠后（杭）路降坡拓宽工程动工，拆迁面积 3.26 万平方米，拆迁建筑面积 4.58 万平方米，拆迁户数 310 户、补偿额 4686 万元。这是《国务院城市房屋拆迁管理条例》颁布后，福安市实施旧城改造的第一个项目。

二、市场建设

1996 年，福安市蔬菜批发直供市场在南湖原食品公司宿舍以拆旧建新模式动工建设，1998 年 2 月竣工、占地面积 1478.61 平方米。1999 年 10 月，南郊果蔬批发市场、金马水产批发市场动工建设。2002 年 3 月，富春批发市场项目动工建设。2003 年 6 月 26 日，金马水产批发市场一期工程竣工。

2004 年 1 月，福安市荷塘坪市场开发有限公司成立；2005 年，荷塘坪市场改造动工建设并投入使用、占地面积 1500 平方米，经营商杂、海鲜、蔬菜、熟食、咸鱼等品种，设有摊位 90 个，入驻个体经营户 46 个，年交易农副产品 5000 吨，成交额约 1 亿元。

2005 年，全市农贸市场 25 个，富春批发市场第二期工程的小商品、百货、副食品、农副产品、水产批发等专业批发市场竣工开业；闽东电机电器批发中心市场及国际会展中心竣工营业，电机电器一条街基本形成；南郊果蔬批发市场基本竣工；凯兴副食品批发市场完成招商，引进国美电器等大型商业连锁企业在福安设点经营。

三、古建筑保护与修复

1991—2005年，福安市对市内文物保护单位、古建筑计三十余处进行保护和修复，主要有中国历史文化名村薛令之故乡溪潭镇廉村古建筑群、福安学宫奎光阁、市文物保护单位城阳乡溪东天主教堂、赛岐镇罗江村“罗文藻神学修院”、下白石顶头村哥特式天主教堂、溪柄镇柏柱洋狮峰禅寺、城南妈祖庙、莲池七圣宫、福安“三贤祠”、市文物保护单位阳头“紫阳一脉”黄氏宗祠、原闽东苏维埃西区政府驻地溪潭镇梧桐村陆氏宗祠、潭头镇汾洋村登烛木廊桥、社口镇坦洋村“坦洋工夫”古茶庄、阳头“顺济行宫”（迁移）等。

第二节　新区开发

一、老干新村

1991年，福安市商品房开发公司投资153万元建设的荷塘坪老干部住宅区竣工，用地面积1.33万平方米，建筑面积6140平方米；1993年，投资128万元，开发荷塘坪住宅小区，竣工面积7000平方米。

二、洋边新村

1991年12月，城北街道开始筹划建设洋边（新阳）新区。1992年，城北街道开发洋边新区（二期），用地8公顷（含山地）。

三、鹤祥小区

1993年，阳头街道鹤祥小区项目动工建设，用地面积20公顷，建筑面积45万平方米，同步建设鹤祥路。

鹤祥小区

四、南湖花园

1993年3月，南湖花园别墅区开工建设。1998年，城南南湖商贸园地块项目启动建设。

五、宝立小区

1993年7月，由浙江温州宝立房产经营公司投资开发的官村宝立居住小区动工建设，用地面积约6.67公顷，建筑面积约17万平方米。

六、京都商贸城

1995年2月，京都商贸城奠基动工。该项目占地2.33公顷，集商贸、商住、娱乐于一体，由日本国藤纪有限会社独资开发经营70年。1998年，京都高尚住宅区项目动工建设。

七、安居小区

1996年，安居工程“阳春小区”动工建设，工程占地面积8.67公顷，建筑面积10.3万平方米，建设公寓式住宅1000套。2003年6月26日，安居二期工程竣工。

八、教师新村

1996年5月，秦溪洋教师安居工程（教师新村）开工建设，用地面积1.9公顷，建设200套单元房。2004年，教师新村第二期工程动工建设。2005年，教师新村继续在建。

九、穿山路小区

1999年，穿山路小区项目动工建设，总用地面积约4.4公顷，穿山路道路工程同步进行。

2004年，穿山路凯兴小区项目动工建设。2005年，凯兴小区仍在建设中。

十、人民广场

2000年8月，人民广场建设项目动工建设，先后建成广电大楼、图书馆、文化馆及人民广场绿化、硬地等工程。同年建设广益步行街，同步建设漫洪路。

2005年，初步建成人民广场市民休闲活动中心和城市功能区域。

十一、鸿辉、坂中桥头小区

2001年，阳头南湖坂地块启动建设，相继动工建设鸿辉小区、福星花园等建设项目。同年，城北街道坂中桥头京都高尚住宅区也启动建设。

十二、闽东世纪城

2002年10月，闽东世纪城项目动工建设。

十三、龙成锦江花园等

2004年，龙成锦江花园项目动工建设。

2005年，初步建成中心商业综合区、阳头坂住宅区、富春坂居住区、岩湖坂商贸区等功能区域。

第三节　市政建设

一、街道

（一）新阳路

1991年，城北街道建设洋边（新阳）新区，同步建设新阳路。新阳路南接新华中路（福隆宾馆）、北连六岔路，全长1250米，宽24米，是福安建市后最早开发的道路之一。

（二）世纪大道（过境路）

1994年，福安市召开六套班子会议就市政协常委孙一山关于在秦溪洋建设“过境路”的建议可否立项进行论证。决定将“过境路”列为秦溪洋开发的骨干项目，同秦溪洋工业项目开发同步进行。1997年1月1日，举行开工典礼。至1999年，累计投资1660万元。世纪大道长3.5千米，宽42米，是福安市规模最大道路工程。2004年，投入500万元，完成单幅740米长的16米主车道和道路隔离花圃带、人行道、绿化花圃。

城区过境路开工典礼（1997年）

（三）福新路

1995年，福新路动工建设。因资金、征地、拆迁等问题，一度停工。1997年6月，福安市政府同意市建筑实业总公司承担福新路建设项目工程，以道路两旁土地升值来平衡项目建设资金。2003年，福新路正式动工建设。福新路是城北后垅片区、新华中路连接秦溪洋的重要通道，西起福温路（税务局三角坪交叉口）经施老亭、上步下，穿越宁德地区农校试验田和秦溪洋，东与过境线相交，全长1000米，建设涉及拆迁民房57户、拆除面积4866平方米。

（四）穿山路（棠兴路）

1997年，市建委关于打通棠发洋山，让秦溪洋接连城区，扩大城区面积2平方千米以上的建议方案获市政府通过，并开始穿山路工程设计。1999年9月28日，穿山路开工。项目第一期拆迁建筑面积5万多平方米，开挖土石方5万立方米，砌筑挡土坪2万多立方米，新开辟3条道路总长1250米、路面面积2.3万平方米，两旁新建商住楼面积约6万平方米。2001年2月，第一期工程正式投入使用，为开发秦溪洋奠定基础，并连接贯穿城区中兴路，向东、西两方向延伸，形成长达3000米的道路网。该路后改称棠兴路。

（五）漫洪路

2000年，漫洪路结合阳头人民广场、市文化馆、广电中心等重点工程同步建设，北起韩阳大桥，南到阳泉路，全长1.6千米，宽32米，成为福安城区繁华一条街。

（六）其他道路

1991年1月，湖滨路（第一期）竣工通行。该路宽6米，长339米，是市区的第一条步行街，部分路段装置防护栏杆。同年，拓宽新华路2662米，总投资993万元。拓宽建成坂中路、锦鸡路，改造金山路、解放路。1992年，改造城区溪口桥至“福光”大楼、坂中桥至瓮窑坡路段。1993年是“城市建设年”，投资2312万元拓宽新华南路；投资251万元拓宽新华北路。

1995年，鹤山路改建全面竣工。投资430万元、拓宽金山南路，完成主车道及街景主体工程建设。1996年，拓建阳头工业路，开发工贸小区带动韩阳桥头至横街头路段拆建、拓宽。长205米，宽18米的湖滨路（第二期）动工建设。1997年，进行小街巷改造，装饰新华路街景，改造解放东路、府前路、公园路。次年8月，又一条步行街东大路改造工程动工。1999年，投资107万元，建设富春北路；投资

75 万元，整修金山路。至此，城区道路总长 72 千米，道路面积 62.46 万平方千米，人均道路面积 7.03 平方米。

2000 年，投资 70 万元，改造街尾路；投资 40 多万元，新建天马山水泥路；总投资 40 多万元的东大路改造工程完成。2001—2002 年，改建杨梅山路、施老亭路、东大路。至此，城区道路总长比 1999 年增加 4 千米达 76 千米，道路面积 88.6 万平方千米，人均道路面积达 9.04 平方米。

2004 年，湖滨东路投入 400 多万元，完成 600 多米主车道、人行道和两侧大理石栏杆建设。2005 年，秦溪洋工业集中区道路、天马桥、湖滨东路南段工程竣工。湖滨北路、富春大道开发等项目进入前期工作。

二、公共交通

1991 年，福安市公共交通公司经营福安至省内福州、建阳、建瓯、宁德，以及通乡（镇）线路，省外至浙江温州、敖江等县（市）客运。

1995 年 1 月，新添中巴车 22 部，开通市区 1 路公交线路阳尾（泉）站至坂中站，2 路公交线路官村站至雁塔站。4 月，市公交公司赛岐分公司成立。6 月，开通赛岐至甘棠、赛岐至溪柄两路公交线路，新添中巴车 20 辆。1996 年，3 路公交线路秦溪站（后延伸至中村）至农校站开通，投入运营“中巴”车 10 部。

1998 年 4 月，《福安市城市公共交通规划（1998—2010）》完成编制，并通过专业评审。9 月底，建设城区公交站点 40 处。同年，市公交公司获宁德地区建设系统“文明示范窗口”称号。1999 年，福安市通过省级城市建设综合治理“八闽杯”验收。11 月 13 日，福安至甘棠公交线路开通，投资 200 多万元、14 辆豪华空调中巴客车投入营运。全市公交车辆增至 111 辆。2002 年，市区已开通 4 条公交线路，其中，6 路公交线路从阳泉站至长汀站。2004 年，市公共交通公司获省属“三级道路旅客运输企业资质证书”。

2005 年 1 月，市区先后开通 8 路公交线路从官村站至雁塔站，9 路公交线路从鸿辉小区站至中村站（全长 4.5 千米）。当年，市区有 6 条公交线路 73 辆车投入运营，市区公交场站项目立项建设。

三、供水

1991 年，福安市城市（包括城区、赛岐和穆阳）年制水量 620 万立方米，日供水量 1.7 万吨，用户 1013 户（其中，城关 753 户，赛岐 129 户，穆阳 131 户），延伸新建直径 100 毫米以上输水管 2.93 千米，管网总长 43.82 千米；水质综合合格率 99.4%，管网压力合格率 99.4%。

1992 年，中兴路拓宽工程输水管改造工程完成。10 月，总投资 82 万元的阳头自来水厂第二期日产 5000 立方米扩建工程竣工。

1993 年，罗江自来水厂日产 4 万吨工程第一期泵房主体工程和净化池组主体工程建成。完成《扩建日产 4 万立方米赛岐自来水厂可行性研究报告》和《日产 4 万立方米中村自来水厂可行性研究报告》。

1994 年 1 月，开征自来水建设基金，作为福安市发展供水建设专项基金。全年制水量 888.0 万吨、日供水量 2.5 万吨，延伸新建输水管 4 千米，输水管总长 54.08 千米（其中，城关 30.09 千米，赛岐 15.47 千米，罗江 3.56 千米，穆阳 4.96 千米），水质综合合格率 99.4%，新增用户 1343 户，用户总数 1.41 万户。

1997 年，市自来水公司被省建委确定为“创文明行业、建满意窗口”示范单位，公司向社会公开承诺“保障供水，限时服务”。1998 年，赛岐、罗江、穆阳自来水厂从市自来水公司管理建制中分离，实行自主经营、自负盈亏。

2000 年，投资 98.2 万元、完成阳头水厂二期技改项目，将阳头水厂出水管、街尾路段供水管延伸至福新路、莲池广场、坂中、阳头工贸区、中兴街、穿山路等区域，提高日供水量达到设计要求的 5000 立方米。

2002 年，年制水量 1031 万吨、日供水量 2.8 万吨，城区用户达到 1.84 万户。完成富春路、漫洪路、坂中桥、福新路、王基岭、南湖桥的管道改造建设。9 月，城区第二水厂开工建设。2003 年，城区用户超过 2 万户，市自来水公司固定资产总值 3686 万元，延伸直径 100 毫米以上供水管道 4.9 千米，完成秦溪洋过境路、秦溪洋工业园区、市文化中心区域、坂中桥河道两岸供水管网的铺设。

2005 年，年制水量 1148 万吨，日供水 3.1 万吨，水质综合合格率 99.4%。城区用户 2.51 万户、人口 12.6 万人。城区直径 75 毫米以上供水管道总长度 130.4 千米，市自来水公司被建设部评为全国“创文明行业、建满意窗口”示范点。11 月，城区第二水厂竣工，投入运行。

表 3—12　若干年份福安市自来水生产和供水情况表

年份	产水量（万吨）	日供水量（万吨）	用水户年增量（万吨）	用水总户数（户）	直径大于 100 毫米输水管伸延长度（千米）	管道总长（千米）	水质综合合格率
1991	620	1.7	103	—	2.93	43.82	99.4%
1992	650	1.8	1085	11290	4.72	48.54	99.3%
1993	752.8	2.0	—	—	—	—	99.2%
1994	888	2.5	—	14092	4.0	54.08	99.4%
1997	1040	2.6	1018	—	4.68	72.76	99.06%
2000	980	2.7	1302	—	—	—	99.06%
2002	1031	2.8		18421	—	—	99.3%
2003	1186	2.9	1768	21189	4.9	—	99.6%
2004	1189	3.0	2513	22702	9.49	—	99.3%
2005	1148	3.1	—	25116	—	—	99.4%

四、排水排污

1991 年，城区排水排污仍应用旧城下水道及明沟暗管排送入护城河。第二年，投资 70 万元改造市区护城河 500 米。1994 年，福安自来水厂进行排水排污管网改造，总长度 5.4 千米。1999 年，投资 100 万元、进行护城河清污整改，改善城区污水排放状况。2000 年，进行穿山路、棠发洋路下水道整改。投入 310 万元、完成上城河改造。2001—2002 年，城南街道投入 7.5 万元、对下城河（工商局门口至溪口段）约 400 米进行取直和砌护岸，清理河段垃圾。2003 年，福安城区污水处理厂项目经省发改委批准立项建设，设计规模为日处理排放污水 6.0 万立方米，设计采用改良型卡鲁塞尔 200 氧化沟工艺，埋设专用排污、排水大口径管道，出水水质执行《城镇污水处理厂污染物排放标准（GB18918—2002）》的一级 B 标准。

五、燃气

1991 年，福安市燃气管理体制改革，市燃料公司液化石油气供应站（国营）转为民营企业经营管理。全市有 6 家民营燃气企业经营液化气，即市液化气公司、市燃料公司、市液化气供应站、市石油公司液化气供应站、市打火机厂、地区燃料液化气公司。

1992 年，万方燃气有限公司在城阳乡白塔村建成 120 立方米液化气储罐（残液罐 20 立方米），投入使用。1996 年，万方燃气有限公司在城阳乡高坂村再建成 124 立方米储罐（残液罐 24 立方米）；福建省泰华石化有限公司在下白石镇英平村建成 2050 立方米大型液化气储罐（残液罐 50 立方米），并投入使用。6 月，市政府召开专题会议，开始对液化气市场混乱状况进行整顿。

1998 年，市液化气公司兼并市燃料公司、市打火机厂，承包市液化气供应站、市石油公司液化气供应站。地区燃料液化气公司因管理和生产安全规范问题，停止经营活动。至此，全市液化气由市液化气公司统一经营，设液化气贮储站 3 个、供应站 34 个，其中，城区 12 个、乡镇 22 个。

1999 年 1 月，市联合开展查处液化气非法经营活动，查处赛岐镇 5 家、赛岐苏洋村 4 家非法经营点，扣押液化气钢瓶 74 个；查获非法经营者充装液化气 266 瓶。2000 年，全市新增液化气用户 310 户，城区用户普及率达 98%，比 1999 年提高 1.3 个百分点。第二年，市建设局规范城区管道燃气建设管理工作，做到按规划配套设计和安装管道、严格办理审批手续，实行区域性统一特许经营制度。市三诚液化气有限公司在下白石镇凤山村建成的 70 立方米规模储罐（残液罐 20 立方米）投入使用。全市液化气供应能力进一步扩大，新增用户 350 户，液化气年用量达到 4870 吨。

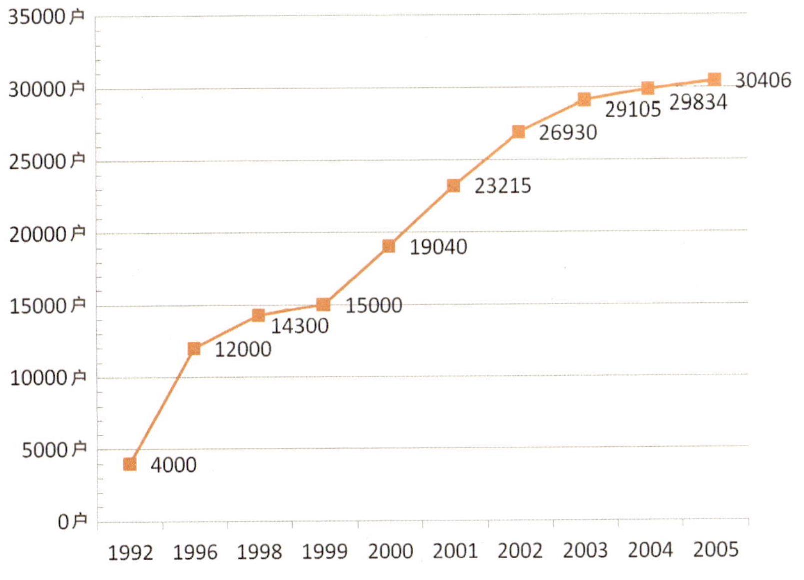

图 3-1　1992—2005 年部分年份福安市液化气用户统计图

2002 年 1 月，福安市全面推行瓶装液化气封口标识，在标识上标明充装企业名称、地址、充装净含量、充装日期和监督电话等。全市有燃气经营企业 3 家，经营人员 223 人；城区用户 3.5 万户，普及率 98%；乡镇用户 5 万户，普及率 46%。2003 年，市华隆液化气有限公司在赛岐罗江北山村建成 120 立方米规模储罐（残液罐 20 立方米），并投入使用。

2005 年，《福安市燃气专项规划》完成修编。10 月，市质监局对液化气净含量、塑封标识、残液（渣）处理和计量周检进行监督检查，抽查九环、万方、华隆、三诚液化气公司所属 4 个充装站及 8 个经营点，罐装液化气120瓶，其中，净含量不合格5瓶、合格率为95.83%。11月，市建设局对惠宁石化燃气有限公司下白石储配站停产周期长、主要设备到期未检等情况，发出整改通知。

六、主要公共建筑

九州工贸综合大楼　1992年1月9日，九州工贸综合大楼奠基。大楼位于新华中路繁华地带，楼高13层、建筑面积达1.4万平方米。1994年11月建成使用，后更名为九州大酒店。

电力大厦　1992年，动工建设。大厦位于中兴西路，楼高12层，建筑面积1万多平方米。1996年，建成使用。

富春大酒店　1993年6月8日，富春大酒店奠基动工。酒店位于城关解放路繁华地段，楼高13层，建筑总面积1万多平方米，总投资3000万元。1994年5月29日封顶。1996年5月18日开业。

福安市财经大厦建设开工仪式（1995年）

邮政大楼　1999年，邮政大楼动工建设。大楼位于新华路棠发洋十字路口，占地3240平方米，建筑面积1.4万平方米，高16层、造价3600多万元。2001年12月建成投入使用。

福安市公安交警指挥中心大楼　2000年动工建设，位于天马山麓104国道旁。建筑面积5200平方米、楼高10层，投资600万元。2001年4月封顶，2002年投入使用。

福安市广播中心大楼　2000年9月动工建设。大楼坐落于市人民广场中心，占地面积3800多平方米，其中，建筑占地1906平方米，建筑总面积1.15万平方米，楼高60.6米、共16层，为福安市标志性最高建筑。该楼集广播电视节目采编、制作、演播和广电网络多功能传输和行政办公于一体。2002年4月28日，主体工程封顶。

财经大厦　2000年11月，财经大厦开始拆迁动工建设。大厦位于车站三角坪、建筑面积1.83万平方米，为6层框架结构，总投资4500万元。2003年1月25日，财经大厦封顶。

第四节　园林绿化

一、公园建设

富春公园　1991年开始建设，位于福安市区，因依富春溪畔而得名，面积3公顷。园内古木参天，修竹成林，有松、樟、枫、桦、柏、相思树、凤尾竹等20多种，间以四季花卉，满园飘香，环境清幽，

富春公园大门（1992 年）

溪滩宽阔，溪水潺潺。酷暑时节，公园内的气温要比园外低5℃～6℃。远处仙岫峰直耸云天，近处龟湖环绕，堪称避暑佳境。1999 年，建成动植物园，园内有猕猴等 20 多种保护动物。

天马山森林公园　位于市区南大门，山上青松翠柏、古木参天。1999 年，由天马山—霞山组成的天马山森林公园正式建成，面积 33.33 公顷。并成立天马山森林公园管理处，隶属市林业局。2003 年，修通上山水泥路，年接待登山游客 50 多万人次。

坂中森林公园　位于坂中畲族乡、交溪溪畔，面积 20 公顷。园中古木参天、苍翠欲滴，树龄二百年以上的国家、省一级保护古树 160 多株，树形惟妙惟肖，有如“牛魔王”“九龙聚”“四兄弟”等。

阳春公园　位于城区西郊，面积 4.67 公顷，富春溪水绕园而过，其中一支注入龟湖成为城中河，一支向南绕过阳头坂。园中密林茂竹，芦花飘絮，游览其中、湖光山色尽收眼底。

溪口公园　面积 3.33 公顷，位于城区南郊，富春溪水在此再次会合形成湖后流入赛江。湖面宽阔，金沙细浪，湖畔凌霄塔倒映其中。园中设有安静憩区、沙滩区、水上乐园等功能区。

至 2005 年，福安市有富春公园、天马山森林公园、坂中森林公园（满春公园）、阳春公园、溪口公园，总面积 64.33 公顷。

二、城市绿化

（一）道路绿化

1991 年，福安市对城区新华路等道路进行绿化，主要栽种杧果等树种。1992—1998 年，逐步进行城区、赛岐、穆阳等城镇街道绿化。1999—2003 年，对城区新建的福新路、棠兴路、漫洪路、湖滨西路等道路进行全面绿化。2005 年，市区有 27 条主次干道种植行道树 5590 株，主要树种有杧果、高山榕、垂叶榕、香樟树、柳树、女贞、天竹桂、羊紫荆、黄花槐、深山含笑。

表 3—13　1991—2005 年部分年份福安城区主要道路绿化情况表

序号	年份	道路名称	主要绿化树种	序号	年份	道路名称	主要绿化树种
1	1991	新华路	杧果	11	1998	城北新阳路	羊蹄甲
2	1992	解放西路	女贞	12	1998	阳头鹤西路	天竹桂

续表 3—13

序号	年份	道路名称	主要绿化树种	序号	年份	道路名称	主要绿化树种
3	1993	鹤山路（南郊）	女贞	13	1998	解放东路	绿化带花坛、高山榕
4	1993	坂中桥头路	榕树	14	1999	城北福新路	杧果
5	1997	中兴街	女贞	15	2000	棠兴路	天竺桂
6	1997	金山路	天竺桂	16	2000	阳头安居路	杧果
7	1997	公园路	榕树	17	2002	阳头漫洪路	垂叶榕
8	1997	富春北路	榕树、天竺桂	18	2003	湖滨西路	榕树
9	1997	阳头察阳路	高山榕	19	2005	湖滨东路	榕树
10	1998	阳头新工业路	榕树	—	—	—	—

（二）社区绿化

1991—2000 年，福安市结合城市建设规划，提高住房环境绿化率，并结合工程验收检查绿化合格率。2000 年，城市社区逐步建成，社区绿化纳入社区建设计划。对市区名木古树 200 株，其中，一级古树 140 株加强管理保护，挂牌确定管理单位。

2005 年，机关单位、社区获得绿化先进称号的有市委大院、闽东烈士陵园、福利院、职业中专学校、闽东医院、检察院、交警大队、福安一中、福安十中、福安四中、宁德民族中学、逸夫小学、老区中学、闽东卫校、师范附小、宁德农校、福安德艺学校、安居住宅小区、龙成锦江花园小区、福星花园小区、鸿辉小区等。

（三）河滨绿化

1991 年，福安市结合“三五七”绿化工程，发动富春溪、穆阳溪沿岸群众在溪畔、湖滨栽种绿竹。1995 年，建成全省最大绿化绿竹生产基地、并形成连片绿竹林带，总面积 2400 多公顷。

2000—2005 年，进行龟湖、秦溪河、富春溪等河滨生态绿化建设，其中，龟湖生态走廊绿地面积达 4.64 万平方米。

（四）公共绿地

1991 年，市区新增公共绿地面积 2000 平方米，主要在富春公园、体育场、闽东烈士塔陵园内。

1992—1996 年，城区新增公共绿地面积 5340 平方米，主要有富春公园、植物园、道路两旁花圃、城北环岛、后垅花坛绿地，解放路、体育场、烈士陵园等。1997 年，完成城区一期绿化、新华路街景改造项目。1998 年，新增公共绿地面积 1 万多平方米。1999 年，新建街尾小绿地、秦溪路绿化带，完成果品公司三角坪、八一市场、义乌小商品市场、岩湖坂入口处、城区南大门、天马山入口等绿地建设。2000—2002 年，投资 230 万元，建设莲池广场面积 3100 平方米、人民广场面积 2.8 万平方米、龟湖生态走廊面积 4.64 万平方米、天马山广场以及安居小区一期公共绿地建设，新增公共绿地 3 公顷。2003—2005 年，建成城北环岛、后垅花园、街尾花坛、城南市标花圃绿地、车站绿岛、解放路花坛、漫洪路环岛、天马山大门花坛、过境路绿地等公共绿地，市区公共绿地总面积达 13.34 公顷。至 2005 年，城区先后建成公共绿地 20 多处，面积 207 公顷，人均拥有公共绿地面积 6.2 平方米。

三、园林管理

1991 年，福安市园林管理处成立。1996 年，《福安市园林绿地系统规划》编制完成。省人大常委会授予福安市为省级“公园环境优秀奖”。1997 年，省政府授予福安市城市园林绿化“达标城市”。1999 年，成立天马山森林公园管理处。

2000 年，市园林处开始接收古树名木管理保护工作。富春公园内完好保存树龄百年以上的香樟、枫香 50 株。

2002—2003 年，福安市致力抓龟湖生态走廊治理，加快沿岸公共绿地、道路、截污管道的建设，河床清淤、改善休闲绿地景观，总投资 3988 万元。

2004—2005 年，福安市加快省级园林城市建设步伐，城区公园总面积达 64.33 公顷。

龟湖生态走廊（2002 年）

第五节　环境卫生

一、机构队伍

1991 年，福安市环卫所职工 70 人，市区 16 个村（居）配有卫生员 10 人、民办清洁员 31 人（均为临时工）。11 月，市委扩大会议研究环卫工作，同意环卫所人员可以增加到 100 人，并对环卫工人给予劳动保险补助。1994 年 12 月，市环卫所升格为环境卫生管理处（以下简称“环卫处”）。1998 年，成立市容环卫管理监察中队。2005 年，市环卫所职工 82 人。刘振堂、陈英被省建设厅、人事厅授予全省市容环卫系统先进工作者称号。

二、环卫设施

1991 年，全市有自卸垃圾车 4 辆，洒水车 1 辆，吸粪车 1 辆，板车 12 辆。1998 年，投资 140 万元，建成阳头、城南等 3 处密闭式垃圾中转站。2002 年，环卫机械车辆增加至 14 部。2005 年，城区有环卫机械 10 部：垃圾运输车 1 辆，扫地车 1 辆，小型清扫车 2 辆，洒水车 1 辆，环卫监察车 3 辆，推土机 1

垃圾填埋厂（2005年）

部，挖掘机1部。城区封闭集装箱垃圾中转站4座，在市区设置不锈钢果皮筒数十个。

三、垃圾清运

1991年，市环卫所负责市区主干街道卫生清扫。1994年，市环卫处清扫保洁实行市、街二级管理。主、次街道由环卫处负责，行人道纳入沿街单位“门前三包”（指包秩序、包绿化、包卫生），小街小巷由居委会组织清扫。市环境卫生管理处由单一的服务型转变为管理服务综合型。1998年，投资建成3个封闭式垃圾中转站。1999年，环卫处实行改革，清扫工作按定额标准建立岗位责任制，逐级签订承包合同，层层分解落实任务，调动职工积极性，市容卫生水平大大提高。撤去沿街垃圾箱，实现垃圾从产生到中转的全过程密闭化。2002年，清扫面积扩大到68万平方米，垃圾清运率100%。2005年，基本实现垃圾转运机械化，负责城区近100万平方米路面的清扫、保洁和垃圾转运。

四、垃圾处理

1991年，城区后垅村老蛇岗垃圾堆放场占地面积约0.4公顷，至1998年，城区垃圾均通过垃圾中转站运往老蛇岗垃圾堆放场卫生填埋。1999年，市征用城阳乡赤岭村鸭母洋山地建设新的填埋场。12月，福安市鸭母洋生活垃圾卫生填埋场项目开工建设，占地13.3公顷，包括填埋作业区、渗滤液处理厂及生活管理楼等配套设施。最大垃圾处理能力为170吨/日，使用年限24年，整个工程投资3300万元（系国债资金项目）。

2002年6月，垃圾填埋场附属工程上山道路动工修建。该路全长4.3千米，宽6米，采用混凝土路面。2003年5月，总投资2448万元的城市垃圾处理场投入使用，日处理城区生活垃圾120多吨。随后，鸭母洋垃圾填埋场渗滤液处理站投入使用，日处理垃圾渗滤液80吨。9月10日，福安市开征城市生活垃圾处理费。

五、公厕建设管理

1991年，市区有公厕20座，其中，水冲式厕所15座，旱厕5座。1992—1994年，随着城市规模的扩大、市区人口的增加，福安市加大水冲式公厕改造、扩建的投入，成为宁德地区第一个水冲式公厕达标城市。

2005年，市区共有公厕18座，其中产权属环卫处9座，社会自建自管9座，均为砖混结构，平顶屋面，水磨石地板、瓷贴墙，间隔式蹲位、定时冲水的水冲式厕所。

1991—2005年，全市公厕建设累计投入资金280万元。

第六节　城市建设管理

一、机构队伍

1991 年，福安市城市建设监察中队为市建设委员会下属单位，负责城区建设秩序管理。城市建设工作由市建委负责。

1994 年，强化领导，调整充实建委及职能科室领导小组，并成立“市人民法院城建监察执行室”，聘请廉政监督员。

1996 年 6 月，成立福安市城市建设管理委员会（城管委），组织、协调、督促、检查市城建监察大队、环境卫生管理处、园林处、韩阳交警中队、交通运管所、环境监察大队、卫生执法大队、城北工商所、城南工商所、市场建设管理服务中心等 10 个城市管理职能单位，及城区 3 个街道、城阳乡、坂中畲族乡做好城区管理工作。

2003 年，市建设委员会更名为福安市建设局，城市建设监察大队为其下属机构，其管理职能不变。

二、建筑管理

1991 年，市城市建设监察中队处理各类违章建筑 77 起。次年，处理各类违章 464 起，其中，纠正违章建设 82 起、违章占道堆放和作业 127 起，处理破坏园林设施 76 起，要求 179 户（次）建筑施工单位补办建设许可证。

1992 年，市城建监察中队全年处理各类违章 464 起，其中，纠正违章建设 82 起、违章占道堆放和作业 127 起，处理破坏园林设施 76 起，要求 179 户（次）建筑施工单位补办建设许可证。

1994 年，全年共处理违章 464 起，其中，纠正违章建设 82 起，破坏园林设施 76 起，纠纷 115 起。

1996 年，市城建监察大队对中兴路下城河西边 2 处违章搭盖（总面积 20 多平方米）进行强行拆除，对阳头察阳宫对面占用道路红线临时搭盖的厂房（总面积 250 多平方米）进行拆除。

2004 年，组织清理城市人力三轮车，打击假牌、套牌、拼装车辆，打击二轮摩托车、三轮摩托车非法载客运营。开展工程监理专项检查，共检查 8 家监理单位，16 个单位工程，检查建筑面积 42.9 万平方米。

2005 年，市城建监察大队组织并监督清理官村、秦溪洋周边违章建筑，拆除下步下、阳上、溪口桥等违章搭盖 16 座，面积 700 多平方米；赤岭尾违章建筑面积 300 多平方米；闽东医院大门口 7 户占道经营的违章搭盖。发放责令停止违法建设行为通知 266 份，制止违法、违章行为 177 次。

三、市容市貌管理

1991 年，市城管委组织开展“门前三包，门内达标”“创建省级卫生城市”“创建省级文明城市”等活动，开展市民文明素质教育，提高市民环境意识、交通意识、卫生意识。

1992 年，市城建监察中队加强市容市貌、环境卫生管理，与公安、交通、工商等部门一道进行市容市貌突击检查整治，清理乱摆摊设点 117 处，清除店外店 62 处。

1995 年，福安市实现创建省级卫生城市达标，被命名为“福建省卫生城市”和“福建省第五届创建文明城市竞赛活动优胜城市”，获省“八闽杯”城市规划建设管理进步奖和建设部城市综合整治先进单位。

1997 年 5 月，福安市委、福安市人民政府做出《关于加强城市规划管理工作的决定》。

1998年，按照“新、绿、亮、洁”要求，以城区8个道路交叉口为重点，投资470万元，对城区重点景观建筑物布置轮廓灯、射灯等。投资2238万元，完成3条街道街景改造，面积4万多平方米。

1999年，以建设“新、绿、亮、洁、美”和谐城市环境为目标，以创建省级文明城市、卫生城市、园林城市为重点，整治城市“脏、乱、差、堵”和乱摆摊、乱堆放、乱搭盖、乱拉乱挂、乱贴乱画等影响市容整洁行为；禁止临街饮食店乱倒污水、油烟直接排放和使用煤球炉，禁止建筑材料、建筑垃圾运输“滴、洒、漏”，禁止乱倒建筑垃圾；推行生活垃圾袋装、定时、定点投放，取缔无照经营、规范户外广告发布、强化建筑工地管理，全面推进环境卫生、交通秩序、市容市貌、园林绿化、集贸市场、户外广告、市区河道的管理和市政基础设施建设。在第四次全国城市卫生检查评比中，继续保持省级卫生城市称号。

2002年，颁布并督查《福安市城市管理处罚暂行规定》。

2005年10月，设立中兴路、金山路为严管街，范围从棠发洋路口至群益大桥，财经大厦路口经金山北路至市政府门前路与冠后路交叉路口。“严管街”禁止过境车辆通行，严格限制柴油三轮车、大型货车、人力客运三轮车等“五小”车辆在禁行时段进入。

第七节　机构

一、福安市城市建设管理委员会

1996年6月，成立福安市城市建设管理委员会（以下简称“城管委”）。1996年6月至1999年3月，城管委主任由市委书记兼任；1999年3—10月，城管委主任由市委副书记兼任；1999年10月至2005年，城管委主任由市委副书记、市政府市长兼任。

二、福安市建设局（福安市建设委员会）

1991年，市建设委员会编制22名，主任1名，副主任1名，内设办公室、财审股、规划科、建管科、城建科、建材科，下属机构有城市建设监察大队。

2003年，市建设委员会更名为福安市建设局，编制14名，设局长1名、副局长3名。内设机构：人秘股、计划财务股、法制股、建筑业股、城乡建设股、技术股、建设工程安全监察股，挂靠机构有市建设工程招标投标领导小组办公室，下属机构有城市建设监察大队、规划管理办公室、村镇建设管理站、园林管理处、环境卫生管理处、城建档案室等。

第四章 镇村建设

第一节 集镇建设

1991 年 11 月，中共福安市委和市政府召开会议，研究乡镇规划管理工作，做出会议纪要，重点抓乡镇所在地和重点行政村建设，乡镇所在地重点抓穆阳镇、赛岐镇、社口镇、下白石镇和溪尾乡，每个乡镇抓 1～2 个重点行政村以带动全面。

1992 年，穆阳商贸街由穆云畲族乡桂林村和市房地产开发公司按股份制组织开发。9 月，建筑面积 200 平方米的工贸商场动工建设。1992—1993 年，社口、潭头、上白石、溪潭、溪尾、下白石、甘棠、晓阳、溪柄、湾坞乡、范坑乡、松罗乡和穆阳畲族经济开发区（含穆阳镇、穆云畲族乡、康厝畲族乡）共 10 镇 5 乡一开发区在完成规划后，陆续启动建设。罗江一条街、穆阳开发区一条街、社口茶业工贸区一期、罗江批发市场等也动工建设，赛岐、穆阳、潭头旧街同时进行改造。

1995 年，穆阳镇被省建设厅列入建设部小城镇建设试点乡镇。上白石镇旧街改造工程（第一期）总投资 163 万元，拓宽路面 18 米，全长 233 米，拆迁面积 8704 平方米，涉及 52 户。社口镇开发建设湖头洋商住小区、下洋住宅小区，镇区面积由 0.6 平方千米扩大到 0.9 平方千米；投资 96 万元改造福（安）寿（宁）公路社口镇区路段，投资 200 多万元新建长 500 米，宽 21 米的大街。1991—1995 年，全市村镇共新建房屋 238.47 万平方米，拥有村镇道路 466 千米，100% 的乡镇和 25% 的村庄用上自来水，受益人口 21.37 万人，所有集镇和 90% 以上村庄通电。

1996 年，赛岐镇被列入建设部小城镇建设试点乡镇，镇域面积 76.9 平方千米，镇建成区 1.46 平方千米，人口 12.59 万人、镇政府驻地人口 2.59 万人。

1997 年，各乡镇根据规划相继对镇区干道进行拓宽改建。赛岐试点小城镇建设启动，带动甘棠、溪柄、下白石、穆阳、上白石等小城镇建设。上白石镇原主街路幅宽度 8～11 米不等，拓宽至 18 米。穆阳镇东旭街路幅宽度从 8～9 米，拓宽至 24 米。溪柄镇主街路幅宽度从 12 米拓宽至 24 米。

1998 年，赛岐镇完成祥牛环岛、公交停车场和道路等建设；第二年，投入资金 787 万元，重点建设“一路一场一区”，即赛岐大桥至下浦路 32 米宽大道，面积 6 千多平方米的钟山路公交客运场，占地 9.3 公顷的杨厝住宅小区。

2001 年，下白石镇引资改造海滨市场，并投入使用。甘棠镇投资 800 多万元，建设府前路商住楼群。穆阳镇铺设改造印坪街道路。上白石镇重点加强沿街两旁店面开发，建设商贸一条街，改造上白石农贸市场。

2003 年，赛岐镇完成永安东路、永康南路等 6 条街道路面建设。甘棠镇莲塘商贸小区占地 4 公顷，总投资 4000 万元，完成第一期 2 公顷地基建设。溪潭镇自来水工程建设总投资 136 万元，铺设主管道到洪口、廉明、溪填等行政村，9 月 23 日，竣工通水。

2005 年，甘棠镇莲塘小区 110 套住宅完成主体工程。

第二节　村庄建设

1991 年，穆阳镇东旭街拓宽建设。1993 年，城阳乡铁湖村列入省建委试点村建设。松罗乡洋西、赛岐镇苏阳、溪柄镇马厝等 10 个行政村列入市级新农村建设试点。社口镇坦洋、溪潭镇马山、溪尾镇溪邳等 6 个行政村完成新村建设，被宁德地区行署授予“先进村庄”称号。

1994 年，贯彻落实省、宁德地区“村级党组织建设纲要”和“奔小康示范村”工作，全市 22 个行政村列入宁德地区示范村建设：赛岐镇苏阳村，甘棠镇上塘、眉洋村，下白石镇顶头村，溪柄镇马厝、斗面村，溪尾镇溪邳村，松罗乡后洋村，湾坞乡半屿村，城阳乡洋面、铁湖村，坂中畲族乡长汀、坑下村，上白石镇财洪村，社口镇坦洋村，潭头镇渔溪洋村，晓阳镇东源村，范坑乡大坪、古老坪村，溪潭镇马山村，康厝畲族乡南洋村，穆云畲族乡下逢村。次年，上述各村完成建设进度均超过 50%。1996 年，全省开展“家园杯”新农村建设竞赛活动，福安市示范乡镇穆阳镇，示范村溪尾镇溪邳，甘棠镇牛落洋、上塘，溪柄镇楼下，潭头镇渔溪洋，赛岐镇宅里，下白石镇顶头，社口镇坦洋，城阳乡东口，上白石镇郑家山，穆阳镇苏堤，坂中畲族乡长汀等村取得优胜。

1996 年，福安市沿海受第八号强台风正面袭击，湾坞乡徐江村、赛岐镇泥湾村遭受严重破坏、损失惨重。徐江村 198 座房屋全部倒塌，经济损失 669 万元；泥湾村倒塌房屋 72 座、涉及 153 户。经过实地测量，开始进行新村规划建设。全市在 18 个乡镇（开发区）动（搬）迁 68 个行政村的 100 个自然村，新建房屋 635 幢，建筑面积 5.71 万平方米。1997 年 1 月 31 日，徐江村有 70 户搬入新居，泥湾村举行新村搬迁典礼。春节前，全市搬迁户全部迁入新居。

1997 年，市委、市政府颁发《关于加快新村建设的实施意见》，全市 100 个行政村开展建新改旧工作，完成旧房改造 9800 户、面积 92.9 万平方米，厅堂水泥化 8470 座，改厕 8090 座，改圈 7980 座，新建公厕 101 座，有 2430 户拆旧建新，拆除破旧房屋 15.7 万平方米，村主干道铺设 98.1 千米、小巷道路铺设 94.7 千米，共投入新村建设和村容村貌整治资金 1.2 亿元。在改旧建新、整治村容村貌中，推行三种新村建设模式：旧村旧房整治型新村（上白石镇郑家山村模式）、新旧房结合型新村（甘棠镇岭尾村模式）、经济庭院型新村（湾坞乡徐江村模式）。1998 年，市委提出人口集聚战略工程，确定聚集村 16 个，其中上白石镇财洪、潭头镇太逢、范坑乡洋山、赛岐镇象环、甘棠镇岭尾、溪柄镇楼下等村当年建设就初具规模，副省长汪毅夫等前往潭头镇渔溪洋新村调研，充分肯定新村建设取得的成效。

2001 年，下白石镇顶头村湖里小区、城阳乡凤翔小区列入省级试点新村（小区）建设。下白石镇筹资 90 万元完成行洋、大获等 15 个自然村主干道水泥硬化，完成荷岐、章岭、大梨、凤山等行政村村道水泥硬化。

2002 年，下白石镇顶头新村新建房屋 17 幢，城阳乡凤翔小区建设项目进入前期工作。2003 年，溪柄镇楼下村建设 3 米宽主干道，硬化 650 米新建房屋 14 座；溪南、榕头村道硬化 150 米，厅堂硬化 57 座，新建房屋 22 座。2004 年，溪柄镇结合闽东苏区成立 70 周年纪念活动，加大柏柱洋新村与村容村貌整治力度，完成溪柄至楼下道路硬化13千米；楼下、马厝、溪南、山下和斗面村道硬化；绿化面积5200平方米。赛岐镇苏阳、溪尾镇溪邳村列入省级试点新村建设。

2005年，溪尾镇溪邳村，按规划建设113套住房，当年完成建设39套。

附：徐江新村

徐江新村

1996年，福安市沿海受第八号强台风正面袭击，湾坞乡徐江村全村198座房屋全部倒塌，累计经济损失669万元。灾后，徐江村被列为全省第一批重建家园重点村。此后，徐江村又陆续投入资金800多万元完善基础设施和环境建设，包括新村牌楼、森林公园、休闲广场、环村道路、停车场、绿化工程、公厕改造、下水道、民房庭院改造和外墙粉刷等30多个项目。2005年，被列入福建省、福安市社会主义新农村建设试点示范村、联系点。

第五章　建筑业

第一节　企业与队伍

一、施工企业

1991年，全市有12家建筑施工企业，其中，城区建筑公司3家，乡镇建筑公司9家。福安市属建筑企业3家为：市第一建筑公司、第二建筑公司和第三建筑公司。驻韩企业1家是福建省第九建筑工程公司福安分公司。

1992年11月，市第一建筑公司和第三建筑公司合并成立福安市建筑公司，后改称福安市建筑实业总公司（简称“建筑总公司”）。1993年，市建筑总公司完成产值1360万元，人均劳动生产率1.98万元。随着私营建筑企业逐渐兴起，1999年，全市有建筑企业8家。

2005年，私营建筑企业15家，施工等级资质二级的2家、三级的3家。

附：重点建筑企业

福建九天建设工程有限公司

福建九天建设工程有限公司，原名福建闽东安福建设有限公司，2005年7月，重组后改为现名。注册资金5056万元，为私营建筑施工企业，公司员工223人，有职称的专业技术管理人员151人。其中，高级工程师4人，中级以上职称人员33人，一级建筑师3人，二级建筑师39人。公司资质主项为施工总承包房屋建筑工程二级、施工总承包市政公用工程二级，配套有建筑装饰装修工程、地基与基础工程、钢结构工程、建筑智能化工程等，均为二级专业承包资质。是集房屋建筑工程总承包、房地产开发、建筑装饰装修、土石方、钢结构、对外实验检测等为一体的、年产值超过5亿元、年竣工面积80万平方米、房地产开发能力10万平方米的大型建筑施工企业。

2005年，公司通过质量管理体系、环境管理体系、职业健康安全体系“一体三标”认证，是AAA级信用企业；为福建省建筑协会理事单位、宁德市建筑协会副会长单位，有3项工程分别获得1999年、2002年、2005年优良工程称号。

福建环宇建筑工程有限公司

成立于1995年12月，为私营建筑施工企业，公司员工30人。1998年，公司施工资质核准为房建四级。经过几年的发展壮大，2005年，公司资质主项升级为房建二级、增项市政三级，配套有建筑装饰装修工程二级、地基与基础工程、土石方工程、城市及道路照明工程、钢结构工程等三级专业承包资质，当年实现建筑业产值3.73亿元。2002—2005年，公司相继被授予2001年度福建省乡镇企业质量管理先进单位、2002年度福建省质量管理先进单位、福建AAA级信用企业、全国工程建设质量安全管理先进企业，2003—2004年度福安市守合同、重信用单位，中国建筑行业AAA级单位，2003—2004年度宁德市建设系统安全生产先进单位。

二、施工队伍

1991 年，全市有建筑施工从业人员 800 多人。其中，3 家市属建筑公司从业人员 300 多人，9 家乡镇建筑公司从业人员 500 多人。1995 年，市建筑实业总公司从业人员 660 人，第二建筑公司从业人员 138 人。1999 年，全市建筑企业从业人员 1610 人。

2005 年，全市建筑企业从业人员 8678 人，其中，乡村劳动力 8237 人，占 95%。

第二节 勘察设计

一、地质勘查

1991 年，福安市组织测量并验收潭头、社口、晓阳、上白石 4 个乡镇所在地 1∶1000 地形图；测绘坦洋和洋面村地形图 0.9 平方千米；完成地区公路段、市医院、四中、税务局等 26 个单位征用地形图测绘；完成罗江自来水厂、社口自来水厂地形图。当年，省测绘局在福安召开地区测绘管理工作“福安经验”交流会。

1996 年，完成天马山风景区 1.32 千米道路的勘测、设计，同年 10 月 24 日动工建设；完成 18 个乡镇 160 个行政村的测量工作；编制测量设计泥湾、徐江和英岐 3 个重点受灾村规划图。

1999 年，福安市测绘办完成地形图测绘 56 幅，放核样 70 件。

二、建筑设计

1991 年，福安市建筑设计室为自收自支、自负盈亏、独立核算的事业单位。

1995 年，市建筑设计室与规划设计室合并成立福安市规划建筑设计事务所，是市属建筑工程类设计单位。

1997 年，市规划建筑设计事务所取得丙级设计资质后，更名为福安市规划建筑设计院。

2005 年，市规划设计院在册职工 18 人，其中，专业技术人员 16 人。专业技术人员中，高、中级工程师 10 人，一级注册建筑师 1 人，二级建筑注册师 3 人，二级注册结构师 2 人。专业配套有规划、建筑、结构、给排水、电气等人员。拥有电脑、绘图机、打印机、扫描仪、复印机、晒图机等设备，主要承担工业和民用建筑工程设计。

1991—2005 年，累计设计工程项目 320 多个，设计建筑面积 90 多万平方米。

第三节 建筑施工

一、施工技术

1991 年，公共建筑多采用钢筋混凝土框架结构，市建筑公司配备混凝土搅拌机、砂浆搅拌机、卷扬机、脚手架等。市属 3 家建筑公司和康厝建筑公司，拥有承建 10 层以下、跨度 24 米以内混合或框架结构的建筑能力。此后，建筑施工机械化程度有较大提高，工地材料运输从人工搬运逐渐改用拖拉机、汽车等交通工具运输，浇捣水泥全面使用翻斗车、砂浆机、搅拌机、振动机、水泵，钢铁件制作有电焊机、切割机、调直机、卷扬机、圆盘锯、手电锯等辅助设备。随着建筑市场逐步开放，工程项目由来自全国各地的施工企业参与承建，带来各地先进的施工技术。2005 年，建筑施工逐步采用新技术，模板大面积使用胶合板，基础开挖使用挖掘机、铲车，基础施工使用打桩机、旋挖机等辅助设备。全市建筑施工企业拥有机械 500 多台（套），动力达 5000 多千瓦。

二、主要建筑工程

1991 年，480 多米长的赛岐大桥建成通车，福温路福安市区段 2600 米公路拓宽改造竣工，罗江水厂动工兴建。

1996 年 11 月，福安市区群益大桥动工建设，长 65.8 米，桥面宽 18 米，其中，行车道宽 12 米，总造价 289 万元。

1997 年 5 月，建成福安市红旗机械厂综合楼，建筑面积 1800 平方米，3 层框架。8 月，福安市农业银行办公大楼落成，建筑面积 6000 平方米、六层框架。

1998 年 4 月，建成福安市安居工程 27 号住宅楼，建筑面积 3400 平方米，6 层砖混。1999 年 4 月，建成福安市安居工程 30 号住宅楼，建筑面积 4600 平方米，6 层砖混。

2001 年 10 月，建成福安市人民检察院刑侦技术大楼，建筑面积 5500 平方米，6 层框架；11 月，福安市三中教学楼建成，建筑面积 2800 平方米，6 层框架。

2002 年 5 月，建成福安市旅游停车场附属用房综合楼，建筑面积 3213 平方米，6 层框架。

2003 年 10 月，建成福安市医药有限公司普通药品仓库，建筑面积 4384 平方米，6 层框架；城阳乡政府办公大楼，建筑面积 6200 平方米，5 层框架。

2004 年 3 月，福安市宏华电器有限公司厂房建成，建筑面积 5100 平方米，3 层框架。11 月，建成甘棠中心小学教学综合楼，建筑面积 2578 平方米，5 层框架。

2005 年 6 月，福安市茶厂职工生活区住宅 3 号楼改扩建竣工，建筑面积 4102 平方米，七层框架。

第四节　建筑装潢与管理

1991 年，福安市无专营室内外装饰装修企业。室外装饰装修由各建筑公司自行承担，仅负责建筑工程的简单装饰，如涂料，铺贴瓷砖、马赛克和石板材等。室内装饰多用石膏板、钙塑板、墙纸等。门窗由木制逐渐改为铝合金。11 月，根据宁德地区行署《关于加强室内装饰行业管理的通知》，建筑装修归口第二轻工业局管理，并成立福安市室内装饰领导小组，由二轻局、工商局、市计量所人员组成。

1993 年 5 月，要求各有从事室内外装修装饰的建筑企业办理登记手续。7 月，调整充实领导小组，增加市消防大队人员。此后，随着房地产开发热，室内装饰逐渐走红，私营室内装饰企业蓬勃兴起。

2000 年 5 月，市政府颁发《福安市室内装饰装修行业管理规定》，市二轻工业总会负责装饰装修设计、施工的监督管理。7 月，福安市室内装饰装修协会成立，有从事设计、施工及装饰材料经营单位 41 家，经营范围包括墙纸地木、油漆涂料、铝塑门窗、床品家什、窗帘灯具、装饰用品及其他配套材料等门类的上千个品种，从业人员 1358 人。市质量技术监督局对 8 家经销室内装饰装修材料的商店进行检查，查处使用违反国家强制性标准的胶黏剂 975 桶、人造板 12271 张，总价值 52 万多元。下半年，市工商局开展室内装饰材料专项整治，检查经销户 92 家，抽检样品 20 组，查办案件 4 起。查扣“泰格龙”牌等案值 9500 万元的不合格强化木板及一批冒用绿色标志的水性涂料。

2001 年 7 月 18 日，富春批发市场开业，安排建筑装饰装修商家进场经营。

2003—2004 年，受中国装饰协会委托，与福建省室内装饰装修协会联合举办室内设计师培训，43 人通过考试，获得中国室内装饰协会颁发的室内助理设计师、设计师资格。举办涂装工职业培训，77 人取得劳动和社会保障部颁发的职业资格证书。3 名室内设计师参加全国建筑设计装修装饰“双年”展获优秀奖，市豪达装饰工程有限公司获“省优秀家装施工企业”称号。

2005 年，全市从事设计、施工及装饰材料经营会员单位 40 多家，从业人员 1300 多人。

第五节　建筑市场管理

一、建筑市场整顿

1991 年，福安市城市总体规划、防洪规划及城区排水、道路规划未完成编制，对近期开发建设的部分项目，无法为内、外商提供控规和专项规划，影响投资。全年组织检查单位工程 21 项，发出整改通知书 71 份。1992—1993 年，本着“一切服从服务于重点项目”，对重点项目开工过程中的各项手续采取“边动工、边规划、边实施、边报批”方式，一律开绿灯。

1994 年，福安市规范建筑市场，加强“一书两证”管理，更换使用的统一表格。结合规划滞后实际采取会审制度，即召开联合选址会议、项目总平面会审会议、扩初会审等；明确项目审批程序，办理审批手续。

2001 年，福安市建设工程项目执法监察走上正轨，严格执行项目法人责任制、招标投标制、工程监理制、合同管理制，纠正和查处扰乱建筑市场秩序、降低工程质量的违法违规行为。严查“三无”（无规划土地许可证，无规划建设许可证，无建筑施工许可证）工程，新开工工程质量监督率达 100%，并对 3 家不合格工程项目做出限期整改或停工处理。5 月，召开整顿和规范建筑市场秩序工作会议。6 月，吸取“6·4”闽东安波电器公司厂房坍塌事故教训，开展建筑市场整顿及专项安全检查。成立 7 个检查组，检查 15 个在建工程、建筑面积 9 万多平方米；查出 10 个乡镇 200 个公建项目，有 131 个项目未报批办证。7 月，对经销瓷砖、水暖器材企业进行定期检查，抽样 25 个品样；并对 10 多家建材和工业企业的升降机等特种设备进行检查，发现多数升降机粗制滥造、操作人员无证上岗，存在安全隐患，责令限期整改。全年出动执法人员 328 人次，检查建筑市场主体 65 个单位，44 个工程项目，查处违法违规施工工程 14 个，处罚金额 29.52 万元，补办建筑施工许可证 4 份，责令项目业主重新组织竣工验收 3 个项目，办理建筑市场整顿督查件 6 件。组织安全检查 5 次，发出整改通知书 73 份，6 个单位工程受处罚，6 个单位工程被停业整顿。

2002 年，整规工作重点是依法查处房地产市场开发建设中建设程序、工程承包、安全生产、房地产中介活动中的违法违规行为，依法查处商品房销售面积“短斤缺两”、合同欺诈、违法广告、物业管理不规范、假冒经济房和适用房非法牟利等行为。全年办理施工许可证 15 份，查出违反强制性标准 40 项，工程监理面达 66%。开展公园游乐设施检查和城市 2 次供水专项治理。

2001—2003 年，累计检查工程 263 项、检查次数 9 次，发出整改通知书 48 份，行政处罚决定 100 多份、罚款 50 多万元，办结督办件及群众来访举报投诉件 21 件。2003—2004 年，对建筑使用模板进行专项治理，淘汰杉木支撑架。2004 年，开展整治建材市场秩序，重点整治非法使用“地条钢”行为、室内装饰污染物危害及由于脚手架用钢管和扣件质量差可能引发建筑施工事故等问题。

2005 年，开展建筑施工“安全生产月”活动，检查 17 个在建工程，发现查找隐患 90 多项，发出隐患整改通知书 16 份，停工整改 1 个单位工程。全年检查单位工程 33 项，发出整改通知书 130 份，做出行政处罚决定 3 份，办结督办件及群众来访举报投诉案件 1 件。

二、施工图审查

1991 年，福安市工程项目施工图审查 15 项，审查建筑面积 6.5 万平方米。

1999 年，编制审查了邮政大楼、广电大楼、文化中心、财经大厦、商业大厦、岩湖富春批发市场等单体建筑设计图。

2001 年，福安市逐步开展施工图设计文件审查工作，健全施工图审查制度。审查内容包括设计文件中涉及安全、公众利益和强制性标准规范的审查。2002 年上半年，组织建设工程扩初设计审定 7 项，审查施工图设计项目 15 项。在对施工图设计文件审查的基础上，扩展对工程地质勘探成果的审查。2001—2003 年，审查工程项目 72 项，审查建筑面积 50 多万平方米。

三、工程交易

1991 年，福安市组织招投标和议标工程 20 项，建筑总面积 1.78 万平方米，造价 689.59 万元。其中议标工程 10 幢，建筑面积 4257 平方米造价 113.5 万元。

1996 年，全年完成招投标工程项目 10 个，其中，公开招投标项目 9 个，议标项目 1 个，建筑总面积 1.39 万平方米，标底总造价 1190.25 万元，中标造价 1187.65 万元，降低造价 2.6 万元。

1999 年，福安市招投标代理处完成招投标项目 19 个，总建筑面积 7.54 万平方米，总造价 7031 万元，招投标率 100%。

2001 年，福安市建设工程项目交易更加规范化、法治化。第一季度，市建设工程交易中心公开招投标 2 项，建筑面积 1.07 万平方米、总投资 624 万元。同年，废止《福安市建筑工程投标企业入围暂行办法》。

四、工程监督

1991 年，市建筑工程质量监督站对建筑实工程质量进行监督，施工完毕后进行“质量检验评定”，受理监督工程 94 幢（含 1990 年跨年工程 42 幢）；建筑总面积 6.47 万平方米，造价 1867.3 万元；核验竣工工程 36 幢，其中，优良工程 6 幢，面积 6645.8 平方米造价 282 万元；合格工程 30 幢，面积 2.06 万平方米，造价 852.2 万元。

1997 年，加强对建设工程质量的监督，共监督工程 45 幢，造价 9800 万元，面积 21.5 万平方米；验收工程 15 幢，面积 2.27 万平方米，造价 1147 万元，处理 29 幢历年遗留工程项目质量纠纷。检查建设工程 52 幢，面积 16.5 万平方米。

1999 年，受理监督工程 67 幢，核验竣工工程 22 幢。开展建设工程质量大检查，检查建筑房屋 34

幢、建筑总面积 15.1 万平方米，处理结构隐患工程 7 幢。

1992—1999 年，共受理工程 240 多个，合格率 100%。

2000 年，福安市贯彻落实国务院《建设工程质量管理条例》，按照国家建设部出台的《关于建设工程质量监督机构深化改革的指导意见》，对建设工程质量监督管理制度进行重大改革，实现三个“转变”。即质量监督由实物向行为监督转变；由原来仅对建筑实物质量和质量保证资料进行监督扩展到对工程建设参与各方的质量行为、质量责任制的履行和施工现场质量保证体系的监督，质量监督标准由验评标准向强制性标准转变；改注重施工完毕后的“质量检验评定”为注重施工过程中国家一系列“强制性标准”执行情况的监督，质量监督程序由评定核验向各方评价转变；改对工程质量评定验收由施工企业自评、建设单位认可、质监站核验质量等级，为施工企业自评、设计认可、监理核定、业主验收、政府监督。强化监管责任，实行项目负责制，开展定期或不定期督查和工程质量安全巡查。依法依规对违法违规行为调查核实、行政处罚等。

1991—2005 年，全市共监督工程项目 450 个，建筑总面积 168 万平方米、工程造价 10.6 亿元。工程竣工质量验收项目 407 个，发出整改通知 1135 份，城乡建筑项目监督覆盖率达 100%。

五、质量监理

1991 年，市建设工程质量监督站检测室设备配置功能齐全，是具有“五强两比”（五强：即钢筋、混凝土、砂浆、水泥、砖及砌块 5 种建筑材料的强度检测；“两比”：即混凝土和水泥砂浆的配合比）和简易土工、回弹法检测混凝土抗压强度的专业检测机构。检测室试验场所面积 350 平方米，承担福安市辖区建设工程和建筑构配件、制品及建筑材料的检测工作，参与全市重大工程质量检测和事故的处理工作。检测室作为第三方法定检测机构为社会提供大量检测数据，为建设工程实体质量提供有力保障。

1995 年，检测室获福建省建设厅首批核发的“工程检测资质证书”、福建省质量技术监督局颁发的“计量资质证书”。

1991—2005 年，检测室共完成钢筋原材试验、钢筋焊接机械连接拉伸试验、水泥物检、砖检验、混凝土试块抗压试验、混凝土抗渗试块、混凝土配合比、砂浆配合比、砂浆试块抗压试验、砂石子检验和土工、混凝土抗压强度回弹法检测共计 13 项的 108952 组—测区。

六、造价管理

1995 年 5 月，闽东首家工程造价咨询中心——福安市建设工程造价咨询中心成立并开业，承接市内外建设工程预、决算编制与审核，建设工程投标的标底编制和审核，提供有关建设信息服务。

1997 年，加强对建设工程造价的审核，全年共审核项目 30 项面积 2.3 万平方米，造价 1474 万元，核减多估工程造价 198 万元。

1999 年，审核建设项目 41 项，建筑面积 2.8 万平方米、造价 4000 万元，核减工程造价 154 万元。

第六章　房地产业

第一节　房地产开发

一、房地产公司及开发楼盘

1991年，城北街道在洋边（新阳）开发房地产，均为一户一栋多层的楼房式。

1992年，福安市培育发展房地产市场，采取管住土地一级市场，对城关、赛岐及104国道两旁的土地实行预约、预征；放开经营二级市场，成立房地产交易市场中心，组建城南、城北、阳头、赛岐4个房地产开发公司，形成竞争局面；开展公房出售，加快房改步伐；制定优惠政策，鼓励集资建房、合作建房。为吸引外资投资，成立“中外合资福安房地产开发有限公司”，由澳门华达商行、香港泰发实业有限公司、福安市城南房地产开发公司、市外贸公司、市商品房开发公司共同投资。

1993年9月，福安市政府同意成立浙江温州宝立房产经营公司福安办事处。该办事处为首家外省客商来韩开发房地产的公司。

1994年，由菲律宾外商投资兴建阳头鹤祥新城，开始出售单元式商品房，创福安市单元式商品房销售之始。

1995年，日本国藤纪有限会社独资开发京都商业城。当年，全市竣工住宅面积2.6万平方米。

1996年，安居工程“阳春小区”动工建设公寓式住宅1000套。5月，秦溪洋教师“安居工程”（教师新村）开工建设200套单元房。

1998年，建成“安居工程”27、28号楼，总建筑面积8000多平方米。

2001年，阳头南湖坂地块启动建设金沙花园商品房。相继动工建设的还有阳头鸿辉小区、福星花园以及坂中桥头高尚住宅区等商品房建设项目。

2004年，城阳乡凯兴小区，阳头片区龙成锦江花园、鸿辉花园等商品房项目动工建设。秦溪洋商业步行街、南郊果蔬批发市场等项目完成主体工程。

2005年，建成城市（包括赛岐、穆阳、城阳乡等）商品房21.94万平方米，实现商品房交易备案金额2.12亿元。

1991—2005年，福安市有房地产开发公司29家，完成投资11.09亿元，建成商品房91.33万平方米，其中，住宅66.41万平方米，商业用房21.58万平方米，其他用房3.34万平方米。

表3—14　2000—2005年福安市房地产开发情况表

年份	房地产开发机构（个）	年度总投资（万元）	施工面积（万平方米）	竣工面积（万平方米）
2000	19	11217.53	13.52	7.24
2001	22	15635.69	14.35	11.65

续表 3—14

年份	房地产开发机构（个）	年度总投资（万元）	施工面积（万平方米）	竣工面积（万平方米）
2002	24	23221.45	17.23	15.85
2003	21	21576	27.39	8.87
2004	23	33982	45.90	18.56
2005	23	20477	29.17	21.94

二、房地产市场

（一）交易管理

1991 年，市房地产交易所为市房管局所属自收自支事业单位，实行“两块牌子，合署办公”，负责城镇房地产二、三级市场抵押、转移鉴证和管理工作。

1992 年，房地产交易 132 起，征收税费 21.6 万元。其中，房屋买卖 108 起，建筑面积 1.88 万平方米、交易金额 506.9 万元。次年，交易税费收入 39 万元。

1994 年 11 月，市政府规范整顿房地产市场秩序，成立“福安市房地产价格评估事务所”，为隶属市房管局的企业单位，由房管局及交易所有资质人员兼职。2000 年 11 月，按国家政策规定价格评估事务所脱钩改制。

2001 年，部分商品房市场存在销售商使用不规范合同文本，未取得预售许可证就开展广告宣传和销售、形同皮包公司等问题，市政府开展房地产市场的清理整顿工作。

2005 年，全市商品房销售建筑面积 17.89 万平方米，其中，住宅 15.36 万平方米，办公楼 5340 平方米，商业营业用房 1.64 万平方米，其他 3640 平方米；商品房销售额 3.95 亿元，其中，住宅 2.18 亿元，办公楼 1175 万元，商业营业用房 1.61 亿元，其他 400 万元。先后有正一、智宏、银德、园通（名实）、建融等评估机构进入福安市评估市场开展评估业务。

（二）契税管理

1991 年，市房地产交易所代征契税 8.3 万元。次年，代征契税 15.27 万元。1993 年，代征房产契税 20.27 万元。

2000 年，房地产市场回暖，代征契税 225.3 万元。2001—2002 年，代征契税 384.4 万元。

2003—2004 年，全市代征契税 2395.40 万元。

（三）买卖抵押监证管理

1992 年，全市房地产交易鉴证、评估总金额 970 万元。1993 年，全年房地产买卖、抵押、评估 554 起，鉴证、评估总金额 2134 万元。其中，买卖鉴证 98 起，建筑面积 1.33 万平方米，成交总额 236.42 万元；办理抵押 49 起，建筑面积 2.17 万平方米，评估价达 1239.13 万元。

1994 年，由于开发计划不当，盲目扩大，仅城区“三办二乡”开发土地 53.3 公顷，住宅用地比例占 85%，房地产市场饱和疲软状态。由东亚房地产公司开发的每套 74 平方米商品房原为 6.8 万元，后又降价 15% 出售，但仍少人问津。

2000 年，房地产市场回暖，买卖 1166 起、面积 3.41 万平方米，成交金额 1.67 亿元；房屋抵押

1494起，面积43.44万平方米，抵押额4.45亿元。

2001—2002年，全市房地产买卖1951起、面积37.04万平方米，成交金额2.94亿元；房屋抵押2037起、面积74.01万平方米，抵押额7.16亿元。

2003—2004年，房地产买卖3807起、面积66.64万平方米，成交金额10.21亿元；房地产抵押5181、面积179.35万平方米，抵押额23.88亿元。

1991—2005年，全市办理房屋买卖鉴证1.07万起，面积173.64万平方米，成交金额17.86亿元；房屋抵押鉴证1.19万起，面积454.19万平方米，抵押总金额50.83亿元。

（四）中介租赁管理

1992年，福安市开始办理房屋租赁业务。

2000年，办理房屋租赁103起，面积1.45万平方米，金额98.83万元。2001—2002年，办理房屋租赁845起，面积14.93平方米，金额726.43万元。2003—2004年，办理房屋租赁1737起，面积33.60万平方米。

1991—2005年，办理房屋租赁鉴证353起，面积4.32万平方米。

三、物业管理

1991年，福安市住宅小区尚少设立物业管理，多由业主自行管理。小区秩序不良，时有纠纷产生。

2000年，福安市根据《福建省物业管理条例》，对入住率达到法定数量的小区，建议成立业主委员会，市内部分居住小区开始成立业主委员会。同年，福安市成立康乐物业发展有限公司，开始管理安居小区，实行物业社会化管理。

2005年，福安市有资质的物业管理企业5家：康乐物业发展有限公司、居佳物业服务有限公司、永源联钦物业有限公司、华泰物业管理有限公司、乾泰物业服务有限公司，分别承担阳春小区、龙成锦江花园、鸿辉名仕花园、穿山路凯兴、金沙花园、闽东世纪城、金山大厦、华联冠后路等小区住宅物业管理业务。

第二节 房屋管理

一、房屋所有权登记

1991年7月，福安市房地产管理局成立土地所有权、房屋所有权办公室（简称“两权办”），对全市房屋和土地所有权进行登记发证，当年发证2103本。1992年，受理申请5116本、发放房屋所有权证1635本。1993年，全市城镇房屋发证累计受理申请17350户、发证8868户，当年受理发证5200户、发证2331本。1994年，市政府颁发《关于加快房屋所有权、土地使用权登记工作的通知》，发证范围由原来的六个建制镇，扩大到上白石、社口、潭头、溪尾、溪潭等建制镇建成区。

1997年4月，市区及建制镇建成区内房屋所有权、土地使用权登记基本结束，撤销“两权办”，房屋所有权、土地使用权登记发证工作转入房管局和土地局。次年8月，按建设部的要求，全市换发全国统一的房屋所有权权属证书。2000年，房屋产权发证1507户。2001—2002年，房屋产权发证5717户。2003—2004年，房屋产权发证4978户。2005年，房屋产权发证1267户。至此，全市房屋产权发证总户数达30819户。

二、房屋安全管理

1991年，福安市房屋安全管理为粗放式管理模式，主要以零星修缮为主。

1999年，市房管局对全市直属公房开展房屋安全鉴定。2003年4月，福安市依据《城市危险房屋管理规定》设立房屋安全鉴定所。当年，房管局、民政局联合对受台风侵袭房屋进行排查及安全鉴定，累计受灾房屋1000栋，政府组织抢救维修。

2005年，福安市完成房屋安全鉴定188栋。

三、城镇住房制度改革

（一）政策、法规

1991年，福安市住房制度改革领导小组负责全市住房制度改革工作。

1992年，市委、市政府发布《关于福安市住房制度改革实施意见的通知》。6月1日起开始实施，全市实行“租（统一租金标准）、售（出售公房）、建（集资建房）”结合，推进住房制度改革。公有住房租金从原来的每平方米0.063元上调到0.2元。

1994年，市委、市政府发出《批转市住房制度改革领导小组关于加强我市集资建房工作管理的意见的通知》，市政府发出《关于福安市干部、职工解困住宅建设的暂行规定》《关于批转福安市出售公有住房实施方案的通知》。

1995年，市政府发出《关于同意成立福安市住房资金管理中心的批复》《关于要求转报审批福安市城镇住房制度改革实施方案的请示》《关于印发福安市住房公积金管理暂行办法的通知》。第二年，又出台《关于停止城区规划区范围内的零星住宅建设审批的通知》《福安市深化城镇住房制度改革实施方案》。

1997年，市政府发出《福安市公有住房租金改革实施办法》《福安市已售公有住房与成本价衔接实施办法》。次年发出《关于印发福安市城镇住宅小区物业管理试行办法的通知》。

1999年，市住房制度改革领导小组公布《福安市集资建房管理实施细则》。市政府发出《关于印发福安市贯彻执行住房公积金制度的若干意见的通知》《福安市深化城镇住房制度改革加快住房建设实施方案》。第二年，住房制度改革领导小组更名为福安市住房制度改革委员会。市政府发出《市政府关于印发福安市已购公有住房和经济适用住房上市交易管理实施办法的通知》。

2004年，福安市住房制度改革委员会更名为福安市住房委员会。市政府发出《福安市先行解决离退休人员（含5.12）住房工龄补贴的实施意见》。

（二）公房出租出售

1991年，市房管局接管市直管公房。市直管公房分布于福安城关、赛岐、穆阳，总面积1.45万平方米。直管公房沿袭过去租住政策，每平方米每月仅收租金0.063元，租金难以养房。

1992年，房管局投入14.7万元，对中兴街公房楼店、财政局宿舍楼和赛岐、穆阳公产房进行维修翻建。6月1日起，公有住房租金每平方米每月上调到0.2元。

1996年，参照房改政策适当提高公房租金。全年有40个单位968套公房出售。其中30个单位、678户干部职工办理房屋所有权证。

2005年，市政府决定对损坏的房屋全部维修、拍卖或拆迁改造，审查批准57个单位出售公有住房、2285个家庭购买公房。至年末，市直管公房剩有建筑面积8885平方米，营业性房屋出售完毕。

（三）集资建房

1991年，福安市批准同意1个单位集资联建职工住房。

1992—2004年，批准同意集资联建住房单位59个，办理集资联建产权确认手续的单位43个、1023户。

2005年，办理集资联建产权确权手续的单位5个、157户。

1991—2005年，市政府审查批准60个单位组织干部职工集资建房，并给1180户确认产权。

（四）经济适用房建设

1995年，福安市开始组织实施“安居工程”项目。6月，成立“福安市安居住宅建设开发中心”。

1996年，福安市“安居工程”阳春小区项目动工建设。

1991—2005年，福安市建设“安居工程”项目37栋，有1058个家庭解决住房问题。

（五）住房公积金管理与住房改革工龄补贴

1. 住房公积金管理

1995年，福安市建立住房公积金制度，在全区率先出台《福安市住房公积金暂行办法》。

1996年6月，成立福安市住房公积金管理中心，是市住房公积金管理领导小组下设办事机构，对干部职工服务。

2000年，社口镇在全市乡镇中率先实行住房公积金制度。市住房公积金归集252个单位15451人，比1999年的8583人增加6868人，归集住房公积金1487万元，累计向238名职工发放住房公积金贷款320万元。

2001年，福安市归集住房公积金1544.78万元，发放住房公积金贷款1411万元；第二年，归集住房公积金2204.95万元，发放住房公积金贷款2484.2万元，支持1293户职工购买建造住房19.5万平方米。全市历年累计发放住房公积金贷款4216万元，支持2317户职工购建住房。

2003年3月，市住房公积金管理中心改为宁德市住房公积金管理中心福安办事处，各项业务直属宁德市住房公积金管理中心管理，负责承办职工住房公积金开户、缴存、提取和职工个人住房委托贷款。

2005年，全市330个单位累计归集住房公积金1.67亿元。

2. 住房改革工龄补贴

2005年，福安市开展离退休干部职工住房工龄补贴，对全市行政事业单位房改前已建有私房或房改中已购买公房（含参加集资建房），但面积未达到应享受面积以及2003年1月1日后逝世的离退休人员基本情况进行调查摸底和测算，并标有关规定分年度、分批办理房改工龄补贴。全市共审批132个单位699人，核发住房工龄补贴687.99万元。

（六）落实房产政策

1991年，市清理房地产领导小组办公室（简称“清房办”），系独立办事机构，属市委、市政府直接领导。6月，组织12个清房组对55个单位的清房工作进行调查，并抓重点案件查处，做到政策、自报登记、检查、处理“四公开”。全市完成997户干部清房检查工作，查处443户，依法没收非法建筑物21户、立案查处5户5人。

1993年，清房办划归市房管局管理。市清房办还负责有关房产政策的落实。福安市原系福安专区行政公署所在地，地、市机关、军队、企事业单位借占城关民房和街道拓宽共动用群众私有房282户、976间，面积 57002.3 平方米，其中，原地直机关借占用 78 户、530 间，面积 33341.77 平方米，但一直未妥善处理，属历史遗留问题。

至 2005 年，清房办落实发还原被借占用房屋 23 户，共发放补偿费 7 万元；交换面积不足给予经济补偿的 35 户、面积 3596 平方米，赔偿金额 21.04 万元。其中，韩阳镇 47 户，赛岐、溪尾、溪柄、城阳、社口、穆阳 6 个乡镇 11 户，包括台属、民主人士、科技人员、知识分子等。公地、公产被长期占用，经调查落实、清理出售 20 户，收回金额 4.69 万元。

第三节　机构

福安市房地产管理局

1991 年 5 月，福安市房地产管理所升格为市房地产管理局（以下简称“房管局”），为副科级行政管理机构，属市建设委员会管理。接收原市房地产管理所和房地产交易所工作人员。

1998 年 6 月，市房管局改为副科级事业单位。内设人秘股、市场管理股、产权产籍管理股、行业综合管理股。下辖房地产交易所、房地产价格评估事务所、房地产测绘队、安居住宅建设开发中心和民安房屋安全鉴定所。挂靠单位有住房制度改革办公室。

2001 年 12 月，根据建设部关于房地产评估中介机构改制精神，房地产价格评估事务所同房管局脱钩改制。

第四篇

交通 邮政 电信

JIAOTONGYOUZHENGDIANXIN

福安地处闽浙交通要道，是闽东的地理位置中心，海运、水运、陆运便捷，有连接线与福宁高速相接。境内高速公路长59.45千米，104国道、301省道、302省道分别过境福安，境内总长217.56千米；市内乡道四通八达。赛江素有黄金水道之称，近海航道61.1千米；赛岐白马港已建成100～3000吨客货码头23个并对外轮开放，5000吨级货轮可乘潮抵下白石，赛岐港被定为外贸货物装卸点。温福铁路在湾坞设有站点、并已开工建设。福安市作为闽东地区交通枢纽的主体地位初步确立。

1991年，邮政、电信合营，同属福安市邮电局。1998年10月，邮政、电信分营，福安市邮电局分解为福安市邮政局和电信局。此后，邮政、电信发展进入鼎盛期，业务不断拓展，服务网点遍布城乡，并逐步与国际化接轨，办公实现微机化，服务水平不断提高。邮政业务总量每年保持两位数的增速，电信业务收入自2000年起持续保持年亿元。

第一章 交通

第一节 公路建设

一、高速公路

（一）福宁高速福安段

2000年2月24日，福（安）宁（德）高速公路福安段开工仪式在福安市下白石镇斗门头村举行，6月，福宁高速公路福安段正式动工建设。该路段东起福安溪尾与霞浦盐田交界处，西至福安下白石南浦，途经溪尾、湾坞、下白石3个乡（镇）。福宁高速公路全长141.16千米，其中福安段长27.8千米。分离式路基宽11.5米、整体式路基宽24米，采用汽车－超20级、挂－120标准建设，设计行车时速80千米，用地244.57公顷；拆迁房屋面积近3万平方米，新建安置点10个，安置拆迁户185户，拆迁杆线482根。设隧道2座，总长2706米，特大桥2座、总长2003.36米，大桥5座、总长1019.02米，中小桥13座、总长712.6米，人行天桥1座，长40米。设下白石互通1处，湾坞复合互通1处，福安（溪尾）服务区1处，收费站1个（下白石）。建设概算9.83亿元。

下白石特大桥合龙（2003年）

2003年3月16日，福宁高速公路福安段下白石特大桥顺利合龙。6月28日，福宁高速公路全线通车，福安段下白石互通口正式投入使用。

2004年，福宁高速公路福安段下白石特大桥7号墩墙式基础研究成果获福建省科技进步二等奖、宁德市科技进步一等奖，公路边坡锚固支护技术研究获中国公路学会科技三等奖。

（二）福宁高速公路福安连接线

1998年6月22日，福宁高速公路福安连接线“三通一平”开工典礼举行。连接线全长31.65千米，其中，隧道2座，总长2086米；特大桥2座，总长1423.52米；大桥5座，总长1183.77米；中小桥23

座，总长1057.39米；人行天桥1座，长78.94米。全线采用山岭重丘区一级公路标准建设，设计行车时速60千米，双向四车道，整体式路基宽22.5米。连接线南起福宁高速公路福安（湾坞）互通，北终至福安市坂中畲族乡江家渡村，与104国道连接，途经湾坞、赛岐、溪柄、坂中等4个乡镇，设湾坞、赛岐互通2处，湾坞、赛岐、福安收费站3个，采用全立交、全封闭控制出入管理，按全封闭的收费公路建设。福宁高速公路福安连接线征地246.03公顷，拆迁房屋面积5.43万平方米，新建安置点8个、安置拆迁户289户，迁移坟墓4053座，拆迁光缆10多处，拆迁杆线300余根。

2000年12月30日，福宁高速公路福安连接线动工仪式在赛岐镇狮子头村举行。2001年3月1日，狮子头特大桥动工。福安市成立福宁高速公路福安连接线投资发展有限公司为业主单位，独立融资、招标、建设、还贷，初步设计概算部批金额为7.14亿元。9月15日公司法人代表与中国水利水电总公司代表签订福安连接线A3标段路基承建合同，标志着福安连接线5个路基标段工程全线展开。

2002年2月4日，A5标段白沙隧道贯通。3月，福宁高速公路福安连接线工程施工建设管理转由宁德市高速公路指挥部全面负责，并入主线管理。福安市高速公路指挥部仅负责高速公路福安段及福安连接线有关征地拆迁和地方民事协调工作。

2003年5月，A1、A2、A5三个标段路基完工提交路面施工。9月，A3、A4标段路基完工提交路面施工。2004年8月，徐江隧道贯通。2005年6月26日12时，福宁高速公路福安连接线正式通车，总投资11.16亿元。

二、国道104线

1991年，福安市境内有国道1条，即G104（起点为黑龙江省同江市、终点为海南省三亚市，故又称同三线）。104国道福安境内起于与柘荣县交界的上白石镇郑家山村，途经上白石镇财洪村，潭头镇东昆村，城阳乡湖塘坂、白塔、溪东、岩湖村，市区和城阳乡，溪柄镇，赛岐罗江村，终于甘棠镇眉洋村，全长82.68千米。

1992年4月24日，福安市委、市政府做出改建国道的决定，并开始筹备工作。同年6月，拓宽改造市区至溪柄黄澜村段国道；8月，福建省委、省政府提出“先行工程”。10月，决定104国道福建段按二级公路路面先行拓宽改造为12米，与福州和国道324线连接，以促进区域经济发展，推动闽东经济全面振兴。12月25日，福安市境内104国道改建首期工程在溪口桥正式动工。1993年1月9日，福安市委召开会议，专题研究部署104国道拓宽改造有关问题，28日，成立104国道改建工程总

104国道福安段拓宽改建通车典礼（1995年）

指挥部，由政协副主席许学文担任总指挥。为加快建设进度，采取公路改造的拆迁用地允许边征边用边报，公路用地可以先征后报的特殊政策。

改造工程分两期。1994 年 10 月以前动工的为第一期“先行工程”，改造城阳乡湖塘坂村至甘棠镇上塘村的交通繁忙路段，长 24.93 千米；1994 年 11 月以后动工的为第二期，全长 58.65 千米。整个改建过程中新线路段 5 条，总长 14.2 千米。其中，甘棠镇茶叶站至闽东赛岐经济开发区东山新线 2.8 千米，溪柄镇王河新线 0.8 千米，潭头乡东昆新线 5.4 千米，赛岐镇宅里新线 2.84 千米，城阳乡岩湖新线 2.48 千米。第二期工程分三个阶段进行：第一阶段为路基拓宽改造。1994 年 11 月 13 日，召开 104 国道福安段全面改造千人誓师大会，成立 104 国道改建领导小组，市委书记陈必滔任组长，市长康建民、市人大常委会主任林青任副组长，市委副书记阮玉铃任总指挥。设立上白石、潭头、城阳、溪柄、赛岐镇、赛岐开发区、甘棠、下白石镇 8 个分部，当天在上白石镇举行开工典礼。1995 年 1 月 10 日完成路基拓宽改造。第二个阶段为路面铺设，自 1995 年春节后开始至同年 7 月转入路面铺灌为第三阶段，1995 年 9 月 21 日工程全线完工。工程建设期间，福安市发动全民捐款，沿线乡村群众积极支持，全线共征地 70.18 公顷。1995 年 11 月 5 日，104 国道福安段通车剪彩仪式在溪口桥举行。同月，104 国道福安拓宽改造段经省验收组验收评为合格工程。1996 年，104 国道文明样板路建设通过交通部验收。

全面完成拓改建设后，104 国道福安段全长 82.68 千米，大部分路段均按照二级公路标准改造，仅城阳乡湖塘坂村至上白石镇郑家山村段为三级路，总投资 1.94 亿元。

三、省道

（一）霞大线（S301）

霞大线福安境内起于松罗乡叶洋村，途经溪柄镇，阳头街道阳尾（泉）村，城南街道南湖村，城北街道东风村、后垅村、前进村，城阳乡岩湖村、湖塘坂村，社口镇竹工板村，终于社口镇茶科所，全长 71.89 千米。其中溪柄镇车站至城阳乡湖塘坂村与 104 国道重复 31.13 千米。该路段始建于 1955 年，原为四级至三级公路。1999 年城阳湖塘坂村至社口镇茶科所段 12 千米列入国防交通战备公路项目，按照二级路标准进行水泥路面改造，至 2001 年共投入 1.6 亿元完成全线改造。

（二）下浦线（S302）

下浦线福安境内起于下白石镇，途经甘棠镇，赛岐镇罗江村，溪潭镇陈家山村、洪口村、溪填村，康厝畲族乡上村村、初处村、石尖村，终于周宁交界处，全长 61 千米。其中，甘棠镇至赛岐镇罗江村与 104 国道重复 7.39 千米。该路段始建于 1955 年，原为四级至三级公路。其中，下白石镇至甘棠镇路段全长 15.60 千米，全线为标准三级公路。1987 年 2 月，拓宽部分地段路基路面，降低纵坡、加宽弯道，并将原砂石路面改为四级渣油路面。1999 年，宁德市政府提出“建设 1.5 个小时经济圈”。赛岐镇罗江村至周宁牛岭界段 38.5 千米，是福建省和宁德市重要经济交通干道，按照二级路标准进行水泥路面改造，路基拓宽至 12 米，路面 9 米，工程造价 7696 万元，拆迁房屋 231 栋，16512 平方米，征地 11.3 公顷。至 2001 年全线完成改造。

四、县道

（一）市通乡（镇）公路

1991 年，福安市共有 8 条通乡（镇）公路（即县道），总里程 236.3 千米。除国、省道外，均于 1997 年前后按四级标准进行柏油路改造，实现通乡公路路面沥青化。2002 年，福泰（福安上白石至浙江泰顺）公路福安境内长 17.85 千米，按山岭重丘区三级公路标准改造，总投资 3534 万元。

2005 年 6 月，由于大部分通乡（镇）公路经数年使用和台风暴雨侵蚀，破损十分严重，福安市政府进行县级公路改造工程，累计投入 4135 万元。其中，福安市本级投入 1152 万元，启动赛湾溪线、社晓线公路三级标准改造。赛湾溪公路起于赛岐镇 104 国道接口，途经马头、湾坞至溪尾，全长 38.5 千米。社晓公路从社口镇枫湖线接口，途经坦洋，至晓阳镇龙洋、下南溪村，全长 32 千米。

（二）乡镇通村公路

1991 年，福安市乡村公路基本为四级或无等级泥结路，路宽窄、路面结构差，等级低。1994 年 10 月，为纪念闽东苏维埃政府成立 60 周年，投资 140 多万元铺设的闽东第一条乡村柏油公路——柏柱洋公路建成通车。柏柱洋公路从溪柄镇驻地至楼下、斗面村，长 13 千米。

1996 年，全市多渠道增加基础设施建设投入，新开通 27 个行政村公路、125 千米，全市行政村通路率达 89.9%。

1997 年，福安市全面开展修建行政村“小康路”活动。至 2002 年，修通村公路 1125 千米。

2003 年，福建省政府实施“年万里农村路网建设工程”，福安市 316 个行政村总长 1030 千米公路建设改造列入福建省交通厅通村公路项目库，对建制村通村公路建设给予补助。每修通 1 千米、经验收合格，省级补助 12 万元。2005 年，调整为每千米补助 15 万元、宁德市级补助 2 万元，福安市财政又配套补助 2 万元。

2004 年，全市完成通村公路建设里程 63.5 千米。

2005 年，福安市完成通村公路建设里程 144.5 千米，获得全省农村路网建设评比第三名。全市通村公路总里程达到 2490 千米，完成硬化路面 286 千米。

表 4—1　2005 年福安市公路线路一览表

名称	级别	境内起讫	等级	路面结构	全长（千米）	路基宽（米）	路面宽（米）
G104 京福线	国道	郑家山—眉洋岭	二级	水泥混凝土	85.18	12	9
S301 霞大线	省道	叶洋—社口	三级二级	沥青、水泥混凝土	73.9	12	9
S302 下浦线	省道	下白石—石尖	二级	水泥混凝土	61	12	9
X943 犀上线	县道	枫树岔—财洪	四级	泥结碎石、沥青路面	47.2	6.5	5
X951 福穆线	县道	福安—穆阳	四级	沥青路面	25.37	6.5	6
X952 社凤线	县道	社口—（寿宁）凤阳	四级	沥青路面	30.3	6.5	5
X953 黄后线	县道	黄兰—后太	四级	沥青路面	9.64	8.5	7
X954 赛盐线	县道	赛岐—（霞浦）盐田	四级	泥结碎石 沥青路面	48.7	6.5	5
X955 溪梧线	县道	溪潭—（周宁）玛坑界	四级	沥青路面	20.9	6.5	5
X957 城潭线	县道	湖塘—潭头	四级	沥青路面	7	6.5	5
X962 柘福线	县道	福安城关—柘荣城关	四级	沥青路面	23	6.5	5

续表 4—1

名称	级别	境内起讫	等级	路面结构	全长（千米）	路基宽（米）	路面宽（米）
Y601 松溪线	乡道	松罗—溪尾	四级	沥青路面	24.1	6.5	5
Y602 晓康线	乡道	晓阳—康厝	四级	泥结碎石 沥青路面	31.4	6.5	5
Y603 石甫线	乡道	下白石—南甫	四级	泥结碎石	29.2	6.5	4.5
Y604 康赤线	乡道	康厝—赤路	四级	泥结碎石	21	6.5	4.5
Y605 仙化线	乡道	仙溪—化蛟	四级	泥结碎石水泥混凝土	23.8	6.5	4.5

五、专用公路

（一）疏港公路

下白石至甘棠疏港公路（甘下线）始建于 1975 年，全长 15.3 千米，为三级泥结碎石路面。1996 年，拓宽改造。1997 年，全线进行沥青硬化。2004 年，福安市投资 2400 万元，按二级公路标准对该路进行水泥硬化。

2005 年，湾坞乡湾坞至半屿疏港公路启动建设。

（二）战备公路

2001 年，枫湖线列为国防交通战备公路，为福建省十条交通战备入闽通道之一。该线自城阳乡湖塘坂经社口镇，通往寿宁县，亦属 S301 省道段，福安境内全长 14.1 千米。

（三）福建大唐国际宁德发电公司专用公路

2005 年，福建大唐国际宁德发电公司专用公路按照二级路标准开始修建。始自湾坞乡高速公路收费站至该乡龙珠村，全长 7 千米，路基宽 12 米、水泥路面宽 12 米，总投资 5800 万元。同步开工的有专用公路半屿隧道，全长 280 米。

六、桥梁隧道

（一）桥梁

1991 年，福安市县、乡、村道路桥梁共有 151 座，其中，大桥 8 座，中桥 45 座，小桥 98 座。

2005 年，福安市县、乡、村道路桥梁共有 170 座，其中，大桥 18 座，中桥 45 座，小桥 107 座。

15 年间，福安市新（改）建桥梁 34 座。

表 4—2　1991—2005 年福安市新（改）建桥梁一览表

桥梁名称	位置	所属公路名称	动工年月	结构类型	孔数（个）	最大跨径（米）	全长（米）	桥面宽（米）	荷载		竣工年月
溪口大桥	福安城区	—	—	—	—	—	95.45	7	—	—	1991.1
赛岐大桥	赛岐镇	京福线	1988.6	预应力 T 构悬拼	11	70	487.86	12	汽 -20	挂 -100	1991.8
填下桥	社口镇填下村	枫岭线	—	石拱桥	2	48	102	5.5	汽 -10	履 -50	1992.5

续表 4—2

桥梁名称	位置	所属公路名称	动工年月	结构类型	孔数（个）	最大跨径（米）	全长（米）	桥面宽（米）	荷载		竣工年月
溪口大桥	社口镇溪口村	社溪线	—	石拱桥	3	40	158	6.5	汽 -10	履 -50	1992.6
龟龄大桥	社口镇龟龄村	秀龟线	—	石拱桥	2	50	127	5.5	汽 -10	履 -50	1992
黄兰溪大桥	晓阳镇	社晓线	—	石拱桥	1	50	86	—	汽 -10	履 -50	1993.6
渔溪洋桥	潭头镇渔溪洋村	—	—	石拱桥	2	25	50	—	汽 -10	履 -50	1994.4
福安桥	福安城区	京福线	—	石拱桥	1	27.5	46.5	24	—	—	1995.12
南岸大桥	坂中畲族乡南岸村	长东线	—	石拱桥	2	50	138	5	汽 -10	履 -50	1996.3
港边桥	甘棠镇港边村	下浦线	—	钢筋混凝土	3	14	45.4	12	—	—	1996.4
坑坪桥	潭头镇坑坪村	—	—	空心板桥	1	25	35	—	汽 -10	履 -50	1997.9
钱塘桥	溪尾镇	赛盐线	—	空心板桥	4	15	80		汽 -10	履 -50	1997.9
秀庄大桥	潭头镇秀庄村	秀建线	—	石拱桥	3	50	196	4.4	汽 -10	履 -50	1997.11
大庄大桥	潭头镇大庄村	大庄线	—	石拱桥	3	48	168		汽 -10	履 -50	1997.11
金潭大桥	—	长金线	—	石拱桥	1	52	82	6	汽 -10	履 -50	1998.1
溪坪桥	社口镇溪坪村	社凤线	—	石拱桥	2	20	52	3.5	汽 -10	履 -50	1998.4
群益大桥	福安城区	—	1996.8	钢管混凝土中承式单圆管肋拱桥		46	—	18	—	—	1998.6
梧溪桥	康厝畲族乡梧溪村	下梧线	—	石拱桥	1	20	42	4.5	汽 -10	履 -50	2000.10
龙潭面桥	溪柄镇龙潭面村	溪龙线	—	石拱桥	4	10	41	3.5	汽 -10	履 -50	2001.6
南郊桥	福安城区	—	2000.9	石拱桥	—	—	40	—	—	—	2002.1
湖塘坂桥	城阳乡湖塘坂村	霞大线	—	预应力 T 构悬拼	9	30	375.74	12	—	—	2002.7
南湖大桥	福安城区	—	2000.10	—	—	—	—	—	—		2002
溪尾特大桥	溪尾镇下杞湾村	福宁高速	2001.4	—	—	—	1003.76	—	—	—	2003.1
下白石特大桥	湾坞乡马头村、下白石镇后村	福宁高速	—	四桥预应力混凝土连续刚构桥	—	—	999.6	—	—	—	2003.3
龙新桥	溪柄镇	—	—	空心板桥	2	10	32	—	汽 -10	履 -50	2003.4
观里村前桥	甘棠镇观里村	—	—	空心板桥	2	20	50	—	汽 -10	履 -50	2004.6

续表 4—2

桥梁名称	位置	所属公路名称	动工年月	结构类型	孔数（个）	最大跨径（米）	全长（米）	桥面宽（米）	荷载		竣工年月
沙坑大桥	上白石镇沙坑村	上园线	—	石拱桥	3	45	168	5	汽-10	履-50	2004.12
溪南大桥	溪柄镇溪南村	霞楼线	—	石拱桥	5	20	128	6.5	汽-10	履-50	2005.6
建柄大桥	潭头镇建柄村	大建线	—	石拱桥	7	20	170	6	汽-10	履-50	2005.11
云淡1号特大桥	下白石镇大获村、南浦村与蕉城区云淡村交界处	福宁高速	—	—	—	—	2432	—	—	—	—
狮子头特大桥	赛岐镇狮子头村	福宁高速福安连接线	2001.3	—	—	—	914.52	—	—	—	—
浦后大桥	溪柄镇浦后村	福宁高速福安连接线	2001.10	预应力混凝土T梁	—	—	318.625	—	—	—	—
江家渡大桥	坂中畲族乡江家渡村	福宁高速福安连接线	—	—	—	—	509	—	—	—	—
下塘特大桥	湾坞乡下塘村	福宁高速福安连接线	—	—	—	—	411.94	—	—	—	—

（二）主要隧道

吴楼隧道　属福宁高速公路隧道，位于下白石镇大获村吴楼，全长1300米。2003年6月28日建成通车。

湾坞隧道　属福宁高速公路隧道，位于湾坞镇湾坞村，左线隧道长1147米，右线隧道长1148米。2003年6月28日建成通车。

徐江隧道　属福宁高速公路福安连接线隧道，全长1150米，位于湾坞乡湾坞村东北部锅盖梁山，走向为东南向西北方向穿过锅盖梁山，上下分离的四车道一级公路隧道。最大埋深约220米，湾坞端洞口设计高程40.06米，福安端洞口设计高程56.08米。2003年8月19日开工建设，2004年8月贯通，2005年6月26日通车。

白沙隧道　属福宁高速公路福安连接线隧道，位于溪柄镇白沙村，全长938米。2005年6月26日通车。

七、汽车站

（一）福安客运站

1991年，福安客运站系宁德地区汽车运输集团公司下属单位，地处城区南郊104国道旁，占地面积1.58万平方米，是经福建省交通厅审定的“二级客运站”。2000年，宁德撤地建市，属宁德市汽车运输集团公司。

2005年，客运站正式职工135人，退休职工23人。营运客车367辆、营运线路58条，日发班车774.5次，行程2.44千米，日均运送旅客9千多人次。班车所达目的地北至北京、天津、南京、济南、上海、杭州，南抵南宁、广州、珠海、深圳、汕头；西达郑州、西安，形成快捷、高效的运输网络。连续三届被宁德市委、福安市人民政府授予文明单位。

福安汽车客运站（1997年）

（二）福安城北汽车站

城北汽车站地处福安城区北侧，104国道与福（安）穆（阳）公路交接处，占地面积8658平方米。1996年1月，城北汽车站投入营运使用，由福安市交通局、城北办事处、前进村委联合管理，开通穆阳、社口、晓阳、上白石、范坑等线路。1997年，完善二期工程。2000年，宁德撤地建市，该车站系宁德市汽车运输集团公司的下属单位。是经福建省运输管理所核定的“四级客运站”。

2005年，城北汽车站有职工20人，营运车辆74辆，营运线路13条，日发班班244次，行程532千米，日均运送旅客3000多人次。班车运营线路覆盖城区周边乡镇及寿宁、周宁的部分乡镇，基本形成以市区为中心、四通八达的客运网。

（三）乡镇车站

1991年，福安市乡镇车站除赛岐运输站是县级站外，还有分站、乡站或代办点13个。

1997年，完善上白石、溪柄、甘棠车站停车场，兴建社口停车场。2003年5月，赛岐客运站迁址距离牛兜环岛百米余的繁华地段，占地面积8360平方米。

2005年，全市有乡镇客运站7个：赛岐客运站（3级站），下白石（5级站），范坑、晓阳、穆云、溪潭、溪尾均为简易站。赛岐客运站有职工26人，日进站客运车辆104辆、营运线路9条，日发班车300多班次，日均运送旅客3000多人次。

第二节　温福铁路

一、铁路设计预算

2004年9月21日，福安市委、福安市政府成立“福安市温福铁路福安段建设领导小组”，协助铁道部、省政府以及宁德市铁路建设指挥部开展前期工作。温福铁路北起浙江省温州市、南至福州终点站，全长 298.4 千米，为国家一级干线、双线电气化铁路。建成后可开行时速 200 千米旅客列车。温福铁路福建境内 229.12 千米，宁德境内 144.77 千米，福安境内（福安段）25.01 千米。线路走向福安市东起溪尾镇，途经湾坞乡、西至下白石镇。福安境内设有桥梁 4 座，隧道 6 座。温福铁路福建境内投资 128.9 亿元，其中福安市境内（福安段）预算投资约 15 亿元，建设工期计划 4 年半。

2005 年 8 月 4 日，福安市温福铁路福安段建设指挥部成立，标志着温福铁路福安段正式动工建设。9 月 7 日，完成湾坞特大桥、白马河特大桥两处控制性工程所有征用土地、房屋的丈量，地面附着物的清点和拆迁安置地选址。

二、铁路桥

温福铁路福安段设桥梁 4 座，全长 2194.88 米。

1. 白马河特大桥。起于福安市湾坞乡马头村、横跨白马河，至下白石镇后村，桥长 821.88 米。2005 年 10 月，白马河特大桥 8 号、30 号、32 号桥墩开工建设。桥梁建设采用最新重约 1800 吨、64 米梁造桥设备以及重约 3200 吨 64 米单孔梁和五跨钢构连续梁二项新技术。

2. 宫兜大桥。桥长 397 米。2005 年 12 月，动工建设。

3. 上村中桥。桥长 226 米。2005 年 12 月，动工建设。

4. 湾坞特大桥。桥长 750 米。2005 年完成设计。

三、铁路隧道

温福铁路福安段设隧道 6 座，全长 11464 米。其中，官岭尾隧道是跨县隧道，长 2599 米（其中霞浦段 1300 米、福安段 1299 米）；溪尾隧道，长 1606 米；山顶岩隧道，长 3693 米；天池山 1 号隧道，长 2927 米；马头山 1 号隧道，长 311 米；马头山 2 号隧道，长 328 米。

2005 年 12 月，温福铁路（福安段）官岭尾隧道出口、溪尾隧道进出口、山顶岩隧道进口开挖。

四、火车站

福安火车站位于湾坞乡温福铁路 DK184+706 处，距福安市区约 33 千米，车站按业务性质为客货运三等站。设有 5 条到发线、预留 2 条，2 个站台、1 个地下通道。车站站房设计为二层建筑，总建筑面积 3114.94 平方米、候车室面积 825.89 平方米，最多可容纳 500 人。售票厅面积 111.17 平方米，客运部办公面积 181.84 平方米，行政办公面积 116.22 平方米；休息室面积 150.12 平方米，行车室 21.23 平方米。

2005 年 12 月 24 日，福安火车站正式开工建设。

福安市温福铁路（福安段）建设指挥部成立（2005 年）

第三节 水路

一、航道

福安市境内海、河、溪相连，长溪水系纵贯全境。长溪流域面积5638平方千米，主干支流总长433千米，为福建省五大水系之一。福安流域内共有五大航道，分别为交溪航道、穆水溪航道、茜洋溪航道、赛江航道、白马港航道。

（一）交溪航道

交溪（古名长溪）由东溪、西溪汇集而成。东溪从上白石镇入境、西溪从社口镇入境，两溪在湖塘坂交汇南下，绕城区，经化蛟、黄澜，于扆山与茜洋溪相会，继续南行到达三江口。交溪航道长82.3千米，最狭处26米、最宽处200米，除濑滩外，水深一般在3米以上。全程分为三段：三江口至黄澜15千米为下段，河床以泥沙为主，受潮汐影响，通航能力较强，可乘潮行驶20吨以下船只；黄澜至化蛟4千米为中段，河床以卵砾沙为主，属感潮区，可通行4吨以下船只；化蛟以上为上段，东溪至上白石沙坑、西溪至社口，均为卵砾沙质河床，航道蜿蜒曲折，流急滩多，仅可通行1吨以下小船。

（二）穆水溪航道

穆水溪源自政和县东南界麻岭，过周宁界由康厝畲族乡入境，经穆阳、溪潭、洪口，抵三江口。境内全长46.4千米，实测最大流量每秒3800立方米，最狭处20米，最宽处200米。除濑滩外，水深一般在2米以上。穆水溪航道总长22.4千米，按通航吨位大致可分为两段：上段洪口至穆阳15.4千米，卵砾沙质河床，可通1吨以下小溪船；下段洪口至三江口7千米，为感潮区，河床以泥沙为主，可通40吨以下船只。

（三）茜洋溪航道

茜洋溪源自柘荣县，上游两支流分别由溪柄镇坑口、横坑村入境，流至扆山村前汇入交溪。全长20千米，溪小滩多，枯水期部分地段河床裸露，境内航道里程1.9千米，仅北山以下可通航，可行5吨以下小船，航程较短、航运价值不大，现有4个渡口：曲濑、溪南、甲厝、北山。

（四）赛江航道

航道起自交溪、穆水溪、茜洋溪的汇流处三江口，穿过赛岐港区达白马门，与沿海东、西向航道相接，总长35.3千米。从赛岐至甘棠镇的国泽村为赛江、长8.3千米，国泽至白马门为白马河、长27千米。赛江航道低潮水深2米左右，锚地水深4米左右，1500吨级轮船可乘潮进港；白马河航道水深在6.40米，锚地水深8米以上，5000吨级货轮可乘潮抵下白石。

（五）白马港航道

出白马门往东，是经浮溪、下邳、溪邳至溪尾的航道，长35.3千米、200吨级轮船可随潮进入溪尾。出白马门往西，经尾、畲斗坑、北斗都、福屿，通宁德八都航道。福安境内长25.8千米，千吨级轮船可随潮进入蕉城区的漳湾。

二、港口码头

（一）赛岐港

赛岐港在交溪、穆水溪和茜洋溪汇合的三江口下游，港区四周环山，形成天然屏障，极利避风。且岸线顺直，出口可直抵三沙湾。

赛岐港居于闽东中心位置，为闽东水陆交通枢纽，港区公路四通八达，处在国道 104 线和省道小浦公路交叉线上。该港属正规半日潮港，最大潮差 8.38 米，最小潮差 1.94 米，平均潮差 5.35 米，风和雾极少。陆路距福安市区 26 千米，距宁德市区 55 千米，距省会福州市 179 千米，距政和县 189 千米，距下白石港口作业区 24 千米。水路连通全国主要港口，可北通上海、南通、温州，南达福州、厦门、广州和香港，历史上曾与台湾、大连有过通航。水路距上海港 438 海里，距温州港 158 海里，距福州马尾港 94 海里，距沙埕港 92 海里，距三沙港 74 海里，距三都港 27 海里，距香港 554 海里，距台湾的基隆港 173 海里。

赛岐港是闽东地区的主要港口和主要物资集散地，经济腹地广阔，包括福安、寿宁、周宁、柘荣四县（市）及政和、松溪的一部分。赛岐港进出口物资种类多样，进口物资主要有煤、钢材、石油、化肥、水泥、粮食、食盐和日用工业品，出口主要是矿石（黄沙）、钢坯、木材、农副产品。

赛江港区包括赛岐港、白马港区，设置白马门、下白石、林炉里、赛江等 4 个作业区。

赛江港区有大小码头 23 个，其中港务公用码头有 500 吨级泊位 2 个，300 吨级泊位 1 个、中石油千吨级油品码头 1 个，正丰等公司建设的千吨级专用码头 5 个，下白石作业区 3000 吨级公共泊位 1 个。福建大唐国际宁德发电有限责任公司 5 万吨级卸煤专用码头 1 和湾坞专用码头 1 个。

（二）白马港

白马港地处福安市下白石镇，是海峡两岸港口群的重要组成部分，以大中型深水港口的资源优势，发展成为散杂货、通洋集装箱运输、对台交通旅游客运的新兴港口。

1991 年 4 月 23 日，下白石 3000 吨级杂货码头在完成“三通一平”陆地回填等前期工程后正式开工，设计泊位长 129 米、宽 20 米。1994 年建成试投产，前沿最低潮水位在 7.5 米以上，最大靠泊能力 5000 吨；占地面积 2 公顷，仓库面积 1730 平方米，堆场面积 12000 平方米，港口配备 35 吨轨道式门机 1 台，25 吨吊机 1 台，16 吨电动轮胎吊 2 台，其他作业机械 10 余台。

1997 年，经国务院批准，白马港作为宁德三都澳港的港区部分，正式对外国籍船舶开放，为国家一类口岸。2000 年 6 月 16 日，白马港航道通过福建省交通厅验收。11 月 9 日，交通部批复同意白马港区正式对外国籍船舶开放，成为闽东第一个对外国籍船舶开放的港口。

2001 年 6 月 20 日，下白石 3000 吨级杂货码头工程通过省级验收。同年 11 月，下白石白马港牛头山砂石码头建成运行。该码头由日本升株式会社、台湾富国新股份公司、闽东赛岐经济开发区合资，投入资金 2600 万元，建成 2 个万吨级泊位、3 条砂石运输带和 1 条日产 3000 吨的碎石加工流水线以及堆场等。

2005 年 12 月，在原码头下游又建成一座 5000 吨级战备码头，建筑面积 1.2 万平方米。

（三）陆岛交通码头建设

下白石杂货码头　1991 年 2 月，下白石杂货码头动工建设，1994 年建成。设计泊位长 129 米，宽 20 米，前沿最低潮水深 8.5 米，泊位 3000 吨，年吞吐量 20 万吨，投资规模 1400 万元。

白马码头　位于下白石镇。1996 年，码头动工兴建，1999 年竣工，总投资 900 万元，其中中央拨款 450 万元，省拨款 90 万元，地方自筹 360 万元，泊位 500 吨。

半屿码头　位于湾坞乡半屿村。1996 年，半屿码头动工兴建，2000 年竣工投入使用，总投资 600 万元，其中中央拨款 300 万元、省拨款 60 万元、地方自筹 240 万元，泊位 300 吨。

六屿客运码头　在福安市南部白马河口下段，距下白石镇区3.5千米，离大陆最近点0.5千米。2001年，六屿客运码头动工建设，2005年竣工投入使用，总投资800万元，其中中央拨款400万元省拨款120万元、地方自筹280万元，泊位200吨。

甘棠坪客运码头　在福安市甘棠镇南门村外。2001年，甘棠镇甘棠坪客运码头开工建设，2005年建成使用，泊位200吨。

表4—3　1991—2005年福安市陆岛交通码头建设情况表

年份	码头名称	泊位吨级（吨）	投资额（万元）				完成年份
			合计	中央	省	地方自筹	
1991—1994	下白石杂货码头	3000	700	700	—	—	1994
1996—2000	白马码头	500	900	450	90	360	1999
	半屿码头	300	600	300	60	240	2000
2001—2005	六屿客运码头	200	800	400	120	280	2005
	甘棠坪客运码头	200	—	—	—	—	2005

三、渡口

福安地处闽东河海交汇处，通航水域广阔，溪流交错、岛屿众多，因而渡口数量多。1990年年底，全市共有渡口59处，渡船89艘。1999年，渡口存废和渡船更新改造必须经市人民政府批准；当年，福安市批准使用的渡口有83处，渡船96艘。

2005年，福安市有渡口57处，其中，内河地方水域渡口39处，沿海国家水域渡口18处，内河地方水域渡口中，渡口硬化6处，有自然坡岸28处，渡口建有风雨候渡亭4处，立《渡口安全守则》碑20面。渡船56艘，其中，由木船更新改造的钢质挂浆机动船32艘，木质渡船24艘。

表4—4　2005年福安市内河渡口情况表

单位：米

序号	所在地	渡口名称	渡口情况		
			航线起止	航程	码头状况
1	范坑乡	墩头渡口	墩头—杞坪	60	自然坡岸式
2	上白石镇	圆潭渡口	圆潭—对岸	70	自然坡岸式
3		沙坑渡口	沙坑—周厝	100	自然坡岸式
4	上白石镇	溪兜渡口	溪兜—对岸	60	自然坡岸式
5		财洪渡口	财洪—下坪仔	100	自然坡岸式

续表 4—4

序号	所在地	渡口名称	渡口情况		
			航线起止	航程	码头状况
6	潭头镇	建柄渡口	建柄—104 国道	120	自然坡岸式
7		潭头渡口	潭头—104 国道	220	阶梯式
8		大庄渡口	大庄—104 国道	150	自然坡岸式
9		东昆渡口	东昆—风湾	100	自然坡岸式
10		湖塘渡口	湖塘—湖湾	100	自然坡岸式
11	社口镇	龟龄渡口	龟龄—枫湖公路	130	自然坡岸式
12		沙溪渡口	沙溪—吴厝下	120	通道硬化
13		填下渡口	填下—枫湖公路	110	自然坡岸式
14	坂中畲族乡	长团头渡口	长团头—下梨坑	100	自然坡岸式
15		长汀渡口	长汀—白塔	200	自然坡岸式
16		渡船头渡口	渡船头—阳上	105	自然坡岸式
17		亭兜渡口	亭兜—阳泉	150	阶梯式
18		江家渡口	江家渡—104 国道	130	通道硬化
19		柳堤渡口	柳堤—铁确	104	自然坡岸式
20	阳头街道	阳上渡口	阳上—渡船头	150	自然坡岸式
21		阳泉渡口	阳泉—亭兜	150	自然坡岸式
22		阳下渡口	阳下—对面	110	自然坡岸式
23	城阳乡	岩湖渡口	岩湖—桃花岛	130	自然坡岸式
24		坂头渡口	坂头—化蛟	160	通道硬化
25	溪柄镇	田坂渡口	田坂—104 国道	280	通道硬化
26		水田上渡口	水田上—104 国道	350	阶梯式
27		水田下渡口	水田下—104 国道	350	阶梯式
28		溪南渡口	溪南—西洋里	60	自然坡岸式
29		曲濑渡口	曲濑—对岸	50	自然坡岸式
30		甲厝渡口	甲厝—对岸	70	自然坡岸式
31		北山渡口	北山—溪柄洋	50	阶梯式
32	康厝畲族乡	苏坂渡口	苏坂—浮头宫	160	自然坡岸式
33		长潭渡口	长潭—小浦公路	80	自然坡岸式
34		梧溪渡口	梧溪—洋溪坪	100	自然坡岸式

续表 4—4

序号	所在地	渡口名称	渡口情况		
			航线起止	航程	码头状况
35	穆云畲族乡	桂林渡口	桂林—过河	60	阶梯式
36	溪潭镇	廉村渡口	廉村—濑头	80	阶梯式
37		濑尾渡口	濑尾—廉村坂	100	阶梯式
38		上湾渡口	上湾—洪口	100	通道硬化
39		沙岩渡口	沙岩—洪口坂	100	阶梯式

表 4—5　2005 年福安市沿海渡口情况表

单位：米

序号	所在地	码头名称	渡口情况		
			航线起止	航　程	码头状况
1	下白石镇	下白石码头	下白石—马头	15000	框架阶梯式
2		福屿码头	福屿—下白石	3000	自然坡岸式
3		篙尾码头	篙尾—下白石	11000	框架阶梯式
4		六屿码头	六屿—顶头	1300	框架阶梯式
5		渔江码头	渔江—下塘	1300	框架阶梯式
6		畲斗坑码头	畲斗坑—下白石	18000	自然坡岸式
7		坪冈码头	坪冈—下塘	15000	自然坡岸式
8		北斗都码头	北斗都—樟湾	5000	自然坡岸式
9		秦坎码头	秦坎下—白石	9000	自然坡岸式
10		外宅码头	外宅—樟湾	5000	自然坡岸式
11	湾坞乡	浮溪码头	浮溪—下白石	18000	自然坡岸式
12		半屿码头	半屿—下白石	18000	自然坡岸式
13		白马码头	白马—下白石	8000	自然坡岸式
14	甘棠镇	亭江码头	亭江—长岐	1300	框架阶梯式
15		外塘码头	外塘—乌山	200	框架阶梯式
16		沙头码头	沙头—乌山	200	框架阶梯式
17	赛岐镇	苏阳码头	苏阳—港岐	1000	框架阶梯式
18		长岐码头	长岐—亭江	1300	石头坡岸式

第四节　交通运输

一、公路运输

（一）客运

1991 年，福安市汽车客运国营单位有福安汽车运输站、福安汽车运输公司客车队、赛岐运输站、福安市公交公司。拥有客车 364 辆，完成客运量 1266.5 万人次，客运周转量 3.49 亿人 / 千米。个体户亦参加客运经营，农村公路多为农用客车运营。为满足旅客需求，当年增开福安至石狮、邵武市际班线。客运班线逐年增多。1993 年，增开福安至上海、宁波、义乌客运班线。1995 年，增开福安至广州、汕头客运班线。1997 年，增开福安至郑州、青岛客运班线。1999 年，增开福安至北京班线。

1999 年，福安市开始将原有厢式农用客车（共 163 辆、1160 座）强制退出农村客运市场，并引导投放符合国家标准的客运车辆，改善客运条件。2000 年，增开福安至苍南、泰顺、温州、敖江客运班线。至 2001 年，全市改造公路 21 条，投放标准小中型客车 159 辆、2657 座，增开福安至漳州、仙游、寿宁、福鼎、柘荣、周宁、霞浦客运班线。2002 年，取缔柴三机、农用车载客，实现全市所有通等级公路的行政村全部通客运班车的目标。8 月 1 日，溪尾往返赛岐的客运车辆全部更新，投入运营。更新车辆由福安市永兴汽车运输有限公司投资，共购买 14 辆豪华中巴客车。全市当年公路完成旅客周转量 6.78 亿人 / 千米，比上年下降 6.1%。

2003 年，增开福安至广东珠海市客运班线，公路完成旅客周转量 7.16 亿人 / 千米、比上年增长 5.49%。2004 年，增开福安至浙江杭州市客运班线，公路完成旅客周转量 10.80 亿人 / 千米，比上年增长 50.87%。

2005 年，全市共有客运班线 80 条，其中省际线路 16 条、市际线路 28 条、市内线路 36 条。拥有客运企业 7 家、客运从业人员 2121 人，客车总数 405 辆、7873 座位。其中大型客车 42 辆、1523 座位，中型客车 293、辆 5355 座位，小型客车 70 辆、995 座位。有出租汽车企业 4 家，车辆 306 辆、1356 座位；日发送客运班车 1533 车次。全市所有乡镇均开通客车，446 行政个村中有 232 个村开通客车。年公路客运量完成 1372.86 万 / 人次，旅客周转量 7.70 亿人 / 千米；营运客车比 2000 年增加 343 辆，增长 18%。

表 4—6　2005 年福安市客运线路情况表

单位：千米

序号	线路级别	线路起讫点	开运年月	里　程
1	省　际	福安—宁波	1993	571
2	省　际	福安—上海	1993	866
3	省　际	福安—义乌	1993	495
4	省　际	福安—广州	1995	1200
5	省　际	福安—汕头	1995	768
6	省　际	福安—南昌	—	570
7	省　际	福州北站—温州	福安中转	416

续表 4—6

序号	线路级别	线路起讫点	开运年月	里　程
8	省　际	福安—郑州	1997	1760
9	省　际	福安—青岛	1997	1600
10	省　际	福安—北京	1999	2148
11	省　际	福安—苍南	2000.6	128
12	省　际	福安—泰顺	—	101
13	省　际	福安—温州	—	214
14	省　际	福安—敖江	—	160
15	省　际	福安—珠海	2003.1	1360
16	省　际	福安—杭州	2004.10	674
17	县（市）际	福安—石狮	1991	423
18	县（市）际	福安—邵武	1991	382
19	县（市）际	福安—武夷山	—	340
20	县（市）际	福安—龙岩	—	680
21	县（市）际	福安—永安	—	473
22	县（市）际	福安—连江	—	165
23	县（市）际	福安—顺昌	—	383
24	县（市）际	福安—福州	—	202
25	县（市）际	福安—宁德	—	78
26	县（市）际	下白石—宁德	1999.5	60
27	县（市）际	福安—漳州	2001.4	533
28	县（市）际	福安—仙游	2001.9	354
29	县（市）际	福安—寿宁	2001.9	74
30	县（市）际	福安—凤阳	—	52
31	县（市）际	福安—福鼎	2001.10	99
32	县（市）际	福安—柘荣	—	51
33	县（市）际	福安—周宁	—	83
34	县（市）际	福安—霞浦	—	78
35	县（市）际	赛岐—霞浦	2004.1	59
36	县（市）际	下白石—霞浦	2004.1	38
37	县（市）际	大唐—宁德	—	60

续表 4—6

序号	线路级别	线路起讫点	开运年月	里 程
38	县（市）际	福安—平溪	2004.3	69
39	县（市）际	福安—纯池	—	75
40	县（市）际	下白石—福州北站	2004.11	140
41	县（市）际	福安—泉州	2005.5	310
42	县（市）际	康厝—福州	—	200
43	县（市）际	福安—莆田	—	302
44	县（市）际	福安—厦门	—	506
45	市 内	林洋湖—福安	—	21.2
46	市 内	赛岐—湾坞	—	26.3
47	市 内	赛岐—宝洋	—	34.7
48	市 内	赛岐—周华	—	27
49	市 内	赛岐—溪尾	—	36.9
50	市 内	赛岐—穆阳	—	27.1
51	市 内	赛岐—下白石	—	24.1
52	市 内	赛岐—甘棠	—	9.4
53	市 内	赛岐—金山	—	30.4
54	市 内	赛岐—楼下	—	12.5
55	市 内	福安—柘头	—	30
56	市 内	穆阳—蟾溪	—	21
57	市 内	康厝—赤路	—	21
58	市 内	上白石—范坑	—	16.2
59	市 内	湾坞码头—大唐	—	14
60	市 内	下白石—大唐	—	21
61	市 内	福安—下白石（1）	—	41.7
62	市 内	福安—上白石	—	29.3
63	市 内	福安—社口	—	22.2
64	市 内	福安—穆阳	—	25.1
65	市 内	福安—八斗	—	66
66	市 内	福安—溪尾（1）	—	43.9
67	市 内	福安—太逄	—	28.6

续表 4—6

序号	线路级别	线路起讫点	开运年月	里　程
68	市　内	福安—下白石（2）	—	45
69	市　内	福安—赛岐	—	27.5
70	市　内	福安—楼下	—	32.9
71	市　内	福安—城山	—	32.8
72	市　内	福安—晓阳	—	45.4
73	市　内	福安—龙洋	—	45.4
74	市　内	福安—千诗亭	—	22.6
75	市　内	福安—周华	—	41.6
76	市　内	福安—松罗	—	33.3
77	市　内	下白石—南浦	—	30.7
78	市　内	福安—赛岐	—	28
79	市　内	福安—溪尾（2）	—	57
80	市　内	赛岐—溪柄	—	6

说明：市内客运线路均为 1991 年前后开通。

（二）货运

1991 年，福安市初步建立起以福安城关为零担货运中心，通达全国各地的货运网络。2000 年，全市营运货车 405 辆。2001 年，公路完成货物周转量 1.83 亿吨 / 千米。

2005 年，全市营运货车 825 辆，比 2000 年增长 103% 年均增长率为 15%；完成货运量 124.43 亿吨，货运周转量 2.36 亿吨 / 千米。

二、水路运输

（一）客运

1991 年，全市有客运船舶 298 艘，年客运量 23.18 万人次、周转量 341.55 万人 / 千米。2001 年，年客运量 70.1 万人次、完成旅客周转量 1371.2 万人 / 千米。

2002 年，完成旅客周转量 1387 万人 / 千米，增长 1.2%。2003 年，完成旅客周转量 1408 万人 / 千米，增长 1.48%。2004 年，完成旅客周

福建省城澳港白马港区对外国籍船舶开放验收会议（2000 年）

转量 992.5 万人 / 千米，下降 29.5%。

2005 年，年客运量 39 万人次、完成旅客周转量 975 万人 / 千米，为历年新低。

（二）货运

1991 年，全市有货运船舶 298 艘，总载重量 2.11 万吨，年货运量 65.55 万吨，周转量 2.33 亿吨 / 千米。2001 年，完成货物周转量 3.77 亿吨 / 千米，沿海港口货物总吞吐量 69.97 万吨。

2002 年，完成货物周转量 5.73 亿吨 / 千米，比上年增长 52.25%。次年，完成货物周转量 10.16 亿吨 / 千米，比上年增长 77.15%；沿海港口货物吞吐量 90 万吨，比上年增长 18.37%。2004 年，水路完成货物周转量 14.03 亿吨 / 千米，比上年增长 38.07%；沿海港口货物吞吐量 130 万吨，比上年增长 44.44%。

2005 年年底，全市水路货运船舶总载重量 7.8 万吨，货运量 151.99 万吨，货运周转量 18.11 亿吨 / 千米，水路货运量和周转量占综合运输比重分别为 39% 和 88%。运力在万吨以上的企业 4 家，新增运输企业 1 家。单船平均吨位 1420 载重吨，全市载重量 500 吨以上的船舶占总运力的 66%，船龄 10 年以内的船舶占总运力的 33%。当年全市水上运输总产值 11.61 亿元。

表 4—7　2001—2005 年福安市水陆客货运量情况表

运输量		2001 年	2002 年	2003 年	2004 年	2005 年
货运量	合计（万吨）	86.54	165.59	192.07	252.11	276.45
	公路（万吨）	34.35	99.9	93.55	120.8	124.43
	水运（万吨）	52.19	65.69	98.52	131.31	151.99
货运周转量	合计（万吨 / 千米）	55991	78406.38	120632	164396	204737
	公路（万吨 / 千米）	18323.72	21059.39	19043	24135	23588
	水运（万吨 / 千米）	37667.28	57346.99	101589	140261	181149
客运量	合计（万人）	1452.6	1386.49	1387.16	1819.15	1866.84
	公路（万人）	1382.5	1346.09	1346.96	1779.45	1827.84
	水运（万人）	70.1	40.4	40.2	39.7	39
旅客周转量	合计（万人 / 千米）	73589.48	69299.89	72977	108969	113063
	公路（万人 / 千米）	72218.28	67842.69	71569	107977	112088
	水运（万人 / 千米）	1371.2	1387.2	1408	992.5	975
港口货物吞吐量（万吨）		69.97	69.97	90	130	215

三、搬运与装卸

1991 年，全市搬运装卸企业 18 个。根据宁德地区交通运输工作会议部署，抓好“两个管理”，即搬运企业管理和服务质量管理。市交通局抓好“两个典型”，即树立城关搬运公司先进典型，总结经验推广；赛岐搬运公司经营行为整治典型，带动全市搬运装卸市场出现良好面貌。

1992 年，成立穆云畲族乡“桂林搬运队”和松罗乡“松罗搬运队”；完成对溪尾乡“溪尾搬运社”

的财务清理、班子组建工作，协调解决有关搬运价格、服务质量等问题纠纷；对赛岐搬运公司进行整顿，清理财务和债权债务处理。至1999年，全市搬运装卸业基本上无投诉事件发生。

21世纪初期，随着改革开放的深入，运输装卸行业进入市场化，原福安市各搬运公司、社队基本解体，职工走向市场自谋生路，出现以个体为主的搬运队伍。

第五节　交通管理

一、公路管理

（一）公路养护

1991年，福安市公路段负责福安境内104国道、301省道、302省道以及县道的养护、路权路产的维护和管理，管养里程209.71千米。

1992年，福安市公路段更名为福安公路分局，分局管养里程不变。其中国道104线82.68千米，省道94.37千米（下浦线53.61千米、霞大线40.76千米），县道32.66千米（福穆线25.37千米、黄后线7.29千米）。对省道下浦线、霞大线湖塘坂至寿宁交界段均按二级路标准进行改造。

1993年，公路车流量剧增，公路部门加强养护。农村公路网中的县乡公路大多由市交通局和公路局管理，除部分由公路养护专业部门养护外，乡村公路均由乡镇政府负责养护，市交通局负责技术指导，拨补养护经费。福安市公路局管养里程209.71千米，其中，国道104线82.68千米，省道94.37千米，县道32.66千米，并逐步实现机械养路。1995年，开展创建国道文明样板路活动，逐步对国道104线水泥混凝土路面进行改造，路况得到改善、好路率由65%上升至78.45%。

1998年，开展“清违章、治脏乱、巩固文明榜样路”专项活动。次年，按照上级部署开展整治公路沿线占道加水工作。2000年，桥梁的养护力度也不断加强，黄（澜）后（太）线黄沙大桥、后太大桥相继进行改造，对福安扆山大桥进行检测、104线国道桥梁设立限速限载标志。当年，全市安全生产全面达标，责任事故死亡率为零。2001年，福安市公路路政管理所获宁德市“青年文明号”称号。

2002年，管养里程208.94千米，其中，国道104线82.68千米，省道93.95千米（下浦线51.19千米，霞大线42.76千米），县道32.31千米（福穆线25.37千米、黄后线6.94千米）。年末干线好路率81.9%、综合好路率77.8%、养护质量综合指标73.3%，国、省、县道建筑红线控制指标达100%。3月，市公路路政管理所获省交通厅“规范路政所”称号。

2003年，全市以104国道为重点，建设景点4处，营造沿线绿化带69.18千米。省道下浦线绿化景点2处，绿化带38.9千米，霞大线绿化带13.63千米。公路绿化，实行包种、包管责任制，实现公路的畅、洁、绿、美。2004年3月，市公路路政管理所获省交通厅“先进路政所”荣誉称号。

2005年，管养里程210.71千米，其中国道104线82.68千米，省道95.36千米（下浦线52.61千米，霞大线42.76千米），县道32.66千米（福穆线25.37千米，黄后线7.29千米）。有公路养护机械16台：压路机2台，装载机1台，油车1台，养路机12辆。当年管辖区内桥梁33座，2879.28米。检查通行车辆5.0万部，其中，查处超限车辆2340部，卸载1650部，卸载重量4932.5吨。

15年间，公路管理部门共投入300多万元修复水毁涵洞、坍塌方、挡墙等。

（二）车辆管理

1991 年，福安市交通部门严格实施客运车辆年检，年检率达 100%。此后，车辆年检率均为 100%。2001 年，所有客车均安装卫星定位系统 GPS，强化运输安全监控，发现未按要求使用 GPS 的客车、驾驶员及时督促整改；规定未安装 GPS 的县际以上客车，原则上不得参加春运；落实车辆、车站做好冬季运输防冻、防滑、防雾、防雷雨大风等恶劣气候条件下的行车事故预防工作。夜间 22 时至次日 6 时运行的客运班车，必须避开三级以下（含三级）山区公路。无法达到夜间安全通行要求的停止夜间营运；严格要求客运站按照客车的载客定额发售客票，对因客运站原因造成车辆超载的，除按规定从重处罚和承担分流费用外，还要追究客运站站长的责任。当年对全市 384 辆客运车辆进行临时检验，发给临时合格证 367 份。

2001 年，市工商局整治非法拼装车，取缔无证经营户 24 户，立案 26 起；收缴一批拼装件，有发动机 17 台、变速箱 14 个、前后桥 20 副、发动机盖等 11 个，强制销毁拼装货车 1 辆。

2004 年，开展汽车市场专项整治，制定车辆使用管理制度，规范车辆维修、行车、停放等，通过日常巡查与重点监管相结合，有效遏制非法拆解拼装汽车的违法行为。

2005 年，市交警大队韩阳中队依法强制报废无牌、假牌、套牌等各种废旧车辆 217 辆。

二、港航管理

（一）船员培训

1991 年，福安市船员由宁德地区组织培训。

2005 年，福安交通管理部门共举办 3 期船员培训班。其中：200 ～ 1600 总吨 2 期，参训人员 136 人；50 ～ 60 总吨 1 期，参训人员 49 人。

（二）船舶管理

1991 年，全市各乡镇共有运输船舶 311 艘、2094 吨位。其中，客班船 31 艘，9307 座位；乡村渡口 65 处，渡船 75 艘，1294 座位；货运船 205 艘。

1992 年，福安市根据福建省交通厅颁布的有关标准，对 15 个船舶运输企业进行全面考核。

1997 年，福安市交通局按照宁德地区交通局“关于清理整顿乡村营运船舶专项活动”的部署，积极实施清理整治、涉及毗邻两个县 9 个乡镇，累计出动宣传检查车 17 辆次，检查艇 8 艘次，历时 3 个月。1999 年，根据交通部部署，对全市 500 吨以下海船进行检查；对渡船实行拉网式检查、整顿。2000 年，市交通局联合国土、矿产、安全等部门开展全国“统一执法行动”，组织 3 次专项整治采运砂石船等系列联合行动。

2003 年，福安市以资质评定为契机，对全市航运企业进行一次全面审核、评定资质等级。第二年，加强河船内河水域的水上运输管理工作，在全市划设 5 个培训点，为设有渡口的 13 个乡镇举办学习培训班、参训人数 64 人。

2005 年，以建立水上交通安全长效管理机制为目标，开展定期与不定期安全检查。年初购置救生衣 208 件、救生圈 110 个、消防桶 64 个、灭火器 11 个、沙箱 32 个、专用木箱 24 个，全部无偿发给各渡口渡船。严格渡口渡船的年度审验，严把船检质量关，免费检验更新旧渡船 2 艘。同时强化年审办证，整顿水上运输市场。全市共检验水上运输企业 10 家，对从事内河航运的“三无”（无船名船号、无船舶证书、无船籍港）船舶和无资质的采砂作业船及公司进行全面的清理整顿。

三、安全管理

（一）公路施工安全

1991—1992 年，全市公路维修、养护和安全管理工作基本由福安市公路工程指挥部和公路分局各养护道班自行负责。1993 年，福建省公路实施“先行工程”，市交通局担负起对公路施工安全监督管理。1997 年，交通部门与施工单位签订施工安全合同。2003 年，在开展“年万里农村公路网工程”建设活动中，严格落实施工安全合同，强化施工安全管理，检查施工机械、人员是否证岗相符、持证工作，施工地段是否放置安全标识、安全制度上墙、工人戴安全帽等，同时加强安全意识宣传活动，每月均举行一次安全工作宣传活动。

福安市交警大队和驾驶员协会联合举办交通安全知识竞赛（2003 年）

（二）驾驶员管理

1991 年，福安市交通部门加强对驾驶员管理，主要是各运营车队订立各项安检制度，持证上岗，严禁超速行驶、强行超车、酒后开车、疲劳开车等。驾驶培训工作由公安交警部门管理。

1996 年，举办两轮、三轮摩托车驾驶员培训，参训 2060 人。2001 年，驾管股办理培训、考试各类非汽车类机动车驾驶员 2263 人。2003 年，办理培训、考试各类非汽车类驾驶员 1807 人。

2004 年，严格实施“五禁止”，禁止超计划行车、超速行车、冒险行车、路况不明行车、违反交规行车，确保行车安全、节约、快捷、方便。

2005 年 4 月，驾驶员培训由公安交警部门移交交通运管部门管理。全市有 5 所驾培校，分别为宁德市福新交通技术培训有限公司、福安市福顺驾驶员培训有限公司、福安市高坂汽车驾驶员教练所、福安市安达驾驶员培训有限公司、福安市安久摩托车培训有限公司；有理论教员 3 名、教练员 107 名，教练车辆 93 辆、教练摩托车 10 辆。全年培训机动车驾驶员 3000 余人次、两轮摩托车驾驶员 2000 余人次。

（三）危险品检查

1991 年后，福安市加强对运输客车上携带易燃、易爆、易腐蚀等危险品的查堵工作，严禁人货（指危险品）混装。二级客运站必须做到人车分流，三级客运站必须配备专职危险品检查押运员，四级客运站必须配备兼职危险品检查押运员；严禁旅客携带易燃、易爆、易腐蚀等危险品乘车；要求驾乘人员做好途中上车旅客的危险品查堵工作。

（四）运输企业管理

1991 年后，福安市加强各运输企业（包括运输场站）的管理，按照有关规定认真执行行车安全事故统计报告制度，将行车事故统计报告制度执行情况列入安全生产目标管理责任制的考核范围。对发生重特大事故、不按国家规定程序和时限报告，或隐瞒不报、谎报、迟报的，追究有关责任人的责任。

2001 年，市公共交通安全检查组对市区各路车队及长途车队进行检查，截至 6 月 20 日，共检查车辆 300 多辆次，纠正违章停车、超速行驶 21 辆次，其他违章车辆 28 辆次，违章离岗驾驶员 5 名强制参加学习培训。交警大队加强监管严查车辆超载，对全市客、货运车辆进行全面检查，对擅自改装的非法车辆一律予以扣留处理；与单位负责人、驾驶员签订责任书 400 多份；在罗江、潭头中队设立反超载专项整治执勤点，截至 7 月 25 日，出动警力 1976 人次、查纠违章车辆 4907 辆次，卸货 2266 吨、卸客 362 人、扣证 453 本。

福安车站出租车停靠点（1995 年）

2002 年 10 月 20 日至 11 月 20 日，交警大队开展“奋战三十天，誓保十六大”交通安全严管期专项治理活动。

2004 年，福安市开展车辆超限超载治理，对车辆超限超载、“大吨小标”（即车辆载重吨位与标注不符）、非法改装等问题进行集中治理。2005 年 10 月 10 日开始，开展两轮摩托车（俗称“摩的”）、正三轮（俗称“地老鼠”）和柴三机非法载客营运专项整治。整治货车“外挂”（即在外地挂牌登记），放宽货运市场准入政策，吸引“外挂”货车回归本市或办理驻点运输证照。开展客运场站、危货运输、维修企业和出租车客运专项整治活动，培育统一、开放、竞争、有序的运输市场。

（五）水上交通安全

1991 年，水上交通安全管理工作由闽东港航管理处、福安市交通局共同管理。福安市内河港航监督所工作范围仅限发放渡工证和小型船舶检验等。

2000 年，水上交通安全事故起数、死亡人数、沉船艘数和直接经济损失等 4 项指标均为零。

2002 年，以“清理整顿和深化管理”为主线，开展“水上运输管理年活动”，加强交通行业安全管理。次年，贯彻国务院、省政府有关重特大安全事故行政责任追究的规定，落实安全生产责任制，开展安全生产竞赛和专项整治活动，坚持不懈监管每个环节的安全生产。投入资金 167 万元，改造渡船 47 艘，硬化码头渡口 7 处、建候渡亭 3 处，全面推行渡工持证上岗制度。

2004 年 3 月 22 日，福安运管所对外加挂的“福安市内河港航监督所”牌子，并正式更名为“福建省福安市地方海事处”。海上运政执法由福安市运管所负责，并承担《内河交通安全管理条例》《船舶登记条例》《船舶和海上设施抢险条例》《水污染防治条例》规定的相关职责。原福安市内河港航监督所更名为福安市交通局安全监督股。2004—2005年，开展“水上交通安全管理年”活动，地方海事处共清查登记从事运输的船只168艘、查处隐患221处、取缔“三无”船只15艘；在全市32处渡口设立32个安全警示标语。

（六）春运安全

从1991年开始，福安市围绕“安全、便捷、有序、畅通”的宗旨和“加强领导，周密组织，改善服务，客货兼顾”的指导原则，抓好春运安全管理工作。要求各运输企业（包括运输场站）制定“春运”安全生产管理目标，成立“春运”交通安全工作领导小组，健全安全生产管理制度（安全生产操作规程、安全生产责任制、安全生产监督检查、驾驶人员和车辆安全生产管理制度等），开展“春运”安全生产学习、教育、宣传工作，做到春运安全生产管理有机构、有人员、有措施、有落实，专人负责具体抓。组织力量开展春运安全大检查，取缔“无线路、无牌照、无批准”客运车4部。此后，每年参加春运的营运车辆严格按规定周期和技术标准，做好强制维护、技术等级评定和日（趟）检工作，做到“三不”：日（趟）检不合格的车辆不出站，未按规定强制维护的车辆不上路，未经技术等级评定和评定不合格的车辆不营运。

1996年1月，市政府召开全市各交管站站长会议，要求运管人员要上路管理公路运输秩序，确保降低交通安全事故，恶性交通事故不发生，无保险、无年检车辆一律不得上路，未取得驾驶资格的驾驶员不得行车。

2001年1月13日至2月17日“春运”期间，市交通局运管所稽查队加强“春运”安全检查，纠正违章车辆27辆次、分流超载旅客130多人，发现安全隐患6处，发出整改通知书6份，开辟市内农村客运线路22条、新增客车74部。充分发挥GPS（卫星定位系统）对运输安全的保障作用，凡未安装GPS的县际以上客车不得参加“春运”。

春运交通安全检查（2003年）

2003年1月17日至2月25日，福安市强化“春运”交通管理，有效遏制客运车辆超载、人货混装、超速、强行超车、疲劳驾驶、酒后开车、无证驾驶等严重违章行为，严禁柴三机、农用车、货车等非客运车辆载客营运，杜绝客车夜间在禁行线路通行。同年，福安从事“春运”的客车及福安境内均没有重大交通事故发生。

2004年，“春运”期间，全市投入客运车辆408辆，发送班车30134班次。召开专题会议15场，发放春运须知300份，悬挂横幅20条，张贴标语300张。实行春运24小时值班制度，签订春运安全生产责任状等。

2005年，春运期间，全市共投放客运车辆407辆，完成客运量72万人次，客运周转量2760万人/千米。实行24小时值班制度，召开“春运”工作会议10场，发放“春运须知”200份，张贴宣传标语100多张，与各运输企业签订“春运安全生产责任状”。设立“春运”稽查岗和举报电话，查处违章车辆326辆、分流超载旅客500多人，查获鞭炮120包；发放“春运”加班运输牌19面、加班92班次；发放“春运”包车牌23面，包车34班次，确保春运“人便于行，货畅其流”。

1991—2005年，福安市未发生“春运”运输安全事故。

四、运输市场管理

（一）交通稽查

1991年，福安市运输管理所负责对全行业的指导，统筹协调、服务、监督运输安全管理工作，并由其负责“春运”期间的交通稽查。

1993年，福安市运输管理所全面开展年审工作，共审理合格一类运输企业1家，二类企业3家，三类企业15家，专项维修企业80家，不合格停业35家。

1997年，福安市运输管理所认真贯彻交通部1997年第4号令《道路货物运单使用和管理办法》，严格发放道路货物运单。培育水运市场新秩序，年审15家水运企业，取消3家不合格水运企业。加大稽查力度，全年补征漏费20万元，查处违章车辆800辆次。

2004年3月，管理所对外加挂“福安市地方海事处”牌子，依照有关法规条例行使运输行业和内河港航监督行政管理职能。当年11月，福安市交通运输管理所更名为福安市运输管理所。

2005年，检测客车10.85万辆次，“二维”（二级维护）车辆上线检测率达100%。全市两家检测线竣工共检测4610辆次。

15年间，福安市运管所稽查队查处并纠正道路运输违法、违章行为6300多起，水路运输违法经营行为420多起；受理“110”投诉举报案件800多起，督办案件350多起；共查处非法营运“黑车”730多辆次，“摩的”6000多辆次。

（二）维修市场管理

1991年，市交通局维修股成立，严格执行“汽车二级维护”合同和签章制，并实施对机动车综合性能检测工作；按时年审客运车辆，同时做好出车前上车检查的监督管理。车辆的维修质量、服务质量明显提高。

2005年，全市拥有维修企业64家，其中，一类企业2家，二类企业7家，三类企业55家，有两条机动车综合性能检测线。

（三）交通规费征收

1. 公路养路费征收

1991年，车辆公路养路费包括汽车养路费和拖拉机养路费，其中，公路稽征所征收汽车养路费，福安交通运输中心管理站征收拖拉机养路费。

1992年，省人民政府为加快福建交通建设，将原隶属于省公路局管理的各县市公路分局下放地方管理；将原隶属于公路分局的各公路养路费征收站（正股级）上收省管，成立福建省公路稽征局。当年征收汽车养路费36.03万元，拖拉机等其他机动车养路费17.43万元。

1993年1月，福安公路稽征所成立。1993—2005年，为国家征收公路汽车养路费1.31亿元。取得各项荣誉三十多项，先后荣获省“文明单位”、交通部“文明行业”、宁德市“青年文明号”、“先进职工之家”和福安市“十佳文明窗口”等荣誉称号。

2. 公路客货运附加费征收

1992年，全市征收货运附加费11.27万元。此后，货运附加费每年递增。

1993—2005年，福安公路稽征所为国家征收客货运附加费7400万元，其中，客运附加费5359万元，货运附加费2041万元。2005年，货运附加费征收下降至5.97万元，比1992年下降47.03%，比1998年下降81.5%。

3. 水路运输管理费征收

1991年，福安市开始征收水路运输管理费，征收办法根据省水路运管费征收规定，按营业收入总额1.5%计征。沿海水运管理费按月计征，1000吨以下船舶每月每吨1.5元，1001～3000吨每月每吨1.3元，3001～10000吨每月每吨1.1元，10001吨以上每月每吨0.9元。内河、水库营业性船舶水运管理费按月征收，200吨以上（含200吨）每月每吨1元，50（含50吨）～199吨每月每吨0.8元，50吨以下每月每吨0.6元。“三资”企业和港澳线船舶每月每吨按运费的2%征收。

1992年，全市征收水运管理费17.2万元。2005年，征收水运管理费73.48万元。

4. 车辆购置附加费征收

1991年，福安市车辆购置附加费由车辆生产厂家代为征收。1994年，车购费由“福安市车辆购置附加费征收站”（以下简称“征收站”）征收、挂靠市交通局管理，业务隶属省、地（市）交通厅（局）直管。负责本辖区内落籍地车辆（含摩托车、农用车、挂车）购置附加费的征收管理，新征费率国产车为购置费的10%、进口车15%。所征车购费逐级上缴交通部门用于国家交通基础设施建设及重点工程建设。2000年，国家税费改革，将原车购费改为“车辆购置税”，由交通部门代征至2004年。2005年开始，转由国税部门征收。

（四）道路各税费征收总额

1992年，全市道路各税费征收187.76万元，其中，汽车公路养路费36.03万元，拖拉机养路费17.43万元，公路运输管理费105.83万元，水路运输管理费17.2万元，货运附加费11.27万元。

2005年，全市道路各税费征收增至556.16万元，其中，汽车养路费增至121.32万元，比1992年增长236.72%；拖拉机养路费比1992年增长602.12%；公路运输管理费比1992年增长120.17%；水路运输管理费比1992年增长327.21%。1992—2005年，征收各税费总计4995.61万元。

表4—8 1992—2005年福安市各运输税费征收情况表

单位：万元

年 份	汽车养路费	拖拉机养路费	公路运输管理费	水路运输管理费	货运附加费
1992	36.03	17.43	105.83	17.2	11.27
1993	49.07	22.5	127.47	13.85	18.33
1994	51.76	20.98	141.29	17.5	17.9
1995	51.09	21.53	148.78	22.15	20.54
1996	62.62	20.88	166.6	25.3	24.12
1997	73.49	22.4	211.54	20.86	30.66

续表 4—8

年　份	汽车养路费	拖拉机养路费	公路运输管理费	水路运输管理费	货运附加费
1998	84.05	24.9	255.09	27.28	32.17
1999	77.71	23.62	261.58	27.91	29.43
2000	79.46	23.58	275.45	25.03	21.17
2001	50.11	19.47	234.59	25.67	11.57
2002	62.09	24.4	264.02	35.09	22.84
2003	68.86	23.06	263.82	46.87	20.35
2004	87.18	25.52	228.33	66.21	21.47 客货
2005	121.32	122.38	233.01	73.48	5.97
合计	954.84	412.65	2917.4	444.4	266.32

第六节　机构

一、福安市交通局

1991 年，福安市交通局编制 5 人，其中，局长 1 人，副局长 2 人。内设人秘股、财务审计股、计划工程管理股（增挂公路路政管理股牌子）、生产安全监督股，车辆购置税征收办公室挂靠省交通厅。下属单位有副科级单位市运管所，并设立韩阳、溪柄、赛岐、甘棠、上白石、下白石、社口、洪口、穆康、汽车南、北站 11 个交管站以及交通工程设计室、交通工程管理站、质量监督所、交通工程公司等 5 个基层所、站、室。

2003 年，局机关在职工作人员 24 人（定编行政 5 人），其中，副科级以上干部 11 人、一般职工 13 人。运管所干部职工 71 人（省定编 60 人，包括乡镇交管站）。局设党总支，下设局机关、运管所、企事业单位、离退休干部 4 个党支部，有中共党员 56 人；一个团支部，团员 30 人。

2005 年，福安市交通局编制 5 人，其中，局长 1 人、副局长 2 人。内设人秘股、财务股、路政股、工程股、安监股、企业股、车购办等职能股室。下辖市运管所，11 个乡镇交管站及车站（韩阳、溪柄、赛岐、甘棠、下白石、洪口、穆康、上白石、社口、汽车南站、北站）。自收自支事业单位有交通工程管理站、质量监督所、勘测设计室。

二、福安市公路分局

1991 年，福安市公路局（段）有干部职工 27 人，设局长 1 名、副局长 2 名，内设工程、财务、材料机械、政工股。下辖溪边、东山两个公路站和 13 个养护道班（有工人 132 人）。

1992 年 10 月，设立福安公路稽征所。福安市公路局（段）更名为宁德市公路局福安分局、正科级机构，隶属于宁德市公路局管理。设局长 1 名，副局长 2 名，内设机构有办公室，工程、财务、机械材料股。下属养护道班和公路管理站 11 个，分别是财洪道班、炉下道班、松罗道班、坂中道班、隆坪道班、后太道班、溪边站、东山公路站、顶头公路站、东山交通量观测站、桂林公路站，班站职工共

89人。

1995年10月，设立福安市公路路政管理所，隶属福安公路分局。

2005年，福安市公路分局有局长1名，书记1名，副局长2名，内设机构有办公室、工程、财务、机械材料股和路政管理所。

三、福建省公路稽征局福安公路稽征所

1993年1月1日，福建省公路稽征局福安公路稽征所成立，为正科级单位、编制22名，设副所长1名，内设机构有征费股、稽查股、财务股、办公室。

1997年6月，设所长1名兼任党支部书记。2004年，设所长1名、副所长1名，所长兼任党支部书记，其他机构及编制不变。2005年，人员16人。

四、福建省宁德市汽车运输集团公司

1991年，福建省宁德地区汽车运输总公司编制（公司本部）90人，设经理1名、副经理4名；党委书记1名、副书记1名。内设机构有纪委、工会、团委、保卫部、党委办公室、人事科、宣传科、财务科、安全监督科、劳工科、行政事务科、计划科、机务工业科、运输纪律稽查科、集体企业管理科、运务科、监察科、劳动服务公司、法律顾问室。

1992年4月，增设开发部，撤销劳动服务公司。年底内设机构进行调整，设党委办、纪委、工会、团委、保卫科、人事科、宣教科、财务科、安全监督科、审计科、劳工科、行政事务部、计划科、机务工业科、稽查科、物资供应科、运务科，监察科、多种经营管理部、法律顾问室等20个科室。

1993年，福建省宁德地区汽车运输总公司设总经理1名，副职领导（党委副书记、副总经理、工会主席）5名。内设机构有工会、纪委、党委工作部、总经理办公室、人事部、保卫部、运输部、办公室、财务部、机务安监部、基建部、监察室、开发部等13个部门。

1995年，增设审计室。

1997年，机构名称变更为福建省宁德地区汽车运输集团公司。

1998年，福建省宁德地区汽车运输集团公司，设总经理1名，副职领导（党委副书记、副总经理、工会主席等）7名。成立多种经营管理部，撤销开发部。年底，公司本部编制减为51人。2000年，变更为福建省宁德市汽车运输集团公司。

第二章　邮政

第一节　机构与网点

一、城区

1991年，福安市邮政与电信合营，城区设2个服务网点：福安市邮电局营业部和阳头邮电所；报刊发行站54个，邮票代售处5个，信筒信箱16个。市邮电局营业部位于金山路13号邮电大楼一楼，阳头邮电所位于察阳路。

1998年10月，邮政、电信分营，市邮电局分解为邮政局和电信局，由于城区范围扩大至“三办两乡”，服务网点遂增至4个，即福安市邮政局营业部，阳头、坂中邮政所，以及后垅门市部。报刊发行站62个，邮票代售处19个，信筒信箱26个。

邮政营业厅（1999年）

2001年，新建福安市邮政大楼，地点位于新华路棠发洋十字路口，后垅营业部迁入新楼办公，同时特快专递、商函广告以及邮政书店也迁入大楼。大楼用于办公及营业外，剩余部分用于商业运作。2002年9月，后垅邮政局旧楼因旧城改造拆迁，原在该楼的邮件封发、转运、收投以及报刊发行等业务，迁至逸夫小学路口，暂租民房经营。

2005年，城区设服务网点4个，其中，邮政局营业厅1个，邮政所2个（阳头、坂中），邮政储蓄所1个，邮亭8个，报刊发行站68个，邮票代售处21个，信筒信箱28个。

二、乡镇

1991年，福安市乡镇设邮电服务网点300多个。其中，邮电支局10个，即赛岐、穆阳、甘棠、社口、上白石、下白石、溪柄、康厝、潭头、溪潭邮电支局；邮电所6个，即松罗、马头、溪尾、坂中、罗江、文潭邮电所；邮电代办所2个，即晓阳、范坑代办所；报邮亭1个，发行站21个，邮票代售处260个，信筒信箱247个。1992年，晓阳邮电所办公楼竣工投入使用。

1998年，邮电分营后，福安市乡镇设邮政服务网点16个，邮政储蓄点11个，业务市场占有率17.8%。

2005 年，福安市乡镇设邮政服务网点 16 个，报邮亭 3 个，发行站 120 个，邮票代售处 170 个，信筒信箱 265 个，邮政储蓄点 12 个，业务覆盖各乡镇。

第二节　邮政服务

一、省内邮路

1991 年，福安至寿宁自办汽车邮路 1 条，单程长度为 110 千米，班期为逐日班。至 2005 年不变。

二、市内邮路与投递

（一）城区

1. 邮政服务

1991 年，城区自办汽车邮路 2 条：市邮政局至农校代办点和至城区各投递点，班期为逐日班。1998 年，因城区扩展，增设市邮政局至坂中邮电支局汽车邮路；市区汽车邮路增为 3 条、单程总长度 17 千米，班期为逐日班。至 2005 年不变。

2. 投递

1991 年，城区投递段分为 7 段。但随着福安经济的快速发展以及城区面积不断扩大和群众用邮需求的与日俱增，城区投递段逐年增加。2002 年，城区投递段为 16 段。2005 年，增加到 18 段。

（二）农村邮路与投递

1. 邮政服务

1991 年，全市农村设邮路 4 条，其中自办市邮政局至松罗邮电所汽车邮路 1 条，单程长度为 240 千米，班期为逐日班；委办汽车邮路 3 条，分别为松罗乡至溪尾镇、上白石镇至范坑乡和社口镇至晓阳乡，单程长度分别为 24 千米、18 千米和 27 千米，班期均为逐日班。至 2005 年不变。

2. 投递

1991 年，全市农村设投递线路 78 条。其中机动船投递路线 2 条，长 6 千米；自行车投递路线 13 条，长 333 千米；步班投递路线 63 条，长 1692 千米。

2002 年，农村投递总里程 2029 千米，全市 447 个行政村全部通邮。

2005 年，农村投递路线 66 条，单程总长度为 2032 千米。其中自行车邮路 17 条，单程长度 529 千米；步班邮路 49 条，单程长度 1503 千米。

第三节　设施设备

1991 年，福安邮政业务主要是报刊、函件业务，储蓄业务规模较小。投递多以徒步或自行车为主，生产、办公基本以手工录入，电子办公设备基本没有。

1998 年，邮电分营后，邮政业务取得快速发展。邮政车辆等设备大量增加，设立邮运、邮件中心。2001 年 12 月，邮政大楼建成投入使用。邮政生产、办公条件得到很大改善。

2005年，市邮政局拥有邮政运送车辆11辆，商函制作系统2套，邮资机1台，给据函件登单机2台，过戳机8台，ATM机7台，POS机（刷卡付钱设备）4台，计算机44台，网络服务器5台，网络交换机及路由器各1台。邮政服务网点实现电子化、办公实现微机化。市局拥有固定资产达7000多万元。

第四节　业务

一、信函

1991年，全市函件出口量为298.49万件。1995年，函件出口量为309.36万件。但随着电话、手机的普及，信函量逐年下降。1998年，邮电分营后，邮政部门为了促进函件业务的发展，陆续推出"对账单""回音卡""商情快车广告"等业务。同时加强明信片和商业信函业务的开发营销，推出企业特色明信片、地方风光明信片以及商业信函广告等业务。1999年7月，市邮政局开通溪尾镇至福安直封邮件业务，在溪尾镇寄发邮件次日可直达福安。

2000年，发行邮资广告明信片7.5万件，商业信函10.81万件，邮送广告79.22万件，函件出口量为257.61万件。

2005年，发行邮资广告明信片5.25万件，商业信函60.35万件，邮送广告62.76万件，函件出口量降为153.46万件，比1991年下降51.4%。

二、包件

1991年，全市包件出口量3.22万件。1995年，出口量达5.36万件，创15年间之最。但由于社会运输业的多元发展，分流了部分包件业务，导致该项业务发展起伏较大。2000年，包件出口量下降为3.37万件。2005年，出口量仅为2.35万件、比1991年下降27%。

三、快件

1991年，全市快件出口量10.98万件。1997年，由于快件经营市场放开，市局快件下滑至4.52万件，比1991年下降59%。1998年7月起，停办快件业务。

四、特快专递

1993年4月，福安邮电局开办特快专递业务，全年特快件出口量2445件。次年增加到4016件。此后，特快专递业务迅速发展。1998年，邮电分营后，特快专递业务经营范围进一步扩大，除办理国际及港、澳、台地区和国内业务外，还开办同城礼仪、各种证件、考生录取通知书、法律文书、行政处罚通知书等特快专递业务。2000年，特快专递业务收入145万元。2001年，福安邮政局提供包装、收寄、运输一条龙特快专递服务。同时，为福安电机生产企业办理安捷达电机空运业务，实现"零"的突破，当年特快专递业务收入219万元。2002年，特快专递业务收入218万元。

2005年，全市特快出口量达到6.70万件，比1994年增长15.7倍。

五、汇兑

1991年，全市汇票出口量7.16万张。2000年，全市汇票出口量5.31万张，比1991年下降25.88%。2002年1月，开办电子汇兑业务。2003年5月，开办2小时汇款送达业务，实现汇兑业务电子化、缩短汇兑时限。但由于银行、邮储部门也办理异地存取款业务，邮政汇兑业务逐年下滑。2005 年，全市汇票出口量 3.82 万张，比 2000 年下降 28%。

六、邮政储蓄

1991 年，全市邮政储蓄年末余额 263.5 万元。此后，业务发展较快。1998 年，邮电分营后，邮政储蓄的业务范围继续逐步扩大，除存取款业务外，增加代发工资、代收学费、代理保险等代理业务。1999 年，年末余额首次突破 1 亿元。

2000 年，邮政储蓄年末存款余额为 1.96 亿元，福安市场占有率 17.73%。邮政储蓄利差收入 599 万元。次年，邮政储蓄年末存款余额 2.08 亿元、市场占有率 16.99%，邮政储蓄利差收入 654 万元。同年 11 月，在邮政大楼内增设棠发洋邮政储蓄网点。至此，全市邮政储蓄网点增至 12 个：城关 5 个，乡镇 7 个。

2002 年，邮政储蓄年末存款余额 2.46 亿元。邮政储蓄利差收入 705 万元。第二年，邮政储蓄年末存款余额 2.65 亿元、比上年净增 1904 万元，邮政储蓄利差收入 812 万元。2004 年，邮政储蓄年末存款余额 3.25 亿元，比上年净增 6068 万元、增幅达 25%，邮政储蓄利差收入 1018 万元。

2005 年，邮政储蓄年末存款余额首次突破 4 亿元、达到 4.27 亿元，增幅达 31.3%、创历年最高水平。

七、集邮

1991 年，全市集邮业务量 51.84 万枚，发展集邮户 525 户。1997 年，急速上升到 521.65 万枚、7 年中增长 906.31%。此后，由于股市及民间资本市场活跃，直接冲击集邮业务的发展，集邮业务量逐年下降。2000 年，集邮收入 580 万元。次年，集邮收入 593 万元。2002 年，集邮收入下降至 263 万元。2004 年，全市集邮业务量仅剩 10.03 万枚、比 1997 年下降 98%，集邮业务收入仅 74 万元。2005 年，发展集邮户 320 户。面对严重下滑的集邮业务，福安市落实国家邮政局采取的限量发行、开发个性化邮票等措施，有效扼制集邮业务下滑局面，集邮业务量上升到 28.06 万枚、比上年增长 179.8%。

福安市邮票收藏展览（1998 年）

八、报刊

1991 年，全市发行报纸累计 497.88 万份、杂志累计 48.15 万份。1995 年，发行报纸累计 601.06 万份、杂志 45.6 万份。2000 年，发行报纸累计 622.78 万份、杂志 43.19 万份。

2005 年，全市报刊发行站共 52 个，邮政局自办报刊销售点 3 个。发行报纸 616.83 万份、杂志 34.59 万份。15 年间，全市报刊发行量基本保持稳定。

九、其他

1999 年，市邮政局与相关电信运营商签订合作协议，开办代理和信息业务，先后代理联通、移动、电信等企业的缴费、放号、售卡等业务。

2000 年，为宣传福安、拓展福安旅游业，与旅游部门合作制作发行 9 万张福安风光明信片。开办物流及邮购业务，开展物流配送和包括水稻种子在内的农资邮购服务。6 月 18 日，福安安居邮政超市开业，至此全市共有 3 家邮政超市。次年 12 月，安居邮政超市停办。

2002 年，开办邮政书店。并将邮电大楼部分楼层、店面交由新成立的恒盛股份有限公司经营。

2003 年，大力实施邮政储蓄、特快物流、商函广告和报刊图书四大业务发展战略，成立专业营销策划小组，邮政多种经营收入达到 283 万元。2004 年，邮政多种经营收入 225 万元。

2005 年，开办信息短信业务。经营业务扩展到函件、包件、汇兑、报刊发行、储蓄、集邮、特快专递、物流、邮购、图书、酒店、代理和信息服务等。

表 4—9　1991—2005 年福安市邮政局经营业务情况表

年份	业务总量（万元）	函件（万件）			包件（万件）	汇兑（万张）	特快专递（万件）	订销报刊（万份）	订销杂志（万份）	邮政储蓄余额（万元）
		国内	国际	其中：计费						
1991	82.52	296.7184	1.7742	288.5597	3.2197	7.1595	—	497.8811	48.1517	263.5
1992	100.7	433.3722	1.944	413.6112	4.5234	7.7812	—	483.1853	51.4904	350.6814
1993	127.43	642.5325	1.6043	625.2491	4.658	8.2801	0.2445	500.0341	51.1344	873.4405
1994	165.2897	299.252	1.365	282.5155	4.7646	9.0319	0.4016	584.9533	49.6834	1598.1743
1995	339.6916	307.8084	1.5462	288.025	5.3588	9.0213	0.7776	601.0554	45.599	3806.4267
1996	481.9582	289.7989	1.5295	273.9351	5.3314	8.6763	1.4016	587.4729	41.9981	6603.9305
1997	705.0242	235.824	1.724	219.831	3.8	7.6	1.7	629.74	36.99	5859.65
1998	840.2472	247.03	1.83	230.042	3.6	6.4	1.9	420.7589	38.4923	6938.2
1999	879.4	230.6062	0.8946	220.5354	3.1796	5.558	0.4331	751.4855	45.8515	19756.02
2000	1072.9	238.5313	1.118	242.7416	3.373	5.3065	4.5307	622.778	43.1948	19610.78
2001	1677.9	178.1925	1.1134	170.1254	4.4048	5.1213	5.7812	567.2602	45.055	20766.034
2002	1944.6	153.2659	1.3115	147.6093	4.0886	4.737	4.8847	546.0452	41.8053	24572.9675
2003	1982.0	125.7207	1.0496	120.2947	3.4028	4.0624	5.4728	637.858	32.0983	26476.963
2004	1804.4	144.4754	0.7407	139.2165	2.94	3.6246	7.3987	568.4793	34.8102	32545.68
2005	2062.1	152.8608	0.5949	148.2805	2.3522	3.8164	6.6958	616.832	34.5932	42676.4259

表 4—10　1991—2005 年福安市邮政局集邮业务一览表

年份	邮票销售（枚）	邮册销售（册）	业务收入（万元）
1991	518378	—	—
1992	939577	—	—
1993	1279493	—	—
1994	1929703	—	—
1995	1851842	—	—
1996	2563463	—	—
1997	5216512	—	—
1998	1768280	—	—
1999	1490633	3385	490
2000	969118	1426	580
2001	510714	5252	593
2002	199895	3183	263
2003	172231	5422	127
2004	100268	4220	74
2005	280592	2929	55

第五节　机构与管理

一、机构

福安市邮电局。1991 年，福安市邮电局内设政工、业务、计财、企业、秘书等职能股（室），下辖 10 个邮电支局，6 个邮电所，2 个邮电代办处。全系统职工 280 人。

1998 年 10 月 26 日，邮、电分营，福安市邮电局分解为福安市邮政局和福安市电信局。

1998 年，分设后的福安市邮政局，内设 4 个职能管理部室、1 个维护中心，下辖 17 个乡镇邮电支局（所）、8 个市局班组、3 个专业公司、11 个邮政储蓄网点和 2 家企业，从业人员 210 人。

2005 年，市邮政局设局长 1 人、副局长 2 人，内设 4 个职能科室、2 个专业公司、一个技术中心，下辖邮政支局 17 个，从业人员 298 人。

二、管理

1991 年，福安市邮电局邮政服务项目主要是邮递函件，报刊发行，办理包裹、汇兑，以及邮政储蓄、集邮等业务。此后，邮电部门本着“人民邮电为人民”的服务宗旨，推进改革，将集邮、报刊发行业务收入承包经营，试行集镇邮件收投承包试点等。

1998 年 10 月，邮、电分营，邮政独立经营后，面对激烈的市场竞争，全局贯彻“优质服务、全网合作、团结拼搏、开拓创新”的福建邮政企业精神，开展“创文明行业，建满意窗口”活动，严格执行《中华人民共和国邮政法》，不断完善各种规章制度，坚持质量第一，服务第一，精心抓好企业经营发展工作，并取得良好成效。1999 年，加强与电信、移动、联通等运营商的合作，拓展代办、代收和信息等业务。全年完成邮政业务总量 1073 万元，同比增长 21.06%。2000 年，开办超市、物流及邮购业务，制作发行明信片等。全年完成业务总收入 2028 万元，同比增长 10.55%。其中邮递类业务收入 600 万元。

2001 年，市邮政局管理人员和生产岗位全面实行竞聘上岗，企业内部实行准收入差承包经营，实施职工医疗体制改革。11 月，实现向社会医疗保险的顺利过渡。全年完成邮政业务总量 1678 万元，同比增长 56.38%。完成邮政业务总收入 2260 万元，同比增长 11.44%。其中邮递类业务收入 700 万元。

2002 年，强化市场营销管理，组织开展营销策划，对业务市场进行调查、分析、划分、定位，建立营销体系。加强与电信运营商的合作，开设电信业务专柜，开办邮政联通联合营业厅，电信 IP 电话超市等合作经营项目，走强强联合发展之路，努力扩展酒店餐饮、娱乐、休闲等旅游服务项目。全年完成业务总量 1945.49 万元、同比增长 16%，业务总收入 2301 万元。其中邮递类业务收入 744 万元。当年，市邮政局被评为第八届省级文明单位。

2003 年，突出抓好邮政大客户的管理和服务，完善大客户管理机制，实行大客户经理责任制，建立健全大客户档案和沟通联系制度，及时了解大客户用邮需求变化情况，提高服务质量。全年完成业务总量 1982 万元，业务总收入 2249 万元，其中邮递类业务收入 568 万元。次年，业务总量 1804 万元，完成邮政业务总收入 1988 万元，其中邮递类业务收入 560 万元。

2005 年，全市邮政通信服务水平进一步提高，服务网络覆盖城乡，邮路通达全市所有行政村。邮政业务总量保持两位数增长，通信服务能力明显增强；固定资产从分营时的 3877 万元增至 7277 万元。全年完成邮政业务总量 2064.2 万元，总收入 2044 万元。

第三章 电信

第一节 机构与管理

一、机构

（一）福建省电信有限公司福安分公司

1991 年，福安市邮电局管理全市电信业务。

1998 年 10 月 26 日，福安市电信局挂牌成立，编制 185 名。设局长 1 人，副局长 1 人，内设机构：办公室、市场经营部、财务部等，在职员工 185 名。

中国电信福安市营业大厅（2004 年）

2003 年 12 月，福安市电信局更名为“福建省电信有限公司福安分公司”，设总经理 1 名、副总经理 2 名。福建省电信有限公司 10% 股份在美国、中国香港上市。

2005 年，公司员工编制 122 名，其中，局长 1 人、副局长 2 人，内设机构有综合部、财务部、网络部、营销部。

（二）福建移动通信有限公司福安分公司

1999 年，移动通信从福安市电信局分营组建，成立福建移动通信有限责任公司福安分公司。设经理 1 人，内设综合部、市场室、客户室 3 个部室，在职员工人数 19 人。

2005 年 12 月，福安移动公司内设机构有综合部、销售服务部、网络部，有合同制员工 18 人、退休员工 13 人、劳务派遣员工 74 人。

（三）中国联通福安分公司

1999 年 6 月 30 日，中国联通福安工作站正式开业放号。2001 年 9 月，福安电信与中国联通福安工作站联合。2002 年，中国联通福安经营服务中心成立。

2004 年 4 月，中国联通福安分公司成立，属外商投资企业分支机构，是一家拥有移动通信、数据通信、固定电话、互联网通信业务等多种电信综合业务的电信运营商。成立后组织机构逐步健全，下设市场部、集客部、综合部、网络部等 4 个部（室），办公场所位于市区解放路 65 号医药大楼 4 层。

（四）中国铁通宁德分公司福安经营部

2002 年，中国铁通福建公司在福安广电大楼八层建机房。2003 年，设立经营部、开展业务。

二、管理

1991 年，电信业务属福安市邮电局经营管理。1998 年，机构改革，邮、电分营。10 月 26 日，成立福安市电信局。电信办公大楼位于市区金山路 13 号。

1999 年 6 月，中国联通福安工作站正式开业放号。

2000—2002 年，电信系统财务管理实行收支两条线。全面推行预算管理，加强资产、负债、权益、收入、成本、利润等指标的控制，强化预算刚性。推进会计核算制度与国际接轨，完成上市、收购的调查、审计、资产评估工作。网络管理完成本地网流程重组，维护工作组织从单纯面向网络转变为网络维护与客户支撑相融合。开辟大客户通道，实行全过程的个性化服务。电信社区服务站成立，实行营运、维护合一的社区客户经理制。全市共划分 5 个电信服务片区。实行农村电信统包责任制，将电信农村末端服务推向社会化，聘任 77 个代理维护人员。2002 年，全系统业务收入突破亿元大关。电信福安分公司获福建省第八届“文明单位”称号。

2003—2004 年，电信福安分公司提倡精确管理，强调责任预算和刚性指标要求，强化网络保障能力，“小灵通”接通率不断上升，掉话率持续下降。开展春、秋两季光、电缆巡检和下户线整治工作，全市电缆顺畅率 99%，下产线整治 12171 户次。服务水平跃上新台阶，电话难装、拆、移的问题得到解决。全市平均障碍时间继续控制在每百门 150 分钟以下，修障及时率、装机回访率均达 100%。中国联通福安市分公司加强基站维护工作，兴建维护室，建立和完善维护管理人员的招聘、录用、培训、上岗、考核、淘汰机制，逐步做到持证上岗、定期培训。福安营业厅获宁德市级“青年文明号”称号。

2005 年，福安电信分公司实行效绩考核体系，实施月度对标管理，强化对转型业务的考核，促使“电信全球眼”“商务领航”“号码百事通”等转型业务发展。业务收入保持超亿元大关。福建省移动通信有限公司为适应上市公司的需要，对用工制度进行改革。原来的固定员工全部改为移动分公司合同制员工，原招聘工改为劳务派遣制用工（即第三方签约员工，由宁德市蕉城区劳务派遣有限公司派遣至福安移动分公司工作，人员关系属于派遣公司，福安移动分公司代为管理），当年有劳务派遣员工 85 人。

第二节　设施设备

一、交换机

1991 年，福安市区电话主要设备中，交换机总容量 5920 门，其中程控 4000 门、农村电话交换机总容量 5000 门 / 25 部。

2001 年，福安 F150 交换设备七期扩容、S1240 升版扩容。2000—2003 年，投资 3000 多万元，新增接入网机房 55 个，交换机容量扩容 6 万线，使交换机容量达 15 万线；投资 520 万元，完成 90 多个接入网机房建设。城乡电话交换机总容量从 2002 年的 18.52 万门，骤增到 2003 年的 21.85 万门。

2003—2004 年，投入资金 6000 多万元，新增接入网 7104 线、扩容接入网 8192 线，扩容交换机容量 3840 线，

二、电缆光缆

1991年，福安市域内有长途杆路663杆/千米，架空明线2404对/千米，八芯以下光缆68千米，其他电缆160千米；农村明线长度809千米，电缆105.9皮长千米。1995年，新建村级通信电缆13千米。

2001年，福安至福州高速环网光缆线路工程竣工。优化现有铜缆网络、新建和改制接入网点，完成乡镇物理线路环网建设，推动电信网向信息网转变。

2002年8月，省内二级干线光缆福安—政和、本地网三条中继光缆和SDH环网的投入使用，实现了乡镇SDH环网的保护，全面解决传输瓶颈问题。至2003年，投资5000多万元，新建城乡管道312孔千米。2004年，投入资金1692万元，新增主干电缆1.75万线对，配线电缆3万线对、光缆3316芯千米，铺设管道1345.9千米。

2005年，新建光缆183.5皮长千米，管道24.4孔/千米，特别是新建福安赛岐、甘棠镇区管道，改变两个重点乡镇无管道设备的历史。

三、基站

1992—1993年，根据省内二级干线网规划，建成福安—周宁—政和长途光缆传输系统，全长112千米、采用6芯，福安为终端站。福安—穆阳增加2芯。

2000—2003年，投资4000多万元，新建市话通基站500多个。2001年，“小灵通”在赛岐建立基站68个，在甘棠建立基站28个。2004年，新建ADSL1.55万线，新增SDH692个2M，新建“小灵通”基站552个、3806个信道。

2005年，网通宁德—福安—福鼎城域网建成，覆盖福安大部分区域的语音和数据网络。全年新建GSM基站47个、搬迁6个，年新增载频232个；全市基站总数达139个，载频总数累计达956个，GSM信道增至7648个。

第三节　业务

一、电报传真

（一）电报

1991年，福安国内出口电报为11.83万份。1992年，国内出口电报增至12.1万份，为15年间最高量。此后，随着城乡程控电话的开通，电报业务呈逐年下降趋势。1998年，邮电分营，国内出口电报为1.36万份。2005年，国内出口电报仅160份。

（二）传真

1991年，国内出口传真522份，2000年上升至8623份，年平均增幅3.5%。2000年至2004年期间，国内出口传真基本在8000份中线上下浮动，保持相对平衡状态。2005年，下降至7036份。

二、固定电话

（一）市内电话

1991年，福安城关完成4000门程控电话改制后，市话用户1870户，电话普及率为12.58%。

1992年，充分利用电话改制契机，大力开展市话“装机月”活动，激励用户装机积极性，全年净增电话2632部。1994年，完成市话1.05万门程控电话扩容、改制工程，全市程控电话扩容到4万门，通信能力大大增强，掀起电话装机热潮、当年新增电话4699部。

1995年，电话装机容量达4.8万门。电话放号5596部，全市电话达1.8万门，每百人拥有固定电话3.20部。

2000年，全市进行电信缴费方式改革，联合各商业银行建成开放式缴费系统平台，提供用户自主选择缴费地点、缴费方式。2001年，年末固定电话用户9.9万户。2002年，固定电话发展迅猛，主线普及率提高6%。来电显示城区渗透率达80%。电话QQ、“家家e”声讯业务日趋普及。全市固定电话用户达13.23万户（含小灵通），其中城市固定电话用户5.46万户，电话普及率达每百人21.8部。次年，城市用户8.04万户，电话普及率达每百人27.3部。

2003—2004年，全市发展固定电话2.2万部。2004年，年末固定电话用户达16.71万户（含小灵通），其中城市用户8.08万户、固定电话普及率达每百人27.4部。

2005年，全市固定电话累计达99518部，每百人拥有固定电话28.0部，固定电话的发展进入鼎盛时期。电话普及率29.18%，每百户普及率达44.6部（含小灵通用户）。

（二）农村电话

1991年，农村完成赛岐镇2000门程控电话改制。全市农话用户1446户。

1992年，完成康厝、甘棠程控电话改制。次年，农村电话改制得到其他乡镇领导重视，与邮电共商发展策略，签订程控电话改制协议书。并完成穆阳、下白石、溪柄程控电话改制。住宅用户实行按次计费，全年农村电话净增7733部。

1994年，完成赛岐8千门、社口1500门程控电话扩容和改制工程；完成穆阳扩容2000门，下白石、溪柄各扩容1000门。全市农村程控电话扩容到4万门。

1995年，完成上白石、溪尾、湾坞、松罗、晓阳、范坑等6个乡镇的电话扩容改制。至此，全市18个乡镇实现电话程控化。新开通19个行政村电话，村级电话通话面达179个村，通话率达41.06%。1996年，新开通50个行政村程控电话，行政村通话率提高到44.7%。

1998年，实现全市447个行政村，村村通电话的任务。

2000年，取消农、市话类别，农村电话用户与城关电话用户统一资费标准，激发广大农村用户的装机热情，每百人拥有固定电话增至11.66部，来电显示渗透率达40%。5月，赛岐镇电话用户突破1万户，成为闽东第一个电话万户镇。来电显示

全市实现行政村村村通电话首拨式（1997年）

渗透率达40%。2002年，农村固定电话用户7.77万户（含小灵通）。次年，达8.56万户。

2000—2003年，投资千万元解决50多个偏远自然村通电话难的问题。2004年，农村用户达8.63万户。

（三）公用电话

1991年，福安市公用电话以企业、单位到营业服务店面申请办理为主，数量很少。

2002年，公用电话发展迅猛，全市开办IP公话超市600多家，IC卡公用电话1600多部。

2003—2004年，IP公话超市、IC卡公用电话遍布城乡各处。

三、小灵通

2001年1月，福安市电信分公司在福安城区开办“小灵通”（市话通）业务。3月中旬，“小灵通”业务在赛岐镇开通，到月底，小灵通放号2200部，成为闽东首批开通“小灵通”的乡镇。2003年，全市用户57341户。2004年，新发展“小灵通”用户4.29万部。

2005年，提升小灵通网络优化水平，寻找发现覆盖盲点，健全完善前、后端客响（客户响应）反馈流程，提高响应进度。全年完成客响订单42份。小灵通用户达78785户，成为仅次于固定电话的第二大电信业务。

四、网络通信

1999年11月，福建移动通信有限公司福安分公司成立。2000年开始，由于GSM网络的开通发展以及入网费和手机价格的下调，移动通信业务开始迅速发展，福安分公司运营收入连续五年保持两位数增长。

2005年上半年，完成宁德莱茵城—福安白塔—福鼎—霞浦的本地传输环网建设。本地市话网和宽带网覆盖国内大部分区域。

与此同时，福安移动与215个国家和地区的322个运营公司开通GSM国际漫游业务，并与145个国家和地区167个运营商开通GPRS国际漫游，国际短信共通110个国家和地区的262家运营商。网络规模和客户规模列宁德市第一。

2005年，全局运营收入1.11亿元，首次跨入亿元行列；全市移动通信电话用户11.13万户，突破10万户大关；移动电话用户普及率15.37%；全市447个行政村网络覆盖率76.91%；三家电信运营商市场占有率达69.66%。

五、互联网宽带

2000年，随着互联业务的快速发展，原窄带拨号业务难以满足用户上网的速率要求。为此，福安市宽带业务开始起步，当年全市宽带接入用户90户。2002年，数据通信业务发展迅猛，年末数据基本用户332户，互联网用户1.8万户。

2003—2004年，发展宽带1.04万部，2004年年底，发展宽带用户6000多户。2005年，宽带用户发展至13474户，成为第三大电信业务。

六、移动通信

1993年1月15日，福安市邮电局从美国摩托罗拉公司引进移动电话设备并正式开通。

1995年，全市掀起移动电话热，穆阳开发区继城区、赛岐、坂中之后建成100门蜂窝式移动电话中断站。移动电话除城区外，还开通赛岐、坂中、穆阳、穆云、康厝等乡镇，城乡覆盖率达33.33%。

1999 年 6 月，移动通信从福安市电信局分营重组，成立福建移动通信有限责任公司福安分公司，移动电话发展更为快捷。

2002 年，全市移动电话用户 7.7 万户，比上年增加 0.7 万户，移动电话普及率每百人 12.7 部。

2003 年，移动电话用户 8.56 万户，移动电话普及率每百人 14.1 部。

2004 年，开通彩铃业务，受到广大客户青睐，彩铃用户 3000 多户、短信用户 1.9 万户，并利用网络技术积极配合政府部门打击“六合彩”。全市移动电话普及率每百人 16.9 部。

2005 年，各移动通信分公司经营业务不断扩大，承接 GSM 数字移动通信业务，IP 电话业务、因特网接入服务业务和因特网骨干网数据传送业务；从事移动通信、IP 电话和因特网等网络设计、投资和建设；移动通信、IP 电话和因特网设施的安装、工程施工和维修；经营与移动通信、IP 电话和因特网业务相关的系统集成、漫游结算、技术开发、技术服务设备销售，以及其他电信及信息服务；出售、出租移动电话终端设备、IP 电话设备、因特网设备及其配件，并提供售后服务。拥有“全球通”“神州行”“动感地带”等著名服务品牌，三大品牌延伸的产品有：停机保号、手机参数设置、缴费提醒业务、全球通套餐、本地通话套餐、国内国际长途及漫游等基本业务；WLAN、短信转转乐、手机报、彩信套餐、139 邮箱、12580、手机证券、手机上网、移动气象站、无线音乐俱乐部等增值业务；还有彩信、WAP、短信等梦网业务。所拥有的用户号码段包括“139、138、137、136、135、134”。

表 4—11　1991—2005 福安市电信业务一览表

年份	市话用户（户）	农话用户（户）	国内出口电报（份）	宽带接入用户（户）	小灵通用户（户）	国内出口传真（份）	接入网用户数
1991	1870	1446	118280	—	—	522	—
1992	2810	1972	120969	—	—	780	—
1993	4710	3106	100004	—	—	2133	—
1994	7813	4702	67441	—	—	3243	—
1995	10734	7377	53000	—	—	4636	—
1996	14086	10089	34300	—	—	4340	—
1997	18915	16758	19576	—	—	4496	—
1998	22019	20719	13571	—	—	5808	—
1999	24789	25339	17300	—	—	6668	4919
2000	54584	—	19000	90	—	8623	6797
2001	53407	—	17180	135	12221	7211	46579
2002	49628	—	1944	790	31779	8630	50270
2003	56338	—	1038	3862	57341	8387	52304
2004	48356	—	1019	12333	58011	7987	60827
2005	45031	—	160	13474	78785	7036	54487

第五篇

人口与人民生活

福安市志 (1991~2005) FUAN SHIZHI

RENKOU YU RENMINSHENGHUO

福安市是闽东地区的人口大县。1990 年，全国第四次人口普查时有人口（指户籍人口，下同）525580 人（福安市公安部门年底人口统计为 530069 人）。2005 年年底，总人口增至 611095 人（统计部门数据），占宁德市总人口的 18.58%，居宁德市各县（市、区）之首。福安市又是多民族杂居的县（市）第五次人口普查，有汉族、畲族、回族、藏族、苗族、壮族、满族、蒙古族、维吾尔族、彝族、布依族、侗族、白族和土家族 14 个民族。

15 年间，福安市持续实施计划生育，人口增长得到有效控制，是福建省计划生育工作“三为主”三类先进市。人口自然增长率从 1991 年的 9.14‰下降到 2005 年的 6.6‰。城乡居民生活水平不断提高，城镇化趋势更加明显。

第一章　人口

第一节　姓氏源流

福安姓氏文化和全国各地一样源远流长，远在新石器时代，福安就有先民从事农、渔业活动，古称闽越人。据现有地方史料和福安各族族谱记载，东汉末年和西晋末年，中原动荡，民众为逃避战乱，纷纷入闽，有林、黄、陈、郑、詹、邱、何、胡八姓，福安为其迁入地。各姓首迁福安时间大抵是：陈太建年间（569—582 年），薛贺之子薛许自江苏南京迁入邑内溪北洋；隋末苏惟忠、苏惟信由福州乌山迁入康厝岙里，唐嗣圣元年（684 年）迁入苏家坂；唐开元十六年（728 年），黄翁从建宁府石牌山迁入穆阳狮子岩前；唐会昌四年（844 年），林谊由霞浦赤岸迁大箬；唐光启元年（885 年），林纬从福州迁社口后溪里岙；唐咸通九年（868 年），阮晏肇居察阳（今阳头街道）、所随淮兵 120 余人，分别为杨、梅、张、郑、邱、汪、田、冯、陆、姚、林、金、李、袁、倪、施、汤、宋、高、何等 20 姓。

唐末，光州固始人王潮、王审知随王绪统军入闽，福安系其再迁地。其时，陈怀玉从连江迁溪潭廉村，孙大琪由侯官迁甘棠大留，罗汉充随父从罗源迁穆阳凤源（岙里），唐景福二年（893 年）詹祖睿自周宁迁晓阳南源；詹祖晋迁城阳秦溪，后迁马下；詹祖都迁赛岐赛里；建州太守章基避乱由浦城徒居社口龟龄。后唐天成年间（926—930 年），刘皈自东洋黄坛迁赛岐苏阳；后唐天成三年（928 年）谢邦光、谢邦彦迁居湾坞半岭；吴越开运四年（947 年）吴承涣由泰顺库村迁坂中仕坂（长汀），南唐 944—946 年高子云由柳田迁赛岐廉首。后周显德间（955—959 年），缪恺由寿宁犀溪迁入穆阳狮子岩下。五代时期，钟彦江从上杭县迁 53 都钟莆坑（今坂中大林村）。

宋代迁入福安的有北宋天圣九年（1031 年），王元雍由柘荣洪坑迁上白石佳浆；南宋嘉定七年（1214 年），郭若仪、郭若凤由霞浦大桥头（赤岸）迁城阳秦溪；南宋绍兴间（1134—1162 年），杨小七自浙江龙游迁溪尾仙洋，杨卓八卜居溪尾前塘。宋代迁入的还有富溪（今潭头渔溪洋）赵万年，福州迁城阳化蛟的卓钩，长溪迁韩阳的连可洎，高邮迁大梅的马志一，浙江泰顺豪阳迁入范坑毛家坪的毛姓，大梅葛姓、溪潭仙石上官姓、康家坂康姓、城内池姓、徐姓。元代迁入潘姓、东山傅姓。

明成化二年（1466 年），雷姓迁居坂中后门坪；明万历年间（1573—1620 年），蓝姓从寿宁迁居穆云溪塔；迁入邑内的还有古田杉洋迁韩阳的余万五、寿宁漈头迁赛江的夏兴五，城关锦屏蔡姓、贤宾萧姓、湖滨方姓和南郊温姓、社口吉阳崔姓、溪柄叶姓、彭姓、江姓、翁姓。

清光绪十年（1884 年）版《福安县志》记载福安姓氏 38 个。

1990 年，第四次全国人口普查，福安共有 378 个姓，其中单姓 374 个，复姓 4 个（上官、尖金、欧阳、诸葛）。人数在 1 万以上的姓氏有陈、林、郑、王、刘、雷、钟、黄、吴、张、李、蓝、缪、郭、阮等 15 姓；人口在 1000～9999 人的有杨、谢、苏、高等 48 姓；人数在 100～999 人的有 35 姓；人数在 10～99 人的有 68 姓；人数在 10 人以下的有 212 姓。

2010年，第六次全国人口普查，福安人口最多的是陈姓，77021人，万人以上的姓氏依次为林、郑、刘、王、钟、雷、黄、吴、张、李、缪、阮、郭、蓝、杨。

第二节　数量与分布

一、数量

1991年，福安市统计局公布的全市户籍总人口（下同）536535人。2000年第五次人口普查（2000年11月1日零时），全市总人口554057人。2005年，全市总人口611095人。15年来，人口缓慢增长，2005年人口数为1991年的1.14倍。

表5—1　1991—2005年福安市户籍人口情况表

年份	总户数（户）	总人口（人）	其中		出生人数（人）	出生率	死亡人数（人）	自然增长率
			男（人）	女（人）				
1991	127295	536535	289825	246710	8032	14.97‰	3129	9.14‰
1992	128822	544056	293267	250789	8133	14.95‰	—	10.32‰
1993	129742	551836	297312	254524	8434	15.28‰	—	13.13‰
1994	131680	558543	300704	257839	8524	15.26‰	—	11.0‰
1995	132688	566778	304283	262495	8803	15.53‰	—	10.97‰
1996	134620	575560	309024	266536	8678	15.08‰	—	12.45‰
1997	139545	582931	311394	271537	9147	15.69‰	—	10.87‰
1998	144032	589999	314946	275053	8667	14.69‰	—	10.23‰
1999	146619	596577	318065	278512	8552	14.34‰	—	9.58‰
2000	161122	599488	319030	280458	5929	9.89‰	—	9.40‰
2001	169346	601599	319639	281960	5828	9.69‰	1768	6.77‰
2002	170774	604499	322039	282460	7495	12.40‰	2223	8.75‰
2003	171945	607074	323247	283827	7093	11.68‰	1905	8.58‰
2004	175478	610700	325103	285597	7720	12.64‰	1638	10.00‰
2005	176531	611095	325418	285677	5885	9.63‰	1851	6.60‰

二、分布

（一）区域分布

1991年，全市总人口536535人。其中，农业人口449407人，占总人口的83.76%；非农业人口（含未落户）87128人，占16.24%。韩阳镇（城南、城北、阳头街道）人口最多53709人，占总人口的

10.01%；其次为甘棠46268人，占总人口的8.62%；赛岐镇45378人，占总人口的8.46%；晓阳乡最少是11243人，占总人口的2.10%。

2000年第五次人口普查，全市总人口554057人，其中，农业户口人数448586人，占总人口的80.96%；非农业户口人数102026人，占总人口的18.41%。居住在城镇的228294人，占总人口的41.20%；居住在乡村的325763人，占总人口的58.80%。

2005年年底，全市人口611095人。其中，市镇人口156158人，未落户2091人，农业人口447235人。城区三街道（城北、城南、阳头街道）人口最多为74634人，占总人口的12.21%；其次为赛岐镇51090人，占总人口的8.36%；下白石镇46727人，占总人口的7.65%，甘棠镇43104人，占总人口的7.05%；晓阳镇最少12960人，占总人口的2.12%。

表5—2　1991年福安市各乡镇户籍人口分布情况表

乡镇别	总户数（户）	总人口（人）	其中			
			男（人）	女（人）	非农业（人）	未落户（人）
合计	127295	536535	289825	246710	83305	3823
韩阳镇	13937	53709	28389	25320	39121	1469
赛岐镇	9666	45378	24976	20402	15142	1538
穆阳镇	4191	14662	7620	7042	7364	670
甘棠镇	11091	46268	24866	21402	4343	23
下白石镇	8856	41629	22105	19524	4756	—
溪柄镇	7471	31726	17124	14602	3272	3
上白石镇	5607	24019	13002	11017	1010	3
社口镇	5900	23774	12987	10787	1278	7
潭头乡	7893	35788	19390	16398	842	—
晓阳乡	2365	11243	6090	5153	77	30
溪尾乡	4262	16639	9198	7441	1058	—
溪潭乡	7908	34502	18638	15864	1651	—
城阳乡	5764	26176	14016	12160	385	43
范坑乡	4194	19628	10732	8896	117	6
湾坞乡	7041	26276	14334	11942	620	—
松罗乡	4098	16161	9104	7057	360	—
坂中畲族乡	4829	19652	10795	8857	364	—
穆云畲族乡	5679	24290	12869	11421	386	31
康厝畲族乡	6543	25015	13590	11425	1159	—

表 5—3　2005 年福安市各乡镇户籍人口分布情况表

乡镇别	总户数（户）	总人口（人）	其　中			
			男（人）	女（人）	市镇人口（人）	未落户人口（人）
全市	176498	611095	325418	285677	156158	2091
韩阳三街道	24282	74634	38471	36163	74634	162
赛岐镇	15204	51090	26719	24371	26003	87
穆阳镇	5149	15522	7769	7753	15522	31
甘棠镇	12070	43104	22767	20337	10349	65
下白石镇	12908	46727	24653	22074	7860	175
溪柄镇	9288	33389	17835	15554	5034	34
上白石镇	8370	26242	14015	12227	958	151
社口镇	7015	24748	13399	11349	3892	67
潭头镇	10461	36878	19695	17183	2879	65
晓阳镇	3388	12960	7107	5853	3325	37
溪尾镇	4816	17749	9684	8065	2992	61
溪潭镇	10290	36761	19796	16965	2710	17
城阳乡	9040	33518	17512	16006	—	184
范坑乡	5498	20814	11562	9252	—	215
湾坞乡	7850	28982	15894	13088	—	228
松罗乡	4466	17626	9832	7794	—	99
坂中畲族乡	7195	23667	12733	10934	—	85
穆云畲族乡	7236	25130	13607	11523	—	205
康厝畲族乡	7824	27059	14844	12215	—	86
赛岐开发区	4148	14495	7524	6971	—	37

（二）人口密度

1991 年统计，福安市平均每平方千米人口 285.38 人，穆阳镇人口密度最高，为每平方千米 4887.33 人，其次韩阳三街道为 3580.60 人。晓阳乡人口密度最低，每平方千米 110.27 人。

2005 年统计，福安市平均每平方千米人口 325.05 人，密度较 1991 年略有增加。韩阳三街道人口密度每平方千米 4784.2 人，比 1991 年每平方千米增加 1661.58 人，增幅较大。人口密度最低仍是晓阳镇，每平方千米 138.3 人，比 1991 年的人口密度略有增加。穆阳镇、上白石镇、社口镇，穆云畲族乡户籍人口比 1991 年减少。其中，减少最多的是穆阳镇，从 1991 年的每平方米 4887.33 人，下降为 1633.9 人，人口密度下降 33.43%，其原因是析出成立穆云畲族乡。

表 5—4　1991 年和 2005 年福安市各行政区人口密度情况表

单位：人 / 平方千米

乡镇别	1991 年	2005 年	乡镇别	1991 年	2005 年
全市	285.4	325.0	溪尾镇	268.6	285.4
城区三街道	3580.6	4784.2	溪潭镇	289.9	322.2
赛岐镇	543.4	664.4	城阳乡	173.4	221.5
穆阳镇	4887.3	1633.9	范坑乡	180.5	199.4
甘棠镇	421.3	473.7	湾坞乡	161.7	289.2
下白石镇	252.8	439.6	松罗乡	208.8	223.7
溪柄镇	247.1	263.3	坂中畲族乡	290.3	348.0
上白石镇	366.6	361.0	穆云畲族乡	208.0	207.9
社口镇	287.3	276.5	康厝畲族乡	227.0	266.3
潭头镇	238.6	246.0	赛岐开发区	—	192.9
晓阳镇	110.3	138.3	—	—	—

第三节　人口构成

一、民族

1990 年，第四次全国人口普查，全市共有汉族、回族、藏族、苗族、壮族、满族、瑶族、畲族、高山族、京族 10 个民族，其中，汉族人口 466783 人，占 88.81%；畲族 57562 人，占 10.95%；其他少数民族占 0.92%。

2000 年，第五次全国人口普查，全市共有汉族、回族、藏族、苗族、壮族、满族、畲族、蒙古族、维吾尔族、彝族、布依族、侗族、白族、土家族 14 个民族，其中，汉族 491561 人，占总人口的 88.72%；与第四次人口普查相比，汉族人口增加 24778 人，增长 5.31%；少数民族人口增加 4059 人，增长 6.90%。

表 5—5　福安市第四次、第五次全国人口普查民族人口构成一览表

单位：人

民族	第四次人口普查		第五次人口普查	
	人口数	占比	人口数	占比
汉	466783	88.81%	491561	88.72%
畲	57562	10.95%	59931	10.82%
回	1180	0.22%	2512	0.45%
藏	2	—	4	—

续表 5—5

民族	第四次人口普查		第五次人口普查	
	人口数	占比	人口数	占比
苗	25	—	24	—
壮	10	—	2	—
满	12	—	10	—
瑶	1	—	0	—
高山	3	—	0	—
京	4	—	0	—
蒙古	0	—	1	—
维吾尔	0	—	1	—
彝	0	—	2	—
布依	0	—	2	—
侗	0	—	2	—
白	0	—	2	—
土家	0	—	3	—
合　计	525582	100%	554057	100%

二、性别

1991 年，福安市有男性户籍人口 289825 人，占总人口的 54%；女性户籍人口 246710 人，占总人口的 46%；男女性别比为 1.17（女性为 1，下同）。各乡镇性别比相差不大，其中，城镇性别比相对接近，穆阳镇最低为 1，城区三街道、赛岐开发区和城阳等经济较发达地区的性别比都小于 1.1；而山区乡镇性别比例略高，范坑乡、松罗乡性别比分别为 1.25、1.26。

2000 年，福安市男性人口 319030 人，占总人口的 53.2%；女性 280458 人，占总人口的 46.8%。2001 年，福安市男性 319639 人、女性 281960 人，男女性别比为 1.13，是 15 年间性别比最为接近的年份。

2005 年，福安市男性 325418 人，占总人口的 53.2%；女性 285677 人，占总人口的 46.8%；男女性别比为 1.14。其中城镇性别比相对接近，穆阳镇最低为 1.01、阳头街道为 1.02、城南街道为 1.05、城北街道为 1.08；范坑乡、松罗乡性别比分别为 1.22、1.24，高于城镇地区。

三、年龄

1990 年，第四次全国人口普查，全市 0～14 岁户籍人口 159288 人，占总人口的 30.31%；15～59 岁 332297 人，占总人口的 63.22%；65 岁以上 33995 人，占总人口的 6.47%，其中，百岁以上老人 4 人。按老年型社会的国际标准衡量，0～14 岁人口比重为 30.31%，65 岁以上人口占 6.47%，老年人口与少儿人口比重为 30.31%，年龄中位数为 23.55，属成年型社会。

2000 年，第五次全国人口普查，全市 0～14 岁户籍人口 140936 人，占总人口的 25.44%；15～64

岁 369228 人，占总人口的 66.64%；65 岁以上 43893 人，占总人口的 7.92%，其中，百岁以上老人 8 人。按老年型社会的国际标准衡量，0～14 岁人口比重为 25.44%，降至 30% 以下；65 岁以上人口比重为 7.92%，升至 7% 以上；百岁以上老人 8 人。福安市人口已步入老年型社会。

四、文化

1990 年，第四次全国人口普查，全市户籍人口中，大专以上文化程度的 2951 人，高中文化程度的（含中专、中职）24469 人，初中文化程度的 59851 人，小学文化程度的 271727 人。

2000 年，第五次全国人口普查，全市户籍人口中，接受大学教育的 8323 人，接受高中教育的 44199 人，接受初中教育的 145631 人，接受小学教育的 246657 人。15 岁及以下人口不识字或识字很少的 55909 人。与第四次全国人口普查数据相比，每万人中具有大学受教育程度的由 55.9 人上升为 149.8 人，具有高中教育程度的由 466 人上升为 796 人，具有初中受教育程度的由 1143 人上升为 2621 人，具有小学受教育程度的由 5163 人下降为 4439 人，文盲率由 27.09% 下降为 8.19%，下降 18.9 个百分点，人口受教育程度有较大提高。

五、职业

1990 年，第四次全国人口普查，全市从事第一产业人口 135822 人，第二产业人口 24284 人，第三产业人口 35741 人。职业构成以从事第一产业农村农牧渔的占据首位，占从业者比例的 69.35%；从事第二产业的生产工人、运输工人和有关人员为 20820 人，占比 10.63%；各类技术专业人员 12578 人，商业工作人员 11175 人，占比 12.13%；从事第三产业服务性工作人员比重仍然偏低。

2000 年，第五次全国人口普查，全市就业总人口 253480 人，待业人口为 20330 人。就业人口中职业分布：从事第一产业农村牧渔业的 153160 人，占 60.42%；从事第二产业的 39990 人，占 20.42%；从事批发和零售贸易、餐饮业及其他社会服务业的 30620 人，占 15.63%；从事文教卫生体育新闻广电的 12640 人，4.99%；在国家、政府机关和社会团体工作的 6370 人，占 2.51%；其他行业的 10700 人，占 4.22%。

第四节　人口变动

一、自然变动

1991 年，福安市出生户籍人口 8032 人，出生率 14.97‰；死亡 3129 人，死亡率 5.83‰；自然增长率 9.14‰。各乡镇人口自然变动情况不平衡，赛岐镇和下白石镇自然增长率最高，分别为 11.16‰和 11.10‰。其次为穆云畲族乡、上白石镇分别是 10.63‰、10.57‰。晓阳乡最低，为 5.90‰。此后，虽然实施计划生育政策，但人口出生率仍居高不下。1997 年，全市出生人数首次突破 9000 大关，为 9147 人，出生率创 15 年间之最，高达 15.69‰。随着人民生活水平的提高、医疗条件的改善，人口死亡率明显下降。第五次全国人口普查，1999 年 10 月 1 日至 2000 年 9 月 30 日，全市人口死亡率为 5.44‰，比第四次全国人口普查统计的年度死亡率下降 0.73 个千分点。

2005 年，全市出生 5885 人，出生率 9.63‰，创 15 年之最低；死亡 1851 人，比 1991 年少 1278 人，死亡率 6.82‰；人口自然增长率为 6.6‰。康厝畲族乡、下白石镇和湾坞乡人口自然增长率最高，分别为 11.02‰、10.86‰和 10.44‰；坂中畲族乡最低为 –3.47‰，出现负增长。

二、机械变动

1991年，福安市人口机械变动率为 –0.03‰。乡镇机械变动率最高为韩阳镇的8.87‰，最低为康厝畲族乡的0.20‰。当年净增户籍人口4886人。

2000年，第五次全国人口普查，当年全市人口迁移4164人，其中，务工经商1028人，工作调动275人，分配录用505人，拆迁移居586人，婚姻迁入479人，各种原因随迁家属930人，投亲靠友178人，其他183人。

2002年，福安市出生7495人、死亡2223人，迁入1732人、迁出3622人，人口增长率4.82‰，创15年间最高。

2005年，福安市人口机械变动率0.64‰，最高为城区三街道10.31‰，最低为范坑乡0.04‰。说明城区三街道人口变动率大，偏远乡镇变动率较小，城镇化水平进一步加速。当年净增户籍人口205人。

表5—6　1991年福安市各乡镇（街道）户籍人口变动情况表

单位：人

乡镇	出生	出生率	死亡	死亡率	迁入	迁出	净增长率
合　计	8032	14.97‰	3129	5.83‰	1884	1900	4886‰
韩阳镇	799	15.24‰	266	5.07‰	1364	887	1010‰
赛岐镇	727	16.13‰	224	4.97‰	137	241	399‰
穆阳镇	237	16.32‰	92	6.34‰	41	57	129‰
甘棠镇	703	15.27‰	260	5.65‰	21	65	399‰
下白石镇	671	16.19‰	211	5.09‰	46	112	394‰
溪柄镇	501	15.86‰	181	5.73‰	22	82	260‰
上白石镇	368	15.37‰	115	4.80‰	14	50	217‰
社口镇	313	13.22‰	110	4.65‰	37	25	215‰
潭头乡	505	14.16‰	285	7.99‰	43	58	205‰
晓阳乡	123	11.00‰	57	5.09‰	17	24	59‰
溪尾乡	223	14.07‰	95	5.74‰	13	39	102‰
溪潭乡	492	14.31‰	214	6.22‰	37	72	243‰
城阳乡	365	14.00‰	141	5.41‰	11	28	207‰
范坑乡	248	12.67‰	97	4.96‰	8	33	126‰
湾坞乡	459	17.54‰	258	9.86‰	8	24	185‰
松罗乡	229	14.28‰	105	6.55‰	15	30	109‰
坂中畲族乡	299	15.28‰	131	6.69‰	9	24	153‰
穆云畲族乡	400	16.54‰	143	5.91‰	10	23	244‰
康厝畲族乡	369	14.82‰	144	5.78‰	31	26	230‰

表 5—7　2005 年福安市各乡镇（街道）户籍人口变动情况表

单位：人

乡镇	出生	死亡	迁入	迁出	净增长率
合计	5885	1851	1798	5625	205‰
城区三街道	832	193	352	1178	-187‰
赛岐镇	373	282	152	559	-316‰
穆阳镇	116	26	40	210	-80‰
甘棠镇	320	257	120	334	-151‰
下白石镇	548	43	99	361	243‰
溪柄镇	252	51	91	199	93‰
上白石镇	219	85	89	189	34‰
社口镇	203	32	54	168	57‰
潭头镇	302	42	116	340	36‰
晓阳镇	88	11	31	100	8‰
溪尾镇	231	16	44	96	163‰
溪潭镇	257	50	79	196	90‰
城阳乡	424	111	100	238	175‰
范坑乡	223	22	39	137	103‰
湾坞乡	337	37	68	128	238‰
松罗乡	133	49	45	105	24‰
坂中畲族乡	270	353	82	310	-311‰
穆云畲族乡	280	112	59	169	58‰
康厝畲族乡	356	56	77	486	-109‰
赛岐开发区	121	23	61	122	37‰

三、流动

1990 年，第四次全国人口普查（1990 年 7 月 1 日零时），全市常住户籍人口为 495346 人，占全市户籍人口的 94.25%；已在福安市常住一年以上、户籍在外县的为 4199 人，占总人口 0.80%；在福安市居住，常住户籍待定（指因各种原因未落户的，主要为婚嫁未落户者）的为 25660 人，占总人口 4.88%。此后，福安经济发生巨大变化，特别是商品经济迅速发展，福安电机电器、船舶修造业崛起，大量外来人口到福安经商、办企业、务工；大量农民工进城，人口流动频繁。

2000 年，第五次全国人口普查，全市户籍人口 548233 人，外来人口 52605 人。全市外出半年以上人口为 73219 人，占 13.22%，其中，全户外出 26442 人；外出不满半年的 29666 人；离开户籍地不满半年 5500 人，其中，全户外出的 4233 人。

2005年，福安城区人口骤增，流动人口达5万～6万人，农村人口明显下降，大多为留守老人、病残者和儿童。如上白石镇姜家山村户籍人口1300人，常年居住者186人；溪柄镇横坑村户籍人口400多人，居住者只剩47人。

表5—8 2000年全国第五次人口普查福安市户籍人口与外来人口统计表

单位：人

地区别	户籍人口			外来人口		
	合计	男	女	合计	男	女
合　计	548233	292708	255525	52605	28354	24251
城南街道	16472	8478	7994	7645	3846	3799
城北街道	30022	15489	14533	15643	8208	7435
阳头街道	13933	6951	6982	5436	2827	2609
赛岐镇	43751	23064	20687	4665	2395	2270
穆阳镇	13799	6925	6874	927	495	432
上白石镇	25361	13866	11495	559	234	325
潭头镇	33038	17789	15249	374	138	236
社口镇	24166	13102	11064	1198	649	549
晓阳镇	12934	7033	5901	304	123	181
溪潭镇	34165	18357	15808	460	245	215
甘棠镇	40541	21332	19209	1233	609	624
下白石镇	42626	22570	20056	3305	2595	710
溪尾镇	16167	8776	7391	818	632	186
溪柄镇	31671	17046	14625	1310	675	635
城阳乡	27140	14430	12710	1804	1009	795
坂中畲族乡	21904	11574	10330	2037	1050	987
范坑乡	19824	11010	8814	438	144	294
穆云畲族乡	23199	12638	10561	846	416	430
康厝畲族乡	23442	12785	10657	413	193	220
湾坞乡	25708	14096	11612	1023	703	320
松罗乡	15959	8888	7071	250	127	123
赛岐开发区	12411	6509	5902	1917	1041	876

第五节 婚姻家庭

一、婚姻

1990年第四次全国人口普查，福安市15岁及15岁以上人口300292人，其中，未婚107408人，占29.39%；有配偶的228900人，占62.51%；丧偶的26248人，占7.16%；离婚的26248人，占0.94%。在未婚人口中，男72105人，女35543人。在有配偶人口中，男114975人，女113985人。在丧偶人口中，男9222人，女17026人。在离婚人口中未再婚者：男3209人，女227人。

2000年第五次全国人口普查，全市15岁及15岁以上人口413121人。抽查38196人，其中未婚10113人，占26.48%；已婚28083人，占73.52%。抽查已婚人口中，初婚有配偶24824人，占88.40%；再婚有配偶428人，占1.52%；离婚360人，占1.28%；丧偶2471人，占8.80%。婚姻状况特征是青年未婚人群较大。未婚人口中，男性多于女性，为1.69∶1；丧偶中男性多、女性少，为2.06∶1。

二、家庭

1991年，全市总户数127295户，户均为4.21人。此后逐年攀升，1995年、1996年，户均达4.27人以上，为15年间之最高。1997年，随着计划生育效果显现，户均人数开始下降为4.17人。此后户均人数逐年下降。

2000年，第五次全国人口普查，全市总户数146739户，其中，家庭户143718户，集体户3021户。家庭户平均每户人口3.76人，其中，1人户占10.20%；2人户占12.48%；3人户占22.21%；4人户所占比例最高，为22.54%；5人户占19.26%；6人户占8.17%；7人户占3.33%；8人户占1.15%；9人户占0.39%；10人以上户占0.27%。家庭户中一代户占18.25%；二代户占60.84%；三代户占20.24%；四代户占0.67%；五代户仅1户。

2005年，全市家庭户口中有65岁以上老年人户36094户，占24.60%，其中，户中1个65岁以上老年人的29212户，占总户数19.91%；2个65岁以上老年人的6777户，占4.62%。户均为3.46人，为15年之最低。

第二章　计划生育

第一节　宣传

1991年，福安市委、市政府重视计划生育基本国策工作，开展“宣传教育进村，婚育新风进家”等活动，提倡晚婚；号召共青团、工会、妇联和计生协会配合协作，鼓励晚育，提高人口素质。当年，女性平均初婚年龄为21.38岁，比上年提高0.13岁。

1992年，市委宣传部、市计划生育委员会发出《关于加强计划生育宣传教育工作的意见》，联合广播电视局、文化局、总工会、妇联、共青团市委，开展晚婚晚育宣传活动。

1993年，市举办计生讲座、开设人口教育学校，对群众进行计划生育知识宣传教育。全市各村（居）普遍成立计生协会，利用乡镇（街道）党校、农民夜校、市民文明学校、宣教中心（站），运用宣传栏、黑板报、标语、幻灯、宣传车、书画摄影展览等形式经常性地开展晚婚晚育宣传。

1994年，通过发行《中国人口报》，印发《致青年朋友一封公开信》《优生优育小知识》等宣传资料，放映专题电影、录像，举办讲座、知识竞赛、培训班等方法方式，做好计划生育宣传工作，为已婚育龄妇女赠送简易婚育知识读本、生殖生理健康读本。1996年，利用有线电视、广播、宣传栏，出动宣传车，深入乡镇巡回宣传计划生育。

1997年，市委宣传部下发《关于进一步加强计划生育宣传教育工作的通知》。各级计划生育管理部门运用多种宣传工具外，还通过赠送报刊和《计生三字歌》、简易婚育知识读本、计生手册、计生政策规定、生殖生理健康读本等宣传资料，开展计划生育宣传。

计划生育海上流动服务队（2005年）

1998年，播放新婚知识录像，发放新婚保健小册，并进行咨询指导和问卷活动。1999年8月，发放“优生优育系列保健保偿协议书”，本着自愿的原则在市区范围开展优生优育系统保健保偿服务。

2005年，计划生育主要宣传方式仍然是发放宣传资料，放映专题电影、录像，举办讲座、知识竞赛、培训班，利用有线电视、广播、宣传栏，出动宣传车等。

第二节　晚婚晚育

一、晚婚

1990年，全市女性初婚人数3956人，早婚117人、早婚率2.96%；晚婚2341人，晚婚率59.18%；市区晚婚率比例高于乡村。

1991年，女性平均初婚年龄为21.38岁、比1990年提高0.13岁，但高于法定最低婚龄。1998年，全市女性初婚人数3031人、占总人口的5.2%，早婚率3.18%、晚婚率56.08%。

2002年9月1日，新修订的《福建省人口与计划生育条例》颁布施行，规定机关、企业事业单位工作人员晚婚婚假为15天；晚育又领取独生子女父母光荣证的，女方产假为135～180天、男方照顾假为7～10天。婚假、产假、照顾假期间，工资照发，不影响晋升。

2005年，根据人口抽样调查，女性平均初婚年龄为26.93岁，比1990年提高5.72岁，也高于法定晚婚年龄。当年，全市女性初婚人数4725人，晚婚3102人，晚婚率提高到65.65%、比1990年提高15.03个百分点。

表5—9　1991—2005年福安市女性婚姻情况表

年份	已婚育龄妇女数（人）	其中		平均初婚年龄（岁）	年份	已婚育龄妇女数（人）	其中		平均初婚年龄（岁）
		早婚率	晚婚率				早婚率	晚婚率	
1991	9094	4.93%	49.34%	21.38	1999	114995	3%	61.71%	23.89
1992	9980	5.1%	50.01%	21.66	2000	115250	3.44%	63.72%	24.05
1993	102029	5.43%	49.66%	22.04	2001	115473	1.02%	63.01%	24.62
1994	109306	1.15%	57.06%	22.22	2002	115512	1.43%	63.39%	25.26
1995	107653	0.43%	56.34%	22.71	2003	115606	0.86%	67.81%	25.89
1996	107528	5.48%	50.10%	23	2004	116822	1.76%	65.91%	26.41
1997	110752	5.41%	50.60%	23.1	2005	117130	1.1%	65.65%	26.93
1998	111026	3.18%	56.08%	23.51	—	—	—	—	—

二、优生优育

1991年，福安市提倡优生优育，禁止近亲结婚，提倡婚前遗传咨询和产前检查、产后访问，注重孕产妇管理和胎教指导等，制定孕产妇和儿童系统保健管理分片包干方案。

1994年，对新婚夫妇进行婚前优生知识教育，开设优生门诊，动员适龄群众婚前、孕前自觉主动检查检测，提高人口素质。

1996年，制定计划生育优质服务工作实施方案，把开展优生检测工作列为计生优质服务的一项重要内容，添置检测设备和试剂。首次掌握疱疹病毒（TORCH）检测方法，主要检查风疹病毒、弓形虫、巨细胞病毒、疱疹病毒四个项目。

1997年，下发文件，要求各乡镇开展优生优育和优生检测工作。在办理生育证同时，动员育龄妇女自愿到市计生服务站进行优生检测；卫生、民政等部门也在妇科普查、结婚证办理过程中，积极配合宣传动员。据统计，当年检测出 TORCH 感染者约占检测对象的 0.23%。

2002 年，福安市强化管理和服务，采取有效措施，应对婚育高峰，根据结婚登记第一手资料，把已婚育龄妇女各类信息纳入信息管理系统。做好对新婚夫妇过程管理和服务。

2005 年，全市优生检测 1850 人次，普查妇科病 580 人，婴儿缺陷发生率从 1991 年的 4‰降至 3‰。

2005 年，福安市人口出生率 13.6‰，比 1990 年下降 2.44 个千分点；出生人口性别比 116.5：100（女为 100），与 1990 年相比仍高出 1.12 个百分点，比正常值高 9.5 个百分点。人口自然增长率 8.66‰，比 1990 年下降 1.28 个千分点；人口出生政策符合率 77.91%，比 1990 年提高 7.86 个百分点；多孩率 6.05%，比 1990 年下降 0.17 个百分点。

第三节　技术服务

一、新法接生

1991 年，全市推广新法接生，新法接生率为 94.9%。1995 年，开办村级接生员培训班，新法接生率提高到 97.9%。1996 年，新法接生率首次达 99%。1999 年，举办第三期村级接生员培训班，参加培训人员 109 人。2000 年，引导社会接生员转轨，对妇幼保健员进行培训、考核、发证。2001 年，继续举办村级接生员培训班。至 2005 年，全市接生员有 1736 人次参加培训，新法接生率达 99% 以上。

二、婚前医学检查

1991 年，福安市开始婚前医学检查，接受婚前医学检查夫妇 30 对。至 1998 年，婚前只作零星医学检查。2001 年，婚检夫妇 1355 对；2002 年，婚检 1746 对。

2003 年 10 月，实行婚检自愿后，婚检人数急剧下降。2004 年，全市婚检夫妇从上年的 3056 对下降至 43 对。2005 年，全市婚检夫妇 36 对。

三、优生服务

1994 年，福安市实施出生缺陷干预工程，对新婚夫妇进行婚前优生知识教育。投入 3 万元，购置优生检测仪器，开展孕前优生筛查工作，让育妇自愿选择筛查项目，认真检测评估，指导育妇选择最佳生育条件。对于风疹病毒、巨细胞病毒、弓形虫等检测阳性的育妇进行治疗，复查转阴后指导生育。

1996 年起，优生检测工作列入计生优质服务项目，开展育龄妇女实施风疹病毒、弓形虫、巨细胞病毒等四项检查，当年测得感染率为 0.23%。

2005 年，市委、市政府将优生技术优质服务列入先进乡镇重要考核内容，优生检测 1850 人。

四、不孕症诊治

1991—1994 年，全市对不孕不育夫妇开展咨询诊治服务，每年结合计生宣传服务活动，进行不孕不育症调查，根据实际情况进行治疗辅导。1995—2004 年，全市接受不孕不育夫妇咨询 362 人次，进行诊治 100 多人，经过治疗恢复生育能力的 20 人。

五、生殖保健服务

1999 年，福安市开设生殖保健咨询门诊，为广大育龄人群开展生殖保健服务。2003 年，与上海精锐医疗公司协作，投资 100 万元，购置先进检测仪器设备和楼层装修，成立福安市生殖保健中心，全天候为群众提供生殖保健服务。生殖保健中心开办 2 年（2004 年年底结束协作），接受群众生殖保健咨询 6000 多人次。

2005 年，开展生殖健康——母婴传播疾病干预项目，完成 190 个调查对象建档，并定期随访。

六、计生家庭服务

（一）帮扶服务

1991 年，福安市投资 50 万元，在湾坞乡徐江村建立二女户保险基地，种植晚熟龙眼 2800 株，帮扶二女户。

1997 年，市出台《关于农村计划生育“三户”实行优惠政策的决定》。同年，落实帮扶政策：资金帮扶 762 户，生产项目帮扶 464 户，技术帮扶 1069 户，生产资料帮扶 403 户。1999 年，市出台涵盖养老保险，多分一份责任田，优先招工，子女就学减免学杂费等 18 条帮扶优惠政策。

2001 年，市出台政策，对历年农村二女特困户，实行最低生活保障制度，保证年人均收入不低于 1200 元，达不到标准的由民政部门补足。开始实施“幸福工程”，首批上白石镇、范坑乡的 54 户“三户”贫困母亲，获得“幸福工程”小额贴息贷款资助 15 万元。次年，以小额贴息贷款帮扶为重点，进一步推动农村计生优惠政策落实，全市发放小额贷款 277.3 万元，惠及 22 乡镇、328 个行政村、1611 户。

2004 年，开展科级以上干部给每个“计生三户”帮扶资金 1000 元；副科级领导每人帮扶 2 户困难户，帮扶资金 500～1000 元。当年共落实帮扶“计生三户”1100 户、资金 80 多万元。对人均收入低于 1000 元的 563 户、2252 名农村“计生三户”，实行最低生活保障，保障金每人每月比其他户多补助 20 元。市政府从财政“人口基金”中切出 10 万元、和社会各界募集的资金，建立“关爱女孩基金会”，每年对二女困难户女孩每人给予 200 元以上补助。同年，在市民族中学创办首届初中“春苗班”，招收“二女户”女孩 50 名，全免学杂费、代办费、住宿费，每月补助 30 元生活费、每学期补助 20 元保险费。

（二）生育保险

1991 年，全市实施二女户、独生子女户，以“老有所养”为主要内容的“生育保障工程”，设立计划生育系列保险。二女户夫妇养老保险费用，由市、乡镇（街道）各负担一半；独生子女户，市财政每年给予奖励费 500 元。

2001 年，市委、市政府出台文件，将农村二女户保险金提高到 1200 元。

第四节　机构与管理

一、机构

（一）福安市计划生育局

1991 年，福安市计划生育委员会配备人员 30 人，内设办公室、统计财务股、法规股、宣教股、协会办公室等 5 个科室。

1998 年，成立流动人口管理站。2004 年，成立市计划生育执法大队，设置事业编制 15 名，与流动人口管理站合署办公。

2005年，市计划生育委员会改称市计划生育局，内设人事秘书股、计划统计股、科学技术股、法规股、宣传教育股、协会办公室等6个科室，下属单位有市计划生育服务站、市流动人口管理站、市计划生育执法大队等三个机构，配备人员53人。

（二）福安市计划生育协会

1991年2月，福安市计划生育协会成立，选举第一届理事11人、常务理事5人，推选会长1人、副会长2人和秘书长；并成立顾问小组，聘请顾问3人。

1993年，市计划生育协会内设“办公室”（股级）。1994年10月，召开第二届会员代表大会，选举理事19人、常务理事7人，推选会长1人、副会长2人和秘书长。

1997年，市计生协会事业编制增加到7名；5月召开第三届会员代表大会，选举理事29人、常务理事7人，推选名誉会长、会长各1人、副会长2人和秘书长。

2002年，召开第四届会员代表大会，选举理事25人、常务理事7人，推选会长1人、副会长3人和秘书长。

2004年，福安市计生协会挂靠市计生委，核定机关事业编制6名，工勤人员1名，设专职副会长（副科级）1名，股级1名。2005年，全市计生协会组织515个，理事4215人，专职工作人员546人，会员人数51646人，配备宣传服务小组长2906人。

二、管理

（一）目标管理

1991年，福安市实行党政领导一把手亲自抓、负总责，层层签订年度计划生育工作目标管理责任状，并挂钩乡镇（街道）、片、村（居），指导村级开展计划生育工作。

1994年，按照“六好”（干部队伍建设好、政策落实好、宣传教育好、技术服务好、制度建设好、干群关系好）和“三无”（无早婚、无计划外生育、无大月份引产）标准，开展创建计划生育合格村活动。

1998年，市政府颁发文件，明确计生工作人员、包村干部计生工作职责。在全市村民小组中设立计划生育会员小组，吸收热心计划生育事业的育龄群众为会员，在计生工作中发挥“带头、宣传、服务、监督、交流”的桥梁纽带作用。

（二）流动人口管理

1991年，福安市实行修订后的《流动人口计划生育工作管理办法》，下发《关于加强计划生育工作齐抓共管协调配合的意见》和《计划生育工作齐抓共管考核方案》。在全市范围开展为期30天的流动人口计生联网大清理，对流动人口实行“属地管理、单位负责、部门联动”综合管理措施。

1993年，全市各乡（镇、街道）成立以计生办和公安部门相结合的流动人口管理站，建立台账并由专人管理。印发国务院《流动人口计划生育管理办法》2000份，有效地控制流动人口计划外生育。

1995年，市成立流动人口计划生育管理站。全市共审检流动人口17234人次，已婚育妇4113人次。

1998年，市流动人口计划生育管理站，核准事业编制5名。2000年，全国统一使用流动人口婚育证明，元旦、春节期间，全市开展流动人口计划生育宣传服务活动。

2001年，全市共清查流出人口9628人次，其中，已婚育妇女7493人次，办证7418本，办证率99%；

流入人口 13569 人次，其中，已婚育妇女 3343 人次，审检率 97%。

2002 年，福安市停止征收流动人口计划生育管理费，继续开展流动人口计划生育管理清查活动。清查流入人口 4144 人次，其中，育龄妇女 1426 人次，已婚育妇 1049 人；流出人口 8521 人，其中，育龄妇女 4026 人次，已婚育妇数为 902 人次。次年，市下发《关于开展流动人口计划生育管理清查活动的实施方案》，决定每年流动人口宣传服务月期间，在全市范围内继续开展流动人口计划生育清查工作。2004 年 9 月 1—28 日，城区“三街道两乡”（城北、城南、阳头街道，坂中、城阳乡）清理流动人口 1.39 万人次。

2005 年，全市清查流入人口 22895 人次，流出人口 28231 人次，流动人口“双查”到位率、合同签订率，以及流入人口婚育证明审检率均上升。

（三）药具管理

1991 年，市避孕药具管理发放工作由市、乡镇计生站专人负责。乡镇（街道）药具管理人员，每年要接受 1～2 次岗位业务培训，以提高业务技术水平。

2003 年起，为满足群众需要，开始向全市避孕人员免费提供各种避孕药具，同时设立避孕药具经费台账，做到药具经费专款专用。

2005 年，市计划生育服务站共向 866 名育龄夫妇发放避孕药具。

第三章 人民生活

第一节 收入

一、城镇居民收入

1991 年，福安市城镇居民人均纯收入 1351.32 元；次年达 1530 元；1993 年，人均纯收入 1750 元，居民储蓄大幅度增加；1994 年，人均纯收入 2443 元，比上年增长 39.6%；第二年，人均纯收入 2981 元。1996 年，人民生活水平进一步提高，城镇居民人均纯收入 3449 元，扣除物价增长因素，实际增长 8%。1997 年，城镇居民人均纯收入 4641 元，同比增长 25%。2000 年，人民生活明显改善，人均纯收入 5836.56 元，比 1991 年增长 4.32 倍。

2002 年，城镇居民人均纯收入（按新口径计算）6592 元，比上年增长 9.6%，扣除价格因素实际增长 8.6%。2004 年，人均纯收入 8165 元，比 2003 年增长 16.3%，扣除价格因素实际增长 11.8%。

2005 年，人民生活水平持续提高，人均纯收入 9595.15 元，同比增长 12%；其中人均可支配收入 9171 元，比上年增长 12.3%，扣除价格因素实际增长 9.0%。

二、农村居民收入

1991 年，全市农民人均纯收入 730.20 元，以家庭经营收入为主，农业收入是家庭收入的主要组成部分，温饱问题已得到基本解决。次年，农民人均纯收入 865 元，与上年同比增长 18.46%。随着产业结构调整，大力发展民营经济，二、三产业收入迅速增长，成为农村居民收入的重要来源；农村剩余劳动力输出增多，工资性收入显著增加，改变农民收入结构单一的状况。当年，全市又致力扶贫“奔小康”建设，促进农民收入增加。1993 年，扶贫工作取得成效，全市脱贫 4.2 万户 19 万人，农民人均纯收入达 960 元。

1994 年，农民生活水平、生活质量有较大改善，人均纯收入 1413 元、同比增长 44.2%。第二年，全市开展争创“小康村”工作、农村改水改厕成效显著，农民生活水平稳步提高，人均纯收入 1862.97 元、比 1991 年增加 155%。1996 年，农民人均纯收入 2232 元，扣除物价上涨因素，实际增长 12%。次年，农民人均纯收入 2602 元，同比增长 16.6%。1998 年，人均纯收入 2850 元。2000 年，农民人均纯收入达到 3034 元。

2003 年，农村居民人均纯收入（按新口径计算）3421 元，比上年增长 5.1%、扣除价格因素实际增长 3.5%。2004 年，农村居民人均纯收入 3696 元，比上年增长 8.0%、扣除价格因素实际增长 3.9%。

2005 年，农村居民人均纯收入 3995.72 元，比上年增长 8.1%，扣除价格因素实际增长 5.0%。

第二节 支出

一、城镇居民支出

1991年，全市城镇居民人均实际支出1295.16元，其中与住房相关的商品消费有所增加。调查9个城镇居民及个人建房，累计竣工面积13.78万平方米，其中，住宅13.41万平方米。城区累计竣工面积6.24万平方米，其中，住宅6.16万平方米。次年，全市11个城镇建房累计竣工面积25.43万平方米，其中，住宅23.97万平方米。城区累计竣工面积7.98万平方米，其中，住宅7.56万平方米。

1993年，居民居住条件明显改善。全市11个城镇建房累计竣工面积29.48万平方米，其中，住宅25.78万平方米；城区累计竣工面积11.34万平方米，其中，住宅8.64万平方米。随着城镇居民生活水平提高，消费结构变化也明显加快，其生活消费的食品、衣着、住房、家庭设备、文教娱乐、交通和通信、服务和其他支出费用，不同程度上高于农村居民。城镇居民消费扩张较快的领域主要在：以移动通信和信息为代表的通信信息消费；以私人汽车为代表的交通消费；与住房相关的商品消费；以教育、旅游为代表的文化消费。电视机、电冰箱、手机等耐用消费品进入普通家庭。1994年，群众的消费水平和层次又有新的提高，空调等高档消费品进入家庭，液化气和电话（含移动电话）普及率大为提高，社区服务领域扩大，卫生环境得到改善。

1997年，消费水平和生活质量进一步提高，城镇人均住房面积10平方米。2000年，第五次全国人口普查，全市人均住房建筑面积已达20.84平方米。

2001年，福安市城市社会经济调查队抽样调查，全市1—6月消费性支出人均444.14元、比上年同期增长13.64%；恩格尔系数43.25，比上年同期下降5.28%。居民消费呈三大“增加”趋势：购房与建房支出、住房公积金支出增加，1—6月，购房与建房支出人均比上年同期增长263.84%，住房公积金支出比上年增长92%，购房与建房已经成为居民支出中的大项；交通与通信设备支出增加，1—6月支出比上年同期增长25.91%，主要源于“市话通”（即无线电话）用户快速增加；娱乐文教服务支出增加，1～6月支出比上年同期增长48.86%，电脑已开始走进寻常百姓家。

商品丰富的市场（2004年）

2002年，城镇居民家庭食品消费支出占家庭消费支出的比重（恩格尔系数）为45.6%，比上年下降0.3个百分点。2004年，城镇居民家庭恩格尔系数为41.6%，比2003年下降

2.7 个百分点。人均居住面积 33.6 平方米。

2005 年，城镇居民人均消费支出 6396 元，比上年增长 6.2%。全市 12 个城镇建房累计竣工面积 46.28 万平方米，其中，住宅 453100 平方米；城区累计竣工面积 15.46 万平方米，其中住宅 15.09 万平方米。城镇居民住房的室内装修、设施大为改善，人均住房面积达 34.05 平方米。城镇居民家庭每百户中，拥有彩色电视机 146 台、电冰箱 78 台、空调 68 台。城镇居民家庭恩格尔系数为 37.0%，比 2004 年下降 4.6 个百分点。城镇登记失业率 3.8%。

表 5—10　2000—2005 年福安市城镇居民人均消费支出结构一览表

单位：元

支出类别		2000 年	2001 年	2002 年	2003 年	2004 年	2005 年
消费总支出		4510.92	4883.04	5122.32	5491.52	5789.2	6395.94
其中	食品	2148.60	2239.32	2334.96	2434.20	2429.87	2369.18
	衣着	513.00	597.36	565.80	577.08	465.71	765.81
	设备用品及服务	220.32	248.76	147.36	228.72	292.01	311.97
	医疗保健	142.80	198.84	340.44	260.28	245.10	373.38
	交通与通信	368.64	350.52	474.60	499.52	684.19	607.08
	娱乐文教服务	461.64	443.76	600.24	564.60	532.19	798.56
	住房	549.84	623.28	590.40	801.60	1012.19	1016.79
	杂项	106.08	181.20	68.52	125.52	127.94	153.18

表 5—11　2000—2005 年福安市城镇居民家庭每百户耐用消费品拥有量一览表

类别	单位	2000 年	2001 年	2002 年	2003 年	2004 年	2005 年
组合家具	套	72	70	72	72	62	60
摩托车	辆	50	48	48	48	60	62
自行车	辆	130	126	128	130	100	102
洗衣机	台	108	108	104	104	106	106
电风扇	台	298	298	274	276	238	242
电冰箱	台	74	80	84	84	76	78
冰柜	台	6	6	4	4	12	12
彩色电视机	台	142	138	140	144	148	146
录放像机	台	10	8	8	8	4	4

续表 5—11

类别	单位	2000 年	2001 年	2002 年	2003 年	2004 年	2005 年
组合音响	套	38	38	42	42	16	20
照相机	件	30	28	28	29	34	34
中高档乐器	台	2	2	3	5	8	8
空调	台	28	36	44	53	58	68
电炊具	台	62	60	52	52	32	34
淋浴热水器	台	104	104	114	114	114	116
抽排油烟机	台	36	40	46	46	42	42
吸尘器	台	8	8	10	11	16	14
影碟机	台	68	70	92	93	74	72
家用电脑	台	8	12	12	14	22	26
微波炉	台	8	14	20	20	30	30
健身器材	件	8	4	8	9	11	14
移动电话	台	42	52	74	74	122	124

表 5—12　2000—2005 年福安市城镇居民家庭居住条件情况表

类别	2000 年	2001 年	2002 年	2003 年	2004 年	2005 年
一、按房屋产权分	100%	100%	100%	100%	100%	100%
公房	24%	26%	22%	22%	8%	12%
租赁私房	4%	4%	8%	8%	6%	4%
自有房	60%	63%	62%	64%	82%	80%
其他	12%	7%	8%	6%	4%	4%
二、自来水使用情况	100%	100%	100%	100%	100%	100%
无自来水	—	—	—	—	—	—
独用自来水	96%	98%	98%	98%	100%	100%
公用自来水	4%	2%	2%	2%	—	—
三、卫生设备拥有情况	100%	100%	100%	100%	100%	100%
无私家卫生设备	14%	12%	12%	12%	—	—
有私家浴室厕所	78%	76%	78%	78%	86%	86%
私家有厕所无浴室	—	—	—	—	—	—

续表 5—12

类别	2000 年	2001 年	2002 年	2003 年	2004 年	2005 年
使用公用卫生设备	8%	12%	10%	10%	14%	14%
四、燃料使用情况	100%	100%	100%	100%	100%	100%
液化石油气	94%	95%	96%	98%	100%	100%
煤	4%	3%	3%	2%	—	—
其他	2%	2%	1%	—	—	—
五、住宅建筑式样	100%	100%	100%	100%	100%	100%
家庭单栋楼房	40%	42%	42%	42%	36%	34%
单元式住宅	24%	26%	26%	26%	36%	38%
其中：三居室及以上	20%	22%	22%	22%	30%	30%
普通平房	20%	24%	26%	28%	24%	22%
其他住宅	16%	8%	6%	4%	4%	6%
户均使用面积（平方米）	93.22	92.42	119.02	112.23	119.32	119.52
人均使用面积（平方米）	23.12	24.32	35.32	35.6	33.61	34.05

二、农村居民支出

1991 年，全市农村居民人均年生活消费支出 466.3 元。1995 年，由于劳务等工资性收入增加，农村居民消费水平提高，人均生活消费支出 1060.1 元，比 1991 年增长 2.27 倍。1998 年，农村脱贫致富“奔小康”工作成效显著，行政村通公路、通电率、通电话率、电视信号覆盖率均达 100%。电视机、电话等耐用消费品大量进入普通家庭。2002 年，农村居民家庭消费支出占年收入的 44.4%，比 2001 年下降 3.6 个百分点。由于私人建房逐年增加，住房条件发生根本性改变，农村木结构、砖石结构的平房，被混凝土结构的榴房所代替。经济发达的乡镇、开发区，住房也都逐渐向购买商品房过渡，居民用于住房的支出明显增加。2004 年，农村居民人均住房使用面积 26.32 平方米。

2005 年，农村居民人均生活消费支出 3079.22 元，比 2004 年增长 1.4%，比 1991 年增长 6.61 倍。农村居民家庭消费的恩格尔系数为 49.6%，比 2004 年上升 0.3 个百分点。农村人均住房使用面积 22.96 平方米。

表 5—13　1995—2005 年福安市农村居民家庭人均生活消费结构一览表

单位：元

年份	食品	衣着	居住	家庭设备用品及服务	医疗保健	交通与通信	文化教育、娱乐消费	其他商品和服务消费	总支出
1995	658.95	76.69	88.15	59.48	29.98	15.89	120.97	9.99	1060.1
1996	702.49	91.96	76.34	59.30	13.50	15.40	160.95	5.02	1124.96

续表 5—13

年份	食品	衣着	居住	家庭设备用品及服务	医疗保健	交通与通信	文化教育、娱乐消费	其他商品和服务消费	总支出
1997	1169.01	159.00	150.59	260.48	45.47	74.92	152.76	30.74	2042.97
1998	1164.63	190.73	132.16	108.61	42.05	67.17	143.01	81.67	1930.03
1999	1246.18	299.01	177.41	116.94	38.94	75.37	229.11	292.89	2475.85
2000	1030.33	219.94	189.82	65.62	73.06	178.23	236.11	333.69	2326.8
2001	1222.84	225.72	377.37	64.44	48.78	218.01	189.52	340.00	2686.68
2002	1202.77	143.42	214.85	63.73	79.97	204.40	184.99	639.93	2734.06
2003	1406.53	384.42	508.08	32.64	72.44	262.42	206.35	184.90	3057.78
2004	1498.58	371.20	363.47	51.39	83.97	276.85	269.62	121.50	3036.58
2005	1528.24	373.65	285.34	41.91	96.88	294.35	321.04	137.81	3079.22

第六篇

畲　　族

SHE　ZU

福安是全国畲族人口聚居最多的县（市）之一，根据1990年的统计，当年福安畲族人口为57562人（手工汇总，电子汇总为58002人），占福安全市人口的10.95%、宁德地区畲族人口总数的36.59%、全省畲族人口的16.62%、全国畲族人口的9.13%。2000年，第五次全国人口普查，福安市畲族人口为59931人。历史上，福安畲民多生活在相对偏远的山区，地理条件差，经济基础薄弱，以农业经济特别是粮食种植为主，茶叶为辅。新中国成立后，畲族群众的生产、生活状况发生了巨大变化，特别是自1993年开始，中共福建省委、省人民政府和宁德地委、地区行署，根据福建省少数民族与民族地区的现状，确定福建省扶贫攻坚计划，把少数民族乡作为扶贫攻坚的重要组成部分。省直单位定点挂钩民族乡扶贫，各级政府主导的对口帮扶民族乡工作逐步制度化。2000年1月1日，《福建省少数民族权益保障条例》施行，全省民族工作逐步走向法治化道路。至2005年，福安畲村“五通”工程全面完成，“造福工程”安置畲民1.1万人，农民人均纯收入比1990年提高4倍多，社会事业全面发展，畲族文学艺术得到进一步挖掘、保护和发展，独具特色的畲族风情习俗得以传承。

第一章　人口与分布

第一节　人口

一、数量

1990 年，全国第四次人口普查统计，福安畲族户籍人口（下同）为 57562 人，占福安总人口的 10.95%，占全国畲族总人口 630378 人的 9.13%，占福建省畲族人口 346382 人的 16.62%，占宁德地区畲族人口 157313 人的 36.59%。

2000 年，全国第五次人口普查，福安畲族人口为 59931 人，占福安总人口的 10.82%，其中，男性 32406 人，女性 27525 人，占宁德市畲族总人口 159040 人的 37.68%，比例有所上升。

2005 年，全市畲族总人口 6.6 万人，占全市总人口的 10.75%，占全国畲族总人口的 8.5%，占福建省畲族人口的 16.5%，占宁德市畲族人口的 35.3%，比例呈下降趋势。全市有畲族户数 12974 户，人口 56290 人。

二、构成

（一）年龄构成

1990 年，全国第四次人口普查，福安市畲族人口 57562 人，各年龄阶段的分布情况为：0～14 岁人口 17017 人，占比 29.56%；15～64 岁人口 36449 人，占比 63.32%；65 岁以上人口 4536 人，占比 7.88%，其中有 1 名百岁老人。畲族年龄的中位数为 23.74 岁，根据国际静态人口类型划分标准：畲族人口属于成年型晚期，即将步入老年型。

2000 年，全国第五次人口普查，福安市畲族人口 59931 人。各年龄段的分布情况为：0～14 岁人口 14754 人，占比 24.62%；15～64 岁人口 39670 人，占比 66.19%；65 岁以上人口 5507 人，占比 9.19%，其中 100 岁以上人口 4 人。

（二）性别构成

1990 年，全国第四次人口普查，福安市畲族男女比例为 119.16%（女为 100，下同）。各年龄段男女性别比例：0～4 岁 116.57%、5～9 岁 118.97%、10～14 岁 108.83%、15～19 岁 108.08%、20～24 岁 115.10%、25～29 岁 116.190%、30～34 岁 123.81%、35～39 岁 117.96%、40～44 岁 131.03%、45～49 岁 142.48%、50～54 岁 152.68%、55～59 岁 130.33%、60～64 岁 136.33%、65～69 岁 129.44%、70～74 岁 110.73%、75～79 岁 107.26%、80～84 岁 76.92%、85～89 岁 53.09%、90～94 岁 50.00%、95～99 岁 50.00%。

2000 年，全国第五次人口普查，福安市畲族男女比例为 117.73%。各年龄段男女性别比例：0～4 岁 146.81%、5～9 岁 128.36%、10～14 岁 187.35%、15～19 岁 122.73%、20～24 岁 114.42%、25～29 岁 98.77%、30～34 岁 109.77%、35～39 岁 106.15%、40～44 岁 122.74%、45～49 岁 116.70%、50～54 岁 130.54%、55～59 岁 141.01%、60～64 岁 143.88%、65～69 岁 135.12%、70～74

岁 121.28%、75～79 岁 98.26%、80～84 岁 83.28%、85～89 岁 79.26%、90～94 岁 52.63%、95～99 岁 20.00%、100 岁以上 33.33%。资料显示：从 75 岁开始老年人中，男女比例出现逆转，即女多男少，而且随年龄段上升，反差比例愈大。

（三）文化构成

1990 年，全国第四次人口普查，福安市 6 岁及 6 岁以上畲族人口 52634 人，其中，大学程度 75 人，占全市畲族总人口的 0.14%；高中程度（包括中专）831 人，占 1.58%；初中程度 2340 人，占 4.45%；小学程度 33132 人，占 62.95%。畲族人口 15 岁以上（包括 15 岁）人口 40985 人，其中，文盲、半文盲人口 15133 人，占 36.92%。

2000 年，全国第五次人口普查，福安市 6 岁及 6 岁以上畲族人口 56182 人（男 30205 人，女 25977 人）。其中，大学程度 233 人（男 175 人、女 58 人），占 0.41%；高中程度（包括中专）1717 人（男 1070 人、女 647 人），占 3.06%；初中程度 9801 人（男 6539 人，女 337 人），占 17.44%；小学程度 33878 人（男 17873 人，女 16005 人），占 60.30%；扫盲班 2734 人（男 978 人、女 1756 人），占 4.87%；未上过学 7819 人（男 3570 人、女 4249 人），占 13.92%。

（四）职业构成

1990 年，全国第四次人口普查，福安市畲族在业人口占全市畲族人口的 12.46%。在业者中，男性 19155 人，女性 5256 人，男女性别比为 364.44%。其中，畲族人口从事第一产业比重为 93.56%，从事第二产业比重为 3.60%，从事第三产业比重为 3.84%。

2000 年，全国第五次人口普查，福安市畲族在业人口中抽样调查为 3225 人（男 1953 人，女 1272 人），其中从事第一产业人员 2753 人（男 1629 人，女 1124 人），占 85.4%；从事第二产业人员 278 人（男 280 人，女 98 人），占 11.7%；从事第三产业人员 94 人（男 44 人，女 50 人），占 2.9%。

三、家庭

（一）婚姻

1990 年，全国第四次人口普查，福安市畲族 15 岁（含）以上人口 40985 人。未婚者 12015 人，占 29.32%，其中，男 8491 人，占 37.78%；女 3524 人，占 19.04%。有配偶 25122 人，占 61.30%，其中，男 12136 人，占 53.99%；女 12986 人，占 70.17%。离婚 447 人，占 1.09%，其中，男 434 人，占 1.93%；女 13 人，占 0.07%；丧偶 3401 人，占 8.30%，其中，男 1417 人，占 6.30%；女 1984 人，占 10.72%。

2000 年，全国第五次人口普查，福安市畲族 15 岁及 15 岁以上人口 43177 人。抽样调查 4376 人中未婚者 1245 人，占抽样人数（下同）28.5%，其中，男 838 人，占 19.1%；女 407 人，占 9.3%。初婚有配偶 2707 人，占 61.9%，其中，男 1300 人，占 29.7%；女 1407 人，占 32.2%。再婚有配偶 37 人，占 0.85%，其中，男 13 人，占 0.3%；女 24 人，占 0.55%。离婚 47 人，占 1.07%，其中，男 40 人，占 0.91%；女 7 人，占 0.16%。丧偶 340 人，占 7.77%，其中，男 138 人，占 3.15%；女 202 人，占 4.61%。

（二）生育

1990 年，全国第四次人口普查，福安市畲族 15～64 岁育龄妇女 16355 人。其中，没有活产子女的 4903 人，活产 1 个的 2376 人，活产 2 个的 2508 人，活产 3 个的 2504 人，活产 4 个的 1776 人，活产 5 个的 1152 人，活产 6～10 个的 1135 人，活产 11 个的 1 人，最多存活子女数为 10 个，没有存活子女的 4935 人。平均每个妇女存活子女数为 2.11 个。

2000 年，全国第五次人口普查，福安市 15～64 岁畲族妇女 18423 人，生育第一孩的男女性别比例为 154.55%；第二孩的男女性别比例为 400%。抽样调查 15～50 岁妇女 1557 人中，活产子女总数 2558

人，其中男 1424 人，女 1134 人；存活子女总数 2549 人，其中，男 1417 人，女 1132 人；存活子女总数占活产子女总数的 99.65%。15～50 岁妇女平均活产子数和存活子数均为 1.64 个。

第二节　分布

1990 年，全国第四次人口普查，福安畲族人口 57562 人，其分布呈“大分散、小聚居”的格局，具体分布：坂中畲族乡 7400 人、穆云畲族乡 7286 人、康厝畲族乡 5503 人、下白石镇 4944 人、社口镇 4850 人、甘棠镇 4324 人、溪潭乡 4185 人、溪柄镇 3349 人、城阳乡 2928 人、湾坞乡 2852 人、韩阳镇 2106 人、赛岐镇 1919 人、溪尾乡 1831 人、松罗乡 1685 人、潭头乡 1412 人、上白石镇 442 人、穆阳镇 269 人、范坑乡 143 人、晓阳乡 134 人。其中，坂中、康厝、穆云 3 个为畲族乡，其他为分散型分布于各个乡镇，全市 449 个建制村中均有畲民居住，2107 个自然村中有畲民居住的 721 个，占全市自然村总数的 34.2%。畲族人口占 60% 以上的行政村 78 个，人口占 30%～59% 的行政村 93 个。

1998 年 9 月 22 日，福建省人民政府批准在福安西部设立福安畲族经济开发区。开发区包括穆阳镇 8 个行政村（居），穆云畲族乡 4 个行政村，康厝畲族乡 8 个行政村。

2000 年，全国第五次人口普查，福安畲族人口 59931 人，具体分布：坂中畲族乡 7732 人、穆云畲族乡 7237 人、康厝畲族乡 5123 人、下白石镇 5394 人、社口镇 4899 人、溪潭镇 4333 人、溪柄镇 3331 人、甘棠镇 3195 人、城阳乡 2936 人、湾坞乡 2696 人、城北街道 2487 人、赛岐镇 2100 人、溪尾镇 1676 人、松罗乡 1620 人、潭头镇 1437 人、赛岐开发区 1358 人、城南街道 833 人、阳头街道 425 人、上白石镇 434 人、穆阳镇 409 人、晓阳镇 159 人、范坑乡 117 人。

2001 年，福安市有 101 个建制村为民族村村民委员会，分布于福安市 15 个乡镇，其中穆云畲族乡 16 个、坂中畲族乡 11 个、康厝畲族乡 8 个、下白石镇 10 个、湾坞乡 10 个、社口镇 9 个、溪潭镇 8 个、甘棠镇 7 个、溪柄镇 6 个、城阳乡 4 个、松罗乡 4 个、溪尾镇 3 个、潭头镇 2 个、闽东赛岐经济开发区 2 个、上白石镇 1 个。

2005 年，福安市有 105 个民族建制村，其中，黄儒、溪北 2 个为回族村，其余都是畲族村。畲族村分布在 14 个乡镇，其中，穆云畲族乡 16 个、坂中畲族乡 11 个、下白石镇 11 个、湾坞乡 10 个、社口镇 9 个、甘棠镇 9 个、康厝畲族乡 8 个、溪潭镇 8 个、溪柄镇 6 个、城阳乡 5 个、松罗乡 4 个，溪尾镇 3 个、潭头镇 2 个、上白石镇 1 个。

表 6—1　1991 年福安市畲族建制村分布情况表

单位：个

乡镇	畲族建制村	小计
坂中畲族乡	井口、后门坪、大林、日宅、林岭、和安、彭家洋、仙岩、亭兜、许洋	10
穆云畲族乡	虎头、科后、竹州山、燕坑、中岙、梨田、王楼、岭坑、南山、高岭、溪塔、洋坪、燕科	13
康厝畲族乡	半山、金斗洋、红坪、凤洋、长潭、东山、竹沃、秋岭	8
下白石镇	章岭、王坑、下赤、金腰带、秦坎、亨里、通湾洋	7

续表 6—1

乡镇	畲族建制村	小计
甘棠镇	坑门里、春雷云、山头庄、小岭、过洋、何厝、岭尾、北山	8
溪柄镇	龙潭面、东坪、长洋、采梅	4
上白石镇	南山头	1
社口镇	坑里坑、牛山湾、谢岭下、山里、上山、利岔、荣岭头、潘洋、大坪	9
溪潭乡	兰田、仙石、岐山、马山、下庄	5
潭头乡	鹅山	1
城阳乡	白坑、茶洋、纸坪、铁湖	4
松罗乡	上后洋、小茶洋、王隶	3
湾坞乡	岩下、坑源、池头	3
溪尾乡	坎下、林洋	2

表 6—2　2005 年福安市民族村分布情况表

单位：个

乡镇	民族村	小计
坂中畲族乡	井口、后门坪、大林、日宅、林岭、和安、彭家洋、仙岩、许洋、亭兜、江家渡	11
穆云畲族乡	虎头、科后、竹州山、燕坑、中岙、梨田、王楼、岭坑、南山、高岭、溪塔、洋坪、燕科、温岩、外厝、上洋、黄儒 *	17
康厝畲族乡	半山、金斗洋、红坪、凤洋、长潭、东山、竹沃、秋岭	8
下白石镇	章岭、王坑、下赤、金腰带、秦坎、亭里、通湾洋、章沃、坑门、长坑、章坑	11
甘棠镇	坑门里、春雷云、山头庄、小岭、过洋、何厝、岭尾、铜坑里、北山	9
溪柄镇	龙潭面、东坪、长洋、横坑、采花桥、白沙	6
上白石镇	南山头	1
社口镇	坑里坑、牛山湾、谢岭下、山里、大坪、潘洋、上山、荣岭头、利岔	9
溪潭镇	兰田、仙石、岐山、马山、张家山、瓜溪、下庄、岳秀、溪北 *	9
潭头镇	鹅山、渔溪洋	2
城阳乡	白坑、茶洋、纸坪、洋面、铁湖	5
松罗乡	上后洋、小茶洋、王隶、大坪里	4
湾坞乡	岩下、寒洋、梅洋、坑源、宝林、半屿、炉山、福岭、半岭、池头	10
溪尾镇	坎下、林洋、石合	3

说明：* 为回族村

第二章　畲乡建设

第一节　基础设施建设

一、道路建设

（一）资金来源

1991 年，福安市财政投入 43.45 万元，扶持民族地区基础设施建设。其中，支持修路 7 处，长 20.51 千米，受益 736 户，3111 人；补助修建桥梁 5 座，长 485 米，受益 2021 户、6542 人。

1993 年，继续安排专项经费支持民族地区基础设施建设。完成民族行政村通公路 25 个，畲族自然村通路 185 个，通机耕路 17 个村。次年，全市通机耕路的畲族行政村达到 22 个。1996 年，全市 55 个民族行政村通公路（含机耕路），235 个自然村通路。1999 年，全市畲族人口 30% 以上的 94 个民族行政村全部通公路。

1997—1998 年，市民委投入 37.1 万元，资助建设康厝畲族乡凤洋村上村等 20 个自然村，长 37.3 千米的机耕路。投入 6.03 万元，修建桥 6 座。

1999 年，投入 109 万元，建设穆云畲族乡竹州山、高岭，下白石镇下赤、章岭，溪尾镇石合，溪柄镇横坑等 6 个民族村机耕路。竹州山公路全长 3.12 千米，造价 20 多万元。宁德地区下拨民族村机耕路项目资金 2 笔 92 万元。次年，投资 100 万元，完成 5 个畲族自然村 20 千米机耕路建设。

2001 年，投入资金 15 万元，动工兴建连接康厝畲族乡金斗洋与长潭村的金潭大桥；投入 6 万元，完成 16 个民族自然村、22.7 千米机耕路建设；支持 2 万元，整修城阳乡茶坑 — 纸坪 3 千米公路路面。2003 年，市民委帮助穆云畲族乡溪塔等 9 个民族村筹资 10 万元，修建公路 3 千米。

2004 年，帮助康厝、穆云畲族乡筹资 9 万元，完成续建金潭大桥，修建溪塔村的下坪桥。

（二）领导挂钩

1995 年，市长康建民扶贫挂钩社口镇牛山湾村，筹资 160 万元、发动村民修建 13.5 千米机耕路。全村 604 人，人人出工出力，挖土方 264.9 立方米，采石方 99.34 立方米。

1999 年，省委书记陈明义十分重视改造建设省道公路下（福安市下白石镇）浦（浦城县莲塘镇）线赛岐至福安畲族经济开发区段公路，该路段长 35 千米，他协调有关部门，将省补助标准从每千米 30 万元提高到 60 万元，多补助资金 1050 万元。

2000 年，市政协主席阮妙容挂钩坂中畲族乡仙岩村，联系 8 位省政协民营企业界委员捐助 20 万元，建设主村通往叠石、南楼两个自然村的公路，长 1.3 千米、造价 30 万元。

（三）单位挂钩

1999 年，福安畲族经济开发区被国家民委列为改革开放联系点，先后支持资金近千万元，完成东山、红坪工业小区，高优农业园区 6000 平方米水泥路面和穆（阳）康（厝）18 米路主车道 7200 平方米水泥路面，以及穆阳32米主街路面水泥铺设。

2000年，宁德地区交通局补助23万元，建设坂中畲族乡亭兜—日宅8千米机耕路；补助33.5万元，建设社口镇利岔—潘洋11千米机耕路，以及12个自然村30千米长机耕路的修建。地区民委下拨修路经费26万元，地区财政局下拨2处修路项目6万元、3个民族村公路建设资金3万元。地区运输集团总公司挂钩上白石镇南山头村，筹资7.6万元硬化通村公路和村道。市民委挂钩城阳乡纸坪村，投入2万元修建村机耕路、长10.9千米。

2002年，福建省民宗厅挂钩坂中畲族乡仙岩村，修建仙岩—南垄自然村1.8千米机耕路。

（四）乡镇筹建

1994年，福安市各乡镇自筹资金完成修路27千米：坂中畲族乡坂中—青源2千米、林岭—日宅4千米、井口—月斗3千米；康厝畲族乡凤洋4千米、渡头—樟后1.5千米、渡头—坑门里1.5千米；穆云畲族乡大莲—里沃2千米、林洋湖—过洋4千米；湾坞乡湾坞—坑源4千米；赛岐镇小盘—坝头1千米。

1995年，社口镇社（口）岭（谢岭下）公路19千米公路全线通车。下白石镇顶头—王坑5千米，坂中畲族乡井口—后门坪、溪尾乡林洋—石合公路和甘棠镇小岭等村机耕路全部开通。全市通车民族行政村增加到53个。次年，穆云畲族乡投资260多万元，修建留洋和贵（洋）里（楼）公路。上白石镇南山头村全村男女老幼出动，修通了5千米进村公路。坂中畲族乡井口村群众修建6.5千米公路、林岭村修建3.5千米公路。康厝畲族乡凤洋村群众投工500多工日，修建机耕路350米。

1997年，康厝畲族乡投入280万元，修建南福、岗头等13条简易机耕路。4月，穆云畲族乡留洋公路全线贯通，正式通车，长12.6千米，总造价156万元，覆盖外垄、外厝、外洋、上村、下村等9个行政村。当年，有坂中畲族乡后门坪、日宅村，城阳乡白坑、纸坪等10个民族村修建公路53千米。全市少数民族人口30%以上的94个行政村中，通机耕路75个，通路率80%。

1998年，下白石镇章岭村群众投入1.6万工日，历经9个月，修通王坑至章岭村长8千米、宽4.5米的“致富路”。当年少数民族人口占30%以上的94个行政村中，通机耕路的达到88个，通路畲族行政村达到94%。

二、通电工程

1990年，福安市共有403个畲族自然村通电，受益人口48665人。第二年，市政府实施民族地区通电工程建设，补助28个村架设线路43.6千米，为2个村购置变压器2台，受益1587户6265人。次年，支持15个村架设线路27.3千米，受益771户1992人。1993年，支持8个自然村通电。

1994年，架设穆云畲族乡里温岩高低压线路4千米。建设装机容量50千瓦的社洋电站，投资220万元、装机560千瓦的渡桥股份制电站建成发电。全市721个畲族自然村中680个自然村通电，占96%。第二年，投资3万元，解决湾坞乡寒洋等2个无电村通电。

1996年，93个民族行政村全部通电，通电率100%；721个畲族自然村中706个实现通电，覆盖率为98%。1997年，民族村增至94个、全部通电，通电率100%。次年，城阳乡铁湖村岩角亭自然村架设电线路1.5千米。1999年，投入12万元，完成6个民族自然村通电项目。

三、饮水工程

1991年，福安市支持投资民族地区修建饮水工程12处，通水管道3530米，受益728户3772人。

1992 年，投资民族地区修建饮水工程 8 处 11 千米，受益 431 户 1992 人。当年用上饮用自来水的畲族群众达 1.6 万人。1994 年，用上自来水民族自然村 105 个，受益人口 1.65 万人，占畲族人口的 30%。次年，投资 12 万元，解决溪尾乡坎下等 3 个畲村人畜饮水工程。

1996 年，解决 32 个民族村水改工程，占 93 个民族村的 34.4%；120 个民族自然村用上自来水，受益人口 1.8 人，占畲族人口 35%。

1998 年，市民委投入 2.8 万元，改善 6 个畲村饮水设施，至此全市已解决饮用水民族行政村达 42 个。第二年，投入资金 13.4 万元，建设 10 个民族行政村人畜饮水工程。地区国税局资助下白石镇下赤村 5 万元，解决人畜饮水工程，至此解决饮用水民族行政村增加到 56 个。

2000 年，福安市相关单位投资 100 万元，新建 20 个民族村人畜饮水工程。宁德地区财政局下拨 80 个少数民族村饮水项目建设资金 42.5 万元。地区民委下拨 2 处饮水项目资金 4 万元。地区运输集团总公司挂钩扶持上白石镇南山头村、投资 4.6 万元，市民委挂钩城阳乡纸坪村，投入 2 万元，帮助解决人畜饮水。

2001 年，投入下白石镇章沃村、松罗乡前洋村大坪里自然村各 2 万元，溪尾乡石合村、溪柄镇长洋村各 1 万元，建设饮水工程。次年，再投入 8 万元，完成上述 4 个民族行政村饮水扫尾工程。

2003 年，省民宗厅支持修建坂中畲族乡仙岩村 149 户 626 人饮水工程。次年 3 月，泉州市民宗局捐款 7 万元，帮助完成仙岩 2 个自然村饮水工程。

2005 年，福安市 3 个畲族乡有 64 个行政村完成了饮水工程，占 3 个畲族乡行政村总数的 79.76%；饮用安全水的户数达 1.51 万户，占总户数的 83.38%。

四、通信工程

1991 年，福安市约有 80% 的畲族行政村驻地通电话。1992 年，穆云、康厝畲族乡程控电话开通。1992—1994 年，福安市民族村通电话率接近 90%。

1995 年，穆阳畲族经济开发区投资 15 万元，铺设邮亭、竹沃、半山、南洋行政村光纤电缆，实现 15 个村（街）通电话。1997 年，市民委资助康厝畲族乡凤洋村通电话。全市 94 个民族行政村全部通了电话。

2001 年，完成城阳乡纸坪村茶坑、溪潭镇马山村双井两个民族自然村通电话工程。2005 年，3 个畲族乡的行政村全部通了电话，电话用户 9673 户，占三乡总户数的 53.41%。

五、广播电视工程

1976 年，福安市首先在坂中畲族乡畲族群众聚居较多的仙岫山顶建电视差转台，可覆盖

畲村程控电话开通

坂中畲族乡群众收看央视节目（2002 年）

周边 10 多个村庄。1979 年，差转台安装 18 米天线铁塔，使坂中、穆云两乡绝大部分村庄都可收看到电视节目。此后各畲乡村庄都建立电视差转台（站）。1993 年，全市绝大部分市直村庄都可以收看到中央一套和省台一套的电视节目。

1997 年，闽东籍香港宏法寺住持释净雄捐资架设社口镇牛山湾村有线闭路电视。市民委资助 4.3 万元，建设康厝畲族乡凤洋村闭路电视差转台、安装广播，全市已通广播电视民族行政村 64 个，占 68%。次年，市民委投入 1.8 万元，支持城阳乡铁湖村架设闭路电视。1999 年，全市已通广播电视民族行政村 66 个，占 70%。2000 年，地区运输集团总公司挂钩扶持上白石镇南山头村，投资 1 万元，修建有线电视光纤联网。

2003 年，市广电局补助 2 万元，帮助架设东山、红坪等村闭路电视。

2005 年，3 个畲族乡通电视行政村达 61 个，占 3 乡行政村总数的 72%；通有线广播的行政村 63 个，占行政村总数的 75%。

六、“造福工程”

1994 年，福安市全面组织实施民族“造福工程”，计划搬迁 22 个畲族自然村 194 户 1009 人；当年完工 21 户 128 人，占计划的 10.82% 和 12.6%。

1995 年，福安市在坂中畲族乡留安村、城阳乡铁湖村和湾坞乡半屿村建立少数民族“造福工程”点，计划搬迁 151 户 754 人，当年全部完成。同年实施整村搬迁的还有赛岐镇上流水坑、下流水坑自然村的 14 户 82 人，溪潭镇岳秀村下山自然村 16 户 70 人，溪柄镇白沙上村贵洞里 21 户 82 人，穆云畲族乡竹州山村下竹洲 7 户 32 人，康厝畲族乡新岭村 18 户 82 人，以及湾坞乡蛇岗、樟家山等自然村。

1996 年，福安市少数民族村搬迁 41 个自然村 317 户 1554 人，搬迁自然村数占全市搬迁计划的 41%。仅湾坞乡就搬迁 219 人，下塘村贝面自然村 13 户全部搬入下塘主村，柘边自然村 13 户迁到坑源主村。

1997 年，全市搬迁 41 个畲族自然村 271 户 1415 人。湾坞乡民族“造福工程”点有龙珠村蛇岗自然村搬入 15 户 80 人，山坝田村长垅里自然村搬迁 3 户 15 人；社口镇上山村鲤鱼背自然村搬迁 37 户 18 人，潭头镇鹅山村搬迁 26 户 117 人。1996—1997 年，整村搬迁的有下白石镇牛楼、溪柄镇下可坑、湾坞乡乌石岗、长垅里等村。至此，全市少数民族自然村已搬迁 933 户 4733 人。

1998 年，少数民族自然村搬迁 148 户 450 人。第二年，搬迁 12 户 65 人。至 2000 年 6 月，全市完成畲族自然村搬迁 36 个 1093 户 5248 人，新建房屋 686 幢 2744 间、建筑面积 4.12 万平方米，减免建房各种税费227万元、户均3300元。

至2001年，全市先后搬迁161个畲族自然村1468户、7200人，实现一次性搬迁完毕的有123个村。其中，搬入“造福工程”人口，占全市“造福工程”搬迁14361人的50.1%。新建“畲族造福新村”或安置点44处，集中安置978户4740人。新建钢混、砖混结构房屋1395幢6976间，建筑面积10.46万平方米，人均14.5平方米，累计兑现上级补助配套资金339.30万元、户均2310元；安置点基本实现“五通”。

2002年，全市投入资金44万元，完成搬迁17个畲族自然村174户614人。2003—2004年，投入资金22.2万元，协同有关部门完成搬迁38个自然村389户1630人。至此，全市先后搬迁295个畲族自然村，2212户10285人。

2005年，完成搬迁30个少数民族自然村，200户836人。“十五”期间，先后搬迁138个畲族自然村1197户5172人，建新村或安置点32个，新建房屋1175幢4720间、建筑面积7.09万平方米。

1994—2005年年底，福安市通过“造福工程”共安置畲族群众11121人。

第二节　经济建设

一、资金扶持

1991年，福安市政府认真实施宁德地委、行署农业综合开发工程，发出“综合开发，向山进军”的号召，安排民族地区第一期社教扶贫挂钩点22个行政村，共投入扶贫资金28多万元，集体造林133.3公顷，新开茶园33.3公顷，种果33.3公顷。当年，畲族村人均纯收入580元，比1990年的536元提高8.2%。

1992年，根据省政府提出的“巩固温饱，壮大经济，加快开发，提高素质”的要求，福安市安排民族地区第二期社教扶贫挂钩点31个村，重点抓社口镇大坪畲族村、穆云畲族乡中沃村、坂中畲族乡和安村、城阳乡茶洋畲族村的经济开发。

2000年，福建省计委帮扶穆云畲族乡资金220万元，用于穆云畲族乡和畲族开发区的农业基础设施、乡村公路、教育卫生、通信等方面建设，帮助搞好农业产业化、指导编制小城镇建设规划，并将畲族经济开发区列入全省小城镇建设试点。省计委领导带领穆云畲族乡和穆阳畲族经济开发区的领导赴漳州学习现代农业发展和村镇建设的成功经验，引导农民走科技兴农、科技管农的道路。

2003年，全市12个乡镇的34个民族村，申请到民族地区经济社会发展项目37个，总投资690万元，获得补助91万元、年内到位76.1万元（其中，教育经费20万元，民族经济补助费56.1万元）。8个乡镇、68个行政村、117户畲族贫困户，540人列入省扶贫工程帮扶对象，得到补助42.07万元，以及建筑业、商业等11个项目，帮扶资金34.99万元，发放76户、131位特困生助学金7.3万元。

二、项目支持

1992年，福安市抓好民族地区脱贫致富工作，在湾坞垦区建设33.3公顷的对虾养殖基地，并成立“福安市民族经济开发试验场”。第二年，扶持民族村集体经济发展，重要抓项目建设、经营管理，提高经济效益，限制盲目扩大种植业；个体经济主要是加强引导调整产业结构，着重发展高产、优质的水果、茶叶、蔬菜生产等。

1994年，福安市根据民族地区的实际情况，把发展民族经济与“奔小康”和扶贫攻坚有机结合起来。从发展名优水果上下功夫，通过引导、扶持，形成下白石镇亨里、长坑，湾坞乡半山等沿海民族村的龙眼专业村；穆云畲族乡溪塔、虎头的枇杷、水蜜桃专业村；溪潭镇凤洋、瓜溪的李、柿专业村。

1995年，福安市实施扶贫“追赶工程”，继续引导和扶持民族地区发展名优特水果，沿海形成种植晚熟荔枝、龙眼带和发展滩涂养殖区，山区发展茶叶和绿竹、毛竹等，郊区乡镇重点发展蔬菜种植业。

2001年，向3个民族乡600户少数民族贫困户，发放120万元小额贷款。

2004年，全市12个乡镇27个民族村申报民族地区经济社会发展项目27个，到位各项经费71.5万元。

三、扶持种养业

1991年，福安市少数民族人口占60%以上的79个行政村中，集体经济收入万元以上的村有10个，5000至1万元的18个。社口镇大坪畲族村有集体茶园8公顷，仅茶叶一项年收入就达3万多元，全村个人开垦茶园42.7公顷，成为茶业专业村。全市畲族村个体造林666.7公顷、新开茶园333.3公顷、种果66.7公顷，同时发展短期项目：香菇、蘑菇、木耳种植和家禽养殖等，以短养长，长短结合。

1992年，民族地区集体开垦种植茶园33.3公顷，个人茶园20公顷。畲族村人均纯收入达到620元。市民族事务委员会被宁德地区行署评为服务农业先进集体。次年，民族地区开垦集体茶园133.3公顷，个人发展茶果园213.3公顷。畲族村人均纯收入750元，比上年提高12.1%。

1994年，民族地区新发展茶园133.3公顷，改造低产茶园100公顷，全市78个民族村集体经济形成规模，平均有茶园4.3公顷，果园1公顷，林木20公顷。涌现出城阳乡铁湖、康厝畲族乡长潭、半山、里沃等绿竹生产专业村。穆云畲族乡溪塔、虎头、后舍、南山、坂中畲族乡彭家洋、和安、康厝畲族乡凤洋、金斗洋等蔬菜生产专业村。坂中、穆云、康厝3个畲族乡种植蔬菜超过66.7公顷，蘑菇生产20万平方米。康厝、穆云畲族乡千家万户养殖美国黑熊、日本大耳哈白兔和塞北兔，康厝畲族乡半山村把美国牛蛙引到山区落户；湾坞乡炉山村在湾坞垦区综合养殖对虾，户均年收入超万元。当年，全市少数民族人均纯收入930元，攻坚脱贫450户，巩固温饱18000户，脱贫率90%。

1995年，扶持下白石镇蛇岗、秦坎2个龙眼水果生产重点村，穆云畲族乡虎头，坂中畲族乡和安、大林、桦坪等蔬菜专业村。社口建成茶业生产重点镇，坂中畲族乡桦坪村新栽橄榄5000多株。

1996年，穆云畲族乡推出“林、茶、果、竹、菇、菜”并举，“鱼、猪、羊、鹅、鸭、兔”齐上的两个“六个一”工程，请省农科院专家和寿宁县“花菇大王”给群众传授生产技艺，引进外资100多万元发展畲乡庭院经济。康厝畲族乡长潭村大力发展芙蓉李，户均收入2000～3000元。甘棠镇春雷云村种植龙眼3.3公顷，坂中畲族乡和安村种植大片橄榄。

1997年，全市民族村新种植龙眼6.7公顷。康厝畲族乡开发凤洋葱、东山鸭等一批名优特品种。凤洋畲村仅种葱一项人均增收500元。坂中畲族乡和安村种植枇杷、橄榄28公顷，开垦茶园20.7公顷。穆云畲族乡主抓“短平快”项目，发展姜、水蜜桃、槟榔芋种植和养羊等。当年，在畲族人口占30%以上的94个民族村中，第一批“奔小康”畲族村已有17个村3261户，第二批“奔小康”41个村6571户28997人，第三批“奔小康”村16个2400户10392人。

2005年，坂中、康厝和穆云3个畲族乡粮食总播种面积6526.7公顷，粮食产量2.7万吨；茶园面积

1406.7 公顷，茶叶产量 0.2 万吨；果园面积 960 公顷，水果产量 0.76 万吨；林地面积 7680 公顷。坂中、康厝和穆云畲族乡的农民人均纯收入分别为 3842 元、3506 元、3376 元，比 1991 年分别提高 4.22 倍、3.95 倍和 4.33 倍；农业总产值分别为 5216 万元、5230 万元、4830 万元，比 1991 年分别提高 1.56 倍、2.12 倍和 1.84 倍；林业产值分别为 534 万元、2043 万元、306 万元，比 1991 年分别提高 3.18 倍、5.83 倍、0.2 倍；牧业产值分别为 1532 万元、1913 万元和 1456 万元，比 1991 年分别提高 2.54 倍、3.58 倍和 3.03 倍。

四、扶持乡镇企业

1994 年，福安民族工业迈开步伐，坂中电机电器工业区、铁湖民族经济开发区发展迅猛；穆云畲族乡茶叶初制厂达 10 家、精制厂 40 多家，年产值达 1000 多万元；落户坂中工业区的福安机电有限公司年创产值 400 多万元；康厝建筑公司年创产值 400 多万元；闽东民族电机厂安置畲族工人 30 人、占该厂工人总数的 60%，年创产值 500 多万元。当年，穆阳民族经济开发区产值逾亿元，穆云、康厝、坂中三个民族乡工业总产值达 3.5 亿元，其中坂中畲族乡 2 亿元、康厝畲族乡 8000 万元、穆云畲族乡 7000 万元。

1995 年，坂中畲族乡井口、后门坪村农民竹器编制年创收入 20 多万元。坂中、穆云、康厝 3 个畲族乡种植蘑菇 26.7 万平方米。穆云畲族乡在溪塔村创办民族工业小区，引进橡胶回收、木制品加工、石板材加工、铸钢等 6 家企业。当年，民族地区工农业总产值 7.2 亿元，比上年增加 2.7 亿元，农民人均纯收入达 1530 元。

1996 年，穆云畲族乡工农业总产值 1.2 亿元，农民人均纯收入 1890 元；坂中畲族乡工农业总产值 4.04 亿元，农民人均纯收入 2013 元；康厝畲族乡工农业总产值 1.23 亿元，农民人均纯收入 1600 元。

1997 年，坂中畲族乡和安村集体创办民族建筑队、民族福利厂、茶叶初制厂，年集体纯收入 18 万元，成为较富裕的畲村。

2000 年，福安畲族经济开发区组织参加“9·8 厦门投资贸易洽谈会”“11·14 闽东大黄鱼招商节”等活动，达成合同及协议意向项目 10 个。

2001 年，坂中、康厝和穆云畲族乡拥有 988 个乡镇企业，从业人数 7571 人，企业营业总额 12.53 亿。5 月，参加国家民委与深圳市政府联合举办的“全国少数民族和民族地区名特优产品交易会”，福安展馆成为福建展馆的亮点、获大会“优秀展览奖”。

2005 年，3 乡镇企业个数降为 974 个，而从业人数却增至 9833 人，企业营业总额也上升到 17.44 亿。

坂中工业区电机企业生产车间（1999 年）

表 6—3　1991 年福安畲族乡经济主要指标统计一览表

项目	坂中	康厝	穆云
少数民族人口比重	40.07%	24.90%	35.26%
人均耕地面积（公顷）	0.052	0.075	0.06
人均粮食占有量（千克）	29.43	27.706	26.82
播种面积粮食亩产（千克）	269.44	248.02	257.38
粮食播种面积占比重	76.71%	87.01%	84.53%
劳均农业总产值（元）	2485	2086.28	1709.18
劳均农村社会总产值（元）	4811.55	4603.09	3034.93
亩均耕地种植业产值（元）	818.70	344.17	435.46
亩均耕地农业机械动力（千瓦）	0.09	0.09	0.07
人均用电量（千瓦时）	85.11	27.72	27.17
亩均化肥施用量（千克）	28.31	66.55	11.25
农民人均纯收入（元）	736	708	633
从业人员人均总产值（元）	29741.78	8348	13321.68
从业人员创利润（元）	607.98	206.26	769.23
种植业产值占比重	60.59%	50.32%	54.26%
年末耕地面积（公顷）	1005.47	1633.07	1414.6
农作物总播种面积（公顷）	2759.87	3057.13	2903.07
其中：粮食播种面积（公顷）	2117.2	2660	2454
粮食总产量（吨）	8557	9896	9474
农业总产值（万元）	2037.95	1675.28	1703
种植业产值（万元）	1234.77	843.08	924
林业产值（万元）	127.62	298.93	254
牧业产值（万元）	433.25	417.76	361
副业产值（万元）	234.11	114.49	154
渔业产值（万元）	8.20	1.02	10

表 6—4　2000 年福安市畲族乡经济发展主要指标情况表

项目	坂中	康厝	穆云
年末耕地面积（公顷）	973.73	1631.33	1407.8
农作物总播种面积（公顷）	3550.67	3466.67	3413.33
其中：粮食（公顷）	2212.67	2606.67	2573.33
有林地面积（公顷）	2775	4442	4974
茶园面积（公顷）	528.67	335.4	533.33
果园面积（公顷）	276.33	183.93	509.67
粮食产量（吨）	9312	11791	10910
茶业产量（吨）	500	520	600
水果产量（吨）	1091	1871	4158
水产品产量（吨）	180	270	240
年末牛存栏数（头）	491	820	385
年末猪存栏数（头）	7082	8000	11352
年末羊存栏数（只）	2070	740	1800
年末家禽存栏数（只）	65024	31000	52000
乡镇企业数（个）	366	332	291
乡镇企业从业人数（人）	4429	2110	1032
乡镇企业总产值（万元）	85057	22037	18200
农民人均纯收入（元）	3033	2873	2906
少数民族纯收入（元）	2744	2835	2890
经济总收入（万元）	10203	30987	31054
农林牧渔业总产值（万元）	7974	6377	7315
种植业产值（万元）	5212	3340	4952
林业产值（万元）	1187	1243	235
牧业产值（万元）	1454	1610	1961
渔业产值（万元）	121	184	167
人均林地面积（公顷）	0.127	0.16	0.187

续表 6—4

项目	坂中	康厝	穆云
人均茶园面积（公顷）	0.027	0.013	0.02
人均果园面积（公顷）	0.013	0.007	0.02
粮食亩产（千克）	281	302	283
人均粮食产量（千克）	415	429	416
人均茶叶产量（千克）	22.3	18.9	22.9
人均水果产量（千克）	49	68	159
人均水产总产量（千克）	8	10	9
户均猪存量（头）	1.3	1.3	1.9
劳均农林牧渔业总产值（万元）	8338.4	8178.8	7118.5

表 6—5　2005 年福安市畲族乡经济发展主要指标情况表

项目	坂中	康厝	穆云
乡镇行政区域面积（平方千米）	68	101.6	120.9
年末耕地面积（公顷）	966.67	1579.87	1303.33
第一产业从业人数（人）	4105	5050	6870
第二产业从业人数（人）	6435	1950	1903
第三产业从业人数（人）	1540	1710	3931
乡办及村办水电站装机容量（千瓦）	500	2800	550
年末农业机械总动力（千瓦）	5515	3200	700
大中型拖拉机（台）	20	—	—
小型拖拉机（含手扶）（台）	17	95	—
农村用电量（千瓦时）	180.00	220.00	186.71
化肥施用量（实物量）（吨）	2106	310	1296
农用塑薄膜使用量（公顷）	3.93	3.33	1.8
地膜覆盖面积（公顷）	113.33	25.33	38.67
当年实际机耕地面积（公顷）	691.33	610	—

续表 6—5

项目	坂中	康厝	穆云
年末有效灌溉面积（公顷）	560.47	1436.67	1043.6
乡镇企业数（个）	410	340	224
其中：工业企业数（个）	134	186	119
乡镇企业从业人员（人）	6601	2300	932
其中：工业企业（个）	5474	1220	650
乡镇企业营业收入总额（万元）	132815	23786	17805
乡镇企业净利润总额（万元）	5130	1315	652
乡镇企业实交税金总额（万元）	4095	233	263
农村经济总收入（万元）	110835	32138	31400
其中：出售产品收入（万元）	78800	22737	14770
第一产业总收入（万元）	12000	5936	10990
第二产业总收入（万元）	92800	23357	16461
第三产业总收入（万元）	6035	2845	3949
农村经济总费用（万元）	57026	11999	16324
其中：第一产业费用（万元）	6008	4558	3574
第二产业费用（万元）	48006	5851	11327
第三产业费用（万元）	3012	1590	1423
农民人均纯收入（元）	3842	3506	3376
其中：少数民族人均纯收入（元）	3332	3360	3354
人均纯收入 1000 元以下人数（人）	960	512	211
参加最低生活保障的人数（人）	644	512	211
其中：当年参加最低生活保障人数（人）	186	432	134
农林牧渔业总产值（现行价）（万元）	7562	9429	6861
其中：农业产值（万元）	5216	5230	4830
林业产值（万元）	534	2043	306
牧业产值（万元）	1532	1913	1456
渔业产值（万元）	280	243	269

续表 6—5

项目	坂中	康厝	穆云
农作物总播种面积（公顷）	3395.33	3288	3607.8
其中：粮食播种面积（公顷）	1960.67	2350	2214.2
茶园面积（公顷）	533.33	320	534
茶业产量（吨）	530	500	168
果园面积（公顷）	273.33	234	454.33
渔业养殖面积（公顷）	—	0.4	0.2
有林地面积（公顷）	2800	4420	460
年末牛存栏数（头）	165	180	955
年末猪存栏数（头）	8000	8200	10911
年末羊存栏数（头）	2010	700	3242
年末家禽存栏数（只）	34000	42000	48905
粮食产量（吨）	6268	10805	9946
油料产量（吨）	25	127	41
糖料产量（吨）	—	1200	1893
肉类产量（吨）	1053	1346	875
其中：猪肉产量（吨）	990	1190	746
水产品产量（吨）	292	329	436
水果产量（吨）	1017	3017	3530
蔬菜产量（吨）	16768	9600	19948
人均耕地面积（公顷）	0.044	0.055	0.048
农作物复种指数	351.24	208.12	276.81
粮食播种面积占总面积（%）	57.75	71.47	61.37
人均林地面积（公顷）	1.127	0.154	0.017
人均茶园面积（公顷）	0.025	0.011	0.02
人均果园面积（公顷）	0.013	0.008	0.017
粮食亩产（千克）	213.12	306.52	299.46
人均粮食产量（千克）	284.26	377.14	368.22
人均茶叶产量（千克）	24.04	17.45	6.22
人均水果产量（千克）	46.12	105.31	130.69

续表 6—5

项目	坂中	康厝	穆云
人均水产品产量（千克）	13.24	11.48	16.14
人均肉类产量（千克）	47.76	46.98	32.39
户均猪存栏（头）	1.45	1.25	1.81
机耕地占耕地面积比重（%）	71.52	38.61	0.00
劳动力人均农林牧渔业总产值（元）	18421.17	18671.80	9985.30

第三节　社会文化事业发展

一、教育

（一）校舍建设

1991 年，福安市有独立设置的民族小学 286 所，其中，公办 90 所（完全小学 34 所）、民办 196 所。市民委投资 11.25 万元，补助民族地区修建校舍 28 所，建筑面积 3813 平方米。

1992 年，福安市民委支持民族地区修建学校 27 所，建筑面积 4170 平方米，受益 3012 户 4306 人。次年，福安市有民族职业中学 1 所，民族实验小学 1 所，民族小学 252 所（公办 90 所、民办 162 所，其中，完全小学 34 所）。在苏堤村兴办穆阳民族经济开发区中学，占地 1.67 公顷、总投资 120 多万元。

1994 年 4 月，争取资金 30 多万元，改善民族职业中学，民族实验小学，过洋、可坑小学等办学条件，3 乡（镇）共完善 18 所民族完全小学校办学条件。增设下白石镇亨里小学、溪尾镇林洋小学、溪柄镇采花桥小学、坂中畲族乡和安小学、社口镇谢岭下小学为市重点民族小学。当年，全市有重点民族小学 20 所。第二年，投入 18 万元，维修、扩建甘棠镇坑门里、溪尾镇坎下、溪柄镇东山、穆云畲族乡溪塔和燕科等重点完全小学校。1996 年，长乐市、鼓楼区教育局对口支援建设穆云畲族乡燕科小学、溪柄镇采花桥小学，当年新建校舍竣工。全市民族完全小学增至 32 所、初小校 218 所。

1997 年 5 月 22 日，省政协副主席邹尔均率省政协澳门委员到福安民族乡村考察，并捐资 10 万元，支持康厝畲族乡半山村建设小学校舍。同年，香港宏法寺主持释净雄捐资 10 万元，支持社口镇牛山湾村建设小学校舍。长乐市教育局捐建的穆云畲族乡中心小学“福乐楼”、康厝畲族乡中心小学“长安楼”、坂中畲族乡中心小学教学楼等落成。市民委也投入民族专项经费 9.2 万元，支持 16 所民族小学建设。

1998 年，福安市独立设置的少数民族小学 230 所，其中，市民族实验小学 1 所、民族完全小学 36 所、民族初级小学 46 所、民族教学点 147 个。次年，投入民族教育经费 47 万元，扩建、维修 24 所完全小学校。福州市仓山区教育对口支持穆云畲族乡发展教育资金 60 多万元。

2000 年，市拨款 80 万元，完成 8 所民族完全小学校维修扩建。宁德地区民委下拨 14 处学校扩建项目经费 33 万元、2 处学校维修经费 4 万元。地区财政局下拨 2 所民族学校修建经费 11 万元。省教育

畲村小学课堂（2002年）

厅帮扶康厝畲族乡修建凤洋、秋岭民族小学。福州市几所直属小学负责对口帮扶3个乡民族小学，资助贫困学生，其中，赠送康厝学区电教设备和教学书籍5000本。

2001—2003年，福安市民族中学新增建筑面积1200平方，总投资316.6万元，投入72万元购置电脑84台。穆云畲族乡燕科、下白石镇章岭、坂中畲族乡林岭民族小学，康厝中心小学、甘棠镇过洋小学建设项目完成投入使用；城阳乡铁湖、康厝畲族乡红坪、社口镇南山、溪柄镇采花桥民族小学完成新校舍主体工程。2002年，市民宗局筹资380万元，对社口镇南山等12所小学校舍进行改造。

2003年，筹资70多万元，对市民族实验小学等4所民族小学校舍进行扩、修建。经省民宗厅搭桥牵线，澳门基督教宣道堂捐资28万元、天主教上海教区捐资20万元，建成市民族实验小学综合教学楼，建筑面积1230平方米。次年3月，天主教上海教区主教金鲁贤捐助市民族实验小学20台电脑和365套学生服装（每位学生一套）。3月，厦门市民宗局捐款5万元，硬化仙岩小学操场、更新寄宿生床架、添置学生服。

2005年8月，泉州市佛教协会副会长、泉州承天寺方丈释向愿捐资30万元，建设福安畲族经济开发区中心小学。

（二）发展中等教育

1991年，全市小学在校少数民族学生8027人。当年畲族学生被地区民族中学初中录取104人、录取分数线为182分，高中录取52人；福安民族职业中学高中录取103人，省内中专学校录取26人、大专院校录取10人。

1994年，在校畲族学生7881人，考上宁德市和福安市民族中学的100人，考上省内大、中专50人。次年，市民族职业中学开办师范民族班，招生40名，毕业后安排民族地区学校任教。投资8万元，在穆云畲族乡虎头村创办初中班。全市少数民族学龄前儿童5524人，入学5473人，入学率99%；少数民族初中毕业生266人，升入重点高中53人、中专31人，升学率为31.5%。考上大中专学生58人，超过历年水平。

1996年，在校普通中学民族学生1649人，其中高中生150人、职高生95人。在校小学民族学生6955人、幼儿园民族儿童1275人。1998年，民族在校各类学生7351人。少数民族7□11周岁适龄儿童6489人，入学率99.2%。少数民族学生升地区民中121人、升高中55人、考入大中专58人。

2001年，少数民族小学学龄儿童6237人，入学6112人，入学率为98%；小学民族生在校数7338人，其中，小学毕业生1382人，升入初中1345人，升学率97.3%；初中少数民族应入学生3247人，入学3183人、入学率98%；少数民族初中在校生3195人，其中，毕业生940人、参加中考568人，升中专、职专82人。少数民族高中在校生437人，其中，毕业生138人，升入大学专、本科人数73人。

2002年，全市少数民族在校生7326人，其中，小学毕业1309人，升初中1294人、升学率99%；初中应入学生3740人，入学3665人、入学率98%；初中在校生中毕业758人，其中，升入高中154人、升入职专134人，升学率38%；高中在校生437人，毕业班学生138人，升专科和本科73人，升学率53%。

2003年，全市少数民族高中毕业学生被高等学校录取123人，其中，本科49人、大专74人。少数民族初中毕业生考取宁德市民族中学高中的166人、福安市民族中学高中的138人。少数民族小学毕业生升入宁德市民族中学285人、福安市民族中学102人、福安市民族职业中学286人。第二年，全市少数民族高中毕业学生被高等学校录取238人，其中，本科108人，大专111人，预科19人，创历史最好成绩。社会捐得助学款8.25万元，帮助293名少数民族贫困生。

2005年，宁德市工商联捐助资金2万元，帮助康厝畲族乡金斗洋村64名贫困生上学。全市少数民族小学毕业生被宁德市民族中学录取108人、福安市民族中学录取297人、福安市民族职业中学录取33人。5年间，筹集社会资金62.58万元，帮助874名畲族贫困生入学。

（三）教师队伍建设

1991年，福安市教育系统有民族教职员工531人、其中专任教师529人。在民族地区任教教员有501名（公办教员169名、民办教员332名），内有少数民族教员80名。1993年有514人，其中，公办教师175名，民办教师339名。

1995年，市教育局在社口镇召开民族学校教学复试会议。次年4月，福建省首次民族中学校长座谈会在福安召开，省、地民委及教委领导，和12所民族中学校长与会。5月，福安市民委、教育局在社口学区召开民族教育经验交流会，表彰社口学区、穆云畲族乡燕科小学、下白石学区、市民族实验小学等18个民族教育先进单位。当年，全市有民族小学教师463名，其中公办157人、民办与代课教师306人。

2000年10月，宁德地区民族教育工作会议在福安市召开。

2002年，对市民族中学等16所2001—2002年度民族教育先进集体和24位民族教育先进教师（教育工作者）进行表彰。

2004年11月，省民族中学校长会议在福安市召开。

（四）扶持女童教育

1999年秋，为使面临失学的特困畲族女童都能上学，福安市将坂中中学改建为市民族中学，年补助该校少数民族学生助学金2.6万元，并开办初中“春蕾”班，招收40名畲族女学生。

2000年9月，溪潭镇兰田村民族“春蕾”小学正式成立，有100多名特困畲族女童就学。2002年，该镇开办初中“春蕾”班，招收60人；开办高中“春蕾”班，招收50人。至此，福安市共有少数民族“春蕾生”150人，其中初中100人、高中50人。次年，高中“春蕾”班，招收63名。凡“春蕾生”每学年可减免学费300元，在校寄宿每月可享受助学金60元；学习成绩优异的，每学年可获奖学金500元。

2003—2004年，“春蕾”班共招收贫困民族学生183人，年发放助学款14.52万元，帮助493名少数民族贫困生入学。

至2005年，“春蕾”班已连续开办六届。

（五）设立寄宿制学校

溪潭乡兰田小学启明星科技小分队的畲族少年（1998年）

畲族村落一般都较小，且多在偏远山区，故学生多需寄宿学校。1998年，福安市有在校民族寄宿小学生1660人。

2000年，宁德地区民委下拨7所寄宿制小学改建项目款26万元，用于修（扩）建宿舍和食堂。2001—2003年，全市抓好民族寄宿制小学的改建项目、建筑面积3252平方米；其中坂中畲族乡后门坪、松罗乡茶洋小学、市民族中学学生宿舍楼完成主体工程。

（六）发展职业教育

1991年，福安市财政支持2.5万元，解决市民族职业中学少数困难民族学生，每人每月发给20元助学金。

2000年，省教育厅帮扶康厝畲族乡新建民族职业中学附属小学，并配套解决该校一批教学设备，并确定由宁德地区民族中学对口帮扶。加强康厝畲族乡文技校达标建设，举办食用菌、铸钢、农村电工、裁缝等实用技术培训班20期，培训千余人。

2003年，市民族职业中学附属小学建设项目完成并投入使用。

二、卫生

（一）设立民族医院

1991年，坂中、康厝畲族乡设卫生院。1992年1月7日，设在穆阳镇的福安市人民医院改为福安市民族医院，成为福建省唯一的一所民族医院。全院职工86人，核定病床位80张；门诊部设17个科室，住院部设6个病区。

1995年，福安市民委投资5万多元，支持民族医院扩建改造，1997年5月，政协澳门委员捐资5万元，支持市民族医院添置设备。

（二）发展畲医畲药

1992年，福安市人民医院改为福安市民族医院后，设立畲医畲药专科。

1996年10月，由福建省民委和卫生厅联合举办的福建省第二届民族医药工作会议在福安召开。

2000—2004年，市卫生局举办乡医“再教育、再提高”培训班，加强畲族村乡医培训。市畲俗文化研究中心挖掘传统畲医、畲药，编写出版《福安畲族青草秘方集》。

2005年，福安市民族医院畲医畲药专科出台对畲族群众诊病优惠政策，并进一步加强对畲医畲药的科研工作。

（三）乡（镇）村卫生院（所）建设

1992年，市民委资助11所民族村卫生所兴建，受益214户6932人。次年，资助60所民族村卫生所建设。

畲医传人钟章生

1995年，福安市民委投资5万多元，支持康厝卫生院扩建改造；分别投资5万多元，资助建成民族村康厝畲族乡红坪、坂中畲族乡大林、城阳乡铁湖、下白石镇亨里卫生所。

2005年，全市3个畲族乡均设有卫生院，分别为穆阳卫生院、康厝卫生院和坂中卫生院；建筑总面积2598平方米，设置病床26张，医务人员74人。

2005年，全市有80所民族村卫生所，医护人员160人。

（四）开展民族医疗卫生调查和义诊

1992年，福安市开展对民族地区卫生医疗状况调查。

1994年4月19日至5月15日，福建省进行少数民族人口素质抽样调查，福安市为样本县，共调查16个畲族村1580户畲族家庭、7371人；在成人体质调查项目中，共调查314个村、年龄在25至45岁畲族村民414人。该课题于1998年获福建省科技进步三等奖。

1996年5月，省委统战部和省民委组织省人大常委会委员、省肿瘤医院名誉院长苏壁泓，带领民主党派11名专家到福安市畲族乡村、市民族医院、地区民族中学给少数民族群众、学生进行义诊，受诊人数3000多人次。同年，省组织开展民族地区医疗卫生状况调查。

2000年10月，省政协常委会委员、福建省中医院院长杜建率领省政协委员和医疗卫生专家为主的调研组，到福安市开展民族地区卫生状况调研和义诊活动，接诊200多人次，减免诊费1000多元、赠送价值2万多元的医疗保健药品。

三、文化事业

（一）民俗场馆建设

1991年7月，福安市坂中畲族乡大林村钟氏祠堂被列入福安市文物保护单位。1993年，福安市畲族民俗馆在城阳乡铁湖村落成，征集反映畲民生产、生活的文物40余件。

1998年，市文化局投入2万元资助康厝畲族乡金斗洋村兴建畲族武术馆，投入1万元帮助市畲族民俗馆收集畲族文物10件。

2003—2004年，先后有北京中华民族博物馆副馆长、总设计师朱联银一行和浙江省平阳县民族研究会考察团等共20次、108人到福安市考察参观钟氏宗祠、铁湖民俗馆、溪塔畲村等。

（二）举办“三月三”歌会与民俗节

1991年4月17日，“三月三”畲族歌会在坂中畲族乡仙岩村举行。坂中、穆云、康厝3个畲族乡的歌手参赛。

1992年3月，福安市举办第二届中国闽东福安茶文化交流会暨福建省畲族风情旅游节，同时召开“福建省畲族风情习俗研讨会”，省内外来宾数十人参加。

1993年4月24日，福安市在坂中畲族乡仙岩畲村举办畲族“三月三”民俗节活动，有盘歌、祭祖、巫舞、神戏及畲拳、畲棍等畲族传统武术节目表演。

1994年4月13日，“三月三”民俗节暨铁湖畲族民俗馆开馆仪式举行。

1995年4月，福安市在穆阳举办“三月三”畲族歌会。

1997年4月9日，第四届“三月三”畲族民俗节在康厝畲族乡凤洋村隆重举行。宁德地委宣传部、地区民委，福安市政府、市委宣传部、市文化馆等有关部门领导与数千名畲汉群众参加。活动内容丰富多彩，有文艺演出、畲拳表演、畲歌对唱等，颇具民族特色。

2000年4月5日，宁德地区民委、福安畲族经济开发区、福安市民委，在穆云畲族乡溪塔村联合举办“闽东首届畲族‘三月三’歌会暨福安畲族经济开发区首届（福安市第七届）畲族民俗节”。歌会设表演和演唱比赛。闽东各县各派1对歌手参加表演，福安市各乡镇也派选手参加比赛。歌会评出闽东首届优秀畲族歌手一、二、三等奖各1对。

2001年3月27日，福安市组织人员赴宁德市中华畲族宫，参加闽东第二届“三月三”歌会。

2002年4月15日，在坂中畲族乡林岭小学举办福安市民俗节暨第九届“三月三”畲族歌会，歌会上表演少儿舞蹈《小小山哈闹龙灯》《宝塔茶》畲族茶艺、神秘的祈福庆典法祭“奶娘踩罡”和富有民族特色的康厝金斗洋畲族武术等。同年还组织参加在福鼎太姥山举办的闽东第三届“三月三”歌会，参赛曲目《山哈感谢共产党》《歌唱畲族经济开发区》获得二等奖。

2003年4月4日，在穆阳举办第十届“三月三”畲族风情节暨“婚育新风进畲家”活动，举行畲歌比赛和“畲家靓女”评选，兰生全和兰宝玉、雷锦明和兰金萱、雷团旺和雷神妹3对选手分获畲歌比赛一、二、三等奖；兰巧琼、雷婷婷、钟林芳夺得“畲家靓女”冠、亚、季军称号。并选拔参加在霞浦杨家溪举办的闽东第四届“九月九”歌会，并获奖。

2005年“三月三”，在穆云畲族乡溪塔村举办“福安畲族民俗节”；选送歌手参加浙江省景宁畲族自治县“中国畲乡三月三节”活动，并与该县共同交流畲族文化等民族工作。

（三）文艺演出

1992年12月，福安市民族文化艺术团成立。

1994年8月，福安市民族茶文化艺术团一行15人应香港茶艺乐园（中国）有限公司的邀请抵广州，在广州市茶艺乐园和白云山风景区进行茶艺表演，受到各界人士好评。

1996年5月，应文化部邀请，福安市畲族少儿舞蹈《竹响空山》晋京参加“六一”全国民族娃文艺专场演出。

2000年5月，福安市实验小学少儿畲族舞蹈《竹卜惊雀》入选“世纪娃进京”文艺演出节目。同年，舞蹈《畲山随想》，参加第三届福建省少数民族文艺调演获表演三等奖。

（四）民族文化研究与宣传

1991 年,《打枪担》获得全国第四届民运会表演一等奖，并被编入中央电视台体育集锦节目。

1992 年 3 月 18 日，第二届中国闽东福安茶文化交流会暨福建省畲族风情旅游节召开，同时召开“福建省畲族风情习俗研讨会”，省电视台对外部拍摄了《畲族风情》电视片。

1995 年 12 月，第一部《福安畲族志》由福建教育出版社出版发行。同年，在《福安报》开展“畲族百村行”征文活动，上百条信息被《福建民族信息》采用发表。福建省作协主席许怀中带领省作家采访团对福安市民族地区经济建设和社会事业的发展进行采访创作。台湾群视国际文化事业股份有限公司到福安市摄制《畲族风情》纪录片。世界上第一个研究畲族的美国斯坦福大学博士艾嘉礼、厦门大学人类研究所教授郭志超及《人民画报》记者到福安市民族地区进行采访、报道。10 月 7 日，台湾群视国际文化事业股份公司在福安市摄制的《中华乐舞》纪录片——《畲族风情》，在法国电视节目中播出。

1997 年 10 月，中国社会科学院民族研究所调查组到福安市调研一个月，形成中国少数民族现状与发展研究丛书《福安市畲族卷》。

2000 年 5 月，组织畲族服装参加在北京举办的首届中国民族服装服饰博览会，被福建省民宗厅授予“优秀征集奖”。在福安举办的“茶文化”节上，开始推出畲族时装表演，此后进行多番畲装改良研究，推出多套现代新式畲装。

2002 年，福安市成立畲族文化研究会，在穆云畲族乡溪塔村成立畲文化教育基地，把弘扬畲族传统文化和畲族革命史研究、宣传教育相结合，并作为学生的思品教育阵地；研究畲家婚礼“宝塔茶”及手捻制作“锅炒茶”技艺；对畲族古老的竹乐器具加以创新改造，成功研究出一套畲家竹乐器，共有五件套：鼓、竹鼓琴、竹哨笛、竹嗒嗒、竹板胡。

2003 年，采取自愿捐献和有偿征集相结合的办法征集畲族文物，共征集到畲家传统生产和生活器具织布机、剃头盒、犁、耙以及畲家妇女头簪、服饰等 100 多件，送往北京作为“中华民族园”的展品。

2004 年，福安市开展抢救、发展畲族文化活动，包括保护穆云畲族乡溪塔村畲家“孩儿撑伞”古建筑。同年，又在畲族中、小学中改良学生校服，研究设计出多套不同季节的民族特色鲜明的学生装。

四、民族体育赛事

1991 年 10 月，福安市承办福建省第二届少数民族传统体育运动会。全省 8 个地区 154 名运动员参加比赛或表演。福安市获 6 个奖项，其中，一等奖 3 个，二、三等奖各 1 个和“道德风尚奖”。同年，组成宁德地区代表队参加省第二届少数民族运动会并代表福建省参加全国第

全省少数民族传统体育运动会在福安举办（1991 年）

四届少数民族传统体育运动会（以下简称“全国民运会”）。会上表演的“打枪担”节目获得全国少数民族传统体育运动会一等奖，被编入中央电视台“体育集锦”栏目；《舞龙头》等4个项目获三等奖。

1995年6月，福安市少数民族运动员参加第三届省民运会，取得6个第一名。康厝畲族乡金斗洋村钟团玉获女子拳术比赛第一名，钟团玉和潘盛爱获女子棍术混打第一名。此次民运会表演类项目共设4个，福安市参赛表演项目《打枪担》《舞龙头》《打尺寸》摘取3个第一名。11月，第五届全国民运会在昆明举行，大部分由福安市运动员组成的福建省代表团。其表演节目“打枪担”获一等奖，“舞龙头”“打尺寸”获三等奖。

1999年5月，以福安市运动员为主组成的宁德地区代表队，获省第四届民运会“道德风尚奖”，表演的项目《打枪担》《舞龙头》《赛竹卜》分别获特等奖、一等奖、二等奖。8月，在西藏拉萨全国民运会赛场上，以福安市15名运动员组队的福建省代表团参赛，《赛竹卜》获一等奖；9月，在北京全国民运会赛场上，以福安市32名运动员组建的省代表队参赛，《打枪担》《舞龙头》分获一、二等奖，6名队员获“道德风尚奖”。9名运动员还参加了国庆游行、23名运动员参加国庆联欢晚会。

2003年，在穆阳镇福安市民族中学举行的宁德市民族中学蹴球专项运动会中，福安市夺得男子单蹴、女子单蹴第一名，混双第三名。在省民族中学蹴球专项运动会上，福安市民族中学获得男子单蹴第三名，并组队参加在宁夏回族自治区举办的第七届全国民运会。

第三章　畲族文化

第一节　畲族文化保护与传承

一、语言

（一）现状

畲族没有文字，但有自己的语言。由于福安市畲族人口居全国县（市）之冠，居住较集中，因此，福安畲语保留的古成分相对较多，受当地汉语方言的影响也相对少些。在全国各地畲语中，福安畲语具有一定的代表性。

1991 年，福安市高度重视畲族语言的保留和传承，首次举办畲歌会，让畲语登上舞台。此后，经常利用畲族传统节日，举办畲歌会、畲族风情节等活动。2003 年，在溪塔畲族文化教育基地及市民族实小开展试点，对小学生进行传统文化教育，鼓励讲畲语。在民族学校里，畲族学生不受普及普通话的限制，畲族同学之间在课外一切场合中提倡讲畲语。编写畲族乡土教材，教学时采取“双语”式；推广新编畲族歌曲，让群众唱、学生唱，努力创造畲语环境。

福安畲族语言接近汉语客家方言，但跟现在汉族客家人说的客家话又有一些不同之处。它在语音、词汇、语法等方面均有自身的特点。如语音方面，古心母字读 ḍ，鼻韵母保留 –m、–n、– η 尾，入声韵保留 –p、–t、– η 尾，去陈归阴平等。词汇方面，难能可贵地保留一部分既不同于客家话也不同于当地汉语方言的词语。这些词语可以认为是古畲语遗留下来的“活化石”。同时，也保留一部分客家话词语，其中有不少接近粤东客家话的词语。在词汇和语法方面，名词、形容词的后缀和代词、连词、介词以及某些句法结构等，均有自身的特点。

福安畲话通行地区大体上可分为两个片区，即南片区和北片区。南片区包括甘棠、下白石、湾坞、溪尾及赛岐等乡镇。南片区接近平原、沿海地带，交通较方便，畲族人与当地汉族人来往较多，畲话受当地汉语方言影响多些，保留古成分要比北片区少。北片区以坂中、穆云、康厝、溪潭 4 个乡镇为主，加上溪柄、松罗、城阳、社口等乡镇的部分地区。北片区畲族长期居住于偏僻山村，因交通不便，与汉人交往较之南片区少。一些居住在深山里的畲族妇女难得进城，山区里的畲族男子进城机会也不多。因此，北片区的畲话受当地汉语方言影响较少，福安畲话主要特点在北片区保留得比较好。

随着经济生产的发展，社交活动也日益增多，畲汉交往趋于密切，畲话受汉语方言福安话的影响更加明显。如语音方面，ḍ 声母开始被齿间音 ɵ 替代。不少年轻的畲族人和畲族干部、畲族知识分子又用舌尖音 s 来替代 ɵ。鼻韵母中，一部分 –m 尾已混入 –n 尾，而一些 –n 尾又混入 – η 尾，入声韵中，一部分 –p 尾已混入 –t，没混入的 –p 尾的读音也起了变化，把 –p 尾读成 –uʔ 收音，如 ts‘ip 读成 ts‘iuʔ，tsap 读成 tsauʔ 等等。词汇中，一些与畲话同义的福安话词汇在交际中从与畲话原词语并用，发展到逐渐替代原畲话词语，另有大量的反映新事物的福安话词汇涌入福安畲话中，成为福安畲话词汇中不可忽视的一个重要部分，即使是比较稳定的语法结构，也不同程度地受到福安话影响，一些福安话的语法结构已经开始替代某些畲话的原语法结构，发展的趋势是当地汉语方言成分越来越多地进入福安畲话。

（二）交流

福安畲民之间交谈一般用畲话，而与其他民族群众交谈则不用畲话，多用福安本地方言或普通话。20世纪90年代后，畲族语言交流出现几种变化。外出打工的后代子女，多为年轻人，因受居住环境的改变，基本上不会用畲语进行交流。男性娶其他民族女性为妻的，所生子女因受母亲的影响较多，也多不会用本族语言进行交流。父母都是本族，所生子女原来也会使用本族语言进行交流，但子女一旦进入城镇学校就读，受学习环境的影响，本族语言使用较少并逐渐淡忘，直至无法用本族语言进行交流。随着社会、经济发展，出现一些新词汇也常使用福安当地汉族方言，无法或很少翻译成本族语言。

二、歌言

（一）唱法及内容

“歌言” 亦称歌谣，是最主要和最基本的畲族口头文学样式（畲族有语言，没有文字）。在平时劳作、日常社交、人生礼俗、宗教仪式以及节日活动中盘唱。歌言一般以七言为一句，四句为一条（首），还有以七言为主体，辅以三言、六言起序的，俗称“三字头歌”或“六字头歌”。无伴奏的山歌是畲族民歌最普通的音乐表现。畲族歌言唱法有三种：一是假声唱法，声调高昂；二是平讲唱法，用本嗓唱，比假声唱低三度，曲调平稳、深沉；三是放高音，其音量比假声唱高三度，曲调更显清亮、激越。畲歌演唱形式，有独唱、男女盘唱、齐唱等三种。

由于畲族没有民族文字记载，歌谣的传承主要是靠口传相授。千百年来畲族靠民歌记述历史，教育后人，世世代代相传下来，是构成畲民族历史来源的一部史诗。畲歌是畲族最有特色的民间口头文学，是珍贵的畲族文化的重要组成部分。因为只有语言没有文字，畲民通常都是借用汉字记载的办法手抄流行下来很多歌本。过去畲民接受文化教育的机会很少，他们就把学歌、唱歌作为一种重要的文化生活。畲族歌谣内容广泛，大体可分为叙事歌、抒情歌、习俗歌、宗教歌、杂歌等。

叙事歌 也称“全连”。内容包括族内英雄传说、历史人物叙事诗等。如《钟景祺和雷万春》《钟良弼》《蓝佃玉》等。历史歌，叙述历朝兴衰，如《末朝歌》《十八帝》等；小说歌，改编自汉族故事传说，如《奶娘传》《白蛇传》《陈世美》《梁山伯和祝英台》等。

叙事歌还包括畲民有感于日常的生产、生活活动而创作的歌谣，有表现畲民政治理想和斗争精神的。如《五更苦》《未见担银上泰山》等。如穆云畲族乡竹州山村蓝木庆演唱的《国民党，行倒山》：

国民党，行倒山（意快倒台），调兵来打竹州山。

团团转，过山弯，汗流一身〔勿会〕爬躝（趴在地上走）。

红军一只（个）〔勿会〕寻着，飞机胡乱炸下南（福安地名）。

原来国军受欺骗，损兵折将害民团。

抒情歌 主要是情歌，多为男女对唱，一般同村、同性、同宗不邀对唱。还有在日常生活中抒发某种情感、表达某种志向的抒情歌谣。如《拦路歌》《出门歌》《反情歌》等。穆云畲族乡王楼村雷七妹演唱的《河深海阔总务泥》记录如下：

男：艰苦多，我郎毛（无）双（无妻无伴）多愁劳。

赶鸭上山去食草，赶牛落水食田螺。

女：表兄弟，河深海阔总务（有）泥（畲语“泥”与“挨”同韵）。

年长月久苦解（会）了，手掏锄头慢慢挨。

又如穆云畲族乡下南村雷何锦演唱的《你忖我也忖》：

男：林中竹枝丫丝丝，鸟在山林母来咪（喂食）。

细时故是母养大，未忖父母先忖你。

女：你忖我也忖，莫讲我今都毛（无）忖。

郎忖三工（天）〔勿会〕做活，娘忖三工〔勿会〕开门。

男：忖娘忖上心，转到楼里清冰冰。

食饭未详（不懂得）掏饭碗，舀油未祥搁灯芯。

女：你讲忖娘娘也听，六月食酒伴嘴（说表面话）行。

那见雷声未见雨，日日都是天作晴。

男：乃因娘情心不花，一日三时娘楼斡（音瓜）。

乃因娘情愁成病，求神问佛解（会）上卦。

女：我讲忖你就忖你，忖你不是讲面皮。

务（有）钱买饼当街咬，一块一爿分乞你。

男：忖娘楼远岭又崎（音企，陡），三十六坡艔行痹。

那解（会）在郎楼边住，钥匙全串交乞你。

女：忖郎忖得癫，忖遘（到）潭底石鼓弯。

忖遘潭底石鼓烂，扁担发（音剥）笋心正宽。

习俗歌　伴随着民间礼俗和祀典等仪式而唱的歌称习俗歌，分婚嫁歌、丧葬歌和日常礼俗歌。如《出嫁哭歌》等。穆云畲族乡王楼村雷七妹演唱的《上轿撒谷歌》：

一把米谷撒厅堂，爹家常收丰收粮。

春头多布一粒种，冬下粮食铺满仓。

两把米谷撒厅前，阿爹楼里快活仙。

爹娘多福又多寿，大男细女喜连天。

三把米谷撒厅隅（音鱼），爹家买牛又卖猪。

鸡鸭成群六畜壮，年年食颂（穿）都务（有）余……

还有一种习俗歌主要是反映畲民生活、劳动方面的歌。如《新妇仔，苦难当》《娘今无双无奈何》《牛做白饭分人食》《节气歌》《拾柴歌》《十二月去垌娘》等。

杂歌　包括谜歌、字歌、童谣等。

畲族歌谣从先祖流传至今，最能代表畲族传统的特色文化，也是最能保留自己民族原生态的语言。

由于畲族歌谣的歌调和当代音乐差距太大，也不很合大众的口味，本民族年轻人大多不愿意唱。还局限在“原汁原味”的特色上，无法使畲家文艺推陈出新，也就失去发展动力，逐渐被人忘却。所以，歌言曾一度面临着无人传承的困境。

1991 年后，福安市不定期举办畲族歌会，意在传承、推广畲族文化。但这种以政府名义举办的歌会也有它的局限性，歌会中常穿插现代汉族歌舞等与盘唱歌言无关联的节目，不能突出原有的主题，且观看的人多，参与的人少。

（二）歌俗变化

从20世纪70年代至90年代，流传已久的歌言将近20年无人盘唱（指正式场所内男女双方盘唱）。畲歌有词也有调，从古老的畲歌格调来看，基本是七言、一首歌为一条歌，同一内容歌言由好几条歌组合而成，其风格与汉歌不同。畲歌大都以畲家方言演唱，缺乏文字，音调大都以“五音”组成。20世纪90年代后期，各地开始重新盘唱歌言，但歌俗已发生变化，大体在以下几个方面：

年龄上的变化　原先男女之间盘唱歌言，双方的年龄多为25周岁以下，而且以未婚者为主（因传统习俗原因，年龄一旦超过30周岁，也只能作为旁听者或当一方的参谋，习俗歌例外）。20世纪90年代初期，歌场中盘唱者没有年龄限制，50岁左右的人成为歌场中的主角，而40岁以下的人则很少参与。进入21世纪，随着培养畲族青年歌手，歌场氛围的改善，加上中小学学生的参与，歌手年龄趋向年轻化。

时间上的变化　以往盘唱歌言大多在春节或其他传统节日，特别重视“三月三”举办歌会，客方以走亲访友的方式提前到某村进行盘唱；在农忙时极少。进入21世纪，除传统节日外，平时也有盘唱，多以打电话的方式邀请对方。

不受传统的限制　以往作为主人需要按传统的歌俗顺序，事先唱一些问候的礼貌歌，以表对客人的尊敬。之后，客方才开始正式进入盘唱。进入21世纪，主人方一开口，客方就可以马上进入盘唱状态，无须像以前顾虑那么多约束。

（三）传承

传统畲族歌言，原本不是在歌场中盘唱，平时也很少人演唱。其中有的是禁唱歌言，只是在操办红白事中作为必不可少的演唱歌言，为增添场面气氛起着重要的作用。

20世纪90年代初期，畲民聚居地区操办红白事时，年轻一代几乎不知道如何演唱。在操办丧事中多由老歌手唱几句，以表对逝者的怀念和寄托；在操办婚礼中，新娘也不会唱“哭嫁歌”，也只能由老女歌手哭唱几句应付场面。此外，轿夫的“抬轿歌”与“家仪酒令”，也没几个能完整地演唱，多是表达程序仪式。

1991年，福安市重视挖掘、保护和传承开发畲族民歌，除举办畲族歌会、培养畲族青年歌手外，还开展畲族民歌的搜集、整理、传唱等。1995年，出版的《福安畲族志》书中还收录畲族民歌160多首。

2002年，福安市民委成立畲族文化研究会，经过对畲歌的研究，提倡创新歌言时要求把好文字关，鼓励有文化的畲民及年轻人积极编写畲歌，促进新畲歌文字化、艺术化，歌词可以七言、五言，也可以“三、三、七七七”言式。并允许在原有的唱法上进行艺术加工，歌词末尾字无畲语韵时，可押为汉字言韵。在原有格调中，抓住畲歌主旋律，进行艺术再创作。演唱时可用畲语唱，也可用普通话唱。在文化市场上，出版畲歌专辑光碟以扩大宣传及传播。

2005年，中共宁德市委、市人民政府出台《关于开展抢救与发展畲族文化工作方案》，福安市全面开展抢救与发展畲族文化工作，在会展大酒店底层设畲族群众习歌、盘歌、对歌、赛歌的歌场，并成立福安市畲族民歌联谊会，开展畲歌传承工作，畲歌创作逐步走上复兴之路。

（四）歌会

1991年，福安市举办畲族歌会，培养畲族青年歌手，以传承畲族传统文化。此后，由市民委牵头，每年“三月三”畲族歌会在畲乡铁湖、凤洋等民族村不定期举办。除此之外，每遇民族节日或重大活动，政府有关部门或群众团体均举办畲歌会，如穆云畲族乡溪塔、虎头经常举行南国葡萄节、桃花节对歌会，吸引游客观众；每年农历六月初一，四方畲族歌手汇集白云山盘歌，成千上万群众登山捧场助阵。

2000 年，福安市承办“闽东首届畲族‘三月三’歌会暨福安市穆阳畲族经济开发区首届畲族民俗节”，在穆云畲族乡的溪塔村举行，并评出闽东优秀畲族歌手。2003 年 4 月 4 日，市举办第十届“三月三”畲族风情节，举行畲歌比赛，评出兰生全和兰宝玉、雷锦明和兰金萱、雷团旺和雷神妹等 3 对优秀歌手。同年，市民委支持成立“福安畲歌联谊中心”，组织举办畲歌对唱联谊活动等。

2004 年，开展抢救性采集畲族传统文化活动，运用摄像、多媒体等现代科技手段，广泛收集民间传统畲歌并制作成 VCD 光盘。至 2005 年，“三月三”畲族歌会已举办 11 届。

三、体育

（一）打枪担

1991 年，福安市发掘、整理畲族传统的体育习武形式项目打枪担，参加第四届全国民运会上获表演一等奖。枪担又名串担，原是畲民上山砍柴时挑用工具，因在劳作时用以边唱、边有节奏敲击枪担而形成，现艺术化地成为体育娱乐健身项目。1995 年，福安市组队参加省第三届民运会，表演的打枪担夺得大会表演金牌。此后，多次在全国、省民族运动会上获表演奖。2005 年，福安市运用摄像、多媒体等科技手段，将“打枪担”制作成 VCD 光盘予以宣传推广。

（二）金斗洋拳术

畲族自古有习武健身和抗暴自卫的传统，金斗洋拳术即为其代表之一，并形成形式独特的畲族拳术，风格特点：形威、力猛、（马）步实、手狠。雷国楚作为金斗洋畲拳代表人物，称为“豹子师傅”。1991 年以来，金斗洋畲拳参加过全国、省民运会比赛，频频获奖。

（三）舞龙头

舞龙头原是畲族的一种祭祀活动形式。参加者一人持绣球，其余持龙头。龙头和绣球用竹篾编扎，以彩纸裱糊而成。表演时，龙头随绣球翻滚、跳跃。该运动集技巧、武术、杂技、体操运动为一体，有各种造型：如迎龙伞、龙抢珠、龙珠伞大会串等。1991 年，福安市发掘、整理出舞龙头，参加全国、省、地（市）少数民族传统体育运动会表演，多次获奖。

（四）打尺寸

打尺寸相传是为纪念畲族英雄蓝凤高演化而成。长木棍为“尺”代表“断云”，短竹条为“寸”代表残矢。比赛形式有追逐对打、四面抬架、手接尺寸、攻守阵地等。1995 年，福安市发掘这一传统运动，参加全国、省、地（市）少数民族体育运动会，获得好评。

四、竹乐器

2002 年，福安市畲族文化研究中心根据畲族古老的竹乐器具加以创新，成功地研究出一套畲家竹乐器，共有五件套。

（一）笣鼓

笣鼓形似竹筛，亦称竹笣。竹筛由竹篾编成，是一种生产和生活工具，用于晒农产品、凉食物等。畲民有把当成鼓用的历史。古时候碰到日食、月食时，传说是天上“罗侯”（魔神）把日或月含住要吞食进去，畲民害怕，以笣代鼓，以脸盘代锣，竭力敲打，直到日、月恢复原状为止。另一种情况，畲家人在休闲或节日时，畲歌配“竹哨笛”，为凑热闹，以笣为鼓打节奏，篾笣张紧，打起来其声似鼓，但音质比皮鼓差。通过研究改进、成为新式的笏鼓。

笏鼓制作时以两块篾笏为上下鼓皮，鼓身用白铁皮或薄板作为格架，外表包以篾条为装饰，通过绳索或铁丝把上、下两块圆篾拉紧刷上清漆即成笏鼓。

（二）竹鼓琴

用竹筒粘贴上薄的松木板，再在圆竹筒上凿一个小圆孔，加竹弓、弦连在竹筒侧面薄板上，用小木棒敲打薄板上的弦，可发出鼓和琴的声音，十分动听。畲民在唱歌时，利用它来打节奏，充分发挥原始竹鼓琴弦上音阶及鼓与弦之间的自然和音，成为竹鼓琴。

竹鼓琴制作用弧形竹片为外壳，包围圆薄板形成扩音箱，前后各用一片 0.2 厘米的薄板粘上篾片，张紧，接上音阶柄，进行定音，胶上音槛成竹鼓琴。

竹鼓琴音质清脆洪亮，音量大，音色好。但不能用硬锤敲击，只能用软锤或手敲打。

（三）竹哨笛

一种独特的畲族乐器，根据古老畲歌记载流传至今。用一节 15 厘米长黄仔竹制作成：大号直径 2.5 厘米，中号直径 2 厘米，小号直径 1.5 厘米，离吹口 3～4 厘米处，挖 1 个 1.5～2.5 厘米的孔，贴上笛膜，便成“竹哨笛”。吹奏时，将竹哨笛含在齿前，运用技巧通过发音震动笛膜发出各种悦耳的声音。有歌云：“郎吹黄竹我唱歌……”竹哨笛是一种口吹乐器。

竹哨笛音质好，音似黑管而比黑管敞亮，音量比较大、动听，关键在吹奏者的技巧。此乐器易造、易学、易吹，携带方便，适合为畲歌配乐。

（四）竹嗒嗒

畲民善于利用丰富的竹子而做各种生产、生活用品，古时就用敲打“竹梆”作为通知人们的信号，也有以“竹梆”作为敲打乐器。后对“竹梆”进行改造，它是取一 70 厘米长的竹筒，直径约为 11—13 厘米均可，两头锯斜，封上薄板，形为共鸣腔及敲打处，底部凿二个直径 4—5 厘米的传音孔，敲打时，可敲击上面竹节面、两侧薄板面，发出各种声音。后把两边的传音槽改为圆孔形，成为敲打乐器，叫“竹嗒嗒”。

竹哨笛可与竹嗒嗒组合，敲打出声音独特，节奏多变的乐曲，十分动听。

（五）竹板胡

原板胡是用小椰子壳做成音箱，再取一节 10～13 厘米长的毛竹，凿孔，装上琴柄，琴柄上端分左右装上 4 根绞手柄、拉弓“二弓合一”，以两束马尾毛各穿过 1～2、3～4 弦之间，琴皮是以薄板代之，装上丝弦弹奏。根据传说，古时候有个小畲村，村前种植粮食作物，每当快要成熟收成时，就被山老鼠、山兔等食光，畲民为之烦恼。后有畲民放蛇防治山鼠、山兔，庄稼得丰收，畲民敬蛇为庄稼的保护神。从此爱蛇，不吃蛇肉，也更不愿意用蛇皮张琴，才以木做成竹板胡琴，畲族人的竹胡板的丝弦已发展到四弦了，其造型独特。

竹板胡琴声清脆优美，演奏时可有二把板胡合奏的效果。

五、古籍文献

畲族的古籍文献是指 1949 年以前的文史资料。畲族的古籍文献既包括本族文人的相关著述，与畲族社会文化有关的官方或民间档案资料，畲族历史、文化图卷，正史、方志和历代文人著作中有关畲族文化的记载；同时也包括畲族社会、家族的碑刻、楹联，歌谣唱本、家族文书、巫术唱本等。

（一）歌谣唱本

同治年手抄歌本　收集于福安市康厝畲族乡凤洋畲族村，藏闽东畲族博物馆，清同治二年（1863 年）作，内容为叙述历史故事。

民国年手抄歌本　收集于福安市康厝畲族乡凤洋畲族村，藏闽东畲族博物馆，民国 22 年（1933 年）作，内容为爱情故事。

（二）福安畲族各姓主要族谱

1. 蓝氏藏谱

穆云畲族乡《溪塔蓝氏宗谱》：清同治八年（1869 年）本、光绪十九年（1893 年）本及民国 26 年（1937 年）本。

康厝畲族乡洋里《龙岗蓝氏宗谱》：清道光十四年（1834 年）本、清光绪三十一年（1905 年）本、民国 38 年（1949 年）本。

穆云畲族乡王楼村《蓝氏宗谱》：民国 5 年（1916 年）本。

康厝畲族乡樟后村《蓝氏宗谱》：清光绪十年（1884 年）本、民国 5 年（1916 年）本、民国 35 年（1946 年）本。

社口镇谢岭下村《蓝氏宗谱》：清光绪三十一年（1905 年）本、民国 35 年（1946 年）本。

此外，穆云畲族乡温岩村铁场、上百石镇南山头村、坂中畲族乡和安等村也存有不同年代的《蓝姓家谱》。

2. 雷氏藏谱

穆云畲族乡燕窝村《冯翊雷氏宗谱》：清光绪十六年（1890 年）本。

穆云畲族乡科后村《雷氏宗谱》：清光绪十年（1884 年）本、清嘉庆元年（1796 年）本、民国 5 年（1916 年）本。

康厝畲族乡红坪村《雷氏宗谱》：清道光十八年（1838 年）本。

潭头镇鹅山村《雷氏宗谱》：清道光本、清同治九年（1870 年）本、清光绪三十四年（1908 年）本。

甘棠镇春雷云村（田螺园）《冯翊雷氏宗谱》：清光绪三十二年（1906 年）本。

此外，福安溪柄镇九龙村、龙潭面村，溪潭镇岐山等村亦存有《雷氏宗谱》。

3. 钟氏藏谱

坂中畲族乡大林村《钟氏宗谱》：清同治十三年（1874 年）本、清光绪三十四年（1908 年）本、清宣统三年（1911 年）本、民国 24 年（1935 年）本。

坂中畲族乡仙岩村《仙岩钟氏宗谱》：清道光二十七年（1847 年）本、清光绪十一年（1885 年）本、民国 7 年（1918 年）本。

坂中畲族乡和安村《颍川钟氏宗谱》：清道光二十七年（1847 年）本、清光绪十六年（1890 年）本；民国 9 年（1920 年）本、民国 38 年（1949 年）本。

此外，福安社口镇上山村徐墩坂自然村，溪潭镇蓝田村，城阳乡茶洋、铁湖等村也藏有多部《钟氏宗谱》。

（三）神事挂图

康厝畲族乡凤洋村神事挂图：清嘉庆年间，法师保存。

康厝畲族乡金斗洋村神事挂图：清代，法师保存。

此外，畲族巫师所保存的科仪唱本，也是了解畲族巫术文化的重要民间文献。

（四）谚语

谚语，畲族称为“古语”，与汉族说法相同。畲谚既有民族特色又受当地汉人口语影响，多为畲汉兼用，也有独出畲家。畲族谚语句法多为七言双句，也有二言、三言、四言、五言以及单句、三句等形式多样，灵活自由，兴趣盎然，可分为家庭、自然、生产、生活、事理等类。

（五）故事

畲族民间故事也多以畲歌为表现形式，但体裁多样，还将民族传统节日的生活内容融入故事中，大体有以下内容。

神话传说，如《男造天，女造地》《石神保人种》《和寅活了七千二百岁》。

人物传说，如《秦皇阿母倒头嫩》《雷万春巧遇钟景祺》《雷超治财主》《状元命》《长年哥问卦》。

历史传说，如《畲族女人衫里有两个皇帝印》。

地方传说，如《银池岗》《石母人的传说》《仙人迹》。

动植物传说，如《山鸡三告状》《番芋蛋》《柿子气杨梅》《公鸡为何叫“角角角”》。

节日传说，如《分龙节》《二月二庙会》《快快落土》。

（六）碑刻

林岭“宝藏兴焉”碑刻，存于福安市坂中畲族乡林岭畲族村下林岭村民家中。

路规碑，位于福安市溪尾镇下邳村东通往溪尾的路旁，刻于宋代。

禁坐派工食碑，位于福安市湾坞乡梅洋村南300米梅洋岭上，清康熙五十六年（1717年）立。

移营文告碑，位于福安市湾坞乡湾坞村关帝庙后墙上，清乾隆十九年（1754年）立。

城隍庙祀田碑，位于福安市城区富春公园内，清乾隆二十三年（1758年）立。

知县程志洛妾墓志铭，位于福安市坂中畲族乡松潭村崇福寺旁，清乾隆二十六年（1761年）立。

郭耕五墓道碑，位于福安市城阳乡岩湖村，清道光十年（1830年）立。

禁刁民作恶碑，位于福安市溪潭镇中坂村南岭尾亭墙上，清同治十二年（1873年）立。

李鼐“德政碑”，原立于福安市城隍庙内，清咸丰七年（1857年）立，今余残碑，移存福安市文化馆。

第二节　生活习俗

一、衣食住行

（一）服饰

畲族服饰以女性服装最富有民族特色，也称“凤凰装”，配有围身裙。“凤首戴银颜为尊、矮身衣裙花作秀”，古装畲族服饰，本有各色，但款式相同。畲族南迁后，烧畲耕种，为适应生产劳作，着装颜色以青色为主。裙渐短，裙衣花绣大减，款式不变。畲女装饰品有银簪、银笄、银手镯等。随着畲族与汉族交往的密切，受其影响，畲族群众服饰也逐渐汉化，只是在本民族传统活动或特殊场合时才穿民族服饰。

平时男女老幼所穿着的服饰，也不再是请本族裁缝师傅制作，可从集市上购买，且款式多样。

举办婚礼过程中，新郎还是要穿本民族传统服饰拜堂；而新娘则很少着传统服饰，多穿现代汉族服饰拜堂。着传统服饰的大约只有30%。新娘化妆，也大都到城镇专业化妆店。

在操办丧礼过程中，作为孝男孝女，还是多穿传统服饰为逝者戴孝。逝者所着的服饰有两种情况：一是60岁以下的人寿终时，一般穿现代服饰入殓（个别女性，若出嫁时有自己的传统服饰，则穿嫁衣入殓）；二是80岁以上的老人寿终时，多以生前已备好的传统服饰入殓。

女性的头饰装束，最能体现出畲族女性服饰的美观。通过头饰，人们一眼就能辨别出畲族女性是否已婚。前面头发梳妆时向上突出，背后平整者为已婚女性，见面称呼“阿嫂”；而背后头发往上凸出，前面平整者则为未婚，见面称呼“表妹”或“表姐”。

以前床上的蚊帐、草席、棉被等是自制或请本族工匠加工而成，现在这些床上用品都从集市上购买。

随着经济的发展，人们的生活方式和审美趋向多样化、个性化，都影响着畲族服饰的流行与发展。

（二）饮食

日常居家饮食主要以自种稻米为主食，以往的番薯米现在不再作为主粮。

菜肴，多以自种的蔬菜为主，鱼、肉等从集市上购买，无论是烧、炒、煎、炸，还是熬、炖、煮、蒸等，烹饪的各个环节与汉族基本相同。但对于鸡、鸭肉的烹饪，多以从山中采回的青草药炖、蒸为主。

制作糯米菅粽（2005年）

节日中的“乌米饭”，以馈赠亲友为主。菅叶粽是畲族特色粽子，形长、圆筒式。作为端午节祭祀祖先和赠送亲友的物品。糍粑也是畲民春节、七月半、冬节等节日制作并祭祀祖先的特色食品。

糯米酒，10月过后，畲村户户酿酒，以备春节与农忙时饮用。

（三）居住

畲族村落聚居多为集聚型，亦有零星分布的散居型住宅点，建筑风格为土木结构的“土墙厝”为主。现在老房屋有的因缺乏管理而废塌；有的村寨因为“造福工程”而搬迁。居住在“土墙厝”的畲民越来越少，新建住房以砖混结构为主。

现在畲民建房，除保留着阴阳八卦选择宅地的习俗外，以往建木房中心的“点选”（房屋每根柱子间的位置）、安合砖、做木马（木架）、请鲁班（建房师傅）、扶扇、上梁、筑墙、建大门、安厅堂板壁、安装楼梯等传统仪式多被省略。房屋封顶当日，亲戚用红布袋挑着稻谷前来祝贺，主人操办酒宴（俗称“建房酒”）的习俗也逐渐淡化或废止。

畲寨多依山而建。图为畲族山居（2002 年）

室内装修基本与汉民族相同，只是所有房门还是用木板制成，只有个别户主用其他材料做成。厨房内的“灶”基本上用砖和“瓷砖”砌成，彻底改变以前灶面用木板铺设的历史。随着经济日益宽裕，畲民也基本使用煤气灶和电饭煲、电磁炉等现代电器。

畲族群众大多保留在乔迁时“进祖宗香火”当天应择吉日的风俗，届时亲戚朋友会带着礼品前来祝贺。这时，主人操办酒宴，款待前来祝贺的亲戚朋友以及村中帮工的人。

（四）出行

在畲族村庄中（个别自然村没通公路除外），过去村民出行多以乘坐柴三机（农用车）为主，有的年轻人则驾乘自购的二轮摩托车。畲族中对于出行有一些特别的忌讳：忌在农历初一、十五到亲朋好友家做客；每月农历初三、十三、廿三忌带婴儿出行；七十岁以上的老辈忌在亲戚家住宿留夜；巫师做会暝（即法事）、报丧、补棺材之人，往返途中忌到任何人家中串门停留。若碰到某户人家门口悬挂一根小绳子，并在中间处挂张红纸条，两头挂在大门前方，表示这户人家刚做完驱鬼治病等仪式，忌外人进入。

农作时，仍多以肩挑手提为主要的劳动方式。

二、岁时节日

（一）传统节日

春节　农历正月初一也是畲族传统新年，家家户户放爆竹“接年”，每人都要着新装，喝糖茶、吃“长寿面”。

端午节　农历五月初五，畲族食用的粽子为“菅粽”。成圆筒式，用菅草叶条扎成五节，意为五月节。家家都在厅堂上摆香案以菅粽敬祭祖公，祭毕，全家人聚餐。

中秋　农历八月十五，畲民在这一天会蒸米糕，买月饼赠送亲友。

除夕　又称“做大年”，家家会喝自酿酒、蒸糯米饭，做糍粑，吃“年夜饭”。

（二）生产性节日

三月三　农历三月初三，畲民家家户户采集乌饭树叶熬汁沥糯米蒸饭，缅怀先祖、馈赠亲友、预祝丰年。

牛歇节　农历四月初八，天蒙蒙亮，畲民就要把牛赶到山上去吃“露水草”。并解缰卸犁，把泥鳅或鸡蛋泡酒装进竹筒灌喂；又用米粥或薯米粥等精饲料喂食，以酬耕牛之劳。这一天，严禁棍打鞭甩，以定牛魂。

封龙节　“夏至”日过后，地支逢“辰”的那日为封龙节。相传“龙怕铁”，这一天畲民禁用铁器干活。

尝新节　农历七、八月，畲家水稻开镰日。按畲族传统，水稻开镰必须先择吉日。畲民把第一趟割下的稻谷碾成米，煮成白米饭，盛三碗放在竹制米筛上，置于晾台祭天地；再盛三碗，分别放到左右神堂和炉灶上，祭供地方神、祖公神和灶神。祭毕，添备好菜好酒，请亲邻一起尝新。

畲族尝新节祭祀先祖仪式（2003年）

圆冬节　“立冬”日，家家户户做糍粑、设宴聚餐，庆祝一年农事活动圆满，俗称“理园埕”。

（三）神事节日

凤凰节　农历正月十五日，每三年举行一次。这一天，按户募捐钱米，畲民每户派代表到值祭者家中聚餐。

补天穿　农历正月二十日，社口镇潘洋村一带畲民以糯米糍或鼠曲草与糯米蒸成米糍以“补天”。

孙公明王节　农历二月十四日，是甘棠镇山头庄村一带畲族祖公孙公明王的生日。是日，该村畲民宰猪备酒祭祖，并在祠堂演戏。

元帅节　农历八月二十三日是畲族田公元帅（雷海清）生日，畲民在祠堂祭拜以祈求平安。

（四）娱乐性节日

会亲节　农历二月初二，是坂中畲族乡后门坪村一带村民节日。“二月二”是当境土主魏公生日，畲民在“魏公侯庙”祭拜、族亲相会。

六月一　畲族男女会成群结队前往白云山，举行盘歌活动。

七月七　农历七月初七相传是白岩仙屿马氏仙人生日，青年男女前往与寿宁县交界的白岩仙屿盘歌。

九月九　农历九月初九相传是民间猎神九帅爷生日，畲民举办赶庙会、盘歌、抬九帅爷神像游村保平安。

三、红白喜事

（一）婚礼

随着社会发展，畲族风俗正在迅速改变，畲族婚嫁礼俗与传统相比，也因时、因地、因人发生演变。

畲家婚礼

“父母之命，媒妁之言”的旧婚姻，随着社会进步趋于消失，先是“童养媳”习俗消失，后也不限于在自己族内联姻。代之而起的是年轻男女双方通过自由恋爱而成终身伴侣，不仅与本辖区内汉族年轻人结婚，还跨省、跨民族通婚。结婚年龄一般都在25～30周岁之间。以前“媒人”是作为两家子女婚姻的介绍人，现在“媒人”这个角色已淡化。不过婚礼仪式过程中，仍要临时邀请一位代理媒人充当角色。“合算生辰八字”，但对婚姻的成败不再起决定性作用。

订婚礼仪也顺应了时代潮流。女方父母家如在本市内还是本族的，仍按传统的订婚形式进行，所需一切礼节与礼品照旧，但礼金礼品呈上涨趋势。礼肉、礼饼涨到100千克以上，还增加苹果40箱。这些礼品作为女方父母赠送给所有亲戚的。如果女方是汉族，就按汉族礼俗订婚。女方父母家若跨出本市，就按女方父母家的当地礼俗，订婚的礼品均折成人民币，以现金方式送给女方父母自行安排。

拜堂成亲仍沿袭着传统的礼俗，但也发生一些变化，或借势扩展，或化繁为简。新娘是本族的，在出嫁当日不会哭唱传统的“出嫁歌”，或由亲属长辈代唱几句而已。新娘七成以上不是穿传统的本族绣花衣衫，而是穿现代汉族婚礼的服饰，并且事先到集市的专业店进行化妆。新娘嫁到男方家的路上，多以坐小轿车为主，如有花轿，也是上轿到村口就把花轿抬到车上，运到男方家村口，再抬下让新娘坐上、由轿夫抬到男方家。传统上如果新娘是本族，抬轿的轿夫到女方家中“撬蛙”（这是畲族一种特殊的歌言盘唱。中午时分，男家迎亲花轿来到女家，4个轿夫一旦上桌吃饭，姐嫂们就进行盘驳对唱，为难轿夫，比试才华，唱赢轿夫，把轿夫肚兜里的三只“蛙”，即三个红包全部撬取为止）。仪式虽然保留着，但轿夫与女方家姐嫂们盘唱“撬蛙歌”的环节却省略了。即使有也不很全面、规范，只是摆摆形式而已。新娘的嫁妆要提前几日送往男方家（或者当日由车运往），而不是像以前在出嫁当日由女方的堂叔、堂哥、堂弟们随花轿送往。新娘的嫁妆逐渐改由男方购买添置，而不是由女方父母陪送。新郎在拜堂时仍穿传统的服饰，整个传统拜堂习俗也基本保持不变。款待亲戚们酒宴中的传统习俗相沿，但菜料比以前丰盛许多。在午夜举办的“家仪酒”（俗称“佳期酒”），有的畲村仍按原始形式举办，有的则只做其中的“喷床”（即请有威望的长者为新娘生儿育女说佳话），还有的畲村甚至取消“家仪酒”这个仪式。

做女婿礼仪有改革。岳父如在本市内，新郎需在拜堂后的次日赶到岳父家“做女婿”。岳父则要操办一桌酒宴款待女婿，俗称“女婿酒”。原先的酒宴是在天黑时举办，只有新郎自己一人到岳父家中（有的地方有专门司仪随同），次日返回。现在，酒宴一般改在中午举办，而且新郎与新娘一同前往，酒宴中的传统习俗虽不那么严格与规范，但酒宴中的基本仪式程序还保留。酒宴后，新郎与新娘当天就返回。若岳父家在外省，就不去或过一段时间再去。

附：畲族婚礼“宝塔茶”

结婚前两天，男方必须选择一位能歌善唱的男子，全权代表男方，俗称“亲家伯”或“迎亲伯”，挑上猪肉、禽蛋等聘礼，前往女家。女家见亲家伯到来，开大门鸣炮迎接，女方亲家嫂把板凳放在厅堂左首让亲家伯入座。亲家伯要晓得谦让，把板凳挪到右边就座。亲家嫂请他抽烟，亲家伯得先拿出烟敬她们，连小孩也敬。男方送来的礼物要一一摆在桌上，亲家嫂将猪肉、禽蛋一一过秤时，亲家伯一语双关地问：“有称（亲）无？”亲家嫂连声应道“有称！有称！”在接亲过程中，会受到女方“表姐”们的围攻，亦称“难为亲家伯”。亲家伯要谦恭有度，还得能唱会道，在对歌过程中如果胜女方，就会被待为上宾，否则就丢尽颜面，沦为笑柄。

接亲时，松罗、溪尾一带畲族村还流行敬“宝塔茶”习俗。亲家嫂用红漆樟木八角茶盘捧出五碗热茶，像叠罗汉似叠成三层，一碗作底，中间三碗，顶上再压一碗，叠成宝塔形，恭敬地递给亲家伯。亲家伯得用牙咬住顶上的一碗茶，用双手夹住中间的三碗连同底层的一碗茶，分别递给四位轿夫，他自己则一口饮干咬住的那一碗茶，才算功夫到家。若是把茶水溅了或倒了，不但接亲的没茶喝，还会遭到亲家嫂们的奚落。

此习俗随着时代的变迁，已不多见。福安市有关部门将其作为亟待保护的非物质文化遗产，加以挖掘、整理。

（二）诞辰

畲家历来重视生儿育女，出生婴儿有“洗三旦”“满月”“周岁”之俗。

（三）丧事

畲族人凡享年50岁以上正常去世，为寿终正寝，整个丧葬之礼与喜事同样热闹，俗称“老喜丧”。下葬过程均以歌代哭、亲眷朋友唱《起棺歌》《路祭歌》《劝酒歌》《跑祭歌》《进葬歌》等。

四、宗教　宗族

（一）宗教

畲家并非单一的宗教信仰，属于多神崇拜，主要信仰道教和佛教。他们信奉的神灵由4个部分组成。其一，由传说人物、历史人物演变而成的神灵和宗族内英雄能人，如田都元帅雷海清、钟景琪、雷万春（兴）、钟熙、雷大三十二公等。其二，民间俗神，与当地汉族共同信奉的神灵有林公大王、灶神、奶娘（临水夫人）、五显大帝等。其三，道教与佛教的尊神，有“三清”“三官大帝”、真武帝、福德正神、将爷公，以及佛教中的观音，但前者占据比重大。其四，石神、树神等自然物体演化的神灵。如巨石神灵：潭头镇小坑畲村群众将村中一块巨石奉为“石母”，小孩出生求它寄名，母猪生崽求它保佑。巨树神灵：社口镇塔仔畲村一株大树被奉为“平水大王”，供以香火等。

（二）宗族

福安畲族主要由雷、钟、蓝、吴、杨五姓构成。在坂中、穆云、康厝三个畲族乡中，雷、钟、蓝三姓人数地位显著，其人口数比例均居3乡（镇）前10位。1990年，第四次全国人口普查，福安雷、钟、蓝三姓人口都在1万人以上，雷、钟两姓位居姓氏人口的第六、七位，蓝姓第12位。2005年，在1万人以上姓氏人口中，钟、雷两姓所占比重没变，仍居第六、七位，蓝姓稍微后移。

畲族村寨多由血缘相近的同姓聚族而居。宗族结构是“总祠—（公祠）同姓宗祠—私祠（分祠）—房—家庭”。畲家认为“蓝、雷、钟”三姓本为一族人，清代福安，“蓝、雷、钟”三姓宗谱中，都冠以“盘、蓝、雷、钟”四姓血脉相系的图表，这是畲家特殊的宗族观。同姓畲族关系更为密切，不管血缘亲疏都以叔伯相称。“私祠—房—家庭”的结构方式和当地汉族宗族结构基本相同。即“私祠”是以地域开基祖为首的血缘相近的同姓子孙组成的宗族组织。“房”以开基祖的儿孙组成的宗族支派。“家庭”是组成宗祠的基本单位。随着时间推进和子孙繁衍人数的增多，原有“房”的子孙立起分祠，分祠内再裂变出分祠—房—家庭的宗族网络。宗族内的领袖是以年龄辈分决定的，房有房长，族有族长，他们被称为“父老”或“阜老”，由辈分大、年事高、威望重的人员担任。族长、房长逝世以后，另找一位合适人选，不兴世袭制。族长调理族内外、村内外一切宗族和社交日常事务。

畲村祠堂建筑格局与汉族相同，著名的祠堂是始建于清康熙五十五年（1716年）、重修于光绪八年（1882年）的坂中大林村钟氏祠堂。祠堂大厅中间设有祖龛，龛内陈放祖牌，祖牌镶金箔，造工细腻、雕刻精致。1991年7月15日，福安市人民政府将该祠列为市级文物保护单位。

畲家认为“五世不修谱，乃祖宗之罪人也”。畲家人丁入谱有特殊谱名记载方式，即以行第排列，主要行字仅是“念、大、小、百、千、万”等字，周而复始地循环使用，蓝姓用6个字，雷、钟两姓只用5个字。祠堂祭指建祠、修谱时祭祀祖先仪式。

畲族家庭中，父亲为一家之长，对内掌管财权，安排家庭经济开支、生活费用、农业生产等，对外代表家庭处理各种社交事务。母亲主要操持内部家务，负责亲戚来往事宜，农忙时节帮助男人下地干农活。畲族家庭中长子视为“家督”，是父亲的助手，有监督教养弟妹的责任。畲族子女婚后，便分居独立生活，一般是“娶一门媳妇分一个家”。以前，做父母的都与幼子同住。有的亦分开，各随一个男儿过生活。父母一般由儿子分担赡养。

如今，随着时代的演变，这种习惯逐渐改变，因家庭而异安排生活。

第四章　机构与管理

第一节　机构

福安市民族与宗教事务局。1990 年，福安市宗教事务局编制 7 人。1991 年，福安市民族事务委员会编制 7 名，其中，主任 1 名、副主任 2 名，股级干部 3 名，机关工勤人员 1 名。

1998 年，福安市民族事务委员会编制 5 名，主任 1 名、副主任 2 名。内设秘书股、经济股、社会事业股、事务股 4 个职能股室。

2002 年 3 月，福安市民族事务委员会与市宗教事务局合并组建福安市民族与宗教事务局，是主管全市民族与宗教事务的市政府工作部门，为正科级。编制 7 名，其中，局长 1 名，副局长 2 名，股级干部 3 名，机关工勤人员（事业）1 名。内设秘书股、民族股、宗教股。

2005 年，福安市民族与宗教事务局编制 7 名，其中，局长 1 名，副局长 2 名，股级干部 3 名，机关工勤人员（事业）1 名。内设办公室、民族股、宗教股。

第二节　管理

一、落实民族政策

1991 年 1 月，宁德地委委员姚智梅率地区民委、地区老区办领导到甘棠镇山头庄村慰问，解决建校经费和群众生活困难问题。

1995 年，穆阳民族经济开发区列入全国“小城镇建设”试点地区。福安市确定第一批奔小康村中有畲族村 16 个。市直机关单位扶贫挂钩 84 个村，其中，畲族村 36 个，占 43%。市委书记陈必滔挂钩康厝民族乡。省民委挂钩穆云、康厝两畲族乡，帮助落实民族政策、推动经济社会发展。

1996 年，福安市 81 个市直单位、抽调 94 名副科级以上领导挂钩 94 个贫困（后进）村，其中 70 个民族村。副省长施性谋挂钩坂中畲族乡井口村，帮助开展脱贫攻坚工作。

1998 年 9 月，省人民政府批复，穆阳民族经济开发区升格为省级开发区，更名为福安畲族经济开发区。

1999 年，福安市委出台《关于进一步加强民族工作的决定》，召开全市民族工作会议，成立市民族工作协调委员会，加大少数民族干部的培养选拔，加大民族村脱贫致富奔小康，倾斜、照顾安排少数民族大中专毕业生。市民族包干经费从每年 22 万元提高到 30 万元。各级加大经费投入力度，福建省下拨民族经费 38 万元，宁德地区下拨民族经费 5 笔共 213.5 万元。省直 3 个单位、地直 17 个单位、市直机关 36 个部门挂钩帮扶民族村。省科委支持坂中畲族乡技改项目 10 万元，橄榄、蔬菜种植基地改造 15 万元。地区民政局挂钩扶持穆云畲族乡竹州山村 7.5 万元。地区工商局扶持溪尾镇石合村 3 万元。

2000年，福安市有38位领导挂钩38个民族村，27个市直部门挂钩27个民族村；成立了“少数民族教育基金会”，每年从市财政切出5万元作为基金会基金，支持少数民族高中以上的贫困学生继续完成学业。5月，省委副书记赵学敏、省政府副省长汪毅夫、省政协副主席李祖可率省直有关部门负责人深入福安畲族经济开发区调研。6月，省政府办公厅发文，同意福安畲族经济开发区享受省定贫困县相关优惠政策。8月，省人民政府发出《关于扶持福安畲族经济开发区发展政策措施的通知》，设立山海协作贴息资金，就建立一级财政、一级金库，实行独立决算体制、新增建设用地有偿使用费提成，新办企业所得税减免和资金、项目扶持等四个方面做出明确规定，为开发区经济建设创造良好条件。

2001年，市民委挂钩纸坪村，抓村公路建设、饮水项目、茶园改造、发展村集体经济，从改变村容村貌作为切入点，制定综合治理措施，落实帮扶资金。

2002年，福安市选择凤洋、瓜溪、过洋、亨里、铁湖、仙岩、东山、溪塔、虎头、红坪等10个民族村作为宁德市重点挂钩扶持村及项目扶持，享受2002—2005年民族补助经费倾斜安排。6月，福安市召开老区与民族工作重点村现场会，探讨重点民族村的发展路子。

2003年7月，省人民政府同意福安畲族经济开发区作为欠发达地区享受政策和资金扶持。

二、民族人才培养与推荐

1991年，福安市有畲族干部254人，占畲族总人口的0.4%，其中，行政干部101人，企业干部26人，教师117人。民族干部比例仍偏低，结构不很合理，女干部偏少。同年，市民委与市工商联在社口镇举办少数民族乡村裁缝人员培训班，为期一年的第一期民族地区村级后备干部培训班，7名少数民族学员完成受训任务。1987年，委托地区卫校代培的医士班23名畲族学生毕业后，均安排工作。

1992年，福安市选派13名畲族青年参加宁德地区少数民族村医技术培训，为期2个月。同年，福安市举办畲族行政村支部书记和村民主任培训班，77名畲村支部书记、主任参加，为期2个月。1994年，全市有60个民族村支部，73个村委会进行换届选举。在新产生的村领导班子中，支部书记平均年龄41岁，其中，高中文化9人，初中文化33人，小学文化18人，村委会主任平均年龄37岁。

1995年，根据宁德地委《关于对〈福建省1995—2000年培养选拔少数民族干部工作规则〉的实施意见》，按德、勤、政、绩原则，福安市认真组织推荐一批少数民族干部供组织部门考核使用。

1996年，在乡镇换届选举班子调整中，全市少数民族干部新提拔9人，副乡（镇）长升任副书记7人，委员改任副乡长3人。其中，畲族女乡（镇）长1人，女副乡长2人。当年，少数民族大中专毕业生19名，分配工作12名。10月，选派4名民族村技术人员参加省民委举办的食用菌栽培技术培训班学习。

1997年，选调37名大中专毕业生到村任职，其中，少数民族学生8名。在乡镇换届和机构改革班子调整中，市、乡之间交流副科以上少数民族干部20名。5月，省第四期少数民族农村妇女实用技术培训班在康厝畲族乡开班，开设家禽饲养、水果、食用菌栽培等三大课程，穆阳、穆云、康厝3个畲族乡共有50多人参加培训。

2001年，福安市对民族干部情况进行调研，推荐德才兼备的民族干部走上领导工作岗位。次年，贯彻《福建省少数民族权益保障条例》，民宗局和市委组织部联合举办少数民族、非党干部进修班，全市选送20名年轻少数民族干部参加进修班培训。

2003年，市人事局录用2名少数民族公务员。

表 6—6　1991 年福安市畲族乡村（居）畲族干部情况表

畲族乡	民族村（个）	村（居）干部数（人）	其中						
			支部书记（人）	村民主任（人）	民兵营长（人）	妇联主任（人）	团支书（人）	会计（人）	女性（人）
合计	40	292	23	31	26	29	26	24	38
坂中	12	91	7	10	6	8	9	7	11
穆云	17	109	11	13	14	14	12	10	13
康厝	11	92	5	8	6	7	5	7	14

三、调查研究

为了帮助政府各级机构做好民族地区管理工作，1991 年，福安市民委配合地区民委调查坂中畲族乡和安、社口镇大坪、甘棠镇山头庄、城阳乡茶洋等民族行政村的经济、教育发展情况。市政协、市人大民侨委调查研究并撰写《福安市畲族地区经济发展症结与建议》《福安市民族地区经济发展状况调查》，报市委、市政府供参考。市直有关单位对民族地区卫生医疗状况进行调查。

1994 年，配合开展“福建省少数民族人口素质抽样调查”。

1996 年，开展民族地区社会调查，妥善处理 1990 年以来市内发生涉及民族关系方面事件 10 多起。开展少数民族群众贫困状况调查，对年人均纯收入 860 元以下的贫困户造册登记。当年，全市少数民族家庭有 2707 户、14092 人生活在贫困线下。开展民族地区医疗卫生情况调查，缺医少药问题还比较突出。开展民族文化调查，重点是调查穆云畲族乡、康厝畲族乡凤洋村、坂中畲族乡仙岩村 3 个民族文化站和市民族职业剧团。调查显示，福安市民族职业剧团拥有 47 名专职演职人员，大部分为畲族人员，演技达到一定水平，但演出设备陈旧、缺少活动经费、维持生存困难。

1997 年，开展民族村争创小康与扶贫攻坚情况调查，对年人均收入 860 元以下的少数民族绝对贫困户进行专项调查。调查发现全市有少数民族绝对贫困人口 5200 人。同年 4 月，香港特别行政区顾问李储文、香港建筑协会钟华楠等到坂中畲族乡仙岩等村考察民族乡村经济、文化建设和风情民俗。同月，全国人大民族委员会副主任李学智、省政府秘书长林家騋到福安市畲族乡村调研。

1999 年，开展少数民族行政村和少数民族自然村“五通”调查。发现全市少数民族人口占 30% 以上行政村 94 个、18216 户 61738 人，未通机耕路的 6 个村、未通水 74 个村、未通广播电视 72 个村，民族行政村解决“五通”需投资 1445 万元；少数民族自然村 468 个、11592 户 50609 人，未通电 3 个、未通水 468 个、未通机耕路 183 个、未通广播电视 381 个、未通电话 245 个，解决这些自然村“五通”需投资 6171.2 万元。

2000 年，开展省审定第一批民族寄宿制小学 1999—2000 年项目实施情况、畲族乡党政班子成员配备少数民族干部情况、少数民族人口千人以上乡镇党政班子成员配备少数民族干部情况、1996 年以来未落实工作的少数民族大中专毕业生情况、省直挂钩民族乡“结对子”帮扶和民族乡教育对口“结对子”帮扶情况、2000 年少数民族“造福工程”基本情况、地直机关部门对未达小康村的 42 个民族村结对帮扶工作情况等调查。对穆云、康厝畲族乡入户解难帮扶情况专题调查，提出民族村经济发展思路，帮助编写《福安市民族地区经济发展对策》,《福安市少数民族和民族地区社会“十五”发展规划》等。

2001 年，开展散居少数民族人口、民族乡经济发展后劲、有关民族法规贯彻落实情况以及对民族干部情况调研，提出对策和建议。开展少数民族人口占总人口 30% 以上民族村的调查和申报，发现全市少数民族人口达到总人口 30% 以上的民族村有 101 个。

2002 年，积极配合省民宗厅开展少数民族干部培养选拔工作调研，提出建议供上级机关决策参考。

第七篇 JINGJIKAIFAQU YU GONGMAOJIZHONGQU

经济开发区与工贸集中区

1988年5月，宁德地区行政公署批准成立闽东赛岐经济开发区，作为地方性工业试验小区，由县、镇主办，以赛岐镇区为依托，甘（棠）下（白石）区域为腹地，开创建设闽东经济中心的第一步。1993年，福安市为加快民族地区经济、社会发展，成立穆阳民族经济开发区。1998年，福建省人民政府确认原穆阳民族经济开发区为省级开发区，并更名为福安畲族经济开发区。

1992年，福安市为了实施“工业兴市”的战略，在坂中建立闽东电机电器工业区，是宁德地区设立的第一个工贸园区。1994年，成立秦溪洋工业园区。2004年，为适应电机电器业和船舶业的发展需要，又成立甘棠工贸集中区和湾坞工贸集中区。

第一章 闽东赛岐经济开发区

第一节 区域、规划与管理

一、区域

闽东赛岐经济开发区成立于1988年5月，位于闽东地域中心福安市南部，濒临世界天然良港三都澳，地处福州、温州两个沿海开放城市中间地带，是闽东、闽北、赣东北、浙南的重要物资集散地。赛岐历来商业发达，市场繁荣，是历史自然形成的区域贸易中心，又是闽东公路、水运交通交汇点，由北向南的104国道和东西走向的省道小（霞浦三沙小古镇）浦（城）线两条公路干线在此相汇。沈（辽宁沈阳）海（海南三亚）高速公路与宁（德）武（夷山）高速和福（安）泰（浙江泰顺）高速也交会于此，温（浙江温州）福（福建福州）铁路过境赛江湾坞。区内白马港经国务院批准为国家一类口岸对外开放，赛岐港水深江阔，航道少淤，素有“黄金水道”之称。区域内的交溪是福建省第五大水系，水能资源蕴藏量34.1万千瓦。砂石等非金属矿产资源丰富。开发区独特的区位、资源、交通、商贸等优势日益凸显，被列为闽东4个重点开发滨海城镇之一。1991年5月，闽东赛岐经济开发区管理架构成型，下辖罗江工作处。1993年12月，代管赛岐镇的罗江村、三江居委会和甘棠镇的南安、小留、樟港、加招、大留、北山、坑门里村，并相应成立村街工作处负责管理。1998年，经福建省人民政府批准，确认为省级经济开发区。

2005年，开发区规划面积45平方千米，代管区域面积22平方千米，总人口1.5万人，辖8个行政村和1个社区居委会。

二、规划

1986年，宁德地区委托南京大学编制《闽东社会经济发展战略和城镇体系规划》提出发展赛（岐）、甘（棠）、下（白石）成为闽东经济中心的构想。1988年，宁德地区建委、福安县人民政府联合编制《赛江新城市远景总体规划》；1989年8月，宁德地区行署发文正式批准实施。闽东赛岐经济开发区作为实施赛江新城市战略的一个载体，以赛江新城市总体规划为依据，陆续编制了《赛江新城总体规划》《开发区辖区分区规划》《罗江商贸小区修建性详细规划》《小留工业小区控制性详细规划》。1991年，省委书记陈光毅视察开发区，对赛岐开发区建设做出指示。省地专家多次到赛岐视察论证，肯定赛江区域的经济地位，确定赛岐作为闽东新的经济开发区，实施赛江沿岸经济圈发展战略，凭借港口、区位、商贸综合优势，运用优惠政策，从农耕区域变成工业、农业、交通、运输、旅游综合发展的新城区。

1998年，根据《宁德地区行署关于加快发展民营经济的决定》和福安市委、市政府的工作部署，赛岐开发区设立民营经济试验区，规划总面积为100公顷。试验区主要以市邮政中心项目用地至樟港大道，以及小留桥洋村部分区域组成，重点发展中小型工业和高新技术产业，建成后与小留工业小区相连，形成规模、扩大总量。次年，开发区总体规划委托国家建设部福州八达规划设计院修编，当年完成基础资料的收集、汇编工作，并进入总体方案的修编论证阶段；同时委托国家海洋局厦门海洋三所进行开发区环境影响评价。

2003年，福安实施“工业立区”战略，提出“科学规划、依法征地、优化服务、滚动发展”的工作思路，规划建设赛岐200公顷工业园区。园区建设规划委托省城乡规划设计研究院完成，委托厦大环评所进行5平方千米工业区环评。至2005年年底，开发区已开发面积200公顷，其中工业园区180公顷、商贸小区20公顷。

三、管理

（一）机构

1991年4月，闽东赛岐经济开发区确定为副处级机构，成立管委会筹备组。核定行政编制45名，设主任1名、副主任1名。内设办公室、规划基建处、计划财务处、保卫处、招商局等5个副科级机构。

1992年4月，成立闽东赛岐经济开发区管理委员会党组，设党组书记1名。1993年4月，撤销开发区党组。11月，增设闽东赛岐经济开发区经济发展局，与招商局合署办公；规划基建处改为闽东赛岐经济开发区规划建设局，与福安市土地局闽东赛岐经济开发区分局合署办公一套人马两块牌子，行使其工作职能。增设闽东赛岐经济开发区村街工作处，同时撤销开发区保卫处，其任务交赛岐公安分局承担。开发区管委会办公室、计划财务处仍保留不变。内设机构规格仍定为副科级，有办公室、经济发展局和招商局、规划建设局和土地分局、计划财务处、农村工作处。

1994年8月，计划财务处改为福安市财政局闽东赛岐经济开发区分局；规划建设局对外增挂福安市环境保护局闽东赛岐经济开发区分局牌子，两单位合署办公。1994年，成立中共闽东赛岐经济开发区委员会。

1997年，福安市土地局闽东赛岐经济开发区分局单独设置，规格定为副科级。次年10月，撤销中共闽东赛岐经济开发区委员会，成立中共闽东赛岐经济开发区工作委员会；12月，福安市委批复设立中共闽东赛岐经济开发区机关委员会和中共闽东赛岐经济开发区村街工作委员会，同时设立相应的纪律检查委员会。2001年3月，闽东赛岐经济开发区内设机构规格升为正科级。

2003年2月，闽东赛岐经济开发区管委会级别按省批复仍为副处级。内设机构为办公室、经济发展局和招商局、规划建设局和环境保护局、土地分局、计划财务分局、村街工作处，规格为正科级。2004年11月，内设机构调整为办公室、招商局（经济发展局与其合署办公）、规划建设局（增挂环保局牌子）、国土分局、财政分局、村街工作处6个办事机构，规格为正科级。

（二）管理体制

1988年5月，宁德地区行政公署批准成立闽东赛岐经济开发区，作为地方性试验小区，由县、镇主办，以赛岐镇区为依托，甘（棠）下（白石）区域为腹地，逐步建成具有闽东特色的江滨新城。宁德地委、行署成立“闽东赛岐经济开发区指导协调小组”，地委副书记钟雷兴任组长，行署副专员张学清、福安县委书记李育兴任副组长，地区建委、计委、财政局、水电局、交通局、人行及福安县委、县政府等单位领导为成员。小组指导协调地、县、镇三级工作。福安县成立“闽东赛岐经济开发区领导小组”

及开发办，配备专职工作班子负责具体工作事宜。赛江新城作为闽东经济增长极的规划，引发赛岐开发区投资开发热潮。但由于开发办没有对开发区的统一管理权，一些投资者因为区域基础设施不完善、优惠政策无法兑现等原因，影响了投资项目的落地。

1993年11月，为克服开发土地征用等工作难协调等问题、进一步理顺开发区管理体制，中共宁德地委第五十七次办公会议，就闽东赛岐经济开发区的管理体制、机构设置、有关权限和隶属关系等问题做出明确规定。12月，福安市召开闽东赛岐经济开发区管理体制等问题现场办公会议，议定将赛岐镇的罗江村和甘棠镇的南安、小留、樟港、加招、北山、大留、坑门里村划归闽东赛岐经济开发区管理，并相应成立闽东赛岐经济开发区村街工作处，负责管理上述8个行政村的经济和社会各项事业。

1998年，在省政府对全省各类开发区进行的清理考核后，确定闽东赛岐经济开发区为“省级开发区的有关政策的开发区”。但开发区仍然维持省级地办、福安市代管体制，没有解决管理体制根本问题。10月，中共宁德地区委员会决定，撤销中共闽东赛岐经济开发区委员会，成立中共闽东赛岐经济开发区工作委员会，按正处级配备开发区领导班子，并由行署副专员、福安市委书记傅贤光兼任党工委书记。

1999年4月2日，宁德地委、行署在赛岐开发区召开现场办公会议，讨论研究开发区管理体制、发展方向、产业重点、功能区域、政策措施。决定扩大开发区管辖范围，对开发区实行“区镇合一、辐射一线”的管理体制，即开发区直接辖赛岐镇及其下属的31个村（居）和村街工作处，并辐射管理沿江两岸的43个行政村（其中，甘棠镇14个、下白石18个、湾坞乡11个），辐射区内建设规划、产业布局、国土资源进行统一监督管理，并赋予开发区县级部分行政、人事、经济管理权限。

2000年7月，福安市委、市政府研究出台《关于加快闽东赛岐经济开发区发展的若干意见》，同意在计划、规划、土地、环保、工商、房产等方面给予授权；同意建立开发区一级财政、国库代理，履行县（市）级财政职能，实行独立的财政预决算体制；明确开发区所辖科级干部由开发区党工委研究任免。

2001年2月，经中国人民银行福州中心支行批准，设立国家金库闽东赛岐经济开发区支库和闽东赛岐经济开发区地方金库，批文决定暂由中国人民银行福安市支行负责经理；4月1日，一级金库正式办理业务；但由于一级财政体制未落实到位，一级金库实质未办理业务。

2003年2月，宁德市委、市政府成立闽东赛岐经济开发区领导小组。3月，出台《关于促进闽东赛岐经济开发区加快发展的若干意见》，对开发区管理体制做出规定，按照“省级、福安市管”的原则，赛岐开发区由福安市直接管理。并明确开发区的功能定位，提出赛岐开发区总体发展思路为：工业立区，物流配套，房地产开发相辅，工业化和城镇化相互促进，集中精力狠抓工业园区和物流基地建设。发挥城镇规划对城镇土地资源配置的重要调控作用，打破乡镇行政区域界限，把赛岐、甘棠、下白石纳入开发区统一规划，按照“开发一片、建成一片、受益一片、滚动发展”的要求，强化功能开发。继续授予赛岐开发区一级财政的权限，实行单列考核。开发区设立一级财政、一级金库，实行县一级的财政资金调度。开发区经济发展计划比照县市一级权限管理，授予相应的国土资源、房产、规划、建设、环保等管理权限。由于开发区隶属关系不够明确、管理体制不顺，宁德、福安两级市委、市政府先后制定的一系列管理权限很难落实到位，体制性和机制性障碍制约了开发区的发展。

第二节 基础设施建设

一、港口

1991年，赛岐港为国轮外贸装卸点，与福州、厦门、上海、南通、温州、宁波、青岛、广州、香港等地通航。港内设有闽东轮船公司、福安市航运公司、富民海运公司、市轮船公司等水运企业12家。1997年，白马港经国务院批准对外国籍船舶开放。

2000—2002年，投资126万元完成赛岐下港三级渔港建设；赛岐港建成300～3000吨级码头泊位20座，3000～10000吨船坞4座，均投入使用。2002年6月，国家又批准同意外籍轮船进出福安白马港开放水域的牛头山为沙石出口码头。

至2005年，建成300～3000吨级码头泊位21座，呈梯级分布，港区仓库5830平方米，堆场35700平方米，各式装卸机械90多台。全年港口货物吞吐量400万吨。

二、公路交通

1991年，罗江大街进行拓宽改造，宽度拓为36米。8月，赛岐大桥建成通车。第二年，结合104国道拓宽改造工程，将罗江大街拓宽改造延伸至大留东山村，全线宽度42米。1995年，全面完成该路段拓宽改建。1999年，完成重点工程下浦线罗江路段的拓宽建设。2000—2002年，开发区36～42米宽的主干道和配套工程基本完成。2004年，江滨大道两年完成投资1000万元，赛（岐）泰（康）公路和永康北路拓宽改造完成投资300万元。2004—2005年，建设园区主干道东山至大留段副车道，完成龙兴寺至104国道、大留进村路、东山进村路水泥路面硬化，建成市政道路12.6千米。

三、通信网络

1991年，赛岐设邮电支局，接入中继12条明线、载波34路，通省、地、县7条，集镇全部铺设地下电缆。1992—1993年，万门程控电话和移动电话投入使用。1994年，完成投资400万元，实现赛岐万门程控电话扩容；完成投资180万元，实现移动电话全区并网。1995年，改建邮电线路1500米。1998年分设赛岐邮政分局和电信分局，邮电通信更加便捷。2005年，区内邮电通信达到先进水平。

2002年，成立闽东赛岐经济开发区信息网络中心，以门户网站福建赛江网为载体，开发国内外信息资源，通过网络系统和信息数据库建设，为区内外资企业提供便捷的信息服务。2005年，发挥赛江网的作用，将开发区的投资环境、优势项目、优惠政策、优质服务以及入区企业的情况通过网站对外发布；宣传开发区对外开放的投资环境和招商引资政策，提高赛岐开发区的知名度，增强引资能力。

四、供水

1991年12月，罗江自来水厂动工建设。罗江自来水厂工程是宁德地区14项重点工程之一，第一期工程规模为日产1万吨，留有扩建至4万吨的规模。1994年5月，罗江自来水厂一期日产万吨工程建成投入使用，完成总投资1180万元，解决区内企业、群众的生产、生活用水问题。2002年，第二期4万吨自来水厂建成投入使用。至2005年，赛岐开发区有自来水厂4座，日供水1.5万吨。

五、供电

1991年，由福州至闽东的22万伏输变电站设在开发区甘棠大留村，供电与省并网。2005年，区内有分设在赛岐和下白石的闽东水电网3.5万伏变电站2个。全年总用电量501.3万千瓦时。

六、文教卫生设施

1991年，区内设有福安第二中学，罗江小学、大留小学、樟港小学、龙桥小学4所完全小学以及2所初小校。1993年，罗江小学升格为开发区中心小学。2000年，设立开发区罗江中学。电视差转台、有线电视网、影剧院、文化站等各类文化娱乐设施齐全。2000—2002年，投资220万元，扩建赛岐福安市医院以及进行中小学危房改造。2005年，赛岐开发区已有中学4所、小学6所，中心幼儿园2所、医院2所。

七、小区建设

（一）商贸小区

1991年，开发区完成罗江商贸小区的饮水、排水、电网等详细规划。1993年，商贸区引进商业公司35家，完成赛江街北路（罗江段）街景设计；完成10平方千米范围内路网建设，投资1100万元建成104国道罗江段2千米长、36米宽沥青路面。1994年，商贸区动工建设沿街楼房24幢190余户，入住68户，总投资2400万元。1995年，开工建设的公建单位5家、总投资2000多万元，农行、建行、保险公司、地区土产公司先后建成入驻。

1996年，投资300万元，完成罗江三角坪水泥路面建设。铺设商贸区水泥路面6平方千米，安装路灯30盏，建成公厕1座，新增商场面积6平方千米、店面50个。1997年，投资260万元，铺设商贸区水泥路面8平方千米，建设罗江大街副车道3.6平方千米及人行道、绿化带以及商贸区商住楼房之间道路等配套设施。在商贸区建成地产药材、建材、农副产品等批发市场，年商品销售总额达6亿元。商贸小区已建成商住楼100多幢，建筑面积200多平方千米。

1998年，商贸区配套完善道路硬件建设，投资200万元，完成罗江主车道12平方千米，副车道2.67平方千米，人行道0.225平方千米，绿化带1.8平方千米；完成赛岐大桥头、原铁合金厂路口、邮电支局门口3个绿化环岛建设。建材、地产药材、船舶交易、农副产品等批发市场，年商品交易额达8.6亿元。

1999年，以赛江大道建设为重点，促进“新、绿、亮、洁”工作，完成城镇建设项目20项，投入资金400万元。设立大型广告牌8面，建设开发区东山口牌楼1座。新成立闽东赛岐粮油批发交易市场，16家粮食经营业主进场交易；旧货交易市场出租店面30家。2000年，完成罗江三角坪改造工程，并建成福安二中至东山6.2千米大道两旁路灯工程。2001—2002年，加快实施“新、绿、亮、洁”工程进度，进一步改观区容区貌。2003年，投资1200万元，建设商贸区景江农贸综合市场。

至2005年，商贸小区建成商住楼180幢，建筑面积345.6平方千米，水泥道路16条、总长6.4千米，商贸区入住居民3000余人。商贸小区开发面积20公顷，基础设施建设共投入7亿多元，建成新区2平方千米。水、电、通信等公共设施不断完善，金融、税务、工商、医院、学校、宾馆等机构配套完善，城市功能日益提升，形成宁德市基础设施较为完善的投资区域。

（二）工业园区

1991年7月，小留工业小区一期工程动工，开发面积133.33公顷，坚持边开发、边完善，先完成电网、部分路网建设。

1992年，引进工业项目22个、总投资额5000万元，其中外资企业4家，投资额2500万元。1995年，开发小区26.67公顷、开工项目6个，总投资2350万元。1996年，投资100万元，完成罗江至小留工业区3千米自来水管道铺设，小留工业区排洪堤坝工程175米；工业小区新引进项目3个，总投资3100万元。1997年，项目引进工作取得新突破，引进项目14个、总投资1.17亿元，其中，动工项目8个，到资4120万元，年实现企业总产值2.2亿元。

1998年，赛岐开发区民营经济试验区开发面积6.67公顷，投入300万元，完成征地、赔苗和路网、桥涵、排洪沟、填土等基础建设。2001年，投资220万元，建设打火机工业园区。

2003年，开发区管委会与有关村委签订总体征地协议，签订两条接地通信光缆搬迁协议；进行甘棠镇至罗江村3.5万伏高压线路技改，1万伏输电线、供水管、通信网架（埋）设到国道和小区主干道两旁。12月底，开发建设24.5公顷，新上项目16家，总投资2.75亿元，完成9463.94万元；竣工项目11个，总投资7686万元。

2004年，签订工业园区征地合同面积78公顷，电动车、锂电池、新型电机等生产项目进驻。在进驻、拟进驻工业园区的30家企业中，电机电器企业占2～3成。园区配套排水工程建设一期投资36.7万元，完成总长度1565.5米；二期投资57.7万元，完成总长度1035.8米；填方工程一期投资178万元，完成填方量19.26万立方米。完成园区主干道东山至大留段副车道铺设0.4千米；完成龙兴寺至104国道、大留进村路、东山进村路水泥路面硬化1千米。清理收回长期闲置地9宗12.45公顷。

2005年，投资220万元，完成工业园区规划路网2.5千米；投资80万元，铺设园区排水管道2千米；投资142万元，完成园区填方15万立方米；架设高压电线路7千米。全年签订用地合同面积33.6公顷，引进项目18个。

八、项目建设

1999年，开始实施项目带动战略，立足发挥区域优势和培育支柱产业。同年，编制招商项目手册，储备项目50个。2000年，江滨大道暨赛江防洪堤工程完成投资2000万元；被列为宁德市十件为民办实事之一的赛岐省级粮食储备库项目主体工程动工建设，年完成投资1100万元，占项目投资的30%。

2001年，全年安排重点建设项目22个，总投资5.19亿元，年内实现投资9696万元。宁德市交警培训中心、赛岐全国小城镇试点等重点项目和白马砂石开采和专用码头，以及打火机工业园区等一批生产性项目投入建设。由于项目经济的拉动，吸纳民间闲散资金2亿元，投入扩大企业再生产，新上一批第二、第三产业项目。

2002年，新开工建设项目8个，完成投资2676万元。续建项目9个，完成投资4800万元。赛岐下港三级渔港完成投资126万元，打火机工业园区完成投资200万元，地区交警培训中心完成投资1300万元。续建项目宁德市赛岐省级粮库完成投资1000万元，白马砂石开采及码头二期完成投资900万元。垃圾无害化处理场、牛头山10万吨级船坞、大豆深加工、葡萄产业化等重点项目前期工作取得进展。

2003年，以项目开发为突破口，以项目促招商，走项目带动经济发展的路子，设立开发区项目储备库，筛选适合本区经济发展特色项目50个。当年新建项目计划投资7250万元，实际完成4300万元；续建项目计划投资2000万元，实际完成3100万元。生活垃圾处理场经省计委批准立项，投入100多万元，完成可研和地质钻探并进入初设；大豆粕深加工项目经省经贸委批准立项。江滨大道、农村公路和大豆粕深加工等项目争取到上级国债和补助资金870万元。

2004年，基本建设投资计划1.89亿元，实现投资1.91亿元，占全年计划的101%。景江农贸综合开发市场投资1000万元，恒源房地产完成投资1000万元，其他固定资产投资完成63万元。生活垃圾处理场上报国家发改委争取国债资金。宁德市医疗废弃物处理工程完成“可研”和“环评”报告书的编制，并通过专家审查。

2005年，开工建设工业项目20个，总投资13亿元，其中续建项目10个、总投资5亿元，列入福安市重点工业项目5个。生活垃圾处理场项目初步设计经省计委批复。宁德市医疗废弃处理工程完成初步设计并上报省、国家发改委。

第三节 招商引资

一、优惠政策

1991年，中共福安市委、市人民政府《关于促进赛经济开发区工业小区建设的优惠规定》指出：凡在小留、罗江工业区兴办生产性企业的市内外单位或个人均可享受下列优惠条件：（1）实行“收入总额，递增包干”管理办法，一定十年，基数包干，按比例返还，即企业从投产之日起，上缴市财政收入部分的产品税（增值税）、所得税，前2年免征，后3年减半征收。从第6年起，以前3年收入总额平均数为基数，每年递增10%，超收部分70%返还企业。对于个体项目固定资产投资在20万元以上者，也可享受以上优惠；（2）免收属于市财政收入部分的各种收费，劳务费和管理费。（3）实行预征土地分期按项审批办法。土地实行限价，每亩田地1～1.2万元、农地0.5～0.6万元、山地0.2～0.3万元，河滩、港道、滩涂属国家所有，在不影响国家建设规划情况下，可给予划拨使用。企业在基建期间每年应付占用耕地补助粮（地租）给承包人，每亩田地按400千克干谷、农地200千克干谷。粮食指标由市统一解决。

商贸小区也实行优惠政策：（1）凡进入商贸小区的国营、集体企业，除专营专卖品外可享受减半征收营业税照顾（先由税务部门照章征收后，由罗江财政所负责减半退库返还缴纳者），对私营企业、个体商贩采取从低核定税收基数后，递增包干，一定3年；（2）凡在商贸小区内经营的批发企业（除卷烟外），一律取消批发代扣税；（3）凡在商贸小区内经营的商业企业，从核准登记之日起免征所得税2年，2年后，减半征收所得税3年；（4）进入商贸小区经营商业者，不分区内外、县内外均可迁入户口及粮食关系。

1996年，优化投资环境，改善招商引资条件，划出闽东赛岐经济开发区200平方千米区域，建立综合贸易试验小区；由福安市委领导牵头，开发区主要领导、市公安、工商、税务、烟草等部门负责人组成综合贸易试验小区管理委员会。试验小区实行税费优惠、手续简化、宏观管理、放开经营的政策，引进一批商贸项目。当年试验小区对外贸易达2.6亿元，比上年净增9000万元。

2002年，开发区成立外商投资服务中心，全面实施外商投资代理制。开展招商引资和投资项目审批工作，接受投资政策咨询，设立经济发展局、招商局、规划建设环保局、国土资源局、项目办等5个机构在内的统一办事“窗口”。落实开发区党工委、管委会的优惠政策。

2003年，加强征地协调力度，压低征地赔苗标准，实行优惠地价，加大基础设施投入等措施，工业园区开发建设取得突破性进展。

2004年，开发区强化“亲商、容商、扶商、安商”意识，积极开展“一扇门服务”，外商投资服务中心与经济发展局企业服务中心合署办会，协办或代办外商投资企业所需有关行政审批手续，协调外商投资事宜。全年完成外贸出口 76 万美元，完成合同外资 600 万美元，实际到资 100 万美元。

二、招商活动

1991—1993 年，组织参加香港、厦门、北京等地的贸易洽谈和新闻发布会等招商活动，设立闽东赛岐经济开发区珠海招商办事处和石狮、周宁、寿宁、柘荣等地的引进内联项目联络点。在《闽东日报》《闽东通信》《福建省税务青年报》《香港商报》等报纸杂志上发表专版，扩大对外宣传，提高知名度。1993 年，引进内联项目 18 个，合同内资 3.27 亿元。

1994 年，省政府把赛岐开发区定为福建省 18 个对外投资热点区之一。开发区重新定义"外资"含义，进行全员招商，不断拓宽招商领域和范围。以宣传作为招商工作突破口，全年共完成大型宣传任务 18 项，印发各种宣传材料 2 万多份，发表宣传报道文章 20 多篇，有效地促进招商引资工作。

1997 年，编印投资宣传册 1.5 万份，创办《开发区动态》（月刊），全年刊发 12 期，发表报道文章 21 篇，在《闽东日报》发表专版。完善投资服务机构，成立闽东赛岐经济开发区福州招商引资信息中心，聘请顾问 5 名，聘任信息中心主任 1 名、副主任 1 名、信息员 4 名。同年，设立宁德地区机关协调联络组，加强沟通，提高办事效率。设立周边地区投资信息网络，建立招商引资奖励机制，鼓励全方位招商引资。参加"9·8"厦门第一届中国投资贸易洽谈会和闽东大黄鱼节招商活动，签订合同 3 份，投资金额 6500 万元、利用外资 150 万美元。第二年，完善招商引资信息网络，依托福安市驻外机构，开发区在福州、厦门设立办事处，在北京、香港设立联络处，在上海设立工作处，在深圳设立信息点。编印投资宣传画册 1 万份，《赛岐》画册获宁德地区首届优秀对外出版物三等奖。组织参加五月福州国际招商节、"9·8"厦门中国投资贸易洽谈会。共引进项目 14 个，总投资 5005 万元。

1999 年 9 月 28 日，举办中国·闽东·福安暨赛岐开发区招商会。在"9·8"厦门贸洽会上签订合同类项目 1 个，总投资 603 万美元。"9·28"招商会签约项目 34 个，总投资 80405 万元，合同利用外资 1455 万美元。次年，在"9·8"厦门贸洽会上，签约合同类项目 7 个（工业项目 5 个），合同投资总额 2132 万美元，合同利用外资 1774 万美元。

2002 年，编制招商项目手册、新版《对外宣传画册》；成立信息网络中心，以门户网站福建赛江网为载体，通过网络系统和信息数据库，为开发区内、外资企业提供详尽、周到、便捷的信息服务。在《改革开放报》《福建通信》《领导文萃》《今日闽东》等报纸杂志上推出专版、图片、领导署名文章，扩大宣传辐射面。采取"网络招商""代理招商""以商招商"等各种形式引进项目。"9·28"招商节签约 4 个项目：外资 3 项、内资 1 项。至当年年底，共引进各类项目 120 个，总投资 7.72 亿元；外资项目 17 个，合同外资 2900 万美元，实际利用外资 2000 万美元。

2003 年，组织区内企业参加首届"6·18"福建项目成果交易会，宁德市鑫泰资源投资发展有限公司与国家大豆深加工研究与推广中心合作的大豆粕深加工项目上台签约。9 月，开发区 30 多个招商项目在第七届中国（厦门）投洽会上招商，区内的京港公司、鑫泰公司、昇港砂石、黄金源包装、天海电子等 5 家企业加入招商队伍。

2005 年，开发区改进招商引资方式，以开发区现有产业为基础，通过向上游和下游领域的拓展，指导并推动工业园区进行自主招商，引进产业链项目。5 月，组织区内 6 家企业参加福建省开发区 20 年成就展项目推介会，及产品展示。参加第三届"6·18"福建项目成果交易会，促进 5 家企业的成果对接，解决6家企业的技术难题。“6·28”第六届闽东招商节，10个项目参加招商活动，总投资10.18亿元，超额完成宁德市下达的项目投资任务。

三、入驻企业

1991年7月，小留工业小区一期工程动工，石板材厂、皮蛋厂、汽配中心3家企业入驻。

1992年，入驻开工建设企业4家，投产企业1家。次年，引进工业企业10家。

1994年，利用合同资金5亿元，实际利用外来资金1.93亿元，审批专业性商贸公司19个，注册资金2648.2万元；批准引进工业项目15家，总投资9216万元。次年，虽受经济萧条的影响，全年利用合同资金1.06亿元，实际利用外来资金6500万元，审批立项工业项目11个、合同投资金额4500万元；完成投资1450万元，建成投产企业3家。1996年，引进工业投资项目3个，投资额3100万元。

1998年，木竹工艺品、宏联电子、地产药材加工、食品加工、建材批发等9个项目在民营试验区落户，总投资3100万元。1999年，新批内资项目13个，投产11个，引进内资3212.6万元，新批投资项目2个，引进外资647万美元，自营出口160万美元。新增企业总产值2.13亿元，完成年任务的128.3%。

2000年，增加内资企业7家，外资企业3家，总投资9500万元。京港工贸有限公司和日本日升贸易株式会社签订协议合资从事砂石料综合开采项目，总投资1390万美元，利用外资1076万美元，是开发区最大的一项合同外资项目。2001年，完成合同外资160万美元，直接利用外资190万美元，自营出口150万美元。引进外资（台资）项目一个（宁德市富国新砂石有限公司），总投资160万美元，实际到资150万美元。2002年，报批外资项目1个（宁德市闽东正丰水泥制品有限公司），总投资1500万元。利用外资200万美元，自营出口140万美元。

2003年，天海电子有限公司与清华大学对接环保型团体高能蓄电池项目落户开发区。2004年，引进内资项目12个，总投资4.06亿元人民币；引进工业企业28家，总投资13.8亿元。引进中外合资项目2个，合同外资2050美元，其中，中外合资苏州德丰电机项目，征地13.3公顷，总投资1250万美元，预计年产值3.5亿元；万利电工项目，征地4公顷，投资内资1600万元、外资800万美元，预计年产值2.5亿元。外地项目增多，来自上海、杭州、温州等地的泵业、冶炼、电动车、漆包线、金属制品等项目陆续入驻，总投资超过1亿元。黄金源包装、闽浙金属、商仁电机等6家企业项目用地交付使用。

甘棠皮蛋加工厂（2003年）

2003—2004年，完成外贸出口196万美元。福建凯捷利动力科技项目，总投资1250万美元；福建万利漆包线生产项目，总投资980万美元。签订洪泰铜业、一洲电动车等生产项目，引进外资600万美元和内资1.2亿元人民币。

截至2005年12月底，赛岐开发区共引进项目150个，总投资35.6亿元，其中，外资项目9个，合同利用外资5500万美元，实际利用外资3100万美元。金泰格动力项目建成投产，闽都电机、巨龙电机、洪泰铜业等3个项目动工建设，一洲电动自行车项目进入设计。

第四节　经济总量与结构

一、经济总量

1991年，闽东赛岐经济开发区基础设施建设启动，商贸小区建设初具规模。累计建成项目172项，总投资9500万元；在建项目170个，总投资5000万元；已立项即将动工项目13项，总投资1.25亿元，合计355项，投资总额2.7亿元。

1995年，开发区实现工农业生产总值7.16亿元，占全市工农业总产值的24.9%。财政收入3193.54万元，占全市财政收入的19.34%。

2002年，开发区实现地区生产总值9.55亿元，同比增长10.5%；工农业总产值12.64亿元，同比增长21%；财政收入2766.95万元，同比增长5.5%；全社会固定资产投资1.7亿元，同比增长28%。年末银行存款余额4.41亿元，贷款余额4.49亿元。

2004年，实现地区生产总值11.86亿元，同比增长12%；财政收入3060万元，同比增长7.2%；固定资产投资2.4亿元，同比增长15%。

2005年，开发区实现地区生产总值13.1亿元，年均增长13%；财政收入3215万元，年均增长8%；全社会固定资产投资3.1亿元，年递增15%；期末金融机构人民币各项存款余额6.13亿元，年递增12%；期末金融机构人民币各项贷款余额5.59亿元，年递增11%。

二、经济结构

1995年，闽东赛岐经济开发区工农业总产值采取新的核算办法，包括赛江沿岸经济圈：赛岐、甘棠、下白石、湾坞、溪尾等沿海乡镇。

2002年，区域工业总产值11.64亿元，同比增长22.5%；社会商品零售额12亿元，同比增长20%；直接利用外资200万美元，同

赛岐食品加工企业生产车间

比增长 33.3%。城镇居民人均可支配收入 6930 元，同比增长 5%；农民人均纯收入 3720 元，同比增长 2.8%。

2004 年，工业总产值 18 亿元，同比增长 20%；社会商品零售额 18 亿元，同比增长 20%。城镇居民人均可支配收入 7420 元，同比增长 3%；农民人均纯收入 3910 元，同比增长 2.5%。

2005 年，工业总产值 22 亿元，年均增长 23%；规模以上工业总产值 15 亿元，与 1991 年比，年均增长 25%；城镇居民人均可支配收入 7860 元，年递增 11%；农民人均现金收入 4475 元，年递增 7.5%；

三、企业构成

开发区成立之初，区内企业主要以国有企业为主，以食品、造船、冶金、化工、纺织、工艺美术等行业为主，有硅铁、卫生香、棕制品、花岗石等一批地方名优特产品。

2005 年，开发区共落户工业企业 105 家，总投资 31.9 亿元。区内共有企业 566 家，注册资本 10.59 亿元；个体工商户 905 户。省、宁德、福安市商业、物资、金融等部门的办事处、批发中心、转运站等 60 多家，商业贸易、交通运输、科技信息等第三产业迅速发展。初步形成以船舶修造、电机电器、冶金建材、食品加工等行业为主的工业体系，有电机电器行业关联企业 18 家，冶金建材关联企业 7 家，食品行业关联企业 10 家，船舶修造行业关联企业 8 家。

四、企业纳税

1998 年，全社会消费零售总额 2.5 亿元，实现财政收入 2427 万元。1999 年，财政收入 2693 万元，同比增长 10.95%。

2004 年，完成增值税 1500 万元，地方工商税 749 万元。

第二章　福安畲族经济开发区

第一节　区域、规划与管理

一、区域

福安畲族经济开发区位于福安中西部，东南接溪潭镇、赛岐港，西通周宁县，南北与穆云、康厝、坂中3个畲族乡接壤。辖区范围包括穆阳全镇2村6居（穆阳、苏堤村，中兴、东旭、石马、西城、百岁和苏堤），穆云畲族乡4村（桂林、虎头、溪塔和洋坪村），康厝畲族乡8个村（康厝、苏坂、邮亭、半山、南洋、红坪和东山村），涵盖穆阳盆地的所有村居，面积16.8平方千米。1993年1月，经宁德地委、行署批准，设立穆阳民族经济开发区，驻地穆阳街，为福安市委、市政府派出的科级机构。1998年9月，福建省人民政府批复，确认穆阳民族经济开发区为省级开发区，更名为福安畲族经济开发区，是全省唯一的少数民族经济开发区。

福安畲族经济开发区是全国最大的畲族聚居地之一，也是全国已建的9个民族经济开发区之一，属国家民委改革开放联系点。开发区具有三大特色：畲族文化风情特色、传统产品特色、人文特色；五大资源：矿产资源、水能资源、气候资源、森林草场资源、旅游资源。开发区内已建成日产5000立方米的自来水厂，开通8500门程控电话和移动通信。有大小水电站8座，装机容量2.98千瓦。年发电量3560万千瓦时，输出约2000万千瓦时。

2004年，辖区总户数7024户，总人口3.25万人。其中，畲族4551户，占总户数的64.8%；畲族人口1.17万人，占总人口的36%。

二、规划

1993年，根据福建省政府颁布实施的《福建省村镇建设管理条例》，完成《穆阳畲族经济开发区总体规划》编制，3月1日，通过省级技术鉴定。2000年9月，福安畲族经济开发区总体规划通过省城乡规划设计研究院专家和地区、市直有关部门领导、专家初步评审。

2003年，开发区组织编制《福安市畲族风情旅游区规划》，开展区域畲族风情旅游总规、重点项目的控制性详规和村的控制性详规编制。

三、基础设施建设

1993—1994年，穆阳民族经济开发区投资30万元，完成18米宽“穆桂街”主街的改造工程；投资900万元，建设新区24米宽“民族风情商贸街”和改造32米宽的主街；建成日产5000吨的自来水厂。

1995年，穆阳民族经济开发区列入全国“小城镇建设”试点项目。1995—1999年，开通8500门程控电话和移动通信，电脑可直接上宽带网，实现村村通电话。铺设福（安城区）穆（阳）公路四级柏油路。硬化中心区路网，铺设区前路、穆阳桥头、茶场路、康厝邮亭街等水泥路面长2千米，面积1.8万平方千米。硬化红坪、东山、洋坪、燕科、邮亭等行政村水泥路面长3.5千米。协助并完成省道下浦线罗江至康厝段的改造工作，向省政府争取建设省道下浦线罗江至康厝段追加经费1050万元。投资20万元，在绿化环岛内建成闽东第一盏夜间太空灯，灯高22米，顶端安装10盏射灯、同时配以4盏地射灯。

2000—2002年，先后投入资金3000多万元，改造和铺设区内街道水泥路面8000平方米，建设穆阳溪7500米防洪堤和长1.2千米、宽18米的江滨路。引资启动建设畲族民俗村、开发区汽车客运站、加油站、综合农贸市场。对连接一镇二乡的民族风情商贸街进行"新、洁、亮、绿"工程改造，建设民族风情商贸街北、中、南3个环岛；种植各种花、木、草皮，面积达5000千方米；在广场上添设风情广告灯箱、礼炮灯、各种射灯、宣传灯箱和"发展是硬道理"大幅宣传标语牌、大幅跨街欢迎牌等，并修建各种形式的仿古门楼。

2002年，穆阳防洪堤建成，长7.15千米、设排涝涵洞4座，其中，穆阳段长2.26千米，桂林堤段长1.08千米，康厝堤段长1.81千米，有效防范水患。

2003年，投资建设群众健身场所，集资建设狮子岩景区上山道路及穆阳穆水公园。完成民族风情商贸街外墙民族文化图案立面装饰和红坪民俗村设施建设。争取西区隧道项目前期经费20万元，完成项目预可行性报告。开发区环城路项目省计委立项进入初设阶段；长7230米的穆阳溪防洪堤开工建设。

2004年，建设穆阳防洪堤苏堤段，架设3.5万伏高压输变电线路，硬化穆阳通往溪塔民族村长5千米的道路。

2005年，连接苏堤、苏坂两村的联虹大桥建设项目，由福州大学设计完成。

四、管理机构

1993年，穆阳民族经济开发区为福安市科级派出机构，与穆阳镇合署办公。

1996年，因在福建省开发区清理整顿中未获确认，穆阳民族经济开发区撤销。

1998年9月22日，穆阳民族经济开发区被确定为省级少数民族开发区，更名为福安畲族经济开发区。开发区党工委、管委会为福安市派出的副处级机构，工作人员19人，设党工委书记1名、管委会主任1名。内设机构有党政办、经济发展局、招商局、国土规划环保局、财税工商局、社会事业发展局，为副科级单位。

2005年，开发区党工委、管委会为福安市派出的副处级机构，内设党政办、经济发展局（加挂招商局牌子）、国土规划环保局、财税工商局（财政分局）、社会事业局工作人员19人。

第二节　招商引资

一、优惠政策

1999年9月，国家民委批准福安畲族经济开发区为国家民委改革开放联系点。2000年6月，福建省政府给予开发区贫困区政策扶持。7月，副省长汪毅夫挂点帮扶开发区。8月，省政府《关于扶持福安畲族经济开发区发展政策措施的通知》，出台四项政策：省财政在安排山海协作贴息资金上按照同等优先的原则给予倾斜照顾；支持建立一级财政、一级金库，实行独立预决算的体制，财政收入上缴省市部分，以上一年为基数，超额部分返还，用于开发区建设；5年内上缴省里新增建设用地有偿使用费的

20% 部分和耕地开发费，可以按开发项目给予返还，专款专用；新办的乡镇集体企业免征所得税 5 年，其他经济类型的新办企业免征所得税 3 年，省直有关部门应在资金、项目安排上给予适当扶持。2003 年 7 月，省政府同意福安畲族经济开发区作为欠发达地区享受政策和资金扶持。

2004 年 11 月 23 日，中共宁德市委、宁德市人民政府下发《关于加快福安畲族经济开发区发展的若干意见》，从指导思想、管理体制、行政管理权限、扶持力度、招商引资、工作责任等六个方面给予开发区明确的指导意见。在福安畲族经济开发区工业集中区的新办企业，按规定报经国家税务机关批准后，可减征或免征企业所得税 3 年。

二、招商及入驻企业

1998 年，穆阳民族经济开发区被确定为省级经济开发区后，更名为福安畲族经济开发区，并加大了开发区招商力度。

2000—2002 年，接待来自香港、台湾、澳门等地客商 110 多人次，洽谈项目 16 个、引进外资累计 3600 万元人民币。其中外资项目 4 个、金额 260 万美元，投资领域涉及种植业、房地产业及茶叶加工等。组织参加“9·8”厦门投资洽谈会、闽东大黄鱼节招商会，至 2002 年年末，有 7 家内资项目在开发区落户，其中，东航铸钢厂、东福金属制品厂、恒昌工贸有限公司建成投产，年产值达 2 亿元。

福安畲族经济开发区企业生产车间（1997 年）

至 2005 年，福安畲族经济开发区招商局在市内组织招商活动 8 场；先后到北京、浙江景宁，福建南平、泉州开展招商活动；组织参加厦门“9·8”招商活动、福州招商节、宁德市招商节等 23 次。引进省内外客商兴办工业企业、商贸企业 10 多家。主要有长乐客商兴办的东航钢铁、浙江苍南客商兴办的南阳轧钢，与广东客商合资兴办的东福金属制品、仙游客商合资兴办的福泰金属装潢材料、温州客商合资兴办的丰源洲金属有限公司、福辉铜业、聚鑫钢铁、福安恒达铝业有限公司，与福州华联商厦合资兴办的“人人超市”及“家佳超市”穆阳连锁店等。

三、经济总量与结构

（一）经济总量

1994 年，穆阳民族经济开发区工农业总产值 1.85 亿元，其中，工业总产值 1.46 亿元。

2000 年，工农业总产值达 6.2 亿元，其中，农业总产值 8060 万元，工业产值 5.1 亿元，财政收入 1013 万元。城镇居民人均收入 3200 元，农民人均纯收入 2571 元。

2001 年，福安畲族经济开发区工农业总产值 6.7 亿元，其中，农业产值 8142 万元，工业产值 5.89 亿元，财政收入 1050 万元。城镇居民人均收入 3310 元，农民人均纯收入 2721 元。

2002 年，福安畲族经济开发区工农业总产值 7 亿元，其中，农业产值 8500 万元，工业产值 6.2 亿元，财政收入 1081 万元。城镇居民人均收入 3459 元，农民人均纯收入 2871 元。

2004 年，工农业总产值 10.36 亿元，实现地方生产总值 6 亿元。

2005 年，全区实现国内生产总值 11 亿元，其中，工业总产值 10.4 亿元，财税收入 1480 万元，农民人均纯收入 3860 元，社会商品零售总额增长 4.5%，基建投资 500 万元，出口创汇 500 万美元。

（二）经济结构

1994 年，开发区初步建成以电力、石制品、冶金、玩具、食品加工、茶叶加工等门类工业体系。外向型企业闽东玩具工业总公司年创汇 800 万元，钼矿年产值 1000 万元，创汇 300 万元；中外合资企业有闽东石制品厂、福良机电有限公司，台商独资企业福生竹工艺有限公司等工业企业 206 家。农业资源丰富，名、优、特茶果种植面积 977 公顷，茶叶市场年交易量超过 3000 吨，占福安市茶叶交易量 60%。苏堤村年加工线面 3000 吨、产值 1200 万元，成为线面专业村；穆阳村烟花爆竹年产值 1000 万元，亦成烟花爆竹专业村。

2003 年，穆阳线面通过组建产业化公司，实行“公司 + 农产”形式组织生产、加工和销售、推出系列产品，使传统生产工艺获得新生，并辐射到周边畲族村庄，增加畲民收入。

2004—2005 年，粮食生产保持稳定发展势头，年粮食产量 1.88 万吨。第二期万亩穆阳水蜜桃基地建设顺利实施。建筑建材、木玩具、运输、电力、电器企业运行良好，溪塔电站、啸溪电站相继开工建设，3.5 万伏变电所建成投入运行。新办金属装潢材料厂、制氧站、5000 吨电解铜厂等企业 8 家，引进资金 9000 多万元。

第三节　农业经济

一、农业与扶贫

1995 年，穆阳民族经济开发区以现代农业大观园为依托，发挥淡水资源优势，引进资金、技术，采取股份合作、让利征地等形式发展淡水养殖，初步形成以甲鱼、淡水鱼、美国牛蛙为主的高优淡水养殖。采取股份制的形式，在穆阳溪的葛南洲建成万只肉鸡基地。在邮亭村建成“2796”蘑菇品种 4.4 万平方米的食用菌栽培示范片；以穆阳、邮亭为中心，建立 80 公顷“014”、“夏阳白”、大蒜高产种植示范片；在苏坂村建立 33.3 公顷“二月春”萝卜、“日本雪山”花菜新良种高产示范片；与台湾高雄种苗公司挂钩，在桂林村建立 53.3 公顷“日本清风菠菜”“日本全能菠菜”等新品种生产示范片；在苏坂、南洋村建成 66.6 公顷霞浦榨菜、芥菜生产示范片；在竹沃、半山村建成以“克星 3 号”品种为主的马铃薯高产栽培示范片。

1999 年，福安畲族经济开发区通过专家论证，开始实施万亩穆阳水蜜桃基地种植计划。建立育苗基地，无偿向果农提供种苗，加强技术培训，开展提纯复壮和“流胶病”攻关工作。2000—2002 年，以 20 个村居为依托，建立万亩水蜜桃生产基地。每亩补助 100 千克谷子鼓励农民种植水蜜桃，一定三年。

在原有 170 多公顷的基础上，再投入 40 万元建设水蜜桃育苗基地、可年提供苗种 20 余万株，新发展水蜜桃 400 多公顷。

2000 年 6 月，省政府同意将福安畲族经济开发区“视同省定贫困县对待，享受相关的优惠政策”，开发区成立脱贫致富办公室。

2000—2002 年，福安畲族经济开发区投入资金 100 多万元，改善少数民族行政村交通问题。其中无偿支持资金 30 万元，修建 4 米宽、2.5 千米长的红坪至东山村水泥路；投入 15 万元，修建溪塔村防洪堤 400 米；投资 20 万元，修建宽 3.5 米、长 2200 米的洋坪村路；投资 20 万元帮助建设东山村水利工程、虎头村饮水工程等。投入资金 10.6 万元，帮扶对象 30 户，为贫困户制定脱贫致富计划，发展“短、平、快”项目，包括养猪、养山羊、种植水果、药材加工等。落实“五户联保”小额贷款资金 10 多万元，给 100 户帮扶对象发展中长期农业生产项目，包括种植台湾大青枣和“穆阳红”水蜜桃。

2003 年 7 月，省政府同意福安畲族经济开发区作为欠发达地区享受政策和资金扶持。

2000—2005 年，争取扶贫小额贷款，帮助红坪、虎头等畲族村农户引种台湾毛叶枣（吉利果），帮助邮亭村民发展大棚蔬菜，购买钢架棚 30 多个，投放到各专业户作为示范推动作用。在红坪村调整低产梯田 20 余亩改种穆阳水蜜桃，由开发区支付田租，引导调整农业产业结构。开发区党委和管委会先后挂钩穆云畲族乡里楼、岭坑、温岩，穆阳镇苏堤，康厝畲族乡东山、福源、社洋、宋家、西铭、凤洋、杜家洋等村以及部分贫困户，开展扶贫工作和“小康试点村”建设。

二、工业

2003 年，穆阳线面通过组建苏堤线面公司，扩大生产规模，辐射畲族乡村，提高品质，推出系列商品，进一步提高产品知名度。

2005 年，落地项目 1 个，意向项目 1 个（市民族医院与江西省鄱阳城东北医院门诊病房大楼项目），在谈项目 4 个（石英电子振荡器、南洋水电站、穆水渡桥段漂流、西班牙客商线面），参加宁德“6·28”招商节项目 7 个。在建设项目恒威茶叶有限公司茉莉花茶窨制厂占地 300 平方米，计划投资 400 万元，完成主厂房主体工程。

三、社会事业

（一）民族教育、卫生

1993 年，穆阳民族经济开发区宣布实施九年义务教育。穆阳中学成立，有 3 所中学（其中民族职业中学 1 所），3 所中心小学、40 所完全小学、18 所初级小学、4 所幼儿园。

1997 年，穆阳中心小学、苏堤小学被宁德地区评为“农村示范小学”。次年，康厝畲族乡撤销小学教学点 2 所。

2000 年，设立康厝畲族乡苏坂中心小学，穆阳镇苏堤小学更名“福安市穆阳镇第二中心小学”，福安三中开始实行初中与高中分离，不再招收初中生。

2003 年，福安三中设立民办初中。开展民族教育帮扶活动，穆云、康厝中心小学分别帮扶穆云燕科民族小学、康厝近斗洋民族小学。

2004 年，福安市为解决历史遗留问题，整合教育资源，集中办学，经市教育主管部门批准，将原康厝学区辖下的苏坂中心小学（又称福安市民族职业中学附属小学）改称为福安畲族经济开发区中心小学。秋季，该校建立寄宿制，扩招民族住宿学生。

2005年，福安畲族经济开发区有3所中学，其中，民族职业中学1所，4所中心小学、14所完全小学民族医院1所、床位80多张，乡镇卫生院2所。

（二）旅游

1995年，福安市首次在穆阳民族经济开发区举办“三月三”畲族歌会，推介畲族特色旅游。占地面积6万平方米，总建筑面积12万平方米的“民族风情商贸小区”动工建设。

2000年4月5日，闽东首届畲族“三月三”歌会暨福安畲族经济开发区首届畲族民俗节在溪塔畲族村举行。2002年4月15日，福安畲族经济开发区代表队参加在太姥山举办的第三届闽东畲族“三月三”歌会，参赛曲目《歌唱畲族经济开发区》获二等奖。2000—2002年，福安畲族经济开发区落实宁德市关于抢救和发展畲族文化的决定，深入红坪、凤洋、长潭、溪塔等畲族村采风，入户调查畲歌唱本、科仪文书、畲族巫师法器，及族谱、祖牌、祖图、龙头祖杖、碑刻等文物，部分录制成影像资料。并发现了唐代的族谱、明宣德年间（1426—1435）的香炉，清乾隆时期的龙纹法衣、祖杖、祖图等，极具价值。结合开展畲族祠堂、歌谣、巫术、畲家拳、婚俗、食俗、服饰和建筑文化等。中央电视台2套记者到福安畲族经济开发区采风，在“前沿·小镇印象”栏目中以“中国畲族聚居地”为题播出采访纪录片。

2003年4月4日，开发区承办福安市第十届“三月三”畲族风情节，吸引大批来宾、游客。

2005年“三月三”前夕，福安市“三月三”畲族风情旅游节在溪塔村举行。独具一格的畲族舞蹈、婚俗、服饰、盘歌，以及畲乡美丽的山水风光，吸引众多中外宾客和中央及地方媒体前往观光采访，促进到畲族开发区观光旅游、投资兴业。同年，以溪塔葡萄沟为依托，整理挖掘畲族民俗风情，向省、宁德市申报畲族民俗风情旅游资源综合开发项目。

第三章 工业园区与工贸集中区

第一节 工业园区

一、闽东电机电器工业区

1992年5月，福安市委、市政府决定在坂中畲族乡建立闽东电机电器工业区（又称坂中电机电器工业园区），规划范围以福穆公路为界，在福穆公路以南，总规划面积40公顷，分期建设。第一期在坂中桥西福穆公路下侧征地8.14公顷（其中道路2.83公顷）。7月11日，第一期工程正式动工建设当年完成纵向25米宽、横向15米宽的路网，和供电、供水工程建设，批准34家企业（主要为乡镇企业）入驻。20家企业动工建设，包括坂中畲族乡与闽东电机一厂联营的铸造厂、市企业局与装潢彩印厂联营的扑克卡纸厂等项目。

1993年3月，第二期工程继续开发工业区西侧湖口村土地4.86公顷（其中，道路0.64公顷），安排25家企业入驻，建筑面积2.34万平方米。

1995年10月，第三期工程征地拆迁面积4.32公顷（其中，路网面积1.18公顷），拆迁临时搭盖6座、面积862.83平方米，糖楼1座，面积255平方米。计划引进8家企业，落实5家。完成第一、二期26米道路绿化、路灯建设。入驻的福建万达电机有限公司通过欧洲共同体国家CE认证，取得产品出口西欧市场。华微电机厂、港发电机有限公司2家企业通过国家安全认证。

1996年，引进闽东电力集团公司，征地1.33公顷，建造电机、机械修配厂。

2000年12月，闽东电机电器工业区获农业部"全国乡镇企业示范区"称号。

2000—2002年，三年企业出口总值3亿多元，其中大地电机有限公司年出口额超过600万美元，位居闽东私企前列。万达、东方神获得省级名牌称号。

2002年，完成开发面积23.3公顷，建设厂房面积13万平方米，投产企业58家。除万达、大地、德丰外，闽东安波电器有限公司也跻身亿元产值企业，至此，工业区内亿元产值企业达4家。2003年，福建万达电机有限公司年产值超过2亿元。2004年，闽东电机电器工业区完成工业产值10亿元。

2005年，工业区内有电机电器企业91家，完成产值13.9亿元。闽东安波电器有限公司获产品质量国家免检资格证书，实现福安企业争创国家级品牌零的突破。闽东德丰电机有限公司、闽东安波电器有限公司2家企业集团经省工商局登记注册成立。著名企业有福建万达电机有限公司、闽东德丰电机有限公司、闽东大地电机有限公司、闽东安波电器有限公司等。

二、秦溪洋工业园区

1994年，福安市委、市政府研究决定成立秦溪洋工业园区。园区位于城阳乡秦溪村，与城南、城北街道毗连。10月，由福建省城乡规划设计研究院编写完成秦溪洋工业园区规划。规划用地260公顷其中建设用地240公顷新区工业用地64公顷占建设用地的26.7%。园区总投资4亿元人民币，其中，厂房投资建设 1.8 亿元、基础设施 6000 万元；资金组成：企业主投资 2.2 亿元，向银行贷款融资 1.3 亿元、政府投资 5000 万元。

1997 年，秦溪洋电机电器工业园区建设启动。1999 年，福安市委、市政府出台《关于加快秦溪洋工业园区发展的决定》，采取优惠政策措施鼓励电机电器企业进驻园区建设厂房。2001 年 5 月，宁德市人民政府下发《关于确认福安市秦溪洋建设开发有限公司的批复》，批准成立秦溪洋工业园区。秦溪洋工业园区建设全面启动，分三期开发，工业园区总规划面积 100 公顷（其中净工业用地 64.7 公顷，绿化及路网用地 35.3 公顷）。首期工程动工建设，工程占地 28.7 公顷，引进安波、永隆等企业 28 家，固定资产投资 1.8 亿元。次年底，启动二期工程。工程占地 25.3 公顷，引进惠丰等企业 31 家，固定资产投资 1.6 亿元（包括基础设施 2000 多万）。2003 年，工业园区被列为全省乡镇企业重点工业园区，列入宁德市支柱产业生产基地。

2004 年上半年，启动三期工程。工程占地 26.7 公顷，引进力源、白云电机等企业 16 家，固定资产投资 4000 多万元（包括企业设备购置）。工业园区入驻企业 73 家，48 家企业建成投产，全年完成工业产值 15 亿元。在全省整顿工业园区过程中，列为保留园区。12 月，福安市人民政府上报秦溪洋工业园区、列入省“一市一园”示范工业园区。园区产业类型为电机电器业及相关配件产业，是福建省唯一的电机电器工业园区。

2005 年，工业园区入驻企业 75 家，64 家企业投产。

第二节　工贸集中区

一、甘棠工贸集中区

2004 年 10 月，福安市为适应电机电器业和船舶业的发展需要，正式成立福安市甘棠工贸集中区。恒实电机电器咨询服务公司作为甘棠工贸集中区开发建设业主单位，采取统一征地、统一建设、统一对外招商形式引进企业。甘棠工贸区控制性整体规划由福建省城乡规划设计研究院编写。工贸集中区位于甘棠片规划区用地最北端，东临东山、西至 104 国道、南抵甘棠堡、北邻闽东赛岐经济开发区。工贸集中区地形条件优越，地势平坦，用地方便，104 国道从西侧穿越，交通条件优越。通过规划的东西向主干道，将工贸集中区分为南北两片，形成功能分区明确又相互依托的整体用地格局。北部片区以工业用地为主；南部片区布置居住和生活服务配套设施。甘棠工业集中区征地面积 100 公顷（包括高压走廊），共涉及东门、西门、南门、北门、后岐等五个村，与闽东赛岐经济开发区共同构成大福安赛甘组团的工业集中区。

二、湾坞工贸集中区

2004 年 10 月，湾坞工贸集中区半岛新区成立。该工贸集中区地处福安市南部处，白马河东岸、南连福州，北接温州，是福安市“延伸两翼、对接两州”的要冲之地，雄居海峡西岸经济区东北翼经济主干线上。规划发展为福安市南部沿海窗口，福安市三大经济板块之一。湾坞工贸集中区总体规划委托厦门空海规划设计院设计。2005 年 7 月 29 日，经市人民政府批准实施，规划控制范围为 70 平方千米，城市规划区总面积 26 平方千米，城市建设用地规模 22.38 平方千米（东片区 9.9 平方千米，西片区 12.48

平方千米），其中，工业用地8.14平方千米、物流仓储用地1.20平方千米、居住用地平方千米、交通用地4.29平方千米、道路广场用地3.13平方千米、其他公共设施及市政用地2.63平方千米。规划期限2004—2020年，规划期末人口10万人（东片区2.7万人，西片区7.3万人）。规划性质为福安未来发展的窗口，三都澳经济圈重要节点，区域性交通枢纽和港口物流发展基地；以修造船业、临港工业和电机产业等为主导的综合性产业基地。

区位优势分析：（1）交通优势，沈海高速贯穿湾坞，与福安连接线接轨，并在湾坞设立互通立交口，到温州、福州市不超过90分钟路程；在建的温福铁路在湾坞设立客运站、货运站；（2）深水岸线优势，湾坞是三面环海的半岛，海岸线长36千米，深水岸线资源丰富，可建1～5万吨级码头泊位多个，个别地方水深达28米，可建30万吨级码头；（3）资源优势，国家大型电力企业之一的北京大唐（国际）电力有限公司投资100多亿元，国际宁德发电有限公司，装机容量近360万千瓦，为湾坞临海工业发展提供有力的能源保障；（4）土地优势，湾坞属沿海冲积平原，是福安“五大洋”之一，地势平坦，可供工贸用地1266.7公顷（东片区400公顷，西片区866.7公顷）。

2005年，落户湾坞集中区工业项目4个，分别是：北京大唐（国际）电力有限公司投资兴建的福建大唐国际宁德发电有限责任公司，一、二期4×60万千瓦，投资106.5亿元，征用土地面积242.2公顷。福安鑫茂冷轧硅钢有限公司投资兴建的50万吨冷轧硅钢项目，投资9.61亿元，征地面积64.1公顷。福安市融纳化工有限公司投资兴建的过硫酸盐系列产品生产线项目，投资5100万元，用地面积7.3公顷。当年，福建大唐国际宁德发电有限责任公司一期工程首台机组点火成功。福安市鑫久铝合金压铸有限公司投资兴建的铝合金压铸项目，投资5000万元，用地面积7.3公顷。进入前期工作的工业项目5个，分别是：上海马兰物资有限公司投资建设的福安白马港（国际）码头项目，总投资3.5亿元，用地面积20公顷；香港信勤科技有限公司独资兴建的粉煤灰新型房建材料项目，是宁德市“6·28”招商签约项目，投资1600万美元，用地面积10公顷；盈聚（香港）电子贸易公司投资建设的木材产品加工项目，是中国“9·8”厦门投洽会招商签约项目，用地面积18.7公顷；福安东风电机扩大再生产项目；福安市东方神电机扩大再生产项目。

第八篇

工　业

福安市志 FUAN SHIZHI

GONG　YE

1991—2005年是福安工业走向社会主义市场经济的重要时期，也是工业改革与发展、主导产业、重点企业快速成长的重要时期。福安市委、市政府重视发展工业，组织实施“工业立市”发展战略，推行“一体两翼”大工业管理，率先在省内建立8个行业管理办公室，推进工业由行政管理向行业自律管理转变；出台一系列推进国有企业改制改造、鼓励民营经济发展、支持培育电机电器、船舶修造产业加快发展的政策措施，加速竞争力弱的国有、集体企业逐步退出市场竞争；民营、乡镇、“三资”企业迅速成长壮大，成为工业经济发展的主力军。独立核算国有及控股企业从1991年29家减少到2005年6家，产值从占全市规模（或独立核算）工业总产值的48.6%下降到5.7%；同期，民营企业产值从50.4%提高到94.3%。全市工业总产值从6.16亿元发展到99.2亿元，年均增长20%。其中，电机电器产业产值从1.78亿元发展到65亿元，船舶修造产业产值从751.7万元发展到18.6亿元，两大支柱产业产值占全市工业总产值的83.18%。福安市“工业立市”发展战略成果初显，形成电机电器、船舶修造为主导的工业产业发展格局。

第一章 企业体制与经营机制

第一节 企业体制

一、国有（全民所有制）及国有控股企业

1991年，福安市全民所有制企业（简称“国企”）49家，其中乡及乡以上独立核算全民所有制工业企业29家，职工6452人，国有资产原值1.21亿元、净值9527.1万元。全年完成产值1.41亿元，占全部乡及乡以上独立核算工业企业的48.6%，产品销售收入1.33亿元、利税总额1393.5万元，在福安国民经济占据重要地位。

1992年，全市全民所有制独立核算工业企业32家，年末职工7110人。当年完成产值2.20亿元（当年价，不变价产值2.01亿元，下同），出口交货值4578万元，工业增加值5974万元，实现利税总额2201万元。亏损企业7家，亏损总额79.3万元。

1995年，全市独立核算国有企业36个，完成产值4.66亿元、工业增加值1.63亿元，产品销售收入4.56亿元，实现利税总额4230.3万元，所有者权益1.97亿元，其中亏损企业5个。

1998年，全市国有企业29家，完成产值5.61亿元，工业增加值1.16亿元，出口交货值2646.6万元，产品销售收入5.04亿元，实现利税总额3814.9万元，所有者权益2.33亿元。当年亏损企业7家，亏损总额218.5万元。

2000年，全市国有企业21家，完成产值2.19亿元（不变价产值1.63亿元），工业增加值1234.2万元，出口交货值1460.6万元，产品销售收入6.15亿元，实现利税总额2437.4万元，所有者权益6.53亿元；亏损企业3家，亏损总额1557.6万元。其后，大部分国有企业逐步退出市场竞争。

2003年，全市国有企业仅6家，完成产值2.34亿元（不变价产值1.75亿元），工业增加值1.02亿元，产品销售收入3.67亿元，实现利税总额2629.3万元，所有者权益2.08亿元；亏损企业1家，亏损总额59.3万元。

2005年，全市规模以上（年产品销售收入500万元及以上，下同）国有工业企业6家，完成产值4.17亿元，工业增加值1.37亿元，出口交货值1275.8万元，主营业务收入4.08亿元，实现利税总额1.86亿元，所有者权益2.06亿元；亏损企业3个，亏损总额198.5万元。

表8—1 1991—1997年福安市独立核算全民所有制工业企业主要经济指标情况表

年份	企业数（个）	工业总产值（万元）	工业销售产值（万元）	工业增加值（万元）	出口交货值（万元）
1991	29	14068.5	—	—	3933.4
1992	32	21954	19909	5974	4578

续表 8—1

年份	企业数（个）	工业总产值（万元）	工业销售产值（万元）	工业增加值（万元）	出口交货值（万元）
1993	36	34255	33141.3	9098.9	—
1994	34	36249.1	38201.1	12134.2	—
1995	36	46634.7	—	16347.2	—
1996	39	55310.1	52084.7	11576.4	—
1997	40	57230.4	53789.4	18262.9	—

说明：表内数据均为当年价。

表 8—2　1998—2005 年福安市规模以上国有企业主要经济指标情况表

年份	企业数（个）	工业总产值（万元）	产品销售收入或主营业务收入（万元）	工业增加值（万元）	出口交货值（万元）	利税总额（万元）
1998	29	56054.2	50382.8	11576.4	2646.6	3814.9
1999	23	26631.8	70916.4	3327.5	2002.1	9102
2000	21	21915.7	61466	1234.2	1460.6	2437.4
2001	11	25853.1	31726.8	12555.1	1275.8	9102
2002	9	29140.4	42469.5	12832.3	1285.9	1277.8
2003	6	23436.4	36651.8	10195.8	—	2629.3
2004	9	48149.8	41908.5	19234.5	389.8	579
2005	6	41672.9	40800.1	13696.2	1275.8	18551.4

说明：表内数据均为当年价。

二、集体企业

1991 年，福安市集体企业主要有福安市茶叶包装厂、轻工机械厂、纺织厂、打火机厂、轴承厂、日用品厂等。全市乡及乡以上独立核算集体工业企业 167 家，工业总产值 1.07 亿元。其中，系统完成工业产值 4603 万元，实现税利 282.11 万元。福安市日用品厂“韩阳”牌 9013 天然卫生香被评为省优产品，福安市塑料厂评为全省二轻系统设备管理先进单位。

1993 年，二轻系统完成工业产值 8363.38 万元，比上年同期增长 35.8%。福安市打火机厂实现利润百万元以上。次年，市政府印发《福安市 1994 年股份制和股份合作制改革实施方案》，市体改委、工商局联合印发《关于城乡集体企业全面推行股份合作制的通知》，全面推进城乡集体企业改制。

1995 年，二轻系统完成工业产值 1.4 亿元，比上年同期增长 30.37%。其中，集体企业完成产值 1.18 亿元、增长 34.37%。当年，镀膜玻璃生产线建成投产，冠荣鞋业有限公司获省商检局“出口产品免检 A 级企业”称号，福安市汽车配件二厂生产的马自达消声器系列汽车配件被省政府授予第二届工业品博览会金奖。闽东粮油机械配件厂以“先破产、后兼并”的方式，兼并电热电器厂。

1997 年，全市乡及乡以上独立核算集体工业企业 202 家，完成工业总产值 7.35 亿元，为历史以来集体企业产值最高之年。

1998 年，全市规模以上集体工业企业 27 家，工业总产值 4 亿元。二轻集体企业全面进入改革改制，福安市电镀厂实行拍卖资产偿还债务和安置职工，市打火机厂、包装厂申请破产。1999 年，福安市木器厂、塑料厂、服装厂完成改制，电机厂实行租赁经营。

闽东粮油机械配件厂优质产品（1998 年）

2001 年，全市仅剩规模以上集体工业企业 1 家，工业总产值 850 万元。二轻系统集体企业开展盘活资产、安置职工的改制，市汽车配件二厂、电池厂、电机厂完成资产盘活和职工安置工作；市砂轮厂、汽车配件一厂加快资产盘活，解决职工社保资金，帮助 100 多名退休职工解决退休金；市打火机厂理顺与省华融公司的债务问题，进入破产清算阶段。

2002 年，全市规模以上集体工业企业 2 家，工业总产值 1607 万元。完成市电池厂、汽配一厂、砂轮厂等 3 家企业 230 名职工的安置，帮助解决 100 名职工的社保；市打火机厂完成破产清算。

2003 年，全市规模以上集体工业企业 1 家，工业总产值 1268.5 万元。第一瓷器厂完成改制、资产盘活和职工安置，市镀膜玻璃厂、五金厂、二轻机械厂进入改制前期工作。次年，全市规模以上集体工业企业 2 家，工业总产值 2138.1 万元。市第二瓷器厂、二轻机械厂完成改制。

2005 年，全市规模以上集体工业企业 2 家，工业总产值 2485.8 万元。二轻集体企业改制继续深入开展。

表 8—3　1991—2005 年福安市集体工业企业情况表

年份	企业数（个）	总产值（万元）
1991	167	10718.3
1992	159	17123
1993	201	39726.8
1994	186	60826.7
1995	178	44993.9
1996	203	59795.8
1997	202	73479.2
1998	27	39975.9

续表 8—3

年份	企业数（个）	总产值（万元）
1999	12	1655.88
2000	11	14099.1
2001	1	850
2002	2	1607
2003	1	1268.5
2004	2	2138.1
2005	2	2485.8

说明：企业数中 1991—1997 年为乡以上独立核算集体工业企业数据，1998—2005 年为规模以上集体工业企业数据。

三、民营企业

1991 年，全市 203 家乡及乡以上独立核算工业企业中，民营工业企业（简称“民企”）174 家，完成工业产值 1.43 亿元，分别占企业总数的 85.7% 和工业产值的 50.4%。民营工业产值首次超过全市工业总产值的 50%。1995 年，在全市 229 家乡及乡以上独立核算工业企业中，民企 193 家，完成工业产值 5.40 亿元，分别占企业总数的 84.3% 和工业产值的 53.8%。1997 年，民企上海正源科技发展公司收购国企福安康达制药厂，组建九源工业有限公司。1998 年，民企福安甘坪建材有限公司参股国企福安市拆船厂、福安市造船厂，组建成立闽东丛贸船舶有限公司；民企闽东嘉华电机有限公司收购国企闽东起动机厂。

2000 年，闽东亚南电机有限公司、福安市太平洋电机有限公司、天龙电机有限公司、远东电机有限公司被列为国家机电产品出口基地。当年，闽东亚南电机有限公司收购闽东特种纸厂。全市民企完成工业总产值 65.9 亿元，占全市工业总产值的 96.8%。全市 75 家规模以上国有、非国有工业企业中，民营企业 54 家、完成产值 16.7 亿元，分别占规模企业总数的 72% 和产值的 88.4%。

2001 年后，民营企业迅速发展壮大。福建万达电机有限公司列为省成长型企业，闽东东方神电子有限公司等 5 家企业列为省增长点企业，福建万达电机有限公司、福安市太平洋电机有限公司、闽东德丰电机有限公司 3 家民企产值首次突破亿元大关。2002 年，闽东大地电机有限公司、闽东安波电器有限公司进入亿元产值企业行列。2003 年，福安永隆电机有限公司年产值也突破亿元。

2005 年，德丰、安波、永隆 3 家民营企业集团经省工商局登记注册成立。闽东安波电器有限公司获“产品质量国家免检资格证书”、福安市振中电机有限公司生产的汽车起动机获“中国知名起动机十佳品牌”。全市规模以上民企 122 家，完成产值 68.8 亿元，占全市工业总产值的 94.3%。

表 8—4　1991—2005 年福安市民营工业企业情况表

年份	独立核算或规模以上民营工业企业数（个）	总产值（万元）	工业增加值（万元）	出口交货值（万元）
1991	174	14268.4	—	2951.1
1992	167	23199	7708	4154

续表 8—4

年份	独立核算或规模以上民营工业企业数（个）	总产值（万元）	工业增加值（万元）	出口交货值（万元）
1993	212	48368.5	13984.2	—
1994	215	83818.4	20925.7	—
1995	193	53970.5	13052	—
1996	450	87565.4	29636.6	—
1997	274	121090.5	32780.4	—
1998	49	86367.9	28384.2	27105.1
1999	50	136059.9	39224.6	38953.6
2000	54	167000.6	43923.4	55119.4
2001	47	206452	58884.5	96875.5
2002	52	256497.9	85036.7	127191.4
2003	70	358786.2	114096.6	179651.1
2004	89	476161.8	127394.7	215662.5
2005	122	687984.1	201419.5	262229.1

说明：表内企业数中1991—1997年为独立核算工业企业数，1998—2005年为规模以上工业企业数。

四、“三资”企业及港资企业

1991年，福安市“三资”（中外合资、中外合作、外商独资）企业及港资企业主要有福光电子（国际）有限公司、福建冠荣鞋业有限公司等4个，全年完成工业产值3287.6万元，出口产品产值1526.6万元。次年，全市“三资”工业企业及港资企业6家，工业总产值5786万元，出口交货值2234万元。

1994年，全市“三资”工业企业及港资企业仍为6个，工业总产值6219.2万元。1996年，“三资”企业及港资企业增加至14家，但工业总产值却只有1143.6万元。

港资企业运动鞋厂生产车间（1998年）

1998年，全市中外合资及港资企业经营规模以上工业企业2家，工业总产值4055万元，出口交货值1824.7万元。

2001年，全市“三资”企业及港资企业3家，工业总产值1.39亿元，出口交货值1.24亿元。其中，中外合资经营企业 1 家，港资企业 1 家，工业总产值 1.25 亿元，出口交货值 1.09 亿元；外商独资企业 1 家，工业总产值 1321 万元，出口交货值 1486.4 万元。2003 年，福建冠荣鞋业有限公司停产关闭，由闽东天工电机有限公司整体收购。

2004 年，全市“三资”工业企业 5 个，工业总产值 4.75 亿元，出口交货值 3.41 亿元。其中，中外合资经营企业 3 家，工业总产值 2.76 亿元，出口交货值 2.97 亿元；中外合作经营企业 1 家，工业总产值 1.81 亿元，出口交货值 4250 万元；外商独资企业 1 家，工业总产值 1776 万元，出口交货值 1156.8 万元。

2005 年，全市“三资”工业企业 3 个，工业总产值 1.49 亿元，出口交货值 1.82 亿元。其中，中外合资经营企业 2 家，出口交货值 1.53 亿元；中外合作经营企业工业总产值 2685 万元；外商独资企业 1 家，出口交货值 2900 万元。

第二节　经营体制与机制改革

一、产权改革

1991 年，福安工业企业产权制度按照计划经济体制分为全民、集体、私营所有制三种类型，界限明晰，不提倡发展混合型经济。次年，以福安农药厂为核心组建福建省天马集团公司，成为闽东第一家跨所有制、跨地区、跨行业、跨部门的联合体。

1994 年，福安工业企业采取股份改制、改组联合、包股结合等多种形式推进企业体制改革。天马集团进行企业制度试点，完成清产核资和内审工作，进入资产评估和实施方案报批阶段；康达制药厂吸收社会闲散资金，组建康达化工有限公司；轻工机械厂实行公开招标、风险抵押、高奖高赔承包经营试点。次年，天马集团按照《中华人民共和国公司法》，建立董事会、监事会和职工股东会，明确职责、规范运行。福安茶厂向宁德地区中级人民法院申请破产，11 月公告裁定破产偿还债务，市政府成立破产清算组，开展破产清算及职工安置工作。

福安酒厂（1996 年）

1996 年，福安市国有企业政企不分、产权模糊、职责不明、机制不活的经营管理方式，已无法适应市场竞争形势，深层次矛盾逐渐凸显，加上产品市场竞争激烈、自身经营不善等原因，国企普遍陷入困境，出现大部分亏损，甚至停产。为了适应社会主义市场经济发展要求，市结合企业实际，因企制宜、一企一策，制定企业改制方案，全面推进国有企业改革。市经委系统23家国企先后制定了改制方案，其中15家企业（粮油机械厂、包装纸厂、福安茶厂、坦洋茶厂、机电铸造厂、福安酒厂、天马集团、康达制药厂、造船厂、拆船厂、制氧厂、石制品厂、镀膜玻璃厂、包装厂、印刷厂）完成审计评估；8家企业（特种纸厂、报警器厂、罐头厂、赛岐酒厂、钼矿、铁合金厂、拖电厂、赛江糖厂）着手或准备审计评估；6家企业（粮油机械厂、包装厂、福安茶厂、坦洋茶厂、机电铸造厂、苏阳纸厂）完成第一轮改制；8家企业（福安酒厂、天马集团、康达制药厂、特种纸厂、造船厂、拆船厂、制氧厂、报警器厂）改制方案经市政府审批；9家企业制定改制方案上报审批。

1997年，福安市国有企业改革进一步深化，按照"抓大放小"政策，分别实行划出部分资产推行职工股改制经营；对所有权者权益人均万元以内国企允许将全部资产量化给全体职工作为身份股，一次性买断职工身份或用于安置职工；企业盘活资产构成地方财政收入部分由财政全部返还，用于分流、安置职工。当年底，改制企业达到16家，其中，兼并重组3家（九州综合商社兼并天马集团公司、福州京莆农用车厂兼并市包装厂、冶金集团公司兼并福安钼矿）；分立重组3家（福安酒厂分立重组红福啤酒有限公司、机电铸造厂重组闽东利达铸造有限公司、市包装厂重组三友包装纸业有限公司）；量化重组3家（闽东粮油机械厂重组双象粮油机械有限公司、福安制氧厂重组东福制氧有限公司、福安轻工机械厂实行资产量化股份制合作制改造）；嫁接重组1家（福润冶金有限公司）；收购重组1家（康达制药厂被上海正源科技发展有限公司收购）；租赁重组2家（福安造纸厂、罐头食品厂部分租赁经营）；破产重组3家（福安茶厂、报警器厂、拆船厂）。

1998年，福安市以资产重组、清资减债、分流职工、建立现代企业管理制度为手段，推进国企改革。全年落实以资抵债上报核销企业呆账8000万元、周转金转资本金1126万元。福安农药厂被福建省九州集团公司兼并；福安市包装厂破产，78名职工得到安置；福安市天然饮料厂出现资不抵债全面停产；康达制药厂变现资产400万元，基本完成168名职工补偿安置；燃料公司完成职工分流安置；闽东起动机总厂被工行债务起诉，部分资产抵偿债务、部分资产拍卖530万元（由闽东嘉华电机有限公司收购），用于325名职工安置；甘坪建材有限公司参股拆船厂、造船厂，占80%股份，20%股份由市国有资产投资经营公司持股，股份变现资金全部用于118名职工安置。香港荣润发展公司与福润冶金有限公司增资4800万元，扩大硅、铬、锰系列合金生产；东福船业有限公司与省船舶工业公司合资组建省船舶工业集团福安分公司，增加投资200万元。同年，市政府成立国有资产营运公司，对资产负债率较低、生产经营情况较好和改制后的国企实行国有资产监督管理与营运，确保国有资产保值升值。

1999年，市委、市政府出台《关于印发〈福安市国有工业企业深化改革摆脱困境的若干意见〉的通知》，全面推进国有企业"产权改革、核销呆账、以资抵债、规范破产、盘活资产，发展生产"。市包装厂破产清算工作进入收尾，完成绝大多数职工安置；赛岐酒厂、机电铸造厂和闽东利达铸造有限公司立案破产；市天然饮料厂由劳动、财政部门与企业共同筹集资金一次性安置职工。

2000年，经委系统国企全面进入改制，累计核报呆账1.6亿元，资产变现2300万元，补偿安置职工解除劳动关系2000人、鼓励自谋职业800人。赛江糖厂核减冲销银行债务3770万元，资产全部拍卖变现安置职工；酒精厂引入泉州市客商租赁、技术改造恢复生产；拆船厂、造船厂完成股份合作改制，基本完成职工安置；机电铸造厂破产清算工作基本完成，着手拟定职工安置方案；闽东特种纸厂因属于"五小"

企业（小炼铁、小炼焦、小化肥、小造纸、小煤窑），市政府下文关闭并进行公开拍卖，被闽东亚南电机厂330万元收购，用于安置346名职工；福安罐头食品厂因欠工行和省粮食进出口公司等债务，企业资不抵债而停产，将0.91公顷土地和部分厂房切出分立福安食品厂，被东方神电子有限公司170万元收购，用于147名职工安置；部分房地产抵偿工行债务、部分资产抵偿省粮油进出口公司债务，预留450万元资产与省粮油公司合作重组经营。福安茶厂、茶叶包装厂着手拟定资产拍卖变现安置职工方案。

2001年，市政府从再就业资金中拨款101万元，用于安置天然饮料厂143名职工；赛江糖厂因国家产业结构调整被关闭，厂区资产公开拍卖，闽东亿力电力设备有限公司以650万元中标，部分资金用于247名职工的安置。东福制氧厂盘活资产安置职工方案经市政府批准进入实施；钼矿实行租赁经营；福安茶厂分块盘活资产安置职工方案基本确定，着手公开拍卖变现；印刷厂制定改制方案，着手进行核减债务实质性谈判；罐头厂与省粮油公司协商盘活剩余资产安置职工问题，拟定职工安置方案；福建省九州商社兼并的华丰电机厂、华丰电机二厂，市人民法院裁定破产，盘活资产330多万元、安置346名职工。

2002年，市罐头厂与省粮油公司合作重组的新公司经营困难停产，新公司中划回设备拍卖146万元，共筹集529万元，安置460名职工。福安茶厂实现资产变现，完成绝大多数职工安置工作；福安印刷厂因欠中行债务被起诉，其资产公开拍卖1550万元，偿还中国银行700万元，剩余资金用于安置426名职工和偿还其他债务。全年国企变现剩余资产3100万元，到位资金2400万元，安置职工1087人，落实核减企业呆账3100万元。

2003年，铁合金厂申报国家政策性破产项目，3870万元金融债务与主要债权人达成协议并上报国务院有关部委审批；华丰电机厂破产终结，减债近1000万元；印刷厂出售资产安置职工、偿还债务，减债2000多万元；报警器厂、坦洋茶厂争取再就业补助基金65万元安置职工。当年，全市安置国企职工600人。

2004年，福安农药厂宣布破产，394名职工由省九州集团公司负责安置；福安酒厂、镀膜玻璃厂、铁合金厂等企业4000多万元债务与债权人达成减债协议；福安印刷厂、报警器厂、茶叶包装厂基本完成职工安置扫尾工作，共安置下岗职工130人；市船舶工业公司与省船舶工业公司签订整体收购双福、东福2家公司和投资2亿元技改扩大生产规模协议书，企业改制方案经市政府审批，进入实质性操作阶段；市造纸厂、酒精厂进行改制立项和前期工作；赛岐酒厂制定改制初步方案；赛岐铁合金厂进入破产前的准备工作。

2005年，列入国家政策性破产初定名单的赛岐铁合金厂、红福啤酒公司重新申报有关资料数据，赛岐铁合金厂、福安造纸厂、赛岐酒厂、经济协作公司、福安钼矿、副食品公司制定上报改制方案，福安酒精厂实行新一轮租赁经营。当年，赛岐铁合金厂505名职工、福安钼矿150名职工，坦洋茶厂、赛岐酒厂、造纸厂3家企业232名职工，福安酒厂337名职工未安置。福安市工业供销公司、经济协作公司、电机电器工业公司、船舶工业公司等国企分别着手争取政策、资金支持，盘活剩余资产，安置下岗职工。

二、转换经营机制

1991—1992年，福安市工业经营机制仍沿袭计划经济经营方式，开始实施以承包经营责任制、“两权分离”为主要内容的改革。全市29家国企进入第二轮承包经营实行“利税统筹、递增包干、超收全留”政策。福安市委、市政府根据《全民所有制工业企业转换经营机制条例》精神，在市化学工业公司、食品罐头工业公司、赛岐铁合金厂、拖拉机电机厂、特种纸厂、机电铸造厂等6家企业，实行转换经营机制综合改革试点，具体包括市财政收入总额结算承包、改革劳动人事制度、改革工资分配制度、建立和完善企业职工保险制度、企业经济体制改革等五个方面试点。这些企业主动开展跨行业、跨所有制的联合、兼并，拓展经营领域，先后成立闽东罐头食品、福建天马化工、闽东冶金、福建双龙机电等以国企为核心层的企业集团。其他国企在实行承包经营责任制的基础上，进一步完善企业内部经营责任制和分配制度，推行班组个人定额工资分配制度。

1994 年 7 月，《中华人民共和国公司法》（简称《公司法》）正式公布后，福安市委、市政府出台《关于进一步深化企业改革加快我市工业经济发展的决定》，进一步规范现代企业制度管理结构，开始以制度创新为主要内容的改革，提出继续实施“工业立市”发展战略等 11 条措施，并被列为宁德地区“转机建制工程”试点市，制定“试点先行、整体推进”改革目标计划，采取因厂制宜、分类指导、一企一策、封闭实验等办法，推进国企转换经营机制。

1995 年，福安市贯彻落实国务院《全民所有制工业企业转换经营机制条例》，全面放开国企经营自主权，组建工业、二轻、乡镇企业、罐头食品、冶金、船舶、电机电器、化工、打火机、福光电子等十大工业公司（局），实行自主经营，自负盈亏；按照建立社会主义市场经济体制的要求，打破单一的公有制结构，多元投资结构的经济主体逐步形成，从传统的工厂制逐步向公司制过渡。原挂靠工业行政主管部门的民营企业、乡镇企业相继与行政部门脱钩，按照《公司法》组建成立股份有限公司，实行董事会领导下的经理负责制。

1996 年，市成立国企转机建制领导小组，下设 5 个指导小组，由市政府分管领导、经委、体改委领导分别牵头，加强对国企改革工作的组织与领导，推进国企改革。次年，福安造纸厂、罐头食品厂部分车间实行租赁经营。1999 年，市委、市政府出台《关于印发〈福安市国有工业企业深化改革摆脱困境的若干意见〉的通知》，提出国企改革脱困目标和配套政策措施。

2000—2004 年，福安钼矿、福安酒精厂等企业相继实行租赁经营。2005 年，福安酒精厂（包装纸厂）实行新一轮租赁经营。

三、加大政策扶持

1991 年，福安市坚持以电机电器、船舶修造、食品加工三大产业为支柱，冶金、化工、建材、电力等产业为重点的工业发展思路，推进产业结构优化、品质提升，加快主导产业集聚，做大做强产业集群。

1992 年，全市国有、集体企业进入新一轮技术改造投资高潮，大部分国有企业和二轻集体企业相继加大投资，实施外延式扩大再生产和内涵式技术改造，调整优化产品结构，提升装备技术水平。第二年，市结合船舶工业产业发展实际，出台《关于加快船舶工业发展的若干决定》，提出“加快福安船舶工业发展步伐，对赛江沿岸地区船舶修造拆解业给予比特区更优惠的政策和灵活措施；给予船舶工业比其他行业更宽松的政策；赋予船舶工业公司比其他行业更多的自主权”，促进船舶工业向集团化迈进。

1994 年，福安市委、市政府出台《关于加快民营经济发展的决定》，提出“解放思想、政策扶持、分类指导、突出特色、注重实效、加快速度、大胆突破”，大力发展各种民营经济；出台《关于依靠科技进步建设电机电器城的决定》，提出“‘九四’打基础、‘九五’求突破、‘九六’全面上、‘九七’实现电机电器产值 15 亿元，四年建成电机电器城”的奋斗目标。

1996 年，市委、市政府出台《关于贯彻地委、行署〈关于加快工业发展的决定〉的实施意见》，全面实施“工业立市”发展战略，力争“九五”末工业总产值达到百亿元。次年，市委九届九次全体会议提出构筑两大支柱（电机电器、船舶修造）产业和6个重点（食品加工、印刷包装、建筑建材、电力工业、冶金铸造、化工医药）产业，出台《关于扶持电机电器产业发展的决定》，对23家民营电机电器企业实行重点扶持。

1998年，市委、市政府出台《关于加快民营经济试验区发展的决定》《关于鼓励开发乡镇工业小区的决定》，设立占地200公顷的民营经济试验区（秦溪洋工业区、闽东赛岐经济开发区小留片区各100公顷），实行“开放式经营，封闭式管理”，实施“统一规划，统一政策，统一服务，统一配套”等12条措施，支持试验区发展；鼓励乡镇加快工业小区建设步伐，加大招商引资力度，促进乡镇工业发展，形成规模优势，发挥聚集效应，增加经济总量。

1999年，市委、市政府出台《关于加强外商投资软环境建设的若干规定》《关于鼓励国内客商投资的若干暂行规定》，采取25条措施，改善外商投资环境，吸引外商投资；鼓励国内客商投资福安基础设施项目和电机电器、船舶、农业开发等主导产业生产性企业。

2000年，福安市委、市政府出台《关于鼓励民营经济发展的若干规定》，采取15条措施，从“推进技术创新，兼并、收购、参股国企，建大、构大，吸纳国企下岗职工再就业”等四个方面鼓励民营经济发展。

2002年，市委、市政府出台《关于进一步扶持工业发展的若干意见》，从“加强领导，高度重视工业发展；加快工业园区建设；加大融资力度，解决企业发展资金问题；鼓励企业技术创新；积极实行激励政策；鼓励发展中小企业；鼓励引进工业生产性项目；成立行业服务中心；继续强化软环境建设；定期调整扶持政策”10个方面支持工业发展。

2003年，福安市委、市政府贯彻落实宁德市委、市政府《关于扶持福安电机电器、船舶修造业发展的若干意见》，出台《关于全面推进工业化进程的决定》，从“工业化的目标与任务、工业布局和园区、科学技术创新、工业改革发展环境、加强领导和监督”等5个方面，提出30条措施推进全市新型工业化进程。

2005年，福安市形成以电机电器、船舶修造、食品加工三大产业为主导，冶金、电力、化工、建材等产业为重点的工业产业发展体系，其中电机电器、船舶修造两大支柱产业规模企业产值占全市规模工业总产值的66.4%，工业产业结构进一步优化。

第二章　工业门类

第一节　电机电器

一、行业发展

1991 年，全市电机电器企业 320 家。其中，国有企业 4 家，集体企业 120 家，股份企业 102 家，个体企业 92 家，中外合资企业 2 家。按生产类型划分：整机生产企业 120 家，配件企业 185 家，模具加工企业 15 家。闽东电机厂完成工业产值 1.57 亿元；福安市属乡及乡以上独立核算电机电器企业 19 家，产值 2148.4 万元，出口 217.5 万元。

1992 年，闽东电机厂 4 个分厂完成产值 2.01 亿元，福安市属乡及乡以上独立核算电机电器企业 19 家，完成产值 4206 万元，出口交货值 585 万元。位于福安市坂中畲族乡的闽东电机电器工业园区开始建设，总规划用地面积 40 公顷。

1993 年，全市电机电器企业 400 家。其中，闽东电机 4 个分厂完成产值 2.21 亿元；福安市属乡及乡以上独立核算电机电器企业 34 家，完成产值 1.10 亿元。次年，市委、市政府印发《关于依靠科技进步建设电机电器城的决定》，提出建设“电机电器城”的目标和具体要求。

1995 年，福安市电机电器产业完成产值 10 亿元，完成出口商品收购总值 2.42 亿元。其中，闽东电机厂完成产值 2.11 亿元，福安市属乡及乡以上独立核算电机电器企业 57 家、完成产值 2.64 亿元。万达电机有限公司首家通过欧盟国家 CE 认证，取得产品出口西欧市场的通道；华微电机厂、港发电机有限公司 2 家企业通过国家产品质量安全认证；中闽公司、华丰电机一厂、华丰电机二厂、安波电器有限公司、闽通电机厂通过省级产品质量安全认证。

闽东电机三厂大门（1996 年）

1997 年，全市电机电器产业完成工业产值 15 亿元，完成出口商品收购总值 3.60 亿元。其中，91 家乡及乡以上电机电器企业完成产值 6.30 亿元。市委、市政府成立电机电器产业领导小组，出台“关于扶持电机电器产业的决定”，对万达、德丰等

23家民营企业进行重点扶持。秦溪洋电机电器工业园区建设启动，首期落实工业用地21.3公顷。

1999年，电机电器产业完成工业产值22亿元。其中，23家规模以上企业完成产值6.48亿元；完成出口交货值4.86亿元，企业自营出口876万美元。市委、市政府出台“关于加快秦溪洋工业园区发展的决定”，采取优惠政策措施鼓励电机电器企业进驻园区建厂，秦溪洋工业园区建设全面启动。4月，福建省首家担保机构和福安市首家民营企业融资担保服务机构——福安市恒实担保有限公司成立，当年为32家民营企业担保贷款2512万元。安波电器有限公司、万达电机有限公司等15家电机电器企业列为市重点企业进行扶持，并实行市领导挂钩服务。

2000年，电机电器产业完成工业产值26亿元，其中，23家规模以上企业完成产值6.49亿元，出口交货值6.40亿元，企业自营出口2659万美元。闽东电机电器工业园区获“全国第三批乡镇企业示范区”称号。

2001年，电机电器产业完成工业产值30.20亿元。其中，35家规模以上企业完成产值12.39亿元，出口交货值9亿元，自营出口4777万美元。电机电器产业整机出口量首次超过总产量的50%，成为以出口为主的外向型产业。万达电机有限公司列为省成长型企业，东方神电子有限公司等5家企业列为省增长点企业。万达电机有限公司、太平洋电机有限公司、德丰电机有限公司3家企业年产值首次超亿元，实现福安年产值亿元民营企业零的突破。

2003年，电机电器产业完成工业产值47亿元，出口交货值18.60亿元，其中，企业自营出口1.09亿美元，首次突破亿美元大关。次年电机电器产业完成工业产值58亿元，规模以上电机电器企业完成出口交货值21.62亿元。其中企业自营出口1.45亿美元。福安市电机电器产业列入省重点扶持产业集群之一。

2005年，福安市电机电器企业达到700家，完成工业产值65亿元。其中，规模以上企业98家，完成工业产值40.90亿元，出口交货值26.20亿元，企业自营出口1.87亿美元。甘棠工贸集中区电机电器工业小区完成规划编制，规划用地面积68.44公顷。

二、技术与质量

（一）技术

1994年，华丰电机厂生产的自动吸水泵获福建省优秀新产品三等奖。

1995年，安波电器有限公司投资50多万元研发生产符合国际IE标准的YAC系列铝壳电机，闽东亚南电机厂研发生产国家专利产品——变频发电机组。

1997年，闽东电机配件厂、威力电机厂、华生电机厂、佳尔电机厂、东方神电子公司、九州电器厂、电力器厂、闽东变压器厂技改扩大生产规模项目投产；华丰电机厂、安波电器公司、革新电机厂扩大电机生产项目部分建成投产。

2000年，闽东亚南电机有限公司技改扩大三相发电机开始生产、开发发电机智能控制系统项目进入实施。

2002年，省电机电器行业产学研现场会在福安市召开，13家企业与10所高校达成27项技术攻关合作协议，其中，8项属国际水平，5项属国内先进水平。

2003年，德丰、远东、振中公司异地技改扩大生产，万达电机公司技改扩大高效电机生产规模等5个项目建成投产，新永隆、统志、大地、福兴、华微、银嘉公司异地技改扩大生产规模等8个项目部分建成投产；成功开发混合伺服电机、亚的钢板壳无刷同步电机、NIMA 标准电机、微型汽油发电机等一批新产品投入批量生产。

2004 年，惠丰、银嘉、怡和公司异地技改扩大生产，闽东亚南公司技改扩大出口 TFWI 系列无刷交流同步发电机生产项目建成投产；安波电器有限公司建设 ERP、福建天工有限公司异地技改扩大生产项目部分建成投产；成功开发耐腐蚀电机、大功率小座号系列铝壳电机、WY 系列三相异步电动机风机电机等 34 项新产品投入生产。全市电机电器企业获专利授权总数 67 项，其中实用新型专利授权 17 项，外观设计专利授权 50 项。

2005 年，福安新永隆电机有限公司技改扩大柴、汽油发电机组，闽东德丰电机有限公司技改扩大出口电机生产，闽东天工电机有限公司技改扩大 ST 系列出口水泵电机生产规模项目列入省重点结构调整技改项目计划。金泰格公司异地技改扩大生产项目竣工投产。全市有万达、安波、亚南、惠丰 4 家企业列为“福建省企业技术中心”，闽东德丰电机有限公司、闽东安波电器有限公司、闽东亚南电机有限公司、福安广源电机有限公司、福安惠丰电机有限公司、福安怡和电子有限公司、福安太平洋电机有限公司、福安华微电机有限公司、福安振中电器有限公司、福安天工电机有限公司 10 家企业列为“福建省高新技术企业”。电机电器企业先后获专利授权总数 53 项，其中实用新型专利授权 13 项，外观设计专利授权 40 项。成功开发割草电机、OP 系列柴油泵、深井泵、屏蔽泵、MSEJ 系列三相电磁制动异步电机、高效电机等 30 项新产品并投入生产。

（二）质量

1991—1994 年，福安市民营电机电器企业基本上处于粗放发展和原始资本积累阶段，主要集中于投资生产初级、低档次、质量要求不高的产品，检测、检验仪器设备不足，质量管理制度不健全。

对电机质量实施质量检测（1999 年）

1994 年，福安市与省中心检验所合作投资 60 多万元，组建市产品质量检验所（电机电器检测中心），并投入使用。次年，电机电器企业逐步建立质量管理体系，创造条件通过产品安全和质量认证。福建万达电机有限公司通过欧盟国家 CE 认证，华微电机厂、港发电机有限公司 2 家企业产品通过欧盟国家安全认证预验收，中闽电机公司、华丰电机一厂、华丰电机二厂、安波电器公司、闽通电机厂 5 家企业产品通过国家安全认证，10 家企业开展质量管理体系建设工作。1998 年，福光电子有限公司、闽东安波电器有限公司通过 ISO9001 质量管理体系认证。

2000 年，福安市把电机电器企业开展 ISO9000 国际质量管理体系认证和欧盟 CE、GS 认证、美国

UL认证工作，列为对接国际市场、拓展产品出口的重要途径和基本条件。各电机出口企业积极创造条件通过ISO9000质量管理体系和相关国家的质量、安全认证。东源电机、东方神电子2家企业通过ISO9002质量管理体系认证，7家企业分别通过欧盟CE、GS和美国UL认证。2001年，有10家企业申报ISO9002质量体系认证，其中怡和电子、嘉华电机等3家企业通过验收。2002—2004年，18家企业和产品分别通过ISO9000国际质量管理体系、中国CCC、欧盟国家CE、GS、TUV、美国UL等质量标准认证。2005年，全市有50多家电机电器企业通过ISO9002质量管理体系认证，50多个电机电器企业产品通过CE、GS、TUV、UL等质量标准认证。

1991—2005年，闽东亚南电机有限公司等电机电器企业生产的10个产品获“福建省名牌产品”称号，10个商标获“福建省著名商标”品牌。

三、主要产品

（一）电机

1991年，福安市主要电机产品有单三相交流发电机、单三相柴油交流发电机组、单三相发电电焊两用机、单相汽油发电机组、单三相异步电动机QD系列汽车起动机、特殊用途电动机等7个种类、50多个系列、700多个规格。生产电机总功率达130万千瓦，其中：发电机115.5万台、功率15.8万千瓦；分马力电机16.5万台、功率10.2万千瓦；交流电动机32万台、功率94万千瓦。

1995年，福安市乡及乡以上工业企业生产交流电动机37.66万台，直流电动机55.89万台；1997年，生产交流电动机14.20万台、功率33.52万千瓦，直流电机3509台、功率2.81万千瓦，交流发电机4453台、功率5.20万千瓦。

1998年，民营电机电器企业福建万达电机有限公司“WONDER”牌小型电动机、闽东安波电器有限公司“ABCE”牌中小型电动机、闽东德丰电机有限公司“凯捷利”牌中小型电机首获福建名牌产品称号。

2001年，福安市从事电机生产企业216家，生产电动机300万台、发电机120万台、发电机组30万台，产值10.3亿元。次年，从事电机生产企业236家，生产电动机350万台、发电机140万台、发电机组40万台，产值12亿元。2003年，从事电机生产企业245家，生产电动机500万台、发电机210万台，发电机组100万台，产值22.5亿元。2004年，从事电机生产企业256家，生产电动机650万台、发电机240万台、发电机组120万台，产值25.5亿元。

福安电机种类繁多（2003年）

2005年，福安市从

事电机生产企业上升至300家，电机产品20多个种类，200多个系列，1000多种规格。全市生产电动机750万台、发电机255万台、发电机组125万台，产值32亿元。

（二）电泵

1991年，福安市生产水泵12628台。1994年，从事生产水泵的企业有110家。主要产品有JET自吸泵、DB—125清水泵、GP—125TB动泵和多种小型清水泵。全市乡及乡以上工业企业共生产电泵25.68万台。次年，全市乡及乡以上工业企业生产电泵29.66万台；1996年，生产电泵15.12万台；1997年，生产电泵20.42万台；万达电机有限公司"万德牌"水泵获得福建名牌产品称号。

1998年，全市乡及乡以上工业企业生产电泵26.68万台。2001年，全市生产各种电泵700万台，产值7亿元。次年，生产各种电泵900万台，产值9亿元。2004年，生产各种电泵1500万台，产值15亿元。2005年，福安市从事各类电泵生产的企业236家，生产电泵1800万台，产值18亿元。

（三）电子医疗保健器械

1991年，福安市电子医疗保健器材企业主要有福安市光电仪器厂、福光电子有限公司、福安市五州电子有限公司、福安市电子报警器厂等企业，主要产品有电子音响、电子理疗器具、电子仪器、计量分析仪表、电子报警器等五大门类，20多个品种。

1995年，福安市医疗保健器材企业有10多家，主要产品有针灸按摩器、叩击式按摩器、强力按摩棒、靠背式按摩椅、按摩垫等产品。

2001年，福安市医疗保健器材企业上升至20多家，主要产品有按摩椅、气血循环机、脂肪运动机、温玉按摩椅、活氧机、脚底按摩机、多功能腿足按摩器、滚动按摩机、足浴盆等20多个系列，300多种产品。

2005年，福安市按摩保健器具生产及配套企业30多家，主要产品有智能豪华按摩椅、智能推拿机、智能按摩垫、微电脑按摩腰带、智能温玉理疗保健床、美腿机、电子热磁波按摩器等30多个系列、1000多种产品。在全国各地设有100多个销售网点，其中，东方神、怡和、五州（康华）、普力得、旭日神、久久神6家企业年产值均超过3000万元。

（四）电热电器

1991年，福安电热电器企业主要为闽东电热电器厂，生产电热管8.9万米。后福安市九州电器厂收购闽东电热电器厂生产设备，从事生产电热管、电热器。1996年，上海正源科技有限公司收购福建康达制药厂，成立福安市九源工业有限公司，生产电热电器产品。2005年，福安市电热电器企业主要有福安市九源工业有限公司等企业，生产电热管25.5万米。

（五）电源（蓄电池）

1991年，福安市有汽车蓄电池维修个体户10多家。

2003年，福安市电源（蓄电池）行业随着电动车市场的兴起而快速发展。同年，福建省福安银鑫电源有限公司、福安市宇能电源有限公司等相继成立，投资建设厂房，开始生产动力蓄电池。

2005年，福安市电源（蓄电池）行业企业、个体户达到30多家，其中生产蓄电池企业10多家，主要产品有电动车、摩托车、应急电源蓄电池等三大系列、十多种规格。同年，行业产值达到2亿多元，其中，福建省银鑫电源有限公司、福安市宇能电源有限公司产值超过3000万元，福安市恒源蓄电池有限公司产值超过1700万元。

四、配套企业

1991年，福安电机电器产业配套企业主要有模具加工、冲压加工、轴承生产、金属切削等配套企业50多家，年总产值2600万元。

1995年，福安电机电器产业配套企业100多家，年总产值1.8亿元。

2000年，全市电机电器产业配套企业200多家，年总产值6.8亿元。

2005年，福安电机电器产业配套企业发展到300多家，年总产值13亿元。开始应用数控机床加工模具，发展高速冲压、精密铸造、发电机自动控制系统、按摩器数字控制系统等配件生产。

五、营销

1991年，福安市民营电机电器企业大多登记为个体企业和合作企业，实行小作坊式、家族式粗放型管理。1993年，《公司法》实施后，民营电机电器企业相继走上公司化管理轨道，按照股份制方式组建有限责任公司，实行董事会领导下的总经理负责制；会计、统计、生产、安全、环保等制度逐步建立并完善。

1994年，市政府首次组织电机电器企业参加秋季“广交会”，在广交会举办福安电机电器和名优特产品订货会，3万人到会洽谈订货。

1998年，民营电机电器企业逐步从外贸收购、借牌生产、异地出口等方式，转向企业自主品牌自营出口。全市自营出口企业43家，出口额559万美元。电机电器产品主要从出口东南亚国家转向欧美、中东国家。

2003年前，医疗保健器材企业产品销售主要采取在全国各地设立销售部，实行销售提成的方式推销。2003年后，随着产品进入欧盟国家等市场，医疗保健器材主要企业逐步实行自营出口，产品远销欧、美、东南亚、中东等50多个国家和地区。

2005年，全市取得进出口经营权电机电器企业63家，出口额5.87亿美元。主要出口产品有：同步发电机，发电、电焊两用机，相复励发电机，异步电动机，调速电动机，柴油发电机组及电器产品等。产品出口国家、地区和比例分别是：东南亚30%、中东40%、南美洲8%、欧盟10%、非洲10%、澳大利亚2%。年出口值500万美元（含）以上企业8家、100万～500万美元企业20家、100万美元（含）以下的企业10家。全市有境外投资企业9家。

第二节　船舶修造与拆解

一、设施

1991年，福安市造（修）船企业仅福建省白马船厂等几家，规模不大、设施不多。主要有福安市造船厂3000吨级船坞1座，福海造船厂6000吨级船坞1座、300吨级船台1座，简易船排数座。

1995年，福安市有船坞6座，船台2座。次年，福安市东福船业有限公司开始建造万吨船台，1997年建造的万吨级出口驳轮顺利下水。

1999年，福安市有船坞9座，坞容量5.25万吨。福安市马头造船有限责任公司筹建3万吨级船坞，福安市环澳船舶发展有限公司开始建设1.5万吨级船坞。

2000 年，福安市环澳船舶发展有限公司 1.5 万吨级船坞建成投产。全市 1000～15000 吨级船坞达到 10 座，总容量 9.75 万吨。次年，福安市马头船舶发展有限公司 3 万吨级船坞建成投产。全市船坞数量 11 座，总容量 12.75 万吨。

2003 年，福安市有 0.3 万～2.5 万吨级船台 4 座，0.1 万～3 万吨船坞 13 座，总容量 14.3 万吨。福建新远造船有限公司开始筹建 10 万吨级船坞，福安市东洋船舶工程有限公司开始建设 2 万吨级船坞、1.5 万吨级船台。

2004 年，福安市恒生船业有限公司、顺江船舶有限公司、宏港船业有限公司的一批船坞、船台相继建成投产；福宁船舶重工有限公司开始筹建 3.5 万吨船坞的船厂。全市船坞数量 14 座，坞容量 16.3 万吨；船台数量 20 座，总容量 18.9 万吨。

2005 年，福建新远造船有限公司 10 万吨船坞建成投产，船坞规模名列全国第七位、也是全省最大的干船坞。当年全市船坞数量 15 座，总容量 27 万吨；船台数量 30 座，总容量 30.16 万吨，拥有 20～120 吨龙门吊车 20 座、数控切割机、冷弯机、自动焊接机、钢材成型机等设备 350 台套。闽东丛贸船业有限公司开始筹建 10 万吨级船坞及 10 万吨级船台。

二、造船

1991 年，福安市造船企业主要有福安市造船厂、福海造船厂、闽东赛岐经济开发区申银船舶工程有限公司、福安市海轮船舶修造厂、福安市溪潭船舶修造厂等。其中，福安市造船厂主要生产 260 吨及以下钢丝水泥运输船；市海轮船舶修造厂、市溪潭船舶修造厂主要生产木船；福海造船厂、申银船舶工程有限公司等企业主要从事 3000 吨及以下钢质二手船、沿海货轮的改装。

1992 年，全市造船企业改装二手船舶业务骤升，改船生产遍布赛江流域，企业达到 40 多家；当年改装船舶 60 多艘、4 万多综合吨，产值 5000 多万元。

1994 年，造船企业受国家经济调控、银根紧缩政策影响，改装二手船市场业务锐减，一批个体小型改船企业纷纷倒闭。当年全市改装船舶仅 10 艘，1 万多载重吨，产值 2000 多万元。一批企业开始从滩点、水上改、修船，转向投资建设船坞、船台，发展建造新船和船坞修船。

1997 年，福安市东福船舶有限公司成功建造 1 艘出口新加坡的万吨驳轮，实现福安市造船业建造大型出口船舶零的突破。全行业改装船舶 80 多艘，8 万多综合吨，产值 3.8 亿元。

1998 年，全市修造船企业建造小型渔轮业务骤升，一大批造船个体户利用赛江沿岸修造船，并扩及甘棠镇外塘沙头、甘坪下棠尾、南塘桥头、英岐及下白石镇的风山、长楼、六屿，罗江赛岐大桥下和上湾、长岐、江兜等赛江沿岸。市政府与省船舶工业集团公司签订加快福安船舶工业发展协议书，组建的福安市双福船业有限公司投资 200 万元，扩建万吨船台 1 座，增设跨度 37 米、高度 20 米、吊重 20 吨的龙门吊，形成年建造出口驳船 4 万吨的生产能力。

2000 年，市双福船业有限公司成功建造全省最大的 50 米吊杆驳轮和 91.4 米万吨驳轮出口香港。市东明造船有限公司、闽东丛贸船舶实业有限公司成功建造 3000 吨级集装箱货轮，开始突破建造生产动力型中、大型船舶零的历史。次年，市双福船业有限公司成功建造 1476 千瓦出口深海拖轮，实现船舶产品又一次档次升级。

2002 年，省白马船厂建造的第一艘 1.2 万吨成品油轮下水；市双福船业有限公司建造的 97.54 米自卸驳轮下水。

2003年，福建白马船厂建造1.2万吨Ⅰ级成品油轮2艘，闽东丛贸船舶实业有限公司、福安市东明造船有限公司动工建造3000吨集装箱货轮3艘。全市造船产量1.97万吨，产值1.18亿元，出口创汇409万美元；改装船舶3艘，产值4.04亿元；造船占造修改拆的比例从1997年的5%提高到18.9%。

2004年，福建省白马船厂动工建造1.6万吨成品油轮，闽东丛贸船舶实业有限公司在建1.6万吨散装货轮2艘，市恒生船业有限公司、市顺江船舶有限公司、市宏港船业有限公司等企业开始批量建造3000～6000吨级集装箱货轮、散装货轮。全市共建造船舶17艘5.5万吨，产值4.8亿元，造船占造修拆的比例上升到32.8%。

2005年，闽东丛贸船业有限公司首次建造2艘1.6万吨级货轮下水，省白马船厂开始批量建造2万载重吨散装货轮，福宁重工船舶有限公司动工建造2艘6800吨出口新加坡油轮。全市造船完工21艘、9.91万载重吨，产值7.8亿元；改装40艘、12.2万载重吨，产值4.9亿元，造船占造修改拆的比例上升到42%。

三、修船

1991年，福安市修船企业主要有福安市造船厂、市海轮船舶修造厂、市福海造船厂、闽东赛岐船舶修造厂等，具备修理3000吨及以下钢质货轮及小型渔轮的生产能力。

1993年，修船企业修理单船能力达到6000吨。全市修理船舶20多艘，2万多载重吨，产值3000多万元。

1996年，全市修理船舶50多艘、5万多载重吨，产值首次突破亿元大关。1998年，全市修船舶68艘、8.1万载重吨，产值1.22亿元。次年，福安市造船厂成为宁德地区行署原则同意设立的首家外籍船舶维修点，开始承修4000吨及以下外籍船舶。

2001年，福安市马头造船有限责任公司3万吨干船坞建成投产，福安市船舶企业修理单船能力提高到3万吨。

2002年，闽东丛贸船舶实业有限公司、福安市马头造船有限责任公司通过外籍船舶修理点认可。福安市造船厂3年累计维修外籍船舶34艘，15.26万载重吨。当年，福安市马头造船有限责任公司承修3.9万吨巴拿马籍外轮。次年，福建省白马船厂、环澳船舶发展有限公司、中银船舶工程有限公司通过外籍船舶修理点认可，全市承修外轮企业达到5家。

2004年，全市修船136艘、50.6万载重吨，产值6.8亿元，其中修理外籍船舶25艘48.6万载吨。

2005年，福建新远造船有限公司10万吨干船坞建成投产，福安市船舶修造业迈进修理10万吨级及以下多种船舶生产的行列。当年，全市修船168艘89.8万载重吨，产值13.50亿元。

四、拆船

1991年，福安市拆船业拥有3万吨级天然拆船坞1座，最大可拆3万吨级船舶；有10家以修改船为主兼营拆船业务的船舶修造企业，当年拆船2.9万吨、产值8700万元。

1995年，福安市组建成立以国企福安市拆船厂、福安市造船厂为主体的福安市拆船实业公司。

1997年，福安市拆船业进入高潮，拆船企业和个体达30多家，拆船作业遍及赛江流域。全市拆船200多艘，产量突破10万轻吨，产值突破1亿元。

2000年，随着船坞、船台等基础设施的逐步完善，大多数企业转向从事造、修船业务，仅有数家骨干企业附带拆船业务，拆船生产主要是一批个体户。

2002 年，国家环保法律法规逐步完善，拆船生产逐步向甘棠镇港岐村等地集中，拆船集中点逐步形成。次年，福安市拆船扩展至甘棠镇港岐、樟港一带，全市拆船产值 3 亿元，其中港岐周边拆船产量 16.7 万轻吨、产值 2.5 亿元。

2004 年，福安市拆船企业主要有福安市港和船务有限公司、福安市赛江船舶拆解有限公司。当年全市拆船 90 艘、12 万轻吨，产值 2.4 亿元。

2005 年，福安市拆船作业区域仍是港岐、樟港两个集中点，全年拆船产量 17.3 万轻吨、产值 3.53 亿元。

五、管理

（一）行业发展

1991 年，福安市主要船舶企业有福安市造船厂、市拆船厂、市溪潭船舶修造厂、市六屿船厂等。其中，福安造船厂、福安拆船厂为国有企业，从业人员 201 人，年完成工业产值 210.4 万元。行业具有建造 300 吨及以下水泥船、260 吨及以下木质船、维修改装 3000 吨及以下钢质货轮的生产能力。

1993 年，福安市出台《关于加快船舶工业发展的若干决定》，从“加强领导、高效服务，制定规划、协调发展，实行优化、促进发展，宏观把住、微观搞活，大胆试验、敢闯敢冒”五个方面，支持和促进船舶工业发展。当年，福安市船舶工业公司成立，全年完成产值 2126 万元。

1994 年，原由交通局主管的福安市造船厂和乡镇企业局所属的一批民营船舶修造企业划归市船舶工业公司统一管理，当年实现产值 7158 万元。但由于受国家宏观经济调控影响，导致民营船舶企业在建船舶销售困难，出现船舶产品、物资积压，企业从业人员、利润及税金大幅下降。

1995 年，福安市出台《关于进一步振兴船舶市场的决定》，支持船舶企业提升规模实力和技术质量，促进船舶工业规范、健康、持续发展。市船舶工业公司完成产值 1.30 亿元。次年，福建省白马船厂下放地方管理，当年完成现价工业产值 1508.5 万元。福安船舶工业公司收购闽东福海造船厂，组建股份制闽东东福船业有限公司。福安造船厂通过省外籍船舶修理点认可。

1997 年，福安市东福船业有限公司与省船舶工业集团公司合资组建福安市双福船业有限公司，首次建造万吨驳轮出口新加坡，并经美国验船协会检验合格，实现福安船舶出口零的突破，结束了福安船舶修造产业单一改建二手船的历史。当年，全市船舶修造完成产值 4.70 亿元，其中，市船舶工业公司完成产值 1.94 亿元。

1999 年，福安市出台《关于扶持两大支柱产业重点企业发展的决定》，采取九条措施，扶持电机电器、船舶修造重点企业发展壮大。印发《福安市船舶工业五年（1991—2003 年）发展规划》，提出“规范大市场，联合大企业，建设大船坞，引造大吨位，形成大港口”的发展思路和“重造船、上档次，兴修船、上规模，促拆船、带多业”的具体措施。计划到 2003 年，船舶修造产值达到 19 亿元，造船比例上升 20%、年造船能力 8 万吨，单船建造能力达到 5000 吨级、单船修理能力达到 5 万吨级。当年，船舶修造完成产值 7.50 亿元，其中，市船舶工业公司完成产值 3.81 亿元。全年改装船舶 200 多艘、15 万综合吨。形成具有建造万吨出口驳轮、150 吨及以下渔轮，改建改装 4000 吨及以下集装箱货轮、8000 吨及以下沿海货轮、5000 吨及以下滚装船的生产能力。

2001 年，福安船舶修造产业修造船舶 20 多艘、20 多万载重吨，完成产值 9.2 亿元。其中，规模以上船舶修造企业 5 家、从业人员 2208 人，完成现价工业产值 7.15 亿元、不变价工业产值 5.61 亿元，销售收入 6.94 亿元、新产品产值 2356.9 万元、工业增加值 2.08 亿元、利润 676.5 万元、税金 264.6 万元。

2002 年，白马船厂成功建造 1.2 万吨级成品油轮。闽东丛贸船舶实业有限公司、福安市马头造船有限责任公司首批通过外籍船舶修理认可。5 月，福安市船舶行业协会成立。12 月，福安市恒顺担保有限公司工商注册成立。次年，福建白马船厂、闽东申银船舶工程有限公司、福安市环澳船舶发展有限公司通过外籍船舶修理认可。

2005 年，福安市船舶修造产业完成工业产值 18.60 亿元。其中福建省白马船厂、闽东丛贸船舶实业有限公司、福安市东明船舶修造有限公司、福安市马头造船有限责任公司、福安市恒兴船舶有限公司、福安市宏港船业有限公司、福安市金湖船舶工程有限公司、福安市外塘华海船舶修造厂、福安市船舶重工有限公司、福安市瑞丽船舶有限公司、福安市顺江船舶有限公司等 11 家规模以上船舶修造企业，从业人员 3277 人，完成工业产值 7.58 亿元，工业销售产值 7.04 亿元，新产品产值 675 万元，工业增加值 2.29 亿元，主营业务收入 8.45 亿元，利润总额 4857.8 万元，利税总额 7302.9 万元，应交所得税 335.9 万元。福安船舶修造业达到具有建造 2 万吨及以下沿海货轮、成品油轮、集装箱货轮、大马力深海轮和 1000～4000 立方米挖泥船、液化气船、各种驳轮和渔船，维修改装 12 万吨及以下各种船舶，拆解 5 万吨及以下船舶的生产能力。

（二）规划与企业管理

1991 年，福安市船舶修造行业管理部门三足鼎立：有福安市工业局、交通局、乡镇企业局。福安市拆船厂隶属工业局；福安市造船厂隶属交通局；一批乡镇民营船舶修造企业隶属乡镇企业局管理。

1994 年，福安市船舶工业公司成立，福安市拆船厂、造船厂划归船舶工业公司管理，其主要职能是管理国有船舶修造企业。

1998 年，福安市船舶行业办公室成立，主要职能是对船舶行业进行政策指导、规划布局、协调服务，拟定了《福安市船舶行业（1999—2003 年）发展规划》。

1999 年，福安市开展打击建造走私船、修造质量低劣、无证经营、污染环境的专项整治工作。福建省白马船厂、申银船舶工程有限公司、环澳船舶发展有限公司、双福船业有限公司列为市属重点企业。申银船舶工程有限公司率先通过中国船检局（CCS）认证，福安市造船厂、福安市双福船业有限公司通过省级船舶经营资质认可。

2000 年，全市开展客运、渡口船舶安全和船舶修造安全生产为重点的整顿工作，共出动车辆 38 辆次、170 人次，整治涉及沿海 6 个乡镇 40 多家船厂、修拆船点，发出限期治理、环境违法、行政处罚、消防整改、港监整改、劳动安全整改通知书 29 份，取缔证照不全的修拆船企业 8 家，关、停拆船点 3 家，取缔和治理临时造、修船点 24 个。

2001 年，市船舶行业办公室制定《福安市船舶工业五年（2001—2005 年）发展规划》，提出到 2005 年全市船舶修造产值要达到 30.6 亿元，造船能力 35 万吨，单船建造能力达到 8000 吨级，单船修理能力达到 5 万吨级，造船比例占造修改拆总量的 25% 的目标。全市通过国家、省级船检机构生产技术条件认可企业达 9 家。

2002 年，福安市船舶行业协会对行业企业承接业务、修船价格标准、质量管理和物资选购、生产协作、违约处罚 5 个方面进行规范。12 月，市财政出资 300 万元，会员企业集资 980 万元，组建成立为船舶企业提供融资担保服务的福安市恒顺船务担保有限公司。

2003年4月，市环澳船舶发展有限公司“顺凯号”船发生一起生产安全较大事故，市政府为吸取教训，召开全市安全生产紧急会议，部署船舶企业安全生产专项整顿工作，并开展从4月11日开始为期一周的安全生产大检查。当年1家企业通过国家船检（CCS）认证、1家企业通过地方渔检（ZC）认证。

2004年2月，宁德市人民政府出台《关于协调解决福安船舶历史遗留有关问题专题会议纪要》，较好解决了长期以来制约福安市船舶修造企业发展的土地、环保、岸线等历史遗留问题。同年，福建白马船厂、福安市马头造船有限责任公司、闽东丛贸船舶实业有限公司3家企业列为年度“十大明星企业”。

2005年，市政府根据国家国防科工委《关于加强船舶建造质量安全监管工作的通知》《关于全国低质量船舶专项治理活动方案的实施意见》精神，下发《福安市低质量船舶专项治理实施方案》文件，在全市开展以清理沿海滩涂造船为重点的低质量船舶修造专项治理工作，坚决取缔无工商执照、无资质认可、无造船设施（船台、船坞）造船。市船舶行业协会委托省造船工程学会、省船舶行业协会制定《福安市船舶工业产业发展规划》，计划到2010年全市船舶工业产值力争达到53亿元、造船能力达到70万载重吨、单船建造达到5万吨级、单船修理达到20万吨级，造船产值超过修船产值。2015年，船舶工业产值115亿元，建成1～2个配套设施完善的10万吨级以上造船总装厂，全市造船与修船比例提高到1∶0.82。

第三节　电力工业

一、发电

（一）水力发电

1. 小微型水电站

1991年，福安市有溪柄坑口、上白石郑家山、潭头西坑、晓阳南溪等微型水电站16座，装机16台、总装机容量535千瓦。100～499千瓦水电站13座，装机26台、总装机容量2999千瓦。500～10000千瓦水电站有穆阳溪、汾洋、路下、化蛟、马下、古岭宅6座，装机12台、总装机容量5900千瓦。

2002年，全市微型电站有吉坑、吴山底、后洋、社洋、龙井坑、金腰带、官洋、白照8座，总装机容量330千瓦；100～499千瓦水电站20座，装机29台、总装机容量4720千瓦；500～10000千瓦水电站16座，装机42台、总装机容量18394千瓦。

2005年，福安市微型水电站有吉坑、社洋、龙井坑、白照4座，总装机容量210千瓦；100～499千瓦水电站31座，总装机容量7248千瓦；500～10000千瓦水电站36座，总装机容量42149千瓦。

2. 中型水电站

1991年，福安市闽东水电站总装机容量18900千瓦。

1992年7月，黄兰溪水电站动工建设。1996年8月，二级电站建成，装机容量30000千瓦。1997年8月，黄兰溪一级电站建成，装机容量6000千瓦。

2004年4月，初处水电站动工建设，总装机容量80000千瓦。2005年仍在施工中。

（二）火力发电

2003年12月，福建大唐国际宁德发电有限责任公司成立，由大唐国际发电股份有限公司、锦州华富能源投资有限公司、闽东能源投资有限公司、北京中电华泽投资有限公司共同投资建设，投资额分别占

51%、34%、10%、5%。规划总装机容量452万千瓦，分三期建设。一期计划安装2台60万千瓦超临界机组，二期计划安装2台66万千瓦超超临界机组，两期投资总额97亿元；三期计划安装2台100万千瓦超超临界机组。2003年年底，福建大唐国际宁德发电有限责任公司一期工程动工建设。

福建大唐国际宁德发电有限公司建设现场（2004年）

2005年10月，福建大唐国际宁德发电有限责任公司第一台机组用电受电，汽机和缸、化学制水均一次成功。12月，锅炉安装后进行水压试验。

二、输电

（一）35千伏线路

1.甘（棠）莲（城）线

1994年，宁德电业局投资32.5万元，建设长1.8千米的35千伏线路甘（棠）莲（城）线，该线路起自220千伏甘棠变电站，终至35千伏莲城变电站。2004年6月，该线路移交福安市供电有限公司管辖。

2.城北线

1994年投产，是福安35千伏城北变电站与福安110千伏城南变电站的联络线。线路全长4.07千米，总投资79.36万元。2004年6月，由福安市供电有限公司管辖。

3.甘（棠）赛（岐）线

1994年竣工投产。起自220千伏甘棠变电站，终至35千伏赛岐象环变电站，线路长6千米，总投资81.5万元。原由福安茜安水利管理处建设和管辖，2004年6月，改由福安市供电有限公司管辖。

4.赛（岐）湾（坞）线

1994年竣工投产。起自35千伏象环变电站，终至35千伏湾坞变电站，线路长15千米，总投资222.8万元。原由茜安水利管理处建设和管理，2004年6月，改由福安市供电有限公司管辖。

5.东口线

1994年竣工投产，起自福安35千伏城北变电站，终至黄兰溪水电站，福安市电力总站出资建设。该线路原是黄兰溪电站施工电源线，黄兰溪电站建成投产后接入35千伏东口变电站，成为现在的东口线，是35千伏城北变电站与35千伏东口变电站的联络线，线路全长15.47千米。2004年6月，归福安市供电有限公司管辖。

6.西北线

1998年竣工投产。起自110千伏城西变电站，终至35千伏城北变电站，线路长5.26千米，总投资

102.5 万元；闽东老区水电开发总公司福安分公司出资建设，2004 年 6 月，归福安市供电有限公司管辖。

7. 东社线

东社线是 35 千伏东口变电站与 35 千伏社口变电站的联络线，总长度 7.23 千米。

8. 上（白石）东（口）线

1998 年竣工投产，起自 35 千伏上白石变电站，终至 35 千伏东口变电站，是 35 千伏上白石变电站与 35 千伏东口变电站的联络线，线路全长 12.93 千米，总投资 156 万元。

9. 苏（坂）（城）西线

2003 年竣工投产，起自 35 千伏苏坂变电站，终至 110 千伏城西变电站 35 千伏苏西线，是福安 110 千伏城西变电站与 35 千伏苏坂变电站的联络线，线路全长 16 千米，原是闽东老区水电开发总公司福安分公司投资建设，2004 年 6 月，归福安市供电有限公司管辖。

10. 苏（坂）穆（阳）线

2005 年 3 月竣工投产。起自 35 千伏苏坂变电站，终至穆阳溪水电站，线路全长 2 千米，是穆阳水电站的配套工程。闽东老区水电开发总公司福安分公司出资建设，福安市供电有限公司管辖。

11. 甘（棠）罗（江）Ⅱ线

2005 年 4 月竣工投产。起自 220 千伏福安甘棠变电站，终至 35 千伏罗江变电站，线路长 4.2 千米，是甘棠变电站与罗江变电站的第二条 35 千伏联络线，由福安市供电有限公司管辖。

以上线路总长 83.97 千米。

（二）110 千伏输电线路

1. 省属线路

（1）福（安）柘（荣）线

1991 年 1 月投产。110 千伏福柘线起点为 110 千伏福安城南变电站，终点为 110 千伏柘荣变电站，是柘荣县电网与省网相连接的唯一通道，也是与柘鼎线构成福鼎市与省网相连的唯一通道。该线路途经福安城阳乡，柘荣黄柏乡、富溪镇、东源乡等，导线 LGJ–240–40 全长 29 千米，原由闽东水电开发总公司运行维护，2004 年 6 月，闽东水电开发总公司撤销时，福柘线正式移交宁德电业局。

（2）甘（棠）福（安城南）Ⅰ回

1992 年 12 月投入运行，起点为 220 千伏甘棠变电站，终点为 110 千伏福安城南变电站，导线 LGJ–240–40 全长 17 千米，是福安市首条与省网相连的 110 千伏线路；曾经与福柘线、柘鼎线构成福鼎市、柘荣县与省网相连的唯一通道；对福安市、福鼎市、柘荣县电网的稳定运行和经济发展发挥重要作用。该线路原由闽东水电开发总公司运行维护，2004 年 6 月，闽东水电开发总公司撤销后，移交宁德电业局管理。

（3）文（穆阳）福（安城南）线

1997 年开建，1998 年 1 月投产。起点为 110 千伏闽东水电站升压站，终点为 110 千伏福安城南变电站，途经福安康厝畲族乡、穆阳镇、穆云畲族乡、天马山等，导线 LGJ–240–40 全长 22.60 千米，原由闽东水电开发总公司运行维护，2004 年 6 月，闽东水电开发总公司撤销时，移交宁德电业局管理。

（4）甘（棠）福（安城南）Ⅱ回

2002 年开建，同年 12 月投产。起点为 220 千伏甘棠变电站，终点为 110 千伏福安城南变电站，途经甘棠镇、闽东赛岐经济开发区、溪潭镇、坂中畲族乡、天马山等，导线 LGJ-240/40 全长 17.20 千米，原是闽东水电开发总公司运行维护，2004 年 6 月，移交宁德电业局管理。

以上线路总长 85.8 千米。

2. 市属线路

（1）（城）西（城）南线

1997 年投产。起自福安 110 千伏城西变电站、终至福安 110 千伏城南变电站，是城南变电站与城西变电站 110 千伏侧的联络线，导线 LGJ-240-40 线路长 8 千米，原由福安市电力总站建设。2004 年 6 月，由福安市供电有限公司管辖。

（2）西沙线（福安城西至寿宁斜滩）

2005 年 8 月投产。起自福安城西 110 千伏变电站，终至福安东口，原为闽东老区水电开发总公司福安分公司委托福州输变电勘测设计所设计的 1 回 110 千伏线路，导线型号 LGJ-240-30 线路总长 8.53 千米，投运后以 35 千伏电压等级运行。次年，该线路产权转让归寿宁牛头山水电开发公司，成为寿宁牛头山一级水电站电源输出福安专用 110 千伏线路斜西线（寿宁 110 千伏斜滩变电站—福安 110 千伏城西变电站又称斜福Ⅱ线）的一部分，升压 110 千伏运行。

以上线路总长 16.53 千米。

（三）220 千伏线路

1. 白（花）甘（棠）线

1992 年 12 月投产。自 220 千伏白花变电站、终至 220 千伏甘棠变电站，导线型号 LGJ-240-35 线路长 79.74 千米，为宁德市电网与省电网相连接的两条重要通道之一，宁德电业局负责管理。

2. 周（宁）甘（棠）Ⅰ路

1999 年 12 月投产。起点为 220 千伏周宁水电站、终点为 220 千伏甘棠变电站，导线型号 2XLGJ-240-40 全长 32.41 千米，是芹山水电站和周宁水电站的水电送出通道，由宁德电业局负责管理。

3.（蕉城兰）田甘（棠）Ⅱ路

2004 年 8 月投产。自 220 千伏兰田变电站、终于 220 千伏甘棠变电站，导线型号 2XLGJ-300-25 线路长度为 34.68 千米，由宁德电业局负责管理。

4. 甘（棠）（福鼎）桐（城）Ⅰ路

2005 年投产。起点为 220 千伏甘棠变电站、终点为 220 千伏桐城变电站，导线型号分别为 LGJ-300-25 和 LGJ-400-35，全线长度为 97.34 千米，宁德电业局负责管理。

5.（宁德大）唐甘（甘棠）线

2005 年 10 月投产。起点为福建大唐国际宁德发电有限责任公司、终点为 220 千伏甘棠变电站，导线型号 JL/LB20A-240-30，线路全长 28.64 千米，是装机 452 万千瓦（2×60 万 +2×66 万 +2×100 万）的福建大唐国际宁德发电有限责任公司专用线。

以上线路总长 272.81 千米。

（四）500 千伏线路

1. 福（州）宁（福安甘棠）Ⅰ路、Ⅱ路

500 千伏福宁Ⅰ路、Ⅱ路是福建电网与华东电网的 500 千伏福龙 5916、5906 线，在宁德 500 千伏变电站开断接入而形成，线路起点为福州500千伏变电站，终点为福安甘棠500千伏变电站，同属省电力公司福州超高压局管理。2005年，福宁Ⅰ路仍在建设中；福宁Ⅱ路开始建设。

2. 唐（福安湾坞）宁（福安甘棠）Ⅰ路、Ⅱ路

500千伏唐宁Ⅰ路、Ⅱ路，起点为福建大唐国际宁德发电有限责任公司（地址：福安湾坞），终点为500千伏宁德变电站（福安甘棠），是福建大唐国际宁德发电有限责任公司电源输出专用线路。两线平行排列，2004年动工建设，2005年年底建成。

三、变电

（一）35千伏变电站（总容量12.35万千伏安）

1. 象环变电站（2万千伏安）

1993年动工，同年9月投产。占地面积5129.5平方米，总投资390万元。原主变压器容量2×0.5万千伏安，后扩充为2×1万千伏安。象环变电站建成后，由福安市茜安水利管理处管理；2004年6月，归属福安供电公司管理。

2. 城北变电站（3.2万千伏安）

1993年7月动工，次年9月投产。位于福安市城北街道锦阳社区金蟹垅，占地面积9240平方米，总投资1015万元。第一期投资603万元，原主变压器容量1万千伏安，1996年再增加1台，扩充为2×1万千伏安；2002年更换为2台主变压器，容量增加到2×1.6万千伏安。城北变电站建成投产后，由福安市电力总站管理；2004年6月，福安供电体制改革后归属福安供电公司管理。

3. 东口变电站（0.5万千伏安）

1993年11月动工建设，1994年11月投入运行。变电站占地面积2070平方米，历经多次扩建和电气设备更新，总投资242万元。扩建初期安装1台S7型变压器，容量0.315万千伏安；2003年11月，更换变压器，容量0.5万千伏安。变电站投运时由福安市茜安水利管理处管理；1997年，改为福安市水电发展服务中心管理；2004年6月，归属福安供电公司管理。

4. 罗江变电站（1.63万千伏安）

1996年4月投产，占地面积956平方米，总投资276万元，安装变压器2台，容量分别为0.63万千伏安和0.8万千伏安。变电站建成投产后原是闽东老区水电开发总公司下属地区电力公司管理；2004年6月，归福安供电公司管理。

5. 上白石变电站（0.815万千伏安）

1997年10月动工，1998年7月投产。变电站位于上白石镇洋中村，占地面积1382平方米，总投资233万元，其中一期工程126万元，二期工程107万元，安装变压器2台，容量2×0.315万千伏安；1998年，增加1台变压器，容量0.5万千伏安；2004年，再安装1台主变压器，容量0.315万千伏安。变电站建成投产后，福安市水电发展中心管理；2004年6月，供电体制改革后归属福安供电公司管理。

6. 莲城变电站（2万千伏安）

1998年5月动工，1998年9月投产。变电站位于甘棠镇104国道旁的仙庵路，占地面积3045平方米，总投资金额391万元，安装主变压器2台，容量分别为1万千伏安、0.315万千伏安；2005年9月，0.315万千伏安的变压器更换为1万千伏安，容量提高到2×1万千伏安。变电站建成时，由赛江电力公司管理；2004年，供电体制改革后移交福安供电公司管理。

7. 湾坞变电站（1.4 万千伏安）

2000 年 5 月动工，2001 年 8 月投产。变电站位于湾坞村湾坞至溪尾的公路边，占地面积 2777 平方米，总投资 215 万元，安装主变压器 1 台，容量为 0.4 万千伏安；2004 年 9 月，增加 1 台 1 万千伏安变压器。变电站建成投产后，由福安市茜安水利管理处管理，体制改革后归属福安供电公司管理。

8. 苏坂变电站（0.8 万千伏安）

2005 年 3 月投产。变电站位于康厝畲族乡苏坂村省道小浦线路边，占地面积 4578 平方米，其中变电站区占地面积 2666.7 平方米。宁德市电业局根据国家计委《关于下达福建省农改建设的改造工程第二次投资计划安排》文件拨款建设，总投资 578 万元，变电站安装主变压器 2 台，容量 2×0.8 万千伏安。变电站由福安供电公司管理，是一座自动化程度高、能够实行无人值守的新型变电站。

（二）110 千伏变电站（总容量 11.47 千伏安）

1. 城南变电站（总容量 3.47 千伏安）

1992 年 11 月投产，经过多次扩建技改升压增容，总占地面积 8438 平方米，总投资 1130 万元。原安装 2 台变压器，容量分别为 0.32 万千伏安、3.15 万千伏安；2005 年，变电站容量不能满足福安城区南区用电需求，福安市供电公司投资 1028 万元，进行二期技改扩建，增加容量 3.15 万千伏安变压器 1 台。变电站原由宁德地区电力公司管理，电力体制改革后，归属福安市供电公司管理。

2. 城西变电站（总容量 8 千伏安）

110 千伏城西变电站，位于坂中畲族乡湖口村府山，占地面积 9169 平方米，总投资 1629 万元。1995 年 11 月 8 日，第一期工程动工建设，1997 年 3 月投产，安装 1 台主变压器，容量比 4 万—4 万—2 万千伏安；2001 年 9 月 27 日，第二期工程开工建设，2003 年 8 月投产，安装 1 台主变压器，容量比 4 万—4 万—2 万千伏安。两期工程建设变电站安装主变压器总容量 2×4 万千伏安。变电站建成投产后，由福安市福晶供电有限公司管理；2004 年 6 月，归属福安市供电公司管理。

（三）220 千伏变电站

220 千伏甘棠变电站，是闽东地区第一座 220 千伏变电站，坐落于甘棠镇大留村 104 国道旁，站区面积 3333 平方米，电站一期于 1990 年动工建设，1992 年 9 月投产，安装容量为 12 万千伏安变压器 1 台。1999 年 11 月，变电站扩建增设 220 千伏Ⅱ段母线和旁母各一组，1 号主变压器 220 千伏侧和旁母各增设 1 台 SF6 断路器，增加 220 千伏进线一条（周（宁）甘（棠）Ⅰ路），同时将 220 千伏红甘线少油断路器技改更换为沈阳高压开关厂生产的 SF6 断路器。

2002 年 5 月，甘棠变电站第二次扩建，新增 1 台容量为 12 万千伏安的 2 号主变压器。2004 年 6 月，220 千伏红甘线 201 断路器完成技改，更换为杭州西门子公司 3AQ1EE 型 SF6 断路器，线路更名为白（花）甘（棠）线。8 月，220 千伏榕（福州）甘（棠）线投运，当年底 220 千伏兰田变电站投产时，开断改接线路更名为（兰）田甘（棠）Ⅱ路。2005 年 1 月，接入 220 千伏甘（棠）桐（福鼎桐山）Ⅰ路、220 千伏周（宁）甘（棠）Ⅱ路；10 月，220 千伏（大）唐甘（棠）线接入。

同期，对 110 千伏系统断路器（101、104、107、10A）进行技改，将少油断路器更换为 SF6 断路器，先后接入 110 千伏甘福Ⅱ线、110 千伏旺（屏南旺坑电厂）甘（棠）线、110 千伏甘（棠）佳（屏南佳洋）线，并对 110 千伏系统所有隔离开关进行改造，全部实现电动操作。新建 110 千伏甘（棠）东（周宁东关）线也接入该变电站，于 2005 年投入运行。

同期，35千伏输电系统也进行技改，先后接入投运35千伏甘（棠）洋（中）线、35千伏甘（棠）南（甘棠港边）线、35千伏甘（棠）罗（江）Ⅱ线、35千伏电容器组Ⅲ线、35千伏甘（棠）华（罗江田里）线、35千伏甘（棠）沪（福华厂）线，原有少油断路器技改为SF6断路器，将站内1号、2号站用变压器更换为干式变压器，二次继电保护设备和自动装置均进行技改提升，全面实现微机化。当年12月，全站进行综合自动化系统改造，提高设备自动化运行水平。

2005年开始，对站内2台12万千伏安的变压器升级更换为18万千伏安，当年更换1台，全站断路器均为SF6断路器。220千伏系统为双母线带旁母，有6回进出线，外加2个主变压器单元、1个母联兼旁路单元，计9个单元，分别与白花变电站、兰田变电站、桐城变电站、周宁水电站、福建大唐国际宁德发电有限责任公司相连接；110千伏系统为双母线带旁母接线，有7回进出线，外加2个主变压器单元、1个母联兼旁路单元，计10个单元，分别与宁德、霞浦、福安、屏南、周宁等县（市）变电站相连接；35千伏系统为双母线接线，9回出线，外加2个主变压器单元、1个母联单元、3个电容器组单元，计15个单元，分别与甘棠、罗江、赛岐、下白石等乡镇及工厂变电站相连接。

四、配电

1992年，福安市配电线路总长845千米、配电变压器771台，配电容量5.46万千伏安，由于闽东水电站发电厂和小水电站开发，福安成为闽东地区10千伏配电线路、配电变压器台数、配电容量最高的县（市）。2001—2002年，福安市完成10千伏配电网络改造投资9854.89万元，495个行政村配电网络完成改建或新建；新建和改造10千伏配电线路804.74千米，0.4千伏低压配电线路1011.47千米、接户线路1189.34千米，更换高能耗配电变压器444台、容量1.8135万千伏安，建成配电变压器台区904个、容量4.8742万千伏安。

2005年年底，福安市共有10千伏配电线路1882千米、10千伏以下低压配电线路2990千米，配电变压器2413台、总容量44.1477万千伏安。

五、供用电服务

1991年，福安市农村电气化用电量2177.42万千瓦时，工业用电量6465.5千瓦时。供电企业随着用电户数增加和业务扩量增大，设立专职营销机构（股、室），配备专职人员，开设营业柜台，负责计量收费和业务扩展报装。

1992年，全市开始试行使用电脑收费系统。1994年，全市购进电量8093万千瓦时。农村电气化用电量3878万千瓦时（含农村工业用电量，下同），城市工业

福安市电网指挥中心（2000年）

用电量 7893 千瓦时。

1996 年，全市购进电量 5591 万千瓦时，农村电气化 4999 万千瓦时、城市工业用电量 4499 千瓦时。次年，全市购进电量 6377 万千瓦时，农村用电量 5107 万千瓦时、城市工业用电量 9479 千瓦时。

2000 年，市电力分公司根据上级服务达标、规范化用电服务管理的要求，在全市乡镇所在地设立用电服务营业窗口，开通 96996（后改为 95598）客服系统，统一开展用电扩报装、故障检修、用户投诉、查询服务。

2002 年，农村电气化用电量 5992 万千瓦时。规模以上工业企业购进电量 8769.41 万千瓦时，其中工业生产消费电量 8747.71 万千瓦时。

2004 年，农村用电量 7738 万千瓦时。规模以上工业企业购进电量 3.60 亿千瓦时，其中工业生产消费电量 3.59 亿千瓦时。

2005 年，全市总购电量 9.92 亿千瓦时，总售电量 9.11 亿千瓦时。其中，全市工业用电 6.53 亿千瓦时，农村电气化用电量 8070 万千瓦时；全市规模以上工业企业购进电量 4.66 亿千瓦时，其中，工业生产消费 4.65 亿千瓦时。福安 95598 服务打破传统柜台营业模式，实现用户可以不受时间空间限制，随时、随地拨打服务电话，接受供电系统规范服务。

表 8—5　1991—2005 年福安市农村及工业用电情况表

单位：万千瓦时

年份	农村电气化用电量	工业生产用电量
1991	2177.42	6465.5
1992	2313	—
1993	3312	—
1994	3878	7893
1995	4809	8145
1996	4999	4499
1997	5107	9479
1998	5160	—
1999	5570	—
2000	5542	—
2001	5706	—
2002	5992	8747.71
2003	7444	18433
2004	7738	35883.69
2005	8070	46549.76

六、电力体制改革

1991 年，福安市电力行业行政上由福安市水电局管理，但供配电业务实行多头管理。其中城区供电分别由宁德地区电力公司福安分公司、福安市电力总站管理；赛岐片区供电由福安市茜安水利管理处管理；下白石片区由顶头水库管理处管理；其余乡镇供电由各乡镇的电管站管理。由于电力管理体制层次多、管理方式乱，农村电网归属复杂、容量小、技术落后，造成农村电价高、农民负担重。

1998年，福安市电力总站被取消法人资格，人员、资产并入宁德地区直属电力企业，变成闽东老区水电开发总公司下属福安分公司，承担福安市区的供电；穆阳水电站成为闽东老区水电开发总公司下属福安发电分公司。次年，福安市贯彻《国务院批转国家经贸委关于加快农村电力体制改革加强农村电力管理意见的通知》，着手开展全市“农电两改一同价”工作。

2000年，市电力行业由福安市经贸局管理。市政府与各乡镇签订电管站上收协议，并完成全市供电部门企事业单位财务审计工作。市电力分公司与5个乡镇135个行政村签订《宁德市乡镇农电改制和农网改造协议书》《农村配电设施交接与农网改造协议书》。同年，城阳乡溪东村农网改造率先进入施工。

2001年，福安市农电体制改革进入扫尾阶段，4月，撤销13个乡镇电管站，整合归并和实行发供电分离，设4个供电企事业单位；12月，成立18个乡镇供电所。第一期农网改造工程全面实施，农村电价逐步下降，当年减轻农民电价负担600多万元。

2002年，15个乡镇和4个水电局下属企事业单位全部改制到位。第一期农网改造工程全面完成，累计投资6332.55万元，受益农户8.16万户；第二期农网改造工程全面进入施工，当年完成投资1900万元、完成工程量85%。

2003年，农网改造工程全面完成，一、二期农网改造工程累计完成投资1.23亿元，其中，35千伏及以下工程投资1944.36万元；10千伏及以下工程投资9864.89万元；通信调度工程投资506.88万元。工程涉及18个乡镇、459个行政村（居委会、街道办事处），受益农户11.33万户、农业人口54.67万人；行政村网改数达99.5%，新建和改造10千伏线路1189.34千米、更换高能耗配电变压器444台、总容量1.81万千伏安；建成配电变压器台区904个、总容量4.87万千伏安，安装低压配电箱313台。全市实现城乡用电同网同价，年减轻农民电价负担上千万元，城区电网改造工程也部分动工。

2004年，城区电网改造工程全面开工建设，并组建成立福安市供电有限公司。市水电局下属的茜安水利管理处等水电企业，与闽东老区水电开发总公司直属分公司和福安分公司共7家电力企业联合组建省电力公司控股的福安市供电股份有限公司。

第四节　食品工业

一、酿酒

1991年，福安市酿酒企业有福安酒厂、赛岐酒厂2家，酒精生产企业仅有福安酒精厂。年产饮料、酒3410吨，其中福安酒厂生产2651吨、赛岐酒厂759吨；蜜沉沉酒55吨、啤酒2145吨、酒精143吨。1992年，赛岐酒厂与江西酿酒企业合作，借用商标生产白酒。1995年，市酒精厂因赛江糖厂生产的副产品原料减少，改行组建市包装纸厂，技改转产包装纸。1996年，福安酒厂改制组建福安红福啤酒有限公司。之后，由于市场竞争和企业经营机制等原因，上述3家企业相继停产关闭。2000—2005年，闽东丰达酒业公司等民营酿酒企业相继成立，以当地特产农产品为原料，开发生产葡萄、水蜜桃、橄榄等果酒。

二、饮料调味品

（一）饮料

1991—1992 年，福安天然饮料厂生产的产品有“维特”牌粒粒橙汁、水蜜桃汁、番石榴汁、杧果汁、珍珠奶、茶饮料、椰子汁、八宝粥、矿泉水、蒜蓉香粒、果茶等系列产品，在省工业产品展销会、全国食品展销会上多次获得金、银奖。1994 年，福安天然饮料厂严重亏损，资不抵债而停产。福安天湖矿泉水有限公司等民营企业相继成立，主产矿泉水。2005 年，福安已无饮料生产企业。

（二）调味品

福建省白马调味品开发有限公司生产车间（1996 年）

1991 年，福安市调味品生产主要是福安罐头食品厂，产品有“阳光”牌系列酱油、米醋等，当年酱油产量 789 吨。1995 年，全市酱油产量 190 吨，醋产量 20 吨。2002 年后，福安罐头食品厂停产，福建省白马调味品开发有限公司、福安阳光食品有限公司相继成立，生产“白马河牌”“阳光牌”系列酱油、米醋等调味品。

三、糕点饼干

1991 年，福安市生产糕点饼干企业主要是福安罐头食品厂和民间小作坊，产品有蛋糕、光饼、中秋饼和少量饼干等。次年，福建顶丰食品有限公司等企业相继在赛岐镇宅里村建厂，与上海、广州食品生产企业合作，引进先进技术，生产饼干、蛋卷等产品。2005 年，全市生产糕点、饼干企业有福建仁升食品有限公司、福建顶丰食品有限责任公司、福建港福食品有限公司、福安贝吃乐食品有限公司、福安银丰食品有限公司、福安新味食品有限公司、福建华粤食品有限公司、福建美乐食品厂、福建格尔食品贸易有限公司、亿丰（福安）食品有限公司、福建益旺食品有限责任公司、福安新嘉食品有限公司、福安点点佳食品有限公司等。其中，规模以上饼干及焙烤食品生产企业 6 家，全年完成产值均 2.42 亿元。

四、制茶制糖

（一）制茶

1991 年，全市精制茶叶产量 4464.6 吨，其中，茉莉花茶 391.5 吨、出口茶 69 吨，制茶产值 1700 多万元、约占食品工业总产值的 19.3%。1995 年，国有制茶企业占据重要地位，福安茶厂、坦洋茶厂、王家茶场、高坂茶场附设茶厂等 4 家国有茶企的产值、产量均占全市茶行业的 80% 以上。1993 年后，国家放开茶叶经营体制，民营茶企逐步发展，规模较大的福安市城湖茶叶有限公司、天香茶叶有限公司、福特茶叶有限公司等茶企，主要生产精制绿茶、茉莉花茶也向发展红茶、乌龙茶品种方向发展，茶叶质量、档次逐年提高，生产规模不断壮大。2005 年，全市精制茶叶产量 1.4 万吨、产值 4.1 亿元，占全市食品工业总产值的 46.3%。

（二）制糖

1991 年，福安市唯一制糖企业为赛江糖厂，拥有 500 吨装卸码头 1 座，10 吨桥式吊车 2 台，20 吨煤、蔗渣混合锅炉 1 台，1500 千瓦发电机组及日榨 850 吨、年产万吨白砂糖的制糖设备各 1 套，主要生产白砂糖、赤砂糖，年产量 3856.45 吨。1992 年产糖 3490 吨。之后，因区内甘蔗种植面积逐年减少，出现原料与产品价格倒挂现象，导致原料不足、制糖成本上升、糖产量逐年下降。1993 年，全市糖产量降到 1011 吨。1999 年，减至 600 吨，2000 年停产。其后，全市只有民间作坊零星生产少量赤砂糖、红板糖。

五、罐头蜜饯

（一）罐头

1991 年，罐头生产企业是福安罐头食品厂，主要产品有清水蘑菇、香菇、竹笋、草菇、香菜心、黄肉桃罐头等 30 多个品种，年产量 4159 吨。其中，清水蘑菇罐头全部出口日本、美国等国家。1992 年，罐头产量 4029 吨；1993 年，罐头产量 2335 吨；1996 年，罐头产量 4098 吨；随后，罐头产量逐年下降，2002 年，福安市罐头食品厂全面停产。

福安罐头食品厂生产车间（1991 年）

（二）蜜饯

1991 年，蜜饯生产企业主要有福安罐头食品厂、潭头蜜饯厂等，主要产品有猕猴桃嘉应子、芙蓉李嘉应子、果汁嘉应子、芙蓉李干、柰干、肉桃片、杨梅干等。2000 年，福安罐头食品厂、潭头蜜饯厂相继停产。福安食品厂从罐头食品中分立，由民营企业收购，组建福安市阳光食品有限公司，继续生产蜜饯等产品。2005 年，福安市新味食品有限公司等民营企业相继成立，生产芙蓉李蜜饯等系列产品，并逐步形成规模。

六、姜笋

（一）姜

福安是福建省著名的竹姜产地，福安竹姜还是省内生姜种植的主要品种。福安竹姜根茎细长，呈不规则状、黄白色，具备质地脆嫩等特点。竹姜根茎作为蔬菜和佐料，香辛爽口，有祛风寒、健脾胃功能，适合于保鲜和加工。竹姜种植区主要集中康厝、溪潭等乡镇。1991 年，福安主要种植生姜老品种，俗称姜母。1995 年后全市发展大棚生姜，品种不断更新、品质不断提升，用于深加工的竹姜姜芽修长、皮薄、丝少、辣浓、色润、脆嫩，备受客商和消费者青睐。2002 年，全市生姜种植面积 705 公顷，产量 9654

吨；2004 年，生姜种植面积 867 公顷，产量 1.6 万吨。2005 年，全市有 6 家生姜加工企业，形成规模生产的有福安市天纯食品有限公司，生姜产品主要销往福州、厦门、宁德以及浙江、上海等地，并出口日本、新加坡等国。同年，全市生姜种植面积 838.07 公顷，产量 1.52 万吨。

（二）笋

1991 年，福安市绿竹林近万亩，年产鲜笋 150 万千克；福安罐头食品厂以小部分绿竹笋为原料生产罐头，对外美名“白玉笋”罐头。其后，每年都有生产少量“白玉笋”罐头，直至企业停产关闭。1995 年 4 月，中共福建省委书记到福安视察工作时，有感于绿竹创造的社会经济效益，喜而赋诗：“千里绿竹起黄沙（指黄兰村、白沙村），赛江两岸舞婆娑。不忘时传疾苦声，更喜增财富万家。”1996 年，福安把发展绿竹生产列入农业经济发展八大主导产业之一。1999 年，“绿竹丰产栽培技术”科技成果经省专家鉴定，达到国内领先水平，获省政府科技进步三等奖。2005 年，福安市绿竹面积已推广到 3666.67 公顷，年产鲜绿笋 7200 吨，产竹材 5.7 万吨，年产值 600 万元，是全国最大的绿竹生产基地。

七、生猪屠宰

1991 年，全市生猪产量 1.43 万吨，产值 6228 万元。其中，市食品公司城关食品站屠宰场屠宰生猪 2.33 万头。

1995 年，全市猪肉产量 1.5 万吨，产值 2.18 亿元。

1996 年 2 月，福安城区实行生猪定点屠宰。1997 年，市食品公司城关食品站屠宰场因噪声环保等问题决定搬迁。次年，开始在市物资局南山下物资仓库处新建城区半机械化定点屠宰场；2000 年 7 月，地处南湖的城关食品站屠宰场迁入南山下新建的半机械化定点屠宰场。

2002 年，全市生猪出栏 24.06 万头，猪肉产量 1.81 万吨，产值 2.47 亿元，其中城区定点屠宰场屠宰生猪 3.33 万头。

2005 年，全市猪肉产量 2.68 万吨，产值 2.57 亿元，其中福安城区全年生猪定点屠宰 4.71 万头，同比增长 38.1%；赛岐镇也实行生猪定点屠宰，是全市乡镇定点屠宰零的突破。此外，牛定点屠宰 582 头、羊定点屠宰 1020 头，家畜定点屠宰率也保持在 95%以上。

第五节　冶金铸造

一、冶炼

（一）铁合金

1991 年，福安市铁合金生产企业主要有赛岐铁合金厂、闽东电热合金厂。年生产硅铁合金 940.37 吨、结晶硅 195.87 吨，产品有金属硅、镁硅、硅钙、硅钡、稀土硅、铬铝、铬铁等 80 多个品种。

1992 年，以赛岐铁合金厂为主成立闽东冶金集团公司，当年全市生产铁合金产品 3595 吨。次年，生产 1182 吨。同年，赛岐铁合金厂兼并闽东电热合金厂，同时与香港金利明公司共同出资 300 万元，成立闽东金马铸造有限公司。1994 年，全市生产铁合金 2103 吨。

1995 年，全市冶金业乡和乡以上工业企业 10 多家，完成工业产值 15053.1 万元，其中，闽东冶金集团完成工业产值 5051.9 万元。赛岐铁合金厂与香港福润公司、省冶金进出口公司、宁德地区电力公司

福安赛岐铁合金厂

共同投资1200万元，成立福建省福润冶金有限公司，生产高碳铬铁。

1996年，赛岐铁合金厂经市政府批准全面停产，申请列入全国政策性破产企业，生产经营主体转为福建福润冶金有限公司。

1997年，全市冶金业独立核算企业5家，生产锰硅合金1782吨、铁2192吨、铬铁5433吨。次年，生产铁合金4605吨，完成工业产值7276万元。

2004年，福建福润冶金有限公司全面停产，公司累计生产系列合金3.82万吨、总产值1.81亿元，上缴税收636.5万元。

2005年，全市冶金业规模以上企业21家，完成工业产值17.21亿元。

（二）钼矿及炼制

1991年，福安钼矿生产钼精矿172.42吨，产值259.2万元。1992年，生产钼精矿180吨，产值258万元。1995年，生产钼精矿200吨，产值796.3万元。

1997年，福安钼矿并入闽东冶金集团，由闽东冶金集团指派人员负责钼矿经营。1998年，福安钼矿生产钼精矿101吨。期间，闽东冶金集团以部分钼精矿为原料生产钼铁。

2000年，福安钼矿由于新采矿场开拓资金投入不足及产品价格、原矿品位下降等原因而停产。

2002—2005年，福安钼矿由部分职工承包经营、恢复生产，并承担该企业下岗职工的基本生活费。2005年7月，福安钼矿与闽东冶金集团分立，实行独立经营。

二、铸钢

1991年，福安无专业从事铸钢生产企业，只有个别铸造企业利用生产设备熔炼废钢，用于铸件生产。

1997年，全市铸钢企业达到40多家钢坯年产量4537吨。2000年4月，福安市开展清理整顿“五小企业”，对全市小铸钢企业进行全面摸底清查，责令关闭13家。

2001年，由于铸钢市场价格上升，部分小铸钢企业再次恢复生产；3月，市政府组成联合检查组，对铸钢企业再次进行查封，全面关闭地条钢、开口锭生产。第二年，部分铸钢企业实施技术改造，转产连铸钢坯和轧钢。

2004年6月，国家七部委发布打击地条钢建筑用材生产销售行为的紧急通知，将地条钢界定扩至连铸钢坯；7月，福安市闽东金山冶炼有限公司、福安宏兴型材有限公司、福安市宏顺铁合金冶炼有限公司、福安市金属制品铸造有限公司、福安市裕丰型材有限公司、福安市东航铸钢有限公司等14家铸钢企业被列为全省31家限期一年技改转产企业。当年，全市钢铁企业19家，拥有中频炉110台、总吨位420吨、总投资4亿元，具备年产连铸普碳钢坯270万吨、年轧钢200万吨的生产能力，实际生产型材、螺纹钢、线材和铸钢坯60多万吨，产值近20亿元。

2005年，全市铸钢企业按照国家产业政策要求，相继开展技改转产轧钢、硅钢坯、电机铸件等产品，同时投资建设配套环保设施。

三、铸造

1991年，福安市铸造企业主要有闽东电机集团福安机电铸造厂、福安市新光机电铸造厂等，以及闽东电机一厂、二厂、三厂等电机生产企业铸造车间，主要生产电机、水泵壳体和零配件铸件。

1995年，福安市铸造企业发展到50多家，生产铸件21592吨。

1999年，福安市铸造企业达到80多家，其中，闽东银嘉机电有限公司生产铸件2165吨。

2005年，福安铸造业企业133家，从业人员1.5万人，其中，生铁铸造企业68家、铝合金压铸企业40家、铜件铸造企业7家、模具加工企业18家。主要产品有水泵壳体、电动机壳体、发电机壳体、电机转子、缝纫机铸件、农机铸件及机械生铁铸件、铝铸件、铜铸件、锰铁铸件等，其中缝纫机铸件等产品出口日本、中国台湾、东南亚市场。同年，闽东银嘉机电有限公司开展年产15万吨精密铸件、福建万达电机有限公司进行年产20万吨精密铸造项目前期工作。

第六节　机械工业

1991年，福安市机械工业企业主要有福安市轻工机械厂、福安市红旗机械厂、福安仪器厂、闽东电力电器厂、闽东噪声控制设备厂、闽东白云茶机厂、福安市电镀厂、福安轴承厂、福安汽车配件二厂、福安市工具厂等。年生产轻工机械223台（套）、汽车配件（价值）501万元、脱粒机3277台。

1996年，福安市轻工机械厂通过量化资产置换职工身份，改组成立福安市轻工机械一厂。

1997年，福安市机械业生产磨具607吨、磨封件50万件、中小农具1.5万台（套）、农业运输机械255辆、建筑机械801台、电工仪器仪表2.46万台、稳压电源1.71万台。

2005年，福安市机械工业企业主要有市轻工机械一厂、市红旗机械厂、闽东五一机电有限公司、市华日制动材料有限公司、市聚光铜有限公司、市灿丰电子有限公司、市多元电机有限公司、市同泰电器机械有限公司等，主要产品有无油纸噪声空气压缩机、往复式空气压缩机，永磁同步无齿轮电梯曳引机、微型压缩空气冷冻干燥机，SC、SS、SSD系列施工升降机、GSD系列简易升降机，QT220普通塔式起重机，BG、CG系列割草、割藻机，BS、CS系列收割机，BFW、QBW系列挖穴机，出口电动喷雾、喷粉机，高枝剪、机枝锯以及摩托车、汽车、火车、工程机械、石油钻机刹车片等。其中，“华日牌”刹车片获福建名牌产品称号。

第七节　化工

1991年，福安市化工企业主要有福安农药厂、华闽化工有限公司、福安化工厂等，主要产品有水胺硫磷、早基异柳磷、呋喃丹、叶蝉乳等农药产品和工业过硫酸铵、过硫酸钾、民用炸药等产品，其中年产农药274.68吨。

1992年，福安市农药厂职工550人，完成产值5818万元，实现税利521万元，生产氯酸钾874吨、过硫酸铵969吨、农药456吨，其中工业氯酸钾40%水胺硫磷乳油获轻工部优质产品称号。全市生产化学农药（100%）456吨、化肥（磷肥）2630吨。

1995年，福安农药厂生产化学农药297吨、农药粉剂4715吨、农药乳剂1095吨。

1997年，福安市农药厂被福建九州集团兼并。

2001年，福安农药厂与台商合资组建融纳化工有限公司，主要生产工业过硫酸铵、过硫酸钾等产品。

2003年9月，福安农药厂经福安市人民法院裁定破产，企业资产由民营企业收购，成立福建宝捷利生化农药有限公司，主要生产克百威等乳油类农药。

2005年，融纳化工有限公司在湾坞工贸集中区征地7.39公顷，建设厂房生产过硫酸盐系列产品。福安化工厂主要生产民用炸药。

第八节　工艺美术

1991年，全市有乡和乡以上独立核算工艺美术品制造企业6家，完成工业产值77.9万元（当年价）。次年，6家独立核算工艺美术品制造企业，完成工业产值71万元。

2003年，全市规模较大的工艺美术品个体企业有久久银楼、珍华堂等金银工艺品、首饰品加工作坊，1家根雕作坊，以及数十家金银首饰销售、加工个体商店。

第九节　其他

一、制水供水

1991年，福安市日供水量1.7万立方米发展用水户1013户（其中，城关753户、赛岐129户、穆阳131户）延伸DN100以上输水管2.93千米、管网总长43.82千米；改造管网2.93千米。水质综合合格率99.4%管网压力合格率达99.4%。

1992年，完成制水量650万立方米日供水量1.8万立方米新发展用户1085户拥有总用户11290户，水质综合合格率99.3%，延伸输水管4.72千米、改造输水管0.8千米、拥有输水管总长48.54千米；完成中兴路拓宽工程输水管改造。

1993年，完成制水量752.8万立方米，日供水2万立方米，水质综合合格率99.2%。供水工程投资600多万元完成罗江自来水厂日产4万立方米工程的第一期泵房主体工程和净化池组主体工程建设，完成《扩建日产4万立方米赛岐自来水厂可行性研究报告》和《日产4万立方米中村自来水厂可行性研究报告》等前期工作。

1994年，完成制水量888.0万立方米，日供水量2.5万立方米，延伸输水管4千米拥有输水管总长54.12千米（其中，城关30.09千米、赛岐15.47千米、罗江3.56千米、穆阳5千米）。水质综合合格率达99.4%发展用户1343户，总用户1.41万户。

1997年，完成制水量1040万立方米，延伸输水管道4.68千米、拥有直径50以上管道总长达72.76

千米，改造输水管道 1.45 千米、发展用户 1018 户，水质综合合格率 99.06%、管网压力合格率 98.7%。市自来水公司坚持“服务第一、用户至上”的企业宗旨，向社会公开承诺“保障供水，限时服务”，被省建委确定为“创文明行业、建满意窗口”示范单位。

1998 年，赛岐、罗江、穆阳自来水厂从福安自来水公司管理体制中分离，形成自主经营、自负盈亏、自我约束、自我发展的格局。

2000 年，全市水产量 930 万立方米，发展用户 1302 户、水质综合合格率达 99.06%；为完善城区供水状况，投入资金 162.28 万元，铺设阳头水厂出水管、改造街尾路段供水管道，延伸建设福星路、莲池广场、坂中、阳头工贸区、中兴街穿山路等区域的供水管道。

2002 年，水产量 1031 万立方米，日供水量 2.8 万立方米，城区用水户达到 1.84 万户，完成富春路、漫湖路、坂中桥、福星路、王基岭、南湖桥的管道改造建设。9 月 18 日，城区第二水厂完成前期筹备工作，正式开工建设。

2003 年，实现供水产量 1186 万吨，水质综合合格率 99.6%、出厂水压力合格率达 98%，发展用户 1768 户、城区用水总用户达到 2.02 万户，固定资产总值 3686 万元。根据城区规划要求和城建需要，投入资金 143.78 万元，延伸直径 100 毫米以上供水管道 4.90 千米，完成铺设秦溪洋过境路、秦溪洋工业园区、文化中心、坂中桥河道供水管网。

2004 年，供水产量 1189 万立方米，发展用户 2513 户，城区用水户达到 2.27 万户，延伸直径 100 毫米以上供水管道 9.49 千米。

2005 年，供水产量 1148 万立方米，水质综合合格率 99.4%，城区用水户 2.51 万户、用水人口 12.6 万人。城区供水管道直径 75 以上总长度为 130.4 千米，通过 ISO9000 : 2000 国际质量管理体系认证，被建设部评为全国“创文明行业、建满意窗口”示范点。同年 11 月，城区第二水厂正式完工投入运行，提前做好适应全市用水需求的准备。

二、建材

（一）水泥

1991 年，福安市水泥生产企业有宁德地区水泥厂、水泥构件企业为宁德地区水泥构件厂，年生产水泥 1 万吨、水泥电杆 3394 杆。

1992 年，全市生产水泥 1.08 万吨，石灰 3275 吨，水泥电杆 3585 杆。

1997 年，宁德地区水泥厂进行改制，吸收社会资金组建股份有限公司。全市生产水泥 1200 吨、石灰 3350 吨、水泥电杆 3948 杆。

2000 年，宁德地区水泥厂由于原料、市场等原因停产。次年，闽东亿力电力设备有限公司收购赛江糖厂，生产水泥电杆等产品。

2005 年，福安市仅剩水泥制品制造企业 1 家，完成产值 1509.5 万元。

（二）砖瓦

1991 年，福安市生产砖瓦的乡镇企业和个体户有 300 多家，遍及全市各乡镇农村全年生产砖 8126 万块、瓦 5333 万片。

1993 年，全市生产砖 1.45 亿块、瓦 2214 万片。其后，群众建房逐步转向钢筋混凝土结构，砖、瓦产量逐年减少。1997 年，全市生产砖 1750 万块。

2005 年，全市从事泥砖生产的乡镇企业仅余 80 多家，从事瓦片生产的个体户不到 20 户，政府也开始引导减少乃至禁止生产黏土砖、瓦。

（三）石板材

1991 年，福安市石板材企业主要有市拆船实业公司石制品厂、福安合成氨厂中外合资石板材加工厂和乡村石板材加工企业、个体户等 80 多家，年生产锯板石材 1200 立方米，成品板材 172 立方米。

1992 年，全市石板材企业增至 130 多家，生产加工大理石板材 1525 立方米、花岗石板材 2990 平方米。次年，全市生产花岗岩石板材 1.21 万平方米。

乡镇企业出口石制品产品

1995 年，市城阳乡东口村有石板材加工厂 68 家，成为石板材加工专业村。省委书记到该村视察，称赞石板材加工业为农村脱贫致富做出一定贡献。

1997 年，全市石板材加工企业增加至 210 家，拥有锯机 428 台，生产花岗岩石板材 16.10 万平方米，产值 1.8 亿元。1998—2001 年，由于石材资源减少和政府部门开展石材加工行业污染环境专项整治等原因，石板材企业相继关闭。2002 年，全市仅剩 30 多个锯台，大多数石板材企业转行经销瓷砖等建筑材料。

2003 年后，为维护良好生态环境、保护市民饮水安全，全市多次开展石板材行业专项整治，对一批污染水源的石板材企业进行强制搬迁、取缔。2005 年，全市石板材生产企业不到 20 家。

三、造纸　印刷包装

1991 年，全市造纸、印刷包装企业主要有市印刷厂、闽东特种纸厂和福安造纸厂。主要产品有有光纸、铜版纸、雨伞纸、计算机专用打印纸、包装纸及胶印、图印、分剩印刷等。年生产机制纸和纸板 132.1 吨、铜版纸 309.08 吨。

1992 年，闽东特种纸厂有职工 283 人，完成工业产值 376 万元、实现利税 26 万元；福安印刷厂职工 230 人，完成工业产值 382 万元、实现利税 23 万元；市包装厂瓦楞纸箱生产线项目开始实施。全市生产各种机制纸和纸板 2199 吨。

1993 年，福安市印刷厂复合软包装生产线技改项目进入实施，总投资 1260 万元。福安市酒精厂年产 3000 吨包装纸板技改项目开始实施。

1994 年，福安市包装厂引进台湾瓦楞纸箱生产线设备，并建成投产。

1995 年，市酒精厂筹建福安市包装纸厂，年产 3000 吨包装纸板生产线建成投产。全市生产机制纸和纸板 2438 吨。次年 8 月，福安市印刷厂引进意大利复合软包装自动生产线项目竣工投产。

1997 年，福安市包装厂停产关闭。第二年，市包装厂申请破产，生产设备和厂房设施全部出售，用于安置职工。

2000 年，福安市造纸厂、市包装纸厂租赁私营企业经营。闽东特种纸厂停产关闭，被闽东亚南电机有限公司整体收购。

2002 年，福安印刷厂停产关闭，剩余资产出售用于安置职工。

福安印刷厂车间（1995 年）

2005 年，福安市包装印刷企业主要有福建黄金源包装有限公司、福安市华一设计有限公司、市三力包装厂、市东方包装有限公司、市天奇纸业有限公司、市冠源包装有限公司、市天源包装有限公司、市万利源包装有限公司等，主要产品有塑料、木料、纸板包装箱，包装盒印刷等。其中，规模以上造纸企业 2 家，全年完成产值 2056.3 万元。

四、纺织　服装　鞋革

1991 年，全市有纺织业乡和乡以上独立核算企业 2 家，完成产值 131 万元；缝纫业乡和乡以上独立核算企业 2 家，完成产值 16.7 万元。主要企业是福安市皮革厂、纺织厂等。

1995 年，全市有纺织业乡和乡以上独立核算企业 2 家，完成产值 470 万元；服装和其他纤维制造业乡及乡以上独立核算企业 2 家，完成产值 2155.9 万元。

2000 年，全市制鞋业规模以上企业 1 家，完成产值 1706.8 万元。

2002 年，全市橡胶制鞋业规模以上企业 1 家，完成产值 1460.4 万元。

2003 年后，冠荣鞋业有限公司停产改制，被闽东天工电机有限公司收购。2005 年，福安纺织、服装、鞋革行业无规模以上工业企业。

五、打火机

1991 年，福安市打火机行业有成品及配件生产企业 300 多家，生产打火机 822 万只、年产值 904.2 万元。打火机企业主要集中在赛岐镇区，重点企业有市打火机厂、赛岐打火机厂、赛岐五金厂等，主要产品有 F207、209、210、212、216、217、219 等型号气体打火机、310 型电子打火机，新型如意 M876 型、903 型、904 型气体打火机，皮带头电子打火机等。其中 207 型气体打火机年产量 180 万只，出口英、法等 10 多个国家。

1992 年，福安生产打火机 1643 万只，产值 1807.3 万元，为上年的 2 倍。骨干企业市打火机厂有职工 800 多人，其中技术人员 30 多人、工程师 2 人、助理工程师 2 人，年产值 1000 多万元。

1993 年，福安打火机工业快速发展，迅速形成规模，当年生产打火机 9084 万只、产值超过亿元。福安市打火机厂被省经委评为先进企业。第二年，生产打火机 1.29 亿只，产值 1.42 亿元。

1995 年，福安打火机工业发展达到顶峰，全市有打火机成品和配件生产企业 380 多家、从业人员

赛岐乡镇企业生产的打火机（1996年）

1.52万人，生产打火机1.8亿只、年产值1.98亿元。市打火机厂生产的F207打火机获省优秀新产品奖，F218型塑料气体打火机获国家轻工部“新产品奖”。同年，市打火机厂年产6000万只一次性打火机经国家经贸委列入国家“八五”专项技改项目，项目实施过程中因经济体制改革转轨、主要设备和原辅材料价格大幅上涨、造成投资突破计划，导致资金缺口、项目无法如期完成投产，企业负债累累，并造成此后连年亏损、不能清偿到期债务，陷入半停产状态。从此，市打火机生产开始走下坡路，产量逐年下降。1996年，福安生产打火机9655万只、次年仅生产打火机850万只。

1998年6月，市打火机厂因银行债务遭起诉，资不抵债申请破产；同年10月，宁德市中级人民法院立案裁定破产，179名正式职工、564名合同工等待安置。

2000年，福安市还有生产打火机成品和配件企业200多家，生产打火机9600万只，年产值1.06亿元。随后产业缺乏创新，产品技术逐年老化，企业相继停产关闭退出市场竞争。

2005年，福安市初具规模的打火机企业仅剩天海电子有限公司，年产打火机2000万只、产值3000万元。

第三章　乡镇工业

第一节　企业类别

一、集体企业

1991年，全市乡（镇）办工业企业完成产值7064.1万元，村级（包括村以下，下同）工业企业完成产值1.67亿元。其中乡镇集体企业783个、从业人员4.53万人，完成总产值2.66亿元（当年价，下同）、工业产值1.53亿元。

1995年，全市乡（镇）属工业企业完成产值2.72亿元，村级工业企业完成产值14.41亿元。其中，乡镇集体企业846个，从业人员5.99万人，完成总产值11.91亿元、工业产值9.71亿元。

1997年，乡镇企业中集体企业458个、从业人员1.39万人、完成总产值8.16亿元，其中，工业产值4.49亿元、增加值2.02亿元。

2000年，全市乡（镇）属工业企业完成产值3.17亿元，村级完成产值62.19亿元。其中，乡镇集体企业289个，从业人员9232人，完成总产值6.29亿元；工业产值4.69亿元，增加值1.60亿元。

2001年，乡镇企业中有集体企业264个，从业人员8807人，完成当年价总产值6.33亿元，其中工业产值4.68亿元，增加值1.09亿元。

2004年，乡镇集体企业完成工业总产值13.34亿元。2005年，全市乡镇企业完成工业总产值92亿元，其中乡镇集体企业完成产值12.14亿元。

二、私营企业

1991年，全市仅有私人和集体合营独立核算工业企业1家，完成产值45.2万元。

1994年，全市乡镇私营独立核算工业企业19家，完成产值1.40亿元。

1997年，产值增至3.27亿元。1999年，达4.6亿元，其中，出口交货值2.07亿元。2001年，更突破6亿元，达6.11亿元，出口交货值达4.15亿元。

2005年，全市乡镇私营工业企业1352家，其中规模以上工业企业82家，完成工业产值40.98亿元，出口交货值12亿元。

表8—6　1994—2005年福安市乡镇私营独立核算或规模以上企业情况表

年份	独立核算或规模以上私营企业数（个）	工业总产值（当年价）（万元）	出口交货值（万元）
1994	19	14046.6	—
1995	4	1236.5	—
1996	200	19899	—

续表 8—6

年份	独立核算或规模以上私营企业数（个）	工业总产值（当年价）（万元）	出口交货值（万元）
1997	56	32715	—
1998	12	14009	5856
1999	24	45974.3	20666.5
2000	22	43389.7	24603
2001	23	61065.1	41464.9
2002	28	84129.6	56635.2
2003	48	177187.3	86122.6
2004	60	280888	85483.5
2005	82	409762.6	119999.8

说明：根据市统计年鉴，1991—1993 年没有独立核算或规模以上私营企业。

三、个体企业

1991 年，全市乡镇企业中个体企业 4547 个，年末职工人数 2.84 万人，完成总产值 8140 万元，其中，工业产值 5508 万元；城镇个体工业企业完成产值 3310 万元，增加值 926 万元；农村个体工业企业完成产值 2198 万元，增加值 610 万元。

1995 年，乡镇企业中个体企业 8028 家，年末职工人数 3.54 万人，完成总产值 9.38 亿元，其中，工业产值 5.19 亿元。

1999 年，乡镇企业中个体企业 1.28 万家，年末职工人数 4.14 万人，完成总产值 30.30 亿元，其中工业产值 15.30 亿元、工业增加值 7.28 亿元。

2000 年，乡镇企业中个体企业 1.33 万家，完成总产值 32.96 亿元，其中工业产值 20.32 亿元。

2002 年，乡镇企业中个体企业 1.29 万家，年末职工 4.90 万人，完成总产值 35.99 亿元，增加值 18.01 亿元；其中，工业产值 23.67 亿元，增加值 14.06 亿元。

2005 年，乡镇企业中个体企业 1.03 万家，年末职工 3.84 万人，完成总产值 56.42 亿元，其中工业产值 45.10 亿元。

第二节　行业门类

一、工业

1991 年，全市乡（镇）办独立核算工业企业 25 家，工业总产值 1895 万元。

1993 年，全市乡（镇）办独立核算工业企业 145 家，工业总产值 2.31 亿元，工业增加值 6187.1 万元。规模较大的闽东大地电机厂、福安市万达电机厂、福安市闽东亚南电机厂等企业相继成立。

1995年，全市乡镇工业企业增至3779家，产值21.29亿元。

2001年，有企业4767家，产值63.57亿元。

2005年，有企业4689家，产值92.00亿元。

二、农业

1991年，全市乡镇企业中有农业企业95家。这些企业大部分从事农副产品的加工生产，当年产值4658万元。

1995年，有企业164家，产值4775万元。

1998年，有企业94家，产值3176万元。

2001年，有企业84家，产值3369万元。

2005年，有企业78家，产值5690万元。

三、建筑业

1991年，全市乡镇企业中有建筑企业65家，产值6980万元。

1995年，有企业70家，产值9006万元。

1998年，有企业121家，产值1.55亿元。

2001年，有企业172家，产值2.03亿元。

2005年，全市乡镇建筑企业165家，产值3.14亿元。

四、服务业

1991年，全市乡镇企业中商品流通企业4185家，产值2.24亿元；饮食服务企业1428家，产值8897万元。

1995年，全市乡镇企业中商品流通企业4235家，产值2.83亿元；饮食服务企业1627家，产值1.33亿元。

1998年，乡镇企业中商品流通企业4281家，产值4.66亿元；饮食服务企业2215家，产值2.85亿元。

2001年，全市乡镇企业中批发、零售、贸易企业4394家，产值7.01亿元；饮食服务企业1646家，产值2.88亿元。

2005年，全市乡镇企业中批发、零售、贸易企业4235家，产值12.06亿元；饮食服务企业1548家，产值3.98亿元。

五、交通运输业

1991年，全市乡镇企业中交通运输企业704家，产值3438.2万元。

1995年，全市乡镇交通运输企业增至1336家，产值2.04亿元。

1998年，全市乡镇交通运输企业再增至2848家，产值2.81亿元。

2001年，全市乡镇交通运输企业略减至2637家，但产值增至3.12亿元。

2005年，全市乡镇企业中交通运输企业2420家，产值3.64亿元。

表 8—7　1991—2005 年福安市乡镇企业数量产值一览表

年份	企业数（个）	总产值（万元）	其中工业总产值（万元）
1991	5911	38033	23734.1
1992	7296	58474	38706
1993	8746	122475	72188
1994	—	180250	137485
1995	11211	288684	212902
1996	—	317800	232962.7
1997	13339	280724	234763
1998	14820	506236	377550
1999	14126	601106	381441
2000	14656	704791	540951
2001	14160	801315	63566.4
2002	13998	870000	699000
2003	—	928000	714000
2004	14309	1060000	790000
2005	13753	1185300	920000

第三节　企业经营

1991—1992 年，国内经济基本上还处于卖方市场。福安市工业经济运行调度，基本沿袭行政主管部门下达年度指令性生产计划，由企业组织生产的方式。1991 年，全市完成工业总产值 6.42 亿元（不变价），工业总产值 6.16 亿元（当年价），其中乡及乡以上独立核算工业完成工业产值 2.81 亿元（当年价 2.83 亿元），出口产值 6711 万元、利税 3532.6 万元，年末固定资产净值 1.40 亿元。按经济类型分：全民所有制企业完成工业产值 3.20 亿元，占全市工业总产值 49.84%；县属集体企业 5644.1 万元，占 8.79%；城镇企业完成 1945.6 万元，占 3.03%；乡办企业完成 4858.3 万元，占 7.6%；村及村以下企业完成 1.67 亿元，占 26.01%；中外合资企业完成 2905.6 万元，占 4.53%。按主要产品产量分：生产轻工机械 223 台 / 套、水泵 1.26 万台、交流电动机 130 万千瓦（功率）、鼓风机 6.39 万台、电风扇 3.97 万台、电热器 6.9 万米、速热器 9.5 万件、化学农药 274.68 吨、水泥 1 万吨、饮料酒 3410 吨、精制茶叶 4464 吨、罐头 4159 吨、发电量 3771 万千瓦时（上述数据单位均采用于统计年鉴）。

1993 年，国内经济开始向买方市场转变，企业生产经营管理逐步转向以销定产，开拓产品销售市场成为企业经营的主要工作。全市工业经济运行调度，变为主管部门下达年度指导性生产计划，企业自行组织生产经营。当年，福安船舶修造企业受国家经济宏观调控、银根紧缩等影响，市场价格大幅下降，出现生产的船舶无人购买，企业难以为继。天马集团公司开拓产品出口市场，首单自营出口3000美元，实现福安、宁德地区企业自营出口零的突破。

1995年，全市完成工业总产值24.97亿元，其中，乡及乡以上独立核算工业企业完成工业产值93.06亿元（当年价100.41亿元）。按行业分：电机电器企业完成产值4.53亿元，占32.8%；船舶修造企业完成产值1.94亿元，占17.3%。全市形成以电机电器、船舶修造产业为主导，食品加工、化工医药、建筑建材、印刷包装、冶金矿产、电力为重点的工业发展体系。30家企业产值超千万元，天马集团公司、闽东电机、船舶工业公司年产值均超亿元。

1997年，福安市完成工业总产值36.25亿元，其中，314家独立核算工业企业完成工业总产值15.19亿元（当年价17.83亿元），工业增加值5.1亿元。福安船舶业发展又迎来第二次高潮，福安双福船业有限公司首建出口新加坡万吨驳船顺利下水，并通过美国ABS认可。福建万达电机有限公司万德牌水泵获福建省名牌产品称号，实现福安民营企业名牌产品零的突破。

1998年，福安市完成工业总产值46.38亿元（当年价49.69亿元）。其中，78家国有与非国有产品销售500万元以上工业企业（即规模以上工业企业，下同）完成工业总产值12.03亿元（当年价14.24亿元），工业增加值4.69亿元，出口交货值2.98亿元。市政府制定实施了《福安市电机电器行业（1998—2003年）发展规划》《福安市船舶修造行业（1998—2003年）发展规划》，提出产业5年生产经营、项目投资、技术进步等发展目标；在秦溪洋规划土地100公顷，建设秦溪洋电机电器工业园区、70多家企业入驻园区。

1999年，市委、市政府出台《关于市领导挂钩联系两大支柱产业重点企业的通知》，对18家重点企业实行领导挂钩服务；在省内率先成立为民营企业融资担保机构，解决民营电机电器企业融资难、担保难问题。

2000年，市委、市政府出台《关于鼓励民营经济发展的若干规定》，鼓励民营经济发展。当年，民营工业企业完成产值49.3亿元，占全市工业总值的72.5%，成为福安工业经济的主力军。电机电器、船舶修造两大产业产值38亿元，首次占据全市工业总产值半壁江山；闽东电机电器工业区获农业部“全国第三批乡镇企业示范区”称号；电机电器产品出口首次突破2亿美元大关。次年，福建万达电机有限公司、闽东安波电器有限公司、闽东德丰电机有限公司3家民营企业产值突破亿元大关。

2004年，全市完成工业总产值79.11亿元，其中，98家规模以上工业企业完成52.43亿元，工业增加值14.66亿元，出口交货值21.61亿元。湾坞工贸集中区、甘棠工贸集中区相继成立；编制出台《湾坞工业区总体规划》，大唐国际宁德火电厂、福安市新远造船有限公司10万吨船坞开工建设。当年18号台风袭击福安市，洪水淹没坂中、阳头等乡镇（街道），导致400多家企业受灾，生产设备、产品、材料被淹，直接经济损失2.3亿多元。

2005年，全市完成工业总产值99.2亿元，其中，128家规模以上工业企业完成72.97亿元、工业增加值21.51亿元，出口交货值26.22亿元。闽东安波电器有限公司获产品质量国家免检资格证书，实现福安企业国家级品牌零的突破；福安市振中电机有限公司获“中国知名起动机十佳品牌”称号；闽东德丰电机有限公司、闽东安波电器有限公司、福安永隆电机有限公司三家企业集团经省工商局登记注册成立。船舶修造产业完成产值18亿元，为2000年的1.5倍。福建白马船厂建造邮轮吨位从1.2万吨提高到1.6万吨，开始批量建造2万吨载重散装货轮；闽东丛贸船业有限公司建造的首艘1.6万吨散装货轮顺利下水；福宁重工船舶有限公司动工建造6800载重吨油轮。

表8—8　1991—2005年福安市地区工业总产值增加值情况表

单位：万元

年份	地区工业总产值	工业增加值		
		当年价	可比价	比上年增长
1991	49158	17452	17180	19.9%
1992	77538	25663	23590	37.3%
1993	131509	41651	33061	45.1%
1994	243211	67040	49900	41.9%
1995	249711	78529	60000	20.2%
1996	288710	98613	72921	21.5%
1997	362498	134229	94181	21.5%
1998	398571	144031	109201	29.2%
1999	461433	162372	125298	15.9%
2000	546055	186532	141958	14.7%
2001	614684	208801	169940	13.3%
2002	705400	198436	192422	10.5%
2003	754166	237920	228028	13.2%
2004	791126	270732	257711	13%
2005	991986	309653	288125	16.9%

表8—9　1991—1997年福安市乡及乡以上独立核算工业企业生产情况表

年份	企业数（个）	工业总产值（万元）	工业销售产值（万元）	工业增加值（万元）	出口产品产值（出口交货值）（万元）
1991	203	28102.3	25886.9	—	6884.5
1992	199	45253	39297	12286	8732
1993	248	82623.5	72476.3	9098.9	—
1994	249	120067.5	115174.3	33059.9	—
1995	229	100405.2	98585.3	29399.2	—
1996	489	142875.5	134189.6	41213	—
1997	314	178320.9	172824.9	51043.3	—

说明：表内价格均为当年价。

表 8—10　1998—2005 年福安市规模以上工业企业情况表

年份	企业数（个）	工业总产值（万元）	工业销售产值（万元）	工业增加值（万元）	出口交货值（万元）	从业人员数（人）
1998	78	142422.1	135148.6	46927.1	29751.7	11498
1999	73	162691.7	158437.6	42552.1	40955.7	13936
2000	75	188916.3	180084.4	45157.6	56580	14791
2001	58	232305.1	227046.9	71439.6	98151.3	10477
2002	61	285638.3	282834.7	97869	128477.3	11869
2003	76	382222.6	376981.1	124292.4	179651.1	14286
2004	111	547462.9	528632.6	163037.6	216052.3	19114
2005	128	729657	711356.4	215115.7	262229.1	21976

说明：表内价格均为当年价。

第四节　技术改造

1991 年，赛岐铁合金厂、赛江糖厂、福安酒厂、印刷厂等国有企业相继拟定技改方案，着手向上争取更新改造项目资金，通过技术改造和技术开发，充分利用新技术、新装备、新工艺，加速产品技术更新换代，扩大生产规模，推进企业转产转型，提升市场竞争力。

1994 年，全市企业完成技术改造投资 6524.5 万元，其中福安市包装厂瓦楞纸箱、赛岐铁合金厂离心铸管、福安酒厂万吨啤酒、福安印刷厂复合软包装等 10 项国有、城市集体企业技改项目进入实施，共完成投资 4483.5 万元；乡镇企业完成技改投资 2049 万元。当年开发新产品 21 项、通过产品鉴定 11 项，技术改造项目工作名列全区第一名。

1995 年，全市企业实施在建技术改造项目 29 项，投资 5588 万元；开发新产品 21 项，其中，13 项列入省计划。福安市包装厂引进台湾瓦楞纸箱生产线设备建成投产。

1997 年，全市企业投资 6600 万元，实施在建技术改造项目 28 项。其中，福安农药厂年产 6000 吨盐酸铵、东福船业公司 5000 吨船台，精艺扑克牌厂、闽东电机配件厂、威力电机厂、华生电机厂、佳尔电机厂扩大生产规模，东方神电子公司扩大大功率按摩器生产、闽东变压器厂扩大电力变压器配件生产等 15 项技改项目建成投产；华达电机厂、安波电器公司、永发电机厂、革新电机厂扩大电机生产等 8 项技改项目部分建成投产；福安市印刷厂引进意大利复合软包装生产先进设备也建成投产。

1998 年，全市实施在建技改项目 34 项，完成投资 1 亿多元。

1999 年，全市在建技改项目 19 项，完成投资 1.2 亿元；完成投产项目 6 项，试产 1 项；开发新产品 33 项，其中万达电机有限公司的铝壳电机获省优秀新产品奖。

2000 年，全市在建技改项目 18 项，完成投资 1.76 亿元。福安农药厂年产 100 吨三唑磷、亚南电机有限公司扩大生产三相发电机及智能控制系统、双福船业有限公司建设万吨船台项目列为省重点技改项目。全年完成投产项目3项，部分投产项目2项，开发新产品31项。

2002年，全市实施在建技改项目15项，完成投资1.77亿元，开发新产品32项。当年，组建成立“福建省电机技术开发基地”，承办省电机行业产学研现场会，展示福安13家电机企业43个技术攻关项目，推介10多所高等院校科研机构科研成果200多项，邀请5位教授和高工举办技术讲座，供需双方达成协议项目27项，其中9项属国际水平、5项属国内先进。落实省每年支持福安电机电器行业技术研发基金300万元，设立福安市电机电器技术研发基金，扶持企业开展技术研究和新产品开发。

2003年，全市实施在建技改项目23项，完成投资2.57亿元。其中闽东德丰电机有限公司、远东华美电机有限公司、振中电机有限公司异地技改，福建万达电机有限公司扩大高新电机生产等6项百万元以上技改项目竣工投产；闽东丛贸船舶实业有限公司、福安市新永隆电机、华微电机有限公司、银嘉机电有限公司等9项技改项目部分建成投产。永隆电机有限公司通过技改和新开发生产微型汽油发电机后，产值提高3倍。福建万达电机有限公司被列为省企业技术中心、安波电器有限公司被列为“福建省制造业信息化应用示范企业”。

2004年，全市实施在建技改项目18项，完成投资3.10亿元。其中惠丰电机有限公司异地技改、丛贸船舶实业有限公司多功能码头建设、怡和电子有限公司扩大出口按摩器生产等6项百万元以上技改项目竣工投产；天工电机有限公司、万利漆包线有限公司等9项百万元以上项目部分建成投产；开发耐腐蚀电机、小机座号铝壳电机、风机电机等新产品34项，银嘉机电有限公司研发的不锈钢井用潜水泵、一华电机有限公司研发的新型发电机获省优秀新产品奖。

2005年，全市实施在建技改项目22项，完成投资5.20亿元。其中新永隆电机有限公司扩大柴、汽油发电机组，德丰电机有限公司扩大出口电机，天工电机有限公司扩大ST系列出口水泵3项技改项目列为省重点结构调整技改项目；金泰格动力有限公司扩大出口柴、汽油发电机组，丛贸公司5万吨船坞等8项技改项目竣工投产；从贸公司5万吨船坞船台、福宁重工公司3.5万吨级造船厂、新远10万吨船坞等技改项目进入实施；开发割草机电机、OP系列柴油泵、深井泵、屏蔽泵等新产品30项。闽东安波电器有限公司、闽东亚南电机有限公司技术中心被认定为福建省企业技术中心。

第五节　企业管理

一、管理机构

1991年，福安市管理工业的行政机构有市经济委员会、市工业局（福安市电机电器管理局）、市二轻局、市乡镇企业局4家。市经委主要负责工业、交通、邮电、公路及煤、电、油、运的综合、协调工作；市工业局负责国有工业企业生产经营管理；市二轻局负责城市二轻集体企业生产经营管理；市乡镇企业局负责乡镇工业企业生产经营管理。

1995年，全市实施“工业立市”战略，成立“福安市工业领导小组”，下设办公室挂靠市经委，负责协调全市涉工部门，为工业发展提供服务，并按照“推进国企改革，转换经营机制，实现‘四自’（自主经营、自负盈亏、自我约束、自我发展）目标”的思路，组建成立工业总公司、二轻工业总公司、船舶工业公司、罐头食品工业公司、化工工业公司、冶金工业公司、电机电器工业公司、打火机工业公司等，均为企业化管理的科级单位。管理人员实行自收自支事业编制，并赋予部分行政管理职能和企业自主经营权。

1998年，第一轮政府机构改革，市工业局、二轻局撤销，原行政职能由市经委承担；市经济技术协作办公室并入市经委，实行“一套班子、两块牌子”。市经委行政编制18名，其中，主任1名、副主任6名（含兼职），内设办公室（人劳科、职改办）、企管科（生产科）、国有财产监管科、技术开发办（经济协作科）、职工教育办5个科室。同年，为贯彻市委九届九次全体（扩大）会议提出“开展新一轮创业，实现工业产值百亿元”目标的精神，率先在全省成立电机电器、船舶、包装印刷、食品、机械铸造、建筑建材、电力、综合等8个行业管理办公室，隶属市经委管理；其中，电机电器、船舶、综合3个行业管理办公室为正科级、其他5个为副科级事业机构。

2002年，第二轮政府机构改革，市经委、财贸委合并成立福安市经济贸易局，市乡镇企业局并入市经济贸易局、对外挂牌。市经济贸易局核定行政编制21名，机关工勤人员1名，其中，局长1名，副局长4名。内设人秘股（市职工教育办公室）、经济运行股（市工交生产调度室）、财务审计股（市减轻企业负担办公室）、企业管理股（市中小企业办公室）、电力能源股、技术进步与投资规划股、协作与信息股（市山海协作办公室）、贸易与服务业管理股、商品市场股、乡镇企业生产综合股、乡镇企业发展规划股、乡镇企业协调督查股等12个股室。

2004年，成立市工业技术人才委派中心、电机电器技术研发中心两个股级事业机构，隶属市经贸局管理。其中市工业技术人才委派中心核定为全额拨款事业单位、编制10名，用于吸收引进专业对口、本科以上有一定工作经验的技术人才或本科毕业生，委派到支柱产业中的重点企业工作；市电机电器技术研发中心核定全额拨款事业编制3名，用于吸收引进具备相关技术职称的专业人员。

二、行业管理

1991年，福安市行业管理延续过去的管理方式，市工业局主要负责冶金、机械、化工、医药、印刷、造纸、罐头饮料行业管理；市二轻局主要负责手工业、二轻集体工业及鞋革、塑料制品、打火机、陶瓷、室内装饰等行业管理；市乡镇企业局主要负责农副产品加工、砖瓦、石材等行业管理；市建设局负责水泥及构件行业的管理。各涉工部门对工业行业管理既有相对明确分工，又相互交叉协作。

1995年，福安市成立国有事业单位性质、企业化管理的工业、二轻、乡镇企业、罐头食品、冶金、船舶、电机电器、化工、打火机、福光电子等十大工业公司（局），市政府赋予相关行业管理的部分职

闽东赛岐经济开发区罗江陶瓷厂（2004年）

能，履行贯彻落实行业相关政策、规划、协调、服务等职能。

1998年，福安市率先在省内成立电机电器、船舶、包装印刷、食品、机械铸造、建筑建材、电力、综合等八个行业管理办公室，具体负责行业相关的规划、协调、服务工作。其后，电机电器、船舶、农副产品加工、机械铸造、建筑建材、电力等行业相继成立行业协会（商会），行业管理逐步走向规范化。

三、劳动管理

1991年，福安市国有企业开始改革，企业内部劳动、用工、分配三项制度的改革打破了计划经济体制下国有企业职工收入平均主义和“三铁”（铁饭碗、铁工资、铁交椅）现象。企业职工从终身制固定用工逐步向合同制用工过渡；职工工资收入实行与企业经济效益挂钩并逐步推行车间班组承包、个人计件工资等形式。1992年，国务院颁布《全民所有制工业企业转换经营机制条例》，实行管理权与经营权分开，企业成为“自主经营、自负盈亏、自我约束、自我发展”的商品生产和经营主体，独立享有民事权利和承担民事义务。企业招工由计划经济时代的行政单位审批指标，改为企业根据生产需要自行决定招工及招收人数；逐步建立提高经济效益，改革劳动用工的现代企业管理制度。福安农药厂围绕建立企业利益共同体，实行用人所长，敢用能人，人才搭配的方法，创造“能位匹配法”，获得全国企业管理现代化成果二等奖。1993年，福光电子有限公司以调动职工积极性、追求企业利润最大化为目标，建立“价值工程管理法”获得福建省企业管理现代化成果一等奖。1994年，闽东罐头食品集团公司推行人本、资本、成本“三本”管理法，并在宁德地区企业中交流推广。1995年，《中华人民共和国劳动法》颁布实施后，企业用工制度进一步规范，国有企业用工全面实行劳动合同制，民营企业也开始逐步推行劳动合同制。劳动管理制度逐步完善，职工劳动保护、社会保险制度逐步实施，特殊工种持证上岗等制度相继实行。2000—2005年，全市大部分国有企业通过改革、改制相继退出市场竞争，民营企业成为工业经济和社会就业的主导力量。电机电器企业全面实行计件工资，船舶修造企业大多实行工时工资。

四、安全生产管理

1991年，福安工业企业主管部门督促企业建立健全《安全生产管理制度》《工厂安全防范制度》《生产现场安全管理制度》《明火作业制度》《安全保卫制度》等规章制度，配备充实企业安全生产管理人员，完善防护设施，完备防护器材，落实安全生产责任制。

1993—1995年，市经委对所属国有企业实行安全风险抵押管理制度，规定企业每年第一季度向经委交纳3～5万元安全生产风险抵押金，年末进行安全生产评比决定奖罚，对年内发生安全生产事故的企业实行处罚，将风险抵押金作为处罚金处理；对年内安全生产无事故的企业实行奖励，将各企业上缴的风险抵押金统筹作为奖励资金，奖励安全生产工作成效突出的企业负责人和相关人员。

1996—2005年，福安市在企业中认真组织开展“安全生产月”“安全生产周”“消防日”等活动。组织十多次电机电器、船舶修造、冶金铸造行业安全生产专项整治，根据季节气候和行业特点，强化安全生产检查，督促整改完善，预防各种事故发生；并在此期间，贯彻落实上级关于安全生产事故行政责任追究制，层层落实安全生产责任制，严格实行安全生产“一票否决制”。各主管部门每年与企业单位签订安全生产责任状，督促企业抓好安全生产，确保安全生产各项措施落实到位，促进安全生产工作制度化、规范化。其间，福安市属国有、集体企业未发生重大安全生产事故。

五、产品质量管理

1991年，市工业企业根据国家经委颁发的《工业企业全国质量管理暂行办法》八条基本要术（即TQC标准），开展全面质量管理。主要内容包括组织质量管理专业人员培训，完善检测设施和检测手段，建立质量统计分析制度，应用先进技术工艺降低消耗，提高零配件合格率等。福安罐头食品厂QC小组获省产品质量优秀小组称号，该厂生产的“水仙花牌”（“玉莉”牌）400克整蘑菇罐头、284克整香菇罐头和市轻工机械厂生产的ZDP12型双盘磨泵机获省优质产品称号。

1992—1993年，创优活动停止，工业企业主要围绕国家“质量等级品率、质量损失率、商品销售率、新产品产值率”四项指标，组成新的质量指标考核体系，开展“改进工艺、质量，降废减损”等活动。

1994年，市委、市政府把组建电机电器产品质量检测所列为全市年度重点办理的十件实事之一，与省中检所联合投资60多万元，实现当年组建、当年建成投入运行；各企业开展提高关键工序一次性合格率和质量降损活动，全年增加经济效益200多万元。

1995年，福安市实施质量兴城（电机电器城）工程，强化质量管理。市技术监督局等有关部门对42家企业法人进行质量管理培训，举办质量认证培训班6期、200多人次参加，举办质检人员和计量人员培训班一期、参训人员100多人次。2家企业通过CE认证预验收，5家企业产品通过国家安全认证，10家企业开展质量管理体系建设工作；市汽车配件二厂生产的马自达消声器总成获省第二届工业博览会金奖，福安农药厂生产的3%呋喃丹颗粒剂、三唑磷乳油获银奖；安波电机获全国乡镇企业出口产品评比金奖，白鹤牌扑克牌、大地电机、康华按摩器、华盛水泵、华东板材5项产品获全国乡镇企业出口产品评比优秀奖。福安农药厂、福安罐头食品厂、赛岐铁合金厂完成质量降耗额300多万元。当年，全市还多次组织名牌产品评比，福安酒厂“红福牌”啤酒（省著名商标）、福安农药厂“丰”牌农药（部优产品）、华丰电机厂“闽华”牌水泵（省优产品）、福光电子有限公司“福光”牌医疗保健品（国家博览会奖）、福安罐头食品厂“水仙花”牌蘑菇罐头（省优产品）、华闽化工公司“福化”牌过硫酸盐（出口免检产品）、福安市精艺扑克牌厂“仙鹤”牌扑克（农业部出口优秀奖）、福安市打火机厂“福汽”牌打火机（省优）、赛岐铁合金厂“赛华”牌铁合金（部优产品）、闽东起动机总厂“双福”牌汽车起动机（部优产品）名列前茅。

1996年，福安市实施名牌战略，把一批质量管理基础好、产品质量高、企业规模大、市场前景广阔的企业列入争创省名牌产品规划，引导企业通过加强质量管理，开展质量认证工作，创造条件争创省名牌产品。有5家企业7种产品通过质量安全认证，1家企业通过CE认证。

1997年，全市开展学习宣传《中华人民共和国产品质量法》和国务院《质量振兴纲要（1996年—2000年）》活动，福安农药厂、福光电子有限公司、福安印刷厂等企业均采取知识竞赛、培训班、黑板报等多种形式开展丰富多彩的宣传、培训，建立质量成本计划，分组落实成本指标，向质量要效益。当年，全市降耗减损321万元，占宁德地区下达计划任务的160%。争创名牌取得突破，福建万达电机有限公司“万德”牌水泵获得福建名牌产品称号；5家企业申请质量体系认证，5家企业参加产品质量安全认证，22家企业参加出口产品生产许可认证。

1998年，福安市委、市政府出台《福安市贯彻〈质量振兴纲要〉的实施意见》，提出到2005年全市要有20家企业通过质量体系认证、90个产品通过安全认证、争创省级名牌产品15个。安波牌中小电动机、万德牌小型电动机、凯捷列牌小型电动机获得“福建名牌产品称号”；福光电子有限公司、闽东安波电器有限公司通过 ISO9002 质量体系认证；5 家企业建立质量体系试点工作、5 家企业建立标准体系，12 家企业通过产品安全认证。

1999 年，中共福安市委办公室、福安市人民政府办公室印发《关于开展电机电器产品质量月活动的通知》，制定《电机电器产品质量整规工作实施方案》和《电机电器行业质量管理自律规定》，围绕市委"质量兴市"战略目标，以国家产品质量法规为依据，惩治打击假冒伪劣产品及其生产企业，督促产品质量不高、检测手段不全、质量管理不严的企业加强质量管理、提升产品品质、争创名牌、维护福安电机电器产业形象和产品声誉。5 家企业申请 ISO9000 质量体系认证。

2000 年，市人民政府与宁德市出入境检验检疫局联合印发《关于鼓励福安市出口商品生产企业开展 ISO9000 质量体系认证工作的通知》，对获得认证的企业，市政府优先列入重点民营企业进行扶持、优先办理申报自营进出口经营权、优先办理管理人员商务出国考察；宁德出入境检验检疫局对这些企业实行一类管理，简化检验、免于质量许可证考核和卫生注册的现场考核，优先报检、优先安排、优先办理。鼓励企业开展 ISO9000 质量体系认证，全市 2 家企业通过 ISO9002 质量体系认证，7 家企业分别通过欧盟 CE 和美国 UL 认证，1 家企业申报创省名牌产品计划。

2001 年，福安市有 4 家企业申报创省名牌产品，10 家企业申报 ISO9002 质量体系认证，2 家企业通过 ISO9002 质量体系认证、10 家企业 100 多种产品分别通过欧盟 CE、GS 和美国 UL 认证。当年，闽东亚南电机有限公司的"YANAN"牌发电机获得福建名牌产品称号。

2002 年，全市有 20 多家企业申报 ISO9000 质量体系认证，分别进入试运行、预验证阶段。闽东安波电器有限公司等企业通过 ISO9001（2000）质量体系认证，福安远东电机有限公司的"远安"牌管理自动增压泵获福建名牌产品称号。

2003—2004 年，闽东航宇电机有限公司、福建尤迪电机有限公司等先后通过 ISO9000 质量体系认证。

2005 年，市印发《福安市人民政府办公室关于印发〈福安市开展电机电器产品质量年活动方案〉的通知》。10 月，在全市开展质量年活动。闽东安波电器有限公司首获"产品质量国家免检"资格证书，福安市振中电器制造有限公司获"中国知名起动机十佳品牌"，福建一华电机有限公司"图形"牌 TFKX-H 系列船用复励三相交流同步发电机、福建港福食品开发有限公司"珠洲"牌饼干、福建顶丰食品有限公司顶丰牌饼干、福建省银象电机有限公司"银象"牌"SUB"系列水泵、福建福安市城湖茶叶有限公司"东湖"牌茉莉花茶、福安市天香茶叶有限公司"永"牌茉莉花茶获"福建名牌产品"称号。

福建天马集团生产车间（1995 年）

附 1：福安市重点工业企业简介

福建天马集团 1991 年，福安农药厂兼并福安纺织厂，组建华丰电机一、二厂；次年成立福建天马集团，有职工550人。全年生产氯化钾874吨、过硫酸铵969吨，完成产值5818万元，实现利税521万元；其中过硫酸铵获轻工部优质产品称号。1997年，企业被福建九州集团兼并。

赛岐铁合金厂 1991年，全厂职工327人，拥有生产设备8台套，矿热电炉容量8340千伏安，年生产硅铁5700吨、稀土合金1950吨、工业硅1050吨。1992年，组建福建省闽东冶金（集团）公司，职工376人，完成总产值1852万元，实现利税129万元。该厂产品均按国际标准组织生产，主要产品75号硅铁自1985年起多次获部优、省优称号；企业先后被评为国家二级计量管理企业、省级先进企业、省思想政治工作先进单位。1995年，与港资和省地3家企业组成中外合资“福建福润冶金有限公司”，并由港资从境外购进铬精矿、锰精矿，生产铬合金、锰合金产品出口；2000年，产量2220吨，产值2.06亿元；2004年，企业停产。

福安罐头食品集团公司 1991年，福安罐头厂兼并市天然饮料厂、酒厂，组建闽东罐头食品集团公司，职工627人，固定资产1083.38万元；开发生产蘑菇肉酱罐头、粒粒橙饮料系列、啤酒等产品，实现工业总产值1602.56万元，税金48.02万元，利润150.39万元，出口创汇384.71万美元。该公司生产的糖水黄肉桃罐头、蘑菇罐头、中华猕猴桃加应子和“水仙”牌特级酱油、“阳光”牌特级酱油、粒粒橙系列饮料先后获省、部优产品称号。1997年，被省粮油食品公司收购重组成立福丰罐头食品有限公司。

福光电子（国际）有限公司 1985年10月，由中外合资创办，注册资金84万元，从业人员135人。主要产品有音响、电子理疗器、仪器仪表、计量分析仪表等4大类12个品种；其中KLA叩击理疗按摩器获1988年省优产品称号，FG–3型电子热磁波按摩器获第二届全国老年生活用品展销会“最受欢迎产品奖”。自投产到1990年，实现总产值1500万元，利税300万元。1992年，该公司完成工业总产值2466万元，2000年停产。

福建泰格动力机械集团有限公司 1998年创办，拥有福建福安东大电机有限公司和宁德市泰格动力机械有限公司两家中外合资企业，及房地产公司、配件厂等多家民营股份制企业。公司生产基地占地面积13.3公顷，资产总额3.02亿元，员工1500多人，生产流水线18条。主要产品有汽油发电机组和柴油发电机组10多个系列、100多个规格品种。年生产能力200多万台（套），年销售收入12.7亿元，产品远销100多个国家和地区。“Tiger及图”（泰格）商标被国家工商总局认定为“中国驰名商标”，“Tiger及图”（泰格）品牌先后被评为“世界市场中国十大年度品牌”“中国著名品牌”“中国驰名商标”“中国汽油发电机组市场最具竞争品牌”“全国发电机组十佳名优品牌”。公司先后获得“全国商务系统先进集体”“AAA级质量信誉资质单位”“AAA级示范单位”“全国重法守信放心单位”“中国最具创新力企业”等称号。

闽东亚南电机有限公司 1993年11月创办，企业占地面积1.47公顷、建筑面积2万多平方米，总资产10044万元、职工480人，年产值近3亿元。主要产品：交流陆用、船用发电机，GFS、SFS、GF系列柴油发电机组，YHLT.LT系列灯塔，各系列交流单三相异步电动机和家用电泵。公司先后通过ISO9001质量管理、GB/T 24001环境管理、GB—28001职业健康安全管理体系认证和CCS、CCC、CE、UL、SONCAP等认证，先后获得“省五一劳动奖章”“全国再就业先进单位”“全国外商投资‘双优’企业”“全国产品质量、服务质量无投诉品牌”“福建省重点合同守信用企业”“福建省高新技术企业”等称号和“联合国采购供应商”；公司“YANAN”（亚南）牌商标获“福建省著名商标”称号，“YANAN”牌发电机获“福建名牌产品”称号，5项产品被评为“福建省高新技术产品”称号。

福建万达电机有限公司 1992年创办，是国家机电出口基地企业，省机电产品重点企业和省级企业技术中心企业。公司占地28公顷，总资产上亿元，职工1800人；所属企业有福州万达电器有限公司、大精密铸造有限公司、福建立松金属工业有限公司、新加坡ATT电机有限公司、上海普莱德机电科技有限公司、福安晶丰电机冲压有限公司等。主要产品有：IEC—NEMA标准低噪音、高效M系列全铝壳单三相（0.06～7.5千瓦）电机，YZ系列铁壳（0.18～55千瓦）电机，SZ系列直流伺服电机，DC永磁有（无）刷电机交流换向器电机，钢板壳电机，变频调速电机和DB、SCM、CPM、DP等系列家用水泵及精密铸造产品。年产品出口8000多万美元。公司建立ISO9001质量管理体系和ISO14000环境管理体系，通过国家CCC安全认证、欧盟CE—GS认证和美国UL认证，先后获得省“民营企业纳税先进单位”“用户满意企业”“质量管理先进企业”“先进乡镇企业”“乡镇企业百佳明星企业”“首届光彩之星”“百家重点工业企业”等称号。

福建凯捷利集团有限公司 1995年创办，占地面积13.8公顷，建筑面积6.5万平方米，资产总额7亿多元、员工1100多人。拥有福建闽东德丰电机有限公司、苏州德丰电机有限公司、凯捷利电机（福建）有限公司、昆明电工有限责任公司、昆明凯捷利电工有限公司等全资和控股企业10多家；年综合销售总额超10亿元，其中电机年产量500多万千瓦（功率）、销售额6亿多元。主要产品有：各系列小型低压单三相交流电动机、中型高压电动机、交流发电机（有刷、无刷）、欧洲能效标准和美国NEMA标准高效率电动机、双速电动机、制动电机、变频调速电机、辊道电机等多种系列型号电机，企业通过CCC、CE、TUV、GS认证，获得“省企业集团百强”“省私营企业百强”“中国机械工业优秀企业”“中国电器工业最具竞争力企业”等称号。电机产品获得“福建省名牌产品”“国家产品质量免检资格证书”“KAIJIEL1”（凯捷利）商标获得“福建省著名商标”“省重点培育和发展的出口名牌”“世界市场中国电机年度品牌”“中国机械工业最具影响力品牌”。

闽东安波电机集团有限公司 1993年7月创办，企业占地面积20多公顷，注册资本4116万元、员工1200多人，拥有闽东安波电器有限公司、宁德鹏康电机有限公司、安波电机（福州）有限公司、达瑞斯科技贸易有限公司4个子公司，年销售额超过6亿元。主要产品：MS系列铝壳三相异步电动机，ML系列单相双值电容异步电动机，MC系列铸铁壳、铝壳异步电动机，MY系列单相电容运转异步铝壳电动机，YZ系列铸铁壳、铝壳异步电动机，YC系列铸铁壳单相异步电动机，SCM系列离心泵，JET系列射流泵，GB系列施涡泵、不锈钢泵、铝泵。通过CCC、CE—GS认证，获得“福建省名牌产品”“产品质量国家免检资格”“产品出口免检资格”。公司先后通过ISO9001质量管理体系、ISO14000环境管理体系认证，获得“省高新技术企业”“省创新型示范企业”“省质量管理先进企业”等称号；“ABLE”商标获得“福建省著名商标”“中国驰名商标”称号。

福建怡和电子有限公司 1992年2月创办，公司占地面积1.6公顷、建筑面积1800平方米，资产总额2660万元、员工300人，年产值8000多万元。主要产品有：豪华按摩椅、智能按摩垫、气血循环机、按摩棒等80多种系列，产品远销欧洲、南美等50多个国家和地区。公司和产品通过ISO9001：2000质量管理体系认证和ISO13485：2000医疗器械制造业质量体系认证，及UL、CSA、CE认证和ROHS指令，YHOST系列按摩椅获“中国消费者基金会‘质量、服务、信誉’消费者可信产品”称号；“怡尔康”

商标获福建著名商标，企业获得“福建省高新技术企业”称号。

福安远东电机集团公司 2000年8月创建，工厂占地面积8.2公顷，注册资本8338万元、员工860多人，年产值1.8亿元，拥有福安远东华美电机有限公司、福建鉴明电机有限公司、宁德远东投资实业有限公司、宁德冠特机械有限公司、福安市远东铸业有限公司、福建远东机电产品研发有限公司6家子公司。主要产品有：GW系列管道自动增压泵，JEF系列射流式清水自吸泵，YC、YDOUP系列钢板壳单相异步电动机等水泵，电机、发电机等60多个系列180多个品种800多种规格型号。公司及产品先后通过ISO9001质量管理体系认证和CCC、CE认证，“远安”牌管道增压泵获“福建名牌产品”称号；“JIANMING及图”获福建省著名商标。企业获得“国家机电产品出口基地企业”“全国机械行业管理先进单位”“福建AAA级信用企业”等称号。

福建天工电机有限公司 2000年创建，工厂占地面积1.79公顷、建筑面积1.6万平方米，资产总额7104万，员工286人，年产值1亿元。主要产品有：JET等系列测射泵，QB、DB、TDB等系列清水泵，DE、SOM等系列离心泵，AVDB、AUJETDP等系列自动泵，Y、YZ、YC等系列单三相铸铁壳电动机，MS、ML、MY等系列汽油发电机组，TS、TSS等系列工业泵，浴缸泵、WQ系列潜水除污泵等。公司建立ISO9001质量管理体系，相继通过CCC、CE、GS、TUV、UL等认证，先后获得“省著名商标”“省知名品牌产品”“省高新技术企业”“全国机械行业管理先进单位”“省诚信经营示范单位”“省农行AA级信用企业”“福安市民营企业十佳纳税单位”等称号。

福建天工电机有限公司生产车间（2003年）

福建金隆电机集团有限公司 1994年创办，占地面积5公顷，员工800多人，拥有8家全资公司和2家参股公司，总资产上亿元、固定资产6000多万元，年电机产值8000多万元。主要产品有：水泵、电动机、发电机、汽油机动力、汽油机组、柴油机组等50多个系列900多种规格，公司和产品先后通过ISO9001质量体系认证，GE、GS认证，获得“省农业银行AAA信用等级客户”“宁德市外贸出口先进企业”“福安市明星企业”“福安诚信企业”等称号。

福建永隆电机集团公司 1998年创建，企业占地面积7.3公顷，员工1000多人，拥有4家控股子公司，固定资产7200万元，年电机产值7000多万元。主要产品有：YL950汽油发电机组、风冷式柴油发电机组等30多个系列、300多种规格。公司及产品先后通过ISO9001、ISO14000、GB/T 28001“三标一体化”认证和美国EPA、欧二排放认证，获得“中国制造业1000家最具成长性中小企业”“福布斯（中文版）2005年度‘中国潜力100’榜入选企业”“联合国采购供应商”“商务部AAA级诚信企业”“福建工业企业出口市场占有率综合500强”“福建省用户满意企业”“省百家重点企业”“省机电出口基地企业”“全国行业诚信经营示范单位”“省诚信经商承诺企业”“省用户满意产品”等称号。

福建惠丰电机有限公司 1989年创建，占地面积2.7公顷，员工2300多人，总资产7000多万元，年产值1.8亿元。主要产品有：MS、MY、ML、YZ系列钢板壳、铝壳单三相异步电动机，TF.BM系列浴缸泵等30多个系列260多种规格。公司及产品先后获得“省高新技术企业”“全国第一批ROHS达标企业”“省优秀新产品奖”多项国家专利证书；通过ISO9001质量体系认证、CE（EVA）认证、CE（TUV）认证。

福安市力源电机有限公司 1998年6月创建，总资产1116万元，员工300人，年产值超过2亿元。主要产品有：Y、YC系列异步电动机，ST、STC系列单、三相同步发电机，铝壳电机，微型电泵等12个系列200多个规格。公司及产品先后获得“省名牌产品”“省著名商标”“省乡镇企业名牌产品”“省乡镇企业”等称号，通过ISO9001质量体系认证及ROHS、CE认证。

闽东五一机电有限公司 1998年8月创建，占地面积0.66公顷，总资产4650万元，员工265人，年产值超亿元。主要产品有：DG、CG割草、割灌机，BS、CS系列便携式收割机，QB系列绿篱修剪机，3WF系列喷雾喷粉机，TPC系列茶树修剪机，背负式、便携式挖穴机、高枝剪机等。企业及产品通过ISO9001质量管理体系认证、CE认证，获得“省著名商标”“省守合同重信用企业”“省全农行AAA信用企业”等称号。

福建银嘉机电有限公司 1990年创建，是以科研、生产和销售各种水泵和机械铸件为主的企业，公司坐落在闽东赛岐经济开发区罗江工业园。厂区总占地面积8.8公顷，建有精密铸造中心、精工中心、研发综合楼等，其中精工中心引进台湾先进的加工中心、立车、数控车床等设备；精密铸造中心引进德国先进自动造型生产线，铸件采用树脂砂造型工艺，造型、下芯、合模、脱箱均由造型机一次性完成，实现生产过程机械化操作；具有生产自动化程度高和污染物排放少等特点，精密生产技术水平达到国内领先水平。公司研制开发：生产机械铸件和家用清水泵、离心泵、自吸泵等八大系列泵类产品，年产2万吨铸件和100万台水泵。2005年8月，其产品“4英寸精铸不锈钢井用潜水泵”获省人民政府颁发的“省优秀新产品”奖牌，拥有一批专利产品和省优秀产品奖等多项荣誉。实施ISO9001 : 2008质量管理体系，产品通过ISO9001 : 2008质量体系认证。2001年4月，公司取得经营进出口权，销售网络覆盖欧美、中东、非洲、东南亚等地区，1991—2005年累计完成产值29.51亿元，为中国机电产品进出口商会会员企业，宁德市人民政府授予“2005年度外贸出口先进企业”；2000—2005年连续获得“省重合同守信用企业”称号。

福安市振中电器制造有限公司 1994年创建，是专业生产汽车起动机、发电机的企业，公司占地面积1公顷，总资产5000多万元，员工260人，年产值1.24亿元。主要产品有：QD114B起动机，F186飞轮发电机，F186HD—1W电焊两用飞轮发电机；整流稳压器，RMZV80飞轮发电机；QDJ112、QDF111、Q113、QOY134永磁城建起动机；QD122起动机、QDF2509减速起动机等。公司及产品先后通过ISO9001、ISO/TSI6940质量体系认证，获得“省先进企业”“省科技进步先进企业”等称号。

福建省银象电器有限公司 1996年创建，占地面积1.2公顷，建筑面积1.1万平方米，总资产1.6亿、职工478人，年产值2.85亿元。主导产品有：“银象”牌旋涡泵、离心泵、离心射流泵、深入泵、清水泵、潜水泵等18个系列230多个品种，以及低压SKD系列开关、发电机、汽油发电机组、柴油发电机组等，企业及产品先后获得“国家对外经贸部中国最佳信用企业”“商务部中国外贸企业信用体系指定示范单位”“省出口创汇先进乡镇企业”“省工业主要行业竞争前十名”“省AAA级信用企业”“福建名牌产品”“省质量技术监督局《高质量、高标准荣誉榜》荣誉证书”等。

福建省白马船厂 1965年创建，占地面积84.12公顷，建筑面积10.2万平方米，员工200多人，注册资本2.01亿元，资产总额8.29亿元，年产值8.4亿元。拥有2.5万吨干船坞1座、6万吨船台1座、3万吨级船台2座、2万吨船台2座、1.5万吨级船台3座、1万吨级船台1座、浮码头8座、舾装码头1座、船排7道，及各种大中型起吊、运输、精切、锻压等配套设备1490台（套）。企业成功建造2万吨散货轮、1.65万吨成品油船兼化学品船、300立方米挖泥船等，具备建造修理2万吨及以下成品油轮、散货轮、1.65万吨成品油船兼化学船、3000吨级集装箱船、3000立方米挖泥船、四车型渡轮、玻璃钢艇、人行钢天桥、桥梁水下钢围堰等生产能力。企业及产品通过ISO9002质量体系认证；获得“三委一部”银奖、省优质产品、全军优质奖，评为全国百家“重合同、守信用”企业、全国“重合同守信用”企业、全国模范职工之家、全国精神文明创建工作先进单位、全国机械工业企业管理基础工作规范化达标企业、军队先进企业、军队思想政治工作优秀企业、海军思想政治工作先进单位、省文明单位、省设备管理先进单位、省思想政治工作先单位、省质量管理先进单位、省模范职工之家、省职工教育先进单位、省实施职工素质工程先进单位等称号，连续9年被授予省农行“AAA”级信用企业，连续15年被授予省、地、市“重合同守信用”单位。

闽东丛贸船舶实业有限公司 1999年8月创办，系由民营资本收购国有企业福安市造船厂、市拆船厂改制重组的民营企业，占地面积30.53公顷，职工800多人，注册资本5600万元，资产总额10多亿元。拥有10万吨级、6万吨级、1.2万吨级干船坞各1座，5万吨级、2万吨级、1.5万吨级船台各1座，6万吨级天然拆船坞1座，3万吨级码头1座，5000吨级多用途集装箱码头1座，300吨、200吨、100吨、50吨龙门吊5台，16吨门式起重机2台，及各种造船配套设备。企业先后成功建造1.6万吨散货船、720TEU集装箱船、80100DWT散货船等，具备建造5000—10万吨级集装箱船、散货船、油轮、化学品船的生产能力。企业通过省经贸委“一级二类钢质船舶生产力”认可，先后获得“省诚信经营示范单位”“省私营企业100强”“省最佳信用企业”、省农行AAA级信用企业、宁德分行“优质客户”、福安市先进企业、文明单位、明星企业、安全环保先进企业、重合同守信用企业、诚信私营企业等称号。

福安市马头造船有限公司 1999年创建，占地面积11.1公顷，员工400多人，注册资本5018万元，资产总额1.73亿元，年产值近亿元。拥有4万吨级干船坞1座，3万吨级舾装码头2座，80吨、16吨门式起重机各1台，12吨龙门吊5座，及船舶修造配套设备。具备修理改装4.4万吨级以下国内外各种船舶的生产能力，以及船舶场检、特检等业务。企业和产品先后通过BU、ABS、LD、NK、CCS等船级社和一级钢质船舶修造厂技术认证、一级Ⅲ类钢质船舶生产能力认可。

福安市环澳船舶发展有限公司 1993年创办，占地面积5.8公顷，员工158人，注册资本1500万元，资产总额7000万元，年产值3680万元。拥有1.5万吨级船坞1座，6000吨级半坞式船台1座。万吨级船舶舾装码头1座，在建5万吨级干船坞、5万吨级船台各1座；具备建造6000～15000吨级各类船舶、3600立方米液化气船，改装2万吨至7万吨各类船舶的生产能力。企业通过省经贸委二级1类钢质船舶生产能力认可，申报一级Ⅲ类钢质船舶生产能力认可。

闽东申银船舶工程有限公司 1990年3月创建，占地面积1.59公顷，职工135人，注册资本1500万元，资产总额6900多万元，年产值1.1亿元。拥有8000吨级干船坞1座、2万吨级修船专用方舟码头1座，在建1.5万吨级船场1座、2万吨级船台1座。企业成立后修改船舶560多艘次，总吨位130多万吨，单船最大吨位8893吨，具备修理、改建8000吨及以下各种船舶的生产能力，先后通过国家船舶检验局（CCS）承修8000吨以下船舶能力认可、福州船舶检验局修理8000吨以下入级船舶生产条件认可、福建省船舶检验局承修钢质货船（船长不大于120米）认可、农业部、渔业船舶检验局钢质一类两级制造单位认可、省经贸委二级二类钢质一船舶的生产能力认可；获得省农业银行"AAA级信用企业""优质客户""福安市市长环保责任制工作先进单位""重合同守信用单位"等称号。

福安市顺江船舶有限公司 1999年7月创建，占地面积5.67公顷，职工233人，注册资本1060万元，资产总额4800万元，年产值4000万元。拥有法式、滑道式万吨级船台1座、7吨塔吊、120吨龙门吊各1座、数控切割车间1座和万吨级浮码头1座及造船配套设施。企业创办以来，共修造拆改各类货轮、吊船、拖轮、集散两轮、浮船坞等船舶42艘、总吨位24.23万吨，单船最大吨位1.7万吨，具备建造、改装2万吨及以下各种船舶生产能力。企业通过省经贸委二级I类钢质一般船舶生产能力认可、中国船级社福州分社CCS认可；获得"省质量管理优秀单位""省地标达标单位""福安市先进基层党组织""省电视台最佳单位组织奖"等称号和奖励。

福建新远造船有限公司 2003年6月创建，占地面积28.7公顷，职工200多人，注册资本9100万元，资产总额16000万元，年产值1.2亿元。拥有全省最大、全国排名第七的10万吨级干船坞1座和120米浮码头1座、25吨高架吊车1台、数控切割机3台、500吨油压机1台、2250伏安供电系统1套、3000平方米办公楼1座及生产车间、仓库等配套设施。公司投产以来，先后承修国内外船舶50多艘，单船最大吨位12万吨，具备修理、改建12万吨及以下国内外货轮、油输等多类船舶生产能力，先后通过法国船级社ISO9001质量体系认证、国家口岸管理部门外轮修理定点认可、省经贸委二级二类造船资质认可、CCS焊接工艺认可。是福建省船舶工业协会修船分会副秘书长单位。

福安市瑞丽船务有限公司 2004年2月创建，职工238人，注册资本1000万元，资产总额0.64亿元，年产值1.6亿元。拥有万吨级船台2座、50吨汽吊1部、25吨汽吊3部、16吨汽吊5部、大马力卷扬机1台及冷弯机、折边机等配套设备，在建120吨龙门吊1座、数控车间1座。公司先后建造3.7万吨级外籍工程运砂船1艘、6000吨和9600吨集装箱船各1艘、1万吨级集装箱货2艘、9600吨级集散综合船1艘、1.35万吨级货轮2艘及其他工程船等。先后通过ISO9000质量体系认证、省经贸委二级Ⅱ类船舶生产能力认可，办理CCS工艺认可和法国BV认证，获得农行"AAA"级信用企业等称号。

福建省东海造船有限公司 2005年9月创办，注册资本5000万元，资产总额2.05亿元，年产值1.1亿元。拥有3.5万吨、1.5万吨级船台各1座、大分段建造平台3座、小合拢平台1座及10吨龙门起重机、10～32吨门式起重机、3～5吨桥式起重机、35～55吨汽车起重机、金加工机床等配套设备。企业投产以来成功建造1.13万吨化学品船、2.7万吨散轮等产品，通过ISO9001：2000质量体系认证和省经贸委一级三类钢质一般船舶生产能力认可。

福建省长兴造船有限公司 2005年5月创建，注册资本8000万元，资产总额1.5亿元。拥有2万吨级船台2座、3万吨级船台1座、3000吨级装卸码头泊位1个、2万吨级和1万吨级舾装码头泊位各1个，160吨、100吨、50吨龙门吊各1台，25吨起重机车3辆，100吨起重机船3艘及造船配套设备。公司投产以来，成功建造296吨拖轮、1.27万吨散货轮、989吨油轮、2934吨工程船、2800吨驳轮、1.65万吨散货轮、5700吨集散两用船等船舶，自行设计、自行生产的4808吨挖泥船，通过省经贸委一级Ⅱ类钢质一般船舶生产能力认可和长城ISO9001一级Ⅱ类钢质船质量认证。

福建福宁船舶重工有限公司 2005年4月创建，系由福建省东南造船厂、福建闽东电力股份有限公司、福安市马头造船有限责任公司共同出资收购福安市双福船业有限公司重组改制的国有控股企业。占地面积27公顷，员工200多人，注册资金5100万元，资产总额1亿多元。拥有3万吨半坞式船台1座、7000吨斜船台1座、6000吨级干船坞1座，300吨、75吨、20吨龙门吊车各1台，185米舾装码头1座，及船体、舾装、管子车间等造船配套设施。具备建造万吨出口驳轮、6800吨油轮、大马力深海拖轮等船舶产品，年建造船舶5万吨，产值4亿元的生产能力。2005年，公司实施改扩建项目，总投资1.98亿元，计划到2010年形成造船12万吨、产值10亿元的生产能力。

表8-11 1991—2005年福安市获国家部优及福建省名牌产品称号企业一览表

年度	名牌称号	产品名称	企业名称
1991	部级优质产品	“丰牌”工业氯酸钾 40% 水胺硫磷乳油	福安农药厂
1991	部级优质产品	75# 硅铁一级工业硅	赛岐铁合金厂
1991	部级优质产品	“水仙花”牌（“玉莉”牌）400克整蘑菇罐头、284克整香菇罐头	福安罐头厂
1991	部级优质产品	“韩阳”牌天然卫生香	福安市日用品厂
1991	部级优质产品	“福轻”牌 2DP12 型双盘磨浆机	福安市轻工机械厂
1997	福建名牌产品	“万德”牌铝壳电机水泵	福建万达电机有限公司
1998	福建名牌产品	“AEC”牌电机水泵	闽东安波电器有限公司
1998	福建名牌产品	“凯捷利”牌电机	闽东德丰电机有限公司
1999	福建名牌产品	“丰”牌 3% 克百威颗粒剂、20% 三唑磷乳油	福安农药厂
2001	福建名牌产品	“亚南”牌发电机	闽东亚南电机有限公司
2002	福建名牌产品	“天龙”牌 Y、Y2 电动机	福建天龙电机有限公司
2002	福建名牌产品	“远安”牌管道自动增压泵	福安市远东电机有限公司
2003	福建名牌产品	“永隆”牌 YL960 汽油发电机组	福安新永隆电机有限公司
2004	福建名牌产品	“尧庄”牌 ST、STC 系列发电机	闽东尧庄电机厂
2005	福建名牌产品	“图形”牌 TFKX-H 系列船用复励三相交流同步发电机	福建一华电机有限公司
2005	福建名牌产品	“珠洲”牌饼干	福建顶丰食品有限公司
2005	福建名牌产品	银象“ESE”牌 SUB 系列水泵	福建银象电机有限公司
2005	福建名牌产品	“东湖”牌茉莉花茶	福安市城湖茶叶有限公司
2005	福建名牌产品	“隽永”牌茉莉花茶	福安市天香茶叶有限公司

表 8-12　1991—2005 年福安市获福建省著名商标品牌企业一览表

年度	品牌名称	商标及产品名称	企业名称
2001	福建省著名商标	“GANGFA”牌电机、水泵	福安新港发电机有限公司
2001	福建省著名商标	“五洲”牌按摩器械	福安市康华电子医疗仪器厂
2001	福建省著名商标	“白马河”牌酱油、虾油	福安市白马调味品有限公司
2001	福建省著名商标	“丰”牌农药	福安市农药厂
2003	福建省著名商标	“AELE”牌电机	闽东安波电器有限公司
2003	福建省著名商标	“凯捷利”牌电机、水泵	闽东德丰电机有限公司
2003	福建省著名商标	“太平洋”（图）牌电机、水泵	福安市太平洋电机有限公司
2003	福建省著名商标	“怡尔康”牌按摩器械	福建怡和电子有限公司
2003	福建省著名商标	“KAIJIELI”凯捷利牌电机、水泵	闽东德丰电机有限公司
2003	福建省著名商标	“阳光”牌商标	福安市阳光食品有限公司
2003	福建省著名商标	“天龙”（图）牌商标	福建天龙电机有限公司
2005	福建省著名商标	“Tiger 及图”牌电机、水泵	福建泰格动力机械集团有限公司
2005	福建省著名商标	“MDF”牌割草机、电机、水泵	福安市五一机电有限公司
2005	福建省著名商标	“顶丰”牌饼干、虾味条等	福建顶丰食品有限公司
2005	福建省著名商标	“仁升”牌蛋卷、饼干等	福建仁升食品有限公司
2005	福建省著名商标	“青牛”牌大米、谷类制品	宁德市恒信粮油贸易有限公司

第九篇

农　　业

NONG　YE

福安市地处亚热带海洋性季风气候带，终年湿润多雨、夏热冬暖、光照充足、山海资源丰富，适宜多种农作物生长。1991 年，全市耕地面积 2.19 万公顷，占土地总面积 21.54%，粮食总产量 16.05 万吨。市委、市政府重视农业生产，加大农业基础设施建设，推广科学种养，推动农业多种经营及产业化进程。15 年间，耕地有效灌溉面积 1.07 万公顷，治理水土流失面积 1333.3 公顷。随着农业产业结构调整和效益农业的发展，粮食播种面积和总产量略有下降，经济作物种植迅速发展。建成粮食、蔬菜、水果、茶业、绿竹、食用菌、畜禽、水产八大主导产业基地，推动农林牧渔业的发展，成为福安农业的一大特色和亮点，品牌、产量均走在全省前列，逐步成为农民增收的一个重要来源。2005 年，全市耕地面积 2.14 万公顷，粮食种植面积 3.06 万公顷、产量 13.91 万吨。

与此同时，福安农业的发展也受到地理条件限制，山地多，土地面积因各种原因逐年减少，而且，农业机械化程度不高，基础设施不够完善，抗灾害能力不强，现代农业的发展还有很长的路要走。

第一章　农业经济体制改革

第一节　农业生产责任制

一、土地承包

1991 年，福安市实行土地家庭承包经营，建立农村基本经济制度，适应市场机制，保障农民充分的生产经营自主权。1993 年，根据中共中央、国务院颁发的《关于当前农业和农村经济发展的若干政策措施》，全市推行家庭联产承包为主的责任制和统分结合的双层经营体制，并保持长期稳定、不断完善。

1998 年，第一轮土地承包到期，根据中共中央办公厅、国务院办公厅《关于进一步稳定和完善农村土地承包关系的通知》，福安市出台《关于承包土地延长三十年的实施意见》，土地承包期再延长 30 年，营造林地和荒山、荒沟、荒丘、荒坡等“四荒”地，治理开发性生产的承包期更长。新一轮土地承包合同遵循八项原则：以土地承包经营权证上的面积为依据的原则；大稳定、小调整原则；严格控制和管理“机动地”原则；合同签订原则；合同鉴证原则；严格加强对土地承包费管理的原则；遇到问题应依据有关政策加以妥善解决的原则；合同归档加强管理的原则。2003 年，《中华人民共和国农村土地承包法》开始实施。是年底，全市 19 个乡镇完成二轮承包的耕地面积为 18539.53 公顷，占实行家庭承包地面积的 99.79%；参加二轮承包的村民小组 3236 个，占全市村民小组的 100%；完成二轮承包的农户数 84105 户，占承包户的 99.85%。

2004 年，福安市依法完善农村土地二轮延包工作，承包期依照 1998 年制定的年限。通过签订和发放“土地经营权证书”和第二轮“耕地承包合同书”，增强政策稳定性，依法保护农民承包经营权。至 2005 年，政策保持不变。

二、土地流转

1991—2001 年，福安市农业产业化进入适度规模经营阶段，形成粮食、茶叶、绿竹、水果、水产、畜禽、蔬菜、食用菌等八大主导产业，出现经营大户现象。经济的发展，推进农村劳动力转移，成为农村土地流转的一个重要原因。2002 年，福安市作为国家农村综合改革试验区之一，市委、市政府积极探索农村土地使用权流转新机制。在稳定家庭联产承包基础上，颁发《关于 2002 年福安市经济体制改革要点和改革重点项目落实方案》，确定“探索建立土地流转新机制试验”，采取“四个措施”（加强领导、试点先行、分段实施、强化服务）和“三个原则”（坚持维护农村土地承包关系长期稳定的原则，坚持自愿、有偿、依法的原则，坚持有序统一流转、连片开发的原则）。在试验中，可实行相对集中的“转包、转让、互换、入股、土地抵押贷款”5 种土地流转形式。同时培育中介组织，建立农村土地使用权流转服务中心、信托服务中心、行业协会等，促使土地使用权流转朝着规范、有序的方向发展。全市 21 个乡镇、办事处实施土地流转，实现农业土地使用权流转总面积 3244.42 公顷，占全市耕地总面积的17.5%。其中城阳乡土地流转面积230公顷，占耕地总面积的17.23%，涉及农户2015户；溪柄、潭头镇、康厝畲族乡土地流转面积分别达258公顷、378.7公顷、133.3公顷，占耕地面积的19%、18%和10%。农村土地流转重点向粮食、茶叶、蔬菜、葡萄种植等效益农业集中。

2003—2005年，全市进一步理顺土地流转工作机制，稳定农业承包生产责任制。

第二节　农村税费改革

2002年，福安市宣传贯彻中共十六大精神，统筹城乡经济社会发展，实行工业反哺农业、城市支持农村和多予、少取、放活政策。取消涉农收费项目28项，降低收费标准3项；取消生产经营审批项目31项、核准11项、审核70项、备案10项、改变1项，转为中介或经营性服务收费项目14项。

2003年，福安市贯彻实施农村税费改革，主要内容是“五个取消、一个稳定、一项政策”。即取消乡统筹费、乡村两级九年制义务教育、计划生育、优抚支出，由市乡两级政府通过财政预算安排；取消农村教育集资等专门面向农民征收的行政事业性收费和政府性基金、集资，主要由财政预算安排；取消除烟叶及草木收购环节特产税外的其他农业特产税；取消农业税、牧业税、屠宰税；取消统一规定的劳动积累和义务工，动用农村劳动力应当实行自愿或有偿做法。稳定农业税政策，改革后农业税税费不再增加并逐步完善农业税减免制度，实行先减免后征收政策。改革村提留和征收使用办法，改革后村干部报酬、五保户供养以及村办公经费等，由集体经营收入开支，财政给予定额补助。

2004—2005年，继续深化农村税费改革，出台种粮土地免征农业税和种粮农民补贴政策。全市贯彻落实省委、省政府缓征农业特产税、停征屠宰税政策，把原乡统筹、村提留专用票据收回市减负办核销，将2003年征收的统筹提留费全部退还农民，将省财政转移支付资金下拨各乡村集体使用，做到专款专用。

第三节　村财管理改革

一、村财审计

1991年，福安市对495个行政村、居民委员会进行财务清理，查出违纪金额539.26万元。此后，每年审计三分之一的村（居）财务收支情况。1998年，全市458个村（居、社区）开展农村集体资产清产核资，清查集体资产13236.5万元、负债3522.9万元，所有者权益9713.6万元，盘盈流动资产和固定资产389.6万元，处理流动资产和固定资产盘亏、毁损和待报废固定资产451.5万元。1999年，对全市454个乡（镇）和村（居、社区）开展清理乡村两级不良债权债务，清理债权总额1115万元、债务总额2967.2万元。清理整顿工作结束后，福安市制定乡村两级借（贷）款管理制度、资产管理制度、财务公开制度、干部任期、离任审计制度，制止新的不良债务产生。2000年、2003年，两次全面开展村级干部任期、离任经济责任审计，共审计916个村（居、社区），占总数的94.43%，审计总额31947.96万元，审计出违纪单位236个、占24.33%，违纪金额124.35万元、清退109.58万元。

二、村级财务人员培训

1991 年，福安市举办村级财务人员培训班，此后，每年均举办此类培训班。2002 年，村级财务人员培训后，要求参加全省统一考试，考试合格的发给证书。2005 年，全市村级财务持证上岗人员 418 人，占全市财务人员的 86.19%。

三、管理制度改革

1996 年，福安市推行村账乡（镇）代理制度，以加强对村集体财务的监管。先在范坑乡 17 个村委会开展“村账乡代管”试点工作。各乡（镇）成立或设立“村集体会计委托代理中心”，配备代理会计 2—5 名，各村（居、社区）设一名报账员，做好记账报账、现金管理、财务统计、土地承包书鉴定保管、集体资产管理、农民负担监督管理等工作。“村集体会计委托代理中心”受乡镇统一领导、农业行政主管部门业务指导和财政行政主管部门业务监督。全市各乡镇（街道）485 个村（居、社区）账务实行委托代理，占总村数 100%。1997—2005 年，先后在坂中、松罗、上白石、溪尾、甘棠、穆云、晓阳、溪柄等 8 个乡镇大部分村（居）推广。

2001 年，贯彻《福建省村集体财务管理条例》，制定《福安市村集体财务规范管理工作实施方案》，全市 466 个村（居、社区、集体经济组织）按照国家统一的会计制度，设置会计科目，使用借贷记账方法登记会计账簿、编制财务会计报告，使用省农业厅行政主管部门规定的账、表、簿、证。2003 年，由市纪委牵头，由市委组织部、财政局、农业局、民政局等单位组成，成立村（居）党风廉政监督领导小组，扩大推行“村账乡代理”工作。2005 年，全市有 16 个乡镇 356 个村（居）进行“村账乡代理”工作，占全市村（居、社区）数的 73.40%。

第二章　生产条件

第一节　耕地

一、水田

1991年，福安市耕地面积2.19万公顷，其中，水田面积1.74万公顷。1997年，因非农业用地原因，水田面积减少260公顷。2003—2004年，采用航拍测量统计耕地面积，同比2002年水田面积增加0.17万公顷。2005年，统计水田面积1.86万公顷，比全国第二次土地普查（1981—1984年）的1.77万公顷增加0.09万公顷。

二、旱地

1991年，全市旱地面积0.45万公顷。1992年，部分荒地被改造成旱地，致旱地面积增加200多公顷。2002年，旱地面积0.46万公顷。市政府实施中低产土壤改造，优化水田耕作条件，并改造部分旱地成为水田，以保证粮耕面积。2005年，全市旱地面积0.28万公顷，比1991年净减0.17万公顷。

表9—1　1991—2005年福安市耕地中水田旱地面积统计表

单位：万公顷

年份	耕地	其中	
		水田	旱地
1991	2.19	1.74	0.45
1992	2.22	1.75	0.47
1993	2.21	1.74	0.47
1994	2.21	1.74	0.47
1995	2.21	1.74	0.47
1996	2.21	—	—
1997	2.18	1.72	0.46
1998	2.17	1.71	0.46
1999	2.17	1.71	0.46
2000	2.16	1.70	0.46
2001	2.16	1.70	0.46
2002	2.15	1.69	0.46

续表 9—1

年份	耕地	其中	
		水田	旱地
2003	2.15	—	—
2004	2.14	1.86	0.28
2005	2.14	1.86	0.28

第二节　劳动力

一、数量

1991 年，福安市有农村劳动力 15.04 万人，其中，妇女劳动力 47562 人，占 32%。2000 年，全市农村劳动力 16.78 万人，其中，妇女劳动力 63079 人，占 38%。2005 年，全市农村劳动力 168268 人，其中，妇女劳动力 67209 人，占 40%。1991—2005 年，由于大量农民进城务工（大部分为男劳力），致使农村妇女劳动力增加，占比提高。

二、结构

1991 年，全市农牧渔业劳动力 12.68 万人，占劳动力总数 84.3%；工业劳动力 0.68 万人，占 4.5%；建筑业劳动力 0.27 万人，占 2%；交通、运输、邮电业劳动力 0.34 万人，占 2.2%；服务业劳动力 0.46 万人，占 3%；其他劳动力 0.61 万人，占 4%。

2005 年，全市农牧渔业劳动力 11.12 万人，占劳动力总数的 66.1%；工业劳动力 2.19 万人，占 13%；建筑业劳动力 0.82 万人，占 4.8%；交通、运输、邮电业劳动力 0.6 万人，占 3.5%；服务业劳动力 0.79 万人，占 4.9%；其他劳动力 1.30 万人，占 7.7%。其他劳动力以进城务工农民工为主。15 年来，除农牧渔业劳动力减少 1.56 万人，降低 18.9% 外，其他部门劳动力均增加，占比提高。

表 9—2　1991—2005 年福安市农村劳动力数量及就业岗位情况表

单位：万人

年份	合计		就业岗位					
	总人数	其中：妇女	1. 农林牧渔业	2. 工业	3. 建筑业	4. 交通运输邮电业	5. 商业服务业	6. 其他
1991	15.04	4.80	12.68	0.68	0.27	0.34	0.46	0.61
1992	15.53	4.80	13.08	0.67	0.28	0.34	—	1.16
1993	15.94	5.01	13.22	0.77	0.30	0.34	—	1.31
1994	15.95	5.53	13.14	0.74	0.33	0.37	0.5	0.87
1995	16.20	5.58	13.09	0.81	0.36	0.40	0.54	1.0

续表 9—2

年份	合计		就业岗位					
	总人数	其中：妇女	1. 农林牧渔业	2. 工业	3. 建筑业	4. 交通运输邮电业	5. 商业服务业	6. 其他
1996	16.37	5.62	13.03	0.84	0.39	0.41	0.56	1.14
1997	15.90	5.81	12.85	0.92	0.40	0.43	0.61	0.69
1998	16.16	5.98	13.07	0.89	0.41	0.46	0.61	0.72
1999	16.35	5.98	12.98	0.94	0.43	0.48	0.71	0.81
2000	16.78	6.31	13.23	0.99	0.48	0.48	0.83	0.77
2001	16.37	6.31	12.55	1.18	0.47	0.45	0.82	0.9
2002	17.55	6.91	12.66	1.46	0.61	0.77	1.02	1.03
2003	17.34	6.81	11.75	1.72	0.72	0.52	1.03	1.60
2004	17.36	6.84	11.90	2.04	0.77	0.54	0.98	1.13
2005	16.82	6.72	11.12	2.19	0.82	0.60	0.79	1.3

第三节　畜力与农机具

1991 年后，福安市耕牛饲养量减少，农业生产工具逐渐转变为以农机具为主。1991 年，农机总动力 6.4 万千瓦。1994 年，农机总动力 8.3909 万千瓦。1996 年，农机总动力 9.06 万千瓦。1999 年，农机总动力 11.26 万千瓦。2001 年，农机总动力 12.5 万千瓦。2003 年，农机总动力 14.05 万千瓦。2005 年，福安市启动福安耕牛品种资源保护工作，农机总动力 14.69 万千瓦。

第四节　农田基本建设

一、引水工程

1991 年 1 月，福安市有灌溉引水渠道总长 407.15 千米。2005 年，有灌溉面积 6.7 公顷以上的引水渠道 333 条、长度 641.31 千米，分布在 20 个乡镇（办事处）300 多个村庄，有效灌溉面积 1.07 万公顷，保证灌溉面积 0.89 万公顷。按受益面积多少划分，灌溉面积 6.7 ～ 20 公顷的有 244 条，有效灌溉面积 0.31 万公顷；20 ～ 33.3 公顷的有 48 条，有效灌溉面积 0.14 万公顷；33.3 ～ 66.7 公顷的有 27 条，有效灌溉面积 0.12 万公顷；66.7 ～ 667 公顷的有 6 条，有效灌溉面积 0.06 万公顷；667 公顷以上的有 8 条，有效灌溉面积 0.44 万公顷。

二、中低产田改造

（一）工程改造

1991 年，福安市被确定为福建省粮食生产基地县，由省农业厅土肥站按计划下达中低产田工程改造（中低改）指标。在溪潭镇城山、濑头村和晓阳镇南溪村开沟治理改造烂泥田 50 多公顷获得成功。1992—2000 年，省农业厅土肥站，根据“中低改”方案，按年度下达任务指标和项目经费总金额 1500 多万元，化肥指标 5000 余吨（含省农科院下达化肥指标）。十年间在范坑乡范坑村，上白石镇郑家山、东峰、佳浆村，潭头镇渔溪洋、千诗亭村，晓阳镇南溪村，城阳乡中村、上村，穆云畲族乡下逢、虎头村，穆阳镇，康厝畲族乡南洋、半山、洋溪坪等村，坂中畲族乡坑下村，溪潭镇城山、濑头、凤林、双峰、廉村，溪柄镇溪柄洋与柏柱洋的 15 个行政村及红领巾水库引水渠，赛岐镇苏阳、溪里、狮子头、水田等村，甘棠镇甘棠洋片区，闽东赛岐经济开发区南安、小留、大留、加招、漳港等村，溪尾镇坂村等，松罗乡姚澳，湾坞乡下塘、炉山、下广村，下白石镇斗门头、亨里等村及顶头水库引水渠等开展“中低改”工程，项目涉及全市百多个行政村。“中低改”采用修建石砌引水渠、排潜沟，甘棠洋、溪柄洋采用管灌工程及修复抽水站等工程措施，项目经费由省财政 50%、市配套 50% 解决，受益村出劳动力。直接改造建设工程面积累计 0.32 万公顷，加上辐射受益农田面积总计 1 万公顷。

（二）生物改造

2001 年，福安市开始实施“中低改”生物工程，主要有测土施肥、配方施肥、测报病虫害施肥、水稻施用钾肥或专用肥技术，作物病虫害预测、预报、防治，高效低毒农药应用推广等。科教站、农广校负责新技术培训推广，实行农民技术职称评定，实施“绿色证书工程”，培训“跨世纪青年农民”。各站所联合创建“无公害农作物基地”“绿色食品基地”。2005 年，“中低改”生物措施累计推广面积 2.3 万公顷，其中示范面积 1.6 万公顷。

（三）改造获奖项目

1. 先进集体奖

1991 年，福安市土壤肥料技术站获省政府粮食丰收二等奖、农业部“全国配方施肥先进集体奖”；1992 年，获农业部“稀土农用技术农牧渔业三等集体奖”；1993 年，获农业部“土壤肥力预测预报施肥农牧渔业三等集体奖”；1994 年，获农业部“水稻施用钾肥技术农牧渔业二等集体奖”。2011 年，福安市植保站、福建农林大学植保学院合作项目《柑橘潜叶蛾种群系统的研究》获福建省“科技进步二等奖”。2005 年，福安市植保站“无公害茶病虫综防技术”项目获农业部“农牧渔业丰收奖”二等奖。

2. 先进个人奖

1991 年，陆恒获“省政府粮食丰收二等奖”、“福建省土壤识别与优化施肥国家星火奖二等奖”、农业部“全国配方施肥先进个人奖”；1992 年，“稀土农用技术”获“农业部农牧渔业丰收三等奖”；1993 年，“土壤肥力预测预报施肥技术”获“农业部农牧渔业丰收三等奖”；1994 年，“水稻施用钾肥技术”获“农业部农牧渔业丰收二等奖”；1994 年，“紫云英新品种选育”项目获福建省“科技进步奖二等奖”；1995 年，获农业部“全国化肥管理工作先进个人奖”；1997 年，“绿肥种植、利用与效益”项目获农业部、中国农科院“科技进步三等奖”。2000 年和 2003 年，谢万森两次被全国农业技术推广服务中心评为先进工作者。

第三章　种植业

第一节　粮食作物

一、粮食种植品种与面积

福安市粮食作物主要有水稻、甘薯、马铃薯、大豆、杂粮、玉米、大小麦等。1991 年，粮播面积 4.23 万公顷，粮食总产量 16.05 万吨。此后，福安大小麦、早稻面积逐年减少，经济作物面积扩大。1999 年，粮播面积 4.57 万公顷，粮食总产量 18.81 万吨，粮食面积与总产量均为历史以来最高年份。1999 年后，种植业结构调整，种粮效益低下，粮播面积逐年减少。2005 年，全市粮食作物面积 3.16 万公顷，总产量 13.91 万吨，平均每公顷产量 0.396 吨。水稻种植面积朝着多样化方向发展。

（一）水稻

1. 水稻品种

1991—1995 年，全市早稻种植品种主要有威优 35、威优 64、威优 77 等；中晚稻品种主要有汕优 63、特优 63、白优 63 等。

1996—2000 年，中晚稻品种增多。主要增加汕优系列的汕优 63、汕优 669、汕优 149、汕优 10、汕优 70、汕优 047；特优系列的特优 63、特优 70、特优 420、特优桂 32；Ⅱ优系列的Ⅱ优 63、Ⅱ优 838、Ⅱ优 861、Ⅱ优 64、Ⅱ优 162、Ⅱ优 46；冈优系列的冈优 22、冈优 72；二系稻品种的金两优 36、福两优 2186、福两优 2163 等。

2001—2005 年，早稻品种增加有威优 89、威优 016、优Ⅰ 66。中晚稻品种增加汕优系列，有汕优 70、汕优多系 1 号、汕优 162、汕优 669；特优系列有特优 63、特优 70、特优 420；Ⅱ优系列有Ⅱ优 086、Ⅱ优明 86、Ⅱ优 183、Ⅱ优航一号；冈优系列有冈优 527、冈优 3551；D 优系列有 D 优 527、D 优 68、D702 优多系 1 号、D 奇宝优 527；其他品种有两优 2186、两优 2163、金两优 36、宜香

溪柄镇农田育秧（1997 年）

优 1577 等，累计推广水稻新品种 100 多个。

2. 面积总产

1991 年，全市水稻种植总面积 2.48 万公顷，占粮食总面积的 61.2%；总产量 12.76 万吨，占粮食总产量 79.5%。2005 年，水稻种植总面积 1.81 万公顷，占粮食总面积的 59.2%；总产量 10.16 万吨，占粮食总产量 73%。

早稻　1991 年，全市早稻种植面积 0.86 万公顷，早稻占水稻总面积的 34.7%。总产量 4.56 万吨，平均每公顷产量 5.3 吨。1999 年，全市早稻面积 0.85 万公顷，总产量 5.24 万吨，平均每公顷产量 6.16 吨，创福安历史以来最高产年份。此后早稻面积逐年减少。2005 年，早稻种植面积 0.49 万公顷，总产量 2.7 万吨，平均每公顷产量 5.51 吨。

单季稻　1991 年，全市单季稻种植面积 0.76 万公顷，占水稻总面积的 30.6%；平均每公顷产量 5.56 吨，总产量 4.23 万吨，占水稻总产量的 33.2%。2005 年，单季稻面积 0.84 万公顷，占水稻总面积 46.4%；平均每公顷产量 5.7 吨，总产量 4.79 万吨，占水稻总产量的 47.2%。

晚稻　1991 年，全市晚稻种植面积 0.86 万公顷，占水稻面积的 34.7%；平均每公顷产量 4.6 吨，总产量 3.96 万吨，占水稻总产量的 31%。此后，全市晚稻与早稻一样，面积和总产量逐年减少。2005 年，全市晚稻面积 0.48 万公顷，占全年水稻面积 26.5%；总产量 2.67 万吨，平均每公顷产量 5.57 吨，占全年水稻总产量的 26.3%。

再生稻　1991 年，福安市再生稻仍然处在试验示范阶段，是由早季稻留茬、施肥、促进侧芽生长，不用育秧、插秧的稻作形式，但单产偏低，效益不高。随着早稻面积逐年减少，粮食作物转经济作物的耕作制度改革，再生稻也随之消失。

（二）甘薯

1991 年，甘薯仍是福安市第二大粮食作物。全市甘薯种植面积 0.6 万公顷，占粮食总面积的 14.8%；总产量 2 万吨，占粮食总产量的 12.4%。此后，曾引进 10 多个甘薯新品种，主要有新种花、广薯 16、福薯 87、宁丰薯 1 号、329、潮薯 1 号、瑞薯 1 号、湘薯 75—55、金山 57、金山 72、金山 1255、福薯 2 号、岩薯 5 号、岩 7—3、龙薯 1 号、龙薯 3 号、日本川山紫等，尤其是高淀粉型与优质型甘薯品种种植面积逐年扩大。甘薯利用由单一薯米发展到鲜食、淀粉粉丝系列加工到薯脯、薯米、菜用薯尖、饲料等综合加工。种植模式上由单种发展到利用幼龄茶果园套种，种植季节上由春种到兼有夏种、秋种。种植技术上深化推广脱毒种薯、增加种植密度、施好“包心肥”“夹边肥”等方法。每亩产值可达 1000 元以上。2005 年，全市甘薯种植面积 0.5 万公顷，占粮食总面积的 16.3%；产量 1.91 万吨，占粮食总产量的 13.7%；平均每公顷产量 3.81 吨。

（三）马铃薯

1991 年，马铃薯也是福安重要的粮食作物。马铃薯兼做粮、菜、饲料。此后，引进 10 多个新品种，主要有克新 1 号、克新 3 号、德友 1 号、中薯 2 号、春薯 4 号、紫花 851、东农 303、费尔瑞宝、大西洋等，从沿海到山区都有种植。种植季节由单一的春种延伸到秋种、冬种。冬种马铃薯 12 月播种，次年 4 月收获，效益较高。福安马铃薯种薯源于高山自繁和北方调种，北方调种需要年年调进。2000 年后，推广脱毒种薯，有效提高产量，可增产 30% 以上，但调种成本高。

2005 年，全市马铃薯种植面积 0.51 万公顷，占粮食总面积的 16.7%；总产量 1.49 万吨，占粮食总产量的 10.7%；平均每公顷产量 2.91 吨，同比 1991 年每公顷增产 0.62 吨，增幅 27.3%。马铃薯被列为秋冬季农业生产的重点种植作物。

（四）大豆

1991 年，全市大豆种植面积 0.25 万公顷，占粮食总面积的 6.2%；总产量 0.18 万吨，平均每公顷产量 0.72 吨。1999 年，种植面积 0.27 万公顷，产量 0.24 万吨，平均每公顷产量 0.84 吨。2001 年，种植面积 0.26 万公顷。2005 年，大豆种植面积 0.19 万公顷，总产量 0.27 万吨，平均每公顷产量 1.42 吨。

（五）其他

1. 杂豆

1991 年，杂豆多分布于山区。主要品种有绿豆、红小豆等，以房前屋后及边角、空隙地种植为主。1994 年，全市种植杂豆面积 179 公顷，总产量 476 吨，平均每公顷产量 2.66 吨。2005 年，杂豆种植面积 388 公顷，总产量 573 吨，平均每公顷产量 1.48 吨。

2. 玉米

1991 年，杂粮以玉米为主。主要栽培品种有掖丹 13 号、闽玉糯 1 号、闽玉糯 2 号、闽紫糯 1 号、超甜玉米等，品质优，销路好，效益较高，一般每亩产值可达 1000 元以上。全市种植面积 177 公顷，总产量 220 吨，平均每公顷产量 1.24 吨。2005 年，全市种植面积 59 公顷，产量 90 吨，平均每公顷产量 1.5 吨。

3. 小麦

1991 年，小麦种植品种以地方老品种矮和尚、满江红为主，仅零星种植。全市种植面积 3992 公顷，总产量 4173 吨，每公顷产量 1.05 吨。2005 年，小麦种植面积 83 公顷，总产 167 吨，平均每公顷产量 2 吨。

二、品种改良提质

1991—2005 年，福安市开展水稻、大小麦、甘薯、马铃薯等优质品种的引进、试验、改良、示范、推广。

期间，福安市承担全省早、晚稻品种试验，参试的高产、抗病优质品种有特优 627、宜优 99 等 156 个，以加快福安市乃至全省水稻新品种更新换代。承担国家玉米展示试验，品种有糯玉米、甜玉米、闽玉糯 1 号、都市丽人、闽甜 1 号等 83 个，为福安特种玉米推广做好前期工作。承担省级早、晚稻引种观察圃试验，4 年共参试品种 126 个，从中筛选优新品种。引进杂交水稻新组合 D 优 527、B 优 827 等 96 个，在福安不同生态区域开展品试，筛选适合本市种植的品种十多个进行推广。建立福安甘棠杂交稻制种基地，制种面积 772 公顷，生产杂交水稻种子 150.5 万千克；同时，调入杂交稻种子 291.64 万千克，累计推广杂交稻面积 27.7 万公顷。推广其他农作物新品种面积 2.1 万公顷。

先后引进玉米、甘薯、马铃薯等作物优新品种有：闽玉糯 1 号、都市丽人、中薯 8 号、中薯 10 号、油油 1 号等。开展种子新技术包衣剂筛选试验及包衣种子试验、示范，筛选出夏新 1 号、科农 1 号、优富 3 号、安丰多福等品种，全市推广面积 0.32 万公顷。

表 9—3　1991—2005 年福安粮食作物种植情况表

年份	合计		其中																	
			双早		单季稻		双晚		大小麦		甘薯		马铃薯		杂粮（玉米）		大豆		杂豆	
	面积（万公顷）	产量（吨）	面积（万公顷）	产量（吨）	面积（万公顷）	产量（吨）	面积（万公顷）	产量（吨）	面积（万公顷）	产量（吨）	面积（万公顷）	产量（吨）	面积（万公顷）	产量（吨）	面积（万公顷）	产量（吨）	面积（万公顷）	产量（吨）	面积（万公顷）	产量（吨）
1991	4.23	160521	0.86	45632	0.76	42283	0.86	39576	0.40	4173	0.60	19955	0.30	6882	0.20	220	0.25	1800	—	—
1992	4.36	166496	0.85	47353	0.79	44995	0.87	39864	0.40	4229	0.60	19957	0.31	7838	0.30	312	0.25	1948	—	—
1993	4.23	155456	0.84	46767	0.79	42475	0.86	34454	0.37	4048	0.61	16810	0.32	8717	0.20	317	0.24	1868	—	—
1994	4.36	167143	0.84	46721	0.79	45304	0.86	39064	0.33	3811	0.61	19837	0.34	9386	0.30	422	0.27	2122	0.02	476
1995	4.25	172562	0.81	49353	0.79	46435	0.86	39309	0.31	3863	0.62	20026	0.37	10828	0.20	422	0.27	2149	0.02	177
1996	4.40	177977	0.85	49870	0.79	48457	0.84	40175	0.32	3917	0.61	20777	0.40	11954	0.30	458	0.27	2186	0.02	183
1997	4.32	183420	0.85	51486	0.78	48715	0.85	41714	0.31	3812	0.62	21874	0.40	12569	0.20	448	0.28	2501	0.03	301
1998	4.63	184613	0.85	51186	0.83	49408	0.81	41071	0.29	3667	0.62	22242	0.43	13036	0.50	1098	0.27	2407	0.03	498
1999	4.57	188105	0.85	52380	0.79	47836	0.86	44494	0.25	3277	0.6	20947	0.50	15206	0.40	909	0.27	2369	0.05	687
2000	3.16	179139	0.75	46554	0.81	49844	0.76	40084	0.25	3327	0.61	21458	0.47	14472	0.20	201	0.27	2405	0.04	794
2001	3.91	172990	0.67	41322	0.80	50890	0.71	38347	0.22	2972	0.60	20737	0.48	14740	0.11	173	0.26	2973	0.06	836
2002	3.82	162618	0.61	36632	0.80	49508	0.66	35139	0.20	2814	0.57	20069	0.47	14528	0.20	225	0.25	2827	0.06	876
2003	3.19	132242	0.49	25766	0.79	44310	0.47	24364	0.06	730	0.51	18525	0.50	14793	0.10	139	0.21	2702	0.06	913
2004	3.25	139687	0.52	28976	0.83	47711	0.50	25708	0.01	158	0.5	17644	0.53	15999	0.11	86	0.21	2771	0.04	634
2005	3.16	139064	0.49	26986	0.84	47875	0.48	26731	0.01	167	0.5	19067	0.51	14861	0.10	90	0.19	2714	0.04	573

第二节　经济作物

一、蔬菜竹笋

（一）种植种类

福安市蔬菜生产分为八大类：叶菜类、瓜类、根茎类、茄果类、葱蒜类、菜用豆类、水生菜类及其他蔬菜，计200多品种（品系）。常见品种有花椰菜、白菜、包菜、空心菜、芥菜、菠菜、莴苣、蕹菜、黄瓜、冬瓜、丝瓜、芋头、萝卜、生姜、茄子、西红柿、甜椒、蒜、葱、四季豆、豌豆、豇豆、茭白等。

（二）种植面积

1991年，全市蔬菜种植面积0.7万公顷，产量6.83万吨。1999年，种植面积达1.12万公顷。2005年，全市种植面积1.3万公顷，产量18.79万吨。

（三）优质品种

坑下茄子、西红柿　1991年，福安市开始建立无公害蔬菜生产基地，采用大棚栽培蔬菜。早春正月就有茄子上市，每公顷产值9万元以上。二茬进行豇豆及西红柿等种植，年均每公顷产值可达12万～15万元，产品畅销闽东及省内各地。

象环花椰菜　赛岐镇象环村常年在冬季葡萄园套种花椰菜67公顷，总产量2000多吨，远销闽、浙各地。方法是在葡萄收后到翌年早春，套种1～2茬花椰菜，每公顷产值1.5万～3.3万元。

溪北洋生姜　溪潭镇溪北洋、康厝畲族乡高台等村是福安竹姜主产地，常年种植面积200～267公顷，总产量4500～6000多吨，每公顷产值6.75万元。鲜品供应福安市，也销往宁德、泉州、厦门等地，加工的成品、半成品出口日本等国家和地区。

生姜采收（2005年）

后洋反季节白菜　松罗乡后洋村海拔600多米，气候清凉，可种植白菜1～3茬，年产量600多吨，每公顷产值9万元。销往福安、宁德等地。

溪南、桂林芥菜　溪柄镇溪南村、穆阳镇桂林村家家户户利用冬闲田种植芥菜，年种植面积67公顷，总产量2000多吨。腌制的酸菜蕊和茎甜菜享誉省内外。

占洋萝卜　城阳镇占洋村用山地和闲地种植萝卜，加工成萝卜丝。年种植15公顷，产量500多吨。

白沙绿笋　交溪两旁百里绿竹长廊，有绿竹60公顷，年产笋600多吨，并按标准化栽培管理，通过绿色食品认证。产品质优、味美，为消夏佳菜。

二、食用菌

（一）蘑菇

老同志、农业专家在城阳乡指导科学发展食用菌生产（2004年）

1994年和1995年，是福安市蘑菇生产发展鼎盛时期。1995年，年栽培蘑菇面积250万平方米，总产量达到1.8万吨，增加农民收入6600多万元。加工出口罐头1.2万吨，工业产值1.2亿元，年上交国家税利1500多万元，流通渠道收入1000多万元。福安市也成为全省蘑菇罐头出口四大原料基地县（市）之一。1996年后，受国际市场冲击和体制改革的影响，福安罐头厂破产倒闭，蘑菇生产滑坡。2000年后，仅溪尾、康厝、穆云、溪潭、下白石等乡镇的山区生产蘑菇，每年栽培面积55～67万平方米，产量5000多吨。1991—2005年，全市蘑菇栽培累计总面积1927万平方米，总产量14.61万吨，总产值1—3663万元，创汇5000多万美元。

（二）香菇

1991年，全市香菇栽培1200万筒，是历史上最多的年份。干菇产量1200多吨，产值3600万元。1998年，香菇价格下跌，全市产量大幅度下降，年袋栽150万筒，干菇产量150吨左右。

（三）平菇

1991年，坂中农民用棉籽壳栽培平菇成功。2005年，全年年栽培15万筒、产量200吨，总产值100多万元。

（四）草菇

1991年，市食用菌办和福安罐头厂利用蘑菇棚进行巴氏灭菌床架式栽培草菇2万平方米，产草菇150吨，供罐头厂加工为罐头出口。每百千克稻草平均产草菇18千克。2003—2004年，在坂中畲族乡松潭村进行草菇袋栽试验获得成功，百袋（筒）产草菇25千克，比床架栽培草菇单产提高1倍。2005年，坂中畲族乡坑下村袋栽草菇5万筒，用稻草量25吨，总产10吨。鲜菇供应城区，市价千克16～20元。当年，全市栽培草茹1万平方米，总产量100万吨。

（五）猴头菇

1991年，全市栽培猴头茹1万筒，总产干茹1吨。1993年，宁德地区农校高级讲师指导溪潭镇马山村、城山村袋栽猴头菇6万筒，总产干茹10吨。2005年，全市栽培猴头茹3万筒，总产量3吨。

（六）茶树菇

又称茶薪菇、杨树菇。2001年，市食用菌办在晓阳镇东源村和上白石镇佳浆村采用茶园更新修剪的

表 9—4 1991—2005 年福安市食用菌生产情况表

年份	总计		蘑菇			香菇（干品）			平菇			草菇			猴头菇（干品）			茶树菇（干品）			竹荪（干品）			其他		
	总产量（吨）	产值（万元）	面积（万平方米）	总产量（吨）	产值（万元）	万袋（筒）	总产量（吨）	产值（万元）	万袋（筒）	总产量（吨）	产值（万元）	面积（万平方米）	总产量（吨）	产值（万元）	万袋（筒）	总产量（吨）	产值（万元）	万袋（筒）	总产量（吨）	产值（万元）	面积（万平方米）	总产量（吨）	产值（万元）	万袋（筒）	总产量（吨）	产值（万元）
1991	7871	5340	120	6500	1700	1200	1200	3600	1	10	3	2	150	30	1	1	4	—	—	—	—	—	—	1	10	3
1992	10433	6002	135	9110	2915	1000	1000	3000	3	30	9	3	270	60	3	3	12	—	—	—	—	—	—	2	20	6
1993	10782	6580.5	150	9450	3780	800	800	2600	5	50	18.5	5	450	135	10	10	40	—	—	—	—	—	—	3	22	7
1994	17015	8079	222	16000	6400	500	500	1500	6	60	24	4	400	120	5	5	20	—	—	—	—	—	—	5	50	15
1995	18793	7768	250	18000	6030	400	400	1600	6	60	24	3	270	81	3	3	15	—	—	—	—	—	—	6	60	18
1996	14378	6139	180	13770	4820	300	300	1200	8	75	30	2	180	54	3	3	15	—	—	—	—	—	—	5	50	20
1997	12642	5263	150	12150	4131	260	260	1040	8	80	32	1	100	30	2	2	10	—	—	—	—	—	—	5	50	20
1998	10871	4372	130	10530	3685	150	150	600	8	80	32	0.5	50	25	1	1	6	—	—	—	—	—	—	6	60	24
1999	9361	3940	110	9000	3240	150	150	600	10	100	40	0.5	50	30	1	1	6	—	—	—	—	—		6	60	24
2000	8391	3862	100	8000	3200	120	120	500	10	100	40	1	100	80	1	1	7	—	—	—	—	—	—	7	70	35
2001	8026.4	3589	85	7650	2900	100	100	500	11	110	44	1	100	80	1	1	7	10	5	25	5	0.4	3	6	60	30
2002	7600.5	3601	80	7200	2880	100	100	500	12	120	48	1	100	80	1.5	1.5	10	15	8	40	10	1	8	7	70	35
2003	7575	3674	80	7200	3020	80	80	400	12	120	50	0.8	80	75	2	2	15	20	10	50	30	3	24	8	80	40
2004	6742	3425	70	6300	2646	80	80	400	15	180	72	0.6	60	72	2	2	15	20	10	60	100	10	100	10	100	60
2005	5805	3345	65	5265	2316	60	60	300	15	200	100	1	100	100	3	3	24	15	7	45	200	20	360	15	150	100
合计	156285.9	74979.5	1927	146125	53663	5300	5300	18340	130	1375	566.5	26.4	2460	1052	39.5	39.5	206	80	40	220	345	34.4	495	92	912	437

茶树枝培育袋栽茶树菇10万筒，总产干菇5吨。用茶树枝培育袋栽的茶树茹具茶香味，质优、菇质脆嫩，弹性好。2005年，全市总产干茹15万筒，总产干茹7吨。

（七）竹荪

2001年，市食用菌办在甘棠镇港岐村进行葡萄园套种竹荪栽培初试，平均每平方米产量0.3千克。2002年，在赛岐镇象环村葡萄园套种竹荪再试成功。2003年，溪柄镇立峰村实施“葡萄—竹荪仿生态栽培示范”，栽培竹荪2000平方米，产竹荪干品8000千克，比传统栽培增产30%。2005年，在松罗乡和毗邻的霞浦县乡村，发展竹荪生产10公顷，总产干品25吨，产值250万元。

（八）其他

福安市栽培的食用菌品种还有金针菇、凤尾菇、姬菇、巴西蘑菇、鸡腿菇、鲍鱼菇、长根菇、灵芝及金耳、银耳、黑木耳、毛木耳及新开发的杏鲍菇、滑菇、秀珍菇、大球盖菇、金顶侧耳、红平菇、黑平菇、榆黄磨、灰树花、大杯蕈等。

三、油菜

油菜是福安市主要油料作物。1991年，全市种植面积330公顷，产量173.4吨。因种植油菜经济效益比较低，1999年，全市种植面积减到160公顷。2005年，全市种植面积95公顷，产量85吨。

四、药材、花卉

（一）药材

福安市中药材生产以种植太子参为主，另有植佛手、枳壳、淮山、厚朴等，分布在海拔较高山区乡镇。1991年，中药材种植面积780公顷，范坑、上白石、城阳、潭头、晓洋是主产区。1995年，太子参种植面积930公顷。2005年，种植面积1990公顷，产量6768吨，主要销往安徽亳州、广东清平等中药材市场。

（二）花卉

茉莉花是福安市花卉种植的主要品种之一，是闽东茉莉花主要产地之一；除高海拔山区外，大部分茶叶产区均种植茉莉花。1991年，全市种植面积140公顷，产量932吨。常年种植面积在130～270公顷。2003年，种植面积350公顷，2005年，种植面积330公顷，产量1221吨。

五、花生、芝麻

（一）花生

福安市花生种植区主要在溪潭、康厝、穆云、穆阳、坂中等乡镇。以榨油为主，部分熟食。以本地“拔头子”品种为主种品种。清明播种，立秋收获。1991年，全市种植面积184公顷，产量357.3吨。2000年，种植面积310公顷。2005年，种植面积360公顷，产量1066吨。

（二）芝麻

福安芝麻属少量种植的油料作物，零星分布。品种有黑芝麻、白芝麻。1991—1999年，全市年种植面积45～67公顷，产量69吨。2005年，种植面积43公顷，产量44吨。

六、黄麻、苎麻、席草、棉花

（一）黄麻苎麻

黄麻主要用于拧麻绳，苎麻用于制作劳动衫布料。1991年，全市黄麻、苎麻计种植34公顷，产量91.6吨。后黄麻、苎麻逐渐被新材料替代，种植面积逐年减少。2005年，全市种植面积10公顷，产量40吨。

（二）席草

在沿海和内陆平原地区的烂泥田和泥塘种植。1991年，全市种植面积60公顷，产量347吨。2002年，席草零星种植面积61公顷。2005年，种植面积20公顷，产量135吨。

（三）棉花

1993年，在湾坞乡围垦区试种棉花数公顷获得成功。1998年，全市种植面积140公顷，每公顷产皮棉1500～2300千克。2000年后，无人种植。

七、甘蔗

畲族苎麻纺织传统手艺

1991年，当家品种有台糖134、闽糖66—60、纳印310、赣糖8、闽选703、福引79—8、福引79—9等，后改栽闽糖70—611、桂糖11、纳印310等品种。全市种植面积1070公顷，产量5万多吨，多由赛江糖厂收购，日榨糖700吨。此后，糖蔗品种以纳印310为主。1994年，种蔗860公顷。1995年，受国内外蔗糖市场冲击和农业产业结构调整影响，种植面积锐减。1999年，赛江糖厂停产关闭。2000年，引进广东、广西紫皮果蔗。2004年，甘蔗种植面积降至630公顷。2005年，甘蔗种植面积670公顷，产量2.8万吨，其中糖蔗370公顷，产量1.85万吨，果蔗300公顷，产量0.95万吨。

第三节　作物保护

一、病虫害测报

福安农作物病虫害预测预报对象主要针对：水稻、甘薯、甘蔗、葡萄、茶叶、生姜和其他果树。全市设8个农作物病虫测点。1991年，组建“福安市植保公司”，开展病虫害测报防治在内的农业技术咨询服务。1993年，设立城关、潭头、坦洋、棠溪、上白石、溪柄、罗江、甘棠、下白石等9个服务部。

二、病虫害防治

（一）水稻病虫害防治

福安水稻病虫害主要有“三病三虫”：稻瘟病、稻纹枯病、稻白叶枯病和稻飞虱、二化螟、稻纵卷叶螟。以稻瘟病和两个迁飞害虫为主。1991年后，贯彻“以防为主，除治为辅”的方针，及时、准确做出测报，并主要采用药物、生物等措施防治病虫。至2005年，累计防治76.72万公顷，挽回稻谷损失55.02万吨。

（二）甘薯、甘蔗、蔬菜病虫害防治

1. 病虫害种类

甘薯主要病虫害有黑斑病、蔓枯病、软腐病、甘薯天蛾、甘薯小象甲等。甘蔗主要病虫害有甘蔗螟虫、金龟子、蚜虫、凤梨病、黑穗病、赤腐病、花叶病等。生姜主要病虫有生姜腐烂病（姜瘟病）、姜螟。蔬菜主要病虫害：霜霉病、赤霉病、早疫病、晚疫病、软腐病、根腐病、叶斑病、白粉病、白锈病、青枯病、褐斑病、炭疽病、菜青虫、小菜蛾、斜纹夜蛾、菜蚜、黄曲条跳甲、豆螟、白粉虱、美洲斑潜蝇、蓟马、蜗牛、地老虎、金针虫、蝼蛄等。

2. 防治办法

生物防治：选用抗病虫品种、无病虫壮苗、实行轮作、间作套种，利用天敌以虫治虫、以菌治虫。物理防治：采用诱杀、捕杀、大棚避雨技术。化学防治：选用高效低毒低残留农药防治。

第四章　畜牧业

第一节　家畜

一、牛

1991年年末，福安市牛存栏数7160头，其中，耕牛3101头、出栏数1367头。2005年年末，存栏4647头，其中，奶牛183头、肉用黄牛94头，出栏1263头。有养牛10头以上的10户。

二、猪

1991年年末，全市生猪存栏数130000头，其中，能繁殖的母猪11928头，出栏数107540头。随着规模化养猪发展，生猪饲养量增加较多。1992年，存栏数148403头，出栏数122764头。1996年，存栏数175555头，其中，能繁殖母猪18895头，出栏商品猪190983头。2005年年末，生猪存栏147279头，其中繁殖母猪13340头，出栏肉猪247731头。年出栏生猪50～100头的有33户，100～499头的有68户，500～2999头的有8户，3000～9999头的有1户。

三、羊

1991年年末，全市羊存栏数25800头，其中，能繁殖的母羊9356头、出栏商品羊14577。2005年年末，全市羊存栏34595只，出栏28867只。年出栏数30只以上的有72户。

山羊牧养业（2003年）

四、兔

1991年年末，全市兔存栏数7029头，其中，长毛兔2007头。1994年，在穆云畲族乡试点发展养兔，当年引进种兔1000只，饲养肉兔2万只，出栏肉兔6万只。2005年年末，兔存栏11486只，全市出栏34458只。

表 9—5　1991—2005 年福安市畜牧生产情况表

年份	牛存栏（头）	其中		猪存栏（头）	其中		羊存栏（头）	其中	禽存栏（只）	其中	兔存栏（只）	其中
		黄牛 / 乳牛（头）	出栏（头）		能繁母猪（头）	商品猪出栏（头）		出栏（头）		出栏（只）		出栏（只）
1991	7160	乳牛 310	1367	130000	11928	107540	25800	14577	820000	710000	7029	21087
1992	7128	乳牛 330	1361	148403	13286	122764	25346	14332	945341	818594	7751	23253
1993	7014	乳牛 222	1244	162887	—	138029	27853	13563	1015699	880000	11305	33915
1994	6416	乳牛 98	1225	142828	10368	145268	22688	12216	680000	630000	20000	60000
1995	7127	乳牛 352	992	174489	12484	177470	37865	20388	1012934	928209	24031	72093
1996	7022	347 / 384	1192	175555	18895	190983	38777	24808	1058998	970000	21887	65661
1997	4859	449 / 136	773	138079	5879	194005	28159	16104	863616	1485218	14379	43137
1998	4931	乳牛 136	789	147199	8940	222600	29372	16549	949722	1570000	14570	43710
1999	5791	480 / 356	764	157573	12049	219972	32046	23900	1021111	1651192	14837	44511
2000	6827	乳牛 344	906	161183	10898	222500	36403	28670	1064975	1805149	16033	48099
2001	6398	乳牛 301	835	163384	10256	229832	37015	30127	1036128	1841638	14763	44289
2002	5507	乳牛 258	1025	170837	9266	240634	34718	28157	950054	1888239	15443	46329
2003	2250	乳牛 385	1558	118000	10500	215000	31000	27300	1060000	1960000	14100	42300
2004	4856	456 / 159	1231	202067	9946	222390	222390	27638	843096	2263425	12650	37950
2005	4647	乳牛 183	1263	147279	13340	247731	34595	28867	686388	2169723	11486	34458
合计	87933	—	16525	2339763	158035	2896718	664027	327196	14008062	21571387	220264	660792

第二节　家禽

一、鸡

1991年年末，全市养鸡500只以上的有6户。主要饲养体型较小，抗病力强，肉质好的肉蛋兼用型本地鸡品种，同时不断引进外地优良品种。2005年年末，鸡存栏18.23万只。

二、鸭

1991年年末，全市养蛋鸭500只以上的有200户。孵雏鸭1.5万只。主要饲养本地小型蛋用麻鸭和肉食用番鸭，同时不断引进外来优良品种。2005年年末，全市鸭存栏47.82万只，鸭苗孵房12家，年孵鸭苗200万只。

三、鹅

1991—2005年，福安农村有少量饲养，主要有浙江白鹅、福安白鹅、广东狮头鹅等品种。2005年，全市养鹅9214只。

四、其他家禽

1991年后，陆续引进鹌鹑、美国王鸽与贺姆杂交肉鸽、七彩山鸡、大雁、孔雀、鹧鸪等品种家养。

第三节　疫病防治

一、疫病

1991—1993年，福安市未发现较大畜禽疫情。

1994年3月14日，无证猪贩从连江调入8头口蹄疫病猪运回下白石镇，引起白招村3头仔猪发病，疫情当日被扑灭。当年，沿海地区仔猪水肿病疫情时有发生。

1995年秋季，福安市部分山村发生山羊痘疫情，发病1000多只，死亡150多只，主要疫区有松罗、溪柄、下白石等乡镇。当年还有仔猪水肿病在沿海地区散发，下白石、甘棠两乡镇部分村庄疫情较重。

1996年2月，由于大量调入猪苗，在范坑、松罗、溪柄、穆阳、坂中、城区等地发生牲畜口蹄疫，共31个疫点，病猪158头，其中，母猪2头、育肥猪27头、小猪129头。疫情发现后12小时内对病猪扑杀掩埋。同时，对全市39家猪苗贩指定专人进行监控，在疫点周围对6410头猪注射疫苗，并采取消毒、局部封锁等措施，至6月3日，疫情全部扑灭。

1997年3月，甘棠猪贩从上海金山调入口蹄疫病猪35头，经检疫发现后即扑杀处理。5月，下白石镇、湾坞乡暴发猪瘟，疫点达16个、死亡300多头。随即进行布氏杆菌病普查，发现阳性猪4头，即时予以控制。

1998年4月1日，发现城区生猪屠宰场在内的6个牲畜口蹄疫疫点，对病猪及同栏54头猪，采取扑杀并消毒和防疫处理。

1999年，扑杀口蹄疫病猪125头以及同群猪41头。

2000年，全市先后28个村发生70起牲畜口蹄疫疫情，病猪达467头、病牛26头。除死亡仔猪20

头外，其余病猪、病牛全部扑杀掩埋，并扑杀同群猪 71 头。

2001 年，共消除下白石、湾坞、城阳等 3 个乡镇共 10 个疫点，扑杀深埋病水牛 2 头、母猪 2 头、育肥猪 39 头、仔猪 3 头。全年共扑杀病猪 124 头，同群猪 59 头；扑杀病牛 11 头，同群牛 5 头；扑杀病羊 7 头，同群羊 3 头。

2002 年，监测鸡新城疫 1336 头，发现 38 只阳性；监测猪 178 头，发现 4 头呈阳性。全市动物疫病普查结果，发生羊痘 102 只，死亡 11 只；发生鸡新城疫 170 只，死亡 40 只。共扑杀供出口畜蹄疫疫情 8 起，深埋病猪 92 头，其中外省调入 5 起、42 头。

2003 年，全市动物疫病普查，发现猪伪狂犬病死亡 3 头，猪蓝耳病死亡 1 头；鸡新城疫死亡 28 只，鸡白痢死亡 36 只。共扑杀口蹄疫病猪 70 头。

2005 年，全市共选聘培训村级动物防疫员 447 名，全面开展重大动物疾病强制免疫工作。

二、免疫

（一）猪瘟免疫

1991 年起，全市部分使用猪瘟疫苗（脾淋源）。1995—1996 年，推广猪瘟疫苗与驱虫同步技术，注射免疫 5.35 万头次。1996 年，福安市被定为省“猪瘟综合防治试点县”，开展猪瘟免疫监测。2005 年，全市注苗 43.4 万头次，免疫密度 100%。

（二）猪丹毒免疫

1991 年，使用猪三联苗，注苗 1.4 万～3.1 万头次。至 2005 年，仍采取此措施。

（三）猪肺疫免疫

1991 年，使用猪三联苗，注苗 1.1 万～2.9 万头次。至 2005 年，仍采取此措施。

（四）仔猪副伤寒

1991—2004 年，年注苗 0.18 万～3.1 万头次。2005 年未注苗。

（五）牲畜（猪牛羊）口蹄疫免疫

1996 年起，全市开展牲畜口蹄疫免疫，当年猪注苗 0.63 万头次。1998 年起，对牲畜口蹄疫进行强制免疫，当年猪注苗 0.55 万头次。2005 年，猪注苗 22.4 万头次，牛注苗 0.763 万头次，羊注苗 5.79 万头次。牲畜免疫率 100%。

（六）猪其他疫病免疫

2000 年起，全市开展仔猪水肿病免疫，年注苗 1.22 万～4.14 万头次；仔猪黄、白痢免疫，年注苗 0.13 万～2.07 万头次；猪日本乙型脑免疫，年注苗 0.005 万～0.007 万头次；猪细小病毒病免疫，年注苗 0.006 万～0.18 万头次。2001 年起，开展猪繁殖与呼吸障碍综合征（蓝耳病）免疫，年注苗 0.02 万～0.33 万头次；猪喘气病免疫，年注苗 0.01 万～0.10 万头次。2002 年起，开展猪伪狂犬病免疫，年注苗 0.03 万～0.06 万头次。2004 年，开展猪传染性萎缩性鼻炎免疫，注苗 50 头次；猪传染性胃肠炎免疫，注苗 0.15 万～0.20 万头次。猪流行性腹泻免疫，注苗 0.15 万～0.20 万头次。2005 年，开展猪圆环病毒病免疫，注苗 0.28 万头次。

（七）兔免疫

1991 年，全市开展兔瘟免疫，年注苗 0.2 万～0.6 万只次。2003—2005 年，开展兔巴氏杆菌病免疫，年注苗 0.1 万～0.6 万只次。

（八）羊免疫

1995 年起，全市开展山羊痘免疫，年注苗 0.04 万～ 1.1 万头次。

（九）犬免疫

1999 年起，全市开展狂犬病、犬瘟热、犬副伤寒、犬传染性肝炎、犬幼小病毒病免疫，年各注苗 10 ～ 460 头次。2002—2005 年，开展犬冠状病毒性肠炎免疫，年注苗 18 ～ 150 头次。

（十）家禽免疫

1991 年起，全市开展鸡传染性支气管炎免疫，年注苗 0.8 万～ 6.2 万只次。1995 年，开展鸭病毒性肝炎免疫，注苗 91.25 万只次。2002 年起，开展禽流感免疫，当年注苗 1.5 万只次。2004 年起，对高致病性禽流感强制免疫。2005 年，对高致病性禽流感注苗 141.93 万只次，免疫密度达 100%；对鸭病毒性肝炎注苗 2.48 万只。

三、治疗

1991 年后，全市对畜禽疫病采取扑杀、封锁、隔离、消毒、免疫等综合防治措施，畜禽发病率和死亡率逐年下降。2005 年，全市大牲畜、猪、禽的发病死亡率分别控制在 1%、5% 和 13% 以下。

四、检疫

1991 年，检疫工作由市兽医部门负责。1993 年 5 月，成立福安市兽医卫生监督检验所。2005 年，全市计有兽医卫生监督员 8 人、动物检疫员 37 人、动物协检员 49 人，全年共检疫家畜 10.02 万头、家禽 20.5 万只、畜禽肉 10117 吨。

第四节　科技推广

一、良种繁育

（一）家畜

1. 猪

1991 年，福安市引进江苏太湖母猪，使全市杂交商品猪饲养占出栏数的 95% 以上。1995 年，全市饲养太湖母猪 400 多头。1994 年，最后一批福安纯种花猪在宁德市农科所停养，福安花猪逐渐消失，品种资源濒临灭绝。2004 年，市畜牧兽医站与宁德市家畜育种站和宁德市农科所合作，挑选含有福安花猪血统的杂种花猪 40 多头在溪柄荡岐山猪场进行选育，开展福安花猪保种工作。1991—2005 年，全市引进“大约克”“长白猪”“杜洛克”“太湖”等良种公猪 500 多头，赛

宁德地区农科所养猪场（1997 年）

岐家畜育种站每年供精可配种 0.10 万～0.15 万头次。

2. 牛

1991 年后，福安水牛饲养量减少。2002 年，市农业局启动福安水牛品种资源保护工作，“福安水牛品种资源保护基地建设”项目被省农业厅、科技厅立项实施。2004 年，在溪潭岳秀村建设福安水牛品种资源保护场，饲养种牛 60 头；在溪潭和穆阳两镇建立福安水牛品种资源保护区，饲养种牛 200 头，完成福安水牛舍饲育肥试验和肉品品质鉴定。2005 年，开展福安奶水牛繁育项目可行性研究。

3. 羊

1991 年，引进南江黄羊、波尔山羊等品种，南江黄羊适应性较强，而波尔山羊适应性较差被淘汰。

4. 其他家畜

1991 年从上海、南京等地引进警犬 20 多只。还引进獭狸、梅花鹿饲养，后因销路或饲养环境问题而停养。

（二）家禽

1. 鸡

仙居鸡　1992 年，从浙江仙居引进，公鸡体重约 1.5 千克、母鸡体重约 1 千克。年产蛋量约有 188～211 个，卵壳黄棕色。仙居鸡的性情活泼，觅食能力极强。属蛋用鸡种。

石岐杂鸡　1992 年，从莆田引进，该品种鸡由广东惠阳鸡、清远麻鸡、石岐鸡与引进的新汉鸡、白洛克、科尼什等外来鸡种杂交改良而成。具有短脚、圆身、薄皮、细骨、肉厚、味美等特点。母鸡年产蛋 120～140 个，母鸡饲养至 110～120 天平均体重在 1.75 千克以上，公鸡 2 千克以上。具有耐粗食、耐热、耐潮湿，以及抗病力强等优点，属中型肉用鸡。

其他鸡种　1991—2005 年，群众少量养殖有贵妃鸡、白绒乌骨鸡、罗曼鸡、火鸡、七彩鸡等。

2. 鸭

白羽半番鸭　系肉用鸭种。1995 年从省农科院引进。该品种具有适应性强、成活率高、长膘快，周期短、饲料报酬率高、全脂率低、个体大、肉质鲜美等特点，全市各地均有饲养。

麻杂鸭　1992 年开始饲养，系本地麻鸭与樱桃鸭杂交的肉用品种，耐粗食、抗病力强、生长速度快，50 日龄体重可达 2 千克，全市各地均有饲养。

二、研究推广

（一）猪瘟免疫抗体检测

1991—1993 年，福安市畜牧兽医站采用“酶联免疫检测法”和“PPA-ELISA 检测法”开展猪瘟免疫抗体检测。通过“仔猪母源抗体消长规律探讨”“乳猪超前免疫抗体的测定”“母猪隐性猪瘟的检测”“全市猪瘟现行免疫效果检测”“中药对生猪免疫效果的影响”“酶联免疫检测法与其他免疫检测法监测猪瘟效果的对比”等试验，探索科学的猪瘟免疫方法。1993 年，“PPA-ELISA 在猪瘟免疫抗体检测上应用”项目获省农业厅农牧业技术推广三等奖。

（二）福安水牛品种资源保护

2003 年，福安市农业局开展水牛品种资源保护工作，配合农业部、科研单位及有关农业院校开展水牛品种群体遗传结构研究。2005 年 8 月，“福安水牛保种技术研究”项目经省科技厅鉴定达国内同类研究先进水平，同年获宁德市科学技术进步三等奖。

（三）福安花猪品种资源保护

2003年年底，在赛岐镇桃洋村、城阳乡秦溪村发现福安花猪纯种母猪，福安市农业局、宁德市农科所、宁德市农业局联合开展福安花猪的抢救和保护工作。2004年，共收集福安纯种花猪47头闭锁繁殖，提纯复壮。

溪潭镇水牛品种资源保护场（2003年）

（四）闽东山羊遗传资源鉴定

闽东山羊分布于福安等区内九个县（市、区）和与宁德市相邻的浙江省苍南县、福建省南平地区及福州部分县（市）。据1999年《霞浦县志》记载，闽东山羊在宁德地区的饲养史可追溯到距今一千多年前的宋代，因地理隔离，羊群出现“只出不进”的流通模式，并育成独具特色的闽东山羊。2005年，区内总存栏量6.6万只，其中能繁母羊2.7万只。

表9—6　1991—2005年福安市获地区级以上农业畜牧业科技成果奖一览表

项目名称	授奖单位	获奖时间及等级
推广紫云英青贮研究	福建省农业厅	1991年农业技术推广三等奖
PPA-ELISA在猪瘟免疫抗体检测上应用	福建省农业厅	1993年农牧业技术推广三等奖
不同农区绿肥种植利用和效益	农业部	1993年科学技术进步三等奖
紫云英青贮技术研究	宁德地区行署	1996年科技进步二等奖
福安水牛保种技术研究	宁德市人民政府	2005—2006年度科学技术进步三等奖

第五章 渔业

第一节 捕捞

一、渔业劳动力

1991年，福安市拥有溪尾、湾坞、下白石、甘棠、溪柄、赛岐6个渔农兼业乡镇，18个兼业村，半屿、甘坪、甘江、溪邳、下岐、福渔等6个纯渔业村。全市渔业户1881户8858人，渔业劳动力5298人，其中，渔业专业劳动力3334人（海捕劳动力2882人、养殖劳动力452人），渔农兼业劳动力1964人。1997年起，网箱养鱼、池塘养蛏、海藻栽培等生产规模不断扩大，渔民减船转产转业，使渔区劳动力比例结构产生较大的变化，部分劳动力转捕从养、弃农从养。1999年，全市渔业户2100户11137人，渔业劳动力6302人，其中，渔业专业劳动力4597人（海捕劳动力2703人、养殖劳动力1894人），渔农兼业劳动力1705人。2005年，全市渔业户2819户12515人，渔业劳动力6040人，其中，渔业专业劳动力4880人（海捕劳动力2388人、养殖劳动力2492人），渔农兼业劳动力1160人。

二、渔船

1991年，福安市拥有各类渔船2199艘6610吨位，其中机动船1413艘、5242吨位、11047210千瓦，非机动渔船786艘、1368吨位，主要从事内海捕捞。机械动力的普及使用，使传统的非机动捕捞作业船逐渐被淘汰，同时捕捞作业流动性增强，渔具渔网种类增多；现围网、张网作业减少，机动性强的钓业、流刺作业增加。1999年，全市拥有各类渔船2070艘、5632吨位，其中，机动船1922艘、5455吨位、191391814千瓦；非机动渔船148艘、177吨位。按作业类型分，拖网作业船556艘、围网张网作业船262艘、流刺作业船883艘、钓业船54艘。2005年，全市拥有渔船2319艘、6508吨位，其中机动船2049艘、6023吨位、23251362千瓦，非机动渔船270艘、485吨位；几种类型作业船中，拖网310艘、流刺作业船650艘、钓业船123艘、笼捕作业船55艘。

三、捕捞

1991年，福安市渔业捕捞总产量4036吨，其中海水捕捞产量3749吨；淡水捕捞产量287吨。随着机械劫的普遍使用，机动渔船数量不断增加，非机动渔船数量逐渐减少，提高了全市渔业捕捞能力和产量，并由近海捕捞向远海和远洋捕捞发展。1996年，全市渔业捕捞总产量11874吨，其中海水捕捞产量10880吨；淡水捕捞产量994吨。2005年，全市渔业捕捞总产量12492吨，其中，海水捕捞产量11767吨；淡水捕捞产量725吨。

表 9—7　1991—2005 年福安市渔业生产情况表

年度	渔区基本情况						渔船						
	渔业户		劳动力合计（人）	海洋捕捞专业劳动力（人）	海水养殖专业劳动力（人）	渔农兼业劳动力（人）	渔船总数（艘）	渔船总吨位（吨）	其中				
									机动渔船			非机动渔船	
	户数（户）	人口（人）							数量（艘）	吨位（吨）	功率（马力）	数量（艘）	吨位（吨）
1991	1881	8858	5298	2882	452	1964	2199	6610	1413	5242	15020	786	1368
1992	1885	8903	5963	2719	879	2365	2634	10520	1542	8885	17515	1092	1635
1993	2075	9235	6120	2820	900	2400	2880	7234	1688	5841	18929	1192	1393
1994	2093	11408	6042	2862	910	2270	2907	6604	1702	5071	19088	1205	1533
1995	2090	12525	6202	3740	150	2312	2360	6668	1592	5556	18551	768	1112
1996	2082	13061	6980	4193	204	2583	2403	6453	1610	5344	18545	793	1109
1997	2345	14470	6723	4520	249	1954	2232	6451	2104	6295	22994	128	156
1998	2314	13339	6039	4020	346	1673	2095	7226	1965	7067	21936	130	159
1999	2100	11137	6302	2703	1894	1705	2070	5632	1922	5455	26022	148	177
2000	2362	12451	6631	3181	2410	1040	2106	5190	1937	5005	22178	169	185
2001	2261	12055	6657	3184	2392	1081	2309	6281	2139	6031	30386	170	250
2002	2320	12302	6308	2980	2429	899	2369	6510	2156	6117	31151	213	393
2003	2540	11812	6086	2498	2208	1380	2394	6554	2098	6009	32034	296	545
2004	2728	12076	6189	2395	2427	1367	2351	6550	2065	6020	31872	286	530
2005	2819	12515	6040	2388	2492	1160	2319	6508	2049	6023	31613	270	485

表 9—8　1991—2005 年福安市捕捞渔船功率及作业类型情况表

年度	按渔船功率分						按渔船作业类型分											
	61～199 匹		21～60 匹		20 匹以下		拖网		围网		张网		钓业		刺网		其他	
	数量（艘）	总载重量（吨）	数量（艘）	总载重量（吨）	数量（艘）	总载重量（吨）	数量（艘）	产量（吨）	船数（艘）	产量（吨）	船数（艘）	产量（吨）	船数（艘）	产量（吨）	船数（艘）	产量（吨）	数量（艘）	产量（吨）
1991	—	—	22	110	1391	5132	50	12	22	75	1185	1910	12	52	522	1152	—	—
1992	2	180	13	290	1527	8415	—	—	22	51	1064	2180	55	173	517	1269	—	—
1993	2	180	40	370	1646	5291	—	—	—	—	460	2100	45	130	520	1500	—	—
1994	2	180	40	370	1660	4521	—	—	—	—	476	2181	43	120	525	1865	—	—
1995	9	990	43	470	1539	4094	310	293	23	52	501	3106	43	123	526	1667	—	—
1996	7	880	39	350	1564	4114	527	348	28	79	326	3588	54	216	536	2367	—	—
1997	4	380	47	413	2050	5062	627	746	28	547	296	2585	91	848	1005	7011	—	—
1998	3	474	46	363	1916	6494	679	857	29	558	416	4050	54	523	747	6199	207	353
1999	4	192	396	963	1522	4300	556	982	31	650	231	1123	54	600	883	6465	137	1867
2000	2	180	196	1326	1739	4199	645	1141	36	755	240	2132	63	697	960	6827	143	2006
2001	2	180	632	1756	1505	4095	697	1125	38	742	240	2408	75	795	1035	5852	124	1992
2002	2	—	626	1746	1528	4191	473	1075	31	638	325	2448	64	697	790	6046	129	1862
2003	—	—	598	1800	1206	3399	348	1020	28	670	522	4387	130	755	684	3641	92	1930
2004	—	—	596	1796	1156	3277	328	995	26	657	518	4376	127	705	667	3558	86	1802
2005	—	—	592	1788	1113	3173	310	945	26	625	514	2372	123	671	650	5343	82	1811

表 9—9　1991—2005 年福安市渔业捕捞产量情况表

单位：吨

年度	渔业捕捞总产量	其中									
		海水捕捞产量					淡水捕捞产量				
		合计	鱼类	虾蟹类	贝类	其他	合计	鱼类	虾蟹类	贝类	其他
1991	4036	3749	2938	811	—	—	287	120	167	—	—
1992	5028	4744	4053	656	35	—	284	120	164	—	—
1993	5520	5230	3544	984	38	664	290	202	68	20	—
1994	6783	6544	4801	1045	30	668	239	115	74	50	—
1995	8672	8536	6045	1498	36	957	136	116	14	—	6
1996	11874	10880	6273	1846	36	2725	994	692	250	25	27
1997	12791	11737	7715	2643	243	1136	1054	680	286	58	30
1998	13240	12540	7390	2500	100	2550	700	489	120	31	60
1999	13343	12228	6340	5467	231	190	1115	560	390	90	75
2000	14508	13558	7580	5749	229	—	950	200	530	130	90
2001	13484	12914	6469	5586	699	160	570	450	40	80	—
2002	13371	12766	6652	5550	404	160	605	488	54	55	8
2003	13228	12403	6286	5753	275	89	825	700	100	25	—
2004	12923	12111	6130	5616	365	—	812	699	91	22	—
2005	12492	11767	5890	5530	347	—	725	617	89	19	—

第二节 水产养殖

一、鱼类养殖

（一）海水网箱养鱼

1991—1996 年，福安市海水网箱养殖品种主要有鲈鱼、日本黄姑鱼，全市养殖 600～700 口网箱，年产量 200 吨左右。1996 年后，由于以大黄鱼为主的鱼类生产性人工育苗的突破，直接推动沿海网箱养鱼的快速发展。1999，有养鱼网箱 16000 口，产量 1862 吨。2000—2005 年，养鱼网箱 30000～50000 口，平均年产量 6500 吨。除高温期、育苗种期外，以投喂冰鲜小杂鱼为主；最初规格 3 米 ×3 米 ×3 米的小网箱渐被淘汰，改换成 4 米 ×4 米 ×4 米甚至更大规格的网箱，以利于鱼类生长和规模效益。从单一的大黄鱼品种也增加到鲈鱼、鲷鱼、美国红鱼、石斑鱼等十多个鱼种，但受苗种来源、养殖技术、效益等限制，大黄鱼仍是当家品种。2005 年，全市大黄鱼产量 6600 吨，占当年网箱养鱼产量的 80%。

沿海网箱养鱼（2004 年）

（二）淡水鱼池塘养殖与大弹涂鱼养殖

1991—1996 年，淡水池塘以养传统四大家鱼为主。1996 年，全市淡水鱼池塘养殖面积 150 公顷，产量 1460 吨。1997 年起，群众开始喜爱消费鲜活水产品，增加了罗非鱼、胡子鲶、鲫鱼、香鱼等养殖品种。2000 年，养殖面积 212 公顷，产量 1580 吨。2005 年，全市淡水池塘养殖 286 公顷，产量 2030 吨。

1996 年，沿海群众利用低产田、盐碱地改造成浅水池塘开展小面积的大弹涂鱼试养，取得良好效果，很快得以推广。2002 年，全市养殖大弹涂鱼 73 公顷，产量 46 吨。2005 年，养殖 240 公顷，产量 138 吨。大弹涂鱼养殖多分布在湾坞、溪尾、下白石、甘棠、赛岐 5 个乡镇。

二、贝类养殖

（一）池塘养蛏

1991—1995 年，福安市开始在沿海滩涂养殖缢蛏，平均年养殖 327 公顷、产量 1859 吨。1996 年，采取施肥培养肥水的方式进行池塘缢蛏养殖试验，效果理想，很快得以推广，区内大多虾池不断转为养殖缢蛏。1998 年，池塘养蛏 533 公顷，产量 1600 吨，平均每公顷 6000 千克，获得良好的效益，全市遂掀起围垦建塘，改造农业低产田为蛏池的热潮。2005 年，全市池塘养蛏产量 4200 吨，养殖面积 1133 公顷，其中，下白石 660 公顷、溪尾 153 公顷、湾坞 320 公顷。池塘养蛏成为福安市渔业经济的主要产业之一。

(二) 牡蛎吊养

1991年，改革传统的插竹养殖为贝壳采苗，浅海垂下式吊养，延长牡蛎摄食时间；引进推广太平洋牡蛎养殖，使牡蛎亩产和出肉率有所提高。1993—1997年，全市平均年吊养牡蛎188公顷，年产量650吨。1999年，产量最高为1.5万吨。1998—2005年，平均年吊养牡蛎533公顷，品种以太平滚牡蛎为主，平均年产量9600吨。

(三) 泥蚶

福安市湾坞浮溪泥蚶在省内享有一定声誉，泥蚶养殖主要分布在下白石、湾坞、溪尾3个沿海乡镇。1995年后，逐步开展潮间带蓄水养殖泥蚶，加速生长发育，缩短养殖周期。2001年，养殖总面积为205公顷，产量573吨。2005年，养殖面积26公顷，产量85吨。

(四) 花蛤养殖

1991年，全市花蛤养殖总面积14.7公顷，产量55吨。溪尾镇溪邳、下邳、林江一带沿海，有利于花蛤的生长繁殖，为主要养殖区。历史上，溪尾盐田沿海曾是福建省闻名的花蛤种苗培育生长基地，年最高蛤苗产量500吨左右。1996年，是花蛤养殖面积最大的年份，总面积161.7公顷，产量1991吨。2005年，养殖面积128公顷，产量2430吨。

三、藻类养殖

(一) 海带

1993—1997年，全市海带养殖规模扩大，养殖面积增加至66公顷，年产量2019吨，亩产1.5～2.1吨。2002年，养殖面积120公顷，产量3674吨。2003—2005年，年养殖近200公顷，产量近4000吨。海带养殖主要分布在狮尾、畲斗坑、浮溪海区。

(二) 紫菜

1991—1994年，紫菜养殖病烂严重，全市年产量为152吨左右。1999—2002年，养殖面积增加到187公顷，平均年产300吨。2003—2005年，养殖面积150公顷，年产量250吨。

(三) 龙须菜

2002年，引进龙须菜试养成功。2003—2005年，在狮尾、畲斗坑、鲜艳沃、浮溪海区推广养殖106公顷，产龙须菜干品1080吨。2004年，下白石狮尾海区因适宜龙须菜养殖，年可养殖龙须菜3～4茬，每公顷干品产量高达4.5吨。当地群众还开展龙须菜与海带轮养，生产成本低，效益高。2005年，全市龙须菜养殖14公顷，产量365吨。

沿海龙须菜采收（2004年）

四、虾蟹养殖

(一) 对虾

1991年，全市养对虾达到550公顷，产量547吨。1994—1995年，因虾病暴发流行，大面积减产，亏损严重，大部分池塘转为其他品种养殖。2005 年，全市对虾产量 1258 吨。

（二）蟹类

1991 年，下白石塘楼下、湖头等村群众进行锯缘青蟹养殖，养殖面积 24 公顷，产量 39 吨。1997 年，养殖青蟹 70 公顷，产量 146 吨。2002—2005 年，部分池塘进行三疣梭子蟹与缢蛏轮养。2005 年，养蟹总面积 233 公顷，产量 460 吨。

五、名特优水产养殖

（一）章鱼

2003—2005 年，溪尾群众在渔排上进行每年二茬的章鱼装瓶养殖。选用容量 1.25 升左右的塑料瓶，均匀钻小孔 100 多个，野生章鱼苗 1 尾经 4～5 个月的管养，可达到 100～150 克 / 只的规格。为福安市特色水产养殖的一大亮点。

（二）可口革囊星虫

可口革囊星虫俗称土丁，是加工烹制名贵菜肴“土丁冻”的原料。2004—2005 年，下白石利用低产田改造成 10 多口浅水塘、总面积 1.5 公顷，进行可口革囊星虫养殖。经过 250～300 天的精心管养，两年共收获星虫 34 吨，获利 30 多万元。

（三）鲍鱼

2004—2005 年，下白石在狮尾海区进行网箱吊养壳长 2～3 厘米的九孔鲍中苗 30 万粒；经近一年的养殖，大多长到每 0.5 千克 20 粒的规格，成活率达 80%。

六、种苗培育

（一）鱼苗

1991—1999 年，全市平均年培育各种鱼种 380 万尾。1999—2002 年，拥有育苗场 19 座、育苗水体 13000 立方米，年培育鱼苗 1.3 亿尾。2003—2005 年，育苗场育苗水体 4000～6000 立方米，年培育海水鱼苗近 1 亿尾，以大黄鱼苗为主，零星培育美国红鱼和真鲷等苗种。1991—2005 年，全市拥有淡水鱼种场 2 个。2005 年，捕捞鳗苗数十千克。

（二）贝藻苗种

1994—1997 年，全市平均每年培育 1600 万枚贝壳苗。1997—2005 年，每年自然海区半人工养殖蛏苗 80～250 吨、蛎苗 200 公顷。1998—2005 年，每年培育 200 万～300 万枚贝壳。

（三）虾蟹苗

1991—1994 年，全市每年培育对虾苗 1.5 亿～2.3 亿尾，以长毛虾苗为主，基本满足全市对虾养殖的需求。1998 年，对虾育苗场大多转为培育鱼苗。2000—2005 年，每年捕青蟹苗 300 万～400 万只、三疣梭子蟹苗 150 万～280 万只、中华绒螯蟹苗 30 万只。

第三节　水产品加工

一、冷冻

1991—1994 年，福安市水产冷冻加工厂以加工对虾为主，年生产去头对虾、虾仁等产品 30～50 吨，

表 9—10　1991—2005 年福安市主要水产种苗生产情况表

年度	海水鱼苗（万尾）	蛏苗（吨）	蛤苗（吨）	紫菜苗（万贝壳）	对虾苗（万尾）	鳗苗（千克）	淡水鱼种（万尾）	海水苗种场（个）	海水育苗水体（立方米）	淡水鱼苗场（个）	淡水鱼苗场面积（公顷）
1991	—	83	55	45	23000	500	310	6	4800	2	8.1
1992	—	100	20	70	20000	200	397	7	5700	2	8.1
1993	—	200	10	80	15000	200	310	7	5700	2	8.1
1994	—	206	20	1435	18000	510	371	7	5700	2	8.1
1995	—	220	25	1800	3600	410	445	7	5700	2	8.1
1996	—	109	50	1640	3200	329	768	7	5700	2	8.1
1997	67	108	33	1661	2600	33	274	7	5700	2	8.1
1998	2287	160	60	100	2100	50	207	8	5700	2	8.1
1999	6300	112	20	307	—	180	130	19	1300	2	8.1
2000	11300	107	26	200	—	82	150	19	1300	2	7.8
2001	11050	150	16	290	—	71	130	19	1300	2	7.8
2002	11340	168	16	290	—	79	120	19	1300	2	7.8
2003	8130	240	2	120	—	61	110	14	6000	2	7.8
2004	8750	205	—	210	—	48	100	14	6000	2	7.8
2005	10570	188	—	260	—	56	120	14	4000	2	7.8

表 9—11　1991—2005 年福安市水产品加工情况表

年度	水产加工		其中													
			鱼类		头足类		对虾		蛏干		紫菜		调味品		其他	
	总产量（吨）	总产值（万元）	产量（吨）	产值（万元）	产量（吨）	产值（万元）	产量（吨）	产值（万元）	产量（吨）	产值（万元）	产量（吨）	产值（万元）	产量（吨）	产值（万元）	产量（吨）	产值（万元）
1991	91	251	—	—	—	—	40	212	—	—	—	—	43	4	8	35
1992	110	269	—	—	—	—	51	249	—	—	—	—	54	4	5	16
1993	45	146	—	—	—	—	26	130	—	—	—	—	15	2	4	14
1994	68	235	—	—	—	—	43	210	—	—	—	—	15	2	10	23
1995	57	24	3	9	—	—	—	—	—	—	—	—	50	5	4	10
1996	52	26	—	—	—	—	5	15	—	—	—	—	46	6	1	5
1997	62	20	—	—	—	—	6	9	—	—	—	—	55	8	1	3
1998	860	2092	500	950	50	250	—	—	50	450	20	72	130	20	110	350
1999	1020	2500	650	1200	55	280	—	—	61	550	31	120	103	20	120	330
2000	1150	2850	750	1450	60	300	—	—	72	630	42	161	96	29	130	280
2001	1280	3200	900	1700	60	300	—	—	80	720	55	200	83	15	102	265
2002	1466	3634	1080	2100	65	350	—	—	85	760	56	210	90	20	90	194
2003	1710	4050	1250	2390	60	300	—	—	95	830	53	198	122	25	130	307
2004	1902	4400	1420	2700	65	350	—	—	105	900	52	196	130	30	130	224
2005	2050	4850	1600	3000	70	400	—	—	110	960	60	230	120	20	90	240

产值 100 万～ 200 万元。

二、精加工

1991—1998 年，沿海缢蛏加工厂、紫菜加工厂、白马调味厂相继建成投产，使福安市水产加工业得到长足的发展。1998 年，全市拥有水产加工企业 6 家，年加工水产品能力 2800 吨；全市水产品加工产量 860 吨，产值 2100 万元。其中福安五洲水产有限公司加工生产的南鲳鱼一夜干、章鱼丁等产品 550 吨，产值 1200 万元，出口创汇 100 万美元；半屿缢蛏加工厂生产蛏干 50 吨，产值 450 万元；溪邳紫菜加工厂生产紫菜饼 20 吨，产值 72 万元。2001 年，有水产品加工企业 9 家，年加工能力 4300 吨。2005 年，全市拥有水产品加工企业 11 家，其中紫菜加工厂 3 家、缢蛏加工厂 6 家、调味品厂 1 家、海水鱼加工厂 1 家，年加工水产品能力达 7700 吨。其中，年产值在 50 万元以上的企业有 4 家、500 万元以上的有 3 家，五洲水产有限公司为福建省水产品加工龙头企业。全市水产品加工产量 2100 吨，产值 4800 万元，其中五洲水产有限公司加工产量 1600 吨、产值 3000 万元、创汇 230 万美元；湾坞缢蛏加工厂生产蛏干 110 吨，产值 960 万元；溪尾紫菜加工厂产紫菜饼 60 吨，产值 230 万元。

第四节　服务管理

一、水技服务

（一）水技指导与培训

1991—2003 年，福安市水产养殖技术人员以生产一线服务为主，深入水产养殖第一线，推广新养殖模式、管理经验和实用技术，解决生产中存在的问题。每年举办技术培训班 2 ～ 4 期，聘请专家现场授课、指导，组织养殖户赴外地参观取经。2004—2005 年，在溪尾溪邳村、下白石下岐村举办转产转业渔民水产养殖技术培训班，编写教材，两年间参训学员 200 多人，并获得农业部颁发的水产养殖技能资格证书。

（二）水产养殖病、虫害测报

2001—2005 年，福安市水技部门安排专职测报员，对全市养殖区开展每月至少一次的病情跟踪测报，福安水产养殖常见病虫害有：网箱养鱼的细菌性溃疡病、白点病（刺激隐核虫病）、肝胆综合征；贝类的寄生虫病；对虾的红体病、白斑病；青蟹的白芒病、弧菌病；梭子蟹的蜕壳不遂症；坛紫菜的综合病烂症；淡水鱼的寄生虫病、皮肤溃疡病。其中网箱养鱼的白点病及紫菜病烂症危害较大。

二、渔政管理

（一）伏季休渔管理

1995 年，按福建省规定，福安市实行夏秋期间休渔，以利带鱼、黄鱼等主要经济鱼类幼鱼资源的永续利用。福安在北纬 27° ～ 35° 之间海域实行 7、8 两个月拖网作业和帆张网作业“船巡港、网入库、人上岸”的全面休渔制度。1998 年，执行新的伏季休渔制度，结合福安市情况，将时间延长 1 个月即 7 ～ 9 三个月休渔。休渔海域（北纬 24° 30′～ 26°）禁止所有拖网、帆张网和大围缯作业。2005 年，经过多年的努力，初步遏制近海渔业资源的衰退趋势，有效地保护传统经济鱼类尤其是官井洋大黄鱼幼鱼资源。

（二）海洋捕捞渔民转产转业

市海洋与渔业局在渔村宣传《中华人民共和国海洋环境保护法》（2004年）

2002年，随着中日、中韩及中越北部湾渔业协定生效，福安海洋渔业开始由海外自由捕捞向专属经济区过渡。全市100多艘海洋捕捞渔船陆续从浙江及东海外海渔场撤出，退回到省内原资源已经相当有限的海域生产，捕捞效益下降。从当年起，福安分三年（2002—2004年）开展海洋捕捞渔船的转产转业工作，共办理因协定影响而退出捕捞的报废渔船拆解116艘，并支付专项补助资金，引导渔民500多人转产转业。

第六章　农业机械

第一节　农机推广

一、整耕机械

1991年，福安市试验示范耕作机型，因机械性能问题无法推广。1993年，甘棠镇政府从邵武引进10台闽邵-3型整耕机在甘棠牛柏洋等地试用，水田犁耕效果较好。但因不易推广而淘汰。1994年，引进福建农学院研制的与手扶拖拉机配套使用的ILYP-320手扶驱动式圆盘犁在溪柄镇试用，因不适用而淘汰。1996年，引进BS-65型施耕耙，该机由旋耕机改造而成，与手扶拖拉机配套使用，因性能差而淘汰。后又引进IGZ-3A型农用微型耕作机在溪柄镇试用，因不适用而淘汰。2000年，引进农友系列拖拉机配套双、单铧犁及旋耕机，因厂家原因而无法推广。溪柄环球蔬菜种植公司引进江苏省生产的整耕机使用效果较好，但缺少相应扶持政策而放弃。

二、种植机械

1999年，福安市引进无锡产2ZPYC-96A型抛秧机，开机、喂秧由2人操作。因抛秧作业未推广无法采用。2000年，引进韩国SH-5M育秧播种机在溪柄试用，该机需配套碎土机、秧盘，将育秧盘放入秧棚育秧才能供插秧机使用，推广有困难。2001年，引进韩国PF455手扶式插秧机和吉林2ZT-9356型乘坐式插秧机。韩国产机械性能好、单人操作，劳动强度太大；吉林产机械性能较好，因配套技术有问题，故两机型均遭淘汰。

三、植保机械

1997年，福安市引进浙江嘉兴生产的3MF-26型背负式弥雾喷雾（粉）两用机，适用于水稻、棉花、茶叶等作物的病虫害防治，全市推广200多台。2005年，福安市多元电机有限公司生产ESR-505、ESR-16V、ESR-16、ESR-18背负式电动喷雾机，采用电瓶能源压力泵为动力，高效、劳动强度小，得到推广。

溪柄镇水稻机械收割（1998年）

四、收割机械

1996年，福安市五一机电厂生产BS-305型便携式收割机，在市内部分推广。1998 年，召开水稻收割机推广现场会，现场演示桂林 -3 号全喂入稻麦联合收割机、“湖州”“台州”“联发”“天龙”“龙江”联合收割机及稻麦割晒机、“方圆”牌 XP-620 型机动人力两用脱粒机等九类机型。2000 年，市农机局购进湖州 -130 型联合收割机 4 台，分别在溪柄、甘棠、溪潭、湾坞乡使用，效果较好。

五、茶叶加工机械

1997 年，福安市引进浙江川崎生产的 NV45H 和 NV60H 单、双人采茶机，在茶场推广使用。2005 年，福安五一机电厂生产 BG 系列割灌机改进的茶树修剪机，推广速度较快，使用 1000 多套。宁德市、福安市政府采取每台补助 1.5 万元购买推广茶叶理条机，这种初加工机械发展很快，全市茶叶初制厂均有使用。

第二节 农机经营

一、农机购销

1991 年，福安市农业机械公司承担农机购销工作，直接向厂家和福建省、宁德地区农机公司采购进货，在福安城关设立两个经营部、赛岐镇设立一个经营部，经营动力机、拖拉机、碾米机及零配件。全市各乡镇供销社、农资门市部设立农机零配件专柜。当年全市农机销售 300 万元。1994 年，成立赛岐农机分公司、甘棠经营部。

1995 年，农机零配件由原农机公司、社会个体户继续经营。当年，福安市农机公司采取公司职工全员承包经营，库存零配件估价承包给职工自主经营，时间 3 年。1999 年，市农机公司出现亏损、停止营业。2005 年，全市农机购销量 1000 多万元。

二、农机培训

1991 年，福安市农机机械化学校承担全市农机培训工作。1994 年，福安市农业机械化学校经宁德地区教委批准纳入成人中等专业技术学校管理，开展拖拉机驾驶人员等农业机械的培训。1998 年，省公安厅批准在原农业机械化技术学校基础上举办汽车驾驶员教练所，增加汽车培训业务。《中华人民共和国道路交通安全法》实施后，汽车驾驶员培训推向社会。2004 年，汽车培训业务从农机校分离，成立福安市高坂汽车驾驶员教练所。2005 年 10 月，拖拉机驾驶员培训业务从农机校分离，成立福安市农业机械技术服务有限公司，承担农机使用人员的培训工作。

三、农机管理与服务

（一）机构与人员

1991 年，福安市各乡镇（办事处）成立农业机械管理站，由市农机局管理。1992 年后，工资、人事关系转到乡镇政府，实行农机局、乡镇政府双重管理。2005 年，在配备村“五员”时，全市配备村级农机员 86 人。

（二）管理

1992 年，受公安交警部门委托，由市农业机械监理站负责拖拉机挂牌、检测、年检。2003 年，《中华人民共和国道路交通法》实施后，仍授权农机监理站依法管理拖拉机的挂牌、检测、年检等项工作。

2003 年，成立福安市农机产品质量监督所，配合工商部门对农机产品进行质量和市场监督，打击伪劣农机产品。

（三）服务

1991 年，全市仅保留溪柄镇农机服务站经营供油、零配件销售等项服务，另有 13 个农机专业服务，为农民自行合作的代机耕组织。全市有农机户 3651 户，其中农机服务专业户 2380 户。1995 年，全市有农机户 4836 户，服务专业户 2829 户，主要从事运输、粮食加工、机耕专项服务。2005 年，全市农机户服务专业户数量有所减少。

（四）维修

1991 年，全市 18 个乡镇农械修造厂承担农业机械的维修。此后，私营维修业迅速发展，全市修理网点达 100 多个，修理服务人员 218 人；拥有维修设备 564 台套，年修理农机具 3 万多台次，营业产值 100 多万元。

1994 年，国家工商局、农业部联合颁发《农业机械维修管理办法》，维修人员需经考核合格的才发给技术技能证书、全国通用，允许从事农机维修工作。2000 年开始，维修点分一级、二级、三级；修理工分初级、中级、高级，经重新考核发证。2005 年年末，全市二级维修点 9 个、三级维修点 74 个，年修理机具 3.3 万台次，维修收入 120 万元。

第七章 农业开发

第一节 农业综合开发

一、农业区划

（一）农业资源利用实验区

2000年，福安市设立“穆阳水蜜桃实验场”。当年，穆阳畲族经济开发区种植水蜜桃100公顷，比1999年种植面积扩大48%，水蜜桃成为当地农业生产的一大支柱产业。

（二）农业资源动态监测体系

2001年，福安市选择溪潭溪北洋、城阳乡东口村、湾坞乡半屿村作为福安农业区划代表性监测点，以点带面，促进全市农业监测工作的开展。

二、农业产业结构调整

1995年，福安市进行第一次农业产业结构调整，在稳定家庭联产承包经营责任制的基础上，以“两高一优”农业和农业产业化为重点，抓好“一粮”“二经”“三改”“四带”“五靠”工作。“一粮”：建立粮食基本农田保护制度，保护区占全市耕地的80%以上，以科技进步提高单产、发展多种经营，优化产业结构，规范栽培技术，推行农业经营管理科学化，提高粮食综合效益。“二经”：发展多种经营和乡镇工贸小区，实施科技兴农，发展“两高一优”农业，组织实施山海资源综合开发，促进多种经营，从数量型向质量型转变，从内向型向外向型转变。同时，大力发展乡镇企业，加强水果业生产，扩大毛峰茶等高档茶生产面积，加快溪柄农业科技园区建设，促进农村经济发展，加快农村城市化进程。“三改”：深化农村改革，争取三分之一的村和乡镇建立农村合作基金会，多渠道筹集生产资金；大力发展农村股份合作经济，发展村级集体经济；搞好技术服务体系建设，完善现有农技、经作中心，推行“公司＋农户”的组织生产方式，为农户提供产前、产中、产后服务。“四带”：开发赛江绿竹带、沿海防护林带、山区茶果带和滩涂水产养殖带。“五靠”：靠政策、靠投入、靠科技、靠保护、靠工作推动福安农业生产。

1995—2002年，福安市根据农业产业结构调整，实施“新优良工程”。全市每年推出100种新品种和10项新技术，支持农业结构调整，形成龙头产业优势。2002年，开始努力培育壮大茶叶、葡萄、畜牧、水产四大产业群，并逐步形成规模。全市优质茶园面积2万公顷、优质巨峰葡萄2666.7公顷、绿竹333.3公顷、水产养殖3000公顷，肉蛋奶年产量4万吨以上。优势特色产业的产值占农村经济总量的63%，产业化水平达到50%左右。农村经济总体构成中，二、三产业比重上升，农、林、牧、渔业产值之比由1990年的58∶10∶15∶18调整到41∶10∶21∶28，粮经产值之比由1990年65∶35调整为35∶65。2005年，全市粮食总产量13.86万吨，省、市下达的贮粮指标基本实现，高优农业获得较快发展。粮食、经济作物、林业、畜牧业、水产业的良种率、优质率、加工率不断提高，综合优质率达89%；建设湾坞优质粮、社口优质茶、赛甘巨峰葡萄、潭头芙蓉李、穆阳水蜜桃、白沙绿竹、上白石油茶、范坑山羊、沿海乡镇生猪和水产品等十大种养殖生产基地，逐步形成具有福安特色的优势农业产业。

三、农业产业化经营

1994年，按照省委、省政府《关于加快发展农业产业化的意见》精神，福安市在全省率先开展农业产业化试验。根据区域特色优势农业，成立10个产业化工作小组，推进农业产业化进程。至2005年，全市有各类产业化组织319个，其中，省级重点龙头企业有福安市城湖茶叶有限公司、宁德市恒信粮油贸易有限公司、福安市新味食品有限公司等3家，福安市天香茶叶有限公司等17家企业被确定为宁德市重点企业。

福安市农业产业化逐步形成四大特点：即“加工企业+农户”“专业市场+农户”“企业+农业专业合作社”“中介组织+农户”“主导产业+农户”；五类组织形式并存发展；政府扶持培育、市财政补助专项经费、派出业务骨干对重点龙头企业、专业协会、农民专业合作组织进行协助指导；政府适时确定全市主导产业推进产业化发展进程，根据茶叶、葡萄、水产、畜牧四大优势产业的特点和资源，确定以茶叶为主的食品加工业为全市主导产业，制定相应优惠政策，调整农业产业化领导小组和工作机构，建立工作责任制，重点培育发展一批规模大、产品优、科技含量高、辐射带动能力强的龙头型企业；优化农业产业化利益分配机制，通过“订单农业”“基地建设”或“联合体组合”等，处理好农户间的利益分配关系，促进农业产业化向更高层次发展。

2005年，全市农业产业化年产值达16亿元，占当年农村社会总产值的63%、出口创汇500万美元，产业化组织的固定资产总值3.6亿元、占农村固定资产总值的28%，农业产业化带动农户10万户、生产基地达7000公顷。

第一节　农产品开发基地建设

一、优势农产品基地建设

（一）优势农产品项目

2002年9月，福安茜洋溪小流域水土保持综合治理工程开始实施，水土保持综合治理、优质水果带建设、水产养殖等工程也全面启动，在茜洋溪投放香鱼苗16万尾，在立峰村建立2个十吨级果蔬保鲜库。

2003—2005年，柏柱洋试验区以葡萄为主，发展水果种植，面积167公顷、占试验区果树面积75%。通过3年时间，发展成为连片、规模、集中的福安市葡萄主产区之一。2004年，试验区葡萄产量已达3250吨。2005年，新建优质葡萄生产及葡萄园立体套种试验基地67公顷，并加快新品种的引进、示范、推广，辐射和带动柏柱洋试验区的葡萄生产。

（二）溪柄农业综合试验区

2002年2月，福安市建立“溪柄农业综合试验区”（又名“福安市柏柱洋可持续农业发展综合试验区”），包括立峰、溪南、茜洋、山下、三村、斗面（墩面）、东坪、榕头、楼下等9个行政村，人口1.2万人，其中，农业人口1.15万人，土地总面积4233.3公顷。试验区统一规划、分步实施十大工程27个子项目。建设期限5年，总投资1000万元。十大工程为农业生态环境综合治理工程，优质水果、茶叶带建设工程，优质葡萄生产及葡萄园套种工程，水产、畜牧养殖工程，农产品加工增值工程，基础设施建设工程，旅游资源开发及观光农业建设工程，科技创新、科技推广及普及工程，现代农业示范工程，社会事业发展工程。通过十大工程建设，使农民科技素质有明显提高；农业产业结构得到调整和优化，农业产业化经营得到发展；旅游资源得到合理开发，观光农业建设初见成效；基础设施逐步配套，生态环境明显改善，农业生产步入可持续发展的轨道；全部农产品实现无公害化，大部分农产品达到A级绿色食品标准；农业综合生产能力增强，农民收入明显提高。

2005年，实现预定目标：全市农村劳动力转移率达40%，科技进步对农业经济增长的贡献率达50%，主要农产品加工率（商品率）达60%，耕地平均年亩产值5000多元，农民人均纯收入5000元，9个村小康建设的各项指标达到省定标准。

二、无公害农业基地建设

1999年，福安市成立茶叶质量检测中心，开展辖区茶叶农残检测，对茶叶产品质量提升起到促进作用。

2001年，农业部全面推进“无公害食品行动计划”，福安全面推进无公害农产品基地和无公害生态茶园基地建设。建立无公害茶园社口、松罗、城阳、溪柄试点，面积300公顷，全市建成无公害茶园2666.7公顷。2002年，全市无公害茶叶生产面积达6.7万公顷以上。同年，建立溪柄农业综合试验区和无公害大棚蔬菜生产基地，开始向产业化、标准化、品牌化生态农业发展。在坂中畲族乡坑下村建立无公害大棚蔬菜生产基地67公顷，制定无公害蔬菜生产村规民约，引进广东优良的茄子、浙杂809番茄、709号豇豆等优良品种，引导全村85%的村民进行无公害大棚蔬菜栽培。建立无公害葡萄标准化栽培技术示范基地面积533公顷，其中获得无公害基地省认证0.11公顷。2003年，农业部授予福安市“全国无公害茶叶生产示范基地市达标单位”和“全国无公害茶叶生产示范基地市先进单位”荣誉称号。

第八章　机构与管理

第一节　机构

一、福安市农业局

1991 年，福安市农业局人员编制 12 名，其中，局长 1 名，副局长 1 名。内设办公室、生产办。

2003 年，福安市农业局人员编制 6 名，其中局长 1 名，副局长 1 名。内设人秘股、政策法规室（外经股）、综合股。挂靠机构有福安市农民负担监督管理办公室、福安市农业资源区划委员会办公室、福安市农村环保能源办公室。

2005 年，机构及人员编制不变。

二、福安市海洋与渔业局

1991 年，福安市水产局人员编制 8 名，其中，局长 1 名，副局长 3 名，内设人秘股。

1993 年，经市政府批准成立福安市水产开发总公司（事业单位、企业管理），与市水产局实行一套人马、两块牌子。

1997 年 6 月，福安市水产局更名为福安市海洋与水产局，干部职工 26 名，其中，局长 1 名，副局长 2 名、书记 1 名。内设机构有办公室、海洋管理股，局直属机构渔政站、水技站、经管站，下辖市水产供销公司、水产养殖公司、对虾育苗场、鱼种场。同时，成立福安市水产科学技术研究所。

2001 年 8 月，成立中国海监福安市大队。同年成立海管办。

2002 年，福安市海洋与水产局更名为福安市海洋与渔业局，干部职工 29 名，其中局长 1 名、副局长 1 名，内设人秘股、渔业经济与海域管理股；局直属机构有渔政站、水技站、经管站、中国海监福安市大队；下辖市水产供销公司、市水产养殖开发公司、对虾育苗场、鱼种场等单位。

2005 年，机构及人员编制不变。

三、福安市农机局

1991 年，福安市农机局人员编制 13 名，设局长 1 名，副局长 3 名。内设机构有人秘股、管理股。下属机构农机监理站、乡镇农机站（编制数 62 名）、农机公司、农机学校（编制 7 名）。

1994 年，内设机构增设农机监理法规执行联络室、培训股。

2005 年，福安市农机局人员编制 13 名，设局长 1 名，副局长 3 名。内设人秘股、管理股、培训股。

第二节　管理

一、农业执法

2000 年 12 月，福安市成立市农业行政执法大队，为市农业局下属事业单位。2001 年 8 月，市农业

市工商局开展农资市场检查（2004 年）

行政执法大队正式挂牌办公。

2001—2005 年，市农业执法大队累计出动执法人员 2008 人次，检查各类农资生产经营单位和门市部 503 个次，农药标签抽查 700 个次，农药质量抽检 140 个次，种子标签抽查 290 个次，兽药标签抽查 380 个次，兽药质量抽检 16 批次，肥料质量抽检 17 批次。立案查处种子、农药、肥料等违法违规行为 156 起，结案 156 起。责令整改 49 起，查获违法农资产品 105.6 吨。成功调解涉农纠纷案件 18 起，帮助农户领到赔偿款 67 万元。

2002 年，福安市被农业部列入“农业部农业综合执法试点单位”。2003 年，获评“2002—2003 年度福建省农业执法工作先进单位”，2004 年，获评“2004 年度农业行政执法先进单位”。执法人员张双寿被评为“全国农业执法先进个人”，2005 年，执法人员俞明光被评为“全国农业系统‘四五’普法先进个人”。

二、农村联动服务

2002 年，福安市委和各乡镇成立“农村社会服务联动网”建设工作领导小组及办公室。聘请市内外农业专家 74 名，建立农业科技人员专家信息库，成立福安市农副产品营销协会。

2004 年，全市加大农村体制改革步伐，深入落实《福建省乡镇发展纲要》，推进乡镇机构改革，整合市、乡涉农机构，成立农村社会联动服务中心，建立面向农民的服务窗口。

2005 年，全市 439 个村建立联动服务网点的有 315 个，占村总数的 71.8%；成立村级协会 266 个，占村总数的 60.6%，协会会员达 13200 多人。全市共建立农业生产示范基地 130 多个。

三、减轻农民负担

1993 年 5 月，成立福安市农民负担监督管理领导小组及办公室。同时市、乡两级农民负担监督管理体系形成。同年，制定《关于福安市农民负担监督管理工作实施方案》。向农民分发“农民负担监督卡”，宣传凭卡收费制度。福安市人民政府首批取消涉及农民负担的 50 项集资收费项目。1994 年 6 月，市农民负担监督管理领导小组办公室（减负办）改为常设机构，挂靠市农业局，由市农业局经营站人员组成。全市培训监管干部 57 名，并发给农民负担行政执法证。

1997 年，全市开始对村提留、乡统筹收费进行预决算制度。市委、市政府颁发农民负担监督目标管理责任书，明确领导责任，确保农民减负不反弹。同年，反映涉农负担的农民来信、来访、来电共 42 件都得到及时处理。

2003年，全市开展农村税费改革试点。农村税费改革前，农民总负担6970.68万元，人均各项负担146元；税费改革后总负担464万元，降低到年人均负担9.45元，人均减负132.61元，直到最后基本消除负担。且国家实行“四补贴”：种粮直接补贴、良种补贴、农机具购置补贴、农业生产资料综合补贴。逐步消除农村乱收费问题，减轻农民负担。

2005年，全市反映涉农负担的来信、来访、来电3件都得到及时处理。

第十篇

林　茶　果业

LIN　CHA　GUOYE

福安地处中亚热带，土壤、气候条件适宜林木生长，森林资源丰富。福安市委、市政府践行绿色发展理念，实施“三五七”造林绿化工程，促进林业发展，被授予福建省“绿化达标先进单位”称号。1991 年，全市森林面积 83607.3 公顷，活立木总蓄积量 98.4 万立方米，森林覆盖率 48.3%。1995 年 10 月，通过省级验收，全市核定林地面积 72967 公顷，人工造林更新保存面积 22347 公顷。1998 年，市政府制定八大林业工程规划，即：百里绿竹长廊工程，短轮伐期速生丰产工业原材料基地建设工程、油茶低产林改造工程、山地小径竹基地建设工程、林产化工产业、沿海防护林体系建设工程、生物多样性保护工程、城乡绿化一体化工程和绿化通道工程。2005 年，全市森林面积 121126.96 公顷，活立木蓄积量 224.37 万立方米，森林覆盖率 67.5%。油茶面积 3333 公顷，绿竹面积 3700 公顷，大批古树名木、野生动植物得到保护。

福安又是茶叶之乡，茶叶生产历史悠久，茶产业已经成为全市农业经济的主导和支柱产业。1991 年，全市茶园面积 9208 公顷，产量 4282 吨，产值 2819 万元。1991 年后，通过优化品种结构、改进制茶工艺、加强产业管理，茶叶生产向着高产、优质、无公害方向发展，创建坦洋工夫、富春银毫、莲岳翠芽、六杯香、天香银针等名优茶叶品牌，产品畅销国内外市场。2005 年，全市茶园面积 11249 公顷、产量 13763 吨、产值 16986 万元。

福安依山临海，土壤肥沃，雨量充足，气候适宜果树生长，果业成为农业产业化经济的重要增长点，品种多、果质好，巨峰葡萄、穆阳水蜜桃、苏阳杨梅等享誉省内外。1991 年，全市果树面积 5181.3 公顷，产量 1.5 万吨。2005 年，果树面积 10643.9 公顷，产量 9.2 万吨，名优特水果种植占 56%。

第一章　林业

第一节　森林资源

一、类型、面积与蓄积量

(一)各种林地面积

1. 林业用地面积

1991年，福安市土地总面积188000公顷，其中，林业用地119800公顷，占土地总面积63.72%。林业用地中有林地72800公顷、疏林地4100公顷、灌木林地10800公顷、未成林造林地12100公顷、无林地20000公顷。森林覆盖率48.3%，绿化程度69.8%。

2001年，全市林业用地129315.9公顷，占土地总面积的68.78%。林业用地中有林地118208.2公顷，疏林地78.9公顷，灌木林地2155.7公顷，未成林造林地1312.6公顷，无林地7560.5公顷。森林覆盖率68.0%，绿化程度86.3%。

2005年，全市林业用地129202.09公顷，占土地总面积的68.72%。有林地117300公顷，疏林地73公顷，灌木林地2200公顷，未成林造林地1000公顷，苗圃地4公顷，无林地8625.09公顷。森林覆盖率67.5%，绿化程度92.6%。

表10—1　1991年与2005年福安市林业用地面积对照表

单位：公顷

类别		1991年		2005年		2005年与1991年比较值	
		面积	占比	面积	占比	增长量	增幅
总面积		119800	100%	129202.09	100%	9402	7.85%
其中	有林地	72800	60.8%	117300	90.79%	44500	61.13%
	疏林地	4100	3.4%	73	0.06%	-4027	-98%
	灌木林地	10800	9%	2200	1.7%	-8600	-80%
	未成林造林地	12100	10.1%	1000	0.77%	-11100	-92%
	无林地	20000	16.7%	8625.09	6.68%	-11374.91	-56.87%
	苗圃	—	—	4	—	—	—

2. 林种面积

1991年，福安市有林地中各林种面积：用材林23300公顷、薪炭林9700公顷、防护林15200公顷、特用林800公顷、经济林20700公顷、竹林3100公顷。

2001 年，全市有林地中各林种面积：用材林 35656.7 公顷、薪炭林 4620.7 公顷，防护林 52512.9 公顷、特用林 4992.4 公顷、经济林 24936.5 公顷、竹林 5488.9 公顷。

2005 年，全市有用材林面积 38600 公顷，其中，优势树种杉木 7700 公顷、马尾松 30100 公顷、珍稀阔叶树等 700 公顷；薪炭林 4600 公顷，其中，优势树种马尾松 300 公顷、硬阔 300 公顷；防护林 40100 公顷，其中，优势树种杉木 2400 公顷、马尾松 28700 公顷、硬阔及珍稀阔叶树等 8900 公顷、木麻黄 78 公顷；特用林 3900 公顷，其中，优势树种杉木 300 公顷、马尾松 1400 公顷、珍稀阔叶树 23 公顷、硬阔林 2100 公顷、软阔 24 公顷；经济林 24700 公顷，其中，以油茶为主的食用油料林 10500 公顷、以芙蓉李、柑橘为主的果树林 5200 公顷、以茶叶为主的饮料林 15800 公顷、调料香料林 100 公顷、药材林 7 公顷、工业经济林 23 公顷、其他经济林 4 公顷；竹林 5500 公顷，其中，毛竹 4100 公顷、以绿竹为主的杂竹林 1300 公顷。

表 10—2 1991 年与 2005 年福安市有林地各林种面积对照一览表

单位：公顷

类别		1991 年		2005 年		2005 年与 1991 年比较值	
		面积	占比	面积	占比	增长量	增幅
总面积		72800	100%	117400	100%	44600	61.13%
其中	用材林	23300	32%	38600	32.9%	15300	65.67%
	薪炭林	9700	13.3%	4600	3.9%	-5100	-52.58%
	防护林	15200	20.9%	40100	34.2%	24900	163.82%
	特用林	800	1.1%	3900	3.4%	3100	387.50%
	经济林	20700	28.4%	24700	21%	4000	19.32%
	竹林	3100	4.3%	5500	4.6%	2400	77.42%

3. 分类树种面积

2005 年，福安市有林地中杉林 10400 公顷、马尾松 64600 公顷、珍稀阔叶树 1000 公顷、硬阔 11100 公顷、软阔 800 公顷、木麻黄 100 公顷、油茶 3500 公顷、果林 5200 公顷、茶树 15800 公顷、香料 100 公顷、毛竹 4100 公顷、绿竹 1300 公顷，其他 33 公顷。

（二）蓄积量

1. 活立木总蓄积量

1991 年，福安市活立木总蓄积量 98.4 万立方米。其中有林地活立木蓄积量 91.5 万立方米、疏林地 3.5 立方米、灌木林 3.3 万立方米、毛竹 395.2 万株、杂竹 50 万丛。

2001 年，全市活立木总蓄积量 141.65 万立方米。其中有林地活立木蓄积量 138.16 万立方米、疏林地 0.0213 万立方米、毛竹 1412.42 万株、杂竹 4466.1 万丛。

2005 年，全市活木总蓄积量 224.37 万立方米，比 1991 年增加 125.98 立方米，增长 128%；毛竹 1412.42 万株，比 1991 年增加 1017.22 万株，增长 257%；杂竹 446.61 万丛，比 1991 年增加 396.61 万丛，

增长 793%。

2. 林种蓄积量

1991 年，福安市用材林蓄积量 60 万立方米，薪炭林 9.6 万立方米，防护林 16.3 万立方米，特用林 5.6 万立方米。用材林蓄积量中优势树种杉木 12.2 万立方米，马尾松 44.8 万立方米，阔叶树 3 万立方米。

2001 年，全市用材林蓄积量 74.13 万立方米，薪炭林 2.58 万立方米，防护林 49.13 万立方米，特用林 12.31 万立方米。用材林蓄积量中优势树种杉木 17.23 万立方米，马尾松 49.5 万立方米，阔叶树 7.4 万立方米。

2005 年，全市用材林蓄积量 142 万立方米，薪炭林 13 万立方米，防护林 55.23 万立方米，特用林 9.54 万立方米。用材林蓄积量中优势树种杉木 38.33 万立方米、马尾松 102.4 万立方米，阔叶树 1.25 万立方米。

表 10—3　1991 年与 2005 年福安市林种蓄积量对照一览表

单位：万立方米

林种		1991 年		2005 年		2005 年与 1991 年比较	
		蓄积量	占比	蓄积量	占比	增长量	增减幅
总计		91.5	100%	219.77	100%	128.27	140%
其中	用材林	60	65.6%	142	64.6%	82	136.7%
	薪炭林	9.6	10.5%	13	5.9%	3.4	35.4%
	防护林	16.3	17.8%	55.23	25.1%	38.93	238.8%
	特用林	5.6	6.1%	9.54	4.4%	3.94	70.4%

表 10—4　1991 年与 2005 年福安市用材林各优势树种蓄积量对照一览表

单位：万立方米

林种		1991 年		2005 年		2005 年与 1991 年比较	
		蓄积量	占比	蓄积量	占比	增长量	增减幅
总计		60	100%	141.98	100%	81.98	136.7%
其中	杉木	12.2	20.3%	38.33	27%	26.13	214.2%
	马尾松	44.8	74.7%	102.4	72.1%	57.6	128.6%
	阔木林	3	5%	1.25	0.9%	-1.75	-58.3%

表 10—5　2005 年福安市有林地优势树种面积统计一览表

单位：公顷

树种		面积	占比
总计		117233	100%
其中	杉木	10400	8.87%
	马尾松	64600	55.1%

续表 10—5

树种		面积	占比
其中	珍　阔	200	0.17%
	硬　阔	11100	9.47%
	软　阔	800	0.68%
	木麻黄	100	0.09%
	油茶等	3500	2.98%
	果　林	5200	4.44%
	茶树等	15800	13.47%
	香料林	100	0.09%
	毛　竹	4100	3.5%
	绿　竹	1300	1.11%
	其　他	33	0.03%

二、资源质量

（一）单位面积平均蓄积量

2005 年，福安市林业用地平均蓄积量为每公顷 17.4 立方米，林分平均蓄积量每公顷 25.2 立方米，市内林分平均材积年生长量每公顷约 1.35 立方米。

（二）用材林生长类型

2005 年，全市Ⅰ类型（好）林 168 公顷，占 0.44%；Ⅱ类型（中）林 15300 公顷，占 39.75%；Ⅲ类型（差）林 23100 公顷，占 59.81%。

（三）林业用地立地质量等级

2005 年，全市Ⅰ立地等级（肥沃类型）1086.7 公顷，占 0.84%。Ⅱ立地等级（较肥沃类型）47886.7 公顷，占 37.05%。Ⅲ立地等级（中等肥沃类型）65286.7 公顷，占 50.51%。Ⅳ立地等级（瘠薄类型）14980 公顷，占 11.59%。

三、资源特点

（一）资源丰富

1991 年，福安市森林面积 83607.3 公顷，森林覆盖率 48.3%。

2005 年，全市森林面积 121126.96 公顷，森林覆盖率 67.5%。珍稀树种有桫椤、水松、银杏、红豆杉、鹅掌楸、花榈木、三尖杉、香樟等 60 多种。名特优经济林已形成规模，其中油茶、绿竹、茶叶、芙蓉李在省内外均负盛名。但森林资源分布不均匀，山区偏重用材林，沿海经济林较多。

（二）林木生长迅速

2005 年，福安市林分综合年生长率 9.55%。按经济分类：其中，用材林占有林地面积 32.9%，薪炭林占 3.9%；按树种分类：针叶树占林分总面积 86.1%，其中，马尾松占 74.1%；按生长期分类：幼龄林与中龄林占林分总面积的 70.5%，成林占 29.5%。

表 10—6　2005 年福安市用材林各龄组面积、蓄积量一览表

类别	面积		蓄积量	
	数量（公顷）	占比	数量（立方米）	占比
总　计	38568.26	100%	1419891	100%
幼龄林	1845.53	4.79%	2587	0.18%
中龄林	17363.73	45.02%	418832	29.5%
近熟林	10391.07	26.94%	465630	32.79%
成、过熟林	8967.93	23.25%	532842	37.53%

（三）人工林比重大

2005 年，全市有林地面积中，人工林比重大，占 93.5%，天然林比重小。

（四）自然条件较优越

2005 年，全市林业用地中，中等肥沃类型以上土地占 88.4%，但在用材林类型中，普遍存在粗放经营现象。

四、资源消长

（一）主要地类面积

1991—2005 年，福安市主要林业地类有林业用地、有林地、疏林地、灌木林地、未成林地、无林地，经多年经营管理，各类村地利用及林木生长情况发生很大变化。

（二）林木生长量

1987 年，福安市林分连年综合生长量 10.49 万立方米。1997 年为 11.56 万立方米，增长 10.2%，林分年生长率由 10.7% 降至 9.55%。2005 年，未进行生长量调查。

（三）林木消耗量

1991 年，福安市林木消耗量 9.55 万立方米，生长量与消耗量之比为 1∶0.96。1997 年，林木消耗量 8.41 万立方米，比 1991 年下降 11.9%。

2005 年，全市生长量与消耗量比较，净增活立木蓄积量 4.5 万立方米。

五、林副产品

（一）油茶

1991 年，福安市被林业部确定为全国 53 个油茶重点生产重点县（市）之一。是年，全市完成改造低产油茶林 600 公顷，年产茶油 500 吨。1992 年，全市完成第一期工程，改造低产油茶林 1800 公顷。1994 年 12 月，福安市的油茶优良无性系丰产栽培试验通过专家鉴定。1995 年，全市完成二期工程改造低产油茶林 1333 公顷。1997 年，全市完成低产林垦复 333 公顷，营造立体油茶园 33.3 公顷，肥改 267 公顷，建采穗圃 10 公顷。每公顷产油从 37.5 千克提高到 187.5 千克。2000 年，低产油茶嫁接换冠 33.3 公顷。此后，因农村劳动力大量外流务工，油茶园多被荒废。2005 年，全市油茶面积从 10000 公顷减至

3500公顷，减少三分之二，年产油不足150吨。

（二）绿竹

1991年，福安市绿竹林700公顷，主要分布在富春溪两岸的溪柄、城阳、坂中等乡镇。1992年，市政府扩大绿竹造林，重点扶持穆阳、潭头、溪尾等地发展绿竹16.7公顷。1997年，市政府制定“一线一江四溪”（即104国道线，赛江，穆阳溪、茜洋溪、磻溪、西溪）两岸第一重山大力发展绿竹生产的决策，编制《福安市百里绿竹长廊工程建设规划》，以甘棠镇眉洋岭至上白石镇郑家山全长83千米“长廊”为主，带动一江四溪，全市规划面积6700公顷。12月，成立福安市绿竹协会。1998年，在高坂茶场建成“福安市竹类科技示范场”，示范面积7公顷。1999年，建立溪柄、城阳绿竹高产示范园100公顷，平均产笋量从每公顷3.75吨提高到6吨。11月，福安市的绿竹丰产栽培技术中试被国家林业局列入1999年林业新技术、新产品中试计划。2000年，市政府决定把绿竹基地建设重点转向穆阳溪与省道“小浦”公路线两侧，营造竹林71公顷。2004年，福安市制定《绿竹笋丰产培育技术规程》，实施绿竹标准化生产。

2005年，国家拨款3万元资助建设黄澜村绿竹丰产林7公顷。建立绿竹丰产技术标准化示范片133公顷。全市绿竹总面积达3700公顷，年产绿笋11000吨，产值3300万元。

第二节　营林生产

一、采种育苗

1991年，福安市在坂中征地0.49公顷。之后，国有苗圃由亭兜迁往坂中，并继续征地扩大至2.67公顷。1992年，从福清调进木麻黄苗4万株，种植沿海防护林带。1993年，国有苗圃改为培育城市绿化树苗、花卉以及从事科研性育苗生产。2000年，市内林木种苗转为群众自发经营，市林业部门实施种苗行政执法管理。2002年，溪柄镇葛厝村群众从北京引进速生天演杨树育苗，造林20公顷。

2003年，福安市贯彻《中华人民共和国种子法》，对市内从事林木种苗、花卉等生产经营单位及个人发放林木种苗生产许可证与经营许可证，整顿和规范林木种苗市场秩序。市林业局指导林农成功引种曼地亚红豆杉，育苗3公顷。

2004—2005年，全市开展林木种苗质量年活动，推动种苗工作规范化和法治化建设。

二、造林绿化

（一）山地人工造林

1991年，福安市造林10000公顷，经省林业厅验收，合格率100%，成活率99.2%。1992年，春季造林5900公顷，提前一年基本完成消灭宜林荒山任务。1995年10月，通过省造林绿化达标验收，被省委、省政府授予“绿化达标先进单位”称号。1997年年底，市委、市政府决定建设福安山水园林城市，实施城区山地园林绿化工程与各单位签订《福安市1998年城区绿化工程建设责任书》。1998年，成立“福安市城区山地园林绿化工程办公室”，完成城区环山绿化100公顷。1999年，福安市实施生态环境造林和退耕还林工程，全年生态造林1300公顷，其中，种植香椿为主的阔叶树示范林300公顷，退耕还林10公顷。2000年，造林1200公顷。2001年，春季造林面积1300公顷，个人造林近700公顷。建立赛岐、赛岐开发区、溪潭、潭头4个香椿示范林基地，建造生态林300公顷。2002—2005年，以高速公路、国道、省道两侧一重山等地段为重点，全市造林4200公顷。

1991—2005年，全市累计造林和更新林地29200公顷。

（二）基地建设与工程造林

1. 工业原料林基地

1991—1998年，福安市拥有速生丰产林基地面积1300公顷。

1998年6月，福建省林业厅将福安市列为建设以松类、阔叶树为主的工业原料林基地示范县（市）。1999年，从邵武、沙县等地引进拟赤杨、桤木、闽粤栲、光皮桦、红锥、米老排等速生阔叶树种，完成基地造林224公顷。其中，工业原料林示范片建设133公顷，占省林业厅下达任务的133%。2000年，群众扩种香椿、乳源木莲、榉木等速生阔叶树种和针阔混交林等工业原料林66.7公顷。溪尾镇利洋村3户农民从外省调入香椿苗木4万株，建立13.3公顷香椿林基地。省道小浦线两侧群众在公路两旁见缝插针，种植香椿33.3公顷。全市完成基地示范片造林137公顷，占任务的103%。2001年，调整林种结构，发展阔叶树种和速生丰产树种。2002—2005年，全市林木基地建设重点转入管护工作。

2. "三五七"造林绿化工程

1991—1992年，福安市认真实施"三五七"（1987年福建省人民政府提出分三年、五年和七年，从山区、沿海到全省分阶段实现绿化达标，使全省有林地面积超亿亩）造林绿化工程。市财政拨款20万元，各乡镇出资，并鼓励国营、集体、企业和个人承包荒山造林，干部、群众投资投劳入股造林。经省造林绿化领导小组确认，从1989年至1992年，全市造林面积达44万亩，提前一年完成了宜林荒山造林任务。为此，中共福建省委书记陈光毅为福安题词"绿化荒山造福子孙"给予嘉勉，此碑立于富春公园内。1995年10月，经省验收组抽查，核定全市"三五七"造林绿化有林地面积72967公顷，比省下达的责任目标增加2333公顷，超额完成3.31%。

3. 沿海防护林工程

1991—1992年，全市沿海造林8033公顷，完成一期沿海防护林工程任务。1993年，实施沿海防护林二期工程。1997年，经省林业厅检查验收，全市共造林2480公顷，完成率106.4%。其中海堤基干林带60.77千米，完成率101%；沿海基干林断带89.6千米，面积85.6公顷，完成率分别为101.8%与105%。林业部授予福安市"全国沿海防护林体系建设先进单位"称号。1998年，实施沿海防护林第三期工程，2000年通过验收。全市三年投入资金158万元，建设环白马门海域百里红树林带、以木麻黄为主的海堤林、沿海农田垦区的农田林网、赛江两岸的"百里绿竹长廊"，全市完成重点工程造林1344公顷，完成率106%。其中，农田林网60公顷、沙荒造林20公顷、护路护岸林111公顷、老林带更新120公顷、试验示范林27公顷、红树林174公顷，其他造林760公顷。2001年，按照"填平补齐、优化结构、巩固提高"的原则，营造海防林220公顷。2002年，在沿海防护林建设中，推广应用"木麻黄容器育苗技术""高盐碱地客土造林技术""沿海滩涂红树林造林技术"等科研成果，降低防护林体系建设成本，提高造林成效。2003年，组建"福安市安福营林有限公司"，实施海防林国债项目，总投资180万元，造林面积541公顷，其中木荷、相思树、香椿、杨树、樟树、锥栗以及竹类等534.4公顷，占97%。2004年，投资278万元，造林1400公顷，封山育林500公顷。1998—2005年，全市共营造沿海防护林10500公顷，沿海封山育林500公顷。

（三）“四旁”绿化与义务植树

1991 年 3 月，福安市人民政府召开全民义务植树运动十周年纪念大会。当年，全市植树 118 万株。1997 年 3 月，市政府发出《关于搞好国道、省道两侧及乡镇、街道、开发区所在地区域和旅游区一重山墓地绿化的通知》。3 月，全市公路沿线的 13 个乡镇在清坟现场种植迎春花、绿竹等 4.6 万株、木麻黄 0.45 万株。组织干部、群众、学生 300 多人，对溪潭镇 50 多座天主教徒坟墓进行专项绿化改造。市六套班子、市直各部委办局领导、干部 300 多人，到高坂绿竹科技示范场参加全民义务植树。闽东电视台以“福安建设百里绿竹长廊”为题进行报道。1998 年 3 月，市机关干部 300 多人到天马山森林公园种植红枫、樱花等 3500 多株。全市全年义务植树 140 万株，超额完成任务 11%。1999 年 1 月，福安市开展全民义务植树，突出生态环境建设。全市开展城乡绿化一体化绿色通道工程建设与全省“百乡千村”绿化工程（即在全省范围内创建一百个“园林式乡镇”和一千个“园林式村庄”）活动。市政府在城区实施“新、绿、亮、洁”工程项目，绿化美化新华路、鹤山东路、金山南路、富春路、鹤西路以及天马山公园。2002 年，福安市提出“爱我母亲河，种植源头林”口号，实施生态林和城乡绿化一体化工程，全年义务植树 126 万株。2005 年，全市开展第二期“青山挂白”治理工作，继续以 104 国道、福宁高速公路、省道、“一江四溪”及刚刚开工建设的温州福州铁路两翼绿化为重点。全市社会各界陆续兴建“记者林”“公仆林”“人大代表林”“巾帼林”“军警林”“结婚纪念林”等。

新闻工作者参与植树造林（2003 年）

1991—2005 年，全市共义务植树 1907 万株，法定义务公民每人每年平均义务植树 4.41 株，超过每人 4 株任务的 10.25%。

三、林木抚育

（一）幼林抚育

1991 年，福安市抚育杉木幼林 670 公顷。1995 年，幼林抚育 2360 公顷。1996 年，幼林抚育 4053 公顷。此后，由于造林面积减少，幼林抚育面积也相应缩小。2003 年，幼林抚育 1667 公顷。2005 年，幼林抚育仅 246.7 公顷。

1991—2005 年，全市共抚育幼林 2.7 万公顷，平均每年抚育幼林 1800 公顷。

（二）成林抚育

1991 年，对油茶、毛竹成林进行中耕抚育，在夏秋季节进行劈草、锄草或松土下肥。1996 年后，群众种植、管护和经营竹类积极性提高，竹业经济有了较快发展。

1991—2005年，全市竹林成林抚育1.75万公顷，平均每年抚育1200公顷。

（三）抚育间伐

1991年，福安市由于小径材市场疲软，抚育间伐入不敷出，间伐任务未能完成。1995年，福安市落实中共福建省委、省人民政府关于林业强省的决定，实施中、幼林抚育间伐优惠政策，间伐材农业特产税减征50%，育林费等减征30%。1996年7月，福安市林业局与宁德地区林业局签订1996—1997年抚育间伐责任状。8月，市林业局在松罗举办中幼林抚育间伐培训班，同时与各林业站签订两年间伐任务责任状。但因间伐进度缓慢，全年仅完成32.7公顷，占总任务1933公顷的1.69%。1997年，要求全市各林业站建立3公顷以上抚育间伐站长示范片，实行奖惩制度。当年完成中、幼林抚育间伐4800公顷，完成率170.29%，补上1996年的欠账。1998—2000年，市政府落实减（免）征税费政策，全市抚育间伐4800公顷。2002年，建立生态公益林，许多用材林被划入生态公益林范围，作为防护林经营，此后抚育间伐任务逐渐减少。2003年，通湾洋、东门、眉洋、山头庄、长洋、湾坞、下邳等村对生态公益林进行抚育间伐，存在超界砍伐、无证采伐、不按计划采伐等现象。市林业局立即加以制止，追究有关人员责任。全年完成间伐333.3公顷。2004年，批准晓阳镇岭下村，下白石镇章坑、林门头村，潭头镇建柄村，溪柄镇黄兰村，安泰林场和湾坞乡深安村等400公顷生态公益林进行抚育间伐。2005年7月，针对中幼林抚育间伐工作中存在的问题，市林业局发出《关于加强中幼林抚育间伐管理的通知》，严格设计、施工、验收等责任制度。1996—2005年，全市中幼林抚育间伐1.18万公顷，完成省下达任务的104%。

四、低产林改造

1991年，福安市改造低产油茶林600公顷。油茶低改工作由过去的“土”改、“肥”改转向以“种”改、“耕”改为主的技术改造。1992年，低产林改造3520公顷，超过任务的42.6%。1993—1995年，全市完成油茶低改二期工程1130公顷，占责任指标的282.9%。1996年，《油茶优良无性系丰产栽培试验》项目获省政府科技进步三等奖。1997年，完成低产林垦复330公顷，立体油茶园改造35公顷，肥改270公顷；良种补植2.9万株，建立采穗圃10公顷，每年培育良种嫁接苗数十万株用于补植和预栽更新。2000年，全市改造低产林5330公顷，低产油茶嫁接换冠33公顷。其中，建设保土、保肥、保水的“三保山”4270公顷。建立科技兴林示范乡镇、示范村、场、户61个，示范面积400公顷，当年，福安市被省林业厅列入全省科技兴林示范县（市）建设行列。

2005年，由于油茶主要分布在老、少、边、穷地区，经济滞后，生长期长，后续管理资金严重不足，还有大部分未进行低产林改造的林分仍然处于荒芜状态，并逐渐被天然马尾松侵入取代。

第三节　森林保护

一、封山育林

1991年以来，福安市实施“三五七”造林绿化工程，加强宣传引导、制定乡规民约、封闭疏林地带、开展人工造林、严格森林管护。1995年，省绿化达标检查组抽查，全市封山育林成林面积2793公顷。1996年，全市新封山4000公顷。1998年，市政府颁布《封山育林通知》。全市乡（镇）级以上公路沿线两侧和赛江、穆阳溪、茜洋溪、礵溪、西溪两岸一重山的林地及村庄周围风景林、阔叶林、灌木林、新造幼林地、疏林地、有母树的荒山，一律封育3～7年，并做好护林防火工作。全市当年封山育林1.6万公顷，其中，新封4000公顷。2002年，整顿配备乡（镇）、村护林员，对生态公益林加强管护。

1991—2005年，全市累计封山育林面积3.09万公顷。

二、森林防火

（一）森林火灾

1991年，福安市发生森林火灾2起，受灾面积5.5公顷。1992年，发生森林火灾9起，受灾面积48公顷。1993年9月2日晚，宁德市八都镇下林门头村因茶场生产不慎起火，延及毗邻的福安山林，市防火指挥部办公室立即组织市林业局干部奔赴火场，下白石镇干部40多人分赴大梨村和顶头村，协同两村委组织500多名群众赶往火场。经3小时奋战方扑灭大火。12月26日，溪潭乡马腰山因行人丢烟蒂引火烧山烧毁未成林造林地37公顷、有林地5.3公顷。市林业局经办人因未能及时向地区防火办汇报，被查处。1997年1月27日晚，福安市赛岐、溪柄、溪潭三镇结合部鼠鼻山场，因群众炼山开垦引起山火。三镇分别组织干群、赛岐海军教导队组织官兵、森林防火指挥部组织市消防大队及赛岐消防支队纷纷赶到现场扑救。经过两个多小时的奋战，扑灭大火。3月10日晚，上白石镇南山头村与潭头镇南岩村洋山自然村交界处发生山林火灾，两镇党委组织干部、群众救火；农委、林业、公安等部门干部赶赴火场，终将大火扑灭。1999年2月26日傍晚，福安市潭头、上白石、范坑三乡镇交界的乌龙山发生森林火灾，应急扑火队员40多人，公安、消防、民兵预备役部队、机关干部及群众等100多人赶往现场扑火。2000年春，全市森林火灾呈上升趋势，全年发生9起，受灾面积197公顷。赛岐镇象环村连续发生两起山林火灾，使该村“流水坑”“岐岗”等山场山林被烧毁。2003年7月，全市天气持续高温无雨，发生两起森林火灾。

（二）防火措施

1. 宣传教育

1991年，福安市坚持“预防为主，积极扑灭”的方针，实施森林火灾“双控”（控制山林火灾、控制过火面积）指标，强化火源管理。是年，全市无线电山林火灾监控组网基本完成，森林火灾得到较好控制。1992年，市政府发布《切实加强森林防火工作的通知》，经常性召开通播会，发布防火通报。1995年，市森林防火指挥部、市人民政府、分别在2月、3月、10月发布森林防火《紧急通知》。1997年1月，市人民政府召开森林防火紧急通报会。2000年2月，市森林防火指挥部发出《关于切实做好春节期间森林防火工作的通知》。3月，市政府召开森林防火工作紧急会议。是年，市广播电视台在每天黄金时段播放防火宣传内容，林业局宣传车深入乡村巡回宣传，散发防火传单2万多份。2003年，福安市委、市政府制定《福安市森林防火工作责任追究制度》。2004年3月，市纪委、市委组织部出台《关于实行森林防火责任追究制的若干意见》。2005年3月，市政府召开森林防火工作紧急电视、电话会议。4月4日，组织干部群众收视收听公安部召开的春季防火工作电视、电话会议。是年，市林业局出动宣传车30辆次，利用乡村学校学生向家长分送宣传单，下乡干部多次召开群众大会，增强群众防火意识。

2. 用火管理

1994年3月，福安市政府制定强化火源管理制度，规定“20亩以下用火委托林业站审批，20亩以上用火由市防火办审批，发给野外用火许可证、交押用火保证金”。1998年，市政府发布《关于禁止林区野外用火的通告》，将用火管理列入法治范畴。2005年，市森林防火机构和管理机制进一步完善，防火期内坚持24小时值班制度。市气象局除林业气象正常旬报外，还预报三级以上的火险等级天气。

3. 灭火队伍建设

1996年，福安市组建森林义务扑火队19支、475人。各乡镇组织成立山林扑火应急队。2005年，市林业局组建森林消防骨干队伍，乡镇扑火应急分队由原有400人发展至2000余人。全市配备344名专职护林员。

4. 奖罚

1994年，福安市、乡镇两级签订森林防火“双向”责任状。1995年2月，兑现奖罚。穆云畲族乡、晓阳镇、下白石镇、上白石镇、松罗乡、溪尾镇、湾坞乡、穆阳开发区、城北办事处、阳头办事处10个乡镇获奖，5个乡镇突破防火“双控”指标被处罚。1996年，实行森林防火行政领导负责制，实施新的森林火灾“双控”指标，即乡（镇）山林受害控制面积从原定的1.5‰降到1‰；森林火灾发生数为每10万公顷年火灾次数不得超过10次。1998年12月，省林业厅派员对福安市森林防火目标责任制实施情况进行检查考核：三年平均年受灾率0.186‰、平均发生率2.96万～10万公顷。1999年，城阳乡瓮窑村森林火灾案、2000年赛岐镇象环村两起森林火灾肇事人均被追究刑事责任。2000年，福安市森林火灾超过“双控”指标，被宁德市森林防火指挥部处罚金1.42万元。2003—2005年，全市森林火灾立案23起、破案16起，逮捕2人、采取其他强制措施5人、治安拘留9人。

三、病虫害防治

1991年，福安市森林病虫害主要靠天敌自然调节。

1995年，全市开展以松毛虫、毛竹枯梢病、松针金龟为主的森林病虫害调查，市人民政府发出《关于进一步加强森林检疫工作的通知》。是年，全市防治森林病虫害413.3公顷，防治率100%。1996年1月，社口林业站成立“森林病虫害防治检疫服务站”。是年，全市防治以松毛虫为主的森林病虫害180公顷，挽回经济损失10万元。1997年，经省林业厅检查核实：福安市森林病虫发生率规划4.4%、实际发生0.5%；有效防治率规划80%、实际完成94.4%；监测率规划70%、实际完成76%；检疫率产地规划85%、实际完成100%；竹林调运检疫率完成100%。1998年3月，经测报，

后太林业检查站（1998年）

全市越冬代松毛虫发生面积 171.3 公顷，市林业局拨出专款对发生的林地进行生物防治。10 月，松材线虫病日益逼近福安，各站对检疫证书严格查验并与交通、码头、邮政、木材加工企业及利用松材包装企业联防联检，杜绝国内外疫区松材线虫病的传入。

1999 年，全市布设固定监测点，划分常灾区、偶灾区和无灾区，开展全市 8.13 公顷有林地检疫对象普查，查清全国 35 种森林检疫病虫害在福安的发生情况。2000 年 7 月，全市设立 348 个主要森林病虫害监测点，施放白僵菌炮 6000 个，防治松毛虫发生林 66.7 公顷，检疫木材 1580 立方米、毛竹 8145 根。2003 年，市林业局严格批办木材运输证和检疫证明，设立后太林业检查站森林植物检疫点。2004 年 4 月，全市范围内开展林业有害生物普查，至 2005 年 1 月结束。2005 年 12 月，各林业站进行马尾松毛虫越冬调查，为次年做好灭虫菌剂的准备。是年，建成国家级、省级中心测报点各一个，森防站有专职、兼职测报员和检疫员 54 人。建设省级免检疫对象苗圃 2.5 公顷。全市监测森林面积 4.45 万公顷，监测点 360 个，政府补助经费 25 万元。全市发生森林病虫害 269 公顷，防治 251 公顷；检疫木材 4246 立方米、复检 2000 立方米，检疫竹材 1 万根、苗木 363 万株。

四、古树名木保护

1997 年 1 月，福安市开始古树名木挂牌、建档工作。2002 年，全市全面开展古树、名木普查工作。2002 年，全市被列入管护的名木古树 909 株，其中列入一级保护的 153 株。

表 10—7　2002 年福安市古树名木普查情况表

单位：株

树　种	合　计	一级保护（500 年以上）	二级保护（300 ~ 500 年）	三级保护（100 ~ 300 年）
合　计	909	153	368	388
榕树	388	102	178	108
香樟	218	30	106	82
枫香	80	2	24	54
柳杉	77	3	8	66
黄连木	25	0	21	4
南方红豆杉	18	6	4	8
马尾松	17	0	1	16
榉树	14	0	13	1
木荷	12	0	1	11
红豆树	6	0	2	4
苦槠	5	0	2	3
鳖蒴栲	5	2	0	3
苦楝	4	0	0	4
光叶石楠	4	0	0	4
水青岗	3	0	1	2

续表 10—7

树 种	合 计	一级保护（500 年以上）	二级保护（300 ~ 500 年）	三级保护（100 ~ 300 年）
花榈木	3	0	0	3
银杏	2	0	1	1
香椿	2	0	0	2
水杉	2	0	0	2
七叶树	2	1	0	1
闽楠	2	1	1	0
木棉	2	0	2	0
建柏	2	1	0	1
橄榄	2	0	0	2
槐树	1	1	0	0
重阳木	1	1	0	0
枣椰	1	0	0	1
无患子	1	0	1	0
锥栗	1	0	0	1
苏铁	1	1	0	0
水榉	1	0	1	0
深山含笑	1	1	0	0
杉木	1	0	0	1
青冈栎	1	1	0	0
米槠	1	0	1	0
栾树	1	0	0	1
黄檀	1	0	0	1
白兰花	1	0	0	1

五、生物多样性保护

（一）野生动植物保护

1991 年 1 月，福安市政府转发《国务院关于加强野生动物保护，严厉打击违法犯罪活动的紧急通知》。1993 年 6 月，市人大和市政府召开保护野生动物会议，部署开展打击非法猎捕、出售重点保护的野生动物专项活动，没收、放归穿山甲 5 只，蛇类 20 多只。1994 年 3 月，全市 18 个林业站附设“野生动物保护管理站”，市林业局设“野生动物保护管理总站”，配备专人专职负责。1995 年 7 月，市成立“生物多样性保护工程规划编制工作协调小组”，组织 28 位科技人员进行野外调查、社会调查与内业整理，12 月完成规划工作。全市规划设保护区、保护小区、保护点 595 个，面积 7764.4 公顷。调查显示，福安有珍稀野生植物桫椤、水松、银杏、南方红豆杉等 23 种，珍稀野生动物有云豹、中华鲟、猕猴、大灵猫、草鸮、白鹇等31种，并编写了《福安市主要野生动、植物名录》。

1996年12月，市政府发出《关于加强自然保护区、小区（点）建设和名木古树保护管理的通知》，成立白云山自然保护区、溪潭瓜溪桫椤自然保护区、下白石湖头自然保护区，自然保护小区（点）49个，确定保护的名木古树669株。1997年1月，市林业局着手全市名木古树挂牌、建档与自然保护区标牌的埋设工作。1998年2月，市林业局开展全市野生动植物资源调查工作。3月，全市开展第十六届“爱鸟周”宣传活动。6月，完成野生动物资源调查样线25条，MAKE点（调查记录）332个。调查显示，全市有野生动物51种，数量2000多只。12月，市林业局开展兰科植物栽培情况及商业贸易调查登记工作。1999年11月，市林业局进行红豆杉资源调查，结果显示全市有红豆杉97株，分布于7个乡镇。其中穆云畲族乡22株，最大胸径1.1米、高19米。完成野生动植物常规调查样带74条，完成两栖爬行动物外业调查和野生植物资源调查。2000年10月，组织开展第十届野生动物保护宣传月活动。是年，省林业厅批准成立福安市晓阳镇顺发梅花鹿养殖场，限额50头以内。2001年8月，森源蛇类养殖场从武夷山引进蛇类品种驯养繁殖5000条。9月，欣荣珍禽养殖有限公司驯养繁殖蓝孔雀300只、雉鸡3000只。10月，汇华参茸有限公司养殖梅花鹿100头、马鹿100头，种源从长春市圣达鹿场引进。2005年3月，成立市野生动植物保护管理站。当年，全市贯彻执行《中华人民共和国野生动物保护法》，开展福建省第九届“世界湿地日”与第23届“爱鸟周”宣传活动。

（二）瓜溪桫椤保护区

1995年，福安师范学校教师陈伯清、施利祥在溪潭镇瓜溪村发现国家一级保护植物桫椤群落。初步调查有桫椤300多株，最高的5.7米。桫椤是三亿八千万年前古生代志留纪和下泥盆纪昌盛一时的裸蕨植物，经过多次地壳运动，濒临灭绝，残存至今，被世人称为“活化石”，它对研究古气候及物种分布和生物进化具有很高的价值。1996年8月，福安师范学校师生在溪潭桫椤分布区举办“1996科技夏令营”活动。宁德地区林业局和市林业局领导参加活动，并给予经费支持。由陈伯清、施利祥撰写的调查报告《福安瓜溪桫椤生态调查》呈报宁德、福安两级政府。1996年12月，福安市在溪潭瓜溪设保护区。1997年，经宁德地区行署批准，升格为地区级瓜溪桫椤自然保护区。1998年，省人大常委会组织考察组到溪潭瓜溪实地考察，确定瓜溪桫椤是全国已发现的桫椤数量最多、生长最好、生长环境最佳、纬度最高、垂直分布最广的集生地之一。4月，经福建省森林和野生动物类型自然保护区评审委员会评审，同意建立瓜溪省级桫椤自然保护区，并报省人民政府批准。6月，中央电视台、中国绿色时报、中国环境报、福建日报等7家电视台、报社记者到福安采访、报道。1999年2月，福建省人民政府公布福安瓜溪桫椤保护区为省级自然保护区。总面积1438公顷，在海拔150～500米地段有桫椤3600多株，最大的植株高7米、胸径0.4米。5月，“福安市瓜溪桫椤省级自然保护区管理处”成立挂牌。2001年12月，市人民政府颁发《福安瓜溪桫椤省级自然保护区管理规定》。2005年，自然保护区有管理人员8人，主要职责是管理保护桫椤、香樟、三尖杉、巨蟒、穿山甲、白鹇等野生珍贵动植物以及森林生态环境。

（三）天马山森林公园

1994年2月，福安市人民政府成立天马山开发管理领导小组。10月，成立“天马山风景区管理处”。1997年12月，更名为“福安市天马山森林公园管理处”。1998年，公园建成以毛竹、台湾桂竹为主的“竹海”4公顷，以红枫为主的“枫林夕照”景区2公顷，以马尾松为主的“松涛”景区4公顷，以天竺桂为主的行道树林。1999年，绿化园门广场1200平方米和山体980平方米，公路和步行道两侧栽种女贞、龙柏等 1060 株。2001 年，编写《福安市建设省级天马山森林公园可行性研究报告》，规划建设的天马山森林公园总面积 2920 公顷。9 月，省林业厅与宁德市林业局领导到天马山公园调研。2003 年 1 月，市政府调整天马山森林公园建设领导小组成员，发布《关于加强天马山森林公园开发管理的通告》。6 月，市长主持召开市政府常务会议，决定天马山森林公园申报省级森林公园。2005 年，公园绿化及管理日趋完善。

（四）坂中森林公园

福安市坂中森林公园总面积 170.8 公顷，其中，坂中森林 25.2 公顷、坑下香樟林 9.8 公顷、桃花岛 58 公顷、河滩 77.8 公顷，森林覆盖率 83.7%。植物以古樟树为主，伴生壳斗科、樟科、木兰科、金缕梅科、松科、杉科、桃金娘科、禾本科以及草本、藤木等植物 300 多种。最大的古樟树胸径 2.8 米、树冠 1300 平方米，树龄 700 余年。国家重点保护的野生动物有白鹭、草鸮、虎纹蛙以及蛇类、昆虫等 150 余种。1997 年，市政府发布《关于加强坂中森林公园开发建设和保护管理的通知》，划定面积 29 公顷建设森林景观公园。2005 年，公园建设形成规模，行人、游客络绎不绝。

第四节　森林利用

一、木材生产

1991—1995 年，福安市年平均木材采伐量 1.8 万立方米。1996 年以后，加强中幼林间伐，全市年平均采伐量增至 2.56 万立方米。2001 年，实施生态公益林计划，全市年采伐量控制在 0.7 万～1 万立方米之间。1991—2005 年，全市生产木材 24.24 万立方米。

二、毛竹生产

1991 年，福安市提倡护笋养竹，扶助农民营造、抚育与垦复竹林。1993 年，全市年均生产毛竹 95 万根。1994—1996 年，年平均生产毛竹 136 万根。1997 年，竹工艺品、竹日用品加工发展迅速，加大毛竹需求量，当年生产毛竹 367 万根。1998—2005 年，全市年平均生产毛竹在 300 万根以上。1991—2005 年，全市累计生产毛竹 3413 万根。

三、木材购销

1991 年，福安市木材月交易量 300 立方米。1992 年，创办康厝、城南木材交易专业市场，允许国家、集体、个体木材商贩进入市场设点经营，公平交易。1993 年 6 月，成立“福安市城关木材交易所”。1994 年，对合法的经营户发放经营许可证，全市月交易木材 400 多立方米。1997 年初，市政府把建设木竹交易中心列为当年城建重点项目工程之一，由林业局承办，地址在原城关木材经营处，投资 97 万元，占地面积 4161 平方米，建筑面积 1923 平方米。是年 3 月竣工，随即完成木材交易所搬迁工作，成立“福安市木竹交易中心”，市林业局负责对木材市场监督管理。2005 年，全市木材月交易量 450 多立方米。

四、竹木加工

1991 年，福安市竹木加工企业有 140 多家。1993 年，全市加工、经营、运输木竹专业户有 500 多家，其中电机电器包装箱生产企业 56 户，年耗材 8000 立方米；出口工艺木玩具厂 14 家，年耗材 3000 立方米；造船业、家具业、建筑业、板枋材加工等，年耗材 1.69 万立方米。2005 年，全市木材加工企业240多家。主要产品有木质包装箱、锯材、木制玩具、竹制品、胶合板等。

五、林产化工

潭头镇竹制品加工厂

20世纪80年代，福安市是省内油茶主产区，年产油茶果10万担。为了加以充分利用，市人民政府投入452万元建设林产化工厂，具有年产760吨糠醛、528吨醋酸钠、150吨活性炭、300吨精炼茶油的能力。但因企业管理不善等原因，一直没有正式投产。20世纪90年代以后，林产化工厂力图改革寻找出路。1993年4月，由职工集资成立福安市福林商贸公司。1994年，成立福安市福林炼油厂，作为林产化工厂的下属企业，在主营精制茶油的同时，兼营粮食制品、粮油机械配件、五金交电等，实行独立核算，自负盈亏。1995年7月，创办福安市森联工艺厂。1996年5月，向外发出联合开发和全面拍卖信息，以期在改革、改组、改造中盘活资产存量，但未能成功。2000年3月，市人民政府决定，林产化工厂划归福安市国有资产投资经营有限公司，人、财、物全部移交。2004年12月，福安市同意闽东医院征用林产化工厂土地，职工安置由国投公司按市政府批复的安置方案执行。

第五节　森林经营管理

一、林政管理

（一）木材采伐与经营

1991年，福安市采取措施，规范木材市场，制止社会上木制成品、半成品购销混乱现象。全年限额采伐控制数1.75万立方米，批准采伐0.62万立方米。1993年，一些乡镇以“发展经济、开发山区”为名，盲目发展以木材为原料的加工企业，造成乱砍滥伐。福安市采取发放木材经营、加工许可证，企业所需木材纳入当地采伐指标等措施，制止乱砍滥伐现象发生。1995年，全市经核实批准的木材经营、加工企业与个体经营户184家。1997年，全市加强对商品用材的采伐管理，把农民自用材、食用菌培植用材、薪炭材的消耗纳入采伐限额管理。1998年12月，省林业厅对福安市1996—1998年实施森林采伐限额管理目标责任制进行期中检查考核，得分96.69。1999年，全市实施天然林保护工程，停止审批采伐天然阔叶林。2000年，全市规定伐区“双持证”制度，农民自用材凭证采伐、审批发放木材采伐许可证112份，采伐量7907立方米、毛竹3万根。2001年，全市木材经营加工企业240家。全年审核发放木材采伐许可证85份，采伐木材5829立方米、毛竹5.04万根。2002年，全市采伐量8400立方米。2003年，全市采伐9300立方米。2004年，因建设项目征占用林地较多，全市采伐14200立方米。2005年，全市采伐 4079 立方米。1991—2005 年，全市年采伐量均在采伐限额指标控制范围内。

（二）木材运输

1991 年，福安市木材检查站发挥管理职能，检查违章运输竹木，查处违章贩运木竹案件 1700 多起、挽回经济损失 57.6 万元。1994 年，福安市木竹检查站从后太迁往城关，保留后太检查卡（后改为检查站）。检查站检查道路木竹运输 1.7 万起，海上木竹运输 30 起，野生动物运输 2 起。查处违章运输 5200 起，为国家挽回经济损失 87 万元。1996 年 1—10 月，福安市木材检查站处理违章运输 2362 起，木材 3121 立方米，挽回经济损失 140 万元。1998 年，福安木材检查站与福安市后太木材检查站均被列为全国第一批标准化木材检查站。1999 年，全市处理违章运输木材 4000 多立方米。2000 年 1 月，省林业厅批准成立福安市林业局木材运输证办证室，增加办理省外运输证业务。是年，全市办理木材运输 1886 立方米，毛竹运输 1.5 万根。2002 年 3 月，省林业厅批准增设福安市林业局驻赛岐、穆阳、松罗、康厝、下白石、溪柄、潭头、社口、晓阳木材运输证办证点。全年处理违章运输木材 1850 立方米，挽回经济损失 70 多万元。2004 年 6 月，福建省人民政府办公厅批准新设福安市东口林业检查站。2005 年，全市没收违法运输木材 3418 立方米。

（三）制止乱砍滥伐

1991 年，全市全年查处盗伐、滥伐、毁林等林业行政案件 150 多起，处罚 191 人。查处违章贩运木材案件 1700 多起，挽回经济损失 57.6 万元。1995 年 5 月，福安市林业系统开展夏季"严打"战役，处罚乱砍滥伐现象。全市查处各类林业案件 58 起，捕获在逃犯 2 人、治安拘留 2 人、治安罚款 12 人。1996 年，继续开展打击乱砍滥伐毁林犯罪活动的专项斗争，全市林业公安与林政稽查队紧密配合，受理林业案件 73 起，查处 73 起；逮捕 2 人，判刑 1 人，处理各类违法人员 110 人。1998 年，开展打击毁林犯罪专项斗争，全年查处盗砍、滥伐等林业行政案件 3467 起，挽回经济损失 224.3 万元。1995—2005 年，全市处理典型在案乱砍滥伐林木案件 15 起，肇事者均按法规予以处罚。

（四）护林员

1991 年，福安市配备巡山护林员 16 人、治安护林联防队员 10 人。1993 年 7 月，市林业局在全市建立护林点，招聘专职护林员。1994 年 7 月，市人民政府发出《关于设立护林哨的通知》，在各乡镇设立 40 个护林哨，配备 63 个专职护林员。1997 年 6 月，市林业局决定对护林员进行全面整顿，原招聘的护林员全部解聘。9 月，重新招聘 47 人。2002 年，为建设生态公益林，全市招聘专职护林员 335 人，设立管护区 158 个、责任点 342 个。2004—2005 年，全市护林员经过续聘与调整，增至 338 人。2005 年，全市护林员人数不变。

（五）林地保护

1993 年 4 月，福安市贯彻执行《关于贯彻国务院对征、占用林地审核管理的通知》，征收占用"四费"，即林地补偿费、林木补偿费、安置补助费、森林植被恢复费。1996 年 1 月，全市开展征、占用林地情况清查工作。凡未办理手续的补办使用林地许可证，未交费的补交四项费用。当年收缴森林植被恢复费 13.73 万元。同年，福安市开展专项治理占用林地建坟墓工作。1998 年，福安市把保护林地作为首要任务来抓，与各乡镇订立目标管理责任状。3 月，成立"林地清理工作领导小组"，组建以林政、林业检察、林业法庭组成的林地清理督查队。10 月，召开全市林地保护管理工作会议。全市共清理 1996 年以来实际征占用林地 155 起、面积 451 公顷，收取森林植被恢复费 39.16 万元。1999 年，全市共清理补办征占用林地手续26起、面积8.13公顷，征收植被恢复费5万元。2000年11月，全市开展有关征占用林地管理责任目标期末考核自查工作。全年共初审报批10起、面积21.9公顷，收取植被恢复费21.9万元。林地使用逆转率控制在2‰以内。2001年6月，全市各乡镇林业站以及国有蟾溪、化蛟林场开展林地保护管理执法大检查。报批福安市兴业建材经营部、穆云万寿山公墓、市殡葬管理所龙祥山公墓、市垃圾处理场建设指挥部、省道枫湖线拓改工程指挥部、宁德市升港砂石开发有限公司、500千伏福金线送变电工程指挥部、赛江下游防洪一期工程指挥部、穆阳开发区防洪堤建设工程指挥部市九龙水电开发有限公司、市公安局交警支队等单位因建设需要征占用林地38.38公顷。2002年，组织编制《福安市林地利用保护规划（初稿）》，征收福宁高速公路福安段（干线）工程植被恢复费63.2万元。2004年1月，依法处理浙江省泰顺县罗阳镇陈某等人到福安市范坑乡上坪村非法占用林地建设“阳坑水电站”一案。2005年，全市审核报批征占用林地建设项目12起，面积78公顷，并对发生的每起征占用林地进行跟踪检查，审核率100%。

二、森林资源调查规划

（一）森林资源调查

1993年，福安市在1983年、1988年森林资源一类调查的基础上，对按地形图千米网机械设置的85块固定标准地（部分地落在海中、房屋中，实为66块）进行第三次复查。1997年1月，抽调技术骨干26人在晓阳镇开展试点调查工作，随即在全市铺开。11月，全市完成17.4万公顷森林资源和357个固定样地的外业调查工作。1998年2月，转入内业成果汇编与规划方案编制。同年，进行第四次复查，1999年5月，复查结束。森林资源调查提交的资料有：小班调查记录卡，小班调查簿，市、乡镇森林资源统计表和经营方案规划设计表，乡镇林业基本图与林相图，市森林分布图，市固定样地调查记录，样地调查因子登记表，样地分布图，市森林资源调查报告和森林规划方案修订说明等。2003年4月，福安市进行第五次复查，7月完成。66个样地复位65个、复位率98.5%，经省、地林业部门联合检查，调查合格率100%。

（二）森林资源建档

1991年，福安市对全市森林资源变化情况进行统计（续档）工作，加强对森林资源的调查、建档、管理和监督。此后，该项工作持续开展。2005年12月，福安县森林资源管理站在2004年资源建档的基础上，根据各林业站上报的小班调查变化卡，结合火烧迹地、采伐迹地、征占用林地及非法改变林地用途等情况，填写小班调查记录卡并建立电脑档案。

（三）森林经营宏观决策

1. 生态公益林区划

2001年，福安市开展生态公益林的区划与实施工作。5月，市人民政府印发《福安市生态公益林区划界定工作实施方案》，并与各乡（镇）、街道、开发区签订林业分类经营工作责任书；市林业局举办生态公益林区划界定工作业务技术培训班。6月，生态公益林区划界定工作在全市403个行政村陆续展开。生态公益林实施区域主要分布于赛江及其一、二级支流，沿海岸线一重山，国道（高速公路、国防公路）两侧一重山等区域。2002年8月，全市完成生态公益林划定工作，实施面积44113公顷，聘任护林员335人。此后，少数地区因生产、生活等需要，要求改变生态公益林为其他林种，但须经上报审批才予调整。2005年，全市生态公益林管护面积39067公顷，划分管理责任区342个，聘任护林员336人。生态公益林区的主要路口、地段设立526个永久性宣传碑、牌。

2. 远景规划

1997年8月，福安市制定《福安市林业产业“九五”计划和2010年远景目标》。总体目标是：到2000年，林业总产值达8亿元，形成以营林业为主的林业支柱产业。发展重点是营林业、木材采运业、林产品加工业、多种经营业、森林旅游业。但由于基础工作没做好，2000年未能实现计划目标。

（四）林业发展规划

1993年1月，福建省林业厅审定福安市林业调查规划设计队资质为丙（B）级。1998年12月，福安市制定八大工程规划，即百里绿竹长廊工程、短轮伐期速生丰产工业原料林基地建设工程、油茶低产林改造工程、山地小径竹基地建设工程、林产化工产业工程、沿海防护林体系建设工程、生物多样性保护工程、城乡绿化一体化和绿色通道工程。1999年，编制天然林保护工程总体规划。2000年，抽调25名业务骨干实施全市生态公益林建设规划，9月结束。规划生态公益林44000公顷，占全市土地总面积的26%。其中，防护林38327公顷，特用林5660公顷。2002年3月，编制《福安市林业保护和利用规划》。2003年，市林业规划设计队资质升为丙（A）级。规划设计队成立福安市林业服务中心。2004年7月，编制全市用材林地利用规划，规划对象为适宜发展用材林的宜林荒山荒地、疏林地、采伐迹地、火烧迹地和适宜改造的低产林分。

三、山林所有权处理

（一）山林权属改革

1991年，福安市90%以上的山林属集体所有。山权权属管理按1989年中共福安县委关于林业生产责任制“十一条规定”执行。2003—2005年，全市用三年时间实施省政府《关于推进集体林权制度改革的意见》，改革集体林木林地产权制度（简称林改），实现“山有其主、主有其权、权有其责、责有其利”的目标。2005年6月，市委、市政府组织5个林改工作督导检查组分片包干检查督促，落实林改工作奖惩措施。设立市林权办，挂靠林业局调处办。12月，完成447个行政村12.41万公顷的林改任务。占全部469个行政村的95.31%。

（二）山林纠纷调处

1990年，福安市成立处理山林纠纷工作小组，下设办公室，由林业、公安、法院、司法、民政、农委6个单位各抽1人联合办公。各地发生的山林权纠纷案，政府均派有关人员实地调查，根据有关政策规定，给予调处。1991年3—6月，由宁德地区行政公署处理山林纠纷工作小组牵头，调处三起福安与周边县的山林纠纷，即康厝畲族乡福源村与周宁县玛坑乡溪边村罗家山山场山林权纠纷、康厝畲族乡石尖村冒头山山场与周宁县七步乡苏家山村山林权属争议、康厝畲族乡象地村与周宁县七步乡岭头村龙井底山场山林权属争议。全市全年调处各类山林纠纷案件17起，涉案面积373公顷。1996年，调处山林权纠纷15起。1998年，调解溪潭镇黄家山村与该镇老区林场的林地、林木权属争议。1998—2001年，完成省界调查和福安市行政勘界工作，期间调处山林纠纷30起、面积53公顷。2001年7月，处理山林纠纷5起。此后，纠纷逐渐减少。

四、林业基金征收与使用

（一）育林基金

1991年，福安市育林基金按木材收购后第一次销售价的12%计征，用于补助农民育苗、造林、抚育林木等费用。1992 年，执行省林业厅决定，县（市）级征收的育林基金按省、地、县（市）“三一六”比例分成，即上缴省 30%、地区 10%、福安市留用 60%，包括林业部门征收的育林基金、木材变价收入和赔偿金等。2001—2005 年，全市育林基金按起征价计收。2001 年，全市征收育林基金 178.95 万元。2002 年征收 185.65 万元。2004 年征收 156.05 万元。2005 年征收 136.03 万元。

（二）更新改造资金

1991 年，福安市林业更新改造资金按木材收购后的第一次销售价的 8% 计征，用于林区基础设施建设、小型设备购置等。2001 年后，更新改造资金按起征价计收，当年征收 29.61 万元。2002 年，征收 31.6 万元。2003 年，征收 21.88 万元。2004 年，征收 23 万元。2005 年，征收 18.4 万元。

（三）林业保护建设费

1994 年，福安市根据省财政厅通知，收取林业保护建设费，每立方米木材征收 5 元、每百根毛竹征收 5 元，在木、竹销售环节一次征收，用于林政管理、森林防火和林区幼林抚育的道路建设。2001 年，征收林业保护建设费 2.42 万元。2002 年，征收 3.18 万元。2003 年，征收 4.93 万元。2004 年后，取消林业保护建设费的征收。

（四）森林植被恢复费

1993 年，福安市开征森林植被恢复费，按每平方米征收 0.5 元，省、地、市 2∶1∶7 分成存入国库。当年，全市征收森林植被恢复费 13.73 万元。1998 年，征收 39.16 万元。1999 年，征收 5 万元。2000 年，征收 21.9 万元。2002 年，征收福宁高速公路福安段（干线）工程植被恢复费 63.2 万元。2003 年，征收 23.13 万元，用于赛岐、下白石、溪柄等乡镇营造木荷与马尾松混交林 240 公顷。2005 年，全市征收森林植被恢复费 51.86 万元。

（五）经费征收与使用改革

1991—1997 年，福安市林业“两金”（育林基金、更新改造基金）征收与使用不断完善。1998 年，福安市推行源头预征木材“两金”制度，将增收的 3.9 万元扶持潭头镇太坑林场、千诗亭村，松罗乡牛落洋林场，康厝畲族乡金斗洋村、岭尾村，晓阳镇马洋村、谷口村，赛岐镇苏阳村，上白石镇姜家山村林业建设。2000 年，全市林业基金收入 242 万元，投资 195.37 万元完成天马山森林公园门楼建设绿化和瓜溪桫椤保护区 236 米步行路建设及基础设施、设备的完善。2002 年，市林业局加强源头预征管理，采伐林木的育林基金预收款一律按照市林业调查规划对伐区调查设计的数量、规格预先收取，杉木 400 元 / 立方米、松木 300 元 / 立方米、杂木 300 元 / 立方米。林业保护建设费 5 元 / 立方米。采伐迹地更新造林押金为杉木 1500 元 / 公顷、松木 750 元 / 公顷，待迹地更新造林验收后审核退还。采伐质量保证金统一按 10～20 元 / 立方米收取，采伐结束，经实地检量和伐区验收后，根据验收情况结算育林基金和返还采伐质量保证金。2005 年，福安市制定《关于进一步规范林业计财管理工作的意见》，对各所属单位进行内部审计。全市推行源头预征林业经费的办法，把资金管理、项目管理与对工程资金的监督检查相结合，形成互相监督、互相制约机制。

五、福安市经济林试验场

1989 年，福安市设立经济林试验场。1990 年，场内开展名特优经济林试验研究，栽植油茶优良无性系、冬桃、青柰、哈姆林、晚熟龙眼、浙江玉环柚等经济林 24 公顷。1991—1996 年，经济林试验场完成办公楼、宿舍楼、车库、高压线路、车道、灌溉设施等基本建设。栽植雪柑 8 公顷，橘类 5.2 公顷，柚类 1.3 公顷，冬桃 2.7 公顷，福星桃 7.9 公顷，青柰 5.9 公顷，油茶等 6.7 公顷，总计投资 280 多万元。1997 年 5 月，市林业局对试验场进行改革整顿，淘汰部分经济效益低的果树，栽植美国黑李 7.1 公顷（其中各品种母本园 1.5 公顷），在柑橘、油茶林中套种橄榄 13.7 公顷，培植名优果树苗 1 万多株。1998 年，由于连续两年自然灾害以及管理不善等原因而下马。

第六节　管理机构

一、福安市林业局

1991 年，福安市林业局人员编制 14 名，设局长 1 名，副局长 4 名，内设人秘股、计财股、林政股、林权办、绿化办。1992 年，市林业局成立林业开发总公司。2005 年，全市林业系统干部、职工 235 人（包括木材公司、各乡镇林业站）。其中，局长 1 名，副局长 3 名，内设人秘股、计财股、林政股、林权办、绿化办。

二、福安市公安局森林分局

1991 年，福安市林业局设林业公安科。1992 年 2 月，市林业公安科更名为福安市公安局林业公安科，序列为市公安局第七科。下辖的两个国有林场派出所更名为福安市公安局蟾溪林业派出所与福安市公安局化蛟林业派出所。1998 年，在福安市公安局林业公安科的基础上，成立福安市公安局林业分局。1999 年 3 月，市公安局林业分局更名为“福安市公安局森林分局”，核定人员编制 7 名，设局长 1 名。至 2005 年不变。

第二章 茶业

第一节 茶园

一、面积与产量

（一）面积

1991 年，福安市茶园总面积 9208 公顷，其中可采摘面积 6399 公顷。1997 年，全市茶园面积 10212 公顷，可采摘面积 9542 公顷。2001 年，全市茶园面积 10659.7 公顷，可采摘面积 10252 公顷。

2005 年，全市茶园面积 11249 公顷，比 1991 年增加 2041 公顷，年平均增长 1.48%；可采摘面积 10700 公顷，比 1991 年增加 4301 公顷、增长 67.6%。茶园面积 667 公顷以上的有潭头、社口、上白石、晓阳、范坑 5 个乡镇，茶园面积 333 ～ 666 公顷的有 9 个乡镇。

附：茉莉花种植

茉莉花用于窨制福安茉莉花茶。1991 年，福安市茉莉花种植面积 670 公顷，主要分布在阳头、坂中、溪柄、甘棠和溪潭等乡镇。1992—2000 年，茉莉花茶仍为福安主要产品之一，采用福安大白茶福云 6 号、福云 7 号制成的烘青绿茶窨花加工。2001—2005 年，由于茉莉花茶销路不畅，茉莉花种植面积减少。

（二）产量产值

1991 年，福安市茶叶总产量 4282 吨，其中福安绿茶 4249 吨、福安红茶 33 吨；总产值 2819 万元。1997 年，全市茶叶总产量 11720 吨，总产值 7735 万元。2002 年，开发新品种乌龙茶，当年产量 90 吨。2005 年，全市茶叶总产量 13263 吨，其中福安绿茶 13130 吨、福安红茶 133 吨、乌龙茶 100 吨，比 1991 年增加 9481 吨，增长 221.4%；总产值 16986 万元，比 1991 年增加 14167 万元，增长 502.5%。

表 10—8 1991—2005 年福安市茶叶生产情况表

年份	面积（公顷）		加工茶产量（吨）				产值（万元）
	总面积	其中可采面积	合计	绿茶	红茶	乌龙茶	
1991	9208	6399	4282	4249	33	—	2819
1992	10156	9959	5558	5508	50	—	5558
1993	10764	10459	6620	6560	60	—	5958
1994	10527	8520	7601	7560	41	—	4561

续表 10—8

年份	面积（公顷）		加工茶产量（吨）				产值（万元）
	总面积	其中可采面积	合计	绿茶	红茶	乌龙茶	
1995	10354	9009	10112	10070	42	—	6067
1996	10343	9510	10910	10868	42	—	6873
1997	10212	9542	11720	11680	40	—	7735
1998	10307	9722	12425	12415	10	—	7592
1999	10503	10084	12733	12723	10	—	8022
2000	10818	10315	12827	12621	206	—	7709
2001	10660	10252	12822	12702	120	—	7095
2002	10922	10236	12936	12596	250	90	7978
2003	10773	10695	12550	12261	270	19	8158
2004	11058	10728	12685	11741	922	22	14536
2005	11249	10700	13363	13130	133	100	16986

第二节 栽培

一、品种改良

1991 年，福安市继续推广种植福云系列品种（6 号、7 号）、福安大白茶等优良品种等。福云 6 号品种以范坑、上白石、潭头、社口、晓阳、城阳、坂中、松罗、赛岐等乡镇为主栽区；福安大白茶以穆云、康厝、溪潭、甘棠、下白石、溪柄等乡镇为主栽区。以福云 6 号最受欢迎。2003 年，市政府启动 30 万元茶叶专项投资资金并逐年提高，实施茶树品种结构调整、推广新优良种。先后在王家茶场、坦洋茶场、高坂茶场和坂中畲族乡铜岩、城阳乡溪东，社口镇吉洋、潭头镇后洋、溪柄镇斗面、松罗乡洋面、溪潭镇磻溪、穆云畲族乡桂林和范坑乡等茶场建立品种改良示范点；无偿提供丹桂、春兰、紫观音、黄观音、金观音、九龙袍以及台湾的金萱、翠玉等优新茶树品种，在甘棠、溪东、炉山建立母本园，繁育优新品种。2004 年，在各产茶乡镇设立茶树品种结构调整示范点，为当地茶农发展良种茶种植提供样板。2005 年，

甘棠镇观里茶苗基地（2000 年）

市政府将“年推广种植良种万亩茶”列入产业发展“五个一”工程，在省级重点村帮扶项目中，补助2万元种植高产适制乌龙茶的品种3.3公顷，补助5万元改造茶叶品种8.7公顷。各乡镇茶农种植良种茶100多万株。同年，引种梅占、丹桂、茗科1号（金观音）、黄观音、金牡丹、紫观音、九龙袍、丹桂、早春毫、乌牛早等高香型良种茶。福云系列品种、福安大白茶分别占总种植面积的48%和40%。至此，全市无性系茶树良种种植面积11024公顷，占茶园总面积98%，基本实现茶树无性良种化。

二、土壤改良

1991—2005年，全市氮、磷、钾、复合肥多以冬季茶园追肥施用，夏季选用1∶100尿素加水叶面喷施，有机肥料使用量逐年减少。为提高土壤肥力，改良土壤质地，茶园推广种植“爬地兰”等豆科植物和施农家有机肥，先后在王家茶场、高坂茶场、坂中畲族乡铜岩、城阳乡溪东、社口镇吉洋、潭头镇后洋、溪柄镇斗面、松罗乡洋面、溪潭镇磻溪、穆云畲族乡桂林、范坑乡等茶场建立土壤改良示范点。

三、茶园改造

1991年，全市对低产茶园、衰老茶园、失管茶园进行更新，改造或改植换种，每年面积400～670公顷。2005年，全市新植黄观音、丹桂、台茶、铁观音等茶树良种300多万株、面积66.7公顷，改造低产茶园1066.7公顷，繁育良种茶苗1亿多株。

四、茶园建设

1991—2000年，福安市开展大规模生态茶园改造建设。2001年，市政府制定《福安市创建全国无公害茶叶生产示范基地实施意见》。是年，农业部将福安市列为全国第一批创建无公害茶叶生产示范基地市。市农垦茶叶有限公司“富春”牌花茶和北门茶厂“莲岳”牌花茶、茗春馨香茶叶有限公司“绿馨”牌花茶相继获中国绿色食品发展中心认证，使用“绿色食品标志”。2002年，推行建设茶叶基地，开展质量认证。建设高标准茶园、无公害茶园、绿色食品茶叶基地、有机茶基地四个层次的茶叶生产安全体系。同年，制定《无公害茶园生产基地管理办法》，规范基地生产、销售、贮存管理，抓好各项技术工作，改造一片、发展一片、巩固提高一片，以点带面、示范推广。2003年，福安市率先在闽东茶区开展生态茶园试点建设，市天香茶叶有限公司茶洋茶场24公顷生产基地及“水保园”牌产品荣获有机食品认证。2004年，从外地引进天竺桂、香樟、火力楠等茶园宜栽树种1万多株，在坦洋、高坂、王家三个国有茶场及北门、茶洋茶场和省茶科所种植，建设200公顷生态茶园。

2005年，福安市组织城湖、林芝、富春、凤山等茶叶企业申报5个绿色食品和1个无公害茶叶基地认证，面积466.7公顷。通过绿色发展中心实地核查，全市认证面积774.3公顷。市农垦茶叶公司下属国有茶场被农业部确定为无公害茶叶生产示范基地。

表10—9 2005年福安市生态茶园认证面积及分布情况表

单位：公顷

认证企业	商标	使用产品	产品属性	面积
“天香”茶洋茶场	水保园	茉莉花茶	有 机	24
甘棠镇北门茶场	莲岳	茉莉花茶	绿色食品	133
市王家茶场	富春	茉莉花茶	绿色食品	200
富春茶叶有限公司	长富	茉莉花茶、绿茶	绿色食品	93.3

续表 10—9

认证企业	商标	使用产品	产品属性	面积
城湖茶叶有限公司	东湖	绿茶、花茶	绿色食品	66.7
林芝茶厂	友缘	绿茶、花茶	绿色食品	80
凤山茶厂	—	绿茶	无公害	133.3
省茶科所	福特利	绿茶、乌龙茶	无公害	44

五、虫害防治

（一）主要虫害

1991—2005 年，福安市茶树主要虫害有茶小绿叶蝉、茶黑刺粉虱、茶绿纹象甲、橙瘿螨、茶蝼、卷叶蛾六类，尤以茶小绿叶蝉、茶橙瘿螨危害面积最广。

（二）防治方法

1991 年，福安市推行“农业防治、生物防治、药物防治”的三结合防治方针，提倡早采摘、嫩采摘，避过病虫峰期以减少损失。2003—2005 年，提出建设生态茶园，以恢复茶园生态植物多样性。茶园套种间种树、草。以省茶科所，甘棠北门、茶洋、坦洋、王家、高坂等茶场为示范点种植天竺桂、火力楠（醉香含笑）、香樟等常绿植物 1 万多株，面积 87 公顷。推广生物防治及低毒低残留高效农药，联苯菊酯、工夫菊酯、巴丹等，实行养放天敌灭虫措施。

（三）农药使用管理

1991 年以来，福安市加强茶叶生产管理，提高茶农科学用药意识，严禁使用高毒高残留农药。2002 年，福安市落实农业部第 199 号公告，对农药品种禁用和限用做出规定，任何农药产品都不得超出农药登记批准的范围使用。

第三节　茶叶加工

一、加工机械

1991-2005 年，福安市开展茶树品种和茶类结构调整，相继引进和推广一批新茶机，主要有扁茶炒制机、电炒锅、摊青机、多槽振动理条机、综合摇青机、液化气乌龙茶杀青机、速包机、松包机、包揉机、30、40 型杀青机、40、35、25 型揉捻机、弯月揉捻机、2～6 平方米烘干机、旋转式恒温箱烘干机、碧螺春烘焙机、柜式烘干机、进口色谱光电拣梗机、提香机，共计 300 多台（套）。

2005 年，市政府加大名优茶开发扶持力度，投入 50 万元，建立城湖茶叶公司、天香茶叶公司、北门茶厂、坦洋茶场、王家茶场、林芝茶厂、范坑联合茶厂和城阳乡仙岭村等 8 个示范点，推广新型名优茶加工机械 130 多台（套），加快企业茶加工技术改造和名特优茶生产。

到 2005 年仅保留国营福安坦洋茶场生产出口坦洋工夫，2000 年全市仍以生产烘青绿茶、茉莉花茶、工夫红茶为主。2001—2005 年，部分产区生产炒青（珠茶）及眉茶，多以夏秋鲜叶为原料。

二、采摘

1991 年，人工采摘茶叶仍是主导方式。2003 年，试点推行改制式修剪刀代替人工采摘，效率提高 2～3 倍。东口茶场、北门茶场试用单人、双人采茶机。2005 年，人工采摘茶叶仍是主导、采茶机采摘尚未大面积推广。

三、加工制作

（一）主要茶类

福安市主要加工茶类有福安绿茶、福安红茶、福安白茶；再加工茶有福安茉莉花茶、福安工艺花茶。

福安绿茶外形芽头肥壮、匀齐、嫩绿润、茸毛多显。内质嫩香馥郁悠长，汤色嫩黄绿、清澈鲜亮，滋味鲜醇爽、回甘，叶底嫩黄匀亮鲜活。

福安红茶条索紧细、有金毫显锋苗、匀整、洁净，色泽乌黑油润；香气甜香浓郁带花果香，滋味鲜浓醇爽，汤色红艳或橙红明亮；叶底细嫩柔软、红亮。

茶叶精加工（2005 年）

福安白茶外形叶态卷、毫心显，色泽墨绿或灰绿、洁净匀整，内质香气鲜嫩、有毫香，滋味清醇爽口，汤色浅黄、明亮，叶底有芽尖、叶张嫩亮。

福安茉莉花茶是将绿茶茶坯和茉莉鲜花进行拼合、窨制，使茶叶吸收花香而成。外形秀美毫锋显露，香气浓郁，鲜灵悠长，汤色黄绿明亮，叶底匀嫩晶绿，经久耐泡。

福安工艺花茶是以绿茶茶叶嫩芽梢和多种天然的干花为原料，运用人工包扎而成，干茶外茶内花，外茶叶内干花线包扎成圆形、荔枝形、南瓜形等形状，粒重 5～8 克。

（二）初制加工工艺

1. 福安红茶：茶鲜叶—萎凋—揉捻—发酵—烘干—红毛茶。

坦洋工夫茶：红毛茶—筛分—平筛—抖筛—风选—拣剔—匀堆。

2. 福安绿茶：茶鲜叶—杀青—揉捻—烘干—绿毛茶。

炒青绿茶：茶鲜叶—杀青—揉捻—滚炒—眉茶。

炒青绿茶：茶鲜叶—杀青—揉捻—锅炒—珠茶。

蒸青绿茶：茶鲜叶—蒸汽杀青—揉捻—烘干—毛茶。

3. 福安白茶：茶鲜叶—凉青—干燥—毛白茶。

4. 青茶（乌龙茶）：茶鲜叶—晒青—摇青（做青、凉青）—揉捻（包揉）—烘干—乌龙茶。

（三）再加工茶

1. 福安茉莉花茶：茶坯 + 茉莉鲜花—窨制—起花—烘干—提花—起花—成品装箱（袋）。

2. 福安工艺花茶：绿茶茶叶 + 干花（包扎）—干燥—成品装箱。

四、品牌创建

（一）名茶鉴评

1991–2005 年，福安市组织生产厂家参加第一、二、三届中国国际茶博览交易会、北京中国茶文化国际研讨会暨展示会、济南首届国际茶博览会等国内外各类大型茶叶评比，共获得国家级金、银奖 26 个，省部级金、银奖 97 个。福安市的“坦洋”“东湖”“隽永”“富春”“莲岳”等品牌脱颖而出，“东湖”“隽永”被评为福建名牌产品。福安茶叶在第二届中国“太姥山杯”茶王大奖赛上，成绩骄人，获得包括 1 王 5 金 4 银和 2 个工艺奖及 1 个优秀组织奖在内的 13 个奖项。

（二）斗茶评优

1996 年，福安市举办全省名优茶产品评比活动。1999 年，举办全省首届花茶鉴评会。2005 年，举办首届“坦洋工夫杯”斗茶展示会。

1996—2005 年，福安市先后有 18 个企业、5 个茶类、53 个茶样参赛，评选出茶王 5 个：福特茶厂“六杯香”为绿茶茶王；坦洋茶场“丹桂乌龙茶”为乌龙茶茶王；工夫茶厂“丹桂飘香”为工艺茶茶王；穆阳茶叶加工厂“白毫银针”为白茶茶王；天香茶叶公司“天香金针”为花茶茶王。全市建有 8 个名优茶生产示范企业。

（三）编制标准

2001 年，福安市茶业协会成立，市政府重视抓茶叶品牌建设。由市茶业协会编写制订《绿茶标准综合体》。2005 年，编写制订《坦洋工夫综合标准》。

（四）“坦洋工夫”注册商标

2003 年，福安市组建“福安市坦洋工夫茶叶有限公司”，向国家工商总局成功申报注册福安“坦洋工夫”商标。2005 年，福安市政府开发“坦洋工夫”老品牌，以“福安市农垦茶业有限公司”“市天香茶叶有限公司”“海峡大茶都”“城湖茶厂”等茶叶龙头企业为首，联合 16 家茶叶企业组建“福建坦洋工夫茶业集团公司”，注册资本 4800 万元。市委、市政府决定撤销“福安市坦洋工夫茶叶有限公司”，将原先使用的“坦洋”商标重新注册为“坦洋工夫”，并无偿转让给“福安市茶业协会”。

附 1：名优茶品牌简介

富春银毫 市农垦茶叶有限公司生产，茉莉花茶。品质特点：形秀香高、鲜灵，味浓耐泡。采自海拔 600～700 米无公害茶园“福安大白茶”一芽二叶初展的芽叶，采用机制工艺，配以优质茉莉花，经六窨一提窨制。1999 年，获福建省花茶级型金奖和第二届中国茶博览交易会国际文化名茶金奖。2000 年，获北京国际茶文化展示会金奖。

富春香毫 市农垦茶叶有限公司生产，茉莉花茶。其鲜叶原料、采制工艺与富春银毫相似。1999 年获杭州国际茶博览交易会国际文化名茶金奖。

莲岳翠芽 北门茶厂生产，绿茶。品质特点：形秀、色绿、香高、味爽、口感好、耐泡。鲜叶采自海拔600米以上无公害茶园一芽一叶初展的芽叶，采用机制工艺。1996年，获福建省优质茶奖。1998年，获首届中国国际茶博览交易会中华文化名茶金奖和中国国际名茶制品、茶文化展览会推荐产品。1999年，获第二届中国国际茶博览交易会国际文化名茶金奖。2000年，获北京中国茶文化展示会银奖。

翠绿芽 北门茶厂生产，扁形绿茶。品质特点：条形扁直，峰显，色绿稍黄，嫩香，味浓醇，汤色明亮，叶底黄绿匀亮。鲜叶采自海拔500米无公害茶园“梅占”一芽一叶初展的茶叶，采用机制工艺。1999年，获福建省优质茶奖和第二届中国国际茶博览交易会国际文化名茶银奖。

六杯香 福特茶厂生产，绿茶。品质特点：形秀、色绿带灰、香高、味浓、耐泡，连泡六巡，香气依然。多选用梅占品种的一芽一、二叶鲜味，滚炒提香制成。1995年，获福建省名茶奖。1996年，获福建省优质茶奖。1998年，列为“第八届全运会上海代表团专用品牌”。

天香银针 又名天香银峰，天香茶叶有限公司生产，针形绿茶。品质特点：条索紧结似针，白毫显露，色泽绿润，香清纯，味醇和，汤绿浅亮，叶底匀嫩明亮。鲜叶采自海拔600米以上“福鼎大毫茶”的顶芽，精制成银针。1996年，获福建省优质茶奖。1999年，获福建省优质茶奖。

大白龙 市城湖茶叶有限公司生产，绿茶。品质特点：外形肥壮多毫、匀整、香浓，味醇和，汤清澈绿亮，叶底嫩匀尚亮。鲜叶选用“福鼎大白茶”一芽一叶，经精制成绿茶。1996年，获福建省优质茶奖。

坦洋工夫 是坦洋村“万兴隆”茶行于清咸丰元年（1851年）在小种红茶制法基础上，经简化改进试制而成，运销国际市场而得名。产地分布于福安、寿宁、周宁、霞浦、柘荣等县，是闽东历史名茶，载誉150年。品质特点：条索紧细，茶毫微显金黄，色泽乌黑油润，香高味醇，汤色红艳，叶底红亮。鲜叶采自坦洋菜茶群体种及适制红茶品种的一芽二、三叶芽梢，采用机制加工成毛茶，经复杂精制工艺，以机械加工为主、手工为辅精制而成。

坦洋金针 国营坦洋茶场与省农科院茶叶科学研究所于1990年协作创制，红茶新产品。品质特点：外形紧直似针，色乌润油亮，毫金黄，香气清鲜，味醇厚，汤色红艳明亮。选用适制“坦洋工夫”红茶品种的单芽为原料，经八大工艺制作而成。1991年，获宁德地区名茶一等奖。1992年，获宁德地区优质茶奖和福建省优质茶奖。

坦洋金猴 省农科院茶叶研究所于1995年创制的坦洋工夫红茶新产品。品质特点：外形紧细弯曲，芽头肥壮，色泽乌润滑亮，金黄色的茸毛拥簇着茶身似金丝猴，由此得名。茶香清鲜，味醇厚，汤色红艳明亮，金圈环绕，颇富观赏情趣。选用优质“福云595”一芽一叶嫩梢，机制加工。1995年，获福建省名茶奖和第二届中国农业博览会银奖。

蟹蕊茉莉花茶 市王家茶场生产。品质特点：外形细紧，略卷曲，色翠绿鲜润，香气清高持久，味甘醇鲜爽，汤色嫩黄，叶底嫩绿肥软。茶坯选用海拔700米以上的“毛蟹”品种一芽一、二叶为原料加工，再配以优质的茉莉鲜花经多次窨制而成。1999年，获福建省花茶级型银奖。

梅蕊茉莉花茶 市王家茶场生产。品质特点：外形紧结细秀，嫩香高强，味醇厚，汤色嫩绿明亮，叶底肥嫩明亮。茶坯选用高山“梅占”品种一芽一叶初展为原料加工，再配以茉莉花经多次窨制而成。1999年，获福建省花茶级型银奖。

莲岳银毫 北门茶厂生产，“莲岳”牌茉莉花茶系列中高档花茶。品质特点：成品外形细秀匀称，香高悠长，味甘醇，叶底嫩绿明亮。选用高山“福安大白茶”一芽二、三叶初展的鲜叶为原料加工，经多次窨花窨制而成。1998 年，获首届中国国际茶博览交易会中华文化名茶金奖。1999 年，获第二届中国国际茶博览交易会国际名茶金奖。2000 年，获中国国际茶文化展示会银奖。

附 2：福安市重点茶叶企业简介

福建天香茶业有限公司 位于福安市王基岭工业区，占地面积 2000 平方米，建筑 1500 平方米。1991 年，创建时名为福安市天香茶厂，1998 年 3 月注册商标“隽永 + 图形”，1999 年 3 月变更为福安市天香茶叶有限公司，注册资本 168 万元，主要产品为红茶、绿茶、花茶、白茶等茶类，2000 年，公司在福安城阳镇茶洋村合掌岭建设面积 24 公顷的绿色食品茶叶基地及初制厂。2005 年，入选宁德市农业产业化龙头企业，企业资产总额 2383 万元，年加工茶叶 200 多吨，销售收入 3153 万元。

福安市坦洋茶场 创建于 1958 年，位于福安市社口镇四甫村，建筑面积 3000 多平方米，是以生产历史名茶坦洋工夫红茶为主导产品的国有农垦企业。年茶叶加工量 300 多吨的初、精制厂各一座。2003 年获“无公害农产品产地认定证书”“无公害农产品证书”，无公害茶园面积 119.99 公顷。2005 年，茶场在职职工 23 人，合同工 71 人，管理、技术干部 8 人。生产的“坦洋工夫”红茶，色、香、味、形俱佳，1991 年以来，产品多次获国际茶博会金奖、中国茶文化博览会金奖、省部级优质茶奖等。茶场实行“茶场 + 基地 + 农工”的经营管理模式，是一个为茶叶生产提供“产前、产中、产后”服务的科技示范推广实体。2005 年生产量 60 吨，产值 700 万元。

福安市农垦茶业有限公司 创建于 1997 年，地址位于福安市城南街道解放路 15 号，茶业生产基地面积 356.63 公顷，是以福安市坦洋茶场、福安市高坂茶场、福安市王家茶场三家国有茶场商业化改革组建而成的国有农垦企业。1999 年，“富春香毫”获中国国际茶博会名茶金奖。2000 年，获“富春”“坦洋”注册商标。同年，“富春香毫”“富春银毫”分获中国荣文化国际研讨会暨展示会银奖和优质茶奖。2001 年，“富春牌春云”“一枝春”获福建省名优评审委员会优质茶奖。2005 年，茶业产业总产量 480 吨，总产值 3168 万元，入选省级农业产业化龙头企业。

福安市林芝茶厂 创建于 1991 年，厂址位于社口镇吉洋村。创办之初，厂房面积 300 平方米，员工 15 人。是年，茶叶总产量 62.5 吨，产值 46 万元。主营茶叶为红茶、绿茶、花茶、特种工艺茶等茶类，以手工精心制作的特种工艺茶，主要出口日本。茶厂创办以来，坦洋工夫“贡红”茶获福安市“十大名茶”称号，坦洋工夫“友缘牌”荣获福建省“名茶”称号。“林芝茉莉花茶”获首届中国（福建）国际茶博会“凯捷茶王赛银奖”，特种工艺茶“林芝仙女”荣获福建省“工艺茶奖”。2003 年，入选宁德市农业产业化龙头企业。2005 年，茶厂面积 2000 多平方米，员工 350 人，茶园面积 40 公顷，茶叶总产值 200 吨，总产值 2800 万元。茶厂在全国各地开设多家连锁加盟店，是产、供、销一体化的专营茶业企业。

福安市城湖茶叶有限公司 位于福安市城阳镇湖塘坂村，占地面积 6339.76 平方米，建筑面积 15593.52 平方米。1985 年成立福安市城湖茶叶精制厂，1993 年 10 月，创立福建福安市城湖茶叶有限公司，注册资金 1086 万元。公司主要产品为红茶、花茶、绿茶、白茶等茶类。2005 年年底，企业资产总额达 7682 万元，年加工茶叶 300 多吨，销售收入 3850 万元。入选省级农业产业化龙头企业。

福安市富春茶叶有限公司 位于福安市坂中畲族乡坑下村，建筑面积 1350 平方米，企业总投资 380 多万元。公司前身是福安县富春茶行，清朝年间创办于福建省福宁府福安县富春坂头。中华人民共和国成立后，福安县坂中畲族乡政府重建富春茶行，改名为“福安县富春茶厂”，开垦 173.3 公顷茶园作为原料基地。1997年，富春茶厂改制，更名为福安市富春茶叶有限公司，注册商标“长富”。公司主要产品为绿茶、花茶、红茶等系列10多个产品，销往国内各大中城市。1999年，“长富毛峰”“长富银毫”等品种被评为福建省优质产品。2000年，在北京中国茶文化国际研讨会暨展示会上，产品“威味芽”与“长富毫”被评为国际金奖和银奖。2005年，“金针王”茶被评为福建省名优茶。同年，入选福安市农业产业化龙头企业。

福安市茗春馨香茶叶有限公司　位于福安市坂中畲族乡满春街岗中1号，占地面积0.133公顷，建筑面积2000平方米。1998年，创建福安市茗春馨香茶叶有限公司。主要生产绿茶、花茶等茶类，是一家集茶叶种植、加工、生产、销售为一体的专业公司。2003年，公司在福安重点茶区社口镇南山村建设面积213.3公顷的绿色食品茶叶基地及初制厂。2004年4月，中国中轻产品质量保障中心评定公司产品为“国家合格评定质量达标放心食品”。6月，产品通过绿色食品认证。2005年1月，公司商标“绿馨+图形”通过国家商标局认证。2005年，企业资产总额815万元，加工茶叶317吨，销售收入1773.27万元。2003—2005年，公司为福安市农业纳税大户。

福安市福特茶叶有限公司　位于福安市社口镇竹工坂坦洋工夫工业园区内，创建于1987年。1995年，获农业部颁发的“农业部全面质量管理达标企业”，被评为福建省产品质量合格企业。1998年12月，取得“六杯香”注册商标。2005年5月，取得“绿特”注册商标。2005年，设计工艺花茶（茉莉蝶恋花、茉莉仙女献花、出水芙蓉）三款产品获得国家知识产权局颁发的外观设计专利证书。是年，公司资产总额120万元，加工茶叶40吨，销售收入900万元。1992—2005年，公司均获福安市先进企业。

第四节　茶叶销售

一、茶叶专业市场

1991年，福安市国营、集体、个体经营者多渠道从事茶叶销售。因“坦洋工夫”品牌，社口茶叶市场的知名度逐步提高，安徽、江苏、上海、浙江、山东、江西等外省客户纷纷前来洽谈业务，外县、外乡镇的茶青、毛茶纷纷进入社口，成为远近闻名的茶叶加工和集散地，最高日交易量5000千克。1993年，穆阳茶叶市场建成，进驻省内外商家20余家，以交易精茶为主，销往福州、闽北、广西横县。随着体制和市场的变化，国有和集体茶叶企业相继倒闭、破产、改制，乡镇茶叶站也相继关闭。1995年11月，福安茶厂因资不抵债而破产。1998年，社口、穆阳两个茶叶市场先后关闭。因交通及区位的便利，“城北茶叶交易市场”兴起，成为福安市茶叶销售的主要窗口，进驻商家30多家。2000年，福安市内茶庄、茶店众多，最多时达120多家。2005年，个体、私营茶企兴起，茶叶市场转向自由流通，通过中介直接与销区贸易。

二、销售

1991年，福安茶人在北京、天津、上海、苏州、青岛、济南、烟台、西安、沈阳、大连、长春、太原等城市开设茶庄近200家。1995年，茶叶市场不断扩展，销售渠道多样化。主要以本地龙头企业带动，通过设在外省的窗口和网络将福安茶叶销到全国各地。营销队伍2万多人遍布各省市。2002年，福安茶人在上海兴建“大不同茶城”，被中国茶叶流通学会认定为国家茶叶专业批发市场。市城湖茶叶有限公司经国家外经贸部批准，拥有自营、代理各类商品茶和技术的进出口权。2003年10月，省政府发布《关于全面开展农村税费改革试点工作的通知》《福建省农村税费改革试点方案》，实行农村税改政策，取消茶叶特产税，福安市茶叶流通更加畅通。2005年，全市茶叶加工经营企业395家，多以股份、合伙、个体形式经营，全市茶庄、茶店120多家。福安商家在上海“大不同”茶城、北京马连道茶城、山东济南茶庄、广西横县茉莉花市场、广州芳村茶叶市场等国内知名茶叶市场都有经营者。

第五节　茶文化

1991年后，福安市推进茶产业发展，扩大对外交流研讨，开展茶文化建设各项活动。1991年4月，宁德地区行署、福安市政府联合举办第一届“中国闽东福安茶文化交流会”，日本国以及中国台湾、香港地区的茶道传人、茶艺专家、茶商等100多人参加。1992年3月，福安市举办“第二届中国闽东福安茶文化交流会”。12月，“福安市民族文化艺术团”成立。应邀参加1992年香港首届国际茶艺表演邀请赛，杨玉英获冠军。“茶艺表演”伴随福安茶产业发展成为茶文化宣传的重要平台。1993年，商业部将福安市列为国家茶叶社会系列服务示范县（市）。1994年7月，中央电视台、上海敦煌国际文化艺术团、中国茶叶进出口公司联合组成《中国茶文化》电视专题片摄制组到福安市拍摄“新娘茶”“宝塔茶”等茶艺节目。8月，“茶艺团”应香港茶艺乐园（中国）有限公司邀请，参加在广州举行的茶艺表演。

2005年，福安市组织茶文化采风团到福安茶区、省茶科所、茶叶加工企业进行采风活动。同年，福建省茶叶科学研究所建所70周年庆典在福安市举行，福安市组织茶艺歌舞晚会、摄影展、书画展、茶样展、银器展、《福安茶文化》书展，播放“中国茶叶之乡——福安”录像等大型茶文化活动，展示福安茶业的发展历史、现状和取得的成果。

第六节　机构与管理

一、机构

福安市茶业局。1991年，福安市茶业局编制12名，设局长1名，副局长3名。内设人秘股、财务股、生产股、业务股、初制股。1996年12月，福安市茶业管理局更名为福安市茶业事业局。1998年8月，市茶业事业局编制12名，设局长1名，副局长2名。内设人秘股、基层管理股、茶业技术推广股。同年，茶业技术推广站并入市茶业事业局。1999年7月，福安市茶叶质量检测中心成立，为福安市茶业事业局内设机构。2005年2月，确定茶叶质量检测中心为自收自支事业单位，编制3名。

2005年，福安市茶业事业局干部、职工17人。其中，局长1名，书记1名，副局长2名。内设人秘股、基层管理股、茶业技术推广股、福安市茶叶质量检测中心。

二、管理

（一）产业政策

2001年，林业部授予福安市“中国茶叶之乡”称号。同年，福安市茶叶学会变更为福安市茶业协会。

2003 年，福安市政府发出《关于扶持茶产业发展的若干意见》的文件，出台各项扶持政策。提出加强组织领导，明确责任分工；强化产业政策，加大扶持投入力度；狠抓茶叶卫生质量，提高市场竞争力；调整优化茶叶结构，促进产业协调发展；培育扶持龙头企业，打造茶叶知名品牌；大力宣传茶文化，做好招商引资工作等六项措施。2004 年，国家取消农业税、特产税等，使福安茶产业得到进一步发展。

（二）质量管理

1991—1994 年，福安市根据茶产业发展的良好局面，不断组织人员下乡开展茶叶栽培生产技术培训和社会化服务工作，指导茶农科学用药，提量保质，树立质量安全意识。市质量技术监督局、工商局、卫生行政部门按规定发放卫生许可证、工商营业执照，组织茶叶质量抽查。

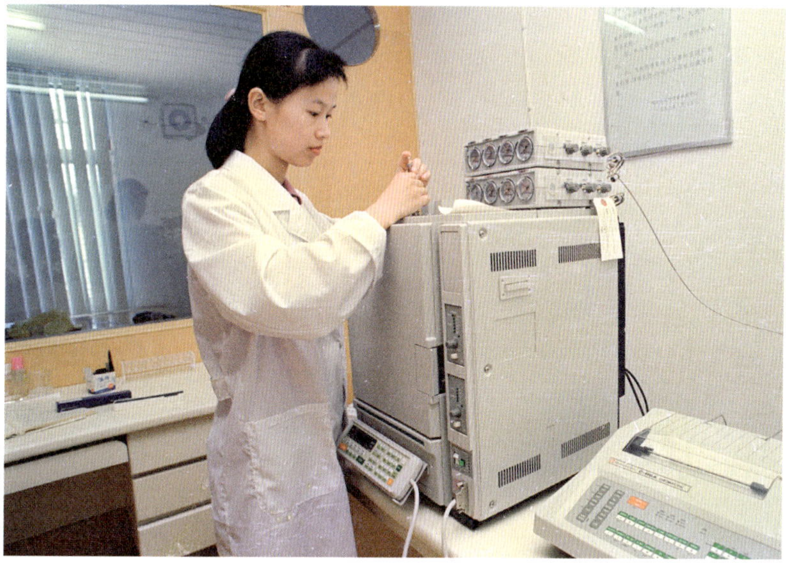

福安市茶叶质量检测中心（1999 年）

1995 年，福安市茶业、农业、卫生、质监、供销、公安、工商等职能部门协调加强茶叶质量管理，从茶园用药、加工环境、市场流通环节入手，健全茶叶质量安全监管机制。1999 年 7 月，成立“福安市茶叶质量检测中心”，全市茶叶监督抽样检测工作全面展开。2001 年，市政府扶持无公害茶叶基地建设。2004 年，市茶业协会倡导茶业行业自律活动，茶叶企业的质量和经营行为管理。

2005 年，福安市茶叶质量检测中心获省质量技术监督局计量认证。市质监局联合农业、工商、茶业、卫生等单位开展茶叶质量安全专项整治活动，对茶叶主产区上白石、潭头、社口、晓阳的茶叶加工企业进行检查。社口镇被列为茶叶质量认证试点。全市配备村级茶技员 264 人，加强茶叶技术、卫生与质量管理，有效禁止“农药残量超标”、掺杂制假违法行为。执行国家重新颁发的茶叶卫生标准 GB2762、GB2763，茶叶六六六、DDT 等高毒农药残留抽检合格率 100%。福安茶叶质量管理进入规范化轨道。

第三章　果业

第一节　葡萄

一、品种

（一）刺葡萄

1991，福安市穆云畲族乡溪塔村扩大刺葡萄种植规模并逐步形成品牌，亦称溪塔紫葡萄，2005年，定名为“福安刺葡萄”。刺葡萄幼茎上有明显小刺、一年生，成熟枝条呈褐色，节间长度8～15厘米，表皮刺明显且密，果粒较大且硬。花序圆锥形，长可达20厘米以上，花朵为两性花。果穗长条形、中等大、穗重185克，长25厘米、宽13厘米，有副穗。果粒椭圆形，粒重约3.1克，果皮紫黑色、具肉囊、多汁、味甜。果实耐贮运，属鲜食、加工兼用型品种。刺葡萄植株生长旺盛，树势极强，新梢生长一年可达6～7米、树冠大，每年3月初萌芽，4月下旬至5月上旬开花，8月上中旬成熟。自萌芽到果实成熟约150天，属中晚熟，正常结果每亩产量可达750～1000千克。该品种适应性广、抗逆性强，耐高温高湿，耐瘠瘦、耐旱、耐粗放，有较强的抗病虫能力。

1991—2000年，福安刺葡萄主要分布在市西部内陆山区，以房前屋后，路旁隙地，溪涧水面搭架种植为主，规模较小。穆云畲族乡溪塔村以及邻近乡镇村种植33公顷。2001年，种植面积扩大为40多公顷，年总产量840吨，总产值360万元。2004年，福安刺葡萄除鲜食外，成功酿制成干红葡萄酒，成为福安果业和酿酒业的新亮点。随着刺葡萄酿制干红葡萄酒成功，栽培范围扩大到邻近的康厝、溪潭等乡镇，面积近70公顷。

福安第二届南国葡萄文化节（2005年）

（二）巨峰葡萄

1991年，专家对福安巨峰葡萄考察评价，认为巨峰葡萄品种果穗大，平均穗重558克，圆锥形、果粒着生中等紧密、平均粒重12.5～13.3克果形椭圆或近圆形、黑紫色，果粉中等厚，皮厚、肉质中等，汁多、味酸甜，品质中上等。植株生长势强，产量较高，从萌芽到果实充分成熟 143～146 天。1993 年，以赛岐镇为中心，向沿海乡镇迅速发展扩大。1996 年，市政府出台葡萄产业政策，多次拨款扶持发展，巨峰葡萄生产向内陆平原和山区扩展，松罗、晓阳等山区乡镇侧重发展晚熟巨峰葡萄。2005 年，全市 15 个乡镇、133 个行政村种植巨峰葡萄，总面积 2670 公顷，年产量 5.6 万吨、产值 2.8 亿元，成为福安市农业产业化经济新增长点，中国南方最大的葡萄产业基地。

二、基地建设

1991 年，福安市建立赛岐镇象环巨峰葡萄示范基地。1998 年，建立城阳乡高坂巨峰葡萄大棚设施栽培示范基地。2001 年，象环村陈玉章承担福建省科委项目，引进京亚、高妻、白香蕉、紫珍香、紫富罗莎等 20 多个品种试验。建立赛岐镇赛里大无核葡萄试验基地。2004 年，永盛农业产业化有限公司引进金星无核、秋黑、里扎马特等 30 多个品种，在溪柄村建立品种园。2005 年，建立溪柄榕头巨玫瑰等六大品种园和溪柄、赛岐、甘棠果袋巨峰葡萄示范基地。

表 10—10 2005 年福安市葡萄生产基地建设情况表

地点	面积（公顷）	产量（吨）	产值（万元）	种植品种
赛岐镇	333	6000	3000	巨峰、京亚
溪柄镇	133	2400	1200	巨峰、京亚
甘棠镇	100	1800	900	巨峰

三、栽培技术

（一）石柱铁丝棚架

1991—1995 年，由福安市赛岐镇象环村首用，逐步形成一整套石柱、铁丝网、水平棚架栽培技术。园区四边用 2.5 米长、粗 10 厘米 ×10 厘米的条石为边柱，每公顷园地立水泥柱约 1800 条，每两柱间隔约 2.5 米；对拉 8 号热镀锌铁丝线为主线，每公顷用铁丝 900 千克。主线上均匀用 12 号热镀锌铁丝线，每隔 40 厘米对拉，每公顷用 12 号铁丝约 1875 千克。2005 年，该项技术以赛岐镇为中心向沿海甘棠、溪柄、下白石、湾坞等乡镇推广，提高了葡萄生产效益。全市每年新增棚架面积 200～270 公顷。

（二）套袋

1991 年，福安市农业局、科委开展“葡萄高产优质栽培技术”研究，提出营养袋育苗、大苗移栽，降低地下水位，计划密植，科学修剪等栽培技术。同年在赛岐、甘棠、溪柄采用旧报纸自制纸袋套袋。2003 年，开始采用葡萄专用果袋套袋，减少病虫害发生，减轻农药污染，降低自然灾害带来的损失和损耗，有利于果实转色、糖分积果、果粉增多、稳定产量，提高质量，增加效益，每千克价格可提高 0.4～1.0 元。2005 年，市政府拨专款在溪柄、赛岐、甘棠等地建立葡萄专用果袋套袋示范基地。

（三）避雨栽培

1991 年，福安市暴发 50 多种葡萄病虫害，科技人员开始研究葡萄病虫害严重暴发原因。1998 年，在城阳乡高坂村进行塑料大棚避雨条件下栽培葡萄试验，病虫害得到有效控制。2005 年，象环村在 1 公顷葡萄园进行钢管构架塑膜大棚避雨设施栽培，生产优质高效无公害葡萄，每公顷产值突破 15 万元，带动赛岐、松罗、溪柄、晓洋等乡镇避雨设施栽培的发展。

（四）专用肥

1991 年，福安市农业局土壤肥料技术站、经济作物站开展葡萄测土配方科学施肥。2004 年，市政府拨专款在溪柄、赛岐、甘棠等地建立有机肥用作葡萄基肥种植示范片，效果好。2005 年，此技术继续在全市推广。

（五）品种多样化

改革开放前，福安种植有三种葡萄，共同特点是果皮与果肉易分离。其一为溪塔紫葡萄，以溪塔村种植为主，其他村落仅为家庭零星种植。其二为白葡萄，比溪塔紫葡萄晚半个月成熟，市内零星分布。其三为圆形紫葡萄，目前已罕见。

1991 年，继巨峰葡萄成功引种后，宁德地区农科所、福安市农业局和科委等单位及果农累计引进 102 个品种进行试种、筛选、示范，推进福安市葡萄业发展。包括引种北醇、黑罕、牛奶、甲州 3 尺、乍娜、红伊豆、红密、京早晶、玫瑰香、先锋、白羽、康拜尔早生、京超等 20 多个品种。1998 年，引进欧亚种红地球、奥古斯特、维多利亚、理扎马特等 27 个品种，在城阳乡高坂村进行大棚设施栽培示范。引进峰后品种在溪柄镇溪柄村建立 1.4 公顷示范基地。2001 年，引进大无核、瑞必尔等 6 个品种在赛岐镇溪里村进行新品种试验。引进高千穗、高蓓蕾、京优、京秀、京玉、京亚、奥古斯特、绯红无核、峰后等 19 个品种，建立大棚栽培示范园。2003 年，引进魏可、夏黑、黄密、黑峰、秋黑、秋红等 10 个品种在溪柄镇溪柄村建立新品种示范园。2004—2005 年，引进巨玫瑰等 6 个品种在溪柄镇榕头村建立新品种示范片。

四、采收保鲜与储运

福安市巨峰葡萄宜适期采收。果穗中 95% 以上果粒完全成熟时，即果面颜色转为紫黑色时即应收获。采收前 3 天去除套袋，选熟留青，分批采收。1991 年，葡萄市场开发初期，储装工具简单，鲜果采下直接装篮，自然散热，部分采用 0℃冰水速浸保鲜。1993—1995 年，甘棠东山村建成第一座冷库，冷藏葡萄 30 吨，溪柄、赛岐、湾坞等地也建多个小型冷藏库，采用打孔泡沫保温箱包装冷存、运输。2004—2005 年，赛岐镇宅里村郭瑞光投资建大型冷藏库，成功冷藏葡萄 500 吨。至 2005 年，市内葡萄冷藏总库容量超过 1000 吨。

五、产品营销

（一）市场营销

1991 年，福安巨峰葡萄主要销往闽东各县（市、区）。1992 年，温州市等浙南地区成为巨峰葡萄主销区。1995 年，巨峰葡萄在福州、厦门、泉州、漳州等果品市场深受欢迎。1997 年，巨峰葡萄市场拓展到广东、

福安市首届巨峰葡萄优质果擂台赛（2005 年）

广西、海南、湖南、江西等省，并在珠三角、粤东和沈海高速公路沿线各大中城市建立稳定营销市场的销售网点。2000 年，晚熟巨峰葡萄进入山东、湖北等省果品市场。

2005 年，福安市形成一支 2000 多人的营销队伍，在全国各地果品市场开展葡萄推介、收购、运输、运装材料生产、保鲜及销售活动。福安已形成巨峰葡萄从生产到营销的完整产业链。

（二）品牌建设

1991—1999 年，全市以“福安巨峰葡萄”品牌进行销售活动。2000 年，赛岐镇象环村成立赛佳果蔬公司，率先注册“赛佳”牌葡萄商标。2003 年，赛岐福旺果业有限公司注册“福旺”牌巨峰葡萄商标，设计 4 千克纸质包装盒，推向广东市场，包装盒打印“福安巨峰”“闽东佳果·巨峰葡萄”进行宣传。2004 年，市葡萄协会组织赛岐、松罗、穆云等葡萄产区印制精品礼盒，注册“象环”、松罗“大棚闺秀”牌商标。2005 年，品牌葡萄批量进入福州“山姆会员俱乐部”“沃尔玛”及浙江温州等高端果品市场，每千克售价 10～16 元。

六、管理服务

（一）产业政策

1991 年，中共福安市委、市政府把种植巨峰葡萄作为农村扶贫“短、平、快”项目给予重点扶持，派出农村工作队，在葡萄种苗培育、种植技术、病虫害防治用药等方面进行指导。2004 年，市政府召开“葡萄产业建设”市长办公会议，研究葡萄产业发展政策和规划，在人员、资金上支持产业发展。2005 年，在全市葡萄主产村开展“葡萄产业农民创业培训工程”和“新型农民科技培训工程”的葡萄培训和生产指导工作。

（二）协会组织

1991—1995 年，福安市葡萄生产、开发、营销等事务多由乡镇农技站协同乡村葡萄联合体、专业户联合办理。1996 年，赛岐镇创建民办“福安市巨峰葡萄研究所”，对各乡镇、开发区、办事处开展生产指导，之后，服务范围拓展到闽东各县（市、区）和省内部分县市。

2000 年，福安市葡萄协会成立。协会组织赛岐、溪柄等农技站、农办、农业技术服务中心刊发《果蔬科技》《赛岐农情》《病虫与管理情报》《病虫情报》。2005 年，市葡萄协会换届。晓洋、甘棠、松罗、赛岐等乡镇葡萄分会和赛岐镇宅里村、象环村，溪柄镇立峰村，松罗乡松罗村等村级葡萄分会相继成立，开展产业服务。市葡萄协会还成立葡萄病虫害防治协作网，与中国农科院植保所葡萄病虫害防治中心合作，开展咨询开

市果业专家开展葡萄质量评审（2005 年）

方送药的“一站式”服务。

（三）资金扶持

1991—1995 年，福安市政府每年拨出葡萄专款和农业专项经费，主要用于葡萄引种、苗种、试验示范和设施购置补贴。1996 年，市政府对葡萄专项技术拨款 60 万，扶持葡萄基地建设和技术研发。

1996—2005 年，福安市政府制定《关于加强葡萄产业发展的实施意见》，建立葡萄产业发展资金，分四次拨出资金 300 万元。2004—2005 年，每年拨出 13 万元，补助葡萄专用果袋推广和葡萄有机肥使用示范。2005 年，葡萄产业发展规划付诸实施市财政拨出 6 万元用于种植高山区反季节巨峰葡萄 7 公顷的补助。

（四）科技服务

1991 年，福安市葡萄技术处于探索阶段，经常邀请省内外知名专家指导、培训本市葡萄种植专业户。市农业局、科委、赛岐镇、溪柄镇农技站等技术人员到生产一线进行指导。市农业局设立葡萄产品检疫点。2002 年，市农业局全面加强葡萄产业科技培训和服务，每年培训与指导 1500 人次，发放技术材料 2500 份；引进新品种，开展无公害基地建设；聘请专家授课，申报多个葡萄开发项目，取得明显成效。

2005 年，邀请中国农学会葡萄分会、上海农科院、中国农科院植保所葡萄病虫害防治研究中心的多位国内知名专家到福安作葡萄产业发展专题讲座和技术培训。召开葡萄控产提质、果穗套袋、有机肥使用、标准化栽培、避雨设施栽培、果园套种等现场指导会。

（五）产业研讨

1991 年，福安市巨峰葡萄生产初具规模。1994 年，市委、市政府形成葡萄产业化思路。1996 年，市委、市政府组织葡萄产业深化研讨。1997 年，全市新增葡萄种植面积 330 公顷，面积超过以往 13 年的总和，成为福建省最大葡萄生产基地。市政府咨询委进行“巨峰葡萄销售问题及对策研究”调研。2000 年 7 月，全国第二次南方地区葡萄学术研讨会在福安市召开，与会专家对福安市成功引种巨峰葡萄、突破栽培技术和先进的病虫防治方法给予充分肯定。

2001 年，市农业局开展“福安葡萄业生产现状及产业化发展”调研；赛岐镇开展“发展葡萄生产，调整农业产业结构成效及对策分析”调研。2002 年，市委、市政府组织开展“葡萄产业发展研究”，制定《福安市葡萄产业化建设方案》。2005 年，市委、市政府组团前往上海邓陆镇和江苏省句容县考察学习发展葡萄产业经验，前往湖南省澧县学习葡萄大棚设施栽培、品种调整、观光葡萄生产、酿酒加工、协会工作等经验。同年，全国第十二届葡萄学术研讨会在福安召开，近 300 名专家、学者及产业工作者对福安市巨峰葡萄生产和标准化生产基地建设表示赞赏。

（六）产业宣传

1991—1999 年，福安市开展以葡萄专业技术、品种研究为主的产业宣传，2000 年，转向产业发展、市场营销为中心的产业宣传。2004 年，编印“南国葡萄”专刊和“福安葡萄”简报，宣传介绍福安葡萄产业。2005 年，赛岐镇象环村举办“福安市第一届优质巨峰葡萄擂台赛”和“福安市第二届葡萄文化节”，省、市领导及产业工作者参加，多家媒体予以宣传报道。

七、科技成果

（一）获奖成果

2000 年，福安市“巨峰葡萄引种、基地建设及综合配套技术”项目获福建省政府“科技进步三等奖”、宁德市“科技进步二等奖”。2001年，“葡萄高产优质栽培技术”项目获省农业厅“农牧业技术推广三等奖”。2004年，“福安葡萄产业化关键配套技术研究”项目获省政府“科技进步三等奖”、宁德市科技进步二等奖。2005年，福安市制定的《巨峰葡萄综合标准》列入省级葡萄地方标准，获省政府颁发的贡献奖。“巨峰葡萄测土配方施肥技术研究与示范推广”获宁德市“科技进步二等奖”。

（二）表彰、荣誉

1999—2005年，福安市人民政府被中国农学会葡萄分会授予“开拓创新，建设南国葡萄之乡”牌匾；被中国农学会葡萄分会、中国果品流通协会授予“建海峡两岸葡萄之乡，树全国果业发展楷模”牌匾。市葡萄协会被评为“全国优秀农村专业技术协会”、省级“百强农村专业技术协会”。福安巨峰葡萄被评为“福建省名牌农产品”。“福安巨峰葡萄”品牌获第六届中国优质葡萄擂台赛“安全优质奖”。赛岐、溪柄、甘棠葡萄生产基地被评为“福建无公害农产品葡萄基地”，获农业部绿色食品发展中心颁发的“无公害农产品葡萄”证书。市葡萄生产基地被评为福建省“新农村科普示范基地”“全国优质葡萄生产基地”。

第二节 桃 李 柰

一、桃

（一）穆阳水蜜桃

福安穆阳水蜜桃种植历史长，并以果大、甜度高、味美、香气浓而享誉闽东各地和省城福州。1991年，穆阳水蜜桃种植面积740公顷，产量1528吨。1995年，穆阳水蜜桃由穆阳溪流域向其他乡镇拓展，并带动其他品种桃的发展。2000年，福安市对品种混杂、品质差的桃园进行淘汰改造。2005年，全市穆阳水蜜桃种植面积932公顷，总产量8278吨。

桃树育苗（2005年）

（二）中华寿桃、油桃

2005年，福安市从山东引进中华寿桃在赛岐高水笕等高海拔村种植成功。宁德市农科所，溪柄、甘棠果农也成功引种多个油桃品种，促进福安桃产业发展。

（三）其他桃

1991—2005年，全市桃品种还有白凤桃、春蕾水蜜桃、雨花露水蜜桃、古田水蜜桃、大久保、沙子早生、油桃、冬桃、毛桃等，在各乡镇零星栽种。

二、李

福安市是福建省李果主要生产基地。1991年，李果以芙蓉李为主、福安大红李（大华李）次之，少量皇后黑李、胭脂李、蜜李。皇后黑李从美国加州引进，在甘棠镇眉洋岭试种。该品种特点：皮紫色、肉质黄色、糖分高、品质好，货架期长。李果全市种植面积1601公顷，产量7975.45吨。1992年，“李柰丰产栽培与保鲜技术开发”项目获福建省政府星火计划二等奖。皇后黑李在甘棠、下白石、溪潭、赛岐、潭头等地种植，并成功推广到霞浦、古田、永泰等县。2000年，福安市李种植面积2937公顷。2005年，种植面积3000公顷，产量29799吨。

三、柰

柰有青柰、花柰、油柰之分。1991年，福安市种植面积133公顷，分布潭头、上白石等乡镇。青柰曾被列入省重点推广果树品种。2005年，全市种植面积241公顷、产量1442吨。

第三节　柑橘　梨

一、柑橘

1991年，福安市种植面积1303公顷，产量3032吨。1992年，因品种单一，效益较低，面积下降至723公顷。2003年，福安市农业局、宁德市农科所和溪潭岳秀村果农引进纽荷尔脐橙、橙橘杂交新品种，同时引进中国农业科学院柑橘研究所的天草、不知火、清见、春见、诺瓦等品种，在溪柄、城阳、坂中等乡村多点试种。2004年，建成溪潭岳秀村33.3公顷和溪柄水井岩13.3公顷脐橙生产基地。2005年，全市柑橘面积730公顷，产量5593吨。

主要品种：温州蜜柑、芦柑、雪柑、印子柑、桶柑、本地早、少核红橘、金柑、锦橙，多在沿海乡镇海拔500米以下山地种植。

二、梨

梨在福安市属小果种。1991年，全市种植面积40.5公顷，产量53.3吨。1992—1999年，全市种植面积在30～40公顷之间。2005年，全市种植面积31.8公顷，产量234吨。

主要品种：蒲瓜梨、大头梨、黄花梨、青花梨、翠冠梨、柴头梨等，以柴头梨、青花梨、黄花梨居多。主要分布松罗、晓洋、上白石、范坑、社口等山区乡镇。

第四节　其他水果

一、龙眼

1991年，福安市种植面积375.3公顷，产量450吨。1993年，在“闽东晚熟龙眼带”项目带动下，全市龙眼种植面积不断扩大，陆续引进新品种水楠1号、立冬本、松风本、友谊96-106，开展高接换种，促进品种更新。同时，市政府对龙眼生产项目给予专款补助，调动果农生产积极性。1994年，全市种植面积713公顷。2000年，全市种植面积1667公顷。2005年，全市种植面积1740公顷，产量4565吨。

主要品种：福眼、乌龙岭、水涨、赤壳、东壁、普明庵、油潭本、水楠 1 号、立冬本、松风本、友谊 96—106 等。其中福眼、乌龙岭、水楠 1 号、立冬本为主栽品种。分布在沿海霜期短和霜冻轻的下白石、湾坞、溪尾、甘棠、赛岐及具有小气候的城阳乡溪东村等。

二、荔枝

荔枝在福安市也属小果种。1991 年，全市种植面积 25.6 公顷，产量 19.3 吨。2000 年，全市种植总面积 49 公顷。此后，下白石果农引进东浏一号等晚熟品种试种，发挥晚熟优势。2005 年，全市种植面积 72.7 公顷，产量 293 吨。

主要品种：兰竹、乌叶、下番枝、早红、东浏一号等，兰竹，乌叶为主栽品种，分布市南部沿海的下白石镇荷屿、大获、平岗、小梨、六屿、衡洋、渔江，湾坞镇下广、浮溪，甘棠的外塘、南塘，赛岐镇苏阳等行政村，其他沿海村零星种植。

三、橄榄

1991 年，福安市种植面积 67.6 公顷，产量 140 吨。2001 年，全市种植面积 442.6 公顷，吸引福州、永泰、泉州、广东、浙江等地客商收购。后因效益下降，管理粗放，造成部分抛荒。2005 年，全市种植面积 305.7 公顷，产量 3374 吨。

主要品种：丁香、惠园、长营、四季橄榄、长米糕、紫头橄榄等。传统种植区在坂中、赛岐、湾坞、溪潭等地，后发展到城阳、甘棠、下白石等南部乡镇。以坂中畲族乡长汀、坑下，城阳乡白塔、溪东，赛岐镇苏洋为重点产地。

四、杨梅

1991 年，福安市种植面积 150.1 公顷，产量 212.6 吨。1999 年，赛岐苏阳村果农从浙江引种东魁品种。以品种果粒大、质优，价值高，外地客商争购、供不应求，促进赛湾公路沿线的青江、苏洋、长岐、下塘等村形成千亩东魁杨梅生产片。2004 年，全市种植面积 133.3 公顷。因杨梅普遍树体易老化、种性差、结果性状不良、加上果园被征用面积大，致生产发展迟缓。2005 年，全市种植面积 165.7 公顷，产量 1188 吨。

主要品种：东魁、丁岙梅、碳梅、霞浦杨梅，除在高海拔山区乡镇较多种植外，其余乡镇也有种植。

五、柿

除鲜食外，主要制成柿饼、柿干，销往闽浙各地。1991 年，福安市种植面积 130.5 公顷，产量 272 吨。1995 年，上白石镇采取苗木补助等形式扶持发展柿子生产，面积发展到 240.5 公顷。2000 年，全市种植面积 599.3 公顷。2005 年，全市种植面积 616.3 公顷、产量 6574 吨。

主要品种：油柿、牛心柿、水柿、无核大红柿等。分布溪潭、溪柄、潭头、上白石、社口、城阳等乡镇内陆平原和半山区。以潭头东昆、溪柄溪南、溪潭西隐为传统重要产区。

六、番石榴

1991—1998 年，福安市种植面积在 10～14 公顷之间，年产量 100～200 吨。1999 年，遭受历史罕见冻害，番石榴树冻死过半。2000 年，逐步恢复发展。2005 年，全市种植面积 38.5 公顷，产量 335 吨。

主要品种：本地红白、黄心番石榴、台湾番石榴。以城阳溪东村、白塔村为主产区，其他乡镇有零星种植。

七、柚

1991 年，福安市种植面积 20 公顷。1994 年 10 月，福安市福林柚引种试验通过专家鉴定。1995 年，培育福林柚优良无性系苗木 5 万多株，分别在福安、霞浦、宁德等地开展中试。1996 年，福林柚经省林业厅立项中试，全市种植 33.33 公顷，建立中试点 10 个。1999 年，福林柚中试研究项目通过省级鉴定，成果达到国内先进水平。2000 年，全市种植面积 55.7 公顷，以种植琯溪蜜柚为主。2005 年，受柑橘种植冲击，生产缩减，全市种植面积减至 39.7 公顷、总产量 247 吨。

主要品种：琯溪蜜柚、四季柚、文旦柚、沙田柚等，以琯溪蜜柚居首；分布在溪柄、溪潭、康厝、穆阳等乡镇。

八、香蕉

1991 年，福安市种植面积 29.3 公顷，产量 108 吨。2001 年，全市种植面积 73.5 公顷。2005 年，全市种植面积 58.9 公顷，因受霜冻影响，产量下降至 160 吨。

主要品种：紫蕉、大蕉、美蕉等，以紫蕉居首。分布沿海地区的溪、河、涧、沟等水系旁或车山脚及路旁避荫处。

九、青梅

1991 年，福安市甘棠、下白石、坂中、社口、城阳等乡镇成片开发种植青梅，供药用和加工果脯，全市种植面积 58.5 公顷、产量 171.1 吨。2005 年，因结果不稳、产量低、效益差，致面积减少，全市种植面积仅剩 21.3 公顷、产量 48 吨。

十、枇杷

1991 年，福安市种植面积 468.7 公顷，产量 799 吨。种植区域从西北部发展到溪柄以下的南部乡镇。栽培品种有长虹 3 号、解放钟、太城 4 号、东湖早、大红袍、森尾早生、香钟、大钟、白梨等。1992—1997 年，全市种植面积稳定在 460 公顷左右，以解放钟、太城 4 号、长虹 3 号、森尾早生为主。随着早熟品种的更新发展，1998 年，从省农科院引进早熟优质品种“早钟 6 号”。2000 年，开始在全市示范推广，原有的中、迟熟品种逐渐被替代，“早钟 6 号”成为当家品种。2000—2004 年，全市种植面积稳定在 500 ～ 700 公顷之间，种植地集中在南部沿海地区。2005 年，全市种植面积 621 公顷，产量 2762 吨。

第五节　水果病虫害及防治

一、桃树

病虫害：穿孔病、褐腐病、缩叶病、流胶病、疮痂病、炭疽病、潜叶蛾、蛀螟、红颈天牛、蚧壳虫。

使用农药：主要有矿物油乳剂、机油乳剂、石硫合剂、杀扑磷、吡虫啉、蚜虱净、康福多、艾美乐、金好年、好年冬、抗蚜威、丙硫克百威、啶虫脒、莫比朗、阿克泰、噻虫嗪、硫丹、赛丹、绿百事、歼灭、虫赛死、敌杀死、赛丹、绿百事、安绿宝、功夫、灭扫利、高效氯氰菊酯。

二、李奈

病虫害：红点病、细菌性穿孔病、褐腐病、流胶病、金龟子、李小食心虫、红蜘。

使用农药：阿维菌素、灭幼脲 3 号、吡虫琳、绿色威雷、白僵菌、苦烟、克螨特、卡死克、大生、世高。

三、柑橘

病虫害：炭疽病、树脂病、疮痂病、黄龙病、黑腐病、花蕾蛆、红蜘蛛、蚜虫、蚧壳虫、黄龙病、裙腐病、锈蜘蛛、潜叶蛾、木虱。

使用农药：敌敌畏、速灭杀丁、速扑杀、乐斯本、好年冬、阿维菌素、克螨特、杀虫双、波尔多液。

四、龙眼

病虫害：鬼帚病、炭疽病、霜疫霉病、木虱、蟒象、白蛾蜡蝉。

使用农药：辛硫磷、敌百虫、敌杀死、敌敌畏、波尔多、托布津、吡虫啉。

五、荔枝

病虫害：蟒象、蛀蒂虫、尺蠖、霜霉病、毛毡病、卷叶蛾、金龟子。

使用农药：波尔多、倍杀毒砜、敌敌畏、敌百虫、敌杀死、杀虫双、乐斯本。

六、橄榄

病虫害：肿瘤病、雀斑病、炭疽病、根结线虫病、黑斑病、煤污病、干腐病、青枯病、叶斑病、小黄卷叶蛾、野螟和枯叶蛾。

使用农药：氧氯化铜、甲基托布津、扑虱灵、万灵粉、敌百虫、功夫、速扑杀、波尔多液、代森锰锌、代森锌、多菌灵。

七、杨梅

侵染性病害：癌肿病、褐斑病、干枯病、枝腐病、炭疽病、锈病、赤衣病、根腐病、根结线虫病。生理性病害有小叶病、梢枯病。

害虫种类包括昆虫和有害动物，多达数十种。蚧类：已发现为害杨梅的有近 20 种，在福安市主要有柏牡蛎蚧、榆蛎盾蚧、樟网盾蚧三种；白蚁类：已发现为害杨梅的有黑翅土白蚁、黄翅大白蚁、家白蚁三种；蛾类：小细蛾、枇杷毒蛾、油桐尺蛾、油茶枯叶蛾、拟小黄卷叶蛾、咀壶夜蛾、大袋蛾、小袋蛾、白囊袋蛾；天牛类：茶天牛；叶甲类：各类金龟子；蝇类：黑尾果蝇；地下害虫类：小地老虎；有害动物类：蜗牛。

使用农药：敌敌畏、杀螟松乳剂、溴氰菊酯乳剂、扑虱灵、速扑杀、灭蚁灵、氯丹水剂、甲基托布津、波尔多液、多菌灵。

八、枇杷

病虫害：炭疽病、叶片病害（斑点病、角斑病、灰斑病）、叶污病、日灼病、黄毛虫、天牛。

使用农药：波尔多液、灵福、可杀得、敌杀死、农思本、敌敌畏、氧化乐果。

九、柿子

病虫害：疯病、角斑病、炭疽病、圆斑病、黑星病，山东广翅蜡蝉、长绵粉蚧、绒蚧、蒂虫、卷叶象、小叶蝉、星尺蠖。

使用农药：波尔多液、代森锰锌干悬、代森锰锌干悬、雷多米尔、阿克泰、苯菌灵可湿性粉剂、甲基硫菌灵可湿性粉剂。

十、番石榴

病虫害：炭疽病、蚜虫、天牛、木蠹蛾、介壳虫、线虫、粉蚧、锈病。

使用农药：代森铵、托布津、百菌清、胶体硫、波尔多液、敌百虫、马拉硫磷、松脂合剂、水胺硫磷。

十一、梨

病害：黑星病（俗称黑霉病、雾病、荞麦病）、锈病、轮纹病、黑斑病、褐腐病、树腐烂病、褐斑病；梨虫：蚜、木虱、大食心虫、小食心虫、黄粉蚜、网蝽、茎蜂、星毛虫、实象甲、实蜂、金缘吉丁虫和苹毛金龟甲。

使用农药：福美砷可湿性粉剂、石硫合剂、晶体石硫合剂、石硫合剂、晶体石硫合剂、蛾螨灵乳油、斯本乳油、苦参碱水剂、甲基托布津可湿性粉剂、多菌灵可湿性粉剂、福星乳油、尼索朗乳油、万灵可湿性粉剂、扑海因可湿性粉剂、乙膦铝可湿性粉剂、多氧霉素、福星可湿性粉剂、代森锰锌可湿性粉剂、百菌清可湿性粉剂、辛硫磷乳油、杀铃脲悬浮剂、灭幼脲Ⅲ号、氟铃脲乳油。

十二、香蕉

病虫害：束顶病、叶斑病、黑星病、炭疽病、巴拿马病（又称“黄叶病”，或“枯萎病”）；象甲、交脉蚜（又称“黑蕉蚜”）、蕉菜卷叶虫和花蓟马。

使用农药：敌力脱乳油、氧氯化铜糊剂、多硫悬剂、甲基托布津、百菌清。

第十一篇

水利　水电

SHUILI　SHUIDIAN

1991年，全市有各种水利设施6021处，有效灌溉面积11926.7公顷、保灌面积9440公顷；水电站66座，总装机容量1.01万千瓦、年发电量803.38千瓦时。1991—2005年，全市建成蓄水工程49座，总库容3712.97万立方米；新建、维修引水渠道143条，灌溉面积5592.5公顷；修建提水工程39处；完成节水灌溉工程16处，灌溉面积3515.3公顷；完成人畜饮水工程271处，受益271村、人口22.5万人；新建防洪堤工程25处，保护农田1.07公顷、人口24.99万人；加固、新建海堤22处；治理河道3条，长5.15千米；新建水闸涵闸14处；建设小水电站85座，装机138台、容量77.735兆瓦。1992年，福安市通过福建省第二批水行政执法建设试点县（市）合格验收。1999年，通过省级农村初级电气化县（市）建设验收。2001年，获全国第三批农村水电初级电气化试点县（市）建设先进集体。2002年，被列入第二批全国节水灌溉试点县（市）建设。2004年，福建省第四批水利化县（市）建设规划通过审批并实施。

第一章　水利工程

第一节　蓄水工程

一、山塘小水库

1991 年，福安市的山塘小水库只有城阳乡官洋村的一座。

2005 年，全市有山塘 27 座、小型水库 44 座、中型水库 2 座（包括刚动工建设），总库容 9116.59 万立方米（未包括在建中型水库）。

1991—2005 年，全市新建山塘（拦河坝）27 座，总库容 66.98 万立方米。

表 11—1　1991—2005 年福安市修建山塘（拦河坝）情况表

序号	山塘名称	所在乡镇	所在溪流	集雨面积（平方千米）	总库容（万立方米）	坝型	坝高（米）	动工时间	投产时间
1	西隐	溪潭	西隐溪	2.2	3	重力坝	6	—	1996
2	渡桥二级	康厝	周溪	31.63	9.23	砌石拱坝	18	—	1997.6
3	桦庄	溪潭	磻溪	8.6	0.9	砌石拱坝	10	—	1997.9
4	利丰	溪潭	磻溪	—	2	—	3	—	1998
5	眉洋	甘棠	眉洋溪	5.5	2.7	浆砌石坝	7.3	—	1998.3
6	官洋	城阳	富濑溪	6.3	4.3	砌石拱坝	6	1988	1999.10
7	茶洋一级	溪潭	磻溪	2.75	9	砌石拱坝	11.3	—	1999.10
8	上洋	穆云	秀溪	4	0.6	重力坝	2	—	1999
9	留洋二级	—	外洋溪	—	0.2	—	3	—	1999.12
10	眉洋	甘棠	际坪溪	—	0.05	—	3	—	1999.12
11	龙港	溪柄	龙新溪	6.7	0.8	砌石拱坝	6.2	—	2001.12
12	半岭	溪潭	磻溪	1.36	0.13	砌石拱坝	5	—	2002.6
13	横林	溪潭	西隐溪	4.4	0.07	砌石拱坝	4.7	—	2002.6
14	拱桥	康厝	象地溪	3.79	0.03	浆砌石重力坝	3.8	—	2002.12
15	际溪尾	康厝	八蒲溪	15.99	0.6	浆砌石重力坝	8	—	2003.3

续表 11—1

序号	山塘名称	所在乡镇	所在溪流	集雨面积（平方千米）	总库容（万立方米）	坝型	坝高（米）	动工时间	投产时间
16	洋中	城阳	秦溪	5.4	3.46	拱坝	9.1	2003.5	2003
17	大半洋	溪潭	磻溪	23.49	0.5	重力坝	2.5	—	2003
18	坦洋	社口	坦洋溪	10.4	0.12	砌石拱坝	1.8	—	2003.12
19	岩头	社口	岭下	5.12	0.28	砌石重力坝	6.95	2003.12	2004.4
20	翁洋	穆云	下逢溪	5.8	0.71	浆砌石重力坝	2.9	2003.9	2004.5
21	溪塔	穆云	秀溪	32.85	9.7	拱坝	15	2003.3	2004.6
22	洋面	城阳	化蛟溪	4.54	4.3	砌石拱坝	10.6	—	2005.1
23	安兴	—	—	—	1.1	—	7.5	—	2005.6
24	社洋二级	康厝	周溪	9.53	1.6	砌石拱坝	13.5	—	2005
25	牛坑溪	赛岐	炉山溪	2.86	0.3	砌石拱坝	6	—	2005.11
26	蟾溪三级	穆云	蟾溪	34	8.3	砌石拱坝	14.5	2004.1	2006.1
27	五洋	上白石	五洋溪	9.2	3	浆砌石拱坝	9.8	2004	在建

二、小（2）型水库

1991—2005 年，福安市新建小（2）型水库（蓄水 10～100 万立方米）16 座，总库容 522.99 万立方米，均以发电为主。2005 年，福安共有小（2）型水库 35 座，总库容 1056.77 万立方米。其中，以灌溉、人饮为主的公益性水库 11 座，总库容 278.63 万立方米；以发电为主的水库 24 座，总库容 778.14 万立方米。

三、小（1）型水库

1991 年，福安市有小（1）型（101 万～1000 万立方米）水库 5 座，总库容 1427.6 万立方米；1992—2005 年建成 5 座，总库容 3143.73 万立方米。至 2005 年，全市有小（1）型水库 9 座，其中以灌溉、人饮为主的水库 7 座，分别为柏柱洋红领巾水库，顶头、炉山、松罗、何厝、半岭、留洋、坑口水库，总库容 1755.6 万立方米。灌溉面积 2306.67 公顷，发电装机 15 台、装机容量 4514 千瓦；以发电为主的水库 2 座，即是初处电站水库（与闽东水电站合一水库）和马头山水库、总库容 2724.73 万立方米，发电装机 14 台、装机容量 11.89 万千瓦。

（一）柏柱洋水库

柏柱洋水库又称红领巾水库，位于溪柄镇柏柱洋斗面村，坝址以上控制集雨面积 3.23 平方千米，总库容 142.9 万立方米，兴利库容 112.7 万立方米，设计灌溉面积 666.7 公顷，有效灌溉面积 240 公顷。

1958 年 4 月，水库动工建设。1973 年 12 月，工程竣工。工程投资 59.5 万元，其中，福建省少先队员捐资 10 万元，故又名“红领巾水库”。柏柱洋水库是福安最早建设蓄水量 100 万立方米以上的水库。

表 11—2　1991—2005 年福安市新建小（2）型水库情况表

序号	水库名称	所在乡镇	所在溪流	集雨面积（平方千米）	大坝			水库		渠道			效益			动工时间	竣工时间
					坝型	坝高（米）	坝顶中心长度（米）	总库容（万立方米）	兴利库容（万立方米）	隧洞长度（米）	渠道长度（米）	流量（立方米/秒）	功能	灌溉面积（公顷）	发电装机容量（千瓦 × 台）		
1	黄兰溪二级	晓阳	下逢溪	84	砌石重力坝	32	85.5	52.56	—	8280	—	单机 3.94	综合	806.7	1500×2	1992.7.16	1996.8.29
2	岩下	社口	西溪	1127	浆砌石拱坝	7.8	127	15	12	—	—	24.6	发电	—	200×4	—	1991.12
3	财洪	上白石	财洪溪	43.1	浆砌石拱坝	11.5	50	15	7.8	—	2540	—	发电	—	500×2	—	2001.3
4	洋坑	潭头	洋坑溪	17	浆砌石拱坝	27	66.7	32.3	13.92	—	1858	—	发电	—	500×2	—	2004
5	渡桥一级	康厝	周溪	30.62	砌石拱坝	21	62	14.36	9.2	—	2180	—	发电	—	400×2	—	1997.11
6	棠溪	潭头	棠溪	7.88	橡胶坝	11.84	70	57.53	0.5	—	183	—	发电	—	320×3	2003.11	2005.12
7	后楼	城阳	富濑溪	10.97	砌石拱坝	33	53.15	90.78	58.1	—	1600	—	发电	—	500×2	2003.4	2004.3
8	九龙一级	穆云	蟾溪	20.5	砌石拱坝	29	76.8	32.65	13.5	—	2130	—	发电	—	800×3	98.3	2002.12
9	九龙二级	穆云	蟾溪	29	砌石拱坝	15.6	51	15.62	4.22	—	3024	—	发电	—	700×3	98.8	2004.1
10	阳坑	范坑	阳坑溪	13.25	砌石拱坝	23.3	57.15	21.8	10.5	—	1540	—	发电	—	500×2	99.9	2005
11	林洋湖	穆云	下逢溪	75.75	拱坝	17	69.59	71.4	14.7	—	510	—	发电	—	500×2	2003.7	2004.5
12	贵洋	穆云	下逢溪	71.65	溢流重力坝	5	60	13.5	2.6	—	17	—	发电	—	100×1	—	2004.6
13	日山	城阳	富濑溪	23.94	砌石拱坝	15	57.91	25.55	7	—	1200	—	发电	—	250×2	2004.1	2004.5
14	横坑一级	溪柄	茜洋溪	9.2	砌石拱坝	15	44	16	10	—	530	—	发电	—	200×2+125×1	2003.9	2004.6
15	吉坑一级	范坑	吉坑溪	8.95	浆砌石拱坝	20	86.8	35.82	15.39	—	2032	—	发电	—	630×2	2004.10	—
16	吉坑二级	范坑	吉坑溪	15.05	浆砌石拱坝	17	54.9	13.12	5.13	—	1432	—	发电	—	500×2	2004.10	—

1975年，出现背水坡渗漏、八角亭附近管涌漏水情况，经过处理堵住漏洞。1977年，为根治隐患，福安县对迎水坡长40米、宽30米进行翻砌，并在坝顶砌高0.6米、长98米的防洪墙。1982年，对启闭机进行更换、溢洪道清淤。1986年，对大坝、涵洞进行灌浆。柏柱洋水库建成以来，一直为灌区农业生产灌溉用水和防洪发挥着重要作用。1991年后又经多次加固维修。

红领巾水库（2004年）

（二）顶头水库

位于福安市下白石镇顶头村牛池岗，1959年12月16日，工程动工，是当年闽东的大型工程之一，属东沃溪支流蓄水工程。坝址以上控制流域面积23平方千米，水库总库容709万立方米，兴利库容650万立方米，设计灌溉面积1333.3公顷，实际灌溉面积1157公顷。电站1988年兴建，设计水头22米，装机2台、装机容量（250×1+125×1）千瓦；引水渠道总长51.5千米，灌溉下白石片良田面积341.7公顷。

福安连续干旱，顶头水库连续输水63天，保证甘棠、下白石三片灌区的用水，使666.7公顷双季稻获得丰收。2001年，坝后电站新装200千瓦发电机组1台，容量达到575千瓦。2002年，通过银行贷款和单位捐资，投资400万元铺设DN400VPVO管道11千米，新建日供2000吨净水系统1座，加压站1座，使人畜饮水日供水能力由2000吨提高到4000吨；又投资80万元对大坝输水涵管漏水进行根治。2005年，因同三高速公路宁德段建设造成渠道毁坏，获得赔偿31万元后对毁坏引水渠道进行修复，以保证灌溉和生活输水。

（三）炉山水库

炉山水库位于湾坞乡彭洋村，属炉山溪流域蓄水工程。坝址以上控制流域面积22.93平方千米，水库总库容326.16万立方米，兴建库容272.4万立方米。设计灌溉666.7公顷，有效灌溉面积300公顷，是一座以灌溉为主的蓄水工程。1972年12月动工建设。1974年11月竣工，总投资137.26万元。炉山水库为湾坞乡灌溉用水、发展农业生产发挥了积极作用。1991年后又经多次维修。同年，动工建设炉山水库电站，设计水头88米，装机容量400×2千瓦。1992年投产。1993年，湾坞灌区成立。2004年，水库大坝通过安全鉴定。

（四）松罗水库

松罗水库位于松罗乡松罗村畲斗洋西北侧，控制集雨面积1.42平方千米，总库容111.89万立方米，兴利库容102立方米；水库由福鼎洋主库和满洋里副库组成。1976年8月动工兴建，1978年9月主库大坝建成，并配套建设水赤溪一级水电站1座、装机容量125×1+84×1千瓦。至1985年，松罗水库工程竣工验收，设计灌溉面积350公顷，受益松罗、洋西、岭头、满洋里、柳溪、龙港等村。1991年后进行过加固维修。

（五）何厝水库

何厝水库位于甘棠镇何厝村下游，属贝头溪蓄水工程。坝址以上流域面积10.8平方千米，水库总库容106万立方米，其中，兴利库容85万立方米，死库容7.8万立方米，设计灌溉面积400公顷、有效灌溉面积266.7公顷，是一座以灌溉为主的小（1）型水库。1985年10月动工兴建，1992年10月投入运行；总投资435.4万元，使用劳动力41.67万工日。

（六）半岭水库

半岭水库位于湾坞乡半岭村，坝址以上集雨面积30.3平方千米。总库容328万立方米，其中兴利库容273万立方米。设计灌溉面积666.7公顷，它与炉山水库共同承担湾坞片区1333.3公顷土地的灌溉任务，是一座以灌溉为主的小（1）型水库。

半岭水库是亚洲银行农业综合开发项目。1991年6月，动工兴建大坝，1993年，完成大坝建设，1994年8月，竣工投产；1995年通过省级验收。总投资686.67万元，其中，水库工程638.3万元、坝后水电站工程47.87万元。

（七）留洋水库

留洋水库位于城阳乡留洋村，距福安城关7千米，属富春溪支流秦溪河道梯级开发工程，年径流量1838万立方米。坝址以上集雨面积11.7平方千米，总库容513.93万立方米。设计灌溉面积753.3公顷，水电站装机1760千瓦，是一座以发电为主，兼人畜饮水、灌溉、防洪的综合性年调节小（1）型水库。总投资1989.35万元，迁移人口510人，淹没耕地19.2公顷，最大输水流量每秒1.32立方米；利用电站尾水建设日供水3万吨的城东水厂。

1995年，留洋水库工程经省计委批准动工建设。1996年，完成坝址地质钻探和水库大坝、有压引水隧洞的施工设计。1997年，实现通水、通电、通公路，大坝清基通过验收，累计投资730万元。1999年，完成大坝和电站建设，大坝建设的同时，建设移民新村房屋174幢；城东水厂也动工建设。

2000年，库容526万立方米的水库和装机1760千瓦坝后电站全面完工后，续建日供水能力3万吨的城东水厂。2001年5月，实现水库分期蓄水，装机1760千瓦水电站投产发电。2002年，与搬迁户全部签订搬迁协议书，并完成落户安置。留洋水库累计完成投资1322.3万元。

（八）坑口电站水库

坑口电站水库位于潭头镇坑坪村，是东溪支流棠溪干流梯级开发工程之一。坝址以上流域面积255平方千米，多年平均流量每秒5.61立方米，年径流量17800万立方米，总库容502.74万立方米，兴利库容293.41万立方米，为周调节水库。设计电站装机容量1890千瓦，是一座以发电为主的小（1）型调节水库。设计洪峰量每秒1222立方米，校核洪峰流量每秒1567.47立方米；设计洪水位163.07米，校核洪水位163.99米，正常蓄水位158米。水电站最大水头30.2米引水渠长度218米。

2002年10月工程动工。2004年2月竣工投产。淹没耕地1.06公顷，静态总投资786万元。

（九）马头山水库

马头山水库位于溪柄镇采花桥村上游1.8千米的马头山，是茜洋溪流域梯级二级电站。坝址以上流域面积284.4平方千米，总库容998万立方米，是一座以发电为主，兼灌溉、供水的小（1）型水库，也是福安市总库容最大的小（1）型日调节水库。

马头山水库拦河坝为细骨料混凝土砌块石三圆心变厚双曲拱坝，最大坝高38米、坝顶高程92米。设计洪水标准为五十年一遇，设计洪水位86.16米；校核洪水标准按200年一遇设计，校核洪水位90.34米。正常蓄水位85米，相应库容639万立方米；泥沙淤积高程68.99米，淤积库容74.3万立方米。溢洪道设在河道中部，为坝顶挂闸溢式溢流，堰顶调和80.3米，堰净宽54米。下游消能方式为挑流消能，下游最高水位63.47米。引水系统进口采用竖井式，引水隧洞长3305米。工程设计时除考虑发电外，还考虑到其需承担灌溉、供水的任务，设计用水流量每秒4.29立方米，保证灌溉面积866.7公顷，日供工业、居民用水12万吨。

马头山水库，由福建省水利规划设计院设计。2003年9月，成立福安市力源水电开发有限公司投资建设。次年10月立项、12月水库动工建设，至2005年工程还在建设中，预计总投资7276.29万元。

四、中型水库

2005年，福安市建成中型水库1座，为黄兰溪一级电站水库，总库容1766万立方米；在建1座，为潭头电站水库，设计库容2555.2万立方米。

（一）黄兰溪一级电站水库

1991年10月29日，水利部水电〔1991〕27号文审查批复（福安）《黄兰溪一级电站水库项目建设书》。1992年7月16日动工建设。

黄兰溪一级电站水库大坝坝址位于晓阳镇原黄銮桥下游560米处、穆阳溪支流下逢溪上游的河道上。库区淹没涉及福安市晓阳镇的晓阳、谷口、龙洋3个行政村和寿宁县凤阳乡的凤阳、官田、大石、天香4个行政村。坝址以上控制流域面积68.6平方千米，水库总库容1584万立方米，其中调节库容1358万立方米。正常蓄水位650.5米，相应库容1493万立方米，水面面积1.44平方千米。死水位（发电限制水位）630.5米，死库容113万立方米。

1993年7月13日，泄洪洞开工建设，位于防洪副坝前，设计20年一遇洪水泄洪、流量每秒101立方米。1996年2月18日通水，4月15日全面完工。

1994年7月20日，拦河坝动工建设。1996年12月竣工运行后，大坝放水（冲砂）孔闸前钢管13米会发生振动，存在安全隐患。2000年，进行回填加固，把裸露的钢管浇上混凝土。

1995年9月10日，防洪副坝动工建设，位于晓阳镇谷口村下游，建坝目的是为了不淹没晓阳镇政府驻地，次年10月31日竣工。防洪副坝建成后，谷口村上游11.4平方千米流域面积的水量，通过防洪副坝和泄洪洞引至一级电站拦河坝下游，注入二级电站水库，既防洪又增加二级电站水库调节水量。防洪坝与副坝的防洪标准均按50年一遇洪水设计，500年一遇洪水校核施工。

1996年6月21日，副坝动工建设，位于晓阳镇龙洋村后山西岔口，当年10月竣工。因坝体填土干容重达不到设计要求，福建省水利科学研究所试验分析认为可能影响边坡稳定，应加固处理。1997年下半年，对背水坡进行加厚填筑土方放缓边坡。1999年年底，对迎水坡进行抛石压载处理，经省水利水电厅验收批准按正常蓄水位运行。从1996年10月15日至2003年7月13日，进行的101次观测数字统计看，累计垂直最大沉陷量仅55毫米，最大水平位移量为13毫米，运行正常。

（二）潭头电站水库

位于交溪水系东溪干流福安段主河道上，是东溪干流上白石以下河段四级开发的第三级工程。坝址距凤埼村下游0.5千米，坝址以上控制流域面积2060平方千米，河道多年平均流量每秒80.53立方米，多年平均入库径流量25.39亿立方米，总库容2555.2万立方米，电站装机容量30000千瓦，是一座以发电为主的中型水库。主要工程包括拦河坝、引水系统、水电站。2005年11月工程动工，设计总工期3年。

附：上白石水利枢纽工程前期工作

位于交溪水系东溪主河道上白石河段，又称交溪水利枢纽工程。20世纪50年代后期，福安专区曾委托电力部上海水电设计院进行规划，并形成初稿。1992年，福建省计委、水利电力厅重新进行复勘，并完成设计稿。1998年，正式完成《赛江上游（东口以上）流域综合规划报告》。1999年11月，因工程涉及闽浙两省界河问题，福建省水利水电厅以闽水电〔1999〕计623号文上报水利部，请求协调审批。为使规划方案更加公正合理，水利部太湖流域管理局委托水利部上海设计院重新组织规划。2000年4月，上海设计院技术专家组进场开展工作，最终确定以四大方案之一的上白石水利枢纽工程为综合效益最优方案推荐。该方案坝址以上流域面积1549平方千米，水库总库容3.8亿立方米，可相应配套水电装机容量15万千瓦，年发电量4.7亿千瓦时，兼有防洪、供水、灌溉综合效益。由于工程涉及闽浙两省水资源分配问题，工程前期工作受到影响。2003年以后，工程前期工作由宁德市政府牵头组织开展，闽浙两省进行多次协商。2005年4月28日，闽浙两省经过最终协商，形成“3+2”框架方案，确定上白石水利枢纽工程高程控制在180.5米，达成交溪流域东溪水资源综合利用规划协议，并共同委托水利部华东勘测设计研究院编制东溪干流界河规划。

第二节　引水工程

一、工程分布

1991年，福安市共有灌溉百亩以上工程190处，渠道总长407.15千米，灌溉面积5126.7公顷。2005年，福安灌溉面积百亩以上的引水渠道333条，总长641.31千米，分布在20个乡镇（街道）、300多个村庄，有效灌溉面积10719.2公顷；保证灌溉面积8936.4公顷。其中灌溉面积在百亩以上20公顷以内的引水渠道244条，总长327.2千米，灌溉面积3149.5公顷、保证灌溉面积2448.7公顷，分布于18个乡镇和街道、受益村庄239个。灌溉面积在20公顷以上33.3公顷以内的引水渠道48条，长度75.45千米，灌溉面积1419.2公顷、有效灌溉面积1091.7公顷，分布在上白石、晓阳、社口、城阳、溪柄、穆阳、穆云、康厝、溪潭、下白石、湾坞、溪尾、甘棠、潭头等14个乡镇，受益村庄38个。灌溉面积在33.3公顷以上66.7公顷以内的引水渠道25条，渠长69.28千米，灌溉面积1125.2公顷、有效灌溉面874公顷，分布在上白石、社口、城阳、溪柄、穆阳、穆云、康厝、溪潭、下白石、湾坞、松罗等11个乡镇，受益村庄36个。灌溉面积在66.7公顷以上666.7公顷以内的引水渠道5条，长度23.848千米，有效灌溉面积566.7公顷，保证灌溉面积566.7公顷，分别是城阳乡秦溪引水工程、溪柄镇岽山水利工程、溪尾镇下邳水利工程、穆阳镇虎头渠和康厝畲族乡穆阳引水工程，受益村庄18个。灌溉面积666.7公顷以上的引水工程4处，分别是茜安水利工程、湾坞灌区水利工程、龙溪水利工程和顶头水库引水灌溉工程；引水渠道 8 条，渠道长度 156.38 千米，设计灌溉面积 5913.3 公顷，有效灌溉面积 4415.3 公顷、保证灌溉面积 3922 公顷，受益乡镇 8 个。

二、重点工程

（一）茜安引水工程

1958 年 4 月动工，当年 12 月建成通水。1979—2003 年，对 200 米至 47 千米段渠道采取现浇薄板防渗混凝土三面光改造处理 13 千米，两面光处理 8.4 千米，石砌老化渠段加固处理 11.3 千米，混凝土砌石加粉刷处理 7 千米，累计投资 320 万元。1989—1991 年，投入 59.4 万元，修通赛岐至象环隧洞 1 条，全长 1050 米。不仅解决了赛岐段万寿街至下港路的防洪问题，同时使渠道缩短 4150 米，加大防渗除险能力。1993—1996 年，20K ＋ 400、16K ＋ 350、21K ＋ 100、38K ＋ 600、41K ＋ 730 等渠段出现暗管涌，投入资金 25 万元，采取浇薄板混凝土加固处理。1997 年，特大暴雨造成 4K+50 米段发生山体滑坡，摧毁公路、填没石渠 110 米，投入修复资金 5.3 万元。2002 年，特大暴雨造成渠道沿线山体溜坡，毁渠 17 段、垮塌 4 段、冲毁涵洞 1 座，投入修复资金 15.3 万元。2002—2003 年上半年，因同三高速公路建设，造成渠道 4 千米损毁，投入资金 800 万元，分两期改造建设。一期投入 350 万元，改造建设渠道 1980 米，其中，修建狮子头、苏阳两座卧槽，长 421 米，开凿苏阳隧洞 245 米，互通口、澳里、溪里、苏阳、大盘小盘等段进行改渠；二期投入 450 万元，主要用于澳里沉砂池，泥湾、江兜、梅里、下塘、下广等段改渠，徐江卧槽以及渠首进行拓宽、降坡和防渗加固处理。2005 年年底，改渠工程全部结束。

（二）湾坞引水工程

1993 年，福安市人民政府将茜安水利湾坞段渠道划归湾坞灌区管理处管理。湾坞灌区管理范围包括：半岭水库和炉山小（1）型水库（炉山水库原属湾坞乡管理，1996 年 3 月，湾坞灌区管理处承包管理），总库容 654.16 万立方米，以及田中、半岭 2 座水电站和下塘村至田中村、炉山水库至下广村、田中村至下华山 3 条计长 34.88 千米的引水渠道。设计灌溉面积 1241.3 公顷，有效和保证灌溉面积 838 公顷。

1994 年 8 月，半岭水库、水库坝后电站竣工投产。1995 年，半岭水库和湾坞二级围垦同时通过省级竣工验收。1996 年，灌区改造配套工程获省水利厅立项审查。1997 年，配套工程动工，完成投资 30 万元。1998 年，引水隧洞改造工程全面开工建设，开凿隧洞 1100 米，累计投资 225 万元。同年，田中电站动工，次年投产。2002 年，湾坞灌区节水灌溉配套工程完成设计并得到批复。工程包括渠道防渗处理，保证灌溉面积 886.7 公顷、低压管道灌溉 333.33 公顷，概算总投资 1505 万元。2005 年，利用水库日供水 3000 吨水厂启动建设。

（三）龙溪引水工程

龙溪引水工程坝址位于穆阳溪支流下逢溪下游龙首桥，坝址以上集雨面积 178 平方千米，设计年供水量 1.25 亿立方米，枯水期流量 0.8 立方米 / 秒。工程设计灌溉面积 440 公顷，实际灌溉面积 713.3 公顷。1958 年，工程动工建设，曾一度停建。1965 年续建，1968 年全面竣工，总投资 58.59 万元。

20 世纪 90 年代建设的黄兰溪梯级水库电站系跨流域引水，龙溪引水工程上游集雨面积被截走 87 平方千米。1996 年 7 月，为了增加龙溪水利工程来水量，在溪潭镇双峰桥上游建设龙溪抽水机站，当年 10 月竣工投产。以抽取穆阳溪之水入龙溪水利工程，补充有效灌溉面 280 公顷，同时成立龙溪水利电灌补水管理站。

（四）顶头水库引水工程

1959 年 12 月，顶头水库动工建设，1969 年 12 月大坝竣工；1972 年 3 月渠道通水。引水渠道共 3 条，总长 51.5 千米，其中，总干渠长 1.5 千米，左干渠长 29.6 千米、右干渠长 20.5 千米。设计灌溉面积 1780 公顷，有效灌溉面积 1404 公顷，保证灌溉面 1404 公顷。

第三节 提水工程

1991 年，全市有电灌提水灌溉工程 43 处，总装机 67 台；茶果喷灌工程 18 处，总装机 38 台。1997 年，根据水利普查资料，有原建和新建的提水灌溉工程 39 处。

第四节 节水灌溉工程

2000 年，福安市进行农田水利工程和中低产田改造配套建设，投入 2525.6 万元，建设溪柄、甘棠、坂中和城阳等乡镇 12 个村的节水灌溉工程 7 处，灌溉面积总计 2146.7 公顷。2002 年，福安市被水利部列为全国第二批节水灌溉试点县（市），投入 450 万元建设溪柄镇马厝，赛岐镇泥湾、象环，溪潭溪北、濑头，甘棠观洋等 5 处节水灌溉工程，面积 340 公顷。2003 年，被列入省第四批水利化县（市）建设，投资 62 万元完成城阳乡天湖合掌岭茶园等 3 项节水工程，新增节水灌溉面积 273.3 公顷。2004 年，省人民政府实施“千万亩农田节水灌溉工程”，完成省级溪柄片现代化节水灌溉示范园区建设。2005 年，投入 90 万元，实现节水灌溉面积 106.7 公顷。1991—2005 年，福安市建设节水灌溉重点工程共 16 处，节水灌溉面积 3515.3 公顷。

一、溪柄片现代化节水灌溉示范园

福安溪柄片现代化节水灌溉示范园区位于溪柄镇，属茜安水利灌区范围，也是宁德市农业科技园、省级农业新品种试验基地，由省水利厅水利建设技术服务中心设计。2001 年 10 月工程开始建设。次年 2 月，省水利厅调整设计，同年 3 月 10 日全面完工。

示范园区面积 75.3 公顷，涵盖溪柄、扆山、立峰 3 个行政村，以建设灌溉节水工程为主，项目概算投资 282.21 万元：省水利厅补助 94 万元，福安市自筹 188.21 万元。累计完成投资 253.20 万元，省水利厅 94 万元；福安市财政配套资金 30 万元，茜安水利管理处投资 66 万元，溪柄镇政府组织园区受益群众投工投劳 63.20 万元。33.3 公顷连片滴灌面积，属当时福建省最大滴灌片，具有较好的示范性作用。

二、下白石节水灌溉增效示范项目

福安市下白石节水灌溉增效示范项目位于下白石镇，属顶头水库灌区管辖，由镜塘片和大梨片组成，实施面积 153.4 公顷。其中镜塘片 179.4 公顷，分布于外山、凤山、英平、顶头 4 个行政村；大梨片 73.9 公顷，分布在大梨、斗门头、下白石、小梨 4 个行政村。项目受益人口 8600 多人。2003 年 5 月，项目由福建省兴水开发有限公司设计；11 月，《福建省水利厅关于福安市下白石节水灌溉增效示范项目

表 11—3　1997 年福安市提水灌溉工程一览表

序号	工程名称	所在乡镇（村）	装机（台）	容量（方）	扬程（米）	抽水流量（米^3/秒）	水源地	渠道长度（千米）	设计灌溉面积（公顷）	有效灌溉面积（公顷）	工程总投资（万元）	国家补助（万元）	投入劳动力（万工日）	竣工时间	受益村（个）	备注
1	狮子头电灌站	茜安水利	5	475	20	1.1	赛江	28	733.33	446.67	30	20	1.43	1973.3	15	—
2	罗江抽水机站 罗江一级 二级 三级	闽东赛岐经济开发区	6 3 2 1	360 220 90 50	22.9 7.9 4 11	 0.36 0.32 0.08	赛江 赛江 赛江 赛江	9.5 5.0 2.5 2	 400 300 33.33	 366.67 200 33.33	35.8	23	1.99	1957.2	10	—
3	龙溪抽水机站	溪潭双峰	2	220	30.91	0.42	廉溪	—	280	280	130	92	1.008	1996.7	—	—
4	坂头水泵站	上白石流尾	—	—	—	—	东溪	1	13.33	4	—	—	—	—	1	—
5	大庄水泵站	潭头大庄	—	—	—	—	棠溪	6	—	21.33	—	—	—	—	3	—
6	下洋中水泵站	潭头下洋中	2	60-6-20	19	0.174	棠溪	1.7	17.33	13.33	—	—	—	1963.12	1	—
7	棠溪水泵站	潭头棠溪	—	—	80	—	棠溪	—	—	—	—	—	—	1963.1	—	—
8	填头水泵站	社口填头	—	—	—	0.8	西溪	0.4	17.33	—	—	—	—	—	—	—
9	填下水泵站	社口填下	1	80-20-20	30	0.01	西溪	1.5	6.67	5.33	5.3	3	2.1	1970	1	—
10	岩下水泵站	社口岩下	4	60-6	32	0.094	西溪	0.45	93.33	23.33	13	9	4.5	1974	—	—
11	秀峰电灌站	社口秀峰	1	60-4	10	0.06	西溪	2.02	23.33	20	1	0.5	0.5	1977	1	—
12	松潭水泵站	坂中松潭	2 2	80-4-20 80-20-20	8 36	0.135 0.14	富春溪	1.005 4.98	66.67 100	23.33 86.67	4 25	1.5 17	1.5 4.5	1966 1969	2 2	—
13	坂中水泵站	坂中	—	—	—	—	富春溪	0.5	60	—	—	—	—	—	1	—
14	坑下水泵站	坂中坑下	—	—	—	—	富春溪	0.6	57.33	—	—	—	—	—	1	—
15	长汀水泵站	坂中长汀	—	—	—	—	富春溪	0.4	60	—	—	—	—	—	1	—
16	牛埕电灌站	穆阳	—	—	—	—	穆阳溪	0.5	21.67	16.67	—	—	—	—	3	搬迁停建
17	穆阳水泵站	穆阳	1	60-6	6	0.135	穆阳溪	1.07	13.33	13.33	3	1	2	1960	1	—
18	苏堤水泵站	穆阳苏堤	2	60-6	30	0.118	穆阳溪	2.35	—	—	—		—	1965	1	—
19	贵洋水泵站	穆云贵洋	1	60-6	12 8	0.096 0.157	龙虎桥下 龙虎桥下	0.39	6.67 13.33	6.67 13.33	2.5 2	1.5 1	2 1.5	1972 1968	1 1	—

续表 11—3

序号	工程名称	所在乡村	装机（台）	容量（方）	扬程（米）	抽水流量（米^3/秒）	水源地	渠道长度（千米）	设计灌溉面积（公顷）	有效灌溉面积（公顷）	工程总投资（万元）	国家补助（万元）	投入劳动力（万工日）	竣工时间	受益村（个）	备注
20	濑尾电灌站一级	溪潭濑尾	—	—	—	—	—	0.26	10	6.67	—	—	—	—	1	—
21	前埔电灌站	溪潭前埔	—	—	—	—	—	0.29	43.33	34.67	—	—	—	—	1	—
22	濑尾电灌站	溪潭濑尾	—	—	—	—	—	0.42	8	4	—	—	—	—	1	—
23	洪口电灌站	溪潭洪口一级二级	1 1	55 30	6 6	—	廉溪	2.2	100.33	86.67	7.5	6	2.5	1973	2	—
24	中坂水泵站	溪潭中坂	1	60-4-30	6	0.135	磻溪	0.15	6.67	5.33	3	1	1.3	1969	1	—
25	上岐电灌站	赛岐上岐	—	—	—	—	—	0.3	—	—	—	—	—	—	1	—
26	廉首电灌站	赛岐廉首	2	32	12	0.025	赛江	1.5	20	20	2.5	—	1	1965		—
27	占岐电灌站	溪柄黄兰	—	—	—	—	赛江	0.7	8.67	8	—	—	—	1971	1	—
28	水田电灌站	溪柄水田	—	—	—	—	赛江	0.5	—	—	—	—	—	—	1	—
29	田坂电灌站	溪柄田坂	—	—	—	—	赛江	0.6	26.67	20	—	—	—	—	1	—
30	黄兰电灌站	溪柄黄兰	4	60-6	12	0.068	坑水	0.3	20	17.33	6.5	5	3.6	1971	1	—
31	过溪坂电灌站	溪柄杞山	—	—	—	—	茜洋溪	0.5	6.67	6.67	—	—	—	1997 修复	3	—
32	外塘电灌站	甘棠外塘	1	40	12	0.1	赛江	1.6	66.67	46.67	6.5	5	0.56	1963	1	—
33	瓮窑电灌站	城阳瓮窑	1	55	40	0.05	富春溪	1.2	40	23.33	6.5	5	3	1972.5	2	—
34	岩湖电灌站	城阳岩湖	3	54	19.5	0.156	富春溪	2.28	20	16.67	3.5	3	2.1	1969.5	1	—
35	溪东电灌站	城阳溪东	1	30	27.4	0.075	富春溪	1.5	16.67	13.33	1.5	1	1.5	1977	1	—
36	桥头电灌站	阳头阳上	—	—	16	—	龟湖	0.3	—	—	—	—	—	1965，1970	1	—
37	栖云巷电灌站	阳头阳上	2	44	16	—	富春溪	1.2	17.33	17.33	5.5	4	2.7	1970	2	—
38	湖下电灌站	阳头阳泉	3	47.5	10	0.025	富春溪	0.34	16.67	16.67	2	1	1.5	1970	1	—
39	前进电灌站	城北前进	3	70.5	9	0.01	富春溪	1.2	29.33	16.67	2.5	2	2	1970	1	—

实施方案的批复》批准建设。项目总投资300万元，其中国债资金100万元，地方自筹200万元。工程建设项目主要有：干渠防渗、加固9.33千米，铺设田间管道灌溉153.3公顷，田间滴灌20公顷。2004年2月，投入资金91.02万元，大梨片工程动工建设，4月完工，铺设田间低压管道、灌溉73.9公顷，田间管道网安装铺设4413米及附属工程。同年11月，镜塘片动工建设，次年1月完工，完成渠道防渗加固6.2千米，铺设田间低压管道、灌溉79.5公顷，田间管道网铺设安装8840米及附属工程，投入资金173.93万元。两项工程共投入资金264.95万元，其中，国债资金100万元，顶头水库管理处投资79万元，受益村群众投工投劳85.95万元。2005年1月，工程通过验收。

三、湾坞灌区续建配套与节水改造工程

湾坞灌区续建配套与节水改造工程位于湾坞乡。2001年，由湾坞灌区管理处上报，12月，福安市水利水电局批复原则同意。2002年10月，完成工程初步设计，次月一期工程开始实施。2003年3月，省水利厅组织召开初步设计审查会，对初步设计进行修改调整，工程总投资为1505.39万元。同年5月，省水利厅《关于福安湾坞灌区续建配套与节水改造工程初步设计的批复》批复设计灌溉面积为1220公顷，实施节水改造后保灌面积1180公顷。2004年，投入资金200万元，新增节水灌溉面积333.3公顷。2005年，投资88万元，新增节水面积106.7公顷；因整个节水工程尚未完工，建设项目未验收。

四、茜安灌区节水改造工程

茜安灌区包括福安市溪柄镇、赛岐镇、甘棠镇、闽东赛岐经济开发区、湾坞乡，灌区总土地面积27333.3公顷，核定灌溉面积3533.3公顷，其中，溪柄、赛岐镇1806.7公顷，甘棠镇、闽东赛岐经济开发区760公顷，湾坞乡966.7公顷；总受益人口16.88万人，其中，农业人口12.71万人，非农业人口4.17万人。2000年，工程动工。2005年，工程仍在建设中。

第五节　人畜饮水工程

1991年，随着水利部门职能的变化，乡（镇）、村人畜饮水工程规划建设、管理归市水利电力局。1994年，福安市落实福建省水利厅《关于加强乡镇水利服务体系建设的意见的通知》精神，继续做好“四水”（水利、水电、自来水供应、水产养殖）统管。次年8月，成立“福安市农村供水管理处”，隶属市水利电力局。在开展扶贫和“奔小康”活动中，把人畜饮水工程作为农村“五通”工程建设之一。2000年，又把它作为新农村建设必备项目之一。组织编制福安市“八五”“九五”“十五”“十一五”的供水规划、“福安市乡镇供水2000年供水规划”“福安市沿海‘两岛’供水规划报告”等。2003年，落实省水利厅“六水六千一配置”水利工程，开始实施“千万农民饮水工程”。通过群众集资、以工代赈、国家补助、银行贷款等多渠道投入，每年完成数十几个人畜饮水工程建设。1991—2000年，全市建设人畜饮水工程22个；2000—2005年，建设人畜饮水工程193个。

一、乡镇人畜饮水工程

1991年，全市已有乡镇人畜饮水工程9个。1992年，溪潭乡、晓阳镇分别建成溪潭乡自来水厂和晓阳镇自来水厂。2000年，湾坞乡建成湾坞自来水厂。此3个人畜饮水工程受益人口21619人。至当年底，全市有乡镇人畜饮水工程12个，受益人口80519人。

表 11—4　1984—2000 年福安市乡镇人畜饮水工程建设情况表

所在乡镇	工程项目	建成时间	投资（万元）		受益人口（人）	备　注
			总投资	其中：国家补助		
溪柄	溪柄自来水厂	1984.1	25.6	14	6000	乡镇管理
下白石	下白石自来水厂	1985.2	10	4	12000	水利部门管理
社口	社口自来水厂	1985.5	13	5	3500	乡镇管理
甘棠	甘棠自来水厂	1986.8	69.5	12.8	16000	乡镇管理，2007 年改为引赛岐自来水厂的水
溪尾	溪尾自来水厂	1986.12	36	20	2200	乡镇管理
上白石	上白石自来水厂	1988.5	105	30	8000	水利部门管理
潭头	潭头自来水厂	1988.7	7.03	2	3000	水利部门管理
松罗	松罗自来水厂	1988.12	11.4	7.8	4000	乡镇管理
范坑	范坑自来水厂	1990.12	45	5	4200	乡镇管理
溪潭	溪潭自来水厂	1992.2	—	—	2200	乡镇管理，2007 年改为引赛岐自来水厂的水
晓阳	晓阳自来水厂	1992.10	19.6	10	4419	乡镇管理
湾坞	湾坞自来水厂	2000.12	160	—	15000	水利部门管理

二、村级人畜饮水工程

进入 21 世纪后，福安市将农村供水工程作为扶贫“奔小康”以及社会主义新农村建设的重点基础设施项目，多方筹措资金全力组织推进。2000 年，福安集中力量对 160 个老区基点村、少数民族村农村供水工程建设。2003 年，福安市把“千万”农民饮水工程摆在“六千”饮水工程之前，逐年组织安排资金建设村级供水工程。至 2005 年年底，全市建成村级供水工程 259 个（不包括乡镇镇区自来水受益村），总投资 2719.55 万元，其中国家补助 577.14 万元、受益人口 14.45 万人。

表 11—5　2005 年福安市村级人畜饮水工程建设情况表

乡镇	实施工程村数（个）	总投资（万元）	其中：国家补助（万元）	受益人口（人）
赛岐镇	12	115	37	6201
穆阳镇	11	17	4.5	2403
社口镇	13	124	30	5902
潭头镇	20	226.6	49.2	13865
晓阳镇	7	75.6	30.5	5417
溪尾镇	6	63	44.5	3162

续表 11—5

乡镇	实施工程村数（个）	总投资（万元）	其中：国家补助（万元）	受益人口（人）
城阳乡	23	249	38.5	13659
范坑乡	11	114	31.5	6718
溪潭镇	19	234	44.5	8717
湾坞乡	12	128	18.5	8454
坂中畲族乡	17	169	33.5	4329
穆云畲族乡	20	193.45	39.91	11929
康厝畲族乡	19	175	42	7947
甘棠镇	17	163	31.5	7884
下白石镇	17	209	36	10402
松罗乡	15	132.7	32.6	5443
溪柄镇	16	182	39.25	11420
上白石镇	7	64.2	23.88	6076
闽东赛岐经济开发区	7	85	—	4595
合　计	259	2719.55	577.14	144520

第二章 防洪排涝工程

第一节 河堤工程

一、赛江下游一期防洪排涝工程

1994 年，赛江下游防洪一期工程规划通过省水利水电厅审查。1997 年，省人大第九次会议将赛江列入全省“五江一溪”综合治理项目。1999 年 4 月，省计划委员会对“福安市赛江下游防洪一期工程可行性研究报告”做出批复；9 月，省建设委员会、计划委员会、水利水电厅做出《关于福安市赛江下游防洪一期工程初步设计的批复》。批复工程规模包括：建设防洪堤总长 32.38 千米，其中旧堤加高加固 7.89 千米，新建土堤 6.20 千米，石堤 16.82 千米，混凝土堤 0.6 千米，砌石护岸 0.87 千米；建设排涝涵闸 19 座，其中，利用原有堤防涵闸 5 座，新建 14 座；新建旱闸 15 座，配备移动式潜水泵 36 台；在城区龟湖溪入口处建设拦河坝一座，坝高 12.7 米、坝型为黏土心墙堆石坝；拓宽富春溪阳头河段长 380 米。设计工程概算总投资 1.45 亿元，其中，静态总投资 1.33 亿元。工程分为四大片，分别为城区（城北、秦溪、坂中、阳头）片、赛岐镇与闽东赛岐经济开发区片、福安畲族经济开发区片、溪柄片。

二、福安城区防洪排涝工程

福安城区片分城区、阳头、秦溪、坂中 4 个堤段。城区堤段在富春溪左岸、从龟湖溪入口处至上游岩湖加油站，堤线长 2.575 千米；阳头堤段为富春溪左岸从龟湖溪入口处至下游溪口桥，堤线长 3.67 千米；秦溪堤段从秦溪与龟湖溪汇合口至老区中学，两岸堤线长 6.6 千米，其中左岸堤线长 2.2 千米、右岸堤线长 4.4 千米；坂中堤段以坂中大桥为界，分为坂中大桥上游堤段和下游堤段、全长 2.76 千米，其中大桥上游至松潭堤段长 1.64 千米、大桥下游至湖口段堤长 1.12 千米。总长 15.61 千米，并配套建设龟湖拦洪坝 1 座、排涝水闸 3 座（湖口、富春坂和松潭排涝闸）、旱闸 5 座、排涝泵站 2 座（湖口、富春坂排涝泵站）。

城区防洪堤施工

三、赛岐镇与闽东赛岐经济开发区防洪排涝工程

赛岐镇与闽东赛岐经济开发区片工程位于赛岐糖厂至赛岐大桥左岸，建设堤线长 5.84 千米，其中赛岐镇防洪堤长 1.972

米，旱闸、排涝水闸、涵洞各 1 座，闽东赛岐经济开发区罗江防洪堤段长 3.868 千米；堵港 1 处长 93 米，排涝水闸 1 座、排涝涵洞 5 座。樟港堤段长 1.845 千米，排涝水闸 2 座。

四、穆阳防洪排涝工程

穆阳防洪堤线长 7.15 千米，排涝涵洞 4 座。分为穆阳堤段、桂林堤段和康厝堤段，其中穆阳堤段长 2.262 千米（新建石堤 997 米），排涝涵洞 1 座；桂林堤段长 1.08 千米、排涝涵洞 1 座；康厝堤段 1.81 千米、排涝涵洞 2 座。

五、溪柄防洪排涝工程

溪柄片防洪堤从立峰村至扆山村茜洋溪左岸，堤线长 2.001 千米。其中堵港段 2 处、总长 102 米，排涝水闸 1 座。该防洪堤因征地问题暂停建。

1999 年 9 月，赛江下游防洪一期工程动工。工程保护一城二区四乡镇，保护人口 12.95 万人，耕地面积 2606.7 公顷，设计静态总投资 1.33 亿元。2002 年年底，穆阳、赛岐镇及闽东赛岐经济开发区防洪堤建成。2005 年年底，老城区片防洪堤完工。

1991—2005 年，福安共修建防洪堤工程 25 处，堤长 89.51 千米，保护农田 10682 公顷，保护人口 24.93 万人。期间最大的防洪工程是赛江下游防洪一期工程。

第二节　河道治理

一、龟湖溪河道治理

龟湖溪位于富春溪福安城关段市少年宫至溪口汇流处，又称富春溪龟湖支流，全长 2.3 千米。1998 年起，市政府着手龟湖溪的整治。1999 年，完成沿溪两岸堤防工程的测量设计，着手砌筑两岸堤坝，并把龟湖拦洪坝工程列入赛江下游防洪一期工程建设。2000 年，城关居民通过募捐筹集资金，在阳头富春溪主河道上兴建一座 2 孔拱桥。因位于溪道最窄处，造成人为河障。原天然过水面积 2963 平方米，建桥后过水面积仅 1593 平方米，过水面积缩小了 46.2%。如遇 20 年一遇、50 年一遇洪水可能会造成水位分别壅高 1.76 米和 1.99 米，严重阻碍富春溪主河道泄洪。又由于地基处理不到位，拱桥已严重扭曲成为危桥。至 2003 年，龟湖溪砌筑两岸防洪堤 1.58 千米，并对龟湖溪进行疏浚，引富春溪水入龟湖溪冲污和限制富春溪洪水进入龟湖溪实现对洪水的控制。2004 年，投资 240 万元建成龟湖景观坝 1 座。龟湖溪拦洪坝为黏土心墙堆石坝，最大坝高 12.7 米、坝顶设高 0.8 米的防浪墙，堤顶中心长度 144 米，堤坝上下游各设一条马道，坝顶宽 4 米，坝底最大宽度 65.65 米。坝底预埋 2 孔各宽 3 米高 2 米的方形钢筋混凝土涵洞，伸入富春溪取水。涵洞进水口前设一道拦污栅，进出水口各设一道检修闸门。涵洞平水期引水冲污、流量约每秒 20 立方米。2005 年拆除主河道上原所建危险拱桥。

二、上下城河河道治理

1991 年，城区上下城河原为六岔路、洋边、锦鸡垅、荷塘坪经棠发洋直至南湖一带大片稻田的总排洪沟渠，由北向南流入龟湖溪。福安城关大开发后，又成为沿岸居民生活的排污水道。1994—1996 年，河道环境更为恶化。1997 年起，福安市政府及城北、城南两个街道办事处陆续投入资金 280 万元，将 0.9 千米长的河段由土底土岸、改砌成石底、石岸。有的地段为明河，有的地段为暗河。每年均进行清理疏通，改善河堤两岸2万多居民的生活环境。

三、甘棠护城河河道治理

甘棠护城河全长1.95千米、河面宽15米，自西北向南和莲花山下小溪流连接、东南向与甘棠洋11条河道（总长9千米）相连，形成排水灌溉系统。河水流经甘坪、白莲塘两座水闸排入白马河。由于甘棠地势平坦，护城河水流速度慢，水生植物水葫芦等生长快，污物或沉于河底或浮于水面，容易造成污染。2000—2001年，投入资金300万元，把护城河两岸土岸改砌为石岸，河底砌成石河床。

四、水闸

1991年，福安市能发挥作用的水闸45座。此后陆续投建竣工14座：湾坞马头2号闸，下屿1号、2号闸，半屿水闸，下华山水闸、纳潮闸及排涝纳潮闸，下白石的田坪排涝闸，赛岐三胶港、象环、狮子头排洪闸及城区富春坂、湖口、松潭排涝闸。2004年，市水利局调查统计，全市共有水闸59座，其中中型3座、小型56座；按功能分，纳潮闸4座、排涝闸6座、节制闸2座、供水闸1座、挡潮兼排涝的46座。

市区下城河清淤（2002年）

第三节　海堤工程

一、除险加固海堤工程

1991年，福安市按省和宁德地区的部署，实施千亩海堤达标和除险加固工程，狮子头、象环、赛里、苏洋、下塘5条海堤当年完成并达标。次年，斗门头、下邳海堤加固达标；8月，两海堤因大潮漫顶2.5千米，被潮水冲毁40多米，投入69.6万元修复。1993年，全市海堤加固投入180万元。第二年，中塘等10条千亩海堤除险加固10千米，完成5条千亩海堤加固达标勘测设计。1995年，福安市成立海堤除险加固达标指挥部，采取市、乡、村三级同步投入及奖励等措施，按省水电厅和宁德地区水电局制定的标准和审定的项目实施，确保“建一处，成一处，收益一处”，当年加固海堤24千米。1996年，为加快达标进度，成立市“海堤加固达标攻坚指挥部”。当年全面完成50.02千米海堤加固达标任务，并顺利通过省和宁德地区验收。此后开展海堤调查，强化加固、险闸处理、实施海堤除险加固三期、四期工程。

1997年，完成调查造册。1998年，完成百亩海堤加固10千米。次年，完成千亩以上海堤加固13.8千米，处理险闸5座。2000年，强化加固千亩海堤14.71千米，其中完成湾坞、下邳、外宅海堤“三面包”6.71千米，除险加固南塘、下邳、镜塘、下华山、半屿5座水闸。2002年，实施湾坞海堤除险加固达标工程，湾坞旧堤和一期围垦海堤实现“三面包”。2003年，组织实施全省海堤除险加固三期工程，对湾坞海堤实施“三面包”3.55千米。至此，从马头至下华山湾坞万亩海堤长9.1千米、全部实现“三面包”。2004年，斗门头、甘棠、赛岐3条海堤6.3千米堤段列入全省第四期海堤强化加固工程项目。

2005年，第四期海堤除险加固项目甘棠与赛岐两条海堤3千米堤段初步设计通过宁德市水利局审查并完成工程招标。至此，福安市保护面积千亩至万亩耕地的海堤工程有20处。其中，甘棠海堤港岐—南塘堤：堤长7.1千米，堤顶高程6.5米，建有水闸10座18孔，保护面积686.7公顷，其中，耕地500公顷、人口3.0万人。湾坞海堤马头—下华山堤：堤长9.1千米，建有15孔水闸5座，保护面积1246.7公顷，其中耕地1100公顷、人口1.6万人。

二、新修围垦海堤工程

（一）湾坞二期围垦海堤工程

1991年，湾坞二期围垦海堤工程经过加高培厚，除险加固，基本达到设计标准，在安全度过八月大潮的同时，开始垦区建设。湾坞二期围垦紧接一期围垦工程，围垦面积433.3公顷，其中，可耕地400公顷。堤线北起半屿岛，南至下华山，全长3900米，水闸2座6孔、总净宽18米，其中排洪闸1座，建于下华山脚，4孔净宽12米；纳潮闸1座，沿堤轴线而建，2孔净宽3米。1992年，遭遇“8.28”16号强台风和8月大潮袭击，出现历史最高潮位造成海堤决口、后修复。1995年，围垦工程通过省正式竣工验收，海堤正式纳入省万亩海堤管理。1996年，完成湾坞灌区配套工程的前期工作，上报省水利厅立项，并做好海堤的划界定权工作，上报审批。2005年，为了解决因福建大唐国际宁德发电有限责任公司建设引发的排洪安全问题，投入40.8万元把二期围垦建设的纳潮闸改造成临时排洪闸。

（二）湖塘围垦海堤工程

1991年，下白石湖塘围垦工程开始勘测，后进入初步设计和概算编制。工程由下白石镇管辖。设计海堤长4.76千米，围垦面积786.7公顷，总投资7000多万元。1995年，列入省“九五”计划建设项目。1998年，完成工程设计和项目建议书上报工作。1999年，完成岸线审批和项目可行性研究报告审批，上报工程初步设计资料。2000年，工程初步设计通过省计委、建委和水利厅的联合审查，但至2005年尚未动工建设。

第三章　防汛抗旱

第一节　基础设施建设

一、软件设施

1991—1996年，福安市还未制定具体的防汛抗旱工作预案，防汛抗旱工作主要是按照上级的统一部署，结合当地实际情况进行指挥调度。

1992年，福安市进行市防汛抗旱指挥部办公室中级达标建设。

1997年，福安市防汛中级达标工作通过宁德地区组织的验收。10月，市防汛抗旱指挥部编印《福安市防汛手册》，内容包括“福安的防汛环境与任务”“福安的气候情势”“福安的水文情势”“福安的水利工程”“防汛重要决策预案”“防汛主要规章制度”“防汛重要法律法规辑录”等7个方面。同年制定《福安市区抗御洪水预案》《福安市防御台风（热带风暴）工作预案》。

1998年，福安市防汛办完成福安城区、东溪、西溪、穆阳溪、茜洋溪、赛江“五江一区”“洪水风险图”的编制。

1999年，编制《福安市城区防洪预案》。2000年，测定赛江流域防洪白塔水文站及福安城区“警戒水位”和“危险水位”。2001年，修订《福安市防台风预案》《福安市抗旱预案》。2005年，修订《福安市城区防洪预案》。

二、硬件设施

1991年，福安市建设完善茜安水利、顶头水库、湾坞海堤管理处的防汛通信网络。

1992年，建成防汛三级无线电通信组网第一组工程，安装TKR720中继台1部、TK705基地台6部、先创145台机1部，配备手持对讲机17部，实现沿海4个乡镇在有线通信中断后可进行信息交换。

1996年，福安市组建防汛抗旱机动队，配备必要装备；2000年市防汛办通过国家级验收。

1997年，福安市安装卫星云图接收系统。福安市防汛办被省防汛办确定为全省第二批县级现代化防汛指挥中心建设单位，中心建筑工程于2002年4月完工，建成会商室、计算机室、值班室、主任办公室、指挥部办公室、指挥长休息室，并配备计算机服务器1台、网络工作站4台以及投影机、正投影网络服务器、卫星电话、电视机、传真机、扫描仪、打印机、数码相机、集线器柜、不间断电源、发电机等设备，总投资28万元、总建筑面积121.3平方米。

1999年，福安市建成中继站2个（白云山、鳌峰山），水位站6个（上白石、潭头、白塔、下白石、穆阳、茜洋），雨量站4个（泰顺县的龟湖、三魁和福安的城区、范坑）。

2000年，福安市安装防汛电话录音系统。该系统由分线盒、集成录音电路板、接收处理软件、电脑、音箱等组成，可对防汛办8部电话进行同时录音。

2001年，组建福安市防汛抗旱机动抢险队，并按国家防汛抗旱指挥部的要求组织实施，配备挖掘机、装载机、冲锋舟、挖土机、工具车等。

2004 年，在城区安装警报器 3 台。

2005 年，台风信息采集系统安装启用，可从互联网上自动采集台风中心的实时位置、风圈半径、最大风速，台风中心移动速度。6 月，福安市建成防汛抗旱视频会议系统，安装 2 兆的光纤、视频会议系统主机、功率放大器、无线麦克风、音箱等设备，做到省、宁德市及福安市防汛抗旱指挥工作异地会商。

第二节　防汛

1992 年，福安市遭受“7·5”大暴雨以及“8·23”的 16 号强台风与八月大潮相遇带来的历史最高潮水袭击。全市组织 100 多支 1 万多人的抢险抗灾大军，参加防台防汛。

1996 年，福安市遭受 8 号强台风袭击，由于指挥得当、措施有力，重灾之下未发生重大伤亡事故及经济损失。

2000 年，福安市遭受第 10 号台风“碧利斯”袭击。台风登陆后给闽东带来极大影响，交溪流域普降暴雨。8 月 23 日晚，21 名莆田籍采砂民工被困富春溪金砂坂，随时都有被洪水冲走的危险。面对险情，市水利局职工和阳泉村民冒着生命危险驾驶冲锋舟在急流中往返 3 次，历经 1 个多小时、于次日凌晨成功营救出被困民工。

2002 年，福安市先后遭受第 5、7、12 和 16 号台风袭击，由于早预防、早组织抗灾，避免了重大损失。

2004 年 8 月下旬，台风“艾利”袭击福安，全市上下按照省委、省政府和宁德市委、市政府部署，在福安市委、市政府的组织领导下，准备充分、预防在先，全面加强组织领导，紧紧依靠人民群众，扎扎实实地落实各项防台风预案，切实降低第 18 号台风洪水带来的损失。

2005 年，福安先后遭受 6 月中下旬的强降雨，以及 5 号强台风“海棠”、13 号台风“泰利”、19 号台风“龙王”的袭击。福安市坚持预先防范，转移低洼地带、危房和工棚居住人员 7.58 万人、转移易滑坡地带人员 1.32 万人；成功解救 88 位被洪水围困人员，并确保重点防洪工程安全，达到“不死人，少损失”的预期目标。

第三节　抗旱

1991 年 5 月中旬至 7 月底，福安发生有史以来罕见旱情。全市干部群众群策群力进行抗旱减灾工作。全市投入抗旱机械动力 370 台（套），抢修加固水利 620 条，投入资金 103.5 万元（其中市和乡镇两级投入 30 多万元）、柴油 138 吨，高峰期日上场劳动力 3.44 万人，完成抢插晚稻 2667 公顷、保苗 4000 多公顷。骨干水利工程在抗灾中发挥重要作用，茜安水利（包括狮子头电灌站）使湾坞深安村及农场提前完成晚稻抢插任务；顶头水利连续放水 63 天，使甘棠、下白石 667 公顷两晚稻及时插秧，龙溪水利、柏柱洋水库也发挥应有的抗旱减灾作用。

2003年6月，福安发生多年未见的旱灾。全市各地顾全大局，统一指挥，水利部门按“先生活、后生产，先地表、后地下，先节水、后调水，先重点、后一般”的用水原则，加强水资源统一管理，统一调度；紧急启用狮子头电灌站、龙溪抽水机站抽水，投入抽水机、潜水泵等抗旱机具2089台（套），同时实施人工增雨；组织群众抢修水利设施，修复大小灌溉渠道960条。全市累计投入抗旱资金410万元，缓解受旱面积4600公顷、占农作物和经济作物受旱面积的25%；保证正常灌溉面积506.7公顷，占旱中稻受旱面积的7.1%。

2004年7月下旬，福安干旱，市防汛抗旱指挥部根据旱情发展情况及时发出“关于做好当前抗旱工作的紧急通知”。各级领导积极部署、动员，组织指挥协调，有关部门密切配合，采取水库调水、打井取水、泵站抽水、灌溉节水、改种节水农作物等综合措施，保证有效的水资源发挥最大效益。7月20日，龙溪抽水机站开始抽水，30日狮子头电灌站开始抽水；市安排购置人工增雨设备1套、发射增雨弹10发，有效地缓解了灾情。

第四章　水电建设

第一节　小型水电站建设

一、小（1）型水电站建设

1990 年，福安市共有 500 千瓦以上小水电站 7 座，装机 15 台、总容量 2.48 万千瓦。

2005 年，福安市已有 500 千瓦以上小（1）型水电站 36 座，其中新建棠溪、日山、寨下、华溪、沙坑、财洪留洋水库等电站 29 座，发电机组 91 台、容量 39.87 兆瓦。

这些小型水电站分别并入福安市电力总站等单位建设的福安市属的福安市北区电网，福安市茜安水利管理处建设的茜安电网，宁德地区电力公司、宁德市电业局建设的闽东电网，没有入网的电站则形成自发自供的小电网。

二、小（2）型水电站建设

装机容量 5 万千瓦以下的为小型电站。至 1990 年，福安市共有小水电站 37 座，装机 57 台，总装机容量 2.83 万千瓦。其中地区管电站 1 座，装机 3 台、装机容量 1.89 万千瓦；市管 3 座，装机 6 台、装机容量 3125 千瓦；乡（镇）管 13 座，装机 25 台、容量 490 千瓦；村办 20 座，装机 23 台、容量 1400 千瓦。按功率计，100 千瓦以上的 14 座，装机 26 台，总容量 2999 千瓦；99 千瓦以下的 16 座，装机 16 台，容量 535 千瓦。全年发电量 1.15 亿千瓦时。

至 2005 年，全市已建成小（2）型水电站 47 座，装机 66 台，装机容量 10.15 兆瓦。

三、在建小型水电站

（一）马头山水库电站

1994 年 11 月，马头山水库电站开始设计。2004 年 10 月，正式立项，经宁德市招商引资，由民营企业福安市力源水电开发有限公司投资建设。2004 年 12 月，工程动工。马头山水库电站位于茜洋溪下游的溪柄镇茜洋村，是茜洋溪流域梯级开发的第二级水电站。电站设计最大水头 60.5 米，引用流量每秒 26 立方米，装机容量 1.13 万千瓦，年利用 3350 小时，多年平均发电量 3326 万千瓦时；概算总投资 7276.29 万元，单位千瓦投资 7111 元，每千瓦时投资 2.4 元。2005 年年底仍在建设中。

（二）潭头水电站

潭头水电站位于福安主河道交溪的支流东溪下游，坝址位于凤湾村下游 0.5 千米处，厂房地点在湖塘村下游 0.2 千米的河湾附近。2003 年 8 月工程立项，由民营企业福安市福成水电有限公司投资兴建。电站坝址以上控制流域面积 2060 平方千米，设计最大水头 19.21 米，引用流量每秒 178 立方米；装机容量 3 万千瓦，保证出力 1640 千瓦，年利用小时 3088 小时、多年平均发电量 7412 万千瓦时，设计概算静态总投资约 1.9 亿元。2005 年 11 月动工建设。

1991—2005 年，福安市已建成装机容量 1 万千瓦以下小型水电站 83 座，共装机 134 台，装机总

表 11—6　2005 年福安市小（1）型水电站建设情况表

序号	电站名称	所在河流	所属乡镇	坝址控制流域面积（平方千米）	装机情况				设置机组								最后一台机组投产时间
					装机容量（兆瓦）	台数（台）	安装容量（兆瓦）	台数（台）	1 号机组		2 号机组		3 号机组		4 号机组		
									容量（兆瓦）	投产时间	容量（兆瓦）	投产时间	容量（兆瓦）	投产时间	容量（兆瓦）	投产时间	
1	古岭宅电站	东溪	范坑	54	0.8	2	0.8	2	0.4	1998.08	0.4	1998.08	—	—	—	—	1998.08
2	燕坑一级电站	东溪	范坑	22	0.8	3	—	—	0.2	1980.12	0.2	1980.12	0.4	1990.08	—	—	1990.08
3	棠溪电站	棠溪	潭头	327.1	0.96	3	0.96	3	0.32	2005.11	0.32	2005.11	0.32	2005.11	—	—	2005.11
4	岩下水电站	西溪	社口	1127	0.8	4	0.8	4	0.2	1993.08	0.2	1993.08	0.2	1993.08	0.2	1993.08	1993.08
5	化蛟电站	赛江	城阳	15.5	0.5	2	—	—	0.25	1987.04	0.25	1987.04	—	—	—	—	1987.04
6	龙港电站	赛江	溪柄	6.7	0.4	1	0.4	1	0.4	2001.02	—	—	—	—	—	—	
7	日山电站	茜洋溪	城阳	23.94	0.5	2	0.5	2	0.25	2004.05	0.25	2004.05	—	—	—	—	2004.05
8	寨下水电站	茜洋溪	溪柄	295.7	0.5	2	0.5	2	0.25	2004.07	0.25	2004.07	—	—	—	—	2004.07
9	拱桥电站	穆阳溪	康厝	3.79	0.5	1	0.5	1	0.5	2002.12	—	—	—	—	—	—	2002.12
10	社洋二级电站	穆阳溪	康厝	9.53	0.5	3	0.45	2	0.05	1986.01	0.2	2005.01	0.25	2005.01	—	—	2005.01
11	渡桥一级电站	穆阳溪	康厝	30.62	0.8	2	0.8	2	0.4	1997.11	0.4	1997.11	—	—	—	—	1997.11
12	渡桥二级电站	穆阳溪	康厝	31.63	0.96	3	0.96	3	0.32	1997.06	0.32	1997.06	0.32	1997.06	—	—	1997.06
13	际溪尾水电站	八蒲溪	康厝	15.9	0.5	2	0.5	2	0.25	2000.01	0.25	2000.01	—	—	—	—	2000.01
14	际溪水电站	八蒲溪	康厝	12	0.64	2	0.64	2	0.32	2003.08	0.32	2003.08	—	—	—	—	2003.08
15	龟凤电站	秀溪	穆云	4.96	0.5	2	0.5	2	0.25	1998.01	0.25	1998.01	—	—	—	—	1998.01
16	林洋湖电站	黄兰溪	穆云	75.75	0.8	2	0.8	2	0.4	2004.05	0.4	2004.05	—	—	—	—	2004.05
17	牛山湾电站	黄兰溪	社口	4.83	0.5	2	0.5	2	0.25	1999.01	0.25	1999.01	—	—	—	—	1999.01
18	华溪电站	磻溪	溪潭	16	0.57	2	0.57	2	0.25	2000.03	0.32	2000.03	—	—	—	—	2000.03

续表 11–6

序号	电站名称	所在河流	所属乡镇	坝址控制流域面积（平方千米）	装机情况				设置机组								最后一台机组投产时间
					装机容量（兆瓦）	台数（台）	安装容量（兆瓦）	台数（台）	1号机组		2号机组		3号机组		4号机组		
									容量（兆瓦）	投产时间	容量（兆瓦）	投产时间	容量（兆瓦）	投产时间	容量（兆瓦）	投产时间	
19	炉山水库坝后电站	赛江	湾坞	22.93	0.8	2	0.8	2	0.4	1992.07	0.4	1992.07	—	—	—	—	1992.07
20	田中电站	赛江	湾坞	31.73	0.5	2	0.5	2	0.25	2000.01	0.25	2000.01	—	—	—	—	2000.01
21	顶头水库坝后电站	赛江	下白石	23	0.575	3	0.2	1	0.125	1988.01	0.25	1988.01	0.2	2001.01	—	—	2001.01
22	沙坑电站	东溪	上白石	42	1.43	3	1.43	3	0.4	1996.08	0.4	1996.08	0.63	1996.08	—	—	1996.08
23	财洪电站	东溪	上白石	43.1	1	2	1	2	0.5	2001.03	0.5	2001.03	—	—	—	—	2001.03
24	坑口电站	棠溪	潭头	255	1.89	3	1.89	3	0.63	2004.02	0.63	2004.02	0.63	2004.02	—	—	2004.02
25	汾洋电站	棠溪	潭头	295.1	1.05	3	0.25	1	0.4	1985.08	0.4	1985.08	0.25	1996.09	—	—	1996.09
26	洋坑电站	棠溪	潭头	17	1	2	1	2	0.5	2005.09	0.5	2005.09	—	—	—	—	2005.09
27	赤溪二级水电站	盐田港	松罗	22.5	2.06	4	2.06	4	0.4	1991.01	0.4	1991.01	0.63	1994.05	0.63	1994.05	1994.05
28	城西水电站	赛江	坂中	3500	1.125	3	1	2	0.125	1975.01	0.5	1995.11	0.5	1995.11	—	—	1995.11
29	洋中电站	秦溪	城阳	5.4	1.13	2	1.13	2	0.63	2003.01	0.5	2003.01	—	—	—	—	2003.01
30	留洋水库电站	秦溪	城阳	18	1.76	3	1.76	3	0.5	2001.05	0.63	2001.05	0.63	2001.05	—	—	2001.05
31	后楼电站	茜洋溪	城阳	10.97	1	2	1	2	0.5	2002.11	0.5	2002.11	—	—	—	—	2002.11
32	马下电站	茜洋溪	城阳	15.44	1.6	4	0.8	2	0.4	1989.12	0.4	1989.12	0.4	1999.11	0.4	2003.03	2003.03
33	穆阳溪水电站	穆阳溪	穆阳	818	5	4	1.25	2	1.25	1982.01	1.25	1982.01	1.25	1991.04	1.25	1997.08	1997.08
34	蟾溪一级电站	穆阳溪	穆云	20.5	2.4	3	2.4	3	0.8	2002.12	0.8	2002.12	0.8	2002.12	—	—	2002.12
35	蟾溪二级电站	穆阳溪	穆云	29	2.1	3	2.1	3	0.7	2003.11	0.7	2003.11	0.7	2003.11	—	—	2003.11
36	溪塔电站	秀溪	穆云	32.85	1.92	3	1.92	3	0.8	2004.06	0.8	2004.06	0.32	2004.06	—	—	2004.06

表 11—7 2005 年福安市小（2）型水电站情况表

序号	电站名称	所在河流	所属乡镇	坝址控制流域面积（平方千米）	装机容量				设置机组								最后一台机组投产年月
					装机容量（兆瓦）	台数（台）	安装容量（兆瓦）	台数（台）	1 号机组		2 号机组		3 号机组		4 号机组		
									容量（兆瓦）	投产时间	容量（兆瓦）	投产时间	容量（兆瓦）	投产时间	容量（兆瓦）	投产时间	
1	燕坑二级电站	东溪	范坑	25	0.2	1	0.2	1	0.2	1993.01	—	—	—	—	—	—	1993.01
2	敢江洋电站	东溪	潭头	4.5	0.2	2	0.2	2	0.1	2003.12	0.1	2003.12	—	—	—	—	2003.12
3	敢江洋二级电站	东溪	潭头	7	0.1	1	0.1	1	0.1	2003.12	—	—	—	—	—	—	2003.12
4	龙井水电站	—	潭头	—	0.04	1	—	—	0.04	1986.11	—	—	—	—	—	—	1986.11
5	岩头电站	西溪	社口	5.12	0.32	2	0.32	2	0.16	2004.05	0.16	2004.05	—	—	—	—	2004.05
6	坦洋电站	西溪	社口	10.4	0.24	2	0.24	2	0.04	2003.12	0.2	2003.12	—	—	—	—	2003.12
7	吉洋水电站	吉溪	社口	—	0.04	1	—	—	0.04	1976.01	—	—	—	—	—	—	1976.01
8	赤溪一级水电站	盐田港	松罗	—	0.209	2	—	—	0.084	1980.12	0.125	1980.12	—	—	—	—	1980.12
9	洋面电站	赛江	城阳	4.54	0.4	2	0.4	2	0.2	2003.03	0.2	2003.03	—	—	—	—	2003.03
10	官洋电站	茜洋溪	城阳	6.3	0.16	2	0.1	1	0.06	1988.01	0.1	1999.11	—	—	—	—	1999.11
11	横坑电站	茜洋溪	溪柄	9.2	0.325	2	0.325	2	0.125	2004.06	0.2	2004.06	—	—	—	—	2004.06
12	社洋一级电站	穆阳溪	康厝	3.734	0.125	1	—	—	0.125	1980.05	—	—	—	—	—	—	1980.05
13	金斗洋电站	穆阳溪	穆云	1.98	0.2	1	0.2	1	0.2	2004.02	—	—	—	—	—	—	2004.02
14	外洋电站	秀溪	穆云	3.4	0.1	1	0.1	1	0.1	1997.01	—	—	—	—	—	—	1997.01
15	上洋电站	秀溪	穆云	4.2	0.125	1	0.125	1	0.125	1999.12	—	—	—	—	—	—	1999.12
16	玉林电站	秀溪	穆云	5.01	0.25	1	0.25	1	0.25	2001.05	—	—	—	—	—	—	2001.05
17	仙溪电站	黄兰溪	社口	42.55	0.325	2	—	—	0.125	1973.01	0.2	1973.01	—	—	—	—	1973.01
18	贵洋电站	黄兰溪	穆云	71.65	0.1	1	0.1	1	0.1	2004.06	—	—	—	—	—	—	2004.06
19	翁洋电站	黄兰溪	穆云	5.8	0.075	1	0.075	1	0.075	2003.01	—	—	—	—	—	—	—
20	龙溪水电站	黄兰溪	溪潭	—	0.225	2	—	—	0.1	1988.01	0.125	1988.01	—	—	—	—	1988.01
21	界湖一级电站	磻溪	溪潭	6.2	0.42	2	0.42	2	0.1	2002.09	0.32	2002.09	—	—	—	—	2002.09
22	大半洋电站	磻溪	溪潭	23.49	0.25	1	0.25	1	0.25	2003.04	—	—	—	—	—	—	2003.04
23	长林溪电站	磻溪	溪潭	32.25	0.285	2	0.285	2	0.125	2004.01	0.16	2004.01	—	—	—	—	2004.01

续表 11-7

序号	电站名称	所在河流	所属乡镇	坝址控制流域面积（平方千米）	装机容量				设置机组								最后一台机组投产年月
					装机容量（兆瓦）	台数（台）	安装容量（兆瓦）	台数（台）	1 号机组		2 号机组		3 号机组		4 号机组		
									容量（兆瓦）	投产时间	容量（兆瓦）	投产时间	容量（兆瓦）	投产时间	容量（兆瓦）	投产时间	
24	白照电站	磻溪	溪潭	35.3	0.075	1	0.075	1	0.075	1999.01	—	—	—	—	—	—	1999.01
25	磻溪电站	磻溪	溪潭	58	0.16	1	0.16	1	0.16	1995.07	—	—	—	—	—	—	1995.07
26	茶洋 1 站电站	磻溪	溪潭	2.75	0.32	2	0.32	2	0.16	1999.11	0.16	1999.11	—	—	—	—	1999.11
27	茶洋 2 站电站	磻溪	溪潭	3.72	0.225	2	0.225	2	0.1	1999.11	0.125	1999.11	—	—	—	—	1999.11
28	半岭电站	磻溪	溪潭	1.36	0.2	1	0.2	1	0.2	2004.01	—	—	—	—	—	—	2004.01
29	芹洋电站	磻溪	溪潭	2	0.1	1	0.1	1	0.1	1999.01	—	—	—	—	—	—	1999.01
30	瓜溪电站	磻溪	溪潭	9.3	0.32	2	0.32	2	0.16	1996.11	0.16	1996.11	—	—	—	—	1996.11
31	梓庄电站	磻溪	溪潭	8.6	0.26	2	0.26	2	0.13	1997.09	0.13	1997.09	—	—	—	—	1997.09
32	西隐电站	磻溪	溪潭	2.2	0.4	1	0.4	1	0.4	1996.12	—	—	—	—	—	—	1996.12
33	横林电站	磻溪	溪潭	4.4	0.25	1	0.25	1	0.25	2002.06	—	—	—	—	—	—	2002.06
34	丰宇电站	瓜溪	溪潭	11	0.395	3	0.395	3	0.16	1997.06	0.16	1997.06	0.075	1997.06	—	—	1997.06
35	利丰电站	磻溪	溪潭	70	0.16	1	0.16	1	0.16	1998.02	—	—	—	—	—	—	1998.02
36	牛坑溪电站	赛江	赛岐	2.86	0.4	1	0.4	1	0.4	2004.07	—	—	—	—	—	—	2004.07
37	半岭水库坝后电站	赛江	湾坞	31.73	0.25	1	0.25	1	0.25	1995.08	—	—	—	—	—	—	1995.08
38	眉洋电站	赛江	甘棠	5.5	0.16	2	0.16	2	0.08	1998.03	0.08	1998.03	—	—	—	—	1998.03
39	何厝水库二级电站	赛江	甘棠	12	0.125	1	0.125	1	0.125	2002.03	—	—	—	—	—	—	2002.03
40	大车电站	赛江	甘棠	2	0.15	1	0.15	1	0.15	1998.01	—	—	—	—	—	—	1998.01
41	联捷水电站	贝头溪	甘棠	10.8	0.2	2	0.2	2	0.1	1993.01	0.1	1993.01	—	—	—	—	1993.01
42	莲鸿电站	章后溪	甘棠	2.5	0.41	2	0.41	2	0.25	1998.12	0.16	1998.12	—	—	—	—	1998.12
43	眉洋岭电站	际坪溪	甘棠	5	0.4	1	0.4	1	0.4	1999.12	—	—	—	—	—	—	1999.12
44	吴山里电站	赛江	下白石	5	0.16	2	0.16	2	0.06	1991.01	0.1	1995.01	—	—	—	—	1995.01
45	过洋里电站	赛江	下白石	4	0.1	1	0.1	1	0.1	1997.01	—	—	—	—	—	—	1997.01
46	顶头坝后二级电站	东沃溪	下白石	—	0.2	1	0.2	1	0.2	2003.09	—	—	—	—	—	—	2003.09
47	金腰带水电站	东沃溪	下白石	—	0.02	1	0.02	1	0.02	1993.01	—	—	—	—	—	—	1993.01

容量41.74兆瓦。其中，装机容量500千瓦以内小（2）型水电站47座，装机58台，容量9.07兆瓦；小（1）型水电站37座，其中，500千瓦以上1000千瓦以内21座，装机39台、装机容量11.68兆瓦；1001千瓦以上10000千瓦以内（不含）15座，装机37台、装机容量20.99兆瓦。在建1万千瓦以上小（1）型水电站2座，总设计装机容量3.53万千瓦。

第二节　中型水电站建设

装机容量在5～29万千瓦的为中型电站。1991年1月至2005年12月，福安市共建设（含技改）中型水电站2座，装机8台，装机容量12.11万千瓦。至2005年12月底，已建成投产2座，装机5台、装机容量3.51万千瓦。其中：

一、闽东水电站（技改工程）

1996年1月、1997年1月、1998年1月完成对1号、2号、3号机组的技术改造，电站装机容量从3×6300千瓦提高到3×8000千瓦。

二、黄兰溪水库梯级水电站

1992年7月1日，电站动工。1996年8月29日，二级电站投入运行，1997年8月14日投产。总装机容量3.60万千瓦。

黄兰溪水电站厂房（1998年）

黄兰溪一级电站站址位于福安市晓阳镇龙洋村，装机容量6000千瓦，保证出力1200千瓦，设计年利用2788小时，年电能1673万千瓦时。

黄兰溪二级电站站址位于社口镇四埔村，装机容量3万千瓦，保证出力6880千瓦，设计年利用3617小时，年电能10852万千瓦时。安装两台单机1.5万千瓦冲击式水轮发电机组，最大水头484.6米，单机额定流量每秒3.94立方米，是当时全省水头最高的水电站，引水隧洞2号、3号斜井被喻为“全国少有，华东仅有”的高难度工程。

2003年9月以前，黄兰溪水库梯级电站由中外合资双方共同管理。后转由闽东电力股份有限公司管理。

三、丰源水电站

2004年1月1日动工。又名新闽东水电站、初处水电站、丰源水电站，位于穆云畲族乡、康厝畲族乡与周宁县七步镇交界处，站址在福安市康厝畲族乡初处村附近，故又称初处水电站。它是穆阳溪流域梯级开发的第三级水电站，装机容量 8 万千瓦。

丰源（初处）水电站由福建省水利水电勘测设计院设计，设计水头 135 米，装机容量 2×4 万千瓦，年利用小时 2400 小时，保证出力 2.04 万千瓦，多年平均发电量 1.92 亿千瓦时。2003 年 5 月，组建福建穆阳溪水电开发有限公司（原名闽东水电站）扩建工程指挥部。2005 年 12 月，改称福建穆阳溪水电开发有限公司，注册资本 1 亿元。2005 年年底该电站未完工交付使用。

第五章　水利管理

第一节　水资源管理

一、规划

2000年，福安市组织编制《福安市水资源现状及2000年开发利用》，2002年完成《福安市地下水资源勘测规划》并上报宁德市水利局。编制的《福安市小流域水电站建设规划》《交溪流域水资源综合规划》《赛江中下游（福安）河道采砂规划》等，获省水利厅批复。

二、宣传

1991年开始，福安市每年通过编写、分发宣传材料，制作固定标语，挂跨街横幅，图片展览，办宣传栏，放幻灯片、录像，举办讲座、培训班、座谈会和《爱水节水爱我家园》主题征文评奖活动，利用宣传车、报纸杂志、记者采访多种形式宣传与涉水有关的法律法规，使《中华人民共和国水法》等法律逐步深入民心。

2005年，全市已形成公民"爱水、节水，依法使用水资源"的观念。

三、管理

1991年，福安开始实施河道采砂管理制度，规范河道采砂。

2003年，建立水电项目可研审查和水资源论证制度，按照分级论证、分级审查的权限，对洋中、贵洋和横坑等17个电站建设进行可研审查和水资源论证。

2004年，按照分级管理的原则，落实水资源论证制度。省水利厅组织对马头山和潭头2个电站（装机34000千瓦）进行审查；福安市负责对金斗洋等8个电站（装机6050千瓦）进行水资源利用论证。

2005年，对城阳乡洋面村等3个电站（总装机1100千瓦）建设进行水资源论证。市政府颁发《福安市水能资源开发经营权有偿出让若干规定》，水能资源开发经营权实行有偿使用制度，开发经营权采取公开招标、邀标、拍卖、挂牌、协议出让等方式进行，当年成功挂牌出让财洪电站水能资源开发项目。

四、收费

1991年，福安市被省列为第二批水行政执法建设试点县（市），严格贯彻执行国务院办公厅〔1990〕10号《关于贯彻执行（水利工程水费核订、计收和管理办法）的通知》，省财政厅、水电厅《关于征收'地方水利建设基金'和'省级以电养电基金'的通知》，省物委、水电厅《省水利工程供水收费管理办法的通知》，宁德地区行署《关于加强农业水费管理的意见的通知》。转发宁德地区行署《关于江海堤防工程维护管理费征收、使用、管理若干问题的通知》《关于加强矿产资源管理的通告》，颁发《福安市水利建设基金筹集和使用管理实施意见的通知》《福安市水能资源开发经营有偿出让若干规定的通知》。实行地方电力建设基金和以电养电基金由电力公司代收和提取，直接汇省财政厅专户管理；工程供水水费、水利建设基金中的江海堤防维护费、水资源费、水能资源开发经营有偿出让费、河道采砂管理费均由水利局征收上缴市财政专户。

第二节　水政执法

一、取水管理

1991年，福安市贯彻执行宁德地区《关于实施取水许可证工作的意见》，开始实施取水许可制度。6月，查处甘棠莲塘饭店因扩建挖坡造成顶头水库左干渠渠底松裂事件。

2002年，组织开展“规范取水许可秩序”专项执法行动，核发取水许可证35份，并在全市取水单位安装取水计量设施，做到取水总量有效控制。协调解决柘荣县楮坪乡榴坪电站取水造成上白石镇沙坑村暗窑水利缺水、影响沙坑村人畜饮水及农业灌溉缺水问题。

2003年，福安市规范水电工程建设审批程序，强化对水资源开发审批职能。查封未审批擅自建设的洋中水电站，责成业主补办手续、整改隐患工程，并依法进行处罚。立案查处福安范坑阳坑、穆云翁洋、康厝际溪尾、溪潭横林等6个电站。

2004年，组织开展“四无”（无立项、无设计、无验收、无管理）电站专项整治，发出限期整改通知书25份，对违规新建电站工程发出7份停工通知书。依法查封穆云下逢溪、社口岩下、潭头洋坑和范坑阳坑4个电站。

2005年，福安市开展水资源秩序专项整治工作，对2000年后特别是《中华人民共和国水法》颁布实施以来开发建设的水资源工程，尤其是对水电站、水库等项目进行全面摸底清查，查出违规开发项目8个，发出整改通知书，限期办理相关报批手续。当年，督促范坑阳坑电站业主修建湖坪村人饮工程，解决因电站建设引起的该村生活、生产用水困难问题。

二、采砂管理

1991年，福安市颁发有关河道采砂的规定，实行采砂许可管理收费制度。

1994年，福安市处罚富春溪坂中畲族乡毁滩事件，刹住城阳乡桃花岛乱采砂石行为，在全市引起较大反响，使群众认识到沙滩不能随意开采砂石、不能违法滥挖乱采。

2000年，福安市人民政府颁布《关于规范河道采砂的通告》，开展整治赛江流域采砂秩序，各部门联合执法、打击非法采砂行为。

2001年，针对赛江乱采滥挖砂石现象，组织地矿、边防等部门查扣违法采砂船32艘次，征收管理费80多万元。

2002年，福安市进一步规范赛江河道采砂秩序，加常日常监督管理，把赛江下游采砂船控制在3～4艘，对审批发证的采砂船只严格限定采砂范围、采砂数量，确保赛江堤防安全。

2003年，妥善解决坂中畲族乡江家渡村与城南街道程家垄村的采砂纠纷。次年，处理溪潭镇廉村与濑尾村群众因河中采砂权属引发的矛盾纠纷。

2005年，继续开展河道采砂秩序整顿，依法对溪潭镇小叶村和溪柄镇白沙、黄兰村非法采砂点进行重点整治，拆除和查扣采砂船只与设备。

三、河道管理

1998年，福安市开展防洪保安、维护河道秩序专项执法检查，严肃处理上白石大桥下违章搭盖建房、富春溪阳头阳尾河段拦筑阻水堤和甘棠甘坪外滩船舶修造影响堤身安全等违法案件。次年，查处溪口渡桥等8处河道安全案件。

2001年，福安市开展“河畅水清，防洪安全专项执法活动”，组织120多人，3次对赛江河道进行清查整顿，扣留23艘挖（吸）砂船、5艘运砂驳船。召集公安、城管、水政等部门，出动铲车，依法强制拆除城区河滩中的5处违章搭盖建筑物，狠刹违章行为，并安排专人加强河道巡查、确保河道畅通。

2004年，福安市依法调查甘棠国泽部分海堤被拆毁建船台违法事件，3名涉案人员被刑事拘留；调查处理甘棠镇海堤被破坏作为拆解船舶场地事件，责成有关单位限期恢复原貌；查处潭头镇长岗青石采矿场矿渣阻塞河道和省道下浦线堆放石渣引起的塌方事件，确保河道引洪安全。

2005年，福安市组织水政监察和城市建设监察、国土资源、公安等部门依法拆除阳春公园河道管理范围内的违章搭盖一千多平方米。

四、水事纠纷调处

1991年，福安市调查处理茜洋石场影响茜安水利安全纠纷，拆除在赛里海堤、甘棠海堤、湾坞海堤范围内的违章搭盖和种植。

2003年，福安市协调解决社口镇牛山湾、吉洋村，范坑乡墩头村，潭头镇南岩村，穆云畲族乡仙洋村等因电站建设用水的纠纷和潭头镇后湾垅等村因寿宁县长青桥电站建设以及康厝畲族乡象地等村因周宁县八蒲水电站建设引起的水事纠纷。

2005年，协调解决潭头洋坑电站、范坑吉坑电站、穆阳林洋湖水电站与当地群众之间的水事纠纷。

第三节　机构

一、福安市水利局

1991年，福安市水利电力局编制54人，实有在编52人，设局长1名，副局长3名。内设办公室、技术、工管、水资源、计财、防汛办6个股室。1996年12月，水利电力局更名为水利水电局。

2002年6月，水利水电局更名为水利局。

2005年年底，福安市水利局内设股室2个：人秘股（增挂计划财务股），水利水电股（增挂水政水资源股、市节约用水办公室）；挂靠单位2个：市人民政府防汛抗旱指挥部办公室和市水土保持委员会办公室；下属单位38个。

二、福安市水利电力发展中心

1993年2月，成立福安市水利电力发展中心，作为市管事业单位、副科级，并逐步向自收自支过渡。发展中心与市水利水电局合署办公，实行一套人马、两块牌子。发展中心主任由市水利水电局局长兼任，副主任由副局长兼任。同年3月，福安市水利电力发展中心从水利水电局析出；6月，启用“福安市水利电力发展中心”印章。并向市工商局、税务局、人行、农行等部门办理有关手续。2004年6月，随着闽东电力体制改革，福安市供电有限公司成立、福安市水利电力发展中心撤销。

第十二篇

商　贸

SHANGMAO

1991年，福安商业企业机构5088个，从业人员13384人。1992—1994年，商贸企业相继推行“四放开”“国有民营”“租赁经营”“股份制”等改革。1996年，进一步推进国有、集体商业企业股份制改革、破产重组，市商业局成建制转为商业总公司。1998年，全市落实《中华人民共和国私营企业条例》，逐步形成多种经济成分、多种流通渠道、多种经营方式、多种经营业态并存的商贸发展新格局。1999—2003年，商业、供销、粮食、物资系统分别开展清产核资、现代企业化管理等改革，市财贸委、商业局、物资局相继退出行政机构编制行列。2003年，全市内贸企业50家，完成改制19家，正在改制3家，未改制28家。2005年，全市社会消费品零售总额27.67亿元，其中，批发、零售贸易业零售额21.44亿元；全市登记的各类市场25个，其中，消费市场23个，年成交额5.84亿元；个体经营户5250户，注册资金86348万元；出口总值18664万美元，合同利用外资2419万美元、实际利用外商直接投资2137万美元。

第一章　商业

第一节　商业所有制结构与改革

一、国有商业

1991 年，福安市国营商业企业机构 254 个，从业人员 3871 人。福安市商业局所属的百货公司、食品公司、糖酒副食品公司、第二糖酒副食品公司、饮服公司、五交化公司、蔬菜公司经营体制，开始从传统的国营体制逐步向多种经营方式过渡，实行第二轮经营承包责任制。

1992 年，全市国营商业企业 214 个，从业人员 3023 人。商业系统全面推行“四放开”（经营范围放开、价格放外、用工放开、财务收支放开），实行“五搞活”（经营、价格、用工、分配、资金），100 多个零售网点和 30 多个公司经营部、批发部开始实行“国有民营”。全年商品购进总值 2610 万元、销售 3115 万元、费用水平 9.05%。

1993 年，全市商业系统 8 个公司职工 1949 人，123 个经营网点，分布在 19 个乡镇。同年 3 月，福安市人民政府下发《关于成立市粮油总公司市商业总公司的通知》，在保留市商业局牌子的前提下，着手筹备成立市商业总公司；4 月，启用福安市商业总公司新印章，实行“一块牌子，两套人马”，承担管理原商业系统的职能。当年，商品销售 3416 万元，工业产值 61 万元、费用水平 10%，缴纳税金 49.32 万元、亏损 6 万元。

1994 年，市商业系统在实行“四放开”的基础上，进一步深化企业改革，全面实行“国有民营”。80% 的职工参与优化组合，实行“小型承包、公开招标、自主经营、风险抵押、照章纳税、自负盈亏”经营。次年，商业系统商品销售 4600 万元，工业产值 200 万元、费用水平 14.11%，实现税金 90 万元、利润 3 万元，10 个独立核算单位中，8 个赢利，2 个持平。

1996 年，市商业局按照“构大放小、放开搞活、减员增效、国有民营”的改革思路，建制转为商业总公司，原商业局全体行政人员分别办理退休或提前退休手续，固定资产转至商业总公司，实行企业化管理。市百货公司率先实行财产风险抵押，集体租赁经营。赛岐片区国有商业机构实行合并过渡，饮服、百货、食品等 7 家公司所属网点的 240 名在职职工和 95 名离退休人员、59 名遗属，依托第二糖酒副食品公司实现平稳过渡。1997 年，市商业系统商品销售 4811.27 万元，费用水平 18.42%，实现税金 146.18 万元、利润 6 万元。

1998 年，市商业系统推行“一剥离二重组三优化四就业”“构大放活”改革，采取“增资减债、剥离债务、量化资产、盘活存量、产权优化”等措施，创新企业组织制度和管理运行机制。百货公司、第二副食品公司减债 254 万元，饮服公司推行“定额承包、超额分成、工效挂钩、统一管理”内部承包责任制，百货公司制定岗位责任、设置责任卡、完善新一轮租赁经营责任制。

1999 年 5 月，福安市明确市商业总公司为正科级市直属企业，级别、经营范围和方式不变，“三定”方案按国企管理办法和现代企业制度运作与设置。至此，存在48年的商业局被撤销，其商业行业管理和综合管理双重职能转由市商业总公司承担。第二年，市商业系统商品销售7114万元、费用水平14.3%，实现税金164万元、利润9万元。

2002年，市商业系统综合、果品、五交化公司完成改制，百货、饮服、日杂、食品、副食品公司进入改制，全年核减债务2000万元、盘活资产1490万元，解除劳动关系1000人。

2003年4月，市政府《关于福安市百货公司改制工作的会议纪要》，明确市百货公司采用有限责任公司模式，实行彻底规范的股份制改制，重组设立“福安市金山百货有限（责任）公司”。

2004年，市商业系统全面推进“一剥离二重组三买断四分流五改制”的企业改革。市五交化公司改革进入扫尾工作，市蔬菜公司完成资产变现、着手上报改革方案，市百货公司自筹资金300多万元、发放经济补偿金281万元、解除职工与企业劳动关系105人，市第二副食品公司完成所属赛岐酱油厂全员解除劳动关系、分类安置的改革。

2005年，市商业系统完成商品销售3600万元，缴纳税金30万元，实现利润1.5万元。市糖酒副食品公司重组成立福安市糖酒副食品有限（责任）公司，市金山百货有限（责任）公司继续深化改革，两家企业借款支付职工经济补偿金457.8万元，与173名职工解除了劳动关系；其中，市糖酒副食品公司支付9.7万元、与13名退休人员订立解除劳动关系协议，一次性发给安置费、解决退休人员后顾之忧，所有被安置分流后职工的各种关系均移交社区和社保公司。

二、集体商业

1991年，福安市有集体所有制商业机构910个，从业人员2722人。次年，集体所有制商业机构减至854个、从业人员2519人。随着经济体制的改革，部分集体商业机构改为个体私营机构。1995年，开展商业体制改革，为适应市场经济竞争，各商业管理部门有计划地对集体企业进行收编改制或撤销合并，商业总公司等系统集体企业大规模实行改制，分别采取筹集资金买断职工身份、量化资产置换职工身份等方法，推进企业改制和职工安置工作。3月，商业总公司下属的商业综合公司经全体职工大会讨论、班子会议研究，并报主管部门批准，采取全员解除劳动关系的办法，全面进入企业改制和安置分流职工工作。2005年，全市集体所有制商业企业基本完成改制和职工安置工作。

三、个体私营商业

1991年，福安市个体商业机构3924个，从业人员6791人。次年，机构减至3651个，从业人员6404人。1993年，市政府出台《关于加快个体私营经济发展的若干规定》，采取放开从业对象、放宽经营范围、放宽经营方式、降低注册资金，简化登记审批手续和程序，及税收优惠政策，鼓励个体私营经济发展。全市个体私营

下白石海鲜市场（1998）

企业户增至9896户，注册资金7683万元，其中，私营企业523户，当年个体私营企业营业额3.8亿元、缴纳税金1628.4万元，从业人员达2.88万人。1998年6月，福安市贯彻落实国务院颁发的《中华人民共和国私营企业暂行条例》，加大对个体私营经济的扶持和政策引导，允许私营经济在法律规定的范围内存在和发展；随后市政府相继出台政策，鼓励个体私营商业发展，促进社会经济的繁荣。2002年，全市个体工商业9422户，从业人员1.8万人，注册资金2.24亿元。2004年，全市个体工商业7536户，从业人员9554人，注册资金1.37亿元。2005年，全市个体经营户5250户，从业人员8311人，注册资金8.63亿元。

第二节　商业网点

1991年，福安市有商业零售机构4799个，从业人员9808人；饮食业经营机构670个，从业人员1474人；农贸市场12个，其中，乡镇有赛岐、穆阳、下白石等7个，城关有莲池、东风、阳头等5个。旧城改造开始全面推进，随着市政建设力度的加大，国营商业位于城市中心地带的金山、莲池、中兴、阳头、后垅等20余处的商业网点相继被拆除，占地面积8615.77平方米，建筑面积24845.63平方米。

1992年，全市有农贸市场15个，莲池、东风市场获省级文明单位称号，赛岐市场获全国文明市场“三连冠”。

1993年，全市商业批发贸易机构924个，网点166个，从业人员3694人；零售机构9014个，网点574个，从业人员19188人；餐饮业法人机构746个，网点30个，从业人员1788人。市商业系统采取边拆边建办法改造网点，扩大辐射能力，市糖酒副食品公司阳头店被拆迁后，重建阳头网点、占地面积140平方米。

1995年，全市有批发贸易法人机构52个，网点821个，从业人员4276人；零售法人机构27个，网点8193个，从业人员13372人；餐饮业法人机构1个，网点994个，从业人员3898人。

1997年5月，市百货公司因城市改造、采取自拆自建办法，建成占地650平方米的金山百货大楼。1998年2月，市商业总公司在南湖食品公司宿舍以拆旧建新的模式，建成占地面积1478.61平方米的蔬菜批发市场。

市区东风市场（1998年）

2000年，市饮服公司新购饮服中兴东路店面4间128平方米。1991—2000年，国有商业系统累计改建、拆建、新建商业网点面积4318平方米，总投资2720万元。

2005年，全市有农贸市场25个、超市1个。富春批发市场第二期工程小商品、百货、副食品、农副产品等专业批发市场和市水产批发市场竣工开业；闽东电机电器批发中心市场国际会展中心竣工营业，电机电器一条街基本竣工；南郊果蔬批发市场基本竣工；凯兴副食品批发市场完成招商，引进国美电器大型商业连锁企业在福安设点经营。“万村千乡”试点工程部分农家店改造进入实施阶段。荷塘坪农贸市场投入使用、占地面积1500平方米，经营日杂、海鲜、蔬菜、熟食等，设有摊位90个，入驻个体经营户46户，年商品交易量5000吨、金额约1亿元。

第三节　商品经营

一、百货

1991—1995年，福安市有百货商店4000多家。其中，国有百货公司所属商店6家，市、镇三级批发部各1家，驻榕办事处1家，经营品种2000余种；货源主要来自福州、上海、南通、杭州、苏州、宁波、嘉兴、香港、台湾等地。随着国家经济体制的转型，集体、个体、私营企业迅速发展，国有商业功能逐渐减弱，商业系统除少量的棉絮、棉纱、白糖、石蜡、铁丝、元钉、福安少数民族特需的白银由国家下达计划指标供应外，其余商品均采取自购自营自销。1996年开始，各类计划指标、包括预拨计划全面取消；之后，国有商业百货网点相继退出市场，全部由个体户经营。

二、副食品

（一）肉类与生猪定点屠宰

1. 肉类

1991年，福安市停止猪肉凭证供应，养猪户自养自宰，按市场价格销售。全市猪肉产量9724吨、牛肉128吨、羊肉212吨、禽肉565吨。1996年，规范生猪市场管理，实行定点屠宰。1999年，全市猪肉产量1.83万吨、牛肉80吨、羊肉354吨、禽肉1909吨。2005年，全市猪肉产量1.87万吨、牛肉147吨、羊肉401吨、禽肉2360吨。

2. 生猪定点屠宰

1991年，福安市食品公司仍有少批量的生猪购销屠宰业务，随着市场变化，公司生猪购销业务逐年下降；随后工作重点转移到生猪定点屠宰工作上，在福安城关和赛岐镇各设1个定点屠宰场，实行生猪定点屠宰管理。

1996年，福安市成立生猪定点屠宰领导小组，下设办公室、办公地点设在市商业局内。1996—1998年，全市日进场屠宰生猪90头左右。

1999年，市食品公司在福安市南山下，建成具有现代化规模，集屠宰、仓储、检疫为一体，占地3500多平方米的半机械化牲畜定点屠宰场，并投入运营，当年屠宰生猪2.38万头。同年，政府机构改革、行政职能转变，市生猪定点屠宰领导小组办公室并入市财委管理。

2003年5月，经市委编制委员会批准，“市生猪定点屠宰领导小组办公室”改称“市牲畜屠宰管理站”，核定编制8人，为自收自支事业单位，政府每年给予拨补一定经费。

2005 年，完成生猪定点屠宰 4.79 万头，占当年城区生猪上市量的 95% 以上。

（二）蛋品

1991 年，全市蛋品产量 1851 吨，产值 740 万元。1999 年，产量 3470 吨，产值 2429 万元。2005 年，全市蛋品产量 4221 吨，产值 2726 万元。

（三）蔬菜

1991 年，全市蔬菜产量 6.83 万吨，产值 2185 万元。1995 年，蔬菜产量 11.29 万吨，产值 1 亿元左右。1995—2005 年，蔬菜经营政策全面放开，商业部门只有“两淡”及国庆、春节期间，才有计划地向外购进一些蔬菜作为平抑和调剂补充。2005 年，全市蔬菜产量 19.86 万吨，产值 3.31 亿元。

（四）糖、酒、饮料

1991 年，全市销售糖 1516.7 吨、酒 2833.5 吨、饮料 1191 吨、茶叶 2491.9 吨。次年，国有商业的两个副食品专业公司除计划购销与供应榨季食糖外，酒类商品购销由三级批发改为与厂家联合、商家联营的经营机制，主营上海熊猫白酒、山东高粱酒、药补酒、四川郎酒、贵州董酒、建欧黄华山米烧等 50 多种。供销社基层收购点收购毛茶后，提供国营茶厂精制销售。2001 年后，供销社停止茶叶收购，饮料和茶叶原料和产品基本上由企业自购自产自销。2005 年，全市销售的糖、酒少量自产，大部分为市外调入销售；

三、五金、交电、化工

1991 年，国营福安市五交化公司除国家计划安排少量的圆钉、铁丝、石蜡流转指标外，其余商品全部放开购销经营。次年，国家全面取消计划供应，促进市场繁荣，商品的种类、档次不断增多和更新，尤其家电方面发展迅速，电视机从 14 寸黑白发展到 21～25 寸彩电，外加遥控。1992—2005 年，黑白电视机逐渐被淘汰，收音机、收录机销售量大减，影碟机、电冰箱、洗衣机、电话机、燃气热水器相继普及，空调、微波炉等高档电器也开始进入普通百姓家。

市区电器商店（1998 年）

四、文化用品

1991 年，福安市有书店 19 家、从业人员 50 人，大部分为国营。全市文化、娱乐、书报杂志商业零售额 1167 万元。1992—1993 年，全市书店 20 家，从业人员 55 人，文化、体育、娱乐及书报杂志零售额 1425 万元。1994—1995 年，全市书报杂志、文化体育类零售额 716 万元。1996 年，零售额 7350.6 万元；1997 年，零售额减至 1325.9 万元。

2000 年，福安市电子出版物和音像制品开始进入文化市场。2002 年，全市限额以上企业体育、娱乐用品销售额 60.5 万元，书报杂志零售额 1949.5 万元，文化办公用品零售额 4.2 万元。2004 年，全市限额以上企业体育、娱乐用品零售额 58.5 万元，书报杂志销售额 2158 万元，文化办公用品销售额 4.3 万元。2005 年，销售额 1.24 亿元，创历史新高。

五、针纺织品

1991 年，福安市针纺织品主要由市商业部门、供销系统经营，种类有布匹、各种服装、针棉织品、毛线、蚊帐、棉被等。其后，随着市场经济的发展，商业部门、供销系统市场经营大幅缩减，针纺织品逐步转由个体经营。2005 年，针纺织品全部由个体经营。

六、燃料

（一）煤炭

1991 年，福安市煤炭零售量 7.81 万吨。其中由物资系统销售煤炭 1.7 万吨，焦炭 1225 吨。全市有民用煤供应商店 5 家。按照省政府关于全省城镇民用煤改革协调方案，福安市出台民用煤供应办法，采取正常经营保本微利，取消财政补贴。1992 年，全市煤炭零售量 7.11 万吨，市燃料公司等单位停止对居民平价供应煤炭。1993 年，全市煤炭批发量 11.88 万吨，零售量 3579 吨。1996 年，全市销售原煤 4667 吨、焦炭 2837 吨。1999 年，国家经贸委颁布《煤炭经营管理办法》，推行煤炭经营资格证书，持证经营。2001 年，全市销售煤炭和制品额 503 万元。2004 年，国家发改委颁布《煤炭经营监管办法》，放开煤炭经营许可。2005 年，煤炭市场全面放开，实行市场化供应。

（二）液化石油气

1991 年，福安市民开始使用液化石油气（以下简称“液化气”），由市燃料公司成立液化气经营部销售。用户与经营企业签订合同并向企业缴纳开发费，购买相应配套设备（炉灶、钢瓶等），按合同供应价供气，未开户的按议价供气。第二年，国家开放液化气市场，允许各种经济成分合资经营液化气，个体、民营企业开始参与市场经营竞争。1993—1994 年，全市各乡镇相继设立液化气供应点，全市逐步普及使用液化气。市燃料公司改制，退出液化气市场竞争，液化气市场完全转由民营企业自行经营。2001 年 5 月，市政府同意市供销社投资成立福安市华隆燃料液化气有限公司；12 月，正式成立市供销社占股 55%、民营企业福安市华隆实业发展有限公司占股 45% 的第一个股份制公司，开展液化气经营业务。2002 年，市供销社与市华隆实业发展有限公司共同投资 300 万元，在赛岐罗江建设液化气储配站 1 座，占地面积 0.53 公顷，安装液化气储罐 3 个、总容量 126 立方米，日冲装 2000 瓶（25 千克装）。同年，市政府批准在穆阳、溪潭、赛岐、社口、潭头、晓阳、韩阳 7 个乡镇设立首批液化气销售点。2005 年，全市经营液化气的有九环、万方、三诚、华隆、惠宁等 5 家燃气公司。

（三）柴汽油（燃油）

1991 年，柴、汽油供应由福安市石油公司、赛岐石油站经营，全市有石油商店 22 家，销售 1.49 万吨，柴油销售 2.48 万吨。其中，物资部门供应 1738 吨。1992 年，全市石油商店 21 家，石油和制品类销售 2697 吨。1993 年，全市汽油零售 2000 吨，柴油零售 7222 吨。2001 年，全市销售石油和制品 7503 万元。此后，由于计划经济向市场经济转型，市场竞争激烈，石油供应走向市场化。2005 年，全市有 15 个加油站，石油和制品类销售总额 2.27 亿元，其中，批发 1.6 亿元、零售 6715 万元。

表12—1 1991—2005年福安市燃料销售情况表

单位：万元

年份	类别	销售额	其中	
			批发	零售
1991	燃料类	—	—	259
1992	燃料类	—	—	437
1993	煤炭及制品类	4628	4416	212
	石油及制品类	2698	1	2697
1994	煤炭及制品类	3421	3099	322
	石油及制品类	5385	1289	4096
1995	煤炭及制品类	3028	2800	228
	石油及制品类	1196	441	755
1996	煤炭及制品类	875	805	70
	石油及制品类	4865.4	2402.6	2462.8
1997	煤炭及制品类	50	45	5
	石油及制品类	9144	6884	2260
1998	煤炭及制品类	—	—	—
	石油及制品类	—	—	—
1999	煤炭及制品类	—	—	—
	石油及制品类	—	—	—
2000	煤炭及制品类	1645	1510	135
	石油及制品类	3837	2672	1165
2001	煤炭及制品类	503	503	—
	石油及制品类	7503	3100	4403
2002	石油及制品类	5497.6	1214.2	4283.4
2003	石油及制品类	5401.8	1136.1	4265.7
2004	石油及制品类	6975	547.2	6427.8
2005	石油及制品类	22740	16025	6715

表12—2 1991—2005年福安市社会消费品零售总额情况表

单位：万元

年份	总额	其中			
		批发零售 贸易零售额	餐饮业	制造业	其他（含农业生产资料）
1991	33172	28820	2038	995	1319
1992	36830	31519	2337	997	1977

续表 12—2

年份	总额	其中			
		批发零售 贸易零售额	餐饮业	制造业	其他（含农业生产资料）
1993	59826	46321	8596	2539	2370
1994	75928	60734	6536	2688	5970
1995	94910	72688	8900	5058	8265
1996	109147	84132.7	11100.6	5373.5	8540
1997	132123	89566.2	29235.8	5914	7407
1998	142012	105064	22690	7593	6665
1999	151575	111398	23260	8768	8149
2000	162237	120459	24541	8639	8598
2001	173594	128935	26314	9033	9312
2002	202491	137569	28805	9704	26413
2003	191025	149767	31656	—	9602
2004	215455	166457	36568	—	12430
2005	276656	214389	46310	—	15957

第四节　商品储运

1991 年，国有福建省赛岐工业品采购供应站（即二级站）批发业务开始下滑，国有专业公司的商品储运均由各国有专业公司自行采购、储存、运输，实行三级批发。国营商业下属的市百货、糖酒副食品公司、第二糖酒副食品公司、市五交化公司在福安市区和赛岐镇设立 5 个批发部，仓储面积 2000 多平方米，储运和仓储实行企业自管、分级负责、规范标准、灵活经营，储运品种达上万种，日吞吐量 10 多万吨，其中市食品公司拥有一支 4 辆（解放牌、东风牌）车的运输车队；市百货公司在福州洋下新村设立驻榕办，专门从事商品转运工作；各乡镇、供销社、综合店的对口商品均由国有三级批发仓储物流供货，分散零售。商品购销运输采取整车整运、零担托运、少量拼车等方法，为福安工农业生产资料和生活必需品的供应提供保障。

1993 年后，国家计划经济向市场经济转型，市国营三级批发及仓储功能开始逐渐弱化，个体、私营零售商店均采取自由采购，少量储存的办法。当年，市百货公司推行“万元销售工资份额制”做法，一次性将库存 110 多万元的商品全部分解给下属零售网点，分年限收回资金，达到压缩库存的办法；市糖酒副食品和百货公司的 3 处仓库房地产全部公开转让变现。1994—1996 年，因三级批发业务不理想，库存积压商品过多，市百货公司、五交化公司、糖酒副食品公司、第二糖酒副食品公司开展清仓利库，举办各类展销会、推销会，组织工业品下乡，推进库存商品处理变现、回笼资金以减轻利息负担。1996 年以后，市国有商业企业进入全面改革阶段，国有批发机构开始退出市场，内储商品品种、数量及仓库面积逐步减少。2001年年底，国有商业批发业务全面退出，集体、个体批发多为批零兼营，各类仓库由仓储转为对外出租。2002年7月，市百货公司驻榕办撤销。2005年，市国有商业各专业公司全面停业，商品储运由民营企业承担。

第五节　社会服务业

1991年，全市社会服务业单位1210个，包括公共服务业和居民服务业，涵盖公交、理发与美容化妆、洗浴、洗染、摄影和扩印、日用品修理、家政服务、旅馆旅游、娱乐服务、信息咨询服务、计算机应用服务等行业，职工人数2547人，年末固定资产原值954.2万元、总产出1372.7万元、增加值849.3万元。

1992年，全市社会服务业单位1516个，职工人数3073人，年末固定资产原值1058.5万元、总产出1988万元，增加值1090.9万元。

1994年，全市社会服务业总产出2596万元，增加值1825万元。其中，公共服务业总产出442万元，增加值303万元；居民服务业总产出1296万元，增加值875万元；旅馆、旅行业总产出629万元，增加值498万元；娱乐服务业总产出120万元，增加值80万元；信息咨询服务业总产出84万元，增加值50万元；计算机应用服务业总产出9万元，增加值6万元；其他社会服务业总产出16万元，增加值14万元。

1996年，成立市美容美发协会、烹饪协会。美容美发协会由12家团体会员、36名个人会员组成，会员中有2人被评为国家高级美容师、2人被评为国家高级美发师、1人被评为国家高级美甲师，曾获福建省美容美发大赛一等奖、二等奖、三等奖。得到同行及群众的一致好评；同年夏天，市烹饪协会主办了宁德市风味小吃大赛，福安推出的土鲍绿笋汤、娇娇肉糕、甜糟焯蛋、七层糕等被评为宁德名小吃。

1997年，全市社会服务业总产出7104万元，其中，公共服务业总产出1333万元；居民服务业总产出3571万元。2000年，全市社会服务业总产出11450万元。

2002年，全市社会服务业总产出1.46亿元，其中，公共服务业总产出2961万元、居民服务业总产出5780万元、旅馆、旅行业总产出3087万元、娱乐服务业总产出1124万元，信息咨询服务业总产出268万元，计算机应用服务业总产出165万元，其他社会服务业总产出1124万元。

2005年，全市居民服务和其他服务业总产出1.67亿元，其中，居民服务业总产出1亿元，其他服务业总产出6521万元，商务服务业总产出4222万元、文化体育和娱乐业总产出6672万元、信息传输、计算机服务和软件业总产出2.72亿元。

第六节　副食品基地建设

1991年，福安市核定市副食品生产基地办公室事业编制5名，以加强全市“菜篮子”工程开发和管理。商业局成立蔬菜办公室，配合蔬菜公司落实蔬菜基地13.33公顷、全年蔬菜销售额130.8万元，保持市场菜品供应充足、菜价平稳。同年9月，推广生猪“三统一分”经验，在韩阳镇推行生猪统一屠宰、统一纳税、统一检疫，分散经营试点。全年扩大养猪户67户，养猪4935头、出栏生猪4254头。

1992年，副食品基地养猪7053头、肉禽6.17万只、山羊290头、肉牛100头、蛋品48.2万千克、蔬菜2.28万担，总产值586.36万元。

1994年，全市完成111.99公顷蔬菜基地建档，其中，直控菜地24公顷，全年提供上市蔬菜8万担，占市场供应量的20%；新开发反季节、无公害栽培蔬菜基地13.33公顷。投放市场生猪3.5万头，其中，菜猪1.5万头。食品公司、蔬菜公司在“两淡三节”平抑市场物价中发挥重要作用，被省政府办公厅授予先进集体称号。

坂中坑下蔬菜基地（2004年）

1996年，全市落实蔬菜基地212.65公顷，其中，直控菜地40.66公顷、反季节菜地36.66公顷，上市蔬菜12万担，供应各种菜籽4000千克、品种70种。出栏生猪4877头，调剂供应猪苗8000头。

1998年，全市建设旱涝保收蔬菜基地66.66公顷，直控菜地83.33公顷、反季节菜地83.33公顷，上市蔬菜21.67万担；发展基地养猪1.24万头，出栏1.16万头，其中国有场、站出栏8154头；调剂供应猪苗8000多头，批发白肉2.03万头。

2000年，全市落实蔬菜基地253.31公顷，自养生猪8768头，上市蔬菜2.1万担，白肉批发3.25万头，定点屠宰生猪2.66万头，征收税费157.9万元。

2003年，全市巩固性蔬菜基地253.31公顷，上市蔬菜29万担。2004年，改造低产菜地33.33公顷，修建灌溉项目6个，菜地道路7条。

2005年，全市巩固性常年蔬菜基地仍为253.31公顷，改良菜地20公顷，修建灌溉项目3个。

第七节 管理

一、人事管理

1991年，福安市国有商业企业改革进程不断加快，企业内部劳动、人事、分配三项制度改革逐步深化。企业打破计划经济体制下国企职工“三铁”（铁饭碗、铁工资、铁交椅）制度，劳动用工制度发生重大变革，职工从固定人员逐步向合同制职工过渡，商业企业不再录用全民工、集体工。职工收入在实行集体承包、租赁承包、个人抵押承包的基础上，直接与经济效益挂钩。1992年，福安市落实国务院颁发的《全民所有制工业企业转换经营机制条例》，实行管理权与经营权分开，企业逐步成为“自主经营、自负盈亏、自我发展、自我约束”的独立法人管理与经营单位。1994年，根据《福建省人民政府批转省劳动局关于我省企业全面实行劳动合同制意见的通知》精神，企业用工全部实行劳动合同制。

二、财务管理

1991年，福安市国有企业在财务管理方面开始打破传统的统收统支财务制度，国有商业企业实行灵活的经营承包责任制，利润分配实行基数承包，超额部分除按比例缴纳所得税外，其余全部留给企业，余缺自补。1993—1997年，随着国家经济体制的进一步改革，国有商业实行多种灵活的经营方式与承包责任制，企业只负责收缴“四费”（管理费、资金占用费、退保费、财产折旧费），其余均由商店或柜组自行调配。2000年，经营承包管理形式再次深化转向柜组和个人承包独立核算，企业只负责收取单项招投标管理费，企业财务核算也从原来的计成本、销售、费用、毛利率、资金周转天数、利润，转变为直接对柜组或个人盈亏进行核算，核定承包或租赁期间的基数，实行超额盈利归属个人，亏损自补。

2002年，市国有企业财务管理继续实行企业单独核算，按规定统计后上报上级业务主管部门或财政汇总，主管部门每年召开1—2次经济运行和财务分析会议，总结、部署财务管理工作。2003—2005年，国有商业功能弱化，销售额大幅度下降，财务管理的核算功能也随之减弱。

三、业务管理

1991年，市国有商业企业的商品购销业务管理全面放开，商业企业年度计划、商品营销等业务活动均由各企业自行管理。商业局业务股只负责对下属企业进行指导与服务。国营专业公司在各自企业业务科的统一指导与安排下，依照本企业专业营销业务，对经营范围的商品品种、数量、比率等进行采购、调拨和开展各种营销活动，各专业公司都有一支专业采购队伍，市商业系统共有采购人员80多人。1996年，市商业局业务股职能转由商业总公司业务股承担。随着改革开放的逐步深化，商品市场竞争日益激烈，各国有商业经营逐年萎缩，逐步退出市场竞争，企业业务人员纷纷下海，开始转型或自谋职业。至2005年，市商业总公司业务股已名存实亡，商业主管部门主要承担行业管理，不再干预企业经营业务。

第二章　供销合作

第一节　供销合作体制改革

1991—1992年，福安市供销社开始对所属中心集市、门点实行承包租赁制，以门点、仓库为单位，定人员、定承包基数，实行自筹资金、自主经营、自负盈亏；农资化肥在品种、数量、标准、价格、时间上仍按计划管理，执行化肥指标与种植农田面积挂钩，定标准、定时间，按国家规定的平价供应。

1993年，市供销社根据《福安市人民政府关于成立福安市供销社联合总公司的通知》，按照“小联社大实体”改革方向，供销社机关转换管理职能，实行“一个机构、两块牌子”，成立福安市供销社联合总公司及属下双联公司、茶叶公司、综合建设公司等新的经济实体，分流机关后勤人员，推进“社有民营”改革，实行20个租赁制试点。并开始实行“农资专营”“四统一”（统一计划，统一订货，统一调运，统一管理）经营管理机制，初步形成市、基层两级农资连锁经营格局，建立连锁经营企业负责人保证金制度和严格的财务、业务管理制度。

1995年，福安市印发《关于同意成立市供销社碘盐管理站的批复》《关于同意棉花由市供销社专营的批复》，赋予供销社食盐、棉花专营和市场管理职责。

1996年，省委省政府、宁德地委行署相继下发《关于深化供销合作社改革的实施意见》，明确保留县（市）级供销合作社，并列入事业编制，经费由财政拨补，面向农村、农业、农民服务。

1998年，市供销社根据《福安市人民政府关于进一步加强农资市场管理的通知》精神，印发《关于做好九八年度农资经营管理工作的通知》《关于严禁向系统以外进货的紧急通知》，强调农资经营纪律，加强行业自律。同年，农资商品供应市场全面放开，供销社系统实行内联外合、参与市场竞争、建立适应市场经济的经营服务网络。

2000年，市供销社按照省《关于深化供销合作社改革的指导意见》，把核资减债工作列为推进改革的重要环节，落实穆阳、溪潭、城阳供销社等10个单位核资减债金额808万元。

2002年，市供销社采取“一企一策”，推进所属企业改革，对资产少、经营困难的市土产公司、湾坞供销社采取停业措施，所剩资产交社保统筹；以市果品公司、城阳供销社为改制试点，采取企业资产量化、职工解除劳动关系、给予经济补偿、自行就业；市果品公司与115名职工解除劳动关系，城阳供销社完成资产审计、变现，进入职工安置。

2005年，市供销社重点巩固、发展和健全农资经营服务网络，全系统17个乡镇供销社通过改造、整合农资系统资源，以连锁超市、庄稼医院、村级综合服务站、农资专业合作社为载体，实施农资配送终端经营、做好为农服务。

第二节　生产资料经营

一、化肥农膜经营

1991年，福安市供销社系统经营化肥、农膜供应网点110个，经营管理人员488人，供应各种化肥3.61万吨。

1998年，农资市场全面放开经营，化肥销售比计划分配时期的1991年、1992年分别下降28.44%和35%，市供销系统农资市场占有率只有75%。

2005年，市供销系统经营供应网点126个，经营管理人员308人，供应各种化肥3.43万吨。

1991—2005年，供销系统经营化肥品种主要有氮肥（尿素、碳铵、硫铵）、磷肥（过磷酸钙、三料过钙、钙镁磷肥）、钾肥（氯化钾、硫酸钾）、复合肥（氮、钾复合肥和氮、磷、钾复合肥），销售化肥46.36万吨（实物吨）、农膜884吨。

二、农药农用小器械经营

1991年，市供销社系统经营的农药有三大类：第一类除虫类农药，有敌敌畏、乐果、甲铵磷、杀虫双、叶虫单散、1605粉等；第二类除病类农药，有异稻瘟净、多菌灵、克瘟散等；第三类除草类农药，有除草脒、农达、草甘膦等，全年销售各种农药428吨。此后各年销售起落不定，总体呈下降趋势，2005年，仅销售农药184吨。

1991年，市供销社系统经营的农药器械主要有小型背式喷雾器、喷粉器两种，全年销售农药械2566台，此后销售下降。2003年，销售853台。2005年，销售895台。

三、小农具经营

1991年，中小农具大多由市供销合作社生产资料门市部供应，常用品种有锄头、镰刀、竹笠、棕衣、尿桶、割刀、楻、打谷机、麻绳、筛、扁担等，年销售59419件。之后，由于塑料和铁制等农具逐年增多，农民直接向加工作坊定制或集市购买，供销合作社供应的小农具逐年减少。1994年，供销合作社系统销售中小农具27875件。1995年以后，农具、小农械购销完全市场化，供销社也不做单独销售统计。

第三节　生活资料经营

一、食盐

1991年，食盐作为人民群众日常生活的重要商品，由市供销合作社专营，各基层供销社设食盐供应点。全年供应食盐2123吨，每千克零售价为0.78元，供应品种都是散装不加碘的食盐。

1994年8月，根据《宁德地区行署批转地区工商行政管理局等部门关于实行食盐零售许可证请示的通知》精神，福安市实行食盐零售许可证制度。11月，市人民政府鉴于福安市是碘缺乏病较严重的县（市）之一，群众甲肿率达40%的实际，召开食用加碘盐专题会议。决定从当月起，全市城乡市场销售统一标识的500克小包装加碘食盐，其他食品生产、加工用盐使用加碘盐。

1997年1月，市供销合作社成立福安市供销社碘盐管理站，负责全市碘盐经营管理工作。管理站下设批发部 1 个，碘盐销售点 6 个，并补办农村代销店食盐经营许可证，规范全市食盐的批发和零售市场。并配合地区盐政处清理整顿全市盐业市场，出动 42 人次，取缔非法经营 34 起，查扣私盐 96.55 吨、罚款 7580 元。宁德地区行署根据省人民政府《关于在福建省部分地区推行碘盐供应分配制工作意见的通知》精神，下发《关于在宁德地区推行碘盐配给制的意见的通知》，规定推行碘盐供应分配制，全区食用碘盐覆盖率达到 95% 以上，年人均食用碘盐 5 千克。福安市完成配给供应任务 2750 吨。

1998 年 10 月，宁德地区盐业公司根据省盐业公司关于"盐业公司所在地碘盐供应应减少中间环节，碘盐由盐业公司直接供应给乡（镇）基层供销社及村街"的规定，从 11 月 1 日起，福安市辖区食盐市场由地区盐业公司收回经营管理，碘盐由地区盐业公司直接供应，撤销福安市供销社碘盐管理站、碘盐批发部停止经营。1998—2000 年，食盐每千克售价 1.40 元。2001—2005 年，食盐每千克售价 1.90 元。1998—2005 年，全市食用碘盐覆盖率达到 100%，人均食用碘盐 6 千克。

二、日用百货

1991 年，全市日用品类销售额 4822 万元，供销社系统有日用杂品商店 13 个，从业人员 46 人。1992 年，全市日用品类销售额 5035 万元，市供销社系统经营日用品品种达数千个，主要从国营单位和集体单位二、三级批发机构进货，原按计划分配的商品逐渐减少，市场调节的商品规模日益扩大，除部分烟酒和食糖、煤油等商品仍按计划分配供应外，其余日用品完全放开经营。1993 年以后，取消日用品计划分配，市供销合作社经营日用品以市场调节为主，参与市场竞争。

莲池百货商店（1995 年）

2005 年年底，全市日用品经营网点 172 个，从业人员 526 人。限额以上服装、鞋帽、针纺织品类商贸企业零售总额 556 万元。

三、农村图书发行

1991 年，市供销社系统是农村图书发行的主渠道，基层供销社担负着农村中、小学课本和教材的发行工作，并兼营政治、生活、科技等书籍和文具。各基层供销社与市新华书店订立长期的批销（代销）合约，设立专门门市部或专柜。全市设有常年农村图书发行网点 18 个、季节性网点 11 个，专（兼）职发行员 61 人，农村图书年发行量价值 680 万元。

1999 年，农村图书发行网点由新华书店收回 13 个，剩下上白石、范坑、溪潭、下白石、溪尾 5 个网点。

2005 年，农村图书发行网点只保留下白石、范坑、上白石 3 个网点。

第四节　农副产品收购与服务

一、收购

1991年，福安市供销社系统收购的农副产品主要有茶叶、太子参、食用菌、芙蓉李、棉花五大类，各基层供销社设固定和临时收购点，以联购联销为主进行收购。1995—1998年，全市茶叶、太子参、食用菌成交金额2214万元。2001年，停止收购。随后，农副产品转向市场化流通。

二、服务

1991—2001年，市供销社为茶叶、太子参、食用菌等农副产品提供联购联销服务。1993年，社口镇供销社茶叶市场发挥交易、洽谈、信息、储运等一体化功能服务优势，全年茶叶交易量2700吨、销售额400多万元。

1995年，市供销社在全市调整、充实、完善“庄稼医院”16个，扩大供应网点38个。社口镇供销社“农业技术服务中心”，坚持常年为农民提供信息咨询、科技示范、配方供应等“一条龙”服务；范坑乡供销社根据山区特点，组织行政人员送肥下乡；潭头等供销社在农资供应旺季实行“双六制”（即早上6时至晚上6时）营业。

2002年，市供销社根据省供销社指导性意见，下发《关于加强村级综合服务站建设的实施意见》，创新基层供销社体制，采取“五自五统”（即自由出地点、自愿结合、自筹资金、自主经营、自负盈亏，统一办照、统缴税费、统一牌子、统一管理、统一记账核算）方式开放办社，为农业生产和农民生活提供全方位、系列化服务，做到下连农户、上连专业合作社、上下一体联动、建立代营、代销、代购、代管为主的代理制新购销服务网络。全年发展村级综合服务站15个。

2003年，市供销社巩固发展农村太子参、农资、农渔林专业合作社（协会），组建村级综合服务站23个、总数达到38个。

2005年8月，福安市农副产品流通协会经市民政局批准成立，其宗旨是围绕参与社会主义新农村建设，服务“三农”，参加协会会员数155个，其中，个人会员148个、单位会员7个。10月，成立“福安市农副产品流通协会信息服务中心”、地点设在市农资公司，发布“福安供销信息”36期，为广大农民提供信息服务，举办12期农产品科技讲座、聘请农技人员授课，参加会员480多人次。同时深入基层专项调查研究农副产品流通情况，以协会为平台在广州、上海、福州、泉州、厦门、浙江等大中城市设立农副产品服务窗口。采取自产自销、联营销售和行业协会与协会之间“走出去、引进来”的办法，对全市农副产品的种植、深加工、品种等进行科学更新升级，为广大农民提供产前、产中、产后全方位服务，打造特色农产品，争创品牌。

第五节　废旧物资回收

1991年，福安市废旧物品回收列为特种行业、隶属公安局管理，实行特种营业许可证持证经营。废旧物品回收经营单位有市供销社、市物资局再生利用公司等，其中市供销社有下属废旧物资回收点22个。

1993—2001 年，福安随着电机电器产业和修船、拆船业务的发展，民间废旧物资品种、数量大幅增加，个体私营企业逐步加入废旧物品回收队伍、参与废旧物品回收。

2002 年，由市供销社联合总公司牵头，以市日杂公司为依托，经过多方争取和整顿，废旧物品回收、再生资源经营业务回归供销社经营，将原有挂靠市日杂公司的再生资源回收经营营业执照收归集体经营，成立福安市中博再生资源利用有限公司、并建立股份合作经营机制。

2005 年，废旧物品回收、再生资源经营市场，形成以市供销社为主，物资、商业等单位为辅，个体民营参与竞争的经营机制。

第六节　其他经营

一、社办农业

（一）农业生产基地

1991 年，福安市上白石供销社依托地理优势，种植太子参 666.7 公顷，产量 600 多吨，产值 1800 多万元。2005 年，上白石供销社太子参种植基地成为福安市农业产业化八大支柱龙头产业之一。

潭头供销社扶植发展芙蓉李生产基地，面积达 2066.7 公顷，年产量 1.5 万多吨、产值 1600 多万元，被列为省“八五”星火科技项目，成为福安市农业十大支柱产业之一。1993 年，为解决买难卖难问题，成立潭头供销社蜜饯厂，年加工芙蓉李 150 多吨，加工的化核加应子等蜜饯果脯远销东南亚、新加坡一带。

1992 年，商业部在福安市开展全国社会化服务体系茶叶示范县试点工作。市供销合作社制定《福安市茶叶社会化服务体系建设试点工作方案》，拟定社口供销社为全市茶叶社会化服务示范点。扩建社口茶叶市场、建设茶叶技术全程服务中心、建立测土施肥服务体系、引进扩种明前毛峰茶、推广高效低毒低残留农药新品种、规范加工包装标准、开办茶叶技术培训班、成立茶叶协会，在四川、南京、北京等地开设茶叶销售窗口。全市茶叶种植面积 6000 公顷，年总产量 4000 吨，产值 2640 万元。1998 年，全市茶叶种植面积 10670 公顷，产量 1 万吨，产值 7000 多万元，成为市一大支柱产业。甘棠供销社成立“甘棠综合茶果场”，年繁育茶苗 400 万株。

1995 年，市湾坞供销社引进棉花种子，在湾坞围垦区发动农民种植，当年种植棉花 106.7 公顷，收购籽棉 262 吨，产值 193 万元。

（二）专业合作社

1997 年，福安市供销合作社根据省人民政府《关于积极发展农村专业合作社的通知》精神，在供销社系统开展农村专业合作社试点工作。各专业合作社以基层供销社为依托与农民结成经济利益联合体，制定章程、组织农民带资入股，为农民提供产前、产中、产后服务，满足农民需求，促进农村各种生产要素的流动与优化组合，增强农村经济的活力。

1998 年，市湾坞供销社联合棉农 25 户，成立福安市湾坞棉花专业合作社，吸收社员股金 10.8 万元。

1999 年，市上白石供销社联合农民 238 户，成立福安市上白石太子参专业合作社，吸收社员股金

25.2 万元。

2000 年，市濂头供销社联合果农 13 户，成立福安市潭头芙蓉李专业合作社，吸收社员股金 0.6 万元。

2002 年 7 月，市范坑供销公司成立农资专业合作社，入股社员 8 户，股金 5.6 万元。

2003 年 1 月，市下白石供销社成立农渔林专业合作社，入股社员 5 户，股金 2.8 万元；同年 4 月，市湾坞供销社成立农资专业合作社，入股社员 4 户，股金 2 万元。

2004 年 9 月，市溪潭供销社成立农资专业合作社，入股社员 3 户，股金 3 万元。

2005 年，全市农业、农资专业合作社 7 家，入股社员 302 户，股金 63 万元。

二、社办工业

1991 年，市供销社办的工业企业有福安市蜜饯厂、潭头供销社茶厂、穆阳供销社茶厂、上白石供销社日用品厂、溪柄供销社玻纤厂、康厝供销社茶厂、市供销社针织厂、市供销社针织时装厂、市果品公司茶厂、市开发公司茶厂等 10 家，固定资产 138 万元，年产值 521 万元、利润 50.2 万元，流动资金 190 万元，在编职工 298 人、安排社会待业人员 506 人。

2005 年，市供销社系统社办工业全部倒闭。

第七节　管理

一、网点与人员

1991 年，全市供销系统有基层供销社 15 个，经营机构 566 个，包括工业品采购网点 17 个、农副产品采购网点 30 个、贸易货栈 1 个、废旧物资回收网点 22 个、饮食服务网点 14 个，仓储运输单位 3 个、加工生产机构 30 个和其他独立附属机构 5 个，农村购销站 99 个，农村代购代销店 345 个。职工 1245 人。

1993 年 1 月，范坑、晓阳建乡后，相继成立范坑供销公司和晓阳供销分社。

1995 年 10 月，福安市供销合作社大楼落成并迁入新址。

1992—1998 年，市供销社系统由于市政府城镇道路拓宽、旧城改造拆迁和农行起诉、强制拍卖等，损失网点面积 21180 平方米，加上供销社自身经营不善等原因，造成固定资产大量流失，经营网点逐年减少。

2002 年 8 月，市城阳供销社改制，全员置换身份，安置在册职工 146 人。

2005 年，全市有城阳、穆阳、溪潭、康厝、赛岐、甘棠、下白石、湾坞、溪尾、松罗、溪柄、坂中、上白石、潭头、社口、范坑、晓阳 17 个基层供销社（公司）。8 月，市供销合作社按照商务部《关于开展“万村千乡”市场工程建设试点工作的通知》，抓住契机，成为其试点企业，本着统筹城乡经济发展需求，建立新型农村市场流通网络、改善农村消费环境，按照保障农民方便消费、放心消费的原则，在城区、赛岐、穆阳三大区域建立连锁配送中心，在全市建成村级农家店 80 个。是年年底，市供销社系统有批发、零售网点 172 个，农资经营网点 79 个，餐饮服务业 3 个、农村综合服务站 58 个，村级农家店 80 个，在册职工 1136 人。

二、财务管理

1991 年，市供销社系统按照全国供销合作总社的财务、会计管理制度进行财务整改，市供销合作社实行基层供销社（公司）独立核算、自负盈亏、上缴管理费的经济管理形式；基层供销社（公司）实行企业内部二级（企业、承包门点）核算制；市供销合作社汇总各基层供销社（公司）会计表报，分别报送市财政、国税、地税、农行和上级供销合作社。供销社系统经营资金由社员股金、企业积累和银行贷款三部分组成，其中社员股金比重较小，全市供销社系统社员股金仅 13.67 万元。此后，由于经济体制改革，私有商业大量涌现，供销合作社经营活动受到严重冲击，造成经营市场萎缩、经济效益下降、全系统出现连年亏损。

1993 年，全市商品购进总额 6615.3 万元，销售总额 8023.62 万元，经营亏损 73 万元，比上年增亏 8.34 万元。1995 年，全市商品购进总额 7413.15 万元，销售总额 8111.4 万元，上缴税金 93.62 万元，经营亏损 110 万元、比上年同期减亏 18.18%，比计划减亏 63.64%。1999 年，全市商品购进总额 1.09 亿元，销售总额 1.39 亿元，经营亏损 139.9 万元，比上年同期减亏 58 万元。2002 年，全市商品购进总额 5840 万元，销售总额 6892 万元，经营利润 0.3 万元，实现 10 多年以来首次扭亏为盈。2005 年，全市商品购进总额 1.14 亿万元，销售总额 1.36 亿元，经营利润 0.3 万元。由于多年亏损，企业负债经营，大部分固定资产被迫拍卖变卖偿还银行。截至当年年底，供销社系统资产总额为 8296 万元（其中，流动资产 6345 万元，固定资产 1004 万元），系统负债总额 7368.38 万元，所有者权益金额 927.62 万元。

第三章　粮油经营

第一节　粮油企业体制改革

1991年，粮油购销仍实行计划管理，福安市粮食局按照省、地、市核定年度计划，安排购销指标和粮油征购任务。次年，市财政对粮食系统实行粮油全行业费用包干。

1993年，市粮食系统根据《福建省人民政府办公室关于加快粮食流通体制改革若干实施意见的通知》精神，全面放开粮食价格和经营，取消国家食油收购计划、食油定量供应和食油指令性调拨计划；放开粮食市场，鼓励小型国有粮食企业采用“改、转、租、卖、连”等多种形式改革，转换经营机制。粮食局成立福安市粮油贸易总公司和粮油购销公司、粮油储运公司、粮油饲料工业公司等经济实体，分流机关工作人员，推进粮油企业改革。

1994年，市粮食企业实行承包经营责任制，市财政与粮食局签订粮食企业承包协议，实行“亏损自补，利润全留”的费用补贴包干办法，粮食局将费用补贴、利润、定购和专项储备四大任务分解下达下属16个责任单位，实行目标责任制管理。当年，松罗粮油管理站由市法院裁定破产。

1998年，国务院出台一系列粮食流通体制改革的意见和措施，市粮食系统开展以“四分开一完善”为主要内容的改革，敞开收购、顺价销售、粮食收购资金封闭运行正常运作，推进与新的粮食流通体制对接。1999年，市粮食企业实行股份制改革，成立市粮食收储公司（即粮食购销有限责任公司），推进“政企分开”和下岗分流、减员增效。

2002年，市粮食系统按照改革总体方案进一步推进改革，与大部分职工签订解除劳动关系协议，以多种形式帮助职工自谋职业。

2003年，市粮食系统18家企业基本完成改制。2005年，全市粮食经营完全市场化，形成个体私营企业占主导，各种所有制企业参与竞争的格局。

第二节　粮油购销

一、粮食购销

（一）收购

1991年，粮食经营方式发生转变，粮食收购按照国家政策规定，由福安市政府下达年度收购任务，主要由国家储备粮和居民供应粮构成。全市全年收购粮食14267吨，县外调进7296吨，销售粮食30201吨。1992年7月，福安市落实省政府《关于认真做好夏季粮油收购的通知》，按“以销定购”原则由国有企业自行安排粮食收购量。同年，省政府出台《关于加快粮油购销体制改革的意见》，提出取消粮油定购任务，停止执行粮油定购“三挂钩”（即粮食定购任务与平价供应化肥、柴油和预购定金挂钩）奖售政策粮油收购价全面放开，实行市场议购，经营企业与农户签订议购合同或通过市场收购。1993年，福安市落实省政府《关于建立粮食收购保护价格制度和粮食风险调节基金调度的通知》，以补偿生产成本并有适当利润为原则，对粮食收购制定保护价，同时制定实施收购差价补贴政策。4月，落实省政府《关于加快粮食流通体制改革若干实施意见的通知》，规定粮食收购根据市场需求和以销定购原则，由收购经营单位与农民签订经济合同，价格随行就市。全市全年完成粮食收购12464.18吨，中央和地方储备粮储备9500吨。

1994年，全市粮食库存充实，供给居民销量逐年缩小，但粮食购销业务亏损加大。为保护农民生产粮食成本，政府实行保护价收购。宁德地区收购价统一，销价同时调整，全区挂牌销价为：标一早籼米每50千克91元，标一晚籼米每50千克100元。1996年7月，全省粮食购销价格调整方案出台，粮价再次提高，福安市晚籼米挂牌销价每50千克144元，挂牌价销不动时执行随行就市价。

1994—2000年，国家恢复粮食定购计划，全市每年国家定购任务保持在12800吨。2001年，全国、全省收购政策大调整，取消粮食定购任务，只征收农业税，实行征收实物折征代金制，市下达当年农业税粮食征购任务5348.88吨。2005年，国家取消农业税，国有粮食部门为完成地方储备粮任务，在当地收购少部分粮食外，不足部分则从外地调进；当年，粮价每50千克150元左右。粮食市场价低于定购价，为保护农民利益，粮食部门以定购价敞开收购地产余粮。

（二）销售

1. 居民粮供应

1991年，福安市城镇居民人口中由国家定量供应粮食的82911人（即所谓居民户），每人每月供粮（大米）平均12～14千克，口粮供应办法贯彻“一人一份粮，干什么工种，吃什么定量”原则，按户或单位计算，发给供应证，到指定粮站购买。同年，因平价粮供应价格提高，大多数居民舍弃平价粮定量，向市场购买新粮。2001年5月，平价粮停止供应。

2. 议价粮供应

1991年，福安市城镇居民粮食供给实行“双轨制”（即平价粮、议价粮同时供给），居民供应粮均为平价，而部分特殊情况居民、如城镇未落户居民及副食品加工用粮等则为议价粮，价格略高于平价粮。1995年，全市粮食系统销售粮食23139吨，其中，定购任务12800吨，除保留储备任务6000吨，其余6800吨作为平价粮销售，不足部分向上级争取调拨计划外粮，即议价粮15155吨。

2000—2005年，由于粮食定购和保护价提高，平价粮相应提高销价，几乎与议价粮价格持平，导致市国有企业经营“平价粮”难销、粮店关门。国有粮食企业采取目标管理、承包、租赁、股份制重组、减员分流等多种方式推进改革改制；粮食市场全面放开后，集体、民营、个体私营参与粮食购销市场竞争，国有粮食企业最终因机制不活、人员老化、历史负担重等各种原因逐步退出粮食购销市场经营，仅负责地方储备粮的收购和管理。

3. 赈灾救济粮

1991—2005年，国有粮食储备实行中央、省和地方三级储备，地方级即本市级，福安市每年保持7500吨左右，以备赈灾救济急需用。当市内发生各类灾害引发农村农户缺粮时，由当地乡镇上报市政府要求粮食赈灾救济，经市政府批准，由粮食部门组织粮食投放灾区；赈灾救济粮分发集体或个人，事后由相关人员和单位确认，再上报实赈数量批准核销，报财政部门备案。农村发生各种灾害或对五保户慰问等需要时，一般也有动用财政货币购粮发送。但此间福安未发放过赈救济灾粮。

4. 农村粮食回销

1991—2001 年，国家的粮食统销政策在农村没有统销专项。即农村在上年完成粮食统购任务后，第二年如遇上受灾或减产不能完成任务或缺口粮时，会给予农民一定回销粮供应。还有因工程建设需要，如建设公路、水库等征地会给农户回销粮供应。回销粮价格与居民供应价接近，单位和个人凭审批指标到当地粮站办理购粮。2001 年 5 月，随着粮食市场放开、居民粮证取消，回销粮也停止供应。

二、油料购销

（一）油料收购

1991 年，福安市油料收购主要品种为当地特产茶油（是一种叫榛树籽榨的可食用油，俗称茶油）和油料植物油菜榨的菜油，还有少量花生油和米糠油。其中，茶油占全市植物油收购量的 70%。以油菜、花生为原料加工生产的菜、花生油分别居收购量的二、三位。此外，还收购少量芝麻籽和麻油（由芝麻籽榨成的油），作为饮料和配料剂之用，但不列为统购油料。

1993 年，国家油料指令性计划收购取消，福安也停止各种油料的收购。

（二）食油销售

1991 年，食油仍实行统购统销，全市全年议价销售食油 460.5 吨。1992 年，50 千克茶油（二级）价 235 元、菜油（二级）价 208 元，当年 12 月，取消食用油定量供应，国有粮店经营粮油量逐年收缩。随后，食用油市场放开，居民选择食用油渠道也增多。

三、粮食储运

（一）储备

1991 年，粮食市场放开后，国有粮食企业主要担任地方储备粮的收购和保管任务。全年全市粮食储备任务 5500 吨。1994 年增至 6000 吨，1996 年增至 9250 吨。2001 年，国务院《关于进一步深化粮食流通体制改革的意见》，取消粮食定购任务，放开粮食购销价格，开放粮食市场。与此同时，中央、省和县（市）三级确定粮食储备规模和掌握粮食风险基金。同年，福安市级储备粮任务 6500 吨，粮食风险基金规模为 254 万元。2002—2004 年，储备粮任务均为 6500 吨。2005 年，储备粮任务 7750 吨。

（二）调运

1991 年，市内粮食调运由市粮食局车队负责，车队有大小汽车 8 辆，其中，运输车（4～5 吨位）5 辆。

1991—2005 年，福安市粮食储备及农税代购折征实物用粮，共从外地调进粮食 6 万多吨。

1991—2005 年，为全市居民（指居民户）年均供粮 1.5 万吨，年收购定购量 1.28 万吨，作为专项储备粮。并从省内调拨跨县、跨地区、从古田、屏南、寿宁、周宁、松溪、政和一带调入 4000 多吨。议购议销粮则从外省调进居多，仅从江浙一带用船运至赛岐港的每年就有上万吨。粮食市场放开后，私有企业参与经营、国有企业议购议销量急剧减少，最后停止收购；国有企业调粮主要是补充储备用粮，或是引进新粮轮换陈粮，每年约从外省产粮区购进 2000～3000 吨。

（三）粮食仓储管理

1991 年，全市有 16 个粮站，每个粮站都设有供应门市部（粮店）和粮点（粮库所在地），全市有砖木结构粮食仓库 61 座，分布各个乡镇。储备粮仓储管理按照《福建省地方储备粮管理办法》规定实行，市财政按此办法相关规定承担储备粮费用和利息，国有粮食企业负责管好储备粮。全市粮食系统多年在上级粮食部门组织的粮食普查及“四无”（粮仓无害虫、无变质、无鼠雀、无事故）行业标准管理评比中，平均得分 87 分。粮仓管理工作一直保持先进水平。

随着全市农民征粮数量逐年减少甚至停止，市内许多粮点仓库出现闲置。企业为了发挥固定资产效益，减轻粮点仓库管理维修负担，将部分废旧仓库拆除，部分失去储粮功能但可利用的仓库出租给私企使用。2003 年后，将部分分散管理的储备粮，统一集中在交通比较方便的 4 个粮站的 14 座仓库中，由市粮食购销有限责任公司承担储备粮管理工作。

2005 年年底，全市 14 座粮库，仍可保持万吨储粮的库容量。

第三节　粮油加工

1991 年年初，福安市所有粮站都设有附属粮油加工厂，实行独立核算。其中，较大型加工厂有城关粮油加工厂，赛岐米厂，植物油厂、配合饲料厂，集体性质加工企业有城关、赛岐和穆阳粮食复制品厂。

1993 年，市粮油工业因设备落后，加工量逐年减少，部分企业停工停产，或与粮站合并，人员统一管理使用。其中，城关粮油加工厂改称坂中粮站（2002 年 12 月，被市土地收购储备中心整体收购），赛岐米厂改称罗江粮站（后又合并赛岐粮站）。

2000 年，市国有粮油加工企业全部退出市场竞争，私有粮油加工企业快速兴起逐渐占领粮油加工市场。2005 年，全市日大米加工量 50 吨以上的企业 2 家，分别是赛岐的恒信公司和坂中畲族乡的发雄粮食加工厂。面粉、饼干、蛋卷等食品加工企业在赛岐镇周边集聚，形成初具规模的食品加工园区，日产 10 吨以上粮油产品规模企业达到 20 多家。但市场上的大米、食用油、面粉制品供应，主要还是从外地调进。

第四节　管理

一、票证管理

（一）票类

1991 年，福安流通使用的粮票有全国通用粮票、省地方粮票、福安市内流动粮票及地方奖售粮票等。省粮票和全国粮票可到任何粮店购粮，其他奖售类粮票、供应券类的票证，按指定地点和相应时间内购买粮食。居民外出需要粮票时，也可将供应证的供应量兑成粮票使用。1993 年粮价放开后，各类粮票停止使用。

（二）证类

1991 年，福安市居民（指居民户）以户为单位持有市镇居民粮油供应证、渔民使用定销证、回销给农民粮食的有回销单。居民需要将粮食关系转移至外地的，需相关单位出具证明，如就学、调动、婚嫁等可办理市镇居民粮食供应转移证（以下简称“市转证”）。1993 年，实行换证，即市镇居民粮油供应证换成市镇居民粮籍证。1996 年，由于出现粮食紧张，居民仍可使用粮籍证到粮店购买限量限价大米。2001 年 5 月 1 日，取消市镇居民粮食供应转移证明，同时不再办理户口“农转非”；全面放开粮油供应后，城镇居民粮籍证仅作为档案予以保留。军粮、军油供应仍按国家规定的统销价，统销价与市场价之间差价及其经营费用由市财政负担。

二、经营管理

1998 年，全省实施粮食流通体制改革，遵照“四分开一完善”原则，实行政企分开、中央与地方责任分开、储备与经营分开、新老财务账目分开，完善粮食价格机制。同年 6—7 月，全国开展粮食账目审计，福安市粮食账目由省审计厅组织审计，审计结果：1992 年 3 月前的亏损挂账为 213 万元，1992 年 4 月至 1998 年 5 月底前的亏损挂账为 1603 万元，两笔合计 1816 万元。

2002 年 10 月，推进粮食购销市场化改革，实现粮食市场“三放开”（放开粮食收购、放开粮食购销价格、放开粮食市场）。2004 年 5 月，国家《粮食流通管理条例》颁布，市粮食市场进一步实行市场多元化经营，国有粮食经营管理“双轨”制结束。此后，国有粮食企业储备与经营业务分开，经营业务逐步缩小乃至停止；储备业务维持职工工作和生活。

2005 年 12 月，国家决定取消农业税，放开粮食流通市场，并从 2006 年 1 月 1 日开始实施，标志着农民生产粮食可以自由交易，对农民实行征收实物粮折征代金抵税的方法也终止。国有粮食企业与社会有收购粮食资质的粮食企业一样向农民合同订购粮食，但必须执行政府部门规定的最低保护价。

表 12—3　1991—2005 年福安市粮食系统粮食购销情况表

年份	收购（吨）	销售（吨、万元）	储备（吨）
1991	14267	13405	5500
1992	13672	6333	14700
1993	12737	7000	5485
1994	12800	19148.4	6000
1995	12800	23139	6000
1996	12800	19721	9250
1997	12800	14710	9250
1998	12800	6569	9250
1999	12800	12457	26841
2000	7000	30000	27606
2001	5348.9	1122.6 万元	6500
2002	5335	422.6 万元	6500
2003	5335	782 万元	6500
2004	1800	817 万元	6500
2005	2094	515.6 万元	7750

说明：1991—2000 年粮食销售数量单位为吨，2001 年后粮食销售数量改为销售金额，单位为万元。2001—2005 年，粮食收购采取征收实物或折征代金“双轨制”，表中粮食收购数据为实物或折征代金折算粮数据。

第四章　物资供应

第一节　物资经营体制机制改革

一、体制改革

1991 年，福安市物资局内设办公室、业务储运股、财务股，干部职工和离退休人员共 122 人。下辖金属材料公司、机电设备公司、化工轻工公司、再生利用公司和赛岐经营部、福州经营部、台胞购物商场等 9 个单位。同年 4 月，机构调整，将金属材料公司、机电设备公司、化工轻工公司、再生利用公司、赛岐经营部、福州经营部、台胞购物商场等 9 个单位整合为 3 个专业公司，即福安市化工建筑材料公司、金属材料公司、机电设备公司。除化工轻工公司、建筑材料公司的债权债务和有关遗留事项由新组建的化工建筑材料公司承担外，其他单位的债权债务和有关遗留事项，全部由物资局承担，以减轻新公司负担，有利企业经营。

1992 年，市政府批转《关于福安市机构改革意见》，提出流通部门全面推行“四放开”。为此市物资局组建市物资总公司，“两块牌子，一套人马”，赋予管理、服务、经营职能，引导物资局从单纯行政管理向创办经济实体转变。市物资局为促进下属公司适应第二轮经营承包，将市化工建筑材料公司经营范围为化工、轻工、火工、橡胶、塑料、水泥、建材。同年，为开拓福安市下半区市场，成立罗江物资贸易中心，归属市化工建筑材料公司。

1994 年，市物资局干部、职工 136 人，其中，离退休干部 19 人，占 19%。截至 7 月底，物资总公司账面累计亏损 160 万元，实际亏损、潜亏、沉淀资金合计为 478.06 万元。此外，还欠银行贷款利息 130 多万元、离退休干部医疗费 6 万元、职工调整工资应补发金额 21 万元。

1999 年，市物资局内设办公室、业务科、财务科、再就业管理中心，有干部职工和离退休人员 90 人。下辖金属、机电、物贸中心 3 个停止经营的公司、1 个维持经营的化建公司和 2 个股份制企业。市物资总公司总资产 748 万元（其中固定资产净值 318 万元，流动资产 427 万元），总负债 776 万元（其中银行本金及利息 678.9 万元），实收资本 35 万元，所有权益 -28 万元，亏损总额为 382 万元。企业资不抵债经营难以为继，为争取改制成本，企业开始盘活城区物资综合仓库资产，并依靠政策和政府协调，进行核资减债，全年还贷减债 678.9 万元。同年，成立福安市物资行业管理办公室、挂靠市物资总公司，“一套人马，两块牌子”，承担物资行业及所属企业的管理与经营。当年，市物资总公司吸收职工投资入股，成立中韩水泥有限公司和中韩机电设备有限公司 2 个股份制企业，并实行“捆绑式”经营，促进企业正常运转。2000 年 11 月，采取国有控股形式成立市正华物资民用爆破器材专营有限公司。

2001 年 12 月，市政府批复市物资总公司改制重组方案，市物资总公司完成改制方案的报批和清算工作，落实职工与公司解除劳动关系自谋职业 34 人，解除劳动关系后入股重组后的公司 48 人、退休 5 人；并将离退休人员移交机关社保公司管理。2002 年，市物资总公司与全体职工解除劳动关系。

2003年，市政府同意从物资总公司核减在改制过程中发生的费用367万元，余下128.7万元作为国有股转入改制重组的新公司。11月，重组后的市龙华物资有限公司注册成立，公司内设董事长、总经理、副总经理、总经理办公室，下设人教部、财务部、企业部，辖市正华物资民爆公司、民爆器材仓库。2004—2005年，市正华物资民爆公司民用爆破器材建设项目通过立项审批，在铁湖满洋村投资建设3960平方米的综合性民爆器材仓库。

2005年，市物资系统全面完成行政管理机构向经济实体的转变，与行政完全脱钩。

二、经营机制改革

1991年，福安市物资部门的供应仍以计划为主。当年，上级下达供应计划指标烧碱383吨、漂白粉160吨、硫酸553吨、盐酸30吨、液氯160吨、橡胶3吨、平板玻璃520重量箱，水泥、汽车等物资也纳入计划内供应。民爆物品实行持证（特种行业经营许可证）经营。

1992年，物资市场逐步放开，大部分商品由用户与生产企业自行联系采购，计划供应物资品种及数量明显减少。

1993年，市物资部门除保留民爆物品特种经营、再生物资持证经营外，其他物资经营全部放开。其后，上级物资部门不再下达商品供应计划指标，全部由市场调节。物资管理部门开始从行政管理转向经济实体，实行“自主经营、自负盈亏、自我约束、自我发展”的经营机制。

第二节　物资购销

一、金属建筑化工材料

1991年，福安市物资局全年购进钢材2694吨，水泥18923吨，平板玻璃331重量箱、1888平方米，完成物资购进额2871万元、销售额3050万元，实现利润1.01万元。销售黑色金属材料573万元，有色金属材料43万元，化工材料410万元，建筑材料732万元，其他物资86万元。其中，供应工业钢材1041吨。

1992年，完成物资购进额2871万元，销售额3050万元，实现利润1万多元。全年购进钢材4067吨、水泥21444吨、平板玻璃240重量箱。

1993年，全市批发零售黑色金属材料3144万元，有色金属材料17万元，化工材料和制品4855万元，建筑材料1091万元，其中，钢材835吨、铝和铝材9吨。

1994年，市物资局经营钢材3200吨、水泥20700吨、化工产品120吨，完成物资购进额2291万元、销售额2515万元。全市批发零售黑色金属材料83万元，化工材料和制品6605万元，建筑材料156万元。

1995年，全市批发零售黑色金属材料67万元，化工材料和制品11345万元，建筑材料135万元。完成物资购进额1091万元、销售额1215万元，其中经营钢材812吨、水泥20000多吨、化工产品120吨。

1996年，全市购进生铁521吨、钢材4888吨、铜材138吨、铝材81吨。批发、零售黑色金属材料324万元，化工材料和制品7302.7万元，建筑材料44万元。

1997 年，全市批发、零售黑色金属材料 1.35 亿元，有色金属材料 9902 万元，化工材料及制品 6.93 亿元，建筑材料 1380 万元。

2000 年，全市限额以上批发零售企业销售化工材料和制品 4465 万元。市物资总公司完成销售收入 1079 万元，上缴税收 18 万元，盈利 25 万元。

2001 年，全市限额以上批发零售企业销售金属材料 7135 万元，化工材料和制品 4187 万元。

2002 年，全市限额以上批发零售企业销售金属材料 1.12 亿元，化工材料和制品 2611 万元，建筑和装潢材料 1540.3 万元。市龙华物资有限公司销售收入 1057 万元，上缴税收 19 万元，实现利润 10 万元。

2004 年，全市限额以上批发零售企业销售金属材料 7612 万元，化工材料和制品 5239 万元，建筑和装潢材料 3832 万元。

2005 年，全市限额以上批发零售企业销售化工材料和制品 3984 万元，金属材料和制品市场全面放开经营。市龙华物资有限公司销售收入 399.4 万元，上缴税收 42.7 万元，实现利润 6.8 万元。

二、机电产品

1991 年，市物资局销售汽车 33 辆，机电产品 291 万元。1992 年，购进汽车 86 辆、机电设备 892 万元。1993 年，销售机电设备产品 1472 万元，其中汽车 45 辆、摩托车 379 辆。1994 年，销售机电产品 558 万元、汽车 18 辆；1995 年，销售机电产品 90 万元、汽车 8 辆。2000 年，市正华汽车贸易有限公司成立，率先推行汽车按揭贷款消费，销售各种型号汽车 35 辆。限额以上批发零售企业销售机电产品及设备 251 万元。2001 年，销售机电产品及设备 2234 万元。2002 年，销售值下降至 372.5 万元。2003 年后，机电产品市场全面放开。

三、民爆器材

1991 年，福安市易燃易爆物品特种行业归属市公安局管理，实行特种营业许可证持证经营。民爆物品生产单位有福安（811）化工厂，经营单位为市物资局；烟花爆竹产品经销单位为市供销社下属单位日杂公司及其销售网点。

1996 年，市日杂公司与公安局开展烟花爆竹生产及专营市场整顿，定点上白石坪庄村生产“福仙”牌鞭炮，当年销售额 30 万元。

2001 年，市物资局采取国有控股形式成立市正华物资民用爆破器材专营有限公司，专门经营民爆物品，全年销售民用炸药 600 吨、工业雷管 50 万发、导火索近 40 万米。

2002 年，市供销社和公安局、工商局等部门一起开展烟花爆竹市场清理整顿、规范市场秩序，供销社系统建立特种行业经营销售网点 45 个。

2003 年，易燃易爆物品行业转为市安全生产监督局管理。重组后的市龙华物资有限公司注册成立，公司下辖市正华物资民爆公司、民爆器材仓库，实行专营管理。

2005 年，市正华物资民用爆破器材专营有限公司在铁湖满洋投资建设 3960 平方米的综合性民爆器材仓库，全年销售民用炸药 450 吨、工业雷管 39 万发、导火索类产品 50 万米。

第五章　烟草专卖

第一节　销售

1991年，福安市市场销售的烟草（卷烟）来自相邻地、市（县）等多个渠道，市烟草公司市场占有率低，全年仅销售卷烟1869箱。随后，福安市根据《中华人民共和国烟草专卖法》实行烟草专卖管理，有计划地组织烟草专卖品的生产和经营，卷烟供应由福安市烟草公司管理经营，并纳入国家计划供应。1992年，市烟草公司卷烟市场占有率大幅提高，全年销售卷烟14867箱。2001年，销售卷烟15442箱，实现利润761.46万元，上缴税利975万元。2005年，销售卷烟16890.4箱，实现利润3238万元，为2001年的3.32倍，年均增长35%；上缴税利3991万元，为2001年的4.09倍，年均增长42.2%。

表12—4　1991—2005年福安市烟草专卖局（公司）卷烟销售情况表

年份	销量（箱）	占全年计划的比例	实现利润（万元）	上缴税利（万元）	市场占有率
1991	1869	—	—	—	—
1992	14867	—	—	—	—
1993	27782	—	—	—	—
1994	9965	—	—	—	—
1995	9063	—	—	—	—
1996	10934	—	—	—	—
1997	13528	—	—	—	—
1998	14204	—	—	—	—
1999	15112	—	—	—	—
2000	10474	—	—	—	—
2001	15442	104%	761.46	975	98%
2002	15005	90%	1205.6	1342.5	97.5%
2003	14511	96.4%	1199	1584.9	86%
2004	16107	105.6%	2051	2274	88%
2005	16890.4	100.5%	3238	3991	92%

说明：1991—2000年仅统计卷烟销售量，未统计其他指标。

第二节 网点

1991年，福安市烟草销售网点实行烟草专卖许可证经营，烟草公司主要依托持有烟草专卖许可证的网点销售。烟草专卖许可证实行年检换证制度。

1995年，市烟草公司开始自设赛岐、城关批零兼营2个网点，公司卷烟由网点供应全市。第二年，增设销售网点，新设福安城关7个、穆阳3个、赛岐5个、社口2个、上白石3个、下白石4个，除原有城关、赛岐2个网点自行经营外，其余委托供销社经营。1998年，城关网点收缩，除中兴街外，阳头、甲杯山、后垅、京都等由公司委派员工经营。2000年，市城关穿山路、下白石、赛岐、穆阳各网点全部由公司派员经营。2001年，访销分离，公司全部实行条喷码，并按访销的数量配送到各网点。2002年，市烟草专卖局（烟草公司）对高档卷烟进行喷包。2003年，取消全市网点，增加车辆和送货员，卷烟由市烟草公司统一喷码后实行全部配送，直接送到客户手中。

2005年，市烟草公司改为市烟草营销部，按ISO9000质量体系工作流程增设9个委托点、18个定点取货点；在城关、赛岐、穆阳分别设立“零售客户之家”。

第三节 专卖管理

1991年，福安市烟草专卖局年检烟草专卖许可证756户（本），办理变更转户253户（本），其中国营、集体年检311户、个体428户、代批16户、特种2户。开展重点乡镇突击检查，检查烟草经营点425户，查处经营外烟104户、没收外烟75条。

1992年，全市查处各类烟草专卖违法案件63起，没收走私烟3597条、立案处理收购卷烟9257条、销毁假烟600多件、罚没款20.87万元。

1993年，全市查处各类烟草专卖违法案件32起，没收走私烟1005条、处罚收购卷烟9.92件、罚没款15.36万元。

1996年，全市查处各类烟草专卖违法案件99起，抓获走私烟969件、价值200多万元，抓获、销毁假烟6889件，罚没款245.7万元。

1997年，查处84起，查获假烟2074件、走私和出口倒流烟555件，罚没款155.79万元。

1998年，查处208起，查获假烟6060件、走私和

市公安、工商部门和烟草专卖局销毁假冒香烟（1998年）

出口倒流烟336件，罚没款103万元。换发许可证1100户。

2000年，查处422起，其中，打击非法渠道进货327起、售假案件90起，查获假烟148件、走私烟案件275起，查获走私烟129件、上缴财政罚没款57.3万元，实现收购卷烟差价款19万元，销毁假烟2043件。

2001年，全市查处各类违法案件357起，其中，售假案件139起、查获各类卷烟总计1538件，打击非法渠道进货卷烟218起、查获走私烟10件；摧毁各类地下销售卷烟窝点43个，其中，摧毁地下假烟销售窝点26个，非法渠道烟地下窝点17个。全年查处卷烟罚没款总计5.97万元。

2002年，市烟草专卖局出动执法人员7000多人次，查处各类违章案件903起；查获非法渠道卷烟11751条、假烟4155条、走私烟19060条；取缔非法销售点15个、无证经营53户，罚没款12.18万元，卷烟收购差价款14.56万元。宁德、福安两地公安边防侦破特大香烟走私案，抓获犯罪嫌疑人18名、查扣两艘走私船、缴获“555”牌香烟2200多件、案值600多万元。

2003年，全市查处各类违法案件342起，没收卷烟43721条，摧毁地下卷烟销售窝点25个，罚没款4.77万元。

2004年，查处案件161起，查获卷烟2966.3条；全市换发卷烟零售许可证2367本，劝退、取缔无证经营户142户，全年查处案件罚没款3.96万元。

2005年，全市查处卷烟案件252起、没收各类卷烟5603条，摧毁制假和非法销售窝点4个；查获无证运输卷烟案件15起，移送公安案件3起，使市场净化率达95%，客户满意率98%，受理投诉64起、处理率100%。并在全市各销售点设置卷烟明确标价表及标准展示存放柜。

第六章　对外贸易

第一节　外贸企业体制改革

1991 年，福安外贸企业产品出口主要依托福安市外贸公司，只有外商投资企业在其经营范围内可自营进出口，其他企业没有进出口经营权。外贸企业普遍推行改革，实行企业承包经营责任制、优化劳动组合、推动经营机制转换。

1992 年，市外贸公司改变单一的出口供货经营为生产、供货等多种经营。成立闽东外贸机电集团公司，发挥全市机电出口产品优势，建立机电出口基地。

1994 年，福安市委、市政府出台《关于进一步扩大对外开放发展外向型经济的若干决定》《关于加大改革力度改善投资环境的若干决定》，确立全市外经工作“一盘棋”思想，实行“一个窗口对外、一栋楼办公、一条龙服务”，并给予土地使用、基础设施建设及税费等优惠政策。鼓励外商投资秦溪洋工业园区建设，申报天马集团、罐头食品厂、外贸公司、打火机工业公司、双龙机电公司进出口自主经营权。

1995 年，福安市委、市政府出台《关于进一步改善投资环境加速引进外资的若干规定》，实行多项优惠政策鼓励外商投资。市外贸公司获批自营出口权，在全市实现零突破。

1998 年，福安市政府做出《关于市外贸公司改制方案的批复》，同意外贸公司采取“以资抵债、盘活资产，成立市进出口服务中心，组建内部职工持股的有限公司”等方法，推进外贸公司改革。万达、华丰、微控 3 家企业获得进出口经营权。

1999 年，福安市委、市政府出台《福安市关于加强软环境建设的若干规定》，对企业实行“降低标准收费、规范检查、简化审批环节、信贷支持、简化出入境审批手续”等优惠措施。闽东大地电机有限公司、德丰电机有限公司等 4 家企业评为年度外贸自营出口先进企业，闽东安波电器有限公司、亚南电机有限公司等 8 家企业被评为福安市年度“三资”企业纳税大户。华微电机、天龙电机获得进出口经营权。2000 年，银象电机获得进出口经营权，同时有 6 家企业通过 ISO9002 质量体系认证，7 家企业通过欧盟 CE 认证。

2001—2002 年，福安市委、市政府出台《关于鼓励外贸自营出口若干规定》《关于鼓励国内客商投资的若干规定》，率先成立宁德市首家外商投资代理服务中心，为外商投资提供“一条龙”服务。市政府与宁德出入境检验检疫局联合出台《关于鼓励福安市出口商品企业开展 ISO9000 质量体系认证工作的通知》，推动出口企业开展 ISO9002 质量体系认证。2002 年，全市自营出口企业 62 家，其中电机电器企业 50 多家。马头造船公司、丛贸船舶公司 2 家企业获准定为外籍船舶修理点。革新电机在缅甸、一华电机在尼日利亚，瑜溶塑料制品、闽东汽车配件在埃及投资办厂，实现福安企业境外办厂新突破。

2005 年，全市自营出口企业 115 家，外籍船舶修理点企业 6 家，在境外办厂企业 9 家。

第二节　进出口贸易

一、出口

(一)出口额

1991年，福安市加快对外贸易发展、全市出口9800万元，其中，市属企业出口4900万元(含“三资”企业出口209万美元)、市外贸公司出口3272万元。出口额达50万元的品种11种，其中，达100万元的有蘑菇罐头、玩具、微型轴承、过硫酸铵、家用水泵。1992年，全市出口1.4亿元，其中，市属企业出口7200万元，仅市外贸公司供货出口就达3272万元。1993年，全市出口1.86亿元，其中市属企业出口7200万元，外贸公司供货出口值达6100万元；“三资”企业出口3864万元，占全社会出口的20.8%。1994年，全市出口2.3亿元，其中，市属企业出口7200万元，外贸公司出口7000万元。1995年，全市出口2.42亿元，其中，外贸公司出口7600万元。1996年，全市出口2.65亿元其中“三资”企业出口1024万美元。1997年，全市出口3.6亿元。1998年，全市出口3.87亿元，其中，自营出口559万美元，“三资”出口占79%。1999年，受东南亚金融危机影响，出口增速减慢、效益下降，全市以机电、水产、农副产品为主的出口结构面临挑战，当年出口4.86亿元，其中，自营出口876万美元。2000年，全市出口6.49亿元，其中，自营出口2540万美元。2001年，全市出口8.36亿元，其中，自营出口4247万美元、比上年增长69%。2002年，全市出口11.48亿元，其中，自营出口5858万美元。2003年，全市出口15.66亿元，其中自营出口9881万美元、同比增长68%。2004年，全市出口20.7亿元，其中，自营出口1.4456亿美元。2005年，全市出口30亿元，其中，自营出口1.8664亿美元。出口额占历年新高，是1991年的30多倍。

(二)出口商品与市场

1991年，福安电机电器产业集群不断发展壮大，电机电器企业成为全市出口大户，电机产品成为出口的主要品种，电子保健器具出口销路扩大、对外出口业务快速增长。1993—1997年，福安出口产品有：发电机、电动机、电焊机、水泵、电子按摩器、过硫酸铵、过硫酸钾、过硫酸钠、石木制品、胶鞋、稀土硅、硅钙、清水河砂、海鳗片、马面豚、活鲈鱼、活河豚、冰南鲳鱼和鱿鱼，冻马胶片、带鱼、珍珠贝、杂鱼等，产品销往日本、荷兰、澳大利亚、韩国、中国台湾、美国、泰国、新加坡及欧洲共同体国家。

福安电机生产车间(1998年)

2003年，福安市出口电机产品4067批、货值8021.3万美元。以按摩器械为主的福安电子保健产品出口增多，形成20多个系列、200多个品种，产品远销欧洲、美洲、非洲、东南亚、中东等 50 多个国家和地区。

2005 年，福安市有电机出口企业 53 家，出口产品主要有同步发电机，发电、电焊两用机，相复励发电机，异步电动机，调速电动机，柴油发电机组等，出口国家和地区比例为东南亚 30%、中东 40%、南美洲 8%、欧盟 10%、非洲 10%、澳大利亚 2%。年出口总值 500 万美元以上的企业 8 家，100 万～499 万美元的企业 20 家，99 万美元以下的企业 25 家。

（三）出口重点企业

1991 年，福安市只有外商投资企业自营进出口，对外贸易出口主要由市外贸公司向企业收购出口产品，再转由省专业进出口公司出口或由相关工贸进出口公司对外出口。

1994 年，市天马集团公司、罐头食品集团公司获得外贸进出口权后开始自营出口。1995 年，市外贸公司首次自营出口 13 吨精炼食品油销往台湾。1996 年，鉴于出口迅速发展形势，福安市成立“中国国际商会福安商会”，并组织出口企业 30 多家参加第 82 届中国“广交会”，签订了一批出口合同。

1997 年，福安市扩大对外开放，一批机电出口企业开始拓展自营出口业务，全市民营企业申报进出口经营权的步伐加快；改制后的新外贸公司也获得自营出口权。民营企业获得自营出口权后迅速拓展国际市场，电机企业出口迅速崛起，自营出口大幅增长。全市形成间接出口、直接出口、境外加工贸易出口等多种形式的外贸出口格局。当年，全市新批进出口企业 25 家，通过 ISO9000 认证的企业 6 家，CE 认证 7 家。

1998 年，市“三资”企业出口增长快速，企业出口比重占自营出口的三分之二。外资企业出口成为全市自营出口的主力军。万达、华微、微控等 3 家民营企业获进出口经营权。形成全市外贸公司出口、其他国有企业出口、乡镇企业出口、民营企业出口多轮驱动的局面。

2003 年，全市新批获准自营出口企业 24 家。2004 年，完成自营出口 1400 万美元以上的企业 2 家、900 万美元至 1400 万美元的企业 3 家。新批自营出口企业 20 家、全市累计获自营出口权企业 82 家。东大、新永隆、金隆、安波、盛港发等电机出口企业发展迅速，东大电机企业在全省民营企业中年出口占领先地位。

2005 年，全市外贸自营出口 500 万美元以上企业增至 13 家，其中 1000 万美元以上企业 1 家；新批自营进出口权企业 25 家，全市拥有自营进出口经营权企业达 115 家。安波、新永隆、盛港发、德丰、五洲水产等企业荣获“2005 年度全国外商投资双优企业”称号。电机企业在出口中作用进一步突显。

二、进口

1991 年，福安市货物和服务进口额 2.03 亿元。1991—1995 年，主要向东

中意合资扬帆泵业有限公司签约仪式（2004 年）

南亚国家和中国台湾、香港地区进口高档轴承、电容器、机电配件、化工原料和造纸成套设备等。期间，福安市包装厂引进台湾地区瓦楞纸箱生产线设备并建成投产。

1996—2000年，福安市开始向欧洲发达国家进口成套设备和技术，定制集成电路板等配套件。1996年8月，市印刷厂进口意大利复合软包装自动生产线项目竣工投产。2000年，全市货物和服务进口额7.05亿元。

2000—2005年，福安市电机企业开拓欧美发达国家出口市场，主要进口德、意等欧洲国家和日本生产的高端柴油、汽油发动机，用于配套本地生产的发电机、水泵，组装成机组出口。

表12—5 1991—2005年福安市货物和服务进出口统计表

单位：万元（人民币）

年份	出口额	进口额
1991	16113	20265
1992	23074	30608
1993	23781	31541
1994	27763	30294
1995	32171	36002
1996	46640	37686
1997	64762	55498
1998	68367	58764
1999	76576	64052
2000	90188	70457
2001	107324	73979
2002	106432	74523
2003	126082	90232
2004	119666.8	—
2005	151202.7	—

说明：1.1991—2003年为统计部门数据，2004、2005年统计部门未统计进口数据。表内为海关部门货物出口数据，未包括服务出口。
2.2004年，出口1.4456亿美元，按每1美元等于8.2780元人民币换算；2005年，出口1.8664亿美元，按每1美元等于8.27801013元人民币换算。

第三节 招商引资

一、对外招商

1991年，福安市参加厦门9·8投洽会，签订意向协议29项，外资金额500万美元。同年，举办首届“中国·福安国际茶文化交流会”，通过“文化搭台，经贸唱戏”，签订外资项目4项，茶叶贸易成交1000万元。1993年3月，福安在列入全国沿海开放县（市）建市三周年和穆阳民族经济开发区成立庆典之际，举办10家“三资”企业开业典礼，组织招商洽谈，签订投资项目4项、引进外资额112万美元：外资重大基础设施建设项目——香港永沛投资有限公司出资建设、总投入2亿元的黄兰溪电站项目签约并获批准实施。1994年，福安市组团赴香港招商，并在港成立福安旅港同胞联谊会。1995年，福安市参加香港“3·18”、厦门“9·8”招商，达成投资协议合同18项。1996年，在上海举办“11·18”闽东经贸洽谈会、香港“3·19”投资说明会等，签约24项、利用外资合同金额1126万美元。1997年，福安市在“9·8”招商会签约15项，外资合同金额3390万美元。1998年，福安市参加福州招商月活动，签约外资4项、外资合同金额580.6万美元；在“9·8”招商会上，签约6项、外资金额7957.4万美元。1999年，参加“5·18”福州招商月活动、“9·8”厦门招商及“闽东大黄鱼节”招商，在本地举办“9·28”招商会，在上海举办福安名优产品展销会等，推出项目100多个、包括外资项目50个，签约利用外资金额累计超过1.5亿美元。2000年，参加“5·28”福州招商月活动、“9·8”厦门招商和闽东“大黄鱼节”招商，签约外资项目12个、利用外资金额近5000万美元。2004年，参加宁德、福州、厦门和香港、韩国等境内外招商，“5·19”宁德招商节，签约32项，其中外资8项、合同外资1.30664亿美元，内资23项、合同内资18.72亿元；商贸合同1项，贸易金额6.6亿元。2005年，组织参加“5·18”福州招商月活动、“6·28”宁德招商节和“9·8”厦门投洽会，共签约项目59项，利用外资1.27亿美元，内资27.7亿元人民币；组织电机电器企业参加春季“广交会”、海峡西岸名优产品博览会，签订出口合同1.6亿元。

闽东大黄鱼节招商福安分团项目签约仪式（1999年）

二、利用外资

1991年，全市批准成立外资企业4家，合同外资金额68万美元，实际利用外资61万美元。1992年全市批准外资企业23家，合同外资921万美元，实际利用外资158万美元；投资领域涉及机电、化工、塑胶、美术工艺、电子等行业，以外商独资项目为主。1993年，全市新批外资企业35家、合同外资2034万美元，外资开始注入房地产业，实际利用外资合同金额首次突破千万美元。1996年，全市实际利用外资1450万美元。1997年，批准外资企业10家，合同外资1530.8万美元、实际利用外资1462万美元。1998年批准外资企业7家，合同外资444.85万美元、实际利用外资1828万美元；成立市招商谈判团，加强招商引资。1999年全市批准外资企业10家，合同外资1290万美元，实际利用外资2438

万美元。2000 年，全市批准外资企业 10 家，合同外资 1427 万美元、实际利用外资 2653 美元。第二年，批准外资企业 5 家，合同外资 82 万美元、实际利用外资 1200 万美元。2002 年，全市批准外资企业 5 家，合同外资 1785 万美元，实际利用外资 1323 万美元。2003 年，全市批准外资企业 5 家，合同外资 1072 万美元、实际利用外资 1601 万美元。2004 年，全市批准外资企业 5 家，合同外资 2099 万美元、实际利用外资 1931 美元。2005 年，全市批准外资企业 4 家，合同外资 2410 万美元、实际利用外资 2137 万美元。

1991—2005 年，全市签订外资合同金额累计 1.9 亿美元，实际利用外资金额 2.02 亿美元；利用外资领域涉及电机、机械、电子、冶金、化工、水电、餐饮与房地产等 10 多个行业。

表 12—6　1991—2005 年福安市对外经贸情况统计表

年份	新批“三资”企业（个）	合同利用外资（万美元）	实际利用外资（万美元）	“三资”企业总产值（万人民币）	“三资”企业税利（万人民币）	“三资”企业出口值（万美元）	出口商品收购总值（万人民币）	全市出口总值（万人民币）
1991	4	68	61	3950	605	209	9800	391
1992	23	921	158	7000	832	322	14000	432
1993	35	2034	601	10860	1260	479	18600	807
1994	7	1168	803	12100	1400	914	23000	843
1995	15	1923	537	14080	1550	880	24200	916
1996	13	523	1450	20000	1660	1024	26500	1024
1997	10	1531	1462	30500	1900	1401	36000	1401
1998	7	444	1828	34000	2240	1597	38660	1579
1999	10	1290	2438	39000	2300	2403	48600	2403
2000	10	1427	2653	43239	5496	3143	64927	2659
2001	5	82	1200	50400	4105	4820	83600	4477
2002	5	1785	1323	85736	5718	6087	114800	5858
2003	5	1072	1601	116996	8084	8526	156600	10450
2004	5	2099	1931	132480	9348	11661	207000	14456
2005	4	2410	2137	146235	9543	15939	300000	18664

第四节　经济技术合作

一、对外劳务输出

1991 年，福安市拓展对外劳务输出新渠道，与香港百浩达实业有限公司洽谈草签 100 名劳工劳务合同，承接招收20名制衣女工赴毛里求斯业务。1992年，福安市联系并洽谈制衣（新加坡）、机场建筑（香港）、种植与养蚕（瓦努阿图）、机床（莱索托）、种菜（加拿大）5批劳务业务，其中经考试合格外派制衣女工3人，机械工5人。1993年，成立福安市国际技术合作公司，承接全市对外劳务业务，同时征储一批机械、车工、电子、印刷、计算机等工种的专业技术人员。1995年，承接赴新加坡、美国塞班等制衣工、机械工劳务输出业务，通过摸底报名并向上推荐多名。1996年，加强福安市同具有对外劳务签约权专业公司的合作，大力发展对外劳务，进行赴新加坡、毛里求斯、以色列、中国澳门等地的劳务摸底，供外商择优录用，并抓住两岸关系好转之良机，开发下白石港作为争取对台渔轮开放工作。2000—2005年，劳务输出政策放开，不再做专项统计。

二、境外投资

2000年，福安市贯彻省政府“走出去”发展战略由吸收外资转向发展境外投资办企业。2000—2002年，革新电机在缅甸、一华电机在尼日利亚、瑜容塑胶制品在埃及、闽东汽配公司在埃及投资办厂相继获得批准并投产。在开罗成立瑜容（中国）塑胶制品有限公司，总投资82万美元，注册资本48万美元。2003年，埃及瑜容公司有限公司、缅甸革新电机有限公司被列为20家重点境外企业进行扶持。2004年，市豪鑫纸业公司在越南设立境外企业，全市共有境外企业6家。至2005年，全市共批准境外企业9家。市众和塑胶制品厂计划在埃及设立永益塑胶制品公司，手续报省外经贸厅审批。

第五节　机构

一、福安市外经贸委（外经贸局）

1991年，福安市外经贸委编制9名，主任1名，副主任2名。内设外资科、贸管科、办公室，为正科级单位。

2002年，外经贸委改为外经贸局。2003年6月，核定行政编制4名，内设综合股、经贸股。2004年，增加股级编制1名。

2005年，外经贸局编制5名，局长1名，副局长2名；内设机构和下属单位有综合股、经贸股、事业单位市招商中心。

二、福安市粮食局

1991年，福安市粮食局在职人员42名，其中，局长1名，副局长2名，为科级单位。内设人事股、办公室、计划股、财会股、购销股、储运股、教保股、粮油工业股。1999年，按照“政企分开”原则，市粮食局成立福安市粮食购销有限责任公司，实行独立核算，市粮食局对公司的粮食管理和各项安全事项进行指导、监督。2005年，市粮食局在职人员25人，其中局长1名，副局长2名，为科级单位。内设行业管理股（加挂军供管理股的牌子）、储备调控股、财会股、人事秘书股。

三、福安市供销合作社

1991年，福安市供销合作社机关工作人员49人，主任1名，副主任2名。内设秘书科、人事科、保卫科、生产科、财计审建科、业务物价科、基层教育科，下辖15个基层供销社、6个专业公司和1个车队。

1994 年 10 月，科室进行调整，秘书科改为办公室；人事科、基层教育科合并为人事教育科；业务物价科、生产科合并为业务物价专管科。

1996 年 5 月，增设农业生产资料管理科。

1997 年，市供销合作社机构改革，机关工作人员 34 人，主任 1 名，副主任 2 名。内设办公室、人事教育科、财计审建科、业务物价科、农业生产科管理科、监察保卫科、基层建设科，下辖 17 个基层供销社、7 个专业公司、1 个碘盐管理站。2005 年机构不变。

四、福安市商业局

1991 年，福安市商业局有编制 12 名，其中，局长 1 名，副局长 1 名。内设人事股、秘书股、商管股、业务股、财计股。

1996 年，市商业局转制为经济实体的市商业总公司，为市政府直属正科级企业单位，内设总经理室、书记室、办公室、人事股、业务股、财计股、商管股。

1999 年，市编委为保障商业总公司职能的有效履行，解决新调入人员的工资关系问题，根据市委、市政府《转发〈关于福安市市级党政机构改革的实施意见〉和〈关于福安市市级党政机构开展“三定”工作的意见〉的通知》《关于福安市市级党政机构设置的通知》等文件精神，同意成立全民自收自支事业单位——市蔬菜办公室、挂靠商业总公司，主管部门为市财委，核定自收自支编制 24 人，参与商业系统行业、企业管理和承担蔬菜基地建设等工作。2005 年，市商业总公司机构编制不变，行业管理归市经济贸易局。

五、福安市烟草专卖局（福安市烟草公司）

1991 年，福安市烟草专卖局、福安市烟草公司为“两个牌子、一套人马”，隶属宁德地区烟草专卖局（分公司）管辖，在职员工 112 人，局长（经理）1 名、副局长（副经理）2 名，内设办公室、财计股、业务股、烟叶股、专卖办，下辖赛岐批发部、卷烟仓库和日山、晓阳、松罗 3 个烟叶生产基地。

2005 年，福安市烟草公司改为福安市烟草营销部，仍与福安市烟草专卖局合署办公，内设机构、人员编制不变。

第十三篇

旅游与服务业

福安市志

LUYOU YU FUWUYE

福安依山傍水，山海相连，自然资源十分丰富，自然景观与人文景观交相辉映，境内有白云山世界地质公园、廉村历史文化名村、坦洋村茶文化等一批极具地方特色、全国少有的景区景点，旅游业发展前景广阔。1991 年，全市有餐饮业机构 670 个，从业人员 1474 人，饮食业产值 2038 万元。1994 年，旅馆、旅游业总营业收入 629 万元，增加值 498 万元。2000 年，旅馆、旅游业总营收 2587 万元，增加值 1699 万元。2005 年，星级酒店 9 家，中、低档宾馆 100 多家，入境旅游者 66715 人次，旅馆业总收入 7678 万元，地区生产总值 2761 万元；餐饮业总收入 3.23 亿元，创地区生产总值 1.23 亿元。

1991—1993 年，福安市对旅游资源作调查前准备工作。1994 年，邀请武汉工业大学建筑专家对天马山旅游规划进行勘测调查。1996 年 1 月，市委召开旅游工作专题会议，成立福安市旅游工作领导小组。1997 年，对全市旅游资源开展全面调查至 2002 年年底完成调查，并规划实施。

第一章　旅游

第一节　资源调查与规划

一、调查

根据国家旅游局和中科院地理研究所编制《旅游资源普查规范》，全国旅游资源共分6大类，68亚类。福安六大类旅游资源齐全，68种亚类中福安拥有45类。福安旅游资源之丰富程度在省内较为突出。

白云山风景区极具特色，观赏性高，神秘感强，而且规模大，类型丰富多彩，富有旅游开发价值。

瓜溪是目前全国已发现桫椤数量最多、生长最好、生境最佳、纬度最高、垂直分布最广集生地之一。

秦源峡谷景区景点星罗棋布风光独具特色，交通方便，是集观光、娱乐、休憩为一体的风景旅游名胜区。

福安旅游资源丰富，畲文化、廉文化、茶文化、柏柱洋红色文化都极具特色，有旅游开发、保护价值，加上特色旅游资源种类繁多、有独特性，具备多种多样旅游功能，可开发出观光游览、休闲度假、文化娱乐、商务购物、会展论坛等全方位、多功能旅游产品，满足不同层面需求。

二、规划

1991—1993年，福安市着手编制旅游规划前期准备。1994年7月，邀请武汉工业大学建筑专家对天马山景区进行勘测、规划、设计，绘制《天马山景区总体规划》。1995年下半年，福安市委托福建省旅游学会编制《福安市旅游发展规划》。1996年3月，福安市第一部《旅游业发展总体规划》，经省旅游局组织的专家学者评审鉴定通过。2003—2005年，《福安市畲族风情园旅游规划》《廉村古文化旅游总体规划》《柏柱洋红色旅游总体规划》《白云山风景名胜区总体规划》先后编制完成。

根据规划，福安市旅游产业发展的总体思路是构筑“五区”（东、西、南、北、中旅游区）、“三中心”（以晓阳镇、溪潭镇、城阳乡为中心）的区域旅游总体格局。确定以交溪水上长廊为主轴线，以高速公路连接线和104国道福安段为风景带，以“一岛（桃花岛）、二园（畲族风情园和历史文化休闲园）、四山（金钟山、白云山、东山、天马山）”为优先发展区；带动“一村（廉村）、一洋（柏柱洋）、二峡谷（瓜溪峡谷、秦源峡谷）”的重点开发，塑造“福人游福安，吉祥又平安”旅游形象，努力将福安打造成商务会展、观光娱乐、休闲度假旅游胜地。

第二节　自然景观

一、白云山风景区

白云山风景区位于福安市西北部晓阳镇和穆云畲族乡境内，距福安城区约55千米，地处北纬

27° 05′ 34″～27° 13′ 27″，东经 119° 22′ 57″～119° 31′ 52″，东起黄兰溪东岸第一重山，西至龙亭溪西侧与周宁县交界，南起蟾溪与龙亭溪交汇处，北至黄兰湖，总面积50平方千米，其中，核心区面积30平方千米。

海拔在600米以上奇特山峰8座，象形岩石30多处，龙潭瀑布30多个，石洞100多个，彩涧8处，大峡谷3个，还有观赏性很强的原始生态林、奇花异草，国家一、二级保护植物和动物等。白云山主峰有四大奇景：佛光、云海、日出、午时莲。人文景观有五大特色：即历史文化、宗教文化、绿色文化、民间文化和畲文化，风景区集众多旅游资源于一体。景区空气清新，负离子丰富，平均气温较城区低5～6摄氏度，是避暑休闲、览胜、探险、科考、度假的好去处。交通条件较好，从东南西北进入景区路程均在60千米以内；接待设施完善，具备一定旅游接待能力。

（一）主要景区

白云山风景区由九龙洞景区、白云峰景区、金钟山景区、龙亭峡谷景区和黄兰峡谷景区等五个景区组成，其中壶穴群独具特色。1996年12月，市政府批准成立晓阳白云山自然保护区。1997年，经宁德地区行署调整为地级自然保护区。2004年11月23日，白云山风景名胜区经福建省人民政府审定，列入第六批“省级风景名胜区”。

1. 九龙洞景区

九龙洞景区的主要景观为壶穴群。主要分布于晓阳、穆云畲族乡镇和金钟山龙亭峡谷蟾溪景区内，大多位于溪涧河谷，长期湮没在水底，无人知晓。后因上游兴建起水电站蓄水，这些千古奇观才得以浮出水面。中国地质科学院专家现场考察发现，这一奇观为距今约两三百万年前、第四纪冰川时期的产物，遗迹资源集中、规模大，是目前中国冰川、壶穴考察少有的，堪称“中国的壶穴博物馆”“壶穴奇观中的精品”。

白云山风景区古冰川遗迹，与其他地方相比具备三大特点。其一，壶穴数量繁多，在河谷中随处可见，形成大规模的壶穴群，个体大的高约60米，直径约30米，比较罕见。其次，壶穴形态类型丰富、口小腹大、特征明显，大小壶穴、连环相套，酷似“漏斗”“交椅”“板壁”“龙爪印”等形状。其三，大量的“U”字形底冰悬槽、冰脊、冰川飘砾及冰川铲切等遗迹，在我国南方地区均属首次发现。专家认为，白云山冰川遗迹，不仅观赏价值高，而且具有很高的科研价值。专家们还建议，应提高壶穴分布区的可进入性，完善道路、安全等设施，便于游人观赏，让古壶穴展现在更多世人的眼前。

九龙洞的上方，因筑坝拦水形成一座调节水库，名为九龙湖。湖面宽阔、波光粼粼，湖边植被茂密，层层茶园与湖光山色相映成趣。春夏之际，山坡百花争艳；秋冬时节，成对的鸳鸯嬉戏于水面，是一处难得的自然美景。

九龙洞下方有一瀑布，落差80余米，瀑布穿潭入石。在阳光的照耀下，形成道道彩虹飞架在山涧幽谷间，色彩斑斓，蔚为壮观。位于九龙洞之南，还有一高约150米、宽约200米的巨大石壁矗立于山巅，犹如飞流直泻的瀑布般宏伟壮阔，而谓之瀑布岩。石壁上的模纹极似传说中缪仙公所降伏的九条孽龙，故称九龙壁。崖壁上分布的一圈圈同心圆的“晶洞环”，人称“九龙戏珠”。库旁还有一潭，潭深28米。深潭碧水，色彩斑斓，潭的前后壁经流水侵蚀切割成S形岸壁。扭曲的岸壁与碧绿的潭水相映成趣，潭间飞流穿岩入石，水与石浑然天成。

2. 白云峰景区

白云峰景区位于洞宫山脉南段，地质构成以中生界侏罗系上统南园组第二段火山碎屑岩类为主，主要是流纹质熔结凝灰岩。岩石呈浅灰、灰、深灰、灰紫、紫色，致密块状。部分呈凝灰熔岩，塑性岩屑、塑性玻屑状定向断续排列（风化后更为明显），显示似流动构造。岩石具熔结凝灰状结构，由晶屑、塑性岩屑、塑性玻屑及火山灰组成。此外，还有花岗岩零碎出露，主要是燕山晚期第一阶段第四次侵入花岗斑岩。风景区内地质构造复杂，河流多沿断裂破碎带深切，使得景区地势陡峻，峭崖连绵。

因修建水电站使得蟾溪水位下降，龙亭溪及其支流蟾溪等峡谷河床上也分布着上千个奇形怪状的壶穴，或坦露于基岩河床，或散落于河床基岩阶地，或高居于河床岸壁，或深藏于河床巨大滚石堆下，数量之丰、个体之大、形态之奇实为罕见。

3. 金钟山景区

金钟山景区位于风景区西北部，东起首洋村以西，西至金钟山，南起首洋电站以南，北至首笕村首洋溪上游，海拔881.1米，山峰状如金钟，相传经常钟鼓齐鸣，因此得名，规划面积8.05平方千米。

金钟山景区以晶洞碱长花岗岩山岳地貌和深切峡谷地貌为主，山上植被茂密，五颜六色的杜鹃花满山遍野；奇峰罗列，怪石嶙峋，诸如石船、石锣、石鼓。山间龙潭、瀑布成群，“黑熊舔瀑”“金龟观瀑”；悬崖峭壁、峡谷洞穴随处可见；扇贝石、犀牛石、龙首岩惟妙惟肖；梅花潭碧水幽深，三环穴潭潭相连，二叠瀑喷珠溅玉。首洋溪水流湍急、石平水清、色彩斑斓，有“小白水洋”之称。

4. 龙亭峡谷景区

龙亭峡谷景区位于风景区西部，东起三帽岗西坡，西至龙亭溪西岸第一重山，南起闽东水电站新坝址，北至过岭头仙岗南坡，规划面积19.6平方千米。

龙亭峡谷以晶洞碱长花岗岩深切峡谷曲流地貌为特色，是白云山风景区内较典型峡谷。峡谷峭崖连绵延伸16千米，峡谷两侧山峰随溪流向下深切，相对高差300～500米，峡谷面宽100～800米，两岸峭壁对峙，形成惊险壮观的峡谷景观。峡谷底部溪流湍急，多深潭、瀑布，奇峰怪石密布，峡谷下游至蟾溪汇合地段发现大量石臼群，岩石奇形怪状，有龙脊山、石笋山、驼峰山、大象岩、蛤蟆石、蝙蝠岩、风动石，宠物眼、水缸、脚印、猫眼、雨点、天坑、桃心、陨石、圆形和锅状石臼等，共48景。三湾峡为峡谷中段最险峻地段，亦称“红军峡”。两岸悬崖垂直，无路可通，如双剑倚天，又称“剑门关”。

龙亭溪系穆水溪支流，蜿蜒曲折穿行于深峡谷中，两岸峭壁高耸，奇险峻伟，峡谷落差400多米。沿溪流节理发育，形成十步一滩、百步一潭、千步一弯的天然美景。跌水瀑布频现，大小石臼遍布，间有石洞，肖形象物，妙趣横生。河床皆石，两岸陡壁如削，野木古藤，苍郁葱茏，水生生物丰富。

5. 黄兰峡谷景区

黄兰峡谷景区位于风景区东北部，东起上山村以北，西至谷口村以东，南起前洋村到马洋村规划道路，北至寿宁官田，包括黄兰湖和黄兰溪，规划面积16.8平方千米。黄兰湖，因1997年建设黄兰溪水电站拦溪而成湖泊，160多公顷洋洋潋滟的水面，大小十余座山头，把游人带入一个山光水色相互映衬的高山平湖。

黄兰峡谷全长约8千米，峡谷面宽100～600米，窄处只有40～50米，峡谷两侧峭壁悬崖，谷深100～200米，因拥有黄兰溪而得名，为正长花岗岩深切峡谷曲流地貌。溪流曲折迂回，两岸峭壁高悬，谷底潭深水清，峡谷中林木茂盛，有“嫦娥行宫”“八仙过海”等传奇景观。深秋时节，满山红叶绚丽多彩，是鸟儿的天堂、猕猴的乐园，堪称“八闽一绝”。

（二）主要景点

白云山佛光　天下名山，发现佛光者不少，但多为单体佛光。而白云山缪仙峰及邻近山头所见之佛光，则是单体和群体交相辉映，相传为缪仙公和他72名弟子回山显灵。更奇特者，莲峰寺前天池畔，深更半夜，月色空蒙，出现银色佛光，如佛降临，通体晶莹闪烁，久久不灭。这佛光群和子夜佛光，可说是白云山上之“绝”景。四季佛光频繁出现，呈现频率之高，连续时间之长为国内少见。

白云山云海　是指在一定的天气条件下形成的云层，当人们于山巅俯首云层时，如临海滨，故称之“云海”。白云山最高峰白云峰，是白云山的一大奇观。山中云雾缭绕，变幻莫测，似海非海，如波似浪，此起彼伏，万里云海，疑是天上。

白云山日出、晚霞　白云山日出变化无穷，每当朝阳升起，时而金黄一片，灿烂辉煌，时而晶白如雪，云峰四起，绚丽多姿。白云山晚霞景观特别奇异多彩。

白云山仙人棋盘　峰寺前，一石状如棋盘，但却不是人工仿造。传说，缪仙翁是奉南极仙翁和北斗星君为师，所以南极、北斗经常来此弈棋，故有棋盘石。

白云山飞鹰岩　于白云山东南坡，山巅一方巨石矗立，形状像一只展翅欲飞的天鹰，故称飞鹰岩。

白云山“苏武牧羊”　于白云山东坡的一组石头，有高高耸立如在观望的苏武，亦有似在吃草成群的羊，惟妙惟肖，令人称绝。

白云山将军岩　于白云山南坡，形似一位头戴钢盔、身披战甲的武将军，状极威武，神情严峻。将军岩脚下，一石极像将军的坐骑，称为汗血马。

白云山午时莲　于白云山顶的“天池”之中，为野生睡莲。每至夏秋午时开花，过午而沉，次日复出。花呈黄白色，为白云山珍稀植物景观。

白云山杜鹃花海　每年3月下旬至4月末，白云山上各种杜鹃花先后怒放，漫山遍野，千姿百态，铺山盖岭，五彩缤纷。

白云山黑松林　于白云山西面山坡，黑松林群落遮天蔽日，松林里，日间光影分外柔和，空气格外清新，为白云山空气负离子含量最高的地方。

彩石谷　火山爆发后形成的彩色花岗石，属火成岩，主要成分是长石、云母和石英。地质学上称变质岩，是在火山喷发时地心中高温岩浆向上喷涌将部分岩体拥入岩浆；或是地壳变动时的强大压力将部分岩体压入高温岩浆；岩体进入高温岩浆后，融化为液态，岩体中所含各种矿物质重新分类组合，生成各种色泽不同的新物质，便形成彩石，经过洪水千百万年冲刷、溶蚀，推走彩石层表壳的岩体，显露出彩石层，形成彩石谷。

谷口村鲤鱼溪　鲤鱼溪位于晓阳镇谷口村，溪最宽处12米，遨游着上千尾色彩斑斓的大鲤鱼，最大的“鱼王”达三四十千克。鲤鱼数量众多，重量之大，比周宁鲤鱼溪有过之而无不足，村中立有村规保护溪中鲤鱼。这里的鲤鱼极具灵性，每值村姑在溪边漂洗食物、衣物时群鲤便聚拢而至，敢与人竞相拖拔而毫无惧意。游客入溪抛食，鲤鱼听声而聚，自由嬉戏，人鱼共欢别具一番风情。传说是国舅谢鲤所放养，当地人尊之为鱼神。如在观鱼之际，听老人们讲那“谷口出国舅，神鱼来报讯”的故事，更会令你增添无限的遐想。

锁泉村锁泉寺　位于白云山西麓的锁泉村。寺前山涧环绕，涧中一石如锁，故名锁泉。寺建于宋景德元年（1004年）历史上鼎盛时有僧三百余，建有殿堂8座，为福安八大寺之一。大雄宝殿旧址、旧的石基、石柱可证其当年辉煌。明末为战火所毁，仅存法堂和海会塔各1座。1980年，重建大雄宝殿、清法堂、斋堂及僧尼禅房。大雄宝殿高2.76丈（约9.2米），面积约278平方米，面阔3间，进深4间，重檐歇山顶，殿中6根大石柱系唐代遗物，奇怪的是其中一根只有半截。相传在古时候，有一得道高僧，膝下有弟子众多，某夜一弟子练习法术，从南山将巨大石柱运至锁泉，石柱从正堂破土而出，拔地而起，正当运至第六根时，恰逢师傅查夜，以为弟子在学妖法，一声大喝，弟子一惊，法术失灵，五根石柱全部正立，唯只剩这一根仅露出半截。

晓阳村太后公厅　又称皇后坊，位于晓阳镇晓阳村，为木质宫殿式建筑，主体建筑正中为舞台，两翼为重檐看台。主体建筑前方，另有一座小型宫殿式建筑，中有匾一面，书“太后”2字，下置石锣石鼓，匾两端原有木雕“圣旨”，“文化大革命”中被毁。主要建筑由太后木牌坊和中厅戏台两部分组成，太后木牌坊始建于宋端平元年（1234年），众厅戏台始建于宋嘉熙四年（1240年），分别于明弘治八年（1495）、九年（1496）重修，基本保留明代建筑构架，中轴线上依次为门楼、天井、戏楼。戏台两侧设“子母台”，正中悬挂“太后公厅”匾额一面。

蟾溪　溪流由九龙湖一直延绵至下游的蟾溪村，有缓有湍，形成大大小小的潭池和瀑布景观，长达6000多米的河床上罗列着数不清的壶穴，有的像酒壶，有的像漏斗，有的像交椅，有的像板壁；有的地方一个圆坑连着一个圆坑，像一个连环的灶台；有的地方圆坑较浅，排列紧密，仿佛大象足迹……或坦露于基岩河床，或散落于河床基岩阶地，或高居于河床岸壁，或深藏于河床巨大滚石堆下，溪水映衬，更显得光怪陆离，妙不可言。

首洋溪　亦称长洋溪，位于金钟山南侧，蜿蜒于山间，山中叠瀑奔泻，溪幽谷深，滩多潭多，惟妙惟肖的奇形怪石遍布谷底。石质河床地貌，石平水清，色彩斑斓，有“小白水洋”之称。溪中有“梅花潭”，潭经流水侵蚀冲刷而成，潭水清澈，潭壁由五个弧形凹槽围成，形如梅花；“九级瀑”，落差300多米，呈九级叠落，蔚为壮观；“黑熊舔瀑”，一块巨石酷像黑色的大熊，贪婪地舔吸倾泻而下的瀑布。

金钟禅寺　位于金钟山脚，建于唐贞观九年（635年）。相传晓阳谢姓始祖倡议建锁泉寺，捐赠建寺的六根石柱放在碗窑山坡，无人搬得动，恰好金钟寺高僧悟德禅师路过，折芦苇为鞭，将石柱化为石马，奔腾而去，有“石柱化成马，奔驰不用鞭”之说，由于奔驰过快，其中，两匹马踏破马蹄无法站立，至今还“卧”在锁泉寺前。金钟寺附近还散布着众多的石锣、石鼓，形如飞船，传说是天兵天将出征降妖的始发地，全国人大常务委员会原副委员长叶飞将其命名为“一叶飞舟”。

大象岩　龙亭峡谷岸边一石峰庞大，形如大象，石崖陡峭，似象鼻伸探谷底，惟妙惟肖。

八仙过海　位于黄兰溪边，两岸耸立着8尊形态各异的石峰，犹如传闻中的八仙各显神通跨越茫茫大海。峭壁密林中还见猕猴出没；入秋后，两岸枫树与松杉树木红绿相称，景色尤为可人。

五彩石　沿黄兰峡谷下行，山谷两侧林木苍翠，遮天蔽日，谷中溪水奔流，碧潭如玉，在黄兰溪溪底，石头多为红绿相间的彩色奇石，故名五彩石。

二、瓜溪峡谷刺桫椤自然保护区景区

瓜溪峡谷位于福安市南部，距市区45千米。瓜溪的两条支流，一支从西到东，一支从西南到东北，像“Y”字交汇于里瓜溪村，形成两个大峡谷。

1995年年底，峡谷内发现成片刺桫椤。随即组织有关人员调查，在里瓜溪海拔150～500米峡谷及其周围方圆10平方千米山野中，遍布国家一级珍稀保护植物——刺桫椤。刺桫椤是白垩纪时期遗留下来的珍贵蕨类植物，距今已有三亿多年，比恐龙的出现还早一亿五千多万年。是现今仅存的木本蕨类植物，极其珍贵、有“活化石”之称，属国家一级珍稀保护植物。初步调查有成片桫椤300多株，最高的达5.7米。

刺桫椤群　刺桫椤株形美观别致，树冠犹如巨伞，虽历经沧桑，依然茎苍叶秀，高大挺拔。这些美髯公或避在毛竹林里，或躲在芭蕉丛内，或藏在杂树群中，或立在峭壁之上，或守在红军洞旁，亭亭玉立，点缀辉映，园艺观赏价值极高。峡谷内有大大小小刺桫椤3600多株，最大的一株高7米，胸径0.4米，被誉为“桫椤王”。

瓜溪峡谷　谷内山势崔嵬，云雾氤氲，怪石峥嵘，叠瀑奇秀。磐石卵珠回环连接，溪流飞洒，弯曲跌宕，积水之处鱼戏其间，因而有夫妻瀑、葫芦瀑、红军潭、鸳鸯潭、蝴蝶谷、蟒蛇洞和水帘洞等自然景观，生态环境优美。

福安瓜溪村省级桫椤自然保护区

三叠瀑布　位于瓜溪村后，吴山顶西麓峡谷，瀑分三级，总落差200多米，水量充沛，有石阶通至半山腰的二级瀑布景点。

三、秦源峡谷景区

秦源峡谷景区位于福安城区东郊的城阳乡内，距市区2千米，是东山南麓山脉经地壳运动裂变而成。景区包括天马山、仙阁梁、东山雪霁、天湖山庄、浮山寺、石门寺、石门漏月、乾元洞、留洋瀑布、千佛山等景点，总面积15平方千米。秦源峡谷景区风光独具特色，交通方便，其开发定位为集观光、娱乐、休憩为一体的风景旅游名胜区。

天马山森林公园　天马山位于福安市区南大门，交通方便，寺庙甚多，是古文化的游览胜地，因山形似马而得名。山上有仙宫、观音阁、孔子庙、五福楼、天堂庵、天马行空、七层石塔；山下有马祖庙、香泉水井等唐宋古迹；山中植满松、杉、阔叶树、茶树、翠竹等，面积79公顷。

东山雪霁　位于城阳乡仙岭村后，山有两座，一名小东山（海拔1061.4米）、一曰大东山（海拔1146米），并排而峙，高耸凌霄。山上风光独特，只长草，不长木，是典型的高山草原。古官道保存完好，可供游人徒步观赏沿途景点，每年入冬，雪封东山，雪后转晴，一片银装素裹。从市区远眺，有“东山雪霁韩阳白”“东山无雪不过年”之谚。

仙阁梁　位于城阳乡洋面村，距离城区17千米，曾是明末抗清英雄刘中藻（鲁王晋封为东阁大学士兼兵部尚书）的练兵场。景点有龙潭瀑布、石椅、试剑石、指挥台、石轿、仙桌、金米箩、马鞍石等22处名胜古迹，已被列入全市旅游开发规划之中。

双鲤朝天　位于仙阁梁，一对高耸的怪石，昂首朝天，活像两条欲上仙阁的鲤鱼。

石门寺　位于城阳乡东面，距市中心5千米处，建于唐咸通五年（864年）。它端坐在四山环抱、松竹成林的山坳里，古色古香，别具特色，寺中有出土的唐代石槽，种有红花寿桃（俗称蟠桃）。寺庙山顶上有一块巨石，当中一口水井，长年冒出泉水，令人称奇不已。

石门漏月　韩阳十景之一，位于市东秦溪村外通往石门寺的峡谷之中，无数块嵬嶷巨岩参差错落，自然架叠。两巨石相互倾倚，酷似关闭的大门，前方一巨岩宛似武士把守大门，每遇农历八月十五满月，从石门漏下蟾光，一线光亮通天，胜景因此得名。

留洋瀑布　位于城阳乡留洋村外，垂直高度约70米，宽30多米，是福安市较大瀑布之一。远眺两峰之间夹一峡，跌下一道白练；近看悬崖壁立千仞，飞流直下，潭边巨石林立，形状各异。

秦源幽谷　处于留洋瀑布下游，整条溪谷长约10千米，一直通到城东的秦溪。一路上林壑佳美、瀑流迭现、石奇水秀、竹木森森。

四、桃花岛景区

桃花岛是城阳乡溪东村南交溪中的一个小岛，面积58公顷，距市区2千米，交通方便。水清波平，湖光山色，是个天然浴场。岛上树种繁多，植被茂密，宜游宜乐，是城区人们观光、娱乐、休闲度假的好去处。

五、畲乡风情

溪塔葡萄沟　溪塔村位于福安市穆云畲族乡的秀溪河畔。相传临溪曾有一塔，故名。先祖自明万历年间（1573—1620）迁入，是福安蓝姓畲族主要发祥地之一，至今仍保存完整的畲家习俗风情。溪塔地处峡谷，群山环抱、山清水秀，风光优美。村中有溪涧交汇南流，溪涧两岸生长大量野生刺葡萄，茂密生长的藤蔓覆盖溪面，连绵数千米，形成南国少有的“葡萄沟”景观。沟中清澈山泉潺潺流淌，葡萄枝叶遮天蔽日，葡萄采摘季节，这里举行男女畲歌对唱会，歌声悠扬，伴以淙淙流水，别具风情。

虎头桃花　虎头村位于穆云畲族乡，保留穿畲装、盘畲歌的习俗。该村水源丰富，气候温和，土地肥沃，是穆阳水蜜桃苗圃生产基地。每年三月，万亩桃花绽放，如火如霞，美丽非凡，号称“桃野栖霞”，吸引不少市民和摄影爱好者到此赏花拍照。

仙岫山　仙岫山位于坂中畲族乡仙岩村后。主峰仙岭鼻，海拔647.9米，每逢雨后天晴，仙岭翠岫拂云岚，红霞蔚斑斓，古人誉为韩阳十景之一的“仙岫晴云”，这里还时常出现“佛光”。山腰颇多畲族聚居村落，每年农历三月三日是畲族同胞传统节日，畲民们穿上富有民族特色的凤凰服，梳起凤凰头，举行畲歌对唱等活动。

第三节　人文景观

一、畲族文化

福安是全国最大畲族人口聚居县（市），2005年，畲族人口6.6万人，占全国畲族人口的8.5%，占宁德市畲族人口总数的35.3%，占福安市总人口的10.75%。福安畲族，是中国畲族典型代表之一，历史悠久。早在唐五代时即有彦江公于汀州上杭迁入韩阳坂，著名坂中畲族乡大林村是闽东钟姓畲族发祥地，

“溪塔蓝”则是闽东畲族蓝姓发祥地。

唐宋以来，福安畲族人民创造出异彩纷呈的民族文化，形成独具一格的民俗风情，积淀大量历史文化遗产。畲族传统婚俗、奶娘催罡巫舞、“三月三”节俗等列为福建省第一批非物质文化遗产代表作。福安市人民政府从1980年开始，连续举办20多届畲族风情旅游节。坂中畲族乡仙岩村畲族风情具有典型性，该村背枕仙岫山，面向富春溪，自然环境优美。坂中畲族乡林岭村是畲族古民居代表，大林村钟氏宗祠中保存着大林村开基始祖至今祖宗神牌487块，民俗独特。

二、廉村廉文化古村落

廉村位于福安市溪潭镇、穆阳溪中游西岸，是唐代开闽第一进士薛令之故里。

薛令之，字君珍，号明月先生，自幼聪颖好学，颇具诗才。唐神龙二年（706年），进士及第，为开闽第一进士，后升迁为左庶子。唐开元时，任左补阙兼太子侍讲，与贺知章并侍东宫。因宰相李林甫与太子不和睦，东宫官员受冷落排挤，薛令之托病辞官回归故里。唐玄宗诏长溪县每年用岁赋给予资助，薛令之从来不多拿，唐肃宗即位时想到令之的美德，欲召他回朝廷，令之已故，唐肃宗赞叹其贤，敕其乡为“廉村”，水为“廉溪”。

南宋时期，廉村内水陆交通便捷，出现经济繁荣、文化发达的景象。现旧官道两侧尚存大型明、清时期民居26座，清代祠庙4座。不少家庭大厅迄今仍完好地摆放着当时造型古朴、雕镂精致的大型木屏风。城东有明代古码头2座，用鹅卵石铺砌，宽约3.5米，曾是通往大海内河港口，也是沟通闽东北和浙南的水陆枢纽和物资集散地。

廉村历代人才辈出，自唐至清，获取各种功名者50多人，包括考中进士17名，出现一门五进士（陈雄）、父子兄弟三代俱登高第的佳话，其中有著名爱国将领陈最、理学大师陈经等。文化底蕴极其深厚，是福建省首批“省级历史文化名村”“省级廉政教育基地”。主要文物古迹有：明清时期的廉村城墙、陈氏宗祠、陈氏支祠、后湖宫、妈祖庙、陈树安宅、陈住松宅、“聪明泉”、薛令之故居、薛令之读书处（灵谷草堂）、古码头等。

（一）古城堡

明嘉靖三十九年（1560年），筑城墙以御倭寇，称廉村堡。堡平面略呈椭圆形，周长1258米（现存850米），墙面用鹅卵石垒砌，中为泥土夯筑，墙基厚4米，东、西尚存三个城门，用花岗岩条石叠砌，城堡内面积近10万平方米。

（二）古码头

位于古城堡东墙外，为河卵石铺设的泊岸，岸南端有明代修建的石码头。

（三）陈氏祠堂

廉村有两座陈氏祠堂，均属于明清时代建筑。陈氏支祠大门前飞檐翘顶的壁照上书“世德作求”和“孝悌绳其祖武、诗书贻厥孙谋”联，系廉村标志建筑。祠堂坪用鹅卵石铺就，并组成一个个圆形图案——寓意圆圆满满。陈氏宗祠面积更大，正厅悬挂清嘉庆十六年（1811年）福宁知府王天禄，为表彰廉村二位进士在理学方面的造诣而特别赠送“理学名宗”牌匾。

（四）古官道

廉村城堡内官道纵横，具有宋代风格。官道宽约6米，中间并排两条或三条条石，条石间用鹅卵石拼花，排列有序，图案精致，造型独特。

（五）后湖宫

祭祀薛令之，亦称“明月祠”（薛令之号明月先生）。整个建筑由门楼、戏台、天井和享堂构成，屋内正中摆放着薛令之的塑像，雕像上方牌匾上四个大字“覆载资生”。享堂存立于清乾隆四十二年（1777年）和清道光五年（1825年）的古碑刻《后湖宫碑》。

（六）聪明泉

位于廉村，系一古井，井不大，也不深，井底离地面仅二三米，井栏是用青石雕砌成四方形，井壁则用鹅卵石砌就，井水清冽、甘甜，当地人称“聪明泉”或“明月井”。据说，村里每有贤人将出，井水便自然涨溢，等到怀着贤人的母亲到井边喝下三口井水，井水便回落至原处。

（七）补阙祠

位于溪潭镇高岑（岩）村，始建于唐光华二年（899年），历经盛衰，至清乾隆十八年（1753年）重建，清道光二十八年（1848年）再重修，系祀薛令之及薛姓历代祖宗，占地面积720平方米，坐东向西，依次有天井、戏台楼、天井、祠厅、祖堂。

（八）薛令之读书处（灵谷草堂）

位于溪潭镇城山村后的灵岩山上。薛令之年少时曾在此苦读诗书，留下《草堂吟》诗，唐咸通元年（860年），由令之后裔施舍，将草堂改建灵岩寺，“另署一地以祀公”。灵岩寺系福安唐代十大古刹之一。

三、柏柱洋景区

柏柱洋位于福安市东南部溪柄镇，因山腰间有块巨石中央呈白色柱状而得名。柏柱洋为典型盆地地形，周围群山，茜洋溪穿区而过，十几个小村落散布其中。

柏柱洋是闽东革命中心，中共闽东临时特委、闽东苏维埃政府所在地。其在鼎盛时期管辖地域1.1万平方千米，人口近百万，下辖10个县级苏维埃政府、42个区级苏维埃政府、800多个乡级苏维埃政府，形成完整而又严密的政权体系。革命前辈陶铸、邓子恢、叶飞、曾志、詹如柏、阮英平、范式人、任铁峰等曾在这里领导革命武装斗争。

柏柱洋革命旧址是福建省文物保护单位，福建省主要爱国主义教育基地之一。主要革命旧址有中共闽东临时特委、闽东苏维埃政府、共青团和妇女联合会、闽东红带总会等旧址；山下村闽东分田斗争旧址；东山村红军被服厂、红军机械厂、红军后方医院旧址；马立峰纪念碑、亭和纪念室；红领巾水库；“楼下村贫农社”（毛泽东主席在“土地改革”时期写的评论“贫农社与中农社”中所说的“贫农社”）旧址；“闽东红带会总部”“福（安）霞（浦）农代会总部”旧址。

柏柱洋最大村落楼下村，人口、面积都占柏柱洋三分之一以上。楼下村文人秀士辈出，尤其晚清时考中秀才者众，具有深厚文化底蕴和历史积淀。古民居有清代古屋30座，其中大型的28座，每座占地面积都在1600平方米左右。小型的两座，占地面积也有600平方米以上。建筑群体现清代典型的江南民居建筑风貌，显现出雄伟、朴实和壮丽，散发出浓郁书香和农家气息。楼下古民居规模之宏大、文化积淀之深厚和保存之完整在闽东地区较罕见，历经百年而不受风雨虫火之侵足见当年设计和后来管理之至善。1995年，中国台湾东南大学教授率领研究生来考察，建议申报世界文化遗产。1998年，清华大学建筑系教授陈志华带领学生驻村考究后写下《楼下村》一书。全国政协副主席张克辉在省政协副主席金能筹等领导陪同下考察楼下古民居，肯定对古民居建筑群的保护和开发价值，声名远播国内外，成为海西文化长廊古色古香的艺术奇葩。

柏柱洋域内还有爱国名臣郑虎臣故里榕头村，以及现代休闲农业综合试验区等旅游资源。

（一）中共闽东临时特委等革命旧址

位于溪柄镇斗面村。1934年，福安柏柱洋成为闽东苏区中心，中共闽东临时特委、闽东苏维埃政府、共青团闽东特委、闽东妇女联合会均设于此。村口小学广场上矗立着中共闽东临时特委、闽东苏维埃政府、共青团闽东特委、闽东妇女工作团四座纪念碑。叶飞、马立峰、曾志等老一辈革命前辈在这里领导人民开展土地革命和武装斗争，开创“五百里红色苏区”。村内的四座机关旧址墙上尚存许多当年的标语、文告等。

（二）千年古刹狮峰寺

又名广化禅林，始建于唐景福元年（892年），名列福安八大名寺之一。寺内5座古建筑为唐宋风格，尤其是大雄宝殿属重檐歇山顶抬梁木构式建筑，内有24根石柱支撑屋顶，外有16根石柱支托飞檐翘角，斗拱交叠，梁架井井，下是八角藻井。旁设18攒五层丁字拱，重檐下有200余根驼峰式檩条排列整齐地伸出，一如宋代建筑格式。土地革命时期，“闽东红带会总部”“福霞农代会”在此处成立，现立碑纪念。

（三）郑虎臣祠

位于柏柱洋榕头村，始建于元至正三年（1343年），重修于清嘉庆二十五年（1820年），2004年复修，为纪念“福安三贤”之一郑虎臣而建。郑虎臣，南宋长溪县南山村（今属溪柄镇）人，曾任会稽尉，宋德祐元年（1275年），因诛贾似道而被陈宜中杀害。其祠大门书“精忠报国”，柱上集文天祥联句“作正气人都为名教肩任，到成仁处总缘大义认真”，学使、县令等联匾数量众多，富有教育意义。1991年，该祠被列入县级文物保护单位。

（四）九头榕

榕头村口有榕树根根相连，树冠如盖，虬枝成拱，荫连数亩，参天蔽日，形成九个大树“头”（目前尚存五个），故称“九头榠”。

（五）红领巾水库

位于大岚山湾，与楼下村毗邻。1959年，由全省少先队员勤工俭学捐资所建。水库水面方圆6平方千米，大坝上有“八角亭”，凭栏眺望，青山环抱，碧水如镜，水天相映，鱼鸟争翔；坝下阡陌纵横，梯田层层。

（六）报恩寺

位于山下村左侧山麓，始建于宋元符年间。传说宋尚书令许成忠退居林下，乘船遇风浪险遭沉没，遂向天祷告：“祈求平安返乡建寺报佛恩。”风浪遂止，平安返乡，故建此寺，因名报恩寺。后寺宇遭火灾，仅遗存石柱6根及磉盘石板等。该寺20世纪90年代扩建。

（七）流米寺

又名幸福寺，位于溪南村半山峭壁之中。该寺建于元末明初，20世纪80年代重修。传说古代流米寺香积厨小门楣石上有一小洞孔，源源不断流出白米，客多流多，客少流少。有日，恰值寒冬，冰雪封山，住持外出，看寺僧童见流米缓而少，就把洞孔凿大，顿时米流不止，慌忙中以棉絮塞之遂止，此后再也没米流出。至今石上流米痕迹仍清晰可见。

（八）奇岩寺

又名天然寺，坐落在茜洋村南麒麟山脚下，大殿由一块硕大的天然奇石覆盖而成，茜洋溪、柏柱溪和茜安水渠绕寺而过。寺边古木森森，寺后岩洞叠叠，洞中冬暖夏凉，为游人避暑探幽胜地。寺前有一巨石上刻“天然奇石”，寺后有云岭天梯通往流米寺。

（九）东山村革命旧址

位于溪柄镇东山村，土地革命时期，在细日山自然村成立中共闽东特委机关报《闽东红旗报》报社和印刷厂，在东山村设立红二团后方医院，在上金竹坪设立苏区军械厂，在下金竹坪村设立红军被服厂。

（十）楼下村古民居

古民居建筑群有清代古屋30座，其中，大型的28座，占地面积都在1600平方米左右，小型的两座，占地面积只有600平方米。古屋均为砖木构成，两进高宏，飞檐翘角，外以高墙环护内部宏屋高堂，宽敞堂皇、气宇轩昂。各幢之间布局合理，整齐有序，结构严谨；门楼巍峨，雄浑壮观，通道宽畅，皆用石头深沟高垒；门楣、窗棂、祭桌、围屏上在花草、虫鱼、鸟兽、人物的精雕细镂中尽展豪门气派；门楼正中、左右龛井、厅堂之上及天井照壁俱张挂或题写书法精湛的匾额和联对，充满书香墨韵；大门、前后进和廊庑之间布局合理、配套严谨，保证采光和通风之需；四面围墙和与正屋相连的风火墙以及前后门及屋面形成严密的安全防范体系；天井前后左右大鱼缸及鱼池之设既可放养鱼鳖观赏又可用于防火；地面及粉墙皆以“三合土”铺设包裹，历经上百年犹锃亮不至于暴裂坍塌；厨房、畜舍、柴房、厕所与正屋隔离，配置有度。最早的古屋建于清嘉庆十三年（1808年），距今二百多年。

（十一）狮峰

《三山志》（罗明版本）作西峰，现又称虎头山，位于柏柱洋西南方，海拔298.0米，有狮子峰、金鸡岩、卧牛石、石梯峰、九曲岭、合掌岭、童子拜观音、飞蛇惊蛙、白柱石、天鹅孵蛋、仙人岩、老虎岩和传说中的正德皇帝饮水处等自然景观，或以形象或以神似，处处伴有美丽传说。山麓有狮峰古刹。

（十二）八仙山

位于楼下村右侧，一峰巍峨，有八条葱茏山脉向下散开。古语“楼下八仙山，代代出高官。”山脚下有一小山，碎石嶙峋，形如一只巨蛤蟆弓背翘首作跃跃欲跃状，取名“蛤蟆上滩”。

四、坦洋村茶文化古迹

福安盛产茶叶，2001年，被国家林业局命名为“中国茶叶之乡”，而“坦洋工夫”是中国驰名商标和福安享誉中外的名牌产品，“坦洋工夫”发祥地就在福安社口镇的坦洋村，位于福安市西北部，白云山东麓，茶区占地面积670多公顷。

“坦洋”村名最早见于清乾隆二十七年（1762年）的《福宁府志》，因村形如长块木板，又称“板洋”。村民世代以茶叶为生计，村内历史传统建筑主要有古民居、古茶行、古桥、古炮楼、天后宫及施氏祠堂、胡氏祠堂等，这些建筑大都建于清乾隆至光绪年间，较为完好地保存着清代民间住宅建筑风格。村内共有古民居36座，主要为六扇屋、八扇屋等建筑风格楼房。

相传在明初，坦洋村村民培植出优良茶品种——坦洋菜茶，用坦洋菜茶加工成烘青绿茶，条索紧结匀直、色泽绿润、香气清高纯正。清咸丰元年（1851年），建宁茶客把红茶制法带到坦洋，加工后把坦洋菜茶的优良品质发挥得淋漓尽致。坦洋村万兴隆茶庄，因试制成功“工夫红茶”，并以“坦洋工夫”作商标，经广州运销欧洲，备受青睐。此后茶商络绎不绝入村求市，当地茶商和接踵而来的外地茶贩竞相在坦洋开设茶行。毗连的寿宁、周宁、柘荣、霞浦及浙江泰顺等县的茶叶，亦纷纷改制红茶或将毛茶运抵坦洋加工，均标以“坦洋工夫”销往欧、美和东南亚等国家和地区。“坦洋工夫”便不胫而走，声名远扬。清咸丰元年至光绪七年（1881 年），“坦洋工夫”渐趋成熟。光绪六年（1880 年）至民国 25 年（1936 年）的 50 余年间，坦洋工夫茶每年出口均上万担，是“坦洋工夫”茶最为兴盛时期。民国 4 年（1915 年），在巴拿马万国博览会上坦洋工夫红茶获金奖。民国 23 年（1934 年）以后因战乱，坦洋茶叶产量锐减，陷入不振境地。新中国成立后，“坦洋工夫”产区建有福安茶厂和坦洋茶场等生产机构，“坦洋工夫”重新生产出口，坦洋茶叶渐渐复苏。1969 年，因中苏关系恶化，红茶出口受阻，坦洋茶人不得不改弦易辙，进行茶类“红改绿”生产，这一改就是 40 多年。“坦洋工夫”的兴盛给当时坦洋村带来空前的繁荣，也在坦洋村留下许多处茶文化遗迹，为人们追溯坦洋当年的繁华提供充分历史物证。

（一）36 家古茶行

明清时，一条不足 1 千米的坦洋街就有 36 家茶行，从上街头的杉木钉岭脚至村尾的清风桥畔，依次有正宜记、吴元记、福奎记、冠新春、裕大半、占德发、坤昌、郭公昌、胜泰来、秦大来、泰元昌、焕采、同泰春、振泰兴、万兴隆，直至紧挨真武廊桥的丰泰隆茶行，形成一条茶街。坦洋茶行的建筑，临街是铺面式的，内里如民居有宽敞的厢房，高二层、三层，最高为四层。底层供收购茶叶之用；二层放置风扇、平筛等工具，为精制之所；三层当仓库，四层为工人宿舍。一律木结构，三面土墙外敷三合土，一扇店门板，为防贼盗，大门皆钉铁皮，内衬巴掌大的竹叶（防火）。

（二）胡氏祠堂

建于清乾隆八年（1743 年），现保留最里面一座，清光绪年间重建，属二进三天井五开间格局，建筑面积 1800 平方米，是坦洋村最主要的礼制建筑之一，也是坦洋现存古建筑的重要代表。

（三）施氏祠堂

该祠由“坦洋工夫”红茶创始人之一施光凌发起，于清咸丰年间建成，属二进三天井五开间格局，建筑面积 590 平方米，坐东朝西，外门楼转折朝南，内塑施光凌石像，并记载着施光凌的生平事迹，供后人瞻仰。

（四）古民居

与简朴实用的茶行建筑相反，坦洋村茶行商人住宅相当富丽堂皇，保存着较为完好的清代建筑风格。元记茶行背后的五座深宅大院至今保持完好，人称“六扇八廊庑”。每座均由六间堂屋和八间厢房组成，有宽敞的天井、回廊、鱼池、花坛，雕梁画栋、古色古香，有的大门前还建有供达官贵人、富豪巨贾下马、下轿遮阳挡雨用的“门头亭”（亦称“下轿亭”）。

（五）炮楼

炮楼建于民国初年，时盗贼四起，坦洋村民为保护生命财产安全，修建了 12 座炮楼以护佑全村，也是该村标志性建筑之一，如今保存完整的有 2 座。炮楼高

坦洋村的旧炮楼

四层，以三合土夯筑，结实坚固，第二层以上每层对外开外小内大的窗户，既可作采光、通风口，同时也作为瞄准台，对外防御。

（六）真武廊桥

始建于清乾隆二年（1737年），先后历经三次重修。桥长39米、跨31米，单孔跨度5米、高11米，桥面阔三开间，进深15开间，歇山顶，中设神龛，奉祀真武大帝以镇水患，故称“真武廊桥”。桥基用花岗岩砌成，两侧有护栏，高1.3米、栏板厚0.2米，分内外两道，桥内两侧有桥凳。光绪二年（1876年），由施光凌等人发起重建。

（七）横楼

“丰泰隆”茶行旧址，由施光凌亲手创建的茶行，也是他的府第。该楼外观三层，每层11开间，是当时制茶与卖茶的场所。抗战爆发后，省立三都中学从宁德三都岛内迁坦洋，此楼作为学生宿舍。

（八）天后宫

也称妈祖庙，建于清道光三十年（1850年），外形仿照福州台江福安会馆样式，为二进二天井五开间格局，当时用茶叶税金所建。当年，长溪水系内河运输十分发达，各主要溪河皆可行船，坦洋人倚仗发达的水运将大批茶叶船运出海，直通远洋，妈祖自然也成为坦洋人的保护神。

（九）民间制茶工艺坊

村内较为完整地保留着“坦洋工夫”红茶加工设备、器具。另外，村内还保存着当时的茶票、银票、清末民初外文广告、照片等相关文物。

五、宗教文化

福安市在历史发展进程中，形成了多宗教文化活动场所，类型多、密度大。属于民间信仰的奶娘（陈靖姑）宫、林公大王（忠平侯王）宫、土地公庙遍布乡村。唐朝中叶，佛教传入福安。明代，天主教传入福安，在溪东村建闽东第一所教堂。清代，福建教区主教府就设在穆阳。福安境内有天主教堂57座，基督教堂5处。赛江一带成为展示福安多元宗教文化之地。2001年，仅赛岐、甘棠、下白石三镇就有佛寺68座，道观3座，天主教堂14座。

第四节　开发建设

1991—1993年，福安市曾对一些景点（公园）进行过零星开发，但普遍存在规模小、档次低的问题。

1994年2月，福安市委研究决定成立福安市天马山风景区开发管理领导小组；4月，交通局对环山公路进行测设与工程预算；7月，邀请武汉工业大学建筑专家对天马山景区进行勘测、规划、设计；10月，市政府发出《关于加强天马山风景区开发管理的通告》，对景区范围、面积予以明确界定。同月，福安市召开廉村古文化保护和利用论证会，福建省文化厅厅长、省有关部门和宁德地区领导、专家莅会。11月，福建省旅游局局长一行5人莅临福安，考察坂中畲族风情旅游景区、城阳桃花岛、溪潭廉村和穆阳街，充分肯定福安市的旅游开发思路。

1995年2月，天马山风景区的规划、设计通过地、市建设规划部门审定。9月，福建省旅游规划小组前来福安市设计旅游规划；同月，福安市召开旅游规划座谈会；10月，省旅游规划小组进行规划设计，并对福安市旅游工作提出建设性意见。

1996年1月，成立天马山风景区管理处，与天马山风景区开发管理领导小组联合办公；同时，发动机关干部集资，修建景区道路、入口大门，进行环境绿化等。

1996年1月，市委召开旅游工作专题会议，成立市旅游工作领导小组，同意关于建立福安市旅游经济开发区（后改名福安畲族旅游经济开发区）的方案，拨款5万元作为开发前期经费。3月，福安市旅游业总体规划评审鉴定会召开，福安市第一部《旅游业发展总体规划》经省旅游局组织的专家评审鉴定通过。8月，市委召开常委扩大会议，做出关于开发桃花岛规划：桃花岛用地开发以行政划拨无偿使用72公顷，使用期限60年，一次性收取林木补偿费每亩4000元。9月，在溪潭镇瓜溪设立刺桫椤自然保护区。

1997年11月，福建省省长助理、省旅游局局长李庄洲等领导视察坂中森林公园、桃花岛等，并听取市领导汇报福安市旅游开发的计划设想；12月，市政府召开桃花岛开发建设工作办公会议，要求既依法建设，又讲求效率。当年12月，福安市天马山风景区管理处更名为福安市天马山森林公园管理处，划归市林业局管理。

1998年3月，福建省人大派出生物多样性保护工程专家组到溪潭镇瓜溪刺桫椤集生地考察，并建议省在瓜溪设立自然保护区。11月，省建委、省文化厅领导到韩，对溪潭镇廉村历史文化名城保护区进行考察。

1999年2月，省政府批准溪潭瓜溪刺桫椤自然保护区升级为省级自然保护区；5月，福安市成立“瓜溪桫椤省级自然保护区管理处”，隶属于福安市林业局，并划定瓜溪桫椤省级自然保护区范围：东至可洋村，南至铜坑里村，西至社洋坪村，北至南山村；主要保护对象为国家重点保护植物桫椤及其生态环境。保护区属于野生植物类型自然保护区。

2001年，市林业局编写《福安市建设省级天马山森林公园可行性研究报告》，计划以天马山景区为中心，向周边的仙阁梁自然景观区、天湖度假山庄风景区扩延，总面积29.2平方千米。主要景点：天堂庵、石门漏月、龙潭瀑布、龙女妆台、鲤鱼朝天、留洋水库瀑布群、刘中藻“明军大营”、天湖度假山庄等30余处，以及设计独特的园门和广场等。10月，福安市成立天马山森林公园建设领导小组，组织实施公园建设，协调解决有关问题。

2001年11月，福安市成立仙岫山畲族民族风情旅游区开发建设协调领导小组，加快该旅游区开发建设步伐。

2002年年初，天马山森林公园广场、入园门楼、天马雕像、石塔等完成建设。

2003年1月，市政府召开协调解决天马山森林公园规划、建设、管理等有关问题会议，市政府发布《关于加强天马山森林公园开发管理的通告》；6月，市政府第十四次常务会议同意将天马山森林公园列为市级森林公园，由市林业局负责向上申报省级森林公园；要求市林业局、文化局、民族与宗教事务局、旅游局等有关部门密切配合，抓紧做好天马山违法建筑的清理，进一步加强公园的建设和管理。

2004年1月，仙岫山畲族风情园有限公司成立，经营畲族民族风情旅游开发等；11月，福安市白云山风景区被列为福建省第六批省级风景名胜区。

2005年7月，廉村古文化旅游区正式对外开放。10月，《2005—2010年福建省红色旅游发展规划纲要》将柏柱洋列为红色重点旅游景区、全省15条红色旅游精品线路之一。截至2005年年底，天马山森林公园新建了千年福钟楼、康泰园等景点，公路、电网、绿化等基础设施日趋完善。柏柱洋红色旅游景区投资100多万元，建设景区大门、道路、停车场等基础设施，修缮狮峰寺、郑氏宗祠等古建筑。廉村古文化旅游区累计投资150万元，修缮后湖宫、陈氏宗祠及古民居，建设廉溪休闲园、停车场、公厕等，新开发4个景点。

第五节 旅游服务

一、宣传

1991年，福安市开发畲族旅游资源，举办“三月三”畲族歌会，宣传畲族风情。4月，宁德地区行署、福安市政府联合在福安举办第一届“中国闽东·福安茶文化交流会”，日本及中国台湾、香港地区的茶道传人、茶艺专家、茶商40多人、国内来宾和茶叶专家90多人参加。

1992年3月，宁德地区行政公署、福安市人民政府联合主办，上海国际问题研究所、省旅游局、省对外经贸研究所协办的第二届中国闽东福安茶文化交流会暨福建省首届畲族风情旅游节在福安市举行，展示茶艺和畲族祭祀、畲族婚礼、盘歌对歌、畲族舞蹈、畲族武术等畲族文化表演，来自日本、美国、中国香港、澳门、中国台湾的茶艺专家、茶道传人、茶商、旅游团及省内外领导、专家、学者、新闻记者300多人参加。省电视台拍摄了《畲族风情》电视宣传片。5月，市政府在溪潭乡廉村召开“廉村古文化座谈会”，上海国际问题研究所、宁德地委宣传部、地区文化局等有关部门领导参会。11月，福安市茶文化艺术团到香港参加第一届国际茶艺表演邀请赛，茶艺小姐荣获个人冠军。

1995年，福安市在穆阳举办“三月三”畲族歌会，推介畲族特色旅游。11月，组织参加在宁德市金涵畲族乡“中华畲族文化村”举行的闽东畲族风情旅游节活动。1996年4月，福建省绿茶名优产品评选会在福安市召开，省、地有关部门的领导、专家、茶叶企业负责人等120多人参加，福安市获奖茶叶产品23种，居全省首位。5月，福安市首家涉外旅游定点单位授牌仪式在东方大酒店举行。

1997年4月，福安市结合推介畲族特色旅游，在康厝畲族乡凤洋村举行第四届“三月三”畲族民俗节活动。

1999年9月，“1999闽东风味小吃展示大赛”在福安宾馆举行，来自宁德地区9县（市）的11支代表队选送130道风味小吃，经过角逐福安等3支代表队荣获一等奖。

福安首届旅游形象小姐大赛（2003年）

2000年4月，“闽东首届畲族‘三月三’歌会暨福安畲族经济开发区首届畲族民俗节”在穆云畲族乡溪塔村举行。2000—2003年，福安市通过举办畲族旅游风情节，录制《神奇的金钟山》《秦源峡谷》《象地龙潭》《奇山秀水仙阁梁》《古老的磻溪》《风光独特的岳秀》《仙岫山畲族风情园》《高山草原东山雪霁》《三月三畲族盘歌》等20多部宣传福安山水风光的电视专题片，在福安有线电视台、宁德市电视台、福建电视台以及中央电视台播出，并在各类报纸杂志刊登推介。

2004年，福安市制作柏柱洋红色游宣传画册，作为闽东苏区70周年纪念献礼；还将福安市主要景点风光照片制作成明信片、电话充值卡，对外展示福安优美的自然风光；邀请省著名山水画家到福安市景点采风作画，邀请宁德市相关媒体记者到白云山风景区采访。

2005年，福安市在穆云畲族乡溪塔村举办“三月三”畲族风情旅游节，独具一格的畲族舞蹈、婚俗、服饰、盘歌以及畲乡美丽的山水风光吸引众多中外宾客和中央、地方的媒体到此采访。7月，福安市首届“坦洋工夫杯”斗茶展示会举行，18个企业、53个茶样参赛，通过自评和专家点评方式决出茶王5个。

二、导游

1991年，福安市没有持证导游人员。1994年，福安市旅行社、交通旅行社选送5人到省旅游干部学校培训，经考试合格，获取国家旅游局颁发的导游证书，成为福安市第一批正式导游员，进入21世纪，福安导游队伍建设逐步加强。2002—2005年，市旅游局每年都组织人员参加导游培训和导游资格考试。至2005年年底，全市已有14名持证导游。

三、旅游产品

1991年，福安旅游纪念品主要有软凉席、银饰工艺品、木制玩具，以及茶叶、茶油、红福牌蜜沉沉酒、绿竹笋罐头、猕猴桃加应子、蘑菇罐头、黄桃罐头等土特产。此后，福安市不断开发旅游商品。2005年，比较著名的旅游农产品系列有坦洋工夫红茶、绿茶、绿竹笋、穆阳水蜜桃、潭头芙蓉李、油柰、丁香橄榄；海产品系列有淡水鳗、对虾、黄瓜鱼、斧头鱼、跳鱼、凤尾鱼、花蛤、麦螺、香螺、泥螺；特色工艺品：油纸扇、油纸伞、金银制品、铜铸制品、竹木玩具、竹筷；工业产品：小型电机、水泵、按摩保健器具；特色土产有穆阳线面、油茶油、炒米、光饼、穆阳烤肉干等。

按摩保健器具　福安市按摩保健器具产业发展始于1985年，是国内按摩保健器具产业的主要生产基地之一，获得中国按摩保健器具生产出口基地等称号。主要产品有智能豪华按摩椅、强力按摩棒、气血循环机、智能推拿机、脂肪运动机、智能按摩垫、微电脑按摩腰带、智能温玉理疗保健床、温玉按摩椅、活氧机、脚底按摩机、多功能腿足按摩器、美腿机、滚动按摩机、足浴盆等50多个系列200多个品种；产品销往欧洲、南美、澳大利亚、中东、东南

按摩器产品

亚、港、澳、台等50多个国家和地区及国内各省市，深受客户欢迎。

坦洋工夫红茶　坦洋工夫红茶位列福建三大工夫茶之一，以“坦洋菜茶”为主要原料，制作工艺讲究，工艺流程包括采摘—萎凋—揉捻—发酵—干燥5道工序。茶叶品质要求“红汤红叶”，以香味高而醇、条形肥而均整、汤色红亮的形质兼备而自成一格。民国4年（1915年），坦洋工夫红茶获巴拿马国际博览会奖；1980年，获轻工部优质产品奖；2000年，在北京中国茶文化国际展示会上获金奖。

福安水蜜桃　福安水蜜桃是闽东地方特色传统水果品种之一，隶属南方桃品种类。水蜜桃品系、玉露品种，距今已有80多年历史。水蜜桃产地主要分布在福安西部穆阳溪流域两岸的穆阳、穆云、康厝、溪潭等乡镇，尤其是穆阳水蜜桃盛名远扬。该品种桃树根系发达，果大、核小，肉质柔软味甜多汁，果香浓醇，弥久不散，被誉为桃中珍品。

福安巨峰葡萄　巨峰葡萄属南方葡萄中熟类品种。穗长、粒大、单粒重10克左右，最大可达20克，7月下旬成熟，成熟时呈紫黑色、果皮厚，味甜、果粉多，有草莓香味，皮、肉和种子易分离，含糖量18%～22%，适应性强，抗病、抗寒性能好，喜肥水，平均穗重400～600克。福安地理条件独特，属亚热带海洋性气候，7月份昼夜温差大，有利于葡萄糖分积累和果皮着色，栽培技术独特，所产的巨峰葡萄商品性能好，曾获得“中华人民共和国农产品地理标志”“南国葡萄之乡”和2011年全国优质葡萄评比金奖等荣誉称号，为中国南方最大的葡萄生产基地。

福安刺葡萄　福安刺葡萄为国家农产品地理标志保护产品，穆云畲族乡溪塔村民利用溪涧建起一条葡萄沟，被全国葡萄专家学者认为是全国三大葡萄沟之一。福安刺葡萄果穗呈长条形，果粒丰满，平均穗重185克，果粒椭圆形，平均粒重3.1克；果皮为紫黑色，果粉厚，果肉绿黄色，有肉囊，味甜、多汁、有香气，可溶性固形物14%～16%，酸0.3%，可食率76%，出汁率66%，属鲜食加工兼用型品种。与湖南等地刺葡萄相比，具有果皮薄、果粉厚、转色好、可溶性固形物及含糖量高等特点。同时，具有含酸低、风味甜、抗病虫、耐粗放管理、耐高温高湿、耐贮运等优点，是我国珍贵野生葡萄种类，是东亚种群中最好的酿酒品种，果实的白藜芦醇、原花青素的含量远高于种群内的其他种类，经常吃刺葡萄有助于软化心血管、美化皮肤。

潭头芙蓉李　潭头镇的芙蓉李具有颗粒大、肉厚核小、甜酸适中、不粘核等特点，果实含有丰富的维生素C、柠檬酸和糖分，人称“李中之王”，是鲜食、晒腌李干和加工蜜饯、罐头以及酿酒的上佳原料，经过“摇青、洗果、摊晒、腌制、焙干”等工序精细加工而成的“红干”或“乌干”，微咸适酸，不但保留鲜果的营养成分，而且色泽鲜润，味美醇香。以李果为原料精制而成的“黄梅李”“果汁加应子”“化核加应子”等名优产品，更受人们喜爱，是市场畅销消闲食品。

福安绿竹笋　绿笋是我国南方优良竹种——绿竹的幼芽，因形似马蹄而笋肉洁白、故又称马蹄笋、白玉笋。1996年，绿竹笋生产列为福安农业经济发展八大主导产业之一，在全市推广种植。1999年，获省政府科技进步三等奖。2005年，全市绿竹面积3700公顷，年产绿竹鲜笋7200吨。

福安穆阳线面　穆阳线面是福安市传统的地方面食，其生产和加工历史悠久，至少可追溯至680年前。数百年来，穆阳线面一直保持着纯手工制作工艺，经发、捶、挤、搓、拉等九道工序精作而成，不同的季节、不同的天气有着不同的配方。穆阳线面的包装更是蕴含着当地独特的民俗文化，其成品制出后，要分成一绺一绺，大约0.6米长，然后用红丝线扎住“头部”称为“只”，一千克分为八“只”，这就是传统的“红头线面”。福安当地百姓不仅过生日，逢年过节、红白喜事（尤其寿诞）时，穆阳线面都是不可或缺的“彩头”食品。因此在福安，线面亦有“寿面”之称，大年初一早上，福安人的第一道菜肴（一般是素菜），必须是长寿面，寓意年年长寿。正是这些特有品质、独到工艺和传统习俗，使穆阳线面成为风靡百年的地方产品，年产量 30 多万担，产值 1 亿多元，远销北京、上海、浙江、福建省内各地。

福安油茶油　油茶是山茶科茶属。油茶果成熟在“立秋”，采果在“霜降”，果子呈茶褐色，取果仁榨油食用，故称茶油，又称“榛油”。茶油的制作过程分为：去壳、晒干、粉碎、榨油、过滤，全过程均为物理压、榨方式，因此它是真正的纯天然绿色食用油。茶油中不含芥酸、胆固醇、黄曲霉素和其他添加剂，经测试：茶油中不饱和脂肪酸高达 90% 以上，油酸达到 80%～83%，亚油酸达到 7%～13%，并富含蛋白质和维生素 A、B、D、E 等，尤其是它所含丰富的亚麻酸是人体必需而又不能合成的。茶油耐储存，是植物油中的上品。油茶是福安特色产业，种植历史悠久，至今已有 200 多年，其种植面积、产量，在全省乃至全国均占有举足轻重的地位，两次“全国油茶生产现场会”在福安召开。1958 年，福安被授予周恩来总理亲笔题词的“绿色油库”锦旗。进入 21 世纪，福安市油茶种植面积达 9900 公顷，年产茶油 800 吨，面积产量均居全省之首，荣获中国经济林协会授予的“中国油茶之乡”称号。

福安畲族银器　福安银制品加工制作工艺，始于明朝，为福建省银雕工艺的代表，是福安市银矿产品与畲族风俗结合的产物，其工序包括：熔银、打坯、雕刻、防腐等。工艺严谨考究，传承有序，产品具有纯洁、创新、精细、美观的特点，以“珍华堂”为代表的福安畲族银器制作工艺被列入“国家级非物质文化遗产”保护名录；传承人被省政府评为“福建省工艺美术大师”，其代表作品《鼎盛中华》《龙腾五洲》《金陵十二钗》等系列银雕曾获得多个国家级奖项，享誉海内外。

官埔油纸扇　样式独特的官埔油纸扇堪称“中国一绝”，最早由城关官埔村艺人而作。它的制作大致有五道工序：一是取料，选用匀称篓竹，根据扇径取料；二是做扇骨，先“开丝”，后“剥白”留青，穿上一根篾条为“扇骨”，篾青末端用细线连成扇面形；三是裱纸；四是题诗作画；五是上油、晾干。这种扇子的特点是风力大、耐用，而且一物多用，大人们最喜欢用直径 40 厘米上下的大扇子，既可扇风又可遮阳，还可以用它驱蚊逐蝇挠痒痒，有的上街买东西，没带篮子，就用扇子盛着回来；少女们则喜爱小扇子，直径大约 20 厘米，可谓“小巧玲珑”。老一辈人说，旧时还有一种“贡品扇”，做工极细，扇面的下方饰有祥云剪纸图案，把手的末端还缀以彩色丝条，雅致至极。过去福安民间迎亲娶媳，油扇是不可少的礼品，女方的所有亲属人人一份；而且

福安官埔油扇

大、中、小各种规格都要齐全，隐喻一家老小数代同堂；婚后还要继续送，汉族送三年，畲族送一年。福安风俗，每年端午节娘家都要给女儿“送节”，五月初一送节的人家最多，这一天城北街道官埔村也最为热闹，一担担的红布袋和红礼担装的是小孩子过节的新衣和大大小小的扇子，也装着外婆对小外孙的疼爱和母亲对女儿的祝福。这种风俗延续至今，虽然没有先前那样普遍，那样“礼数周全”，但是我们依然可以感受到那一股浓郁的亲情，和对团团圆圆、和和美美的人生的祈盼。

铜铸工艺品　福安出产的铜铸工艺品造型古朴典雅，面呈古铜色或铜锈色，酷似出土文物，有飞鸟、水牛、雄鹰等，活灵活现，栩栩如生，深受旅客青睐。

福安根雕　福安根雕以其独特的平削凿木法、凸削凿木法、凹削凿木法、火攻法、土埋法、配方法、水磨法等雕刻。但不露雕痕，凸显根料天然造型，其注重天然美与人工美的巧妙结合，三分人工、七分天成，天人合一、神形兼备。它既从色、形、质、味、韵等方面保留了根料的自然天趣，同时加上写实、夸张、变形等手法，充分体现出根雕艺术的神奇魅力。

民间根雕艺人刘解放

四、旅游管理

2002年，福安市成立旅游工作协调小组，统筹协调和指导全市旅游工作。同时，重组发展福安旅游业工作机构，使停滞多年的旅游业管理恢复正常运行。旅游管理部门按照国家法律法规和行业质量标准，以日常检查和专项检查相结合的办法，开展旅游市场整治，查纠旅行社超范围经营、虚假广告宣传、欺客宰客、不履行旅游合同等各种违法违规行为，导游应持证上岗，推行由国家旅游局统一制定的旅游合同示范文本，开展旅游行风评议，聘请行评代表进行监督，使福安旅游逐步走上规范化健康发展轨道。

五、旅游服务

1984年，福安成立旅游服务中心，1989年改为闽东旅游服务中心。1992年，第一家旅行社“福安市旅行社”成立。1992年1月9日，九州工贸综合大楼奠基，大楼位于福安城关新华中路繁华地带，楼高13层，建筑面积1.4万平方米；1994年11月建成开业，更名为九州大酒店，成为福安第一家星级饭店。1993年6月8日，富春大酒店奠基动工，该酒店位于城关解放路繁华地段，楼高13层，建筑总面积1万多平方米，1994年5月29日封顶。1996年5月18日，由福建省华兴信托投资公司、宁德地区信托投资公司、福安市大华发展公司联合投资3000万元兴建的富春大酒店开业，老领导温秀山、福建省人大农经委主任吕居永、福建省财政厅副厅长陈荣凯、福安市委书记陈必滔、福安市政府主要负责人徐桂春等400多人出席开业典礼。

第六节　机构

一、福安市旅游局

1991 年，福安市旅游局人员编制 3 人，局长 1 人。1995 年，行政机构改革，福安市旅游局更名为福安市旅游事业局，受市政府委托行使旅游行业管理职能。2005 年，福安旅游事业局内设办公室、风景名胜区管理科、企业管理质量检验科，人员编制 3 人，设局长 1 人，属正科级行政管理事业单位。

二、福安市旅游实业总公司

1993 年 1 月，市政府成立福安市旅游实业总公司，注册资本 125 万元，公司员工人 10 人。办公地址在福安市中兴街 58 号，主要经营旅游服务、开发、人员培训、文化娱乐录像放映等。

三、福安市旅行社

1991 年，福安市旅游公司经营旅游服务，职工 19 人，其中固定职工 8 人、合同制职工 2 人、临时职工 4 人、计划外用工 5 人。同年 11 月，福安市旅行社成立，为闽东地区首家旅行社，位于福安市新华路 55 号，职工 19 人。主要经营国内旅游业务，办理境内外旅游探亲商务考察，香港、澳门旅游探亲，并为旅游者代购、代订国内交通客票，接待办理本地游客到辖区外旅游。

四、宁德市交通国际旅行社

1993 年 4 月，宁德市交通旅行社成立，办公地址在福安市城关新华南路 13 号，在职员工 17 人。1996 年 5 月，更名为宁德市国际旅行社，注册资金 500 万元，是全民所有制企业，是福安市最大的旅行社，主要经营国内旅游、入境旅游、出境旅游业务；并为旅游者代购、代订国内交通客票。

五、福安市天马旅行社

2003 年 3 月，福安市天马旅行社成立，地址福安市新华南路 55 号，是民营旅行社，员工 6 人。主要经营国内旅游、入境旅游等业务，为旅游者代购、代订国内交通客票，接待办理本地游客到辖区外旅游。

第二章 服务业

第一节 住宿餐饮

一、住宿

（一）旅店业

1991 年，福安市主要有福安宾馆、工商宾馆、干部招待所、民族招待所、闽东旅游服务中心、燃料公司招待所等内部宾馆、招待所，和国有、集体性质旅社。其中，国有企业福安宾馆从业人员 71 人，干部招待所从业人员 23 人，民族招待所从业人员 12 人。全市有旅店 119 家，从业人员 242 人。

1992 年，福安旅馆业机构 105 个，从业人员 233 人。

1994 年，第一家星级饭店“九州大酒店”建成并投入服务；2001 年，改名为“天缘大酒店”。1995 年，投资 400 万元的富春大酒店开业。1999 年，全市国有单位旅馆业 3 个，职工 93 人。2001 年，接待过夜旅客人数为 85626 人次，其中，外国旅客 237 人次，国内旅客 85389 人次，其中港澳台同胞 556 人次。

2002 年，福安有富春大酒店、邮电大酒店、天缘大酒店三星级酒店 3 家，东方大酒店、赛岐大酒店、下白石中原大酒店等二星级酒店 3 家。全年接待过夜旅客人数为 89222 人次，其中外国旅客 143 人次、国内旅客 89079 人次、其中港澳台同胞 306 人次。

2005 年，福安市有 3 家三星级酒店，分别是会展中心酒店、富春大酒店、邮电大酒店；二星级酒店 6 家，分别是天缘大酒店、东方大酒店、金源大酒店、赛岐大酒店、下白石海景大酒店、中原大酒店。星级酒店共有客房 900 间，1700 多床位，日接待能力近 2000 人。福安市除星级酒店外，还有福安宾馆、工商宾馆、闽东旅游服务中心、干部招待所、燃料公司招待所以及福安市饮服公司所属的福安旅社、人民旅社、赛江招待所、赛岐第二旅社等，随着旅游业的兴起，个体私营小旅店蓬勃发展，遍布城乡，福安车站附近的南郊、南湖一带尤为密集。

表 13—1　2001—2005 年福安市接待旅客人数表

单位：人次

年份	国内旅客	其中		外国旅客
		港澳旅客	台湾旅客	
2001	85389	148	408	237
2002	89079	27	279	143
2003	—	26	128	145
2004	—	9	75	201
2005	66339	31	126	376

（二）星级酒店简介

1. 福安富春大酒店

福安市富春大酒店有限公司由省财政厅、宁德市财政局、福安市财政局于1993年组建，1994年3月奠基兴建。酒店地处福安市中心城区的解放路21号，邻近福安汽车站。1996年5月18日正式开业，1997年5月，被评为国家三星级旅游涉外饭店，是宁德市最早开业的三星级涉外酒店之一。

酒店占地面积4722平方米，建筑面积14900平方米，主楼13层，单间客房面积16平方米，自有停车场车位45个。酒店主营客房、餐饮，兼营娱乐、商场等，拥有各类客房132间（套），总床位数230个。餐饮有12个厅房，三个宴会厅，可接待500人同时用餐；有两个30～40人会议室和一个可容纳100～200人的多功能会议室。娱乐项目有KTV包厢12个、桑拿浴室，有大堂茶居，商场经营闽东土特产。酒店员工210人。

三星级酒店富春大酒店开业（1996年）

2002年4月，酒店被评为全省商业系统优秀企业。2003年4月，被授予宁德市2000—2002年度诚信纳税企业，成为福安市委、市政府对外接待的一个重要窗口。

2. 福安会展酒店

福安会展酒店按四星级酒店标准设计，2004年9月开业。酒店主楼为地面十层、地下一层，副楼为六层，总建筑面积25000多平方米。

酒店广场宽阔，可停泊100多部车辆，加上地下停车场及周边车位总计可停靠200多部车辆。

酒店一楼为大堂、商务中心、购物商场；二、三楼为中餐厅，最多可容纳1000人同时用餐；酒店后区二至四楼为功能齐全的夜总会，大小不等、风格各异的包厢38间。酒店设有各种类型的标准客房200多间（套），还设有面积1000多平方米的大型展厅。酒店按四星级标准设置安防监控系统、消防系统、会议系统、背景音乐系统、电话通信系统、有线电视节目系统、酒店管理系统等，同时，全面导入福州西湖大酒店管理公司管理体系进行运行管理。

二、餐饮

（一）营业店所

1991年，全市有餐饮店670家，其中，国营8家、供销系统集体所有14家、个体有证饮食店648家，从业人员1474人。零售总额2038万元，其中，全民所有制饮食业39万元、集体所有制饮食业21万元、个体饮食业1978万元。

1992年，餐饮业668家，其中国营8家、集体15家、个体有证645家，从业人员1473人。餐饮业

市区上海西餐厅（1996 年）

零售总额 2337 万元，其中，全民所有制饮食业 34 万元，集体所有制饮食业 56 万元，个体饮食业 2247 万元。1993 年，全市餐饮业 746 家，其中，国营 6 家、集体 20 家、个体有证 720 家，从业人员 1788 人。餐饮业零售总额 8596 万元。

1995 年，集体所有制饮食业随着经济体制改革进程全部解体，国营餐饮业只剩 1 家，个体有证饮食业增加到 993 家，餐饮业零售总额 8900 万元，海鲜楼、火锅城、水煮活鱼等特色餐饮店应运而生。星级酒店除接待旅客和公务接待外，开始成为老百姓操办婚宴、寿宴、乔迁宴的选择之地。随着生活节奏的加快、进城务工人员增多，快餐店成为农民工、学生就餐的选择。

1999 年，全市餐饮业零售总额 23260 万元；第一家西式快餐店沙拉斯开业。

2004 年，餐饮业从业人员 3629 人，其中，国有单位 89 人、其他经济单位 461 人、城镇私营就业者 178 人、个体户 791 人，雇佣劳动力 2110 人；零售总额 41013 万元。

2005 年，餐饮业从业人员 4402 人、零售总额 46310 万元，为 1991 年的 22.7 倍。

表 13—2　1991—2005 年福安市餐饮、旅馆、旅游业经营情况表

年份	餐饮业				旅馆业、旅游业	
	网点数量（个）	从业人员（人）	营业额（万元）	增加值（万元）	营业额（万元）	增加值（万元）
1991	670	1474	—	950	—	—
1992	668	1473	—	—	—	—
1993	746	1788	—	—	—	—
1994	909	2085	4100	1960	629	498
1995	994	3898	5200	2500	890	700
1996	1085	4352	5990	2900	1170	917
1997	1128	4419	7767	3680	1528	1204
1998	—	—	9107	4218	1639	1312
1999	—	—	9807	4517	—	—
2000	—	—	10998	5059	2587	1699
2001	—	—	11678	5260	2843	1897

续表 13—2

年份	餐饮业				旅馆业、旅游业	
	网点数量（个）	从业人员（人）	营业额（万元）	增加值（万元）	营业额（万元）	增加值（万元）
2002	—	—	12813	5783	3087	2096
2003	—	—	—	—	3396	2306
2004	—	3629	28584	10602	6735	2378
2005	—	4402	32299	12306	7678	2761

说明：2004 年、2005 年旅馆业、旅游业栏中数据未含旅游业。

（二）特色小吃

1991 年后，福安城乡小吃店星罗棋布，比较集中点有城北街道街尾、阳头街道横街头、城南街道南湖、汽车站附近等处。随着人民生活的改善，吃夜宵逐渐成为市民休闲生活的主要内容之一，摊主利用晚间闲置的市场、街道旁，摆摊设点，经营夜市，以小吃为主。主要品种有各种面食、米粉、饺子、小笼包、扁肉和猪心、猪肾、排骨药膳炖罐等，以及各类烧烤。八一、东风、阳头等市场利用率最高。夏日，夜间小吃摊点还利用湖畔、溪边，或露天或张起蒙古包，摆上桌椅，游人一边乘凉，一边品尝美味。

福安小吃品种丰富，颇有特色，穆阳扁肉、阳头横街头大肠粉扣、南湖煎包、赛岐糍粑、溪柄蛎包、柘洋腐干、溪柄腐干片等远近驰名，尤其福安光饼，外酥内软，味微咸，颇具口碑。

1996 年 1 月，福安市成立烹饪协会；6 月，主办宁德市风味小吃大赛，土鲍绿笋汤、娇娇肉糕、甜糟焯蛋、七层糕等被评为宁德名小吃。

2000 年，由福安市烹饪协会主办、宁德市山川农业科技有限公司承办的首届“山川元”杯福安市十大特色小吃评选活动，经群众投票、业内人士评选，福安市十大特色小吃出炉，分别是：福安光饼、肉糕、甜糟焯蛋、炒麦螺、百里飘香鸭、穆阳扁肉、福安拌面、大肠粉扣、七层糕、八宝糯米饭（按得票数排序）。

福安光饼　获“福建省名小吃”称号。福安光饼传承戚继光抗倭“继光饼”之工艺，用地道面粉、泉水、酵母，乃至地道柯（硬）炭烘烤的出炉光饼，咬一口“咔嚓”响，嚼一口留麦香。福安人还爱将光饼分成两片，中间夹上炒豆芽或者海蛎包，俗称夹豆芽为“金丝汉堡”，夹海蛎包为“蛎包夹饼”。

福安小吃参加闽东风味小吃展示会（1999 年）

肉糕　以糯米、地瓜粉、白砂糖、花生等为原料，外观晶莹透亮，表面铺满花生、芝麻、红枣等，食之甜腻可口，一般在过年时市场有销售，获“福建省名小吃”称号。

甜糟焯蛋（芙蓉酒娘）　获“福建省名小吃”称号，精选上等酒酿糟和土鸡蛋、精砂糖，铜锅中滚沸的酒酿糟冲倒调匀的土鸡蛋碗里，顿时碗中成了一朵朵“黄菊花”，喝之喉头滑爽，身上沁出微汗，给人一种如神似仙飘飘然的快感。

炒麦螺　炒麦螺是福安人喜爱的小吃，每到夏天，街头巷尾多处摊贩售卖，许多市民争相购买，其质厚，壳表光滑，色泽多变，味道鲜美。茶余饭后吸噬之，余味绵长。

百里飘香鸭　汤汁澄清香醇，滋味鲜美，鸭脂黄亮，肉酥烂鲜醇，是一种传统美食养生、养生滋补的大众消费型汤锅食品，获“福建省名小吃”称号。

穆阳扁肉　其肉馅取猪臀部瘦肉，用硬木棒捣成肉泥，佐以调料，坯皮薄如蝉翼，包时用“兰花三指”将扁肉捏成一朵朵兰花状，将扁肉放入滚沸的筒锅内焯熟后，但见一只只“金雀”款款浮出汤面，捞至放有葱花、蒜头、醋的碗内即食，鲜嫩爽口、让食客味蕾爆绽。

福安拌面　不同于沙县等地方的拌面，面料手工制作、具有本地特色，伴以佐料油、酱油、葱等，做法简单，但口味独特。

大肠粉扣　福安市传统的小吃，选精白粉丝（俗称地瓜扣），配以卤过、切细的猪大肠，食之油而不腻，大肠嫩而韧，实在算是一种美味享受。

福安七层糕　福安七层糕有别外地七层糕，采用上等稻米磨成米浆，再用地道板糖、白糖做甜剂，一层一颜色，一层一种味，越吃越够味，越吃越开胃。

八宝糯米饭　传统名点，腊八节食品，由糯米、豆沙、枣泥、果脯、莲心、米仁、桂圆、白糖、猪油等原料配合蒸炒制成。糯米补中益气，加之其他配料，对人的健康长寿极有裨益。

其他特色小吃还有：

芦叶（菅）棕　畲族特色食品，用芦叶（芦苇草的叶）包裹经黄碱水泡过数小时的糯米，蒸熟而成。粽成矩形，约20厘米长，煮熟的芦叶粽为浅黄色，既有黏性又不含糊，若在糯米中掺少许的豌豆或金甲豆、羊胡子豆之类的便为“豆粽”，更是芳香而不腻，既悦日又别有风味。

土丁冻　“土丁冻”，看似清水凝结成冻、味道寡淡的样子，吃起来却让人垂涎三尺。沿海各地加工的“土丁冻”，在品质上各有千秋。不过，福安下白石沿海一带制作的是上品。“土丁”，俗称海丁、土笋，又名沙虫、海蚯蚓，是一种野生于沿海咸淡水交界滩涂上的环节软体蛆状动物。“土丁”与滩涂泥巴色泽相近，很难辨认。“土丁”刚挖出土时呈土褐色，用水洗、压榨干净后，则呈现灰白色。挖来的鲜活“土丁”，先用海水漂洗，去掉表面污泥，捞出沥干，置于陶缸中，用双手反复揉搓挤压，除去其肠内泥沙黏物，又用粗竹篾筛反复摩擦，使之表皮蜕去，露出白嫩的细肉，洗净切成一寸长短，与适量清水一同倒入砂锅中煮沸，不断翻搅，使其体内丰富的胶质溶入汤中，再加入适当的食盐拌匀。因其具有丰富的胶原蛋白，所以熬得一锅黏糊、浓密的汤汁，将汤汁盛出装在小碗中，放在阴凉通风处自然冷却（现在多放在冰箱中凝冻）。冷却8～12小时后，汤汁就冻结凝成明若琼脂、状如琥珀的“土丁冻”了。上好的成品冻呈银灰色、半透明状，无任何杂质，食用时放些酱油，不加其他佐料，清淡鲜美、滑爽可口。

黑糯米饭　黑糯米饭又称乌米饭，是将乌稔树叶捣碎，泡水后滤去渣叶，然后用其水汁浸米，再把米蒸熟即成，各地畲族皆过乌饭节。乌饭节的由来，相传是唐代时，畲族英雄雷万兴率领畲族人民反对官府压迫。时值初春，被朝廷军队围困在山上，粮草断绝，身处绝境，将士们靠吃一种叫乌稔的植物上结的野果充饥，渡过难关。最后，畲军突围成功，取得了战斗的胜利。此后一年农历三月初三，雷万兴突然想吃这种野果，吩咐士兵上山采摘，但此时正值春季，乌稔树只有刚长出的绿叶，士兵只能采回叶子和糯米一起蒸煮，没想到其饭香甜可口。雷万兴吃后很高兴，下令今后每年的三月三都要蒸乌米饭，这种习俗一直流传至今，成为畲族人民每年一个重要节日，用来缅怀英雄、祭祀先祖。民间又传，吃了乌米饭，上山不怕虫蚂叮咬；又说三月三是谷子的生日，吃染黑的米饭可使谷魂不认识，才乐意生长。

盂油酥饼　盂油酥饼是福安主要风味小吃之一。主要原料为猪油、白糖、生盂油、面粉、花生仁、芝麻、猪肥肉、生葱、食盐等，通过皮料调制——馅料制作、生制成形——鲜蛋刷面——烘烤成品，外观色泽呈米黄、底边淡黄，口感清甜、细润，不腻。

弹涂氽面　弹涂鱼，一种生长在滩涂的软体动物，肉质细腻鲜嫩，不仅是餐桌上的美味佳肴，而且是理想的药膳。弹涂鱼属高蛋白、低脂肪的食品，特别是冬令时节，其肉肥腥轻，故有“冬天跳鱼赛河鳗”的说法。因此，在闽浙粤等地的风俗中，晚辈常将此菜送给长者，视为寿菜。在福安下白石镇民间，弹涂鱼的吃法多是用于氽面，俗称“弹涂氽面”。用当地线面在沸水中捞成汤面，再倒入煮好的弹涂鱼汤和切好的姜丝、葱段，即成“弹涂氽面”。在福安当地人眼里，弹涂与线面一青一白，相得益彰，象征着福寿绵长、平安如意之意。一碗弹涂线面，在高汤中不粘不糊，一筷挑起，带着弹涂鱼高汤鲜美入味的线面，吃起来确会让人回味无穷。

（三）饮品店

1. 茶馆（楼）

茶馆（楼）主要集中在市区，现在酒店旅馆都开辟附设茶馆，供客商洽谈生意、住客休闲。福安市区的南方嘉木茶馆、群益茶楼等，除品茶外，还提供棋牌等娱乐。天气稍见暖和，天马山、仙岫山、阳上村树林、阳泉森林等处纷纷开起茶座，甚至还有人在龟湖湖面上搭起浮排摆上茶桌，空气新鲜，是休憩、纳凉、朋友聊天、情侣相会的好去处。

2. 咖啡店

福安市区咖啡店出现比较晚，20 世纪 90 年代，第一家咖啡店玫瑰园咖啡屋开业，为朋友相聚、情侣相会创设幽雅环境，提供咖啡、茗茶等各种饮品。

3. 冷饮店

1991 年，福安夏天、多酷热，市区冷饮店纷纷开张不下百来家，夜间室外街边还有不少临时摊点，是人们消暑、聚会的好去处。2005 年，经营比较好的有阳头街道的广寒宫冰厅、鹤祥冰厅，城北街道棠发洋的“消消暑冰厅”等。

第二节　中介家政代理

一、中介

1991 年，福安市尚少中介机构。民间房屋买卖，均委托中人出面协商，取得双方同意便成交。1995

年，第一家帮忙公司在城关解放路成立，营业范围广泛，除中介服务外，还包括家政服务等项目。此后发展迅速，2005 年，各种中介公司遍布，最多为房地产交易中介，业务有房屋交易、租赁等，其他还有婚姻介绍、劳务输出中介等机构。

二、家政代理

1995 年，福安第一家帮忙公司在解放路成立，除中介业务外，也代理搬家等。2000 年后，家政与中介逐渐剥离。

2005 年，家政服务项目主要是清洁打扫、搬家、雇请保姆月嫂，以及代办证件、代购车（机）票、代缴水电费等。

第三节　休闲娱乐

一、歌舞厅

1991 年，随着歌舞热的兴起，福安市营业性歌舞厅逐渐增多，包括总工会、交通大酒店、福安宾馆等机关单位均开办歌舞厅。

2003 年年底，全市大小歌舞厅 12 家，具有一定规模的为“福安市总工会歌舞厅”“中南歌舞厅”“沁雪园文化娱乐城”“新画王歌舞厅”“福安市银河文化娱乐城”“新世界歌舞厅”“海之梦歌舞厅”“福安市交通大酒店歌舞厅”“福安市富春大酒店”歌舞厅等。而农村乡村则比较少。

二、卡拉 OK 厅

1994 年起，为适应市民文娱活动需要，市区的酒楼、饭店为吸引顾客纷纷在内部附设歌舞厅和卡拉 OK 包厢，也称 KTV。

2005 年，市区酒家设舞厅、RTV、KTV 和卡拉 OK 共 14 家。

三、桌球、棋牌馆（室）

（一）桌球

1991 年，桌球热开始向城乡（镇）蔓延。因桌球占地空间小，适宜室内活动，机关单位职工活动室普遍设球桌，为职工业余活动提供条件。

1992 年至 2004 年，随着桌球运动的普及，参与人数不断增多，民营桌球馆、桌球室纷纷成立。

2005 年，城区规模较大的桌球场馆有阳头俊辉台球城、下城河闽韩台球馆、总工会桌球场等。

（二）棋牌室

1991 年，因棋牌设备简单，占用空间小，适宜室内活动，所以许多机关单位职工活动场所都设棋牌室，供职工休闲娱乐。随后，麻将热开始兴起，许多家庭自备麻将桌，邀三四个亲朋好友玩麻将，成为时尚，谑称“筑长城”。民间则利用祠堂、众厅等公众场所，挂老人活动中心的牌子，开起棋牌室，主要供老人群众下棋、玩麻将和扑克牌。

2005 年，棋牌室遍布市区和乡镇，均以老人活动中心之名。

四、理发与美容美发店

1991 年，福安市城乡（镇）有理发店（含美发）158 家，从业人员 232 人。

1992 年，随着人们对美的追求，美容服务应运而生。美容美发除理发、染发、烫发、拉丝外，还有脸部面膜、按摩、推拿、掏耳等服务项目。“碧波美容美发”以服务周到、价格实惠一度风靡韩城，专业美容也渐趋红火。

1996 年，福安市美容美发协会成立，团体会员 12 家，个人会员 36 名。其中 2 人为国家高级美容师，3 人为国家高级美发师，1 人为国家高级美甲师。部分团体会员和个人会员获得福建省美容美发大赛一等奖、二等奖、三等奖。

2005 年，福安城区美容馆（店）达 30 多家。

五、洗浴房

1991 年，洗浴服务流行，除星级酒店外，有的单位澡房也对外开放。

1992—2004 年，私营澡房兴盛一时，大多为淋浴式，并随着出现足浴服务，按摩、修脚、修指甲、桑拿等保健服务兴起。其中，有不法业主暗中经营色情服务，偏僻街巷出现“红灯区”，执法部门时常开展整顿清理。

2005 年，福安城区比较著名的洗浴服务场所，集中于各大星级酒店内。

第四节　其他服务业

一、刻印打字

（一）刻印

1991 年，福安城区有集体刻印社，手工刻印木质、石质印章。

1995 年，刻印社解体。其后，随着刻印技术更新，电脑刻印逐渐取代手工刻印，橡胶印章逐渐取代木质印章。

2005 年，福安城区街尾、中心街、八一市场设有刻印点，均纳入公安部门作为特殊行业管理。

（二）打字

1991 年，铅字打印逐渐退出历史舞台，机关单位文件、材料普遍采用电脑打字。电脑打字店经营范围不断拓展到印刷、复印、割字、传真、商标、名片、请柬、横幅、广告、喷绘等；随着电脑的普及，不仅是机关单位，而且连居民家庭都配备电脑打字机。

2005 年，福安市区电脑打字行业营业额较大的有“东方”“恒丰”等 20 多家电脑店。

二、广告喷绘

1991 年，福安市有线电视台开展广告业务，伴有点歌。

1993 年，私营企业“炳文设计有限公司”率先开展广告策划、设计业务。

2000 年，福安市创意广告传播有限公司成立，开展设计和制作电子显示屏、影视拍摄广告、广告市场调查等业务。莲池广场设置有电子显示屏，播放企业广告。

2005 年，福安市广告公司有创意、鑫业、深蓝等。电脑打字行业普遍兼营广告、喷绘业务。

三、婚纱摄影

1991 年，全市有摄影店 18 家，从业人员 35 人。市区第一家婚纱摄影店“天长地久”开张，开展个性婚纱摄影、艺术写真、全家福、婚庆策划等服务项目，后搬迁到阳头广场路。

20世纪90年代到21世纪初，因数码技术的普及，照相业转向婚纱摄影、儿童摄影等专门服务。一些照相馆转向或拓展婚纱摄影业务。

2005年，福安市区婚纱摄影有天长地久、真真、金山、薇薇新娘等，不仅为新婚夫妇拍摄，还吸引一些老人补拍婚纱照。

四、维修维护

1991年，福安市有日用品修理行业268家，从业人员462人。市文明办每年3月都组织“学雷锋服务小组”，上街为群众义务维修电器、补鞋、理发等便民活动。

2005年，全市个体维修维护行业主要有洗车、汽车美容、补胎，修理家用电器、自行车、摩托车、钟表、电脑、手机等。

五、社区服务

2003年，福安市区各社区相继成立，并开展社区服务，项目比较广泛，主要有家电维修、车辆维修、疏通管道、清洁打扫、搬运家具、运送煤气、代缴水电费等家政便民服务；职业推荐、婚姻介绍、房地产信息等中介服务。计生服务方面：宣传优生优育、生育常识、计生政策等。社区均设医疗站、娱乐活动中心、图书阅览室、阅报栏、宣传栏、健身器械，组织文艺演出、体育比赛等活动。

2005年，福安城区社区各项服务设施日臻完备，服务项目趋向多样化，还设立便民服务电话，采取上门服务，方便群众。

第十四篇

财税　金融

CAISHUI　JINRONG

1991 年，福安市实行“划分收支，核定基数，定额缴补，增收全留，分级包干，自求平衡”的财政管理体制，财政预算内总收入 5066 万元、总支出 6579 万元；居民年末储蓄存款余额 7789 万元，对公存款余额 1.11 亿元，各项贷款余额 4.11 亿元。1993 年，全市财政总收入首次突破亿元。1994 年，实行分税制改革，全市财政总收入 1.4 亿元，其中，国税收入 6624 万元，地税收入 2771 万元；全市居民年末存款余额 2.66 亿元，对公存款余额 1.69 亿元，各项贷款余额 7.61 亿元。1995 年，地方级财政实行“划分收支，核定收支基数，确定分成办法，一定三年”的管理体制。1997 年，全市财政总收入 2.01 亿元其中，国税收入 7676 万元，地税收入 5742 万元，财政“四税”收入 2299 万元，实现连续 9 年财政收支平衡。1999 年，由于福安社会经济事业发展，财政支出大幅增加，达 3.3 亿元，出现财政赤字 3926 万元。2004 年，农村税费改革，取消农业税。2005 年，财政收入 4.07 亿元，其中，国税收入 2.01 亿元、地税收入 1.78 亿元，财政支出 4.13 亿元。1999—2005 年，福安市连续七年财政总支出大于总收入，财政赤字累计达 1.52 亿元。2005 年年末，全市居民存款余额 25.55 亿元，对公存款余额 17.43 亿元，各项贷款余额 36.89 亿元。

第一章　财政

第一节　财政体制

一、市级财政体制

1991—1993年，福安市仍沿用1988年开始实行的“划分收支，核定基数，定额缴补，增收全留，分级包干，自求平衡”的财政体制。1994年，中央财政对全国实行分税制改革，以上年收支决算为基础、按收入划分范围，确定收入基数，扣除原体制缴补、加上新体制上划下划数，确定支出基数。在此基础上，收大于支的，定额上缴；支大于收的，定额补助。至2005年，市级财政继续实行1994年以来的中央分税制改革的体制。

二、乡（镇）财政体制

1991年，乡镇财政体制同样沿用1988年开始推行的乡镇财政“收支挂钩，分级包干，一定几年”管理体制。1994年，根据分税制改革精神，乡（镇）实行“划分收支，核定基数，比例分成，自求平衡，一定一年”的预算管理体制。1995年，乡镇财政实行“划分收支，核定收支基数，确定分成办法，一定三年”管理体制。1999年，为更好理顺市、乡（镇）税收分配关系，乡镇实行“划分收支，核定基数，收支挂钩，自求平衡，一定五年”的新一轮财政管理体制。2004—2005年，采取“划分收入，按年考核，增收奖励，短收减支，支出包干，核定基数，自求平衡，一定三年”的体制。

第二节　财政收入

一、总收入

1991年，福安市财政总收入5066万元。次年，财政总收入5659万元。1994年，总收入1.40亿元；1997年，总收入2.01亿元，首次突破双亿元关，为1990年财政总收入4336万元的4.63倍。

1998年，财政总收入2.18亿元。第二年，总收入2亿元，比上年略有下降。2000—2003年，福安财政年总收入均保持在2亿元以上，实现稳健增长，分别为2.21亿元、2.36亿元、2.35亿元、2.74亿元。

2004年，财政总收入突破3亿元大关，达到3.12亿元。2005年，财政总收入快速增长，跃上4亿元大关，高达4.07亿元，比上年同期增长30.45%，为15年间财政总收入最高、增长速度最快的一年。

二、预算内收入

1991年，福安市预算内收入5066万元，包括工商税收入、农业四税（农业税、农业特产税、契税、耕地占用税）收入、企业收入及其他收入等项目。

1992年，预算内收入为5659万元。1993—1995年，随着经济发展，预算内收入明显增加，分别达到1.00亿元、1.40亿元、1.15亿元。

“九五”时期，由于分税制不断健全完善，财政部门进一步落实自身目标考核责任制，市财政预算内收入呈稳健发展态势。全市财政预算内收入，1996—2000年分别为1.30亿元、1.46亿元、1.56亿元、1.38亿元、1.57亿元。

“十五”时期，因农村税费改革，取消农业税、农业特产税、屠宰税，致使预算内收入从2001年的1.70亿元，下降到2002年的1.56亿元、2003年的1.67亿元。2005年，由于工商税收增长，带动预算内收入增加，达2.34亿元，创下新纪录。

表14—1　1991—1996年福安市财政预算内总收入情况表

单位：万元

年份	总收入	地方收入	其中				工商税收（中央收入部分）
			企业收入	工商税地方收入	农业税收入	其他各项收入	
1991	5066.4	5066.4	220.1	3810.8	489	546.5	—
1992	5658.8	5658.8	30.7	4303.3	584.1	740.7	—
1993	10000.78	10000.78	79.38	7520.95	953.75	1446.7	—
1994	13970	9113	436	3753	1400	3524	4857
1995	16633	11536	457	4620	2004	4455	5097
1996	17396	12967	451	5792	1762	4962	4429
合　计	68724.98	54341.98	1674.18	29800.05	7192.85	15674.9	14383

表14—2　1997—2005年福安市财政一般预算总收入情况表

单位：万元

年份	小　计	地方税收入			地方非税收入
		总收入	地方留成	上缴中央	
1997	20087	14592	9139	5453	5495
1998	21815	16592	10366	6226	5223
1999	20016	17943	11749	6194	2073
2000	22063	19784	13455	6329	2279
2001	23567	20970	14419	6551	2597
2002	21803	19170	12926	6244	2633
2003	24403	20480	12730	7750	3923
2004	16917	13626	13437	189	3291
2005	23360	20141	20132	9	3219
合计	194031	163298	118353	44945	30733

三、上级补助收入

1991年，福安市财政获上级补助收入延续逐年增多的趋势，当年达到19155万元。上级补助收入，包括原体制补助、专项措施补助、转移支付补助、各种结算补助、税收返还补助等项目。

1992年、1993年，上级补助收入分别为21156万元、3052万元。

1994年，实施分税制后，增加了税收返还补助。1994—2002年，上级补助收入分别是7327万元、7449万元、8140万元、8495万元、7273万元、9295万元、9586万元、9936万元、8524万元。

2003—2004年，因转移支付补助增加，上级补助收入分别增至1.72亿元、2.22亿元。2005年，上级补助收入2.31亿元，创15年之最。

表14—3　1991—2005年福安市财政转移收入（上级补助）部分统计表

单位：万元

年　份	财政转移支付收入	其中：专项转移支付（专项补助）收入
1991	19155	15953
1992	21156	18760
1993	3052	1943
1994	7327	2206
1995	7449	2337
1996	8140	2989
1997	8495	3222
1998	7273	3027
1999	9295	4272
2000	9586	3683
2001	9936	3249
2002	8524	2487
2003	17151	2927
2004	22150	3886
2005	23063	4049
合计	181752	74990

说明：表内数据来源市财政决算报表。

四、预算外收入

1991年，福安市预算外总收入为255.9万元。预算外资金收入包括：地方财政部门收入、行政事业单位收入、国有企业及主管部门收入、行政事业性收费、政府性基金附加、主管部门集中、乡（镇）自筹统筹资金及其他收入等项目。

1992—1994年，预算外收入分别为342.9万元、431万元、712万元。

1995—1997年，重点加强预算外资金的统筹和管理，全市地方预算外收入增至1203万元、1219万元、3046万元。

1998—2004年，由于加强土地转让、出让和土地收费，全市地方预算外收入剧增。1998年为6667万元，1999年为5929万元，2000年为7450万元，2001年为9393万元，2002年达1.10亿元，2003年减至9830万元，2004年又上升至1.16亿元。2005年，预算外收入与上年持平。

表14—4　1991—1997年福安市地方财政预算外资金收入情况表

单位：万元

年　份	总收入	其中				
		各种附加	国企收入	行政事业收入	上级补助	其他收入
1991	255.9	207.3	—	4.6	21	23
1992	342.9	284.6	—	—	34	24.3
1993	431	316	—	—	33	82
1994	712	580	—	—	25	107
1995	1203	857	—	277	43	26
1996	1219	189	—	962	67	1
1997	3046	—	—	—	—	3046
合　计	7209.8	—	—	—	—	—

说明："上级补助收入"不包括农业、工业等项目专项补助。

表14—5　1998—2005年福安市地方财政预算外基金收入情况表

单位：万元

年份	小计	其中				
		行政事业收费	基金和附加收入	主管部门集中收入	乡镇自筹、统筹资金收入	其他收入
1998	6667	3607	791	175	2004	90
1999	5929	2778	1051	80	1810	210
2000	7450	4393	127	147	1660	1123
2001	9393	4948	214	74	2905	1252
2002	11004	5393	305	—	4490	816
2003	9830	6461	351	—	2421	597
2004	11618	8834	215	—	1888	681
2005	10560	7924	—	—	2031	605
合　计	72451	—	—	—	—	—

说明：1998年开始财政预算外报表不再体现财政预算外资金，改为基金报表。

第三节　财政支出

一、总支出

1991年，福安市财政总支出为6579万元。

1992—1998年，市财政总支出情况：1992年为7366万元，次年为1.04亿元，1994年为1.25亿元，1995年为1.74亿元，1996年为1.87亿元，1997年1.90亿元，1998年为1.84亿元，从1994年开始有3个年份实现财政收支基本平衡、并略有节余。

1999—2005年，随着福安市经济社会事业发展，财政总支出逐年增加。1999年为2.35亿元，次年为2.54亿元，第三年为2.54亿元，2002年为2.79亿元，2003年为3.18亿元，2004年为3.69亿元，2005年为4.13亿元，连续七年财政总支出大于财政总收入，财政总赤字达1.52亿元。

二、预算内支出

1991年，福安市财政预算内支出6579万元。2005年，增加到4.13亿元，增长6.27倍。其中：救济抚恤、社会保障支出，因政策因素刚性增长11.7倍；文教卫生事业支出，也因政策因素刚性增长7.6倍；行政管理费支出，因增资政策因素刚性增长5.9倍；经济建设支出、其他支出，分别增长3.3倍、3.8倍。

（一）经济建设支出

1991年，全市经济建设支出1239.6万元，主要包括基本建设支出、支援农村生产支出、企业挖潜革新改造支出、科技三项费用等，占财政支出的18.84%。2005年，全市经济建设支出2752万元，占财政支出的6.67%。1991—2005年，经济建设总支出3.61亿元，占财政支出的11.19%。

（二）科教文卫事业支出

1991年，科教文卫事业支出2231.7万元，主要包括科学、教育、文体广播事业和医疗卫生支出等，占财政预算内支出的33.92%。1995年，科教文卫事业的支出增至4636万元，比1991年翻一番多。1999年，大幅增至8128万元、次年为8709万元、2001年为9319万元、2002年为1.09亿元、2003年为1.24亿元、2004年为1.42亿元。2005年，科教文卫事业支出1.69亿元，占财政预算内支出的41.1%。

（三）行政管理支出

1991年，全市行政管理支出1015.9万元，主要包括市人大、政府机关、政协、党派团体等部门经费和公检法司支出等，占财政预算内支出的15.44%。1992年为1076.9万元、1993年是1338万元，1995年达到2197万元。因国家政策规定增加工作人员工资相继等原因，行政管理支出增加。1999年，行政管理支出为3419万元、2000年为3732万元、2001年为3919万元、2002年为3976万元、2003年为3997万元、2004年为4560万元。2005年，行政管理支出创新高，为4989万元，占财政预算内支出的12.09%。

（四）社会福利救济和社会保障支出

1991年，福安市社会福利救济和社会保障支出452.7万元，包括抚恤和社会救济费、行政事业单位离退休费、社会保障补助支出等，占财政预算内支出的6.88%。1992年为477.5万元，1993年为566万元，1995年增加到695万元。此后，这两项支出逐年增加，1999年1049万元，2000年1078万元，2001年1314万元，2002年1912万元，2003年2302万元，2004年3717万元。2005年，社会福利救济和社会保障支出4120万元，占财政预算内支出的9.99%。

（五）其他支出

1991年，全市其他支出1639.1万元，主要包括城市建设维护支出，公交和流通部门事业费、国防支出、政策性补贴支出、专项支出等，占财政预算内支出的 24.91%。2005 年，全市其他支出 1.40 亿元，占财政预算内支出的 34%。1991—2005 年，其他支出总计 10.61 亿元，占财政预算内支出的 32.88%。

表 14—6 1991—1997 年福安市财政预算内支出情况表

单位：万元

年 份	小 计	其中				
		经济建设支出	科教文卫支出	行政管理支出	社会保障补助支出	其他支出
1991	6579	1239.6	2231.7	1015.9	452.7	1639.1
1992	7365.7	1420.9	2407.5	1076.9	477.5	1982.9
1993	10420	2052	2842	1338	566	3622
1994	12488	1506	4192	1985	644	4161
1995	17381	4601	4636	2197	695	5252
1996	18676	3417	5535	2662	1014	6048
1997	19035	2929	6311	2821	1039	5935
合 计	91944.7	17165.5	28155.2	13095.8	4888.2	28640

表 14—7 1998—2005 年福安市财政一般预算内支出情况表

单位：万元

年 份	小 计	其中					
		经济建设支出	科教文卫支出	社会保障补助支出	行政管理支出	公检法司支出	其他支出
1998	18446	1838	6914	118	2875	1267	5434
1999	23472	1995	8128	90	3419	1405	8435
2000	25449	2313	8709	107	3732	1518	9070
2001	25429	2743	9319	105	3919	1508	7835
2002	27881	2069	10940	58	3976	1875	8963
2003	31837	2348	12444	98	3997	2188	10762
2004	36859	2856	14216	96	4560	2244	12887
2005	41252	2752	16936	195	4989	2354	14026
合 计	230625	18914	87606	867	31467	14359	77412

三、预算外支出

1991 年，预算外资金支出为 235 万元，主要包括城市维护支出、事业费支出、乡镇统筹、自筹资金支出等。2004 年，预算外支出 1.03 亿元，是 1991 年的 43.7 倍。2005 年预算外支出为 8655 万元，比上年有所降低。1991—2005年，预算外资金支出总计7.05亿元。15年内有14年预算外资金支出小于收入。

表14—8　1991—2005年福安市财政预算外资金支出情况表

单位：万元

年份	小计	其中						
		行政事业费支出	基本建设支出	城市维护支出	乡镇统筹、自筹资金支出	专项支出		其他支出
						生产性支出	非生产性支出	
1991	234.7	138.7	4.8	47.9	—	—	—	43.3
1992	304.9	304.9	—	—	—	—	—	
1993	341	227	—	70	—	—	—	44
1994	578	418	2	93	—	—	—	65
1995	1049	654	—	104	—	—	—	291
1996	1022	901	—	113	—	—	—	8
1997	3066	2754	206	—	—	—	—	106
1998	6121	2648	815	—	1968	214	74	402
1999	6070	2795	120	169	1999	—	—	987
2000	6004	4545	30	116	1179	—	—	134
2001	9072	5600	62	137	2884	—	—	389
2002	9383	4153	191	115	4327	—	—	597
2003	8372	4436	266	190	2405	—	—	1075
2004	10273	6702	117	90	1843	—	—	1521
2005	8655	6124	—	—	2038	—	—	493

说明：表内"行政事业费支出"栏中1991—1996年数据为事业支出。

表14—9　1991—2005年福安市财政收支总额及指数一览表

单位：万元

年份	其中			指数（以上年为100）	
	财政总收入	地方财政收入	财政总支出	财政总收入与上年相比	财政总支出与上年相比
1991	5066	—	6579	116.8	106.5
1992	5659	—	7366	111.7	112.0
1993	10001	—	10420	176.7	141.5
1994	13970	—	12486	139.7	119.8

续表 14—9

年　份	其中			指数（以上年为 100）	
	财政总收入	地方财政收入	财政总支出	财政总收入与上年相比	财政总支出与上年相比
1995	16628	—	17381	119.0	139.2
1996	17396	12967	18676	104.6	107.5
1997	20087	14634	19035	115.5	101.9
1998	21815	15589	18446	108.6	96.9
1999	20016	13822	23472	91.8	127.2
2000	22064	15734	25449	110.2	108.4
2001	23600	17006	25429	107.0	99.9
2002	23484	15559	27881	99.5	109.6
2003	27366	16653	31837	116.5	114.2
2004	31200	16728	36859	114.0	115.8
2005	40700	23351	41252	130.4	111.9

说明：1. 表内数据来源于福安市统计年鉴。

2. 地方财政收入从分税制后的 1996 年开始统计。

第四节　财政管理

一、综合预算管理

1991 年，福安市财政加强预算管理，预算安排坚持“量力而行，尽力而为，保证重点，兼顾一般”的原则合理调度资金，既保证行政事业机关基本经费需要，又集中财力办好事关全局的大事。

1993 年起，对公路建设基金、住房基金、土地开发收入、重点建设基金等建立基金式管理制度。

1995 年，重点加强预算外资金的统筹和管理，对行政事业性收费实行“收支两条线”管理办法；加强土地转让、出让和土地收费管理，增加地方财政预算收入。

2000 年，预算外资金实行“部门收费，银行划缴，财政管理，财政调控”管理模式；预算外收入和非税性财政收入，实行“收支挂钩，超收奖励”办法。

2003 年，预算外资金管理全面实施“票款分离”，对尚未纳入“票款分离”的单位通过清理，确定具体分离收费项目，落实“收支两条线”，纳入专户管理。

2005 年，市财政在综合预算管理中，继续沿用以上原则与措施。

二、国有资产管理

1991 年，福安财政局继续开展企事业单位国有资产产权登记，以产权情况为基础，开展国有资产管理工作。次年4月，市财政局成立国有资产管理股，对全市国有资产行使管理职责。1993年，成立市清产核资领导小组，挂靠市财政局。1994年，对天马集团等单位进行资产清查、产权界定，依法确认国有资产所有权和企事业单位使用权；至1995年年底，完成125家企业单位9.33亿元国有总资产的清查登记和建账管理。1996年，对行政事业单位国有资产建立产权登记和年度统计报告制度；同年，市国有资产管理局成立。1997年，在完成国资登记管理基础性工作的同时，参与福建天马集团、福安酒厂等7家国有企业改制工作，盘活国有资产1.6亿元；完成63家试点集体企业清产核资工作，资产总额为3.38亿元。

2005年，对国有资产引进现代化管理方式，推行破产清算、股份制改造、拍卖、协议转让等形式，对国有企业进行改造。

三、基金（资金）管理

1991年，福安市制定实施《福安市行政事业单位预算外资金管理办法》，对全市预算外资金实行统筹管理。其中，53个单位纳入预算外资金专户储存，纳入专户资金430万元、融通111万元、增值1.30亿元。加强基金（资金）管理，合理调度资金，保证行政事业机关基本经费开支和民生、基础设施、城市建设等重点项目建设。

1993年开始，对公路建设基金、住房基金、土地开发收入、重点建设基金等建立基金式管理制度。次年，增加教育、广电等重点预算外资金专储户，全市预算外资金专储户94户、金额2800多万元，占全市财政收入的四分之一左右。

1995年，重点抓预算外资金统筹和管理，对行政事业性收费实行“收支两条线”管理办法；加强土地转让、出让及土地收费，增强财政预算的管理力度。

2000年，预算外资金仍实行“部门收费、银行划缴、财政管理、财政调控”管理模式；预算外收入和非税性财政收入，实行“收支挂钩、超收奖励”的办法。

2002年，全市127个行政事业单位和社会团体的预算外资金全部纳入财政专户管理，纳入专户资金7969万元；64个收费单位全部实行“票款分离”，占纳入专户管理单位的50%；收费项目92项，收费金额3394.7万元，占财政专户资金的42.6%；对23个单位收费情况进行专项检查，查处违纪金额107.6万元；对16个单位开展“小金库”专项整治清理和重点检查，查出违纪金额102万元。

2003年，预算外资金管理全面实施“票款分离”措施，对尚未纳入“票款分离”的管理单位，通过清理确定具体分离收费项目，落实“收支两条线”，纳入专户管理。2005年，继续实行2003年以来的管理办法。

四、集团控购

1991年，福安市贯彻全国控制社会集团购买力领导小组颁布的通知意见，以及省人民政府控制社会集团购买力领导小组的贯彻执行补充意见。控购工作实行首长负责制，对不合理的购买坚决控制，加强控购考核指标管理，并做好审计，查处违控行为。1993年，从严控制非生产性商品购买，加强社会集团购买支出会计核算，对违控单位给予重罚，较大程度上遏制了不合理消费；在审批过程中压缩专控购买力98.76万元。同时，全面开展社会集团违控购买小车清理工作。1995年4月，福安市控制社会集团购买力办公室和税收财务物价大检查办公室合署办公，负责社会集团购买力指标管理，严格审批、转报专项控制商品购买申请。1997年12月，“两办”（控购办和财税检查办）正式分开。次年开始重点清理用公款购买通信工具供个人使用和党政机关配备使用小汽车，严格控制公款购置无线移动电话和住宅电话，落实“话机个人自配，费用总量控制，特岗限量配备”的管理办法，强化控购商品管理。至2001年2月，清理不符合规定公款安装住宅电话326部，收缴购买款及罚款19.56万元；不符合规定公款购置移动电话221部，收缴购买款及罚款11.45万元，全部上缴国库，并分期分批公开拍卖上缴的手机。市委还抽调纪委、监察局、财政、审计、邮电等部门组成专项检查组，对43个单位进行专项检查，查出违规违纪单位25个、处理违规金额14.4万元。

1998年，对申购小汽车等专控商品，加强控购审批，审核购买专控商品资金来源渠道的合法性，严禁用集资、摊派、贷款和挪用专项款的办法购置小汽车等。2000年，又一次开展清理公款违控购换小汽车专项检查，查处24个单位违规违纪购换小汽车28部，并处违控罚款31.28万元。

1999—2005年，对套挂黑牌、冒挂军警车牌、公车私挂以及用租赁方式变相购买和长期使用、借用、占用下属单位和个人的车辆，未经批准购置小汽车，超编制、超标准配备小汽车等违纪违规情况进行查处。

五、财务管理

（一）行政事业财务管理

1991年，全市实行事业单位全额预算和差额预算管理，实行“定项定额补助，超支不补，结余留用”方法。

1992年，市直机关、事业单位实行医疗费用制度改革，医疗费由原来的实报实销制改为包干制：医疗门诊按年龄段分档包干使用，住院费用个人自负5%～10%。

1997年，市财政局按照《事业单位财务规则》（财政部令第8号）规定，强化财务监督管理力度、规范支出行为，并把事业单位预算内、外资金捆绑起来，做到统一核算、综合平衡、节约开支。

1998年，市、乡（镇）两级机关开展清理、清退行政、事业单位编外和临时人员，节约经费支出。

2000年，全市行政事业单位实行国库统一支付职工工资、规范工资发放标准，确保工资按时、足额发放，使编制、人事、财政三者管理有机结合，改变单位编制与经费管理脱钩现象，节约不合理财政支出、提高财政资金使用效率。

2001年，对单位非控购商品采购推行政府采购制度，进行公开招标，先试点后推广。2003年，政府集中采购工作全面实行，全年监督集中采购开标53次，节约财政支出23万元、节约率5.5%。次年，规范政府采购管理，全年集中采购开标47场，采购预算金额894万元，实际采购金额797万元，节约支出97万元、节约率10.8%。2005年，行政事业财务管理方式方法不变。

（二）企业财务管理

1991年，福安市对国有企业继续实行经营承包责任制，核定上缴税利基数，经营好的企业实行超收分成管理、经营亏损的由企业自行负责。

1992年，对国有企业库存产品进行清理，为国有企业改革做准备。

1993年，全市实施财政部颁发的《企业财务通则》《企业会计准则》以及行业财务制度。

1998年，从企业产权制度改革和国有企业职工身份转变入手，通过资产转换，配股入股和买断职工国有身份等形式，促进企业改制、盘活资产存量；改革职工养老保险、失业保险管理办法，促进国有企业转换经营机制、提高经济效益。

1999年9月，成立“福安市国有资产管理委员会”和“福安市国有资产投资经营公司”，初步构筑政府（国资委）——国投公司——企业三个层次、以产权为纽带的国有资产管理、监督和营运新体制。至2005年，此管理体制不变。

（三）乡镇财务管理

1991年，全市加强对乡镇政府机关及所属基层所（站）自有资产、预算外资金的管理，乡镇所（站）财务由乡镇财政所配备统管会计，对所（站）财务收支实行统管；杜绝财务开支多头审批的混乱现象，乡镇普遍推行财务开支由乡（镇）长“一支笔”审批的做法。

1998年，乡（镇）预算外资金开始实行同级财政“收支两条线”管理。

1999年，市财政对各乡（镇）财务实行“零户头管理”，取消乡镇各所（站）（除县直单位直管者外）所有银行账户，原有账户存款余额一律划转市财政统管专户，各所（站）财务收支由乡镇财政所统管专户统一核算。2000年后，采取“划分收支核定基数，超收分成，短收减支，分级包干，一定三年”的管理办法，将教师工资和乡镇卫生院经费收回由市主管部门管理，防止教育、卫生经费被挤占、挪用，教师、医护人员工资不能准时足额发放的现象。

六、会计事务管理

1991年，全市开展会计职称评审工作。次年4月，市财政局成立会计股，负责全市会计人员培训、职称考试考核、证书发放年检以及会计财务报表的汇总、编报等。同年开始全国范围统一考试，考试分会计员、助理会计师与会计师三个等级。会计从业资格证书由县级财政部门根据相关文件办理、颁发，中等专业学校以上会计专业毕业的学生，均可免试取得会计从业资格证书；非会计专业毕业生与其他会计人员，需参加县级以上财政部门举办的培训，并经考试合格后，方可取得会计从业资格证书。

2000年开始，取得会计证的会计人员，每年必须参加24小时的继续教育，经考试合格后，才能获得每年一次的会计从业资格证书年检。

2005年，全市强化财务会计监督和基础管理，贯彻落实《中华人民共和国会计法》（以下简称《会计法》）和《福建省财政监督条例》，开展《会计法》执法情况、会计信息质量检查。全年举办财经法规、会计业务培训班21期，累计培训会计人员1100余人次。

七、财政检查监督

1991年，全市继续开展清理“小金库”，检查部门和单位118个、自查面100%。重点检查单位45个、重点检查面38.89%；共查出违纪金额406.39万元，上缴入库率92.79%。1993年，开展财务大检查工作，全市自查和重点检查单位115个，查处违纪单位43个、金额226.84万元，上缴财政入库85.56万元。

1994—1998年，财务大检查累计查出违纪金额111.83万元，应缴财政573.57万元、入库542.86万元。

1995年11月至1996年2月，根据《福安市1995年预算执行情况审计总体方案》，分两个阶段对当年地方预算执行情况进行审计。1996年11月至1997年2月，对1996年地方预算执行情况开展审计。由于1994年财政体制改革中存在争基数、保基数做法和追求高速增长要求，造成报表收入完成与实际收入之间的差额，导致预算执行中存在收入不实、资金调度困难、支出难以全面实现等问题。

2000年，抽查单位39个，查出违纪单位25个、违纪金额126万元，应缴财政23.63万元、入库

18.93万元。

2002年，开展会计信息质量检查，对6个单位上年的会计基础和会计核算工作进行检查，查出违纪金额56万元；开展财政财务日常监督检查，查出违纪单位5个、违纪金额26.6万元；开展行政事业单位银行账户清理工作，撤销和停止使用市属单位账户663户、省属单位账户6户、宁德市属单位账户21户。

2004—2005年，规范经营性土地出让管理，强化土地有偿转让收入财政专户管理，两年累计追缴土地出让金净收入7124万元。开展非税收入专项检查，从153个市直单位和23个乡镇（街道）、开发区查出未缴政府非税收入2093.16万元。同时，加强预算外资金、“收支两条线”和专户管理，预算外资金专户率达到100%。加强票据管理，严格按照“票款分离”和“收支两条线”的要求，在财政局率先试点的基础上，第一批53个单位推行财政票据电子化管理改革，制定《票据管理工作规范》，实现以票控费、以票管收，从源头控制政府非税性收入。

第五节　机构

福安市财政局

1991年，福安市财政局编制25名，设局长1名，副局长3名。内设机构：人秘股、预算股、事业股、农财股、农税股、工交股、商业股、综合股、财检股、控办、国有资产股；挂靠单位有会计师事务所，下辖财政分局2个、乡镇财政所21个。

1996年，成立福安市国有资产管理局，为副科级单位，核定事业编制6名。

1997年，增设社保股。1998年，市财政局机关行政编制18名（含控办、财检办），领导职数局长1名、副局长3名，股级干部职数13名。

2003年，市财政局行政编制16名，局长1名、副局长3名。内设人秘股、综合股、预算股、国库股、行政政法股、教科文股、经济建设股、农业股、社会保障股、外债股（增挂外债股牌子）、企业股、农税股、会计股、统计评价股、监督调查股等15个职能股室；另有控购办、政府采购办、会计委派工作领导小组办公室、市政府国资办和清户核资领导小组办公室等5个挂靠单位，下辖财政分局2个、乡镇财政所21个。

2005年，市财政局机构及下属单位不变。

第二章　税务

第一节　税务体制改革

1991年，福安市延续20世纪80年代以来的复税制。同年，按照上级关于加强税收工作的部署，开展清理整顿减免税和税收检查、推行征、管、查“三分离”改革工作，建立健全农林特产税征管网络。

1993年12月，福安市落实国务院《工商税制改革总体方案》，开始新一轮税制改革，确立以增值税等流转税为主体税种、其他辅助税种相结合的税制体系，实现新旧税制的平稳过渡。

1994年，开始正式实施《中华人民共和国增值税暂行条例》，增值税成为福安市主要税种；内资企业开始执行全国统一的企业所得税，税率统一为33%；同时，开征消费税。9月，推行税收管理体制改革，成立福安市国家税务局（以下简称“国税局”）和福安市地方税务局（以下简称“地税局”），实行分税制；对税务机关实行垂直管理，国税局由国家税务总局领导、地税局由省地方税务局领导。国税局负责增值税、消费税、营业税、企业所得税等税种的征收；地税局负责营业税、企业所得税、个人所得税、城市建设维护税、资源税、房产税（城市房地产税）、土地使用税、土地增值税、固定资产投资方向调节税、车船使用税（车船使用牌照税）、印花税及教育费附加、社会发展费、基础设施附加费等税费的征收。1999年11月1日，开征储蓄存款利息所得税和个人所得税。

2000年1月，地税停征固定资产投资方向调节税；4月，停征屠宰税；9月，停征基础设施附加费。同年，地税部门按照省政府的决定，开始代行征收基本养老保险和失业保险费。2002年1月，停征社会发展费。2005年，税务体制及税征不变。

第二节　税费征收

一、复税制时期税费征收

1991年，国家实行复税制，所管征税种有：产品税、增值税、营业税、消费税、内资企业所得税、外资企业所得税、个人所得税、地市建设维护税、车辆使用税、房地产税、屠宰税、资源税、印花税及教育费附加、基础设施附加费，共计13个税种和2个费。1991—1993年，福安市总共征收各种税费1.46亿元。

二、分税制时期税费征收

（一）国税征收

1. 税种、税率

增值税　增值税为福安市国税征收的主要税种，1994年1月1日起，福安市增值税税率为：纳税人销售或者进口粮食、食用植物油，自来水、暖气、冷气、热水、煤气、石油液化气、天然气、沼气、居民用煤炭制品，图书、报纸、杂志，饲料、化肥、农药、农机、农膜，以及国务院规定的其他货物税率为13%；纳税人出口货物税率为零（国务院另有规定的除外）；纳税人提供加工、修理修配劳务（以下简称应税劳务），税率为17%；小规模纳税人销售货物或者应税劳务的征收率为6%；纳税人销售或者进口（除以上外）的货物，税率为17%。

1994年5月1日起，增值税一般纳税人销售自来水比照县以下小型水力发电和部分建材等商品的征税规定，按6%的征收率征收增值税。

1998年7月1日起，小规模商业企业纳税人的增值税征收率由6%调减为4%；同时将增值税一般纳税人购进销售应税货物支付的运输费用扣除率由10%降低为7%。

2001年12月，福安市贯彻落实国家税务总局制定的《商贸企业增值税纳税评估办法》，从次年2月1日起开始执行；一般纳税人购进农业生产者销售的免税农业产品进项税额扣除率由10%提高到13%。

2003年，销售货物起征点开始提高到月销售额3000元；销售应税劳务起征点月销售额提高到2300元；按次（日）纳税的起征点提高到每次（日）150元。10月，加强货运行业税收管理，一般纳税人取得货运发票进项税额的管理，货运发票实行电子信息采集比对。

2004年1月1日起，销售水产品、畜牧产品、蔬菜、果品、粮食等农产品的个体工商户，起征点为月销售额5000元以上（含）；按次纳税的，起征点为每次（日）销售额200元。2005年，共征收增值税1.79亿元，占全市国税收入的89%。

消费税　1994年1月1日，《中华人民共和国消费税暂行条例》实施，全市开征消费税对香烟、酒类、金银珠宝、小轿车、化妆品等消费品征收消费税。烟：甲类卷烟（包括各种进口卷烟）、乙类卷烟、雪茄烟、烟丝分别按45%、40%、40%和30%税率征收；化妆品、护肤护发品分别按30%、17%税率征收。次年元旦开始，金银首饰消费税由生产销售环节征收改为零售环节征收，税率为5%。2001年，调整产品的相关消费品税率、按定额税率征收，如粮食白酒、原比例税率25%，改定额税率后为每斤征收0.5元。1991—2005年，全市入库消费税1390.8万元。

营业税　1991年，营业税征收依据《中华人民共和国营业税条例（草案）》（1984年10月1日施行）。税目有商品零售、商品批发、交通运输、建筑安装、金融保险、公共事业、服务业等。比例税率铁路运输、管道运输（天然气、石油）均为15%；商品零售、批发分别为3%、10%；建筑安装、金融保险分别为3%、5%。服务业：代购代销、介绍服务等为10%，宾馆、饭店等为5%。当年全市征收入库1208万元。1994年1月1日起，《中华人民共和国营业税暂行条例》实施，福安市国税局管征的营业税仅是金融保险业营业税。

1997年1月1日，金融保险业营业税税率由5%提高到8%，农村信用社营业税按5%征收。1998年1月1日起，农村信用社营业税恢复8%的税率征收。1991—2005年，全区（市）共入库营业税7173.7万元。

企业所得税　1991年，征收企业所得税281万元。其中，国有企业161.3万元；集体企业105.9万元、私营企业13.8万元。1994年1月1日起，内资企业执行全国统一的企业所得税，税率为33%。1997年，开始实行新的征管模式，对企业所得税汇算清缴进行改革。2001年，全市企业所得税的纳税户80户。2005年，纳税户增加到284户，全年征收企业所得税1703万元。1991—2005年，入库企业所得税6176.6万元。

储蓄存款利息和个人所得税　1999年11月1日，根据国家税务总局规定，福安开征储蓄存款利息所得税和个人所得税开征、适用20%的比例税率，以结付利息的储蓄机构为扣缴义务人、实行代扣代缴。储蓄存款利息所得个人所得税由国家税务局负责征收管理。

2002年，所得税收入进行分项改革。作为共享收入，改革原有按企业隶属关系划分所得税收入的办法，除少数特殊行业或企业外，企业所得税和个人所得税收入实行中央和地方按比例分享。新登记注册的企事业单位所得税，由国家税务局征收管理，所得税收入中央和地方各分享50%。2003—2005年，所得税收入中央分享60%，地方分享40%。2005年，全市全年征收个人所得税451万元。

2. 征收入库

1991年，福安市国税税费总收入4201万元，其中归省级收入199.6万元，县级收入4001.4万元。1994年分税制后，福安市国税收入11536万元，其中中央级为4898万元、省级收入13.5万元、县（市）级收入为6624.5万元。2001—2004年，国税收入总额持续增长，一年上一个台阶。分别达到17474.9、19661.24、21414.09、23494.2万元。2005年，国税收入34957万元，其中，中央收入为14877万元、省级收入186万元、县（市）级收入19894万元。

（二）税收减免

先征后返　1991年，福安市按照财政部、国家税务总局规定：原福利企业享受的流转税优惠政策仍然保留，税务机关采取“先征后返”的办法，对福利企业按规定依法征收增值税。1994—2005年，国税系统累计返还市民政福利企业增值税款810万元。

1994年起，校办企业均按规定依法交纳增值税。根据财政部、国家税务总局有关税收优惠政策，税务机关对全市校办企业也采取“先征后返”的办法。1994—2000年，国税系统累计返还校办企业增值税款52万元。

出口退税　1991年，市依据《国务院关于批转财政部〈关于对进出口产品征、退产品税或增值税的规定〉的通知》，对出口产品实行退（免）税管理办法，对中央、地方外贸企业和工业主管部门和工业企业经营出口的产品，除原油和成品油以外，在出口后退（免）产品税或增值税；属于增值税征收范围的产品，退（免）各生产环节已缴纳的增值税；属于产品税征收范围的产品，退（免）最后生产环节已缴纳的产品税。

1994年，税制改革后，实行新的出口货物退（免）税管理办法。福安市依照《国家税务总局关于印发〈出口货物退（免）税管理办法〉的通知》有关规定：有出口经营权的企业（以下简称“出口企业”）出口和代理出口的货物，除另有规定外，可在货物报关出口并在财务上做销售科目后，凭有关凭证按月报送税务机关批准退还或免征增值税和消费税。

2002年1月1日起，依照财税〔2002〕7号《财政部、国家税务总局关于进一步推进出口货物实行免抵退税办法的通知》规定：生产企业自营或委托外贸企业代理出口（以下简称“生产企业出口”）自产货物，除另有规定外，增值税一律实行免、抵、退税管理办法。免税，是指对生产企业出口的自产货物，免征本企业生产销售环节增值税；抵税，是指生产企业出口自产货物所耗用的原材料、零部件、燃料、动力等应予退还的进项税额，抵消内销货物的应纳税额；“退”税，是指生产企业出口的自产货物，在当月内应抵消的进项税额大于应纳税额时，对未抵消完的部分予以退税。至2005年年底，全市自营出口生产企业共 138 家、外贸企业 10 家，市国税部门给这些企业办理出口退税 3.02 亿元。

（三）地税征收

税种税率

1994 年，福安市地税局负责征收的税费种类主要有：营业税、企业所得税、个人所得税、城市建设维护税、资源税、房产税（城市房地产税）、城镇土地使用税、车船使用税（车船使用牌照税）、印花税、土地增值税、屠宰税、固定资产投资方向调节税、教育费附加、文化事业建设费、社会发展费、基础设施附加费 16 种。2000—2005 年，营业税、企业所得税成为地方税收收入的主要税种，电机电器、船舶修造、食品加工（茶叶）、房地产等行业成为福安市地方税收收入的主要来源。

营业税　1994 年，福安市营业税执行征收的税目 9 个，具体是：交通运输业、建筑业、邮电通信业、文化体育业税率为 3%；服务业、转让无形资产、销售不动产和金融保险业税率为 5%；娱乐行业税率为 5% ～ 20%。

2003 年 1 月 1 日起，营业税起征点调高，县城以上（含县城）按期纳税营业额起征点的月营业额提高到 1500 元；乡镇以下（含乡镇）起征点月营业额提高到 1000 元；房产租赁不分区域统一提高到 1000 元；按次纳税的起征点提高到每次（日）100 元。2004 年 7 月 1 日，娱乐业税目台球、保龄球税率从 20% 调为 5%。2005 年，营业税征收保持上年的税目与税率，福安全年征收 9061 万元。

企业所得税　1994 年，分税制改革后，按行政隶属关系划分企业所得税管征范围。国税负责：①中央企业；②铁道、银行总行、保险公司集中缴纳的；③地方银行和外资银行及非银行金融企业；④海洋石油企业；⑤中央与地方所属企事业单位组成的联营企业、股份制企业。地税负责：其他地方企业。企业所得税按应纳税所得额实行三档比例税率，纳税人年纳税营业额在 3 万元以下（含 3 万元）的，按 18% 的税率征税；年应纳税所得额在 3 万元至 10 万元（含 10 万元），按 27% 税率征税；年应纳税所得额在 10 万元以上的，按 33% 的比例税率征收。2002 年开始，新登记注册的企事业单位所得税，不再归地方税务机关征收管理，地税机关只对 2002 年 1 月 1 日以前企事业单位所得税进行征收管理。

个人所得税　1994 年，《中华人民共和国个人所得税法》颁布实施，初步建立内外统一的个人所得税制度，所有中国居民和有来源于中国所得的非中国居民，均应依法缴纳个人所得税，实现个人所得税、收入调节税和个体工商户所得税三税并轨。个人所得税有 11 个税目，工资薪金所得按 5% ～ 45% 超额累进税率进行征收；个体户生产经营所得、企事业单位的承包经营、承租经营所得实行 5% ～ 35% 累进税率；对劳务报酬所得、稿酬所得、特许权使用所得、利息和股息、红利所得、财产租赁所得和财产转让所得、偶然所得按 20% 比例进行征税。至 2005 年不变。

房产税　1994 年，沿用 1986 年 10 月 1 日起征的房产税征收标准，征收范围为市区、建制镇和工矿区，按房产余值计征的，年税率为 1.2%；按房产出租租金收入计征的，税率为 12%。2001 年 1 月 1 日，对个人出租的房屋用于居住的，按 4% 的税率征收房产税。至 2005 年不变。

车船使用税　1994 年，沿用 1986 年 10 月 1 日实行的车船使用税征收标准，对行驶于公共道路的车辆和航行于国内河流、湖泊或领海口岸的船舶，按照其种类（如机动车辆、非机动车辆、载人汽车、载货汽车等）、吨位，按规定征收车船使用税，计税依据为辆、净吨位、载重吨位三种，税率使用定额税。如：载货汽车，每年按载重净吨位每吨 40 元计征；二轮摩托车每辆每年 30 元；载客汽车，10 座以下每辆每年200元。

印花税　沿用1988年10月1日起征的印花税办法，它以经济活动中签立的各种合同、产权转移书据、营业账簿、权利许可证照等应税凭证文件为对象所征的税。印花税采用比例税率和定额税率，比例税率分4档：财产租赁合同、仓储保管合同、财产保险合同0.1%；加工承揽合同、建设工程勘察设计合同、货物运输合同、产权转移书据0.05%；购销合同、建筑安装工程承包合同、技术合同0.03%；借款合同0.005%；权利许可证照及部分营业账簿按件贴花5元。

屠宰税　实行1950年1月1日起征的屠宰税，采用定额征收。猪每头10元、牛每头15元、羊每头2元。福建省自2003年元月开始停征。

资源税　1994年1月1日，《中华人民共和国资源税暂行条例》开始实施，福安市同时开征资源税。

2005年1月1日起，全市对建筑用砂、石单位税额进行调整，资源税税目为“其他非金属矿原矿——建筑用砂（含江砂、河砂、海砂、山砂）”，单位税额调为1元/立方米；建筑用石适用资源税税目为“其他非金属矿原矿——其他未列举石（岩）”，单位税额调为1元/立方米。对未能提供真实完整工程预算材料的，区别不同建筑结构，按下列核定标准计算应纳资源税额；有工程结算书的，待工程结算时征收资源税。房屋建筑物：按工程造价1.5‰核定；道路：仅路面施工项目的，按工程造价3‰核定；同时施工路面和路基项目的，按工程造价6‰核定；填土方：按砂石实际使用量征收；其他混凝土建筑物、构筑物，按工程造价6‰核定。当年，福安市征收资源税65万元。

土地使用税　1996年，福安市土地等级适用税率分为市区、赛岐镇、其他建制镇三类，其中，市区又分为三个等级。一等每平方米1元，二等每平方米0.6元，三等每平方米0.3元。赛岐镇分为两个等级：一等每平方米0.6元，二等每平方米0.3元。其他建制镇也分为两个等级：一等每平方米0.3元，二等每平方米0.2元。

土地增值税　1996年1月1日，福安市土地增值税实行30%～60%四级超率累进税率；土地增值税实行预征率征收，平均预征率为2%～5%。2003年，下调平均预征率，从2%～5%下调为0.5%～3%，全市土地增值税预征率平均为1%。2005年3月11日，根据省地税局文件精神实行新的预征率标准，具体如下：住宅按1%预征；商业营业用房、写字楼等其他房地产按2%预征；别墅按3%预征。

城市建设维护税　福安城市维护建设税税率按纳税人所在地分别规定为：市区7%，乡镇所在地5%，行政村1%。大中型工矿企业所在地，不在市区、建制乡镇所在地的税率为5%。

固定资产投资方向调节税　1991年4月16日，国务院颁布《中华人民共和国固定资产投资方向调节税暂行条例》。福安市从1995年开始征收，2000年1月1日，新发生的投资额，暂停征收固定资产投资方向调节税。

（四）税费收入

1994年，福安市地税部门税收收入2771万元。全市地税部门负责国家规定14个地方税种的征收任务。同年开始，增加“两费”（教育费附加、社会事业发展费）征缴工作。1997年，开征文化事业建设费。2002年、2003年，分别增加地方教育费附加、江海堤防维护费、工会经费和残疾人保障金等地方费金的征收任务。2001—2004年，征收以上4项入库费金1.96亿元，其中社保“两费”1.66亿元，年均递增15%。2005年，地方税收收入1.9亿元。

表 14—10 1994—2005 年福安市地税征收情况表

单位：万元

年份	1994	1995	1996	1997	1998	1999	2000	2001	2002	2003	2004	2005
税收总额	2771	3590.9	4418.8	6018	7243	8003	9283	10546	11310	12422	16120	18993
一、省级收入	—	223	350	400	460	374	475	516	588	657	1109	1214
二、县级收入	—	3367.9	4068.8	5618	6783	7629	8808	10030	10722	11765	15011	17779
其中：营业税	—	1354	1761	2400	3473	3228	3566	4829	4529	5459	7669	9062
企业所得税	—	415	326	450	588	1085	1386	1352	1775	1886	2425	2942
个人所得税	—	691	996	1186	1184	1605	2374	2437	2761	2357	2508	2819
房产税	—	187	285	463	376	439	393	485	684	563	543	667
车船使用税	—	31	35	39	26	20	21	25	28	71	92	104
印花税	—	28	30	44	70	166	139	87	200	159	220	370
屠宰税	—	23	21	39	42	38	39	32	41	8	—	—
资源税	—	0.9	0.8	2	1	7	16	12	35	26	65	65
土地使用税	—	18	32	53	30	35	37	39	36	46	86	147
土地增值税	—	—	—	—	1	85	45	62	37	311	330	315
城建税	—	588	526	911	896	868	749	670	596	879	1073	1288
固定资产投资方向调节税	—	32	56	31	96	53	43	—	—	—	—	—

（五）其他收费

工会费　1991—2002 年，福安市各级工会费由市总工会自行组织向工会会员单位收取。2003 年开始，工会费由宁德市总工会委托宁德市地税局代征。建立工会组织的缴费单位按每月全部职工工资总额 2%向市总工会上缴经费，其中，40%缴给上级工会，地方工会的经费委托地方税务机关代征；开业投产满一年仍未成立工会的企业，也应按月向地方工会缴纳职工工资总额 2%的工会筹备金和工资总额 0.5%的补偿金，全额委托地方税务机关代征。2005 年，全市征收工会经费 135.17 万元。2003—2005 年，全市征收工会经费 299.17 万元。

教育费附加　1994 年，全市开征教育费附加，征收率 3%，分别与增值税、营业税、消费税同时缴纳。至 2005 年不变。2005 年，全市征收教育费附加 615 万元。1994—2005 年，累计征收教育费附加 2431 万元。

社会事业发展费　1994 年 7 月 1 日，社会事业发展费开征，按各企业单位和个人当年销售（营业）

总额的 0.2% 征收，商业批发企业按 0.1% 征收。2002 年停征。1994—2001 年，全市累计征收社会事业发展费 685 万元。

文化事业建设费　1997 年，开征文化事业建设费，按各单位和个人营业收入（经营收入）的 3% 缴纳，至 2005 年不变。2005 年，全市征收文化事业建设费 19 万元。1997—2005 年，累计征收文化事业建设费 77 万元。

养老保险费和失业保险费　2001 年 1 月 1 日，城镇企业职工基本养老保险费和失业保险费由地方税务机关按照属地管理原则代为征收。养老保险缴费单位按其全部在职职工月工资总额的 19% 缴纳基本养老保险费，次年按 18% 缴纳；其中，个人按其月基本工资总额的 6% 缴纳，其余由单位缴纳。2002—2003 年，个人按 7% 缴纳，2004 年起按 8% 缴纳。城镇个体工商户个人按缴费基数的 25% 缴纳基本养老保险费。失业保险缴费的缴费单位是指有雇工的城镇个体工商户，标准按照本单位工资总额的 2% 缴纳，其中个人按照本人工资的 1% 缴纳；城镇个体工商户本人按缴费基数的 3% 缴纳失业保险费。缴费单位招用的合同制农民工本人不缴纳失业保险费。2005 年，全市共征收养老保险费 4157.03 万元，失业保险费 386.61 万元。2001—2005 年，累计征收养老保险费 1.66 亿元，失业保险费 1481 万元。

地方教育附加　2002 年，福建省人民政府对征收做出规定，以缴纳增值税、营业税、消费税的省内地方企事业单位和个人实际缴纳款的 1% 征收。分别与增值税、营业税、消费税同时申报缴纳，至 2005 年不变。2005 年，全市征收地方教育费附加 226 万元。2002—2005 年，累计征收地方教育费附加 562 万元。

残疾人就业保障金　2003 年 1 月 1 日始，残疾人就业保障金由宁德市残联委托宁德市地税局代征，各县（市）则由各县（市）地税局代征。缴纳额 =（本单位在职职工人数 ×1.6%- 已安置残疾职工人数）× 本单位上年职工年平均工资 ×60%，至 2005 年不变。2002—2003 年，全市征收残疾人就业保障金 118 万元。

江海堤防费　2003 年 1 月 1 日，江海堤防费由宁德市水利局委托宁德市地税局代征，征收对象是受益的工商企业等单位。征收额按其营业收入的 0.09% 征收，至 2005 年不变。

第三节　税务管理

一、税务登记

1991 年，福安市税务局依照国家税法规定对纳税户进行税务登记，并按照纳税人性质发放税务登记证和临时税务登记证。办理流程为：纳税人到税务管理单位填写税务登记表后，各税务管理单位统一上报市税务局，市税务局办理完毕后再由各税务管理单位向纳税人发放税务登记证。

1994 年，国、地税局分设后，地方税收由地税局负责征收。当年，福安市地税局共管征企业 400 多户，个体工商户 1100 多户；2005 年年底地税管征企业 1400 多户，个体工商户 2800 多户。

表 14—11 1995—2005 年福安市地税局税务登记证办理情况表

单位：个

年份	合计	登记办证企业												
		内资企业									港澳台商投资企业	国外投资企业	个体经营户	其他
		小计	国有企业	集体企业	股份制合作企业	联营企业	有限责任公司	股份制有限公司	私营企业	其他企业				
1995	20	19	8	4	—	—	2	—	5	—	—	1	—	—
1996	15	10	1	1	1	—	4	—	3	—	—	4	1	—
1997	16	15	1	—	4	—	4	—	6	—	—	—	1	—
1998	42	35	9	5	3	—	9	—	9	—	—	3	4	—
1999	374	107	14	16	8	1	34	1	31	2	—	2	265	—
2000	3722	291	36	54	11	2	96	—	83	9	15	3	3402	11
2001	935	106	9	2	—	1	48	—	43	3	1	2	819	7
2002	811	113	8	4	1	—	49	—	48	3	1	1	681	15
2003	1170	142	7	4	2	—	93	—	33	3	—	5	1014	9
2004	869	207	5	4	—	—	123	1	71	3	—	2	655	5
2005	806	194	6	5	—	—	128	—	48	7	—	2	601	9

二、纳税申报

1991 年，福安个体工商户纳税实行定额管理，企业实行定额管理或查账征收，纳税申报实行纸质申报，纳税人至税务机关申报税款或税务机关税管员上门收取税款；纳税人根据税务机关开具的完税凭证或缴款书缴纳税款。开具完税凭证的，现场即可缴纳税款；开具缴款书的，需前往银行缴纳税款。

福安市地方税务局服务大厅（2004 年）

1994—1997 年，市地税局举办 6 期办税员培训班，并率先在全省开展“免检户”活动，为全省实行 ABC 分类稽查办法提供借鉴作用。

1997 年，在市区和基层分局设立办税服务厅，纳税人可在大厅进行纳税申报。1999 年，全市进行税务登记证年检换证工作，并初步形成一级稽查的征管模式，实行征收、管理、稽查“三分离”。

2001年，形成“多元化申报纳税、全市集中征收、市级一级稽查”的格局，推行省国税局自行开发的税收征管软件（FJGSMIS），加油站推广税控器具。截至当年年底，共在136家企业推广防伪税控纳税，并落实设备安装到位；对2001年前取得防伪税控系统专用发票抵扣联的421家企业开展补认证工作；采集录入421户一般纳税人的档案信息及时导入稽核系统。当年企业纳税申报率、发票认领率、存根联采集率、受托回复率达到100%。

2003年8月，福安市全面推行纳税“一窗式”管理，实现从初期“一窗二人”到“二窗三人”模式的转变，使“一窗式”管理质量全面提高，达到票表及时比对。同年10月1日，推行CTAIS（中国税收征管信息系统），税收征管实现信息化管理。

至2005年年底，全市有589户一般纳税人纳入防伪税控系统，推广面100%。

三、票据管理

1991年，福安纳税票据有：完税证、专用缴款书、汇总缴款书、工业发票、商业发票、饮食服务业发票、窗口临时代开发票等。票据实行专人管理制度，票据管理人员严格按照上级票据管理相关规定做好票据的保管、领购、开具等工作。

1994年，福安市地税局成立后，着力探讨科学管理票据的办法。1997年，在全省率先推出发票定首填尾管理办法。2003年，又在全市服务业、娱乐业推行有奖定额发票，进一步规范发票的印制、领购、开具、保管、缴销等管理。根据服务、娱乐行业的发票使用量迅速增加，有针对性地加强管理，实行“以票管税”，带动行业税收增长。

四、税务稽查

1991年，福安市税务局稽查队和税务检查站共同负责查处税务违章行为。主要按照规定在交通要道等地检查纳税人的发票使用情况，查处偷、漏税和其他税务违章行为，并按照税法规定对涉税违法行为进行处罚；同时按照惯例开展每年一次的“财务、税收、物价”大检查。当年，税务机关查补税款566.86万元。

1993年，组织开展持续5个月的财税大检查，全市自查4080户、自查面100%，自查出有问题户338户、补税44.68万元；重点检查1652户，补罚税款629.92万元。

1995年9月，市地税局成立税务检查室，完善案件受理、初查、立案查处等规章制度。次年，成立“税务审理委员会”，实行主查员制和查审分离制。1999年，“稽查分局”更名为“稽查局”，并设立执行股，完善选案、稽查、审理、执行“四分离”机制。2000年8月，城关分局办税服务厅从城关分局分离，成立征收中心（股级），负责市区和坂中区域的征收工作，实现“征、管、查”三分离。2001年，将管理服务、征收监控、税务稽查、政策法规宣传四个系列分别设置，形成相互促进、相互制约、相互监督的内部运行机制。

1995—2005年，福安市地税稽查局共查补入库税款3930多万元。

第四节　机构

一、福安市税务局

1991—1993年，福安市税务局内部设税政一股、税政二股、税政三股、征管股、人事教育股、计财股、办公室、稽查队、电脑室；下设2个分局（城关分局、赛岐分局），13个税务所（上白石、潭头、社口、坂中、穆阳、康厝、溪潭、溪柄、松罗、甘棠、下白石、湾坞、溪尾等税务所）和赛岐检查站。晓洋、范坑两乡没有成立税务所，其税收业务分别由社口和上白石税务所兼办。

1994年1月1日起，全市正式实施《中华人民共和国增值税暂行条例》，9月，成立福安市国家税务局和福安市地方税务局，实行分税制和垂直管理。

二、福安市国税局

1994年，福安市国税局编制128名，设局长1名，副局长3名，内设机构有税政股、征管股、人教股、监察股、计财股、办公室、信息中心、纳税申报厅，此外，还设立检察室（市检察院派驻机构，主任由检察院派员担任、副主任由国税局派任）。福安市国家税务局成立后，只保留城关、赛岐分局和下白石、穆阳、坂中3个所，其他乡镇原有的税务机构一律裁拆。1997年，下白石、穆阳、坂中3个税务所升格为国税分局，使市国税局下设分局增至5个，负责全市国税征管工作。2005年，市国税局有编制127名，设局长1名，副局长5名，内设机构有办公室、税政科、征管法规科、财务科、人事教育科、监察室、计划征收科，直属机构稽查局，下设5个分局。

三、福安市地税局

1994年，福安市地税局局机关有编制25名，设局长1名，副局长2名，内设机构有办公室、税政管理股、计划财务股、人事教育股、监察股、稽征分局；下设城关、赛岐2个分局和穆阳、康厝、溪潭、甘棠、下白石、湾坞、溪尾、松罗、溪柄、坂中、潭头、上白石、社口14个税务所。2001年，地税系统再次实行机构改革，编制人员定编129名，设局长1名，副局长3名，纪检组长1名，内设机构有办公室、税政（社保）股、征管法规股、计划财务股、信息技术股、人事教育股、监察室，直属行政机构为稽查局；下属基层机构有城关、坂中、赛岐、穆阳（康厝所并入）、甘棠、下白石（湾坞所并入）、溪柄7个分局，溪潭、社口、上白石、溪尾、潭头5个税务所。至2005年，机构情况不变。

第三章 金融

第一节 体制改革

1991年，福安市仍沿用20世纪80年代末的金融体制。中国人民银行福安市支行是中央总行的派出机构，隶属上海总部，受中国人民银行宁德市中心支行直接领导，履行中央银行职能，对全市金融机构实行监管、维护金融秩序、发挥金融宏观调控作用。同年，设立国家外汇管理局福安市支局，负责办理侨汇解付、支票托收、外币兑换等业务。

1993年12月，国务院做出《关于金融体制改革的决定》，实行政策性金融机构与商业性金融机构分离，以国有商业银行为主体、多种金融机构并存的金融组织体制，建立统一开放、有序竞争、管理严格的金融市场体系。

1995年3月，全国人民代表大会通过《中华人民共和国中国人民银行法》，首次以国家立法形式确立中国人民银行作为中央银行的地位。

1997年，随着落实政策性金融与商业性金融机构分离的改革要求，国有政策性金融机构中国农业发展银行福安市支行成立。

1999年，按照中央金融工作会议的部署，进一步改革人民银行管理体制，撤销省级分行，设立跨省区分行，中国人民银行福安市支行直属中国人民银行宁德地区中心支行管辖，隶属于上海分行。

2000年，中国人民银行宁德地区中心支行改称中国人民银行宁德市中心支行。2003年，人民银行福安市支行分设中国银行业监督管理委员会宁德监管分局福安办事处，负责对银行及其他存款类金融机构的监管职能。2005年8月10日，中国人民银行上海总部成立，中国人民银行福安市支行直属中国人民银行宁德市中心支行管辖，隶属于上海总部。

第二节 机构

一、管理性银行

（一）中国人民银行福安市支行

1991年，中国人民银行福安市支行（以下简称“人行福安支行”）内设人秘股、外汇管理股、信贷调统股、货币金银股、会计股和保卫股6个股室，员工47人。主要职责是：贯彻执行国家有关法律、法规、方针、政策及上级的有关规定；负责辖区货币信贷政策的贯彻执行，监督管理金融市场；根据有关规定参与辖区系统性金融风险的防范化解，维护辖区金融稳定；负责辖区支付结算业务，大额和可疑支付交易报告制度的实施和反洗钱案件协查工作；承担辖区外汇管理业务；承担货币发行管理和辖区经理国库及反假人民币、统计研究、征信管理、安全保卫等职能。2005年，内设机构保持6个，将“人秘股”改为“办公室”，“会计股”改为“营业室”，员工 41 人。

（二）中国银行业监督管理委员会宁德监管分局福安办事处

2003 年，中国人民银行福安市支行分立中国银行业监督管理委员会宁德监管分局福安办事处，机构人员编制 3 名，领导职数 1 名，负责对福安市银行业及其他存款类金融机构的监管职能。主要职能：对辖内银行业金融机构及其分支机构的设立、变更、终止和业务经营活动范围的管理审查；负责银行业金融机构高级管理人员任职资格的考察和初审，并对高管人员日常动态进行管理和履职考核、评价；对辖内非法设立银行机构或非法从事银行业务活动的行为，进行监测、调查和情况报告，协助上级银监机构对非法设立银行机构或非法从事银行业务活动进行认定，配合地方政府、公安、工商部门对其予以查处与取缔；维护辖内金融秩序，确保结算、利率政策的执行，开展公平竞争，为地方经济发展营造良好的金融环境；在当地政府的统一领导下，配合有关部门打击非法集资活动；负责收集、统计、分析、审核、报送辖内银行业金融机构有关数据、信息，开展非现场监管；受理辖内银行机构报告的突发事件，并及时上报宁德银监分局；负责开展对辖内银行机构现场检查，针对现场检查发现的问题，或银行机构违反审慎经营原则需要采取强制措施的，由监管办提出整改意见和处罚建议，报上级监管机构批准实施；负责对辖内经济、金融运行发展、银行业监管的情况和效果、存在问题等进行调查研究，提出解决的政策性建议和措施等，并向上级银监机构或当地党委、政府报告；配合政府部门拟定金融支持地方经济发展的政策措施；负责组织、指导、协调本辖区贯彻、执行、落实《中华人民共和国银行业监督管理法》《中华人民共和国商业银行法》等相关法律、法规；配合检察机关预防、打击金融业职务犯罪。至 2005 年，该机构编制、职能不变。

（三）国家外汇管理局福安市支局

1991 年 9 月设立国家外汇管理局福安市支局，遵循“便利侨汇，服务侨胞”的方针，办理侨汇解付、支票托收、外币兑换业务。国家外汇管理局福安市支局与中国人民银行福安支行实行一套班子、两块牌子、合署办公，同时负责宁德市（地区）内若干未设立外汇管理机构县的外汇业务。12 月，人行福安市支行设立外汇管理股，充分发挥外汇局在外汇管理和服务中的职能。

二、国有商业银行

（一）中国建设银行股份有限公司福安支行

1991 年，中国建设银行股份有限公司福安市支行（以下简称“福安建行”）是管理与经办基本建设投资项目等融资业务的专业银行。1995 年，金融体制改革，建行由国有专业银行向国有商业银行转轨。2004 年 9 月，福安建行改称为中国建设银行股份有限公司福安支行，内设办公室、公司业务部（含中间业务部和国际业务部）、个人银行业务部、会计结算部、保

中国建设银行福安支行大楼（1998 年）

卫部、储蓄专柜，外有莲池分理处、解放路储蓄所、建行储蓄所，全行职工74人。

（二）中国工商银行股份有限公司福安支行

1991年，中国工商银行股份有限公司福安支行（以下简称“福安市工行”）内设办公室、人事、信贷、技改、会计、出纳、储蓄、计划信贷、保卫以及工会、纪检等12个股室；下辖赛岐办事处和城关、阳头、冠杭、南门、东风、中兴、赛岐罗江等8个储蓄所，金山、穆阳、前进3个联营储蓄所；共有职工171人，其中固定工152人、合同工18人、计划外用工21人。2005年10月，中国工商银行完成股份制改造后，正式更名为“中国工商银行股份有限公司福安支行”。

（三）中国农业银行股份有限公司福安市支行

1991年，中国农业银行股份有限公司福安市支行（以下简称“福安农行”）内设办公室、人秘股、保卫股、信用合作股、工商信贷股、农金股、出纳股、会计股、计划统计股等9个股室；各乡镇（除晓阳乡、范坑乡外）均设立营业所，城区设城关营业所、城关储蓄所、城郊营业所。次年，成立中国农业银行赛岐经济开发区支行，是农行宁德分行唯一设在乡镇的一级支行，服务区域辐射福安市南部赛江两岸，下辖赛岐营业所、赛岐储蓄所。1998年，赛岐经济开发区支行兼并下半区溪柄、溪尾、甘棠、下白石营业所（含拆并后的溪尾营业所）。2005年，福安农行内设办公室、会计科、信贷科、国业部、保卫科、客户部、零售科等7个部门，下辖支行营业部、富春分理处、坂中分理处、城关营业所、阳头营业所、城郊营业所、穆阳营业所、城关储蓄所、洋边储蓄所、甲杯山储蓄所等10个营业网点，员工140人。闽东赛岐经济开发区支行内设办公室、会计科、客户部、信贷部等4个部门，下辖支行营业部、赛岐营业所、祥牛营业所、溪柄营业所、甘棠营业所、下白石营业所等6个营业网点，员工95人。

中国农业银行福安市支行营业大厅（1998年）

（四）中国银行股份有限公司福安支行

1991年，中国银行股份有限公司福安支行（以下简称“中行福安支行”）先后设立福安中行本部、湖滨储蓄所、中城储蓄所、五四所和赛岐支行。1998年，撤销赛岐支行。2004年，又撤销中城所和五四所，仅保留本部和湖滨所；8月，实行股份制改革后福安中行更名为中国银行股份有限公司福安支行，内设营业厅、信贷科、保卫科、会计科、办公室等机构。2005年，中国银行福安支行的内部机构、经营网点、业务范围与上年相同。

（五）兴业银行股份有限公司福安支行

1992年5月，兴业银行股份有限公司福安支行（以下简称“兴业福安支行”）成立，内设人秘科、信贷科、计划科和财务科。1993年，增设锦鸡垅储蓄所。1994年，增设前进储蓄所。1996年，分理处升格为福建兴业银行福安支行。1997年，支行实现电子化运作，12月发行第一张银行卡——兴业顺通卡。2000年12月，网上银行正式投入运营。2001年，机构改革，撤销锦鸡垅储蓄所、前进储蓄所，其业务并入支行专柜；支行内设综合科、业务拓展科、营业厅。2003年，更名为兴业银行股份有限公司福安支行，员工21人。业务经营范围：金融业务、代理保险业务，开办零售业务。2004年7月，发行兴业信用卡，开通全国统一客户服务热线95561。2005年，经省银监局批准，首次开办结售汇业务。

三、国家政策性银行

中国农业发展银行福安市支行

1997年3月，中国农业发展银行福安市支行（以下简称“农发行福安支行”）成立，是福安市首家政策性银行，履行国务院规定的政策性业务与职能；主要工作任务是支持地方政府粮食安全体系建设，支持地方粮食储备、购销国有企业拓展业务，支持地方政府开展粮食流通体制改革。

1998年3月，农发行福安支行承办的农村扶贫、农业综合开发、粮棉企业附营业务等项贷款业务划转到有关国有商业银行，农发行福安支行主要集中精力加强粮、棉、油等农产品收购资金封闭管理。2004年12月，内部机构改革，接收周宁、寿宁两县业务。2005年，农发行福安市支行辖内有福安、周宁、寿宁三县（市）的政策性贷款和商业性贷款业务。

四、合作银行

福安市农村信用社

1991年，福安市农村信用社（以下简称“福安农信社”），福安市有1家农村信用社联社、18家农村信用社、17家信用分社、3家储蓄所，隶属中国农业银行福安市支行领导和管理。1996年10月，农村金融体制改革，农村信用社与农业银行脱离行政隶属关系，市农村信用社联社升格为科局级单位。2000年，归属福建省信用合作协会管理；7月，福安城市信用社归属农村信用社联社管理，金山、赛岐、甘棠3家城市信用社及所属分支机构更名为农村信用社后，归属市联社管理。2005年，归属福建省农村信用社联合社领导和管理；设有农村信用社联社，内设7个科室，1个营业部，6个分社，辖内有信用社18家，信用分社8家，共有在职员工279人。

第三节　金融业务

一、存款

（一）对公存款

1991年年末，福安市对公存款余额11054万元，其中，企业存款6298万元，占57%。

1992年年末，全市对公存款余额1.43亿元。各家银行普遍重视吸收低成本的对公存款，制定各种内部考核制度，为存款单位和重点大户提供各种方便和优惠条件，促进对公存款稳步发展。1994年年末，出现年末存款负增长，与上年同期相比，减少1344万元、减幅达7.38%，此后逐年回升，2000年达历史新高，当年年末达到8.13亿元。但次年又出现负增长，与上年同期相比、减幅达15.47%。2003年年末，全市对公存款突破亿元、达1.26亿元。2005年年末，全市对公存款余额17.43亿元，比1992年增加15.99亿元、增长11多倍。

表 14—12　1991—2005 年年末福安市银行系统对公存款余额情况表

单位：万元

年份	年末余额	同比上年		其中			
		增减数	增减比例	企业存款	财政存款	机关团体存款	农业存款
1991	11054	1744	18.73%	6298	624	1281	1214
1992	14331	3277	29.65%	9721.5	1019.2	1597	1540
1993	18210	3879	27.06%	9721	1019.2	1480	2361.7
1994	16866	-1344	-7.38%	10414	1474	1814	98
1995	20025	3159	18.73%	16326	134	1738	300
1996	23151	3126	15.61%	19903	66	1574	1128
1997	24184	1033	4.46%	16528.6	333.7	2258.3	1000
1998	28890	4706	19.46%	21324	305	8	1277
1999	42655	13765	47.65%	31718.4	286.4	5555.2	1600.8
2000	81297	38642	90.59%	64219	318	7174	3292
2001	68723	-12574	-15.47%	47916	269	5891	3214
2002	92483	23760	34.57%	49903	239	10223	4350
2003	126436	33953	36.71%	58339	132	12595	7201
2004	151687	25251	19.97%	74816	864	12940	6564
2005	174260	22573	14.88%	85825	688	15092	9311

（二）居民储蓄存款

1991 年，中国银行福安支行开办外币储蓄业务。

1993 年 1 月，全市人民币城乡储蓄存款净增 1278 万元，创历史同期最高水平；但同年 3 月和 6 月份出现负增长，分别为 560 万元、266 万元，主要是因民间出现非法高息集资热和房地产热造成银行储蓄存款大量分流；7—12 月，储蓄存款又快速增长；年末，全市居民储蓄存款余额 1.9 亿元，占全市各项存款的 51.15%，比上年同期增加 6263 万元，增长 49.05%。是年开始，建行、中行、农行、工行均举办多种有奖储蓄。

1994 年，市工商银行开办外币储蓄业务。1995 年，市建设银行开办外币储蓄业务。为消除高息揽储现象，体现公平合理的利息分配原则，全市各商业银行汇票一律停办有奖储蓄业务。

2000 年 4 月 1 日，实行个人存款账户实名制。

2001 年，全市储蓄存款余额比 1999 年增加 1.88 亿元，增长 16.27%。

2002 年，居民储蓄余额中活期储蓄、定期储蓄分别比上年净增 2.16 亿元、4121 万元，分别比年初增长 26.73%、8.75%；活期储蓄增幅高于定期储蓄 17.98 个百分点，活期储蓄新增额占居民储蓄增额的 83.99%。

2005年年末，中国银行福安支行外币储蓄存款余额498万美元、折合人民币4129万元，其中，定期外汇储蓄存款总额328万美元。由于多种存款项目适应单位和居民的存款需求，至当年底，其中居民储蓄存款余额25.55亿元，比1992年增加24.28亿元，增长19倍。其中活期储蓄余额17.97亿元，比1992年增加17.34亿元、增加28.52倍，占居民储蓄存款的70.33%；定期储蓄余额7.58亿元，比1992年增加6.94亿元，增加11.83倍、占居民储蓄存款的29.67%。

表14—13 1991—2005年福安市居民储蓄存款年末余额情况表

单位：万元

年份	年末余额	同比上年		其中			
		增加数	增长率	活期储蓄		定期储蓄	
				余额	比上年增加数	余额	比上年增加数
1991	7789	1360	21.15%	2347	742	5442	618
1992	12770	4981	63.95%	5088	2741	6400	958
1993	19033	6263	49.04%	9375	4287	9658	3258
1994	22302	3269	17.18%	9590	215	12712	3054
1995	37632	15330	68.74%	16233	6643	21399	8687
1996	68017	30385	80.74%	29295	13062	38722	17323
1997	60627	-7390	-10.86%	23884	-5411	36243	-2479
1998	102899	42272	69.72%	46378	22494	56521	20278
1999	111472	8573	8.33%	57592	11214	53880	-2641
2000	112150	678	0.61%	65078	7486	47072	-6808
2001	130292	18142	16.18%	80897	15819	49395	2323
2002	156043	25751	19.76%	102527	21630	53516	4121
2003	174485	18442	11.82%	122314	19787	52171	-1345
2004	208843	34358	19.69%	152833	30519	56010	3839
2005	255535	46692	22.36%	179730	26897	75805	19795

二、贷款

（一）农业贷款

1991年年末，福安市金融机构各项贷款余额4.11亿元，其中农业贷款为4456万元。

1992年，金融机构各项贷款年末余额5.35亿元，比上年同期增1.24亿元，其中，农业贷款增652万元，重点支持农村农民生产生活用款；固定资产投资贷款，比上年同期增1952万元。次年末，各项贷款余额6.43亿元，比上年同期增1.08亿元，其中，农业贷款增加245万元。

1995年，金融机构各项贷款年末余额8.42亿元，比上年同期增8153万元，其中，农业贷款增347万元。

1996年，金融机构执行适度从紧的货币政策，优化贷款投向，全年行、社累计发放贷款9.78亿元，累计收回贷款8.95亿元，其中，农业贷款比上年同期增1864万元，累计发放9000万，年终余款尚存

4900万元，促进粮食增产增收，支持农业拳头产品茶叶、芙蓉李的生产加工。

1997年，各项贷款年末余额21.43亿元，比上年同期增11.44亿元，其中，农业贷款比上年同期增491万元。第二年，金融部门进一步优化贷款投向，年末各项贷款余额12.71亿元，比上年同期大幅减少8.71亿元，但其中福安农行仍比上年同期增4588万元。福安农行和信用社把农业投放作为信贷投入的重点。

1999年，全市金融机构各项贷款年末余额13.48亿元，其中，农业贷款比上年同期增2936万元。次年，金融机构加大信贷资产质量优化工作，结构调整明显，各项贷款年末余额13.18亿元，比上年同期下降3016万元；但其中农业贷款也比上年同期增4755万元，有效支持农业生产和农耕、备料需要。

2001年，全市金融机构年末各项贷款余额15.72亿元，比上年同期增2.55亿元，其中农业贷款比上年同期增6995万元。第二年，各项贷款余额增至19.88亿元，其中，农业贷款比上年增7742万元。

2003年，全市金融机构年末各项贷款余额24.41亿元，比上年同期增4.53亿元，农业贷款比上年同期增6370万元，占贷款新增额的14.06%。其中12月新增支农再贷款4600万元，重点支持农民种植业、养殖业和农副产品加工业，有力推动全市农业产业结构的调整。

2004年，全市金融机构年末各项贷款余额29.62亿元，比上年同期增5.21亿元，但农业贷款比上年同期减少1954万元；累计发放支农再贷款10笔、金额7200万元，其中农信社发放农业贷款4亿元，重点支持种植业、养殖业和农副产品加工业。

2005年，金融机构年末各项贷款余额36.60亿元，比上年同期增6.97亿元，农业贷款增速有所加快，年底农业贷款余额5.02亿元，比上年同期增长36.42%，同比提高41.46个百分点。

（二）乡镇企业贷款

1991年年末，全市乡镇企业贷款余额比上年末略有增加。次年年末，贷款余额为1525万元。1993年年末，乡镇企业贷款余额为5118万元，比上年同期增3593万元、增幅较大。1994年年末，贷款余额为2380万元，比上年同期减2738万元、降幅高达53.50%。1996年，贷款余额为7555万元，比上年同期大增5172万元。第二年，贷款余额为8557万元，比上年同期增1002万元，仍然保持增速较高态势。2001年年末，贷款余额为5753万元，比上年同期减2297万元，又出现较大减幅。2004年年末，全市乡企贷款余额为1.03亿元，贷款突破亿元，比上年增2923万元。2005年年末，贷款余额为1.09亿元，又比上年同期增595万元、继续保持增长趋势。

（三）工商贷款

1991年年末，全市工商贷款2.65亿元。1992年年末，工业贷款比上年同期增5784万元，重点支持闽东电机一、二、三厂贷款230万元、闽东轮船公司贷款150万元、福安市拆船厂贷款350万元、福安茶叶精制厂等茶企贷款305万元、福安农药厂贷款332万元等；商业贷款比上年同期增2176万元、重点支持地区农资公司贷款1000万元、银江贸易公司1360万元、赛岐粮食转运库贷款256万元，用于收购小麦等。

1993年年末，工业贷款比上年同期增2763万元，重点支持闽东电机三个工厂977万元、湾坞运输公司贷款620万元、农药厂贷款550万元、电机电器企业417万元贷款、福安市无线电厂300万元、市农药厂210万元；商业贷款比上年同期增3211万元，其中，发放基层供销社农资经营部和茶叶贷款

1463 万元。

1994 年年末，工业贷款比上年同期增 2624 万元。同年，电机电器工业发展较快，出口能力显著增强，全市金融重点支持电机电器行业发展，仅上半年就累计发放闽东电机三厂贷款 1525 万元，大地电机、华丰压铸厂、华丰电机厂等企业贷款 2000 多万元；其次，重点支持电力公司贷款 400 万元、市农药厂 250 万元、市打火机厂 406 万元。商业贷款比上年同期增 1014 万元，主要是赛岐宏利贸易公司贷款 260 万元、银河贸易公司贷款 248 万元。

1995 年年末，工业贷款比上年同期增 922 万元，累计发放闽东电机三个工厂 1003 万元，电机电器类企业贷款余额同比增长 600 万元，如坂中电机电器厂增 120 万元，闽东电机厂第一冲压厂增 165 万元。商业贷款比上年同期增 2131 万元。

1996 年，工业贷款比上年增 2666 万元，重点支持闽东电机一厂、三厂 4501 万元，市农药厂 2480 万元，闽东老区水电开发总公司 1270 万元；商业贷款同比增长 2500 万元，其中闽东宏达物资工贸公司 150 万元、泰诚公司 473 万元。

1997 年，工业贷款同比增长 3806 万元，主要投入邮电局 1000 万元，闽东老区水电开发总公司 980 万元，闽东电机一厂、三厂 320 万元。

1998 年，工业贷款同比增长 5386 万元，投放在闽东老区水电开发总公司、黄兰溪水力发电有限公司贷款余额达 7455 万元；商业贷款同比增长 536 万元；基本建设贷款同比增长 862 万元。全市投放信贷资金 2300 万元到福安市邮电局，用于改善邮电设施落后状况。金融部门推广和发展票据业务，扩大信贷投入方式，全年累计办理承兑汇票业务 1.84 亿元，主要投放于民营电机电器企业和房地产建材业。

1999 年，商业贷款比上年同期增 1679 万元，其他短期贷款同比增长 1.3 亿元，重点投放在福宁公路福安连接线投资有限公司 3000 万元、大华发展有限公司 960 万元、飞利达建材有限公司 700 万元、凯兴房地产住房贷款 500 万元、福安市汽车分公司 500 万元、闽东电力开发总公司 460 万元。

2000 年，工业贷款重点支持闽东电力股份有限公司及其关联企业，年末贷款余额 1.47 亿元，比上年同期下降 0.32 亿元；重点加大对电机电器支柱行业的扶持力度，全年新增该行业贷款 3000 万元。

2001 年年末，工业贷款与上年同比增长 7123 万元，商业贷款同比增长 2110 万元。重点支持闽东电力股份有限公司及其关联企业 1.28 亿元、大华发展有限公司 900 万元、市新华书店 400 万元、中旭硅钢有限公司 300 万元、福宁高速公路有限公司增 4525 万元、福安市汽车分公司 700 万元。次年，工业贷款比上年同期增 2.29 亿元，仍重点支持电机电器行业的发展。

2003 年，工业贷款比上年同期增加 8378 万元、商业贷款增加 5827 万元。

2004 年，工业贷款同比增长 1.36 亿元、商业贷款同比增长 1.07 亿元。年末全市工业贷款余额为 7.32 亿元，其中对电机电器企业新增贷款 1.28 亿元、累计发放 4.6 亿元，对船舶业贷款新增 2500 万元、累计发放 1.16 亿元。

2005 年，工业制造业贷款、商业贷款均有所增多，全年增加贷款 6.74 亿元。年底工业贷款余额 10.04 亿元，比上年同期增长 37.11%，同比提高 14.28 个百分点，有效支持工业企业合理资金需求，特别是两大支柱产业：电机电器业和船舶业行业的发展；商业贷款余额 5.51 亿元，同比增长 73.36%，同比提高 22.3 个百分点。

（四）个人消费贷款

1992 年，福安建行为个人新建住房、危房改造、购买商品房等提供贷款。至 1999 年，福安建行累计发放住房贷款 6760 万元。同年，市工行开始办理个人消费贷款业务，主要用于方便工薪阶层购置家庭大宗消费品，规定凡在银行代发工资的单位职工均可申请此项贷款，额度在 0.5 万至 3 万元。2000 年，全市个人住房贷款年末余额 1.78 亿元，同比增长 8054 万元。

2002 年，个人中长期消费贷款同比增长 6443 万元，由于房地产业的复苏，刺激消费贷款的增加，汽车消费贷款、居民住房按揭及装修贷款占中长期消费贷款的七成。当年 4 月，市中行也开始办理汽车消费贷款业务，至 2003 年年底，贷款余额 956 万元；同时，市中行开始办理个人存单质押贷款业务，至 2003 年年底，存单质押贷款余额 328 万元。

2003 年，全市个人中长期消费贷款余额 6.42 亿元，比上年同期增 2.21 亿元。全年消费性贷款余额为 5.80 亿元，比上年同期增 2.37 万元，占全部贷款新增额的 48.17%、增幅比上年提高 29.34 个百分点。其中，市工行累计发放个人消费贷款 600 万元；福安农行 5518.9 万元，消费信贷业务成为商业银行信贷业务新的增长点。1999—2003 年，福安工行先后支持市房地产开发公司旧城改造贷款 2200 万元，为莲池广场、安居新村和秦溪洋步行街花园建设分别提供 600 万元、400 万元和 1200 万元；福安农行累计发放国家助学贷款 68.3 万元，支持 137 名学生圆了大学梦。

2004 年，个人中长期消费贷款余额 8.16 亿元，同比增长 2.68 亿元；短期贷款余额 17.49 亿元，比上年同期上升 3.39 亿元；中长期贷款 12.31 亿元，比上年同期上升 1.97 亿元；个人消费贷款余额 8.71 亿元，比上年同期增 2.92 亿元，占全部贷款新增额的 54.59%、增幅比上年提高 6.42 个百分点，主要是用于个人购买住房和住房装修。

2005 年，全市个人消费信贷增势减缓，年末个人消费贷款余额 9.64 亿元，比上年同期增加 9299 万元、同比少增 1.99 亿元，其中个人住房贷款余额同比少增 1.86 亿元。

（五）私营企业及个体户贷款

从 1991 年起，全市金融部门根据国务院颁发的《城乡个体工商户管理条例》《私营企业管理条例》和《个体工商户、私营企业贷款管理暂行办法》规定，在国家政策允许范围内，支持个体工商户从事畅销商品、土特产品的长途贩运和某些放开经营的小工业品批发销售业务。至 2003 年，全市个私工商户贷款余额 5945 万元，比 1988 年的 36.8 万元增长 160 多倍。2005 年，个私贷款余额 6205 万元，比上年增加近 200 万元。

（六）建筑业贷款

1991 年年末，福安市一般性建筑业贷款余额为 249 万元。1994 年，重点项目 11 万伏送变电工程建设需要，福安建行争取到总行 150 万扶贫贴息贷款予以支持。1996 年年末，一般性建筑业贷款余额 740 万元。当年，福安建行发放 104 国道改造项目贷款 1040 万元、黄兰溪电站工程项目贷款 1250 万元。1998 年年末，一般性建筑业贷款余额 1627 万元。2000 年年末，一般性建筑业贷款余额 469 万元。2003 年年末，一般性建筑业贷款余额 2250 万元。1991—2003 年，中国银行福安市支行累计发放各项建设性贷款 5 亿元，重点支持电站、110 千伏输变电、国道改造工程。2005 年年末，全市一般性建筑业贷款余额为 1360 万元。

表 14—14　1991—2005 年年末福安市各项贷款余额情况表

单位：万元

年份	年末余额	同比增减比例	其中							
			农业贷款	乡企贷款	工业贷款	商业贷款	个私贷款	建筑业贷款	其他贷款	中长期贷款
1991	41105	—	4456	—	11112	15388	—	249	—	—
1992	53510	30.18%	5108	1525	16896	17564	220	324	—	8697
1993	64303	20.17%	8686	5118	19659	20775	613	138	—	12389
1994	76434	18.87%	2689	2380	22283	21789	779	185	—	19859
1995	84215	10.18%	3036	2383	23205	23920	967	37	—	24144
1996	99902	18.63%	4900	7555	25871	26420	1238	740	—	26218
1997	214250	114.46%	5391	8557	29677	25847	14533	765	—	33970
1998	127115	-40.67%	9979	8101	35063	26383	2792	1627	11649	31521
1999	134785	6.03%	12915	7627	27860	28062	4173	564	24529	29055
2000	131769	-2.24%	17670	8050	21167	19940	6494	469	31956	26023
2001	157249	19.34%	24665	5753	28290	22050	5792	916	15615	54168
2002	198809	26.43%	32407	5812	51221	15204	9304	1644	12364	70853
2003	244095	22.78%	38777	7393	59599	21031	5945	2250	7164	101936
2004	296224	21.36%	36823	10316	73208	31769	6024	580	14441	123063
2005	365950	23.54%	50234	10911	100374	55076	6205	1360	17411	124379

说明：1991 年年末贷款余额因缺部分部门数据，仅据已有数据统计。

三、中间业务

（一）支付结算

1998 年，全市银行机构办理银行汇票 1.37 亿元，银行承兑汇票 32.14 亿元，现金支票 1.76 亿元，转账支票 23.71 亿元，银行汇兑 328.19 亿元。2003 年，银行机构办理银行汇票 1.95 亿元，银行承兑汇票 45.92 亿元，现金支票 53.35 亿元，转账支票 262.34 亿元，银行汇兑 410.24 亿元。银行汇兑因可当天抵账，缩短资金在途时间、提高资金使用效率，替代部分银行汇票业务。

（二）银行卡业务

1992 年 2 月 5 日，福安市农行开始发行金穗信用卡；1997 年 7 月，发行金穗万事顺卡。同年 12 月，兴业福安支行发行兴业顺通卡。2003 年 3 月起，市农行发行金穗借记卡；同年 7 月，又发行具有一卡多账户：创业可融资、理财能增值的“金博士理财卡”。福安工行率先在全市发行牡丹借记卡，具有先消费后还款、享受免息待遇（在免息期内持卡人不需支付利息和任何费用），还具有普通信用卡存取现金、转账、在特约商户 POS 机消费等功能；龙卡储蓄卡是市建行所属的联网营业机构为客户发放的一种多功能磁卡式电子理财工具，它与活期储蓄账户相配套，除具有存款、取款、查询等基本功能外，持卡人以卡内账户的存款额为限，还可以享受购物消费、缴纳税费和支付结算服务，使用时不用核对身份证件、取款不必授权、安全又方便；中行福安支行发行长城信用卡、长城电子借记卡、长城国际卡；福安邮政储蓄银行也发行了绿卡。

四、国债发行

1991年，福安市银行业向单位和个人代理发行国债（国库券）。1992年，由各专业银行承购包销，不向单位和个人发行。1993—2005年，只向个人发行；期限：5年期（1989—1991年、1993年、1997—2003年发行的）；3年期（1988—1991年，1993—2005年发行的）；2年期（1994年、1997年、2000年和2005年发行的）；年息：个人认购的最高15.86厘（1993年）、最低2.07厘（2002年）。1996—2005年，全市合计代理发行国债（国库券）3937.78万元。

表14—15 1996—2005年福安银行业代理发行国债（国库券）情况表

年份	发行量（万元）	年息	偿还期（年）
1996	285.03	13.06%	5（即5年后、下同）
1997	246.77	8.64%	2
1997	246.87	10.17%	5
1997	288	9.18%	3
2000	50	3.14%	5
2000	121.11	2.83%	5
2000	350	2.65%	3
2000	150	3%	5
2000	140	2.65%	3
2004	60	3%	5
2005	840	3.37%	3
2005	360	3.81%	5
2005	560	3.24%	3
2005	240	3.6%	5

第四节 金融管理

一、金银管理

1991年，福安市银行业金银管理延续多年的管理制度和方法。

1992年7月，中国人民银行和国家物价局联合下文，将黄金金属饰品价格由国家定价改为国家指导价，黄金饰品市场零售基准价格允许在8%的幅度内上下浮动。

1993年9月1日开始，收购配售黄金的定价方式，由现行固定价方式改为浮动定价方式，黄金收购价格调幅为76%。

1994年，福安人行加强金银市场管理，未经人民银行批准，不得搞联营、跨地区经营和无“许可证”

经营。黄金饰品生产和销售定点单位必须严格按照批准的经营范围经营，生产所用黄金原料由企业向人行购买。

1996—1998 年，金银收购价格和黄金配售价格逐年调整。

2000 年 6 月，黄金镊（黄金制的簪端垂饰等）收兑工具全部上缴市人民银行，即停办金银收兑业务。

2003 年，根据《经营黄金印刷品核准登记证》有关要求，对申报经营黄金制品业务的珠宝公司进行核准登记，规范全市黄金制品零售市场。2003—2005 年，黄金饰品走进寻常百姓之家，成为市场中不可缺少的走俏商品，为此国家也加强了对金银及其制品的管理。

二、现金管理

1991 年，按照国家《现金管理暂行条例》，全市银行继续推行支票、本票、汇票等非现金结算方式，开户单位购买国家控购商品，一律采取转账方式，违者给予严肃处理。市人民银行组织各家银行成立检查组，对城区各个单位进行现金管理大检查，发现库存现金超限额、白条抵库和账簿不符、坐支现金、职工借支公款、编造用途套取现金等违反规定的单位，及时通报批评，提出整改意见。

1992 年 11 月，为加强对信贷总量和货币投放规模的监控和管理，全市银行部门严格掌握净投放现金指令性指标，实行行长负责制；未经批准不得突破，谁突破、谁负责，并建立大额现金支付审批制度。

1997 年 8 月，为维护储户利益，全市银行部门改进储蓄账户现金支付管理，对 1 天一次性从储蓄账户提取现金 5 万元以上的，取款人应提供有效身份证件，并经储蓄机构核定后支付，取款人至少提前一天电话预约，以便银行准备现金、给予支付。同年，市人民银行对市工行、农行、中行、建行和邮储行 5 家金融机构进行大额现金管理制度情况检查，针对问题及时发出《检查监督意见书》，督促有关银行及时进行整改。

三、外汇管理

1991 年 9 月，设立国家外汇管理局福安市支局；12 月，人行福安市支行设立外汇管理股。1992 年，着重加强对外汇账户的监督管理，全面清理、登记造册“三资”企业 26 家；外汇账户 32 户，其中美元账户 22 户、港币账户 10 户；保留 7 户现汇账户，撤销 1 户现汇账户。1994 年，全年累计发放出口售汇核销单 75 份，收回 72 份、收单率为 96%。企业产品直接出口额 99.7 万美元，收汇核销 96 万美元，占应收汇核销金额的 96%。1995 年，对辖内 15 家投资企业开展外汇年检，建立、补充出口收汇核销制度，发放出口收汇核销单 76 份，收单 61 份、收单率为 80.3%；收汇核销 197 万美元，占应收汇核销的 85%。

2002 年年末，全市外汇存款余额 836 万美元，同比增长 21%。全年企业实现自营出口收汇总额 4460 万美元，同比增长 24%；出口收汇核销 4888 万美元，同比增长 29%。全市银行结汇 5181 万美元，同比增长 119%；售汇 72 万美元，结售汇顺差 5109 万美元。到 2004 年年底，办理备案登记自营进出口企业 84 家，外汇存款余额 792 万美元、下降 13%；实现涉外收入 1.54 亿美元，比上年同期增加 5363 万美元、增长 54%，其中对外贸易收入 1.44 亿美元，比上年同期增加 5448 万美元、增长 60.72%，成为涉外收入增长的主渠道；对外付汇 67 万美元，同比增长 119%。全市银行结汇 1.57 亿美元，比上年同期增加 4219 万美元、增长 53%；售汇支出 42 万美元，比减 12.5%，结售汇顺差 1.56 亿美元。2005 年，出口收汇核销方式，推广网上核销、简化核销手续；对符合条件的出口收汇信誉企业实行自动核销、不需到外汇局办理核销手续，并由外汇局根据出口报关和收汇数据对企业进行总量核销，此措施使 80 家有实际贸易出口行为的企业，都能享受到足不出户轻松办理核销手续的便利服务；推进资本项目外汇管理改革，进一步放宽外国投资者在开立专用外汇账户、出资许可范围、办理外汇登记等方面的限制。外汇局对全市 25 家外商投资企业进行年检，及时确认外商投资企业外债登记、结售汇、进出口收付汇核销等情况。

四、金融监管

1991 年，福安人行对各家银行实行“限额控制、以存定贷”和“按季控制、分月考核”办法，对全市信贷资金变化情况开展定期分季分月监测，要求贷款总额均控制在省、市银行下达的规模之内，各银行存款准备金也按时足额划缴，存款准备金率达到 5.1%，以确保支付能力。

1993 年 7 月，贯彻全国金融工作会议精神，对社会集资、企业集资、资金拆借市场、自办经济实体融资等进行整顿清理。

1994—1996 年，对全市商业银行资金来源和运作方面开展重点稽核，稽核中所反映出的账外经营，违规办理委托存、贷款等问题，责成有关部门限期整改、纠正，对粮油收购资金使用和管理、固定资产投资贷款、信贷资产质量、保险公司和信用社全面业务进行专项稽核，对各类违规违纪行为限期纠正。

1997—2003 年，福安人行先后多次组织开展金融业检查，防范化解经营风险，规范金融机构经营行为。2003 年，福安人行与各家商业银行签订商业银行降低不良贷款工作责任状，实现不良贷款余额、不良贷款比例“双降”的既定目标。同年，开展“反假币”工作，市金融系统举办福安辖区出纳人员反假币上岗资格培训，326 人通过培训考核。当年，全市收缴假人民币 2421.5 张、计 14.6 万元。银行业建立“反洗钱”防线，成立人行福安支行“反洗钱”工作领导小组，并进行详细的内部分工，督促各商业银行、信用社及时构建银行系统“反洗钱”网络机制，加强对商业行社各级骨干和一线柜员的“反洗钱”知识培训、法规学习。

2004 年，全市加大“防假、反假”和爱护人民币宣传等工作力度，收缴假人民币 3224 张、计 26.4 万元；突出农村重点，通过划分责任区的形式，在农村开展“防假、反假”和爱护人民币宣传活动。福安工行、福安农行、中行福安支行、福安建行、兴业福安支行和农行赛岐支行分别在农贸市场、商场、超市、车站等人员聚集地开展“反假币”咨询活动；制定“反洗钱”工作计划调整“反洗钱”工作领导小组，下发《关于加强辖内“反洗钱”工作几点要求的通知》，要求各金融机构设立专门的“反洗钱”工作机构，及时向人行报告大额现金支付交易报告表和可疑支付交易报告表。

2005 年，全市加大“反假币”宣传工作力度，开展“2005 反假货币工作年”活动，在 5 月和 10 月，开展两次“爱护人民币宣传月”活动，全年金融机构共收缴假人民币 2694 张、计 24.79 万元。健全“反洗钱”组织架构，做到“三明确”和“二落实”，即明确分管行长、明确主办部门、明确反洗钱联络员，将“反洗钱”工作职责落实到岗、落实到人。制定《福安市辖内金融机构“反洗钱”工作指引》《福安市金融机构反洗钱工作责任制量化管理评价实施办法》《福安市“反洗钱”联席会议制度》《福安市金融机构涉嫌“洗钱”行为和可疑支付交易举报制度》《福安市“反洗钱”联络员和营业网点信息员工作制度》等规范“反洗钱”工作规章制度，健全“反洗钱”工作网络，依托金融机构营业网点，建立“营业网点信息员—金融机构报告员—人行联络员”的三级报送制度，确保报送渠道的畅通、有效和安全。

第四章　保险

第一节　机构

一、中国人寿保险股份有限公司福安市支公司

1991 年，福安市只有中国人民保险公司（以下简称“中保人寿”）福安市支公司一家保险机构，主要经营人寿保险、健康保险、意外伤害保险等各类人身保险业务。1996 年 4 月，中国人民保险公司实行产、寿险分业经营，中国人民保险公司福安市支公司变更为中保人寿保险有限公司福安市支公司。公司内设经理室、综合科、计财科、业务科、农村代理网点管理科；下设穆阳、社口、上白石、坂中、阳头、晓阳、潭头、甘棠、溪尾、苏阳、溪潭、下白石、长岐 13 个乡（镇）、村保险站，正式职员 28 人、保险代办员 13 人。1999 年 5 月，中保人寿保险有限公司福安市支公司更名为中国人寿保险福安市支公司。2003 年 6 月，中国人寿保险福安市支公司更名为中国人寿保险股份有限公司福安市支公司（以下简称“中保寿险福安市支公司”），内设经理室、综合部、个险销售部、中介代理部、团险销售部、客户服务部，福安市区和穆阳、社口、上白石、坂中、阳头、甘棠、溪尾、溪潭、下白石等乡镇保险站更名为营销服务部。次年 10 月，中保寿险福安市支公司开展人力资源制度改革，重组办公室、客户服务部、个险销售部、团险销售部、中介代理部等 5 个部门，并实行部门经理竞争上岗和一般员工双向选择等改革措施。2005 年，招聘下岗职工与青年职工充实工作队伍，当年年底全系统有营销员 340 人。

二、中国人民财产保险股份有限公司福安支公司

1991 年，中国人民保险公司福安支公司经办企财、家财、运输工具等险种保险。1996 年 4 月，中国人民保险公司实行产、寿险分业经营，原中国人民保险公司财产保险业务析出，成立中保财产保险有限公司福安支公司。公司内设综合科、计财科和业务科，人员 15 人；业务分为国内财产保险和涉外财产保险。1999 年 4 月，中保财产保险有限公司福安支公司更名为中国人民保险公司福安支公司。2003 年 7 月，中国人民保险公司独家发起设立中国人民财产保险股份有限公司，福安支公司也正式更名挂牌，内设经理室、业务一科、业务二科、理赔科、综合科、财务科。2005 年，支公司有员工 46 人，其中中共党员 15 人，大学本科学历 10 人、大专学历 30 多人。同年，支公司被中共福建省委、福建省人民政府授予第九届（2003—2005 年度）文明单位。

三、中国平安财产保险股份有限公司福安营销服务部

2003 年 4 月，中国平安财产保险福安营销服务部成立，内设经理室、业务部、财务部、理赔查勘部等 4 个部门，正式员工 4 人；办公地址在福安市新华南路 1 号。

第二节　投保

一、人寿险种与保费收入

1991年，中国人民保险公司福安支公司经营人寿保险、健康保险、意外伤害保险等业务。次年，开办简易人身保险附加住院医疗保险（即健康险）。1993年，开办人身保险种类21个，加大力度办理1年期团体保险。1995年，调整人身保险业务结构压缩不良业务。第二年，中保寿险福安市支公司在全市开办福寿安康保险、独生子女平安保险、老人团体平安保险等17种。1997年，新开办个人寿险营销险种有“88鸿利”终身保险、“99鸿福”终身保险、少儿教育保险、“鸿寿”养老保险、“66鸿运”保险（AB型）等，年保费收入2530万元、占总保费收入的32.09%。1998年，全年保费收入1029万元。1999年，原98版长期人寿保险险种停办，开办康宁终身保险、康宁定期保险、祥瑞还本终身保险等12种。2000年，开办“国寿99鸿福”两全保险、国寿团体年金保险、国寿关爱女性疾病保险等险种，全年保费收入1494.40万元。2001年，新开办“国寿鸿福相伴”两全保险（分红型）、国寿鸿寿年险，全年保费收入1863万元，其中完成新单保费收入547.3万元；当年营销业务收入1337.55万元、直销业务收入425.42万元、意外险业务收入166.08万元。2003年，新开办“国寿鸿泰”两全保险（分红型）、“国寿鸿鑫”两全保险（分红型），全年保费收入3861.51万元。2004年，全年保费收入4668.63万元。开办福安电机电器、船舶修造行业人身意外险业务，实现电机电器铸造行业人身意外险保费收入10万元，船舶修造业人身意外险业务收入36万元。2005年，中保寿险福安市支公司全年保费收入5165.89万元，是2001年的2.77倍。

二、财保险种与保费收入

1991年，福安保险部门开办的财保险种主要有企财、家财、运输工具保险等。1996年，国内主要财保险种有企财险、家财险、私营企业财险、个体工商户财产保险、货运险、民用电综合保险、公众责任保险、雇主责任保险、产品质量及责任险、机动车辆保险、船舶险等；涉外业务主要险种有企财险、汽车险、船舶险、进出口货物运输险等。同年，中保财险福安支公司成立，当年保费收入740.53万元。2000—2002年，福安（市区）、赛岐2家支公司累计保费收入7890万元，其中福安（市区）支公司5570万元。2003年，经营产品包括机动车辆基本险和附加险、船舶保险、国内及进出口货物运输保险、财产综合险等基本险、家庭财产综合保险、个人抵押贷款房屋保险、建筑工程综合险、雇主责任险、医疗单位责任险等各类业务，也提供消费贷款保证保险等。2005年，沿用2003年的险种，保费收入2045.96万元，是1996年的2.76倍。

第三节　理赔

一、人寿保险

1997年，共处理赔案342起，金额26.7万元；简易人身保险赔案拒赔8起，金额1.3万余元，意外险赔款7.8万元；简易人身保险拒赔11起、金额1.6万元，简易人身保险死伤赔付17万元。1998年，死伤赔付保险金33万元，意外险赔付17.7万元，期满给付保险金304万元。2000年，赔给付各类保险金 451.93 万元，其中期满给付 368.19 万元。2001 年，赔给付各类保险金 422.23 万元，其中，死伤赔付 111.23 万元，期满给付 311 万元。2002 年，赔给付各类保险金 469.59 万元，其中，死伤赔付 130.47 万元，期满给付 339.12 万元。2003 年，赔给付各类保险金 577.2 万元，综合赔付率为 30%、短期意外险赔付率为 35.6%。次年，赔给付各类保险金 796.49 万元，死伤赔付率为 7.63%。2005 年，赔给付各类保险金 205.88 万元。

二、财产保险

1996 年，中保财险福安支公司共支付赔款 440.30 万元。1997 年 12 月 31 日，中保财险福安支公司与黄兰溪水力发电有限公司签订企财险保险协议，共提供 1.15 亿元保障。1998 年 6 月，与八一化工厂签订企财险保险协议，提供 950 万元保障。1998 年 11 月，承保的天马加油站发生事故后兑现赔款 2.83 万元，超过当时收取 4200 元保费的 6 倍。2003—2004 年，理赔付款 4009.10 万元，其中，赔付 18 号“艾利”台风受灾企业 3700 多万元。2005 年，中保财险福安支公司理赔付款 2032.15 万元。

第五章　证券　担保

第一节　证券

1999年，闽东福宁信托投资有限责任公司在福安设立福安证券服务部，内有市场部、客户服务部，有员工8人；服务部位于福安市解放路八一商城的三楼。

2002年，闽东福宁信托投资公司在整顿中不再经营信托和证券业务、转为实业公司，原福宁证券经重组整体并入福建省华福证券公司。2003年4月，福建省华福证券公司引进广发证券为控股股东，经中国证监会批准，增资改制更名为广发华福证券有限责任公司，华福证券宁德营业部福安服务部也随之更名为广发华福证券宁德蕉城南路证券营业部福安服务部。2005年该服务部内部设置与业务范围不变，员工5人。

第二节　担保

一、机构

（一）福安市国有资产投资经营有限公司

1999年成立，注册资本5276.11万元，为所属企业提供贷款担保和发行债券担保。公司对外投资担保企业有：福建省富春开发市场有限公司、福安市恒实担保有限公司、福安市恒顺担保有限公司、福建省公路通行费福安桂林征收管理所、市供电有限公司、福安宾馆、市天元房地产开发有限公司、市自来水公司、富春公园、市大华发展公司等12家国有企业。

（二）福安市恒实担保有限公司

1999年2月，福安市人民政府成立“福安市恒实担保有限公司筹备领导小组”，由人行、工商、个协等部门和民营骨干企业组成，下设办公室开展筹备工作。4月，福安市恒实担保有限公司由市财政出资560万元，32家民营企业出资520万元，正式注册挂牌成立，组建公司管理机构，为股份制企业，并与中国建设银行福安支行签订合作协议、开展融资担保业务；是福建省首家专门为民营企业提供融资担保服务的担保机构，全国首批104家中心企业信用担保体系试点单位。2000年，恒实担保有限公司新增股东19家，扩大股本金225万元（注册资本增加到1305万元），扩大融资580万元；发展基金户8家，扩大基金150万元，增加融资450万元。2001年，公司新增股东3家，扩大股本金230万元，扩大基金20万元，股本金达到1535万元，基金170万元。2002年，公司扩大股本金400万元，股本金增加到1935万元，同比增长29.4%。2003年，担保有限公司再次扩大股本金996万元，总股本金为2931万元，总资产达3654万元；吸纳基金户13家，总金额556万元。2004年，公司扩大资金1636万元，公司注册资本达到 4567 万元，同比增长 55.8%；总资产达到 6179 万元，同比增长 69.1%。同年公司与福安工行、中行福安支行、兴业福安支行、信用社建立合作关系，形成以建行为主，中行、兴业行、信用社共同参与的信贷联盟。2005 年，公司增资扩股 5151 万元，公司注册资本达到 9718 万元，同比增长 112.8%；总资产达到 1.17 亿元，同比增长 89.8%。

（三）福安市恒顺船务担保有限公司

2002 年 12 月，在福安市工商局注册成立。2003 年，由市政府出资 300 万元，并吸收闽东丛贸船舶实业有限公司、市马头造船有限公司、市祥和气体有限公司、宁德市升港砂石开发有限公司等 16 家民营船务企业共同出资 980 万元入股，注册资金 1280 万元，公司地址设在闽东赛岐经济开发区三江一路 18 号，成为福建省唯一一家为民营船务企业提供信贷担保的融资担保机构。

（四）福安市信和融资担保有限公司

2005 年 05 月 19 日成立，注册资本 1080 万元，是一家面向电机配套民营企业提供融资担保机构。

二、担保业务

（一）恒实担保有限公司业务

1999 年，恒实担保有限公司为 32 家企业担保贷款 69 笔，担保总额 2512 万元。

2000 年，全年为 55 家企业融资担保 106 笔，担保总额 1.13 亿元。

2001 年，全年为 54 家企业融资担保 200 笔，担保总额 1.81 亿元，同比增长 59.5%；平均月担保余额 3719.4 万元，同比增长 50.3%；担保融资新增工业产值 3 亿元，可增加税收 900 万元，新增就业 2000 人，新增企业利润 1500 万元。同年，入选全国 104 家中小企业信用担保体系试点范围，并获得国家免征三年营业税的优惠政策。

2002 年，全年为 54 家企业融资担保 280 笔，担保总额 2.57 亿元；平均月担保金额 5514 万元，同比增长 48.3%；在保总额 6600 万元，同比增长 65%。

2003 年为 68 家企业融资担保 425 笔，担保总额 4.44 亿元；年在保余额 1.04 亿元，同比增长 57%。同年，解除担保责任项目 241 笔、金额 1.01 亿元，并与宁德农业银行建立合作关系。

2004 年，全年共为 77 家企业融资担保 502 笔，担保贷款总额 6.71 亿元，同比增长 51.4%；年内解除担保责任项目 306 笔、总金额 1.71 亿元，未发生一笔代偿损失；年末在保项目 195 笔、在保余额 1.58 亿元，同比增长 53.4%。福安工行、福安农行大力支持的银保合作，促进了企业和社会的发展，全年新增电机电器产值 6 亿元，税收 1800 万元，新增企业利润 3000 万元，就业 2400 人，企业捐赠社会公益事业 83 万元。

2005 年，全年为 96 家企业融资担保 503 笔、担保贷款总额 10.55 亿元，同比增长 57.2%；年内解除担保项目 306 笔、总金额 1.71 亿元，未发生一笔代偿损失；年末在保项目 238 笔、在保责任金额 2.35 亿元，同比增长 48.7%。当年担保贷款新增电机电器产值 9 亿元、税收 2700 万元、利润 2700 万元、就业 300 多人。福安市恒实担保有限公司的运作模式得到国家发改委、省政府、金融机构和全国担保业同行的充分肯定，并作为成功典范在全国推广。

1999—2005 年，恒实担保有限公司累计为 100 多家电机电器企业担保贷款 27.44 亿元。

（二）恒顺船务担保有限公司业务

2003 年，恒顺船务担保有限公司与中国农业银行赛岐开发区支行建立贷款担保业务合作关系，签订

"银保合作协议"，开展融资担保业务；全年担保贷款总额6000多万元。次年，恒顺船务担保有限公司增资扩股，股东从16家增加到34家、注册资本金从1280万元增加到2280万元，全年担保贷款总额1亿多元、比上年同期增长60%。

至2005年，累计为福安市民营船舶企业提供担保600多笔、担保总额3亿多元，年末在保余额1.8亿多元，未出现一笔逾期或代偿现象。

（三）福安市信和融资担保有限公司业务

福安市信和融资担保有限公司，经营范围包括主营贷款担保、票据承兑担保、贸易融资担保、项目融资担保、信用证担保等担保业务和其他法律、法规许可的融资性担保业务等。2005年，与中国建设银行福安支行签订合作协议，开展融资担保业务，全年为32家企业担保贷款总额2700多万元。

三、管理

（一）经营理念

1999—2005年，福安市各担保公司秉承"解决民营企业融资难、担保难问题，促进福安地方经济发展"为宗旨，以"谨慎操作、严防风险、确保目标、逐步扩展"为方针，以"积极探索、稳健经营"为准则，以"平等、自愿、公平、诚信"为理念，严格遵循《中华人民共和国公司法》《中华人民共和国担保法》等法律法规运营。

（二）组织形式

1999—2005年，各公司严格按照《中华人民共和国公司法》等有关法律法规和现代企业管理制度进行管理，股东大会是公司最高权力机构，所有重大决定决策必须经过股东大会表决后授权董事会。董事会和监事会由股东大会选举产生，董事长和监事长由董事会成员和监事会成员选举产生。公司董事会由若干名董事组成，设董事长1名。董事会根据《公司章程》有关规定和股东大会授权行使职权；监事会由3名监事组成，由民营企业业主组成，设监事长1名，监事会根据《公司章程》有关规定行使职权。经营管理层设总经理1名，总经理由董事长提名交董事会表决通过后由董事长聘任；总经理根据《公司章程》有关规定和董事长授权行使职责；公司管理层实行所有权与经营权分离制度，即所有入股的自然人股东均不参与经营，也不能派代表参与经营。

（三）经营模式

1999—2005年，各公司均采取股金和基金双轨制运作方式，按1∶10以内比例提供担保，担保期限和种类为短期流动资金信贷与银行承兑汇票，设立"大小并举、优质优先、劣者淘汰"的担保运行机制，严格遵循《公司章程》和《实施细则》。

（四）风险防范

1999—2005年，各担保公司加强风险防范措施：第一，严把新入股东（新基金户）的准入条件关（即准入门槛），考核内容主要是其资信，包括个人诚信、工作能力和企业实力；第二，担保运作程序规范，遵循《公司章程》和《实施细则》，把担保十大风险（道德风险、财务风险、市场风险、历史风险、关联风险、过程风险、政策风险、阶段风险、理念风险、检查风险）贯穿于担保运作之中，把道德风险、市场风险、财务风险作为否决性指标，严加防范；第三，由专职业务员审查贷款担保项目可行性；第四，评审会把关（评审会由总经理主持召开，由公司业务部、风险部、财务部、办公室和两名股东代表组成）；第五，设立反担保措施，采取股东之间对应连环保为主，财务抵押、质押为辅，签订贷款担保企业法定代表人以个人财产承担连带责任；第六，跟踪监管在保企业生产经营状况，发现异常及时采取对策；第七，公司盈利除提取必要公益金外，其余全部转为风险储备金，以增强公司抗风险能力；第八，实行公司所有权和经营权分离，确保公司决策与运行做到“公平、公开、公正”；第九，公司向上级有关部门争取的拨补资金也转为风险储蓄金；第十，公司生存与发展是全体股东的切身利益所在，股东既是公司的资产所有者又是贷款担保受益者，全体股东都有责任维护公司的利益。

（五）股东服务

1999—2005年，各担保公司与协作银行密切配合，通过公司提供信贷担保的贷款户银行给予授信，直接由基层支行运作，以减少中间环节和审贷时间，给予企业信贷资金支持；协商与争取金融部门按照国家最低带宽基准利息的优惠政策，减轻企业财务费用，解决企业融资担保难的问题；针对土地、厂房紧张问题开展服务；同时组织股东企业参加各项招商活动，帮助企业开拓国际市场，为企业提供安全、技术、质量认证及名牌产品、著名商标申报服务；引进高级人才，培训专业人员和企业项目的选址、可研、环评立项等代理代办服务。

附：福安民间标会

1991年以来，福安市民间时有出现非法融资活动——标会。前期的“标会”活动，是以民间信用互助形式为目的，由10人左右到不足20人通过协商，并推选一人担任会头（或会首），其他人为会员。一般约定每月按期进行一次标会，中标者领取当月会员集中的会金，以达到互帮互助互利互惠目的。其后，民间“标会”活动逐步偏离互帮互助轨道，实行竞标方式获取优先用钱权，即每月加标（自愿承诺在应缴会费基础上多缴纳会款，相当于利息）最高者获得当月会款，每个会员（脚）都通过竞标获得会款后完成一个周期。普通百姓参加“标会”，有的为了让闲钱积小钱为大钱，有的因为急需大额款项支出而筹款，有的贪图“标会”产生的较高利息。会头优先无偿使用第一次会款，等于得到一笔无息贷款，因此民间“标会”也成为一批会头筹集大额款项的融资渠道之一。

2000年后，福安民间“标会”活动规模不断扩大，形式越来越多样，参加群众越来越多，金额越来越大，周期越来越短。以标会基本单位规模分：有“百元会”“千元会”和“万元会”等，“百元会”就是每个会员每次缴纳的本金以百元为单位，“千元会”和“万元会”以此类推。以会头和会员的缴款周期分：按日缴会款的称为“日日会”，按月缴会款的称“月会”，按季缴会款的称“季度会”，按年缴会款的称为“年会”。

2003年，福安民间标会活动愈演愈烈，利用“标会”非法融资越来越多，高风险的“日日会”和“万元会”等相继出现，并逐渐失控。2004年5月，福安市民间“标会”崩盘（“倒会”）。“倒会”初期，涉会群众成群结队到各级政府机关上访、闹事，给政府施加压力；还有部分上访群众情绪激动，以致干扰政府机关正常办公秩序。期间，每天平均到各级政府和清会机构上访的超过百批（次），人员达2000人次以上。少数会员的过激行为和不法分子趁机煽风点火的违法犯罪行为，严重影响社会治安稳定，公安机关每天都会接到涉会纠纷警情日达20～30起。为此，福安市委、市政府高度重视“倒会”事件，5月17日至25日，接连出台《中共福安市委办公室福安市人民政府办公室关于严禁党员、干部、职工参与民间“标会”的通知》《福安市人民政府关于民间“标会”问题的公告》《中共福安市委办公室福安市人民政府办公室关于专项治理民间“标会”案件的工作方案》，并成立以市委政法委书记为组长的福安市专项治理民间“标会”事件领导小组和以纪委书记为组长的市专项治理民间“标会”事件督查领导小组，组织开展专项治理民间“标会”工作。

福安市出现民间“标会”事件后，中共福建省委书记卢展工多次过问、听取汇报，并在宁德市委工作情况报告上批示：“工作有效，整治到底”，后又批示：“请有关领导和宁德市委继续高度重视这项工作。”中共宁德市委多次研究指导清会工作，还指定1名巡视员具体分管此项工作。2004年5月30日，宁德市委常委、政法委书记带领的宁德市“5·29”工作督导组进驻福安，专项督促、指导福安市开展治理民间“标会”工作。福安市委、市政府以“保持社会总体稳定，促进福安经济发展”为目标，坚持“党政规范引导，民间自主清偿，法律有力保障”的基本原则，按照“教育先行，行政辅助，法律保障，先清后理，依靠群众，干部带头，严明纪律”的总体要求，扎实有序推进治理清会工作。

2004年6月，出台《中共福安市委福安市人民政府关于对党员、干部、职工参与民间“标会”活动的处理意见（暂行）》《中共福安纪委、组织部、政法委、监察局关于严禁党员、干部参与民间“标会”活动的通知》《福安市人民政府关于制止民间“标会”的会首、透标会员转移隐匿财产和外逃的通告》《中共福安市委福安市人民政府关于印发〈福安市专项治理民间“标会”工作方案（试行）〉的通知》，对治理民间“标会”事件进行周密的部署、安排和规范。随后，根据治理“标会”工作进展情况，又相继出台《福安市人民政府关于公布〈福安市清理民间“标会”债权债务暂行规定〉的通知》《福安市人民政府关于公布〈福安市“涉会”人员财产处置工作规范〉的通知》《福安市专项治理民间“标会”领导小组关于公布〈“涉会”人员财产协议处置办法（试行）〉的通知》《福安市专项治理民间“标会”领导小组关于印发〈福安市民间“标会”债权债务过拨指导意见（试行）〉的通知》等一系列文件。2005年，出台《中共福安市委福安市人民政府关于对〈党员、干部、职工参与民间“标会”处理意见（暂行）〉的补充意见》，对清理民间“标会”事件进行指导和调处。

在福安市委、市政府和福安市专项治理民间“标会”事件领导小组、专项治理民间“标会”事件督查领导小组的强势介入调处下，全市摸底登记会首485人，其中，民间自主清偿125人、涉及参与“标会”人员43147人，内有透标会员4727人次；民间“标会”净现金投入约4.5亿元。2004年，市公安局对172名涉会犯罪嫌疑人采取刑事强制措施，其中移送起诉22人、逮捕42人、刑拘7人、取保候审22人、监视居住79人，查封扣押现金、房地产、车辆等价值1亿多元，民间“标会”事件逐一得到妥善处理，全市没有发生涉及“标会”的重大恶性事件和群体性事件，社会局势保持总体稳定。

第十五篇

经济管理

JINGJIGUANLI

1991—1993 年，福安市经济管理进入计划经济与市场调节相结合、行政干预与价值规律共同作用的“双轨制”时期，市委、市政府出台经济体制改革、加快船舶工业发展、鼓励外商投资等政策措施，推进经济体制改革，支持支柱产业发展。1994 年后，福安市全面推进社会主义市场经济体制改革，鼓励发展民营经济，加快多种经济成分发展。1998 年，福安市率先在省内成立电机电器、船舶、食品等八个行业管理办公室，推行大工业管理、减少行政干预。1999 年，福安市出台深化国企改革、内贸流通企业改革总体方案等政策措施，全面加快国有、集体企业改革，鼓励外商投资，支持民营和私有企业参与国有企业合资合作、兼并重组。2000—2005 年，出台进一步鼓励民营经济发展、加快产业集聚等政策文件，大力推进经济结构调整和经济体制、经济增长方式转变，加快工业化和城市化进程。2005 年，全市地区生产总值（GDP）75.98 亿元，为 1990 年 5.36 亿元的近 14.2 倍，年均递增 19.3%；财政收入 4.07 亿元，为 1990 年 0.434 亿元的 9.4 倍，年均递增 16.1%。

第一章 计划管理

第一节 计划体制改革

1991年，福安市推进计划体制改革，主要任务是改革长期形成的高度集中、以直接控制和行政手段为主、僵化而缺乏活力的计划体制，建立计划经济与市场调节相结合，统一性与灵活性相结合，间接控制和直接控制相结合，富有弹性和生机的计划体制。同年，国家开征固定资产投资方向调节税并实行投资许可证制度。

1992年，福安市改革年度计划编制，建立以五年计划为主，中长期计划相结合，全面计划和专项计划相结合的宏观调控指标体系。以市场为导向，调整产品、产业结构，强化销售、明确投资主体，建立投资风险约束、监管机制。是年，根据中共中央2号文件和省委、省政府《关于加强政策开放的若干措施》中有关生产领域和流通领域指令性计划改革精神，计划中调整保留钢材、水泥、煤炭、粮食、成品油、食盐、中成药、化肥、农膜、棉花等13种商品，其余商品实行投向指导和市场调节。

1993年，福安市根据中共十四大报告中提出建立社会主义市场经济新体制的要求加快计划体制改革。一是计划工作的重点，由年度计划为主，逐步转向以中长期计划为主；二是计划的编制和执行，由直接管理为主开始转向直接管理与间接管理相结合；三是计划的范围，由比较单一的经济计划，改变为国民经济。社会发展和科技进步结合为一体的计划体系；四是计划管理方法，由主要靠行政手段和指令性计划，改变为注重运用经济手段和指导性计划；五是扩大企业生产经营活动的自主权。

1997年，国家计委出台《关于实行建设项目法人责任制的暂行规定》和《关于固定资产投资项目试行资本金制度的通知》，市计委在编制"九五"计划中，对投资体制进行适当调整，要求所有经营性投资项目必须按规定组建项目法人，落实规定比例的资本金。全面实行工程项目招投标制度和监督制度，加强项目咨询论证，培育和完善投资中介服务。

2000年，福安市随着有计划的商品经济的发展和经济体制改革的进行计划的形式由指令性计划为主转变为以指导性计划为主；计划重点从编制年度计划为主转变为同时编制好五年计划并重视开展经济和社会发展战略的研究工作；计划手段和方法也从过去单纯依靠行政手段下达计划转变为逐步学会运用经济杠杆和经济信息来开展经济协调、平衡和服务工作。市计委引导投资向工业结构调整集中，支持股份制和私营企业投资工业新建、技改项目，重点扶持电机电器与船舶修造业两大支柱产业，扩大固定资产投资。

2002—2005年，福安市按照市场经济发展的要求，继续推进计划体制改革，市发展计划局在编制计划时，进一步放开生产领域和流通领域指令性计划，加强产业政策引导和市场调节；投资管理体制上，坚持三产并重，即推进农业调整产业结构，促进农业产业化发展；推进新型工业化进程，促进支柱行业做大做强；鼓励企业自营出口，参与市场竞争。贯彻国务院《关于投资体制改革的决定》精神，实施项目带动战略，壮大主导产业，培育新兴产业，继续加大基础设施、民生工程项目支持力度。按照上级政策要求，对政府、企业投资项目，分别实行审批、核准和备案制。

第二节 计划编制与实施

一、“八五”计划（1991—1995年）

（一）指导思想和经济发展重点

1991年，市计委编制《福安市国民经济和社会发展十年规划和“八五”计划纲要》，指导思想是：认真贯彻执行党的基本路线，坚持“两手抓”方针，搞好党的建设，以改革促发展、以开放促开发，加强农业基础、工业立市、科技兴市，实现重点突破、整体启动，促进国民经济持续、稳定、协调发展，努力把福安建成安定、繁荣、文明、开放的新兴城市。

根据福安经济发展现实基础，“八五”期间经济发展重点是：加强农业、能源、交通、原材料等基础建设，发展科技教育，改造传统产业，积极开发和培育新兴产业，逐步优化产业结构，大力提高经济效益和资金积累能力，巩固脱贫成果，增强脱贫致富后劲。

（二）主要指标

到1995年，全市国内生产总值（GDP）10亿元，年均递增14.64%。国民收入达8.8亿元，年均递增14.48%。市属工农业总产值9.8亿元，年均递增16.89%；其中，市属工业总产值达8亿元，年均递增21.42%；农业总产值1.80亿元，年均递增4.29%。乡镇企业总产值6.55亿元，年均递增19.22%。财政收入6600万元，年均递增8.76%；人均国民收入1571元，比1990年增加725元。农民人均纯收入1100元，比1990年增加449元。人均粮食占有量321千克，比1990年增加23千克。外贸出口收购总额1.20亿元，年均递增11.55%，其中，出口3526万元、年均递增8%；社会商品零售总额3.1亿元，年均递增8.21%；总人口控制在56万人，人口自然增长率控制在10.84‰以内。

（三）执行情况

“八五”期间，经过全市人民共同努力，取得阶段性经济增长速度最快、基础设施建设力度最大、城乡人民生活水平提高最多、社会各项事业发展较好的可喜成果，圆满地完成了国民经济和社会发展的各项目标任务。1995年，全市完成国内生产总值22.86亿元，年均增长21.5%，经济总量提前实现翻两番的目标；工农业总产值38.28亿元，年均增长33.1%（其中，工业总产值26.6亿元，年均递增43.5%；农业总产值11.68亿元，年均递增13.3%）；财政总收入1.66亿元，年均增长30.8%；消费品零售总额9.49亿元，年均递增28.8%；城镇居民人均可支配收入2895元，年均增长20.5%；农村居民人均可支配收入1863元，年均增长23.4%。全市户籍人口56.68万人。

二、“九五”计划（1996—2000年）

（一）指导思想、基本方针和主要任务

1996年，市计委编制《福安市国民经济和社会发展“九五”计划和2010年远景目标纲要》，指导思想是：在建设有中国特色社会主义理论的指导下，坚定不移地执行党的基本路线，牢牢把握“抓住机遇，深化改革，扩大开放，促进发展，保持稳定”的大局，正确处理改革、发展和稳定的关系，积极推进经

济体制和经济增长方式的转变，以“追赶闽东南，挤上全省20强（县、市）”为目标，坚持“工业立市、科教兴市、以工促农、以港（港口开发）活商、基础先行、全面发展”的战略方针，通过扩大内涵，开拓外延，着力培育经济生长点和新增长点，促进优势集合，形成一批企业集团、一批重大项目、一批主导产业、一批重点乡镇、一批重点小区，辐射和带动全市经济实现腾飞。

全市国民经济和社会发展遵循党中央“抓住机遇，深化改革，扩大开放，促进发展，保持稳定”的总方针，从实际出发，立足市情，加快发展，力争与闽东南发展的快车同步并轨前进。“九五”计划的主要任务是：以提高经济效益作为经济工作的重心和重点，积极推进两个根本转变。以优势产业为重点，构建规模经济的支柱；以外向开拓为重点，加大规模经济外向度；以基础设施为重点，创造发展规模经济的良好环境；以科技进步教育优先为重点，提高规模经济的内在素质；以海洋产业为重点，大力开发利用海洋资源；以坚持“两手抓、两手都要硬”为重点，促进经济和社会协调发展。

（二）主要指标

2000年，全市国内生产总值（GDP）40.6亿元（1990年不变价，下同），年平均递增21.84%。工农业总产值105亿元，年平均递增26.31%；其中工业总产值92亿元，年均递增28.57%；农业总产值13亿元，年均递增14.97%。三次产业结构比重调整为24∶45∶31。财政收入5亿元，年平均递增24.63%。出口商品收购总值7.56亿元，年平均递增25.59%。城镇居民人均可支配收入7000元，年均递增18.62%；农民人均纯收入5000元，年均递增21.83%。全市人口控制在59.23万人，平均人口自然增长率9.5‰。

（三）执行情况

“九五”期间，全市国民经济和社会发展持续稳步增长。到2000年，全市国内生产总值42.02亿元，比“八五”期末增加19.16亿元，增长83.8%，年均增长14.2%；人均GDP7004元，年均增长11.0%；财政收入2.21亿元，年均增长5.8%。农业市场化、产业化步伐加快，工业总量进一步扩大，实现工农业总产值86.5亿元，年均增长18.5%，三次产业结构比例由“八五”末的34.1∶35.6∶30.4调整为26.6∶39.3∶34.1。全市城镇居民人均可支配收入5807元，比“八五”末期收入翻一番。农村居民人均可支配收入3034元，年均增长10.2%。全市户籍人口59.95万人，人口自然增长率4.45‰。

三、“十五”计划（2001—2005年）

（一）指导思想与发展目标

2001年，市计委编制《福安市国民经济和社会发展“十五”计划及2010年规划纲要》，指导思想是：高举邓小平理论伟大旗帜，全面贯彻党的基本路线、方针、政策和“三个代表”重要思想，进一步解放思想，实事求是，坚持改革开放，大力推进经济结构调整，加快城市化进程，着力增强发展后劲，推动经济和社会全面发展。为把福安建设成为经济繁荣、社会稳定、生活富裕、科教先进、政治民主、法制健全、文明开放、环境优美的闽东经济中心城市，坚持加快发展为主题，坚持结构调整为主线，坚持改革创新为动力，坚持提高人民生活水平为根本出发点，坚持经济社会协调发展。

“十五”期间，福安市国民经济和社会发展的总目标是：国民经济保持较快发展速度，经济结构战略性调整取得明显成效，经济增长质量和效益显著提高，加快工业化、城市化、信息化，社会全面进步，综合经济实力明显增强。至2005年，实现国内生产总值和人均GDP比2000年翻一番，经济总量接近全区的三分之一，综合实力力争跻身全省先进行列，建成中等滨海城市和闽东经济中心。

（二）主要指标

2005 年，全市国内生产总值（GDP）100 亿元，年均递增 12.98%，人均 GDP1.61 万元；工农业总产值 178 亿元，年平均递增 15.5%；其中工业总产值 148 亿元，年均递增 16.8%；农业总产值 30 亿元，年均递增 10.2%。财政收入 4.1 亿元，年均递增 13.3%；出口商品收购总值 10.5 亿元，年平均递增 10.1%；三次产业增加值比重调整为 20 : 46 : 34；全市城镇化水平 46%，居民人均可支配收入 7050 元，农民人均纯收入 3690 元，人口数量控制在 62.1 万人。

（三）执行情况

“十五”时期，福安经济持续快速增长，到 2005 年，完成国内生产总值（GDP）75.98 亿元，占宁德市的 22.6%，年均递增 10.8%。人均地区生产总值 12435 元，年均增长 10.5%。工农业总产值突破百亿大关，达 122.35 亿元；其中工业总产值达 99.2 亿元。财政总收入 4.07 亿元，年均增长 13.4%。产业结构得到进一步的调整和优化，三次产业结构由 2000 年的 26.6 : 39.3 : 34.1 调整为 2005 年的 18.1 : 46.5 : 35.4。福安已成为闽东地区经济发展最快、最好的城市之一。人民生活水平进一步提高，城镇居民人均可支配收入 9171 元，年均增长 9.6%；农民人均纯收入 3996 元，年均增长 5.7%。全市户籍人口 61.1 万人，城镇化水平 43.88%。“十五”时期的发展成就，为福安“十一五”实现持续快速发展打下了良好的基础。

表 15—1　1991—2005 年福安市社会生产总值情况一览表

五年计划	年份	生产总值（万元）	其中			人均生产总值（元）
			第一产业（万元）	第二产业（万元）	第三产业（万元）	
“八五”计划年度执行情况	1991	60305	26105	17705	16495	1129
	1992	78471	31986	27014	19471	1452
	1993	122144	40343	43588	38213	2229
	1994	179730	55383	72197	52150	3225
	1995	228551	77854	81321	69376	4047
“九五”计划年度执行情况	1996	264067	91516	87943	84608	4607
	1997	320769	103517	115897	101355	5519
	1998	350202	109070	127041	114091	5952
	1999	374714	112046	138238	124430	6294
	2000	420274	111705	165334	143235	7004
“十五”计划年度执行情况	2001	456207	111371	184864	159972	7572
	2002	507261	112570	213801	180890	8383
	2003	573456	112726	255489	205241	9450
	2004	664001	125013	302656	236332	10905
	2005	759798	137303	353196	269299	12435

第三节　固定资产投资管理

一、项目报审

1991年，福安市项目概算总投资500万以下的可以合并编报，包括审批项目建议书和可行性研究报告。市投资管理部门批复项目建议书、可行性研究报告前组织咨询评估。对经济社会影响重大的，社会公众普遍关心的公益性建设项目，采取听证会、征询会征求公众意见。凡属国家产业政策鼓励发展的，符合全省规划项目、投资在2亿元以下的地、市项目均委托地（市）计委审批；1994年后，随着计划职能的转变，对公益事业、基础设施，需要国家投资的仍然按程序逐级上报审批，争取上级补助资金。其余建设项目，凡符合产业政策、国土规划、城乡建设规划和项目对环境影响评价要求的，可以进行设计施工、工程的招投标，质量及安全等由建设部门管理。

1997年后，根据国家计委的有关规定，投资项目一律实行法人和资本金制度。市计委严格把关审查，按照国务院《关于固定资产投资项目试行资本金制度的通知》（国发〔1996〕35号）、国家计委《关于实行建设项目法人责任制的暂行规定》（计建设〔1996〕673号）审批。

2004—2005年，按国务院颁发《关于投资体制改革的决定》，市计委对政府投资项目严格按基本建设程序实行审批；对企业不使用政府投资，但需要国家平衡资源等条件、事关经济社会发展全局的项目实行核准制；对企业不使用政府投资的一般竞争性项目一律实行备案制。

二、项目投资

1991年，福安市完成固定资产投资（不含农户投资，下同）0.78亿元，比上年增23.8%。赛岐、溪口大桥建成通车，新华路、湖滨路建成投入使用，完成阳头大桥主体工程建设；下白石3000吨级杂货码头、黄兰溪水电站等项目建设持续进行中。

1992年，全市完成固定资产投资1.31亿元，比上年增长68.3%；重点建设项目下白石码头进入扫尾阶段；黄兰溪电站投入资金1250万元，工程进展顺利；市医院病房大楼完成四层框架结构，罗江水厂一级泵房主体工程基本完成。

1993年，全市完成固定资产投资2.34亿元，比上年增长78.37%。列入重点工程管理的52个项目中，完成新华北路、罗江一条街、穆阳开发区一条街、社口茶叶工贸区一期、罗江批发市场、南湖花园、影剧院改造等10个项目。

中外合资的黄兰溪水力发电有限公司（1994年）

1994年，全市完成固定资产投资4.05亿元，比上年增长73.1%，全市列入重点项目管理的十大重点工程和32个续建项目进展顺利。104国道改造完成年度任务，黄兰溪电站完成投资5286万元，罗江自来水厂一期工程通水，完成市区总体规划调整。

1995年，全市固定资产投资4.57万元，比上年增长12.7%，年初确定的电机电器城、104国道改建等6个重点工程和城区供水、沿海海堤加固工程等10件实事，进展较快。

“八五”期间，全市累计完成全社会固定资产投资11.26亿元，比“七五”时期增加10.1亿元，一大批重点工程和项目相继竣工。104国道拓宽改造通过全国文明样板路评比验收，修建乡村公路821.6千米，建成下白石3000吨杂货码头；新、扩建电站12座，装机容量4.61万千瓦，黄兰溪水电站完成投资1.34亿元；电话总装机容量达4.8万门，乡镇电话实现程控化，全市电话1.8万部；扩建城区水厂，建成罗江日供水4万吨水厂一期工程和一批小型水厂。完成中兴街等街、路、巷改造工程，市区路网基本形成。

1996年，全市开展“城市规划建设管理年”活动，多渠道增加投入、多形式开发建设，全年完成固定资产投资3.34亿元。装机容量3.6万千瓦的黄兰溪电站，完成一级蓄水、二级发电；富春大酒店、电力大厦等项目相继建设投产，给福安的第三产业增添新的活力。

1997年，全市进一步深化投融资体制改革，优化投资结构，加大对基础设施、基础产业的投入力度，全年完成固定资产投资4.5亿元，增长34.6%。完成了“八改、七场、五路、四区、一水、一桥、一馆、一校、一期绿化工程”；完成黄兰溪电站、群益大桥等重点项目。

1998年，全市完成固定资产投资5.95亿元，比上年增长32.2%。福安市计划委员会对全市31个重点项目进行管理，对11个重大重点项目立项。安居工程、八一市场、金山大厦相继建成投产；城区第二水厂、垃圾无害化处理场、赛江治理一期、茜洋溪水库等项目完成省级立项。

1999年，全市完成固定资产投资5.56亿元。重点建设项目30个，总投资28.97亿元；重点前期项目8个，总投资25.89亿元。

2000年，全年完成固定资产投资6.02亿元，比上年增长8.2%。

“九五”期间，全市累计完成社会固定资产投资33.54亿元，年均增长15.05%，相继建成或基本建成黄兰溪梯级电站、104国道改造、甘下疏港路、莲池广场、人民文化广场等一批市政设施、社会事业项目和交通、能源、水利等基础设施工程。对“十五”时期计划重点建设的部分项目开展可行性研究论证、初步评审、开工建设等前期工作。

2001年，全市完成固定资产投资4.94亿元。重点前期项目8个，包括赛江（交溪）上白石水利枢纽工程、城市污水处理厂、下白石5000吨级码头、20万吨船坞、温（州）福（州）铁路福安站等。

2003年，全市完成固定资产投资7.78亿元，比上年增长31.1%。实施重点建设项目24个，年度投资计划6亿元，当年动工建设项目19个，温福铁路福安站、50万吨矽钢片、10万吨级船坞、城市污水处理厂等重大项目前期工作取得阶段性成果。

2004年，全市完成固定资产投资9.55亿元，比上年增长22.7%。实施重点建设项目32个（其中续建项目13个、新建项目19个），当年开工建设项目22个。

2005年，全市完成固定资产投资12.52亿元，比上年增长31.1%。实施重点建设项目23个，当年开工建设项目17个。

“十五”期间，全市累计完成全社会固定资产投资106亿元，为“九五”期间的3.65倍，年均增长29.6%。56个重点建设项目相继建成投产或部分投产，固定资产投资成为经济增长的主要拉动力。福宁高速公路福安连接线建成通车，完成城乡公路建设改造 270 千米；历史以来最大投资项目福建大唐国际宁德发电有限责任公司一期工程即将建成投产；农村电网改造全面竣工，赛江防洪一期工程、“六千”水利工程（省计划项目）等基础设施建设顺利推进，建成农村饮水工程 122 个。城市市政设施建设逐步完善，垃圾无害化填埋场建成投产，龟湖生态走廊建设完成 90% 以上工程量，福安第二自来水厂即将建成投产。旧城改造加快推进，冠后路、中兴路、湖滨东路、漫湖路、秦溪洋过境公路等城区主要道路基本建成，新增道路面积 16.67 万平方米。随着福温铁路的开工建设及宁武、福泰高速公路的规划建设，福安成为闽东北的重要交通枢纽城市。

1991—2005 年，全市固定资产投资计 79.15 亿元，年平均增长速度为 21.9%。

三、项目管理

1991—1993 年，凡省、地计委管理的投资项目和省、地计委管理、市配套资金的建设项目，由福安市计委配合省、地计委及有关部门管理。有关基础农业、创税大户企业、创汇企业，国家定额资金材料不足部分，市计委从其他渠道争取给予支持。更新改造、集体投资项目，市计委上报省计委批准、主管部门管理。1991 年，福安市全民所有制单位实施基本建设项目 57 个，当年建成投产项目 30 个，完成投资 2922 万元；更新改造项目 27 个，完成投资 1901 万元；城镇集体企业固定资产投资项目 13 个，完成投资 455 万元。

1993 年，福安市计划委员会审批立项基建项目 49 个，总投资 4877.3 万元，建筑面积 10.5 万平方米。下达年度基本建设计划 10 个项目，总投资 1718.6 万元。其中，全民单位基建计划 400 万元，集体单位基建计划 709.2 万元，不计规模基建计划 609.4 万元。发放投资许可证 22 个项目，全年完成全社会固定资产投资 2.09 亿元、增长 60.1%。落实省计委下达无偿补助资金 246 万元，有偿资金 20 万元。列入重点工程管理项目 52 个，其中，前期项目 11 个、在建项目 41 个，年度计划投资 2.04 亿元，到 11 月底已开工项目 36 个、完成投资 1.11 亿元。

1994 年后，全市建立项目目标考核制度，对凡是国家投资的施工项目进度、质量、安全进行监督。实行月通报、季分析、年评比和现场办公协调解决施工中的问题。

1997 年，全市完成固定资产投资 5 亿元，增长 51.52%。其中国有单位基建投资 2.8 亿元，增长 57.30%。重点项目 21 个，其中福温铁路福安段、闽东赛岐经济开发区柴油机发电厂、电机电器专业市场、秦溪洋工业园区等重大项目 11 个。全年办理立项项目 119 个，总投资 4.6 亿元、增长 56.1%。办理下达基建年度计划 113 项，总投资 6100 万元、增长 28.1%，办理投资许可证 54 个、比上年增长 38.8%，阳头农贸市场竣工使用。全年争取上级补助资金 680 万元。

1999 年，市计划委员会储备项目 54 个，总投资 30.77 亿元。其中基础设施项目 14 个，总投资 23.44 亿元；工业项目 9 个，总投资 1.25 亿元；农业项目 10 个，总投资 1.88 亿元；第三产业项目 21 个，总投资 4.19 亿元。重点建设项目 30 个、总投资 28.97 亿元，重点前期项目 8 个、总投资 25.86 亿元。闽东电机电器市场、富春综合批发市场、安波电器等 28 个项目全面动工建设，累计完成投资 2 亿多元。全年转报各类项目 54 个，累计争取各类项目资金 9000 多万元、补助资金 4000 多万元。办理基本建设项目立项 70 个、总投资 2.97 亿元，下达基本建设年度计划 30 项、下达当年投资计划 9148 万元，办理固定资产投资许可证 27 本。

2000 年，全市重点项目 38 个、重点前期项目 8 个，完成全社会固定资产投资 9 亿多元，其中国有资产投资 4.5 亿元，为历史以来最好的一年。储备项目 68 个、总投资超过 40 亿元，全年争取项目资金 5600 万元。办理基建项目立项 62 个、总投资 2.85 亿元，下达基建年度计划 62 项、下达投资计划 9628.5 万元。

2002 年，福安市开始实行副处级领导挂钩项目制度。市委、市政府组成巡视督查组对项目进行跟踪、督查。全市重点项目 23 个、重点前期工作项目 19 个，完成投资 6 亿元。其中重点在建项目开工 18 个，完成投资 4.9 亿元。山区道路发展工程、农村电网改造、垃圾无害化填埋、闽东电机电器市场等 6 个项目建成投产或部分投产。储备项目 45 个，总投资 36 亿元。上报项目 230 个，争取国家、省级补助资金 3000 多万元，争取国债资金 2700 万元。

2004 年，全市重点项目 32 个，其中，续建项目 13 个、新建项目 19 个，年度计划投资 30.77 亿元。至 12 月底，22 个项目进入实施，累计完成投资 20 多亿元。储备项目 100 多个，总投资 243 亿元。上报补助资金项目 70 个、申请补助资金 6000 万元，其中申请国债资金 2400 万元、部分补助资金已陆续下达。

2005 年，全市重点项目 23 个，年度计划投资 35.5 亿元、动工建设项目 17 个，累计完成投资 21 亿元。

表 15—2　福安市“八五”至“十五”期间年度固定资产投资情况表

单位：万元

年份	全社会固定资产投资总额	全民所有制单位投资额			城镇集体（或其他）所有制固定资产投资额	
		总额	其中		总额	其中
			基建投资额	更新改造投资额		生产性投资
1991	—	4823	2922	1901	455	455
1992	—	6981	4500	2481	667	667
1993	—	12348	9594	2754	720	720
1994	—	20850	15152	5698	2471	设备购置 837
1995	—	32092	28556	3536	2648	设备购置 1223
1996	—	17809	14239	3570	1525	设备购置 708
1997	—	25590	21114	4476	2377	设备购置 1624
1998	—	28059	25579	2480	6874	设备购置 3338
1999	—	24784	18235	6549	6553	设备购置 3170
2000	100000	33813	18469	15344	2735	设备购置 140
2001	121000	30858	14349	16509	—	—
2002	142000	47682	30015	17667	—	—
2003	181000	70165	44515	25650	—	—
2004	256300	43376	11276	32100	—	—
2005	346000	67317	14541	52776	—	—

说明：1.1991—1999 年未统计全社会固定资产投资总额。

2.2001 年开始城镇集体（或其他）所有制固定资产投资额不再单独统计。

第四节　机构

福安市发展计划局（福安市计划委员会）

1991 年，福安市计划委员会编制 17 名，主任 1 名，副主任 2 名。内设办公室、计划科、基建科、项目办、矿管办。2002 年，福安市计划委员会更名为福安市发展计划局、正科级单位，机关行政编制 10 名，局长 1 名，副局长 4 名。内设秘书股（加挂“价格行政股”牌子）、综合股、投资股、产业股、科技社会事业发展股、商品价格管理股、行政事业收费管理股，挂靠单位有市国防动员委员会经济动员办公室、市国防动员委员会交通战略办公室。2005 年机构编制、挂靠单位情况不变。

第二章 统计

第一节 统计报表制度

一、国民经济核算统计

1991 年，福安市统计局采用 MPS 体系（MPS 和 SNA 是国家宏观经济管理所采取的统计体系）进行国民经济核算，1992 年，市统计局按照 MPS 体系和 SNA 体系分别进行国民经济核算。1993 年，市统计局全面实施新国民经济核算体系（SNA）。1999 年，县（市）级国内生产总值（GDP）由上级统计机构评估认定。2003—2005 年，国内生产总值指标名称改用地区生产总值。

二、农村社会经济综合统计

农业统计转为农村社会经济综合统计，主要包括：农村基本情况、农村生产条件、农林牧渔业生产情况、农业经济总量等。

三、工业统计

1992 年，工业统计增设工业增加值、工业销售产值等指标，开展工业经济效益综合指数调查。1998 年，按企业规模分类，对全部国有及年产品销售收入 500 万元及以上的非国有工业企业（简称“规模以上企业”）进行全面统计。至 2000 年，工业企业划分为乡以上和乡及乡以下，乡以上工业企业由统计局全面统计，乡及乡以下企业由乡镇企业站统计。2001—2005 年，工业企业按规模以上和规模以下进行统计，规模以上采用全面调查方法，规模以下采用抽样调查方法。

四、贸易统计

2001—2005 年，对限额以上企业（包括：年销售额 2000 万元及以上的批发业、年销售额 500 万元及以上的零售企业、年营业收入 200 万元及以上的餐饮业及其他附营批零、餐饮的单位）采用全面调查方式，对限额以下企业和个体经营户采用抽样调查方式。

五、固定资产投资统计

统计范围包括：城镇以上固定资产投资（计划总投资 50 万元及以上投资项目）、房地产开发投资、农村固定资产投资和城镇私人建房。

六、劳动工资统计

采用全面调查方式，统计对象为全部城镇以上单位，即包括国有、城镇集体和其他经济类型单位，不含乡镇企业、私营企业和个体经营户；统计内容主要包括从业人员及在岗职工的人数、构成和劳动报酬。

第二节　专项统计

一、专项普查

（一）第一次全国第三产业普查

1993 年 8 月，国务院决定开展第一次全国第三产业普查，普查内容包括第一产业（农业）、第二产业（工业、建筑业）以外的所有国民经济部门的基本情况及主要经济活动指标，普查年度为 1992 年。福安市普查结果：1992 年全市第三产业单位数 17052 个，其中，国有经济 1555 个、集体经济 1593 个、私营经济 39 个、其他经济 177 个、个体经济 13688 个。从业人员 48913 人，其中国有经济 20243 人、集体经济 6921 人、私营经济 303 人、其他经济 1158 人、个体经济 20288 人。

（二）第三次全国工业普查

1995 年，国务院决定开展第三次工业普查，普查内容包括工业企业的经济规模和现状，普查年度为 1995 年，普查时间为 1995 年 12 月 31 日。福安市普查结果：至 1995 年年末，全市乡及乡以上工业企业及生产单位数 230 个，实收资本 2.53 亿元，工业增加值 2.94 亿元，全部工业总产值（包括村及村以下）24.97 亿元（当年价）。

（三）第一次全国农业普查

1997 年，国务院决定开展第一次全国农业普查，普查指标分为时点指标和时期指标。时点指标的标准时间是 1996 年 12 月 31 日；时期指标的标准时期是 1996 年 1 月 1 日到 1996 年 12 月 31 日。福安市普查结果：村民委员会 447 个，村民小组 3772 个，乡村户数 117722 户，乡村人口 512918 人。乡村劳动力资源总数 192894 人，实有劳动力 163723 人，其中，农林牧副渔劳动力 130265 人、工业劳动力 8421 人、建筑业劳动力 3884 人、交通运输劳动力 4133 人、商饮物资供销仓储业劳动力 5573 人、其他劳动力 11447 人。农作物播种面积 5.72 万公顷，其中，粮食（包括大豆）播种面积 4.12 万公顷。现价农村社会总产值 46.87 亿元，其中，农林牧渔总产值 14.08 亿元、农村工业总产值 25.21 亿元、农村建筑业总产值 7353 万元、农村运输业总产值 1.98 亿元、农村批发零售贸易业产值 4.97 亿元。

（四）全国人口普查

2000 年，国务院决定开展第五次全国人口普查，福安市普查的对象为本市区域内的所有常住人口普查的标准时点为 2000 年 11 月 1 日 0 时。普查结果：全市总户数 146739 户，总人口 554057 人；其中，男 296379 人，女 257678 人。共有 14 个民族，其中，汉族 491561 人，占总人口的 88.72%；畲族人口 59931 人，占总人口的 10.82%。6 岁以上人口受教育程度：大专以上 8323 人，高中（含中专）744199 人，初中 145631 人，小学 246657 人，不识字或识字很少 55909 人。

（五）第一次全国经济普查

2004 年，国务院决定开展第一次全国经济普查，福安市普查对象为本市区域内从事第二产业、第三产业活动的全部法人单位、产业活动单位和个体经营户，普查年度为 2004 年，普查的标准时间为 2004 年 12 月 31 日。普查结果：2004 年年末，全市共有从事第二、三产业的法人单位 1937 个，其中，企业法人单位 1109 个，机关、事业法人单位 258 个，社会团体法人单位 41 个，其他法人单位 529 个。产业活动单位 2767 个，其中，第二产业 796 个，第三产业 1971 个。个体经营户 23554 户，其中，第二产业 4179 户，第三产业 19375 户。全市第二、三产业的就业人员数为 11.73 万人；其中第二产业的就业人员为 5.19 万人，第三产业的就业人员为 6.54 万人。在就业人员中，单位就业人员 6.31 万人，占 53.8%；个体经营人员 5.42 万人，占 46.2%。在单位就业人员中，女性 2.34 万人，占 37.1%。在单位就业人员中，制造业 29463 人，占 46.7%；公共管理和社会组织 9588 人，占 15.2%；教育 7085 人，占 11.2%；交通运输、仓储和邮政业 3711 人，占 5.9%；批发和零售业 3452 人，占 5.5%。

二、社会调查

（一）城乡居民生活调查

1991—2005 年，福安市每年对城镇居民和农村农民收入支出进行调查统计。1991 年，全市城乡居民生活调查显示，城镇居民人均可支配收入 1221 元，人均生活消费支出 1209.84 元；农村农民人均纯收入 730.20 元，人均生活消费支出 679.93 元。2002 年，全市城乡居民生活调查显示，全年城镇居民人均可支配收入 6592 元（按新口径计算）、人均消费支出 5122.32 元，农村农民人均纯收入 3256 元、人均生活费支出 2751.86 元。2005 年，城乡居民生活调查显示，全年城镇居民人均可支配收入 9171 元、人均消费支出 6395.94 元，农民人均纯收入 3995 元、人均生活消费支出 3084.12 元。15 年间，城乡居民生活水平持续提高。

表 15—3　1991—2005 年福安市城乡居民生活收支情况调查表

单位：元

年份	城镇居民人均可支配收入	城镇居民生活消费支出	农民人均纯收入	农村住户生活消费支出
1991	1221	1209.84	730	679.93
1992	1419	1292.81	865	770.67
1993	1796	1678.55	980	825.74
1994	2443	2242.32	1413	1107.29
1995	2985	2842.92	1963	1453.18
1996	3450	3299.04	2232	1549.63
1997	4641	3650.28	2602	2157.26
1998	5301	3940.80	2735	1959.94
1999	5622	4264.44	2883	2512.17
2000	5808	4511.04	3035	2592.81
2001	6253	4883.04	3140	2937.55
2002	6592	5122.32	3256	2751.86
2003	7021	5494.89	3421	3064.54
2004	8166	5845.47	3696	3042.18
2005	9171	6395.94	3995	3084.12

（二）人口变动情况抽样调查

1991—2005 年，福安市人口自然增长率波动不大，1993 年最高为 13.13‰，2001 年和 2005 年最低，分别为 6.77‰和 6.60‰。1999 年 10 月至 2000 年 10 月，人口死亡率为 5.44‰，与第四次人口普查统计相比、死亡率下降 0.73 千分点；1991 年全市死亡 3129 人，2005 年死亡 1851 人，相比死亡率下降 2.9 千分点。人口机械变动率 1991 年为 0.03‰，2001 年为 3.52‰，2003 年为 4.20‰，2005 年为 0.64‰。

第三节　统计服务与监督

一、服务

1991—2005年，福安市统计局发挥统计职能，为各级党政部门和社会公众提供优质的统计服务。每年编印《福安市统计年鉴》和《福安市统计资料手册》，在市统计局网站及有关报刊上发布一年一度的《福安市国民经济和社会发展的统计公报》。每月编印《福安市统计月报》，不定期编印《统计资料》。整理编印《福安市1990年人口普查资料》《福安市2000年人口普查资料》《福安市第三次工业普查资料》《福安市少数民族乡村情况》等。向市委、市政府提供所需的日常统计数据，为重要会议文件提供所需素材并核实统计数据，接受有关部门及社会各界的统计咨询和委托调查。

二、监督

1996年3月，福安市全面开展统计登记工作。到2005年年底，全市900多个单位办理统计登记证，450名统计人员获得统计员上岗资格。2000年，市统计局成立法规综合股，有持证统计检查员5人。2002年2月，全市出现首例统计行政诉讼案，福安市统计局胜诉。2003年起，根据省统计局的统一部署，市统计局每年对1～5个乡镇及若干企业开展统计监督检查。

1993—2005年，全市共立案查处统计违法案件106起，其中，罚款39起、13.3万元。2005年，福安市顺利通过统计省、市“四五”普法验收。

第四节　机构

福安市统计局

1991年，福安市统计局行政编制10名，局长1名、副局长1名。内设办公室、综合股和经济统计股，挂靠单位有市城调队（编制6名）、市人普办，福安市农村经济调查队，编制9名，为副科级事业单位、设队长1名。

1998年5月，市统计局行政编制7名，局长1名，副局长1名，内设人秘股、经济统计股和法规综合股（市人普办并入市城调队）。1999年12月，成立“福安市企业调查队”，为股级全民事业单位；核定编制2名，人员经费列入市财政开支。2003年3月，市统计局行政编制5名，设局长1名，副局长2名。内设秘书股（增挂“法规综合股”牌子）和经济统计股，挂靠单位有市人普办。2003年12月，组建“福安市普查中心”、为市统计局下属股级事业单位，财政全额拨款、编制5名。原人普办3名编制连人带编从市城调队分离出来划归市普查中心，原“福安市人口普查办公室”相应撤销。

2005年，市统计局行政编制5名，设局长1名，副局长1名。内设办公室（增挂“法规综合股”牌子）和经济统计股，下属股级事业单位“福安市普查中心”（财政全额拨款、编制5名）。挂靠单位为市企业调查队（编制2名）、市城调队（编制6名）。

第三章 审计监管

第一节 审计类别

一、国家审计

1991—1993年，福安市主要对45个行政事业单位、2个乡镇财政所和市人行、建行、农行、保险公司进行国家审计。

1994—1995年，全市累计对65个行政事业单位和闽东赛岐经济开发区工行、农行、中行及建行等8家银行进行审计。1995年10月，首次开展同级财政审计工作。

1996—1999年，全市每年2月前对本级财政及市教育局等12个部门的预算收入征缴、资金拨付和使用情况进行审计。对1个街道办事处、1个乡政府、12个行政单位、一中、实小及医疗卫生和教育系统等重点单位财务收支进行审计。

2000—2002年，三年对市财政、教育及经贸等系统23个单位的财政预算执行情况审计，对闽东医院、潭头镇和范坑乡政府、政府驻外机构及临时机构等44个单位进行审计。累计审计项目183项，审计调查11项，查处违规违纪金额124亿元，其中应归还挪用资金114万元、应上缴财政265万元，提交审计报告、信息资料116篇；移交司法机关、纪检监察案件线索13起。

2003—2004年，对市财政、地税及国土资源等17个部门财政预算执行情况进行审计。

2005年，对市财政、地税、教育、民政、林业等5个部门开展预算执行审计，同时延伸审计和调查所属单位20多个。

1995—2005年，全市累计审计243个行政事业单位，查出违规违纪金额2.43亿元，收缴财政847.85万元，查处乱收费、乱罚款单位14个。财政预算执行审计中，查出各项违规资金8755.41万元。

二、内部审计

1991—1993年，全市有供销、粮食、商业、茶业、医药及银行系统等10个行政机关和企事业单位建立内审机构或配备内审人员。市卫生局等10个单位增设内审机构，承担国有资产保值、增值审计责任。1994—1995年，全市14个内审机构累计完成审计项目87个，纠正违规金额77万元。1996—1997年，全市共有内审机构12个，内审人员33人，教育系统内审室充实内审人员3名、完成审计项目74个，提出整改建议46条、得到被审计单位的采纳。2000—2002年，全市21个乡镇（街道）和15个重点市直部门、企业成立内部审计机构，并配备专兼职内审人员69人，市审计局采取以会代训形式，加强对内审工作的指导，提高内审人员素质。三年内共审计956个单位（其中在村级换届年份，乡镇政府内审机构办理村委任期经济责任审计及市直机关所属机构财务收支审计600多项）。2003—2005年，全市内审机构共审计单位或下属机构918个。

三、社会审计

1993年，市审计局所属福安审计师事务所，经省审计局验收通过达到省定审计师事务所标准条件，并在赛岐、穆阳经济开发区设立办事处。1994—1995年，事务所首次实施对福安茶厂等3家国有企业破产评估、审计及清算业务。举办会计职称培训班，对40家国有企业开展资产、负债及损益情况查证和退休养老、待业保险基金征缴情况审计。1996—1997年，在巩固原有业务的基础上，开辟企业破产清算、银行贷款查证、基建预决算审计，国有企业改制审计和整体评估以及8项经济指标考核查证等项新业务。1998—1999年，依据中国注册会计师协会发布的独立审计准则和指南，制定7项操作性较强的业务办法规范。1999年年底，全面完成与市审计局的脱钩改制工作，走向市场。2000年初，成立独立法人的福安市天正会计师事务所有限公司开展业务。

第二节　审计事务

一、财政审计

1995年10月，福安市首次开展同级财政审计工作。1996—1997年，每年2月前，审计本级财政及市教育局等12个单位的预算收入征缴、资金拨付和使用情况，摸清财政预算规模和结构，发现福安市财政预算执行中存在的十大问题，责成有关单位及时整改并向市人大常委会作专项报告。1998—1999年，扩展预算执行情况审计面，审查“农业四税”收入、财政周转金使用和效益情况，针对预算管理中存在的薄弱环节和违规现象，责成有关单位整改纠正。

2000—2002年，主要审计掌握财政资金分配权和财政资金较多的单位，重点审计预算外资金、专项资金、基金收支及专款专用情况，教育、科技等专项经费，地方税收征管和事业开支情况。三年共完成对市财政、教育及经贸局等23个单位财政预算执行情况的审计。对部分单位预算外资金未纳入财政专储、行政性事业收费、罚没款收入不合规、业务招待费开支大、挤占预算资金和专项资金等问题依法要求予以更正。

2003—2004年，对市财政、地税及国土资源等17个部门财政预算执行情况进行审计，提出改进措施50多条。2003—2005年，对市公安、检察、法院、广电、林业、民政、质监、教育系统及韩阳卫生院等46个部门及单位进行财务收支审计。在审计中查出违控购置小轿车、挤占挪用专项资金、超标准超范围开支接待费和消费性资金等问题。提出整改意见和建议，并对严重违规问题进行审计处理。

2005年，福安市对市财政、地税、教育、民政、林业等5个部门开展预算执行审计，同时延伸审计和调查所属单位20多个，提出实行细化预算、加强财政资金管理和监督、规范各项资金收付制度等建议。

1995—2005年，财政预算执行审计中，共查出各项违规资金8755.41万元。

二、行政事业单位审计

1991年，对全市预算外资金多、事业费用多、罚没款收入多、遵守财经纪律差的“三多一差”行政事业单位进行审计，尤其是将执法机关列为审计重点。对甘棠和坂中财政所1990年财政预算执行情况进行审计，对 13 个行政事业单位进行财务检查。

1992—1993 年，在对全市 45 个行政事业单位进行强化审计监督中，推行“严审、深查、多帮助”的新方法，分析影响乡镇财政运行管理的主要弊端，提出整改意见和建议。1994—1995 年，对全市 65 个行政事业单位进行审计，重点审计上白石、社口、坂中、湾坞等 4 个乡镇的财政决算和有关市直单位的财务收支情况。对乡镇财政决算审计分两个阶段进行，第一阶段于 10 月份对当年 1—9 月份财政收支预算执行情况进行预审；第二阶段于次年年初对年度财政决算进行审计，发出的“审计结论和决定”作为乡镇政府向人大主席团作上年度财政收支决算的工作报告内容之一。1996—1999 年，对城南办事处、坂中畲族乡政府，市公安、检察、法院、交警、教育、工商、土地、建设、交通、农业、林业、粮食、一中、实小及医疗卫生等重点部门及单位财务收支进行审计。

2000—2002 年，对闽东医院、潭头镇和范坑乡政府、市政府驻外机构及临时机构等 44 个单位进行审计。查出未及时上缴财政预算收入、擅立项目违规收费、违控购置小轿车和办公用具、挤占挪用专项资金、违规报销手机话费、滥发奖金补贴、超标准超范围开支接待和消费性资金、公款私存、基建工程长期不办理竣工决算、债权债务长期挂账不清理、预算外资金未及时上缴财政专储等问题。提出整改意见和建议，并对严重违规问题进行审计处理。

2003—2005 年，对市公安、检察、法院、广电、林业、民政、质监、教育系统及韩阳卫生院等 46 个部门和单位进行财务收支审计。在审计中查出违控购置小轿车、挤占挪用专项资金、超标准超范围开支接待和消费性资金等问题。提出整改意见和建议，并对严重违规问题进行审计处理。

三、专项审计

（一）国有企业审计

1991 年，对 1987—1990 年福安市属国有工业企业第一轮承包经营责任制进行终结审计，重点审计市农药厂、罐头食品厂、特种纸厂、赛岐铁合金厂及粮食、农资、物资等行业。向市委、市政府报送《关于福安市国营工业企业在审计中发现的问题》呈阅件。

1992—1993 年，对 42 家市国企进行审计和审计调查。在对福光电子（国际）有限公司进行财务收支审计中，延伸检查、评价其内控制度及执行情况。1994—1995 年，重点对市天马集团公司、农资公司、白山制药分厂等 19 家企业试行资产、负债及损益情况审计，向市政府报送综合审计报告。委托福安市审计师事务所对 40 家国企进行资产、负债、损益及退休养老和待业保险基金征缴情况审计，督促企业及时纠正存在的违规问题，保障职工的合法利益。1996—1997 年，重点对市医药、农资等行业进行审计，对扭亏补助的赛岐铁合金厂、闽东起动机总厂等 9 家企业进行审计调查。1998—1999 年，对九州福安大酒店、九州福安分公司、九州天马集团公司、市旅行社及全市粮食亏损情况进行资产、负债及损益的真实、合法、效益性的重点审计，抽调 2 位业务骨干到晋江开展全省粮食行业财务交叉审计。

2000—2002 年，对宁德市电力分公司、市秦溪洋工业开发公司、大华股份公司、医药公司、自来水公司及电力总站等 8 家企业合规、合法和效益性进行审计和审计调查。对查出违规问题，向纪检机关移送案件线索 3 起，使当事人受到纪律处分；其中向检察机关移送贪污线索 1 起 1 人，经刑事调查当事人被判处有期徒刑 2 年。2003—2004 年，对兴安建设、富春市场、永盛农业产业化及福安客运分公司等 19 家企业进行财务收支审计和审计调查，针对各国企经营管理、开发投资、生产营运、企业改制、剥离企业与政府的联系等各个薄弱环节剖析根源，提出审计建议58条、被有关部门采纳。

2005年，对政府关注、群众反映强烈的市公交公司、赛岐自来水公司、城区第二水厂工程及印刷厂等4家企业的资产、负债和损益情况进行审计，澄清群众反映的有关问题，向企业干部职工及主管部门领导通报审计结果，并向社会公告。

（二）金融单位审计

1991—1993年，对福安市人行、建行、农行、保险公司财务收支和公款存储，以及世行农村信贷、工商银行技改贷款项目进行审计，对市人行和保险公司执行中央整顿金融秩序措施及“三乱”问题进行审计调查，督促金融行业对存在问题进行整改。1994—1995年，对福安市和赛岐开发区工行、农行、中行及建行等8家银行财务收支及信贷资金进行重点审计和调查，提出整改意见和建议，要求其及时纠正。1996—1997年，对福安市和赛岐开发区农行、中行及保险公司等6家金融行业资产、负债及损益情况进行审计。1998—1999年，对福安市和赛岐开发区工行、保险公司及市兴业银行等5家金融行业资产、负债及损益情况进行审计。2000—2003年，对市农行、工行、赛岐工行及农发行等6个金融行业资产、负债和损益情况及信贷资产质量状况进行审计。

（三）专项资金审计

1991年，对全市老区发展资金管理使用、韩阳镇和坂中畲族乡救灾款的发放及使用，市建委及电力、邮电、水利、自来水企业征收城市基础设施配套附加费情况等8个专项资金进行审计。

1992—1993年，开展全市专项资金审计和调查。对工商管理等执法部门罚没款收入、土地使用权有偿出让收入、计划外生育费征管等重点资金的管理，农民经济负担问题及扶贫专项贴息贷款等专项资金开展审计。1994—1995年，对全市城市维护建设、财政有偿使用、教育费附加、计划外生育费、公路养路费、新菜地开发建设、副食品生产基地、“希望”和“先行”工程等专项资金进行审计。1996年，对全市20多个单位社会福利保障、救灾专款、计划外生育费、农业综合开发、新菜地开发建设、副食品价格调节等专项资金进行审计监督。1997年，对市教育“两基”验收开展专项审计，主要审查1994—1996年教育经费“三增长”情况，教育事业附加费和城镇基础设施建设配套费征、管、用情况以及乡镇自筹资金投入教育事业情况。

1998—2002年，按照上级审计机关的统一部署，对世行贷款“红壤二期”、“卫生Ⅸ项目”、农村饮水卫生、沿海可持续发展、山区公路建设、亚行贷款“水土保持与乡村发展”、国际贷款还债能力、政府外债、救灾款物、商品粮基地、社会保障和福利基金征缴使用、教育及行政事业收费等55个项目情况进行跟踪审计和审计调查，且每年分别对其中6个项目实施跟踪审计。抽调业务骨干力量4人配合宁德市审计局和市纪委对高速公路建设指挥部及沿线43个村高速公路建设资金进行审计，提供纪检和检察机关案件线索2条。2003年，对宁德市和省定的世行及亚行援助贷款、土地开发专项及2002年城市居民最低生活保障资金等8个项目进行审计和审计调查。2004年，对世行贷款市卫生局“卫生Ⅸ项目”及结核病项目、市高速公路连接线及苏堤村农业生产专项资金等6个专项资金开展审计和审计调查。

2005年，按照省审计厅统一部署，对2002—2004年度农业综合开发资金进行审计。对计划生育经费和救灾救济款管理、使用情况进行审计调查。

（四）基建工程审计

1992—1993 年，市审计局对黄兰溪水库梯级电站、下白石三千吨级码头、罗江自来水厂及旧城改造等新开工建设 49 个项目的资金来源和使用情况进行审计。1994—1995 年，对基建项目开工前、在建工程、竣工决算等进行审计。审查开工前基建项目 52 项、总投资额 1.99 亿元，在建工程 11 项，竣工决算 1 项，基建后续审计 4 项。1997 年，审计竣工项目 3 个、在建项目 13 个，建筑面积 3.69 万平方米，批准投资额 2078 万元，发现违规金额 654.63 万元，归还资金 21.90 万元、核减投资 1.46 万元、应补缴投资方向税 4.65 万元。2002 年，对市医院病房门诊大楼建设项目进行竣工决算审计，审计工程总投资 555.7 万元，核减工程造价 61.2 万元、核减率达 11%。

2003—2005 年未对基建工程项目进行审计。

（五）经济责任审计

1994 年，福安市委下发《关于建立领导干部离任审查、审计制度的通知》，对离任审查审计的对象、范围、内容及审查方法和要求等做出明确的规定，初步建立领导干部离任审查审计制度。1995 年，首次对 8 个乡（镇）长和 6 个市直机关单位领导离任进行审计。《中国农村经济》《福建经济报》《福建省审计动态》《闽东日报》《宁德地委每月汇报》《闽东审计》等报刊分别刊载福安市领导干部离任审计工作情况和动态，宁德电视台也进行报道。1996—1997 年，对穆阳、康厝、社口及林业局等 30 个乡镇长和机关单位领导进行离任审计，客观评价离任领导任期的业绩，分清责任；针对违规问题，呈送专题审计报告，提出整改意见和建议。1998—1999 年，以市委办的名义下发《福安市科级领导干部任期经济责任审计的意见》和《福安市国有企业及国有控股企业领导干部任期经济责任审计的意见》。

2000 年，福安市委、市政府成立由市长任组长，市委组织部部长任副组长，纪检、监察、组织、市委办、政府办、审计等部门领导为成员的领导干部任期经济责任审计领导小组，建立联席会议制度、出台《福安市科级领导干部任期经济责任审计的意见》《福安市国有企业及国有控股企业领导人员任期经济责任审计的意见》。针对审计中“先审后离”和“先离后审”的矛盾，出台《关于建立领导干部任期内经济责任审计联合抽审制度》，下发《关于福安市纪检监察机关与审计机关建立工作联系制度的实施办法》。2001 年，市审计局增设“领导干部任期经济责任审计股”。对未经离任审计而调动的“新官”缓戴“乌纱帽”，实行“代理制”。以市委和市经济责任审计联席办的名义分别出台《福安市党政领导干部任期经济责任工作细则》和《福安市经济责任审计工作联席会议组织办法》，受到省、宁德市有关部门及福安市政府的通报表彰。中央电视台“东方时空”、《中国审计报》《中国纪检监察报》先后报道福安市的做法，并被审计署作为典型经验在其举办的领导干部任期经济责任审计培训班上重点介绍，宁德市审计局将此作为典型经验向全市推广。2002 年，全市抽调财政、内审人员 17 人，组成 8 个审计组，由审计干部为组长，对 33 个乡镇和市直单位的 41 个科级干部进行任期经济责任审计。市长对审计中发现严重问题的审计报告作批示，纪委和组织部门领导分别对其责任人进行诫勉谈话。2003—2004 年，采取多种形式实施经济责任审计，对全市 61 位乡镇（街道）、市直单位、国有企业领导干部实行任期经济责任审计，查处违纪违规金额 5333.70 万元，应纠正金额 4523 万元、应上缴财政 131.50 万元，实行诫勉谈话 21 人、降职调动安排 3 人、免去职务保留待遇 2 人。2004 年，对 29 个乡镇及市直机关领导干部的任期经济责任审计中，实行“任中审计”的 13 人。2005 年，完成领导干部经济责任审计项目 16 个，其中任中审计 11 个。

第三节　机构

福安市审计局

1991年，福安市审计局行政编制14名，设局长1名，副局长2名，股级干部6名。内设综合股、财政金融审计股、固定资产投资审计股、行政事业审计股、工交商贸审计股。

1999年5月，成立福安市基建审计事务所，为福安市审计局下属自收自支股级事业单位、编制10人。

2003年3月，福安市审计局行政编制9名，设局长1名，副局长3名，股级干部5名，机关工勤人员事业编制1名。内设秘书股（增挂“法制股”、“经济责任审计股”牌子）、财政金融审计股、行政事业审计股、固定资产投资审计股、经贸审计股。

2005年12月，成立福安市固定资产投资审计中心，为福安市审计局下属股级事业单位、核定财政全额拨款事业编制2人。

第四章　物价管理

第一节　体制与价格改革

一、管理体制改革

（一）生产资料计划内外价格并轨

1991年，福安市凡列入指令性计划管理并由物资部门经营的生产资料均在并轨之列。具体品种有：钢材、生铁、铜、铝、铅、锌、烧碱、纯碱、橡胶、硫酸、水泥、汽车、铜材、铝材、铅材、锡、铸铁管、轮胎、硝酸、炸药、雷管、导火索、爆破线、镍、镁、平板玻璃、金刚石、氰化钠、氰化钾、纯苯、甲苯、二甲苯、萘、电石、丙酮、冰醋酸、苯酚、苯胺、聚乙烯、聚丙烯、聚氯乙烯、聚苯乙烯、乙丙酰胺、ABS树脂、片基涤纶树脂、乳胶、电线电缆（钢芯铝绞线、裸铝线、铜排扁线、电刷线、电磁线）、发电设备等。

（二）扩大企业自主定价权

1991年4月25日，将搪瓷面盆、口杯的价格管理形式由国家指导价改为企业定价，实行市场调节。1992年7月20日，全面放开轴承、液压件、气动元件、液力机械、密封件、粉末冶金件、紧固件、链条、弹簧、模具等十类机械基础件价格，由生产企业根据市场供求情况，自主定价销售。1992年9月1日，取消原油、成品油、钢铁、生铁、铜、铝、锌、锡、镍、纯碱、烧碱等计划外生产资料的全国统一最高出厂或销售限价，该部分商品定价权完全属于企业，任何地区或部门都不得截留。1992年10月1日，省统配水泥，根据市场供求情况，自主定价。

（三）实施企业定价许可证制度

1991年7月，福安市开展实施核发企业定价许可证试点工作，实行“企业定价许可证”制度。凡是在福安市境内持有“工商营业执照”或“税务登记证”的国营、集体和个体工商户都要到市物委办理申领“定价许可证”，三年换证一次，每年年检一次。新开业的企业在开业后30天内申领企业定价许可证，企业合并、分立、迁移、停业或破产时，应于批准日起30天内办理变更或注销定价许可证的手续。

1993年后价格放开由市场定价。

二、价格改革

（一）食糖价格改革

1991年，福安市延续1990年11月调整的食糖销售价格。产地销售价格：一级白砂糖出厂价格每吨由1700元调整为2800元，二、三级白砂糖分别减价100元和200元；白砂糖批发价每吨由1860元调为2670元；零售价格每吨由2080元调为3000元。1994—1995年，全省食糖中准出厂价（指导性价格、允许在规定的幅度内自主定价，含税、下同）每吨为3400元、并允许生产企业在不超过10%的幅度内自主定价。食糖的零售价格由当地物委以核定的批发价为基础，加14%的批零差率制定，并向社会公布。1995年11月20日起，福安市执行省物委核定标准，食糖生产期一级白砂糖每吨出厂价格为5010元、下浮不限。1998年11月，福安市根据国家发展计划委员会1998—1999年食糖指导价格政策，一级等差白砂糖产地中准出厂价每吨3700元、上下浮动10%；优级品由供需双方协商加价。食糖的经营费率和其他有关规定仍按1995年办法执行。2000年以后，食糖价格完全放开、随行就市。

（二）民用煤价格改革

1991年，福安市民用煤价格改革按照宁德地区物委批复一步到位。民用煤提高销价后补贴标准为国家机关、企业、事业单位干部职工和离退休人员每人每月补6元；民办教师、干部职工遗属、民政系统收容人员每人每月补3元；大中专学生和部队按1990年的标准价供应煤。1992年8月，福安市调整下白石煤场省外指导性烟煤供应价：大同烟煤每吨266.40元，洗混、淮北烟煤每吨257.60元，潞安烟煤每吨243.60元。焦炭供应价每吨由415元调为480元。同年9月，省内白煤调拨价格下白石车上交货价每吨提高21.4元，民用煤调拨价从123.5元调为144.7元；工业用煤从147.5元调为168.7元。10月，下白石车上交货价每吨提高3.3元，民用煤调拨价148元，工业用煤172元。11月，民用蜂窝煤每50千克零售价福安城区从8.45元调为9.8元，赛岐镇从7.6元调为8.95元。1993—1995年，煤炭价格仍按1992年9月物价部门核定的价格执行。1995年开始，煤炭价格由经营企业自主定价市场实际执行结果略低于原物价部门核定价格。价格一般稳定在210～230元之间，加规定运输费用，送货上门价格每吨在260～280元。1995年后，煤炭价格完全放开，随行就市。1996年，煤炭出矿价格每吨提15元，但民用煤零售价格基本未变。

（三）成品油价格改革

1991年3月，国家提高成品油销售价格。福安70号汽油由每吨728元调至845元，零售价955元；0号柴油批发价由每吨550元调至705元、零售价797元，煤油批发价每吨由610元调至725元、零售价834元。1992年10月，国家取消“计划外成品油综合费率管理办法”，福安市计划外成品油（含汽油、柴油、煤油、润滑油、润滑脂）批零价格，由石油公司根据市场供求情况自主定价。1994年5月1日起，全国成品油一律实行国家定价，出厂价格为每吨70号汽油2290元、0号柴油1900元、灯用煤油1955元。1995年11月，福安93号无铅汽油市场销售价为批发价每吨3550元，零售价每吨3715元、每升2.71元。1997年1月，福安市境内石油每升零售价格为0号柴油2.33元、70号汽油2.14元、90号车用汽油2.25元、90号无铅车用汽油2.35元、93号车用汽油2.35元、93号无铅车用汽油2.53元、95号无铅车用汽油2.57元。同年7月，根据省、地物委通知，提高灯用煤油价格，福安灯用煤油批发价每吨2820元、零售价每吨2950元。1998年6月起，成品油零售价格实行政府指导价，具体零售价格由中国石油化工集团公司、中国石油天然气集团公司在规定浮动幅度内制定。期间，福建省成品油零售价格分为三个价区。福州、厦门、泉州、莆田执行一类价区价格；宁德、漳州执行二类价区价格；南平、龙岩、三明执行三类价区价格，福安执行宁德的二类价区价格。国家计委制定成品油零售中准价格，并规定其上下浮动幅度为5%。中国石油化工集团公司、中国石油天然气集团公司供系统外的汽、柴油批发价实行差率管理。1999年11月5日，省物价委规定供系统外零售企业的倒扣批零差率不小于6%，供系统外其他批发用户的倒扣批零差率不低于5.5%。2000年5月2日，省物价委规定执行批发价格的系统外其他批发用户对象为一次性供应量在8吨（含8吨）以上的用户。2001年10月17日起，国家计委将成品油零售价浮动幅度由5%调整为8%。2004年1月20日至12月31日，省物价局规定供系统外零售企业的汽、柴油批零差率临时调整为5.5%。从2005年1月1日起，省恢复供系统外批零差率为6%。2005

年5月1日起，对一次性供应量在8吨（含8吨）以上的用户实行临时性批发加价政策，具体加价标准由省物价局根据经营单位自采成品油及配置油的有关情况按季度审批。同年9月1日起，供系统外社会成品油零售企业的汽、柴油批零差率调整为5.5%，同时取消对一次性供应量在8吨（含8吨）以上的用户实行批发价格及实行临时性批发加价政策。

（四）水价改革

1991年1月1日起，福安城区居民生活用水取消5吨供水基数，将价格调整为每吨0.26元；工业和营业性用水价格由每吨0.30元调为0.35元。1992年6月1日起，居民生活用水每吨0.30元，工业和营业性用水每吨0.45元。1993年5月1日起，民用水价格由每吨0.30元调为0.40元；工商业用水由每吨0.45元调为0.56元。1994年9月1日起，居民生活用水由每吨0.40元调为0.62元，工业用水由每吨0.56元调为0.82元，商业用水由每吨0.56元调为0.92元。1996年10月1日起，民用水价格由每吨0.62元调为0.78元，工业用水价格由每吨0.82元调为0.95元，商业用水价格由每吨0.92元调为1.12元。1998年12月1日起，居民生活用水价格由每吨0.78元调为1.08元，工业用水价格由每吨0.95元调为1.25元，商业用水价格由每吨1.12元调为1.40元。2004年3月1日起，福安开征污水处理费，征收标准为每吨0.45元，按实际用水量征收。征收范围为福安市区范围内所有排放污水的单位和个人（含自备水源取水）。2005年11月，福安城市污水处理费收费标准由每吨0.45元调为0.80元。

（五）食盐价格改革

1991年，福安城关散装原盐零售价格由每500克0.26元调整为0.27元。1995年6月1日，福安城关原盐批发价格由每吨448.20元调整为770.80元，零售价格由每500克0.27元调整为0.47元。1996年2月15日，福安城关加碘普通食盐批发价每吨796.20元，零售价每500克0.48元；加碘日晒细盐批发价每吨863.20元，零售价500克0.52元；加碘精盐批发价每吨963.20元，零售价500克0.58元；小工业及农牧渔用原盐供应价每吨632元；不加碘批发价每吨减97.11元，零售价500克减0.06元。1996年6月1日，福安城关日晒精制自然盐零售价（袋）0.95元，多元素营养盐零售（袋）2.20元，低钠盐零售（袋）0.90元。2000年1月20日，400克无防伪复合包装自然盐每包零售价为1.00元。2004年6月15日，加碘日晒盐每吨720元，加碘精制盐每吨800元，无碘精制盐每吨750元；复合袋加碘日晒盐（纸箱装）全省统一零售价格为500克0.90元。

（六）粮油价格改革

1993年，福安市实行粮食经济合同收购计划，下达粮食定购任务12800吨（其中早、晚稻各占50%）。晚籼稻每50千克28元（中等质量标准），早籼稻每50千克24元。7月，市政府下达早籼稻谷合同收购基准价，平均每50千克早籼稻（中等标准）32元，外加价3.75元。9月，市政府下达中籼稻合同收购价，中等标准中籼稻每50千克36元，外加价3.75元，共39.75元。1994年6月，宁德地区行署下达《94年度国家定购粮食购销价格的通知》，从6月10日起执行。全区最高挂牌价，标一早籼米销价每50千克91元，标一晚籼米每50千克100元。福安市按地区行署通知价格执行。1994年10月，市政府安排平抑粮价粮食1000吨投放市场，按省定挂牌价格销售。12月，安排原粮1200吨投放市场，平抑元旦、春节粮市，凭粮籍证供应。此后，城镇居民口粮完全放开，价格随行就市。1996年，国家定购粮食收购价按宁德地区全区统一价，早籼稻50千克73元、晚籼稻50千克78元，奖售化肥12.5千克，价外补贴10元。1999年，晚籼稻（中等标准）定购价为50千克58元、等级差率3%，并继续保留价外补贴10元（不含公粮）。2000年以后，粮食购销价格完全市场化。2004年8月，省物价局、粮食厅联合发布《对大米等粮食销售价格在过快上涨时期价格干预预案》，实行价格干预的粮食品种：标一早、晚籼米，特等早、晚籼米，特一面粉。

（七）电价改革

1991年11月，福安市照明用电价格按规定基数内0.20元/千瓦时，超基数部分0.30元/千瓦时；营业性用电价格0.35元/千瓦时。1993年8月，福安市根据省物委《关于实行县级分类综合电价的通知》《福建省农村电力价格管理暂行办法》，制定实施细则，农村电力价格采用单一制分类综合电价。全市统一为照明用电、工业生产用电、农业生产用电和营业性用电四种价格。1993年8月1日起，调整福安市区供电价格，核定平均供电价格水平为0.3043元/千瓦时。1994年3月1日起，调整福安市区供电价格，核定平均供电价格水平0.467元/千瓦时。1996年3月1日起，调整福安市分类综合电价，每千瓦时照明用电0.57元，单一工业制0.642元、二部制工业0.57元、营业性用电0.82元、农村综合用电0.54元、农业排灌用电0.433元、电力企业用电0.3525元、自来水用电0.472元、趸售电0.40715元。1997年4月1日起，福安市电网分类综合电价平均售电价调整为0.6972元/千瓦时。1998年9月1日起，取消电力建设基金和价格调节基金供电环节的二项规费。2001年4月20日起，调整福安电网分类综合电价，综合平均销售电价水平每千瓦时为0.57元。福安市从1997年开始整顿农村电价，持续三年。1998年继续整顿农村电价，重新审定的电价基本上控制在每千瓦时0.70元～1.00元之间，最高不超过1.15元。1999年进一步深入整顿农村电价。农村用电户终端电价一律降到每千瓦时1.00元以下。重新审定的电价平均水平为0.84元/千瓦时，比1998年平均水平下降5.1分/千瓦时。农村电价整顿率达100%。9月，市政府发文公布重新审定的农村电价，从1999年9月1日起执行。2002年12月31日，福安市实行城乡用电同网同价，同价后的综合电价水平0.603元/千瓦时，其中城乡居民生活用电水平为0.629元/千瓦时。2004年12月30日，福安市综合销售电价水平调整为0.5355元/千瓦时。自2005年3月1日起，福安市城乡居民生活用电价格由0.629元/千瓦时下调为0.61元/千瓦时（不满1千伏）和0.595元/千瓦时（1～10千伏），实施阶梯电价。

第二节　物价总水平

1991年，福安市居民消费价格总指数109.3（以上年价格为100）。其中，商品零售价格总指数109.4，服务项目价格总指数108.9，食品价格指数102.9。1992年，大部分商品价格放开，绝大多数工农业产品由生产单位自主定价，市场物价渐趋上涨。商品价格指数以1991年为基数，1992年上涨11.7个百分点；1993年上涨11个百分点；1994年上涨15.4个百分点；1995年上涨7.3个百分点，直到1996年才开始回落。居民消费价格指数1994年比1991年上涨18.5个百分点。1993年重点对粮食价格进行调控，政府向市场投放大量国家储备粮，平抑粮价，当年物价指数比1992年回落0.7个百分点。1996年，市物委以防止通货膨胀、控制物价上涨为中心，开展“清费、治乱、减负”专项治理，并与市工商等部门联合打击哄抬粮食、化肥、客运、煤油价格和短尺少秤、出售假冒伪劣商品等违法行为。同年，商品价格指数比上年回落9.7个百分点，次年继续回落14.4个百分点。1998年后，市场供给充足，物价逐步稳定，商品价格指数和居民消费价格指数均明显回落。商品价格指数1998年为99.7%，1999年为98.3%。居民消费品价格指数1998年为101.3%，1999年为100.6%。居民大项开支开始转向住房消费，市场上物品出现买方市场，农产品和工业品滞销。2000—2005年，学费、医疗费继续上涨，但居民其他生产生活品价格多数降低，特别是电器商品价格纷纷降价促销，居民消费价格指数年平均增长2.76个百分点。

表15—4 1991—2005年福安市消费市场主要价格总指数一览表

年份	居民消费价格总指数	商品零售价格总指数	服务项目价格总指数	食品价格指数
1991	109.3	109.4	108.9	102.9
1992	111.5	112.1	108.9	114.0
1993	121.4	120.4	129.9	121.2
1994	127.8	124.8	135.0	130.4
1995	117.6	116.7	145.6	117.1
1996	108.6	107.0	121.2	108.6
1997	106.2	102.3	119.7	103.5
1998	101.3	99.7	111.3	99.8
1999	100.6	98.3	110.3	97.6
2000	104.6	100.7	129.6	100.1
2001	100.9	—	101.4	103.1
2002	100.9	—	103.5	101.8
2003	103.8	—	105.1	103.4
2004	103.4	—	111.1	101.6
2005	102.3	—	105.7	105.4

说明：物价指数以上年价格为100。

第三节 价格管理

一、控价管理

1991年，福安市继续实施“控价工程”，即对55种商品和5种收费从产、供、销环节进行系统管理，实行“一条龙”服务，并按照宁德地区行署下达的控价目标至1992年年底结束。福安市对55种商品价格指数升幅的控制目标为106.5%，5种服务收费项目价格指数升幅的控制目标为117.0%。属于国家定价的商品和收费项目有面粉、籼米、粮食复制品、食用植物油、饲料、盐、味精、白砂糖、肥皂、背心、涤棉细布、混纺毛线、棉絮、洗衣粉、牙膏、小学生作业本、课本、彩电、银翘解毒片、青霉素针剂、火柴、水泥、钢材、蜂窝煤、煤油、液化气、胶轮车、尿素、碳铵、过钙、化学农药、农用柴油0号、手扶拖拉机、自来水、照明电、学杂费、公共汽车票等37种；属于国家指导价的商品有鲜菜、猪肉、活猪、活鸭、鸭蛋、鲢鱼、草鱼、带鱼、瓜果（包括苹果、梨、橘子、西瓜）、茶叶、乙级卷烟、啤酒、涤良衬衫、卫生纸、缝纫机、电冰箱、电风扇、自行车、洗衣机、机械表、黑白电视机、党参、理发等23种。

二、提价申报制度

1991年4月，福安市物委转发宁德地区物委《关于重申对部分商品和收费项目继续实行提价申报制度的通知》，明确部分商品和收费项目需要变动价格和收费标准时，必须按照物价管理权限向各级物价部门继续实行提价申报制度，否则按有关规定查处。全市按规定提价需逐级上报国务院特批的商品和收费项目13项、需向省物委申报的商品和收费项目23项、需向地区物委申报的商品和收费项目14项、需向同级物委报备的计划外商品20种。提价申报内容包括要求提价的商品名称、规格、型号，该商品的详细成本（费用）利润的变化情况，提价原因及商品的生产量（或进货量）、销售量和库存量，拟调价格方案和拟提价日期六个方面。申报和报备办法是：凡属于申报范围的商品，由企业报请业务主管部门审核，再由业务主管部门于提价前10天向同级物委申报，或由同级物委再转申报。属于报备部分的品种，由企业直接上报同级物委和业务主管部门。凡违反上述规定的，根据《中华人民共和国价格管理条例》和《关于价格违法行为的处罚规定》严肃查处。

三、价格监审

1994年9月5日，福安市政府下发《关于加强对居民基本生活必需品和服务价格监审的通知》，对价格监审做出具体规定：对国务院、省人民政府规定的十类50种居民生活必需品及基本服务收费项目进行全面监审，生产、经营和服务企事业单位在调整价格时，要在调价前5日报市物委备案。监审品种实行统一政策，分级管理。监审的具体品种有粮食类、油脂类、肉禽类、蛋类、水产品类、鲜菜类、调味品类、奶及奶制品类、家庭设备及用品类、基本服务类（民用煤、液化气、电价、市内公交票价、市话通话费、学杂费、托儿费、医院挂号费、医院床位费、有线电视收费）。市物价检查机构、工商行政管理部门，要加强对居民基本生活必需品和服务价格监审品种的监督检查，对违反监审规定的行为，要按照《中华人民共和国价格管理条例》和国家物价局《关于价格违法行为的处罚规定》的有关规定，予以严肃查处。

四、最高限价和限制性差率管理

1993年，福安市对饮食服务行业限定最高毛利率：鲜果菜为25%，熟食为50%，饮料类为15%。1994年1月22日，福安市政府发出通知，春节期间（1月25日至2月25日）对部分副食品实行最高限价，限价品种为：每500克统肉4.80元、五花肉3.20元、排骨5.00元、鸡蛋3.00元、鸭蛋2.80元、花菜0.80元、白菜0.60元、上海青0.40元、芥菜0.70元、菠菜0.60元、萝卜0.30元。1994年9月16日至10月5日中秋、国庆节期间，福安市对14种主、副食品实行临时性最高限价：每500克新晚米1.20元、猪瘦肉8.00元、猪上排8.00元、猪腿肉7.00元、活菜鸭5.50元、鸭蛋4.20元、鸡蛋4.40元、鲜带鱼7.00元、白菜2.00元、茭白1.80元、青菜1.00元、芋头1.50元、豆芽0.50元。1995年9月，市物委、财贸委、商业局、工商局四家联合制定《福安市主要副食品价格管理暂行办法》。管理范围为城关和赛岐，管理品种14种，其中，鲜猪肉6种（去骨统肉、精瘦肉、排骨、大油、去骨腿肉、五花肉），蛋品2种（饲料鸡蛋、鸭蛋），蔬菜6种。1994年12月，福安市在元旦、春节期间，对大米、猪肉、蛋品、水产品和蔬菜等五类主副食品的市场价格，实行限制性差率管理，对食油实行指导性最高限价管理。大米类差价率不超过15%，二级花生油最高限价不超过5.5元/0.5千克，猪肉购零差率不超过18%，蛋品购零差率不超过20%，水产品购零差率不超过25%，蔬菜批零差率不超过50%。1996年10月，福安市执行省物委、贸易厅联合颁发的《规范餐饮业价格行为实施细则》。1997年后，进入市场定价。

五、重要商品价格管理

（一）液化气价格管理

1991年2月25日，福安市对液化气实行指导性最高限价，已开户的按签订合同原价供气、新开户的每瓶（不少于13千克）25元，每户每年供应量不少于13瓶，三年内保证供应；炉灶“万家乐”牌每套800元，“三角”“威灵”牌每套720元，以上价格含300元用气补贴费。

1992年4月1日，宁德地区物委核定议价液化气最高零售价格每瓶（15千克）46元。

1993年5月1日，福安市根据《液化石油气价格管理办法》，执行的液化气计价公式为液化气零售价格 =［（实际购气价格 + 合理运杂费）× 综合费率］÷（1– 税率）—财政补贴或开发费贴价额（综合费率含合理损耗、管理费、利息、折旧和利润；每瓶净重15千克，最大重量允许误差0.5千克）。

1994年，按照宁德地区物委的核定，液化气的充装计量标准为每吨74瓶，每瓶气净重13.5±0.5千克。议价气批发价格计算公式为每吨气批发价 =（不含税进货价 + 运杂费）×（1+ 综合差率10%）×（1+ 增值税率13%）；每瓶气批发价 = 每吨气批发价 ÷74（瓶 / 吨）。以上已包括充装费用和气体损耗、税收等。零售价格计算公式为：每瓶气零售价 = 每瓶气批发价 ×（1+ 综合差率6%）+ 增值税额。地区物委核定实际供气零售价格定为中准价43.50元 / 瓶（含增值税），允许上下浮动15%。自1994年3月1日执行，同年6月1日，福安城关液化气零售价格核定为45元 / 瓶，另加价格调节基金3元 / 瓶。

1995年以后，液化气价格随着市场供求状况的变化而频繁地调整变动，一般都是核定最高限价、有时核定基准价，允许在一定幅度内上下浮动。

1999年，宁德地区物委决定，从8月1日起全区液化气价格由地区物委统筹审定、采取分级管理，批发价格和各县（市）城关零售价格的管理和审批权限属地区物委、各乡镇零售价格的管理和审批权限属各县（市）物委。

2001年7月15日，液化气零售价格审批权限再次下放，由各县（市）物委根据市场供求情况提出意见，报当地政府批准后执行，抄报宁德市物委备案。

2003年4月至2004年8月，福安城关液化气零售价格一直稳定在每瓶53元。8月后一度波动、最高达每瓶75元，11月稳定在每瓶63元。2005年，液化气零售价格基本维持在上年水平不变。

（二）农资价格管理

1. 化肥、农药、农膜价格管理

1991年上半年，福安市小化肥实行基层供销社所在地分片制定零售价格；议价大化肥、农用薄膜实行市农资公司统一调拨价，基层供销社加规定的经营费率和合理运杂费制定零售价格。小化肥市和基层供销社两级经营费率为10%；进口农药市、基层供销社两级经营费率12%，其中，市公司5%、基层社7%；国产农药市、基层社两级经营费率10.4%，其中，市公司4.4%、基层社6%。农膜经营费率：市、基层社两级7%，其中市公司3%、基层社4%。化肥运杂费：市农资公司大化肥运杂费，厦门—赛岐仓库每吨 112.3 元、三明—赛岐仓库每吨 118.7 元、福州硫酸厂过磷酸钙—赛岐仓库每吨 87.16 元、福清碳铵—赛岐仓库每吨 104.56 元、古田碳铵—赛岐仓库每吨 130 元；赛岐仓库至各基层社，每吨化肥运杂费为：城阳、坂中 65 元，上白石 90 元，范坑 124 元，潭头 75 元，社口 81 元，晓阳 118 元，穆阳、下白石 53 元，康厝 50 元，溪潭 32 元，甘棠 35 元，湾坞 69 元，溪尾 73 元，松罗 48 元，溪柄 40 元，赛岐 10 元。

1996 年 1 月，化肥零售价实行统一经营费率控制。粮食挂钩肥的零售价格由各地、市物委按省定出厂价加 11% 综合经营费率和合理运杂费核定。

1996 年 3 月，福安市执行宁德地区物委核定的农膜零售价：聚乙烯农膜每吨 9280 元，聚乙烯中膜每吨 9690 元，聚乙烯地膜每吨 9800 元。

1997 年 4 月，福安市根据省、地有关通知精神，适当提高化肥综合经营差率，县（市）、基层社两级差率由 7% 提高到 8%。福安市核定部分化肥销售最高限价，允许下浮、不得上浮；农药经营差率批发环节为 4.4%、零售环节为 6%，不再规定浮动幅度；农膜的经营费率批发环节 3%、零售环节 4%，各经营企业不得突破费率作价。

1998 年 3 月，宁德地区物委批复福安市农资公司化肥销售价格，不得随意变动。

2004 年 4 月，福安市执行省物价局发出的《关于加大价格监管力度，努力降低农资零售价格的紧急通知》要求，对化肥价格管理，从出厂价格到批发环节、零售环节都做了规定。出厂价格实行最高限价管理，三明尿素最高限价 1500 元 / 吨、永安尿素 1470 元 / 吨、顺昌尿素 1470 元 / 吨，只许下降、不得提高。批发环节限一道批发，在出厂价或港口调拨价基础上，加 3% 进销差率（合理运杂费另计）计算，对进口化肥的港口批发价按 3% 经营费率和 60 元 / 吨的港口费用计算；零售环节实行差率管理，在批发价基础上，加 4% 批零差率（合理运杂费另计）计算。

表 15—5　1998 年福安市农资公司化肥销售价格表

单位：元 / 吨

化肥名称	进货价	经营费额	冬储利息 利润额 2%	定额运杂费	对基层社 调拨价
进口复合肥	1880	75.20	37.6	113.68	2100
加拿大氯化钾	1370	54.80	27.40	113.68	1570
三明粮挂尿素	1220	36.60	24.40	141.99	1420
福州过磷酸钙	465	18.60	9.30	68.84	560
福州白沙钙镁磷	435	17.40	8.70	78.66	540
上海吴淞碳铵	468	18.72	9.36	25.50	520

2. 粮食作物种子价格管理

1991 年 11 月，杂交水稻种子实行全市统一零售价如下：威优 35、威化 64、威优 77 为 3.10 元 /0.5 千克；汕优桂 32、汕优桂 33 为 3.30 元 /0.5 千克；汕优 63、汕优 72、汕优 78 为 3.40 元 /0.5 千克；汕优 70 为 3.50 元 /0.5 千克。

1995年，市种子公司城关、赛岐、康厝、社口、溪潭等5个直供点杂交水稻种子零售供应价格核定为早稻杂交种子每0.5千克10元，中晚稻杂交种子每0.5千克12.80元；各乡镇农技站供应点每0.5千克加0.10元差价。

1996年，市种子公司5个直供点杂交水稻种子零售价格为早杂优7.30元/0.5千克，汕优63为8.20元/0.5千克，Ⅱ优63为7.60元/0.5千克，汕优70为10.00元/0.5千克，其他中、晚杂8.20元/0.5千克。乡镇农技站供应点每0.5千克加0.10元差价。

1997年，市杂交水稻种子零售供应价格核定早杂威优35为8.20元/0.5千克、其他早杂为7.60元/0.5千克，汕优70为8.80元/0.5千克，特优63为8.00元/0.5千克，岗优22为8.60元/0.5千克，Ⅱ优63为7.60元/0.5千克，其他中晚杂为8.2元/0.5千克。

1998—2001年，市粮食种子供应零售价早杂优组合分别为7.60、8.60、7.00、6.00元/0.5千克，汕优70分别为8.60、11.00、8.50、7.50元/0.5千克，其他中晚杂组合分别为8.20、10.60、8.00、7.00元/0.5千克，两系组合2001年零售价7.00元/0.5千克；乡镇农技站供应点每0.5千克加差价0.10元。

2004年4月，省物价局通知，对在福建省境内销售的杂交水稻种子价格实行最高限价管理。调拨价有受品种保护的特殊组合每千克不超过20元，没有受到品种保护的普通组合每千克不超过14元；零售价有受品种保护的特殊组合每千克不超过26元，普通组合每千克不超过18元。2005年也按上年价格执行。

（三）药品价格管理

1. 实施药品价格公示制度

1991—2002年，药品价格实行国家定价和国家指导价管理，定价权属国家物价局和省、地（市）物价局。县（市）级物价部门一般负责监督检查和贯彻实施。2003年3月，省物价局发布《医疗机构实行价格公示的规定》，从2003年5月1日起在全省执行。药品价格公示制度规定：专科医院公示70%以上；省级综合医院公示1000种以上，市级医院公示800种以上；县级医院公示500种以上；乡镇卫生院公示占使用量的70%。

2. "非典"时期对药品价格的干预措施

在抗击非典型性肺炎（以下简称"非典"）期间，根据省物价局的紧急通知，从2003年4月24日起，防治"非典"中药处方所需的中药材（含金银花、银花、白术、黄芪、沙参、苍术、广藿香、贯众、防风等）及其饮片、汤剂价格均实行限定最高差价率的干预措施，中药材（原药）批发价规定：省外购进的，以购进价为基础，按顺加不超过15%综合差率（含运杂费、损耗等，下同）限定，省内不得超过一道批发环节；省内生产的，按顺加不超过15%综合差率限定。中药饮片批发价规定：按购进价顺加不超过30%综合差率限定；零售价规定在批发价基础上，按顺加不超过30%综合差率限定。加工成中药汤剂销售的，加工费按不超过每袋（瓶）1元标准核定。

3. 药品零售价格计算公式

1997年1月，福安市按照国家计委药品作价办法，药品零售价格计算公式为含税批发价×（1+批零差率），批零差率最高为15%。

2004年6月20日起，福安市执行省物价局《关于改进医疗机构药品集中招标采购价格管理办法的通知》，医疗机构中标药品销售价格的作价公式为中标药品临时销售价格：中标价格（或实际进价）×

（1+ 购销差价率），作价时以药品的最小零售包装单位为计量单位，如盒、瓶等。

4. 生物制品价格管理

1991 年 12 月，福安市执行国家物价局《生物制品价格的管理办法》，对国家管理的生物制品作价规定如下：国营医药商业经营的生物制品，其批发价格在国家规定的出厂价格基础上加销进差率 17% 制定，即批发价 = 出厂价 ÷（1–17%）。零售价格在批发价格基础上加批零差率 10% 制定，即零售价格 = 批发价 ×（1+10%）。国营医药商业批发企业售给医疗单位和医药零售单位执行批发价，运费（指车、船费）由供货方负担。

（四）房地产价格管理

1. 国有土地基准地价

1997 年，福安市政府文件公布修订福安市城区国有土地基准地价，对商业用地、住宅用地、工业用地价格做出具体规定。

表 15—6　福安市 1997 年商业用地基准地价表

单位：元 / 平方米

一级		二级		三级		四级		五级	
1	2	1	2	1	2	1	2	1	2
3776.55	2856.29	2160.29	1634.58	1236.59	935.23	707.64	535.52	404.97	206.36

说明：修正系数为 ±12%。

表 15—7　福安市 1997 年住宅用地基准地价表

单位：元 / 平方米

一级	二级	三级	四级	五级
972.12	683.82	481.03	338.34	238.00

说明：修正系数为 ±20%。

表 15—8　福安市 1997 年工业用地基准地价表

单位：元 / 平方米

生地		熟地	
地价	修正系数	地价	修正系数
132.0	±9%	242.0	±14%

2. 经济适用房价格管理

2003 年 9 月，福安市经济适用房实行政府指导价管理，城区安居工程阳春住宅小区（第二期工程）经济适用房最高综合平均销售价格核定为每平方米 1200 元，具体差价按楼层、朝向情况适当增减。

3. 商品房价格

1992 年，福安市商品住宅实行国家定价，分级管理。价格构成包括征地及拆迁安置补偿费、勘察设计及前期工程费、住宅建设安装工程费、管理费、贷款利息、利润、税金等。管理费和利润按合理比例确定。制定商品住宅价格考虑楼层、朝向差价因素和地段差价因素，严格控制向商品住宅摊派费用。商品住宅开发经营单位在前期工程结束时，按商品住宅的预算成本、利润、利息、税金等申报价格，由物价部门会同有关部门审核批准。

同年 11 月，福安市根据宁德地区物委《关于加强房地产价格管理的通知》的精神，结合实际，放开商品房价格、实行市场调节。

六、服务行业价格管理

（一）运输价格管理

1. 调整轮、驳船货运价格

1992 年 8 月，福安市根据省物委和交通厅《关于调整我省轮、驳船货物运价的通知》精神，沿海煤炭、粮食、化肥的运价上调 20%，其他货物（含散油）上调 40%；内河煤炭、粮食、化肥运价上调 25%，其他货物上调 40%；港口驳运费率上调 25%。1993 年后，轮、驳船货物运价逐步放开，实行市场调节。

2. 调整搬运装卸价格

1993 年 10 月，福安市根据地区物委通知精神，调整搬运装卸价格，保持 1984 年所定的运价结构，即货物分类、计费项目、运价区段、类区段差等保持不变。全市仍执行统一装卸搬运价格，其价格在 1988 年审定的基础上，装卸基价调高 50%，附属作业费率调高 100%，赛岐港口装卸基价按地区物委规定的基价调高 50%。煤炭由一等货物调为二等货物。1994 年后搬运装卸货物价格逐步放开，实行市场调节。

3. 调整零担货运价格

1994 年 9 月，福安市根据省物委、交通厅联合通知精神，普通货物零担运价由 0.46 元 / 吨千米调为 0.72 元 / 吨千米；特种货物零担运价由 0.60 元 / 吨千米调为 0.94 元 / 吨千米。

4. 调整客运票价

1996 年 2 月，全市调整公路客运票价。大型客车原基价由 0.048 元每人每千米调升为 0.077 元每人每千米；中型客车由原基价 0.06 元每人每千米调升为 0.098 元每人每千米；小型中巴由原基价 0.072 元每人每千米调升 0.12 元每人每千米；大型卧铺车基价 0.20 元每人每千米；公路客运建设基金，0.02 元每人每千米；过桥费、过路费，每人加 0.80 元；104 国道客运附加费，本辖区内每人加 0.10 元、跨县每人加 0.30 元、跨区每人加 0.50 元；乡村公路按每千米加客运基价 15%。

1997 年 1 月，实行客运票价最高限价，普通客车为 0.12 元每人每千米，卧铺客车为 0.20 元每人每千米。

5. 春运浮动票价

1991 年至 2005 年，全市每年春运期间均实行公路营运客车票价上浮，上浮幅度 20% ～ 30%、最高不超过 50%。大专院校学生凭学生证及学校证明，往返票价不上浮，春运结束后即恢复正常票价。

6. 城市公交票价

1995 年 4 月，市物委核定福安市区公交车客运票价为三站以下（含三站）每人 0.5 元，三站以上每人 1.00 元。月票，学生 18 元 / 月、成人 36 元 / 月。

1998年12月，市物委重新核定福安市区公交车月票价格，市区内，学生18元/月，成人36元/月；坂中站—长汀站，学生6元/月、成人12元/月。

2002年12月，调整福安市区公交车月票价格，1路车（阳尾一坂中），全程月票学生25元/月、成人50元/月；2路车（官村一雁塔），学生25元/月（至电机三厂）、30元/月（全程），成人50元/月（至电机三厂）、60元/月（全程）；3路车（农校—中村），全程学生25元、成人50元；6路车（阳尾一长汀），学生25元/月（至坂中）、30元/月（全程），成人50元/月（至坂中）、60元/月（全程）。

（二）宾馆、招待所、旅社价格管理

1991年11月，调整福安工商宾馆客房收费标准，每床位每日最低价15元，最高价27元；1993年7月，每床位每日最低价调整为20元、最高价30元。

1992年6月，调整福安市干部招待所客房收费标准，每床位每日最低价6元、最高价25元。

1994年4月，调整福安市饮服公司所属的福安旅社、人民旅社客房收费标准，每铺位冬季最低价6元、最高价50元，夏季最低价8元、最高价60元。

1994年5月，调整福安市饮服公司所属的赛江招待所、赛岐第二旅社客房收费标准，每铺位冬季最低价5元、最高价30元，夏季最低价6元、最高价35元。

第四节　收费管理

一、行政事业性收费管理

（一）收费审批

1991年，福安市行政事业性收费单位180个、收费项目501项，其中，行政性收费单位65个、收费项目182项；事业性收费单位115个、收费项目319项。1992—1993年，全市收费单位300多家；1997—1998年，全市收费单位259家。至2003年，全市收费单位216个，收费总额5086万元。2004—2005年，全市收费单位仍为216个。行政事业性收费管理实行年审制度，每年审核、三年换发《收费许可证》。

（二）收费监管

1991年，成立“福安市清费领导小组”，对全市收费单位、收费项目、标准进行全面清理。查处擅自立项和违规收费14项、违法违规金额4.6万多元，取消擅自立项乱收费项目9项。12月，市物委、教育局、财政局联合下文，规定福安市职业中专每生每学期（下同）学杂费65元，住宿费30元；职业高中学杂费55元，住宿费16元。

1992年12月，全市实行环卫有偿服务收费，市区范围内的一切机关、团体、部队、学校、企事业单位、个体工商业者产生的垃圾、粪便的清运处理；各单位自管厕所的清扫、保洁、化粪池的疏通；公共广场、道路、停车场、贸易市场的清扫、保洁等凡委托环卫部门清运、清扫、保洁的，均实行有偿服务。

1993年，全市开展专项治理乱收费，对300多家行政事业性收费单位进行清理整顿，共清查审核各类收费项目1235项，查处未经法定有权机关批准而擅自立项收费项目105项、收费金额1447万元。责令退还群众不合法收费23.75万元，取消涉农收费项目45项、为农民减负600多万元。9月，核定福安市实验幼儿园每个学生每月收取管理费11元、杂支费8元、保教费16元。

1994年秋季，福安市调整小学、初中杂费标准：城镇所在地小学30元，其他乡村小学25元；城镇初中45元，其他初中35元。对家庭经济困难的中、小学生酌情减免杂费。办学条件较好的城镇小学、初中自主招生收费标准，最高限额小学250元、初中500元，高中自费生每生每期最高限额800元。1995年8月，核定福安市直属机关儿童学园收费标准，每生每月管理费15元、杂支费10元、保教费20元，每学期按5个月、全年按10个月收取。

1996年2月，福安市根据宁德地区教育局、物委、财政局联合通知精神，再次调整幼儿园收费标准，省标准幼儿园每个学生每月管理费12元、杂支费12元、保教费40元。1996年秋季，福安市调整城区普通中小学杂费标准，市实验小学、阳头、城南、城北、城阳中心小学40元，南郊、阳尾小学35元；福安一中初中60元，福安四中、十中初中55元；福安一中高中180元；福安二中高中150元；福安三中、八中、十中高中140元。1999年秋季，普通高中实行缴费上学，福安一中、十中600元，福安二中400元，福安三中、六中、八中250元。住宿费50元。同时调整借读费标准最高限额，城关小学500元、初中1000元、高中1600元；农村小学400元、初中800元、高中1400元。2001年8月，核定福安康山初中收费每生每学年3000元。

2001年2月中旬，成立福安市农村收费公示制领导小组，制定《福安市涉农收费公示制度实施方案》。2001年下半年，全市开展农村收费工作公示制，至11月底，23个乡镇、街道办事处、开发区的涉农收费单位和行政村均已公示到位。全市聘请乡镇涉农收费联络员22名，行政村涉农收费监督员447名。

2002年2月，核定福安私立亲民小学学费每生每期300元。2003年3月，根据宁德市物价局通知精神，全市调整各类幼儿园收费标准，省标准幼儿园每个学生每月管理费20元、杂支费30元、保教费50元。

2004年秋季，新学年开始，全省在义务教育阶段，公办学校全面实行“一费制”收费办法，“一费制”收费由学杂费、课本费和作业本费构成，实行最高限价管理。

2005年8月，核定福安德艺小学最高学费每生每学期2000元。

1991年至2005年，全市每年持续开展“清费、治乱、减负”工作。据不完全统计，15年累计取消各类收费项目335项，为群众减轻各种收费负担7760多万元。

二、经营性服务收费管理

（一）物业管理服务收费

1996年12月，福安市开始审批物业管理服务收费。截至2004年年底，共审批9家物业管理服务收费，收费标准视具体情况而定，一般试行一年。

（二）医疗卫生收费

1991—1993年，福安市医疗卫生收费按1990年前的核定标准执行。1994年9月27日，福安市物委、财政局、卫生局联合下文，对福安市医疗单位住院床位费的收费标准做适当调整。1995年5月，根据上级物委、财政局、农民负担监督管理办公室、卫生局《关于实行妇幼保健服务收费的通知》要求，收费标准为县级市50～60元，一般县50元，乡（镇）40～50元，省定贫困乡（镇）40元。其中孕产妇系统保健服务收费占52%，0～6岁儿童系统保健服务收费占48%。1996年8月15日，调整医疗收费标准中明显偏低的医疗项目收费标准554项，调整面34.97%、调幅19.68%；同时取消不用或重复的原医疗收费标准14项，补充医疗卫生单位新开展的已有省定标准的医疗项目收费标准12项，补充核定医疗卫生单位新增加的医疗项目收费标准45项。1997—2005年，医疗卫生收费按上述标准执行，没有变动。

（三）有线电视收费

1991年11月起，福安市有线电视设备费每月每个终端3元，收视费每月有每个1元（播出节目6套，其中含自办闭路节目1套，自办节目每周不少于3次）、2元（播出节目8套，其中自办闭路节目2套，每周不少于3次）、3元（播出节目10套，其中自办闭路节目3套，每周每套不少于3次）；每增加1套自办节目加收1元。1995年1月起，福安市城区有线电视的线路维护费每户每月2元、收视费每户每月8元，在用户新装时收取建设费，每户280元、移户工料费每户60元。1999年10月起，福安市有线电视新装用户建设费调为350元，转播中央加密电视节目收视费为每户每月3元。2003年12月起，根据宁德物委《关于福安市有线电视建设费和移户收费标准的批复》，福安市有线电视新装用户建设费每户每终端一次性收取380元、移户费每户每次130元。2003年至2005年收费不变。

（四）殡仪服务收费及公墓价格

1993年4月，福安市物委核定福安市殡葬服务收费项目及收费标准。1995年4月，核定福安龟龙山公墓一等双穴墓每座销售价格为6138元，单穴墓3635元。1999年11月，市物委核定福安市遗体公墓、骨灰公墓长期管理维修费用为遗体双穴公墓每穴6921元，单穴4098元；骨灰双穴公墓每穴7415元，单穴6851元；棺木寄存费第一个月60元，续寄每月20元；公墓管理维修费每年20元。1996年10月，市物委、民政局联合行文，调整福安市殡仪服务收费标准。2000年，公墓价格放开，自主定价。2003年8月，市物委再次调整福安市殡葬服务收费项目和标准。

第五节　物价检查

1991年，福安市重点检查公安、土地、交通、城管、电力等部门（行业）的收费。查处违价案件30宗、查出违价金额29.93万元，经济处罚24.63万元、财政入库18.86万元。1992年，全市重点检查行政事业性、经营性收费和粮油价改及节日市场物价。全市查处违价案件15宗、违价行为30起，经济处罚上缴财政入库14.9万元。1993年，全市重点检查13个单位、立案3宗，查出违价金额11.078万元，退还消费者4.86万元、财政入库6.55万元。查处自订违规收费项目105项、金额144.7万元，退还群众的不合理收费23.75万元。1994年，市政府统一部署，邀请部分人大代表、政协委员参与监督，工商、消委会、工会等部门配合，重点检查公用电话、液化气等与人民生活密切相关的生活必需品价格和农用柴油价格等。全年查处违价案件136宗、违价金额52.2万元，自查自纠和退还消费者45.7万元、财政入库6.5万元。1995年，全市重点检查农资价格、客车春运价格和节日市场价格。查处违价行为22宗，经济处罚1850元。1996年，全市重点开展节日市场物价、春运票价，粮食、农资、水电价格及行政事业性收费、中小学收费、公用电话收费等专项检查。查处违价案件32宗、查出违价金额69.76万元，经济处罚67万元、退还消费者2万元、上缴财政入库65万元。1997年，全市重点检查水、电、液化气价格，农资、成品油价格、客运票价、邮电收费及土地、房管、建委、公安等行政事业性收费和中小学收费。查处违价案件和违价行为139宗、查出非法所得违价金额378.91万元，经济处罚93.6万元、退还消费者17.23万元、财政入库76.37万元。1998年，全市重点检查“米袋子”“火炉子”“菜篮子”价格，春运票价和农村电价。正月初四至初九，检查客运车辆83部，对乱提价车辆罚款1930元、退还旅客多收的票价1850元；检查19个供电站、所，对擅自提高电价进行处罚。全年查处违价案件48宗、违价金额120.52万元，经济处罚33.63万元、退还消费者26.56万元、财政入库7.07万元。1999年，全市重点检查药品价格和医疗收费、物业管理收费、中小学教育收费、涉农涉企收费，农村电价和液化气、自来水、公交客运价格。查处违价行为案件16宗，退还消费者11.95万元、上缴财政入库10.72万元。2000年，全市重点检查农村电价、春运票价、种子价格、药品价格、公安和教育收费及商品明码标价。查处违价案件22宗、查出违价金额140.04万元，退还消费者111.25万元、上缴财政入库20.01万元。2001年，全市查处违价案件40宗，违价金额610.14万元。市物委联合市质量技术监督局开展商业企业“价格、计量信得过”活动（简称“双信”活动）。2002年3月，市物委、市质量监督局经过考核评选，联合下文授予福安市万家超市、宁德医药站富春药行、闽东家佳超市有限公司、福安一林时装店、中国石油福建福安武京加油站等9家商业企业为福安市首批“价格、计量信得过”单位称号。2002年12月，省物价局、省质量技术监督局联合下文，授予全省98个企业2001—2002年度“价格、计量信得过”单位，其中福安市宁德医药站富春药行、闽东家佳超市有限公司、中国石油福建福安武京加油站3家企业榜上有名。同年，查处违价案件19宗、违价金额43万元，退还消费者22.96万元。2003年，全市重点开展防“非典”药品和相关商品市场价格的专项检查，以及25个涉农收费单位和药品医疗服务价格和交通、农电、液化气等行业检查。查处违价案件22宗，违价金额74.57万元，退还消费者30.2万元、财政入库12.85万元。2004年，对全市55所中小学开展教育收费专项检查，查处违规收费15宗、违规收费金额45.6万元，退还学生28.8万元、财政入库11.7万元。2005年，全市继续开展教育收费专项检查，检查27所中小学、查出违规收费金额138.76万元，并做出处理。

1991—2005年，福安市累计查处价格违法案件和价格违法违规行为515宗，涉案金额1757.7万元，处理退还消费者283.5万元、罚没上缴市财政250.5万元。

第六节　价格信息监测与“农本”调查

1991年，福安市价格信息中心履行搜集市场价格动态、预测价格趋势，为市政府提供价格决策服务；为企业提供价格政策、价格信息咨询服务，协调价格矛盾纠纷等职能。1991—2003年，福安市价格信息中心累计发展价格信息重点联络户145家，帮助137家企业进行产品成本核算并审定价格，出具企业产品价格证明700多份，提供价格政策和信息咨询服务650多人次，协调价格矛盾纠纷94起。2003年6月，福安市价格信息中心更名为“福安市价格监测中心”，并调整原来职能，主要承担价格监测预警和对重要商品及服务价格的变动情况进行跟踪、采集、分析、预测、公布，同时提供价格信息服务。同年，市价格监测中心在各主要农贸市场、超市、供销部增设价格信息采价点，密切注视市场价格动态。坚持每周采价，市场价格浮动较大时改为每天采价。2004—2005年，市物价局制定《价格异常波动监测预警制度》；对市场价格异动加强监测，分析价格趋势，提出预警及对策措施，保障重要商品市场价格基本稳定。2004年5月，建立福安市农产品价格信息九部门联席会议制度，市际联席会议由物价局、农业局、财政局、经贸局、广电局、供销社、统计局、粮食局、农发行等单位组成，市物价局牵头每季度召开一次联席会议。设立农产品价格信息服务办公室，制定《福安市农产品价格信息服务工作方案》，对农产品价格信息采取“分头开发，集中发布”，将各部门搜集的农产品价格信息分门别类，在“福建东南网”农产品价格信息专栏发布，为福安市农产品生产提供价格信息服务。由市价格监测中心承担农产品生产成本调查（简称“农本调查”）工作。按照省、宁德市物价部门确定的农本调查品种、具体调查任务和调查数据上报时间要求，组织开展农本调查工作，报送调查结果及有关数据，为国家、省市制定农业生产政策提供决策依据。福安市农本调查的主要品种有：早、中、晚杂优籼稻，油菜籽、绿毛茶等。

第七节　机构

福安市物价委员会（福安市物价局）

1991年，福安市物价委员会（简称“市物委”）编制5名，其中主任1名。内设办公室、价格股。下属机构有物价检查所（简称“物检所”，核定财政全额拨款事业单位编制6人）、价格信息中心（事业单位编制，人员兼职）。1992年3月，市物委增设收费股。1992年5月，成立“福安市价格事务所”，人员由物委内部调剂兼职。

1998年6月，市物委机构改革，核定机关行政编制5名，其中主任1名，副主任1名。内设综合股、价格股、收费管理股。

1999年8月，成立“福安市价格事务所”，为全民事业单位，核定编制6名，设所长、评估、咨询、服务等岗位，人员经费自收自支解决。12月，福安市价格事务所列入第二批福建省价格鉴证机构名单。2000年1月，福安市价格事务所对外增挂“福安市价格鉴证中心”牌子，不增编、增人。

2002年8月，市计划委员会更名为市发展计划局，市物价委员会并入、对外增挂福安市物价局牌子。10月，福安市价格事务所更名为“福安市价格认证中心”。2003年6月，福安市价格信息中心更名为“福安市价格监测中心”。

2005年，福安市物价局为正科级行政单位，核定行政编制5名，其中局长1名，副局长1名，内设综合股、价格股、收费管理股；下属单位有福安市物价检查所、福安市价格事务所。

第五章　质量技术监管

第一节　标准化管理

一、工业标准化管理

（一）标准化知识培训

1991—2002 年，福安市举办“GB/T 19000—ISO9000”标准体系、标准内部质量体系审核员“食品、服装、化肥、农药、钢筋、水泥、化妆品等标签标识”标准化知识宣传贯彻班、培训班以及讲座等，参训 2470 人次。2003 年，举办培训企业标准化管理人员学习班 2 期、参训 76 人次。2004 年，举办企业标准化培训班 1 期、参训人员 34 人；举办 GB/T 2828、宣传贯彻班 1 期，参训人员 70 人。2005 年，举办标准化人员岗位培训班 1 期、参训人员 35 人；举办 GB7718—2004《预包装食品标签通则》培训班 4 期，参训人员 230 人。

（二）采用国际标准

1991 年，福安市推进企业采用多项国际标准或国外先进标准。组织引导企业推行 GB/T 19000—ISO9000 标准内部体系，加强对船舶修造、电机电器、食品加工三大地方支柱产业生产厂家的检查，发现无标生产的、要求限期整改。1991—2005 年，引导福建亚南电机有限公司等 60 家企业推行 GB/T 19000—ISO9000 标准内部质量体系。至 2005 年，全市有 15 家企业分别采用国际标准或国外先进标准。

（三）强制性标准监督

1991—2005 年，福安市每年都对强制性标准实施监督检查，重点对支柱产业电机电器、食品加工、茶叶和关系民生的食品等企业的产品实施强制性标准监督，依法查处不符合产品生产标准的商品。

（四）企业采标制标

1991 年，福安市对 17 家工厂的执行标准进行审查、登记注册，对 6 种产品执行的标准进行注册，全市产品标准覆盖率达 96%，基本上消灭无标生产。1997—1999 年，对全市 25 家企业进行标准登记，对 12 个产品执行的标准进行注册，标准覆盖率 98%，并顺利通过福建省对消灭无标生产试点县（市）的验收。2000 年 2 月，省质量技术监督局通报福安市为消灭无标生产县（市）。2002 年，福安市质量技术监督局被评为“全省标准化先进单位”。至 2005 年年底，全市执行标准登记注册总数 282 家，其中，执行国家标准 213 家、行业标准 19 家、地方标准 18 家、企业标准 32 家。1991—2005 年，全市 17 家企业采标制标，2 家企业产品通过采标验收。

（五）推广使用商品条形码

1991 年，全市开始推行使用商品条形码，26 家企业注册使用商品条形码。至 2005 年年底，推广商品条码系统企业达 70 个。

二、农业标准化管理

1991—2001 年，福安市未实行农业标准化管理工作。2002—2005 年，推动市农业产品综合标准的制定，先后制定“绿茶”“绿竹（笋）丰产栽培”“巨峰葡萄”等省级地方标准，促进“坦洋工夫”省地方标准（DB35/T635—2005）的制定和国家标准的申报，推动并参与福安市首创新产品——“工艺花茶”省地方标准的制定以及“生姜”“穆阳水蜜桃”两项标准的编写。开展 DB35/T635—2005、DB35/T14819— 2001 等农业标准宣传推广，建立标准化示范区，促进福安“坦洋工夫”等茶产业和相关农产品的规范化、标准化、规模化生产。

第二节　计量监管

一、管理

1991—1993 年，全市 13 家乡镇企业通过计量达标验收，50 家企业通过三级计量考核、6 家企业通过二级计量考核、1 家企业通过一级计量考核，1 种计量器具新产品通过样机试验、2 家企业获得“计量器具许可证”、2 家医疗卫生单位通过计量达标考核。1994 年后，不实行计量定级、升级活动。1997 年 6 月，福安市人民政府批转市技术监督局、市工商局《关于在公众交易中禁止使用杆秤的意见》，规定：凡在本市公众交易中，使用衡器的单位和个人，必须在规定时间内逐步淘汰杆秤、使用经检定合格的电子秤或弹簧度盘秤。2001 年 1 月起，全市一律禁止使用杆秤。同年，实施“1112 强检工程”，帮助企业建立计量管理体系。全年累计对 3600 台水表、电表进行首检，合格率 100%。依法检定其他计量器具 1200 台（件），其中，强检器具 851 台（件）。2004 年，推动福建省计量所在福安成立检定站（福建省计量所唯一县级计量站），并负责检定站具体工作。首次有计划地在全市电机行业中开展计量检定工作，全市计量强检受检率，集贸市场为 80%、加油站为 100%、医院为 91%、企业为 86%。2005 年，在食品、蓄电池、电子等行业继续开展计量检定工作，促进企业加强计量技术基础，提高产品质量。

二、监督检查

1997 年，全市市场计量器具监督检查 150 批次，零售定量包装监督 12 批次。2001 年，加强对定量包装商品的监督，共检查 6 批次、合格 6 批次。加大对液化石油气的计量检查力度，出动 25 人次、检查 5 批次、抽检 126 瓶，对不合格的 2 批次依法进行处理、罚没款入库 0.5 万元。对验光及配镜企业使用的计量器具进行严格检查监督管理。2002 年，全市开展“计量执法周”活动，检查 8 个乡镇，3 家液化石油气充装站和 5 家液化石油气经营点、4 家加油站、8 家食品厂。同时，检查大米、面粉、啤酒、桶装水、饮料、冷冻食品、化妆品和药材等 26 批次的定量包装商品，对不合格者依法进行处罚和曝光。2003 年，定期、不定期地对 10 个乡镇和 4 家液化石油气充装站进行监督，要求在瓶口封上标明净重。实行短一赔二，并在市有线电视台上宣传、欢迎社会监督。结合餐桌污染治理，检查大米、面粉、啤酒、桶装水、饮料、冷冻食品、化妆品和药材 12 批次的定量包装商品，对短斤少两的欺诈行为依法进行处罚和曝光，共办理计量违法案件 2 起，罚没款入库 1.2 万元。2004 年，抽查定量包装商品 13 批次，对短斤少两的欺诈行为依法进行处罚和曝光。2005 年，抽查定量包装商品 23 批次，合格 22 批次、合格率 95.6%。对全市 5 家液化石油气充气站、7 家经营点的液化石油气重量进行抽检，合格率为 90%。

第三节　质量监管

一、茶叶质量专项整治

1999年，福安市设立“茶叶质量检测站”，对226家企业的238批次茶叶进行抽样检验，合格206批次、合格率86.55%，对掺杂使假的18家茶厂依法进行处罚，在3个乡镇街头进行现场实物销毁、有力打击违法者。2001年，全市开展茶叶质量专项整治打假行动。福安市质量技术监督局、市卫生执法大队和各乡镇政府、工商所、财政所联手，从生产条件、产品标准、工商登记入手，调查茶叶加工企业279家，共查获5批次4.2吨掺杂茶叶、分别依法严厉惩处。抽查148家企业148批次茶叶，个别企业农残和重金属超标、受到立案处理。2002年，全市抽检茶叶246批次，合格231批次、合格率93.90%，对15批次不合格和9家在茶叶中掺假的企业、依法进行处理。2003年，全市抽检茶叶259批次，合格247批次、合格率95.4%，对12批次不合格和6批次掺杂茶叶5.9吨，依法进行处理。2004年，全市抽检茶叶199批次，合格194批次、合格率97.49%，对农残和重金属超标的5批次和4起在茶叶中掺入白糖的违法案件、分别进行立案处理。2005年，全市共出动560人次，抽检196个企业的268批次成品茶、30批次茶青，覆盖全市茶叶产区的14个乡镇，查获掺入白糖违法生产茶叶案件7起、没收并销毁茶叶4560千克。

二、“食品放心工程”活动与食品质量安全整治

1998—2000年，福安市把“食品放心工程”活动列为“质量兴市”的一项重要内容，在省下达的大米、面粉、食用油，瓶装饮用水、白酒、酱油类等7类商品基础上，增加味精、线面2类商品。制定实施方案和考核办法，并加强监督。1998年，福安市质量技术监督局向社会公布推荐9家产品质量稳定企业，并与之签订产品质量合同，约定双方责任，让“质量安全”有章可循。同时，通过有线电视、福安报、宣传专栏、传单等形式进行宣传，利用“3·15活动”“质量宣传月”和年底质量信息发布会，向社会公布包括“放心工程”在内的产（商）品抽检结果，让购买者放心消费。1999年，结合“百城万店无假冒”及“清柜台、整市场”活动，开展专项检查，评选出13家“放心店”和14种“质量信誉好”产品。9月，举行纪念《中华人民共和国产品质量法》颁布六周年大会及表彰授牌活动，并在福安市有线电视上进行专题报道。2000年，全市积极开展创建“无假货示范街”。市质量技术监督局、宣传部、财委、文明办、工商局、团市委、街道办事处等部门对城关新街的66个商店调查摸底，指导检查，帮助企业建立质量管理制度、签订质量承诺书，并通过有线电视向社会宣传。2001年开始，全市开展治理“餐桌污染”、建设“食品放心工程”工作。2001—2002年，重点开展调味品专项治理。市质量技术监督局先摸清生产酱油、醋、鱼露等企业基本情况，协同市卫生局、工商局经常对生产企业和大中型调味品经营超市、商场进行检查，对不合格产（商）品进行处理，并帮助整改。2003年，成立“食品放心工程”联席会议办公室，出台《关于2003年度福安市治理“餐桌污染”建设“食品放心工程”工作方案》，市质量技术监督局先后8次与工商、卫生等部门联合行动，做好食品专业市场、节日市场及学生消费市场的检查监督，抽检酱油、食醋、茶叶、小麦粉、粮食复制品、食用油、大米、乳制品、罐头、饮料、糕点、酒类等280批次，合格266批次、合格率95%。查办案件4起，销毁假冒伪劣食品9批次，发出限期整改通知书12份。2004年，开展治理“餐桌污染”、建设“食品放心工程”活动，抽检食品115批次、查办案件11起，销毁假冒伪劣食品4批次、发出限整改通知书8份。

2005年，重点开展加工食品质量安全整治，开展食品添加剂使用的监督。省内“苏丹红”添加剂违法事件曝光后，福安市组成专项检查组，对涉及“苏丹红”的食品加工企业及时抽查送检，未发现使用“苏丹红”的产品。

三、酒类专项整治

1998年，福安市质监局、工商局、商业局等单位联合，先后组织364人次，对全市生产、流通领域的酒类进行全面检查，共抽查125个商店中的305批次白酒和1个生产厂家的1批次白酒产品。2005年5月，开展酒类专项整治，出动30人次，深入乡镇检查15家生产、销售白酒企业，未发现违法违规行为。

四、打击非法生产销售地条钢

1996年，福安市取缔生产地条钢。1996—2000年，全市多次组织开展地条钢专项整治，严厉打击地条钢、开口锭生产及使用。2001年6月，福安市质量技术监督局牵头组织公安、工商、电力、广播电视等部门，对尚未拆除的地条钢厂强行拆毁，并在福安有线电视上曝光。10月底，福建省、宁德市质量技术监督局对还在私自生产地条钢的企业，进行突击检查、依法处理。2002—2003年，全市继续保持对生产地条钢违法行为打击的高压态势。2004年，全市出动执法人员62人次，对全市地条钢生产企业依法进行查处。2005年，市质监、公安等部门联手，出动38人次，对仍违法生产的地条钢生产企业依法查处，没收其专用模具，电力部门对其予以彻底断电处置。

五、重点行业产品监督抽检

1991年，福安市质量技术监督局把福安的电机电器、船舶修造、食品三大支柱产业作为监督检验的重点，定为每年必检产品。1994年，成立福安产品质量检验所后，每年对电机电器产品抽检2次（上、下半年各1次）。1999年，对连续三年产品质量抽检合格的企业分别授予“产品质量稳定企业”称号，对1998至1999年连续两次监督抽检不合格的企业给予通报批评、黄牌警告，直至停业整顿。2003—2005年，采取定期抽检与自行检验相结合，实行常年滚动随机抽验，及时通报整治。1996—2005年，福安市先后抽查市内企业生产的电机电器、按摩器、汽车配件、电机配件、食品、建筑材料等产品8798批次，产品质量总体良好。

六、市场商品质量监督

1996年，福安市开展“净化农资建材市场、确保农资和建筑工程质量”专项检查。1997年春耕季节，组织81人次，检查农药、化肥、农膜、种子120批次。检查84个建材生产和经营企业，进行5个重点工程项目检查，保证建筑质量。1998年，全市抽查流通领域商品278批次，合格率63.2%、比上年增5.40%。重点检查水泥、钢材、农资、燃料油、食品、酒类。1999年，全市通过开展“质量建设年”活动，产（商）品质量大大提高，主要工业产品质量监督抽检合格率为77%，比上年提高10.4个百分点；商品质量监督抽检合格率71.93%，比上年提高9.61个百分点。1999—2005年，全市每年开展“查市场、保两节”“查农资、保春耕”“查建材、保建设”三大战役，市质监、工商、建委、供销、卫生、安办、电力等部门联手对农资、建材、液化石油气及其钢瓶、低压电器、烟花爆竹、食品、酒类、茶叶、饮用水、化妆品、服装等大宗商品加大监督力度，共抽检2366批次。2003年，“非典”期间，市质监、工商、卫生、药监等部门组成检查组，对全市食品以及与“非典”有关的保健品、口罩、消毒剂等产品开展检查，共抽查食品56批次，体温计6批次，口罩5批次，查封并没收一批不合格商品。

七、组织协调“打假”行动

1991—1995年，福安市的“打假”工作由相关职能部门组织开展。1996年，福安市成立打击生产和经销假冒伪劣商品领导小组，组长由分管副市长担任，成员单位有市质量技术监督局、工商局、卫生局、公安局、经委、烟酒专卖局等16个单位，下设办公室（以下简称“打假办”），负责日常工作、办公地点在市质量技术监督局内。同年，在重点乡镇的集贸市场，商业街、车站、码头设立假冒伪劣产（商）品举报电话牌。重点检查建材、农资、食品、机电、化妆品等行业产（商）品，共查出假冒伪劣商品220批次、价值近500万元。1999年“3·15”活动期间，市人大、质监、工商、电力等部门联合行动，检查19家电器商店，对货值达15万元的假冒伪劣商品进行处罚。2000年3月15日，市质监、工商、卫生、消委会联合开展销毁假冒伪劣商品活动和大型咨询服务活动，向群众宣传有关法律法规，传授识假辨真知识。2001年，全市查获假冒伪劣商品价值22.32万元，查封制售假货窝点13个。2002年，全市查获假冒伪劣产（商）品价值近130万元，销毁假冒伪劣产（商）品标值30万元，查封制售假窝点16个。2003年，全市查获假冒伪劣商品标值206万元，查封制售假窝点14个。2005年，全市年出动660人次，检查398家企业、销毁一批假劣产（商）品。

八、管理与专业人员培训

1996年，福安市有82名企业法人代表参加质量体系和质量认证知识培训，培训质量管理员574人次。同时，福安市质量技术监督局对加强电机电器行业质量管理做出具体规定，以文件形式下发各企业遵照执行。1998年，福安市开展“质量兴市”活动，成立以市长为组长的市“质量兴市”工作领导小组，指导协调质量兴市工作。全年参加质量知识培训380人次。1999年，全面启动“质量兴市”工作，福安市被列为全省开展“质量兴市”活动试点县（市）。市政府分别行文印发“质量兴市”“质量建设年”活动实施方案及考评办法，将质量工作列入乡镇和有关部门主要领导的政绩考核内容，举办2期GB/T 19000—ISO9000标准内部质量体系审核员培训班，参训80人。2000年，福安市颁布“质量兴市”工作计划，决定从2000年开始，获得省名牌产品的奖励5万元，获全国名牌产品的奖励10万元。举办1期企业内审员培训班，培训29人。2002年，福安推进质量认证工作。举办2期企业内审员培训班，参训75人。推动质量认证从工业扩大到建筑、车站等服务行业。2003年，完成100多家规模以上企业的质量普查登记，举办企业内审员和QS知识培训班3期、培训79人。2004年，工业企业继续开展质量普查，举办企业内审员培训班1期、参训36人。2005年，举办食品加工企业质量安全市场准入考核规范宣贯班3期、GB7718—2004“预包装食品标签通则”培训班1期，参训135人。紫菜加工龙头企业福建申石蓝食品公司及海蜇加工企业福安市东贵食品有限公司通过ISO9000和HACCP认证。福建品品香茶叶有限公司、福建省天湖茶叶有限公司被评为省“质量管理先进单位”。建立乡镇质量技术协管员制度，首届20名乡镇质量技术协管员接受培训后上岗，协助市质量技术监督局打假责任组开展日常巡查、提供质监案件线索，并协助案件查处和案件处理后的跟踪、服务工作。

九、质量监督与认证工作

2002年，福安市与福建省标准情报研究所联手，在全市推动质量管理体系认证工作，首次在质量监督系统内部实现省级机构技术优势与地方资源优势相结合。2003年，推动全市开展小功率电动机“3C”认证工作。2002—2005年，全市完成126家电机企业调查摸底工作及年度电机产品质量分析报告，为市政府产业发展决策提供参考。

第四节　代码注册与产（商）品标识管理

1991—2000年，福安市共有11600个企事业单位办理代码注册。1993年，福安市成立统一代码标识制度领导小组。1996年后，全市每年都进行企事业代码的注册和到期代码证书的换证年检及变更工作。2000年，根据省代码办的要求，应用软件第一次升级，实现与省代码办的计算机联网和网上即时赋码。2003年，从依法查标识的单一执法转入查标准化、质量计量、安监、代码等综合执法。2000—2005年，福安市累计办理代码2017份、条码70家。

1996—1997年，福安市结合贯彻《中华人民共和国标准化法》《中华人民共和国产品质量法》及国家技术监督局《查处食品标签违法行为规定》等法律法规，调整充实市统一代码标识制度领导小组，举办“标签通用标准（GB7718—1994）”及“消费品使用说明化妆品通用标签（GB5296.3—1995）”培训班各3场，推动企业开展自查自纠，出动工作人员100多人次开展执法检查，规范流通领域预包装食品及化妆品标签标注行为。1998年，贯彻国家质量技术监督局《产品标识标注管理规定》，举办食品、化妆品等标签标识培训班、讲座等4期，累计培训400人次，全市执行食品、化妆品标识标注企业达到150家。2005年，举办“预包装食品标签通则（GB7718—2004）”培训班4期，参训人员230人。同年，全市食品、化妆品标识标注企业达到210家。

第五节　特种设备安全监管

1991年以来，福安市劳动行政管理部门加强对锅炉、压力容器等特种设备进行检查、专查、年检、监察。1991—2002年，每年召开一次全市性的企业安全会议，推广罐头厂锅炉房管理经验，对全市使用的锅炉进行定期检查和锅炉房管理考核，负责锅炉过户、检验、安装验收和事故处理等。对全市110家液化气石油站进行安全检查，取缔无证经营户；对船舶企业进行安全检查，对电梯、起重机等设备进行年检、验证；对液化气钢瓶进行注册登记，停用劣质液化气瓶，对液化气充装站进行检验；对土容器、土锅炉予以取缔；拆除锅炉容器中使用的不规范配（附）件。共年检锅炉158台次，废除土锅炉、土容器9台，检验、验收、验证起重机和电梯29台次；整治打火机生产企业111家，检查船舶企业5家，参与认可液化气经营点17家；注册登记液化气瓶1万多个，检验液化气充气站3个。

2000—2002年，全市重点抓宣传、培训和锅炉、压力容器、压力管道、特种设备的普查。通过福安广播电视台的广播、电视，《福安报》、宣传栏、宣传手册、传单的宣传，以及函告、咨询、公告、座谈会等形式广泛宣传。举办10期培训班，培训各大类特种作业人员531人次。至2002年年底，全市共有锅炉156台、压力容器202台、液化石油气储罐14个、储氧罐1个、电梯45台、起重机械271台、厂内机动车辆15台、游乐设施1套、汽车槽车2部等，这些设备都通过电脑进行登记、管控；普查登记率和准确率均达100%，并通过省、市级验收。2001年，对液化石油气市场、起重机械、锅炉进行重点整治，出动289人次对79家工矿企业进行安全监察，立案13起、罚没款5.93万元。

2002年，在做好特种设备检验的同时，对全市13300只过期未检液化石油气钢瓶进行强检，办理案件6起、罚没款4.7万元。2003年3月，特种设备安全工作及人员根据上级规定移交福安市技术监察

开展液化石油气钢瓶的安全检查（2002 年）

局管理。同年，全市在做好特种设备全面普查基础上，抓好对土锅炉、土制压力容器、土制起重机械的治理，共销毁土锅炉 12 台、土容器 13 台、整治土制起重机 11 台。查处案件 8 起，罚没款 6.8 万元、发出监察整改通知书 28 份。开展液化石油气钢瓶的普查整治工作，完成液化石油气钢瓶挂牌、建档 8.9 万只，检验过期钢瓶 1.7 万只。8 月 13 日，全省气瓶普查整治工作会议在福安召开，福安市做典型介绍。2004 年，福安市开展压力管道专项普查，全市 14 个乡镇、完成 12 个乡镇，共普查 47 家压力管道使用单位、计算机录入登记压力管道总长度为 17.6 千米，其中 GC2 级工业管道 4.08 千米，GC3 级工业管道 13.52 千米。全年出动 634 人次、检查企业 144 家，查处事故隐患 163 条、拆毁废旧锅炉压力容器 1 个、查封报废气瓶 795 个，发出监察整改通知书 41 份、责令整改单位 37 个，查处案件 19 起、结案 14 起，罚没款入库 5.5 万元。2005 年，福安市成立以分管安全工作的副市长为组长，市质监局、安监局、经贸局、公安局、交通局、税务局、劳动局、工商局及相关乡镇、街道办事处、开发区管委会为成员单位的土制起重机械设备专项整治领导小组，并召开专门整治工作会议进行布置。培训起重机械操作人员 4 期 225 人，监察、检验起重机械 229 台，其中，沿海码头 34 台；检验合格 22 台，对 4 台发出监护使用牌、报废 8 台。全年共出动 1217 人次，对 396 家企业进行安全巡查，查处案件 20 起，报废、拆毁在使用的不合格特种设备 1287 台（套），检验液化石油气气瓶 21989 个。

第六节　机构

福安市质量技术监督局

1991 年，福安市计量所内设办公室、监督股、综合股。1994 年 5 月，成立福安市技术监督局，为副科级事业单位；人员编制 10 人，其中，局长 1 名。内设办公室、监督股（稽查队）综合管理股，下属单位有产品质量检验所、编制 5 人。1997 年，福安市技术监督局更名为福安市质量技术监督局、为正科级单位，编制人员不变、内设机构不变、下属单位不变。2005 年，福安市技术监督局人员编制及内设机构不变，设有局长 1 名、副局长 2 名。

第六章　食品药品监管

第一节　食品监管

1991年，福安市每年进行2～3次全市食品卫生大检查。1995年，成立福安市卫生执法大队，食品卫生监督工作逐步走上经常化、法治化。加强食品、食品添加剂、食品容器、包装材料和食用工具、设备、消毒剂以及食品生产经营场所、设施和环境的卫生监督监测。开展对上市牛奶、饮料、水产品、桶（瓶）装饮用水、调味品、熟制食品、酒类和学校食堂、餐饮店的专项治理工作。对不依法从业的食品生产经营单位实施警告、罚款、限期改正，依法销毁变质、污染不洁，以及掺杂、掺假、伪造生产日期、超过保质期等不符合食品卫生标准的食品。对饮食行业餐饮具的洗涤、消毒情况进行检查，落实食品从业人员每年进行一次的健康检查，发现“五病”（病毒性肝炎、肺结核、化脓性皮肤病、痢疾、伤寒）人员立即调离。各类食品抽样检验合格率不断提高，从1991年的86.7%提高到2005年的92.7%，食具消毒逐步规范；1995年以后食具消毒考核合格率均达90%以上。

1998年，上白石镇发生一起群体食物中毒，经查明9名学生因采食被有机磷农药污染的山枇杷和野草莓导致中毒，病人及时得到救治。

1999年，多次组织开展对夜市食品、街头食品、餐饮业、夏季饮料市场、调味品生产厂家检查整顿，提高食品安全卫生质量。加大行政处罚力度，对31户不符合规范的生产经营者罚款1.24万元，销毁变质、超过保质期限的食品1600多千克、价值7万多元。

2001年，开展治理“餐桌污染”建设“食品放心工程”活动，组织全市食品大检查4次。对城区12户水产品浸泡甲醛的黄瓜鱼、鱿鱼、银鱼等156千克当场销毁，没收霉变劣质大米800千克。

2002年，在福安市区建立卫生食品示范窗口12个。查封非法食品经营窝点3个，没收销毁变质伪劣食品3.09吨、罚款1.2万元。

2003年，福安市成立卫生监督所，将卫生执法大队并入合署办公、人员增至28人。当年食品卫生监督推行量化分级管理，对象为中型以上餐饮业、学校食堂、直接饮用水生产企业和其他自行申报的食品生产经营单位。卫生监督部门按其卫生许可审查和经常性卫生监督的评估情况，应用危险性评估原则评定卫生信誉（分级为A、B、C、D四级），使食品卫生监察走上规范化、程序化。4月，开展“非典”专项执法检查。重点对104国道等公路沿线的饮食店进行检查，责令不具备卫生条件要求的饭店全部停止营业。加强卫生准入管理和生产过程的监督管理，减少食品二次污染。

2004年，全市开展高致病禽流感疫情期间的禽肉市场专项检查，查处违法经营禽肉产品2起。当年8月，受18号“艾利”台风的影响，洪水淹没城区和坂中等地。执法人员深入灾区对受淹食品、变质食品或受污染的食品进行检查和销毁，共销毁受浸或污染大米、大豆、花生、精面等16.1吨，冷冻食品3吨，包装食品3吨，调味品150千克。查封2家劣质米粉加工窝点，销毁陈化粮1500千克。

2005年3月，在公安人员的配合下，在罗江大留村查封一家非法加工粉干窝点。5月对城区、赛岐部分农贸市场的咸黄瓜鱼、咸带鱼、鲜龙头鱼和本地米酒进行抽样检查，发现含有有机磷和甲醛，立即对不合格的货品进行封存、立案处理。7月，在官村查封一家榨菜加工厂和用变质陈化粮酿酒的黑窝点，并在电视上曝光。全年没收销毁变质伪劣食品18.7吨，行政处罚20起、罚款7.04万元。

2002—2005年，在福安市电视台发布食品预警公告10起，提醒市民严谨慎购食、防“病从口入”。

表15—9 1991—2005年福安市食品卫生监督情况表

年份	经营人员体检数（人）	经营户			监督户次（户）
		发（验）证数（户）	发证率	“五病”调离人数（人）	
1991	3869	1733	99.6%	25	10238
1992	4290	2195	99.3%	66	8698
1993	4164	2255	98.9%	52	18115
1994	4084	2280	100.0%	34	18216
1995	3175	2280	100.0%	67	10672
1996	3328	1981	80.87%	35	9947
1997	4323	1812	97.9%	24	8300
1998	3950	1931	98.2%	65	8434
1999	3357	1839	98.3%	63	8430
2000	3146	1862	98.9%	61	9648
2001	3142	1851	98.8%	63	7828
2002	3506	1873	99.1%	89	6786
2003	3403	1859	98.9%	68	6921
2004	3953	1981	99.6%	58	6905
2005	5110	2001	99.8%	175	7040

表15—10 1991—2005年福安市食品卫生质量抽检情况表

单位：份

年 份	抽检数	合格数	合格率
1991	618	536	86.73%
1992	606	532	87.79%
1993	616	530	86.04%
1994	601	517	86.02%
1995	685	583	85.11%

续表 15—10

年　份	抽检数	合格数	合格率
1996	667	569	85.31%
1997	682	669	98.09%
1998	461	397	86.12%
1999	472	405	85.81%
2000	576	493	85.59%
2001	558	479	85.84%
2002	528	452	85.61%
2003	533	479	89.87%
2004	605	562	92.89%
2005	593	550	92.75%

第二节　药品管理

一、药品经营企业准入制度

1991 年至 2001 年 11 月，福安市卫生局负责药品经营管理监督工作，实行药品经营企业许可证持证经营制度。根据《中华人民共和国药品管理法》规定，开办药品经营企业必须具备以下条件：(1) 具有依法经过资格认定的药学技术人员；(2) 具有与所经营药品相适应的营业场所、设备、仓储设施、卫生环境；(3) 具有与所经营药品相适应的质量管理机构或者人员；(4) 具有保证所经营药品质量的规章制度。开办药品批发企业，须经企业所在地省、自治区、直辖市人民政府药品监督管理部门批准并发给药品经营许可证；开办药品零售企业，须经企业所在地市级以上地方药品监督管理部门批准并发给药品经营许可证，凭药品经营许可证到工商行政管理部门办理登记注册。无药品经营许可证的，不得经营药品。药品经营企业许可证由市卫生局申报宁德地区卫生局批准发放。1991 年，福安市医药公司下设零售连锁药店 28 家，其中福安城关 16 家、赛岐镇 7 家、穆阳镇 5 家。按"公司所有、责任经营、自负盈亏、照章纳税"的原则交由职工进行承包责任制经营。宁德地区医药站及个体户随后陆续在福安城关增设药店、至 1998 年开张 15 家；其中，宁德地区医药站下属药店 7 家，个体户药店 8 家。

2001 年 12 月，市食品药品监督管理局成立后，承担药品经营监管工作，全市药店继续实行药品经营企业许可证持证经营制度。

2004 年 2 月 4 日，福安市执行国家食品药品监督管理局第 6 号令颁发的药品经营许可证管理办法，规定开办药品批发企业，应符合省药品批发企业合理布局的要求，并符合相关设置标准。

同时，要求经营处方药的企业质量管理负责人应具备城市（含县级市）药师和中药师以上技术职称。2004 年，福安市医药公司施行 GSP（药品经营质量管理规范）管理，陆续精简下属药店至 18 家。同年，福建省宜又佳医药连锁有限公司在福安开设连锁店。2005年，药品经营企业准入制度不变。福安城关药店达40多家，大部分为个体私营药店。

二、疫情与二类精神药品及药械监管

市医药公司化验室（1998年）

1991年后，疫情与二类精神药品类特殊药品由福安市卫生局管理，药品主要由宁德地区医药站和福安市医药有限公司供应。自1998年起，福安市医药公司逐步发展成为闽东医药供应龙头企业，成为承接疫情药品供应的主渠道。2001年11月，成立福安市食品药品监督管理局，承担原市卫生局管理疫情与二类精神药品的职能。2002—2005年，全市每月开展精神药品专项检查，对二类精神药品批发企业检查次数达4次；对二级以上医疗机构、中心卫生院的检查次数达2次以上，重点抓好以下工作：准确审核医疗机构特药使用量，防止特殊药品流入非法渠道；强化对二类精神药品批发企业的监管，按要求建立检查记录；要求特殊药品经营、使用单位严格落实国家有关规定，建立专账并按规定经营、使用特殊药品；督促诊所、卫生所建立购销使用登记表，凭处方使用二类精神药品。2003年，经过福建省药品监督管理局验收，福安市医药有限公司等10家企业被认定为宁德市二类精神药品批发经营单位。

截至2005年年底，福安市尚无医院自制制剂，辖区内也未出现医疗机构使用“无小包装制剂”、制剂包装无规范的标签、说明书投入使用、制剂发生流弊等现象。同时开展药物不良反应监测：制定宣传计划，组织ADR（药品不良反应）业务培训，落实监测任务，督促医疗机构做好药物不良反应报告工作。至2005年年底，上报ADR共55例。开展温热理疗产品、博士伦眼睛护理产品、零售药品兼营医疗器械情况、一次性使用无菌医疗器械使用后销毁等专项监督检查，加强对涉药单位经营、使用医疗器械情况的日常监管。福安市万特医疗器械有限公司、辖区内隐形眼镜及各类医疗器械经营店等10家顺利通过“医疗器械生产许可证”验收；福安市普力得医疗器械电子有限公司顺利通过省级企业质量体系考核。查处医疗器械违法案件1起、取缔无证经营1家，没收质量不合格和无证经营的医疗器械53种次、价值500多元，罚款1000元。

附：福建闽东医药集团有限公司简介

福建闽东医药集团有限公司，前身是国企福安市医药公司，创建于1956年，公司地址福安市新华中路6号。1995年，公司采取精简机构、压缩富余人员等改革措施，彻底打破国有企业“大锅饭”和“干好干坏一个样”的弊端，建立新型按劳取酬管理体制；对外引进人才及由福建省医药公司在省内总经销、总代理的医药品种。经过三年努力，企业脱颖而出，各项经济指标名列全区医药行业第一位，奠定了宁德市医药行业在区内龙头企业地位。1998年，经福安市政府批准更名为福安市医药总公司，升格为副科级单位（1999年为正科级单位）。2000年7月，公司作为全市商业企业改制试点单位进行股份制改造，以“产权明晰、职责分明”为企业运作要求，以部分资产量化为条件，对279名原企业职工身份进行置换，将企业改制为国有股、职工个人股、社会保障股并存的有限责任公司，组建福建省福安市医药有限公司。2004年，企业收购南平建瓯市济生堂医药有限公司。

公司改制后，完善法人治理机构，健全决策、执行、监督三方相制衡的现代管理模式，推进企业制度化、民主管理化进程；组建现代物流配送中心，规范连锁药店经营，开拓区域终端销售市场，实现网点布局连销规模化经营。同时，坚持“质量第一、信誉第一”的经营方针，按照GSP管理标准实行药品质量“一票否决权”和“谁购进谁负责”等，严格执行质量管理规章制度，确保伪劣药品“进不来、出不去”。企业先后获得“全国医药行业十大诚信企业”“全省医药系统优秀企业”“福建省第三产业300家大企业”“宁德市文明单位”等称号。2007年，收购福建三江医药有限公司。2008年4月，经福安市政府批准，组建福建闽东医药集团有限公司。2011年，由于企业发展的需要，企业将名下的南平建瓯市济生堂医药有限公司和福建三江医药有限公司分别与中国医药集团重组合作，组建国药控股宁德有限公司和国药控股南平有限公司（央企），企业员工并入国药控股公司系列，成为央企员工。

三、药品市场监管

（一）药品检查

1991年，福安市工商、计量、税务、卫生等部门，组织7次药品质量检查，检查城关、赛岐、穆阳等地医药单位486家，受检药品171952种次。检出假药39种次、劣药640种次、霉变失效药475种，销毁变质失效药79种、价值18.12万元，查处药品违法案件37起、罚款0.7万元。1993年，检查药品12840种次，销毁假劣药品367种次、罚款0.98万元、没收药品59种金额1.7万元。市药检所抽检药品109件次，对78件次不合格药品予以相应处罚。1994年，组织6次市场上出售药品的检查，整顿医药单位165家次。在城北步下村查获一假药制造点，查获假中华鳖精、刺五加蛤蚧精、藿香正气水58件，价值10万余元、没收物品价值2万余元。抽检药品37件，其中中药23件、中成药12件、西药2件，对不合格的35件予以查处。1995年，开展“药品质量全市行”活动，检查12个乡镇医药单位267家、抽检药品128件，对不合格109件药品予以查处、没收伪劣药品219件0.7万元；药品经营店换证38家，核发药柜（房）证419个、发证率82%。1996年，全市进一步加强药品市场整顿，对已撤销的闽东药材市场跟踪督查；检查药品2万多种，查处假劣药品200种。完成药品经营店换证26家，取缔违反新修订的《中华人民共和国药品管理法》（以下简称《药品管理法》）药店5家、个体药品批发站9家，查处药品违法案件10起、罚款4.8万元。3月15日，开展《药品管理法》宣传、咨询活动，公开销毁伪劣药品140多种、价值4万余元。9月中旬，在城区封存1家制售假藿香正气水窝点，查获假药50箱、价值1万元。10月底，在溪潭抓获贩卖假药贩，没收“海狗丸”129盒、罚款0.67万元。1997年，出台《福安市人民政府关于清理整顿医疗药品市场的通知》，先后组织600人次对18个乡镇和城区的药品市场进行检查，查处药品10050种次、查获假劣药品510种；取缔非法经营个体药店54家，销毁不合格药品220种、价值5万元。1998年，检查300多家医疗单位和药店，查出不合格药品300多种次、价值0.8万元，取缔无证经营医药店11家。1999年，查处不合格药品385种次，价值3.6万元、罚款1.2万元，抽检药品110件、合格率84%。2000年，福安市出台《开展清理整顿医药市场工作实施方案》，组织药监人员180人次、检查医药单位和个体医药店287个，检查药品700种次、不合格54种次。抽检药品315种次，合格率87.1%，查处贩卖假劣药案26起、取缔无证药店5家，没收药品357件、价值

23万元。2001年，抽检药品113件，不合格83件；组织医药市场检查16次、检查医药经营单位675家，查处假劣药54种、价值2.6万元，取缔无证经营药店5家、查处药贩12起，没收药品34件、价值6万元。同年8月，查封地下酒精厂1家、没收生产原料468斤。2001年11月20日，福安市食品药品监督管理局正式成立。2002—2005年，累计出动执法人员1771人次，检查涉药单位1590家次，取缔无证经营2家、查处药品药械违法经营案件77起（其中医药器械案件1起），结案58起、案值30.53万元，没收药品药械412种次，罚没款49.26万元、上缴财政33.2万元。

（二）市场监督与供应网络建设

从2000年至2005年年底，福安市共聘请药品市场“三员”（监督员、协管员、信息员）471人，其中县（市）级监督员5名、乡（镇）级协管员35名，村级信息员431名，覆盖全市21个乡镇（街道办事处）、100%的行政村，其中，一村一人的占96.3%。基本构成“政府搭台、部门联动、群众参与”的监管模式。

全市实现所有行政村的药品配送。共发放药品配送员服务卡114张，覆盖全市18个乡镇和3个街道办事处以及427个行政村，实现药品直接配送或委托代购到位，分别占全市乡镇（街道办事处）和村数的100%和96.1%。

（三）医药市场监管

全市监督实施GSP认证，至2005年年底，正式受理8家、现场检查办理8家次、代省局发证8家。对1家药品批发企业、1家连锁企业及16家门点和6家零售企业跟踪检查，召开3次GSP认证工作培训班。以医保定点药店为重点，不定期抽查驻店药师在岗和处方药销售情况。联合市工商、卫生、广电等部门，开展药品药械经营和保健品广告专项整治。结合“3·15”活动等，在地方有线电视等新闻媒体上滚动播放“合理用药，正确使用抗菌药物”标语宣传，要求引导涉药单位和群众正确使用抗生素。组织对全市21家医疗机构药房、药库验收评比检查。通过“三抓”（抓宣传教育、抓帮促指导、抓责任落实），规范乡镇代购点管理。至2005年年底，全市8个乡镇卫生院仓库基本配置空调、货架、温湿度计，建立健全验收、储存等各种制度。在办理的16件行政许可中，未出现差错和被投诉的情况。

四、地方药材经营管理

1991年以来，福安市开展地产药材药源普查，调查显示，福安市域共有地产药材748种（含引种、试种），其中应用于临床上的常见地产药材有150多种。现原植物药类家种大宗品种中的菊花、麦冬种植面积显著减少，红花因无人种植已绝迹。地方药材中的稀有品种如玉竹、威灵仙也几乎绝迹。由于物种消失及无人采集等原因，地产药材种类逐渐减少，应用于临床上的常见地产药材已有部分成为稀少药材，如：植物类品种中的浮小麦、建砂仁、土黄芪、土巴戟、南山楂、紫荆皮等已濒临绝种；厚朴及厚朴花种植面积大幅度缩小、产量急剧下降，仅余蟾溪等个别林场仍有少量种植；野生药材茯神由于货源稀少且无人采集，基本上靠外采购供应。

福安市医药公司由于药材采购工作成绩显著，被省医药管理局授予“九五”期间药材生产收购工作先进集体荣誉称号。市医药公司加工制作约100种饮片，其中制作的大宗常用饮片有生地、熟地、半夏、苍术、白术、郁金、黄芪、黄精、栀子、枳壳、乌梅、麦芽、谷芽、甘草、海风藤、远志、紫菀、淮山等。2003年1月开始实施GSP认证工作后，按规定实行饮片袋装销售，并向江西樟树庆仁中药饮片厂以及安徽亳州等地获 GMP 认证企业购进饮片；不具备 GMP 认证资质的药店及医疗单位，不再自行制作销售饮片。

第三节　机构

福安市食品药品监督管理局

1991 年，福安市医药监管由市卫生局药政股负责，配备 2 名药品管理监督员，各乡镇卫生院配有兼职监督员。1992 年，成立福安市药品检验所专职负责。2001 年 11 月，成立福安市食品药品监督管理局，隶属省食品药品监督管理局垂直管理，属全额拨款行政单位。内设综合股、药管股、稽查股、财务室、纪检监察室，有干部职工 17 人。2005 年，机构、人员编制、领导职数等均不变。

第七章　工商行政管理

第一节　市场建设

1991年后，福安市工商局加强市场建设与管理，当年赛岐镇市场被国家技术监督局、工商总局评为“全国计量先进集贸市场”。1993年，溪柄镇市场投入使用，建筑面积864.46平方米、投资40.46万元；范坑乡市场也投入使用，建筑面积117.18平方米、投资9.33万元。1994年，先后有晓洋乡市场投入使用，建筑面积325.31平方米、投资23.42万元；湾坞乡市场投入使用，建筑面积317.25平方米、投资25.55万元；穆云畲族乡农贸市场投入使用，建筑面积1000平方米、投资30万元；潭头乡市场投入使用，建筑面积399平方米、投资20.89万元。1995年，溪潭乡市场投入使用，建筑面积183.16平方米、投资31.50万元；松罗乡市场投入使用，建筑面积547.82平方米、投资25.58万元；康厝畲族乡市场投入使用，建筑面积531.93平方米、投资31.50万元；城北荷塘坪市场投入使用，建筑面积2200平方米、投资60万元。

第二节　市场监管

一、整顿和规范市场经营秩序

1991—1995年，福安市工商局重点开展农贸市场经营管理整顿，做到“摊归位、货归类”。

1996—1999年，市工商局开展打击走私贩私、投机倒把活动，建立多层次举报网络、设立举报电话，开展酒类市场、农贸市场和文化市场的专项整治。2000年，市工商局共查处各类经济违法违章案件929起，查封制售假冒伪劣商品窝点12个。

2001—2005年，福安市贯彻《国务院关于整顿和规范市场经济秩序的决定》，按照省、宁德市部署，由福安市经委（经贸局）牵头，市财政、工商、税务、金融、质监、劳动、安监、土地、建设、教育等部门按照各自职能职责，开展为期5年的整顿和规范市场经营秩序工作，促进市场经营依法、规范、有序。2001年，全市开展以打击制售假冒伪劣商品、整顿和规范建筑市场、强化和规范税收征管和金融秩序，打击地方保护主义、整顿文化市场，强化安全生产监察6个专项及餐桌污染治理为主要内容的市场整顿规范工作。市工商系统全年出动执法人员3203人（次），检查整顿各类市场1902个（次）、经营单位5573户（次），出动车辆470辆（次）、查处“三无”企业28户、取缔无照经营123户；查处各类经济违法违章案件718起，罚没款入库78.8万元；受理消费者投诉250件，为消费者挽回经济损失36.6万元。

2002年，全市深入开展与集贸市场、建筑市场、金融市场、税收征管、餐桌污染治理、安全生产监察等专项整顿和规范工作。市工商系统全年出动执法人员4856人（次），检查整顿各类市场327个（次）、经营单位9766户（次），出动车辆708辆（次）、取缔无照经营236户；查处各类经济违法违章案件914起，罚没款入库116.36万元；为消费者挽回经济损失52万元。

福安市工商干部稽查整顿春节市场

2003年，全市各有关部门落实整顿和规范市场经济秩序工作行政督查和责任追究制，组织开展打击制造售假冒伪劣商品、毒鼠强、整顿和规范船舶修造业、成品油市场、建筑市场、农资市场、土地市场、劳动力市场、文化市场、税收秩序、价格秩序、安全生产、化学危险品、矿山安全及餐桌污染治理等专项整顿治理工作。市工商系统全年查处各类经济违法违章案件649起，案值369.38万元，罚没款入库152.68万元；受理消费者投诉345件，为消费者挽回经济损失93.78万元。

2004年，全市继续深入开展打击制售假冒伪劣商品和毒鼠强，整顿电机电器、船舶修造、铸钢行业，成品油、建筑、农资、房地产、劳务、文化、民爆器材和烟花爆竹等市场；开展道路交通、海上运输、内河运输、特种设备、建筑安全、学校安全、汽车维修、化学危险品生产与运输等专项整顿治理工作。市工商局全年查处各类经济违法违章案件524起、案值2216.2万元、罚没入库166.59万元；受理消费者投诉503件，为消费者挽回经济损失118.31万元。

2005年，全市深入开展打击制售假冒伪劣商品、虚假广告、商业欺诈、传销和变相传销等专项行动和铸钢、文化市场、税收秩序、食品安全、安全生产、知识产权及药品、成品油、建筑、医疗、房地产、建材、农资、外贸、烟花爆竹市场等专项整顿治理规范工作。市工商局全年查处各类经济违法违章案件581起、罚没款入库178万元，受理消费者投诉655件，为消费者挽回经济损失253.39万元；检查农资生产经营企业587户（次）、取缔无照经营3户、超范围经营3户，查扣不合格化肥32.82吨、农药3703瓶，销毁“敌敌畏”“甲胺磷”等农资产品4316包（瓶）；查封制假售假窝点14个、没收侵权商品64436件、没收侵权商标标识17207件，移送司法机关追究的刑事案件5起。

二、查处违法案件

1991年，全市共查处市场经营违法违章案件405起、案值1087万元，其中，万元以上大要案56起、罚没款入库336万元。查获的主要物资有：进口小汽车158辆、香烟12.65万条、走私布料1.03万米、美元2.99万元、录像带4450盒、打火机443个、摩托车32辆、黄金1350克、录放机108台、煤炭200吨。

1992—1995年，全市累计查获各类案件637起，万元以上案件162起，取缔制假商点19个、罚没款入库439万元，查获的主要物资有：卷烟93665条、进口小车18辆、走私布料23663米、进口摩托车52辆、录放机52台、录像磁带2128盒、冒牌卷烟227383条、酒1120箱、黄金2058克、进口西洋参12000克、木材183立方米、劣质化肥45050千克、农药365瓶，销毁假冒伪劣商品价值647万元。其间，1993年1月9日，查获霞浦县陈某非法倒卖的云南“小熊猫”卷烟6500条，罚款3万元；2月17日，查获某船舶机电企业非法购买的进口汽车3辆、罚款6.16万元。

1996—2000年，全市累计查处各类违法违章经济案件2159起、案值1633万元，罚没款入库329.4万元，查获的主要物资有走私卷烟1.15万条、冒牌卷烟3.27万条，进口服装3000件，伪劣白酒2867瓶，假冒伪劣化肥148吨，伪劣农药、种子800千克；收缴非法盗版VCD视盘5048片、劣质饮料787瓶；捣毁制假窝点19个；取缔无照经营284户，查获假冒伪劣商品价值2543万元。查处福安农药厂经营部伪造农药含量标识、牟取非法利润及福安市植保服务公司赛岐服务站非法倒卖化肥案件，查获非法经营的化肥120吨、农药31吨、种子1.8吨，处罚3.2万元，保护了农民的合法权益。1998年，捣毁溪柄黄兰村马某制售假高档白酒窝点，查扣假酒691瓶、假商标标识1280套，案值23万元。

2001—2004年，全市累计查处非法拼装汽车、制假售假等违法案件2335起，罚没款入库447.65万元，取缔无照经营434户、捣毁制假窝点113个。查获的主要物资有：非法出版物1.49万本、盗版音像制品1.17万张、劣质地条钢771吨、电脑主机276台、污染蔬菜7436.5千克、过期食品1.67万包、私宰猪肉1738千克、浸泡水产品694千克、变质大米114吨、“黑心棉”垫被1859床、假酒3455箱、不合格味精2500千克、伪劣化肥40吨、冒牌“绿箭”和“黄箭”口香糖154箱，查处网络传销窝点2个、对当事人罚款5.9万元。

2005年，市工商局查处各类案件581起，罚没入库178万元。查获的主要物资有：劣质食品302千克、假劣酒6395瓶、掺杂茶叶90千克、含“苏丹红”辣椒油71瓶、劣质粮食600千克、水泥193包、不合格化肥32.82吨、农药3703瓶、地条钢87.16吨、盗版VCD3250片、冒牌“绿箭”口香糖138箱、水泵200台、电机386台、洗洁精248箱、走私手机47部、变质食品1520包（瓶），销毁“敌敌畏”“甲胺磷”等市场禁售农药4316包（瓶）。

第三节　企业登记管理

一、企业登记发证

1991年，福安市私营企业登记发证309户、从业人员4318人、注册资金2251万元；集体企业登记发证37户、注册资金1978.7万元。1998年，福安市政府落实《中华人民共和国私营企业条例》，出台相关政策、推动私营企业发展，当年私营企业登记发证673户、从业人员7082人、注册资金2.02亿元。同年，集体企业登记发证46户、注册资金2571.7万元，国有控股企业登记发证12户、注册资金6248万元，“三资”企业登记发证8户、注册资金746.32万元。2005年，福安市私营企业登记发证1851户、从业人员14329人、注册资金达36.98亿元，集体企业登记发证50户、注册资金2604.6万元，国有控股企业登记发证25户、注册资金1.63亿元，“三资”企业登记发证40户、注册资金3064.46万元。

表 15—11　1991—2005 年福安市私营企业登记情况表

年度	户数（户）	从业人员（人）	注册资金（万元）
1991	309	4318	2251
1992	324	4539	2640
1993	357	5018	2831
1994	518	7235	4120
1995	796	9671	10359
1996	750	8829	14512
1997	662	7099	17491
1998	673	7082	20176
1999	717	7034	28344
2000	796	7711	39286
2001	1044	9386	53926
2002	729	7442	176445.14
2003	1047	10660	250484.24
2004	1539	14064	306204.32
2005	1851	14329	369808.12

表 15—12　1991—2005 年福安市个体商业户登记情况表

年度	户数（户）	从业人员（人）	注册资金（万元）
1991	6661	13542	2557
1992	6743	14461	2855
1993	7217	15453	3154
1994	9160	17671	3452
1995	10363	21442	4683
1996	10100	20408	6441
1997	9797	20219	6844
1998	9855	19996	7728
1999	8146	10655	7107
2000	6503	12987	6891
2001	7702	15240	8771.7
2002	1610	2682	2203.07
2003	2206	3731	3389.95
2004	2729	4718	4426.38
2005	3498	6209	6124.75

表 15—13　1991—2005 年集体、国有控股与“三资”企业登记情况表

年度	集体企业		国有控股企业		“三资”企业	
	户数（户）	注册资金（万元）	户数（户）	注册资金（万元）	户数（户）	注册资金（万元）
1991	37	1978.7	—	—	—	—
1992	39	2365.7	—	—	—	—
1993	41	2440.5	—	—	1	48
1994	44	2562.6	—	—	2	346
1995	44	2562.6	3	194	2	346
1996	45	2566.7	4	994	4	436.96
1997	45	2566.7	7	1640	7	626.32
1998	46	2571.7	12	6248	8	746.32
1999	49	2600.7	17	7775.9	10	890.36
2000	49	2600.7	18	7855.9	17	1511.22
2001	49	2600.7	19	7865.9	21	2038.82
2002	49	2600.7	21	9915.9	22	2048.82
2003	49	2600.7	21	9915.9	27	2097.10
2004	50	2604.6	25	12455.9	35	2436.3
2005	50	2604.6	25	16330.9	40	3064.46

二、清理整顿公司

1991 年，结合机关和机关干部办公司，对全市 128 户公司进行全面整顿。撤销 17 户、降格变更 1 户、合并 1 户、确认条件具体给予保留 110 户。查出有 7 位在公司兼职的党政机关干部并脱钩回原单位工作。同年 11 月，福安市清理整顿公司工作结束。

三、诚信企业评选

1991 年，全市评选授予 1990 年度“重合同守信用”企业 37 家。福建省白马造船厂被推荐参加全国 100 家典型“重合同守信用”企业交流。1992 年，福安市开展“守合同重信用”单位评选，福安市打火机厂、福安机电铸造厂、闽东电机三厂、福安市电力总站、福安市拆船厂等 44 家企业获得 1991—1992 年度“守合同重信用”单位称号。

1993—1995 年，开展企业“重合同、守信用”评选工作，共评选出企业 126 家，其中宁德市级 27 家、省级 8 家。1996—1999 年，评选出“重合同守信用”企业 145 家。其中，福安市农药厂等 31 家企业被授予“1998 年度福安市重合同守信用”单位称号。

2000—2004 年，全市评选出“重合同守信用”企业 146 户，其中国家级 1 家、省级 11 家、宁德市级 40 家，福安市级 94 家，这些企业均给予产品免检待遇。

2005 年，福建省白马造船厂、闽东亚南电机有限公司、福安市医药有限公司、福安市闽东安波有限公司等 13 家企业被评为 2003—2004 年度福建省“守合同重信用”单位。闽东赛岐经济开发区福华轧

钢有限公司、宁德市正丰物资工贸开发有限公司、福安市港福食品有限公司等16家企业被评为2003—2004年度宁德市“守合同重信用”单位，福安市大成电机有限公司、福建省中正物资贸易有限公司等9家企业被评为2003—2004年度福安市“守合同重信用”单位。

四、个体私营经济管理

2003年，福安市建立闽东第一家民营企业网，设有供求信息、法律法规等八个模块，点击率超过3.1万次，有804家企业链接入网，为企业免费制作网页30多个。2004年起，推行全面下放个体工商户、个人独资、合伙企业发照权限，经营者在经营地辖区工商所一次性即可办结。2005年，推行工商联络员制度，在全市51户电机电器、船舶修造等企业中聘请工商联络员，使其成为“工商五员”，即联络员、业务办事员、企业信息员、法规宣传员、行风监督员。同年，全面推行“注册官”制度，通过考试合格、聘请企业注册官17人，其中四级注册官3人、五级13人、六级1人，注册官可独立完成各类市场主体的登记注册业务，实现“一人办理、全程服务、一办到底、终身负责”。成立4家私营电机集团公司，实现集团公司在福安市零的突破。当年，市工商局将注册大厅升级为综合办事大厅，将工商部门所有对外许可办理项目全部纳入大厅办理，实现“一厅办理、一次办结”。同时，率先在全市开展网上年检业务，实现“外网受理、内网处理”；凡持有CA证书的企业，可在“外网”申请年检材料。全市网上年检预审1600户，总数居全省各县（市、区）首位。继续落实国家“再就业”优惠政策，帮助229名下岗职工“再就业”，全年免收管理费64.64万元，帮助企业吸纳下岗失业人员“再就业”425人次。

附：福安市个体劳动者协会

1991年，福安市个体劳动者协会（以下简称“福安市个协”），设有会长、秘书长，下设9个分会，每个分会设有分会长。

1996年，福安市个协被中国个协授予全国“先进单位”称号，被福建省妇联、省工商局、省个协推荐为全国“巾帼建功、文明经营”先进单位。1998年，福安市个协被福建省个协评为“四落实”（机构、人员、经费、办公场所）三等奖。1999年，福安市个协被福建省工商局、个协评为“1996—1998”年度全省先进单位。2002年，福安市个协荣获“全国个协系统先进单位”荣誉称号。

1991—2005年，福安市个协每年开展“金秋助学”活动，结对帮助寒门学子，帮助他们圆大学梦。每年3月份，组织个协会员参加“学雷锋、树新风”活动，组织会员走上街头为市民免费修鞋、维修自行车及手机和家电等。每年“三八”妇女节期间，在妇女会员中开展创建“巾帼文明示范岗”活动。15年间，福安市个协每年拨出专款开展“献爱心”活动，并在每年元旦、重阳节、春节期间，组织工作人员上门慰问特困、贫穷、残疾、孤老会员等。

第四节　经济合同管理

一、鉴证　监督

1991年，全市工商系统鉴证各类经济合同1396份，金额1078.04万元。检查297家全民集体中外合资、私营企业各类经济合同19230份，帮助1891份合同纠正、完善部分条款。确认无效合同2份、金额20.47万元，查处违法合同并移送司法机关处理2起、违法合同罚没入库1600元。协助外地司法及工商部门办案75起。推行经济合同示范文本制度，查处10户擅自使用非规范合同文本企业、商店，销毁非规范合同文本30万份。举办合同管理专兼职人员培训班5期，参训人员148人次；企业厂长经理及合同管理人员培训会3场，参训人员100人次。《闽东日报》报道福安合同规范管理工作情况，当年合同仲裁总量全区第一、全省并列第一。

1992—1995年，全市开展经济合同的监督管理、鉴证，帮助企业依法订立和履行合同并做好企业“重合同、守信用”的评选工作。共鉴证各类经济合同4046份、鉴证金额2.38亿元，检查2870份合同的订立和履行情况、涉及金额8610万元。1996—1999年，开展企业动产抵押物登记，发挥合同管理职能，通过批准开设户头，帮助企业寄存合同贷款、查处合同欺诈行为，切实维护双方权益，共鉴证各类经济合同计40份、鉴证金额4.11亿元，查处违法合同27起、金额356万元，罚没款入库22万元；帮助企业动产抵押79件、抵押物价值1.4亿元，帮助41家企业挽回合同方面的经济损失786万元，检查各类经济合同16665份、涉及金额8.72亿元。2000—2004年，拓展合同监管领域，查处利用合同欺诈行为，介入粮食市场管理、规范粮食购销合同，对拍卖合同、房地产合同、建设施工合同、财产租赁合同、加工承包合同的鉴证、监管，填补了全区此类合同鉴证的空白。期间共鉴证合同2594份、鉴证金额5.19亿元，查处违法合同案件20起，涉及金额117万元、罚没款入库10万元；检查各类经济合同4069份、金额7546万元，主持监管拍卖会57场，确认拍卖书74份、成交金额7973万元。2005年，市工商局继续加大经济合同的监督管理工作，开展“重合同守信用”评选活动、企业动产抵押登记、查处合同违法行为，发挥合同管理作用、促进企业诚实守信。

二、调解　仲裁

1991年，全市办结各类经济合同纠纷案件6902件，受案金额339.97万元，其中争议金额214.54万元、执行金额161.06万元。帮助国营重点骨干企业及银行和个人80多家（人）清理“三角债”，追回被拖欠款177.5万元。接待来访咨询1659人次，帮助280多家企业避免经济损失1397万元。1992—1995年，受理经济合同纠纷992件，确认无效经济合同42件、金额978万元，帮助25家企业追讨“三角债”620多万元，帮助214家企业挽回合同方面的经济损失6660万元。1996—1999年，调解合同纠纷31起、金额66万元。2000—2004年，调解纠纷合同29起、结案金额103万元，为企业办理动产抵押96件、抵押物价值2亿多元，帮助30多家企业挽回经济损失425万元。2005年，市工商局继续做好合同争议行政调解工作，为企业提供合同法律帮助，保护当事人的合法权益，及时化解矛盾，维护公平、公正的市场经济秩序。

第五节　商标广告管理

1991年，福安市商标广告工作以保护合法广告和注册商标专用权为主，共组织打击假冒伪劣商品活动102次、参加人数663人次，检查单位（个人）3108户，查处案件401起、收缴假商标标识44.75万张、取缔地下工厂2家。分四批销毁冒牌包装标识和商品价值30万元。举办三场“假冒伪劣商品巡回展”，展出100多种冒牌劣质商品，受教育5万多人次。开展“无假冒伪劣商品商店”评选活动，评出金山五交化商店等3家“无假货”商店。开展查打虚假广告活动25次，取缔、清除各类虚假广告2000多份，查处广告案件8起，加强广告定点印刷管理，并对104国道沿线的广告牌进行审查和统一编号。核转上报商标注册35件，核准21件，全市注册商标106件。

1992—1995年，全市核转上报商标注册185件，核准89件。到1995年年底，全市注册商标110件，广告公司12家。累计查处虚假广告案件56起、收缴销售虚假广告4.62万份，查处商标侵权案件39起、收缴销毁虚假商标3.7万张。审签一次性广告89件，建成城区中心广告一条街，设立广告栏26个，路牌、灯箱广告2300平方米。福光电子有限公司等4家企业的4件商标被评为省著名商标，市天然饮料厂和农药厂的电视广告在福建电视台天气预报节目时间中播出。市酒厂“红福”牌啤酒参加全国诗酒文化节评选获金奖，市天然饮料厂“维特”牌八宝粥获得新加坡国际饮料展金奖。1995年，在全市开展建立现代企业商标广告协管员制度试点，聘请30家企业负责人为协管员，并颁发“聘书”、明确责任。

1996年，建成全市商标专用权保护网络，对批准入网的企业，发给省工商局统一制作的福建省商标专用权保护网络成员证书。完成城区新华路、解放路两旁霓虹灯招牌广告、大中型霓虹灯灯箱广告125面的设置安装；动员业主投资400万元完成城区夜景广告项目建设。配合市委、市政府及相关单位在市区南大门设立750平方米大型广告群。全年代理商标注册126件、核发一次性广告许可证1081件，有7件商标被评为福建省著名商标、20件被评为闽东知名商标。1999年，注册商标211件，没收销毁冒牌商标标识2万件，撤除违章广告47面，清理街头张贴小广告2万多张，查处商标侵权案件35起、广告案件15起，没收非法广告8000多份，取缔利用虚假广告进行诈骗的6家公司、没收非法所得10万元。

2000—2004年，全市开展“反侵权打虚假”广告市场治理专项行动，引导企业进行商标注册。市工商局几年来代理商标注册334件，核发一次性广告许可证605份，没收侵权商标标识和非法印制的商标304万张，撤除违章广告牌324面，清理张贴小广告9800份，查处商标侵权案件68件、罚款13万元，查处广告案件69起、罚款14万元，没收非法广告24.30万张、没收冒牌电机水泵490台，销毁假冒伪劣商品价值390万元。至2004年年底止，福安市累计注册企业商标700件（含电机类360件），其中省级著名商标9件、闽东知名商标20件，总数居宁德各县（市区）之首。有广告公司5家、广告年经营额500多万元。

2005年，工商部门继续指导企业申请商标注册197件。截至年底，全市注册商标已达755件、占宁德市注册商标总数的27%，其中电机企业370件、占49%。累计拥有省级著名商标13件，占宁德市著名商标的39.4%；闽东知名商标31件，占宁德市的30.4%，各单项指标均居宁德各县（市、区）之首。制定商标广告宣传规划，打造城区、赛岐镇、高速公路沿线三大广告走廊，大力宣传福安市企业的著名和知名商标。治理非法广告，拆除违章、破损、陈旧广告牌91块，清理乱贴广告2000多条（块）；查处没收违法印制宣传广告单2万多份；受理各类广告登记287份，查处广告案件15起、罚没入库2.13万元；查处商标侵权案件47起、案值50多万元，罚没入库24.9万元；捣毁制假窝点14个、没收侵权商品6443件、没收商标侵权标识17207件；移送司法机关追究刑事责任案件5起。

第六节　消费者权益保护

一、宣传活动

1992—1995 年，福安市消委会组织工商、技术监督、物价、烟草专卖局、个私协会在人民会场举办大型综合维护消费者权益活动，曝光假冒伪劣商品 7 大类、300 多种。

2000 年，全市开展“为了农村消费者”主题活动，发送宣传材料 2600 份，接受法规咨询 400 人次、发放《农民消费手册》1500 本。2001 年，配合中央电视台做好“3·15”专题活动，与全市 17 家联动成员单位建立联系制度，活动主题是“绿色消费”。按照“横向到边、纵向到底”的要求，在基层、农村、主要商业街、社区建立 37 个维权投诉联络点，形成市、乡、村三级消费者维权网络。2003 年，组织消费者和企业参加福建省“全球通杯”3·15《中华人民共和国消费者权益保护法》知识竞赛，荣获冠军。

2005 年，开展“3·15 国际消费者权益日”系列活动。组织召开消委会第五届六次常委会扩大会议，相关成员单位，市消委会常委、委员，媒体记者等 30 多人参加。3 月 15 日当天，市消委会与工商局组织质监、药监、农业、盐务、烟草、电信、移动公司、中医院、人寿保险等 30 多家单位在市政广场开展法律、法规咨询和维权图展，现场受理投诉、识别真假商品、展示名优产品等活动，分发宣传材料 3.6 万份，赠送各类纪念品价值 1.3 万元，参加群众上万人。《福建日报》《闽东日报》及宁德、福安电视台做了专题报道。16—18 日，消委会派出宣传车 7 辆，深入赛岐、穆阳、甘棠等乡镇，播放《中华人民共和国消费者权益保护法》和相关知识，现场受理投诉。

二、受理投诉

1991 年，全市组织专项检查 12 次、综合检查 23 次，查获各类假冒伪劣商品价值 4 万多元，受理消费者投诉 147 起，结案 145 起、结案率 98.6%，为消费者挽回经济损失 11.7 万元。在国道 104 线福安段路边店设立“消费者投诉箱”60 个，成立“福安市消委会制售假冒伪劣商品举报中心”和“家用电器检测维修中心”。调整充实 12 个分会组织，设立基层分会 14 个，在 51 个行政村成立农村监督站，全市有监督站 85 个。

1992—1995 年，全市受理消费者投诉 669 起，结案 659 起、结案率 98.5%，为消费者挽回经济损失 159.84 万元；查获劣质化肥 84.56 吨、农药 1632 千克、种子 375 千克、掺杂茶叶 863 千克、冒牌“虎山”“湛庐”等水泥袋 900 条、各类假酒 4655 瓶、伪劣饮料 980 瓶、假桂圆 65.5 千克、冒牌卷烟 768 条、化妆品 217 件，总价值 24.8 万元。

1996 年，福安市消委会康厝监督站被福建省工商局、消委会评为“保护消费者权益先进单位”。1997 年市工商局成立“96315 投诉服务台”接受消费者投诉。

1996—2000 年，受理消费者投诉 1215 起，为消费者挽回经济损失 207.59 万元；捣毁制假窝点 11 个，查处各种假冒伪劣商品价值 183 万元。帮助潭头大庄村 42 户菇农诉潭头供销社销售劣质石膏造成种植蘑菇损失 30 多万元案件，并做好调查取证和石膏送检工作，支持菇农向法院起诉、菇农胜诉后获 16.5 万元赔偿。2003 年，万佳超市、日丰电子有限公司被省消委会评为 2002—2003 年度“诚信单位”。全年销毁盗版 VCD 视盘 3870 片、假冒商品标识 1.65 万张、劣质食品 1326 包、冒牌洗涤剂 182 瓶、劣质棉垫（被）90 床、非法出版物 60 本。

2005年，全市受理消费者投诉655起，移送有关部门查处30起，接受消费咨询1200多人次，为消费者挽回经济损失253.39万元。

第七节　机构

一、福安市工商行政管理局

1991年，福安市工商行政管理局内设人秘、纪检、财务、市场管理、企业登记、商标广告、经济合同管理、个体经济管理等8个股（室）和缉私队。下属机构有闽东赛岐经济开发区工商分局、市工商宾馆、下白石工商执行所等；挂靠机构有市经济合同仲裁委员会、消费者委员会和个体劳动者协会、私营企业协会，市局下设城关、赛岐、穆阳、甘棠、下白石、社口、溪柄、溪尾等9个工商行政管理所。全系统有职工289人，其中，正式职工155人、临时人员114人。

2002年2月，按照《宁德市工商行政管理局关于全市工商行政管理系统机构改革工作的实施方案》，市局机关调整后，设行政编制15人、基层专项编制20人。其中局长1名，副局长3名，纪检组长1名，内设办公室、法制股、行政执法股、注册管理股、人事教育股，直属机构1个（检查大队）；消委会和个私协会挂靠在工商局。

2005年，福安市工商行政管理局内设机构、行政编制、领导职数、下属机构、挂靠机构等均不变。

二、福安市市场建设管理服务中心

2001年9月，福安市市场建设管理服务中心与福安市工商行政管理局“办管分离”，同年12月正式挂牌成立，属正科级事业单位。根据市委编委批复文件，市场建设管理服务中心核定事业编制72名（含下属服务所），其中，正科级主任1名，副科级副主任2名，3名领导为财政拨款事业编制，其他人员为自收自支事业编制；内设办公秘书股、财务股、人教股、市场开发股和市场管理股，下设城区、赛岐、甘棠、穆阳、溪柄、上白石6个市场管理服务所和1个城管监察大队市管中队，辖有东风、赛岐、甘棠等13个集贸市场。2005年，机构编制不变。

第八章 安全生产监督

第一节 目标管理

1991年后，福安市政府每年在5月“安全月”活动中召开安全生产工作会议，颁发安全生产目标管理责任书，将目标责任和控制指标下达各乡镇人民政府、街道办事处、开发区管委会和市直有关单位。1993—1995年，市经委等部门为落实安全生产目标管理责任制，与下属企业、单位签订安全生产责任状，实行安全风险抵押管理等制度。1996年后，实行安全生产目标管理“一票否决制”。2003年，市安监局制定《安全生产工作绩效考评测评办法》，组织实施日常检查和半年督查、年终考评。2004年4月，召开全市年度安全生产工作会议，表彰2002—2003年度9个安全生产目标管理责任制考核前三名单位和7个安全生产工作先进单位、43个先进个人。

2005年4月，召开全市安全生产工作会议，表彰2004年度全市13个安全生产目标管理责任制考核先进单位、47个安全生产先进工作者。评选2005年7个安全生产目标管理责任制考核先进单位和38个安全生产先进工作者。

表15—14 2000—2005年福安市安全生产四项指标和目标管理责任考核情况表

年度	事故数（起）	与上年比较（±%）	其中						宁德市年度考核名次
			死亡（人）	与上年比较（±%）	受伤（人）	与上年比较（±%）	经济损失		
							金额（万元）	与上年比较（±%）	
2000	213	—	71	—	167	—	222	—	—
2001	315	47.89	54	-23.94	214	28.14	248.64	12.00	—
2002	266	-15.56	73	35.19	245	14.49	254	2.16	—
2003	232	-12.78	55	-24.66	214	-12.65	514.94	102.73	第三名
2004	255	9.91	45	-18.18	256	19.63	367.789	-28.58	达标
2005	348	36.47	33	-26.67	254	-0.78	185.813	-49.48	第一名

说明：死伤人数包括生产性及突发性，如车辆事故、火灾等。

第二节 制度建设

2001年12月21日，市政府印发《福安市特大、重大安全事故应急处理预案》。2002年3月29日，市政府办公室发出《关于加强紧急重大情况报告工作的通知》。2003年7月28日，市政府印发《福安市危险化学品事故应急救援预案》。2004年9月17日，市政府安委会发出《关于进一步做好安全生产各类情况统计报送工作的通知》，将安全生产各类情况列入统计公告内容。

2002年5月，福安市政府办公室印发《福安市安全事故预防行政责任追究制》，规定凡发生死亡事故，必须按照《中国共产党纪律处分条例》《国家公务员暂行条例》《企业职工伤亡事故报告和处理规定》等有关法律、法规，成立安监、监察、公安、工会、劳动等部门组成的调查组进行事故调查处理。2003年起，市政府根据领导班子成员分工，严格按照"谁主管，谁负责"的原则，明确市政府市长、副市长责任分工和职责，建立市政府领导安全生产责任制。2004年11月3日，市政府安委会印发《福安市关于安全生产工作任务分解意见》，将安全生产涉及的46项工作任务，逐项分解落实到市直各有关部门和各乡镇人民政府、街道、开发区管委会。

2003年4月20日，首次由受市长委托，分管副市长主持召开市政府2003年第一季度安全生产形势分析会议，并规定每年按季度召开四次以上会议，由市长或受市长委托的副市长主持召开。同年9月，市政府安委会《转发福建省人民政府安委会关于规范季度防范重特大安全事故会议召开有关问题的通知》，对会议名称、参会对象、会议议题等做出规范要求。

同年6月，市政府下发《关于认真做好生产经营单位安全生产基本情况普查工作的通知》，要求各生产经营单位主要负责人、安全管理人员、特种作业人员，必须依法参加培训，持证上岗。11月，市安监局印发《福安市安全生产监督管理局工作规则》，就主要工作职责、内部规章制度、公文管理规定等做出17项、111条规定。2004年初，在赛岐、社口、坂中、城北先行试点，总结推广创安模式并付诸实施。市安监局以福安市安全生产协会为平台，要求每个生产经营单位必须建立6项有关安全生产制度、16种常用表格、10类内业档案。在全市50多个企业试点的基础上，2005年10月在全市铺开。福安市安全生产协会积极编写制度范本、格式表样和指导文本，编发《福安安全生产通信（专刊）》5期，2万余份。同年4月，印发《档案内业资料分类管理登记细则（试行）》，就收文管理、发文管理、备案资料管理、监管资料管理等做出32条规定。市政府安委会发出《关于抓紧做好创安全生产合格乡镇（街道）活动的通知》。同年8月24日，市政府安委办发出《关于要求上报调整安全生产委员会机构文件和安全生产机构人员简明情况的通知》。9月，印发《福安市安全生产监督管理局工作规则（续一）》，增订内部规章制度7项、32条，内部管理规定5项、23条。2005年8月，市政府又发出《关于进一步开展创全省安全生产合格乡镇（街道）活动的通知》。市政府安委会同时发出《关于认真做好创全省安全生产合格乡镇"三统一"规范工作的通知》。全市各乡镇人民政府、街道办事处、开发区管委会调整安全生产委员会及其办公室，明确分管领导，配备2～5名专兼职人员、人数达185人。至当年年底，全市乡镇（街道）、农村和工矿商贸生产经营单位设立的安全生产管理机构1800多个，安全管理人员3000多人，其中取得安全监督资格证书的600余人。2004年6月，市安监局印发《关于特种作业人员安全技术培训报名登记的通告》，对特殊工种类别和培训取证、复审等事项做出明确规定。

与此同时，市政府每年元旦、春节、"五一"、"十一"等节假日均部署开展全市范围安全生产大检查。市政府安委会按阶段性、季节性要求，组织开展日常巡查和专项督查。2003年9月，市政府办发出《关于公布安全生产监督管理公开举报、投诉电话的通知》，在市政府办、安监局设立专门电话受理安全生产违法行为、安全事故及相关问题的举报、投诉事项。2004年3月，市政府安委会成立福安市安全生产行政督查组，由市安监局、经贸局、交通局等部门抽调人员组成，负责督查落实市政府及安委会交办的安全生产各项工作任务。2005 年 7 月，市委常委会决定成立安全生产督查领导小组，由市委副书记、政法委书记任组长，市五套班子分管领导担任成员。7 月，市委办、市政府办联合发出《关于开展安全生产大检查及督查工作的通知》，3—31 日，全市开展一个月的安全生产大检查。

第三节　专项整治

1991 年，全市建立健全工矿企业安全生产档案。1992 年配合宁德市对福安市内企业进行安全状况调查，先后在城关和赛岐召开 2 场专题会议，深入各企业落实特种生产车间及人员防护设备、特种作业人员健康状况定期检查等，建立“工矿企业安全卫生档案”。

福安市劳动行政管理部门开展矿山安全专项整治，通过宣传安全生产，实行企业安全资格证等措施，定期不定期地对矿山、矿业进行检查和监察。按照《中华人民共和国矿山安全法》，审查发放矿山安全条件合格证，把好新建、扩建、改建项目的审查验收关。做好矿长安全资格培训与复审工作，全年培训 19 人、复审 9 人；对福安钼矿井上井下安全进行检查，调查处理钼矿空区顶板崩落事故，避免伤亡事故发生；与市地矿局配合深入矿山、采石场、锯石场检查监察，督促消灭安全隐患；依法打击无牌无证非法采矿行为，责令危及居民安全和污染环境的矿山停产整改，确保居民安全。

1992—2002 年，根据《福建省工矿企业安全监察程序》，全市开展厂矿企业安全监察，共检查工矿企业 1500 多家（次），发出整改指令书 573 份，提出整改意见 447 条。对闽东电机厂、福建省万利达安装有限公司违反安全生产规定行为进行处罚；对水利水电工程事故及时调查处理。重点加强危害性大的烟花爆竹、建筑工程、液化石油气、化工、打火机等生产单位和“三资”、乡镇企业的安全生产检查监察，发现隐患和不符合安全规定的，及时督促其整改；对无牌、无证、无照的非法生产经营户进行取缔、罚款；全面取缔浮桶式和移动式乙炔发生器生产。通过加强安全检查监察，把安全监察工作重点转移到预防上。

2003 年 2 月，福安市人民政府成立旅游、锅炉液化气、化学危险品、加油站、公众聚集场所、烟花爆竹、矿山（采石场）、水陆交通、建设工程、学校、生产企业、集贸市场等 16 个专项整治组，分别由分管市长任组长，主管部门领导担任常务副组长，相关单位配合，按每年 4 个时段（季）开展专项整治工作。成立由市长任组长，分管安全生产副市长任常务副组长，市政府办、监察局、安监局负责人为成员的专项整治工作督查组，督促落实各专项整治工作。4 月，市政府批转市经贸局开展船舶行业治理整顿工作实施方案，对全市船舶行业开展为期 2 个月的专项整治。7 月，在全市部署开展为期 4 个月的整治行动，排查存在安全问题线索 1629 条、安全隐患 1311 处。8 月，市政府发出《关于组织开展全市安全生产督查月活动的通知》，由市政府安委会副主任单位领导牵头、成立 6 个督查组，从 9 月 1—30 日，对全市 23 个乡镇、街道、开发区和市直各单位安全生产工作进行全面督促检查。9 月 3 日，市政府发出《关于进一步深化福安市安全生产专项整治工作的通知》，重新成立非煤矿山、道路和水上交通运输、危险化学品、民用爆破器材和烟花爆竹、公众聚集场所消防、特种设备、学校、建筑工地、渔业生产、船舶修造业、电机电器企业、液化气、集贸市场等 13 个专项整治组。12 月，市政府发出《关于切实加强建设项目安全设施“三同时”工作的通知》，要求全市新建、改建、扩建的基本建设项目，技术改造项目和引进建设项目都必须进行安全评估，做到建设项目安全设施与主体工程同时设计、同时施工、同时投入生产和使用。2004 年 3 月，市政府安委会发出《关于开展电力安全专项整治的通知》，重点对辖区供、发电企业安全管理制度、设施运行情况进行督查，活动延至 4 月 30 日，共查出线路走廊林木超高点等安全用电隐患 130 多处、清理整改 80 余处；违章建筑 62 处、设施盗损案件 16 起、违法违规开发建设的水电站 30 多座。4 月，市政府安委会又下发《关于开展重大危险源申报登记工作的通知》，对全市液化气贮罐区（贮罐）、仓库、生产场所、危房、压力管道、锅炉等压力容器、放射性辐射设备及使用、爆破、金属和非金属矿山、尾矿库等生产、工作场所及设施予以登记上报，并成立由市安监局局长担任组长，经贸、公安、建设、卫生、质监、环保等部门领导为成员的申报登记工作领导小组。6 月，市政府安委会制定并印发《福安市安全生产专项整治工作制度》，要求各牵头单位确定联络员，每月通报安全信息，每季报送工作情况。12 月，市政府安委办发出《关于开展防雷安全专项检查的通知》，在全市范围内展开为期 1 个月的防雷设施专项检查整治。

2005 年 3 月 3 日和 8 日，市政府安委会相继下发《开展全市科研机构安全专项整治和检查工作实施方案》《关于开展燃气热水器等安全专项检查督查活动的紧急通知》，分别开展 3 个月和 1 个月专项整治。5 月，市政府下发《关于进一步深化福安市安全生产专项整治工作的通知》，重新调整安全生产专项整治工作机构，取消道路和水上交通运输、液化气、集贸市场等 3 个专项检查，新增内河水上交通、海上船舶、渔业生产、冶金铸造、电力行业等 5 个专项检查。7 月，市安监局依照《中华人民共和国安全生产法》和《重大危险源辨识》（GB18218—2000）的标准规定，发出《关于加强重大危险源安全监管工作的通告》，把全市重大危险源纳入安全监管范畴。11 月，市政府安委会下发《关于开展劳动保护用品专项检查和实施矿用品安全标志管理的通知》，对有关单位配备、管理、使用防护用品情况开展全面检查。截至 2005 年年底，市安监局共组织开展危险化学品从业单位安全现状综合评价 140 家，非煤矿山生产企业安全现状评价 23 家，普查登记危险化学品从业单位 146 个，生产经营单位重大危险源建档 8 个行业、50 多个。

第四节　教育培训

1991—2001 年，由市政府安委办牵头，于每年 5 月组织开展“全国安全生产周”活动。从 2002 年开始，每年组织开展“全国安全生产月”活动。同年 6 月，福安市结合“安全生产月”活动，开展以“安全责任重于泰山”为主题的宣传活动。10 月，市安监局、司法局、普法办联合发出《关于广泛开展学习宣传〈中华人民共和国安全生产法〉活动的通知》，发动社会各界学习贯彻 11 月 1 日起施行的新修订的《中华人民共和国安全生产法》（以下简称《安全生产法》）。2003 年 3 月 17—23 日，市安监局组织 34 名企业安全管理负责人参加举办的注册安全主任培训班，并通过考试顺利结业。6 月，制作 66 个宣传图版，在莲池广场举办“安全生产月”宣传咨询日活动和“告别不安全，人人享平安”千人签字仪式。7 月，组织“安全生产下乡巡回宣传周”活动。同月，创办《安全生产》简报，至 2005 年年底共刊发 24 期、120 多篇，发送 6000 余份。11 月，开展纪念《安全生产法》颁布实施一周年活动，在全市开展“安全建设”论文征集研讨活动。全年组织乡镇领导、生产经营单位负责人、安全管理人员、特种设备作业人员，参加省和宁德市举办的培训班12期、受训360多人次。2004年4月11—13日，市政府安委办组织赛岐、社口、坂中、城南等4个乡镇、街道安委办主任前往福鼎市参加宁德市安监局在秦屿镇举办的乡镇安监业务培训学习。6月，在莲池广场举办“安全生产月”宣传咨询日活动，现场展示安全教育图片200多幅，向乡镇、街道、开发区赠送宣传挂图一式6份共60余套、安全生产法律法规读物1000多本。8月，成立福安市安全生产协会，单位会员67家、个人会员73名，协会选举产生第一届理事会理事73名、常务理事36名。全年发出安全生产文件90多份、《安全生产》简报10多期，召开安全生产座谈会、培训班10多场（班）次，培训市、乡镇两级安全生产负责人500多人次。

2005年4月，福安市安全生产协会发出《关于征集安全生产论文的通知》，共征集论文36篇、获评优秀论文15篇。6月，在市莲池广场开展“安全生产宣传咨询日”活动，现场发放各类宣传品2000多份、接受咨询100多人次。召开私营企业代表座谈会，印送《安全生产法》《安全生产违法行为行政处罚办法》1.2万册。全年印发《安全生产》简报26期5200份，举办安全员资格培训班15期、受训800人。

第五节　重大生产安全事故处理

2002年9月2日10时许，江苏省淮安汽车运输集团有限公司苏H–50505号宇通牌大客车，途经福安前往福建省石狮市，在上白石镇郑家山村附近的国道104线2088KM+230M处坠入40余米深的山涧，死亡12人、受伤2人。同年11月11日，湾坞乡梅洋村非法鞭炮作坊发生爆炸，当场死亡1人、2人受伤送医院抢救无效死亡。12月13日傍晚，下白石镇塘楼下村村民滩涂围塘收工，乘坐自备小舢板发生翻船事故，死亡6人。2003年4月8日，福安市赛江船务公司“顺凯一号”5000吨级货船，在其租用的位于下白石镇的福安市环澳船舶发展有限公司所属船坞停泊维修时船舱内发生火灾，17时30分扑灭大火，火灾导致8人死亡、7人受伤。2004年6月30日，福安市永达汽车运输有限公司闽J–Y6439号庐山牌12座中巴客车，从溪柄镇驻地开往坑口村，途经溪坑公路距坑口村200米处，从道路外侧翻滚而下，落入距路面45米左右的溪边稻田，当场死亡2人，13人不同程度受伤，其中1人在闽东医院抢救无效死亡。

2004年5月至2005年，市安全生产监督管理局协同上级安监部门调查处理较大事故2起；处理相关单位责任人20多人；牵头组织调查一般事故14起，处理相关单位责任人50多人。

第六节　机构

福安市安全生产监督管理局

1991—2002年，福安市由劳动部门负责安全生产监督管理。

2002年8月，成立福安市安全生产监督管理局。2003年1月，市安全生产监督管理局正式挂牌，行政编制5名、其中局长1名。内设综合股、安全监管股。2002年10月，撤销福安市安全生产委员会，正式成立福安市人民政府安全生产委员会及其办公室，挂靠市安监局，由分管副市长担任主任，助理调研员和政府办、经贸局、公安局、监察局、总工会、安监局领导担任副主任，市安监局局长担任常务副主任兼办公室主任。2005 年 6 月，市安全生产监督管理局有行政编制 5 名，其中局长 1 名、副局长 2 名。内设综合股，撤销安全监管股，增设安全监管一股、二股和监察大队。

第十六篇

ZHONGGUOGONGCHANDANGFUANSHIDIFANGZUZHI

中国共产党福安市地方组织

中共福安市委是福安地方事业的领导核心，1991—2005年，市委始终重视地方各级党的组织建设，党的领导干部和党员的思想建设与执政能力的提高。15年间，福安市召开3次党的代表大会，对福安市的政治建设、经济建设和社会建设做出一系列重要决策，提出把福安建设成为海峡西岸东北翼生态型港口工业城市的发展目标。市委及各级党组织大力宣传贯彻落实党的路线方针政策，严格管理各级领导干部，注重培养和使用年轻干部，严格考核工作业绩和惩治腐败，团结各民主党派、无党派人士共同为推动全市的经济社会发展服务。2005年，全市有中共基层组织（党委、总支、支部）1048个，党员20653人（含预备党员）。

第一章　中国共产党福安市委员会

第一节　代表

一、代表产生

（一）第九次党代会代表

1993年8月20—21日，中共福安市委召开八届五次全体委员（扩大）会议，做出关于召开中国共产党福安市委员会第五次代表大会的决定。中共福安市委常委会第二次召开专题会议，研究审定召开党代会筹备的相关事项。同年9月，全市以37个党委（支部）为选举单位，分别召开党员代表大会或党员大会，按照民主集中制的原则，采取无记名投票方式，差额选举（代表候选人的差额比例不少于应选人数的20%）产生出席中共福安市委第九次代表大会代表271名。

（二）第十次党代会代表

1998年8月3日，中共福安市委常委会专题研究第十次党代会的筹备工作，明确了指导思想、主要任务和时间、议程，成立了筹备工作领导小组及其办事机构。此后相继召开了九届十一次、十二次、十三次全会和多次常委会会议，讨论、研究、审定党代会筹备工作的有关事宜。全市分为35个选举单位，96.9%的党组织和94.95%的党员参加代表推荐选举工作。各选举单位召开党员代表大会或党员大会，按照民主集中制原则，以无记名投票的方式，差额选举产生出席中共福安市第十次代表大会代表291名。

（三）第十一次党代会代表

2003年11月，福安市各级党组织在推荐选举市第十一次党代表大会代表的过程中，认真贯彻党的民主集中制原则，严格按照规定的程序，各级基层党组织自下而上，反复酝酿，推荐代表候选人初步人选，全市95.6%的党组织和82.9%的党员参加了代表推荐选举工作。各选举单位召开党代表大会或党员大会，差额选举产生出席中共福安市第十一次代表大会代表296名。

二、代表构成

（一）第九次党代会代表构成

中共福安市第九次代表大会的271名代表中，各级干部代表154名，占56.83%；专业技术人员代表41名，占15.13%；工人、农民、其他劳动者代表73名，占26.93%；解放军、武警部队代表3名，占1.11%。代表中，妇女代表34名，占12.55%；少数民族代表39名，占14.39%；台湾籍代表1名。年龄在45岁以下的代表187名，占69%。

（二）第十次党代会代表构成

中共福安市第十次代表大会的291名代表中，各级干部代表172名，占59.1%；专业技术人员代表54名，占18.56%；工人、农民及其他劳动者代表57名，占19.59%；解放军、武警代表8名，占2.75%。

代表中，少数民族代表 38 名，占 13.06%；妇女代表 43 名，占 14.78%；45 岁以下的中青年代表 196 名，占 67.35%；高中、中专学历的代表 139 名，占 47.77%，大专以上学历的代表 139 名，占 47.77%。

（三）第十一次党代会代表构成

中共福安市第十一次代表大会的 296 名代表中，各级领导干部代表 175 名，占 59.1%；专业技术人员代表 55 名，占 18.6%；工人、农民及其他劳动者代表 61 名，占 20.6%；解放军、武警代表 5 名，占 1.7%。代表中，少数民族代表 49 名，占 16.6%；妇女代表 48 名，占 16.2%；45 岁以下的中青年代表 191 名，占 64.5%；高中、中专学历的代表 82 名，占 27.7%；大专以上学历的代表 156 名，占 52.7%。

第二节　代表大会

一、中共福安市第九次代表大会

中国共产党福安市第九次代表大会于 1993 年 11 月 20—22 日召开。出席大会正式代表 271 名，特邀代表 35 名，列席代表 196 名。大会审议通过了市委书记陈必滔代表中共福安市第八届委员会所做的《团结鼓励　开拓进取　为实现福安经济和社会各项事业大跨度发展而努力奋斗》的工作报告和中共福安市第八届纪律检查委员会工作报告。

大会以无记名投票方式，选举产生中共福安市第九届委员会委员和市纪律检查委员会委员，选举王世雄、王积才、王梓树、牛建波、方玉章、叶光、刘骞、刘子康、刘宗廷、阮玉铃、苏祥荣、李承春、李信托、张水松、张如荣、陈必滔、陈乃康、林青、林泽容、林贤康、郑金梅（女）、钟成安、钟应洪、钟清平、徐扬华、高良武、黄少姿（女）、黄宋元、康建民、雷逢德、雷瑞华为新一届市委委员，选举陈灼生、詹翠霞、郑意銮、王津为市委候补委员；选举王若智（女）、方玉章、许增生、阮成生、李培龙、杨道辉、吴义言、吴伏清、余挺、张在柄、张梓祥、陈加龙、陈地青、陈丽萱（女）、林裕明、郭爱民、黄祖良、彭铃荣、雷阮铃（女）、蔡秀华为新一届市纪律检查委员会委员。

在分别召开的中共福安市第九届委员会第一次全体会议和中共福安市纪律检查委员会第一次全体会议上，选举陈必滔、康建民、钟应洪、阮玉铃、李承春、黄少姿（女）、苏祥荣、方玉章、王积才为中共福安市第九届委员会常委，陈必滔为书记，康建民、钟应洪、阮玉铃为副书记。选举方玉章、陈地青、杨道辉、张在柄、许增生、林裕明、王若智、李培龙、蔡秀华为中共福安市纪律检查委员会常委，方玉章为书记，陈地青、杨道辉为副书记。

二、中共福安市第十次代表大会

中国共产党福安市第十次代表大会于 1998 年 11 月 22—23 日召开。出席大会正式代表 291 名。大会审议通过了市委书记傅贤光代表中国共产党福安市第九届委员会所做的《面向新世纪　谱写新篇章　为建设闽东经济中心城市而努力奋斗》的工作报告和市纪委书记周志坚代表中共福安市九届纪律检查委员会做的工作报告。

大会以无记名投票方式选举王世雄、韦武、史建生、蓝如春、刘良健、刘秉辉、阮玉铃、阮妙容（女）、杨道辉、李过渡、李言明、吴尚宇、吴迪荣、吴淑英（女）、陈奶康、陈栋、林平、林生钦、林良庄、周志坚、郑建茂、钟应洪、徐扬华、郭冲、黄少姿（女）、梁奕章、傅贤光、雷逢德、詹翠霞

（女）为中国共产党福安市第十届委员会委员；选举郭强、吕增华、陈国清、袁润怀、刘子康为候补委员。选举阮成生、李佳长、李培龙、余挺、张石鋆、张梓祥、陈加龙、陈地青、陈丽萱（女）、卓石佺、周志坚、郭爱民、彭铃荣、雷丽水、薛建雄为中国共产党福安市第十届纪律检查委员会委员。

在分别召开的中国共产党福安市第十届委员会第一次全体会议和中国共产党福安市第十届纪律检查委员会第一次全体会议上，选举傅贤光、蓝如春、钟应洪、阮玉铃、韦武、黄少姿（女）、李言明、周志坚、李过渡、梁奕章、王世雄为市委常委（人员排列以宁德地委批复为序），书记傅贤光，副书记蓝如春、钟应洪、阮玉铃。选举周志坚、张梓祥、卓石佺、薛建雄、张石鋆、彭铃荣、陈丽萱（女）为市纪委常委，书记周志坚，副书记张梓祥、卓石佺。

三、中共福安市第十一次代表大会

中国共产党福安市第十一次代表大会于2003年11月29—30日召开。出席会议正式代表296名，列席代表195名。大会审议通过了市委书记代表中国共产党福安市第十届委员会向大会所做的《与时俱进　开拓创新　为全面建设小康社会而努力奋斗》的工作报告和市纪委书记代表中国共产党福安市十届纪律检查委员会做的工作报告。

大会以无记名投票方式选举王津、王世雄、王昌清、韦武、叶健松、史建生、吕增华、刘宗廷、刘宗奇、刘晓明、阮玉铃、杨金柱、杨道辉、吴淑英（女）、陈栋、陈长德、陈奶康、陈茂榕、范寿清、林旭荣、林裕明、郑战雄、郑家红、施晓华、郭冲、葛铁强、蓝如春、雷逢德、詹翠霞（女）、蔡福生为市委委员；选举苏翔华、钟梅允、李瑞宽、蓝荣生、林书顺为市委候补委员；选举王柳容（女）、王梅凌、王吕环（女）、韦武、刘乃祥、阮成生、阮炜炜（女）、李佳长、李培龙、陈公明、陈丽萱（女）、陈润良、林泽翎、林增枝、周寿树、郑宗贵、彭铃荣、雷木春、缪小宁、霍建伟为市纪委委员。

在分别召开的中国共产党福安市第十一届委员会第一次全体会议和中国共产党福安市第十一届纪律检查委员会第一次全体会议上，选举林旭荣、蓝如春、韦武、王世雄、陈长德、葛铁强、郑家红（挂职）、刘宗廷、詹翠霞（女）、王昌清、陈茂榕、叶健松为市委常委（人员排列以宁德市委批复为序），书记林旭荣，副书记蓝如春、韦武、王世雄、陈长德。选举韦武、王柳容（女）、陈公明、李培龙、陈丽萱（女）、刘乃祥、郑宗贵、彭铃荣、王铝环（女）为市纪委常委（人员排列以宁德市委批复为序），书记韦武，副书记王柳容（女）、陈公明、李培龙。

第三节　机构

一、领导机构

1993年11月20—22日，中共福安市第九次代表大会选举产生中共福安市第九届委员会委员31人、候补委员4人；九届一次全委会选举产生市委常委8人，书记1人，副书记3人。1998年11月22—23日，中共福安市第十次代表大会选举产生中共福安市第十届委员会委员29人，候补委员5人；十届一次全委会选举产生市委常委11人，书记1人，副书记3人。2003年11月29—30日，中共福安市第十一次代表大会选举产生中共福安市第十一届委员会委员30人，候补委员5人；十一届一次全委会选举产生市委常委12人，书记1人，副书记4人。

表 16—1 1990—2005 年中共福安市第八届至第十一届委员会书记副书记常委一览表

届次与任期	职务	姓名	任职时间
第八届委员会 1990.11 至 1993.11	书记	何团经	1990.11—1993.3
		陈必滔	1993.9—1993.11
	副书记	雷瑞华	1990.11—1993.10
		钟明森	1990.11—1993.4
		陈必滔	1993.4—1993.9
		孙绍连	1990.11—1993.10
		康建民	1990.11—1993.10
		钟应洪	1993.8—1993.11
		阮玉铃	1993.8—1993.11
		林贤康	1993.8—1993.11
	常委	李承春	1990.10—1993.11
		林贤康	1990.11—1993.8
		阮玉铃	1990.11—1993.8
		王积才	1993.8—1993.11
		苏祥荣	1992.11—1993.11
		黄少姿	1990.11—1993.11
		方玉章	1992.11—1993.11
第九届委员会 1993.11 至 1998.11	书记	陈必滔	1993.11—1997.4
		徐桂春	1997.4—1998.9
		傅贤光	1998.9—1998.10
	副书记	康建民	1993.11—1996.5
		钟应洪	1993.8—1998.10
		阮玉铃	1993.11—1998.10
		林贤康	1993.11—1994.2
		徐桂春	1996.5—1997.7
		刘秉辉	1996.5—1997.3
		王新向	1996.5—1998.7（挂职）
		林　峰	1997.2—1998.8
		蓝如春	1997.9—1998.11
		李承春	1997.6—1998.7
	常委	李承春	1993.11—1997.6
		黄少姿	1993.11—1998.11
		苏祥荣	1993.11—1997.3
		方玉章	1993.11—1996.8
		王积才	1993.11—1996.3
		李言明	1996.8—1998.11
		周志坚	1996.8—1998.11
		李过渡	1998.10—1998.11
		韦　武	1998.9—1998.11
		何世明	1998.11.1
		梁奕章	1998.11.7
		王世雄	1998.11.7

续表 16—1

届次与任期	职务	姓名	任职时间
第十届委员会 1998.11至2003.11	书记	傅贤光	1998.11—2001.6
		林旭荣	2001.6—2003.11
	副书记	蓝如春	1998.11—2003.11
		钟应洪	1998.11—2003.11
		阮玉铃	1998.11—2003.11
		韦　武	2002.7—2003.11
		陈家如	2003.8—2003.11（挂职）
		王世雄	2003.10—2003.11
	常委	韦　武	1998.11—2002.7
		黄少姿	1998.11—2000.9
		李言明	1998.11—1999.9
		周志坚	1998.11—2001.10
		李过渡	1998.11—2001.8
		梁奕章	1998.11—2003.11
		王世雄	1998.11—2003.10
		吴　纠	1999.4—2001.1（挂职）
		何世明	1999.11—2000.6
		林能秋	2000.6—2001.7
		刘振辉	2001.6—2003.10
		孙锦鸣	2001.7—2003.4
		魏福根	2001.8—2003.10
		葛铁强	2003.4—2003.11
		詹翠霞	2003.10—2003.11
		王昌清	2003.10—2003.11
		陈茂榕	2003.10—2003.11
		叶健松	2003.10—2003.11
第十一届委员会 2003.11—	书记	林旭荣	2003.11—2005.2
		张经喜	2005.2—2005.4
		陈家东	2005.4—
	副书记	蓝如春	2003.11—2004.1
		薛世平	2004.1—
		钟应洪	2003.11—2004.3
		韦　武	2003.11—
		王世雄	2003.11—
		陈长德	2003.11—
	常委	葛铁强	2003.11—2005.5
		郑家红	2003.11—（挂职）
		刘宗廷	2003.11—
		詹翠霞	2003.11—
		王昌清	2003.11—
		陈茂榕	2003.11—
		叶健松	2003.11—
		丁瑞康	2005.7—
		傅小平	2005.8—

二、工作机构

1994 年，中共福安市委共设工作机构 10 个，即中共福安市委办公室、市委组织部、宣传部、统战工作部、台湾工作部、政法委、老干部局、精神文明建设指导委员会办公室、市属机关工作委员会。

1996 年，福安市实行党政机构改革，根据《中共福安市委、福安市人民政府关于福安市市级党政机构设置的通知》，含纪委在内保留的中共福安市委工作机构有 7 个，即中共福安市纪律检查委员会、中共福安市委办公室（中共福安市委台湾工作办公室，挂福安市人民政府台湾事务办公室牌子，与中共福安市委办公室合署）、组织部、宣传部、统战部、政法委（福安市社会治安综合治理委员会办公室与中共福安市委政法委机关合署）、市属机关工作委员会。

部门管理机构 4 个，即中共福安市委老干部局（由组织部管理）、中共福安市委精神文明建设指导委员会办公室（由宣传部管理）、中共福安市委机要局、福安市委信访局（同时挂福安市人民政府信访局牌子，由市委办管理）。

议事协调机构 1 个，即中共福安市委农村工作领导小组办公室（挂福安市人民政府农业办公室牌子）。

2002 年，福安市实行新一轮党政机构改革，根据《中共福安市委、福安市人民政府关于福安市市级党政机构设置的通知》，调整后的中共福安市委工作机构设 9 个，即中共福安市纪律检查委员会机关（监察局与其合署办公、机关效能建设领导小组办公室挂靠纪检监察部门）、中共福安市委办公室（对外增挂中共福安市委政策研究室、中共福安市委保密委员会办公室、对外挂福安市国家保密局、中共福安市委机要局牌子）、组织部、宣传部、统战部、市委政法委（福安市社会治安综合治理委员会办公室与其合署办公）、台湾工作办公室（简称台办，同时挂福安市人民政府台湾事务办公室牌子）、市直机关工作委员会（简称“机关党工委”）、机构编制委员会办公室（同时挂福安市人民政府机构编制管理办公室牌子）。

部门管理机构 3 个，即中共福安市委老干部局、中共福安市委精神文明建设办公室（对外增挂市精神文明建设指导委员会办公室牌子）、中共福安市委信访局（同时挂福安市人民政府信访局牌子）。

议事协调办事机构 1 个，即中共福安市委农村工作领导小组办公室（对外增挂福安市脱贫致富领导小组办公室牌子）。

三、党委（工委）

（一）乡镇（街道）、开发区党委（工委）

1991 年初，中共福安市委下辖韩阳、赛岐、穆阳、下白石、甘棠、溪柄、上白石、社口 8 个镇党委和坂中畲族乡、康厝畲族乡、穆云畲族乡、城阳乡、潭头乡、松罗乡、溪潭乡、湾坞乡、溪尾乡、范坑乡、晓阳乡 11 个乡党委。1991 年 3 月 1 日，撤销韩阳镇党委，成立城南、城北、阳头 3 个街道党委。

1992 年 9 月 5 日，溪尾撤乡建镇，溪尾乡党委改称溪尾镇党委。同年 9 月 20 日，晓阳撤乡建镇，晓阳乡党委改称晓阳镇党委。同年 9 月 26 日，潭头撤乡建镇，潭头乡党委改称潭头镇党委。1993 年 3 月 9 日，成立中共福安市穆阳民族经济开发区工作委员会。同年 4 月 20 日，成立中共闽东赛岐经济开发区工作委员会。同年 11 月，中共福安市第九次党代会召开时，全市有 34 个基层党委（工委），其中乡、镇、街道办事处、开发区党委（工委）23个。1994年2月25日，成立中共闽东赛岐经济开发区委员会。1995年1月5日，溪潭撤乡建镇，溪潭乡党委改称溪潭镇党委。2004年3月31日，撤销福安市城南、城北、阳头3个街道党委，设立中共福安市委城南、城北、阳头3个街道工作委员会。

2005年年底，中共福安市委下辖赛岐、穆阳、下白石、甘棠、溪柄、上白石、社口、溪尾、晓阳、潭头、溪潭11个镇党委和坂中、康厝、穆云3个畲族乡，以及城阳、松罗、湾坞、范坑7个乡党委和城南、城北、阳头3个街道党工委。

（二）市直机关工委

1991年，中共福安市委市属机关工作委员会行政编制7名，内设秘书股、组织宣传股、纪工委、机关人武部。1994年，中共福安市委市直机关工作委员会行政编制7名，内设办公室、干部科、宣传科。1998年，中共福安市委市直机关工作委员会行政编制7名，其中书记1名，副书记2名，纪工委书记1名，机关人武部部长1名。内设机构中共福安市直属机关纪律检查工作委员会、市直机关人武部、办公室、组织宣传科、计划生育办公室。2003年，中共福安市委市直机关工作委员会行政编制5名，其中书记1名，常务副书记1名，副书记1名，纪工委书记1名，人武部部长1名。内设中共福安市直属机关纪律检查工作委员会、市直机关人武部、秘书股（对外增挂“市直机关计生办”牌子）、组织宣传股。至2005年不变。

1991年6月，福安市直机关党群口、政法口、宣教口、政府办口、计委口、经委口、农委口、建委口分别召开第一次党员代表大会，选举产生各口党委，全市共有各口党委和福安茶厂党委、赛岐铁合金厂党委、福安市人武部党委、市直机关工委等12个。

1992年，设立闽东罐头食品（集团）公司党委。1994年9月3日，成立福建天马集团公司党委。1996年3月18日，市人武部收归部队建制，隶属宁德军分区，市人武部党委退出地方序列。1996年，福安市公安局设立党委。1998年11月，中共福安市委召开第十届党代会时，福安市直有党群口、建委口、财委口、宣教口、经委口、政府办口、计委口、农委口、政法口、公安局、闽东罐头食品集团公司、天马集团公司、闽东冶金集团公司、福安茶厂14个党委。2000年8月，成立福安市电机电器同业商会党委。2001年，福安市直有市委办口、组织口、政法口、宣教口、政府办口、经委口、农委口、财委口、计委口、建委口、公安局、农药厂、市国投公司、电机电器同业商会、闽东冶金集团公司、福安茶厂16个党委。2003年11月，中共福安市委召开十一次党代会时，福安市直有市委办口、组织口、宣教口、政府办口、农委口、建委口、财贸口、经委口、计委口、政法口、市公安局、市电机电器同业商会、市国投公司、闽东冶金集团公司、市农药厂等共15个党委。期间，因福安茶厂破产撤销该厂党委。2004年，各口直属机关党委全部去掉“直属机关”称呼，改称某某口党委，如原福安市委宣教口直属机关党委改称为福安市宣教口党委。

2005年7月，因企业破产，撤销农药厂党委。当年年底，福安市直有市委办口、组织口、宣教口、政法口、公安局、政府办口、财金口、经贸口、发计口、建委口、农委口、市国投公司、市电机电器同业商会、闽东冶金集团公司等共14个党委。

表 16—2　1991—2005 年福安市基层党组织设置情况表

单位：个

年份	党委	党总支	党支部
1991	30	4	904
1995	35	16	968
1996	35	14	975
1997	36	17	998
1998	34	17	990
1999	37	17	1005
2000	39	22	1023
2001	39	25	1024
2002	38	26	1015
2003	38	29	1009
2004	35	29	1002
2005	34	28	986

说明：缺 1992—1994 年资料。

第四节　重要会议

一、党员代表会议

1992 年 6 月 2 日，中共福安市委召开党员代表会议，选举出席中国共产党福建省党员代表会议代表。会议应到代表 211 名，实到 157 名。选举以无记名投票方式，分预选和正式选举两次进行。预选分 4 个代表团进行，从何团经、雷阮玲、凌冬生、叶少惠 4 个初步候选代表中选出 3 名预备人选；而后进行等额选举，选举结果，何团经、凌冬生、雷阮玲当选为福安市出席福建省党员代表会议正式代表。

1995 年 9 月 19 日，中共福安市委召开党员代表会议，会议的主要议题是市委书记陈必滔作主题报告；组织部部长宣讲开展“双带双创”（党支部带领群众“奔小康”，党员牵头“奔小康”，创“小康村”，创“小康户”）活动倡议书，并分组讨论；选举出席福建省第六次党员代表大会代表；康建民市长做会议小结。市党员代表会议代表 246 名，出席会议代表 218 名，会议以无记名投票方式差额选举陈必滔、陈增光、钟成安、姚涵儿、彭云平为出席福建省第六次党员代表大会代表。与会代表听取并讨论了市委书记陈必滔作的题为《瞄着新的目标　争创一流业绩　为实现福安经济发展大跨越而努力奋斗》的报告；讨论通过了《福安市“九五”计划及 2010 年规划（草案）》和“双带双创”倡议书。康建民市长还做了工作部署。

1997 年 5 月 12 日，中共福安市委召开党员代表会议，选举出席中国共产党福建省党员代表会议代表。党员代表会议应到代表 231 名，出席会议 197 名。会议宣读了《关于福安市出席省党员代表会议的条件候选人预备人选名单产生经过的报告》，在充分发扬民主，广泛酝酿讨论的基础上，采取无记名投票方式，选举姚智梅（女）、徐桂春、雷美美（女）为福安市出席中国共产党福建省代表会议代表。

2001年8月23日，中共福安市委召开党员代表会议，会议议题是选举产生福安市出席中共宁德市第一次党员代表大会代表；选举产生福安市出席中共福建省第七次党员代表大会代表预备人选。会议应到代表232名，实到215名，会议以无记名投票差额选举的方式，从15名候选人中选出出席中共宁德市党员会议代表12名；以无记名投票选举的方式，选出林旭荣、缪妙青、袁润怀、彭云平为福安市出席福建省第七次党员代表大会代表候选人初步人选。

二、中共福安市委全体委员会议（部分）

（一）中共福安市委第八届全体委员会议

1991年9月20—21日，中共福安市委召开八届二次全体委员（扩大）会议，市委书记何团经作题为《真抓实干　再增后劲　努力完成或超额完成今年各项任务》的讲话。全会审议通过《关于进一步加强农业综合开发工作的决定》《关于“八五”期间社会主义精神文明建设规划和实施意见》《关于加强“科技兴市”工作的决定》。

1992年2月12日，中共福安市委召开八届三次全体委员（扩大）会议，审议通过了《中共福安市委八届三次全会关于召开中国共产党福安市代表会议的决议》。

1992年11月26日，中共福安市委召开八届四次全体委员（扩大）会议，审议通过了《中共福安市八届四次全会关于学习贯彻党的“十四大”精神的决议》。

1993年8月20—21日，中共福安市委召开八届五次全体委员（扩大）会议，审议通过了《中共福安市委八届五次全体会议关于召开中国共产党福安市委员会第九次代表大会的决定》。

（二）中共福安市委第九届全体委员会议

1994年10月21—22日，中共福安市委召开九届二次全体委员（扩大）会议，市委书记陈必滔作题为《认真落实党建整体部署　全面推进“新的伟大工程”　努力争创福安各项工作新优势》的讲话，全会讨论通过了《中共福安市委奔小康工作倡议书》。

1996年7月30日至8月1日，中共福安市委召开九届四次全体委员（扩大）会议暨第二次中心组集中学习会，市委书记陈必滔作题为《认清形势明确任务全面推进伟大工程》的讲话，全会审议通过了《中共福安市委加强党的建设五年（1996—2000）规划》《中共福安市委关于进一步加强党的建设的决议》。

1997年10月7—10日，中共福安市委召开九届九次全体委员（扩大）会议，市委书记徐桂春作题为《高举伟大旗帜　建设百亿强市》的讲话，全会审议通过了《关于贯彻党的十五大精神和省委七次全体会议以及地委扩大会议精神的决议》，讨论通过了市委《关于加强党的建设几个重大问题的实施意见》。

1998年6月7—10日，中共福安市委召开九届十次全体委员（扩大）会议，市委书记徐桂春作题为《全面推进跨世纪干部工程努力建设高素质干部队伍》的讲话，全会审议通过了《关于推进跨世纪干部工程努力建设高素质干部队伍的决议》。

（三）中共福安市委第十届全体委员会议

1999年6月1日，中共福安市委召开十届二次全体委员（扩大）会议，讨论通过了《中国共产党福安市第十届委员会关于福安市农业和农村1999—2003年发展纲要的决议》。

2001年3月27日，中共福安市委召开十届七次全体委员（扩大）会议，讨论通过了《中共福安市委关于制定国民经济和社会发展第十个五年计划的建议》。

2001年8月23日，中共福安市委召开十届九次全体委员会议，推选出席福建省第七次党代会代表候选人名单和出席宁德市党员代表大会差额候选人名单。

2001年12月7日，中共福安市委召开十届十一次全体委员（扩大）会议，传达贯彻省第七次党代会精神。

2002年1月31日，中共福安市委召开十届十三次全体委员（扩大）会议，对宁德市委常委会确定的出席中共十六大和省党代会代表候选人初步人选进行表决。

2003年9月26日，中共福安市委召开十届十五次全体委员（扩大）会议，讨论通过《关于召开中国共产党福安市第十一次代表大会的决议》。

2003年11月23日，召开市委十届十七次全体委员（扩大）会议，审议通过十一届市委委员、候补委员、市纪委委员预备人选名单。

2003年11月26日，召开市委十届十八次全体委员（扩大）会议，审议通过中共福安市第十一次代表大会市委、市纪委工作报告、市委委员、候补委员、市纪委委员预备人选名单。

（四）中共福安市委第十一届全体委员会议

2004年5月18日，中共福安市委召开第十一届二次全体委员会议，民主酝酿部分乡镇（街道）党政机构正职领导人人选。

2004年8月4日，中共福安市委召开十一届三次全体委员会议，票决乡镇（街道）党政正职领导干部。

三、市委工作会议

1991年2月25—28日，中共福安市委召开工作会议，市委书记何团经作《明确目标任务　再创新业绩　齐心协力　埋头苦干　为全面实“八五”计划打下坚实基础》的报告。会议提出“八五”期间全市工作总的指导思想是：以七中全会精神为指针，坚持“两手抓”，一手抓经济建设，一手抓党的建设，努力把福安建成安定、繁荣、文明、开放的新兴城市。会议确定1991年工作的主要目标是国内生产总值要比上年增长14.8%；工农业总产值比上年增长14.7%；乡镇企业总产值比上年增长20%；地方财政收入比上年增长5.4%，为全面完成“八五”计划打坚实基础。

1992年2月13—15日，中共福安市委召开工作会议，市委书记何团经作《稳定中求突破　继承下有创新　努力创造优异成绩向党的十四大献礼》的报告。会议提出1992年全市工作的主要目标：国内生产总值比上年增长12%；工农业总产值比上年增长10.6%；乡镇企业总产值比上年增长7.8%；地方财政收入比上年增长7%；城镇居民和农民人均收入分别比上年增长7.2%和12.5%。

1993年2月17—20日，中共福安市委召开工作会议，市委书记何团经作《抓住机遇　乘势而上　同心同德　真抓实干　为三年再造一个福安而努力奋斗》的报告。会议提出1993年全市工作的主要目标：国内生产总值比上年增长20%；国民收入比上年增长23.8%；工农业总产值比上年增长25%；乡镇企业总产值比上年增长22.8%；地方财政收入比上年增长11.3%；社会商品零售总额比上年增长32.4%；出口收购总值比上年增长28.5%；城镇居民和农民人均收入分别比上年增长14.38%和15.91%。

1994年2月25—28日，中共福安市委召开工作会议，回顾总结1993年工作，表彰先进，研究部署1994年工作。会议提出1994年全市工作的主要目标：国内生产总值达到13亿元；工农业总产值比上年增长20.5亿元；全社会出口收购总额2亿元；城市化水平达到25%；城镇居民人均生活费收入和农民人均纯收入分别达到2000元和1500元。

1995年2月15—17日，中共福安市委召开工作会议，市委书记陈必滔作《增创优势　扩大总量　实现福安经济新跨越》的报告，会议提出1995年全市工作的主要目标：国内生产总值比上年增长25.2%；工农业总产值比上年增长20.4%；乡镇企业总产值比上年增长19.6%；地方财政收入1.398亿元；社会商品零售总额比上年增长18.5%；出口收购总值比上年增长4.3%；城镇居民人均生活费收入和农民人均纯收入分别比上年增长22.8%和20.3%。

1996年2月11—13日，中共福安市委召开工作会议，福安市委书记陈必滔作《开拓奋进　乘势而上　为全面实现"九五"计划开好局起好步》的报告。会议提出1996年全市工作的主要目标：国内生产总值比上年增长24.5%；工农业总产值42.5亿元，比上年增长27.1%；吸收外资合同金额1500万美元，实际利用外资1000万美元；地方财政收入1.8亿元，增长15%；社会消费品零售总额比上年增长26.44%；城镇居民人均生活费收入3600元。

1997年2月22—24日，中共福安市委召开工作会议，福安市委书记徐桂春作《内增实力　外树形象　努力实现福安"两个文明"建设的新跨越》的报告。会议提出1996年全市工作的主要目标：国内生产总值比上年增长24.9%；工农业总产值比上年增长26%；全社会固定资产投资比上年增长25.8%；地方财政收入比上年增长12%；社会商品零售总额比上年增长25%；城镇居民人均生活费收入和农民人均纯收入分别比上年增长21.8%和21%。

1998年2月5—7日，中共福安市委召开工作会议，市委书记徐桂春作《敢闯新路　再创新业　向闽东经济中心城市阔步前进》的报告。会议提出1998年全市工作的主要目标：国内生产总值比上年增长34.8%；工农业总产值比上年增长25.5%；全社会固定资产投资比上年增长60%；地方财政收入比上年增长16%；实际利用外资增长28%；社会商品零售总额比上年增长25%；城镇居民人均生活费收入和农民人均纯收入分别比上年增长20.7%和15.3%。

1999年3月4日，中共福安市委召开工作会议，宁德地区行署副专员、福安市委书记傅贤光作《求真务实　艰苦奋斗　加快建设闽东经济中心城市》的报告，会议提出1999年全市工作的主要目标：国内生产总值比上年增长18%；工农业总产值比上年增长18.3%；全社会固定资产投资比上年增长42.8%；地方财政收入比上年增长9%；社会商品零售总额比上年增长19.7%；城镇居民人均生活费收入和农民人均纯收入分别比上年增长5.6%和7.3%。

2000年2月19—21日，中共福安市委召开工作会议，宁德地区行署副专员、福安市委书记傅贤光作《解放思想　求真务实　抢抓机遇　奋力拼搏　把建设闽东经济中心城市的各项事业全面推向21世纪》的报告。会议提出2000年全市工作的主要目标：国内生产总值比上年增长13.2%；工农业总产值比上年增长15.7%；全社会固定资产投资比上年增长22%；地方财政收入、社会商品零售总额、实际利用外资和出口商品收购总额分别比上年增长10%以上；城镇居民人均生活费收入和农民人均纯收入分别比上年增长4.3%和5.1%。

2001年2月2—4日，中共福安市委召开工作会议，福安市委副书记、市长做《立足新起点　争创

新业绩　为福安新世纪的发展开好局起好步》的报告。会议提出2001年全市工作的主要目标：国内生产总值比上年增长12%，力争达到13%；全社会固定资产投资比上年增长15%；地方财政收入比上年增长12%；社会商品零售总额、外贸出口总额分别比上年增长10%左右；城镇居民人均生活费收入和农民人均纯收入分别比上年增长4%和4.2%。

2002年2月28日至3月2日，中共福安市委召开工作会议，宁德市委常委、福安市委书记作《在创新中开拓　在务实中进取　全面推动福安各项建设事业新发展》的报告。会议提出2002年全市工作的主要目标：国内生产总值比上年增长9%；地方财政收入比上年增长8%左右；社会商品零售总额比上年增长12%左右；城镇居民人均生活费收入和农民人均纯收入分别比上年增长5%和3.5%。

2003年2月17—18日，中共福安市委召开工作会议，宁德市委常委、福安市委书记作《始终保持与时俱进的精神状态　努力加快全面建设小康进程》的报告。会议提出2003年全市工作的主要目标：国内生产总值、地方财政收入、全社会固定资产投资、社会商品零售总额比上年分别增长10%；城镇居民人均生活费收入和农民人均纯收入分别比上年增长6%和4%。

2004年2月3—4日，中共福安市委召开工作会议，宁德市委常委、福安市委书记作《齐心聚力谋发展　与时俱进攀新高　在全面建设小康社会征程上迈出新步伐》的报告。会议提出2004年全市工作的主要目标：国内生产总值比上年增长12%；地方财政收入比上年增长16.8%；全社会固定资产投资比上年增长10.6%；实际利用外资1600万美元；社会商品零售总额比上年增长10%左右；城镇居民人均生活费收入和农民人均纯收入分别比上年增长8%和5%。

2005年2月21—22日，中共福安市委召开工作会议，宁德市委常委、福安市委书记张经喜作《以科学发展观统领全局　扎实推进经济社会全面协调可持续发展》的报告。会议提出2005年全市工作的主要目标：国内生产总值比上年增长12%；地方财政收入比上年增长12.5%；工业总产值比上年增长15%；会社会固定资产投资比上年增长48%；城镇居民人均生活费收入和农民人均纯收入分别比上年增长10%和5%。

第五节　重大决策

一、促进农业和农村工作发展

1991年，为进一步促进福安市的农业发展，中共福安市委、福安市人民政府把农业综合开发作为实现福安经济发展的第二步战略目标，带领群众奔小康，实现“八五”计划与十年规划的关键性措施。9月21日，中共福安市委召开八届二次全会，通过《关于进一步加强农业综合开发的决定》。1995年后，福安市进行第二次农业产业化调整，实行农业产业化经营、土地承包流转经营、改革农村税费、改善生产条件、提高农业机械化水平、促进农业科学技术的研究、开发、引进、示范和推广。1996年3月，出台《关于巩固绿化成果　发展绿色产业　建设经济林强市的决定》。1997年，经宁德地区、福建省小康办验收、复查，福安市有20个乡镇、289个行政村89669户农民达到了省定小康标准。1998年，中共福安市委、市政府出台《关于加快农业产业化的实施意见和关于扶持农业产业化龙头企业的决定》和《关于组织实施农村宽裕型小康建设的意见》。同年，福安市被福建省委、省人民政府确定为全省十个农村宽裕型小康试点县（市）之一，并连续三年被福建省委、省人民政府评为全省商品粮基地建设优秀县（市）。2000 年 3 月，出台《关于切实抓好连家船民上岸定居乐业工作的若干决定》。2003 年 9 月，出台《关于扶持茶叶产业发展的若干意见》。2004 年 11 月，出台《关于加快农业发展　建设绿色福安的决定》。至 2005 年，全市基本实现了从传统农业到特色农业的转变。省定宽裕型小康十五项指标考核从 1991 年的 15.5 分提高到 51.3 分。

二、加快工业发展

为了推进福安电机电器、船舶修造等传统优势产业的发展，1993 年 4 月，中共福安市委、市政府出台《加快工业发展的若干决定》。1994 年 6 月，出台《关于依靠科技进步建设电机电器城的决定》《关于进一步深化企业改革加快我市工业经济发展的决定》。1996 年 4 月，出台《关于加快工业发展的决定的实施意见》。1998 年 7 月，出台《关于福安市国有企业深化改革摆脱困境的若干意见》。2002 年 4 月，出台《关于进一步扶持工业发展的若干意见》。2003 年 6 月，出台《全面推进工业化进程的决定》。由于各项决策及时准确，落实到位，推动了工业企业的体制改革和生产发展。依靠科技进步，全市电机电器行业从 1991 年的 320 家发展到 2005 年的 700 家，主要产品规格从 1991 年的 700 多种增加到 2005 年的 1000 多个规格。产值从 1991 年的 2148.4 万元提高到 2005 年的 40.9 亿元。其中出口产品从 1991 年的 217.5 万元增加到 2005 年的 26.2 亿元；船舶行业从 1991 年的 11 家、从业人员 675 人增加到 2005 年的上规模企业 11 家、从业人员 3273 人，产值从 1991 年的 751.7 万元提高到 2005 年的 18.6 亿元。

三、改善投资环境

为了改变传统的投资模式，创造有利于民营、外商企业投资的良好环境，1992 年 5 月，福安市委、市政府出台《关于鼓励外商投资开发经济技术合作的若干优惠规定》。1993 年 8 月，出台《关于加快个体私营经济发展的若干规定》。1994 年 7 月，出台《关于加快民营经济发展的决定》。同年 11 月，又出台《关于加大改革开放力度　改善投资环境的若干决定》。1998 年 8 月，出台《关于加快民营经济试验区发展的决定》。1999 年 6 月，出台《关于加强外商投资环境建设的若干规定》。同年 9 月，出台《关于鼓励国内客商投资的若干暂行规定》。2000 年 3 月，出台《关于鼓励民营经济发展的若干规定》。这一系列为改善投资环境而做出的决策，使全市工业生产发生了深刻的变化。全市工业总产值从 1991 年的 6.16 亿元提高到 2005 年的 100.5 亿元、增加了近 15.3 倍。其中民营企业从 1991 年的 109 家、产值 0.5 亿元提高到 2005 年规上企业 125 家、产值 96 亿元；“三资”企业产值从 1991 年的 0.33 亿元提高到 2005 年的近 1.5 亿元。私营企业从 1991 年的 309 家、从业人员 4138 人、注册资金 2251 万元，发展到 2005 年的 1851 家、从业人员 14329 人、注册资金 69.98 亿元。为发展福安经济、提高人民生活水平发挥了积极作用。

四、推进社会事业发展

为了加速科技文卫等社会事业的发展，1991 年 9 月，福安市委出台《关于加强“科技兴市”工作的决定》。1992 年 6 月，出台《关于发展教育事业加快改革步伐若干问题的决定》，12 月，出台《关于开展科技工作达标　争创全国科技工作先进市的实施意见》。1995 年 12 月，福安市召开科学大会，市委、市政府出台《关于贯彻中共中央国务院关于加速科技进步的决定》的意见和《关于充分发挥知识分子作用　提高知识分子待遇的决定》以及《关于加快科学技术投入的决定》。2005 年，中共福安市委、市政府出台《关于加快卫生改革与发展的决定》和《关于加快教育事业发展的决定》。这些决策的出台和贯彻实施，促进了福安市科技文卫等社会事业的发展进步。据不完全统计，福安市1991—2005年列入国家科委、省科委立项的项目50项，列入宁德市及福安市项目383项，其中建设福安电机电器城项目1994年经省科委组织专家论证通过，列入当年省重点科技项目；全市先后获省政府科技成果二等奖4项、三等奖7项；获宁德市政府（地区行署）科技成果一等奖1项、二等奖5项、三等奖7项；获国家专利授权254项。全市小学入学率从1991年的99.07%提高到2005年的99.96%；初中学生数从1991年的16044人增加到2005年的25153人；高中升大学本科人数从1991年的151人提高到2005年的1365人。文化活动场所从1990年年底的23个增加到2005年的32个。同时，广泛开展了文艺创作演出、电影放映、戏剧会演等活动。电视、网吧、卡拉OK、电子游戏、音像等新兴文化娱乐日益普及，医疗卫生设施、设备显著改善，医疗技术水平不断提高，城乡卫生条件、自然环境得到很大改善。

五、加快城市建设

为了推进福安城区规划建设，拓展城市容量。1991年，福安市委工作会议把改造拓宽中兴街、阳头大桥主体工程、市区停车场等城市建设项目列为当年十件为民办实事内容。11月，印发《关于城建工作的会议纪要》，提出要抓好新城开发、旧城改造、基础设施建设、商品房开发建设四项工作。1992年，市委把阳头自来水扩建工程、旧城改造和开发新区列为当年十件为民办实事项目内容。3月，印发《关于加强城建工作的会议纪要》。11月，印发《关于市区城建工作的会议纪要》，提出城建规划、建设的具体要求。1994年，市委、市政府成立"福安市城区建设与管理协调委员会"，下设办公室。1995年，福安市委出台《关于加强我市城市规划建设管理的决定》。1997年，福安市委印发《关于加强城市规划建设管理的决定》。1999年，福安市委印发《关于研究重点项目工作有关问题的会议纪要》《关于研究城建工作有关问题的会议纪要》。2000年，福安市委印发15期、17期、25期、26期关于研究城建重点项目问题的会议纪要。2002年，市委工作提出要重点抓好冠后路、街尾路、南湖坂高级住宅区、电机电器市场、中兴东路二期工程、龟湖生态走廊、湖滨东路等城建项目。2005年，市委把秦溪洋新区基础设施及过境公路、福安市城市污水处理厂、龟湖生态走廊后续工程、湖滨东路建设及商品房开发列为年度重点项目。

在福安市委的决策引导和推动下，1991—1993年，福安城区相继建成溪口大桥、新华路、湖滨路，完成新华路拓宽、中兴路西段拓宽改造工程和市区500米护城河改造等工程。1994—1998年，全市累计投资3.6亿元，实施城建项目42个，城区建成区域由4.6平方千米扩大到6.3平方千米，控规覆盖率由30%提高到55%；初步建成坂中工业区、阳头工贸区及鹤祥、京都、安居等6个住宅小区；建成富春、九州、电力、东方、市政府5座建筑物；新建、改建道路14条，道路面积从40万平方米增加到58尤平方米。1999—2003年，福安市相继建成人民广场、市政广场、南郊桥、南湖桥、富春路、东大路、福新路、金山路等市政设施，以及电机电器批发市场一期、安居工程、广电大楼、邮政大楼、穿山路欧式建筑一条街等城市重点工程，改造开发中兴东路、阳头南湖坂、八一商城、南郊马步洋、岩湖坂、坂中桥北侧等地块，城市建成区域扩大到7.8平方千米，城区道路面积增加到89.2万平方米。2004—2005年，相继完成秦溪洋新区民营工业园区二期标准厂房、闽东电机电器批发市场、冠后路旧城改造、城区第二水厂工程；基本完成秦溪洋工业集中区道路、天马桥、湖滨东路南段等工程及国税大楼、城阳乡政府大楼等项目。

第二章 纪检监察

第一节 机构

一、市纪委机关

1991年，中共福安市第八届纪律检查委员会有委员15名，常委6名，其中纪委书记1名，副书记2名。内设办公室、纪检监察一室、纪检监察二室、控申室、审理室、宣教室。

1993年3月，中共福安市纪律检查委员会与福安市监察局合署办公，并正式挂牌，内设办公室、纪检监察一室、纪检监察二室、案件审理室、信访室（监察局举报中心）、执法监察室、宣传教育室、党风廉政建设室。1993年11月，中共福安市第九届纪律检查委员会有委员20名，内设机构不变。1998年11月，中共福安市第十届纪律检查委员会有委员15名。内设办公室、纪检监察一室、纪检监察二室、案件综合管理室、案件审理室、信访室（监察局举报中心）、执法监察室、宣传教育室、党风廉政建设室。2000年1月，增设纠风工作办公室。2002年8月，增设监察综合室。2003年11月，中共福安市第十一届纪律检查委员会有委员20人。内设办公室、纪检监察一室、纪检监察二室、案件综合管理室、案件审理室、信访室（监察局举报中心）、执法监察室、宣传教育室、党风廉政建设室、纠风工作办公室、监察综合室、效能办。配备专职干部39人。

2005年，机构、编制人员不变。

二、派驻机构

1998年，根据《关于福安市纪委、监察派驻纪检监察机构的通知》要求，市纪委、监察局在市直有关部门、单位派驻纪检监察机构，具体是在市教委、民政局、司法局、财政局、地方税务局、人事局、交通局、农业局、水利水电局、海洋与水产局、林业局、粮食局、劳动局、卫生局、广播电视事业局、计生局、工商行政管理局、供销社18个市直单位派驻纪检组、监察室，在市法院、检察院两个单位派驻纪检组，在计委、经委、建委、外经委、公安局、科委、文化局、土地管理局、环境保护局、技术监督局10个单位派驻监察室，在市直机关党委设纪工委。

2003年6月18日，由于机构改革，根据《关于市纪委监察局派驻（出）纪检监察机构有关问题的通知》要求，在福安市教育局、民政局、司法局、财政局、人事局、交通局、农业局、水利局、林业局、海洋与渔业局、劳动和社会保障局、卫生局、计划生育局、审计局、国土资源局、粮食局、广播电视事业局、供销合作社联合社18个市直单位派驻纪检组，同时对外增挂监察室牌子。在市法院、市检察院两个单位派驻纪检组，在市发展计划局、经济贸易局、建设局、公安局、对外贸易经济合作局、科学技术局、文化体育局、民族与宗教事务局、统计局、环境保护局、安全生产监督管理局11个市直单位派驻监察室，在市直机关党工委设立纪工委。

第二节 信访与举报

1991—1993年，福安市纪委强化全市信访网络建设，建立信访工作联系点，共受理群众来访来信2250件（次），其中，检举控告件2212件（次），申诉件38件（次），办理结案率100%，在全市查处的167件违纪案件中，有135件是由信访渠道发现线索，占81.2%。

1994—1998年，共受理群众来信来访举报电话2201件（次），立案417件。查办结果：给予党纪政纪处分的417人，其中，开除党籍46人、撤职17人；大要案103件，挽回经济损失685.37万元。1999年至2003年10月，共受理群众来信来访和举报电话2205件，立案469件、自行办案424件，给予党纪政纪处分469人，其中，开除党籍68人、开除公职4人，挽回经济损失917.2万元。

2003年11月至2005年，共受理群众来信来访738件（次）、立案办理260件，给予党纪政纪处分265人，挽回经济损失812万元。

第三节 案件查处与廉政建设

1991年，福安市纪检监察部门发挥职能作用，推进党风廉政建设，对市电力总站等103个市直单位、19个乡镇、211个站所和50多个村街的行业不正之风进行查处纠正，清理以权谋私、“三乱”（乱设卡、乱检查、乱收费）现象等8个方面的各类问题281件，查涉违法违纪金额132万元，并被列为全国纠风工作联络点。清房工作取得成效，顺利完成扫尾工作。通过听、查、看、访、谈等形式，全面了解领导干部廉洁自律的情况，对土地局、人事局、计委、公安局、工商局等单位的人员安排、土地审批、项目审批等实行公示。进一步健全完善村级财务制度，共清理108个村（居）委财务，追缴违纪金额30多万元。全年全市查处以权谋私、贪污受贿、挪用公款案28件，村街主干经济案件19件；查处执法违纪案件4件。1993年，全市开展党纪政纪教育，制作党风廉政教育专题片，举办党风廉政建设成果展览；建立党风廉政教育电教软件库；通过有线电视现场转播党纪知识竞赛；编印系列党纪辅导教材。全市34名副处级以上干部对照要求，主动自查自纠，有27人清退礼金、纪念品折价4022元，处理买卖股票的干部；1名领导干部辞去在经济实体中的兼任职务。全市开展治刹不正之风工作，清查收费单位381个，收费项目1235个，查出自立收费项目105个，金额144.7万元；取消和停止收费项目45个，退还金额23.75万元；并公布第二批取消收费项目105个。查处群众举报乱收费16起，清退金额13.54万元。取消涉农收费文件35份、收费项目17项，每年可减轻农民负担700多万元。加强出国（境）管理，取消、制止已在办理手续的用公款出外旅游团组2个。开展金融秩序整顿和大检查，对20家党政机关经商办企业问题进行清查，9家公司与机关彻底脱钩，4家公司停办。

1995年，福安市开展治理公路“三乱”工作，对主要公路干线进行明察暗访，发现问题，及时查处，全年共撤除非法所设站卡12个，通报批评2起8人，给予行政撤职以上处分2人、记过2人、警告1人，做出监察建议给予处分3人。1996年，福安市开展清房工作，共有4384人在清房中进行自查自纠，自查率99%。发现违规建房112人，按规定予以审查符合建房条件的补办手续和补交有关税费，严重违规违纪的给予立案查处。同时，福安市开展清理单位预算外资金和“小金库”，发出自查自纠表163份、收回155份，发现违规收费62万元，违规支出96万元，应缴未缴财政款511万元。1997年，全市共清理违规建占住公房人数185人（其中科级干部93人），88人按规定补各种款项14.52万元、50名干部建私房未经政务审批均按党纪和政纪处分后补办政务审批手续；47名多头占住公房干部全部退出多占公房。对各单位银行账户进行清理，共清查出预算外资金1091万元。1997年，福安市共停建、缓建办公楼5栋建筑面积9990平方米，节约开支700万元；压缩和精简会议19场（次），节约经费60多万元；取消庆典活动7场，节约开支14万元；公务接待费比上年减少74.84万元；取消检查、评比60场次，节约开支12万元。1998年，共清理用公款安装的个人住宅电话326部，收回资金20.66万元；清理用公款购买的移动电话234部，采取作价处理或公开拍卖等措施，收回资金19.65万元；处罚95个单位违控购置移动电话197部，收回资金6.12万元；制止用公款出国（境）旅游团组4批8人，节约经费20万元。同年，在开展民主评议行风工作中，聘请行风评议代表25名，对6个单位进行行风评议，各被评议单位也聘请行风监督员。召开全市“争当廉内助”座谈会，向全市领导干部家属发出倡议：从自己做起，坚决抵制家庭成员腐败行为，构筑坚强的反腐败家庭防线。1999年，福安市委成立党风廉政建设责任制领导小组，出台《福安市党风廉政建设责任制实施办法》及责任范围和任务分工等12项配套制度，并建立自查、督查、评议、建档等制度，每年组织对各开发区、乡镇（街道）、市直各单位进行廉政工作责任制考核。开展制止党和国家机关工作人员赠送和收受“红包”工作。六套班子领导，各乡镇（街道）、开发区党委书记、乡镇长、人大主席，市直各单位主要负责人签订制止送收“红包”工作承诺书，并建立专项举报制度，接受群众监督。开展刹住医药购销中不正之风工作，对医药市场开展清理整顿，取缔罗江非法药品集贸市场，关闭该市场中非法经营的药品批发摊位24个，查获非法经营药品700多件，价值90多万元。查处有关医疗单位药品虚高定价的违纪金额86万元，处罚金额10多万元。开展治理海上“三乱”工作，共检查60家单位，查处违纪金额87.2万元。

2000年，福安市制定《关于厉行节约、制止婚丧喜庆大操大办行为的暂行规定》，组织开展明察暗访，遏制大操大办婚丧喜庆不正之风。2001年，召开首届“廉内助”表彰大会，“廉内助”代表向全市干部家庭发出倡议书。2002年，实行“福安市四项制度执行情况执法监察工作联席会议”制度，对经营性土地使用权出让招标拍卖、建设工程项目公平招投标、政府采购和产权交易进入市场等“四项制度”开展执法监察。2002年，18处计12.40万平方米国有土地使用权出让全部实行公开招标拍卖或挂牌交易，总成交价1.1亿元；全市131个建设工程全部实行公开招投标或邀请招标，节约建设资金3025.46万元。福安市政府采购中心成立以来，全市机关事业单位公务用品和公务车辆保险等实行政府采购，预算支出金额2011.9万元，实际支付1811.6万元，节约资金200.3万元。制定《关于纠正乡镇领导干部“走读”现象暂行规定》，明确规定乡镇领导干部每周必须5天工作日和吃、住都在乡村，领导干部回家次数、事由、使用的交通工具等情况应在乡镇政务公开栏上公布，并成立督查组开展督查。2003年，福安市委贯彻落实省委《关于建立和完善反腐倡廉“六个机制”的若干规定（试行）》，并与贯彻落实党风廉政建设责任制相结合，规范领导干部廉洁自律行为，成效明显，被中共福建省纪律检查委员会确定为省试点单位。充分利用福安市廉政文化乡土资源，建立开闽第一进士薛令之故乡廉村、为天下除奸的郑虎臣故乡榕头村、闽东苏区旧址斗面村、闽东革命纪念馆4个廉政教育基地，协助福建省纪委在廉村拍摄《继承优秀传统　建设廉政中国》廉政公益广告，在中央电视台上滚动播放，荣获全国嘉奖。开展查处开具虚假发票公款报销工作，组织税务、工商等部门人员对170多家单位进行检查，清退违规报销金额，情节严重的给予党纪政纪处分。2004 年，福安市委、市政府出台《福安市执行廉洁自律“五个不许”和“两个纠正”的规定》，明确实行责任追究的程序和办法。组织人员对落实情况开展明察暗访。清理党员干部拖欠公款 709 人、347.03 万元，并全部清偿。纠正拖欠和克扣农民工工资问题，累计清还 873 名农民工工资 555 万元，押金 4.8 万元，清理党政领导干部违反规定兼任企业领导职务非法获取报酬问题，免去 1 位副处级领导干部在国有企业兼任的职务、23 名党政科级干部在企业兼任的职务。清理整顿行业统一着装工作，共清理违规着装的制服 337 套。成立基层党风廉政建设领导小组，确定 8 个乡镇的 14 个村为市试点村（居），制发《关于推行村（居）党风廉政监督小组工作的实施意见》，分发指导工作手册 200 多本。

2005 年，全市村（居）全部建立党风廉政监督工作小组，449 个村（居）选举设立党风廉政监督员 1276 名。开展专项治理民间标会工作，出台《关于对党员干部职工参与民间“标会”活动的处理意见（暂行）》《关于严禁党员干部参与民间“标会”活动的通知》《关于重申禁止党员干部赌博活动的通知》，市纪委成立专门督查组，严肃查处广大党员、干部、职工参与民间“标会”问题。两年间，共受理有关“标会”群众来信来访举报 148 件，办结 141 件，协调和追回涉会款项 602 万元。立案处理 13 件 13 人，开除党籍 11 人（其中科级干部 3 人），行政开除 4 人、查处党员干部、职工涉赌案件 4 件；清理干部兼职取酬问题，有 11 名干部主动上缴兼职报酬 35.86 万元。

第四节　执法监察

1991—1993 年，福安市纪委先后组织 380 人次深入企业、村街，认真查处干扰、破坏经济建设事件，查办“坑农、卡农、害农”问题。各级纪委认真办案，澄清失实的举报信件 123 件、为 67 名同志正名；查处执法执纪人员违纪案件 11 件。开展纠正不正之风工作，先后对电力、公安、教育等 103 个市直单位和 21 个乡镇所属基层所、站的 281 个案件进行查处，查出违纪金额 132 万元。开展查处流通领域“乱罚款、乱收费、乱摊派”活动，清理 1850 项行政事业性收费项目，取消其中 132 项不合理收费项目。开展“整顿机关作风”活动，公布招工、招干、招生、“农转非”、出国出境等审批结果，接受群众监督。抓好城乡接合部社会主义教育活动，全市 61 个试点单位经上级考核，58 个合格，3 个基本合格。清理村级财务，查处 19 个乡镇 200 多个行政村（街道）违纪金额 160 多万元。1994—1998 年，全市各级纪委在执纪中坚持以事实为依据，以党纪条规为准绳，认真抓好案件审理，为被失实举报的 407 名党员干部正名。1996 年至 1998 年，全市共撤除违反规定设置的收费站、检查站 9 个，查处违规收费案件 6 起，给予党政纪处分 14 人；继续在公安、工商、国税、地税、城管、交警等部门开展民主评议行风工作，增强民主监督意识。1999—2003 年，全市继续开展治理公路“三乱”工作，查处案件 12 起。成立督查组，治理中小学乱收费工作，清退金额 38.5 万元，查处学校负责人 8 名。开展民主评议行风工作，对全市 23 个重点部门和行业进行评议。对 103 名拟担任科级职务人员进行任前公示，提高干部选拔任用透明度。严格实行责任追究制度，共立案查处责任制追究案件 78 件 89 人。2003 年至 2005 年，全市实行错案追究整改制度，为 180 多人（次）澄清事实。治理中小学乱收费，清理违规收费 87 万元，给予党政纪处分 3 人。查处涉及高速公路福安段乱收费、罚款案件 47 件、47 人，涉案金额 800 多万元；开除党籍21人，判刑17人。加强建设工程招投标监督，查处纠正5起。出台《福安市行政执法监察实施意见》，对行政执法部门下设的20个执法机构进行重点执法监察，纠正5起行政执法不规范问题。清理涉及行政许可的不规范文件17件，项目247个。抓好林改工作专项监察，促进全市林改工作顺利完成。

1991—2005年，全市纪检监察机关共查处各类案件1313件，其中，大案、要案284件；给予党政纪处分1325人，其中，撤职以上处分247人，挽回经济损失2414.57万元。

第五节　机关效能建设

一、机构

2000年3月，福安市成立效能建设领导小组，下设办公室与效能建设投诉中心（临时机构、合署办公），抽调相关部门8名工作人员组成工作班子，聘请8名退休老同志为效能建设监督员。2003年3月，中共福安市委办公室、市人民政府办公室将“福安市机关效能建设领导小组办公室”和“福安市机关效能投诉中心”改为常设机构，实行“一个机构、两块牌子”合署办公，核定机关事业编制6名，内设综合股和督查投诉股，挂靠纪检监察部门，为正科级单位。

二、监察

2000年，福安市效能投诉中心在福安市委、市政府大院门口设立“到机关办事遇麻烦请拨6566511”的告示牌，群众通过来电、来信或来访的方式，向效能投诉中心反映情况。2000—2005年，效能投诉中心共办理投诉件627件，其中反映工作效率低下的260件、单位工作纪律松弛的72件、“吃拿卡要”的3件、“三乱”问题的35件、廉政问题的35件、司法不公的4件、要求落实政策的3件、其他的215件，办结率98%，机关工作人员中有13人被效能告诫，24人被诫勉教育。期间，效能办组织人员对机关效能建设情况进行督查，发出整改通知书330份，曝光违规工作人员358人次。其中免职1人、行政记过处分1人、停职察看1人、调离岗位1人、约谈单位领导118个、效能告诫25人、诫勉教育73人、书面检查144人。

三、行政审批审核改革

2001年，福安市改革行政审批、审核制度，共取消审批、审核事项296项，取消面44.7%；清理审批文件132件。2002—2003年，全市34个市直单位，共清理审核审批事项859项，其中取消445项、改变审批方式30项，总涉及面55.3%。2004年，全市取消第四批审批（含收费）等事项202项，其中取消审批25项、核准8项、审核19项、备案12项、取消收费89项、改革35项、转移14项。2005年，全市共清理审批、审核收费事项1376项，取消709项，取消面50.89%。

四、政务公开

2000—2005年，福安市政府各单位共设政务公开栏637个，公开政务3565期。“福安市政府政务公开栏”面向社会，公开10期内容。全市通过新闻媒体、大小政务通报会、电子触摸屏等形式公开政务，并建立评议制度，定期或不定期地组织人大代表、政协委员、效能建设监督员、社会各界代表人士对政务公开内容的真实性、全面性、有效性进行评议，发现问题及时整改。其间，2003年10月，福安市成立推行办事公开制度领导小组，下设村务、政务、厂务、校务、医院院务五个公开专项工作小组。2005

年，全市开展“抓本级、带系统、促基层、求实效”活动，深化政务公开工作，召开多场工作会议，对乡镇和市直办事公开工作进行指导监督，不断完善政务公开责任、审议、评议、反馈、备案五项制度。

五、绩效评估

2004年，福安市决定2月20日至6月30日在全市开展“创建对人民高度负责型政府，营造优良政务环境”活动，全市共召开传达、动员会议200多场次，组织学习11000多人次，参加讨论6000多人次，写心得体会2600多篇，召开征询意见会90场次，发放征求意见表3800多份，收到意见和建议400多条，提出整改意见280多篇，小结200多篇。下半年，全市在市政协办、组织部、人事局、建设局、劳动和社会保障局、林业局、广电局、地税局、质监局等9个单位以及阳头街道、溪柄镇、穆云畲族乡3个乡镇（街道）开展绩效评估试点工作。同年，福安市成立以市长为组长的“企业评政府，基层评机关”活动领导小组，制定“两评”活动方案，从7月上旬起，分准备发动、检查评议、整改反馈、总结提高四个阶段开展“两评”活动。同时，从福安市人大代表、政协委员、离退休老同志代表、效能监督员、企业和群众中选出70名代表担任“两评”活动评议员，分10组，共走访乡镇、街道、基层单位108个，发放自评表2152份、问卷评议表5212份，回收自评表2140份、问卷评议表4664份，收集意见、建议860多条。2005年，福安市制定《关于开展绩效评估工作的意见》，在全市范围内全面开展绩效评估工作。被评估单位有21个乡镇、街道及罗江村街工作处、福安市发展计划局等81个市直单位及市二轻总会等10个市属公司。绩效评估采用指标考核、公众评议和察访核验三种方法进行。

第三章　组织工作

第一节　机构

1991年，中共福安市委组织部机关行政编制19名，其中，部长1名，副部长1名。1992年，增设干部审查科、知识分子工作办公室。1994年，中共福安市委组织部机关行政编制18名，组织员编制6名（挂靠市委组织部），其中，部长1名，副部长及科级干部5名。内设办公室、干部科、组织科、党管科、干审科、干训科、知工科、电教办。1998年，市委组织部机关行政编制16名，组织员编制6名（挂靠市委组织部），其中，部长1名，副部长1名。内设办公室、干部科、党群机关干部管理科、干部调查审理科、组织科、党员管理科、党员电化教育办公室、干部教育科、另设市委组织员室。2003年，中共福安市委组织部机关行政编制12名，组织员编制6名（挂靠市委组织部），其中，部长1名，副部长3名（不含兼职副部长）。内设办公室、干部科、党群机关干部管理科、干部监督室、干部教育科、组织科、党员教育管理科、党员电化教育办公室。挂靠单位中共福安市委组织员室、中共福安市委知识分子工作领导小组办公室，至2005年不变。

第二节　党员队伍

一、党员发展

1991年，福安市有正式党员14802名。当年，全市重点抓好在农村一线、企业一线、中专生、中学生和三年以上未发展党员的村和女党员空白村的党员发展工作。1997年，组织开发“党的基层组织与党员管理信息系统”，加强党组织和党员管理的准确性和科学性。完善和推广党员目标管理和民主评议党员制度，对民主评议党员的评议时间、评议内容、评议等次、评议步骤、定格标准、处置不合格党员的办法都做出明确的规定，并把流动党员管理作为新时期党员管理的一项重要内容。1999年，市委制发《福安市流动党员管理暂行规定》，要求建立、完善各党支部的流动党员档案和党员登记制度，做好流动党员活动证和外出党员联系卡的发放登记工作，坚持“一人一证一编号”。2005年，全市有党员20653名（含预备党员）。

二、党员教育

（一）阵地建设

1991年，福安市委加强党员教育培训阵地建设，抓好基层党校和基层党员电化教育播放站（点）的规范化建设。1998年，全市35个基层党委均建立电教站，2005年，为全市455个行政村（居）党组织配齐电教播放机、VCD机，初步形成市、乡（镇）、村三级电教播放网络，建立一个融党的知识、科教文卫、农村实用技术为一体的综合性电教站。同时，根据不同时期形势特点和各地具体情况，适时调整供片结构，逐步实现“电教管理制度化、阵地建设规范化、播放站点网络化、活动开展经常化”的目标。

（二）教育学习活动

1991 年，福安市各级党组织开展“双学”（学习党章和建设有中国特色社会主义理论）活动。1996 年，福建省党员“双学”经验交流会在福安市召开。2000 年，福安市委制发《关于认真学习贯彻江泽民同志“三个代表”重要思想的通知》，在全市党员干部中深入开展学习贯彻“三个代表”重要思想的系列教育活动。1991—2004 年，全市 38 个基层党委共组织开展 140 项学习、交流等形式多样的活动。

2005 年，全市开展保持共产党员先进性教育活动，各级党组织以“党员受教育、群众得实惠”为宗旨，组织党员深入学党章、学理论、学技术，提高党员党性观念、思想觉悟和为人民服务、带领群众致富的能力水平。立足于建立长效机制，做到党员教育经常化，党内生活制度化，党员管理规范化，发挥作用具体化，服务群众长期化，并通过进一步巩固整改成果和“回头看”，把福安市委关于加强和改进干部作风建设的精神融合到先进性教育中。全市有 35 个基层党委、29 个党总支、1002 个党支部的党员参加先进性教育活动。

第三节　组织建设

一、乡镇党委建设

1993 年，福安市完成乡（镇）党委换届选举工作，按照“革命化、年轻化、知识化”标准加强领导班子建设。选出新任乡镇党委委员 174 人，一大批年富力强的青年干部进入乡镇党委领导班子。

2001—2005 年，各乡（镇）以“三个代表”重要思想学习教育活动为契机，以开展创建“六个好”（政治素质好、团结协作好、为民服务好、清正廉洁好、工作业绩好、群众评价好）乡镇党委活动为载体，建立健全民主集中制、党委中心组学习等各项制度，开展乡镇党务政务公开工作。

二、村党组织建设

1991 年，福安市委出台《关于加强村级组织建设的意见》，全市 97% 的村党支部和村委会进行换届选举。

1992 年，成立福安市委村建办，建立健全党组织议事规则、村党支部和村民委员会按期换届选举制度、群众定期民主评议党员和评议

福安市农村干部中专培训班（2003 年）

干部制度，并制定村规民约等一系列管理制度。当年，全市农村一类党支部达52.8%，三类党支部降至2%以下。1994年后，开展每一届全市村级班子换届工作。2000年，出台《关于福安市“两推一选”村党支部班子成员工作的意见》，并在潭头镇棠溪村进行试点。全市有136个村实行“两推一选”（党员推荐、群众推荐，党内选举），占行政村总数的30.49%，全市共选举产生新一届农村党支部班子成员1997人，其中村（居）支部书记509人，支委（不含支部书记）1487人。同年，开展对村级党支部集中整顿工作，确定对17个农村后进党支部转化升级。至2003年，完成全市村级班子又一次换届工作。全市以建设“五个好”（领导班子好、党员干部队伍好、工作机制好、工作业绩好、群众反映好）村党支部为目标，抓村级组织建设和规范化建设，加强对村居主干和班子成员的培训，深化村级后备干部培养工作。全市投入经费36.4万元，有组织、有计划地对村干进行系统的学历教育培训。2005年，开展农村保持共产党员先进性教育活动，召开座谈会1377场，查摆问题2932条，整改2115条。

三、社区企业党建工作

1991年，福安市组建市直机关完成三个工业公司的党组织，并完善人事配备工作，1992年，成立闽东罐头食品（集团）公司党委。1993年，加强机关、社区、企业的党建工作，成立104国道改造指挥部、黄兰溪水电站临时党支部。根据社区整合工作需要，全市共设置5个社区党总支和14个社区党支部。1994年，以福安市坂中电机电器工业区为试点，成立4个私营企业党支部。1999年，完成9个口党委换届选举，并设立闽东赛岐经济开发区党委和村街工作处党委。2005年，福安市以社区服务作为社区党建的切入点，成立3个社区服务联动中心、18个社区服务站及党员服务区和便民服务网点。

四、非公有制经济组织党建工作

2000年8月，成立宁德市第一个非公有制经济组织党委——福安市电机电器同业商会党委。在全市非公有制企业中广泛开展创建“五个好”党支部活动，注重坚持党群共建，加强企业工、青、妇等配套组织建设，开展村企共建活动。2003年，福安市太平洋电机有限公司党支部被评为福建省先进基层党组织。2003—2004年，先后选派两批39名市直机关党员后备干部作为党建特派员到重点非公有制企业挂职，加强非公有制经济组织党组织和党务干部队伍的建设。

五、市直机关党组织建设

1991年，福安市直机关党工委作为福安市委派出机构，内设秘书股和组织宣传股、纪工委、机关人武部，负责市直机关党的组织建设和党员管理工作。1996年，增设计划生育办公室。市直机关党工委成立后，拟定福安市直机关企事业单位党的建设规划，指导基层党组织

福安市开展争创全省党建工作先进市活动（2000年）

抓好党的思想建设、组织建设和作风建设；负责审批直属机关党组织的机构设置和党员教育管理，会同福安市委组织部对机关所属的基层党委（支部）书记、副书记人选进行考核，提出使用意见，报市委审批任免；指导各级机关党组织实施对党员领导干部的教育监督，定期参加各口党委的民主生活会，及时向市委反映市直机关党员干部的有关情况；协助市委组织部对机关行政领导干部进行考核和民主评议，对行政干部的任免提出意见和建议；对直属机关工、青、妇和人武工作实行领导；指导各口党委做好市直机关党员干部的思想政治工作和精神文明建设。

表 16—3　1991—2005 年福安市获中共福建省委表彰的基层党组织名表

年份	单位	授予名称	授予单位
1993	福安市城北街道党委	先进基层党组织	中共福建省委
1993	福安市赛岐工商分局党支部		
1995	福安市范坑乡党委		
1995	福安市委组织部党支部		
1997	福安市城南街道南郊村党支部		
1999	福安市阳头街道党委		
1999	福安市医院总公司党支部、医药党支部		
1999	福安市工商局韩城分局党支部		
1999	福安师范学校党总支		
2001	福安市政府办口直属机关党委		
2001	福安市下白石镇党委		
2001	福安市城北街道党委		
2001	福安市溪尾镇溪邳村党总支		
2003	福安市太平洋电机有限公司党支部		

第四节　干部队伍建设

一、领导班子建设与干部管理

（一）领导班子选配

1991—1992 年，福安市组建市区三个街道办事处党组织班子及闽东赛岐经济开发区党组领导的配备。在全市 21 个乡镇（街道）和 89 个市直单位全面推行党组织和党员目标管理，把党风廉政建设和领导班子作风建设纳入责任目标。1993 年，组建穆阳畲族经济开发区党委班子。

1993 年、1996 年、1999 年、2002 年，福安市完成乡（镇）党委班子 4 次换届工作。每次换届前，福安市委组织部组成若干考核组，深入各个乡（镇），采取领导述职、民主测评、民主推荐、个别谈话、考核组汇报等形式，对乡（镇）党委班子进行考核。在此基础上，福安市委根据党的干部建设“四化”方针和德才兼备原则，对乡（镇）党委班子做出适当调整，并加强乡镇与市直之间的干部交流。

从2002年起，福安市贯彻“公开、平等、竞争、择优”的原则，不断提高干部工作的公开度和透明度，在社口镇和上白石镇试行“三推两考一选”乡镇领导班子成员12名。同时，面向全市公开选拔福安市交通局局长和团市委书记，有计划地选派福安市直机关事业单位干部到重点民营企业挂职锻炼。扩大新调配的乡镇（街道）班子成员干部交流比例，新调配的268人中，留任81人，新进187人（其中提拔68人）。班子成员年龄结构明显改善，新班子成员平均年龄36.6岁，比调配前小5.4岁。文化程度明显提高，中专或高中以下的干部比例较调配前下降7.9%。少数民族、妇女和非党员干部在班子中的比例有所增加，其中妇女干部比调配前增加4名，担任党委书记的少数民族干部比上届多了2名，新提任少数民族干部9名（新进班子7名）。班子成员实行交叉兼职，兼职人数占27.6%。

2004年，福安市制定《关于福安市委全委会票决乡镇、街道党政正职人选的实施意见》，对部分乡镇、街道党政一把手空缺职位试行“差额提名，民主酝酿，全委票决”的方式进行选任，按照程序产生11名乡镇、街道党政正职干部。

（二）领导干部作风建设

1991年后，中共福安市委坚持正面教育、自我教育为主，用邓小平理论和“三个代表”重要思想武装各级领导干部头脑，检查自己在思想和工作上存在的问题，加强世界观、人生观的改造。各级各部门健全和完善党委中心组学习制度、干部考勤制度、检查监督制度，广泛开展交流谈心活动，开好民主生活会，开展批评和自我批评，进行积极的思想斗争，增强领导干部的党性观念、群众观念和全局观念。2003年，中共福安市委与福安市纪委联合制定《关于加强科级领导干部八小时以外管理监督的暂行规定》，抓好干部监督制度创新，建立科级干部问题信息呈阅制，加强对领导干部生活圈、社交圈的监督。2005年，市委出台《关于加强和改进干部队伍作风建设的意见》，建立健全“一把手”负总责、层层抓落实的工作机制，扎实推进领导班子和干部队伍作风建设。以落实制止奢侈浪费六项规定为重点，加强对领导干部廉洁自律专题民主生活会的监督和检查。

二、干部管理

（一）干部人事制度改革

1991年，福安市围绕建设高素质干部队伍的目标，创造“公平、平等、竞争、择优”的良好用人环境，提高干部工作的公开度和透明度，扩大群众的知情权、参与权、选择权和监督权。

1997年，福安市制定《关于实行新任副科级领导干部试用制度的通知》，对新提拔的副科级领导干部实行试用制度，并与执行《领导干部降免制度的暂行规定》相结合，推进干部选拔任用制度的改革，强化干部能上能下的激励约束机制。当年，福安市制定《福安市中国共产党机关参照试行〈国家公务员暂行条例〉实施办法》和《关于党群机关（单位）工作人员调配管理工作有关规定的通知》，试行福建省关于“职位分类”“人员过渡”“考试录用”“年度考核”以及奖励、培训等干部管理规定，逐渐规范干部管理工作。

1999年，中共福安市委、市政府出台《关于党政机关推行竞争上岗的实施意见》，先后在福安市检察院、公安局刑警大队、城建监察大队、国资公司、城北中学、广电局、计生委和赛岐开发区中学等14个单位有步骤、分阶段地开展干部竞争上岗试点工作，全市共有61名业务能力强、群众反映较好的中青年干部被择优选用，23 名落聘人员调整岗位或待岗再培训。

2002 年，全市召开机构改革动员会议，推行新一轮机构与公务员制度改革。2003 年，组织学习、认真贯彻《干部任用条例》，制作“研究调配提拔科级干部工作流程图”和“党政领导干部选拔任用工作流程图”，规范干部任免程序，严把公务员过渡审批关，确定党的机关工作者和国家公务员过渡对象，健全完善公务员过渡后的相关制度和档案材料，加强对推行公务员制度的指导。

2003—2005 年，全市抓好《中华人民共和国公务员法》的宣传学习和骨干培训，抓好公务员的登记、职务和级别确定、非领导职务设置、工资套改和参照单位与人员的管理等工作。福安市委、市政府出台《关于在换届期间严肃有关纪律的通知》《关于进一步规范干部推荐工作的通知》等文件，规范干部行为，刹住不正之风；召开领导干部述职述廉和科级主要领导干部民主生活会，实施党群机关单位和事业单位干部年度考核工作和党政主要领导任期及离任经济责任审查审计工作。

（二）后备干部队伍建设

1991 年后，福安市按照建立一支数量充足、门类齐全、结构合理的后备干部队伍的要求，加强后备干部队伍建设工作。1995 年，制定《福安市培养选拔青年干部五年规划》，明确提出培养选拔青年干部的具体目标。1997 年，在应届大中专毕业生中选调 37 人到 18 个乡镇的 37 个后进村挂职锻炼。2002 年，制发《关于选派到民营企业挂职干部的管理办法》，并规定将挂职干部列入市管后备干部名单。先后选派 25 名市直机关、事业单位优秀年轻干部到年产值千万元以上的 25 家重点电机电器和民营船舶企业挂职锻炼。2004—2005 年，着手建立后备干部信息数据库，对后备干部队伍实行滚动管理，不断充实调整，落实培养措施，做到“选育结合、备用结合”。市管后备干部常年保持 400 名常量，并向宁德市委组织部推荐一批市管后备干部，同时加大对年轻干部和少数民族、非党和女干部的培养选拔力度。

（三）干部考核

1991—1994 年，全市干部考核和奖励等制度逐步完善，在推荐省级以上先进单位或先进个人的表彰时，先由推荐单位报市人事局审核，再经人民政府批准后，方可推荐上报。1995 年后，按照《中华人民共和国公务员暂行规定》和《事业单位工作人员考核暂行规定》，首次对机关事业单位开展干部年度考核，考核内容包括德、能、勤、绩四个方面，行政机关公务员评定分为优秀、称职、不称职三个等次。在年度考核中被评为优秀、称职等次，可以获得晋职、晋级和晋升工资资格，并发给一定数额奖金；评为不称职者，予以降职使用；连续两年考核不称职者，予以辞退。事业单位考核分为优秀、合格、不合格三个等次，在年度考核中被评为合格以上等次，按照有关规定可以晋升工资档次和发给奖金，并予以续聘资格。评为不合格者，不发奖金；连续两年被评为不合格者，视情节予以降职、调整岗位、低聘或解聘；连续三年被评为不合格又不服从组织安排者，予以辞退。考核严格掌握程序、等次比例，优秀率为 15%～20%。当年，全市 218 个机关（含乡镇、街道办事处）和事业单位参加年度考核。2005 年，福安市政府出台《福安市机关工作人员绩效考评实施意见》，机关、事业单位参加年度考核人数 11368 人，评为优秀 1717 人，占总数 15.1%；称职（合格）9437 人、占总数 83.01%；基本称职 98 人，未参评对象 11 人。全市推荐上报省级先进集体 2 个，先进工作者 26 人。受党政纪处分影响工资、降低职称、解除职务共 28 人。同时，全市还开展清理在编不在岗人员工作，共清查 250 人。

（四）干部培训

1991 年，福安市加强领导干部理论学习和培训，实行考试考核制度。1994 年，全市参加国家、省级培训8人，参加宁德地委党校、宁德地区干校培训122人，举办福安市委党校学习班12期、参加培训1126人，参加各类函授教育83人。1995年，参加省委党校学习4人，参加宁德地委党校学习41人，举办福安市委党校学习班72期、参加培训4486人次，完成函授教育260人。1996年，参加省级党校学习1人，参加宁德地委党校培训26人，举办福安市委党校学习班30期，参加培训912人；组织巡回讲课培训925人；参加各类型轮训班53人，参加干部英语学习3877人次，参加干部岗位培训和继续教育2942人次。1997年，参加省、地、市调训班培训514人，参加宁德地委党校培训134人，举办福安市委党校培训班47期、参加培训2841人，参加计算机学习培训100多人，参加继续教育1100人次。1998年，参加省、地、市调训班培训912人，举办福安市委党校学习班28期、参加培训2055人，上岗培训462人，举办村民主任培训班1期、参加培训23人，参加各类函授教育554人次。1998—2000年，全市有9名干部无法完成学习培训任务、被劝退4人，12名未参加党校学习培训的干部被暂缓提拔使用。全市举办邓小平理论研讨班12期、1000多人受训，举办各类理论培训班216期，参训12038人次。2001年，全市举办各类培训、轮训班289期、轮训干部16135人次，完成省调训学习137人。2002年，全市完成省、地、市调训80人；干部参加轮训13600人；参加英语学习3877人次；参加干部岗位、在职学习和继续教育2942人次。2003年，全市完成国家、市、地调训47人次，举办福安市委党校学习班2期、参加培训115人。2004年，全市组织下派干部挂职锻炼750人。2005年，全市完成干部各类轮训4075人次。

第五节　知识分子人才管理

一、机构

1992年，福安市委组织部成立知识分子工作办公室。1993年11月，成立“福安市专业技术拔尖人才协会”，制定了章程、会徽、会歌，提出要把协会办成“人才库、智囊团、科技沙龙、知识分子之家”。下设指导协调、农业、林茶水、工企贸、城建交通、宣文卫体、中教、小幼、社会科学9个小组。1994年，成立福安市拔尖人才服务所。2005年3月，成立福安市委人才工作领导小组，下设办公室。

二、人才管理

（一）人才培养

1991年，福安市通过大中专院校培养、毕业生分配和从业人员培训、工人职业技能和农民技术员培训、科技人员交流等渠道，使全市人才队伍不断发展壮大。当年，全市有科技人员3942人。2001年，全市科技人员增至10080人。至2005年，全市共评定晋升专业技术人员职称15993人，其中高级职称783人，中级职称4145人，初级职称11065人，还有一批企业和农村的科技人员。

（二）人才引进

1991年，福安市与福州大学电气工程与自动化学院签订《科技人才合作协议》，依托福州大学人才资源优势，专门为福安市开设《电机电器及其控制》和《企业管理》两个专业，培养本地科学技术和管理人才。1998—2005年，福安市向福建省委组织部要求选派省专家服务团专家到福安任职，先后有11位省级专家到市政府及有关部门和企业任职服务。

（三）人才使用

1992 年，福安市委组织部成立知识分子工作办公室后，首批确定市管拔尖人才 11 人。1995 年，设立“福安市专业技术拔尖人才基金”，对拔尖人才进行考核，确定福安市专业技术拔尖人才 20 人，首批优秀青年技术人才 24 人，首批优秀企业管理人才 8 人。1997 年，确定专业技术拔尖人才 19 人，优秀青年技术人才 16 人。2000 年，首次建立拔尖人才、优秀青年专业技术人才选拔公示制，全市确定专业技术拔尖人才 19 名、优秀青年技术人才 20 名。2001 年 4 月，为了管好用好专业技术拔尖人才、优秀青年技术拔尖人才和优秀企业管理人才“三支队伍”，福安市委组织部印发《关于对市管拔尖人才实行年度目标管理的通知》。2003 年，全市确定拔尖人才 24 人，优秀青年技术人才 22 人。福安市委成立人才管理机构后，充分发挥人才智力资源，组织开展各项研究、咨询、竞赛、调研活动，服务当地经济社会发展事业，并开展优秀科技成果评选活动。1992—2005 年，有 39 人次被评为宁德地区（市）专业技术拔尖人才，21 人次被评为宁德地区（市）优秀青年专业技术人才。

第四章　宣传教育

第一节　机构

中共福安市委宣传部

1991年，中共福安市委宣传部为党的宣传教育工作管理部门。机关行政编制12名，其中部长1名、副部长3名。1994年，中共福安市委宣传部机关行政编制14名，其中，部长1名、副部长1名，内设办公室、干部科、宣传科、理论科、党教科、新闻科、对外宣传科。1998年，市委宣传部机关行政编制11名，其中，部长1名、副部长2名，内设办公室、干部科（挂企业、新闻职称办公室牌子）、宣传科（挂国防教育科牌子）、理论科、党员教育科、新闻科、对外宣传科（对外挂对市委外宣传小组办公室牌子）。2003年，市委宣传部机关行政编制9名，其中，部长1名、副部长3名（不含兼职副部长）。内设办公室、干部科（挂企业、新闻职称办公室牌子）、宣传科（挂国防教育科、对外宣传科、市政府新闻办公室牌子）、理论科（挂党员教育科牌子）、新闻科（挂网络宣传管理科牌子），至2005年不变。

第二节　宣传活动

一、形势政策宣传

1991年，根据上级宣传部门部署，福安市开展宣传贯彻中共十三届七中全会文件，学习江泽民“在中国共产党成立七十周年大会上的讲话”，以思想教育为主线，以经济建设为中心，以加强基层党建为重点，以推进建设中国特色社会主义经济、政治、文化的各项任务为目的，广泛开展城乡社会主义思想教育活动。市委印发《认真学习贯彻邓小平同志重要讲话进一步解放思想加快改革开放步伐》宣传提纲，由市直机关干部组成56个宣讲队进驻各乡镇及部分行政村，宣传党的十一届三中全会以来的路线、方针、政策，宣传“一个中心、两个基本点”，即坚持以经济建设为中心，坚持四项基本原则和改革开放的基本路线，同时

市委宣传部《福安之窗》宣传栏（1997年）

围绕经济建设中心，宣传我国经济发展“三步走”的战略目标。1992年，全市开展学习宣传邓小平南方谈话和中共十四大文件活动，举办宣传委员培训班。同年，市委、市政府启动国道104线福安段改造“先行工程”，市委宣传部与市工程总指挥部联合编发《行动起来打一场交通翻身仗》宣传提纲，在全市宣传市委的重大决策，沿国道线各乡镇分别召开宣传动员大会，发动群众捐资，形成“先行工程为我快致富，我为先行工程做贡献”的社会氛围，保证了改造工程的顺利动工。1993年，福安市在摘掉“贫困县（市）”帽子基础上，在全市农村开展“争创小康村”活动，市委宣传部根据市委、市政府制定的《福安市争创小康村工作纲要》和《农村各级小康指标与量化标准》，加强新闻媒体报道，以典型示范引领，促进思想解放，宣传科技兴农，倡导艰苦创业，宣传“争创小康村”的意义和目标，编印《福安市争创小康宣传提纲》《福安市争创小康歌》，把宣传工作贯穿于争创活动全过程，使争创小康深入人心。1994年，实施第二期国道104线福安段改造工程，市工程总指挥部设立宣传组，从市委宣传部、市广电局、市委报道组、福安报社等单位抽调人员组成。《福安报》《福安广播电视报》及时报道改造国道情况，市有线电视台、市广播站在“黄金时间”播出“铁心征战104”新闻。据统计，1994年，有关104国道“先行工程”专题在《中国交通报》《福建日报》等报刊上刊登报道文章60多篇，同年，编辑宣传画册《大路通天》。

1996年，福安市在干部中开展以“外塑形象内强素质”“我为福安投资环境做什么”为主题的学习讨论活动，为国有企业转换经营机制、建立现代企业制度；发展民营经济，建设重点工程和电机电器城做好宣传工作。同年，还开展专项治理乱建坟墓、寺庙的宣传发动工作，成立专项治理工作宣传组、编写宣传提纲和黑板报、制作管理通告栏200多处、出动宣传车在各乡镇巡回宣传，组织记者深入清理现场采访报道，制作电视专题片《为子孙后代留下碧野青山》进行广泛宣传。1997年，中共“十五大”召开前夕，福安市举办《从“十四大”到“十五大”》《辉煌的五年　奋斗的五年》《江山多娇》等大型图片、摄影展，宣传中共“十四”大召开以来我国各条战线所取得的巨大成就。“十五大”召开后，在《福安报》、福安市有线电视台、福安市广播电台开辟“学习‘十五大’精神　推进新一轮创业”专题栏目，深入宣传和贯彻大会精神。1999年，全市以十五届四中全会精神为指导，加强企业改革的宣传，为全市国企改革创造良好的舆论氛围；宣传福安电机与船舶修造业在改革中发展、带动其他产业发展情况；宣传国有企业改革中下岗工人“再就业”的典型，鼓励下岗职工树立信心、再创新业；宣传重点建设项目，加速高速公路建设、白马港开发、市政建设等。2000年，全市围绕建设闽东经济中心城市目标，宣传各项任务的完成和经济建设取得的成就；宣传福宁高速公路福安段、穿山路（棠兴路）、人民广场等30多个福安市重点项目建设的意义、进展情况以及建设过程涌现的好人好事；宣传农村、农业工作，以村容村貌整治、移风易俗等为重点，引导新农村建设向更高层次发展；宣传经济体制改革、医疗体制改革与企业改革典型经验。

2001年，宣传福安“十五”计划时期经济发展主要目标、指导方针和重要任务，在《福安报》开设“福安发展系列谈”专题，与福建电视台联合举办《走进中国闽东电机电器城——福安》大型演唱会，宣传福宁高速公路及福安连接线、赛岐防洪堤工程等重点建设项目的进展情况；宣传农村、农业工作，组织记者深入各地采访报道春耕、夏收、冬种及农业产业结构调整，村容村貌整治、移风易俗、农民减负等情况。配合省电视台拍摄电视专题片《腾飞的福安》。2002年，围绕福安市委、市政府的中心工作，宣传中共十六大精神，坚持唱响“主旋律”，把握正确的舆论导向；宣传人民代表大会制度和多党合作与政治协商制度的优越性和重要性，宣传农业综合开发、农民减负以及农村面貌的改变，推介名优特农副产品等。2003年，宣传福安市为促进电机电器、船舶修造、茶叶、葡萄、水产养殖等重要产业发展所采取的优惠政策和重要措施，宣传电机电器行业的名牌产品和新产品；宣传安全生产工作，制定“安全生产百日大检查”宣传方案；宣传城市治理的重要意义和工作要求，组织城区学生和离退休人员志愿者上街开展文明督导活动。联合省、市媒体深入基层进行社区建设、反腐倡廉宣传。2004—2005年，宣传福安市委、市政府建设生态型港口工业城市的目标定位，突出宣传福安电机电器和船舶修造两大支柱产业的发展和规模。

二、重大活动宣传

（一）纪念闽东苏区创建活动

1994年是闽东苏维埃（以下简称“苏区”）政府创建60周年。中共宁德地委、宁德地区行署成立“闽东苏区创建60周年纪念活动组委会”，纪念活动的主会场设在福安市。11月后，纪念活动在福安形成高潮。福安市委组织系列宣传报道，在《福建日报》《闽东日报》《福安报》《福安广播电视报》和福安市有线电视台、福安市有线广播开辟专版、专栏或专题进行广泛的宣传报道。福安市宣传部门和市委党史办开展反映闽东革命历史和经济建设成就的影视展播活动，先后播出《浴血赛江》《海上游击队》等影视片。各乡镇、机关、企事业单位和群众团体充分利用专栏、橱窗、黑板报等宣传阵地宣传闽东革命斗争史，全市呈现隆重热烈的庆祝气氛。

2004年是闽东苏区创建70周年。福安市本着“隆重、热烈、简朴、务实”的原则，开展“红土地文化”展示活动，举办“红色丰碑”文艺晚会，创作歌颂革命前辈革命精神的文艺作品，编印画册。11月25—26日，召开隆重的纪念大会，福建省领导、宁德和福安市领导、革命老前辈、老革命后代，闽东各县、市、区“五老”（指革命战争时期的老地下党员、老交通员、老接头户、老游击队员和老苏区干部）和烈属代表、福安市干部群众代表1000多人参加大会。

（二）纪念抗日战争胜利活动

1995年是中国人民抗日战争和世界反法西斯战争胜利50周年。从6月份开始，全市开展宣传教育和纪念活动，福安市委宣传部、组织部、团市委在闽东革命纪念馆联合举办“红福杯”群众歌咏大赛，庆祝建党74周年、红军长征胜利60周年、中国抗日战争和世界反法西斯战争胜利50周年。各机关单位和学校组织开展群众性的抗日战争历史歌曲和其他爱国主义歌曲演唱活动。福安市委宣传部、统战部、市委党史研究室举行纪念抗战胜利50周年座谈会。福安市关心下一代工作委员会、福安市妇联、福安市教育局联合举办以“纪念抗战胜利50周年，进行爱国主义教育”为主题的中学生演讲比赛。福安市广播电视局、文化局举办抗日战争历史题材优秀影片展播、展映活动。福安市文化局、教育局联合组织城区、赛岐、穆阳等地中小学生观看抗日战争历史题材影片。福安市委宣传部、福安市文化局、福安市文联联合举办纪念抗日战争和世界反法西斯战争胜利50周年的橱窗图片展和书法展。福安市委宣传部和福安市有关单位召开抗战老战士座谈会，组织中小学生瞻仰闽东革命烈士纪念牌、参观闽东革命纪念馆，举办纪念晚会。福安市委党史研究室、福安市老区办、民政局、财政局组织撰写抗日战争时期福安人民参与和支援抗战的纪实文章，合编成《抗日救亡运动的一面旗帜》一书，印发给各单位和群众。

三、社会宣传

（一）计划生育宣传

1991年6月后，福安市对计划生育工作进行清理，全市召开大小专题会议2421场，参加人数

89860人次；设立固定标语494处，张贴标语近3万条；办专栏、黑板报1125期。1992年3月，福安市委宣传部和福安市计划生育委员会联合发出《关于加强计划生育宣传教育工作的意见》。同年9－10月，福安市委宣传部、福安市计划生育委员会、广播电视局、文化局、总工会、妇联、共青团市委联合组织开展计划生育宣传月服务活动。1993年以后，福安市对计划生育国策的宣传做到制度化、法治化、社会化。全市开设人口教育学校，各村（居）委会普遍成立计生协会，充分利用乡镇（街道）党校、农民夜校、市民文明学校、宣教中心（站），运用宣传栏、黑板报、标语、幻灯、宣传车、书画摄影展览等形式经常性地开展计划生育宣传教育活动。1994年，福安市印发计生宣传材料2600份，举办专题黑板报和专栏3760期、计生讲座30场、计划生育知识竞赛3场、计生培训班137期，人口教育学校开课1325期，放映专题电影、录像940场。1995年，全市印发计生宣传材料30万份，人口教育学校开课1400多期。1996年，全市利用有线电视、广播、标语、宣传栏，开展计划生育宣传，出动宣传车55车次，在22个乡镇巡回宣传。1997年，福安市委宣传部下发《关于进一步加强计划生育宣传教育工作的通知》。赠送报刊4000多份，为已婚育龄妇女赠送简易婚育知识读本8000份、计生手册5000本、《计生三字歌》7000本、生殖生理健康读本1700本，为边远山区群众赠送计生书籍340本。2004—2005年，福安市围绕实现计生优质服务先进市目标，建立新的工作机制，加强人口与计生工作的法规宣传，培养全社会的婚育新风。

（二）法治宣传

1991年，福安市实施第二个五年"普法"规划，先后成立宣教口社会治安综合治理和"普法"工作领导小组，开展法制宣传。1992年，福安市隆重纪念新的《中华人民共和国宪法》颁布实施10周年并举办专场文艺晚会、宪法知识竞赛等活动。组织机关、企事业单位6800名干部参加《社会主义法制建设若干问题讲话》和《中华人民共和国宪法讲话》的学习和考试；组织机关干部2000多人参加《中华人民共和国保守国家机密法》（以下简称《保密法》）的学习和考试。结合农村社会主义思想教育活动深入开展农村"普法"工作，赠送法律书籍20多种、2400册，印发"普法"黑板宣传材料800多份，全市评出"学法用法户"28553户、"学法守法模范户"6350户、"学法用法模范村"21个、"学法用法治安模范村"5个。同年，为纪念《中华人民共和国文物保护法》（以下简称《文物保护法》）颁布实施10周年，福安市举办文物展览、挖掘整理廉村古文化、拍摄电视专题片。1992年7月至1994年12月，全市开展《中华人民共和国档案法》（以下简称《档案法》）教育活动，组织学习与《档案法》密切相关的《保密法》《文物保护法》《中华人民共和国工商行政管理条例》等法律和法规。1994年10月，福安市委"普法"领导小组、福安市委宣传部、福安市司法局、广电局联合举办"金秋杯"法律知识竞赛，推动农村第二个五年"普法"向纵深发展。1995年，福安市组织全市档案系统的干部职工和机关、团体、企事业单位的专兼职档案员及人事档案管理干部进行有关业务知识的考试。为纪念6月28日《中华人民共和国国旗法》（以下简称《国旗法》）颁布实施5周年，福安市委宣传部和市政府办公室联合发出通知，开展《国旗法》的宣传教育活动。全市进一步健全了升挂国旗制度。1996年，全市广泛宣讲《中华人民共和国义务教育法》（以下简称《义务教育法》）《中华人民共和国教育法》（以下简称《教育法》）和国务院关于《扫除文盲工作条例》等教育法规，宣传实现"两基"（基本普及九年义务教育，基本扫除青壮年文盲）的重要意义、要求、规划和措施。编发《福安教育快讯》30期，编制宣传专栏150多期。1997年，福安市开展"教育年"和"两基"宣传月活动，纪念《义务教育法》颁布实施十周年，在“福安新闻”电视专栏上开设“两基”专题栏目。1998年，福安市紧密围绕实现“两基”目标，广泛宣传《教育法》《义务教育法》和《扫除文盲工作条例》，筹措资金，改善办学条件，依法组织适龄少儿入学。1999年，福安市在“三五”普法宣传中，召开千人城市管理动员大会，组织有关部门和单位在福安市政广场进行法律咨询活动，分发普法宣传材料，在福安市有线电视播放法制宣传专题报道、编写黑板报、举办法制教育图片展等。2001年12月4日，在全国第一个“宪法宣传日”全市开展系列宣传活动。2002年，是中华人民共和国新宪法颁布20周年，全市开展广泛深入的普法宣传教育活动，提高全社会的法律意识。

2004—2005年，福安市发生民间标会“倒会”事件，福安市宣传部门配合有关部门进行治理宣传工作。编印《民间标会相关法律法规知识问答》5万多份，宣传金融法律法规和民间标会的违法性、危害性及清理清退办法，宣传政府依法打击民间标会的立场和决心，及时公布治理民间标会的工作进度，跟踪报道焦点问题，接受报刊记者的采访，客观介绍民间标会的现状，为治理标会工作的进行营造良好的舆论环境，维护了社会稳定。

四、对外宣传

1991年4月，由宁德地区行署和福安市人民政府主办、上海国际问题研究所、海峡两岸学术文化交流促进会及日本日中交流中心协办的“中国·闽东福安茶文化交流会”隆重召开。福安市组织文化局、广播电视局、文联、市委报道组等有关单位精心策划、做好对外宣传工作。《中国旅游报》《福建日报》《富民报》《港台信息报》《福建经济报》《福建科技报》《福建侨报》《闽东报》（1993年7月1日起更名为《闽东日报》），上海广播电台、海峡之声广播电台、福建人民广播电台、福建电视台等媒体均作报道，福安市提供的42件稿件（包括文稿、图片、录像）被采用。福安市宣传部门录制《茶文为媒、广交朋友》电视专题片，编印《中国·闽东福安茶文化交流会专辑》，现场直播茶艺表演和茶文化文艺晚会的实况。1992年3月，福安市举办第二届“中国·闽东福安茶文化交流会暨福建省畲族风情旅游节”，开辟畲族风情旅游专线，组织闽东畲族时装表演，编印《畲族之乡》导游图，在北京《旅游》杂志开辟专版介绍福安畲族风情旅游和畲族工艺品。当年，选送“第二届中国·闽东福安茶文化”电视录像专题片参加全省对外电视节目评选，推荐新闻作品参加福建省1992年度对外宣传优秀作品评选。1993年7月，中央电视台、上海敦煌国际文化艺术公司、中国茶叶进出口公司联合组成电视专题片《中华茶文化》摄制组到福安市畲族乡拍摄“新娘茶”“宝塔茶”等茶艺节目，并在中央电视台播出。8月，福安市民族茶文化艺术团前往广州市，分别为港、台、穗的客人、记者以及群众表演茶艺，广州电视台连续两天用粤语、英语做了报道，一些报纸也发布消息。1994年，中共福安市委调整充实对外宣传工作领导小组，并在福安市委宣传部设立办公室，具体负责日常的宣传业务。同年3月，增设对外宣传科。当年，福安市委宣传部组织图片和文字稿件在国家对外宣传刊物《中国画报》《北京周报》《人民中国》《中国报道》上发表；福安市民族茶艺团应邀参加“1994上海国际茶文化艺术节”演出，赴榕参加首届“中国东南电视台茶文化电视晚会”表演；编印宣传画册《福安》（中英文对照本）全方位地向外界宣传福安。1995年，福安市认真做好赴港参加“1995（香港）福建投资贸易洽谈会”的宣传工作，在《香港商报》组织专版，刊登介绍福安城区、闽东赛岐经济开发区的投资环境和福安电机电器城现状与前景的文章和图片。当年，福安市电视制作中心配合福建省电视台摄制组拍摄了福安市茶叶生产情况，市茶艺团配合国家艺术研究所和台湾群视公司拍摄《中华乐舞》中的畲族茶俗；组织力量做好“厦门9·8”经贸洽谈会的宣传，在《福建日报》刊登专题文章，编印宣传福安投资环境的《福安市投资指南》；组织拍摄参加闽浙边贸展销活动的电视专题片，选送文章和图片在《福建国际招商专辑》中刊出。

1996年，福安市挖掘本市乡风民俗，开展特色茶文化、畲文化、古文化宣传。福安市民族茶艺团在福州招商和上海招商活动中表演茶艺。1997年，编印宣传画册《今日福安》，创办《福安乡音》报，全市全年被各级新闻单位采用的各类新闻、文稿有2000多篇（条）。1998年，中共福安市委成立对外宣传小组。组织参加福州建城2200周年暨“1998福州国际招商月”、杭州文化博览会、“9·8厦门贸易洽谈会”等商贸活动；开展“聚焦桫椤”（福安发现大面积珍稀物种桫椤群落）宣传活动，在中央电视台、《人民日报》《新华每日电讯》《中国环境报》等国家级媒体上报道宣传。全年接待“中华环保世纪行”“乐山乐水游闽东”摄制组等采访团体47批次。1999年，福安市出版《福安乡音》6期，印制《福安》宣传画册4000册。配合市“9·28”招商活动向出席福安暨赛岐开发区招商会的200多名来自美国、日本、菲律宾、泰国、印尼等国家和港、澳、台地区的客商开展宣传；承担福安市在上海展销暨项目招商会的展馆布置和宣传任务，成功展示福安名优特产品。当年，福安电视新闻被中央电视台采用3条、被福建电视台采用48条、被闽东电视台采用141条；文字新闻被全国性报刊采用38件（条）、被《福建日报》采用270件（条）。2000年，福安市参与在漳州市举办的“5·18农展”和“11·20”宁德撤地建市招商展，承担展馆的布置和宣传任务，全面宣传宁德和福安的经济、社会、文化特色和发展。

2001年，福安市进一步加强对外宣传力度，全年文字、图片新闻被《福建日报》采用390条，被省级以上其他报刊采用280条；电视节目被省台采用40多条。2002年，福安市利用“电机产学研福安现场会”“广州·福安电机产品展示会”“福州茶博会”等大型经贸活动，在福建省电视台、东南电视台播出反映福安电机电器、船舶修造和农业开发等专题。利用国际互联网开展对外宣传，创办“今日福安”网站；编印《福安电机》画册，制作《走向世界的福安电机》电视专题片。2003年，全市文字、图片新闻稿件被全国性报刊采用30篇，被《福建日报》采用300条（其中各版头条35条），省级其他报刊采用230条。电视新闻被中央电视台采用3条，被福建电视台采用90条，被福建省广播电台采用16条。“今日福安”网站访问量达到57万多人次。2004年，中央电视台、《人民日报》多次播报和刊用福安电机、船舶两个支柱产业新闻。《今日福安》网站完成改版，开设“市情综述”等10多个栏目，日均访问量1000多人次，并与电视媒体合作，完成《话说福安》电视专题系列片的采编播放。在《人民日报》发表《福安人大代表争当“五员”活动》的报道；在省级媒体宣传马头造船有限公司、亚南电机厂、安波电器厂、晓阳东源村党支部、赛岐狮子头村党支部等先进典型。2005年，福安市委报道组连续第11年获《福建日报》先进报道组称号。当年，协助中央电视台“走遍中国”栏目在福安拍摄《山海传奇》《城隍作证》专题片。中央电视台和《人民日报》多次对福安的电机电器、船舶修造两大支柱产业进行报道，福建省、宁德市的新闻媒体也进行了大量的报道。

第三节　教育活动

一、社会主义教育

1991年，根据上级部署，全市广泛深入学习邓小平中国特色社会主义理论，学习中共“十四大”精神，培训全市党员干部，并抽调其中484名干部组成工作队，深入146个村开展第一期农村社会主义思想教育活动。在城市，按照“党委总抓，统一部署；归口实施，单位负责；全面开展，分段进行；条块结合，分类指导”的方案进行。在乡镇，以坂中畲族乡、赛岐镇为试点，取得经验后，在全市开展。

1992年1—11月，全市开展第二期农村社会主义思想教育活动。福安市培训党员干部，并抽调其中647名干部，进驻21个乡（镇）的162个村，宣传邓小平南方谈话和中共“十四大”精神，重点是加强以党支部为核心的村级组织建设。

1992年12月至1993年春，全市开展第三期农村社会主义思想教育活动，福安市委编印《认真学习邓小平同志重要讲话　进一步解放思想　加快改革步伐》的宣传提纲，选调232名市直机关干部组成56个宣传队，进驻15个乡（镇）的56个村进行宣讲，巩固和发展前两期农村社会主义思想教育的成果。城市的社会主义教育活动，没有派出工作队，由各单位负责组织学习，帮助干部职工提高认识、解放思想、振奋精神，做好工作。

二、党的理论教育

（一）理论学习

1991年，福安市在全市企业干部职工中开展邓小平中国特色社会主义理论、基本国情与党的基本路线教育。教育活动以福建省委宣传部组织编写的《职工政治教育教材》为基本内容，教育的对象为全市各级各类企业的全体干部和职工，重点是党员、干部和青年工人。以办班脱产轮训为主，每期15天。1992年，福安市举办社会主义教育骨干培训班230期，培训骨干3800人次，发挥他们在基层开展社会主义教育活动的骨干带头作用。1993年，全市举办市场经济知识培训班12期，举办中国特色社会主义理论培训班15期，《邓小平文选》第三卷理论骨干培训班22期。1994年，以福安市委党校为依托，以学习邓小平中国特色社会主义理论、基本国情与基本路线教育为主要内容，举办各类培训班21期，培训干部961人。1995年，全市举办培训班56期，培训理论骨干1600多人。

1996年，福安市实施“理论武装拓展计划”，下发《福安市理论武装拓展计划实施意见》，选择宣教口、赛岐镇、福安市农药厂、下白石镇英平村、赛岐镇宅里村、市公安局、市工商局、福安一中、实验小学等单位作为理论学习和党员教育试点，总结经验，宣传推广。当年，全市举办不同类型的理论学习班、培训班、研讨班共206班次，参训人数19100人。1997年，中共十五大召开后，市委宣传部、组织部、市委党校及各乡镇和部门党校举办培训班197期，受训人数1万余人次。市委组织宣讲团深入全市22个乡镇、街道、开发区巡回宣讲。举办全市“贯彻十五大精神与推进福安新一轮创业”理论研讨会。福安市直机关干部职工采取集中培训办法，由福

民营企业党员到闽东革命纪念馆参观（2005年）

安市领导和市委党校教师做辅导报告；乡镇采取分片轮训的办法，22 个乡镇划分为 7 个片，轮训 15 天、培训干部 4000 多人。1998 年，中共十五届三中全会召开后，市委做出部署，要求各级领导干部密切联系实际，针对农业和农村工作特点，贯彻落实全会精神。市委宣传部下发《关于组建理论宣讲员队伍的通知》，聘任理论骨干 100 名，举办市理论骨干培训班 5 期，然后下乡开展宣传教育活动。全年举办副科级以上干部培训班 59 期，参训 2700 多人次。1999 年，市委要求各党委组织理论学习，开展国有企业思想政治工作专题调研，并撰写"纪念建国 50 周年暨邓小平理论学习与闽东改革开放实践研讨会"论文。全年举办邓小平理论学习培训班 120 多期，培训干部职工 7000 多人；举办青年干部培训班、学历班各 2 期，受训 240 人。全市各机关单位实行周学习制度，每周集中学习两个半天。2000 年，全市开展创建一流基层党校活动，要求基层领导带头讲党课，做好新形势下的党员教育工作。全年基层党委领导上党课 280 场次，各口、各乡镇党委举办培训班 120 多期，受训 9000 多人次。

2001 年，全市组织 6 个宣讲团，深入基层开展"三个代表"重要思想巡回宣讲活动。各单位党员干部集中学习毛泽东、邓小平、江泽民的重要文章（讲话）以及党的基本理论、基本路线、基本纲领，全面系统地了解马克思主义的立场、观点和方法，提高对马克思主义、毛泽东思想、邓小平理论和江泽民"三个代表"重要思想的认识。2002 年，全市干部群众认真学习中共十六大精神和"三个代表"重要思想。按照市委的要求，各级党组织制定了学习计划，采取多种方式举办专题学习会、座谈会 800 多场次。2003 年，福安市委下发《关于 2003 年全市理论学习的安排意见》，对学习中共十六大精神做出再部署，制定了理论学习工作量化考评的实施细则，加强对理论学习工作的检查、督促。与此同时，举办多期处级干部参加的理论学习研讨班和科级干部培训班、培训干部 900 人次。2004 年，组织全市干部职工学习贯彻中共十六届四中全会精神，市有线电视台、"今日福安"网站、《福安宣传信息》等新闻媒体开展"纵论科学发展观""服务大局促发展"等系列宣传。举办中共十六届四中全会精神理论骨干培训班和宣教口基层干部学习班，培训骨干近 200 人次，聘请中共福建省委党校和宁德市委党校教师为市直和乡镇党政机关干部举办辅导讲座，培训骨干 1000 多人次。2005 年，福安市委宣传部全年举办理论培训班 70 期，培训党支部书记和理论骨干 3085 人次。

（二）党委中心组学习

1992 年，中共十四大召开后，福安市委立即开展学习、宣传、贯彻"十四大"精神活动，先后举办两期党史、党建理论读书班，每期一个月，各口党委及乡镇（街道）党委的基层党校教务主任、理论骨干和副科级以上领导干部 34 人参加学习。1993 年，福安市委健全各级党委中心组学习制度，做到学习有计划、培训有制度，建立学习档案。党委中心组以邓小平"建设有中国特色社会主义理论"为主要内容，强调各级领导干部先学一步、多学一点、学深一点并带头辅导单位学习。同年，市委中心学习组举行《邓小平文选》第三卷首发式暨学习会。1994 年，召开全市《邓小平文选》学习心得交流会。1995 年，市委中心组坚持每季度集中学习 3～4 天，并把《社会主义若干问题学习纲要》纳入邓小平理论学习计划。同时做到"四有"，即有健全的学习领导机构、有明确的学习内容、有完善的学习制度、有有效的督促检查机制。当年，各口、各乡镇（街道）党委共办班集中学习 100 多次。

1997 年，市委主要领导带头给科级以上干部上党课。市委中心组成员每年撰写 1～2 篇联系实际的理论学习文章。市委宣传部及时了解各基层党委学习动态，编写理论学习动态信息，促进学习交流。1998 年，市委以"十五大精神在基层""邓小平理论在闽东"为主题，设 23 个调研课题，要求各基层党委中心学习组科级以上干部撰写调研文章，全年收到120多篇优秀文章，精选其中16篇，汇编成册供学习交流和决策参考。1999年，市委制定《1999年福安市委中心组学习计划》，明确全市基层党委中心组学习的指导思想、基本原则、基本要求、学习重点和具体时间安排。当年，各基层党委共组织中心组学习多120场次。

中共福安市委召开学习邓小平理论工作会议（1998年）

2000年，市委中心组共组织学习130多次。2002年，中共十六大召开后，市委中心组认真学习十六大精神，市六套班子领导下乡宣讲十多场次。当年，市委组织部、宣传部、党校还组织干部政治理论水平任职资格测试。2003年，市委中心组组织学习胡锦涛《在“三个代表”重要思想研讨会上的讲话》和《“三个代表”重要思想学习纲要》指导材料，并把十六大精神分为十个专题，每月组织学习一个专题。2004年，市委中心组和基层党委中心组学习普遍做到集体学习与个人自学相结合、通读原著与重点研读相结合、电化教学与辅导讲座相结合、讲座交流与中心发言相结合、理论学习与专题调研相结合。2005年，市委中心组深入学习贯彻中共十六届五中全会精神，明确福安市建设生态型港口工业城市的目标定位，提出发展思路，制定福安市“十一五”规划，确立总体目标和基本框架。

三、党性教育

1991年，福安市开展庆祝中国共产党成立70周年系列宣传教育活动：组织党员“三基”（基本理论、基本路线、基本知识）知识学习、竞赛活动，共举办“三基”知识培训班43期、3625人参加学习；举办书面测验和知识竞赛25场，全市495个党支部11013人参加活动；开展“共产党员奉献周”活动，组织3100多名党员为计划生育工作做奉献，组织4200多名党员和1000多名党外积极分子“学雷锋做好事”；各基层党校举办《江泽民“七一”讲话》党训班，400多名党员干部参加全市学习交流会；开展电化教育，“七一”期间播放反映福安市党员干部先进事迹的电视专题片《带头人》（三部系列）等电教节目。全市全年共举办党训班143期、13826人次参加。1993年，以学习宣传党的“十四大”精神，抓好党风廉政建设和新党章学习为重点，全市举办新党章知识竞赛18场次，举办各级党训班136期，7816名党员参加。市委宣传部党教科制作的《春潮起落话廉政》等3部专题片在市有线电视台和基层党校播放。1994年，全市举办的党员教育活动主要有：“我为祖国做贡献”党员演讲比赛、乡镇党员干部法律知识竞赛、党建知识讲座、迎“七一”知识分子联欢会、“党员奉献日”和“党员奉献周”活动等。此外，组织2000多名党员听取宁德地区优秀党员事迹和省政法战线英模事迹报告。当年，各基层党校共举办党训班88期，参训党员6500人。各机关单位党支部组织观看《当前几个经济体制改革的决定》《学习十四届四中全会的有关决定》等录像，观看《权与钱》《罪与罚》等党纪教育纪检录像片，接受教

在闽东苏区旧址举行党日活动（2004 年）

育的党员 800 多人次。1995 年，党员教育工作以学习邓小平理论和党的基本路线为重点。举办多场理论知识学习班、理论骨干培训班、报告会、座谈会，深入学习邓小平理论、新党章以及孔繁森和本市林碧玲的先进事迹，开展“创优势、创特色、创佳绩”“讲党性、比奉献、做表率”“迎七·一，我为党旗添光彩”活动。市有线电视台开辟“党员教育电视播放周”，举办“青年跟党走”福安市歌咏大赛等。

1997 年，福安市开展宣传学习工作生活在身边的因勇擒歹徒壮烈牺牲的公安干警李兴富和全国优秀党员、教师林山森活动。1998 年，纪念“真理标准讨论”二十周年时，组织市委和各乡镇党校教师、学员联系改革开放和现代化建设的实际，组织撰写党课教案，开展“我为党旗添光彩”大讨论，组织基层党组织负责人为党员讲党课，开展新时期党员教育现状与研究对策问卷调查。1999 年，全市有 280 名基层党委领导为党员和群众上党课 500 多场次，撰写党课教材 500 多份。各乡镇、各党校共举办培训班 230 多期，受训人数 18860 人次。2000 年，开展“三讲”（讲学习、讲政治、讲正气）和“三个代表”（中国共产党是先进生产力的代表、是先进文化的代表、是人民利益的代表）教育，全市党员干部通过专题学习、调研等方式，加深对教育活动重要意义认识。全市共举办青年党员干部、新任副科级干部和理论骨干培训班 112 期、参训党员干部 6630 多人次。2001 年，为庆祝中国共产党成立 80 周年，全市举办歌舞晚会、“党旗下的青春歌手赛”“青年跟党走演讲比赛”“光辉的八十年集邮展”、百部爱国主义影片展映、党的知识竞赛、党史教育报告会等活动。至 2005 年，福安市持续开展多形式的党性教育活动，提高了党员的党性观念、理论水平和思想觉悟。

四、思想政治教育

1991 年，福安市各机关单位开展反“和平演变”专题思想教育，组织各口宣传骨干 16 人集体备课，深入基层开设讲座 10 多场，组织观看《当前苏联局势》《难忘九一八》《世纪行》等思想政治教育电视录像。1994 年，召开全市宣传思想工作会议，传达贯彻全国宣传思想工作会议精神，提出贯彻意见。1994 年 12 月至 1995 年 6 月，在全市中小学校开展以“爱国·立志·成才”为主题的读书活动，加深中小学生的爱国情感，树立立志报国、努力学习、发奋成才的信念。1995 年，市委宣传部、组织部、市教育局、团市委联合召开全市中学“推优”工作经验交流会，交流推广在中学（中职）中推荐优秀团员学生作为党的发展对象的做法与经验。

1996 年，全市开展“解放思想，转变观念，促进福安大开放、大开发、大发展，加快福安奔小康进程”大讨论，并通过报告会、座谈会，宣传福安市优秀干部郑韩华的先进事迹。1997 年，围绕福安市委

“内增实力，外树形象”的工作总目标，努力为福安“四大工程”（实力工程、小康工程、形象工程、堡垒工程）营造舆论氛围；举办“城市建设成就图片汇报展”；在《福安报》开辟专版，刊发城建方面报道文章200多篇；市有线电视台开辟“形象工程”追踪报道。1999年，在庆祝新中国成立50周年、人民政协成立50周年、喜迎澳门回归、迎接新世纪之际，全市举办书画摄影展、大型文艺晚会、文学笔会、文艺踩街、火炬接力赛等丰富多彩的庆祝活动。2000年，召开全市德育工作会议，部署新形势下学校的德育工作。当年，在开展《中国读本》读书活动和“祖国宝岛台湾在我心中”爱国主义教育活动中，坚持思想政治教育与经济工作、为群众办实事相结合，在“送温暖、进百村、驻三天、帮千户”和“进乡驻村入户”扶贫等活动中开展农村思想政治工作。

2001—2002年，全市宣传《中华人民共和国公民道德建设实施纲要》，在乡镇、街道设立固定宣传牌，开展“爱我福安建我福安”教育活动、“以德治市”有奖竞答活动、城市文明管理督导活动、“科技、教育卫生、法律进社区”活动和“崇尚科学、传播文明读书教育”活动等。2003年，全市开展创建省级文明城市活动，制定《关于认真贯彻城市社区建设纲要加强改进社区思想政治工作的意见》，治理城乡脏、乱、差；开展学习谷文昌精神、纪念学习雷锋40周年等系列活动；在“福安之窗”宣传栏举办拔尖人才成果展，宣传各行各业优秀人才事迹。同年，福安市被评为福建省第八届文明城市。2004—2005年，全市开展“以德治市”“诚信福安”系列活动，宣传“爱国守法、明礼诚信、团结友善、勤俭自强、敬业春耕”的公民基本道德建设规范，落实市民文明公约，各级各部门制定和完善具体落实措施。提倡“讲文明、讲卫生、讲科学、树新风”，倡导健康文明的生活方式，开展“百城万店无假货”、未成年人思想道德建设状况调研。

第五章　统一战线

第一节　机构

1991 年，中共福安市委统战部机关行政编制 5 名，其中，部长 1 名。1992 年，市委统战部内设秘书科。1998 年，市委统战部机关行政编制 6 名，其中，部长 1 名，副部长 1 名，内设办公室、联络科、经济统战科。2003 年，中共福安市委统战部机关编制 5 名，其中，部长 1 名，副部长 2 名，内设办公室、综合科。至 2005 年不变。

第二节　统战工作

一、落实统战政策

1991 年，中共福安市委统战部配合有关部门为台胞、侨胞、港澳同胞、原工商业者、宗教人士等统战对象办实事，落实房产政策、原工商业者政策。1993 年，为统战对象解决具体问题，开展对回乡定居台湾籍同胞工作生活情况的调查摸底；解决台胞年老多病住院医疗困难；解决原黄埔军校学员回乡定居后住房、医疗费及病故善后问题；处理好原工商业者丧葬费和台胞家属赴台定居问题。1995 年，协调解决原黄埔军校学员生活补助费问题；妥善落实原基督教人士退休后工资兑现问题；协调处理罗江天主教会与福安二中校内原教堂房产纠纷。2003 年至 2005 年，配合宁德市经贸局和有关部门，为 278 位原工商业者落实相关政策，妥善解决生活费及其他问题。

二、统战宣传工作

1991 年，中共福安市委常委会每年召开两次以上专题会议研究统战工作，听取统战部门专题汇报；每年召开 1 次以上全市统战工作会议。福安市委把统战理论政策列入市委中心组学习计划和市委宣传部新闻宣传计划，并确定党校开设统战理论课程。至 2005 年，福安市委党校、福安市直单位和各乡镇党训班均开设统战理论课，听课干部群众达 6 万余人次。全市撰写统战信息、论文 600 余篇（条）。市委统战部 13 次被福建省委、宁德地委统战部评为先进单位，21 人次被福建省委统战部表彰。

三、民主党派和党外人士工作

1991 年，中共福安市委贯彻落实中共中央《关于坚持和完善中国共产党领导的多党合作和政治协商制度的意见》，切实做好民主党派工作，加强多党合作和政治协商。市委建立市领导联系党外代表人士工作制度，19 名福安市委、市政府领导共联系 57 名党外知识分子和各界代表、并设立交友联系卡，领导干部人事变动则及时调整。1992年，以安委综（92）03号文件将全年政治协商民主监督座谈会安排意见下发至福安市直各部、委、办、局及乡镇、街道，提出协商监督、知情出力和参政议政的具体措施，明确规定凡制定全市性大政方针和重大事件的调查及决定均应广泛听取党外人士意见，进一步促进了福安市政治协商民主监督的制度化、规范化。从1993年开始，福安市建立特约“四员”制度，共聘用党外特约监察员80人次；特约检察员52人次；特约审计员58人次；特约教育督导员40人次。至2005年，福安市委、市政府共召开党外各界人士协商会、座谈会、通报会80余次，组织党外人员参与民主评议活动10余次。

福安市重视党外人士的考察使用，按要求做好第八、九、十、十一届市政协委员的考察、提名推荐工作。还推荐2名党外人士任福建省七、九届政协委员，推荐14名党外人士任宁德市一届政协委员；推荐2名党外人士当选为第九、十届福建省人大代表，推荐7名党外人士当选为宁德市第一届人大代表。市委统战部积极与组织部门沟通，协商，推荐党外人士到党政机关任职。至2005年，全市共有党外处级干部2名、科级干部32名，同时，建立一支有45名副处、科级党外后备干部的队伍。

四、社会新阶层工作

1991年，中共福安市委统战部门协助工商联完成换届选举，选配遵纪守法、有一定经济实力、参政热情高、工作能力强的非公有制经济人士充实各届侨联、工商联班子。1993年，设立市工商联党组，任命1名统战部副部长为党组书记。1996年，率先成立福安中华职业教育社。至2005年，市委统战部先后牵头组建福安市电机电器同业商会、福安市福州商会、福安市饭店饮服业同业商会、福安市工商联美容美发同业商会、福安市上海商会、福安市服饰协会、福安市甘棠船舶拆解商会、广西横县福建闽东商会、福安市涂装协会。组织引导全市非公有制经济人士开展“光彩事业”、扶贫济困等公益活动。15年间，全市非公有制经济人士向社会捐款逾千万元。

五、民族宗教工作

1991年后，中共福安市委统战部多次协同民族宗教部门落实民族宗教政策、确定民族身份，做好宗教活动场所和宗教社会团体的登记、年检工作，培养少数民族干部和年青神职人员，支持少数民族和宗教人士开展对外友好往来，发挥少数民族和宗教人士为福安的公益事业和经济建设做贡献。中共福安市委统战部门还协同有关部门推荐福安市政协第七届少数民族界政协委员13名，宗教界政协委员9名；第八届少数民族界政协委员13名，宗教界政协委员11名；第九届少数民族界政协委员11名，宗教界政协委员8名；第十届少数民族界政协委员9名，宗教界政协委员12名。推选福安市第十二届人大少数民族代表66名，宗教界人士代表2名；第十三届人大少数民族代表36名；第十四届人大少数民族代表36名。推荐福安市宗教界人士当选宁德市人大代表和政协委员。

六、海（境）外统战工作

1991年后，中共福安市委统战部门多渠道开展海外统战工作。2000年，协调市侨办创办《福安乡音》报，面向海（境）外福安乡亲发行。与此同时，每年通过举办“月是故乡明”海内外同胞网上中秋对诗联谊、“三胞”眷属座谈会及“侨联群众工作年”等活动，加强与海外乡亲的联谊交流，宣传“一国两制”和党的统战工作方针政策，全方位开展经贸合作与交流活动。

第三节　对台事务

一、机构

1991 年，中共福安市委台湾工作部机关行政编制 10 名，其中，部长 1 名，副部长 2 名。1994 年，中共福安市委台湾工作部机关行政编制 13 名，其中，部长 1 名，副部长 1 名。1996 年 12 月，实行党政机构改革，中共福安市委台湾工作部改称中共福安市委台湾工作办公室（简称“市台办”，同时挂福安市人民政府台湾事务办公室牌子），机关行政编制 10 名，其中主任 1 名、副主任 2 名。内设人秘科、宣传科、联络经济科、沿海科。2002 年，新一轮党政机构改革，市台办机关行政编制 5 名，其中主任 1 名、副主任 2 名。内设综合股（联络经济股）、沿海股。

二、对台工作

（一）对台宣传

1991 年，《怀念恩师吴振铎》《李惠长医师德术双馨造福地方乡人赞誉》等 100 余篇文章在台北闽东同乡会《会讯》等台湾报刊刊发。1993 年 1 月，台湾《联合报》记者到福安采访，撰写的《闽东经济带大念山海经》一文刊登于《联合报》。1994 年 6 月，台湾《工商时报》记者来福安采访，撰写的《宁德力图脱胎换骨吸引外资开发》一文刊登于《工商时报》。当年，福安市组织全市干部学习《中国台湾问题》读本。2000 年，福安籍女子缪丽患白血病，因台湾同胞捐献移植骨髓获得新生，福建东南电视台、福建电视台、中国国际广播电台等媒体到现场采访报道后，在海峡两岸引起很大反响，《人民日报》（海外版）、《厦门日报》等数家媒体也作了转载。福安市编辑出版了《两岸诗情》，撰写宁台渊源丛书《寻根揽胜话闽东》；还通过宣传栏、讲座、授课等形式，对沿海乡镇渔村及社区、学校等进行涉台知识宣传教育，受教育者 10 万人次以上。2001 年，编写《涉台问答》小册子赠送台胞台属，并向他们提供涉台知识咨询服务。在全市中小学开展“祖国宝岛在我心中”“爱我中华、知我宝岛”系列知识讲座、征文等活动，举办“台湾宝岛风情大型图片校园巡展”。至 2005 年，福安市共向中国新闻社、《人民日报》（海外版）等海内外新闻媒体提供对台宣传稿件 2565 篇，被采用 2350 篇；向台胞发送《福安乡音》《福安投资指南》《寻根揽胜话闽东》《今日福安》福安市台属联谊会《会讯》《两岸诗情》等图文、影像资料 8000 余份，宣传福安“两个文明”建设成就、介绍福安的自然人文、投资环境，提高福安在台湾的知名度，促进两

福安市台胞台属迎春茶话会（2005 年）

岸的经济文化交流合作。

（二）对台交流

1991年，福安市加强与台湾闽东同乡会及福安籍台胞的联系，发往台湾的贺卡贺信、信函等4500余封（件），接待回乡探亲、观光访问、寻根祭祖、商贸洽谈、学术交流的台胞3146人次。1993年8月，台北闽东同乡会13人组团来福安观光考察，为中华人民共和国成立后闽东旅居台湾同胞回乡观光探亲第一例，并向市委、市政府、市台办和市台属联谊会赠送书籍和“弘扬乡谊，促进统一”锦旗。1998年10月，台湾金门薛氏宗亲团57人到福安寻根拜祖，开展姓氏文化交流，福安市委、市政府接待了客人并向他们赠送《今日福安》《福安投资指南》《福安乡音》等资料。1999年3月，台湾桃园农业改良场农学博士黄益田等8人，考察了福安甘棠北门茶场、南塘龙眼基地、溪柄农业科技园。2001年6月，台湾台中工业同会理事长陈明德等11人考察福安东方神电子有限公司等台湾企业。11月，台湾高雄市中小企业协会理事长李重德带领两岸产业商业交流考察团12人，考察福安电机电器行业。2003年9月，福安一中前身原福宁学堂高中部创办人张如瀚的嫡孙、台胞张泽赞回乡，向市文化局赠送福安籍台湾画家大型油画一幅。2004年8月，台北闽东同乡会常务理事、台湾中国广播公司副经理陈钟洲夫妇回乡考察福安市投资环境。

福安有关部门及民间团体也经常赴台开展文化经贸交流活动。1997年9月，福安师范附小音乐教师郭洪赴台，在“海峡两岸尊师重教研讨会”上，以论文《调动情趣培养乐感》进行教研交流。1998年11—12月，福安儒学名人黄干编纂的《察阳黄氏族谱》（清刻本）10册、乾隆皇帝题写的《理学传薪》等8件文物，赴台参加福建省闽台交流协会和福建省闽台文化交流中心在台北市台湾历史博物馆举办的“闽台族谱暨家传文物特展”。1999年，福安市为台湾9·21大地震捐款9.78万元。2000年，福建最大的台湾青枣种植基地落户福安溪柄。2001年11月，应台湾中兴大学邀请，驻福安市的福建省茶叶研究所副研究员陈荣冰、郭吉春随中国茶叶学会组团赴台参加“第二届海峡两岸茶叶科技学术研讨会”。2002年11月，应台湾大学医疗机构管理研究所邀请，闽东医院院长林应华随福建省卫生厅组团赴台进行医院管理学术交流。2002年12月，应台湾中华有机农业产业经营协会邀请，福安市人民政府副市长陈长德随福建省农学会庭园经济分会组团赴台参加农业园区和农业企业交流考察。2004年6月，应台湾国际文化与经贸交流促进会邀请，福安市组团赴台访问，在台期间拜访台北闽东同乡会、姓氏宗亲会及福安籍旅台知名人士，向他们介绍福安的经济发展和人文历史，邀请他们回乡旅游、寻根、经贸考察。

1991—2005年，福安市有关部门共批准办理3000余人（次）台属赴台探亲、探病、奔丧，增进两岸同胞骨肉亲情。共批办台资企业26家，合同投资790万美元、实际利用台资628万美元，涉及汽车配件、竹木工艺、农畜牧、餐饮等行业。福安涉台机构开展台资企业调研，撰写《福安市引进利用台资存在问题原因调查》《拓展对台经贸合作　推进福安新一轮创业》《福安市台资企业发展方向及存在问题》《发展对台经贸增强经济后劲》《加强对台经贸工作迎接加入WTO的挑战》等论文，促进与台湾各界人士的交流合作。

（三）台胞捐赠

1991年8月，“朱复良奖学金”（朱复良系福安籍旅台知名记者、报人、散文作家）首次颁发，奖励当年考上重点大学的福安籍考生，每人100美元。台胞冯观涛多次捐款支持家乡兴办教育和修建道路，救济贫困村民，先后捐款达100多万元人民币，修建了溪潭双峰中学、双峰小学，铺设家乡道路。

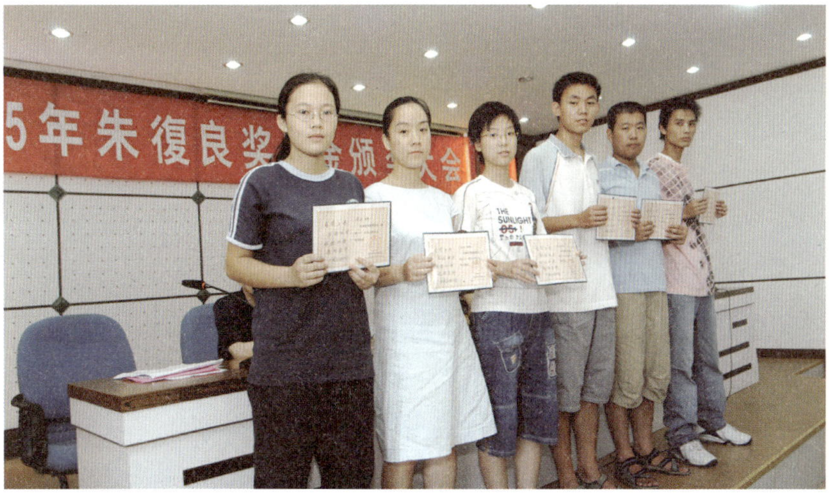

朱复良奖学金颁奖大会（2005 年）

1994 年，由福安市旅台同胞陈盛德、郭声等 8 人发起，84 位台胞捐款在鹤祥新城兴建“台胞会馆”。同年，台胞陈先生等捐赠建校、修路、建台胞会馆款 33.8 万元人民币。同年，台湾慈济慈善基金会 30 多人参加在赛岐、甘棠、湾坞等乡镇 6 个建制村举行的台风赈灾物资发放仪式，赈助对象 520 户、2302 人；发放大米 34.53 吨，棉被 1271 条，棉衣 2302 件。1997 年，台胞捐赠家乡公益事业 16 万元人民币。1998 年，台湾金门薛氏宗亲会先后捐赠家乡公益事业款 7 万元人民币，13 名台胞为穆阳小学百年校庆捐款 1.3 万元人民币。1999 年，台胞捐赠家乡公益事业 6.4 万元人民币，朱复良又捐资 10 万美元。

1991—2005 年，共有福安学子 1232 人获“朱复良奖学金”奖励，累计颁发金额 12.32 美元。此间，台胞共捐赠福安兴办教育和社会公益事业资金达 500 多万人民币。

（四）海建工作

1991 年后，福安市先后完成下白石、甘棠、赛岐、湾坞、溪尾、溪柄、溪潭等乡镇沿海村庄及岛屿突出部引水、架电、交通、文化生活设施等海建工程 207 个，总投资 1870 万元，其中，政府拨款 586 万元，群众自筹 1284 万元，较大改善了沿海乡（镇）村群众生产生活条件。为此，1998 年，福安市台办被福建省台办评为 1978—1998 年“福建省海建工作先进单位”。

第六章　政法委和社会综合治理工作

第一节　机构

中共福安市委政法委员会

1991年，中共福安市委政法委员会机关（以下简称“政法委”）行政编制5名，其中领导职数3名。同年8月，成立福安市社会治安综合治理委员会办公室（以下简称“综治办”，与政法委合署办公），行政编制4名。原综合治理社会治安领导小组办公室同时撤销。1993年，市政法委增设干部科。1994年，市政法委机关行政编制7人，其中，书记1人，副书记及科级干部3人。内设办公室、干部科。综治办行政编制4人。1997年，增设督查科。1998年，市政法委机关行政编制6人，其中书记1名，副书记1名。内设办公室、干部科、督查科。综治办行政编制3名，其中，领导职数1名。2003年，市政法委机关行政编制5人，其中书记1名，副书记2名（不含兼职），政治处主任（副科级）1名。内设政治处（增挂办公室牌子）、执法监督室。综治办行政编制2名，其中科级领导1名。至2005年不变。

第二节　政法工作

一、队伍建设

1991年，福安市委政法委书记由一名市委常委兼任，配备一名专职副书记，下设办公室。政法系统有政法委、公安局、检察院、法院、司法局5个单位，410名干部职工，其中，党员211人。同年，成立中共福安市委政法口委员会。2002年，福安市政法系统共有政法干警649名，其中政法委13名、公安系统387名、检察院81名、法院94名、司法局（所）74名。1993年，市委政法委成立干部科，加强对政法系统干部的管理，并负责对股级干部的考核任免。2003年，按福安市委办《中共福安市政法委员会职能配置、内设机构和人员编制规定》的“三定方案”。政法委内设机构为政治处（增挂“办公室”牌子）、执法监督室，综治办与政法委合署办公。1995年，福安市在全市政法干警中开展以“做人民爱戴的好干警”为主题的队伍教育整顿活动。1996年，开展“干警爱岗创三好”（“三好”为好单位、好干警、好作风）活动。1997年，按照“建一流队伍、创一流业绩”目标和“严格执法、热情服务”的总要求，开展服务宗旨、艰苦奋斗、作风纪律、反腐倡廉等四个专题的教育活动。同年，福安市政法委对政法各部门中层领导进行大幅调整，先后提拔33名年富力强、政治过硬、业务精通的干警担任领导，原42名中层领导进行内部岗位轮换，免职6名，对40名干警进行异岗交流。1999—2000年，开展“争创人民满意的政法单位（干警）”活动。两年中，全系统有36个单位和113名干警被福安市委、市人民政府授予“人民满意的政法单位（干警）”称号。2002年，严格按“四化”要求，坚持标准，协同组织部门认真考察干部，任用副科级以下领导干部 13 名、非领导职数 56 名；提拔调整 235 名科、所、队、庭、室领导；任命检察员、审判员 31 名，使政法系统班子和人员结构进一步优化。

二、责任制度

1991 年，福安市委、市政府每年都与 22 个乡镇（街道）和 39 个市综治委成员单位签订综治责任书，各乡镇（街道）、各口、各单位也与下属各单位签订综治责任书，形成“横向到边、纵向到底”的综治领导工作责任网络。每年召开 2 次以上市委常委会议听取综治工作汇报，研究解决综治重大问题；每季度召开 1 次综治委成员单位会议和治安形势分析会，研究解决社会治安稳定存在的问题。福安市人大、政协每年组织人大代表、政协委员深入基层开展综治专题视察，听取综治工作汇报，提出整改意见。与此同时，全市建立健全综治、纪检、组织、人事、监察五部委综治联席会议制度，把综治工作作为干部晋级、奖惩、录用的重要依据，对严重违反综治工作有关规定的责任单位和个人严格查究责任。并对社会治安混乱的单位和个人，依据有关规定给予综治一票否决。至 2005 年，共否决了 8 个单位。

第三节　社会治安综合治理

一、维护社会稳定

1993 年 9 月，福安市委政法委、综治办根据福建省人民政府关于整治农村治安工作的部署，以公安机关为主抽调政法委、综治委、检察院、法院、公安局和司法局机关干部 172 人，分成 7 个片区 23 组，以七个乡镇为重点，突击检查旅馆、发廊、按摩店等特种行业 40 多家和重点部位 120 多处，共抓获各类犯罪嫌疑人 35 人，其中，批捕在逃人员 1 人、负案在逃人员 5 人。1994 年 8 月，福安市以“严打”为突破口、以“治乱”为重点，开展为期两年的农村“严打”和重点整治工作，严厉打击刑事犯罪活动和横行乡里、欺压群众、称霸一方的流氓团伙，扫除社会丑恶现象，并组织市、乡（镇）工作组对重点地区、部位，治安状况较差的乡（镇）、村庄、厂矿企业单位，犯罪分子经常出没、刑事案件高发的城乡接合部、文化娱乐场所、集贸市场、港口码头等进行整治。同时开展三次大搜捕行动，破获各类刑事案件 128 起，其中，重特大案件 59 起；摧毁犯罪团伙 34 个，151 名犯罪嫌疑人落网，追捕逃犯 111 名；有 35 名违法犯罪分子主动投案自首，缴获赃款赃物价值 31 万元。1996 年，全市开展“破大案、摧团伙、打抢劫、抓逃犯、严惩办”的收枪治爆、禁毒、打击邪教组织和“扫黄禁娼”等四项专项行动，破获一批刑事案件，抓获一批犯罪嫌疑人，摧毁一批流氓恶势力犯罪团伙，全市共判处有期徒刑 193 人、无期徒刑 2 人、死缓 2 人、死刑 20 人。2001 年，全市开展重点打击群众反映强烈的垄断市场恶势力、流氓团伙、涉枪涉爆、吸毒贩毒、入室盗窃和盗抢机动车等五种犯罪活动，将全市分为七个重点地区，出动警力 460 人次、乡村干部 880 多人次，出动车辆 142 辆次，在重点部位设卡 510 多处。破获案件 56 起（其中，盗窃 55 起、黑恶势力 1 起），抓获犯罪嫌疑人 41 人。

1991—2005 年，全市成功破获“96·2·5”李某蒙面抢劫案、“98·10·7”洗劫客车案、“99·10·19”上村系列投毒案、“99·11·20”苏阳特大杀人案、“2001·4·27”特大盗窃案、康某等入室撬盗保险柜案、“2002·2·4”华都宾馆特大抢劫案等一批大案、要案，摧毁“下白石以肖某为首的寻衅滋事犯罪团伙”“湾坞以黄某、林某为首的海上敲诈勒索犯罪团伙”“穆阳以王某为首的寻衅滋事犯罪团伙”“城区以王某为首的寻衅滋事犯罪团伙”和“2005·9·21”涉黑团伙等一批犯罪恶势力。

二、整治重点

（一）重点部位（地段）

1991年，福安市每年派出科级以上领导带队的治安整治工作队进驻重点村开展工作。整治工作注意加强“四个结合”（即与法制宣传教育相结合、与解决治安热点问题相结合、与加强基层组织建设相结合、与为民办实事相结合），促进基层综治工作规范化建设。同时结合村级换届选举加强机构人员建议，建立健全治保会、调解会、治安巡逻队、义务普法宣传队、流动人口管理站、调解员等，确保基层整治工作取得实效。2005年，全市27个原来社会治安较差的村（社区、街道居委会）的治安面貌得到明显改观，其中19个村（社区、街道居委会）被评为福安市先进基层组织。

（二）校园治安整治

1991年，福安市综治委成立校园周边治安整治工作领导小组，要求校园治安整治做到“四个搞好”（搞好校园周边和校内治安，优化育人环境；搞好综治网络建设，严格各项管理制度；搞好学生法制教育，落实“后进生”帮教措施；搞好学校、社会、家庭三方联动，全面开展军警民共建文明学校活动），打击滋扰校园治安秩序的各类违法犯罪活动。1999—2005年，全市被列为治安重点整治学校12所，侦破刑事案件73起，查处治安案件121起、查处违法犯罪分子172人，清除47处校园周边的小卖店、摊点。并将校园列入“特别管护区”，聘请公安干警63名兼任学校综治副校长，参与校园的治安管理；各中、小学定期邀请政法干警和法律工作者到学校作法制讲座，参与学校对师生的法律法规教育工作。文化部门积极会同公安、工商、工会、共青团、妇联等单位，采取查、禁、整顿等多种管理措施，关闭学校半径200米内的网吧、电子游戏机室，对全市的影视播放点、出租书摊（店）进行全面清查，进一步净化校园周边的文化市场。各级共青团、妇联、政法部门组织开展和存在违法与不良行为的青少年谈心、教育活动，使全市80%以上列入帮教的青少年，有了较大转变。

（三）企业周边环境整治

1991年，福安市长期开展企业与周边村（社区、街道居委会）共建文明片区活动，营造安全、整洁的社会环境。坚持对5个重点厂（矿）开展周边环境重点整治，至2005年，调处了存在多年的5起纠纷，避免经济损失100多万元。

三、执法监督

（一）制度建设

1991年，福安市政法系统坚持健全和完善政法队伍管理监督的各项职能，制定《福安市政法干警纪律守则》《错案责任追究制》《执法活动九条规定》等46种制度。坚持岗位目标管理责任制、请示汇报制度和案件汇报制度。加大外部监督力度，定时或不定时地邀请人大、政协、纪检、监察、新闻等单位开展监督评议单位和干警活动，并把评议情况作为单位班子考核、干警升降、绩效考评的重要依据。增加工作透明度，如公开办事制度、办事程序、办事结果，设置举报电话和举报箱，聘请执法监督员，建立警民联系制度等多种形式，接受广大群众的监督。1993年，市委政法委召开公、检、法、司领导及有关业务部门负责人参加的联席会议，交换工作意见，分析研究办案中存在的问题。如收审超范围、超时限；共同犯罪案件不做同案处理，有些缓刑、免诉案件处理不公，社会反映不良，甚至滋长了重新犯罪；对14岁未成年人犯流氓罪适用法律认识不一致；部分案件侦查环节证据材料粗糙、诉讼过程中退回多，甚至造成疑、难案件等进行分析、研讨，并达成共识。2001 年，市委为推动“严打”整治斗争深入开展，派出 5 个督导组，对各地“打黑除恶”进展情况、挂牌督办案件、重大疑难案件、顶风现行案件、重点村整治等进行专项检查、督办和指导。2003—2004 年，市委政法委协调处理大要案 14 起。2005 年，市政法部门对利用职权牟取私利、司法不公、工作懈怠、办案执法不文明的问题进行集中整治，落实处理 93 件群众来信来访和领导批示件；重点对群众反映强烈的干警办案不公等 8 个案件进行督查，查处干警违法违纪案件 7 起 9 人次。

（二）基层单位创安活动

2004 年，福安市在全市开展以人民群众对“三率”（创建平安单位知晓率、参与率和对社会治安的满意率）为重点的创建“平安福安”活动。2005 年 5 月，在康厝畲族乡召开“基层平安创建活动推进会”，组织全市 22 个乡镇（街道）的综治副书记、综治办主任等 50 多人，深入康厝畲族乡东山村观摩、交流，推动基层平安创建活动的开展。同年，穆云畲族乡、康厝畲族乡、下白石镇 3 个乡镇通过宁德市第一批“平安乡镇”验收，全市有 260 个社区（村、居）被评为“平安社区（村、居）”，共青团福安市委、福安市人事局、福安市人民银行等 44 个单位被评为福安市首批“平安建设先进单位”。

（三）综治工作考核

1991 年，福安市全面落实综治各项措施，和全市各乡（镇）、街道、村（居）以及单位逐级签订综治目标管理责任书，强化考核和奖罚工作，为全市经济建设的顺利进行创造良好的社会治安环境。至 2005 年，全市被福建省、宁德市授予的综治先进单位 7 个，先进个人 16 名；被福安市委、市政府授予综治先进单位 213 个，先进个人 462 名。

第七章　精神文明建设

第一节　机构

中共福安市委精神文明建设领导小组办公室

1991年，中共福安市委精神文明建设领导小组办公室（以下简称“福安市委文明办”）行政编制5名，其中，主任1名，副主任1名。1994年，福安市委文明办行政编制7名，其中，主任1名，副主任2名。1996年，福安市委精神文明建设领导小组办公室更名为福安市委精神文明建设指导委员会办公室，行政编制5名，其中，主任1名，副主任1名，内设综合秘书科、创建管理科。2003年，福安市委文明办行政编制4名，其中，主任1名，副主任1名。内设综合股、创建管理股。2004年，福安市委文明办增设未成年人思想道德建设办公室。至2005年不变。

第二节　创建活动

一、公民思想道德建设

1991年以来，福安市贯彻落实《中华人民共和国公民道德建设实施纲要》（以下简称《纲要》），深入开展“以德治市”“以德治乡”，建设“诚信福安”教育系列活动。大力宣传“爱国守法、明礼诚信、团结友爱、勤俭自强、敬业奉献”20字公民道德规范，同时把贯彻《纲要》同文明单位建设考评结合起来，开展以“职业道德、社会公德、家庭美德”为主题的宣传教育活动，提升公民道德水平。各单位、乡镇、街道、社区、学校每年至少上一堂“公民道德”教育课，在城区、街道、社区、公路干线等设置“公民道德规范”20字的广告牌、标语牌和宣传栏，制定文明“乡规民约”。在开展公民道德实践活动时，与为民办实事结合起来，组织“结对济困帮扶”和“文明春风暖万家”活动，各文明单位给特困家庭送衣服、棉被、粮食等，群众、职工、学生自发组织文明服务队，深入街道、乡村、社区、敬老院等开展“爱心”活动。

全市每年都组织开展“学雷锋、树新风”月活动。1995年，组织万名干部、职工、学生参观福安市学雷锋成果展览。1999年，以市民公约中“八不”（即安全出行不违法、垃圾分类不落地、节俭用餐不浪费、红白喜事不奢办、言谈举止不粗俗、文明上网不低俗、旅游观光不任性、经济生活不失信）行为规范为主要内容，深化思想道德教育，提高市民综合文明素质。2001—2005年，倡导以人为本，以《福安市文明市民读本》为基本教材，办好市民学校，加强文明常识普及教育；继续开展“倡导新风、共建美好家园”和“崇尚科学文明，反对迷信愚昧”活动。

二、文明创建活动

（一）文明单位创建

1991年3月，市委、市政府根据省政府颁布的《福建省文明单位管理办法》，经审查考核，命名韩阳镇、上白石镇为福安市文明乡镇；闽东面粉厂、福安汽车客运站、宁德地区电力公司为文明单位。1992年，福安市成立创建文明城市委员会和城市建设与管理协调领导小组，实施精神文明“十大建设工程”，成立“八大文明”片区，组建宁德地区第一个市级文明片区联谊会，开展精神文明“十大系列活动”。1993年，福安市成立宁德地区第一个精神文明建设研究会，围绕创建文明城市这一总体目标开展创建文明片区、文明单位、文明村镇和“雷锋在福安”“岗位学雷锋，行业树新风”等一系列活动。1994年2月，福安市委宣传部授予福安市实验小学等26所中小学“文明达标学校”称号，市文明办联合市委宣传部、教育局、报道组、邮电局开展建设“文明六大工程”（即造福工程、爱心工程、希望工程、敬老工程、小康工程、堡垒工程）活动。同年，福安市成立文明市民广播电视学校，组织开展“知我福安、爱我福安、建我福安”系列活动，评选“文明社区、文明村镇和文明单位”。1995年，召开全市创建文明城市和卫生城市动员大会，并与有关单位签订责任状，层层落实文明创建责任制；加大市政基础设施建设力度，完成鹤山路、李园路、中心东路和阳头工业路的拓宽改造，以“整齐、有序、繁荣、文明”为目标，做好文明示范街建设。1996年，福安市获1994—1995年度福建省“创建文明城市优胜城市”和“省级卫生城市”称号。1999年，福安市发动群众齐抓共建，加大城市“新、绿、亮、洁、美”工程建设力度，争创福建省一级达标文明城市。2003年，福安市被福建省人民政府命名为“第八届创建文明城市工作先进城市”，全市有24个单位、6名个人被福建省委、省政府授予第八届精神文明建设先进集体和先进个人称号。全市深入贯彻《纲要》精神，组织开展学校公民道德建设演讲比赛和科教、文化、法律、卫生“四进社区”、文明单位与特困家庭“结对济困”等活动，全市有65个文明单位同65名特困下岗职工“结对”济困。2004年，福安市以庆祝中华人民共和国成立55周年、邓小平同志100周年诞辰和闽东苏区成立70周年等重大纪念活动为契机，开展“爱我中华、兴我福安、艰苦奋斗、建设小康”系列活动，培育和弘扬民族精神。开展交通秩序专项治理、环境卫生和集贸市场专项整治工作。

2005年，福安市在全市范围内设立市直机关、城区“三办两乡”卫生责任区。启动“严管街”工作，进一步强化城市管理。举行文明单位与特困家庭“结对济困”活动和“爱心超市”启动仪式，弘扬中华民族扶贫济困的传统美德。

（二）文明乡（镇）村创建

1991年，福安市印发万余份创建文明村镇宣传材料，开展“六提倡六反对”（提倡崇尚科学、反对封建迷信；提倡健康娱乐、反对聚众赌博；提倡婚姻自由、反对买卖婚姻；提倡村邻和睦、反对亲族纠纷；提倡艰苦创业、反对铺张浪费；提倡少生优生、反对计划外生育）活动，健全乡规民约。发动群众开展爱国卫生运动，评选“卫生之家”，把精神文明建设纳入发展农村经济总体规划。1992年，全市开展创建文明乡镇（村）竞赛活动。在坂中畲族乡、甘棠镇等乡镇创办新型农民业余学校；在赛岐罗江村抓试点，开展“文明五星户”评选活动，全市18个乡镇3个办事处挂牌上星的“文明五星户”1.9万户，占全市总户数12万户的15.8%。1993年，全市深入开展创建文明乡（镇）村（居）达标竞赛活动，加强片区联谊工作，抓好104国道沿线文明乡镇、村建设；树立“十佳农民”典型；涌现“学法守法户”5.7万户，“文明模范户”1.2万户，“文明模范村”21个。1995年，市委宣传部、文联、文化局联合开展文化下乡活动，此后扩大为文化、科技、医疗卫生“三下乡”活动，每年不定期组织开展。

1996年，全市紧紧围绕“奔小康、建新村、树新风”目标，深入开展“建文明村镇、奔小康目标”

主题活动，组织亿元镇参加福建省、宁德地区“十好文明集镇”评选；加强赛岐港口文化走廊建设，争创张家港式文明港口城市（集镇）。1997年，全市开展“学美岭、创五好、建新村”，学习孔繁森、林碧玲、郑韩华先进事迹，争创“文明五好家庭”等活动，营造“崇尚先进、争当先进”的良好氛围。1999年，全市落实在山东文登市召开的全国精神文明建设工作会议精神，继续抓好全市第八轮“文明乡镇达标竞赛”活动；抓好104国道创建文明榜样路建设；巩固专项治理乱建坟墓工作。2000年，全市在开展创建文明乡（镇）村活动中，树立先进典型，进行分类指导，以闽东赛岐经济开发区、下白石港口、溪柄科技文明园区、社口茶贸区为重点，以镇带村、全面推进全市农村精神文明建设。坚持对农民进行“二思”（富而思源、富而思进）“三爱”（爱党、爱祖国、爱社会主义）和“六提倡六反对”的思想教育，着重解决“三乱”（脏、乱、差）问题，深入开展评选“文明十星”活动。

2003年，全市坚持以城带乡，开展城乡共建“文明百村千户”活动，城区100多个文明单位与行政村（居）结对子搞共建。开展第十轮创建文明乡（镇）竞赛活动，以点带面，推进溪柄、前进、南郊、阳泉等四个“精品”村建设；树立上白石镇和溪柄镇2个文明乡（镇）样板；开展城乡共建“文明百村千户”活动，推广闽东医院与阳泉村“结对子”共创文明活动经验。2004年，全市以文明农户创建为基础，以移风易俗为重点，开展“希望工程”“春蕾计划”“春风行动”“扶残助残”“金秋扶困助学”等社会公益活动。2005年，全市召开农村精神文明建设工作会议，表彰溪柄、狮子头、斗面村等10个精品文明新村。以市民思想道德教育为主线，围绕社区教育、社区服务、社区文化、社区治安、社区环境、社区管理等六个方面、积极推进文明社区建设。先后在市区和乡镇所在地集镇建立25个文明片区（其中，市区10个），启动道德、科教、文体、法律、卫生、环保、涉台教育“七进社区”活动，在推进创建“文明社区”进程中，逐步建立“党政领导有力、管理规范有序、服务优质完善、治安秩序良好、环境整洁优美、生活便利舒适、文体活动丰富、道德风尚良好、人际关系和谐”的新型城市社区。截至2005年，全市19个社区中，有1个社区被授予省级文明社区称号，2个社区被授予宁德市级文明社区称号，3个社区被授予福安市级文明社区称号。

（三）文明行业创建

1993年，全市开展“雷锋在福安”主题系列活动，树立“全国学雷锋先进个人”上白石镇个体户王爱莲这一典型，并设立“王爱莲学雷锋基金会”；树立“十佳公仆”“十佳干警”等行业典型，推动了“岗位学雷锋、行业树新风”活动。1994年，全市开展评选“学雷锋十佳标兵”、百家行业创建文明单位竞赛活动，各行各业根据自身特点，对职工进行职业理想、职业道德、职业纪律、职业技能的教育和培训，规范行业行为、树立行业精神，坚决制止行业不正之风。1995年，全市广泛开展“创文明行业，建满意窗口”活动，倡导行业新风，开展“满意在岗位”“满意在单位”“满意在城市”的竞赛活动；推行社会承诺制，在邮电、交通、银行、商店、市政等部门，把服务内容、服务标准、服务质量和办事时限公开向用户做出承诺，明确经济赔偿标准，设立监督机构和举报电话。2000年，全市召开有25个行业、20多个文明示范窗口、部分110联动单位参加的“创文明行业工作会议”。2004年，全市以创建文明“窗口”为基础，以规范服务为重点，开展创建文明行业活动。在巩固原30个行业创建的基础上，加强对新增农业、烟草、联通、盐业、石油五个行业文明创建的指导。开展创建文明风景旅游区活动。在非公有制企业范围内开展“诚信企业”“文明企业”创建活动。开展“文明商店”评比和城区“十佳商店”竞赛评比活动。2005年，全市召开联席会议，深入开展“创文明行业，建满意窗口”活动，落实各窗口单位向社会承诺的内容，开展民主行风评议活动。

1991—2005年，福安市精神文明建设取得明显成效。1990—1991年，获第四届省级创建文明县城竞赛活动“先进县城”称号；1994—1995年，获第五届省级创建文明城市竞赛活动“优胜”；1996—1997年，在第六届省级创建文明城市竞赛活动中实现“二级达标”；1998—1999年，在第七届省级创建文明城市竞赛活动中实现“一级达标”；2000—2002年，获省级创建文明城市竞赛活动“先进城市”称号。

（四）军警民共建

福安市军警民共建文明活动起步早，发展快。1991年，全市遵循“共学、共益、共创、共防、共荣”的共建思路，开始创建军警民共建文明单位和“双拥模范城”活动，共同抓好军地双方的思想、道德、文化建设，形成了“思想共建扎实有效，人员素质全面提高；国防教育不断深化，‘双拥’工作切实加强；促进地方经济发展，开创社会文明新风；军地注重双向奉献，互办实事成绩突出；充实内容拓宽路子，共建活动蓬勃开展”的共建特点，逐步实现文明企业、文明学校、文明社区和文明车站等各种军警民共建形式。至2005年，福安市连续三届被福建省委、省政府、省军区授予“双拥模范城”荣誉称号；全市共有军民、警民共建单位113对，其中：3对共建单位被授予省级军民共建工作先进单位、8对共建单位被授予宁德市级军民共建工作先进单位荣誉称号。

第八章　其他党务工作

第一节　信访工作

一、机构

福安市信访局

1991 年，福安市信访局行政编制 5 名，其中，局长 1 名、副局长 1 名。内设办公室、接访查办股。1994 年，市信访局行政编制 8 名，其中局长 1 名。内设办公室、接访查办股。2003 年，福安市信访局归属党委序列管理。为中共福安市委、福安市人民政府主管信访工作的机构，核定行政编制 4 名，其中局长 1 名。2005 年，福安市信访局行政编制 5 名，其中局长 1 名、副局长 1 名，办事员 3 名。

二、工作

（一）来信来访接待处理

1991 年以来，福安市坚持每季度召开一次市六套班子扩大会议或福安市信访工作领导小组会议，对来信来访逐件提交研究并形成纪要抓好落实。1993 年，对久拖未决的信访件进行专题研究处理，其中，12 件得到解决。1995 年 7 月起实施“逐级上访，分级受理”的信访接待和处理制度试点，1996 年后全面推行。1997 年，实行领导包案制度。2004 年，建立福安市信访联席会议制度，及时妥善处理群体性上访案件。

1991—2005 年，福安市信访局共接待群众来访 1010 人次，处理来信 3647 封。

表 16—4　1991—2005 年福安市群众来信来访情况表

年份	来信（件）	来访（次）
1991	649	149
1992	388	91
1993	353	38
1994	360	39
1995	369	40
1996	408	57
1997	256	73
1998	247	84
1999	120	63
2000	95	55
2001	90	50

续表 16—4

年份	来信（件）	来访（次）
2002	84	74
2003	91	52
2004	76	67
2005	61	78
合计	3647	1010

（二）领导接待日

1991 年，福安市群众来访领导接待日由原双月一次改为每月一次，并确定将撤县建市纪念日（11 日）作为领导接待日。1、7 月份在城关举行，其他月份在乡镇举行，由四名市领导下基层配合乡（镇）领导参加接访。1993 年后，每月一次的市领导接待日，由福安市五套班子领导轮流安排接访活动，各乡镇（街道）也建立接访日活动制度。通过市、乡（镇）两级接访，及时帮助群众解决实际问题，对上访群众合理的要求，做到迅速处理、认真落实；对反映失实，要求不合理的，做好耐心细致的解释疏导工作。

1991—2005 年，福安市领导信访接待日累计共接待群众来访 6247 批次、11761 人次。

第二节　老干部工作

一、机构

中共福安市委老干部局

1991 年，中共福安市委老干部局编制 5 名，其中，局长 1 名，副局长 1 名。内设办公室、安置科。1994 年，福安市委老干部局编制 8 名，内设机构不变。市老龄委编制 2 名。1998 年，福安市委老干部局编制 12 名，其中，局长 1 名，副局长 2 名，内设秘书股、安置股。市老龄委编制 2 名。2003 年，福安市委老干部局编制 10 名，其中，局长 1 名，副局长 2 名，内设秘书股、安置股。市老龄委编制 2 名，挂靠单位福安市关心下一代工作委员会办公室。至 2005 年不变。

二、落实政治待遇

1991 年后，福安市老干部局重视落实老干部政治待遇，探索老干部管理服务新办法，提高老干部晚年生活质量，发挥老干部在社会上的作用。坚持和完善在职领导联系老干部、情况通报、邀请老干部代表参加重要会议、阅读重要文件、组织参观考察等制度，每月集中组织老干部学习一次，市委、市政府每半年向老干部通报一次全市工作情况。每年在“九九重阳（老年）节”召开会议，慰问老干部，征求工作意见。福安市召开党代会、人代会、政协会议时都邀请老干部代表列席参加，听取老同志的意见和建议。组织科级以上退休老干部参加民主评议工作。重大活动如 1991 年和 2001 年庆祝中国共产党成立 70 和 80 周年活动、1994 年和 2004 年闽东苏区创立 60 和 70 周年纪念活动、1995 年纪念抗日战争和世界反法西斯战争胜利 60 周年活动等均邀请老同志参加，并召开座谈会。

三、落实生活待遇

1991年起，福安市委、市政府每年中秋节和春节都组织慰问老干部，春节前夕走访慰问老干部及遗属。全市离休干部离休费及各项生活补贴及无工作的原离休（含享受待遇）干部遗属的生活补助费均由财政发放，企业和自收自支事业单位离休干部离休费纳入社保部门发放，各项生活补贴由财政解决。市政府建立老干部医疗保健中心，老干部医疗费按时按规定实报实销。

四、老年教育

1991年，福安市成立老年学校，市老干部局在老干综合楼内设一间面积50平方米的教室作为教学、活动场所，每学期招收学员50人。开设政治理论课，举办读书班、报告会。组织离退休干部（包括军队离退休干部）学习马列主义、毛泽东思想、邓小平关于建设有中国特色社会主义的科学论述，学习时事政策、历史、卫生保健等知识，组织娱乐活动。老年学校经费纳入财政预算，每年2000元。1995年增至每年5000元。1997年增至每年1万元。2004年8月，福安市委召开会议研究老干部问题，同意市老年学校更名为老年大学，并将市老年大学综合楼建设纳入建设规划，老年教育办学经费在原有基础上由市财政增加拨付1万元。更名后的老年大学学校性质、规格、编制、经费渠道不变。按照“增长知识、陶冶情操、丰富生活、促进健康、服务社会”的办学宗旨，融“教、学、乐、为”于一体，学校规模不断扩大，办学条件、师资力量、教学质量、内部管理不断得到改善和提高。

市老年大学民乐队（2000年）

2005年，租用“中南大厦”五楼办学，面积400多平方米，设三个教室、一个电脑室、一个多功能厅，增添课桌椅、电脑、钢琴、音响等办公设备；制定规章制度，聘请10多位人员担任教学任务，开设时事政治、文学欣赏、保健知识、百科常识、英语、电脑、书法、图画、音乐、舞蹈、器乐、健身、球类、摄影、剪纸、花卉栽培等十多门课程，每学期平均授课175课时；不定期组织社会实践活动。至2005年，在校学员扩大至约300人。

第三节　党史研究

一、机构

中共福安市委党史研究室

1994年，中共福安市委党史研究室编制7名，至2005年机构编制不变。

二、工作

（一）党史资料征集

1991—2005年，福安市通过调研征集，获得丰富资料，先后撰写专题党史研究文章400多篇、120多万字。其中，3篇被收入解放军总政治部编辑的《土地革命战争时期福建各地武装起义》专集；6篇被收入《中华现代英烈丰碑大典》；36篇被收入《中国共产党革命英烈大典》；3篇被收入福建省军区编辑的《全国武装暴动丛书》；41篇被收入《福建省党史人物辞典》；1篇入选《福建烈士传》（新中国成立后部分）；13篇入选《中华人物传·福建卷》。

（二）党员教育宣传

福安市开展多种形式的党史宣传教育活动，如1998年为纪念周恩来、刘少奇100周年诞辰和为纪念党的十一届三中全会召开20周年，组织编写系列宣传材料，有13篇人物传被收入《中华人物传·福建卷》。1999年，以新中国成立50周年，五四运动80周年和澳门回归年纪念活动为契机，组织开展福安解放50周年暨中共福安地方组织创建70周年党史宣传活动，与老区办、民政局共同举办了有6所小学代表队参加的闽东革命史知识竞赛；与市教委、老区办、民政局、民委联合举办了全市中、小学生“红土地杯”征文活动。2001年，配合福建电视台新闻部、闽东电视台新闻部及专题部和东南电视台新闻部，深入多个乡镇拍摄庆祝建党80周年新闻片及专题片，向《福安报》“壮美人生”“勿忘誓言”栏目提供稿件17篇。2005年，配合省委宣传部、省文化局、省老区促进会开展红色旅游调研活动；为宣传抗战胜利60周年，在《福安之窗》展出一期图片；撰写100多篇党史宣传文章，其中许多篇在《福建党史通信》《福建老区通信》《闽东报》《闽东党史通信》《福安文艺》等刊物上发表。

福安市纪念福安解放五十周年暨中共福安组织创建七十周年座谈会（1999年）

（三）出版党史书籍

《让历史告诉后代——闽东革命纵横谈》，缪小宁著，22万字，1993年由鹭江出版社出版发行。

《福安英烈传》（第二集），收录18位福安革命烈士的传记，12万字，1994年10月内部出版发行。

《福安革命故事集》，收录革命斗争时期革命故事34篇，10万字，1994年10月内部出版发行。

《历史的记录——福安革命历史文集》（第一集），20万字，1994年10月内部出版发行。

《抗日救亡运动的一面旗帜》，12万字，由福安市老区办、民政局、财政局、党史研究室合编，1995年8月由海峡文艺出版社公开出版发行。

《福安市人民革命史》首发式（2001 年）

《中共福安县组织史资料》（1929—1987），32 万字，由中共福安市委组织部、中共福安市党史室、福安市档案馆合编，1995 年 8 月由鹭江出版社公开出版发行。

1998 年开始征集、编写《中共福安党史人物》。

《福安人民革命史》，31 万字，2001 年 8 月由中共党史出版社公开出版发行。

《戎马一生，鞠躬尽瘁——记闽东福将陈挺》，2.7 万字，被福建省革命烈士纪念馆编入《八闽开国将军》并公开出版发行。

（四）编印内部刊物《福安党史通讯》

1989 年创刊，1994 年年底停刊，共编发一百多期。

三、重要纪念活动

（一）“兰田暴动”60 周年暨闽东北工农游击第一支队成立 60 周年纪念活动

1992 年 8 月，为纪念“兰田暴动”60 周年和闽东北工农游击第一支队成立 60 周年，中共宁德地委和福安市委联合成立了纪念活动领导小组，福安市还成立纪念活动筹备工作组。8 月中旬至 9 月中旬，福安市委党史研究室负责整个活动的协调工作，编拟活动报告、计划、省市领导讲话稿，撰写纪念文章，其中《枪声　划破溪北洋沉寂的夜空——“兰田暴动”纪实》《英雄的队伍　光辉的历程》《金戈铁马六十年》《“兰田暴动”概况》等纪念文章在省、地报刊上发表。

（二）毛泽东同志 100 周年诞辰纪念活动

1993 年，福安市开展纪念毛泽东同志 100 周年诞辰活动，首次举办毛泽东像章展览，送展者共 65 人，展出镜面相框 129 面、像章 7806 枚，展出时间从 1993 年 12 月 26 日至 1994 年 1 月 5 日，观众达 5000 多人次。并在闽东革命纪念馆举办一期反映毛泽东同志不同历史时期工作、生活的图片展览。

（三）闽东苏区创建 60 周年纪念活动

1994 年，为纪念闽东苏区创立 60 周年，福安市编印《福安英烈传》（第二集）、《福安革命故事集》和《历史的记录——福安革命历史文集》（第一集）完成 2 个革命遗址“简介”的撰稿及版面设计，撰写 4 个革命遗址简称及总解说词，计 6300 字；在《福安报》撰文介绍 4 个革命暴动历史简况，撰写论文《试论闽东苏区的经济建设》在《福建党史月刊》发表。

（四）抗日战争胜利 50 周年纪念活动

1995 年，为纪念抗日战争胜利 50 周年，福安市编撰《抗日救亡运动的一面旗帜》一书，由海峡文艺出版社公开出版；征订《抗日战争写真图片展》130 套，举办一期橱窗图片展；撰写 1 篇纪念抗战胜利的文章，在《福安文艺》上发表。

（五）红军长征胜利 60 周年纪念活动

1996 年，为纪念红军长征胜利 60 周年，市党史研究室以出专刊的形式，介绍北上抗日先遣队途经福安的史实以及福建省几位红军将领及福安籍参加二万五千里长征的红军老战士陈妹佘（又名杨玉福）的事迹。

（六）中国共产党建党 80 周年纪念活动

2001 年，福安市开展各种形式的庆祝建党 80 周年宣传教育活动，配合福建电视台新闻部、闽东电视台新闻部和专题部，深入 10 多个乡镇拍摄纪念新闻片及专题片；向《福安报》提供人物资料稿 13 篇，其他资料稿 9 篇；为福安电视台撰写专题新闻稿 6 篇。

（七）纪念闽东苏区创建 70 周年活动

2004 年，福安市开展“纪念闽东苏区创建 70 周年”活动，完成了中共闽东特委机关旧址、闽东苏维埃政府机关旧址、闽东妇女工作团旧址、共青团闽东特委机关旧址、斗面纪念碑与纪念亭、柏柱洋革命斗争历史陈列室六大部分解说词的撰写工作；编写和审定了 14 个历史事件和 18 个历史人物资料；组织“纪念闽东苏区创建 70 周年革命历史知识竞赛”活动；撰写 12 集《红土地峥嵘岁月稠》电视片文稿，在福安电视台播出；为宁德市编写的《闽东革命历史画集》采集福安部分照片约 200 幅，其中被采用 75 幅。

福安市纪念闽东苏区创建 70 周年大会（2004 年）

（八）抗日战争胜利 60 周年纪念活动

2005 年，福安市举办纪念抗日战争胜利 60 周年大会；《福安之窗》展出纪念抗日战争胜利 60 周年图片；市党史研究室接受福建省东南电视台和福建电视台“新闻频道”的采访。

第四节　党校工作

一、机构

中共福安市委党校

1991 年，中共福安市委党校是福安市中共党员的学习培训基地，校址设福安城关解放路 68 号，人员编制 25 名。2003 年 6 月，中共福安市委党校与原中共宁德市委党校、原宁德市工交干校合并组建新的宁德市委党校。

二、工作

（一）理论培训

1991 年后，福安市加强党员干部培训制度化、规范化工作，提高党员的党性修养，福安市委党校先后举办各种类型的培训班 167 期，培训党员干部 14438 人次。党校教师应邀外出巡回讲课 338 期场（次），受众 24723 人次。办班类型有党政干部中专专修班（学制一年）、村级后备干部培训班（学制半年）、党校学历班（学制 3 个月）、青干班（学制 2～3 个月）、领导干部理论进修班（学制 3 个月）、少数民族村主干班（学制 2 个月）、妇女干部班（学制 1 个月）、村主干班（学制 1 个月）；少数民族青干班（学制 1 个月）、预备党员、积极分子培训班（学时 8 天）等。培训对象主要是福安市直机关、各乡镇机关、村居在职的科级领导干部、青年干部和后备干部。培训内容有科学社会主义、马克思主义哲学、政治经济学、中共党史、党的建设等。2003 年 6 月，与原宁德市委党校、原宁德市工交干校合并组建宁德市委党校后，校址迁往宁德市蕉城区学院路 3 号。至 2005 年，福安市党政干部理论培训工作由宁德市委党校承担。

（二）学历教育

1991 年，福安市开始面向全市招收省委党校函授大专班学员，1993 年，开始招收中央党校函授大专班及本科班学员，学制 1～3 年不等。开设有政治管理、经济管理、法律等专业。1991—2003 年，先后有 905 人获得本科、大专毕业文凭。

第五节　保密工作

一、机构

福安市保密局

1991 年，福安市保密局有行政人员 2 名。1996 年机构改革后，福安市保密局并入福安市政府办公室，保留市保密局牌子。2002 年，新一轮党政机构改革，中共福安市委保密委员会办公室与福安市保密局并入市委办公室，保留牌子，职能不变。

二、工作

（一）保密宣传

1991 年后，福安市把保密宣传教育作为贯彻落实《中华人民共和国保密法》（以下简称《保密法》）的重要内容，以领导干部和涉密人员为重点，在“二五”“三五”“四五”普法工作期间，通过广播电视、黑板报、宣传板报、悬挂宣传横幅标语、印发宣传教育资料、组织保密教育片巡回播放、开展保密知识竞赛、在党校开设保密教育课、举办保密培训班等形式，进行宣传教育，普及保密知识。全市张贴宣传标语 2000 余张；举办《保密法》普法宣传骨干培训班 20 多期；出宣传栏、黑板报、墙报等 30 多期；播放保密录像教育片 200 余场次；编发《福安保密情况》150 多期、刊登信息 1000 多条、其中被省市保密部门采用 60 多条；组织开展《保密法》知识竞赛、测试活动 10 余次，参加测试人员万人以上，受教育面达 20 余万人次；在市委党校及中小学开设保密教育课 100 多场（次）；汇编发放各种保密法规宣传学习材料 60 余万份（册）。1994 年，举办“保密之声”联欢晚会。1998 年，福安市组队代表宁德地区参加全省保密知识竞赛，获得优胜奖。1991—2005年，福安市连续三次被评为全国、福建省保密普法宣传教育先进集体。

（二）管理

1. 设施建设

1991—2005年，福安市为应对日益发展的高科技窃密手段的挑战，按照新时期保密工作发展要求，不断增强干部保密技术防范意识，增置保密设施。财政每年拨出一笔保密业务经费，为全市做好保密工作提供保障。至2005年，全市配备密码文件柜、铁质文件箱1500余个，密级架20多组，计算机物理隔离卡300多张，碎纸机600余台，保密安全系数得到提高。

2. 制度建设

1991—2005年，福安市把保密工作列入各单位、各乡镇（街道）工作制度建设的一部分，制定组织领导、宣传教育、执行保密法规和设施建设等四个方面的保密责任指标，实行目标管理，明确保密工作必须与业务工作同部署、同检查、同考核、同评比。要求从实际出发，依照保密法律法规，逐步建立文件资料管理、涉外、对外提供资料和计算机网络管理、新闻报道及沿海渔船民赴台人员保密教育管理等一整套保密制度，切实做好文件资料的收发、运转、清退、入档、销毁等工作，加强涉案计算机硬盘、软盘等磁介质、电介质涉密载体的保密管理。

3. 定密工作

1991年，福安市根据宁德地委保密委员会《关于划定各单位保密范围和密级的通知》，组织开展划密定密工作。1992年，全市各单位完成划密工作。2000年1月，根据《福建省国家保密局关于颁发〈福建省定密工作程序规定〉的通知》的精神规范定密工作程序并将定密程序规定表格化，设计制定了“公文送审签发单”“定密审批单”“变更密级、变更保密期限或者解密审批单”“定密审核情况登记表”“国家秘密事项登记表”“定密通知记录单”“关于指定定密审核人情况报告和定密审核人情况报备表”“年度定密工作情况统计报表”“定密不当纠正通知书”“机关、单位定密工作程序示意图”等各类图表，并要求市直各单位落实定密工作负责人、定密工作组织机构和定密工作审核人，使部分定密不当问题得到遏制，基本消除“漏定密、错定密、滥定密”现象。

4. 保密工作

计算机信息保密　1999年，中共福安市委办公室和市委保密委办公室联合下发《关于加强计算机国际互联网保密管理工作的通知》，要求加强计算机信息系统国际网络的保密管理，坚持“谁上网谁负责”原则，建立严格的责任制，定期开展保密检查，严防涉密信息上网。2002—2003年要求各单位加强对党政机关数字信息化保密管理，填报《计算机信息系统情况调查表》，掌握各单位计算机信息系统的基本情况，严禁涉密计算机连接互联网。明确规定上网信息必须由各单位“三定密”机构严格把关，严防涉密信息上网并坚持定期上网巡查，通过了解掌握现代通信和办公自动化的涉密情况和防范措施，分期分批配备防范设施，在一批保密要害部门和重点部位先后配备计算机物理隔离卡、防辐射干扰器、碎纸机等设备，确保计算机运行信息系统不发生泄密事件。

社会性保密　1991年以来，福安市保密局加强营业性电脑打字店、印刷厂、复印店和废品收购站等行业管理，每年进行定期和不定期的保密检查，严防窃密事件发生。2000年，印发《关于重新审批、确定国家秘密载体定点复制单位的通知》，对各印刷厂、电脑打字店、废品收购站等经营单位重新进行登记、造册，办理经营许可证，制定保密规定。据统计，共发放印刷、复印等行业注册登记许可证100多份、审批机要通信审签单60多份（次）。

重点要害部门及重大活动保密 1991年以来，福安市保密局每年会同市公安局、教育局招生办采取有效措施做好中、高考试卷保密工作，确保升学考试不发生任何泄密事件。2000年，福安市委保密委为加强重要会议场所的保密安全，在市委常委会议室、市政府会议室配置会议保密机。福安市保密局每年采取自查与抽查相结合、定时检查与突击检查相结合的办法开展保密检查，检查内容包括保密工作方针政策、法规制度的贯彻执行情况、保密组织机构建设、涉密载体的保密管理、保密设施的配置和保密环境情况等。据统计，1991—2005年，全市共开展综合检查15次、专项检查30多次，未发生过失泄密事件。

第六节 政策研究

一、机构

中共福安市委政策研究室

1991年，中共福安市委政策研究室行政编制2名。1994年，中共福安市委政策研究室（党建办并入）行政编制6名。同年，成立中共福安市委政策研究中心，核定编制2名。1996年，中共福安市委政策研究室并入市委办公室，保留市委政策研究室牌子。同年，撤销市委党建办，职能由市委办公室承担。

二、调研活动

福安市委政策研究室的主要职能是开展调研及政策研究工作，为市委、市政府及领导提供调研参考资料及政策出台咨询意见。1996年，中共福安市委和市人民政府组织开展“’97福安工作思路”调研活动。调研组在农业产业化、深化国企改革、壮大乡镇财力、加快综合改革、强化城市规划建设与管理、争创“小康村”、加强精神文明建设等方面积极献言献策，撰写调查报告15篇，为部署1997年工作提供决策参考。

1997年，组织开展乡镇综合调研、工业专题调研、城建工作调研、党建工作调研、闽东赛岐经济开发区调研等活动，撰写调查报告36篇，其中11篇上报地委政研室，《福安市国有企业下岗职工“再就业”的对策》《下岗职工“再就业”服务中心实施方案》被《闽东调研》转载。

1998年，组织开展加快“两区一港”开放开发步伐、农业产业化、非公有制经济、城市建设与管理、乡镇财源培植、深化企业改革、赛江沿岸经济发展、生态旅游等课题调研，完成重点调研课题18个，撰写调查报告26篇，编发《福安调研》16期，调研文章被福建省、宁德市报刊采用5篇。

1999年，组织开展农业和农村工作、发展非公有制经济、国企改革、城市化建设、无公害茶园等课题调研，为福安市委、市政府出台《福安市农村五年（1999—2003年）发展纲要》《福安市电机电器、船舶两大支柱产业五年（1999—2003年）发展纲要》提供决策参考。调研报告《世纪之交福安农民收入状况及增收对策》《用资本运营手段、走国企改革之路》分别获宁德地区《21世纪改革与发展战略》研讨会二、三等奖。

2000年，按照中共福安市委“贴近中心、体现特色”的工作思路，开展闽东赛岐经济开发区和赛岐镇“区镇合一”、福安畲族经济开发区、农业产业化、国有内贸企业改革、社会事业发展等重点课题调研，撰写调研报告22篇、编发《福安调研》6期，其中《WTO与福安电机电器业》获宁德市《加入WTO与闽东经济发展》征文活动三等奖。

2001年，组织开展加快建设中等滨海城市构想、乡镇体制改革、开发旅游产业、项目经济、国有资产营运、工业经济管理体制、民营企业技术创新、农民增收途径、建设城市文明社区、畲族文化等课题的调研，完成福安市委重点调研课题15个、编发《福安调研》15期，撰写调查报告20多篇。

2002年，福安市委、市政府出台《关于进一步解放思想　与时俱进　加快发展调研讨论活动的通知》，围绕加快实施城市“南展”战略、城市经营、城市管理、中心镇建设、小城镇建设、乡镇财政运作、预算外资金的增收与管理、生态城市及社区建设和“入世”背景下福安电机电器业、船舶业、农业发展等课题开展调研，完成福安市委重点调研课题20个，撰写调研报告20篇，编发《福安调研》20期，其中《福安市电机电器和船舶修造业研究》获宁德市调研成果二等奖；《福安电机电器产业发展研究》被福建省委政研室《调研文稿》刊发；《面对入世　福安茶叶的困境和对策》被《宁德调研》刊发。

2003年，组织开展秦溪洋工业园区配套服务工程、赛（岐）甘（棠）下（白石）工业园区、会展经济、电机企业文化、农业产业化经营、医疗保险、服务业发展态势与展望、推进经济思考等课题的调研，完成福安市委重点调研课题19个、撰写调研报告20篇。

2004年，组织开展全市商贸、钢铁冶金行业、农产品和食品工业、农民进城务工、电机文化、畲文化、文艺人才等课题的调研，完成福安市委重点调研课题18个，撰写调研报告18篇。

2005年，围绕福安市委中心工作，组织开展加快湾坞临海工贸区、闽东赛岐经济开发区、福安城市定位、城市经营、食品工业、茶叶市场和园区建设、葡萄产业、农业科技创新、农村基础设施、红色旅游等课题的调研活动，完成市委重点调研课题10个、撰写调研报告28篇。

第十七篇

FU'ANSHI RENMINDAIBIAODAHUI

福安市人民代表大会

1991—2005年，福安市相继召开第十一届至第十四届人民代表大会，听取并审议上届人大常委会及政府、法院、检察院和财政及计划工作报告，选举产生新一届人大常委会及主任、副主任、政府市长、人民法院院长、检察院检察长，并对全市重大事项做出决定。

第一章　人大代表

第一节　代表产生

一、换届选举工作机构

第十二届人民代表大会　1993年8月，福安市人大常委会成立市人大代表选举委员会，下设办公室和选举办事处。选举委员会由市委、市人大常委会有关领导及市委组织部、宣传部、统战部，法院、检察院，市人大常委会办公室（以下简称“市人大办公室”），市财政局、民政局、农委、公安局、司法局、教育局，团市委、市妇联、市总工会，市人武部等有关单位负责人组成。

第十三届人民代表大会　1998年8月，福安市人大常委会成立市人大代表选举委员会，下设办公室和选举办事处。选举委员会由市委、市人大常委会有关领导及市纪律检查委员会（以下简称“市纪委”），市委组织部、宣传部、统战部、法院、检察院，市人大办公室，市财政局、民政局、农办、公安局、司法局，市总工会、团市委、市妇联等有关单位负责人组成。

第十四届人民代表大会　2003年9月，福安市人大常委会成立市人大代表选举委员会，下设办公室和选举办事处。选举委员会由市委、市人大常委会有关领导及市纪委，市委组织部、宣传部、统战部、政法委、法院、市检察院，市人大办公室、人大人事代表室，市政协办公室，市公安局、民政局、司法局、财政局、团市委、市妇联等有关单位负责人组成。

二、选民登记与代表候选人确定

1993年8月，经福建省人大常委会批准，核定福安市第十二届人民代表大会代表405名。全市划分为317个选区，其中，各乡镇、街道274个选区，省、地属驻韩企事业单位划12个选区，市属机关企事业单位划为31个选区。10月18日，全市选民按选区进行登记。选民资格经选举办事处审查后，10月26日，市选举委员会公布选民名单，并在选举前发放选民证。10月27日，各选区开始提名市第十二届人民代表大会代表候选人，并确定正式候选人。11月1日，市选举委员会汇总代表候选人；11月10日，市选举委员会向选区公布正式代表候选人，并经选民小组酝酿、讨论、协商，根据较多数选民意见，由选民小组把确定的代表候选人正式名单报市选举委员会。11月25日，市选举委员会确定公布正式代表候选人名单（正式代表候选人为差额选举，应多于应选代表名额的三分之一至一倍）；并由市选举委员会及办事处向选民介绍代表正式候选人情况。

1998年8月，经福建省人大常委会批准，核定福安市第十三届人民代表大会代表名额239名。全市划为164个选区，其中，乡镇、街道、开发区（含省、地区驻乡镇辖区单位2个选区，市直驻乡镇辖区4个选区）划为145个选区，市直党政机关、企事业单位划为14个选区，省、地属驻韩企事业单位划为4个选区，驻韩部队划为1个选区。10月18—25日，全市选民按选区进行登记，并对选民资格进行审查。10月26日，市选举委员会公布选民名单，并在选举前发放选民证。10月27日，开始提名市第十三届人民代表大会代表候选人，并确定正式候选人。11月1日，市选举委员会向选区公布正式代表候选人；并经选民小组酝酿、讨论、协商，根据多数选民意见，确定正式代表候选人名单；由选举办事处把确定的正式代表候选人报市选举委员会。11月11日，市选举委员会公布正式代表候选人名单；并由市选举委员会及办事处向选民介绍代表正式候选人情况。

2003年9月，经福建省人大常委会批准，核定福安市第十四届人民代表大会代表名额239名。全市划为164个选区，其中乡镇、街道、开发区（含省、宁德市驻乡镇辖区单位2个选区，市直驻乡镇辖区4个选区）划为145个选区，市直党政机关、企事业单位划为14个选区，省、宁德市属驻韩企事业单位划为4个选区，驻韩部队划1个选区。10月30日至11月5日，全市选民按选区进行登记，并对选民资格进行审查。11月6日，市选举委员会公布选民名单，并在选举前发放选民证。11月7日，开始提名市第十四届人民代表大会代表候选人。11月12日，市选举委员会公布代表候选人名单；并经选民小组酝酿、讨论、协商，选举办事处根据多数选民意见，确定正式代表候选人，并报市选举委员会。11月22日，市选举委员会公布正式代表候选人名单；并由市选举委员会及办事处向选民介绍代表正式候选人情况。

三、代表资格审查确认与选举

1993年11月29日至12月1日，福安市第十二届人民代表大会换届投票选举，全市登记选民356160人，参加投票选举343086人，参选率96.33%，选出正式代表405名。11月30日至12月2日，市选举办事处公布选举结果；12月3—5日市选举委员会公布当选代表名单。12月28日，市十一届人民代表大会常务委员会确认405名市十二届人大代表资格有效。

1998年11月16—18日，福安市第十三届人民代表大会换届投票选举，全市登记选民394964人，参加投票选举377862人，参选率97.46%，选出正式代表230名。11月17—19日，市选举办事处公布选举结果；11月20—22日市选举委员会公布当选代表名单。12月23日，市十二届人民代表大会常务委员会确认当选的230名十三届市人大代表资格有效。

2003年11月26—28日，福安市第十四届人民代表大会换届投票选举，全市登记选民417631人，参加投票选举384406人，参选率达92%，选出正式代表233名。11月27—29日，市选举委员会公布选举结果；11月30日至12月3日，市选举委员会公布当选代表名单。2004年2月2日，市十三届人民代表大会常务委员会确认当选的233名市第十四届人大代表资格有效。

第二节　代表构成

一、第十二届人民代表大会代表构成

1993年12月，福安市选举产生市第十二届人大代表405名，分别由工人、农民、军人、干部、知识分子、民主党派及其他爱国人士组成。其中，妇女代表80名，占19.8%；民主党派、无党派人士代表152名，占37.5%；少数民族代表66名，占16.3%。

二、第十三届人民代表大会代表构成

1998年11月，福安市选举产生市第十三届人民代表大会代表230名，分别由工人、农民、军人、干部、知识分子、民主党派及其他爱国人士组成；其中，工人代表10名、农民代表104名、干部代表86名。代表中，民主党派、无党派人士85名，占37%；少数民族36名，占15.7%；妇女61名，占26.5%。

三、第十四届人民代表大会代表构成

2003年11月，福安市选举产生市第十四届人民代表大会代表233名，分别由工人、农民、军人、干部、知识分子、民主党派及其他爱国人士组成。其中，工人代表28名、农民代表99名、干部代表85名。代表中，民主党派、无党派人士87名，占37.3%；妇女56名，占24%；少数民族36名（其中，畲族32名、回族4名），占15.5%；大专以上文化程度91名，占39.1%；中专、高中学历85名，占36.5%。市十三届人大代表连选连任的63名。蓝（选举时用兰）如春因工作需要调离，实有代表232名。

第三节　代表履职

一、工作评议

福安市人大代表在代表大会中行使选举、审议、表决、议案、建议等权力和职责，大会闭会期间，在市人大常委会的组织下，依据《中华人民共和国全国人大代表大会和地方各级人民代表大会代表法》（以下简称《代表法》）的规定，行使视察、调研、人事任免、工作评议等职责权力。不断提高代表议政、咨政及监督水平。

1992年6—11月，福安市第十一届人大常委会组织市人大代表对市公安局、粮食局开展工作评议，同时，指导甘棠、溪柄等8个乡镇人大主席团组织人大代表开展评议基层所站工作。全市有475名市、乡两级人大代表参与评议活动，召开各种会议200多场，受评单位115个，提出评议意见576条。1993年初，福安市人大常委会组成人员和城区的市人大代表参与评选“人民好公仆”活动，评出10位“人民好公仆”和10位“好干警”，在市委工作会议上进行表彰。

福安市第十二届人大常委会加强对国家机关工作人员履行职能的监督工作，组织人大代表先后开展对市人民政府7位副市长的述职评议、对44位市人民政府组成单位负责人的述职评议和信任投票、对农口11位局长的述职评议、对公检法机关进行“严禁刑讯逼供、非法拘禁”的专题评议等活动。

福安市第十三届人大常委会把党管干部与人大依法任免干部统一起来，对人大常委会任命的国家机关工作人员实行任前公示、法律考试、供职表态等制度，切实加强履职监督。2001年，市人大常委会开展对市人事局、卫生局、交通局、民委、物委的主要负责人进行述职评议。经过8个月广泛深入的走访了解、征求意见、调查核实、财务审计之后，在市十三届人大常委会第21次会议上进行评议。5个评议对象中，有2个评为不称职，被调整职务。

二、视察调研

福安市第十一届人大常委会共组织人大代表视察、调研活动74次。期间组织省人大代表、部分市人大代表到乡镇进行社会治安问题专项视察，撰写《关于社会治安状况的视察报告》，并以市人大常委会文件批转有关部门处理。市政府和市公安局高度重视代表的建议意见，进行专项研究处理，使乡村治安状况明显改善。在组织开展纠正行业不正之风、减轻企业负担等问题调研时，对推进福安市依法行政、纠正行业不正之风提出建议意见。市人大常委会还与市政协联合组织全国、省、市人大代表和政协委员到闽东水电站、穆阳镇水电站、宁德地区电力公司、市电力总站、福安变电所等单位视察，听取单位情况汇报，组织座谈，撰写《福安市区供电状况视察报告》，引起市政府领导高度重视，连续召开三次专题会议研究，落实人大代表、政协委员的建议意见。

福安市第十二届人大常委会组织代表到有关乡镇调研农村工作和春耕、备耕情况，撰写《春耕生产及农村情况调查报告》和《关于我市农机工作情况的调查报告》参阅件。组织市人大代表视察茜安水利、半岭水库等重点水利设施以及沿海塘堤及灌区，撰写《水利视察报告》，引起市领导及有关部门的重视。市政府召开有关部门参加的现场办公会议，拨出2万元维修资金，解决龙溪水渠维修问题；市委、市政府还召开专题会议，对秋冬兴修水利工作进行部署。组织代表到11个乡镇调查教育“两基”（基本普及九年义务教育、基本扫除青壮年文盲）情况，撰写《教育“两基”情况调研报告》。市政府根据市人大常委会建议，多次召开专题会议，投入资金1650多万元，新建和扩建中学32所、小学24所，新建文化技术学校8所。组织代表对春耕备耕、企业和工业转制、农业和减轻农民负担、社会治安、港口建设、水利水电、104国道改造、物价和财政状况、教育与教师工资兑现等群众普遍关心的热点问题进行视察调研，编发《参阅件》《工作简报》，供有关部门决策参考。

福安市第十三届人大常委会组织代表视察水产养殖，针对群众反映“地头蛇”敲诈勒索，收取“渔业保护费”等问题，督促公安机关清查处理侵害养殖户利益的犯罪团伙，并设立“海上110”，加强海上治安管理。组织辖区的部分宁德市人大代表和福安市人大代表到赛岐至湾坞公路、福宁高速公路福安连接线A2标段进行视察，并对赛湾公路修复提出视察意见。市政府领导认真听取代表视察意见，一周内启动赛湾公路修复工程。组织部分市人大代表视察城区防洪设施，发现存在河道被新搭建的茶楼挤占、天然防护林遭受人为破坏等问题。要求市政府及其职能部门依照《中华人民共和国水法》《中华人民共和国防洪法》《中华人民共和国环境保护法》的规定，拆除违章建筑、整治城区河道，取得阶段性成果。针对罗江自来水厂沙岩取水口因非法采砂，造成水位下降，严重影响赛岐、甘棠等地10多万群众的生产和生活供水问题，组织赛岐镇和闽东赛岐经济开发区省、地、市三级人大代表视察自来水厂取水口，督促职能部门要求相关业主停止非法采砂行为、恢复取水口地貌。组织代表开展“服务‘三农’访百户”调研，对企业、“连家船”民上岸、城区重点建设工程、居民安全饮用水、中小学生素质教育、物价、高速公路与交通安全、药品质量、老区基点村“五通”、水产养殖、垃圾填埋、妇女权益保护等进行了上百次的视察调查，撰写调研报告75件。

福安市第十四届人大常委会组织人大代表开展教育资源整合调研，课题组多次到边远山区学校调查、撰写调研报告，提出破解农村教育难题的5点建议。该调研报告被省人大教科文卫委转发。为贯彻落实市人大常委会《关于加强交溪环境保护的决定》，两次组织市人大代表对交溪沿岸进行视察，督促市政府及职能部门采取措施，做好“母亲河”生态环境保护工作。部分代表视察市农业水利设施，发现湾坞乡深安、上洋两村85公顷水田，因湾坞灌区中心渠道改线而缺少灌溉用水，已连续两年受旱，向市政府提出建议；市长带领相关部门负责人现场办公，市财政拨款5万元兴建新的引水灌溉工程。还组织代表开展了国有资产营运、电机电器行业发展、海上运输、教育资源整合、代表依法履职、社会主义新农村建设等40多项课题调研。

三、代表联系

1991 年 3 月，福安市第十一届人大常委会出台《福安市人大常委会联系代表的暂行办法》。同年 12 月，做出《关于进一步加强代表工作的决定》，要求加强代表工作：在全市设立 22 个代表联系组，每年召开两次代表联系组座谈会，征求代表对全市各方面工作的意见和建议；认真督办代表议案、建议、批评和意见，办理答复率达 100%；做好代表信访工作，做到件件有着落、事事有交代。

福安市第十二届人大常委会进一步完善联系代表网络、畅通联系代表渠道，组织代表参政议政、视察调研。1997 年，市人大常委会组织市、乡两级人大代表参与“脱贫致富奔小康”共建活动，843 位人大代表与 784 户 4171 名群众实行挂钩帮扶。市人大常委会把办理代表建议和群众信访工作作为密切联系人民群众的重要渠道，每年听取一次市人民政府办理代表建议的情况汇报，对办理质量好的单位进行表彰，对领导不重视和答复不及时的单位进行批评督办。5 年中，办理代表提出的议案、建议 1034 件，共接待代表和群众来访、来信 2197 件次。1995 年初，市人大常委会根据代表的反映，组织力量针对社会流氓团伙插手农副产品购销环节的“霸市欺农”问题进行为期一个多月的明察暗访，掌握大量第一手材料。在市人大常委会的建议下，全市开展声势浩大的“打霸”斗争，维护市场秩序和群众利益，促进社会稳定。

福安市第十三届人大常委会把代表工作作为人大工作的主体和基础，功夫下到“点”上。工作指导抓重点：按照“便于组织、便于联系”的原则，建立健全代表组织网络，做到活动场所、工作制度、代表待遇“三落实”。全市 18 个乡镇全部建立代表“议政室”“活动室”“接访室”，部分乡镇配备了电脑，实现工作档案微机管理。依托“市人大代表培训中心”，对市人大代表和乡镇人大工作人员普遍进行法律法规和人大业务知识培训。结合开展“抓典型创一流”活动，重点帮助赛岐、社口镇人大主席团，上白石、溪柄镇人大代表活动组，城阳乡“依法治乡”、溪尾镇海上渔排代表小组等 6 个先进典型开展工作，带动全市乡镇人大工作“争先创优”。代表活动抓亮点：市人大常委会总结市人大代表阮培金履行代表职责、发挥代表作用的典型事迹，并发出关于开展“学习阮培金　争当好代表”的通知。省人大常委会《人民政坛》2001 年第 5～6 期相继刊发《“专职代表”阮培金》系列报道，省人大常委会主任袁启彤也做出批示，全市各级人大代表形成学习阮培金的热潮，涌现出陈发松、邱天兰、郭奶瑞、刘向禄等一大批“阮培金”式的优秀人大代表群体。督办建议抓热点：市人大常委会把代表建议和群众信访当作监督“一府两院”依法行政、公正司法的重要“窗口”，加大了督办力度。市十三届人大一至六次会议的代表建议全部按时办理答复，其中关于铺设福穆公路穆云段柏油路面、解决茶叶农药残留量超标问题、加大船舶修造业扶持力度、“连家船”民上岸定居后的生产出路等“热点”建议都得到落实。

福安市第十四届人大常委会注重提高代表素质。做好代表培训工作，先后两年对全市人大代表进行了新颁布的《中华人民共和国宪法》《中华人民共和国人民代表大会和地方各级人民代表大会代表法》（以下简称《代表法》）和“人民代表大会制度”“代表如何依法履职”“怎样审议工作报告”等业务知识培训；开展代表述职工作，全市人大代表每年填写履职情况报告表，两年内共有人大代表 225 人次回选区向选民述职并接受测评；强化有关工作指导，总结推广坂中畲族乡编印《乡镇人大工作实践》、城阳乡成立“人大代表履职促进工作室”、甘棠镇代表活动规范化建设等做法。在督办代表建议上做到把好提出关，落实“质量到位”；把好交办关，落实“责任到位”；把好督办关、落实“办理到位”，确保议案建议办结率和人大代表满意率逐年提高。2004—2005 年，广泛开展人大代表争当“法律政策的宣传员、公正执法的监督员、社情民意的信息员、民事纠纷的调解员、为民办事的服务员”的“五员”活动，使代表作用得到充分发挥，为民办事的积极性提高，“五员”活动开展以来，市人大代表为群众办实事好事1226件；依法监督的力度加大，市人大代表中有89人担任各种类型的监督员，积极参与效能监察、行风评议、廉政监督等活动；服务大局的意识增强，人大代表积极协助人民政府推动工作，为建设社会主义物质文明、政治文明、精神文明、生态文明做出了贡献。在市十四届人大二次、三次会议上，以市委、市人大常委会的名义，对“五员”活动10个先进集体和22个先进个人进行表彰。福安市开展“五员”活动的做法，先后在全省人大常委会办公厅（室）工作座谈会和全省人大人事代表工作经验交流会上进行介绍。

第二章　历届代表大会

第一节　第十一届福安市人民代表大会

一、第一次会议

1991 年 1 月 4—7 日，福安市第十一次人民代表大会第一次会议召开，出席会议代表 370 人。会议听取和审议市人大常委会工作报告、福安市人民政府工作报告、国民经济和社会发展计划报告、1990 年财政预算执行情况和 1991 年财政工作意见的报告、市人民法院和人民检察院的工作报告。做出了关于加强社会主义精神文明建设、加快闽东赛岐经济开发区建设和严禁在公路两侧一重山建造坟墓等 9 项决议。会议选举产生市十一届人大常委会组成人员 17 人，雷瑞华为常委会主任，林聪、陈鸿颐、黄进贵、蓝珠桃为常委会副主任，王瑞清、陈福生、马翠玉、林翰书、陈周现、赵师良、陈鼎源、缪宝金、罗树柏、缪红和、龚曦、缪绍铃为人大常委会组成人员；选举钟明森为市人民政府市长，叶干铃、林豪生、钟清平、林青、阮妙容为市人民政府副市长；选举高良武为市人民法院院长、苏祥荣为市人民检察院检察长。会议收到市人民政府提出的议案 3 件，人大代表提出的议案、建议 196 件。

二、第二次会议

1992 年 3 月 24—27 日，福安市第十一届人民代表大会第二次会议召开，出席会议代表 369 人。会议听取和审议市人大常委会工作报告、市人民政府工作报告、1992 年国民经济和社会发展计划以及 1993 年框架计划的报告、1991 年财政预算执行情况和 1992 年预算草案的报告、“科技兴市”总体实施方案报告、市人民法院和市人民检察院工作报告，并做出相应的决议；会议补选顾瑞金为市人大常委会委员；大会收到代表议案 99 件、建议意见 118 件。会议期间，举行代表咨政活动，“一府两院”领导及其职能部门负责人就改革开放、农业和农村工作、工业生产、融通流通、文教卫生、电力供应、社会治安、城建工作等方面的问题回答了人大代表的提问。代表们还听取并审议市政府提出《福安市“科技兴市”总体实施方案（草案）》的报告，并做出决议，原则批准《福安市“科技兴市”总体实施方案》。

三、第三次会议

1992 年 11 月 27—28 日，福安市第十一届人民代表大会第三次会议召开，代表总数 370 人、出席会议代表 365 人。会议听取市人大常委会副主任黄进贵《关于开展人大代表评议工作的情况汇报》。会议选举雷瑞华、王光松、王国珍、刘宗奇、张实之、林晋良、雷维善、蓝翠英（女）、詹毅为福安市出席福建省第八届人民代表大会代表。

四、第四次会议

1993 年 3 月 3—6 日，福安市第十一届人民代表大会第四次会议召开，出席会议代表 365 人。会议听取和审议市人大常委会工作报告、市人民政府工作报告、市 1992 年国民经济和社会发展计划执行情况与 1993 年国民经济和社会发展计划（草案）的报告、市 1992 年财政预算执行情况和 1993 年财政预算草案的报告、市人民法院和人民检察院工作报告，并做出相应的决议。会议收到代表团和 10 名以上代表联名提出的议案 84 件，代表建议、批评和意见 62 件。会议期间，举行了代表咨政活动。

第二节　第十二届福安市人民代表大会

一、第一次会议

1994 年 1 月 16—20 日，福安市第十二次人民代表大会第一次会议召开，出席会议代表 405 人。会议听取和审议市人大常委会工作报告、市人民政府工作报告、福安市 1993 年国民经济和社会发展计划执行情况与 1994 年计划安排（草案）的报告、福安市 1993 年财政预算执行情况和 1994 年财政预算草案的报告、市人民法院和市人民检察院工作报告，并做出相应的决议。会议认真审议市人民政府提出的关于推进城镇化进程、关于加快闽东赛岐经济开发区发展、关于加快我市茶叶商品基地建设等三项议案，并分别做出决议。会议收到代表团和 10 名以上代表联名提出的议案 118 件，代表建议、批评和意见 183 件。会议选举产生市十二届人大常委会组成人员 19 人，林青为人大常委会主任，刘秉辉、阮妙容、孙芳傅、黄滔、郭冲为常委会副主任，缪绍铃、缪红和、赵师良、罗树柏、陈鼎源、龚曦、陈福康、王世雄、郑金梅、吴麟艳、钟成福、王姚康、陈金源、刘振荣为人大常委会委员；选举康建民为市人民政府市长钟清平、阮永光、陈恩沛、王肇昌、陈铭生为市人民政府副市长；选举高良武为市人民法院院长、牛建波为市人民检察院检察长。会议审议并做出决议，批准市政府提出的《关于推进城镇化进程的议案》《加快闽东赛岐经济开发区发展的议案》《加快福安市茶叶商品基地建设的议案》。

二、第二次会议

1995 年 3 月 10—13 日，福安市第十二届人民代表大会第二次会议召开出席会议代表 404 人。会议听取和审议市人大常委会工作报告、市人民政府工作报告、福安市 1994 年国民经济和社会发展计划执行情况以及 1995 年安排意见计划（草案）的报告、福安市 1994 年财政决算和 1995 年财政预算草案的报告、市人民法院和市人民检察院工作报告，并做出相应的决议。会议补选张振郎为福建省第八届人民代表大会代表。会议收到议案 90 件、代表建议和意见 124 件。会议认真审议市人民政府提出的《关于建立福安市社口茶叶专业镇的议案》、施铭等 10 位代表提出的《关于加强电力建设力度促进我市经济和社会发展的议案》，分别做出决议。会议期间，举行人大代表、政协委员咨政活动。

三、第三次会议

1996 年 3 月 27—30 日，福安市第十二届人民代表大会第三次会议召开，出席会议代表 403 人。会议听取和审议市人大常委会工作报告、市人民政府关于福安市国民经济和社会发展“九五”计划及 2010 年规划纲要的报告、福安市 1995 年国民经济和社会发展计划执行情况与 1996 年国民经济和社会发展计划（草案）的报告、福安市 1995 年财政决算和 1996 年财政预算（草案）的报告、市人民法院和市人民检察院工作报告，并做出相应的决议。会议听取市人大常委会关于人大代表对市人民政府农委口 11 位职能部门负责人工作评议情况的汇报。会议收到议案 94 件、代表建议和意见 110 件。其中，市人民政府提出的《关于实施“科教兴市”战略的议案》列入了本次大会议程，会议经过审议，做出了《关于实施“科教兴市”战略的决议》。会议期间，还举行人大代表、政协委员“九五计划”献计献策座谈会。

四、第四次会议

1996 年 6 月 27—28 日，福安市第十二届人民代表大会第四次会议召开，出席会议代表 402 人。会议选举徐桂春为市人民政府市长。

五、第五次会议

1997 年 3 月 20—23 日，福安市第十二届人民代表大会第五次会议召开，出席会议的代表 398 人。会议听取和审议市人大常委会工作报告、市人民政府工作报告、福安市 1996 年国民经济和社会发展计划执行情况与 1997 年国民经济和社会发展计划安排（草案）的报告、福安市 1996 年财政决算和 1997 年财政预算草案的报告、市人民法院和市人民检察院工作报告，并做出相应的决议。会议听取市人民政府副市长的述职报告，并进行评议。会议选举吴迪荣为市人民法院院长。会议收到议案 87 件、代表建议和意见 105 件。会上，中共福安市委对 1996 年度人大工作先进集体、先进工作者和先进人大代表进行表彰。

六、第六次会议

1997 年 11 月 30 日至 12 月 1 日，福安市第十二届人民代表大会第六次会议召开，代表总数 396 人、出席会议代表 366 人。会议选举张振郎、詹毅、蓝如春、林青、王津、陈成基、詹翠霞、雷金梅、雷卫平为福建省第九届人民代表大会代表；选举蓝如春为市人民政府市长。会议收到议案 3 件，其中，市人民政府提出的《关于建设莲池广场的议案》列入了此次大会议程，会议经过审议，做出《关于建设莲池广场的决议》。

七、第七次会议

1998 年 4 月 22—25 日，福安市第十二届人民代表大会第七次会议召开，出席会议代表 395 人。会议听取和审议市人大常委会工作报告、市人民政府工作报告、福安市 1997 年国民经济和社会发展计划执行情况与 1998 年国民经济和社会发展计划草案的报告、福安市 1997 年财政决算和 1998 年财政预算草案的报告、市人民法院和市人民检察院工作报告，并做出相应的决议。会议选举刘秉辉为市人大常委会主任、史建生为市人民检察院检察长。会议收到议案 61 件，代表建议、批评和意见 62 件，其中，市人民政府提出的《关于析设秦溪街道和城区行政区域调整的议案》《关于同意设立罗江乡的议案》列入本次大会议程。会议经过审议，分别做出决议。会议还听取九届全国人大一次会议精神的传达。

第三节　第十三届福安市人民代表大会

一、第一次会议

1999 年 1 月 5—9 日，福安市第十三届人民代表大会第一次会议召开，出席会议代表 230 人。会议听取和审议市人大常委会工作报告、市人民政府工作报告、福安市 1998 年国民经济和社会发展计划执行情况与 1999 年国民经济和社会发展计划草案的报告、福安市 1998 年财政决算和 1999 年财政预算安排意见的报告、市人民法院和市人民检察院工作报告，并做出相应的决议。会议收到议案 75 件，代表建议、批评和意见 144 件。会议选举产生市十三届人大常委会组成人员 18 人，刘秉辉为人大常委会主任，郭冲、黄滔、陈平玉、钟隐芳为人大常委会副主任，黄宋元、吴淑英、冯振光、赵师光、陈福康、钟成福、郑建茂、吴培贤、陈良清、罗一鸣、蓝伏铃、黄亮生、王瑞灿为人大常委会委员；选举蓝如春为市人民政府市长，刘宗廷、林峰雪、陈长德、陈灼生、刘振辉、梁奕章为市人民政府副市长；选举吴迪荣为市人民法院院长、史建生为市人民检察院检察长。

二、第二次会议

2000年4月23—26日，福安市第十三次人民代表大会第二次会议召开，代表总数236人，出席会议代表222人。会议听取和审议市人大常委会工作报告、市人民政府工作报告、福安市1999年国民经济和社会发展计划执行情况与2000年国民经济和社会发展计划草案的报告、福安市1999年财政预算执行情况和2000年财政预算草案的报告、市人民法院和市人民检察院工作报告，并做出相应的决议。会议期间，由市长、副市长带领政府组成部门负责人轮流到各代表团听取代表对政府工作的意见，回答代表的询问。会议选举李言明为市人大常委会副主任。会议收到议案45件，代表建议、批评和意见75件，其中，市人民政府提出的《关于加强乡镇财政、财务管理的若干规定》《关于城市管理的暂行规定》两件议案列入本次大会议程。会议经过审议和表决，决定批准这两项规定。会议听取九届全国人大三次会议的精神传达和省人大常委会法制委员会领导的法律讲座。会上，中共福安市委、市人大常委会表彰1999年度人大工作先进集体和先进个人。

三、第三次会议

2000年10月19—21日，福安市第十三届人民代表大会第三次会议召开，代表总数235人、出席会议代表227人。会议选举产生福安市出席宁德市第一届人民代表大会代表66名。

四、第四次会议

2001年4月2—6日，福安市第十三届人民代表大会第四次会议召开，出席会议代表236人。会议首次邀请10位福安市公民旁听。会议听取和审议市人大常委会工作报告、市人民政府工作报告、福安市2000年国民经济和社会发展计划执行情况与2001年国民经济和社会发展计划草案的报告、福安市2000年财政预算执行情况和2001年财政预算草案的报告、市人民法院和市人民检察院工作报告，并做出相应的决议。会议审查并表决通过《福安市国民经济和社会发展“十五”计划及2010年规划纲要》。会议听取市人民政府6位副市长和市人民法院院长、市人民检察院检察长的述职报告，并进行民主测评。会议听取九届全国人大四次会议和省九届人大四次会议的精神传达。会上，中共福安市委表彰了2000年度人大工作先进集体和先进个人。大会收到代表议案56件，书面建议、意见75件。

五、第五次会议

2002年3月18—21日，福安市第十三届人民代表大会第五次会议召开，出席会议代表235人。会议听取和审议市人大常委会工作报告、市人民政府工作报告、福安市2001年国民经济和社会发展计划执行情况与2002年国民经济和社会发展计划草案的报告、福安市2001年财政预算执行情况和2002年财政预算草案的报告、市人民法院和市人民检察院工作报告，并做出相应的决议。会议收到议案39件，代表建议、批评和意见65件。会议听取九届全国人大五次会议的精神传达。

六、第六次会议

2003年3月17—20日，福安市第十三届人民代表大会第六次会议召开，出席会议代表236人。会议听取和审议市人大常委会工作报告、市人民政府工作报告、福安市2002年国民经济和社会发展计划执行情况与2003年国民经济和社会发展计划草案的报告、福安市2002年财政预算执行情况和2003

年财政预算草案的报告、市人民法院和市人民检察院工作报告，并做出了相应的决议。会议收到议案42件，代表建议、批评和意见58件。会议听取十届全国人大一次会议的精神传达。会上，中共福安市委表彰2001—2002年度人大工作先进集体、先进个人和优秀人大代表。

第四节　第十四届福安市人民代表大会

一、第一次会议

2004年2月16—20日，福安市第十四次人民代表大会第一次会议召开，代表总数232人，出席会议代表232人。会议听取和审议市人大常委会工作报告、市人民政府工作报告、福安市2003年国民经济和社会发展计划执行情况与2004年国民经济和社会发展计划草案的报告、福安市2003年财政预算执行情况和2004年财政预算草案的报告、市人民法院和市人民检察院工作报告，并做出相应的决议。会议收到议案43件，代表建议、批评和意见132件。会议选举产生福安市第十四届人大常委会组成人员20人，选举阮玉铃为人大常委会主任，李言明、郭冲、陈平玉、钟隐芳为人大常委会副主任，王龙生、王瑞灿、尤长铃、冯振光、阮炜炜、吴松奇、吴淑英、张诗全、陈细生、林增枝、赵飞、饶兰芳、黄纯、黄宋元、谢成利为人大常委会委员；选举薛世平为市人民政府市长，刘宗廷、王代忠、陈灼生、符熙菱、陈国清、谢坚、雷文忠为市人民政府副市长；选举范寿清为市人民法院院长、史建生为人民检察院检察长。

二、第二次会议

2005年3月21—24日，福安市第十四届人民代表大会第二次会议召开，代表总数229人，出席会议代表226人。会议听取和审议市人大常委会工作报告、市人民政府工作报告、福安市2004年国民经济和社会发展计划执行情况与2005年国民经济和社会发展计划草案的报告、福安市2004年财政预算执行情况和2005年财政预算草案的报告、市人民法院和市人民检察院工作报告，并做出相应的决议。会议表决通过了《福安市人民代表大会关于加强交溪环境保护的决定》。会议收到议案31件，代表建议、批评和意见134件。会议听取十届全国人大三次会议精神的传达。会上，中共福安市委、市人大常委会表彰2004年度人大代表争当“五员”活动的先进集体和先进个人。

市第十四届人大代表选举投票（2003年）

附：福安市全国、省、宁德市人大代表名单：

第七届全国人民代表大会代表（1988.3—1993.3）：雷梅娇（女 畲族）

第九届全国人民代表大会代表（1998.3—2003.3）：钟梅允（女 畲族）

第十届全国人民代表大会代表（2003.3—2008.3）：钟梅允（女 畲族）

福建省第七届人民代表大会代表（1988.1—1993.1）：

王泽恭	王振武	阮良箴	张实之	陈兆武
陈增光	林孝祥	林桂镗	钟逢连（畲族）	施　程

福建省第八届人民代表大会代表（1993.1—1998.1）：

詹　毅	张实之	王光松	蓝翠英（女 畲族）	王国珍	刘宗奇
林晋良	雷维善（畲族）	雷瑞华（畲族）	张振郎（1995 年增选）		

福建省第九届人民代表大会代表（1998.1—2003.1）：

张振郎	詹　毅	蓝如春（畲族）	林　青	王　津	陈成基
詹翠霞（女）	雷金梅（女 畲族）	雷卫平（畲族）			

福建省第十届人民代表大会代表（2003.1—2008.1）：

蓝如春（畲族）	雷美美（女 畲族）	尤长铃	郭　健	阮培金
雷金梅（女 畲族）	陈　英（女）			

在福安的宁德市第一届人民代表大会代表名单（67 人）（2001—2006 年）：

王　艺（女）	王韩英	尤长铃	冯成贵	冯振光	吕增华
刘少华	刘木祥	刘秉辉	刘振荣	许晓英（女）	阮玉铃
阮兆平	阮春菊（女）	阮培金	吴尚宇	吴燕月（女）	邱天兰（女）
汪锦章	张振耀	陈　栋	陈云生	陈发松	陈奶康
陈华容（女）	陈志强	陈荣冰	陈建明	陈国清	陈泽霖
陈恩进	陈碧玉（女）	林长青	林　平	林仕仁	林安华
林树春	林峰雪（女）	罗铃忠	钟平容（女 畲族）		钟应洪（畲族）
钟桂梅（女 畲族）		钟隐芳（女 畲族）		钟　韩（畲族）	施　铭
姜　平（女）	郭奶瑞	陶敏辉	黄旭明	黄丽挺（女）	黄亮生
黄萍萍（女）	黄赛平（女）	龚家唐	彭雅云（女）	傅贤光	释正誉（女）
谢德仪	蓝存安（畲族）		蓝如春（畲族）		蓝芳娇（女 畲族）
雷美美（女 畲族）	雷逢德（畲族）	雷瑞华（畲族）	詹步希	詹春铃	缪友灼

第三章　人大常委会

第一节　内设机构

福安市第十一届人大常委会下设办公室、法制工作委员会、财政经济工作委员会、教科文卫工作委员会、农村工作委员会、民族华侨工作委员会。

福安市第十二届人大常委会工作机构设置不变。

福安市第十三届人大常委会工作机构做出调整，撤销民族华侨工作委员会，增设环保与城建工作委员会，农村工作委员会更名为农业与农村工作委员会。调整后的工作机构为：办公室、法制工作委员会、财政经济工作委员会、教科文卫工作委员会、农业与农村工作委员会、环保与城建工作委员会。此外，经市机构编制委员会批准，设立市人大代表培训中心、为股级事业编制。

福安市第十四届人大常委会增设人事代表工作室，法制工作委员会更名为内务司法工作委员会，形成“二室五委”工作机构。2005 年 12 月，在城南街道、城北街道、阳头街道分别设立人大工作委员会，为市人大常委会的正科级派出机构。

第二节　重要会议

一、第十一届人大常委会会议

福安市第十一届人大常委会任期三年，在 1991—1993 年任期中，举行常委会会议 20 次，先后听取和审议福安市人大常委会工作规则、年度工作要点、联系代表的暂行办法；福安市国民经济和社会发展十年规划和“八五”计划；1991—1992 年度“依法治市”实施方案，“科技兴市”方案实施及科技工作达标情况；粮食生产再超历史的计划、措施，巩固发展村级集体经济、村级组织建设和农业计划执行情况；乡镇企业现状和近期规划与政策，国营企业二轮承包，预算内国营工业企业生产经营，“三资”企业的现状与远景，国有工业企业转换经营机制；贯彻执行《中华人民共和国药品管理法》《中华人民共和国土地管理法》《中华人民共和国归侨侨眷权益保护法》《福建省计划生育条例》、省人大常委会《关于加强计划生育工作的决议》和福安市人大常委会《关于自然资源保护区决定》；社会治安综合治理，民事和经济案件审判及执行，打击刑事犯罪活动，惩治贪污贿赂等经济犯罪工作；行政执法检查，纠正行业不正之风；实施九年义务教育规划调整，加强广播电视事业建设，开展“计生创达标”和畲族地区卫生状况的调查；审议 1993 年市、乡两级人民代表大会换届选举工作方案；审议审查历年财政决算和财政预算草案，财政预算执行情况及变更部分财政预算；代表议案、建议、意见办理情况等。做出《关于增设民族华侨工作委员会和三个委员会改称的决定》《关于“科技兴市”的决议》《关于宣传贯彻〈福建省老年人保护条例〉的决议》《关于福安市十年规划和“八五”计划纲要的决议》《关于加强社会治安综合治理的决定》《关于表彰先进代表联系组和优秀人民代表的决定》,《关于批准福安市1993年市乡两级人民代表大会换届选举工作方案的决定》《关于变更财政部分预算的决定》《关于设立福安市选举委员会的决定》《关于设立赛岐等十八个乡（镇）选举委员会的决定》等决议、决定23项。

二、第十二届人大常委会会议

福安市第十二届人大常委会任期五年，在1994—1998年任期中，举行常委会会议31次。先后听取和审议《城区总体规划》《实现“两基”规划》《农村能源综合建设规划》《依法行政的实施规划》《电机电器城实施方案》《建设莲池广场方案》《福安西部地区设立穆阳畲族自治县》《市树市花》的议案；批准实施农业生产计划、商品粮基地建设、发展“二高一优”农业、粮食工作、乡镇企业发展、宁德地区（溪柄）农业科技园区工作、农业综合开发、民族地区“造福工程”、初级中等义务教育、争创“两基”达标、发展高新科技和星火项目、争创全国计生先进市、开展“二五”和“三五”普法工作、黄兰溪水库梯级电站建设、“争创小康”工作、城市规划建设、交通建设、道路交通安全、水上交通安全管理工作、农村道路交通安全整治工作、下岗职工基本生活保障和再就业工作、国民经济和社会发展计划执行情况、调整财政预算，听取代表议案、建议、意见办理和市人大换届选举工作情况等报告，并做出了《关于调整城区总体规划的决定》《关于同意析出福安西部地区设立穆阳畲族自治县的决定》《关于变更部分财政预算的决定》《关于批准市人民政府建设电机电器城实施方案的决定》《关于试行〈监督通知书〉和〈审议意见书〉的意见》《关于批准市人民政府1995年财政预算的决议》《关于批准市人民政府实现基本普及九年义务教育和基本扫除青壮年文盲规划的决议》《关于继续开展法制宣传教育的决议》《关于设立赛岐等18个乡镇选举委员会的决定》《关于批准福安市农村能源综合建设规划的决定》《关于评选人大工作先进集体、先进人大代表和先进人大工作者的决定》《福安市人民代表大会换届选举时间的决定》《关于成立福安市换届选举委员会的决定》以及《关于确定樟树为市树、茶花为市花》等决定决议21项。

三、第十三届人大常委会会议

福安市第十三届人大常委会任期五年，在1999—2003年任期中，举行常委会会议39次。先后听取和审议《市人大常委会组成人员守则》《人事任免工作的规定》《国民经济和社会发展“十五”计划编制情况》《生态农业建设规划（草案）》和《办事机构设置》的议案；起草《政府工作报告》和编制《“十五”计划纲要（草案）》的情况、《福安市总体规划制定工作的情况报告》；农业与农村工作、农业产业结构调整与农电改造工作情况，乡镇财政状况及对策、措施，1994—1998年民族经费的使用,《中华人民共和国土地管理法》《中华人民共和国执业医师法》《中华人民共和国食品卫生法》《中华人民共和国药品管理法》《福建省劳动安全卫生条例》和《中华人民共和国防洪法》等法律法规的贯彻实施情况报告；“三五”普法总结和开展“四五”普法工作意见，对“一府两院”组成人员进行述职评议的工作方案，教育工作调研和执法检查，全市重点工程建设情况、非典型肺炎防治工作报告；做出《1998年福安市关于切实加强乡镇财政、财务管理的决定议案》《关于批准福安市1998年财政决算和1999年财政预算的决议》《关于调整1999年度财政预算的决定》《关于批准福安市人民政府2001年财政预算调整报告的决定》《关于市人民政府机构改革人事任免有关事项的决定》《关于进一步深入开展法制宣传教育的决议》《关于批准福安市2002年财政决算和2003年财政预算调整的决议》《关于2002年以来国土资源工作以及治理整顿土地市场秩序的决定》《乡镇人大工作目标管理考核办法》《“一府两院”办理市人大常委会会议审议意见的暂行规定》《关于非典型性肺炎防治工作的决定》《2003年福安市人民代表大会换届选举工作方案》《2003年国民经济和社会发展计划执行情况与2004年国民经济和社会发展计划（草案）》；听取历年国民经济和社会发展计划执行情况，财政预决算情况和其他财政收支的审计工作，调整财政预算和代表议案、建议、意见办理情况等报告。做出《市人大常委会议事规则》《市人大常委会各工委、办与“一府两院”各部门工作联系的规定》《关于市人大常委会办事机构设置的决定》《关于成立福安市乡镇人大换届选举办公室的决定》《关于设立乡镇选举委员会的决定》《关于“一府两院”办理市人大常委会会议审议意见的暂行规定》《关于做好人民群众来访工作的决定》《关于2003年市人民代表大会换届选举工作的决定》《关于设立换届选举委员会及办公室和办事处的决定》《关于调整福安市第十四届人大代表换届选举日的决定》等决议、决定56项。

四、第十四届人大常委会会议

福安市第十四届人大常委会任期三年，在2004—2005年两年任期中，举行常委会会议12次。审议通过《福安市人大常委会组成人员守则、议事规则》《关于各委室与“一府两院”各部门建立对口联系的规定》《关于对个案实施监督的办法》《市人大代表视察办法》《关于联系人民代表大会代表的制度》《关于人事任免工作的规定》《人大常委会组成人员联系代表分工》等；听取《福安市城市总体规划修编工作的情况报告》《关于按期偿还国家开发银行基础设施项目贷款的承诺函》的议案和说明。听取和审议《2004年上半年国民经济和社会发展计划执行情况、2003年财政决算草案》和《2004年1—6月份预算执行情况、2003年度福安市本级预算执行情况和其他财政收支的审计工作报告》《2003年度福安市本级预算执行和其他财政收支存在问题的整改情况报告》《2004年财政决算草案和2005年1—6月份财政预算执行情况的报告》《2004年度福安市本级预算执行情况和其他财政收支的审计工作报告》《关于2001年以来福安市开展“四五”普法工作的情况》《中华人民共和国食品卫生法》《中华人民共和国审计法》《中华人民共和国环境保护法》贯彻执行情况，福安市法院民事审判工作、市检察院反贪污贿赂工作、全市社会治安工作情况，代表视察富春溪河道管理、教育资源整合、人口与计划生育工作、农村路网建设情况，听取农村卫生工作、全市重点项目工程建设、2005年土地工作意见的报告以及十四届市人大一次和二次会议代表建议和意见办理情况等37项工作报告（汇报），并提出要求和建议。做出《关于市人大常委会内设机构增设和变更的决定》《关于重新办理富春溪河道管理工作审议意见的决定》《关于批准调整2004年市本级预算的决定》《关于福安市十四届人大二次会议主席团交付市人大常委会审议的代表提出的议案和建议办理的决定》《关于批准市人民政府提请的〈关于按期偿还国家开发银行基础设施建设项目贷款承诺函的议案〉的决定》《关于批准2004年市本级决算的决议》《关于批准调整2005年市本级预算的决定》等决议、决定25项。

第三节　职权履行

一、审议决定重大事项

（一）福安市十一届人大常委会（1991—1993年）

福安市第十一届人大常委会采取审议工作报告、开展执法检查、组织代表咨政等形式，加强对“一府两院”工作监督和法律监督。三年中，听取和审议专项工作报告59项，其中属于财政经济的15项、政法工作的16项、教科文卫的11项、农业农村的11项、民族民政的6项。做出《关于加强社会治安综合治理的决定》；组织开展《中华人民共和国义务教育法》《中华人民共和国环境保护法》《中华人民共和国工会法》《中华人民共和国档案法》等法律法规执行情况的检查。1992年3月、10月和1993年3月先后三次举行代表咨政活动，就福安市政治、经济、文化等方面工作，对市政府及其职能部门进行广泛的咨询监督。

（二）福安市十二届人大常委会（1994—1998年）

福安市十二届人大常委会加强对法律实施情况的检查监督工作，先后组织开展《中华人民共和国劳动法》《中华人民共和国全国人民代表大会和地方各级人民代表大会代表法》《中华人民共和国教师法》等75项法律法规在福安市实施情况的执法检查；加强对“一府两院”的工作监督，先后审查和批准市人民政府《关于城区总体规划的报告》《关于电机电器城实施方案的报告》《关于民族地区“造福工程”实施情况的报告》《关于第三产业发展情况的报告》《关于严厉打击刑事犯罪的情况汇报》《关于发挥审判职能为经济建设保驾护航的报告》。针对代表普遍反映的水利失修问题，人大常委会组织代表深入沿海海堤、茜安水利、龙溪水利、半岭水库、顶头水库、罗江抽水机站等处视察，并写出视察报告。视察报告引起市委、市政府的重视，及时研究部署抓落实，促进当年秋冬兴修水利工作。

（三）福安市十三届人大常委会（1999—2003年）

福安市十三届人大常委会突出监督重点，对涉及经济发展大局的产业结构调整、十五计划纲要、支柱产业发展、重点工程建设等事项；对人民群众普遍关心的城市管理、环境保护、“科教兴农”、社会保障、市场物价、公共卫生、防控“非典”、道路交通等问题，对关系社会安定稳定的执法不公、违法不究、有错不纠等案件，采取审议工作报告、开展执法检查、组织代表视察、实行个案监督等方式，加大监督力度，取得显著成效。2000年，市人大常委会组织对全市37个投资千万元以上的重点建设项目进行跟踪监督，促进项目的顺利实施。2001年，市人大常委会针对城区防洪设施存在隐患、赛湾公路毁损等问题，组织人大代表进行视察、提出意见，引起市政府的重视、投入大量财力物力，使两大项目得到全面的改造或重修。通过人大的依法监督，使财洪农民“卖瓜难”、公路客运票涨价、农药厂废气污染、歌舞厅噪声扰民等社会反响强烈的热点难点问题得到妥善解决。

（四）福安市十四届人大常委会（2004—2005年）

福安市十四届人大常委会把推动经济发展和维护社会稳定作为人大依法履职的重点，在改进监督方式、加大监督力度、提高监督实效上下功夫。市人大常委会重点审议“十一五”规划编制、新农村建设规划纲要、农村路网建设、旅游资源开发、农村卫生工作、教育资源整合、重点工程建设、财政预算调整、计划生育工作、茶叶生产开发、交溪环境保护等项工作报告，提出审议意见或做出决定决议。针对交溪河道无序采砂导致生态环境遭受破坏的问题，常委会先后三次组织代表视察，两次审议市政府专题报告，督促市政府及其职能部门加大整治力度，并做出《关于加强交溪环境保护的决定》，提请市十四届人大二次会议表决通过。市人大常委会每年把政府工作报告所列的经济建设和社会发展项目分解到各工作委员会进行对口跟踪督查，促进项目的顺利实施。先后组织开展贯彻实施《中华人民共和国审计法》《中华人民共和国老年法》《中华人民共和国食品卫生法》《中华人民共和国环境保护法》《中华人民共和国工会法》《中华人民共和国劳动法》《中华人民共和国职业教育法》《中华人民共和国行政许可法》《中华人民共和国人口与计划生育法》等项执法检查，并配合省、宁德市人大常委会开展《中华人民共和国防洪法》《中华人民共和国未成年人权益保护法》《中华人民共和国少数民族权益保障条例》等法律法规执行情况的检查共20多次。

二、干部任免

1991年8月19日，福安市十一届人大常委会第四次会议，任命阮永光为福安市人民政府副市长。

1991年9月28日，福安市十一届人大常委会第五次会议，决定接受林豪生辞去福安市人民政府科技副市长职务，并任命吴庆祥为福安市人民政府科技副市长，同时任命政府组成人员25人，免去法院副院长1人。

1993年4月14日，福安市第十一届人大常委会第十五次会议，决定接受钟明森辞去福安市人民政府市长职务，任命陈必滔为福安市人民政府副市长、代理市长。

1993年8月21日，福安市第十一届人大常委会第十七次会议，任命王肇昌为福安市人民政府副市长（挂职）。

1993年10月4日，福安市第十一届人大常委会第十八次会议，决定接受陈必滔辞去福安市人民政府副市长、代理市长职务，接受吴庆祥辞去福安市人民政府副市长职务；任命康建民为福安市人民政府副市长、代理市长。

1994年4月27日，福安市十二届人大常委会第二次会议，任命陈蒲为福安市人民政府科技副市长、陈霖为福安市人民政府副市长。

1994年7月30日，福安市第十二届人大常委会第四次会议，决定同意王肇昌辞去福安市人民政府副市长职务、任命林峰雪（女）为福安市人民政府副市长。

1995年8月17日，市人大十二届常委会第十次会议，任命魏重德为福安市人民政府副市长（挂职）。

1996年5月27日，福安市第十二届人大常委会第十四次会议，任命徐桂春为福安市人民政府副市长、代理市长，任命林良庄为福安市人民政府副市长。

1996年7月1日，福安市十二届人大常委会第十六次会议，根据市长徐桂春提请，经过无记名投票的方式，任命刘振辉为福安市人民政府副市长。

1996年9月18日，福安市第十二届人大常委会第十七次会议，决定接受陈铭生辞去福安市人民政府副市长职务，接受高良武辞去福安市人民法院院长职务。

1996年11月26日，福安市十二届人大常委会第十八次会议，任命吴迪荣为福安市人民法院审判委员会委员、副院长、代理院长。

1997年2月21日，福安市第十二届人大常委会第二十次会议，任命梁奕章为福安市人民政府副市长。

1997年7月29日，福安市第十二届人大常委会第二十二次会议，任命鄢萍为福安市人民政府副市长（挂职），同意陈恩沛辞去福安市人民政府副市长职务，同意陈蒲辞去福安市人民政府科技副市长职务。

1997年9月5日，福安市第十二届人大常委会第二十三次会议，任命蓝如春为福安市人民政府副市长、代理市长，同意徐桂春辞去福安市人民政府市长职务。

1997年11月2日，福安市第十二届人大常委会第二十五次会议，任命史建生为福安市人民检察院副检察长、代理检察长（报上级人大常委会、上级检察分院备案），同意牛建波辞去福安市人民检察院检察长职务。

1998年3月27日，福安市十二届人大常委会第二十七次会议，决定接受魏重德辞去福安市人民政府副市长职务。

1998年11月30日，福安市第十二届人大常委会第三十次会议，决定免去钟清平、阮永光、林良庄的福安市人民政府副市长职务。

1999年5月28日，福安市十三届人大常委会第四次会议审议，任命石林为市人民政府副市长（挂职）。

2000年10月12日，福安市十三届人大常委会第十五次会议审议，任命黄国璋为市人民政府科技副市长，何世明为市人民政府副市长。

2001年6月15日，福安市第十三届人大常委会第二十次会议，任命詹翠霞为福安市人民政府副市长，免去刘振辉福安市人民政府副市长职务。

2001年7月26日，福安市十三届人大常委会第二十一次会议审议，决定接受林峰雪辞去市人民政府副市长职务的请求，并报市十三届人民代表大会第五次会议备案。

2001年8月10日，福安市十三届人大常委会第二十二次会议审议，决定接受石林辞去市人民政府副市长职务，并报市十三届人民代表大会第五次会议备案。

2002年11月21日，福安市十三届人大常委会第三十一次会议审议，任命符熙菱为市人民政府副市长（挂职）。

2003年10月19日，福安市第十三届人大常委会第三十六次会议审议，决定接受吴迪荣辞去福安市人民法院院长职务。

2003年11月17日，福安市第十三届人大常委会第三十八次会议审议，任命王代忠为福安市人民政府副市长。

2004年2月2日，福安市第十三届人大常委会决定接受蓝如春辞去福安市人民政府市长职务的请求，任命薛世平为福安市人民政府副市长、代理市长，任命范寿清为福安市人民法院副院长、代理院长。

2004年12月16日，福安市十四届人大常委会第五次会议审议，任命李光辉为福安市人民政府科技副市长。接受符熙菱辞去福安市人民政府副市长职务（挂职）。

2005年1月28日，福安市十四届人大常委会第六次会议，任命陆菁为福安市人民政府副市长（挂职）。

与此同时，1991—1993年，福安市第十一届人大常委会依法任免国家机关工作人员150名。其中：依法决定任免市人大常委会机关工作人员18名，任免市人民政府组成人员83名，任免市人民法院、人民检察院工作人员49名。

1994—1998年，福安市第十二届人大常委会依法决定任免国家机关工作人员216名。

1999—2003年，福安市第十三届人大常委会依法决定任免国家机关工作人员201名。

2004—2005年，福安市第十四届人大常委会依法决定任免国家机关工作人员74名。其中：市人民政府组成人员35名，市人民法院工作人员和人民陪审员18名，市人民检察院工作人员7名，市人大常委会机关工作人员14名。依法撤销职务1名。

三、议案督办

福安市十一届人大常委会三年间共督办答复代表提出的议案382件，建议、批评和意见474件，均由提案审查委员会组织整理，分门别类及时送交有关部门，保证议案限时办复，办理答复率100%。如关于要求市政府把福安电力不足的问题摆上议事日程的议案，市政府给黄兰溪电站立项，加快赤溪二级电站工程建设进度、启动炉山水库电站续建工程，做好马下电站扩容工程等。关于解决松罗乡农贸产品流通问题的议案，督促市政府做出规划，投入3万元兴建松罗乡农贸市场。关于要求撤除阳头防洪闸的议案，市委在关于加快水、电、路重点工程建设的会议纪要中做出决定，由城南办事处负责拆除、并于4个月内拆除完毕，解决桥头两段交通堵塞问题。关于要求市政府把晓阳的旅游景点开发列入规划的建议，市旅游局在“八五”“九五”全市旅游业发展规划中，把晓阳自然风景区建设列入发展规划，地区旅游局也把白云山景区开发列入重点规划项目。关于要求进一步加强社口镇民族工作的建议，市委、市政府给社口镇配备2名少数民族副镇长，把社岭公路列入“以工代赈”扶建计划，在少数民族集中的南山村设立重点完小。

福安市十二届人大常委会五年间共督办答复代表提出的议案453件、建议584件。重点有关于要求改变贫困山区税收分成办法的议案，市政府针对贫困山区、公民办教师工资兑现难问题，着手理顺乡镇财政管理体制，将公办教师工资纳入市财政统筹。关于要求创办柏柱中学的建议，市政府投入资金、创办了楼下中学。关于要求解决闽东卫校坂中新校区正常供电的建议，经市政府协调，改由市电力总站（原由穆阳水电站）供电，解决日常用电问题。关于要求治理福安车站高音喇叭噪声污染问题，经市环保局查处拆除高音喇叭。关于规划兴建福安市消防部队营房的议案，市政府列入常务会议进行研究，另行征地建设消防营房，由市建委牵头有关单位现场协商解决征地事宜。关于请求架设程控电话的建议，市邮电局把该建议与农村“奔小康”工作结合，重点加以解决。经市政府常务会议、专题会研究、协调，省地市乡镇及有关部门投入资金689万元，其中市财政投入66万元，实现全市21个乡镇（街道办事处）全部开通程控电话。关于请求续建坑坪至下洋公路的建议，市交通局把其纳入乡村修建机耕路为民办实事工作重点中，拨款2万元补助，并帮助向上级有关部门争取配套资金。同时，市政府把人大代表提出的水毁工程及灾后恢复生产等议案、建议，结合到救灾减灾工作予以解决。关于修建福安至赛岐直达公路的议案，市政府列入常务会议、专题会议研究，成立福（安）—湾（坞）高速公路建设指挥部，进入筹建阶段。关于请求整治城区下城河的议案，市政府组织人员实地察看，决定把其列入1998年城建重点项目，加大治理力度。关于要求拨款资助秀浦水库建设的议案，市水电局专门组织人员向上级争取补助款，并召开专题会议进行研究，市财政、水电部门各给予补助10万元，并按工程施工进度予以兑现。

福安市十三届人大常委会一至六次会议期间收到代表议案201件、建议342件，全部按时办理答复。如关于要求减免教育附加费及有关费用的议案，经市政府研究，同意3个街道教育附加费下调10万元（城南4万元、阳头4万元、城北2万元）。关于请求支持官洋村群众生活照明用电的建议，市水电局多次派员到城阳乡官洋、后楼、林洋3个村调查了解，将后楼村列入1999年老区基点村“五通”工程计划，官洋、林洋村列入1999年下半年农村电网改造实施计划。关于《保持艰苦奋斗优良传统遏制滥用公款吃喝玩乐》议案，市各套班子领导针对滥用公款吃喝玩乐问题进行查摆和剖析，提出具体整改措施。市委、市政府还制发《关于党政机关厉行节约　制止用公款大吃大喝挥霍浪费的通知》，并对公务接待、公务下乡用餐接待开支等都做出具体规定。关于“连家船”民上岸定居后生产出路的建议，市委、市政府联合制发《关于切实抓好“连家船”民上岸安居乐业工作的若干规定》，市政府还将溪邳村列为全市2000年三个“连家船”民安居乐业示范村之一，由市水电局挂钩共建。市扶贫办把溪邳村列为“抓典型创一流”项目，并于2000年3月在溪邳村组建9个脱贫互助组，投放“小额信贷”5万元。关于要求加大船舶业的扶持力度，以促进船舶业参与国际竞争议案，市委、市政府出台《关于鼓励工业发展壮大的若干规定》；协调省、地、市环保部门，争取补办骨干船舶企业环保评估、许可等手续，举办电焊、吊装等工种培训班，协调边防等有关部门，简化船舶进出港手续。关于要求尽快重建溪柄扆山大桥的议案，经市政府与职能部门多方努力，投资600万元兴建溪柄扆山大桥，并于2002年3月竣工。关于请求做好民族政策、法规的宣传贯彻落实和实施监督的议案，市政府召集相关部门研究落实，在少数民族干部录用、农业综合开发、农田水利建设、财政税收等方面给予倾斜和照顾。关于加强对穆阳溪流域环境保护的议案，市环保局在穆阳溪流域开展突击检查与整治，对不达标排放企业进行关闭、停产，使污染情况明显好转。关于扶持社口镇发展茶产业的建议，市政府召开茶叶现场办公会议，协调金融部门为社口增加400万元贷款，扶持社口镇茶产业发展。关于要求加强村级财务管理，制定出台具体实施办法的议案，市农业局采取建立健全村级财务管理制度、强化监督、加大执法力度等6条措施。关于要求物委尽快降低上白石至范坑乡客运费的建议，市物委会同市交通部门调查核实该段公路等级和里程数，重新核定豪华车票价为4元/人。关于请求解决穆阳小学办学场地问题的建议，市委、市政府共同主持召开有关单位领导参加的将穆阳粮站闲置仓库门店划拨给穆阳中心校使用的有关事宜专题研究会议，并下发《关于研究解决穆阳粮站资产划拨有关事宜的专题会议纪要》，并议定穆阳粮站搬迁后，地块划拨给穆阳中心校，由穆阳中心校补偿粮站58万元的搬迁、安置费。关于要求解决赛岐中学师生往返学校交通安全隐患的建议，市交警大队与赛岐公安分局、赛岐交警中队领导一同到学校周边道路进行调查，并于2002年4月18日在学校道路与国道交接处设置一段隔离墩和道路标志牌。关于请求规范秦溪洋工业园区管理、加快基础设施建设的建议，市政府召开专题会议，研究市地税局门前交叉口至秦溪洋工业园区水泥路面铺建事宜，确定分别由城南街道办事处与秦溪洋建设开发有限公司、市恒实电机电器咨询服务有限公司共同负责施工建设。关于督促溪潭轧钢厂做好冷却水排污工作的建议，市政府两次组织部分人大代表、政协委员与市环保局、经贸局、工商局等部门领导实地调查，召开相关部门会议，下发政府会议纪要，责令福安市昌盛轧钢有限公司停业整治，3个月内完成废水、烟尘及废渣治理。

福安市十四届人大常委会一至二次会议期间收到代表议案74件、建议266件。市人大代表对议案、建议的办理答复表示满意和基本满意的占91%。如关于进一步健全人大代表在闭会期间活动制度的议案，市人大常委会建立健全各种制度，为代表执行职务、开展活动提供制度保障和活动经费。关于加大监督力度，发挥人大代表作用的议案，市人大常委会修订完善《市人大代表视察办法》，并确定从2005年开始，对人民群众反映强烈的一些垂直单位开展执法检查、工作评议等。关于市人大常委会就福安西部地区机构设置进行专门调查的议案，市人大常委会主任会议进行认真研究，组织专题调研，提出建议和意见后由宁德市委常委会议、市政府市长办公会议进行专题研究，做出《中共宁德市委、宁德市政府关于加快福安畲族经济开发区发展的若干意见》。关于要求市人大常委会组织有关部门对穆阳村被毁农田进行调查的议案，市人大常委会会同有关部门实地察看农田、防洪堤被毁情况，并召开协调会，确定防洪堤建设争取列入赛江防洪堤二期工程项目，由市水利局负责修建；农业税减免由市财政局负责落实；农田地籍变更由市国土资源局负责办理。关于要求组织省、市人大代表及有关专家视察坂中大桥，并通过视察呼吁提请上级有关部门立项加宽修通坂中大桥的议案，市人大常委会组织辖区的部分省、宁德市、福安市三级人大代表和道路桥梁专家对坂中大桥进行视察，并建议市政府组织有关部门对坂中大桥的定位问题、安全问题、规划问题进行全面论证，采取措施、尽快解决。关于要求高速公路下白石镇互通口旁荒闲空地用途的建议，决定该荒闲空地由福宁高速公路工程指挥部征用为福宁高速福安养护工区建设用地，并通过招投标方式与闽东荣冠建设工程公司签订施工合同，并在4月初正式动工建设。关于请求补助范坑中心校建校的建议，市政府领导专门批示，并从2003年教育转移支付专项资金中安排34.5万元用于补助范坑中心校建设。关于建立城乡一体化就业体系，加快农村劳动力转移非农就业工作力度的建议，市政府专门批示，责成市农办牵头，组织市咨询委、劳动和社会保障局、统计局等单位共同编写《福安市农村劳动力转移调研报告》；市政府召开市长办公会议，成立市农村劳动力转移就业协调工作领导小组，下发《关于加快农村劳动力转移的若干意见》，组织开展劳动力职业技能培训，市每年安排30万元岗前培训专项经费；同时通过努力争取到2005年时将福安市列入全国农村劳动力转移培训“阳光工程”试点县（市）。当年，完成农村劳动力职业技能培训9000名目标，通过培训后劳动力上岗就业率达85%。当年，关于尽早组织开征垃圾处理费的建议，政府召开市长办公会议，研究垃圾处理费征收问题，决定委托电力部门代收垃圾处理费，征收标准由市物价局牵头与建设局拟出具体方案报上级主管部门审批后执行。关于尽快启动畲族乡进城农民工安居建房用地征地工作的建议，市政府召开市长办公会议，议定在城区“三办两乡”（指城区三个街道及城阳乡、坂中畲族乡）范围内征地13.3公顷，兴建“造福工程”新村，重点安置进城农民尤其是畲族村民。并确定先在秦源新村以“造福工程”为主建设一个农民新村，逐步解决搬迁户农民进城务工居住问题。市人大常委会对这项工作的进展情况进行全程跟踪监督。关于在福安城区设立人大代表议事接待室的建议，市人大在城南、城北、阳头3个街道办事处分别设立人大工作委员会，作为市人大常委会的派出机构，配备专职主任和专职工作人员；并设立代表议政、接访等活动场所。关于加强监督建立代表旁听庭审制度的建议，市人大与市法院联系，确定对全市有重大影响、涉及群众切身利益及有代表性的案件，市法院将邀请市人大代表旁听庭审，并在法庭设立人大代表旁听席。关于解决农民工子女入学问题的建议，市政府召开市长办公会议，专题研究解决农民工子女入学难问题，并通过增加教育投入、扩大城区学校办学规划、发展民办教育等办法，提高接收进城农民工子女入学能力。关于在市区重点十字路口增设交通灯程控装置的建议，市政府主持召开市长办公会议，确定投资60多万元，在城区主干街道5处十字路口设置交通指挥信号灯。

四、信访受理

福安市第十一届人大常委会共受理来信1414件、接待来访836人次。来信先由人大常委会信访办审阅，一般问题转有关部门办理，重要问题呈报主任或分管副主任批办并督促办理落实。做到件件有着落、事事有交代。根据代表和群众来信来访反映的销售假石膏坑农事件，确定由市人大常委会财经工作委员会会同市政府有关部门组成调查组到实地调查，写出《关于假石膏案的调查报告》，并以参阅件形式送市六套班子领导及有关部门参阅，引起市政府及有关部门重视，做出处理。

福安市第十二届人大常委会接待代表和群众来访751批、1996人次，受理代表和群众来信2197件。1994年，市人大常委会根据代表和群众来信来访反映的部分乡镇个别干部工作作风粗暴等问题，组织调查、帮助有关乡镇认真处理干部作风问题。根据代表反映的西隐村几年前发动群众投工、集资修建12.6千米公路，至1993年年底欠外债30多万元无法偿还的情况，市人大常委会建议市政府立项、由市政府给予拨款2万元补助。人大常委会根据代表和群众反映，组织代表到有关乡镇视察社会治安情况，撰写《视察报告》，协调有关部门采取措施，促进社会治安好转。1995年，市人大常委会根据代表和群众反映的城关及部分乡镇流氓团伙插手大宗农副产品购销的“霸市欺农”问题，组织开展为期一个多月的调研，走访干部群众150多人次，撰写调查报告、送市领导参阅。市政府据此在全市组织开展“打霸”斗争，抓获各类违法犯罪分子290人，其中“菇、茶、果、鸭、花、姜霸”和地痞村霸48人，维护了农副产品购销市场秩序。1996年，市人大常委会加强代表、群众来信来访的管理和督办，对来信来访实行分类登记和报送，市人大常委会领导批阅重要来信、接待来访、过问办理结果；对一些重要的信访件，市人大常委会组成人员亲自到有关单位和基层取证、协调解决。根据苏阳村群众来信反映当地屠宰户缺斤少两损害养猪户利益的问题，市人大常委会组织市公安、工商、市消委会等部门6次到苏阳村调查，查明情况并责成有关部门责令违法屠宰户退赔养猪户10700元。1997年，市人大常委会开始使用监督通知书，对代表提出的重要建议、意见和重要信访件的落实情况进行跟踪监督；对代表和群众反映的重大问题，组织人员进行调查、视察。当年，群众反映范坑乡农技站个别干部非法经营谷种问题，经调查属实后，有关当事人受到行政记过处分。穆云畲族乡下逢村村民来访反映乡干部收缴税费时工作方法简单、粗暴，群众意见较大，市人大常委会组织人员到下逢村调查，并由穆云畲族乡“两委”做出处理意见，退还违法没收的两担谷子。1998年，市人大常委会设立代表联络和信访工作领导小组。甘棠镇莲花茶厂来信反映镇地税所工作人员执行公务态度粗暴、乱罚款，市人大常委会派员调查，5月29日，市地税局做出3条处理意见、化解矛盾。松罗乡后溪村干部因修公路、滥伐树木80多立方米，被林业公安机关、检察机关立案，群众反映强烈；7月，常委会组织人员到后溪村调查，先后召开3场协调会，妥善解决这一事件。8月，上白石东峰村农民来信反映“造福工程”款未专用，人大农村工委与市脱贫办、上白石镇政府到东峰村召开协调会，妥善解决此事。

福安市第十三届人大常委会共接待群众来访1017批，2806人次，受理代表与群众来信2865件，许多反映强烈的热点、难点问题得到了妥善解决。1999年，市人大常委会牵头组织“一府两院”领导到上白石、下白石、赛岐、穆阳等乡镇开展4次信访接待日活动，现场办理答复群众上访，做好集体上访和越级上访的说服疏导工作。

市人大代表在上白石镇接访日听取群众意见（2003年）

晓阳镇谷口、晓阳、龙洋3个村村民多次集体上访反映的“黄兰溪征地款被村干侵吞及要求增加征地款”问题，市人大常委会组织人员进行核查，发现龙洋村前任村干部把9.26万元征地款借给个人后，转由司法机关介入查办、并公布调查结果，平息持续6年之久的集体上访。市人大常委会领导接到下白石镇顶头村小学生黄夏原患脑肿瘤无钱救治的求助信后，即批示市人大教科文卫委牵头组织市教委、关工委、团市委、市妇联等单位联合发出倡议，发动社会募捐 2.8 万元予以救助。同年 4 月 1 日，赛岐镇人大主席团开通群众“热线电话”；23 日，上白石镇市人大代表小组在全市率先举行“市人大代表接访日”活动。2000 年，湾坞乡马头村一村民工伤死亡后，雇主仅兑现小部分赔偿款，市人大代表、法律工作者多次帮助追讨无果，在市人大常委会过问下，通过法律途径帮助村民领回被拖欠 5 年之久的赔偿款。2001 年，市人大常委会实行信访情况月分析制度，编发《信访动态》，加大信访督办力度。当年，在市人大常委会监督下，市法院更换承办人，帮助江苏常州市新闸五金厂解决法院判决生效 5 年之久的货款被欠案，由被执行人的亲友共同代替偿还欠款。2002 年，市人大常委会设立信访接待室，并增配人员。根据省人大常委会的《信访工作条例》，市人大常委会制发《关于做好人民群众来信来访工作的规定》，对信访件实行归口督办。在市人大常委会督办下，有关部门对范坑乡 3 位少女身份证被假冒，引发涉台骗婚问题进行处理。市人大常委会领导还轮流牵头组织“一府两院”及其有关职能部门负责人到溪柄镇、社口镇举办现场接访日活动，接待来访 66 人次，解决问题 7 件、解释答复 12 件、批转有关部门落实办理 17 件。帮助上白石镇财洪村村民解决西瓜丰收后卖瓜难、下白石华瑞房地产公司停电事件、茜安水利寨下段护坡修复、甘棠镇南门村土地征用纠纷、溪柄镇农民郭某葡萄被电杆压损、霞浦县林某被赛岐大桥收费站职工打伤等群众反映强烈的问题。2003 年，市人大常委会督促处理阳头街道阳上村 300 多户村民要求解决土地开发赔苗款、东航铸钢厂污染河水、沙岩河床乱采沙、赛岐葡萄园被机砖厂煤烟废气污染、赛岐海堤因滥采河砂造成堤线下滑等信访问题；妥善处理原福安茶厂内的“顺济行宫”（奶娘宫）纠纷问题。10 月，市人大常委会在全国、全省人大信访工作会上做信访工作交流。

福安市第十四届人大常委会共接待群众来访 416 批，1695 人次，受理代表和群众来信 1060 件，办理反馈领导批示件 232 件。2004 年，市人大常委会实行信访工作“三坚持”（坚持开展领导下基层、现场办信访活动，坚持常委会组成人员接访人大代表、人大代表接访人民群众做法，坚持重要信访件由委室对口督办制度）原则，处理赛岐镇宅里、青江、下长岐等村群众因贷不到款而引发集体信访事件，督促协调信用社增加投放小额信贷 60 万元，缓解春耕生产资金需求。督办并解决荷塘苑居民小区内一企业废气污染和噪声扰民、宝立房地产公司 24 户建房户办证、福新路吴某等 97 户拆迁户的安置地办证等信访问题。2005 年，市人大常委会执行国务院新颁布的《信访条例》，办结洋坑水电站建设安置和赔偿、甘棠镇英岐村非法买卖农田、市老区中学乱收费等信访问题。对群众来信、来访反映有人在阳头防洪堤建厂房问题，赛岐下浦村工业园区内道路交通和下水道问题，城关“菜霸、油霸、鱼霸”欺行霸市问题，通过转办、交办和督办等形式，都妥善予以解决。市人大常委会接待潭头镇大庄村群众集体上访，反映大庄、洋中两个自然村村民因过溪坂滩涂的使用权属发生争议，双方各执一词，极有可能引发群体斗殴事件。市人大常委会领导召集市国土资源局、水利局等部门领导到大庄村现场办公，召集村民、按照《中华人民共和国土地法》的规定和耕地保护政策，商讨解决办法、消除历史积怨、平息矛盾。

五、普法宣传和法律监督

福安市第十一届人大常委会以纪念新修订的《中华人民共和国宪法》（以下简称《宪法》）颁布 10 周年为契机，结合“二五”普法活动，在全市开展《宪法》再宣传、再学习活动。1992 年 4 月 3 日《中华人民共和国全国人民代表大会和地方各级人民代表大会代表法》（以下简称《代表法》）一颁布，市人大常委会即组织各级人大代表进行学习贯彻。市人大常委会组织宣传稿件 200 多篇在各级报刊和工作

纪念地方人大常委会设立二十周年知识竞赛（1999年）

简报上发表，并派员参加华东、华南十一县（市、区）人大工作研讨会进行交流研讨。

福安市第十二届人大常委会把广泛开展普法宣传教育作为“依法治市”的基础，做出《关于继续深入开展法制宣传教育的决定》，广泛开展与公民日常生活密切相关的基本法律知识、社会主义市场经济知识和青少年的法律意识、法律知识宣传教育活动，督促“一府两院”分别制定“依法治市”的实施规划和公正司法的实施方案。市人大常委会采取“个案监督、以案释法”的措施，扩大法制宣传效果，促进“一府两院”依法行政、公正司法。1998年6月，某乡镇所站工作人员为强制某茶厂交纳税费，采取拆除茶机零部件的办法，致使一些茶厂因设备无法运转而被迫停产，造成不同程度的经济损失。市人大常委会及时组织人员进行调查，对这种“野蛮”执法的错误行为进行严肃的批评教育，督促其立即纠正，帮助企业恢复生产。

福安市第十三届人大常委会以“三五”“四五”普法宣传为契机，开展各种形式的宣传工作，并把每年4月定为“福安法制宣传月”。2002年，是现行《宪法》颁布20周年、《代表法》颁布10周年，市人大常委会在全市开展以宣传《宪法》为主题、“依法治市”为主线的“宪法宣传月”活动。整理十多位优秀人大代表的履职事迹，编辑出版《代表风采》一书，以增强人大代表的光荣感和使命感。1999年是县级以上地方人大常委会设立20周年，市人大常委会开展宣传人民代表大会制度活动，举办人大知识竞赛、书画图片展览，编辑出版《纪念福安市人大常委会设立20周年画册》和《人民诗钟》。2000年，创办内部交流期刊《福安人大》，制作《使命》纪念册和VCD光盘，展示该届人大及其常委会走过的历程。市人大常委会还重视抓好人大工作的新闻报道。市人大常委会在办好简报、信息等内部刊物的同时，积极向报刊、电视台等新闻媒体发送稿件，有110篇（条）文章、信息被中央、省、宁德市新闻媒体和内部刊物采用，11篇获得省、宁德市“宣传人民代表大会制度好新闻”奖。全国人大常委会办公厅新闻局组织新华社、人民日报、中央电视台等8家中央新闻单位，以及福建日报、福建电视台、闽东日报、宁德电视台组成的“人大新闻采访组”，先后深入福安市采访，宣传报道福安市人大工作和代表风采。2003年2月，中央电视台“经济半小时”记者深入上白石镇专题采访阮培金代表的履职事迹，并于十届全国人大一次会议期间在中央电视台二套节目中播放。

福安市第十四届人大常委会把加强民主法制的宣传教育作为推进“依法治市”、构建和谐社会的重要途径，在拓宽宣传领域、丰富宣传形式、提升宣传质量上取得成效。2004年是中华人民共和国人民代表大会制度建立50周年和地方人大设立常委会25周年。市人大常委会组织开展纪念大会、文艺晚会、电视访谈、书画展览、代表座谈、法律知识竞赛等十大系列活动，全面展示福安市民主法制和人大制度建设的成果。福安市选送的文艺节目和美术作品在参加宁德市纪念活动竞赛中获二等奖。三年间，市人大常委会共编发《福安人大信息》132期，制作“人大工作巡礼”大型图片展和宣传橱窗5期，在福安广播电视台播发人大工作新闻190条、“代表风采”专题节目22期。其中，被中央、省、宁德市报刊电视采用60多篇（条），获得全国、省、宁德市“宣传人民代表大会制度好新闻”奖的有8篇。新闻稿《代表向选民述职选民给代表打分》，获得第十五届中国新闻奖暨第十五届人大新闻奖三等奖、第十一届福建新闻奖报刊消息类一等奖、福建省“宣传人民代表大会制度好新闻”三等奖。省人大常委会“地方人大工作巡礼”采访团、《人民政坛》杂志社、东南电视台、福建电视台等媒体的记者先后采访报道了福安市的人大工作。《人民政坛》主编姚金清率记者组到福安市采访人大代表争当“五员”活动的情况，并编发长篇通讯《激情在“同频共振”中燃烧》，还被《人民日报》和《闽东日报》转载。

第四节　自身建设

福安市第十一届人大常委会加强思想建设着重抓好中国特色社会主义理论和人民代表大会制度的学习促使常委会组成人员和机关工作人员提高对做好新时期人大工作的认识；加强制度建设制定了常委会工作规则、机关工作制度、委室岗位职责等，使各项工作逐步实现制度化、规范化、程序化；加强作风建设，转变思想观念和工作方法，提高工作质量。1993年，福安市人大常委会获得“宁德地区文明单位”称号。

福安市第十二届人大常委会紧紧围绕经济工作中心，认真落实市委工作部署，积极参与城区建设、旅游景区开发、104国道改造、甘下线公路改造、黄兰溪电站工程、溪柄农业科技园区建设和设立穆阳畲族经济开发区前期工作等项目。市人大常委会机关挂钩帮扶的溪柄镇长洋村，1997年通过全市第三批“争创小康村”验收。市人大常委会被中共宁德地委授予“人大工作先进集体”称号，被省人大常委会评为“信访工作先进集体”、被地区人大工委评为“宣传人大制度先进单位”，被市委、市政府评为“创建文明活动先进集体”“第二、三批‘争创小康村’工作先进挂钩单位”，连续三年被评为“福安市岗位目标管理先进单位”。

福安市十三届人大常委会还注意加强干部队伍建设，开展“三讲”教育、“两思”教育、反腐倡廉教育等活动，组织学习中共十五大、十六大精神和“三个代表”重要思想，学习法律法规和人大业务知识，增强常委会组成人员和机关工作人员的政治素质和工作能力；围绕市委中心工作任务和新时期人大工作需求，先后开展“三农百户”“温暖送百户法律进百家”“提高为人民服务质量”等一系列调研活动。每年撰写两篇调研文章参加华东、华南、东北、西北18县（市、区）人大工作研讨会交流。2002年5月，华东、华南、东北、西北十八县（市、区）人大工作研讨会第19次会议在福安市成功举办。市人大常委会按照市委的部署，认真抓好“挂乡包村”“争创小康”、帮扶困难企业、重点项目建设、处置突发事件等中心工作和临时工作，为妥善解决留洋水库建设、西北区单块改造、职业中专搬迁、溪东“11·10”事件等遗留问题做出努力。市人大常委会机关先后获得“民主评议机关优胜单位”、“岗位责任制先进集体”、“党风廉政建设和反腐败工作先进单位”、“抓典型创一流”活动三等奖、“‘八·七’扶贫攻坚先进单位”、“机关效能建设先进单位”等荣誉。

福安市第十四届人大常委会开展创建“学习型机关”活动，实行每周半天机关集中学习、每月一次党组中心组学习、每季度一期法律讲座、每半年一次学习心得交流等制度，开展“保持共产党员先进性教育活动”，制定人大常委会机关保持共产党员先进性长效机制，从思想、组织、工作、作风、廉洁等五个方面对党员干部提出严格要求，努力培育“敬业、创新、团结、奉献”的团队精神。常委会认真贯彻落实省委《关于进一步加强人大工作的决定》精神和宁德市委、福安市委具体要求，制定了《关于学习贯彻中发〔2005〕9号文件精神的实施意见》，自身建设得到加强。完成市委交办的各项任务，挂钩晓阳镇首洋村建设社会主义新农村试点工作取得突破性进展。深入基层，开展40多项课题调研，其中，对“依法行政”的监督、代表工作的创新等调研课题参加“华东华南东北西北18县（市、区）人大工作研讨会”交流。调研文章《在构建和谐社会中发挥人大代表作用》入选《2006新世纪改革开放优秀论文集》、并获一等奖。反映代表工作创新的调研文章《甘草和百药》被《宁德通信》采用并入选中央党校出版的《走进新世纪》大型丛书。

第四章 乡镇（街道）人大

第一节 乡镇人大代表产生与构成

1993年8月初，中共福安市委批准市人大常委会党组关于乡镇人大换届选举工作方案，成立换届工作领导小组及换届选举工作委员会。10月18日，各乡镇相继开始登记选民。10月26日，公布选民名单，全市登记选民356166人，有120900名选民直接参加联名推荐代表候选人，占选民总数31%。全市应选乡镇人大代表1337人，初步推荐代表候选人4148人，其中，选民直接推荐2821人，乡镇正式代表候选人2337，其中，选民推荐1474人。11月30日至12月3日，全市有343086名选民参加947个选区选举，其中，932个选区一次性选举成功，占全市选区的98.4%，13个选区经二次选举成功，2个选区经三次选举成功。全市依法选出乡镇人大代表1337名，其中，非中共人士657名，占49.1%；妇女代表294名，占21.9%；少数民族代表196名、占14.7%。

1996年9月，成立福安市乡镇换届选举工作领导小组，开始筹备新一届乡镇换届选举工作。11月6日，各乡镇开始登记选民，共登记选民35万多人。11月15日，各乡镇开始提名推荐代表候选人，全市18个乡镇有5万多名选民参加提名推荐代表候选人，共联名推荐代表候选人1810人。11月28日，各乡镇张榜公布正式代表候选人，12月3日为选举日。至12月5日，全市各乡镇621个选区共选举产生新一届乡镇人大代表1069名，其中，非中共人士389名，占36.39%；妇女代表225名，占21%；少数民族代表158名，占14.8%。

1999年10月，根据福安市乡镇换届选举工作领导小组安排，各乡镇开始新一届换届选民登记，全市各乡镇登记选民350251人，其中落实有选举权的服刑、羁押人员选举委托600多人。11月11—13日，社口镇作为乡镇人大代表换届选举试点镇，在全市率先举行换届选举。全镇48个选区一次性选举产生57位人大代表。期间，市人大常委会在社口镇召开现场观摩会，组织全市各乡镇人大主席团、选举委员会负责人观摩学习。至11月23日，各乡镇相继张榜公布正式代表候选人1722名（代表候选人与代表名额比例为1.6∶1）；其中，政党推荐629名，选民10人以上联名推荐1093名。至11月30日，全市各乡镇有328606名选民参加640个选区选举，其中，623个选区一次选举成功，16个选区经二次选举成功、1个选区经三次选举成功。各乡镇选举产生新一届乡镇人大代表1071名，其中，非中共人士418名、妇女代表236名、少数民族代表160人。

2002年9月初，成立福安市乡镇换届选举工作领导小组，开始筹备全市18个乡镇新一届人大代表的选举工作。潭头镇作为乡镇人大代表换届选举试点镇，在全市率先举行换届选举工作。全镇33个选区一次性选举产生65名代表。期间，市人大常委会在潭头镇召开现场观摩会，组织全市各乡镇人大主席团、选举委员会负责人观摩学习。9月，各乡镇开始登记选民，全市18个乡镇共有540007人、登记选民366062人。全市应选代表1071名，共推荐代表初步候选人1986名，代表候选人与代表名额比例为 1.85 : 1。经广泛协商酝酿，至 11 月 20 日，各乡镇相继张榜公布正式代表候选人 1717 名（代表候选人与代表名额比例为 1.6 : 1），其中政党推荐 656 名、选民 10 人以上推荐 1061 名。11 月 25—30 日，全市各乡镇有 323923 名选民参加 639 个选区投票，其中，一次选举成功的 626 个选区，二次选举成功的 13 个选区。共选举产生新一届乡镇人大代表 1071 名，其中，非共产党人士 443 名、妇女代表 239 名、少数民族代表 159 人。

第二节　代表大会

1991—2005 年，福安市各乡镇人大一般于每年年初或年底召开一次代表大会，会议由乡镇人民代表大会主席团（以下简称“人大主席团”）主持。会议主要任务是听取、审议并通过乡镇人民政府、乡镇人大主席团和财政工作报告及决议等。每届乡镇人大第一次代表大会选举产生乡镇人大主席团成员、正副乡镇长，任期与市人大代表相同。乡镇人民代表大会主要行使四项职权，即维护权：即维护宪法、法律、法规和各级人大及常委会的决议在本乡镇的贯彻和实施；决定权：即决定应由本乡镇人大及常委会决定的重大事项；选举权：即选举本乡镇人大主席团组成人员和正副乡（镇）长及市人大代表；监督权：即加强对乡镇政府的法律监督和工作监督。

第三节　乡镇人大主席团和街道人大工委

1991 年，福安市 18 个乡镇人民代表大会在闭会后相继设立主席团、主持日常工作，主席团设常务主席，由 5 至 9 名工作人员组成，人口较多的乡镇不超过 13 人。各乡镇人大主席团制定工作制度，明确人员组成、产生程序、工作原则、人大主席团和常务主席的主要职责。1992 年 6 月 4 日，根据福建省民政厅批复，同意福安市溪尾、晓洋和潭头三个乡撤乡建镇，乡改镇建制后，原来的“乡人大主席团”改称“镇人大主席团”。1995 年 2 月 28 日，根据新修订的《中华人民共和国地方各级人民代表大会和地方各级人民政府组织法》，福安市各乡、镇“人大主席团常务主席”改为“人民代表大会主席”（简称“乡、镇人大主席”），各乡镇人大主席团设主席 1 人，工作人员若干人。2005 年 5 月 17 日，经批准，设立福安市人大常委会城南、城北、阳头街道工作委员会。同年 12 月 26 日，市人大常委会在城南、城北、阳头街道举行街道人大工作委员会揭牌和授印仪式。至 2005 年年底，福安市共有 18 个乡镇人大主席团、3 个街道人大工委。

第十八篇

福安市人民政府

FU'ANSHI RENMINZHENGFU

1991—2005年，福安市第十一至第十四届人民政府，围绕建设海峡西岸东北翼生态型港口工业城市目标，实施“工业立市”战略。稳定发展特色农业，提高农业商品化、产业化水平。深化国有企业改革，扶持民营企业和个体私营企业发展。加大市场开放和招商引资力度，完善基础设施建设，改善投资软环境。加快工业园区开发，推进电机电器、船舶和以茶叶为主的食品加工三大支柱产业集聚发展，推动福安经济由农业主导型经济向工业主导型经济转变。促进城乡建设和文教、卫生等各项社会事业发展，建立完善社会保障制度，提高人民群众的物质和文化生活水平。

第一章　组织机构

第一节　领导机构

一、福安市第十一届人民政府（1991年1月至1994年1月）

1991年1月7日，福安市第十一届人民政府由市第十一次人民代表大会第一次会议选举产生。钟明森任市长，叶干铃、林豪生、钟清平、林青、阮妙容任副市长。

期间，分别由福安市第十一届人大常委会第十五次会议审议通过，任命陈必滔为市政府副市长、代理市长；第十八次会议审议通过，决定接受陈必滔辞去市政府副市长、代理市长职务；任命康建民为市政府副市长、代理市长；第四次、五次、十三次、十七次会议审议通过，分别任命阮永光、吴庆祥、陈恩沛、王肇昌为科技和挂职市政府副市长。

二、福安市第十二届人民政府（1994年1月至1999年1月）

1994年1月19日，福安市第十二届人民政府由市第十二次人民代表大会第一次会议选举产生。康建民任市长，钟清平、阮永光、陈恩沛、王肇昌、陈铭生任副市长。

期间，分别由福安市第十二届人大常委会第十四次、第二十三次会议审议通过，任命徐桂春、蓝如春为市政府副市长、代理市长；并分别于1996年6月28日、1997年12月1日由市第十二届人民代表大会第四次、第六次会议补选徐桂春、蓝如春为市政府市长。由第二次、四次、十次、十四次、十六次、二十次、二十二次会议审议通过，分别任命陈蒲（科技）、陈霖、林峰雪、魏重德（挂职）、林良庄、刘振辉、梁奕章、鄢萍（挂职）为市政府副市长。

三、福安市第十三届人民政府（1999年1月至2004年2月）

1999年1月8日，福安市第十三届人民政府由市第十三次人民代表大会第一次会议选举产生。蓝如春任市长，刘宗廷、林峰雪、陈长德、陈灼生、刘振辉、梁奕章任副市长。

2004年2月2日，福安市第十三届人大常委会第三十九次会议审议通过，任命薛世平为市政府副市长、代理市长；第四次、十五次、二十次、三十八次会议审议通过，分别任命石林（挂职）、何世明、黄国璋（科技）、詹翠霞、符熙菱（挂职）、王代忠为市政府副市长。

四、福安市第十四届人民政府（2004年2月至2007年1月）

2004年2月19日，福安市第十四届人民政府由市第十四次人民代表大会第一次会议选举产生。薛世平任市长，刘宗廷（常务）、王代忠、陈灼生、符熙菱（挂职）、陈国清、谢坚、雷文忠任副市长。

其间，由福安市第十四届人大常委会第五次、六次会议审议通过，分别任命李光辉（科技）、陆菁（挂职）为市政府副市长。

表18—1　1991—2005年福安市人民政府领导任职名单一览表

届次时间	职务	姓名	性别	籍贯	任职时间
第十一届人民政府（1991.1—1994.1）	市长	钟明森	男	福安	1991.1—1993.4
		陈必滔	男	周宁	1993.4—1993.10（代理市长）
		康建民	男	莆田	1993.10—1994.1（代理市长）
	副市长	叶干铃	男	福安	1991.1—1993.12
		林豪生	男	闽侯	1991.1—1991.9
		钟清平	男	福安	1991.1—1993.12
		林　青	男	福清	1991.1—1993.12
		康建民	男	莆田	1989.3—1993.10
		阮妙容	女	福安	1991.1—1993.12
		阮永光	男	福安	1991.8—1993.12
		吴庆祥	男	莆田	1991.9—1993.12
		陈恩沛	男	福安	1992.12—1993.12
		王肇昌	男	永春	1993.8—1994.1（挂职）
第十二届人民政府（1994.1—1999.1）	市长	康建民	男	莆田	1994.1—1996.5
		徐桂春	男	蕉城	1996.5—1997.9
		蓝如春	男	霞浦	1997.9—1998.12（代理市长）
		蓝如春	男	霞浦	1998.12—1999.1
	常务副市长	钟清平	男	福安	1997.4—1998.11
	副市长	钟清平	男	福安	1994.1—1997.4
		阮永光	男	福安	1994.1—1998.10
		陈恩沛	男	福安	1994.1—1997.7
		王肇昌	男	永春	1994.1—1994.8（挂职）
		陈铭生	男	福安	1994.1—1996.7
		陈　蒲	男	莆田	1994.4—1997.7
		陈　霖	男	连江	1994.4—1996.3
		林峰雪	女	福安	1994.8—1999.1
		魏重德	男	—	1995.8—1998.3（挂职）
		林良庄	男	福安	1996.3—1999.1
		刘振辉	男	福安	1996.7—1999.1
		梁奕章	男	福鼎	1997.1—1999.1
		鄢　萍	女	永泰	1997.7—1998.12（挂职）
		刘宗廷	男	福安	1998.11—1999.1
		陈长德	男	周宁	1998.11—1999.1
		陈灼生	男	福安	1998.11—1999.1

续表 18—1

届次时间	职务	姓名	性别	籍贯	任职时间
第十三届人民政府（1999.1—2004.2）	市长	蓝如春	男	霞浦	1999.1—2004.1
		薛世平	男	屏南	2004.1—2004.2（代理市长）
	常务副市长	梁奕章	男	福鼎	1999.1—2003.11
		刘宗廷	男	福安	2003.11—2004.2
	副市长	刘宗廷	男	福安	1999.1—2003.11
		林峰雪	女	福安	1999.1—2001.6
		陈长德	男	周宁	1999.1—2004.2
		陈灼生	男	福安	1998.12—2004.2
		刘振辉	男	福安	1999.1—2001.6
		石　林	男	长乐	1999.5—2001.8（挂职）
		何世明	男	安徽怀宁	2000.9—2003.10
		黄国璋	男	莆田	2000.10 月—2004.2
		詹翠霞	女	福安	2001.6—2003.10
		符熙菱	女	海南文昌	2002.11—2004.2（挂职）
		王代忠	男	福鼎	2003.11—2004.2
第十四届人民政府（2004.2—2007.1）	市长	薛世平	男	屏南	2004.2—
	常务副市长	刘宗廷	男	福安	2004.2—2004.11
	副市长	王代忠	男	福鼎	2004.2—
		陈灼生	男	福安	2000.2—
		符熙菱	女	海南文昌	2004.2—2004.12（挂职）
		陈国清	男	福安	2004.2—
		谢　坚	男	蕉城	2004.2—
		雷文忠	男	福安	2004.2—
		李光辉	男	长乐	2004.12—
		陆　菁	女	浦城	2005.1—（挂职）

第二节　工作机构

一、机构设置与改革

1991 年，福安市人民政府工作机构有 51 个：福安市人民政府办公室（兼挂福安市人民政府经济研究中心）、福安市信访办公室、福安市体制改革委员会、福安市人事局、福安市编制委员会办公室、福安市宗教事务局、福安市档案局、福安市侨务办公室、福安市旅游局、福安市民政局、福安市民族事务委员会、福安市老区办、福安市审计局、福安市计划委员会、福安市物价委员会、福安市统计局、福安市劳动局、福安市物资局、福安市建设委员会、福安市土地管理局、福安市经济委员会、福安市工业局、福安市交通局、福安市经济协作办公室、福安市财贸委员会、福安市财政局、福安市工商局、福安市商业局、福安市粮食局、福安市对外经济贸易委员会、福安市监察局、福安市农业委员会、福安市农业局、福安市林业局、福安市水产局、福安市水电局、福安市乡镇企业局、福安市茶业管理局、福安市科学技术委员会、福安市文化局、福安市广播电视局、福安市教育局、福安市卫生局、福安市计划生育委员会、福安市体育运动委员会、福安市公安局、福安市司法局、福安市二轻局、福安市扶贫办、福安市地方志编纂委员会、福安市供销合作联社。

1996 年，福安市人民政府机构改革设置工作机构 30 个：福安市人民政府办公室（侨务办公室合署）、福安市计划委员会（物价委员会合署）、福安市经济委员会（技术监督局合署）、福安市科学技术委员会、福安市民族事务委员会（宗教事务局合署）、福安市公安局、福安市监察局、福安市民政局、福安市司法局、福安市财政局、福安市地方税务局、福安市人事局、福安市劳动局、福安市建设委员会、福安市交通局、福安市农业局（乡镇企业局合署）、福安市水利水电局、福安市水产局、福安市林业局、福安市粮食局、福安市对外经济贸易委员会、福安市文化局（体育运动委员会合署）、福安市卫生局、福安市计划生育委员会、福安市审计局、福安市统计局、福安市工商行政管理局、福安市土地管理局、福安市环境保护局、福安市地方志编纂委员会。

设立议事协调机构 4 个：福安市委农村工作领导小组办公室（挂福安市政府农业办公室牌子）、福安市财贸工作领导小组办公室、福安市综合改革试验区领导小组办公室、福安市革命老根据地建设委员会办公室（福安市脱贫致富领导小组办公室与其一个机构两块牌子）；撤销机构 4 个：福安市财贸委员会（职能由福安市财贸工作领导小组办公室承担），福安市电机电器管理局（职能由福安市经济委员会承担），福安市法制办（职能由福安市政府办公室承担），福安市教育局（组建福安市教育委员会）。

合并机构 4 个：福安市经济体制改革委员会并入福安市综合改革试验区领导小组办公室（保留福安市经济体制改革委员会牌子），福安市人民政府经济技术协作办公室并入福安市经济委员会（保留市人民政府经济技术协作办公室牌子），福安市矿产资源管理委员会办公室并入福安市土地管理局（对外加挂福安市矿产资源管理局牌子），福安市保密局并入福安市政府办公室（保留福安市保密局牌子）。

调整、组建机构 2 个：福安市信访局（福安市委信访局）由科级调整为副科级，新组建福安市国有资产管理局，为副科级机构。改为事业机构 5 个：福安市档案局与福安市档案馆合并，保留福安市档案局牌子；福安市广播电视局改为市广播电视事业局；福安市旅游局改为福安市旅游事业局；福安市茶业管理局改为福安市茶业事业局；福安市房地产管理局改为事业单位，由市建设委员会管理。成建制转为经济实体机构 4 个：福安市物资局转为市物资总公司（部分管理职能由福安市财贸工作领导小组办公室承担），福安市商业局转为福安市商业总公司（部分管理职能由福安市财贸工作领导小组办公室承担），福安市工业局转为福安市工业公司或其他形式的企业公司（职能由市经济委员会承担），福安市第二轻工业局转为市二轻工业总公司（挂福安市二轻集体工业联社牌子，部分管理职能由福安市经济委员会承担）。

1999 年 8 月，福安市工商局系统成建制上划省垂直管理。2000 年 5 月，福安市技术监督局系统成建制上划省垂直管理。

2002年，福安市人民政府机构改革，设置工作机构24个：福安市人民政府办公室（对外增挂福安市综合改革试验区领导小组办公室、福安市经济体制改革委员会办公室、福安市人民政府外事侨务办公室、福安市人民政府打击走私综合治理领导小组办公室、福安市口岸与海防管理委员会办公室、福安市人民政府法制办公室牌子）、福安市发展计划局（对外增挂福安市物价局牌子）、福安市经济贸易局（福安市对外贸易经济合作局与其合署办公，对外增挂福安市乡镇企业局牌子）、福安市教育局、福安市科学技术局、福安市民族与宗教事务局、福安市公安局、福安市监察局（与中共福安市纪律检查委员会机关合署办公，一个机构、两块牌子、不计入机构数）、福安市民政局、福安市司法局、福安市财政局、福安市人事局、福安市劳动和社会保障局、福安市国土资源局、福安市建设局、福安市交通局、福安市农业局、福安市水利局、福安市林业局、福安市文化体育局、福安市卫生局、福安市计划生育局、福安市审计局、福安市统计局、福安市环境保护局。

更名、合并或新组建的部门有：福安市计划委员会更名为福安市发展计划局。福安市物价委员会并入福安市发展计划局，对外加挂福安市物价局牌子；不再保留福安市经济委员会（福安市经济技术协作办公室）、福安市财贸委员会，组建福安市经济贸易局；福安市对外贸易经济委员会更名为福安市对外贸易经济合作局，与福安市经济贸易局合署办公室；不再保留福安市民族事务委员会、福安市宗教事务局，组建福安市民族与宗教事务局；不再保留福安市国有资产管理局，其职能并入福安市财政局；福安市乡镇企业局并入福安市经济贸易局，对外挂福安市乡镇企业局牌子；福安市建设委员会更名为福安市建设局，加挂福安市房地产管理局牌子；福安市城乡规划职能由福安市建设局承担；福安市教育委员会更名为福安市教育局，福安市计划生育委员会更名为福安市计划生育局，福安市科学技术委员会更名为福安市科学技术局；不再保留福安市文化局、福安市体育运动委员会，组建福安市文化体育局；不再保留福安市水利水电局，组建福安市水利局，电网管理职能划入福安市经济贸易局，农村水电建设职能暂由福安市水利局承担；不再保留福安市劳动局，组建福安市劳动和社会保障局，原福安市劳动局管理的城镇职工社会保险、福安市人事局管理的机关事业单位社会保险、福安市民政局管理的农村社会保险、各行业部门统筹的社会保险以及福安市卫生局管理的医疗保险等职能，统一由福安市劳动和社会保障局承担；外事、侨务工作职能并入福安市人民政府办公室，对外加挂福安市外事侨务办公室牌子；打击走私、海防、口岸、法制工作职能由福安市人民政府办公室承担，均对外挂牌；福安市综合改革试验区领导小组办公室（福安市经济体制改革委员会）职能并入福安市人民政府办公室，对外挂牌。设立福安市安全生产监督管理局，为副科级单位，由福安市经济贸易局管理；福安市海洋与水产局更名为福安市海洋与渔业局，为正科级单位，由福安市委农办管理。

设部门管理机构3个：福安市粮食局、福安市海洋与渔业局、福安市安全生产监督管理局；议事协调办事机构2个：福安市人民防空办公室、福安市革命老根据地建设委员会办公室。

挂靠部门4个：福安市机关效能建设领导小组办公室挂靠纪检监察部门，福安市国防动员委员会经济动员办公室、交通战备办公室挂靠福安市发展计划局，福安市国防动员委员会支前办公室挂靠福安市经济贸易局，福安市老龄工作委员会办事机构挂靠福安市民政局。

2005年，福安市人民政府机构设置不变。

二、派出机构

（一）“两区三办”

1992 年，福安市人民政府撤销韩阳镇，设立城北、城南、阳头 3 个街道。同年，确定闽东赛岐经济开发区管委会为市政府派出机构，内设办公室、规划基建处、计划财务处、保卫处、招商局等 5 个副科级机构。

1993 年，确定福安市穆阳民族经济开发区管委会为市政府派出机构（科级）；同时，闽东赛岐经济开发区管委会计划财务处改为福安市财政局闽东赛岐经济开发区分局。

1997 年，福安市城北、城南、阳头 3 个街道办事处设置党政、农业、企业、社会事务、计划生育等 5 个综合办公室，规格均为股级。同年，闽东赛岐经济开发区、福安市穆阳民族经济开发区成立土地分局，城区 3 个街道办事处成立土地管理所、规格为股级，为市土地管理局派出机构。

2000 年，福安市穆阳经济开发区管理委员会更名为福安畲族经济开发区管理委员会，规格为副处级、为福安市人民政府派出机构。

2001 年，闽东赛岐经济开发区管委会内设的“管委会办公室、财政分局、土地分局、规划建设局（对外挂环保局牌子）、招商局（与经济发展局合署办公）、村街工作处”，规格按正科级设置。

2005 年，城北、城南、阳头三个街道办事处成立人大工作委员会，为市人大常委会派出的正科级机构，各核定正科级领导职数 1 名。

同年，确定福安畲族经济开发区为福安市人民政府派出机构，规格为副处级，设党政办公室、经济发展局（加挂招商局牌子）、国土规划建设局、财政分局、社会事业发展局等 5 个办事机构（副科级）。

（二）驻外办事处

1. 驻京办

1996 年，福安市人民政府成立驻北京联络处（驻京办），并对外挂牌；主要承担在京对外联络，为市政府工作服务、维稳、项目跟踪、推介宣传等职能，机构规格为正科级。

2. 驻沪办

1997 年，福安市人民政府成立驻上海联络处（驻沪办），并对外挂牌；机构规格为正科级。

2004 年，福安市人民政府驻沪办更名为福安市人民政府驻上海工作处。

3. 驻厦办

1997 年，福安市人民政府成立驻厦门联络处（驻厦办），并对外挂牌；机构规格为正科级。

4. 驻榕办

1991 年，福安市人民政府成立驻福州办事处（驻榕办），并对外挂牌；机构规格为正科级。

5. 驻港办

1995 年，福安市人民政府成立香港福安联谊有限公司（又称福安市人民政府驻香港联络处），为市政府直属的经济实体，享受正科级待遇，并作为市政府派驻香港的一个办事机构，实行一套人马，两块牌子，归口市外经贸委管理。

三、咨询机构

1996 年 6 月，福安市人民政府咨询委员会成立，是市委、市政府决策科学化、民主化的咨询机构，为市领导提供前瞻性、可行性的咨询服务。主任由市政府一位助理调研员兼任，配一名专职副主任，内设“四组一室”（农业组、工业组、城建交通组、社会事业组和办公室），人员从市直单位科级以上在职和离退休干部中具有高中级专业技术职称的人员中选聘，共22人。1997年6月，福安市委、市政府决定咨询委内设机构工业组改称经贸组，同时将组成人员分三个层次：紧密型，以离退休人员为主聘任14人，配专职主任、副主任各一人，实行集中办公；松散型，兼职人员参与调研和咨询工作，不集中办公；客座型，借助外部智力输入，聘请省城10位专家教授为客座经济顾问。1999年年底，内设机构整合为一组（课题组）一室（办公室），有专职人员10人，均为处、科级退休干部，其中具有高级技术职称6人；另有工作人员1名。至2005年不变。

市咨询委工作重点是：联系福安实际，开展重点、难点、热点问题专题调研，为市委、市政府提供前瞻性、可行性咨询服务；了解反映社情民意，当好市领导的参谋；接受市领导点题交办的咨询任务，当好领导的助手。市咨询委在各方配合下，课题组成员深入工业企业、农村田头、城建交通和社会事业单位和项目现场进行调研，外出考察学习吸取外地先进经验。1996—2005年，共撰写《咨询专报》231篇，160多万字，其中宏观经济方面36篇；农业和农村工作74篇、工业经济37篇、社会事业44篇、城建交通24篇、其他16篇。1997—2005年，每年内部出版一集《决策咨询课题汇编》。10年来，共印发《社情民意》和《社情参阅》43期。1997—1998年间，邀请省内专家在福安市考察调研、发表文章24篇。这些课题文章和专题调研材料，不少为省、地、市报刊刊用，许多课题调研成果得到市领导和部门的采纳应用、转化为实际应用，取得较好的社会经济效益。

第三节　乡镇人民政府

1991年，福安市下设8镇11乡。各设乡（镇）长1名，副乡（镇）长若干名。乡镇人民政府设办公室、财务室、司法办、武装部、财政所、农业站等办事机构，以及民政协理员、建设助理员、文教卫生助理员、统计助理员、计划生育助理员等办事人员。市直单位派驻乡镇的机构有派出所、税务所、工商所、信用社、供销社、粮站、林业站、经管站等。

1992年，福安市在各乡镇成立计划生育服务所，加强乡镇计划生育队伍建设；在18个乡镇、3个街道办事处设立监察室，强化行政监察职能。同年，溪尾、晓阳、潭头相继撤乡建镇。

1993年，福安市将乡镇农技、林业、水利、兽医、农业机械交管、经管统计、计生服务、文化广播等工作站所的机构、人事管理权下放乡镇；对乡镇公安派出所、司法办、工商所、税务所等工作部门以垂直领导为主，接受乡镇党委、政府的协调和监督，实行“双重管理”；财政所、土地所也实行双重领导，但以乡镇管理为主。1995年，溪潭撤乡建镇。

1997年，福安市委、市政府下发《关于做好乡镇党政机构改革工作的通知》，确定赛岐、甘棠、溪柄、溪潭、潭头、下白石等6个乡镇为一类乡镇，设置党政、农业、企业、社会事务、计划生育、乡村建设6个综合办公室；城阳、康厝、穆云、穆阳、上白石、社口、松罗、湾坞、溪尾、坂中、范坑、晓阳等12个乡镇为二类乡镇，设置党政、农业、企业、社会事务、计划生育5个综合办公室，另设乡村建设领导小组办公室、作为乡镇政府的协调议事机构。乡镇党政工作机构规格均为股级。

2002年，明确福安市一类、二类乡镇党政工作机构5个：党政办公室、经济贸易发展办公室、社会事务办公室、村镇建设规划办公室、计划生育办公室。

乡镇党委设书记 1 名，副书记 2 名（1 名兼纪委书记），人大主席团主席 1 名；乡镇政府设乡镇长 1 名，副乡镇长 2～4 名。

乡镇事业单位设 6 个：农业服务中心、文化服务中心、综合执法队、财政所、村镇建设规划站、乡镇企业站；一类乡镇事业编制 35 名，二类乡镇事业编制 30 名；街道事业单位机构设置和人员编制按二类乡镇执行。

2005 年，韩阳、赛岐、穆阳公安分局分别更名为福安市公安局韩阳派出所、福安市公安局赛岐派出所、福安市公安局穆阳派出所。

第二章　重要会议

第一节　政府常务会议（部分）

一、第十一届人民政府

（一）1991 年政府常务会议

12 月 9 日，福安市人民政府召开常务会议，听取市财政局关于 1991 年财政收支情况的汇报，研究市财政有关问题。

12 月 25 日，福安市人民政府召开常务会议，听取市劳动局局长的情况汇报，研究市外单位职工调入福安市企事业单位有关事宜。会议重新明确市外职工调入的原则。

（二）1992 年政府常务会议

1 月 3—5 日，福安市人民政府召开常务会议，会议学习中国共产党第十三届八中全会精神和李鹏总理在国务院第十三次全体会议上的讲话纲要，听取市长传达省委五届四次全委扩大会议精神。研究、部署关于农业、公交、闽东赛岐经济开发区、城建、文教、卫生、科技、公安和人武等工作。

12 月 3 日，福安市人民政府召开常务会议，研究雷瑞华、陈茂情房产遗留问题、人事安排和市政府办机关服务公司等事宜。

（三）1993 年政府常务会议

5 月 13 日，福安市人民政府召开年度第一次常务会议，通报 1—4 月份工作情况，提出全面实现全年目标任务的要求。议定政法装备经费等问题。同意新设阳头街道办事处沙冈、察阳 2 个居委会，撤销环溪村委会、改设环溪居委会，新设城北街道办事处富春、锦鸡垄、洋边 3 个居委会，新设城南街道办事处官庄、新华 2 个居委会，从溪尾村委会析设新溪居委会，从上白石村委会析设白石街居委会。

7 月 14 日，福安市人民政府召开第三次常务会议，研究粮食征购、土地开发、防汛抗旱等问题。会议议定：粮食征购中征的部分要收实物，购的部分要按基准价 32 元收购，补价 3.75 元要兑现给农民，超过征、购任务部分的收购价格随行就市；每 50 千克再按 0.2 元奖励。同意将市土地局起草的 4 份文件进行统筹修订，形成可操作性强的文件。理顺市土地局与地产公司的关系，要求土地开发的各种税费按行署文件规定征收，土地开发税费减免额在 30 万元以上的，须经市政府常务会议研究决定。

11 月 25 日，福安市人民政府召开第五次常务会议，传达省“三项（劳动、人事、分配）制度”改革工作会议精神。会议研究近段政府工作中的具体问题，并议定：要认识“三项制度”改革的重大意义，明确今后工作的方向和要求，用改革的思想和精神处理问题。改革配套的实施步骤要具体、周到、慎重、稳妥，三个配套方案形成后，明年逐步实施。原则同意以商业局为主，体改委参加，拟出商业系统“国有民营”具体实施方案。原则同意设立新菜地基金，蔬菜基地建设向城外拓展。原则同意以现有培训中心为基础，成立“农科教”培训中心。原则同意《福安市公费医疗管理暂行办法》，待提交六套班子研究通过后实施。原则同意世行卫生贷款Ⅳ方案福安市实施意见，配套资金由财政部门负责。会议还议定外地人员调入、冬储化肥、违控购小车、农业投入、电力紧缺、农村通话、政府大楼续建等事项。

二、第十二届人民政府

（一）1994 年政府常务会议

1 月 21 日，福安市人民政府召开第一次常务会议，就进一步加强自身建设，建立廉洁高效政府问题进行讨论，重新调整市政府领导工作分工。讨论通过《福安市人民政府关于进一步加强自身建设建立廉洁高效政府的决定》。

3 月 1 日，福安市人民政府召开第二次常务会议。通报 1994 年 1—2 月工作情况和 3 月份工作安排，传达省“菜篮子”工程会议精神，研究当前市政府工作。会议议定关于 1994 年是否继续实行国有企业税利预算承包、二轻集体企业税利递增包干问题；原则同意把市中医院列入省医疗卫生分级管理试点，拖欠的公费医疗费由市财政分期给予归还；原则同意开展市科委实施的“一师一项目一成果”评选活动。

4 月 11 日，福安市人民政府召开第三次常务会议，传达近期省、地召开的有关会议精神，通报并分析全市第一季度经济运行情况，研究、部署第二季度工作。会议议定：尽快启动“造福工程”；加大民营经济发展年工作力度；同意从财政拨出一部分资金作为民族健康素质调查专项经费，包干使用。

5 月 9 日，福安市人民政府召开第四次常务会议，通报上阶段工作情况，传达地区财政工作会议和重点工程工作会议精神，研究当前工作中的一些具体问题，并提出下阶段要重点抓好的几项工作：工业生产要以优化结构，加强管理提高效益为重点，在保持工业生产快速增长的基础上，努力提高经济效益；农业要以稳定粮食产量，增加农民收入为目标；想方设法增加财政收入，争取实现双过半（时间过半、任务过半）；1994 年 104 国道改造方案较为切实可行，同意按方案实施；抓好文教卫生工作；保持社会稳定。

12 月 7 日，福安市人民政府召开第九次常务会议，听取有关部门“两节（元旦、春节）”市场供应组织实施情况的汇报，认真研究 1995 年政府工作计划安排的一些具体问题，并对 1994 年最后一个月工作做出部署；要求抓好农业生产，全力以赴完成重点建设任务，抓好增收节支、切实搞好“两节”供应；加强安全管理和社会治安；做好计划生育准生证发放和复退军人安置工作。

（二）1995 年政府常务会议

1 月 17 日，福安市人民政府召开年度第一次常务会议，传达全省经济工作会议和计划工作会议精神；确定 1995 年政府要抓好的重点基础公共设施建设项目，强调要做到“四个一”：统一思想认识；坚持一个方针，即一切工作要围绕“抓住机遇、深化改革、扩大开放、促进发展、保持稳定”的 20 字方针；明确一个要求，保持适合福安市实际的经济发展速度、努力提高经济增长的质量和效益；抓住一个重点，即 1995 年经济工作的首要任务是抑制通货膨胀，重点要加强农业基础和搞好国有企业。

2 月 27 日，福安市人民政府召开第二次常务会议传达李鹏总理考察福建讲话精神和省、地贯彻意见，讨论修改《1994 年国民经济与社会发展计划执行情况及 1995 年计划安排意见（草案）的报告》。强调要结合福安市实际，切实做好“八个抓”：抓学习，推动工作发展；抓支柱，形成规模经济；抓“三区”（闽东赛岐经济开发区，穆阳民族经济开发区和溪柄农业科技园区），扩大对外开放；抓“两子”（“菜篮子”“米袋子”），抑制物价过快增长；抓四改（改制、改组、改造、改善），促进国有企业改革的深化，努力“扭亏增盈”，加速摘掉亏损帽子；抓“十改”（十个综合改革项目），促进综合改革上新台阶；抓“三建”（黄兰溪电站建设、104国道改造、城区道路建设），促基础设施建设上新水平；抓“两手”（物质文明和精神文明建设），实现两手都要硬。

6月8日，市政府召开第五次常务会议。会议通报1—5月份福安市经济发展情况，讨论部分人大代表议案和政协委员提案的办理问题，对实现年度目标“双过半”提出具体要求。会议议定：原则同意关于下白石3000吨码头管理问题的意见，原则同意《关于加强卫生工作的决定》，体育中心建设项目列入1995年6项重点基础设施工程之一；同意从黄兰溪水电站已征用的生活区用地中切出6666.7平方米和体育中毗邻的2600平方米不规则地块作为电站移民安置用地。

8月25日，市政府召开第六次常务会议。会议传达全区农业开放开发工作会议精神，研究讨论贯彻意见和福安市今后农业开放开发的有关问题。会议议定：原则同意1995年福安市农业综合开发意见，以及1997年至2000年的发展目标、规划和设想；开征以电养水基金和茶业技术改进基金；原则同意成立农业开放开发专业领导小组；讨论制定“九五”规划和2010年计划。

9月13日，市政府召开第七次常务会议。会议传达全省乡镇企业工作会议和全区安全生产工作会议精神，以及省有关部门对宁德地区“九五”计划和2010年规划的编制意见。会议议定：原则同意《福安市企业职工医疗保险暂行规定》，要求做好省地在福安市召开的几场会议和全国卫生城市检查的各项准备，狠抓计划生育、抗旱和打好104国道改造第三战役等几项工作。

12月22日，福安市人民政府召开第九次常务会议，传达全省城市规划建设管理工作和全省林业工作会议精神，并提出贯彻意见。会议要求：当前工业要加快生产，财政要增收节支，政府为民办事的10件实事要抓紧落实，做好民办、代课教师工资的兑现，破产和特困企业职工生活安置及农村困难户生活扶持，抓好社会治安、交通安全、防火安全、市场物价和社会安定问题。

（三）1996年政府常务会议

4月2日，福安市人民政府召开第三次常务会议，传达省金融工作和民族宗教工作会议精神，听取全市金融和民族宗教工作情况汇报，讨论关于贯彻省金融和民族宗教工作会议精神的具体措施。会议议定：由市财政拨给宗教场所登记和天主教工作专项经费；原则同意将湾坞半屿二期围垦工程的少数民族“造福工程”搬迁安置列入全市“造福工程”计划；原则同意民委内部分设股室和关于加强民族干部培养选拔使用意见；1995年地区农校民族班毕业生分配接收单位不落实等问题由市政府办督查科督查落实、并将情况反馈给有关领导。

4月8日，福安市人民政府召开第四次常务会议，总结第一季度经济运行情况、分析存在问题，并对第二季度的工作做出部署。会议强调：第二季度各项工作要围绕全年部署，深入工厂、农村调查研究，解决经济运行中的具体问题；集中力量，掀起春耕生产热潮，解决好茶叶销售和蘑菇生产中的问题；加大企业改革力度，落实各项改革措施，搞活企业；抓好重点外经项目的跟踪，特别是电机电器批发市场、造纸用红麻试种等；下大力气抓财政收入；做好项目储备工作；继续加强物价调控，认真抓好“菜篮子”“米袋子”建设、搞好副食品基地生产和“两金”（新菜地开发建设、副食品价格调节基金）征收。

7月2日，福安市人民政府召开第六次常务会议，通报福安市上半年经济工作情况，研究分析经济运行中存在的问题和下半年工作要求，讨论部分人大代表议案和政协委员提案办理及答复情况。会议议定关于复退军人安置、提高“五老”补助标准以及1979年以来市政府规范性文件清理等工作。

（四）1997 年政府常务会议

2 月 13 日，福安市人民政府召开第一次常务会议，讨论市委工作会议工作报告、政府各口 1997 年重点工作、开展土地征储和房地产管理、环保工作、农业工作、1997 年“造福工程”、引进新品种、秦溪洋防洪坝工程、交通与码头港口建设、“三资”企业、外贸、支持重点行业发展、教育“两基”验收、争创全省文化先进市、体育中心建设、制止乱建寺庙教堂、农贸市场建设、修订“九五”和 2010 年规划等问题。

9 月 28 日，福安市人民政府召开第八次政府常务会议，传达地区经济形势分析会精神，明确福安市工作思路，讨论沿江沿岸“三位一体”开发的初步设想、建设中心城市目标。要求领导班子和各职能部门要更新观念，形成共识，优惠政策、吸引人才，加快开发区建设进度。

10 月 6 日，福安市人民政府召开第十次政府常务会议，讨论市委九届九次全体（扩大）会议精神，决定成立福安市国有企业资产营运公司，并研究有关工作事项。

11 月 26 日，福安市人民政府召开第十二次常务会议。讨论 1998 年工作意见、工贸试验区方案、福安市“质量立市”方案。会议议定殡仪馆项目建设、协作公司破产等事项，同意燃料公司进行改制，赛岐、穆阳、福安三个自来水厂分开独立核算，交通战备办公室挂靠计委等。

12 月 2 日，福安市人民政府召开第十四次常务会议，传达全区开发性扶贫帮困、“送温暖”会议精神，讨论研究在福安市召开全区工业企业改革现场会准备工作、莲池广场建设和工贸实验区市场建设优惠政策等事项。

12 月 26 日，福安市人民政府召开第十五次政府常务会议，听取市财办、商业、供销、粮食等有关部门关于“两节”市场供应准备情况的汇报。会议议定：原则同意由市财政安排“两节”市场物价补贴 15 万元，由财政和副食品价格调节基金渠道支付以及加大 1998 年副食品价格调节基金征收力度等事项。

12 月 28 日，福安市人民政府召开第十六次常务会议，听取并研究市卫生局关于公费医疗改革新方案。

（五）1998 年政府常务会议

2 月 6 日，福安市人民政府召开第一次常务会议，传达行署组成单位第一次全体会议精神，研究部署政府当前工作。原则同意《福安市贯彻“质量振兴纲要”的实施意见》《福安市关于扶持工业企业改革和发展推进新一轮创业的决定》，成立福安市交建投资发展公司，并对教育“两基”验收有关问题做出决定。

2 月 9 日，福安市人民政府召开第二次常务会议，听取并议定关于秦溪洋工业园区地价问题和优惠政策、莲池广场建设拆迁等有关问题。

3 月 31 日，福安市人民政府召开第四次常务会议，讨论通过市政府班子准备的拟向地区考评组做述职报告，原则同意修改完善并出台扶持民营龙头企业发展的优惠政策，同意授权下白石镇政府开发湖塘围垦、镇政府若需引进内外资合作开发，合同应报市政府审批。

5 月 12 日，福安市人民政府召开第七次常务会议，讨论研究液化气行业管理、秦溪洋工业园区和乡镇工业小区优惠政策、推进城镇化人口迁移聚集工程的若干试行规定、成立市行政收费中心等事项，并确定“一港一场一中心四路三工程”十大项目建设责任领导，市公安局关于放宽“农转非”条件的请示，同意成立福安市行政收费中心并隶属市财政局。

5月31日，福安市人民政府召开第八次常务会议，传达贯彻全省粮食流通体制改革工作会议、省地国有企业下岗职工基本生活保障和“再就业”工作会议、全区民营经济工作会议和财政“双过半”工作会议精神；听取全市国有企业下岗职工基本生活保障、“再就业”工作情况和粮食购销情况汇报，并议定有关事项。决定秦溪洋工业园区和闽东赛岐经济开发区用地各100公顷、原则同意福安市乡村财源培育方案、《关于加快发展农业产业化的实施意见》《关于扶持发展农业产业化龙头企业的决定》《关于进一步做好企业引进人才管理工作的意见》《关于“计生三户”优惠政策规定及流动人口计划生育管理规定》、市建筑事业总公司以收购形式兼并原茶厂等，有关规定由有关部门进一步修改完善后出台实施。

6月12日，福安市人民政府召开第九次常务会议，听取福安市住房制度改革和安居工程建设情况汇报，研究了下白石湖塘围垦合同条款及十大项目进展情况等，并议定有关事项。会议强调：要统一思想认识、加快各项目建设进度，严格管理，确保工程质量；落实政策、加快房改步伐，加大宣传力度、全面实施干部住房公积金制度，健全房改机构、加强领导力量，明确各自职责，确保工作到位。

12月8日，福安市人民政府召开第二十二次常务会议，传达贯彻地委扩大会议精神，部署安排年底工作。会议议定：抓好稳定工作，做好明年工作的衔接；做好下岗职工生活保障以及特困户、五保户慰问工作和“两节”期间市场供应工作。

12月23日，福安市人民政府召开第二十三次常务会议，讨论和研究市十三届人大一次会议的《政府工作报告》初稿，提出修改和补充意见；议定和部署市实验幼儿园与旧体育场灯光球场相邻部分土地权属问题、电机电器市场征地问题、人民广场征地问题、特困下岗职工慰问等有关工作。

（六）1999年政府常务会议

3月22日，福安市人民政府召开第八次常务会议，通过《关于加快秦溪洋工业园区发展的决定》《关于扶持两大支柱产业重点企业发展的决定》《关于进一步做好企业引进人才管理工作的决定》和《关于市领导挂钩两大支柱产业重点企业的通知》。同意将市物资总公司划归财委口管理，对返还福安一中上年度的收费款问题做出安排。对春耕生产、镇容村貌整治、计划生育、“小康建设”、社会安全稳定工作、“造福工程”、重点工程建设等做出具体部署。

5月24日，福安市人民政府召开第十二次常务会议，组织学习江泽民总书记在中纪委第三次全体会议上所做的题为“切实加强和坚决拥护党的纪律”的讲话、国务院“关于克服官僚主义进一步转变工作作风提高办事效率有关问题的通报”，听取近段经济工作情况汇报。并就关于市区和穆阳地区电价进行调整、成立福安国有资产运营公司实施对全市国有资产管理运营、卫生城市检查、京都商业城开发风险金管理、闽东安福建设工程有限公司捆绑企业市二建公司和九福公司的企业法人资格、改善政府咨询工作、近期“二溪（交溪、穆阳溪）”水源污染加重、关于室内装修归口管理等问题提出相关意见。会议同意全市建筑装修装饰业归口市建委管理，室内装饰装修业归口市二轻工业总会管理，城区防洪堤可延伸到岩湖坂的市第二自来水厂选址点，以利今后水厂建设。

7月2日，福安市人民政府召开第十五次常务会议，传达全省医疗保险制度改革会议和全区医疗保险制度改革和下岗职工基本生活保障会议精神，讨论通过《福安市鼓励外资企业自营出口的若干规定》。

7月18日，福安市人民政府召开第十七次常务会议，传达全省农电工作会议、全区粮食征购工作会议和第五次全国人口普查电视电话会议精神，听取各分管领导的有关工作情况汇报。并对在全市范围内筹集教育经费、根据市委会议纪要成立市国有资产运营公司、市职业中专房地产拍卖、结核病归口管理和防治、殡仪馆建设等问题做出相关决定。

8月28日，福安市人民政府召开第二十一次常务会议，组织学习省委、省政府《关于贯彻落实中发（1999）12号文件精神做好当前经济工作的意见》，对当前的重点工作进行研究部署：同意成立福安市“十五”重点项目编制工作领导小组，立即组建国有资产运营公司，根据市外贸公司资不抵债的现状、同意实行破产。就湖塘围垦的股份、冠荣鞋业有限公司扩产市国资部分需承诺增资200万元、第二自来水厂的建设等问题做出相关决定。

9月17日，福安市人民政府召开第二十四次常务会议，原则同意《关于鼓励国内客商投资的暂行规定》。对1999年全市城镇退伍士兵安置工作和闽东电机电器专业市场建设等有关问题做出决定。

11月1日，福安市人民政府召开第二十八次常务会议，传达行署务虚会议精神、并研究当前工作。同意给市中医院下拨公费医疗款15万～20万元，专项用于应急药品的购买；在市交通局内部成立交通治安科，专门负责解决山区道路建设工程施工中的纠纷问题；对教育系统新分配师范类毕业生的工资、重点企业优惠供电、商贸大厦建设等有关问题做出相关决定。

12月29日，福安市人民政府召开第三十五次常务会议，研究1999年财政预算调整方案和2000年工作思路、教师工资兑现问题、莲池广场拆迁建设遗留问题、城市管理问题、“两节”市场供应及打通穿山路等工作。

（七）2000年政府常务会议

1月30日，福安市人民政府召开第三次常务会议，传达中共宁德地委工作会议精神，研究部署当前工作。原则同意把秦溪洋开发建设有限公司、市自来水公司、赛岐自来水公司等捆绑加入市兴安建设开发有限公司；将市公交停车场拍卖盘活，拍卖资金专项用于新公交停车场建设，实行收支两条线。并对市罐头厂243名下岗职工的生活保障问题做出决定。

3月13日，福安市人民政府召开第七次常务会议，专题研究工业和农业有关工作。原则同意《关于福安市农副产品加工园区实行有关优惠政策的决定》《关于切实抓好“连家船”民上岸安居乐业工作的决定》《关于切实加大扶贫开发力度的实施意见》《关于鼓励民营经济发展的若干规定》《关于加强两大支柱产业重点企业管理的通知》《关于加快村容村貌整治与新村建设的实施意见》。

3月27日，福安市人民政府召开第八次常务会议，讨论《政府工作报告》初稿、研究环保“一控双达标”工作。原则同意《关于加强乡镇财政财务管理的若干规定》，待进一步修改完善后提交市人大审议；新成立的“福安市外贸出口有限公司”按股份制方式运作、实行政府控股，吸引有实力的民营企业参加。

10月23日，福安市人民政府召开第二十五次常务会议，研究当前重点工作。同意由市财政局代拟的《关于闽东赛岐经济开发区建立一级财政管理体制的有关事项》，待请示市委同意后下发执行。同意卫生局《关于要求乡镇卫生院卫生经费由乡管改为市管的请示》，并在2000年新一轮财政年度中实施。

12月27日，福安市人民政府召开第二十九次常务会议，专题研究农村教育集资工作。原则同意在2000—2001学年学生入学（园）时开始实施。农村教育集资应根据当地经济、教育发展状况和群众承受能力，坚持依法、自愿、量力、专款专用原则，严格按照国家教委、国家计委、农业部、财政部等四部委印发的有关农村教育集资的管理办法组织实施，集资款只能用于当地实施义务教育学校的危房改造和修缮、新建校舍，不得挪作他用，同时应加强管理、专款专用，使用财政部门统一印制或监制的票据。

（八）2001年政府常务会议

1月16日，福安市人民政府召开第一次常务会议，传达省国防工作会议、信访工作会议和宁德市政府审批审核制度改革会议精神，通报2000年全市主要经济指标完成情况和2001年主要经济指标初步计划方案，并研究当前工作。会议同意留洋水库实行蓄水保坝方案，由市水利局按法定程序做好大坝蓄水的技术鉴定和报批工作、防洪堤建设基金由上级补助赛岐小城镇建设的资金中支付；同意市物委关于赛岐自来水公司调整水价的请示。

9月22日，福安市人民政府召开第十次常务会议，传达省政府专题工作会议和全省粮食工作会议精神，研究部署当前工作。会议原则同意市安置办关于2001年第二批城镇退伍士兵安置分配方案，在单位安排上对志愿兵和进藏兵立功人员给予优先照顾；原则同意市教委关于2001年师范类毕业生就业安排问题的请示意见，并给予31名分配指标；原则同意福安市城区给水规划。

12月21日，福安市人民政府召开第十六次常务会议，研究代课教师清退等有关问题。原则同意市教委提出的清退代课教师方案，具体由市教委根据常务会议要求和《中华人民共和国劳动法》精神做进一步修改、补充、完善。清退代课教师工作要按照“稳定有序，限期到位”的总原则，细致、稳妥地抓紧进行。要求对清退教师身份的界定和资金的测算等做进一步细化，提出可操作的办法，并筹措清退资金；市教委、市财政局和各乡镇的主要领导要亲自负责，密切配合，做到拖欠工资和清退补助金两项资金同时到位、一起发放；同时做好过细的思想工作，确保代课教师清退工作顺利进行。

（九）2002年政府常务会议

1月11日，福安市人民政府召开第一次会议，传达宁德市经济工作会议和宁德市政府工作会议精神，分析2001年全市经济指标任务完成情况，研究2002年全市经济指标安排计划。原则同意市外经贸公司的改革方案，其用于安置职工的资产拍卖享受工业企业改革政策、有关收费予以全免。

4月11日，福安市人民政府召开第六次常务会议，传达福建省、宁德市安全生产工作会议和宁德市农村工作会议等7个会议的精神。专题研究部署全市安全生产工作。会议确定2002年全市重点项目和8个为民办实事项目的责任单位和责任领导。

5月21日，福安市人民政府召开第七次常务会议，专题研究城市建设有关事项。同意成立龟湖生态治理项目建设领导小组，规划龟湖生态走廊工程建设期2年、至2003年年底全面建成。会议还就街尾路改造、京都花园与防洪堤之间道路建设、环卫工作、园林绿化、液化气行业管理机构、公交行业管理、城河治理、成立混凝土搅拌站、建筑市场整顿、城郊新村建设、建委有关城建基础设施建设负债等问题做出相关决定。

12月15日，福安市人民政府召开第二十次常务会议，听取“12·13”下白石小舢板翻船事故和全市前阶段13个安全生产专项检查组在全市范围内开展安全生产大检查情况汇报，并对安全生产工作进行专题研究部署。

（十）2003年市政府常务会议

4月8日，福安市人民政府召开第八次常务会议，传达全省安全生产工作会议精神。听取市安委会关于第一季度全市安全生产工作汇报，分析第一季度全市安全生产形势，对存在一些亟待解决的问题，如水路交通事故频发、客运车辆超载超速，水运船舶违章营运、救生设备不足，柴油三轮车和“地老鼠”

载客营运屡禁不止，电力企业违章作业存在隐患，建设工地和乡镇采石场存在违章作业乱挖乱采行为，化学危险品生产、经营项目存在重复建设和不按规定履行报批手续等事项提出整治意见。

4 月 18 日，福安市人民政府召开第十次常务会议，研究通过 2003 年全市重点项目及责任领导、项目负责人等。议定开征污水处理费问题、要求按照收费审批程序尽快报批，每吨按 0.5 元收取。

6 月 23 日，福安市人民政府召开第十四次常务会议，同意天马山公园列入市级森林公园、由市林业局负责向上申报省级森林公园。议定今后水利资源开发项目，大型的必须报福建省审批、中型的必须报宁德市审批，小型的必须报福安市政府审批。初步确定湾坞乡湾坞村、溪潭镇溪北洋、康厝畲族乡康厝村为三峡库区移民预选安置点。并就防汛抗旱工作、禁止使用高残农药、国防动员潜力核对调查和支前保障方案拟制工作等做出具体部署。

6 月 30 日，福安市人民政府召开第十七次常务会议，研究市体育中心、职专、实验小学南郊分校建设问题。同意成立市体育产业开发中心，市体育场看台按容纳 8000 到 10000 人、室内体育馆按 3000 个座位的规模建设，体育中心内用地不宜划出部分作为商住开发，但可引资建一个与市体育中心配套的四星级酒店。同意职业中专学校实行融资合作办学。

8 月 26 日，福安市人民政府召开市第十九次常务会议，传达宁德市人民政府第二次全体组成单位成员会议精神；研究关于城市总体规划、矿产资源、城区管道燃气经营等有关问题。会议原则同意福安市城市总体规划、福安市矿产资源开发利用保护规划、东风村在穿山路的 0.67 公顷安置地用地性质由农贸市场用地调整为商住用地，城区管道燃气经营按整体建设进行竞标、工商局新办公地点用地不进行调整，从 2003 年开始每年财政拨款 50 万元作为科技馆和博物馆的建设资金。

10 月 28 日，福安市人民政府召开第二十六次常务会议，传达福建省全面推进农村税费改革试点工作会议、宁德市委一届七次全体（扩大）会议、宁德市第三季度经济形势分析会精神；研究温福铁路福安站选址、污水处理费开征、50 万吨硅钢项目等有关问题，并议定污水处理费于 2003 年 12 月 1 日开始征收。

12 月 22 日，福安市人民政府召开第三十次常务会议，原则同意市退伍办关于 2003 年度第二批城镇退役士兵安置方案；将位于秦溪洋马步洋国税大楼相邻的约 1 公顷土地划拨给市公安局，作为新办公大楼建设用地。研究通过对 2002 年湾坞乡“11·11”鞭炮爆炸和下白石镇“12·13”翻船重大事故有关责任人员的处理决定，对福宁高速公路指挥部溪柄段建设部分有关人员利用职权虚报冒领坟墓迁移款的处分决定；解除对金山南路拓宽指挥部私分“小金库”余款责任人和 2002 年坂中学区“11·14”重大事故责任人的处分决定。

（十一）2004 年市政府常务会议

3 月 4 日，福安市人民政府召开第三次常务会议，研究关于市政府采购中心人员编制问题，同意市政府采购中心从市财政局划归市政府办公室管理；对 2003 年度市长环保目标责任制 5 个先进单位和 15 个先进个人进行表彰。同意成立市项目开发中心，挂靠市发展和改革局，给予事业编制 5 名。原则同意市教育局 2003 年度教育转移支付资金的安排方案和市实验小学以股份制形式和岚华教育集团合作创办福安市实验小学德艺学校的意见。

12 月 28 日，福安市人民政府召开第八次常务会议，讨论市政府 2004 年工作总结和 2005 年工作思路，并听取土地使用权出让、高速公路建设、工业集中区建设、清理拖欠农民工工资和政府直接投资工程欠款等工作情况汇报，并议定有关事项。

2005年开始，福安市人民政府有关工作事项改由通过市长办公会议研究，并不再召开政府常务会议。

第二节　办公会议

一、第十一届人民政府

1991—1993年，福安市人民政府召开3次市长办公会议、5次市长碰头会，主要研究政府大院1号楼拆迁与建设、城阳乡铁湖村社教点新农村建设、政府办公经费、市政府办工作，政府各口政务、重点工程、科技扶贫，成立市委、市政府联合办公大楼筹建领导小组，设立城市发展基金和农田基本建设、统计、劳动就业、征兵等问题。

二、第十二届人民政府

1994年，福安市人民政府召开6次市长办公会议，研究春节期间社会治安和市场供应、成立宁德商检局福安联络处、劳动就业工作、社口茶叶收购等问题。

1995年，福安市人民政府召开10次市长办公会议，研究“菜篮子”工程、“安居工程”“教师新村”建设、民政、卫生、广播电视和903电台、抗旱等工作。

1997年，福安市人民政府召开7次市长办公会议，研究城阳乡东口村石板材厂污染治理、穆阳水电站改制、加快国有企业改革、坂中工业园区供电、开发建设秦溪洋和建设桃花岛、教育“两基”达标等工作。

1998年，福安市人民政府召开18次市长办公会议，研究白马港对外开放验收准备工作、坂中畲族乡电业管理机制、市外贸公司改制、社口茶叶产销、茶叶生产销售环节偷漏税、南湖大桥建设、富春综合批发市场建设、企业呆账核销、广播电视部门治理整顿、农垦企业改革、粮食征购、土地税费清理、城关防洪工程建设、教师工资兑现等工作。

三、第十三届人民政府

1999年，福安市人民政府召开31次市长办公会议，研究社口茶叶产销、下白石坪冈船坞建设、中兴街穿山路旧区改造、市政广场建设、福安茶厂和红福啤酒公司改制、造船厂和拆船厂破产遗留问题、下岗职工基本生活保障和“再就业”人员社会保险、溪口商贸园土地转让、罐头厂以资抵债、亚行贷款管理使用、东山岔门兜灌渠、城北中学招生和建设、福宁高速公路福安连接线建设、“两金一费”（指林业甲种更新改造资金、乙种育林基金和林区保护建设费）征收、水泥电杆厂拆迁、“城市管理整治月”活动等工作。

2000年，福安市人民政府召开5次市长办公会议，研究南湖地块改造前期工作、城北中学建设、穿山路建设、商业大厦拆迁、中兴中路建设等。

2001年，福安市人民政府召开10次市长办公会议，研究液化气市场经营管理、穿山路商业街建设、高速公路建设资金外借款项归还、福建大华油库联营、仙岩畲族风情旅游项目、坂中桥头北侧开发、城区夜景工程、后巷一带旧城改造、中兴路二期工程建设等。

2002 年，福安市人民政府召开 12 次市长办公会议，研究原市职业中学旧址出让、中兴中路建设、船舶修造工业小区管理、机关事业保险和农林社会保险公司移交、冠后路拆迁改造，湾坞徐江海堤决口修复、范坑八斗村泥石流灾害救助、城阳乡茶叶批发市场建设等。

2003 年，福安市人民政府召开 11 次市长办公会议，研究液化气市场价格、城区规划区内违法用地、穿山路建设、903 电台建设、小额信贷扶贫项目、市报警器厂和坦洋茶厂破产职工安置、闽东赛岐经济开发区和甘棠工业园区建设、群众重复信访问题、福建大唐国际宁德发电有限责任公司筹建、防范重特大安全事故等工作。

四、第十四届人民政府

2004 年，福安市人民政府召开 60 次市长办公会议，研究甲杯山粮食仓库地块规划调整、“三农”、闽东赛岐经济开发区、招商引资、交通公路建设、政务网建设、三峡库区移民安置、集体林权制度改革、畲族开发区、220 千伏福甘大留村五基铁塔施工、电力体制改革、治理民间标会、宁德“5·19”招商签约项目、工业生产、船舶工业公司改制、激活房地产市场、荷塘坪农贸市场建设、文卫科教、违章占地建房、欠交土地税费、水利水电、高速公路福安连接线和赛岐互通口、成立军用物资站、福建大唐国际宁德发电有限责任公司、湾坞 50 万吨冷轧硅钢、污水处理厂和城区管网建设、财税、海洋功能区划修编、工业集中区、国土资源管理、民政、黄儒村山体滑坡险情搬迁、生态功能区划、城市总体规划修编、城区防洪堤“安居工程”段水毁修复、加强和规范船舶拆解业管理及船舶修造业税收征管、城市建设投资项目申报等工作。

2005 年，福安市人民政府召开 84 次市长办公会议，研究“新世纪花园”开发、城镇退役士兵和军转干部安置、乡镇财政管理体制改革、污水处理厂项目征地、工业、教育、烟花爆竹生产及销售安全、成立政府咨询委、农业农村、城建、城投公司、福宁高速公路福安段、赛（岐）湾（坞）溪（尾）公路修复和高速公路连接线线外工程建设、“坦洋工夫”红茶合作项目、城区防洪预案和水利建设、民间非法集资（标会）引发上访、福宁船舶重工有限公司重组扩建项目、工贸集中区、统计局统计数据质量问题、城市规划调整、职工劳动保障、旅游、财政收支、参加宁德“6·28”招商节、提升福安电机电器质量和推动产业集群发展、国有企业改制、潭头水电站建设、葡萄和茶产业发展、教育整改方案和温福铁路征地拆迁补偿、104 国道城区新华路改造、“造福工程”和“经济适用房”建设、茶叶加工区规划建设、赛江下游防洪一期工程建设、一中省一级达标校建设、乡村公路建设、医院建设、广电“村村通”、工业、急性肠道传染病防治、省市“十一五”规划项目筛选申报、高致病禽流感防控、《福安市国民经济和社会发展“十一五”规划纲要》、清理拖欠工程款等工作。

第三节　专题会议

一、第十一届人民政府

1991 年，福安市人民政府召开 27 次专题会议，研究韩阳镇规划区建设征地、农贸市场建设、商业、湾坞半岭水库建设、蘑菇生产、李干产销、福安茶厂经营、副食品基地建设、修建湾（坞）盐（田）公路、兴建工人文化宫、赛江糖厂与酒精厂破产历史遗留问题、筹建九州工贸综合大楼、引进台湾瓦楞纸箱生产线、成立道教协会等工作。

1992年，福安市人民政府召开60次专题会议，研究福安四中和上白石自来水厂等7个项目立项、鹤山路拓宽、劳动就业、民政、成立市计生服务站、农田水利基本建设、文化、卫生、扶持福安茶厂、发展全市农业生产、茶叶生产、湾坞1433.33公顷农田旱片灌溉改造、设立闽东电机电器工业区、黄兰溪电站、铁湖畲族新农村建设、设立老区中学、计划生育、体育、物资、金融、改造电影院、穆阳畲族开发区规划建设、市医院基建、湾坞二期围垦工程、商业大楼部分产权转让、公墓建设管理等工作。

1993年，福安市人民政府召开49次专题会议，研究松罗工贸小区开发、初中校舍建设、104国道福安段改造、残疾人工作、农村机耕路建设、城南旅游停车场、王基岭工业用地开发、市包装厂项目问题、菲律宾外商投资项目征地、重建“三贤祠”、扶贫、进一步整顿电机电器市场和产品质量、清理整顿音像市场、打火机行业安全生产、船舶工业环保、农贸市场管理、化肥冬储、阳头桥拓宽、工业路下水道改造、教育、富春大酒店建设、秋冬农业生产和山地综合开发、农田毛蟹养殖管理、财税金融、福穆公路改造等工作。

二、第十二届人民政府

1994年，福安市人民政府召开47次专题会议，研究秦溪洋工业园区开发、清理高耗能企业、闽东罐头食品集团公司和物资总公司体制、溪柄工业园区建设、加快民营经济发展的措施办法和改善投资环境的若干决定、供销大楼建设、河道砂石开采管理、卫生、信访、福安城区总体规划、兴建蔬菜批发市场、“造福工程”、房地产管理、公路收费点管理、粮食征购、严禁销售非碘盐、加强杂交稻备种、安全生产、群益大桥建设、查处伪劣机械骗销案、春节期间用电和市场供应、社会治安等工作。

1995年，福安市人民政府召开66次专题会议，研究架设“工业用电专线”、农资冬储、蘑菇收购市场管理、开辟市区公交线路、市区绿化、加快依靠科技振兴电机电器业、客运票价、闽东电热管厂破产、赛溪公路改造、国有资产清产核资、开通乡镇程控电话、穆云畲族乡留洋公路和白马公路建设、规范房地产市场管理、科技、下白石3000吨杂货码头成立港区装卸队、“菜篮子”工程、104国道改造、下白石海面油污处理、城区幼儿园招生、宗教场所“两权（土地使用权、房产所有权）”登记、京都商业城与体育场拆迁、教师新村建设、坂中闽东电机电器工业园区建设、110千伏输变电工程建设、城区第二水厂和留阳水库建设、电机电器交易中心建设、电力调度等工作。

1996年，福安市人民政府召开52次专题会议，研究金山南路建设、农村机耕路建设验收、生猪定点屠宰、创建“爱婴市”、利用亚行贷款实施水土保持与乡村发展项目、市人武部收归军队建制、公共卫生监督执法管理、甘棠自来水工程有关问题、市特教职业中学、公费医疗、城阳乡土地开发、市区学校基本建设用地规划、协调粮食“两线（政策性业务和商业性经营）”运行改革及储备粮处理、福安茶厂破产清算、8号强台风灾后安置和生产自救、金山南路拓宽、蔬菜喷灌基地工程建设、粮食秋购、国有企业转制、建设工程执法监察、城北汽车站有关问题、治理石板材加工环境污染、整顿柴油购销市场、泰（顺）福（安）公路建设等工作。

1997年，福安市人民政府召开46次专题会议，研究福安师范附小新建校园、春运、乡镇私营企业管理费征收、阳头大桥改造、城区基建、农村公路建设、电价听证、省烟草公司赛岐烟草大楼倾斜维修问题、第二实验幼儿园建设、龟湖二期工程治理、扶持社口镇茶叶生产、乡镇工业污染源调查整治、社口镇牛山湾村争创“小康村”、兴华黄兰码头项目、“五老”新增定补、农贸市场整顿、国有企业以资抵债、九州集团兼并天马集团、供销社改革、安吉大厦开发建设、坂中森林公园开发建设、冬季农业生产、企业减负、驻京驻沪和驻厦联络处筹备等工作。

1998 年，福安市人民政府召开 25 次专题会议，研究下白石湖塘海滩围垦开发、赛岐至罗江电力专线、莲池广场拆迁、副食品价格基金征收管理、罐头食品厂和闽东起动机总厂改制、预防生猪“五号”病、刑释解教人员安置帮教、霍乱防疫、矿山开发治理、城关茶站拆迁安置、东亚房地产阳泉村商贸大楼建设质量、穆云双溪矿山开发建设、富春商城建设、公园路拓宽改造、福安城市中心区控制性详细规划技术鉴定会、城区第二水厂和垃圾无害化填埋场征地、建设圣泉陵园（含殡仪馆）等工作。

三、第十三届人民政府

1999 年，福安市人民政府召开 63 次专题会议，研究农函大、金山商贸大楼拆迁、福鼎皮卡服装公司与闽东特种纸厂合作经营、包装厂和赛岐酒厂改制、冠荣鞋业公司易地搬迁改造、企业年检及管理费征收、城区中小学校建设、街尾周边路网建设、闽东起动机总厂技改用地纠纷、金山中路改造建设、南郊桥建设、河道采砂作业安全管理、社会保险业务、液化气钢瓶检测、世行贷款使用、筹建福建赛岐粮油批发交易市场、市副食品公司核资减债、溪潭镇上湾村氟乙酰胺中毒事件、医疗保险制度改革、交通建设、高中招生、中秋国庆市场供应、秦溪洋工业园区建设、生猪定点屠宰行政执法、福安一中学生公寓建设、高等教育自学考试、教育附加费征收管理、富春综合批发市场建设、莲池广场综合楼建设、财政税收等工作。

2000 年，福安市人民政府召开 65 次专题会议，研究穆阳停车场、自来水公司技术改造、福安职业中学新址建设、企业改制、整顿农村合作基金会、岩湖坂防洪堤建设、教育预算外资金管理、新加坡花园别墅建设、财政大厦建设、城北中学建设、《福安市环境功能区划》审查、市政府挂钩溪潭镇陈家山村扶贫工作、中小学校舍建设、公粮早籼稻收购问题、穿山路建设、社（口）穆（阳）公路改造、金山商贸大厦拆迁、富春公园门口道路建设、规范河道采砂、打击制贩假钞犯罪斗争、打火机厂破产、康厝畲族乡岭尾村山体滑坡险情处理、养猪直控基地、闽东电机电器专业市场（也称闽东电机电器中心批发市场、电机电器交易中心）项目建设、籼稻收购价格、财经大厦建设、农电“两改一同价”、资源税等工作。

2001 年，福安市人民政府召开 52 次专题会议，研究世行贷款改造红壤园地计划、下白石海滨市场改造、城区半机械化生猪屠宰场建设、垃圾填埋场建设、城市建设与管理、扆山大桥安全管理、赛江流域滥采乱挖河沙、农业特产税征收、船舶业整治、整顿和规范肉食品和农贸市场秩序、模拟移动通信网退网、南郊桥建设、城北中学建设、乡镇电管站改制、土地开发管理专项规划、富春北路建设、秋粮收购、仙岫山畲族风情园旅游区项目、粮食企业改制、穆云黄儒村灾后重建、宁德市第二医院（闽东医院）病房大楼建设、药品监督管理体制改革、天马山森林公园建设、国有粮食收储企业减员分流、城区第二水厂建设、物资公司和果品食杂公司改制等工作。

2002 年，福安市人民政府召开 34 次专题会议，研究农业节水灌溉项目、农业综合开发项目、坂中私设屠宰场问题、职工住房公积金管理、柴三机载客和渡口安全、枫湖线电杆迁移经费、高等教育自学考试、组建市船舶行业协会、溪东天主教堂权属问题、穆阳粮站资产划拨、城阳乡岩湖村拖欠闽东安福公司工程款问题、城阳乡“造福新村”建设、组建市室内装饰装修行业协会和建材行业协会、中小学危房改造、粮食收购、建设工程涉及的“三杆”（电力、通信、广播电视线杆）迁移、市区“奶娘宫”拆除、城市总体规划审定、城乡基本医疗保险、讨论炼油厂项目、改善农村中小学校办学条件、烟花爆竹生产安全管理、印刷厂破产债务处理方案等工作。

2003年，福安市人民政府召开66次专题会议，研究农村中小学校舍建设、进城农民工定居点新村建设、国有企业退休干部待遇问题、"八一希望小学"校门口道路建设、沿海防护林（国债项目）工程建设、天马山森林公园、城区第二水厂建设、阳春公园开发建设、"3·11"沉船事故调查处理、宁德市大华拍卖公司人事改革、农村小学拆点并校、溪尾粮站资产划拨、成立市场建设管理服务中心、安全生产形势分析、穆阳溪沿岸工业污染企业整治、整顿规范民办学校、恒实担保公司国有股份投资入股问题、"非典"防治、湾坞10万吨船坞和赛岐36万吨低碳钢项目立项、市区"顺济行宫"易地搬迁保护、财经大厦建设、百货公司改制、残疾人就业保障金征收管理、顶头水库安全度汛、104国道城区过境公路建设、湾坞垦区土地开发整理、50万吨冷轧硅钢项目筹备、国企改制职工安置、溪潭镇电管站体制上收、冠后路改造、"治理餐桌污染""建设食品放心工程"、危险化学品安全管理、百货公司改制重组、资助溪潭镇扶贫挂钩村办实事等工作。

四、第十四届人民政府

2004年，福安市人民政府召开61次专题会议，研究沿海防护林（国债项目）工程建设、下（白石）甘（棠）线公路路面改造、运动鞋厂改制、驻韩部队用地管理、安全生产、粮食生产、电机电器产品质量、三峡移民安置工程建设、采花桥采石场管理问题、丛贸公司5000吨码头征地、工业集中区建设、溪（柄）楼（下）公路水泥路面铺设、融纳化工技改项目、烟草公司物流中心建设、市实小德艺学校建设、广电局旧办公楼出售、鹤祥路101号"黄楼"安全隐患问题、社（口）晓（阳）公路改造建设、防范安全生产重特大事故、市容市貌联合执法整治、城镇房屋拆迁年度计划和中长期计划编制、污水处理厂项目征地、50万吨硅钢项目征地、小（霞浦三沙）浦（城）线初处村段山体滑坡修复工程、深化农村信用社改革试点、国有与集体企业下岗人员创业小额担保贷款、闽东苏区成立70周年庆典活动筹备、老龄工作、第二代身份证制发、双福船业扩建重组项目等工作。

2005年，福安市人民政府召开68次专题会议，研究潭头电站建设纠纷、镀膜玻璃厂和林业化工厂改制、城南东风刘氏祠堂有关问题、设立义乌小商品市场问题、赛岐工业园区建设、甘棠变电站至福建大唐国际宁德发电有限责任公司500千伏线路、网吧等文化娱乐场所专项整治、城区金蟹垅下水道建设、物资企业改制、闽东水电站扩建工程、赛湾溪公路改造建设、防范重大安全事故、会展酒店无证经营问题、财政工作、冶金铸造行业整改升级、工业生产、城市规划、湾坞自来水厂项目建设、社口至晓阳公路建设、坂中森林公园建设、赛江下游防洪一期工程建设、三木装饰材料街项目建设、福建大唐国际宁德发电有限责任公司建设、林改与葡萄产业发展、茶叶加工区及茶叶市场建设、城乡居民养老保险、市一建公司改制、农村信用社改革试点、组建市铸造行业协会、宝捷利生化农药有限公司（原福安农药厂改制）恢复农药生产等工作。

第三章 政务纪要

第一节 政治建设

一、第十一届人民政府

1991年，第十一届福安市人民政府贯彻党的基本路线，开展坚持“四项基本原则”和反对资产阶级自由化、反“和平演变”教育；深化改革开放，坚持两个文明建设一起抓，树立福安精神，创建文明城市；开展“二五”普法教育和社会治安综合治理。

1992年，福安市人民政府贯彻党的“十四大”和邓小平南方谈话精神，以改革为动力、以开放为契机，联系实际，真抓实干，推进改革开放和社会发展；挖掘并着手研究廉村古文化，开展反腐倡廉专项斗争和党风廉政建设及干部队伍建设。加强革命传统教育，学习英雄模范，弘扬社会主义正气。涌现出许建雄、陈华烈士为抢救落水学生而英勇献身的先进典型。

1993年，福安市人民政府坚持“一个中心，两个基本点”，实施“工业立市科技兴市”战略；坚持“两手抓两手硬”，把精神文明建设列入经济社会发展规划，弘扬社会新风尚，倡导“务实，廉洁，高效”精神，反对腐败，纠正行业不正之风。

二、第十二届人民政府

1994—1998年，第十二届福安市人民政府高举邓小平理论伟大旗帜，继续坚持“两个文明”一起抓，深入开展“三五”普法教育，完善民主法治建设，加强依法行政意识；加强信访工作，坚持“信访接待日”制度，设立“市长信箱”；全市取消、纠正收费项目167项；严厉打击各种刑事犯罪和经济犯罪活动，多次组织“严打”“扫黄打黑”“整治农村社会治安”等专项斗争。群众性精神文明建设活动扎实开展，先后获得全国“体育先进市”“科技达标市”“村镇规划先进市”，福建省“双拥模范城”“创建文明城市竞赛优胜单位”“环境优美城市”“卫生城市”等称号。获第六届省级文明单位（村）17个、文明学校3所，全市获得第六届地级文明单位（村）57个，被中共宁德地委授予“专项治理乱建坟墓先进市”称号，涌现出“金融卫士”林碧玲、“全国二级英模”李兴富、全国武警“十佳忠诚卫士”刘文斌等先进人物。市纪委、监察局被授予“全国先进纪检监察组织”荣誉称号。

三、第十三届人民政府

1999—2003年，第十三届福安市人民政府按照“从严治政”的要求，坚持执政为民，自觉加强政府自身建设，构建“廉洁勤政务实高效”的政府。组织开展“四五”普法教育。按照加入“世贸”组织要求，结合机构改革、清理废止政府文件71件，取消审批和收费项目475项。自觉接受福安市人大及其常委会的法律监督、工作监督和市政协的民主监督，加强与人民团体的联系。组织开展“三讲”教育和“三个代表”重要思想学教活动，执行廉政准则和制止奢侈浪费规定。在全市范围内实施经营性土地使用权出让招标拍卖、建设工程项目公开招投标、政府采购、产权交易进入市场等四项制度。深化政府机关效能建设，落实政务公开制度，实施外商投资代理服务制度，完善单位和干部绩效考评，强化行政监督；纠正部门和行业不正之风，关心和解决群众反映突出的问题。群众性精神文明创建活动取得明显成效，保持“省级卫生城市”称号，荣获“第七届全省创建文明城市评比竞赛一级达标城市”和“第八届创建文明城市先进市”荣誉称号，连续三次被授予“省级双拥模范城”“全省征兵工作先进单位”和“全国民族团结模范单位”。福安市救火勇士蓝昌伟、阮继禧获“福建省见义勇为先进分子”称号。

四、第十四届人民政府

2004年，第十四届福安市人民政府加强民主法治建设，维护社会安定稳定。虚心听取各界人士的建议和意见。深入开展“基层评机关企业评政府”和创建“效能型，服务型，责任型”政府活动，成立企业发展服务中心、实行一站式服务。扎实推进政务、厂务、村务公开，基层民主不断增强。贯彻落实《中华人民共和国行政许可法》，开展“百千万”基层普法、“法律进社区”和创建“民主法治示范村”活动。全面启动创建“平安福安”，加强社会治安“打、防、控一体化机制”建设。城乡精神文明创建活动深入开展，通过省级文明城市初评。抽调221人组成专门机构，处理“5·16民间非法集资（标会）”事件，成立清债小组320个、财政拨出专项经费235万元，共清理清偿“会债”总额达3.54亿元。公安机关立案363起，抓获犯罪嫌疑人190人、通缉在逃涉会犯罪嫌疑人173人、移送审查起诉33人、一审判决5人，维护了城乡社会的稳定。全年取消审批事项202项，行政审批总改革面达64%。

2005年，福安市人民政府全面加强民主法制和精神文明建设，支持人民政协履行职能，重视加强同各民主党派、工商联、无党派人士和各人民团体的联系。开展“平安福安”建设，打击“两抢”“两盗”等暴力性、多发性犯罪活动和流氓团伙恶势力、聚众赌博、涉毒等违法犯罪活动。重视信访工作，建立市五套班子主要领导轮流接访制度。加强城市管理，成立联合执法办公室，设立“严管街”，开展市容市貌、环境卫生、交通秩序、排摊设点、户外广告等专项整治，清理违规建设和违章搭盖。持续治理民间“标会”工作扎实推进，清理清偿“会债”总额5.3亿元，受偿“会员”3.93万人次。继续深化行政审批制度改革，建立政务网福安横向网。加大政府采购力度，全年节约资金100多万元。福建省白马船厂被授予“全国精神文明建设工作先进单位”称号；福安市溪柄镇溪柄村被授予“全国创建文明村镇工作先进单位”称号。

第二节　基础设施建设

一、第十一届人民政府

1991年，第十一届福安市人民政府加强城乡基础设施建设，加速福安城市化建设进程。下白石港码头破土动工，赛岐、溪口大桥建成通车，阳头大桥完成主体工程。“福安甘棠—柘荣—福鼎”输电线路建成，以35千伏电压等级运行。下白石3000吨级杂货码头动工建设。亚洲银行农业综合开发项目湾坞半岭水库开工。实施湾坞1433.3公顷农田旱片改造工程、乡村机耕路建成138千米、城区新华路和湖滨路建成投入使用。罗江自来水厂奠基、中兴街拓宽、闽东赛岐经济开发区罗江一条街动工建设。城关、赛岐、穆阳程控电话开通。

1992—1993年，福安市人民政府集中财力、物力，加快水电建设步伐，黄兰溪水库梯级水电站动工建设并完成投资1250万元、阳头自来水厂扩建工程竣工投产、罗江万吨自来水厂完成投资205万元、上白石200吨自来水厂建成；松罗、社口、城阳、湾坞4个电站建成并入省电网，年供电总量达1.8亿度。抓好交通、通信等重点基础设施建设，不断改善投资环境，城区新华路拓宽、中兴街西段拓宽改造工程和市区500米护城河改造工程竣工，下白石3000吨级杂货码头主体工程竣工，104国道拓宽改造工程进入分段实施、完成投资3650万元。全市8个乡镇10000门程控电话开通。

二、第十二届人民政府

1994—1998年，第十二届福安市人民政府继续推进基础设施建设，投资环境明显改善，完成全社会固定资产投资23.06亿元。投入水利建设资金1.46亿元，实施水利基本建设项目75项，建成中小型水库3座。投入电力开发资金2.12亿元，新建和技改中、小型电站16座，投产装机5.15万千瓦；装机3.6万千瓦的黄兰溪电站建成投产；建成110千伏变电站1座，35千伏变电所5座。投入交通建设资金3.9亿元，完成境内104国道和甘下疏港二级公路拓宽改造，新建石甫四级路、建设福泰三级路，市、乡公路实现柏油化；新修通128个行政村公路，全市行政村通路率达98.6%；福安汽车北站正式投入运营，福宁高速公路福安连接线“三通一平”工程、福穆公路（福安市区—穆阳）改造工程开工。改建和扩建赛岐500吨和300吨级杂货码头，新增年吞吐能力25万吨。投入邮电通信建设资金4.2亿元，移动通信信号覆盖所有乡镇，全市安装程控电话7.4万门，18个乡镇实现电话交换程控化、传输数字化。累计投资3.6亿元，实施城建项目42个，城区建成区由4.6平方千米扩大到6.3平方千米，控规覆盖率由30%提高到55%。罗江自来水工程全面竣工，投入运营。

三、第十三届人民政府

1999—2003年，第十三届福安市人民政府实施项目拉动战略，有效促进投资增长，改善基础设施。五年累计完成全社会固定资产投资50.9亿元（不含福宁高速公路福安段及连接线），其中重点项目66项，竣工投入使用和基本建成34项、累计完成投资27亿元；争取省级以上立项的重点项目29项、争取省级计划内专项计划补助款5270万元，争取国债项目18个，到位补助资金2.5亿元，得到金融部门间接融资8.9亿元、带动其他各类资金投入34.3亿元。基本完成省道小浦线罗江至周宁界、福穆公路、甘下疏港路二期、省道双湖路福安段改造。建成荷屿500吨码头和半屿300吨码头，总投资151亿元的大唐火电项目落户福安、在湾坞乡二期围垦区域内动工。投资1.34亿元的“赛江下游防洪一期工程”动工建设，建立赛江洪水预警系统和市级防汛指挥中心。实施农村电网改造一、二期工程，完成投资8800万元、基本实现城乡用电同网同价。完成城市总体规划修编和供水、排水、消防、电讯等12项配套专项规划。福宁高速公路福安连接线项目正式动工建设，累计完成投资6.12亿元。城区第二水厂开工建设。

四、第十四届人民政府

2004年，福安市人民政府坚持实施项目带动，32个重点建设项目完成投资22.59亿元。其中福建大唐国际宁德发电有限责任公司完成投资13.92亿元，甘下疏港公路、闽东金山冶炼厂、闽东赛岐经济开发区路网及排水设施、秦溪洋民营工业园区二期标准厂房、闽东电机电器批发市场、会展酒店、冠后路旧城改造等6个项目建成投产或部分投产使用；福宁高速公路福安连接线、赛江防洪堤一期工程、城区第二自来水厂、湾坞互通口至半屿疏港公路、秦溪洋商业步行街、南郊果蔬批发市场、鸿辉花园等7个项目完成主体工程。装机容量8万千瓦的初处水电站动工建设。

2005年，福安市人民政府项目带动建设成效显著，全市23个重点建设项目完成投资25亿元。福建大唐国际宁德发电有限责任公司一期工程首台机组点火成功，潭头水电站动工建设，220 千伏输电线路交付使用，500 千伏输电线路进入架线施工，宁德 500 千伏开关站完成主体工程；秦溪洋工业集中区二期标准厂房、荷塘坪农贸市场、南郊果蔬批发市场等项目相继完成，白马 10 万吨级船厂部分建成投产。福宁高速公路福安连接线顺利通车，温福铁路福安段开工建设，完成农村公路路面硬化 144.5 千米，赛（岐）湾（坞）溪（尾）公路修复及路面硬化部分完成。闽东茶叶交易中心、白马港国际码头、铝合金锭铸造等各项重点项目前期工作取得进展。白马门港区围垦、温福铁路福安站站前广场、交溪（上白石）水利枢纽等重点项目进入前期准备工作。城区第二水厂工程竣工投产。秦溪洋工业园区道路、天马桥、湖滨东路南段等工程竣工，国税大楼、城阳乡政府大楼等项目基本完成，湖滨路中北段、富春大道开发、街尾片区改造等项目进入前期工作。

第三节　经济建设

一、第十一届人民政府

1991 年，福安市人民政府落实市委《关于进一步加强农业综合开发的决定》，强化“农为基础”的指导思想，改造湾坞 1500 公顷旱田；实施省“三五七”造林工程（用三至五年完成宜林荒山造林，七年实现八闽绿化），全市森林覆盖率达 48.3%；实现农业总产值 3.78 亿元，粮食总产 16.05 万吨、获国务院表彰。韩阳镇实现中共宁德地委提出的亿元镇第三步目标——乡镇企业总产值上亿元，成为福安市第一个亿元镇。工业战线开展“质量、品种、效益年”活动，2 个企业跨入省先进企业行列。续建技改项目 23 项，完成投资 1831 万元；市制药厂二期工程建成投产，开发新产品 22 项。全市当年完成工业总产值 6.16 亿元，19 家国营预算内工业企业实现利税 1056.5 万元。社会商品零售总额 3.3 亿元。强化开放意识，组织对外招商，全市“三资”企业 13 家，与外商签订合同意向 37 项，社会出口收购总值 9800 万元。闽东赛岐经济开发区建设步伐加快，累计完成项目 172 项，总投资 5000 万元。市农药厂、罐头食品厂获省政府“第一轮承包先进企业”称号。福安市获“全国土地开发先进县（市）”称号。

1992 年，国务院批准福安市为综合改革试验区。市政府实施“山海资源综合开发工程”，狠抓十大片区建设和“海上田园”开发，基本完成龙溪水利、顶头水库引水干渠建设和茜安水利工程及溪柄冷浸田改造，粮食生产在大灾之年获得丰收，总产量 16.45 万吨，实现六年增产、五年超历史。实施造林“三五七”工程，提前一年消灭宜林荒山。水产养殖面积 1470 公顷，产量 8723 吨。工业总产值 9.49 亿元，天马集团、双龙机电集团公司产值均突破 5000 万元，19 家预算内工业企业实现利税 1085 万元，乡镇企业完成产值 5.85 亿元。建成金山夜市场和晓阳、范坑、溪潭、湾坞、松罗、康厝、潭头等 7 个乡镇农贸市场，全市社会商品零售总额 3.7 亿元。个体、工商户私营企业 7000 多家，从业人员 2 万余人，营业总额 2.2 亿元。福安市经国务院批准列为沿海开放城市，赛岐镇列入省工业明星镇。落实市委《关于鼓励外商投资软环境建设的若干规定》与外商签订合同 41 项，总投资 3.85 亿元、实际利用外资 220 万美元，新办“三资”企业 23 家，累计“三资”企业达 45 家。13 家国营工业企业进行综合改革试点，成立赛江冶金集团和船舶、打火机工业公司。20 个乡镇街道成立经联社，组建食用菌、水果、畜牧 3 个全程服务中心。组建市建筑实业总公司、地产开发公司、旅游实业总公司；成立林业、水产开发总公司等经济实体。

1993 年，福安市农业总产值 4.8 亿元，受旱灾影响，粮食总产量仍达 15.5 万吨。洋面、铁湖、苏洋、坦洋等 10 个新农村建设试点取得进展。全市水产养殖面积 2200 公顷，产量 1 万吨。全市产值上千万元企业 15 家，市属工业企业总产值 11.78 万元，首次突破 10 亿元大关。全市第三产业企业（经营户）1.8 万家，从业人员 5 万人，增加值 2.9 亿元。个体工商户 8940 户，从业人员 1.6 万人；私营企业 495 家，从业人员 6481 人；个体、私营企业营业额 4.2 亿元；实现乡乡有集贸市场。全市行政村合作经济组织达 450 个。

1991—1993 年，第十一届福安市人民政府紧紧抓住经济建设这个中心，坚持以农业为基础，实施"工业立市科技兴市"发展战略，整体经济实力明显增强。1993 年，全市地区生产总值 12.2 亿元，年均递增 18.6%；工农业总产值 16.6 亿元，年均递增 24.1%；财政收入突破亿元大关，年均递增 32.1%，连续 5 年实现财政收支平衡；4 个乡镇社会总产值突破亿元；三次产业比重从 1990 年的 44∶28.3∶27.8 调整为 33∶35.7∶31.3。十大优势行业形成规模，福安城区成为全省闻名的电机电器城，赛江沿岸形成全国最大的民间船舶修造基地；闽东赛岐经济开发区工业小区、坂中电机电器工业园区初具规模。三年累计新批"三资"企业 58 家，吸收外资合同金额 2956 万美元、实际利用外资 699 万美元；全市货物出口总额 4.1 亿元，年均递增 18.6%。累计完成企业技改项目 56 个、投资 7898 万元，开发新产品 46 个、获省部优产品 16 个。新建各类市场 28 个、建筑面积 7600 平方米。

二、第十二届人民政府

1994—1998 年，第十二届福安市人民政府抓紧抓好经济建设，先后组织开展"民营经济发展年"活动，实施《加快工业发展的决定》，落实市委《关于加快发展农业产业化的实施意见》和《关于扶持发展农业产业化龙头企业的决定》，推进工业集群化、农业产业化，经济总量、增速保持全区领先地位。1998 年，全市国内生产总值 41.9 亿元，为 1993 年的 2.63 倍、年均递增 21.3%；工农业总产值 70.6 亿元，为 1993 年的 3.2 倍、年均递增 26.4%；财政收入 2.18 亿元，为 1993 年的 2.18 倍、年均递增 16.9%；三次产业比重从 1993 年的 33 ∶ 35.7 ∶ 31.3 调整为 31.1 ∶ 36.3 ∶ 32.6。1998 年，农业总产值 17.6 亿元，为 1993 年的 3.67 倍、年均递增 15.6%。粮食连年增产，1998 年总产量 18.7 万吨，比 1993 年增加 3.2 万吨。非粮作物年均增产 18% 以上，水产、茶叶、水果、畜牧、蔬菜、绿竹、食用菌和太子参等逐步成为农业主导产业，茶叶、绿笋产量跃居全省第一位。五年造林 5933.33 公顷，城乡森林覆盖率 65.33%。先后被林业部、全国绿化委员会、省政府授予省商品粮基地建设优秀县市、造林绿化达标单位、全国绿化百佳县（市）、沿海防护林体系建设达标县（市）和茶叶生产先进单位。工业总产值 53 亿元，为 1993 年的 3.6 倍、年均递增 29.6%，连续五年居全区第一位。五年累计投入技改资金 3 亿元，完成技改项目 60 项，创省级品牌产品 1 个，获进出口经营权企业 4 家、列入国家机电产品出口基地企业 9 家。第三产业增加值 12.2 亿元，为 1993 年的 4.21 倍、年均递增 21%。全社会商品零售总额 15 亿元，为 1993 年的 2.5 倍、年均递增 20.2%。全市集贸市场 31 个，1998 年交易额 5.7 亿元，建材市场、赛江沿岸船舶交易市场分别实现交易额 4.5 亿元和 3 亿元。年末各项存款余额 13.5 亿元、各项贷款余额 13.8 亿元，分别比 1993 年增长 206% 和 97%。构建国有资产营运体系、推进 4 个国有农场改革，组建福建大华股份有限公司、经委系统国有资产营运公司，商业、物资部门成建制转为经济实体。社会劳动保险覆盖全部国有、大部分集体企业和部分"三资"、民营企业。发展劳务中介组织，实现就业和"再就业"1.16 万人，劳务输出 9918 人。农村改革完成延长土地承包期工作。推进赛岐、坂中农村小城镇综合改革试点工作，组织实施城镇人口聚集工程，加快城镇化进程。累计新增“三资”企业 52 家，实际利用外资 6229 万美元。累计全社会商品出口总值 14.4 亿元。白马港正式对外籍船舶开放，闽东赛岐经济开发区、福安畲族经济开发区升格为省级开发区。

三、第十三届人民政府

1999—2003 年，第十三届福安市人民政府坚持以经济建设为中心，大力调整优化经济结构，国民经济持续增长，连续五年超过宁德市年均增长水平。2003 年，全市地区生产总值 57.3 亿元，为 1998 年的 1.64 倍、年均递增 10.4%；人均地区收入总值 9645 元，年均递增 8.2%；工农业总产值 94.2 亿元，为 1998 年的 1.65 倍、年均递增 7.9%；财政总收入从 1.95 亿元增加到 2.74 亿元，按可比口径计算年均增长 9.9%；农民人均纯收入 3421 元，为 1998 年的 1.25 倍，年均递增 4.6%；城镇居民人均可支配收入 7021 元，为 1998 年的 1.32 倍，年均递增 5.7%。三次产业增加值分别年均增长 2.7%、13.8% 和 10.4%。经济总量占宁德市的比重从 19.3% 增加到 21.0%，继续保持宁德市领先地位。三次产业结构调整为 19.7∶44.5∶35.8。2003 年，农业总产值 18.78 亿元，比 1998 年增加 1.18 亿元。粮食与非粮作物比例调整到 61.4∶38.6，经济作物和养殖业在农业经济中的比重提高到 37.1% 和 45.0%，主要农作物和畜禽、水产养殖品种的良种覆盖率分别达到 85% 和 90%、80%。农民非农收入的比重提高到 56.0%。茶叶、葡萄、水产、畜牧等主导产业不断发展，先后获得“中国茶叶之乡”“中国南方葡萄之乡”“全国水土保持生态建设示范县市”“全国水稻机械化流程作业示范市”“全国无害茶叶生产典型示范市”“福建省科技兴林先进市”等 20 多项国家、省部级荣誉称号。形成城湖茶叶、农垦茶叶、白马调味品、恒信粮油等 10 多家农业龙头企业。工业总产值 75.4 亿元，为 1998 年的 1.42 倍、年均递增 10.3%。其中规模以上工业产值 38.22 亿元，为 1998 年的 2.35 倍、年均递增 18.6%。电机电器行业产值 47 亿元，船舶行业产值 13.2 亿元，两大支柱产业产值分别占福安市工业产值的 79.8% 和宁德市工业产值的 25.1%。年产值亿元以上企业从无到有、发展至 11 家，工业总产值占宁德市的三分之一。秦溪洋工业园区被省乡镇企业局列为第三批福建乡镇企业省级工业园区建设基地。电机电器产业列入省重点培育的产业集群，并与船舶修造产业列入宁德市重点扶持发展的支柱产业。41 家国有工业企业及二轻集体企业实行改制，实现减债 3.3 亿元、盘活资产 1.15 亿元、安置职工 4300 多人。粮食、商业、供销系统 10 多家内贸企业核资减债 6000 多万元、盘活资产 2000 万元、安置职工 1400 人。在宁德市率先组建国有资产投资经营公司，总资产达 3 亿元。农村电力体制改革，完成乡镇电管站上收及人员安置；农村电网改造一、二期工程全面完工，累计完成投资 1.23 亿元。组建恒实融资担保有限公司和恒顺融资担保有限公司，累计为民营企业担保贷款 8.4 亿元，有效缓解电机电器和船舶修造民营企业融资难担保难问题。5 年累计注册登记私营企业 1631 家，个体工商户 6289 户。累计批准外资企业 36 家，合同利用外资 6048 万美元，实际利用外商直接投资 9014 万美元；62 家企业获进出口经营权，12 家企业成为国家机电产品出口基地；企业年自营出口从 537 万美元增加到 10450 万美元，被列入全省外贸出口 10 个重点县（市）；革新电机、一华电机和闽东汽配等企业到境外办厂获得成功。白马港成为国家一类口岸，正式对外籍船舶开放，马头造船有限责任公司、丛贸船舶实业有限公司 2 家企业获准成为外籍船舶维修点。第三产业增加值从 11.14 亿元增加到 18.9 亿元，年均增长 10.2%；社会消费品零售总额从 13.07 亿元增加到 19.1 亿元，年均增长 7.8%。闽东电机电器批发市场、富春综合批发市场、金马水产品批发市场等专业市场先后建成并投入使用；万佳、家佳、中百等一批综合超市及万家春医药超市等相继落户福安。2002年，国税、地税收入双双突破亿元大关，2003年税收收入占地方级财政收入比重85.7%；解决黄兰溪水库梯级电站建设1.05亿元集资债务，有效维护财政金融安全。乡镇财政收入有所好转，总收入上三千万元乡镇1个、上两千万元2个、上千万元3个。5年累计兑现职工政策性增资5次，干部人均月工资收入从745元增加到1057元。土地管理实现耕地占补平衡，经营性房地产项目土地使用权和矿业权全面实行公开拍卖制度，获2003年全国工作百强县（市）称号。全市环境保护工作获得全省“环境保护先进集体”称号。

四、第十四届人民政府

2004年，福安市人民政府把贯彻落实宏观调控政策与福安实际相结合，注重工业集中区和支柱产业规划引导，努力克服资金、土地制约，加快结构调整，推进经济增长方式转变，经济运行质量稳步提高。全年实现地区生产总值66.40亿元，比上年增长15.78%；工农业总产值105.44亿元，比上年增长11.9%；财政收入3.12亿元，比上年增长13.9%；农民人均纯收入3696元，比上年增长8%；城镇居民人均可支配收入8165元，比上年增长16.3%。三次产业结构调整为18.8∶45.6∶35.6，第二产业比重比上年提高1.1个百分点。农林牧副渔总产值21.1亿元，比上年增长4.3%。粮食生产恢复性发展，产量恢复至16万吨。引进推广农业新品种、新技术30多项。茶叶、葡萄、畜牧、水产四大主导产业实现产值12.1亿元。加快农业产业化步伐，建设绿色福安，扶持茶产业发展，“绿馨”牌茉莉花茶获得绿色产品标志，“福特利”牌绿茶、乌龙茶和穆阳水蜜桃通过无公害产地产品认证。恒信粮油公司成为福安市第二家省级农业产业化龙头企业，立峰葡萄协会被列为省级专业合作组织试点。全年完成造林更新面积867公顷，208个行政村基本完成集体林权制度改革。突出产业集聚，加速推进工业化进程，全年完成工业总产值84.3亿元、比上年增长15.5%；工业增加值27亿元、增长18.5%，其中，电机电器、船舶修造两大支柱产业被列入省重点培育扶持的产业集群，完成产值73.8亿元、占全市工业总产值的87.5%。18个技改项目完成投资3.1亿元。新增产值超亿元企业1家、千万元以上企业20多家、创福建省著名商标5件。金融机构各项年末存款余额36.05亿元，贷款余额30.88亿元。恒实、恒顺担保公司实现增资扩股2576万元，全年累计担保贷款总额7.7亿元。

2005年，福安市人民政府进一步优化产业结构，经济总量不断扩张。全年实现地区生产总值75.98亿元，比上年增长14.43%；工农业总产值122.35亿元，比上年增长16.0%；财政收入4.07亿元，比上年增长30.4%；农民人均纯收入3996元，比上年增长8.1%；城镇居民人均可支配收入9171元，比上年增长12.3%。三次产业结构调整为17.6∶47.3∶35.1，第二产业比重比上年提高1.7个百分点。完成农林牧渔业总产值23.15亿元，其中，茶叶、葡萄、畜牧、水产四大产业产值14.7亿元；毛茶产值2.89亿元。“坦洋工夫”红茶省地方标准发布实施，福安市荣获农业部2004—2005年度“无公害茶叶生产示范基地市合格单位”称号；葡萄标准化栽培技术示范基地面积530多公顷，1133公顷获无公害葡萄基地认证。建设“绿色福安”，森林覆盖率达67.5%；林权制度改革，完成林改447个村、面积11万公顷。全年新增财政支农资金100万元，完成农村水利工程50处，治理水土流失面积1333公顷。拥有省级和宁德市级农业龙头企业17家、农产品品牌12个，农业龙头企业销售收入3.85亿元。穆阳水蜜桃酒获得“2005年上海国际酒饮博览会”金奖。福安市被列为全国农村劳动力转移培训“阳光工程”试点县（市），全年转移农村劳动力1.1万人，选聘农民技术员1362人。完成工业总产值100.5亿元，其中规模以上工业企业产值72.97亿元。电机电器产业完成产值65亿元，船舶修造产业完成产值18.0亿元，两大主导产业产值占工业总产值的82.6%。30家企业列入省、宁德市新增长点企业，年产值超亿元企业达22家。实施工业技改项目18项，完成技改投资5.2亿元，开发新产品30项。秦溪洋工业集中区累计进驻企业73家；湾坞工业集中区完成总体规划，在建项目2个，进入前期工作项目5个；赛甘工业集中区引进项目15个，落地项目10个，总投资4.7亿元。丛贸船舶实业有限公司1.67万吨散货轮建成下水，成为全省民营企业建造的最大吨位船舶。恒实、恒顺担保公司增资扩股超千万元，融资担保余额分别为2.3亿元和1.5亿元。第三产业全年实现增加值26.32亿元，增长10.3%。柏柱洋红色旅游景区和廉村廉政教育基地正式对外开放。房地产业建成商品房21.94万平方米，实现商品房交易备案金额2.12亿元。签约招商项目53项，其中，外资项目4项、利用合同外资2410万美元，内资项目49个、利用内资27.74亿元。新批利用外资合同项目4个、进出口经营权企业25家。白马港国家一类口岸开放水域扩大到赛岐大桥以南。出台出口增量奖励办法，鼓励企业拓展出口市场，应对人民币汇率调整和欧盟绿色产品进口标准，产品出口持续增长。全年出口总值14456万美元、比上年增长38.3%，其中，8家骨干企业自营出口超过800万美元。全年新增境外办企业3家。

表18—2 1991—2005年福安市国民经济主要指标情况表

年份	地区收入总值（亿元）	地区生产总值（亿元）	其中			工农业总产值（亿元）	财政总收入（亿元）	农民人均纯收入（元）	城镇居民人均可支配收入（元）
			第一产业（亿元）	第二产业（亿元）	第三产业（亿元）				
1991	6.06	6.03	2.61	1.77	1.65	8.61	0.51	730	1351
1992	7.92	7.85	3.20	2.70	1.95	12.16	0.57	865	1574
1993	11.40	12.21	4.03	4.36	3.82	18.79	1.00	980	1980
1994	18.01	17.97	5.54	7.22	5.22	32.67	1.40	1413	2611
1995	23.51	22.86	7.79	8.13	6.94	36.65	1.66	1863	2895
1996	28.16	26.41	9.15	8.79	8.46	42.95	1.74	2232	3449
1997	35.23	32.08	10.35	11.59	10.14	52.23	2.01	2602	4641
1998	38.23	35.02	10.91	12.70	11.41	57.19	2.18	2735	5301
1999	41.52	37.47	11.20	13.82	12.44	64.31	2.00	2883	5622
2000	46.33	42.02	11.17	16.53	14.32	73.04	2.21	3034	5807
2001	50.65	45.62	11.13	18.49	16.00	79.75	2.36	3140	6352
2002	51.76	50.73	11.26	21.38	18.09	89.21	2.16	3256	6592
2003	58.53	57.35	11.27	25.55	20.53	94.19	2.74	3421	7021
2004	67.72	66.40	12.50	30.27	23.63	105.44	3.12	3696	8165
2005	77.49	75.98	13.73	35.32	26.93	122.35	4.07	3996	9171

第四节　社会事业发展

一、第十一届人民政府

1991 年，福安市人民政府落实“科技兴市”战略，实施“科技兴农”项目 11 项，建设各类科技示范点 3700 多个，有 5 个乡镇和企业通过省科技达标验收。9 个乡镇实施初等义务教育，确定公布第二批市文物保护单位，成立茶艺表演队，承办福建省第二届少数民族传统体育运动会。

1992 年，福安市人民政府落实《关于开展科技工作达标争创全国科技工作先进市的实施意见》，举办首届闽东赛岐经济开发区技术贸易会；全市完善医疗卫生网络，加快市医院病房大楼建设和 3 所镇卫生所的改造；严格控制人口增长，建立人口基金；继续实施省“芳草”文化计划，争创全国体育先进市；提高广播电视覆盖率；举办中国闽东福安第二届茶文化交流会暨第一届畲族风情节。

1993 年，福安市通过国家科委“县级科技达标”验收，成为全省 3 个“全国科技工作先进县”之一。科技进步因素对国民经济增长的贡献率加大、达 54.2%，16 项成果获省地科技成果奖，10 多个项目获国家专利。落实《关于发展教育事业加快改革步伐若干问题的决定》，全市乡镇、街道全面实施初等义务教育。福安职业技术学校经省和国家教委确认为省级重点职业高级中学；宁德地区民族中学、福安一中通过省地教委验收，被确定为省二级达标中学。推进医疗基础设施建设，上白石、下白石、甘棠、范坑卫生院完成三项达标建设，成立市民族医院，完成市中医院搬迁。新建调频广播台、电视卫星地面站和有线电视台，市区和赛岐、穆阳、社口镇所在地及周边村建成有线电视网络，乡镇普遍成立文化技术学校。同年，福安市被国家商业部列为国家茶叶社会系列服务示范县（市）。

二、第十二届人民政府

1994—1998 年，福安市人民政府坚持“科教兴市”，广泛开展“科技兴企”“科技兴农”活动。全市累计建立市级科技研究、推广机构 33 个，民办研究所 29 家，乡镇农技推广机构 150 多个，各类专业技术学会、协会、研究会 73 个；实施科技项目 75 项，获各级科技成果奖 32 项、国家专利 70 项，科技因素对经济增长的贡献率达 50%，多渠道投入教育经费 9000 万元，新建普通中学 9 所、新增校舍 18.7 万平方米、扩大校园面积 30 万平方米，实现教育“两基”达标。累计输送大中专学生 13357 人，高考录取人数连续 4 年列全区第一，一批“尖子生”先后在全省、全国和国际学科竞赛中获奖；幼儿教育获全省先进县（市）称号。实施“123 健康工程”，农村“初保”通过省级达标验收，急性传染病发病率下降到历史最低水平，计划免疫实现“四苗”（麻苗、小麻糖丸、卡介苗和百白破）接种率 85% 以上，红十字会和卫生协会工作获评全国先进。实施省文化“百花计划”和“芳草计划”，抓好茶文化、畲文化、古文化，一批文艺作品获省级奖 720 件（次）、国家级奖 390 件（次）。筹资 130 多万元，新建乡镇文化站 13 个。开展全民健身活动、群众参与率达 45% 以上，参加国家级比赛有 6 人 10 次获奖，92 人获省级比赛前 3 名。投资 1000 多万元，实施广播“百村千户”和电视“市乡联网”工程，全市广播电视信号人口覆盖率均达 95%。认真贯彻“三大国策”，计划生育率从 39.03% 提高到 87.88%，全市建立市、乡、村三级计生协会 510 个，计生宣传服务小组 2746 个。加强土地管理，制定土地利用总体规划，完成基本农田保护区划定和土地清查工作。累计投资 3.6 亿元，建设城建项目 42 个，实施市容市貌“形象工程”，城区功能不断完善。城区面积由 4.6 平方千米扩大到 6.3 平方千米，控规覆盖率由 30% 提高到 55%。加强环境保护，城区“两溪一湖”治理取得成效。完成市志送审修改稿 39 卷 180 万字的修订工作，通过省方志终审验收。

三、第十三届人民政府

1999—2003年，福安市人民政府累计组织实施科技项目22项，申报省级新技术59项、引进农业生产新品种96个、开发新产品20项、培训人员1.1万人次。教育“两基”工作投入学校基础设施建设资金1.24亿元，改造危房2.96万平方米，增加校舍9.45万平方米，完成职业中专新址搬迁，建成城北中学、罗江中学、顶头中学。推进教育资源优化配置，撤并农村小学80所、教学点127个；发展民办中学、小学、幼儿园20所。高考专科以上万人录取率由6.4%提高到26.8%，保持宁德市领先地位。文化体育事业蓬勃发展，300余件文艺作品在全国、省、宁德市各类竞赛中获奖；参加省十二届运动会和省九届农运会均取得优异成绩，被授予全省县（市、区）排名优胜奖。农村卫生初级保健实现达标，全市广播电视覆盖率达98%，完成市文化馆、图书馆、医院病房大楼建设。殡葬改革取得突破，遗体“火化”在全境推广。计划生育工作从单列管理进入全省三类先进市行列。

四、第十四届人民政府

2004年，福安市人民政府注重统筹兼顾，加快发展社会事业。水产干制品加工工艺配方及保藏技术研究等5个项目列入省级科研重点项目，“穆阳水蜜桃科技兴业规划”被宁德市立项。4家企业被列入省和宁德市信息化试点单位。“两基”成果得到巩固提高，高中教育迅速发展、普通高中在校生首次突破万人大关。引进市外资金兴建的实验小学德艺学校已正式招生开学。加快教育资源整合，撤并农村小学49所、10个布局调整项目完成投资150万元，中小学危改工程完成投资300多万元。开展“百名名誉校长挂钩帮扶”活动，筹集420多万元资金帮助109所中小学改善办学条件。农村卫生工作初步完成76个村级卫生所空白点的前期规划和43名乡医的选派工作，闽东首家民办医院落户福安。实施文艺“精品工程”，4项作品获国家级金奖或一等奖。成立市体育总会及16个单项体育协会，推进群众性体育活动开展。完善文体广电设施，广电SDH双向传输网在全省率先投入使用，市体育中心观礼台、主席台全面竣工，影视娱乐城完成主体工程。加强国土资源管理工作，严格保护基本农田，荣获“全国地籍管理工作百强县”称号。强化环境保护和生态建设、白马河工业污染整治、“保护母亲河”专项环保行动以及“青山挂白”和乱建滥建寺庙教堂治理取得成效。重视发展旅游业，完成《福安市旅游发展总体规划》编制，白云山被列入省级风景名胜区，溪柄柏柱洋被列入省重点建设的红色旅游景区。

2005年，福安市人民政府扎实推进“科技兴市”战略，科技项目工作取得成效，组织实施4个、申报7个。加快教育事业发展，落实教育振兴行动计划。全市高中阶段入学率73.8%、高考录取率78.8%，创历史新高。认真解决进城农民工子女“入学难”问题，3000多名贫困和残疾学生享受义务教育阶段“两免一补”政策。稳步推进农村小学撤点并校和集中办学工作，完成中小学危房改造投资905万元。继续加强卫生工作，通过省级卫生城市复查验收。完成市医院传染病大楼、疾控中心大楼一期工程和76个村卫生所的建设，乡村医生政府补助得到落实。新公布文物保护点111处，完成国家、省级非物质文化遗产申报项目2个。福安籍射击运动员林忠仔获得世界杯射击赛男子手枪慢射冠军和2008年奥运会参赛资格。市电视台增加有线电视节目4套，完成有线电视联网11个村和“村村通”工程53个。全面实施农村计划生育家庭奖励扶助制度。完成溪柄、上白石、溪潭3个省级生态示范乡镇试点申报工作。

第五节　民生事业

一、第十一届人民政府

1991—1993年，福安市第十一届人民政府贯彻“巩固温饱壮大集体加快开发扶贫致富”经济社会发展方针，增强乡村两级集体经济实力，尤其重视促进老区、少数民族和边远地区经济及社会发展。使乡镇自有财力总额达850万元，村街（居）集体经济收入960万元，农民人均纯收入730元，实现攻坚脱贫2616户、巩固温饱39656户。

1993年，福安市人民政府进一步加强扶贫工作，脱贫4.2万户19万人、农村脱贫率达96%。城镇居民纯收入1750元、农民纯收入960元，社会商品零售总额6亿元。群众居住条件明显改善、消费水平提高，电视机、电冰箱、电话等耐用消费品进入普通家庭。

二、第十二届人民政府

1994—1998年，福安市人民政府第十二届加强民生工作，至1998年，城镇居民人均生活费收入5301元，农民人均纯收入2850元，城乡居民储蓄存款10.6亿元，社会零售物价总指数逐年回落（1998年为99.8%）。市区家庭燃气使用率达到85%；全市共安装电话4.2万部、无线寻呼4.5万部、移动电话1.2万部；开通市乡公交线路18条。累计收缴城乡居民各类保险金5710万元，其中农村社会养老保险基金1500万元，人寿和财产保险费9792万元。初步建成坂中工业园区、阳头工贸区及鹤祥、京都、安居等6个住宅小区，建成富春、九州、电力、东方、市政府大楼5座大型建筑。新建、改建市区街道14条，道路面积增加到58万平方米。阳春公园、天马山公园建设初具规模，城区人均公共绿地面积5.2平方米。全市有21个乡镇（街道）、389个行政村、89669户农民基本实现“小康”，分别占全市乡（镇）、村（居）、户总数的95.4%、87%和87.1%。全市行政村通电率、通电话和电视信号覆盖率均达100%，安全卫生用水率97.3%，有438个行政村通公路。新村建设共完成旧房改造3.57万户，拆旧建新2.59万户、新建住宅面积130.48万平方米，完成村主干道水泥铺设439千米、小巷铺设490.7千米，村容村貌发生巨大变化。实施“造福工程”，共搬迁3131户15264人，其中，“连家船”民上岸建房定居214户1000人。组织实施“农村富裕型小康建设”，全市有10061户47721人实现脱贫。被省委、省政府评为“农村脱贫致富奔小康先进市”。18个乡镇、开发区的“造福工程”通过检查验收，全市共搬迁52个行政村中的77个自然村、人口391户2008人，超额完成省下达的搬迁任务98人。城区实行生猪定点屠宰，群益大桥奠基动工。

三、第十三届人民政府

1999—2003年，福安市第十三届人民政府重视民生工程及其配套工程建设。2003年，全市城乡居民人均居住面积比1998年分别增加3平方米和1.5平方米。城乡居民年末储蓄存款余额17.45亿元，为1998年的1.70倍、年均增长11.1%。固定电话用户10万户、移动电话用户7万户。5年累计筹措“再就业”基金1293万元、发放失业保险金1010万元，帮助困难企业发放职工基本生活费和工龄补偿金、解除职工劳动关系6000多人。先后实施安居工程、造福工程、再就业工程、饮水工程、菜篮子工程、帮扶工程、食品放心工程等为民办实事项目38项。累计完成1148户7412人的“造福工程”搬迁、1085户5669名“连家船”民上岸定居，全市基本消灭绝对贫困。组织严打整治、缉毒行动、打击“两抢一盗”等系列专项斗争。建立地质灾害防灾预警机制。城市建成区面积从6.3平方千米扩大到8.8平方千米，城镇化水平由30.7%提高到34.8%。改造开发中兴东路、阳头南湖坂、南郊马步洋、岩湖坂、坂中桥北侧等8个地块，建成财经大厦、文化中心等15项城市重点工程，建设人民广场、金山路、垃圾卫生填埋场、龟湖生态走廊等20多项市政设施。城区道路面积由73.53万平方米增加到92.27万平方米，城市日供水能力由2.5万吨提高到3.3万吨，城区公共绿地面积由35万平方米增加到39.1万平方米。建设各类商品房63.8万平方米，建成"安居工程""造福工程"住房1190套13万平方米。组织实施"百村整治"和新村建设，全市建制村通路率达99.1%，通电话率、通电率、安全卫生用水使用率和电视信号覆盖率都达到100%。

四、第十四届人民政府

2004年，福安市人民政府坚持为民谋利，认真落实各项政策措施，组织实施就业和"再就业"工程。全年城镇新增就业人数7680人，新增转移农村劳动力1.2万人。组建市劳务派遣公司，全年派遣就业1023人。成立市就业技能培训中心，培训电机电器技工800多人；全年完成各类就业培训6575人、免费求职登记8127人、就业介绍3828人。下岗失业人员实现"再就业"1586人，"再就业"率达70%，其中公开招聘49名"4050"（女40岁、男50岁）人员到政府开发的交通协管员等公益性岗位就业。积极落实"再就业"扶持优惠政策，为"下岗再就业"人员免交税费145万元、提供小额贴息贷款50万元，为668名下岗失业人员发放社会保险补贴51万元。开展副处级以上领导和市直部门挂钩帮扶困难企业职工1000多人。加大劳动保障监察力度，维护农民工的合法权益，全年清理拖欠农民工工资635.5万元。加快社会保障体系建设，全市新增养老保险、失业保险、医疗保险参保人员分别为38297人、14908人和28338人。多渠道征缴和筹集社会劳动保障基金7883万元、支付各项社会保障金8164.6万元，其中发放失业保障金1101万元，为1.2万名参加医保人员进行健康体检。城镇有4370人、农村有28745人纳入生活低保对象，全年发放低保金1783.3万元，基本实现"应保尽保"。积极开展贫困救助，发放救济款73.5万元、救灾款495.3万元。设立贫病救助基金，筹措资金63万元，救助847户。全面落实农村税费改革政策，全年为农民减负6500多万元。全面取消乡统筹、村提留费，停止征收农业税。加大贫困村扶持力度，省、市、县三级扶贫开发重点村共投入项目资金620万元。实施"农户自立能力工程"，发放农村小额扶贫贷款657.4万元。完成"造福工程"搬迁2400人，穆云畲族乡黄儒村地质灾害险情搬迁工作进展顺利，308户秦溪洋"鸭母楼"（指养鸭户在溪河边临时搭盖的居住棚屋）群众得到妥善安置，接收安置三峡库区移民18户66人。改善农村基础设施，扎实推进农村水利工程建设，建成2个乡镇、60个村级饮水工程。完成农村公路水泥硬化84千米。治理餐桌污染，食品安全状况趋于好转。克服财政困难，多方筹资2000多万元，偿还交通、教育投资部分欠款。及时兑现机关事业单位人员地区补贴每月每人增资100元和"5·12"干部及高龄离退休干部房改补贴款。

2005年，福安市人民政府加强就业和社会保障工作，新增就业岗位9360个，帮助1918名下岗失业人员实现"再就业"，为下岗职工提供小额贴息贷款300万元，减免各种税费103万元。全市五项社会保险覆盖人数超过5万人，征缴保费9018万元、支付8919万元，为2.87万名农村低保对象和4934名城市低保对象发放低保金1842万元。申请列入福建省新型农村合作医疗扩大试点县。开展社会救助工作，建成市级"慈善超市"和"经常性社会捐助与接收中心"。加大扶贫开发力度，多渠道投入扶贫开发重点村项目资金681万元、发放小额信贷706万元。

第十九篇

ZHONGGUORENMINZHENGZHIXIESHANGHUIYI FUANSHIWEIYUANHUI

中国人民政治协商会议福安市委员会

1991—2005年，政协福安市委员会举行第七届至第十届换届工作，成立新的领导班子和工作机构。并认真履行“政治协商、民主监督、参政议政”职能，推动地方政府各项重要决策、施政方针的贯彻落实；组织委员开展调研视察和提案活动，促进全市改革开放的深化和社会经济的发展。

第一章　政协委员

第一节　委员推荐

1991—2005 年，福安市政协先后组成 4 届委员会，委员由中国共产党、人民团体、少数民族、党外各界代表以及特邀人士组成。中共委员和党外各界委员，分别由市委组织部和统战部推荐人选，经市委统战部汇总平衡、征求市政协党组意见后，报中共福安市委常委会研究确定。各届政协委员中，均注意到广泛性、代表性和先进性。

第二节　委员构成

一、第七届委员会委员构成（1991 年 1 月至 1994 年 1 月）

政协福安市第七届委员会委员 138 名，代表 20 个界别。其中：中共 14 名，占 10.1%；农工党 5 名，占 3.6%；军烈属 3 名，占 2.2%；共青团、总工会、妇联各 1 名，分别占 0.7%；工商联界 13 名，占 9.4%；台盟 1 名，占 0.7%；文化艺术界 5 名，占 3.6%；科学技术界 26 名，占 18.8%；社会科学界 1 名，占 0.7%；农业界 4 名，占 3%；教育界 16 名，占 11.6%；体育界 2 名，占 1.5%；医卫界 7 名，占 5.1%；少数民族代表 13 名，占 9.4%；归侨 4 名，占 3%；港澳同胞 3 名，占 2.2%；宗教界 9 名，占 6.5%；特邀人士 8 名，占 5.8%。在 138 名委员中，非中共党员 85 名，占 62%；中共党员 53 名，占总数 38%；女委员 26 名，占 18.8%。平均年龄 48.2 岁，比上届降低 5 岁；中专以上文化程度 76 名，占总数的 55.1%，比上届多 6.7 个百分点。届中增补委员 6 名。

二、第八届委员会委员构成（1994 年 1 月至 1999 年 1 月）

政协福安市第八届委员会委员 169 名，代表 21 个界别。其中：中共 22 名，占 13%；民主党派 8 名，占 4.7%；工会、共青团、妇联各 1 名，各占 0.6%；工商联界 14 名，占 8.3%；文化艺术界 4 名，占 2.4%；科学技术界 26 名，占 15.4%；社会科学界 2 名，占 1.2%；农业界 4 名，占 2.4%；教育界 17 名，占 10%；新闻界 2 名，占 1.2%；体育界 2 名，占 1.2%；医卫界 7 名，占 4.1%；少数民族代表 13 名，占 7.7%；归侨 5 名，占 3%；港澳同胞 4 名，占 2.4%；宗教界 11 名，占 6.5%；特邀人士 10 名，占 5.9%；新增经济界 13 名，占 7.7%。在 169 名委员中，非中共党员 105 名，占总数 62%；中共党员 64 名，占总数 38%；女委员 27 名，占 15%。委员平均年龄比上届下降 2 岁。中专以上文化程度 110 名，比上届增 34 名、占总数的 65%，其中高级知识分子 56 名。届中增补委员 21 名。

三、第九届委员会委员构成（1999 年 1 月至 2003 年 12 月）

政协福安市第九届委员会委员 188 名，代表 20 个界别。其中：中共 19 名，占 10.1%；民主党派 10 名，占 5.3%；共青团 2 名，占 1.06%；工会 2 名，占 1.06%；妇联会 2 名，占 1.06%；工商联界 18 名，占 9.57%；文化艺术界 6 名，占 3.19%；科学技术界 24 名，占 12.77%；社会科学界 3 名，占 1.59%；经济界 14 名，占 7.45%；农业界 3 名，占 1.59%；教育界 18 名，占 9.57%；新闻界 2 名，占 1.06%；体育界 2 名，占 1.06%；医药卫生界 8 名，占 4.25%；少数民族代表 11 名，占 5.85%；侨联 4 名，占 2.13%；宗教界 8 名，占 4.25%；特邀人士 27 名，占 14.36%。在 188 名委员中，非中共党员 113 名，占总数 60.1%；中共党员 75 名，占总数 39.9%；女委员 45 名，占 23.9%。九届政协委员平均年龄比八届下降 1 岁。文化程度有所提高，中专以上文化程度 157 名，占总数 83.5%、比上届多 18.5 个百分点，其中高级知识分子 76 名。届中增补委员 17 名。

四、第十届委员会委员构成（2004 年 1 月—）

政协福安市第十届委员会委员 222 名，代表 19 个界别。其中：中共 17 名，占 7.66%；民主党派 14 名，占 6.3%；无党派人士 4 名，占 1.8%；工会 3 名，占 1.35%；共青团 2 名，占 0.9%；妇联 2 名，占 0.9%；农业界 9 名，占 4.1%；工商联界 25 名，占 11.26%；科学技术界 12 名，占 5.4%；文化艺术界 8 名，占 3.6%；新闻出版界 2 名，占 0.9%；社会科学界 4 名，占 1.8%；教育界 24 名，占 10.81%；侨台界 5 名，占 2.25%；医药卫生界 10 名，占 4.5%；少数民族代表 9 名，占 4.1%；经济界 26 名，占 11.71%；宗教界 12 名，占 5.4%；特邀 34 名，占 15.32%。在 222 名委员中，非中共党员 137 名，占总数 61.71%；中共党员 85 名，占总数 38.29%；女委员 46 名，占总数 20.72%。委员平均年龄比上届下降 1.9 岁。中专以上文化程度 180 名，占总数的 81.08%，比上届增 23 名。届中增补委员 9 名。

第二章　全体委员会议

第一节　第七届委员会议

一、第一次会议

1991 年 1 月 3—7 日召开。会议听取并审议《市政协六届常委会工作报告》《提案办理工作报告》《提案审查报告》和各专门委员会工作情况的专题发言。会议选举市七届政协主席、副主席和常务委员，组成政协福安市第七届常务委员会，审议通过《福安市政协六届常委会工作报告》《提案办理工作报告》和《提案审查报告》。与会委员列席市十一届人大一次会议。

二、第二次会议

1992 年 3 月 23—27 日召开。会议听取《市政协七届常委会工作报告》和《市政协七届一次会议以来提案工作情况的报告》，10 名委员作大会发言。审议通过《市政协七届二次会议政治决议》和《常委会工作报告的决议》。与会委员列席市十一届人大二次会议。

三、第三次会议

1993 年 3 月 2—6 日召开。会议听取《市政协七届常委会工作报告》和《市政协七届二次会议以来提案工作情况的报告》，11 名委员做大会专题发言。审议通过《市政协七届三次会议政治决议》和《常委会工作报告决议》。与会委员列席市十一届人大四次会议。

第二节　第八届委员会议

一、第一次会议

1994 年 1 月 15—20 日召开。会议听取《市政协七届常委会工作报告》和《市七届政协提案工作情况的报告》，13 名委员做大会发言。会议选举市八届政协主席、副主席和常务委员。审议通过《市政协八届一次会议政治决议》和《常委会工作报告决议》。与会委员列席市十二届人大一次会议。

二、第二次会议

1995 年 3 月 9—13 日召开。会议听取《市政协八届常委会工作报告》和《市政协八届一次会议以来提案工作情况的报告》，11 名委员做大会发言。审议通过《市政协八届二次会议政治决议》和《常委会工作报告决议》。与会委员列席市十二届人大二次会议。

三、第三次会议

1996 年 3 月 26—30 日召开。会议听取《市政协八届常委会工作报告》和《市政协八届二次会议以来提案工作情况报告》，11 名委员做大会发言。审议通过《市政协八届三次会议政治决议》和《常委会工作报告决议》。会议表彰优秀提案和提案办理工作先进单位、先进个人。与会委员列席市十二届人大三次会议。

四、第四次会议

1997 年 3 月 19—23 日召开。会议听取《市政协八届常委会工作报告》和《市政协八届三次会议以来提案工作情况的报告》，15 名委员做大会发言。会议审议通过《市政协八届四次会议政治决议》和《常委会工作报告决议》，补选市八届政协主席。与会委员列席市十二届人大五次会议。

五、第五次会议

1998 年 4 月 21—25 日召开。会议听取《市政协八届常委会工作报告》和《市政协八届四次会议以来提案工作情况报告》。11 名委员做大会专题发言，会议补选市八届政协主席。表彰优秀提案和提案办理工作先进单位、先进个人。审议通过《市政协八届五次会议政治决议》和《常委会工作报告决议》。会议期间组织委员开展视察活动，并列席市十二届人大七次会议。

第三节　第九届委员会议

一、第一次会议

1999 年 1 月 4—9 日召开。会议听取《市政协八届常委会工作报告》和《市八届政协提案工作情况报告》，15 名委员做大会发言。会议选举福安市九届政协主席、副主席和常务委员。讨论通过《市政协九届一次会议政治决议》和《常委会工作报告决议》。会议期间组织委员进行视察，并列席市十三届人大一次会议。

二、第二次会议

2000 年 4 月 22—26 日召开。会议听取《市政协九届常委会工作报告》和《市政协九届一次会议以来提案工作情况报告》，18 名委员做大会发言。会议表彰优秀委员、政协工作先进集体、优秀提案和提案办理先进单位、先进个人。会议审议通过《市政协九届二次会议政治决议》和《常委会工作报告决议》。会议期间组织委员开展视察活动，并列席市十三届人大二次会议。

三、第三次会议

2001 年 4 月 1—5 日召开。会议听取《市政协九届常委会工作报告》和《市政协九届二次会议以来提案工作情况报告》，16 名委员做大会发言。会议审议通过《市政协九届三次会议政治决议》《常委会工作报告决议》和《市政协委员关于开展“树文明新风、建美好家园”活动的倡议书》。会议期间组织委员开展对口协商活动，并列席市十三届人大四次会议。

四、第四次会议

2002 年 3 月 17—20 日召开。会议听取《市政协九届常委会工作报告》和《市政协九届三次会议以来提案工作情况报告》，9 名委员做大会发言。会议还听取市文明办关于全市开展精神文明创建工作的报告并进行协商讨论。审议通过《市政协九届四次会议政治决议》和《常委会工作报告决议》。与会委员列席市十三届人大五次会议。

五、第五次会议

2003年3月16—20日召开。会议听取《市九届政协常委会工作报告》和《市政协九届四次会议以来提案工作情况报告》，25名委员做大会发言。会议举行全面建设小康社会宣传踩街活动。审议通过《市政协九届五次会议政治决议》和《常委会工作报告决议》。会议期间组织委员开展视察活动，并列席市十三届人大六次会议。

第四节　第十届委员会议

一、第一次会议

2004年2月15—19日召开。会议听取《市九届政协常委会工作报告》和《市九届政协提案工作情况的报告》，19名委员做大会发言。会议选举福安市十届政协主席、副主席和常委。审议通过《市政协十届一次会议决议》。会议期间组织委员开展视察活动，并列席十四届人大一次会议。

二、第二次会议

2005年3月20—23日召开。会议听取《市十届政协常委会工作报告》和《市政协十届一次会议以来提案工作情况报告》，24名委员做大会发言。审议通过《市政协十届二次会议决议》。会议期间举行委员开展视察和对口协商活动，并列席市十四届人大二次会议。

第三章　常委会

第一节　常委会组成

一、第七届常委会

福安市政协第七届委员会（1991.1—1994.1）委员138名，代表20个界别。常委会由主席、副主席和常务委员组成。主席：刘骞，副主席：许学文、林柏善、雷长梅（女，畲族）、林宜华、缪苹，常委20名（不含主席、副主席6名）：王志南、王振武、叶青、卢腾、阮良箴、庄建国、张实之、吴其中、吴振祺、吴培萼、陈先慈、陈则清、陈春江、李锦江、林青、钟隐芳（女，畲族）、章汉民、黄辉江、程锦妹（女）、释净慧。

二、第八届常委会

福安市第八届委员会（1994.1—1999.1）委员169名，代表21个界别。常委会由主席、副主席、秘书长和常务委员组成。主席：刘骞（1994.1—1997.3）、刘秉辉（1997.3—1998.4）、阮妙容（女）（1998.4—1999.1），副主席：雷逢德（畲族）、林柏善、缪苹、林宜华、马翠玉（女），秘书长：马翠玉（兼），常委25名（不含主席、副主席）：王志南、王振武、卢腾、孙一山、庄建国、陈长峰、陈则清、陈先慈、陈成基、陈春江、杨江闽、张实之、张培忠、陆恒、吴振祺、李锦江、林青、林再生、郑锐华、柯受平、钟隐芳（女，畲族）、韩实甫、释净慧、程锦妹（女）、缪瑞章。

三、第九届常委会

福安市政协第九届委员会（1999.1—2003.12）委员188名，代表20个界别。常委会由主席、副主席和常务委员组成。主席：阮妙容（女），副主席：林良庄、缪苹、马翠玉（女）、陈成基，常委26名：王少华、王寿仑、卢腾、孙一山、庄建国、阮荣登、陆恒、李迅、李惠长、杨江闽、吴廷文、吴松奇、张思伟、苏锦平、郑少清（女）、郑惠胜、陈嵘嵘（女）、林青、林奇典、林彬、林善榕、钟秀轩（畲族）、黄丽挺（女）、释净慧、曾子健、缪雪海。

四、第十届常委会

福安市政协第十届委员会（2004.1—2007.1）委员222名，代表19个界别。常委会由主席、副主席、秘书长和常务委员组成。主席：杨金柱，副主席：林良庄、马翠玉（女）、刘良健、李惠长，秘书长：林绍温（2005.3—2006.5），常委37名：丁敏良、卢腾、许晓英（女）、陆恒、陈成基、陈光华、陈良清、陈荣冰、陈嵘嵘（女）、陈碧华、范若锦、林青、林彬、林文庆、林学茂、林绍温、林焕棠、林善榕、罗一鸣、郑榕、郑少清（女）、郑惠胜、袁润怀、徐闽华（女）、郭健、郭锐、黄辉（女）、黄丽挺（女）、龚达元、释智愿、曾子健、谢金崇、蓝廷和（畲族）、蓝松龄（畲族）、缪苹、缪雪海、薛成福。

以上各届常委会均为各届第一次会议选举确定的常委会组成人员名单，不含届中增（补）选的常委。

第二节　常委会会议（部分）

一、第七届常委会会议

1991 年 8 月 27—28 日，福安市政协召开常委扩大会，学习贯彻中共福建省委五届三次全体会议精神，讨论协商《中共福安市委关于“八五”期间社会主义精神文明建设规划和实施意见》等。

1991 年 10 月 30 日，市政协召开常委扩大会议，传达贯彻宁德市政协工作会议精神。

1992 年 1 月 10 日，市政协召开常委扩大会议，学习贯彻中共十三届八中全会精神，计划新一年的政协工作。

1994 年 1 月 3 日，市政协召开七届常委会第十九次会议，研究政协福安市第八届一次会议有关议题。

二、第八届常委会会议

1994 年 3 月 22 日，福安市八届政协常委会召开第二次会议，制定市政协 1994 年工作意见。

1995 年 7 月 14 日，市政协召开八届七次常委会会议，通过《政治协商民主监督参政议政规定的实施办法》。

1995 年 10 月 10 日，市政协召开八届八次常委会会议，讨论《福安市国民经济和社会发展“九五”计划及 2010 年规划纲要》（征求意见稿）。

1996 年 3 月 9 日，市政协召开八届九次常委扩大会议，专题讨论《政府工作报告》（征求意见稿）。

1996 年 3 月 21 日，市政协召开八届十一次常委会会议，讨论召开政协八届三次会议有关事宜。

1996 年 7 月 5 日，市政协召开八届十二次常委会会议，讨论市政协成立四十周年活动等事项。

1996 年 10 月 25 日，市政协召开八届十四次常委会会议，学习中共十四届六中全会精神。

1997 年 3 月 13 日，市政协召开八届十五次常委会会议，研究市政协八届四次会议有关议题。

1997 年 7 月 28 日，市政协召开八届十六次常委会会议，政协主席刘秉辉通报市政协上半年工作情况和下半年工作意见。

1997 年 10 月 13 日，市政协召开八届二十次常委会会议，讨论通过《关于认真学习贯彻中共十五大精神的决议草案》。

1997 年 12 月 25 日，市政协召开八届二十一次常委会会议，传达省政协主席游德馨视察闽东时的讲话精神。

1998 年 7 月 13 日，市政协召开八届二十六次常委会会议，讨论市政协换届的有关工作。

1998 年 12 月 23 日，市政协召开八届第二十七次常委会会议，讨论第九届政协委员名单等事项，为市政协九届一次会议做准备。

三、第九届常委会会议

1999 年 3 月 26 日，福安市政协召开第九届第一次常委会会议，传达贯彻省“两会”精神，讨论常委会工作规则和 1999 年政协工作要点。

1999 年 7 月 19 日，市政协召开九届第二次常委会（扩大）会议，通报市政府上半年工作情况。

2000 年 1 月 21 日，市政协召开常委（扩大）会议，听取市公安局公安工作情况通报。

2000 年 9 月 19 日，市政协召开九届第九次常委会会议，学习《中共福安市委关于进一步加强人民政协工作若干问题的决定》及市纪委、监察局、组织部、宣传部、市委党校、政府办、财政局等单位出台支持政协开展工作的配套文件。

2001 年 1 月 20 日，市政协召开九届第十次常委会会议，讨论政协 2000 年工作情况和 2001 年工作意见。

2001 年 7 月 10 日，市政协召开九届第十三次常委会会议，讨论市政协关于精神文明建设的调研报告。

2001 年 10 月 16 日，市政协召开第十四次常委会会议，交流学习中共十五届六中全会精神的心得体会，通报提案办理情况，部署第四季度工作。

2001 年 12 月 30 日，市政协召开第十五次常委会会议，传达省第七次党代会精神、省政协主席陈明义在闽东调研时的讲话精神，讨论市政协 2001 年工作总结和 2002 年工作意见。

2002 年 4 月 16 日，市政协召开九届第十八次常委会会议，通报 2002 年政协工作要点，开展城市总体规划专题研讨。对编制城市总体规划的指导思想、城市性质定位、总体布局方案选择、近期发展重点等问题提出具体建议。

2002 年 7 月 17 日，市政协召开九届第十九次常委会会议，通过市政协 2002 年上半年工作小结和下半年工作意见、听取福安市委党校陈副校长“经济全球化与中国加入 WTO”讲座。

2002 年 8 月 20 日，市政协召开九届第二十次常委会会议，研讨福安应如何营造良好投资环境，争取更多外商投资。

2002 年 10 月 31 日，市政协召开九届第二十一次常委会会议，通报市政协开展“政协委员营造良好投资环境活动月”情况、听取公安工作情况及市政协社会治安工作调研情况通报。

2002 年 12 月 25 日，市政协召开九届第二十二次常委会会议，学习贯彻中共福安市委十届十四次全会精神、审议通过《福安市政协学习贯彻十六大精神　落实市委十届十四次全会精神的决议》。

2003 年 3 月 7 日，市政协召开九届政协第二十三次常委会会议，研究确定召开市政协九届五次全委会有关事宜及增补政协委员。

2003 年 4 月 18 日，市政协召开市九届第二十五次常委会会议，传达全国“两会”精神，通报市政协 2003 年工作要点、调研工作计划及协商方案，通报全市贯彻落实公安部“三项禁令”的情况。

2003 年 9 月 29 日，市政协召开九届第二十六次常委会会议，听取市重点项目建设进展、城市规划编制以及国税工作情况的通报，部署市政协常委会第四季度的工作。

2004 年 2 月 2 日，市政协召开九届第二十八次常委会会议，决定市政协第十届一次会议于 2004 年 2 月 15 日至 19 日召开。

四、第十届常委会会议

2005 年 1 月 6 日，福安市政协召开十届第四次常委会会议，听取福安市人民政府关于 2004 年全市经济社会发展情况和 2005 年工作计划。

2005 年 3 月 18 日，市政协召开十届第五次常委会会议，确定市政协第十届二次会议于 3 月 20 日至 23 日召开。

2005 年 7 月 21 日，市政协召开十届第七次常委会会议，围绕制定福安市“十一五”规划，并就城市规划与建设、电机电器船舶产业发展、完善和创新财政管理机制、旅游产业发展、发展职业教育、实施“科技兴市”“人才强市”战略、加强软环境建设等方面建言献策。

2005年11月15日，市政协组织召开常委、部分委员、各民主党派、工商联及各界人士会议，为完善福安市“十一五”规划建言献策。

第三节　工作机构

一、专委会

（一）七届政协专委会

政协福安市第七届委员会设提案、经济科技、文教卫体、老区民族、“三胞”联谊、宗教、文史资料等7个专委会。提案委员会设主任1人，副主任2人；经济科技委员会设主任1人，副主任3人；文教卫体委员会设主任1人，副主任3人；老区民族委员会设主任1人，副主任2人；“三胞”联谊委员会设主任1人，副主任3人；宗教委员会设副主任3人；文史资料委员会设名誉主任1人、主任1人，副主任2人。

（二）八届政协专委会

政协福安市第八届委员会设提案、文史资料、经济、科技、教文卫体、老区民族、“三胞”、宗教、学习等9个专委会。提案委员会设主任1人，副主任3人；文史资料委员会设主任1人，副主任2人；经济委员会设主任1人，副主任2人；科技委员会设主任1人，副主任2人；教文卫体委员会设主任1人，副主任4人；老区民族委员会设主任1人，副主任3人；三胞委员会设主任1人，副主任3人；宗教委员会设主任1人，副主任3人；学习委员会设主任1人，副主任2人。

（三）九届政协专委会

政协福安市第九届委员会设提案、学习宣传、经济、科技、教文卫体、社会法制、民族老区宗教、文史资料、台港澳侨等9个专委会。提案委员会设主任1人，副主任2人；学习宣传委员会设主任1人，副主任2人；经济委员会设副主任4人；科技委员会设主任1人，副主任3人；教文卫体委员会设主任1人，副主任2人；社会法制委员会设主任1人，副主任6人；民族老区宗教委员会设主任1人，副主任3人；文史资料委员会设主任1人，副主任2人；台港澳侨委员会设主任1人，副主任2人。

（四）十届政协专委会

政协福安市第十届委员会设提案、学习宣传、经济科技、教文卫体、社会和法制、民族老区宗教、文史资料、港澳台侨等8个专委会。提案委员会设主任1人，副主任4人；学习宣传委员会设主任1人，副主任2人；经济科技委员会设主任1人，副主任4人；教文卫体委员会设主任1人，副主任2人；社会和法制委员会设主任1人，副主任4人；民族老区宗教委员会设主任1人，副主任1人；文史资料委员会设主任1人，副主任2人；港澳台侨委员会设主任1人，副主任2人。

二、办事机构

（一）七届政协常委会办事机构

政协福安市第七届委员会设办公室、调研室、联络室。办公室设主任1人，副主任1人；调研室设主任1人；联络室设副主任1人。

（二）八届政协常委会办事机构

政协福安市第八届委员会设办公室、调研室、联络室。办公室设主任 1 人，副主任 1 人；调研室设主任 1 人，副主任 1 人；联络室设主任 1 人。

（三）九届政协常委会办事机构

政协福安市第九届委员会设办公室、调研室、联络室、文史室。办公室设主任 1 人；调研室设主任 1 人；联络室设主任 1 人，副主任 1 人；文史室设主任 1 人，副主任 1 人。

（四）十届政协常委会办事机构

政协福安市第十届委员会设办公室、调研室、联络室、文史室。办公室设主任 1 人；调研室设主任 1 人；联络室设主任 1 人，副主任 1 人；文史室设主任 1 人，副主任 1 人。

政协机关由办公室统一管理，内设财会、文档、行政事务等股室（岗位）。

三、其他机构

（一）福安市政协之友联谊会

1996 年 1 月，福安市政协之友联谊会成立，是在政协福安市委员会领导下，由历届离任政协领导、委员和原政协机关工作人员参加的联谊团体，其领导机构是理事会，至 2005 年已历三届。第三届福安市政协之友联谊会共有会员 56 人，理事 14 人。经理事会选举产生名誉会长 1 人，会长 1 人，副会长 3 人；秘书长 1 人。

（二）福安市政协委员培训中心

2000 年 5 月，福安市政协委员培训中心成立，设主任 1 人。主要职责是在市政协办公室领导下做好委员培训的组织、协调工作。

第四节　自身建设

一、政协第七届常务委员会（1991.1—1994.1）

政协福安市第七届常委会不断加强对政协工作的领导，提升整体功能，增强政协工作的使命感和责任感。加强制度建设，建立健全《常委会工作规则》《委室工作规则》《学习制度》《联系委员制度》等 10 多项规章制度。召开贯彻全省、全区政协工作会议精神大会，指导全市政协各项工作的开展，解决工作中遇到的困难和问题。编报政协编制，增设工作机构，落实委员视察经费。管理政协新办公楼建设工程。

二、政协第八届常务委员会（1994.1—1999.1）

加强对专委会工作的领导，各专委会工作每年做到“三个一”即：联系一个界别的委员，开展一项专题咨询或调研，组织一次考察或视察活动。在政协机关大力倡导“无私奉献敬业服务”的精神，进一步建立健全岗位责任、考勤、值班、接访、委员联系、财务管理等制度。加强对机关干部的培养使用，先后有 10 多名干部与党政部门进行双向交流。1996 年，成立市政协之友联谊会，发挥历届老委员作用。届间完成办公楼的修建，举办纪念市政协成立 40 周年、中共十一届三中全会召开 20 周年等纪念活动。

三、政协第九届常务委员会（1999.1—2003.12）

成立政协委员培训中心，先后举办政协统战理论知识、WTO知识、行政执法、提案收集和整理、委员职责与义务、中共十六大精神、法制教育等20多场专题讲座，增强委员参政议政的主动性和能力。工商、经济界委员在民营经济发展中发挥了积极作用，委员中共有230多人（次）获得各级表彰。加强政协宣传工作，在《人民政协报》刊发“福安政协”专版，编印《建言献策》《提案汇编》专辑。在11个乡镇建立政协委员联络室，多方争取资金对办公楼进行内部装修，分配安排常委会各办公室。

四、政协第十届常务委员会（2004.1—2007.1）

进一步健全政协领导班子、机关工作人员和政协常委会、专委会定期学习制度，每半年按片区组织一次委员学习，每年举办一期委员培训班。主要学习贯彻新修订的政协章程和《中共中央关于加强人民政协工作的意见》，开展政协章程知识竞赛及“宣传月”活动。专题研究政协有关工作，理顺政协内部机构设置，将市政协机关原有的4个正科级工作机构、8个内设专门委员会，调整为7个正科级工作机构，并实行政协主席、副主席编制单列，由财政拨款支付政协添置办公设备，改善办公环境。进一步加强政协宣传工作，举办市政协成立50周年纪念活动，建立福安政协网站和举办政协工作图片展。在委员中开展“写好一份提案、参加一次调研、反映一条社情民意、提出一条建议、为群众办一件实事”的“五个一”活动。政协委员在民营经济发展中发挥积极作用，带头创办电机电器、船舶修造、农产品加工等企业53家，年产值超亿元的有12家。

第四章　履行职责

第一节　参政议政

一、政协福安市第七届委员会（1991.1—1994.1）

政协福安市七届常委会组织委员紧紧围绕经济建设中心，积极拓展参政议政渠道，不断提高参政议政实效。采取“走出去，请进来”的办法，安排政协常委、委员、民主党派成员、党外人士参与全市大政方针的讨论，主动邀请市委、市政府及有关部门领导参加政协常委会、全委会及座谈会，共商经济发展大计，听取工作通报等，围绕全市政治、经济重大问题参政议政，建言献策。1992年，中共福安市委全面实施经济建设“6·10”工程，市政协围绕市委、市政府中心工作，开展以视察调研“6·10”工程为主要内容的“政协委员参政议政”活动。1993年，围绕计划生育达标问题，市政协委员履行职责、建言献策，所提建议得到市委重视和采纳。

二、政协福安市第八届委员会（1994.1—1999.1）

政协福安市八届常委会要求委员在参政议政中做到“突出重点，关注热点，揭示盲点，盯住亮点”。五年中，委员们认真开展参政议政，建言献策活动，常委会每年组织委员对“九五”计划实施过程中的重大问题及重要工程的实施情况，如秦溪洋工业园区规划发展、城区防洪堤建设等进行调查研究，向市委、人大、政府反馈通报。同时，积极组织委员收集和反映有关农业生产、国有企业改革、非公有制经济发展、下岗职工“再就业”、改善投资环境等方面的社情民意，协助党委、政府做好化解矛盾和社会稳定工作，促进市委、市政府决策的顺利实施。

三、政协福安市第九届委员会（1999.1—2003.12）

政协福安市九届常委会组织委员开展围绕大局、服务中心的系列活动，提高他们参政议政能力。中共十六大召开后，组织开展“三下乡”活动，宣传十六大精神和市委工作部署。市政协组织委员开展“营造良好投资软环境氛围月”活动，加快民营经济的发展。开展“城市管理联动周”系列活动，参与城市管理中的无序摆摊设点、治安岗亭周边的整治和创建文明示范街、活动，并广泛征询市民对城市管理的意见建议。

四、政协福安市第十届委员会（2004.1—2007.1）

政协福安市十届常委会把参政议政的着力点放在促进经济、社会的发展上，按照中共福安市委的部署和安排，充分发挥政协的人才、智力优势，组织委员讨论《福安市生态建设规划纲要》，围绕生态建设的目标、任务，以及建立和完善人与自然和谐的生态环境体系、构建协调发展的生态效益型经济体系等进行论证，促进相关工作的开展。连续三年，组织委员开展对福安重点旅游资源的考察，牵头完成白云山旅游规划的编制及省级风景名胜区申报工作，多次牵头组织对福安花岗岩壶穴群、佛光、午时莲三大自然奇观及风景区规划的论证。2004年，白云山风景区经省政府批准成为省级风景名胜区。

第二节　民主监督

1991—2005年，福安市政协历经四次换届，每届政协委员都主动履行职能，围绕经济社会建设发展问题，积极参政议政，切实有效地开展政治协商、民主监督工作。主要形式是每年召开一次全体委员会议、每季度召开一次常务委员会会议和主席会议、不定期地召开专题座谈会和各专委会会议，与政府相关部门开展对口协商以及邀请党政领导及相关部门举行通报、对话、座谈、咨政等活动。

政协福安市第七届委员会共开展各种形式的协商、监督活动36场次，与20多个市直机关职能部门会同协商。其中，1992年邀请政法委、公、检、法、司等部门主要领导，通报工作情况，委员们提出许多意见和建议，市委政法委将委员的意见以正式文件形式印发给有关单位，供他们参考改进。七届政协二次、三次全委会，举行“政协委员咨政会”，针对经济建设和改革开放的“热点”“难点”问题，向政府成员单位进行咨政、提高协商监督成效。

政协福安市第八届委员会积极推进政协协商监督的规范化、制度化建设，根据上级政协有关规定精神和市委转发的《福安市政协关于政治协商、民主监督、参政议政的实施办法》，健全完善政协常委会列席会议、情况通报、对口协商、特邀监督、提案办理、社情反映、委员联系等规章制度。

政协福安市第九届委员会五年中召开协商监督会20场次，分别就投资软环境、构强做大茶产业、城市建设与管理、社区建设、治理餐桌污染、推行素质教育等问题进行协商，促进相关工作的落实和开展。1999年，市政协组织企业界委员和政府相关职能部门前往浙江考察电机电器发展情况，并组织研讨和协商。针对企业反映的出口退税等问题，以专题报告、提案等形式向上级和有关部门反映，引起福建省委、省政府对发展福安电机电器产业的重视和支持。

政协福安市第十届委员会三年中共召开全体会议3次，常委会会议16次，主席会议23次，专题协商会议12次。初步形成“全委会议全面协商、常委会会议专题协商、主席会议重点协商、专委会议对口协商”的协商议政格局。使政治协商更加规范有序、生动活泼、富有成效。2005年，举行“十一五”规划建言献策会，着重就“十一五”时期福安城市规划与建设、电机船舶两大支柱产业集群发展、实施“科教兴市”“人才强市”战略、完善财政管理体制、重视淡水资源的保护与利用、大力扶持食品和农副产品加工业等十多个方面问题，与政府及有关部门开展民主协商，提出具体的对策建议，许多意见建议被吸收和纳入《福安市“十一五”时期经济社会发展规划》。

第三节　调研视察

1991—2005年，历届政协福安市委员会都组织委员有计划、有重点地开展调研视察活动，使委员能知情出力、参政议政、主动履职。调研视察内容主要围绕市委、市政府的中心任务以及群众关心的热点、难点问题。每次调研活动结束后，都以调查报告、呈阅件、建议案等形式提出意见和建议，供市委、市政府及有关部门科学决策、改进工作参考。

政协福安市第七届委员会三年来共开展专题调研、视察32次，参加的政协委员226人次；形成参阅件及调查报告26份、提出建议意见153条，大部分建议受到市委、市政府和有关部门的重视和采纳。

1993年，政协组织对全市个体、私营工业企业和第三产业进行调研，中共福安市委以政协调研报告为依据，形成了《关于促进个体私营经济健康发展的若干规定》。

政协福安市第八届委员会五年来开展较大的调研80多次，参加的委员905人次；组织政协委员对农业和农村工作开展调研并形成报告呈送市委，市委领导做出批示，要求各有关部门重视当前农村存在的问题，并组织开展千名干部下乡抓农村工作；组织政协委员对水资源污染状况进行深入调研，向市委、市政府提交《关于西溪穆阳溪水资源污染调查报告》，使水资源污染的严重性引起了有关方面的重视，对沿溪分布的石板材加工进行治理整顿；1997年，市政协开展"连家船"民上岸定居问题的调研，引起省委、宁德地委的重视，并将其列入"造福工程"予以解决。

政协福安市第九届委员会五年中先后组织委员开展精神文明建设讲实效、"连家船"民上岸定居后的生活出路、重视吸引内资发展经济、社会治安综合治理、加快旅游业发展、促进农村科技进步、民族地区经济发展、加快信息网络建设等55个专题调研，向市委、市政府呈送《呈阅件》43份、专题报告12篇，部分建议直接被市委、市政府采纳并付诸实施。2001年，市政协牵头开展增进精神文明建设实效调研，被市委列入全市重点调研课题。其调研成果被列为2002年重点工作并组织实施。

政协福安市第十届委员会三年中先后组织委员开展对高速公路、福建大唐国际宁德发电有限责任公司等重点项目建设工程，以及赛江防洪堤工程、交溪流域生态环境治理与水资源保护、城市规划建设及街尾路等地段拓宽改造、工业集中区规划与建设、食品卫生安全监管等重要问题的调研与视察。对宁（德）上（饶）高速公路走向问题，组织在福安的省、宁德市委员进行调研，形成专报件，得到上级领导和有关部门的重视和支持。2004年，针对社会反映的有关交溪流域河道滥采砂及水资源污染严重等问题，市政协组织委员深入开展调研视察，向市委、市政协提交"关于治理和保护'母亲河'的建议"，并倡议开展保护"母亲河"活动，使交溪河道非法采砂点的整治纳入法治化、规范化轨道。

第四节　为民办实事

政协福安市第七届委员会注重发挥人才优势和工作专长，积极参与农村社教、农村农业、经济建设等工作。1993年，在开展"农业升温千村行"中，市政协领导带领机关干部深入6个乡镇的18个行政村、帮助基层解决具体问题；协助下白石和赛岐镇抓好顶头、罗江、店前村的社教、村建工作。先后3次组织委员中的农业科技专家，到溪柄、甘棠、湾坞等5个乡镇，开展农业科技咨询服务，帮助农民解决在作物栽培管理以及农业综合开发中遇到的难题。先后5次组织政协委员及医疗专家，深入松罗、下白石等乡镇开展巡回义诊。

政协福安市第八届委员会积极参与市委、市政府重点工作的组织和实施，政协主要领导和常委按照市委部署安排参与"外引内联"、教育、交通、城建、电力、农业、港口开发等重点项目的领导与实施。开展包乡挂点、扶贫"奔小康"、抗洪抢险、赈灾救灾、计划生育等工作。1996年，受8号台风影响，全市灾情严重，市政协积极配合地区政协工委争取台湾慈济会到福安开展赈灾活动、协助发放救灾物资折合人民币40多万元。1998年，长江流域发生特大洪灾，市政协组织委员和各界人士捐款捐物、向灾区奉献爱心。期间，还协同有关部门开展科技咨询活动10次，巡回义诊4次。

政协福安市第九届委员会领导班子成员和机关干部通过包乡挂村、联企帮校等形式五年中，先后挂钩11个乡镇、16个行政村、6所学校和部分企业及下岗工人、复退军人、农村贫困户等，筹集资金180多万元办实事。组织“三下乡”活动20多场次，帮助坂中畲族乡坑下村建立全市第一个无公害蔬菜生产基地。

政协福安市第十届委员会班子成员和政协机关干部深入基层调研，帮助农业生产、计生及农村各项改革工作，为基层解决生产急需资金及技术难题。帮助制定新农村建设规划，推动社会主义新农村建设。市政协挂钩的赛岐镇狮子头村被评为省“文明精品村”“民主自治示范村”，并被宁德市列为新农村建设示范村。市政协还牵头抓好省级历史文化名村——廉村的廉政教育基地建设及古文化旅游项目开发，将廉村建成宁德市爱国主义教育基地和福安市廉政教育基地。同时，还协调做好柏柱洋红色旅游规划。

第五节　提案办理

政协福安市第七届委员会三年中共收到委员提案231件、经审查立案226件，参与提案的委员98人、占委员总数的70%；提案中有关经济建设方面的44件，占提案总数的19.5%；有关教育、科技、文化、卫生方面的49件，占提案总数的21.7%；有关市政建设、环保方面的54件，占提案总数的23.8%；有关统战、老区民族、宗教、侨务方面的35件，占提案总数的19.5%。至1993年年底，办复223件、占提案总数的98.7%。提案所提的建议和意见，被有关部门采纳并付诸实施或计划实施的有111件、占办理提案的49.8%。如1993年，政协委员提出促进个体私营经济健康发展的提案，市委、市政府十分重视，于1993年8月18日召开全市个体私营经济工作会议，进行专题部署，同时制定出台《关于加快个体私营经济发展的若干规定》，有效促进个体私营经济发展。七届政协还编印1991年至1993年度《提案办理情况选编》。

八届政协五年中共收到提案460件，经审查立案448件，参与提案的委员占委员总数67.4%。委员提案中有关经济建设方面的141件，占提案总数31.5%；有关科教文卫体方面的103件，占提案总数23%；有关城镇规划建设管理方面的89件，占提案总数的19.8%；有关社会规划、统战、人事福利等方面的115件，占提案总数的25.7%。办复提案439件，占提案总数的98%。委员提案建议被采纳付诸实施或准备实施的198件，占提案总数的45%。如《关于104国道改造工程水泥混凝土路面质量问题》《关于加快白马港建设步伐》《关于城区防洪堤建设》《关于促进闽东赛岐经济开发区发展》《关于加大社会保障制度改革力度》等提案，都得到市委、市政府及有关部门的重视并采纳。

九届政协五年中共收到提案649件，其中委员提案584件，党派、团体及专门委员会提案65件，经审查立案636件，占提案总数的98%。有关经济建设方面238件，占37%；有关科教文卫体方面178件，占28%；有关政法、劳动人事等方面220件，占35%。市政府每年都召开提案交办会，提案办复率达99.2%。提案建议、意见被采纳、部分采纳或有关部门已纳入计划逐步解决的共547件，占立案提案的86%。如委员提出的《建设高速公路福安连接线》《打通穿山路拓展城市空间》等提案，得到实施，对推动福安经济建设、改善城区交通状况产生重要作用。

十届政协一次、二次会议期间共收到提案358件。其中，委员提案333件，党派、团体及专门委员会提案 25 件，经审查立案 352 件，占提案总数的 98.32%。有关经济建设方面 208 件，占 59.09%；有关科教文卫体方面 68 件，占 19.32%；有关政法、统战、劳动人事方面 76 件，占 21.59%。市委、市政府和市政协领导每年召开提案交办会，办复率 100%。提案建议、意见被采纳、部分采纳或有关部门已纳入计划逐步解决 574 件，占立案提案的 100%。如《整合产业资源推进电机电器产业集群第二次创业》《加大对茶产业扶持力度的建议》《关于建设生态城区》《再次建议抓紧街尾路改造取信于民》《加强规划管理　合理开发和永续利用岸线资源》等提案，得到市委、市政府的高度重视并由有关部门加以落实。

第六节　文史征编

1991—2005 年，福安市历届政协重视做好文史资料征编工作。1992 年，市政协文史资料编委会编辑出版福安文史资料第六辑《畲族史料专辑》；1993 年，编辑出版《教育专辑》。1994 年，编辑出版《福建赛江》。同年，编辑出版《福安政协志》，全书共 10 万字、记载福安市政协 1956 年成立到 1991 年的发展历程。1997 年，编辑出版《廉村古文化群落专辑》。1998 年，编辑出版《实践与探讨专辑》《刘中藻专辑》。1999 年，编辑出版《谢翱研究专辑》。2003 年，编辑出版《郑虎臣专辑》。2004 年，编辑出版《秋园诗社成立 80 周年专辑》。2005 年，编辑出版《福安建县 760 周年专辑》。征编的史料包括政治、军事、工商、科技、文化、教育、民族、宗教、历史名人、古村名村、革命斗争史等内容。抢救一批有存史、借鉴价值的“三亲”（亲历、亲见、亲闻）史料。

第二十篇 MINZHUDANGPAI SHEHUITUANTI

民主党派 社会团体

1991年后，福安市有民盟、民进、农工党、九三学社4个民主党派。社会团体有总工会、共青团、妇联、科协、侨联、工商联、文联、残联、老促会、红十字会、中华职教社。这些党派和群众团体组织根据各自章程组织群众开展活动，推动福安各项社会经济的发展。

第一章　民主党派

第一节　中国民主同盟福安市委员会

一、组织机构

1991 年，中国民主同盟赛岐支部有盟员 29 人。

1996 年，成立中国民主同盟福安市委员会（以下简称“福安民盟”）。该盟贯彻“以城市为主，以中上层知识分子为主，以教育、科学、技术、文化界为主”的工作方针。民盟福安市委会设组织部、宣传部、社会服务部、办公室等三部一室职能机构，机关编制 2 人。成立有教育工作委员会、经济工作委员会、妇女工作委员会、联络工作委员会。民盟福安市委有盟员 65 人，设 8 个支部。至 2005 年，民盟福安市委员会有 12 个支部、186 名盟员，其中高级职称 56 人、中级职称 117 人。

二、盟员大会

1996 年 12 月，召开民盟福安市第一次盟员大会，产生民盟福安市第一届委员会，组成人员共 9 人。主委：卢腾，副主委：罗一鸣、孙一山，秘书长：徐闽华，委员：李甦、林章华、钟鸣、蔡学智、张榕。1999 年，增补李惠长为市委委员、副主委。2002 年，增补尤长铃为市委委员。

中国民主同盟福安市委员会成立暨第一届第一次盟员大会（1996 年）

2002 年 12 月，召开民盟福安市第二次盟员大会，产生民盟福安市第二届委员会，组成人员共 11 人。主委：卢腾，副主委：尤长铃、罗一鸣、李惠长，秘书长：徐闽华，委员：李甦、陈良、陈蓼、林忠、林斌、张榕。

三、主要活动

（一）参政议政

1. 社会调查

1996—2005 年，民盟福安市委组织盟员先后就城市发展、环境保护、食品卫生安全、工业园区建设、治理垃圾公害等问题多次进行考察与调研，为参政议政提供言之有理、言之有物的可靠依据。老盟员陈春江写出《发挥优势完善机制优化结构促进发展》《真抓实干破解难题推进工业集中区建设步伐》《创造条件促进与台湾农业领域合作》等调研报告。

2. 建议提案

1996—2005年，盟员中的人大代表、政协委员，向“两会”提交的建议、提案共173件。民盟福安市委会在政协大会的发言《开凿福赛直通路推动我市经济建设上新台阶》《运用智慧抓好管理创造环境依靠科技保持工业经济稳步发展》《依法治市强意识文明守法树形象》《调整农业产业结构，努力提高我市农业的竞争力》《加强赛江环境保护促进我市经济发展》《迎接挑战构筑城市发展战略强化引导推进城市持续可持续发展》《加强规划权威性建设高水平工业园区》《从源头抓起建设食品放心工程》《治理垃圾公害造福子孙后代》等都是着眼于福安经济建设的全局和社会发展的重点。孙一山提交的《打通鹤山路拓展城市空间》《修筑福赛高速公路》两件提案均被福安市委、市政府采纳，付诸实施。福赛高速公路方案经过进一步论证与完善，结合福建省沿海高速公路的建设，成为福宁高速公路福安连接线，使福安到赛岐的距离缩短到14千米，行车时间只需10分钟。李惠长2000年在宁德市政协会议上提交的《开发闽东中药材生产促进农业结构调整》提案，同时发表在《闽东经济研究》上，“获闽东经济发展思路优秀建言奖”。盟员中的政协委员提案，共有17件被评为优秀提案。

（二）社会服务

1.“科技下乡”

2002年5月，民盟赛岐科技支部开展“科技下乡”活动，特邀请中国科学院植保所葡萄病虫害防治中心王忠跃教授，到闽东赛岐经济开发区大留村和溪尾镇进行“葡萄无公害食品生产中的病虫害防治”技术培训，受训农民达300多人。该支部还给当地农民赠送1500多份葡萄栽培技术资料、1400份西瓜栽培技术资料、400多册《农民消费提示》。

2004年8月25日，“艾利”强台风带来大范围降雨，盟员农技师刘招铃针对这次洪水猛涨、全市2400公顷葡萄园被淹、将给葡萄后期生长带来严重影响的灾情，自费印制《灾后葡萄的田间管理技术》400多份，分发给各葡萄主产区的种植户手中。

2005年，由中国科协主办的“科技致富大王进井冈山”的科技下乡活动中，刘招铃作为无公害葡萄病虫害防治专家，应邀参加活动。他被安排到江西省井冈山市的葡萄主产区永新县讲授葡萄栽种技术。

民盟福安市委每年都组织开展科技“三下乡”活动，主要由民盟闽东医院支部和民盟福安市医院支部承办。先后到霞浦县长春镇，福安市潭头镇棠溪村，寿宁县武曲镇和福安市下白石镇籚尾村、社口镇牛山湾村、甘棠镇英岐村、溪柄镇墩面村、溪潭镇廉村、溪尾镇溪尾村送医送药，总计诊治病达2100多人次。

2. 扶贫助教

从1996年开始，民盟福安市委与宁德地区“陶行知教育研究会”（以下简称“陶研会”）合作，对牛山湾小学开展为期三年的扶贫助教工作，向该校捐款捐物达5000多元。盟市委副主委李惠长牵线搭桥福安市一华电机有限公司，到范坑乡八斗村小学开展捐资助学活动，为该校捐款2万元。并为扶贫挂点村溪尾镇林洋村、日宅村等争取到扶贫资金28万元。盟员郑主玉，以福安市十四届人大代表的身份发动三家企业捐资6000多元，为城阳乡茶洋畲族小学添置少年鼓号队乐器、购买儿童读物，组建少年鼓号队、建校图书室。

民盟福安市委每年“六一”节前后都组织盟员到农村小学慰问。

民盟福安十中支部的盟员开展“手拉手心连心”活动，呼吁社会各界和在校贫困学生以各种形式“结对帮扶”，学校的20多位特困生共得到6138元的资助。民盟闽东医院支部和民盟福安二中支部长期资助溪潭镇兰田小学“春蕾班”的特困生。民盟文教卫支部到湾坞上洋村为火灾后的村民送衣物、送款2600元。

2005年9月，民盟福安市委会引进清华大学教育扶贫项目，落户福安市教师进修学校；该项目全国仅50个、福建省只有福安市1个。由盟市委秘书长徐闽华任该项目办公室主任。项目采用现代化信息网络与多媒体技术开展远程教育。举办“研究生核心课程进修班”“福安市科级干部执政能力建设高级研修班”“全面建设小康社会与县域经济发展专题研修班”“改善投资环境能力建设培训班”等共3期5个班，受训干部达800多人。

2005年，引进中国科协与英特尔公司联合举办的“英特尔——求知计划”项目，在福安市坂中中心校、城阳小学、赛岐中心小学开展计算机教学活动，免费为800名贫困生培训电脑操作运用知识。

第二节　中国民主促进会福安市委员会

一、组织机构

1999年12月24日，成立中国民主促进会（以下简称“民进”）福安市支部委员会，共有会员9名，来自文化、教育、卫生等战线。成立大会选举产生钟隐芳、林彬、许晓英、吴廷文四名支部委员，福安市人大常委会副主任钟隐芳当选为支部主任。经民进福建省委和中共福安市委统战部的同意，2002年开始筹建福安市委员会，并于2003年4月设立民进福安市委会筹备组。2005年11月，正式成立民进福安市委会、下设社会服务中心，有事业编制1人。

二、会员大会

2005年11月28日，召开民进福安市第一次会员大会，选举产生许晓英、李冠芳、苏锦生、林彬、郑旭愉、钟隐芳等6人为民进福安市第一届委员会委员；钟隐芳为主委，林彬、许晓英、郑旭愉为副主委，会员35人。其中，高级职称16人、中级职称19人，硕士1人、本科19人、专科15人。

三、主要活动

（一）思想建设

1999年民进福安支部成立后，就把加强思想建设和理论建设当作自身建设的基础。2002年，民进福安市委会筹备组成立后，采取有效措施组织会员开展邓小平理论和“三个代表”重要思想以及统战理论、会章、会史、民进中央和民进省委有关文件的学习，不断加强思想建设，使会员的自身素质得到提高。选送会员共30多人次参加福建省社会主义学院、民进省委和中共福安市委党校等举办的理论骨干培训班学习。

（二）参政议政

民进福安市委会积极履行政治协商、民主监督和参政议政职能，紧紧围绕中共福安市委、市政府的中心工作，参与政策方针和重大问题的协商建言，深入基层调查研究，反映热点难点问题，多次参与宁德市、福安市召开的《政府工作报告》征求意见会，经济形势通报会，重点项目工程检查验收等；参与教育、计生、农村医疗卫生、文化、体育、“三农”、税改等工作，参与依法监督，机关作风整顿，全市行风评议和党风廉政建设考评工作；参与中共福安市委安排的挂乡包村工作、治理民间标会以及抗击台风、抢险救灾，发动群众灾后生产自救互救等工作。

在每年的“两会”期间，会员代表和委员都认真做好议案、提案工作。1999—2005 年，共向福建省政协，宁德市人大、政协，福安市人大、政协提交大会发言材料、提案和议案共 40 多件，其中被列入优秀提案的 3 件、列入大会发言（含书面）8 件，列入重点议案、提案的 18 件。

（三）社会服务

从 1999—2005 年，民进福安支部、市委会共组织医疗队下乡 10 多次、90 多人，共诊治病人 4780 多人次、免收医疗费和药费 6 万多元。

民进会员还利用“六一”和春节前后，深入松罗乡后洋、大坪里，溪潭镇兰田、康厝畲族乡、城阳乡洋面，溪柄镇和城区的南湖、南郊、程家垄等地了解群众的生产生活，学生学习生活情况，送去书包、书籍、体育用品等物品价值 3 万多元。民进福安市委会还组织会员看望和慰问贫困户、计生困难户、病灾户、特困户等。据统计，共慰问贫困户、特困户 400 多户，慰问孤老 60 多人，发送大米 4 吨、方便面 100 多箱、踏花被 80 多床、救灾款 2 万多元。

会员们还根据中共福安市委开展“走出机关贴近群众解决问题凝聚民心”主题实践活动和深入基层为民办实事的部署，支持穆云、康厝、溪潭、松罗、甘棠等 6 个乡镇 13 个乡村解决水、电、路、广播电视、电话等“五通”设施，解决扶贫项目申报及种子、化肥款 30 多万元和水泥 50 多吨。

第三节　中国农工民主党福安市委员会

一、组织机构

（一）市委机关

1991 年，中国农工民主党（以下简称“农工党”）福安市委员会设有组织部、宣传部、咨询部、办公室、医药卫生委、文化教育委、经济科技委和港澳台侨委，市委机关编制 2 人。办公室有专职人员两名，其余各部门正副负责人均由农工党员兼任。

（二）基层组织

1991 年，农工党福安市委基层组织有宁德地区第二医院支部（后改称闽东医院支部）、闽东卫校支部、宁德地区民族中学支部（后改称宁德市民中支部）、福安一中支部、文教支部（后改称教育支部）、科卫支部（后改称科技支部）等 6 个支部；1996 年，增设宁德地区农科所支部（后改称宁德市农科所支部）、宁德地区农校支部（后改称宁德市农校支部）、市直机关文艺支部、经济支部、医药支部、中医院支部，支部总数 12 个。

（三）党员

1991 年，农工党福安市委主要是吸收一批医药卫生、教育、文化、科技等界别的高中级知识分子；

从1997年以后，也注重发展一些机关干部、法律和经济界人士以及新阶层代表性人士入党。至2005年年底，农工党福安市委有党员213人。其中，医药卫生界占38%，教育界占26.5%，科技界占13%，文化艺术界占8.6%，经济界占6.4%，行政机关占6.2%，其他占1.3%。高级职称117人、占54.9%，中级职称85人、占39.9%；有6人次被评为地、市管专业技术拔尖人才，特级教师5人，享受政府特殊津贴的专家2人。

二、党员大会

1991年12月23日，农工党福安市召开第二次全体党员大会，民主选举产生第二届委员会；主委林柏善，副主委黄友忠、徐超鹤，委员夏守宝、吴振祺、陈学文、陈鼎源、李爱珍、施展，全市共有党员103人。

1996年10月28日，农工党福安市召开第三次全体党员大会，民主选举产生第三届委员会；主委陈成基，副主委黄亮生、曾子健，委员吴振祺、李爱珍、陈鼎源、施展、陈虹、黄辉，共有党员130人。2000年增补饶兰芳、林学茂为市委委员，2001年8月补选饶兰芳为副主委。

2003年1月14日，农工党福安市召开第四次全体党员大会，选举产生第四届委员会；主委黄亮生，副主委曾子健、饶兰芳，委员林学茂、陈虹、黄辉、王立新、胡景元、郭海强、王宁、郑敏、陈恭、陈禧，全市共有党员197人。2003年9月，黄亮生主委因工作调动离开福安；2005年5月，农工党宁德市委决定由饶兰芳副主委主持工作。2005年9月，增补林安华为市委委员。

三、主要活动

（一）组织建设

1. 思想政治教育

1996年，李登辉抛出“两国论”之后，农工党福安市委立即召开农工党福安市委扩大会议，批驳李登辉的“台独”言行；并要求港澳台侨委的同志做好港澳台和海外亲朋好友的宣传工作，扩大反对“台独”的舆论力量。

在以美国为首的北约悍然轰炸中国驻南联盟大使馆、美军侦察机撞击解放军战机的两个重大政治事件发生后，农工党福安市委都召开会议，并通过媒体发出自己的声音，以表达对中央政府的坚定支持。

2. 统战知识教育

1990年，《中共中央关于坚持和完善中国共产党领导的多党合作和政治协商制度的意见》（以下简称《意见》）发表后，农工党福安市委在1990—1991年两年时间里，广泛动员和部署全市农工党员学习、领会《意见》的内涵，并加以贯彻落实。

1995年，《中共中央关于进一步坚持和完善中国共产党领导的多党合作和政治协商制度的意见》发表后，农工党福安市委决定把宣传、学习和贯彻意见精神作为对全体党员进行统战政策教育的主要内容，先后两次向各支部发出学习通知，分别召开2次市委扩大会议，集中骨干党员学习；并出台了贯彻意见。

3. 纪念活动

2000年8月，在农工党成立70周年之际，农工党福安市委举办为期一周的系列纪念活动。除召开场面隆重热烈的纪念大会外，还举办纪念晚会、大型义诊和《纪念中国农工民主党建党70周年风雨历程展览》。

（二）参政议政

1991—2005 年，在宁德市（地区）、福安市每年召开“两会”期间，农工党福安市委和农工党籍人大代表、政协委员共提交议案、提案 400 多件，有 90 多件被大会列为重点提案，其中被中共宁德、福安市委表彰的有 70 多件。

自中共福安市委实行民主党派通报会以来，农工党福安市委每次都派员参加。在协商讨论中，对福安市有关政治、经济、文化、科技等方面以及医疗卫生改革、民主法治建设、城市建设等重大问题的决策提出意见和建议，做到知情出力，共商大事。

农工党福安市委还经常组织党员开展医卫、教育、农业、城建等问题的专题调研活动，提出书面意见供中共福安市委、市政府参考。

中共福安市委分别于 1993 年、1998 年、2003 年授予农工党福安市委“政协工作先进集体”光荣称号。

（三）社会服务

早在农工党福安县委成立之初，就开办有“演达幼儿园”，2001 年 7 月，农工党中央授予演达幼儿园“社会力量办学先进集体”光荣称号。

1997 年，农工党福安市委与省科委联合在溪柄镇开展茶树病虫害科学治理课题的研究，并于 1999 年通过省专家组的鉴定。茶树病虫害科学治理电子数据库的建立，填补了该项目前国内空白；并获福建省科技进步二等奖。

1998 年 4 月 21 日，农工党福安市委在坂中畲族乡举办义诊和支农活动，共诊治患者 400 多人次、免费提供药品 5000 多元，发放农业科技书籍 800 多册、赠送农民化肥 2 吨。

1999 年 12 月，农工党福建省委授予农工党福安市委“为社会主义两个文明建设服务先进集体”光荣称号；2001 年 7 月，农工党中央授予农工党福安市委“社会服务工作先进集体”光荣称号。

2004 年 5 月 1 日，农工党福安市委联合北京同仁堂医药有限公司在福安市政广场举办“一切为了劳动者”大型义诊活动，共诊治患者 700 多人次，免费提供药品 2 万多元。

1991—2005 年，农工党福安市委共举办 40 多场大型义诊活动，无偿诊治患者 2 万多人次，免费提供药品 30 多万元；组织教育界党员开展支教活动 10 多场、对乡镇中学进行教学指导，组织支农、科技咨询和文化下乡活动 30 多场，服务群众 1 万多人次，为农民赠送化肥、农药、农技书籍等累计 6 万多元。

第四节　九三学社福安市委会筹备组

一、组织机构

2001 年 5 月，九三学社福安支社经九三学社福建省委会批准正式成立，有社员 12 人。支社主任陈荣冰，副主任王建平、潘玉华。

2005 年 3 月，九三学社福安市委会筹备组经九三学社福建省委会批准成立。组长陈荣冰，副组长王建平、潘玉华、黄辉。有 3 个支社，分别是科技支社、市直综合支社和文化支社，社员 38 人。社员中大学学历的占 98.6%，中级以上职称占 92.8%，多为农业科技专业人员。

二、主要活动

（一）思想建设

2001—2005 年，九三学社福安支社组织社员学习培训 10 余次，学习《九三学社章程》《中国人民政协协商会议共同纲领》和中共十六大报告，传达贯彻全国、省、宁德市及福安市统战工作会议和九三学社福建省委工作会议精神。组织社员深入柏柱洋进行革命传统教育，参观廉村、进行廉政思想教育。

九三学社福安市支社成立大会（2001 年）

（二）参政议政

2001—2005 年，九三学社福安支社积极鼓励社员参政议政。社员中有宁德市第一届人大代表 1 名、第十二届人大代表 1 名，福安市第十届政协常委 2 名、委员 2 名。社员人大代表和政协委员发挥各自优势、提交提案 3 篇，均被相关部门采纳、得到市领导的肯定。

（三）社会服务

九三学社福安支社社员大多数是农业科技部门的高中级人才，他们发挥专业所长，主动服务农村、农业，多年来送科技、送医送药下乡达 200 多人次。在福安市葡萄产区溪柄立峰村、赛岐象环村建立“葡萄新品种无公害标准化栽培科技示范园”项目研究推广工作，推动产业发展、群众增收。他们还深入基层调研，撰写政协提案，参政议政。

第二章　群众团体

第一节　福安市总工会

一、组织机构

（一）市总工会

1991 年，福安市总工会有基层工会 256 个、工会会员 27860 人，市总工会机关编制 11 名（其中勤杂工 1 名）。设专职主席 1 人、副主席 2 人，内设机构有办公室、组织部、宣教部、经济部（生产部）、赛岐工会办事处。1992 年 5 月，总工会内设机构增设女工部。1993 年 5 月，增设财务实业部。1994 年，福安市总工会机关在职人员有 19 人（包括职工校、文化宫），设专职主席 1 人、副主席 2 人、专职书记 1 人，10 月，内设机构增设经审室、审计室。1995 年 9 月，根据《机构改革“三定”工作的意见》，福安市总工会内设机构进行调整，调整后的内设机构有办公室、组织部、宣教部、经济部（生产部）、赛岐工会办事处。1997 年内设机构增设保障部。1998 年，市总工会增设兼职主席 1 人（副处级）。2005 年，市总工会机关暂定编制 7 名（其中勤杂工 1 名）。内设机构增设困难职工帮扶中心（设对外服务窗口）。

（二）基层工会

1991 年，福安市总工会有基层工会 184 个，会员 2786 人。此后，基层工会不断扩大，会员增多。1998 年 12 月，全市有基层工会 316 个，其中系统工会 6 个，会员 32781 人。2002 年，全市有基层工会 368 个，会员 32589 人。2005 年，全市有基层工会 433 个，其中，系统工会 6 个、乡镇（街道、开发区）工会联合会 21 个、国有企业工会 62 个、集体企业工会 43 个、股份合作企业工会 2 个、联营企业工会 1 个、国有独资公司工会 10 个、其他股份有限责任公司工会 2 个；股份有限公司中的国有控股公司工会 4 个，其他股份有限公司工会 2 个、私营企业工会 274 个，其他内资企业工会 1 个，港澳台商投资企业工会 2 个、外商投资企业工会 3 个、事业单位工会 109 个、机关工会 24 个，全市会员总数 33127 人。

二、代表大会

1993 年 11 月 22—24 日，福安市工会第十二次代表大会召开，出席大会的正式代表 214 人、特邀代表 44 人，共 258 人。大会听取福安市第十一届总工会的《工作报告》，选举产生十二届市总工会专职主席 1 人、副主席 2 人，常务委员 9 人、委员 21 人。同时选出经费审查委员会主任 1 人、副主任 1 人，委员 5 人。陈福康当选为市总工会主席，陈丽容、丁天铎为副主席，任期五年。会议审议通过《工作报告》和《经费审查报告》。

1998 年 12 月 2—3 日，福安市工会第十三次代表大会召开。出席大会的正式代表 199 人、特邀代表 20 人，共 219 人。大会听取福安市第十二届总工会的《工作报告》，选举十三届市总工会专职主席 1 人，副主席 2 人，常务委员 9 人、委员 21 人。同时选举经费审查委员会主任 1 人、副主任 1 人，委员 5 人。郭冲当选为市总工会主席，陈福康、陈丽容为副主席。会议审议通过第十二届总工会的《工作报告》和

《经费审查报告》。

2003年9月29日，福安市工会第十四次代表大会召开。出席大会的正式代表190人，特邀代表30人，共220人。大会听取福安市第十三届总工会的《工作报告》，选举专职主席1人，副主席3人，常务委员9人、委员21人。同时选举经费审查委员会主任1人、副主任1人，委员5人。郭冲当选为市总工会主席，陈福康、陈丽容、肖贻亮为副主席。会议审议通过第十三届总工会的《工作报告》和《经费审查报告》。

三、主要工作

（一）宣传教育

1992年3月29日，市教育局、市总工会、市教育工会联合发出《关于举行教育系统“党在我心中社会主义在中国岗位学雷锋”演讲比赛活动的通知》。1993年6月10日，市总工会发出《关于开展“爱我八闽兴我中华”主题教育活动的通知》。1994年，市总工会发动职工参加“班组社会主义市场经济知识竞赛”活动，号召向全国劳动模范缪惠琴同志学习，开展学雷锋活动。1995年3月6日，市总工会号召学习林碧玲同志，争当雷锋式英雄。同年5月，市总工会与市劳动局联合举办《中华人民共和国劳动法》《中华人民共和国工会法》《福建省职工合法权益保障条例》等法律法规知识电视大奖赛，以此推动广大职工参与学习法律知识。1999年5月11日，市总工会召开座谈会，强烈谴责北约轰炸我国驻南斯拉夫使馆的野蛮暴行，开展爱国主义教育活动。同年，市总工会宣教部长王润光获“福建省工会宣传思想工作先进个人”。2003年3月，开展学习谷文昌事迹和学习“三个代表”重要思想活动。2005年5月22日，市委宣传部、市总工会、市团委、市妇联等单位联合举办“爱我福安、兴我家园”系列活动启动仪式；25日，市总工会、市委文明办、市教育局、市科学技术局、市人事局、市劳动和社会保障局、市经贸局、市工商业联合会联合印发《福安市开展“创建学习型组织争做知识型职工”活动的实施意见》的通知，并组织实施。

（二）竞赛表彰

1991年3月13日，宁德地区行署发出《关于表彰“双增双节”先进集体和先进个人的决定》，福安市人民政府、市邮电局等9个单位获得先进集体称号，市总工会林翰如获得先进个人称号。同年4月5日，市总工会、市经委、市劳动局联合发出《关于公布第一批安全生产合格班组的通知》，全市企业获合格班组的有188个，并对他们进行表彰、发给证书。同年5月18日，福安市企业民主制度建设领导小组成立、下设办公室，地点在市总工会，办公室主任苏宜爱（兼）。同年，福安食品罐头厂荣获“福建省民主制度建设先进企业”称号。1992年，市总工会组织全市职工开展技术比武活动，同年6月30日，召开全市职工技术比武观摩会。8月13日，福安市委、市政府发出关于成立福安市城镇妇女“巾帼建功”领导小组的通知。1993年，全市有193个企事业单位建立健全了职代会制度，占应建单位数的97%。1994年3月，宁德地区“巾帼建功”领导小组在闽东电机厂召开“巾帼建功”岗位技能技术竞赛现场会，闽东电机厂等单位被评为先进单位。1995年，开展班组建“小家”活动，发挥团队精神、促进各项工作。1997年2月，市总工会刘光枢获“福建省技协工作先进个人”。1998年11月，市总工会肖贻亮获“福建省职工民主管理工作先进个人”。1999年5月，福安市纪委（监察局）、市委组织部、市经贸局、市总工会、市监察局联合印发《关于实行厂务公开加强企业民主监督和民主管理工作的意见》的通知。同年10月，宁德地区厂务公开工作座谈会在福安召开，进一步推动了全区厂务公开工作的开展。

至2003年年底，全市有148家企事业单位推行厂务公开、政务公开、民主监督制度，期间宁德地区水泥厂获“福建省职工民主管理工作先进单位”、福安市邮政局获“福建省厂务公开工作先进单位”、宁德市汽车运输集团公司获“全国厂务公开工作先进单位”。2000年8月16日，市总工会印发《关于实施“经济技术创新工程”的意见》，并开展以“双爱双评”（爱厂爱岗、评优评先）为中心内容的建设“职工之家”活动。2001年2月，市总工会王何东获“福建省厂务公开工作先进个人”。2003年，开展“技能月”活动；2004年，开展青年技术工人技能大赛活动；2005年继续开展青年工人技能大赛活动。同年3月，市总工会获“福建省‘安康杯’技能竞赛优秀组织奖”。

1995—2005年，全市共获“全国模范职工之家”2个、全国“模范职工小家”1个，福建省“模范职工之家”12个、福建省“模范职工小家”10个、“福建省模范工会小组”2个，宁德市“先进职工之家”30个、宁德市“先进职工小家”23个。

（三）女职工工作

1991年5月，福安市总工会与市女职工委员会联合发文《关于开展基层工会托幼园所“好老师好阿姨赛妈妈”竞赛活动的通知》。1995年3月31日，福安市工会第二次女职工代表大会召开，出席会议的代表90人，大会选举产生第二届市总工会女职工委员会（简称“女工委”）。1996年3月6日，为纪念“三八”国际妇女节，福安市总工会女工委召开女职工代表座谈会。1997年3月3日，福安市总工会做出关于表彰1995—1996年度工会女职工工作先进集体和先进工作者的决定，表彰先进集体11个，先进工作者27名。同年，市总工会陈碧英获“福建省女职工标兵”称号。2000年4月5日，福安市工会第三次女职工代表大会召开，大会选举产生第三届女职工委员会。2001年，中国人民解放军某工厂获“全国工会女职工先进集体”称号，同年又获“福建省巾帼文明立功竞赛先进集体”。2005年3月3日，福安市工会第四次女职工代表大会召开，大会选举产生第四届女职工委员会。

（四）劳模管理

1997年1月21日，福安市调整充实“劳动模范评选管理委员会”。同年，宁德地区劳模办、财政局联合发出《关于发放省级以上退休劳动模范荣誉津贴的通知》。规定劳模退休后，能保持荣誉称号的均发给劳模荣誉津贴。按属地原则由市县劳模管理部门负责办理，资金由市县财政安排，该待遇从1997年1月起执行。2005年3月11日，再次调整充实福安市劳模评选管理委员会。管理委员会下设办公室，办公地点设在福安市总工会经济生产工作部。

表20—1　2002—2005年福安市职工获宁德市劳动模范一览表

姓　名	授予年份	工作单位、职务
邱天兰（女）	2002	福安市晓洋镇首洋村党支书
韩廷禄		福安市溪潭镇仙石村农民
郭奶瑞		福安市溪柄镇溪柄村党支书
游光瑞		福安市公路分局东山站站长
陈瑞平		福安市邮政局范坑所所长
王幼菊（女）		福安市医药公司药品科长

续表 20—1

姓　名	授予年份	工作单位、职务
黄以明	2002	福安市第一中学中学一级教师
缪则光		福安市水电局高级工程师
陈　英（女）		福安市环卫处工人
王瑞华		闽东医院主任医师
林振温		海军某工厂工人
李寿忠		福安第二客运公司驾驶员
卢锦景（女）		福安市商业总公司总经理
甘振温		宁德市汽车运输集团公司总经理
刘振荣		福安市劳动局局长
王梅凌		福安市计生局局长
陈绍温	2005	福安市下白石簹尾村党支书
黄旭明		福安市城阳乡湖塘坂村
陈玉成		福安市茶业事业局局长
郭　锐		福安市检察院副检察长
雷瑞华		福安畲族经济开发区党工委副书记
林仕元		福安市珍华堂银楼总经理
雷贵容（女）		宁德市汽车运输集团公司福安客运站
王铭华		福安市商业总公司办公室主任
林向凯		海军某工厂电组组长
沈巧珍（女）		福安市下白石中心小学
陈廷雄		闽东亚南电机有限公司工人
陈荣辉		福安市供电有限公司副所长
王　英（女）		福安市妇幼保健院妇产科主任
叶明基		福安市坂中农村信用社主任
刘振堂		福安市环境卫生管理处主任

说明：1991—2005 年，录全国劳动模范、先进工作者 6 人，省部级劳模 33 人列入人物篇人物表。

表 20—2　1992—2005 年福安市职工获福建省“五一劳动奖章”获得者一览表

姓　名	授予年份	工作单位职务
翁寿银	1992	福安汽车分公司客车队驾驶员
张寿龙		福安市农药厂工会主席
林玉贞（女）		闽东面粉厂厂长

续表 20—2

姓　名	授予年份	工作单位职务
阮松城	1993	福安市邮政局班长
李　珍（女）	1994	闽东医院护士长
孟梓通	1995	福安公路分局书记
林碧玲（女）		福安市农行康厝营业所出纳（追授）
薛石勤	1996	福安公路分局局长
陈小平		福安市环境卫生管理处职工
王碧仙（女）	1998	闽东电机厂职工
袁润怀		福安市医药公司经理
董品玲		福安市水文站站长
汪锦章	1999	海军某工厂厂长
卢有成		宁德地区盐业公司职工
刘迎献（女）		福安市实验幼儿园副园长
彭云平		福安市酒厂车间主任
李文曾	2001	闽东老区水电开发总公司职工
王健荣	2002	福安市电信局工程师
叶　菁	2004	福安市纪检委干部
杨光华	2005	海军某工厂工人

（五）文体活动

1. 职工培训教育

1991年至1993年，福安市职工业余学校设高中3个班外，增设中专文秘、财会两个专业4个班，三年里共有97名学员毕业。1994年至1998年，共有高中3个班72人毕业，中专6个班168人毕业。1994年9月，市职工业余学校教师潘政官获“全国工会职工教育先进工作者”称号，1998年3月又获“福建省工会干部教育工作优秀教师”称号。1999年，福安市职工业余学校获“福建省职工教育工作先进单位”称号。1999年至2001年举办中文、财会大专班和贸易经济研究生班（与厦门大学联办）共计119人参加学习（其中研究生班82人、有68人拿到结业证书、2人拿到硕士研究生证书）。2002年福安市职工业余学校本校停止办班，挂靠福安市成人中专学校继续办学。

2. 职工读书活动

1991年，福安市总工会发起“振兴中华职工读书活动”，市总工会宣教部长缪承良获“福建省职工‘社会主义在中国’读书系列活动优秀组织者”称号。1992年，有4人在读书活动中受到地区表彰。1993年有8人受到省、地表彰，其中阮瑞国、陈顺灿获省职工自学成才者奖。1994年，有6人受到全国、省、地的表彰，其中，阮瑞国获全国职工自学成才者奖。1995年，林山森获省职工自学成才者奖，

1996年又获全国职工自学成才者奖。1998年，有6人受到地区表彰，1999年，冯旭璟获省职工自学成才者奖。2004年，有3人获宁德市2001—2002年度职工自学成才者奖，1人获全国“创建学习型组织争做知识型职工”知识竞赛三等奖。

3. 文化体育活动

1991年4月，福安市委宣传部、市总工会、市文化局等单位在人民会场联合举办“主力军心声”歌咏比赛演唱会。9月，市总工会、市文化局、闽东罐头食品集团公司、市文化馆联合举办“爱我中华”国庆卡拉OK青年歌手大赛。1992年4月，市委宣传部、市总工会、市文化局等单位在人民会场联合举办“工业之夏”职工文艺晚会。同年5月1—2日，市总工会、市退休职工管理办公室（简称“退管办”）举办全市离退休职工门球邀请赛。1994年5月，福安市第七届职工运动会在市体育场举行开幕式，当日还举行运动代表团方阵的踩街活动。1996年5月，福安市组队代表宁德地区参加福建省第三届工人运动会、赴三明市参赛，共获3金、10银、4铜奖牌。1997年4月30日，为迎接香港回归祖国，市总工会在人民会场举办“庆五一、迎回归”职工文艺晚会，闽东电机厂等11个单位参加演出。1998年5月1日，市总工会在市工人文化宫广场举办庆“五一”职工大众游园活动，活动项目11个。1999年5月1日，市总工会组织庆祝“五一”国际劳动节职工文艺晚会在市人民会场举行。1999年9月，市总工会组织职工篮球队参加宁德地区篮球赛获得冠军。同年12月18—19日，市总工会、市体委联合举办“迎接澳门回归”象棋大赛。2000年4月30日，市委宣传部、市总工会在人民会场联合举办庆“五一”文艺晚会。2002年4月27—28日，市总工会、市文体局、市乒乓球协会、市地税局联合举办庆“五一”地税杯乒乓球赛。2002年5月1—5日，市委宣传部、市总工会、市文联、市文化馆、市书法协会联合举办庆“五一”书法展。2004年5月，市总工会组织参加宁德地区《劳动者之歌》文艺调演获得二等奖。2003—2005年，市总工会与市中老年乒乓球协会联合举办三届春节职工乒乓球擂台赛。

福安市第四届职工运动会（2000年）

（六）职工福利与医疗保障

1992年12月21日，福建省总工会发出《关于元旦春节期间开展送温暖办实事活动的通知》。1994年4月8日，福安市职工救急济难基金会成立。筹集资金20多万元，发展会员1万多人。1995年8月22日，福安市企业职工医疗制度改革领导小组成立。医疗制度改革后，职工医疗进入医保中心，实行医疗保险制度。1997年4月，福安市实施“送温暖工程”工作领导小组成立。同年，市总工会获“福建省工会实施‘送温暖工程’先进单位”。同年，市总工会内部机构增设保障部。2002 年，宁德市汽车运输集团公司获“全国送温暖工程先进单位”。2005 年 6 月，福安市总工会困难职工帮扶中心成立。同年补助困难职工共计 110 人，发放补助金 10.24 万元。

（七）退休职工管理

1991 年，福安市退休职工管理委员会配备专职工作人员 2 名，经费由市财政拨款，委员会下设办公室、办公地点设在市总工会。有 7 个企业和 14 个乡镇所在地成立 25 个退休职工活动室。当年，福安市退休职工门球队成立，组队参加福建省比赛获得团体第一名。1993 年 3 月，调整充实福安市退休职工管理委员会。5 月 1—3 日，福安市退管会主办老年人象棋比赛和门球比赛。10 月 23 日，组织退休职工 1000 多人在富春公园举办游园活动。1994 年，宁德市汽车运输集团公司获全国“模范退休职工之家”称号。市退管办林建锋获“福建省退休职工管理服务工作先进工作者”。1996 年，福安市退管会举办老年节天马山登高活动，并在山上开展 8 个活动项目，参加人数 700 多人。1997 年 5 月，福安市退休职工活动中心经过装修增添健身器材后重新开放。1998 年 9 月，福安市退休职工象棋协会成立。1999 年老年节，市退管会举办退休职工门球邀请赛，有 11 个门球队参赛。同年 12 月，市政府办公室发出《关于调整福安市退休职工管理委员会的通知》。2000 年 8 月，市政府办公室发出《关于设置开发区乡镇街道办事处退休职工管理委员会的通知》。2005 年后，退管工作逐步进入街道、社区，并进一步规范工作制度。

第二节　共青团福安市委员会

一、组织机构

1991 年，共青团福安市委员会内设机构有办公室、组织部、宣传部。共有编制 5 名，领导职数为书记 1 名、副书记 1 名、股级干部 3 名。另所属市青少年宫有工作人员 10 名。1992—2005 年，内设机构不变，领导职数为书记 1 名、副书记 2 名、职工 1 名。

1991 年，共青团福安市委有基层团委 29 个、团总支 45 个、团支部 912 个，团员 19568 人。2005 年，有基层团委 57 个、团总支 89 个、团支部 1623 个，团员 28632 人。

表 20—3　1991—2005 年共青团福安市委员会组织建设情况表

年份	基层团委（个）	团总支（个）	团支部（个）	团员（人）
1991	29	45	912	19568
1992	38	56	1012	21588
1993	41	58	1202	21768
1994	43	61	1302	22928
1995	45	63	1325	23456
1996	47	68	1385	24251

续表 20—3

年份	基层团委（个）	团总支（个）	团支部（个）	团员（人）
1997	49	71	1401	25768
1998	51	73	1458	26554
1999	53	75	1512	27235
2000	55	76	1536	28112
2001	55	78	1558	29554
2002	55	81	1623	30258
2003	56	83	1523	27116
2004	56	83	1589	27896
2005	57	89	1623	28632

二、代表大会

1993年10月26日，共青团福安市委召开第十四次代表大会、出席大会代表290名。会议听取第十三届团市委的工作报告，审议并通过该报告，选举产生新一届团市委领导机构，王世雄当选为书记、选举委员31名。

1996年11月26日，共青团福安市委召开第十五次代表大会、出席大会代表239名。会议听取第十四届团市委的工作报告，审议并通过该报告，选举产生新一届团市委领导机构，郑战雄当选为书记、王铝环为副书记，委员33名。

1999年11月23日，共青团福安市委召开第十六次代表大会、出席大会代表226名。会议听取第十五届团市委的工作报告，审议并通过该报告，选举产生新一届团市委领导机构，郑建茂当选为书记、杨林春为副书记，委员33名。

2002年12月19日，共青团福安市委召开第十七次代表大会、出席大会代表223名。会议听取第十六届团市委的工作报告，审议并通过该报告，选举产生新一届团市委领导机构，徐燕蕴当选为书记、刘安春为副书记，委员33名。

三、主要工作

（一）思想教育

1991年，福安团市委引导广大共青团员从反对“和平演变服务‘八五’计划”出发，突出“热爱党跟党走”的思想主题，扎实开展“理想人生”系列教育活动，一是开展“立足岗位学雷锋服务社会做贡献确立理想树航标”主题教育活动。3月，组织全市近十万青少年参加“全团奉献月”活动和“为民服务月”活动。此外，各地还开展“学雷锋争当合格共青团员”主题教育活动，城关青年“万人整治护城河”义务劳动和“万人护路爱路”活动。二是以庆祝建党70周年为契机，突出抓好爱国主义和坚持“四项基本原则”的教育。召开革命传统教育座谈会、报告会400多场，组织参观革命遗址、烈士陵园、革命纪念馆2万多人次。各小学分别组织少先队员到“红色少年”张高谦烈士陵园参加祭扫活动；三是深入基层抓农村社会主义思想教育工作。组织召开各种会议 31 场，张贴标语 58 条，出版专栏 5 期，对农村青年进行广泛的思想宣传教育。

1992 年，围绕福安市委提出的工作目标，开展爱国主义、集体主义和社会主义教育，深化青少年“理想人生”系列思想教育活动。2 月底，共青团福安市委对全市学习雷锋的活动进行统一部署。3 月，全市十万多青少年参加学雷锋“全团奉献月”活动。

1993 年，团市委按照团中央提出的“一条主线三项任务”的要求，突出“四抓四促”：抓青少年思想教育、促进社会稳定发展，抓劳动创造、促进福安经济腾飞，抓农村“五星级”团支部建设、促进基层整体活跃，抓学校团组织建设、促进学校共青团和少先队工作全面发展。各级团组织广泛开展形势任务教育，基本路线、基本国情、爱国主义、集体主义和社会主义教育。

1996 年 4 月，团市委组织城区千名青年参加“盼统一迎回归”签名活动；“五四”期间，团市委联合省地驻韩单位团组织联谊会在闽东革命纪念馆隆重举行“十八岁成人宣誓仪式”，来自福安师范、地区卫校、地区农校、地区民中、福安职专等学校 800 多名学生参加宣誓仪式。

2000 年，组织开展纪念五四运动 81 周年大会、千名新团员入团宣誓仪式、“祖国宝岛台湾在我心中”系列教育活动等。

2001 年，围绕庆祝建党八十周年，团市委开展“党旗下的青春之歌”系列纪念活动，其中“卫士杯”青年歌手大奖赛及歌舞晚会的成功举办取得较好的办会影响。

2002 年，福安团市委坚持党建带团建、加强机关效能建设，全面深化“两大青年工程”（青年文明工程、青年人才工程）工作，着力实施品牌项目。在青少年中广泛开展普法教育，增强青少年的法律意识；按照《公民道德建设实施纲要》的要求，组织开展“缅怀革命先烈祭扫烈士陵园”革命传统教育活动、“青年志愿者城市文明督导活动”“十八岁成人意识教育”活动等。

2003 年，福安市共青团工作坚持在继承中创新、在创新中发展，开展各项活动。6 月 30 日，联合福安市委组织部、市委宣传部、市委党校、市广电局举办“中百杯”福安市团员青年学习中共十六大精神知识竞赛。

2004 年，福安市共青团先后开展“忆传统做主人弘扬民族精神”缅怀革命先烈教育活动、“十八岁成人宣誓仪式”暨“关爱女孩”行动、“水星杯”青年联欢会以及纪念闽东苏区创建 70 周年革命历史知识竞赛等十多项系列活动。

2005 年，以纪念五四运动 86 周年为契机，团市委组织开展缅怀革命先烈教育活动、“红色之旅采风行动”暨纪念五四运动 86 周年座谈会、“百事运动杯”三人篮球赛等十多项系列活动。1 月中旬，福安市预防未成年人犯罪教育馆正式动工；3 月，以学雷锋活动为契机，在中小学生中大力开展青年志愿者行动；五四期间引导各校积极举办“校园文化周”等多项文体活动。同时倡导各校继续深入开展“爱我福安兴我家园”系列活动和“爱祖国爱福建爱福安”主题教育活动；4 月团市委联合市委宣传部、市教育局、市少工委在韩城第一中心小学特别举办“爱祖国爱福建爱福安”小论坛主题观摩队会；组织青少年参加宁德市首届“小市长”竞选活动、宁德市校园歌手大奖赛、宁德市青少年辩论赛、宁德市禁毒知识大赛等；举办“爱我福安·展我风采”——“爱贝通杯”少儿现场绘画比赛、“拒绝毒品·抗击艾滋·珍爱生命·共享健康”为主题的防治艾滋病面对面宣传教育等大型活动；5 月，联合有关部门在溪柄斗面村举行福安市未成年人道德教育基地暨宁德市第一批爱国主义教育基地授牌仪式。

（二）技能培训

1991 年，福安团市委开展“青春献‘八·五’创业在本职”主题竞赛活动，鼓励广大共青团员和青年致力福安的经济发展。重点培训“星火创业带头人”30 名，扶持 10 个“科技播火点”，并以市青少年宫为依托，建立福安市实用技术培训电教中心。制定建设“茶叶、李、柰、蘑菇、绿竹”生产基地战略规划，围绕基地建设和农村青年的需求，举办相应培训班。

1992 年，开展“青春奉献”建功立业竞赛活动。团市委重点培训较高层次的农村青年骨干 2400 多人、组建 500 支农村青年“科技兴农先锋队”，带动群众走科技致富的道路。

1995 年，团市委组织实施“青干驻村创小康”主题系列活动，实施“跨世纪青年人才工程”，开展多层次、多形式的农村实用技术培训。全市共组织 200 多名大、中学生暑假期间到机关、厂矿、农村进行社会实践。

1997 年，以“科技进我进小康在我家”为主题，扎实开展农村实用技术培训工作，培训一年制青年农民 118 名、“星火带头人”30 名。

2000 年，全市举办农村青年实用技术培训班 21 期，培训农村青年 1150 人、青年“星火带头人”215 名。

2002 年，在全市农村，以“科技兴农青年当先”为主题，广泛开展科技兴农志愿行动、争当青年“星火带头人”等活动。各基层团委共培训农民技术员 900 多名、“星火带头人”230 名；在企业，以创新创效为主题，深入开展“岗位练兵”“技术比武”“青年岗位竞赛”活动。

2003 年 9 月，组织 10 名农村青年参加宁德市城乡青年就业培训班学习，学成之后全部帮助推荐就业。12 月，阳头街道团委在全市基层组织中率先举办“百千万工程”（百名青年创业、千名青年培训、万名青年就业）培训班，邀请专家学者为当地团员青年授课，培训农村青年创业致富带头人、农村青年营销员和农村青年网络信息员各 20 名。

2004 年 5 月 21 日，联合福安市农办在宁德市农科所举办“福安市国家农业综合开发项目青年农民技术培训班”，40 多名来自溪柄、赛岐等 2 个葡萄栽培重镇的青年果农参加培训，6 月 15 日，团市委同福安市老区办联合举办“福安市老区青年实用技术培训班”，50 多名青年茶农参加培训。

（三）“志愿者行动”与“创先”活动

1992 年，团市委组织青年造林 667 公顷、四旁植树 4 万多株。4 月份，在全市企业团组织中开展“三创两提高”（创业、创新、创优和提高质量、效益）竞赛活动，教育引导青年工人走岗位成才，岗位奉献之路。半年时间，直接创造经济效益 875 万元。

1993 年，全市各行业团组织还以“岗位学雷锋青春献‘八·五’”为行动口号，组织团员青年在服务社会的同时，立足岗位学习、成才、贡献。党政机关团组织开展“奉献杯”廉政勤政竞赛；财贸系统团组织开展“优质杯”送暖创新活动；教育系统团组织开展“育才杯”教书育人活动。

1995 年，全市共安排 200 多名大中学生暑期到机关、厂矿、农村进行社会实践。在公安、金融、地税、国税和法院系统实施“跨世纪文明工程”，鼓励广大青年“创业绩争先进”。

1996 年，继续实施“跨世纪青年文明工程”和“跨世纪青年人才工程”，大力推进共青团服务万村脱贫致富奔小康行动。在中学持续开展“先锋杯”“志愿杯”“勤学杯”“实践杯”“美育杯”“文体杯”“六杯”竞赛；举办纪念五四运动 78 周年、建团 75 周年纪念大会文艺晚会。

1997年，坚持“保重点求深化攻难点促发展抓典型树榜样争特色创一流”的工作方针，大力推进服务百村脱贫致富奔小康行动。6月份，金融系统开展业务技能比赛。

2000年，组织10多家创建单位参加团地委举办的全区“青年文明号”规范化现场推进大会，全年申报省、地级“青少文明号”单位15个；福安市少工委开展“手拉手情系贫困小伙伴”和“雏鹰假日小队手拉手文明行动”。

2001年3月12日，组织城区街道办事处团委到坂中江家渡后门山开展植树造林活动；11月，宁德市第一座青少年科技文化活动中心在溪柄镇落成，为农村青年提供科技、信息、政策咨询等方面的服务。

2003年，在全市基层团组织中开展的“百千万工程”活动中，表彰了一批“创业、创先”先进集体和个人。

（四）志愿者行动

1992年2月，元宵佳节晚上，团市委举办“元宵灯谜”一条街活动，吸引众多群众，活跃节日气氛。

青年文明号信用公约宣誓仪式（2004年）

1993年，政法系统团组织开展“爱民杯”便民利民活动。

1995年，全市建立青年志愿者队伍85支、吸收3650名队员参加，其中市级示范队8支、675人。

1999年8月，组织城区“三办两乡”以及市直机关团员600多人，开展“青年志愿者清理非法张贴物活动”；9月初，在城区组建20支人员过万的“青年志愿者创卫突击队”，开展清运居民小区垃圾统一行动，以优美的环境迎接党的“十五大”召开；10月10日，在市人民会场隆重举行“积极参与扶贫行动捐助失学儿童”活动捐赠仪式，共收到捐款13万元、救助200名失学儿童。

2000年，新成立潭头职业中学、福安十中2个青年志愿者服务分站，组建队伍57支、招募青年志愿者3420名。

2001年3月4日，开展以“新世纪从做志愿者开始”的青年志愿者服务一条街活动，组织省地驻韩单位、市直机关团委以及城区街道办事处团委等50多家单位，在城区金山街开展青年志愿者服务活动。当年，还筹措建校资金25万元，帮助福慧“特教希望小学”、建成“希望书屋”3所、修缮小学3所、救助失学儿童514名。

2002年，围绕形成有中国特色青年志愿服务体系的目标，一手抓机制建设，一手抓活动开展，全市3400多名志愿者成立57支志愿者队伍、5个志愿者服务站，以“一助一”长期结对方式为急需帮助的孤寡老人、残疾人家庭、老干部家庭提供服务；青年志愿者“金山一条街”服务活动形成品牌，得到社会各界的赞誉。

2003 年 7 月初，福建省交通厅团委、省市属交通系统单位团组织负责人和福建交通职业技术学院师生一行 60 多人，到穆云畲族乡、康厝畲族乡开展“共青团城乡互动百千万工程”志愿者服务活动。

2005 年 5 月 22 日，由福安市委宣传部、市总工会、团市委、市妇联、市文联、市广电局联合主办“爱我福安兴我家园”系列活动，主办单位成立文艺采风队、青年志愿者服务队、邻里和睦劝导队、红领巾义务宣传队等四支“爱我福安兴我家园”志愿服务队。

四、中国少年先锋队工作

1991 年，福安团市委在青少年中突出抓政治思想教育，学校团组织在深化近、现代史和国情教育的同时，开展“红领巾八·五小工程”活动。

1992 年，各校开展“缅怀先烈争当好队员”主题队会活动。“六一”国际儿童节期间，各校普遍开展各种庆祝活动。团市委与教育局联合表彰优秀少先队员辅导员 39 名，优秀少先队员 152 名、先进少先队集体 41 个。在开展“希望工程·百万爱心”活动中，募捐单位多达几十家。青少年宫也开展一系列有利于青少年身心健康的活动。

1995 年，全市各学校少先队开展“祖国在我心中”“我向国旗敬礼”“纪念抗战胜利 50 周年知识竞赛”“清明节向烈士献小花”为内容的主题队会活动以及“五自”（自理、自学、自律、自护、自强）活动。与教育局、驻地海军教导队创办暑期学生锻炼基地—“闽东海军少年军校”，用丰富多彩的课余活动陶冶学生情操。全市评出 320 名优秀少先队员、52 名优秀辅导员、32 名热心少先队工作者。

1997 年，少先队工作实施“跨世纪中国少先队雏鹰活动”和“手拉手”帮扶活动。对全市中心校辅导员进行培训，不断提高辅导员素质。加强对青少年进行爱国主义教育。当年，团市委被团省委、省教委评为“少先队基础建设先进单位”，城阳中心学校被评为“少先队基础建设先进学校”。

2000 年，围绕以“新世纪我能行”为主题的青少年体验教育活动，做好少年儿童的思想品德教育和素质教育，特别是对创新精神和实践能力的培养。推进“城乡少年手拉手互助活动”“手拉手情系贫困小伙伴”和“雏鹰假日小队手拉手文明行动”，加强“手拉手”双方少先队员的信息交流、学习交流和情感交流。林墨婷同学被评为福建省第六届“十佳少先队员”，福安在校小学生已连续三届获得“省十佳少先队员”的桂冠。

2002 年，做好服务特殊青少年群体的工作。深化城市、农村少年儿童“手拉手”互助活动；开展济困助学，为在校困难学生提供经济帮助；依托优秀“青少年维权岗”，加大对青少年进行自我保护教育的工作力度。开展争创“青少年安全放心网吧”活动；联合有关部门深入开展“社区青少年远离毒品行动”，预防和减少青少年违法犯罪。加强青少年活动阵地建设，继续加强青少年宫工作、发挥校外教育阵地的作用。

2004 年，全市加强青少年理想信念教育。3 月，以学雷锋活动为契机，在中小学生中开展志愿者行动；组织参加“植树节”种树植草，开展“保护母亲河行动”，在纪念五四运动 85 周年之际、引导举办校园文化周等多项文体活动，11 月，开展纪念闽东苏区创建 70 周年活动，举办闽东革命历史知识青少年竞赛等大型活动。12 月底，开展“爱祖国爱福建爱福安”主题教育活动，进一步增强未成年人的爱国爱乡之情和社会责任感。

2005 年 3 月，出台《关于进一步加强当前我市中学共青团干部和中小学少先队辅导员队伍建设的若干意见》。并以学雷锋活动为契机，在中小学生中大力开展志愿者活动；4月，福安团市委联合福安市委宣传部、市教育局、市少工委在韩城第一中心小学特别举办“爱祖国爱福建爱福安”小论坛主题观摩队会。

第三节 福安市妇女联合会

一、组织机构

（一）市妇联

1991年，福安市妇女联合会（以下简称“市妇联”）设主任1名，副主任1名，专职干部8名；其中大专以上文化2人，中专（高中）8人。

1991年至1992年12月，马翠玉为市妇联主任。1993年后，市妇联领导改称为妇联主席。1993—1994年5月，郑金梅为市妇联主席，1994年5月至1996年8月，詹翠霞为市妇联主席，1996年8—12月，吴淑英主持市妇联工作；1997—2005年吴淑英为市妇联主席。

1995年5月，成立福安市妇女儿童工作委员会，办公室设在市妇联。

2005年，市妇联有主席1名，副主席2名，专职干部2名；全部为大专以上文化程度。

（二）基层妇联

1991年，全市有乡镇妇联会19个，村（居）妇代会430个。全市基层专职妇女干部29人，其中大专文化程度5人、中专（高中）20人、初中4人。

2005年年底，全市乡镇（街道）、开发区妇联会22个，村（居）妇代会439个；全市有基层专职妇女干部50人，其中，大专以上文化程度47人、中专（高中）3人。

二、代表大会

1992年12月14日，福安市妇女第十一次代表大会召开，出席代表230人。会议听取第十届妇联会《工作报告》，并选举郑金梅为市妇联主席，同时选举副主席1名、常委7人。1997年12月30日，福安市妇女第十二次代表大会召开，出席代表263名。会议听取第十一届妇联会《工作报告》，并选举吴淑英为市妇联主席。大会还选举产生执委25名、常委9名。2002年12月11日，福安市妇女第十三次代表大会召开，出席代表260名。会议听取第十二届妇联会《工作报告》，吴淑英再次当选为市妇联主席，大会还选举产生副主席2名、常委7人。

三、主要工作

（一）培养选拔女干部

1991—2005年，福安市多种渠道培养选拔女干部，拓宽妇女参政议政的渠道。全市副科级以上女领导干部由1991年的20人增加至2005年的82人，其中处级由2人增加到6人，正科级由4人增加到12人。并实现每个乡镇（街道）党政班子都有1名女领导干部。在全市22个乡镇（街道）党委中有1名女党委书记，1名女乡（镇）长，1名女人大主席。福安市委、市人大、市政府、市政协四套领导班子中各有1名以上女领导。全部村（居）两委会中至少有1名女干部。

（二）开展“双学双比”“巾帼建功”活动

1991—2005年，全市有6万多名妇女参加“双学双比”活动。先后举办各类实用技术培训班、培训妇女 1.8 万余人次，1 万余名妇女掌握 1～2 门实用技术，2 万余名妇女脱盲，5000 余名妇女参加农函大、农广校学习。福安市妇联共评选表彰“双学双比”先进集体 25 个，女能手 50 名。2002 年，福安富春公园晨练站被评为“八闽巾帼健身活动”先进单位、晓阳镇首洋村支部书记邱天兰获得全国“双学双比”女能手称号；2004 年，潭头镇锦桌头小学教师蔡坚基获全国“三八红旗手”称号。

（三）创建“五好文明家庭”

1991—2005 年，福安市连续开展创建“五好文明家庭”（爱国守法、热心公益好，学习进取、爱岗敬业好，男女平等、尊老爱幼好，移风易俗、少生优育好，勤俭持家、保护环境好）活动发挥妇女在家庭管理、家庭教育、社区建设中的特殊作用；大力倡导五好文明家风，以家庭的文明进步促进社会的文明进步。评选表彰市级以上“五好文明家庭”2026 户，其中省级 8 户、宁德市级 36 户、福安市级 1982 户，有 20 人获得“好婆婆”“好母亲”“好媳妇”“好女儿”称号。

（四）创建“平安家庭”活动

2005 年 9 月，福安市委宣传部、市妇联、文体局、广电局等单位联合在人民广场举行“爱我福安美我家园”社区邻里文艺晚会暨“平安家庭”创建活动启动仪式，广泛发动家庭妇女参加、共同弘扬文明家风。

（五）维护妇女儿童合法权益

1992 年起，福安市妇联承担政府妇女儿童工作委员会办公室的日常工作，整合社会资源、形成妇女儿童维权合力。推动《中华人民共和国妇女儿童保障法》《中华人民共和国未成年人保护法》以及《中国九十年代妇女发展纲要》和《中国儿童发展纲要》的实施贯彻。在各乡镇成立妇女法律援助站，开通 12338 维权热线电话，开展新修订《中华人民共和国宪法》《中华人民共和国婚姻法》《中华人民共和国妇女权益保障法》，以及两个纲要的普法宣传。利用电视、广播，在“三八节”“母亲节”等节日期间，宣传提高广大妇女群众法律知识和依法维权能力。建立妇联干部特邀陪审员制度，直接参与妇女儿童相关案件审理。

1998—2002 年，全市各级妇联受理妇女群众来信来访 1065 件，其中婚姻家庭纠纷 79 起、拐卖妇女儿童类 38 起。各级妇联同时参与社会治安综合治理，在 2000 年全国“打拐”专项斗争和打击残害妇女儿童的犯罪活动中，福安市解救被拐卖妇女 692 人，并就地安置 642 人，遣返 50 人、打击人贩子 25 人。2002 年，福安市发出关于印发《福安市妇女发展纲要和儿童发展纲要》的通知，市妇联协调有关部门如期完成“两纲”监测评估，确保目标实现。在实施“春蕾”计划中，为失辍学女童牵线搭桥寻找资助人；1998—2002 年，省、地（市）、市机关干部向“结对帮扶”的女学生捐款 93 万多元，资助他们入学或复学。

2004 年，健全市、乡镇、村三级妇女儿童维权网络体系，成立“反家庭暴力中心”和投诉站。全市共接待来访 235 人次，为 160 多名妇女提供法律帮助。举办市、乡镇、村三级维权骨干法律知识培训班 23 期。2005 年，福安市又成立关爱女孩“三大工程”（致富工程、安居工程、成才工程）领导小组，为弱势家庭提供帮助。

1991—2005 年，市妇联共收到来信 1425 件、接访 2006 人次，对立案的处理结案率达 100%。

（六）荣誉表彰

1991—2005 年，福安市妇联系统有 19 人次荣获全国及省妇联表彰。

表20—4　1991—2005年福安市获省妇联表彰者一览表

姓名	性别	工作单位和职务	获表彰荣誉称号	授予机关	授予时间
陈希容	女	福安市甘棠镇妇联	省先进妇女工作者	省妇联	1993.9
陈希容	女	福安市甘棠镇妇联	省“三八红旗手”		
缪惠琴	女	福安赛岐新华书店	省“三八红旗手”		1994.3
林碧玲	女	市农业银行、穆阳支行职员	省“三八红旗手”		1995.3
钟梅允	女	福安市妇联干部	省优秀信息员		1996.3
李　迅	男	福安市一中校长	省“五好文明家庭”		
詹翠霞	女	福安市妇联主席	省“优秀妇女干部”		
陈丽英	女	城南街道妇联主席	省“优秀妇干”		
李　华	女	福安市妇联	省维权工作先进个人		
肖少少	女	福安实验小学教师	省家长学校先进个人		1996.10
王贻容	女	福安穆云畲族乡妇联主席	省“基层妇女组织先进工作者”		1998.3
陈　英	女	福安市甘棠镇妇联主席	省“基层妇女组织先进工作者”		
徐彤玉	女	福安市妇联	省妇联“优秀信息员”		
柴裕闽	女	福安市妇联	省“家庭教育工作先进工作者”	省妇联、省家庭研究会	1999.12
邱天兰	女	福安晓阳镇首洋村支部书记	省“五好文明家庭”	省妇联	2001.3
刘杏娟	女	福安环卫处妇委会主任	省“三八红旗手”		2002.3
陈荣华	女	福安市晓阳镇妇联副主席	省“三八绿色奖章”		2004.4
刘昭红	女	福安市教育局	省“第五届五好文明家庭”		2005.3
吴求知	女	福安甘棠中心幼儿园	省“第五届五好文明家庭		

说明：1991—2005年，市妇联系统获省人民政府和全国妇联、林业部表彰4人列入人物篇人物表。

表20—5　1991—2005年福安市获省妇联全国妇联表彰单位一览表

获奖单位	荣誉称号	授予机关	授予时间
福安市妇联	省“基层妇女组织”先进单位	省妇联	1998.3
福安市妇联	省家庭教育工作先进集体		1999.12
福安市地税征收中心	省“巾帼文明示范岗”		2001.6
福安富春公园晨练站	省“八闽巾帼健身活动”先进单位		2002.11
福安市国税征收局	省“三八”红旗集体		2002.12
福安市直属机关儿童学园	省“巾帼文明岗”		2005.6
福安市地税局征收分局	全国“巾帼文明岗”	全国妇联	2005.6

第四节　福安市科学技术协会

一、组织机构

（一）市科协

1991 年，福安市科学技术协会（简称“市科协”）内设职能部门为办公室、普及部、学会部，下属单位有市科技咨询服务站。1992 年，福安市科技咨询服务站改为福安市科技咨询服务中心。1998 年，根据《福安市科学技术协会机构改革方案》，市科协内设职能部门为办公室、普及部（对外挂学会部牌子），下属单位有市科技咨询服务中心。机关行政编制 4 人，事业编制 1 人。

（二）乡镇科协

1991 年，全市 19 个乡镇均成立科学技术委员会及办公室，并配备分管科技的副乡（镇）长。

2005 年，全市有赛岐镇等 18 个乡（镇）科协、城北街道等 3 个街道科协和闽东赛岐经济开发区科协等 22 个。

（三）厂矿科协

1991 年，全市厂矿科协有：赛岐铁合金厂科协、市罐头食品厂科协、市农药厂科协等。1993 年 3 月成立福安市打火机厂科协，同年 6 月成立闽东起动机总厂科协。至 2005 年，因企业倒闭等原因，全市所有厂矿的科协组织自然撤销。

（四）专业学会

1991 年，市级学会（协会、研究会）有土木建筑学会、水利电力学会、数学学会、物理学会、生物学会、地理学会、农业经济学会、青少年科技辅导协会、林学会、农学会、农业发展战略研究会、对虾养殖技术研究会、科普创作协会、机械工程学会、计量测试学会、医学会、电子电器学会、食用菌学会、畜牧医学会、园林协会、化工学会、水产学会、茶学会、食品学会等 24 个。1992 年，成立武术研究会。1993 年，成立地质学会。1994 年 8 月，计量测试学会变更为标准化计量测试学会。1995 年，成立科技信息中介协会。1997 年 3 月，成立档案学会。1998 年 12 月，青少年科技辅导协会变更为青少年科技教育协会。2000 年，成立葡萄协会。2001 年，成立环保协会、网络信息协会和教育学会（在数学学会、物理学会、生物学会、地理学会的基础上成立）。12 月，茶学会变更为茶业协会。2003 年 10 月，成立电机工程学会。

2005 年，市级学会有拔尖人才协会、青少年科技教育协会、林学会、茶业协会、医学会、农学会、水产学会、环保协会、网络信息协会、教育协会、葡萄协会、畜牧医学会、科普创作协会、电机工程学会、药学研究会、园林协会、船舶协会、档案学会、食用菌学会、土木建筑学会、化学化工学会、医疗保健协会、食品学会、水电学会、工程机械学会、电子电器学会、农业经济学会、地质学会、武术研究会、科技信息中介协会等学会（协会）等 30 个。

乡镇、厂矿科协和各专业协会（学会）均为市科协的会员单位。

二、代表大会

1991 年 12 月 30—31 日，福安市科协第四次代表大会召开，出席大会的代表 127 名。大会通过第三届委员会的工作报告和《福安市科学技术协会章程》。会议选出第四届科协委员 69 名、常委 19 名，主席 1 人、副主席 5 人。成立新一届市科协领导班子，柯受平当选为市科协主席，李松金、尤长铃、陈华瑞（兼）、林爱英（兼）、陈安生（兼）等 5 人当选为市科协副主席，刘秀轩任秘书长。

1997年12月26—27日，福安市科协第五次代表大会召开，出席大会的代表113名。大会通过第四届委员会的工作报告。会议选出第五届市科协委员47名、常委19名。主席1人、副主席5人。新一届市科协领导班子，由吴松奇为主席，李松金、王玉华、林爱英（兼）、林贤谈（兼）、王启明（兼）等5人为副主席，刘秀轩继任市科协第五届委员会秘书长。

2005年3月28—29日，福安市科协第六次代表大会召开，出席大会的代表135名。大会通过第五届委员会的工作报告。会议选出第六届市科协委员48名、常委19名，主席1人、副主席5人。新一届市科协领导班子，由尤长铃为主席，缪碧华、李玉凯（兼）、苏翔华（兼）、苏锦绣（兼）、王玉华等5人为副主席，郭敏任市科协第六届委员会秘书长。

三、主要工作

（一）科普工作

1. 科普宣传。1991—2005年，市科协共组织或参与组织科技下乡活动521场次，接受科技咨询群众达79176人次，发放科技书籍、书刊38000多册（份），巡回展出《农村致富技术》等科普挂图800多幅；全市受科技教育的群众达341854人次。

2. 科普阵地建设。2005年，在溪柄镇驻地、阳春社区各建1个10米长的《科普画廊》。溪柄镇和阳头街道的阳春社区被福建省科协分别授予“首届省科普先进乡镇”“省科普先进社区”称号。福安市科协和福安电视台还联合推出《科普大篷车》电视科普栏目，在每周日和周四20时播出。

3. 科普网络建设。1992年，全市成立85个村（居）科普分会，成立各类农村专业技术研究会14个。1994年成立167个村科普分会。至1995年共成立428个村（居）科普分会，占全市行政村（居）总数的91%、会员达3222人。1995年，成立各类农村专业技术研究会37个，至1995年共有种、养、加、服务四大类科学研究会102个，会员1237人，市级学会23个、会员1358人，市级科技示范户2774户，有2200多名农函大学员，全市基本上形成市乡村三级科普网络。1996年，全市所有村（居）都成立科普分会，会员达3439人。

4. “科技活动周”活动。1991年4月，福安市科协与市科委联合召开全市“科技兴市”工作会议，为福安市委实施“科技兴市”战略提供服务。2001年开始，每年均举办“科技活动周”。同时，按照上级的部署和要求，每年都组织宣传部、科技局、林业局、农业局、卫生局等相关部门和科技工作者参加形式多样的科普宣传和下乡活动。在“科技活动周”期间，通过电影、幻灯、广播电视、科普讲座、科普宣传画、科普墙报、跨街标语等形式宣传科普知识，营造学科学、爱科学、用科学的浓厚氛围。结合开展科技咨询，义诊，赠送科技图书资料、农业种植新品种，开展新技术推介、农民科技培训等活动。2004年5月，宁德市、福安市两级科协在溪柄镇联合举行“2004年度科技活动周”活动。

5. 技术培训。1991—2005年，市科协及其所属学会、协会在全市举办各类短期技术培训班961期，参训群众达62916人次。

6. 科技服务。一是组织开展“一师一项目一成果”活动。1992年，开始由部门行为上升为市委、市政府行为，并每两年开展一次评审表彰活动。至2005年，各学会、协会共组织实施“一师一项目一成果”活动项目614项，评选表彰优秀成果262项。二是组织实施“金桥工程”。1994年在全区率先组织实施。1994—2005年为农村、企业牵线搭桥项目达48项，其中银杏栽培、马尾松中幼林抚育栽培、盐酸苯肼生产、高山晚熟巨峰葡萄栽培、茶树菇栽培、黄观音茶叶新品种引种推广等11个项目分别获福建省“金桥工程”一、二、三等奖。厂矿科协开展“讲理想比贡献”活动，组织厂矿科协的科技人员推广技术成果、从事新产品开发、引进吸收新技术、开展技术革新等活动，为企业提升经济效益。1992 年，赛岐铁合金厂科协以“讲比”活动为动力，组织科技人员研发低能耗、附加值高的稀土镁硅铁合金和稀土硅铁合金两个新产品，填补省内稀土系列合金的空白。福光电子（国际）有限公司研制开发 FG—6 型热磁波针灸按摩器（主要完成人员陈品寿、薛建平、吴允才），福安市农药厂研制开发氯化钾复分解生产过硫酸钾新工艺（主要完成人员陈恩沛、钟伏荣、缪见文、薛细文）被福建省政府授予“一九九二年度省科技进步奖”。三是组织村、厂科协协作。市水产、农学、林学、畜牧等多个学会（协会）通过技术辅导、科技创新、开拓市场等形式开展村会、厂会协作。

（二）学术交流

1991 年，福安市政府委托市科协邀请省专家为福安撤县建市后的城市管理开展咨询服务，并提供了《福安市城市管理若干问题咨询意见》。同年，市科协的“福安市冬季农业生产现状与发展思路研究”，为解决福安农业的冬季生产短板提供了建设性意见。并获得宁德地区科协科技咨询三等奖。1992 年，福安市水利电力学会配合省地学会对“湾坞半岭水库大坝二期坝基开炸地质验收”作技术鉴定和“湾坞二期围垦与外宅海堤水毁缺口修复”组织学术研讨，并制定堵口方案和措施，使两项工程建设顺利进行。1994 年，福安市园林学会的《借全国评选国花的东风评选我市市花市树的建议》被福安市委、市政府采纳。1991—1997 年，全市共有 191 名科技工作者受到省地以上各类表彰，其中，5 人享受国家特殊津贴。1998 年，福安市林学会在晓阳镇召开为期三天的学术交流会，还到白云山实地考察生物资源。福安市食品学会针对全市茶叶产品农药残余超标问题，建议并帮助成立市“茶叶检测中心”。

2004 年 8 月，市电机工程学会承办的“国家及行业泵类标准研讨会”在福安市召开，来自国内有关高等院校、科研院所的专家学者和电机企业的科技人员共 50 多名代表参加会议。2004 年，组织科技人员参加“第十届全国葡萄学术研讨会”“全国枇杷学术研讨会”“中外食品加工新技术新设备研讨会”。2005 年，福安市电机工程学会立足福安电机电器产业集群，建立面向国内外的集产业政策、产品研发、产品供求、人才交流、信息发布、技术服务等为一体的信息化网站，成为全市机电产业重要的信息来源与对外窗口。同年，邀请北京农学院晁无疾教授、上海市农科院李世诚研究员、中国农科院植物保护研究所王忠跃研究员等 3 位专家到福安市传授葡萄生产新技术，并举办《南方葡萄优质栽培》《南方葡萄设施栽培》和《葡萄病虫害综合防治》等 3 场学术讲座。市科协还坚持举办“科技恳谈会”制度，注重发挥科技智囊团的作用。当年，来自全市各条战线的科技专家和专业技术人员近 30 人参加“科技恳谈会”，为编制福安市国民经济和社会发展第十一个五年规划献计献策。

（三）青少年科技教育

1991 年后，市科协举办全市青少年科技“三小”（小星火、小发明、小论文）作品评选活动，并选送作品参加省竞赛。其中，小发明 7 项获省级奖、14 项获地区级奖，小论文 3 篇获省级奖、6 篇获地区级奖。还开展“青少年生物百项科技活动”，16 项获地区级以上奖励。同年 7 月，举办福安市第二届中学生夏令营活动，组织 50 个营员前往溪尾下邳对虾育苗基地，考察对虾养殖技术、海洋生物和莲花屿、官井洋、三都澳等海岸地貌，采集海洋生物标本等，营员们还撰写了 31 篇小论文。1995 年，潭头渔溪洋小学被中国科协、国家环保局、国家自然科学基金会评为全国第三届青少年生物百项活动“优秀活动奖”，并同时获福建省青少年生物百项活动“优秀活动奖”。组织全市学生参加数学、物理、化学等学科联赛，获国际、全国、省奥赛奖 82 人次，其中，陈华一、郑长津分别获得第 37、38 届国际数学奥赛金牌。计算机作品主题竞赛，3名获全国级奖、9名获省级奖。2002年，福安市举办全市青少年科技创新大赛，并选送项目参加全国及福建省第十七至二十届青少年科技创新大赛，其中获省级奖11项，优秀实践项目获省级奖4项，科幻画获全国级奖2幅、获省级奖21幅。1998年，与福安市教委联合举办“'98福安青少年生物科技夏令营活动”，营员30多名、营地设在武夷山自然保护区和省科技馆两处。2005年，福安市科协首次承担中国科协—英特尔求知计划项目2个模块的设计，分别在城阳中心小学和赛岐中心小学设立培训点，共有400多名四至五年级小学生参与培训活动。该项目的实施，为8～16岁青少年提供了在社区或课外活动中心动手操作学习的机会。并选送2名教师参加英特尔公司与中国科协青少年工作部在广西柳州举办的英特尔®求知计划教师培训并获得资格证书。

1991—2005年，先后组织200多名优秀中小学教师参加中国科协和省科协举办的各类项目展示、业务培训和创新大赛观摩等活动。城阳中心校科技辅导员周幼菊的论文《浅谈农村和城镇学校开展科技教育活动的思路和方法》获全国一等奖、福安一中教师肖亮明《电流教学设计》获全国中小学多媒体教学方案设计优秀奖。

（四）农函大工作

1991年，成立福建省农村致富技术函授大学福安分校（以下简称“农函大福安分校”），首届招收农函大学员120名（设9个专业）。并成立“福安市农民技术员职称评定委员会”，首批评出农技与财会专业初、中级农民技术人员82名，为农村推行“绿色证书”制度打下基础。1992年，农函大福安分校教学扩大到4个系16个专业，招收学员535名。在全省首创与教育部门联手推广“三加一”教育和初二初三分流办学模式。至2005年，福安科协连续十五届超额完成农函大招生任务、共招收学员12766名，学员中有农民、乡（镇）村基层干部、回乡中学生等。当年，福建省科协、省农函大授予农函大福安市分校“2002—2004年度先进分校”称号。

第五节　福安市归国华侨联合会

一、组织机构

1991年，福安市归国华侨联合会（以下简称“市侨联”）与市政府侨办合署办公。市侨联主席兼侨办主任（两块牌子，一套人马）。1994年8月，市侨联从侨办析出，为独立机构。机关行政编制6人，1994年行政编制2人、事业编制2人，至2005年不变。

二、代表大会

1993年11月18日，召开福安市第四次归侨侨眷代表大会；与会代表142人。大会选举产生林再生等20人组成的市侨联第四届委员会。林再生为主席，黄丽挺、庄建国为副主席，黄丽挺（兼）秘书长。

1999年1月26日，召开福安市第五次归侨侨眷代表大会；与会代表103人，特邀代表70名。大会选举产生黄丽挺等19人组成的市侨联第五届委员会。黄丽挺为主席，庄建国为副主席，林雄为秘书长。

2005年3月31日，召开福安市第六次归侨侨眷代表大会；出席代表134名。大会选举产生黄丽挺等23人组成侨联第六届委员会。黄丽挺继任主席，庄建国、阮慧斌、翁武达为副主席，谢金水为秘书长。

三、侨情调查

2005年，根据省侨办统一部署，在全省开展第二次侨情调查。经调查，至当年年底，福安有不包括港澳台华人2100人、出国人员347人，分布31个国家或地区。其特点是：专家学者多，有教授、博士等科技人才150多人；佛教界知名爱国僧侣多，主要分布在东南亚、美国、澳大利亚等地区和国家；由“台”转“侨”多，即经由大陆迁台湾，再由台湾移居第三地。有回国内定居的归侨30多人，侨眷9500多人。

四、主要工作

（一）接受海外捐赠

1991—2005年，福安市侨联收转海外侨胞、港澳同胞捐资兴办公益事业善款达823.38万元。先后建成甘棠镇后岐小学、甘棠镇中学教学楼，社口镇牛山湾小学、碧泉小学教学楼，上白石镇山后小学教学楼，下白石镇东岐小学教学楼，穆云畲族乡隆坪小学、洋坪小学、留洋小学教学楼，晓阳镇南溪米兰登小学教学楼，康厝畲族乡社洋小学、中心小学教学楼等。并设立宁德市民族中学民族教育基金会、留洋村教育基金会，资助建设甘棠卫生院及部分村庄道路、桥梁等公益事业。

（二）“特色活动年”活动

2002—2005年，市侨联每年开展“特色活动年”活动，围绕侨务工作或当地政府中心工作，开展主题活动。主要有2002年“维护侨益活动年”、2003年“拓展海外联谊工作活动年”、2004年侨联“组织建设活动年”、2005年“文化交流活动年”活动等。

（三）服务经济建设

至2005年，共组织接待来福安投资、洽谈商贸的华侨100多批500多人次，促成达成电机电器、观光旅游、农业开发、房地产投资和经贸合作等意向书、合同书60多份。

（四）对外宣传与海外联谊

2000年9月，福安市侨联在“福安在线”网站举办第一届“月是故乡明—海内外同胞欢度中秋网上对诗联谊活动”。该活动为福建省侨联系统拓宽海外联谊的一种首创形式。受到中国侨联和福建省侨联领导的高度评价，此后并被福建省侨联作为一项面向海外的一年一度固定联谊活动。市侨联每年中秋节都组织福安市归侨侨眷、留学生亲属以及文化界回乡侨胞参与活动。

至2005年年底，市侨联共接待海外侨胞1500多人次。还对《福安乡音》报进行改版扩版、提高报纸质量、扩大海外发行，发送至海外十几个国家和地区，成为海外“三胞”了解福安的窗口和联系家乡的重要桥梁和纽带。同年6月，又协助福安市留学生家属联谊会创办会刊《友声》。

（五）参政议政与维护侨益

1991—2005年，侨界人大代表、政协委员每年在人大、政协会议上提出议案、提案或建议，为福安社会经济、文化等各项事业的发展献言献策。市侨联经常开展侨务法律法规宣传活动，利用广播电视、报纸等媒体向社会广泛宣传。并协助归侨侨眷、留学生眷属办理赴外探亲、定居手续400多人次，办理归侨侨眷身份证明90多人次、解决就学就业200多人次。市侨联十分关心贫难侨，经常深入贫难侨家庭，为他们排忧解难。至2005年，共资助贫困学生300人次，总金额达60多万元。

（六）表彰工作

1994年1月，福安市侨联被福建省侨联评为“1993年度福建省侨联经济工作先进单位”。

2002年9月，被福建省人事厅、省侨联授予“福建省侨联系统先进集体”。

2004年7月，黄丽挺被国务院侨办、中国侨联评为“全国归侨侨眷先进个人”。

同年11月，市侨联被省侨联授予“福建省基层侨联组织建设先进单位”。

五、涉侨团体

（一）海外侨胞联谊会

1994年5月，福安旅港同胞联谊会在香港成立。会长陆东明，副会长陈培声、陈长峰、庄建国、王润荣、释净雄、林尉、吴华笃、庄铭捷、叶起膺、吴朝荣，秘书长陈长峰（兼）。

2000年8月，福安旅美留学人员联谊会在美国纽约成立。会长吴卫东，副会长林虹、方征宇、郑力。

2004年5月，加拿大闽东联谊会在多伦多成立。会长郭登峰（福安籍），副会长缪建国、王光彪，理事长詹小龙，秘书长李小兵。

（二）留学生家长联谊会

1995年11月，“福安市留学生家长联谊会”成立。顾问钟应洪，名誉会长刘秉辉、刘骞，名誉副会长雷逢德、林柏善、马翠玉、陈佩尧，会长林再生，副会长郑意銮、郑复赠、李瑞华，秘书长郑复赠（兼）。

2005年4月，福安市留学生家长联谊会召开第二次会员大会。会上决定留学生家长联谊会更名为“福安市留学生家属联谊会”。选举产生第二届理事会，名誉会长杨金柱、黄丽挺。会长郑意銮，副会长陆恒、阮慧斌，秘书长陆恒（兼）。

第六节　福安市工商业联合会（商会）

一、组织机构

（一）市级商会

1991年，福安市工商联合会（以下简称“福安市工商联”）同时对外挂“福安市商会”，恢复组织及活动，有驻会专职工作人员3名。1993年11月，市委批准成立福安市工商业联合会党组。2005年年底，福安市工商联有驻会干部4人，全市有商会会员1586人。

（二）基层商会

1991年，有赛岐、穆阳、下白石、社口等镇设4个基层商会，另有3个异地商会、分别是：上海商会、福州商会和广西横县福建闽东商会。后又先后成立电机电器同业商会、美容美发同业公会、饭店同业公会、服饰行业协会、水路运输行业协会、涂装行业协会等。2005年，全市有基层商会（协会）10多个。

二、代表大会

1993年8月，福安市工商联召开第七次会员代表大会，选举陈春江为主任委员（会长）。

1997年4月，召开第八次会员代表大会，选举郑惠胜为会长。

2003年7月，召开第九次会员代表大会，选举郑惠胜继任会长。

三、主要工作

（一）服务民营经济建设

1991年后，福安市工商联主要为逐步恢复的私营工商业者提供服务、联系协商和加强交流。向政府及有关部门提供参阅件、反映工商业者的建议及要求等，其中部分被福安市委和市政府采纳，并相继出台十几份促进民营经济发展的政策文件等。

2002 年 6 月，为进一步落实党对原工商业者的政策，市工商联配合统战部、社保公司开展原工商业者情况调查，至 2005 年年底，为 136 位老工商业者办理有关证明，使他们及时足额领到补发的基本养老金。

市工商联至 2005 年年底编发《简报》150 多期。

（二）开展会员教育培训

1991 年后，市工商联每年定期组织企业会员学习政治理论、法律、法规和工商管理、财务管理等方面的知识，举办各类培训班和讲座 30 多期、受训 2452 人次，举办企业质量管理、现代企业管理等培训班 6 期，至 2005 年，有 1356 位企业干部职工参加培训。

（三）社会公益活动

1995 年 3 月，福安市工商联成立"光彩事业"推动委员会。至 2005 年，民营企业家们为修路、建桥、帮助贫困学生等共计捐款 1600 多万元，其中用于修路建桥 600 多万元。2003—2005 年，市工商联开展"光彩助学"活动，企业家共捐资 43.63 万元，帮助 177 位贫困大学生。同时配合农村扶贫，共投资 43 万元，帮扶 124 户建档立卡贫困户。

第七节　福安市文学艺术界联合会

一、组织机构

1990 年 9 月，福安市文学艺术界联合会（以下简称"市文联"）成立，业务上接受宁德市文联和福安市委宣传部的双重指导。

2005 年，福安市文联设立各文艺专业协会 18 个，会员 1500 多人。各协会情况如下：

文学协会。第一届主席：林寰；第二届主席：郑万生；第三届主席：卢腾。

书法协会。第一届主席：王卉；第二届主席：郑复赠；第三届主席：刘希明。

美术协会。第一届主席：王卉；第二届主席：林寰；第三届主席：李辉；第四届主席：何农。

摄影协会。第一届主席：丁钧华；第二届主席：郑建光；第三届主席：黄俊。

秋园诗社。第一届社长：林秀明；第二届社长：林毓华。

戏曲协会。第一届主席：陈师德；第二届主席：林赛娥。

音乐协会。第一届主席：黄起秀；第二届主席：施新容。

舞蹈协会。第一、二届主席：郭洪。

民俗摄影协会。第一届主席：陈爱凤；第二届主席：丁立凡。

校园文学社。第一届主席：杨昌长。

工笔画协会。第一届主席：何西。

青年诗社。第一届社长：黄曙光。

老年书画协会。第一届主席：林秀明　第二届主席：丁钧华；第三届主席：谢乃崇。

穆阳书法协会。第一、二届主席：赖祖衡。

赛江书画协会。第一届主席：罗一鸣；第二届主席：阮瑞国。

赛江戏曲协会。第一届主席：林崇枝。

赛江诗社。第一届社长：缪道生。

赛江摄影协会。第一届主席：刘希华。

二、代表大会

1994年4月，福安市文联第二次代表大会召开，选举缪小宁为主席、何农为副主席，郑望为秘书长。2003年5月，福安市文联第三次代表大会召开，选举郑望为主席，何农为副主席，李凯为秘书长。

三、主要活动

1991年后，福安市文联及各协会每年都开展笔会、采风、展览、比赛、文艺演出等多种形式的文艺活动20多场次，推动会员文艺创作、丰富群众性的文娱活动。市文学协会先后开展“诚信依法纳税共建小康社会”征文笔会、天湖山书画笔会、福宁高速公路采风、“茶文化探源”采风、福安市反腐倡廉文艺创作笔会，纪念抗战胜利60周年文艺采风。市美术、书法、摄影等协会组织征集作品建立廉村、榕头村廉政书画室，在福州举办福安市书画作品展、黄俊数码摄影习作展、民俗摄影协会成立10周年作品展、书法协会成立20周年元旦作品展，郑楚雄、郑伯涛父子美术作品展，闽东首届根石作品展、“李良陈凌华国画展”、“五一”书画展、“爱中华爱福安”书法展、汤元昌中国花鸟画展、林寒光国画作品展、陈伯清花卉摄影展、金钟山自然风光摄影展、“迎新春”书画展、赛江书画协会“迎新春”画展等。组织书画作品参加宁德市“阳光助学”书画名家作品捐赠及义卖活动。2004年，结合纪念闽东苏区成立70周年举办“红土地文化”——美术、书法、摄影作品展。市青年诗社举办爱情诗短信大赛，秋园诗社举办建社八十周年系列纪念活动。市戏曲协会举办“迎元旦”戏曲晚会，迎七一广场戏曲联欢晚会，“清风明月”中秋联欢晚会。市舞蹈、音乐等协会举办缪丽容少儿舞蹈教学成果汇报晚会、福建省文联宣传中共十六大精神文艺轻骑百乡行福安市文艺演出、“广场文艺晚会”。2005年，举办纪念“毛泽东同志在延安文艺座谈会上的讲话发表63周年”文艺晚会、迎国庆社区文艺会演等系列活动。积极开展对外文艺交流，邀请福建省文联秘书长朱光、福建省舞蹈家协会副主席陈绍玉等莅韩开展少儿舞蹈指导；组织部分会员赴西安、郑州开展“中原行”古文化采风，支持市民俗摄影协会会员赴江西婺源采风，邀请福建省舞蹈家协会考级委员会来福安市开展少儿舞蹈考级活动；戏曲协会举办闽浙边界戏曲联欢会，并赴连江县及浙江苍南等地开展交流活动。为加强文艺队伍建设、促进文艺精品创作，先后连续开展了四届“福安市百花文艺奖”和两届“福安市德艺双馨文艺工作者”评选表彰活动。同年，编辑出版《福安市优秀文艺作品选》，该书由中国作家协会副主席张炯作序，收集20世纪100年间福安市知名文艺家作品数百件。

第八节　福安市残疾人联合会

一、组织机构

1991年，福安市残疾人联合会（以下简称“福安市残联”），为副科级事业单位，人员编制5名。1993年4月，成立福安市残疾人劳动就业服务所，编制3名，经费自收自支。1999年，全市各乡镇（街道）均成立残联组织，共配备理事长22名。2002年7月，福安市残联升格为正科级单位，并调整充实福安市政府残疾人工作委员会。2005年，全市18个社区成立残疾人协会，试点选聘社区残疾人工作联络员；6月，福安市残疾人劳动就业服务所更名为福安市残疾人就业服务中心。建成办公用中心大楼、投资130万元，建筑面积1042平方米。

福安市残联承担着维护残疾人合法权益、团结教育残疾人、为残疾人服务、管理和发展残疾人事业等职责。

二、代表大会

1989年11月，福安市召开第一次残疾人代表大会、出席代表130人，选举林财生为理事长。2002年，市委任命雷志金为理事长。至2005年尚未进行换届。

三、主要工作

（一）社会调查

1993年，市残联抽调有关人员开展全市残疾人情况调查。调查显示：福安市有残疾人2.6万人，占全市总人口的4.64%；其中，视力残疾占残疾人总人数的1.08%，听力残疾占1.53%，智力残疾占0.57%、肢体残疾占0.54%，精神病患者占0.33%，多重残疾占0.59%。

（二）为残疾人服务

1. 评残发证

1997年7月，福安市残联着手残疾人评残发证工作，对符合残疾人标准的残疾人，实行免费鉴定办证，对行动不方便或特殊原因的残疾人提供上门服务。2004年，全市发放残疾人证1500多本，2005年又发放残疾证1000多本。

2. 康复治疗与训练服务

1991年，市残联对聋儿语言训练16人；1992—1995年，聋儿语言训练19人，实施特殊残疾人补碘6196例；1996年，补碘4940例；1997年，聋儿语言训练5人；2000年，聋儿语言训练4人、为盲人配用助视器24人；2001年，聋儿语言训练15人、为盲人配用助视器5人；2002年，聋儿语言训练8人、为盲人配用助视器5人；2003年，为智残儿进行特殊训练10人、为盲人配用助视器4人；2004年，为智残儿进行特殊训练10人，脑瘫儿训练2人；2005年，智残儿特殊训练10人、脑瘫儿训练2人。

1991—2005年，全市共施行白内障复明手术1893多例、儿麻矫治手术247例、安装假肢60多例，发放各类残疾人用品用具1000多件。

表20—6　1991—2005年福安市残疾人康复治疗情况表

单位：例

年份	白内障复明手术	儿麻矫治手术
1991	121	99
1992—1995	232	67
1996	102	5
1997	75	12
2000	320	—
2001	210	13
2002	223	15

续表 20—6

年份	白内障复明手术	儿麻矫治手术
2003	220	12
2004	220	15
2005	170	9
合计	1893	247

3. 就学与就业培训

1991 年后，福安市残联贯彻有关残疾人教育条例法规，将残疾学龄儿童、少年义务教育纳入全市九年义务教育范围，做好规划，深入走访调查，引导宣传，提高入学率。

1994 年 9 月 1 日，创办全省第一所福安市特教职业中学，当年招生 58 人。（学校共设 8 个年级、8 个教学班、教职员工 28 人）。1994 年至 1996 年共招收 248 人，其中 1996 年选送 7 名残疾人到烟台永康残疾人大学就读，先后有 157 名残疾学生毕业走上工作岗位。1997 年以后，学校进一步完善特教各项工作。

1997 年，举办残疾人岗前培训 6 期 138 人，2001 年，组织残疾人职业技术培训 130 人；2002 年，培训 26 人，2003 年，举办培训 3 期共 187 人；2004 年培训 155 人。当年，全市残疾儿童入学率为 99.48%。2005 年，举办培训 4 期 213 人。1991—2005 年，输送盲人参加福建省盲人按摩培训共 30 多人。并对录取大中专院校残疾人或残疾人贫困家庭由市残联给予 1000～1500 元资助。

4. 残疾人就业

1991 年，属福安市民政局管理扶持残疾人的企业，有福安市社会福利厂、福利二厂、福利三厂；共安置残疾人 90 多人。1992 年，创办福安市渔溪坪民政福利林场，造林 33.33 公顷。1993 年，新创办福利企业 12 家，安置 65 人。2000 年，创办穆阳镇残疾人养猪场，安置残疾人 18 人。由残疾人自立创业办厂的有福安市宏华电器有限公司，龙丰电机有限公司，新华峰机电有限公司，福安市哈特制衣厂等。

1993 年，全市有劳动能力残疾人 1498 人，安置就业 977 人，就业率为 65.22%。1996 年，新安置就业 52 人。2004 年，安置残疾人就业 150 人。2005 年，安置 168 人，当年全市残疾人劳动力就业率为 74%。

据统计，1991—2005 年全市安置残疾人劳动力就业 6390 人次。

表 20—7　1993—2002 年部分年份福安市残疾人劳动力就业情况表

单位：人

年份	军残安置	自谋就业	分散就业	集中就业
1993	78	311	312	383
1996	—	—	8	44
2000	8	—	98	32
2001	—	98	8	20
2002	—	120	26	45

5. 扶贫解困

1991 年，对全市伤残军人医疗费实行公费医疗实报实销。1999 年，政府出台文件明确伤残军人公费医疗规定，又将伤残军人纳入公费医疗。市民政局还对全市 4022 户 4862 人中的残疾人贫困户和低保户实施医疗救助；对残疾人肢体矫治、白内障复明、聋儿语训、特殊残疾人补碘等实行免费。

1996—2005 年，全市还实施副处级以上领导、市直机关以及青年志愿者挂钩帮扶和“结对子帮扶”残疾人，春节期间走访乡镇社区慰问贫困残疾人等。

（三）全国助残日活动

1991 年 5 月 17 日，为全国第一个“助残日”，福安市组织宣传活动，发动群众扶残捐款 7 万元。1991—2005 年，福安市共组织 15 次“助残日”活动，采取多种形式开展宣传、每次发放宣传品 2000 多份，召开大型会议、请领导讲话并开展义诊活动等。

（四）受理残疾人来信来访

1992 年，全市受理残疾人来信 30 件，接待来访 216 人次。1993 年，受理来信 28 件，接待来访 200 多人次。对所有来信来访，领导及有关部门均及时解决处理。此后，来信来访逐年减少。2005 年，接待来访 30 人次，来信 10 件。

（五）残疾人文体活动

1996 年，残疾人郭尧赟自筹资金开办乒乓球俱乐部，并任教练。俱乐部成员在福建省第三届残疾人运动会上夺得一金一银三铜的好成绩。2004 年，福建省第一届中小学生残疾人运动会，福安市代表宁德市参赛获羽毛球团体第一名；王晓辉、沈兴建分别获听力残疾羽毛球单打第一名和第三名。2005 年 12 月，福建省第五届残疾人运动会，叶建浩获下肢残疾站立羽毛球男子单打第一名，张万津、陈泽安分获听力残疾羽毛球男子双打和单打第二名、第三名，吴文斌获男子 200 米仰泳第二名。2004 年，残疾人黄永辉剪纸获福建省残疾儿童美术作品比赛一等奖；赵馨获全国简笔画、林金良获木刻画二等奖。

第九节 福安市红十字会

（一）组织机构

1988 年 5 月 12 日，福安市红十字会成立。1991 年，福安市红十字会调整，副市长钟清平为会长，李毓松、黄滔为副会长，钟隐芳为秘书长。1994 年，全市有基层红十字会 27 个，会员 11306 人。2005 年，红十字会调整副市长谢坚为会长、魏进基为常务副会长，黄晓莺兼任秘书长。市直医疗单位、市武警中队、市一中、市四中、宁德市民族中学、闽东卫校和部分乡镇卫生院建立基层组织共 19 个，有会员 10304 人。

（二）主要工作

1. 医疗救护培训

1992 年，市红十字会举办卫生急救培训班、培训 560 人，主要对象为水电、建筑等高空作业、卫生院和村卫生所人员。1993 年，举办汽车驾驶员救护培训 26 期，1186 人参训。1994 年，举办急救培训班 32 期、培训 2863 人，主要对象为机动车、摩托车驾驶员。2001 年，开展机动车驾驶员急救培训

20期、2000多人。

2. 救灾救助

1991年，开展抗灾救灾工作，为灾区群众募捐款项6429元、粮票3012斤，同时发放衣服、大米等一批救灾物品。1992年，福安发生洪灾，福安市红十字会及时开展募款活动，并争取到福建省红十字会救灾大米30吨、衣服5871件、医疗器械及药品价值3万多元，分发救济21个乡镇的8767个灾民。1996年，全市受台风袭击，福安市红十字会向中国红十字会、香港红十字会和福建省红十字会争取到价值14多万元的救灾物资，分发到12个乡镇，救助2万多灾民。1997年，筹集救灾物资价值70多万元，分发到17个乡镇救助灾民。1999年9月21日，中国台湾地区发生大地震，福安市红十字会组织为台湾大地震受灾同胞捐款活动，福安市五套班子领导走上街头发动群众募捐，共募集捐款97845元，及时汇往灾区。2004年，全市受"艾利"台风袭击，福安市红十字会发动群众捐款。2005年，全市为印度洋海啸灾民捐款19.5万元。

3. 宣传和义诊活动

1991年，在"5·8"国际红十字日市红十字会举办"保护战争受害者"为主题的活动，组织会员2000多人举行踩街宣传。1995年，组织会员开展为散居孤寡残老人提供日常服务。2001年，福安市红十字会组织会员单位到灾区开展义诊扶贫活动。2004年，为纪念"5·8"国际红十字日和中国红十字会建会100周年，组织医务人员到松罗乡开展义诊活动。

4. 对台联络服务

1992年，为台湾和福安市一对阔别55年的恋人搭桥牵线成功。1998年，为福安市群众转送来自台湾红十字会的信件9封。2000年，为福安市群众转送中国台湾地区来信36封。

5. 公民无偿献血

1999年，为推动无偿献血，召开福安市公民无偿献血协调委员会会议，在会上表彰闽东卫校、宁德地区第一医院、福安市卫生局等11个无偿献血先进单位。当年，有318人无偿献血、献血量48070毫升。2000年，福安市政府分发《2000年各乡镇街道及各单位无偿献血计划通知》，全年献血者突破千人。2003年，开展"抗击非典，爱我福安"公民大规模无偿献血活动。2005年后，无偿献血从组织献血过渡到自愿献血。由市红十字会出动献血车、在街头宣传并接受群众自愿献血，当年有献血者3600人次。

第十节 福安中华职业教育社

（一）组织机构

1996年7月，经福建省中华职业教育社同意，福安中华职教社在闽东率先成立。福安市委书记陈必滔、代市长徐桂春、市委副书记钟应洪为顾问；福安市政府副市长陈恩沛任主任，市工商联主席陈春江为常务副主任、其他副主任及社务委员计16名，核定事业编制人员2名；经费由福安市财政全额拨款。

1997年9月，由福安市政府分管文教卫生的副市长林峰雪兼任主任。2004年9月换届，经福安市委统战部报送福建省职教社批准、由福安市人大常委会副主任钟隐芳担任新一届主任，市委常委、统战部部长叶健松为名誉主任，工商联副主席梁丽琪为常务副主任，其他副主任及社务委员共计18名。

至2005年年底，福安中华职业教育社共有个人社员81名、团体社员21个，其中，高级职称社员

18 名、中级职称 28 名。

（二）主要工作

1. 职业教育理论研究

1996—2005 年，福安中华职业教育社社员撰写的论文先后参加福建中华职教社在福州、厦门、漳州、武夷山、南平等地召开的职业教育理论研讨会和海峡两岸职业教育理论研讨会；港、澳、台学者参加的“职业教育与人力资源开发”研讨会；“与时俱进”职业教育理论研讨会以及“职业教育与构建和谐社会建设海峡西岸经济区”等研讨会。社领导分别在 1999 年和 2004 年作为福建代表参加中华职教社在北京召开的第八次和第十三次全国代表大会。

2. 与港台地区职业教育交流

1999 年和 2005 年，福安中华职教社两任领导先后参加由省中华职教社组织的职业教育考察团前往台湾、香港进行职业教育交流考察。

3. 参政议政

1991—2005 年，在每年“两会”期间，社员中的人大代表和政协委员多人在大会发言，并提交议案、建议等。

4. 社会办学

1991—2005 年，福安中华职教社通过多种渠道，引导企业与职业学校、培训机构密切合作，举办不同形式、不同层次的培训班，为福安市职业学校与企业及其他相关院校的交流合作和联合办学牵线搭桥。

5. 赈灾助困

1991—2005 年，开展各种“温暖工程”活动。如多次组织社员和民营企业家深入受灾乡镇、村、学校实地考察受灾情况，开展捐资、捐物献爱心活动；同民营企业家结成“温暖工程公益伙伴”，为特殊贫困学校捐款捐物；配合市政府有关部门开展各种就业技能培训，解决下岗失业工人的“再就业”、城乡富余劳动力的转移就业等。

第十一节　其他团体

一、福安市计划生育协会

（一）组织机构

1991 年 2 月，福安市计划生育协会（以下简称“计生协会”）第一次会员代表大会召开，选举产生第一届理事 11 人、常务理事 5 人；推选黄少姿为会长，李再辉为常务副会长、黄祖良为副会长，吴孟青为秘书长，并成立顾问小组、聘请顾问 3 人，魏锦荣为顾问组长。1992—1993 年，全市开始建立村级计生协会 488 个，行业协会 6 个。1993 年，福安市计划生育协会内设“办公室”（股级）。1994 年 10 月，召开福安市计划生育协会第二次会员代表大会，选举第二届理事 19 人、常务理事 7 人；推选黄少姿为会长，李再辉为常务副会长、陈昌明为副会长，吴孟青为秘书长。1995 年，在全市各村（居）成立计划生育宣传服务小组 2866 个。1997 年，市计划生育协会事业编制增加到 7 名。同年 5 月，召开福安市计划生育协会第三次会员代表大会，选举第三届理事 29 人、常务理事 7 人，推选阮玉铃为名誉会长、王泽恭为会长、李再辉为常务副会长、黄裕庭为副会长、陈安寿为秘书长。2002年，召开福安市计生协会第四次会员代表大会，选举产生第四届理事25人、常务理事7人，推选林青为会长，黄祖良为常务副会长，黄裕庭、缪瑞琨为副会长，缪绍彬为秘书长。2004年，福安市计生协会挂靠福安市计生委，核定机关事业编制6名、工勤人员1名，设专职副会长（副科级）1名、股级人员1名。至2005年，全市共有计生协会515个、会员51646人；其中，女会员26339人、占会员总数的51%，理事4215人、专职工作人员546人；配备宣传服务小组长2906人（兼职），其中女性小组长2037人。

（二）主要工作

1991年后，福安市计划生育协会围绕计划生育工作目标，组织群众开展“自我教育、自我管理、自我服务”活动，改变过去单纯靠行政手段的做法。1994年10月，福安市计划生育协会被评为福建省及宁德地区计划生育协会先进单位。1995年，范坑乡计划生育协会被评为全国先进计划生育协会。范坑乡马冈村计生协会第一小组长李雪芳、城北街道前进村计生协会第四小组长陈碧玉、晓洋镇首洋村计生协会第四小组长夏爱香、城阳乡湖塘坂村计生协会第四小组长林凤容被评为省第一批计划生育工作先进个人，并到全省各地巡回演讲、介绍经验。一是从2001年开始，在基层协会中开展“双创”活动（即争创一流村计生协会和创建合格村计生协会活动）。至2005年，全市一流村计生协会137个、合格村计生协会194个，两类协会达标占比70.2%。二是开展“幸福工程——救助贫困母亲活动”。2001—2002年在上白石镇、范坑乡两个乡镇首批开展“幸福工程”项目，共资助计生贫困母亲54户，发放资助款15万元（其中，省专项款5万元，市、乡两级各配套资金5万元）。2003—2004年，在上白石镇、范坑乡两个乡镇开展“幸福工程”项目二期，共资助贫困母亲64户、发放资助款15万元。2005年，在溪尾镇溪邳村开展“幸福工程”项目三期，受助贫困母亲13户、发放资助款5万元。三是抓“小额贴息贷款”帮扶活动。2001—2005年，全市共落实小额贴息贷款528万元、惠及2000多户“计生二女户”，其中，2005年落实331户、110.45万元。四是“抓典型创特色”活动。城北街道后垄村开展的庭院宣传活动，得到宁德地区计生委、计生协会推广。2002年，范坑乡计生“小额信贷”帮扶和城北街道“双创”经验得到福建省、宁德市肯定，在全省宣传推广。2005年，在城南街道南湖社区，坂中畲族乡坑下村、仙岩村，阳头街道阳上社区，溪尾镇溪邳村开展计划生育村民自治试点工作。五是开展帮助计划生育户的“生产、生活、生育”服务活动。六是从2005年开始，开展“三争百千万”（争当百名优秀会长、争当千名优秀小组长、争当万名合格会员）活动。

2005年，城北街道计划生育协会、溪尾镇计划生育协会被评为宁德市计划生育乡镇（街道）级先进单位，城北街道前进社区计划生育协会、阳头街道阳上社区计划生育协会、溪尾镇溪邳村计划生育协会、城南街道南湖社区计划生育协会、坂中畲族乡仙岩村计划生育协会被评为宁德市计划生育协会村（社区）级先进单位，林青等24人被评为宁德市计划生育协会先进志愿者和先进工作者。黄裕庭被评为全国“幸福工程——救助贫困母亲行动”优秀工作者，上白石镇东峰村贫困母亲陈淑珍、江美娇、范坑乡半坑村贫困母亲郑云玉荣获“全国幸福母亲奖”。

二、福安市关心下一代工作委员会

（一）组织机构

1990年6月，福安市关心下一代协会成立，为专职常设机构。1994年4月，改称为关心下一代工作委员会（以下简称“关工委”）。设名誉主任2人、顾问6人，主任、常务副主任各1人，副主任5人、委员 29 人。委员会下设办公室，配备办公室主任 1 人，专职干部 2 人。2003 年 7 月，福安市关心下一代工作委员会成立科技服务委员会。2005 年年底，全市 23 个乡镇、街道、开发区和各个行政村（居），56 所中小学校，8 个市直机关、工矿企业单位先后成立关工委，发展会员 6500 多人；会长和会员多为兼职。

（二）主要工作

1. 思想教育

1991—2005 年，开展爱国主义主旋律报告 1020 多场次，受教育青少年及教师、家长约 78 万人次；开办家教讲座 1000 多场次，听课教师、家长达 52.9 万人次。

2. 法制教育

1991 年后，组织离退休老干部、先进人物到中小学校开展爱国主义、立志成才教育活动。1992 年后开展以《中华人民共和国未成年人保护法》和《中华人民共和国预防未成年人犯罪法》为主要内容的法制宣讲工作。据统计，各级关工委通过成立帮教小组，落实帮教措施、开展“结对子”跟踪帮教等，使全市 1389 名失足青少年除两人“二进宫”外，其余全部走上正轨。

3. “科技兴农”

1991—2005 年，组织全市 500 多名具有专业技术的老科技工作者，深入农村开展“学科技、用科技、治贫穷、奔富路”活动。各级关工委共举办各类农村实用技术培训班 1600 多期，受培训青年农民近 11 万人次。

4. 扶贫助学

1999 年 11 月，福安市委成立“福安市关心下一代基金工作领导小组”和“基金工作委员会”。福安市关工委倡议机关、企事业单位、个人和社会各界热心人士奉献爱心，踊跃捐助。福安市关工委一方面利用基金增值的部分（利息）资助贫困生；另一方面通过牵线搭桥，联系有关部门、企业和热心人士与贫困生“结对子”，帮助失学的贫困生重返校园。至 2005 年年底，基金账户到位 143.43 万元。共助学和奖学 12672 人次；并动员各级关工委向山区学校的青少年儿童捐赠文教用品等折款达 109.76 万元。其中仅福安市关工委利用基金增值的部分（利息）68.09 万元，就资助贫困大、中、小学生 2345 人；集资 11.9 万元，支持贫困山区学校改善基础设施；动员市关工委老同志和专职干部个人捐资 3.9 万元，帮扶 2 户贫困家庭学生。

5. 宣传调研

1991—2005 年，福安市关工委经常组织老同志和专职干部深入各成员单位，中、小学校，工矿企业和农村基层开展调研。撰写《情系下一代　帮教献爱心》《造就新人必须从小抓起》《对青少年教育的几点思考》等调研文章。

2003 年 5 月，福安市关工委成立未成年人思想道德建设状况课题调研指导小组，开展未成年人思想道德建设状况调研。6 月，在福安市溪潭中学进行未成年人思想道德建设状况问卷调查，并组织有关部门召开未成年人思想道德状况调查座谈会。

6. 表彰奖励

1991—2005 年，福安市关工委先后被中国关心下一代工作委员会评为“全国关心下一代先进集体”和“《中国火炬》杂志宣传报道和征订发行先进集体”；两次荣获“福建省关心下一代工作先进集体”

称号和“福建省帮教工作先进单位”称号；三次被宁德市委、市政府评为“宁德关心下一代工作先进集体”，还先后获得地、市“社会治安综合治理先进集体”称号以及宁德地区关工委授予的“宣传与征订《中国火炬》先进单位”称号，有70多位同志先后被省、地、市评为“关心下一代工作先进个人”。

三、福安市老年人体育协会

（一）组织机构

1991年，成立福安市老年人体育协会（以下简称“福安市老体协”），主管部门为福安市体委，设立专职干部指导工作，同时接受宁德地区老年人体育协会指导。1996年，召开第三次工作会议，选举魏锦荣为主席、张友白等19人为副主席，专职干部陈惠芳为秘书长兼办公室主任。1999年8月26—27日，召开第四次工作会议，选举梁奕章为主席，林宜华为副主席，陈惠芳为秘书长兼办公室主任，聘请钟应洪、黄少姿为顾问。2004年12月，召开第五次代表大会，选举阮妙容为主席、林宜华为常务副主席，陈鸿、张友白、林孝裕、刘昭红、缪俊平为副主席，陈惠芳为秘书长兼办公室主任。2005年年底，市直机关各口、各乡镇、街道31个老体协相继成立。全市487个村（居）建立老体协组织363个，占村（居）数74%。全市有老体协会员33387人，占老年人口的49%。乡镇、街道、市直机关各口老体协主席由同级党委任命，并指派同级领导分管，社区、行政村由同级副职兼任。全市有老年人健身辅导站（点）82个。

各老体协活动资金以自筹为主，各级政府采取“以奖代补”的办法给予适当补助。全市先后建成门球场6个、地掷球场3个、城镇活动站38个、社区活动站58个、农村活动站（点）368个。15年间，采取请进来，走出去，深入基层的办法，共举办培训赛事102期（次），培训辅导员和骨干4508人次，现有基层辅导员173人。

（二）主要工作

1. 老年人健身活动

1991年，福安市老体协对老年人的健身活动，提倡“户外户内结合、传统创新结合，文艺体育结合，轻缓适中为主”的方式。活动项目有：门球、地掷球、气排球、乒乓球、柔力球、嗒嗒球等20多项。日常由辅导员组织老年人在辅导站（点）活动，节假日、纪念日由基层老体协组织开展竞赛、表演等，以及市老年人运动会、对外比赛等。

2. 参加老年人运动会

1994年重阳节，举行“千队万人”功、拳、操大会演，来自各机关、学校和乡镇老体协的32支队伍352人参加。1999年6月，参加宁德地区第五届老年人运动会，获得乒乓球团体、羽毛球团体、羽毛球男女双打、桥牌、女子42式太极拳等8项冠军，棋牌团体亚军、地掷球第三名，太极拳、剑团体第四名。有10人入选宁德地区代表队，参加福建省第五届老年人运动会。2000年，福安市举办第四届老年人运动会，全市各乡镇组队参加。2002年，会同老龄委、市体委、妇联举办“亿万老年人健身活动”启动仪式；“三八”妇女节与市妇联联合举办“巾帼大会操”；“敬老节”与老龄委联合举行登山活动、联欢晚会；同年，宁德市举办第六届老年人运动会，福安市组队参加，获得4项团体冠军、2项团体亚军、1项团体第三名，个人项目获得第一、第二名各4项和第三、第四名各1项。2003年，组队参加第二届全国中老年人柔力球比赛，获得双人自选动作第二名、对抗赛团体第四名。同年，参加省老年人柔力球比赛，获女子双打冠军、单打亚军。老年腰鼓队参加省社区文艺调演获得银奖，门球参加宁德市“门协杯”比赛获得冠军；棋类代表队参加宁德市比赛获得团体总冠军、女子中国象棋冠军、男子围棋亚军。还举办了两场“万众一心抗击非典”的宣传演出。12月25日，在福安电力公司会场举行纪念毛泽东同志110周年诞辰晚会。2004年9月，30多名柔力球运动员代表宁德市参加在云南玉溪举行的第四届全国中老年人柔力球比赛，荣获4金2银3铜和5个最佳表演奖；同年重阳节，举办“九九重阳青春万岁”老年人文体展示活动，观看群众达2000余人。2005年11月16—21日，举办“庆祝福安市老体协成立20周年庆典大会暨福安市老年人第五届运动会”。参加庆典活动的踩街方阵50多个、1000多人；参加运动会的代表团32个、运动员800多名，分A、B两组比赛。宣教口、康厝畲族乡分别荣膺A、B组总分冠军。市文化宫老年健身队被全国妇联、国家体委评为“巾帼文明健身队”，门球协会被评为“福建省老年体育工作先进集体”，苏若琴被评为“福建省老年体育先进个人”。

四、福安市老区建设促进会

（一）组织机构

1. 市级机构

1995年1月，成立福安市老区建设促进会（以下简称“市老促会”）。推荐雷瑞华为名誉会长，顾问王毓荣、周世宏、郑桂全、薛文章、林秀明；会长林贤康，副会长黄进贵、雷伏佺、刘炎生、张鉴春；秘书长赵伯谦，副秘书长叶继贤、配备专职工作人员刘灼梅兼任副秘书长。参加会议的有上级领导、全体理事、市直各部门负责人等共160多人。

2004年9月，福安市老促会第二次理事会在福安富春大酒店会议厅举行，会议产生福安市老促会第二届理事会组成人员：名誉会长雷瑞华、王世雄、詹翠霞、陈灼生；顾问王毓荣、周世宏、郑桂全、林秀明、张鉴春、林贤康；会长刘秉辉、常务副会长黄进贵、副会长赵伯廉、施铭、林年波，秘书长刘寿坤、副秘书长叶继贤、刘灼梅，理事43人。

2. 基层机构

福安市老促会基层组织有各乡镇、街道、闽东赛岐经济开发区成立的20个分会。各分会设会长1人、副会长1～3人，秘书长1人、理事若干人。

（二）主要工作

1. 宣传调研

1991—2005年，福安市老促会每年深入18个老区乡镇和70多个行政村、337个自然村调查研究，撰写调研资料60余篇。重要的有《老区基点村三项调查》《村级两委班子调查》《老区“五通”调查》《老区基点村公路硬化情况调查》《老区教育情况调查》《老区脱贫致富奔小康调研》《老区全面建设小康社会调研》等；并编写简报170多期。

2. 挂点帮扶

1991—2005年，市老促会帮助70多个老区行政村解决饮水、道路、学校、电力、电视、卫生院等基础设施建设及生产发展资金400多万元。并在坂中畲族乡仙源里、溪潭镇马山、城阳乡阮家山、甘棠镇观里、康厝畲族乡象地、潭头镇下洋等村搞挂点帮扶工作。

3. 支教助学和“三下乡”活动

1991—2005年，市老促会筹集部分经费修建赛岐长岗小学、狮子头小学，溪柄镇马厝小学，上白石镇燕坑小学、不老小学，坂中畲族乡仙源里小学，溪潭镇马山小学、磻溪小学，甘棠镇观里小学等28

所。每年帮助大、中、小学困难学生50多人。2004—2005年，每年资助贫困大学生入学的都在60人左右，总资助金额达10多万元。并到老区村开展科技、文化、卫生“三下乡”活动。

4. 老区慰问

1991—2005年，福安市老促会每年元旦、春节期间，都组织慰问老区和“五老”活动。1996年受8号台风袭击、福安老区受灾严重，春节前福建省老促会会长伍洪祥和副会长兼秘书长吕居永来福安调研慰问，并捐款10万元支持下白石、湾坞等乡镇解决受灾群众年关生活困难，发放大米15吨、棉被200条，帮助修建塘堤、学校等。福安市老促会通过联系企业家、机关单位等捐助现金、棉衣、棉被到老促会挂点村慰问烈属、“五老”困难户。

5. 表彰先进

2000年，福安市老促会被宁德市老促会评为“信息工作先进单位”。2001年，福安市老促会评为“福安市支教助学”先进集体。2002年，福安市老促会被中共宁德市委、市人民政府授予“‘八七’扶贫攻坚先进集体”称号。2004年，又被福建省老促会评为“全省老促会系统先进单位”，刘灼梅被评为“全省老促会系统先进个人”。林贤康、黄进贵被中共宁德市委、市政府授予“老区工作先进个人”称号。

五、福安市消费者权益保护委员会

（一）组织机构

1991年，福安市消费者权益保护委员会（以下简称“福安市消委会”）是具有独立法人资格的社会团体，王梓松为第一届会长。1991—2005年共换届选举4次。1993年陈安松任第二届会长，2000年召开第四次福安消委会一次全体会议，2003年3月召开福安消委会第五届一次全体会议，选举会长陈永加（工商局局长兼）、委员单位30个。

（二）主要活动

1993年，《中华人民共和国消费者权益保护法》（以下简称《消法》）公布实施后，福安市消委会开展宣传贯彻活动。并在“3·15国际消费者权益日”开展纪念活动；二是加强执法，打假治劣，曝光不法行为，切实保障消费者权益；三是加强组织建设，健全维权网络，提高维权职能；四是开展对企业、市场和经营者的监督，营造健康、放心、环保的可持续消费环境；五是做好消费者受理申诉维权工作。

六、福安市扶贫开发协会

（一）组织机构

1993年6月，成立福安市扶贫开发协会，属于非营利性质的独立法人社会团体，挂靠福安市扶贫办。设会长1人，由市扶贫办主任兼任。机关编制2人，1995年10月，协会增加2个编制。

到1997年年底，扶贫开发协会实际工作人员为6人。其中：聘用干部5人，工勤人员（驾驶员）1人。

（二）资金来源

一是1993—1996年，福安市财政先后切块安排168万元，设立市扶贫开发资金；二是扶贫免税贷款（扶贫企业项目）切块安排60万元；三是扶贫基金“逆向投放”滚动增值资金。1993—1997年，每年纯收入30万～40万元。使市扶贫基金总量达到320万元。到2005年年底，扶贫开发基金总量达489万元，其中，基金增值收益201万元，并以增值收益开展农村扶贫工作。

（三）主要活动

1994—1998 年五年间，帮助政府协调落实地、市副科级以上干部 2779 人与 4086 户贫困户结对帮扶，筹集扶持资金 546.98 万元帮助贫困户发展生产。帮助 10061 绝对贫困户、47721 人解决温饱问题。

与此同时，组织实施“五户联保、小额信贷”工程。在 18 个乡镇成立乡镇扶贫开发服务中心组成贫困户脱贫互助组 146 个、吸收 584 户贫困户入组。采取联保方式、由农村信用社提供免息或贴息、低息贷款，帮助贫困户发展种养业生产。累计投放小额信贷资金 160 万元。

省、地、市有关部门每年都组织开展科技卫生扶贫下乡活动。先后组织科技人员 578 人次深入 162 个贫困村举办 1583 场各类实用技术培训班、科技讲座，受训人数达到 13.28 万人次。举办 47 次大规模的送医下乡、医疗扶贫活动，组织医生 403 人次下乡为贫困户开展卫生咨询、义诊 15094 人次，免费发放药品价值 12.28 万元，为 27 位贫困户免费施行手术，减免医疗、手术费 5.6 万元。无偿赠送松罗、范坑等 6 个贫困乡镇卫生院（所）药品 6.2 万元。

组织开展“扶贫到户结对帮扶工程”。8 个乡镇 68 个行政村 124 户 575 人的少数民族贫困户列入由福建省委统战部、工商联、民宗厅、脱贫办共同发起并以“一对一、一帮一、一带一”形式展开的福建省“三个一”扶贫工程帮扶对象，其中畲族农民 117 户 540 人、回族 7 户 35 人。由福建省工商联、福安市工商联筹集 42.07 万元帮扶资金，帮助他们发展 11 个种植业、养殖业项目。

1997—1998 年，为 3012 户贫困户颁发“贫困户优惠政策证”，减免农业税、“乡镇统筹三费”共 80 多万元；在 55 个省市级扶贫开发重点村培育 175 名脱贫致富带头人，争取到 82 万元扶贫贴息贷款；为 1175 贫困户、低收入户争取到小额贴息贷款 235 万元；

至 2005 年，福建省委宣传部、省民委、省计生委、省农行 4 家省直挂钩单位，为 7 个贫困乡镇争取到扶持资金 231.73 万元、项目资金 285 万元争取到福建省扶贫专项贴息贷款资金 460 万元；争取到福建省下达的扶贫贴息贷款资金（额度）11 笔 14525 万元，小额信贷资金（额度）3 笔 400 万元；争取到福建省扶贫开发协会给 9 个贫困村的扶建项目资金 30 万元。

第二十一篇 BIANZHI RENSHI LAODONG YU SHEHUIBAOZHANG

编制 人事 劳动与社会保障

1991年，福安市开始推行干部人事制度系列改革。1993年，试行国家公务员制度取消大中专毕业生工作分配，实行自主就业，并建立人才储备制度。严格党政群机构、人员编制管理，并逐步实行行政和事业机关工作人员公开招考、择优录取、聘用上岗。国有企业按照社会主义市场经济发展需求，推进劳动用工、工资分配、社会保险三项制度改革，行使企业用工自主权、推行劳动合同制用工形式，打破“铁饭碗”、破除“终身制”，企业逐步与政府脱钩、走向市场竞争。2001年，深化国有企业内部人事、劳动、分配制度改革，打破干部、职工、全民固定工、集体工、临时工等身份界限，全面实行用工劳动合同制。至2005年，劳动就业、劳务市场管理和劳动监察等制度逐步建立和规范。职工养老、失业、医疗、生育、工伤等保险制度也逐步完善，建立起了覆盖全社会的各类保障制度，基本实现“自由择业、劳有所获、病有所医、老有所养”的劳动和社会保障目标。

第一章　编制

第一节　机构改革

一、市级党政群机构改革

1996年12月，新一轮机构改革开始，福安市委、福安市政府《转发〈关于福安市市级党政机构改革的实施意见〉和〈关于福安市市级党政机构开展“三定”工作的意见〉的通知》。设置福安市党政机构38个、合署机构10个、议事协调机构4个、归口管理机构5个、合并机构5个、撤销机构7个，行政单位转为事业单位5个。其中，保留的党政机构：福安市纪律检查委员会，福安市委办公室、组织部、宣传部、统战部、政法委、市直属机关党工委；福安市政府办公室、科技委、公安局、监察局（与市纪委合署办公、不计编制数）、民政局、司法局、财政局、地方税务局、人事局、劳动局、民族事务委员会、交通局、农业局、水产局、林业局、粮食局、卫生局、计划生育委员会、审计局、统计局、工商局、土地管理局、地方志编纂委员会、文化局。

改变名称的机构：福安市委台湾工作部更名为福安市委台湾工作办公室（挂福安市政府台湾事务办公室牌子）、福安市编制委员会办公室更名为市机构编制委员会办公室、市水利电力局更名为福安市水利水电局。

计划委员会、经济委员会、建设委员会、对外经济贸易委员会仍然称委员会。

议事协调机构：福安市委农村工作领导小组办公室（挂福安市政府农业办公室牌子）、福安市财贸工作领导小组办公室、福安市综合改革试验区领导小组办公室、福安市革命老根据地建设委员会办公室（福安市脱贫致富领导小组办公室与其一个机构两块牌子）。

归口管理机构：福安市老干部局归口福安市委组织部管理、福安市委精神文明建设指导委员会办公室（由原福安市委精神文明建设指导委员会办公室更名）归口宣传部管理。

合署机构：福安市监察局与福安市纪律检查委员会机关合署、福安市委台湾工作办公室与市委办公室合署、福安市社会治安综合治理委员会办公室与市委政法委员会机关合署、福安市侨务办公室与市政府办公室合署、福安市物价委员会与市计划委员会合署、福安市技术监督局与市经济委员会合署、福安市机构编制委员会办公室与人事局合署、福安市宗教事务局与福安市民族事务委员会合署、福安市乡镇企业局与福安市农业局合署、福安市体育运动委员会与福安市文化局合署。

撤销的机构：福安市委党建工作办公室（职能交由福安市委办公室承担），福安市委农村工作部、福安市农业委员会（职能归市委农村工作领导小组办公室承担），福安市财贸委员会（职能交由福安市财贸工作领导小组办公室承担），福安市电机电器管理局（职能交由福安市经济委员会承担），福安市法制办（职能交由福安市政府办公室承担），福安市教育局撤销组建市教育委员会。

合并或一个机构挂两块牌子的机构：福安市委政策研究室并入福安市委办公室（保留福安市委政策

研究室牌子），福安市经济体制改革委员会并入市综合改革试验区领导小组办公室（保留福安市经济体制改革委员会牌子），福安市人民政府经济技术协作办公室并入福安市经济委员会（保留福安市人民政府经济技术协作办公室牌子），福安市矿产资源管理委员会办公室并入福安市土地管理局（对外加挂矿产资源管理局牌子），福安市保密局并入福安市政府办公室（保留福安市保密局牌子）。

福安市信访局从科级调整为副科级，新组建的福安市国有资产管理局为副科级机构。

改为事业单位的机构：福安市档案局与福安市档案馆合并、保留市档案局牌子，福安市广播电视局改为福安市广播电视事业局，福安市旅游局改为福安市旅游事业局，福安市茶业管理局改为福安市茶业事业局，福安市房地产管理局改为事业单位，由福安市建设委员会管理。

成建制转为经济实体的机构：福安市物资局转为福安市物资总公司（部分职能交由福安市财贸工作领导小组办公室承担），福安市商业局转为福安市商业总公司（部分职能交由福安市财贸工作领导小组办公室承担），福安市工业局成建制转为福安市工业公司（部分职能交由福安市经济委员会承担），并组成若干专业企业公司，福安市第二轻工业局成建制转为福安市二轻工业总公司（挂福安市二轻集体工业联社牌子，部分职能交由福安市经济委员会承担）。

2002年6月，根据宁德市委《关于福安市党政机构改革方案的通知》和福安市委、福安市政府《关于福安市市级党政机构改革的实施意见》，福安市市级党政机构设33个、部门管理机构设6个、议事协调机构设3个。其中，党政机构如下。

福安市委工作部门9个：中共福安市纪律检查委员会机关、福安市监察局（与纪检委合署办公）、中共福安市委办公室（对外挂中共福安市委政策研究室、中共福安市委保密委员会办公室和福安市国家保密局、中共福安市委机要局牌子）、中共福安市委组织部、中共福安市委宣传部、中共福安市委统一战线工作部、中共福安市委政法委员会（福安市社会治安综合治理委员会办公室与其合署办公）、中共福安市委台湾工作办公室（福安市人民政府台湾事务办公室）、中共福安市委机构编制委员会办公室（福安市人民政府机构编制管理办公室）、中共福安市委市直机关工作委员会。

市委部门管理机构3个：中共福安市委老干部局（归市委组织部管理）、中共福安市委精神文明建设办公室（归市委宣传部管理、对外增福安市精神文明建设指导委员会办公室牌子）、中共福安市委信访局（福安市人民政府信访局，归市委办、政府办管理）。

市委议事协调办事机构1个：中共福安市委农村工作领导小组办公室（对外挂福安市脱贫致富领导小组办公室牌子）。

福安市政府工作部门24个：福安市人民政府办公室（对外挂福安市综合改革试验区领导小组办公室和福安市经济体制改革委员会办公室、福安市人民政府外事侨务办公室、福安市人民政府打击走私综合治理领导小组办公室、福安市口岸与海防管理委员会办公室、福安市人民政府法制办公室牌子）、福安市发展计划局（对外挂福安市物价局牌子）、福安市经济贸易局（福安市对外贸易经济合作局与其合署办公，同时对外增挂福安市乡镇企业局牌子）、福安市教育局、福安市科学技术局、福安市民族与宗教事务局、福安市公安局、福安市监察局（与中共福安市纪律检查委员会机关合署办公，一个机构、两块牌子，不计机构数）、福安市民政局、福安市司法局、福安市财政局、福安市人事局、福安市劳动和社会保障局、福安市国土资源局、福安市建设局、福安市交通局、福安市农业局、福安市水利局、福安市林业局、福安市文化体育局、福安市卫生局、福安市计划生育局、福安市审计局、福安市统计局、福安市环境保护局。

更名、合并或新组建的单位：计划委员会更名为发展计划局。物价委员会并入发展计划局，对外挂物价局牌子；不再保留经济委员会（经济技术协作办公室）、财贸委员会，组建经济贸易局；对外贸易经济委员会更名为对外贸易经济合作局，与经济贸易局合署办公；不再保留民族事务委员会、宗教事务局，组建民族与宗教事务局；不再保留国有资产管理局，其职能并入财政局；乡镇企业局并入经济贸易局，对外挂乡镇企业局牌子；建设委员会更名为建设局，同时承担城乡规划职能；教育委员会更名为教育局，计划生育委员会更名为计划生育局，科学技术委员会更名为科学技术局；不再保留文化局、体育运动委员会，组建文化体育局；不再保留水利水电局，组建水利局，电网管理职能划入经济贸易局，农村水电建设职能暂由水利局承担；不再保留劳动局，组建劳动和社会保障局，原劳动局管理的城镇职工社会保险、人事局管理的机关事业单位社会保险、民政局管理的农村社会保险、各行业部门统筹的社会保险以及卫生局管理的医疗保险等职能，统一由劳动和社会保障局承担；外事、侨务工作职能并入政府办公室，对外挂外事侨务办公室牌子；打击走私、海防、口岸、法制工作职能由政府办公室承担，均对外挂牌；综合改革试验区领导小组办公室（经济体制改革委员会）职能并入政府办公室，对外挂牌；设立安全生产监督管理局，为副科级单位、由经济贸易局管理；海洋与水产局更名为海洋与渔业局，为正科级，由市委农办管理。

部门管理机构 3 个：福安市粮食局（归市发展计划局管理）、福安市海洋与渔业局（归市委农村工作领导小组办公室管理）、福安市安全生产监督管理局（归市经济贸易局管理）；

议事协调办事机构 2 个：福安市人民防空办公室、福安市革命老根据地建设委员会办公室。

挂靠机构 4 个：福安市机关效能建设领导小组办公室挂靠纪检监察部门，福安市国防动员委员会经济动员办公室、交通战备办公室挂靠福安市发展计划局，福安市国防动员委员会支前办公室挂靠福安市经济贸易局，福安市老龄工作委员会挂靠福安市民政局。

二、乡镇机构改革

1996 年，根据《中共福建省委福建省人民政府关于做好县乡（镇）党政机构改革工作的通知》和《中共宁德地委宁德地区行署关于福安市党政机构改革方案的通知》精神，福安市委、市政府下发《关于做好乡镇党政机构改革工作的通知》。确定赛岐、甘棠、溪柄、溪潭、潭头、下白石等 6 个乡镇为一类乡镇，设置党政、农业、企业、社会事务、计划生育、乡村建设等 6 个综合办公室；城阳、康厝、穆云、穆阳、上白石、社口、松罗、湾坞、溪尾、坂中、范坑、晓阳等 12 个乡镇为二类乡镇，设置党政、农业、企业、社会事务、计划生育等 5 个综合办公室，另设乡村建设领导小组办公室作为乡镇政府的协调议事机构。城北、城南、阳头等 3 个街道党政机构设置参照二类乡镇执行。乡镇（街道）党政工作机构规格为股级。

2002 年，根据福建省委办公厅、省政府办公厅《关于印发〈福建省乡镇工作纲要（试行）〉有关实施细则的通知》、宁德市委办公室和市政府办公室《关于宁德市乡镇机构设置和人员编制的意见》以及福安市委、市政府《关于贯彻落实〈福建省乡镇工作纲要（试行）〉的实施意见》文件精神，福安市委、市政府文件明确福安市一类、二类乡镇党政工作机构设：党政办公室、经济贸易发展办公室、社会事务办公室、村镇建设规划办公室、计划生育办公室等 5 个。

乡镇工会、共青团、妇联等群团组织按有关法律和章程设立。一类乡镇领导干部职数配备不超过 11

名，二类乡镇领导干部职数配备不超过10名。其中，乡镇党委设书记1名、副书记2名（1名兼纪委书记），人大主席团主席1名，乡镇政府设乡镇长1名、副乡镇长2～4名。

乡镇事业单位机构限额不超过6个，福安市乡镇事业单位设6个：农业服务中心、文化服务中心、综合执法队、财政所、村镇建设规划站、乡镇企业站。一类乡镇事业编制35名，二类乡镇事业编制30名，街道事业单位机构设置和人员编制按二类乡镇执行。

街道党政工作机构、人武机构、群团组织设置和领导职数以及街道事业单位机构设置和人员编制按二类乡镇执行。

三、事业单位机构改革

1992年，城北、城南、阳头三个街道办事处统一内设事业机构为：农业服务所、企业管理站、城市建设管理站、计划生育服务所。

1993年，福安市根据省、地关于开展县（市）级机构改革试点工作的部署，结合实施经济体制改革，以供销、商业、物资、工业等部门为试点，开展机构改革工作，逐步推行事业性质、企业化管理。

1996年，市茶业技术推广中心改为市茶业事业局，市二轻局改为市二轻总会，市房地产管理局列为事业单位、由市建设委员会管理，市方志委也列为事业单位。

1999年，成立福安市住房公积金管理中心，为全民所有制事业单位。审计事务所、会计师事务所等原事业单位相继与主管部门脱钩，为独立法人单位的社会中介机构。

2002年，党政机构改革中，要求理顺事业单位与主管部门的关系，在工作任务、机构设置、编制、人员及经费管理方面与主管部门划清，单独建立工资基金册，按事业单位有关规定执行。

2003年，福安市成立福安市卫生局卫生监督所，为福安市卫生局管理的副科级事业单位，福安市卫生监督执法大队并入福安市卫生局卫生监督所，保留牌子；福安市卫生防疫站更名为福安市疾病预防控制中心，列为事业单位。

2004年，撤销福安报社，连人带编制划入福安市委报道组，由市委宣传部管理。

2005年，深化商业、物资、供销等已改为事业编制单位的改革，与行政主管部门完全脱钩，经费由财政划拨改为向拨补过渡、逐步实行经费自给和企业化管理。

第二节　编制管理

一、市直与乡镇机关机构编制管理

1991年，福安市政协机关增设民族宗教工作室，为科级机构，明确福安市政协内设机构为办公室、调查研究室、联络办公室，均为科级；成立福安市房地产管理局、为副科级行政机构，归口市建委管理；成立福安市社会治安综合治理委员会办公室、为副科级机构，与福安市委政法委合署办公；撤销赛岐罗江工商所，设立福安市工商行政管理局赛岐分局。

1992年，明确闽东赛岐经济开发区管委会内设机构：办公室、规划基建处、计划财务处、保卫处、招商局5个副科级机构。撤销韩阳镇，设立城北、城南、阳头三个街道办事处，统一内设机构：党委办、团委、妇联、文明办、行政办公室、财政所、民政办、司法办、计生委、土地管理所等。在市医药公司增挂“福安市医药管理局”牌子。福安市委编委下发《关于加强机构编制管理若干问题的规定》，制定《编委会工作规则》，进一步严格机构编制管理。在18个乡镇、3个街道办事处及计委、农委、经委、财委、建委、公安局、粮食局、教育局、交通局等单位设立监察室。明确赛岐工商分局为副科级单位。

1993年，确定福安市经济研究中心、穆阳民族经济开发区管委会为正科级机构。同年，闽东赛岐经济开发区增设经济发展局，与招商局合署办公；规划基建处改为规划建设局，与福安市土地局闽东赛岐经济开发区分局合署办公；增设闽东赛岐经济开发区村街工作处。

1994年，严格执行福安市委《关于进一步加强机构编制管理的通知》，继续严格控制党政群机关增设机构、增加编制和人员。将福安市标准计量管理所改称福安市技术监督局，规格暂定为副科级。闽东赛岐经济开发区管委会计划财务处析出成立福安市财政局闽东赛岐经济开发区分局，增挂福安市环境保护局闽东赛岐经济开发区分局。9月，福安市税务局分设为地方税务局、国家税务局，福安市国家税务局上划省税务局垂直管理。

1995年，确定福安市公安巡逻警察大队机构规格为副科级，并核定副科级领导职数2名。福安市委编委下发《关于加强临时人员管理的有关通知》，进一步加强机构改革期间临时人员管理。组建福安市国有资产管理局，确定为副科级单位。将福安市普通教育督导室更名为福安市教育督导室，为市政府派驻教育局机构。

1996年是机构改革年。同年，成立福安市人民政府驻北京联络处、组建福安市工商行政管理局韩城分局，均确定为副科级单位。

1997年，福安市水产局更名为福安市海洋与水产局；为加强区域间的经济协作往来，成立福安市人民政府驻上海联络处、福安市人民政府驻厦门联络处，机构规格均为正科级单位；明确福安市土地局闽东赛岐经济开发区分局为副科级单位；福安市人才市场调节中心更名为福安市人才服务中心、规格为副科级，对外增挂福安市毕业生就业指导中心牌子；将福安市矿产资源管理委员会办公室改称为福安市地质矿产局、为副科级机构，归市计委管理；闽东赛岐经济开发区、穆阳民族经济开发区成立土地分局，其他乡镇和三个街道办事处成立土地管理所、规格均为股级，为福安市土地管理局派出机构。福安市地方税务局上收省垂直管理。

1998年，统一对机关、事业单位实行核编制度，机关、事业单位核编使用统一的“福建省机关、事业单位核编申请表”及“机构编制核编证”。凡进入行政事业单位的人员一律先经编制部门核编同意，领取核编通知单后，组织、人事等部门方予调配人员；严禁超编进人；凡调入行政事业单位人员，在编制允许的前提下、必须符合单位的人员结构比例，否则不予入编。福安市财贸工作办公室更名为福安市财贸委员会，列为政府成员单位；在31个市直有关部门、单位派驻纪检、监察机构；印发福安市党政机构“三定”（定规格、定编制、定职责）规定，通过“三定”明确机关单位的职责任务、工作程序、办事规则，精简内设机构、实行定编定员。

1999年，福安市公安局林业分局更名为福安市公安局森林分局；撤销福安市委办、政府办、人大办、政协办“四办”内设的行政科，接待工作统一由福安市委、福安市政府接待处负责，并组建福安市机关事务管理局。福安市法院撤销告申庭，成立立案庭、审判监督庭和督导室；撤销林业庭、少年庭、研究室，在执行庭对外增挂执行工作局牌子；撤销韩城法院，设立民事二庭。同年8月，全市工商系统成建制上划省垂直管理。

2000年，成立福安市人民防空办公室。福安穆阳经济开发区更名为福安畲族经济开发区，规格为副处级、为福安市人民政府派出机构。成立福安市公安局经济犯罪侦查大队、规格为副科级，并核定副科级领导职数2名。5月，全市技术监督系统成建制上划省垂直管理。

2001年，闽东赛岐经济开发区管委会内设的办公室、财政分局、土地分局、规划基建处、招商局（经济发展局与其合署办公）、村街工作处，规格均确定为按正科级。福安市公安局设立福安市公安局国内安全保卫大队、福安市公安局治安大队、福安市公安局禁毒大队，规格均为副科级、并核定各大队副科级领导职数2名；撤销市公安局原内设的政治保卫科、经济文化保卫科、治安管理科，刑警大队内设的禁毒中队。

2002年，实施市、乡（镇）党政事业单位机构改革，完成党政机构改革中的“三定”工作和乡镇党政工作机构设置。下发《关于重申机关事业单位人员增减实行核编制度的通知》，要求党政群机关和事业单位增加或减少人员都必须先到机构编制部门办理核编手续。确定福安市残联机构规格为正科级。

2003年，完成市、乡（镇）机构改革“三定”实施工作，根据“人随事走”的原则，做好人员调整理顺工作。

2004年，督促检查各部门、各单位“三定”规定落实情况，对部门的职能和内设机构进行相应调整。福安市人大常委会内设机构增设人事代表工作室，法制委员会更名为内务司法委员会。福安市人民政府驻上海联络处更名为福安市人民政府驻上海工作处。印发中共福安市委农村工作领导小组办公室（福安市人民政府农业办公室）“三定”规定，并确定为福安市委、市政府议事协调办事机构，为正科级；确定福安市脱贫致富领导小组办公室、福安市农村社会服务联动中心和福安市农业综合开发领导小组办公室均挂靠福安市委农办。

2005年，福安市教育督导室更名为福安市人民政府教育督导室。韩阳、赛岐、穆阳公安分局分别更名为福安市公安局韩阳派出所、福安市公安局赛岐派出所、福安市公安局穆阳派出所。城北街道、城南街道、阳头街道办事处成立人大工作委员会，为福安市人大常委会派出的正科级机构，各核定正科级领导职数1名。福安市信访局升格为正科级机构。印发福安畲族经济开发区“三定”规定，内设5个办事机构（均为副科级）：党政办公室、经济发展局（加挂招商局牌子）、国土规划建设局、财政分局、社会事业发展局。印发福安市委教育工作委员会“三定”方案，为福安市委派出机构，与福安市教育局合署办公，为正科级单位。当年，市编办加强机构和人员核编管理工作，规范办事程序，建立核编数据库。

二、事业单位机构编制管理

1991年，成立福安市普通教育督导室，为正科级事业单位；重新核定“八五”期间乡镇农业技术推广站、畜牧兽医站、经营管理站人员编制。1992年，为加强全市各乡镇计划生育队伍建设，成立各乡镇计划生育服务所。明确福安职业学校为副科级事业单位。

1993年，明确福安一中、福安市成人中等专业学校、福安职业学校规格为正科级，福安二中、福安三中、福安六中、福安八中、福安九中、福安民族职业学校等有18个教学班以上（含）的完全中学（含农村职业中学）和福安市实验小学规格定为副科级，学区校长和18个教学班以上（含）的独立初中校长在任职期间享受副科级待遇。

1994年，确定福安报社机构规格为正科级事业单位。确定福安市机关事业单位社会保险公司规格为相当副科级全民所有制事业单位，隶属市人事局领导。1995 年，确定福安市新华书店为相当副科级事业单位，确定福安市实验幼儿园为副科级事业单位。

1997 年，成立福安市城市规划办公室，为副科级事业单位、由福安市政府直接领导；确定福安市赛岐成人中等专业学校规格为正科级；12 月，乡镇广播站由乡镇管理上收福安市广电局管理。

1998 年，统一对事业单位实行核编制度，严格按单位编制安排人员，不得超编。成立福安市电机电器、船舶、综合、食品、电力、印刷包装、建筑建材、机械铸造等 8 个行业管理办公室，其中电机电器、船舶、综合 3 个行业办公室为正科级事业单位，其他 5 个行业办公室为副科级事业单位。2000 年，福安市妇幼保健所更名为福安市妇幼保健院。

2001 年，福安市市场服务中心更名为福安市市场建设管理服务中心，为自收自支事业单位、规格相当正科级，领导职数设主任 1 名、副主任 2 名。2002 年，成立福安市社会联动服务中心，机构挂靠福安市委农办、为正科级事业单位，核定编制 12 名、领导职数 3 名。

2003 年，福安市卫生防疫站列为副科级事业单位。

2005 年，市政府加强事业单位编制管理、规范人员编制审批程序，建立事业单位核编数据库。

三、行政与事业单位人员编制管理

1991 年，市属行政机关（含乡镇机关）共有人员 2833 名，其中正式人员 2284 名、合同制职工 193 名、临时用工 266 名、计划外用工 90 名。同年 8 月，市机构编制委员会重新核定乡镇机关人员编制 739 名，其中行政编制 712 名、农税事业编制 27 名。

1994 年，市直行政机关人员编制核定为 1384 名、实有人数 1474 名，在职工作人员中，财政拨款 1444 名、自收自支 30 名；乡镇、街道机关人员编制 783 名、实有人数 1004 名，其中，财政拨款 783 名、自收自支 221 名；全市事业单位正式人员编制 9704 名（含正式教师），实有人数 8151 名（含正式中、小学教师，不含代课教师 1700 人），其中，财政拨款 5828 名、财政补贴 1451 名、自收自支 872 名。政法机关编制 426 名，实有人数 408 名（另列编）。

1996 年，福安市按照党政机构改革要求，将市直机关行政编制人员（不含政法系统、含地方税务局和城北、城南、阳头 3 个办事处和各开发区的编制人员）从 1141 名精简为 710 名，减少 431 名、精简率 37.8%；乡镇机关行政编制人员从 1232 名精简为 630 名，减少 602 名、精简率 48.9%；全市事业单位财政拨款人员编制精简 10% 左右。

1998 年，中共福安市委、福安市人民政府出台《关于加强机构编制管理和事业单位人员调配管理工作的通知》，要求从“防止机构编制再度膨胀、严格机构编制审批程序、严格实行核编制度、切实加强事业单位人员调配管理工作”4 个方面加强机关、事业单位人员编制管理。

2002 年，福安市全市行政编制人员 1360 名，按 22% 精简并扣除垂直管理机构人员编制后，重新核定行政编制人员 1013 名。市政府行政编制精简 25% 左右，乡镇机关行政编制精简不低于 15%。政法机关专项编制 320 名（不含下属所、队编制），按精简 10% 后、重新核定专项编制 288 名。市、乡镇机关工勤人员事业编制原则上按行政编制的 10% ～ 12% 核定。

2003 年，中共福安市委办公室、福安市人民政府办公室下发《关于进一步加强机构编制管理工作的通知》和《关于全市事业单位补充工作人员实行考试考核公开招聘制度实施办法》，要求从“坚持集中统一领导和分级管理、严格执行审批程序、坚持和健全核编制度、进一步建立和完善财政统一发放工资制度、严格控制机构编制增加、加强监督检查工作”6个方面加强机构、人员编制管理。至2005年，实行行政单位人员超编的只出不进、事业单位编制只减不增的人员编制管理办法。

第三节　事业单位法人登记

1997年5月，福安市成立“福安市事业单位登记中心”，负责对全市事业单位的设立、登记、变更、注销等管理工作。

1998年，国务院颁发《事业单位登记管理暂行条例》（国务院第252号令）。福安市事业单位登记中心首次开展对事业单位登记及年检工作。

1999年，全市加大事业单位法人登记宣传工作，完成事业单位设立登记176家、年检125家。

2000年，在中共福安市委机构编制委员会办公室对外增挂福安市事业单位登记管理局牌子。加大《事业单位登记管理条例》宣传力度，按照事业单位全国统一登记的要求、对全市事业单位重新进行登记。

2001年，进一步加强事业单位的登记、监督管理和年检工作，完成具备法人资格的170家事业单位重新登记换证工作，年检81家、法人变更4家。

2002年，全市事业单位新设立登记23家，年检152家、变更登记19家。

2003年，事业单位设立登记32家，年检153家、变更登记30家。

2004年12月，福安市事业单位登记管理局推行事业单位网上登记的准备工作。当年，事业单位新设立登记6家，年检178家，变更登记18家。

2005年，全市事业单位新设立登记12家，年检167家，变更登记23家。

第四节　机构

一、福安市编制委员会办公室

1991年，福安市编制委员会办公室为正科级单位，与福安市人事局合署办公。1994年5月，福安市编制委员会办公室正式从福安市人事局中析出独立设立。编制5名、其中主任1名，内设机构有秘书科、事业编制科。1996年11月，党政机构改革，福安市编制委员会办公室更名为中共福安市委机构编制委员会办公室、归党委序列，同时挂“福安市人民政府机构编制管理办公室”牌子；既是市委、又是市政府常设办事机构，编制3名，其中，主任1名、副主任1名，内设机构有综合科、事业科。2003年2月，保留中共福安市委机构编制委员会办公室（同时挂“福安市人民政府机构编制管理办公室、福安市事业单位登记管理局”牌子），既是市委工作部门、又是市政府工作机构。内设机构有综合股，编制3名，主任1名、副主任1名。

二、福安市事业单位登记管理局

1997年5月，福安市成立“福安市事业单位登记中心”，为市编委办下属股级事业单位、核定事业编制 2 名。

1998 年，福安市事业单位登记中心规格确定为副科级。

2003 年 2 月，福安市人民政府机构编制管理办公室对外增挂福安市事业单位登记管理局牌子。

2004 年 12 月，福安市事业单位登记管理局由福安市委编办对外挂牌改为单独设置，为福安市委编办管理的事业单位，规格仍为副科级。

2005 年，福安市事业单位登记中心事业编制增加 1 名，共有编制 3 名。

第二章　人事

第一节　干部队伍

一、干部录用

（一）大中专毕业生安排

1991年，福安市大中专院校毕业生就业实行的仍是国家“统包统配”的就业政策，由国家包分配、并终身不变，人称“铁饭碗”制度。当年，全市统配大中专毕业生182人。1993年，中共中央、国务院以中发〔1993〕3号文印发《中国教育改革和发展纲要》，正式推出改革高等学校毕业生“统包统配”的就业制度，实行少数毕业生由国家安排就业、多数由毕业生“自主择业”的就业制度。1994年以后，统配安置计划逐年减少，“双向”选择（毕业生找单位、单位选毕业生）、自主择业的比例逐年上升。1996年，人事部颁布《国家不包分配大中专以上毕业生择业暂行办法》，福安市全面推行大中专毕业生“不包分配、推荐就业、自主择业、竞争上岗”的就业制度。2000年后，福安市行政事业单位、国有企业对录用大中专毕业生逐步实行“公开考试、择优录取、竞争上岗”的办法。

（二）国家公务员考录

1991年，国家机关和事业单位仍实行从大中专毕业生、退伍干部、国有企业人员中直接招收和调配工作人员的制度。1993年8月，国务院公布《国家公务员暂行条例》。同年福安市开始严格控制党政机关、事业单位招收和调配工作人员。1996年，国家取消对非师范类大中专毕业生的统配制度。1997年，福安市按照上级部署，开始推行国家公务员制度，一方面实施原国家行政机关工作人员公务员过渡，另一方面明确规定大中专毕业生不能直接安排行政机关工作。实施公务员制度的单位，应设置岗位、职位，组织考试、考核录取，就业后培训、任职回避、辞职、辞退等一系列管理制度。公务员录用实行人事部门统一考试考核后确定是否录用。事业单位根据岗位与专业需要，对部分毕业生实行推荐就业。2000年，全市行政机关全面实施公务员制度。2000—2002年，全市通过公开报名、资格审查、笔试、面试、公示，择优录取国家公务员32名（公安30人、司法2人）。2003—2004年，录用国家公务员26人，其中，公安系统20人。2005年，福安市根据全国人大常委会通过的《中华人民共和国公务员法》（以下简称《公务员法》），对机关公务员进行造册登记，全市政府系列实施《公务员法》单位30个、人员860人，其中合格登记827人。当年春、秋两次公务员招考中推出市公安局职位10名；报考115人，经笔试、面试、体检、政审、考核等程序录用9名。

至2005年年底，福安市累计为公安、政府办、司法、检察、药检等部门招考公务人员107人。

（三）军队转业干部安置

军队转业干部安置地方以指令性计划安排为主，自主择业为辅。同时安排好随迁家属、子女的工作和学习及相关事宜。

二、干部结构

1991年，福安市有国家干部（含教师，下同）8540人，其中，行政机关2370人（含乡镇940人）、事业单位5850人（含正式教师，其中全额拨款5011人、差额拨款351人、自收自支488人）、企业320人。行政机关干部中25岁以下462人、26～35岁545人、36～49岁669人、50～60岁694人；事业单位干部中25岁以下1670人、26～35岁1360人、36～49岁1569人、50～60岁1251人。干部中学历：大学本科2380人、专科3562人、中专（含高中）及以下2598人。1991年后，全市干部队伍向年轻化、专业化发展，干部队伍中专业技术人员逐年增多。1999年，全市国有单位有各类专业技术人员12651人。其中，企业2159人，事业单位8590人，行政机关1902人。2000年，全市国有单位有各类专业技术人员11300人。其中，企业1760人，事业单位8596人，行政机关944人。2001年，全市国有单位有各类专业技术人员4469人。其中，企业2092人，事业单位1716人，行政机关661人。2005年，全市国有单位有各类专业技术人员4895人。其中，企业2280人，事业单位2262人，行政机关353人。

第二节　干部管理

一、培训

1991年，福安市加强领导干部理论学习和培训，实行干部培训、考试考核制度。1992年，开展公务员必修课程培训，学习《社会调查研究方法》等3门课程，通过组织考试，合格率为93%。同年，输送64名新录用公务人员参加宁德地区组织的公务员入职培训班。

1993年，举办公务员公共必修课函授培训班一期，落实报考单位41个、405人，学习《行政管理学概论》《法学基础与中华人民共和国行政法》等5门课程。

1994年，完成535名市直机关公务人员必修课5门课程考试工作。举办第三期乡镇干部及市直部分行政机关公务人员公共必修课培训班，参加培训考试人员920人。当年，全市参加国家、省级公务员培训8人，参加地委党校、地区行政干校学习122人，参加福安市委党校学习班12期1126人、函授教育83人。

1995年，组织机关干部学习《新编公务员教程》《宏观经济管理》两门课程，2410人参加考试、合格率99.5%。推荐干部到省委党校学习4人，参加地委党校学习41人，参加福安市委党校6种类型班学习72期4486人次、完成函授教育260人。

1997年，组织两次公务员过渡对象5门必修课、2门过渡课补考，750人参加考试。

2000年，市人事部门根据《国家公务员培训暂行条例》，依托市委党校公务员培训基地，开展以公务员初任培训、任职培训、专门业务培训、更新知识培训为主，学历培训为辅的培训。2000—2002年，全市公务员初任培训83人，任职培训16人，专门业务培训149人，更新知识培训1106人，学历培训172人。

2003—2004年，全市公务员初任培训18人，更新知识培训1852人，学历培训238人。2005年，完成更新知识等各类轮训4075人次。

二、调配

1991年，福安市干部调配规定：凡从县、市（含）以上机关、事业单位调往乡（镇），从全民所有制单位调往乡（镇）基层单位工作的专业技术人员，允许保留城市户口、保留原干部身份、家属不随迁，退休后可回原工作地安置，由人事部门办理有关手续。同时采取有效措施鼓励“用非所学”的技术人员归队。非农业科技部门一律不得向农业科技部门调人，非组织原因、农技干部也不得调离农业科技部门，以保证农技队伍的相对稳定。

1998年，福安市委、市政府制定《关于动员和组织科技管理人才进入经济建设主战场的决定》，支持科技人员和有一定经济、技术管理能力的人员进入经济建设主战场，参与搞活农业流通、推进农村科技，扶持私营科技企业发展，允许办经济实体、从事经营活动。

2003年6月，福安市组织人事部门发出《关于全市事业单位补充工作人员实行考试考核公开招聘制度实施意见》，规定除依照国家公务员制度进行人事管理及转制为企业的以外，在行政事业单位编制内补充管理人员、专业技术人员、工勤人员时，原则上都应通过考试考核、面向社会公开招聘。事业单位领导人员的调整、补充，按干部管理权限和有关规定办理。

1998—2005年，全市共调配干部525人，其中，调出市外77人、市外调进38人、市内调整410人。

三、考核奖惩

1991年，福安市组织、人事部门对19个乡镇和7个经济主管部门工作实绩进行考评，评出获奖乡镇7个、经济主管部门4个。组织进行全市实行岗位目标责任制管理单位的考核，评出先进单位26个、先进个人137名。

1995年，福安市按照《国家公务员暂行条例》和国家人事部《事业单位工作人员考核暂行规定》，首次对行政机关单位开展年度考核，考核内容包括德、能、勤、绩四个方面，评定分为优秀、称职、不称职三个等次。在年度考核中被评为优秀、称职等次的，有晋职、晋级和晋升工资资格，并发给一定数额奖金；评为不称职者、予以降职，连续两年确定为不称职者、予以辞退。事业单位考核结果分为优秀、合格、不合格三个等次，在年度考核中被评为合格以上等次，按照有关规定晋升工资档次和发给年度奖金，并予以续聘优先资格；评为不合格者不发奖金，连续两年被评为不合格者，视情予以降职、调整岗位、低聘或解聘，连续三年为不合格者、又不服从组织安排的，予以辞退。严格掌握考评程序、考核等次比例，优秀者控制在考核人员的15%～20%。当年，全市行政机关1243人参加考评。其中优秀144人，占11.6%；称职1072人，占86.2%；不称职2人，占0.2%；不定等级25人，占2.0%。事业单位7134人参评，优秀1009人、占14.1%；称职6083人、占85.3%；不称职5人、不定等级37人、占0.6%。

1998年，全市机关、事业单位参加考评工作人员9582人。其中评为优秀1251人，占13.06%；称职（合格）7743人，占80.8%；不称职（不合格）18人，占0.19%；不定等次508人，占5.3%；不属于考核对象62人，占0.65%。

1999年，全市机关、事业单位参评人员3902人。其中，行政机关1231人参评，评定优秀161人，占13.08%；称职1068人，占86.76%；不定等级2人，占0.16%。事业单位2671人参评，评为优秀270人、占10.11%，合格2145人、占80.31%，不合格4人、占0.15%，告诫1人、占0.04%，不定等次

251 人、占 9.39%。

2000—2002 年，机关、事业单位参加考核人员 24681 人次，其中，评为优秀 3134 人次，确定为称职（合格）21270 人次，确定为不称职（不合格）32 人次，确定为不定等级的 245 人次，不属考核对象 30 人次，未参评 40 人次。受党政纪处分 120 人，其中，党纪处分：警告 32 人，严重警告 10 人，撤销党内职务 1 人，留党察看 7 人，开除党籍 11 人；政纪处分：行政警告 17 人，记过 17 人，记大过 13 人，降级 2 人，撤职 5 人，开除留用察看 5 人。

2003—2004 年，机关、事业单位参加考核人员 21941 人次，其中，评为优秀 2704 人次，确定为称职（合格）18974 人次，确定为不称职（不合格）12 人次，确定为不定等级 117 人次，不属考核对象 57 人次，未参评 36 人次。受党政纪处分 120 人，其中，党纪处分 63 人，办理辞职 7 人，辞退 2 人，恢复公职 4 人。向省、宁德市以上推荐表彰先进集体及先进个人 86 个（人）次。

2005 年，全市机关、事业单位年度考核人数 11339 人，评为优秀 1717 人，占总数 15.1%；称职（合格）9437 人，占总数的 83.28%；基本称职（合格）人数 11 人，占 0.096%，不定等次人数 98 人、占 0.86%，不称职（不合格）人数 18 人，占 0.16%；未参评人数 47 人，占 0.41%；不属于考核对象 11 人，占 0.094%。全市推荐省级先进集体 2 个，先进个人 26 人。受党政纪处分影响工资、降低职级、解除职务共 28 人。

四、任免

1991 年，按照干部管理权限，市直机关、事业单位股级干部的任免，除宣教系统由市委宣传部负责、但需向市人事局报备外，其余单位均由市人事局负责。

1998 年起，党群系统股级干部任免权全部移交市委组织部负责。市直行政部门的办公室主任、人秘股股长的任免，由各主管部门负责考核任免，但需向市委组织部报备。二级局或副科级单位股级干部的任免，由主管部门负责、并需向市人事局报备。

第三节　人才引进交流与人才市场建设

一、人才引进与人才市场建设

1991 年，福安市从市外引进专业技术人才 25 人，接收统配大中专毕业生 182 人。同年，组成 2 个省外“招贤组”，前往北京、西安等地招收人才，其中，在西安洽谈人数 1000 多人，签订意向项目 40 多个。

1995 年，支持、帮助企业引进专业技术人才，全年引进外国专家 10 人，中科院国家级人才 3 人。建立 12000 多人的人才数据库。

1997 年，原福安市人才市场调节中心改称“福安市人才服务中心”，根据市内对人才的需求，制定人才引进和干部调配政策。当年，全市干部流动 142 人，其中，调入 35 人，市内流动 107 人（政府系统 52 人、党群系统 55 人）。同年，福安市人民政府决定向关系寄存在市人才服务中心的人员收取人才市场管理调节费。

1998 年，福安市列入市人才市场管理的 52 人，全市干部流动 47 人，其中，调入市内 21 人、调出市外26人。同年，上报引智项目8个，计划引进专家8名。

1999年，关系寄存在人才市场24人，全市干部流动53人，其中，调入市内38人，调出市外15人。

2000年，福安市按照《福建省人才市场管理的暂行规定》，着手抓人才市场信息网络建设，并与中国海峡人才市场联系，做好信息联网的筹备工作；与21家民营企业联系，为120名大专毕业生就业意向。2001年，从江西医学院引进临床专业毕业生6人。全市人才流动65人，其中，调入市内27人，调往市外38人。2000—2002年，申报、审批立项安波电器有限公司YZE系列和铝壳系列高效节能电机改进设计方案、华微电机有限公司循环泵不锈钢成型工艺、YZE系列电机噪声改进方案等6个人才"引智"项目。

2003年，引进医学专业大专、本科毕业生13人，推荐大中专毕业生到企业就业77人。2003—2005年，福安市与福州大学电气工程与自动化学院签订"科技人才合作协议"，该校专门为福安市企业送培人员开设"电机电器及其控制"和"企业管理"两个专业，代培技术人员。2005年3月，成立福安市委人才工作领导小组及办公室，专职负责人才引进、培养和使用工作。

2005年8月，开通福安市人事人才网站，实现与省地人才中心联网。该网站设立人事人才动态、人事人才法规政策、公开办事指南、毕业生就业推荐、企业招聘信息等专栏，提供专用表格下载、开辟会员注册、毕业生自我推荐注册等网上服务项目，收储非师范类大中专毕业生信息1452人（份），为群众提供快捷、便利、高效、全方位的人才信息服务。

二、人才交流

1991年，福安市继续选派机关、事业单位专业技术干部到乡镇担任科技副乡（镇）长，服务农村经济、科技工作。

1992年，组织有关部门、企业50多人参加全省人才交流会。参加洽谈238人次，达成并签订引进协议79人，签订意向合同2人、项目12个。

1998年，组织10多家企业参加省、地人才交流会，达成意向30人，为民营企业推荐38名急需人才。1999年，3次组织企业参加省、地人才交流会，引进企业急需专业的外地人才50人。

2004年，成立福安市工业技术人才委派中心，核定财政全额拨款事业编制10名，用于吸收专业对口的本科毕业或中级专业技术职称以上、有一定工作经验的专业技术人才，委派到支柱产业重点企业工作。

2000—2005年，全市先后选派机关、事业单位专业技术干部上百人到市重点企业挂职，帮助企业提高管理、技术水平。

三、人事代理

1998年，福安市开始开展人事代理工作业务，全年为全市52名自主就业人员代理人事业务，其中工业企业大中专毕业生33人、行政和事业单位到企业挂职干部11人、停薪留职8人；对全市131名合同制聘用干部重新签订聘用合同。1999年，新办理人事代理业务19名，为3名行政机关工人办理上报地区审批分流转干手续。保管合同聘用干部档案182份，全民合同制工人档案46份。2000年，发挥市人才服务中心职能，为15名流动人员代理人事业务，保管聘用制干部档案164份、全民合同制工人档案83份。为7名行政机关工人办理上报地区审批分流转干手续。2003年，办理人事代理13人、142名聘干和工人续聘手续，代理623名全民合同工人事档案管理。

2005年，市人才服务中心为全市用人单位办理聘用干部151人、合同制工人744人、为聘用制人员121人重新签订聘用合同；保管聘用干部档案309份，全民合同制档案744份，各类流动人员档案683份。

第四节　专业技术职务评聘

一、职称评聘

1991年，福安市组织经济员全国统考的报名工作。重新组建13个系列职称评聘领导小组和评委会。聘请23位具有高、中级专业职务的干部为“知识分子联络员”。与此同时，开展全市企事业单位首次专业职务评聘的复查、考核，本着只评不聘的原则、理顺行政机关部分工作人员职称问题，至1993年8月结束。随后，根据省、地职改部门有关规定，福安市停止行政机关单位工作人员专业技术职务评审工作，并对全日制大中专院校毕业生首次进行专业技术职务确认工作，实行会计、统计、经济专业职务系列由评审过渡到全国统一考试；实施高、中级职务外语水平考试制度和从优秀中青年专业技术人员晋升高级职务选拔推荐制度，并增设企业思想政治工作专业职务系列，开展企业政工人员专业技术职务任职资格评审工作。

1992年，组织15次各专业技术职务评定工作，评审1201人。其中，高级41人，中级371人，初级789人。同时，开展乡（镇）、村农民技术员职称的评定工作，全市聘用农民技术员185人。

1993年，根据省、地要求，调整充实市职称改革领导小组，新组建7个评委会。做好农民技术人员和乡镇企业专业技术人员初级职务的评审和中级职务的初评推荐工作。全市共评审确认初级职务242人，批准确认110名大中专毕业生初级职务任职资格。组织130人参加中级职务英语考试、310人会计系列初级职务的考试、369人经济系列初级和中级职称的考试工作。

1994年，组建10个评审委员会，共评审确认1878名初级职务、274名中级职务、28名高级职务任职资格。组织外语、经济、会计等专业考试4场，1819人参加考试；发放3000多本专业技术人员继续教育证书；举办科技、教育系统职称人员培训班两期。同时，健全和完善专业技术人员考核制度，对专业技术人员进行年度考核，以德、能、勤、绩4个方面对专业技术人员做出综合评价，考核结果作为专业技术人员奖惩、晋升、聘任的依据；并逐步实施专业技术人员继续教育、专业技术人员晋升专业技术职务公示等制度。

1995年，全市共确认和办理1497人高、中、初级职务任职资格。

1996年，福安市将《福建省专业技术人员继续教育条例》列入市人大法制宣传范畴，采取印发手册、标语宣传等方式进行宣传。开展第一轮专业技术职务评聘分开、竞争上岗试点，推动专业技术职务由“评聘结合”向“评聘分开”过渡。以农业、卫生、工程部门为试点，在实施中坚持“因事设岗、按岗聘任、公平竞争、聘约管理”方针。全年推荐评审高级职称专业技术人员21人、中级职称208人、初级职称46人，确认521名大中专毕业生初级职务任职资格。组建教育、农业系列初级职务评审委员会。组织会计系列400多人，外语系列700多人的考试考务工作。

1997年，组建农业、卫生、中教、小教、文化、经济、工程等13个系列的初级职称评审委员会，完成892人申报高、中、初级职称资格材料的预审申报工作。批准确认471名符合规定人员的初级职务任职资格，评审通过424人的初级职务任职资格。批转22个高级职务，275个中级和17个初级职务任职资格人员通知。组织275人专业技术人员外语考试，190个经济专业资格考试报名工作。协助组织400多人参加全国会计专业资格考试福安考点的考务工作。

1998年，在全市企业事业单位推行“专业技术职务岗位指标核实手册”制度。对各系列评委会成员的年龄结构、职称、专业、学历、分布等进行调整。成立第一个中级职务评委会、即小学高级教师职务评审委员会。成立乡镇企业职称改革领导小组和市集体建筑企业职称改革领导小组，组建相应的评委会并评出乡镇企业中级职称47人、初级职称58人。预审1579人申报各系列职称资格，评出138人中级专业技术职务资格、747人初级职务任职资格；确认81个高级职务、241个中级职务、1513个初级职务任职资格人员。协助经济、会计、审计、统计、计算机等系列1113人专业资格考试的报名工作。1999年，专业技术人员的年度考核作为职务晋升、续聘、低聘、解聘、调资、奖惩的依据。在专业技术人员的聘任中（新聘或续聘）实行聘约管理，聘期不得超过3年。完成1306人申报职称资格的预审，批准确认46人高级职务、298个中级职务、1061个初级职务任职资格。进一步推行专业技术人员继续教育制度，建立两个地级继续教育基地（宁德地区成人中专和宁德地区教师进修学校），建立一个福安市级继续教育基地（市卫生进修学校）。

2000年，调整充实各系列评审委员会，组建农业，卫生、中小学高级教师的评审委员会，指导继续教育基地的培训工作。配合农业等部门做好对农村农民技术人员职称的评定工作，年度共评审和批准确认47名高级职务、216名中级职务、1197名初级职务资格人员。健全专业技术人员考核制度，以“聘任合同书”为依据，把定性考核与定量考核、单项考核与综合考核、平时考核与年度和聘期考核结合起来，实行全面考核。对任期考核优秀、群众公认、德才兼备的优秀青年专业技术人才的职务晋升给予政策倾斜。至2001年，全市共选拔青年优秀科技人员172人。

2001年，组建福安市工程技术人员初级职称评审委员会，乡镇企业（工程、经济）、集体企业（经济、建筑）初级评审委员会。当年，评审确认高级职务33人（教师14人、乡镇企业管理人员9人），中级职务247人（教育157人、乡镇企业管理人员19人），初级职务1023人（教育744人、乡镇企业管理人员114人）任职资格。

2002年，共评审确认高级职务68人（其中，教师42人）、中级职务347人（其中，教师283人、乡企管理人员32人），初级职务748人（其中，教师472人、建筑133人、乡镇企业管理人员4人）的职务任职资格。

2003年，共评审确认高级职务78人（其中，教师67人），中级职务399人（其中，教师330人、乡企管理人员48人），初级职务724人（其中，教师502人、乡镇企业管理人员95人）。

2004年，共评审确认高级职务67人（其中，教师60人），中级职务291人（其中，教师247人、乡企管理人员22人），初级职务550人（其中，教师428人）。

2005年，事业单位进行人事制度改革，确立岗位设置管理的基本制度，坚持“按需设岗、竞聘上岗、按岗聘用、合同管理”；确立分级分类管理的基本原则，针对不同行业、不同类型、不同层级事业单位的特点进行管理。全年完成1437人专业职称的资格预审，其中，教师748人、工程56人、农业25人、卫生3人、医药115人、档案4人、文化2人、乡企469人、政工5人、新闻4人、设计1人、公安5人。召开4次职称评审会议，评出中级专业技术人员1332人，初级专业技术人员205人。批转确认56个高级职务，253个中级职务，657个初级职务人员的任职资格。委托上级部门评审非公有制企业中、高级专业技术人员376人。批准确认399人中、初级非公有制专业技术人员的职称。

二、工考定级

1996年，福安市开展机关事业单位工人技术等级岗位考核工作（以下简称“工考”），对全市1743名机关、事业单位工人，共设置88个工种，按初、中、高级技术等级岗位进行考核，并予以资格认定。举办培训班15期，参加考试考核871人、合格率达97.2%。

1997年，全市机关、事业单位工人技术等级岗位考核报名1746人、仍设88个工种，举办4期、34个培训班，参训1144人。

1998年，全市1502名机关、事业单位工人考取技术工人岗位等级证书，并兑现工资。

1999—2005年，每年都组织培训并进行机关、事业单位工人技术等级岗位考试、考核。其中，2004年全市报名236人，通过培训考试、考核合格138人。

三、继续教育

1991年，福安市贯彻省政府精神，开展专业技术人员继续教育筹备工作，着手制定实施《福安市专业技术人员继续教育五年规划》，推行专业技术人员继续教育证书登记制度。

1994年，全市完成专业技术人员继续教育3000多人次。组织外语、经济、会计等专业考试4场，1819名专业技术人员参加考试。举办科技、教育系统职称人员培训班2期，200多人参加培训。

1995年，举办5期专业技术人员继续教育培训班，600多人参加培训。1996年，全市累计有1189名高、中级专业技术人员和5000多名初级专业技术人员领取继续教育证书。

1997年，在全市300多个单位8000多名专业技术人员中开展继续教育证书验证工作，发放“继续教育证书验证表”近4万份，做到“专业技术人员人人持证上岗、有证必有继续教育。”同年，把继续教育作为专业技术人员聘任、续聘和晋升的必备条件。

2000—2002年，实施《福建省专业技术人员继续教育条例》，建立继续教育基地，组织14600人次参加创造力开发、世贸组织等公共课继续教育和考试，完成22600人次继续教育登记和验证。

2003—2005年，组织《中华人民共和国知识产权法》等公共课继续教育和考试。要求专业技术人员每年参加继续教育时间不少于40课时，并将参加继续教育列为专业技术人员年度考核的必备条件之一。

第五节 干部工资福利

一、工资

（一）工资制度改革

1993年，宁德地区实施第三次全国性工资制度改革。从当年10月1日起，福安市按照第三次全国性工资制度改革的要求，对机关和事业单位工作人员现行工资制度进行改革。机关和事业单位工作人员实行不同的工资制度标准、并建立正常的增资制度，同时改革奖金制度。机关工作人员实行职级工资制，其工资按不同职级，分为职务工资、级别工资、基础工资和工龄工资4个部分。其中，职务工资和级别工资是职级工资构成的主体。事业单位在科学分类的基础上，建立体现事业单位不同类型、不同工作岗位特点的工资制度。根据事业单位特点和经费来源不同，对全额拨款、差额拨款、自收自支三种不同类型的事业单位，实行不同的工资制度和管理办法。

（二）工资调整与晋升

1994年，福安市完成1720名离退休人员的工资调整审批工作，月增加工资总额108.64万元，人均月增工资105.64元。

1995年12月，人事部、财政部、国家计委根据1993年国务院工改文件规定，下发《关于印发机关、事业单位工作人员正常晋升工资档次办法的通知》，全市机关、事业单位工作人员从1995年10月1日起正常晋升一个工资档次。按照该通知精神，机关、事业单位（含参照机关、事业工改单位）正式工作人员中自1993年工资制度改革后，在两年内任职考核（含1994、1995两年一次性考核的）均为称职（合格）以上的人员，可从1995年10月1日起在本职务（技术等级）工资标准内晋升一档职务工资。

1997年9月30日，人事部、财政部下发《人事部、财政部关于1997年调整机关、事业单位工作人员工资标准等问题的通知》（人发〔1997〕89号）和1997年12月2日福建省人事厅、财政厅《关于1997年调整机关、事业单位工作人员工资标准和离退休人员增加离退休费问题的通知》（闽人发〔1997〕159号）、福建省人事厅《关于闽人发〔1997〕159号文件有关问题的处理意见》（闽人函〔1997〕261号）文，对连续三年考核行政人员中符合《关于机关和事业单位工作人员工资制度改革问题的通知》《国务院办公厅关于印发机关、事业单位工资制度改革三个实施办法的通知》，从1997年1月1日起晋升一级级别工资。但1993年工改以来因晋升职务或工作年限达到上一级别工资年限，已经晋升过级别工资的人员，三年考核优秀晋升级别工资的考核年限，从最后一次级别变动的当年起重新计算。

2001年，福安市贯彻国务院办公厅《国务院办公厅转发人事部、财政部关于从2001年10月1日起调整机关事业单位工作人员工资标准和增加离退休人员离退休费三个实施方案的通知》（国办发〔2001〕70号）、省政府《福建省人民政府贯彻国务院办公厅关于从2001年10月1日起调整机关事业单位工作人员工资标准和增加离退休人员离退休费三个实施方案的通知》（闽政〔2001〕39号）文件精神，从10月1日起对公务员（含参照、依照公务员制度管理的人员）各职务层次职务工资起点标准由最低50元至最高480元分别提高到100元至850元；在职人员基础工资、级别工资及离退休人员离退休费相应增加。

2003年，福安市贯彻国务院办公厅《国务院办公厅转发人事部、财政部关于2003年7月1日调整机关事业单位工作人员工资标准和增加离退休人员离退休费三个实施方案的通知》（国办发〔2003〕93号）、省政府《福建省人民政府贯彻国务院办公厅关于2003年7月1日调整机关事业单位工作人员工资标准和增加离退休人员离退休费三个实施方案的通知》（闽政〔2003〕21号）文件精神，从7月1日起调整行政人员职务工资标准。各职务起点工资标准由100元至850元分别提高到130元至1150元，其他各职务工资档次标准相应提高，离退休人员也相应增加离退休费。

（三）奖励工资

1991年，福安市各机关事业单位工作人员发放年奖金、人均90元，按年终考核评定等次兑现。1995年以后，对机关事业单位年度考核为称职以上的工作人员，发放年终一次性奖金，以当年度12月的单位人员工资总额为基数。

2001年后，改为以每位机关事业单位工作人员年终最后一个月工资标准作为增发年度奖，考核为称职以上等次的方可发放。

（四）津贴补贴

1993年，福安市执行福建省人事厅、财政厅规定，机关事业单位工作人员的各类补贴分别为：物价补贴每人每月22元、岗位津贴（按职务、年限分档次）每人每月最低42元、最高155元，山区补贴每人每月50元。

同时执行行业津贴、分为6大类，即农业津贴、中小学教师津贴、护士津贴、政法系统在岗人员津贴、特殊部门津贴、社会福利岗位津贴等。

农业津贴是为在农村一线从事农、林、牧工作的科技人员在工资标准基础上向上浮动一级，浮动满5年后转为固定工资。中小学教师、护士津贴是在新的专业技术职务岗位工资的基础上再提高10%，从1993年7月1日起执行。

1995年1月起，发放政法系统在岗人员津贴、人民警察警衔津贴，月标准为二级警员64元、一级警员68元；三级警司72元、二级警司76元、一级警司80元；三级警督85元、二级警督90元、一级警督95元。1997年起，按福建省政法系统在编在岗工作人员实行特殊岗位津贴、月标准按岗位等次，最低70元、最高180元。1999年调整警衔津贴标准，各衔级分别在原津贴标准上调20～29元。同年，档案、纪检监察、信访等部门也相应建立行业津贴制度。

1996年，福安市机关事业单位离退休干部开始发放高龄补贴，年满70周岁以上的离休人员每人每月100元、退休人员每人每月50元。同年起，民政社会福利事业单位中长期在一线工作的工作人员给予享受社会福利岗位津贴。

1997年，全市为2301名离退休人员增加生活补助费，月增离退休人员生活补助费总额11.01万元，人均月增资47.85元。

2000年3月至2005年，机关和事业单位在职人员补贴分为岗位津贴、职务津贴和地区补贴。离退休人员分为生活补助费、生活补贴费和地区补贴。2000年8月，全市2975名离退休人员每人每月增加地区补贴80元。2005年，在职职工的地区补贴标准提高至每人每月230元。

二、福利

（一）休假制度

1991年7月，福安市根据国务院《关于职工休假问题的通知》，实施工作人员休假制度，并按规定对休假天数做出安排：工作年限不满10年的正式工作人员每年休假6天，满10年至20年的休假10天，满21年至30年的休假15天，31年以上的休假20天。休假时间不能分期或跨年度使用。1997年开始，分别改为5、10、15天。规定休假不影响工资和奖金。

（二）福利费

1991年，机关、事业单位职工的福利费仍按每人每月2元从单位职工工资总额中提取，主要用于困难职工补助、慰问住院职工病人等。1993年，工资改革后，福利费不再从职工工资总额中提取，改由在各单位自有资金中列支。2001年后，机关、事业单位职工福利费标准提高到每人每年15元，按单位职工工资总额提取。

（三）遗属抚恤补助

1991年9月，福安市开始执行福建省人事厅、财政厅、民政厅联合修订的国家机关、事业单位工作人员死亡遗属生活困难补助费标准，规定丧葬费一次性发给1000元、困难补助费一次性发给600元。抚恤金：因公死亡的，按其死亡时的20个月基本工资一次性计发；1994年12月14日，根据福建省人事厅规定，对符合1978年国务院和1984年福建省人事厅规定退职的人员，其死亡后一次性抚恤金标准提高至1500元。退休职工病故的，按其病故时的10个月工资一次性计发；遗属定期定额补助标准为非农业人口的每人每月65元、农业人口的每人每月55元，其中在学子女、可发放至高中及大学毕业，但补助金额不得超过死亡职工生前的基本工资总额。

1998年起，机关、事业单位在职和离退休、退职人员死亡的丧葬费、遗属定期定额生活困难补助费及一次性困难补助，统一以福建省最低基本工资标准的相应数额计发。即：丧葬费按最低基本工资标准的7个月计发；一次性困难补助按最低基本工资标准的6个月计发。抚恤金仍按在职人员基本工资、离退休人员以死亡当月的基本离退休费为基数计发。批准为烈士的，为本人生前40个月基本工资；因公死亡的，为本人生前20个月基本工资；病故的，为本人生前10个月基本工资。

第六节　退休与退职

一、退休办理

1991年，福安市共有机关、事业单位退休干部（不含教师）1520人。当年办理退休166人，其中科级干部32人。1993年，执行从事教育工作教龄男满30年、女满25年的中小学教师退休费按原基本工资的100%发放（不含生活和地区补贴），当年全市享受此项待遇的中小学退休教师有127人。同年5月，对1952年12月前参加工作的（简称“5·12”干部）131名退休人员，退休费改按退休前基本工资全额发给，医疗费也改按离休人员待遇。1994年1月起，提高到龄退休人员安家费，农村从300元增至600元、城镇从150元增至400元。1996年1—6月，退休人员安家费一律改为600元。7月1日起，到龄退休人员住房修缮费“中高”职称比照处级干部提高为3000元，“中一”“小高”职称比照科级干部提高为2500元，“中二”“小一”职称的为2000元，无职称的为1500元。1998年2月起，对全市年满70周岁以上退休人员286名增发高龄补贴、每人每月100元。

1991—2005年，全市机关事业单位共办理退休人员2346人。其中，科级以上412人、享受职称待遇人员1154人。

二、退职办理

1991年，全市办理干部退职2人，2002年办理1人。干部退职后按月领取本人退职前标准基本工资的50%，作为退职后的生活费。

三、服务管理

1991年后，福安市退休人员服务管理机构为市人事局退休办，每年春节期间都召开离退休干部座谈会，并开展慰问。其中，1997年，全市慰问1700多人，发放慰问金5万多元。各乡镇设有退休职工管理站，并支持乡镇退休干部管理站创办经济实体、鼓励离退休干部发挥余热，为民办好事。市退休办先后帮助完善下白石镇、闽东赛岐经济开发区、坂中畲族乡和城阳乡退休干部管理站的管理工作。城北退管站创办经济实体10家，年创产值300万元；城北街道后垅片退休干部220人，在当地党支部、退管站支持下，铺设锦鸡垅新村水泥路一条、长 100 多米；阳头街道退管站发动退休人员筹资 66 万元，修建阳头大桥下水道；穆阳镇退管站发动退休人员集资 4 万余元、投工 740 天，修水井三口、改建危险路段一处；福安市退休教师协会有会员 1300 余人，集资 16 万多元支持会员创办经济实体、做公益事业。市退休办和各退休管理站还经常组织退休人员开展政治学习和老年体育健身和文娱活动。

第七节　机构

一、福安市人事局

1991 年，福安市人事局编制 24 名，其中，局长 1 名、副局长 2 名，内设秘书股、干部股、工资股、职改办、退休办。

1992 年，市人事局增设职位职称股，与市人事职称改革办公室合署办公。1993 年，市人事局撤销干部股，设立人才流动调配股和干部考核录用股。

1998 年，政府机构改革，市人事局内设机构设置为秘书股、专业技术人员管理股、工资福利计划股、退休办；撤销干部管理科、调配考录科，设立公务员管理股。机关编制 21 名，其中行政编制 11 名、退休老干部服务工作站人员编制 10 名。

2003 年，政府机构改革，市人事局内设人秘股、公务员管理股、专业技术人员管理股、流动调配股（增挂“人才办公室”牌子）、工资福利计划股、退休干部管理办公室。原市劳动局承担的全市政府系列机关、事业单位工勤人员招聘、调配、退休等归人事部门管理。机关、事业单位社会保险管理职能，交由市劳动和社会保障局承担。机关行政编制 7 名、退休老干部服务工作站人员单列编制 10 名，设局长 1 名、副局长 2 名。

二、福安市人才服务中心

1997 年 7 月，市人才市场调节中心更名为市人才服务中心、规格为副科级，核定差额拨款事业编制 3 名。同时，增挂“福安市毕业生就业指导中心”牌子。

2005 年 12 月，市人才服务中心由差额拨款单位转为全额拨款事业单位，人员编制不变。

第三章 人力资源管理

第一节 用工制度改革

一、企业用工制度改革

（一）国有企业用工制度改革

1991年，福安市国营企业招收全民固定工（正式工），必须经过劳动部门办理招工手续，普通工种实行3年学徒期，期满后转正定级；一般定为二级工（当时工人实行八级工资制），之后按国家工资计划及工作年限规定再调升工资级别。部队城镇退伍军人（退役战士、城镇户口）由地方复退军人安置办公室开具介绍信、经劳动部门办理手续进国营企业当工人的，均属固定工范畴。大中专院校毕业分配和部队转业干部，安排国营企业工作的，均属企业中的国家干部；技校、职校毕业的安排为工人。企业用工方式分为固定职工（正式职工、即固定工人和干部，下同）、临时职工；按所有制身份分，有全民职工、全民带集体职工（全民所有制单位中的集体混岗工）、计划内临时工、集体工（集体单位职工）、合同工、季节工等。企业需要临时工（含合同工、季节工），应提前申报计划，并经劳动部门审批。不准企业未经批准自行招收计划外各种用工。

1992年5月，福安市按照省政府《深化国营企业劳动人事工资分配和社会保险制度改革决定》，企业招工由计划经济时期下达指标和审批，改为企业根据生产经营需要，自主确定用工计划、自行招收职工，报劳动部门备案，到劳动服务公司办理用工手续。

1995年1月1日，开始施行《中华人民共和国劳动法》（以下简称《劳动法》），企业原有的固定工、临时工等，一律通过签订劳动合同，成为合同制职工；机关、事业单位使用工人也应签订用工合同，确认与用人单位的劳动关系。全市有301个企业（包括乡镇企业）推行用工劳动合同制，占全部企业的85.5%，其中，国有企业72家。

2001年，福安市国有企业深化内部人事、劳动、分配制度改革，建立企业管理人员竞聘上岗、能上能下的人事制度。企业管理人员也不再套用政府机关行政级别，打破“干部”和“工人”界限，变身份管理为岗位管理。建立职工择优录用、能进能出的用工制度，规范劳动合同制度。企业与职工按平等自愿、“双向”选择、协商一致的原则签订劳动合同，依法确定劳动关系。依法进行劳动合同的变更、续订、终止、解除等。

2002—2005年，企业招工、用工制度逐步与市场经济接轨，企业享有用工自主权，自行招聘、签订用工合同，职工根据与企业签订的劳动合同，依法维护自身权益。

（二）非国有企业用工制度改革

1991年后，外商投资企业按照国家规定，招工用工必须在中国境内招聘中方职工，确需招聘外籍及中国台湾、中国香港、中国澳门地区人员的，应经劳动行政部门批准，办理就业证等手续。此外，外商投资企业按照国家有关法律、行政法规规定，可自行决定招聘职工的时间、地点、方式、数量、工资待遇等，但招工要签订劳动合同，并到劳动行政主管部门鉴证。城镇集体企业、乡镇企业、私营企业招用职工，要求双方按照平等自愿、协商一致原则，以书面形式签订劳动合同，不需报劳动和主管部门批准，并签集体劳动合同，劳动争议参照《国营企业劳动争议处理暂行规定》处理。

（三）劳动合同制度

1991年，福安市有全民所有制单位合同制职工1781人，城镇集体所有制单位合同制职工152人。1992年，福安市有合同制职工2888人，其中全民所有制单位合同制职工2059人，集体所有制单位合同制职工503人，其他各种所有制单位合同制职工326人。同年，全市鉴证新签订的劳动合同507份。1994年，全市国有、集体、“三资”企业中，推行劳动合同制的企业134家，12292名职工与企业签订劳动合同；同时通过劳动监察补签劳动合同2089份。当年，全市有国有单位合同制工人10669人，其中企业9625人、事业单位617人、行政机关427人；城镇及集体经济单位合同制职工1929人，其他各种经济类型单位合同制职工1783人。

1995年，福安市贯彻《劳动法》，全面实行用工劳动合同制。全市有301家企业实行劳动合同制，占全市企业数的85.9%，其中国有企业72家。国家机关、事业单位、社会团体中，不实行或不能参照实行公务员制度的工作人员、即工勤人员，也按照《劳动法》及其配套规章的有关规定实行劳动合同制度。同年，根据劳动部《集体合同规定》《福建省企业建立平等协商签订集体合同制度试行办法》《福建省企业全面实行劳动合同制意见的补充意见的通知》等文件精神，开展企业签订集体合同试点。此后，按照《福建省企业集体合同条例》等规定，企业逐步推行集体合同制。

1996年，全市国有、集体、“三资”、股份制企业全面实行劳动合同制，也开始推行乡镇、私营企业和个体工商户的劳动用工合同制度。全年新推行劳动合同制企业104家，其中乡镇、私营企业55家。

1997年，全市实行劳动合同制企业101家，签订劳动合同1583份。1999年，开展劳动合同鉴证工作，重点抓劳动合同的变更、续订、解除、终止合同的签订鉴证工作。至2005年，全市共鉴证劳动合同24658份，纠正违法无效合同2640份。

表21—1　1992—2005年福安市企业签订劳动合同及监察情况表

年度	实行合同制企业（个）	合同监察情况		
		鉴证劳动合同（份）	补签数（份）	纠正数（份）
1992	—	507	—	—
1993	—	1169	—	—
1994	134	2669	2089	—
1995	301	3492	—	—
1996	104	3503	3503	—
1997	101	867	865	—
1998	—	524	300	—

续表 21—1

年度	实行合同制企业（个）	合同监察情况		
		鉴证劳动合同（份）	补签数（份）	纠正数（份）
1999	—	839	34	—
2000	—	3000	—	63
2001	—	568	1700	750
2002	—	642	2200	714
2003	—	1390	4178	1071
2004	—	2000	—	72
2005	—	2120	6053	—

（四）企业下岗职工劳动关系处理

1997 年，福安市国有企业根据国务院《关于在若干城市试行国有企业兼并破产和职工再就业有关问题的补充通知》《福建省人民政府关于 1997 年全省国有企业改革工作意见的通知》精神，开始实行企业破产、兼并、重组、拍卖改制等。因此企业出现的下岗职工，部分进入企业建立的“再就业”服务中心，部分领取下岗证自谋职业。两年后与原企业解除劳动关系，与企业解除劳动关系的职工，企业必须按规定支付经济补偿金。

1999 年，福安市根据《福建省人民政府关于国有企业下岗职工劳动关系调整有关问题的处理意见》精神，按照“积极、稳妥、择机、逐步、依法”的原则，开始调整下岗职工劳动关系，企业通过补缴职工社会保险金、发放一次性工龄补偿金等方式，职工与企业解除劳动关系、走向社会自谋职业。

表 21—2　1999—2005 年福安市部分企业解除职工劳动关系安置情况表

年度	解除下岗职工与企业劳动关系人数（人）	发放补偿金		补偿金使用情况
		付给职工经济补偿金总额（万元）	其中“再就业”基金拨付额（万元）	
1999	702	3	—	市起动机总厂、康达制药厂、食品厂、罐头厂、闽东特种纸厂等企业用于下岗职工安置
2000	1328	110	—	市天然饮料厂下岗职工安置
2001	800	1200	105	闽东特种纸厂下岗职工安置经济补偿
2002	1000	—	184	罐头厂破产职工安置费 50 万元，拆船厂、造船厂下岗职工安置扫尾工作 25.5 万元
2003	2000	—	80	坦洋茶厂、报警器厂等破产企业职工安置费 65 万元
2004	—	—	88	省补助 60 万、市财政配套 28 万用于罐头厂、粮食系统、五交化公司、旅游局、农机公司、报警器厂、坦洋茶厂解除职工劳动关系补偿金
2005	—	—	82	用于下岗职工安置

二、劳动力管理制度改革

（一）劳动力调配

1991年，福安市开始尝试劳动力调配制度从计划经济向市场经济转变。改变计划经济时期企业职工调动必须经过主管部门和劳动、人事部门批准，按计划调配，并办理手续的做法。企业职工只要通过劳动合同形式确定劳动关系后，就能实现调动或与企业解除劳动合同关系、与新就业企业签订劳动关系合同，其劳动工龄可合并计算为连续工龄，社会保险关系也可接续。当年，福安市办理市属企业之间工人调动122人，其中，全民所有制固定工70人、合同制工人17人、集体工19人、集体工转合同制工人后调动16人；调出市外40人，其中全民工22人、集体工18人；市外调入40人，其中全民工22人、集体工18人。

1992年，办理市内职工调动105人，其中全民44人、集体20人、合同制41人；调出市外49人，其中全民16人、集体20人、合同制8人；市外调入56人，其中全民25人、集体8人、合同制23人、集体工转为全民合同制工人后调动30人。

1993年，办理市内调动173人，其中全民45人、集体25人、合同制103人；市外调入58人，其中全民34人、集体14人、合同制10人；调出市外54人，其中全民22人、集体15人、合同制17人；办理国有企业集体混岗工在本企业转为合同制职工203人。

1994—2002年，全市累计办理职工调动1315人次。

（二）职工辞退、辞职与停薪留职

1991年后，根据国务院《国营企业辞退违纪职工的暂行规定》，企业对极少数违反劳动纪律，但不够开除、除名条件，且市劳动争议仲裁也难以解决的职工和经教育、行政处分仍然无效的固定职工，可以做出辞退处理。对于违纪的劳动合同制工人，属于应予辞退的，企业可以直接解除其劳动合同，不需要先办理辞退手续、再办理解除劳动合同手续，以及报主管和劳动部门审批。

根据劳动人事部、国家经济委员会《关于企业职工要求“停薪留职”问题的通知》，凡是企业富余职工、允许其“停薪留职”，自谋职业；对于未经批准而擅自离职的职工，按自动离职处理，“停薪留职”时间一般不超过两年。1998年，全市离开原单位仍保留劳动关系的职工4702人。2000年，全市离开原单位仍保留劳动关系的职工5154人，其中，“停薪留职”人员1602人。2005年，全市国有单位离开原单位仍保留劳动关系的职工2078人，城镇集体单位离开原单位仍保留劳动关系的职工1288人，其他经济单位离开原单位仍保留劳动关系的职工266人。

第二节　劳动就业与服务

一、劳动就业

（一）城镇居民就业

1991年，福安市按照国家就业政策，由劳动部门为主安排城镇居民就业，同时鼓励城镇居民自谋职业和个体就业。当年，净安置城镇待业人员就业1621人，占此类人员就业率的92.2%。1993年，企业转换经营机制，享有劳动用工自主权。劳动部门根据企业用工需求，采取与企业协商的办法推荐安

置部分待业人员就业。当年，净安置城镇待业人员就业 1791 人。1995 年，福安市全面推行劳动合同制度，开始终结传统意义上的国家安排就业，转向实行“国家宏观调控，城乡协商发展，企业自主用人，劳动者自主择业，市场调节供求，社会提供服务”的就业方针。1996 年，全市净安置城镇待业人员就业 2343 人，待业人员就业率为 95.9%。2001 年，全市净安置城镇待业人员就业 1987 人，待业人员就业率为 96.1%。2005 年，全市净安置城镇待业人员就业 6065 人，就业率为 96.2%。1991—2005 年，全市累计净安置城镇居民就业 4 万多人。

（二）城镇下岗职工“再就业”

1. 组织领导

1993 年，福安市企业转换经营机制，实行优化组合，国有、集体企业相继出现富余职工，下岗职工“再就业”工作摆上市委、市政府工作日程。1994 年，劳动部门组织人员对市内停产、半停产企业职工工资和退休金发放进行专项调查。1995 年，成立福安市“再就业”领导小组，具体负责下岗职工“再就业”工作。1997 年，福安市把“再就业”工作列入市“实力工程”，成立市职工解困和“再就业”工作领导小组，设立办事机构，编发《福安市“再就业”工程实施意见》《关于建立福安市“再就业”服务中心的实施方案》《福安市“再就业”服务中心具体运作办法》等，并开展“再就业”宣传日活动，指导开展下岗职工“再就业”工作。1998 年，把“再就业”工作列入年度全市 32 项重点工作的主要内容，和福安市为民办实事十大项目，确保国有企业下岗职工基本生活保障，建立岗位目标责任制和党政一把手负总责制。各口由分管副市长部署全面展开调查界定工作，摸清下岗职工基本情况，筹措资金确保下岗职工基本生活。2000 年，把“再就业”工作作为“一把手”工程，实行市直各有关部门岗位责任制，签订责任状，把“再就业”工作列入单位年终考评项目。市劳动局组织开展全市国有企业基本情况，劳动关系情况，女满 40 周岁、男满 50 周岁就业困难人群（“4050”人员）情况调查。2001 年，开展“促就业、接保险、保生活”为主题的 8 项援助“再就业”宣传活动。2002 年，开展“‘手牵手’再就业宣传日”活动。2003 年，成立福安市就业和社会保险工作领导小组并设立办公室，各乡镇、街道设立相应机构，各新闻单位主动制定宣传计划、开办专栏、专题报道，宣传下岗失业人员“再就业”。2004—2005 年，市政府把促进就业、“再就业”列为经济和社会发展的优先目标，分解下达年度新增就业、农村劳动力转移、下岗失业人员“再就业”责任目标，在宁德市内率先建立基层劳动工作站平台，表彰“再就业”工作中做出贡献的集体和个人。

2. 扶持措施

1998 年，市劳动局开始为自谋职业的下岗职工发放下岗证，全年有 1421 名国有企业下岗职工领取下岗证，可凭证领取下岗职工基本生活补助费、优先安排就业，并鼓励走上自谋职业道路。同年，对界定享受基本生活费发放的 16 家国有企业，全部建立“再就业”服务中心，1163 名下岗职工全部与企业“再就业”服务中心签订“托管协议书”，全年筹措“再就业”资金 132 万元，发放基本生活费 43 万元。1998—2005 年，通过向上争取“再就业”资金、向社会征收就业调节费，筹措资金 1541.21 万元，并列入专户管理，实行收支两条线、专款专用。1999 年，企业再就业服务中心筹措资金 231 万元，为下岗职工 785 人发放下岗职工基本生活费 95 万元。2000 年，企业“再就业”服务中心 12 家，全年筹措资金 321 万元，发放下岗职工基本生活费 301.18 万元，对 11 家确实无力负担下岗职工生活费的企业实行财政兜底解决。2001 年，全市有企业“再就业”服务中心 14 家，全年筹措资金 355 万元，为 577 名进入中心的下岗职工发放基本生活费160多万元。2001—2005年，全市累计办理（发放）再就业优惠证5878本。2002年，通过开展全市下岗失业人员调查摸底，掌握国有企业“4050”下岗失业人员2485人的基本情况和就业情况。制定以“保生活、促就业、接保险”为主要内容的“再就业”援助行动计划。全年筹措资金216万元，为最后一批334名下岗职工发放基本生活费59.7万元。同年底，“再就业”服务中心按福建省和宁德市的规定顺利关闭。2003—2005年，实施下岗“再就业”服务中心原登记在册的国有企业下岗职工与城镇待业人员并轨，领取失业保险金。两年期满后生活水平仍低于城镇居民基本生活保障线的列入低保人员，领取城镇居民最低生活保障金。累计实施就业援助1000名。同期，福安市地方税务局、工商行政管理局、国家税务局、教育部门、卫生防疫部门等为全市下岗待业人员自谋职业免交或减免行政事业性收费214.81万元。福安市劳动行政管理部门为3400多名下岗待业人员进行免费职业技能培训、劳动合同鉴证、职业指导、职业介绍、劳务派遣、代管职工档案、代缴养老保险费等“一站式”服务，减免各种费用205.35万元。2003—2005年，全市累计下岗待业人员5521人次，其中发放社会养老补贴313.12.万元；19人享受岗位津贴3.42万元；为8706人接续医疗保险，8710人接续社会保险。2004年，福安市在宁德市范围内率先实施下岗待业人员小额贷款扶持，全市有25名下岗待业人员享受小额贴息贷款50万元。2005年，全市150名下岗失业职工获得小额贷款300万元。

3.“再就业”安置

1993年，福安市为解决企业富余职工及家属、子女就业问题，按照国务院《国有企业富余职工安置规定》，遵循“企业自行安置为主、社会帮助安置为辅，保障富余职工基本生活”的原则，出台允许党政机关企事业单位兴办以安置待业人员扩大就业为目的的劳动服务企业、生产服务网点的规定。同年，市劳动就业管理处开始统计国有企业及县以上集体企业富余职工。至1997年，全市有富余职工3653人，分流安置就业3289人。与此同时，企业下岗职工未安置的全部转入劳动部门下岗职工“再就业”统计管理。

1998年，福安城关建立金山南路夜市一条街，安排50个摊位用于下岗职工从事小吃经营，并对夜市一条街就业的下岗职工实行免收税费；对全市人力三轮车和机动三轮摩托车进行整顿，划出20%指标安排下岗职工“再就业”，其中，人力三轮车160辆、机动三轮摩托车20辆，交警部门优先给予挂牌、有关部门给予优惠政策照顾；鼓励民营企业吸纳下岗职工就业，对吸纳下岗职工就业人数占企业总人数60%以上的给予免收所得税3年优惠；联系协调城区鹤祥新城80间店面和农贸市场50个摊位用于安置下岗职工就业。2001年，实行政府部门下岗就业挂钩帮扶责任制，要求挂钩单位帮扶无就业人员家庭每户至少实现1个人就业，全年挂钩帮扶31户。2002年，开展“手拉手”宣传日活动，用人单位向下岗职工提供就业岗位83个。同年，福安市累计单位兴办劳动服务企业46个，安置待业、下岗失业人员873人。2003年，有203名下岗职工被企业招用，全市470家电机电器企业吸纳下岗职工3000多人；40多家船舶企业吸纳下岗职工从业500多人；福安市政府和各部门在开发公益性就业岗位时，拿出50%岗位解决年龄较大、就业困难的下岗职工就业；市直挂钩帮扶单位帮扶20名下岗特困户实现“再就业”。2004年，有30名年龄较大、就业难的对象，在市政府开发的交通协管员公益性岗位就业；全市注册登记电机电器企业600多家，增加就业岗位3000个；船舶修造企业70多家，增加就业岗位1000多个。2005年，全市累计注册登记电机电器企业700多家、员工近10万人，新增就业岗位3800个；船舶修造企业80多家，员工近1万人，新增就业岗位1500个；扩大以茶叶加工为主的食品加工业规模，新增就业岗位4000多个。

1998—2005 年，全市累计安置下岗职工“再就业”1.28 万人。

（三）农村富余劳动力转移就业

1991—1994 年，福安市通过发放务工许可证、外来人员就业证、外出人员就业卡等制度对劳动力流动进行管理。1995 年，国家开始逐步放宽对农民进城务工的限制。

与此同时，对由于国家及地方建设征地等原因从农业户转为居民户的“农转非”人员就业情况进行调查统计。至 1998 年，全市“农转非”失业人员 4765 人，实现就业 2351 人、占 49.34%。

全市按照省、市（地）有关《职业介绍暂行规定》《职业指导办法》《关于加强劳动力市场建设的意见的通知》《福建省劳动市场管理若干规定》《关于印发农村富余劳动力流动就业工作意见的通知》等文件精神，福安市重视培育城乡劳动力市场，开展就业培训，提高农村劳动力技能素质，发展规范职业介绍、职业培训，开展“企业招工我帮忙农民务工我服务”等活动，促进农村劳动力转移就业。全市农村劳动力累计转移就业 8 万多人次，占全市农村劳动力的 16%。

福安市劳动服务公司还积极组织劳务输出就业。1995 年，福安市劳动服务公司改称福安市劳动就业管理处，继续组织劳务输出。2004 年，全面清理取消农民进城就业的限制性政策，开始实行与城镇劳动力统一的就业管理制度。

1991—2005 年，福安市劳务主要输出地为福州、泉州、厦门等经济相对发达地区，并在福州、厦门等地建立工作联络站。15 年来共输出劳务 1.5 万多人次。

（四）妇女就业

1995 年，福安市贯彻执行《劳动法》《女职工劳动保护规定》《中国妇女发展纲要》等文件精神，在确保下岗职工基本生活和“再就业”情况下，促进妇女就业。至 2005 年年底，福安全社会从业人员 23.77 万人，其中妇女 10.94 万人、占 46%；国有单位从业人员 2.03 万人，妇女就有 8987 人、占 44.33%；城镇集体单位从业人员 1226 人中，妇女 443 人、占 36.13%；城镇私营企业人员和个体劳动者 2.74 万人，其中妇女 1.37 万人、占 50%。

（五）残疾人就业

1991 年，福安市在市残联的组织协调下，办有福安市社会福利厂、福安市社会福利二厂、福安市社会福利三厂，共安排 90 多名有一定劳动能力的残疾人员就业。但 1992—1998 年，福安市残疾人失业率仍在 65% 以上。1998 年后残疾人就业率逐步提高，政府也采取措施推动残疾人就业。残疾人不仅参加就业、还努力自主创业，为发展福安经济做贡献。比较典型的残疾人创办的企业有福安市宏华电器有限公司、福安市龙丰机电有限公司、福安市新华峰机电有限公司。至 2005 年，全市 3 万多残疾人中，就业人数达 2.22 万人、就业率占 74%。

（六）技校毕业生就业

1991—1999 年，福安市技校共招生 458 人。毕业生就业按照组织分配与自主就业相结合的原则进行。其中劳动部门安排就业 256 人，占毕业生总数的 55.9%。

（七）劳务派遣就业

2004 年 3 月，福安市成立劳务派遣公司，主要任务是把零散、无序的劳动力组织起来，统一规范就业服务和管理。提供“培训—就业—服务”为一体的劳务派遣“一揽子”服务。至 2005 年年底，全市实现派遣就业 386 人。

表 21—3　1991—2005 年福安市城镇待业人员基本情况表

单位：人

年度	待业人数（人）	年龄及性别				文化结构			待业（失业）率
		16 ~ 25 岁		26 ~ 35 岁		大专及以上	中专及高中	初中及以下	
		小计	其中女性	小计	其中女性				
1991	3568	2559	—	734	—	—	824	2744	7.8%
1992	2568	1658	—	479	—	1	492	2075	6.1%
1993	2295	1619	—	448	—	1	490	1804	—
1994	2287	1598	—	535	—	—	284	2003	—
1995	2172	1330	—	486	—	—	369	1803	—
1996	2715	1876	1331	839	486	—	411	2304	4.03%
1997	2424	1642	902	782	416	—	577	1847	—
1998	2181	1297	762	884	527	6	584	1591	—
1999	2578	810	506	1768	988	18	866	1694	—
2000	2085	834	359	1251	1139	15	674	1396	—
2001	2177	896	264	1081	592	21	874	1282	3.9%
2002	2415	695	196	1720	604	8	376	2031	4.6%
2003	2296	698	269	1598	446	4	312	1980	4.1%
2004	2342	702	270	1640	457	46	436	1860	3.8%
2005	2356	812	342	1544	572	25	541	1790	—

表 21—4　1991—2005 年福安市全社会就业人员情况表

单位：人

年份	全社会就业人员	在单位就业人员				城镇私营企业从业人员和个体劳动者	其中：乡村劳动力转移就业
		小计	其中				
			国有单位	城镇集体单位	其他单位		
1991	192382	36171	26335	8956	880	6579	149632
1992	200829	36760	26428	8957	1375	8766	155303
1993	208595	37622	27038	9033	1551	11670	159303
1994	210779	38612	29243	7226	2143	12633	159534
1995	211704	36813	28543	6193	2077	12984	161907
1996	214492	37185	29481	5777	1927	13584	163723
1997	215904	38676	30330	5648	2698	14310	162918
1998	217807	32838	25881	2894	4063	18818	166151
1999	219791	32685	25537	2927	4221	19451	167655

续表 21—4

年份	全社会就业人员	在单位就业人员				城镇私营企业从业人员和个体劳动者	其中：乡村劳动力转移就业
		小计	其中				
			国有单位	城镇集体单位	其他单位		
2000	222284	31451	25145	2631	3675	19077	171756
2001	218428	30732	24838	2100	3974	19803	167893
2002	230325	32534	24901	1687	5946	20571	177220
2003	239879	33298	23823	1594	7881	20114	177467
2004	235851	32584	20896	1418	10270	23341	179926
2005	220755	25455	19832	12162	4361	15426	178308

说明：表内数据来源于福安市统计年鉴。

二、就业服务

（一）服务机构

1991年，福安市有邮电局、闽东电机一厂、汽车运输公司、铁合金厂等4个单位设立劳动服务公司。同时，韩阳、赛岐、穆阳等3个镇也设立劳动服务管理站。1992年，新增闽东电机二厂劳动服务公司。同年，韩阳镇劳动服务管理站改名为城区劳动服务管理站。1993年，设立城南街道劳动服务管理站。1994年，有市邮电局、农行、防疫站、水产公司、赛岐大桥管理处、农机局、保险公司等7个单位成立劳动服务公司。同年，设立下白石、甘棠、溪柄、康厝、社口、晓阳、范坑、坂中、城阳9个乡镇劳务联络点。1993—1994年，全市成立民办职业介绍所4家。

1995年上半年，韩阳、赛岐、穆阳3个乡镇（街道）劳动服务管理站、劳务联络点改建成乡镇、街道劳动工作站，另有7个乡镇（街道）建立劳动工作站、设劳动联络员。全市先后调整、成立多个公共就业服务机构，原福安市劳动服务公司更名为福安市就业管理处、原福安市技术工人职业技能鉴定站更名为福安市劳动技能鉴定所，并成立福安市职业介绍所、福安市劳务派遣公司等就业服务机构。全年民办职业介绍所发展到10家。

1996年，4家职业介绍所有从业人员11人，1997—1998年有6家，从业人员19人，2002—2003年从业人员12人。2003年6月，城南、城北、阳头3个街道和赛岐、穆阳、下白石、甘棠、城阳、坂中、社口、上白石8个乡镇劳动工作站，改建为乡镇（街道）劳动保障事务所，其余乡镇仍称劳动工作站或劳动联络站（点）。同年6月，城区9个社区建立劳动保障工作站，并开发公益性就业岗位，面向“4050”人员聘用劳动保障协管员。

2004年，全市民办职业介绍所从业人员增至15人。2005年，8家经批准成立的民办职业介绍所，有从业人员19人。

（二）就业援助

1994年后，福安市劳动局在有关部门和领导带领下，每年在元旦、“七一”、国庆、春节期间开展“走千家、访万户、送温暖”活动，两年共为停产半停产企业困难职工和受灾的企业和职工发放慰问金315.64万元，覆盖企业300多家，职工1.2万多人（次）。

1996年初，市劳动局在各类企业中聘请劳动工作联络员，建立定期联络制度。2001年，针对行风代表提出的公共职业介绍机构用工信息资源缺乏的意见，聘请福安东大电机有限公司、市公交公司、天缘大酒店等25家企业的民主评议代表为市劳动就业信息员，为市公共职业介绍机构与用人单位、求职者搭建起联系沟通的桥梁。1996—2005年，全市开展副处级以上领导、市直机关单位和市直单位科级领导干部挂钩帮扶下岗职工活动，通过“结对子帮扶”“再就业援助”等促进下岗职工“再就业”。

2001年，福安市劳动局按照宁德市部署，组织开展“再就业援助”活动周，从9月20日起，连续3天在福安市人民广场多媒体广告上发布“再就业”援助政策咨询，公布“促就业、续保险、保生活”为主题的8项援助行动内容，发放“再就业”指南、社会保险政策宣传提纲3000多份，解答咨询者100多个问题，现场为下岗职工办理“再就业”优惠证。2002年12月8日，全市组织劳动、工商、税务、经贸、工会等部门开展“手拉手再就业宣传日”活动，分发“再就业”宣传材料800多份，接受就业、“再就业”政策咨询1200人次；举办现场招聘会，用人单位面向下岗待业人员提供就业岗位83个；组织挂钩单位慰问帮扶下岗职工特困户活动。2005年1月4日至3月30日，开展“企业招工我帮忙，农民务工我服务”为主题的“援助月”及“春风行动”活动，通过“送岗位、送技能、送服务”以及整顿民办职业介绍机构，发布就业信息572条，组织专场招聘会7场、分发宣传材料2万多份，成功介绍就业1303人、减免486人的上岗培训费。

（三）待业人员登记及就业证和务工许可证办理

1991—1994年，按照《福建省劳动局关于建立务工许可证制度的通知》实行务工许可证制度，全市累计办理务工许可证65本。1991—1995年，福安市实行待业人员登记制度。1996年，福安市按照劳动部《就业登记规定》实行失业登记和就业登记制度。至2005年年底，全市共办理待业登记证1894本。

1995—2000年，实行外来人员就业证、外出人员就业卡制度，累计办理外来人员就业证和外出人员就业卡各5本。

（四）灵活就业认定

2003年，市劳动局开展对灵活就业人员认定，主要是对从事社区就业、用人单位临时性用工、劳务输出、灵活就业等就业人员的认定。至2005年年底，福安市认定的灵活就业人员共有4755人。

（五）发布用工信息

1991—1998年，全市用工、招聘信息发布主要通过福安有线电视台、多媒体广告或招贴广告、电话等渠道发布，信息发布一般都集中一定信息量而后成批发布。对较急的用工招聘信息实行及时发布、联系，保障用工单位及时招到工人。1992年，福安市开始建立劳动岗位储备制度。市公共职业介绍所通过电话联系市内企业用工需求、登记空缺岗位，为前来求职的城镇待业人员介绍推荐岗位就业。1995年，《中华人民共和国劳动法》施行后，福安市政府出台《关于加强社会劳动管理的暂行规定》，建立市、乡和民间职业介绍网络，形成城乡劳动力市场，岗位储备制度走上正轨。

1999年，实现劳动力市场供求信息网络化，信息发布渠道在原有基础上增加网络发布，通过加大就业岗位信息发布量，实现扩大就业。2000—2005年，市劳动局组织“手拉手再就业”宣传日、宣传月、春风行动等专门招聘会8场，介绍就业1386人。劳动部门与“三资”、民办与民营企业建立沟通渠道、互信观念、宽松环境，为企业提供法律咨询、培训等保障。2003年，设计开发全省第一个社区劳动保障信息管理系统——福安市社区劳动保障工作管理信息系统，建立下岗失业人员数据库。2004年，在福安电视台开辟劳动保障与就业专栏，发布用工、招聘、求职等信息。在市就业管理处改建的服务大厅内配备服务器、电脑，实现与宁德市信息互联共享。全面发挥就业服务网络体系作用，为下岗、失业人员、农村富余劳动力提供供求、培训、社会保障等系列信息服务。

1991—2005年，全市办理求职登记52604人次。1995—2005年，介绍就业35843人（次）。2000—2005年，进行职业指导30660人次。

（六）劳动力市场建设

1991—2002年，福安市把乡镇街道劳动保障事务所、社区劳动保障工作站、民办职业介绍机构纳入职业介绍网络管理；筹措资金建立公共职业介绍电脑网络，实现劳动力中心市场电脑化，并与省、地区联网；开展劳动力市场“科学化、规范化、现代化”三化建设试点，做好劳动力供求信息的收集、分析、预测和发布；强化劳动力市场整顿管理，向社会公布举报电话、打击“黑中介”，规范职业介绍行为，制定招聘信息审验制度，执行用工和空岗报备制度，使用农村、外来劳动力审批制度。2002年后，福安市把公共职业介绍机构作为行风评议重点，引入责任追究制度，开展公共职业介绍“创优文明窗口”活动，聘请就业信息联络员，建立与求职者沟通联系桥梁；建立劳务派遣公司，公共职业介绍、社区劳动保障工作平台，开展“一站式”就业服务；取消各种针对农民工和使用农民工的行政审批、用工限制、登记项目、不合理收费、就业证卡制度，代之实行与城镇居民统一的就业管理制度；劳动力市场建设向“制度化、专业化、社会化”方向发展。南湖、前进、阳中3个社区立足社区特色开发就业岗位推动就业，被省评为充分就业社区。

同时，逐步建立起乡镇、街道、社区劳动工作平台，制定工作平台工作制度，加强工作人员培训，提高素质；加强乡镇社区劳动力市场组织网络和信息网络建设；发挥基层劳动工作平台作用，为下岗失业人员、劳动力提供就业信息、免费职业介绍服务，开展创建充分就业社区活动。基层劳动工作平台作用充分发挥，信息、资料、档案等建设取得成绩，经验在宁德市全面推广。

第三节　职业教育和职业培训

一、技校招生

1991年，福安市技校招生179人，其中，招收高中毕业生14人（统招6人、最低分426分，省地内招8人）；招收初中生165人（统招80人、代培生85人），完成当年技校毕业生分配21人。

1992年，技校招生176人，其中，初中毕业生155人、高中毕业生21人。当年毕业分配16人，其中统招8人、自由择业8人；自费代培毕业生7人。

1993年，技校招生200人，其中，高中毕业生12人。当年，毕业21人，其中本地统招生8人、自费生8人、外地毕业生2人，历届延期毕业生3人。

1994年，福安市技校招生以自费、委培生为主，毕业生大多数不包分配。因与教育系统中专招生竞争生源，招生难度较大。通过加强招生宣传、建设招生联络网（联络员）、采取下乡上门直接招生等措施，共完成招生送档2000人，超过历年招生人数、创历史最高纪录。

1995年，发挥乡镇劳动工作站作用，坚持采用上门招生办法，共招收92名乡镇初、高中毕业生上技校。并对136名毕业生中的大部分落实分配工作。

1996年，省、地技校在福安市招生126人，其中，向宁德地区技校“宏志班”（专门招收城乡建档立卡户等困难家庭子女就学）输送5名品学兼优的农村特困户学生。

1997年，选送初、高中毕业生到省技校78人和宁德地区技校75人。

1998年，选送初中毕业生78人到省、地技校学习，为16名技校毕业生分配就业。

1999年，技校招生17人，为11名技校毕业生分配就业。

2000年，根据省《关于加快技工学校改革工作的通知》，对职业教育和培训机构布局进行调整和改革。2004—2005年，福安市按照《关于进一步深化技工学校改革的通知》精神，抓好技工学校办学质量和推进民办职业教育发展工作。

二、职业培训

1991年，福安市劳动下属市职业培训中心和宁德市职业技术学院等公办职业教育学校以联合办学方式开展职业培训工作，培训福安市企业所需的专门技术工人。以及对国有企业统招统配学徒和上岗前的其他从业人员进行专门业务培训，培训以劳动规章制度、劳动保护、劳动安全、劳动卫生、岗位专业常识为主要内容，累计培训635人次。同时开展城镇零就业家庭就业援助培训和创业培训。1998—2005年，全市有民办职业培训机构19家。2000年，市劳动局增设培训股，全年举办职业技能开发培训班11期、培训下岗工人539人；协助完成201名退伍军人岗前培训，其中，举办电工、计算机操作员等培训班6期；培训鉴定技术人员263人，其中，职业技能考核鉴定培训班10期，考核鉴定电力、船舶等行业技术人员480人。2002年，举办职业技能考核鉴定培训班20期，考核行业技术人员1050人。举办计算机、电机电器、按摩、美容、美发等培训班，培训下岗失业人员1121人。

1991—2005年，全市累计开展“再就业”培训30909人次、创业培训600多人次、农村劳动力转移就业培训8万人次，职业技能鉴定16111人次。

三、就业训练基地建设

1991年后，福安市设立德丰电机实训基地、万达电机实训基地、安波电机实训基地等6个就业训练基地。就业训练涉及电机、机械、电脑、电子、家电、烹饪、美容、家政服务、特殊工种等职业，为全市提供全方位的职业技能培训，为求职者、下岗失业者就业、“再就业”和农村劳动力转移就业人员提供转岗就业培训。

与此同时，福安市劳动部门还组织对特殊工种人员的培训，共培训803人次。主要培训项目有电焊工、锅炉工、液化气操作工、电梯维修工等。2000年8月起，特殊工种管理工作划归市技术质量监督局管理。

2003年起，福安市每两年开展一次劳动技能竞赛。当年8月，由福安市委组织部、市劳动保障局、团市委、丛贸船舶实业有限公司等单位联合主办全市电焊工技能比赛，54人参赛。2005年，福安市委组织部、劳动和社会保障局、市总工会、团市委联合组织开展“福安市青年工人劳动技能竞赛”。全市电机电器行业经过层层选拔和考核，最终有15家电机电器企业、73名青年工人进入技能大赛决赛。此次技能大赛分电机嵌线、车工两个组，经过理论和技能竞赛，决出第一、二、三名共12人。福安市劳动保障局为获奖者给予职业资格破格晋级，颁发高、中级“国家职业资格证书”；并为符合技能资格标准要求的参赛者进行资格认定，颁发初级“国家职业资格证书”。

四、职业技能鉴定

（一）职业技术等级制度与鉴定

1995 年 6 月，福安市按照劳动部《从事技术工种劳动者就业上岗前必须培训的规定》，并开始实行职业技术等级证书制度。同年，福安市成立职业技能鉴定站，负责职业技能培训、鉴定工作。2000 年 3 月，按照劳动和社会保障部《招用技术工种从业人员规定》，实行国家职业资格证书制度、原职业技术等级证书制度终止，由经过市劳动局批准的考核鉴定机构对劳动者实施职业技能考核鉴定。国家职业技能资格分为初级（五级）、中级（四级）、高级（三级）、技师（二级）、高级技师（一级）。截至 2005 年，全市共鉴定职业技能人员 7469 人次，其中，6711 人获得技能等级证书或国家职业资格证书，有初级工 6282 人、中级工 356 人、高级工 73 人。1998—2005 年，福安市连续八年被宁德市劳动保障局授予“全市职业技能鉴定工作一等奖”，有 8 人次获得“职业技能鉴定工作先进个人”。

（二）职业技能鉴定队伍

1996 年，福安市聘任 4 名有较强技术的车工、电工、钳工和 5 名烹饪师傅为职业技能考评员。1997 年，聘请 2 名美容美发和 7 名钳工、车工、维修工技师为考评员。这些考评人员均经过资格考核和认证。考评人员的聘任和使用由福建省职业技能鉴定指导中心统筹安排，任期为 3 年。

表 21—5　1995—2005 年福安市职业技能鉴定工作情况表

单位：人

年度	鉴定人数	获得证书人数	其中		
			初级工	中级工	高级工
1995	105	105	105	—	—
1996	157	157	157	—	—
1997	152	152	150	—	2
1998	171	171	171	—	—
1999	206	206	206	—	—
2000	305	273	273	—	—
2001	601	531	531	—	—
2002	1261	1177	1147	30	—
2003	1211	1002	922	50	30
2004	1501	1312	1175	126	11
2005	1799	1625	1445	150	30
合计	7469	6711	6282	356	73

第四节　职工工资制度改革

一、企业工资制度改革

1991年，市劳动局组织福安市农药厂和赛岐铁合金厂劳动干部，到漳州糖厂学习岗位技能工资制试点的做法。当年，全市实行工资总额与经济效益挂钩（以下简称“工效挂钩”）的企业41家，17家企业由于上年取得较好经济效益给职工调升工资。

1992年，福安市开始实行工资分配制度改革，从工资总量控制、基本工资制度、工资收入结构、工效挂钩4个方面进行改革，逐步实现“国家宏观调控、分级分类管理、企业自主分配”目标。全市实行工效挂钩的企业42家，职工4538人。其中，对1991年经济效益好、有工资总额控制结余的28家企业，共调升职工工资1527个半级。同年12月，根据劳动部《关于从一九九二年起普遍实行动态调控的弹性劳动工资计划的通知》，不再下达指令性工资总额计划指标，改为指导性计划、着重以弹性计划对企业工资总额实行动态比例控制。

1993年，福安市进一步推进劳动工资计划管理体制改革，实行动态调控弹性劳动工资计划。全年实行工效挂钩企业42家，职工5114人。其中，对1992年经济效益好的29家企业1392名职工，每人调升工资半级。

1994年，按照“国家宏观调控企业自主分配”原则，办理福安市自来水公司、福安钼矿、福光电子有限公司、福安罐头食品厂职工工资浮动升级改固定升级审批手续。

1995年，福安市实行企业弹性工资总额计划和《工资总额使用手册》（以下简称《工资手册》）制度。工资总额由计时工资、计件工资、奖金、津贴、补贴和特殊情况下支付的工资（即按规定因病、工伤、产假、计划生育假、婚丧假、事假、探亲假、定期休假、停工学习、执行国家或社会义务等原因按一定比例支付的工资，包括附加工资、保留工资等）组成。总额不得突破，如有变动必须申请、批准，由劳动部门和人民银行进行检查、监督。同年，列入全市企业弹性工资总额计划管理的国有企业100家、集体企业24家、“三资”企业13家。其中，实行弹性工资总额计划管理的国有企业99家，固定工人8754人、临时工人130人；集体企业24家，固定工人1513人、临时工人89人；“三资”企业13家，固定工人1183人、临时工人40人。

1996年，全市实行弹性工资总额计划管理的国有企业99家，固定工人9214人、临时工人693人；集体企业25家，固定工人1176人、临时工人120人；“三资”企业9家，固定工人832人、临时工人58人。

1997年1月1日起，福安市执行宁德地区《关于发布宁德地区企业工资参考标准的通知》，实施企业工资制度改革，建立收入能增能减、有效激励的分配制度。企业职工工资水平，由企业依据当地社会平均工资和企业经济效益自主决定，按照国家有关工资支付法律法规、最低工资保障制度和工资支付规定支付职工工资。随着经济体制改革逐步深入，企业劳动人事制度、招工用工制度、工资分配制度，从计划管理逐步过渡到适应市场机制的自我调控和依法管理。同年，给予上年经济效益较好的闽东华丰电机二厂、福安酒厂追加工资总额，为天马集团重新核定工资总额。1999年，对全市国有、集体企业职工工资总额，进行10%～15%的调升。2000年，按15%调升工资的企业49家，2245人。之后，国有企业逐步实现“自主经营、自负盈亏、自我约束、自我发展”，原定职工工资仅作为档案工资提供参考，企业实际发给职工工资完全根据企业经济效益及职工劳动单位和个人劳动贡献决定。

二、最低工资保障制度

从1994年开始，福建省每年发布一次按类区企业职工最低工资标准，以保证企业职工的最低收入，福安市照此执行。当年，福安市职工的最低月工资标准为190元。

1995年，福安市开展企业最低工资调查，向各企业转发《工资支付暂行规定》，宣传国家有关法规、规范用人单位工资支付行为。并按《福建省最低工资规定》，允许濒临破产进行法定整顿期间的企业和停产三个月以上、半停产六个月以上的企业，可不按最低工资标准支付工资。经调查，按规定程序审批闽东特种纸厂、福安市坦洋茶厂、王家茶场、福安市糖酒副食品公司、福安市蔬菜公司等企业暂不执行。2005年，福安市职工最低月工资标准为350元。

表21—6　1994—2005年福建省批准的福安市企业职工最低工资标准一览表

单位：元

年份	最低工资标准	执行时间	批准文号
1994	190	1994.10.1—1995.6.30	《福建省人民政府关于公布我省1994年最低工资标准的通知》(闽政〔1994〕31号)
1995	200	1995.7.1—1996.6.30	《福建省人民政府关于公布我省1995年最低工资标准的通知》(闽政〔1995〕23号)
1996	210	1996.7.1—1997.6.30	《福建省人民政府关于公布我省1996年最低工资标准的通知》(闽政〔1996〕31号)
1997	215	1997.7.1—1998.6.30	《福建省人民政府关于公布我省1997年最低工资标准的通知》(闽政〔1997〕21号)
1998	215	1998.7.1	《福建省人民政府关于公布我省1998年和今后一个时期最低工资标准的通知》(闽政〔1998〕19号)
1999	240	1999.7.1	闽政〔1999〕148号
2000	260	2000.7.1	《福建省人民政府关于公布我省最低工资标准的通知》(闽政〔2000〕10号)
2001	280	2001.10.1	《福建省人民政府关于公布我省最低工资标准的通知》(闽政〔2001〕37号)
2002	280	同上	同上
2003	300	2003.11.1	《福建省人民政府关于公布我省最低工资标准的通知》(闽政〔2003〕19号)
2004	300	同上	同上
2005	350	2005.7.1	闽政〔2005〕12号

表21—7　1991—2005年福安市各类别从业人员平均工资情况表

单位：元

年度	平均工资	按所有制性质分			按机构类别分		
		国有单位	城镇集体单位	其他性质单位	企业	事业	行政机关
1991	1976	2111	1509	2813	2077	2177	2155
1992	2259	2371	1807	3067	2275	2587	2383

续表 21—7

年度	平均工资	按所有制性质分			按机构类别分		
		国有单位	城镇集体单位	其他性质单位	企业	事业	行政机关
1993	2715	2888	2143	3019	2626	3409	3024
1994	3851	4089	3010	3683	3416	5036	4685
1995	4096	4352	2967	4174	3865	5021	4740
1996	4625	4951	3356	3735	3910	5990	5445
1997	5308	5595	3618	6790	4743	6894	6140
1998	6576	6456	5069	8897	5530	6930	7565
1999	7530	7665	5411	8201	6752	7741	8210
2000	8785	8675	6225	11520	7500	8951	9240
2001	10189	10264	8576	10624	9474	10231	10416
2002	11931	11537	9748	14244	10476	11648	11659
2003	13289	12678	10365	15833	13738	12442	12244
2004	14153	13830	11813	15159	14458	14062	13291
2005	14016	14688	11831	11580	13351	14809	13950

第五节　劳动监察

一、用工监察

（一）企事业单位用工监察

1991 年开始，福安市根据《中华人民共和国未成年人保护法》和《劳动法》等法律法规，明确规定禁止使用童工。市劳动局依法行使劳动监察职能，每年都结合监察企业用工情况进行禁止使用童工监察和宣传。1994—2005 年，每年福安市都开展企事业单位用工监察，内容包括签订用工合同情况、劳动合同规范、各种收费、务工许可证和用工就业证办理等。通过监察，累计补签劳动合同 2.12 万份，纠正不规范合同 2607 份，补办务工许可证 468 本、就业证、就业卡 3289 本，补办求职证 1390 本、失业证 384 本，为求职人员追回押金等违规收费款 12.43 万元；对 34 家（次）违反劳动用工法律法规又拒不执行监察指令的企业进行行政处罚。

2000 年，在监察中查出非法使用童工企业 2 家，清退童工 11 人。2003 年，监察发现并处罚非法使用童工企业 2 家。2004 年，监察处罚非法使用童工企业 3 家。同年，福安市劳动和社会保障局被福建省劳动和社会保障厅授予“优秀青少年维权先进集体”。

（二）女职工劳动保护监察

1995 年，福安市劳动局开展和加强女职工劳动保护监察工作，通过会议、编发小册子、报纸和宣传车宣传等形式进行宣传，并对境内行政企事业单位进行定期或不定期的检查；加强女职工的劳动特殊保护，维护女职工的合法权益。配合宁德地区督促福安市冠荣鞋业有限公司对车间粉尘浓度超标及女工劳动保护实施整改。1996年，对全市企业女工劳动保护进行专门监察。2001年，福安市劳动和社会保障局仲裁办处理九州大酒店劳动争议案，裁定该酒店应支付下岗女职工的补发工资、解除劳动关系补偿金、返还员工押金、补交员工社会保险费等共计185.6万元。2002年，开展女职工维权大检查。2003年，仲裁处理冠荣鞋业有限公司120名员工与企业的劳动争议案，裁定企业应补缴女员工社会保险费、维护了女职工的合法权益。

二、职工工资待遇监察

1991年以来，福安市劳动局按照法律和政策规定进行劳动工资管理并对企事业单位和个体经济组织执行工资情况实施监察。1994年，通过监察、企业补发员工工资2.16万元。2000至2005年，累计受理拖欠职工工资举报210起，为1427人追回拖欠工资178.23万元、押金21.13万元。

与此同时，福安市建立企业职工基本养老保险制度、失业保险制度、城镇职工基本医疗保险制度、工伤保险制度、企业职工生育保险制度等。对企事业单位、个体经济组织参加保险情况、保险费缴纳、保险待遇发放实行稽查监察。1994—2005年，通过稽查、监察有关企业，共补交职工失业保险金58.34万元、养老保险金838.67万元、就业调节费13.24万元，补办544名员工参加养老保险手续。

1991—2005年，市劳动行政管理部门组织对各类企业进行监察中，发现大部分企业都能执行国家节假日职工放假休息制度；少数企业为完成紧迫任务时，需职工加班加点（加班时间长短不一），一般也都能按规定付给假日加班工资；只有个别未上规模、甚至没有进行工商和税务登记的家庭式作坊，未遵守职工劳动时间和休息、休假制度。监察人员要求企业限期整改，并引导职工随时举报违法侵权行为、维护自身合法权益。

三、就业服务监察

1991年，福安市劳动局加强劳动力市场信息化、规范化、现代化建设，规范职业介绍服务行为，通过开展“创优”服务窗口活动，改进职业介绍作风、提高服务质量。1994年至2005年，通过监察共取缔54家非法职业介绍机构，行政处罚4家违规经营的职业服务介绍机构。对基本合格的职业介绍机构法人代表进行培训，累计培训各类职业介绍人员5名、培训合格后领取“职业介绍资格证书”持证上岗。

同时，市劳动行政管理部门对基层劳动服务站（所）的劳动工作进行规范，整治个别劳动工作站存在就业调节费收费混乱问题。加强财务管理，界定收费项目、收费范围、收费对象和收费标准，规定要有劳动就业管理处的收费委托书才能向用工单位收费，严禁越权收费和乱收费，要求做到统一领取票据、统一结算；按期上报财务报表；加强劳动工作站人员的管理，建立严格的工作制度；通过培训提高工作站人员素质，增强业务工作能力等。

福安市劳动局还通过劳动监察、检查指导，规范福安市的培训服务，加强行政单位、企事业单位和民营培训机构各类培训的组织受理。1997年，对8家社会力量办培训实体进行检查验收。2001年，责令3家培训机构进行整改，撤销2家、取缔1家。2003年，对10家社会培训机构进行检查整顿。

四、劳动卫生保护监察

1991年，福安市劳动局开展劳动环境卫生监察。1994年，对赛岐铁合金厂等劳动卫生环境存在问题的3家企业责令限期整改。1995年，参与新办企业“三同时”（指对环境污染防治应同时设计、同时施工、同时验收）会审、验收项目3个。开展企业分管领导劳动卫生保护资格培训。做好乡镇矿场领导劳动卫生安全资格培训与复审；举办市负责生产卫生安全的厂长（经理）培训班，宣传贯彻《福建省劳动安全卫生条例》。对企业（矿山）进行预防性检查，对存在的隐患责令其整改。通过受理有关劳动卫生工伤申请、裁定案件性质，同时教育业主与职工提高对预防重要性的认识。1999 年，配合宁德地区检查组督促冠荣鞋业有限公司车间粉尘浓度超标进行整改。同年，对企业开展强化劳动卫生综合治理检查，帮助企业建立健全劳动环境卫生自我约束机制。2000 年，开展检查 10 次、监察企业 70 家。其后，每年都开展劳动卫生保护监察，并逐步实现规范化、经常化。

与此同时，市劳动局开展劳动卫生工伤预防，帮助企业建立健全预防制度，落实预防措施。建立工矿企业安全卫生档案，定期召开劳动卫生生产安全会议，检查预防制度、措施在企业生产中执行情况。坚持会同有关部门进行企业新建、技改企业的“三同时”会审。

五、生产安全与设备监察

（一）生产安全监察

1991 年，福安市劳动局在宣传安全生产、实行企业安全资格证等措施外，定期或不定期地对石板材生产及采石场、锯板厂、矿山、矿产加工企业进行检查与监察。同年，对福安钼矿的井上井下安全工作进行了两次全面监察，发出整改指令书、提出整改及限期整改意见。1992 年，配合宁德地区对全市企业进行安全生产状况监察，先后在福安、赛岐召开 2 场会议，深入各企业检查特种设备、特种作业人员安全生产的各项具体情况，建立健全《工矿企业安全生产档案》。检查中，对厂矿企业发出指令书 28 份、提出整改意见 350 条。1993 年，利用电视、广播、座谈会等形式宣传贯彻《中华人民共和国矿山安全法》，对钼矿和 8 家私营、合资等 131 家企业进行安全监察，发出安全监察指令书 48 份、提出整改意见 376 条。1994 年，审查发放“矿山安全条件合格证”，把好新建、扩建、改建生产项目的“三同时”审查、验收关。做好乡镇矿长安全资格的培训与复审，全年培训 14 人、复审 9 人。举办福安市负责安全生产的厂长（经理）培训班，宣传贯彻《福建省劳动安全生产条例》。重点加强危险性较大的烟花爆竹、矿山、建筑、液化石油气、打火机、化工等生产经营单位和“三资”、乡镇企业的安全监察，发出事故隐患整改指令书、意见书，提出整改意见 900 多条。1995 年，监察企业 60 家，发出整改意见书 60 份 500 条。组织对钼矿空区顶板崩落事故、水利工程工伤事故的调查，提出限期整改意见、消除不安全因素。1996 年，对矿山、建筑、化工、易燃易爆和有较大危险设备的企事业单位进行安全监察，在 12 个乡镇矿山配备矿山安全监察员，对 10 个乡镇矿山进行整治，规范矿山安全生产管理。对闽东电机厂和福建省万利达安装有限公司安全违法生产进行行政处罚。全年监察企业 70 家，提出整改意见 500 多条。1997 年，对矿山进行全面的监察检查。加强特种作业人员管理，杜绝无证上岗。全年安全监察企业 65 家，发出整改指令 70 份 520 条。1998 年，对矿山、建筑、液化气行业和生产设备存在较大安全隐患的企事业单位进行全面监督检查。对矿山、液化气行业和其他企业进行预防性监察和专项监察，对 67 家企业进行 7 次安全大检查，提出整改意见书 69 份 512 条，要求无牌、无证、无照的非法经营户进行整改。1999 年，对液化气市场进行检查、整顿，取缔无证经营户 6 家。同时，在钼矿复产前，指派监察人员到现场检查验收是否能达到安全生产开工要求。全年下发监察意见书 39 份，提整改意见 120 条。2000 年，安全监察转到预防为主上来，全年对 70 家企业进行 10 次大检查，发出整改意见书 45 份，提出整改意见 145 条。市劳动、建委、消防、安全等职能部门联合开展全市企业安全生产专项整顿，配合市经委、公安、环保等部门取缔浮桶式和移动式乙炔发生器。深入矿山采石场进行安全监察，对事故隐患提出整改意见，督促企业通过整改消除安全生产隐患。在锅炉压力容器等设备安全监察工作和人员移交市技术监督局管理过程中，做到机构不变、队伍不散、工作不乱。2001 年，重点加强预防性安全检查工作，加强重点单位如矿山、建筑企业、船舶修造、冲床冲剪等职业危害突出行业的检查、监察，发指令书 68 份、提出整改意见 186

条。与地矿部门配合开展矿山秩序治理整顿，对15家无证开采的矿山责令停产、10家存在隐患的采石场要求限期整改，依法打击和查处非法开采行为。同时，配合省有关部门进行柴三机载客治理。2002年，多次开展专项检查，加强检查监察，共发监察通知书46份，提出整改意见138条，责令1家危及民居安全的矿山停产整顿，严厉打击非法采矿、确保安全。2003年后，生产安全监察工作移交市安监局管理。

（二）生产设备监察

1991年，市劳动局对全市锅炉等一批压力容器及特种设备进行检查、年检，以加强生产安全管理。召开安全监察会议，推广福安罐头厂锅炉房管理经验，对全市在用的25台锅炉进行全面检查和管理考核工作。同时，会同市建委、公安消防和企业主管部门对液化气石油站进行安全检查。配合省地劳动局对企业的5台电梯和1台起重机进行安装后的总体验收及年检。1992年，受宁德地区劳动局委托对全市近百台锅炉、电梯、起重机和其他压力容器进行过户、年检、安装验收和发生事故的调查处理。1993年，对市内36台在用锅炉进行年检，对111家打火机生产企业开展设备安全状况专项治理，对5家船舶修造企业进行安全检查，配合宁德地区安办检验企业生产用电梯4台。1994年，重点加强对危险性大的烟花爆竹、建筑、液化石油气、化工等生产单位进行生产设备安全监察，对26台在用锅炉进行年检。1995年，检验锅炉23台，年检锅炉房15个，配合建委、消防部门对液化气行业进行整顿，配合有关部门对液化气新建库点选址进行考察、评估和审批。配合宁德地区进行市内企业电梯验证。1996年，检验锅炉26台，检验率100%。配合宁德地区生产设备检验所年检所有在用电梯、起重机、压力容器，对1万多个液化气钢瓶进行注册登记，停用一批劣质破旧气瓶。1998年，配合宁德地区劳动局检验锅炉30台、液化气充装站3个；加强液化石油气行业的安全生产整治工作，对无牌、无证、无照非法经营液化气现象进行5次整治，收缴违法经营液化气钢瓶353个，并处以罚金4500元。1999年，配合宁德地区对全市使用的28台锅炉进行年度性全面检验；先后2次组织对土锅炉、土压力容器调查摸底，发出监察意见书19份、提整改意见27条。同时，配合省地市有关部门进行土容器、土锅炉取缔工作，切割拆除土锅炉6台、土压力容器8台；并对私装、使用无证锅炉进行取缔。配合市建委、消防、安办对液化气市场进行整顿，对17家液化气经营点进行审查确认，对存在隐患提出整改意见、取缔6家无证经营点。2000—2003年，每年配合宁德地区对市内锅炉进行年检，配合市建委、消防、安全办整顿液化气市场，开展取缔浮桶式和移动式乙炔发生器。此后，锅炉、压力容器、电梯等特种设备的安全监察工作及人员按上级规定移交给市技术监督局管理。

六、劳动争议仲裁

（一）企业劳动争议调处制度与机构

1987年6月，成立福安市劳动仲裁委员会，配备专职劳动争议仲裁干部。委员会成员由劳动、人事、经委、工会、共青团、妇联、公安等部门人员组成，委员会办公室设在市劳动局，负责处理劳动仲裁委员会日常工作。1991年，福安市企业相继建立劳动争议调解委员会，调解委员会的工作接受市劳动争议仲裁委员会的指导。调解委员会由职工代表、企业代表、企业工会代表组成，调解委员会主任由企业工会负责人担任。当事人申请调解，调解委员会应做出初步调查、做出受理或不受理决定；经调解达成协议的、制作调解协议书，调解不成的、应作记录，说明情况。同年10月1日起，根据福建省规定实行仲裁工作人员持执行公务证上岗制度。

与此同时，福安市劳动保障局（劳动局）指导、督促企业建立健全劳动争议调解委员会，推进区域性、行业性劳动争议调解组织建设，并开展劳动争议预防和预警。

（二）劳动争议调解与仲裁

1992年，福安市开始开展劳动争议仲裁工作，全年受理劳动争议案2起，整顿企业调解委员会72家。1993年，宣传贯彻《中华人民共和国劳动争议处理条例》，举办企业劳动争议调解委员会负责人培训班；开设法律常识、劳动保护、社会保险与用工制度的有关课程，倡导学员掌握劳动争议处理知识，把劳动争议调解在基层，预防矛盾激化和集体上访案件的发生。1994年，受理劳动争议案件2起、接待和处理企业职工集体上访3起、罢工事件1起。并会同福安市总工会到福安市天马集团公司、罐头食品厂、运动鞋厂、轻工厂、茶业局等11个单位调查，制定《福安市劳动局关于妥善处理职工集体上访和罢工的工作预案》，成立专案小组，做好应急处置工作。1996年，受理劳动争议3起，举办一期53名乡镇劳动工作站人员和兼职人员参加的劳动争议仲裁培训班。

1997年，审结劳动争议案5起，全市17个乡镇（街道）成立劳动争议调解委员会（简称“乡镇调委会”）。乡镇调委会由乡镇（街道）及涉案双方当事人（代表）组成，调委会主任由乡镇领导担任。乡镇调委会的办事机构设在乡镇劳动工作站，在当地政府领导下开展工作、业务上受市劳动争议仲裁委指导。

1998年，全市审理劳动争议案5起。1999年，受理劳动争议案6起，涉及139人。当年，针对闽东精艺扑克牌厂34名工人，因被厂方拖欠工资13.18万元、收缴入厂押金3.46万元提出的申诉，成立特别仲裁庭，及时审理、结案。2000年，受理劳动争议案13起，裁决结案8起、调解5起；调解、仲裁赔偿金额达70多万元，办案质量、数量在宁德地区名列前茅。

2001年，全年受理劳动争议案36起，其中，立案13起、调解23起，涉及职工242人、经济标的192万元；配合安监部门调解工伤案件23起，涉及金额38.33万元；处理集体上访4起，涉及职工234人。其中，成功仲裁福安九州大酒店220名员工申诉九州大酒店劳动争议案，裁定补偿员工解除劳动关系补偿金、补缴社会保险费等8项费用共185.6万元，这起诉讼数额高达387万元的劳动争议案以员工胜诉而告终。福建电视台《与法同行》栏目把此案作为职工维权的成功案例作专题播出。

2002年，共受理劳动争议案72起，其中立案裁决23起，调解8起、案外调处41起，案件涉及职工259人，经济标的168.56万元。成功处置教育系统10个学区197名民办代课教师解雇劳动争议案，仲裁29名退休职工与福安市第二建筑公司因养老保险问题发生的集体劳动争议和韩阳建筑社职工与企业的集体劳动争议案。

2003年，受理劳动争议仲裁案79起，涉及经济标的374.78万元。其中，立案审理28起，案外调解51起（其中配合市劳动和社会保障局社会保险股调解工伤案件33起），涉及经济标的139.12万元；处理集体劳动争议案7起，涉及职工147人。其中，处理福建冠荣鞋业有限公司120名员工与企业的劳动争议案，裁定企业应为员工补缴社会保险费、涉及金额120多万元。2004年，受理劳动争议案96起，其中立案受理36起、案外调解60起，涉及人数156人、经济标的200多万元。根据授权受理工伤认定申请222起，工伤争议调解48起，涉及经济标的300多万元。2005年，受理劳动争议案件97起，立案裁决42起、调解55起。其中，处理福安市第二建筑公司83名职工与企业因社会保险和工资等问题发生劳动争议案，裁定企业应按规定给员工补办养老保险和医疗保险手续并补缴费，同时根据具体情况支付给员工最低工资或最低生活补助费。根据授权受理工伤认定申请工伤理赔调解45起，涉及187.93万元。同年，以秦溪洋工业园区为试点，建立健全入驻工业园区企业劳动争议协商机制和调解机制。

仲裁庭审理案件按先行调解的原则，达成协议的，按规定制作仲裁调解书，并由双方当事人签字、仲裁员署名、加盖仲裁委员会印章并送达当事人。调解未达成协议的，或仲裁调解书送达前当事人反悔的，以及当事人拒绝接收调解书的，仲裁庭应及时做出处置。

第四章　社会保障

第一节　养老保险

一、企业职工基本养老保险

1991年，福安市按照国务院《关于企业职工养老保险制度改革的决定》，调整、完善企业职工养老保险制度，制定实施《福安市集体企业职工社会保险统筹方案》《福安市私营企业个体劳动者社会保险统筹实施方案》。当年，福安市参加企业养老保险单位225个，参保人数17727人，征收社保基金565.61万元；退休3039人，支付养老保险金513.78万元。

1996年，福安市按照《福建省企业职工养老保险制度改革方案》《福建省城镇企业职工基本养老保险条例》，将原由中国人民保险公司管理的集体企业职工养老保险，移交社会保险机构管理。同时，要求企业、职工和城镇个体劳动者，必须依法参加基本养老保险，鼓励企业建立商业补充养老保险，提倡职工参加储蓄养老保险。当年，福安市参加企业养老保险单位239个，参保人数14871人，征收社保基金1297.59万元；退休4174人，支付养老保险金1240.66万元。

1997年后，市政府针对养老保险基金出现收不抵支状况，下发《关于民营企业推行社会养老保险制度的通知》，市劳动局制定《关于民营企业推行社会养老保险制度的实施意见》，将部分上规模民营企业先行纳入社会保险统筹范围。同时，全面开展对参保企业缴费工资重新核定和对工资总额的审查，提高企业缴费工资基数、强化基金收缴、扩大社会养老保险覆盖面。2000年，福安市参加企业养老保险单位335个，参保17179人，征收社保基金2689.5万元；退休5044人，支付养老保险金2128.74万元。2005年，企业职工养老保险实行省级统筹。同年，福安市参加企业养老保险单位1124个，参保24494人，征收社保基金4157.03万元；退休7249人，支付养老保险金4515.94万元。

表21—8　1991—2005年福安市企业基本养老保险基金征收情况表

年份	参保企业户数（户）	与上年同比增幅	参保人数（人）	与上年同比增幅	基金征收（万元）	与上年同比增幅
1991	225	—	17727	4.29%	565.61	9.28%
1992	267	18.67%	18647	5.19%	687.4	21.53%
1993	283	5.99%	19385	3.96%	760.44	10.63%
1994	250	-11.66%	20045	3.4%	960.85	26.35%
1995	169	-32.4%	13979	-30.26%	1084.94	12.91%
1996	239	41.42%	14871	6.38%	1297.59	19.6%

续表 21—8

年份	参保企业户数（户）	与上年同比增幅	参保人数（人）	与上年同比增幅	基金征收（万元）	与上年同比增幅
1997	246	2.93%	15469	4.02%	1454.19	12.07%
1998	211	-14.23%	15455	0.09%	1506.8	3.62%
1999	276	30.81%	16276	5.31%	1773.47	17.70%
2000	335	21.38%	17179	5.55%	2689.5	51.65%
2001	692	106.57%	16927	-1.47%	2350	-12.62%
2002	820	18.5%	19868	17.37%	2490.6	05.98%
2003	820	0.00%	19868	0.00%	3476	39.56%
2004	1105	34.76%	23648	19.03%	3972	14.27%
2005	1124	1.72%	24494	3.58%	4157.03	4.66%

表 21—9　1991—2005 年福安市企业基本养老保险金支付情况表

年份	退休人数（人）	与上年同比增幅	基金支出（万元）	与上年同比增幅
1991	3039	4.47%	513.78	68.5%
1992	3455	13.69%	684.7	33.27%
1993	3605	4.34%	785.08	14.66%
1994	3815	5.83%	859	9.42%
1995	3689	-3.3%	984.43	14.6%
1996	4174	13.15%	1240.66	26.03%
1997	4369	4.67%	1454.7	17.25%
1998	4370	0.02%	1556.05	6.97%
1999	4593	5.1%	1931.89	24.15%
2000	5044	9.82%	2128.74	10.19%
2001	5395	6.96%	2369.49	11.31%
2002	5529	2.48%	3213.43	35.62%
2003	6043	9.3%	3389.36	5.47%
2004	6659	10.19%	3769.72	11.22%
2005	7249	8.86%	4515.94	19.8%

二、机关事业单位工作人员养老保险

（一）机关事业单位工作人员退休养老保险制度

1993 年 4 月，福安市成立“福安市机关事业单位社会保险公司”，隶属于福安市人事局。1994 年 1 月，福安市机关事业单位社会保险公司正式开始投保业务。

1994 年 8 月，福安市人民政府批转福安市人事局、市财政局《关于福安市机关事业单位贯彻福建省机关事业单位工作人员退休养老保险暂行规定的实施意见》。凡工资基金纳入福安市政府人事部门管理的机关、事业单位（含乡镇、街道）工作人员，均实行社会养老保险，具体范围、对象是：财政全额拨款的国家机关、事业单位，财政差额补助、自收自支，以及企业化管理的事业单位的国家干部、聘用制干部、全民固定工人、全民合同制工人、集体工；非全民所有制事业单位人员、人事档案寄存在人才交流服务中心、具有国家干部身份的人员，以及其他执行国家机关事业单位工资制度的人员。机关事业单位工作人员退休养老保险实行福安市级统筹。

2003 年 2 月，福安市人民政府批转福安市劳动和社会保障局、财政局《关于福安市直机关事业单位养老保险政策有关问题的意见》，全市原党政机关、全额拨款事业单位的干部和职工社保缴费仍保持由财政转移支付的体制，暂不参加社会养老保险。同年，机关事业单位社会保险公司划归市劳动和社会保障局管理。

（二）养老保险基金筹集

1994 年，福安市机关、事业单位工作人员（含教师）的基本养老保险费，各单位按在册工作人员月工资总额的 25% 缴纳，其中全额拨款的单位全部由财政出资，差额拨款单位由财政出资 10%、自行负担 15%，自收自支单位全部自行负担，全额拨款和差额拨款单位的非在编人员由用人单位自行负担；个人缴费率为月基本工资的 2%，2003 年、2005 年个人缴费分别调整为 4% 和 6%。各单位需缴纳的基本养老保险费，由财政或各单位按单位在册人员基本工资总额的相应比例、逐月向机关社保公司缴纳，并存入在银行开设的养老保险基金专户。个人缴纳的基本养老保险费，由单位按月在发放工资时代扣，并汇缴机关社保公司在银行开设的养老保险基金专户。

表 21—10　1994—2005 年福安市机关事业单位人员养老保险费征收情况表

年份	参保单位数（个）	参保人数（人）	基金征收金额		
			单位部分（万元）	个人部分（万元）	合计（万元）
1994	183	7112	114	9.12	123.12
1995	210	9042	385.15	30.81	415.96
1996	214	9286	464.76	37.18	501.94
1997	218	9420	513.56	41.08	554.64
1998	180	2783	531.2	42.5	573.70
1999	180	2779	555.73	44.46	600.19
2000	183	2822	621.25	49.7	670.95
2001	185	2901	830.94	66.47	897.41
2002	185	2913	942.44	75.4	1017.84
2003	187	3023	879.4	140.7	1020.10
2004	209	3121	1037.02	165.92	1202.94
2005	212	3322	1167.94	280.31	1448.25

说明：征缴率 1994—2002 年以单位职工工资总额为基数，单位（财政）缴纳 25%、个人缴纳 2%。
2003—2004 年单位缴纳 25%、个人缴纳 4%，2005 年单位缴纳 25%、个人缴纳 6%。

（三）养老金支付

1994年后，机关事业单位国家干部、固定职工（工人）的养老金支付有基本退休金（干部按原工资85%、教师按100%）及地区和副食品价格补贴等。聘用制干部、合同制工人、集体工的养老金支付按其单位和本人缴纳的养老保险费的年限长短和金额多少计发。临时工按储存积累式所形成的基金及利息计发。

不符合退（离）休、退职条件并按有关规定办理离职、辞职、辞退、辞聘、终止合同的国家机关、事业单位人员，由机关社保公司按基本人缴纳养老金保险费年限、连同政府补贴部分一次性发给。

表21—11　1994—2005年福安市机关事业单位工作人员退休养老金支付情况表

年份	退休人数（人）	养老金支出总额（万元）
1994	62	21.58
1995	430	208.28
1996	488	301.49
1997	578	376.98
1998	600	426.10
1999	615	522.23
2000	625	554.43
2001	638	735.91
2002	679	721.70
2003	733	868.73
2004	781	896.89
2005	821	1089.63

说明：退休人员中不包括教师及退职、辞职人员。

三、农村社会养老保险

（一）管理机构

1992年11月，福安市被列为全国农村社会养老保险试点县（市）。同年，成立“福安市农村社会养老保险工作领导小组”，21个乡镇人民政府和街道办事处也相继成立“农村社会养老保险管理所”。同年12月，福安市出台《关于农村社会养老保险暂行规定》，对参加保险对象及保险费缴纳、领取保险费年龄和保险基金筹集、投保人特殊情况的缴费变动处理、保险机构、保险基金的管理与运作做出明确规定。1993年1月，成立“福安市农村社会保险公司”，隶属福安市民政局、事业性质，按企业化管理。2002年6月，福安市人民政府决定将市民政局管理的农村社会保险公司移交福安市劳动和社会保障局统一管理。

（二）基金筹集

从 1992 年开始，福安市通过缴费方式筹集农村养老保险基金，缴费对象为自愿参加的农村居民，按户籍人口以年满 20～60 周岁为对象，月个人缴纳保险费的起点标准为 4 元、多缴不限，并可按月、季、半年、一年视情缴纳。阶段性缴费标准起点为 200 元、多缴不限，可视情 2～3 年缴纳一次。1993 年，仅 882 人参保、缴纳金额 9.45 万元，此后几年参保人数增至千余人，但自 1999 年后又大幅下降，主要原因是农村居民开始推行新的社保制度。2005 年，缴纳人为 559 人，缴纳金额 49.16 万元。

表 21—12　1993—2005 年福安市农村居民养老保险费征收情况表

年度	养老保险费收入	
	当年新增缴费人数（人）	年缴费总金额（万元）
1993	882	9.45
1994	1733	48.97
1995	1277	48.33
1996	1593	67.28
1997	1205	53.91
1998	1332	62.38
1999	367	29.05
2000	209	26.39
2001	211	22.69
2002	26	14.90
2003	128	33.33
2004	192	21.08
2005	559	49.16

（三）养老金支付

1992 年，根据《福建省农村社会养老保险基本方案（试行）的通知》，农村居民参保者年满 60 周岁开始领取养老金直至寿终。养老金根据缴纳积累的保险金金额和年限测算支付；未满 60 周岁去世的可以全部退还积累的保险金（含利息）。60 周岁后，必须缴纳 10 年保证期养老金以上（含 10 年），方可按有关规定领取。

2000—2005 年，全市按照养老金规定办法计算并支付养老金。其中，2000 年支付 6 人、金额 0.91 万元，2003 年支付 22 人、1.17 万元，2005 年支付 61 人、1.37 万元。

表 21—13　2000—2005 年福安市农村居民养老金支付情况表

年度	养老保险费支出	
	人数（人）	总金额（万元）
2000	6	0.91
2001	6	0.91
2002	42	5.47
2003	22	1.17
2004	54	1.67
2005	61	1.37

第二节　工伤保险

1992 年，福安市开始对各类企业及企业化管理的事业单位征收工伤保险费，保险费根据不同行业风险类别和工伤频率实行差别费率，以企业职工工资总额为基数征收，由用工单位缴纳、职工个人不负担。征收标准：一类为风险较小行业（经营性和服务性企业），按职工工资总额的 0.5% 征收；二类为中等风险行业（工业和其他生产性企业），按职工工资总额的 0.8% 征收，三类为风险较大行业（矿山、冶炼、建筑、化工、交通），按职工工资总额的 1% 征收。并按工伤级别兑现工伤保险待遇（医疗救治和经济补偿）。当年，全市参保人数 1.7 万多人，征收工伤保险费 13.41 万元，支付工伤保险费 0.8 万元。与此同时，福安市成立劳动能力鉴定委员会，由劳动保障、人事、卫生行政部门和工会组织、企业主管部门、用人单位代表组成。劳动能力鉴定由用人单位、工伤职工或其直系亲属代表，向市劳动能力鉴定委员会提出劳动能力鉴定申请，并提交工伤认定书、诊断证明书、医学检查结果、诊疗病历等材料。市劳动能力鉴定委员会收到申请后，从其专家库中随机抽取 3 至 5 名专家组成专家组，由专家组提出鉴定意见。鉴定委员会根据专家组的鉴定意见，做出工伤劳动能力鉴定结论，必要时委托具备资质的医疗机构协助进行有关诊断或评议。工伤职工已评定伤残等级的，按生活自理障碍等级（一级至四级伤残为生活完全不能自理；五级、六级伤残为生活基本不能自理；七级至十级伤残为生活部分不能自理）享受不同待遇。工伤保险待遇的支付，治疗工伤所需费用符合工伤保险项目目录、工伤保险药品目录、工伤保险住院服务标准的，从工伤保险基金内支付。1995 年，全市参保人数 14292 人，征收工伤保险费 43.33 万元、支付工伤保险费 17.49 万元。2000 年，全市参保人数 14060 人，征收工伤保险费 53.25 万元、支付工伤保险费 30.26 万元。2002 年，调整工伤保险缴费基准费率，一类行业基准费率不变、二类调整为职工工资总额的 1%、三类调整为职工工资总额的 2%。当年，征收工伤保险费 102.89 万元，比上年同期增长 72.27%。2004 年 1 月，工伤认定工作转由宁德市劳动和社会保障局负责，宁德市劳动和社会保障局授权福安市劳动和社会保障局受理福安市籍工伤人员的伤残鉴定。

2005 年，全市参保人数 18210 人，征收工伤保险费 156.15 万元、支付工伤保险费 366 人、128.82 万元。

1992—2005 年，福安市累计征收职工工伤保险费 863.41 万元，支付 520.26 万元。

表 21—14　1992—2005 年福安市工伤保险费征收情况表

年份	参保单位数（户）	与上年同比增幅	参保人数（人）	与上年同比增幅	基金征收（万元）	与上年同比增幅
1992	160	—	17000	—	13.41	—
1993	163	1.88%	18641	9.65%	23.08	72.11%
1994	163	0	18641	0	28.00	21.32%
1995	175	7.36%	14292	-23.33%	43.33	54.75%
1996	187	6.86%	14039	-1.77%	43.44	0.25%
1997	189	1.07%	14604	4.02%	55.89	28.66%
1998	173	-8.47%	14604	0.00%	55.8	-0.16%
1999	178	2.89%	14396	-1.42%	53.54	-0.40%
2000	185	3.93%	14060	-2.33%	53.25	-0.54%
2001	215	16.22%	14660	4.27%	58.37	9.62%
2002	363	68.84%	16013	9.23%	102.89	76.27%
2003	191	-47.38%	12515	-21.84%	89.26	-13.33%
2004	217	13.61%	16908	35.1%	87.00	-2.53%
2005	260	19.82%	18210	7.7%	156.15	79.48%

表 21—15　1992—2005 年福安市职工工伤保险支付情况表

年份	工伤人数（人）	保险基金支出（万元）	与上年同比增幅
1992	24	0.8	—
1993	44	9.79	1223.75%
1994	34	14.5	48.11%
1995	—	17.49	20.62%
1996	42	29.42	68.21%
1997	29	24.76	-15.84%
1998	—	31.87	28.72%
1999	31	33.26	4.36%
2000	32	30.26	-9.02%
2001	40	22.5	-25.64%
2002	106	48.88	117.24%
2003	206	48.54	-0.7%
2004	255	79.37	63.51%
2005	366	128.82	62.3%

第三节 生育保险

1993年10月16日，福安市转发《宁德地区企业职工生育保险社会统筹暂行办法》（以下简称《办法》），并作为福建省生育保险试点市。实施范围先在纳入养老保险社会统筹的单位进行，逐步扩大到集体企业、私营企业和“三资”企业。该《办法》规定，企业按其工资总额（外商投资企业按中方职工工资总额）的0.5%按月缴纳生育保险费，列入企业成本费用支出。职工个人不缴纳生育保险费。生育保险实行全区统筹，用于建立生育保险基金，支付符合计划生育规定的女职工生育津贴、生育医疗费用和符合计划生育规定、未享受生育保险待遇的男职工配偶的生育补助金。当年，全市企业参保户数115户，参保人数9415人，征收基金2.82万元。1996年，生育保险基金调整为企业职工工资总额的0.7%。当年，全市参保户数187户，参保人数14039人，基金征收43.44万元、支付19.1万元。2000年，全市参保企业户数179户，参保人数13941人，基金征收38.71万元、支付41.82万元。2005年，全市参保户数189户，参保人数11030人，基金征收46.27万元、支付26.82万元。

表21—16　1993—2005年福安市企业职工生育保险基金征收情况表

年份	参保企业户数（户）	与上年同比增幅	参保人数（人）	与上年同比增幅	基金征收（万元）
1993	115	—	9415	—	2.82
1994	115	0	9415	0	22.15
1995	175	52.17%	14292	51.80%	28.55
1996	187	6.86%	14039	-1.77%	43.44
1997	189	1.07%	14604	4.02%	38.84
1998	189	0.00%	14605	0.01%	37.19
1999	178	-5.82%	14396	-1.43%	16.35
2000	179	0.56%	13941	-3.16%	38.71
2001	215	20.11%	14360	3.01%	39.03
2002	303	40.93%	14360	0.00%	43.19
2003	170	-43.89%	9901	-31.05%	38.82
2004	187	10.00%	10872	9.81%	43.00
2005	189	1.07%	11030	1.45%	46.27

表21—17　1993—2005年福安市企业职工生育保险基金支付情况表

年份	生育人数（人）	基金支出	
		金额（万元）	与上年同比增幅
1993	2	0.25	—
1994	188	17.00	6700%

续表 21—17

年份	生育人数（人）	基金支出	
		金额（万元）	与上年同比增幅
1995	167	13.78	-18.94%
1996	202	19.1	38.61%
1997	127	19.27	+0.89%
1998	127	22.79	18.27%
1999	136	26.15	14.74%
2000	105	41.82	59.92%
2001	160	34.97	-16.38%
2002	103	36.03	3.03%
2003	121	36.78	2.08%
2004	91	32.00	-13%
2005	76	26.82	-16.19%

第四节　失业保险

1991年，福安市实行企业职工失业保险制度，保险金由企业和职工共同缴纳；企业按职工工资总额的1%、职工个人按工资总额的0.5%缴纳，用于支付参保职工失业期间的救济金、失业职工在领取失业救济金期间的医疗补助金、丧葬补助金和供养直系亲属的抚恤金、失业职工生活困难补助金及促进失业职工“再就业”经费等。当年，全市参加职工失业保险单位221个，其中国有企业160个、机关和事业单位58个、“三资”企业3个。共计参保人员15488人，全年缴纳失业保险金16万元。

1993年，福安市按照国务院发布的《国有企业职工待业保险规定》，扩大职工待业保险覆盖面。实施范围扩大到国家规定被撤销、解散企业的职工，停产整顿企业被精简的职工，被企业辞退、除名或开除的职工和依法享受待业保险的其他职工。

1998年，福安市贯彻《福建省企业职工失业保险条例》，全市参加失业保险的企业单位185个，其中国有企业139个、集体企业25个、“三资”企业9个，股份、私营企业12个。共计参保人员16971人，全年缴纳失业保险金68万元。

1999年，福安市按照国务院《失业保险条例》和福建省人民政府《关于贯彻国务院〈失业保险条例〉若干问题的通知》精神，将失业保险实施范围扩大到社会团体及民办非企业单位职工、城镇个体工商户及其雇工。2001年，失业保险费移交市地税局代为征收。

1991—2005年，福安市共征收失业保险金2090万元，向14923名失业人员发放失业保险金2499.03万元。

表 21—18　1991—2005 年福安市参加企业失业保险职工情况表

年度	国有企业		集体企业		机关事业单位		“三资”企业		股份制与私营企业		个体工商户		合　计	
	单位（个）	人数（人）	单位（个）	人数（人）	单位（个）	人数（人）	单位（个）	人数（人）	单位（个）	人数（人）	户数（个）	人数（人）	单位（户）数（个）	参加数（人）
1991	160	14999	—	—	58	355	3	134	—	—	—	—	221	15488
1992	127	14877	15	191	—	—	4	168	—	—	—	—	146	15236
1993	130	15690	16	193	—	—	5	328	—	—	—	—	151	16211
1994	128	14156	25	2101	—	—	7	737	—	—	—	—	160	16994
1995	129	14233	25	2061	—	—	9	768	2	69	—	—	165	17131
1996	132	14742	25	1747	—	—	9	756	2	63	—	—	168	17308
1997	132	13857	25	1774	—	—	8	720	6	481	—	—	171	16832
1998	139	11914	25	1900	—	—	9	797	12	2360	—	—	185	16971
1999	140	11949	26	1996	22	925	9	797	15	2378	—	—	212	18045
2000	130	10206	28	2107	46	3453	5	596	43	2660	—	—	252	19022
2001	128	9452	27	2056	57	3467	5	596	136	3992	196	238	549	19801
2002	128	9288	27	2062	59	3578	5	584	217	4161	197	240	633	19913
2003	123	6490	25	1951	61	4587	5	584	268	6151	197	240	679	20003
2004	121	6396	25	1951	61	4636	4	506	290	6159	197	240	698	19888
2005	121	6396	25	1951	78	6712	4	506	359	6368	199	243	786	22176

表 21—19　1991—2005 年福安市企业职工失业保险基金收支情况表

年度	发生失业职工企业数（个）	失业人数（人）	征收失业保险费（万元）	发放失业金金额（万元）
1991	—	—	16	—
1992	1	1	23	0.03
1993	3	83	42	4
1994	28	889	47	17
1995	31	931（含停产待业 222 人）	50	16
1996	21	985（含停产待业 153 人）	53	11
1997	26	203（含停产待业 36 人）	50	6
1998	3	45	68	9
1999	11	103	111	19
2000	11	310	146	61
2001	17	781	230	107
2002	28	1002	278	181
2003	36	3889	326	571
2004	45	4296	263	1101
2005	35	1405	387	396

第五节　医疗保险

一、干部公费医疗管理

1991 年，福安市国家机关、事业单位工作人员（含派往集体、“三资”、个体企业）及革命、残疾军人和离、退休人员继续实行公费医疗制度，经费来源于市财政，享受对象按规定范围支付。福安市卫生局设立公费医疗管理办公室专门审查办理工作人员公费医疗有关事宜，实施凭证定点就医、统一管理制度。当年，全市享受公费医疗人数 8899 人，支付医疗费 214.85 万元。1992 年，全市享受公费医疗人数 9256 人，支付医疗费 239.38 万元，其中，门诊支付 129.59 万元、住院支付 109.79 万元。全年共计收取超支人员所在单位应负担挂钩款 19.3 万元，其中，个人应收款 9.1 万元、单位超支负担挂钩款 7 万元、定点医疗单位负担挂钩款 3.2 万元。1994 年，福安市政府批转市公费医疗管理委员会《福安市公费医疗管理暂行办法》，明确规定享受公费医疗待遇对象范围、就医地点（定点医院）、管理办法、就医办法、经费核定、经费开支挂钩比例、保险基金、奖惩办法等。对在职干部职工门诊医疗费在 2 元内的，免于个人挂钩缴费；在 2 元以上至 4 元以内的，每次自交医疗费 0.5 元；凡达到 4 至 6 元内的，每次自交医疗费 1 元；依次门诊医疗费每增加 2 元，个人多交 0.5 元，全年公费报支门诊医疗费超过 60 元的，每次门诊医疗费均自交 20%。退休、退职干部门诊医疗费在 2 元内的，免于个人挂钩缴费；在 2 元以上至 5 元以内的，每次自交医疗费 0.5 元；凡达到 5 至 7 元内的，每次自交医疗费 1 元；依次门诊医疗费每增加 2 元，个人多交 0.5 元，全年公费报支门诊医疗费超过 100 元的，每次门诊医疗费均自交 15%。离休干部、在乡二等乙级以上残废军人门诊医疗费免于个人挂钩缴费。住院期间的医疗费（不包括 CT、ECT、核磁共振、B 超及自费药费等费用），在职干部职工工龄 15 年以内的自负医疗费全额的 20%；工龄 16 至 29 年以内的，自负医疗费全额的 15%；工龄 30 年以上及退休人员自负医疗费全额的 10%。离休干部、精神分裂症、癌症患者、在乡二等乙级以上残废军人的住院医疗费免于个人挂钩（不含自费范围药品）。1996 年，福安市建立社会统筹和职工（指享受公费医疗待遇的干部职工，下同）个人医疗账户相结合的管理办法，市财政按享受公费医疗人数年工资总额的 8% 提取医疗经费，并对 45 岁以上的职工提取医疗经费的 30%、45 岁以下的职工提取医疗经费的 20% 的不同比例划入个人账户。在职职工个人按年工资总额的 1% 缴纳的部分划入个人账户，市财政按退休人员年退休费的 8% 提取医疗经费，并将该项经费的 40% 划入个人账户；单位按享受公费医疗人数每年为在职职工每人提供 30 元、退休人员 80 元作为公费医疗补充经费并划入个人账户。职工因病需要就诊，其发生的医疗费用先由个人医疗账户支付，个人医疗账户不足支付时再由职工自付。200 元以上部分（不含退休人员）由社会统筹医疗基金支付，但个人仍要负担一定比例。200 元以上至 5000 元部分，工龄 15 年以内的个人负担 20%、工龄 16 年至 29 年的个人负担 15%、工龄 30 年以上的个人负担 12%；5000 元以上至 10000 元部分，工龄 15 年以内的个人负担 15%、工龄 16 年至 29 年的个人负担 12%、工龄 30 年以上的个人负担 9%；10000 元以上部分，工龄 15 年以内的个人负担 8%、工龄 16 年至 29 年的个人负担 4%、工龄 30 年以上的个人负担 2%。2000 年后，全市统一实施新的医疗保险制度，由福安市劳动与社会保障局（劳动局）成立市医疗保险中心管理。

二、企业职工医疗保险制度改革

1991 年，企业职工医疗沿用 1953 年开始实施的厂矿、企业单位职工医疗制度。职工就诊由厂矿挂钩定点医疗单位（单位医务室或定点医院）负责记账管理，企业直接与其结算。

1995 年，福安市开始按照适应国有企业改革的需要，建立具有中国特色的企业职工基本医疗制度，为广大职工提供基本的医疗保障的指导思想和“低水平、广覆盖、双方负担、统账结合”的基本原则，开展企业医疗保险制度改革试点。2000 年，全市纳入试点企业 55 家、职工 5197 人。当年收入医疗保险费 217.64 万元，支付医疗费 217.32 万元。同年，福安市劳动与社会保障局成立市医疗保险管理中心，开展城镇职工医疗保险和城镇居民医疗保险工作。2001 年 2 月 1 日，福安市正式实施城镇职工基本医疗保险。参加保险对象为党政机关及其工作人员，事业单位及其职工，国有企业、城镇集体企业、外商投资企业、城镇私营企业和其他企业职工、民办非企业单位及其职工等。2005 年，福安市城镇职工参加医疗保险的有 28557 人，收取医疗保险金 3093 万元，支付 2419 万元。

表 21—20 2001—2005 年福安市企业职工基本医疗保险基金收支情况表

年份	参保企业数（个）	参保人数（人）	收取医疗保险金（万元）	支付医疗保险金（万元）
2001	285	13660	375.63	283
2002	398	26200	1742.06	1270
2003	428	27429	2305	1483
2004	428	27655	2532	2732
2005	430	28557	3093	2419

三、城乡居民医疗保险

1991 年，福安市农村仍以合作医疗形式实施农村居民医疗保险。即农民看病只交挂号费或出诊费，免收医药费；或实行免“三费”（挂号费、出诊费、注射费）收部分医药费。2005 年，福建省实施新型农村合作医疗改革（以下简称“新农合”）试点工作，当年，福安市政府申请列入福建省“新农合”医疗改革扩大试点县。并成立城乡居民医疗保险基金，以户为单位，每个居民个人年缴款 120 元，并按“新农合”规定报销医疗费用。

四、商业补充医疗保险

2001 年，福安市在实施职工医疗保险的同时，开展商业补充医疗保险。参保人员个人缴费标准为每人每月 3 元。全额拨款的行政、事业单位由财政负担 2 元、个人账户支付 1 元。其他参保人员由参保单位按每人每月 3 元缴纳。2004 年开始，实施第二轮商业补充医疗保险，每人每月缴费 5 元，其中所增加的缴费由统筹基金中支付。参保人员患大病住院医疗费用超出基本医疗保险基金年度最高支付限额时，超出部分由商业补充医疗保险支付，每一年度商业补充医疗保险最高支付限额为 15 万元。商业补充医疗保险支付阶段的医保费用，保险公司按照 90% 进行赔付，参保人员个人负担比例为 10%。

城镇职工在参加城镇职工基本医疗保险时，医疗保险经办机构同时为其投保商业补充医疗保险。商业补充医疗保险的参保人数同城镇职工基本医疗保险人数一致。医疗保险经办机构按当年的城镇职工基本医疗保险参保人数向商业保险公司支付保费。新增参保人员的保费按照全年标准缴费，保障范围与其他参保人员相同，参加基本医疗保险时间为其商业补充医疗保险待遇的起算时间。

参保人员住院费用统筹支出超过封顶线的部分，由参保人员提供住院费用支付凭据，商业保险公司按规定予以理赔。2002 年，全市有 30 人获得商业补充医疗保险理赔，总金额 61.14 万元。2004 年，商业补充医疗保险理赔件数 51 件，总金额 84.6 万元。2005 年，理赔件数 64 件，总金额 163.9 万元。

五、特殊人群医疗待遇

2000 年 12 月 21 日开始，福安市政府同意将离休人员、老红军、“5·12”人员和二等乙级以上革命伤残军人等特殊人群所需的医疗费用列入财政预算支付。市财政局设立保健中心，负责这些人员及正高级职称专业人员、全国劳模、老红军遗孀等特殊人群的医疗费用管理工作。同时将市五套班子副处级以上在职领导和享受副处级待遇并列入老干局管理的退休人员纳入保健范围，划归保健中心管理，实行医疗费用全额报销。2001 年，全市有此类人员 319 人，支付医疗费用 75.29 万元。2003 年，有 318 人，支付医疗费用 250.33 万元。2005 年，有 311 人，支付医疗费用 346.64 万元。

第六节　机构

一、福安市劳动和社会保障局

1991 年，福安市劳动局编制 17 名，其中，局长 1 名、副局长 5 名，内设办公室、安监股、仲裁办、就业股、调配股、工资股、监察室。

1998 年 6 月，市劳动局行政编制 12 名（含安全办 2 名、仲裁办 1 名），领导职数为局长 1 名、副局长 3 名，股级干部职数 7 名，内设办公室、劳动关系与监察股（兼挂福安市劳动监察大队牌子）、工资福利股、劳动安全监察股、职业技能开发与培训股 5 个职能股室。挂靠单位有福安市安全生产委员会办公室、福安市劳动争议仲裁委员会办公室。

2002 年，在政府机构改革中，组建劳动和社会保障局，为市政府主管全市劳动和社会保障行政事务的正科级工作部门。核定行政编制 7 名，其中，局长 1 名、副局长 2 名，股级干部职数 5 名（含兼职），机关工勤人员事业编制 1 名。内设人秘股（挂政策法规室牌子）、劳动关系与监察股（兼挂“福安市劳动监察大队”牌子）、职业培训股（兼挂“市职教办”牌子）、就业和失业保障股、社会保险股 5 个股室，撤销工资福利股。下属单位：福安市劳动就业管理处、福安市社会劳动保险管理中心、福安市医疗保险管理中心、福安市农村社会保险管理中心、福安市劳动技能培训服务中心、福安市劳动监察大队、福安市劳务派遣有限公司。

二、福安市安全生产监督管理局

2002 年，成立福安市安全生产监督管理局，为市经济贸易局管理的副科级机构，核定行政编制 4 名、工勤人员事业编制 1 名，其中局长 1 名、股级干部 2 名。内设综合股、安全监督管理股 2 个股室。

第二十二篇
民政　扶贫　扶建
MINZHENG　FUPIN　FUJIAN

1991—2005 年，福安市民政部门探索基层村（居）民自治工作新思路，依法进行村（居）民委员会的换届选举，推行村务公开制度和社区建设试点改革，不断加强基层组织和群众自治建设。全市还逐步建立起多层次、不同标准的城乡居民最低生活保障制度。在社会救济、拥军优抚、殡葬管理、社团登记和社会福利等管理方面推进改革，取得实质进展，使民政工作在建立和谐社会中发挥积极作用。

福安市是闽东革命根据地，是中共闽东临时特委和闽东苏维埃政府所在地，是省老区重点县（市），也是福建省畲族人口最多的县（市）。全市有 61 个省定老区基点行政村、103 个畲族村、2 个回族村。15 年来，从中央到地方各级政府投入大量资金，采取各种扶持扶建脱贫致富“奔小康”措施，促进老、少、边、贫地区发展。1993 年年底，福安脱掉省定“贫困县”帽子，并开始农村“小康”建设。15 年间，全市共脱贫 19684 户、90465 人。1997 年经福建省、宁德地区组织验收，全市 90.9% 乡镇、87% 行政村、87.1% 农户，达到省定基本小康标准，开始向宽裕型小康迈进。2005 年，全市宽裕型小康 15 项指标评定，从 1997 年的 15.5 分提高到 51.3 分。城北、城南、阳头 3 个街道达到省定宽裕型小康水平。省、宁德市先后在福安市召开现场会，总结推广脱贫致富、争创小康经验。

第一章　民政

第一节　救灾救济

一、灾害救济

1991年，福安市政府救灾方面，在采取发动群众开展生产自救的基础上，辅以必要的国家救济，全年共发放救灾款56万元。

1992年，全市自然灾害频发，发生风、洪、雹、火等各种灾害57起，尤其是8月29—31日，全市遭遇特大洪潮袭击，灾害严重。全年共发放救灾款132.4万元。福安市政府发动各界为灾民捐赠钱物10.3万元、粮食5.05万公斤、衣被0.89万件，其他实物折款27万元。

1993年，市内旱情极为严重，全市粮食减产40万担；发生火灾51起，造成615户2813人受灾，直接经济损失达1141万元。据统计，全市有各类受灾人口26.89万人，成灾20.32万人，造成直接经济损失6641万元。市民政共下拨救灾款70.99万元。

1994年6—9月，福安连续遭受3号、6号、17号、18号台风与暴雨袭击，全市发放灾害救济款211.46万元，解决重灾区群众生产生活困难，帮助灾民修复房屋6524间。在协同有关部门抓好“造福工程”安置的同时，多方筹资622万元，落实搬迁7个村、213户1056人，建造房屋1156间。民政部门还在全市机关企事业单位、城镇居民中开展募集衣被活动；11月中旬将募集到的4.3万件衣被发放到21个乡镇、街道和闽东赛岐经济开发区的受灾群众手中。

1995年，全市受灾5.89万户（次），27.09万人（次），损坏房屋1685间，粮食作物成灾的8200公顷、绝收680公顷，直接经济损失6653万元。其中，发生火灾43起，受灾399户1916人，烧毁房屋1.61万间、拆毁民房310间，直接经济损失751万元。全年共发放各种自然灾害救济款204.94万元，其中火灾救灾款10.03万元。民政部门还改革救灾体制，建立救灾预备金制度。由市财政单列50万元建立福安市救灾预备金，存入市财政局大华公司实行增值滚动使用，以备较大自然灾害发生时急用，并建设闽东第一个经计委批准立项的民政救灾物资仓库。

1996年，继春夏严重的旱情后，福安7—8月连续遭受第7、8号强台风暴雨、海潮的袭击，全市受灾5.36万户25.14万人，其中，特重灾民2.37万户10.67万人。因灾死亡5人，房屋倒塌1357户496座、严重损坏3958户3652座；粮食作物受灾2.6万公顷、成灾1.8万公顷，绝收2853公顷。其中：全年发生火灾68起，受灾775户3451人，因灾造成直接经济损失3.30亿元。共安排到位救灾救济资金612.59万元。民政部副部长范宝俊、副司长张明亮，省委书记陈明义、副省长童万亨等领导多次到湾坞镇泥湾、徐江村等重灾区察看灾情，指导救灾工作。

1997年，先后遭受“4·3”冰雹、“5·14”龙卷风与大暴雨，11、14号强台风等袭击，受灾面广、灾情严重。全市有5.35万户23.56万人受灾，成灾4.38万户19.25万人；民房倒塌1232户583座，农作物受灾 2.95 万公顷，其中，绝收 5088 公顷，因灾造成直接经济损失 3.86 亿元。当年共安排到位救灾救济资金 581.44 万元。湾坞徐江村开展大规模灾后生产自救，《人民日报》《福建日报》《闽东日报》对此均作报道。

1998 年 6 月 19—23 日，全市普降暴雨，总雨量达 326.7 毫米。全市 456 个村（居）受灾，受灾人口 25.97 万人、成灾 20.36 万人，直接经济损失 1.41 亿元。全年共发放救灾救济款 417.88 万元，帮助 978 户 4303 人搞好灾后生产、重建家园工作。

1999 年，自然灾害造成全市累计直接经济损失 3979 万元，市民政局共下拨救灾救济款 283.54 万元，帮助重灾民 686 户 3018 人。

2000 年，自然灾害造成全市直接经济损失 1.67 亿元，全市下拨救灾救济款 354.08 万元，帮助重灾民 165 户 726 人重建家园，恢复生产。

2001 年，福安市先后发生多起冰雹、暴雨、台风、山洪、病虫害、滑坡等自然灾害，有 450 个村（居）、4.11 万户、18.07 万人受灾，其中，2.56 万户、11.27 万人成灾，市民政下拨救灾救济款 252.2 万元，帮助重灾民 683 户 3073 人重建家园，修建 2263 间住房。

2002 年，福安发生暴雨、山洪、泥石流、病虫害和第 12、16 号强台风等自然灾害。全市 22 个乡镇（街道、开发区）有 450 个村（居）、5.08 万户、22.31 万人受灾，其中，4.63 万户、20.33 万人成灾，死亡 1 人，直接经济损失 1.26 亿元。全市发放特大自然灾害救济补助款 274.36 万元，帮助 789 户、3906 人重建家园。

2003 年 6 月以来，全市持续干旱高温，受灾人口 33.71 万人，因灾造成直接经济损失 1.68 亿元，共发放救灾补助款 160.21 万元。

2004 年，18 号台风引发的洪涝灾害造成 35 年以来罕见的灾情，受灾范围涉及 228 个村 21.6 万人，直接经济损失 4.12 亿元。溪柄镇白沙村等三个重灾区集中建房安置 56 户，分散建房安置 621 户，发放救灾款 405.65 万元。

2005 年，全市连续遭受“6·17”洪涝灾害和第 5 号台风“海棠”、第 13 号台风“泰利”和第 19 号台风“龙王”的袭击，受灾范围涉及 23 个乡镇（街道）、200 多个行政村，受灾人口 7.6 万人、紧急转移 2.2 万人，累计造成直接经济损失 8450 万元，共发放救灾款 458.8 万元。国务院救灾工作调研组专门到福安市察看灾情，对福安市救灾工作给予充分肯定。

表 22—1　1991—2005 年福安市灾害救济情况统计表

单位：万元

年份	主要灾害	政府发放救灾款	社会捐资
1991	旱灾	56	—
1992	风、洪、雹、火灾	132.4	10.3
1993	旱灾	70.99	—
1994	台风、暴雨	211.46	622
1995	旱灾、暴雨	204.94	—
1996	旱灾、台风	612.59	—

续表 22—1

年份	主要灾害	政府发放救灾款	社会捐资
1997	龙卷风、暴雨、冰雹	581.44	133
1998	暴雨	417.88	—
1999	台风、火灾	283.54	—
2000	台风	354.08	—
2001	台风、暴雨、山洪、虫害	252.2	—
2002	台风、暴雨、山洪、虫害	274.36	15.85
2003	旱灾	160.21	—
2004	台风、山洪	405.65	—
2005	台风、暴雨	458.8	—

二、社会救助

1991 年，福安市发放社会救济款 32 万元，帮助五保户 4566 户、4661 人，困难户 21333 户缓解生活困难。其中，发放 2800 多户受灾五保户救济款 15.43 万元。

1992 年，发放社会救济款 19 万元。

1993 年，发放社会救济款 60.67 万元。

1994 年，共发放社会救济款 49.13 万元，“五老”救济款 54.3 万元；对全市社会定补、“五老”定补进行清理换证，全市核定社会定补人员 2088 人，换证 1846 人，更换定补对象 242 人。

1995 年，全市共发放社会救济款 28.67 万元，解决“五老”人员、五保户和灾区群众、贫困户 31051 人生活困难。妥善解决处理群众来信来访 630 多件反映的问题，促进社会稳定。组织第二次“五保”普查工作，重新落实五保户 5744 户、5796 人。

2002 年，设立福安市特困群众就医补助基金，开展全社会募捐活动，募得基金 50 多万元。

2003 年，全市五保人员 7277 人全部纳入乡镇统筹供养。当年，发放社会救济款三次，共计 36.86 万元。完成农村特困户情况调查，确认全市特困家庭共 12117 户、28745 人。

2004 年，共发放社会救济款 12.95 万元、临时救济款 13.3 万元。核定农村“低保”对象 12117 户 28745 人，福建省民政厅下达农村“低保”调剂金 1266 万元，金额总数列全省第二位。

2005 年，发放社会救济款 23.2 万元，临时救灾款 20.1 万元。年初，省委、省政府调研组，世界银行专家组等十多批次到福安市检查、调研，充分肯定福安市的救济工作。

三、农村最低生活保障（简称“低保”）

1998 年，全市开展农村居民最低生活保障调查。

2000 年年底，全市 22 个乡镇（街道、开发区）确定最低生活保障农民、居民 2623 户、3708 人，发放保障金 126.8 万元。

2001 年，全市“低保”农民、居民 3978 户、5093 人，发放保障金（含“五保”户统筹补助款）108.56 万元。

2002 年，全市“低保”农民、居民 5193 人，发放保障金 198 万元。

2003年，“低保”对象4108户，5193人，发放保障金160.9万元。并直接存入“低保”户个人户头，“低保”对象每月可直接凭存折领取“低保”金。

2004年，全市农村“低保”对象12117户、28745人，省民政厅下达农村“低保”调剂金1266万元，金额总数为全省第二位。

2005年，全市有农村“低保”13314户、28716人。

表22—2 2005年福安市各乡镇（街道）居民最低生活保障对象统计表

乡镇	保障户数（户）	保障人数（人）	保障金额（元）	其中					
				“低保”对象			“五保”对象		
				户数（户）	人数（人）	总金额（元）	户数（户）	人数（人）	总金额（元）
赛岐	840	1781	958101	478	1419	601830	362	362	356271
赛开	236	580	390417	154	497	212994	82	83	177423
穆阳	224	440	263949	99	315	135219	125	125	128730
穆云	628	1320	822444	311	1003	425535	317	317	396909
溪柄	728	1646	1049574	359	1279	553344	367	367	496230
松罗	466	1072	638592	232	838	330873	234	234	307719
溪尾	531	1230	698109	255	954	362883	276	276	335226
湾坞	861	1822	1124073	435	1396	579072	426	426	545001
康厝	705	1367	833151	313	975	426531	392	392	406620
溪潭	962	2006	1210584	419	1462	614100	543	544	596484
甘棠	801	1795	1145220	422	1413	600744	379	382	544476
下白石	1096	2548	1655148	628	2080	886077	468	468	769071
上白石	794	1635	983277	396	1234	512364	398	401	470913
范坑	710	1380	772995	278	947	386610	432	433	386385
潭头	931	1805	1045533	405	1279	536994	526	526	580539
社口	674	1471	884481	316	1108	455922	358	363	428559
晓阳	287	682	447501	153	548	437912	134	134	209589
坂中	610	1402	899019	334	1126	477510	276	276	421509
城阳	991	2137	1337445	543	1689	700905	448	448	363540
阳头	70	161	100842	40	131	54720	30	30	46122
城南	63	154	113595	37	128	64059	26	26	49536
城北	106	282	195384	70	246	108906	36	36	86478
合计	13314	28716	17569434	6677	22067	9465104	6635	6649	8103330

四、城镇居民最低生活保障

1996 年，福安市开始建立城市居民最低生活保障制度，并在城区 3 个街道组织先行实施。以城镇居民月收入在 120 元以下为“低保”对象，经核实共有 183 户 265 人；其中，在职职工家庭 10 户 27 人、民政保障对象“五保”户 173 户 238 人，“低保”对象平均每人月补助 110 元。

1997 年 8 月 1 日起，全面实施城镇居民最低生活保障制度，“低保户”平均每人每月可领取保障金 40.58 元。

1998 年，福安市印发《关于实行城区居民最低生活保障对象的若干优惠待遇的通知》，从 7 月 1 日起将城区居民低保金标准提高 30%，即单人户每月 143 元，两人以上户每人每月 130 元。全市全年共为 301 户 833 人发放最低生活保障金 26.74 万元。

2000 年，有城镇居民低保对象 383 户 1259 人，年发放保障金 49.55 万元。

2001 年，城镇居民低保对象 729 户 2458 人，年发放保障金 57.40 万元。

2002 年，城镇居民低保对象 1484 户 4212 人，年发放保障金 129.88 万元。

2003 年，全市发放低保金 224.3 万元，并改变以往按季度发放低保金方法，由民政部门直接按月存入为“低保户”开设的存折户头，“低保”户可直接凭存折领取。

2005 年，全市有城镇居民低保对象 13328 户、28745 人，年发放低保金 1582 万元。

第二节　社会福利

一、社会养老

（一）养老机构

1. 福安市光荣院（又称福利院）

1991 年，福安市光荣院收养残疾人和孤寡老人 70 人、设有床位 80 张，管理人员 37 人。2005 年有院民 63 人，床位 80 张。后多方集资，修缮原省退伍军人培训学校旧址，建成老人公寓，增设床位 50 张。

市光荣院老同志宣讲革命传统（2002 年）

2. 乡镇及农村敬老院

1993 年，福安市政府出台政策，强调“三个注重”兴办敬老院。一是注重与福安市委、市政府“奔小康、建新村”工程相结合，把敬老院建设列入社会主义新农村建设规划；

二是注重发动社会力量多方集资，举办敬老院；三是注重发展院办经济，增强敬老院发展后劲，各地每办一所敬老院必须划给1.33公顷以上生产基地，用于开设小型工厂或茶果园地。

1996年，乡镇新办敬老院2所，收养院民16人。2005年，全市有基层敬老院24所，其中乡镇敬老院18所、村敬老院5所、民办敬老院1所。总占地面积2公顷，其中建筑面积900多平方米，床位307张，收养院民260人。

二、募捐与捐助

1991年，福安市通过社会福利有奖彩票销售募捐55万元，超过历史最高水平，为省下达销售任务21万元的261.9%。

1992年，社会福利奖券销售57万元。

1993年，全市销售社会福利奖券100万元，首次突破百万元大关。

1994年，社会福利奖券共售出85.5万元，超过地区任务60万元的42.5%。

1995年，销售社会福利有奖募捐358万元，为地区下达任务80万元的4.48倍。

1998年，社会福利有奖募捐奖券销售100万元。

1999年，销售福利奖券500万元，再创历年最高值。

2000年，发动社会力量为范坑乡烈属蓝长龙的独生子蓝昌伟（因抢救森林火灾不幸摔下山崖造成瘫痪）捐赠16万元。

2001年，开展为宁夏回族自治区和重庆万州县“扶贫济困送温暖”捐助活动，共募捐17.64万元。

2003年，开展“助孤行动一次捐”活动，收到捐助款10多万元。

2004年，进一步开展“助孤帮困”工程，向省慈善总会争取到65名特困孤儿认养名额，年助养金额3.25万元（年人均500元）。

2005年，完成市级“慈善超市”“社会捐助和接收中心”基础设施建设筹款任务。

三、福利企业

1991年，全市办有社会福利厂11个（当年新办的2个），其中，社会福利三厂年产值、纯利润分别达到106万元和15.8万元；穆云畲族乡的闽东民政民利福良机电有限公司年产值达200万元，纯利润12万元。原福安市民政福利服务公司改名福安市福利企业公司，扩大经营品种，并在上海开设门市部，公司年营业额达100万元。

1992年，福利企业转换经营机制取得进展，“事业单位企业管理”模式的福利企业全部推向市场，实行企业化经营管理。

2003年，全市3家福利企业产值1800万元，销售收入1733万元，创利税173万元。安排63名有劳动能力的残疾人就业，并为福安市32名特困孤儿年发放生活补助款3.5万多元。完成99名享受民政40%定额救济人员的审查工作。

2004年，福安市民政局救灾救济股完成5家福利企业的年检工作，完成一家新办福利企业的上报审批工作。帮助97名残疾人解决就业问题。

2005年，制定“民办公助”或“公办民管”办法，加快公有福利事业和企业单位改革步伐。完成6家福利企业的年检，新办福利企业1家，上报待批社会企业3家。安排有劳动能力残疾人116名就业。

表 22—3 1991—2005 年福安市福利企业情况表

年份	新办企业数（个）	当年安排就业人数（人）	年产值（万元）	年纯利润（万元）
1991	2	—	403.2	33
1992	—	—	806.8	74.5
1993	—	—	2000	120
1994	—	—	3026.8	192.7
1995	—	—	3360	220
1996	—	—	3880	243
1997	2	—	4000	300
1998	4	—	4365	248
1999	—	—	2835	235
2000	—	—	1066	91.55
2001	3	—	813	37
2002	—	—	950	48
2003	1	63	1800	55
2004	1	97	2010	63
2005	1	116	2908	149.22

第三节 拥军优抚与安置

一、拥军优抚

1991 年，全市有优待军烈属、带病还乡的复员及退伍军人 1310 人，优待金额 38.19 万元；全年发放优待对象困难补助款 6 万元，为 2400 户优抚对象解决生产生活困难，还为 1225 户优抚对象实行定补或调整定补金额，全年增加补助金 9.51 万元。

1992 年，开展创建“双拥模范城（乡镇）”活动。市、乡镇充实调整了“双拥”工作领导小组。福安市双拥办由军地双方抽调 5 人正式挂牌办公，全市有 361 个村（居）委会建立拥军优属服务站，形成“双拥”服务网络。元旦、春节、“八一”等节日期间，开展“五个一”（发送一封慰问信、召开一场座谈会、赠送一个拥军包、一次上门重点慰问走访、解决一批实际困难）活动，市、乡镇两级成立拥军优属慰问团，共走访慰问军烈属、伤残军人等优抚对象 7500 户，召开座谈会 953 场，发放慰问品 1260 件、年画 1.2 万张，下拨优抚对象困难补助款 7.5 万元，重点扶持 130 户优抚对象 10.5 万元发展生产经营。颁布实施《福安市军人抚恤优待条例实施办法》，依靠政府、集体、社会的力量，共同做好优抚工

志愿军英模事迹报告会（2003 年）

作。全年农村义务兵优待 708 人，优待面达 100%，户均年优待金 510 元，占上年农民年人均收入 730 元的 70%。对农村义务兵在部队立功受奖的，制定奖励规定。做好优抚、定补、退休、退职军人的优抚金发放以及各种政策性补贴的调整落实。

1993 年，传达贯彻省“双拥”会议精神，开展创建“双拥模范城”和组织拥军优属慰问活动，共慰问优抚对象 6430 户；兴办坂中畲族乡、社口镇优抚生产基地 6.67 公顷，重点扶持 130 名优抚对象发展生产；全市优待农村义务兵 708 户，优待金额达 36.11 万元，每户比要求标准高出 10 元，优待面达 100%；在全省率先清理换发定期抚恤、定期补助款领取证，提高“三属”（烈士遗属、因公牺牲军人遗属、病故军人遗属）定期抚恤金标准。并从当年 1 月起提高“三属”定期抚恤金及在乡失散红军人员及其亲属补助标准，年补发总额 13 万元；兴建革命烈士陵园英烈事迹陈列室；协助八一电影制片厂摄制闽东军民“双拥共建”电影纪录片；三次按政策性规定，提高民政接收安置的军队退休人员的退休（职）金，年共增发 3.37 万元。

1994 年，优抚工作整体水平有新的提高，其中，提高义务兵优待标准、优抚对象抚恤定补标准；优抚生产基地效益明显提高，仅烈士陵园优抚生产基地就开发沿街店面 7 间、年可创收 3.86 万元；对民政接收安置的军队退休（职）人员按政策进行工改，年增加工资总额 25.6 万元；开展拥军优属活动，在全市播映“双拥”工作纪录片《闽东行》。

1995 年，为实现创建“双拥模范城”的目标，制定《福安市创建双拥模范城双拥模范乡镇标准》《福安市创建双拥模范城的工作方案》，并与驻军联合发出《关于创建双拥模范城的工作意见》。福安市政府出台《关于进一步做好拥军优属工作的若干规定》，以海军教导队为基地，军地双方联合创建第一所闽东海军少年军校。同年 7 月，召开全市争创省级“双拥模范城”千人动员大会。10 月 15 日，省、宁德地区“双拥”工作检查组到福安市检查“创建双拥模范城”工作时，对福安市的总体评价：组织有方、宣传有力、制度完善、共建有效、工作扎实。

1996 年，驻军单位制定《拥政爱民公约》，地方 40 多个单位坚持开展“军人优抚”和军警民共建活动。1996 年 10 月，市政府一次性拨款 10.3 万元，为 1997 年参加对越自卫反击战的退伍军人办理养老保险，使这一多年未决的问题得到妥善处理。福安市财政拨出 33 万元支持驻地部队建设，同年 3 月，部队入闽途经福安市，市政府拨款 15 万元补贴部队后勤。对此，省、宁德地区“双拥”工作检查组均给予高度评价。

1997 年，福安市荣获“福建省双拥模范城”荣誉称号，为巩固成果，福安市政府制定《福安市双拥工作三年规划》，“双拥”工作向全民参与拥军共建的方向发展。军民共建点达 40 个，其中 9 个为军民共建示范单位。福安市委、市政府组成拥军优属慰问团，到部队驻地、军地企业、光荣院、军休所等单位走访慰问。同年，海军某艇被命名为“福安艇”，福安市委书记徐桂春任该艇名誉艇长。

1999年，福安市在优抚工作中开展“四个一”活动：在城乡组织开展一次“爱心献功臣”宣传活动；开展一次挂钩帮扶，完善优抚对象家庭经济增长机制，决定募集60万元的帮困资金活动；出台《关于开展“爱心献功臣”活动的通知》《福安市“爱心献功臣行动”募捐的通知》《福安市六套班子领导和市直机关企事业单位帮助优抚对象解“三难”挂钩帮扶的通知》等一系列文件；组织一次全市大规模调研活动，对重点优抚对象进行个案调查，一一落实。重点解决优抚对象“三难”问题。一是解生活难，市直机关事业单位、各包乡的市六套班子领导，对重点困难优抚对象家庭开展挂钩帮扶；各乡镇领导班子对291户重点困难优抚对象家庭开展挂钩帮扶，重点优抚对象优先列入最低生活保障对象。给新定抚的“三属”发放优抚证，年增发总金额达2.98万元；给带病回乡的退伍军人增发补助金，人月均25元，年增发总额5100元。二是解决住房问题，解决了全市重点优抚对象中无房户、危房户、住房困难户的住房问题。市建委下发《关于对老烈属、老伤残军人、老复员军人（以下简称“三老”）在住房建设有关经费减免的通知》，对“三老”在住房建设、危房改造中，在符合规划条件下，优先办理建房审批手续，并给予规划管理费、测量费、城市基础配套费等减免30%的优惠。帮助全市部分“三老”选择适当方式解决住房问题，包括租房、借房、住光荣院。省、地、市三级优抚保障金共投入39.70万元，为重点优抚对象建造房屋。三是解医疗难，市卫生部门和民政部门根据市委、市人民政府《关于开展“爱心献功臣”活动的通知》精神，联合制定《关于对全市“三老”优抚对象实行医疗优待的通知》，对全市的伤残军人和老红军遗孀继续实行公费医疗，实报实销，每季度报销一次，全市重点优抚对象医疗难的问题得到缓解。在开展拥军优属的活动中，市委、市政府召开六套班子领导、各驻军代表、军休老干部等多人参加春节军政座谈会。同时，由市委书记带队，六套领导班子主要负责人参加，到各驻军营地走访慰问，发放慰问品500多件，价值1.6万元；发放春节慰问金1.2万元。此外，安置随军家属3人、给予驻军水、电价格优惠、解决部队菜地等，当年共办实事12件。节日期间，市六套班子领导还带队走访慰问优抚对象多户，发放慰问金2万多元、优抚对象困难补助款12万元。

2000年，全市继续做好重点优抚对象“解三难”工作。扶助军属贫困户每户1000元的项目资金，帮助发展生产。增加定补面，将重点困难优抚对象优先列入最低生活保障对象。还成立拥军优属协会、“立爱心献功臣基金”专户，帮助优抚对象解决因突发贫、病、灾等事件造成的困难。当年，即筹资31万元，首次发放18万元。市政府多次召开会议，并下发《关于建立优抚对象抚恤补助标准自然增长机制的通知》文件，调整抚恤补助标准，市财政年增拨经费28万元。对全市二等乙级以上的伤残军人65人和老红军遗孀5人继续实行公费医疗，实报实销，仍然实行每季度一次报销。当年，市政府向驻军发慰问品500多件，价值6000多元，发放慰问金2.1万元；办理安置随军家属4人等实事22件。福安市再次获“福建省双拥模范城”称号。

2001年，以争创“双拥模范城”为动力，继续开展拥军优属活动。一是各乡镇、村街召开重点优抚对象座谈会480多场次。在“八一”建军节前夕，由福安市委、市政府组成慰问团，到广东省汕头市慰问“福安艇”官兵，送去慰问金1.3万元、慰问品180多件，价值5000多元。落实优抚对象定期抚恤自然增长部分，年增拨经费2.6万元。为抗美援朝回乡老战士、伤残军人建房和优抚对象子女入学困难等补助5万多元。二是组织撰写《福建福安市双拥工作纪实》一文，并在2001年第九期《解放军画报》

上刊登四个版面的《红土地上亲情浓》图片。三是深入基层开展重点优抚对象普查工作；年初，市民政部门抽调15人，连续6天分别到市人武部、市志办、市档案馆等单位，查阅1万多件档案资料，基本摸清因病回乡的退伍军人名单和40%救济的复员军人退职的精确时间，“二战”期间被错杀人员及其亲属的基本情况等。同年6月，基本完成普查工作。四是落实重点优抚对象医疗、抚恤和退伍安置政策。对二等乙级以上革命伤残军人的医疗问题进行全面调查摸底，并逐人逐户建立起有关档案，将54人的医疗费用列入医保管理。2001年春节和建军节，市民政局下达优抚对象生产、生活困难补助经费7万元。由市委主要领导带队到12个驻军基层单位和光荣院慰问，共发放慰问品1000多件、价值3.5万元。

2002年，福安市连续三届荣获“福建省双拥模范城”称号，全市共有48个军民共建点、3所少年军校，开办国防教育课50多场次。对全市二等乙级以上伤残军人和老红军遗孀实行实报实销公费医疗保险。新评定烈士1人。同年，开展节日慰问驻军单位活动，发放慰问金9.57万元、慰问品1860件。为部队提供粮食和副食品等补贴，专项经费57万余元；为部队减免有线电视收视费3.6万元；解决军人子女就学问题，解决武警中队官兵吃水难问题，将全市军转干部特困户纳入城市低保范围；为军属办理招工、调动手续，发放随军家属生活费补助7人、1万元，为退伍军人提供岗前培训，为下岗退伍军人发放再就业优惠证。

2003年，共拨款24.35万元，为武警中队、消防大队、市人武部、预备役炮兵部队解决生产生活困难。安排3个项目扶持驻军发展农副业生产，为部队主副食品供应提供补贴28.6万元、节日供应补贴1.6万元，发放慰问经费5.6万元，为驻地武警等“三警”部队追加伙食补贴9.05万元。市科委、市民族中学共为武警中队举办文化课知识讲座和发展农副业生产培训班、培训28人次，培训军地两用人才65人次。为部队送图书230多册。市法院累计受理涉军案件18件，诉讼标的21万元、减免诉讼费8600元、审结率100%。2003年，将优抚困难对象列入城市低保，发放最低生活保障金和优待金。

2004年，地方财政共拨补部队主副食品补贴5.7万元、节日副食品补贴2.6万元、“三警”部队伙食补贴10万元，部队生活用煤补贴7.95万元，军供大米3.29万千克、食油720千克、水电路投资130万元，支持部队建设用地0.71公顷。开展科技拥军活动，举办文化和农副业生产技术培训班、培训官兵，培训军地两用人才、培养种养能手，为部队送去科技图书500多册。安置军转干部、随军家属就业，发放随军家属生活补贴，解决随军子女入学问题、减免各种费用近2.3万元。调整军队退伍、退职人员增资，发放遗属生活困难补助。为下岗退伍军人发放再就业优惠证，帮助驻军单位办理职工养老、失业和医疗保险，驻地海军地方养老和失业保险。2004年，发放优抚对象定期抚恤补助。节日期间走访慰问优抚对象、发放优抚对象困难补助款20万元；慰问驻军、军休所等，发放慰问金5万元、慰问品1000件。

2005年，市财政共拨补部队节日副食品补贴3.6万元、“三警”部队伙食补贴11.15万元、部队生活用煤补贴11.35万元，军供大米6.35万千克、军供面粉2.38万千克及部分食用油；补助“三警”部队基础设施建设资金56万元，支持部队用地0.4公顷，为部队减免水电费38.6万元，投入资金48.5万元为驻军建设“菜篮子工程”0.52公顷，为修管所筹资3万元建成食堂；安置军转干部和随军家属，发放随军家属生活补助4.08万元，解决随军子女入学问题、免交各种费用近2.3万元；落实企业军转干部生活困难补助费11万多元，争取医保统筹金27.4万多元、为企业军转干部办理医疗保险；举办文化和农副业生产技术培训班、培训官兵，培训军地两用人才、种养能手，为部队送去科技图书320册。当年，全市共发放优抚对象定期抚恤补助776.14万元，发放最低生活保障费87万元。节日慰问优抚对象、发放困难补助款 20 万元，慰问驻军单位及军休所等，发放慰问金 15.6 万元、价值 1.7 万元的 1000 件慰问品。

二、退役军人安置

1991 年，接收安置退伍军人。安置中注重人才推荐和“军地两用”人才的使用。当年，福建省退伍军人福安培训学校还举办一期电机电器培训班，乡镇也举办多期农机培训班，培训退伍军人“两用”人才。

1993 年，城镇退伍军人全部安排到位。

1994 年，在退伍安置面临严峻形势下，福安市政府多次研究安置任务，严格执行退伍安置政策。市退伍办通过思想动员、疏通协调，安置工作成效明显。

1995 年，退伍安置工作采取多渠道、全方位的办法，实行“两个优先”，即“岗前培训成绩优秀者优先”，“服役期限长、立功者优先”；“三个结合”，即“指令性计划与单位选用相结合，组织分配与个人择业相结合，发挥专业特长与用工单位对口录用相结合”，安置城镇退伍军人。

1996 年，福安市政府制定“三不准，一优先”措施：用人单位对政府分配的安置任务不准以任何借口拒绝接收；不准拖延安置；在退伍兵没有安置前不准招工及调入人员；接收退伍兵和大中专毕业生时要优先安排退伍兵。

1997 年，继续实行“三不准，一优先”的安置政策，举办为期 10 天的城镇退伍官兵岗前技术技能培训班。同时，成立“福安市退伍军人人才交流服务中心”，向社会企事业用人单位介绍军地“两用”人才，先后向福建省福日公司、市公安、银行、宾馆等系统单位推荐、安置“两用”人才。

1998 年，对异地接收安置军人，根据省规定，人均月增发生活费 47.8 元。当年，在下白石海军驻地工厂举办城镇退役士兵岗前技术技能培训班。

1999 年，强化政府行为，采取指令性安置、双向选择和鼓励自谋职业相结合的办法，拓宽退伍安置渠道，确保完成安置任务。

2000 年，帮助驻军安置随军家属。当年，全市有 20 个单位、13 个人被评为安置工作先进集体和个人。

2001 年，接收安置上年度退伍的伤残军人，及当年退伍的城镇退伍士兵的安置任务。

2002 年，福安市建立退伍军人安置保障基金，保障自谋职业的退役官兵一次性经济补助金的足额、及时兑现。

2004 年，引导退伍军人走社会公开招聘、自主择业的路子，提高年度退伍兵的就业率，加快退伍安置制度与市场经济条件下的劳动用工制度接轨。

第四节　基层自治组织建设

一、村委会建设

（一）换届选举

1991 年，福安市制定村委会三年建设规划，依法开展村委会班子换届选举。全市 449 个村委会，其中14个已于1989年6月1举行过选举，对于这些已有较强村委班子的行政村，不再举行选举，其余均举行换届选举，共选出班子成员2321人。1993年，福安市委组织部牵头组织两次村级组织建设检查，授予全市197个村委会为达标村称号。1994年，实施新一届村（居）委会换届选举，选出村（居）委会成员1985人；其中，新当选的村（居）委会主任479人、副主任257人，委员1249人，村（居）民小组长3742人，村民代表10589人。1997年，是村（居）委会又一届换届选举，全市进行村（居）委会选举工作，并对新一届村民委员会干部进行培训，培训率达100%。2000年，新一届村（居）委会换届选举，选举后各村（居）委会都制定了三年村（居）发展规划、村民自治章程和村规民约，建立民主管理、民主决策和民主监督制度。

2002年，开始村（居）委会换届选举准备工作，市、乡镇政府接待来访8件、解答咨询10件、处理来信8件、指导村民提出选举意见9个。2003年，全市完成村（居）换届选举。2004年，抓好村委会换届选举扫尾工作，并首次推行村务公开、民主管理工作，建立"村账乡代管"制度和村党风廉政监督小组。

（二）村民自治

1991年，福安市开展村（居）民自治示范村首批试点工作，试点村共95个。

1992年，福安市对示范村首批试点中的77个村进行检查验收，市政府授予66个村为"村民自治达标村"称号，其中，评为省级明星村8个、地级6个、市级8个。同年，又在197个村开展村民自治示范活动，占全市行政村的43.8%。并开展明星乡村评比，全市有5个村被授予省级"明星村"称号、6个村被授予地级明星村称号。1996年开展第二轮村民自治示范活动，全市确定示范村100个。福安市制定《福安市村委村务管理章程》，推进村委依法建制，依法治村、民主管理。1998年，扩大推行村务公开民主管理工作，全市447个村建立村民代表会议制度，占全市行政村的96%、有制定议事规划的村占91.5%、有制定《村民自治规章》和《村务规范化管理章程》的占90%。1999年，福安市政府制定《关于加强农村财务管理几点意见》，组织人员对村级资产和财务进行审计，追回违纪资金30多万元，开展贯彻《中华人民共和国村民委员会组织法》的示范试点工作，确定26个村为示范点，并逐步铺开。2001年后，以村民自治、村务公开为重点，全面加强村委会建设。

二、社区居委会建设

1992年，福安市撤销韩阳镇成立城北、城南、阳头三个街道，并设立办事处，制定街道居委会三年建设规划，依法开展居委会班子换届选举。以后每三年举行一次换届选举。2001年，开展成立社区及居委会试点。2002年，贯彻落实《福建省城市社区建设纲要（试行）》，福安市制定《福安社区规划》《福安市社区建设部门责任制》《福安市贯彻福建省城市社区建设纲要的实施方案》等7个文件，成立福安市社区建设领导小组，开展社区基础普查，撰写调查材料、工作方案、政策措施意见、简报等53份，3个试点社区完成筹建工作，阳春社区首先正式挂牌。2003年，完成城市社区规划整合工作，原25个村居整合为19个社区，并依法进行社区居委会换届选举。全市建成市区社区中心18个、乡镇街道社区中心3个，社区服务站51个、各类老人社区服务设施45个。2005年，进一步完善社区居委会工作制度，引导好卫生、科技、劳动、教育、法律等服务进社区，并开展社区建设课题调研工作。城北前进社区、阳头阳春社区被评为福建省先进社区，南湖社区被评为宁德市示范社区。

第五节　其他事务

一、移民安置

根据全国协调及省政府统一安排，从2001年1月起，福安市接受三峡水库建设库区移民安置任务，并成立三峡库区移民安置领导小组和办公室，负责接收安置一批三峡库区移民。市政府制定“三峡库区移民安置工作方案”，选定安置点、征用移民生产用地，并由市政府统一建设安置房。2004年8月，福安市接收安置的三峡工程外迁农业移民18户、69人。其中：下白石镇顶头安置点安置10户、35人；湾坞乡马头村安置点安置8户、34人。由当地政府协调帮助发展生产，或就近安排到企业务工。

二、婚姻登记

1992年，福安城区婚姻登记率达96%，乡镇达74%，全市举办一期婚姻登记管理人员培训班，35人培训合格、发给婚姻登记员证书。1993年，全市处理违法婚姻146对。1994年、1995年，全市结婚登记为历年最多。1997年，实施婚姻登记与计划生育相结合政策，开展“两清理，一集中”，即对违法婚姻实行清理、符合条件的予以补登，严格初婚登记。1999年，福安市成立城区婚姻登记处，方便群众、提高办证率。2002年，首次实行全市婚姻登记集中由民政部门办理，加强婚姻登记的规范化、制度化建设。2004年，福安市婚姻登记处被民政部评为先进单位。

2000年，全市离婚登记130对，2001年158对、2002年191对、2003年273对、2004年270对、2005年318对，离婚现象呈逐年增多趋势。

表22—4　1991—2005年福安市婚姻登记情况表

年份	结婚登记（对）	已婚补登记（对）	涉台港澳婚姻登记（对）	离婚登记（对）	复婚登记（对）	出具夫妻关系证明书（份）
1991	3697	—	—	24	—	—
1992	4684	1287	3	26	—	—
1993	4547	1220	3	22	—	—
1994	7265	2489	3	27	33	3
1995	1014	—	9	23	—	9
1996	5854	2644	9	46	40	5
1997	2957	1239	15	72	29	17
1998	3746	856	17	74	95	30
1999	2308	430	14	47	—	—
2000	3628	—	—	130	—	—
2001	3144	—	—	158	—	—
2002	3847	—	—	191	—	75
2003	4497	—	—	273	—	98

续表 22—4

年份	结婚登记（对）	已婚补登记（对）	涉台港澳婚姻登记（对）	离婚登记（对）	复婚登记（对）	出具夫妻关系证明书（份）
2004	5557	—	—	270	—	84
2005	4449	—	—	318	—	—

说明：1. 1991 年到 1999 年涉台、港、澳、华侨人员婚姻登记由县级民政部门办理。

2. 2000 年起，涉台、港、澳、华侨人员婚姻登记收归地级市民政部门办理。

三、收养登记

1992 年《中华人民共和国收养法》正式实施。1992—2005 年，福安市共办理收养登记 97 例，其中，1994 年 1 例、1996 年 1 例、1997 年 7 例、1998 年 8 例、1999 年 19 例、2000 年 12 例、2001 年 11 例、2002 年 13 例、2003 年 12 例、2004 年 6 例、2005 年 7 例。

四、殡葬改革与管理

（一）殡葬改革

1992 年，福安市实施殡葬改革，1993 年，福安市政府出台《福安市殡葬改革和管理通告》，划定殡葬改革区。当年，福安市政府成立殡葬改革领导小组，同年 3 月福安市殡仪服务站和殡葬管理所正式成立，人员编制 8 人。1994 年，开始逐步推行火葬。同年，殡葬管理所评为福安市文明单位。1997 年，殡葬管理所钟四弟评为全国社会事务工作先进工作者。2003 年，福安市成立殡葬执法大队。同年 11 月 30 日零时起，福安市全境实行死亡火葬。2004 年，全市死亡火化率达 21.76%，2005 年火化 826 具、死亡火化率达 28%，并逐步推进骨灰埋葬公墓化。全市 447 个村委会均建立“红白理事会”群众组织，宣传推广殡葬改革。

（二）公墓与殡仪馆

1992 年，市民政局征地 13.33 公顷建设龟龙山公墓。1993 年，第一期 0.22 公顷公墓投入使用、售出 110 孔墓穴。1994 年，建 760 孔、售出 400 多孔、安葬 210 孔。1995 年，又开发墓穴 400 孔、售出 200 多孔、安葬 110 多孔。至 1996 年，累计开发墓穴 1800 多孔、售出 1050 多孔。1997 年新开发墓穴 240 多孔、扩大建设规模，售出 180 孔。在赛岐、穆阳、社口也建有三个公墓区，其中赛岐松宿公墓开发 100 多孔墓位。2000 年，新扩建公墓面积 4.4 公顷，开发墓穴 684 孔。2003 年，开发龟龙山、龙祥山陵园式骨灰安放公墓。

1997 年，福安市规划在老蛇岗山建殡仪馆，火化车间设计建设面积 430 平方米，并建骨灰堂一座。1998 年，完成圣泉陵园工程规划、立项、设计和征地，9 月动工。2003 年，由长乐投资商独资兴建殡仪馆，经过一年协调处理遗留问题，投资 700 多万元，建成占地面积 2 公顷，建筑面积 3800 平方米的现代殡葬场馆，馆内骨灰楼有 8000 个安放龛位。

五、地名管理

（一）地名补查

1991 年，福安市地名补查和资料更新工作全面结束，并通过验收，符合质量要求。共补查更新地名 4123 条，比 1980 年普查时增加 169 条。其中，遗漏的地名 25 条、新产生的地名 121 条、增补普查范围外的地名 23 条。占地名补查、更新的 4.1%；在资料更新中，属于更新过时普查资料的 1076 条、补充缺漏项目和内容2632条、纠正错误的50条、保留的196条，做其他处理的169条。

1992年，着手编制《福安市政区图》，1993年正式出版，并协助福建省地名办编写《福建省海域地名志》；完成审定《中华人民共和国地名大辞典》辞目福安部分，参与省地校对《福建省政区图》和《宁德地区政区图》中的福安市内容。1995年《福安地名志》出版。

（二）地名标志

1992年，全市着手地名标志试点工作，1993年，先在市区三个街道办事处开展地名标志试点，同时在赛岐镇实行地名标志和楼门登记。

1994年，以地名标志和楼门牌登记为重点，制定《福安市地名标志设置和安装楼门牌的实施方案》，第一批落实设置104国道和城区公路主干线沿线行政村村委会标志牌74块，占应设总数的82.2%。

1995年，地名标志工作全面铺开。全市公路沿线设置行政村标志牌97块，楼门牌安装全面开始。

1996年，安装国道、省道两侧公路沿线村庄地名标志牌45块，使总数达145块，其中国道线34块、省道线17块、城区主要公路沿线94块。制定城区市公共场所标志牌设置规划，并制作2块样本牌。

1997年，按省民政厅等有关部门规定，在国道、省道和城区主要公路沿线村庄安装了按全国统一规格制作的25个村镇标志牌。

1998年，全市继续进行村庄地名标志牌和楼门牌的设置和安装工作。

1999年，全市完成村庄地名标志牌和楼门标志牌的设置和安装任务。

2000年，进一步完善地名档案资料的整理和管理。

2005年，做好城区路牌的规范化维护和管理工作，并补置标准路牌50多面。

（三）地名更改

1992年，晓阳乡改为晓阳镇，该镇路下村更名为龙洋村、晓洋村更名为晓阳村。

1995年，对市区阳上、阳下、南湖、东风和下白石5个村予以更名为阳上、阳下、南湖、东风和下白石街道；阳尾、白塔更名为阳泉、雁塔；命名城北街道的新阳路、溪尾镇的永兴南路两条新路。

2001年，配合建设、规划、园林、房产等部门，对城区街、路、巷、弄的历史名称变易以及所辖范围等开展调查，做好命名的前期工作。

2002年，做好地名命名审批工作以及村（居）名称、数量统计核实上报工作。

2003年，开展地名区划工作，审批城阳乡原秦溪村所辖里王湾、外王湾村析出成立王湾村和城北街道锦阳社区，更名城区三个街道所属居委会为社区居委会。

2004年，地名办完成全市乡镇、村居（社区）地名核对上报工作，并审批城南街道官村的地名。

六、社团管理

1991年，福安市贯彻国务院《社会团体登记管理条例》，完成社团清理整顿复查工作，核准社会团体登记发证85个（其中，市级43个，乡镇级42个）。

1992年，社团工作逐步纳入依法管理的轨道，市民政局加强对社团的管理，参与并指导社团重大活动，开展先进社团评比活动，健全社团活动管理制度。当年，新审批社团9个，年审登记社团94个。

1993年，加强社团档案管理，做好社团年检工作，批准成立13个市级社团、社团总数达108个。

1994年，新审批5个社团，社团总数123个。

1995年，批准登记新的社团组织7个，全市社团67个，开展社团年检工作，合格的社团在《福安报》刊登公告，并更换新印章。各乡镇红十字会6个、计生协会19个、个体劳动有协会10个、消委会9个，按规定分别合并到市红十字会、市计生协会、市个体劳动者协会和市消委会。撤销原体育类社团组织9个。对不经登记滥用结社权力非法活动的“中功”等组织，予以责令解散。加强社团财务管理，开展财务检查，使用统一票据。

1996年10月，市民政局社团办组织一次全市性社团在城区解放路开展便民为民活动，有7个社团参加。

1997年，福安市成立清理整顿社团工作领导小组，组长由常务副市长担任。市政府下发文件，确定清理的内容、范围，社团办制定工作方案。有9个法人社团由市审计事务所对其财产进行审计，大部分社团都按规定使用省统一印制的社团票据，加强财务管理，建立、健全社团的有关档案资料。

1998年，配合审计部门对全市14个法人社团进行审计，有4个社团进行变更登记。

2000年，对符合规定的42个社团给予年检登记，撤销登记22个、新登记社团2个。

2002年，全市有社团48个，新登记社团5个，民办非企业单位15个。

2003年，办理民办非企业单位年检12个，新登记社团4个。

2004年，办理社团年检41个，民办非企业单位年检14个。

2005年，新审批社团9个，民办非企业单位1个。全市共准予登记注册发证的社团94个。

表22—5　2005年福安市准予登记社团情况表

序号	社团名称	会长	秘书长	登记证号	社团地址
1	福安市个体劳动者协会	陈永加	袁　抒	安政民社证字第1号	福安市解放路17号
2	福安市美容美发协会	王丽芳	王新平	安政民社证字第2号	福安市金山北路43号
3	福安市邮政职工技术协会	缪起时	黄　鸣	安政民社证字第4号	福安市邮政局
4	福安市扶贫开发协会	黄晓莺	林寒光	安政民社证字第5号	福安市政府大楼一层
5	福安市医学会	赵伯毅	郭德英	安政民社证字第6号	福安市中兴东路12号
6	福安市退离休教育工作者协会	刘昭红	王宝麟	安政民社证字第7号	福安市老干局五楼
7	福安市拔尖人才协会	陈茂榕	陈文卿	安政民社证字第8号	福安市委组织部
8	福安市佛教协会	释慧照	刘华章	安政民社证字第10号	福安市城南湖山路10号
9	福安市基督教三自爱国会	陈品英	郑汝钤	安政民社证字第11号	福安市城南陆厝巷4号
10	福安市水利电力学会	李志林	杨江闽	安政民社证字第12号	福安市政府大楼五层
11	福安市道教协会	林贵龙	高廷官	安政民社证字第13号	福安市阳头过溪清松观
12	福安市农村卫生协会	苏翔华	郭　昌	安政民社证字第14号	福安市政府大楼
13	福安市红十字会	连　鼎	—	安政民社证字第15号	福安市政府大楼
14	福安市消费者委员会	陈永加	蔡　霖	安政民社证字第18号	福安市城南解放路5号

续表 22—5

序号	社团名称	会长	秘书长	登记证号	社团地址
15	福安市档案学会	林　著	陈小鲸	安政民社证字第 19 号	福安市档案馆内
16	福安市台属联谊会	陈春江	李余庆	安政民社证字第 20 号	福安市阳头群祥路 22 号
17	福安市标准化计量测试学会	王　晖	陈如春	安政民社证字第 21 号	福安市新华北路东垄口
18	福安市老龄福利协会	谢乃崇	李润楫	安政民社证字第 22 号	福安市老干局三楼市老龄办
19	福安市电机电器同业商会	郭　健	黄宝明	安政民社证字第 23 号	福安市财经大厦五楼
20	福安市老区建设促进会	刘秉辉	刘寿坤	安政民社证字第 24 号	福安市市政府大楼一层
21	福安市私营企业协会	陈永加	袁　抒	安政民社证字第 25 号	福安市城南解放路 17 号
22	福安市集邮协会	曾茂钦	郑振铃	安政民社证字第 26 号	福安市邮政局内
23	福安市园林协会	郑贻泉	郑贻泉	安政民社证字第 27 号	福安市城北公园路 36 号
24	福安市农学会	李玉凯	林赛萱	安政民社证字第 28 号	福安市新华中路 4 号
25	福安市政协之友联谊会	许学文	陈登圣	安政民社证字第 29 号	福安市政协大楼内
26	福安市天主教爱国会	韩小刚	宋步青	安政民社证字第 31 号	福安市城北中兴街东路 68 号
27	福安市农机员协会	缪石德	王松梅	安政民社证字第 32 号	福安市新华中路 39 号
28	福安市农业经济学会	林书顺	郑长苏	安政民社证字第 33 号	福安市新华中路 4 号
29	福安市林学会	郭逢生	杨旺利	安政民社证字第 34 号	福安市城南下城河 9 号
30	福安市农副产品流通协会	黄文雄	陈　正	安政民社证字第 35 号	福安市供销合作社
31	福安市税务学会	游福忠	王少华	安政民社证字第 36 号	福安市国税局办公楼内
32	福安市畜牧兽医学会	陈碧清	黄旭明	安政民社证字第 37 号	福安市福泰路 230 号
33	福安市环保产业协会	郑胜光	郭红芳	安政民社证字第 38 号	福安市福泰路 203 号
34	福安市化学化工学会	吴培煊	李韩锋	安政民社证字第 39 号	福安市农药厂
35	福安市茶业协会	陈成基	王水金	安政民社证字第 40 号	福安市城南解放路 11 号
36	福安市包装箱行业协会	詹友祥	黄恩铃	安政民社证字第 41 号	南郊民营工业区 22 号
37	福安市乒乓球协会	叶　华	缪敏健	安政民社证字第 42 号	福安市城北中南大厦六层楼
38	福安市企业宣传联谊会	缪小宁	姚少华	安政民社证字第 43 号	福安市城北上杭路 10 号
39	福安市室内装饰装修协会	李　凯	张廷铃	安政民社证字第 44 号	福安市新华南路 86 号
40	福安市船舶行业协会	陈奶康	林小灵	安政民社证字第 45 号	闽东赛岐经济开发区三江一路 18 号
41	福安市建材行业协会	郑　青	陈若溥	安政民社证字第 46 号	福安市三贤路 4 号
42	福安市体育总会	林　彬	缪宏景	安政民社证字第 47 号	福安市文体局
43	福安市工商行政管理学会	高国雄	张　健	安政民社证字第 48 号	福安市城南解放路 5 号
44	福安市机动车驾驶员协会	相苏平	黄　春	安政民社证字第 49 号	福安市交警大队院内

续表 22—5

序号	社团名称	会长	秘书长	登记证号	社团地址
45	福安市烹饪协会	王丽芳	王新平	安政民社证字第 50 号	福安市金山北路 43 号
46	福安市服饰协会	陈树荣	张容易	安政民社证字第 51 号	福安市棠后路 2 号楼
47	福安市交通运输协会	郭清平	陈发锦	安政民社证字第 52 号	福安市城北富春路 132 号
48	福安市电机工程学会	缪则光	缪则光	安政民社证字第 53 号	福安市政府大院 1# 楼四层
49	福安市农户自立能力服务社	郭寿荣	郑书光	安政民社证字第 54 号	福安市政府大楼
50	福安市药学研究会	王振旺	钟　凯	安政民社证字第 55 号	福安市药品监督局
51	福安市安全生产协会	黄　滔	马培华	安政民社证字第 56 号	福安市政府大楼
52	福安市溪柄镇立峰村葡萄协会	马细福	马友雄	安政民社证字第 57 号	福安市溪柄镇立峰村委
53	福安市机械铸造行业协会	池永顺	施　涵	安政民社证字第 58 号	秦溪洋棠兴路 319 号二层
54	福安市机电配套行业协会	陈碧玉	张品福	安政民社证字第 59 号	福安市阳头桥头原建行 2 楼
55	福安市财政会计学会	叶连茂	叶连茂	安政民社证字第 60 号	福安市城南龙江路 5 号
56	福安市妈祖文化研究会	杨宝全	杨宝全	安政民社证字第 61 号	福安市城北富春路 71 号
57	福安市葡萄协会	林　青	余成法	安政民社证字第 62 号	福安市农业局办公楼
58	福安市涂装行业协会	王廷华	刘瑞光	安政民社证字第 63 号	城南鹤兴中路 3 号
59	福安市穆云畲族乡虎头村水蜜桃协会	缪伏发	吴庆波	安政民社证字第 64 号	虎头村委楼
60	福安市坂中畲族乡坑下村蔬菜协会	林顺明	朱泽明	安政民社证字第 65 号	坑下村委楼
61	福安市民办教育协会	谢文胜	刘　庆	安政民社证字第 66 号	德艺学校二层
62	福安市酒类商品流通协会	罗逢发	薛　卫	安政民社证字第 67 号	福安市过境路林化厂前
63	福安市水路运输行业协会	徐文平	吴斌孙	安政民社证字第 68 号	赛江北路 135 号
64	福安市建设行业协会	陈惠民	林　鸿	安政民社证字第 69 号	城北财经大厦 6 层
65	福安市水蜜桃协会	陈祖枝	林赛萱	安政民社证字第 70 号	新华中路 4 号
66	福安市诚信促进会	杨金柱	陈梦蛟	安政民社证字第 71 号	市政协大楼
67	福安市老科学技术工作者协会	林贤康	陈　辉	安政民社证字第 72 号	福安市政府大楼
68	福安市农副产品加工行业协会	范广平	王耿华	安政民社证字第 73 号	城南三贤路 4 号
69	福安市溪潭镇岳秀村柑橘协会	林振光	林佑生	安政民社证字第 74 号	溪潭镇岳秀村委楼
70	福安市有色金属行业协会	罗利民	谢更平	安政民社证字第 75 号	岩湖坂天湖商贸城 Ac 楼 1—20 商店
71	福安市个体私营企业协会	陈永加	袁　抒	安政民社证字第 76 号	解放路 5 号
72	福安市消费者权益保护委员会	陈永加	邹品跃	安政民社证字第 7 7 号	解放路 5 号
73	福安市老年人体育协会	阮妙容	陈惠芳	安政民社证字第 78 号	中南大厦五楼

续表 22—5

序号	社团名称	会长	秘书长	登记证号	社团地址
74	福安市医疗保健器材行业协会	邱惠德	缪润铃	安政民社证字第 79 号	福安市林业局三楼
75	福安市赛岐镇象环村葡萄协会	陈玉章	陈细棠	安政民社证字第 80 号	象环村委楼（法人陈丽金）
76	福安市秦溪洋工业园区平安协会	郑韩锋	何晓雄	安政民社证字第 81 号	城阳乡政府
77	福安市教育协会	陈春强	陈春强	安政民社证字第 82 号	福安市教师进修学校
78	福安市上海商会	郑　榕	郭晓霞	安政民社证字第 83 号	秦溪阳过境路 2 号
79	福安市医药经营行业协会	袁润怀	林树峰	安政民社证字第 84 号	新华中路 6 号
80	福安市竹业协会	缪妙青	姚克平	安政民社证字第 85 号	福安市林业局三楼
81	福安市见义勇为协会	何世明	陈瑞平	安政民社证字第 86 号	福安市公安局四楼
82	福安市音像协会	张学健	郭　新	安政民社证字第 87 号	城北富春路 58 号
83	福安市溪尾镇水产养殖协会	雷元喜	—	安政民社证字第 88 号	溪尾镇政府大楼
84	福安市企业家与企业联谊会	阮玉铃	陈美容	安政民社证字第 89 号	福安市政府大院旧楼四楼
85	福安市医药食品协会	钟隐芳	林贤谈	安政民社证字第 90 号	市委大院
86	福安市社口镇茶业协会	温铃光	章思明	安政民社证字第 91 号	社口镇大院
87	福安市蜂业技术协会	苏惠荣	—	安政民社证字第 92 号	中兴东路 36 号
88	福安市北京石材业商会	杨珍芳	—	安政民社证字第 93 号	阳头福星花园 8—10 号楼二层商场 A 区
89	福安市溪尾镇溪邳村经济发展协会	江宽全	郑红福	安政民社证字第 94 号	溪尾镇溪邳村村委楼
90	福安市松罗乡柳溪村经济发展互助协会	柳仲金	柳裕绍	安政民社证字第 95 号	松罗乡柳溪村村楼委
91	福安市穆云畲族乡王楼村经济发展互助协会	高廷贵	兰反修	安政民社证字第 96 号	穆云畲族乡王楼村村委楼
92	福安市下白石镇小梨村经济发展互助协会	高云平	沈廷光	安政民社证字第 97 号	下白石镇小梨村村委楼
93	福安市上白石镇坑尾村经济发展互助会	林振棠	林日旺	安政民社证字第 98 号	上白石镇坑尾村村委楼
94	福安市拥军优属协会	陈进华	吴燕来	安政民社证字第 99 号	福安市政府院内

七、老龄工作

（一）组织机构

1990 年 6 月，福安市老龄工作委员会（以下简称“市老龄委”）成立，下设办公室，行政编制 2 名。市老龄委主任由原人大常委会主任、副厅级离休干部魏锦荣担任，全市各乡镇（街道）、市直 9 个部门也成立老龄工作委员会，全市各行政村（居），全部建立老龄工作领导小组，全市还有 48 个老人协会。市还成立老龄福利协会，老年学研究小组，老年诗书画影协会以及各种类型的老年群众组织。全市形成专、兼、聘和老、中、青相结合的老龄工作队伍，形成老龄工作组织网络。1999年，由原宁德地区行署巡视员雷瑞华担任老龄委主任。2001年，组建新的市老龄工作委员会，作为福安市政府主管老龄工作的议事协调机构，由市委常委、市政府常务副市长担任主任，办公室主任由市民政局局长兼任。2004–2005年，老龄委主任改由市委常委、市政府常务副市长刘宗廷担任，雷瑞华担任第一副主任。

（二）主要活动

1991年3月，创办福安市老年大学。许多乡镇也先后兴办老年学校，全市共有乡镇老年学校30多所，学员950人。全市有老年人活动中心220个，活动场所面积达6037平方米。赛岐镇投入72.8万元，建成面积997平方米的镇老年活动中心。当年，福安市委表彰78位“老有所为”先进个人。1992年，市老龄委动员和组织老年人投身经济建设，全市有35个老年经济实体，总投入资金约300万元。1993年，城南街道南郊村在宁德地区首开先河，对140名老年人发放定期定额养老补助金。1994年，挂靠市老龄委的老年企业创收50多万元。1995年，成立市老龄福利协会，筹集基金60多万元，利用基金利息增值为老年人办实事好事。城南、城北和溪柄、赛岐、康厝、闽东赛岐经济开发区等6个乡镇（街道、开发区）和农委、财贸、政府办口还成立了老龄福利分会。1999年，市委办、市政府办发出《关于实行社会老年人若干优惠待遇的通知》，当年9月市政府又印发《福安市实施农村居民最低生活保障制度若干规定》，向包括农村“五保”户在内的社会老年人提供13项优惠待遇。2002年，韩阳镇阳泉村被省民政厅、省老龄委、省文明办评为“敬老模范村”。松罗乡的林月妹，坚持26年赡养革命老人，1995年，被国家六部委授予“全国敬老金榜奖”；溪柄镇王爱莲，十几年坚持赡养3位残疾老人，2005年，被评为“全国孝亲敬老好儿女”。每逢老年节，福安市都开展敬老系列活动，市领导走访慰问百岁老人和特困老人，累计慰问百岁老人达150人次；召开庆祝会、茶话会，组织开展老年人游园、登山等活动。同时，在全市开展《中华人民共和国老年人权益保障法》《福建省老年人保护条例》宣传活动，市老龄委共受理来信87件，接待来访580多人次，调解156起不履行赡养义务的纠纷。

2005年年底，全市健在百岁老人共20人。市老年大学在校学员1000多人次，开设政治、体育、音乐、书法等十几门课程。

第二章 老区扶建

第一节 老区基点村

1991年，福安市有省认定的老区基点行政村61个，具体分布如下：

城阳乡5个：后楼、荷洋、堵坪坑、茶洋、纸坪。

范坑乡3个：古岭宅、毛家坪、山岫宅。

康厝畲族乡6个：象地、宋家、凤洋、西铭、界竹、岗头。

湾坞乡1个：半岭。

坂中畲族乡1个：仙源里。

晓阳镇1个：首洋。

社口镇1个：林柄。

穆云畲族乡1个：竹州山。

溪尾镇1个：仙洋。

赛岐镇4个：桃洋、泰康、狮子头、郭厝坪。

甘棠镇9个：铜坑里、眉洋、春雷云、牛家洋、英岐、山头庄、大车、观里、小岭。

溪柄镇6个：立新、立峰、采花桥、坑口、东坪、甲浦。

松罗乡4个：古厝、柳溪、满洋、后溪。

潭头镇8个：后洋、上坪洋、东坑、柘头、汾洋、坑坪、下洋、鹅山。

下白石镇5个：大梨、行洋、林门头、顶头、英平。

溪潭镇5个：马山、磻溪、院前、瓜溪、濑洋。

至2005年不变。

第二节 老区宣传

1991年，由宁德地委宣传部、地区文化局、广播电视局和老区办联合组织拍摄反映闽东老根据地革命历史的电视剧《浴血赛江》，首次使用电视媒体宣传闽东老区。1992年1月，由陈挺、黄烽两位少将撰写的记述闽东第二次革命战争历史的《闽东健儿征战录》出版发行。1993年，为纪念毛主席100周年诞辰，市委党史研究室组织举办“毛泽东像章展”。1994年6月，由叶飞题写书名、陈挺作序的《闽东英烈》（第一辑）出版发行。同年8月，由曾志题写书名，伍洪祥、陈增光题写扉页的《福安市老区志》编辑出版，陈挺题词为“创业殊艰、建国维难，功勋彪炳，垂誉史册”；黄烽题词为“发扬老区人民的革命精神，激励后来人”；钟大湖题词为“回首六十年，岁月峥嵘，谱写英雄诗篇；展望新世纪，奋发精神，再奏进军凯歌”；省老区办主任蔡学仁题词为“发扬革命传统，加速老区建设”；省老区办副主任林月婵题词为“将革命传统发扬光大，把老区人民的事办好”。同年10月，闽东苏区创建六十周年大型纪念活动在福安市隆重举行，叶飞、曾志回福安苏区参加纪念活动。同年，出版、发放《烈士传》等宣传材料640多册，全市建立老区革命烈士教育室10个。为配合闽东苏区创建60周年活动，市委党史研究室、老区办、民政局、财政局编印《福安英烈》(第二辑)、《福安革命历史文集(一)》、《福安革命故事集》等书籍。1995年，为纪念抗战胜利五十周年，组织编印《福安县抗日救亡运动》一书，黄烽为该书题词“扬我爱国主义精神”。市委党史研究室编写出版《抗日救亡运动的一面旗帜》，陈挺、黄烽也为该书题词；福安市编写的39篇党史人物传，刊入《中共福建党史人物》一书。1996年，省委书记陈明义视察柏柱洋，为柏柱洋公路题写路碑：“闽东延安柏油路”。2001年8月，市委党史研究室编写的《福安人民革命史》出版发行，叶飞为之题写书名；当年，33名福安市党史人物入编《中华英烈大典》。

第三节　老区经济建设

一、基础设施建设

1991年后，福安市重视改善老区的交通落后状况，修建通往省外及省内周边县(市)的公路，分别是：

城荷公路　从城阳至荷洋，设计基宽6.5米，路面3.5米，为四级路，全长36千米。沿途经过后楼、茶洋以及马上、马下、日山、官洋、仙岭、荷洋等老区基点村。1997年，城阳乡政府联系曾在这一带领导革命斗争的曾志同志，曾志给交通部写信请求帮助修建这条公路，后由交通部拨款300万元、银行贷款300万元修建及改建。1999年，全部铺设水泥路面。

财甲公路　为福安市上白石镇财洪村通过上白石、范坑两乡，路经著名老区基点村毛家坪、延伸到与寿宁县交界的古岭宅村的县际公路，全长43.1千米。后又延长11千米至寿宁县甲坑村。公路途经福安市的上白石、范坑和寿宁县的犀溪3个乡镇，经过的老区基点村有古岭宅、毛家坪、燕坑、古老坪、蛇头、八斗、甲坑等。宁德“五通”(通公路、通自来水、通电话、通电视、通电)会战中进行全线改造，其中由省贫困地区基金投放200万元。

柏柱洋公路　从溪柄镇驻地至楼下村，全长17千米。1994年，曾志同志写信给福建省委，要求关注有“闽东苏维埃”之称的柏柱洋的建设。同年3月，省政府拨款70万元，全线铺设柏油路面。该公路经过的老区基点村有马厝(立峰)、山下(立新)及斗面、竹柄、榕头、坂边、溪南等。1996年，省委书记陈明义到柏柱洋调研时，为公路题词“闽东延安柏油路”并立碑，以志纪念。

松九公路　从松罗乡至“九家保”村，属四级公路。“九家保”村即南溪村，1933年，因9户村民具结联保，成功赎救被捕的叶飞等7位领导人而得名，该行政村地处偏远，交通不便，原有一条简易公路，1999年重修。

溪坑公路　从溪柄镇至与霞浦县交界的老区基点村坑口，全长15千米，修建于1997年，采取“以工代赈”形式投入30万元。

水竹公路　从穆阳闽东水电站渡头至与周宁县交界的老区基点村竹州山。该路段地形复杂，修建难度大，由市领导挂点，多次现场办公，及时解决修路中的一系列难点，全长 7 千米，投资 84 万元。

松后公路　从松罗乡至老区基点村后溪，全长 7 千米，投资 21 万元。

后堵公路　从城阳乡后楼至与柘荣县、霞浦县交界的老区基点行政村堵坪坑，全长 7 千米，投资 30 万元。

桥梁两座：

桂林“红军桥”　位于福安穆阳镇桂林坂。1934 年，红军北上抗日先遣队曾路过此处。新中国成立后，在叶飞、曾志的关心帮助下，由国家拨款 80 万元，省、地老区办帮助 5 万元，建造一座长 200 米、横跨穆阳溪的钢筋水泥桥，命名为“红军桥”。

蟾溪“红军桥”　位于穆云畲族乡老区基点村蟾溪村。红军北上抗日先遣队路过穆阳镇蟾溪村横渡穆阳溪时曾向群众许诺，革命胜利后会修建一座桥以方便群众。1996 年，省、地老区办拨款 7 万元，在其他部门共同帮助下，该村修建一座长 100 米的水泥桥，亦名“红军桥”。

至 2005 年，共修建老区公路 8 条、桥梁 2 座。

二、扶持经济发展

1991 年，福安市老区工作坚持深化改革，用好用活扶建资金和优惠政策，综合开发茶、林、果生产，因地制宜扶持老区，促进老区脱贫致富。至 1994 年，投入有偿扶持资金 60.78 万元。其中扶建老区基点村卫生所 43 个，建茶果林基地 7 个，扶持 75 个村发展茶叶生产和 177 户老区重点贫困户发展开发性生产。1998 年，狮子头老区村筹资 20 万元，创办村企——仁升食品厂。企业实施品牌战略，被评为“福安市 2005 年度明星企业”“福建省级诚信企业”“福建省重信用、守信用企业”，固定资产达 3000 多万元，产值创亿元大关。2001 年，老区建设的中心转移到以水、电、路、电视、电话为主的“五通”基础设施建设和加快农村产业结构调整，转移农村富余劳动力，促进老区农民增收和农村经济发展。同年，在宁德市“五通”工程中，实施户户通电视试点计划，使该村 223 户老区群众在国庆节前全部实现收看到电视。

1991—2005 年，全市投入老区发展扶建资金 1300.75 万元，扶持发展果树 895.8 公顷，新植和改造低产茶园 710.13 公顷，建立科技示范基地 3 个、村办加工企业 4 个，举办科技培训班 48 期、受训人数 450 人次，建小水电站 1 个、修建乡村桥梁 35 座、架设高压输变电线路 113.7 千米、办村级医疗站 76 所；帮助 28 个村开通广播电视、程控电话，资助 280 户“造福工程”搬迁户异地安置，建乡镇文化站 1 个、老人活动中心 1 个。

三、柏柱洋可持续农业发展试验区

2002 年，柏柱洋可持续农业发展综合试验区成立，按照可持续发展战略与社会主义新农村建设要求，依靠科技进步，发展现代农业，努力实现区内经济、社会、资源和环境的协调发展。至 2005 年，试验区 27 个项目共投入资金 2065.58 万元，建成农业生态环境综合治理三大工程。

（一）农业生态环境综合治理工程

推广猪—沼—鱼或猪—沼—果等生态农业生产模式，使用低毒、低残留农药、生物农药和有机肥，有效、合理利用资源和保护环境。加大水土流失的治理力度，通过“山、水、田、路”全面治理，完成综合治理水土流失面积 830 平方千米，取得生态、社会、经济三大效益。基本完成试验区内 9 个行政村所在地的绿化美化，完成溪（柄）楼（下）公路两侧绿化带3.5千米的造林，使公路两侧形成绿色长廊。

（二）优质水果、茶叶带建设工程

基本建成以葡萄、枇杷为主，李、桃、柑橘等各种水果组成的平原和山地果树带。建设无公害茶园213.33公顷，调整茶树品种结构，引进丹桂、黄观音等高香型茶树良种，建成茶叶品种结构调整示范点基地20公顷。

（三）基础设施建设工程

先后投入1121.8万元，改造低产田0.72万公顷、造林26.67公顷、修引水渠道21.57千米，新造拦河坝6座、桥梁1座、防洪堤1.31千米、蓄水池5座、喷灌工程灌溉农田160公顷、修机耕路8.04千米，完成公路硬化工程20条，安排28户119人的“造福工程”搬迁、新造房屋29幢。完成4个行政村通信光纤联网，整治改造旧电视网络，使原有的8套电视节目增加到25套，受益达680户。

第三章 扶贫与小康建设

第一节 农村扶贫

一、贫困状况

1991年，福安市是福建省定贫困县（市）（年人均纯收入低于450元），经过一年的努力，脱贫攻坚成效显著，当年全市脱贫2514户、11313人，被省政府评为“脱贫致富工作先进单位”。1993年，全市脱贫1165户、5243人，同年12月，经省政府批准，福安市脱掉省定贫困县（市）“帽子”。

1994年，范坑乡被宁德地委、行署确定为全区4个特困乡之一。市委、市政府将农村扶贫攻坚重点放在帮助边远贫困的老区、少数民族乡镇方面。1997年11月，福建省委农村脱贫致富奔小康工作领导小组下发《关于表彰才溪镇等101个脱贫先进乡（镇）的通知》，福安市范坑乡、上白石镇、潭头镇、康厝畲族乡、松罗乡、坂中畲族乡、城阳乡、穆云畲族乡被评为“脱贫先进乡镇”，摘掉省定贫困乡镇“帽子”。

至2005年年底，全市先后有19687户、90465人脱了贫。

表22—6 1991—2005年福安市脱贫情况表

年份	脱贫户数（户）	脱贫人口数（人）
1991	2514	11313
1992	1410	6345
1993	1165	5243
1994	1094	4923
1995	501	2255
1996	1800	8800
1997	4931	23173
1998	1034	4723
1999	680	3450
2000	1424	6825
2001	990	4133
2002	710	3092
2003	484	2199

续表 22—6

年份	脱贫户数（户）	脱贫人口数（人）
2004	442	1857
2005	508	2134
合计	19687	90465

二、扶贫措施

（一）扶贫开发计划

1.“八五扶贫开发计划”

1991 年，福安市制定《“八五”贫困户脱贫规划》，对“八五”期间的扶贫目标实行转向，并从五个方面调整扶贫挂钩布局：安排 19 个有经济实力的市直单位挂钩乡镇建设赛岐工业小区，建立“窗口型”扶贫企业群；市委直接抓沿海、平原、山区 4 个社会主义新农村建设试点村；抽调 48 个市直单位 120 名干部驻村重点攻坚 35 个集体经济“空壳村”；10 个市直单位和乡镇主要领导挂钩边远、偏僻的重点老区和少数民族特困村；当年扶持贫困户 2619 户，脱贫 2514 户、11313 人，户脱贫率达 96%；巩固脱贫户 39656 户，巩固率 96.2%。

1992 年，扶持贫困户 1468 户，脱贫 1410 户、脱贫率 97%。消灭集体经济空白村 88 个。

1993 年，成立“福安市扶贫开发协会”，发动社会各方面力量参与扶贫。实施“开放促开发扶贫综合改革试验”项目。组织市直 24 个经济有实力单位挂钩乡镇，帮助发展乡镇企业和第三产业。组织 40 个单位扶贫挂钩 17 个乡镇、32 个村，17 个乡镇负责帮扶 17 个特困村。使 49 个重点挂钩村基本实现“七个一”，即建好一个村级班子、实施一项集体经济开发项目、办好一件以上改善群众生产生活条件的实事、帮助贫困户建好一块稳产田、种好一亩经济作物、养好一口大牲畜或一群家禽、掌握好一门以上实用技术的任务。当年，全市在大旱之年仍实现脱贫 1165 户、帮扶户脱贫率为 87%，消灭集体经济“空白村”57 个。年底，经省政府批准，福安市摘掉贫困县“帽子”。

2.“八七扶贫攻坚计划”

1994 年，“国家八七扶贫攻坚计划”开始实施。福安市政府针对全市 1993 年年底还有 4500 多户 2.4 万人的贫困户人均年纯收入低于 450 元（1990 年不变价、下同）的实际情况，制定《关于实施“国家八七扶贫攻坚计划”的意见》，提出“八七扶贫攻坚”三大目标：一是全市人均年纯收入 450 元以

甘江村连家船渔民新村落成典礼

下的贫困户到1999年要达到1000元以上。二是扶持4500户贫困户实现“五个一”。即：种好一块能稳定满足本户吃饱饭的责任田；人均有一亩茶果或林竹、药材、蔬菜等基地；户均年出栏两头生猪（或其他牲畜或相当收入的水产养殖）；每户有一个劳动力从事非农业生产劳动；每个贫困户有一个卫生、安全、方便的住所。三是帮助贫困村实现“五有三达标”。即：每个村有一所卫生医疗站、一所达标小学、一个村办企业、一条机耕路、一条高压或低压输电线路；安全卫生饮水达标、计划生育达标、科技普及示范网络达标。全市将扶贫力量从以往扶持千家万户转向集中攻坚。组织20个市直单位帮助巩固10个新农村建设，扶持创建10个“明星村”，组织力量对31个特困村进行扶贫挂钩攻坚。当年，全市脱贫1094户、4923人，帮扶脱贫率达93%；巩固温饱户41256户，巩固率87%；消灭集体经济“空白村”38个。

1995年，建立“市乡领导和单位包乡挂村带户制度”，39位市六套班子领导每人各包一个乡镇，分别挂一个“奔小康示范村”和一个贫困（后进）村，帮助一户贫困户；抽调86个市直部门与83个贫困（后进）村挂钩扶贫攻坚。全市300名副科级以上领导与258户贫困户结对帮扶，各乡镇党委、政府抓好17个贫困（后进）重点村，乡镇360名副科级以上干部挂钩372个村，与385户贫困户结对。市直单位下派扶贫攻坚工作队106个，驻乡村工作队员371人。帮助挂钩乡（镇）、村实施公共基础设施建设项目185个，扶持挂钩贫困（后进）村增加村财收入项目122个。福建省委宣传部、省民委、省计生委、省农行4个省直单位选派7位干部到范坑、上白石、潭头、坂中、松罗、城阳、穆云7个乡镇挂职扶贫。

1996年，福安市委、市政府提出“提前三年消除绝对贫困，1997年与全省同步基本实现小康”的扶贫目标，要求1996年年底全市要有1800户、8800人的绝对贫困人口基本解决温饱问题，人均收入达到860元以上。全市继续组织实施“八七扶贫攻坚计划”，落实副处级以上领导挂钩贫困（后进）村19个，81个市直单位抽调94名副科级以上领导挂钩贫困（后进）村94个，各乡镇、开发区安排128名副科级以上领导参与挂钩。市直单位下派驻乡村工作人员355人，各乡镇抽调256名干部驻村。全市落实市、乡副科级以上领导与贫困户挂钩850多户，当年有1800户贫困户、8800人全部解决温饱问题。

1997年，福安市委、市政府提出“全市要基本解决5252户、24670人”（1996年年底余下的绝对贫困户和贫困人口）的脱贫攻坚目标，并实施“三大攻坚措施”。一是向绝对贫困户颁发“贫困户优惠政策证”。免征公粮，免收农村教育附加费、民兵训练费、乡镇统筹费。二是组织实施“双千”计划，即帮助每户贫困户筹措生产资金3000元，使贫困户到年底达到人均纯收入1000元以上。全市有778名副科级以上干部与1556户绝对贫困户结对。宁德地委、行署抽调49个地直单位的211名副科级以上干部与全市422户绝对贫困户挂钩帮扶。三是组织实施“扶贫开发”项目。当年，全市4931户、23173人的绝对贫困户如期解决温饱问题，人均纯收入达1035元、人均口粮256千克，基本消除绝对贫困。范坑等8个贫困乡镇被省委、省政府评为“脱贫先进乡镇”，摘掉贫困乡“帽子”。

1998年，全市组织实施“扶贫九到户”工程：一是为贫困户建档立卡。将1997年度家庭年人均纯收入低于1000元的农户和连家船民列入1998年度的贫困户范围，统一建档立卡。二是干部挂钩到户。全市1997年年底尚余的1034户贫困户、返贫户均有领导与单位结对扶贫。三是扶贫资金落实到户。四是政策覆盖到户。对贫困户制定八条优惠政策，全年可减轻经济负担36万多元。五是医疗扶贫到户。举办四次大规模的“送医下乡”医疗扶贫活动。六是“造福工程”搬迁到户。七是科技扶贫到户。组织

136人（次）科技人员到17个乡镇78个贫困村举办98场实用技术培训班。八是小额信贷到户。九是计生工作和扶贫结合政策落实到户。当年，福安市被省委、省政府评为“农村脱贫致富奔小康先进县”。

1999年，全市进一步加大扶贫攻坚力度：一是致力改善贫困地区的基础设施。全市投入建设资金500多万元，为34个基点村解决“五通”。基本实现全市61个老区基点行政村“五通”。其他民族地区也筹集到扶持资金134.4万元，投入民族行政村和自然村水、电、机耕路建设。二是组织扶贫挂钩。帮助村级集体经济发展茶、果、林等经济作物100多公顷，创办集体经济实体18个。680户、3450人的人均年收入低于1120元的贫困户基本解决温饱问题。三是开展卫生扶贫。四是组织科技培训。委托地区农校、市农函大举办果树等16个专业的农村实用技术培训班，包括对全市1200个农民技术员一年制的培训。组织189人（次）科技人员，深入18个乡镇107个行政村举办103场实用技术培训班或科技讲座。当年，省委书记陈明义等先后到福安检查扶贫开发与“连家船民”建新居工作。

2000年，全市如期完成“八七扶贫攻坚计划”。当年投入扶持资金2993.6万元。地、市领导和挂钩单位共为挂钩贫困村、户办实事1035件，帮助解决发展生产、社会公共事业等项目929个。组织开展“三大活动”：一是“领导干部包乡驻村入户”活动。二是开展“送温暖、进百村、驻三天、帮千户”活动。三是开展“科技、文化、卫生三下乡扶贫”活动，举办一年制农民技术培训班20期，868人领到“绿色证书”。当年全市有1424户6825人的贫困户如期解决温饱问题，11.1万人的农村低收入户人均年纯收入达到1890元。全市投入老区、民族地区的“五通”工程资金1318万元，老区、民族地区基本实现“五通”。

3. 新一轮扶贫开发

2001年，福安市组织实施《2001—2010年中国农村扶贫开发纲要》新一轮扶贫开发计划。对全市1113户4620人的未解决温饱贫困人口和1020户4289人的未稳定解决温饱贫困人口的基本情况建档立卡。安排27位副处级以上领导和市直74个单位，与69个经济欠发达村和3个“连家船民”示范村挂钩帮扶；落实安排25个宁德市直单位与福安市16个乡镇的23个经济欠发达村挂钩帮扶；落实安排67位宁德市直副处级以上领导与134户贫困户结对帮扶。筹措扶持资金450.25万元，为挂钩村、户办实事208件，帮助解决生产发展、社会公共事业项目183个；为挂钩扶贫户送去扶持资金45.2万元。落实新一轮扶贫开发扶持项目6个，争取到扶贫专项资金53万元。全市501户2079人的贫困户基本解决温饱问题，489户2054人的贫困户稳定解决温饱问题，贫困人口占农业总人口的比例降到0.9%以下。

2002年，全市协调落实32位副处级以上领导、57个市直单位与42个第一批市级扶贫开发重点村挂钩帮扶，协调落实71个市直机关企事业单位与67个经济欠发达村的挂钩帮扶，筹措帮扶项目资金303.82万元，实施各类帮扶项目249个。166个省、市直机关企事业单位和36位副处级以上领导与785名特困户、贫困户结对挂钩帮扶，帮助解决发展生产扶持资金80.2万元，实施各类帮扶项目796个。全市305户1328人的贫困户基本解决温饱问题，405户1764人的贫困户稳定解决温饱问题，490户2200人的低收入户人均年纯收入超过1800元。

2003年，围绕“五大举措”开展扶贫开发：一是建设扶贫开发重点村网络。在落实9个省级扶贫开发重点村和4个宁德市级扶贫开发重点村的基础上，在18个乡镇、开发区选定42个村为市级扶贫开发重点村，在17个乡镇选定34个乡镇级扶贫开发重点村，全市拥有四级扶贫开发重点村89个。二是开展结对帮扶，42个市级扶贫开发重点村筹措帮扶资金278.17万元，启动帮扶项目101个，其中帮助发展开发性生产可增加贫困户收入的项目 27 个，帮助改善公共基础设施建设项目 69 个。三是实施“三个一”扶贫工程。124 户、575 人的少数民族贫困户被列入由省委统战部，省工商联、民宗厅、脱贫办共同发起并以“一对一、一帮一、一带一”形式开展的省“三个一”扶贫工程帮扶对象，筹集 42.07 万元，帮助帮扶对象发展种植业、养殖业。四是组织开展“扶贫济困”活动。落实 42 位市副处级以上领导和 56 个市直单位 168 位副科级以上干部与 42 个市级扶贫开发重点村的 252 户、1125 人实行结对帮扶。五是开展提高贫困户综合素质活动。当年全市 232 户 1074 人未解决温饱的贫困户基本解决温饱问题，252 户、1125 人未稳定解决温饱贫困户也稳定解决温饱问题。

2004 年，在全市 17 个乡镇选定 77 个行政村为市级经济欠发达村，由 83 个市直机关企事业单位和国家、省、地属驻韩单位挂钩帮扶，为群众办实事 236 件、投入帮扶资金 289 多万元。在全市 55 个省、市级扶贫开发重点村中培养 175 名脱贫致富带头人，为每个贫困户提供担保贴息贷款 3000 元。当年，215 户、903 人未解决温饱贫困户基本解决温饱问题，227 户、954 人未稳定解决温饱贫困户稳定解决温饱问题，12620 户、28745 人的五保户、特困户被列为农村低保对象，发放 1552 万多元的低保补助金。

2005 年，全市挂钩帮扶 42 个市级、34 个乡镇级扶贫开发重点村和 77 个经济欠发达扶持村，筹措帮扶资金 287 万元，帮助改善公共基础设施项目 125 个，帮助发展生产增加农民收入项目 159 个，为当地群众办实事好事 396 件。结对帮扶对象 609 户、2558 人，落实扶持资金 32.55 万元。在 55 个省市级扶贫开发重点村培育 175 名脱贫致富带头人，发放了 82 万元扶贫贴息贷款；为 1175 贫困户、低收入户发放小额贴息贷款 235 万元；13333 户、28745 人的五保户特困户被列为农村低保对象，年发放低保补助金 1593 万元；16 家扶持的龙头企业得到 6160 万元的扶贫贴息贷款。当年，276 户、1159 人未解决温饱的贫困户，基本解决了温饱问题；232 户、975 人未稳定解决温饱的贫困户，稳定解决温饱问题。

（二）派遣扶贫工作队

1. 省扶贫工作队

1991 年，省委、省政府组织省直有关部门挂钩福安的贫困乡镇开展扶贫工作。

1994 年 12 月 7 日，省委办公厅、省政府办公厅下发《关于调整省直单位定点扶贫挂钩乡镇的通知》文件，由省农行挂钩上白石镇、潭头镇，省民委挂钩穆云畲族乡、康厝畲族乡，省委宣传部挂钩城阳乡、范坑乡，省计生委挂钩松罗乡、坂中畲族乡。省委宣传部、省民委、省计生委、省农行 4 个省直单位选派了 7 位干部到范坑、上白石、潭头、坂中、松罗、城阳、穆云等 7 个乡镇挂职扶贫。6 位干部担任乡镇党委副书记，1 位干部担任副乡长。

2. 宁德市领导扶贫挂钩点

1993 年，宁德地委、行署抽调地直单位干部组成扶贫工作队到福安挂钩贫困户开展扶贫工作。

1997 年，宁德市抽调 49 个地直单位、211 名副科以上干部挂钩扶贫 422 个贫困户。

2001 年 11 月 30 日，宁德市委办、政府办下发《关于副厅级以上领导干部挂钩贫困村的通知》，安排宁德市政法委书记林鸿坚挂钩社口镇上山村，宁德市人大常委会副主任林阿彩挂钩穆云畲族乡温岩村，宁德市政协副主席、市委统战部部长黄信焜挂钩城阳乡堵坪坑村。落实安排 25 个宁德市直单位与全市 16 个乡镇、23 个村挂钩帮扶，有 67 位宁德市直副处级以上领导干部与 134 个贫困户结对帮扶。

3. 福安市直单位帮扶挂钩点

1991 年，市委、市政府安排 19 个市直单位挂钩乡镇，48 个市直单位、120 名干部驻村扶贫。1993

市民宗局干部深入坂中畲族乡仙岩村调研（2001年）

年，安排24个市直单位挂钩乡镇、40个市直单位挂钩32个村。1995年，实行市委领导和单位挂村带户制度，抽调市处级领导干部39人包乡镇、安排86个市直单位挂钩83个贫困村，组织300名副科级干部与258贫困户结对帮扶。1996年，落实副科级干部挂点19个贫困村，81个市直单位的94名副科级干部挂点94个村。1996年11月，省脱贫办下发《关于调整省领导扶贫挂钩联系县的通知》，调整福安市为省政府副省长施性谋的扶贫挂钩联系县。1997年，全市落实778名副科级以上干部挂点帮扶1556户贫困户。2001年，协调落实32个副处级以上领导、57个市直单位挂钩42个扶贫重点村，71个市直机关企事业单位帮扶67个村。2003年，安排42个副处级以上领导、56个市直单位挂钩42个扶贫重点村，派出168位副科级以上干部与贫困户结对帮扶。

（三）扶贫资金统筹安排

1991年4月，福建省农行下达福安市扶贫专项贴息贷款计划280万元；5月，中国人民银行宁德地区分行也下达扶贫贴息贷款指标280万元。

1993年7月，福建省农行下达扶贫专项贴息贷款计划269万元。

1996年8月，宁德地区卫生局、计委、财政局、脱贫办安排福安市潭头、赛岐卫生院农村卫生三项建设补助资金24万元。

1997年9月，宁德地区财政局下达扶持贫困户发展生产配套周转金42万元；11月，宁德地区卫生局、计委、财政局、脱贫办安排福安市民族医院、韩阳卫生院、晓阳卫生院、溪潭卫生院农村卫生三项建设补助资金128万元。

1998年4月，福建省脱贫办安排福安市3个项目、1680万元的扶贫贴息贷款；11月，宁德地区计委、财政局、脱贫办、卫生局安排福安市溪尾、赛岐、穆阳3所乡镇卫生院和福安市妇幼保健所农村卫生三项建设补助资金34万元。

1999年6月，福建省财政厅、脱贫办、农行、残联下达福安市1999年康复扶贫贷款50万元；7月，宁德地区卫生局安排福安市社口、赛岐卫生院农村卫生三项建设补助资金15万元。

2000年4月，福建省脱贫办下达福安市省书画扶贫义卖捐款12万元；8月，省脱贫办推荐安排“畲族经济开发区万亩水蜜桃基地项目”农行扶贫贷款600万元；8月15日，福建省卫生厅、计委、财政厅、脱贫办下达福安市松罗、城阳、晓阳卫生院农村卫生三项建设补助资金90万元；10月，省财政厅、脱贫办下达福安畲族经济开发区专项扶贫资金15万元；11月，宁德地区财政局、脱贫办下达福安畲族经济开发区专项扶贫资金15万元。

2001年9月，宁德市财政局、脱贫办下达福安市3个乡镇扶贫配套补助资金36万元，下达福安市上白石镇茶树菇项目资金11万元；10月，宁德市财政局、脱贫办下达福安市甘棠甘江连家船民养殖项目资金8万元；11月，省脱贫办安排福安市连家船民小额信贷资金140万元；11月，宁德市财政局、脱贫办下达福安畲族经济开发区万亩枇杷项目资金17万元，下达福安畲族经济开发区茶树菇项目资金3万元。

2002年12月，宁德市财政局、脱贫办下达福安市晓阳镇晚熟葡萄基地项目资金11万元。

2003年1月，宁德市财政局、脱贫办下达福安市穆阳开发区茶园改造项目资金4万元；7月，宁德市农办、农行、中行、信合办下达福安市农行小额信贷资金额度80万元，赛岐农行贷款额度40万元，信用社贷款额度140万元；8月省委农村工作领导小组下达福安市9个省级扶贫开发重点村捆绑资金169万元；9月，宁德市财政局、农办下达“畲族开发区万亩水蜜桃基地项目”资金10万元。

2004年3月，省委农村工作领导小组下达福安市9个省级扶贫开发重点村捆绑项目资金162万元；4月，宁德市财政局下达福安市4个宁德市级扶贫开发重点村专项资金40万元；8月，宁德市农办、中国银行业监督管理委员会宁德监管分局安排福安市小额信贷资金额度130万元；8月，宁德市农办、农行下达福安市扶贫小额信贷资金100万元；10月，中国农业银行宁德市分行、宁德市农办下达福安市4个项目扶贫贴息贷款资金1800万元。

2005年4月，省委农村工作领导小组下达福安市9个省级扶贫开发重点村捆绑资金163万元；6月，宁德市财政局下达福安市4个市级重点村资金40万元；9月，宁德市农办、农村信用社宁德办事处下达福安市2005年度贴息扶贫小额信贷资金额度170万元。

1991—2005年，省、市有关部门下达福安市扶贫款项，累计有：扶贫专项贴息贷款4309万元，扶持贫困户发展生产配套周转金78万元，科技扶贫资金44万元，小额信贷资金680万元，扶持开发重点村捆绑资金574万元，福安畲族开发区专项扶贫贷款650万元，残疾人康复及扶持生产发展贷款50万元，农村卫生三项建设补助资金291万元，福建省艺术家书画义卖捐款12万元，以及省地市挂钩帮扶资金等。

（四）扶持市、乡（镇）企业

1991年5月，下达专项贷款计划支持款50万元，乡镇企业贷款计划105万元。

1993年1月，宁德地区经委、财政局下达1个国家项目补助资金10万元。

1997年5月，省脱贫办、财政厅安排闽东老区电力开发公司机组改造项目贴息贷款260万元。

2002年12月，宁德市农行下达2个企业贷款额度460万元。

2003年10月，省下达5个企业贷款额度2536万元。

2004年12月，省农行、省委农办下达4个企业扶贫贴息贷款1300万元。

2005年10月省、宁德市下达15个企业贷款计划5960万元。

1991—2005年，省、地（市）扶持福安市企业贷款项目资金共10681万元。

（五）省宁德市扶贫开发重点村

1.省挂钩扶贫开发重点村

2002年6月，范坑乡领先村、上白石镇西园村、潭头镇半坑村、松罗乡大坪里村、穆云畲族乡高岭村、康厝畲族乡福源村、坂中畲族乡仙岩村和井口村、城阳乡后楼村被福建省委、省政府确定为省直单位挂钩帮扶村。安排省民宗厅挂钩坂中畲族乡仙岩村、省质量技术监督局挂钩城阳乡后楼村和穆云畲族乡高岭村、省人防办挂钩坂中畲族乡井口村和上白石镇西园村、省委党校挂钩潭头镇半坑村、团省委挂钩康厝畲族乡福源村、福建师范大学挂钩范坑乡领先村、省电视台挂钩松罗乡大坪里村。省直单位派人员到这些村挂职，领导带队组织调研，开展为贫困户“送温暖”和“扶贫助学”活动。10月，福安市政府召开“全市省扶贫开发挂钩村工作座谈会”，落实各项扶贫工作。同年，9个列入省扶贫开发挂钩的村争取到省直10个项目扶持单位无偿扶贫资金171.2万元、7个省直挂钩帮扶单位出资扶持资金110万元，共启动帮扶项目41个。

2003年，9个列入省扶贫开发挂钩村争取到省捆绑项目资金169万元、7个省直挂钩单位筹集帮扶资金101万元，启动帮扶项目48个、赠送电脑5台、棉被1360床。

2004年7月，福安市委、市政府召开福建省直挂职书记欢迎座谈会。9位省直挂职村党支部第一书记的干部及7个省直挂钩单位领导，8个接收挂职贫困乡镇的党委书记或乡镇长，福安市农办、脱贫办主要领导等参加会议。10月，“福安省市下派驻村挂职书记工作例会”在城阳乡后楼村召开。同年，9个列入省扶贫开发挂钩村争取到捆绑项目资金162万元、7个省直挂钩单位筹集帮扶资金91万元，启动实施帮扶项目42个。

2005年6月，福安市委、市政府召开“省市下派挂职书记座谈会”，13位省、宁德市扶贫开发重点村的下派挂职村第一书记参加座谈会。同年，9个列入省扶贫开发重点村争取到省捆绑项目资金163万元，7个省直挂钩单位的帮扶资金124.82万元、启动实施改善公共基础设施建设项目35个，实施发展生产、增加农民收入项目16个。

2. 宁德市扶贫开发重点村

2002年9月，宁德市委、市政府确定上白石镇圆潭村、范坑乡山岫宅村、松罗乡山界村、康厝畲族乡金斗洋村为宁德市扶贫开发重点村。并安排上白石镇圆潭村由宁德市政法委书记林鸿坚挂钩、牵头单位市政法委，挂钩帮扶责任单位：宁德市安全局、司法局、闽东水电股份有限公司、福安师范；范坑乡山岫宅村由宁德市人大常委会副主任林阿彩挂钩，牵头单位宁德市检察院，挂钩帮扶责任单位：宁德市人防办、盐务局、公路稽征处、闽东医院、农行；松罗乡山界村由宁德市委常委、福安市委书记挂钩，牵头单位有宁德市卫生局，挂钩帮扶责任单位：宁德市委党校，市农校、农科所、茶科所、闽东水电站；康厝畲族乡金斗洋村由宁德市政协副主席、市委统战部部长黄信焜挂钩，牵头单位有宁德市委统战部，挂钩帮扶责任单位：宁德市老区水电开发总公司、工商联、台联、侨联、汽车运输集团公司。宁德市扶贫挂钩单位下派挂职干部，组织扶贫调研，开展“送温暖”活动。同年，4个列入宁德市扶贫开发重点村，争取到宁德市直23个挂钩帮扶单位无偿扶持项目资金40万元、启动帮扶项目15个。

2003年，4个列入宁德市扶贫开发重点村争取到专项资金40万元，4位宁德市副厅级挂钩领导、23个市直单位共筹集帮扶资金25万元、实施帮扶项目25个。

2004年，4个列入宁德市扶贫开发重点村争取到专项资金40万元，4位宁德市副厅级挂钩领导、23个市直单位筹集帮扶资金29万元、启动帮扶项目30个。

2005年，4个列入宁德市扶贫开发重点村争取到专项资金40万元，4位宁德市副厅级挂钩领导、23个市直单位筹集帮扶资金66.4万元、实施帮扶项目45个。

3. 福安市扶贫开发重点村

2002年10月，福安市委、市政府安排17个乡镇67个贫困村为福安市扶贫开发重点村。同年，福安市协调落实32位副处级及以上领导、57个市直单位与67个福安市扶贫开发重点村挂钩帮扶，筹措帮扶项目资金303.82万元、实施各类帮扶项目249个。

2003年4月，福安市委、市政府在18个乡镇、开发区确定42个村为福安市扶贫开发重点村。同年，45位副处级及以上领导和56个市直单位为42个市扶贫开发重点村筹措帮扶资金278.17万元、启动帮扶项目101个。

2004年，这些挂钩领导及挂钩市直单位又为42个市扶贫开发重点村筹措帮扶资金289多万元、启动帮扶项目109个。

2005年，45位副处级及以上领导和56个市直单位为42个市扶贫开发重点村筹措帮扶资金287万元、启动帮扶项目125个。

（六）实施小额信贷扶贫项目

2001年，福安市被中国扶贫基金会正式列为"全国贫困农户自立能力建设项目——小额信贷扶贫项目试点县"。成立中国扶贫基金会驻福安市联络处，设立项目资金专户，组建农户自立能力建设支持性服务社，招聘工作人员12名，启动项目前期准备工作。

2002年1月，福安市与中国扶贫基金会签署"实施农户自立小额信贷扶贫项目协议"。1—12月，全市在10个乡镇项目区组建帮扶中心206个、859个五户联保小组，组织5150户贫困户入社，发放小额信贷项目资金515万元。

2003年7月，中国扶贫基金会副秘书长王行最、监测研究部刘冬文、代海等前往福安市实地监测小额信贷扶贫项目。8月18—21日，德国拜尔公司公关部总经理华威濂、美国慈善机构驻北京代表项目部主任林立、美国奈克公司代表在中国扶贫基金会小额信贷项目部项目开发主管申稚静、福建省委农办扶贫开发处阎建安处长、宁德市农办副主任龚秋生的陪同下，到湾坞乡下广村、松罗乡姚澳村实地检查农户自立小额信贷扶贫项目。11月24—25日，美国奈克公司代表鲍博、美国慈善机构驻北京代表项目部主任林立、工作人员李杰等在中国扶贫基金会小额信贷项目部主管伍鹏、王军、刘喜荣，省委农办扶贫开发处处长阎建安的陪同下，前往潭头镇鹅山、祠堂前村和溪尾镇溪邳村实地考察农户自立能力小额信贷扶贫项目。2003年，全市在10个乡镇项目区组建中心82个498个五户联保小组，组织2752户贫困户入社，发放小额信贷项目资金544万元，比2002年增长6.7%。

2004年2月15—17日，德国拜尔公司公关部总经理华威濂、美国慈善机构驻北京代表项目部主任林立到湾坞乡下广村，社口镇利岔村、三峰山村考察小额信贷扶贫项目。8月，美国格莱民基金会前往福安市评估、考察小额信贷扶贫项目。12月，沛丰中国培训部主任韩丽、中国扶贫基金会项目主管王军，赠送福安市中国扶贫基金会联络处价值13万元的电脑及设备，帮助建立"贫困社区信息学习中心"。

当年，全市在12个乡镇项目区组建帮扶中心100个、701个五户联保小组，组织3868户贫困户入社，发放小额信贷项目资金657.4万元，同比增长2.08%。

2005年3月，法国沛丰基金会评估专家周英杰、驻华代表艾德、中国扶贫基金会培训部处长伍鹏前往松罗等乡镇项目区对小额信贷扶贫项目进行评估考察。4月，微软公司亚太地区社区事务总监LORI女士、沛丰（中国）首席代表钱向民、中国扶贫基金会小额信贷部主任刘冬文来福安市考察项目中心运行情况。4月，国际慈善机构美国美慈总部财务总监、美国记者罗杰来福安市考察小额信贷扶贫项目。8月，中国扶贫基金会监测部处长伍鹏带队来福安市考察小额信贷扶贫项目。9月，由中国扶贫基金会主持召开的“第一期小额信贷扶贫项目追踪系统使用培训会议”在福安市召开，10名来自山西省左权县、贵州省六枝县、辽宁省康平县、福建省霞浦县和福安市5个县（市）农户自立能力建设支持性服务社信息员、工作人员等参加项目培训。中国扶贫基金会小额信贷项目部主任刘冬文、主任助理宋玉洁、国际沛丰机构财务总监陈巧鸥等一行6人也到会指导，项目培训由美国TDS公司的管理软件专家唐爱格、南茜夫妇主讲。同月，中国宁夏回族自治区小额信贷项目英国专家来福安市采访小额信贷项目操作情况；台湾喜马拉雅基金会高永兴来福安市考察小额信贷扶贫项目；中国扶贫基金会秘书长王行最与福安市脱贫办重新签署“关于合作开展小额信贷扶贫项目的协议”。11月，福建省委办公厅《八闽快讯》第141期刊发“福安市：小额信贷大有作为”的消息。当年全市在14个乡镇项目区组建帮扶中心145个、838个五户联保小组，组织4099户贫困户入社，发放小额信贷项目资金705.65万元，同比增长7.34%。

（七）开展扶贫“三下乡”活动

1992年，福安市培训一年制农民技术员1037名，其中，地区农校培训502名、农函大培训535名。举办实用技术培训班332期、培训19640人（次）。

1993年，培训一年制农民技术员1152名，农村实用技术培训8750人（次）。

1994年，举办各类实用技术培训班112期5810人，普及性培训268期15724人（次），培训一年制农民技术员2040人。全市有700名农民技术员、科技示范户领到“绿色证书”。

1995年，全市召开科技下乡现场咨询会41场，解决农技难题68个、接受农户咨询3600多人（次）；发放技术资料33种21110份，给贫困户赠送科技书籍200多册。全市开办各种农村实用技术培训班102期，培训1.12万人（次），培训一年制农民技术员340名。

1996年，完成一年制农民技术员340名的培训，举办各类实用新技术培训班206期，培训10119人（次）。新建农民科技示范户1002户（人）。有480多人成为当地的种植（养殖）能手。

1997年，全市组织117名科技人员深入62个贫困村举办92场实用技术培训，各乡镇举办76场实用技术培训班，全市受训人数达到1.5万人（次）。

1998年，全市举办4次大规模的送医下乡扶贫活动，82人（次）医生下乡为贫困户义诊2597人（次）、实施针灸100多人（次）、免费发放药品1.75万元、为20位贫困户免费动手术，减轻医疗、手术费3.6万元。市红十字会将9箱4220盒价值6.2万元的诺诺感冒片转赠给松罗、范坑等6个乡镇。

文化“三下乡”活动（2000年）

培训一年制农民技术员600名，组织136人（次）科技人员到17个乡镇78个贫困村举办98场实用技术培训班，受训1.04万人（次），咨询人数1860多人（次）。

1999年，福安市直24家单位先后组织由34位医生组成的“医疗扶贫队”，深入四个乡村，为老区、畲族群众义诊1391人（次），接待群众医疗卫生咨询760多人（次），实施针灸100多人（次），免费为7户贫困户动手术，节省医疗、手术费1.8万元，为老区、畲族群众免费发放药品2万多元，福安市医药公司还为扶贫义诊捐助价值3280元的药品。委托地区农校、市农函大举办果树等16个专业的技术培训班，有18个乡镇389个行政村的村主干、党员等参训。完成1200人的一年制农民技术员培训。投入培训资金8万元。结合“送科技、送文化下乡”活动，组织科技人员189人，深入18个乡镇107个行政村举办103场实用技术培训班或科技讲座，受训6890人（次），接受科技咨询3360人（次）。

2000年，组织68位（次）地、市医务人员到13个贫困村，为贫困户病人义诊1696人（次），提供免费药品价值3.37万多元；举办一年制农民技术培训班20期，培训900人（次），有868户农民领到“绿色证书”；组织136人（次）科技人员，深入17个乡镇96个行政村举办103场实用技术培训班，受训10520人（次），开展科技咨询1890人（次），免费提供农药价值2200元、赠送图书200多册。

2001年，举办茶树菇新技术培训班8期，培训540多人（次）；在18个乡镇49个行政村举办实用技术培训班53期，科技讲座36场，受训4560人（次）；输送4个乡镇的5个贫困村的乡村医生到宁德市进行为期2个月的医学培训；委托宁德市农校和福安市农函大举办一年制农民技术员培训15期，培训农民技术员340人（次）；组织全市8个贫困乡镇的分管领导参加全省扶贫开发重点村规划培训班。组织开展扶贫义诊，有52人（次）的医务人员深入松罗、溪尾、溪柄、城阳等乡镇，为6个贫困村的贫困户病人义诊1069人（次）、减免药品医疗费8600多元。

2002年，两批输送20人到北京参加中国扶贫基金会召开的“小额信贷项目培训会议”，组织23人参加宁德市扶贫开发重点村干培训班；输送16人农村科技示范户到省农大学习菌草香菇栽培技术；委托宁德市农校和市农函大举办一年制农民技术员培训8期7个专业360人；在16个乡镇54个村举办实用技术培训班66期，科技讲座28场，参训6380人（次）。开展“医疗扶贫义诊”活动，义诊3510多人（次）、卫生咨询850多人（次）、免费发放药品13600多元。

2003年，在15个乡镇58个行政村举办实用技术培训班59期、科技讲座30场，受训人数6590人。组成18个科技特派员工作团，分赴各乡镇开展科技业务培训，受训农民5000多人（次）；输送9名省级扶贫开发重点村党支书参加全省扶贫开发重点村主干培训班；选送9名来自省、宁德市级扶贫开发重点村的回乡知识青年参加由宁德市委、市政府委托宁德农校举办的茶叶、果树、蔬菜3个专业为期3个月的实用技术培训；组织30多名医务人员深入乡村开展医疗扶贫活动，义诊800多人（次）、免费发放药品7000多元。

2004年，组织8批次45人（次）医务人员深入8个贫困村，义诊896人（次），免费发放药品8500多元；全市举办多种形式的实用技术培训班讲座65场（次），培训5850人（次）。在全市55个省、市级扶贫开发重点村中培育175名脱贫致富科技带头人。

2005年，全市举办5期电脑信息网络操作员培训班，免费为扶贫重点村培训75名电脑操作员。组织12批次92人（次）医务人员深入11个贫困村，义诊1325人（次）、免费发放药品13850多元；举办多种形式的实用技术培训班、讲座78场（次），培训7380人（次）。

（八）扶贫助学

2002年，帮扶福安的7个省直挂钩单位、29个宁德市直挂钩单位共出资3.56万元，帮助13个省、市级扶贫开发重点村74名特困贫困户子女入学；社会各界出资2.3万元，帮助48名特困贫困户子女入学。福建省委党校、团省委、省电视台等挂钩单位给帮扶村赠送3台电脑、1台彩电、130套校服、300本书籍、100套课桌椅及讲台、书架、乒乓球桌等用品。

2003年，全市先后开展一系列助学活动：有共青团福安市委组织发动的"阳光助学"、福安市总工会组织发动的"今秋扶困助学"、宁德市农校开展的"减免特困生学费助学"、市工商联和《福安报》组织开展的"结对助学"、福安市妇联和个协及55个私营企业发起的"爱心献春蕾"等活动。全市共筹集捐资61.1万元、帮助719名特困生圆读书梦，其中：上大学138人、中学（中专）367人、小学214人。福建师范大学无偿资助2000多元并赠书1000多册，帮助建设范坑乡领先村青少年科技图书室。

2004年，全市继续开展"爱心助学结对活动""阳光助学活动""今秋助学活动""黄钟咸助学基金活动"等多种形式的助学活动，先后筹措助学资金52.66万元，帮助588名贫困生圆读书梦。其中：上大学323人、高中125人、小学140人。13个省市重点村在挂钩单位开展"一对一·手拉手""爱心助学结对"等多种形式的助学活动。福建师范大学组织发动10个学院、61个学生团支部与上白石西园村61名贫困学生开展结对助学活动，向61名贫困生每人每学年发放500元的助学金。福建省人防办组织发动党员干部与井口村27名、西园村23名贫困学生结对助学，每人每学年给予300元的助学金。福建省质量技术监督局、省委党校、福建红旗有限公司等单位先后捐款8.05万元，资助223名贫困生圆了读书梦，其中，上大学17人，中学26人，上小学180人。共青团福建省委捐赠价值万元的"希望书库"给康厝社洋小学，并为16名福源村小学生出资1600元购买学习用品。福建师范大学赠送给领先小学电脑9台、彩电1台、课外书籍200多册、体育用品20多件。福建省民宗厅资助市民族实验小学住宿学生床架77副、解决"住宿难"问题，赠送20台电脑、开设电脑教学室。

2005年，50多个企事业单位、社会团体及社会各界人士，共向福安411名贫困大学新生捐赠助学款50.62万元。福建师范大学网络学院、生物工程学院、美术学院、体育科学学院、外国语学院、文学院、经济开发总公司与范坑领先村38名贫困学生结对，每人每学年给予300元的资助；福建省委党校组织机关党员干部与潭头半坑村23名贫困学生结对，每年给予总金额1万元的资助；福建省技术监督局情报所捐资3700元帮助5名贫困学生上大学、中学；宁德市工商联筹措助学金2万元，帮助康厝金斗洋64名畲族贫困生上学；城阳乡12位企业家向24名贫困大学生捐赠助学金3.8万元。当年，全市落实结对助学贫困生709名，捐送助学金64.67万元。其中：上大学419人，上中小学290人。

（九）"五通"工程建设

1991年4月，宁德地区拨给福安市4个乡镇通路建设项目补助资金70.5万元，7月又下拨9个乡镇"通路"补助资金259万元；安排修建水利项目资金121万元。当年，全市投入资金312.2万元，新建、续建校舍面积3982平方米，饮水工程10处，架电11.7千米，修路47千米，兴修水利61处、全长52千米，恢复和改善灌溉面积433.33公顷、新增灌溉面积33.33公顷。

1992年，省、市下拨坂中畲族乡松潭电站开发项目资金270万元，下达福安市9个乡镇通路项目金额116.5万元。

1997年，福安市“青云潭电站技改项目”得到福建省扶贫专项贴息贷款资金200万元。

1998年，全市投入建设资金500多万元，为34个老区基点村解决“五通”。其中：改造9条用电线路，修通乡村机耕路6条，安装闭路电视线路6条，建设安全卫生饮水工程13个。基本实现全市69个老区基点行政村“五通”。民族地区也筹集到扶持资金134.4万元，使10个民族村用上安全卫生水、为6个民族自然村通了电、为7个民族村修了机耕路。

1999年，投入扶持资金285万元，帮助解决“五通”工程项目96个。

2000年，全市投入老区、民族地区的“五通”资金1318元，解决2个少数民族村的通路、49个民族村和111个老区村的饮水工程、开通18个老区村和少数民族村的闭路电视、完成47个老区村和少数民族村的通电。使福安市的老区、民族地区全部实现“五通”。

2001—2005年，全市共投入扶持资金4151.59万元，完善、提升“五通”工程项目633个。

（十）“造福工程”搬迁

1994年，全市搬迁57个自然村494户、2391人（含民政部门帮助灾后重建家园部分）。集中营建新村或安置点22个，安置415户、2010人。新建房屋339幢、1826间，建筑面积2.7万平方米。下拨补助资金40万元，市政府减免各种税费135万元。

1995年，搬迁83个自然村391户、2008人。集中营建新村或安置点17个，新建房屋261幢、1428间，建筑面积2.63万平方米，安置218户、1103人。下拨补助资金93.6万元，市政府减免税费24万元。

1996年，搬迁100个自然村717户、3788人。集中营建新村或安置点33个，新建房屋507幢2535间，建筑面积3.8万平方米，安置521户、2822人。下拨补助资金161.8万元，市政府减免税费207万元。8月28日到30日，宁德地区行署在福安市召开“全区造福工程现场观摩会”，行署专员汤金华、常务副专员张学清、专员助理粟建华、行署副秘书长张振磋到会，地直13个有关单位和各县（市）政府分管领导、脱贫办主任、民政局局长参加会议。

1997年，全市搬迁103个自然村863户、4085人。集中营建新村或安置点31个，新建房屋785幢、3304间，建筑面积5.33万平方米，安置452户、2271人。下拨补助资金239.5万元，市政府减免税费364万元。

1998年，搬迁29个自然村666户、3000人。集中营建新村或安置点17个，新建房屋628幢、2009间，建筑面积3.2万平方米，安置573户、2545人。下拨补助资金177万元，市政府减免税费210万元。

1999年，有28个自然村1298户、6027人搬迁。集中营建新村或安置点18个，新建房屋1118幢、4474间，建筑面积6.81万平方米，安置1234户、5779人。下拨补助资金659.57万元，市政府减免税费480万元。

2000年，搬迁71个自然村451户、2000人。集中营建新村或安置点28个，新建房屋388幢、1552间，建筑面积2.33万平方米，安置402户、1781人。市政府下拨补助资金59万元、减免税费248.3万元。

2001年，全市搬迁38个自然村392户、1874人。集中营建新村或安置点21个，新建房屋354幢、1416间，建筑面积2.4万平方米，安置258户、1234人。下拨补助资金54.25万元，市政府减免税费141.2万元。

2002年，全市42个自然村306户1330人实施搬迁。集中营建新村或安置点9个，新建房屋285幢、1245间，建筑面积1.867万平方米，安置146户、614人。市政府下拨补助资金42.8万元、减免税费114万元。

2003年，全市搬迁36个自然村533户2250人。集中建新村或安置点13个，有房屋515幢2060间，建筑面积3.09万平方米，可集中安置370户1565人。市政府下拨补助资金38.5万元，减免税费206万元。

2004年，搬迁47个自然村541户、2400人。集中安置在新建安置点13个，388户、1465人。新建房屋538幢、2136间，建筑面积3.2万平方米。市政府下拨补助资金42.6万元、减免税费226万元。

2005年，共搬迁59个自然村524户、2421人。营建新村或安置点19个，新建房屋519幢、2076间，建筑面积3.11万平方米，安置446户、2060人。上级下拨补助资金48.5万元，市政府减免税费207.6万元。

（十一）"连家船民"上岸定居

1997—1999年三年间，全市"连家船民"搬迁1583户、7419人，在9个乡镇、街道集中建造"连家船民"新村或安置点22个，安置1322户6144人，分别占此间"连家船民"搬迁安置总户数和人口的83.5%、82.8%。

1998年12月，"福建省造福工程暨连家船民上岸定居现场会"在福安市召开，省政协副主席陈增光到会并发表重要讲话。

1999年，在甘棠镇甘江村，下白石镇里凡村、横山村、外宅村建设4个"连家船民"新村，安置1085户。当年10月5日，《福建日报》头版以《连家船民喜迁居》为题，报道福安市"连家船民"喜迁新居的情况。23日，福建新闻频道——《现场》栏目专题报道这几个村新建船民新村竣工及船民喜迁新居的情况。24日，中央电视台一套在"新闻联播·走遍中国"栏目中也报道了福安市"连家船民"喜迁新居情况。

2000年4月，省政协副主席、省工商联会长李祖可，省委统战部副部长金惠钦，省农办副主任林月婵，省民盟副主委刘以籁以及企业家代表、画家代表和宁德地区政协工委主任姚智梅、地区脱贫办主任郑铅仔在福安市委、市政协有关领导陪同下到下白石镇里凡村"连家船民"安置点，参加"全省书画扶贫义卖赠送连家船民生活用品仪式"。宁德市、霞浦县、福安市的分管领导和脱贫办主任以及"连家船民"代表也参加了活动。

下白石镇下岐村连家船民喜迁新居（1999年）

表 22—7 1994—2005 年福安市“造福工程”建设搬迁完成情况表

项　目		1994	1995	1996	1997	1998	1999	2000	2001	2002	2003	2004	2005
计划总量（人）		1000	1560	3450	4000	1800	5324	1100	1200	680	700	720	800
其中	边远村庄（人）	1000	1560	3450	3000	450	255	600	650	320	250	300	350
	地质灾害点（人）	0	0	0	0	0	0	500	550	360	450	420	450
	“连家船民”（人）	0	0	0	1000	1350	5069	0	0	0	0	0	0
完成实绩（户/人）		494/2391	391/2008	717/3788	863/4085	666/3000	1298/6027	451/2000	392/1874	306/1330	533/2250	541/2400	524/2421
其中	边远村庄（户/人）	494/2391	391/2008	717/3788	649/3085	382/1650	213/958	290/1276	278/1324	226/970	426/1800	69/300	73/350
	地质灾害点	0	0	0	0	0	0	161/724	114/550	80/360	107/450	99/420	115/450
	“连家船民”（户/人）	0	0	0	214/1000	284/1350	1085/5069	0	0	0	0	0	0
	享受优惠政策（户/人）	—	—	—	—	—	—	—	—	—	—	373/1680	336/1621
其中	畲族自然村（个）	30	31	41	41	6	8	30	33	17	29	29	30
	户/人	112/597	140/678	317/1554	271/1415	113/520	76/342	186/843	256/1226	142/614	313/1316	286/1180	200/836
其中	老区基点村（个）	7	3	24	46	8	3	7	5	9	17	7	18
	户/人	29/121	43/214	183/1060	204/1029	93/429	25/123	50/239	48/227	62/274	112/481	89/388	164/766
营建安置点（个）		22	17	33	31	17	18	28	21	9	13	13	19
超额完成量（人）		1391	448	338	85	1200	703	900	674	650	1550	1680	1621
搬迁自然村（个）		57	83	100	103	29	28	71	38	42	36	47	59
集中安置（户/人）		415/2010	218/1103	521/2822	452/2271	573/2545	1234/5779	402/1781	258/1234	146/614	370/1565	388/1465	446/2060
新建房屋（幢/间）		339/1826	261/1428	507/2535	785/3304	628/2009	1118/4474	388/1552	353/1416	285/1245	515/2060	538/2136	519/2076
建筑面积（万平方米）		2.7	2.16	3.8	5.33	3.2	6.81	2.33	2.4	1.87	3.09	3.2	3.11

第二节　小康建设

一、组织机构

1995 年 6 月，福安市在脱掉省定贫困县（市）“帽子”后，成立争创小康村工作领导小组，市委书记陈必滔任组长、市长康建民任第一副组长，成员由市委办、市政府办，市委组织部、宣传部、农委，市农业局、茶业局、卫生局、教委、计委、建委、团委、邮电局等部门负责人共 35 人组成，领导小组下设办公室，主任由市政府副市长阮永光兼任、常务副主任由市农委主任刘子康担任，抽调市直机关干部到小康办集中办公，具体负责全市“争创小康”工作。1997 年 3 月，成立福安市“争创小康村”决战指挥部，指挥部由市六套班子领导与有关部门负责人 66 人组成，市委书记徐桂春任总指挥，指挥部下设办公室，办公室下设宣传秘书、组织督查、统计财务、基础设施、指导验收等五个科，与市“小康办”合署办公，刘子康任办公室主任，具体负责全市“小康”工作的综合、协调、指导和督查。

福安市争创小康村动员大会（1995 年）

二、建设措施

（一）广泛宣传发动

福安市开展“争创小康村”活动以来，市委、市政府组织开展“争创小康村”宣传发动工作，充分利用《福安报》、市电视台和广播站等宣传阵地，开辟专栏，举办农村“争创小康村”报告文学征文竞赛和《发展福安之我见》青年论文竞赛等活动。市小康办和市委宣传部编写《福安市争创小康村宣传提纲》《争创小康村标语口号》和《关于加强争创小康村宣传工作的意见》等宣传材料分发各乡镇，并创办《“奔小康”快讯》（后更名为《福安小康》）和《“小康之路”简报》，及时报道全市“争创小康村”的情况和进程，总结经验、推介典型，形成全市上下“谈小康、议小康、创小康”的氛围。

（二）加强领导落实责任

为确保“争创小康”工作的顺利实施，市委书记任争创小康工作领导小组组长，市长任第一副组长，分管副书记任常务副组长，并增补省地工作队长为领导小组副组长，各乡（镇）也相应调整充实领导小组，做到一把手亲自抓、负总责，分管领导具体抓，实行“市领导包乡（镇）抓面，乡（镇）领导包村抓片，部门领导包项抓点，村干部包户到人”的“四包”机制，形成一级抓一级、一级促一级，各司其职、各负其责的工作格局。同时，与乡镇和挂钩单位签订“小康工作”责任书，下达小康建设工作年度规划、实施方案、制定奖罚制度。

（三）主攻“五通”工程

1997年，全市抽调相关部门精干人员组成“五通”攻坚专业组，负责组织实施水、电、路、电视、电话等“五大工程”建设，按照“条块结合、以条为主，分工负责、限期完成”的原则，定任务、定时间、定部门，采取“十个一点”：群众投工集一点、跟踪政策要一点、金融部门贷一点、市乡财政拨一点、上级部门补一点、施工单位垫一点、挂钩单位扶一点、乡村集体筹一点、在外乡亲捐一点、好的地方帮一点的办法，多元筹资、投入建设。据不完全统计，1995—1997年，全市共投入“小康建设”资金5亿多元。其中：邮电部门投入农村电话网建设资金1.25亿元，省、地财政投入扶持乡村发展集体经济资金1866.5万元、投入农业综合开发资金6700万元，水电部门投入无电村建设资金435万元，广播电视部门投入农村电视网络建设资金788万元，交通部门投入农村公路建设资金7000万元。1997年7月，福安市率先在全区实现村村通程控电话，村通话率100%；通闭路电视282个建制行政村，电视信号建制村覆盖率达100%，电视机户普及率达85.8%；行政村通电100%，农户用电率达99.9%；安全卫生饮水普及率100%；建制村通公路率达99.3%。

（四）整治村容村貌

全市农村按照“五通五改一绿化”（通水、电、路、电话、电视，改水、路、厕、厨房、厅堂和绿化环境）的要求，对全市447个行政村进行分批规划、实施，市制定村容村貌整治10条标准，并推出穆云畲族乡桂林村为代表的新建型、甘棠镇岭尾村为代表的改旧型、上白石镇郑家山村为代表的整治型3种类型代表，供全市农村整治时学习参考。

（五）坚持分类指导

将城北、城南、阳头、穆阳4个乡镇（街道）列为“小康”示范乡镇，后垅等59个行政村列为“宽裕型小康”试点示范村。确立城阳乡铁湖、坂中畲族乡仙岩、穆云畲族乡洋坪、溪塔4个民族工作重点村；溪柄镇立峰、山下村，松罗乡柳溪，晓阳乡首洋，赛岐镇狮子头5个老区工作重点村进行重点建设。相继总结推出社口镇坦洋资源开发型，湾坞乡浮溪、溪尾镇溪邳水产养殖型，穆阳开发区高优农业型，赛岐开发区罗江村的第三产业型，溪潭镇马山村的科技兴农型，城南街道南郊村的民营经济型，穆阳镇苏堤村的多种经营型，潭头镇太逢村的集镇贸易型，赛岐镇宅里村的股份经济型和阳头街道阳泉村的乡镇企业型等10类小康村典型。

（六）加强督促检查

市委、市政府制定一系列考核办法和工作制度，狠抓督查、务求落实。一是全面实行市、乡（镇）干部驻村和干部包村制度。确保在创建中村村有队员、户户有规划、项项有落实。二是建立健全严格的考勤和奖惩制度。制定《福安市争创小康村工作队员管理条例》，福安市小康办还经常下乡调查研究、跟踪落实小康建设开展情况，奖优罚劣。1995—1998年，全市共评出“争创小康村活动先进个人”三批200多人。

三、建设成果

1997年年底，经省、地组织的小康村验收、复查，确认全市22个乡镇、街道、开发区的447个行政村中，共有20个乡镇、389个行政村、89669户农民达到省定基本小康的标准，分别占全市乡、村、户比重的90.9%、87%和87.1%，市级16项小康指标综合进程从1994年的61.9分提高到94.2分。1998

年4月，福安市被省委、省政府确定为全省10个农村宽裕型小康试点县（市）之一。当年5月，福安市被省委、省政府授予“农村脱贫致富奔小康先进市”。2005年，全市宽裕型小康十五项指标进程从1997年的15.5分提高到51.3分。城北街道、城南街道、阳头街道达到省定宽裕型小康水平。省、地先后在福安市召开现场会，总结推广争创小康经验。

全省小康会议代表到象环村调研（1998年）

四、“小康村”验收标准

农村小康村建设验收标准按省制定的“小康”和“宽裕型小康”两个标准进行评价，评价指标统一使用国家和省制定的标准。1978年，福安市经省、地验收达“小康”水平，2005年，达“宽裕型小康”水平。

表22—8　1996年福安市农村小康进程各项指标考核情况表

指标名称	考核指标			考核情况	
	小康值	温饱值	权数	1996年值	得分
1. 农民人均收入（元）	≥1300	370	30	1427	30
2. 基尼系数	0.3～0.4	0.2	5	0.25	2.5
3. 恩格尔系数	≤50	65	6	58.3	2.7
4. 人均蛋白质摄入量（克）	≥75	47	9	76	9
5. 人均衣着支出（元）	≥70	25	3	100.6	3
6. 钢筋砖木结构住房面积比重	≥80%	31%	7	85.4	7
7. 电视机普及率	≥70%	9%	6	77.7	6
8. 服务消费支出比重	≥10%	2%	6	13.01	6
9. 人口平均预期寿命（岁）	≥70	68	4	71.16	4
10. 成人识字率	≥90%	68%	5	98.1	5
11. 安全卫生饮用水普及率	≥90%	50%	3	99.7	3
12. 用电户比重	≥95%	85%	3	95.9	3

续表 22—8

指标名称	考核指标			考核情况	
	小康值	温饱值	权数	1996 年值	得分
13. 行政村通公路比重	≥ 85%	50%	3	96.2	3
14. 行政村通电话比重	≥ 70%	50%	2	100	2
15. 享受社会五保人口比重	≥ 90%	50%	4	100	4
16. 万人刑事案件发案件数（件）	≤ 20	20	4	13.2	4
合　计	—	—	100	—	94.2

表 22—9　1997 年福安市农村小康进程各项指标考核情况表

指标名称	考核指标			考核情况	
	小康值	温饱值	权数	1997 年值	得分
	1	2	3	4	5
1. 农民人均收入（元）	≥ 1300	370	30	1500	30
2. 基尼系数	0.3 ～ 0.4	0.2	5	0.286	4.3
3. 恩格尔系数	≤ 50	65	6	59	2.4
4. 人均蛋白质摄入量（克）	≥ 75	47	9	75	9
5. 人均衣着支出（元）	≥ 70	25	3	120	3
6. 钢筋砖木结构住房面积比重	≥ 80%	31%	7	89.1	7
7. 电视机普及率	≥ 70%	9%	6	85.8	6
8. 服务消费支出比重	≥ 10%	2%	6	20	6
9. 人口平均预期寿命（岁）	≥ 70	68	4	71	4
10. 成人识字率	≥ 90%	68%	5	97.2	5
11. 安全卫生饮用水普及率	≥ 90%	50%	3	97.3	3
12. 用电户比重	≥ 95%	85%	3	99.4	3
13. 行政村通公路比重	≥ 85%	50%	3	98	3
14. 行政村通电话比重	≥ 70%	50%	2	100	2
15. 享受社会五保人口比重	≥ 90%	50%	4	100	4
16. 万人刑事案件发案件数（件）	≤ 20	20	4	1.8	4
合　计	—	—	100	—	95.7

表 22—10　2005 年福安市农村宽裕型小康建设各项指标考核情况表

指标名称	权数	小康初始目标值	宽裕型小康值	指标值	得分
1. 人均国内生产总值（元）	10	4700	≥ 13000	—	3.4
2. 农民人均纯收入（元）	25	1300	≥ 3200	—	10.8
3. 从事非农产业劳动者比重	5	35%	≥ 50%	46%	3.7
4. 恩格尔系数	4	50	≤ 45	49	0.8
5. 钢筋砖木石结构住房面积比重	5	80%	≥ 90%	92%	5
6. 文化生活消费支出比重	5	2%	≥ 5%	3.6%	2.7
7. 计划生育率	4	88%	≥ 95%	88.07%	0
8. 人口平均预期寿命（岁）	3	70	≥ 72	71.9	2.9
9. 劳动力平均受教育年限（年）	6	8	≥ 9	8.8	4.8
10. 森林绿化程度	5	78%	≥ 85%	93.5%	5
11. 村镇环境污染治理合格率	6	—	≥ 90%	68%	3
12. 享受一项以上社会保障人口比重	5	15%	≥ 90%	48%	2.2
13. 每千人拥有医生数（人）	3	1.25	≥ 1.5	2.1	3
14. 万人刑事犯罪数（人）	4	—	≤ 10	8.9	4
15. 宽裕型小康县、乡、村比重	10	—	≥ 80%	13.6%	0
合　计	100	—	—	—	51.3

第二十三篇

军　事

福安市志 (1991—2005) FUAN SHIZHI JUNSHI

1991—2005年，福安市各驻军单位和市人武部、人防办认真履行兵员征集、民兵整组、消防救灾、沿海边防守卫驻勤、国防教育、防空及人防宣传教育等职责，开展军民共建、拥政爱民等活动，为福安社会经济发展和社会稳定做出贡献。市人武部多次被省、地评为先进单位。

第一章　地方军事机构与驻军

第一节　地方军事机构

一、福安市国防动员委员会

1991年至1996年2月，中共福安市委、福安市人民政府根据人事和工作需要，及时调整充实市人民武装部（以下简称“市人武部”）内部设置及人员，保持机构的完整性和战斗力。

1995年，福安市成立市国防动员委员会，成员由市委、市人民政府和市人民武装部及有关部门主要领导组成，具体负责组织计划并实施全市国防动员工作。福安市国防动员委员会与中共福安市人民武装委员会实行一个机构两块牌子。2005年，调整福安市国防动员委员会各办公室机构设置、职能分工。

市国防动员委员会自成立至2005年，期间，由于人事变动，领导成员先后进行了5次调整充实，但始终保持健全的领导机构。

二、福安市国防教育委员会

1991—2005年，福安市人民政府设立国防教育委员会，乡（镇）人民政府设立国防教育领导小组，领导和管理全市国防教育工作。市国防教育委员会由本级人民政府有关部门、市人武部和工会、共青团、妇联及其他有关单位的负责人组成，主任委员由本级人民政府的负责人担任。

三、中国人民解放军福安市人民武装部

1991年，福安市人民武装部（以下简称“市人武部”）为地方建制，副处级单位，受中共福安市委、福安市人民政府和宁德军分区双重领导。1996年3月，划归军队建制，改称中国人民解放军福建省福安市人民武装部。市委书记兼任市人民武装部党委第一书记，市人武部部长或政委分别参加市委常委会和市人民政府常务办公会议。至2005年不变。

表23—1　1991—2005年福安市历任人武部部长、政委名单一览表

职务	姓　名	籍贯	任职时间
部长	林良庄	福建福安	1986.3—1996.5
政委	阮玉铃	福建福安	1986.2—1993.8
部长	李言明	福建福鼎	1996.6—1999.9
政委	王积才	福建永泰	1993.8—1996.6
部长	林能秋	福建长乐	1999.9—2001.7

续表 23—1

职务	姓 名	籍贯	任职时间
政委	吕卫宁	山西省	1996.6—1998.12
政委	何世明	江西彭泽	1998.12—2000.6
部长	葛铁强	江苏南通	2001.7—2005.5
政委	孙锦鸣	福建连江	2000.6—2003.5
政委	陈燕敦	福建连江	2003.5—2004.5
部长	郭如盾	福建福鼎	2005.5—
政委	傅小平	江西高安	2004.5—

第二节 驻军

一、中国人民武装警察部队福安市中队

1991—2005 年，武警福安市中队隶属关系曾多次变更，均为连级单位编制，主要承担地方安全保卫、处理突发事件、防范和打击恐怖活动、抢险救援、维护社会治安等任务。

二、福安市公安边防大队

军队营级建制单位，下辖下白石边防派出所（连级单位）。主要负责福安沿海地区边防保卫、海上治安及渔船和渔民管理以及出入境人员、交通运输工具的边防检查和监管，防范、打击沿海地区各种违法犯罪活动。

三、福安市公安消防大队

1991 年，福安市公安局设有消防科（武警部队建制），为副营级单位。1995 年 3 月，在福安市公安局消防科的基础上组建中国人民武装警察部队福安市消防大队，为武警部队正营级建制；同时，福安市消防中队也更名为福安市消防大队一中队，军队为武警部队正连级建制。1999 年 8 月，新建福安市消防站竣工。

四、南京军区房管局福安分局

1991 年，为福建省军区后勤部房管所。1995 年 5 月，成立南京军区福安房地产管理处，隶属南京军区房地产管理局。2005 年 3 月，撤销福安房管处，成立南京军区房管局福安分局。

第二章　兵役

第一节　兵役登记

一、组织计划

1991年后，福安市人民政府和人武部每年按《中华人民共和国兵役法》规定，对年满18周岁的男性公民进行兵役登记，摸清适龄青年的人数、具体情况与分布。根据征兵命令和计划，由市政府和人武部统一部署组织，各乡镇、街道、开发区、企业、大专院校具体组织实施。征兵一般每年进行1次，多为冬季（个别年份一年征集两次）。

二、宣传发动

福安市人武部和机关、乡镇、街道、企事业单位等坚持把征兵宣传教育工作贯穿于征兵工作的全过程。宣传教育以爱国主义、革命英雄主义和依法服兵役的有关法规条令为主要内容。通过广播、板报、标语，举办动员会、演讲会、国防知识竞赛等形式，扩大宣传的覆盖面，做到家喻户晓、人人皆知，在全社会营造支持国防建设和征兵服役的良好氛围，提高全民国防观念和公民服兵役的自觉性。

第二节　体检定兵

一、体格检查

福安市严格按照国务院、中央军委颁布的《征兵工作条例》规定，在政府和兵役机关的统一组织安排下，由卫生部门负责做好拟征集兵员的身体检查工作。包括：认真搞好病史调查、控制上站体检人数，基层单位在预征对象中择优确定送检人员；严格体检医生的资格审查；体检站实行封闭式管理，工作人员挂牌上岗，保证体检工作质量和秩序；征兵办公室指定专人导检、专人传表，防止差错，对明显不合格的，实行单科淘汰；搞好体检情况统计分析，发现不正常情况，及时进行检查纠正；组织抽查或复查；新兵起送前，再次组织一次抽查或复查。

二、政治审查

福安市人民政府征兵办公室从有关部门抽调政治责任心强的人员组成政治审查组，对拟征人员做好政治审查工作。市征兵办公室对拟批准服役的应征公民，进行政治复审，严格把关，对有疑点的青年或问题一时查不清的，一律不批准入伍，确保每个新兵政治上纯洁可靠。

三、审批定兵

审批定兵工作由市征兵办统一组织召开定兵会议，对合格青年进行全面审查，择优选定。优先批准政治思想好、身体素质好、文化程度高和有专长的青年入伍。坚持集体定兵、不准个人说了算；坚持公开定兵，接受群众监督，发现问题及时查核或调换。按照《征兵工作条例》规定，革命烈士和革命伤残军人的子女、兄弟姐妹、本人自愿应征并且符合条件的，可以优先批准服现役。原是在读生的，就读学校应当按照有关规定保留学籍，退伍后准其复学；是在职人员的，应保留公职。被批准服役的应征公民，由市征兵办公室填写应征公民入伍批准书，并发给应征公民，明确报到集中的时间、地点，同时及时整理新兵的档案材料。新兵档案材料包括应征公民入伍批准书、应征公民政治审查表（对特种政治条件兵应附政审调查证明材料）、应征公民体格检查表、入党（团）志愿书［新兵是党（团）员的］等，新兵入伍前已经建立的正式档案材料（含学生档案），一并纳入新兵档案。

四、交接运兵

新兵征定后，由福安市征兵办公室统一编制《新兵花名册》，一式两份，一份交接兵部队、一份由市征兵办保存，交接手续在新兵起运前一天办理完毕。交接新兵时，新兵一律换上无徽章军装，市征兵办公室和接兵部队按照《新兵花名册》将每个新兵和其档案当面点交清楚，并在《新兵花名册》上签字盖章。新兵交接后，市征兵办公室协助接兵部队搞好新兵起运前的工作，同时对新兵进行全面观察，发现有不符合条件的，及时予以调换。根据上级下达的运送计划，按时组织起运。启程时，市人民政府组织家长、群众欢送新兵入伍，市领导为入伍新兵戴上大红花。

欢送新兵（2003 年）

第三章　民兵

第一节　民兵组织

一、民兵整组

1991 年，福安市仍延续 1981 年后实行的每年民兵组织整组规定。参加民兵组织以男性公民为主。凡是拥护中国共产党的领导，热爱祖国，热爱劳动的适龄公民，都可以成为民兵的一员。对入队民兵的政治审查，主要看本人的现实表现。1999 年，福安市根据第九届全国人大常委会第六次会议通过的《关于修改〈中华人民共和国兵役法〉的决定》，对民兵工作进行了调整。当年，福安市人武部进行机构整组。2005 年，福安市民兵预备役组织整顿工作基本达到要求。

二、政治教育

1991—2005 年，福安市人武部在市委、市政府统一领导下，与地方宣传、文化部门和工会、共青团、妇联等群众团体密切协作、齐抓共管，民兵思想政治教育在不同历史时期，赋予了不同内容，采取了多种形式。在教育主题上，主要是在广大民兵中开展以反“台独”军事斗争准备为中心内容的形势、任务和战备思想教育，紧密联系民兵思想实际，宣传国家利益和民族尊严至上。在教育制度上，坚持“每季一课”，并结合征兵、整组、民兵训练和重大节日活动，对民兵进行政治教育，保证民兵政治教育“三项制度”的落实。同时，福安市把国防教育纳入民兵预备役人员政治思想教育内容，列入“每季一课”。在加强民兵营（连）部规范化建设上，建立“民兵之家”，每个民兵营（连）部订阅“一报两刊”（《中国国防报》《中国民兵》《东海民兵》）；以“民兵之家”为依托，充分发挥其组织前沿阵地作用，进行经常性的民兵国防教育。在民兵预备役整组、训练和征兵工作之机，集中进行《中华人民共和国国防法》《中华人民共和国兵役法》《征兵工作条例》和《福建省国防教育条例》以及新颁布的《中华人民共和国国防教育法》等国防法规学习。在每年元旦、春节、“八一”“十一”“九一八”等重大节日、纪念日前后，广泛开展国防宣传。同时，通过举办文艺晚会、军体比赛、国防知识竞赛等，寓教于乐，使广大民兵预备役人员在娱乐中受到教育，潜移默化地增强了国防观念。

福安市还开展“立功创模”和“创先”活动，并作为民兵政治工作的一项重要内容和形式。主要是在年终评选和表彰在规范化建设、军事训练、组织整顿、征兵工作等方面的先进“民兵营（连）部”、“民兵营（连）长”或“先进个人”。

第二节　民兵训练

1991—1999 年，福安市每年组织民兵进行军事训练。2000 年 6 月，为纪念毛泽东主席关于民兵工作“三落实”（组织落实、政治落实、军事落实）发表38周年，福安市按照宁德军分区部署，组织“民兵对口专业队伍建设暨科技练兵试点现场会”活动。

2001年，福安市民兵军事训练工作主要以“打得赢”为目标，训练内容主要有组织民兵海上运输、交通保障等；依托驻地海军工厂和民用修（造）船厂，组织民船改装维修等内容。

2004年6月，福安市组建民兵船运和船舶改装维修队伍，依托丛茂船厂码头进行民船改装的演练，根据对接装载、乘员舒适度等要求，设计改装方案，总结出快速吊装等经验。

2005年，福安市坚持“按纲施训”，采取“岗位训练、挂钩联练、以用代训”等方法，组织民兵军事训练，并积极参与防台抗台、抢险救灾、森林灭火、应急维稳等任务。按照“进得来、过得去、供得上”的总要求，抓好城市民兵训练改革，逐渐形成以国道和沿海为主体、以专业兵为骨干、以保障行动和海上交通运输为重点的民兵组织建设和军事训练、战时保障新格局。

第三节　装备管理

一、装备保管

1995年，福安市民兵装备由分散管理改为集中保管。同时，按上级要求建设坚固的库房、配备齐全的安保设施，实行“专库储备、专职人员保管、领导定期检查、不定期抽查”等制度，确保民兵装备管理规范、安全。

二、安全保障

1995年，市人武部每周进行一次常态化安全检查，重大节日加强安全检查。市人武部先后于2002年、2003年、2005年被福建省和宁德市评为民兵装备管理先进单位。

第四章　国防教育与人民防空

第一节　国防教育

一、国防宣传

1991年后，福安市根据《福建省全民国防教育大纲》要求，结合实际，开展国防教育，以国防精神、国防常识、国防法规、国防动员、国防历史、国防时事、国防理论教育为基本内容，教育的形式主要有：

（一）“议军会”制度

传达学习上级有关国防建设和加强党对武装工作领导的指示精神，对全市党政领导干部进行国防观念教育，帮助解决人民武装建设中的一些实际问题。

（二）市党政领导“军事日”制度

在每年“八一”建军节前后，由市人武部组织市党政领导和市直机关干部过“军事日”。通过观看现役官兵和民兵预备役人员军事表演、观看国防教育录像，参加手枪、步枪等实弹射击，体验军营生活等，增进军地双方的相互了解和友谊，增强地方党政领导干部的国防意识。

（三）开设国防教育课

在宁德市委党校开设国防教育课程，对全市基层领导干部进行国防教育。同时，经常举办有关国防教育内容的形势报告会，邀请军分区领导讲授国际、国内军事发展形势和台海局势，观看国防专家学者录像讲座。

（四）设立学校国防教育课

2005年，福安市有普通中学30所，成人高等学校1所、中等专业学校3所、中等职业学校4所，小学282所。每所学校都坚持把国防教育纳入学生德育教育的内容，做到国防教育与爱国主义教育、革命传统教育相结合，与学生军训、军民共建文明学校相结合，与少先队、共青团活动相结合。中小学校开设国防教育课，

大梨小学与某海军兵工厂开展军校共建活动（2000年）

每学期不少于2个课时。宁德职业技术学院国防教育，主要结合大学课程进行安排。驻军武警部队与学校先后创建了“韩城一小少年警校”、城阳中心小学“少警校”、大梨小学“白马少年军校”等。

二、基地建设

1993年，福安市以闽东苏区革命斗争历史为内容，以闽东苏区革命旧址所在地柏柱洋斗面村4座革命遗址为载体，创办柏柱洋革命传统教育基地。1994年，举办纪念闽东苏区创建60周年大型活动，邀请叶飞、范式人、曾志等曾在闽东从事革命斗争的老干部以及来自国内、省内、市内的领导和来宾参加。1998年后，教育基地规模不断扩大，保留并建有斗面村中共闽东临时特委、闽东苏维埃政府、共青团闽东特委、闽东妇女工作团旧址；山下村闽东分田斗争遗址；东山村革命后方遗址，包括红军被服厂、红军军械厂、红军后方医院；马立峰纪念碑、亭和展陈室；“红领巾”水库；楼下村贫农社、中农社旧址；狮峰寺闽东红带总队旧址；榕头村郑虎臣故里；闽东苏区革命事迹陈列室；中小学劳动教育基地。爱国主义教育基地设立后，以加强青少年爱国主义教育为重点，结合重大节日、纪念日开展多种多样的教育活动。每年清明节、“五四”青年节、“六一”儿童节、“八一”建军节、国庆节、元旦等时节，结合各种主题，对全市中小学生及广大党员、干部和职工进行革命传统教育、宗旨教育和廉政教育。2004年，举办纪念闽东苏区创建70周年活动。市人武部和驻军结合开展共建活动，对“结对子”的中小学校的学生进行爱国主义和革命传统教育。

2005年2月，中共闽东临时特委旧址、闽东苏维埃政府旧址、闽东革命纪念馆、闽东畲族革命纪念馆、闽东革命烈士陵园、溪潭镇廉村被中共宁德市委、宁德市人民政府命名为宁德市第一批爱国主义教育基地，同时也是福安市的国防教育基地。

第二节　人民防空

一、队伍建设

2000年3月，恢复设立福安市人民防空办公室，由福安市人民政府和福安市人武部双重领导，统一管理福安市人民防空工作，为正科级行政单位。11月，福安市被福建省定为人民防空重点设防城市。此后，市人防建设和各项战备工作得到进一步加强。同年，按照平战结合要求，组建人防专业队伍。2005年，人防专业队伍进一步完善。

二、防空预案

2002年，制定《福安市城区防空袭预案》和各项保障计划。2005年，制定《福安市人民防空应急行动方案》，组织演练，明确战时紧急疏散区域。

三、人防工程

1991年，全市基本停修永久性防空工事，原有人防工事大部分用作仓库，有的荒废。

1999年，福安市开始结合新建民用建筑建设防空地下室。

2000年，依据《中华人民共和国人民防空法》，以及宁德地区《关于结合民用建筑修建防空地下室的规定》的要求，开征“结建”和“易地建设费”。同年，组织力量对全市原有人防工事进行全面检查、加固改造。

2001年，市委、市政府和市人武部贯彻全国第四次人防工作会议精神，围绕保证实施《宁德市人防“十五”规划》，增加人防建设经费投入。

四、防空警报

2002年8—11月，福安市投入经费，在福安市有关单位安装电动防空警报器及防空警报系统，配备通信警报车。同年12月12日，首次防空警报试鸣成功。

2004年开始，防空警报试鸣时间定为每年的7月19日（福安解放日）。同时，全市警报系统进一步完善。

第五章　双拥共建

第一节　助学扶贫

1991年后，福安市人武部和驻军单位发扬“拥政爱民”光荣传统，积极参与地方精神文明和社会主义经济建设及抢险救灾、助学扶贫等工作，始终与人民群众保持密切联系，不断增强军政军民团结。

1996年6月，福建省军区官兵捐款45万元，在福安市革命老区泰康村修建“八一希望小学”，学校占地0.38公顷，并配套建设教师住房、图书室、电脑室等，解决方圆15多千米内120多名学生就学难问题。原南京军区领导题写校名——“八一希望小学”，时任省军区领导多次到泰康村察看了解“八一希望小学”建设和办学情况。

2000年，驻福安海军某工厂向西部贫困地区“希望工程”捐款20065元。

2002年，市人武部协调市政府有关部门，投入12万元修建从泰康村到学校的水泥公路，筹建少先队员活动室，增配电脑6台、图书2000多册。每年“八一建军节”，市人武部均派员到校看望慰问师生。海军某工厂为帮助解决驻地群众长期用水紧缺问题，出资130万元，作为引水工程的启动资金；在军地共同努力下，该引水工程顺利竣工，解决了当地群众生产、生活用水难题。同年3月，海军某工厂官兵又向西部“希望工程”捐款28800元。6月，福建省三明、南平等地发生严重的洪涝灾害，海军某工厂捐款13120元、衣物1762件（套）支援灾区。

1996—2002年，福安市连续三届被中共福建省委、省政府、省军区授予“福建省双拥模范城”称号。

2003—2005年，市人武部慰问挂钩帮扶点困难群众8000多元。至2005年，市人武部官兵为贫困学生捐资助学，先后帮助110余名失学儿童重返学校，其中，63名失学儿童完成九年制教育学业。

第二节　学生军训

1991年后，福安市学生军训工作主要由当地驻军负责。每学年在9月份新学期开始时，集中一周进行军事训练，内容有政治思想教育、纪律教育和队列操练等。1998年，根据新修正的《中华人民共和国兵役法》，高等院校和高中学生军事训练，依国防部和教育部新颁布的规定执行，福安市人武部协助教育部门组织学生军训工作；新生入学后，市人武部指派现役军官和士兵，到学校组织学生军事训练。2002年，市人武部与教育部门进一步修订完善学生军训计划，统一标准要求、规范学生军训内容。2004年，市人武部针对福安市军训学校多、时间集中，而驻地部队能派出官兵少的矛盾，协调相关驻军单位分片实施。全年完成驻韩中专学校和12所普通中学的军训任务。2005年，福安市高校1所（宁德职业技术学院)，入学新生976人，实训970人，参训率99.3%；普通中学12所，入学新生3669人，实训3609人、参训率98.3%。同时，还组织对实验小学、师范学校附小、城阳小学、下白石大梨小学等小学新生的军训。

第三节　抢险救灾

1994年7月8日，突发而来的暴风雨袭击福安市下白石镇。停泊在白马港的“九州”“华捷”号货轮在大风浪中随时有倾覆的危险，驻地海军基地组织抢险队紧急出动，将两艘货轮拖离到安全地点锚泊，避免了人员和财产的损失。

1996年7月31日，8号台风挟裹着暴雨，又逢多年一遇的天文大潮，连续3天在福安沿海肆虐。福安市人武部和驻军单位参加抗台抢险，并保护农场海堤安全度汛。

1997年8月，11号强台风风力强、影响范围大，且值天文大潮，威胁极大。市人武部和驻地官兵按照“把台风可能造成的损失降到最低限度”的要求，齐心协力、奋力拼搏、军民同心，保证了单位装备和附近群众生命及财产安全。

1998年，福安市消防大队成功处置一起市农药厂氯气泄漏事故。

2002年9月7日，第16号强台风“森拉克”正面袭击福安，又逢天文大潮。驻地官兵和群众合力抢险救灾，将财产损失降低到最小限度。灾后，帮助驻地群众恢复生产、生活秩序。当年，市人武部被中共福建省委、省人民政府评为“全省抗洪抢险先进集体”，驻地海军受到上级嘉奖。

2003年，104国道眉洋岭段发生一起运输化学危险品氯气的泄漏事故，经过消防官兵昼夜奋战，成功将危险品安全转移。同年12月，福安逸夫小学旁发生一起民房火灾，福安市消防大队官兵及时将大火扑灭，并成功营救出9名被困群众。

2004年8月24—26日，福安市受第18号台风“艾利”影响，引发山洪暴发、山体滑坡、堤防决口等自然灾害。在市防汛抗旱指挥部统一指挥下，市人武部组织民兵预备役人员，军民协力，转移海上渔排养殖人员、山体滑坡险情隐患地带群众2905人，参与抢修加固下白石、赛岐、湾坞、溪尾、甘棠等5个沿海乡镇海堤200多米。

2005年7月19日，第5号台风“海棠”袭击福安，市人武部先后组织民兵预备役人员冒着倾盆大雨，连续奋战23个小时，共装运沙袋1万多个，加固富春溪天竺园危险河堤200多米，堵塞管涌3处。溪柄、下白石、赛岐、湾坞、溪尾、甘棠等乡镇组织民兵对所管辖范围内的危险路段、危险河海堤、危险住房和中小学校及地质灾害点进行排查，转移财产、疏散人员，得到驻地政府和群众的高度赞扬。

第四节　军民共建

1991年后，福安市坚持开展军警民共建“平安福安”活动，通过开展“抓典型、带全面、出特色”活动，有效形成行业系统拉动、社会各界广泛参与的精神文明创建工作格局，为福安经济发展和社会和谐发挥重要作用，其先进事迹多次在《福建日报》《闽东日报》和省市电视台等媒体上宣传报道。1996年，由市人武部牵头，驻地消防、交警等单位联合开展共建“中兴平安一条街”活动，部队出动官兵和群众一起绿化美化街道、创建卫生文明城区、设置平安建设公益广告牌，开展形式多样的宣传活动；同时，排查化解矛盾、消除治安隐患，营造街道平安、文明的氛围。1997年，市人武部被中共福建省委宣传部、福建省精神文明指导委员会办公室、福建省军区政治部联合授予“军民共建社会主义精神文明先进单位”称号。1999年，中兴街被福安市委、市政府评为“三优示范街”。同年，市武警中队与城阳小学在闽东首先创办“少年武警学校”，集思想道德、国防军事、科技文化、革命传统教育为一体，制定了《少年警校章程》，建立一整套适应素质教育的教学计划和军事化的管理制度，开设军事训练、军事文化、特长选修三类课程，分设仪仗、铜管乐、鼓号、擒敌拳等11个课外活动队。“少警校”的先进事迹多次在省、市电视台报道和在《福建日报》《闽东日报》上刊登，在闽东乃至福建省内起到示范辐射作用。2000年，驻福安海军某部与大梨小学开展军校共建活动，创办了“白马少年军校”，组织该校四到六年级的学生进行军训活动，部队军官以军事训练为载体，对学生进行爱国主义、集体主义、国防意识教育，并组织开展野外拉练，培养当代少年的远大理想生活和能力，全面提高学生素质。同年，市武警消防大队与城关棠发洋社区共建“平安社区”，共同开展夜间治安巡逻，举办学习座谈会和丰富多彩的文体活动，使社区风正气顺、平安祥和，该社区多次被评为省“先进集体”、“先进基层党组织”和“文明社区”。2002年，市人武部、南京军区房管局福安分局利用闲置房产，与有关部门共建“长城”平安市场、“八一平安商城”，为下岗职工、待业人员提供经营场所，安排“再就业”职工1100多人。经过军地双方共同努力，两家商场均形成规模，其中“八一”商城日客流量3万多人次，年成交额6550多万元，成为集商贸、娱乐、休闲为一体的多功能、全方位的综合商贸中心。当年，市人武部、市委政法委牵头，市公安局、消防大队、电机电器行业商会共同成立全市首家工业园区平安协会——“秦溪洋工业园区平安分会”，积极探索新时期军警民共建新途径。

2005年，市人武部被中共宁德市委、宁德市人民政府授予“宁德市第四届（2003—2005）军民共建先进单位”称号。

第二十四篇

法　治

FAZHI

1991 年后，福安市公安系统机构有市公安局、交警大队、武警消防大队、武警边防大队、武警福安中队，在刑事侦查，治安、户政、监所、出入境、道路交通、消防和边防管理以及森林保护等方面发挥了重要作用。司法系统的检察、法院、司法行政三部门，在反贪污贿赂、查处渎职侵权、预防职务犯罪以及普及法律宣传教育和服务、调解纠纷、预防青少年犯罪和安置帮教等方面都发挥积极作用，为维护社会稳定、服务地方经济建设等方面做出贡献。

第一章　公安

第一节　刑事侦查

一、“严打”斗争

1991年，福安市在“严打”斗争中破获各种刑事案件332起，其中，重特大案件121起；查获各类刑事犯罪分子312名，摧毁犯罪团伙18个，缴获赃物和赃款折合人民币72万多元；抓获为首赌博分子10人，治安拘留44人。在重特大案件中，发生凶杀案10起，破获8起。1992年，全市在刑事侦查中，实行专案专办。全年破获各类刑事案件309起，其中，重特大案件121起；重大抢劫案件47起；隐积案129起，破案总数438起。抓获各类犯罪嫌疑人743人，其中逮捕250人、刑拘70人、收审418人、劳教5人。缴获赃款赃物价值108多万元。尤其是年初，破获“八仙庵”抢劫杀人案，摧毁犯罪团伙1个，抓获1名首犯嫌疑人和11名从犯嫌疑人；经深入侦察，一举破获寺庙抢劫案件系列6起，寺庙盗窃案件16起。1994年，全市破获刑事案件335起，其中，重大案件185起；隐案、积案和外省市流窜案件83起。破获“9·14”客车强奸案、“9·18”特大班车抢劫案等省、地督办案件。抓获各类刑事犯罪嫌疑人691名，其中，刑事拘留95人、逮捕221人。抓获在逃173名，其中，杀人在逃20人。韩阳分局一年就抓获“92·3·11”“93·6·8”“93·6·28”“94·1·23”等数起凶杀案在逃犯17名，共摧毁各类违法犯罪团伙85个，成员362个，其中，刑事犯罪团伙58个，成员265人。共追缴电视机12台、摩托车35辆、自行车112辆，价值357.5万余元。1995年，全市组织开展“春季严打攻势”“打霸”“围歼车匪路霸”“百日会战”等行动。全年破获刑事案件410起，其中，重大案件209起；隐、积案52起；重特大盗窃案件119起。福安、霞浦公路段扒车28人团伙盗窃案、“2·24”康厝特大杀人抢劫案、“9·23”五人抢劫过往车辆驾乘人员案等均成功告破。1996年，全市组织开展“扫黄打非”、“收缴黑枪”、“冬季严打行动”、禁毒、打击盗买文物犯罪等专项斗争。破获刑事案件604起，其中重特大案件302起；隐积案241起。抓获各类犯罪嫌疑人1153名，其中，刑拘74人、逮捕460人、收审253人、监视居住285人、劳教81人；摧毁犯罪团伙81个，成员372人，其中，流氓团伙32个、成员175人，地痞村霸15人；追捕逃犯265名，批捕负案在逃嫌疑人201名；缴获被盗抢、诈骗等赃款赃物价值120万余元。1998年，全市破获刑事案件917起，其中，重大案件488起。抓获各类犯罪嫌疑人479名，其中，刑拘437人、逮捕319人、起诉330人。“98·7·15”杀人抢劫案、“8·15”抢劫客车案、“10·7”杀人案、“12·10”抢劫客车案等省地督办案件和“11·23”特大入室抢劫案均在短期内告破。当年，市公安局成立以福安城区、赛岐镇为重点的反入室盗窃专案组、反盗抢机动车犯罪专案组和禁毒专案组。1999年，全市深化刑侦改革，不断完善侦查破案网络，出台大案侦办制度，撤销预审科，实行侦审一体化。同时，加强刑侦技术力量和基础业务工作，建成刑侦信息网络，实现责任区中队微机联网，提高打击力度。破获各类刑事案件1178起，其中现行案件859起，重大案件511起。

2000年，全市破获各类刑事案件1362起，其中，现行案件1153起，抓获犯罪嫌疑人756名，网上在逃人员71名，其中，刑拘513人、批捕452人、移送起诉418人；摧毁犯罪团伙55个，涉案235起，212人，追回赃款赃物总价值107.6万元。其中，破获拐卖妇女、儿童案件17起，摧毁团伙2个、抓获违法犯罪嫌疑人25名，解救被拐妇女687名、儿童1名。对大要案实行专案专办，成功破获“99·11·20”特大杀人案、“99·12·31”绑架案、“2000·1·3”蒙面杀人案、寺庙系列抢劫案、“2000·4·23”杀人案、“2000·11·5”特大杀人案、“2000·11·7”杀人案等一批大案要案。当年，福安市公安局被福建省公安厅评为全省打拐先进集体。2001年，全市把严重危害社会治安的涉枪、杀人、抢劫客车犯罪等恶性犯罪活动作为侦破工作的重点，破获各类刑事案件1681起，其中，现行案件1412起，抓获犯罪嫌疑人816名。破获“3·15”甘棠吴洋村伤害致死案、“4·17”城关撬盗保险柜案，“4·27”特大盗窃案、“7·13”天马山抢劫杀人案、“11·9”杀人案等系列特大恶性案件。2002年，全市破获各类刑事案件1128起，抓获犯罪嫌疑人684名，其中，刑拘396人、批捕400人、移送起诉492人，摧毁犯罪团伙42个、成员94人。破获“3·24”阳头故意杀人案、“4·16”特大团伙系列抢劫盗窃案、“6·1”杀人碎尸案、“8·10”城区东大路杀人抢劫案、“9·3”客车抢劫案、“11·5”故意杀人案等一批大案要案。2003年，全市以打击严重暴力犯罪为重点，全年破获各类刑事案件164起。破获“2·6”客运站凶杀案、“6·18”潭头镇投毒案、“7·8”绑架案、“9·25”赛岐牛城宾馆轮奸案、“11·11”绑架案、“11·23”故意杀人案、“12·18”持枪杀人案等一批影响恶劣、危害严重的大案要案。2004年，全市破获刑事案件1215起，其中，“两抢”案件82起、盗窃案件422起。抓获犯罪嫌疑人616人，其中，网上追逃145人，刑拘475人、批捕387人、移送起诉211件。2005年，全市破获各类刑事案件1068起，其中，当年新发案件892起；抓获犯罪嫌疑人624名，包括网上在逃人员133名（其中，外地在逃人员14名）。

表24—1　1991—2005年福安市刑事案件侦查情况统计表

年份	全部案件			其中重大案件			查获作案人员（人）
	发生数（件）	破案数（件）	破案率	发生数（件）	破案数（件）	破案率（%）	
1991	—	332	—	—	121	—	312
1992	387	309	79.8%	161	121	75.2%	743
1993	366	274	74.8%	217	168	77.4%	580
1994	398	335	84.2%	221	185	83.7%	691
1995	1001	410	41%	478	209	43.7%	181
1996	—	604	—	—	302	—	1153
1997	1354	844	62.3%	658	280	42.6%	1318
1998	1340	917	68.4%	864	488	56.5%	479
1999	1659	1178	71%	892	511	57.3%	696
2000	—	1362	—	—	—	—	756
2001	—	1681	—	—	—	—	816
2002	2456	1128	45.9%	—	—	—	684

续表 24—1

年份	全部案件			其中重大案件			查获作案人员（人）
	发生数（件）	破案数（件）	破案率	发生数（件）	破案数（件）	破案率（%）	
2003	—	—	—	270	164	60.7%	665
2004	—	1215	—	—	176	—	616
2005	2279	1068	46.9%	246	173	70.3%	624

二、专项打击行动

（一）打击“车匪路霸”专项斗争

1991 年，福安市开展“104 国道专项治理行动”“打击车匪路霸”等专项行动。破获 104 国道线上盗窃、抢劫案 16 起。其中，有“1·11”客车旅客 1.35 万元被盗案、“5·24”客车抢劫案、“11·22”在上白石虎井公路段抢劫案等大案要案。1992 年，福安市采取措施，坚持犯罪分子一露头就打的方针，警民联防、摧毁 104 国道“车匪路霸”犯罪团伙 13 个，抓获 53 人。9 月 20 日，干警在福安车站破获一个专门在车上抢劫、盗窃的“东北虎”犯罪团伙，抓获成员 13 人。1993 年，在开展围歼“车匪路霸”专项斗争中，全市破获案件 22 起，摧毁犯罪团伙 11 个，抓获成员 58 人，缴获赃款赃物 10 万余元。1995 年 8 月，福安市刑警大队摧毁一特大车上盗窃团伙，经审讯，该团伙 10 名犯罪嫌疑人在福汾线夜班车上作案 10 余起，盗窃总金额 23.43 万余元。9 月，破获特大车上抢劫案，该团伙 7 名成员，结伙抢劫一辆过路卧铺客车上 28 名司乘人员款物 2 万余元，成员中除一人漏网外，其余 6 名均被抓获。经审讯，该团伙还入室作案 4 起，盗窃价值 3.5 万余元的财物。1996 年 2 月，6 名蒙面持匕首等凶器的歹徒，在溪柄黄兰桥路段，抢劫一辆过路客车上旅客现金 48 万余元及手表等物，并刺伤 1 人。案发后，市公安局立即成立专案组，经 20 多个昼夜的努力，破获案件，抓获 5 名犯罪嫌疑人；并审出该团伙于 1 月 29 日在同一地段，抢劫另一客车旅客现金 1 万余元的犯罪事实。同时破获 1994 年以来接报的 13 起抢劫过往客车案件。1998 年，福安市成立以 104 国道为重点，打击车匪路霸、路面犯罪专案组。在侦破“12·10”抢劫客车案中，专案组干警转辗柘荣、福鼎、霞浦、福安以及罗源、晋江、石狮等 7 个县市的 18 个乡镇，排查 150 多个大小村庄 3 万多人，170 多家旅社、宾馆，前后 10 天破获全案。

（二）“反盗窃”专项斗争

1991—1992 年，福安市开展“反盗窃自行车专项斗争”，做到“打防管建”一齐抓。全市共破获案件 137 起，抓获盗车 56 人。摧毁盗车团伙 7 个，抓获 23 人、追缴赃车 364 辆，查扣嫌疑自行车 412 辆。开展反“两盗”（入室盗窃、内部盗窃）的专项斗争，共抓获盗窃犯罪嫌疑人 135 人，破获案件 231 起，其中，重大案件 117 起。摧毁盗窃团伙 13 个，抓获犯罪嫌疑人 88 人，缴获赃款赃物折合 85 万元。1998 年，全市破获盗窃案件 125 起，其中重特大案件 85 起，抓获犯罪嫌疑人 45 人。摧毁盗窃团伙 5 个，抓获犯罪嫌疑人 16 人。打击盗抢机动车专项斗争也取得明显成效，共审查两轮摩托车 1300 多辆，查扣 260 多辆，追回被盗桑塔纳轿车 2 辆、柴三机 3 辆、两轮摩托车 120 辆以及彩电、音响等一批赃物，总价值 150 多万元。1999 年，在全市范围开展打击盗抢机动车专项斗争，共出动警力 670 人次、车辆 320 辆次，审查可疑二轮摩托车 412 辆、三轮摩托车 318 辆，抓获犯罪嫌疑人 54 名，摧毁盗车团伙 4 个 17 人；破获盗车案件 113 起、抢劫机动车案 2 起，追回桑塔纳轿车一辆、柴三机 5 辆、二轮摩托车 65 辆，总价值86万元；并协助外地公安机关破获盗车案件30多起。市公安局被福建省公安厅评为“全省打击走私、盗抢机动车专项斗争先进集体”。2000年，全市破获盗窃案件204起，其中入室盗窃95起、摩托车盗窃79起，抓获违法犯罪嫌疑人102名。2001年，福安市出台《关于组织开展严厉打击抢劫抢夺和盗窃犯罪活动专项斗争的实施方案》，专门抽调刑侦、韩阳分局、局机关有关科室和韩阳交警中队民警组成反盗窃、反抢劫专案组，从7月开始，实施为期3个月的侦破会战。共破获抢劫案件48起、盗窃案件239起（其中入室盗窃案66起，盗窃机动车案105起）。抓获18名犯罪嫌疑人，其中劳教13人、治安拘留3人、逮捕1人、取保候审1人。2002年，全市开展“打盗抢、缴枪爆、查隐患、保安全”集中统一行动，以打击“两抢一盗”等多发性案件为行动重点，共破获刑事案件25起，抓获犯罪嫌疑人26人，查处治安案件11起，查处违法人员16人。2004年，破获盗窃案件300余起。2005年，破获抢劫、抢夺、入室盗窃和盗窃机动车等多发性侵财案件528起，在宁德市局组织开展的“两抢一盗”专项斗争评比中荣获第一名。

（三）“打黑除恶”专项斗争

1993年，福安市在打击涉黑犯罪团伙，整治农村社会治安专项斗争中，破获刑事案件91起，查处治安案件524起，抓获违法犯罪分子656名；摧毁犯罪团伙35个，抓获成员163人，摧毁流动窝点5个；缴获赃款、赃物（折价）39.5万余元，鸟铳7支、管制刀具217件以及一大批铁棒、木棍等械具。当年，对全市32个治安秩序较差的重点村庄进行整治。韩阳分局摧毁一个7人组成的打砸流氓团伙；赛岐分局摧毁一个流氓团伙，抓获成员6人。1995年，全市坚持以“打霸头、摧团伙”为重点，共摧毁各类违法犯罪团伙58个，抓获成员264人。1996年，采取“以案找人、以人查案”和“地毯式”的摸排方法，调查摸底与严厉打击相结合。4月21日凌晨，一伙持刀、棍的歹徒，在城区闽东电机三厂门口刺伤一货车驾驶员，抢走现金1万元及传呼机、手表等物品。案发后干警快速出击，破获此案，挖出由8人组成的流氓团伙，并一举破获抢劫作案6起。同年，共摧毁流氓团伙32个、成员175人，抓捕35名团伙头目。2000年，福安市委、市政府成立“打黑除恶专项斗争领导小组”，下设“打黑办”，组织专门力量开展攻坚，破获两起福安市公安局挂牌督办的黑恶势力团伙案件，摧毁“车霸”“菜霸”团伙和一个组织越境的黑势力团伙。2001年，全市共破获黑恶势力案件18起（其中，宁德市公安局挂牌3起），抓获56人；摧毁黑恶势力团伙7个52人。协助福建省公安厅、福州市公安局抓获一名公安部督办的黑恶势力团伙重要成员。2002年，全市组织开展打黑除恶“扫穴行动”，共破获黑恶势力案件3起（其中宁德市局挂牌督办案件1起），摧毁犯罪团伙42个、成员94人，抓获10名涉案人员，包括甘棠镇“池头帮”恶势力团伙。2005年，全市重点打击社会影响恶劣、群众深恶痛绝的黑恶势力团伙，共抓获涉案犯罪嫌疑人45人。

（四）追捕在逃嫌疑人

1992年，全市捕获各类逃犯69名，其中，在逃嫌疑人18名，公安局预审科提前介入，快审、快结、快起诉，获取线索182条，查破刑事案件135起。预审移送起诉的各类案件137起（含上年积累）252人。1993年，对全市在逃嫌疑人发出规劝投案通知书，并深入在逃嫌疑人的亲属和朋友中开展动员规劝投案工作。有32名在逃嫌疑人投案自首，抓获批捕在逃嫌疑人20名、负案在逃嫌疑人87名。1994年，在对全市在逃嫌疑人组织追捕的同时，通过宣传发动、召开村干会议和在逃嫌疑人亲属会议、举办法制教育班等多种形式，继续开展规劝投案工作，全年有78名违法犯罪嫌疑人主动向公安机关投案自首。

1996 年，全市抓获 262 名在逃嫌疑人，其中，批捕在逃嫌疑人 61 名、负案在逃嫌疑人 201 名、福建省公安厅督捕要条嫌疑人 4 名，有 98 名嫌疑人主动投案自首。福建省公安厅挂牌督捕的“93·6.8”市区下城河凶杀案嫌疑人，“95·2·24”康厝杀人抢劫金库案在逃嫌疑人，“95·12·26”城区街尾杀人案嫌疑人，“96·1·25”坂中抢劫案在逃嫌疑人等均被抓获。1998 年，全市抓获在逃嫌疑人 121 名，其中批捕的在逃嫌疑人 29 名。福建省公安厅挂牌督捕的“96·2·5”蒙面抢劫批捕在逃嫌疑人在城阳乡日山杨厝里落网、东方大酒店特大抢劫案 3 名犯罪嫌疑人在武夷山市被全部捉拿归案。1999 年，全市抓获网上追捕在逃犯罪嫌疑人 207 名，其中批捕在逃嫌疑人 125 名，刑拘负案在逃嫌疑人 82 名，从中带破刑事案件 73 起。抓获 3 名公安部督捕在逃犯罪嫌疑人，1 名福建省公安厅督捕在逃犯罪嫌疑人，外地在逃嫌疑人 11 名。当年，福安市公安局被福建省公安厅评为“全省追逃专项斗争先进单位”。2000 年，抓获网上追捕在逃犯罪嫌疑人 71 名。2001 年，抓获网上追捕在逃犯罪嫌疑人 149 名。2002 年，福安市公安局严格落实追逃责任制，及时将新增逃犯录入微机，上网追捕，力争“破案快、逃得少、抓获多”。全年抓获在逃犯罪嫌疑人 96 名。2003 年，抓获网上在逃犯罪嫌疑人 148 名。2004 年抓获在逃犯罪嫌疑人 145 名（其中，外地在逃犯罪嫌疑人 10 名）。2005 年，抓获 133 名（其中，外地在逃犯罪嫌疑人 14 名）。

三、打击经济犯罪

1996 年 6 月，市公安局破获福安市农行罗江营业所主任林某诈骗 250 余万元巨款潜逃案并抓获嫌犯。1997 年，全年查获诈骗案件 50 起。其中李某伙同他人在报刊上以征求联营办厂为名，先后诈骗湖北、云南、四川、广东等地客户设备款等一百多万元。林某以同样的手段诈骗山东某家具公司 70.9 万元。2001 年，共受理报案 90 起，破案 78 起，抓获犯罪嫌疑人 29 人，其中，网上追逃 33 人，包括破获 3 起社会影响恶劣的重特大案件。2002 年，全市破获各类经济犯罪案件 27 起，其中，宁德市公安局督办案件 1 起，抓获犯罪嫌疑人 19 名。网上追捕逃犯 2 名、刑拘 14 名、批捕 11 名、取保候审 10 名、移送起诉 7 名，挽回经济损失 229 万元。2003 年，全市破获各类经济犯罪案件 85 起，抓获犯罪嫌疑人 39 人，挽回经济损失 57 万元。2005 年，全市受理各类经济犯罪案件 167 起，立案 115 起，案值 5 亿余元，破案 92 起，抓获各类经济犯罪嫌疑人 84 名，其中网上追捕逃犯 25 名、刑拘 3 名、逮捕 62 名、移送起诉 94 名、取保候审 108 名、监视居住 20 名，挽回经济损失 4500 万元。

第二节　治安管理

一、禁毒

1991 年 4 月，福安市坂中、溪潭、康厝、穆阳等乡镇派出所组织力量深入偏远山区结合部侦查，铲除种植的罂粟 13 万株。1992 年，查获 3 起贩毒案，抓获犯罪分子 7 人。1996 年，全市查处种贩毒案件 21 起，抓获犯罪分子 25 人，缴获鸦片 22.7 千克。1999 年，为实现三年内禁绝毒品的目标，市公安局开展禁种铲毒专项行动，将全市分为 6 个片区，抽调公安民警 24 人由局领导带队，包片负责开展禁种铲毒工作，共铲除罂粟种植面积 0.73 公顷。成立市打击毒品犯罪专案组，全市共破获毒品案件 15 起，抓获涉毒犯罪嫌疑人 10 名、吸毒人员 1 名，缴获鸦片膏 21915 克。成功破获以雷某、孙某为首的特大制造、贩卖毒品案，深挖涉毒案件 7 起，缴获鸦片膏 20995 克。2000 年，全市铲除罂粟 16000 余株，破获毒品案件48起，其中福建省公安厅督办案件2起，宁德地区公安处督办的“张某贩卖毒品案”1起。抓获涉毒犯罪嫌疑人11名，缴获吗啡911克、鸦片13094克。当年12月，全市开展禁毒专项斗争，严厉打击毒品犯罪活动。破获涉毒案件1起，抓获2人；破获种植罂粟案件2起、抓获犯罪嫌疑人2名；捣毁罂粟种植面积66.7公顷。

禁毒宣传进校园（2005年）

2001年，福安市制定《关于开展打击毒品犯罪专项斗争方案》，确定打击的重点区域和部位，坚持“禁吸、禁贩、禁种、禁制四禁并举”方针，堵源截流。破获非法种植罂粟案37起，依法逮捕15人、治安拘留26人；破获贩毒、制毒案104起，缴获鸦片1125克、海洛因46.22克，依法逮捕15人；抓获收取涉毒保护费窝藏案件1起，抓获犯罪嫌疑人1人；查获吸食毒品案37余起，处理吸毒人员28人。当年，全市在6月26日“国际禁毒日”召开“打击毒品犯罪公判大会”，依法对非法种植罂粟的13名犯罪嫌疑人进行公开宣判。2002年，全市组织百名民警下乡、进村、上山开展禁种毒品的行动，开展“5·1”零点整治歌舞娱乐场所吸贩摇头丸等毒品违法犯罪行动和集中收捕吸毒人员专项行动。全年共破获涉毒案件215起，其中，非法种植罂粟案件41起、贩毒案件172起、容留吸毒案件1起、非法持有毒品案2起；抓获犯罪人员112名，缴获鸦片1595克、海洛因8克，铲除种植的罂粟7674株，查获吸毒人员76人，强制戒毒48人，限期戒毒28人。2004年，全市查处涉毒案件61起，抓获违法人员185人、缴获各种毒品318.4克。2005年，全市破获涉毒刑事案件111起，其中贩卖毒品案件101起、窝藏包庇毒品犯罪1起、容留他人吸毒案9起。摧毁贩毒团伙6个，逮捕起诉犯罪嫌疑人35名、抓获批捕在逃犯7人。抓获涉毒违法人员187名、行政拘留160人，强制戒毒109人、劳动教养21人、限期戒毒3人。协助上级公安机关在福安城关街尾抓获公安部A级通缉犯刘某。全年查处涉毒行政案件117起，摧毁4个长期在福安城区、赛岐等地大批零包贩毒的团伙，抓获成员15人。

二、禁赌

1991年，全市查处赌博169起，治安拘留505人次。1993年，查处赌博263起、涉案780人，没收赌具182付、赌资10.5万元、罚款61万元，治安处罚438人，其中拘留307人。1994年，查处赌博168起、涉案565人，没收赌具151付、赌资10万余元，治安处罚335人。1995年，查处赌博132起、涉案686人，没收赌具155付、赌资10万余元，罚款54万余元，治安拘留105人次。1996年，查处赌博113起，涉案452人。1997年，查处赌博75起，涉案357人。其中，12月18日、27日治安科与宁德地区公安处在闽东赛岐经济开发区捣毁2处聚赌窝点，共抓获赌徒80多名、罚没赌资30多万元。6月16—19日，福安市公安局在全市开展打击聚众赌博专项斗争，共摧毁“天地”等赌博场所3家，缴获电脑终端机38台，整治游戏机娱乐场所36家，收缴一批游戏机芯片。1998年，查处赌博162起，涉案430人，收缴有奖游戏机电脑板200片，捣毁马机、熊猫机、“不倒翁”机等赌博游戏机85台。1999年，查处赌博148起、涉案810人，收缴有奖游戏机电脑板56片、捣毁游戏机21台。2000年，查处赌博案件256起、涉案1236人，治安拘留259人。2002年，查处赌博案件300起，涉案1342人，治安拘留180人。2004年，查处涉赌案件292起、涉案人员1212人，其中，刑事拘留5人、判刑1人、移诉2人、治安处罚1208人次。2005年，连续部署开展“禁赌1号”“禁赌2号”集中打击赌博犯罪活动专项行动，查处赌博案件283起、涉案人员1231人。

三、“扫黄”

1991年，全市开展打击以卖淫为主的统一清查行动，福安车站派出所3月8日，抓获卖淫2人。6月22日，下白石边防所通过调查、摸底，查获一个引诱妇女卖淫犯罪团伙，逮捕2人。1993年，全市查处卖淫嫖娼案件15起，摧毁卖淫窝点一个，逮捕1人、收审6人、治安处罚83人。同时，开展“黄源”大检查，查处违法传播淫秽物品案件24起，收缴淫秽录像带52盒。1994年，全市查处卖淫嫖娼案件33起，抓获暗娼20名、嫖客18名。5月，开展“打黄扫丑”专项斗争。11月，开展“飓风”统一行动，清查整顿发廊按摩店125家、查封14家、收缴按摩床28付，查处贩卖、播放淫秽物品案件8起，收缴淫秽录像片97片。1995年，全市查处卖淫嫖娼案件13起，查获卖淫妇女33名、嫖客37名，清查发廊、按摩店68家，其中查封17家、拆除封闭式按摩房52间，收容卖淫妇女6人；查处传播淫秽物品案件2起，收缴淫秽录像带17盒。1996年，全市查获卖淫嫖娼案件18起，其中，卖淫女18人、嫖客12人，抓获3人、收容处理13人，查获盗版录像带4600余盒、录音带1000多盒、游艺电视唱盘620片，宣传色情等盗版刊物300多本。1998年，全市开展“扫黄打非”整治行动，抓获违法犯罪嫌疑人572名，查处传播淫秽音像案件15起16人，破获1起福建省公安厅督办的贩卖、传播淫秽录像案。查获卖淫嫖娼案件63起，涉案126人。1999年，全市查处卖淫嫖娼案件43起、涉案86人，收缴淫秽VCD光盘800多片、取缔音像出租4家；清查发廊、按摩店80多家，取缔12家、停业整顿3家。2000年，全市查处卖淫嫖娼案件35起、涉案65人，治安拘留49人。当年，在8、9、10三个月的清理整治中，共清查娱乐服务场所353家，取缔、关闭136家，重新审核登记，发证217家、清退106人。2001—2005年，全市继续保持“扫黄”工作高压态势，预防反弹。

四、特种行业管理

1991年，福安市贯彻执行《福建省公共场所治安管理办法》和《福建省特种行业治安管理办法》，抽调干警到各乡镇进行摸底登记，印发800份宣传提纲，对已开办的特种行业和公共场所全面开展清理整顿，核发公共场所治安管理合格证460本。其中，饮食店230家，发廊、美容厅143家，录像场44家，桌球室30家，游戏机娱乐厅8家，舞厅5家；举办旅馆业人员培训班2期，受培训人员54人。1993年，加强对全市特种行业和公共场所的管理。举办从业人员培训班，整顿33家、查封4家、取缔3家，发放特殊行业、公共场所经营新证89张。2001年，全市培训特种行业经营单位责任人、保安人员、主要服务人员121人，审查发证103家。年度审核487家，开展公共场所、特种行业检查，出动警力630人次，检查400多个场所，发出整改通知书68份、查封取缔78家。同时，市公安局成立专门行动小组，开展全市行动，共取缔无证经营场所8家、限期整改21家、停业整顿7家、查获卖淫嫖娼案件3起7人。2002年，全市培训特种行业从业人员232人，检查特种行业、公共场所316家，发出整改通知书50份、审查发证98家。2003—2005年，全市培训特种行业从业人员92人、年度审核74家，发出整改通知书17份、查封取缔22家。

五、危险物品管理

1991年，福安市针对民间持有的猎枪、运动枪、刀械、炸药、雷管情况，下发清理整顿通知，要求限期向公安机关申报。对枪支实行严格审查，统一编号登记，对持有军用枪支的单位或个人一律按枪支配置类别分别填写申请持枪证审批表或申领公用持枪证审批表，建立档案，当年，完成对公、检、法及内部保卫单位等枪械的发证工作。1993年，加强对全市枪支弹药和危险物品管理，办理军用枪证258件。全年收缴雷管97发、炸药48千克、管制刀具360件、鸟铳9支。1994年，查处制造、贩运枪支案件3起，依法逮捕3人、劳教1人，收缴各类枪支62支、子弹285发、缴获雷管912支、炸药823千克、导火索298米、马刀和匕首等管制刀具489件。1995年，全市开展经常性的检查和专项清查收缴行动，严格对制、运、售、用枪支、刀具、炸药等各环节的管理，收缴各类枪支34支、雷管240支、炸药102千克、导火索156米、马刀209把、匕首89把、其他管制刀具315件。

1996年，全市开展收缴黑枪和管制刀具行动，收缴军用枪支2支、双管猎枪36支、鸟铳（气枪、电击枪）63支，各种管制刀具等86把。1998年，共检查烟花爆竹生产作坊、销售点35家，使用炸药、雷管的施工工地48处，消除隐患18处、取缔无证销售点13家、整顿有证销售点7家、吊销特殊行业许可证7家，收缴炸药612.7千克、雷管355支、导火线103米、鞭炮93件；治安拘留2名非法运输使用民爆物品的人员和1名非法生产经营烟花爆竹人员，并没收非法所得3000元。当年，将企事业单位的枪支一律集中到公安机关保管，并收缴企事业单位非法使用枪支11支、民间持有的各类枪支123支、管制刀具139把。

1999年，全市收缴各类枪支24支，管制刀具133把，检查涉及易爆易燃物品使用和经营场所258处次，发现隐患41起、发出整改通知书41份、取缔160处，收缴炸药1972.75千克、雷管8847枚、导火索11805米，取缔烟花爆竹非法私人作坊30多家、经营点50多个。查处涉爆案件16起，刑事拘留1人、取保候审1人、治安拘留15人、其他治安处理2人。上白石镇坪庄村鞭炮安全生产管理的做法被福建省公安厅在全省推广，福安市公安局被宁德地区公安处评为全区易爆易燃品治理先进单位。2000年，完成全市公务用枪的登记发证工作。全年检查使用民爆物品的矿山、采石场、公路施工单位57个，火工仓库4家，生产厂家2家，收缴炸药45千克，雷管112支，查处案件38起；收缴非法运输的烟花爆竹生产原材料2000多千克，捣毁地下非法生产作坊12家；收缴非法生产销售烟花爆竹成品620件、半成品150件、编排机16台；取缔烟花爆竹非法生产点16家，非法销售点20个；依法处理非法贩运、销售、生产、储存烟花爆竹人员48名，其中治安拘留8人、罚款22人、警告18人；发出书面整改通知书12份，集中销毁烟花爆竹620件。2001年，全市收缴各类枪支161支、子弹5000余发、炸药598.1千克、雷管606枚、导火索617米、手榴弹5枚、地雷2枚、烟花爆竹500余万头、管制刀具167把；破获涉枪涉爆案件56起，抓获74人，其中逮捕27人、刑事拘留2人、治安拘留26人、取保1人、其他处罚18人。年初，福安市公安局与市监察局联合发布主动上交私存枪弹通知的公告，至9月底，收到主动上交的各式枪支80多支、子弹近5000发。2003年，全市查处违反枪支爆炸物品管理案件27起，治安拘留30人；捣毁烟花爆竹非法生产点23个、销售点46个；缴获爆竹936万头、炸药23.5千克、导火索17米。2005年，全面加强对全市生产销售烟花爆竹重点乡镇、生产厂家、物资仓库、建设工地等重点涉爆场所，共查破涉枪涉爆案12起，其中，刑事拘留29人、移诉6人、治安拘留6人、取保候审2人、判刑2人。整治活动中，共排查整治安全隐患问题46处和非法生产窝点4个，收缴各类枪支10支、子弹12发、钢珠弹297粒、黑火药3瓶、烟花爆竹618件、生产原材料104.5千克、炸药1892千克、雷管4119发、导火索1887米、导爆管320米。

六、群防群治

1991年，福安市开展法制宣传教育活动，全年制作宣传栏123期、墙报174期、广播宣传188次、张贴标语2545条，为学校、学生讲授普法课57场次，受教育3.9万人次；举办法制教育班30期，387名违法人员参加学习。全市以创治安管理“达标”派出所为龙头，重点抓治保会、联防队等群防群治队伍的规范化建设。实现村村有治保会，全市共有治保会479个，其中，320个治保会通过整改，形成群众齐抓共管的局面。潭头、社口等乡镇的治保主任，由村民推荐、派出所考核，乡镇党委和政府发聘任书，任命后进行业务培训。潭头乡29个村治保会整顿23个，该乡渔溪洋村治保会先后5次受到福建省、宁德市的表彰，荣获福建省公安厅授予的先进单位称号。地处福汾公路线陡坡弯处的东昆村，过去是爬车盗窃、哄抢案件的多发段，通过整顿的村治保会，成立护车、巡逻、治安三个小组，设立“东昆报警站”，坚持昼夜值班和巡逻。为过路车辆的驾乘人员排忧解难15次、保护车祸现场31次、处理斗殴事件29起、施救10次，《闽东日报》报道了他们抢险救灾的事迹。当年7月，福安市公安局在潭头乡召开“治保会工作现场会”，推广潭头乡作法。韩阳镇自3月以来，组织夜间治安巡逻，查获各类治安违法犯罪活动18起，缴获各类赃款赃物总价值5400多元。据不完全统计，全市治保会共调解民间纠纷2500多起，查处治安案件640多起，基本做到小纠纷不出村、“民转刑”少出现。10月10日，宁德地区治安群防群访工作会议在福安市召开。1992年，全市各分局、派出所对159个治保会进行整顿，组织治保主任到潭头乡学习取经，并落实报酬，明确职责，进一步调动他们的积极性。当年，全市治保会协助公安机关查破各类刑事案件37起，查处治安案件333起。7月22日，下白石治保主任兰坛仙带领几名群众冒着生命危险，制服持鸟铳打死村民的凶手陈某某，并扭送公安机关。通过狠抓村治保会整顿，开展创优活动，全市评出“十佳”治保主任10名。在抓村治保会整顿的同时抓好联防队整顿和队员培训，全市联防队协助公安机关破获各类刑事案件48起、抓获违法犯罪分子31名。1993年，全市有村治保会511个，其中整顿充实509个，全年配合查处治安案件395起、调解纠纷858起。评出先进村治保会42个、优秀村治保主任43名，全市有治安调解室125个。1994年，全市村治保会协助保护刑事案件现场42次、配合公安机关查处治安案件296起、调解纠纷1395起。1995年，全市制作法制宣传专栏147期、墙报129期、张贴宣传标语1611条，为学生讲授法制课71次、受教育3.2万人次。举办多期法制教育班，568名违法人员参加学习。全市治保会协助保护刑事现场60次，配合公安机关查处治安案件317起、调解纠纷1375起。

1997年，全市制作法制宣传专栏132期、墙报144期、张贴宣传标语3600条，发出敦促违法人员自首通知书1600份，发送犯罪分子和家属公开信450封、通告3000份、禁毒和收枪制爆通告1600份，编写严打简报86期，举办逃犯亲属法制教育班16期、参加450人次。全市设立举报箱62个，收到线索235条。全市治保会协助保护刑事现场53次，配合公安机关查处治安案件336起、调解民事纠纷512起，协助提供犯罪和逃犯线索103条、帮助破获刑事案件37起，抓获案犯和逃犯65人。2000年，全市加强对企事业单位和金融系统的安全保卫工作。召开银行行长以及保卫科长会议，每月坚持对金融营业场所和金库等重点部位的明察暗访，对安保工作不落实的单位及时发出整改通知书，要求限期整改。

2001 年，在市区 3 个街道办事处组建城南、阳头、城北新阳、富春 4 支治安巡逻队，由韩阳分局民警带队，依托村（居）委骨干及治保力量、民兵预备役人员，对重点场所、部位和具体时段，合理安排巡逻力量。巡逻队组建以来，抓获各类违法犯罪人员 24 人，协助破获各类案件 39 起，制止打架、斗殴 8 起。成立校园及周边治安秩序整治办公室，定期召开校园治安联席会议，研究校园综治工作，并划定校园 200 米范围内为“治安特别管护区”，在 55 所学校由当地公安分局长、派出所所长兼任学校综治副校长，定期到学校举办法律安全知识讲座，切实负起综治责任。2002 年后，组建市交巡警街面巡逻队、韩阳分局治安巡逻队，开展城区大巡逻。全市共抓获各类违法犯罪嫌疑人 117 人，破获刑事案件 98 起，查处治安案件 50 起，城区“两抢两盗”案件发案数同比去年下降 43.8%，城区治安状况明显好转。

表 24—2　1991—2005 年福安市处理治安案件情况统计表

年份	发生各类治安案件（起）	其　中				调解民间纠纷（起）	其　中			
		查处件数（起）	查处率	逮捕（人）	少管（人）		治安拘留（起）	治安处罚（起）	收容教育（人）	罚款（起）
1991	1836	1613	—	49	2	1694	1112	—	—	—
1992	1766	1603	91%	—	—	1415	1109	2697	—	—
1993	1684	1533	91%	—	—	1533	988	1089	—	—
1994	1709	1578	93%	—	—	1125	1141	1289	—	—
1995	1519	1450	95.4%	—	59	955	773	920	16	—
1996	1534	1468	95.7%	—	76	996	728	902	—	—
1997	1633	1486	91%	—	—	674	168	965	—	—
1998	1908	1757	92.1%	—	16	484	850	1062	6	212
2000	2067	1923	93%	—	6	621	875	2111	14	—
2001	2026	1645	81%	—	4	310	736	—	—	—
2002	—	—	—	—	—	—	—	—	—	—
2003	—	2172	—	—	—	—	—	—	—	—
2004	2075	1759	85%	—	—	—	—	—	3	1940
2005	1762	1301	73.8%	—	—	—	585	1983	—	1272

第三节　内部保卫

一、内部单位案件查处

（一）内部单位刑事犯罪查处

1991 年，福安市内部单位共发生各类刑事案件 33 起，破获 17 起、逮捕犯罪嫌疑人 7 人。1992 年，破获各企事业单位各类刑事案件65起，抓获犯罪嫌疑人17名。其中，破获内部盗窃茶叶案件14起，抓获盗茶团伙12人。坂中畲族乡派出所干警协同有关部门到山东追回被诈骗盗卖的茶叶456箱、价值37万元，破获校园刑事案件39起。1993年，破获各类内部刑事案件62起。其中，破获市某银行特大贪污案、福安师范学校翻砂车间“ST系列变压器”被盗案。1995年，深入重点工程、重点企业和外商投资企业，破获各类刑事案件109起，为企业挽回损失300多万元。1997年，破获刑事案件12起。同年，刑侦体制改革后，内部单位刑事案件由市刑警大队侦办。2005年，查处内部偷盗案件22起、抓获32人。

（二）单位内部治安案件查处

1991年，全市内部单位发生治安案件54起，审结51起，审结率94.4%，治安拘留71人。1992年，全市贯彻“预防为主”方针，深入开展“反内盗专项斗争”。穆阳分局把“抓防范、护改革”作为中心工作来抓，在案件多发的闽东茶叶市场内设治安办公室，民警和联防队实行24小时工作制。当年，茶叶市场内没有发生被盗案件。1993年，全年查处扰乱企业的治安案件337起，其中，办理厂长、经理被围攻和殴打案件24起；查处事故37起，挽回经济损失113万元。1994年，加强内部单位治安管理，为企业转换经营机制、深化改革、搞活经济创造良好环境。全年查处内部治安案件135起，调解纠纷78起。1995年，办理内部单位各类治安案件241起，调解纠纷21起。1998年，查处内部单位各类治安案件33起，治安拘留7人。1999年，以取缔邪教组织为重点，以庆祝中华人民共和国成立50周年和澳门回归祖国期间的内部单位治安管理为中心，全年调解各类内部纠纷12起、治安拘留9人。2001年，单位经警队、保卫科查获内部违法违纪人员5人，挽回经济损失数十万元。

二、校园治安秩序管理

1991年，全市破获抢夺在校学生钱物案3起、杀人案1起、殴打学生致伤案1起。1992年4—5月，福安城区、赛岐、穆阳等地校园治安一度出现混乱，一些不法分子闯入校园肆意骚扰。市公安局及时抽调刑侦、治安、内保科干警协助韩阳、赛岐、穆阳公安分局开展重点整治，先后抓获各类违法犯罪分子47人。破获各类刑事案件39起，查处治安案件63起。韩阳、赛岐、穆阳分局干警深入校园，开展各种形式的法制宣传，给学生上法制课17场，受教育12000多人次。1993年，加强校园治安整顿，市公安局内保科到福安师范学校、宁德地区农业学校上法制教育课两场，受教育学生教师300多人。破获福安师范校办工厂翻砂车间价值2400元的“ST系列变压器”被盗案，查处地区农校被盗案2起，破获福安一中重特大盗窃案、抢夺和敲诈勒索学生案件4起。1994年，在地区农校建立治安值勤点，先后派出民警进驻地区卫校、福安师范、地区农校、福安一中、宁德地区民中等重点学校，组织师生开展群防群治活动。召开重点学校领导座谈会2次，破获地区农校学生到市农行储蓄所取款时遭歹徒抢劫案，两个小时内即将抢劫嫌疑人抓获到案。1995年7月，地区农校连续发生多起师生宿舍现金被盗案。接到报案后，市公安局内保科干警立即出动，抓获3人，缴获被盗现金、手表等价值2500多元的赃款赃物。1997年，开展校园治安整治，在宁德地区农校、宁德地区卫校建立治安值勤点，在福安师范学校、福安一中、宁德地区民族中学等学校建立由学生、教师组成的巡逻队、护校队。当年，及时查处社会不法分子入校殴打学生的案件2起。2000年，市公安局认真贯彻省公安厅、省教育厅关于加强校园治安保卫工作的通知精神，打击各类滋扰校园的违法犯罪活动。在全市中小学校中聘请51名公安民警兼任学校治安副校长，直接参与校园治安管理；配备各校保卫干部50人，加大对中专学校治安管理的指导检查监督。组建重点学校学生、教师组成的巡逻队、护校队加强夜间巡逻。2001 年，成立市校园安全整治办公室，挂靠市公安局经济文化保卫科，配备专人开展工作。划定校园 200 米范围内为“治安特别管护区”。市公安局会同教委、文化局、卫生局、工商局等部门，出动人员 156 人次对城区学校 200 米范围内开展全面安全检查整顿，全市检查歌舞厅、卡拉 OK 厅、音像制品经营点、电子游戏机室等文化娱乐场所 163 家，查处 22 家，查扣违法经营电脑主机 39 台、显示器 18 台、查缴盗版光盘 4000 多片，当场销毁变相赌博电脑版 20 块，取缔无证经营网吧 13 家、电子游艺机室 8 家、音像制品经营点 8 个、歌舞厅和卡拉 OK 厅 9 家，发限期整改通知书 21 份。配备重点中小学保卫干部和由公安民警兼任治安副校长。市教委印发《福安市学校安全管理细则》和《关于加强社会力量举办学校安全管理工作的若干意见》。市公安局经警队、保卫科全年查获滋扰中小学校的人员 5 人，排除各种安全隐患 30 多起，挽回经济损失数十万元。2002 年，贯彻落实省综治委《关于开展集中整治校园及周边治安秩序专项行动的通知》精神，在市综治委的统一领导下，对校园周边的网吧、影视放映厅、电子游戏厅等场所进行清理整治，查处校园周边的网吧 18 家、电子游戏厅 13 家、录像厅 2 家、歌舞厅 1 家、音像书刊点 35 处，无证经营饮食、生活日用品摊点 126 家，发整改通知书 21 份，有效清除了校园及周边地区的治安隐患。协同市教委等部门，开展对校内危房及设施、饮食卫生的安全检查，消除安全隐患，遏制火灾、建筑物倒塌和食品中毒等各类安全事故的发生；举办学校保卫干部培训班一期。当年，查结中小学校刑事案件 2 起、处理治安案件 2 起，抓获违法犯罪人员 5 人。2005 年，贯彻公安部确保学校和幼儿园及周边安全的“八条措施”，全市开展“平安校园”创建活动，取缔学校、幼儿园周边游戏机经营场所 9 家，查扣赌博机 6 台、查获盗版光盘 3235 张，收缴非法书刊 3500 册（本），清理整顿校园内外非法经营摊点 23 家；开展校园消防、交通安全检查，共检查中专学校、中小学 30 多所，发现安全隐患 13 起、限期整改问题 13 个，继续落实校园范围 200 米内治安特别管护区 72 个；加强学校保卫制度建设，配齐校园保卫干部 68 人。重新调整 18 人，协助综治委、教育局在 63 所中小学、中专学校选聘公安民警、政法干警担任综合治理副校长，直接参与校园治安管理；与市教育局政教股一起向 70 多所学校、幼儿园发放安全教育图片 2000 张，新增交通标志 14 面、减速带 10 条、人行横道灯 2 对。当年，福安市公安局被福建省未成年人保护委员会授予“全省未成年人保护工作先进集体”。

三、金融单位内部安全保卫

1995 年，全市加强金融系统内部安全保卫工作，公安局内保科 3 次组织干警、银行保卫干部 120 人次深入市内 48 家银行、储蓄所进行安全大检查、开展风险等级评定，共提出整改意见 38 条、整改 36 处，及时消除隐患。1998 年，市公安局经济文化保卫科加强金融等要害部门的指导、检查、监督力度，落实社会治安综合治理责任制。加强金融营业场所的内部防范级别达标验收与发证工作，全市 13 家银行、信用社，城乡 92 个金融网点，达标发证 79 个；配合省、地公安、金融系统进行内容安全检查 6 次，召开全市保卫科长会议 5 次；对金库、网点、运钞车进行检查，发整改通知书 3 份均得到落实。1999 年，全市 100 个金融网点中，8 个达二级防护标准，92 个达三级标准，其中 43 个网点安装了监控设施并和 110 联网；配合省、地区公安和金融系统进行“三防一保”（防抢劫、防盗窃、防诈骗，保护金融资产安全）检查 5 次，召开全市企事业单位保卫科长会议 3 次；对金库、运钞车、营业网点、枪支弹药进行严格管理，开展全方位的安全检查，发现隐患限期整改。2000 年，落实宁德地区 2000 年度金融机构营业场所、金库、运钞车安全防护工作目标，全市 92 个营业网点全部达到三级防护标准，其中，

26个安装监控设备，56个实行与110联网；中国人民银行福安市支行、福安市农村信用合作联社开展安全检查59次，纠正违章36处，发治安隐患整改通知书10份；对金融系统经警队伍进行整顿，对原有的78名经警进行重新选配。2001年，落实“预防为主，综合治理，谁主管谁负责”的原则，对福安信用社地处农村、防护设施比较落后的36个网点加大检查指导力度，要求这些网点营业窗口全部安装上防弹玻璃。2002年，后垅邮政储蓄所发生取款人遭抢劫未遂事件，市公安局经文保卫科即召开金融单位保卫科长联席会议、通报情况，要求加强对抢劫银行恶性案件的预案处理，落实各项安全防范措施。并对35个金融网点进行了安全大检查，进行防盗防抢演练。当年，共检查全市网点100个（家）。2005年，全市开展“三防一保”检查63次、查出安全隐患16个，纠正违章38个，发出治安隐患整改通知书10份；全市所有金融营业网点窗口都安装上防弹玻璃，信用社福安联社网点全部安装了监控设施；五一、国庆两节前夕对80多个营业网点金库进行大检查，督促检查13辆运钞车安全运行状况，协助农行、邮政储蓄、建行等部门追回被客户多领的款项2万元。

四、创建安全单位活动

1991年，根据福建省政法委创建安全单位办公室（以下简称“创安办”）《关于在全省企事业单位开展创建安全单位活动的实施方案》精神，福安市制定“创安”方案，在机关企事业单位全面开展创建安全单位活动。全年召开“创安”会议4次、查找隐患180条、整改171条、整改率95%，各单位安全措施得到健全，各项制度进一步完善。同年12月，宁德地区“创安”领导小组到福安检查“创安”工作，市拖拉机电机厂，福安师范学校、闽东面粉厂、闽东电机一厂、福安公路段均获高分。1992年，全市全年选送机关、企事业单位11名保卫干部到北京参加业务培训，送省公安学校学习培训4人；各内保单位建立健全16项安全防范制度，安装了铁门、栏杆、报警器；市公安局内保科干警组织对厂、校、机关单位进行85次检查，查找安全隐患182条、落实整改175条；组建一支87人的经济民警大队，分成7个小队，推行与企业治安联防责任制；当年全市评出“创安”先进单位15个，先进个人30人。1993年，全市全年选送保卫干部5名到省公安厅学习培训，8名到地区公安处培训；举办内部单位保卫干部培训班2期、经济民警培训班1期，培训49人次；开展安全大检查5次，敦促整改隐患219条；开展企业派出所、内部单位保卫科以及经济警察中队、分队、小队创建达标工作。1994年，组织干警深入重点单位和部位检查，完善防范安全措施，基层分局、派出所、消防、内保科开展机关企事业安全大检查94次，整改隐患257条。新建经济警察分队4个，有经济民警204人，分布在18个单位；培训经警和保卫干部一期、56人。1995年，深入重点工程工地、厂矿开展安全检查92次，发现隐患224处、敦促整改203处；主动与重点企业建立热线电话、联系卡制度，及时沟通信息、为企业安保工作排忧解难。

1997年，市公安局内保科组织对全市60家银行、储蓄所抽查3次，其中，17家的隐患得到整改。1998年，市公安局经济文化保卫科加强对党政机关、金融、邮电等重点部门的内保工作指导、检查、监督力度，落实社会治安综合治理责任制，逐级明确职责、层层落实责任。对全市国有企业作全面调查摸底，掌握各企业的基本情况和特点，针对不景气企业中存在的安保工作不够重视的情况，督促整改、加强。1999年，与全市银行、电信、医疗、供电、供水等部门共同制定并落实各项安全保卫工作措施，加强信息沟通。2001年，撤销国有企事业单位经警队6个，对保存的经警队加强培训管理，召开金融、信用联社、邮政、电信等单位分管安全领导、保卫科长会议，对全市91个金融营业网点、44个金库以及各运钞车辆、持有枪支弹药进行安全检查。2002年，针对原福安罐头食品厂、福安茶厂、福安印刷厂及省属闽东电机各厂因企业亏损、兼并、破产带来的职工下岗、解除劳动关系、职工生活困难、“再就业”难、社会保障不落实等问题，深入调查、走访，及时掌握情况，加强保卫防范；召开市委和市政府机关警卫人员、市人大和市政协保卫人员参加的安全保卫工作会议；召开全市经济部门保卫科长会议，表彰市建设银行保卫科等8个内部安保先进单位和21个先进个人。2005年，开展内保重点单位安全调研工作，确定中共福安市委等80多个单位为福安市治安重点保卫单位。

第四节　户政管理

一、户籍和身份证管理

（一）户籍管理

1991年，福安市严格执行户籍政策，准确掌握人口变动情况，统一印制7种人口变动登记簿。各派出所（分局）根据人口变动情况，严格进行审核登记，为人口统计工作把好质量关。当年，协助人事、劳动、土地、教育等部门办理276人的户口“农转非”工作。1992年，全市公安派出所贯彻“以户口管理为基础的治安防范工作”方针，以创“达标”派出所为动力，做好本乡镇的户口整顿工作。其中，潭头乡派出所一次性更换村民户口簿3000本，松罗乡派出所更换村民户口簿2000本。1993年，福安市公安局根据全市流动人口剧增、大量农村富余劳力转移、农村人口进城购房以及农村人口土地被征用等情况，制定相应户籍管理意见，并解决一部分干部、职工、居民配偶与子女长期分居两地户籍问题的实际困难，至12月30日，共办理142户。1996年，全市有聘用协助整顿户口的协管员488人，更换户口册4000多本，办理各种准迁证1500多件。1997年，为提高办事效率，添置了“人口信息微机”，全市先后为群众办理户口准迁证2000件，身份证2000多张，换发户口簿1万多册，审查上报“农转非”材料1300份。同年，开展户口整顿，在韩阳、赛岐镇开展“人户分离”的试点。出动1165人次，清查2万户，建立健全户口档案1.7万份。1998年，全市办理户口准迁证5120件，身份证4.6万张，换发户口簿11.3万册，审查上报“农转非”材料296份。赛岐镇被福建省政府确定为全省户籍改革的试点单位，先后办理4000多名小城镇“农转非”人口。1999年，全市办理户口1665件，办理“农转非”560人。2000年，加强全市人口信息系统建设，推动户籍现代化管理。全市14万户59万多人的户口信息全部用微机管理，更换新的户口簿14.5万本，启动全市居民身份证编码15位数升到18位数工作，做到户口外册、身份证、编码簿、电脑数据一致。通过户籍整顿，解决1.5万多人户口落籍问题，解决漏登1255人、无户口人员1302人，注销死亡、逮捕、重登、迁出等类户口7813人。查清全市有户无人的“空头户”3.91万人，有人无户口的2.17万人，登记为第二住址的3.91万人。当年，福安市公安局户政科被福建省第五次人口普查领导小组、福建省公安厅评为户籍管理先进集体。2001年，全市办理居民身份证25158人，户口迁移3618人，其中，大中专毕业生回原籍落户260人、办理征地“农转非”542人。2002年，全面实施户籍改革政策，全市取消“非农业”人口、“农业”人口的区分，均以“居民”登记户籍。以房产作为登记户籍地的依据。当年，福安市公安局出台《户口管理批准制度》，落实户籍办理手续。全年全市办理小城镇入户人数2070人。全市各派出所（分局）户籍信息系统全部由DOS版向 Windows 版升级。2003 年，全市 19 个派出所（分局）户籍管理全部与市公安局户政中心联网，保证户籍信息数据的新、准的一致性。2004 年，办理小城镇落户人数 9875 人。2005 年，福安市根据福建省公安厅《关于全省配合换发第二代居民身份证　开展户口核对工作的情况通报》，开展宣传发动、信息比对及户籍核对工作，全市更正户籍登记项目差错 10123 人，其中，姓名错误 1363 人、曾用名错误 457 人、出生日期错误 94 人、民族身份错误 35 人、婚姻状况错误 5439 人、住所错误 122 人、籍贯错误 31 人、文化程度错误 2704 人。

（二）居民身份证管理

1991 年后，福安市把发放（补办）居民身份证工作作为户籍日常管理的重要工作来抓，规范表、簿、册、卡的管理，并做好申领、换领、补领居民身份证工作。1991 年，全市制发居民身份证 6911 张、临时身份证 1630 张。1992 年，全市共制发居民身份证 6943 张、临时身份证 1820 张。同时完善管理，把历年积压的 6 万多张居民身份证底卡分类归档。1993 年，全市共制发居民身份证 9265 张、临时身份证 2372 张。1996 年，全年共办理居民身份证 1.1 万多张、临时身份证 800 张、加急居民身份证 100 多张，查找居民身份证底卡 500 多人次。1997 年，做好换发十年有效期满后居民身份证工作，全年制发居民身份证 2 万多张、临时身份证 800 张。3 月份，结合开展“严打”斗争，全市出动 1136 人次，以查验居民身份证为主要手段，检查重点人员 634 人、查验身份证 12347 人次，提供犯罪嫌疑线索 67 条、破获刑事案件 23 起，查处治安案件 46 起。1998 年，全市制发居民身份证 4.6 万张、临时身份证 1500 张。出动 1136 人次，检查重点人员 1834 人，查验身份证 1.127 万人次。2001 年 11 月，宁德市军人身份证及人口统计培训工作会议在福安市召开。全市调查、核对、编制军人身份证附码 800 多份。2002 年，全市办理身份证 26950 张、其中加急身份证 1985 张，派专人参加军人身份证办理调查赋码工作培训。2004—2005 年，成立市换发二代身份证工作领导小组，制定《福安市公安局换发二代证户口整顿工作方案》《福安市公安局换发二代证门牌清理整顿工作方案》，抽调民警专门办理二代证工作；及时解决未落实常住户口的申报和落户工作中存在的具体问题。

二、人口管理

（一）重点人口管控

1991 年，福安市列管重点人员 1051 人，经过考核停止违法犯罪行为撤管的 632 人，调查中发现有违法行为的新列管人员 758 人，全部建立档案正、副卷，提取相片、指纹、笔迹，调查表格，落实管理措施，特别加强人户分离等人员的管理。全市建立帮教小组 412 个，成员 946 人。管理中发现犯罪线索 222 条、破案 180 起。1992 年，福安市重点列管人员 1175 人，通过考核停止违法行为撤管的 30 人。建立帮教小组 574 个、成员 1035 人，年内发现犯罪线索 300 条、破案 254 起。1996 年，全市清理排查重点人口 1306 人，其中，有犯罪嫌疑的 9 人、有刑事犯罪案底的 313 人、危害社会治安嫌疑的 512 人，有民事纠纷矛盾激化、可能犯罪的嫌疑人 42 人，被依法判处管制而剥夺政治权利、缓刑、假释、监外执行和监视居住或取保候审的 31 人，刑满释放、解除劳动教养、解除收容教育不满三年的 339 人，撤销管制的 111 人。2001 年，全年有重点列管人员 539 人，从重点列管人中获取破案线索 8 条、协助破获刑事案件 8 起。2002 年后，全市社会治安状况明显好转。2002—2005 年，全市暂住人口中列管重点人口仅有 22 人。

（二）暂住人口管理

1991年，福安市有外来暂住人口7099人，市公安局及各乡镇、街道加强管理，做到人来登记、人走注销。韩阳公安分局实行“房屋出租治安承包责任书”管理办法。当年，在暂住人口中破获刑事案件46起，抓获犯罪嫌疑人17人，其中逮捕6人，查处治安案件68起、治安处罚43人；列为重点人口管理的8人。1992年，全市暂住人口主要分布韩阳和沿海乡镇，以经商、从事服务业为主。市公安局及所属各乡镇派出所落实对这些暂住人口的管理，加强机构和人口规范管理制度。当年，在暂住人口中查处治安案件72起、处罚49人，列为重点人口管理的10人。1995年，重点抓暂住人口管理，全市有暂住人口14952人，房屋租赁登记1550户、3300个房间，发证800户。从暂住人口中破获刑事案件61起，查处治安案件236起。1996年，全市建立公安派出所暂住人口管理站26个，村（居）委会暂住人口管理站125个。登记暂住人口7800人，发证7000人。暂住人口中因犯罪被逮捕14人，劳教9人，治安处罚92人；发生刑事案件42起、破获32起，发生侵害暂住人口刑事案件22起、破获9起。1997年，全市加强暂住人口、租赁房屋治安管理工作，实行分类分层次管理；建立专职、兼职协管员队伍；按照经营性质管理出租房屋；推行“谁经营、谁负责”责任制，并充分发挥村、居委会暂住人口管理站的作用。当年，全市有暂住人口7791人，房屋出租2360户，其中，发证管理1300户。通过清理整治，破获刑事案件26起、查处治安案件63起、抓获违法犯罪嫌疑人4人。2000年，结合第五次全国人口普查，全市开展“流动人口管理月”专项整治活动，以清查“三无”（无固定住房、无正当职业、无有效身份证明）人员为重点，查验暂住人口6036人次、新发暂住证1667人。经排查发现重点嫌疑对象53名，抓获犯罪嫌疑人24名，破获刑事案件26起，查处治安案件23起，遣送外地流入人员32人。

2001年，全市继续开展清理整顿出租房屋，规范流动人口管理专项行动，成立福安市流动人口管理领导小组，制定工作方案，按计划、分步骤开展工作。各派出所（公安分局）都建立流动人口管理站，健全流动人口的申报、登记、发证、验证、查访、函调、建档、统计等各项管理制度，新聘人口协管员47名，全部培训上岗。当年，全市共登记流动人口29136人，其中暂住人口6327人、发证6262人，出租房屋2245户（间），发现犯罪嫌疑线索135条，破获案件53起，抓获犯罪嫌疑人68人。2002年，全市开展5次大规模的清理流动人口活动，出动警力726人次、社会力量538人次。清查流动人口39850人，登记暂住人口2427人，发函调查2400人，发暂住证2378人；微机录入暂住人口1126人，出租房屋1777户（间），签订治安责任状、发证率均100%。抓获流动人员作案104人。2003年，全市开展3次大规模清理流动人口活动，出动警力375人次、社会力量365人次。全市登记流动人口6038人，暂住人口2188人，发函调查2188人，发暂住证2188人、发证率达100%；微机录入暂住人口1620人、出租房屋1711户（间），签订治安责任状、发证率均100%。在暂住人口管理中，破获刑事案件7起、治安案件18起。2004年，全市开展6次大规模的清理流动人口活动，出动警力678人次、社会力量573人次。至年底，全市登记流动人口7053人、暂住人口1538人；发函调查1538人，发暂住证2188人、发证率达100%，微机录入暂住人口1723人、出租房屋3729户（间），签订治安责任状、发证率100%，破获刑事案件7起、查处治安案件18起、治安处罚9人。2005年，全市建立健全暂住人口倒查制度，坚持每季度对流动人口管理工作进行倒查，强化暂住人口治安管理工作，促进暂住人口各项管理措施的落实，使全市流动人口管理进一步规范化、制度化。

第五节　出入境管理

一、出境审批

1991 年，福安市出国（境）实行统一申请办法、统一审批条件、统一办理时限和统一收费标准的“四统一”管理办法。全年批准出国（境）86 人，其中，定居新加坡 1 人、定居香港 19 人；探亲 59 人、旅游 2 人、自费留学 5 人。1992 年，全市批准出国（境）130 人，其中，定居 21 人、探亲 91 人、旅游 9 人、自费留学 9 人。1993 年，全市批准出国（境）191 人，其中定居 36 人；探亲 127 人、劳务派遣 20 人、自费留学 8 人。1996 年，批准出国（境）284 人。1997 年，全市批准出国（境）446 人。1998 年，全市批准出国（境）637 人。2001 年，全市批准出国（境）2219 人，较往年有较大增加。2002 年，贯彻执行全国出入国（境）管理工作改革措施，简化赴港澳商务、旅游、探亲手续，全市共受理 31 家企业 62 人次赴港澳商务申请，审批出国（境）3369 人次。2003 年，全市办理因私出国（境）1652 人。2004 年，全市办理因私出国（境）2152 人。2005 年，全市办理出（国）境 6273 人次。

二、入境申报

1991 年，福安市受理入境人员申报暂住登记 159 人，其中，台胞 107 人、港澳同胞 21 人、外国籍 31 人。1992 年，全市受理入境的外国人、华侨、港澳台同胞申报暂住登记 349 人，其中，港澳 40 人、台湾 188 人、日本 56 人、新加坡 35 人、马来西亚 24 人、美国 1 人、印尼 1 人、澳大利亚 1 人、文莱 1 人、英籍华人 2 人。1993 年，全市受理入境人员申报暂住登记 190 人。1996—1997 年，全市对“三资”企业进行调查，调查内容有企业名称、外方代表，所属国家（或地区）及企业基本情况（包括企业审批时间、所在地、经营范围及生产情况），调查后对 77 家“三资”企业进行分类登记造册，建立外管人员档案。1999—2000 年，全市受理入境人员申请暂住登记 102 人。2001—2005 年，全市受理入境人员申报暂住登记 1681 人次。

第六节　公共交通管理

一、交通安全宣传

1991 年，福安市交警大队在学期开学前给全市 8 个学区近 30 所小学发放《小学生道路交通安全常识手册》1.4 万本。1992 年，全市召开各种交通安全宣传会议 38 场（次），张贴标语 6100 张（本），印发各种宣传资料 1300 份，图片幻灯宣传 148 场（次），编发简报 24 期。11 月，城关举行由 600 多人参加的学习贯彻国务院新颁布的《中华人民共和国道路交通安全实施条例》宣传踩街活动。23 日，在市人民会场主办“交通安全知识竞赛”，市直机关、安全片区、中小学校、交安会和福安汽车运输公司代表队参加比赛。1994 年，充分发挥有线电视网覆盖面广、收视率高的优势，每周定时在市有线电视台播发交通安全知识；团市委等单位在青少年中开展“我为交警献力量，小交警在行动”系列活动。1996 年，全市深入开展“交通安全周”宣传教育活动和“燃文明之火　铸青春警魂”青年志愿者活动，市交警大队与 104 国道公路沿途的三所小学开展“红绿灯安全工程”活动。每月还将辖区内发生的道路交通事故四项指标和具体案例通过福安市有线电视台向市民公布。1999 年，市交警大队罗江中队设置“报警点”12

个，安全警示标志9个，大幅宣传墙标23条，设置“平安大道”宣传栏8个。全年编制宣传专栏32期，发放宣传资料2370份，编写“交通安全教育讲座稿”两期，为各村、校举行“交通安全常识教育”16场，组织交通安全图片展6场，播放“交通安全常识教育”录像5场，受教育村民、学生1.2万多人次。交警大队与各村、校制定“平安大道协议”和“交通安全责任状”。当年，福安交警大队罗江中队还创办了全区首个“交通安全教育家长学校”。2001年，加强对全市各公路沿线22个共建村和18个共建校的交通安全宣传教育，编制宣传栏42期，发放宣传资料5500多份，举办交通安全讲座15场、交通事故图片展36场次，受教育群众和学生9500人次。2003年，全市在各级各类报刊上发表安全教育类的文章66篇，其中被福建省级报刊采用11篇；电视台报道有关交通安全的新闻28条。深入学校举办交通安全知识讲座29场，图展43次，受教育1万多人次。举办交通安全知识竞赛活动2场，上街开展咨询宣传5次、大型踩街活动1次，举办图展62场（次）。参加安全教育培训的驾驶员4890多人次。2005年，全市深入开展交通安全“五进”（进农村、进社区、进企业、进学校、进家庭）宣传活动，组成一支宣传小分队，出动宣传车，携带广播器材和典型事故案例宣传图板，深入开展交通安全法律法规教育，向群众赠送宣传手册、播放宣传光盘，讲解典型事故案例、解答道路安全常识。在市区中心莲池广场的电视大屏幕上播放《交通路况报道》栏目并每天滚动播出。全年出动宣传人员900多人次，深入行政村121次、社区35次、单位71次、学校252次，巡展挂图40多场（次）、播放光盘70多场（次）、上交通安全宣传课365课时、在电视广播和其他新闻媒体上编播交通安全宣传报道信息200多件（条）。

二、道路安全管理

（一）道路交通设施建设

1991年，全市增设交通隔离墙栏、雷达测速标牌、行人扶栏、漆划行车标线、人行横道线、反光柱（片）等各类交通安全标志，在交通十字路口增设岗亭和红绿灯。1998年，进一步完善城区交通设施，完成新华路、中兴路、解放路行车标线1200多米，城区机动车、非机动车停靠标线60多平方米和停靠标志15面，并对新华路破旧、损坏的护栏进行维修。1999年，罗江交警部门设置“报警点”12个、安全警示标志9个。2003年，投入13万元在市区车站十字路口设置红绿灯信号；投入8.5万元实施城市交通管理规划；投入4万元进行“严管街”交通基础建设。2005年，加大城区交通基础设施建设投入，建设或完善交通安全设施工程，在莲池广场等五个城区道路路口增设交通信号灯。

（二）道路交通整治

1991年“春运”期间，福安市公安局制定《春运道路交通安全管理工作实施意见》，加强春运期间的路面交通监控。在城区提出“以新华路为中心，搞一个交通管理文明示范岗，建一段交通文明示范路，推动全市道路交通管理上新台阶”的总体要求。重点整治无牌证、滥载客的柴三机上路，清理占道停车、摆摊等突出问题。当年，城区内没有发生一起机动车辆伤人交通事故，创历年交通安全最好成绩。1992年，市交警大队提出“以104国道为主，重点监控，出大力，流大汗，把交通事故压到最低”的目标，集中警力，采取定点执勤和流动巡逻相结合的办法，实行路检路查制度化。先后在104国道沿线开辟9个停车场，省道沿线乡镇设置6个停车场，解决乱停车问题。1993年，全市开展交通安全大清查活动，以104国道为主，打击柴三机、二轮摩托车、人力三轮车违章载客上路现象。1996年，加强对全市无牌无证车辆的监控管理、先后查扣无牌无证车辆2000多部，培训二、三轮摩托车驾驶员2000余人次，摩托车上牌2060辆。1997年，交警部门开展“学济南交警”活动，加强“软、硬”功训练，增强素质、严格执法。严管、严查交通违章现象，全年共处理违章停靠车辆2000多起（次），清除占道作业、乱摆摊设点1000多起，查扣二轮摩托车1600多辆（次），教育、处罚驾驶员5000多人次，拘留13人。1999年，全市交警部门开习，创建“平安大道”活动，组建公路巡警，维护交通秩序，清障疏堵、纠正违章，确保道路畅通。创建“平安大道”以来，仅罗江中队就出警1050人次，纠正违章4750人（次），清理违章占道364处（次）、抓获“路霸”1人。2000年，全市投入20多万元购置装备，加强公路巡警中队的规范化建设。实行以公路巡警为主，沿线派出所、刑警中队密切配合的“三警联动”机制。同时，将市区新华路建成“严管示范街”，实现城市交通“四级管理”水平的目标。2001年，全市先后开展“严打整治”“反超载”“打击严重违章”“打击无（假、套）牌”等专项整治活动。春运期间，全市共出动警力1899人次，违章扣证570本、扣留车辆678辆次，取缔柴三机违章载客26辆次。查纠违章车辆18727辆（次），超载卸货1370吨、疏客987人，查扣无（假、套）牌车辆322辆，扣证904本。2003年，全市先后开展“再战三十天确保全国两会期间道路交通安全”“防事故交通秩序专项整治”“百日大会战”“今冬明春专项整治”等交通安全治理活动。春运期间，全市出动警力2783人次，纠正车辆违章2880起，查纠客车超载515辆（次），疏客2681人，扣证629本，发放整改通知书3份，治安拘留5人。2005年，全市开展“双超整治”“严禁危险化学品违规运输”“打击盗抢机动车”“整治无牌、假牌、套牌机动车”等专项整治行动。出动警力3.256万多人（次），共查扣无牌、假牌、套牌、右舵小车及违规上路工程车等242辆（次），无牌“地老鼠车”及柴三机车辆340多辆，二轮摩托车750多辆；对驾驶员给予交通违规记分处理2.02万人（次），纠正各类道路违法违纪行为5.39万多起，治安拘留无证驾车人员14人。

三、车辆与驾驶员管理

（一）车辆管理

1991年，全市有报牌自行车2.15万辆，客运人力三轮车300辆，货运人力三轮车450辆，客、货汽车1100多辆；总年检率95.31%。其中非汽车类机动车年检率85.2%，年新增车辆177辆。1992年，全市开展“柴三机专项治理”活动，对所有“柴三机”进行安全检查，强制报废46部。7月，全市十一个乡镇成立个体车辆联运车队，纳入编队管理。1993年，市交警大队简化手续，实行检验、挂牌、收费、培训一条龙服务，20多天完成“柴三机”挂牌。1995年，全市基本完成“九二”式车牌证的换发工作，全年检测换牌的“柴三机”1204台、农用车49辆、二轮摩托车249辆、“宁登”（地方区域）牌摩托车393辆，汽车新车报牌288辆。全年有汽车1215辆，摩托车968辆（内轻便摩托车212辆），柴三机1559辆，其他农用车184辆。1996年，全市汽车年检1493辆，非汽车类机动车年检2836辆，二轮摩托车1013辆，轻便摩托78辆，三轮摩托1398辆，农用车347辆，“宁登”牌摩托车2060辆。2001年，对全市384辆客运车辆进行检验，合格后发给公路客运车辆临时检验合格证367份。交警先后深入下白石、穆阳等12个乡镇办理车类年检和报牌工作，汽车报牌518辆、年检1379辆；非汽车类机动车报牌2588辆，年检7521辆。2003年，对全市新车报牌实行微机选号，调整非汽车类机动车检查的业务流程，建立“流动检测站”，实行“双周日”下乡年检车辆制度，当年检测非汽车类机动车辆4697辆。2005年，全年新车上牌4028辆，检验非汽车类机动车辆9864辆。

（二）驾驶员管理

1991年，全市全年汽车类驾驶员年审率97.9%，非汽车类机动车驾驶员年审率90.8%。举办摩托车培训班 7 期，培训驾驶员 363 人次，举办全市片区驾驶员安全教育培训班三期，参训 5800 多人次。1992 年，加强对全市驾驶员职业道德教育，把 13 个安全片区安全工作落实到每个干警身上，每个安全片区由两名干警承包，加强安全片区驾驶员的学习管理。1995 年，全市车辆驾驶员共 8353 人，其中汽车类驾驶员 3681 人。全市全年培训“柴三机”驾驶员 205 人，二轮摩托车驾驶员 570 人，汽车类驾驶员实习转正 965 人。1996 年，对两轮、三轮摩托车驾驶员 2060 人进行培训，期满换发磁卡副证 6000 多本，汽车类实习驾驶员转正 1107 人，办理汽车类驾驶员实习证 453 本。非汽车及汽车类驾驶员年审 6000 余人。2001 年，对全市 714 名客车驾驶员进行资格审查，共核发公路客运准驾证 702 份。市交通局驾管股共培训、考试各类非汽车类机动车驾驶员 2263 人（次），补证、换证 531 本，审验汽车类驾驶员驾驶证 6521 本，审验非汽车类驾驶员 4109 人（次）。2003 年，全市培训各类非汽车类驾驶员 1807 人（次），审验汽车类驾驶员 8431 人（次），审验非汽车类驾驶员 5307 人。2005 年，全市办理各类非汽车类驾驶证照 8072 本，补换各类证照 4077 本。

四、交通事故与处理

（一）交通事故

1991 年，全市发生交通事故 90 起，其中，重特大交通事故 15 起，死 30 人，伤 84 人，直接经济损失 26.66 万元。11 月 29 日，一辆浙江瑞安长运公司开往南平的客车，途经福安市境内郑家山地段时翻车，造成死亡 12 人、伤 30 人，直接经济损失 60 万元的特大交通事故。1992 年，全市发生交通事故 134 起，其中，重特大交通事故 42 起，死 34 人、伤 52 人，直接经济损失 260.31 万元。1993 年，全市发生交通事故 104 起，死 29 人、伤 44 人，直接经济损失 170.67 万元。1994 年，全市共发生交通事故 64 起，其中，重特大交通事故发 23 起，死 28 人、伤 29 人，直接经济损失 149.73 万元。1995 年，全市发生交通事故 103 起，死 32 人、伤 72 人，直接经济损失 163.88 万元。10 月 14 日上午，赛岐镇大象村刘某某驾驶闽 J63276 号“柴三机”，违章载客途经小浦线 79K+800M 路段，由于超载并违章操作，经过弯道时翻车坠下山崖，造成 3 人死亡、6 人受伤的特大交通事故。1996 年，全市发生交通事故 107 起，死 42 人、伤 43 人，直接经济损失 111.6 万元。12 月 25 日，同安县驾驶员蔡某某驾驶闽 D–60404 号大货车，途经市 104 国道 2086K+50M 处时，因会车时违章操作造成翻车，货主朱某某当场死亡。1997 年，全市发生交通事故 246 起，死亡 68 人，直接经济损失 257.14 万元。1999 年，全市发生交通事故 158 起，死亡 61 人、伤 97 人，直接经济损失 181.44 万元。2000 年，全市发生交通事故 175 起，死亡 65 人、伤 163 人，直接经济损失 83.95 万元。2001 年，全市共发生交通事故 274 起，死亡 51 人、伤 210 人，直接经济损失 267.96 万元。2002 年，全市发生交通事故 266 起，死亡 73 人、伤 245 人，直接经济损失 354.81 万元。2003 年，全市共发生交通事故 33 起，死亡 6 人、受伤 38 人，直接经济损失 80.1 万元。2004 年，福安市发生交通事故 234 起，死 42 人、伤 253 人，直接经济损失 222.81 万元。2005 年，全市发生交通事故 215 起，死 28 人、伤 251 人，直接经济损失 156.82 万元。

（二）事故处理

1992 年 1 月起，福安市执行国务院颁发的道路交通事故处理新法规，事故处理先行调解，两次调解不成后，出具交通事故责任书，由被害方向法院申诉。1996 年，加强对各类事故处理的审核和把关，市公安局分管领导对每起事故亲自审定，做到责任认定及时准确，善后处理公正合理。下半年，实行交通事故分段处理，增加透明度。全市全年辖区内共发生交通事故 107 起，经交警大队调解，当事人都表示满意。2001 年，市交警大队“122”台加强执勤报警制度，24 小时与“110”联动，充分发挥接、出警和处警快速反应能力。全年共接警 1616 次、出警 3612 人次，处理各类事故 994 起、疏堵 66 次、接受求助 31 次、事故结案率达 99.5%。2003 年，市交警大队接警 2580 次，出警 5424 人次，处理各类道路交通事故 1770 起、接受求助 67 次、事故结案率达 100%。尤其是实行事故处理机制改革后，工作效率显著提高。当年，市交警大队受理的 916 起交通案件中，使用简易程序处理的 712 起；在发生的 18 起逃逸事故中，破获 13 起。2004 年，市交警大队对事故处理进行深入改革，对双方争议不大，因果关系明确的交通事故，大量采用简明程序处理；对事故现场案情简单的，交管股民警采用第一现场调解，立即恢复交通秩序。全年共接警 3062 次、出警 6300 多人次，处理各类道路交通事故 1890 起、接受社会求助 73 起、事故案结率达 100%。2005 年，交警大队“122”台共接警 2247 次、接受社会求助 53 起、处理各类交通事故 1651 起、侦破肇事逃逸案 10 起，将 13 人移送检察机关追究交通肇事罪。

第七节　监所管理

一、依法管理

1991 年，福安市监所干警学习《中华人民共和国看守所管理条例》《看守所条例实施办法》《中华人民共和国行政诉讼法》《中华人民共和国刑事诉讼法》《犯罪心理学》等，加强干警自身建设。贯彻执行“教育、改造、挽救、感化”的八字方针，落实教育改造政策。当年，在押人员提供破案线索 17 条，涉案金额 6 万多元。1994 年，落实监所岗位目标管理责任制，改变以往单人值班制为 24 小时双人值班制度，收审人员与拘捕人员分别关押，制定处置突发事件预案，促进教育管理法治化、规范化。开展“坦白交代、挤清余罪、检举揭发、立功赎罪”活动，对在押人员进行法制宣传教育 20 次、组织学习讨论 16 次，受教育 2545 人次。在押人员揭发犯罪线索 11 条，破案 3 起。1998 年，以争创三级先进看守所为目标，学习法律、法规、政策文件，开展“爱岗敬业”教育，建立健全落实各项规章制度。1999 年，贯彻落实《看守所等级评定办法》和《关于开展“严格执法文明管理”看守所创建活动方案》，坚持“抓创建促管理保安全上等级”的工作思路，开展“创先”活动。邀请市人大代表、政协委员到监所视察指导，市政法口、关工委到监所召开未成年人在押人员座谈会，使在押人员增强法纪观念。在押人员交代余罪 3 人 3 起、揭发犯罪线索 5 条，协助破案 2 起。2000 年，开展“查隐患防事故保安全”百日竞赛和“共建共管共保安全”活动，严格、公正、文明执法，加强执法监督力度。2001 年，健全监所在押人员档案，落实在押人员行为规范和一日生活制度。办案机关召开从宽处理犯罪分子教育大会，动员在押人员亲属进行规劝教育。当年，评选在押人员改造标兵 20 人。2003 年，学习落实监所有关禁令，规范民警执法监管标准，加强队伍建设，严格执法，文明管理，开展“创先”竞赛和监管场所执法检查活动，实行警务公开，看守所连续 11 年无发生一般和重大责任事故。2005 年，学习《中共中央关于进一步加强和改进公安工作的决定》，开展监所整顿，加强管理的制度和机制建设，规范在押人员现金购物、加餐管理，保障在押人员合法权益。

二、安全管理

1991 年，福安市公安局开展打击“牢头狱霸”活动。调查在押人员 80 多人、收集证据 84 份，对违反监规且构成犯罪的予以起诉；同时，市法院在监所内开展公开审判试点活动。1992年，加强狱所管理，开展安全检查，查禁入押时内藏的铁片、玻璃等危险物品；检查监室墙壁有无被破坏，电线、水管、粪坑、电铃等是否完好，消除不安全因素、杜绝隐患。1994年，市公安局两位副局长和检察院副检察长召开看守所、监检科、预审科、武警中队联席会议，专题研究部署监所安全工作。坚持每日一巡查、每周一小查、每月一大查，遇到问题及时查、节假日突击查。当年，共开展监所安全检查69次，消除安全隐患7起（处）。1995年，开展"打击'牢头狱霸'、防事故、保安全"竞赛活动，市公安局和看守所每月召开一次会议。看守所和武警中队组织突发性预案演练，加强安全防范工作。认真检查出入监在押人员物品，对违禁品及时进行登记、查清来源；对在押嫌犯发出的信件逐一审看，凡涉及案情或监情的信件一律扣押。处理"牢头狱霸"和违反监规人员34人。1997年，全年安全检查91次，巡视、检查情况记录在案，发现问题及时汇报处理。打击监内"强吃、强占、以老欺新、以强凌弱"在押人员3人。2000—2004年，开展"抓管理防事故保安全"活动，检查监所252次，查出违禁品10件。2005年，市看守所实行安全管理改革，学习晋江看守所的先进管理经验，树立"以人为本"的执法观念，完善制度管人机制，落实值班巡视、"包号"、主协管制度，规范监所内务管理。将违反监规的41名在押人员列入"严管"对象，其中，特别管控人员32人。

第八节　消防管理

一、宣传

1991—2005年，福安市每年结合"119国家消防日"，充分利用讲座、广播、电视、标语、专栏、录像等多种形式广泛开展消防安全宣传活动。编写《火灾案例》《消防简报》《火灾事故通报》《火情分析》，印发《福建省消防监督管理办法》和公安部《关于加强消防安全的通告》，向辖区内手机用户发送消防宣传短信、向城乡居民宣传消防法规和有关规定；组织专职、义务消防队员进行防火培训和灭火演练，经常深入乡镇、工厂、企事业单位开展消防安全检查。与阳头小学共同举办红领巾"119"宣传系列活动，组建"阳头小学雏鹰消防团"和"红领巾义务消防队员"上街张贴标语、帮助安装警示牌，开展小学生消防知识法规智力竞赛和灭火逃生演练，小学生"消防警营"一日生活体验和"119"消防日宣传黑板报评比等活动，向小学生赠送《福建省小学生消防读本》和《让家庭远离火灾》消防宣传画刊。

消防宣传进校园（1994年）

二、监督检查

（一）消防安全检查

1991 年后，福安市与各部门（单位）签订安全生产目标管理责任书，制定“福安市消防重点单位、乡镇、街道办事处、公共场所、化学危险品贮存、经营场所消防工作责任目标考评标准”，推行“安全自查、隐患自除责任自负接受监督”的消防安全管理机制，把消防工作主要依赖消防部门向社会各界和法人代表齐抓共管、各负其责转变。根据节日、季节性防火特点，发出做好冬防、元旦、春节、元宵节、“五一”、“七一”、国庆节等重大节假日消防安全工作的通知，会同有关部门对重点单位处所开展消防目标管理工作考评，监督检查消防设施（设备），发现隐患、及时整改。依法加强对全市特种危险行业和室内装饰装修消防方面的监督管理，发出《关于加强金银首饰制品行业消防安全管理的通知》《关于加强室内装饰市场管理的联合通知》，对金银首饰制品行业和室内装饰装修行业开展清理整顿，实行消防安全许可证制度。在福安市政府的统一领导和市安全委员会的协调下，每年公安、消防、劳动、建设、工商、经贸、卫生、教育、旅游等有关部门联合开展对公共聚集场所、供电、供气、建筑工地、古建筑、出租房屋火灾隐患排查等专项行动，发现问题责令立即整改。至 2005 年年底，据统计，全市共检查 2000 余家，限期整改 1000 余家，消除火灾隐患 3000 余处，停产停业整改 260 余家。

（二）建筑工程消防审查

1991 年，福安市公安局把好建筑设计图纸消防项目的审核关，全年共参与图纸审定会 35 场次，审查建筑设计面积 10.22 万平方米，提出消防审核意见 42 条、参加工程竣工验收 12 项。1992 年，按照《福建省建筑设计防火审核程序规定》和《福建省建筑工程项目消防专项验收基本内容和要求》，采取消防警务公开、窗口统一受理、审验分离等一系列措施，建立网上审核、审批等快捷便利的工作模式，压缩审验周期，提高办事效率和质量。同时大力推行服务承诺制、流动办公、上门服务、“一站式”服务等，进一步规范业务受理窗口建设。对大型工程项目在方案和初步设计阶段即提前介入审核。全市全年受理建审消防项目 12 项，涉及建筑面积 2.36 万平方米，参加竣工验收 8 项、参加图纸审定会 19 场。1995 年，贯彻执行《建筑设计防火审核规定》，加强建筑设计防火审核工作管理，禁止越级审核和审核中“迁就照顾、把关不严”现象。全年共受理建审项目 31 项、建筑面积 8.57 万平方米，提出审核意见 70 条；参加工程竣工验收 7 项，合格 6 项。1996 年，加强对建筑施工管理，认真开展建筑防火审核工作，并建立建审档案。全年共受理建审项目 31 项，建筑面积 7.4 万平方米，提出审核意见 60 条；检查施工项目 61 项，参加竣工验收 2 项。1997 年，全市共审查建筑工程 16 项、建筑面积 2.4 万平方米，提出审核意见 22 条；检查工程 88 处（次），参加竣工验收 7 项，发出违反建筑防火审核通知书 11 份。1998 年，共审核建筑工程项目 17 项，装修工程项目 6 项，审核面积 5.37 万平方米、提出审核意见 50 条。2000 年，共审核建筑工程项目 30 项，建筑面积 5.3 万平方米；审核装修工程 10 项，参加建筑竣工验收 8 项。2003 年，印制消防监督业务受理回执、建筑工程选用消防产品登记表，制定申请办理建筑内部装修工程消防设计审核意见书等 4 个范本，方便前来办事的群众取阅。2005 年，健全申报、受理和公布消防审核结果的网上审批平台，推行服务承诺、流动办公、上门服务等制度；设置计算机查询系统，及时公布审批结果，方便群众查询；开通热线，提供电话查询消防行政审批结果服务；推进重大火灾隐患政府挂牌督办制度，进一步规范消防监督抽查工作，落实火灾隐患公示和曝光制度。

（三）易燃易爆和化学危险品监督管理

1991 年，福安市消防大队制定《关于易燃易爆及化学危险物品场所日常管理方案》。1992 年，贯彻实施《福建省化学危险物品经营许可证管理办法》，结合福安市加油、液化气市场，气体打火机生产及国道 104 线加油站点混乱等情况，组织有关部门开展全面检查和清理整顿工作，落实安全管理，健全化学危险物品生产、运输、贮存和经营的消防安全制度。完善场所消防器材、设施配备及申报审批手续，并实行消防安全许可证制度。当年 22 个加油站和 13 个打火机生产厂家中被吊销消防安全许可证 2 个、补发 5 个，并要求配置灭火器 30 具。1995 年，深入全市 14 个乡镇检查 58 家加油站点和 17 家液化气经营点，发现隐患 136 条、当场整改 118 家，重新核发消防安全经营许可证 52 家、办理储存证 4 份，取缔无证经营 18 家、停业整顿 5 家，同时对打火机生产厂家、鞭炮生产厂家进行清理整顿。严格化学危险品的运输管理，办理长期准运证 22 份、临时准运证 147 份。1996 年，发出《城市液化加油气经营市场整顿的通知》，举办易燃易爆化学危险物品运输和经营人员培训班 1 期、受训 96 人，公共娱乐场所消防安全管理培训班 1 期，受训 99 人。1997 年，举办企业保卫科长消防安全培训班 1 期，受训 47 人；经委系统保卫干部消防安全培训班 1 期，受训 28 人；培训京都商业城保安 38 人。1998 年，福安市政府制发《关于进一步加强维护稳定　落实工作责任制的通知》，整顿易燃易爆品管理及公共安全方面存在的问题。市消防大队联合安办、建委、工商、劳动、公安等部门，开展专项安全检查 12 次，检查公共场所 172 家（处）、加油站点 58 家、液化气经营点 76 家、液化气贮罐站 3 个，发现隐患 142 条。取缔加油站点 5 家、液化气简易充装站 4 家、供应站 15 家、打火机厂 10 家。建立健全各种消防安全组织 120 多个，增设市政消火栓 30 多个。2000 年 4—7 月，开展对全市 60 家易燃易爆企业、"三合一"（原材料库、成品和半成品库、工人宿舍或生产流水线集中在一起）场所和 168 家公共（娱乐）场所消防安全专项大检查、大整治。11 月，开展对液化气站、打火机厂等易燃易爆场所及公共场所的重点整治，责令停业整顿 31 家、罚款 9 家、警告 9 人、取缔违规经营点 28 处；对 4 个不符合生产条件的打火机、塑料厂采取强制查封措施。2002 年，共检查易燃易爆、化危品场所 43 家（处），依法依规关停 18 家、责令整改 31 家、处罚 9 家。2003 年，全市开展易燃易爆、化危品场所消防演练 26 次。检查易燃易爆品经营存放 65 家（处），发现隐患 152 处，责令整改 26 家，处罚 12 家。2004 年，重点检查全市易燃易爆场所用火用电的管理，查看防雷防静电设备是否完好，可燃气体漏气报警装置运行和液化气储罐处的喷淋降温设备是否正常；针对检查中发现的问题，依法督促其整改，并组织开展"回头看"检查。当年，受检单位 65 家，发现隐患 98 处，责令整改 16 家、关停 6 家、处罚 14 家。2005 年，重点对全市液化气充装站进行检查。查看消防安全责任制是否落实，消防安全制度是否健全，应急预案是否完善，消防设施、器材是否保持完好有效，是否存在吸烟、使用明火、违规操作等现象。受检单位 76 家、发现隐患 145 处、责令整改 34 家、关停 3 家、处罚 20 家。

三、灭火抢险

1991 年，福安市共发生火警 60 起、火灾事故 24 起，经济损失 131.2 万元；福安市消防中队出警 52 次、扑灭火灾 23 起。3 月 8 日，福安市上街百货公司二楼发生火灾，市消防中队接到火警后，迅速赶到现场，仅用 5 分钟就扑灭大火，抢救出上百万元的物资。1992—1995 年，全市共发生火灾事故 45 起，死亡 13 人、伤 18 人，经济损失 392.1 万元。消防官兵出警 122 次，扑灭火灾 48 起。1996—2000 年，全市共发生火灾 264 起，死 9 人、伤 15 人，直接经济损失 599.53 万元。消防官兵共出警 434 次、5630

人次，扑灭火灾 185 起（其中，增援福鼎、霞浦、寿宁各 1 次）。其间，1998 年成功扑救“7·20”液化气泄漏事故，2000 年成功处置两起化学危险品运输槽车翻车事故。2001—2005 年，全市发生火警、火灾 411 起，死亡 18 人、伤 28 人，直接经济损失 874 万元。市消防大队官兵出警 463 次、4948 人次，扑灭火灾 224 起。2005 年，成功处置“7·7”福宁高速公路苯酚运输槽车泄漏事故和“11·13”福建惠宁石化有限公司液化气储配站管道泄漏事故。

第九节　森林公安

一、打击盗砍滥伐

1992 年，福安市公安局、林业局共查处各类林业案件 68 起，其中林业刑事案件 2 起，林业治安案件 44 起，林业行政案件 22 起，逮捕 1 人、治安拘留 8 人、治安罚款 96 人次，罚款 0.37 万元，赔偿损失 2.3 万元，批评教育 108 人次。协助基层林业站、林竹检查站查处林政案件 58 起，收回“两金”及林木变价款 8.1 万元、收缴木材 80 多立方米，协助有关部门调处山林纠纷和配合兄弟县林业公安查处各类林业案件 16 起。

1993—1994 年，全市共受理各类林业案件 152 起，查破 149 起。1996 年，破获彭某、江某盗伐康厝畲族乡林场集体林木一案，并抓获 2 名犯罪嫌疑人。1997 年，市林业公安分局协助福建省林业公安局、宁德地区林业公安科侦破一起涉及闽侯、福州、福安等地滥伐珍稀树木柳杉案，抓获两名犯罪嫌疑人。侦破晓阳谷口村滥伐案件，犯罪嫌疑人周某、谢某被检察院批准逮捕。同年，溪潭镇双峰村发生一起滥伐珍贵树木古香樟案，接到报警后市林业公安分局及时组织干警赶赴现场并予刑事立案，市林业局林检科也提前介入调查，使案件及时告破。1999 年 5 月，福安公安局林业分局更名为福安市公安局森林分局。1998—2002 年，全市共受理各类林业案件 47 起，查处 41 起，协助林业检查站、林业站查处林业行政案件 358 起，为国家挽回经济损失 49.2 万余元。期间，依法开展打击各类破坏森林和野生动物资源违法犯罪活动。共出动森林公安民警和林业行政执法人员 310 多人（次）、车辆 140 多辆（次），清查重点场所 35 处，查处各类案件 160 多起，捣毁非法收购贩卖野生动物窝点 3 个、取缔非法经营加工点 9 个、查缴各类野生动物活体 10 只、木材 135 立方米。

2003 年，全市开展“夏季百日会战”和“绿剑行动”。8 月，群众举报穆云畲族乡下南村发生滥伐林木现象。市森林公安民警立即赶往现场，查实陈某在下南村“旗岗头”山场无证砍伐松木，责令陈某补种马尾松 70 棵，并处罚款 0.24 万元。2004 年，犯罪嫌疑人王某、周某雇人无证滥伐火烧木 225 立方米，被批准执行逮捕。徐某非法采挖榕树一棵，被依法没收，并处以 0.2 万元罚款。福安市某公司在坂中畲族乡坑下村步兜山擅自改变林木用地 520 平方米，依法责令其恢复原状，并处罚款 1.04 万元。2005 年，全市开展打击盗砍滥伐林木重点案件和非法占用林地专项行动，查处一批典型案件。赛岐苏洋村“石厝里”山场生态公益林发生被盗砍马尾松 166 株、立木蓄积量 47.73 立方米案件，接报后，市森林公安局立即组织精干警力立案调查，查处犯罪嫌疑人刘某等 3 人、查缴被盗砍的马尾松木材。王某、黄某未经林业主管部门审批，擅自在坂中畲族乡华安村“打石岗”山场和“祠堂山”山场改变林地用途，用于开办养猪分别被处以 1 万元和 1.8 万元的罚款，并责令其限期恢复山场原状。

二、山林火灾案件处理

1992年，市林业公安分局破获福安市潭头乡坑洋村山场森林火灾案，将犯罪嫌疑人林某逮捕归案。破获社口镇坦洋村林场森林火灾案，抓获2名犯罪嫌疑人。1993—1994年，康厝畲族乡林场发生两次火灾，市森林公安分局马上组织干警赶到现场，及时扑灭火灾，调查取证，侦破案件，逮捕犯罪嫌疑人。1998年，城阳乡瓮窑村发生失火毁林案，在林检部门的配合下，对起火点及起火原因进行勘察，及时侦破案件，犯罪嫌疑人郑某投案自首。1999年，上白石镇财洪村村民陈某因烧杂草引起森林火灾，烧毁林地面积8.6公顷、林木材积138立方米。慑于法律威力，陈某投案自首。2000年，相继告破引起社会各界广泛关注的“3·26”范坑古岭宅等失火毁林案，抓获犯罪嫌疑人3人，4名犯罪嫌疑人投案自首。2001年，林某酒后走山路时用打火机点燃路边杂草引起森林火灾，破案后林某被判处徒刑。2002年，全市查处森林火灾刑事案件2起，查明烧毁有林地面积27.63公顷、损失林木231立方米，直接经济损失1.16万元。2003年，坂中畲族乡铜岩村瘦湾山场发生森林火灾，烧毁有林地面积10.07公顷、林木蓄积量192.2立方米。犯罪嫌疑人到市森林公安分局投案自首，并主动赔偿损失。2004年，全市开展侦破森林火灾案件会战。查处两起违反禁火令使用明火引发山林大火案件，两名违法行为人被依法治安拘留5天。同年，犯罪嫌疑人简某在康厝畲族乡渡头村坑坪山场用火柴点燃杂草，引起蟾溪国有林场高山工区山场森林火灾，造成过火有林地116.06公顷，受灾立木蓄积量1484立方米，直接经济损失7.42万元。被告人简某被判处有期徒刑6年。在整个会战期间，共出动森林公安警察187人次，森林火灾刑事案件立案12起，侦破5起、抓获犯罪嫌疑人5人；查处治安案件8起，治安拘留8人。2005年，全市紧紧围绕“打现行、破积案、追逃犯”的总体要求，加强森林火灾案件侦破和森林防火工作督促检查，敦促犯罪嫌疑人投案自首，落实追逃责任。晓阳镇墙坪村带鱼头山场森林火灾案犯罪嫌疑人游某案发后仓皇出逃，公安民警多次做其家属思想工作，促使该嫌疑人投案自首，并回村赔偿所有受灾损失；抓获引发赛岐镇大象村天池山场森林火灾的犯罪嫌疑人池某和引发赛岐镇溪里村厝里山森林火灾的犯罪嫌疑人刘某。

三、打击木材流通犯罪活动

1991年后，福安市严厉打击木材流通领域的违法犯罪活动，全面整顿木材市场和木材加工企业，查处乱砍滥伐、非法收购和无证运输木材行为。4月，市林业公安分局没收周宁县闽东联谊化工贸易公司驾驶员祝某超量运输的部分松木板。8月，查获无证企图从水路运往浙江的杉木、松木板70多立方米，价值4万余元。9月，在康厝畲族乡查获无证运输、超量运输木材50多车，为国家挽回经济损失8万余元。1993年，查获两艘开往浙江的船只无证运输的松木100多立方米，价值2万余元。2月，在城关、康厝畲族乡查获无证运输、超量运输木材车辆80多部，为国家挽回经济损失25万余元。1996年，成立市林政稽查队，对市区木材市场、木材加工厂及乱砍滥伐和无证运输木材现象进行全面整治。共查处林业行政案件100多起，为国家挽回经济损失10.8万元。2000年，加大查处各类林业行政案件，整治木材经营、流通领域的混乱现象。3月，赛岐一车主承运无证木材途经后太林业检查站时强行闯关，市森林公安分局迅速出警拦截，依法扣留运输工具及无证木材，并予以处罚。11月，市森林公安分局民警配合林业检查站执法人员对康厝畲族乡南洋村的木材经营加工户进行统一清查整顿，依法查处三家违法经营业主。2001年，对全市各乡镇、街道的木材经营加工企业及木材交易市场全部进行检查、整顿。共整顿木材经营加工企业40多家，清理无证经营加工企业3家。2002年，全市共受理林业案件31起，收缴木材198立方米，折合人民币4.26万元。春节期间，开展“节日”专项行动，收缴木材90多立方米。

表 24—3　1992—2005 年福安市公安局森林分局查处各类案件情况表

年份	查处各类案件数（件）	其中									协助基层处理案件数（件）	其中				协助有关部门及兄弟县查处案件（件）
		刑事案件（件）	治安案件（件）	行政案件（件）	逮捕（人）	治安拘留（人）	治安罚款（元）	罚款（元）	赔偿损失（元）	批评教育（人）		收回两金及木材变价款（元）	收缴木材（m2）	挽回经济损失（元）	处理各类违法犯罪人员（人）	
1992	68	2	44	22	1	8	96	3659	23000	108	58	81060	80	—	—	16
1993	76	3	14	59	1	—	23	5780	12460	—	68	180000	—	—	—	—
1994	73	4	9	60	4	2	15	101803	24760	—	30	80000	—	—	—	—
1996	45	5	5	35	3	—	5	7510	6932	—	—	1225	—	—	—	—
1997	25	3	2	20	4	1	2	10160	—	—	106	—	—	—	—	—
1998	17	4	4	—	4	2	6	—	14370	—	68	110000	—	—	—	—
1999	12	3	2	—	—	—	1	—	13000	—	100	100000	—	—	—	—
2000	—	15	3	—	10	2	—	—	—	—	190	—	—	225000	—	—
2001	—	5	—	50	4	—	—	—	—	—	—	—	—	170000	—	—
2002	55	5	—	50	2	—	50	—	—	—	—	—	206	200000	—	—
2003	68	4	—	—	1	—	—	—	—	—	—	—	184.8	—	—	—
2004	57	15	9	33	5	9	—	—	—	—	—	—	146.7	300000	60	—
2005	38	12	1	25	1	1	—	—	—	—	—	—		200000	26	—

5—6月，市森林公安分局对各地木材经营加工企业进行检查整顿，查处非法收购木材企业6家，收缴木材46立方米。2005年，全市共受理各类林业案件38起，其中，森林刑事案件立案23起；破获森林刑事案件9起，抓获犯罪嫌疑人10人，移送起诉14人、逮捕4人；查处林政案件15起，处理违法人员15人、收缴木材17.5立方米；收缴部分野生动物及其制品，为国家挽回直接经济损失14.3万元。

第十节　边防管理

一、船舶年审

1992年，福安市贯彻落实省公安厅《关于对出海船舶和渔船民的公安边防证件实施年度审验的通知》精神，加强船舶年审工作的宣传，重点对象为边远区域以及在外生产作业的渔民。共张贴标语23条，出黑板报10期，召开动员会8次，受教育渔民1500余人次。当年全年年审船舶1882艘，其中边防辖区年审565艘，渔船民证7189人（份）。1993年，严格对船只租借、买卖、出海检查验证制度，健全和落实出海作业船只安全责任制。先后派出舰艇25艘次，在渔民集中生产的官井洋、三都澳海域、白马港为渔船民审验证件85艘418人（份）。全年年审船舶1882艘，其中边防辖区年审船舶462艘、渔船民证7189人（份）。1994年，组织边防民警39人次，年审渔船458艘、渔民证1231人（份），检查清理赛江沿线的“三无”（无船名船号、无船籍证、无船舶证书）铁壳船及高吨位运输船只137艘、处理违章船只3艘。1995年，换发新版证件，年审船只400艘，渔船民换证1023人（份）。1996年，年审船舶415艘，渔船民换证1458人（份）。2000—2005年，边防民警共组织840余人次，对沿海港澳口、码头巡查300余次，查处违规船舶264艘次，年审船舶2133艘，其中，注销147艘，年审渔船民证7548人（份）。2003—2005年，全市新增渔船民293人。

二、治安管理

1992年，福安市边防加强对辖区重点岛屿、港口的海上治安管理，共出海310人次、检查各类船只635艘，处理违章高马力船只31艘。开展“10月海上统一行动”，查处“三无”船只43艘。全年破获辖区内刑事案件14起，查处辖区内治安案件14起，调解民事纠纷12起，逮捕9人、收审11人、治安拘留6人、教育处理103人，追回赃款赃物总价值4.5万元。1993年，全年出警413次，检查各类船只565艘、处理违章船只35艘。开展6

下白石边防派出所海上警务区（2001年）

月海上统一行动，查处“三无”船只163艘、大马力船只2艘。全年查处刑事案件11起，治安案件11起，调解民事纠纷7起。收审3人、治安拘留5人、治安处罚112人。1994年，把边防“打、防、管、建”工作有机结合，查处流氓斗殴事件3起、破获刑事案件8起、查处治安案件17起，抓赌15起72人、罚没款3万多元，逮捕5人、劳动教养8人、治安拘留8人、治安处罚72人。抓获因盗窃批捕在逃的犯罪嫌疑人郑某某、流氓斗殴的犯罪嫌疑人肖某某、郑某某以及异地在逃犯夏某某，破获偷、私渡案件6起。1995年，破获刑事案件9起、查处治安案件31起，调解民事纠纷7起；抓获刑事案嫌疑人17人，治安拘留5人，居住监视1人，治安处罚73人。制定《沿海地区管防工作意见》，对下白石至官井洋、赛岐外海等重点海域和修造船厂进行检查。共出动警力873人次、船艇134艘次，检查来往船只267艘（次）、纠正违章船只123艘（次），没收各种管制刀具28件、炸药两箱、雷管40枚、防弹衣5件。1996年，破获刑事案件4起，查处治安案件37起，调解民事纠纷8起；抓获犯罪嫌疑人6人，治安拘留5人，治安处罚55人。

第十一节　机构队伍

一、福安市公安局

1991年，福安市公安局人员编制199名，其中，局长1名，副局长（副政委）6名。内设办公室、政保科、政工科、治安科、行政科、出入境科、户政科、预审科、内保科、法制科、消防科，下辖韩阳、赛岐、穆阳3个公安分局，下白石、甘棠、溪柄、上白石、城阳、坂中、潭头、社口、康厝、溪潭、湾坞、溪尾、松罗、晓阳、范坑15个乡（镇）派出所，福安市看守所、治安拘留所、刑警队。

1993年5月，成立福安市经济民警大队，下设韩阳、赛岐两个经济民警中队。10月，成立福安市巡逻警察大队。1994年4月，成立福安市公安局赛岐经济开发区派出所。9月，福安市公安局刑警队改称福安市公安局刑事警察大队。1998年3月，增设警务督察队。当年，公安局编制增至376名，其中公安行政编制285名、地方行政编制58名、交警地方事业编制33名。内设警令处（由办公室更名）、政治处（原政工科更名）、宣传科、后勤保障处（原行政科）、政治保卫科、经济文化保卫科（原内保科）、治安管理科（原治安科）、户政管理科（原户政科）、监所管理科、出入境管理科（原出入境科）、法制科、警务科、人事科、指挥中心、警务督察队、巡逻警察大队、刑事警察大队、交通警察大队、监察室。下辖韩阳、赛岐、穆阳3个公安分局，溪柄、甘棠、下白石、上白石、社口、潭头、晓阳、溪尾、城阳、坂中、康厝、溪潭、湾坞、松罗、范坑、闽东赛岐经济开发区16个派出所，福安市看守所、治安拘留所。7月，撤销预审科，在刑警大队内设立预审中队，1999年，撤销预审中队。2000年9月，成立福安市经济犯罪侦查大队。2001年8月，政治保卫科更名为国内安全保卫大队。11月，成立福安市公安局禁毒大队。2003年，宣传科并入政治处为宣传股，警务科与人事科并入政治处为警务人事股。2003年6月，福安市公安局内设办公室、政治处、警务督察队、装备材料科、法制科、出入境管理科、户政管理科、公共信息网络安全监察科、信息通信科、指挥中心；6个直属机构是：国内安全保卫大队、刑事侦查大队、经济犯罪侦查大队、治安大队、禁毒大队、巡逻警察大队；21个基层单位是：韩阳、赛岐、穆阳3个公安分局。康厝、溪潭、甘棠、下白石、湾坞、溪尾、松罗、溪柄、闽东赛岐经济开发区、城阳、坂中、范坑、上白石、潭头、社口、晓阳16个派出所，以及福安市看守所、治安拘留所，韩阳交警中队、赛岐交警中队。

2005年5月，福安市公安局编制人员为364名，其中局长1名，副局长（副政委）6名。7月，韩阳公安分局改称韩阳派出所。8月，赛岐公安分局、穆阳公安分局也改称赛岐派出所、穆阳派出所。

至当年底，福安市公安局内设机构有办公室、纪委监察室（监察室1995年设，与纪委合署办公为派驻单位）、政治处、指挥中心、法制科、经济文化保卫科、装备财务科、户政管理科、出入境管理科等10个职能科室；国内安全保卫、刑事警察、巡逻警察、治安、经济犯罪侦查、禁毒等6个大队；市看守所、治安拘留所；韩阳、赛岐、穆阳、康厝、溪潭、甘棠、下白石、湾坞、溪尾、松罗、溪柄、闽东赛岐经济开发区、城阳、坂中、范坑、上白石、潭头、社口、晓阳19个派出所和韩阳、赛岐两个交警中队。

二、福安市公安局森林分局

1991年，福安市公安局林业分局事业编制6名，副科级单位。1999年5月，更名为福安市公安局森林分局，行政编制7名。至2005年，其机构名称、规格与隶属关系不变。

三、福安市交警大队

1990年3月，福安县交通人民警察大队更名为福安市交通人民警察大队，隶属交警宁德地区支队和福安市公安局双重领导。1991年5月，成立福安市交通人民警察大队韩阳中队。1993年12月，成立福安市交通人民警察大队赛岐中队。至2005年，福安市交通人民警察大队名称不变。

四、福安市消防大队

1991年初，中国人民解放军武装警察福安市消防中队有消防警察人员编制35名，设正副队长、指导员，内分司机、后勤和灭火3个班。1995年3月，消防体制改革，在福安市公安局消防科的基础上组建中国人民武装警察部队福安市消防大队，原武警福安市消防中队改称消防大队一中队。至2005年体制不变。

福安市交警大队韩阳中队（1996年）

五、福安市边防大队

1988年7月，组建中国人民武装警察部队福安县公安边防大队。1990年3月，更名中国人民武装警察部队福安市边防大队。至2005年原名称与体制均不变。

六、武警福安中队

1988年7月，福安县武警中队归属中国人民武装警察部队宁德地区支队领导。1990年3月，改称中国人民武装警察部队福安市中队。至2005年不变。

第二章 检察

第一节 刑事检察

一、审查批捕

1991年，福安市检察院深入反贿肃贪，开展打击流氓斗殴、盗窃抢劫专项斗争，全年共批捕各类刑事案件138件237人、不捕7件14人，退回侦查24件50人，实现“四无”（无错捕、无漏捕、无超期限关押、年终无积案）。1992年，市检察院与公安机关、法院等有关部门密切配合，联合办公、协同作战，抽调人员分别参加打击流氓斗殴和“清会”活动，全年共批捕案犯271人。1993年，市检察院将打击“车匪路霸”列为重点工作，抽调人员协助围捕、抓获3名人犯，批捕6件31人。1994年，重点清理1993年以前发生的流氓团伙、杀人抢劫等重特大未侦破的悬案、积案，从广东、上海、深圳、江西、海南等地追捕在逃犯44名，清理悬案12件43人。当年，还全力配合公安机关三次开展“整治农村社会治安”和打击毁林等专项斗争，立案59件、批捕136人。1995年，全市共批捕各类刑事犯罪嫌疑人220人、不批准逮捕4件、11人，退回补充侦查30件、58人，提前介入重特大案件30件（次）。1996年，市检察院狠抓“打抢劫、催团伙、追逃犯”的“严打”工作，全年共逮捕职务犯罪嫌疑人19件、20人，批捕公安机关提请批准逮捕的各类犯因罪嫌疑人222件476人。1997年，全年审理各类刑事案件212件，涉案329人。1998—1999年，检察院突出打击重点，对自侦案件、重点刑事案件以及严重危害社会治安的犯罪案件在确保质量的前提下坚持优先审查、快捕快审。两年共受理各类刑事案件552件902人，批准逮捕525件840人。2000年，全市开展“严打”专项斗争，市检察院共批捕各类刑事案件265件457人。同时，开展取缔和打击邪教组织工作，指派办案骨干从速审结此类案件3件8人。2001年，市检察院配合公安机关严厉打击顶风作案活动，共批捕此类案件95件151人。其中，逮捕涉嫌故意杀人、贩卖毒品、寻衅滋事的犯罪嫌疑人20名。2002年，检察院投入“严打”整治斗争，共批捕各类刑事案件286件439人、不捕4件6人，做到随报随办，不拖不压。2003年，摧毁流氓团伙9个，批捕53人。2004年，福安“倒会”事件发生，检察院一方面安排干警提前介入，另一方面指派精干人员审查办理，共受理涉会案件70件75人，其中立案59件63人、依法批准逮捕68件73人。2005年，共受理各类刑事案件308件442人。其中，“涉会”案件65件67人。此外，注重贯彻宽严相济政策，根据具体情况给予从宽处理，共办理不予批准逮捕案件20件27人。

二、起诉审查

1991—1995年，福安市检察院共受理公安部门移送刑事案件721件1199人。1996年，共受理移送刑事案件290件448人。为配合福安市“严打”斗争，市检察院落实定人、定案、定时间、包质量的“三定一包”办案责任制，“严打”期间平均每案审结时间为4.5天。1997年，共受理移送审查起诉刑事案件241件314人，依法起诉210件255人、不起诉3件3人、移送他院19件46人，建议公安、本院自侦部门撤案13件14人。审结率和起诉准确率均达100%。1998年，共受理移送审查起诉刑事案件

263件349人，依法起诉235件301人、不起诉10人，起诉准确率均达100%。1999年，共受理移送审查各类刑事案件393件566人，依法起诉344件469人，审结率和起诉准确率均达100%。2000—2002年，共受理各类刑事案件1053件1658人。2003年，受理各类刑事案件284件437人，审结率100%。2004年，共受理各类刑事案件321件468人，起诉准确率和审结率均为100%。2005年，共受理移送审查各类刑事案件409件545人。

三、刑事诉讼监督

1991年，福安市检察院行使法律监督职能，在侦查监督方面，对侦查活动不合法行为依法提出违法纠正11次，对公安机关移送审查起诉和免诉案件、改免诉意见为起诉5件5人，改起诉意见为免诉1件1人，并增捕1人，追加免诉1人。在审判监督方面，对法院的审判活动提出纠正3次，对认为确有错误的一审判决提出抗诉5件5人、二审采纳抗诉意见3件3人，并依法做出改判。1993年，市检察院依法向公安机关和法院提出违法纠正26次，其中，改定性7件9人、免诉意见改起诉1件1人、起诉意见改免诉6件16人、追加免诉2人，增加批捕1人、建议撤案6件7人，依法抗诉3件4人、抗诉意见被采纳后依法改判2件4人。1995年，市检察院坚持对法院的刑事判决，裁定书进行审查制度，依法向公安机关及有关部门发出检察建议书10份，提出口头违法纠正5次；从5起案件中增捕案犯11人、追诉漏犯1人、追回没有随案移送的赃款、赃物，价值2万余元；对认为有错误判决的一审判决依法提出抗诉4件6人。1997年，市检察院依法发出检察建议书6份，改案件定性5件6人、增捕3人，对认定一审确有错误的判决依法提起抗诉9件17人，对认定二审确有错误的判决提请上级院通过审判监督程序抗诉3件6人，共审结7件14人、其中改判3件4人。

2000年，市检察院共追诉漏犯漏罪10人、增捕9人，对漏犯建议报捕和跟踪监督33人，逮捕归案2人；对公安机关移诉案件，发现取保候审不当而予以变更逮捕的8件9人，其中4件5人被法院判处实体刑；提出抗诉6件10人，取得上级院支持3件7人。同年，加强对公安机关“另案处理”监督的做法被福建省人民检察院《闽检信息》第一版作为经验推广，取保候审监督的做法被福建省人民检察院《闽检要讯快报》作为经验予以介绍。2002年，市检察院向公安机关发函85份，要求追查漏犯204人、追诉漏犯16人、追诉漏罪4人，法院均做出纠正。针对法院量刑不当案件提出抗诉9件12人。2004年，市检察院在侦查监督中注意抓住重大典型案件，尤其是集团犯罪、团伙犯罪等恶性犯罪案件进行监督。同时在追诉遗罪漏犯中确保办案质量，全年共追诉漏犯15人，追加漏罪31件。抗诉法院重罪轻判案件2件2人、开展立案监督5件7人。2005年，市检察院以纠正违法通知书、侦查监督意见函和口头纠正等形式加强对侦查机关和侦查部门的监督制约，在侦查监督方面，全年共追诉漏犯13人、追诉漏罪6件，改定性12件，书面纠正违法1件3人、口头纠正违法4件4人。变更公安机关采取的强制措施2件2人，纠正公安机关超期羁押1件3人。审判监督方面，针对法院重罪轻判案件提出抗诉4件9人、2件3人改判。追加逮捕漏犯16人，立案监督5件6人。

第二节　经济检察

1991年，福安市检察院经济检察科以“两反”（反贪污、反贿赂）斗争为重点，全年立案54件59

反贪警示教育图片展（2003 年）

人，其中，贪污案 20 件 23 人，贿赂案 19 件 19 人，挪用公款案 2 件 2 人，偷、抗税案 13 件 15 人，追回赃款 56 万元、挽回经济损失 84 万元。1992 年，市检察院经济检察科更名为反贪污贿赂局。全年立案侦查各类经济犯罪案件 42 件 44 人，其中，万元以上大案 12 件、科级以上干部要案 6 件。1994—1995 年，市检察院在反腐败斗争中重点查办贪污、贿赂等经济犯罪大要案，共立案侦查 59 件 89 人，其中，“两反”案件 42 件 66 人。1997 年，市检察院查处 104 国道福安段建设工程贪污、受贿案，涉案人员 31 人、立案 7 件 7 人，贪污受贿金额达 46 万多元；涉案嫌疑人包括福安市公路局原局长、副局长、办公室原主任、财务科原科长等。1999 年，查办党政机关、经济管理部门、国有企业案件，共立案 11 件 12 人。

2000 年，市检察院规范检察立案工作，把反贪污贿赂工作重点放在国有企业、教育系统、基层所站上，全市立案 14 件 15 人。2001 年，全年查处经济犯罪立案 17 件 21 人，总案值 183.4 万元；其中查处基建工程领域犯罪，立案 11 件 14 人，包括科级干部 3 件 3 人、特大案 4 件 4 人。2002—2004 年，全年立案侦查 43 件 65 人，追缴赃款 163.71 万元，挽回经济损失 367.16 万元。2005 年，市检察院重点查办土地征用领域、教育系统、乡镇政府的经济犯罪案件，全年立案 13 件 16 人、追回赃款 217.8 万元。

第三节 法纪检察

一、反渎职侵权

1991 年，福安市检察院履行法纪检察职能，查处刑讯逼供、重大责任事故、非法拘禁、非法侵入他人住宅、滥用职权等“五类”法纪案件。全年立案侦查 8 件 13 人，其中刑讯逼供案 1 件 1 人、重大责任事故案 1 件 1 人，非法拘禁案 5 件 10 人、非法侵入他人住宅案 1 件 1 人。1992—1996 年，共立案侦查 32 件 44 人，挽回经济损失 107.68 万元。协助纪检部门立案侦查 2 起经济案件，纠正公安部门人员 8 起违法违纪行为。1997—1999 年，按照新修订的《中华人民共和国刑法》及《中华人民共和国刑事诉讼法》，共立案侦查 6 件 14 人。其中，滥用职权案 1 件 3 人，非法拘禁案 1 件 6 人。2002 年，全年立案侦查 2 件 2 人。2003 年，市检察院法纪检察科更名为渎职侵权检察科，全年立案侦查公安机关执法人员渎职侵权案 3 件 3 人。2004 年，开展“严肃查办国家机关工作人员利用职权侵犯他人合法权益犯罪案件”专项斗争，全年立案侦查 1 件 2 人。依法查办 2 起枉法裁判案。2005 年，开展“保持共产党员先进性教育活动”，加强检察院干警党性法纪教育，提高干警的思想素质和预防渎职侵权的能力。全年立案侦查1件1人。

二、预防职务犯罪

2001年8月，福安市人民检察院成立职务犯罪预防科，着手将检察机关的预防职能“从分散状态向集中管理转变”。当年，根据最高检确定的8个重点行业系统，市检察院与金融税务等系统建立预防工作联系点，召开联席会议。依法发出检察建议12份，向举报中心移送案件初查线索1件，召开联系协调会3场。2002年，成立福安市高速公路预防职务犯罪工作领导小组和福安市工商行政管理系统职务犯罪工作领导小组。2004年，市检察院建立五部门（司法、国企、医药卫生、政府机关、农村基层）犯罪嫌疑人档案，涉及人员17人。4月，成立福安市预防职务犯罪领导小组。7月，市检察院召开有福安市工商局、国税局、地税局、人民银行、建设局、卫生局、交通局等重点行业的分管领导、纪检组长参加的联席会议。8月，在福安市烟草专卖局开展“预防职务犯罪宣传教育月”活动。2005年，市检察院建立预防与自侦部门的联动机制，制定《关于预防职务犯罪实施方案》。4月，院刑检科联合监察、民事行政等科室深入坉坞乡开展预防、警示宣传工作。6月，与福安市纪委联合举办职务犯罪图片巡展，受教育者1500余人。并先后参加全市法制宣传月及其他宣传教育活动，向举报中心移送案件线索5条，完成一篇专题调研文章，检察信息被宁德市检察院采纳4条。

第四节　林业检察

1997年4月8日，市人民检察院成立林业检察科。1997—2000年，市检察院受理提请逮捕林业刑事案件19件23人，批准逮捕15件18人、不批捕4件5人，受理审查起诉案件15件20人、提起公诉17件18人。2001年，市检察院受理提请逮捕案件10件12人、批捕10件12人，受理审查起诉案件13件19人、提起公诉18件19人，立案监督滥伐林木案2件6人。2004年，市检察院林检科被福安市委、市政府授予“全市林业工作先进集体”荣誉称号。2005年，市检察院受理提请逮捕此类案件1件1人、批捕1件1人，受理审查起诉案件3件10人、提起公诉2件6人、不诉1件4人。至2005年，共受理森林公安机关提请批准逮捕林业刑事案件30件36人，经审查批准逮捕26件30人，不捕4件6人；受理森林公安机关移送起诉案件38件47人，经审查决定起诉35件41人，不诉1件4人。开展法律咨询126次，接受咨询1350人次，开设法制课28场、受教育人数3300人次。

第五节　控告申诉检察

1991年，福安市人民检察院控申检察发挥窗口、纽带、提供案源、“两反”斗争“四大作用”。全年共受理群众来信来访416件（次），其中，来信387件、来访29次，首次信访340件、重复信访76件次，自办4件、转办256件、存查48件、直接答复29件。开展检察长接待日活动，办理批办件775件。接待来访群众1700多人次，依法立案调查举报案件（线索）136件、移送反贪局立案11件11人；办理上级院及地市有关领导交办件 193 件。在每年 6 月全国“举报宣传周”活动为契机，开展举报宣传，发动群众、广辟案源。至 1997 年，在“举报宣传周”期间，正副检察长共 16 人次参加、干警参与 180 多人次，设立宣传点 23 个、制作展牌 130 多块、发放宣传材料 1 万多份，接受法律咨询 430 余人，受理群众举报、控告、申诉 67 件。1998 年，市检察院开通“96100”免费举报电话，以利于群众举报、控告、申诉。2002 年，市检察院按照高检院《关于实行人民检察院控告申诉工作首办责任制的通知》和《首办责任制实施办法》，严格按照“谁主管、谁负责”的原则，落实首办责任，对属检察院管辖的首次控告、举报、申诉，在受理、移送、查办等环节，把具体责任落实到部门和承办人，提高一次办理的成功率，最大限度减少重复来信、越级上访。

1991—2005 年，全院共受理群众来信来访 3719 件次，其中，控申类 2017 件次，举报类 1702 件次。

第六节　民事行政检察

1995 年，福安市检察院成立民事行政检察科。1995—2005 年，市民事行政检察科共受理各类申诉案件 229 件，其中，做息诉、不立案处理 126 件，立案 103 件。在立案的案件中提请或建议提请上级院抗诉 86 件，被采纳 59 件，采纳率 68%，其余做中止审查、不提请抗诉处理。另外，查处徇私舞弊案线索 4 条，开展民行检察宣传活动 9 次，发表信息调研文章 19 篇。1997 年，福安市人民检察院民行科被评为“全省基层检察院民行检察工作先进集体”。1998 年，民事行政检察科被福建省人民检察院民事行政检察处通报表扬。

第七节　监所检察

1991 年开始，福安市人民检察院开展监所查房和安全检查，纠正不安全因素。召开联席会议，向公安机关提出健全看管工作建议，纠正超期羁押现象。1992 年，市检察院加强对羁押人员思想教育工作，全年查处在押人员殴打事件 8 起、及时发现和制止 2 起在监（押）人员自杀事故、平息 2 起在押人员绝食事件、查获 4 起通风报信事件。协助本级院及上级院提审 57 次，协助调查取证和执行传唤任务 5 次；其中针对在押人员睡地铺的信息被省府“今日要讯”（直转件）通报，市政府立即拨款 4000 元，予以解决。1994 年，及时打击“牢头狱霸”，制止违反监规行为，其中配合有关部门打击“牢头狱霸”7 人，及时处理监内在押人员殴打致死事件 1 起。开展安全自查和“百日安全”活动，协助看守所落实各种安全防范措施 8 条，并与武警、看守所共同制定《处置紧急情况预案》，提出安全检察工作意见 4 条。1995 年，市检察院针对收容审查人员超时限关押和案件长期收而不审、久拖不决等问题向市公安局发出 2 份检察建议书。为此，市公安局多次召开会议研究、成立案件消化领导小组，逐案逐件处理。

1999 年，市检察院开展监所检察专题调查，撰写调研文章 1 篇，信息 5 则，与有关部门建立情况反馈制度，互通情况，防止超期羁押现象存在。2000 年，市检察院与市看守所联合编写《高墙内系列报道》，撰写专题调查报告 4 篇、调研文章 1 篇、信息 12 则。检察长、分管副检察长深入驻检室检查、指导工作11次。查阅出入监所人员记录档案1000多次，发现违法收押1人、违法释放1人，口头纠正公安机关超期拘押4件4人，超侦查期2件6人。2003年，检察室先后安装空调、电脑、电话及其他办公设施，改善驻所办公环境，并设立“检务公开”宣传栏和“检察信箱”，促进看守所依法文明管理。2004年，市检察院在严厉打击“牢头狱霸”的同时，大力推行人性化管理、“温情教育”模式，强化“以人为本”理念，尊重和保障在押人员的合法权益，稳定在押人员思想情绪。并逐步规范对《检察日志》的填写，试行电脑办公，推行检察官接待制度。2005年，开展监外罪犯监管措施落实情况和监督考察工作的专项检察。对全市178名监外执行罪犯进行考察检查，发现无监管措施或监管制度不落实125人，督促有关部门加强管理，防止脱管失控。

1991—2005年，市检察院开展联合查监和安全检查229次，纠正不安全因素161起、召开联席会议162次、向公安机关提出纠正看管工作66次、开展在押人员法制教育116次、纠正超期羁押155人，发现并纠正各类违法违纪行为357次。

第八节　机构队伍

1991年，福安市人民检察院人员编制68名，其中，检察长1名、副检察长3名。内设办公室、经济检察科、批捕科、起诉科、法纪科、监所科、控申科、政工科、研究室。派出机构有市供销社检察室、农业银行检察室、财政局检察室、税务局检察室、穆阳检察室。

1992年7月，经济检察科更名为反贪污贿赂局。1993年11月，撤销市供销社、农业银行、财政局检察室。1995年，增设民事行政检察科。1996年3月，增设林业检察科，5月增设监察科。1997年11月，撤销税务局检察室。1998年7月，撤销穆阳检察室，同年增设行政装备科。2000年12月，增设职务犯罪预防科。2001年8月，增设司法警察大队。2003年，批捕科更名为侦查监督科，起诉科更名为公诉科，法纪科更名为反渎职侵权局。2004年10月，研究室更名为法律政策研究室。

2005年，福安市人民检察院人员编制增至85名，内设办公室、政治处、法律政策研究室、侦查监督科、公诉科、反贪污贿赂局、反渎职侵权局、职务犯罪预防科、监所检察科、民事行政检察科、控告申诉检察科、林业检察科、行政装备科、司法警察大队，派出机构有赛岐镇检察室。

第三章　法院

第一节　审判制度改革

1991年，福安市人民法院落实立案、审监、审执“三分立”制度，完善刑事、民事、行政审判体制改革。1993年3月，市法院在福安市和闽东赛岐经济开发区成立了两个经济调解中心，集中审理各类经济纠纷案件。1994年，市法院民事案件审判以直接开庭为主，以庭审调查和当庭宣判为重点，全面实施直接开庭和诉辩式的庭审方式。设立简易民事案件审判法庭，将民事案件进行“繁简分流”，提高审判效率。1998年4月，市法院行政庭对行政案件的裁决文书予以改革，注重法律文书的强化认证和说理。

2002年10月，市法院对立审、审监、审执“三分立”进行深化改革，强化内部监督制约；将原有的经济案件审理工作纳入民事审判体系，建立大民事格局；加强执行工作，完善执行机制，实施审执分离运行改革，将执行权划分为实施权和执行裁决权，并设立相应的执行机构。在执行局内设立执行裁决科、执行实施科、执行综合科。2003年，福安市人民法院制定创建文明窗口单位活动标准。包括：言行举止规范、设置专线电话、实现立审分立，对各类案件统一立案，对初访者做到5日内函告来访人，对信访案件实行电脑流程管理等41项改革。为提高工作效率，将全院划分为10个合议庭和2个简易独任庭，其中，刑事审判庭为3个合议庭，民事审判第一庭与第二庭为4个合议庭、经济审判庭为3个合议庭、简易庭为2个独任庭。2004年7月，市法院成立农村巡回法庭。

2005年，市法院贯彻《全国人民代表大会常务委员会关于完善人民陪审员制度的决定》，建立人民陪审员制度并参与案件的审理，由市人大常委会任命首批人民陪审员12名，任期5年。

第二节　立案与调解

一、立案

1991年，福安市人民法院立案受理各类案件1968件，其中，民事案件1111件、经济纠纷案件266件、刑事案件166件、行政类案件33件，审判监督案件3件、督促案件1件、执行案件388件。1992年，新立各类案件2191件，其中民事案件1233件、经济纠纷案件273件、刑事案件175件、行政类案件42件，审判监督案件2件、执行案件466件。同年3月，市法院审委会召开有审委会委员和各庭室负责人参加的工作会议，通过《福安市法院审查立案细则》和《福安市法院受理案件内部协调分工暂行规定》。1993—1995年，市法院立案受理各类案件6835件，其中，民事案件3734件、刑事案件463件、经济纠纷案件884件、行政类案101件，审判监督案件11件、督促案件51、执行案件1591件。1996—1999年，市法院立案受理各类案件12052件，其中刑事案件1078件、行政案件243件、民事案件4593件、经济纠纷案件1897件、审判监督案件45件、督促案件257件、执行案件3939件。

2000年，市法院立案受理各类案件2768件，其中，刑事案件259件、民事案件1039件、经济纠纷案件310件，审判监督案件5件、行政案件126件、执行案件1029件。2001年，立案受理各类案件3118件，其中刑事案件306件、民事案件1295件、经济纠纷案件272件，审判监督案件8件、行政案件94件、督促案件12件、执行案件1131件。2002—2003年，立案受理各类案件5222件，其中，刑事案件606件、民事案件2273件、经济纠纷案件591件、行政案件182件、执行案件1570件。2004—2005年，立案受理各类案件4838件，其中，刑事案件528件、民事案件3216件、行政案件94件，执行案件1000件。

二、调解

1991年，福安市人民法院立案受理调解案件587件，其中，民事案件478件、经济纠纷案件106件、行政类案件3件。调解成功率29.67%。

1992年，调解案件588件，其中，民事案件465件、经济纠纷案件122件、行政类案件1件。调解成功率26.79%。

1993年，调解案件559件，其中，民事案件422件、经济纠纷案件133件、行政类案件4件。调解成功率23.02%。同年5月，市法院调解一起因销售伪劣种子造成粮食严重减产而引起的赔偿纠纷案件，福安市种子公司赔偿甘棠镇西门村农民人民币26600元，维护了农民的合法权益。

1994年，调解案件624件，其中，民事案件510件、经济纠纷案件111件、行政类案件3件。调解成功率29.59%。同年6月，经济庭调解一起原告浙江天源地有限公司诉被告福安市赛岐工贸公司拖欠货款纠纷案，兑现返还货款21万元。

1995年，调解案件440件，其中，民事案件332件、经济纠纷案件107件、行政案件1件。调解成功率18.72%。

1996年，调解案件445件，其中，民事案件371件、经济纠纷案件73件、行政案件1件。调解成功率17.35%。同年4月，全省首例农药认证标志侵权案调解结案，双方达成调解协议：被告东亚化工同意补偿原告福安市农药厂在诉讼期间支出费用3500元、案件受理费15510元，由原、被告各负担7755元。

1997年，调解案件471件，其中民事案件297件、经济纠纷案件174件。调解成功率16.65%。

1998年，调解案件383件，其中民事案件221件、经济纠纷案件161件、行政案件1件。调解成功率11.31%。

1999年，调解案件354件，其中民事案件237件、经济纠纷案件117件。调解成功率10.81%。同年11月，福安市穆云留洋采石场“11·13”重大责任事故索赔案，经法院调解，双方当事人达成调解协议，原告福建经贸有限公司付给被告蒋某某经济补偿费人民币10.5万元。

2000年，调解案件291件，其中，民事案件223件、经济纠纷案件68件。调解成功率10.51%。

2001年，调解案件383件，其中，民事案件300件、经济纠纷案件59件。调解成功率11.51%。

2002年，调解案件343件，其中，民事案件266件、经济纠纷案件77件。调解成功率13.63%

2003年，调解案件399件，其中，民事案件311件、经济纠纷案件88件。调解成功率14.75%。

2004年，调解案件409件，其中，民事案件409件，调解成功率17.34%。

2005年，调解案件490件，其中，民事案件490件，调解成功率16.50%。

第三节　刑事审判

1991年，福安市人民法院全年受理审结各类刑事案件124件，其中盗窃类案件69件，杀人、抢劫、故意伤害、流氓等危害公民人身安全暴力犯罪类案件17件，其他类刑事案件38件。1992年，市法院受理审结刑事案件97件。同年，福安市法院在宁德地区率先成立少年法庭。1993年，全年受理审结刑事案件104件。同年，审结一批流氓、拐卖人口等犯罪。1994—1995年，市法院审结各类刑事案件共322件507人。1996年，福安市开展"严打"专项斗争，市法院全年审结各类刑事案件311件，其中故意杀人、伤害、强奸等严重暴力犯罪及"两抢一盗"案件257件。1997—1998年，共受理审结各类刑事案件453件581人。1999年，受理审结各类刑事案件318件455人。其中，抢劫、盗窃、诈骗、敲诈勒索等侵犯财产类案件139件223人；故意伤害、强奸、非法拘禁等侵犯公民人身权利、民主权利类案件108件143人；贪污贿赂案16件21人。2000年，受理审结各类刑事案件291件440人。其中故意伤害、强奸、拐卖妇女儿童案106件146人；抢劫、盗窃、敲诈勒索案97件154人；放火、交通肇事案33件39人；贪污贿赂罪8起13人。

2001年，受理审结各类刑事案件301件456人。其中，故意杀人、故意伤害、强奸、奸淫幼女、非法拘禁、拐卖妇女与儿童案78件103人；抢劫、盗窃、诈骗、挪用资金案84件143人；持有、使用假币，合同诈骗案9件19人；妨害公务、聚众斗殴、寻衅滋事、走私以及贩卖、运输、制造毒品案、非法行医案54件95人。2002年，受理审结各类刑事案件327件489人，其中，陪审员参加合议庭审议的217件，占刑事案件结案数的66.36%。同年，加大对严重危害人身、民主权利犯罪的打击，全年审结故意杀人、故意伤害、强奸、奸淫幼女等犯罪108件138人。2003年，全年受理审结各类刑事案件286件418人，其中，故意伤害、过失致人死亡，强奸、拐卖妇女儿童案116件143人；抢劫、盗窃、诈骗、抢夺案69件116人；寻衅滋事、组织、领导、参加黑社会性质组织案48件96人，贪污受贿案11件18人。审理65件刑事附带民事案件，结案标的金额达到125.80万元。参加诉讼的辩护人221名，其中，指定辩护人12人。2004年，全年受理审结各类刑事案件245件335人，其中交通肇事案26件26人；非法吸收公共存款案、合同诈骗案8件12人；故意伤害案、强奸案、绑架案84件97人；抢劫案、盗窃案、诈骗案63件86人；寻衅滋事、聚众斗殴，以及组织、领导参加黑社会性质组织案、赌博案38件76人；贪污贿赂案8件17人。审结刑事附带民事案件74件，结案标的金额339.72万元。参加诉讼的辩护人226人，其中指定辩护人7人。2005年，全年审结各类刑事案件261件357人，同比上年上升6.53%。其中，故意伤害、强奸、绑架案94件109人；抢劫、盗窃、诈骗案60件117人；寻衅滋事、聚众斗殴、组织、领导参加黑社会性质组织、赌博案48件49人。审结贪污贿赂案14件22人，刑事附带民事案71件，结案标的金额289.31万元。参加诉讼的辩护人228人，审理未成年人犯罪案48件48人。

第四节　民事审判

1991年，福安市人民法院受理审结各类民事案件790件，其中，离婚纠纷案362件，占45.82%；债务纠纷案215件，占27.22%；房屋纠纷案61件，占7.72%；土地纠纷案13件，占1.18%；其他民事案件139件，占18.06%。当年10月，清理福安连续发生的三起民间“标会”倒会案件，总金额260多万元、涉及“会员”1000户（人）。1992年，受理审结各类民事案件1103件，其中，婚姻纠纷案235件，占21.30%；债务、财物、合同纠纷案567件，占51.40%；房屋纠纷案30件，占2.72%；其他271件，占24.58%。同年8月，成立“福安市人民法院驻福安市供销社巡回法庭”，并在城阳供销社抓试点工作，成效显著，10天时间就追回欠款42.96万元。同年10月，受理福安市第一起摄影作品侵权案并调解成功结案。1993年，受理审结各类民事案件946件，其中，婚姻纠纷案188件，占19.87%；债务、财物、合同纠纷案413件，占43.66%；房屋、土地纠纷案12件，其他纠纷案件333件。同年6月，审理因旧城改造拆迁引起的房地产纠纷案件，审结8起房地产案件，其余均由政府调解处理。1994年，受理审结各类民事案件973件，其中婚姻纠纷案221件，占22.71%；债务、财物、合同纠纷案500件，占51.87%；房屋，土地纠纷案22件。1995年，受理审结各类民事案件1185件，其中，婚姻纠纷案300件，占25.32%；房屋纠纷案31件，占2.62%；财产继承纠纷案2件；债务纠纷案779件，占65.74%；邻里纠纷案11件，其他纠纷案62件，占6.16%。1996年，市法院受理审结各类民事案件1126件，其中，婚姻纠纷案291件，占25.84%；房屋纠纷案40件；债务纠纷案758件，占案件总数67.32%；赔偿纠纷案27件，邻里纠纷案10件。1997年，受理审结各类民事案件1182件，其中，婚姻纠纷案390件，占案件总数32.99%；债务纠纷案680件，占案件总数的57.52%；房屋纠纷案66件，赔偿案39件，邻里纠纷案7件。1998年，受理审结各类民事案件1062件。其中，婚姻纠纷案383件，占案件总数的33.06%；债务纠纷类案件585件，占案件总数的51.08%；房屋纠纷案37件，赔偿纠纷案57件。1999年，受理审结各类民事案件962件，其中，婚姻纠纷案305件，占案件总数31.71%；债务纠纷类案590件，占案件总数的61.33%；房屋纠纷案7件，赔偿案60件。2000年，受理审结各类民事案件919件，其中婚姻纠纷类案302件，占案件总数的32.8%；债务纠纷类案532件，占案件总数的53.89%；房屋纠纷案27件，赔偿案54件，邻里纠纷案4件。2001年，市法院受理审结各类民事案件1223件，其中婚姻纠纷类案448件，占案件总数的36.63%；债务纠纷类案690件，占案件总数56.42%；房屋纠纷案21件，赔偿案64件。2002年，受理审结各类民事案件1289件，其中，婚姻类纠纷案371件，占案件总数的28.78%；合同类纠纷案807件，占案件总数的62.61%；权属、侵权纠纷案111件，占案件总数的8.61%。2003年，审结各类民事案件1508件，其中，婚姻类纠纷案501件，占案件总数33.22%；合同类纠纷案858件，占案件总数的56.90%；侵权纠纷案149件，占案件总数的9.88%。2004年，审结各类民事案件1462件，其

赛岐镇流动法庭开庭审判（2001年）

中，婚姻类纠纷案 548 件，占案件总数的 37.48%；合同类纠纷案 779 件，占案件总数的 53.28%；侵权纠纷案 135 件，占案件总数的 9.24%。2005 年，审结各类民事案件 1587 件，其中婚姻类纠纷案 527 件，占案件总数的 33.21%；合同类纠纷案 885 件，占案件总数的 56.76%；侵权纠纷案 175 件，占案件总数的 11.03%。

第五节　经济审判

1993 年，福安市人民法院成立经济调解中心，提高经济案件调解办结效率。1994 年，审结经济类纠纷案件 294 件。当年 8 月，市法院经济庭对福安市松罗粮油管理站企业破产案做出破产还债裁定，这是福安市首例宣告企业破产案件。1995—1997 年，审结经济类纠纷案件 1133 件。1997 年 12 月，市法院下文，撤销前几年在农行、供销社、工商行、市卫生局、农机站等单位设立的巡回法庭和执行庭，所属经济纠纷案件统一归经济庭审理。1998 年，审结经济类纠纷案件 525 件。1999 年，审结经济类纠纷案件 471 件。当年 5 月，宁德地区经济纠纷案件质量主查会在福安市召开，福安市法院经济案件质量评查获全区第一。2000 年，审结经济类纠纷案件 331 件。2001 年，审结经济类纠纷案件 266 件。当年，市法院经济审判工作注重打破地方保护主义，公平保护市场经济主体的合法权益。如受理的原告大宇重工业烟台有限公司诉被告宁德池飞德公司买卖合同一案，标的 50 多万元。接案后，法院立即采取了财产保全措施，并进行调解，促使原被告双方当场达成了调解协议，保护了外地当事人的合法权益。2002 年，市法院民商审判工作注重支持国有企业改制和扶持民营企业发展，用审判执行手段安置闽东华丰电机厂、中闽机电设备有限公司等破产企业职工 250 多人。全年受理审结涉及民营企业的案件 42 件，涉案金额 623 万元。在受理远东华美电机公司、新光电机公司货款被欠案中，前往云南、上海等地采取诉讼保全措施，为企业追回近 200 万元货款。当年年底，市法院经济庭撤销，并入民事法庭，经济审判纳入民事审判体系。

第六节　行政审判

1994 年，福安市人民法院审结各类行政案件 40 件。当年 12 月，市法院行政庭依法对原告福安市二轻综合厂诉被告福安市土地管理局不履行法定职责一案做出判决：被告福安市土地管理局应在判决生效后三个月内，履行福安市二轻综合厂与阳头街道阳上村土地所有权、使用权纠纷的法定职责。1995—1996 年，审结各类行政案件 102 件。1997 年，审结各类行政案件 40 件。5 月，市法院行政庭为配合市容市貌专项治理工作，依照法律法规，根据福安市建委环卫处的申请，优先执行 17 起因拒不交纳卫生费的非诉行政案件。1998—2000 年，审结各类行政案件 260 件。2001 年，审结各类行政案件 26 件。市法院在行政审判中提高当庭审判结案率，并尝试行政审判文书格式的改革。2002—2003 年，审结各类行政案件 173 件。2004 年，审结各类行政案件 70 件。当年，市法院在审判工作中严格审查行政机关具体行政行为的合法性，同时，加大非诉行政案件的审查力度，避免非法行政行为侵害人民群众的合法权益。

2005年，审结各类行政案件98件。

第七节　林业审判

1995年3月，福安市人民法院成立林业审判庭。

1998年4月，依法规定林业审判庭的案件受理范围和法律应用。

1999年2月，市法院一审判决2起森林失火案件，分别判处被告人郑某某、郑某某森林失火罪有期徒刑3年和2年。

2000—2001年，审理森林失火案件11起，滥伐林木案件2起，森林纵火案件1起。

2002—2005年，审理失火罪案件9起、森林纵火案件3起。

1991—2005年，福安市人民法院共审理森林纵火案件10起，失火案件29起、盗伐林木案件1起、滥伐林木案件8起。

第八节　审判监督

1991年，福安市人民法院对审判实行“两公开一监督”（公开审判、公开审判结果、接受群众监督）制度，配备了纪检人员、监察人员。建立监督卡，对各审判庭进行定期监督，并主动接受社会各界监督。1994年2月，福安市人民法院开始推广试行《错案责任追究制度》，健全监督机制。1998年，市法院推行一系列审判监督措施：开展自查自纠，并向社会各界公布举报电话号码，设立举报箱；向社会各界发出“队伍教育整顿意见征求卡”100份，广泛征求群众意见和建议；成立“法院违法违纪举报中心”，接受群众投诉；由分管院长组织各自分管的庭、室、科、队，围绕存在的问题进行自查自纠，并以书面报告形式在大会报告。1999年3月，市法院开展作风整顿，修改和完善各项制度，出台《干警岗位责任制》等九项制度。2004年，市法院将审判监督与队伍建设紧密结合，3月和7月，院党组召开专题民主生活会，领导班子成员和干警自查执行党风廉政建设责任制情况。当年，干警上缴红包及礼品价值7600元。2005年3月，市法院实施“四抓”（抓教育、抓重点、抓一岗双责、抓制度建设）监督措施，加强监督力度。

第九节　案件执行

1992年7月，设立“福安市人民法院驻福安公路段执行室”。10月，设立“交通规费稽征执行室”，是宁德地区首个交通规费稽征执行室。1993年4月，成立福安市法院计生规费执行室和福安市法院矿管规费稽征执行室。1994年6月，市法院开展案件执行小会战，攻克难案20起，对两起借贷纠纷、无法及时履行的当事人房屋依法进行公开拍卖，标的30多万元；组织干警到外省市为银行、企业收回贷款和货款83万元；先后协助山东、上海、青海等10多个法院来福安市执行案件。8月，为使城市建设

福安人民法院为农民工讨回欠薪（2003 年）

纳入法制轨道，进一步贯彻实施《中华人民共和国城市规划法》《城市房屋拆迁管理条例》等法律法规，成立福安市人民法院驻市建委城建法规执行室。1994 年，执行各类案件 492 件。1995 年 11—12 月，市法院开展年终执行小会战，共执结各类案件 132 件，标的 100 多万元。全年执行各类案件总数达 672 件。1996 年，执行各类案件 809 件。1997 年 10 月 25—26 日，福建省法院系统第二次委托执行工作座谈会在福安举行，来自全省 9 个中级人民法院、厦门海事法院、福州铁路运输法院的院长和执行庭长参加会议。当年，全市执行各类案件 553 件。1998 年，市法院执行各类案件 1168 件。1999 年 1 月，执行庭执行一起 85 户农民状告被执行人陈某某、林某某、孙某某无证经营种子损害赔偿纠纷一案，85 户农民获赔偿款 4.13 万元。2 月，执行一起非诉讼行政案件，强制拆除违章建筑的中村机砖厂，退回占用的耕地。当年，市法院率先成立执行局，执行各类案件 1287 件。2000 年 3—4 月，市法院开展“金融案件执行月”活动。对多年法院没有审结和新受理的 230 件（总标的 2000 多万元）金融案件采取分组包片、责任到人、曝光赖账人员等措施，清理未结执行案件。7 月，金融案件执行各类“钉子案”、大案 10 件，标的 1000 多万元。2000 年，全年执行各类案件 968 件。2001 年，对金融案件相继出台执行案件流程管理制度、执行案件听证制度、执行工作院长听证制度、执行案件备案登记制度及适用债权凭证制度。全市执行各类案件 1287 件。2002 年 10 月，市法院实施执行权分权运行改革，将执行权划分为实施权和执行裁决权，并设立相应的执行局。在执行局内设立执行裁决科、执行实施科、执行综合科。2002 年，执行各类案件 766 件。2003 年，市法院开展公正文明执法宣传教育活动，分动员教育、集中整顿、执法大检查、完善机制、检查总结五个阶段进行。同时，办案中主动向当事人宣传应有市场风险意识、诉讼维权意识等理念，促使被执行人履行法律义务。当年，执行各类案件 1125 件。2004 年，执行各类案件 534 件。2005 年，市法院开展执行案件质量教育活动，要求做到时间、精力、人员“三到位”，抓早、抓实、抓出成效。全年执行各类案件 478 件。

第十节　机构队伍

1991 年，福安市人民法院编制 79 名，其中，院长 1 名，副院长 3 名，内设政工科、办公室、研究室、监察室、告申庭、刑事审判庭、民事审判庭、经济审判庭、行政审判庭、执行庭。下设赛岐、穆阳、上白石、下白石、社口、韩城等法庭。1992 年，市人民法院编制 81 名，撤销下白石、社口等法庭。1993 年，撤销韩城法庭。1994 年，市人民法院内设机构增设经济调解中心、少年审判庭，撤销监察室，恢复韩城法庭。1995 年，市人民法院编制 85 名，市法院内设机构恢复监察室，增设法警队、林业审判庭。2005 年，市人民法院编制 92 名，其中，院长 1 名，副院长 3 名，内设政治处（下设机关干部科和干部培训教育科），办公室、立案庭、刑事审判第一庭、刑事审判第二庭、少年审判庭、民事审判第一庭、民事审判第二庭、行政审判庭、林业审判庭、审判监督庭、执行局（挂“执行庭”牌子）、监察室（市监察局派驻市人民法院监察室与中共福安市纪律检查委员会派驻福安市人民法院纪检组，合署办公）。直属机构有司法警察大队。下设赛岐人民法庭，作为法院的派出机构，负责辖区内民事案件的审判及执行工作。

第四章　司法行政

第一节　普法宣传教育

一、法律普及宣传

（一）“二五”普法宣传教育

1991年，是全国“二五”普法的第一年，福安市司法局配合有关部门开展各种形式的法律普及宣传教育活动。至1992年，出宣传专栏126期，分发普法标语346条，制作固定标语100多条，宣讲法律140场，法律咨询服务6场，受教育人数44451人。1993年，全市以新颁布的《中华人民共和国宪法》为核心，以专业法为重点，采取学用结合的方法，运用踩街、专题广播、知识竞赛、灯谜竞猜、文艺晚会、法制专栏、画展、上法制课、开展法律咨询、赠送法律书籍、发放宣传提纲、召开座谈会等多种形式，深入机关、企事业单位、农村和学校开展普法宣传活动，同时，坚持“二五”普法与创评“学法、守法模范户”活动结合起来，全市评出“模范户”10万多户。省普法办以简报形式介绍了福安市普法办的做法。1995年，是“二五”普法的最后一年，福安市以市人大牵头，成立“二五”普法检查验收团，对21个乡镇（办事处）和11个部门进行学习情况的检查验收，巩固普法宣传成果。“二五”普法期间，福安市共有43.2万人接受法制教育，全市评选出学法守法户8.55万户，学法用法模范村52个、35个行政村被省市（地）评为“明星村”。

普法宣传进社区（2005年）

（二）“三五”普法宣传教育

1996年，福安市制定《关于在全市公民中开展法制宣传教育第三个五年规划》方案，市人大常委会通过《继续深入开展法制宣传教育》的决议，市委、市人大、市政府把“三五”普法作为“依法治市”的重要内容。全市各乡镇、街道办事处、开发区、各部门、各单位调整充实普法领导小组，制定“三五”普法方案，层层贯彻落实。据统计，全市召开普法专题会议80多场，参加人数8300多人次；举办各种普法宣传专题活动310场。印发普法学习材料5600多份，办专栏、墙报1200期，组织踩街活动3次，出动宣传车25辆次，开展法律咨询5场、法律知识竞赛4场，举办法律知识骨干培训班3场，受训326

人次。1998年，福安市委、市政府与各乡镇、办事处、开发区签订责任状，把“三五”普法作为考核党政领导干部的内容之一。1999年，全市开展“送法下乡”活动，市国税局、地税局、“依法治市”办公室、土地局、工商局、司法局、城管大队通过各种形式开展法律宣传活动。当年5月，为纪念律师制度恢复二十周年，司法局组织20多名律师在城区莲池广场开展律师义务咨询活动；10月，开展“国庆节依法治市法律知识有奖问答”活动。全市印发各种宣传资料、宣传提纲2万多份，制作法制宣传栏96期、举办法制讲座81场，受教育者8610多人次。1996—2000年“三五”普法期间，通过多种形式的普法宣传和教育，全市职工参与率80%、城乡居民参与率80%、学生参与率97%。

（三）“四五”普法宣传教育

2001—2005年的“四五”普法期间，全市重点开展“进百乡（镇）、入千村（居）、到万户”基层普法依法治理宣传活动和预防“非典型性肺炎”（以下简称“非典”）的宣传活动。2002年6月，福安市制定基层普法和争创“四五”普法先进市活动方案。2003年，又完善活动方案，要求各乡镇、街道办事处全面铺开、整体推进。全年共召开普法动员会、座谈会60场次，组织学习会、法制讲座36场次，办宣传专栏62期，分发宣传材料1.3万册（份），调处纠纷157起。2003—2004年，有计划、有步骤地确定若干重点村（居），通过宣传，解决各乡镇突出存在的违法、治安和基层组织建设等方面的问题。各乡镇结合实际，开展了“以案说法”、图片讲解、办法制专栏、印发宣传资料等宣传活动。有的乡镇依托小学办起法制学校，如溪潭镇成立了“四五”普法总校和4个分校，镇党委书记兼任总校校长，推动了普法工作的开展。2003年，国内部分地区发生“非典”传染病，福安市开展了预防“非典”的法制宣传活动。成立防治“非典”工作领导小组；发出《关于加强抗击“非典”相关法律法规宣传工作的通知》；市、乡（镇）两级司法行政机构全力投入防控“非典”法制宣传，司法局组织律师和法律工作者在莲池广场开展防非典普法咨询活动，印发3000多份《中华人民共和国传染病防治法》，各乡（镇）司法所还结合“百千万”活动，深入村居进行普法宣传。当年，司法行政机关共发放“非典”宣传单（册）12000份，出动宣传车30辆次，接受咨询3700多人次，开展普法宣传23场次。2001—2005年，全市张贴宣传标语3500多条，举办《中华人民共和国传染病防治法》等相关法律法规咨询50多次，印发宣传材料2万多份。

二、干部法律普及教育

“二五”（1991—1995年）普法期间，福安市普法办定期向机关干部、事业单位工作人员和教师发放各类法律常识手册，组织开展法律知识考试、竞赛。市委中心组先后组织学习《中华人民共和国宪法》和相关社会主义法制理论。组织有关部门学习宣传《中华人民共和国全国人民代表大会和地方各级人民代表大会代表法》《中华人民共和国保密法》《中华人民共和国档案法》《中华人民共和国工会法》《中华人民共和国森林法》《中华人民共和国土地法》《中华人民共和国城市规划法》《中华人民共和国工商税务法》《中华人民共和国环保法》《中华人民共和国妇女权益保护法》《中华人民共和国老年人权益保障法》《中华人民共和国未成年人保护法》《中华人民共和国残疾人保障法》《中华人民共和国归侨侨眷权益保护法》等法律法规。“三五”（1996—2000年）普法期间，福安市普法办组织副科级及以上干部进行“三法一例”（《中华人民共和国劳动法》《中华人民共和国劳动合同法》《中华人民共和国劳动争议调解仲裁法》和《中华人民共和国劳动合同法实施条例》）学习考试。邀请省法律专家给市委领导班子讲授“依法治国理论与实践”专题。1996年，为了加强领导干部的依法行政能力，市六套班子领导

福安市纪念《行政复议法》颁布实施两周年法律咨询（2001 年）

健全市委中心组学法制度，每个季度召开市委中心组学习会；同时组织市直机关、各部门和各乡镇党政领导学习邓小平民主与法治建设理论、社会主义市场经济法律法规以及《中华人民共和国行政处罚法》（以下简称“行政处罚法”）、《中华人民共和国行政诉讼法》《中华人民共和国国家赔偿法》，市税务、工商、城管、土地、环保、保密、卫生、文化、财政等职能部门，按照依法行政和专项治理的要求，组织学习和培训行政处罚法等法律法规，执法人员参训率达到 80%。1998 年，由市普法办牵头，组织全市干部、职工 2200 多人参加宁德地区党政机关，企事业单位人员“三法一例”考试，市“依法治市”领导小组、普法领导小组、市委宣传部、广播电视事业局联合举办“法在我身边”演讲比赛，市工商、土地、国税、地税局等 17 个行政单位把执法活动纳入规范化、制度化轨道，推行执法岗位责任制和政务公开承诺制。“四五”（2001—2005 年）普法期间，福安市重视领导干部学法用法工作。2003 年，制发《福安市领导干部学法用法工作意见》，各乡镇、街道针对各地情况，相继出台《领导干部学法用法实施方案》。市委宣传部、市普法办、市司法局邀请国家行政学院法学博士任进教授在市人民会场举办普法讲座，参加听讲的有 1000 多人。

三、法律知识培训

“二五”普法期间，福安市举办各类普法培训班 420 期，受训 6300 多人。“三五”普法期间，市人大常委会多次举行科级领导干部法律知识考试，市劳动局组织 13 名专兼职劳动监察人员到福州参加全省劳动保障监察培训班学习。“四五”普法期间，福安市人民政府举办行政许可法讲座。市委组织部、市人事局共同举办全市行政许可法培训班。全市科级干部和国家公务员参加全省行政许可法考试并全部通过。福安市委组织部、福安市司法局在宁德市委党校共同举办福安市领导干部法律知识研修班，福安市人事局组织全市干部 2170 多人进行《中华人民共和国公务员法》的考试。

第二节　人民调解

1991—1992 年，福安市司法局对全市 474 个村居调解委员会进行整顿，调整到位率在三分之一以上。实现基层人民调解委员会组织、制度、责任、报酬“四落实”。全市有“十户调解员”8357 人。1992 年上半年，村（街）调委会调解婚姻纠纷 444 起、继承纠纷 48 起、赡养抚养纠纷 61 起、邻里纠纷 339 起、房屋宅基地纠纷 253 起、债务纠纷 107 起、生产经营纠纷 342 起、赔偿纠纷 151 起、其他纠纷 642

起，调解民间纠纷防止自杀 19 人、全年民间纠纷转化为刑事案件的仅 25 起。同年，福安市司法部门制定廉政制度、财务制度、办案制度、责任制度、学习制度、主任制度等，建立收结案、防止矛盾激化、群众意见和好人好事登记簿，设立举报箱，接受群众监督。全市 13 个乡镇（街道）司法办、法律服务所通过了第一、二阶段工作验收。1993 年，全市司法基层单位调解各类纠纷 550 件（其中经济纠纷 130 件、民事纠纷 420 件），防止矛盾激化 106 件。1994—1995 年，调解各类民间纠纷 2549 件，防止矛盾激化 53 件。1996 年，福安市以建设规范化调委会为目标，通过调查摸底、分析研究，分门别类进行调整、充实、完善。当年，全市有村（居）调委会 474 个，调解人员 2378 人，其中规范化调委会 204 个。调解各类民间纠纷 2984 件，调解成功率 95% 以上，防止民间纠纷转刑事案件 8 起，防止非正常死亡 7 人。各乡镇司法办、村（居）调委会还贯彻“调防结合，以防为主”方针，积极开展“调解千家事，温暖万人心”活动，各类民事纠纷呈下降趋势。城阳乡把建设规范化调委会作为基本工作来抓，第一批规范化调委会 14 个，均实现“六有四一”（即有班子、有牌子、有印子、有办公室、有制度、有经费，每月一例会、一汇报、一统计，每案建一档）。城北司法办在整顿调解队伍中，对人员配备不足或不适应从事调解工作的进行充实调整，确保调解人员思想到位、力量到位、工作到位。同时，还采取定期培训和“以会代训”等形式，组织调解人员学习调解业务知识，订购法律书报供调解人员自学，提高调解人员的法律知识和业务水平。1998 年，福安市按照“抓基层、打基础”的要求，健全三级调解组织网络，完善十户一调解员制度，规范调委会建设。50% 的行政村（居）调委会基本达到规范化要求，做到了组织健全、制度完善、工作落实，有办公场所和必备的办公条件；扎实做好化解民事纠纷工作，推动联防联调、群防群治，做到调解一件、成功一件、教育一片；加强对村居调解员的政治思想和业务素质培训，依托乡镇培训和选送省地培训班学习培训的办法，提高调解员的素质。同年，基层司法办和村居调解组织调解各类民事纠纷 1679 件，调解率 100%，成功率 96%。其中，防止民间纠纷可能引起自杀案 3 件 4 人，防止民间纠纷转化成刑事案件 15 件 24 人。1999 年，全市继续健全完善三级调解网络，有 80% 的村（居）调委会达到规范化要求。努力开展多种形式的调解活动，突出抓好群体性纠纷和重大疑难纠纷的排查、调处，做到早介入、早预防、早发现、早调解，把民间纠纷化解在萌芽状态。全年司法办和人民调解委员会共调解纠纷 1970 起，调解成功率 98% 以上，其中防止可能出现非正常死亡案 16 件 21 人、防止民转刑 25 件 36 人、化解群体性上访 10 件 458 人。

2000 年，全市调解纠纷 1526 件，调解成功率 95% 以上。2003 年，制定《福安市加强新时期人民调解工作意见》，分发至乡镇、街道、各开发区、市直机关。市财政拨出 3 万元作为人民调解工作的专项经费，是年，全市所有乡镇、街道都成立了人民调解委员会。市司法局向基层发放《新时期人民调解工作实用手册》500 册，村调委会和司法助理员人手一册。2005 年，全市村（居）、社区建立调委会 484 个，配备调解员 5015 人。市委、市政府要求进一步规范人民调解委员会的建设，做到“六有”（有班子、有人员、有专门场所、有牌子、有印子、有基本工作设施）、“二到位”（工作经费到位、调解人员报酬到位），健全“五项制度”（学习例会制度、调解责任制度、纠纷登记制度、廉洁自律制度、文书档案管理制度），建立“五簿”（学习登记簿、会议记录簿、法制宣传登记簿、调解登记簿、回访登记簿）、“二册”（调解委员花名册、纠纷信息员花名册），实行“四上墙”（调解工作任务、原则、纪律、纠纷当事人的权利义务上墙）。各乡镇（街道）人民调解委员会除达到以上基本标准外，还应具备“四有”（有调解室、有通信设备、有交通工具、有专门工作经费），并聘用 1～2 名专职调解委员。

第三节　公证

1991 年，福安市公证处有公证员 5 名。全年办理公证 538 件，其中，国内经济公证 81 件、民事公证 383 件，涉外民事公证 48 件，涉港澳台公证 26 件。1992 年，市公证处全年办理公证 660 件，其中国内经济公证 64 件、民事公证 383 件，涉外民事公证 176 件，涉港澳台公证 37 件。1993 年，市公证处围绕市场经济建设，走出机关，上门服务，发展公证业务，全年办理各类公证 1246 件。甘棠设立公证办事处与甘棠法律服务所合署办公，一年间，办证 40 件。1994 年，市公证工作把握市场经济脉搏，深挖潜力，广辟证源，拓宽服务领域。市公证处全年办理公证 982 件，其中，国内经济公证 73 件、民事公证 479 件，涉外民事公证 343 件，涉港澳台公证 87 件。1995 年，市公证处全年办理各类公证 1408 件，比上年增长 23%。1996 年，市公证处落实《福建省公证工作若干规定》，发挥公证的服务、沟通、公证、监督作用。全年办理各类公证 1514 件，其中，国内民事公证 424 件、经济公证 616 件，涉外及涉港、澳、台公证 474 件。1997—1998 年，市公证处全年办理公证 2142 件，其中国内经济公证 475 件、民事公证 860 件，涉国外及涉港澳台公证 634 件。1999 年，公证处拓展公证领域，主动与银行等金融部门接洽、联络，全年共办贷款合同等债权文书公证 519 件。同时，为下岗职工安置提供法律援助，帮助市农机公司 44 名下岗职工办理安置协议公证。当年，办理公证 692 件，其中，国内经济公证 87 件、民事公证 229 件，涉外民事公证 184 件，涉港澳台公证 38 件，其他类公证 154 件。

2000—2002 年，市公证处全年办理公证 2882 件，其中国内经济公证 158 件、民事公证 1137 件，涉外民事公证 1144 件，涉港澳台公证 443 件。2003 年，市公证处根据司法部《关于深化公证改革的方案》精神，加强内部管理，完善各项制度，开展公正文明执法活动，公开服务承诺和投诉电话，建立“一证一卡”制度，提高服务质量。同时聘请 3 位德高望重的离退休老同志作为公证处的廉政监督员，重新调整全处人员的岗位职责，制定具体目标任务、细化奖惩方法、健全激励机制，明确业务发展方向，全年共办理各类公证 1421 件（其中，国内公证 977 件，涉外公证 444 件）。2003—2004 年，办理公证 2086 件。其中，国内经济公证 250 件、民事公证 960 件，涉国外民事公证 574 件，涉港澳台公证 165 件，其他类公证 137 件。解答法律咨询 846 人次，处理来信来访 15 件。2005 年，市公证处有公证员 3 名，辅助人员 3 名。全年办理公证 1200 件，其中，国内经济公证 17 件、民事公证 327 件，涉国外公证 507 件，涉港澳台公证 27 件，其他类公证 322 件。解答法律咨询 743 人次，处理来信来访 5 件。

第四节　安置帮教

1991 年，福安市司法局将刑释和解教人员安置工作纳入司法行政管理范围，探索和实践对“两劳”（劳动改造人员、劳动教养人员）回归人员的管理工作。1993—1994 年，市司法局“两劳”科对回归人员进行全面调查摸底，初步建立近年来福安市“两劳”回归人员的档案，并做好过渡性安置及帮教工作。1995 年，在全市基层村（居）建立帮教组织 266 个、有帮教人员 1080 人，并开展“结对子”帮教活动。同时，对“两劳”回归人员采取推荐就业、组织小规模集体就业、设立就业咨询服务机构和提供就业信息等多种形式和渠道，积极做好安置工作。1996 年，在全市乡镇建立帮教领导机构，由市综治办牵头，司法办主管，市、乡、村三级帮教网络趋于完善；落实帮教责任，开展帮教人员与帮教对象采取“定对象、定时间、定责任、定成效”的“一帮一”活动，采取定期或不定期对“两劳”回归人员跟踪走访。对他们政治上关心、精神上鼓励、生活上帮扶；利用多种形式对“两劳”回归人员有针对性地开展法制宣传教育，为“两劳”回归人员和缓刑、假释人员举办法制教育班。敦促他们安分守法，鼓励他们依法致富。同时拓宽政府帮扶就业渠道，至1996年年底，全市全年安置就业88人，自谋职业123人，回乡务农47人。1997年，福安市各乡镇、办事处成立刑释解教人员安置帮教工作协调领导小组及办公室。全市各社区、居委会、村委会成立刑释解教人员安置帮教工作领导小组，建立帮教组织484个，形成覆盖全市的安置帮教网络，全年安置帮教2158人。1998年，市司法行政部门与各乡镇司法办签订责任状，6月，由分管副市长主持召集市工商、税务、劳动、城管、卫生等十多个部门领导参加的全市刑释解教人员安置帮教工作协调会。通过鼓励自谋就业、帮助就地安置就业、支持小规模集体就业等多种渠道，使全市刑释解教人员安置面达75%左右。1999年，全市安置帮教工作进一步健全工作机构，完善村（居）帮教工作网络，配齐工作人员；健全档案、规范管理制度，“两劳”科重新核实乡镇司法办和村（居）建立的两劳人员档案，做到人头清、底子详、去向明，减少脱管或失控现象；由市司法局领导带队前往政和监狱开展狱内帮教活动，在监所内调解了一起婚姻案件，接受了2起在押犯的民事案件委托；利用多种渠道提高安置率，在鼓励刑释解教人员自谋职业的同时，市司法局“两劳”科、乡镇司法办与政府相关部门认真落实有关政策。当年，福安市“两劳”回归人员108人，其中，刑满释放99人、解除劳教人员9人，推荐就业13人，就地安置33人，自谋职业44人。2003年，市司法局对1998年以来“两劳”回归人员进行全面调查摸底，掌握刑满释放和解除劳教人员去向1031人、重点走访160余人，并对他们进行造册登记，实行账式管理。2005年，全市刑满释放和解除劳教人员342人，安置312人、安置率91%。

1991—2005年，福安市关工委也开展了以《中华人民共和国未成年人保护法》和《中华人民共和国预防未成年人犯罪法》为主要内容的法制宣讲工作。组织爱国主义主旋律报告1020多场次，受教育青少年及教师、家长78万多人次；开办家教讲座800多场，听课教师、家长52.9万人次。各级关工委成立帮教小组、落实帮教措施、开展“结对子”跟踪帮教，全市1389名失足青少年除两人“二进宫”外，其余全部走上正轨。

由于福安市的“两劳”回归人员安置帮教工作取得较好成效。1998年，福安市司法局获中共中央社会治安综合治理委员会授予的“全国刑释安置帮教工作先进集体”称号。1999年，赛岐司法所获省司法厅授予的“刑释解教人员工作先进单位”称号。2004年，市司法局黄平被省司法厅授予“1999—2004年全省刑释解教安置帮教工作先进个人”称号。

表24—4　1997—2005年福安市刑满释放和解除劳教人员安置情况表

单位：人

年份	刑满释放人员	解除劳教人员	其中	
			安置数	安置率
1997	109	20	119	92%
1998	129	20	138	93%

续表 24—4

年份	刑满释放人员	解除劳教人员	其　中	
			安置数	安置率
1999	99	9	99	92%
2000	151	11	159	98%
2001	199	10	203	97%
2002	151	19	164	96%
2003	164	15	163	91%
2004	292	12	271	89%
2005	334	8	312	91%

第五节　法律服务

一、“148”法律服务专线

1999 年 3 月，福安市司法局成立“148”法律服务专线协调指挥中心，下设值班室，抽调 4 名具有法律专业知识人员到值班室工作。同时，组成“148”协调领导小组，成立“148”上门服务队，及时处理疑难纠纷案件，并与“110”开展联动。“148”专线从当年 5 月开通以来，共接到咨询电话 314 次、接待来访 58 次 69 人，受托办理法律事务 5 件、提供法律援助 5 件。“148”服务队上门处理 15 件，通过律师提起诉讼解决 6 件，公证处解决 5 件，乡镇、街道司法办成功调解 35 件，移交有关部门处理 10 件。5 月的一天，服务专线接到潭头镇棠溪村王某某电话，反映其在自家后门修建卫生间时，与该村陈某等几户人产生纠纷，经镇、村多次调解无效。请求市司法局帮助协调解决。接电话后，“148”指挥中心立即组织上门服务队冒雨赶到现场，经过实地勘察和多方调查，召集双方当事人进行调解，通过宣传法律、耐心疏导，双方自愿达成协议，使这起争执两年之久的疑难纠纷得以解决。2000 年，“148”专线共接到求助电话 605 次、接待来访 58 次 116 人，受托办理法律事务 229 件。2003 年，按照省司法厅部署，将“96148”服务专线改号“12348”，全年共接待来访 120 人次、上门服务 7 件、解答电话咨询 3407 人次、调处各类纠纷 28 件。

二、法律援助

1991 年后，福安市司法局与各乡（镇）司法办主动为村（居）委会、乡（镇）企业、个体劳动者等提供法律服务，解答法律咨询，代写法律事务文书。1992 年，甘棠镇小留村妇女谢某某因住房被他人强行拆除，不知向何处投诉。甘棠镇法律服务所查实情况后，为其代书，并呈交管辖的赛岐法庭审查立案，并免收诉讼费。1993 年，一些乡镇法律服务所实行“三免费”（调解 3.33 公顷以下山林纠纷免费、调解饮水灌溉纠纷免费、调解防止民间矛盾激化免费）法律服务。赛岐法律服务所无偿为 30 个村（居）担任常年法律顾问。1995 年，市律师一所、二所、正联所无偿为群众解答法律咨询 253 人次，代写法律文书 45 件。1998 年，全市需要法律援助的案件有 28 件，正联律师事务所开展“献爱心回报社会”法律援助活动，要求每位律师每年至少办一起法律援助案件。1999 年，提倡法律援助工作提供全方位服务，中达律师所为闽东圆钉铁丝厂、拖拉机电机厂等特困企业追回欠款 22 万余元，为 35 位农民因购买劣质化肥及假石膏案获得赔偿 22 万元等提供法律援助。2000 年，福安市法律援助中心挂牌成立。当年，各律师事务所、公证机关、基层法律工作者办理法律援助案件 103 件。2002 年，福安市法律援助中心被评为“落实为民办实事项目先进集体”。2003 年，市法律援助中心进一步规范、完善各项便民措施，更好履行法律援助业务，为社会弱势群体提供高效优质的法律服务，努力实践“贫者必援、弱者必帮、残者必助”的目标。全年共办理法律援助案件 113 件、受援人 142 人，其中，残疾人 8 人、老年人 5 人、未成年人 14 人、妇女 11 人，贫困者 64 人。2004 年，福安市法律援助中心缪銮生被省司法厅授予“法律援助工作先进个人”称号。2005 年以各乡（镇）司法所、法律服务所为依托，在福安市法律援助中心的统一协调、指导下，成立 21 个乡（镇）法律援助工作站。当年，福安司法局夏旭良被省司法厅授予“福建省优秀司法助理员”称号。2000—2005 年，法律援助中心共办理各类法律援助案件 697 件，受援对象 975 人。

第六节　律师事务

一、律师管理

1991 年，福安市有第一律师事务所和第二律师事务所。1994 年，福安市律师事务所实施“两不”（不要国家编制，不要行政经费）、“四自”（自主经营、自负盈亏、自我约束、自我发展）的管理体制，实行浮动工资制，建立所务委员会领导下的主任负责制。组织全体律师学习《中华人民共和国律师法》，加强职业道德和执业纪律建设，建立完善的自律性制度，对不符合设立条件和程序的律师事务所（办）进行整顿，清退行政兼职人员。1998 年，福安市司法局公证律师管理科成立，管理指导和监督全市律师、公证业务工作，负责全市律师、公证员执业证领取及年度注册、审核、报批工作；指导管理律师执业机构设立、变更、撤销、年检等审核及报批工作，接受并处理对律师、公证员违反纪律和职业道德的控告，处理与公证工作相关的申诉；组织全市国家司法统一考试的报考工作。

二、律师事务所

（一）福建平达律师事务所

1991 年设立，原名福安第一律师事务所。1995 年，更名为福建平达律师事务所。2005 年，有执业律师 8 名。

（二）福建人文律师事务所

1991 年设立，原名福安市第二律师事务所，在职律师 13 人。1996 年，更名为宁德三顾律师事务所。1999 年，更名为福建人文律师事务所，有执业律师 6 人。2005 年，执业律师达 11 人。

（三）福建正联律师事务所

1994 年设立，是一家业务领域涉及公司投资、金融保险、证券、期货交易、房地产、知识产权、海事海商、税务代理、民商刑事辩护以及招投标等方面的综合性律师事务所。2005 年，执业律师 16 人，是闽东律师界规模较大的一家综合性律师事务所。

（四）福建韩诚律师事务所

1996年设立，原名宁德韩诚律师事务所。1999年，更名为福建韩诚律师事务所。2005年，执业律师8人。

三、律师业务

1992年上半年，全市律师事务所承办各类案件335件。1993年，律师事务所全年办案485件，其中律师一所290件、律师二所195件；担任法律顾问139家，其中，一所82家、二所57家。律师一、二所分别在甘棠、穆阳、赛岐、坂中等设立办事处。1994年上半年，承办各类案件344件，其中经济代理92件、民事代理144件、刑事辩护67件、行政代理19件、非诉讼代理22件；担任法律顾问132家，为118个企事业单位挽回经济损失596万元。1995年，办理各类案件944件、担任法律顾问170家，无偿解答法律咨询253人次、代写法律文书45件。为企事业单位挽回经济损失4000多万元。1996年，为建立现代型企业制度提供法律服务。全年承办各类案件916件、担任法律顾问176家，无偿解答法律咨询263人次、代写法律文书86件，为企事业单位挽回经济损失3600万元。1998年，承办各类案件968件，担任常年法律顾问185家。1999年，承办各类案件900件，担任法律顾问128家，挽回经济损失518万元。正联律师事务所争创省文明所通过验收。2000年，全市律师担任法律顾问86家，承办各类案件747件、代书462件，挽回经济损失730万元。正联律师事务所被福建省司法厅授予“1999年度文明单位”称号。2003年，承办各类案件704件，担任法律顾问85家，其中，代理刑事案件163件、民事案件367件、经济案件71件、行政案件26件，办理非诉讼法律事务53件、代书905件，解答法律咨询3467人次，同年，福安市司法局倡导各律师事务所积极开展创建“文明诚信律师事务所”活动，建立健全各项规章制度，并确立了正联律师事务所为试点单位，各律师事务所完善财务管理、人事管理、业务管理等规章制度，改革分配、奖惩、竞争和执业责任赔偿机制，提高了律师的办案质量和效率。市司法局成立了律师刑事辩护指导小组，要求律师严格按照《中华人民共和国刑事诉讼法》和相关法律规定、正确行使辩护权，维护法律尊严。各律师所因地制宜、挖掘潜力、拓展业务。2004年，正联律师事务所被省司法厅授予“诚信文明律师事务所”称号。

第七节　机构队伍

1991年，福安市司法局编制54人，设局长1名、副局长2名，内设办公室、基层科、宣教科、劳改劳教科、公证处、律师事务一所、律师事务二所。派出机构有全市21个乡镇（街道）的司法办。2003年，福安市党政机构改革，福安市依法治市领导小组办公室、福安市综治委指导人民调解工作协调领导小组办公室、福安市综治委刑释解教人员安置帮教工作领导小组办公室、福安市普及法律常识办公室挂靠司法局办公。同年，福安市司法局编制45人，内设人教股、法制宣传股、公证律师管理股、基层工作股、“两劳”管理股、法规教育股。派出机构有全市乡镇、街道、开发区的22个司法所，下辖福安市公证处、福安市法律援助中心，依法管理福建省平达律师事务所、福建省人文律师事务所、福建省正联律师事务所、福建省韩诚律师事务所以及全市22个乡镇、街道、开发区法律服务所。

第二十五篇

教育　科技

JIAOYU　KEJI

1991年后，福安市深化教育体制改革，加大对教育的投入，实施普及九年义务教育和素质教育，各项教育事业有了较快的发展。1991年，全市幼儿园32所，在园幼儿12999人；小学1054所，在校学生66560人；普通中学17所，职业中学4所，乡镇小学附设初中班8所，总在校生18918人。全市教职员工5689人，其中，民办教师1653人，占29.06%。1998年，福安农村幼教工作通过省、地检查评估，被授予“福建省幼儿教育先进市”称号。同年3月，“基本普及九年义务教育”“基本扫除青壮年文盲”（以下简称“两基”）通过省评估验收。2002年，福安市被确定为全省基础教育课程改革实验基地县（市）。

2005年，全市有幼儿园53所，在园幼儿11029人；小学282所，在校学生61753人；普通中学34所，职业中学6所，总在校生38100人。全市教职员工6782人。

15年间，通过政府投入、社会集资等多渠道筹资形式，全市投入35844万元，新建校舍面积45.61万平方米、改造校舍29.73万平方米；中学生生均校舍面积由1991年的4.92平方米增加到2005年的6.77平方米，小学生生均校舍面积由1991年的3.4平方米增加到2005年的5.47平方米；中小学校舍面积中的危房比重从1991年的1.8%下降到2005年的1.3%。

1991年，福安市实施“科技兴市”（1995年12月改称“科教兴市”）战略，被列为福建省五个“科技兴县（市）”试点之一，被国家科委列为重点联系县（市）。1992年，福安市制定《关于引进市外人才智力的优惠政策》《关于鼓励和支持科技人员到工业企业工作的若干规定》《关于进一步稳定和发展农村第一线科技干部队伍的若干规定》等文件，推动科学技术进步。1993年，通过国家科委达标验收，成为全国首批科技工作达标市。1995年，被授予“全国科技工作先进市”称号，并列为国家科委“全国科技实力百强县市重点考核对象”。同年，召开市科技大会，表彰了“八五”期间科技工作做出突出贡献的先进集体和先进个人；出台《福安市人民政府关于科学技术投入的决定》等政策性文件；颁布实施《福安市九五科技发展规划》。2005年，福安市被授权制定福建省《巨峰葡萄综合标准》，经省质量技术监督局批准在全省颁布实施。

1991—2005年，全市共实施科技项目433项。其中国家科委和省科技厅项目50项、宁德市项目45项；获“福建省科技进步奖”项目成果二等奖3项、三等奖10项，福建省星火项目二等奖1项。

第一章　教育

第一节　教育体制改革

一、办学体制改革

1991—1994 年，中共福安市委、市政府贯彻落实《中共中央关于教育体制改革的决定》和中共中央、国务院《中国教育改革和发展纲要》，改革办学体制，实行多种形式办学，鼓励企、事业单位和社会各界人士兴教办学，以“谁主办、谁负责”的原则，由主办者投资建校，全市社会办学事业有了较快发展。至 1995 年，有民办幼儿园 8 所，宁德市民族中学、福安一中、福安二中、福安三中经批准设“附属民办初中”。1999 年 11 月，市政府制定《关于鼓励社会力量办学的若干规定》，实行各种优惠政策，社会力量办学范围扩大到整个义务教育阶段，成为公办教育的有益补充。2005 年，全市民办幼儿园 21 所，在园幼儿 2900 人；小学 4 所，在校生 2467 人；普通中学 4 所，初中学生 2416 人、高中学生 937 人。民办学校校长由创办者选择委任，自行向社会招聘合格教师，自行承担其人员编制和办学经费，教师待遇一般不低于公办学校同类教师。市教育主管部门依照社会力量办学管理相关规定对民办学校进行监督管理、评估验收。

与此同时，福安市逐步调整教育网点，通过撤、并、转等形式，减少学校数、联点办寄宿制小学，完善农村小学三级管理体制。1999 年 9 月，将 1989 年下放乡镇管理的教育事业费及教师工资收归市财政统一管理。当年，福安市全部清退民办教师、给予退养待遇，民办教师在福安教育史上最后消失。2005 年，小学取消学区制，普遍推行校长负责制。

二、招生制度改革

（一）小学招生制度改革

1991 年，福安市贯彻《中华人民共和国义务教育法》，对年满 7 周岁的儿童实施义务教育。福安城关一年级新生入学遵循就近、免试、划片的招生原则，按户籍所在关系组织入学。2001 年 9 月，全市小学由五年制改为六年制，入学儿童从 7 周岁降到 6 周岁（其中，2001 年 9 月至 2003 年 8 月在改制过渡时期实行年满 6.5 周岁的儿童入小学）。至 2005 年，小学一年级招生仍沿袭秋季招生办法，按户籍划片就近入学。外县（市）或市内非城区户籍学生到城区小学借读的，按暂住处划片就近入学并收取一定的借读费。

（二）初中招生制度改革

1991—1997 年，全市小学升初中的学生实行统一考试，按户籍所在地就近录取入学。城区生源较多，分别升入宁德市民族中学、福安一中、福安四中、福安十中初中部。1998 年，全市开始普及九年义务教育，实行小学毕业免试升入初中。2001 年，宁德市民族中学初中部只招收少数民族学生、每年招收 200 人，其中面向宁德市招收 100 名，面向福安市招收 100 名。福安一中、福安二中初中部停止招生，办成高级中学。新办城北中学、罗江中学，城区初中生分别升入城北中学、福安四中、福安十中。原福安二中（地址在赛岐镇）招收片区内的小学毕业生分别升入赛岐中学和罗江中学。农村各乡镇招收本乡镇初中义务教育对象生源入学。2001 年，依托福安一中新办民办学校“扆山中学”，依托宁德市民族中学新办民办学校“富春实验中学”。2004 年，新办民办学校“福安市德艺学校”。这三所民办学校面向全市招收小学毕业生。

（三）中专普通高中招生制度改革

1991 年，报考中专（含中师）的学生实行全省统一命题、统一招生考试、统一集中录取政策，毕业后由国家统一分配。由于报考中专学生人数较多，录取批次安排在高中之前。中师类招生，要求年龄不超过 18 周岁且为应届毕业生，分数上线学生还应经面试成绩合格后方能录取。

1991—2000 年，福安师范学校共向福安市招收初中毕业生近千人。2001—2003 年，招收五年制大专学生，共向福安市招收初中毕业生 55 人（2001 年 20 人、2002 年 18 人、2003 年 17 人）。2004 年起，福安师范停止招生。

1991 年后，福安市普高招生出现逐年递增态势，至 2005 年达到高峰。高中招生学校有宁德民族中学、福安一中、福安二中、福安三中、福安六中、福安八中。1994 年，为应对普高录取人数的持续增加，福安十中开始招收高中学生，2000 年，福安五中、福安七中也恢复招收高中生。

三、人事管理体制改革

（一）教师调配

1991—2005 年，福安市教育局（教委）教师调配坚持德才素质与职位要求相适应原则，根据工作需要和资格条件，公开招聘、择优任用。根据上级有关规定，福安市教育局（教委）隶属市委宣传部分管，教师在市教育系统内调动由市教育局审批，高级职称教师和股级以上干部的调动和改行需征得市委宣传部同意，调到外县（市）的由市教育局（教委）发出商调函经接收单位同意后方能调出，其中大专以上学历的教师须报宁德地区（市）教育局审批。1998 年，师范类院校毕业生按需求分配到农村学校工作，经基层教育实践锻炼后，通过公开考试择优录用，并张榜公布接受监督。2001 年起，实行公开招聘和考核考试相结合的制度，中小学普遍实行教师聘任制，优化教师队伍管理机制。1996—2005 年，全市 620 名农村中小学教师通过公开考聘进入城区学校任教。

（二）校长任用

1991—2005 年，福安市成人中专、教师进修学校、一中、二中、三中、六中、八中、职业技术学校（含民族职业学校）、实验小学等副科级以上学校校长由福安市委组织部考核、任命。乡镇中小学校长（股级）由市委宣传部考核、任命，市教育局（委）行文通知。各学区（中心小学）处室主任（股级以下）均由市教育局考核任用。

四、教育布局调整

1991 年，福安市有小学 1054 所，其中实验小学 2 所、中心小学 21 所、完全小学校 272 所、初小校 109 所、单（双）人校 652 所。随着农村生源逐渐减少，1991—1998 年，对全市小学进行第一次布局调整，对规模较小的初小校、单双人校实行拆点并校，全市小学学校数降到 766 所（其中教学点 318 个）。1999—2005 年，根据省教育厅《关于做好农村小学拆点并校工作的通知》要求，全市进一步调整基点校（指自然村学校）、建制村小学，合并部分班额严重不足的学校。对少数招生难、办学难的学校采取撤、转等形式，集中力量完善中心校办学条件，扩大办学规模，完善学生住宿制。2005 年，经拆点并校，全市小学有 425 所，其中宁德市属小学 1 所、中心小学 36 所、完全小学校 83 所、初小校 163 所、教学点 142 个。

表 25—1　2005 年福安市小学分布一览表

校址	学校数（所）	学校（含初小校、教学点）
城北	2	福师附小（宁德市属学校）、逸夫小学
城南	4	福安实小、韩城二小、韩城三小、程家垄初小
阳头	2	韩城一小、韩城四小
城阳	19	城阳中心小学、茶洋小学、溪东小学、瓮窑小学、岩湖小学、秦溪小学、中村小学、洋中小学、留洋小学，湖塘坂初小、雁塔初小、铁湖初小、占洋初小、日山初小、马下初小、官洋初小、化蛟初小，东口教学点、王湾教学点
坂中	32	特殊教育学校、民族实验小学、坂中中心小学、松潭小学、湖口小学、长汀小学、和安小学，坑下初小、南岸初小、铜岩初小、许洋初小、日宅初小、后门坪初小、汤洋初小、江家渡初小、林岭初小、亭兜初小、井口初小，桦坪教学点、岭头教学点、彭家洋教学点、大林教学点、白岩下教学点、下天池教学点、柳堤教学点、坑头教学点、仙岭头教学点、朱家山教学点、大洋教学点、塔下教学点、蒲头坑教学点、上沃教学点
范坑	24	范坑中心小学、上坪小学、洋坪小学，马冈初小、墩头初小、蛇头初小、八斗初小、山头初小、东洋初小、咸洋初小，吉坑教学点、山岫宅教学点、领先教学点、半坑教学点、古老坪教学点、百丈教学点、湖坪教学点、车下教学点、古岭宅教学点、蒲家山教学点、李厝埕教学点、满山教学点、大垄教学点、住仙冈教学点
上白石	17	上白石中心小学、财洪小学、郑家山小学、佳浆小学、不老小学、前洋小学、曹洋小学，沙坑初小、坪庄初小、东峰初小、山头境初小、南山头初小、首洋初小、流尾初小、坑尾初小、松茂林初小，外戈洋教学点
潭头	34	潭头中心小学、棠溪学校，太逢小学、柘头小学、锦桌头小学、下洋小学，东昆初小、后洋初小、渔溪洋初小、枢洋初小、东坑初小、上坪洋初小、汾洋初小、建柄初小、湖塘初小、柯洋初小、南岩初小、千诗亭初小、秀庄初小、西坑初小、泥洋初小、高岩初小、东升初小、西洋境初小，坑口教学点、后湾垅教学点、半坑教学点、祠堂前教学点、鹅山教学点、东岭洋教学点、小坑教学点、山里教学点、后沃教学点、前庄教学点
社口	18	社口中心小学、坦洋小学、秀峰小学、南山小学，沙溪初小、吉洋初小、潘洋初小、利岔初小、仙溪初小、山里初小、林柄初小、大坪初小、茶岭头初小、谢岭下初小、牛山湾初小、公洋初小、四甫初小、溪口初小
晓阳	9	晓阳中心小学、南溪小学、龙洋小学，首洋初小、马洋初小，东源教学点、前洋教学点、墙坪教学点、岭下教学点
穆阳	2	穆阳中心小学、穆阳第二中心校（苏堤小学）
穆云	37	穆云中心小学、留洋小学、隆坪小学、燕科小学、燕窝小学、溪塔小学、下逢小学，贵洋初小、虎头初小、咸福初小、温岩初小、南山初小、蟾溪初小、龟凤初小、黄儒初小、玉林初小、里楼初小、梨田初小、高山初小、半岭初小、后舍初小，牛栏柘教学点、龙田江教学点、大莲教学点、险坑教学点、大坪教学点、铁场教学点、洋勘教学点、白岩教学点、兰头教学点、牛池岗教学点、上岩教学点、洋加坪教学点、茶湾挡教学点、湖头山教学点、坑确教学点、王楼教学点

续表 25—1

校址	学校数（所）	学校（含初小校、教学点）
康厝	25	康厝中心小学、畲族经济开发区中心校，南洋小学、洋溪小学、社洋小学，红坪初小、施洋初小、界竹初小、象地初小、彭洋初小，填秦教学点、凤洋教学点、金斗洋教学点、竹园兜教学点、长潭教学点、赤路教学点、秋岭教学点、福源教学点、西铭教学点、宋家教学点、笕头教学点、大坑教学点、岭尾教学点、池丘教学点、岗头教学点
溪潭	33	溪潭中心小学、城山小学、磻溪小学、洪口小学、上洋小学，双峰初小、廉村初小、兰田初小、岳秀初小、芹洋初小、西隐初小、沙岩初小、仙石初小、岔口初小、洋头初小、上湾初小、陈家山初小、岭头初小、西安初小、张家山初小、马山初小、濑洋初小、周家山初小、吉坑初小、岐山初小，南山教学点、夫艮教学点、里南山教学点、前洋坑教学点、大山下教学点、大丘头教学点、七定教学点、仙山下教学点
闽东赛岐经济开发区	8	闽东赛岐经济开发区中心校、大留小学、樟港小学、龙桥小学，南安初小、坑门里初小，东山教学点、林洋教学点
赛岐	18	赛岐第一中心小学、赛岐第二中心小学、赛里小学、店前小学、宅里小学、象环小学、苏阳小学、青江小学、小盘小学，大叶初小、利园初小、狮子头初小、廉首初小、大盘初小、大象初小、泰康初小、长岐初小，长冈教学点
甘棠	19	甘棠中心校、外塘小学、港岐小学、甘坪小学、南塘小学、奎住小学、洋中小学、山下小学、观里小学，大车初小、眉洋初小、英岐初小、过洋初小，港边教学点、可洋教学点、春雷云教学点、山头庄教学点、国泽教学点、倪下教学点、
下白石	40	下白石中心校、顶头学校，外宅小学、大洋小学、大梨小学、塘楼下小学、福屿小学、外山小学，凤山初小、六屿初小、斗门头初小、亨里初小、白招初小、湖头初小、秦坎初小、簋尾初小、畚斗坑初小、北斗都初小、渔江初小、荷屿初小、章坑初小、大坑初小、章沃初小、章岭初小、楼坪初小，王坑教学点、小梨教学点、林门头教学点、牛地坑教学点、填洋教学点、双岩教学点、平岗教学点、康坑教学点、马兰教学点、塔里教学点、孔门教学点、红夏教学点、下赤教学点、新村教学点、南浦教学点
溪柄	33	溪柄中心校、立峰小学、楼下小学、墩面小学、茜洋小学、黄澜小学、泉山小学、山下小学；溪南初小、采梅初小、坑口初小、北山初小、东山初小、甲厝初小、港里初小、甫后初小、水田初小、林场初小、横坑初小、龙潭面初小、白沙初小；大兰教学点、允坦教学点、三溪教学点、为佳教学点、大岗教学点、葛藤坪教学点、可坑教学点、碧后教学点、九龙教学点、曲濑教学点、西洋里教学点、龟武教学点
松罗	11	松罗中心校、洋西小学，茶洋初小、牛落洋初小、王家初小，王隶教学点、大楼下教学点、南溪教学点、杜坑教学点、赤溪教学点、金山教学点
溪尾	9	溪尾中心校、下邳小学、溪邳小学，坂中教学点、林口教学点、单屿教学点、林洋教学点、前山教学点、溪边教学点
湾坞	25	湾坞中心校、马头小学、上洋小学、半屿小学、下广小学、浮溪小学、炉山小学、养鸡场小学，下塘初小、半岭初小、深安初小、宝岭初小、徐江初小、坑源初小、沙湾初小，催沃教学点、白马教学点、宝林教学点、下华山教学点、青楼下教学点、寒洋教学点、白莲教学点、池头教学点、鲤鱼坪教学点、梅洋教学点
民办学校	4	德艺学校、光明小学、亲民小学、安庆文武学校

五、社会力量办学

（一）集资建校

1995 年，全市多渠道筹措教育经费 1813 万元，其中市财政拨款 187 万元、乡（镇）村投入 335 万元、由地方教育费附加和农村教育费附加用于改善办学条件的 94 万元、城市教育费附加 52 万元、社会捐资办学投入 531 万元（其中港侨捐资 26 万元）；工矿企业、单位捐资 83 万元；学校投入 383 万元（其中勤工俭学 59 万元）；其他渠道 148 万元。新建扩建中学 26 所，小学 136 所，办学条件明显改善。

1997—2005 年，下白石镇社会力量捐资总额近 150 万元，其中某海军工厂捐资 43.75 万元，建设下白石中心小学教学楼；大丰基金会在 2001—2003 年间捐资 35 万元，建设下白石镇坑门小学大丰楼。

2001 年，全市多渠道筹措资金 3114 万元，中学校舍建设投资 1087 万元、竣工建筑面积 12655 平方米，小学校舍建设投资 985 万元、竣工建筑面积 11554 平方米；添置电脑 250 台、教学仪器 25 万元、图书 12 万元。建成达标实验室 37 个、达标图书馆（室）21 个、达标学农基地 20 个。其中新办城北中学建设投资 300 万元。

2003 年，多渠道筹措资金 17082 万元，施工面积 40442 平方米、竣工面积 46551 平方米，修缮校舍面积 20498 平方米、添置课桌椅 3842 套、购置设备 2618 件、添置图书资料 1766 册，其中，香港邵逸夫先生捐资百万元建设逸夫小学。同年，深圳光彩事业“金活”发展基金会捐资 20 万元，建设下白石镇斗门头小学；释心静法师捐资 40 万元，建设下白石镇斗门头小学。此外晓阳、甘棠等乡镇也十分重视教育，为当地教育办实事好事。

2005 年，福安社会各界集资 1135 万元，修复中小学校舍 1.89 万平方米。

表 25—2　1991—2005 年福安市社会集资办学、改善办学条件情况表

年份	集资金额（万元）	其中群众集资（万元）	改造校舍面积（万平方米）			添置课桌（套）	备注
			扩　建	修复	改造危房		
1991	545	210	1.48	—	0.8	5000	—
1992	836	483.54	1.49	0.58	0.38	—	—
1993	995.53	—	1.8	0.45	—	—	—
1994	311	—	1.48	—	—	—	扩班 24 个
1995	1813	531	—	—	—	—	扩班 162 个
1996	2100	—	2	—	—	—	扩班 32 个
1997	3624.3	379.9	—	—	—	—	—
1998	2493.45	606	1.04	—	—	—	—
1999	2150	—	—	—	—	—	—
2000	2299	—	3.21	—	—	—	—
2001	3114	—	2.42	—	—	—	新设城北中学投资 300 万元

续表 25—2

年份	集资金额（万元）	其中群众集资（万元）	改造校舍面积（万平方米）			添置课桌（套）	备注
			扩　建	修复	改造危房		
2002	2754	—	—	—	—	—	—
2003	17082	—	4.66	2.05	—	3842	—
2004	—	310		—	0.65	—	—
2005	1135	—	—	1.89	—	—	—

（二）管理

1998 年，福安市为了完善社会力量办学管理体制，根据国务院《社会力量办学条例》，成立“福安市教育委员会社会力量办学审批管理领导小组”。同年，成立福安市“社会力量办学管理协会”。

1999 年 11 月，福安市人民政府制定《关于社会力量办学管理规定》，要求社会力量办学者必须向市教育委员会提出书面申请，并附有关材料，取得“办学许可证”后，方可执业。市教委组织有关人员对办学机构进行考核评估，具备办学条件者，上报宁德市教委审批，办理许可证；不具备条件者不予办学。1999—2005 年，共有 27 所民办学校向福安市教委（教育局）提交《福安市社会力量办学审批表》，取得办学许可证并到市民政局办理“民办非企业单位（个体）登记”手续。福安市教育行政主管部门履行对社会力量办学监督管理职能，逐年调查了解各办学机构的基本情况、统计数据，并登记造册；对各校办学申报、审批手续、办学宗旨、学校章程、发展规划、招生简章、教学管理、财务制度、教师队伍、教学设施、安全卫生等进行检查、督导、评估，引导规范办学。福安市教育委员会还根据《社会力量办学条例》《关于做好社会办幼儿园（班）安全、卫生工作的通知》精神，结合幼儿园教育教学、安全、卫生保健等各方面有关规定，每年定期会同消防、卫生、公安、综治、妇联、关工委等部门对社会力量举办的幼儿园（班）和托儿所进行全面检查。根据各园所存在的问题，进行现场办公，当场发给《整改通知书》，责令未办审批手续、无证办学的园班和不具备办学条件的幼儿班停办；限令虽符合办学条件，但未办理手续的幼儿园补办手续。2004 年，福安市将语言文字工作与社会力量办学管理办公室合并，成立“语言文字和民办教育管理股”，负责社会力量办学的管理工作。同年，成立“福安市民办教育协会”，按照教育主管部门要求，协助管理民办学校各项业务。2005 年，福安市教育局根据省、宁德市有关发放民办学校办学许可证问题的通知精神，依照《中华人民共和国民办教育促进法》《中华人民共和国民办教育促进法实施条例》要求，参照同类公办学校办学标准，对 2004 年前批准正式设立的民办学校进行全面检查评估，对达到办学规定要求的民办学校，报市教育局发给新的办学许可证；督促未达到要求的民办学校限期整改。

截至 2005 年年底，全市经审批的民办学校 26 所，其中，初中 3 所、九年一贯制学校 2 所、小学 3 所、幼儿园 16 所、培训机构 2 个。

（三）民办学校

20 世纪 80 年代，福安市原有公办幼儿园已无法满足人民群众对幼儿教育的需求，出现了幼儿“入园（托）难”的问题，社会力量创办的幼儿园、托儿所（班）、中学应运而生。2000 年 7 月，创办民营福安市九源英才中学。2001年7月，创办福安市康山中学。2003年5月，创办福安市富春实验中学。2004年8月，创办福安市德艺学校。民办学校校长（园长）由创办者聘任，教师按市教育局的招收计划向社会公开招聘。

福安市德艺学校（2005年）

民办学校办学经费由举办者筹措和管理。20世纪90年代初创办的大部分民办幼儿园资金投入不多，办学场所从数十平方米至四五百平方米不等，一部分小规模的幼儿园向企事业单位或私人租借办学场所。而规模较大的幼儿园均有独立的办学场所。21世纪后创办的民办学校办学条件和规模都上档次，比以前有很大的突破。据2005年统计，全市民办幼儿园（班）固定资产总额超过8000万元，教学设备总值超过1000万元。

民办幼儿园（班）招收3～6岁的学龄前儿童。各园（班）办学条件不同，有齐全的小班、中班、大班，也有只办2班（大、中班，大、小班或小、中班）或1班（小班、中班或大班，学前班或混合班）。规模较大的民办幼儿园能开设行为习惯、体育、语言、计算、音乐、常识、美术、手工等课程，还在周末开设珠（心）算、舞蹈、英语等培训班；规模较小的园（班）只开设部分课程。教学和行政人员由举办者自聘，月工资从500元至1500元不等。从业人员有待业的大、中专（含中师、幼师）毕业生，也有下岗职工和原小学代课教员。据2005年4月统计，全市民办学校具有大专和中专学历的教师占教职工总数的80%。民办学校按照市教育局的招生计划面向社会公开招生，课程按照省颁课程标准设置，教学质量与公办学校形成竞争态势。

第二节　学前教育

1991年前，福安市学前教育以公办幼儿园为主。1991年，全市幼儿园32所，293个班，在园幼儿13009人，19个乡镇都设立一个乡镇中心幼儿园。此后，由于推进办学体制改革，民办幼儿园有了较快发展，形成政府主办和社会力量办学相结合的发展格局。

1993年，穆阳、下白石中心园，社口、甘棠学区被宁德地区评为幼教工作先进幼儿园（单位）。溪柄、赛岐学区，城阳中心园、福安市实验园被省教委评为先进集体。福安市实验幼儿园被评为省级标准园，并于1997年获评福建省优质实验幼儿园。1994年，经教育局批准新设阳头、城北、闽东赛岐经济开发区中心幼儿园。

1998年，福安市农村幼教工作通过省、地检查评估，被授予“幼教工作先进市”称号。1999年，福安市学前儿童一年入园率99.4%，实现到2000年基本普及学前教育的目标。幼儿教师专业合格率从五年前的16%提高到37%。2000年，福安市第二实验幼儿园获评省级优质幼儿园。同年，福安市作为全省试点，开展非正规学前教育试点工作。学前教育以非正规的办学模式，解决留守儿童学前一年的教育问题，通过依托乡镇中心幼儿园的师资力量，村委提供办学场所，市幼儿教育部门每周一次下村组织教育活动。非正规学前教育试点工作的开展，解决了1995年以来拆点并校后227个自然村幼儿失学问题。其实施经验《非正规教育让更多的山娃娃得到实惠》在中央教科所组织的“21世纪幼儿教育管理高级论坛”上荣获二等奖，并在教育部与联合国儿童基金会举办的“儿童早期养育与发展”项目2002年度评审会上做典型经验介绍。2004年，福安市阳头、城阳、溪柄、穆阳、赛岐、闽东经济开发区幼儿园及市机关儿童学园、上白石、穆云中心幼儿园被评为宁德市级示范幼儿园。福安市幼儿教育研究会被评为先进单位。福安市实验幼儿园、第二实验幼儿园顺利通过省级优质幼儿园复评。市实验幼儿园并被评为宁德市名校。

2005年，全市有幼儿园53所，其中，民办21所、教育部门办30所，其他部门办2所，在园幼儿11029人，有444名专任教师。学前三年入园率80%，学前一年入园率97.06%。依法整顿和取缔20所不合格民办幼儿园。全市有2所省优质幼儿园，2所省标准幼儿园，11所宁德市市级示范幼儿园。同年，全市19个乡镇和阳头、城南、城北三街道共有22所中心幼儿园、在园人数3114人，222个幼儿班，206名专任教师。全市103个学前班，在班人数1424人。22所乡镇、街道中心园中，溪柄中心园为省标准幼儿园，阳头、城阳、穆阳、穆云、赛岐、闽东赛岐经济开发区、上白石、甘棠等8所中心园为宁德市市级示范幼儿园，其余13所为福安市市级示范幼儿园。

附：学校选介

福安市实验幼儿园

福安市实验幼儿园位于城北街道中兴街街尾1号。创办于1951年，1957年定名为福安县幼儿园，1985年更名为福安县实验幼儿园，1990年更为福安市实验幼儿园。占地面积4169平方米，建筑面积11355平方米。2005年，教职员工112名。其中在编正式教师56名，本科学历19人，大专学历25人，在职进修本科或大专11人；中学高级教师3名，小学高级教师33名，特级教师2名；全国优秀教师称号获得者2人，省“5·1”劳动奖章获得者1人、省学科带头人2人、省骨干教师4人、宁德地区（市）骨干教师10人，在园幼儿900多名。

福安市实验幼儿园坚持以“健康快乐，幸福成长”为办园宗旨，探索适合自身发展的特色之路。积极开展“创适宜环境，创体育特色、创体验活动”的办学实践。每年承担为闽东各幼儿园开设观摩教学的任务，为幼教同行提供学习、交流的平台。同时，经常被邀为宁德市骨干幼儿教师开设讲座，为省、地、市编写幼儿教材、进行业务指导等活动，科研成果显著。成为宁德市幼教的示范窗口、福安市幼儿教育的示范园。

1993年，学校被评为宁德市第一所省标准幼儿园，1997年被评为福建省优质幼儿园。1991—2005年，先后获得宁德市“名校”“妇女先进集体”“三八红旗集体”“先进教工之家”“先进基层党组织”、福建省第八届和第九届“文明学校”“基础教育课改先进集体”“电化教育先进单位”“女职工标兵岗”全国教育科学“十五”规划教育部“重点课题先进实验幼儿园”、第九届全国中小学生绘画和书法作品

表 25—3　1991—2005 年福安市幼儿教育发展情况统计表

年份	园数（所）			班数（所）			招生数（人）			在园人数（人）			教职工（人）			幼儿入园率
	教育部门	社会力量	其他部门	教育部门	社会力量	其他部门	教育部门	社会力量	其他部门	教育部门	社会力量	其他部门	教育部门	社会力量	其他部门	
1991	27	1	4	260	7	26	8680	92	303	12094	130	785	493	6	48	—
1992	25	—	10	395（253）	9	34	8948	267	557	12172（7156）	267	1134	545（346）	10（10）	69（48）	—
1993	26	1	10	475（295）	5	53	11120	603	1217	15168（9390）	130	1945	625（380）	33（33）	100（86）	49.15%
1994	32	1	11	470（244）	32（17）	75	10254	712	1065	15664（8104）	901（515）	2489	658（396）	47（47）	140	50.01%
1995	37	4	4	588（326）	57（18）	31	11771	900	344	19536（9879）	1811	882	729（446）	57（57）	67（50）	52.51%
1996	36	8	6	539（343）	83（17）	19	10632	1310	337	16990（9139）	2454（424）	877	782（464）	28（28）	57	54.68%
1997	38	10	4	529（323）	107	18	9622	1824	181	15649（7871）	3414（1016）	592	810（455）	143（143）	52（42）	64.37%
1998	38	11	8	555（365）	87（15）	32	9683	1205	393	15983（8428）	2424（355）	947	852（488）	131（131）	83	76.75%
1999	41	11	5	598（384）	57（7）	26	10580	981	234	16963（8241）	1644（147）	744	874（515）	103（103）	63（53）	72.98%
2000	41	12	4	586（344）	38	23	9532	987	—	15948（6843）	1240	1807（710）	909（513）	68（68）	48（36）	78.42%
2001	45			集体 604（419）	36（3）	6	8122	530	97	14033（7585）	931（60）	210	371（144）	95	26	—
2002	43	—	—	集体 409（268）	72（16）	—	5233	1364	—	9158（4375）	2344（362）	—	328（35）	121（23）	73（5）	—
2003	29	29	—	356	100	—	4622	1219	—	7905（3562）	2645	—	361（54）	278（44）	—	—
2004	49	17	2	240	85	16	2321	1381	299	5000	2645	661	206	243	73	—
2005	30	21	2	263	98	16	3552	1340	154	7311	3201	517	393（85）	344（38）	72	—

说明：1. 班数中括弧内数字为小学附设班。

2. 教职工人数括弧内数字为民办和代课教师。

比赛组织工作先进集体、《双龙杯》全国少年儿童书画大赛优秀集体等40多项荣誉称号。

福安市第二实验幼儿园

福安市第二实验幼儿园创办于1988年，前身为福安县直机关幼儿园。1993年征地兴建新园，1994年竣工完成搬迁，并更为现名。园址位于福安市城北荷塘坪109号，占地面积3500平方米，建筑面积4000平方米。2005年，全面完成校园的美化、绿化工程。有计算机51台、钢琴19台、图书5000册，设幼儿电脑室、音体室、电教室、游戏室、教具室、档案室、资料室、保健室、隔离室、保管室。教职工97人，其中，高级职称1人、中级12人、初级24人，小学特级教师1人；大学本科11人，大专24人，中专20人（均已参加大专学历自学考试）。保育员20人，在园幼儿1000多人。

福安市第二实验幼儿园以“精于育人，诚于师德”为办学宗旨，围绕“健康、灵动、会玩、有爱心的阳光儿童”的培养目标，抓好师资队伍建设，加强园本教学研究，创建学校文化特色品牌，教育教学教研成果丰富。是“福建省幼教游戏研究基地”“宁德市幼教课程改革实验基地”，先后获“福建省先进幼儿园”“宁德市先进教工之家”“宁德市巾帼文明岗”“宁德市三八红旗集体”“宁德市平安校园”“中国西部教育顾问单位”称号。2000年，被福建省教育厅命名为省级优质实验幼儿园，1990年至2005年连续8届被宁德市人民政府授予地区（市）文明学校称号。

第三节　小学教育

1991年，福安市实施普及九年义务教育。全市小学1054所，教学班2952个，学生66560人，占当年全市总人口的12.56%。初等教育的“四率”继续保持省颁一类标准：入学率99.07%，巩固率99.22%，毕业率98.03%，普及率97.18%。

1992年，福安市针对农村村落分散、学校布点多、管理不便的情况，逐步调整不合理的教育网点，减少学校数量，联点办寄宿制小学。当年，将全市原有的1054小学调整为272所完全小学校、181所初小校和19所中心校，把543所单双人校改为教学点（班），划归附近完全小学校管理。1994年，坂中、松罗两学区各办起一个聋哑儿童班，共招收24人。1997年，以坂中中心校特教班为依托，成立宁德地区第一所县（市）级“特教学校”。1998年，撤并在校生10人以下、距完全小学或初小校5千米以内的农村偏远教学点160个，加大寄宿制完小、初小的投入，保证各教学点学生入学。当年，小学毕业生不再实行升学考试，而按就近原则升入初中。同年，甘棠中心小学获得省教委授予的“福建省农村示范小学”称号，全市共有4所小学成为“福建省农村示范小学”。甘棠中心小学、穆阳中心小学少先大队被全国少工委授予“红旗大队”称号。康厝学区学生参加福建省第六届小学生作文竞赛，分别获得农村组中、高年级一、二等奖。溪潭中心小学学生参加全国“爱祖国、爱科学”读书征文活动，获省特等奖，并参加在厦门举行的全省表彰大会。福安市实验小学少儿舞蹈《竹卜惊雀》代表宁德地区参加福建省首届“音乐舞蹈节”演出比赛，获得金奖。1999年，全市撤并小学教学点177个，小学校均学生数从1997年的75人提高到91人。全市办起寄宿制小学92所，寄宿生4373人。溪柄港里小学学生参加由《人民画报》社牵头组织的“世纪之星全国少年儿童绘画、书法、摄影作品大赛”，报送的泥雕、卵石画、根雕造型等65件美术作品，有50件获奖，该校校长及学生代表应邀进京领奖。2001年，福安市实验小学两名学生、福安十中1名学生荣获全国“少儿文艺”竞赛最高奖“蒲公英”奖。同年，福安市实验小学五名师生荣获全国“走向新世纪”读书教育活动特等奖，并进京领奖。同年4月，福安市人民政府确定了小学改制工作方案，全市小学学制分三年时间向六年制过渡。当年秋季，一、二年级全部改成六年制，城区小学三年级开始开设英语课。2002年，韩城第一小学学生多幅美术作品入编全国小学美术教材。同年，小学全面完成改制工作。福安市被列为全省23个基础教育课程改革实验区之一。从秋季开始，基础教育课程改革实验进入实施阶段，起始年段师生全部使用新课程教材。2003年，溪潭中心小学学生制作的电子动画《聪明的小猪》荣获福建省第四届中小学电脑制作活动小学组一等奖。同年，全市所有中小学4万多名学生、5千多名教师参与这次课改实验。3所学校成为省课程改革基地校，10所学校成为宁德市级课程改革基地校，15所学校为市级课程改革基地校。12月，福建省教育厅对福安市课改工作进行评估。

1997年至2005年，先后有阳头中心小学、福安市实验小学、闽东赛岐经济开发区中心小学、松罗中心小学、赛岐中心小学、穆阳中心小学、赛岐第二小学，溪柄中心小学、城阳中心小学、甘棠中心小学被命名为“全国写字教育实验学校”。福安市被评为“全国写字教育实验基地”，成为全国26个写字教育实验基地之一。福安市实验小学、福安市韩城第一小学被命名为“全国书法艺术教育实验校”。实验小学、韩城一小、松罗中心小学等学校师生的书法作品多次在全国性大赛中获奖。2004年，坂中中心小学顺利通过宁德市素质教育先进学校评估验收。

至2005年，福安市有中心校、完小校和初小校282所，教学班1829个，小学生61753人，中心校由1992年19所增至36所，完全小学校由1991年272所减至83所，初小校由109所增至163所。

附：学校选介

福安师范学校附属小学

福安师范学校附属小学位于福安市城北街道公园路50号，前身系创建于1902年的福安县官立紫阳高等小学。经过数十年的变迁，1982年定为现名。1991年，学校位于福安城区街尾龟湖旁，1998年6月1日迁至现址。学校占地面积10719.6平方米，建筑面积7759.76平方米。2005年，学校设32间普通教室，15间专业教室，学生1953人；教职工95人，其中本、专科学历的教师占专任教师总数的66%，中高级职称教师占专任教师总数的61%。全国骨干教师1人，省级骨干教师6人，省学科带头人7人，省优秀教师和先进工作者7人，先后有30人次在全国、省级比赛课中获奖。1991—2005年，共培养毕业生8000多名。

福安师范附小百年校庆（2002年）

福安师范附属小学以“让

表 25—4　1991—2005 年福安市小学发展情况表

年份	当年学校数（所）						教学点（所）	少数民族学校（所）	班级数（所）		学生数（人）		相关比率		
	总数	其中							总数	其中复式班	总数	其中少数民族学生	学龄儿童入学率	升学率	学生巩固率
		实验小学	中心校	完全小学	初小校	单（双）人校									
1991	1054	2	19	272	109	652	—	286	2952	935	66560	8027	99.07	—	99.22%
1992	474	2	19	272	181	—	543	267	2897	882	67570	7603	99.5	69.8%	99.68%
1993	456	2	19	272	—	—	546	276	2911	838	66259	5888	99.59	70.03%	97.57%
1994	456	2	22	277	—	—	538	248	2925	836	65709	6543	99.8	70%	99.5%
1995	456	2	22	277	—	—	525	233	2894	764	65800	6139	99.69	87.34%	99.03%
1996	456	2	22	277	—	—	486	218	2890	768	65967	6936	99.97	91.95%	99.03%
1997	450	2	22	277	—	—	478	112	2886	742	69600	4492	99.72	98.94%	99.47%
1998	448	2	23	281	—	—	318	159	2790	552	69082	5830	99.76	—	99.6%
1999	447	2	25	284	—	—	301	166	2743	516	68109	6689	99.82	—	99.3%
2000	448	2	27	283	—	—	298	170	2732	506	66317	6295	99.89	—	99.05%
2001	436	2	27	282	—	—	244	147	2597	393	66897	5249	99.92	—	—
2002	415	2	27	269	—	—	281	150	2467	408	68986	8795	99.96	—	—
2003	371	2	29	200	140	—	183	—	2175	391	68412	—	—	—	—
2004	320	2	36	115	167	—	144	—	2002	323	65602	—	—	—	—
2005	282	2	36	83	163	—	142	—	1829	310	61753	—	—	—	—

说明：1. 民族学校数包括单独举办的完小、初小、教学点。
2. 学校数及相关数字从 2001 年起包含民办校。
3. 实小包括福安市实验小学和福安市民族实验小学。

校园成为师生最向往的地方”为办学理念，打造“以人为本，全面发展”，富有时代特色的校园文化建设体系，“立德树人”，提高教育教学科研质量。十五年来，学校先后获得全国首届绿色学校、全国青少年科普创新示范学校、全国德育实验学校、全国艺术教育先进学校、省级文明学校、省级示范小学等五十多项国家和省级称号。2002 年 12 月，由福建省教育厅推荐，被《中国教育报》遴选为“中国名校六百家”之一。

学校先后承担国家级“八五”科研课题《小学生心中有他人道德启蒙教育实验研究》、“九五”科研课题《小学生爱劳动道德启蒙教育实验研究》、“十五”科研课题《建设充满小学生主体活力的班集体的系列研究》和福建省《青少年道德建设实验课题研究》。其中“九五”“十五”实验课题研究成果获全国德育研究优秀成果一等奖。

福安市实验小学

福安市实验小学位于福安市城南街道龙江路 7 号。前身系 20 世纪 30 年代天主教会创办的私立崇一小学。1950 年后几经变迁，数易校名，1990 年定名福安市实验小学。1991 年，有南北两座砖木结构教学楼。1994 年，拆除北面旧教学楼，就地建一座新楼。学校占地面积 6700 平方米，有图书室、阅览室、电脑室、书画室、音乐舞蹈室、多功能厅等 6 个专用教室，藏书 26000 多册。2005 年，有教学班 36 个，学生 2055 人。教职工 95 人（实际编制 105 人），其中，特级教师 1 人、小学中学高级 2 人、小学高级教师 68 人、小学一级教师 23 人、高级技工 2 人；全校教职工中大专以上学历 74 人，其中，本科学历 22 人。

福安市实验小学坚持“质量立校、人才强校、特色名校、文化兴校”的办学理念，注重课程改革实验，创新教育管理，加强师资队伍建设，推进教育教学改革。1991—2005 年，学校先后被授予“省文明单位”（第五届）、“省文明学校”（第六届）称号，连续三届被评为宁德市文明学校。

1991—2005 年，先后被指定（评选）为国家级省级重点课题实验学校，教育部“十五”规划重点课题项目主研学校、全国教材实验先进学校、全国写字教育先进实验学校、全国艺术教育先进单位，宁德市实施素质教育工作先进学校。学校教师参加各项教学比赛，连续五届获全国写字教学比赛一等奖，获写字多媒体课件全国特等奖、教师科学视频案例全国一等奖、“创新杯”全国课堂教学艺术大赛一等奖和“十佳魅力教师奖”。

2001 年，学校将宿舍区拍卖转让，盘活资金，与福建岚华教育集团合资创办闽东第一所以股份制形式办学的新型学校——福安市德艺学校，成为福安市办学体制改革的试点。

第四节　中学教育

1991 年，福安市有中学 17 所，其中完全中学 9 所、初级中学 8 所，小学附设初中 8 所。在校生 18918 人，其中初中生 16044 人。同年，福安市初中毕业生参加省初中毕业会考，综合比率 58.41%、合格率 81.3%、巩固率 81.3%、均名列全区第一。全市高中毕业生参加全国高考，被大、中专院校录取 404 人。

1992 年，中共福安市委、福安市人民政府决定：为进一步改善办学条件，7 年内，由福安市人民政府向全市在校中学生（含职业技术学校的在校生）家长借款若干，待该生毕业后如数归还，以解决教育经费的不足；全市除一、二、三、八中外，其他完全中学一律暂停招收高中学生，集中力量发展初中教育。当年，全市初中招生6425人，在校初中生16877人、比上年增加833人；小学毕业生升学率69.81%，比上年提高0.29%。同年，城阳、坂中两个乡宣布实施初级中等义务教育。1994年，新建苏阳、甘棠、双峰、楼下4所中学，扩建20所中学，扩建面积14810平方米，新增班级42个，全市初中招生7756人。1995年，全市初中招生实现历史性突破。小学毕业生升初中9660人，超额完成地区下达8900人的初招任务。初中在校生数首次突破2万人大关。少数民族初中毕业生266人，升重点高中53人、升中专31人，升学率为31.57%。全市独立设置的民族中学、民族职业中学、民族小学77所（其中，民族实验小学1所），形成从小学（含实验小学）、普通高中职业中学的民族教育体系。1996年，全市22个乡镇、街道全面实施初级中等义务教育。同年，全市应届初中毕业生参加福建省初中毕业会考，综合比率73.33%、首次超过省颁一类标准，及格率93.23%、居全省第12位和宁德地区第一位，优秀率54.43%、居宁德地区第一位。全市高中毕业生参加高考，被高等院校录取433人。全省文科"状元"，全区理科"状元"均被福安市考生获得。1997年，全市初中入学率100%。1998年3月，"普九"工作顺利通过省评估验收和"跟踪"检查。从1999年起，全市小学升初中全面实行免试就近入学。继福安一中之后，设在赛岐镇的福安二中也于1999年高中与初中分离、初中停止招生。同年，经福安市人民政府同意，新设立顶头中学、城北中学、罗江中学，至此，全市共有普通中学31所。2000年，福安三中通过省、地评估验收，由宁德地区重点中学升格为福建省重点中学。2003年，全市初中布局进行调整，撤销大象、东昆、磻溪、洋中四所小学附设初中班，顶头、棠溪改为九年一贯制学校。

2004年，福安市普通高中在校生数达11463人，首次突破万人大关。同年，福安一中通过宁德市素质教育先进学校评估验收。继福安一中后，福安二中、福安三中升格为省重点中学。2005年，福安市有普通中学34所，职业中学6所，在校学生38100人。其中普通高中12所，在校学生数12947人。

1994年至2005年，福安市2位学生参加96、97届全国奥林匹克数学竞赛，均获金牌，3位学生参加数学、化学全国奥林匹克竞赛，均获一等奖。2003—2004年，参加全国学科竞赛，8人获省一等奖（其中1人为初中生）、2人获二等奖、5人获三等奖，参加全国性中学生征文比赛和英语能力竞赛，获得特等奖。参加省体育比赛，获得14枚金牌、5枚银牌和11枚铜牌。

附：学校选介

宁德市民族中学

宁德市民族中学位于福安市城北街尾103号，前身系创办于1958年的福建省福安民族中学，校址设福安城北甲杯山。是福建省第一所民族中学，也是我国畲族学生最多的民族中学之一。1960年迁至溪边村。1968年更名福安专区民族中学。1970年学校再迁现址。1971年改为完全中学，更名为福建省宁德地区民族中学。2001年更为现名。

2005年，宁德市民族中学校园总面积32345平方米，建筑总面积26819平方米，藏书76000册，固定资产1400万元。教师167人，其中专任教师141人，少数民族教师11人；高级职称50人、中级职称

表 25—5　1991—2005 年福安市初中教育发展情况表

年份	公立初中（所）	小学附设初中（所）	民办初中（所）	班级数（所）		学生数（人）		寄宿生数（含高中）（人）	当年招生（人）		当年毕业生（人）		招生区域学龄儿童数（人）	其中在校学龄儿童数（人）	普及率
				合计	其中民办	合计	其中民办		合计	其中民办	合计	其中民办			
1991	8	8	—	323	—	16044	—	6161	6305	—	3457	—	—	—	—
1992	10	11	—	352	—	16877	—	5875	6425	—	4084	—	—	—	—
1993	11	5	—	373	—	18023	—	6635	7193	—	4304	—	31755	—	—
1994	15	4	—	399	—	18995	—	6593	7412	—	4940	—	32081	14031	43.76%
1995	15	6	—	451	—	22717	—	7376	9660	—	4841	—	32243	17119	53.09%
1996	19	6	—	540	—	26789	—	8680	10511	—	5891	—	31839	19540	61.37%
1997	19	6	2①	558	21	30903	1166	9323	11343	460	6952	345	31650	21220	67.05%
1998	19	6	4②	574	21	33327	1304	9976	12113	482	9013	336	33574	23724	70.66%
1999	22	4	4	696	16	33367	939	9588	12720	—	10077	361	34703	26143	75.33%
2000	23	4	5③	606	17	36433	838	10566	12523	354	10566	446	35884	27545	76.76%
2001	19	4	6④	623	19	37432	954	—	13135	595	11293	371	33781	28601	84.67%
2002	19	4	3⑤	631	31	37964	1631	—	13218	696	10929	—	34758	29596	85.15%
2003	18	—	3⑥	576	35	33492	1946	—	7838	695	11277	334	—	—	—
2004	18	—	3	502	36	29272	2040	—	8861	677	11896	523	—	—	—
2005	18	—	4⑦	682	59	25153	2416	—	8788	1067	12005	669	—	—	—

说明：1.1997 年两所民办初中系福安一中与宁德民中的附属学校。
2.1998 年增福安二中与福安三中的两所附属初中。
3.2000 年增办九源英才学校。
4.2001 年增办京山中学。
5.2002 年只有福安三中、九源英才学校、京山中学开办附属初中。
6.2003 年九源英才学校停办，新办富春实验中学。
7.2005 年增办德艺学校。

表 25—6 1991—2005 年福安市高中教育发展情况一览表

年份	学校数（所）		班级数（个）		学生数（人）		当年招生数（人）		当年毕业生数（人）	
	合计	其中民办	合计	其中民办	合计	其中民办	合计	其中民办	合计	其中民办
1991	6	—	62	—	2874	—	1005	—	890	—
1992	5	—	62	—	2823	—	969	—	917	—
1993	5	—	55	—	2445	—	737	—	878	—
1994	6	—	56	—	2466	—	873	—	889	—
1995	6	—	57	—	2609	—	1040	—	865	—
1996	6	—	60	—	3121	—	1236	—	697	—
1997	6	—	66	—	3637	—	1404	—	843	—
1998	7	—	75	—	4362	—	1774	—	1021	—
1999	7	—	95	—	5213	—	2083	—	1187	—
2000	8	—	119	—	6393	—	2519	—	1363	—
2001	9	—	145	—	7348	—	2766	—	1732	—
2002	10	—	165	—	8639	—	3339	—	2027	—
2003	12	2	188	4	9925	212	3721	—	2440	—
2004	12	2	208	11	11463	582	4349	374	2760	—
2005	12	2	238	16	12947	937	5006	362	3336	—

54 人。在校学生 2356 名，其中初中学生 624 人、高中学生 1732 人，少数民族学生 1340 人，占在校生总数的 56.9%。

宁德市民族中学贯彻党的教育方针和民族政策，重视学生的全面发展。实施素质教育，开展新课程改革，提高教育教学质量。构建富有民族特色的校园文化，继承和弘扬畲族优秀传统文化，并取得可喜的办学成绩。1991—2005 年，学校先后被评为全国民族体育先进集体、福建省普通中学教学常规先进集体、福建省民族团结进步模范单位、全国民族中学教育协会示范校、全国中小学民族团结先进单位、全国群众体育先进单位、宁德市名学校。连续多次获中共福建省委和福建省人民政府授予的“文明单位（学校）”称号。

福安市第一中学

福安市第一中学位于福安市冠后路 16 号，前身系 1902 年创建的宁郡中学堂和 1924 年创建的福安县立扆山初级中学。1954 年定名福建省福安第一中学，为福建省首批重点中学之一。1990 年更为现名。1991 年，在校生 2336 人，其中初中生 1385 人，高中生 951 人；教职工 188 人，其中专任教师 133 人；

校园面积37333平方米，建筑面积24143平方米。1999年，停止招收初中学生，改制为高级中学。2001年至2005年，每年招收700多名高中新生，在校生2260人左右。2005年，校舍面积46369平方米，教学用房面积24797平方米；藏书9万余册；教职工186人，其中，高级教师86名，一级教师46名。大学本科学历教师146人，占专任教师的87.95%。

福安一中学生郑常津获国际数学奥赛金奖归来（1997年）

福安市第一中学以“五环”课堂教学模式（先学先行、问题反馈、互动研讨、训练巩固、拓展提升）改革、“创新教育”和“自信与感恩教育”为三大办学特色，通过实践“五环”课堂教学改革，培养学生的自主学习能力；通过开展“创新教育”，培养学科尖子学生；通过开展“自信与感恩教育”，提高学生的思想道德素养和优秀的个性品质，促进了学校整体办学水平和质量的提升。2001—2005年，学校先后获评宁德市实施素质教育工作先进学校、全国群众体育先进单位、福建省教学尖子摇篮、宁德市（地区）文明学校、宁德市名学校、全国基础教育名校、福建省中小学校体育工作先进集体、福建省第五届青少年科技教育工作先进集体、福建省花园式单位、福建省现代教育技术实验学校、全国教育科学“十五”规划课题“优秀电影全面提高学生素质的实证研究”实验学校、全国中小学思想道德建设活动先进单位、宁德市先进基层党组织、福建省先进图书馆等。

第五节　高等教育

2005年5月，福建省人民政府下发《福建省人民政府关于同意组建宁德职业技术学院的批复》，批准由设在福安的宁德市农业学校和福安师范学校两所中专学校合并组建宁德职业技术学院。该院是闽东第一所公办全日制综合性普通高等职业技术院校，分南（原福安师范学校校址）、北（原宁德市农业学校校址）两个校区，院部设在北校区。学院占地总面积25.5公顷，其中校园占地面积18.66公顷、校舍占地面积6.84公顷；南北校区图书馆各一座，图书16.23万册；实验楼2座，实验室38个、实验仪器价值955.2万元；拥有实习茶园6.67公顷、茶叶综合加工厂一座、农场、花圃、菌种站、名优果树示范场（包括福安市下白石、宁德蕉城区七都两个龙眼场）等校内外实训基地；教职工252人，专任教师164人，其中，本科学历教师150人（内硕士5人）、副高职称45人、中级职称68人、在读研究生2人、完成研究生6门课程进修的教师18人。从福州大学、福建师范大学、福建农林大学聘任教授、副教授级兼职教师10人、兼任教师11人。

按照福建省人民政府规定，学院全日制在校生近期规模3000人，由宁德市人民政府举办，教学业务由省教育厅管理；撤销宁德市农业学校与福安师范学校的建制。该院面向本省，辐射周边省市、服务区域经济发展，培养适应教育、生产、经营、管理、服务等一线需要的高中级专业技术应用型人才。以全日制高职（大专）学历教育为主，设置机电工程、人文科学、农业科学、电子信息、财经管理五个系25个专业。同年，经批准设置作物生产技术、茶叶生产加工技术、园艺技术、农业经济管理、初等教育5个专业，当年招收高职学生43人、五年专学生123人，同时兼收中专生和综合高中班（属职业高中性质）学生。

第六节　特殊教育

一、学校设置

1992年，福安市在松罗中心小学开办第一个专门招收聋哑学生就读的特教班，当年，招收聋哑儿童12人，配特教专任教师2人。1993年，福安市在坂中中心小学新办1个“聋童班”，招收聋哑儿童12名；阳头中心小学新办一个“盲童班”，招收智障者及盲童12人。1994年，福安市残联、市职教中心、市农械木器厂联合创办“福安市特殊教育职业中学”。学校由市民政局主办、教育局协办，校长和教师由教育局选派，招生列入计划。1997年，在坂中中心小学附设“聋童班”的基础上成立“福安市特殊教育学校”。当年，福安市有特殊教育学校2所（“特教职中”和“特教学校”），还有普通学校附设“聋童班”1个，“智障者班”1个。1998年，福安市特教职业中学划归福安市教育部门主管，成为公立中等职业学校。2001年，福安市特殊教育职业中学与福安四中合并，由福安四中校长统筹管理，但保留两所中学建制。

2005年，福安市特殊教育学校开设一至七年级7个教学班，在校学生86人，专任教师19人。借用坂中区原有幼儿园校舍，有校园面积860平方米、建筑面积1140平方米。配备电脑、电视、VCD等教学器材及聋童康复训练的简易器材。当年，全市有特教班7个，在校生数86人；全市特教在校生总数417人，残疾少儿入学率98.5%。

二、学制课程教材

（一）学制

1997年，福安市特殊教育学校开设聋童义务教育专业，学制8年。一至三年级为低年级，四至六年级为中年级，七至八年级为高年级，至2005年未变。

（二）课程

1997年9月，福安市特殊教育学校开设思想品德、语文、数学、音乐、体育、美术、常识等课程，高年级增设劳动技能教育课。每天6节课，每周上课5天。

（三）教材

1997年9月，特殊教育学校使用人民教育出版社的全日制聋哑学校教育实验教材，有语文、数学、常识、音乐、体育、美术、劳动及教师用书等。

三、教学研究

1997—2005年，福安市特殊教育学校开展的主要教研课题有“高年级聋生心理健康教育研究”“特殊教育教师群体专业化成长探索研究”“智障儿童个别化教育的策略研究”“促进智障儿童社会适应性发展的研究”“小学高年级聋生课外阅读的教学策略研究”“初中聋生与普通学生应用题教学方法的对比研究”“聋校数学课堂提高聋生语言能力的策略研究”等。

第七节　职业技术及成人教育

一、职业技术教育

1991年，福安市职业中学有福安市职业高级中学、福安市民族职业中学、福安市第九中学、福安市潭头中学等四所。市职业高级中学开设电子电器、食品工艺、医学检验、师范幼教、师范体育、师范美术、文秘、财会、服装、预备军人等专业；市民族职业中学开设工业与民用建筑、农村经济管理、服装、木工、预备军人等专业；福安九中开设农村经济管理专业；潭头中学开设农村经济管理、食用菌等专业。从当年起，福安市财政每年支付3万元，民委、教育局各支付5000元作为畲族学生助学金。当年，福安职业高级中学经省教委批准升格为职业中专，校名更改为福安市职业学校。1993年2月，福建省教委确定福安市职业学校为“省级重点职业高级中学”。周宁、寿宁、屏南、霞浦等六县的城关职业中学皆挂靠福安市职业学校举办相关专业。同年11月，省教委领导到福安市民族职业中学调研。1994年，全国人大常委会、国家民委、省人大常委会领导视察福安市民族职业中学。宁德教育局领导在全区职业教育办学经验交流会上称赞福安市职业学校是“闽东职业中学的排头兵”，福安市民族职业中学是“闽东农村职业学校的榜样”。

1995年8月，宁德地区教委通过评审，确定福安市民族职业中学为“地区重点高级职业中学”。1996年6月，福安职业学校更名为福安职业中专学校。

福安职业高级中学（2004年）

2002年，福安市职业中学招收全日制新生1536人，比上一年增长53%，其中福安市民族职业中学增长122.4%。共开设9大类14个专业：资源与环境类（环保专业）、加工制造类（电子电器专业、机电专业）、信息技术类（计算机应用专业、电子信息功能专业）、财经类（计算机财会专业）、艺术体育类（美术专业）、交通运输类（汽车驾驶专业）、商贸与旅游类（证券与核算专业、商贸专业、旅游专业）、社会公共事业类（幼儿教育专业、法律专业）、医药专业类（医学专业）。

2003 年 12 月，福安职业中专学校从福安阳头四中原址迁往坂中新校区，占地 9.2 公顷，第一期工程建筑面积 2 万平方米。2004 年 3 月，更名为福安职业技术学校。2005 年，福安市共有职业学校 9 所，在校生 5383 人。

表 25—7　1991—2005 年福安市职业技术教育发展一览表

年份	学校数（所）	班数（班）	在校生数（人）		当年毕业生数（人）	当年新招生数（人）	教职工数（人）			备　注
			总数	其中女生			总数	其中专任教师	外聘教师	
1991	4	29	1038	359	238	584	132	85	—	—
1992	4	34	1324	628	371	714	139	93	—	—
1993	5	46	1677	733	438	844	162	121	—	新增六中附设职高
1994	6	49	1962	764	449	877	168	134	—	新增特教职中
1995	6	59	2158	765	868	880	196	159	—	—
1996	6	66	2249	815	689	918	193	158	—	—
1997	6	75	2773	851	599	1249	206	169	—	—
1998	8	77	2725	1125	927	1041	196	175	—	含地区工交干校、地区交通技校职教班
1999	8	74	2467	934	1019	1116	234	186	—	
2000	8	70	2279	971	899	1228	221	173	—	
2001	8	49	2388	966	635	1283	178	147	—	
2002	8	66	3664	1589	335	1964	208	164	—	
2003	9	—	4201	1944	885	1670	247	194	—	不含地区技校，增福安及赛岐成人中专
2004	9	—	4974	2400	1049	2456	300	255	28	
2005	9	—	5383	2507	1351	2228	308	260	49	

附：学校选介

福建省福安师范学校

福建省福安师范学校校址位于福安市阳头工业南路 181 号，1915 年，福安县创设师范讲习班，校址在城北秋园。1930年春，福安展山中学兼设县立甲种乡村师范讲习所。1938年，福安设战时民众学校师资培训班。1939年7月，福建省教育厅批准成立省立霞浦简易师范学校。同年，因日寇侵扰闽东沿海，后校址迁往寿宁县斜滩镇，并更名为福建省立福安国民师范学校。1940年3月，迁回福安县穆阳镇，更名为省立福安简易师范学校。1942年2月，更名为福建省立福安师范学校。1950年，更名为福建省福安师范学校。1952年，校址迁到福安县赛岐罗江。1959年，再迁福安城关街尾。"文革"期间学校停办。1978年7月，福建省人民政府批准复办福安师范学校，为宁德地区直属副处级事业单位，并在城关阳尾新建校址。

福安师范学校（2002年）

福安师范学校秉持"团结、敬业、求实、创新"的校风，"德正、学高、严谨、奉献"的教风和"勤学、求真、立志、成才"的学风，立德树人，从严治校，不断提高办学质量。1991—1999年，实现中等师范办学标准化，成为一所省内、外闻名的中等师范学校。1997年，中共"十五大"提出继续深化教学改革的要求，学校停止招收民师学生。1999年，国家取消中师毕业生统招统配制度。2000年，国家改革师范教育体制，师范教育由三级向二级过渡，福安师范面临转制，当年停止招生。2001年，福安师范与宁德师专联办5年专小教专业，实行"3+2"办学模式，当年秋季恢复招生。2002年，经宁德市教育局批准招收综合高中班学生373人。2003年，福安师范按"3+2"办学模式与福建省教育学院联办五年制小教专业。2005年，福安师范在校生1076人，其中五年专学生264人，综合高中班学生812人。当年5月，经福建省政府批准与宁德市农业学校合并组建宁德职业技术学院，分农校、师范两个校区。

2005年，福安师范学校校区占地面积31743平方米（3.17公顷），建筑面积19296平方米。教学仪器设备总值297万元，图书6.5万册。教职工总数120人，其中专业技术人员82人（高级职称29人、中级职称30人、初级职称23人），行政人员16人，教辅人员7人，工勤人员15人。专任教师90%以上达到大学本科学历，5人获得教育硕士学位，80%教师通过研究生六门课程进修、获得结业证书。至2005年，教师主编、参编出版56本有关书籍，500多篇文章在各级刊物发表。

福安师范长期开展学习实践人民教育家陶行知教育思想活动，学校成为闽东的"陶研中心"，"学陶师陶"活动成为福安师范的办学特色之一，也是对学生进行师德教育和专业思想教育的有效途径，并连年被评为全国、省"陶研"工作先进集体。

福安师范先后获评福建省先进基层党组织、全国五四红旗团委创建单位、省教育工会工作先进集体、省电教工作先进集体、全国绿化400佳先进单位、全国绿化先进单位。1999年，入选全国中师名校。2000年和2003年连续被评为福建省第七届、第八届文明学校。

宁德市农业学校

福建省宁德市农业学校校址位于福安市福泰路232号，前身系创办于1934年的福安县立初级茶业学校，1947年，更名为福建省立福安高级农业职业学校。1953年，更名为福建省福安农业学校。1969年学校停办，1975年4月复办，更名为宁德地区农业学校。2001年，更名为宁德市农业学校，为宁德地区直属副处级事业单位。由省、市共管，业务由省教育厅（委）和农业厅共管，教育经费由省农业厅拨付，编制、人事由宁德地区（市）管理，地（市）主管部门为宁德地区（市）农委。1993年，被福建省人民政府确定为省部级重点中专学校，2000年，被教育部确定为第一批国家级重点中等专业学校。2005年，学校教职工129人、其中专任教师82人（本科以上学历82人、高级讲师26人、讲师38人、具“双师”素质15人），工勤人员13人、实验技术和图书资料人员18人、管理人员10人、生产工人6人。在校生2141人。2005年，学校占地面积21.16公顷，建筑面积43000平方米，教学仪器设备总值达624万元，图书9.7万册；附设有校内实习农场、实习茶场（厂）、食用菌站、园林花卉圃；合作果场有蕉城区无病苗圃龙眼场、福安下白石晚熟龙眼场。

宁德市农业学校专业设置以农业科学为主，并突出服务地方经济发展特色。改革开放后为适应经济发展对人才的需要，兼设非农业专业。2001年，设立中国农业大学现代远程教育教学站，并挂靠宁德师专办五年制高职班。学校以“实事求是，身体力行”为校训，以“团结、勤奋、求实、创新”为校风。认真贯彻党的教育方针，努力发挥教师的积极性、主动性和创造性，教育教学取得丰硕成果。2002年，被中央教育科学研究所确定为教育部重点课题实验示范学校。至2005年，教师主编、参编、正式出版的科普书籍21部（册），主编、参编正式出版全国、全省农业中专教材16册（种），其中被校用大专教材2册（种）。省农业厅印发供全省农业中专使用的教材15册（种），配合地区科协和小康办编印全区理工类农业课本1册。教工主持、参加研究的科研项目，获省级科技进步二等奖1项、三等奖2项；市级科技进步二等奖2项、三等奖4项。教职工获得地（市）级以上表彰110人次。2000年，学校被中共宁德市委、宁德市人民政府评为“文明学校”。2002年，被福建省教育厅、劳动与社会保障厅、经济贸易委员会评为“福建省职业教育先进单位”。2005年与福安师范学校合并组建宁德职业技术学院。

闽东卫生学校

闽东卫生学校位于福安市坂中满春街65号，前身系1958年8月创办的福安专区卫生学校，原址在福安城南南湖米仓里。1959年9月，在福安城关程家边（今南郊）奠基建校。1969年12月，“文化大革命”期间学校停办。1974年，学校复办，更名为宁德地区卫生学校。1982年，更名为福建省宁德卫生学校。1993年11月，更名为福建省闽东卫生学校，为宁德市属副处级单位。1995年迁至现址。2000年，被省政府定为省部级重点中等职业学校。2005年，被教育部确定为国家级重点中等职业学校。

1991年，学校有教职工67人，其中，专任教师39人；教师中有高级职称4人、中级职称9人，在校学生数540人。2005年，教职工107人，其中，专任教师82人；内高级职称19人，中级职称28人，在校生2010人。学校占地面积5.26公顷，固定资产总值1391.23万元。

闽东卫生学校遵循卫生职业教育规律，树立“以人为本、以学生为中心”和“从严治校、从严治教、从严治学”的办学理念，坚持以教学质量为中心，加强教学常规管理，重视实习实践；开展课程改革，重视科研工作，努力提高教育教学质量，为社会培养一大批高素质的医疗卫生人才。2000—2004

年，《生姜防治胃幽门螺旋杆菌的临床效果》《畲族唇纹的研究》两项课题获得宁德市科技进步三等奖。1991—2005年，学校教师在CN刊物发表论文35篇。学校先后获评宁德市地区文明单位、宁德市第八届文明学校、福建省五四红旗团委、福建省学习雷锋志愿者服务先进集体、福建省卫生系统后勤工作先进单位。

二、成人教育

（一）扫盲与技术培训

1990年，福安市有青壮年文盲22305人，其中妇女15637人，占70%。1991年7月，福安市人民政府成立成人教育领导小组，制定福安市农村成人教育十年规划和“八五”计划。全市开展争创“妈妈扫盲班”活动，动员文盲妇女入学，办班67个。同时，成立“福安市燎原广播电视学校”，依托各乡镇文化技术学校，开展农村实用技术电化教育。落实乡镇文化技术学校有班子、有教室、有师资、有电教设备、有制度、有规划、有培训、有经费的“八有”建设。建立健全全市22万15～40岁的青壮年人的文化档案。经过几年努力，有392个行政村（街）达到基本扫除文盲的标准，其中通过扫盲验收258个、脱盲率达到95.5%。

1995年5月，为迎接第四届世界妇女代表大会的召开福安市教育局与市妇联联合开展妇女识字竞赛活动和全市千名教师帮助妇女扫除文盲活动，组织2030人参加扫盲巩固学习。至当年6月底，20个乡镇非文盲率达95%以上，442个行政村实现基本无文盲村（街）。7月，举办回乡初高中毕业生实用技术培训，受训人数1890人。

1996年上半年，福安市扫除妇女文盲1889人，全市妇女非文盲率达95%，460个行政村的脱盲率达95%以上、非文盲达标率97%。青壮年识字率达95%以上。全市对历年脱盲的15841人进行轮训，巩固脱盲成效。农村参加各种技术培训人数达30596人次，各乡镇文化技术学校举办各种实用技术培训班，受训20295人次。同年，经福建省教委批准，依托赛岐镇文化技术学校办起赛岐成人中专学校，为闽东第一所乡镇成人中专学校。

1991—1997年，全市共扫除文盲16653人（其中，妇女11548人），青壮年非文盲率达到99.3%（其中妇女非文盲率为97.1%）。脱盲人员进入巩固提高班学习并结业的有16339人，巩固提高率为98.2%。全市农村劳力接受技术培训24万人次，培训率91%。全市22个乡镇（街道、开发区）都办起文化技术学校，461个行政村（居委会）办起村级文化技术学校，办学率98.1%。乡镇文化技术学校有独立的校舍面积3136平方米，专、兼职教师270多人。1994—1996年，市财政共拨出扫盲经费203.2万元，占三年教育事业费实际支出10053.90万元的2.02%。各乡镇（街道、办事处）共拨付农村教育费附加131.53万元用于扫盲工作，占教育费附加入库2301.20万元的5.72%。1997年3月，经过省政府验收组评估，福安市的扫盲达标工作顺利通过验收。同年10月，国家教委派员对福安市基本扫除青壮年文盲工作进行检查。1999年5月，宁德地区行署对福安市扫盲工作进行跟踪检查，认定福安市扫除文盲工作基本达标。

1999年，赛岐镇文化技术学校被评为省级示范文技校。2001年，在全市各乡镇文技校开展“红五月农村实用技术培训”活动。至2002年，全市乡镇级文化技术学校累计结业87080人，其中，长班生

12984人；村级文化技术学校累计结业231385人，其中，长班生25927人。2003—2005年，市成人教育和文化技术培训对象和内容主要是劳动力转移、进城务工和改变工作岗位的培训工作。

表25—8 1991—2005年福安市成人初等教育工作基本情况表

年份	学校数（所）		招生数（班）		毕（结）业生数（人）		在校生数（人）		兼职教师数（人）	
	扫盲班	小学班	扫盲班	小学班	扫盲班	小学班	扫盲班	小学班	扫盲班	小学班
1991	268	112	4509	2109	3437	1600	4908	2275	268	112
1992	228	125	4127	2558	3638	1406	4294	2558	217	125
1993	181	118	3173	2129	3306	1625	3760	2177	181	120
1994	122	127	2187	2401	3666	2249	2332	2590	219	142
1995	182	129	1931	1849	2817	2231	2986	1997	172	129
1996	161	131	2553	1896	2816	2186	2809	2105	188	155
1997	149	88	2433	1619	2083	1704	2486	1660	159	90
1998	132	105	2270	1563	2310	1624	2488	1714	134	115
1999	107	73	1762	1048	1779	1048	1895	1082	120	75
2000	102	74	1510	1167	1707	1194	1603	1257	104	74
2001	70	76	1156	1510	1558	1783	1200	1552	70	76
2002	75	84	1144	1677	1558	2008	1174	1697	75	87
2003	68	87	—	—	1109	1463	1277	1612	68	87
2004	37	85	—	—	645	1142	658	1193	38	65
2005	17	25	—	—	406	746	402	686	17	25

（二）成人中专

1991—2005年，福安市成人中等专业学校下设办公室、教务处、总务处。学校先后开设财务会计、行政文秘、财政税收、家用电器、企业管理、幼儿师范、机电、金融、船舶修造、小学师范、计算机应用、计划生育管理、广播电视传输与应用、药剂、水利水电工程、电脑财会等16个专业，有全日制普通班、成人业余班、成人脱产班等三种办学形式。至2005年，共培养2700多名中专毕业生。

（三）电视大学（简称“电大”）

1991年，福安市电大工作站是与市成人中等专业学校、市高教自学考试办公室合并而成的成人教育办学机构，一套班子，三块牌子。学校坐落于城北下东垅39号，校园面积5125.6平方米，建筑面积

表 25—9　1992—2002 年福安市成人文化技术学校基本情况表

年份	乡镇级文化技术学校								村级文化技术学校							
	学校数（所）	教学点（处）	在校生（人）		结业生（人）		教师数（人）		教学点（处）	在校生（人）		结业生（人）		教师数（人）		
			合计	长班生	合计	长班生	合计	专任		合计	长班生	合计	长班生	合计	专任	兼职
1992	19	41	9508	2015	7597	1300	15	15	175	13637	2621	12709	1245	182	3	179
1993	18	29	10076	1190	7596	973	46	15	303	15079	2802	13978	3089	304	—	304
1994	18	48	10105	1499	10980	1396	116	18	342	14810	3722	16398	2893	351	—	351
1995	22	71	8786	1820	7231	862	83	24	402	17208	3714	17212	2322	363	—	363
1996	22	45	8865	1607	1200	1246	125	44	405	19223	2770	19702	2316	432	—	432
1997	22	27	6370	948	8528	963	119	66	454	20875	1937	23852	1957	583	—	583
1998	22	22	7582	974	7708	1168	73	65	451	18339	1277	21350	1597	503	—	503
1999	22	25	7442	1008	8540	889	85	—	443	19609	1474	23275	3491	500	—	500
2000	22	30	8150	1135	8120	1098	200	66	417	22954	1789	23163	2046	434	—	434
2001	22	22	6320	1043	8422	1275	44	44	440	24262	2385	27014	2022	461	—	461
2002	22	22	10641	905	11158	1814	44	—	441	29827	2308	32732	2949	442	—	442

3886平方米。人员编制23人，其中，高级职称5人，中级职称9人。从2001年开始，不断扩大办学规模，改善办学条件，提高办学水平共投入办学经费650多万元。设有本科、专科、中专三个层次的学历教育以及多种形式的非学历教育。福安市电大工作站是宁德市继续教育基地、福建省高等教育自学考试助学机构、福建省人事厅公务员培训基地、全国计算机等级考试考点、全国计算机应用技术证书考试考点、中央广播电视大学与福建广播电视大学办学基地。1999年9月，市电大工作站成为福建省首批“中央广播电视大学人才培养模式改革和开放教育”项目试点单位之一，2005年4月，在教育部组织的“中央广播电视大学人才培养模式改革和开放教育试点”项目总结评估中，经福建省教育厅专家组评估，被评为“优秀单位”。同年9月，成为中央广播电视大学实施教育部“一村一名大学生计划”试点单位。2005年，在校生1121人。15年来，共培养大专毕业生1722人。

表25—10　1991—2005年福安市成人中专、福安电大毕业生人数一览表

单位：人

年份	成人中专	福安电大
1991	20	22
1992	30	7
1993	35	11
1994	18	6
1995	45	7
1996	116	4
1997	26	154
1998	143	17
1999	105	39
2000	112	38
2001	42	61
2002	32	50
2003	111	421
2004	92	382
2005	125	503
合计	1052	1722

（四）教师进修学校

福安市教师进修学校创办于1960年10月，校址设在福安市城北街道锦鸡路117号。学校占地面积4400平方米，建筑面积5160平方米。1990年5月，经省教委批准，列入县（市）管理的中等师范学校性质成人学校。1991年，全校编制32名，1994年，增至46名。学校设办公室、总务处、培训处及中学、小学、成人教育3个教研室。2005年，在编37人，设校长1人、副校长2人。专任教师33人，其中，高级职务 14 人、中级职务 18 人。

学校承担全市中小学教师继续教育培训和基础教育研究双重任务，主要面向初级中学、小学、幼儿园开展师资培训和教科研课题实验。同时也承担非教育系统的其他培训工作。是福建省教育厅、人事厅，宁德市人事局继续教育基地、福建教育学院基础教育研训（闽东）基地、全国计算机应用技术证书考试考点。1991—1996 年，学校培训工作重点是民办教师文化补习、中师函授、专业合格证考试。1995 年后，培训工作重点从职前学历培训向职后继续教育转移，开办小学教师大专学历自学考试的助学辅导和专科学历升本科课程自考辅导等。1996—1999 年，教师培训增加幼儿师范内容，包括幼专招生考试培训，幼师函授和职业幼教培训。2000 年后，为适应新课程改革要求，培训重点为教导主任、教研组长、学科带头人、骨干教师，以及教师教学技能和新课程培训、电脑等级培训等。2002—2003 年，学校分别与西南大学和福建师范大学共建网络二级站，开展专题培训，组织部分中小学校长、教师前往清华大学参加专项培训班学习等。

（五）老年教育

1991 年，成立福安市老年学校，校址设在市老干局，办学场所仅有一间 50 多平方米的教室、学员 40 多人。至 2004 年，每年办学经费 2000～5000 元。2004 年，学校更名为“福安市老年大学”。2005 年，租用“中南大厦”五层楼、面积 400 多平方米，学员约 300 人、每年办学经费 1 万元。

福安市老年大学实行校务委员会领导下的校长负责制。教务委员会由中共福安市委组织部、市老干局、财政局、教育局、老龄委等 19 个成员单位组成，内设办公室、教务处、教研室等机构。教师自行聘请，兼职教师、客座教师并用。学校办学经费列入市财政预算，学员缴纳的注册费上缴财政后，全额返还学校。市财政每年拨给学校一定数量的办学经费，市内外企事业单位和社会人士也对学校给予资金帮助。

福安市老年大学（学校）是实施全市老年人教育的主要载体，学员均为离、退人员老年同志。学校根据“老有所教、老有所学、老有所乐、老有所为”的老龄工作方针，以“增长知识、丰富生活、陶冶情操、促进健康、服务社会”为办学宗旨。根据老年人特点，开设思想政治、文化教育、艺术教育、体育教育、保健康乐等系列课程，实行课堂教学与社会实践相结合，开展形式多样，有益于老年人身心健康的各项活动，取得显著的办学成效。

三、自学考试

1991—2005 年，福安市高等教育自学考试办公室配备专职办公室主任 1 人，与福安市成人中等专业学校、电大工作站合署办公，设有福安市自学考试点。每年举行自考两次，上半年 1 月份报名、4 月底考试；下半年 7 月份报名、10 月底考试。因自学考试与普通高校毕业生同等看待，承认其学历，被称为“没有围墙的大学”，报考人数逐年增加；报考对象涉及行政干部、教师、医务人员、私营企业者、工人、农民等。随着社会的发展，省自考办对考试专业和课程不断进行调整和补充。虽有部分学员最后没有取得学历，但通过继续教育，提高了学识水平。

1991—2005 年，全市参加高教和中专自学后报名学历考试的有 61406 人、取得学历的 1150 人，其中获得高教学历 1124 人、中专学历 26 人。

2005 年，经福安市人民政府批准，原市成人中等专业学校、市电大工作站、市高教自学考试办公室组成福安市成人教育中心，是福安市成人教育的主管部门。

表 25—11　1991—2005 年福安市参加自学考试人数一览表

单位：人

项目		1991	1992	1993	1994	1995	1996	1997	1998	1999	2000	2001	2002	2003	2004	2005	总计
报考人数	合计	1158	1331	1101	1241	2053	2641	3145	4978	7976	9386	8406	6765	5356	3424	2445	61406
	高教	1023	1190	957	1202	2038	2633	3145	4978	7976	9386	8406	6765	5356	3424	2445	60924
	中专	135	141	144	39	15	8	—	—	—	—	—	—	—	—	—	482
通过考试取得学历	合计	17	26	29	6	17	31	59	55	54	55	96	135	192	231	147	1150
	高教	10	17	23	6	15	30	59	54	54	55	96	135	192	231	147	1124
	中专	7	9	6	—	2	1	—	1	—	—	—	—	—	—	—	26

第八节　教师

一、师资队伍

（一）师资来源

1991 年后，福安市中小学师资来源主要还是国家统招分配的大、中专师范院校毕业生；部分通过择优选招、考核、转正的民办教师；少部分通过考核和教师资格认定吸收的非师范院校大中专毕业生。1998 年，全市中小学民办教师，符合条件的已予转正，未转正的按 1998 年 8 月市教委、人事局、财政局关于民师退养后的生活待遇问题的文件规定全部清退，并给予退养待遇。因此，全市中小学专任教师队伍中不再有民办教师。当年，全市共清退了 1200 多名中小学民办代课教师。

（二）队伍结构

1991 年，全市各级各类学校教职工 5532 人，其中，民办教师 1782 人，占 32.12%。教师队伍素质参差不齐，学历达标率不高，民办教师比例大，且有一批编内代课教师。此后，采取各种措施，组织教师培训、脱产进修、在职函授，提高教师思想素养、业务水平和学历层次。1998 年，教师队伍经过整顿处理，结构趋于合理，学历达标率大大提高，基本形成相对稳定的教师队伍，师资水平达到“两基”验收标准。全市小学专任教师学历合格率为 98.52%，初中专任教师学历合格率 97.93%。但有的乡镇公民办教师比例倒挂现象依然存在，偏远艰苦山区师资不足的问题尤为突出。2000—2001 年，福安市开始实施“名师工程”“教师资格认定”工作。

2005 年，全市各级各类学校教职工 6157 人，比 1991 年增加 625 人；其中小学专任教师 3030 人，专任教师中具有高中及以上学历的 3000 人，占 99.50%。普通中学专任（不含中专、中职）教师 2163 人中，高中专任教师 823 人，其中具有大学本科及以上学历的 547 人，占 66.46%；初中专任教师 1340 人，其中具有大学专科及以上学历的 1303 人，占 97.24%。

表 25—12　2005 年福安市专任教师文化状况一览表

单位：人

学校类别	总数	其中				
		大学本科毕业	大学专科毕业及本科肄业	中师、中专、高中毕业	初师初中毕业及高中肄业	初中肄业及以下
中学（含中专中职）	2433	666	1730	37	无	无
小学	3030	151	1523	1145	211	无
幼儿园	694	13	102	545	34	无

二、教师培训

1991 年后，福安市教师培训的主要内容是师德教育、文化补习、中等师范函授、专业合格证考试、新教师上岗培训等。1994 年，开始教师职务（职称）晋级培训。1995 年，教师培训的重点从职前学历培训转到职后继续教育，增加了“小大专”（小学教师升大专学历）自学考试助学辅导。1996 年，又增加幼师（幼儿师范）培训内容，包括幼专招生考试培训、幼师函授和职业教育等。1997 年，福安市电大和教师进修学校开办远程教育。与此同时，还开展了新教师培训、骨干教师培训、普通话培训、计算机培训等。

1991—1995 年，全市共有 1004 人通过培训学习获得教师专业合格证书。1991—1999 年，共有 2018 人通过函授学习获得中专师范毕业证书。2000 年，全市有 9051 人参加“小大专”和“专升本”课程自考。同年，二级达标中学选派骨干教师参加各级“跨世纪园丁工程”培训。2001 年，全市有 3000 多人次参加各种形式的教师业务培训，80% 以上的教师参加学历提升的业务培训，其中小学、初中专任教师学历达标率分别达到 98.89% 和 96.43%。至 2005 年，全市参加远程教育专升本学习培训 3162 人；参加第二学历学习培训 21547 人；参加高中起点升专科学习 4944 人；参加教师职务培训 32213 人；参加教师计算机培训 42950 人。此外，先后参加各级骨干教师培训、新教师培训、普通话培训者 10000 多人。还有不少教师参加由人事部门组织的相关培训。

三、职称评聘

福安市中小学教师专业技术职务（职称）评聘工作始于 1988 年。专业技术职务的结构如下：中学（含中等职业学校）设中学高级教师、中学一级教师、中学二级教师、中学三级教师；中等职业学校为高级讲师、讲师、助理讲师、教员；小学（含幼儿园）设小学中学高级教师（小中高）、小学高级教师、小学一级教师、小学二级教师、小学三级教师。“中学高级教师”和“小学中学高级教师”为高级职务（副高级），“中学一级教师”和“小学高级教师”为中级职务，其余皆为初级职务。教师职务的评审、晋升和聘任按福建省职称改革领导小组或省人事厅职改部门与省教委（教育厅）联合颁发的有关文件规定执行。

1991 年，福安市普通中学（含九年制学校）专任教师 1182 人，其中中学高级教师 34 人、中学一级教师 151 人、中学二级教师 456 人、中学三级教师 271 人，未评职称 270 人。中等职业教育专任教师 85 人，其中中级职称（讲师）12 人、初级职称（助理讲师）61 人、未评 12 人。小学专任教师 3359 人，其中小学高级教师（小中高）240 人、小学一级教师 730 人、小学二级教师 975 人、小学三级教师 142

人、未评职称1272人。

2005年，全市普通中学专任教师2163人，其中，高级教师230人、一级教师573人、二级教师1123人、三级教师156人、未评81人。中等职业教育专任教师260人，其中，副高职称教师32人、中级职称教师96人、初级职称教师132人。小学专任教师3015人，其中，小学中学高级（小中高）教师5人、小学高级教师848人、小学一级教师1983人、小学二级教师96人、小学三级教师4人、未评职称129人。幼儿园专任教师444人，其中，小学高级教师76人、小学一级教师173人、小学二级教师18人、未评职称177人。

1991—2005年，福安市每年都进行教师职务评聘工作。

四、教师待遇

（一）政治待遇

1991年后，福安市不断健全、完善教代会制度，切实维护广大教职工的合法权益，改善和提高教职工的政治地位、社会地位和工作条件。各级党委为教师安排一定比例的人大代表、政协委员名额，赋予他们参政议政的权利，注重培养和发展新党员。据统计，1991—2005年，全市在师生中发展共产党员1382人，参加其他民主党派的教职工有96人（其中，民盟74人，农工党22人）。每年教师节，市委、市政府都评选表彰"优秀教师"和"先进教育工作者"，慰问教师，帮助有困难的教职工解决实际问题。15年中，全市共有教职工1600人次获奖。同时，注重发现、培育典型，向国家、省、地、市各级推选先进集体、先进个人。福安一中教师李迅荣获"全国优秀教师""全国五一劳动奖章获得者"和"福建省劳动模范"称号，潭头镇锦桌头小学教师蔡坚基荣获"全国教育系统模范教师"和"福建省劳动模范"称号；甘棠中心小学教师潘鸿华荣获"全国先进工作者"和"福建省杰出人民教师"称号。此外，还有人数众多的教师被评为"优秀教师"和"先进教育工作者"。

（二）经济待遇

1. 薪资收入

福建省杰出教师潘鸿华获省委、省人民政府表彰（2004年）

教师薪资包括基本工资和各项津补贴。1991—2005年，随着社会的变化和发展，福安市各级各类学校教师的工资收入多次发生变化。

1992年，教师工资由县（市）乡（镇）两级财政分担。1993年，福安多镇多次出现严重拖欠教师工资现象，当年，在市委、市政府的关心和协调下，各乡（镇）财政兑现了当年和历年拖欠的教师工资294万元。1994年，市委、市政府做出决定：公办教师工资收回市管，由财政负责发放；民办教师工资仍由乡镇包干负责，并要求乡镇拓宽财税收入渠道、征足教育费附加，保证民师工资按时足额兑现，同时由市里统筹其中的30%，用于弥补民办教师多、财力困难的乡镇的缺额部分。1995年9月，部分乡镇按新标准兑现民办、代课教师工资，但至年底全市仍拖欠民办、代课教师工资231.92万元。2000年，全市教师工资全部收回市管，结束长达7年的拖欠教师工资的现象。

1993年工资改革，教职工每两年度考核合格的晋升一档工资，至2005年，正常晋升工资6次、调整工资标准5次。

2. 生活福利

1991—2005年，全市教育系统教职工按国家、省、宁德市有关规定享受的福利待遇有：（1）公费医疗、社会劳动保障；（2）住房公积金；（3）法定节假日；（4）教职工福利费；（5）教职工婚丧病假；（6）女教职工产假及哺乳期；（7）教职工离退休、退职；（8）教职工体检；（9）教职工探亲；（10）降温费；（11）满勤奖励、节日慰问金等。此外还有其他一些政策性优惠待遇，如独生子女奖励金、慰问费和困难补助，农村教师特岗待遇。从2014年开始，专任教师正常退休的，其退休金按在职时工资的100%领取。十五年间，福安市根据有关政策规定，实行农村优秀教师（百名）奖励和艰苦地区工作岗位补助制度。在艰苦地区任教的教师每月可享受50～80元不等的特殊补助，按每年10个月计算发放。

3. 居住条件

1991年，福安市在教育系统开始落实清房政策，要求在城镇有自建房且人均面积达到10平方米以上的教职工退出占用的单位公房。

1992年，市教育局制定《福安市中小学教职工住房改革的实施意见》，提出以调整房租标准，单位集资建房，出售公房等房改方案。

1995年，市财政也拨出一定经费作为中小学教师建房补助专款。福安市政府为教师办实事，在秦溪洋征地1.9公顷建设“教师新村”。1997年，一幢30套单元房的“园丁楼”落成，初步解决少数教师的住房问题。从2000年起，福安市继续实施教师新村二期工程，增建教师公寓5幢170单元，总建筑面积2.3万平方米，总投资约1500万元。教育局还在“教师新村”内划出地块，兴建“离退休教育工作者活动中心”，占地450平方米、计划建筑面积1000平方米、总投资80万元。为离退休教师解决了学习和活动的场所。

附：退离休教育工作者协会

（一）福安市退离休教育工作者协会

1. 组织机构

1984年，成立福安县老教师协会。1990年，更名为福安市退离休教育工作者协会（以下简称“福安市退教协”）。1993年，福安市退教协在市老干部活动中心设立办公室。1995年12月，依法办理社团登记，开展各项活动。

福安市退教协设理事会管理会务，下设办公室、组织组、文秘组、老体协、关工委等机构，并以城区各校、乡（镇）、开发区和局机关为单位设立了35个分会。

2004年，“福安市退教协”划归市教育局管理。成立福安市退离休教育工作者管理领导小组，教育局局长任组长、教育局分管副局长及退教协会会长任副组长。同年，各中小学校也相应成立退离休教育工作者管理领导小组。

1991—2005年，福安市退教协历经三次换届，选举产生新的理事会。第四届（1991—1994年）：理事长林秀明，副理事长林鉴泉、陈寿晋、李毓禧、施承麟，秘书长施承麟（兼）。第五届（1995—1998年）：会长陈寿晋，副会长李毓禧、陈庸义、施承麟，秘书长吕赠梅。第六届（1998—　）：会长刘昭红，副会长林锐荣、王宝信、陈梦雄，秘书长吕赠梅、王宝麟、陈梦雄（兼）。

2. 经费筹措

福安市退教协成立之初，活动经费主要有三个来源：县（市）财政每年拨款1000元；各学校、机关和单位不定期捐款；会员每人每月缴纳会员费0.5元。1991年7月，福安市教育局召开退离休教师工作会议，倡议各中小学支持退教协建立活动基金，共筹集经费2800元；同年，市教育工会也为退教协筹募经费1.02万元。1995年，福安市启动“敬老工程”，1995—1996年，全市中小学、幼儿园为福安市退教协“敬老工程”捐助6.63万元；1996—1997年，共筹措基金15万元；1998年至2001年，福安市教育系统又为市退教协筹集基金23万元。2002年后，福安市教育局决定从当年1月开始，中小学校每退休1名教师，该校就须给市退教协捐资500元，用以补充“活动基金”。至2004年，福安市退教协基金总量达40多万元。

3. 活动

福安市退教协坚持“自我教育、自我管理、自我服务”和“老有所学、老有所乐、老有所为”的办会宗旨，依照法规和有关文件精神开展各项工作和活动。2001年，福安市在城北“教师新村”建设用地中划出450平方米作为“老教师活动中心”建设用地。中心大楼于2003年1月奠基，12月动工，2005年10月落成。大楼总投资120万元，建筑面积1550平方米，设办公室、会议室、阅览室、展览室、舞蹈室、乒乓室、棋牌室、健身房等。各分会也不断建设和完善了办公和活动场所。

1991年以来，福安市退教协坚持组织退离休教职工参加政治和业务知识学习，与时俱进、不断增长新知识。协会规定每月16日为学习日，参加人数均在百人以上。学习内容涉及时事政治、文学、艺术、法律、科普、旅游、花卉种植等知识。与此同时，退教协根据会员不同的身体状况和兴趣爱好，经常开展文化娱乐、体育健身、观光旅游等各类活动，内容涉及球类、拳操类、器乐类、歌舞类、诗画类、摄影类、乡村游等。

福安市退教协重视关心爱护老教师的工作，1990年，成立“离退休教师福利互助基金会”。1993年8月以来，开展“促进共享，安度晚年”活动，热心帮助特殊困难的退休教师，分别捐助特困户、病灾户8万多元；1998年，“福利互助基金会”会员总数达1062人，有互助金27万元，先后为76位亡故会员家属发丧葬慰问金3.78万元。同年，福安市退教协成立“老年婚姻介绍所”，提倡合法再婚，反对世俗偏见。几年间，在老年婚姻介绍所登记的孤寡老人有百余人，领证结婚38对。福安市退教协每年举办一次“老年保健”经验交流，邀请名医举办医疗保健讲座，选印健身资料分发给会员。并曾两次对全体离退休教师进行健康状况分年龄段调查。每年春节期间，市退教协都召开团拜会，为寿诞老教师祝寿，对患病和去世的老教师都前往慰问和吊唁。1995—2003年，市退教协为805位寿星祝寿、支付慰问费16.09万元；探望伤病老教师226人次、支付慰问金4.46万元。

福安市退教协的许多老教师退而不休，力所能及，服务社会与百姓。1992年，福安市成立“退教协关心下一代工作协会”，1995年4月，更名为“退教协关心下一代工作委员会”，随后溪柄、溪潭、赛岐、穆阳等分会也成立“关工委”。各关工委的离退休老教师走进学校开展调研和支教活动，跟年轻教师交谈，鼓励他们爱岗敬业；为青年教师开讲座，传授教学经验；与学生座谈，帮助他们健康成长。与此同时，市退教协关工委还多次前往看守所帮教失足青年。2004年，福安市退教协成立“扶贫助学基金会”，发动会员捐款最少8元（上不封顶），用以资助贫困学生，许多退休教师与贫困学生“结对子”、长期开展帮扶活动。部分退休教师或被原校返聘，或被市老年大学和外地学校聘用。至2004年，全市退休教师继续留在教育、教学岗位服务的有375人。此外，退休教师中有的参加地方史志的编修和文史资料的撰写；有的凭着自己的志趣和能力从事公益事业、回馈社会；有的回乡承包荒山，种植果树，传授技术，带领村民劳动致富。

（二）宁德市退离休教育工作者协会直属福安分会

1. 组织机构

1991年6月，成立宁德地区退离休教育工作者协会福安分会，由设在福安的宁德地区直属3所学校即福安师范学校、宁德地区民族中学和福安师范附属小学的退离休教育工作者组成。宁德撤地建市后，更名为宁德市退离休教育工作者协会市直福安分会（以下简称“宁德市退教协直属福安分会”），分会设理事会管理日常事务，理事会成员由会员选举产生，设会长一人，副会长若干人，秘书长一人，宣传、文体、会计、出纳各一人。1991—2005年，宁德市退教协直属福安分会理事会共历五届。第一届（1991—1995年）：会长祝亨同，副会长陈晋、赖忠桂、缪均容，秘书长黄忠诚。第二届（1995—1998年）：会长祝亨同，副会长赖忠桂，秘书长黄忠诚。第三届（1998—2001年）：会长赖忠桂，副会长林梅生、吴爱容，秘书长黄忠诚。第四届（2001—2004年）：会长赖忠桂，副会长林梅生、吴爱容，秘书长黄白银。第五届（2004—　）：会长雷志榜，副会长陈亚敏、陈良平，秘书长刘英容、钟林平。2005年5月，宁德市农业学校与福安市师范学校合并组建宁德职业技术学院后，原来宁德市农业学校退休教职工也参加了宁德市退教协直属福安分会的活动。

2. 经费来源

宁德市退教协直属福安分会的经费来源主要有：1993年三校拨付的固定基金；2000年“敬老工程”各学校为每位教工每年发资12元，学校为每位入会教工一次性拨付1000元；1997年后，宁德地区（市）退教协和三所学校给予赞助的活动经费。前两项为固定基金，不动用本金，只提取利息作为活动经费。

3. 活动

宁德市退教协直属福安分会成立以来，秉持“老有所学、老有所乐、老有所为”的办会理念，坚持每月召开一次理事会、一次会员会议，举办一次活动。“老有所学”，即分会经常邀请专家学者或分会学有专长的老教师开设辅导讲座、进行交流研讨，使退离休教师不断增长时事政治、科学文化、医疗保健、文学艺术等知识。1995年后，分会坚持开展学习中国近代伟大的人民教育家陶行知教育思想和教育实践的活动，形成“学陶、宣传、师陶”特色，并把“学陶”与关心教育下一代紧密结合，分别给福安市特教学校、锦桌头小学、牛山湾小学捐款捐物。2005年，分会成立“陶行知研究小组”，创办《陶研》小报。“老有所乐”，即分会经常组织开展形式多样、丰富多彩的娱乐和健身活动，退教协教师根据自身兴趣、爱好、特长和专业优势，组建安塞腰鼓队、乒乓球队、门球队等，热心健身、勤于训练，编排节目，经常参加宁德市和福安市的各类比赛与活动。“一日游”是分会开展活动的一种形式、很受欢迎，每逢春秋季节或节庆之日，分会都会组织退休教师前往福安或邻县（市、区）的革命旧址、历史古镇、文化名山、自然村落参观游览，使老教师们感受祖国建设飞速发展、欣欣向荣的大好形势和祖国的大美河山。“老有所为”，即分会许多老教师心系社会，退而不休、发挥余热、继续奉献。他们中有的长期担任分会理事会的日常管理工作；有的受聘于福安市人民政府咨询委员会；有的笔耕不辍，著书立说：有的重新走上教书育人的讲坛，在各自的工作领域奉献余力。

分会还把关心爱护会员作为一项重要工作职责，逐步建立和完善老教师寿老病终关爱的各项制度。每年年终岁首分别在福安师范学校、宁德市民族中学和福安师范附属小学轮流举办“春节团拜会”，各校领导参会并向退离休教通报当年的学校工作，然后互相团拜、互祝新春，并向各位寿星祝寿。对于有困难的会员，分会酌情给予经济补助；会员因病住院，分会组织人员前往探望，送上鲜花和慰问金；会员寿终丧事，分会协同单位举行追悼和送殡活动，并给家属送去慰问金。

第九节　教育科研

一、教研组织

1991年后，福安市设有“中学教育研究会”和“小学教育研究会”。中学学科教研组织有中学语文教学研究会、中学数学教学研究会、中学英语教学研究会、中学物理教学研究会、中学化学教学研究会、中学生物教学研究会、中学政治教学研究会、中学历史教学研究会、中学地理教学研究会、中小学体育教学研究会、中小学美术教学研究会、中小学音乐教学研究会及职业技术教育研究会。其中，挂靠福安市科协的有中学数学研究会、中学物理研究会、中学化学研究会。这些教研组织平时按学科组织教师开展校际听课、评课等教研活动，互相学习、取长补短。各学科（专业）每年还举行年会，总结、交流一年的教育研究经验，探讨教学教研中的新问题。

二、课题研究

1991年以来，福安市重视中小学教师的教学教研工作，鼓励与推动教研与教学实践相结合。广大中小学教师理论与实践相结合，善于总结、勤于思考，积极开展课题研究，撰写教研与教学论文，取得丰硕成果。2002年，新课程改革开始，福安市中小学承担与参加众多国家级课题、省及市级课题，其中宁德民族中学承担“民族中学建立引导教师专业成长体系的研究”国家级课题1项，“现代教育技术与中学各学科教学整合的研究”等省级课题3项，“闽东地区中学教师成长与发展个案研究”等宁德市级课题15项。逸夫小学承担“中国少年儿童信息研究”等国家级课题3项，“小学数学‘问题解决’”等省级重点课题3项。多件教学课件和课堂教学录像课获省级及以上奖项。第二实验幼儿园承担“幼儿园游戏课程园本化整合的研究”省级重点课题，福安特教学校承担“大龄聋生心理健康教育研究”宁德市级课题。福安市课改确立的市级“福安市新课程发展性教育评价”课题，并确定宁德民中、福安三中、溪潭中学、老区中学、城北中学等13所学校为课题研究试点学校，共审核立项21个校本子课题。

1991—2005年，福安市教师撰写的教育教学和论文，有的在CN级期刊及其他各类报纸杂志发表、有的在省级以上研讨会交流、有的在各类评比中获奖。其中宁德民族中学就达近800篇；坂中中心小学和社口中心小学也达100余篇，许多中小学每学年均汇编有教师论文集。

表 25—13　1994—2005 年福安一中、溪潭中学课题统计表

启动时间	课题名称	承担单位	备注
1994—2000	“两法一体”教改实验	溪潭中学	1998 年被评为宁德地区优秀社科成果一等奖
1999—2003	JG155 课题	福安一中	国家教改研究课题
2001	《“超常培优”教改试验》	福安一中	教育厅、省电教馆、省教育学会立项课题
2003	《教学技术促进中小学课题教学优化》	福安一中	教育厅、省电教馆、省教育学会立项课题
2001	“教师的专业发展途径探索”下设 9 个子课题	福安一中	校本课题
2002.7—2005.9	《在多媒体与网络环境下构建各学科新型教学模式的研究》	福安一中	省教育厅、省电教馆、省教育学会立项课题
2003.4	《综合实践活动及师资建设》	福安一中	全国教育科学“十五”规划重点课题
2003.10—2005.1	《关于教育教学案例的研究》	溪潭中学	“十五”计划课题《创建开放学习环境的理论与实践》子课题
2004.5	《中小学基于多媒体或网络环境下的自主、合作探索学习研究》	福安一中	省教育厅、省电教馆、省教育学会立项课题
2004.11	《优秀电影全面提高学生素质的实证研究》	福安一中	中央电化教育馆课题
2005.9	《传统名校“自主、开放、人文”教育模式研究》	福安一中	省教育厅、省电教馆、省教育学会立项课题

三、教研成果

（一）专著

福安一中陈泽龙主编的《中学生学习的方法》由厦门大学出版社出版。被省内外不少学校选做学习教材。

（二）校本课程教材编写

1991—2005 年，福安市中学编写的校本课程教材有宁德民中的《畲族文化简说》，溪潭中学的《乡土知情》（该教材获“2004 年度全国中小学思想道德建设活动优秀成果二等奖”），福安一中的《写作阶梯训练》，福安三中的《数码摄影入门知识》《精彩生活　魅力修辞》《学习心理辅导与训练》《开发你的创造力》，福安四中的《心海导航》《家教导航》，福安六中的《网上邻居应用》《了解家乡　热爱家乡》，福安七中的《福安佛教寺庙文化》《历史的丰碑》，福安十中的《中学生硬笔行楷技法》，潭头中学的《芙蓉李的栽培技术》等。

第十节　教育管理与督导

一、机构

（一）福安市教育局

1991年，福安市教育局编制13名，其中，局长1名，副局长2名。内设秘书股、人事股、初等教育股、普通中等教育股、成人教育股、计划财务股、生产设备股。1992年，增设老区民族教育股，原设置的生产设备股、教学仪器站和教育生产服务站合并成立福安市教育技术装备所，原市电化教育站更名市电化教育中心。1993年，教育局秘书股更名办公室，成立高中毕业会考办公室和未成年人保护委员会办公室。局机关有办公室、人事股、计财股、中教股、初教股、职教股、成教股、政教股、老区民族教育股、会考办。挂靠单位有高等学校招生委员会办公室、自学考试办公室、装备所、电教中心。1994年，成立福安市职业教育中心，为市教育局开展职教工作的对外办事机构。1995年，成立市初中招生办公室，增设幼儿教育股。1996年，成立市教育系统关心下一代工作委员会。

1997年4月，撤销福安市教育局，组建福安市教育委员会，编制13名，其中主任1名，副主任3名。内设办公室、人事科、计财科（包括基建）、中教科、初教科、幼教科、职教科、成教科、老区民族教育科、政教科（包括未保办）、招生办（包括会考办）、监察室、审计室。1998年，市教委调整工作机构，内设办公室、人事科、计划财务审计科、中教科（增挂职业教育科、成人教育科牌子）、初教科（增挂未保办牌子）、幼教科、市招生办（增挂市高中会考办）。1999年，成立市教委社会力量办学审批管理领导小组。

2002年10月，撤销福安市教育委员会，恢复福安市教育局，编制10名，其中，局长1名，副局长3名，内设秘书股、人教股（师资培训股）、计财股（审计室）、中教股（职业教育股）、初教股（未保办）、幼教股。

2005年，福安市教育局编制10名，其中，局长1名，副局长3名，内设办公室、人事股、计财股、政教股、中教股（职业教育、成人教育股）、初教股、老区民族教育股、幼教股、语言文字和民办教育管理股。

（二）福安市人民政府教育督导室

1991年5月，福安市成立市教育局普通教育督导室，为正科级事业单位，设主任1人，副主任1人。督导人员由具有高、中级教师职称的人员担任，督导员编制包括原中小学视导员（巡视员）事业编制划入使用。1993年，核定事业编制5名，其中，主任1名，副主任1名，督导员3名。同年，福安市教育局普通教育督导室更名为福安市普通教育督导室，后又更名为福安市教育督导室。

2005年1月，福安市教育督导室更名为福安市人民政府教育督导室，为正科级单位，编制8名。更名后，规格、编制、经费渠道不变。福安市人民政府教育督导室作为市政府对教育工作的监督指导机构，对下级人民政府、教育部门、各级各类中小学贯彻执行党和国家的教育方针、路线、政策、法律、法规，实施义务教育，教育经费投入，改善办学条件，加强和改善中小学的思想政治教育等方面工作进行督促、检查、评估、指导。

二、教育管理

（一）教学管理

1991 年，福安市教育局对学校教学工作进行系统管理，实行校长全面负责，教务处、学科教研组、年级分工负责的常规管理制度，教师规范使用《教师工作手册》。中小学校每学期对学生学业成绩的评价采用百分制，在校表现采取评语制。1993 年，全市各校制定教学常规的评估标准，从备课、上课、作业、辅导、考核、家访等方面进行量化考核，教务处在期中抽查教师教案、作业批改、听课笔记，期末对每位教师进行综合评定。1994 年，全市取消学生成绩百分制，实行等级制。1995 年，全市各校实行常规检查，开始注重教案书写的质量，教务处按教案编写设计的水平进行等级评定。1996 年，全市强化对教师的常规管理和教学常规过程的监督，市教育局、教师进修学校每年至少组织一次教学常规全面检查或对口检查，促进教案、作业、考试、听课、讲座、教研、公开教学、常规教学的规范化和科学化。1998 年，全市各校采用《素质发展报告册》，全面实行学生评语改革，采用“表现 + 特长 + 希望”的鼓励性评语，重视学生行为中的情感意志、人际交往、行为习惯等思想因素的肯定和引导。2001 年，市教育工作委员会出台《福安市中小学教学常规管理实施意见》。2003 年，全市落实《宁德市中小学教学常规管理的若干意见》文件精神，进一步完善教学常规建设。2005 年，全市各中学以《福安市中学教学质量达标评估方案》为指导，强化中学教学常规过程管理，开展中学教学质量综合评估，评选教学质量奖。

（二）学籍管理

1991 年后，福安市执行 1990 年福建省教委《关于试行〈福建省全日制普通中学学籍管理和成绩考核暂行办法〉（试行）》。教育主管部门进一步规范中小学学生学籍管理，修改制定中小学学生入学、考勤、借读、转学、休学、复学、退学、开除和毕业等相关规定，进一步健全学生学籍档案。1994 年起，建立“两表一卡”（适龄儿童少年接受义务教育情况登记表、统计表和登记卡）档案，并对达到“普九”教育年限要求的对象进行登记造册。达标中学高中部实行部分学生缴费上学改革制度，学校对正取生与缴费生（择校生）实行完全相同的学籍管理。1996 年 9 月，福安市教育局转发省教育厅有关小学学籍管理文件，要求小学生必须受完五（六）年义务教育，发现学生辍学、应依法动员复学。造成失学的，追究班主任的责任。因父母工作调动、户籍变更须转入学校的学生，学校不得无故拒收。取消留级制度，学校对品学兼优的学生应予以表彰，对犯有错误的学生应予以批评教育。学校不得开除学生。

2005 年，福安市初中招生实行电子化管理。进城务工就业的农民工子女在收费、编班等方面与城镇学生享受同等待遇，但在学籍管理上有所区别。户口转入的，可随转学籍；户口仍在原地，学籍也在户口所在地学校的，就读学校实行借读管理，初中学业结束，回学籍所在学校参加毕业与升学考试。无法回学籍所在地，必须在就读学校所在县市区参加毕业与升学考试的，不能报考当地的达标高中、可以报考职业学校和一般高中。

（三）经费管理

1991 年后，福安市人民政府主要通过市物价检查所、市财政监督检查科（办）、市控购办及税务部门对教育经费收支的监督管理。同年 4 月，市物价检查所对福安五中、福安六中、湾坞中学、甘棠中心小学 1990—1991 年度财务情况进行检查。1993 年 10 月，又对教育局 1992—1993 年度的财务情况进行检查。1995 年起，市审计局每年对上一年度教育经费的收支进行一次审计：1995—2001 年，对市教育局年度预算和执行情况进行审计，对教育经费进行专项审计。如1994年—1995年9月的教育集资基金专项审计，1994—1996年全市扫盲经费投入的专项审计。1995年、1996年、2000年的普通教育经费审计，1994、1995、1997、1998年度教育事业费附加征管、使用情况的专项审计，1997年全市“两基”教育经费使用情况的专项审计；对教育系统中、小学财务收支进行审计，如1997年对福安一中、城阳学区财务收支的审计，1998年5月对城南学区1997年财务收支的审计。这些检查或审计对发现违反规定及存在的问题或进行查处，或做出结论与决定，或通知限期自行整改。

与此同时，福安市教育局还加强系统内部财务检查、审计工作。1991—1995年，教育局每年年初组织教育系统内部财务互审，发现问题及时解决。1994年3月，市教育局成立审计室，同监察室两块牌子、一套人马，对学校财务进行定期或不定期的内部审计。1995年，下发《关于建立学校领导干部离任审查审计制度的通知》，对拟离任或已离任的中学、小学学区、市属教育单位的第一把手与基建工程（投资20万元以上）主要负责人进行审计。1997年，对福安市民族职业中学等10个学校领导进行离任审计，并做出《关于对市民族职业中学等十个单位领导离任审计情况的通报》。1999年，市教委下发《福安市中小学校长、幼儿园园长任期经济责任审计的意见》，进一步加强学校的财经管理和领导干部勤政廉政建设。

福安市教育局规范各单位会计核算、推行财会电算化，制定实现会计电算化的具体目标、选派人员到省里参加电算化培训，学习期满取得合格证后持证上岗。2001年，实现会计电算化列入学校目标管理责任，为中学、学区安装和调试教育财务软件，规范各单位会计核算，加强教育经费管理和学校的教育经费使用效益指标考核。

同时，规范学校收费行为，建立健全收费管理规章制度，实施收费公示、接受群众和社会监督。学校向学生收费实行“一证一卡三统一”制度，即学校应到市物价部门办理收费许可证，发给学生、家长一份收费卡，统一使用省财政厅印制的收费票据，统一由学校财务人员收费，统一纳入学校财务部门管理并及时上缴市收费中心开设的财政专户，实行“收支两条线”管理。财政部门审核中小学预算外资金的收支情况，并监督使用。2000年秋季，城区中小学的收费全部实行“票款分离”。

三、安全管理

从1991年开始，福安市将学校列为社会治安重点管护区，遵循“预防为主，确保安全”方针，坚持“谁主管、谁负责”原则，教育局与各校（园）长签订学校综治安全工作责任书，要求学校定期开展法制教育和安全教育活动，加强学校综合治理，做到学法、守法与用法相结合，提高师生法制观念，保证学校师生安全和各项工作正常运行。同年，福安市成立“未成年人保护委员会”（以下简称“未保委”），公安、检察、法院、司法、教育等为成员单位，对学校及周边进行综合治理，确保学校安全，维护未成年人合法权益。1993年，“未保委”在市教育局设立办公室，具体负责学校安全的日常工作。同时重新组建“整顿校园治安秩序领导小组”，各校设立“治安岗”，并开展“军警民共建”活动。

1993—1996年，全市先后3次开展校园治安综合治理工作，重点解决校园治安问题、加强师生法制教育、调查处理滋扰学校治安案件。1996年，福安市为学校配备专职保卫人员，全市第一批专（兼）职保卫干部42人，通过公安局培训颁发工作证后上岗任职。召开多次全市中小学（园）综合防治工作会议，重申校园周边200米以内为“治安特别管理区”，张贴《关于设立中小学治安特别管护区的通告》。各中小学开展告别“三厅二室”（游戏厅、歌舞厅、台球厅）活动。至2000年，各校完成学校综合治理副校长配备工作。2001 年，市教委制发《福安市教育系统综治与安全稳定工作实施意见》，成立“学校安全工作专项整治领导小组”。开展“校园拒绝邪教”活动。2002 年，组织师生学习、宣传、实施《学生伤害事故处理办法》和《学生伤害事故处理办法释义及实用指南》，加强中小学生自护自救的教育和训练，确保在校期间的人身安全。2003 年，制定“福安市教育系统 2003 年校园治安综合治理目标责任书”，完善学校安全工作各项制度。

2005 年，福安市综治委及周边治安综合治理领导小组印发《福安市创建“平安校园”实施方案》，全市各级各类学校成立领导小组，制定具体贯彻措施，开展创建“平安校园”系列活动。市教育局还下发《福安市教育系统重特大事故应急救援预案（试行）》。全市聘请 60 多名公安干警担任全市中小学校治安副校长，进一步加强校园综治与安全管理。

四、教育督导

（一）督政

1991 年后，福安市开展多渠道筹措资金、改善办学条件，市教育督导室开展专项督政检查。经过各级政府的努力，4 年间全市新建、扩建中小学校舍 4.76 万平方米，维修校舍 2.3 万平方米，扩大校园面积 15.93 万平方米，添置教学设备 291 万元。1993 年，全市开展清理政府拖欠教师工资工作，市教育督导室成立专项督查组分赴各乡镇检查、督促。经过各级政府的努力，全市全部兑现 1993 年年底前拖欠的中小学及幼儿园教师工资。1994 年，市教育督导室对各乡镇人民政府、各级各类学校的“两基”达标工作进行全程性的督促、检查、评优、指导，促进福安市“两基”达标工作顺利进行。1995 年，全市全面推进“普及九年义务教育”进程，市教育督导室配合有关部门对各乡镇人民政府及街道办事处农村教育费附加的征收、乡镇自有财力对教育的投入、民办教师工资的兑现进行专项督导；依法督促落实《中华人民共和国教师法》和《中华人民共和国义务教育法》，着重落实解决教师工资津贴兑现难、住房难、看病难的问题。积极参与建立教师工资兑现保障机制，督促落实“园丁工程”，确保教师医疗保健享受国家公务员的同等待遇。

1996 年，市教育督导室重点开展“两基”督查，指导各乡镇街道开展“两基”达标情况的自查、测评、自纠、整改，加大力度，推进“两基”各项指标的实现。同时，督促农村学校办好文化技术学校，做好扫盲工作。同年，福安市创建“实验小学普及县”活动通过省教育厅评估验收。1998 年，市教育督导室根据“普九”工作进展情况，进行专项督查。通过对各项指标达标测算和对部分乡镇情况的剖析，帮助总结经验、寻找差距、明确整改方向、促进政府行为到位。当年，福安市“两基”达标工作通过省政府验收。1999 年，市教

福安市庆祝《教师法》颁布施行大会（1993 年）

育督导室开展基础教育专项督导检查，主要检查各地对国务院和省人民政府已经出台的教育经费投入政策和地方政府对改造薄弱学校制定规划的落实情况，同时对“两基”成果进行年度跟踪检查。2000年，市教育督导室以专职督政为主，抽调有关干部组成“两基”年度跟踪检查组，督促乡镇自查整改。全市三类残疾儿童少年入学率普遍提高，初等义务教育各项指标均保持省评估验收时的水平。

2001年，市教育督导室采用全面检查和专项督查相结合的办法，有重点、有针对性地对各乡镇开展“两基”工作年度跟踪检查，确保巩固“两基”成果。2002年，开展中小学危房改造工作的督查，采取年检与专项督查相结合的形式，有重点、有针对性地开展“两基”年度跟踪督查，促使各乡镇（街道）整改，推动“两基”成果的巩固提高。2003年10月，市教育督导室协同省政府和宁德市政府教育督导室，联合对福安市教育“两基”巩固提高工作进行跟踪检查。2005年，市教育督政以初中建设和落实教育经费为重点开展工作。

（二）督学

1991—1993年，福安市教育督导室以加强师资队伍建设、提高中小学教学质量和学校德育工作为重点开展督学工作。1994年，重点督促“普九”建档工作。在市教育局的协助下，完成动员部署、印制表卡、建档试点、培训骨干、巡回指导、检查落实等任务，实现“普九”建档工作目标。当年，福安市推行“校长岗位工作目标责任制”，市教育督导室全权负责全市中、小学校“校长岗位目标责任书”的签订、督促检查和年终考核评比。在督促教育资金投入、改善办学条件的同时，要求进一步规范学校教育经费规范使用管理工作。1995年，市教育督导室督学工作主要包括加强中小学德育工作，制止中小学学生流失，纠正教育乱收费现象等；专项督查减轻中小学生过重课业负担，纠正把学生考试成绩和升学数量单纯与对学校的评价、奖励挂钩的做法。

1997年，福安市教育督导室主要督查各校在实施素质教育中探究问题，提出可行性实施方案的工作情况。1998—1999年，以实施素质教育督导评估为重点，开展基础教育专项督导检查；加强督查执行课改计划情况，特别是思想品德、音乐、体育、美术、劳动（技术）等课程的开设及授课情况。2000年3月，福安市中小学全面开展创建素质教育达标校活动，确定当年全市创建素质教育达标中小学校、幼儿园45所。市教育督导室组织人员对创建学校进行检查评估，15所中小学被评为福安市素质教育合格校。

2001年，市教育督导室协同市教委加强中小学教育教学管理，落实教学质量责任制，深入基层完小进行教育教学质量调研，配合福安市开展首次教师资格认定工作，全面开展教师岗位管理调查，严肃教师队伍管理纪律，对“在编不在岗”人员提出处理意见。2002—2003年，市教育督导室继续开展中小学素质教育督导评估，促进“创建素质教育达标校”活动的深入开展。对福安市实验小学、福安市逸夫小学进行复查评估，确认两校为宁德市实施素质教育工作先进学校。进一步完善市、学区、学校三级评估网络，对中小学进行素质教育过程性督查或督导评估。2004—2005年，全市进一步开展中小学实施素质教育督导评估工作，督促各中小学校以课改定课题、以课题带科研、以科研促课改，鼓励各实验学校和教师有针对性地开展实验研究，推进课改工作全面实施。

第二章　科技

第一节　机构队伍

一、机构

（一）管理机构

1991 年，福安市科学技术委员会编制 6 名，有主任 1 名、副主任 1 名，内设办公室。1998 年，福安市科学技术委员会编制 4 名，主任 1 名、副主任 1 名，内设秘书股（对外增挂技术市场管理股牌子）、科管股。2002 年，福安市科学技术委员会更名为科技局、编制 3 名，设局长 1 名、副局长 1 名，内设综合股（对外增挂技术市场管理股、科技管理股牌子）。

1991—2005 年，福安市科技局（科委）下辖单位有福安市科技情报研究所、福安市电子计算机中心站、福安市科技开发中心、福安市新优品种苗场、福安市生产力促进中心、福安市地震办公室。

（二）研究机构

1. 福建省农业科学院茶叶研究所

福建省农业科学院茶叶研究所前身系福建省建设厅福安茶业改良场，始建于 1935 年 8 月，地址设在福安社口镇。1975 年 9 月，隶属福建省农业科学院领导，并改为现名。内设办公室、财务科、保卫科等职能科室和育种与栽培研究室、茶树保护研究室、制茶与机械研究室、生理生化研究室、科技管理与情报资料室、茶叶科技开发中心以及茶叶试验场等专门机构。2005 年，有科研干部 35 人（其中，高级职称 11 人、中级职称 12 人）、工人 59 人，合计 94 人。研究所征集、保存国内外茶树品种（系）1000 多个、种质资源 4000 多份，成为全国收集、保存茶树品种最早、较多较全的一个资源库。

2. 宁德市农业科学研究所

宁德市农业科学研究所前身系福安专区农场，始建于 1958 年，地址设福安市溪柄镇。内设办公室、科管科、财务科、科技情报室、化验室等职能科室和粮油作物、经济作物、畜牧兽医、植物保护、食用菌新技术开发等专业研究室。以水稻、番薯、油茶、食用菌、果树和畜牧等为主要研究对象，开展优良品种选育、栽培技术、病虫害防治、饲料营养及兽医等项目的研究，为区内农业生产提供有关技术服务。

3. 福安市部门直属科研机构

1991—2005 年，福安市部门直属科研机构有福安市农业科学研究所、福安市林业科学研究所、福安市水产科学研究所，分别由福安市农业局、林业局、水产局管理。

4. 福安市民办科研机构

1990—2005 年，福安市出现一批民办科研机构，主要有食品研究所、电机电器新技术研究所、食用菌技术研究所、福良机电技术研究所、闽东玩具研究所、赛岐食用菌研究所、化工技术研究所、潭头果树栽培研究所、古蜂生物素研究所、古联研究所、微特电机研究所、兴业特种经济动物研究所、富源新技术研究所、华一工业设计研究所、康健哮喘病研究所（1994 年成立，1996 年更名为“福安风湿哮喘病研究所”)、黑马通用机械研究所、养生保温技术研究所、金源科技开发中心、计算机应用技术研究所、新星牙病防治研究所、新兴防火建材科技开发中心、恒福医学技术开发研究所、路达软件开发研究所、津达食品研究所、科光机电研究所、优高农业研究所、巨峰葡萄研究所、果蔬产业开发中心、安泰中医肝病研究所、溪尾镇水生物生态研究所、新源太阳能研究所、园林科技研究所、科华生物与食品工程研究所、760妇科肌瘤研究所、民康风湿病研究所、新特印刷技术研究所、舒而康妇科研究所、民族医药研究所、正大畜牧兽医技术研究所、绿州花果研究所、强力机电研究所、福建福安茶王生物技术研究所、旺盛经济林研究所、科源机电研究所、华尔佳生物技术研究所、松中汽车电器研究所。

5.福安市科研、培训、推广、服务、咨询机构

1991—2005年，福安市有农业局所属市经管站、土肥站、植保站、种子站、工业原料作物技术推广站、畜牧兽医站、畜牧兽医技术服务中心、兽医卫生监督所、经作站、农技站、农技推广中心、食用菌研究推广站、农业服务热线办公室、种子公司、农广校、科教站；市水利局所属市水利水电技术培训中心、重点工程技术队、水利水电勘测设计队、水利水电工程质量监督站、水利技术队、电力技术队、赛江流域水土保持监测站、水土保持试验站；市海洋与渔业局所属市水产技术推广站；市茶业局所属市茶业技术推广站（1997年改称内设机构推广股）；市科技局所属市科技咨询服务中心；市科委所属市科学技术情报研究所、电子计算机中心站、科技开发中心、市新优品种苗场、生产力促进中心；市农机局所属市农业机械技术服务有限公司，农业机械化技术学校；市劳动局所属市劳动技能培训中心；市卫生局所属市卫生进修学校；市计生委所属市计划生育技术指导站；市穆阳开发区所属穆阳民族经济开发区科技开发中心；赛岐镇所属赛岐镇科技服务站；地区农技园区所属市科教培训中心、市科普培训中心、高优良种山羊养殖基地、康厝圣山高优果树示范场、下白石龙眼保鲜加工企业；市林业局所属绿化办、林业科技推广中心、森林病虫害防治中心、林木种苗站、苗圃、经济林试验场、林业咨询服务站等；市电机电器中心试验室、民族技术培训中心等。

二、队伍

（一）科技人员

1991年，福安市有科技人员3942人（含教师、职务工作者等），主要分布在厂矿、机关事业单位、中小学、各乡镇所属部门、民营研究和技术开发推广机构。此后，福安市通过大中专院校、技校、职业学校培养，毕业生分配和在职人员培训、农民技术员培训，科技人员引进等，不断扩大科技队伍。2001年，市科委对市属各主管科局及所属单位、各乡镇及下属单位的科技人员进行专项调查统计，调查结果显示：福安市有科技人员10080人，其中，从事工程技术、农业技术、卫生技术等自然科学研究的科技人员1093人，教师6143人，社会科学研究人员335人；其中，获得技术等级证书的1595人，农民技术员308人，民营研究、开发、推广应用机构606人。2005年，全市有科技人员13571人，是1991年的4倍多。

（二）高级科技人才

1990—2005年，福安市有783人科技人员获评高级专业技术职务（称）。其中工程技术系列33人，农业技术系列48人；有高级农艺师40人（正高级2人、副高级38人），高级畜牧师4人，高级兽医师1人，高级农经师3人。卫生技术系列125人，其中，主任西医师35人（正高级2人、副高级33人）、副主任西医师61人；主任中医师2人、副主任中医师4人；副主任护（技）师18人、副主任药师2人、

副主任中药师3人。教师系列544人，其中，中学高级教师468人、副教授2人、高级讲师77人，高级实验师1人，高级教练1人；其他系列共33人，其中，高级经济师12人、高级审计师2人、高级会计师1人、高级工艺美术师1人、高级书画师1人、高级政工师1人、研究员6人、副研究员8人、副研究馆员1人。

第二节 科普宣传与科技活动

一、科技宣传

1990年，中共福安市委第八次代表大会提出“科技兴市”的战略决策，市人大常委会也做出《关于科技兴市的决议》，中共福安市委宣传部、福安市科委联合成立市科技宣传月、宣传周组织委员会。

1991年，福安市编印《科技宣传提纲》，出动宣传车到13个乡镇巡回宣传，并通过报刊专栏、墙报、广播等载体，开展一系列科技宣传活动。1994年，全市举办科技长廊宣传、电机电器科技现场讲座、科技知识有奖征答、科技图书展销、宣传车巡回宣传，“迎‘七一’知识分子联欢晚会”等系列活动。1995年，全市16个部门组成“科技宣传月活动”领导小组，在晓阳乡召开全市科技副乡镇长会议，专题部署科技宣传月活动；在国家、省、地级的20多种报刊上组织3个专版，发表30多篇宣传福安科技工作情况的报道；《福安科技》刊出科技文章50多篇；在《福安之窗》《科普画廊》开设100多期版面，展示福安市科技成果；开展《现代科技与福建科技知识问答》竞赛活动，发放《现代科技与福建科技知识》1700本、试卷1500份。1998年，全市开展科普宣传60次，播放科技录像100多次、举办讲座26场、讲授专业课题10个，听讲及观看对象2600多人次；开展大型科技咨询活动4场、义诊3场，发放科技资料6000多份、科技图书1000多册。1999年，潭头镇邀请茶叶专家在渔溪洋村举办茶叶无公害生产技术培训班，发送茶叶生产施药年历、芙蓉李整形修剪等材料400多份。城阳乡出动科技宣传车，开展“送科技下乡”活动，及时防止使仙岭、上沃村“猪瘟”病的传播，同年还有效控制荷洋村的太子参病虫害。2000年，全市举办讲座20场，讲授科技课题6个，播放科技录像100多次，开展大型科技咨询活动5场、义诊3场，听讲及观看对象4000多人次，发放科技资料6000多份、编印分发《福安科技》26期。2002年，全市发放科技书籍及各类科技材料7000多份，接受群众咨询1000多人次。为企业和农民输送科技信息100多条。2003年，全市开展“依靠科学，

农业科技进乡村活动（2004年）

战胜非典”为主题的科技宣传周活动，发放宣传材料2000多份，向乡村、居委会群众进行防治“非典”知识的宣传；接受咨询1000多人次。全年编发《福安科技》12期，为企业和农民输送科技信息200多条。2004年，开展提倡科学、反对迷信、反对伪科学等专题宣传活动。到坂中坑下村科技示范点，开展妇女“双学双比”活动，发放科普书籍100多册，赠送康厝、穆云、溪柄、甘棠等乡镇农民科技书籍和资料3000多份。

2005年，全市在科技宣传月活动中，组织科技人员上街头，下村、街，入社区、进学校，开展专家咨询、技术培训、送科技书籍和资料等活动，组织科普图片展览2场，发放科技宣传资料6000多份。

1991—2005年，福安市每年都开展科技兴市宣传月活动。

二、科技培训

1991年，福安市通过农业广播学校、农业函授大学分校、技校、成人职业学校、乡镇党校、文化技术学校、农民夜校以及委托大中专院校代培等途径，完成各类技术培训166期、受训11800多人次，其中，培训农民技术员250人次、工人3000多人次，参加各类专业进修人员300多人次。溪潭乡等举办科技副村民主任培训班。1992年，全市基本形成三级科技培训网络，以职业中专、民族职业中学、农业函授大学分校、农业广播学校、市委党校以及职业技术培训中心为依托，开展职工岗位培训、村主干和后备力量培训以及农民技术员专业培训；乡镇以文化技术学校和职业高中班、科技宣传服务站为阵地，开展基层干部和农民实用技术培训；各村以农民夜校为阵地，开展农村扫盲教育和实用技术的再培训。全年共完成培训436期，13.35万人次；其中培训农民技术员1609人次，职工岗位培训3.24万人次，组织函授和参加各类进修培训1100人次。选送农函大学习40多人。90%的农村基层干部和81%的农村劳动力接受培训，大部分青壮年劳动力接受系统培训，取得农民技术员资格的占5%。企业职工培训面达92%，科技干部继续教育工程培训占32.2%。同时，以宁德地区农校为依托，开展三年制中专学历的村级后备干部队伍培训、受训244人。1993—1995年，全市建立农科教结合试点3个，举办专业技术培训班218期、受训21518人次；普及性培训班1636期，受训239860人次。其中，培训农民技术员3856人，职工培训3.73万人次，参加函授和各类专业人员进修963人。还邀请省中心检验所专家举办电机电器安全认证学习班和技术培训班8期，受训240人次。在扶贫挂钩奔小康试点村举办培训班20多期，受训1200人次。

1996年，全市举办电机电器技术与管理培训班9期，受训280人次。举办便携式收割机技术成果推广培训班。举办各类培训班100多期，受训6000多人次；其中，电脑培训班10期、受训400多人次。1997年，组织穆云、下白石、甘棠、康厝、溪尾、坂中、潭

劳动技能培训（2004年）

头、赛岐、社口等乡镇分管科技的领导干部参加省科委组织的科技示范乡镇建设工作培训班。1998 年，举办各类实用技术培训班 150 多期、受训 8000 多人次，其中，农民技术员 1800 多人。举办一期科技副村民主任科技培训班，全市 90% 以上村主干接受专业技术培训，80% 以上的农村劳动力接受普及培训、可掌握 1 ～ 2 门农业实用技术，提高了广大农民对新技术、新成果的接受能力，促进农业科技的推广应用。1999 年，举办各类农村实用技术培训班 130 多期、受训 6500 多人次，其中，培训农民技术员 2000 多人、获得绿色证书 600 多人。

2001—2005 年，福安市邀请果树专家到松罗、康厝、象环等乡镇（村）举办葡萄优质栽培培训班。在溪柄、松罗、湾坞、穆云、康厝、溪潭、甘棠、晓阳、城阳、坂中等乡镇开展毛竹、畜牧、蔬菜生产实用技术培训。举办“知识产权与科技管理”“科技发展与知识产权”讲座和培训班。组织各类农业技术专家 70 多人次，到 12 个乡镇、18 个行政村举办科技讲座、咨询和技术培训 31 场次，受训农民 3000 多人次，赠送各类科技书籍 4100 多册、资料 2600 多份，解决技术问题 30 多个。举办“制造业信息化国产 CAD-CAM 技术应用推广交流会”，邀请业界专家，介绍 CAD-CAM 技术发展趋势以及国产主流软件产品，全市 20 多家电机电器企业主和技术人员参加听讲。举办信息化技术管理工作培训班，全市 80 多家企业技术人员参加培训。举办 4 次关于提升福安电机企业竞争力与国际知名度，机电一体化技术、永磁电机发展技术、中小型电机的生产现状与研究对策的专题技术讲座，听讲者达 650 人次；举办 4 期关于巨峰葡萄优质栽培技术、生猪养殖技术、禽流感防控技术、水蜜桃育苗及栽培技术的培训班，受训 350 多人次。

三、科技咨询

1991 年后，福安市通过市科学技术顾问委员会、市咨询委员会、市拔尖人才协会、市属单位科技服务咨询机构、乡镇科技咨询服务机构，开通连接信息互联网、海峡科技网，开展科技情报收集工作，并建立咨询登记制度。1991 年，福安市成立科技兴市规划课题研究小组。1992 年 3 月，成立“科技兴市”顾问委员会，负责“科技兴市的决策咨询和重大项目的可行性论证”。市科技局（科委）每年定期编发《科技信息参考》和《福安科技工作情况》，提供信息咨询服务。1994 年，组织 12 名地（市）管专业技术拔尖人才、农业专家到溪柄、下白石、穆阳等 6 个乡镇开展巡回科技咨询活动，近万人次参加，咨询项目 400 多项。深入 21 个乡镇（街道）200 多个村，为农民群众解决技术难题 65 个、现场技术指导 600 多人次、开发科技项目 16 个、推广新技术新品种 25 个、赠送科技资料 400 多份、为群众办实事 216 件。9 月，邀请福州大学三位专家，对福安市电机电器生产技术问题进行为期三天的技术咨询、专利咨询与受理工作指导，当年全市专利申请 5 项，授权三项。1995 年 2 月，福安市科委协同有关部门组织市农业拔尖人才开展农业春耕生产技术咨询活动，接受咨询 3000 多人次。1996 年，市科委开展科技信息咨询服务，为企业提供各类信息 1000 多条、接受咨询 10 多次。1997 年，通过网络为 10 多家企业提供新产品开发、产品市场信息咨询服务；通过联合民营科研力量、联络重点电机电器企业，开展技术开发、咨询服务。1999 年 3 月，穆云畲族乡、赛岐镇、晓阳镇建立农技咨询服务部，设立农技热线电话，建立咨询登记制度，解决农民生产上的技术难点、热点和疑点问题。穆阳镇针对水蜜桃有花无果的现象，多次邀请地区农校和省、地、市果树专家进行调研咨询，为果农排忧解难。2000 年，组织果树、茶叶专家下乡开展科技咨询活动，分发科技资料 1500 多份。全年市科技局共接受威迪电机有限公司、康华电器有限公司等企业咨询 10 多次。2001 年，组织果树、水产、畜牧、蔬菜等技术人员到下白石、晓阳、坂中等乡镇开展科技咨询服务工作，接受群众咨询1500多人次，分发科技资料2000多份，为农民解决龙眼、大黄鱼、橄榄、毛竹等生产方面技术难题300多个。邀请福建农大博士生导师、地区农科所所长对生姜生产进行咨询论证，初步形成福安竹姜培育、加工、防病等系列生产服务计划。开展“送科技下乡”活动，分发科技图书、资料3000多份，接待农民咨询2000多人次。2005年，组织开展电机电器应对贸易壁垒、制造业信息化相关技术，水蜜桃种植、雷竹种植、柿子种植和生猪养殖等6项技术咨询活动。

四、科技交流

（一）考察

1996年5月，中国生产力促进中心华南调研组到福安调研。同年10月，省科委组织部分省直有关单位、研究院所、企业到福安考察，并召开全省生产力促进中心工作座谈会，交流工作经验。2000年，福安市生产力促进中心组织石板材企业技术人员赴泉州参加“2000年中国泉州陶瓷展览会”，并实地考察学习，推进福安石板材产业发展。2001年，组织闽东东方神电子有限公司参加“2001中国国际招商月暨第三届海峡成果交易会”，促进科技交流与成果转化。2005年，市委、市政府组织人大、农业、葡萄协会、咨询委、科协、产区乡镇政府、农技干部、种植大户、营销大户等代表前往上海马陆镇和江苏句容县进行葡萄产业考察学习。同年，由中国大陆和台湾的专家组成的“两岸青年科学家携手海西行”考察团考察福安机电产业的发展，开展学术交流。市科技局邀请省科技厅领导及专家到福安对电机电器和船舶修造行业的产业技术、产品科技创新、应对贸易壁垒等问题进行考察交流指导。

（二）协作

1992年5月，福安市在赛岐镇罗江村举办“首届闽东赛岐经济开发区技术交流会”，北京、上海、天津、南京、四川、安徽、江西、武汉等8省市70多家科研单位、大专院校科技人员700多人前来参加，共签订意向技术协议168项、科技新产品销售合同30多万元。1994年，市政府首次组织电机电器企业参加秋季广州交流会，与福建省中心检验所合作成立福安市产品质量检验所。1995年，福安市先后与省机械研究院、省中心检验所、福建农大、福州大学、浙江大学、上海交大等单位建立长期技术交流和协作关系。福安市生产力促进中心成立之后，一直开展与省内外科研院所和高等院校的交流与协作，组织科技力量为企业生产和研发服务。2002年10月，福建省电机电器行业产学研现场会在福安召开，13家企业和10所高校达成27项技术与资金合作协议。

（三）学术交流

1991年4月，宁德地区行署和福安市政府联合举办第一届“中国闽东福安茶文化交流会”。中国大陆部分省、市（区）及台湾地区和日本国100多位茶道传人、茶艺专家、茶商等应邀到会交流茶道、茶艺。1992年3月，福安市举办第二届中国闽东茶文化交流会。聘请省科技情报所为福安拍摄《芙蓉李高产栽培与深度加工》星火科技专题录像片，在中央电视台二套和省地电视台播出。同年，与省、地水利电力学会就“湾坞二期围垦与溪尾海堤水毁缺口修复”问题进行学术研讨交流，制定堵口方案和措施。1997年，福安市举办“全国微型电机行业协会年会”，对微型电机发展情况进行交流。7月，召开中国南方地区第二次葡萄学术研讨会，来自全国14个省、市的78位代表出席会议，研讨交流南方地区葡萄栽培经验。2003年，在甘棠西门、溪柄立峰、赛岐象环等村开展巨峰葡萄无公害规范化栽培技术研究，邀请省绿色食品发展中心和产品分析测试中心专家到市葡萄基地指导无公害葡萄生产的测试。2004年10月，国家及行业泵类标准研讨会在福安召开，来自全国各地36名专家学者、企业界代表参加会议，

福安市首届职业技能竞赛船舶焊工技术赛场（2004 年）

会议完成 22 项国家及行业泵类标准的修订工作。同年，举办“福安市船舶焊工职业技能竞赛活动”，邀请省生产力促进中心专家、福州和厦门的部分企业、院校技术专家到会交流指导企业信息化平台建设和中小型企业创新基金申报。2005 年，邀请中国农学会葡萄分会、上海农科院、中国农科院植保所葡萄病虫害防治研究中心的知名专家为农技干部、农民技术员、专业户及相关产业工作者举办葡萄产业发展的专题讲座，交流葡萄种植和病虫害防治技术。

五、青少年科技活动

1991 年后，福安市通过开展科技教育、宣传、培训和实践活动，着力培养青少年的思维能力、动手能力和创造能力，帮助青少年树立正确的科学观。1991 年 7 月，举办福安市第二届中学生夏令营，组织 50 个营员前往溪尾乡下邳村对虾育苗基地，开展对虾养殖技术和海洋生物及莲花屿、官井洋、三都澳等海岸地貌考察，采集海洋生物标本等活动，营员们撰写小论文 31 篇。1995 年，潭头镇渔溪洋小学被中国科协、国家环保局、国家自然科学学科基金会评为全国第三届青少年生物百项活动“优秀活动奖”，同时获福建省青少年生物百项活动“优秀活动奖”。1998 年，举办 30 多名中小学学生参加的“ ’98 福安青少年生物科技夏令营活动”，促进课堂知识与社会实践相结合。2001 年，举办福安市青少年“三小”（小星火、小发明、小论文）作品评选活动，并选送作品参加省、地比赛，其中小发明 7 项获省级奖、14 项获地区级奖；小论文 3 篇获省级奖、6 篇获地区级奖。开展青少年生物百项科技活动，16 项获地区级以上奖励。至 2001 年，福安市学生参加数学、物理、化学等学科竞赛，获国际、全国、省奥赛奖 82 人次，其中，陈华一、郑长津分别获得第 37、38 届国际数学奥赛金牌。3 人获全国计算机作品主题竞赛奖，9 名学生获省级奖。2002 年，举办全市青少年科技创新大赛，并选送项目参加全国、省青少年科技创新大赛，获省级科技项目奖 11 项、优秀实践项目奖 4 项；科幻画获国家级奖 2 幅，省级奖 21 幅。2005 年，承担中国科协—英特尔® 求知计划项目 2 个模块，分别在城阳中心小学和赛岐中心小学设立培训点，400 名四至五年级小学生参与培训。

第三节　科学大会与科技规划

一、科学大会

1995 年 12 月 23 日，福安市召开全市科技大会。会议正式代表 400 多人，省科委、福州大学、宁德地区行署及地区科委、科协、省地驻韩单位领导应邀参加会议，市委、人大、市政府、政协在家领导出席会议，市直副科级以上领导干部列席会议。会议期间，传达全国、省、地区科技大会精神，总结了“八五”期间福安市科技工作情况，明确了“九五”科技发展目标，表彰“八五”期间科技工作做出突出贡献的先进集体和先进个人。市委、市政府出台《中共福安市委、福安市人民政府贯彻〈中共中央、国务院关于加速科技进步的决定〉的实施意见》《中共福安市委、福安市人民政府关于充分发挥知识分子作用，提高知识分子待遇的决定》《福安市人民政府关于科学技术投入的决定》三个政策性文件。

二、科技规划

1995 年 12 月，中共福安市委、市人民政府在科技大会召开期间，颁发《福安市“九五”科技发展规划》，并提出全面实施意见。是年，市十届人大第二次会议通过《依靠科技进步建设电机电器城》决议。2000 年 11 月，制定《福安市“十五”科技发展规划》。2005 年 12 月，在完成“十五”规划主要指标后，制定《福安市“十一五”科技发展规划》。

第四节　科学研究开发及成果推广

一、科学研究

1991 年后，福安市在实施“九五”“十五”“十一五”科技发展规划期间，开展的科学研究和科学技术示范推广活动遍及工业、农业、社会发展各行各业，实施的科技研究计划项目，被列入国家科委和福建省科技厅实施的计划项目有 50 项，列入宁德市及福安市实施的项目有 383 项。

二、技术革新

（一）农业

运用机械深施化肥技术　1991—1996 年，福安市农机局实施“节本增效工程技术之一——机械深施化肥技术”项目，用机械化、半机械化和手工工具并举的方法，将化肥按各类植物农艺要求的数量和位置深施于土壤中，有效提高化肥利用率、实现节本降耗、促进增产增收、提高劳动生产率、降低化肥对环境的污染。

茶业无公害病虫害防治技术　1991—2005 年，福安市各乡镇茶农不断改善病虫防治技术，建立常规茶园、无公害茶园、绿色食品茶园、有机茶园四个层次的茶叶安全生产基地，促进茶业可持续发展。2001 年，被农业部列入全国第一批创建无公害茶叶生产示范基地市建设后，严禁使用国家明令禁用的六六六、滴滴涕、毒杀芬等 20 多种有毒农药，推广茶园生态环境改善、生物农药防治和物理机械防治等防病虫害技术，不断扩大无公害茶园、绿色食品茶叶基地和有机茶基地。

葡萄预冷保鲜技术　2002 年，省农机局、省农机推广站分别在福安市溪柄镇岽山村、马厝村建立葡萄预冷保鲜库，采用半封闭制冷压缩机、使葡萄保鲜温度迅速降至 5℃～10℃，装入冷藏车运输时间可延长两天、扩大了销售时空。2005 年，全市有冷库 8 个，改变果农以往葡萄保鲜就放屋内通风阴凉处，保质期不超过 3 天的状况。

蘑菇复土技术　2004 年，福安市食用菌办在溪尾镇下邳村进行 4000 平方尺栽培面积的蘑菇复土技术推广试验，采用以谷壳混合塘泥或水田泥浆作为蘑菇覆土材料获得成功。2005 年产季，福安市扩大试

表 25—14　1991—2005 年福安市列入福建省科技项目计划情况表

单位：万元

序号	项目编号	项目名称	项目性质	承担单位及主要责任人	实施时间	项目经费			
						总投资	自筹	拨款	偿还
1	1992 第五批	芙蓉李深度加工	星火计划科技开发贷款	闽东蜜饯厂 毛明鸿	1992—1993	120	60	60	—
2	1993-Z-11	试剂级过硫酸钠	新产品	福安农药厂	1993—1993	6	—	6	2
3	1993-Z-61	DB20—IB 微型潜水泵	新产品	福安市白云电机厂	1993—1994	4	—	4	1.2
4	1993-Z-106	TF-6 智能型多功能综合数显测试仪	新产品	闽东泰发机电公司	1993—1994	3	—	3	1
5	1993-Z-113	充电式按摩器	新产品	福安市电子仪表厂	1993—1993	3	10	3	1.5
6	1993 第一批	低温蒸煮连续发酵新工艺	科技开发贷款	福安市赛岐酒厂	1993—1994	73	390	63	—
7	1993 第一批	“唯尔宝”彩蛋系列产品开发	科技开发贷款	福安市德尔宝蛋品厂	1993	59	39	20	—
8	1994-S-35D 1994 第三批	果蔬加工综合技术开发	星火计划科技开发贷款	福安市果蔬加工厂	1994—1997	74	40	34	—
9	1994 省拨“福安市电机电器城建设”发展基金（安排情况）	YDE 三相异步盘式制动电动机	—	盘式电机厂	1995.7—1995.12	—	—	20	—
10	1994 省拨“福安市电机电器厂建设”发展基金（安排情况）	美国 NEMA 标准电动机	—	微特电机厂	—	—	—	20	—
11	1994-Z-28	YYM 系列空调机电机	—	中闽机电设备公司	1995.5—1996.1	—	—	20	—
12	1994-Z-28	QD111 型稀土永磁起动机	—	汽摩电机厂	—	—	—	20	—
13	1994 省拨“福安市电机电器城建设”发展基金安排项目	技术培训技术咨询	—	市科委	—	—	—	20	—
14	1996-Z-170	闽东食草动物养殖试验示范区研究建设	—	市科委	1996—1998	—	—	—	—
15	1997-Z-3	多功能妇乐理疗器	—	福安市生产力促进中心	1997—1998	—	—	13	—
16	—	红鳍东方豚及虾贝混养技术开发	—	福安市科技开发中心	—	—	—	5	—
17	1997-H-73	微型潜水电泵	—	福建万达电机有限公司	1997—1998	35	25	10	—
18	1997-Z-112	多保险密码电子锁	—	福安市生产力促进中心	1997—1998	20	18	8	—
19	1997-Z-161	名特优蔬菜　葡萄产期调节与基地配套技术	—	福安市科委、福安市果蔬产业科技开发中心	1997—1999	51	37	14	—
20	1998-Z-143	茶树新特良种繁育	—	穆云畲族乡政府	1998—2000	50	46	6	—

续表 25—14

序号	项目编号	项目名称	项目性质	承担单位及主要责任人	实施时间	项目经费			
						总投资	自筹	拨款	偿还
21	1999-Z-32	福安葡萄产业化关键配套技术研究	—	福安市葡萄产业化技术服务中心	1999—2001	336	316	50	—
22	1999-Z-141	蔬菜新品种引进推广及配套技术研究	—	坂中农技站	1999—2000	95	85	10	—
23	1999-Z-89	药用铝塑组合盖生产线研制	—	福安市康华药用包装有限公司	1999—2000	50	40	10	—
24	1999-Z-173	古方风湿药膏开发研究	—	福安风湿哮喘病研究所	1999—2002	120	105	15	—
25	2000-Z-120	橄榄矮化密植早结丰产栽培研究	—	坂中畲族乡农技站	2000—2005	90	—	10	—
26	2001-Z-106	福安生姜产业化关键配套技术研究	—	福安市生姜产业技术开发中心	2001—2002	263	248	15	—
27	2001-Z-144	龙眼高产优质晚熟栽培技术研究	—	坂中畲族乡农技站	2001—2002	90	80	10	—
28	2001/T-002	特种珍禽人工养殖技术示范推广	—	市科技开发中心、市华隆实业发展有限公司	2001—2003	168	118	50	—
29	国家级科技成果转化基金	优质茶树新品种与无公害茶叶生产技术示范	—	福安市农垦公司	2001—2003	—	—	—	—
30	2002-N-76	无公害茶叶绿色食品示范区建设	—	坂中畲族乡农技站	2002—2004	50	40	10	—
31	2003-N-71	福安水牛品种保护与选育	—	福安市畜牧兽医站	2003—2005	123	113	10	—
32	2003-N-99	坂中沿河阶地大棚无公害蔬菜标准化栽培技术示范推广	—	坂中畲族乡农技站	2003—2005	50	40	10	—
33	2004-N-89	乌龙茶新品种黄观音茗科1号推广应用	—	坂中畲族乡农技站	2003—2005	60	35	25	—
34	2004-S-029	穆阳水蜜桃标准化生产与贮运保鲜科技产业示范	—	福安市永盛农业产业化发展有限公司	2004—2007	100	98	8	—
35	2004-H-053	晶闸管励磁同步发电机开发	—	闽东亚南电机有限公司	2004	150	138	12	—
36	2004-I-033	水产干制品系列加工工艺配套开发及保藏技术研究	—	福安五洲水产有限公司，日本千洋贸易会社	2004—2005	120	109	11	—
37	2005-HO-79	数字变频发电机组	—	闽东亚南电机有限公司	2005—2006	300	290	10	—
38	2005-NA-115	菜用蚕豆品种改良示范基地建设	—	坂中畲族乡农技站　宁德市农校	2005—2007	50	30	20	—
39	2005-N-081	巨峰葡萄新栽培模式研究	—	福安南方优质葡萄研究推中心溪柄镇葡萄协会	2005—2007	50	40	10	—

验面积，在溪尾镇下邳村、林洋村和下白石镇的大梨村进行2万平方尺蘑菇栽培面积覆土改革中型生产试验。试验结果表明菇体朵型好、色泽白、结实、质量好，单位产量提高15%。

水产网箱养殖技术 1991年，全市网箱养鱼600口，年产量200吨左右，技术设置是3×3×3米的小网箱。2000—2005年，革新网箱设置技术，采用4×4×4米较大网箱甚至更大规格的网箱替代，养殖效果明显提高，年养殖网箱增加至3万～5万口、平均产量达6500吨，使海水网箱养殖成为福安市水产养殖的支柱产业。随着网箱养鱼的发展，养殖品种由单一的大黄鱼增加到鲈鱼、鲷鱼、石斑鱼、美国红鱼、河豚等十多种鱼类。

鲍鱼海上吊养技术 2004—2005年，下白石养殖户在狮尾海区进行网箱吊养壳长2—3厘米的九孔鲍苗，生长快，经一年的养殖，可达到每斤20粒的商品规格，成活率80%。九孔鲍在福安市沿海养殖其生长速率及成活率与高中盐度的邻近县（市）海区的九孔鲍养殖对比无差异，结束了内湾河口型、低中盐度的福安海域无法养殖鲍鱼的历史，使其成为福安市水产养殖的又一主产项目。

（二）工业

2003年，福建万达电机公司技改扩大高效电机生产等6项投资百万元以上技改项目竣工投产。闽东德丰、远东华美、振中、新永隆、统志、大地、福兴、华微、银嘉等电机公司异地技改，9个项目部分建成投产。成功开发了混合伺服电机、亚的钢板壳无刷同步电机、NIMA标准电机、微型汽油发电机等一批新产品并投入批量生产。其中新永隆电机公司技改项目新开发的微型汽油发电机投产后产值提高3倍。福建万达电机公司被福建省经贸委列为福建省省级“企业技术中心”，安波电器公司被列为“福建省制造业信息化应用示范企业”。2004年，亚南电机公司研发SLG系列无刷交流同步发电机、YX3系列高效节能电动机，惠丰电机公司异地技改，怡和电子公司扩大出口按摩器生产等6项百万元以上技改项目；天工电机公司、万利漆包线公司等9项百万元以上技改项目部分建成投产，开发出耐腐蚀电机、小机座号铝壳电机、风机电机等新产品34个，银嘉电机公司研发的不锈钢井用潜水泵、一华电机有限公司研发的新型发电机获“福建省优秀新产品奖”，亚南电机公司也被福建省经贸委列为“福建省制造业信息化应用示范企业”。

（三）其他

1992年和1996年，福安市分别在地市级医疗单位和乡镇卫生院建立AFP（急性弛缓性麻痹）监测系统，开展AFP、麻疹、新生儿破伤风监测。1993年和2004年，分别由卢森堡捐款和省级配备冷链设备，两次对市、乡两级冷链进行更新，保证冷链设备正常运转。2000年，福安城区建成第二自来水厂，采用全程自动监测控制系统、改变过去由人工与仪器分别单项对饮用水感官性状、三氮、pH酸碱度检测等的落后生产方式。

三、专项科技活动

1992年5月，福安市科委与宁德地区科委、福建省乡镇企业局在赛岐镇罗江成功举办“首届闽东赛岐经济开发区技术交易会”，北京、上海、天津、南京、四川、安徽、江西、武汉等8省市和福建省内共70多家科研单位、大专院校科技人员700多人前来参加成果和技术交易。参展项目800多项，涉及电器、食品、饮料、机械冶金、化工建材等10个行业，其中创新技术30多项、专利技术71项、国外新样品91件，发放奥地利和港台地区最新工业产品样本说明书1000多份，宁德地区各县（市）也展示了“七五”工业科技成果。1994年9月，省科委组织在福州西湖宾馆召开“福安电机电器城项目论证会”。省科委领导和有关专家30多人参加会议，一致认为实施“福安电机电器城”建设项目，对依靠科技进步、振兴地区经济很有意义，福安电机电器城已现雏形、《福安电机电器城实施方案》切实可行，并对实施方案提出重要建议。当年，“建设福安电机电器城”项目被列入省重点科技计划项目。福安市完成电机电器城牌楼建设，确定新华路、解放路为电机电器专业街，并在坂中等地开发建设电器工业小区。1995年，福安市成立生产力促进中心，被国家科委纳入国家科委生产力促进中心管理系统管理。同年，市科委网站与福建海峡信息网联网开通。1997年，福安市举办“全国微电行业协会年会”，技术创新试点企业福建万达机电有限公司开发出水泵系列新产品。1998年7月，福安市溪柄镇召开全省粮食产地谷物烘干实验示范演示会，来自国家经贸委、国家计委、中国农机科学研究院、兄弟省市农机部门的专家和领导，省内重点县市农机部门领导和新闻单位等106人参加会议。2000年7月1—4日，中国南方地区第二次葡萄学术研讨会在福安市召开。来自全国14个省市的78名代表出席会议，会议授予福安“南国葡萄之乡”称号。2002年，福建省电机电器行业产学研现场会在福安召开，共研讨福安市电器企业43个技术难题，推介10所高校及科研机构科研成果200多项，邀请5位教授、高级工程师主讲电机电器专业技术知识。福安13家电机电器企业与10所高校、科研机构达成27项技术联合攻关协议，成立“福建省电机技术开发基地”，设立“福安市电机电器技术研发基金”；会议落实福建省每年支持福安市电机电器行业技术研发基金300万元，用于扶持电机电器企业开展技术研究和新产品开发；福安13家电机电器企业分别与北京大学、上海交通大学、浙江大学、福州大学、上海电器科学研究所、广州电器科学研究所、福建省机械研究所等高等院校和科研机构建立长期的合作关系。2004年10月23—28日，福安市电机工程学会承办“国家及行业泵类标准研讨会”，国内有关高等院校、科研院所的专家学者和电机企业界代表共36人参加会议，会上完成了22项国家及行业泵类标准的修订工作。与会专家和企业界代表参观了福安电机企业，并就福安电机电器企业所面临的问题提出了许多建设性意见和建议。2005年7月，福安市举办首届“坦洋工夫杯”斗茶展示会，18家企业、53个茶样参赛，通过企业自评和专家点评的方式决出茶王5个：绿茶茶王——福特茶厂的“六杯香”、乌龙茶茶王——坦洋茶场的“丹桂乌龙茶”、工艺茶茶王——工夫茶厂的“丹桂飘香”、白茶茶王——穆阳茶叶加工厂的“白毫银针”、花茶茶王——天香茶叶公司的“天香金针王”。

小型粮食烘干设备试验演示现场会（1999年）

四、科技成果评选

（一）“科技项目成果奖”评选

1992年后，福安市贯彻执行《中华人民共和国科学技术进步法》《福建省科学技术奖励办法》《宁德市科学技术奖励办法》和宁德地区科委《关于开展“一师一项目一成果”活动的暂行规定》，成立“福安市科学技术奖励委员会”，制定实施《福安市一师一项目一成果活动项目评审表彰实施意见》《福安市科技进步奖评选办法》，鼓励科技人员在各自的岗位上研究开发和推广应用出成果，对福安市“一师一项目”成果、市拔尖人才成果、科技进步成果进行评审表彰。至2005年，全市共组织实施科研和推广应用项目614项，评选表彰优秀成果262项；其中，1993年5月对139个项目成果进行初评、复评和总评，评出一等奖5项、二等奖10项、三等奖25项，1997年5月对取得的101个项目成果进行评选，评出一等奖1项、二等奖2项、三等奖9项、鼓励奖10项，优秀论文一等奖1项、二等奖5项、三等奖11项、鼓励奖15项。2002年，福安市“天宝杯”优秀科技成果评选，评出科技成果一等奖6项、二等奖5项、三等奖14项。

（二）科技进步成果评选

1991年4月，福安市评选1985—1989年科技进步成果，评出“福安市科技进步奖”一等奖6项、二等奖17项、三等奖17项。1991—2005年，福安市科技进步成果获“宁德市（地区）科学进步奖”13项、获“福建省科学进步奖”11项。

（三）专利

1992年，福安市智立电子研究所先后研究开发冰箱自动电子除臭器、电热类节能延寿器、电脑防盗报警器、液化气节能器、高效率节能电子镇流器、防近视电子台灯等6个产品，均获得国家专利。2002年，全市专利授权52项，其中，发明1项、实用新型28项、外观设计23项。2003年，全市电机电器获专利授权63项，其中实用新型专利授权14项、外观设计专利授权49项。2004年，全市申报授权专利80项、电机电器获专利授权67项，其中实用新型17项、外观设计50项。东方神电子有限公司被省科技厅授予“省专利示范企业”。2005年，全市电机电器获专利授权53项，其中实用新型13项、外观设计42项。

五、科技成果推广应用

（一）水稻良种

1991年后，福安市水稻种子由福安市种子公司专营，按照不同海拔、不同土质及气候特点，不断引进并宣传、推广新优品种。2005年，国务院颁发文件，种子经营全面放开，市内的水稻良种经营主要由外地公司委托福安市的一些单位和私人经销；主要有福建万佳禾种子有限公司及市相关单位。水稻良种的引进推广，促进了水稻亩产的提高和粮食生产丰收。

1991—2000年，福安市先后推广的杂交水稻良种有威优35、63、64、77、89，汕优10、16、63、64、67、70、72、78、149、669，汕优桂32、33，汕优多系1号，岗优22，特优63、70、175、420、669、671，D优63、68、130、527，Ⅱ优10号、46、63、162、838、1273，Ⅱ优明86、118，Ⅱ优航1号、2号，优Ⅰ66，B优0801、827，两优2163、2186、3773，两优培九，金两优36，金优07，金优明100，天优3301，丰优22、花优63，谷优527，角优9号、89，宜优99、115、673，宜香2292，红莲优6号，福优明964等。

（二）食用菌栽培技术

1. 蘑菇高产栽培技术

1991年，福安市蘑菇栽培面积133.3万平方米，此后逐年上升。1994年，栽培面积222万平方米、年产蘑菇1.5吨，农民收入6600多万元，原料供罐头厂加工罐头1.2多吨、工业产值1.2亿、创汇1000

表 25—15　1991—2005 年福安市科技成果获“福建省科学技术进步奖”情况表

获奖项目名称	完成项目单位	主要完成人员	获奖年度及等级	授奖单位	授奖时间	授奖文号
立体直接冷却式铂钛电极生产化工过硫酸铵	福安农药厂	陈恩沛　钟伏荣　游细弟　缪见文	1990 年度二等奖	福建省人民政府	1991. 3. 3	闽政（1991）21 号
闽东地区贫困原因及其治理探讨	宁德地区科学研究会	姚钢鹰（第 5 完成人）	1991 年度二等奖	福建省人民政府	1992. 3. 3	闽政（1992）11 号
FG-6 型热磁波针灸按摩器	福光电子（国际）有限公司	陈品寿　薛建平　吴允才	1992 年度三等奖	福建省人民政府	1992. 11. 12	闽政（1992）51 号
氯化钾复分解生产过硫酸钾新工艺	福安市农药厂	陈恩沛　钟伏荣　缪见文　薛细文	1992 年度三等奖	福建省人民政府	1992. 11. 12	闽政（1992）51 号
奈丰产栽培与保鲜技术开发	福建农学院、省农科院果树所、沙县科委、福安市经作站、古田县经作站	刘星辉　卢开椿　郑家基　潘东明　金　光	1992 年度星火二等奖	福建省人民政府	1992. 11. 12	闽政（1992）51 号
空气隔磁系统在永磁电机上的应用	闽东电机（集团）公司　西北工业大学	林志友　薛宗荣　唐庆宇　陈　辉　米春亭	1993 年度二等奖	福建省人民政府	1993. 12. 1	闽政（1993）41 号
2000 年福安市科技经济社会总体发展规划	福建农学院、省科技促进发展研究中心、福安市人民政府	金茂霞　曾金星　叶大振　林善坦　王述安	1993 年度三等奖	福建省人民政府	1993	闽政（1993）41 号
油茶优良无性系丰产栽培试验	市林业局	陈鼎源　姚克平　高瑞龙	1996 年三等奖	福建省人民政府	1996	—
绿竹丰产栽培技术研究	市林业局	缪妙青　缪宝金　高瑞龙　林忠平	1998 年度三等奖	福建省人民政府	1998	—
巨峰葡萄引种基地建设及综合配套技术研究	福安市科学技术委员会、福安市经济作物站	尤长铃　孙飞汉　林赛萱　陈碧辉　姚水松	1999 年度三等奖	福建省人民政府	2000	闽政（2000）文 23 号
福安葡萄产业化关键配套技术研究	福安市葡萄产业技术服务中心	尤长铃　吴少华　徐扬华　郑铭西　孙飞汉	2004 年度三等奖	福建省人民政府	2004	闽政文（2004）345 号

表 25—16 1991—2005 年福安市科技进步成果获“宁德市（地区）科学技术进步奖”情况表

获奖项目名称	完成项目单位	主要完成人员	获奖年度及等级	授奖单位	授奖时间	授奖文号
10 万亩杂交稻新组合丰产示范	宁德地区种子公司、福安种子公司、柘荣种子公司	—	1990—1992 年度科技进步 一等奖	宁德地区行政公署	1994.2.6	奖状
草菇巴氏灭菌床架式新法栽培研究	福安市实用菌办	王玉华 刘善继 陈顺灿 苏贵平 王钦良	1991—1993 年度 三等奖	宁德地区行政公署	1996.11.15	荣誉证书
福安市 1983—1991 居民死亡回顾性调查研究	市卫生防疫站	薛成福 林 嵩 林贤谈 缪绍光 陈大铿	1993—1885 年度 二等奖	宁德地区行政公署	1997.5.21	宁署（1997）综 84 号
宁德地区吨粮田栽培模式示范	宁德、福鼎、福安、霞浦县（市）地区农业局、地区科委	林朱发 黄勇毅 李 林 陈石品 陈 玉	1993—1995 年度 二等奖	宁德地区行政公署	1997.5.21	宁署（1997）综 84 号
芙蓉李综合标准	福安市科委、福安市标准计量局	尤长铃 陈如春 林赛萱 刘少廉 陈碧辉	1993—1995 年度 三等奖	宁德地区行政公署	1997.5.21	宁署（1997）综 84 号
福安市科技兴市规划研究	福安市科委	郑意銮 柯受平 郑剑峰 阮良箴 刘建英	1993—1995 年度 三等奖	宁德地区行政公署	1997.5.21	宁署（1997）综 84 号
BJH201A 型汽车化油器	闽东汽车机电集团公司汽配厂	张传健 王永树 郑娟娟 林孝存	1993—1995 年度 三等奖	宁德地区行政公署	1997.5.21	宁署（1997）综 84 号
巨峰葡萄引种、基地建设及综合配套技术研究	福安市科委、福安市经作站	尤长铃 孙飞汉 林赛萱 陈田文 林增福	1996—1999 年度 二等奖	宁德地区行政公署	2000.11.6	宁署（2000）综 221
绿竹丰产栽培技术研究	福安市林业局	缪妙青 高瑞龙 林忠平 缪宝金 王杰铃	1996—1999 年度 二等奖	宁德地区行政公署	2000.11.16	宁署（2000）综 221
HYSWS—12.7—50 复合绝缘交流无间隙氧化锌避雷器	福安市海峡电器设备厂	丁玉钊 丁梦生 刘少铃 汤 明	1996—1999 年度 三等奖	宁德地区行政公署	2000.11.6	宁署（2000）综 221
轻烃管道燃气技术研究及其应用	闽东科隆工贸有限公司	钟石兰 陈瑞阳 许开怀 刘光忠 陈 尧	1996—1999 年度 三等奖	宁德地区行政公署	2000.11.16	宁署（2000）综 221
福安葡萄产业化关键配套技术研究	福安市葡萄产业技术服务中心	尤长铃 吴少华 郑铭西 孙飞汉 林赛萱	2000—2004 年度 二等奖	宁德市人民政府	2005.3.25	宁政（2005）文 52 号
THKX—H 系列（12—120KW）船用相复励三相交流同步发电机	福建一华电机有限公司	陈成基 林星生 赵亦华 林 斌 余坤仔	2000—2004 年度 三等奖	宁德市人民政府	2005.3.25	宁政（2005）文 52 号

多万美元、税利1500多万元，流通渠道收入1000多万元、社会总产值2亿多元。蘑菇高产栽培技术成果推广应用主要包含新品种推广，蘑菇制种培养基的改革，生产素的推广应用，蘑菇病虫害防治，蘑菇覆土工艺的改进革新，五节芒代料栽培试验等。

2. 草菇栽培技术

1991年，福安市食用菌办、福安罐头厂主持“草菇巴氏灭菌床架式栽培技术项目”，试验利用蘑菇房栽培草菇，形成“蘑菇→草菇→蘑菇”的一年三次栽培循环利用。即同一菇房夏秋两季栽培草菇二次，冬春栽培蘑菇一次的良性生态栽培模式。市食用菌办在溪潭镇的城山、溪北、凤林村以及康厝畲族乡的岐山村推广该项新技术，栽培面积5.6万平方米。每百斤稻草平均单产9千克草菇、最高16千克，比传统栽培法产量提高2倍。该项目1994年6月获得宁德地区科技进步三等奖。

3. 猴头菇袋栽新技术

福安市食用菌服务中心技术人员于1993年在溪潭镇马山、城山村推广猴头菇袋栽技术工艺，生产袋栽猴头菇6万筒。

4. 袋栽香菇、凤尾菇、平菇生产技术

凤尾菇栽培技术　1990年后，福安市较大面积推广稻草床栽凤尾菇。1991年后，改为木屑袋栽为主。

平菇栽培技术　1990年后，坂中畲族乡食用菌专业户用棉籽壳作为主要原料进行较大规模的平菇袋栽生产。经推广栽培，2005年，年袋栽培育平菇10万筒左右，主要供应城区蔬菜市场消费。

袋栽香菇生产技术　2005年，宁德市农科所在福安市食用菌办的协作下，在松罗乡照镜村进行松杉木屑栽培香菇2万筒的中型生产推广示范，每筒平均单产1千克，生物学效率达到85%～90%。

（三）葡萄栽培技术

20世纪90年代初期，福安市农业局、科委开展“葡萄高产优质栽培技术”研究和指导，实行营养袋育苗、大苗移栽，降低地下水位，计划密植，科学修剪等一系列栽培技术，起到良好的示范指导作用。1998年，市科委、经作站联合开展“巨峰葡萄引种、基地建设及综合配套技术”研究。对巨峰葡萄的栽培管理进行总结、完善、提高，形成一套适合葡萄产业发展的栽培技术和管理经验，形成巨峰葡萄栽培技术体系。主要要求是小苗假植，大苗定植；高畦栽植，计划密植；石柱铁丝水平棚架；独龙高干伞形，中、短梢修剪；疏整花穗、控产提质、适时套袋；氮磷钾肥合理配比，多用有机肥；病虫防治采取控制始发、交替用药、全面兼治、保穗套袋等措施，明显改善了栽培技术。2000年，市葡萄产业技术服务中心对产期调节、品种搭配及结构调整、无公害规

象环村葡萄园果农接受科技指导（2004年）

范化生产、产区布局、产品保鲜等进行示范指导，取得良好成效。2003 年，开展专用果袋示范推广，在溪柄、赛岐、甘棠等地建立葡萄专用果袋和有机肥使用示范片，提高葡萄品质和树体生产能力，促进专用果袋的推广和有机肥的使用。2004 年，在赛岐等产区开展破眠剂的试验、示范，达到提早萌芽、发梢整齐、成熟提前的目的，促进破眠剂的应用推广。2005 年，市科协、市农业局制定福建省《巨峰葡萄综合标准》，经省质量技术监督局批准在全省颁布实施，促进葡萄规范化、优质化生产。

（四）茶业栽培技术

1. 茶树良种

1991 年后，福安市引进和培育茶树良种福安大白茶、福鼎大白茶、福云 6 号、福云 7 号、福云 10 号、黄奇、台茶、梅占、丹桂、茗科 1 号、茗科 2 号、九龙袍、早春毫、乌牛早等 60 多个优良品种。无性系茶树良种栽种面积 10600 公顷，占茶园总面积的 98%，基本实现茶树无性系良种化，促进茶业生产的高产、优质、高效化。2011 年，市政府设立茶业生产专项基金、对茶树品种进行结构性调整，大力推广新优良种。2005 年，将推广良种茶叶 666.67 公顷列入发展产业“五个一”工程，每 0.0667 公顷补助 100 元、当年推广 333.33 公顷。

2. 茶树栽培技术与茶园改造

1991 年后，全市推广省农科院茶叶研究所提出的“缓路横沟、等高梯层、深挖下肥、良种壮苗、密植绿化”五条茶树栽培标准和改园、改土、改树与补植缺株或改植换种的“三改一补”技术，进行茶树栽培技术推广与茶园改造，建立良性生态茶园。主体栽培同时施以轻修剪、重修剪、台刈技术，对低产茶园、衰老茶园、失管茶园进行新植改造，提高茶园品质。茶园面积从 1991 年的 9206.67 公顷提高到 2005 年的 10860 公顷，年均递增 9.52%；毛茶产量从 1991 年的 4282 吨提高到 2005 年的 13363 吨，年均递增 6.05%；茶叶产值从 1991 年的 2819 万元提高到 2005 年的 16986 万元，年均递增 9.77%。

3. 茶业机械

采茶机　1997 年，福安市引进浙江川崎生产的 NV45H、NV60H 单、双人采茶机，在各茶场推广使用，要求茶树生长均衡、施肥均匀、修剪平整。

修剪机　2005 年，福安市五一机电厂在 BG 系列割灌机基础上改进生产茶叶修剪机并进行推广，当年全市使用此种修剪机 1000 多台。

初加工机械　2005 年，宁德市政府和福安市均拨出补助资金购买、推广茶叶理条机，使该机在全市茶叶初制厂普遍使用。

1991—2005 年，全市还推广使用加工名优绿茶的扁茶炒制机、电炒锅、摊青机、多槽振动理条机；加工乌龙茶的综合摇青机、液化气乌龙茶杀青机、速包机、松包机、包揉机。还有小型的加工设备，如 30、40 型连续杀青机，40、35、25 型揉捻机，弯月揉捻机；烘干设备有 2～6 平方米烘干机、旋转式烘干机、碧螺春烘焙机、炬式烘干机。同时引进日本、韩国产的光电拣梗机、提香机共 300 多台（套）。建有城湖、天香、北门、林芝、凤山、坦洋、王家等 8 个名优茶机械生产示范点。

（五）畜牧业科技

1991 年，福安市畜牧兽医站采用“酶联免疫检测法”和“PPA-ELISA 在猪瘟免疫抗体检测法”开展猪瘟免疫抗体检测。通过“仔猪母源抗体消长规律探讨”“乳猪超前免疫抗体的测定”“全市猪瘟现行免疫效果检测”“中药对生猪免疫效果的影响”“酶联免疫检测法与其他免疫检测法监测猪瘟效果的对比”“母狗隐性猪瘟的检测”等试验，确定科学的猪瘟免疫程序并进行推广。1993年，“PPA-ELISA在猪瘟免疫抗体检测上应用”项目获省农业厅农牧业技术推广三等奖。

（六）渔业科技

1991—2005年，福安市引导群众发展名特优水产养殖、推广海水鱼类网箱养殖，增加养殖鱼类品种。先后引进推广养殖太平洋牡蛎、大弹涂鱼、大黄鱼、龙须菜、石斑鱼、鲍鱼、星虫、章鱼、河豚、斑点叉尾鮰、倒刺鲃等。并推广应用池塘肥水养蛏技术、瓶养章鱼技术、坛紫菜采苗及养殖管理技术、牡蛎养殖技术、缢蛏与三疣梭子蟹池塘轮养技术及水产品低温快速干燥加工技术等。

福安市水产技术员在渔排指导作业（2001年）

（七）水利科技

1991—2005年，全市推广应用有特种水坝、现代防汛科技成果、水土保持科技成果、大型火电站设备。

（八）工业科技

1. 电机电器

1991年后，福安市电机电器科技成果向社会推广使用的产品主要有：1993年华丰电机厂开发生产的DAB-125A型微电泵，福光电子有限公司的FG-6型热磁波针灸按摩器；1994年华丰电机厂开发生产的BZ-21自动吸水泵和PS-150型自动给水泵；1995年安波电器公司开发生产符合国际IE标准的YAC系列铝壳电机，亚南电机公司开发生产的国家专利产品变频发电机组；1997年万达电机有限公司生产的“万德牌”水泵；1998年万达电机公司“WONPER”牌小型电动机，安波电器公司“ABOE”牌中小型电动机，闽东德丰电机有限公司的“凯捷利”牌中小型电动机；1999年万达电机公司开发的铝壳电机；2001年亚南电机公司生产的“亚南”牌发电机；2003年新永隆电机公司新开发的微型汽油发电机。2005年，天工电机公司扩大ST系列出口水泵等技改项目列为省重点产品结构调整技改项目；亚南电机公司开发的Y2VP系列变频调速三相异步电动机、WYJ2系列永磁同步无齿轮曳引机列省产学研项目；中频三相高速异步电动机为闽港企业合作项目，技改扩大年产5000台出口TEW2系列钢板无刷交流同步发电机生产规模，承担“晶闸管励磁同步发电机开发”省科技攻关重点项目；金泰格动力公司扩大出口柴汽油发电机组等技改项目建成投产，开发割草机电机、QP系列柴油泵、深井泵、数字变频发电机（省机电产品进出口办重点新产品研发项目，由亚南公司承担）等新产品30项。

2005年，全市电机电器企业700多家，研发和推广生产销售应用的电机电器产品120多个系列1000多个品种，其中电动机51个系列、发电机22个系列、水泵36个系列、电子医疗器械电机产品11

个系列。完成工业总产值65亿元，其中出口交货值26.2亿元、企业自营出口18664万元。

2. 土木建筑工程

1993年，全市推广实施粉煤混凝土生产工艺，提高混凝土的质量和强度，使混凝土在生化反应过程中产生的过剩石灰分离出来，经粉煤灰中的铜、硅及树脂胶离子聚集反应生产新水泥。

3. 其他科技

1994年，福安市包装厂引进台湾瓦楞纸箱生产线项目，1995年建成投产。1997年，福安印刷厂引进的意大利复合软包装先进生产设备安装投产。

第五节　科技管理

一、人才管理

（一）专业技术职称评定

1. 科技人员职称评定

1991—2005年，福安市共评定晋升专业技术人员职称15792人次，其中，初级职称11065人次、中级职称4145人次，高级职称582人次。初级职称中非公有制企事业及乡镇企业评定866人次，农民技术人员评定308人次；中级职称中非公有制企事业单位和乡镇企业评定194人次；副高级职称中非公有制企事业单位及乡镇企业评定9人次。

2. 技术工人职称评定

1995年，福安市开始实行职工（工人）技术等级证书制度，2000年，实行就业准入制度。至2005年，共对技术工人职称评定7469人，其中，获得职业技能资格证书6713人。获得职称资格证书人员中，初级技术工人6284人、中级技术工人356人、高级技术工人73人。

（二）农民技术员职称评定

1991年，福安市成立农民技术员职称评定委员会，由市科协牵头，市人事局、市科技局（科委）、市农委、市农业局等单位成员组成，对接受过福建省农村致富技术函授大学福安分校等学校教育培训的农民技术员评定并授予职称，当年，首批评聘82人。此外，市农业局、市水产与海洋渔业局等单位也通过自行培训、自行考评、自行授予的办法授予部分农民技术员资格。至2005年，福安全市获得各级农民技术员职称的共有308人。

（三）“拔尖人才”管理

1992年，福安市成立市委知识分子工作办公室，表彰拔尖人才11人。1993年11月，成立“市专业技术拔尖人才协会”，制定章程、会徽、会歌。设立指导协调、农业、林茶水、工贸、文宣卫体、中小教（含幼教）、社科等9个小组。1994年，成立“市专业技术人才服务所”，创办《人才与科技》会刊。1995年，设立“市专业技术拔尖人才基金”，并对拔尖人才进行考核、全市确定专业技术拔尖人才20人（其中继续确认12人、新确定8人），首批优秀青年技术人才24人，首批优秀企业管理人才8人。1997年，确定专业技术拔尖人才19人（继续确认16人、新确定3人），优秀青年技术人才16人（继续确认8人，新确定8人）。2000年，确定专业技术拔尖人才19人（继续确认16人，新确定3人），优秀

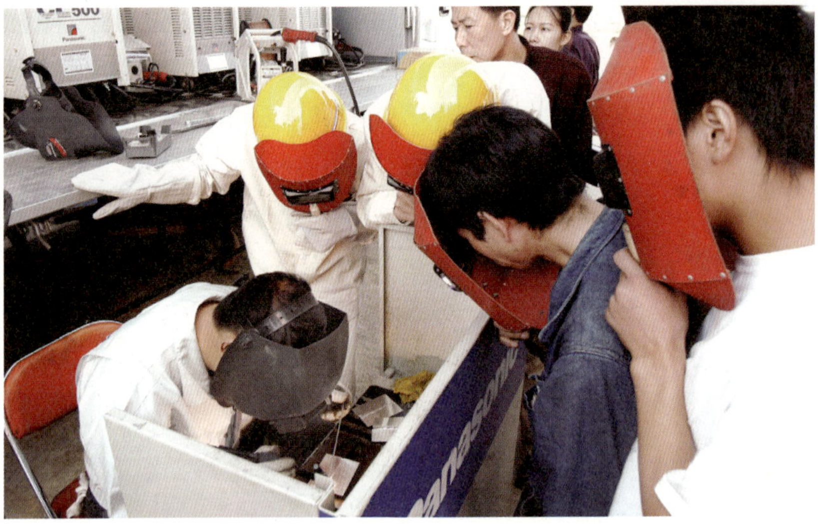

市首届职工技能竞赛（2004年）

青年技术人才20人（继续确认16人，新确定4人）。2001年4月，市委组织部印发《关于对市管拔尖人才实行年度目标管理的通知》，对市拔尖人才实行年度目标管理。2003年，全市确定专业技术拔尖人才24人（继续确认13人，新确定11人），优秀青年技术人才22人（继续确认12人，新确定10人）。1992—2003年，全市共确认和新确定人才5批184人次，其中拔尖人才5批94人次、优秀青年技术人才5批82人次、优秀企业管理人才1批8人次。

福安市“专业技术拔尖人才协会”成立后，组织拔尖人才、优秀青年技术人才和专家开展“农业科技咨询周”“奉献在红五月”“六下乡”“科技下乡百村行”“文化、科技、卫生三下乡”“职工技能大赛”“实施校地合作计划”等活动。至2005年，有6批39人次被评为宁德地区（市）专业技术拔尖人才，5批21人次被评为宁德地区（市）优秀青年技术人才。

二、项目管理

（一）科技项目申报与立项审批

1991年后，福安市对全市科技项目申报和立项审批实行宏观调控和科学管理，申报项目之前，市科技局（科委）在年度7—9月份向市直有关部门、各乡镇、主要企业发出文件通知，要求向市科技局（科委）申报项目并进行储备，而后进行筛选，按照项目的类别、大小、主次、重要程度进行分类，确定申报国家、省、宁德市（地区）项目或福安市项目。再根据申报要求和项数多少，分别选出申报国家科委、省科委和宁德市（地区）科技局（科委）项目，向国家科委、省科委和宁德市（地区）科技局（科委）申报。经国家科委、省科委和宁德市（地区）科技局（科委）立项审批，确定经费。对申报国家科委、省科委未获批准的项目，列为宁德市科技项目。福安市的年度科技项目视省、宁德市（地区）科技局（科委）下达的科技经费，福安市政府配套投入经费，项目申请单位自筹经费情况而定。项目上报经市政府会同市财政等单位研究批准后，以市财政和科技局（科委）两家名义下达项目，经费按项目实施年度一次性下达或分年度下达。

（二）项目实施与验收

项目申报立项批准后以文件形式下达市科委及项目实施单位。要求项目实施单位按合同规定组织实施，按时完成。项目实施单位的主管部门实行督促监管。项目完成后，项目实施单位提出鉴定申请，由科技局（科委）组织专家和有关人员评审鉴定，验收结项，并对项目包干经费进行决算。

1991—2005年，福安市共实施科技项目433项，按项目级别分：国家科委及福建省科技厅项目50

项（其中，工业 20 项、农业 27 项、其他 3 项），宁德市（地区）项目 45 项（其中工业 12 项、农业 28 项、其他 5 项），福安市本级项目 338 项（其中，工业 63 项、农业 130 项、其他 145 项）。按项目类别分：工业 95 项、农业 184 项、其他 59 项。其他项目中包括教育部门各中学多媒体教学、计算机网络建设项目，医疗卫生技术研制项目，科委部门科技培训、科技普及、科技宣传、挂点村奔小康、科技兴村、科技馆建设等项目。所实施的项目中，除个别项目因各种原因承担单位没有实施外，绝大多数项目均实施较好。

三、经费管理

1991 年后，福安市按照科技项目管理要求，对各级政府投入的"科技三项经费"、用于科技管理部门办公等费用的事业费和项目承担单位自筹投入用于科技发展的费用，建立计划管理与经费管理职能分离的监督制约机制；由申请单位编制项目经费预算，科技主管部门组织专家评审，科技、财政部门审核确定下达，严格执行项目经费预算；对批准立项实施的科技项目，由科技主管部门直接列入预算送财政部门审批下达。"科技三项经费"用于省、地（市）、市科技项目，实行专款专用，接受各级审计、财政部门监管。至 2005 年，福安市共实施科技项目 433 个，下达总经费 2134.55 万元。其中省项目 50 个，下达经费 910 万元（工业类 368 万元、农业类 502 万元、其他类 40 万元）；市（地）项目 45 个，下达经费 108.9 万元（工业类 38 万元、农业类 63.8 万元、其他类 7.1 万元）；福安市本级项目 338 个，下达经费 1103.65 万元（工业类 222 万元，农业类 254.65 万元，其他类 627 万元）。

表 25—17　1991—2005 年福安市科技项目经费安排情况表

单位：万元

年份	省补助				市（地）补助				福安市财政安排			
	总经费	其中			总经费	其中			总经费	其中		
		工业	农业	其他		工业	农业	其他		工业	农业	其他
1991	30	—	30	—	6.8	3	3.7	0.1	14.15	3	8.75	2.4
1992	178	48	130	—	17.7	4	13.7	—	57.7	29	20.7	8
1993	107	82	23	2	8	2	6	—	60.8	21.5	36.6	2.7
1994	134	80	34	20	21.9	6	13.9	2	60	23	31	6
1995	—	—	—	—	7	3	4	—	90	37	49	4
1996	—	—	—	—	6	6	—	—	130	22.5	39.5	68
1997	47	28	19	—	2	—	2	—	110	6	6	98
1998	94	68	26	—	—	—	—	—	158	20	11	127
1999	84	—	68	16	5	—	5	—	135	8	7	120
2000	—	—	—	—	11	3	8	—	140	17	14.5	108.5
2001	90	15	75	—	10	5	5	—	—	—	—	—
2002	25	25	—	—	3	3	—	—	40	23	11	6
2003	20	—	20	—	3	3	—	—	88	9	9.3	69.7
2004	56	12	44	—	5	—	—	5	20	3	10.3	6.7

续表 25—17

年份	省补助				市（地）补助				福安市财政安排			
	总经费	其中			总经费	其中			总经费	其中		
		工业	农业	其他		工业	农业	其他		工业	农业	其他
2005	45	10	33	2	2.5	—	2.5	—	—	—	—	—
合计	910	368	502	40	108.9	38	63.8	7.1	1103.65	222	254.65	627

四、专利与知识产权管理

1991 年后，福安市专利局组织学习《中华人民共和国专利法》（以下简称《专利法》）和国务院《实施细则》，开展多种形式宣传活动。1993 年，开展专利法“多星杯”智力竞赛活动。1994 年，开展专利咨询活动。2001 年，举办“知识产权与科学管理”“科技发展与知识产权”讲座和培训班，邀请国家知识产权局、省专利局的专家授课；宁德市各县（市）科技管理人员、重点企业厂长（经理）以及福安市电机电器企业厂长（经理）共 60 人参加培训。

第二十六篇

文化　体育

WENHUA　TIYU

1991—2005 年，福安市文化系统实施福建省群众文化《芳草计划》及全民体育健身活动，文化体育设施不断完善、文艺创作日趋繁荣，广播电视、图书、档案等各项事业不断发展，电视人口覆盖率大幅提升，群众精神文化生活日益丰富。1993—2005 年，全市共举办 12 届福安市畲族“三月三”民俗节歌会，城乡文艺舞台演出活跃；《中国民间文学集成·福建卷福安分卷》经 4 年普查采集，分为故事卷、谚语卷、歌谣卷 3 套出版；此外，出版《福安市优秀文化作品选》1 部、长篇小说 1 部、散文集 13 部、新诗集 12 部、古体诗集 7 部、歌曲集 4 部；编纂出版各种志书、年鉴 23 部。全市作者在省级以上刊物发表文艺作品 96 篇；在省级以上美术摄影展参展或获奖的书画、摄影作品 106 件。1996 年，少儿舞蹈《竹卜惊雀》获文化部主办的“全国蒲公英大赛”创作银奖、表演铜奖；少儿舞蹈《翠竹声声》获“首届全国少儿舞蹈艺术节”银奖；少儿舞蹈《小小山哈闹龙灯》《嘿，小可爱》分别获中国舞蹈家协会主办的“小荷风采”金奖、银奖。2005 年，畲族巫舞《奶娘踩罡》、畲族“三月三”民俗和银器制作工艺入选福建省第一批省级非物质文化遗产名录。

全市体育事业不断发展，竞技水平不断提高。以田径、乒乓、射箭等重点项目为依托，涌现出一大批优秀体育人才。福安十中被国家射箭中心和省体育局定为射箭人才培训基地。1992 年，福安市获“全国体育先进县”称号。在省第十二届运动会上，福安市体育运动员获 8 金 2 银 6 铜，以 252.5 总分的好成绩，受到省人民政府表彰。2005 年，福安市 4 名运动员参加全国第十届运动会的射箭、射击、田径等 4 个项目的比赛，获得 1 枚银牌、一个第五名的好成绩，被宁德市授予“体育突出贡献奖”单位。福安市少数民族传统体育运动不断发展，1991—2005 年，畲族《打枪担》《舞龙头》《赛竹卜》等传统体育项目多次代表福建省参加全国少数民族传统体育运动会，连续四届获得表演项目一至三等奖。

第一章　文化艺术

第一节　文化设施

一、文化馆

1992 年，福安市筹建文化馆大楼，但因原定馆址的土地问题而延宕。1995 年，市委、市政府决定新馆址改选阳头广场南侧。1996 年，福安市委、市政府做出决定，发动全市干部、职工每人捐款 300 元，共募捐 700 多万元，用于建设市文化馆和市图书馆大楼。1998 年，市文化馆大楼动工兴建，2003 年，大楼建成投入使用。新的文化馆大楼占地面积 3996 平方米，建筑面积 3432 平方米。设有文学、美术、音舞、戏曲、摄影等活动室，1 个展览厅兼培训厅，1 个排演厅。

二、图书馆

1991 年，福安市图书馆馆址在福安市金山路 31 号，占地面积 270 平方米，馆舍面积 854 平方米。1998 年 3 月，由于市政建设需要，市图书馆搬离原址，租借原福安茶厂窨花车间作为馆藏图书过渡周转房，并于当年动工兴建新图书馆大楼。2003 年，市图书馆大楼建成，4 月投入使用。新馆坐落于阳头广场南侧漫洪路，占地面积 3663 平方米，建筑面积 3670 平方米。馆内设置自动化网络局域网控制中心、书刊外借流通部、少儿借阅部、社科报刊阅览厅、科技报刊阅览厅、期刊借阅部、参考咨询部、书刊采编部、文献信息咨询部、图书业务辅导部、文献资料复印室、网络信息查询部等 13 个部（室）。

三、影剧院

1991 年，福安市有 9 家影剧院，其中，城关 3 家、乡镇 6 家。城关 3 家为福安人民影院、福安影剧院、福安地专礼堂影院，乡镇 6 家为赛岐、穆阳、下白石、甘棠、溪柄、上白石电影院。其中，福安人民影院为市电影发行放映公司的专业影院，成立于 1953 年，坐落城区中兴街 116 号，座位 1100 个。2000 年 1 月，福安市委、市政府针对该影院破旧、设备落后、效益不佳等状况，决定兴建“福安影视娱乐城”，并正式列入 2000 年为民办实事十大建设项目之一。当年，该项目实施，拆除人民影院，在原址建设六层钢筋混凝土框架的

福安影院（1993 年）

影视娱乐综合楼，总投资1300万元，占地面积1853.88平方米，建筑面积7200平方米，2005年2月封顶。同年11月，因开发商破产，该工程剩下的水、电、装修等扫尾工程未能完成，项目处于停顿状态。2005年，全市影剧院仅剩福安城关2家。

四、文化站

从1992年开始，福安市为改善农村文化活动场所，由当地政府筹资，市政府每年拨款6万元，对19个乡镇文化站进行重建和改建。1994年4月，穆阳、潭头、康厝、上白石等乡镇新建的文化站通过宁德地区文化局检查验收。当年7月，城南办事处文化站成立。至1995年，全市共有乡镇（街道）和村级文化站25个，其中，公办文化站19个，民办文化站6个。历史较久、影响较大的乡镇文化站有范坑乡文化站、穆阳镇文化站、溪柄镇文化站、甘棠镇文化站以及村级的凤阳村畲族文化站、仙岩村畲族文化站。1998年，原来由市文化局直接管理的乡镇（街道、村）文化站，下放人权、财权、物权，行政及经费开支由各乡镇（街道）管理，文化站的业务工作则由市文化馆负责指导。2005年，全市共有公办的乡镇（街道、村）文化站23个，均实现一站一人事业编制，其中乡镇（街道）文化站21个，村级公办文化站2个（凤阳村、仙岩村畲族文化站）。此外，民办的城阳乡铁湖村、溪潭乡城山村、廉村3个村级文化站每年享受公办文化站同等省级免费开放2万元补助经费。

第二节　文化活动

一、文艺活动

1991年，宁德地区组织闽东畲族文化艺术节展演，福安市选送的少儿舞蹈《咕咕谣》和《山哈带》参加演出。同年4月，第一届“中国闽东·福安茶文化交流会”期间，举办了首届茶文化文艺晚会，共创作演出14个茶艺歌舞节目。

1992年9月，福安市为纪念闽东北工农游击支队“兰田暴动”60周年举办大型文艺晚会。

1993年4月24日（农历“三月三”），福安市在坂中畲族乡仙岩畲村举办首届畲族“三月三”民俗节活动。是年，为纪念毛泽东100周年诞辰，福安市在人民会场举行专场文艺晚会。此外，在电视专栏节目和《福安之窗》展出美术、书法、摄影作品60余幅。

1994年5月，福安市畲族歌会在福安三中举行，有盘歌、武术、高跷、踩街等畲族民俗表演活动，全国人大民族事务委员会副主任等领导参加。歌会期间，福安

福安市各界人士迎澳门回归祖国联欢晚会（1999年）

西部青年联合会举办了文艺晚会。6月1日，举办福安市第二届少儿卡拉OK歌手大奖赛。7月1日，举办“迎七一‘先锋杯’卡拉OK歌手大奖赛”。为庆祝中华人民共和国成立45周年、闽东苏区创建60周年，福安市举办大型文艺晚会和系列文化活动。岁末，福建省第三届“九州杯”青年歌手邀请赛在福安市举行。

1995年4月，福安市在穆阳举办第三届畲族“三月三”歌会。9月，在《福安之窗》举办书画展。

1996年“五四”期间，福安市举办青年歌手大奖赛、“亚南杯”青年歌手大奖赛和福安西部青年“心系小康”文艺晚会。“六一”节期间，少儿舞蹈《竹响空山》进京在中南海怀仁堂演出，福建有线电视台为《竹响空山》拍摄了专题片。

1997年4月，福安市在康厝畲族乡凤阳村举办第四届“三月三”畲族歌会。“五一”节期间，在人民会场举办迎接香港回归文艺晚会和纪念五四运动暨共青团建团75周年文艺晚会。“5·18”在人民会场举办“富春之恋”歌舞晚会，邀请上海轻音乐团莅韩演出，著名歌唱家蒋大为到场献艺。

1999年10月，福安市为庆祝中华人民共和国成立50周年，在人民会场举办大型文艺晚会，同期举办“福安50周年成就”“国庆书画摄影展”。12月，举办庆祝澳门回归大型文艺晚会。

2000年4月5日，在穆云畲族乡溪塔村举办闽东首届畲族“三月三”歌会暨福安畲族经济开发区首届畲族民俗节。国庆期间，举办“2000年福安市农村文艺调演”，来自21个乡镇与福安畲族经济开发区的16个节目参加演出。岁末，为迎接新世纪暨庆祝市文联成立10周年，举办专场文艺晚会，并在会上颁发福安市“百花文艺奖”，表彰德艺双馨的文艺工作者。

2001年，福安市举办“卫士杯”青年歌手大奖赛，参赛歌手70多名。举办大型电视歌曲演唱会，蔡国庆等著名歌星到场献艺。

2002年4月，福安市在坂中畲族乡廉岭村举办第九届“三月三”畲族歌会；是年5月，举办“永远跟党走·威特利杯”首届闽东青年歌手大奖赛。11月，举办第一届文化艺术周。

2003年4月，在穆阳举办福安市第十届畲族歌会。为纪念毛泽东同志110周年诞辰，举办纪念一代伟人歌咏比赛。

2004年，为纪念闽东苏区创建70周年，福安市举办美术、书法、摄影展；在人民广场举办文艺晚会；邀省京剧团演出革命现代京剧《沙家浜》。是年11月26日，在福安人民会场举办以“红色丰碑”为主题的文艺晚会。

2005年，元旦、春节期间，福安市举办中国画研究院作品展。是年，福安市畲族巫舞《奶娘踩罡》、畲族“三月三”民俗及银器制作工艺入选福建省第一批省级非物质文化遗产名录。同年，福安市老年艺术团成立，10月，该团举办庆祝第15个“中国老年节”文艺晚会。

附：1991—2005年福安市青年歌手参加市以上赛事获奖情况

1992年，连英获福建省农村文艺调演二等奖，薛英获闽浙边界歌手大赛一等奖，林文冕获优秀奖。

1993年，刘光获福建省“任洁杯”青年歌手大赛美声专业组一等奖和“长城杯”十佳歌手称号；施新容获福建省“永德信”杯首届“戏与歌”卡拉OK广播电视大奖赛二等奖。

1994年，刘光获全国“通业杯”青年歌手电视大赛美声组荧屏奖和“福建十佳歌手”称号；薛英获闽东九县（市）舞厅歌手邀请赛三等奖，林文冕获优秀奖。施新容获福建省九地（市）青年歌手赛美声组一等奖，刘光、严铃分获二、三等奖，陈同云获民族组三等奖；阮旭良、王耕青获闽浙边界六县（市）影碟卡拉OK通俗唱法歌手邀请赛三等奖；陈平（小红）获福建省“九州杯”青年歌手邀请赛美声组第一名，连英获民族组第二名，薛英获通俗组第三名。

1995年，陈平（小红）获闽浙边界8县歌手邀请赛二等奖，陈勇飞获三等奖；同年，陈小红获宁德地区“国防杯”卡拉OK大奖赛民俗组第二名；陈勇飞获“海峡杯”电影歌曲歌手选拔赛三等奖。李叶丛获省农民歌手大奖赛银奖。

1996年，施新容获省首届中小学、幼儿教师卡拉OK电视大赛专业I组三等奖；潘爽获全省革命歌曲卡拉OK赛三等奖；吴源濂、郑春华分获省10城市青年歌手邀请赛通俗组第一名、美声组三等奖。

2000年，曾洁获福建电视台公共频道、福建省音乐家协会主办的“安利杯”学生歌手电视大奖赛优秀新人奖；获柘荣和福安两县市主办的“双城杯”闽浙毗邻县市歌星友谊赛通俗组三等奖。

2002年，郑春华获首届闽东青年歌手大奖赛民族美声组第一名。

2003年，曾洁获以“施琅杯”全球闽南语歌曲大赛优秀新人奖，同年，获第十届全国推新人大赛闽东赛区通俗组冠军、获首都老艺术家协会主办的第十届全国推新人大赛福建省赛区通俗组冠军、获中国文学艺术界联合会、首都老艺术家协会主办的第十届全国推新人大赛全国总决赛优秀新人奖、获“三钢闽光杯”福建省第三届职工歌手大赛通俗唱法铜奖。

2004年，曾洁获首届全国声乐器乐舞蹈大赛福建赛区声乐项目比赛通俗组三等奖。

2004年，曾洁获文化部艺术服务中心、文化设施建设管理中心主办的首届全国声乐器乐舞蹈大赛全国总决赛青年业余组通俗组一等奖。

二、电影放映

1991年，国营的福安市人民影院设施陈旧，观众减少。1992年10月至1993年2月，人民影院改造成立体声影院，配置软座观众席和中央空调，观众增多。1993年2月至12月，福安影院票房收入翻三番达70万元（平均票价0.16元）。1994年，福安市投资70万元再次改造的市人民影院投入使用，当年票房收入132万元（平均票价0.38元），跻身全省影院放映收入十强行列。1995—1996年，福安影院保持年票房收入超百万元，市人民影院被评为省、地、市先进单位、文明单位。1996年，全市有7家（其中，市区2家）国营影院，40多个乡村电影放映队。1997年开始，电影市场逐渐萎缩，福安电影发行放映呈逐步下降趋势，至2005年，全市电影发行放映跌入历史低谷，全市只剩2个固定的放映单位。

第三节 文学艺术创作

一、文学创作

（一）小说

1991年，刘松华中篇小说《石将军出山》刊载宁德地区文艺刊物《芳草地》；林德发短篇小说《血帆》获福建省委宣传部主办的建党70周年征文大奖赛第二名；1995年，林德发长篇小说《炼魂》（前半部）由人民文学出版社出版，获宁德地区百花文艺奖。1998年，黄曙英寓言小说《一粒弹珠》获中华文艺作品大展赛优秀奖。2000 年，黄曙英寓言小说《鱼殇（五则）》刊登福建《榕树》双月刊。

（二）诗歌

1. 古体诗词

1999 年，吴玉泉《长夜唯寐闻钟》（七律）刊于《福建诗词》（九）。

2001 年，吴玉泉《读夕照篇前言感作》（七律）、《腐吏》（七律）、《女菜农》（绝句）、《咏牡丹》（浪淘沙）刊于《福建诗词》（11）；郭泽英《游福州鼓山》刊于《中国百年旅游诗词》,《望海潮·桂林游》刊于《福建诗词》（11）,《纪念辛亥革命九十周年》刊于《福建诗词学会通信》2001 年第 31 期。

2002 年，郭泽英《贫困县竟有此官》刊于《福建诗词》（12）,《咏花》（四首）刊于《类编中华诗词大系》；吴玉泉《老人民代表之心》（五律）、《友人惠我三鲤呈祥图》（七律）、《一丛花·咏荷》刊于《福建诗词》（12）,《观瀑有感（鹧鸪天）》《游清泉洞感赋》（七律）、《反腐感作劲松吟》（五律）入选《当代中华诗词集》；阮荣登《答舅公来信所问》（七律）、《观国庆五十周年庆典》（七律），吴石光《参悟吟》，林秀明《咏木麻黄》《朝天椒》，林毓华《我党八十华诞献寿歌》《世纪末咏》《过薛令之祠》，罗幼林《务农乐》《畲村即景》，郭旻《天马山新塔》《村姝》《富春公园二首》入选《当代中华诗词集》。

2003 年，郭泽英《咏梅二首》刊于《诗词丛刊》，郭泽英《卜算子·观雪》、吴玉泉《东侨颂》刊于《福建诗词》（13）；郭泽英《满江红·庆祝神舟五号载人航天成功》刊于《福建诗词学会通信》2003 年第 37 期。

2004 年，郭泽英《卜算子·桃花二首》刊于《诗词丛刊》。

2005 年，郭泽英《节日咏十七首》刊于《节日文化大视野》,《寄言某厂家》《下岗职工等六首》刊于《福建诗词》。

2. 现代诗

1991 年，黄曙英《耳鼓》获中国首届微型文字大展赛二等奖，并入编该系列丛书。

1997—1998 年，黄曙英《塔》《忆》等 4 篇刊于《海内外文学家企业家报》。

1999 年，杨昌长《母亲》在农工党中央宣传部举办的“建国 50 周年诗赛”中获二等奖；黄曙英《永恒的笑——怀念冰心老人》刊于《福建日报》“武夷山下”。

（三）散文及其他

1991 年，林德发散文《三桅船的螺号》刊于《闽东日报》；1996 年，黄曙英散文诗《古典的河》《蝙蝠的图腾》等在《散文天地》刊出；是年，李健民《七月的呼唤》刊于《语文世界》；缪小宁《柏柱洋今昔》在福建电视台播出；林德发评论《现实主义和写实主义区别及利弊》刊于《福建日报》。

1997 年，黄曙英散文诗《山居小语》等 3 则刊于《香港作家报》;《如歌的散板——白云山风情录》刊于《福建环境报》。

1998 年，林德发散文诗刊于《闽东日报》。

2000 年，黄曙英散文随笔《畲乡三月歌如潮》刊于《人民日报》（海外版）林德发《没裤穿的疍家女》刊于《家园》杂志。

2001 年，黄曙英散文《生命的舞感》刊于《榕树》双月刊；《古韵悠悠话磻溪》获福建省报刊副刊作品赛三等奖。

2001 年 9 月，杨昌长杂文《李白的糊涂》在《福建日报》“武夷山下”发表，并获“黄河文化传播”征文比赛一等奖。

2002 年，黄曙英随笔《坦洋“古宅街”掠影》刊于《福建文化报》；《晓阳揽胜》刊于《福建旅游》；《愿是畲家报春鸟》刊于《福建民族》；报告文学《满洋月妹情》刊于《福建老区报》，并入选《爱的泉音》一书。

附：1991—2005 年福安市出版的文学艺术类书目

1992 年，《中国民间文学集成·福建卷福安分卷》故事卷、谚语卷、歌谣卷三套集成出版。

1993 年，施群散文集《落叶的春天》，由海峡文艺出版社出版。

1993 年，黄平生等 7 人合著《鲁迅小说导读》，由华东师大出版社出版。

1995 年，陈浩志散文小说集《山道·水道·天道》，由海峡文艺出版社出版。

1995 年，林德发长篇小说《炼魂》，由人民文学出版社出版。

1999 年，詹其适《枫林一路秋》，由中国文联出版社出版。

1999 年，顾文浩《诗词集萃》，由中国文联出版社出版。

2000 年，《福安市优秀文艺作品选》，由福建美术出版社出版。

2002 年，林文彬歌集《歌舞新世纪》，由中国文联出版社出版。

2003 年，林著诗集《心湖的桨声》，由中国文联出版社出版。

2004 年，林文彬 CD 专辑《一切随缘》，由北京中唱时代音像出版公司出版。

2005 年，卢腾散文集《山高春早》，由中国文联出版社出版。

二、美术摄影书法创作

（一）美术

1992 年，李凯国画《农家牧鸭喜春风》获福建省美术家协会举办的美术作品展览入选奖。

1998 年，黄河爔国画《春天的故事》在新世纪全国中国画大赛上获金奖。

1999 年，周明光、郭永发的国画、彭擎政的连环画作品入选省第三届书画艺术节美展；黄河爔作品获全国中国画大展“银奖”。

2000 年，黄河爔获全国书画名家作品展“佳作奖”；李萍剪纸作品《喜洋洋》获全国师生美术作品大赛一等奖。

2001 年，黄河爔获文化部第七届“群星奖”；市文联送选的少儿书画作品《篝火晚会》《远离“非典”》获首届全国少年儿童书画大赛福建分赛区美术类金、银奖。

2002 年，黄河爔获国家人事部“当代中国画杰出人才奖”。

2003 年，黄河爔获中国文联第一届全国美术“金彩奖”；宁德市民族中学学生叶雨林获全国中学生美术作品一等奖。

（二）摄影

1999 年，李安宝作品获省美协、书协、摄协和交通厅联合举办的“颂祖国迎回归”展览摄影三等奖。

2000 年，丁立凡作品《祖辈“水上漂”，今日上岸来》获第十届中国新闻摄影作品复评暨 1999 全国新闻摄影作品年赛铜奖。

2001 年 10 月，黄俊作品在第五届中国摄影艺术节获全国摄影大赛优秀奖。

2004 年，福安一中学生刘璟鸿作品《童趣》获第十六届全国“群星奖”。

（三）书法

1991 年，郭佺华书法对联入选省“纪念林则徐诞辰 205 周年书画展”。

1993 年，郭佺华行书中堂入选省国防书画展。

1994 年，郭佺华行书对联入选省第二届艺术节作品展。

1995 年，郭佺华行书中堂入选韩中书法交流展；李安宝书法获“中国工会成立七十周年书画摄影艺术展”特等奖。《书法》杂志第四期“书苑撷英”栏目专题介绍郭佺华。

街头义务写春联活动（2004 年）

1996 年，李安宝作品入选中国书协、书法家工会举办的首届“保险杯”书法展，并编入《作品集》；林生明作品获首届“十佳杯”师生书法美术大赛三等奖。

1997 年，林生明作品获迎香港回归中国书画大奖赛铜奖；获“先贤杯”全国书法大赛优秀奖。

1999 年，郭佺华行书作品“五彩缤纷”刊于《中国书法》第八期；刘跃、缪怡端作品入选省第三届艺术节美展；李安宝作品获省美协、书协、摄协与交通厅联办的“颂祖国、迎回归”展览书法三等奖，并入编作品集。

2000 年，林生明作品获世界华人艺术展佳作奖；郑尧光书法对联入选内蒙古书画院主办的全国书法名家作品邀请展百佳作品。

2001 年，郭佺华行书对联刊于《中国书画报》；福安十中学生刘峤作品获首届全国少年儿童书画大赛福建分赛区书法类金奖；刘跃作品入选“纪念邓小平 100 周年诞辰全国书法大展”；郑复赠作品获“全国政协成立 55 周年书法展”二等奖。

2002 年，李安宝作品在中央电视台书画院成立十周年首届“明星杯”全国青少年书画作品大奖赛中获教师组书法一等奖。

2004 年，李安宝作品获全国书法“欧阳询奖”大赛三等奖；王祖康行书中堂获第十三届“群星奖”福建选拔赛铜奖，其作品入选省书协、美协主办的“纪念邓小平百年诞辰诚信书画作品展”。

2005 年，林生明作品获首届中国文人楹联书法大赛金奖。

三、音乐舞蹈影视戏曲

（一）音乐

1991 年，林芃创作的歌曲《舞龙头》被省民委、省体委评为创作一等奖。

1992 年，歌曲《畲家新风采》（郑万生词、林芃曲，施新容、薛英演唱）、歌曲《蓝土地》（林澍词、林芃曲，施新容演唱）参加省委宣传部、文化厅主办的“我的家乡美”音乐会，《畲家新风采》获创作二等奖、演唱一等奖；《蓝土地》获创作二等奖、演唱二等奖。

1992 年，林芃创作的畲族舞蹈音乐《丹卡纯》被文化部、广电部评为繁荣奖。

1996 年，歌曲《文明的太阳暖心怀》在首届“黄河杯”行业金曲展评赛中获金奖。

2000 年 7 月，林文彬创作的歌曲《少年的五彩梦》入选《新世纪全国优秀校园歌曲集》。

2001 年，林芃等编撰的《中国民族民间器乐集成·福建卷·福安部分》获文化部颁发的集体编纂优秀成果奖。同年，林芃创作的歌曲《中国在春天里微笑》参加省“新世纪新歌曲”征歌评选，获三等奖。

2002 年 6 月，林文彬创作的歌曲《西部，我心中的太阳》被《歌曲》编辑部授予银奖。9 月，其歌曲作品《石榴榴红》刊登于《歌曲》。

2003 年 7 月，林文彬的歌曲《斗笠歌》由《歌曲》编辑部授予银奖；10 月，《钱塘江，我的家乡》被《音乐研究》《歌曲》编辑部授予最高奖；《笑声洒满草原》被中国音乐文学学会、北京音乐家协会授予银奖。

2004 年 11 月，林文彬音乐作品《玛丽娅》、歌曲《大草原》《木鼓咚咚敲起来》被中国音乐文学学会、北京音乐家协会分别授予铜奖。

2005 年 11 月，林文彬歌曲《春姑娘》《风啊，请你不要吹醒我》《等你在天蓝的地方》分别被中国音乐文学学会授予金、银、铜奖。

（二）舞蹈

1992 年，市文化馆王艺等创作的舞蹈《丹卡纯》《凉》分别获省农村文艺会演创作一、二等奖，演出二等奖。

1993 年，王艺、郭洪、杨芳编导的少儿舞蹈《银铃铃》获宁德地区少年儿童音乐舞蹈调演暨钢琴、民乐比赛创作二等奖，少儿舞蹈《小绒花》获演出三等奖；阮贞贞、周心曲、林菲菲获宁德地区少年儿童音乐舞蹈调演暨钢琴、民乐比赛最佳演奏奖。

1995 年，王艺创作编导的《网》获全国第四届群星奖的铜奖。

1997 年，《拉面小调》获宁德地区奔小康文艺调演优秀节目奖，少儿舞蹈《竹卜惊

市实验小学进京舞蹈《竹卜惊雀》（2000 年）

雀》获福建省武夷音乐舞蹈节“新蕾奖”金奖和优秀创作奖，舞蹈《情寄线面》获“闽星奖”银奖和创作奖。

1998年，福安市实验小学创作的少儿舞蹈《竹卜惊雀》获文化部主办的全国“蒲公英”大赛（政府奖）舞蹈铜奖、创作银奖，获省第八届音乐舞蹈节金奖，并受邀参加福建省电视台庆“六一”“国庆”两场大型电视直播晚会。

1999年初，王艺编导的《定位》、缪丽容编导的时装舞蹈《畲山随想》分别获宁德地区“创业者风采”文艺调演创作二等奖，优秀演出奖。

2000年6月，《竹卜惊雀》进京参加“世纪娃”展演。同年，福安市实验小学创作的少儿舞蹈《春风·春雨·春竹》获福建省教育厅主办的福建省首届校园艺术节舞蹈比赛一等奖。

2001年，福安市实验小学创作的少儿舞蹈《龙角舞》受邀参加福建省电视台庆“六一”大型电视直播晚会。

2005年，福安市实验小学创作的舞蹈《翠竹声声》获首届全国少儿舞蹈艺术节银奖。同年，舞蹈节目《小小山哈闹龙灯》《嘿、小可爱！》分别获中国舞蹈家协会主办的“小荷风采”金奖和银奖。

（三）影视戏曲

1992年，缪小宁、刘鹏远创作的五集电视连续剧《浴血赛江》在省电视台播放。林德发创作的电视小品《火警电话》获福建电视台全省少儿教育电视小品比赛第二名。

1993年，郑万生、李健民编剧，范祚祺导演的宁德地区民族中学话剧小品《山苍子的故事》获“楚雄杯”全国少数民族学讲普通话大赛优秀节目奖。

2003年，郑万生创作的小品《窗外的风景》获福建省抗“非典”戏剧曲艺作品一等奖；黄曙英、郑望、林赛娥合作的小品《非常鞭炮声》、林德发创作的小品《我不非典》获三等奖。

四、民间传统工艺

（一）根雕

20世纪90年代，福安市以刘解放、谢逢菊、陈梦毅、罗峰、苏鹏为代表，逐渐形成根雕艺术创作群体。其中，刘解放的根雕作品《劲》《舞僧》于2000年参加迎香港回归根雕精品展；2002年11月，刘解放根雕作品参加福安市第一届文化艺术周“花卉·盆景·根雕艺术展”，获根雕作品一等奖；2004年，根雕作品《格格吉祥》获“第九届全国根石艺术博览会·刘开渠根艺奖”；2005年，根雕作品《万绪归宗综》《生生不息》分获"纪念中国根雕20周年暨中国根石美术精品展览"金奖和银奖；同年10月，刘解放被中国根艺美术学会评为“中国根艺美术大师”。

（二）篾藤草编织

篾编　福安市是毛竹生产的重要县（市）之一，随着农业产业结构的调整和效益农业的发展，毛竹制品成为农民增收的一个重要来源。福安传统篾编，各乡村皆有杰出的工匠。穆云畲族乡象运村的篾匠制作的竹床、竹椅、竹席、竹枕之类的产品，手艺尤为精致。社口镇牛山湾村的软箩编织最有名气，篾编箩类有油箩、米箩、软箩等，其中，油箩油漆后可用来装运桐油、茶油类，米箩编织工艺细密，盛米不漏，软箩则用以盛放食物和其他物品，翻山越岭，携带方便。福安乡村的传统篾编产品种类繁多，主要有火笼、蒸笼、茶篇、鱼篇、禽笼、米筛、稻簟、凉席、斗笠、簸箕等，不一而足。火笼编织以松罗乡洋溪村最为著名，穆云畲族乡留洋村编织的茶篇，精巧细密，尤受采茶女欢迎，而穆云畲族乡黄儒回族村的老少村民皆擅长竹筛、簟席和笠斗等篾编工艺，以上各村的传统篾编产品至今仍在编制出售，供城乡百姓使用。

竹编斗笠

藤编　20世纪60—70年代，福安市兴起藤编产业，福安藤编业以本地山野生长的俗称“猫咪藤”的野藤为原料，编制藤椅、藤凳、藤几、藤篮等，主要在溪柄镇溪南村首先兴起并辐射邻近乡村。20世纪90年代，逐渐形成规模生产和经营。甘棠南门、厝坪村的藤靠椅、藤坐垫、藤枕头等藤编产品也成为福安地域的名优特产品。

草编　草编主要以咸水草（古称蒲草）编制折席（亦称旅行席、凉席）、蒲包、帽子、蒲扇、拖鞋等家常用品，以甘棠镇南塘村的折席编织历史最为悠久、编织工艺最为精湛，产品十分畅销。

（三）银饰锡具工艺

银饰　福安民间银饰工艺历史悠久，主要有簪、钗、手镯、耳坠、铃铛、银如意、童帽八仙银饰，银茶盘、银（音古）、银筷、银匙以及畲族新娘凤冠等。其中以珍华堂银雕技艺最为著名。

相传珍华堂银雕工艺源于元代银雕巨匠朱碧山一脉。清朝中叶，珍华堂创始人叶常青师从泉州朱碧山的传人刘某，满师后返乡开设银铺。其孙儿叶三妹传承祖艺，在福州洋头口开创“振丰”银楼，“工徒百余人”，叶三妹以其出众的传统制银技艺和“银蓝”工艺名噪榕城。现尚存其代表作“南海观音”“银蓝如意牌”2件。20世纪70年代初，叶三妹之子叶如发传技于女婿林仕元。1973年，林仕元自创“珍华堂”字号，银雕技艺精益求精。2001年5月，其作品获“首届中国少数民族和民族地区名优新特产品交易会”贡献奖；2004年，作品“金龙戏珠”获第三届中国国际民博会金奖；同年，作品“鼎盛中华”获中国第五届民间文艺“山花奖”银奖，作品“九龙如意”参加中国杭州清河坊民艺节暨中国杭州清河坊艺交会，林仕元获“中国十佳民间艺人”称号。

珍华堂银楼开业（2005年）

锡具　福安民间锡具工艺历

史悠久，主要锡制器皿有锡茶盘、锡壶、锡酒瓶、锡茶、锡罐、锡碗屉等。进入 21 世纪，锡具生产经营的规模空间变小，锡具经营和工艺渐趋式微。

第四节　志鉴编纂

一、《福安市志》编纂

《福安市志》（1999 年版）首发式暨庆祝市文联成立十周年文艺晚会（2000 年）

1984 年，开始编修首部《福安市志》。编纂工作历时 16 年，数易其稿，1999 年 12 月由方志出版社出版发行。首部《福安市志》上限不限，下限至 1990 年。该志首设概述、大事记；卷中设若干专业分卷，各卷设章、节、目三个层次；卷末设附录。全志共三十八卷 192.1 万字。2000 年 12 月 29 日，福安市在市人民会场举行《福安市志》首发仪式。

二、部门志、专业志、乡镇志编纂

1991—2005 年，福安市一些部门和乡镇先后编纂部门志和乡镇志共 20 部，分别是《福安畲族志》《福安检察志》《福安交通志》《福安劳动志》《福安民政志》《福安市财政志》《福安市茶叶志》《福安市供销合作社志》《福安市教育志》《福安市林业志》《福安市农业志》《福安市人民代表大会志》《福安审计志》《福安市税务志》《福安市卫生志》《福安医药志》《福安市物价志》《福安邮电志》《福安宗教志》《甘棠镇志》。省地驻韩单位编纂 3 部专业志，分别是《福建省农业科学院茶叶研究所志》《宁德地区第一医院院志》《福建省汽车运输总公司福安公司企业发展简史》。《甘棠镇志》于 1992 年由厦门大学出版社出版发行，《福安畲族志》于 1995 年由福建教育出版社出版发行，《福安市财政志》于 1999 年由新疆人民出版社出版发行，其他志书均为内部出版。

三、旧志点校

1993 年 5 月，旧志《甘棠堡琐志》内部发行。2003 年，福安市地方志编纂委员会整理点校旧志《福安县志》（明万历版），内部出版。2003 年 6 月，李健民标点、整理的明万历版《福安县志》由中央文献出版社出版。

四、年鉴编写

1991—2005 年，编辑《福安年鉴（2003）》和《福安年鉴（2005）》，均为内部出版。

第五节 文化市场管理

一、网吧

1998年，福安市城关出现经营性电脑拨号上网场所，1999年后陆续增多，并开始使用宽带网，至2004年高峰时全市有47家经营性网吧。2002年11月，国务院颁布《互联网上网服务营业场所管理条例》（以下简称《条例》），确定文化行政管理部门为网吧监督管理的主管部门，市文体局按照《条例》规定，认真履行职责，开展网吧清理整顿工作。2004年，市文体局、工商等部门通力协作，出动稽查人员595余人次，查处违规违法网吧经营场所253家（次），查扣电脑403台，发出停业整顿、限期整改通知书24份，限期搬迁8家。至2005年年底，全市共有营业性网吧56家。

二、卡拉OK厅

1991年，福安市开始出现经营性卡拉OK厅。1993年，全市共有卡拉OK厅18家。1994年起，许多市区和乡镇的酒楼、饭店在酒店内附设歌舞厅和卡拉OK（KTV）包厢，福安市文体局按照《福建省歌厅、舞厅、卡拉OK演唱厅管理办法》，依法履行监督职责。至2005年，全市共有经营性RTV、KTV及卡拉OK演唱厅14家。

三、电子游戏厅

1991年，新型电子游戏机兴起，城共有电子游戏经营单位40余家。至2003年，全市共有电子游戏厅115家，经过整顿，保留14家。

四、歌舞厅

1991年，福安市区有营业性舞厅5家，非营业性舞厅10多家。1993年，全市舞厅19家，其中市区10家，赛岐镇5家，溪柄、潭头、上白石、下白石各1家。2003年，全市舞厅12家。2005年，全市舞厅14家。规模较大的营业性舞厅有福安市总工会歌舞厅、中南歌舞厅、沁雪园文化娱乐城、新画王歌舞厅、福安市银河文化娱乐城、新世界歌舞厅、海之梦歌舞厅、福安市交通大酒店歌舞厅、福安市富春大酒店歌舞厅等。这些歌舞厅主要集中在城关。福安市文化体育局按照福建省《娱乐场所管理条例》《福建省歌厅、舞厅、卡拉OK演唱厅管理办法》依法履行职责，监督管理。

五、音像

1991年，福安市加强对营业性音像单位的规范管理，对市内70多家音像播放点和发行站进行全面整顿，整顿后，准予营业的5家，暂停营业进行整顿改造的4家，取缔61家。1992年，建立音像制品审证制度，重新审查音像放映点，合格的发给“许可证”，进一步完善音像市场的有序管理。1993年，成立福安市文化市场管理领导小组，采取“谁主管谁负责”的办法，各音像经营点及其主管单位与负责审批的主管职能部门签订责任书，主管职能部门再与市文化市场管理领导小组签订责任书，理顺管理机制。1994年，福安市依照《福建省歌厅、舞厅、卡拉OK演唱厅管理办法》，集中力量对全市进行20次文化市场大检查，查处播放非法出版音像片场所30家，取缔无证经营音像场所4家、音像片出租店4家、音像经营店3家，扣押音像播放设备24台、扩音器3台、音像带1000多盒、没收黄色、盗版音像片1000盒。1995年4月，市广播电视局成立市影视音像稽查队，专职负责音像市场和广播电视行业稽查，同时建立举报监督制度。2000年，配合地区广电局举办一期全区文化市场执法培训班。2001年，全市音像市场管理工作划归市文化局负责。2000—2003年，城区个体音像经营单位仅存3家，农村的音像经营单位基本消失，向音像经营者提供片源的音像发行站也逐步萎缩、停业。1997—2005年，全市共收缴非法音像制品10万余件，全部集中销毁。

六、卫星电视接收设施

1995年，福安市广播电视局根据国务院和国家广播电视部的有关指示精神，对未经批准设置接收设施的单位和个人依法依规予以查处，并要求各乡镇广播电视站和教育部门加强收播管理，不得收转境外卫星电视节目。1996年4月，中共福安市委宣传部和福安市广电局联合发文，强调认真执行国家法规，对违规擅自建台（站）办有线电视和接收境外电视节目的坚决予以制止。是年，潭头、社口、溪潭等乡镇发生私自安装的卫星地面接收设施的案例，公安部门依法予以治安处罚。1999年，市广电局调整内部管理机制，配备专职执法队伍，加强对卫星电视的管理工作，在全市实施年检制度。

2001—2005年，完成全市卫星地面接收年检发证工作，同时，市广播电视局对辖区管理范围内的境外卫星电视接收设施进行专项治理，全部拆除个人和单位非法安装使用的"黑锅"，纠正非法传送境外卫星电视节目现象，遏制非法生产、销售、安装现象。对所有从事网络技术、小前端管理、差转台、机房人员进行严格审核、登记造册，开展"小前端"年检年审工作，清理非法安装"小耳朵"等卫星接收设施。研究制定一系列措施，做到专项整治和常规管理并举，依法管理卫星电视。划分有关人员实行责任区，分片包干，把管理责任落实到人。建立举报奖励制度，公布举报电话。

七、图书市场

1992年，福安市实施《福建省图书报刊出版管理条例》，加强印刷行业管理，禁止出版、印刷、发行各种非法出版物，严格对办公专营或兼营的图书、报刊等印刷企业的经营许可证与营业执照的审批管理。1993年，在全市城乡范围多次开展图书租赁市场大检查，全市办理经营许可证和营业执照的图书摊点（店）41家；查实全市书刊销售、租赁点24家。对出售、租赁非法和盗版书刊进行清理和查处，在赛岐"三味"书屋查获色情杂志2本并予处理。1995年，全市重点查处市区和赛岐、甘棠、下白石等乡镇图书市场，查缴非法印刷出版书刊50多册。

1996年1月，福安市制发《关于加强书报刊市场管理的有关规定》，要求开办报刊零售、出租的业者必须具有初中毕业以上文化程度；必须从省、地、市新华书店或经国批准的出版单位购进书籍；新开办报刊或图书出租店，必须向市文化局申请，并办理有关手续后方可开业；对未经审批办证开业的报刊图书经营者予以查处；对兼营挂历、图片、贺年卡的书店必须从国家批准出版发行的渠道购买。1996—1997年，全市共查缴

整顿图书市场（2004年）

黄色、反动、迷信等内容的书籍 11000 册，私印小报 1500 多份，黄色淫秽和港台图片 1000 多张。1998 年，福安市文化局制发《关于开展乡镇文化市场经营项目普查工作的通知》，将书报刊市场租赁和零售列为重点普查类别。是年，查缴非法图书 580 册。1999—2000 年，全市查缴非法书刊 373 册，违禁卡通书 2200 余本，查处非法经营图书两批。2001 年，全市开展专项文化市场整治活动，检查书报刊经营点 16 家，查缴非法报刊书籍 1126 册。2002—2003 年，全市日常检查和联合执法检查书报刊摊点 84 次，查缴非法出版物 33430 本。2003 年，全市查缴非法出版物 12100 万本（件）。2004 年，全市查缴非法出版物 34430 本（件）。2005 年，全市除对固定书店摊点进行日常巡查外，重点对地摊等游动摊点进行查处，并对学校周边出版物市场开展联合执法工作，全年查缴非法出版物 7850 本（件）。

第六节　文物工作

一、文物普查、征集

（一）古遗址

20 世纪 80 年代，省、地、市三级文物部门曾对福安市文物开展第一次普查。1991 年，福安市开展第二次文物普查，并对以往调查和新发现的文物点和资料进行复核、筛选、甄别和登记。1991—2004 年，福安市人民政府公布 20 处遗存史迹为市级文物保护单位。2004 年 9 月，市人民政府公布 108 处历史文物古迹和现代重要史迹为不可移动文物，其中古遗址 41 处、古墓葬 16 处、古建筑类 34 处、石刻类 15 处、近代代表性建筑 2 处。

福安市馆藏文物主要通过文物普查期间群众捐赠与民间收购征集获得，其中一些文物系田野考古作业中发现的出土收藏。1991—2005 年，福安市博物馆共征集文物 30 件。

表 26—1　福安市未列入文物保护单位的不可移动文物一览表

序号	类别	名称
一、古遗址（41 处）		
1	A1	龙岗坪遗址（福安市上白石镇流尾村南 100 米　青铜时代）
2	A2	上白石遗址（福安市上白石镇上白石村西 60 米　青铜时代）
3	A3	坑源岗遗址（福安市上白石镇财洪村东 200 米　青铜时代）
4	A4	湖头岗遗址（福安市上白石镇财洪村河西 60 米　青铜时代）
5	A5	僧袈山遗址（福安市上白石镇财洪村东侧　青铜时代）
6	A6	鲤鱼岗遗址（福安市潭头镇洋中村西 200 米　青铜时代）
7	A7	东昆遗址（福安市潭头镇东昆村西 100 米　青铜时代）
8	A8	伏龙山遗址（福安市社口镇四甫村　青铜时代）
9	A9	社口遗址（福安市社口镇村东 150 米　青铜时代）

续表 26—1

序号	类别	名称
10	A10	王家垄遗址（福安市社口镇秀峰村东 1.5 千米　青铜时代）
11	A11	凤尾山遗址（福安市社口镇沙溪村西北 850 米　青铜时代）
12	A12	盘龙岗遗址（福安市社口镇沙溪村东北 150 米　青铜时代）
13	A13	岩湖遗址（福安市城阳乡岩湖村东 100 米　青铜时代）
14	A14	官山遗址（福安市城北坂中大桥东北 700 米　青铜时代）
15	A15	霞山遗址（福安市市区南郊村　青铜时代）
16	A16	牛粪山遗址（福安市坂中畲族乡长汀村北 180 米　青铜时代）
17	A17	松潭遗址（福安市坂中畲族乡松潭村南 200 米　青铜时代）
18	A18	半月遗址（福安市溪柄镇柏柱洋三村西 150 米　青铜时代）
19	A19	牛卧坪遗址（福安市溪柄镇立峰村东北 250 米　青铜时代）
20	A20	阿婆山遗址（福安市溪柄镇溪柄村西南侧　青铜时代）
21	A21	后池山遗址（福安市溪柄镇长湾村北 300 米　青铜时代）
22	A22	空洞山遗址（福安市溪柄镇王河村南 300 米　青铜时代）
23	A23	扆山遗址（福安市溪柄镇王河村北 900 米　青铜时代）
24	A24	穆阳东遗址（福安市穆阳镇东 150 米　青铜时代）
25	A25	大王党遗址（福安市穆阳镇北侧　青铜时代）
26	A26	垄山遗址（福安市穆云畲族乡桂林村西 150 米　青铜时代）
27	A27	邮亭后遗址（福安市康厝畲族乡邮亭村南 200 米　青铜时代）
28	A28	寨边山遗址（福安市康厝畲族乡邮亭村北 600 米　青铜时代）
29	A29	山兜遗址（福安市溪潭镇仙石山兜村西南 150 米　青铜时代）
30	A30	虎头山遗址（福安市溪潭镇城山村西南 150 米　青铜时代）
31	A31	乌石遗址（福安市溪潭镇乌石村东南 40 米　青铜时代）
32	A32	锡坂山遗址（福安市溪潭镇锡坂村南 200 米　青铜时代）
33	A33	外洋山遗址（福安市溪潭镇坂中村东 100 米　青铜时代）
34	A34	金龙岗遗址（福安市赛岐镇狮子头村南 400 米青铜时代）
35	A35	崎头山遗址（福安市甘棠镇岭尾宫村东北 250 米　青铜时代）
36	A36	南安遗址（福安市甘棠镇南安村后山　青铜时代）
37	A37	上东庵山遗址（福安市甘棠镇牛柏洋村北 200 米　青铜时代）
38	A38	大头岗遗址（福安市湾坞乡湾坞村东 250 米　青铜时代）
39	A39	首洋瓷窑址（福安市晓阳镇首洋村东 300 米　宋、元）

续表 26—1

序号	类别	名称
40	A40	坑山银矿遗址（福安市范坑乡上坪村东 1.6 千米　明代）
41	A41	碗楼瓷窑址（福安市下白石镇碗楼村东侧　明代）
二、墓葬（16 处）		
42	B1	濑头晋墓（福安市溪潭镇濑头村　东晋）
43	B2	刘皈墓（福安市赛岐镇苏阳村　唐代）
44	B3	杨绍“司马”及夫人之墓（福安市上白石镇财洪村）
45	B4	陈初八墓（福安市城北中兴街　宋代）
46	B5	连显卿墓（福安市城北中兴街　宋代）
47	B6	三十六郎墓（福安市溪潭镇廉村　宋代）
48	B7	陈最墓（福安市溪潭镇城山村　宋代）
49	B8	郑之明墓（福安市穆云畲族乡大莲村　宋代）
50	B9	倪文一墓（福安市湾坞乡下卞村　元代）
51	B10	郭文周墓（福安市甘棠镇小留南洋村　明代）
52	B11	陈六六墓（福安市城阳乡牛楼村）
53	B12	陈永昌墓（福安市康厝畲族乡彭洋村　清代）
54	B13	柳燮墓（福安市溪尾镇淡湾村附近）
55	B14	陈椿墓（福安市坂中畲族乡长汀村附近）
56	B15	乡大宾墓（福安市湾坞乡昭山村　清代）
57	B16	溪北隋墓（福安市溪潭镇溪北村　隋代）
三、古建类（34 处）		
58	C1	张公井（福安市甘棠镇大留村张姓祠堂前　宋代）
59	C2	后太桥（福安市赛岐镇后泰村　宋代）
60	C3	兴云寺（福安市溪柄镇洋头村南 400 米　宋—清）
61	C3—1	舍利塔（福安市云兴寺前　宋代）
62	C5	“秦水名宗”牌楼（福安市城阳乡秦溪村连姓祠堂前　明代）
63	C6	昭明寺（福安市湾坞乡梅阳村南 3 千米　明代）
64	C7	青云宫（福安市城北街道南湖社区　清代）
65	C8	大夫第（福安市阳头街道阳上栖云西路 77 号　清代）
66	C9	三贤祠（福安市市区中兴街七圣路　清代）
67	C10	兴隆宫（福安市城北后垄村　清代）

续表 26—1

序号	类别	名称
68	C11	孝廉第（福安市城北三贤街　清代）
69	C12	七圣宫（福安市城北中兴街　清代）
70	C13	彭氏节孝坊（福安市康厝畲族乡苏坂村　清代）
71	C14	乐善桥（福安市潭头镇潭头村　清代）
72	C15	真武桥（福安市社口镇坦洋村　清代）
73	C16	坦洋炮楼（福安市社口镇坦洋村　清代）
74	C17	登科井（福安市坂中畲族乡溪东村）
75	C18	积谷桥（福安市康厝畲族乡石尖村南 2 千米　清代）
76	C19	洋坑桥（福安市范坑乡上坪村西南 1 千米　清代）
77	C20	湄洋桥（福安市甘棠镇眉洋村东南 500 米　清代）
78	C21	鹤峰慈云寺（福安市赛岐镇大叶村南 500 米　清代）
79	C22	奈何桥（福安市晓阳镇晓阳村　清代）
80	C23	玉林桥（穆云畲族乡玉林村　民国）
81	C24	红桥（晓阳镇东源村　清代）
82	C25	福星堂（晓阳镇凤巢路 41 号　明代）
83	C26	柘头桥（福安市溪潭镇柘头村　1959 年）
84	C27	阳头陈厝巷 4 号
85	C28	坑源桥（潭头镇坑源村村口　清代）
86	C29	大留张祠（闽东赛岐经济开发区大留村清代）
87	C30	阳头李家大院（阳头李厝巷 28 号　民国）
88	C31	孩儿撑伞（福安市康厝畲族乡凤阳村　清代）
89	C32	龙泉井（闽东赛岐经济开发区大留村　清代）
90	C33	同善桥（福安市上白石镇燕坑村　清代）
91	C34	顺济行宫（阳头社区过溪下瓦窑知青点　清代）
四、石刻类（15 处）		
92	D1	石祖（福安市阳头街码头对岸溪旁　年代不详）
93	D2	井里潭摩崖题刻（福安市潭头镇棠溪村西北 2 千米井里潭西岸　宋代）
94	D3	洗心台摩崖石刻（福安市潭头镇大庄村南溪中　宋代）
95	D4	唐补阙薛公墓田碑（福安市溪潭镇溪北村　宋代）
96	D5	路规碑（福安市溪尾镇下邳村东通往溪尾的路旁　宋代）

续表 26—1

序号	类别	名称
97	D6	广惠观碑（福安市晓阳镇晓阳广惠观内　明代）
98	D7	义勇林九弟碑（福安市甘棠镇南塘村　明代）
99	D8	九龙潭摩崖石刻（福安市康厝畲族乡彭洋村西 600 米九龙潭　明代）
100	D9	禁坐派工食碑（福安市湾坞乡梅洋村南 300 米梅洋岭　清代）
101	D10	移营文告碑（福安市湾坞乡湾坞村关帝庙后墙上　清代）
102	D11	廉溪摩崖石刻（福安市溪潭镇双峰村北 400 米　清代）
103	D12	禁刁民作恶碑（福安市溪潭镇中坂村南岭尾亭墙上　清代）
104	D13	禁伐木碑（福安市上白石镇上白石村西 1 千米岭尾亭　清代）
105	D14	知县程志洛侧室葛氏墓志碑（原立于福安市坂中畲族乡崇福寺旁今移富春公园内　清代）
106	D15	郭畊五墓道碑（福安市城阳乡岩湖村　清代）
五、近现代代表性建筑		
107	E1	韩阳天主堂（福安市城北中兴街　清光绪二十六年）
108	E2	穆阳天主堂（穆阳镇西城街 148 号　清代）

表 26—2　1991—2005 年福安市博物馆征集文物名录

序号	名称	来源
1	元青釉带盖骨灰瓷罐	移交
2	民国 16 年绿釉陶香炉	征集购买
3	明青釉带盖瓷骨灰罐	移交
4	明青釉带盖瓷骨灰罐	移交
5	清道光三年告示	其他
6	民国 21 年郭梁设色仕女图轴	征集购买
7	民国金漆木雕龙凤纹床构件	征集购买
8	民国金漆木雕龙凤纹床构件	征集购买
9	民国金漆木雕人物纹木构件	征集购买
10	民国金漆木雕人物纹木构件	征集购买
11	现代仿汉双耳瓷盘口壶	移交
12	现代仿汉双耳瓷壶	移交
13	现代仿汉双耳瓷壶	移交

续表 26—2

序号	名称	来源
14	现代仿汉双耳瓷盘口壶	移交
15	现代仿汉杯口瓷壶	移交
16	现代仿汉双耳瓷盘口壶	移交
17	现代仿汉杯口瓷壶	移交
18	现代仿汉杯口瓷壶	移交
19	现代仿汉瓷盘口壶	移交
20	现代仿汉束颈敞口瓷壶	移交
21	现代仿汉束颈敞口瓷瓶	移交
22	现代仿汉圈足双耳敞口瓷壶	移交
23	现代仿汉圈足双耳敞口瓷壶	移交
24	现代仿汉双耳敞口瓷壶	移交
25	现代仿汉兽面双耳瓷瓶	移交
26	现代仿汉双耳瓷罐	移交
27	现代仿汉圈足广肩双耳敞口瓷壶	移交
28	现代仿汉双耳敞口壶	移交
29	现代仿汉双耳高瓷盘口壶	移交
30	南宋淳祐甲辰年浮雕佛像石构件	采集

（二）革命遗址

1. 闽东苏维埃革命遗址

位于福安市溪柄镇柏柱洋斗面村。四座革命旧址均为民居建筑，建于清代晚期，土木结构。1985年，福建省人民政府公布为第二批省级文物保护单位。

中共闽东临时特委遗址　位于福安市柏柱洋斗面村特委路2号，为清代晚期的民房，土木结构，占地面积740平方米。面阔三间，进深七立柱，穿斗式木构架，悬山顶。1934年6月，中共闽东临时特委成立，在此办公。

闽东苏维埃政府遗址　位于福安市柏柱洋斗面村苏区街73号，为清代晚期的民房，土木结构，占地面积630平方米。面阔三间，进深七立柱，穿斗式木构架，悬山顶。有后回廊和前后廊庑及抱厦。1934年2月，闽东苏维埃政府成立，在此办公。

共青团闽东特委遗址　位于福安市柏柱洋斗面村特委路1号，为清代后期的三层楼民房，土木结构，占地面积364平方米。面阔三间，进深三间，穿斗式木构架，双坡顶，两侧有抱厦。1934年6月，中共闽东临时特委在此成立共青团闽东特委。

闽东妇女工作团遗址　位于福安市柏柱洋斗面村特委路6号，为清代后期的两层民房，土木结构，占地面积 268 平方米。面阔三间、进深二间，穿斗式木构架，双坡顶，有后廊房。

2005 年，省级文物保护单位闽东苏维埃政府等 4 座革命旧址与省级历史文化名村廉村均被确定为宁德市爱国主义教育基地。

2. 其他革命文物

福安市革命文物被列为市级文物保护单位 19 个，其中，革命遗址（甘棠暴动旧址刘厝祠）1 处、革命纪念建筑 1 座、近现代重要史迹及代表性建筑 17 座（处）。

二、文物保护

（一）保护单位

1991 年 7 月，福安市人民政府根据《中华人民共和国文物保护法》和《福建省文物管理条例》，公布 11 处建筑和碑廊为第二批市级文物保护单位，分别是：闽东革命烈士陵园、甘棠暴动地址“刘厝祠堂”、陈就冈墓、郑虎臣祠堂、上杭陈祠木牌楼、百岁坊、登烛桥、钟氏神牌供奉祠堂、顶头天主教堂、“民族英灵”墓、历代石雕碑刻廊。2004 年，又公布 9 处建筑、古井和名人墓为市级文物保护单位，分别是：富溪补阙祠、桂林王氏祠堂、奎光阁、溪东天主堂、溪头寨桥、上杭虎井、陈文翰、陈璞玉墓、施梦枢墓。2005 年，全市共有文物单位 33 处，其中，省级文物保护单位 4 处，市级文物保护单位 29 处。是年，福安市人民政府将狮峰寺申报第六批全国重点文物保护单位。

（二）维修保护

1991 年，福建省文管会拨款 1 万元，修缮坂中大林村钟姓宗祠和溪柄柏柱榕头村郑虎臣祠。是年，民间集资，修缮湖山三宝寺。1992 年，民间集资，修缮甘棠暴动旧址刘姓祠堂。2002 年后，在福安市社会各界支持下，修缮了省级文物保护单位黄氏祠堂、市级文物保护单位甘棠暴动旧址刘厝祠堂、郑氏祠堂、登烛桥、富溪补阙祠、桂林王氏祠堂，一些未登记的历史文物古迹如南塘节孝坊也得到修复。2003—2004 年，完成阳头古建筑“顺济行宫”易地搬迁保护建设工程。2005 年，修复省级文物保护单位狮峰寺、斗面村闽东苏维埃政府等四座革命遗址、太后公厅，修复市级文物保护单位三宝寺、上杭陈祠木牌楼、钟氏神牌供奉祠堂。

（三）重点文物简介

廉村　位于福安市区西南 8.5 千米的廉溪畔，据《福安县志》记载：唐神龙（705—707 年）进士薛令之居此，唐肃宗（759—761 年在位）赞叹薛令之的清廉品德，敕其乡曰“廉村”。廉村现存有城堡、码头、街道、民居、祠庙等古建筑和石雕、字画、寿屏、联匾等一批传世文物。城堡建于明嘉靖三十九年（1560 年），呈椭圆形，周长约 1200 米，东西各有三个门，西向三个门已改变原状；东南城门已毁，靠北两门以块石叠砌，条石券顶。墙体内为泥土夯筑、墙表用乱毛石、河卵石垒砌。墙根宽约 4 米，顶宽约 2 米、残高约 3 米。东城墙外为河卵石铺设的沿溪泊岸，泊岸南端有明代建的古码头，码头为条石、块石叠砌，码头上方有古榕树。村内古街中铺一道或三道条石，两旁用河卵石铺砌各种花纹图案。陈氏支祠前的街巷道路亦以河卵石铺砌，装饰各种花纹图案。村内有明清民居建筑 26 幢，祠堂 3 座，村外宫庙两座。1999 年，经福建省人民政府公布列为第一批省级历史文化名村。2003 年，福安市委、市政府在廉村建立福安市廉政教育基地。

狮峰寺　位于福安市溪柄镇柏柱洋狮子峰半山腰，全名为狮峰广化禅寺，始建于唐景福元年（892 年），大雄宝殿于明万历十年（1582 年）修建，其余殿堂于清嘉庆年间修建，清光绪年间重修。全寺坐

表 26—3　至 2005 年福安市已公布的文物保护单位一览表

序号	文物保护单位名称	公布时间	公布文号	级别	年代	类别	地址
1	狮峰寺	1985.10.11	闽政〔1985〕75 号	省级	明清	古建筑	福安市溪柄镇楼下村
2	中共闽东特委旧址 闽东苏维埃政府旧址 共青团闽东特委旧址 闽东妇女联合会旧址	1985.10.11	闽政〔1985〕75 号	省级	清至民国	革命旧址	福安市溪柄镇墩面村
3	黄氏祠堂	1999.1.5	闽政文〔2005〕164 号	省级	清代	古建筑	福安市阳头街道黄厝巷 58 号
4	太后公厅	2004.6.30	闽政文〔2005〕164 号	省级	明代	古建筑	福安市晓阳村巢路 39 号
5	育婴堂、万童坑	1984.10	安政〔1984〕第 411 号	市级	民国初期	宗教建筑	福安市溪潭溪填村、溪潭中学校园内
6	三宝寺	1984.10	安政〔1984〕第 411 号	市级	清代	古建筑	福安市城南街道湖山顶、闽东电力公司内
7	倪下石塔	1984.10	安政〔1984〕第 411 号	市级	宋代	古建筑	福安市甘棠倪下村东面山上
8	灵霄塔	1984.10	安政〔1984〕第 411 号	市级	明代	古建筑	福安市坂中畲族乡旗顶山
9	隆坪牌坊	1984.10	安政〔1984〕第 411 号	市级	清代	古建筑	福安市穆云畲族乡隆坪村
10	灵岩寺石雕	1984.10	安政〔1984〕第 411 号	市级	宋代	石刻	福安市溪潭城山村后山
11	东山雪洞	1984.10	安政〔1984〕第 411 号	市级	明代	石刻	福安市康厝畲族乡东山村南面山上
12	刘中藻墓	1984.10	安政〔1984〕第 411 号	市级	清代	古墓葬	福安市赛岐苏阳灰楼村后山
13	郭鸣琳墓	1984.10	安政〔1984〕第 411 号	市级	明代	古墓葬	福安市潭头富罗坂村北面
14	甘棠暴动旧址“刘厝祠堂”	1991.7.15	安政〔1991〕综 154 号	市级	1934 年	革命旧址	福安市甘棠镇北门
15	闽东革命烈士陵园 闽东革命纪念馆	1991.7.15	安政〔1991〕综 154 号	市级	1989 年	革命纪念建筑	福安市城北街道公园路 13 号新华北路 2 号
16	陈就冈墓	1991.7.15	安政〔1991〕综 154 号	市级	明代	古墓葬	福安市溪柄西洋里村

续表 26—3

序号	文物保护单位名称	公布时间	公布文号	级别	年代	类别	地址
17	郑虎臣祠堂	1991.7.15	安政〔1991〕综 154 号	市级	清代	名人纪念建筑	福安市溪柄榕头村
18	上杭陈祠木牌楼	1991.7.15	安政〔1991〕综 154 号	市级	清代	古建筑	福安市城北街道上杭街
19	百岁坊	1991.7.15	安政〔1991〕综 154 号	市级	清代	古建筑	福安市溪潭西安村南 2 千米
20	登烛桥	1991.7.15	安政〔1991〕综 154 号	市级	清代	古建筑	福安市潭头棠溪村北 1 千米
21	钟氏神牌供奉祠堂	1991.7.15	安政〔1991〕综 154 号	市级	清代	古建筑	福安市坂中畲族乡大林村
22	顶头天主教堂	1991.7.15	安政〔1991〕综 154 号	市级	1932 年	近现代建筑	福安市下白石顶头村
23	民族英灵墓	1991.7.15	安政〔1991〕综 154 号	市级	1952 年	墓葬	福安市城南街道龟龙山公墓
24	历代石雕碑刻廊	1991.7.15	安政〔1991〕综 154 号	市级	宋代 - 清代	石刻	福安市城北街道富春公园
25	富溪补阙祠	2001.4.28	安政便涵字〔2001〕第 27 号	市级	明代	古建筑	福安市溪潭高岑村
26	陈文翰、陈璞玉墓	2002.7.23	安政〔2002〕文 298 号	市级	民国	墓葬	福安市穆云畲族乡柯后村山后洋中厝村后
27	张如翰墓	2004.9.8	安政函〔2004〕98 号	市级	民国	墓葬	闽东赛岐经济开发区大留村东面 100 米
28	奎光阁	2004.9.8	安政函〔2004〕98 号	市级	清代	古建筑	福安市城北街道金山街重金山上
29	溪头寨桥	2004.9.8	安政函〔2004〕98 号	市级	清代	古建筑	福安市溪尾下邳村头
30	上杭虎井	2004.9.8	安政函〔2004〕98 号	市级	宋代	古建筑	福安市城北街道上杭街
31	溪东天主堂	2004.9.8	安政函〔2004〕98 号	市级	明代	古建筑	福安市城阳乡溪东村
32	施梦枢墓	2004.9.8	安政函〔2004〕98 号	市级	宋代	古墓葬	福安市坂中畲族乡长汀村
33	桂林王氏祠堂	2004.9.8	安政函〔2004〕98 号	市级	清代	古建筑	福安市穆云畲族乡桂林村

表 26—4　福安市革命文物保护单位一览表

序号	名称	级别	类别	所在地
1	中共闽东特委旧址 闽东苏维埃政府旧址 共青团闽东特委旧址 闽东妇女联合会旧址	省级	革命旧址	福安市溪柄镇斗面村
2	甘棠暴动旧址“刘厝祠堂”	市级	革命旧址	福安市甘棠镇北门
3	闽东革命烈士陵园	市级	革命纪念建筑	福安市城北街道公园路 13 号新华北路 2 号
4	凤洋村红军洞	市级	近现代重要史迹及代表性建筑	福安市康厝畲族乡凤洋村对面提刀山上
5	山下村革命洋楼	市级	近现代重要史迹及代表性建筑	福安市溪柄镇山下村（立新村）
6	贫农社、中农社旧址	市级	近现代重要史迹及代表性建筑	福安市溪柄镇楼下村
7	陈挺将军故居	市级	近现代重要史迹及代表性建筑	福安市潭头镇后洋村
8	福安革命烈士纪念碑	市级	近现代重要史迹及代表性建筑	福安市赛岐镇狮子头村
9	革命老妈妈潘玉球故居	市级	近现代重要史迹及代表性建筑	福安市溪潭镇磻溪村
10	郭文焕烈士故居	市级	近现代重要史迹及代表性建筑	福安市城南街道南湖社区
11	黄烽将军故居	市级	近现代重要史迹及代表性建筑	福安市穆阳镇苏堤村
12	九家保纪念碑	市级	近现代重要史迹及代表性建筑	福安市松罗乡南溪村
13	立峰村革命洋楼	市级	近现代重要史迹及代表性建筑	福安市溪柄镇立新村
14	闽东红军独立团后方医院	市级	近现代重要史迹及代表性建筑	福安市溪柄镇东坪村
15	牛山湾红旗渠	市级	近现代重要史迹及代表性建筑	福安市社口镇牛山湾村
16	松罗革命烈士之墓	市级	近现代重要史迹及代表性建筑	福安市松罗乡松罗村
17	施霖烈士后裔厝	市级	近现代重要史迹及代表性建筑	福安市溪柄镇山下村田头岗自然村
18	竹州山畲族革命纪念碑	市级	近现代重要史迹及代表性建筑	福安市穆云畲族乡竹州山屏峰村
19	店前詹建忠烈士故居	市级	近现代重要史迹及代表性建筑	福安市赛岐镇店前村店前 86 号
20	阮伯淇烈士故居	市级	近现代重要史迹及代表性建筑	福安市潭头镇棠溪村上官巷路 12 号

西向东，占地面积3000平方米，由弥勒殿、大雄宝殿、般若堂、斋堂、圆通堂五座殿堂组成。其中大雄宝殿历史最为悠久，其建筑规制保持唐宋建筑风格，重檐歇山顶，建筑占地面积为205.12平方米，面阔1间，四周环以殿堂建筑，呈进深5间的“副阶周匝”的建筑状貌。大殿通面阔11.53米，进深6柱17.8米，平面呈东西长南北短的长方形。殿堂分前、后双槽，殿内24根石柱均为方形绊角，石柱上托承抬梁木结构，室内设天花、彩绘，正中间顶棚为重拱八角彩绘藻井，天花以上屋架层为穿斗式草架，上檐外跳铺作为五跳八铺做出三昂，副阶外檐两跳五铺做出三昂，副阶内檐则作卷蓬轩，室内木构架、铺作层表层保留有多幅的明代彩绘图案，副阶石柱间砌筑砖墙。1934年，中共闽东临时特委在狮峰寺成立革命武装红带会总队。1985年，经福建省人民政府公布列为第二批省级文物保护单位。

太后公厅　位于福安市晓阳镇晓阳村凤巢路39号，由太后牌坊与谢氏众厅组成。太后牌坊始建于宋端平元年（1234年），谢氏公厅始建于宋嘉熙四年（1240年）六月，两座建筑分别在明弘治八年与九年（1495年、1496年）重建，清代曾多次修缮。除部分建筑在后期加高屋架外，现存建筑坐北向南，基本保留明代建筑构架，从南至北依次为余门楼、众厅、天井（兼有通道功能）、戏楼，占地面积481.3平方米。门楼面阔3间9.37米进深3柱8.67米，下半部梁架为抬梁式木构架，上方经改建、架高成穿斗式，两坡加披檐，明间中柱加高后做成歇山式。门楼正对戏台，戏台下部梁架亦为抬梁。整个屋架经后期加高后为垂檐两坡顶，上檐加两重披檐，戏台上檐下匾额题：“太后公厅”。该建筑早期建筑部分构架基本完整，原构体量矮，用材大，且采用较好木料建造，其中保存有圆形覆盆柱础、方形覆盆柱础、抱鼓石等。2005年，经福建省人民政府公布列为省级文物保护单位。

倪下塔　俗称七层塔。位于福安市甘棠镇倪下村东1.2千米山峦上。据倪姓族谱记载，北宋熙宁六年（1073年）建塔。该塔为九层八角楼阁式实心石塔，高6.85米。须弥座式塔基，每边0.80米，上下枋刻卷草花纹，上下枭雕仰覆莲，束腰各面浮雕一狮子，转角各雕一力士像，圭脚没入地下。塔身用两块石料雕凿而成。各层各面雕一壶门佛龛。一至八层龛中浮雕一尊莲花坐佛，第九层龛中浮雕一尊立佛。塔檐刻出八向斜坡屋面和八道尖形角脊，脊端有横孔，悬挂风铎。整个塔刹，用高1.2米、径0.25米的整石雕凿七层相轮，连接覆盆形顶部，葫芦顶刹。1984年，福安县人民政府公布为县文物保护单位。

凌霄塔　俗称江家渡塔。位于福安市坂中畲族乡江家渡村西南旗顶山，始建于明崇祯二年（1629年），为七层八角楼阁式空心石塔。该塔现存六层，残高22米。塔座用块石垒砌，高0.4米，对角线8米。塔身用条石顺砌，转角处用与层高相同的条石立砌。层檐高1米，出檐0.8米，由三层条石叠涩而成，石前端卷杀如拱头。第一层北面开门，高2.5米，宽0.8米，顶部砌成“人”字形，二层以上相错开两门。1984年，经福安县人民政府公布列为县文物保护单位。

三宝寺　原名“龟湖寺”。位于福安市南湖街湖山顶。《福安县志》记：“宋建儒学于此，元改为寺，明万历三十六年（1608年），知县贺学易重修、清雍正十年（1732年）知县钱洙重修”。现存大雄宝殿，占地面积约305平方米，坐北向南，面阔三间，进深三间，重檐歇山顶。柱子多为方形抹角，其中8根瓜楞形金柱是宋代遗构。上檐斗拱，外向单翘三下昂，前后檐四攒，山面七攒。下檐柱头科，角科重拱不出翘，明间用两朵，次间一朵。山面“平身科”施一攒。斗拱外向两跳，出耍头。明间第三道梁额有“大清雍正十一年（1733年）重修”题记。1990年全面维修，保存较好。1984年，经福安县人民政府公布列为县文物保护单位。

隆坪牌坊　位于福安市穆云畲族乡隆坪村。始建于清光绪二十二年（1896年）六月，为隆坪村陈承昌妻缪金凤建的节孝坊。坊坐西向东，石构，四柱、三间、三楼，面阔6.20米，高6.10米，五脊顶。正楼四角脊翘角雕卷草，正脊中间置火球，两端翘角雕龙。楼单向翘脊，正脊角雕凤，角脊翘角雕鱼吻。正间镶双龙“圣旨”匾，左右有天官像。柱间额枋用弓梁。正间坊匾正面刻楷书“金石齐贞”，上款：“布政司理问衔浙江钱塘县丞陈承昌原配缪安人节孝之坊”，下款：“知福安县事川东刘玉璋书”；背面刻“彤管流芳”。1984年，经福安县人民政府公布列为县文物保护单位。

东山雪洞　位于距福安市康厝畲族乡东山村南300米的山间。《福安县志》载：东山雪洞是明崇祯十三年（1640年）进士刘中藻读书处，刻字均其手迹。该摩崖石刻共有7处。在岩洞内壁一处，篆书“刘子读易处”，字径0.2米。洞前的峭壁上六处：篆书“虎跑”，字径0.15米；隶书“娥媚峡”，字径0.4米；楷书“天桥”，字径0.3米；楷书“试剑”，字径0.4米；楷书“万壑岩”，字径0.3米；楷书“猿愁峡”，字径0.35米。1984年，经福安县人民政府公布列为县文物保护单位。

灵岩寺石雕　位于福安市溪潭镇城山村后山灵岩寺。原为唐神龙年间（705—707年）进士薛令之读书处“灵谷草堂”，唐咸通元年（860年），灵谷草堂改为寺，现存石雕须弥座系宋代灵岩寺殿堂的佛座，立于灵岩寺大殿大门前的石阶两侧。须弥座束腰石壶门图案中嵌浮雕狮子，右边12只，右边10只，形态各异，刻工精湛。须弥座的上枋刻云纹，下枭刻波浪纹，保存较为完好。1984年，经福安县人民政府公布列为县文物保护单位。

登烛桥　又名棠溪桥，位于福安市潭头镇棠溪村北1.1千米。始建于清宣统元年（1909年）。该桥为单孔木拱廊屋桥，跨于棠溪上，东西走向，长40.6米，宽5米，净跨32米。桥屋19开间，用柱40根，穿斗式木构架，双坡顶，两端加雨坡，当心间梁上有“时龙飞宣统元年岁在己酉桂月初一午时”题记。1991年，经福安市人民政府公布列为市文物保护单位。

富溪补阙祠　位于福安市溪潭高岑岩村。高岑《薛氏宗谱》记：“补阙祠始建于唐光化二年（899年），历经盛衰，至清乾隆十八年（1753年）重建，道光二十八年（1848年）、咸丰八年（1858年）重修”。该祠奉祀唐薛令之及薛氏历代祖先。坐东向西，占地面积720平方米，依次为祠堂坪、戏台、天井、祠厅、天井、后厅。祠厅面阔五间，进深四间，穿斗式减柱造木构架，双坡顶，鹊尾脊。祠内保存“太子太傅”竖匾、清道光十八年（1892年）“会魁”匾各1方，浮雕龙陛1处。2001年，经福安市人民政府公布列为市文物保护单位。

溪头寨桥　位于福安市溪尾镇下邳村。始建于清嘉庆十七年（1812年）。六架七孔石铺平梁桥，南北走向，长34.44米，宽2.1米。2004年，经福安市人民政府公布列为市文物保护单位。

奎光阁　位于福安市城南街道莲池社区重金山上。始建年代不详，现存建筑为清同治十年（1871年）重建。为孔庙和儒学的附属建筑，阁内奉祀奎星。该阁坐北向南，平面呈八角形，占地面积160平方米，砖木结构，三层楼，抬梁、穿斗式木构架，攒尖顶，鹊尾脊。八根内柱直通屋顶，八根内檐柱通至三层做围栏柱，八根外檐柱通至二层作围栏柱。八方角檐下施角鱼、垂灯和象鼻，雕刻精美。2004年，经福安市人民政府公布列为市文物保护单位。

张公井　位于大留村张姓祠堂前空地西侧，北宋熙宁九年（1076年）建造，政和五年（1115年）重修。占地面积16平方米。井坪六边形，石铺，外设水沟。井口位于中心，井体圆形、井壁的长方形薄砖从井底叠砌至井坪石下面，直径3米，深约4米。井栏由六块加工成“凸头凹尾”形隼卯口的石板相嵌链接而成，井栏六角，高 0.75 米，宽 0.88 米，厚 0.22 米，里对角距离 1.68 米。井栏东向正面石板中间，阴刻楷体直书："张公井"，左上款："熙宁九年丙辰岁"，右款："劝首张庠、张秘立"，背面刻："政和乙未五年劝首张久、张柄募锡（银？）重修"。井栏其他部位里外还刻有舍钱之人姓名和钱数等信息。该井保存较好，井水仍可饮用。2004 年，福安市人民政府公布为未列入文物保护单位的不可移动文物。

三贤祠　位于福安市城南街道莲池社区七圣路。始建于明万历四十七年（1619 年），现存为清道光四年（1824 年）重建。祀福安历史名人唐薛令之、宋谢翱、郑虎臣三贤。祠坐北向南，砖木结构，占地面积 192 平方米。依次有大门、天井、祠厅，周以砖砌空斗墙。祠厅双层楼房，面阔三间，进深二间，抬梁、穿斗式木构架，硬山顶。楼前石铺庭院，天井两侧为廊房，庭前门廊紧靠门墙。原有三贤塑像，毁于"文化大革命"期间。2004 年，福安市人民政府公布为未列入文物保护单位的不可移动文物。

三、馆藏文物

2005 年，福安市馆藏文物 271 件，时间跨度上至商周，下至民国时期。其中器物类（包括陶器、瓷器、民俗器物）154 件、书画类 55 件、钱币 61 种（共 623 枚）、明代青花瓷片标本 1 件。其中，三级以上文物 117 件。

馆藏历代石碑刻拓片 28 幅。历年考古普查采集的石锛、石镞、石环、砺石、陶纺轮、石网坠、石槌、夹砂灰陶片、泥质陶片、灰硬陶片、黑彩陶片、釉陶片、钻孔小石器、石镞、半成品坯料和可辨器形的罐、豆、钵、釜、甗等数百件。

第七节　机构

一、福安市文化体育局

1991—2001 年，福安市文化局核定行政编制 7 名，实有工作人员 8 名。设局长 1 名，副局长 1 名，内设办公室和社会文化艺术股（简称社文股）。下属事业单位有市文化市场稽查中队、图书馆、文化馆、电影公司、闽剧团。福安市体育运动委员会核定行政编制 5 名，事业编制 7 名，设主任 1 名，副主任 2 名，内设办公室、人秘股、竞群股、财务室。下属单位少体校、军体校，老年人体育办公室挂靠市体委。

市体育总会成立（2004 年）

2002 年，市文化局与体

委合并，组建福安市文化体育局，统一行使文化、体育的管理职能。设局长1人，分管文化和体育的副局长各1人。核定编制5人。原文化局内设社文股及下属5个事业单位、原体委内设竞群股与下属少体校、军体校并入文体局内设股室与下属单位。2004年，市文体局从市人民政府大院正式迁入城北街道富春路58号市体育中心场内办公。

2005年，市文体局在编公务员9人，内设人秘股、社文股、竞群股，下辖市文化馆、图书馆、博物馆、闽剧团、电影公司、文化市场稽查中队、演出管理站、少体校、老体协，人员132人。

福安市少年儿童业余体育学校创办于1960年10月。1991年，教职工8人。设篮球、羽毛球、田径、射击、射箭、武术等专业，重点班学员48名，普通班学员90人。1991—2005年，由各有条件的中小学办少体校分班，少体校教练派出指导训练，部分学生留在少体校训练。

1991—2003年，福安市群众体育组织有市体育总会、市老年人体育协会、市农民体育协会。体育总会有篮球协会、乒乓球协会、田径协会、冬泳协会、老年人钓鱼协会、羽毛球协会、围棋协会、信鸽协会8个单项体育协会。2004年，市体育总会换届，新成立柔力球协会、武术协会、登山协会、象棋协会、太极拳协会、足球协会、穿越者户外运动俱乐部、健身健美协会8个体育单项协会。2004—2005年，全市共有16个体育单项协会。

1991—2005年，各乡镇成立农体协、老体协，至2005年，全市487个村（居委会）建立老体协组织363个，占村（居）数74%，老年健身辅导站82个。

二、福安市方志委

1991年，福安市地方志编纂委员会编制4人，设主任1人，副主任1人。至2005年，机构编制不变。

第二章　图书　档案

第一节　图书

一、发行

1995 年，福安市新华书店被评为福建省文明单位。2004 年 5 月，通过改制，加入福建新华发行（集团），成为福建新华发行（集团）有限责任公司福安分公司。1991 年，各类图书销售总额 731 万元，2005 年销售总额 2324 万元，1991 年，年利润 17 万元，2005 年，年利润 118 万元。2005 年，新华书店资产总额 1796 万元，其中综合办公楼两栋，发行网点 5 处。

二、藏书

1991—2005 年，福安市图书馆馆藏文献资料 14.75 万册，其中，古籍 7657 册（包括善本 1009 册），民国书籍 4400 册，年订期刊 200 种、报纸 60 种。2003—2004 年，购书 2318 册，其中，文学类 569 册，占 24%，自然科学 115 册，占 4%。年接待读者 13 万多人次、年书、刊流通量为 14 万多册次。2004 年，获文化部授予的三级达标图书馆称号。

1992 年，福安一中图书馆，1992 年藏书 6.9 万册；2002 年，藏书 80562 册。1991 年，福安二中图书馆藏书近 9000 册；2005 年，藏书 2.3 万册。

三、借阅

1999 年，福安市图书馆添置图书书目数据软件，建立书目数据库，书目数据 10450 条。馆内建立计算机网络局域网控制中心，实现采访、编目、流通的自动化管理。2003 年，搬入新馆，设立报纸阅览厅座位 200 位，期刊阅览厅座位 800 位，少儿阅览厅座位 100 位。提供文献信息服务，除古籍、个别地方文献等特藏书在馆内参考阅览外，其余书、刊予以敞开外借。图书馆添置读者寄物橱柜，在外借流通部、少儿借阅部、期刊实行部实行开架借阅，投入设备，创造电脑自动化借阅条件。2005 年，发放借书证 3000 多本，少儿借书证 900 多本。同年，在馆内举办

福安市新华书店（1998 年）

全民读书宣传月活动，读者达11万余人次。全年借阅人数189073（含读书月人数）人次，书刊流通量98040册次。

第二节　档案

一、依法治档

1991年，福安市组织6个组对101个单位《中华人民共和国档案法》（以下简称《档案法》）执行情况进行检查，评出先进单位14个，不合格单位15个。1992年，档案法治建设列入市“二五”普法计划。1993年，组织4个小组对全市《档案法》执行情况进行检查，评出96分以上单位15个。1994年，制定“九·五”期间档案事业发展规划纲要。1995年，完成全市“二五”档案普法验收。1996年，档案工作列入市“九·五”国民经济和社会发展规划。1997年，福安市制定《福安市“三五”档案法制宣传教育规划》，年内到乡镇开展《档案法》宣传活动15场次。1998年，市档案局配合市人大教科文卫委，对全市《档案法》执行情况进行检查，抽查30个重点单位，发出整改通知书10份。2002年，全市开展《档案法》执行情况检查，抽查16个市直单位和7个乡镇，检查结果优秀单位5个，合格单位15个，不合格单位3个。2003年，宣传贯彻《福建省档案条例》，通过《福安报》、“福安之窗”、大横幅标语、召开大会进行宣传。2005年，对破产企业档案处置进行执法检查，促使市法院及破产清算组把市农药厂破产档案处置经费列入破产费用。是年，完成103个单位的档案登记。

二、接收与征集

1991年，福安市档案馆接收档案209卷，接收42件茶文化活动实物、沙孟海手迹“福安建市纪念”及撤县建市前所有单位的印章。是年底，馆藏档案24140卷，资料7506册（本）。1992年，接收1238卷档案。1993年，接收文书档案3981卷，死亡干部档案383卷，照片档案237张。1996年，接收死亡干部档案62人64袋，文书档案98卷。1998年，接收文书档案5535卷。1999年，接收文书档案1113卷、公证档案660卷、会计档案560卷。2000年，接收226卷农村土地承包合同档案和文书档案2374卷。2001年，征集清代福安县衙办案记录等458件，接收档案1023卷。2002年，征集闽东畲族、人物照片档案283张。接收档案1246卷。2003年，接收市财政局土地证存根、土地清册、农业税征收清册及破产企业档案4428卷。2004年，接收档案3782卷。2005年，接收到期档案101卷。是年，馆藏107个全宗，档案45984卷，资料9122册。

三、管理

1991年，市档案馆总建筑面积488平方米，其中，档案库房建筑面积261平方米。1992年，拍摄《福安档案事业在前进》专题片，展示福安档案事业的发展进程。是年，编制完成5000余卷民国档案文件级目录。鉴定馆内短期档案1050卷，重新立卷231卷，销毁819卷。1995年2月，省档案局批准福安市档案馆为省一级档案馆。鉴定到期档案421卷。全市有192个档案室，其中综合档案室11个，档案员243人。是年，3个单位升为省先进级档案室。1996年，市委决定在原档案馆加层扩建，面积1200平方米。1997年1月20日，市档案馆加层扩建工程开始动工，市财政拨款50万元，解决市档案馆扩建工程资金问题。1998年，福安市档案馆在宁德地区县（市）档案工作目标管理考核中，获评942.5高分。召开全市农村和农业档案工作会议，487个村居按“五有”要求建立档案室，23个乡镇企业建立档案工作，10家外资企业按“五有”要求建立档案室，建立转制的10家国有企业档案处置台账。是年，省档案局在福安市举办全省电脑管理文档培训班，推广福安市档案局开发的档案目录微机处理系统软件。1999年，市档案馆通过“九五”期间省一级档案馆考评验收，被批准为省一级档案馆。修复虫蛀、破损、字迹褪变档案2289卷。2001年，市档案馆库房内全部档案集中密闭杀虫。2003年，市档案馆安装防火、防盗自动报警系统。2004年，完成馆藏6000余卷档案前期处理，著录9万余条目录。建立福安市档案局域网。2005年，福安市决定将“市档案基础数据库网络管理中心”项目配套经费纳入2006—2007年财政预算；市档案馆大楼装修改造项目纳入市委大院的改造计划；市档案馆新馆建设纳入福安市国民经济和社会发展“十一五”规划。抢救清代珍贵档案458份；完成馆藏45788卷档案的数据库著录前处理，著录10935卷，17.35万条；建立现行文件利用中心。1家单位通过省级档案室的复检认定。

四、开放利用

1993年，福安市档案馆解密开放档案2124卷。1994年，解密开放档案1043卷。1995年，解密开放档案12089卷，其中民国档案4432卷。1997年，解密开放档案4831卷。1998年，解密开放档案9684卷。

1991年，福安市档案馆全年接待借阅档案资料843人次，提供2663卷2113张。是年，《福安市档案志》定稿。1994年，“利用档案解决房地产纠纷”获1993年福建省档案信息资源开发利用成果三等奖。是年，编写完成《档案指南初稿》；续编《中共福安县（市）历届委员会汇编》《福安县（市）历届人民汇编》《中国人民政治协商会议福安县（市）历届委员会汇编》；新编《坦洋之茶》。1996年，组织编《福安县（市）委文件汇编》《福安县（市）计划生育文件汇编》、副科以上事业单位的机构及领导人名录。1998年，编写《福安市大事记》《福安市重大政务活动》等10种材料。1999年，开展档案“创优增效”申报活动，其中“利用档案纠正冤假错案”获省档案信息开发成果三等奖。是年，利用馆藏档案举办地方特色档案资料展览。1992—2005年接待查档4083人次，提供档案利用7696卷次。

第三节　机构

福安市档案馆（局）

1991年，福安市档案局核定行政编制3名，档案馆核定事业编制8名。1995年，档案馆事业编制增加1名。1996年，市档案局和市档案馆合并，一个机构，挂市档案馆、市档案局两块牌子，为市委、市政府的直属事业机构，归市委管理系列。事业编制11名，设馆（局）长1名，副馆（局）长2名。内设秘书股、法制教育股、业务指导股、保管利用股。至2005年，机构编制不变。

第三章　广播　电视

第一节　广播　电视

一、台站建设

（一）福安市广播站

福安市广播站是福安市广播电视局的下属单位，由福安市广播电视局直接管理，福安市广播站其下属单位是各乡镇广播站。

（二）福安市电视转播台

1991 年，福安市电视转播台为福安市广播电视局下属单位，由福安市广播电视局直接管理。

（三）福安市有线电视台

1990 年 10 月，成立福安市有线电视台。1995 年 10 月，成立福安市有线电视台，与市广播站、市电视转播台同属于福安市广播电视局。

（四）福安市广电网络中心

1999 年，福安市将市广播电视事业局（台）新闻宣传和网络技术进行分离，网络部分按企业管理方式运行。2001 年 5 月 30 日，福安市人民政府批准成立福安市广电网络中心，为市广电局下属事业单位，实行独立核算、自负盈亏，负责全市有线电视网络建设、管理和开发。6 月，福安市广电网络中心正式挂牌成立。7 月，市区广电网络管理站和 14 个乡镇广电网络管理站成立，它们均隶属市广电网络中心，负责全市有线电视网络的建设管理和运营开发。

（五）乡镇广播电视管理站

1991 年，各乡镇广播电视站由所在乡镇管理。1997 年 5 月，福安市广播电视局更名为广播电视事业局。乡镇广播电视站统一由市广播电视事业局管理，作为市广播电视事业局的派出机构。

福安电视台机房（1999 年）

二、网络基站建设

（一）广播传输网络建设

1991 年，福安市 19 个乡镇和 292 个行政村通广播，通播率 65%，其中 5 个乡镇所行政村村通广播；有线广播入院户喇叭 14419 只，入院户率 39%。是年，福安市普及村级广播工作，同时整顿市区—下白石、赛岐—湾坞、溪柄—溪尾的沿河广播讯号专线，架设湾坞—下白石的过江专线。按标准化要求，更新、改造乡镇广播站设备，完善乡镇站机房管理制度，落实市区至乡镇广播讯号专线分段承包维护责任制，加强管理，提高传输质量，确保讯号畅通。

1992 年，全市村村通广播的乡镇 14 个，占 67%；通播行政村 314 个，通播率 75.5%；村广播室 177 个，占通播村的 52%；设备标准化乡镇站 10 个，占 47.6%。全市农村喇叭数 14448 只，入院户率 39%。

1993 年，福安市建成调频广播转播台，市区至乡镇的广播讯号传输改杆路有线传送为调频无线传送，扩大广播的覆盖面，改善信号传输质量。安装有线广播室 37 个，全市通播行政村 370 个，通播率 82.4%；农村喇叭 15700 只，入户率 39.6%。

1994 年，采取专线、调频、地波广播三结合的办法，筹资 10 余万元，在赛岐建立小调频广播，在溪潭建立地波广播（也叫土壤广播）台，建立村自动转播广播室 37 个。是年，通广播的行政村 340 个，通播率 75.5%；农村喇叭 14825 只，入户率 39.6%。

1995 年，全市整顿 27 个行政村广播，新建并开通 20 个行政村广播室。市台调频广播通过高山台天线发射，提高广播信号有效覆盖面。全市通广播村委会 397 个，村级广播室 257 个，广播人口覆盖率 90%。

1996 年，发展 58 个村的调频喇叭，整顿 20 个行政村广播，整顿 25 个行政村广播室。全市通广播行政村 387 个，村级广播室 257 个，广播覆盖人口率 90% 以上。

1997 年，福安市实施广播“百村千户工程”。投资 7.5 万元，购置 300W 瓦进口立体声调频发射机一部，发射天线一套；投资 3 万元，发展 77 个村调频广播，入户调频喇叭 682 只；补助行政村建调频自动广播室 8 个，整顿村广播室 2 个。全市村级广播室 274 个。

1998 年，进口 300W 瓦立体声调频发射机，取代原有 100W 瓦国产发射机。是年 5 月，市广播电视台协助省厅安装交通频道发射设备，福安第一次有两套覆盖全市的广播节目。全年发展和整顿村级调频自动广播室 43 个，发展调频小喇叭入户 101 个村，新建广播室 43 个。

1999 年，全市 21 个乡镇 417 个村全部通广播，广播喇叭计 12000 只，广播人口覆盖率 92%。

2002 年，全市广播电视综合信息网完成城区管道铺设和部分小区入户升级改造。投入 15 万元，完成溪柄站机房至茜洋 7.2 千米杆路的架设。

2003 年，投资 20 万元，广播节目音频处理和信号传输的数字化改造，建成先进的数字音频工作站。是年，共传送 2 套调频广播（交通音乐频道和福安音乐新闻频道）。建设市区广播机房至仙轴山转播台的光纤传输网络，改调频单声道播出为调频立体声播出。

2005 年，福安市音乐新闻频道试播，以 300W 瓦发射功率和 97.4 兆赫频率使福安市广播电台的节目基本覆盖全市。

（二）基站建设

1991 年，福安市有线电视网可输送 8 套节目，有线电视入网用户 4200 多户。是年，相继建成社口、溪潭、范坑、上白石、半岭水库、潭头柘头、潭头东坑、潭头棠溪、上白石东坑等 9 个小功率差转台和 3 座卫星地面站，所有乡镇所在地都可以收看到两套以上电视节目。电视人口覆盖率 85%。

1992年，福安市在仙岫山顶建立广播电视微波收转站，赛岐、穆阳的有线电视微波与市台实行联网。同年购置整套卫星系统和制式转换设备，接收由“亚洲一号”卫星传送的中央电视台第四套节目，并送入市有线电视网。

1993年，全市建成电视微波接收、转播系统，省电视台节目由差转转播改微波接收转播，彻底改变电视台讯号常年受干扰致使收视效果不佳的状况。

1993—1995年，全市电视事业大发展，至1995年年底，全市有乡村级电视转播台、卫星地面站、有线电视网126座。市有线电视网络延伸到城区所有村落，全市所有乡镇均开通有线电视，其中与市联网的有9个乡镇，入网总户数近2万户，电视人口覆盖率90.1%。

1996年，全市累计建成并投入使用的乡村级电视转播台、卫星地面站、有线电视网126座。全市所有乡镇开通有线电视。

1997年，投入近70万元，帮助147个行政村建设有线电视（每村补助5000元）、2个自然村建立电视转播台（每村补助3000元），全年新安装800多个终端盒，投入42.2万元，整顿主干线8.5千米、支干线18.7千米，改造用户网2060户，提前超额完成市区有线电视干线网的改造任务。

1998年，全市完成156千米的立杆和170千米的线路架设和熔接，完成下白石至湾坞1.68千米海底光缆的铺设和赛岐至罗江0.486千米空中光缆架设。12月24日，全市开通市乡光缆讯号，实现市乡光纤联网。是年，投入35.9万元，整顿发展城区有线电视主干线5.2千米、支干线0.895千米。

1999年，实施“村村通”工程成为福安市广播电视事业建设重点。投入资金45.2万元完成38个行政村的电视转播台、卫星地面站、有线电视网建设任务。全年架设主干线5千米、支干线15千米。实施电视网络升级改造。

2000年，全市完成65个行政村的光纤联网工作，与市区联网的行政村达到128个。电视网络升级改造工程全面展开，年内完成市区管道落地22千米，设立两个分前端，53个光接点。罗江片区和溪柄镇区的管道落地工程基本完成。

2001年6月，成立福安市广电网络中心和14个乡镇广播电视网络管理站。是年，完成市区网络升级改造工程，投入资金500多万元，完成赛湾线等27个行政村3896户村级光纤联网工作；完成18个行政村2000多户的网络改造；建成上白石和穆阳两个广电站楼并投入使用，解决5个广电站的办公场所问题；圆满解决15个50户以上老区基点村、少数民族自然村的闭路电视收视问题。

2002年，全市累计联网265个行政村（居），完成10个“村村通”工程。

2003年，结合网络改造建设和扩大有线电视联网覆盖率，全市投入750万元建成福安市主要乡镇两个环网建设，总长度149.35千米。其中，福安—穆阳—溪潭—赛岐—溪柄—福安环网长度72.9千米，赛岐—湾坞—下白石—甘棠—罗江—赛岐环网长度76.45千米。全市建设59个光节点，基本完成市区860兆赫带宽升级网改造。投入70多万元，建成SDH数字传输系统，承接移动通信和电力公司数据传输业务。建设宁德市广电局SDH数据网福安段（福安至宁德、寿宁、柘荣交界）光缆工程，传送宁德电视台至各县市2套信号，各县市回传电视新闻。是年，有线电视新联网21个村，新增3290户，全市行政村（居）联网273个，联网率61%。完成“村村通”工程5个。

2004年，福安市市区开通53个光节点，完成部分光节点至楼栋的用户网络整理，网络标准达550兆赫兹。从根本上解决因网络老化和放大器级数多导致故障率高的问题。是年，运用SDH网开通14个乡镇站的机房信号，并与主机房对接，使福安市有线电视网络具备了“数字福安”的横向接入条件。

2005 年，福安市共铺设电缆 12.27 千米，完成秦溪片网络信号加扰工程，市区新增光节点 8 个，总数 66 个，市区主干网升级改造基本完成。农村有线电视全年联网 11 个村，新增用户 1000 户。改造乡镇站光缆 23.22 千米，改造建设电缆 36.08 千米。乡镇站新增用户 3500 多户。是年，采用光纤联网、小片网卫星接收和无线数字电视覆盖三种传输覆盖方式，完善“村村通”工程建设方案。建立 43 个自然村的小片卫星接收网。

第二节　节目编播

一、广播节目编播

1991 年，福安市全年播出广播稿 4304 篇，其中新闻类 1830 篇，农业科技类 1330 篇，时政类 1144 篇。1992 年，全市全年播出广播稿 4557 篇，其中，新闻类 1970 篇，农业科技类 1350 篇，时政类 1297 篇。1993 年，全年播出广播稿 4663 篇，其中新闻类 1750 篇，农业科技与信息类 1100 篇，时事政策综合类 1680 篇。举办了 19 个专题节目，稿件播出 133 篇。1994 年，全年播出广播稿 4850 篇，其中新闻类 1950 篇，农业科技类 1430 篇，时政类 1470 篇。1995 年，全年播出广播稿 4950 篇，其中新闻 1720 篇。1996 年，福安市自办节目用稿 4945 篇。1997 年，全年播出广播稿 5100 篇，其中新闻 1750 篇。是年底，市广播站与市电视转播台、市有线电视台合并，成立市广播电视台。1998 年，全年播出稿件 5200 篇，其中广播新闻 1600 篇。

1999 年，全年播出广播新闻稿 1798 篇。2000 年，全年播出广播新闻稿 1748 篇。2001 年，全年播出广播新闻稿 1800 篇。2002 年，全年播出广播新闻稿 1798 篇。2003 年，全年播出广播新闻稿 1201 篇（9 月下旬起因建音频工作站而停播）。

2004 年，市广播电视台对原广播节目进行改版，调频 97.4 兆赫的音乐新闻频道以精彩的音乐和贴近百姓的新闻资讯为主要内容，以服务听众为目的，于元旦试播。主要栏目有“整点新闻”“福安新闻”“动感节拍”“音乐餐会”“乐林漫步”等。“福安新闻”不断推出系列报道，主要有“关注三农”“主讲中央一号文件”“森林防火”“民间标会专项治理”“纪念闽东苏区创建 70 周年”等。是年，市广播电视台被上级台采用的广播新闻稿件为全区第一。

2005 年，广播节目“音乐新闻频率”对栏目的制作、编排作了调整，共开设自办栏目 5 个，全年播出音乐节目“动感节拍”“音乐餐会”各 144 期，“乐林漫步”48 期，“时尚生活”240 期，“资讯纵横”播出新闻 11340 条。

表 26—5　1991—1998 年福安市广播站播音时间及自办节目用稿一览表

年份	每日播音时间	自办节目用稿篇数
1991	5：30	4304
1992	5：30	4557

续表 26—5

年份	每日播音时间	自办节目用稿篇数
1993	5：30	4663
1994	5：30	4850
1995	6：30	4950
1996	19：00	4945
1997	19：00	5100
1998	18：00	5200

二、电视节目编播

1990 年 12 月 28 日，福安市开始编播电视节目，市有线电视演播厅举行有线电视网建成开通仪式。福安市有线电视网建成、开通以后，开始试办本地新闻节目，同时自办录像节目，由省厅统一供片。

1991 年 12 月 1 日，在福安市有线电视网开通教育电视台节目，昼夜转播中国教育电视台节目或福安市电教中心提供的教育节目。

1995 年 10 月，福安市人民政府批准成立福安市有线电视台，随之开始电视节目的编播工作。是年，播出电视新闻 960 条。先后开设“国道倒计时”“学习林碧玲”“项目农业年”“争创小康村”“计生五清理”“平平常常就是真”等电视专题节目。

1996 年，全年播出电视新闻 790 条。

1997 年，全年播出电视新闻 860 条，其中 50 多条新闻和 4 个专题在地区电视台播出，28 条新闻和 3 篇专题在省电视台和省有线电视台播出。

1998 年，全年播出电视新闻 950 条，电视专题 35 篇，完成 6 场重要活动的现场直播。

1999 年，全年播出电视新闻 1260 条，被上级台采用 91 条；专题 47 篇，被上级台采用 19 篇。完成 6 场重要活动的现场直播。

2000 年，全年播出电视新闻 1253 条，制作专题新闻 50 篇。完成 10 场重要活动现场直播。

2001 年，全年播出电视新闻 1230 条、专题新闻 50 篇。完成 7 场重要活动现场直播。

2002 年，全年播出电视新闻 1429 条，完成 6 场重要活动现场直播。“白马港纪事”专题栏目全年播出 54 期。十多集专题作品被省台、地市台采用。

2003 年，全年播出电视新闻 1277 条，被上级台采用 733 条。“白马港纪事”专题栏目全年播出 52 期。

2004 年，全年播出电视新闻 1179 条，被上级台采用 326 条。“白马港纪事”专题栏目全年播出 46 期。

2005 年，全年播出电视新闻 1126 条，被上级电视台采用 222 条。现场直播 5 场。“白马港纪事”专题栏目全年播出 51 期。

三、获奖节目

表 26—6　福安市广播电视获奖节目一览表

时间	节目标题	奖项	作者
1992 年	消息《350 对“科技鸳鸯”》	《福建日报》上半年好新闻	叶子清
1994 年	评论《农民为什么难进农贸市场》	福建广播新闻一等奖、宁德地区广播新闻一等奖	张毓景　丁晓萍　阮漪
1996 年	新闻专稿《身份变活力强——来自我市国有企业改革的报告》	宁德地区广播节目一等奖	李敏
	长消息《溪柄有个粽子村》	首届闽东好新闻	张毓景　丁晓萍　黄迎春　郑树达
1998 年	专题节目《山海经》	福建对农村广播三等奖	张毓景　吴胜周
	短消息《我市境内发现全国最大的桫椤群》	福建广播新闻二等奖、福建电视新闻三等奖	丁晓萍　郑树达
1999 年	短消息《降价减负没商量农民受益三千万》	福建广播新闻三等奖	丁晓萍
	新闻《利税大户肆意排污更不该——市农药厂废气污染市区空气事件跟踪报道》	宁德地区电视节目一等奖、闽东好新闻	张毓景　丁晓萍　郑树达　缪勇　阮漪　黄迎春
	新闻《船民喜圆世纪梦——我市最后一批连家船民上岸定居》	宁德地区广播节目一等奖、闽东好新闻	袁晓亮　陈晓玲
	评论《农民盼望“常下乡”》	福建广播新闻三等奖	张毓景
2000 年	短消息《我市成功处置一起暴力抗法爆炸事件》	福建电视新闻二等奖、闽东好新闻、宁德电视新闻一等奖	丁晓萍　缪勇
	评论《催耕催种要保农民增收》	福建省广播新闻三等奖、宁德市广播节目一等奖、闽东好新闻	张毓景
	录音报道《无怨无悔四十载——介绍福安穆阳义务消防队》	福建省广播新闻二等奖	袁晓亮　阮漪
	长消息《福安私企到国外办厂》	福建广播新闻一等奖	黄迎春　叶春晓　吴胜周
	社教类《福安光饼》	福建电视社教节目三等奖	袁晓亮　陈铃光　阮漪　郑万生
2001 年	长消息《“入世后”食用菌产业机遇大于挑战——记者捎话农民朋友：留住稻草好种蘑菇》	首届全省县级台电视新闻作品一等奖、福建广播新闻三等奖、宁德广播节目一等奖	张毓景　叶春晓
	社教类《官埔油扇》	首届全省县级台电视节目三等奖	袁晓亮　阮漪　陈铃光　陈晓玲　李健民
	社教类《“便民法庭”受欢迎》	福建省广播社教二等奖	袁晓亮　陈晓玲　陈铃光
	社教类《凤凰于飞——红坪畲村观婚礼》	福建省电视社教三等奖、闽东好新闻	袁晓亮　陈铃光　陈晓玲　李健民
	播音与主持人作品《凤凰于飞》	福建省二等奖	阮漪

续表 26—6

时间	节目标题	奖项	作者
2002 年	短消息《畲汉群众喜庆十六大胜利闭幕》	宁德市优秀电视节目一等奖、闽东好新闻	丁晓萍　叶春晓 陈晓玲　阮漪
	长消息《福安民营企业员工踊跃申请入党》	福建省广播新闻三等奖	宁德电台　丁晓萍
	长消息《湾坞码头挑大梁货轮年检不出省》	福建省广播新闻三等奖	缪勇　阮漪
	长消息《溪尾渔民瓶养章鱼取得成功》	福建省电视新闻三等奖	黄河灏　阮漪
	系列报道《福安构筑百亿电机电器城》	福建省广播新闻三等奖	宁德电台　丁晓萍
	社教类《踏歌畲寨》	福建省电视社教三等奖	袁晓亮　陈晓玲　陈铃光
2003 年	短消息《下白石特大桥顺利合拢》	宁德市电视节目一等奖、闽东好新闻	丁晓萍　缪勇
	新闻专稿《税费改革好农民负担少》	福建省广播新闻三等奖	袁晓亮　陈铃光 陈晓玲　阮漪
	通信《过溪山上护林人》	福建省广播社教类二等奖	袁晓亮　陈晓玲 陈铃光　阮漪
2004 年	评论《“黑吧”缘何状告网吧主管》	福建省广播新闻三等奖	张毓景　丁晓萍　叶春晓
	电视新闻专稿《雨夜生死大营救》	宁德市电视节目一等奖、闽东好新闻	袁晓亮　叶春晓　陈晓玲
	广播音乐专题《闽东音乐人林文彬和他的音乐情缘》	福建省广播文艺三等奖	陈柳青　林港 李敏　黄迎春
2005 年	广播社教类对象性节目《七彩童年》	宁德市一等奖	黄迎春　陈湖影　林港
	电视播音与主持人作品《楼下古民居》	宁德市一等奖	阮漪

第三节　机构

福安市广播电视局（台）

1991 年，福安市广播电视局有固定职工和合同制职工 37 人，设局长 1 人，副局长 1 人，内设人秘宣传股、事业管理股，局机关行政管理人员 4 名。下辖市广播站。1992 年，改设“两中心一办”（宣传中心、技术中心、行政办公室）。1995 年 2 月，撤销“两中心一办”，建立“两办九部”管理机制，两办为宣传人秘办（下辖采编、电视节目制作、广告播出管理、人事文书 4 部）、事业管理办（下辖有线广播、有线电视、电视工程、技术开发、财务管理 5 部）。

1996 年，福安市将广播站、电视转播台和有线电视台合并，成立市广播电视台，局台合一，实行一套班子、两块牌子的运行机制，局长 1 人，副局长 3 人，各乡镇的广播电视台移交广播电视局管理。全市广电系统职工 245 人，行政管理人员 5 人。1997 年 5 月，市广播电视局改为广播电视事业局，内设人秘宣传办、工程技术办、行政后勤办、行政执法办。全市正式职工 89 人，行政管理人员 5 人。2001 年 3 月，广播电视事业局调整局（台）内设机构。同年 6 月，市广电网络中心成立，为市局直接管理的下属单位，2002 年 6 月，广播电视事业局将局（台）内设机构进行调整，设办公室、计财部、市区网络管理站、运维部、新闻中心、总工办、技术部、基建办、工程部。

2005 年，市广播电视事业局设局长 1 人，副局长 4 人，从业人员 206 人，其中编制内管理人员 28 人、专业技术人员 36 人，编制外从业人员 55 人。

第四章　体育

第一节　群众体育

一、全民健身

1991—2005 年，福安市体育健身活动十分活跃，全市 16 个体育单项协会、各乡镇的农体协和老体协经常利用节假日举办各类赛事，群众踊跃参加，涌现出一大批体育先进集体和先进个人。穆阳镇获评“全国全民健身宣传周活动先进单位”、全国及福建省“亿万农民健身活动先进乡镇”；赛岐镇、坂中畲族乡、潭头镇获“福建省亿万农民健身活动先进乡镇”；福安电力公司、福安十中、穆阳镇、宁德市民族中学获评“全国群众体育先进单位”。

2003 年，全省亿万老年人健身活动展示会暨省老年人柔力球比赛中，吴翠莲获女子双打冠军。2004 年，福安市举办 23 场群众体育活动，社区和单项体育协会参与组织的占 60%，参与者达上万人次。健身队伍在体育中心、天马山森林公园、闽东革命纪念馆、人民广场等体育健身场所，开展舞剑、跳舞、太极拳、羽毛球、门球、地掷球等健身活动。在第二届全国太极柔力球比赛中，福安市代表队获团体第四名。在宁德市举办的老年门球、围棋、中国象棋等比赛中，均取得优异成绩。市文化宫辅导站被全国妇联、国家体育总局授予全国亿万妇女健身活动“巾帼文明健身队”，市门球协会被评为“福建省老年体育工作先进集体”。在抗击“非典”期间，福安市举办“爱我福安，洁我家园，强我体魄，抗击非典”系列活动，组织全市机关单位的干部职工、基层团委的青年团员、中小学校的学生和城区离退休干部共 3000 余人参加乒乓球、篮球、跳绳、拔河、越野、登山、趣味体育、健身项目大会演等项目的活动。是年，举办福安西部俱乐部篮球赛、重阳节老年人登山活动以及迎新春社区篮球、乒乓球、羽毛球等赛事活动，广大体育爱好者踊跃参加，全市健身活动逐渐覆盖各行各业，不分界别、男女和年龄，形成热潮。1995—2005 年，福安市利用社会力量，筹集资金，举办各类体育赛事，每年社会赞助举办的体育活动都在 20 次以上，金额逾百万元。

宁德地区第二届全民健身节开幕式（1998 年）

二、老年体育

1995 年，福安市老年人体育协会成立 11 周年。是年，《中华人民共和国体育法》《全民健

“夕阳红”老年摩托车队（2003 年）

身计划纲要》颁布，福安市老体协在市直机关各口和部分乡镇成立基层老年人体育协会。1996年，市老体协加强基层工作，老年人活动项目呈增加趋势。当年，市老体协举办培训班 4 期，举办各种比赛 20 多次，参加者 2300 人次以上。1998 年，市老体协为基层协会举办健身操、太极拳、健身球、门球培训班 4 期，1000 多人次参加培训。是年，福安市在市体育中心划出 0.13 公顷，由市财政拨款，修建两个门球场和一个地掷球场。1999 年 6 月，市老体协组织队员参加宁德市第五届老年人运动会，获乒乓球团体、羽毛球团体、男、女羽毛球双打、桥牌、女子 42 式太极拳等 8 项冠军，获棋牌团体亚军、地掷球第三名、太极拳、太极剑团体第四名，市老体协 10 运动员入选宁德地区代表队，参加福建省第五届老年人运动会。2000 年，太极拳世界冠军陈思垣到福安市举办为期一周的培训班，参加培训 120 多人次。同年，福安市举办行第四届运动会，运动会增设门球、地掷球、太极拳、剑、中国象棋、篮球定点投篮、地滚球等老年人比赛项目，各代表队均增加选派老年人参赛。2004 年，基层老年健身项目拓展培训层面，邀请福建师大教师叶亚丹到福安培训秧歌舞蹈，提高福安市秧歌水平；选派骨干到福清学习健身激灵圈，随即组织骨干下乡传授推广；组织老年健身文艺节目下乡，到赛岐、穆阳、溪柄、上白石等乡镇与基层健身团队交流，促进基层体育活动开展。是年，与市老龄委配合，在重阳节举办福安市首届老年人健身文体展示会演，上演一批由基层老体协和市老年健身辅导站骨干编导排练的健身文体节目。

2005 年 3 月，全市市直机关各口、乡镇、街道 31 个老体协相继成立，由市老体协颁发牌子印章。至年底，全市 487 个村（居）建立老体协组织 363 个，占村（居）数的 74%；全市共有老体协会员 33387 人，占全市老年人人口 49%。全市共有门球场 6 个，地掷球场 3 个，活动室 242 个，老年健身辅导站 82 个，辅导员 173 人，举办培训班 102 期，参训 4508 人次，全市老体协基本形成网络。同年 9 月，市老体协组织 30 多名柔力球运动员，代表宁德市参加第四届全国中老年人柔力球比赛，获 4 金 2 银 3 铜和 5 个最佳表演奖。是年，福安市老体协成立 20 周年，市老体协于 11 月 16—21 日举办行“庆祝福安市老体协成立 20 周年庆典大会暨福安市老年人第五届运动会”，参加庆典的踩街方阵 50 多个，1000 多人；代表团 32 个，老年运动员 800 多名。福建省农体协、老体协和宁德市老体协的领导、嘉宾参加庆典活动并观摩运动会。

三、民族传统体育

福安市畲族人口主要分布在坂中、康厝、穆云 3 个畲族乡。畲族传统体育历史久远，独具特色。1991—2005 年，福安市加大扶持民族传统体育力度，培养民族优秀体育项目人才，民族传统体育不断发展。1991—2003年，福安市运动员代表宁德地区（市）参加省第二、三、四届少数民族传统体育运动会竞技项目比赛，雷树明获男子畲族拳第一名；钟长娇获女子畲族拳第一名；雷树明和钟长娇获畲族棍对练第一名；钟团玉获女子畲族拳第一名。传统体育表演项目“打枪担”“打尺寸”“舞龙头”“赛竹卜”等多次获得一等奖、二等奖。1992年、1996年、2002年，福安市运动员代表福建省参加全国第五、六、七届少数民族传统体育运动会，共获得表演项目5个一等奖、4个二等奖、4个三等奖，表演项目被编入《中华民族体育集锦》。

第二节　学校体育

1991—2005年，福安市成立市中学体育教学研究会、市小学体育教学研究会。研究会每年召开体育教学研讨会，通过体育教学观摩、讲评、举办讲座等多种形式提高全市体育教学教研水平。每年召开全市中小学生田径运动会，抓好“二课、二操、一活动”，保证学生每天一小时体育锻炼，在全面增强中小学生身体素质同时，努力提高体育运动水平。福安市运动员参加宁德市第四、五、六、七届中小学生田径运动会，均获团体总分、金牌总数、奖牌总数、破纪录总数四项第一，名列宁德市榜首。福安市运动员代表国家、福建省、宁德市参加国际、全国、福建省比赛，获得多项冠军，多次获评宁德市“体育贡献奖”。

1991—2005年，福安市加强体育学校建设，全市共有14所体育传统学校，其中省级8所、宁德地区级2所、福安市级4所，福安一中被列为省级重点田径传统校。

第三节　竞技体育

一、训练

1991—2005年，福安市坚持“保传统，抓特色，突重点，求发展”的思路，走体教结合，学校、社会体育职能部门多渠道建立业余训练基地之路，结合福安本市实际，合理调整布局。市少体校教练下基层学校，依托学校场地和生源优势，先后建立射箭、击剑、田径、武术、射击、举重、跆拳道等8个项目训练基地，其中，福安十中被列为全国射箭后备人才训练基地，福安市逸夫小

穆阳少年足球队（2000年）

学、福安师范附小、福安甘棠中心校分别列为全国青少年体育俱乐部、宁德市少年儿童击剑训练基地、宁德市少年儿童武术散手训练基地、宁德市少年儿童田径训练基地。随着训练水平不断提高，培养出一大批体育优秀人才，先后向省体工委、省少体校输送林忠仔、杨杰、郭莉莉、王国华、占主荣、陈健、刘昕昕、郭巧霞、林双佳、马晓勉、王可仲、林欣、林博琦、黄恬馨等后备人才，其中，射击运动员林忠仔于2005年被国家射击中心选中，成为国家射击队队员，师从王义夫教练。

二、竞赛

1998年，福安市体育代表团参加福建省第十一届运动会，获金牌5枚、银牌2枚、铜牌3枚。2002年，参加省第十二届运动会，获金牌8枚、银牌2枚、铜牌6枚，总分251.5分，名列全省第24名。1995年，福安市代表队参加宁德地区第四届中小学生田径运动会，获34枚金牌。1997年，福安市代表队参加宁德市第五届中小学生田径运动会，获31枚金牌。2001年，福安市代表队参加宁德市首届运动会，获金牌62枚、银牌52枚、铜牌21枚。2005年，福安市代表队参加宁德市第二届运动会，获72枚金牌、74枚银牌、63枚铜牌，团体总分第二名，被授予“体育道德风尚奖”称号。

表26—7　1991—2005年福安市运动员参加省级以上运动会比赛成绩一览表

时间	姓名	赛项名称	比赛项目	获奖情况
1998	郭巧霞	福建省十一届运动会	射箭	金牌
1998	林双佳	（捷克）世青赛	射箭	团体第二名
1998	马晓勉	全国锦标赛	射箭	第一名
1998	雷建荣	第十一届福建省运动会	篮球	银牌
2000	雷建荣	第二届全国大学生运动会	篮球联赛	冠军
2001	郭巧霞	全国冠军赛	射箭	团体冠军
2001	郭巧霞	第十二届亚洲射箭锦标赛	射箭	团体第二名
2001	郭巧霞	第十二届亚洲射箭锦标（淘汰）赛	射箭	第三名
2001	杨　杰	第十届全国运动会	男子4×100接力赛	银牌
2002	杨　杰	全国青少年田径锦标赛	男子400米	冠军
2002	杨　杰	福建省十二届运动会	男子200米	第一名
2002	杨　杰	福建省十二届运动会	男子400米	第一名
2002	林忠仔	第十届全国运动会	男子50米气手枪慢射	第五名
2002	林忠仔	（美国）世界锦标赛射击比赛	男子50米气手枪慢射	金牌
2002	刘晓玲	福建省十二届运动会	射箭	第一名
2002	女乙团体	福建省十二届运动会	射箭	第一名
2004	郭巧霞	全国射箭冠军赛	射箭	第三名

续表 26—7

时间	姓名	赛项名称	比赛项目	获奖情况
2004	黄恬馨	俄罗斯国际乒乓球少年锦标赛	乒乓双打	第一名
2004	黄恬馨	俄罗斯国际乒乓球少年锦标赛	乒乓混合双打	第二名
2004	王曦仲	全国青少年武术套路锦标赛	男子南拳	第三名
2004	郑小英	福建省田径比赛	女子 100 米	第二名
2004	郑小英	福建省田径比赛	女子 200 米	第一名
2004	王曦仲	全省青少年武术套路锦标赛	武术	金牌
2004	王曦仲	全省青少年武术套路锦标赛	武术	银牌
2005	王曦仲	全省青少年武术套路锦标赛	男子南拳	第三名
2005	林忠仔	世界杯射击锦标赛（德国站）	50 米手枪慢射	冠军（668.2 环）

第四节　设施与经费

一、设施

1991—2005 年，福安市投入经费建设京都篮球训练场、溜冰场、50 米室外标准游泳池等体育场地。为社区、乡镇安装 19 套体育健身路径。在市区富春溪畔征地 7.07 公顷，兴建市体育中心。至 2005 年已建成田径场、主席台、综合训练房、篮球训练馆、门球场、地掷球场，围墙大门及区间道路。2004 年，开展第五届全国体育场地普查统计，全市体育场地总面积为 30.87 公顷，标准篮球场 90 个，非标准篮球场 36 个，非标准球场 24 个，小运动场 19 个，标准乒乓球房 3 个，非标准健身路径 12 个，非标准健身房 9 个，非标准羽毛球场 14 个，非标准射箭场 2 个，射击场 1 个，武术馆 1 个，排球场 3 个，羽毛球馆 1 个，地掷球场 2 个，网球场 1 个，棋牌房 1 个，游泳池 3 个，轮滑馆 1 个，门球场 4 个，体育场 1 个。2005 年，福安市文体局获评福建省体育场地普查先进单位荣誉。

二、经费

1991 年至 2005 年，福安市共投入体育经费 2074 万元。

表 26—8　1991—2005 年福安市体育经费支出情况表

单位：万元

年份	金额
1991	9.50
1992	10.10

续表 26—8

年份	金额
1993	10.80
1994	11.70
1995	1067.1（兴建福安市体育中心）
1996	19.28
1997	20.62
1998	22.03
1999	21.08
2000	19.53
2001	20.13
2002	87.00
2003	255.92
2004	247.04
2005	252.17
合计	2074

第二十七篇

医疗卫生

福安市志 FUAN SHIZHI

YILIAO WEISHENG

1991—2005 年，福安市医疗卫生事业不断发展。1991 年，全市公办医疗卫生机构 25 个，村办集体卫生所 457 个，病床 270 张。卫技人员 1479 人，其中，高级职称 3 人、中级职称 68 人。随着医疗卫生事业的改革与发展，城乡医疗、防疫、保健事业发展迅速。至 2005 年，全市各类医疗卫生机构 524 个，病床 505 张；卫技人员 1672 人，其中高级职称 27 人、中级职称 261 人。市医院达到省二级乙等医院标准，中医院达到省二级乙等中医院标准，市防疫站达到县级二等站标准，市妇幼保健院达到省一级甲等保健院标准，上白石中心卫生院达到省农村一级甲等卫生院标准。1999 年，福安市获评为"省级卫生城市"。2005 年，再次保持"省级卫生城市"称号。是年，福安农村自来水普及率达 69.67%，农村卫生厕所普及率达 43.82%。

第一章　机构与队伍

第一节　机构

一、医疗管理机构

福安市卫生局。1991 年，福安市卫生局编制 9 名，设局长 1 人，副局长 2 名，内设人秘股、药政股、医政防保股、财务室。1999 年 12 月，市卫生局成立纪检组。

2005 年，福安市卫生局编制 11 名，设局长 1 名，副局长 3 名，内设人秘股、医政股、基妇股、农卫股、财务室。市局下属及合署办公机构有福安市爱卫办、福安市红十字会、福安市卫生应急办、福安市卫生监督所、福安市医疗废物收集站。

二、医疗防疫机构

（一）宁德市闽东医院

宁德市闽东医院原名“宁德地区第一医院”，为宁德市属驻福安综合性医院。始建于 1937 年，历经变革，数度易名，2001 年 12 月更为现名。并被确定为省三级乙等综合性医院，医疗服务半径辐射闽东、浙南等地区。

1997 年，医院年门诊量 22 万人次，年住院病人 7500 人次，业务总收入 3500 万元。1998 年年初，医院总资产 4600 万元，固定资产 2600 万元；编制床位 400 张；全院职工 451 人，其中高级职称 24 人，中级职称 93 人；设有 10 个行政职能科室、14 个临床一级科室和 15 个医技科室。1998 年 1 月，动工建设 7 层内科大楼，1999 年 6 月投入使用，并增设十三病区（神经内科）、五病区（肝胆、神经外科）、四病区（骨科）。2003—2005 年，增设十七病区（重症监护室）及体检科，并开设医学美容门诊，不断扩展服务领域。

闽东医院挂牌暨“三乙”医院授牌仪式（2001 年）

1998—2005 年，医院获省部级、市厅级科技进步奖 14 项；获省卫生厅、宁德市立项科研课题 31 项；获国家专利 4 项；在医学刊物发表学术论文 595 篇，主编或参编专著 31 部。

2005 年 12 月，医院总

资产1.98亿元、固定资产1.31亿元。员工846人，其中，专业技术人员672人，有高级职称77人、中级职称194人。设行政职能科室15个、临床一级科室17个、二级专业组33个、医技科室9个。骨外科、泌尿外科、神经内科等为重点专科。2005年，出院病人1.91万人次、门诊病人27.07万人次、开展各类手术7724台次，业务总收入1.41亿元。

（二）福安市医院

1991年，福安市医院院址在赛岐镇，属二级医院，核定床位130张，人员166名。1994年9月，核定床位增至155张，人员增至200人，为省授“爱婴医院”。1999年1月，经审评为二级乙等医院。2003年4月，搬迁到赛岐王厝新址。2005年，医院编制仍为200人，在职干部职工172人，其中卫生技术人员148人；核定床位155张，实际开放床位133张。门诊设有内科、外科、妇产科、五官科、口腔科、痔疮科、皮肤科、中医科、理疗康复科、急诊科等临床科室，以及检验科、放射科、B超室、心电图室、脑电图、红外线、乳腺诊断室、CT室、中药房、西药房等医技科室；住院部设内科、外科、妇产科、骨科和传染病科等五个病区。

（三）福安市民族医院

1991年，福安市人民医院院址在穆阳镇，属二级医院，床位80张，工作人员77人。1992年1月7日，市人民医院更名为福安市民族医院，全院职工86人，核定病床位80张。门诊部设医疗科室9个，医技科室8个；住院部设内科、外科、骨科、妇产科、中医科等病区。1999年，省授“爱婴医院”。2005年，创建畲医畲药专科。

宁德地区第一医院、福安市民族医院协作医院成立大会（2004年）

（四）福安市中医院

1991年，福安市中医院院址在城区原县医院门诊部，核定床位60张，人员78人。1992年8月，市中医院搬迁至下城河原韩阳旅社新址，人员编制80名，核定床位100张，实际开放60张。门诊医疗科室13个，医技科室8个；住院部设内科、普外两个病区和一个手术室，并设有中医脾胃病专科、中医肾病专科、中医小儿腹泻专科和中医小针刀科。1999年12月，经审评为二级乙等中医院。2005年，设内科、外科、眼科三个病区，门诊部设门诊、医技科室19个。

（五）福安市妇幼保健院

1991年，福安市妇幼保健院原称福安县妇幼保健所。1994年，在市卫生大楼左侧建造六层门诊楼，面积610平方米。1997年，迁入卫生大楼开诊，并设立婚前医学检查科室，1998年获“爱婴医院”称号。2001年6月，宁德地区卫生局组织开展创等级妇幼保健院考核评估，2001年12月，市妇幼保健所升为一级甲等妇幼保健机构，更名为福安市妇幼保健院；编制床位30张，人员35人。设有行政科室6

个，保健部、住院部、门诊部等Ⅰ级业务科室（妇女保健科、儿童保健科、婚姻保健科、生殖保健科、健康教育信息科、妇产科、儿科）7个；Ⅱ级业务科室28个，医技科室7个。2002年，购置市卫生大楼三、四两层，价值236.3万元，面积960平方米，5月，住院部迁入。2004年，购置原福安市检察院楼房，面积1693.5平方米，总价289.22万元，2005年，行政机构迁到该处办公。

（六）福安市疾病预防控制中心

1991年，福安市卫生防疫站有职工50人。1995年10月，成立卫生监督执法大队。1999年，开始构建卫生监测检验体系，设立结核病防治科，增设结核病防治门诊，结核病实行归口管理。2000年6月，福安市卫生防疫站经审评升为县级二等卫生防疫站，2001年8月，通过省质量技术监督局计量认证。2004年，更名为福安市疾病预防控制中心，人员40人。内设行政办公室、财务室、疾病控制科、结防科、卫生监测科、质量管理科、检验科、健教科等科室。

（七）乡镇卫生院

1991年，福安市有18个乡镇卫生院，其中上白石、下白石、溪柄为中心卫生院。2005年，18个乡镇卫生院中，有中心卫生院2所，分别为上白石、下白石中心卫生院；一般卫生院有韩阳、城阳、坂中、赛岐、溪柄、松罗、溪潭、穆阳、康厝、甘棠、湾坞、溪尾、社口、晓阳、潭头、范坑等16所。在职人员529人，设床位169张，门诊77个。

（八）村卫生所

1993年，福安实施农村初级卫生保健工作，进一步加强村集体卫生所建设和管理。当年，福安市447个村委会、建立卫生所457个，经考核确定乡医363人、卫生员162人。随着时间推移，由于村经济结构调整和农民工进城务工，导致农村人口大量外流，造成村卫生所业务锐减和人员不稳定。2005年，全市重建空白点村卫生所75所，全市447个行政村设卫生所541家，在岗乡村医生603人，政府实施对乡村医生津贴制度，按服务人员每人每月给予60～320元不等的津贴。

第二节　设施

一、医疗用房

（一）市直医院

1991年，福安市市直医疗机构7个、乡镇卫生院18个，医疗用房总占地面积44270平方米，总建筑面积39093平方米，床位270张。同年5月，福安市中医院购买韩阳旅社房产作业务用房，占地面积2182.4平方米、建筑面积4854平方米，并进行装修改造。1994年，该院开设中兴街门诊两层600平方米。1997年，新建西侧辅助楼两层200平方米。2004年，建北侧辅助楼两层200平方米。1993年，福安市卫生进修学校把原校址（位于天马山下溪口处）转让，与福安市卫生局、市妇幼保健院在原卫生局旧址（中兴街地段）合建一幢6层“卫生大楼”，面积1912平方米，福安市卫生进修学校产权面积952平方米，福安市妇幼院面积610平方米。同年，福安市医院在新址赛岐王厝征地2.4公顷，兴建一幢6层综合楼5000平方米，于2000年竣工。福安市民族医院于2000年兴建门诊楼一幢、936平方米，宿舍楼一幢、1660平方米。2002年，卫生局大楼产权960平方米划拨给市妇幼院，市卫生局迁进市政府大楼七层办公。2003 年，兴建门诊楼 600 平方米。2004 年，兴建一幢办公综合楼 800 平方米。2005 年，兴建传染病区楼一幢、3 层 1410 平方米。

2005 年，市妇幼院购置原福安市检察院旧址（下城河 111 号）作为新业务用房，建筑面积 1893.5 平方米。同年，福安市疾控中心新建综合楼一幢，建筑面积 488 平方米。

（二）乡镇卫生院

1991 年后，福安市利用农村卫生三项建设项目、"卫Ⅳ"（世界卫生组织）贷款项目、危房改造和卫生院百所提升项目等，逐年建设改造乡镇卫生院。当年，动工兴建范坑、晓阳卫生院综合楼和溪潭洪口门诊楼。1992 年，动工兴建上白石中心卫生院病房楼。1993 年，甘棠卫生院综合楼完成征地、立项，动工建设坂中卫生院综合楼。1994 年，溪柄卫生院综合楼、社口卫生院门诊楼动工。1996 年，开始建设潭头门诊楼；1999 年，动工兴建综合楼。2000 年，相继兴建湾坞卫生院综合楼、溪尾卫生院综合楼、康厝卫生院综合楼。2001 年，兴建韩阳卫生院阳头门诊楼。2005 年，社口卫生院征地 0.17 公顷，兴建一幢综合楼，面积 1142.4 平方米。

2005 年，福安市有 6 个市直医疗卫生机构和 18 个乡镇卫生院，业务用房总占地面积 36313.5 平方米、总建筑面积 49488.5 平方米，设床位 505 张。全市有危房面积 3588 平方米。

1991—2005 年，全市累计投资 9183 万元，用于医疗用房建设，总建筑面积 15269.8 平方米。

表 27—1　2005 年福安市医疗卫生机构用房情况表

单位：平方米

单位	建筑总面积	其中		分年代建设面积				危房面积
		业务用房	生活用房	60 年代	70 年代	80 年代	90 年代	
市医院	7900	7450	450	—	—	—	7900	—
市中医院	5754	4354	1400	—	—	—	5754	—
市民族医院	3071	1460	1611	—	2560	—	—	511
市妇幼院	4290.5	3793.5	497	—	—	—	1000	—
市疾控中心	4644	3421	1223	—	—	—	4644	—
市卫生进修学校	952	952	—	—	—	—	952	—
城阳卫生院	1626	1466	160	—	—	—	1626	—
韩阳卫生院	1500	1100	400	—	—	1100	400	—
穆阳卫生院	1028	579	449	—	349	258	421	349
溪柄卫生院	2400	1400	1000	—	—	—	2400	—
松罗卫生院	600	400	200	400	200	—	—	400
溪尾卫生院	800	500	300	—	—	—	800	—
湾坞卫生院	1540	1220	320	280	—	—	1260	280
康厝卫生院	864	576	288	288	—	—	576	288
潭头卫生院	332	200	132	232	100	—	—	60
甘棠卫生院	1650	980	670	800	—	—	850	800

续表 27—1

单位	建筑总面积	其中		分年代建设面积				危房面积
		业务用房	生活用房	60 年代	70 年代	80 年代	90 年代	
下白石中心卫生院	1240	800	440	—	540	300	440	540
上白石中心卫生院	3650	1880	1770	—	2270	—	1380	—
范坑卫生院	1222	1100	122	—	—	—	1222	—
潭头卫生院	1883	800	1083	200	—	861	722	360
社口卫生院	812	812	—	224	—	—	588	—
晓阳卫生院	560	300	260	—	—	—	560	—
坂中卫生院	1170	770	400	—	—	—	1170	—
合　计	49488.5	36313.5	13175	2424	6019	2519	34665	3588

二、医疗设备

1991 年，福安利用农村卫生三项建设项目、“卫Ⅳ”贷款项目等逐步增添或更新医疗机构医疗设备，至 2005 年，福安市医院配有 CT 机、全套自动生化仪、多功能麻醉机、500 毫安 X 线机、500 毫安 X 线影像遥控电视系统、无创呼吸机等 50 台，价值 630 万元。市中医院配有影像遥控电视系统 X 光机、全自动生化仪、酶标仪、麻醉机、多通道心电图机等 29 台，价值 151 万元。市民族医院配有 200 毫安 X 光机、半自动生化仪、B 超等 13 台，价值 89 万元。18 个乡镇卫生院配有 200 毫安 X 光机、B 超仪、心电图、半自动生化仪、简易呼吸机、尿十项仪等 182 台，价值 283 万元。

表 27—2　2005 年福安市医疗卫生机构主要医疗设备配备情况表

单　位	主要医疗设备
福安市医院	多功能麻醉机、眼科手术显微镜、多功能肛肠治疗仪、500 毫安 X 线机、500 毫安 X 线影像遥控电视系统、无创呼吸机、全自动生化仪、血气分析仪、全身螺旋 CT 机、黑白 B 超、血凝仪、除颤监护仪、日本光电监护仪、自动洗片机、心电图机
福安市中医院	全自动生化仪、全自动血球计数仪、全自动酶标仪、多参数心电监护仪、X 线诊断机、多通道自动分析心电图机、定量数字脑电图仪、医用自动洗片机、电解质分析仪、半自动血凝分析仪、X 光影像遥控电视系统、黑白超声诊断仪、超声图文管理工作站、真空灭菌器、尿液分析仪
福安市民族医院	脑电地形图机、200 毫安 X 线机、裂隙灯显微镜麻醉机、半自动生化仪、电解质分析仪、尿十项仪、PC-9000 科瑞多参数监护仪、麦瑞黑白 B 超
福安市妇幼保健院	200 毫安 X 光机、婴儿培养箱、激光治疗仪、B 超显像仪、人流吸引器、Ⅲ -B 型红外治疗仪、红外乳腺仪、电脑红外综合治疗仪、尿十项仪、脐血流胎监仪、麻醉机、B 超机、胎心仪、稳步血糖仪、蛋白仪 XF-1、电动流产吸引器
福安市疾控中心	紫外可见分光光度计、溶出分析仪、原子吸收分光光度计、测汞仪、生化培养箱、电脑洗板机、酶标仪、恒温水浴箱、烤箱、荧光显微镜、倒置显微镜、200 毫安 X 射线机、甲醛分析仪、射线检测仪、生物安全木匮、水平摇床、超净工作台、多媒体仪
福安市乡镇卫生院	200 毫安 X 光机、超声波诊断仪、心电图机、半自动生化仪、简易呼吸机、尿十项仪

第三节　人员与技术培训

一、人员

（一）西医人员

1991年，福安市有各类西医卫技职称人员357人，其中副主任医师1人、主治医师25人、医师87人、医士162人；主管技师2人、技师9人、技士25人；主管西药师2人、西药师4人、西药士40人。

2005年，福安市有各类西医卫技职称人员329人，其中副主任医师11人、主治医师68人、医师117人、医士97人；副主任检验师1人、主管技师6人、技师4人、技士1人；主管西药师3人、西药师11人、西药士10人。

（二）中医人员

1991年，全市有中医师、中药人员354人，其中副主任中医师3人、主治中医师19人、中医师42人、中医士68人；主管中药师4人、中药师31人、中药士87人、中药工100人。

2005年，全市有中医师、中药人员191人，其中主任中医师3人、副主任中医师6人、主治中医师32人、中医师38人、中医士11人；主管中药师16人、中药师25人、中药士28人、中药工31人。

（三）护理人员

1991年，全市有护理人员279人，其中主管护师16人、护师23人、护士（助产士）240人。

2005年，全市有护理人员244人，其中副主任护师2人、主管护师96人、护师112人、护士（助产士）34人。

（四）防疫人员

1991年，全市有公共卫生专业人员28人，其中主管医师8人、公共卫生医师12人、公共卫生医士8人。

2005年，全市有公共卫生专业人员56人，其中副主任医师3人、主管医师18人、公共卫生医师30人、公共卫生医士5人。

（五）行政管理人员

1991年，全市卫生系统行政工勤人员178人，其中管理人员34人：市直医疗卫生单位的院（站）长5人，副院（站）长11人；乡镇卫生院院（镇）长18人，其他管理人员144人。2005年，全市卫生系统行政工勤人员193人，其中行政管理人员35人：市直医疗卫生单位的院（站）长5人，副院（站）长12人；乡镇卫生院院长18人，其他管理人员158人。

二、技能培训

1993—2000年，福安市借助世界银行“农村卫生人才开发”项目（“卫Ⅳ”贷款项目）的实施，采取选送进修、岗位培训、专业学习、乡医培训、系统化函授教育等途径，开展医疗人员技能培训工作。

福安市卫生进修学校受福建省卫生厅科教处委托，举办九四、九五、九六、九八等四届“医学系统化函授教育中专水平培训班”，其毕业441人；举办各类短期专业培训班39期，参训1923人次；全市参加通信医学教育759人；通过乡医系统化教育472人；系统化函授教育482人。2000年，福安市经福建省卫生厅验收，被评为“省乡村医生系统化函授教育先进单位”。此后，每年继续举办4～6期乡医“再教育、再提高”培训班。

表 27—3　1991—2005 年福安市各医疗卫生单位在职人员结构一览表

单位：人

年份	在编人员总数	其中卫技人员总数	技术职称人员				学历				分类专业人员						
			高级		中级	初级	本科	大专	中专	无学历	医师（士）		护师（士）	药师（士）		检验师（士）	其他医技人员
			正	副							西医	中医		西药	中药		
1991	940	662	0	3	68	591	16	36	240	370	223	92	209	21	87	22	8
1992	941	693	0	7	80	606	15	41	239	398	234	90	227	20	88	24	10
1993	979	698	0	8	63	627	15	48	275	360	236	91	233	20	88	19	11
1994	956	740	0	9	89	642	23	53	308	356	252	105	222	25	100	24	12
1995	948	731	0	9	112	610	22	49	313	347	257	101	222	24	95	24	8
1996	976	757	0	9	124	624	22	55	331	349	261	108	238	24	94	24	8
1997	981	765	0	10	121	634	19	57	349	340	265	104	240	26	96	26	8
1998	1048	814	0	19	118	677	21	64	389	340	291	107	257	29	94	28	8
1999	1080	825	1	19	135	670	21	71	406	327	297	105	265	28	93	29	8
2000	1097	842		23	127	692	24	83	416	319	316	106	267	28	87	30	8
2001	1085	836	1	26	155	654	21	82	416	317	315	98	265	28	86	35	9
2002	1055	812	2	31	215	564	23	98	402	289	312	94	258	26	80	34	8
2003	1045	803	3	22	222	556	25	101	407	270	303	88	263	27	80	34	8
2004	1007	778	3	24	255	496	25	102	393	258	298	81	255	26	74	35	9
2005	942	749	3	24	261	461	35	122	390	202	294	78	240	26	68	34	9

1994—2005年，全市医疗卫生单位全部卫技人员参加培训，由各医疗卫生单位负责组织，每年开设学术讲座12次。2004年3月，为规范福安市医院、卫生院临床医生病历书写，市卫生进修学校组织专家以《福建省病历书写规范》为教材、对全市22个医院、卫生院进行培训并考试，参考人数279人。

第四节　医疗技术

1991年，福安市西医分内科、外科、妇产科、五官科、传染病科，后增设急诊科、烧伤科。1999年，建立眼科中心。2005年，全市西医设内科、外科、皮肤科、五官科、口腔科、妇产科、传染病科、骨科、烧伤科、耳鼻咽喉科、急诊科、眼科、放射科、检验科、麻醉科、保健科、儿科、痔疮科和CT室。

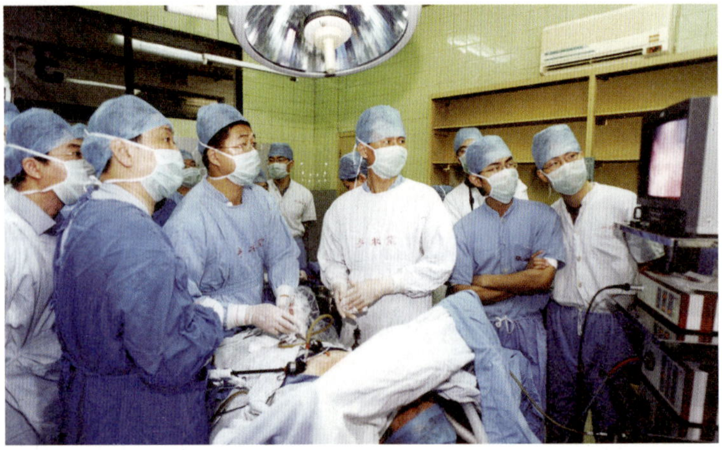

闽东医院临床实践微创手术（2005年）

1991年，全市中医分设内科、骨伤科、小儿科、肛肠科、妇科、理疗科及畲医畲药专科，1994年新设脾胃专科、肾病专科、小儿腹泻专科。2005年，全市中医设内科、骨伤科、小儿腹泻专科、肛肠科、妇科、针灸理疗科、口腔科、畲医畲药专科、脾胃专科、肾病专科。

表27—4　1991—2005年福安市医院开展主要医疗技术情况表

年份	西医（内、外、儿科）	护　理	妇　产
1991	1. 左肝叶切除+胆肠Roux-y吻合术 2. 颅脑硬膜外血肿清除术 3. 股骨颈骨折人工全髋关节及半髋关节置换术 4. 股骨粗隆间骨折动力髋内固定术 5. 股骨干骨折带锁髓内钉及加压钢板内固定 6. 骨盆骨折、胫腓骨、足部骨及上肢骨骨折的内固定及外固定治疗 7. 脊柱胸腰段骨折、滑脱经后路椎弓根钉内固定 8. 胸腰椎结核病灶清除 9. 椎骨融合腰椎间盘突出理论上髓核摘除术 10. 肌腱、血管、神经损伤的吻合 11. 小儿麻痹后遗症、脑性瘫痪后遗症、肘关节及膝关节内外翻畸形的手术矫形 12. 先天性髋关节脱位的手术治疗与蛙式石膏固定	—	1. 子宫下段剖宫术 2. 人流放环术

续表 27—4

年份	西医（内、外、儿科）	护理	妇产
1992	1. 肝实质切开取石术 2. 高位胆管切开取石术	—	1. 宫外孕手术 2. 中妊引产 3. 卵巢囊肿剥除术
1993	直肠癌根治术	—	输卵管通液术
1994	1. 全胃切除术 2. 中药保留灌肠治疗粪性粘连性肠梗阻	—	输卵管粘连造口术
1995	十二指肠破裂修补术	—	腹膜外剖宫术
1996	前列腺切除术（耻骨上经膀胱）	—	子宫全切术
1997	1. 心脏刺伤修补术 2. 皮瓣转移术	—	新式剖宫术
1998	尿道疤痕切除 + 吻合术	心电监护技术	会阴陈旧性裂伤修补术
1999	全膀胱切除 + 可控性结肠膀胱	静脉留置技术	宫外孕保守治疗
2000	肾盂切开取石术	—	1. 宫颈微波治疗 2. 药物引产终止妊娠
2001	湿润烧伤暴露疗法	—	阴道闭合术及半闭合术
2002	乳癌根治术	整体护理技术	—
2003	1. 肾盂成形术 2. 微创锥颅术	微量泵临床应用技术	子宫肌瘤剥除术
2004	1. 慢性硬膜下血肿引流术 2. 脑室腹腔分流术 3. 心脏除颤术	呼吸机临床应用技术	筋膜内全子宫切除术
2005	1. 颅骨修补术 2. 呼吸机使用	1. 静脉泵临床应用技术 2. 静脉血气分析制备技术	宫颈液基薄层细胞学检查

说明：医院含驻福安市的宁德市属闽东医院。

第二章　疾病预防与控制

第一节　免疫规划与冷链管理

1991年开始，福安市每年坚持开展“4·25预防接种日”宣传活动，实现以县为单位“儿童计划免疫第二个85%目标”。同时开展以乡为单位的“儿童计划免疫第三个85%目标”。1996年经省审评，“四苗”（麻苗、小麻糖丸、卡介苗和百白破）接种率达90.4%，各项指标达到部颁标准，实现计免第三个85%目标。此后，全市常规免疫报告接种率和调查接种率均保持单苗接种率达90%以上，全程接种率达85%以上。

1993年12月5日，是全国第一个“强化消灭脊髓灰质炎免疫日”，全市4岁以下儿童服苗40408人。1994年，全市开展三轮服苗活动99408人次。此后，每年坚持两轮“脊灰”强化免疫活动。1995年开始，全市推行乙肝疫苗接种。2000年，乙肝疫苗接种率83.42%，2001年以后达85%以上。2004年，乙肝疫苗纳入免疫规划，计划免疫从“四苗”和控制“六病”（麻疹、脊灰、结核病、百日咳、白喉和破伤风）扩展为“五苗”（增加乙肝疫苗）和控制七病（增加乙型肝炎）。2005年，增加乙脑疫苗和流脑疫苗。2005年6月1日，国务院出台《疫苗流通和预防接种管理条例》，取消预防接种有偿服务收费，预防接种保障经费由市政府纳入财政预算解决。福安市根据免疫规划要求，开展创建规范化预防接种门诊工作，首批14个乡镇的规范化预防接种门诊通过省验收。

1992年和1996年，分别在市级以上医疗单位和乡镇卫生院建立AFP（急性弛缓性麻痹）监测系统，开展AFP、麻疹、新生儿破伤风监测工作，2005年增加乙脑监测工作。1993年和2004年，分别由卢森堡捐款项目和省级配备冷链设备，两次对市、乡两级冷链进行更新，保证冷链设备正常运转。

表27—5　1991—2005年福安市“五苗”接种率一览表

年份	麻疹疫苗	脊灰炎疫苗	卡介苗	百白破疫苗	乙肝疫苗
1991	95.62%	95.87%	95.66%	95.69%	—
1992	95.4%	95.4%	95.4%	95.4%	—
1993	96.03%	96.14%	95.87%	95.97%	—
1994	96%	96%	95.8%	95.7%	—
1995	95.8%	95.8%	95.8%	95.8%	—
1996	96.6%	96.6%	96.6%	96.6%	—
1997	95.7%	96.1%	95.6%	96.1%	—
1998	95.4%	96%	96.6%	96.8%	—

续表 27—5

年份	麻疹疫苗	脊灰炎疫苗	卡介苗	百白破疫苗	乙肝疫苗
1999	97.1%	96.8%	98%	97%	—
2000	97.69%	98.41%	98.1%	97.65%	83.42%
2001	96.72%	98.01%	98.01%	96.28%	87.66%
2002	96.6%	96.7%	97.1%	96.8%	96.1%
2003	97.1%	96.6%	96.8%	96.9%	96.7%
2004	96%	96.1%	97.1%	96.9%	96.3%
2005	96.8%	97.1%	96.9%	96.1%	96.6%

第二节　急性传染病防治

一、主要传染病

（一）霍乱

1991—2005 年，福安市在下白石、甘棠、赛岐等乡镇设立监测站，开展肠道门诊工作，并进行海水、产品、水样、公厕等外环境监测。

新中国成立后，福安市霍乱第三次流行始于 1994 年，当年 7 月 26 日在湾坞乡湾坞村报告首例病人，至 2001 年的八个年度中有五个年度（1994、1996、1998、1999、2000 年）流行，波及 16 个乡镇．累计发病 183 例，无死亡病例，带菌率 0.12/10 万。2005 年，发现输入性 2 例病例，及时采取控制措施，未造成流行。

表 27—6　1992—2005 年福安市霍乱监测情况表

单位：份

年份	肠道门诊采检数	外环境采检数		
		海产品	海水	公厕
1992	649	55	95	40
1993	1019	80	80	—
1994	1650（77）	—	—	—
1995	448	207	105	102
1996	530（1）	152	149	153
1997	680	250	—	250
1998	976（4）	191	183	180
1999	881（57）	280（1）	180（1）	180（8）
2000	690（44）	220（5）	218（2）	210（7）

续表 27—6

年份	肠道门诊采检数	外环境采检数		
		海产品	海水	公厕
2001	1044	240（1）	192	180
2002	628	183（1）	209	138
2003	293	316	304	245
2004	390	306	251	280
2005	1231（2）	314（2）	264	60

说明：括号内数字为阳性数。

（二）非典型肺炎（SARS）

2002年冬，一场"非典"疫情突如其来，福安市成立"非典"防治应急指挥部，设立办公室、宣传组、防治组、后勤组和督查组，并启动应急预警，坚持24小时值班制度，实行疫情零报告和日报告制度。医疗机构建立发热门诊和隔离病房。在"非典"流行期间，全市共出动救护车30多辆次，医学跟踪返乡人员5542人次，排查疫区返乡发热人员366人次，实施交通检疫检查车辆15856辆次，旅客44327人次。开展公共场所、各类药店"非典"防治工作督查。申报时采取综合防治措施，取得"非典"未传入福安的效果，确保了全市人民群众的身体健康。

（三）人禽流感

2004年初，中国部分地区发生禽流感疫情，福安市立即成立人禽流感应急处理领导小组和技术指导小组，下发《福安市人禽流感防治应急处理工作预案》。全市组织医务人员全员培训4次，开展两场现场救治演练，医疗卫生机构实行24小时值班制度，建立发热门诊，落实预检分诊工作，完善门诊日志。福安市卫生监督所开展集贸市场禽类产品专项检查，实行市场监管日报制度。卫生部门与农业工商等部门沟通协作，应对禽流感疫情做到"三同时"，即对疫情处理时同时达到现场、同时开展调查、同时进行处理。实现全市无人禽流感病例发生。

（四）脊髓灰质炎

1992年，福安市建立AFP监测系统，开展常规和主动监测。1993年开始，全市按照国家和省制定的消灭脊髓灰质炎规划和技术方案要求，全面开展消灭脊髓灰质炎工作。1993年12月至2000年1月，共开展9次18轮消灭脊髓灰质炎强化免疫活动。2000年3月和4月，在全市范围内开展未免疫3剂的常住、流动、无户口超生儿童"查漏补种"工作。1994—2005年，全市未发现脊髓灰质炎野病毒引起的病例，实现"无脊髓灰质炎"县（市）目标。1995—2005年，全市15岁以下儿童的AFP报告发病率控制在1/10万以下，双份合格粪便标本采集率达到卫生部规定要求，采集的AFP病例粪便标本和部分密切接触者粪便标本检测，均未分离出脊髓灰质炎病毒。

（五）麻疹

1991—2005年，福安市麻疹陆续有散发病例报告，但无麻疹死亡报告。1991年，市内局部流行，发病125例、发病率23.58/10万。1997年，在市区幼托机构、中小学在校生中开展麻疹疫苗普种工作。1998—2002年，根据控制麻疹工作方案要求，在全市幼托机构小班、小学一年级中开展麻疹疫苗的普种工作。2003 年，湾坞乡、赛岐镇局部发生麻疹疫情，共发病 27 例、发病率为 4.45/10 万。2005 年出现全市散发流行，共发病 26 例，发病率为 10.2/10 万。

（六）白喉

1993 年，福安市报告白喉 1 例、1994 年报告 2 例，发病率分别为 0.18/10 万和 0.86/10 万。1995 年至 2005 年，无病例发生报告。

（七）流行性脑脊髓膜炎

1991 年，福安市报告流行性脑脊髓膜炎病例 12 例，发病率为 2.26/10 万；1992 年，报告流行性脑脊髓膜炎病例 8 例，发病率为 1.49/10 万；1993 年，报告流行性脑脊髓膜炎病例 5 例，发病率为 0.92/10 万。1994 年起，全市在幼托小班、小学一年级中隔年开展流行性脑脊髓膜炎疫苗预防接种。1995 年以后，发病率控制在 1/10 万以下，无死亡病例。2005 年，报告 2 例流行性脑脊髓膜炎 C 群病例，是年，流行性脑脊髓膜炎 A+C 疫苗接种 2.1 万人份。

（八）百日咳

1991 年开始，福安市百日咳均有散发病例报告。至 2005 年，共发病 214 例、年均发病率为 2.45/10 万，无死亡病例。最高发病年份为 2001 年，发病 57 例，发病率 9.47/10 万。

（九）流行性乙型脑炎

1994 年，福安市开始隔年在幼托机构小班、小学一年级中对在校学生进行流行性乙型脑炎疫苗接种，2000 年，开始接种流行性乙型脑炎减毒活疫苗。1998 年发生死亡 1 例，死亡率 0.17/10 万。1999 年，发病 20 例、发病率 3.37/10 万，之后发病率逐年下降。1991—2005 年全市共发病 144 例，年均发病率 1.65/10 万。

（十）伤寒

1991—2005 年，福安市共发病 285 例，年均发病率 3.26/10 万，无死亡病例。最高发病年份为 1991 年，报告发病 83 例、发病率 15.66/10 万。

（十一）痢疾

1991—2005 年，福安市每年均有痢疾散发病例报告，共发病 811 例、年均发病率 9.28/10 万，无死亡病例。

（十二）新生儿破伤风

1991—1999 年，福安市新生儿破伤风疫情纳入疫情系统报告。1999—2005 年，纳入 AFP 监测系统，年报告发病 1～4 例、发病率 0.16～0.65/10 万之间。

（十三）病毒性肝炎

甲型肝炎：1991—2005 年，福安市共报告甲型肝炎 3637 例，年均发病率 34.76/10 万。最高发病年份为 1993 年，共发病 459 例，发病率 88.08/10 万，是年，全市开始预防接种肝炎疫苗。1996 年，按宁德市预防甲型肝炎工作方案，在全市学校、机关、企业、餐饮服务业等单位开展甲肝疫苗预防接种。1998 年死亡病例 1 例，死亡率 0.17/10 万。

乙型肝炎：1991—2005 年，福安市共报告乙型肝炎 4605 例，年均发病率 52.71/10 万。从 1992 年开始，最高发病年份为 2004 年，共发病 643 例、发病率为 105.29/10 万。期间，在医院产科新生儿和儿童、成人中预防接种乙肝疫苗。1996 年，乙肝疫苗纳入计划免疫管理。2002 年，开展人群乙肝病毒携带率调查，共调查 6858 人。其中，机关工作人员 1519 人、食品卫生从业人员 2184 人、中学生 2549 人、小学生 823 人、学龄前儿童 1583 人。调查结果，乙肝病毒携带率分别为 8.1%、3.94%、11.30%、8.87%、0.95%。2004 年纳入免疫规划。

丙型肝炎：1998 年，福安市报告首例丙型肝炎，2000—2004 年，共报告 30 例。报告发病率分别在 0.5/10～1.64/10 万之间。2005 年发病 5 例，发病率 0.82/10 万。

戊型肝炎：2004 年，福安市报告首例戊型肝炎，当年共报告 3 例病例，报告发病率 0.49/10 万。2005 年，发病 5 例，发病率 0.82/10 万。

未分型肝炎：1991—2005 年，福安市共报告未分型肝炎 2477 例，年均发病率 28.35/10 万。其中，2003 年报告 824 例，发病率 135.73/10 万；2004 年报告 664 例，发病率 108.73/10 万；2005 年报告 568 例，发病率 92.95/10 万。

1991—2005 年，福安市共报告病毒性肝炎 107596 例，年均发病率 123.16/10 万。发病率最高年份为 2004 年，共报告 1422 例，发病率为 232.85/10 万。

（十四）性病、艾滋病

1998 年后，福安市性病发病率呈快速增长趋势，至 2002 年，报告发病率 170.26/10 万，其中梅毒发病率 50.17/10 万。2002 年之后，性病发病率呈稳中缓降的态势。1999 年，艾滋病列入重点控制的传染病。是年，福安市申请并承接“世行卫Ⅸ贷款项目—性病—艾滋病预防与控制项目”，项目内容包括组织机构建设和政策开发、目标人群干预、哨点监测、血液管理。2001 年，市卫生防疫站成立艾滋病、性病干预工作队，定期在各大酒店和美容按摩店、社区、农贸市场开展针对各类目标人群的宣传干预工作，推广正确使用安全套。2004 年，与共青团福安市委协作，开展青少年艾滋病防治志愿者“面对面”宣传教育活动，在 18 个乡镇先后培训青年志愿者 880 人。2004 年，在娱乐场所中检出首例艾滋病病毒感染者。至 2005 年年底，共报告艾滋病病毒感染者 3 例和艾滋病病人 1 例。

2000—2005 年，福安市开展项目监测工作，在市疾控中心性病门诊中建立哨点，监测性病、艾滋病流行情况，每年采检性病就诊者血清 250 份，监测结果：HIV 均为阴性，梅毒检出率各年份分别为 10.4%、10.0%、22.8%、8.8%、12.4%、10.4%。期间，开展大众人群艾滋病知晓率调查。2005 年，调查结果显示，大众人群艾滋病的传播途径和非传播途径知晓率与基线调查结果相比有显著提高，项目工作取得阶段性成效。

市防疫站人员洪灾后到学校实施消毒（2004 年）

二、传染病管理

1991 年开始，福安市传染病疫报制度逐步健全，疫情报告工作得到较好落实。2003 年，卫生部颁发《突发公共卫生事件与传染病疫情监测信息报告管理办法》，将甲、乙、

表 27—7　1991—2005 年福安市甲乙类传染病发病情况表

单位：例

年份	合计	发病率（/10万）	死亡率（/10万）	病死率	其中																			
					人类免疫缺陷病毒	艾滋病	霍乱	肝炎	麻疹	脊灰	白喉	百日咳	痢疾	伤寒	淋病	梅毒	流脑	乙脑	新破	肺结核	猩红热	出血热	钩体病	疟疾
1991	724	137.76	—	—	—	—	—	376	125	1	—	19	40	83	35	—	12	32	—	—	—	1	—	—
1992	403	75.12	—	—	—	—	—	199	53	2	—	19	24	38	47	2	8	10	—	—	—	1	—	—
1993	906	164.17	—	—	—	—	—	631	48	4	1	40	38	13	107	5	5	10	—	—	3	—	—	1
1994	876	156.84	—	—	—	—	77	528	30	—	2	7	143	10	53	6	1	18	—	—	—	1	—	—
1995	499	88.56	—	—	—	—	—	346	2	—	—	6	133	—	—	—	—	11	—	—	1		—	—
1996	788	139.03	—	—	—	—	1	478	16	—	—	2	132	5	30	56	1	9	3	53	—	2	—	—
1997	1134	194.53	—	—	—	—	—	678	41	—	—	9	59	14	48	106	4	4	2	169	—	—	—	—
1998	951 ③	161.18	0.51	—	—	—	4	508 ①	2	—	—	7	66	21	42	212 ①	2	8 ①	1	77	1	—	—	—
1999	1188 ①	200.68	1.70	0.08%	—	—	57	618	14	4	—	—	19	14	32	222 ①	4	20	1	182	—	1	—	—
2000	1483 ②	248.42	0.33	0.13%	—	—	44	663	34	1	—	6	15	12	36	284 ①	1	9	3 ①	373	1	—	1	—
2001	1552 ①	258.89	0.167	0.06%	—	—	—	789	3	—	—	57	19	35	32	206	1	2	3 ①	400	3	1	—	1
2002	2261	375.83	—	—	—	—	—	1039	1	—	—	15	33	18	114	302	—	7	3	725	1	2	1	—
2003	2746	452.33	—	—	—	—	—	1270	27	—	—	9	26	6	213	288	2	3	1	901	—	—	—	—
2004	3141 ②	517.07	0.329	0.064%	2	1	—	1422	1	—	—	2	32	19	257	329	—	1	4 ①	1062	2	4	3 ①	—
2005	3061 ②	536.29	0.350	0.065%	1		2	1214 ①	62	—	—	27	40	20	163	444	2	—	5	1074 ①	1	4	1	1

说明：圈内数字为其中死亡病例数。

丙类传染病纳入传染病报告。2004 年，全市各乡（镇）传染病报告实现微机管理，传染病通过网络进行直报。福安市疾控中心根据福建省传染病质量管理和漏报情况调查方案，每年对全市医疗单位开展漏报率调查，法定传染病漏报率在 2.79%～8.64%，疫情报告管理质量有了提高。

第三节　自然疫源性疾病防治

一、钩端螺旋体病

1990 年，福安市发病 1 例，发病率 0.19/10 万。2004 年发病 3 例，发病率 0.49/10 万；死亡 1 例，死亡率 0.16/10 万。其他年份未发病。

二、流行性出血热

1991、1992、1994、1999、2002 年，全市各发病 1 例；1996、2005 年各发病 2 例；2004 年发病 4 例，发病率 0.65/10 万，死亡 1 例，死亡率 0.16/10 万。

三、布鲁氏菌病

1991—2005 年，全市开展布鲁氏菌病监测工作，设立监测点，对乡镇屠宰、放牧、饲养人员和屠宰场生猪进行监测。

表 27—8　1991—2005 年福安市布鲁氏菌病监测情况表

年份	监测点（乡镇）数（个）	采集人群血清份数（人）	猪血清份数（头）
1991	3	100	206
1992	6	203 (1)	99 (4)
1993	5	200 (1)	—
1994	5	203 (2)	—
1995	3	200	—
1996	3	197 (6)	—
1998	1	200 (1)	—
1999	1	204	—
2000	1	200 (4)	—
2001	1	200	—
2002	1	200 (3)	—
2003	1	200	—
2004	3	200	—
2005	3	200	—

说明：括号内为阳性数。

第四节　寄生虫病防治

一、疟疾

1993年，福安市报告1例，发病率0.18/10万。1999年9月，福安市通过卫生部基本消灭疟疾审评达标。2001、2003、2004、2005年各报告1例，均为输入性病例。

二、血吸虫病

1985年，福安市实现消灭血吸虫病标准，以后坚持每年开展螺点监测工作。1991—2005年，按照上级防治规划要求，每年在甘棠镇何厝村、赛岐镇宅里村、溪柄镇仙洋里村开展螺点监测，未发现新螺点。每年组织人员到赛岐宅里村对来自疫区的务工人员进行排查，未发现传染源输入，巩固了消灭血吸虫病的成果。

表27—9　1991—2005年福安市血吸虫病监测情况表

年份	螺点监测（查螺面积）（平方米）	收集阑尾处标本镜检数（份）
1991	26539	98
1992	26000	130
1993	290071	126
1994	225004	124 (1)
1995	23539	80
1996	215800	80
1997	118500	—
1998	118500	—
1999	216400	124
2000	100000	80
2001	8000	80
2002	8000	—
2003	8000	—
2004	8000	—
2005	8000	—

说明：括号内数字为阳性标本数。

三、丝虫病

1985年，福安县基本消灭丝虫病，之后转入疫情监测。1986—1998年，共血检45719人、占全市人口的7.84%（45719/582931）；微丝蚴阳性率0.004%（2/45719），外来人口血检2716人、均阴性。1985—1997年，开展虫媒监测，共调查7个乡（镇）21个行政村，捕获致倦库蚊12528只，中华按蚊

515只，经过剖检，未发现阳性蚊媒。在基本消灭丝虫病之后，全市连续开展13年监测工作，监测人口覆盖率5.66%（27335/483047），未发现微丝蚴阳性者、蚊媒监测无微丝蚴感染。1998年，经专家审评，全市各项指标达到卫生部颁发的《消灭丝虫病标准》。1999年后，转为消灭丝虫病后的监测和阳性体征病人护理工作。

第五节　地方病慢性病防治

一、碘缺乏病

1995年，经省、地普查，福安市8～10岁儿童甲状腺肿大率为64.5%，尿碘中位数为165微克每公升，尿碘值频数分布小于100微克每公升占13.8%，大于等于100微克每公升占86.19%，全市划为碘缺乏病中等病区。是年，开始实行碘盐加碘油丸防治碘缺乏病。1999年，根据《福建省碘缺乏病病情监测方案》，按容量比例概率抽样法（PPS）抽取全市18个乡镇30所小学8～10岁儿童1200人，进行病情监测。结果甲状腺肿大率为9.33%，尿碘中位数231.95微克每公升，居民碘盐合格率94.18%，达到基本消除碘缺乏病的标准。2000—2005年，每两年开展一次病情监测，没有发现病情回升。

二、结核病

1999年，福安市防疫站分设结核病防治科，设立结防门诊，启动福建省结核病控制项目，对结核病进行归口管理，实行涂阳病人免费治疗政策。同年，登记活动性肺结核病人99例，涂阳27例、治愈率74%。2000年7月，在穆阳、康厝两个畲族乡镇开展肺结核基线调查，调查人数3262人，确诊肺结核病人14例、涂阳病人5例。患病率429.18/10万，涂阳患病率153.28/10万。2002年8月，福安市启动世行贷款—英国赠款结核病控制项目，对初治涂阳病人、重症涂阴病人、复治涂阳病人（一个疗程）实行免费治疗，项目实施期限7年。项目目标包括：7年内发现并免费治疗1748例涂阳和重症涂阴肺结核病人；到2005年项目地区实施现代结核病控制策略（DOTS）、人口覆盖率达到95%以上；涂阳肺结核病人的发现率达70%；涂阳肺结核病人的治愈率达85%。为此，福安市政府出台《福安市2001—2010结核病防治规划》，市卫生局印发《福安市结核病归口管理实施细则》等文件，建立起市、乡、村三级结防工作网络，聘请乡村医生作为督导员，对项目病人实行全程督导。截至2005年12月，全市共登记活动性肺结核病人3117例，其中涂阳病人1315例。2002—2005年，涂阳登记率达到42/10万，平均治愈率达到86.87%。

第三章　妇幼保健

第一节　孕产妇和儿童系统保健管理

1991 年，福安市新生儿破伤风发生率 16.7‰。同年 5 月，联合国儿童基金会、人口基金会为项目县无偿提供破伤风类毒素疫苗，对全市 18～35 岁育龄妇女（约 8 万人）进行接种，注射第一针 6.5 万人、接种率 81%。是年，制定福安市孕产妇和儿童系统保健管理分片包干方案。开展孕产妇和儿童系统保健的行政村 156 个，并逐步扩展至 1994 年的 384 个。为 384 个试点村的村妇、儿保室免费配备产包、高压锅、体重秤、量床、血压计、听诊器、出诊箱等 7 件器械。从事新法接生，实施孕产妇住院分娩。

1992 年 12 月，制定福安市孕产妇死亡干预措施实施方案，成立以福安市妇幼所妇产科医生为主的孕产妇死亡干预措施协调领导小组。1999 年，为推动"母亲安全，儿童优先"保健措施的落实，市妇幼保健所于 8 月 10 日制发"福安市妇幼保健所关于办理"优生优育系列保健保偿协议书"手续的通知"。组织妇、儿保人员在东风街进行地段保健资料管理收集，根据准生证发放情况逐户了解孕妇怀孕情况，孕妇建卡率及高危管理率均 100%；全部产妇均住院分娩，0～3 岁儿童管理率 100%；体弱儿全部进行专案管理。8 月，开始在城区范围内开展优生优育系统保健保偿服务，计入保孕妇 12 人，儿童 14 人，实现全市保健保偿史上零的突破。1999 年，福安市妇幼保健所、市医院、上白石中心卫生院、社口卫生院、下白石中心卫生院、民族医院、甘棠卫生院、溪柄卫生院、潭头卫生院等 9 个院（所）先后成为"爱婴医院"。2000 年，对全市 154 名妇幼保健员进行培训、考核、发证。2001 年，成立全市医疗单位知名妇、儿科专家围产协作指导小组，加强对高危孕产妇及围产儿保健、体弱儿的指导、检查和评估。指导基层医务人员对高危孕产妇及重症婴儿进行会诊，对死亡孕妇和儿童死因进行调查、鉴定及分析，推行住院分娩，开展母乳喂养宣传。2002 年，仅保留边、远、山区的 31 名接生员，从事应急时的接生工作，全市有 227 名保健员从事村级妇幼保健工作。2002 年 10 月，颁发《福安市贯彻＜省妇女发展纲要（2001—2010 年）和福建省儿童发展纲要（2001—2010 年）实施细则》。至 2005 年，全市妇幼卫生指标接近"两纲"要求。

表 27—10　1991—2005 年福安市妇幼保健工作项目和指标完成情况表

项目 年份	孕产妇系统保健覆盖率	儿童系统保健覆盖率	新法接生率	母婴哺养率	住院分娩率	孕产妇死亡率（/万）	婴幼儿死亡率	新生儿破伤风发生率	围产儿死亡率	五岁以下儿童死亡率
1991	79.84%	38.75%	94.87%	—	15.46%	5.58	19.28‰	16.7‰	40.82‰	—
1992	81.7%	35.57%	96.09%	—	21.4%	10.47	21.19‰	7.8‰	14.65‰	27.75‰
1993	67.96%	48.5%	98.01%	—	23.48%	2.09	18.88‰	6.08‰	11.96‰	17.63‰

续表 27—10

项目 / 年份	孕产妇系统保健覆盖率	儿童系统保健覆盖率	新法接生率	母婴哺养率	住院分娩率	孕产妇死亡率（/万）	婴幼儿死亡率	新生儿破伤风发生率	围产儿死亡率	五岁以下儿童死亡率
1994	88.06%	51.38%	98.64%	95.17%	30.55%	2.91	17.46‰	2.9‰	11.45‰	26.34‰
1995	89.45%	41.45%	97.95%	87.95%	33.65%	3.33	18.2‰	0.33‰	16.88‰	25.52‰
1996	84.8%	66.24%	99.36%	94.44%	32.68%	2.76	21.38‰	0.41‰	14.21‰	28.97‰
1997	78.01%	81.7%	99.49%	88.87%	28.87%	4.4	15.63‰	0.22‰	17.61‰	23.55‰
1998	91.96%	78.56%	99.79%	91.41%	50.41%	1.05	15.18‰	0.26‰	17.12‰	22.25‰
1999	85%	79.25%	99.55%	95.6%	66.65%	2.48	16.08‰	0.24‰	15.1‰	20.78‰
2000	87.5%	81.59%	99.26%	92.86%	76.19%	0	14.38‰	0.44‰	15‰	15.49‰
2001	90.1%	86%	99.3%	92.1%	78.5%	1.91	12.8‰	2.47‰	11.8‰	16‰
2002	85.82%	85.62%	99.42%	87.66%	80.61%	3.69	14.93‰	0.55‰	16.65‰	16.59‰
2003	82.84%	82.08%	99.74%	83.91%	86.2%	6.93	9.01‰	0.35‰	9.99‰	11.95‰
2004	81.24%	79.79%	99.25%	88.86%	91.18%	4.72	9.44‰	0.63‰	11.12‰	12.9‰
2005	82.62%	72.12%	99.54%	89.72%	96.37%	3.22	13.54‰	0.15‰	12.16‰	17.73‰

第二节　妇幼卫生项目

一、中国基层妇幼卫生——计划生育服务项目

1989 年 12 月，福安市与联合国儿童基金会、人口基金会正式签署“加强中国基层妇幼卫生—计划生育服务”项目，历时 6 年。并先后三次调整充实妇幼项目协调领导小组，提出落实试点村“三个二”（即试点村有两个妇、儿保人员，两间房和乡医、接生员月报酬 20 元）的具体措施。省下拨 15 万元，地区下拨 20 万元，市政府下拨 20 万元，市妇幼所贴补 9.07 万元，计 64.07 万元。对每个卫生院配备妇科检查床、高压消毒锅、婴儿秤、体重秤、量床、血压计、听诊器及妇产科其他常规设备。对全市 3 个中心卫生院配备 20 件妇儿科医疗器械，一般卫生院配备 17 件妇儿科医疗器械，384 个项目试点村配备 7 件器械。共举办 11 期乡级妇、儿保人员培训班，参训 379 人次；4 期乡医、接生员培训班，参训 1736 人次。孕产妇和儿童系统保健管理由 1990 年的 57 个行政村逐步扩大至 1994 年的 384 个行政村，占全市行政村数的 81.5%。各项妇幼卫生指标均达标。1995 年 3 月 2—14 日，卫生部妇幼司中国妇儿保健中心、北京医科大学、福建省卫生厅、福建省妇幼保健信息统计中心专家组对福安项目工作进行现场和资料考核，综合评分列全省第三名。

1996 年，福安市再度被世界卫生组织、儿童基金会、卫生部项目办列为“社区及家庭健康促进项目”县，历时 5 年时间。即在上周期项目继续滚动的基础上，实现 90 年代妇女儿童健康目标；至 2000 年，婴儿死亡率、5 岁以下儿童死亡率和孕产妇死亡率要分别降低 15%、15%、20%。要求更新观念，开展以妇女、儿童健康为中心，以家庭为基础，以社区为范畴的新的医学模式。强化培训，开展健康需求调

查。1998年10月28日至11月8日，根据卫生部基妇司统一布置和省卫生厅要求，按福安市的地理区域将坂中畲族乡长汀村、南岸村、铜岩村，上白石镇财洪村、郑家山村、曹洋村，甘棠镇南门、大留村、奎住村等9个行政村作为样本村。对卫生人员的基本情况，2岁以下儿童母亲200例进行定量逐户调查落实；在全市范围内对2例孕产妇和婴儿死亡案例描述进行定性调查。由市政府牵头、卫生、妇联、计生、财政、民政、教育等部门参与，推广产科适宜技术。在坂中畲族乡、潭头镇开展试点，在城区三个街道办事处开办新婚学校、孕妇学校。1999年，将“社区及家庭健康促进项目”调整为“基层卫生与妇幼保健县项目”，让80%以上的家庭掌握母婴安全基本知识；对村级基本卫生服务和妇幼保健进行有效管理，住院分娩率由1998年的50.41%增长至2000年的75%；至2005年，住院分娩率达96.37%。100%的乡村卫生室施行规范安全注射；儿童呼吸道感染和腹泻病例规范管理，不滥用抗生素、激素。

二、生命救助专项活动

2000年，福安市被列入中共福建省委、省政府《“救两条生命，还一家幸福”生命救助行动》为民办实事卫生项目县（市）。开展贫困县妇幼保健院（所）的人员培训。市妇幼所及潭头卫生院被列入项目资助单位，资助资金3万元，用于产科建设。是年5月，市直医疗单位、各卫生院妇儿保人员43人参加产科质量提高班和新生儿疾病防治学习班。按《助产技术考核基本标准》要求，以填平补齐原则，加强潭头卫生院产科建设；对全市17个乡镇的86名贫困孕产妇补助住院分娩，补助总金额为1.72万元。

三、妇科病普查普治

1991—1995年，福安市开展妇科病普查普治工作，主要防治妇科“两病”（子宫脱垂、尿瘘），期间每年对厂矿机关的女职工进行妇科病普查，对“两病”给予免费治疗。

2000年，为了解畲族妇女妇科常见疾病的发生情况及影响因素，福安市制定相应措施，于7月下旬至8月间，对穆云、康厝、城阳、坂中等乡镇34个畲族村的2513名畲族妇女进行妇科病普查。普查对象是常年居住于畲族村的畲族已婚妇女（包括育龄期、更年期、老年期妇女）及少数汉族嫁到畲族地区的妇女。统一使用福建省卫生厅制定的妇科常见疾病筛查卡，按规定项目进行询问病史、妇科检查、乳房检查及实验室检查。检查应检人数5084人，实检2513人，普查率为49.43%。在实检人员中发现患病人数为1524人、患病率60.64%。对怀疑患有子宫肌瘤、卵巢肿瘤、乳房疾病的患者安排到福安市妇幼保健所进行B超检查或乳腺外线扫描确诊，可疑癌变的送宁德地区第一医院进一步确诊治疗。2000—2001年，福安市卫生局、市直党工委、市妇女联合会、市总工会、市劳动局联合发文开展全市妇女干部和职工妇科常见疾病筛查，连续两年普查人数分别为2939人和1025人。1991—2005年，全市妇女病普查人数7886人。

表27—11　1991—1995年福安市妇科病普查情况表

年度	普查人数（人）	其中（例）		
		妇科病	Ⅱ度以上子宫脱垂	尿瘘
1991	695	263	163	1
1992	354	137	100	1

续表 27—11

年度	普查人数（人）	其中（例）		
		妇科病	Ⅱ度以上子宫脱垂	尿瘘
1993	607	285	141	4
1994	696	213	132	1
1995	696	213	118	1

表 27—12　1996—2005 年福安市妇科病普查情况表

年度	普查人数（人）	其中（例）					
		宫颈糜烂	滴虫性阴道炎	淋病	尖锐湿疣	宫颈癌	Ⅱ度以上子宫脱垂
1996	757	181	17	3	0	7	1
1997	627	165	7	0	0	0	0
1998	547	155	2	0	0	0	0
1999	687	216	17	2	1	0	0
2000	2939	929	144	4	3	1	2
2001	1025	323	2	0	0	0	0
2002	422	115	5	0	0	0	0
2003	282	91	1	0	0	0	0
2004	255	57	0	0	0	0	0
2005	345	87	0	0	0	0	0

四、母婴传播疾病干预项目

2004 年 5 月，福安市接受福建省开展的“生殖健康——母婴传播疾病干预”项目任务，项目历时两年。是年 6 月，项目进入实施阶段，全市举办由闽东医院、福安市医院、市民族医院、市妇幼保健院、各乡镇卫生院产、儿科有关人员共 36 人参加的培训班，布置工作任务。7 月，举办市、乡级产、儿科主任等有关人员参加的第二期培训班，根据项目实施方案进行具体分工，责任到人。闽东医院、市医院、市民族医院、市妇幼保健院及有条件的乡镇卫生院，对前往产前检查和分娩的孕产妇全部进行 RPR 和 HAA 筛查，检出阳性者进行规范治疗；同时在知情同意下全部进行个案调查，个案调查共 33 例。对 2003 年以来分娩的梅毒患者孕妇及婴儿进行摸底登记、个案调查、预约追访，其中，追访调查 11 例、电话约谈 10 个，梅毒患者访谈 43 例。2005 年，对 180 人进行个案调查，根据要求，全市对 162 例接受调查的母婴进行定期随访。并对 RPR1：2 阳性及以上者进行治疗。

第三节　婚前医学检查

1997年，福安市设立婚前保健工作主检医师岗位，按卫生部制定的工作常规进行工作。是年11月22日，福建省妇幼保健院检查组对福安市进行考核，认为福安市妇幼所基本具备开展婚前医学检查的条件。1998年10月，福安市城南、城北、阳头三个街道办事处共设一个城关婚姻登记点，由专人负责。每周为婚检青年男女播放新婚知识录像，对每一对婚检的男女青年发放新婚保健小册并进行指导。逐步建立和完善各种表、簿、卡。2001年，增加溪潭镇、湾坞乡等13个乡镇。男女婚检室增添婚前检查器械，增加血糖测量仪和酶标检测婚检项目。2002年，全市婚前保健工作全面铺开。2000—2003年，婚检人数明显增长。2003年10月，实施婚检自愿之后，全市婚检人数呈下降趋势。1991—2005年，全市参加婚检夫妇累计为8199对。

表27—13　1991—2005年福安市婚前健康检查情况表

年　度	婚检夫妇（对）	婚检结果（例）			
		传染病	生殖系统疾病	内科系统疾病	遗传疾病
1991	30	0	0	0	0
1992	8	0	0	0	0
1993	79	3	2	5	0
1994	57	2	1	9	0
1995	66	1	1	0	0
1996	44	0	3	1	0
1997	157	9	18	0	0
1998	191	3	1	3	0
1999	449	14	20	3	0
2000	882	40	112	25	2
2001	1355	51	261	106	1
2002	1746	88	297	179	1
2003	3056	208	350	242	0
2004	43	3	3	3	0
2005	36	1	3	1	0

第四节　妇幼保健培训

1991—2005年，福安市每年举办妇幼卫生保健知识培训班，共举办16期，参加各类培训人员742人次。其中：1991—1994年举办3期妇幼项目师资培训班；1992—1993年，举办2期妇、儿保人员管理培训班；1995年，举办产科适宜技术抢救进修班；1996—1997年，举办2期母乳喂养培训班；1998年，举办社区及家族健康促进项目培训班；1999年，举办基层卫生妇幼保健项目培训班；2000年，举办新一轮母亲安全适宜技术培训班；2001年，举办产科质量提高班和新生儿疾病防治学习班；2002—2003年，举办2期母婴安全适宜技术培训班；2004年，举办2期产科适宜技术及儿童系统保健培训班。

表27—14　1991—2005年福安市妇幼保健工作各类培训情况表

单位：人

年　度	培训班名称	内　　　容	人数
1991	第一轮妇幼项目师资培训班	孕产妇系统管理、儿童系统管理、产后出血的防治、小儿肺炎的防治、小儿腹泻的防治、母乳喂养、计划生育	32
1992	妇、儿保人员管理培训班		32
1992	第二轮妇幼项目师资培训班		37
1993	妇、儿保人员管理培训班		31
1994	第三轮妇幼项目师资培训班		36
1995	产科适宜技术抢救进修班	乡镇级产、儿科急重症抢救能力和临床操作技能	6
1996	母乳喂养培训班	高危孕妇管理、围产保健、母乳喂养宣教	102
1997	母乳喂养培训班		36
1998	社区及家庭健康促进项目培训班	社区及家庭健康促进项目内容	76
1999	基层卫生妇幼保健项目培训班	住院分娩、安全注射、健康教育、艾滋病防治、产科适宜技术、儿童“四病”防治	77
2000	新一轮母婴安全适宜技术培训班	正常分娩、异常分娩及子宫破裂防治、产后出血防治、产科适宜技术、产科失血性休克、妊娠高血压综合征防治、新生儿窒息预防和复苏、新生儿呼吸窘迫鉴别及处理、新生儿缺氧缺铁性脑病、新生儿常见疾病防治和护理	34
2001	产科质量提高班和新生儿疾病防治学习班	头位难产、产科出血、产时保健管理、妇产科急腹症、妊娠高血压征、新生儿缺铁缺氧性脑病、新生儿胆红素血症、早产儿的十大问题、危重新生儿的早期识别和处理	52
2002	母婴安全适宜技术培训班	高度妊高征、头位难产、催产素引产致子宫破裂、前置胎盘插入、妊娠合并心脏病、肝病、抗生素在新生儿感染性疾病中的应用、TORCH感染的现状与防治	23
2003	母婴安全技术新进展培训班	产、儿科临床适宜技术基本理论及技能操作	61
2004	产科适宜技术培训班	新生儿复苏、头位难产的识别与处理、产程图的应用、妊娠高血压疾病、产科出血、肩难产	51
2005	产科适宜技术及儿童系统保健培训班	新生儿复苏、头位难产的识别与处理、产程图的应用、妊娠高血压疾病、产科出血、新生儿体格检查、新生儿危重症识别与处理、新生生儿筛查、婴幼儿佝偻病、婴幼儿营养不良	56

第四章　公共卫生与监督

第一节　爱国卫生运动

从1991年起，福安市以创建省级卫生城市为重点，开展群众性爱国卫生工作，突出卫生协调、检查监督、健康教育，以灭鼠为中心除害灭病，推行农村改水改厕工作。1994年，先后召开五场动员发动会议，政府与基层单位签订责任书，组织投药员500多人，全市投放鼠药4吨，使鼠密度降至不足危害标准，当年获“灭鼠先进城区”称号。1995年，以巩固灭鼠达标，加强公共卫生设施和城镇卫生管理，抓好全民健康教育，实现创省级卫生城市达标目标。2003年，坚持春秋二次以灭鼠为重点的除“四害”活动，推进“亿万农民健康促进行动”和“相约健康社区行”活动，以“清洁家园”为主题的城市、农村大清扫持续开展。2003年，福安市再次被确认为灭鼠先进城区。2004年，被确认为“灭蟑先进城区”。2005年，再次保持“省级卫生城市”称号。在加快社会主义新农村建设，改善农村村容村貌，实施改水改厕工作中，不断取得成效。2005年，全市农村自来水普及率69.67%，农村卫生厕所普及率43.82%。

第二节　卫生监督

一、公共场所卫生监督

1991年，福安市贯彻执行《福建省公共场所卫生管理条例》，对辖区的美容店、理发店、酒吧、茶座、宾馆、招待所、旅社、浴室、游泳池、商场、候车室、书店、娱乐场所开展卫生监督与检测。重点检查公共场所的通风系统，公共用具的消毒、保洁、卫生设施的使用情况和二次供水卫生状况，对直接为顾客服务的从业人员每年进行一次健康检查和卫生知识培训。

2000年，对全市191家公共场所监测1559项次，合格1448项次、合格率92.9%。2002年，监测1899项次、合格率96.16%；对城区高层建筑二次供水单位采样32份，合格率100%。2004年，对246家公共场所监测6701份、合格率95.4%。2005年，对249家公共场所监测6548份、合格率96.3%。

表27—15　1991—2005年福安市公共场所卫生监督情况统计表

年　份	工作人员体检数（人）	营业场所发证数（户）	执法监督检查数（次）
1991	331	138	—
1992	564	35	—

续表 27—15

年　份	工作人员体检数（人）	营业场所发证数（户）	执法监督检查数（次）
1993	562	356	—
1994	380	169	670
1995	579	308	1806
1996	480	238	1530
1997	450	123	900
1998	438	105	800
1999	455	179	1611
2000	514	191	1559
2001	538	222	222
2002	825	331	1899
2003	806	302	1899
2004	785	153	492
2005	1150	120	498

二、饮用水卫生监测

1992 年，根据《福建省生活饮用水卫生监测规范》要求，对赛岐、穆阳、甘棠、溪柄、溪潭、下白石、湾坞、溪尾、潭头、上白石、社口等乡镇生活饮用水进行常规项目检测，每年抽检 4 次以上，检测结果基本符合卫生标准。每年对城区市政管网水源水、出厂水进行 2 次以上专项检测分析，对末梢水 4 个监测点进行 17 次以上常规项目分析。1994 年，在城区开展高层二次供水监测；设监测点 27 个，每年开展 2 次常规项目分析，水质合格率达 95% 以上。

1998—1999 年，对全市各乡镇 447 个行政村开展饮用水卫生普查，共检测自来水、井水、山涧水、泉水、溪水五种类型饮用水 648 份。自来水（集中式供水）检测项目包括感官性状、“三氮”指标、微生物指标、pH 值，其他类型饮用水源检测项目为感官性状、“三氮”、pH 值。检测结果：自来水合格率 97.1%，井水合格率 79.03%，山涧水合格率 76.47%，泉水合格率 96.87%，溪水合格率 50%。农村饮用水源不合格的主要原因是“三氮”指标超标。城区、赛岐、穆阳、甘棠、下白石、湾坞先后建成功能较齐全的自来水厂，有独立厂区、净化消毒设备、水质检测试验室等，水质基本达到国家卫生标准。受益人口达 40 多万人，占总人口的 62%。2000 年，福安城区建成第二自来水厂，采用全程自动控制系统控制，水质达标。

三、职业卫生监督

1991 年，福安市卫生主管部门组织开展职业病危害调查，开始建立一厂一卡卫生监督制度。此后，每年组织对从事尘毒作业工人体检，对有害因素作业点监测。

1991—2001 年，先后对福安市化工厂、闽东安波电器有限公司等企业劳动卫生进行监测评价。对福安市化工厂等厂矿企业有职业危害的职工进行职业健康检查，发现Ⅰ期尘肺 1 人。2002 年，《中华人民共和国职业病防治法》正式实施以后，组织开展宣传周活动，发放宣传品1000多份，接受咨询800多人次。2002—2005年先后有87家厂矿企业向市卫生局申报职业病危害项目。卫生监督重点是对蓄电池、电机和铸钢厂职业病危害较严重的企业进行职业病危害因素监测，对两家蓄电池企业职业病危害控制进行效果评价。2005年，对有职业病危害作业的81名工人进行职业健康检查，经省职业病防治院确诊为铅中毒1人、职业性铅接触观察对象1例，对1家电池厂处以4万元的罚款。

表27—16　1991—2005年福安市职业病监测情况统计表

年　份	存在有害因素厂矿作业点			健康体检人数（人）
	监测数（处）	合格数（处）	合格率	
1991	312	258	82.69%	702
1992	179	83	46.37%	238
1993	—	—	—	353
1994	276	161	58.33%	94
1995	46	22	47.83%	250
1996	645	421	65.27%	120
1997	14	13	92.85%	580
1998	143	102	71.33%	94
1999	380	246	64.74%	343
2001	197	120	60.9%	81
2002	—	—	—	95
2003	—	—	—	107
2004	516	263	50.97%	52
2005	625	362	57.92%	81

四、学校卫生监督

1991年开始，福安市加强对学校卫生的监管，对学生生长发育和健康情况、常见病、传染病进行动态监测。每年开展城区中小学校学生健康体检，并对体检结果进行评价，建立学生健康档案。1996—1998年，在城区实验小学、福安一中、福安四中、福安十中4所学校开展环境卫生监测，学校教室人均面积、照明、噪声等项目均符合卫生标准。2000年，对城区11所中小学校12309名学生开展贫血调查，结果表明：女生贫血率高于男生，中学生贫血率高于小学生。2001年，又对城区中小学7182人开展贫血调查，贫血率为7.8%。2003年，体检12567人，其中，营养不良率为34.4%，肥胖率4.01%，视力不良率33.0%，龋齿率46.9%。2005年，学生体检13668人，其中，营养不良率32.3%，肥胖率4.11%，视力不良率35.0%，龋齿率47.0%。学生健康，尤其是中学生的健康状况应引起家长和社会的高度重视。

表27—17　1991—2005年福安市学校卫生监测情况表

年份	监测学校数（个）	学生体检人数（人）	体检率
1991	15	7556	96%
1992	17	12854	98%
1993	17	7920	95.6%
1994	10	8389	100%
1995	10	8389	100%
1996	10	8389	100%
1997	10	10742	99.7%
1998	4	7441	99.5%
1999	10	13478	100%
2000	10	11076	100%
2001	10	10653	100%
2002	11	12567	100%
2003	11	12567	100%
2004	12	13668	100%
2005	12	13668	100%

五、医疗卫生监督

1997年，出台《福安市人民政府关于清理整顿医疗药品市场的通知》，先后组织600人次对18个乡镇和城区的医疗医药市场进行督查，共取缔非法经营个体医药店和诊所54家。同时，进一步健全社会医疗机构的登记、审核、造册、建档和管理工作。1998年，取缔非法医疗机构49家、罚款20家，罚款金额1.06万元，查处聘用非卫技人员从事诊疗活动的医疗机构20家，责令28人离岗。2001年，取缔非法医疗机构78家，无证行医113人次，立案查处42家。2002年，出动执法人员567人次，检查医疗机构579家（次），取缔非法医疗机构22家、停业整顿31家、责令整改32家，罚款47.5万元，查处聘用非卫技人员167人、立案查处31起。2003年以后，为进一步贯彻落实《中华人民共和国执业医师法》和《福建省医疗机构管理条例》，每年组织1～2次医疗市场整顿活动，打击非法行医行为，查处擅自聘用专业人员。2003—2005年，共出动执法人员1649人次，检查各类医疗机构959家次，责成整改81多家，责令停业整顿 23 家次、取缔无证行医 139 家次，行政处罚 13.8 万元；没收药械 113 件，价值 19.5 万元。

第三节　初级卫生保健

1992 年，福安市根据福建省和宁德地区初级卫生保健规划要求，制定《福安市农村实现“2000 年人人享有卫生保健”实施方案》，提出“全民动员，奋力拼搏，苦战六年，实现人人享有初级卫生保健，提高人民健康水平”的奋斗目标。初级卫生保健工作从乡镇试点抓起，以点带面，稳步地铺开。1992—1993 年，为规划试点阶段。主要是宣传发动，组织培训，调查摸底，制定计划，搞好试点，培植典型；1994—1996 年为全面普及阶段。主要是加强领导，精心组织，部门分工，群众参与，落实责任，包干到位，强化督查，全面实施。1997—1999 年，为达标阶段。通过进一步完善初保各项工作，加强薄弱环节，实现全面达标。1998 年 7 月，经省级达标审评，福安市实现以县（市）为单位初保达标。1999 年 11 月，上白石、潭头、城阳、甘棠、坂中、晓阳等 6 个乡镇达到初保合格标准。2000 年 2 月，全市召开初保工作会议，进一步开展创建农村初保合格乡镇活动。同年 11 月，经审评，全市有溪柄、赛岐等 11 个乡镇通过初保验收。至此，全市全部实现以乡镇为单位的初保达标。2001—2005 年，全市进一步巩固初保达标成果。

第五章 医政药政管理

第一节 执业准入管理

1991年，福安市贯彻《福建省个体开业乡医管理办法》，全市医疗卫生单位禁止非专业人员从事卫技工作。1993年3月《中华人民共和国护士管理办法》实施后，加强对护士注册执业管理，每年举行一次护士执业资格考试，同时进行助产技术资格和计划生育服务技术资格考试和考核，核发福建省护士执业资格证、助产技术资格证和计划生育技术服务合格证。加强各级产科建设，推行产妇住院分娩，禁止村级接生员家庭接生。1994年9月，实施《医疗机构管理条例》。1998年6月，实施《中华人民共和国执业医师法》，依法加强医疗机构、执业人员的审核准入。1998—2005年，全市有758人取得执业医师资格，其中432人直接认定、326人参加全国执业医师资格考试取得资格。2005年，全市共注册执业医师628人，其中，临床类别421人，中医类别138人，其他类别69人；在册执业护士351人。

2000年，卫生部、国家中医药管理局、财政部、国家计委联合下发《关于城镇医疗机构分类管理的实施意见》后，医疗机构按经营性质分营利性和非营利性。全市共审批非营利性医疗35家，其中市直医疗单位5家、卫生院18家、厂矿医疗室12家；审批营利性医疗单位76家，其中一级医院1家、综合门诊部2家、专科门诊1家、个体医72家，并按照《福建省医疗机构计分管理实施意见》开展医疗机构日常监管工作。

2003年8月，国务院颁发《乡村医生管理条例》，市卫生局组织开展对全市438个村委会医疗资源调查和全市医疗机构网络图制作工作，进行乡村医师和诊所的执业资格认定和执业注册，共认定和注册乡医486人，对已发证的422家村卫生所进行年审核验。

1991—2005年，全市共批准个体开业诊所92家、医师94人，其中，发给许可证48家、暂准证22家、临时证22家，个体开业诊所中内科35家、外科2家、牙科10家、妇科4家、青草骨伤科31家、其他10家。

第二节 医疗质量管理

1991年，福安市各医疗卫生单位加强医疗质量管理，抓“三级查房”（主任医师、主治医师、住院医师查房），按病情需要实施一级、二级和特别护理。建立早会医嘱，各科会诊、病案讨论、病历书写管理、病人抢救、首诊负责制等制度。市卫生局年终组织医疗质量评审、防范医疗事故发生。2003年，福安市卫生局组织开展全市医护人员病历书写规范培训、参加培训考试620人，考试合格率100%。2002年9月1日，《医疗事故技术鉴定暂行办法》实施，医疗事故技术首次鉴定由地级市医学组织负责，再次鉴定由省医学会组织。截至2005年年底，共移送首次鉴定28例、再次鉴定4例，协调解决处理32例，较好地缓解医患矛盾关系。

1991—2005年，全市开展争创“甲级村卫生所”活动，要求村卫生所健全“三室”（诊室、注射室、药房），推行门诊日志，使用市卫协会统一印制处方单。

第三节　医疗制度改革

一、医疗保险制度改革

1991—1999年，根据福建省政府安排，福安市党、政、群团、政法、文教、卫生、科技、财经系统国家工作人员及革命残疾军人继续实行公费医疗办法，福安市卫生局设立公费医疗管理办公室专门审查处理公费医疗有关事宜，实施凭证定点就医，统一管理制度，厂矿企业单位职工实施劳保医疗制度，职工就诊由厂矿医务单位负责记账管理。这两种医疗制度实行至1999年年底后终止。2000—2005年，全市统一实施医疗保险制度，由福安市劳动与社会保障局成立市医疗保险中心进行管理。

二、农村合作医疗改革

20世纪80年代，福安市实行农村医疗卫生改革，推行合作医疗制度，以公有制为主体，采用多种形式、多层次、多渠道办医与医疗模式。1988年，在下白石卫生院首先实施招标承包制、中标承包者任院长，基层医疗机构开设承包门诊。以一个医生带1至2名护士或药剂人员组成院外门诊部，实行独立核算、自负盈亏管理，全县共设置门诊92家。1991年，福安市开始实施初级卫生医疗保健项目，经过10年努力，全市实现农村初保全覆盖，基层医疗机构启动和完成危房改造。2000年后，全市进一步加快基本建设步伐，城关3个社区卫生服务中心和15个乡镇卫生院基础设施建设，开展以乡镇为单位，实现初级卫生保健全面达标活动，进行医疗横向联合，提高农村医疗院所的医疗服务和质量。

2005年，全省实行新型农村合作医疗试点工作，福安市加强村级卫生网络建设，制定出台《福安市空白村卫生所建设实施方案》，76个空白村建立卫生所，全市乡医享受政府津贴补助。同年，全市农村实施新型农村合作医疗制度（以下简称“新农合”），由政府组织、引导、支持，农民自愿参加，个人、集体、政府多方筹资，实施以大病统筹为主的农民医疗互助合作制度。

第四节　经费管理

1991—2005年，福安市医疗卫生单位经费由市财政下拨，市卫生局管理。经费实行全额预算管理、差额预算管理和基层卫生院补助办法。实行全额预算管理单位的有福安市疾控中心、妇幼保健院、卫生进修学校、药品检验所等；实行差额预算管理单位的有福安市医院、市中医院和市民族医院等，以床位和人员确定核拨基数。

全市各医疗卫生单位也加强经营管理，健全院、科两级核算，推行“优质、高效、低耗”的管理模式，推进绩效挂钩、激活内部运行机制，提高单位经济效益和自给水平。市卫生局财务股设立内审组，加强对市、乡医疗单位经费监管，并列入医疗卫生单位年终目标责任制考评内容。

表 27—18　1991—2005 年福安市卫生事业经费情况表

年份	卫生事业经费（万元）	医院床位补助费（元/床/年）	卫生事业经费占财政总支出比例
1991	242	1300	3.68%
1992	194	1300	2.63%
1993	250	1300	2.40%
1994	286	1300	2.29%
1995	324	1500	2.29%
1996	408	1500	2.18%
1997	392	1500	2.06%
1998	509	1600	2.76%
1999	507	1600	2.16%
2000	487.60	1600	1.92%
2001	500.76	2000	1.97%
2002	487	2000	1.75%
2003	727	2000	2.28%
2004	714	2000	1.94%
2005	1025	2000	2.48%

第二十八篇

宗教　民间信仰

ZONGJIAO　MINJIANXINYANG

福安市流传多种宗教，其中佛、道、天主、基督四大宗教为境内的主要宗教，以佛教信众最多。1991 年后，福安市贯彻国家宗教工作基本方针，实施《福建省宗教活动场所登记管理暂行规定》和福安市《关于开展宗教活动场所登记管理实施方案》，依法规范对宗教事务进行管理。2004 年 11 月，中华人民共和国国务院颁布《宗教事务条例》，全市的宗教管理工作逐步走上法治化道路。当年，福安市有宗教活动场所 259 处，其中，佛教 203 处、道教 19 处、天主教 46 处，基督教 3 处。从 1997 年开始，全市开展清理整顿混乱寺庙宫观活动。

2005 年，全市经核准登记的宗教活动场所共 264 处，其中，佛教 183 处、道教 19 处、天主教 57 处，基督教 5 处。

福安民间信仰众多，奉行多神崇拜，并带有浓厚的地方文化色彩。其中，妈祖、陈靖姑、忠平侯王、马仙、五显帝、齐天大圣、真武帝、福德正神（土地公）等信仰较具影响力。其他还有文武圣、文昌帝君、虎马将军、城隍、龙王、东岳大帝等。2005 年，福安市有民间信仰活动场所 424 处，各级政府依规对其进行管理。

第一章 宗教

第一节 佛教

一、四众弟子

福安市是闽东佛教大县，民间信佛者众多。国内乃至世界各地著名寺庙多有福安籍僧尼信众。1991年，福安市有住寺四众弟子1464人，其中，僧205人、尼470人，沙弥365人、沙弥尼424人。1998年，有四众弟子1810人，其中，僧350人、尼430人，沙弥330人、沙弥尼700人。2005年，福安市境内佛教皈依弟子5万多人，其中，僧260人、尼310人，其余为居士和一般信众。

二、寺庵与居士林

1991年，福安市共有寺、庵、堂203所，建筑物322座建筑总面积13.77万平方米。其中，兴建于民国以前的寺庙107所、建筑物208座建筑面积10.28万平方米。1950年后，新建寺庙96所、建筑物114座，建筑面积3.49万平方米。其中，以甘棠种德禅寺规模最大，建筑面积达1.55万平方米。2005年，全市经核准登记的寺庙有183所。

表28—1 2005年福安市核准登记的寺庙分布情况表

名称	又名	地址	始建时间	重修或重建时间	备注
栖云寺	—	坂中畲族乡湖口村	唐大中八年（854年）	1989年、2003年	—
上东寺	上东庵	甘棠镇倪下村	唐咸通元年（860年）	清顺治十七年（1660年）、清康熙四十一年（1702年）、清乾隆十四年（1749年）、清道光廿三年（1843年）、民国17年（1928年）、民国28年（1939年）、20世纪80年代	—
崇仁寺	钱筒寺	上白石镇财洪村	唐咸通元年（860年）	明成化年间、1980年	
灵岩寺	—	溪潭镇城山村西侧灵岩山麓	唐咸通元年（860年）	明成化十八年（1482年）、清乾隆五十五年（1790年）、民国29年（1940年）、2005年	—
龟龄寺	秦源寺	社口镇龟龄村	唐咸通元年（860年）	清光绪十四年（1888年）、民国37年（1948年）、1960年、1983年	—
石门寺	—	城阳镇石门院村	唐咸通五年（864年）	明天顺四年（1460年）、清道光九年（1829年）、清道光二十五年（1845）、民国16年（1927年）	—

续表 28—1

名称	又名	地址	始建时间	重修或重建时间	备注
龙岩寺	—	城阳镇瓮窑村	唐咸通十年（869 年）	明宣德、弘治年间	—
双岩寺	—	下白石镇通湾洋村双岩自然村	唐咸通十一年（870 年）后	2004 年	—
法明寺	建山寺、清风寺	穆云畲族乡南山畲族村	唐僖宗年间（874—888 年）	1988 年	另说，始建于唐大中年间（846—859 年）
崇福寺	—	坂中畲族乡步兜里村龙岗山麓	唐光启三年（887 年）	明成化年间、明正德十年（1515 年）、明嘉靖三年（1524 年）、民国 23 年（1934 年）、1972 年、2002 年	—
狮峰寺	西峰院、西峰寺	溪柄镇柏柱洋狮子峰下	唐景福元年（892 年）	明洪武二十年（1387 年）、明万历四十年（1612 年）、清光绪年间、20 世纪 80 年代	—
蕴玉寺	曹山寺	赛岐镇苏阳村	唐景福二年（893 年）	明成化十五年（1479）、清道光二十四年（1844 年）、1973 年	万历《福宁州志》载，建于宋祥符年间
东峰寺	两山庵、中峰尼院	甘棠镇上塘村	五代梁开平五年（911 年）	民国 28 年（1939 年）、1981 年	—
玉池寺	禅寂尼院、演禅寺	甘棠镇大留村	五代乾化四年（914 年）	1980 年	另说，始建于宋大观二年（1108 年）
资福寺	—	湾坞镇坑源仁仓里	后唐长兴元年（930 年）	宋淳祐五年（1245 年）、明正统七年（1442 年）、清乾隆四十二年（1777 年）、1990 年	—
青云寺	—	湾坞镇梅洋村飞鹤山下	晋天福三年（938 年）	元大德七年（1303 年）、清乾隆四十二年（1777 年）、2003 年	—
宝林寺	保林院	溪柄镇立峰村	晋天福五年（940 年）	民国 28 年（1939 年）、1980 年	—
新枫寺	新枫庵	穆阳镇东旭街	宋代（960—1279 年）	清康熙年间、清道光三十年（1850 年）、民国 11 年（1922 年）、1980 年、1999 年	—
七星寺		甘棠镇北门村莲花山上	宋代（960—1279 年）	20 世纪 70 年代	—
华灵寺	极灵寺	湾坞镇徐江村	宋代（960—1279 年）	1982 年	—
定慧寺	仙峰禅寺	坂中畲族乡仙源里村	宋代（960—1279 年）	20 世纪 80 年代	—
仁皇寺	仁王寺、仁源寺	溪尾镇林洋村	宋乾德二年（964 年）	民国 17 年（1928 年）、1983 年	—

续表 28—1

名称	又名	地址	始建时间	重修或重建时间	备注
云林寺	—	溪尾镇坎下村	宋乾德五年（967 年）	民国 27 年（1938 年）	—
兴庆寺	—	溪潭镇磻溪村	宋开宝元年（968 年）	明成化元年（1465 年）、清乾隆十三年（1748 年）、1957 年、1979 年	—
报恩寺	—	溪柄镇山下村	宋景德元年（1004 年）	民国 20 年（1931 年）、1989 年	—
罗汉寺	罗浮寺	康厝畲族乡里沃村	宋景德元年（1004 年）	明成化十六年（1480 年）	《淳熙三山志》载，宋天圣七年（1029 年）建
龙兴寺	留峤庵、水尾庵	甘棠镇大留村	宋神宗年间（1067—1085 年）	民国 26 年（1937 年）、1996 年	—
兴云寺	兴云庵	溪柄镇榕头村	宋元符年间（1098—1100 年）	清乾隆十四年（1749 年）、清嘉庆十二年（1807 年）、1980 年	—
天福寺	西林寺、天福西林寺	溪柄镇西林村	宋元符二年（1099 年）	明成化年间、民国 28 年（1939 年）、1960 年、1992 年	—
资圣寺	后门院	溪潭镇岐山村后门院自然村	宋元符二年（1099 年）	民国 21 年（1932 年）、1957 年、1979 年	—
锁泉寺	—	晓阳镇首洋村	宋元符二年（1099 年）	民国 19 年（1930 年）	—
普照寺	普照庵	康厝畲族乡红坪村普照岩	宋嘉定十三年（1220 年）	明永乐七年（1409 年）、明嘉靖二十一年（1542 年）、清嘉庆年间、1980 年、1994 年	—
观宗庵	官庄庵	城南街道官村	宋宝庆元年（1225 年）	清嘉庆元年（1796 年）、民国 30 年（1941 年）、1981 年、1999 年	—
三宝寺	湖山寺、龟湖寺	城南街道龟湖山上	宋淳祐元年（1241 年）	明嘉靖十四年（1535 年）、明万历三十六年（1608 年）、清雍正十一年（1733 年）、清道光四年（1824 年）、1984 年	—
万佛寺	樟湾寺	穆云畲族乡桂林村	元代初年	1978 年、1994 年	—
龙岫寺	龙岫庵	范坑乡马岗村	元代初年	1969 年、1990 年	—
天堂寺	天堂、天堂庵	城南街道天马山麓	元至大年间（1308—1311 年）	清乾隆二十八年（1763 年）	《八闽通志》《福宁州志》载：明永乐八年（1410 年）建
香泉寺	香泉庵、接待庵	城南街道天马山麓	元皇庆元年（1312 年）	1986 年、1994 年	—

续表 28—1

名称	又名	地址	始建时间	重修或重建时间	备注
修全寺	岩湖阁、修泉庵	城阳镇岩湖村	元泰定年间（1324—1328 年）	明崇祯十七年（1644 年）、清康熙二十九年（1690 年）、清乾隆四十七年（1782 年）、清同治三年（1864 年）、20 世纪 70 年代	—
余庆寺	余庆庵	下白石镇顶头村	元泰定二年（1325 年）	清康熙三十二年（1693 年）、1992 年	—
白莲寺		下白石镇大获村	元宪宗年间（1251—1259 年）	1984 年	—
楞严寺	大隐堂	湾坞镇湾坞村	元至正五年（1345 年）	1982 年	—
菩提寺	长馨寺	赛岐镇下长岐村	明代初年	1995 年	—
昭明寺	昭明庵、昭山庵	湾坞镇宝林昭山村	明洪武年间（1368—1398 年）	民国 14 年（1925 年）、民国 17 年（1928 年）、1959 年、1987 年、2000 年	—
玉佛寺	里步寺	城阳镇林家洋里村	明代	2006 年	—
金钟寺	太行庵	赛岐镇万寿街金钟山麓	明代	1983 年	—
安福寺		溪柄镇立峰村坂边自然村	明代	1990 年	—
法华寺	山水庵	下白石镇半山村狮子山上	明代	民国 30 年（1941 年）、1983 年、2002 年	—
华岩寺	华岩庵	下白石镇岩下塘村	明代	1992 年	—
玉泉寺	玉泉庵、佳浆庵	上白石镇佳浆村	明代	1966 年	—
天福寺		上白石镇流尾村	明代	1980 年	—
福庆寺	桥头阁、福庆阁、福庆庵	坂中畲族乡炉洋村	明洪武二十六年（1393 年）	清康熙四年（1665 年）、清嘉庆十四年（1809 年）、民国 12 年（1923 年）、1980 年	—
景福寺	景福堂、后墩堂	溪柄镇溪南村	明代正统四年（1439 年）	1976 年、1986 年	—
白云庵		甘棠镇国泽村田螺园自然村	明弘治十四年（1501 年）	清光绪年间、民国元年（1912 年）	—
白莲寺	瑞莲庵、白莲堂	阳头街道环溪东畔	明正德十年（1515 年）	明嘉靖十年（1531 年）、2000 年	另说，宋淳祐年间临溪沼中红莲变白，邑人建白莲堂，明嘉靖十年（1531 年）改为书院，清初复改为堂

续表 28—1

名称	又名	地址	始建时间	重修或重建时间	备注
宝光寺		城北街道福阳村	明嘉靖年间（1522—1566 年）	1982 年	—
种德寺	种德堂、坑里堂	甘棠镇北门村莲花山麓	明嘉靖十年（1531 年）（寺内载）	清光绪三十年（1904 年）、民国 30 年（1941 年）、1972 年、1980	—
华严寺	龙飞万寿庵、水晶庵	坂中畲族乡亭兜村	明隆庆元年（1567 年）	1978 年	—
六祖寺	—	溪潭镇廉村	明万历年间（1573—1620 年）	清代、1974 年、2000 年	—
廻龙寺	回龙堂、廻龙庵	甘棠镇小留村	明万历八年（1580 年）	清康熙二十七年（1688 年）、民国 33 年（1944 年）、20 世纪 80 年代	—
鳌峰寺	—	赛岐镇店前村	明万历九年（1581 年）	清康熙十五年（1676 年）、光绪二十三年（1897 年）、20 世纪 60 年代	—
宝兴寺	圆通庵	溪潭镇溪北村	明万历十五年（1587 年）	民国 16 年（1927 年）、1980 年	—
兴隆寺	兴隆庵、后垅庵	城北街道后垅村	明万历二十二年（1594 年）	清道光四年（1824 年）、1984 年	—
慈林寺	慈林堂、利园堂	赛岐镇利园村	明万历二十五年（1597 年）	清光绪二十八年（1902 年）、1987 年	—
龙鸣寺	水尾庵	穆云畲族乡桂林村	明万历二十七年（1599 年）	清康熙五十七年（1718 年）、清乾隆四十九年（1784 年）、1984 年	—
静云寺	静云庵、净华庵、释梵庵	溪潭镇王里村后山	明万历三十年（1602 年）	清乾隆十八年（1753 年）、1992 年	—
双全寺	尼姑庵	城阳镇秦溪村	明万历三十四年（1606 年）	1989 年	—
龙泉寺	崇福堂、龙泉庵、老福堂	赛岐镇廉首锦浦村	明万历十四年（1586 年）	清嘉庆二十二年（1817 年）、1992 年	—
宝源寺	马厝堂	溪柄镇立峰村	明天启四年（1624 年）	清嘉庆十年（1805 年）、1986 年	—
东峰寺	—	范坑乡东洋村	明崇祯十二年（1639 年）	1950 年	—
法山寺	法山庵、仙石庵	溪潭镇濑尾村	明末	清咸丰年间、1985 年、1990 年	—
保安寺	—	城阳镇化蛟村	明末清初	1987 年	—
清凉寺	—	溪潭镇洋头村	明末清初	康熙五十五年（1716 年）、1988 年	—
两相寺	柳相庵	罗江街道樟港村	明永乐年间（1403—1424 年）	1985 年	—

续表 28—1

名称	又名	地址	始建时间	重修或重建时间	备注
安福寺	—	上白石镇白石村	清代（1636—1912 年）	—	—
三屷寺	三会堂	湾坞镇半屿村	清康熙年间（1662—1722 年）	1984 年、1994 年	—
莲花庵	—	甘棠镇北门村莲花山上	清康熙四十七年（1708 年）	清乾隆三十七年（1772 年）、清同治八年（1869 年）、民国 13 年（1924 年）、1989 年	—
慈航寺	观音阁	赛岐镇沃里鳌云山麓	清康熙五十八年（1719 年）	2001 年	—
瑞云寺	湖头庵	社口镇湖头村	清代（1736—1912 年）	民国 26 年（1937 年）、1978 年、2001 年	—
桃源寺	桃源堂	溪柄镇黄兰村桃源山	清嘉庆三年（1798 年）	清嘉庆三年（1798 年）、1986 年	—
普济寺	天星寺	赛岐镇宅里村	清乾隆年间（1736—1795 年）	1993 年	—
白莲寺	白莲堂	赛岐镇象环村	清乾隆二年（1737 年）	20 世纪 80 年代	另说，始建于明代末年
泽云寺	泽云庵、泽云禅室	穆云畲族乡白云山下桥溪村	清乾隆七年（1742 年）	1987 年	—
喜雨庵	仙庵	甘棠镇北门村三台山麓	清乾隆二十四年（1759 年）	民国 31 年（1942 年）、1990 年	—
凤山寺	凤山堂、静光堂	溪潭镇芹洋村	清乾隆四十五年（1780 年）	20 世纪 50 年代后期、1963 年	—
光明寺	观音阁	溪潭镇溪填村	清乾隆四十七年（1782 年）	2003 年	—
长华寺	—	湾坞镇马头村瓦楼岗	清乾隆六十年（1795 年）	1980 年	—
真如寺	—	甘棠镇外塘村牛头山	清嘉庆十二年（1807 年）	20 世纪 80 年代	—
青峰寺	—	下白石镇大梨村	清道光、同治年间	1986 年	—
青峰寺	—	晓阳镇谷口村	清道光十五年（1835 年）	2004 年	—
灵福寺	蓬莱阁	穆阳镇中兴街	清代末期（1840—1912 年）	1989 年移址	—
福洋寺	—	城阳镇占洋村	清代（1875—1908 年）	1993 年	—
浮山寺	—	城阳镇占洋村	清光绪二年（1876 年）	民国 32 年（1943 年）、1982 年	—
金峰寺	卢山金峰阁	城阳镇马上村	清光绪十二年（1886 年）	1983 年	—
金山寺	—	潭头镇柯洋村	清光绪十三年（1887 年）	民国 7 年（1918 年）、1996 年	—
净心寺	—	潭头镇东昆村	清光绪十六年（1890 年）	民国 15 年（1926 年）	—

续表 28—1

名称	又名	地址	始建时间	重修或重建时间	备注
万福寺	—	赛岐镇纱帽山上	清代末期	1995 年、2002 年	—
福兴寺	紫华庵、福兴庵	坂中畲族乡下洋村	清末	1984 年、1991 年	—
积庆寺	积庆庵	穆阳镇苏堤村	年代不详	明嘉靖二年（1523 年）、明万历三十年（1602 年）、清乾隆四十二年（1777 年）、民国 11 年（1922 年）、1989 年	—
龙门寺	龙门堂	甘棠镇奎聚村	年代不详	1997 年	—
福泉寺	寿泉寺	湾坞镇沙湾村	年代不详	民国 28 年（1939 年）、1997 年	—
福泉寺	清云堂	溪柄镇黄河村	年代不详	清康熙三十年（1691 年）、1985 年、1988 年	—
端元寺	大梨堂	下白石镇大梨村	年代不详	民国 33 年（1944 年）、1993 年	—
法堂寺	—	上白石镇郑家山村	年代不详	1998 年	—
福泉寺	鹦哥塔顶	溪潭镇张家山村	年代不详	1955 年、1976 年	—
福泉寺	福泉庵	晓阳镇晓阳村	年代不详	明崇祯十三年（1640 年）、1985 年	—
莲峰寺	天池寺、冷水寺	晓阳镇白云山佛顶峰下	年代不详	1986 年	—
隆兴寺	显斋堂、隆坪庵	穆云畲族乡隆坪村	年代不详	清顺治十二年（1655 年）、清嘉庆二十二年（1817 年）、民国 22 年（1933 年）、1984 年	—
净光寺	姊妹阁、水昧阁、水尾阁	穆云畲族乡桂林村	年代不详	1986 年、1999 年	—
五峰寺	五峰庵	康厝畲族乡彭洋村	年代不详	明万历八年（1580 年）、清康熙四十年（1701 年）	—
福善寺	—	康厝畲族乡沃里村	年代不详	1985 年	—
兴国寺	清莲禅寺	坂中畲族乡下南岸村	年代不详	1980 年	—
香云寺	香云阁	坂中畲族乡大洋村牛牯岗	年代不详	1998 年	—
狮福寺	—	松罗乡后洋村	年代不详	1986 年、1999 年	—
慈云寺	慈云精舍、观音阁	康厝畲族乡茶洋村	民国 12 年（1923 年）	1980 年	—
介岩庵	—	城阳镇秦溪下村	民国 17 年（1928 年）	1980 年、2005 年	—

续表 28—1

名称	又名	地址	始建时间	重修或重建时间	备注
普济寺	—	康厝畲族乡洋溪村	民国 20 年	—	—
灵岩寺	文岩寺	坂中畲族乡铜岩村	民国 21 年（1932 年）	2000 年	—
万寿寺	—	赛岐镇万寿街金钟山脚	民国 24 年（1935 年）	—	—
自然寺	桥头阁、岐岩寺	溪柄镇茜洋村	民国 24 年（1935 年）	1979 年	—
长福寺	慧莲寺	社口镇吉洋村	民国 24 年（1935 年）	1984 年	—
三圣寺	—	赛岐镇金钟山岩洞	民国 29 年（1940 年）	—	—
圆通寺	—	赛岐镇象环村虎洞里	民国 32 年（1943 年）	—	—
灵峰寺	灵峰庵	社口镇龟龄村	民国 33 年（1944 年）	1980 年	—
延寿庵	西和堂	穆阳镇苏堤村	民国 9 年（1920 年）	1970 年、1988 年	—
法云寺	奎住庵	甘棠镇奎住村	民国时期（1912—1949 年	1993 年	—
种福寺	—	城阳镇湖塘坂村	民国时期（1912—1949 年）	20 世纪 80 年代	—
华岩寺	—	溪潭镇华岩村	民国元年（1912 年）	1991 年	—
金福寺	—	社口镇沙溪吴厝下村	民国元年（1912 年）	2003 年	—
双泉寺	—	松罗乡姚澳村	—	1995 年	—
天福寺	横山寺	城阳镇占洋村	1952 年	1984 年	—
金鳌寺	过洋庵	赛岐镇赛里村	1957 年	—	—
报亲寺	—	甘棠镇港岐村	1959 年	—	—
净光寺	—	甘棠镇港岐村	1970 年	—	—
兴福寺	—	溪潭镇白照村	1971 年	—	—
新福寺	—	溪柄镇北山村	1974 年	2000 年	—
石笋弥陀寺	—	甘棠镇铜坑里石笋山麓	1975 年	—	—
福寿寺	报恩寺、福寿堂	城北街道王基岭村	1976 年	1988 年	—
弥陀寺	—	坂中畲族乡坑下村莲峰山麓	1976 年	—	—
地藏寺	—	阳头街道阳下村	1977 年	1992 年	—
香林寺	—	甘棠镇后岐水仙山麓	1978 年	—	—
莲峰寺	上塘庵	甘棠镇上塘村	1979 年	—	—
金狮寺	福庆庵	社口镇吉洋村与沙溪村交界地	1979 年	1994 年	—

续表 28—1

名称	又名	地址	始建时间	重修或重建时间	备注
莲峰寺	—	城南街道蛤蟆洋村	1980 年	—	—
清泉寺	—	罗江街道南安村	1980 年	—	—
普光寺	温厝堂	甘棠镇港边村	1980 年	—	—
种福寺	—	社口镇后门山上	1980 年	1997 年	—
灵山寺	莲花庵	溪潭镇沙岩村	20 世纪 80 年代	—	—
金峰寺	—	甘棠镇上塘村	1981 年	—	—
极乐寺	万福寺	社口镇沙溪村高湾坪	1981 年	—	—
大觉寺	—	赛岐镇泥湾村	1983 年	2009 年	—
长福寺	—	潭头镇棠溪村	1984 年	—	—
净化寺	英岐堂	甘棠镇英岐村	1985 年	—	—
龙泉寺	—	下白石镇英平村岐头山	1985 年	—	—
灵应寺	—	溪潭镇垅口村	1985 年	—	—
华光寺	佛光禅寺	罗江街道罗江里巷	1986 年	—	—
狮泉寺	—	穆阳镇百岁街	1986 年	—	—
祗园寺	—	罗江街道加招村	1987 年	—	—
龙华寺	—	潭头镇潭头村上街荷湾	1988 年	—	—
隆恩寺	—	溪尾镇区西龙虾山	1988 年	—	—
安庆寺	—	城北街道洋边村锦鸡垅山麓	1990 年	—	—
峨峰寺	—	甘棠镇后岐村	1990 年	—	—
白云寺	白云堂	城南街道天马山麓	1992 年	—	—
华藏寺	—	甘棠镇湄洋村湄洋岭塔头岗	1992 年	—	—
般若寺	—	甘棠镇后岐村金刚岗	1992 年	—	—
金刚庵	—	潭头镇棠溪村	1992 年	—	—
福麟寺	—	坂中畲族乡长汀村西部麒麟山上	1992 年	—	—
华严寺	—	赛岐镇赛里村	1993 年	—	—
宝莲寺	广恩寺	甘棠镇北门村莲花山下	1993 年	—	—
龙江寺	—	下白石镇渔江村	1993 年	—	—

续表 28—1

名称	又名	地址	始建时间	重修或重建时间	备注
龙华寺	神仙堂	坂中畲族乡长汀村长团头	1993 年	—	—
宝光寺	—	赛岐镇宅里村	1994 年	—	—
万禄寺	—	赛岐镇店前村	1994 年	—	—
锦乐寺	—	城北街道锦鸡垅村	1995 年	—	—
众悦寺	—	赛岐镇金钟山	1995 年	—	—
莲峰寺	—	溪柄镇溪柄村	1995 年	—	—
灵福寺	—	坂中畲族乡留安九龙山	1995 年	—	—
灵华寺	普光寺	城阳镇小溪边村	1996 年	—	—
福慧寺	—	赛岐镇苏阳村	1997 年	—	—
法园寺	—	下白石镇大梨村	2002 年	—	—
凤尾寺	岐头堂	赛岐镇苏阳村	年代不详	清嘉庆三年（1798 年）、1985 年	—
金炉寺	—	赛岐镇	年代不详	—	—
法云寺	—	社口镇	年代不详	—	—

附：主要寺庙介绍

栖云寺　位于坂中畲族乡湖口村仙岫山下，始建于唐大中八年（854 年）。全国政协原副主席、中国佛教协会原会长赵朴初题“栖云古寺”。寺庙在明清一度荒废，民国 18 年（1929 年），洋头居士热心扶持修复寺宇。民国 30 年（1941 年）瑞亮率门徒广慈卓锡于斯，十方善信，诸山长老，鼎力修葺，寺院逐步恢复。1959 年，寺宇改为福安县精神病院。1986 年 1 月，复改为寺庙。现有大雄宝殿、安养楼、净业楼、香光楼、僧舍等建筑物。

狮峰寺　位于溪柄镇柏柱洋狮峰山，古名“西峰院”“西峰寺”。始建于唐景福元年（892 年）。入《四库全书》的《福建通志》记载福安县寺院仅 4 所，狮峰寺便是其中之一。清道光《重纂福建通志》载：“狮峰寺，为邑丛林之冠。”明清两代多次重修、添建。明洪武年间（1368—1398 年），宝林寺、报恩寺、大凝寺（黛凝寺）、兴云寺曾遵旨归并狮峰寺。清代是福安禅宗临济“狮峰派”发源地。民国 23 年（1934 年）闽东红带会总队在此成立，并立碑纪念。1980—1990 年再度重修。1985 年，被福建省人民政府公布为第二批省级重点文物保护单位。1992 年，中国佛教协会会长赵朴初亲题“狮峰寺”。2014 年，重修庙宇，天王殿、大雄宝殿、法堂、观音阁、念佛堂、斋堂、客堂、香积堂、阅览室、僧舍等建筑物。2005 年，福安市人民政府将“狮峰寺”申报第六批全国重点文物保护单位。

天堂寺　位于福安市城南天马山山麓，原名“天堂庵”。始建于元至大年间（1308—1311 年）。据万历《福安县志》载，1308—1311 年，福安县主簿胡琏造庵于山腰，立匾曰“天堂辟”。清乾隆二十八年（1763 年）重修；清道光三十年（1850 年）复修，呈前后两进。民国之后，日趋衰落。

1953年，邑僧慈德驻锡于此，志图兴复。1963年，慈德圆寂，其徒悟琛尼师继主寺务。“文化大革命”期间，寺庙几毁，伽蓝星散，常住分炊，仅留悟琛法师及几名菜姑留住。1983年，宁德支提山华严寺贤明法师受常住之请，振锡来兹，主持法席。1986年，经宁德地委批准为第二批开放的宗教活动场所，1987年开始，由慧照法师主持重修寺宇，历时30余载，聚集众力，广辟福田，寺宇整体翻新。至2005年，天堂寺占地近1万平方米，建筑面积0.9万多平方米。分山门、天王殿、大雄宝殿、罗汉堂、讲堂、念佛堂、水陆堂、藏经楼、钟鼓楼、颐养楼、尊客楼、众香斋、香积厨、如意堂、僧舍、心月亭等。其建筑在延续汉传佛教寺院规制基础上，以有限空间，随势造型，以“天堂”之寓意，引申“兜率净土”之构想，将天王殿以内作为“内院”布局，营造学修一体的环境。寺庙常住30余人，主持释贤明，都监释慧照。

种德寺 位于福安市甘棠镇北门外，原称“坑里堂”，始建于明嘉靖十年（1531年），后因年久失修及地方建设水库需要，1972年迁至现址。初为一座简陋的观音阁，由理明法师驻锡。1979年，理明法师高徒，新加坡观音亭、法藏精舍主持悟峰法师返梓拜谒理明法师并筹划兴建之举。1980年起，陆续筹集资金，兴建禅寺。数年后，种德寺各殿堂齐全，庄严一新。1992年，邀请海内外诸山长老莅临为佛菩萨像开光并为寺院落成剪彩。

种德寺住众120多人，占地面积4万平方米，建筑面积1.8万多平方米，是福安占地面积和建筑面积最大的寺院，有山门、天王殿、大雄宝殿、观音阁、玉佛殿、伽蓝殿、祖师殿、五观堂、客堂、素食部、僧寮等十几座大小建筑物。寺内创办福安种德佛学苑，聘请闽南佛学院研究生导师、苏州戒幢研究所所长济群法师为苑长。

三、组织

福安宗教界支援抗洪救灾献爱心

1994年10月11—12日，福安市佛教协会召开第三次代表大会，选举产生第三届理事会，会长释净慧，名誉会长释性藏，名誉副会长释戒修、释心志，副会长释智愿、释广慧、释正光、释戒旻。1998年11月13—14日，福安市佛教协会召开第四次代表大会，选举产生第四届理事会，会长释净慧，名誉会长释性藏，名誉副会长释广慧、释心志、释戒修，副会长释正如、释智愿、释正光、释戒旻、释正传、释正誉。2003年4月20—22日，福安市佛教协会召开第五次代表大会，选举产生第五届理事会，会长释慧照，顾问释本焕、释心静，名誉会长释净慧，副会长释智愿、释正传、释正誉、释弘真、释戒旻。

2004年6月，福安市佛教协会聘请中国佛教协会副会长、深圳弘法寺方丈释本焕担任名誉会长，香港三德弘法中心住持释净雄（福安籍）和深圳市佛教协会副会长释心静（福安籍）担任顾问。

四、活动

（一）自养

福安市寺院大多规模不大，有的住数十人，有的仅几人。一般寺院设总负责 1 人，称住持或当家，规模较大的寺院在住持下设监院和执事。监院总理全寺事务，主管经济，执事根据所管理的事务进行分工，或负责接待工作，或管理寺内僧尼居士宗教生活，或纠察僧众仪规等，寺内外劳作，多由全体僧尼参加。规模较小的寺院，由当家负责组织僧众参加生产劳动，佛教称为“出坡”。规模较大的寺庙则专设管理机构，进行生产和生活管理。生产管理机构接受住持领导，有的寺庙则由住持兼任生产管理负责人。

（二）社会活动

1990 年 11 月，由宁德地区佛教协会主办，福安市佛教协会协办的“纪念弘一法师生辰 110 周年大法会与座谈会”在福安市甘棠种德寺举行。

1992 年 9 月，福安市甘棠种德寺举行新寺院落成开光典礼，释昭肠、释觉光、释悟峰、释传常、释学城等佛教界知名人士应邀参加典礼，参加者千余人。是年，甘棠种德寺举行水陆法会，是 1950 年以来闽东举行的第一次水陆法会。1993 年，福安市甘棠种德寺成立“种德佛学苑”。1997 年，福安市佛教协会刊物《福安佛教》创刊，由福安市佛教慈善基金会主办。2000 年，福安籍香港僧人释德辉为社口龟龄村捐资 15 万元，兴建碧泉小学。是年，僧人释悟海等 3 人应邀参加宁德市退休教师协会组织的参访团出访美国。2001 年，福安籍僧人释净雄及新加坡居士为穆云畲族乡留洋等村建校捐资 40 万元。福安籍僧人释通达陪同厦门南普陀慈善事业基金会民族教育考察小组前往宁德民族中学考察，并为该校 80 名特困生捐资 2.98 万元。2002 年，释正乘、释怡雄，居士陈国忠、王松珠、刘慈萱等人应邀出境参加佛事活动。同年，厦门南普陀寺慈善事业基金会为福安市晓阳中学、马洋小学和坂中畲族乡林岭小学 60 位特困生（其中，小学生 40 人、初中生 10 人、高中生 10 人）资助学费 1.5 万元。当年，福安市佛教界组织赴澳大利亚、新加坡、港澳等地区开展佛教事务交流、旅游观光 31 人次。接待回乡探亲、观光的新加坡释悟峰、隆振，澳大利亚释妙净，中国香港释智慧、德辉及中国台湾释恒悟等 10 多人次。2003 年 4 月，中国台湾居士蔡永祥赠送穆云隆兴禅寺一套大磬和大木鱼。是年，厦门南普陀寺果宁法师一行向福安锦桌头、溪塔两所小学 50 名品学兼优特困生捐助学款 1 万元，每人每年 200 元。厦门南普陀寺慈善事业基金会资助兰颖、兰燕等 20 多名特困女学生，每人每年 200 元。同年，福安市佛教协会在甘棠种德寺举行“息灾法会”，邀请福安市防疫站医生给参加法会的各重点佛教活动场所的住持和信徒讲授“非典”预防知识。2004 年，深圳弘法寺福安籍法师释心净牵头引资 40 万元，帮助下白石斗门小学兴建教学楼，添置教学设备。厦门南普陀寺慈善事业基金会给溪塔、锦桌头小学等 70 名特困生捐助学金 1.4 万元。是年 12 月，印尼地震引发海啸，福安市佛教协会通过福安市红十字会捐款 2.77 万元。

2005 年 1 月，福建省佛教协会副会长释本性一行给福安市赠送 40 辆供残疾人使用的轮椅。5 月，赛岐众悦寺举行“释净赞、释明星法师闭关圆满启关仪式”。7 月，在广东仁化丹霞山别传禅寺的福安籍法师释顿林，由释本焕（中国佛协咨询委员会主席、广东省佛协名誉会长、别传禅寺方丈）护法，荣升别传禅寺方丈（住持）、临济宗第 46 代传人。是年，泉州市佛教协会副会长、泉州承天寺方丈释向愿捐资 30 万元，修建福安畲族经济开发区中心小学综合楼。

第二节　道教

一、道士

2000年，福安市登记在册的全真派道士38人，正一派道士96人。

2005年，福安市登记在册的全真派道士50人，正一派道士96人。

二、道观

1991年，福安市有道教宫观19所。1993年后，福安市依法对宗教活动场所进行登记管理，2005年，全市经核准登记的道教宫观有19所。

表28—2　1991年福安市核准登记的道教宫观分布情况表

单位：平方米

名称	地址	建筑面积
东岳观	城南街道天马山	不详
妈祖庙	城南街道溪口	不详
永镇城隍庙	城南街道溪口	1900
鹤山观	城北街道鹤山	3432
三清观	康厝畲族乡石古井	270
清泉洞	穆云畲族乡桂林村	不详
锦云观	康厝畲族乡秦家店	240
青松观	城南街道阳头过溪	660
长春观	溪柄镇盘洋	不详
神仙观	溪柄镇神仙坪	不详
玉皇宫	穆阳镇穆阳村	不详
真武宫	穆阳镇百岁街	不详
龙源观	社口镇仙溪	220
真空宫	赛岐镇月兰山	不详
牛童宫	赛岐镇兜里下浦	782
金钟山道观	下白石镇金钟山	不详
白云观	晓阳镇白云山	不详
道教仙宫	城阳镇溪东	不详
赐福观	城南街道霞山	不详

附：主要道观介绍

永镇城隍庙　位于福安市城南街道溪口，旧址在福安市锦屏境内，始建于宋淳祐十年（1250年）。

明、清时期曾屡次修建，存在印册、屏和碑记。民国三十五年（1946年）拆神庙建街尾小学。1951年拆将爷庙，三位供神移至三宝寺。1954年再次移至天堂庵，至1955年，由安德法师倡导建神庙一座。1966年5月迁移铁湖村。1983年，建庙于城南天马山下溪口桥畔。1989年8月，再次重建城隍庙、将爷庙，并新建酆都城、将爷亭等，建筑面积计1900平方米。每年正月十五、八月十五、十一月初五等日子定期举行保安清醮活动，祈求风调雨顺、国泰民安，是福安市道教的主要活动场所之一。

鹤山观　位于福安市城东鹤山，始建于明万历元年（1573年）。知县王思任曾题词“羽丹”，暗喻鹤山为丹顶仙鹤栖息之地，丹顶仙鹤是吉祥、忠贞、长寿的象征。20世纪60年代后，鹤山观尽毁，仅存废墟。1989年，鹤山观逐步恢复，陆续建设，渐成规模，占地面积15000多平方米，建筑面积3432平方米，为福安市最主要的道教活动场所。有大罗宝殿、玉皇殿、斗母殿、缪仙殿、将爷庙等建筑。供奉三清教教主、观世音菩萨、缪仙公等道教神灵。

三、组织

1991年12月，福安市召开第一次道教代表大会，成立福安市道教协会，选举产生第一届理事会，李信修当选会长。1993年，李信修去世，由高廷官继任会长。1995年12月，福安市道教协会召开第二次代表大会，选举产生第二届理事会，萧赛英当选会长。2000年8月，福安市道教协会召开第三次代表会议，选举产生第三届理事会，萧赛英当选会长。福安道教协会地址设城南街道湖山天后庙。

四、活动

（一）自养

道士一边研习道教教理教义和道教经忏科仪，一边自力更生，用自己所学技艺，生产加工道教服饰、法衣等宗教用品。同时，从事农林生产、栽茶种果，参加宫观集体经营的生产劳动及服务性工作。如福安真空宫创办蜡烛加工厂，牛童宫发展香加工业，以劳动收入作为生活的主要来源。

（二）社会活动

1991年后，福安市道教协会开展普法宣传教育，学习宗教政策和法规，组织教友参加各类培训、学习和交流活动。2001年，福安市宗教局举办3期散居正一道士和宗教活动场所管理小组负责人政策法规培训班，参加培训270多人。2002年，结合“四五”普法宣传，举办5期宗教活动场所管理小组负责人和散居正一道士政策法规培训班，参加培训290人。同年，福安市永镇城隍庙选举产生9人的新一届管理小组，建立“将爷棋亭”，为修庙以来收留的72具无主遗骸建立一座公墓。2003年3月，修建鹤山道观五皇殿及围墙。

第三节　天主教

一、信众

1991年，福安市天主教信众约4万人，全市18个乡镇均有分布。2005年，福安市共有天主教信众约4万人，是宁德市天主教信众最多的县份。

二、天主教堂

1991年，福安市有天主教堂46所、建筑物74座，建筑总面积3.02万平方米。其中，1949年前修建的教堂25所，建筑物50座，建筑面积2.64万平方米；1949年后修建的教堂21所，建筑物24座，建筑面积0.38万平方米。2004年，福安市有核准登记的天主教堂57所。

表28—3　2005年福安市核准登记的天主教堂分布情况表

教堂名称	地址	始建时间	重修或重建时间	备注
溪东天主教堂	城阳乡溪东村	明崇祯四年（1631年）	2001年	—
邮亭天主教堂	康厝畲族乡邮亭村	明崇祯六年（1633年）	1993年7月	—
顶头天主教堂	下白石镇顶头村	明崇祯六年（1633年）	—	—
城关天主教堂	城北街道	清朝（1636—1912年）	—	—
小溪边天主教堂	城阳乡小溪边村	清朝（1636—1912年）	1983年	—
许洋天主教堂	坂中畲族乡许洋村	清朝（1636—1912年）	—	—
南安天主教堂	赛岐镇南安村	清朝（1636—1912年）	1986年	—
苏堤天主教堂	穆阳镇苏堤村	清朝（1636—1912年）	1993年	—
穆阳天主教堂	穆阳镇	清朝（1636—1912年）	—	—
苏坂天主教堂	康厝畲族乡苏坂村	清朝（1636—1912年）	1992年	—
西隐天主教堂	溪潭镇西隐村	清乾隆四十八年（1783年）	2002年	—
岳秀天主教堂	溪潭镇岳秀村	清乾隆五十五年（1790年）	—	—
溪潭天主教堂	溪潭镇溪潭村	清嘉庆五年（1800年）	—	—
罗江天主教堂	罗江开发区	清道光五年（1825年）	1994年	—
溪填天主教堂	溪潭镇溪填村	清道光七年（1827年）	—	—
建柄天主教堂	潭头镇建柄村	清道光二十六年（1846年）	—	—
外塘天主教堂	甘棠镇外塘村	清咸丰十年（1860年）	—	—
下邳天主教堂	溪尾镇下邳村	清同治四年（1865年）	—	—
上屿天主教堂	下白石镇六屿村	清同治九年（1870年）	—	—
下屿天主教堂	下白石镇六屿村	清同治九年（1870年）	—	—
双峰天主教堂	溪潭镇双峰村	清光绪元年（1875年）	1985年	—
上湾天主教堂	溪潭镇上湾村	清光绪八年（1882年）	—	—
里村天主教堂	穆云畲族乡上村里村	清光绪二十三年（1897年）	1988年	—
梅洋天主教堂	湾坞镇梅洋村	清光绪二十三年（1897年）	2002年	—
沙岩天主教堂	溪潭镇沙岩村	清光绪二十六年（1900年）	—	—
凤山天主教堂	下白石镇凤山村	清光绪二十七年（1901年）	2001年	—

续表 28—3

教堂名称	地址	始建时间	重修或重建时间	备注
小梨天主教堂	下白石镇小梨村	清光绪二十七年（1901 年）	1988 年	—
廉首天主教堂	赛岐镇廉首村	清宣统元年（1909 年）	—	—
濑头天主教堂	溪潭镇濑头村	清宣统三年（1911 年）	1989 年	—
洋中天主教堂	甘棠镇洋中村	民国元年（1912 年）	—	—
熙台天主教堂	坂中畲族乡熙台村	民国 7 年（1918 年）	—	—
南甫天主教堂	下白镇石南甫村	民国 11 年（1922 年）	2001 年	—
程家垄天主教堂	城南街道程家垄村	民国 18 年（1929 年）	2003 年	—
柘园天主教堂	城阳乡柘园下村	民国 21 年（1932 年）	—	—
后林天主教堂	下白石镇后林村	民国 23 年（1934 年）	—	—
前浦天主教堂	溪潭镇前浦村	民国 24 年（1935 年）	1999 年	—
赛岐天主教堂	赛岐镇	民国 26 年（1937 年）	—	—
占洋天主教堂	城阳乡占洋村	民国 35 年（1946 年）	—	—
外洋天主教堂	穆云畲族乡外洋村	1963 年	—	—
奎住村天主教堂	甘棠镇奎住村	1979 年	—	—
沙溪下洋天主教堂	社口镇沙溪村	1979 年	—	—
牛池坑天主教堂	康厝畲族乡秋岭村	1983 年	—	—
上步下天主教堂	城北街道步下村	1984 年	—	—
里厝天主教堂	穆云镇外洋里厝	1987 年	—	—
潭头天主教堂	潭头镇	1987 年	—	—
湾坞天主教堂	湾坞镇	1988 年	—	—
苏阳天主教堂	赛岐镇苏阳村	1989 年	—	—
康厝天主教堂	康厝畲族乡康厝村	1989 年	—	—
将军厝天主教堂	溪潭镇将军厝	1991 年	—	—
上岭头天主教堂	溪潭镇上岭头村	1993 年	—	—
南洋天主教堂	康厝畲族乡南洋村	1994 年	—	—
秀溪祈祷所	溪尾镇秀溪村	1994 年	—	—
岭头天主教堂	康厝畲族乡岭头村	1995 年	—	—
龙珠上华山天主教堂	湾坞镇龙珠村	1999 年	—	—
岐后天主教堂	下白石镇岐后村	2000 年	—	—
坂头天主教堂	溪潭镇坂头村	2001 年	—	—
宝岭天主教堂	湾坞镇宝岭村	2001 年	—	—
坑源天主教堂	湾坞镇坑源村	2001 年	—	—
半屿天主教堂	湾坞镇半屿村	2003 年	—	—

附：主要天主堂介绍

顶头天主教堂 位于福安市下白石镇顶头村，始建于清光绪八年（1882年）。顶头教堂为哥特式和罗马式相结合的西式建造，纵深50米、宽22米，建筑总面积1020平方米。大殿天花拱顶24米，钟楼圆锥体高38米。整体建筑采用中轴线对称结构，罗马式见于内，哥特式形于外。3层重楼为钟楼，下两层为长方体造型，四面临空各设楼门两面，墙体四角为方柱。尖端重楼下为音乐楼，上为多明我塑像龛，栋面人字形，有楼房三间。大堂正殿平坛上，大祭台居中、小祭台分设两边，装饰庄严肃穆。正殿纵深并排两行分立6根方柱，两侧边墙撑起24米天花拱。1991年7月，被福安市人民政府确定为市级文物保护单位。

城关天主教堂 位于城关中兴东路，始建于清光绪五年（1879年）。由福建教区多明我会会长吴高路德主持鼎建。光绪八年（1882）该堂冯依纳爵神甫欲建钟楼，遭反教群众的激烈反对。光绪十三年（1887年）年底，反教群众借"迎城隍"之机放火烧了天主堂。光绪十五年（1889年）清政府拨库银再建教堂，光绪二十六年新堂竣工，遂成今貌。该堂占地面积1648平方米，建筑面积4614平方米，砖木结构。除主体建筑外，东侧还有西式附属建筑，即神甫楼与修女楼。神甫楼为三层砖木结构，有巴洛克建筑风格；修女楼拆后，改建崇一敬老院。

城阳溪东天主教堂 位于城阳乡溪东村，始建于明崇祯四年（1631年），是天主教在闽东的第一座教堂。建筑面积近500平方米，木结构。建筑主体采用中国传统的斗拱式工艺，大堂正顶有四个结构复杂、做工精细的斗拱式藻井，两侧各有五个拱棚，用中国传统绘画艺术画着大量天主教题材的西方人物、故事、风景，在天棚、壁、梁、檐等多处分布着木雕花、浮雕或泥塑，是典型的中西方宗教文化结合建筑。1995年，北京文物专家和文物研究小组考察后认为，该建筑为目前国内仅有。列入福安市第三批文物保护单位。

三、组织

1994年9月，福安市召开第三次天主教代表大会，神父阮国璋当选为第三届天主教爱国会主任，宋步清当选副主任，宋步清兼秘书长。1999年10月，福安市天主教召开第四次代表大会，神父韩小刚当选为第四届天主教爱国会主任，陈斯章当选副主任，凌铃春当选秘书长。

四、活动

（一）自养

天主教神职人员生活主要靠弥撒收入、信徒奉献供养，部分教堂有教产租金收入。

（二）社会活动

1991年5月和1996年5月，福安市天主教爱国会协助教区两次组织教友到上海和杭州等地朝圣、参观、旅游、学习。同年，福安市天主教爱国会组织教友参加省天主教会举办的培训和灵修避静，赴北京、山东、福州、福清、长乐以及以色列、欧洲等国内外朝圣。积极承担社会责任，成立爱心会、爱心小组，开办敬老院、育婴堂，帮助鳏寡孤独、残疾人员、失学儿童、求医住院者解决各种困难。福安城关天主教堂，下白石顶头天主教堂先后被国家宗教局评为"全国创建和谐寺观教堂先进集体"。

2000年9月，福安市开展宗教政策、法规宣传教育。分别举办40多名天主教神职人员参加的"爱国主义教育学习班"和爱国神职人员及其骨干参加的"天主教爱国力量政策培训班"。2002年5月，城关天主教堂召开首届民主办教代表会，福建省、宁德市、福安市统战和宗教工作部门领导参加会议。是年，城关天主堂获评福建省宗教界“社会主义两个文明建设服务先进集体”。2003 年 12 月，天主教上海教区主教金鲁贤参加福安市实验小学光启综合教学楼落成剪彩典礼。该综合楼建筑面积 1230 平方米，由福建省民宗厅、天主教上海教区和澳门基督教宣道堂共同捐助 70 多万元人民币兴建。2004 年，天主教上海教区继 2003 年捐资 28 万元帮助市民族实验小学新建综合楼后，又捐赠电脑 2 台和 365 套校服，并邀请该校 50 名优秀生到上海参加夏令营活动。是年 12 月，印尼地震引发海啸，福安天主教组织教友捐款 7.03 万元。

2000 年后，福安天主教共捐资 150 多万元，支持家乡教育、卫生事业及水、电、路等基本建设，同时开展扶贫济困、赈灾等慈善活动。2001 年，福安市天主教爱国会位于城南龙江路的旧址的“救灵会”收养 6 名孤寡老人。2005 年，修建老人福利院，取名“福安市崇一敬老院”，场所位于市中心，向社会开放，便于老人生活起居和活动，也便于家属前来探望，该院可容纳 160 名老人。

第四节　基督教

一、信众

1990 年 10 月，福安县基督教“三自会”统计在册基督徒 313 人（男 136 人，女 177 人）。其中，韩阳堂 149 人、前洋点 14 人、溪柄堂 21 人、姜家山点 12 人、赛岐堂 33 人、上白石点 4 人、太逢堂 9 人、篙尾点 22 人、下白石点 38 人、社口点 11 人。2005 年，据相关部门统计，福安境内基督教信众有 1000 余人。

二、基督堂（聚会点）

福安市基督教根据传统地理区域划分，县城以北地区称为上都，县城以南地区称下都。境内基督教堂内部结构至今仍然保留着英国圣公会教堂建设原有格局。1991 年，全市有韩阳堂、溪柄堂、太逢堂三所基督教堂，建筑面积共 1288.6 平方米，另有上白石、姜家山、横山、湖塘坂、田坂、溪南、港里、篙尾基督徒活动 8 处聚会点，没有专用的教堂建筑。1993 年，福安市依法对宗教活动场所进行登记管理，全市经政府批准登记的基督教活动场所 5 处。2000 年，新增赛岐堂、溪尾淡湾点。2005 年，全市核准登记的基督教活动场所有 5 处。

表 28—4　2005 年福安市核准登记的基督教堂（点）分布情况表

单位：平方米

教堂名称	地址	修建时间	面积
韩阳堂	城南街道陆厝巷	1921 年购置	853.3
溪柄堂	溪柄镇溪柄村	1983 年修建	330
太逢堂	潭头镇太逢村	1948 年修建	105.6
赛岐堂	赛岐镇下港路 71 号	1995 年修建	159.79
溪尾淡湾点	溪尾镇溪邳淡湾村	2000 年修建	40

附：主要基督教堂介绍

基督教韩阳堂 韩阳堂是福安基督教的中心教堂，坐落于福安市区陆厝巷，原称“基督教宣道堂”。占地面积853.3平方米，为庭院式建筑，木结构、二层楼，共有大小房间32间，礼拜堂可容纳200座众。1921年，在牧师黄绍恩主管教堂工作时，由教会向郭氏购置私家宣道堂，经修缮改建，成现今样式。1985年12月25日圣诞节正式复堂开放，并改名“韩阳堂”。此外，在三贤路龟湖山有附属住屋3处。

三、组织

1992年，福安县召开第二次基督教代表大会，陈先瑜当选主席，王式铭当选副主席，李余庆当选秘书长。2001年7月30日，福安市召开第三次基督教代表大会，陈品英当选主席，陈绍通、郑汝铃当选副主席，郑汝铃兼秘书长。

四、活动

（一）自养

本着“自治、自养、自传”的“三自”原则，福安基督教“三自会”由各堂、点每年上缴的经费及信徒的自愿献金作为活动经费。各堂点的收入和教牧人员的生活来源由信徒献金供给。

（二）社会活动

1990年，基督教人士阮慧琛、陈先瑜、李余庆当选福安市第七届政治协商会议委员；1999年，陈绍通当选为福安市第九届政治协商会议委员，他们积极参政议政，每次会议都有提案和建议，得到政府的重视。基督教会每年都开展慈善活动，为贫困人员送钱和生活用品；帮助从各地到医院求医看病的困难病人，为他们解决吃、住，并协助寻医问药。2000年，福安韩阳基督教堂举办第一期各堂点负责人培训班。2003年，举办第二期各堂点负责人培训班。2003年3月，福建省民宗厅领导和澳门基督堂宣道堂牧师蓝钦文一行4人考察福安市民族实验小学，牧师蓝钦文等资助28万元、福建省民宗厅资助15万元，修建市民族实验小学综合楼和教学楼。牧师蓝钦文等同时资助福安市民族实验小学1000位贫困生，每人每年学费120～150元，直至小学毕业。是年，澳门基督教宣道教资助福安市民族实验小学90名贫困生，每人每年学费100元，直到小学毕业。9月，蓝钦文出席仙岩民族实验学校综合楼剪彩仪式。2005年，福安韩阳基督教堂举办第三期各堂点负责人培训班。

第二章 民间信仰

第一节 妈祖与陈靖姑信仰

一、妈祖信仰

妈祖，原名林默，莆田湄洲人。生于宋建隆元年（960 年），相传雍熙四年（987 年）农历九月初九在莆田湄洲岛羽化升天，是渔民出海与妇女、儿童的保护神。在福安信众颇多，尤其是在沿海地区。福安城关龟湖山、溪口、赛岐、黄岐、穆阳、溪柄、廉村、湾坞浮溪、坦洋、棠溪村、上白石、沙坑渡头溪、茜洋村、甘棠南门外、甘坪、甘棠乌山洲等处皆建有妈祖庙（天后宫）。甘棠乌山洲之妈祖庙是福建唯一的疍民神庙，主祀妈祖，陪侍上八塔夫人、下八塔夫人、金家塘金家明皇、李家塘李家明皇、水母娘娘等。

二、陈靖姑信仰

临水夫人陈靖姑，相传是福州南台下渡陈家之女，生于唐大历元年（766 年）正月十五日，卒于贞元六年（790 年）七月二十八日。福安境内尊称为通天圣母，俗称奶娘婆、奶娘。陈靖姑为福安妇孺皆知的神祇，为妇女、儿童的保护神，其庙宇遍布城乡。福安城关龟湖山、阳头栖云巷，城阳乡岩湖村、坂中畲族乡坂中村、坑下村，穆阳镇村尾、苏堤坂头、下磨碓，赛岐镇，甘棠镇北门、下张、外塘，下白石镇岐后、本斗坑、外山，湾坞镇仙洋里、甫后，社口镇岩下、林柄、潘洋、大坪，晓阳镇龙洋、首洋，穆云畲族乡桂林、蟾溪、南山、上洋、燕坑、岭坑、科后、外厝、里楼，溪潭镇华岩、洋头、溪北、吉坑、洪口、城山、濑尾，范坑乡马冈、山头、蛇头等村皆有临水夫人庙，且终年香火旺盛。

第二节 地方信仰

一、忠平侯信仰

在福安民间，还有对一些地方性历史人物的信仰，忠平侯信仰就是其中之一。忠平侯王，民间俗称林公大王，神名林祖亘（又名林亘）。相传生于南宋庆元三年（1197）年，周宁玛坑杉洋村人，曾只身连毙三虎，并与白马王斗法获胜，得道成神。明成化七年（1471 年），明宪宗敕封林祖亘为“感应林公忠平侯王”。林祖亘是福安、周宁、寿宁等县（市）群众信奉的保护神。福安穆云畲族乡隆坪、下逢、王楼、贵洋、燕坑、溪塔、高岭、黄儒、上洋、南山、咸福、燕科、上村皆有忠平王庙，中畲村有五座林公庙宇，龟凤村有四座林公庙宇，梨田、岭坑各有三座林公庙宇，双溪、桂林各有两座林公庙宇。

二、五显帝、齐天大圣、真武帝、缪仙姑信仰

五显帝、孙悟空、真武帝是民间神话偶像，在福安信众甚多，庙宇遍及全市城乡。民间家庭还多在

建筑物、墙上、衣橱、儿童帽檐以悬雕的装饰出现，借以驱邪消灾。供奉孙悟空的庙宇俗称猴神宫、大圣庙等。福安城关街尾、坂中村、康厝石尖、溪潭华岩、赛岐宅里、甘棠北门外、穆云南山村皆有齐天大圣庙。福安城北、南门外、苏阳、穆阳村尾、甘棠梁厝前、穆云蟾溪村旧时皆有真武庙，而坦洋真武桥上也供奉真武大帝。除了单独建庙供奉，当地民众往往多神灵同时供奉一庙宇，大抵上是希望何种神灵保佑，就塑一个塑像，如穆阳苏堤尾人和宫，庙宇虽不大，供奉有忠平侯王林祖亘、奶娘陈靖姑、真武帝、魏七公等。秦溪、苏堤、潭头、社口、斜当坂、林柄、晓阳、阳头、廉岭、桂林、穆云蟾溪、贵洋、下逄、甘棠东门、南门皆有五显宫，供奉五显帝。缪仙姑宫主要供奉三清教主、缪仙姑和田公王元帅。在赛岐过洋山的缪仙姑宫，光绪十六年建，1995 年重建。

三、薛令之信仰

薛令之，字君珍，号明月先生，长溪县西乡石矶津（今福安市溪潭镇廉村）人，生于唐永淳二年（683 年）八月十五日。唐神龙二年（706 年）及第，是福建历史上的第一名进士。唐开元年间（713—741 年）任左补阙兼“太子侍讲”，因为官清廉，唐肃宗敕封他的家乡为“廉村”、水为“廉水”。邑内薛姓后裔历代建有祠庙供祀薛令之及其子侄，并奉为保护神。薛令之少时在灵岩草堂的读书处，在唐代咸通元年改为僧寺，即今城山村后的灵岩寺，历代香火不绝。明代，福安知县张蔚然顺从民意，在县城玉斗境创建“三贤祠”，合祀薛令之、谢翱、郑虎臣福安三个先贤于一祠。清乾隆年间（1736—1795），城内建有金山薛补阙祠、城南薛补阙祠。在富溪津（今廉村）、高岑村、黄澜村和甘棠镇，也都建有薛补阙祠。据清乾隆《福安县志》载：廉村旧有“灵佑庙”，崇祀薛令之的孙子薛芳杜，民间传他自称“死当为神”、封“十八元帅”，宋嘉定初年曾敕赐“灵佑”匾额。在溪柄镇茜阳村，仍存清嘉庆年间崇祀薛令之的“大宫”，村中陈、吴二姓世代虔诚供祀。薛令之的故里廉村已经成为福安乡村旅游的重要景点，一年四季，人们到此游览参观“明月祠”，并举行缅怀薛令之先贤活动。各处崇祀薛令之的宫庙宗祠每年正月都上演大戏、进贡祭品，祭祀活动隆重热烈。

第三章　机构与管理

第一节　机构

福安市民族与宗教事务局

1991 年，福安市宗教事务局编制 7 名，设正局长 1 名，副局长 1 名。内设秘书股、宗教股。2002 年 3 月，市宗教事务局与民族事务委员会合并，组成市民族与宗教事务局，承担原福安市民族事务委员会、福安市宗教事务局职能，编制 8 名，设局长 1 名，副局长 2 名，内设秘书股、社会事业股、事务股，在职干部 15 人。2005 年，机构编制不变。

第二节　管理

一、年检登记

1991—2005 年，福安市依法依规每年对宗教活动场所进行年检登记，加强对宗教事务的管理。1991 年，全市已年检登记的寺庙、宫观、教堂共 190 所，其中，道教宫观 4 所，佛教寺庙 179 所，天主教堂 3 所，基督教堂 4 所。1997 年以来，全省开展清理整顿乱盖、滥盖宫观寺庙现象，宁德地区是重点，福安是主要县（市）之一。经过清理整顿，此风得以好转。2005 年，全市核准登记的寺庙、宫观、教堂共 264 所，其中，佛教寺庙 183 所，道教宫观 19 所，天主教堂 57 所，基督教堂 5 所。市民族与宗教事务局对年度检查发现问题的宗教场所及时督促整改，不断完善管理制度。

二、人才培养

1991 年后，福安市先后选送 7 名宗教神职人员到福建神学院、上海佘山神哲学院、北京全国神哲学院深造；选送 25 名青年佛教徒和道士到全国和省内佛学院、道学院深造。

1991—2005 年，福安市政协第七届委员会有宗教界委员 9 名；政协第八届委员会有宗教界人士 11 名；政协第九届委员会有宗教界人士 11 名；政协第十届委员会有宗教界人士 12 名。福安市宗教界人士当选宁德市政协委员的有天主教会 2 人；佛教协会 4 人；基督教爱国会 5 人；道教协会 3 人。当选为宁德市人大代表的有 1 人。

三、友好往来

1991 年以来，福安市民族与宗教事务局和市宗教界开展对外友好往来，先后接待世界各国及国内宗教界人士。2002 年，接待探亲、观光的人员有新加坡释悟峰、澳大利亚释妙净、香港籍释智慧及释德辉、中国台湾恒悟法师等。全市宗教界人士赴澳大利亚、新加坡、港澳等地开展佛教事务交流 31 人次。2003—2004 年，接待探亲观光的福安籍现居美国、澳大利亚、菲律宾的释正如、释传扬、释妙净、释传禅，中国台湾的释盛满，中国香港的释净雄、释智慧，澳门基督教宣道堂牧师蓝钦文以及台湾宗教界人士约 105 人次。2004 年，福安市佛教协会副会长释弘真等宗教界人士赴澳大利亚、新加坡等国家及中国港、澳地区参加佛事 20 多人次。

第二十九篇

风　俗

FENGSU

福安民风淳朴，讲究礼仪，乐善好施，襄助兴学。福安民间习俗，既保留着传统民俗的活资料，也反映时代变革的印记，经过移风易俗，一些民间习俗正在发生变化。进入21世纪，忠于职守、见义勇为蔚成新风。1991年以来，涌现出许建雄、陈华（赛岐）、池新新等舍己救人的青少年和林碧玲、陈华（溪尾）、陈碧榕式为维护国家和人民利益与歹徒搏斗而牺牲的英雄模范人物。西节东渐，年轻人过西方节日也成为一种时尚。但曾经逐渐废弃的陈规陋习，也并未完全销声匿迹。

第一章　生活习俗

第一节　饮食

20世纪80年代以前，福安城乡一些贫穷百姓仍以番薯为主食，但大部分家庭已解决温饱问题。此后，各地大力发展农业生产，促进多种经营，人民生活水平不断提高，逐步走上富足之路。居民副食品，如蔬菜类、肉类、海产品类等也日益丰富。由于水产养殖和大棚种植蔬菜以及流通业的发展，天南海北、国内国外的物品应有尽有。而天然无污染的野菜，如蕨类、苦苴、竹笋及溪流中野生淡水鱼类更受大众青睐，成为珍品。进入21世纪，吃一餐番薯米饭和农家菜，被视为时尚之举。

20世纪90年代，福安城关青年或上班族开始时兴上街吃早餐，街市随之开张各种早餐店。粥类、面食类、炖罐类等各种丰富食品任人选择。中午、晚上多在家里就餐，也是菜肴丰富。过去多以甑捞米蒸饭，现改用高压锅焖饭，各式各样的家用电器已进入平民百姓家。20世纪90年代之后，饮食卫生营养、合理搭配得到人们的重视，猪牛羊肉、鸡鸭肉、活虾、蛏、黄鱼、鲈鱼、蛭、蛤、海蜇皮已成家庭寻常菜肴。

福安特色食品丰富，品系多、口感佳，成为地方一大特色。久负盛名的有穆阳卓家坂（即桂林村）扁食（肉），皮薄如膜，入口即化。下半区溪尾、湾坞等沿海乡村的“土丁冻”，以当地特产的环节动物可口革囊星虫（俗称“土丁”）制成，风味特别、颇受食众欢迎。上半区以上白石为代表的“糊吊”，以当地番薯粉土法制成粉条（丝），加以烹调，已成特色小食。畲族群众的特色小吃鼠曲糍、乌米饭和菅粽亦深受欢迎。鼠曲糍系以鼠曲草之花合糯米饭舂制而成。由于鼠曲花皆在清明后开，无法应时节之需，现时多以晒干的叶芽经沸水焯后合糯米饭舂制。乌米饭是用一种野生灌木乌饭树叶汁浸糯米，并在铁鼎里捞后入饭甑炊熟而成。乌饭树叶富含鞣酸，在铁鼎里浸煮会产生化学反应，使糯米成蓝黑色，蒸熟后色泽鲜亮，清香诱人。菅粽系以畲乡的五节芒包裹制作而成，形为扁筒式，味道比用竹叶包裹的尖角粽子好吃得多，故十分受欢迎。近年出现的特色食品尚有穆阳烤肉，已成为人们馈赠亲友的上佳食品。

第二节　服饰

20世纪80年代前，福安男女青年时兴戴手表，并成为结婚“三大件”（其他两件为自行车与缝纫机）之一。改革开放后，流行电子表，继而又是各种高档机械表。

20世纪80年代开始，福安人多穿便裤，后来渐兴西裤，年轻女性先流行喇叭裤，后又流行笔筒裤及牛仔裤，有的年轻人甚至喜欢穿有破洞的牛仔裤。夏秋季节，女性则穿筒裙、短裙、短裤及超短裙，追求时尚与个性化。男子曾时兴夹克装、西装、打领带。随着改革开放的深入，人民生活水平进一步提高，福安人的衣着款式，从原来保暖型转向兼顾美观与追求个性时尚，式样繁多，色彩鲜艳，西装、夹克衫、牛仔衣裤、风雪衣盛行。手工裁缝日趋减少，年轻人多购买品牌服装，女子夏装也着露肩、低胸的短上衣，冬装则讲究宽领、厚领和各式面料的披肩衣。

20世纪90年代，福安长期流行的解放鞋已近绝迹，穿皮鞋、人造革仿皮鞋、旅游鞋的人渐多。青年女子穿波跟鞋、高跟鞋者甚多，甚至后跟高达两寸，细如钉，制作原料多为人造革。90年代以后，城乡道路多为水泥路，积水少，年轻人又认为穿雨鞋“土气”，故除老人外，雨天几乎无人穿雨鞋。冬天，年轻人多不戴帽，老年人或戴毛线织成的风帽，或戴工人帽、鸭舌帽。青年女子戴帽者颇多，但以装饰为主，追求流行款式与花色。21世纪，随着手机的普及，普通手表已逐渐消失，有的年轻女子即使严冬仍然穿超短裙、短裤，套穿长袜御寒。佩带高档手表成为一种身份的象征。女青年则时兴戴金项链、耳环、戒指。发际佩饰也五花八门，琳琅满目。肩挎或手提各种款式的包袋为女子所钟爱，成为一道亮丽的风景线。

第三节　住宅及生活用品

20世纪70年代，福安城乡住房多以木瓦房为主，两层多进，一般为坐北朝南。20世纪80年代，城镇、农村混凝土结构楼房日益增多。建房时人们追求大面积，建构的房子，间距狭窄，不通风，采光不足，卫生间往往设在楼梯下。20世纪90年代后，农村建房多为钢筋水泥结构，一般二至三层，多单家独户居住。不论城镇农村，人们建房日益重视装修，地板普遍铺贴瓷砖或石板材。21世纪后，购住商品房流行，年轻人更为喜欢。因为独户多层的房子总面积虽大，却疲于爬楼梯、做卫生，不如总面积稍小的商品单元房实用。过去木瓦房谈不上装修，现在建房或购房会注重环境与朝向、间距、卫生间配置等，厅堂房室装修也颇为讲究。

20世纪80年代，普通家庭厨房用具有灶、鼎、勺、瓢、饭箕、笊篱、饭甑、火桄（吹火筒）、柴刀、茶炉、茶瓿（装茶水的容器，有陶、铜二种）。20世纪90年代后，厨房多不砌灶、液化气灶取代柴灶；厨具也发生很大变化，小鼎代替大鼎，饭箕、笊篱、饭甑、火桄、柴刀、茶炉、茶瓿（壶）也被压力锅、电饭煲、电磁炉等取代，电冰箱、抽油烟机、消毒柜也逐渐进入普通家庭。

20世纪90年代后，城乡青年结婚时卧室大都选用席梦思，旧式的木、藤床，高低床多由老年人使用，组合音响、电视柜、液晶电视已进入普通家庭。卧室时兴组合橱、壁橱，之前流行的五斗橱、三门橱渐遭淘汰，高档办公桌、书橱也成为不少城乡居民的家庭用品。

第二章　生产习俗

第一节　农事习俗

一、做福

福安农村多有开春“做福”之俗。传说农历二月二是土地公生日，是日，各村由事先推选的“福头”（主事人）出面挨家收取福钱、福米，做福糍、煮福肉，然后齐集村中土地庙（农村庙宇除主供神祇，多为供土地公用）供祭后，大家一起议农事和村中公事，然后一起吃“福饭”，或将糍、肉等供品带回家聚餐。做“开春福意”，旨在祈求一年农事顺利，此俗在农村尤其在畲族村落仍然十分流行。

二、封龙

夏至后第一个“辰”日，俗称“分龙日”，亦称“封龙日”。传说是日各路龙王上天领旨，由玉皇大帝划定各龙分管地界。福安俗语云：“龙惊铁，虎惊叉”，该日忌持铁器下田，此时正逢农田薅草之际，又云该日玉皇算账，薅草时犁耙一扒通，会使玉皇大帝算乱了，故不能薅草。此俗境内不少乡村依然存在。

三、“六月六”

农历“六月六”，暑日已到、骄阳似火，福安风俗认为此日晒衣物可防虫蛀，故家庭主妇都将衣服、棉被等搬出暴晒。凡有藏书的，也摆出翻晒，不使虫蚀及发霉。松罗赤溪村百姓每年此日还齐聚宗庙共祈“保苗”，祈愿一年风调雨顺，五谷丰登、人畜平安，此俗一直沿袭下来。

四、食新

秋季水稻收成时，福安畲汉乡村之俗皆先以新收成的稻谷碾米煮饭，祭祀五谷神、天地和祖先，然后围吃新米饭，称为“食新”。食“新饭”须由家中辈分高、岁数大的老人先讲吉利话，依照长幼顺序开始吃、离席时碗中要有余饭，取年年“吃用有余”之意。现此俗只在畲村及偏僻的汉族村落保留。

五、“理园埕”

秋末，稻谷秋收结束后，福安农家有“理园埕”（又称“理楻埕”）习俗。是夜，农家备办酒菜宴请亲邻，庆祝秋收顺利、助工之劳，也慰一年辛劳之苦，此俗在偏僻的畲汉山村仍保留。

第二节　建筑习俗

一、建房

20世纪80年代前，福安民间建房时，亲戚以红布袋装稻谷，携鞭炮、对联前来祝贺，并参加建房劳动，俗称“帮工”，无力“帮工”的，包红包为“工仪”，数量多少视关系的亲疏与经济状况而定。

兴建房屋时，先择日砌地基，上梁之日，请“紫微銮驾”，备果子、菜、酒，祭鲁班仙。上梁时辰一至，鞭炮齐鸣。木匠师傅将缠有红布的正梁架好后，房东备馒头，分给众人，以示好彩头。晚间，房间摆“上梁酒”宴请工匠及亲戚朋友，也有在中午举办上梁酒的。房屋落成时，在楼厅挂一内置圆镜、剪刀等物件的“米筛镜”，以示去邪呈祥之意。迁入新居时，还要办入宅酒。20世纪80年代以后，农村建木瓦房渐少。20世纪90年代后，城乡建房多为钢混凝土楼房，但仍保留择日、放炮、帮工、办入宅宴之俗，少数人家还挂“米筛镜”。

二、砌灶

民间又称“涂灶”，也是一件大事。20世纪90年代前，福安百姓择吉日良辰动工，以蛋为点心款待师傅，并在灶腹内安放陶罐，内装铜钱、五谷、竹钉等物，俗称“七宝瓮”，以求五谷丰登、财丁两旺。灶砌好后，用铁锅炒爆米花、豆、花生等，取意大发吉庆、开花结子。并在是日宴请师傅和亲友，亲友赠送鞭炮及碗筷等表示祝贺。90年代后，城乡居民改用液化气灶，绝大多数居民不再砌灶，但亦有少数人保留此俗，其灶只是偶尔在煮大餐时使用，大部分时间则闲置。

三、做墓

旧时，福安民间颇讲究做墓，都先请风水先生择日选墓地，用砖块定位，试探在这期间家中一切是否顺利，然后决定何时择日动工。做墓先挖墓室（即陈放棺椁的土洞），墓室通常用三合土（白灰、黄土、沙）夯筑（亦有用条石铺砌），并列砌2个圹位的（夫妻2人）居多，也有多室的。墓室砌好后再修墓面，福安民间墓形多为靠背椅形。竣工后，设宴款待工匠和帮工亲邻。2000年后，福安推行殡葬改革，禁止土葬、修墓，城镇居民逝后多选择公墓，火化后将骨灰下葬。偏僻的山村虽仍做墓，也多以骨灰下葬。

第三章　礼仪习俗

第一节　婚嫁

一、成婚前习俗

（一）说合

旧时，福安男女到了婚嫁年龄，过去多由家长为儿女物色对象。一般由男家父母托媒人向女方求婚，倘若女方父母同意，就开具女儿生庚，男方将双方生庚放在灶君神龛里，经过一段时间，家中一切顺利，就可请算命先生推算男女青年生辰八字有无“冲”“克”现象，俗称“合婚”。改革开放后，男女青年自由恋爱越来越多，虽然有的家长也将子女恋爱双方八字请算命先生推算，但一般仍尊重子女的意愿。20世纪90年代后，福安男女青年天南海北创业发展，多自由恋爱后成婚，“合婚”已经不是必要的形式。

（二）下小帖

经“合婚”认为男女生庚无“冲”“克”后，男方家长与女方家长就聘金、聘礼、妆奁、婚期等进行协商，取得一致意见后由男家择吉日送礼到女家、为小聘，俗称“小定”。20世纪90年代后，下小帖的习俗仍然存在，只是未必都要经“合婚”才行。

（三）送大帖

下小帖后，男家再次选择吉日，送乾坤帖、聘金、聘礼、布料至女家；女家回送以糕点、水果，并送新郎布料，为大聘，俗称“大定”。这是成婚之前的重要仪礼，此俗现仍然保留。

（四）“送日子”

送过聘礼后，男家再给女家送礼，并将选定的结婚日期通知女家。至此，男家等着迎娶新娘，女家忙于准备陪嫁妆奁，等待女儿出嫁。

二、迎娶习俗

旧时，福安男子迎娶女子前一天，男家大都会杀猪、送“压轿肉”，20世纪80年代后，男方多直接到市场约购猪肉。女家则于同日把准备好的妆奁，分门别类，由两个执事以一杠抬一项，叫“一杠”。“送杠”队伍在鼓乐、鞭炮声中列队而行，故民间有歇后语为“陪三十六杠——满路红”，有钱人家更是借机展示豪华场面。当晚，新郎、新娘各自在家祭拜祖宗。新娘还得向其亲属长辈行拜别礼。

迎娶之日，女家设午宴请亲友，俗称请“出门昼酒”。男家也大摆酒席遍请亲友，俗称请“新妇酒”。午宴后送亲队伍才前往女家。旧时迎亲仪仗队以大铜锣开道，后面有彩旗、大红宫灯、宫扇、凉伞、鼓乐、花轿相随。现在城乡还有专门出租各式花轿，花轿到达女家，新娘凤冠霞帔，盛装而待，上轿前必须伤心“哭嫁”，以避凶煞，并与各兄弟举行“分家契”仪式，最后由“全福”的长辈搀扶上轿、再弟妹各一人伴送前行。花轿大抵天黑到达男家，再由男家“全福”长辈出来，揭去轿门上的“轿前符咒”，点火焚化，然后开启轿门，“正中姑”（“全福”小女孩担任）请新娘下轿，再由“伴娘妈”

（通晓当地婚姻礼仪的司仪老妇）搀扶到大厅，等待举行拜堂成亲大礼。当花轿到男家大门口时，新郎及其父母兄嫂必须上楼回避，以示身份尊上，将来“镇得住”新娘。经“子弟官”（由“全福”小男孩担任）来回上楼三次相请，新郎下楼与新娘拜堂，三跪九叩礼毕，新娘由“全福”长辈持喜烛、捧斗灯（在围上红纸的红漆圆形木斗内置大米、红蛋、镜子、剪刀、尺子、筷子、戥秤、点燃的油灯而成），缓步引入新房；新娘进入新房后端坐床沿，让人观睹，俗称“睨（瞧）新妇”。拜堂后，大厅上摆起晚宴请亲友，俗称“请接亲酒”。一般午宴的“新妇酒”只宴请女宾，晚宴的“接亲酒”宴请男宾。“接亲酒”罢，另备一桌精美丰盛的筵席，俗称“佳期酒”，赴席者多为预先选好的父母双全的“好命”男青年。喝“佳期酒”和闹房往往间插进行，直至拂晓。但现在此俗也有所改变，主要是闹洞房，时间没那么长，也摒弃一些不良习俗。20 世纪 90 年代后，时兴新郎坐小车迎接新娘，为展示气派，有的迎亲队小车排成长队。而午宴请女宾则多改为以晚宴招待男女宾客。进入 21 世纪，不少人又恢复旧时风俗，抬花轿迎亲，由年轻的“伴娘妈”化装后在花轿前扭腰作态，惹人发笑。现在不少新郎新娘仍按传统习俗在家举办中式婚礼，也有在酒店举行西式婚礼。新娘穿婚纱、新郎穿西装拍摄结婚照，已成时尚。

迎娶次日，天一亮新娘便在“伴娘妈”的引领下进厨房行“下厨礼”，当天新娘还得参拜亲属长辈，行“见客礼”。当夜，伴娘妈备办糖茶、点心两份送入新房请新郎、新娘一道吃用，俗称“送房”。相当于古代喝“交杯酒”礼仪。20 世纪 90 年代后，此俗在城市大都改变不用，仅在农村仍有保留。

迎娶第三天，新郎须陪伴新娘同往岳父家，称新娘“回门”，新郎“做女婿”，成行前新郎要选择一个酒量好的男士做“半寸”（陪伴）。女家要摆“女婿酒”宴请，并于当日返回男家。

第二节　诞寿

一、满月

福安习俗，婴儿生后三日，应用菖蒲草药熬汤为之沐浴，俗称“洗三旦”。此前，婴儿父母要送“蛋酒”给外婆和有关亲戚以报喜，外婆家则送给婴儿衣物，供其“洗三旦”时穿用，亲戚则送公鸡给产妇。满月那天，须给婴儿剃“满月头”，将剃下来的胎发悬放门户高处，希望孩子将来胆大气壮。20 世纪 80 年代改革开放前，殷实人家婴儿满月要摆“满月酒”。一般人家则在满月那天，将婴儿打扮一番，抱出内室与亲友见面，同时煮蛋面款待来宾，并向亲邻分送煮熟的红蛋和糕饼，俗称送“剃头蛋”。亲邻则于满月前后分别送礼物往贺。20 世纪 90 年代后，人们生活水平提高，不论生男生女，满月那天家家都会摆“满月酒”宴请亲朋好友。此前，“满月酒”一般在自家操办。之后，城镇居民多在酒家办宴席。

二、“做晬”

小孩周岁，俗称“做晬”。届时一般人家须办酒席宴请亲朋好友，亲朋好友或以衣物或以“红包”为贺。20 世纪 90 年代后，此俗更被普遍重视，宴席也更加隆重。

三、生日

过去不论男女，每年诞生日（多取农历），多举行庆生活动，称“做生日”。逢生日很少送礼和摆酒庆祝，一般只吃一碗线面，两个蛋。线面细长，谐音“长命”，蛋雅称“太平”，取其“长命平安”之意。

20世纪80年代后，独生子女增多，小孩生日，父母为其在酒家设宴请客者渐多，青少年过生日请朋友聚餐、送小礼物也较流行。20世纪90年代后，时兴过生日吃蛋糕，有朋友相送、也有自己置办。过生日者多在家或酒店宴请同学、朋友。

四、庆寿

过去福安人一般五十岁开始“做寿”、此后十年一庆，五十岁称“做五十”、六十岁称“做六十”。庆寿一应在春节举行，正月初三到十五为庆寿、请寿酒的佳期。故一到农历年末，送寿之人不绝于路，亲戚送寿礼须备联幛、贺轴、寿糕、寿桃、绛烛、银丝（豆扣）、寿酒、猪蹄等。遇到岳父母寿庆，女婿须送成套衣物等丰厚寿礼往贺；到春节，岳父母家举行寿庆之日，还须备办精美酒席一桌前往祝贺，俗称“暖寿酒”。拜寿仪式一般五十岁、六十岁较简单，春节间挂寿联请寿酒即可。若是七十岁、八十岁、九十岁大寿，家庭又较富裕的，场面就非常隆重。寿堂之上张灯结彩，悬挂寿序、寿联，点烛供果。拜寿时，寿者端坐太师椅上，男左女右，让儿孙按序一对对上前跪拜；拜寿毕，寿者给拜寿小辈分发拜寿红包（钱），请亲邻吃寿面，并设宴庆祝、叫“请寿酒”。20世纪90年代后，请亲邻朋友赴寿宴，还发红包，也有随送纪念品，如毛巾、银纪念币、戒指等。寿宴也多在宾馆、酒家举办。

第三节　丧葬

一、停尸

旧时，福安习俗，病（老）人弥留之际，亲属须赶到现场，听取嘱咐，送别死者，俗称“送终”。咽气后，即在大门口贴出白纸讣告，俗谓“门白”，并派人通知有关亲属，叫“报丧”。人死后尸体不经前厅而由左右侧边门并经露厅入后厅灵床安放，俗称“停尸”，经过露厅时，须撑黑伞遮住尸体。如果人死在楼上，不能经过楼梯移尸，必须撬开楼板，用绳索吊下死者尸体（现因住房多为钢筋水泥结构，需在临终前移到楼下），然后按上述规矩移尸后厅。此俗主要保留在农村。现在不少逝者此前多在医院治疗或抢救，逝后多陈放医院太平间或在自家楼房空地临时搭棚停尸。

二、入殓

旧时，福安乡俗，人死后，死者的亲属须到水井或溪河点香烛焚纸钱向龙王“买水”。按死者年龄倒入相应杯数的水，放入柚叶烧汤，为死者作象征性沐浴，由儿子和媳妇前三后四，拂拭其背，然后换上备制的殓衣（俗称“寿衣”“老衣”）。殓衣上不能有字迹，少则5层、多至13层，取单不取双，穿上鞋袜，整容毕，让死者手握桃枝、头枕以草木灰或通心草充实的枕子，口含冰糖、脚朝后天井方向仰卧灵床，在灵床前点起油灯，焚烧纸钱，举家哀哭。除炎热天外，一般停尸三天后即入殓。如遇“重丧”“三丧”等民间认为不吉利之日，则为忌日，就不能哭亦不能殓。棺木有海棠式和长方形两种，入殓前须用桐油、蚵灰、面粉熬成油灰漆刷，俗称“布柴”。入殓前，孝子须屈膝给收殓者捧上甘草茶、蛋和红包，收殓者将甘草茶倒少许入死者口中，踩破茶杯，拣一碎片放入棺内，并用筷子以死者鼻子为中点，看安放尸体的位置是否端正。然后折断筷子，留取半截，半截夹上瓷杯片放入棺中。接着收殓者将寿被和“荷封”（麻布制成）盖到死者身上，将长出部分剪下，留给遗属作荷包和用以包鞋戴孝。盖棺后，子女手执哭丧棒举竹篾之类燃起的火把绕棺三圈，叫“环柴”，然后在棺木上方点起油灯——俗称“柴头灯”，殡殓才告结束。21世纪后，移风易俗、实行火化，亲属多将穿上寿衣的死者直接放入火葬场运来的殡棺中，待出殡时直接送往火葬场火化，仪式大为简化。

三、守灵

旧时福安，父母死亡，儿女须戴“重孝”；夫亡，妻不必戴孝；妻亡，夫不必戴孝；小辈亡，长辈不戴孝。长辈逝，所有小辈都得戴孝；长孙，长侄要戴“重孝”。戴“重孝”者须着麻衣麻鞋，一般戴孝只穿白衣，束白布条，或佩戴白纱、黑纱，在鞋头嵌一块白布即可。戴轻孝数日后即可脱去，载“重孝”须蓄发49天，有的须“百日”“周年”或“三年”后方才脱孝。20世纪80年代后，戴孝方式有较大变化，一般只戴孝数日。20世纪90年代后，戴孝被在前胸或右臂处系一小麻布块所代替。

人死后，丧家在厅堂设神主牌位，俗称“灵牌”。人亡七日，多请僧道诵经（拜忏）超度亡灵，俗称做“道场”，又叫“过七”。人亡三年，亲属除灵脱孝叫“做三年”。过去殷富之家逢“三七”“五七”“七七”“百日”“周年”都要做追荐亡灵佛事。做过道场，就在大厅设神主牌位及灵桌，早晚供祭茶饭，有供四十九日的、也有供百日的。此后每逢初一、十五日定期上供，直到三年为止。20世纪80年代前，大多数人家，家人亡后只做一次道场；90年代后，追荐亡灵之习较为普遍，有“过七”（举办七天超度仪式）、“三七”“五七”“七七”“百日”“周年”“三年”等以示追荐。

四、出殡墓葬

旧时，福安民间有人死后七天内下葬不择日子、不看风水之说。过去一般穷人家，遇丧事，临时择地掘一墓室，草草安葬，俗称“做红冢”。待日后再修墓面，或修好新墓后，再捡骨骸重行安葬大礼。坟墓由墓室（一般平行两个）、墓碑、墓坪、墓面组成，外观颇似靠背椅，以三合土砌筑。

墓室砌就后，即可择日出殡。出殡时亲属披麻戴孝，在屋前择一空地，于灵柩前设祭桌，摆上猪头、鱼、菜等祭品，按亲疏辈分依次上前拜祭，俗称“哭祭”。然后“发引”，前面以带枝叶竹竿上挂蓝白布条（即“引布”“功布”）下系大锣，由若干人扛着鸣锣开道。继以依次为挽联、死者遗像、挽幛、神主魂轿、香亭、乐队、灵柩、死者遗属、送葬来宾等。灵柩在哀乐中抵达墓地、停棺墓坪，再择辰进葬。葬前先用儿子衣服揩拭墓室，然后放入棺木。封墓门时，须往做墓师傅嘴里塞肥肉，如死者配偶不是同时下葬，则其墓室中，必须挂上八卦钱，点上七星灯，并放入鸡蛋两个，将来开穴，以鸡蛋能否孵化成鸡，视为儿子能否繁衍昌盛的预兆。葬毕，“寻龙”（风水）先生张伞站立坟头，高声拿腔说吉利话，俗称“喝龙”，同时撒上五谷、竹钉、钱币等物，象征五谷丰登、人丁兴旺、财源茂盛。这时儿子们争相捡拾、或由舅舅平均分给，接着儿子们将内装有五谷的香火袋，带回家中、挂在楼仓内。

封过墓门，取下“引布”（“功布”），换上红彩，送葬者脱去孝服换上喜服，妇女则换穿红裙、红袄；儿女媳妇各提马灯一盏，上贴写有“百子千孙”“五代同堂”“财丁两旺”“长发其祥”等字样红纸条。同时儿子们分别将点亮的“斗灯”和撒上食盐的烧红的炭钵装入箩筐中挑回。斗灯和火钵的数量按儿子的人数定。这时，乐队改奏喜乐，送葬队伍列队回还，俗称“回龙”，亦称“回虞”。到家后，大厅高烧红烛，供起祭礼，亲属来宾分别上前行跪拜礼，称“虞祭”。祭毕，摆上俗称“搓圆”的汤圆，款待亲友来宾，并设午宴或晚宴，宴谢亲朋，丧葬至此，服满孝除。2000年后，因多实行火葬，仪式有所简化。出殡前用殡仪馆殡棺入殓后，直接送往火葬场，办完相应仪式，然后在殡仪馆吊唁大厅举办追悼会、遗体告别仪式后火化，迎回骨灰直接入葬或择日再葬。

第四节　称谓

一、长辈

福安人称呼长辈往往加“阿”字，如“阿爹”“阿嫂”；对晚辈，一般直呼其名，若加“阿”字，如“阿弟”“阿妹”等，则表示客气，对同辈，大都直呼其名。

称父亲为“阿玛、阿爹、奴玛”。农村亦有称父亲为“阿伯、阿叔”；称继父为“阿叔”；称母亲为“阿奶、奴奶、奶”。1991 年后，年轻人大多称父亲为“爸爸”，母亲为妈妈，农村地区仍多沿用旧称。

称祖父为“阿公、公、翁”，称祖母为“阿婆、婆”。称曾祖父为“太公”，高祖父为“太太公”；称曾祖母为“太婆”，高祖母为“太太婆”。

称伯父为“阿伯”，伯母为“伯奶”；叔为“阿叔、叔”，婶为“阿婶、婶”。称伯父之父为“伯公”，伯父之母为“伯婆”；叔叔之父为“叔公”，叔叔之母为“叔婆”。再上一辈，加“太”，如“太叔公、太太叔公”。称姑母为“姑姐、姑娘、阿姐、姐哥”（天主教徒称姑母为“阿大”），姑父为“姑丈”；子辈称“姑婆”“姑丈公”。

称外祖父为“外公、外头”，外祖母为“外婆、外娘”；外祖父之父为“娘翁”，外祖母之母为“娘婆”。

称舅父为“阿舅、舅”，舅母为“阿妗、妗”；子辈称“舅公、妗婆”。称母亲姐妹为“姨”，姨之夫为“姨丈、姨夫”；子辈称“姨婆、姨丈公”。

称岳父为“丈人”，一般也按伯父行第称呼或随妻称呼为“阿伯、阿爹”。妻称夫之父为“阿爹、爹”，夫之母为“阿奶、奶”。1991 年后，城乡居民也多随妻称岳父、岳母为“爸、妈”。

二、平辈

称兄为“阿哥、哥”，嫂为“阿嫂、嫂”；弟弟为“弟”或直呼其名，称姐姐为“姐、阿姊”，称襟兄之妻为“姨”，内兄之妻为“嫂”。称夫之兄为“伯、阿伯”，夫之弟为“叔”。姑表亲、姨表亲与兄弟行第称呼相似，仅前面加“表”字，如表兄、表姑姐等。出门见到不熟悉的，大抵以相应的长辈来称呼，或阿叔、阿伯，或叔婆、伯婆。年纪不及己者，加“阿”以示客气：如阿妹、阿弟。20 世纪 80 年代以后，称呼有所变化，以往“同志”的称呼被“师傅”“老板”“领导”取代；称青年女子为“小姐”。20 世纪 90 年代后，“小姐”称呼为年轻女子所忌，疑为贬义；21 世纪后，年轻女子多称美女、靓女，女青年也乐于接受。

第四章　岁时节日

第一节　传统节日

一、春节

春节，俗称“大年”，是福安民间一年中最隆重的传统节日。

农历十二月下旬，家家户户都要“扫烟尘”、疏通沟槽、清除垃圾，擦洗厅堂墙壁、家具用具、洗涤被褥、衣物。此时，女婿给岳父母送年礼，亲友送寿礼、贺年礼。在外地做工、求学者，大都在年底回家过年团聚。

腊月二十三或二十四日晚开始“祭灶”（民间有“官三民四”之说，即官家是二十三、民间百姓为二十四日祭灶），每家灶台上摆列米酒、糖果（也称灶糖灶饼）等供品，点燃香烛、焚烧元宝，由家中年长妇女致祭，意在祈求“灶君”隐恶扬善，“好事奏上天，歹（坏）事丢路边”，以免上天降祸。祭毕，亲邻间开始轮流请吃祭灶酒，尽欢而散。

除夕之日，人们在住宅门贴上新年画、春联，屋内布置一新。傍晚就早早摆上年夜酒菜，燃放鞭炮，合家团坐吃“年夜饭”。夜间，所有居室，均通宵达旦点灯，俗称“照年”。灶上焚香燃烛，摆糖、橘等供品，取糖甜橘圆之意，希望来年日子甜蜜、合家团圆、大吉大利。灶膛里埋放火种取“烟火不绝”之意；并在墙壁上钉竹钉，希望来年“添丁”，人丁兴旺。一应器皿上均贴红纸剪成的“喜”字、“寿”字或红纸条，以示吉利。是夜，儿孙不睡，俗称“守岁”，取意希望长辈长寿。大人开始给小孩包压岁钱。初一，旧时家家到溪边或井里争先挑“年头水”，陈设果肴以祭祀祖宗，焚香、放鞭炮，以示辞旧。早晨，大人小孩穿新衣服，喝过冰糖茶、用过早餐，便去亲友家拜年，谓之贺年。此期间家家必备冰糖茶、米饼、糖饴、水果，热情待客。进入21世纪，过去在初一祭祀祖宗之俗已为少见。现在城乡多饮用自来水，初一清晨也少有挑“年头水”的。不少人家亦多简化礼俗，不再每个亲戚逐个送礼。除夕夜有的在自己家里吃团圆饭，有的则到酒店办年夜饭。

正月初二，福安俗称“白年日”，是祭奠死者的日子，忌串门、送礼。这天凌晨，当年有丧事的丧家会在大厅设灵牌、挂挽联，供猪头等祭品，点烛焚香祭亡灵。祭毕邀亲友吃“白年酒”，餐毕，有不致谢、不擦嘴即径自回家的规矩。

二、元宵节

福安民间有“年做十五元宵散”之说，春节至正月十五日元宵之夜达到高潮，也称“元宵节”，有过年将结束之意。过去多是看花灯，现在元宵之夜，城镇、街道、单位纷纷举办灯谜、唱诗、游园等文娱活动。20世纪90年代后，由政府或民间组织的猜灯谜等文娱活动更显活跃，每年在城关的穿山路、阳头广场、体育场路段都开展此类活动，百姓成双成对、携老扶幼前往观赏，场面壮观，气氛热烈。

三、清明节

清明节前后，人们纷纷上山祭扫先人坟墓，俗称“祭墓”。将准备的祭品置于坟前致祭，祭毕，向围观人们（多为小孩）分赠祭饼（多用继光饼），并于当天中午请亲友喝“祭墓酒”；一般人家则只上祖坟除草清扫、烧纸钱元宝即罢，此俗在城镇乡村仍然保存。21 世纪以后，城镇居民去世后多行火化，骨灰安葬公墓，清明节人们大都带着祭品前往公墓祭奠，亦有摆放鲜花、水果悼念逝者的。

每逢清明向革命纪念碑敬献花环缅怀先烈（2005 年）

四、“三月三”

农历三月初三日，是中华民族传统的“踏青日”。福安习俗，“三月三”用荠菜炖鹅肉、荠菜炖猪小肠或荠菜炖猪肉，食之可清热解毒、防治皮肤湿病等。在乡村还有做“糍粑”过节之俗，用糯（粳）米炊熟后，捣成泥状，然后用模具印出圆形糍粑，供过祖先后，全家团聚吃糍粑，取消灾解难之意。

“三月三”亦是畲族的传统节日。福安是全国畲族人口最集中的聚居地之一，福安“三月三”，畲族又称“乌饭节”和“对歌节”。每年“三月三”，畲族男女踏青归来都要采回一种叫作乌捻的植物叶，捣烂后熬成汤汁，用它浸泡糯米，黑色，蒸成“乌饭”食用，有健胃去湿之效。畲民还善唱歌，这一天，周边村寨的畲民就会三五成群聚在一起，以歌传情、以歌会友，以畲族独特的形式庆祝节日。1991 年后，福安市在保持“三月三”传统节日的同时，深入挖掘畲族丰富多彩的民族文化内涵，打造畲族文化传统与保护的载体，推动畲族优秀文化的繁荣兴盛和民族地区经济社会的发展。市、镇（乡）每年都举办畲族“三月三”民俗节歌会，开展畲歌、畲舞、畲拳、畲医、畲药等独具特色的畲族文化活动。1993—2005 年，共举办 12 届畲族“三月三”民俗节歌会，吸引了不少国内外游客观赏。

福安畲族女性着传统服饰参加“三月三”对歌（2005 年）

五、端午节

福安习俗，端午节前，女婿要给岳父母送黄瓜鱼，俗称“送节鱼”。娘家要给外甥、外甥女送节饼、夏天衣物等。端午节这天，左邻右舍的小孩簇拥到新娶亲人家，由新媳妇将五色彩线系到小孩手腕上，俗称“记节”。20世纪90年代初，市场上野生黄瓜鱼价格飙升，普通人家改送其他鱼类或直接包红包给岳父母“送节”。现在“记节”之俗也还流行于少数山村。

端午节在民间还有吃粽子的习俗。汉族人家一般用竹叶裹成锥状，畲族人家则用菅叶裹成四角长方枕形，叫“菅粽”，用以待客或相互赠送。端午节午餐也特别丰盛，午时，大人喝过雄黄酒、并拿它喷洒住宅的各个角落、点孩童之额有辟邪之意；还以菖蒲及艾叶饰作宝剑状悬于门边，也取避瘟疫去邪魔之意。20世纪90年代后，端午节仍是福安民间的一个重要节日，地方政府和民间会开展各种文体活动，其中江河“赛龙舟”一直是一项传统活动，每年都举办，群众多去观赛，也增添了节日的气氛。

六、“七夕日”

七月初七俗称“七夕”日，也叫“乞巧”日。是日，福安农村家家炒花生、黄豆之类，分馈小孩。端午节小孩手腕系上的彩线，此时才剪下，此俗山村尚偶有保留。20世纪90年代后，七月初七也被誉为中国的“情人节”，并在文化层面上逐渐被人们认同，福安青年男女在这一天会给心上人送上鲜花和其他礼物。

七、中元节

农历七月十五为中元节，俗称“七月半”。福安习俗，是日下午，设宴祭祀祖先并焚烧纸钱，或念经拜佛超度亡者，俗称“做半”。亦有人家在十二、十三或十四日做半。此俗福安至今尚保留，且还比较普遍和隆重。

八、中秋节

农历八月十五为中秋节。节前，福安民间有晚辈给长辈送月饼之俗。中秋节的晚餐特别丰盛，是夜，合家团聚赏月吃饼，取意“月圆饼圆，举家团圆”。往昔，福安市面上的中秋月饼，多为1斤两大块包装。21世纪后，商家为方便顾客，改变工艺，也生产小块月饼，并配上各种荤、素馅料，在外包装上也更加精美。中秋之夜，城镇多举办猜灯谜、唱诗、游园等活动。

九、重阳节

九月初九是重阳节。福安民间有结伴登高之俗，尤以登溪潭与甘棠交界的鹦哥山顶、晓阳与穆阳交界的白云山顶、赛岐鳌峰山顶、穆阳狮子岩以及城郊仙岫山、天马山者为多。1988年，国家法定重阳日为“老年节”“敬老节”，每年此日，政府和单位都会组织登山、慰问老年人等各种活动，以庆祝“老年节”。

十、冬至节

农历冬至日为民间的“冬节”。福安民间在这天早晨有吃汤圆的习俗，并有“吃了冬节丸，冬天不怕冷”之说。旧俗“冬节”期间还要祭扫先人坟墓，与清明扫墓合称春秋祭扫，现“冬节”多仅存为先人拾遗骨重葬之俗。进入21世纪，因推行火葬，拾骨重葬之俗多已不见，吃汤圆之俗却一直保留下来。

第二节　西方节日

一、情人节

20世纪90年代后西节东渐。公历2月14日原为西方“情人节”，在福安年轻人中现在也开始时兴，进入 21 世纪后更是渐成时尚。此日，花店备足各种鲜花、尤以玫瑰花为主招徕顾客。男女青年情侣中的一方（多为男方）会买上一束鲜花送给对方表示爱意。有的会选择此日，为向对方提亲或结婚的日子。也有已婚男女在此日向伴侣送上鲜花以示美好爱情。

二、愚人节

公历 4 月 1 日为西方“愚人节”，21 世纪初，福安渐现此俗。少数年轻人会在此日向朋友发短信、挂电话，发布或传播一些伪信息，开个善意玩笑，捉弄一下对方。对此反应并不相同，年长者抱冷淡和批评态度者居多，故流行不广。

三、“母亲节”和“父亲节”

公历每年 5 月的第二个星期日为西方国家的“母亲节”，每年 6 月的第三个星期日为“父亲节”。进入 21 世纪后，国人也多过此两节。每逢“母亲节”和“父亲节”，福安本地或在外工作和学习的子女，会以挂电话或发短信向父母亲问好，有的还寄上一份礼物或献上鲜花，以感谢父母亲的养育之恩。就普遍性而言，年轻人对“母亲节”的重视程度高于“父亲节”。

四、圣诞节

公历 12 月 25 日为西方“圣诞节”。此节在福安早先主要在天主教徒、基督徒中颇为流行，后也受到年轻人青睐。商家也把握此商机予以推动，在圣诞节之夜，许多夫妇会携子女逛商场购物，吃圣诞晚餐或宵夜，有的甚至通宵达旦。为此，圣诞节前半个月，酒店、商场、娱乐场所就开始精心布置场景，如置圣诞树、扮圣诞老人、布置彩色灯光等，并备足货源，刻意宣传，吸引顾客。圣诞节前一天的“平安夜”，许多年轻人就已兴致勃勃，开始安排活动了。

第三十篇

人　物

RENWU

福安市历史悠久，地灵人杰，人才辈出。这块热土哺育了无数优秀儿女，他们为中国特色的社会主义和四个现代化建设，为福安市经济社会的发展做出了可贵的贡献。本志对1991—2005年，福安市党政军及经济、文化、教育、科技、体育等各界有影响的人物和前志未收录的知名人物，按传、表收录在人物篇内。其中，人物传共24人，含去世的省部级干部3人、厅级干部2人、厅级以下离休干部3人、革命烈士8人，英模人物2人，文教界人士5人、民主革命时期参加共产党地下组织活动人士1人。人物表共收录1335人，含已知的博士（博士生导师）50人，福安籍在外任副处级以上干部263人、副高级以上专业技术职称人员785人，省部级以上表彰的先进人物236人。

全市尚有部分符合收录人物传、表的人物，因无法联系或尊重本人意愿，未能录入。

第一章　人物传

（以出生年月先后为序）

缪锡龄

缪锡龄（1875—1928），字子颐，号松长。清光绪元年（1875 年）生于穆阳。父缪嘉谋，清朝奉直大夫，从五品。缪锡龄受业于宿儒王舜琴先生，擅长为文，考试常得第一名，向为老师器重。20 岁时，补博士弟子员（清朝的府学生员），因父亲去世，丁忧返乡，此后，从事茶业商务和家乡教育事业。

清光绪二十二年（1896 年），正值传统学堂向近代教育转型之际，21 岁的缪锡龄发动志同道合者募款创办“景贤义塾”，延请陈文翰（曾任省长公署秘书长）、陈文基（晚清拔贡）任教，缪锡龄自任《论语》教学课程。光绪二十四年（1898 年），清廷废科举、兴新学。景贤义塾改为新式的同文初等小学堂、为穆阳小学前身，入学学生数十人，缪锡龄作为创始人、并担任堂长。

清光绪三十四年（1908 年），福安知县言宝书视察穆阳小学堂，称赞缪锡龄与同文小学“规模粗备，结构井然，一切鸠赀集腋，经营擘画皆出其手，望而知其为热诚之士”。

清宣统元年（1909 年），学生骤增，缪锡龄募款建起一座双层木结构教学楼，中间为办公厅，两旁为教室，楼上为储藏室与宿舍，楼前凿六丈见方的鱼池。学生增至百余人，又增设高小班，增设普通话和英语课程，校名改为同文高等小学堂。

1915 年，缪锡龄募款兴建一座土木双层结构的教学楼，开辟操场，学生增至 200 多人。1920 年，增设女子分校。1924 年，更名为县立同文小学校。

缪锡龄创办学堂，苦心经营 30 载，穆阳人才多赖其培养：王骏声取得法国里昂大学哲学博士学位，缪昆庭取得比利时鲁文大学社会经济学硕士学位，缪邦祯留学苏联中山大学，黄介繁留学日本明治大学，林卓午、缪邦镛、缪振鹏、黄葆芳、黄烽、黄志远、陈安、张炯、陈佩尧等福安名人都曾就读于同文小学。缪锡龄还热心地方公益事业，兼任穆阳地方总董，创办穆阳邮信，拓宽印坪街道，民国海军上将、福建省省长萨镇冰视察穆阳时，领略穆阳文风之盛，对缪锡龄赞赏有加。

1927 年，福建当局改革中小学管理体制，县政府决定穆阳振英初小并入同文小学，改校名为福安县立文英小学校。翌年逝世，享年 53 岁。

陈少良

陈少良（1879—1958），原名庆新、又名景灏（颢），字伯士，生于清光绪五年（1879 年），祖籍范坑，系清庠生（附生）；民国 20 年（1931 年），居于城关三姓路黄厝弄，曾任范坑自治会会长、福安县政府秘书。

陈少良热心家乡建设，但凡城乡造桥修路，多予乐捐。他关心民间疾苦，常设法救助贫寒群众；饥荒年份，他曾采集松针，研成粉末，兑入米汤，亲自试尝后向饥民推介。

民国初年，食盐由官府统营，称“官盐”，范坑一带民众的食盐均由上白石盐仓按户限量供应，而盐仓胥吏屡屡克扣斤两，民怨沸腾。陈少良见官府置若罔闻，发动数百民众，持扁担、拄杖，手臂上涂抹石灰为记，在上白石集结；一声暗号后，民众将盐仓的“官盐”哄抢殆尽。抢盐事件后，县政府以“秀才煽众造反”的罪名立案，并报省政府缉拿陈少良。少良急赴福州求救于业师、省参议员陈思化，经陈思化设法引见少良拜会省长疏通后，案件捱延未办，后不了了之。

民国23年（1934年），范坑蛇头村因有红军频繁活动，许多房屋遭国民党军方焚毁，村民缺少衣被过冬，陈少良从温州紧急购买一批棉衣、棉被，送至受难村落，以极低的价格济人度难。红军撤离范坑时，陈少良也曾暗中给予经费接济。

民国33年（1944年）七月，陈少良任县临时参议会候补参议员，翌年，当选为县第一届参议会参议员。

新中国成立后，福安县委、县政府邀请各界人士共商建设大计，陈少良受邀参加福安县人民政治协商会议，1957年3月，受聘为福建省文史馆馆员。

陈少良工诗善文，著有《尊孔录》（上下集）《易学管窥》四卷以及《教孝歌》《教悌歌》《至孝后编》《游南海咏》等。

1958年2月病逝，享年79岁。

林之棠

林之棠（1896—1964），字召伯，又字乐民。清光绪二十二年（1896年）生于福安。祖父是裁缝，父亲业儒、是私塾先生。民国九年（1920年），林之棠考入北京大学中文系预科，两年后升入本科，民国15年（1926年）毕业，获文学士学位。后又以优异成绩考取庚子赔款留学资格，但却为福建省有势者侵夺；遂节衣缩食，愤而自费赴日游学考察。民国26年（1937年）应武昌华中大学之聘，任中国文学系讲师，翌年，加入中华全国文艺界抗敌协会。不久随华中大学内迁云南大理。林之棠国学基础厚实，造诣颇深，潜心文字、音韵、训诂学，对《诗经》、词曲的研究尤深。民国28年（1939年），升为副教授，民国31年（1942年）升为教授，民国34年（1945年）升部聘教授；翌年，随校回迁武昌，任中文系教授兼系主任。1958年，支援东北地区办学，赴吉林师专、长春师专任教。1962年，任教于中央民族学院分院（今中南民族学院）中文系。林之棠著有《诗经音释》《中国文学史》《国学概论》《词释》《二千年来诗经异说总闻》《诗经虚字释例》《锦屏楼诗词草》《杜甫诗选集注》《务头论》等，译作有《世界名诗选译》（与戴惠琼合译）。

1964年3月10日逝世，享年68岁。

王仕成

王仕成（1899—1932），男，1899年11月出生于福安康厝畲族乡康厝村，1929年参加革命，任中共康厝梧桐支部委员。1932年秋，受江平同志指派，接受任务前往福安、周宁交界的屏风山，说服土匪江朝投诚，途经穆阳镇苏堤村时，被敌抓捕，次日被杀害于福安城关南门。1992 年 10 月 4 日，福建省人民政府追认王仕成为革命烈士。

缪邦镛

缪邦镛（1905—1993），字京九，更名苏明德，清光绪三十一年（1905 年）生于福安穆阳镇。民国 16 年（1927 年），先后就读于北京法政大学、北平大学法学院。民国 17 年（1928 年）在北平大学加入中国共产主义青年团。在校期间，积极联系就学于各地大中专院校的福安籍青年，回乡筹建以叶鉴清为首的国民党福安县党部，宣传三民主义，宣传联俄、联共、扶助农工三大政策，发动群众起来打倒列强、打倒军阀、打倒土豪劣绅。民国 18 年（1929 年）7 月，与同学连士升等，在京成立临时党团小组，利用暑假回乡时机，以举办“暑期义务学校”为掩护，开展革命宣传。民国 22 年（1933 年）被捕入狱。在狱中和法庭上，缪邦镛立场坚定，毫不动摇。出狱后，民国 24 年（1935 年），投身“一二·九”和“一·二六”抗日救亡运动。翌年 6 月，经中共河北省委批准赴延安，同年 10 月加入中国共产党。民国 26 年（1937 年）春，缪邦镛在北平《世界日报》上发表《评日德协定》等爱国文章，表达其反对法西斯的立场和勇于斗争的革命精神。抗日战争和解放战争时期，缪邦镛先后任陕甘宁边区保安处、公安厅科长，中共中央西北局社会部办公室主任等职。新中国成立后，历任西北军政委员会公安部副部长、党委书记，西北政法委员会委员，中共中央纪律检查委员会副秘书长，中央监委办公厅副主任等职。1958 年，调任西南政法学院党委书记、副院长，为西南政法学院的创建和发展做出贡献。

1979 年，缪邦镛离休。1993 年 3 月逝世，享年 88 岁。

陈兰如

陈兰如（1907—1994），女，清光绪三十三年（1907 年）生于福安城关一中医师家庭。民国 15 年（1926 年），陈兰如入福州女子师范学校就读。在学期间，常与福安籍革命青年陈铁民、郭宣宪、陆晋、郭宜懿等以及在榕的进步商业人士往来，得以涉猎一批进步书籍。民国 17 年（1928 年），陈兰如回到福安，接受陈铁民、郭文焕等革命者的领导，参加革命互济会纲领的宣传工作，先后赴穆阳、甘棠、溪柄、阳头、白岩等地，深入农村田头、家庭，利用与农民的谈心机会，宣传革命道理。民国 18 年（1929 年），福安县成立革命互济会，陈兰如任互济会妇女会主席，从此致力于互济会工作，常常在夜半三更与妇女会的姐妹在城乡的大街小巷张贴标语传单。为解决互济会活动经费问题，陈兰如奔走筹资，兴办蓖麻厂。当年至次年间，中共福建省委派姜敢（又名姜村民，沙县人，曾任共青团福州市委宣传部长、福州互济会负责人）到福安巡视工作，经姜敢和郭文焕介绍，陈兰如加入中国共产党。民国 19 年（1930 年），陈兰如和黄筱筝、陈端如 3 名党员组成第一个中共福安县妇女支部，陈兰如任支部书记。此后，随着革命力量的不断发展，上级来人渐趋频繁，她的工作更加繁忙，经常早出晚归，到设在后垅的地下活动点秘密处理、安排日常工作，或到农村乡镇宣传、发动妇女参加革命。民国 20 年（1931 年）12 月，县委采纳她的建议，在穆阳至福安城关必经之路的“十二润（转）”设伏，成功截获富豪搜刮的鸦片捐 1000 多块大洋，缓解了当时县委的财政困难。民国 23 年（1934 年），国民党军对福安苏区进行第三次“围剿”，陈兰如辗转避难温州等地，与党组织失去联系。

1994年病逝，享年88岁。

张志坚

张志坚（1908—1995），乳名张仁平、学名张际俭、号仲勤，曾化名张剑吟、陈健，清光绪三十四年（1908年）生于赛岐镇。民国18年（1929年）4月，在福州新时代中学读书时加入中国共产党，是福安最早的中共党员之一。民国20年（1931年）1月中旬，被派往厦门从事党的地下工作。同年3月25日，驻厦门的中共省委机关被国民党破坏后，他回到福州，后以交通员身份随邓子恢回福安从事革命活动。翌年9月，任中共赛岐特支书记。民国23年（1934年）1月，“赛岐暴动”后张志坚被捕，次年出狱，拟避往台湾经福州时再次被捕。出狱后，赴台湾经商。民国26年（1937年）回福安参加抗日后援会工作，翌年，以国民党赛岐镇联保主任兼区署办事处主任身份为掩护开展革命工作。同年夏，被撤职逮捕，关押5个月。民国28年（1939年）8月，任福建船舶总队独立第三中队副队长，翌年（1940年）四月又遭撤职并被捕。同年12月，被押往国民党三元（今属三明市）梅列集中营羁押。民国31年（1942年）初，保释出狱回到福安。同年4月至8月，任中共福安临时工委调查研究委员。民国33年（1944年）3月，省委《锻炼报》编辑孟起到福安建立县委时，与张志坚有联系。这一时期，张志坚任赛岐鱼市场副经理。抗日战争胜利后，张志坚以闽东渔会代表的身份加入闽海水产公司并任董事。民国35年（1946年）10月，受公司派遣，张志坚任连江县北茭渔业办事处主任。民国36年（1947年）年春回福安，中共闽东工委发动群众推选他为赛岐镇镇长，同年，张志坚频繁往返于闽台时在台湾被捕。翌年，押回福建省保安司令部，后转特种刑庭审办，民国38年（1949年）2月获释。新中国成立后，他参加工作。1982年4月，张志坚恢复党籍，为福建省港务局离休干部。1995年病逝，享年87岁。

缪细弟

缪细弟（1909—1935），男，1909年出生于福安穆阳镇中兴街，闽东工农游击队第十一支队战士。1935年3月，在送信途中遭遇陈家七民团，被捕后被枪杀于周墩区（现周宁县）端源。1991年6月，福建省人民政府追认缪细弟革命烈士称号。

陈　挺

陈挺（1911—2005），又名陈顺书，清宣统三年（1911年）四月生于福安潭头山头境村。民国十九年（1930年）加入中国共产党，翌年，参加福安秘密游击队。民国21年（1932年）7月，参加闽东北工农游击第一支队，九月，参加“兰田暴动”。民国23年（1934年）1月参加“赛岐暴动”。历任闽东红军独立第2团短枪队长、中国工农红军闽东独立师第2团5连连长、福（安）寿（宁）县独立营营长、中国工农红军闽东独立师特务队队长、第4团团长，第2纵队、第1纵队队长。曾率部转战闽东各地和闽浙边地区开展游击武装斗争，为建立、巩固和发展闽东革命根据地，坚持三年游击战争做出贡献。民国27年（1938年）春参加北上抗日，任新四军第3支队第6团1营营长。同年6月，赴延安“抗大”

一大队学习，次年九月结业。民国 29 年（1940 年），任江南人民抗日义勇军东路司令部第 2 支队支队长，六月，率部东进开辟澄（江阴）、锡（无锡）、虞（常熟）根据地和东路抗日根据地。民国 30 年（1941 年）1 月中旬，率第 2 支队在江阴桐岐村与出动“扫荡”的日军警备队遭遇，第 2 支队以密集的火力和勇猛的冲杀，不到两个小时即结束战斗。以极小的代价全歼日军 40 余名、缴获轻重机枪等武器，打击了日军的嚣张气焰、极大地鼓舞了江南人民的抗日斗志。东路指挥部领导在会议上称赞第 2 支队是“老虎支队”。皖南事变后，陈挺任新四军第 6 师 18 旅 52 团团长、泰州独立团团长、苏中军区特务第 3 团团长、苏浙军区第 4 纵队第 10 队长，参加了车桥、泰兴、铜城、天目山等战役战斗。解放战争时期，历任山东野战军第 1 纵队 l 旅 l 团团长、华东野战军第 1 纵队 l 师副师长、3 师代师长、第三野战军 20 军 60 师师长等职，参加了宿北、鲁南、莱芜、孟良崮、豫东、淮海、渡江、上海等战役。中华人民共和国成立后，历任福建军区第 3 军分区司令员、福建省军区福安军分区司令员、28 军 84 师师长。后赴解放军军事学院高级速成班学习深造，毕业后任福建省军区参谋长、副司令员，福州军区副参谋长、福州军区闽北指挥部副司令员，江西生产建设兵团副司令员、江西省军区副司令员，福建省军区副司令员、正军级顾问等职。1955 年，被授予中国人民解放军大校军衔，荣获二级八一勋章、二级独立自由勋章、二级解放勋章。1961 年，晋升少将军衔，1988 年 7 月，荣获一级红星功勋荣誉章。

2005 年 2 月 18 日逝世，享年 94 岁。

张白山

张白山（1912—1999），笔名如晦、伏吾犬、吾犬堂、圣予、弢庵、白灵等。民国元年（1912 年）生于赛岐镇廉首村。初中毕业后，考入福州省立理工中学，一年后到北平，民国 17 年（1928 年）考入汇文中学。民国 21 年（1932 年）高中毕业后，考入复旦大学，因交不起学费，改考杭州之江大学国文系就学。民国 26 年（1937 年）大学毕业后，曾参加上海救国会组织的抗日救亡活动，任柳湜主编的通俗文艺刊物《大家看》编辑。翌年到武汉，参加郭沫若领导的抗战工作，与胡绳、臧克家、姚雪垠等人组成文艺工作者队伍，到鄂北、鄂西宣传抗日。民国 28 年（1939 年），任邹韬奋、柳湜主编的《全民抗战》周刊特约记者。民国 30 年（1941 年）年底，在重庆加入中华全国文艺界抗敌协会。皖南事变后，张白山到省立桂林师范学校任教。次年，参加桂林文协，编辑《自由中国》。民国 32 年（1943 年）湘桂沦陷，返重庆，在四川省立教育学院、南开中学任教。抗战胜利后，在重庆参加民主运动，后因国民党当局追捕、逃亡上海，主编《新民报》文艺副刊、《商务日报》文艺周刊，同时与丰村等人合办《文化报》。解放战争期间，著有长篇小说《一江春水向东流》（1948 年上海作家书屋出版），翻译托尔斯泰中篇小说《主与仆》（1946 年上海现代文学出版社出版）和《袭击》、彼得格拉道夫的戏剧《卐字旗下》等。上海解放后，张白山任上海军事管制委员会文艺处文学室主任、上海市文化局科长，并应贺绿汀之约，兼任上海音乐学院文学教授。不久，调任上海文学艺术界联合会副秘书长。1950 年至 1952 年，任《解放日报》文艺副刊和《上海诗歌》编委。1955 年，调中国作家协会工作。1956 年，加入中国共产党，先后任《文学遗产》《文学研究》《文学评论》编辑、编委和编辑部主任。调中国社会科学院文学研究所后，曾任古代文学研究室副主任，主要研究唐宋文学，参加《唐诗选注》编写工作。

1999 年逝世，享年 87 岁。

郭虚中

郭虚中（1912—1971），字展怀，号砚池、剑池，民国元年（1912年）农历五月十八生于福安坦洋。曾祖郭尚宾，系清咸丰举人。

郭虚中幼时在私塾启蒙，塾师为清庠生、堂叔郭诵先。后转入湖山高级小学，改读新式课程。福建学院附中毕业后，到上海东亚大学国文专修科深造。

民国18年（1929年），郭虚中大学毕业，翌年，再入上海中国公学大学部文史系；民国23年（1934年），东渡日本留学，成为东京帝国大学的研究生，师从汉学家盐谷温治文学史。学成归国后，先在上海持志大学教国文，又得到郑振铎的举荐，受聘任商务印书馆编辑，参与《中山大辞典》编纂。后历任暨南大学文学院、英士大学教授。抗日战争时期，壮怀激烈，创作不少忧世哀时的作品。

新中国成立后的1950年8月，郭虚中任福建师院中文系教授，旋兼系主任。1951年9月，改任史地系教授、系主任，兼教育工会主席。1952年8月，福建师院并入福建大学，任历史系教授。1953年8月，福建大学改为福建师院，任历史系教授、系主任，是福建省人大代表，兼任省政协文史委员会副主任、省民盟委员，以及省历史学会领导等职务。

郭虚中的著作与译著主要有:《白居易评传》《青年文学知识》《残余集》《中国文学发凡》《文学研究法》《中国绘画史》《交通经济总论》《殿怀诗词残稿》等。早年著译有《中国民族文学史》《中国战争文学论》《中国政治制度史》《中国书法史》等，但均佚于战火。"文化大革命"中，《刘知几史通研究》书稿也因抄家散失。

1971年9月病逝，享年59岁。

刘浑生

刘浑生（1914—1992），字勖中，民国3年（1914年）生于湾坞半屿村，从小聪敏过人，10岁便能吟诗作赋，被人称为"神童"，其才能得到国民党海军上将萨镇冰的赏识，资助他到福州求学。民国23年（1934年），刘浑生考入福建警官训练所（警官学校），民国26年（1937年），毕（肄）业于警官学校第一期。

民国33年（1944年），刘浑生在莆田县警察局长任内办理某劫案时，被指控"故纵案犯"，在获悉省政府下令将他"撤职查办"的消息后，即弃职往建瓯，投奔原省警官训练所的老师、任军统东南特种技术训练班副主任的林超少将。

同年，林超委派刘浑生往闽东沿海勘察"盟军登陆点"，一个多月后，又接受任务，赴莆田乌丘屿夺取日方搜集的中国东南沿海气象资料。民国34年（1945年）3月中旬，刘浑生带领装扮成渔民的50名突击队员，分乘五条"走私船"再次夜袭乌丘屿，炸毁油库，摧毁灯塔，歼敌21名，并获取了42册海洋气象资料，胜利归来。

民国36年（1947年），刘浑生调任厦门市警察局主任秘书，秘密参与张圣才组织的地下革命活动。刘浑生利用职务的掩护，积极营救民主人士和革命者。安溪县地下党苏忠琴在同安县被中统特务逮捕，羁押县公安局，刘浑生出面通过局长陈汉青斡旋，得以释放。厦门大学历史系主任罗志甫因掩护地下党的革命活动，遭到国民党当局迫害，列为“黑名单”首名，危难中幸得张圣才、刘浑生等人的救护脱险。民国38年（1949年）8月，刘浑生、张圣才从厦门撤归闽中解放区，10月17日，刘浑生随解放大军进入厦门，接受军管会任务，在裕康船务行开展政治工作，组织船员冲破海上封锁，恢复厦门与香港的海运交通。

新中国成立后，刘浑生调福建省军区对外联络处，曾被派往香港从事统一战线工作。

离休后，刘浑生定居鼓浪屿内厝沃，撰写革命回忆文章，参加文化活动。

刘浑生撰有《国民党反动派统治时期福建警界内幕》《从“劫收”到解放》《抗战胜利后厦门伪警察局》《夜袭乌丘屿》等回忆录以及诗词若干。

1992年病逝，享年78岁。

黄　烽

黄烽（1916—2001），原名黄宝澄。民国5年（1916年）生于穆阳苏堤村。上海沪江大学肄业。民国27年（1938年）3月参加新四军，分配在军部特务营2连，同年，加入中国共产党。后被调到第3支队6团，在团政治处从事党务工作，任技术书记。当年秋天，随团挺进茅山，和兄弟部队一起创建了以茅山为中心的苏南抗日根据地。民国28年（1939年）秋，所在部队以江南人民抗日义勇军（以下简称“江抗”）名义东进，任团总支书记，积极开展对敌斗争，给当地“忠义救国军”以沉重打击，初步建立起东路地区抗日游击根据地。后“江抗”奉命西撤，黄烽留在阳澄湖一带养伤，是36个伤病员之一。养伤期间，坚持斗争。20世纪60年代上演的沪剧《芦荡火种》（后改编为京剧《沙家浜》）就是以“江抗”斗争的背景创作的。当年11月，“江南抗日义勇军东路司令部”成立。黄烽任新的“江抗”政治处副主任，一度兼任战地服务团团长，积极开展文艺宣传活动，战时参与组织救护工作。民国30年（1941年），日军加紧“扫荡”和“清乡”，黄烽奉命调江北新四军第6师18旅52团，参加反“扫荡”，次年12月，任整编后的52团政治处副主任。后上级决定将52团3营和高宝团合并为高宝独立团（后又改编为高邮独立团），黄烽任团政治处主任。民国34年（1945年）夏，兼任高邮独立团副政治委员、苏中军区第一军分区特务第2团（旋即改编为2旅5团）政治委员，参加了洋沟娄、丁沟、车桥、宝应、兴化、盐城、高邮等战役战斗。解放战争时期，黄烽任华中野战军7纵队59团政治委员、华东野战军11纵队32旅95团政治委员、旅政治部主任，中国人民解放军第三野战军第29军86师政治部主任、副政治委员。参加了苏南反“清乡”战斗以及苏中、盐城、涟水、济南、淮海、渡江、上海、福州、漳厦等战役战斗。在苏中战役中，黄烽率部开展3次邵伯保卫战，在兄弟部队配合下，浴血奋战4昼夜，粉碎了国民党军整编第25师主力在炮兵和飞机、炮艇配合下的进攻。中华人民共和国成立后，黄烽任中国人民解放军第29军86师政治委员、空军第11师政治委员、空军政治部群众工作部部长、福州军区空军政治部副主任、主任。1955年，黄烽被授予中国人民解放军大校军衔，1964年，晋升为少将。1957年，荣获二级独立自由勋章、二级解放勋章。1988年，被授予独立功勋荣誉章。1982年，黄烽离休后，先后写了20多篇回忆文章，在多家报刊发表。与陈挺合编的《闽东健儿征战录》，由福建教育出版社出版。编写的《汉英常用军语词汇》，于1987年由福建人民出版社出版。

2001年9月病逝，享年85岁。

黄志远

黄志远（1918—1995），原名黄运筹，民国7年（1918年）5月生于穆阳苏堤村，少年时就读于福安烎山中学。民国20年（1931年）参加反帝大同盟及互济会。民国27年（1938年）年初，经中共党组织介绍到新四军福州办事处工作，不久跟随杨采衡大队北上皖南，任新四军第3支队6团军需处军需。当年9月下旬，新四军第3支队6团东进江苏茅山地区，黄志远为开辟苏南抗日根据地和保障部队军需做了大量艰苦工作。1939年1月，黄志远加入中国共产党，同年7月调任1支队2团供给处主任。此后至抗战胜利，他先后担任新四军苏北指挥部第2纵队供给部部长，新四军第1师2旅供给部部长，1师供给部部长，1师兼苏中军区直属供给部部长，苏浙军区供给部副部长等职。参加了全歼延陵之敌战斗、贺甲战斗、黄桥战役。“皖南事变”后，参加讨伐国民党苏鲁皖地区游击挺进军副总指挥李长江部战斗，强攻裕华镇战斗，周城战役，长兴、泗安战役，三次反顽战役等大小数十次战斗。

解放战争时期，黄志远先后担任华中军区供给部副部长兼华中野战军供给部部长，华东野战军第6纵队后勤处处长、供给部部长，华东野战军第6纵队特务团副团长、第6纵队炮兵团参谋长、副团长等职。参加过苏中七战七捷战役、二次涟水保卫战、莱芜战役、孟良崮战役、豫东战役、淮海战役、渡江战役和上海战役。在“一切为了前线”的口号下，想方设法，发挥最大潜能，及时为一线作战部队提供最好的补给。黄志远调任一线部队后，带领部队圆满地完成战斗任务，多次受到上级的赞赏和表扬。

中华人民共和国成立后，黄志远历任第三野战军第24军炮兵团代团长、第三野战军第24军后勤部部长、华东军区后勤部训练处处长、中国人民解放军第24军后勤副军长、上海警备区后勤部部长、中国人民解放军江苏生产建设兵团副司令员、南京军区后勤部副部长、顾问等职。1955年，他被授予上校军衔，1960年晋升大校军衔，荣获二级独立自由勋章、二级解放勋章。1988年，被授予中国人民解放军独立功勋荣誉勋章。

1995年5月逝世，享年77岁。

吴增德

吴增德（1932—1994），1932年10月生于上白石财洪村，中共党员。1952年8月参加工作，任上白石供销社人事干部，1954年1月，调任福安专区供销社财务股股长、专区监察处监察员，1958年至1970年，先后任霞浦县委农工部干事、县农业局副局长、城关区委副书记、牙城区委书记、牙城公社革委会主任、牙城公社党委书记，1971年1月，任中共霞浦县委常委，1975年3月，任宁德地区农委主任、地委常委，1983年12月，任宁德地区行署副专员，1992年8月，任宁德地区行署正厅级调研员。

1984年，吴增德率团赴日本考察、洽谈商务，按规定国家发给每人每天住宿费8400日元。在出访的半个月中，他坚持不住高级宾馆，省吃俭用，将节约下来的10多万日元旅差费全部上交，《福建日报》曾作专题报道。吴增德担任宁德地区农委主任、中共宁德地委常委、行署副专员期间，对地委、行署实施“三色企业”的总体部署进行探索。1991年，他提出“1153”农业综合开发工程的山海资源开发新思路（即至 1995 年年底实现全区林地面积 66.66 万公顷，茶果面积 6.67 万公顷，水电装机容量 50 万千瓦，水产品总量 30 万吨），使宁德地区农业综合开发达到一个较高层次。在担任宁德地区农校名誉校长期间，在他的推动下，该校成为全省办学形式最多的农业中专学校。1991 年，农业部在昆明召开“全国农业中专改革、建设和发展研讨会”，他受邀在会上介绍地区农校办学的经验。他为加强民族团结、落实民族政策、发展民族经济做了大量工作。同时，他关注残疾人康复工作，先后获得“全国民族团结进步先进个人”“全国残疾人三项康复先进工作者”荣誉。

为发展闽东水利水电事业，吴增德花 10 多年时间致力创建闽东区域电网体制。1991 年，在他倡导下，组建了闽东老区水电开发公司。1992 年 6 月至 1993 年 4 月，在筹建穆阳溪梯级水电站期间，他感觉身体常常不适，却无暇医治，五上北京申报该电站项目，奔走于国家计委、水利部、扶贫办之间，直至 1994 年 1 月国家计委批准该电站立项后，他才返回福建住院体检，确诊为肝癌中期和糖尿病。同年 4 月，他任穆阳溪水电开发有限公司董事长，仍吩咐家人和身边工作人员不要公开他的病情。开过公司的第一次董事预备会后，由于病情趋重才住院治疗。是年 12 月逝世，享年 62 岁。

陈聪銮

陈聪銮（1933—1996），1933 年 1 月出生，1949 年初中毕业后（16 岁），参加中国人民解放军，先后参加了解放舟山群岛战役和闽浙边剿匪战斗。1952 年赴朝参加抗美援朝战争，在一次执行战斗任务时光荣负伤，被评为三等甲级残废，并获朝鲜人民民主共和国二等军功章。1956 年 1 月加入中国共产党，历任部队宣传干事、股长、科长、团政委、师政委、军政治部副主任等职；先后 9 次荣立三等功，多次受到上级嘉奖并评为优秀党员和优秀政工干部，1988 年获中央军委授予的胜利功勋荣誉章。

1996 年 1 月 28 日逝世，享年 63 岁。

吴增兴

吴增兴（1953—1983），1953 年生于福安城关。1971 年 1 月入伍，1974 年 4 月加入中国共产党。历任报务员、电台台长、中国人民武装警察部队西江直属第二支队司令部通信参谋等职。曾 7 次立功受奖，多次被评为训练技术标兵。

1983 年 9 月 13 日，持枪残害干警群众 20 余人后逃至南方的东北悍犯“二王”行踪在江西广昌暴露，武警部队展开围捕“二王”的行动，吴增兴主动请求赴广昌参加围捕行动，获准后，给妻子发信说明，“为保障人民安全，中秋节不能回家看望父母妻儿。”在围捕战斗中，吴增兴严密组织通信联络，指挥畅通。9 月 18 日，抓捕进入关键时刻，因地形复杂，队伍分散，步话机失去作用；紧急关头，吴增兴建议用大功率电台改变频率，保证了命令的及时下达。战斗打响后，一罪犯被击毙，另一罪犯躲进灌木丛。吴增兴不顾生命危险，继续搜索，同时用话机向现场指挥部报告情况，罪犯发现吴增兴后，连续向他射击五枪，身负重伤的吴增兴锁定目标、坚持向罪犯连开四枪，武警战士也向罪犯射击，当场击毙罪犯。而吴增兴因负重伤，抢救无效牺牲。中国人民武装警察部队追授吴增兴“身先士卒的好参谋”荣誉称号，并颁发二级英模奖章。

李兴富

李兴富（1958—1997），1958年8月生于福安阳头。曾就读于阳头中学、福安一中。1976年，李兴富高中毕业，上山下乡插队于福安县下白石镇外山村。1978年，应征入伍到漳州某部队服役，4年军旅生涯、3次受到嘉奖。1982年，转业到福安商业局食品公司工作，同年底调入福安县公安局，先后在坂中畲族乡派出所和预审科任户籍、内勤警务工作。1996年4月，升任穆阳公安分局副局长。在公安工作岗位上，李兴富认真履行职责，秉公执法，为警清廉，先后7次受到福安市公安局的表彰。

1997年5月9日14时，穆阳公安分局接到群众举报：潜逃3年的穆阳"蜘蛛帮"流氓团伙骨干、嫌犯驾一辆摩托车，从康厝畲族乡朝穆阳镇方向驶来。值班的李兴富迅速率领民警、联防队员驾一辆吉普车抄近路赶往康厝畲族乡拦截追捕。吉普车在康厝畲族乡南洋村附近与嫌犯相遇，嫌犯慌不择路、摩托车翻倒在地。李兴富率先打开车门，朝他扑去，民警、联防队员也迅速上前，共同将嫌犯捕获，推进吉普车。当警车调头时，嫌犯突然拔出腰间的钢珠手枪，正要上车的李兴富见状大声示警："有枪！"当即扑向嫌犯，嫌犯见李兴富扑来，扭转枪口朝他胸部开枪，李兴富被击中倒地，车上民警迅速将嫌犯制服，而李兴富却壮烈牺牲，年仅39岁。

李兴富牺牲后，中共宁德地委、福安市委追认他为优秀共产党员；1997年11月，福建省政府授予李兴富革命烈士称号，1998年2月，公安部授予李兴富"全国公安系统二级英雄模范"称号，福安市委、市政府，宁德地委、行署先后发出通知，号召党员和干部向李兴富学习。

许建雄

许建雄（1967—1992），男，1967年10月出生于福安市溪柄镇茜洋村。1992年3月31日，在茜洋溪为抢救落水学生黄兰春而英勇献身。1994年7月15日，福建省人民政府授予许建雄革命烈士称号。

陈　华

陈华（1972—1994），男，1972年1月出生于福安溪尾镇溪尾村，厦门市湖东建材厂职工。1994年1月9日，在厦门市思明区莲坂埭头村与持刀歹徒英勇搏斗时牺牲。1995年福建省人民政府授予陈华革命烈士称号。

林碧玲

林碧玲（1973—1995），女，1973年生于康厝畲族乡苏坂村普通农家，共青团员。1992年9月，她考入福建银行学校。在校曾取得了银行学校首届点钞比赛第一名，海峡两岸通信珠算比赛二等奖。1994年1月，中国珠算协会为她颁发普一级水平的技术证书。1994年8月，林碧玲分配福安市农业银行康厝营业所工作。

1995年2月24日20时30分左右，两个蒙面歹徒潜入银行营业所抢劫金库。在近一个半小时里，歹徒用尽各种折磨威胁手段，企图从林碧玲口中获得金库钥匙密码，林碧玲临危不惧，被刺数刀后，仍拒绝泄露金库钥匙密码保住了57.4万元；歹徒一无所获后，遂残忍将她杀害。案件于同年3月8日告破，凶手追捕到案。同年，林碧玲被公安部追授“全国见义勇为先进分子”荣誉称号，全国、省妇联先后追授她为“三八红旗手”，省政府追授她省“五一劳动奖章”获得者，宁德地委、行署和福安市委、市政府也先后追授林碧玲荣誉称号，省农行向全省做出了向林碧玲同志学习的决定。

黄　毅

黄毅（1974—2000），男，1974年9月生于福安城关，1997年7月，毕业于集美大学体育教育专业，1998年6月加入厦门市交警支队，是厦门市交警支队高速公路大队后垵中队的民警、科员、三级警司。

2000年7月6日晚9时，在全省统一开展为期一周的交通安全专项治理行动中，黄毅和同事在中队领导的带领下，前往高速公路厦门马巷进出口处设点检查车辆。7日0时25分左右，黄毅发现高速公路入口驶来一辆大货车，便指挥其靠右停车、接受检查，司机却立即掉转车头企图逃离。黄毅疾步上前，跳上驾驶室踏板制止，并几次责令驾驶员立即停车接受检查，驾驶员反而加大油门加速行驶，并猛打方向盘将黄毅甩下车之后，又驾车碾压黄毅的身躯，黄毅当场牺牲，年仅26岁。

同月，共青团厦门市委做出追授他为“特区青年卫士”“厦门市优秀共青团员”称号的决定，号召全市团员青年学习他的先进事迹；厦门市公安局追授他“厦门市优秀人民警察”的荣誉称号；厦门市交警支队也要求全体交警向黄毅同志学习；2001年9月，福建省公安厅追记黄毅个人一等功；2004年8月，福建省政府追授黄毅为革命烈士。

陈　华

陈华（1977—1992），男，1977年6月出生于福安市赛岐镇万寿街，福安二中学生。1992年6月29日下午，因奋力抢救落水的同学阮某而英勇献身，年仅15岁。1994年7月15日，福建省人民政府授予陈华革命烈士称号。

池新新

池新新（1987—1999），女，1987年生于福安阳泉村农家，福安市第四中学学生。1999年10月1日上午，因奋力抢救游泳溺水的郑某某、郑某某同学而英勇献身，牺牲时年仅12岁。2002年4月5日，福建省人民政府授予池新新革命烈士称号。

第二章 人物表

表 30—1 1991—2005 年福安籍获博士学位（博士生导师、博士后）人员一览表

姓名	性别	出生年月	类型	授予单位及专业	授予时间
王 宇	女	1966.04	博士	南京大学	2004
王 峰	男	1974.12	博士	美国纽约州立大学国际经济专业	2002
王 蕾	女	1963.10	博士	美国南加州大学	1991.08
王文锋	男	1965.08	博士	日本东京大学	1998
王世光	男	1955	博士	丹麦哥本哈根大学超导学	1983
王荣光	男	1966.07	博士	美国哈佛大学数学专业	1989
王忠良	男	1965.08	博士	加拿大多伦多大学	1998.09
王建锋	男	1973.01	博士	厦门大学细胞生物学与肿瘤细胞工程专业	2004
王楚端	男	1968.09	博导	中国农业大学动物科技学院博士生导师	1995.07
王超杰	男	1965.03	博士	美国俄亥俄州某大学	1993
冯钰锜	男	1962.11	博士	日本千叶大学自然科学专业	1996
兰邦华	男	1975.09	博士	中国社会科学院管理学专业	2002
刘宜晋	男	—	博士后	美国斯坦福大学电子工程系	—
刘重华	男	1963.10	博士	加拿大新斯科舍技术大学电讯学系	1992
刘恒杰	男	1966.06	博士	—	2005.04
孙卫平	男	—	博士	美国港侨大学历史经济学	1996
孙允倜	男	—	博士	美国西密斯大学图书情报学专业	1994
汤立群	男	1966.11	博士	中国科学技术大学现代力学系固体力学专业	1994.07
阮 健	男	1963.04	博士	哈尔滨工业大学	1989.07
阮禄章	男	1975	博士	兰州大学动物学专业	2004
阮福明	男	—	博士	中国科学技术大学物理电子学专业	2005
苏 辉	男	1971.12	博士	1998 年中国科学院福建物质结构研究所物理化学博士，2004 年美国新墨西哥大学电子工程系光学专业	2004
苏瑞隆	男	1962	博士	美国西雅图华盛顿大学东亚系	1994

续表 30—1

姓名	性别	出生年月	类型	授予单位及专业	授予时间
李　雄	男	—	博士后	北京航空学院化学研究所	—
李茂青	男	1953.12	博导	厦门大学信息科学与技术学院博士生导师	—
李松鹰	男	1961.09	博士	美国匹兹堡大学数学专业	1988
李超忠	男	1968.05	博士	中国科学院上海有机化学研究所	1993.07
李锦堂	男	—	博士	浙江大学数学系	2000
李耀华	男	1969.07	博士	中国科学院北京天文台	1999.8
杨周旺	男	1974.12	博士	中国科学技术大学计算数学专业	2005.07
杨锦昌	男	1976	博士	中国林科院森林培育学专业	2004.07
吴卫东	男	1967.08	博士后	美国纽约大学物理学	1988
吴伏章	男	—	博士	上海同济大学	—
吴志英	女	1967.08	博士	同济医科大学神经病学专业	1999
吴其光	男	1963	博士	美国哈佛大学	1993
应少明	男	—	博士	中国科学院福建物质结构研究所物理化学专业	—
沈妙青	女	1966.04	博士	美国宾州大学植保专业	2003
张　炯	男	1933	博导	中国文学函授大学校长、博士生导师	—
张承瑞	男	1957.07	博士	山东工业大学机械制造及其自动化专业	1995
张绍铃	男	1961.12	博士	日本国立三重大学生物资源学专业	1999.7
张洋凌	男	1963.03	博士	美国卡尔基梅大学核物理学	1983.08
陆定原	男	1975.10	博士	德州大学奥斯汀分校电子工程专业	2005
陈　龙	男	1964.02	博士	胸心外科临床医学	1993.07
陈　仲	男	—	博导	桂林电器科学研究院院长、博士生导师	1994
陈长松	男	—	博士	中国科学技术大学数学专业	—
陈方若	男	1965	博士	美国宾夕法尼亚大学沃顿商学院	1992.07
林　新	男	1962.09	博士	日本东北大学	1988
林绍忠	男	1960.03	博士	河海大学	1988
林晓东	男	1976.08	博士	美国普杜大学	1996.07
林道锦	男	1978	博士	清华大学土木工程专业	2003
林锦富	男	1961.10	博士	桂林工学院	1995
林瑞基	男	1963.07	博士	浙江大学管理工程专业	1996
郑　隽	女	1971.01	博士	美国俄亥俄州立大学	1993

续表 30—1

姓名	性别	出生年月	类型	授予单位及专业	授予时间
郑仁慧	男	1979.09	博士	中国科学技术大学化学物理专业	2005
郑剑虹	男	1968.10	博士	西南师范大学心理学专业	2004
郑建华	男	—	博士	—	—
徐宗玲	女	1959.11	博士	香港大学哲学系（经济学专业）	1995.08
徐晓阳	女	1972.10	博士	厦门大学管理学院会计学专业	2001.09
施小斌	男	1970.07	博士	中国社会科学院地质研究所、中国科学院（地球物理专业）	1998
姜　标	男	1962.11	博士	兰州大学与中国科学院上海有机化学研究所联合培养	1988
翁晓健	男	1974.11	博士	厦门大学法学专业	2003
高荣雄	男	1969.09	博士	华中科技大学道路与桥梁工程专业	—
郭　方	男	1962.06	博士	日本东京医科大学	1998.04
郭　涛	男	1947.05	博士后	沈阳军区总医院	—
郭　毅	男	1974	博士	厦门大学经济学专业	2004
郭隐彪	男	1962	博士	日本东北大学中日联合培养	1997.05
黄　鹏	男	1962.06	博士	北京地质大学地质学	1988
黄　静	女	1956.12	博士	英国伦敦大学英皇教育学院	1993
黄　震	男	1968.11	博士	美国哈佛大学	1992.07
黄忠耀	男	1967.02	博士	上海第二医科大学心血管外科	1998.06
黄建忠	男	1975.11	博士	华中科技大学计算机系统结构专业	2005
温琳清	女	1969.10	博士	美国麻省理工学院	2001.6
詹招发	男	1963.04	博士	法国奥尔良大学	1988
蔡江珍	女	1966.02	博士	苏州大学文学专业	2004.07
缪晓青	男	1959.05	博导	福建农林大学蜂学学院	2005.12
缪圆冰	女	1980.06	博士	同济大学土木工程学院地下建筑与工程系地下结构专业	2005.12
薛立新	男	—	博士	美国南卡州克莱门森大学	1996.08
薛祖云	男	1963.07	博士	厦门大学管理学院会计学专业	1999
戴立挺	男	—	博士	加拿大多伦多大学计算机网络专业	2003

表 30—2 1991—2005 年福安籍在外副处级以上干部（含部队）一览表

姓　名	性别	籍贯	出生年月	任职情况
丁玉钊	男	福安	1955.01	闽东能源投资有限公司总经理
丁泽仁	男	福安	—	宁德军分区作训科科长
王鹤洲	男	阳头街道	—	沈阳化工集团有限公司副总经理（副厅）
马　雄	男	溪柄	1956	宁德市中级人民法院副处级领导
马　勤	男	赛岐	1961.03	宁德市发展和改革委员会党组成员、纪检组长
马子文	男	溪柄	—	北京某海军政治处处长
马少云	女	城阳	1954	宁德地区统计局局长
马腾辉	男	溪柄	1966	省农行大客户部副总经理
王　芳	女	福安	1963.09	省人大常委会办公厅外事处处长
王小飞	男	福安	—	福建省武警总队团级教员
王玉连	男	穆阳	1946.04	宁德地区农委主任
王幼奇	男	福安	—	宁德地区公安处助理调研员
王成全	男	上白石	1952	福建省高级人民法院一庭庭长
王寿怀	男	穆阳	1932.12	宁德地委党校党委书记
王孝基	男	福安	—	政协周宁县委员会副主席
王苏平	男	福安	—	屏南县公安局局长
王松振	男	上白石	1949.05	宁德市工商局正处级调研员、纪检组长
王润秋	男	福安	—	宁德地区检察院副处级检察员
王梓树	男	穆阳	1950.10	中共宁德地委党校党委副书记、副校长
王智桢	男	穆云	1968.06	福建省委办公厅综合处处长
王瑞清	男	甘棠	1961.09	福建省科技管理干部学校常务副校长
文闽和	女	溪柄	1955	莆田工商银行纪委书记、省工商银行监察室主任
叶干铃	男	松罗	1956.03	中共福鼎市委书记、宁德市委常委
叶仕明	男	溪柄	—	宁德市驻上海联络处主任
叶木全	男	福安	1955.12	福安师范学校校长兼党总支书记
叶起鹰	男	福安	—	宁德华宁实业有限公司副总经理
冯　玲	女	福安	1969.04	福建省气象人才交流培训中心主任（正处级）
冯乐成	男	溪潭	—	解放军北京军区党校教授、少将，北京警备司令部政治部主任
冯廷佺	男	溪潭	—	福建省人大常委会农村经济委员会副主任
冯明钦	男	溪潭	—	霞浦边防大队政委
朱桂芽	男	福安	—	重庆师范学院副院长

续表 30—2

姓　名	性别	籍贯	出生年月	任职情况
刘　敬	男	福安	—	宁德地区医药站经理
刘少辉	男	溪潭	1959.12	宁德市经济体制改革委员会办公室副主任（主持工作）、综合改革试验区办公室常务副主任
刘庄生	男	福安	—	地区科委副主任
刘寿国	男	福安	1953.07	福建省茶科所书记
刘秀春	男	溪柄	—	商务部商务司副司长
刘秀峰	男	溪柄	—	福建省水利厅纪检书记
刘卓雄	男	福安	—	宁德师范高等专科学校校长
刘宗廷	男	溪潭	1959.04	福建闽东电力股份有限公司党委副书记、总经理
刘明祥	男	赛岐	1953.05	武警宁德地区边防支队后勤处长
刘秉辉	男	溪柄	1943.09	周宁县委常委、副书记、政协主席、代县长、县长，福安市政协主席
刘思忠	男	福安	1958.05	宁德市工商局副局长
刘振辉	男	穆阳	1964.05	宁德市国土局副局长
刘晓强	男	溪柄	1964.3	福州市政府副秘书长，人大常委会党组成员、秘书长
刘锐志	男	穆阳	1947.01	宁德地区气象局副局长
刘德灿	男	溪柄	1942.1	宁德市计量局局长
池　浩	男	城关	1960.01	宁德市土地收购储备中心副主任
池玉青	男	福安	—	福建省九建公司宁德分公司总经理
池丽玉	女	福安	1958.06	霞浦县人民检察院检察长
许文贵	男	福安	1958	宁德地区环保局副局长
许青云	男	穆阳	1963.08	柘荣县县长
阮生贵	男	城关	1944.02	宁德行署地直机关党委副书记
阮永光	男	溪柄	1959.06	宁德市劳动和社会保障局副局长，宁德市农业局党组书记
阮松梅	女	城关	1952.11	任宁德地区审计局纪检组长
阮荣玲	男	福安	—	宁德地区行署副秘书长
阮朝阳	男	下白石	1947.1	解放军总后装备部综合计划部部长、少将军衔
阮瑞华	男	溪柄	—	福州市地税局党委书记
阮嘉明	男	下白石	1960.11	武警福州支队政委、政治部副主任
阮慧玲	女	福安	1971.04	省人大常委会研究室宣传信息处副处长
苏　光	男	福安	1958.06	宁德市公安局副局长
苏玉明	男	溪柄	—	福州市保险公司经理
苏邦元	男	湾坞	—	解放军某部副团长

续表 30—2

姓　名	性别	籍贯	出生年月	任职情况
苏昌明	男	福安	—	宁德地区农业学校调研员
苏宝盛	男	甘棠	1944.08	宁德地区工业交通干部学校校长
苏建平	男	福安	—	柘荣县法院院长
苏树波	男	松罗	1961.03	中共屏南县委副书记
苏顺声	男	甘棠	1962.06	中共宁德市纪委常委、秘书长
苏祥荣	男	甘棠	1947.12	宁德市（蕉城区）人大常委会主任
李　平	男	福安	1955年	福建省总工会干部学校校长
李　伦	男	福安	1942.01	宁德地区建设委员会主任
李玉寿	男	上白石	1955.06	宁德地区边防检查站政委、党委书记
李志同	男	福安	—	宁德地区医药站副处级调研员
李志堂	男	溪柄	1950.01	厦门市海洋管理局局长
李志棠	男	溪柄	1950.08	国家海洋局第三研究所党委书记
李旺平	男	福安	1954.09	中共柘荣县委常委、宣传部部长，宁德市委党校常务副校长
李国华	男	福安	1952	柘荣县委常委、人武部政委、武装部部长
李顺兴	男	溪潭	1941.11	宁德地区旅游局副局长
李炳祥	男	福安	—	政协柘荣县委员会副主席
李康增	男	福安	1952.8	宁德市闽东医院党委书记
李晓华	男	—	—	西藏自治区科技厅副厅长
李惠长	男	潭头	1962.08	宁德市闽东医院副院长、宁德市政协常委
李瑞华	男	福安	—	宁德检察院副处检察员
李群豪	男	下白石	1957.09	宁德市体委主任、宁德市体育局局长
李毓松	男	福安	1940.10	宁德地区第一医院院长
杨金柱	男	赛岐	1989.08	寿宁县人大常委会主任
吴　震	男	福安	1952.05	宁德地区地质矿产局局长
吴旭辉	男	福安	1959.09	宁德市外经贸局（委）副局长（主任）
吴坛松	男	福安	—	宁德石油分公司经理
吴其灿	男	福安	—	宁德地区燃料公司书记
吴国辉	男	溪柄	1939.4	福州市邮政发行公司经理
吴顺兴	男	社口	1958	福建省公路局局长
吴振春	男	福安	—	福鼎边防大队教导员
吴增德	男	上白石	1932.10	宁德地区行署副专员、正厅级巡视员

续表 30—2

姓　名	性别	籍贯	出生年月	任职情况
吴毅荣	男	福安	1962.10	宁德地区水利水电局局长、党组书记
张　宏	男	溪柄	1956.01	福州市工商局局长、福州市政府秘书长
张　炯	男	福安廉首	—	中国作家协会副主席、中国社会科学院文学研究所所长。
张水松	男	甘棠	1958.12	中共周宁县委副书记、周宁县县长
张方舟	男	福安	1948.07	福建省茶科所副所长
张吉波	男	福安	1940.11	宁德地区检察院副处检察员、技术处处长
张建国	男	福安	1958.07	古田县检察院检察长
张鼎华	男	福安	—	宁德地区中级法院副院长
张赛英	女	甘棠	1947.09	宁德地区物委副主任
陈　龙	男	福安	1964.02	南京军区福州总医院心胸外科主任医师、博士生导师
陈　东	男	福安	—	西安陆军学院信息研究室主任、副教授
陈　青	男	福安	1963.09	中共福建省纪委副处级监察员
陈　青	男	福安	—	宁德陆军预备役海防团政治处主任
陈　柏	男	穆阳	—	宁德师范高等专科学校校长
陈　辉	男	福安	1964.08	中共福建省纪委二室副处监察员
陈　聪	男	下白石	1956.11	福州市检察院检察长
陈乃云	男	福安	—	宁德军分区后勤部部长
陈水金	男	穆阳	1953.12	宁德地区经委副主任
陈世进	男	溪潭	1942.05	宁德市人大常委会助理巡视员、法制办主任
陈石玉	男	上白石	—	河南开普集团公司党委宣传部副部长、党校常务副校长、政研会秘书长
陈石兴	男	甘棠	—	建阳县人武部政委
陈平玉	男	福安	1953.12	周宁县委常委、县人武部政委
陈奶云	男	福安	—	宁德军分区后勤部部长
陈幼而	男	赛岐	1944.11	宁德地区档案局局长
陈成光	男	溪尾	1946.02	宁德（地区）市粮食局副局长、调研员
陈尧华	男	福安	—	中共宁德地委办副主任
陈向民	男	穆云	1954.07	宁德市邮政局副局长
陈行健	男	福安	—	宁德地区行署办副主任
陈安松	男	福安	1946.12	宁德市工商局工会主席
陈佑年	男	福安	1948.10	宁德市人大常委会研究室主任
陈伯寅	男	湾坞	1949.06	宁德地区地税局副局长

续表 30—2

姓　名	性别	籍贯	出生年月	任职情况
陈伯清	男	福安	1944.01	福安师范学校校长兼党总支书记
陈应榕	男	穆云	1943.08	宁德地区供销社主任、财委调研员
陈良明	男	城阳	1957.09	宁德地区地税局副调研员兼稽查局局长
陈奇俊	男	潭头	1944.11	宁德港务局副局长
陈奇瑞	男	赛岐	1950.03	宁德地区国家安全处副处长
陈旺玉	女	福安	—	政协宁德地区工委联络处处长
陈国金	男	穆阳	—	中国人民解放军江苏镇江干休所政委
陈昌东	男	福安	1965.01	柘荣县政府副县长
陈学勤	男	福安	1963.05	宁德陆军预备役团政治处主任
陈荣冰	男	福州	1950.10	福建省茶科所所长
陈品云	男	湾坞	1952.05	宁德地区法院庭长
陈祖雄	男	溪柄	—	泉州市广播电台台长
陈振庄	男	福安	—	政协宁德市委员会副主席
陈恩沛	男	韩阳	1949.08	福建省石化中心主任兼省技术创新中心主任
陈铁晗	女	福安	1970.10	永安市人民政府副市长
陈健夫	男	福安	1967.08	宁德市红十字会常务副会长
陈浩志	男	穆阳	1952	宁德地区文联副主席
陈海青	男	阳头	1965.10	九州商社泉州公司经理
陈润荃	男	阳头	1952.08	宁德地区经济技术合作公司总经理
陈梅生	男	福安	—	宁德地区公安处助理调研员
陈梅基	男	城关	1936.12	宁德地区商业局局长、宁德市地区财委调研员
陈铭生	男	福安	—	霞浦县委副书记、福鼎市市长、蕉城区委书记
陈葆祺	男	福安	1964.07	宁德地区（市）工业交通干部学校支部书记兼宁德地区经委系统党校校长
陈瑞珍	男	坂中	1957.09	宁德市科协主席、党组书记
陈嫦英	女	福安	1955.05	中共福建省纪委五室副主任、正处级监察员
陈增顺	男	赛岐	1950.03	宁德地区外贸局党组副书记
林　平	男	福安	—	武警福建龙岩支队支队长
林玉和	男	福安	1937.02	宁德地区农科所党总支书记
林平健	男	穆阳	1962.04	南京工程学院基础部主任
林长荣	男	福安	1966.05	福建省防汛办副主任
林伏光	男	社口	1968	宁德市海事处处长

续表 30—2

姓　名	性别	籍贯	出生年月	任职情况
林应华	男	穆阳	1954.05	宁德市闽东医院院长
林丽英	女	福安	—	屏南县政府副县长
林青云	男	福安	—	宁德财经学校校长
林枫清	男	福安	—	宁德地区物资局副局长、党委副书记
林岩峰	男	福安	1966.06	中共宁德市纪委常委、监察局副局长
林泽新	男	潭头	1964.08	水利部太湖局副局长（总工程师）
林昭辉	男	下白石	1969	宁德市人民政府驻京办联系处副主任
林亮明	男	福安	1933.11	中共福建省纪委案件管理室主任
林素梅	女	穆阳	1951.05	宁德地区烟草专卖局副局长
林峰雪	女	福安	1952.08	宁德市环保局局长、宁德市政协副主席
林培雄	男	社口	1964	中国人民解放军国防大学宣传部副部长
林铭琳	男	福安	1941.12	福建省茶科所副书记（主持工作）
林景春	男	福安	1958.12	寿宁县公安局党组书记、局长
林勤铃	男	社口	1963	屏南县常务副县长
林端品	男	福安	—	中国人民解放军29军政治部主任
林碧慈	女	福安	1944.07	人行宁德地区分行金融系统工会主席
林翰康	男	福安	—	宁德地区技术监督局副局长
罗瑞棠	男	赛岐	1957.06	宁德地区精神病院院长
郑　芳	女	溪柄	1964.12	福建省旅游干校副校长、福建省旅游局办公室副主任
郑文康	男	溪柄	—	南京军区空军后勤部副部长
郑文雄	男	溪柄	1967.03	宁德市人民政府驻深圳办事处主任
郑成贵	男	溪柄	1958.11	厦门警备区武装部部长、厦门警备区司令部科长
郑兴生	男	福安	—	宁德地区公安处助理调研员
郑寿明	男	福安	1963.09	人行宁德地区分行（市中心支行）金融系统纪检组长、纪委书记、副行长
郑志强	男	福安	—	周宁县法院院长
郑其春	男	福安	1952.09	宁德地区农校校长兼党总支书记
郑鸣源	男	福安	1949.10	闽东老区水电开发总公司党委副书记
郑金兴	男	潭头	1944	宁德地区公路局党委书记
郑建茂	男	福安	1968.08	周宁县人民政府副县长
郑孟唐	男	溪柄	1944.10	宁德地区卫生局局长兼党支部书记、宁德市人大常委会教科文卫委员会主任
郑铅仔	男	甘棠	1946.03	宁德地区土地管理局局长、宁德地区行署副秘书长

续表 30—2

姓　名	性别	籍贯	出生年月	任职情况
郑惠荣	男	福安	1957.07	宁德市国家税务局助理调研员
郑锦昌	男	福安	—	解放军后勤学院副师职教员
范　承	男	赛岐	—	中共三明市委书记
赵仕忠	男	溪潭	1957.12	宁德地区供销合作社副主任、霞浦县人民政府副县长
赵惠春	男	湾坞	1955.10	中国人民银行宁德地区分行副行长
胡文樨	男	社口	1930	福建省财政厅副厅级领导
胡奇华	男	社口	1961.09	南京军区某部队副部队长
钟　安	男	甘棠	1947.12	中共宁德地委组织部部长、福建省民族事务委员会副主任
钟干承	男	福安	—	宁德市消防支队支队长
钟奶安	男	社口	—	中共霞浦县纪检书记
钟明森	男	溪潭	1947.01	福建省民委主任、民宗局副局长、人防办副主任
钟树棠	男	福安	1952.09	宁德海关关长
钟金财	男	霞浦	1953.07	1997 年任宁德市农业学校党总支书记
施　群	男	—	—	福建省人民出版社社长
施元辉	男	社口	1944	中国驻日本总领事馆总领事
姜天航	男	穆阳	1931.02	连江县人武部副政委、宁德市人武部部长
姜天逖	男	穆阳	1933.01	福州军区守备某师政治部秘书科科长
姜天裁	男	穆阳	—	福建省军区《当代中国》军事国防卷南京军区福州编辑室副主任
郭　光	男	福安	1954.06	宁德地区行署机关事务管理局副局长
郭　涛	男	溪潭	1947.5	解放军药学专业委员会副主任
郭　晓	男	福安	—	《经济日报》科教部主任兼高级记者
郭　强	男	福安	1964	宁德市建设局副局长兼宁德市中心城市建设指挥副总指挥
郭　毅	男	赛岐	1956.06	省烟草公司厦门分公司副经理
郭幼平	男	福安	1955.04	中国人寿保险公司宁德分公司党委副书记、副总经理（主持工作）
郭吉春	男	福安	1945.04	福建省茶科所副所长
郭法和	男	韩阳	—	空军某团副团长
郭泽生	男	福安	—	中国人民保险公司宁德地区分公司纪检组长
郭绍生	男	溪柄	—	福建师大党委副书记、学生处处长
郭振乐	男	上白石	1957.09	宁德地区（市）新华书店经理
郭德良	男	溪柄	—	吉林省杉松岗煤矿矿长
郭警修	男	潭头	1954.10	福建师大外语学院党总支书记

续表 30—2

姓　名	性别	籍贯	出生年月	任职情况
黄　白	男	穆阳	—	中国人民解放军 21 军教导大队政委
黄　强	男	福安	1964.10	宁德市边防支队政治处主任
黄　滔	男	阳头	—	中国人民银行宁德地区分行总稽核、党组成员
黄少姿	女	穆阳	1952.12	宁德市文体局局长、宁德市妇联主席
黄玉章	男	甘棠	1953.11	宁德地直纪工委书记
黄平生	男	穆阳	1951.01	宁德市教育局副局长
黄光兴	男	福安	—	屏南县人大常委会副主任
黄华康	男	福安	1962.12	福建省农业厅副厅长
黄运良	男	穆阳	—	中国人民解放军西安通信学院师级教官
黄建龙	男	下白石	1963.01	宁德市政协副主席，民盟福建省委常委、宁德市主委
黄秋华	女	福安	1963.10	中国农业银行地区分行纪检书记
黄信安	男	韩阳	1949.11	厦门大学物理系工会主席
黄祖裕	男	福安	1958.02	宁德地区农行副行长
章成武	男	福安	—	宁德地区乡镇企业局副局长
章瑞进	男	甘棠	—	中共霞浦县委常委
葛则伦	女	甘棠	1948.12	三联经济发展有限公司总经理
程树平	男	福安	—	周宁县委常委、纪委书记
游福忠	男	福安	1943.02	宁德市（地区）国税局总经济师兼征收管理科科长
谢　鹤	男	福安	—	政协霞浦县委员会主席
蓝荣崇	男	溪尾	1958.8	安徽省合肥警备区政委
蓝斯文	男	下白石	1959.01	南平市人民政府副市长
赖忠桂	男	周宁	1932.03	福安师范学校校长兼党总支书记
雷木生	男	康厝	1945.11	宁德地区民族事务委员会副主任
雷长梅	女	康厝	1955.09	宁德地委组织部副部长、老干局局长，宁德市卫生局党组书记、局长
雷春美	女	穆云	1959.1	福州市委副书记，龙岩市委副书记、龙岩市政府副市长、代市长、市长
雷美美	女	福安	1962.01	寿宁县副县长
雷祖铃	男	社口	1968.6	寿宁县政府副县长
雷维善	男	福安	1962.09	宁德市委宣传部副部长、宁德市民宗局局长
雷瑞华	男	穆云	1934.08	宁德地区行署副巡视员
雷锦灼	男	穆云	1933.12	宁德地区行政公署副厅级调研员
雷翠玉	男	坂中	1944.10	宁德地区审计局副局长

续表 30—2

姓　名	性别	籍贯	出生年月	任职情况
雷翠玉	女	韩阳	1962.01	宁德市地方税务局局长
詹　煊	男	阳头	—	福安市边防大队大队长
詹　毅	男	福安	1949.12	省总工会主席，莆田市委副书记、市长
蔡石增	男	上白石	—	龙岩军分区政治委员
蔡寿飞	男	福安	1962.04	宁德地区交通局副局长
蔡应棠	男	福安	1948.09	柘荣县人大常委会副主任
廖恒星	男	福安	—	宁德地区投资开发总公司总经理
缪　珍	女	穆阳	1949.08	中国银行宁德地区分行工会主席
缪　崇	男	穆阳	1960.01	霞浦边防大队大队长，宁德边防支队党委委员、中校警衔
缪小宁	男	福安	1956	《福建法制报》副主编
缪云震	男	穆阳	1952.08	宁德地委党校副校长
缪少华	男	穆阳	1963.02	中国工商银行福建省分行处长
缪旭明	男	穆阳	1961.12	宁德地区旅游局局长
缪志诚	男	穆阳	1962.09	宁德市质量技术监督局副局长
缪希铃	男	穆阳	1945.04	中共宁德地委委员、地委秘书长，宁德市副市长，宁德市人大常委会副主任、党组副书记
缪绍炜	男	穆阳	1964.12	宁德市财政局副局长、局长
缪耕山	男	穆阳	1949.07	宁德市政协副主席、宁德地区总工会主席
缪积琨	男	福安	—	武汉军区师级干部
薛卫星	男	溪柄	1958.07	宁德地区司法局副局长、局长
薛成康	男	甘棠	1957.11	屏南县委书记、宁德市副市长
薛寿唐	男	穆阳	1963.06	宁德地区经济信息中心主任
魏书松	男	溪潭	—	中国证监会福建证监局局长（正厅）
魏陈峰	男	福安	1954.10	宁德地区邮政局副局长、局长、党委书记
魏润水	男	福安	1962.07	宁德地区国税局副局长

表 30—3　1991—2005 年福安市获高级专业技术职称人员（含外籍在福安工作）名表

姓名	性别	籍贯	出生年月	工作单位	职称	获得时间
丁天明	男	福安	1954.12	宁德地区民族中学	中学高级教师	1994.08
丁惠泉	男	福安	1946.10	福安一中	中学高级教师	1994.06
马国辉	男	福安	1966.10	福安七中	中学高级教师	2003.06
马瑞铃	男	福安	1963.11	福安七中	中学高级教师	2004.08
马腾飞	男	福安	1964.10	宁德市农业学校	高级讲师	2000.04
王　旭	男	福安	1967.08	宁德市闽东医院	副主任医师	2003.08
王　英	女	福安	1962.12	福安市妇幼保健院	副主任医师	1998.09
王　春	男	福安	1955.02	宁德市闽东医院	主任医师	2000.12
王　珍	女	福安	1962.06	福安师范学校	高级讲师	1999.08
王　艳	女	福安	1963.05	福安七中	中学高级教师	—
王　健	男	福安	—	福安风湿哮喘病研究所	研究员	1995
王　竞	女	福安	1969.03	福安市供电公司	高级工程师	2003.12
王　捷	女	福安	1968.11	福安一中	中学高级教师	2005.09
王　敏	女	福安	1950.04	福安四中	中学高级教师	2001.06
王　暾	男	福安	1966.07	福安二中	中学高级教师	2003.09
王一敏	男	福安	1962.11	福安一中	中学高级教师	2000.05
王小平	男	福安	1955.08	福安市海洋渔业局水技站	高级工程师	2001.04
王天骥	男	寿宁	1954.12	宁德地区民族中学	中学高级教师	1997.08
王少芳	女	福安	1956.12	福安市上白石学区	中学高级教师	2001.01
王少丽	男	福安	1968.04	福安二中	中学高级教师	2003.09
王少玲	女	福安	1952.12	宁德市闽东医院	主任医师	2005.07
王文群	男	福安	1965.02	福安市民族职业中学	中学高级教师	2003.08
王玉华	男	福安	1957.10	福安市科学技术协会副主席	高级农艺师	2004.05
王亚丁	女	福安	1959.11	宁德市民族中学	中学高级教师	2002.08
王存忠	男	福安	1954.07	福安师范学校	副研究馆员	2002.12
王成容	男	福安	1954.05	福安十中	中学高级教师	1998.07
王光松	男	福安	1949.05	福安一中	中学高级教师	1992.09
王庆森	男	莆田	1968.10	福建省茶科所	副研究员	2004.05
王羽平	女	福安	1944.11	福安市第二实验幼儿园	中学高级教师	1999.07
王寿考	男	福安	1949.04	福安一中	中学高级教师	1996.11

续表 30—3

姓名	性别	籍贯	出生年月	工作单位	职称	获得时间
王克强	男	福州	1942.02	福安三中	中学高级教师	1992.07
王秀平	女	福安	1965.02	福安市民族中学	中学高级教师	2004.08
王体欣	男	福安	1952.10	宁德地区第一医院	副主任医师	1999.12
王泽华	男	福安	1965.07	福安一中	中学高级教师	2003.09
王泽鸿	男	福安	1955.07	福安市民族医院	中医主任医师	2001.08
王学军	男	福安	1966.10	福安市老区中学	中学高级教师	2003.08
王建松	男	福安	1948.03	福安职业中专	中学高级教师	1996.12
王建鼎	男	福安	1957.12	福安市赛岐中学	中学高级教师	1999.04
王晋强	男	福安	1954.07	中共福安市委党校	高级讲师	1997.03
王桂连	男	福安	1947.08	福安一中	中学高级教师	2002.08
王眠龙	男	福安	1948.09	福安医药公司质管科	副主任中药师	2002.01
王润全	男	福安	1963.03	福安三中	中学高级教师	2005.08
王韩英	男	福安	1955.04	福安二中	中学高级教师	1998.07
王道平	男	福州	1961.09	福安市农业局	高级农艺师	1999.12
王瑞华	男	福安	1935.12	宁德市闽东医院	主任医师	2001.06
王锦华	男	福安	1962.05	福安市民族中学	中学高级教师	2004.08
王锦钦	男	福安	1958.10	闽东卫生学校	高级讲师	2001.04
王赛仙	女	福安	1963.08	福安一中	中学高级教师	2003.09
王翰声	男	福安	—	福安市中医院	副主任医师	1994.10
韦雅英	女	古田	1955.09	宁德市闽东医院	副主任技师	2005.07
韦福春	男	福安	1960.02	福安一中	中学高级教师	2000.05
尤长铃	男	福安	1958.11	福安市科学技术协会主席	高级农艺师（教授级）	2005.12
尤平基	男	福安	1968.11	福安市湾坞水利电力管理站	高级工程师	2003.01
毛瑛玉	女	福安	1968.08	宁德市闽东医院	副主任医师	2003.07
方昭腊	男	福安	1941.03	福安一中	中学高级教师	1994.09
方真华	女	福鼎	1945.10	宁德地区第一医院	副主任医师	1998.09
邓　东	女	福安	1963.09	福安一中	中学高级教师	2005.09
邓源泉	男	广东	—	福安市少体校	高级教练	1998.06
毋光明	男	山西	1955.01	宁德市闽东医院	主任医师	2000.12
甘振温	男	屏南	1954.03	宁德汽车运输公司	高级经济师	1999.08
左希秋	女	蕉城	1958.10	宁德市闽东医院	副主任护师	2003.07

续表 30—3

姓名	性别	籍贯	出生年月	工作单位	职称	获得时间
占　淞	男	福安	1954.10	宁德市民族中学	中学高级教师	2001.08
占锦春	男	福安	1964.06	福安市苏阳中学	中学高级教师	2005.08
卢文敏	男	福安	1941.06	福安一中	中学高级教师	1996.11
卢成泽	男	福安	1963.07	福安市老区中学	中学高级教师	2005.08
叶　丛	男	福安	1959.09	宁德地区民族中学	中学高级教师	1997.08
叶　艇	男	福州	1956.01	—	中学高级教师	1999.04
叶乃兴	男	寿宁	1963.07	福建省茶科所	副研究员	2003.03
叶木全	男	福安	1955.12	福安师范学校	高级讲师	1994.05
叶石松	男	福安	1952.10	闽东冶金集团公司	高级经济师	1997.04
叶安绍	男	福安	1943.07	福安师范附属小学	中学高级教师	1995.09
叶祥秋	男	福清	1940.09	宁德地区民族中学	中学高级教师	1994.07
叶盛玲	男	寿宁	1954.03	福安市中医院	副主任技师	2003.07
叶锦华	男	福安	1960.07	福安四中	中学高级教师	1998.07
叶耀星	女	福安	1966.07	福安市城北中学	中学高级教师	2004.08
付晓芳	女	漳州	1964.04	宁德市农业学校	高级讲师	2002.03
白庆才	男	安溪	1938.06	福安三中	中学高级教师	1992.07
包桂芳	女	福安	1944.08	福安市坂中中学	中学高级教师	1998.04
包雅真	女	福安	1942.08	福安一中	中学高级教师	1994.09
冯　兴	男	福安	1951.04	福安一中	中学高级教师	1998.07
冯以安	男	福安	1955.05	闽东卫生学校	高级讲师	1996.04
冯恒春	男	福安	1965.05	福安二中	中学高级教师	2002.08
冯筱兰	女	福安	1951.10	宁德市闽东医院	副主任护师	2000.12
冯新容	女	福安	1953.12	福安师范学校	高级讲师	2001.04
吕一峰	男	福安	1957.07	福安市民族中学	中学高级教师	2002.08
朱　丹	女	福安	1967.05	福安二中	中学高级教师	2004.08
朱如昌	男	福安	1970.10	福安一中	中学高级教师	2004.08
朱雪飞	女	福安	1964.08	宁德市闽东医院	副主任医师	2002.07
朱蜕税	女	福州	1948.08	福安市职业中专	中学高级教师	1997.05
朱碧华	女	福安	1957.07	宁德市闽东医院	副主任医师	2002.06
庄庆斌	男	福安	1963.08	宁德地区第一医院	副主任药师	1999.12
刘　光	男	福安	1967.09	福安师范学校	高级讲师	2005.08

续表 30—3

姓名	性别	籍贯	出生年月	工作单位	职称	获得时间
刘　华	男	山东	1957.04	宁德地区第一医院	主任医师	2006.08
刘　岚	男	莆田	1955.09	福安二中	中学高级教师	1996.11
刘　辉	女	福安	1955.02	福安二中	中学高级教师	2000.05
刘卫平	女	福安	1957.02	闽东卫生学校	高级讲师	2001.04
刘少春	男	福安	1959.11	福安市老区中学	中学高级教师	2002.08
刘少玲	男	福安	1962.07	福安市苏阳中学	中学高级教师	2005.08
刘长节	男	古田	1952.12	闽东卫生学校	高级实验师	2001.07
刘玉容	女	宁德	1949.07	宁德地区农科所	高级农艺师	1996.04
刘石安	男	福安	1962.06	福安市民族中学	中学高级教师	2005.08
刘用敏	男	周宁	1963.	福建省茶科所	高级农艺师	1997.04
刘奶忠	男	福安	1949.07	福安师范学校	高级讲师	1999.03
刘幼华	男	福安	1960.02	福安市教师进修校	中学高级教师	1998.07
刘成招	男	寿宁	1969.09	宁德市闽东医院	副主任医师	2004.07
刘光校	男	福安	1945.07	福安市医院	副主任中医师	1999.12
刘光焕	男	福安	1939.04	福安市城阳卫生院	副主任医师	1998.09
刘伏利	男	福安	1965.05	福安一中	中学高级教师	2003.09
刘旭光	男	福安	1965.10	福安市林业局	高级工程师	2005.01
刘寿坤	男	霞浦	1952.10	宁德市闽东医院	主任医师	2000.12
刘秀铭	男	福州	1939.08	宁德地区民族中学	中学高级教师	1994.07
刘秀清	男	福州	1946.02	福安八中	中学高级教师	1994.09
刘迎献	女	福安	1956.11	福安市实验幼儿园	中学高级教师	2004.09
刘英容	女	福安	1969.09	福安市罗江中学	中学高级教师	2005.08
刘放平	男	福安	1948.12	宁德地区农业学校	高级农艺师	1999.12
刘珍玲	女	福安	1954.09	福安一中	中学高级教师	2002.08
刘树青	男	福安	1965.08	福安五中	中学高级教师	2005.08
刘秋水	男	福安	1959.10	福安一中	中学高级教师	2000.05
刘彦斌	男	福安	1961.10	福安市计划生育指导站	副主任医师	1999.12
刘振声	男	福安	—	福安市甘棠卫生院	副主任中医师	2000.01
刘铃清	男	福安	1957.04	福安一中	中学高级教师	2000.05
刘益新	男	福安	1967.02	福安六中	中学高级教师	2003.09
刘庸庆	男	福安	1965.10	福安市种子管理站	高级农艺师	2005.05

续表 30—3

姓名	性别	籍贯	出生年月	工作单位	职称	获得时间
刘雄彪	男	福安	1961.11	福安一中	中学高级教师	2003.09
刘雄彪	男	福安	1968.01	福安二中	中学高级教师	2003.09
刘碧华	女	福州	1936.09	宁德地区第一医院	副主任医师	1992.12
刘耀城	男	福安	1961.10	福安市赛岐中学	中学高级教师	2004.08
江　川	男	连江	1963.12	宁德地区第一医院	主任医师	2006.01
江　枫	男	福安	1962.10	福安师范学校	高级讲师	2002.08
江　闽	女	福安	1959.07	福安一中	中学高级教师	2003.09
江　雄	男	古田	1959.04	福安师范学校	高级讲师	2002.08
江仰清	男	福安	1945．05	福安一中	中学高级教师	1992.09
江夏梅	女	福安	1962.09	福安市老区中学	中学高级教师	2004.08
江淑金	女	福州	1943.02	福安市坂中中学	中学高级教师	1995.09
池建东	男	福安	1945.07	福安十中	中学高级教师	1996.12
池建华	男	福安	1967.09	福安市特教职业中学	中学高级教师	2005.08
汤友华	男	福安	1963.02	福安市穆阳中心小学	中学高级教师	2004.09
汤艾莎	女	福安	1964.08	福安三中	中学高级教师	2003.09
汤鸣绍	男	霞浦	1936.09	福建省茶科所	高级农艺师	1992.07
汤培清	男	福安	1952.05	福安市卫生防疫站	副主任医师	2002.07
许庆云	—	莆田	—	福安二中	中学高级教师	1992.08
阮　英	女	福安	1952.09	福安一中	中学高级教师	2000.05
阮　玲	女	福安	1962.07	福安市城北中学	中学高级教师	2004.08
阮义团	女	福安	1964.01	宁德市民族中学	高级教师	2002.06
阮云庆	男	福安	1963.12	福安二中	中学高级教师	2000.05
阮丹红	女	福安	1963.02	福安一中	中学高级教师	2003.09
阮旭华	男	福安	1965.06	福安市老区中学	中学高级教师	2005.08
阮灵光	男	福安	1958.07	福安市中医院	副主任医师	1999.02
阮细容	女	福安	1962.07	福安二中	中学高级教师	2002.08
阮培生	男	福安	1949.01	福安八中	中学高级教师	1998.07
阮培松	男	福安	1948.07	宁德地区民族中学	中学高级教师	1999.04
阮瑞雄	男	福安	1966.03	福安市城北中学	中学高级教师	2003.08
阮震亚	男	福安	—	福安十中	中学高级教师	2004.08
孙飞汉	男	福安	1966.03	福安市农业局	高级农艺师	2001.01

续表 30—3

姓名	性别	籍贯	出生年月	工作单位	职称	获得时间
孙椒德	男	浙江宁波	1932.11	福建省茶科所	研究员	1995.07
苏　锋	男	福安	1965.07	宁德市农业学校	高级讲师	2001.04
苏成清	男	福安	1970.03	福安二中	中学高级教师	2005.08
苏丽萱	女	福安	1957.10	福安市城北中心小学	中学高级教师	2004.08
苏爱庄	女	福安	1962.07	宁德市民族中学	中学高级教师	2005.08
苏培园	男	福安	1962.05	福安市实验小学	中学高级教师	2004.09
苏培忠	男	福安	1965.10	福安市农业局	高级农艺师	2002.01
苏锦绣	男	福安	1958.11	福安一中	中学高级教师	1994.06
苏锦章	男	福安	1943.01	福安市赛岐小学	中学高级教师	1995.09
苏碧芳	女	福安	1964.01	福安二中	中学高级教师	2003.09
李　川	男	福安	1962.11	福安市民族中学	中学高级教师	2003.08
李　华	女	福安	1967.07	福安市教师进修学校	中学高级教师	2005.08
李　迅	男	福安	1962.02	福安一中	中学高级教师	1994.09
李　志	男	福安	1949.01	福安职业中专	中学高级教师	1998.07
李　芳	女	福安	1963.03	福安十中	中学高级教师	2004.08
李　杰	男	福安	1954.04	福安十中	中学高级教师	2000.05
李　萍	女	福安	1960.07	宁德地区民族中学	中学高级教师	1999.04
李　旋	男	福安	1961.09	宁德市闽东医院	主任医师	2001.06
李　景	男	福安	1962.09	宁德市民族中学	中学高级教师	2004.08
李少光	男	福安	1956.05	宁德地区民族中学	中学高级教师	1999.04
李少峰	男	福安	1965.03	宁德市闽东医院	副主任医师	2003.08
李长声	男	福安	1956.08	福安市职业中专	中学高级教师	1999.04
李以训	男	福安	1964.05	福安市农业局	高级农艺师	2002.01
李世弼	男	福安	1943.06	福安四中	中学高级教师	1996.12
李成文	女	福安	1965.04	福安二中	中学高级教师	2003.09
李伏忠	男	福安	1966.12	福安师范学校	高级讲师	2001.08
李仲祺	男	福安	—	福安市职业中学	中学高级教师	1992.08
李如福	男	福安	1948.07	福安二中	中学高级教师	1994.07
李枝春	男	福安	1964.02	福安五中	中学高级教师	2002.08
李述膺	男	福安	1945.08	福安市民族中学	中学高级教师	2002.08
李典尧	男	寿宁	1963.02	福安市成人中专	中学高级教师	1999.04

续表 30—3

姓名	性别	籍贯	出生年月	工作单位	职称	获得时间
李忠兰	男	福安	1966.12	福安市赛岐中学	中学高级教师	2004.08
李咏唐	男	福安	—	福安市教师进修学校	高级讲师	1994.09
李和平	男	四川	1955.07	福安师范学校	高级讲师	1996.08
李金水	男	福安	1953.01	福安一中	中学高级教师	1998.04
李金盛	男	福安	1964.09	宁德市民族中学	中学高级教师	2005.08
李建成	男	福安	1963.12	宁德市闽东医院	主任医师	2005.07
李建峰	男	福安	1962.06	福安十中	中学高级教师	2003.09
李映红	女	福安	1962.03	福安十中	中学高级教师	2004.08
李冠芳	女	福安	1963.05	福安市教师进修校	中学高级教师	2003.09
李冠夏	男	福安	1955.12	宁德市闽东医院	主任医师	2001.06
李冠雄	男	福安	1956.02	福安一中	中学高级教师	2000.05
李铃川	男	福安	1965.02	福安二中	中学高级教师	2004.08
李健民	男	福安	1949.10	宁德地区民族中学	中学高级教师	1998.07
李爱珍	女	福安	1947.09	福安一中	中学高级教师	1995.11
李唐兴	男	福安	1955.03	福安一中	中学高级教师	2000.05
李润菁	男	福安	1960.08	福安师范学校	高级讲师	1997.09
李雪娥	女	古田	1963.01	福安师范学校	高级讲师	2000.05
李崇智	男	福安	1945.04	福安一中	中学高级教师	1997.07
李康增	男	福安	1952.08	宁德市闽东医院	主任医师	2002.06
李清明	男	武平	1949.09	闽东卫生学校	高级讲师	1996.04
李惠长	男	福安	1962.08	宁德市闽东医院	主任医师、教授	2005.04
李甦华	女	福安	1962.11	福安四中	中学高级教师	2002.08
李瑞生	男	福安	1938.10	宁德地区农业学校	高级农艺师	1994.08
李颖芳	男	福安	1962.12	福安市城北中学	中学高级教师	2005.08
李毓松	男	福安	1940.10	宁德市闽东医院	主任医师	2000.12
杨　斌	女	福安	1959.10	宁德市民族中学	中学高级教师	2000.05
杨介仁	男	福安	1949.07	福安市精神病院	副主任中医师	2003.09
杨芝林	男	福安	1949.06	宁德地区民族中学	中学高级教师	1995.05
杨兴章	男	福安	1968.01	福安八中	中学高级教师	2005.08
杨如兴	男	寿宁	1970.09	福建省茶科所	副研究员	2005
杨志胤	男	福安	1963.10	宁德市闽东医院	副主任医师	2002.07

续表 30—3

姓名	性别	籍贯	出生年月	工作单位	职称	获得时间
杨炎官	男	福清	1940.05	宁德地区农科所	高级农艺师	1997.04
杨竞雄	男	福安	1947.06	福安一中	中学高级教师	1995.11
连　英	女	福安	1962.12	福安职业技术学校	中学高级教师	2004.06
连仕光	男	福安	1963.11	福安一中	中学高级教师	1999.04
肖友松	男	福安	1950.04	福安民族职业中学	中学高级教师	1994.09
肖成生	男	福安	1950.08	福安十中	中学高级教师	2003.09
肖宝水	男	福安	1945.08	福安市穆阳中心小学	高级教师	1997.05
肖春辉	男	福安	1965.07	福安一中	中学高级教师	2004.08
肖柏仁	男	福安	1948.10	福安一中	中学高级教师	2001.06
吴　江	男	福安	1956.04	福安一中	中学高级教师	2000.05
吴　芬	女	福安	1963.04	福安二中	中学高级教师	2003.09
吴　勇	男	寿宁	1969.09	宁德市农业学校	高级讲师	2005.05
吴　健	男	寿宁	1963.09	宁德市民族中学	中学高级教师	2003.08
吴世清	男	福安	1945.08	福安一中	中学高级教师	2000.08
吴光远	男	莆田	1962.05	福建省茶科所植保研究室、宁德市农业局	研究员	2004.06
吴廷文	男	福安	1963.12	福安市医院	副主任医师	2002.08
吴竹青	男	福安	1964.08	福安四中	中学高级教师	2004.08
吴安东	男	福安	1963.09	福安三中	中学高级教师	2000.05
吴丽云	女	福安	1957.10	宁德市闽东医院	副主任护师	2002.06
吴青梅	女	福安	1963.08	福安一中	中学高级教师	2003.09
吴国武	男	福安	1968.07	福安市职业中专	中学高级教师	2003.09
吴明光	男	福安	1958.08	福安二中	中学高级教师	2000.05
吴绍凡	男	福安	1964.02	宁德市民族中学	中学高级教师	2004.08
吴春安	男	福安	1966.03	福安市民族职业中学	中学高级教师	2003.08
吴闽江	男	浙江	1957.04	福安师范学校	高级讲师	1998.08
吴莹生	男	福安	1960.10	福安一中	中学高级教师	1999.04
吴铃芳	男	福安	1966.07	福安一中	中学高级教师	2005.09
吴宴清	男	福安	1955.07	宁德市民族中学	中学高级教师	1994.08
吴培建	男	周宁	—	闽东卫生学校	高级讲师	1998.02
吴培荆	男	福安	1943.02	宁德地区民族中学	高级教师	1997.02
吴培萼	男	福安	1930.07	福安市经委开发办	高级工程师	1992.09

续表 30—3

姓名	性别	籍贯	出生年月	工作单位	职称	获得时间
吴培煊	男	福安	1945.09	闽东卫生学校	高级讲师	1994.05
吴梓生	男	福安	1940.10	福安市水土办	高级工程师	1991.08
吴清汉	男	云霄	1944.11	宁德地区第一医院	副主任技师	1998.07
吴淑清	女	福安	1954.12	福安市中医院	副主任护师	2002.12
吴瑞廉	男	福安	1946.02	福安市医院	副主任中药师	1995.09
吴毓荣	男	福安	1963.12	福安市成人中专	中学高级教师	2002.08
吴穆生	男	福安	1943.09	闽东卫生学校	高级讲师	1992.03
邱建杰	男	福安	—	福安五中	中学高级教师	1998.07
邱桂馨	女	福州	1938.10	赛岐铁合金厂	高级工程师	1992.03
邱嬴娥	女	福安	1966.02	福安市教师进修学校	中学高级教师	2002.03
何文辉	女	福安	1963.10	福安一中	中学高级教师	2003.09
何守清	男	福安	1959.07	福安十中	中学高级教师	2003.09
何其先	男	福清	1941.10	福安市医院	副主任医师	1994.04
何承苗	男	福清	1964.01	宁德市农业学校	高级讲师	2004.01
何家德	男	福安	1948.02	福安十中	中学高级教师	2002.08
余长梅	男	福清	—	福安市潭头中学	中学高级教师	1996.9
余则红	女	福安	1963.02	福安市城北中学	中学高级教师	2004.08
邹雪珍	女	福安	1951.01	福安市环保局	高级工程师	2003.02
汪锦章	男	惠安	1945.11	福安市船舶行业协会	高级经济师	1994.09
沈仕勇	男	福安	1959.07	福安三中	中学高级教师	2003.09
宋　娟	女	福安	1958.02	福安市教师进修学校	中学高级教师	2000.05
宋　毅	男	福安	1962.07	福安市民族中学	中学高级教师	1999.04
宋伟平	男	福安	1954.01	福安市城北中学	中学高级教师	2002.08
宋宝章	男	福安	1944.09	福安三中	中学高级教师	2001.06
宋琬平	女	福安	1950.10	福安一中	中学高级教师	1998.08
宋碧玲	女	福安	1962.01	福安市城北中学	中学高级教师	2002.08
张　云	男	福安	1962.08	福安五中	中学高级教师	2005.08
张　帆	男	福安	1959.02	福安师范学校	高级讲师	1994.08
张　苇	男	福安	1966.03	福安市农业局	高级农艺师	2002.01
张　荣	男	福安	1948.08	宁德市民族中学	中学高级教师	2000.05
张　萍	女	福安	1967.04	宁德市民族中学	中学高级教师	2005.08

续表 30—3

姓名	性别	籍贯	出生年月	工作单位	职称	获得时间
张 榕	男	福安	1965.01	福安一中	中学高级教师	2002.08
张义聪	男	福清	1937.07	闽东卫生学校	高级讲师	1996.04
张文光	男	福州	1960.03	福安师范学校	高级讲师	2000.05
张文锦	男	莆田	1965.11	福建省茶科所	副研究员	2001.04
张方舟	男	福安	1948.07	福建省茶科所	教授、高级农艺师	2005.12
张可华	男	福安	1954.01	福安四中	中学高级教师	1999.04
张永佳	男	福安	1954.10	宁德地区农科所	高级农艺师	1997.04
张幼仙	女	福安	1968.08	福安市民族中学	中学高级教师	2005.08
张幼珍	女	福安	1954.08	宁德市闽东医院	副主任护师	2000.12
张苏华	女	福安	1958.09	宁德市闽东医院	副主任医师	2002.07
张丽萍	女	福安	1963.02	宁德市民族中学	中学高级教师	2003.08
张秀英	女	柘荣	1957.02	宁德市闽东医院	副主任护师	2002.06
张彤云	女	长乐	1934.03	宁德地区第一医院	副主任医师	1992.12
张国利	男	山东	1960.03	闽东卫生学校	高级讲师	1998.02
张宝铨	男	福安	1956.02	福安市医院	中医皮肤科副主任医师	2002.07
张建明	男	福安	1957.10	福安市赛岐中学	中学高级教师	1999.04
张建新	女	福安	1954.01	福安市教师进修校	中学高级教师	2003.09
张帮荣	男	福安	1960.10	福安一中	中学高级教师	1997.06
张思敏	男	福安	1950.04	福安一中	中学高级教师	1996.09
张复友	男	福安	1934.04	中共福安市委党校	高级讲师	1991.07
张雪林	女	山西	1962.01	福安职业中专	中学高级教师	2000.05
张景坤	男	福安	1943.08	福安市教师进修学校	中学高级教师	1995.09
张集玉	女	周宁	1939.10	福安市兽医站	高级畜牧师	1994.10
张瑞光	男	福安	1965.04	福安市兽医站	高级兽医师	2005.05
张锦华	男	福安	1950.03	宁德市闽东医院	中医主任医师	2005.07
张筱莉	女	福安	1959.01	福安十中	中学高级教师	2004.06
张赛芳	女	福安	1965.08	福安四中	中学高级教师	2005.08
张增容	女	福安	1956.09	福安市医院	副主任医师	2002.06
张鑫清	男	福安	1966.03	福安六中	中学高级教师	2004.08
陆涵洲	男	福安	1952.05	福安职业技术学校	中学高级教师	2004.08
陆涵彬	女	福安	1968.01	福安二中	中学高级教师	2005.08

续表 30—3

姓名	性别	籍贯	出生年月	工作单位	职称	获得时间
陆琴燕	女	福安	—	福安市职业中专	中学高级教师	2001.06
陈　工	男	福鼎	1945.06	福安市教师进修学校	中学高级教师	1995.09
陈　玉	女	福安	1954.06	福安市农业局	高级农艺师	2001.04
陈　平	男	福安	1954.01	宁德市民族中学	中学高级教师	2003.08
陈　平	男	福安	1957.05	福安四中	中学高级教师	2003.09
陈　华	男	福安	1958.08	闽东卫生学校	高级讲师	2000.03
陈　纯	男	福安	1964.07	宁德市民族中学	高级教师	2003.08
陈　旺	男	福安	1966.03	福安五中	中学高级教师	2003.09
陈　明	男	福安	1966.10	福安一中	中学高级教师	2005.09
陈　驹	男	福安	1956.12	宁德地区民族中学	中学高级教师	1998.07
陈　玲	女	福安	1958.10	闽东卫生学校	高级讲师	2002.03
陈　虹	女	福安	1957.05	闽东卫生学校	高级讲师	1996.04
陈　修	男	福安	1966.10	福安市民族职业中学	中学高级教师	2005.08
陈　艳	女	福安	1964.11	宁德市闽东医院	副主任医师	2002.07
陈　强	男	福安	1963.10	福安职业中专	中学高级教师	1998.07
陈　新	女	福安	1963.04	福安一中	中学高级教师	2000.05
陈　慧	女	福安	1960.11	宁德市闽东医院	副主任护师	2002.06
陈　聪	男	福安	1964.09	福安四中	中学高级教师	2002.08
陈　禧	男	福安	1954.11	福安市中医院	副主治医师	1998.09
陈　禧	男	福安	1954.11	福安市中医院	主任医师	2004.07
陈乃康	男	柘荣	1953.10	天马集团公司	高级经济师	1997.04
陈卫东	女	霞浦	1956.06	宁德地区农业学校	高级讲师	1999.03
陈天宝	男	福安	1946.04	福安市中医院	副主任医师	1996.11
陈少波	男	福安	1961.08	福建安波电机集团有限公司	高级工程师	2005.04
陈水金	男	福安	1953.12	宁德地区经委	高级经济师	1998.09
陈水钰	男	福安	1966.01	宁德市闽东医院	副主任医师	2005.08
陈长光	男	福安	1957.01	福安市医院	副主任医师	1998.09
陈文英	女	福州	1939.12	宁德地区第一医院	副主任医师	1998.08
陈文辉	男	福安	1967.02	福安市农业局	高级农艺师	2002.01
陈方达	男	福安	1959.02	福安市医院	副主任中药师	2002.08
陈为桢	女	福州	1934.09	宁德地区第一医院	主任医师	1994.09

续表 30—3

姓名	性别	籍贯	出生年月	工作单位	职称	获得时间
陈玉成	男	福安	1958.07	福安市茶业局	高级农艺师	2003.01
陈本域	男	福州	—	福安二中	中学高级教师	1992.12
陈石坤	男	福安	1945.10	福安市坂中中学	中学高级教师	1998.07
陈平生	男	福安	1963.08	福安一中	中学高级教师	1998.07
陈东光	男	福安	—	福安六中	高级书画师	1997.09
陈乐生	男	福安	1937.07	福安市茶业局	高级农艺师	1996.04
陈亚敏	女	福安	1944.10	福安师范附属小学	中学高级教师	1995.09
陈成基	男	福安	1941.02	宁德地区农业学校	高级讲师	1992.03
陈尧华	男	福安	1965.12	福安十中	中学高级教师	2003.09
陈光良	男	福安	1963.02	福安市民族中学	中学高级教师	2003.08
陈传村	男	连江	1949.07	宁德地区农科所	高级畜牧师	1997.04
陈名青	男	福安	1954.05	福安一中	中学高级教师	1997.07
陈红光	女	福安	1950.03	福安市老区中学	中学高级教师	2003.08
陈寿全	男	福安	1962.04	宁德市民族中学	中学高级教师	2003.08
陈寿藩	男	福安	1943.01	福安一中	中学高级教师	1992.09
陈坛发	男	福安	1968.10	福安七中	中学高级教师	2003.08
陈志强	男	福安	1968.05	德丰电机有限公司	乡镇企业高级工程师	2001.10
陈丽华	女	福安	1962.07	福安二中	中学高级教师	2002.08
陈丽珍	女	广东潮安	1938.10	福安一中	中学高级教师	1992.09
陈时光	男	福安	1954.08	福安七中	中学高级教师	2002.08
陈伯清	男	福安	1943.12	福安师范学校	高级讲师	1992.03
陈良英	女	福安	1961.07	福安十中	中学高级教师	2004.08
陈良福	男	福安	1966.10	福安一中	中学高级教师	2004.08
陈妙琴	女	福安	1960.09	福安师范学校	高级讲师	1998.02
陈明恭	男	福安	1947.02	福安一中	中学高级教师	1994.09
陈和平	男	福安	1952.01	福安七中	中学高级教师	2004.08
陈佩贤	男	福安	1945.01	福安一中	中学高级教师	1994.09
陈佩勤	男	福安	1939.05	福安二中	中学高级教师	1995.09
陈金旺	男	福安	1961.03	福安六中	中学高级教师	1998.07
陈泽龙	男	福安	1959.04	福安一中	中学高级教师	1998.07
陈宝芳	女	福安	1962.11	福安一中	中学高级教师	2004.08

续表 30—3

姓名	性别	籍贯	出生年月	工作单位	职称	获得时间
陈建义	男	福安	1954.11	宁德市闽东医院	主任医师	2001.06
陈建龙	男	福安	1962.12	福安市潭头中学	中学高级教师	2000.08
陈建生	男	福安	1963.06	福安市审计局	高级审计师	2005.08
陈建华	男	福安	1959.06	福安一中	中学高级教师	2000.05
陈建明	男	南安	1957.09	宁德汽车运输公司	高级工程师	1998.12
陈孟生	男	福安	1949.07	中共福安市委党校	高级讲师	1995.07
陈绍灿	男	福安	1962.10	福安三中	中学高级教师	2002.08
陈春江	男	福安	1935.09	福安市经委	高级工程师	1992.07
陈春良	男	福安	1949.09	福安三中	中学高级教师	2000.05
陈荣冰	男	福州	1950.10	福建省茶科所	研究员	2002.04
陈贵容	女	福安	1962.09	福安二中	中学高级教师	2002.08
陈冠斌	男	福州	1936.08	福安市审计局	高级审计师	1992.01
陈祖枝	男	福安	1964.04	福安市农业局	高级农艺师	2001.01
陈祖磷	男	福安	1948.05	福安九中	中学高级教师	1996.12
陈夏瑜	男	福安	1955.05	福安四中	中学高级教师	2003.09
陈恩沛	男	福安	1949.08	福安市农药厂	高级经济师	1992.07
陈航宇	男	福安	1964.03	宁德市民族中学	高级教师	2001.08
陈容庄	女	福安	1954.05	宁德地区农业学校	高级讲师	1995.04
陈祥瑞	男	福安	1962.05	福安六中	中学高级教师	2004.08
陈菊芳	女	福安	1965.05	福安市城北中学	中学高级教师	2003.08
陈曼玲	女	福安	1957.04	福安四中	中学高级教师	1998.07
陈焕光	男	福安	1939.03	福安市卫生局	副主任医师	1996.12
陈淑华	女	福安	1955.05	福安市水土保持试验站	高级农艺师	2004.04
陈琼珊	男	福安	—	福安市松罗中学	中学高级教师	2005.08
陈琼莹	男	福安	1962.10	福安一中	中学高级教师	2002.08
陈惠民	男	福安	1957.10	环宇建筑工程公司	乡镇企业高级工程师	2001.10
陈惠英	女	福安	1957.08	宁德市闽东医院	副主任护师	2000.12
陈晶明	男	福安	1961.01	福安八中	中学高级教师	1998.07
陈智平	女	福安	1966.07	福安市职业技术学校	中学高级教师	2005.08
陈善松	男	福安	1971.05	福安三中	中学高级教师	2005.08
陈瑞国	男	福安	1963.10	福安市穆阳中学	中学高级教师	1998.07

续表 30—3

姓名	性别	籍贯	出生年月	工作单位	职称	获得时间
陈瑞荣	男	福安	1954.10	福安民族职业中学	中学高级教师	2001.06
陈瑞泉	男	福安	1962.06	中共宁德地委党校	副教授	1998.02
陈瑞棠	男	福安	1963.03	福安市楼下中学	中学高级教师	2003.08
陈锦华	男	福安	—	福安市城北中学	中学高级教师	2003.08
陈锦春	男	福安	1965.03	福安市水土办	高级农艺师	2005.05
陈碧华	女	福安	—	福安七中	中学高级教师	1996.12
陈碧霞	女	福安	1964.05	宁德市民族中学	中学高级教师	2000.05
陈赛萍	女	福安	1962.06	福安四中	中学高级教师	2001.06
陈缪华	男	福安	1958.07	福安市印刷厂	高级工艺美术师	1998.12
陈缪安	男	福安	1960.07	宁德市闽东医院	主任医师	2005.07
范永恒	男	福安	1964.08	福安五中	中学高级教师	2004.08
林　云	女	福安	1965.12	福安市教师进修学校	中学高级教师	2003.06
林　生	男	福安	1946.12	福安一中	中学高级教师	2000.08
林　克	男	福州	1960.11	福安市医院	主任医师	2005.08
林　苗	女	福安	1956.10	福安师范学校附属小学	中学高级教师	2003.09
林　练	男	福安	1944.09	福安一中	中学高级教师	1994.06
林　顺	男	福安	1967.12	福安市老区中学	中学高级教师	2005.08
林　莹	男	福安	1963.09	福安市教师进修学校	中学高级教师	2004.08
林　桦	女	福安	1957.10	闽东卫生学校	中学高级讲师	2001.04
林　宾	女	福安	1963.09	宁德市民族中学	中学高级教师	2000.06
林　娟	女	福安	1963.11	福安市民族职业中学	中学高级教师	2005.08
林　雄	男	福安	1957.08	福安市教师进修学校	中学高级教师	2003.06
林　雯	女	福安	1966.06	宁德市民族中学	中学高级教师	2002.08
林　斌	男	福安	1958.11	福安一中	中学高级教师	1998.08
林　祺	男	福安	1963.06	福安三中	中学高级教师	2002.03
林　蒙	男	福安	1962.11	闽东卫生学校	高级讲师	2005.05
林　熙	男	福安	1944.11	福安实验小学南湖校区	中学高级教师	1997.05
林　霞	女	福安	1954.05	福安市农业局	高级农艺师	2002.01
林乃助	男	福安	1947.12	福安市医院	副主任医师	1999.12
林小玉	女	罗源	1961.02	宁德市闽东医院	副主任护师	2005.07
林小玲	女	福安	1963.02	福安市城北中学	中学高级教师	1998.07

续表 30—3

姓名	性别	籍贯	出生年月	工作单位	职称	获得时间
林友义	男	福安	—	福安六中	中学高级教师	2005.08
林友忠	男	福安	1963.09	福安一中	中学高级教师	2001.06
林长征	男	福安	1966.11	福安市农业局	高级农艺师	2001.01
林文光	男	福安	1958.09	福安四中	中学高级教师	2004.08
林玉英	女	福安	1954.05	福安十中	中学高级教师	2002.08
林玉和	男	福安	1937.02	宁德地区农科所	副研究员	1997.02
林东璜	男	福安	1948.12	宁德地区民族中学	中学高级教师	1996.11
林丛文	男	福安	1969.02	福安三中	中学高级教师	2004.08
林幼珍	女	福安	1959.09	宁德市闽东医院	副主任医师	2002.07
林庆华	男	福安	1944.12	福安市赛岐中学	中学高级教师	1991
林妃霞	女	福安	1966.07	福安市城北中学	中学高级教师	2004.08
林寿柏	男	福安	1952.06	福安一中	中学高级教师	2000.06
林寿椿	男	福安	1955.08	福安八中	中学高级教师	2005.08
林丽珍	女	福安	1955.12	福安一中	中学高级教师	2000.08
林丽萍	女	福安	1962.06	宁德市民族中学	中学高级教师	2008.08
林丽燕	女	福安	1963.04	福安市老区中学	中学高级教师	2000.08
林秀娟	女	福安	1964.07	福安四中	中学高级教师	2004.08
林作祥	男	福安	1948.08	福安市溪潭中心小学	高级教师	1997.05
林应华	男	福安	1954.05	宁德市闽东医院	主任医师、教授	2005.04
林应炬	男	寿宁	1964.10	宁德市农业学校	高级讲师	2002.03
林松苍	男	福安	1946.05	宁德地区农科所	高级农艺师	1997.04
林奇典	男	福安	1954.10	白云电机公司	高级经济师	2001.10
林国清	男	福安	1963.09	宁德地区民族中学	中学高级教师	1998.07
林国梁	男	福安	1963.10	福安市农业局	高级畜牧师	2000.02
林金成	男	福州	1934.12	赛岐铁合金厂	高级经济师	1992.07
林金祥	男	福安	1956.12	福安一中	中学高级教师	2003.09
林泽霖	女	福安	1953.05	福安市特教职业中学	中学高级教师	2005.08
林学茂	男	寿宁	1958.05	宁德市农业学校	高级农艺师	2004.01
林建峰	男	福安	1963.09	福安七中	中学高级教师	1999.04
林细容	女	福安	1967.04	福安六中	中学高级教师	2003.09
林绍康	男	霞浦	1950.03	宁德市民族中学	中学高级教师	2002.03

续表 30—3

姓名	性别	籍贯	出生年月	工作单位	职称	获得时间
林春霖	男	福安	1964.04	福安十中	中学高级教师	2005.04
林荣泉	男	福安	1963.09	福安一中	中学高级教师	2004.08
林树良	男	福安	1947.10	宁德地区第一医院	副主任医师	1996.11
林品杰	男	仙游	1931.12	宁德地区第一医院	主任医师	1994.04
林祖金	男	福安	1960.02	宁德市民族中学	中学高级教师	2001.08
林祖雄	男	莆田	1946.11	宁德汽车运输公司	高级工程师	1997.06
林神延	男	福安	1959.12	福安六中	中学高级教师	2003.06
林晋文	男	福安	1945.04	福安市穆阳中心小学	中学高级教师	1999.07
林桂安	男	连江	1964.06	福安市水利水电勘测设计室	高级工程师	2003.01
林铃华	男	福安	1963.06	福安八中	中学高级教师	1998.07
林铃华	男	福安	1963.02	宁德市民族中学	中学高级教师	2001.08
林航辉	男	福安	1957.07	福安职业中专	中学高级教师	2000.02
林爱英	女	福安	1944.06	福安市农业局	高级畜牧师	1992.05
林培基	男	福安	1945.10	福安一中	中学高级教师	1996.11
林雪娥	女	福安	1966.02	福安农村环保能源办	高级工程师	2001.12
林曼丽	女	罗源	1956.01	闽东卫生学校	高级讲师	2000.03
林焕棠	男	福安	1949.11	福安一中	中学高级教师	1998.04
林焕谦	男	福安	1954.01	福安市甘棠中心小学	中学高级教师	2004.09
林维庄	女	连江	1958.11	宁德市闽东医院	副主任护师	2003.07
林琼华	女	福安	—	福安市村建站	高级工程师	2001.12
林朝贵	男	福安	1969.09	福安七中	中学高级教师	2005.08
林锦平	男	福安	1964.05	福安市种子公司	高级农艺师	2003.01
林毓秀	男	福安	1954.05	福安一中	中学高级教师	1998.07
林赛琴	女	福安	1966.05	福安四中	中学高级教师	2003.09
林赛萱	女	福安	1963.03	福安市农业局	高级农艺师	2002.01
卓　坚	男	福安	1953.03	福安一中	中学高级教师	1997.07
卓　鹰	男	霞浦	1957.09	福安师范学校	高级讲师	1996.08
卓崇基	男	福安	1957.10	福安一中	中学高级教师	2002.08
卓惠新	男	福安	1945.07	福安市农业局	高级农艺师	2002.01
罗一鸣	男	福安	1949.11	福安二中	中学高级教师	1995.09
罗石春	男	福安	1964.05	福安师范学校	高级讲师	2005.08

续表 30—3

姓名	性别	籍贯	出生年月	工作单位	职称	获得时间
罗仰奋	男	福安	1948.10	宁德地区农科所	研究员	2002.04
罗清凤	女	福安	1965.12	福安一中	中学高级教师	2004.08
罗锐声	男	福安	1966.08	福安二中	中学高级教师	2004.08
周　玢	女	福安	1963.03	福安十中	中学高级教师	2002.08
周　萍	女	山西	1956.03	福安一中	中学高级教师	1999.08
周　萍	女	福安	1963.01	福安一中	中学高级教师	2002.08
周小欣	男	福安	1939.08	福安市农业局	高级农艺师	1996.04
周之平	男	福安	1966.02	宁德市闽东医院	副主任医师	2003.08
周飞龙	男	福安	1950.06	福安职业中专	中学高级教师	2000.02
周安平	男	福州	1960.11	福安市教师进修学校	中学高级教师	1998.07
周孝锡	男	福安	1939.09	—	中学高级教师	1995.11
周位金	男	福安	1946.03	福安师范学校	高级讲师	2001.01
周建国	男	福安	1965.12	福安五中	中学高级教师	2005.08
周新意	女	建瓯	1936.07	宁德地区第一医院	主任医师	1996.11
郑　虹	女	福安	1958.04	宁德地区民族中学	中学高级教师	1998.08
郑　敏	女	福安	1966.04	福安职业技术学校	中学高级教师	2004.08
郑　辉	男	福安	1967.05	福安市经管站	高级农经师	2003.01
郑乃辉	女	长乐	1956.07	福建省茶科所	高级农艺师	2001.12
郑长业	男	福安	1954.04	宁德市闽东医院	副主任技师	2002.06
郑长苏	男	福安	1963.11	福安市农业局	高级农经师	1998.03
郑文声	男	福安	1948.07	福安三中	中学高级教师	1994.07
郑文明	男	福安	1944.07	福安七中	中学高级教师	1995.11
郑文宣	男	莆田	1934.01	福安市茜安水利管理处	高级工程师	1992.09
郑为安	男	福安	1956.06	福安一中	中学高级教师	1999.04
郑平光	男	福安	1968.02	福安二中	中学高级教师	2003.09
郑立新	女	福州	1966.03	福安职业技术学校	中学高级教师	2004.06
郑有乐	男	福州	1939.02	福安市农业局	高级农艺师	1992.06
郑成忠	男	福安	1965.12	福安师范学校	高级讲师	2005.08
郑成荣	男	福安	1962.12	闽东卫生学校	高级讲师	2001.04
郑旭愉	男	福安	1957.12	福安市医院	副主任医师	1998.09
郑庄容	女	福安	1954.05	宁德市民族中学	中学高级教师	2001.08

续表 30—3

姓名	性别	籍贯	出生年月	工作单位	职称	获得时间
郑兴莲	女	福安	1959.10	福安市疾病预防控制中心	副主任医师	2003.07
郑志壮	男	福安	1964.01	宁德地区民族中学	中学高级教师	1999.04
郑志雄	男	福安	1967.01	宁德市闽东医院	副主任医师	2005.08
郑丽玉	女	福安	1953.12	福安市中医院	副主任护师	2002.07
郑步云	男	周宁	1966.11	福安六中	中学高级教师	2005.08
郑秀香	女	福安	1965.09	福安市成人中专	中学高级教师	2003.08
郑其春	男	宁德	1952.10	宁德地区农业学校	高级讲师	1997.02
郑金聪	男	莆田	1963.09	宁德地区第一医院	副主任药师	1999.12
郑建平	男	福安	1967.04	福安师范学校	高级讲师	2004.08
郑建生	男	福安	1963.02	福安市电力技术队、市水利局	高级工程师	2001.06
郑建红	女	福安	1963.05	福安一中	中学高级教师	2004.08
郑树桂	男	福安	1940.08	福安市赛岐中学	中学高级教师	1996.02
郑美铃	男	福安	1969.04	天龙电机公司	高级经济师	2001.10
郑屏生	男	福安	1957.06	宁德市闽东医院	主任医师	2000.12
郑振声	男	福安	1950.04	福安市赛岐小学	中学高级教师	1995.09
郑桂英	女	福安	1945.11	福安一中	中学高级教师	2001.06
郑容生	男	福安	1944.10	福安市医院	副主任医师	1999.01
郑清奇	男	福安	1966.10	福安六中	中学高级教师	2005.08
郑惠仁	男	寿宁	1966.07	福安市供电公司	高级工程师	2004.12
赵师祥	男	福安	1965.06	福安市溪潭中学	中学高级教师	2005.08
赵伯泠	男	福安	1946.08	福安市医院	副主任医师	1998.09
赵林桦	女	福安	1955.08	宁德市闽东医院	主任医师	2001.06
赵祥枝	男	福安	1967.07	福安一中	中学高级教师	1999.04
胡景元	男	福安	1963.10	宁德市闽东医院	副主任医师	2003.08
钟石登	男	福安	1944.09	福安职业学校	中学高级教师	1994.09
钟伏城	男	福安	1963.08	福安六中	中学高级教师	2004.08
钟伏荣	男	福安	1953.08	福安市农药厂	高级工程师	1994.08
钟兴松	男	寿宁	1957.11	宁德地区农业学校	高级讲师	1996.06
钟林平	男	宁德	1945.04	宁德地区民族中学	中级高级教师	1994.07
钟铃明	男	福安	1955.10	康华建设工程公司	乡镇企业高级工程师	2001.10
钟培言	男	福安	1963.03	福安师范附小	中学高级教师	2004.09

续表 30—3

姓名	性别	籍贯	出生年月	工作单位	职称	获得时间
钟瑞金	男	福安	1942.11	福安一中	中学高级教师	1994.09
俞明光	男	福安	1955.09	福安市农业局	高级农艺师	2002.01
饶丽晶	女	福安	1961.01	福安师范学校	高级讲师	2000.05
施　展	男	福安	1957.02	宁德市闽东医院	主任医师	2004.06
施利祥	男	古田	1960.09	福安师范学校	高级讲师	1998.08
施金全	男	福安	1964.12	福安市城阳农技站	高级农艺师	2002.01
施育春	男	福安	1966.02	福安二中	中学高级教师	2005.08
施凌虹	女	福安	1966.11	福安市老区中学	中学高级教师	2004.08
施新容	女	福安	1959.12	宁德市民族中学	中学高级教师	2004.08
施满容	女	福安	1965.04	宁德市农业学校	高级讲师	2005.05
洪永强	男	南安	1960.08	宁德市闽东医院	副主任医师	2000.12
洪丽丽	女	福安	1950.10	福安五中	中学高级教师	1999.04
洪国新	男	莆田	1963.10	宁德市闽东医院	副主任医师	2003.08
洪鼎俊	男	福州	1938.08	福安市农业推广中心	高级农艺师	1997.06
姚克毅	男	福安	1962.03	福安市教师进修学校	中学高级教师	2000.05
姚金和	男	福安	1943.02	福安市农业局	高级农艺师	1995.07
姚信恩	男	宁德	1946.01	福建省茶科所	高级农艺师	1999.02
姚健儿	女	莆田	1966.04	福安师范学校	高级讲师	2003.08
姚捷夫	男	莆田	1936.08	闽东罐头食品公司	高级经济师	1992.07
姚康汇	男	福安	1966.03	福安六中	中学高级教师	2004.08
姚锦和	男	福安	1956.05	宁德市民族中学	中学高级教师	2001.08
袁少铃	女	霞浦	1965.12	福安市溪潭中学	中学高级教师	2005.08
袁剑丛	男	福安	1960.03	福安市民族职业中学	中学高级教师	2004.08
莫贤兆	男	福安	1956.11	康华建设工程公司	乡镇企业高级工程师	2001.10
顾　凌	男	福安	1966.04	宁德市闽东医院	副主任医师	2003.08
顾昌儿	男	福安	1967.10	福安五中	中学高级教师	2005.08
倪美华	女	福安	1947.05	福安七中	中学高级教师	1999.04
倪益树	男	福安	1962.07	福安市医院	副主任医师	2002.08
徐立飞	男	福安	1965.06	宁德市民族中学	中学高级教师	2005.08
徐同容	女	福安	1948.12	福安市医院	副主任护师	2000.12
徐步明	男	福安	1969.12	福安市民族职业中学	中学高级教师	2005.08

续表 30—3

姓名	性别	籍贯	出生年月	工作单位	职称	获得时间
徐怀逵	男	莆田	—	闽东卫生学校	高级讲师	1996.04
徐超鹤	男	—	1932.09	宁德地区第一医院	副主任医师	1993.02
殷羽珊	女	江苏省	1956.03	宁德市闽东医院	副主任医师	2002.07
翁天钿	男	古田	1950.06	闽东卫生学校	高级讲师	1995.05
翁华侨	男	晋江	1940.09	宁德地区农业学校	高级讲师	1992.03
凌　惠	女	福安	1952.09	福安二中	中学高级教师	2001.06
高则富	男	福安	1962.07	福安市赛岐中学	中学高级教师	2004.08
高希祥	男	福安	—	福安七中	中学高级教师	1996.12
高绍良	男	福安	1953.10	宁德地区农业学校	高级讲师	1995.04
高瑞龙	男	福安	1966.10	福安市林业局	高级工程师	2004.01
高德芳	女	福州	1938.11	宁德地区第一医院	副主任医师	1993.02
郭　平	男	福安	1966.02	福安二中	中学高级教师	2003.09
郭　进	男	福安	1965.08	宁德市闽东医院	副主任医师	2002.07
郭　芳	女	福安	1967.02	宁德市民族中学	中学高级教师	2005.08
郭　良	男	福安	1962.08	福安市民族中学	中学高级教师	2003.08
郭　昌	男	福安	1956.01	福安市韩阳卫生院	副主任医师	2002.08
郭　栋	男	福安	1963.12	福安一中	中学高级教师	2000.05
郭　洪	男	福安	1952.06	福安师范学校附属小学	中学高级教师	2000.05
郭　清	男	古田	—	福安市下白石学区	中学高级教师	1995.09
郭　鸿	男	福安	1961.02	福安市职业中专	中学高级教师	2003.09
郭　智	男	福安	1945.01	宁德地区第一医院	副主任医师	1994.04
郭　尊	男	福安	1937.10	福安一中	中学高级教师	1992.09
郭一兵	男	福安	1960.05	福安一中	中学高级教师	2003.09
郭小雄	男	福安	1963.09	福安市教育技术装备所	中学高级教师	1999.04
郭卫中	男	福安	1968.03	宁德市闽东医院	副主任医师	2003.08
郭卫民	男	福安	—	福安七中	中学高级教师	1998.07
郭少英	女	福安	1965.11	福安市产品质量检验所	高级工程师	1999.01
郭玉兰	女	福安	1963.02	闽东卫生学校	高级讲师	2005.05
郭玉华	女	福安	1967.02	宁德市民族中学	中学高级教师	2004.08
郭正琴	女	寿宁	1966.08	宁德市闽东医院	副主任医师	2005.08
郭东东	男	福安	1959.10	福安一中	中学高级教师	1998.08

续表 30—3

姓名	性别	籍贯	出生年月	工作单位	职称	获得时间
郭令星	女	福安	1949.03	福安市卫生防疫站	副主任技师	2001.01
郭冬和	男	福安	1941.12	宁德地区民族中学	中学高级教师	1992.12
郭汉良	男	福安	1960.01	福安市教师进修学校	中学高级教师	2005.08
郭汉英	男	福安	1948.01	福安市成人中专	中学高级教师	1995.08
郭吉春	男	福安	1945.04	福建省茶科所	研究员	2005.06
郭尧允	男	寿宁	1956.09	闽东卫生学校	高级讲师	2005.05
郭尧树	男	寿宁	1953.02	宁德市闽东医院	主任医师	2000.12
郭光华	男	福安	1949.12	宁德市闽东医院	副主任医师	2002.06
郭华平	男	福安	1960.04	福安市教师进修学校	中学高级教师	1998.07
郭华平	男	福安	1963.04	福安一中	中学高级教师	1998.08
郭华祺	男	福安	1957.07	福安十中	中学高级教师	1998.07
郭寿生	男	福安	1947.12	福安职业学校	中学高级教师	1994.09
郭若虹	女	福安	1964.07	福安四中	中学高级教师	2005.08
郭雨聪	男	福安	1963.12	宁德市民族中学	中学高级教师	2000.05
郭绍根	男	福安	1958.07	宁德地区第一医院	高级会计师	1998.02
郭星白	女	福安	1958.09	福安市第一实验幼儿园	中学高级教师	1999.07
郭香锦	男	福安	1953.06	福安三中	中学高级教师	2000.05
郭剑雄	男	福安	1963.02	宁德地区农业学校	高级讲师	1998.03
郭美玉	女	福安	1948.10	宁德地区第一医院	副主任护师	1998.09
郭祖寿	男	福安	1944.06	福安市农业局	高级农艺师	1999.03
郭祚峰	男	闽侯	1959.03	福安市经管站	高级农经师	2005.05
郭健民	男	福安	1964.01	福安市老区中学	中学高级教师	1999.04
郭清生	男	福安	—	福安市潭头中学	中学高级教师	2003.09
郭惠民	男	福安	—	福安市穆云畲族乡农技站	高级农艺师	2004.05
郭瑞澄	男	福安	—	—	总会计师	
郭德英	男	福安	1949.07	福安市卫生进修学校	中医副主任医师	2002.08
唐　琦	女	福安	1963.09	福安一中	中学高级教师	2005.09
涂进荣	男	寿宁	1956.11	宁德市农业学校	高级讲师	2005.05
黄　光	男	福安	1953.07	福安一中	中学高级教师	1996.11
黄　沅	男	浙江省	1960.10	宁德市闽东医院	主任医师	2001.06
黄　锋	男	福安	1965.12	福安十中	中学高级教师	2004.08

续表 30—3

姓名	性别	籍贯	出生年月	工作单位	职称	获得时间
黄　斌	男	福安	1966.02	福安市城北中学	中学高级教师	2004.08
黄　滔	男	福安	1944.08	福安市教育局	中学高级教师	1993.02
黄　慧	女	福安	1968.01	福安市职业中专	中学高级教师	2003.09
黄　熹	男	福安	1948.09	福安师范学校	高级讲师	1995.04
黄卫国	男	福安	1955.12	宁德地区民族中学	中学高级教师	1998.07
黄少丹	男	福安	1955.07	福安十中	中学高级教师	1998.07
黄少萍	女	福安	1960.05	福安市实验二园	中学高级教师	2004.09
黄长虹	男	福安	1960.05	福安一中	中学高级教师	2002.08
黄文生	男	福安	1966.03	福安市城北中学	中学高级教师	2005.08
黄为明	男	福安	1969.04	福安市松罗中学	中学高级教师	2005.08
黄为健	男	福安	1942.12	福安市职业中专	中学高级教师	1997.05
黄以明	男	福安	1961.11	福安一中	中学高级教师	2002.08
黄叶青	女	福安	1961.07	福安三中	中学高级教师	2000.05
黄芝华	男	福安	1950.01	福安市民族医院	主任医师	2003.08
黄光华	男	福安	1962.09	福安八中	中学高级教师	1999.04
黄仰雄	男	福安	1941.09	福安一中	中学高级教师	1992.09
黄向平	男	福州	1943.01	福安市教师进修学校	中学高级教师	1992.08
黄羽海	男	福安	1960.01	福安一中	中学高级教师	1999.04
黄寿良	男	福安	1963.12	福安二中	中学高级教师	2000.05
黄志勉	男	福安	1958.05	福安一中	中学高级教师	1999.04
黄连清	男	福安	1964.09	福安五中	中学高级教师	2005.08
黄佑源	男	福安	1939.03	福安一中	中学高级教师	1997.07
黄英铝	男	尤溪	1971.11	福安市供电公司	高级政工师	2003.12
黄松登	男	福安	1937.07	宁德地区第一医院	主任医师	1995.09
黄忠永	男	福安	1968.03	福安市城北中学	中学高级教师	2005.08
黄泽发	男	福安	1965.09	福安四中	中学高级教师	2004.08
黄宝英	女	—	1954.09	宁德地区第一医院	副主任医师	1994.04
黄孟华	男	莆田	1957.12	宁德市闽东医院	主任医师	2005.07
黄柏铃	男	福安	1963.06	福安市教师进修学校	中学高级教师	2004.09
黄亮生	男	福安	1957.06	福安一中	中学高级教师	1994.09
黄恒清	男	福安	1962.11	福安一中	中学高级教师	2003.09

续表 30—3

姓名	性别	籍贯	出生年月	工作单位	职称	获得时间
黄祖声	男	福安	—	福安七中	中学高级教师	1994.09
黄祥康	男	福安	1954.01	福安三中	中学高级教师	1994.07
黄祥康	男	福安	1956.01	福安五中	中学高级教师	1994.09
黄雅庄	女	福安	1967.04	宁德市民族中学	中学高级教师	2004.08
黄裕铃	男	福安	1948.11	福安民族职业中学	中学高级教师	2001.06
黄福平	男	莆田	1967.12	福建省茶科所	副研究员	2002.04
龚龙生	男	福安	1961.06	福安一中	中学高级教师	2000.05
商其亮	男	山东	1958.03	宁德地区民族中学	中学高级教师	1998.07
彭巧平	女	古田	1962.11	宁德市闽东医院	高级经济师	2001.02
彭国忠	男	莆田	1954.05	宁德市第一医院	主任医师	2006.08
彭国政	男	福安	—	人行福安市支行	高级经济师	1995.08
蒋卫太	男	福安	1957.11	福安九中	中学高级教师	2000.05
韩永奇	男	福安	1948.11	福安师范学校	高级讲师	1998.02
程　娟	女	福安	—	福安十中	中学高级教师	2003.09
程大文	女	福安	1962.10	宁德市民族中学	中学高级教师	2001.08
程丽云	女	福安	1956.07	宁德市闽东医院	副主任医师	2000.12
程细萍	女	福安	1963.01	福安市职业中专	中学高级教师	2002.08
程雄辉	男	福安	1969.02	福安七中	中学高级教师	2005.08
傅桂祥	男	长乐	1943.03	福安一中	中学高级教师	1992.09
曾　强	男	福安	1975.06	福安二中	中学高级教师	2004.08
曾乃涛	男	福安	1945.08	福安市赛岐小学	高级教师	1997.05
曾子健	男	福安	1954.10	宁德市闽东医院	主任医师	2001.06
曾丽梅	女	福安	1947.11	福安市教师进修学校	中学高级教师	1994.09
曾明森	男	莆田	1965.01	福建省茶科所	副研究员	2004.05
曾赛贞	男	连江	1944.09	宁德地区民族中学	中学高级教师	1996.11
曾露萌	男	永定	1963.04	宁德市闽东医院	副主任医师	2002.07
温雨芳	女	福安	1964.03	福安四中	中学高级教师	2003.09
温朝霞	女	福安	1963.11	福安市老区中学	中学高级教师	2002.03
游旺玉	女	福安	1965.06	福安一中	中学高级教师	2002.03
谢　芳	女	福安	1962.08	宁德市闽东医院	主任医师	2005.07
谢　青	女	福州	1962.07	福安职业中专	中学高级教师	2000.05

续表 30—3

姓名	性别	籍贯	出生年月	工作单位	职称	获得时间
谢　忠	男	福安	1966.09	福安市湾坞中学	中学高级教师	2005.08
谢　鸿	女	福安	1964.03	福安市教师进修学校	中学高级教师	2003.08
谢一帆	女	古田	1956.12	福安市职业中专	中学高级教师	2002.08
谢小燕	女	福安	1955.03	福安十中	中学高级教师	2000.05
谢北星	男	福安	1959.12	福安市潭头中学	中学高级教师	2005.08
谢建华	男	福安	1955.05	福安市赛岐中学	中学高级教师	1998.07
谢绍康	男	福安	1941	福安市经委	高级工程师	1991.01
蓝存安	男	福安	1976.12	宁德地区民族中学	中学高级教师	1994.07
赖忠桂	男	周宁	1932.04	福安师范学校	高级讲师	1993.01
赖瑞娇	女	福安	1953.12	福安市教师进修学校	中学高级教师	2000.05
赖德火	男	南安	1942.12	福安市农药厂	高级工程师	1992.09
雷平金	男	福安	1962.01	宁德市民族中学	中学高级教师	2005.08
雷伏松	男	福安	1953.11	福安市民族职业中学	中学高级教师	1998.07
雷进生	男	福安	1951.11	宁德地区民族中学	中学高级教师	1998.07
雷周华	男	福安	1958.08	福安市民族中学	中学高级教师	2003.08
詹　武	男	福安	1968.05	福安市环保局	高级工程师	2005.12
詹旭文	男	福安	1965.08	福安一中	中学高级教师	2004.08
詹旺松	男	福安	1961.09	福安一中	中学高级教师	1998.08
褚孝宗	男	福鼎	1940.11	宁德地区第一医院	主任医师	1997.01
蔡　浩	男	福安	—	宁德地区民族中学	中学高级教师	1997.06
蔡　斌	男	福安	1958.02	福安市中医院	副主任医师	1998.09
蔡同安	男	福安	1962.01	福安十中	中学高级教师	2002.08
蔡寿春	男	福安	—	福安七中	中学高级教师	
蔡清辉	男	石狮	1935.12	宁德地区第一医院	主任医师	1994.04
廖健文	男	福安	1942.01	福安市中医院	副主任医师	1996.12
缪　羽	女	福安	1950.01	福安成人中专	中学高级教师	1998.07
缪　坚	男	福安	—	福安市溪潭中学	中学高级教师	1998.07
缪　剑	男	福安	1968.12	福安市民族职业中学	中学高级教师	2004.08
缪　亮	男	福安	1963.12	福安一中	中学高级教师	2003.09
缪小宁	男	福安	1956	中共福安市党史研究室	副研究员	1994.03
缪义勇	男	福安	1944.09	福安市水电局	高级工程师	1994.04

续表 30—3

姓名	性别	籍贯	出生年月	工作单位	职称	获得时间
缪云震	男	福安	1952.08	中共宁德地委党校	副教授	1994.04
缪友芝	男	福安	1941.07	福安一中	中学高级教师	1992.09
缪友良	男	福安	1961.10	福安市赛岐中学	中学高级教师	2003.08
缪立民	男	福安	1963.05	福安二中	中学高级教师	2001.06
缪立雄	男	福安	1961.09	福安三中	中学高级教师	2000.05
缪亚华	男	福安	1962.04	宁德市民族中学	高级教师	2001.08
缪光华	男	福安	1960.07	中共福安市委党校	高级讲师	2000.01
缪则光	男	福安	1953.03	福安市电机工程学会	高级工程师	1999.02
缪廷藩	男	福安	1949.07	康华建设工程公司	乡镇企业高级工程师	2001.10
缪向光	男	福安	1964.08	福安一中	中学高级教师	2000.05
缪克平	男	福安	1960.01	福安二中	中学高级教师	2002.08
缪杨华	男	福安	1963.07	福安十中	中学高级教师	2002.08
缪妙青	女	福安	1957.12	福安市林业局	高级工程师	2005.04
缪建东	男	福安	1963.05	福安市城北中学	中学高级教师	2003.08
缪绍文	男	福安	1957.11	福安三中	中学高级教师	1998.07
缪恒宾	男	福安	1962.11	福安一中	中学高级教师	2003.09
缪祖声	男	福安	1956.10	福安市湾坞中学	中学高级教师	2003.08
缪爱芳	女	福安	1964.04	福安师范学校	高级讲师	2005.08
缪爱容	女	福安	1947.12	福安十中	中学高级教师	2002.04
缪凌云	男	福安	1947.01	福安十中	中学高级教师	1998.04
缪祥娟	男	福安	—	福安市民族职业中学	中学高级教师	1998.07
缪曼江	男	福安	1939.05	福安市教师进修学校	中学高级教师	1995.09
缪道新	男	寿宁	1961.05	宁德市农业学校	高级讲师	2000.04
潘　英	女	福安	1965.05	福安四中	中学高级教师	2004.08
潘　斌	女	蕉城	1965.03	宁德市农业学校	高级讲师	2005.05
潘玉成	男	闽侯	1964.12	宁德市农业学校	高级讲师	2001.04
潘玉华	男	闽侯	1961.04	宁德地区农业学校	高级讲师	1996.06
潘健平	男	福安	1959.03	福安市中医院	副主任医师	2002.01
潘彬政	男	福州	1938.08	宁德地区第一医院	副主任医师	1994.04
潘梦琼	男	福州	1950	福安市罐头食品厂	高级工程师	1992.07
潘霄生	男	福安	1961.03	福安市赛岐中学	中学高级教师	1999.05

续表 30—3

姓名	性别	籍贯	出生年月	工作单位	职称	获得时间
薛成福	男	福安	—	福安市卫生防疫站	副主任医师	1999.12
薛利平	男	福安	1960.07	福安市双峰中学	中学高级教师	2002.08
薛建成	男	福安	1964.03	福安二中	中学高级教师	1998.07
薛祖荣	男	福安	1941.01	福安市卫校	副主任医师	2000.01
薛铃华	男	福安	1964.01	福安六中	中学高级教师	2003.09
薛毓铃	男	福安	1963.02	福安二中	中学高级教师	2002.08
魏友林	男	福安	1940.01	福安二中	中学高级教师	1997.07
魏友强	男	连江	1949.01	福安职业中专	中学高级教师	1996.12
魏妙娥	女	福安	1965.12	福安市职业中专	中学高级教师	2003.09
魏德新	男	福安	1950.07	宁德市闽东医院	主任医师	2003.11

表 30—4　1991—2005 年福安市获省部级以上表彰的先进人物一览表

姓名	性别	籍贯	出生年月	工作单位	荣誉称号	授予机关	授予时间
马孝铃	男	福安	1959.10	下白石镇	福建省优秀共产党员	中共福建省委	1995
马婷婷	女	福安	—	城南办事处	全国第三产业普查先进个人	国务院全国第三产业普查协调小组	1994
马德泉	男	福安	1942.08	宁德地区变压器厂	福建省劳模	福建省人民政府	1991
王　春	男	福安	1955.02	宁德地区第一医院	政府特殊津贴科技人员	福建省人民政府	1999
					福建省科技进步三等奖	福建省人民政府	2001
王　津	男	福安	1955.10	甘棠镇	优秀党务工作者	中共福建省委	1997
王玉铃	男	福安	—	福安市总工会	福建省“千亩海堤加固达标建设先进个人”	福建省人民政府	1997
王玉铨	男	福安	1946.06	福安市水电局	福建省“千里海堤加固达标建设先进个人”	中共福建省委、省人民政府	1997.02
王少芳	女	—	—	福安市农行	福建省“三八红旗手”	—	1996
王少芳	女	—	—	福安市农行	全国先进女职工	全国总工会	1996
王世雄	男	福安	1965.08	溪尾镇	福建省“千亩海堤加固达标建设先进个人”	中共福建省委、省人民政府	1997
				中共福安市委	中国当代杰出青年	共青团中央	1999
王存忠	男	连江	1954.07	福安师范学校	福建省先进教育工作者	福建省人民政府	1993.09
王光松	男	福安	1949.05	福安一中	全国优秀教师	国家教委、人事部	1991.
王丽芳	女	福安	1957.10	福安市饮食服务公司经理	部级劳模	内贸部	2000
王茂华	男	福安	—	穆云畲族乡	福建省计划生育先进工作者	福建省人民政府	2001
王学明	男	福安	1958.09	甘棠镇兽医站	全国农业技术推广先进工作者	农业部	1999.12
王剑洲	男	福安	1944.04	福安市水土办	全国水土保持先进个人	水利部	1995.11
王健忠	—	—	—	福安市工商局	全国商标办案先进工作者	国家工商总局	1994
王爱莲	女	福安	—	个体工商户	“全国学雷锋活动先进个人”	中宣部、国务院办公厅、解放军总政治部、共青团中央	—
尤长铃	男	福安	1958.11	福安市科协	福建省政府科技进步奖三等奖(第一名)	福建省人民政府	2000.04
					福建省政府科学技术奖三等奖(第一名)	福建省人民政府	2004.12
					全国农村科普工作先进个人	中国科学技术协会	2005.12
甘振温	男	屏南	1954.03	宁德市汽车运输集团公司	福建省劳模	福建省人民政府	2003
					全国劳模	国务院	2005

续表 30—4

姓名	性别	籍贯	出生年月	工作单位	荣誉称号	授予机关	授予时间
占步希	男	福安	1956.07	福安市茶业局	全国农牧渔业丰收三等奖（茶叶栽培）	农业部	1996
卢锦景	女	福州	1956.10	福安市商业总公司	全国三八红旗手	全国妇联	2004
叶　光	男	福安	1956.12	福安市财政局	全国税收、财政、物价大检查先进个人	国务院税收财务大检查办公室	1991
叶木全	男	福安	1955.12	福安师范学校	福建省优秀教师	福建省人民政府	1998.09
叶石成	男	福安	1943.11	闽东电机第一冲压厂、闽东电机一厂	福建省劳模	福建省人民政府	1993
					全国五一劳动奖章	全国总工会	1993
					全国劳模	国务院	1995
冯成贵	男	福安	1962.12	社口镇	全国科技兴市先进个人	农业部	1995
朱美亭	男	福安	1940.01	宁德地区民族中学	福建省特级教师	福建省人民政府	1994.09
刘乃祥	男	福安	1957.02	福安市检察院	福建省优秀共产党员	中共福建省委	1993.06
					全省2003—2005年度精神文明建设先进工作者	中共福建省委	2006.11
刘子康	男	福安	1949.04	福安市小康办	农村扶贫开发与小康建设先进个人	中共福建省委、省人民政府	1998.05
刘木祥	男	福安		甘棠镇	福建省优秀党支部书记	中共福建省委	1995
刘少平	男	福安	1953.06	福安市统计局	全国第三产业普查先进个人	国务院全国第三产业普查协调小组	1994
刘允现	男	福安	1933.05	福安市甘棠镇北门茶场	福建省劳模	福建省人民政府	1991
刘冬凤	男	福安	1951.06	晓阳镇南溪村卫生所	全国优秀乡村医生	中国农村卫生协会	1998
刘旭星	男	福安	1968.05	下白石镇	1997—2000年度全省社会治安综合治理先进个人	中共福建省委、省人民政府	2001
刘卓雄	男	福安	1942.01	宁德师专	—	—	—
刘忠富	男	福安	1957.09	福安市水电局	全国第三批农村水电初级电气化县建设先进工作者	水利部	2001.11
				福安市财政局	全省千里江堤建设先进工作者	中共福建省委、省人民政府	2002
刘承恭	男	福安	—	福安市教委	福建省民族团结先进个人	福建省人民政府	1999
刘振荣	男	福安	1954.11	福安市劳动和社会保障局	全国劳动保障系统记一等功个人	劳动和社会保障部	2002
					全省就业再就业工作先进工作者	福建省人民政府	2004.11
刘菊风	女	福安	—	下白石镇	福建省优秀共产党员	中共福建省委	1999
刘庸庆	男	福安	1965.10	福安市农业局	全国农牧渔业丰收奖一等奖	农业部	2002

续表 30—4

姓名	性别	籍贯	出生年月	工作单位	荣誉称号	授予机关	授予时间
池　浩	男	福安	1960.10	阳头街道办事处	福建省优秀党务工作者	中共福建省委	1995
池树生	男	福安	—	城南街道	全国计生工作先进个人	国家计划生育协会	2002
阮玉铃	男	福安	1950.10	中共福安市委	福建省98—99年度（第二届）文明安全小区先进个人	中共福建省委、福建省人民政府	2000
阮永光	男	福安	1959.05	福安市人民政府	全省“先进水利县长”	福建省人民政府	1995
阮永忠	男	福安	1970.02	福安市水政水资源管理站	福建省千里江堤建设先进工作者	福建省人民政府	2002.12
阮成生	男	福安	1956.03	福安市纪委	中国纪检监察报优秀通信员	中共中央纪委、中国纪检监察报	1995
阮兴地	男	福安	1963.03	福安市统计局	全国第三产业普查先进个人	国务院全国第三产业普查协调小组	1994
阮良箴	男	福安	1952.04	福安市科协	全国科普先进工作者	中国科学技术协会	1991
阮松城	男	福安	—	福安市邮电局	福建省“五一劳动奖章”获得者	省人民政府	1993
孙椒德	男	浙江宁波	1932.11	福建省茶科所植保研究室	政府特殊津贴科技人员	国务院	1993
苏振铃	男	福安	1964.09	福安市委组织部	福建省优秀党务工作者	中共福建省委	2001
苏培忠	男	福安	1965.10	福安市农业局	全国农业项目水稻抛秧技术推广先进工作者、全国农牧渔业丰收奖三等奖（优质再生稻高产栽培技术项目）	全国农业技术推广服务中心 农业部	2000 2003
苏遇锦	男	福安	1964.04	甘棠镇残联	全国优秀乡镇残联理事长	中国残疾人联合会	2005.08
李　迅	男	福安	1962.02	福安一中	全国优秀教师	国家教委、人事部	1993
					全国十杰中小学教师提名奖	国家教委	1994
					特级教师	福建省人民政府	1994
					优秀专家	福建省人民政府	1995
					福建政府特殊津贴人员	福建省人民政府	1995
					全国“五一劳动奖章”获得者	全国总工会	1996
					福建省劳动模范	福建省人民政府	1996
李兴富	男	福安	1958.08	穆阳公安分局	全国公安系统二级英雄模范	公安部	1998.03
李言明	男	福鼎	1951.03	福安市人武部	抢险救灾先进个人	福建省人民政府	1996
李国荣	男	福安	1956.12	福安市国税局	全国税务系统纪检监察先进工作者	国家税务总局	1996.01
李宝月	女	福安	1962.02	福安市委办	“全国先进保密工作者”	中央保密委办公室、国家保密局	2003.12
李宝卿	男	福安	1951.10	宁德地区水泥厂	福建省劳模	省人民政府	1997

续表 30—4

姓名	性别	籍贯	出生年月	工作单位	荣誉称号	授予机关	授予时间
李康增	男	福安	1952.08	宁德市闽东医院	福建省人民政府科技进步三等奖	福建省人民政府	2001
					政府特殊津贴专家	福建省人民政府	2002
					福建省优秀党务工作者	中共福建省委	2003
					政府特殊津贴专家	国务院	2004.10
李惠长	男	福安	1962.07	宁德地区第一医院、宁德市第二医院	福建省科技进步三等奖政府特殊津贴专家	福建省人民政府	1999 2000
李锦清	男	福安	1966.09	福安市脱贫办	第一次农业普查省级先进个人、全国第五次全国人口普查工作先进个人	福建省农业普查领导小组、国务院第五次全国人口普查领导小组	1997 2002
杨木章	男	福安	1958.10.	福安市水利局	全国水土保持先进个人	水利部	2003.10
杨少芳	男	福安	1939.11	宁德地区民族中学	福建省特级教师	福建省人民政府	1998
杨道辉	男	浙江泰顺	1959.10	城北街道办事处	全国群众体育先进个人	国家体育总局	2001
吴干祥	男	福安	1949.12	福安市水利局	全国第三批农村水电初级电气化县建设先进工作者	水利部	2001.11
吴少芳	女	福安	1959.01	坂中畲族乡	全国工业企业优秀统计工作者	国家统计局	1994
吴妙妹	女	福安	—	社口镇	福建省优秀共产党员	中共福建省委	1995
吴涌乐	男	福安	—	宁德地区农业学校	福建省劳模	福建省人民政府	1992
吴培藩	男	福安	—	福安实验小学	福建省特级教师	福建省人民政府	1994.09
吴蔚藩	男	福安	1937.06	福安市农业局	《福建省水稻合理施用钾肥技术》获94全国农牧丰收二等奖	农业部	1994
邱天兰	女	福安	1968.08	福安市首洋村	全国"双学双比"女能手	全国妇联	2002
邱惠德	男	福安	1951.11	福光电子（国际）有限公司	福建省劳模	福建省人民政府	1997
余发莲	男	福安	1957.11	溪尾镇林江村卫生所	全国优秀乡村医生	中国农村卫生协会	1993
余惠容	女	福安	1954.09	阳头街道	全国婚育新风进万家活动先进个人	中宣部、国家计生委	2001
邹雪珍	女	福安	1951.01	福安市环保监测站	"九·五期间"全国环保系统先进监测站长	国家环保总局	2002.10
张　青	女	福安	—	福安市实验幼儿园	全国优秀教师	国家教委	2004
张怀璋	男	福安	1939	福安一中	福建省特级教师	福建省人民政府	1998
张焕春	男	福安	1964.12	福安市公安局	全国"严打"整治斗争先进工作者	中央政法委、综治委	2003.04
				福安市公安局	全省"严打"整治斗争先进工作者	中共福建省委、福建省人民政府	2003.06
				社口镇	公安部三等功获得者	公安部	1993

续表 30—4

姓名	性别	籍贯	出生年月	工作单位	荣誉称号	授予机关	授予时间
张赛英	女	福安	1946.10	福安市人民政府	部级劳模	国家人事局	1991
张增光	男	福安	1954.08	福安市政法委	1997—2000年度全省社会治安综合治理先进个人	中共福建省委、福建省人民政府	2001
陆　恒	男	福安	1947.10	福安市农业局	全国配方施肥先进个人、农业部农牧渔业丰收三等奖获得者	农业部	1991.11
					福建省粮食丰收二等奖获得者	福建省人民政府	1991
					农业部农牧渔业丰收三等奖获得者	农业部	1993.09
					农业部农牧渔业丰收二等奖获得者	农业部	1994.08
					福建省科技进步二等奖	福建省人民政府	1994.12
					全国科技进步三等奖	农业部、中国农科院	1994
					全国化肥管理先进个人	农业部	1995.09
陈　工	男	福鼎	1945.06	福安市教育局	全国优秀教师和教育工作者	国家教委	1993
陈　平	男	福安	1958.05	福安市船舶工业公司	福建省劳模	福建省人民政府	1994
陈　光	男	福安	1967.03	福安市公安局	全国优秀人民警察	公安部	2001.02
陈少光	男	福安	—	福安市政府办公室	《福建政报》发行工作先进个人	福建省人民政府	1999
陈水金	男	福安	1953.12	福光电子（国际）有限公司	福建省劳模	福建省人民政府	1994
陈公明	男	福安	1962.11	福安市纪委	福建省优秀党务工作者	中共福建省委	1993.06
陈玉成	男	福安	1958.07	福安市茶业局	福建省农村社教优秀工作队员	中共福建省委、省人民政府	1992.02
					全国农牧渔业丰收奖三等奖	农业部	1996.08
					全国农牧渔业丰收奖二等奖	农业部	2000.12
陈乐生	男	福安	1937.07	福安市茶业局	农业部农牧渔业丰收三等奖（茶叶栽培）获得者	农业部	1996
陈必滔	男	周宁	1957.10	中共福安市委	福建省公路“先行工程”建设先进工作者	福建省人民政府	1996
陈永加	男	福安	1956.06	福安市工商局	全国先进工作者	国务院	2000
陈加龙	男	福安	1963.01	社口镇	福建省优秀党务工作者	中共福建省委	2001.06
陈发新	男	福安	1952.06	晓阳镇首洋村卫生所	全国优秀乡村医生	中国农村卫生协会	1998
陈亚敏	女	福安	1944.10	福安师范附小	福建省特级教师	福建省人民政府	1994.09
陈再坤	男	福安	1936.06	福安市溪柄信用社	部级劳模	国家人事局	1993

续表 30—4

姓名	性别	籍贯	出生年月	工作单位	荣誉称号	授予机关	授予时间
陈成乐	男	福安	1943.05	甘棠镇东门村	福建省劳模	省人民政府	1997
					全省“制种多贡献大先进个人”	福建省人民政府	1995
陈则清	男	福安	1939.05	宁德地区第二医院 宁德地区第一医院	福建省政府特殊津贴科技人员	福建省人民政府	1992 1995
陈华安	男	福安	1963.02	甘棠镇	福建省优秀共产党员	中共福建省委	1995
陈庆顺	男	福安	—	赛岐镇	福建省优秀村党支部书记	中共福建省委	1995
陈安寿	男	福安	—	城南街道	全国计生工作先进个人	全国计划生育协会	2002
陈安松	男	福安	1946.02	福安市工商局	部级劳模	国家人事局	1996
					全国工商行政管理系统先进工作者	国家工商管理总局	1996
					全国消费者协会好会长	全国消费者协会	1998
陈伯清	男	福安	1944.01	福安师范学校	福建省精神文明建设先进个人	中共福建省委、省人民政府	1995.12
					福建省特级教师	福建省人民政府	2002.09
陈伯淳	男	长乐	—	宁德地区第一医院	福建省政府特殊津贴科技人员	福建省人民政府	1993 1995
					福建省政府特殊津贴科技人员	福建省人民政府	1995
陈灼生	男	福安	1955.12	城北街道办事处	福建省党务先进工作者	中共福建省委	1995
陈良明	男	福安	1957.09	福安市地税局	全省精神文明建设先进个人	中共福建省委、福建省人民政府	1999.12
陈旺生	男	福安	1938.08	坦洋茶厂	全国农垦系统优秀思想政治工作者	农业部	1991
陈昌明	男	福安	1945.07	福安市计生委	福建省计生工作先进工作者	福建省人民政府	1997
陈金坤	男	福安	1955.12	阳头街道	福建省优秀党务工作者	中共福建省委	1999
陈周玲	男	福安	—	福安市范坑乡邮政所	全国邮政系统模范投递员	国家邮政总局	2004.05
陈泽龙	男	福安	1959.04	福安一中	福建省特级教师	福建省人民政府	2001
陈宝轩	男	福安	1956.03	福安市民政局	《中国社会报》宣传发行先进个人	民政部	1998
陈细梅	男	福安	1959.02	潭头镇渔溪洋村卫生所	全国优秀乡村医生	中国农村卫生协会	1993
陈春旺	男	福安	—	湾坞乡政府村镇建设管理站	全国村镇建设先进工作者	建设部	1999
陈春荣	男	福安	1950.08	福安市水利局	福建省计划生育工作先进个人	福建省人民政府	2003
陈荣冰	男	福州	1950.10	省茶科所栽培育种研究室	国务院特殊津贴专家	国务院	2001

续表 30—4

姓名	性别	籍贯	出生年月	工作单位	荣誉称号	授予机关	授予时间
陈品英	女	仙游	1954.02	福安客运分公司	全国文明家庭	全国总工会	2000
陈顺德	男	福安	1950.06	穆云畲族乡隆坪村卫生所	全国优秀乡村医生	中国农村卫生协会	1998
陈俊川	男	福安	1941.09	城北街道前进村	福建省劳模	福建省人民政府	1994
陈祖声	男	福安	1937.09	城北街道办事处	福建省农村优秀党支部书记	中共福建省委	1995
陈祖枝	男	福安	1964.04	晓阳镇	中国红壤二期开发项目先进工作者	农业部	2002
陈祖敬	男	福安	1942.11	福安市民政局	福建省优秀共产党员	中共福建省委	1995
陈原原	女	福安	1947.08	宁德地区民族中学	福建省特级教师	福建省人民政府	1998
陈恩沛	男	福安	1949.08	福安市化学工业公司	全国企业管理现代化成果二等奖获得者	全国企业管理现代化创新成果审定委员会	1993
				福安市人民政府	福建省政府特殊津贴科技人员	福建省人民政府	1995
				福安市人民政府	福建省“，95 安全生产先进工作者”	福建省人民政府	1996
陈清松	男	福安	1967.08	福安市地税局	全省就业再就业工作先进工作者	福建省人民政府	2004.11
陈鼎源	男	宁德	1939.03	福安市林业局	福建省科技进步三等奖获得者	福建省人民政府	1997
陈福康	男	福安	1963.09	穆云畲族乡	福建省民族团结先进个人	福建省人民政府	1992
				福安市总工会	全国签订集体合同先进个人	全国总工会	1998
林　彬	男	福安	1949.09	福安市体委	全国群体工作先进工作者	国家体委	1993
林　霞	女	福安	1954.05	福安市农业局	“’94 全国农牧丰收”二等奖获得者	农业部	1994
林乃进	男	福安	1947.07	福安市土地局	全省扶贫开发先进个人	福建省人民政府	2001
林山森	男	福安	1949.05	福安市甘棠学区	福建省特级教师	福建省人民政府	1994.09
					福建省优秀共产党员	中共福建省委	1997
					全国“五一劳动奖章”获得者	全国总工会	1998
					福建省劳动模范	福建省人民政府	1998
林长德	男	福安	1946.08	上白石镇不老村卫生所	全国优秀乡村医生	中国农村卫生协会	1993
林月姝	女	福安	—	松罗乡	全国敬老好儿女金榜奖	共青团中央、全国妇联、中国老龄协会	1999
林玉和	男	福安	1937.02	宁德地区农科所	福建省政府特殊津贴科技人员	福建省人民政府	1992
					福建省政府特殊津贴科技人员	福建省人民政府	1995
林世祥	男	福安	—	范坑乡	林业部二期《油茶低改工程总体规划设计》一等奖获得者	林业部	1994

续表 30—4

姓名	性别	籍贯	出生年月	工作单位	荣誉称号	授予机关	授予时间
林丛文	男	福安	—	穆阳镇	全国国民体质监测工作先进个人	国家体育总局	2002
林吉初	男	福安	1948.07	城北街道办事处	全国第三产业普查先进个人	国务院全国第三产业普查协调小组	1994
林伏瑞	男	福安	1946.01	福安市公安局	全国优秀人民警察	公安部	1994.02
林进庸	男	福安	1939.09	福安市公安局	全国优秀人民警察	公安部	1995.02
林贤康	男	福清	1936.11	福安市委办公室	福建省劳模	福建省人民政府	1991
林明辉	男	福州	—	福安市建委	全国勘测先进工作者	建设部	1993
林忠平	男	福安	1965.08	福安市林业局	福建省政府科技进步三等奖	福建省人民政府	1998
林春霖	男	福安	1964.04	福安十中	全国体育先进个人	国家体育总局	2001
林洪炳	男	福安	1935.03	福安市农科所	福建省政府特殊津贴科技人员	福建省人民政府	1993
					福建省政府特殊津贴科技人员	福建省人民政府	1995
					福建省振兴农业先进个人	福建省人民政府	1993
林晋良	男	福安	1936.07	福安市拖拉机电机厂	福建省政府特殊津贴科技人员	福建省人民政府	1995
林琼华	—	—	—	福安市村建站	福建省抗洪救灾先进个人	福建省人民政府	1997
林锦平	男	福安	1964.05	福安市农业局	福建省《优质稻品种开发及其配套高产栽培技术研究》先进个人	福建省人民政府	2001
					全国农牧渔业丰收奖一等奖获得者	农业部	2002
林福亨	男	福安	1955.11	福安市广播电视事业局	福建省第三届（2000—2002年度）创建文明行业工作先进个人	中共福建省委、福建省人民政府	2003.08
林碧玲	女	福安	1973	福安康厝农行营业所	全国见义勇为先进分子	中宣部、公安部、中华见义勇为基金会	1995
					全国“三八红旗手”	全国妇联	1995
林嫩金	男	福安	1952.08	甘棠镇港岐村卫生所	全国优秀乡村医生	中国农村卫生协会	1993
林增铃	男	福安	1969.06	溪潭镇	全国第五次人口普查优秀普查指导员	国务院人口普查领导小组	2002.01
罗　坚	男	福州	1936.12	宁德地区农科所	福建省政府特殊津贴科技人员	福建省人民政府	1992
					福建省政府特殊津贴科技人员	福建省人民政府	1995
罗仰奋	男	福安	1948.10	宁德地区农科所	福建省省优秀共产党员	中共福建省委	1993
					福建省政府特殊津贴科技人员	福建省人民政府	1997
周文通	男	莆田	1935.11	宁德地区农科所	福建省政府特殊津贴科技人员	福建省人民政府	1992
					福建省政府特殊津贴科技人员	福建省人民政府	1995

续表 30—4

姓名	性别	籍贯	出生年月	工作单位	荣誉称号	授予机关	授予时间
周志坚	男	屏南	1955.03	中共福安市委	全国纪检监察系统通报嘉奖者	中纪委、人事部、监察部	2002.01
周树通	男	惠安	1955.12	中国人民解放军某工厂、福建省白马船厂	部级劳模	国家人事局 海军装备保障部	2004
郑　娟	女	福安		福安市司法局	全国“二五”普法先进个人	中宣部、司法部	1995.12
郑　辉	男	福安	1967.05	福安市经管站	全国农经宣传先进个人	农业部	1993
郑一平	男	霞浦	1957.05	宁德市民族中学	全国优秀教师	国家教委、人事部	1991
					福建省特级教师	福建省人民政府	2002
郑少华	男	福安	1964.01	福安市林业局	全国先进林业站长	农业部	1993
郑允生	男	福安	1945.09	甘棠镇人民政府经管站	全国第三产业普查先进工作者	国务院全国第三产业普查协调小组	1994.04
郑生荣	男	福安	—	穆阳经济开发区	全国第三产业普查先进个人	国务院全国第三产业普查协调小组	1994
郑坤玉	—	—	—	福安市溪柄镇	1997～1998年福建省计生工作先进工作者 福建省计划生育先进工作者	福建省人民政府	1997 1999
郑其春	男	宁德	1952.10	宁德地区农业学校	全国中等农校优秀教育工作者	国家教委	1994.08
郑金兴	男	福安	1944	宁德地区公路局	福建省劳模 优秀党务工作者	福建省人民政府 中共福建省委	1997 1999.07
郑复赠	男	福安	1935.11	福安市教师进修学校	福建省特级教师	福建省人民政府	1994.09
郑信禄	男	福安	1967.01	福安市人大常委会	“八五”期间全国农村改水先进个人	全国爱卫会	1997
郑剑青	男	福安	1953.03	福安市人事局	全国第三产业普查先进工作者	国务院全国第三产业普查协调小组	1994.12
郑胜光	男	福安	1953.05	福安市环保局	全国环保双达标先进个人	国家环保总局	2002.12
郑梅庄	女	福安	1956.07	福安师范附属小学	福建省先进工作者	福建省人民政府	2000
					福建省先进教育工作者	福建省人民政府	2000.09
赵林桦	女	福安	1955.08	宁德地区第一医院	全国计划生育万例手术无事故先进个人	卫生部、国家计生委	1994
柳忠民	男	福州	1953.12	福安市公安局	全国优秀人民警察	公安部	1998.04
钟小明	男	霞浦	1978.07	福安师范学校附属小学	全国优秀少先队辅导员	全国少工委	2005.06
钟长基	男	福安	1960.12	下白石镇	全省计划生育工作先进个人	中共福建省委	2000
钟伏荣	男	福安	1953.08	福安市农药厂	国务院政府特殊津贴科技人员	国务院	1993.10
					福建省人民政府特殊津贴科技人员	福建省人民政府	1995

续表 30—4

姓名	性别	籍贯	出生年月	工作单位	荣誉称号	授予机关	授予时间
钟应洪	男	福安	1946.02	中共福安市委	全省民族团结进步模范	福建省人民政府	1999.12
					全省扶贫开发先进个人	中共福建省委、福建省人民政府	2002.01
钟明森	男	福安	1947.01	省民族事务委员会	部级劳模	国家人事局	1996
钟清平	男	福安	1958.09	福安市人民政府	全国村镇建设先进工作者	国家建设部	1999
洪国梁	男	福安	—	福安市林业局	部级劳模	国家人事局	1991
洪鼎俊	男	福安	1938.08	福安市农技中心	全国农牧渔业丰收二等奖	农业部	1993
姚克平	男	福安	1956.11	福安市林业局	福建省科技进步三等奖获得者	福建省人民政府	1997
姚金和	男	安徽	1943.02	福安市农业局	国家“星火计划科技”三等奖获得者	农业部	1994
姚捷夫	男	莆田	1936.08	福安市罐头食品厂	福建省劳模	福建省人民政府	1991
夏仁忠	男	福安	1970.09	福安市广播电视事业局	福建省首届“创文明行业建满意窗口”竞赛活动先进个人	中共福建省委、福建省人民政府	1998.02
徐扬华	男	福安	1954	福安市政府办	福建省预备役部队基层建设先进个人	福建省人民政府、福建省军区	1997.01
徐桂春	男	宁德	1952.10	中共福安市委	全省党管武装好书记	中共福建省委	1997
翁寿银	男	福安	1954.04	福安客车队	福建省劳模	福建省人民政府	1991
翁迪贵	男	福安	1971.06	宁德市闽东医院	全国抗击“非典”先进个人	中国农工民主党中央委员会	2003
凌冬生	—	—	—	福安市工商局	全国优秀工商行政管理员	国家工商总局	1991
高瑞龙	男	福安	1966.10	福安市林业局	福建省科技进步三等奖获得者	福建省人民政府	1997
					福建省科技进步三等奖获得者	福建省人民政府	1999
郭子荣	男	福安	1943.07	宁德市汽车运输公司	全国总工会第四届“金桥奖”获得者	中国海员工人总工会	2003
郭文胜	男	福州	1968.03	福安市财政局	全省旅游先进工作者	福建省人民政府	2000
					福建省新长征突击手	中共福建省委、福建省人民政府	1999
郭奶瑞	男	福安	1956.02	溪柄镇溪柄村	福建省劳模	福建省人民政府	2003
郭吉春	男	福安	1945.04	福建省茶科所栽培育种研究室	福建省政府特殊津贴专家	国务院	2005
郭祚峰	男	闽侯	1959.03	福安市农村合作经济经营管理站	全国农业经济信息工作先进个人	农业部	1993
					全国农业物价信息工作先进工作者	农业部	2000
					全省清理整顿农村合作基金会工作先进个人	福建省人民政府	2002

续表 30—4

姓名	性别	籍贯	出生年月	工作单位	荣誉称号	授予机关	授予时间
郭素英	女	福安	1958.09	福安市韩阳镇环卫所	福建省劳模	福建省人民政府	1994
郭逢生	男	福安	1954.10	福安市农业局	全国农牧渔业丰收奖一等奖获得者	农业部	1997
					2000年度全国农业基点先进调查员	农业部	2001
					全国农牧渔业丰收一等奖获得者	农业部	2002
黄义雄	男	福安	1967.07	福安师范附属小学	福建省优秀教育工作者	福建省人民政府	2001.09
黄少姿	女	福安	1952.12	中共福安市委	福建省计划生育工作先进个人	福建省人民政府	1993
					全省精神文明建设先进个人	中共福建省委	1995
黄介贤	男	福安	—	下白石镇财政所	福建省劳模	福建省人民政府	1991
黄以明	男	福安	—	下白石镇	福建省优秀教师	福建省人民政府	1995
黄丽挺	女	广东潮安	1957.07	福安市侨联	全国归侨侨眷先进个人	国务院侨办、中国侨联	2004
黄丽菊	女	福安	1954.12	甘棠镇	全省扶贫开发先进个人	中共福建省委、福建省人民政府	2002.01
黄孟华	男	莆田	1957.12	宁德市闽东医院	部级劳模	国家人事局 卫生部	2004
黄宝泉	男	福安	1932	福安市农机局	全国青年社会主义建设积极分子	共青团中央	1958
黄胜雄	男	福安	—	溪柄镇	中华农业科教奖获得者	农业部	2000
					全国农牧渔业丰收奖一等奖获得者	农业部	2002
黄亮生	男	福安	1957.06	福安一中	福建省特级教师	福建省人民政府	2002
黄振裕	男	福安	1939.11	中国人民解放军某工厂	全国劳模	国务院	2000
黄晓霞	女	福安	1971.02	福安市农业局	全国农业广播电视教育先进工作者	中央农业广播电视学校	2001
黄盛丛	男	福安	1943.03	闽东电机厂	福建省劳模	福建省人民政府	1994
黄敬森	男	福安	1954.10	福安市公安局	全国颁发居民身份证先进工作者	公安部	1991.10
黄惠萍	女	福州	1957.08	福安市地税征收分局	福建省劳模、先进工作者	中共福建省委、福建省人民政府	2003
					福建省“创文明单位、建满意窗口”先进个人	中共福建省委、福建省人民政府	1998.02
黄裕庭	男	福安	1948.07	福安市计生委	福建省计划生育先进工作者	福建省人民政府	2001
黄新安	男	福安	1967	福安市统计局	全国第三产业普查先进个人	国务院全国第三产业普查协调小组	1994
章振堂	男	福安	—	社口镇	福建省计生先进工作者	福建省人民政府	1997

续表 30—4

姓名	性别	籍贯	出生年月	工作单位	荣誉称号	授予机关	授予时间
梁奕章	男	福鼎	1963.03	福安市委、市政府	全国第五次全国人口普查工作先进个人	国务院第五次全国人口普查领导小组	2002
彭云平	男	福安	1962.10	福安市红福啤酒有限公司	福建省劳模	省人民政府	2000
傅清莉	女	福安	1956.08	福安市乡镇企业局	全国先进会计工作者	农业部	1994
傅道雄	男	福安	—	社口镇	全国科技兴市先进个人	科技部	1995
曾子健	男	福安	1954.01	宁德市闽东医院	抗击“非典”斗争优秀党员	中国农工民主党中央委员会	2003
曾顺生	男	福安	1949.01	城北街道办事处	全国计划生育协会先进个人	中国计划生育协会	1995
谢寿堂	男	福安	1953.10	福安市工商局、福安市个私协	全国个私协系统先进工作者	中国个体劳动者协会	2002
雷美美	女	福安	1962.01	康厝畲族乡	福建省民族团结先进个人	福建省人民政府	1999
雷宽福	—	—	—	福安溪柄镇	第一次全省农业普查先进个人	福建省农业普查领导小组	1997
雷逢德	男	福安	1946.02	福安畲族经济开发区	全国少数民族和地区名优产品博览会组织工作先进个人	国家民委、国家经贸委	1999
雷维善	男	福安	1962.09	穆云畲族乡	全国各族青年团结进步先进个人	共青团中央、国家民委、全国青联	1993
詹步希	男	福安	1956.07	福安市茶业局	全国农牧渔业丰收三等奖（茶叶栽培）	农业部	1996
					全国科学技术进步三等奖获得者	农业部	1998
詹陈菊	女	福安	1964.01	宁德地区第一医院	福建省精神文明建设满意服务先进个人	福建省人民政府	1998
詹翠霞	女	福安	1954.02	福安市人民政府	福建省“优秀共产党员”	中共福建省委	2001
蔡小洁	女	福州	1971.11	福安市检察院	中央“4.20”专案工作组嘉奖	中组部、最高检等	2001
蔡坚基	女	福安	1950.02	福安市潭头学区锦桌头小学	福建省劳模	省人民政府	1997
					全国教育系统模范教师、第三届全国“十杰中小学中青年教师”	教育部	1998
					全国“三八红旗手”	全国妇女联合会	2004
蔡清辉	男	石狮	1935.12	宁德地区第一医院	部级劳模	卫生部、人事局	1995
缪云震	男	福安	1952.08	宁德地委党校	福建省优秀教师	福建省人民政府	1998.09
缪见文	男	福安	1965.01	福安市化学工业公司	全国企业管理现代化成果二等奖获得者	全国企业管理现代化创新成果审定委员会	1993
缪则光	男	福安	1953.05	福安市水利局	全国第三批农村水电初级电气化县建设先进工作者	水利部	2001.11
缪妙青	女	福安	1957.12	福安市林业局	福建省政府科技进步三等奖获得者	福建省人民政府	1998

续表 30—4

姓名	性别	籍贯	出生年月	工作单位	荣誉称号	授予机关	授予时间
缪育宁	男	福安	—	中共福安市委宣传部	福建省优秀党务工作者	中共福建省委	1995
缪宝金	男	福安	1958.01	福安市水利局	2002年全省抗洪救灾先进工作者	中共福建省委、福建省人民政府	2003.04
				市林业局	福建省科技进步三等奖获得者	福建省人民政府	1998
缪绍炜	男	福安	1964.12	上白石镇	福建省计生工作先进个人	福建省人民政府	1997
缪逸霞	女	福安	1967.06	市物资局	全国“晨鸣杯”优秀统计分析奖获得者	商务部	1995
缪惠琴	女	福安	1971.08	福安市赛岐供销社	全国劳模	国务院	1995
					全国女职工标兵	全国总工会	1994
缪裕荣	男	福安	1962.10	福安市公安局	全国优秀人民警察	公安部	1999.03
潘鸿华	男	福安	1949.01	福安市甘棠学区	部级劳模	国家人事部 教委	1995
					全国先进工作者	国务院	2000
					福建省杰出人民教师	中共福建省委、福建省人民政府	2004
潘福章	男	福安	1942.09	福安市茶业局	全国农牧渔业丰收三等奖（茶叶栽培）获得者	农业部	1996
					全国农牧渔业丰收二等奖获得者	农业部	2000
潘赛容	女	福安	1954.05	福安市乡镇企业局	全国先进统计工作者	农业部	1994
薛忠铃	男	福安	1967.08	福安市教师进修校	全国书法教育先进工作者	国家教委	1998

附　录

福安市志 FUAN SHIZHI FULU

福安市志·文献、诗文选辑

福安文风称盛，其文学鼎盛于唐，至宋末，出现了以谢翱为代表的文坛翘楚。据《福安县志》记载，自晚清上溯至盛唐的一千多年间，已知邑人的艺文专著就有156种之多。迨至近现代，福安仍为闽东地区的人文渊薮，被誉为“瓯闽名区”，文献、诗文粲然可观。

本篇“附录”汇编的文献、诗文均为诸版旧志以及首轮《福安市志》所未录者。如前轮《福安市志》虽有提及，却未收录文字内容。又如福安“三贤”中，薛令之的6首唐诗，前诸志仅刊4首，本篇再录两首，予以补全；谢翱《晞发集》中的诗文，前志虽有选录，却遗漏了一些同样优秀的代表性诗文，本篇特增录他的5首诗和1篇散文；至于郑虎臣的著作，除了他编辑的《吴都文粹》外，所撰《集珍日用》《元夕闺灯实录》惜已亡佚，而《吴都文粹》也只是辑录他人有关作者平江府（今苏州）名胜的诗文，幸喜诗文后附有郑虎臣考证后加批的短注，这些注文尽管文字与范成大的《吴郡志》有所雷同，却也能管窥其人的博雅，所以选录三则。此外，郑寀亲自撰写的墓铭、圹志、题记等，弥足珍贵，也予以一并选存。近现代有关福安的文献、诗文甚多，本篇未予全部刊入，只从已出版的资料、书籍中选录若干篇什，以期反映近现代福安文坛的概貌。

一 部分重要文件选辑

中共福安市委 福安市人民政府
关于依靠科技进步建设电机电器城的决定

安委〔1994〕1号

各乡镇（办事处），市直部、委、办、局，群团组织，各企业（集团）公司：

电机电器是我市的支柱产业，其产值、税收占全市经济总量的三分之一。建设电机电器城对于加快我市工业乃至全市经济的发展具有举足轻重的作用。为振兴我市经济，提高电机电器生产的总体水平，加快电机电器城的建设步伐，特作如下决定：

一、统一思想，进一步提高依靠科技进步加快电机电器城建设的重要性和紧迫性的认识

我市是闽东电机电器的发祥地，经过三十多年的发展，电机电器行业已具有一定规模，取得了令人瞩目的成就。全市现有电机电器企业500多家，占全市工业产值的45%，实现出口产值近2亿元，成为我市工业经济的“半壁江山”。但目前我市电机电器厂家应用新工艺、新技术的总体水平还不高，难以适应社会主义市场经济条件下的激烈竞争，直接困扰和阻碍我市电机电器行业的发展。依靠科技进步，建设电机电器城是引导我市电机电器行业走向市场、参与竞争、在竞争中不断发展壮大的一种探索和实践。各级各部门要从发展经济的大局出发，以高度责任感，发扬“闽东电机”的创业精神，深化改革，扩大开放，抓住机遇，乘势而上，同心协力，推进电机电器城建设。

二、依靠科技进步，促进建设电机电器城总体目标和发展格局的形成

建设电机电器城要从我市实际出发，坚持高起点、高标准、高技术含量，努力走出一条具有地方特色的建设电机电器城的发展模式和路子。总体目标是：九四打基础，九五求突破，九六全面上，九七实现电机电器产值15亿元，四年建成电机电器城。在发展布局上采取“整体启动，重点突破，小区集中，全面推进”，形成以企业集团为龙头，各种成分一起上，科技进步打头阵，工贸结合促发展的格局。具体操作上要以新产品开发为龙头，把科学研究、技术开发、技术改造、引进智力、人才培训、生产建设以及经营销售有机衔接起来。把技改奖金、基建奖金、银行贷款和科技经费投向同一重点，使科技计划、技改计划、基建计划、引进智力计划有机结合起来，发挥整体效用，促进电机电器城的建设和发展。

1. 认真做好“科技兴城”的发展规划。以科技为先导，统一规划，分步实施，重点突破，整体推进。

2. 促进产品结构和产业结构的合理化、高度化。对市里能支配的奖金应当按产业政策的要求，集中投向支柱产业、拳头产品、新开发产品，提高投资总体效益。市成立依靠科技进步建设电机电器城发展基金，用于发展高技术、高含量企业和新产品的生产与开发。创建高技术企业和开发高技术产品，计划两年内应用新技术 1 种、新工艺 2 项，引进新技术生产线 6 条、开发新产品 8 项。通过联合、嫁接外资和高新技术等促进企业不断发展壮大。制定产业政策和技术政策，以促进生产要素的合理流动与优化组合，促进企业科学管理，提高经济效益。

3. 加强技术人才的培养。在选择培养企业厂长、引进技术人才、组织培训待岗职工的同时，抓好以人为核心的各项管理和职业道德教育。制定市职业学校适应电机电器建设需要的职业教育规划，并引导企业从职业学校接收工人，从根本上提高企业素质。

4. 加快电机电器城硬件建设步伐。近期重点抓好“三个中心”（电机电器产品质量检测中心、技术开发中心、培训中心）、“两条街”（电机电器专业街和广告街）、“四个小区”（坂中、阳头、小溪边电机电器小区和秦溪民营电机电器科技园区），以点上的突破向整体推进过渡。

三、加强领导、上下配合、协同动作、加快电机电器城建设步伐

建设电机电器城是省科委科技发展重点项目，是一个庞大系统工程，要依靠全市上下、方方面面的力量来完成。市成立电机电器城建设领导小组，负责抓好电机电器城建设的组织协调，检查督促和落实工作。各级各部门要积极配合，通过协作，要把建设电机电器城作为本部门、本单位的一项重要工作，在工作计划、资金安排、企业管理、舆论宣传上优先考虑、重点安排、提供服务，确保电机电器城建设的顺利进行。

中共福安市委

福安市人民政府

一九九四年六月十日

中共福安市委　福安市人民政府
关于加快民营经济发展的决定

安委〔1994〕2 号

各乡镇（办事处），市直部、委、办、局，群团组织：

改革开放以来，特别是近几年，我市致力于改变单一的经济成分，大力发展各种民营经济。民营经济在全市经济总量中所占比重已经超过国有和集体经济成分，成为我市经济新的增长点，充分显示出生机活力。但由于民营经济的发展还处在自发阶段，政策、资金、信息和科技还不配套，发展带有一定的盲目性，必须加以引导和扶持。为进一步加快民营经济发展步伐，特作如下决定：

一、确立发展民营经济的指导思想和基本目标

我市发展民营经济发展的指导思想：解放思想、政策扶持、理顺管理、分类指导、突出特色、注重实效、加快速度、大胆突破，促进我市经济持续、健康、快速增长。

今后五年（至1998年）我市发展民营经济的基本目标：

1.全市个体私营企业发展到23000户，比1993年增长132.41%；产值达到16亿元，同比增长280%；上缴税金8000万元，同比增长300%。

2.全市乡镇企业总产值超35.4亿元。

3.有一批国有工商企业改为股份合作制或其他形式转为国有民营。

4.在完善市区10家机电企业组建机电出口集团公司和赛岐56家私营打火机企业组建打火机工业公司的基础上，再引导组建5家工业公司或集团公司。培育上千万元产值的私营企业20家，纳税上10万元以上企业100家，推动民营企业上规模、上档次。

5.积极引导民营经济向高新技术迈进。新发展民办科研所15家，以各自科研机构为依托的民办科技企业50家；重点扶持20家科技民营企业。科技因素含量年增2个百分点，新产品产值率达30%以上。

6.大力培植农村民营经济典型。每个乡镇（办事处）应有富有地方特色的民营经济典型行政村2至3个。

二、完善配套发展民营经济的政策措施

1.放宽经济范围。除国家法律、法规明令禁止个体工商户、私营企业经营的行业和商品外，其他行业和商品都允许经营。鼓励民营经济发展科技型产业、原料市场两头在外企业、出口创汇、进口替代型企业和低能耗、高附加值加工企业。允许试办特殊行业经营项目。

2.放宽经营方式。允许民营经济一业为主，多种经营，开展批发、批零业务，可以代购、代销、代储和长途贩运，可以综合经营，也可以跨地区、跨行业经营；对国家规定限制经营，但当地紧缺和急需的商品，可视情节给临时营业执照，进行一次性经营；鼓励民营企业开展各种形式的横向经济技术联合，允许具有条件的经纪人、代理商从事放开商品（包括房产）的中介、代理业务。民营企业可以承包、租赁、购买全民、集体企业或参股联营；鼓励民营企业组建企业集团，允许民营企业与外商合资、合作办企业，并享受"三资"企业优惠政策；鼓励通过委托代理开展外贸经营业务，鼓励到境外兴办独资、合资、合作企业；允许民营企业组织出国考察洽谈业务和邀请外商来我市洽谈业务。

3.放活管理办法。实行民营企业无主管企业制度，新发展的民营企业，按照自愿原则，选择主管部门或采取登记制进行登记，并按《中华人民共和国公司法》的规定和全国工商行政管理局的新规定领取营业执照；原挂靠各主管部门的民营企业仍归原主管部门管理。有关部门要简化登记审批手续和程序，除国家法律法规规定需实行专项审批或许可证的以外，其他部门规定的许可证一律不作为民营企业登记发证的前提条件。在正常情况下，企业申请登记或变更登记，从登记表送达之日起，七天内要办结发照，个体工商户随到随办。要放宽注册资金和企业名称，只要不违反国家规定，对在同一地工同行业不重名经营的即可申请予以登记；注册资金一时不足的，可先发执照，开业后限期补齐；经县级工商行政管理机关批准，在辖区内允许个体工商户一照多摊，允许有条件的个体工商户、民营企业使用"经理部""经营部""商行"等名称。各有关职能部门要树立管理就是服务的观念，多帮助、少干预，促进民营经济的发展。

4.放松发展环境。把民营经济视同其他经济类型看待，有关部门要保护民营企业的科技成果、知识产权、企业财产和经营秩序；有条件的企业可核定派驻保安人员；对敲诈、勒索、行凶、打砸等破坏民营经济发展的犯罪分子应从快、从重、从严打击；政法部门应积极受理民营企业的诉讼申请，及时为他们排忧解难。

5. 保护民营企业的合法权益，制止乱摊派、乱收费、乱罚款行为。凡超过民营企业规定收费范围、标准的，民营企业有权拒付和申诉，直至按照《中华人民共和国行政诉讼法》向人民法院起诉。纪检、监察、财政、物价、工商等部门应加强对民营企业乱收费、乱罚款、乱摊派等违法违纪行为的查处。对政策规定放开经营的商品，特别是农副产品已全额纳税的，一律不得查扣；民营企业的合法收入除缴纳国家规定的税费外，其财产任何单位、个人不得平调、侵占。

6. 提供财政和信贷资金支持。市财政筹措 200 万元周转金，与民营企业纳税大户的税收增长挂钩；各家专业和商业银行调剂 4000 万元贷款扶持民营企业发展。金融部门要按中央和省的有关规定，按照国家信贷原则和国家产业政策，安排民营企业生产经营所需贷款，并根据规模和效益状况，发放小额固定资产和简易设备维修贷款，并为个体工商业和民营企业开立账户和款项存取提供方便。对经营效益好，产品质量高和科技型、出口创汇型民营企业在信贷资金、存取款等方面予以优先照顾。

7. 成立民营经济发展基金会。根据自愿原则发展吸收会员入股，主要用于调剂会员间的资金余缺。

8. 为民营企业提供人事、劳动、用工、用地、社会保险和科技服务。允许并鼓励大中专毕业生、机关干部和科技人员向民营企业流动，其人事管理权限和待遇不变，工龄可以连续计算；对形成一定规模的私营企业，劳动部门可以接受委托办理招工、社保手续，承认并计算他们的工龄；民营企业的生产经营场地要列入城乡建设规划、土地、规划部门对民营企业用地申请要及时落实，通过土地有偿出让、转让的途径解决，也可选择在市区各办事处和赛岐、穆阳开发区兴建的工业、商贸区内建厂建店。行政企事业单位的闲余场地可租赁给民营企业作为生产经营场所，这些企业生产经营所需的水、电等供应渠道和收费标准与乡镇、集体企业一视同仁；鼓励科技人员到民营企业兼职，其提供的技术服务和科研成果开发费归个人收入。科委、科协每年组织 1 至 2 次技术交易会，为民营经济发展提供信息、咨询和技术服务，帮助民营企业提高产品质量和档次，提高企业的技术含量。

9. 建立民营经济的行业化管理。成立各种行业商会，其职责是制定规划、指导服务、提供信息、开拓市场、协调市场价格、汇总统计报告，为市委、市政府提供决策咨询。

10. 提高民营经济的社会地位。全市开展综合性的评先，评选民营经济能人，由政府命名、记功；评职称、评市管拔尖人才要有民营经济突出拔尖人物；国有企业单位和乡镇、村的集体企业管理人员可从民营经济人员中招聘使用；民营企业的管理和科技专业人员可以同等享受“农转非”指标；民营企业的成果同样可以申报创新创优、技术鉴定、商品检验、科技立项、成果奖励以及产品参加各级举办的 QC 成果发布和产品展销，享受全民、集体企业同等的各项优惠奖励政策。宣传部门要经常宣传民营经济发展状况及先进人物，为民营企业的发展创造舆论环境。

以上规定同样适用“国有民营”转换经营机制企业。市其他文件与本决定有抵触的，以本决定为准。

中共福安市委

福安市人民政府

一九九四年七月二十八日

中共福安市委　福安市人民政府
关于切实抓好连家船民上岸安居乐业工作的若干决定

安委〔2000〕35号

闽东赛岐经济开发区、福安畲族开发区，各乡镇、街道，市直各单位：

连家船民是我市一个特殊而贫困的群体。他们上无片瓦，下无寸土，长期生活在船上，漂泊在水上，生活十分困难。在上级党委、政府的高度重视与大力支持下，在社会各界和有关乡镇、部门的共同努力下，我市1583户、7419人的连家船民至去年底已经全部上岸建新居，完成了省、地下达的政治任务。为了确保连家船民上岸定居后，能够安居乐业，尽快摆脱贫困，走上脱贫致富的道路。经市委、市政府研究，现就切实抓好连家船民上岸安居乐业工作做出如下决定：

一、进一步强化领导，健全机构，落实责任

各有关乡镇、街道要把连家船民上岸安居乐业工作摆上重要位置，由一把手亲自负责，集中一定的人力、物力、财力切实抓紧抓好。市委、市政府决定成立“福安市连家船民安居乐业工作领导小组”，下设办公室，挂靠市“造福工程”办公室。有连家船民上岸安居任务的乡镇、街道均要成立相应的领导小组，正副组长分别由党委书记、乡镇长（主任）担任，并把责任真正落到实处。

二、制定优惠政策，加强连家船民上岸安居乐业步伐

1. 凡是1977年度列入“造福工程”范畴及1998年2月统计在册，至今真正仍以船只运输、捕捞为主要谋生手段的连家船民给予减免2000—2002年3年乡镇统筹费、教育事业附加费。

2. 连家船民的农渔特产税给予减免到2002年。

3. 由市级公安、边防、交通、渔政等部门征收的连家船民船检、年检、监督、安全、管理等有关收费标准一概降低50%。

4. 连家船民从事滩涂水产养殖的，免征资源开发费。

5. 连家船民子女就学与本地（村）学龄儿童享受同等待遇，不增收其他费用，同时免收三年学杂费。

6. 各有关乡镇、街道要按户均0.5—1亩的标准，调整出田地或农地（山地），给连家船民承包，供其种植粮食、蔬菜或者茶果等经济作物。

7. 连家船民需种植的茶、果苗木款，每年从市财政农业专项经费中切出5万元给予补助。有关乡镇负责组织发动，农业部门负责苗木调动和技术指导。

8. 连家船民规模经营的水产养殖项目，市海洋与水产局要在项目资金安排上给予倾斜扶持。

9. 连家船民上岸从事第二、三产业的，工商、交通部门要给予优先办理执照，管理费用征收标准降低50%，摊（车）位安排给予优先照顾。

10. 从市教育附加费征收总额中每年切出2万元，设立“连家船民子女就学基金”，解决连家船民贫困户子女上学困难问题。由市教委负责实施。

11. 从计划外生育费征收（市统筹部分中）每年切出2万元，作为连家船民“计生三户”发展生产的扶持资金，实行有偿使用，滚动投放。由市计生委负责实施。

12.2000—2002年，市农行、市农村信用联社、闽东赛岐经济开发区农行每年应安排50万元的小额信贷资金，由市财政给予贴息，用于因灾返贫和低收入的连家船民发展生产。由市脱贫办、市农行负责实施。

13.土地部门要简化手续，提供方便，上门服务，为连家船民建房户及时办理建房用地审批手续和税费减免手续。2000年年底，要将全市的连家船民建房户的"用地证"全部发放到他们手中，并免收办证费用。由市土地局负责实施。

14.连家船民建房户在建房后三年内按照规划加层，建委部门免收加层费。

15.公安、边防部门要对连家船民的海上、山上生产给予重点保护，切实保障他们的合法权益。

三、各负其责，搞好连家船民新村公共基础设施建设

1.水电部门要将连家船民新要或安置点的用电列入"无电村"计划，优先给予安排，2000年年底要使全市的连家船民建房户均能用上电，并给予减免开户费、安装费。由市水利水电局负责实施。

2.交通部门要将全市连家船民新村或安置点的路网建设，列入"市乡村道路计划"，优先解决并按标准给予补助，2001年年底要实现每个新村或安置点全部通路。由市交通局负责实施。

3.水电、卫生部门要加快连家船民新村或安置点的"通水"步伐，2000年年底要确保全部连家船民建房户均能饮上安全卫生水。由市水利水电局负责实施。

4.教育部门要负责制定连家船民新村或安置点的新建学校、学校扩容计划，除积极向上争取项目资金外，市教委要负责配套20万元，并根据轻重缓急的原则，认真组织实施，确保连家船民子女均能全部接受九年制义务教育。

5.计委部门要认真筛选全市连家船民新村或安置点的水、电、路、校等公共基础设施建设项目，2000—2002年三年内上报的"以工代赈"项目中，连家船民新村配套建设项目要点10%以上。

6.对全市从1997年开始营建的连家船民新村或安置点至今收看不到电视的，市财政每村（点）给予补助5000元，市广电局负责安装和技术服务。

7.对现有未通电话的连家船民新村或安置点，每根水泥杆市里给予补助50元，乡镇负责购标、插标，提供杆面部分辅助材料及施工协调，市电信局负责安装。

四、加大督查力度，切实做到实事办实

各有关级镇、街道和市有关部门应根据本决定精神，结合本单位的实际情况，制定详细的实施方案和优惠措施，并认真付诸实施。各有关乡镇、街道和市直有关部门的实施方案和优惠措施，要以正式文件于3月底前上报市委、市政府。市委、市政府督查办要认真对照有关乡镇、街道、单位承诺的优惠措施，加大督查力度，每季度要通报一次，对于承诺事项落实好的乡镇、单位要及时地给予通报表彰，对于仅是口头、书面承诺，但无实际行动和进展的，要给予及时"曝光"，通报批评，并督促其及时改正，按期兑现，确保市委、市政府为解决连家船民上岸定居后的生产生活出路问题而采取的各项措施真正落到实处。

中共福安市委

福安市人民政府

2000年3月17日

福安市国民经济和社会发展“十五”计划及2010年规划纲要（节录）

（2001年4月6日第十三届人大第四次会议审议通过）

国民经济和社会发展第十个五年计划（2001—2005年）及2010年规划是二十一世纪的第一个中长期规划，是开始实施第三步发展战略和社会主义市场经济体制初步建立后的第一个中长期规划，也是我市实现建成闽东经济中心城市并初步形成中等滨海城市框架战略目标关键的一个发展规划。

一、回顾与分析

（一）“九五”发展情况回顾

“九五”时期，全市人民在市委、市政府的正确领导下，坚定不移地贯彻邓小平理论和党的基本路线，始终坚持以改革促发展，以开放促开发的战略决策，面对错综复杂的国际、国内环境，克服种种矛盾，战胜种种困难，全面完成了“九五”计划各项任务，为福安二十世纪的发展画上了圆满的句号。

——综合实力得到增强

纵观“九五”期间，我市国民经济和社会发展持续稳步增长。2000年，国内生产总值达45.4亿元（现行价不同），比“八五”末增加22.21亿元，增长96.5%，年递增14.3%；人均GDP达7579元，年均增长12.95%；财政收入达2.2亿元，年均增长9.94%；农业市场化、产业化步伐加快，工业总量进一步扩大，实现工农业总产值87.7亿元，年均增长21.19%；三次产业结构比例由“八五”末的29 : 46 : 25调整为26 : 44 : 30。其他经济综合指标均高于省、地平均水平。特别我市坚持“求真务实，稳中求进”的经济工作方针和加强宏观调控继续取得成铲，经济运行呈现出良好态势，经济增长质量有所提高，整个经济形势继续朝好的方向发展。

——基本建设取得成效

“九五”期间，我市抓住了国家扩大内需，实施积极财政政策的历史性机遇，认真贯彻省委、省政府“一个决议二个决定”的精神，扩大投资规模，实现了项目经济在扩大内需中发挥的重大作用。五年共完成社会固定资产投资33.54亿元，年均增长15.05%，相继建成或基本建成黄兰溪梯级电站、104国道改造、甘下疏港路、莲池广场、人民文化广场等一批市政设施、社会事业项目和交通、能源、水利等基本设施工程。对“十五”时期计划重点建设的部分项目已开展了可行性研究论证、初设评审、开工建设等前期工作。使长期影响我市经济发展的“瓶颈”制约得到初步缓解，为经济和长远发展打下了更加坚实的基础。

——体制改革不断深化

沿着计划经济向市场经济转变的过程，我市各项改革在建立社会主义市场经济体制中不断横向拓宽和纵向深化，国有企业改革全面进入攻坚阶段并取得新突破。国有企业扭亏解困工作取得一定成绩。债务剥离、职工安置、机制转换、结构调整取得阶段性成果。民营经济和外向型经济在大开六的浪潮中成为最具活力的增长点，2000年，民营工业产值达49.7亿元，占全市工业总值71.6%，外贸出口总值达5.35亿元，“九五”期间累计利用外资100亿美元。投融资体制改革继续推进，国企下岗职工再就业工程深入实施，住房公积金制度已建立，社会保障体制进一步健全，城镇职工基本医疗改革已获批准，养老保险、失业保险覆盖面继续扩大。农村改革继续深化、土地延长承包三十年全面完成，农电“两改”工作已经起步。与此同时，改革正在向事业单位和社会事业领域拓展和延伸。

——人民生活明显改善

通过加大扶贫攻坚力度和奔小康工作，极大改变了贫困地区的生产生活条件，人民生活水平在脱贫致富奔小康的良性环境中继续提高。全市城镇居民人均可支配收入和农民人均纯收入分别达到5807和3034元，比“八五”末增加2282元和1171元，年均增长分别为14.21%和10.22%（名义增长率）；完成全社会消费品零售总额16.73亿元，年均增长12%。通过“八七”扶贫攻坚，农村小康建设取得新成效，宽裕型小康试点建设得到有力推进，“造福工程”搬迁包括连家船民上岸安居乐业工作全面而深入开展，城乡居住条件继续改善，人民群众物质文化生活正逐步实现由温饱向小康迈进的历史性跨越。

——社会事业全面进步

“科教兴市”和“可持续发展”战略的实施取得新进展，科技示范典型乡（镇）、典型村初步建成，科技成果产业化得到推进。教育“两基”目标基本实现，电视人口覆盖率达98%，文化基础设施建设及广播、体育事业取得长足发展，生态环境保护得到重视，计划生育工作继续强化，至2000年，人口数量控制在60.14万人以内，人口自然增长率降至5.8‰，计划生育率达88%。精神文明建设和民主法治建设取得新进展，社会政治保持安定、稳定。

经过“九五”的发展，我市经济社会综合实力迈上一个新台阶，为福安跨入新世纪奠定了良好的基础。但我们必须清醒地看到我市经济发展和社会生活还存在一些难以回避的问题，主要是国民经济整体水平不高，产业结构层次低，主导产业科技含量少，经济发展后劲不足；基础设施薄弱，建设资金严重不足，防御体系落后，防火抗灾能力脆弱；公路等级低，出省通道不畅，交通瓶颈制约经济的发展；城市化进展缓慢，人口、资源、环境压力加大；社会事业发展滞后，收入分配、劳动就业、金融安全、社会保障等问题突出。同其他发达县市相比，我市在经济发展水平、人民生活水平、人的整体素质、城市化水平和发展环境上还存在一定差距。

二、“十五”指导思想与发展目标

（一）指导思想

未来的5—10年，是福安在21世纪崛起的重要时期。面对新世纪、新机遇和新追求，我们要高举邓小平理论伟大旗帜，全面贯彻党的基本路线、方针、政策和江总书记“三个代表”的重要思想。进一步解放思想、实事求是，坚持改革开放，大力推进经济结构调整，加快城市化进程，着力增强发展后劲，推动经济和社会全面发展。为把福安建设成为经济繁荣、社会稳定、生活富裕、科教先进、政治民主、法制健全、文明开放、环境优美的闽东经济中心城市。“十五”期间我市经济社会发展必须实行五个坚持：

——坚持加快发展为主题。牢固树立“发展是硬道理”的思想，始终不渝地坚持以经济建设为中心，抢抓机遇，保持较快发展速度。大力推进经济体制和经济增长方式两个根本性转变，促进经济和社会协调发展。

——坚持结构调整为主线。要以提高经济整体素质和国际竞争力以及可持续发展为目标，加快调整优化区域产业结构、产品结构、技术结构、所有制结构、企业组织结构和布局结构，在经济结构调整中保持快速发展，形成我市经济结构更趋合理，各种经济成分共同发展的良性循环。

——坚持改革创新为动力。勇于突破束缚生产力发展的体制障碍，大力推进体制改革与创新，扩大对外开放，积极参与国际经济合作与竞争。实施“科教兴市”战略，深化教育科技体制改革。促进科教与经济的紧密结合，提高科技教育对经济增长的贡献率。

——坚持提高人民生活水平为根本出发点。“十五”期间，人民生活在总体达到小康水平的基础上继续向更加宽裕型小康迈进。千方百计扩大劳动就业，妥善解决城乡低收入群体生活问题，建立和完善基本养老、失业、医疗保险和城乡人民最低生活等社会保障制度，发展社会福利事业，提高社会公共服务水平，逐步改善人民需求的物质生活与精神文化生活，不断提高生活质量。

——坚持经济社会协调发展。要坚持“两手抓，两手都要硬”的方针，在加快经济发展的同时，把精神文明建设和民主法治建设推向新水平，正确处理经济发展与人口控制、资源开发、环境保护紧密结合起来。促进国民经济和社会事业持续快速健康发展。

（二）发展目标

1.“十五”发展目标

“十五”期间我市国民经济和社会发展的总体发展目标是：

国民经济保持较快发展速度，经济结构战略性调整取得明显成效，经济增长质量和效果显著提高，加快推进工业化、城市化、信息化，腐一面进步，综合经济实力明显增强。至2005年，实现国内生产总值和人均GDP比2000年翻一番，经济总量接近全区的1/3，综合实力力争跻身于全省先进行列，建成中等滨海城市和闽东经济中心。

“十五”期间我市国民经济和社会发展的主要预期目标是：

（1）综合经济实力明显增强。2005年全市国内生产总值达到100亿元，五年平均增长12.98%，争取在实际执行中更快更好些；人均国内生产总值16103元。全市财政收入增长与国内生产总值增长相适应，财政实力显著提高。全社会固定资产投资适度快速增长，投资率保持20.11%左右。

（2）经济结构调整取得重大进展。2005年三次产业增加值的比重调整为20∶46∶34；基础设施更加完善配套；国民经济和社会信息化程度显著提高；经济布局趋向合理；城乡结构初步改善，2005年全市城镇化水平达到46%。

（3）科技教育加快发展。2005年全社会研究与开发经济占国内生产总值的比例提高到1.5%，科技创新能力增强，科技进步对经济增长的贡献率达60%。在普及九年义务教育基础上，加快普及高中阶段教育，2005年高中阶段教育毛入学率力争达到56.4%，高等教育实现初级大众化水平。

（4）可持续发展能力显著提高。人口自然增长与环境建设协调发展，2005年全市总人口控制在62.1万人以内；全市建成区绿化覆盖率35%；城乡环境改善，主要污染物排放总量控制在国家规定的目标值以下，自然资源利用趋于合理。

（5）人民生活质量进一步改善。2005年，居民人均可支配收入达7050元，农民人均纯收入达3690元。就业渠道拓宽，城镇登记失业率控制在3%以内。城镇居民人均住宅建筑面积15平方米，有线电视入户率为90%以上，城乡医疗卫生服务设施进一步改善，文化、体育设施增加，社会公共服务水平和覆盖面提高。社会风气、社会信用和社会秩序明显好转。

三、区域经济总体布局

“十五”期间我市所处的软、硬环境将面临重大的变化。首先，建设中的沿海高速公路和设计中的温福铁路均由我市南部经过，必然带动人流、物流、资金流向南转移；其次，我国即将加入WTO，南部沿海的对外开放一类口岸——白马港的发展将迎来蓬勃的商机。因此，我市南部经济将迅速趋向活跃，成为海洋经济发展的龙头和水陆交通的枢纽。要实现福安市经济发展战略的总体目标，必须在全市大范围着手进行战略性的重点转移，大力实施“向沿海倾斜的区域经济发展战略”“以建设中心城市为主体的区域开发战略”“以兴港筑路为主体的区域网络贯彻战略”，加快工业化、城市化进程，通过产业聚集、人口聚集和加强山海协作，带动整个区域经济快速发展，将福安建成一个工贸型中等滨海城市和闽东经济中心。总体布局是：以“一城两区一港”为重点，突出“两沿”（赛江、交通干道沿线），呼应“两南”（浙南、闽东南），加快开放开发，促进山海联动发展。

（一）城区

城区是我市政治、经济、文化的中心，必须进一步加强城市现代化建设。至 2005 年，在全面完成旧城改造的同时，完成秦溪洋新区建设，贯通环城路，与旧城区、阳头片区、坂中片区连片，使城区面积由原来的 6 平方千米扩大到 8.8 平方千米。实施一批城市设施重点项目，培育“二场”（富春综合批发市场、闽东电机电器中心批发市场）、完善“二区”（坂中工业区、秦溪洋工业区），构大构强电机电器主导产业，带动发展文化、教育、商业、服务、金融、信息、旅游、休闲业，充分利用独特的功能优势，最大限度地发挥对周边地区的辐射作用。

（二）赛江新城区

赛江新城区作为未来中心市区的重要组成部分，由闽东赛岐经济开发区与白马港区组成，将成为我市经济最为活跃的区域，是未来五年建设的重点。以国务院批准白马港对外轮开放为契机，突出港口、区位、资源和开放优势，合理布局生产力，推进区镇联动、港区联动，更大规模、更高层次的新一轮开发。以港口开发为枢纽，以改善基础设施为突破口，强化城市功能，推进工业小区建设；以建设船舶市场、旧货市场以及建材、粮油、农副产品等区域性专业市场为着力点，构建闽东物流中心。着重发展临海工业、港口运输、仓储业和商贸批发以及冶金、化工、食品加工、建材、旅游及服务等重点产业，实现“港贸工”齐头并进，成为福安新的经济增长点，使之成为我市外向型经济发展的前沿阵地和对外交流的主要窗口，带动广大腹地经济发展，达到山海联动，城乡共荣。

（三）福安畲族经济开发区

福安畲族经济开发区是我省唯一的少数民族开发区。坚持以资源转换型发展路子，以小浦线为主轴，沿线布局高档石材开采加工业、竹木加工业、高优农业、冶金铸造业。加快基础设施建设，争取打通西部隧道，缩短城区的距离，接受城区以及闽东赛岐经济开发区的辐射。大力培育边贸市场，打好畲牌，发展民族风情旅游业走特色经济发展路子。至 2005 年，形成富有畲族风情、观光农业为主体的区域民族经济，成为全国少数民族贫困地区的经济开发示范区。

（四）山区经济

广大山区是我市地方特色资源开发的主要经济带，坚持以小型建设统揽全局，加快小城镇建设步伐。以 104 国道、枫湖线、小浦线为轴线，开发与利用交溪、黄兰溪、茜洋溪水库为主导的农、林、水、矿产、旅游等区域资源优势，突出“绿、旅、新”特色，发展旅游生态经济，繁荣沿线山区、乡镇新经济带。以调整优化农业产业结构为重点，加大科技投入，认真培育具有地方特色和市场竞争能力的主导产品和产业基地，大力发展乡镇企业，加速农业产业化进程。至 2005 年，摆脱山区贫困，成为我市经济发展的广阔腹地。

福安市人民政府

2001 年 2 月

中共福安市委　福安市人民政府
关于扶持茶产业发展的若干意见

安委〔2003〕96号

闽东赛岐开发区、福安畲族开发区，各乡镇、街道，市直各单位：

茶业是我市传统的农业支柱产业，也是农村分布最广的优势经济作物。茶产业的兴衰直接关系到我市农业的发展、农村的稳定和农民的收入。为提高我市茶叶卫生质量水平，增加农民收入，加快茶业产业化进程，促进茶业持续健康发展，经市委、市政府研究，现就扶持茶叶支柱产业发展提出如下意见：

一、加强组织领导，明确责任分工

1. 成立福安市茶叶产业化建设指导小组，由市委分管领导任组长，市政府分管领导任副组长，市茶业局、财政局、工商局、地税局、国税局、质监局、卫生局、农业局、供销社、脱贫办、小康办等部门为成员单位，定期召开会议，按照各部门职责分工，制定和完善茶叶产业化经营的具体措施，统一协调指导全市茶叶产业发展工作。各开发区、乡镇、街道应成立相应的领导机构，具体落实本地发展茶产业的各项措施。

2. 各级各涉农部门要提高认识，把茶业发展作为建设小康社会的重要内容抓实抓好。把茶业发展列入乡镇一级党委、政府政绩考核内容，明确把治理茶叶农残和打击掺杂使假作为工作重点，同时列入技术监督、工商、农业等相关职能部门的责任考核指标，加强检查督促，及时研究解决存在问题，加快发展步伐。

二、强化政府服务，加扶持投入力度

3. 根据宁市委发〔2003〕3号文件精神，要从农业发展基金中切出一块资金建立茶产业发展专项基金，并每年在农业预算外追加专项预算50万元，用于扶持茶叶生产和治理茶叶农残。

4. 计划、财政、农业综合开发、扶贫、山海协作、科技开发等项目的申报，要将茶叶产业作为重点，在立项中予以倾斜。

5. 各级各有关部门要强化服务意识，为茶叶企业发展营造良好的环境，坚持杜绝索拿卡要现象的发生。

6. 市茶业协会要发挥行业中介作用。全市产茶重点乡镇要成立茶业分会，乡镇分管领导牵头，成员由有关部门及茶叶加工、销售、种植户组成，发展行业服务，加强行业自律，起到沟通企业与政府、企业与市场、企业与企业之间联系的纽带和桥梁作用。

7. 加强乡镇茶叶科技服务力量，要建立和完善基层茶叶技术推广体系，确定乡镇农技站具体负责辖区内茶叶技术推广服务工作。要充分利用现有茶叶技术培训基地条件，经常开展技术指导和对茶农进行轮训，推广茶叶生产、加工新技术、新成果、新工艺，提高茶叶生产的科技含量。

三、狠抓茶叶卫生质量，提高市场竞争力

8. 颁布实施《福安市关于禁止使用剧毒、高毒、高残留农药的通告》，组织检查监督，确保政令畅通、令行禁止。

9. 工商、农业、技术监督、供销、卫生、茶业、公安等部门，要按照各自职责，加强协作，经常性地对全市农药经销市场和茶叶加工厂进行检查整顿，堵塞违禁农药流通渠道，取缔无证经营和制假窝点。对产品农残超标严重的茶叶加工厂家进行整顿；对使用剧毒、高毒、高残留农药，导致茶青农残严重超标的茶树责令其台刈改造。各乡村要把禁止在茶树等农作物上使用剧毒、高毒、高残留农药列入村规民约，做到群防群治。

10. 进一步加快无公害茶、绿色食品和有机茶基地建设。鼓励企业申报绿色食品或有机茶认证。茶业等部门要指导和帮助茶叶企业开展无公害茶、绿色食品和有机茶的申报和认证工作。凡获得认证并且种植面积在500亩以上的茶叶企业（公司、厂、场），市财政从支农资金中给予每个产品1万元奖励。取得绿色食品AA级标志使用权或通过有机茶认证，种植面积在1000亩以上的茶叶厂（场），市财政从支农资金中给予每个产品2万元的奖励。

四、调整优化茶业结构，促进产业协调发展

11. 优化茶产业结构，茶类结构上要提高绿茶质量，增加名优特种茶比重，充分发挥花茶优势，适度发展乌龙茶和红茶，逐步形成以绿茶为主的多茶类生产格局。

12. 在茶树品种结构上，要根据市场需求，科学安排，合理布局，通过苗木补助等形式，引导茶农种植高香优质茶树良种，有计划、有步骤地改造老茶园，逐步淘汰缺乏市场竞争力的茶树品种。在产品结构上，要扩大名优茶生产规模，提高名优茶比重，并运用高新技术，大力发展茶饮料、保健茶、茶生物制品等高附加值产品。做好茶多酚生产加工项目的落实。

13. 大力发展茉莉花生产基地，鼓励采用公司建基地或租赁合作等模式发展茉莉花，银行、信贷等部门要积极予以贷款支持。

14. 积极鼓励茶叶包装业、茶叶机械制造业、茶文化业、运输业和第三产业的发展，形成规模的产业链。

五、培育扶持龙头企业，打造茶叶知名品牌

15. 依托龙头企业，整合小品牌，以市天香茶叶有限公司为主，组建“福安市坦洋工夫茶叶有限公司”，国有坦洋茶场、茶洋茶场、北门茶场作为公司基地，将“坦洋工夫”历史名茶转化为品牌优势，开发“坦洋工夫”红茶、绿茶、花茶、乌龙茶系列产品，打造茶叶知名品牌。

16. 市政府对茶叶知名品牌给予重点扶持。从2003年上进心茶叶企业产品被评为省、部级名牌的奖励5万元；评为国家级名牌的奖励10万元；在省级以上茶博会被评为“茶王”的奖励1万元。

17. 落实产业化扶持政策。根据宁市委〔200〕2号文件精神，工商行政部门要积极支持龙头企业争创著名商标和驰名商标等，新闻媒体应大力配合扶持龙头争创名牌工作，开展全方位宣传报道；对省、市级龙头企业直接向农户收购并进行加工、销售的茶叶产品，依法按13%的税率计征增值税，销售自产的茶叶产品，依法免征增值税；重点龙头企业每年新增税收超过10%部分，增值税、所得税构成市财政收入部分，由财政全额返还，一定三年；金融信贷机构在资金安排上要向茶叶产业化龙头企业倾斜，执行优惠贷款利率，允许龙头企业以自有不动产、动产以及注册商标等无形资产进行抵押贷款；对茶叶出口加工企业的茶叶产品收购资金，金融部门可凭企业出口产品订单和外商提供的由其开户行出具的贸易信用证优先放贷；龙头企业建立基地所需的农业用地，可直接向村集体经济组织租赁或承包，只备案不办审批手续，茶叶加工所需的非农建设用地指标，由国土部门优先安排，用地按征地成本价出让；龙头企业的生产用电、广告行政收费等项目给予适当价格优惠；对龙头企业用作贷款抵押物的不动产、动产以及注册商标，有关部门要做好权证确认和相关服务工作，抵（质）押登记部门要尽量给予优惠和便利，土地、房产等部门对龙头企业抵押贷款的资产评估有效期延长三年。

18. 规范行政性收费。工商部门按规定最低限收取登记费、年检费，免收茶叶个体户工商管理费；卫生防疫部门办理新办企业“食品卫生许可证”，一次性收取审查费180元，每两年收取年检工本费60元；质量技术监督部门每年只限定期监督检验1次，每次收费150元。

六、大力宣传茶文化，做好招商引资

19. 全方位、多层次宣传“中国茶叶之乡”— 福安茶文化。宣传部门要通过电视、报刊、互联网等各种新闻媒体，加强对外宣传工作；茶业部门要组织茶叶生产企业到销区进行展销，创造条件拓宽市场；文化部门要深入挖掘和丰富茶文化内涵，通过茶艺表演、茶谚、茶歌等形式向社会展示民风乡俗。市政府每两年组织一次全国性或区域性的茶事和学术交流活动，提高我市茶叶的知名度和市场占有率。

20. 引导和鼓励福安籍在外茶商回乡和外商到福安建基地、办工厂、开茶庄。做好“闽东茶叶交易中心”市场建设项目的各项服务工作，凡入住茶叶交易中心市场的经营业主，享受工业园区优惠政策。市场周围允许附带进行房地产开发，市场内实行“封闭式管理，开放式经营”和“无费区”政策，提供良好的环境，吸引各地客商前来交易，争取成为全国性的重点绿花茶市场。

中共福安市委
福安市人民政府
2003年9月24日

二 “福安三贤”诗文补录

唐明皇命吟屈轶草①

（唐）薛令之（约 683—750）

托荫生枫庭，曾惊破胆人。
头昂朝圣主，心正效忠臣。
节义归城下，奸雄遁海滨。
纶言为草芥，臣谓国家珍。

送陈朝散诗②

（唐）薛令之

诗书礼乐壮行轩，话别殷勤赠以言。
三月烟花散春色，数程云水过前村。
须知君子交如水，自是先生道满门。
已约故人青眼重，我承恩处子承恩。

①②《唐明皇命吟屈轶草》《送陈朝散诗》二诗未录入《全唐诗》，此据《高岑三廉薛氏族谱》补录。

过杭州故宫二首[①]

（宋）谢翱（1249—1295）

其一

禾黍何人为守阍，落花台殿暗销魂。
朝元阁下归来燕，不见前头鹦鹉言。

其二

紫云楼阁燕流霞，今日凄凉佛子家。
残照下山花雾散，万年枝上挂袈裟。

西台哭所思[②]

（宋）谢翱

残年哭知己，白日下荒台。
泪落吴江水，随潮到海回。
故衣犹染碧，后土不怜才。
未老山中客，惟应赋《八哀》。

①《过杭州故宫二首》此组绝句作于南宋灭亡之后。谢翱经过杭州凤凰山南宋故宫，见昔日台殿楼阁，荒烟蔓草，夕阳残照，佛寺凄凉，不禁悲从中来，写下哀婉的凭吊之诗。

②《西台哭所思》文天祥殉难后八年，谢翱在浙江富春江畔的西台哭祭文天祥，在回归的小舟上写下这首诗。

效孟郊体七首之三①

（宋）谢翱

闲庭生柏影，荇藻交行路。
忽忽如有人，起视不见处。
牵牛秋正中，海白夜疑曙。
野风吹空巢，波涛在孤树。

秋夜词②

（宋）谢翱

愁生山外山，恨杀树边树。
隔断秋夜明，不使共一处。

①《效孟郊体七首之三》宋亡之后，谢翱在一个秋夜独处，四顾寂寥，恍惚之间，抒发鸟去巢空，惟余孤树之感，胸间如波涛汹涌，不能止息。

②《秋夜词》亡国之愁，亡国之恨，在秋夜涌上诗人的心头，远山近树，相隔月光，也隔断了秋夜思念的友人。

月泉游记[①]

（宋）谢翱

余少慕初平叱石事，知婺有金华洞、瀑泉之胜，而未知有月泉也。月泉在浦江县西北二里，故老云：其消长视月之盈亏。由朔至望，投梯其间，泉浸浸浮梯而上，动荡芹藻，若江湖之浮舟拥苔于岸，视旧痕不减毫发；由望至晦，置竹井傍，以常所落浅深为候，随月之大小画痕竹上，当其日之数，旦而测之，水之落痕与石约如竹之画。视甃间滞萍藓枯青相半，殆类水退人家，日蒸气湿，墙壁故在，而浮槎游桥，栖泊树石，隐隐可记。

余与友人陈君某至，适望后二日。陈君指萍与草，以为斯泉亏落之验。盖冲漠联兆间，盈虚消息之理与山川呼吸往来之气，相值而不爽也如此。非必有神物主之，如杂书怪录所谓巨鱼吞吐云也。

泉傍旧为堂，祠朱、吕二先生。环阑楯甃上，环诗亭上，四顾烟云竹树复环泉石亭，不敢左。其东北之山曰仙岩者，远望类芝草浮空而立，若皆有所待于斯泉而向焉者。予方谋日游其间，与月约盈亏、泉约消长，与山约无盈亏、消长，亘来今以老。

吾诗有述仙岩之遗迹。约余游岸之麓者，将歈《鹿鸣》之引以拟笙鹤，曰：子欲穷山中之胜，而惮以足赴目乎？余欣然从之，故书泉之本末，以纪兹游之始。

①《月泉游记》约写于元至元二十三年（1286年）稍后，文思深邃，是一篇优秀的游记散文。宋亡之后，谢翱寄情山水，记月泉随月亮的盈亏而消长的奇观，“视旧痕不减毫发”，似隐喻对故国不变的忠贞情操。

《吴都文粹》注文三则[1]

（宋）郑虎臣（1219—1276）

瞻仪堂

旧在厅事之东，绍兴三十一年郡守洪遵建，吴俗贵重太守，来者必塑其像，春秋则陈于齐云楼之两夹，供吏民瞻礼。至是，洪公恐为风日所侵，欲作此堂藏之。绍兴三年郡守沈揆始迁诸像于后圃旧凝香堂中，并其名迁焉。

垂虹亭

兵火后复创。亭前乐轩，已不复立。中兴驻跸武林，往来瞳瞳千万。承平时，此桥方为大利，有议以石柱易木柱者，或谓非是，然亦卒不果易。绍兴三十二年，虏亮犯淮，中外戒严，或献计枢廷，乞行下平江、焚长桥。时郡守洪迈持不可。而县民已有知之者，相与聚哭于圯下矣。桥两圯，南有汇泽亭，北有底定亭。

吴女墓

在阊门外。阖闾女曰滕玉，王与夫人及女，会食蒸鱼，王前尝半而与女女怒曰："王食鱼辱我！"乃自杀。阖闾痛之，葬于国西阊门外，凿池积土，文石为椁，题凑为中，以金鼎、玉杯、银樽、珠襦之宝送女。乃舞白鹤于吴市中，令民随而观之，使男女与鹤俱入羡门，因发机以掩之，杀生以送死，国人非之。又取土时其地为湖，号妇女坟湖。《吴地记》曰："吴王葬女，取土成湖。"

---

①福安"三贤"之一郑虎臣的著作《集珍日用》《元夕闺灯实录》均已亡佚，唯存他编辑的《吴都文粹》传世，是书收录有关吴郡（今苏州）的宋代遗文，文后多有编注，以上选录三则。

三 其他古文献摭遗

（一）碑文拾遗

郑之明墓志铭[1]

（宋）郑寀（1187—1249）

宋郑公讳之明，字晦之，福州长溪人。考讳俊卿，母阮氏。公壬申十二月二十九日辰时生，以寿明太后庆恩，封承务郎。端平丙申十月，以男采两浙运干迎侍，嘉定丁酉正月八日终。是年四月庚寅，葬于永乐乡钦德里大澄山之原。两娶缪氏，合葬焉。男寀，次宦；女适上官有信，次适姚宋孙；孙男梦应。

阮淑圹志

（宋）郑寀

夫人阮氏，讳淑。曾祖希道，祖士伦，父皺，皆不仕，母张氏。

夫人生于庆元丁巳，以宝庆丙戌归于我，逾年丁亥生子名斿。夫人素弱，忽有疾，医不善于治，卒于是年之冬。家贫子幼，吾意甚无聊。及登己丑进士第，然后为夫人卜宅于澄原中岗之右，未吉。又逾十年，改卜其左乃吉。兹因燎黄，遣斿归里，始毕丧事，淳祐丙午正月二十一日辛亥也。

吾与夫人相聚虽浅，实共尝艰苦。今吾官至侍御史，劝讲金（銮），而夫人不及享一日之乐，吾又以职守不获视窆，亦可哀也已。遂书此，命斿以丹石纳诸圹，吾北山郑寀也。

游鼓山灵源洞题记[2]

（宋）郑寀

郡人郑寀同周圭、王璞、郑自牧、张强、方应泽、刘自、黄士庚游灵源洞。弟宦、甥上官晟、子斿侍。淳祐戊申四月既望。

---

①《郑之明墓志铭》《阮淑圹志》均发现于1980年代的穆云畲族乡大莲村，拓文现存福安市博物馆。

②郑寀的摩崖题记在福州市鼓山灵源洞前壁，楷书，高170厘米，宽125厘米。

清《禁革麦照陋规》碑文[①]

福宁府正堂加五级记录十次王为乞减陋规以广民念事巡抚部院李批

据福安县商民赵品升等呈称，闽省福安乃产麦之区，客贩运售广民间之食，与米谷事同一体。只因洋匪肆劫，海运维艰，必须请照赴关，同帮连艘。近遭福安县兵书勒索，陋规愈增愈多。乾隆三十年以前，请给麦照每百石取钱壹千二百文，衙费在内，续后甚有临时赶帮者恣意刁难，竟至数倍之多，实属剋商亏民，所费之钱，加于麦价，有亏民食，不加麦价，有伤客本，况陋规，现奉例禁，恳饬照旧给单出示，晓谕勒石永禁，商民共感，万户载德等情。

奉批：贩麦经营，有关接济民食。何物衙蠹，敢于需索，陋规如果属实，大干法纪。仰福宁府严提典吏，确查究报，一面出示严禁，毋任苦累干咎等，因奉此除行提究报外，合行出示严禁，为此示仰福安县胥役知悉，嗣后凡有麦商赴县请照，即行给签，不得借端需索及留难阻滞，倘敢过违，一经查出，定即严提究办，决不姑宽，该麦商亦不得影射滋弊，各宜禀遵毋违。

特示

嘉庆七年十月

福安县商民公立

蟾溪村“茶禁”碑文[②]

本村所有茶树递年立禁，防守盗采及放牧牛羊等，各户捐钱文置买田亩，以为长久计，亦盛事也。今将各捐户开名于后（捐户姓名略）。

同治十年

---

①“禁革”碑 2004 年出土于湖山原福安县商会旧址，今重立于湖山天后宫。

②“茶禁”碑发现于白云山麓的穆云畲族乡蟾溪村。

（二）序文拾遗

《葛衣集》自序①

（明）刘中藻（1205—1649）

明有两葛衣翁焉。前葛衣所值者，国破家亡，而执匕鬯者，犹是吾君之子；今葛衣所值者，国僭君替，而高庙不血食矣！

前葛衣不幸两贤相厄，遇真天子震荡乾坤，如李临淮之代郭汾阳，壁垒一新，区区君臣之义琐尾自甘，而仇者必欲杀之以快九重之愤，故终其身欲饮泪嚼雪于荒烟断草阴崖冱壑中，与水石猿蝉相哀咽，其心无所复之，而其事已了矣。今葛衣遇大有为之主，问夜未央，誓天河以濯四海之秽，而柄臣别有肝肠，图以社稷为羔雁，遂使乘舆辛野，因而三纲坠，五常灭，千圣无烟，百王不鬼，斯何时也！

葛衣幼读《春秋》《左传》，识君臣华夷，宇内深知己之感，不获五蛇翱翔湖澥武节，坚持琨鸡自舞，而仇者诿以温言，吓以腐鼠，且絷其妻孥，谓葛衣不出，若而辈几上俎耳。其邑之乱臣贼子日夜思甘心置罗横施，机阱千变，虽欲终其身，饮泪嚼雪于荒烟断草阴崖冱壑中，与水石猿蝉相为哀咽而不可得。呜呼！即使终其身与水石猿蝉相哀咽于荒烟断草阴崖冱壑中，岂足了葛衣之心事乎哉。然则是集之刻也，于心于事庸何居。噫！事未易一二为俗人言也。

夫蝉鸣树梢，能引孤孽之泪；猿啼空峡，解断离忧之肠，彼岂有音韵律吕哉？而所感者已若斯矣。葛衣之于君父，如饥渴之于饮食、疼痛之于呻吟，上之不能如白衣山人出入帷幄；次之不能效秦庭之哭，使关西义士揭竿响应，同赋《无衣》，而又博浪无椎，铁如意空碎，无可奈何，自写自歌而已，或者有得其心于声泪外惠而好我，当不仅如雪头陶锅匠人，聚首滩头痛饮酒，哭投《离骚》以了乃公事也。

噫！此可为前葛衣道也。

赐进士第东阁学士兼兵部尚书刘中藻撰

---

①《葛衣集》辑成的时间约于南明唐王政权亡后的清顺治二年至三年间（1645—1646年）。“前葛衣”指赵天泰，一个跟随明建文帝逃亡的忠臣。刘中藻慕赵天泰之忠诚，以“葛衣”名其诗文集，并自为序文，民族气节，忧国情怀，充溢其间。

重刻韩阳秋井家塾镌刻《晞发集》序

（清）刘玉璋（1842—1915）①

从古诗文盛衰，以世运为转移，非豪杰不羁之士，不能奋起，超出流俗之外。唐宋之盛也，李、杜、韩、苏诸家撰述皆如乾坤元气，淋漓浑噱，不可方物，及其衰也，非失之庸，即失之弱，历代皆然，南宋尤甚。杨诚斋、范石湖诸公，南宋之卓卓者也，然气格往往卑弱，盖其国祚气运如此，名手亦不能不为所囿。

惟皋羽谢先生，心中有社稷天下之忧，郁勃不平之气，下笔如风驰电掣，巉岩崛嵂，扫除近代气习，诗直入唐人之堂，而哜其胾，文亦峭拔遒劲，其气格固胜于杨、范辈矣。皋羽其豪杰不羁之士乎！王元美以皋羽为南宋翘楚，信不诬也。尝考皋羽之世，宋室不支久矣，衮衮诸公，奔走腼颜，以苟活者不知凡几，皋羽布衣耳，乃慨然倾家资，以应文丞相勤王之师。洎丞相被执，宋社已屋。彷徨山泽，痛哭知己，穷困以死而不悔，其节义为何如哉！昔人谓陶靖节高出晋代，而实不以诗文重，予谓皋羽亦然。皋羽著作名《晞发集》，向已行世，光绪丙子之秋，同邑文学叶君秋井曾为校刊，今秋井嗣君远香忧原版漫漶不明，仰承父志，欲重刻以广其传，而请序于予，予承乏皋羽之乡，愧无善政以谢先贤，今远香解重皋羽诗文，必能慕皋羽节义。由是一人慕之，而一乡慕之，而一邑慕之，将吾邑皆相勉为节义廉退之士。远香固不特以克成先志，为可嘉也，故不辞而为之序。

光绪二十三年仲春

知福安县事夔门刘玉璋撰

---

①刘玉璋，字特洲，重庆奉节人，光绪三年至五年（1877—1879）任福安知县。

福安县义仓册底序

王士骏[①]（1838—1917）

治民之道，不外教与养，而异教不可以言教，转以夺吾养。治民者不能辟异教令其夺民之养以为养，不若令其夺吾之所以为养，如予今日之于福安是已。

予初至福安，见其多山而少田，而茶利适兴，又争务逐末，是民之自为养者，常不足亟思筹辨义仓，已而改知他邑，事遂不果。阅明年，民教滋事，大吏以予颇顺民心，奉檄再至。时教堂毁于民，仍拟取偿于民。于是，有茶捐之议，而民实不愿。邑有育婴堂及八寺，入官租谷久成闲款，佥议变价补贴教堂赔款。予既许之，而心亦不忍，以茶捐专赔教堂，而民既不愿贴之，以寺租，而予又不忍。计惟倾囊倒箧，竭一己之私财以从事教堂，而举所有公款，统办义仓积谷。迄两年，而其事始成，而予之初愿慰，而予之用心则甚苦矣。

综计茶捐所入，逾九千数缗，用以造仓积谷者约六千五六百缗，其余仍用入教堂，而予所垫之款，亦差相等。予既幸其事之成，而回忆与办之始，上台之究心洋务者，则谓我移急以就缓，百姓之积愤教堂者，乃疑我声东以击西，而由是敛怨于民，终至失欢于上，而余之一意孤行，亦明知之而不悔也。所惜中道弃去，城乡尚未遍及，积谷亦未能多令其过此以往，坐败垂成，宁非可惜。向与邑中诸君子艰难共创，尤愿守其所以，及而即以匡其所不逮。爰立章程若干条，详于后，而所拨寺租亦分别留为义仓之用，庶几鞠谋保居，共图久远，则余虽去福安之日，犹如在福安之年也。

是为序。

---

①王士骏，字吉人，浙江黄岩人，清同治年间曾两任福安知县。

《福安乡土志》序

周祖颐[1]（1882—1922）

群学之裨于国大矣哉！

邑有邑群，郡有郡群，州有州群，都有都群，地不同而群一也。耄有耄群，壮有壮群，长有长群，幼有幼群，人不同而群一也。才有才群，智有智群，愚有愚群，顽有顽群，类不同而群亦一也。然欲联都会之群自群，其乡邑始。欲萃勇壮之群自群，其幼稚始。欲成才智之群自群，其愚蒙始。今世变迫矣！环海诸邦，各率其红白棕黑之群与我华抗，我华咸駴之、愕之，而不知其基于能群也。其能群奈何？曰：彼亦有彼之乡邑也，彼亦有彼之幼稚也，彼亦有彼之愚也。彼群其乡邑，而不囿于乡邑，故国力达全球；群其幼稚，而不域于幼稚，故民贡甚悍强；群其愚蒙，而不安于愚蒙，故艺术尽精巧。然则谭天下事者，其必曰群乎。

顷者，朝廷停止科举，普兴学堂，并颁发例目，饬各府厅州县撰乡土志，以资蒙学之课，诚以有都会必有乡邑，有壮长必有幼稚，有才智必有愚蒙。夫愚蒙之幼稚僻处乡邑，使以天下之大，语之则必昏昏欲睡，奄奄不振，而无以成合群之学，惟举夫群居群处之山川，群言群语之事物，群耳群目之所视听，群手群足之所动作，有关于乡邑，有益于幼稚，虽愚蒙亦可以领会者，条分缕析，笔于书而授之，庶几便于讲解，乐于记诵，发其聩聋，扩其知识，由乡邑之群以将乎都会之群，由幼稚之群以臻诸勇壮之群，由愚蒙之群以化为才智之群，此即赫胥氏善群进化之谈，斯宾氏合群进业之旨，而中国群学知将来可比并泰西也。

福安虽闽省偏隅，而以地域论，则亦为乡邑之小，以人类论，则不无愚鲁之童。学堂初立，风气方开，于此而不先语以乡土之易知者，恐课程过躐不能立合群之基，终难收合群之效矣。昔周孝侯尝撰《风土记》，颐不敏，遵例编辑，辑成二卷，阅数月之久，而藏事方恐不足以绍家学也，又岂足襄朝廷之群治哉！

是为叙。

光绪三十有一年　太岁在旃蒙大荒落[2]　长至[3]前二日

福安少濂周祖颐序于扆山“今是斋”之东窗

①周祖颐（1882—1922），字少濂，福安东凤人，清光绪拔贡。曾任晚清法科京官、山东省陆军执法官，后参与辛亥革命，并任职南方军政府，逝于北京。

②旃蒙大荒落即乙巳，公元1905年。

③长至即夏至，一说冬至。

灵谷草堂记

（清）佚名

灵谷草堂者，明月[1]公别业之遗址也。今其堂改为灵岩寺，另署一地建祠于其旁以祀公。

由寺而前，有村焉，名口城山者，因公建城以御寇而名之也。村之后有水焉，名曰双剑水，有石焉，名曰狮石，又一石焉，名曰金印。公之雄冠剑佩、金印当途，其是之兆乎？由石而前，有台焉，名曰钓鱼台。台固公之所建也，公其有严陵归隐之思而磻溪待清之意可知矣。由台而西又有石焉，名曰龟石，是亦山川秀气之所凝结也。由城山而抵县城，有岭焉，是名廉岭；由城山而西，越后屿、濑头有溪焉，是名廉溪。由溪而前，渡胡卢王有村焉，是名廉村，即公发祥之地、岳降之所而肃宗肇锡嘉名之灵地也。廉岭之旁有所村焉，则为溪北，公之墓作于斯，公之碑立于斯焉。由碑而南，有庵焉，名曰圆通庵；有池焉，名曰洗马池，有墩焉，名曰官墩。公之侍讲补阙正列洗马校书之官，是其验也。夫山不在高，有仙则名，假令天不生公于斯地，则村居山水亦极寻常，而人之赫赫传诵称廉称异者，徒以公之令德永播千古也。此以知东里因子产而传，洙泗因尼父而著，瀛洲无仙子，则海外荒丘，永不入中华之耳目矣。况孤树已没，十景犹传；松柏空寒，桑榆常暖，世之趋炎避冷者，睹公之清风劲节亦可以破顽而起懦矣。

①明月即薛令之，字君珍，长溪县西乡石矶津（今福安市廉村）人，福建第一个进士，明月是他的号。

《面城精舍书谈》序

（民国）郑贞文（1891—1969年）①

太姥之山，秀特而朗润；龟湖之水，绀碧而沦涟，故闽东文献丰美，风俗敦醇。谢在杭著《长溪琐语》，刘艺川作《鹤场漫记》，从来文士侨居者，尚掇拾闻见，记录补遗，况生长此乡，日置身王维图画中者乎？

前福安图书馆馆长郭君梓雨，性耽图籍，雅善鉴藏，凡地方掌故，经籍版本，靡不留心访问，博考详稽；日前以《面城精舍书谈》原稿见寄，余读而善焉。

夫福宁一郡于福建学术影响殊巨，如薛令之文学，陈石堂经学林德颂之考订学，缪允成之校勘学，皆卓然名家辉炳海内。而谢皋羽气节振天地，文章追楚汉，尤为千载一人。余既刻《晞发集》，搜求遗闻轶事，颇瘁心力，今是书于谢集刊刻源流及有关著作，亦若有同嗜者。比年抗战军兴，典籍沦丧，余方拟精选乡贤名著，继《铁函心史》《晞发集》之后次第刊行，追跖前徽，发扬乡故，梓雨其有以助我乎！

民国32年7月吴航郑贞文序于吉山笠剑轩

①郑贞文，福州长乐人，福建现代文化学术界著名人物，郭沫若的留日同学和挚友，1932—1943年任福建省教育厅厅长。此序应邑人、民国福安县图书馆馆长郭梓雨之请，为《面城精舍书谈》而作。

《面城精舍书谈》四则

郭曾嘉（1894—？）

福宁校勘之学

校勘之学，远溯汉刘向父子。吾宁治刘氏父子之学者，当推宋缪烈（邑人，省元）编校之《吕中大事记讲义》（见邵亭《知见传本书目》）为最早。继起则有明嘉靖缪一凤（烈后裔）、万历先时锵公（嘉十二世祖，靖江王府长史）所校，各为乡贤谢翱《晞发集》（缪校见乾隆浙江《彩进遗书目》，时锵公所校见《日本访书志》）。清则陈坊校有《四书遗录》（邑人陈绰著），道光杨世材校有《鸥波渔隐集》（宜黄陈谐灿著），道光陈滨藻（？）校有《周易象理指掌》（长汀王登著），光绪丁梦松校有《竹岩全集》（明莆田柯潜著），而尤以吴卓园先达（讳瑞焉，进士），及鼎邑王遐春二家推最。

谢翱《晞发集》刊本

《晞发集》刊本在本邑有明缪氏、郭氏、清叶氏三种，已如上述。其刻于他处者，当以明弘治唐文载本为最夙；其次则万历张氏、嘉靖吴子勋、隆庆凌琯（歙人）、弘治方具蒙（闽县人）；其次则清康熙陆大业（平湖人）、嘉庆祝昌泰（浦城人，有“浦城书屋”“留香书屋”两刻本）、光绪邓秋枚（顺德人，即国学保藏会影印本）各本。至于《宋遗民录》《宋遗民总录》（闽县黄允中编）、《宋诗钞》《宋元名家诗集》等则属诸集体选作矣。《晞发集》尚有徐沁辑本（见《新阳赵氏义庄书目》）一本，是否全刊，尚待考证（参看《南雷文定》）。

福安人入浙旱路辟于唐代

于此有急需一言者：即为福安人入浙旱路，辟于唐代（薛令之孙怀仁曾由邑廉村徙居永嘉，见《叶水心文集》）其后以海舶之便，改由水程。然每遇兵衅，从福建入浙者，遵陆而行，多循福安经平阳转浙，不独近今为然，洪、杨①时亦复如是。陈少香②、江弢叔③之寓福安，及宋王十朋④（字龟龄，乐清人）赴泉州任所，道出福安（见《王集》）者皆是。

晓阳谢皇后坊

客腊志局采访家诵先叔曾于晓阳发现宋谢皇后旌门坊表一座，据谓系明代监修者。按晓阳谢氏为宋殿中御史谢深甫后，由浙台迁至者，谢皇后理宗之后（事实详《宋史》本传）应选入宫当属何时？是否在迁晓阳前或后？惜诵先叔已物故，无可与语者。行当觅人于晓阳谢谱求之，必有以证明其事实者。

---

①洪秀全、杨秀清。

②陈少香（1789—1861），即陈偕灿，少香其字，号咄咄斋居士、鸥汀渔隐等。江西宜黄人。清代诗文家，善书画。道光间，曾任闽中教习、代理知县。

③江弢叔（1818—1866），即陈湜，字弢叔，又字持正，别署龙湫院行者，长洲（今江苏苏州）人，清代诗人，亦工书画，其诗多危苦之言。历山东、福建等省。咸丰十年，奔走避兵，忧愤而死。

④王十朋（1112—1171），字龟龄，号梅溪。温州乐清人。南宋状元、著名诗人，曾任泉州知州。著有《梅溪集》等。宋乾道间，曾寓福安县黄崎镇双岩寺。

以上四则均选自《面城精舍书谈》，每则的标题均为编者所加，括号内注系作者所加。

（三）有关甘棠港①的史料选辑（节录）

1. 五代·于竞《王审知墓志铭》（节录）

“古有岛外岩崖，蹴成惊浪，往来舟楫，动致败亡。王遥祝阴灵，立有玄感，一夕风雷暴作，霆电呈功。碎巨石于洪波，化安流于碧海。敕号甘棠港，至今往来蕃商，略无疑恐。”

2. 宋·欧阳修《新五代史·王审知传》：

“海上黄崎，波涛为阻，一夕风雨雷电震击，开以为港。”

3. 宋·梁克家《三山志》卷六：

“琅邪王审知县牢醴祷于神，将刊之。其夕，雷雨暴作，石皆柿解，迟明安流如砥。”

4. 宋·孙光宪《北梦琐言》卷七：

“福建道以海口黄崎岸，横石巉峭，常为舟楫之患。闽琅邪王审知思欲制置，惮于力役。乾宁中，因梦金甲神自称吴安王，许助开凿。及觉，话于宾僚，因命判官刘山甫躬往设祭，具述所梦之事。三奠未毕，海内灵怪俱见。山甫乃憩于僧院，凭高观之。风雨暴兴，见一物，非鱼非龙，鳞黄鬣赤。凡三日，风雷止霁，已别开一港；甚便行旅。当时录奏，赐号‘甘棠港’。”

5. 明·黄仲昭《八闽通志》卷六十《祠庙·福宁州》：

“忠烈王庙”条引旧志：“按旧志：‘五代时，王审知岁贡方物于梁，舟过黄崎港，中流值石，多覆溺之患。祷于祠，忽震雷碎其石，港道遂平。’”

6. 清·顾祖禹《读史方舆纪要》卷九十六《福州府·福安县》：

“六印江”②条谓：“唐乾宁五年，王审知欲凿之，忽风雨大作，别开一港，甚便舟楫。”

---

①甘棠港即今之白马港，在下白石镇海口。下白石镇古名黄崎镇，明代弘治（1488—1505年）末年，原置于县北白石的巡检司南迁黄崎镇后，改称下白石。五代时，闽王王审知在黄崎凿石开港，古代文献皆谓得神灵怪力之助，是神化王审知使然，固未足信，却可以想见当时开凿工程的浩大艰辛。

②流经古黄崎镇六屿村的白马河段，古称六印江，六屿村系6个江岛组成。

四 近现代文献选录

福安茶叶概况（摘录）①

（民国）高诚学（1897—1943）

茶业的历史

茶叶为本县农民普遍的副业，栽培历史，始自何时，无从稽考，或谓茶系福安原产，或谓唐宋时由浙输入，或谓由建瓯传来，莫衷一是。考其兴盛时期，在海禁开通之后，最初纵有栽培，仅供本地人民的消耗。从前福安只制绿茶，自前清咸丰、同治年间，有建宁茶客到二区坦洋采办红茶，因之红茶制造日盛，出口亦增，销路益畅。而一般商人贪图近利，不善经营，粗制滥造，掺劣作伪，无弊不生，因之信誉跌落，国际市场日蹙，加以数年来外受洋茶的排挤，内受洋商茶栈的操纵，致本县蒙受致命的打击，兴衰无定，屡起屡仆。清宣统二年（1910 年），福安茶业研究会成立，所订会则，内多纠正时弊，此为本县茶业界自动改进的嚆矢。该会至民国 11 年（1922 年）停顿。民国 23 年（1934 年）秋，省府为挽救本省大宗特产，改进产制技术，设立福安农业职业学校，创办茶科，委张天福为校长，从事培育茶业专才，树复兴闽茶的始基。民国 24 年（1935 年）秋，建设厅在本县社口设立福安茶业改良场，委张天福兼主任，庄晚芳任技师。至民国 25 年（1936 年）8 月，该场筹设就绪，场地垦出，工厂场舍落成，机械装置竣事，各项栽培试验及技术研究相继举行，一面指导农商制造，改良茶叶，一面着手试制红茶，成效大著，所有出品，品质优越，获最高售价，破福宁茶数年来未有之纪录。民国 27 年（1938 年），省立福安农职奉令归并，同时福安茶业改良场，因敌寇侵扰，奉令迁设崇安，仅留职员二人，负责保管。同年省府为复兴闽茶，增高输出贸易，救济衰落农村计，着手整顿茶业，设立茶业管理处，从事于技术上的指导，并制茶资金的贷放，督导茶商联合经营制造，实行统制运销，废除茶栈阶级，革除中间商人的层层剥削。民国 28 年（1939 年）茶业管理处改组为茶业管理局，对于复兴闽茶，本救济农商兼筹并顾的主旨，使利益均沾，共存共荣，一面训练大批技术人员，分驻各茶号指导监督，一面登记茶贩，实行改用市秤，规定最低山价，保障茶农利益。同时设立福安茶业改良试验区及社口、棠溪、穆阳三模范制茶厂，大量精制红茶，开本省政府设厂制茶的先声，各项设施，颇收实效。本县茶业经此一番整顿，品质增进，售价突增。民国 29 年（1940 年）春，中国茶业公司及省府，为改进本省整个茶业，统一产

①本文摘录民国 29 年（1940 年）十月版《闽茶季刊》创刊号，略去栽培、采摘、制造三节。

制，平衡供求起见，合资创办福建示范茶厂于崇安。本县茶业改良试验区、各模范厂及茶业改良场，奉令归并，改设福建示范茶厂福安分厂，附设社口、棠溪、穆阳、阳头四制茶所，一面继续栽培及制造的技术研究，一面从事大量产制。经营以来，虽为时尚短，而技术改进，微获端倪，本年各所出品，品质均较本县各联号为优，可见一斑。

茶树的分布产量及品种

本县遍地产茶，除山地的梯形茶园外，即屋角园边亦多种植，惟栽培散乱，大规模的茶园，实属鲜见，产量最多首推二区一带，次为三、一两区，四区则较少。兹将本县各区产茶之重要乡镇列下：

第一区：韩坂、察阳、长汀、坂中、溪东、湖口、岩湖、秦溪、官洋、枢洋、化蛟、黄澜、柳缠、赛岐、帘首、象环、溪柄、茜洋、柏柱、盾面、洋西、柳溪、大夏、溪南、礌溪、双峰、岳秀、西隐、廉村、洪口、城山、凤林、富溪、潭头。

第二区：社口、棠溪、上潭头、沙坑、溪源、太篷、东昆、车岭、财洪、建柄、上白石、佳酱、范坑、坦洋、龟龄、林柄、晓洋、前洋、首阳、三坑、山里、吉祥。

第三区：穆阳、黄坂、苏家坂、桂林坂、樟垄、西坑、芹竹洋、隆坪、桥溪、后洋、篷山、留洋、渡头、社洋、牛岭尾、西铭、梧溪、铜岩。

第四区：甘棠、外棠、南塘、山下鹳里、大留、苏洋、江兜、大象、太康、下白石、绣溪、前山、下丕、藤头、大梨、大屿、奎屿、大获、楼下、荷屿、湾坞、马头、颧屿、浮屿。

产量及栽培面积，迄无精确统计。就每年制茶额而言，在民国 12 年（1923 年），曾达十万余担，后因地方不靖，匪徒猖獗，罂粟遍地，渐降至四万担。唯年有起伏，近年来在二万五千担左右。实际上福安所产红绿茶，其毛茶由邻县寿宁输入为数不少，加以年来茶树枯老，病虫害流行，故本县所产者恐不及二万担。其栽培面积，以每亩可产净茶四十五斤估计，当在四万五千亩左右。

本县茶树品种可分为两类：一、山茶种，亦称小茶种，全县普通种植，占生产上重要地位。其性状为矮生常绿灌木，高三尺至六尺，叶互生，质厚色深绿，有锯齿，浅密，略尖锐，叶为椭圆形。较宽者，名称为润叶种，较狭者，名称为柳叶种，叶柄甚短，无托叶，花色白，花期颇长，约自九月至十二月。花瓣五至七片，萼片内有毛或无毛，雄蕊甚多，成熟时为黄金色，雌蕊柱顶三分，果为扁圆形，内有种子一至四粒。二、白茶种，亦称白毫茶，叶大长，自四寸至六七寸，幼芽时，叶背有短柔毛，因而得名，采摘时，仅取嫩芽，故产量少价昂，本县栽培殊少。

茶业交易。本县一般农民，均以茶为副业，每户少者数十斤，多者数百斤至千余斤不等。虽出产无多，而农民购买肥料、纳税及零用等，全靠卖茶的收入，所以毛茶山价的高低，影响于农村经济綦重。茶农所制毛茶，向售于茶号或茶贩，若辈商人，常故意压抑操纵，坐收厚利。且过去茶商茶贩概用旧秤，每百斤等于市秤百三十斤至百五十斤，购茶且有九五折扣及赊账等恶习。因毛茶极易发毒劣变，茶农急于求脱，不得不俯首任其盘剥。去今两年，政府为提高闽茶品质，勒令商贩遵用市秤，严禁低山价，加以省营各茶厂买卖公平，茶商茶贩计无所施，茶农收入稍增。惟与本年日用品及其他农产品价格上涨比较，则相形见绌。故本县二三春毛茶山价低落，茶农以售茶收入尚不敷采制工食，宁使茶叶粗老，不加采制，各茶厂无茶可购，缺额尚巨，在增强抗建经济防线的现阶段，足以增加输出，换取外汇和军需的茶叶，不能尽量产制，货弃于地，不无遗憾！

本县毛茶除一部由茶农直接挑售茶厂外，大部毛茶均以茶贩为中间商人转售茶厂。业此者，类多狡猾之辈，对于收买毛茶，弊端百出，到山户收买者有之，拦途强买者有之。收集相当数量后，即转售茶厂。唯本县茶贩，经去今两年举行登记，并加以严厉管理取缔后，已稍敛迹。

本县茶庄除向茶农茶贩收买毛茶外，亦有派人到山上收购，收集至相当数量时，即开工精制，经焙筛扇拣官堆包装等程序后，即可装运出售。唯在昔本县茶叶均运售于福州购茶洋行，由中间人茶栈经手采购，运销外洋。茶价的评定，操于外人之手，故常压抑操纵，坐收渔利，而中间人茶栈，只知自图其利，同时洋行又系他的主顾，唯恐失其欢心，不敢稍有违异。而茶商限于经济力量，且受茶栈高利贷剥削，为急于脱货，只得任其鱼肉。除此种杀价外，其他剥削伎俩：除样茶、吃磅、过磅延期、九九五扣息、扣内办、九九扣、代补办等，层层剥削，苦不堪言。加以数年来受不景气影响，过去本县百余家茶号，亏本倒闭者极多，存着者尚不及半数，因是一般人均认制茶为冒险事业，稍有资产者，均不敢尝试。至民国 27 年（1938 年），省府着手整顿茶业，令茶商组织联号，由政府规定制茶额数，贷以相当资金，并统制运销，开本省茶业的新纪元，茶商始有一线生机。

兹将本县民国 29 年（1940 年）各茶号名称、代表姓名列表于下：

茶号名称	代表姓名	地址	茶号名称	代表姓名	地址
穆阳	萧鸿咨	穆阳	泰昌盛	詹子和	坦洋
裕兴	胡肃齐	坦洋	维宁	吴菊人	社口
万顺	谢启椿	晓洋	森丰	缪善卿	穆洋
双昌	鹜金烂	坦洋	闽东	刘俞沉	穆洋
协泰隆生记	林春生	东崑	新裕来	谢佛成	晓洋
裕生	吴廷尧	坦洋	万春和	王焕彬	阳头
福源	郑聚茂	沙坑	裕华	陈可材	察阳
裕太丰	胡策庭	坦洋	宜兴	胡福奎	坦洋
华兴聚记	林国藩	东昆	公兴	王余荣	南岩
祥茂	陈国桢	社口	兴华祥记	林国熙	东昆

观上表可知本县茶号经数年来倒闭及政府调整取缔，继续经营茶业者仅存 20 联号。各号茶厂茶叶精制后，即运往赛岐闽东茶叶运输处交货进仓，经过磅扦样后，由中茶公司闽处评价收购，手续简单，商人称便。同时一般茶商，年来在政府督导之下，对于制造方法，悉心研究，锐意改善，品质渐臻优良。唯本年物价高涨，生产成本激增，其间制造费用亦有增高，深望各有关茶业机关，在茶叶评价瞬将开始，本中央统购统销政策及扶助农商正当利润原则下，依据实际生产及制造成本来评定收购价格，务期不便亏蚀而足促进生产，农村经济实深利赖焉。

五 近现代诗选[1]

石马诗

马立峰（1909—1935）

嫩草百堆宁闭口，长鞭一策岂回头。
鳞江载送天源水，洗尽人间万古愁。

藏头诔诗

马立峰

丹心耿耿冠吾侪，岩石同坚志不移。
烈烈英雄为国死，士儒今尚泪桐西。

吟外塘山水

张如翰（1849—1923）

双龟朝斗

自是神灵巧设施，中流突出两神龟。
随波涌处潮初满，对月明时斗未移。
万古烟霞笼赤篆，四时雨露湿玄衣。
负图出现当年事，海滨文明会有期。

四时茫然屹雨山，宛如龟泛逆潮端。
二仪八封身显露，九曜三台眼注看。
气焕中流金耀碧，神登北极剑芒寒。
生申及甫从兹卜，漫作寻常取次观。

白扇诗

施霖（1900—1935）编词

一把白扇画牡丹，财主收租太不堪；
不管收割有无谷，一斤半两不让宽。
二把白扇画牡丹，放债财主太不堪；
量头比耳拿不出，利息还加一倍三。
三把白扇画牡丹，国民党政府贼做官；
凡事都是帮财主，穷人无罪要坐监。
四把白扇画牡丹，保长乡绅太不堪；
作恶做歹都是伊，搜刮工农的血汗。
五把白扇画牡丹，忍气做人无相干；
大家趁早来革命，参加共产斗争团。
六把白扇画牡丹，穷人女人没相干；
爹娘没钱养不起，受饥受寒真凄惨。
七把白扇画牡丹，妇女参加姐妹团；
劝得全家来革命，妇女聪明不输男。
八把白扇画牡丹，共产主义喜欢欢；
男女平等分田地，劳动工作都一般。
九把白扇画牡丹，共产主义喜欢欢；
工农事情工农做，自己天下自己管。

乌江怀古

李怡云（1861—1931）

破釜沉舟志甚豪，拔山力尽奈若何。
八千子弟归乌有，落得英雄涕泪多！

[1]近现代福安人物诗作甚多，这里只选刊生于民国建立前后、逝于2005年前的福安名人已知诗作。

峨山晴雪

黄晋铭（约 1849 年生）

连成西望一蛾峰，积雪浮光改旧容。
玉结绣球山朗朗，珠穿璎珞树重重。
恍如琼岛纤尘净，疑是瑶台澹月溶。
料得此间高士卧，夜深恐被白云封。

雪意四首

宋延祚（1881—1927）

其一

雪意浓于墨，寒风似剪刀。
情瘫梅是伴，相对学禅逃。

其二

冰心莹过玉，雪意浓于墨。
对雪写风怀，清欢曷有极。

其三

逐他穷鬼去，迎我可人来。
雪意浓于墨，梅花带笑开。

其四

笑我苦怀人，辗转频反侧。
开门望远山，雪意浓于墨。

七律一首

陈少良（1879—1958）

1955 年公路完成，福安为闽浙通车之要站，市容爽达，交通便利，非复昔时之比。

老眼朦胧认未清，山河何幸变繁荣。
恨无媚骨谐流俗，剩有知心鉴物情。
莫道颓唐疏慵甚，也应触激不平鸣。
北窗静坐随缘乐，那用浮名伴此生。

虚度古稀饱看世变

李经文（1878—1950）

虚堂旧燕不嫌贫，度得寒冬又返春。
古调独弹倾北部，稀龄作嫁屡西宾。
饱尝甘苦奔驰倦，看尽沧桑阅历真。
世局触蛮争未了，变机满望转鸿钧。

和友人

郭甄般（民国时代人，生卒年不详）

病慵累月废沉吟，一读君诗别赏心。
酒似江淮无限量，人如嵩华绝登临。
摇摇霜鬓初看镜，落落风烟敢碎琴。
曾识维摩唯一室，跫然空谷喜闻音。

拟五禽言

李翰青（1877—1927）

麦枯，麦枯，今年水潦麦偏无。
野鸡楞腹上山厨，门前悍吏犹催租。

黄栗留，黄栗留，岁岁东风唤陌头。
紫椹疗饥苦未熟，啼残桑叶满林稠。

鹁鸪鸪，鹁鸪鸪，何苦檐前空自呼。
到此清明好天气，阿婆已嫁隔村夫。

行不得也哥哥，世路其如险阻，
何劝汝莫去行路，清明游子异乡多。

不如归去，不如归去，客子伤心啼血处。
相劝年年胡不归？白帝城头空夕辉。

七律一首

林枝春（1884—1962）

余少时窗课并应试及学堂课艺文稿，于民国11年（1922年）夏历八月初九因洪水暴发，均被推流，久不寓目，幸各体强记数篇录阅有感。

文稿当年水淹残，可怜经血付狂澜。
而今旧学虽无用，半世新裁敢自宽。
痴愿也知抄不类，苦心犹强记些看。
异书乍见胸尤喜，老觉家贫购阅难。

画梅诗题

缪晋（1893—1946）

一枝斜压一枝高，淡雅癫狂任刹那。
三月冻云俱入梦，寒香无奈绽春波。

题《岳母刺背图》

郭梁（1894—1936）

黄龙壮志成虚话，空有当年刺背心。
千载投军徒有恨，一针一血德徽钦。

喜青弟参军而作

缪贡庭（1911—1967）

参军年少气如虹，况复干戈未定中。
能作乘时同敌忾，抖将短褐向前锋。
寒光照彻澎湖冷，乌号鸣绕海岛红。
不让胡尘蒙故土，先驱破浪有长风。

游日光潭之二

王廷熙（1912—？）

秋风皓月拥楼头，难得清幽卧壮游。
宁静最能安淡泊，百杯扫尽古今愁。

赠静庵先生

郭梁

荆棘满山中，高士卧何处？
秋深鲈鲙肥，应羡垂纶去。

鼓山杂诗之“忘归石”

陈瑞宝（1917—1985）

道旁一片忘归石，三字雄奇似鲁公。
始信眉山评不妄，四家冠冕属斯翁。

湖上作

陈文翰（1886—1945）

湖倚残照柳枝柔，已有春人荡小舟。
此水似因鹅鸭暖，不关沙际有闲鸥。

心自嬉春鬓自秋，劳人难得小勾留。
不知明日还晴否？开遍梅花我欲愁。

登滕王阁

黄晋鎏（民国时代人，生卒年不详）

帝子营高阁，临江复背城。
月明三楚近，潮落五湖平。
睹景兴乡思，闻歌识客声。
三王辞赋在，不朽是文名。

催妆

周祖颐（1882—1922）

琴堂风月胜蓝桥，金屋凝香贮阿娇。
一曲清歌一杯酒，凤凰楼上坐吹箫。

编纂始末

2005年7月，福安市人民政府根据省委、省政府关于开展第二轮修志的工作部署和省、宁德市方志委的具体要求，召开市长专题办公会议。11月，市人民政府召开第二轮《福安市志》编纂工作会议，策划、启动第二轮修志准备工作，并拟定了《福安市志（1991—2005）》的编纂方案，下发《福安市人民政府关于认真做好第二届福安市志编纂工作的通知》（以下简称《通知》），转发了编纂方案。《通知》对编写《福安市志（1991—2005）》的指导思想、框架结构、编修任务、质量、时限以及各部门单位、各乡镇、市方志委的工作责任、编纂分工、完成时间提出了明确要求。

2006年，福安市加强对地方志工作的领导，对市志编纂工作领导小组作了调整，以市委书记为名誉组长、市长为组长。市长办公会议确定将修志经费纳入财政预算。同时，增加方志工作人员，添置了电脑等办公设备。9月，市政府召开学习宣传贯彻《地方志工作条例》暨二轮修志工作动员大会，150多个相关部门单位领导与会学习条例，市委、市政府分管领导对宣传贯彻条例提出了指导意见，要求全市以条例为指导，在经费安排、人员配备、工作条件、人才培训等方面提供保障，开展本部门、本单位的依法修志工作，为市志编纂工作打好基础。当年，市方志委制作大型标语，印发《地方志工作条例》，向社会各界宣传条例，营造氛围，全面推动二轮修志工作。

2007年6月，市方志委举办全市撰稿人员培训班，对二轮修志工作做具体部署和安排。培训期间，市政府分管领导对二轮修志工作和年鉴编写提出“深化认识，增强做好修志工作的使命感和责任感；明确任务，突出把握修编工作的方向和要求；加强领导，切实提高修志工作的质量和水平”三点要求。宁德市方志委领导、专家（副主任王道亨、编辑室主任江浩）分别对编纂志书行文规范等进行授课。当年，市方志委对《福安市志（1991—2005）》二轮修志的前期工作开展调研，组织编纂人员研究修订《福安市志（1991—2005）》编纂方案和篇目，形成37篇（不含概述、大事记、人物、附录）篇目框架初稿，并将市志篇目分解到章、节，下发至各相关部门单位，各承编部门单位的市志编写工作全面铺开。7月底，市政府召开各口和志稿撰写进度滞后单位负责人会议，推进市志初稿的撰写工作。

2008年3月，市政府召开各开发区、乡镇、街道办事处、市直各口、各民主党派和省、宁德市驻韩单位等负责人会议，市委效能办、督查科、市政府督查科列席会议。市政府分管领导对《福安市志（1991—2005）》修志工作进行再动员、再部署，要求市委、市政府督查室对修志工作进行序时督查。至2008年4月，全市入编《福安市志（1991—2005）》的201个部门单位中，有193个落实了志稿撰写工作的分管领导和撰稿人员。市总工会、市政协办、市委党史研究室、市委效能办、穆阳畲族开发区、阳头街道办事处、穆阳镇、市自来水公司、闽东赛岐经济开发区、市外经贸局、市公路局、市水土办、市法院、市委机要局14个单位率先完成了《福安市志（1991—2005）》志稿初稿。至年底，有100个单位完成了《福安市志（1991—2005）》初稿，有五卷志稿完成了第一稿。

2009年7月，市政府召开领域志稿撰写滞后单位负责人会议，传达全省第七次地方志工作会议精神，强调加快修志工作。市委副书记、市政府常务副市长要求以"清醒的思想认识，严格的工作要求，长效的保障机制"落实《福安市志（1991—2005）》修志工作，并再次强调将修志工作纳入市委、市政府的工作督查范围，督查工作实行每10天一通报，对未完成的单位进行跟踪，督促落实。至年底，全市183个承编单位的志稿到稿率达到95%，编辑完成《福安市志（1991—2005）》初稿12篇。市卫生局、市广电局、市人民法院、市电力公司、市总工会、市物价局编纂出版了部门志。决定出版部门志、乡镇志的有市劳动局、市水利局、溪柄镇等。

2010年下半年至2012年6月，按照准中篇设计，市方志委再次组织人员对《福安市志（1991—2005）》篇目进行修订，形成27篇（不含概述、大事记、人物、附录）的篇目。《福安市志（1991—2005）》到稿率达98%，基本完成市志初稿的收集。

从2012年7月开始，市方志委进一步贯彻落实省、宁德市两级方志委的领导指示精神，在宁德市方志委和福安市地方志编纂工作小组的领导下，根据方志篇目报审制度，在坚持准中篇结构、大框架不变的原则下，采取几上几下的方式，先后召开3次讨论会，对篇目结构、内容进行逐篇、逐章、逐节地分析、探讨，集思广益，并对市志篇章进行微调、修订和完善。10月，将修订的篇目报送宁德市方志委审查，同时，组织16位编辑对各承编单位报送的志稿予以审阅订正。

2013年，市政府办公室下发《关于报送福安年鉴和二轮修志编纂工作分管领导及联系人名单的通知》，因人事变动，重新落实分管领导和联系人，加大督促、辅导力度。

5月，宁德市方志委下文批复，同意福安市上报的27篇修订篇目。7月，成立《福安市志（1991—2005年）》总编室，聘请4位总编辑，组织召开市志编辑工作会议，按照自然、经济、政治、社会、文化五大部类布置各篇目的第一轮分纂工作。截至12月，全市195个承编单位，报送初稿单位194个；完成了11篇志稿第一轮分纂工作。其中，《自然环境与环境保护》一篇报送宁德市方志委审阅。

2014年，组织总编室成员分纂《福安市志（1991—2005）》各篇文字内容。市方志委每月召开一次编纂商研会，讨论编纂中存在的问题，探讨解决方法。6月，召开修志座谈会，省、宁德市方志委领导、专家及福安市分管领导到会，对修志工作提出指导意见。至年底，完成14篇志稿的一轮分纂。市方志委针对初稿分纂中存在的资料不全、内容缺漏较多等情况，整理制定《〈福安市志（1991—2005）〉补充志稿情况一览表》，对补充任务进行分解，并发出函件37份，要求有关承编单位补充资料，33个承编单位提供了志稿补充资料。

2015年，重新调整总编室人员，先后召开30多次总编室会议，深入探讨志稿编纂，充实志稿资料。向41个承编单位发函，催收补充资料，完成志稿补充文字数十万字，完成25篇志稿的修订和分纂工作。

2016年5月，完成《福安市志（1991—2005）》评议稿30篇。6月，召开志稿评议会，来自省、市的地方志专家对《福安市志（1991—2005）》文字稿进行评议，提出了修改意见。会后，市方志委组织分纂人员对照专家意见再作修改。至年底，完成17篇送审稿及大事记初稿。与此同时，发出函件91份，走访承编单位，安排编纂人员查阅档案资料，进一步充实志稿资料。

2017年，继续根据评议专家意见，调整篇目、补充内容、处理交叉重复、校对史实数据，规范志稿体例、纠正违例文字，进一步提升志稿质量。9月底，完成27篇129余万字送审初稿的总纂。至年底，共计完成志稿内审13篇。

2018年5月，市政府调整充实总编室，聘请余挺、叶木全、朱树根、叶子清、刘惠平5位为编辑，编辑团队根据总纂规程，制定总纂计划，倒排工期，量化程序，细化责任，狠抓志书质量建设。坚持每周召开总编室例行会议，严格要求编辑团队消化专家意见，对照总体设计要求，弄清志书修改的重点、难点和薄弱环节，提升业务水平。总编室根据预审意见，拟定终稿的修改方案。根据省、宁德市领导及有关专家的修改意见和市方志委的安排，编辑人员多次深入有关承编单位，走访志书起草人员，查阅档案、年鉴，慎重核对数据、事实，补缺补漏，使志稿日趋翔实和准确。对个别篇章结构再作合理调整，对重复的文字予以删繁就简。其间，聘请宁德市方志委原副主任林立光负责总纂，对志稿进行“一支笔”统稿。

2019年，福安市成立了以市委书记叶其发为组长，市长钟宜国为常务副组长，郑战雄、陈昌东为副组长的《福安市志（1991—2005）》审稿领导小组。市委、市政府确定叶其发担任名誉主编，钟宜国担任主编，林立光担任第一副主编（总纂），叶木全、余挺担任副主编，叶子清、刘惠平为编辑。在市委、市政府的高度重视下，在林立光总纂的指导下，市委党史和地方志研究室与总编室全体同志，经过不懈努力，终于在7月底全面完成第二轮《福安市志（1991—2005）》（送审稿）总纂工作，由市委党史和地方志研究室分部类上报审核。

编书不易，编志书尤难。《福安市志（1991—2005年）》承载15年全市历史，编纂工作历时15年，经历了6任市委书记、5任市长、3任方志委主任、1任主持工作的副主任，历经艰辛，数易其稿，终于编成出版。在编纂历程中，中共福安市委、福安市人民政府始终予以高度重视和大力支持，这是《福安市志（1991—2005）》得以完成的关键。省、宁德市方志委领导的理解关怀、督查促进，方志同仁及专家的具体指导、热情帮助，对志书质量提高起了重要作用；前几任方志委负责人和原编纂人员以及各部门单位、各开发区、乡镇街道的领导和撰稿人员艰辛开创、精益求精的工作，卓有成效，功不可没，他们为志书的完成奠定了良好的基础，该志采用的图片，大部分皆为福安市摄影家协会提供，该协会摄影家对图片进行收集、扫描和修复，做了大量工作，丰富了市志的内容，《福安市志（1991—2005）》是集体努力的成果。在此，谨向上述领导、专家、同仁以及关心《福安市志（1991—2005）》编纂的社会各界人士致以崇高的敬意和衷心的感谢！

志书涉及面广，内容丰富繁杂，规范要求严格。由于编纂水平有限，本志书的疏漏差错和不妥之处在所难免，恳请广大读者批评指正。

编者

2020年12月5日

提供初稿或资料人员名单（排名不分先后）

王龙胜　王灿光　王铭华　王晓形　王锦平　毛石禧　毛连华
方光灿　邓义忠　卢　典　冯国平　朱四弟　朱绍铃　朱树根
刘庆生　刘建华　刘惠平　刘智华　刘道光　刘　勤　汤玉明
汤伟华　许　芳　阮成生　阮兆华　阮兆锦　阮寿孙　阮志强
阴　亮　李　广　李志芳　李健民　李　浩　李梅萱　李跃华
杨柏兴　杨凌晨　连树禄　肖建文　吴木生　吴石麟　吴礼辉
吴进顺　吴贵详　吴俊光　何昌明　余仙泉　张旭春　张　军
张　宏　张　明　张　挺　张栩琳　张晓玲　陆华滨　陆　群
陈小鲸　陈日成　陈　平　陈　冲　陈肖东　陈　君　陈忠清
陈宝伦　陈宝轩　陈树应　陈思华　陈　泉　陈梅子　陈盛全
陈琼耀　陈　婷　林旭明　林青华　林美赠　林　锋　林善榕
林瑞金　林增谦　卓　燕　周益铃　郑成林　郑培强　郑瑞光
赵步忠　钟友平　钟　咏　钟　韩　施康仔　施耀荣　晓　形
徐仰德　高秀凤　高国华　郭长青　郭幼钦　郭红芳　郭爱民
郭　敏　郭　斌　黄宝全　黄晋文　黄　烨　黄一容　黄　靖
黄曙英　游连生　谢建良　谢贻水　雷阿财　雷建文　雷振春
詹之强　詹立奇　蔡春水　廖高清　缪　羽　缪建伟　缪　晓
缪海艳　潘　伟　魏妙娥